读行天下

中华上下五千年

ZHONG HUA
SHANG XIA
WU QIAN NIAN

近现代

中华民族生生不息，中华文化源远流长。滔滔黄河养育着华夏子孙，滚滚长江孕育了中华文明，勤劳勇敢的先民们在广袤深厚的土地上，以坚忍不拔的毅力，开疆拓土的壮志，非凡的智慧和勤劳的汗水，创造了博大精深、灿烂辉煌的文明。

旅游教育出版社

·北京·

责任编辑：潘丽杰

图书在版编目（CIP）数据

中华上下五千年 / 袁宏宾主编. — 北京：旅游教育出版社， 2012.3
（读行天下）
ISBN 978-7-5637-2384-3
Ⅰ．①中…　Ⅱ．①袁…　Ⅲ．①中国历史— 少儿读物 Ⅳ．①K209
中国版本图书馆CIP数据核字（2012）第030842号

读行天下 ▶▶

中华上下五千年

ZHONG HUA SHANG XIA WU QIAN NIAN　近现代

袁宏宾 主编

出版单位	旅游教育出版社
地　　址	北京市朝阳区定福庄南里1号
邮　　编	100024
发行电话	（010）65778403　65728372　65767462（传真）
本社网址	www.tepcb.com
E-mail	tepfx@163.com
印刷单位	北京新华印刷有限公司
经销单位	新华书店
开　　本	889mm × 1194mm　1/16
印　　张	84
字　　数	520千字
版　　次	2012年7月第1版
印　　次	2012年7月第1次印刷
定　　价	168.00元（全套四册）

（图书如有装订差错请与发行部联系）

前言

QIAN YAN

中华民族是一个勤劳、勇敢和富有创造精神的伟大民族，在几千年的发展史中以其灿烂的文化著称于世。五千年的悠悠岁月之中，世事沧桑，朝代更替，从远古传说到夏、商、周；从春秋战国到秦、汉、魏、晋；从十六国至南北朝；从隋、唐、五代到宋、元、明、清……在历史的长河中，中华民族生生不息，拼搏不止，传承至今。

了解历史，传承文明。滔滔黄河养育着华夏子孙，滚滚长江孕育了中华文明。勤劳勇敢的先民们在广袤深厚的中华大地上，以坚忍不拔的毅力，开疆拓土的壮志，非凡的智慧和勤劳的汗水，创造了博大精深、灿烂辉煌的文明。远古燧人氏取火，碰撞出了人类最初的光明；有巢氏构木为巢，开启了改造自然的历程；穿过春秋战国的烽火硝烟，听着巧舌如簧者们的纵横联盟，感受到的是一场剧烈的社会变革悄然而至；仰视秦皇汉武的雄才大略，从中评论君王的得失功过；从大泽乡起义的揭竿而起，听到了发自劳苦大众的第一声怒吼；鸿门宴的暗藏杀机，唐宗宋祖的辉煌鼎盛，马嵬坡下的荡气回肠，岳飞精忠报国的赤胆忠心，林则徐虎门销烟的铮铮誓词……一段段历史记录了历代王朝的兴衰更替。圣君明主的文治武功，圣人先贤的深度哲思，政治舞台的暗藏玄机，军事角斗的计谋韬晦，所有的一切都启迪着后人去领悟王朝更迭的规律、成败的原因和兴国富民的道路。

读史以明鉴，察古以知今。了解祖国的过去，才能更加热爱祖国的现在和将来。在中华民族漫长的历史进程中，发生过许多惊天动地的事件，涌现出许多风云人物，把这些历史事件和人物介绍给青少年读者，可以开阔他们的眼界，启发他们的智慧，培养他们的民族自尊心和爱国热情。为此，我们精心编选了这套丛书。全书共分四册，编者以时间为经，以事件和人物为纬，穿针引线，纵横交织，从盘古开天辟地的传说开始，将中华上下五千年历史文化的精髓一一展现，为读者提供了了解历史的捷径。翔实的历史片断，弥足珍贵的图片，加之细腻的笔法，简洁的语言和亲切的文风，清晰地勾勒出历史事件的来龙去脉和历史人物的真伪善恶，也使得此书成为名副其实的通俗易懂的历史读物。

谨以此书献给所有热爱中国文化的广大青少年读者们！

编 者

目录

MU LU

中华民国

目录

MU LU

清
（鸦片战争后）

林则徐虎门销烟

LIN ZE XU HU MEN XIAO YAN

鸦片战争是封建的中国转变为半殖民地半封建中国的转折点，也是古代中国与近代中国的分水岭。鸦片——这种被吸食者称之为“福寿膏”的毒物，也的的确确腐蚀了中华民族的肌体，只是在当时，一向夜郎自大的清朝统治者只顾欣赏罂粟花的美丽，而未嗅出其施放的毒气。

公元 1773 年，清乾隆年间，英国便已开始了对中国的鸦片输入。鸦片，俗名大烟，是一种麻醉性的毒品，人吸食后，会在很短的时间内对其产生依赖，并导致人的精神萎靡、体质下降，过量吸食会引起死亡。同时，由于鸦片泛滥，吸食者越来越多，使大量的白银流出国门，国家一时间呈现出田地荒芜、经济凋敝、“兵弱银荒”的局面。据统计：18 世纪中期，英国每年偷运到中国的鸦片为 200 箱；1838 年至 1839 年，猛增到 3.5 万箱，美国和沙俄也在同期向中国偷运鸦片。在 1840 年前的 20 年里，中国白银外流已达到 1 亿两。白银的外流引起中国银价上涨，人民生活受到了影响，军队战斗力遭到严重削弱。

★林则徐像

罪恶的鸦片贸易造成严重的灾难，人民忍无可忍，强烈要求禁烟的呼声在中国人民的心目中日益高涨。人民的禁烟要求在统治阶级营垒中也引起强烈反响，以林则徐为代表的一部分官员坚决主张禁烟。1838 年 12 月 29 日，道光皇帝宣诏湖广总督林则徐来京，并授林则徐为钦差大臣，加兵部尚书衔，节制广东水师，派往广东施行禁烟。

★林则徐查禁鸦片图

★林则徐虎门销烟图

1839 年 3 月 10 日，林则徐到达广州后，立即与两广总督邓廷桢和水师提督关天培等合作，开始了禁烟工作。首先他制定并颁布了《禁烟章程十条》，严惩贩卖和吸食者 1600 多人，并从这些人手中收缴烟土、烟膏 46 万两，烟枪 4 万余支。查禁外商鸦片 202833 箱、2119 麻袋，合计 2376254 斤。为了敦促烟商交出鸦片，林则徐曾下令停止中英贸易，并派兵严守商馆，断绝商馆与澳门的交通，撤退中国在商馆中的雇员，迫使英国鸦片商贩同意缴烟。林则徐、邓廷桢、关天培等还率领文武官员，勒令停泊在零丁洋的洋趸船上的英、美烟贩缴烟。

1839 年 6 月 3 日，林则徐在虎门要塞主持销烟。当日，到场观看销烟的人成千上万，其中也有外国的烟商。林则徐命兵士在海滩上挖了两个 15 丈见方的池子，池子前面设一涵洞，后面通一水沟，池底铺上石条、四壁栏桩钉板，以防渗漏。之后，将水车从沟道推入池子，将盐撒进，先把鸦片切成小块投入卤水中，浸泡半小时后再投入石灰，池中立刻水汤滚沸，围观的人群此时发出了震天动地的欢呼声。从6月3日到25日，除有8箱作为样品送往京城外，所收缴的110多万公斤的鸦片即被全部销毁。

虎门销烟是中国近代史上一件比较大的历史事件，也是最令人振奋的抵抗外侮的民族壮举，它既是唱给妄图用毒品使中国亡国亡种的世界列强的挽歌，也是民族英雄林则徐用人生书就的辉煌的篇章。

★林则徐纪念馆

福州林则徐纪念馆位于福建省福州市鼓楼区，是为纪念清代民族英雄林则徐而建，为省级文物保护单位。

★虎门销烟池遗址

★毒品焚烧炉遗址

林则徐

★林则徐雕像

林则徐(1785—1850年)，字元抚，又字少穆，晚号俟村老人。福建侯官(今福建福州)人。是力主禁烟、抵抗侵略的中国清代爱国政治家、思想家、诗人。

林则徐出身贫寒家庭，为官清廉正直，关心百姓疾苦，为民众所称颂。他从1820年起，曾先后外任浙江杭嘉湖道、盐运使、江苏按察使、江宁布政使。任上整顿盐务、兴办河工、筹划海运，采用劝平粜、禁囤积、放赈济贫等措施救灾抚民。1832年，担任江苏巡抚，奉命驱逐在吴淞口外刺探情报的英国胡夏米商船，又协助两江总督陶澍，采取许多利国便民的经济改革措施。江苏旱涝灾情严重，他不顾朝廷斥责，上奏历陈民间困苦，坚请缓征受灾州县漕赋；致力兴修水利工程，疏浚白茆、刘河、徒阳运河等河道。为克服银荒和利于货币流通，他反对一概禁用洋钱，提出自铸银币的主张。这是中国近代币制改革的先声。

1837年，林则徐升任湖广总督。当时鸦片已成为危及中国国计民生的严重弊害，林则徐坚决支持黄爵滋严禁吸食和贩卖鸦片的主张，提出六条具体禁烟方案，并率先在湖广实施，成绩卓著。11月，他受命为钦差大臣，前往广东禁烟。在大力禁烟的同时，林则徐还注意整顿海防，积极备战，购置外国大炮加强炮台，搜集外国船炮图样准备仿制。

1840年6月，鸦片战争开始后，英军攻粤闽未逞，改攻浙江，陷定海，再北侵大沽。道光帝惊恐求和，归咎林则徐在广东“办理不善”。9月，林则徐被革职，留粤备查问。1841年5月，道光帝以广东战败，归咎前任，林则徐被充军伊犁。旋因黄河在河南开封祥符决口，酿成水患，奉旨往河南黄河工地治河，竣工后仍戍伊犁。

1847年，清廷命林则徐为云贵总督。在任滇都时，他提出整顿云南矿政，鼓励私人开采，提倡商办等主张。这反映出他的思想中包含着萌芽中的资本主义思想。1849年，因病辞归，结束了政治生涯。1850年清政府为进剿太平军，再任命他为钦差大臣，督理广西军务。在赴任途中，1850年11月22日暴卒于潮州普宁县行馆。

第一次鸦片战争

DI YI CI YA PIAN ZHAN ZHENG

清朝前期的专制主义和闭关锁国，阻碍了中国的发展进程，已远远落后于西方的资本主义国家。政治、经济、文化、军事的落后使中国成了西方列强的靶子。因而，当洋炮洞开了中国的国门，清朝的那些主子们这时才不得不睁大惊愕的眼睛。1840 年，鸦片战争的爆发把同一个王朝划分成了两个时代，并把中国延续了两千余年的封建时代送上了一条不归路。

19 世纪初，英国加大了对中国的鸦片输入量，并从中获取了大量的白银，高额的利润回报，极大地刺激了英帝国本土的鸦片生产，一些不法商人更是疯狂利用走私等手段，将大量的鸦片偷运到中国来换取白银。英、美、沙俄等帝国鸦片输入量从 19 世纪初的 4000 多箱，到 1839 年就猛增到 40000 多箱。英国资产阶级从这项可耻的贸易中大发横财。由于鸦片的输入量猛增，致使中国白银大量外流，并使吸食鸦片的人在精神上和生理上都受到了极大地摧残，国民的素质一度下降，有的丧失了生产劳动能力，甚至因吸食过量而导致死亡。当时清廷的一些有识之士已经意识到：再不加制止，将要造成国家财源枯竭和军队瓦解，最终会导致亡国。

1838 年 12 月，道光皇帝命林则徐为钦差大臣，派往广东禁烟。1839 年 3 月，林则徐会同两广总督邓廷桢、广东水师提督关天培在广州筹划禁烟。

1839 年 3 月，清政府决定严禁鸦片入口，并查缴还在进行交易的鸦片。钦差大臣林则徐到达广州后，当即通知外国商人在 3 天内将所存鸦片全部缴出，听候处理。林则徐克服了英国驻华商务监督义律和不法烟商的阻挠、破坏，共缴获各国（主要是英国）商人烟土 110 多万公斤，并从 6 月 3 日至 25 日，在虎门海滩当众销毁。

面对清政府的禁烟举措，英国资产阶级特别是那些从事鸦片生产、走私、销售的烟商和制造公司，立即要求英政府进行武装干涉。英国政府也因清朝此举阻断了他们的财路，很快作出向中国出兵的决定。1840 年 6 月，侵华英军共出动军舰 40 余艘、士兵 4000 多名，陆续到达中国南海海面。6 月 28 日，英舰封锁珠江海口，第一次鸦片战争爆发。

★清末百姓吸食鸦片的情景(蜡像)

★第一次鸦片战争海战情形

★当年抵御英军的沙角炮台

★第一次鸦片战争期间清军使用的大炮

战争爆发后，英军于 7 月初侵占了浙江定海，8 月初到达天津大沽口外，直逼京畿。道光皇帝害怕了，连忙撤去林则徐的职务，任命琦善为钦差大臣。年底，琦善在广州与英国侵略者谈判。英军却于 1841 年 1 月 7 日突然在穿鼻洋发动进攻，攻陷沙角、大角炮台。1 月中旬，琦善被迫答允英国全权代表义律提出的割让香港、赔偿烟价 600 万元、开放广州等条件。琦善私允英军条件，违背了清廷的旨

★中英《南京条约》签订时的情景

意,后来受到严惩。但在 26 日,英军却不待中国政府同意就占领香港。

清政府得知沙角、大角炮台失守后立即对英宣战。2 月下旬,英军攻陷虎门炮台,水师提督、爱国将领关天培与守军数百人壮烈牺牲。5 月,英军逼近广州城外,清军全部退入城内。下旬,新任靖逆将军奕山向英军乞和,与英国订立了可耻的城下之盟——《广州和约》,规定由清朝方面向英军交出广州赎城费 600 万元。

英国政府不满足义律从中国攫取的利益,面对清廷的软弱,他们又变本加厉,进一步提出了许多无理要求。1841 年 8 月下旬,英国政府改派璞鼎查为全权公使,增调援军,扩大侵华战争。1841 年 8 月下旬,璞鼎查率英舰自香港北犯,26 日攻陷厦门。9 月英军侵犯台湾。10 月攻陷定海、镇海、宁波。1842 年 5 月,英军继续北犯,6 月攻陷长江口的吴淞炮台,宝山、上海相继失陷。接着,英军溯江西上,8 月 5 日到达江宁(南京)江面。腐败无能的清朝政府命令盛京将军耆英赶到南京,于 29 日与璞鼎查在英国军舰上签订了中国近代史上第一个丧权辱国的《南京条约》。这一不平等条约使英帝国主义在中国得到了割让香港;赔款 2100 万元;开放广州、福州、厦门、宁波、上海等五个通商口岸;协定关税权、领事裁判权、片面最惠国待遇等一系列特权。第一次鸦片战争在英帝国主义的鲸吞得到满足之后才宣告结束。

★鸦片战争博物馆外景

鸦片战争博物馆,在东莞市虎门镇口村南面,也是当年鸦片战争的古战场所在地。东依牛背脊山,西对珠江口,是一所收集、陈列、研究林则徐禁烟及鸦片战争文物史料的专题性博物馆。

《南京条约》

《南京条约》,中国清政府与英国政府签订的结束鸦片战争的条约。又称《江宁条约》。1842 年 8 月 29 日(道光二十二年七月二十四日),由清钦差大臣耆英与英国政府全权公使璞鼎查在南京签订。条约共 13 款。主要内容为:①中国割让香港。②向英国赔款 2100 万银元。③开放广州、福州、厦门、宁波、上海等五处为通商口岸,英国可派驻领事,通称五口通商。④废除“公行”制度,英商可以与中国商人自由进行贸易。⑤中国抽收进出口货的税率由中英共同议定。1843 年 7 月 22 日,在香港公布《中英五口通商章程》。10 月 8 日,耆英与璞鼎查在虎门签订《中英五口通商附粘善后条款》,又称《虎门条约》(《中英五口通商章程》被作为其中的一部分)。在该条约中,英国取得了领事裁判权和片面的最惠国待遇等特权,同时还制订了海关税则。《南京条约》签订后,美国和法国趁火打劫,于 1844 年分别强迫清政府订立了《望厦条约》和《黄埔条约》。《南京条约》、《虎门条约》与《望厦条约》、《黄埔条约》一起,成为中国近代史上外国侵略者强迫清政府订立的第一批不平等条约。从此,中国由一个封建社会逐步变为半殖民地半封建的社会。

关天培血溅虎门

GUAN TIAN PEI XUE JIAN HU MEN

1839 年春，钦差大臣林则徐到广东后，广东水师提督关天培尽心尽力地配合禁烟运动，取得了迫使英国驻华商务监督义律缴出 2 万余箱(袋)鸦片，并在虎门全数销毁的辉煌战果。在林则徐的赞助下，关天培又在武山上的威远炮台和镇远炮台之间新修筑起一座大炮台，名为靖远。炮台建筑之坚固与火力之充沛，为虎门各炮台之最。当时关天培除自铸铁炮外，还在林则徐、邓廷桢的大力支持下，从澳门等地购进洋炮 200 多尊，并严格训练大批招募来的水师兵勇，改革编制，将大鹏营由营改为协，拨副将驻扎那里，与香山协相呼应；又雇用一批米船、红单船、拖风船，利用有利地形强化军民在海上与陆上的紧密协作，切实做到严阵以待，以迎击来犯的敌人。林则徐对关天培这些整顿防务的努力予以很高的评价，称赞他“殚精竭虑，寝食以之”。

★关天培像

由于关天培在广东沿海的严密布防，使英国侵略者在这个时期的挑衅与袭击都未能得逞。1839 年 9 月 4 日，义律率兵船 2 艘、货船 3 艘到九龙山口岸以索食为名，突发炮火，进行挑衅活动，遭到大鹏营参将赖恩爵率领的水师猛烈反击，狼狈逃跑。11 月 3 日，义律又阻挡英国商船具结，破坏中英正常贸易，挑起穿鼻之战，这次战斗揭开了中英鸦片战争的序幕，成了英国发动鸦片战争的开始。在这次战斗中，关天培亲临督阵，虽手背受伤，仍奋不顾身，执刀屹立，督令将士，对准英舰连轰数炮，使其遭到重创，仓皇遁去。此后，英舰又接连向官涌守军发动 6 次进攻，结果都被增城营参将陈连升等所率领的守军所击退，获得全胜。战斗结束后，关天培得到清政府的嘉奖，在道光帝的上谕里写道，“此次攻击夷船，提督关天培奋勇直前，身先士卒，可嘉之至！著赏给‘法福灵阿巴图鲁’名号”，并下令“交部从优议叙，以示奖励”。

★关天培率师与敌激战图

鸦片战争爆发后，关天培督率水师坚守阵地，并积极组织渔船、蟹艇，利用各种机会袭击侵略军。1840 年 12 月，琦善以钦差大臣和两广总督的身份抵达广州，他一反林则徐之所为，遣散兵勇，尽撤海防，将关天培数年来辛苦经营的虎门三道防线全部毁弃。关天培为此感到十分痛心，一再要求琦善采取抵抗的积极措施，但都遭到拒绝。1841 年 1 月 7 日，英军突然袭击并攻占大角、沙角炮台，副将陈连升壮烈牺牲，虎门形势十分危急。当时，关天培与总兵李廷钰各只有弱兵数百，分守靖远、威远两炮台，请琦善派兵支援，琦善仅遣兵 200 进行敷衍。1841 年 2 月 26 日，英军大举进攻虎门诸炮台，而此时的守军才几百人，关天培在孤军无援的绝境下，决心死守阵地，他将自己的财物全部分赠将士，鼓励他们英勇杀敌，并与游击麦廷章等昼夜

★沙角炮台石墙遗迹

★鸦片战争古战场遗址之一的威远炮台

★威远炮台保留至今的大炮

督战。敌军在攻占横档、永安等炮台后，集中兵力进攻靖远和威远炮台，关天培亲燃大炮自上午10时至下午7时，与敌激战达10小时之久。敌人自炮台背后进攻，关天培的身上多处受伤，犹持刀拼杀，最后英勇牺牲，游击麦廷章及所部将士数十人也都壮烈捐躯。

关天培在牺牲前，特地委派家丁将他的广东水师提督官印送走。他早已做好为国捐躯的准备，开战前还给家人寄去一个匣子，内放几枚牙齿和几套旧衣服，表示自己必死的决心。他的遗体由家丁在乱尸中找到，身体的一半已被炮火全部烧焦。出葬的那天，“士大夫数百人缟衣迎送，旁观者或痛哭失声”。林则徐对关天培的死尤感悲痛，特写挽联悼念道：“六载固金汤，问何人忽坏长城，孤注空教躬尽瘁；双忠同坎壈(指同时战死的麦廷章)，闻异类亦钦伟节，归魂相送面如生。”

关天培

关天培(1781—1841年)，字仲因，号滋圃，江南淮安府山阳县(今江苏淮安市楚州区)人，鸦片战争中抗英名将。嘉庆八年(1803年)，关天培23岁时考取武庠生，历任把总、千总、守备、游击、参将、副将等军职。道光六年(1826年)任太湖营水师副将，同年以督押海运漕米船自吴淞到天津，途中虽遇惊涛骇浪，仍能安全抵达，因之受到特别嘉奖。次年提升为江南苏松镇总兵。道光十三年(1833年)署江南提督，十四年授广东水师提督。

关天培调任广东水师提督的这一年，正是英国驻华商务监督律劳卑率兵船蛮横闯入广东之后，为了加强海防，清政府调他到这个当时是全国对外交往和贸易的唯一口岸——广州。关天培面临着艰巨的任务，为了专心致志搞好海防，先令妻子奉老母归乡，自己带着三个家丁到广州赴任。就任后，他“亲历重洋，遍观厄塞”，根据虎门的险要形势，进行严密设防，设置了三重门户：以沙角、大角两炮台为第一重门户；南山、镇远、横档三炮台为第二重门户，并将其中的南山炮台加以改建，加筑石基，增设月台，改变炮位过高的弱点，改称为威远炮台；狮子洋口的大虎门炮台为第三重门户。这三重门户也就是三条防线，紧紧地把守着珠江口的南大门。

此后，他每日督师操练，并积极协助两广总督邓廷桢进行鸦片走私的侦缉。1840年7月，英水手在尖沙咀一带横行霸道，杀死一无辜村民，钦差大臣林则徐提出抗议，要英国驻华商务监督义律交出凶手，义律不但不交，反而乘机扩大侵略，接连几次向广东沿海武装进犯。关天培身先士卒，率领将士严阵以待，英勇抵抗，屡次打败英军，使他们不敢轻举妄动。在扩大海防的同时，关天培还积极配合林则徐，搜捕鸦片走私船。

★关天培雕像

★关天培祠

1846年(清道光二十六年)忠节公之子遵其祖母吴太夫人遗嘱，用朝廷所发抚恤金和从家庭、亲友、有关部门筹借的资金在县东街建造了“关忠节公祠”，以祭祀民族英雄关天培。

陈化成血战吴淞

CHEN HUA CHENG XUE ZHAN WU SONG

1839年春，钦差大臣林则徐到广东查禁海口、严厉禁烟，英国鸦片船在广东活动日渐困难，便转而向福建活动。同年10月，英舰三艘停泊泉州梅林洋面，福建水师提督陈化成率水师前往驱逐，英舰仍

★英舰进逼吴淞口

★陈化成像

抛泊不动，陈化成即令水师开炮，连环轰击，英舰一面挂帆，一面用炮抗拒，边拒边走，向外洋狼狈逃去。此后，英舰多次窜入闽洋骚扰，陈化成均率水师出击，在一次战斗中，陈化成的脚被敌炮击伤，他仍忍痛指挥抗击，坚决不下火线。

1840年1月，陈化成被清政府任命为江南提督。同年7月，英国侵略军北犯浙江舟山，陷定海，他“驰抵吴淞口，择东西炮台要害处，依塘列帐”。清政府向侵略者妥协后，钦差大臣琦善以为可以太平无事，下令撤去江南海防，陈化成坚决反对，继续在吴淞设防，并沿塘筑26个土堡，改造水师船只，制造了一种“明轮船”。“明轮船”上装备二三门铜炮，每小时可行3.5里，比当时清朝一般水师的船要快得多。他还派人采购精铁，铸造大炮，英国侵略军将其称之为“陈老虎”。

陈化成本人以身作则，身先士卒，使江南水师的战斗力有了明显增强。他驻防吴淞，不避风雨暑热，住宿单布营帐，与士卒同甘苦。他平时生活异常简朴，虽身为提督，每当乘车坐轿，往往自掏腰包，不用仪仗。这年秋天，一次夜间飓风大作，暴雨倾注，潮水溢过塘面，部将纷纷劝他移帐，他说：“大帐一移，三军掠扰，且我就高燥，而士卒湫溢，于心何安？”一直坚持到潮退。当时，江苏巡抚裕谦，节制两江总督，驻在宝山，他派人骑马专程探望陈化成此次可曾移帐。听到马蹄声，陈化成从容地从帐中走出来，使来人很受感动。冬天，大雪压帐，严寒刺骨，让人彻夜难眠。陈化成却时常摇驾小舟，迎着风浪，往来海滨巡查，或踏雪行营，问寒问暖，见士卒衣着单薄，便赶制棉衣发给他们。他体恤士卒如家人，在花甲之年仍与他们同吃共住，一起操练，同甘共苦，使江南水师官兵与他形成了一种亲合力和向心力，士卒都称他“陈老佛”。陈化成在官兵中不仅有很强的威信，也使很多人为之愿效死力。1841年秋，英国侵略军再犯定海，攻陷镇海、宁波，葛云飞、郑国鸿、王锡朋等将领浴血奋战，先后以身殉国。陈化成闻知后，老泪纵横，并激励部下说：“武臣卫国，死于疆场，幸也，尔等勉之。”

1842年，英国侵略者进一步扩大战争，拟沿长江内犯，占领南

★陈化成率官兵把守吴淞炮台

京。5月，英军先攻陷江浙两省海防重镇乍浦，然后企图利用汉奸引导攻占上海，但见吴淞防备极其严密，未敢轻入。陈化成自度敌人必攻吴淞，便进一步固防，稽查汉奸，申明纪律，激励士卒誓死抗战。同时，他协助两江总督牛鉴积极设防，并亲自率兵驻防西炮台，与东炮台、小沙背形成犄角之势。

6月13日，大批英舰驶入吴淞口外海面。14日，英军用水牌发出逼降书，被他断然拒绝。两江总督牛鉴也以敌众我寡主张缓师避敌，遭到陈化成坚决反对。6月16日，英国侵略者以大小船只百余艘，陆军万余人，全力进攻吴淞要塞，时年67岁的老将陈化成率官兵5000人把守吴淞炮台，命令开炮抵抗。经几小时炮战，击沉英船2艘，击折2艘兵船桅杆，英军淹死200余人。与此同时，吴淞炮台也被敌炮击毁，但他仍督兵奋战。此时，牛鉴等率部先已逃跑，只有他仍率部孤军奋战，并很快陷入重围，伤亡惨重。英军在占领了小沙背和东炮台后，将全部兵力压向西炮台。陈化成率部坚持抗击，数次拒绝接受牛鉴要他撤兵的命令。由于孤军无援，守台官兵纷纷战死，陈化成亦中弹负伤，但仍亲自点燃大炮，后因再次被敌炮击中而壮烈殉国。

★陈化成纪念馆

陈化成纪念馆座落于上海宝山区友谊路1号临江公园内，利用原孔庙大成殿作为馆舍，建筑面积300平方米，其中陈列面积为170平方米。1992年5月16日民族英雄陈化成殉国150周年时建成开馆。

敌兵退后，他的部下找到他的尸体殓于嘉定城，当地人民纷纷祭拜，并在城隍庙立起他的塑像。道光皇帝也“愤懑填胸”，下令在陈化成殉难处及原籍建专祠，以慰忠魂。

陈化成

陈化成（1776—1842年），字业章，号莲峰。福建同安（今属厦门）人。鸦片战争中抗英名将。

陈化成行伍出身，习水性，精武艺，累迁至总兵。1830年（清道光十年）晋福建水师提督，驻守厦门，多次率水师战船缉拿、驱逐英国鸦片武装走私船。1840年初，调任江南水陆提督。不久，闻英国侵略军进犯定海，不入松江衙署，急赴江苏最重要的海口吴淞，积极备战。先后调集清军4000余名，调配各型火炮250余门，并沿黄浦江口西岸修筑防御阵地“土城”达5公里。“土城”上筑火炮掩体“土牛”，用以加固炮台。1842年6月，英军入长江口。16日，吴淞之战爆发，英军以军舰7艘、轮船5艘（共载炮200余门）及陆军两团（不足额），分攻东、西土塘及江面清军船只。陈化成不畏强敌，下令向英舰开炮轰击，击伤英舰4艘。在西炮台遭英军水陆夹击、守军相继溃退之时，他仍率数十亲兵坚守阵地，最后被炮弹击中，英勇捐躯。吴淞要塞也随之失守。

陈化成为官廉洁，军纪严明，生活简朴，吴淞一带人民曾称颂他说：“官兵都吸民膏髓，陈公但饮吴淞水”。

★陈化成雕像

三元里人民抗英

SAN YUAN LI REN MIN KANG YING

1841年5月29日，英国侵略军义律和卧乌古纵容手下士兵来到三元里一带行凶作恶，他们奸淫虏掠，杀人放火，又抢粮食，又宰猪牛，甚至挖坟掘墓，从棺材里盗取殉葬品。目睹英军的侵略暴行，村民们奋起同英军搏斗，当场打死英军10余人。

为了坚决打击敌人日后的报复，村民在村北三元里古庙集会，商定以庙中黑底白边的三星旗为令旗，“旗进人进，旗退人退”，并与爱国士绅一起联络附近103乡人民，商定作战步骤。30日，南海、番禺百余村团练手持戈矛犁锄，群起围困被英军占领的永康台。与英军相持近半日，英军司令卧乌古亲自带兵出击。团练且战且退，诱敌至牛栏冈丘陵地带。天空突降大雨，英军火枪受潮不能发射，团练民众冒雨反击，将英军分割包围，肉搏鏖战。英军一个连队几遭全歼，英少校毕露毙命，50名英军被击毙，缴获许多战利品。卧乌古率部逃回四方炮台。三元里人民跟踪追击，层层围住四方炮台。31日清晨，广州手工业工人以及附近州县如花县、增城、从化等地团练也陆续赶来，民众增至数万，他们相约饿死英军。卧乌古不敢再战，义律闻讯率兵来救，也被围困，他只好派人转而威胁官府，扬言毁约攻城。清廷大臣奕山等闻讯恐慌，急派广州知府余保纯出城，先安抚英军，然后以欺骗手段强迫民众解散。6月1日，英军被迫撤离四方炮台。

此后，南海、番禺等县团勇数万人，昼夜操练，以防英军报复。义律得知民愤激昂，内河有备，再也没敢来这里逞凶作恶。三元里抗英斗争是中国人民自觉反抗外来压迫和英勇抗击帝国主义侵略的战斗事迹，它表现了中国人民坚贞不屈的民族意志和火热的爱国情怀。

★三元里人民抗击英军

★三元里人民抗英使用的大炮

★三元里人民抗英纪念碑

三元里人民抗英斗争纪念馆

三元里人民抗英斗争纪念馆，是全国重点文物保护单位，位于广州市广园西路三元里村北面。原为一座建于清初供奉北帝的道观（俗称“三元古庙”）。建于1961年，建筑面积446平方米，3间砖木结构建筑。馆内陈列三元里抗英的文物史料，系统地介绍三元里人民抗英斗争的史实，有三星旗、缴获的英军军服、大刀长矛、伍紫垣印章等文物与资料。另外，村口山岗上有纪念碑一座，上刻“一八四一年广东人民在三元里反对英帝国主义侵略斗争中牺牲的烈士永垂不朽”。

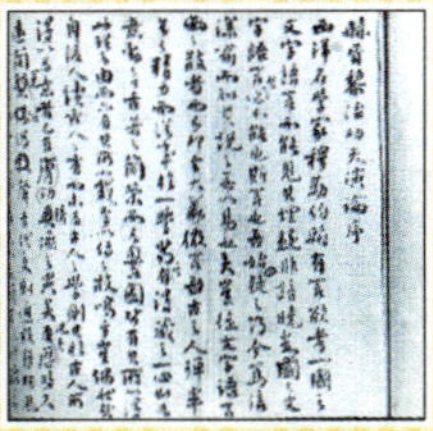

魏源著《海国图志》

WEI YUAN ZHU HAI GUO TU ZHI

1840 年，腐朽没落的清政府已逐步走向衰亡，当年爆发的鸦片战争更使中华民族坠入了苦难的深渊。时在扬州为官的魏源便经常与力主禁烟的林则徐、龚自珍等人一起探讨“改革时弊、开启民智、学外国技艺、铸国之海防”等济世救国的一系列主张。

1841 年春，魏源的好友、改革派中坚人物的清朝重臣林则徐被革职，发配到新疆伊犁。在途经镇江时，魏源得此消息，便匆匆赶来为林则徐送行，在江边会谈中，林则徐将自己在广州禁烟时搜集到的各种有关外国资料，包括一些炮船的模型图样，特别是请人译成的《四洲志》一书交给了魏源，希望魏源把这些书刊、材料汇编成书，通过此书能让世人仔细研读并学以致用。1841 年 6 月起，魏源以这些材料为基础，根据历代史志和明朝以来岛志记载，以及新搜集的有关外国武器、运载工具的图片和语言描述，开始着手写书，并取名为《海国图志》。当时的清政府自诩为“天朝大国”，对国门外的邻邦一直以“夷”蔑称，上自天子，下至臣民均“夜郎自大”、“顾步自封”，对外国的先进技术或不屑一顾或嗤之以鼻。魏源却以其过人的胆识、勇气和责任感，在中国近代史上第一次明确提出了“向西方学习”的思想和口号，堪为“中国近代史上睁眼看世界的第一人”。

1842 年 12 月，魏源历时一年半时间编成了《海国图志》50 卷。他在书的序言中郑重地告诉了世人：“是书何以作？为以夷攻夷而作，为以夷制夷而作，为师夷长技以制夷而作。”《海国图志》以“夷”为中心，全方位介绍了世界各国历史、地理、政治、经济、军事、科技、文化、教育、风土人情等，全面阐述了“尽得西洋之长技为中国之长技”并达到“师夷之长技以制夷”的理论构想，开创了近百年中国人向西方学习，探索振兴中华之路的风气。

★《海国图志》书影

魏 源

★魏源雕像

魏源（1794—1857 年），原名远达，字默深，湖南邵阳县金潭（今属隆回县金潭乡）人。出身于没落地主官僚家庭，幼年时代家境贫寒，使他与中下层社会接触较多，了解民间疾苦。道光二年（1822 年），魏源 28 岁时中举。他早年学过王守仁的“心学”，以后跟从刘逢禄学习“公羊学”，接受了“今文经学”的影响，注重“经世致用”。他与林则徐、姚莹、龚自珍等相友好，特别是与龚自珍交往很深，时人并称“龚魏”。中举后的十多年间，曾先后应江苏布政使贺长龄之聘编修《皇朝经世文编》和为两江总督陶澍、江苏巡抚林则徐等筹议漕运、水利、盐政等经济改革，以擅长“经世学”而知名。

在禁烟问题上，魏源积极支持严禁派，主张对鸦片的输入与吸食采取严禁的措施。他指出，鸦片是“民财之大漏卮”，认为“鸦片耗中国之精华，岁千亿计，此漏不塞，虽万物为金，阴阳为炭，不能供尾闾之壑”，必将造成严重的财政危机。他又指出，鸦片烟“醉我士女如醇浓，夜不见月与星兮，昼不见白日，自成长夜逍遥国”，是毒害中国人民的身心健康的祸首。以后他在《海国图志》中更进一步指出，“鸦烟流毒为中国三千年未有之祸”。因此，他要求严厉打击鸦片走私贩和坚持不改的鸦片吸食者，以收“惩一儆百”之效，并痛斥弛禁派是一伙不顾国家兴亡的民族败类。

鸦片战争爆发，魏源坚决主张抗战。当时他在浙东沿海，随后加入两江总督裕谦的幕府，参与筹划浙江前线的抗英斗争。

第二次鸦片战争

DI ER CI YA PIAN ZHAN ZHENG

19 世纪 50 年代，英、法、美等资本主义国家的工业生产有了进一步的发展，因而经济资源和商品市场便显得尤为重要。从第一次鸦片战争中，他们已经窥视到了中国广泛的能源空间和商品流通市场。于是，他们利用各种手段向中国提出有损民族利益和领土主权的要求。1854 年和 1856 年，他们要求在《南京条约》的基础上签订新的不平等条约，英、法、美还以曾两次帮助镇压太平天国为借口，向清政府提出包括中国全境开放、鸦片贸易合法化等无理要求，但均遭到了清政府的拒绝。随后，英法两国即策划了一场新的侵华战争，试图再次以武力来达到他们实施经济掠夺的目的。

★英法联军在大沽口登陆

★英法联军进入北京安定门

★天津大沽炮台被占领

1856 年 2 月，法国神父马赖在广西西林从事非法活动，被当地官府处死，法国即以此为口实对华采取军事报复。英国也处心积虑地寻找重开战端的借口，蓄意制造了“亚罗号”事件。“亚罗号”是一艘中国走私船，曾经在香港领过一张登记证，但已经过期。10 月，中国水师在广州附近登上“亚罗号”拘捕匪徒，遭到英国驻广州领事巴夏礼的抗议，他们硬说这是一艘英国船。尽管两广总督叶名琛已经同意把从“亚罗号”上缉捕到的走私船员交还给他

《北京条约》

1860 年 10 月，英法联军再度攻占天津，进逼北京。留守北京的恭亲王奕䜣慌忙求助俄国公使出面“调停”，并分别同英国全权代表额尔金、法国全权代表葛罗签订了中英、中法《北京条约》。在条约中，清政府承认《天津条约》有效；并增开天津为商埠；准许招募中国人出国做苦力；割九龙司地方一区给英国；赔偿英法两国军费各增至 800 万两白银。沙俄以“调停”有功，于 11 月同清政府签订了中俄《北京条约》，条约除承认中俄《瑷珲条约》外，又将乌苏里江以东 40 余万平方公里的中国领土割让给沙俄，并要求开放中国新疆的喀什噶尔、库伦为商埠，建立领事馆，允许在华俄国人在上述地区包括张家口地区在内进行自由贸易，同时要求享有领事裁判权。

《北京条约》为外国资本在中国北方打开了一个重要的口岸，西方资产阶级梦寐以求的事情终于实现了，鸦片输入终于有了合适的借口。因而《北京条约》是世界列强对中国实施的又一次经济掠夺和政治压榨，也是对中国人民的财产和人身权利最残暴的践踏。

们，但英方却未予理睬。10 月 23 日，他们突然发起进攻，占领广州以南沿江各炮台，并一度冲进广州城内，第二次鸦片战争便由此爆发。

法国此时也迫不及待地尾随其后，于次年出兵中国，与英军组成了英法联军。1857 年 12 月，英法联军 5600 余人（其中法军 1000 人）在珠江口集结，准备大举进攻。美国公使列卫廉和俄国公使普提雅廷也到达香港，与英、法合谋侵华。其时，清政府正以全力镇压太平天国和捻军起义，对外国侵略者采取“息兵为要”的方针。两广总督叶名琛忠实执行清政府的政策，不事战守。12 月 28 日，英法联军炮击广州，并登陆攻城。都统来存、千总邓安邦等率兵顽强抵御，次日失守。广东巡抚柏贵、广州将军穆克德讷投降，并在以巴夏礼为首的“联军委员会”的监督下继续担任原职，供敌驱使。叶名琛被侵略军俘虏。

广州陷落后，四国侵略者合谋继续北上，以便对清政府造成直接威胁。1858 年 4 月，英、法、俄、美四国公使率舰陆续来到大沽口外，分别照会清政府，要求指派全权大臣进行谈判。俄、美的照会还表示愿意充当“调停人”。咸丰帝一面命令清军在天津、大沽设防，一面派直隶总督谭廷襄为钦差大臣，前往大沽办理交涉，并把希望寄托在俄、美公使的“调停”上。英、法侵略者并无谈判诚意，只是以此拖延时间，加紧军事准备。5 月 20 日，英法军舰炮轰大沽炮台。驻守各炮台的清军奋起还击，与敌鏖战。但谭廷襄等毫无斗志，望风披靡，加以炮台设施陈陋，大沽失陷。英法联军溯白河而上，26 日，侵入天津城郊，并扬言要进攻北京。

★大沽口激战

在侵略者的淫威恫吓之下，清政府再次屈膝投降。6 月下旬，连惊带吓的大学士桂良分别与英、法、美、俄签订了可耻的卖国条约——《天津条约》。而沙俄在《天津条约》中迫使清政府承认已签订的《瑷珲条约》，彻底霸占了中国东北的大片国土。

1859 年 6 月，英、法驻华公使以换约为由，执意要率军舰从大沽口、溯白河进京，遭到了清政府的拒绝。6 月 25 日，英法军舰便向大沽炮台发动进攻。经过整顿的大沽守军奋起反击，击沉击伤英法兵舰十余艘，毙伤侵略军四五百名。英法联军狼狈撤出大沽口。

英法联军进攻大沽惨败的消息传到欧洲，英、法统治阶级内部一片战争喧嚣，叫嚷要对中国“实行大规模的报复”，“占领京城”。1860 年 2 月，英、法两国政府分别再度任命额尔金和葛罗为全权专使，率领英军 15000 余人，法军约 7000 人，扩大侵华战争。4 月，英法联军占领舟山。5、6 月，英军占大连湾，法军占烟台，封锁渤海湾，并以此作为进攻大沽口的前进基地。

此期，清朝前敌统帅僧格林沁则以为敌军不善陆战，因而专守大沽，尽弃北塘防务，给敌以可乘之机。8 月 1 日，英法联军在北塘登陆，没有遇到任何抵抗。14 日，攻陷塘沽。再水陆协同，进攻大沽北岸炮台。守台清军在直隶提督乐善指挥下，英勇抗击。但清政府本无

★《天津条约》签订场景

★八里桥之战

抗战决心，咸丰帝命令僧格林沁离营撤退。清军遂逃离大沽，经天津退至通州（今北京通州）八里桥一带。8月21日，大沽失陷。侵略军长驱直入，24日占领天津。清政府急派桂良等到天津议和。英、法提出，除全部接受《天津条约》外，还要增开天津为通商口岸，增加赔款以及各带兵千人进京换约。清政府予以拒绝，谈判破裂。侵略军遂从天津向北京进犯。9月21日，联军由通州和张家湾、郭家坟一带向八里桥推进。僧格林沁率蒙古左骑兵拼死抵抗，后因大学士瑞麟等临阵先逃，清军溃散西撤，八里桥失陷。此时，清朝上下，慌作一团，争相逃命。9月22日，咸丰皇帝率后妃、大臣们逃往承德避暑山庄，命恭亲王奕䜣向侵略者求和。10月，英法联军完全控制北京，进而将圆明园洗劫一空，并放火焚毁。

10月下旬，清政府代表、恭亲王奕䜣与英、法代表订立了《北京条约》。条约规定：开天津为商埠；准许华工出国；割让九龙司地方给英国；发还天主教资产；对英、法赔款增加到800万两白银。国土沦丧，权益受损，清政府再一次用中华民族的尊严为第二次鸦片战争划上了屈辱的句号。

《天津条约》

1858年5月20日，英法联军侵入天津，并扬言进攻北京。清政府派大学士桂良、吏部尚书花沙纳为钦差大臣，赴天津议和。于6月26日、27日分别与英、法订立了中英、中法《天津条约》。中英《天津条约》共56款，附约1款；中法《天津条约》共42款，附约6款。主要内容是：英、法公使常驻北京；增开牛庄（后改营口）、登州（后改烟台）、台湾（后定为台南）、淡水、潮州（后改汕头）、琼州、汉口、九江、南京、镇江为通商口岸；外籍传教士可以入中国内地自由传教；外国人可以到内地游历、经商；外国商船可在长江各口岸往来；修改税则，减轻商船吨税；对英赔款银400万两，对法赔款银200万两。

在此之前，俄、美公使利用“调停人”的身份，已先期分别于6月13日、18日与清政府签订中俄《天津条约》12款、中美《天津条约》30款，得到了除赔款以外在中国享有与英、法所得几乎一样的特权。中俄《天津条约》第九款还特别规定，两国派员查勘“以前未经定明边界”，“务将边界清理补入此次和约之内”，以便日后解决，从而为沙俄进一步掠夺中国的领土埋下了伏笔。

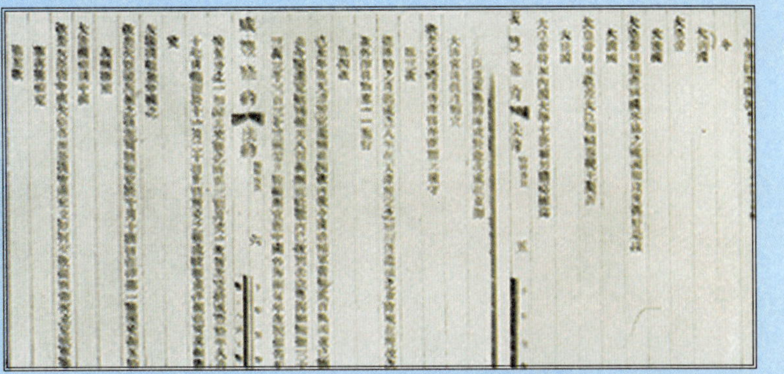

★《天津条约》文本（局部）

《天津条约》是《南京条约》的再版，所渲染的都是侵略的色调，但《天津条约》的侵略色彩则更加浓重，它把中国的土地涂抹得更加灰暗。

火烧圆明园

HUO SHAO YUAN MING YUAN

★圆明园遗址公园正门

1860年9月22日，面对来势汹汹的英法联军，咸丰皇帝和慈禧仓皇逃往热河。侵略军于10月6日攻占圆明园，中国守军寡不敌众，圆明园总管大臣文丰投福海自尽。此后，英、法军队便开始大肆洗劫园中珍宝。两天后，联军向城内开进。10月11日，英军又派出1200余名骑兵和一个步兵团，再次洗劫了圆明园，英国全权专使布鲁斯以清政府曾将广州领事巴夏礼等囚于圆明园为借口，将焚毁圆明园列入议和先决条件。10月18日，3500名英军冲入圆明园，纵火焚烧圆明园，大火三日不灭，圆明园及附近的清漪园、静明园、静宜园、畅春园及海淀镇均被烧成一片废墟，安佑宫中，近300名太监、宫女、工匠葬身火海，成为世界文明史上罕见的暴行。

圆明园位于北京西北郊，建于明朝。1709年，清朝康熙帝把该园赐给四子胤禛(后来的雍正帝)，并赐名圆明园。经雍正、乾隆、嘉庆、道光、咸丰五位皇帝150多年的经营，集中了大批物力，役使了无数能工巧匠，倾注了千百万劳动人民的血汗，把它精心营造成一座规模宏伟、景色秀丽的离宫。清朝皇帝每到盛夏就来到这里避暑、听政，处理军政事务，因此也称“夏宫”。

圆明园不仅汇集了江南若干名园胜景，还创造性地移植了西方园林建筑，集当时古今中外造园艺术之大成。园中有宏伟的宫殿，有轻巧玲珑的楼阁亭台，有象征热闹街市的“买卖街”，有象征农村景色的“山庄”，有仿照杭州西湖的“平湖秋月”、“雷峰夕照”，有仿照苏州狮子林的风景名胜；还有仿照古代诗人、画家的诗情画意建造的，如“蓬莱瑶台”、“武陵春色”等。可以说，圆明园是中国劳动人民智慧和血汗的结晶，也是中国人民建筑艺术和文化的典范。不仅如此，圆明园内还珍藏了无数的各种式样的无价之宝，极为罕见的历史典籍和丰富珍贵的历史文物，如历代书画、金银珠宝、宋元瓷器等，堪称人类文化的宝库之一，也可以这样

★圆明园复原图

★圆明园西洋楼“谐奇趣”全景

说，它是世界上一座最大的博物馆。

然而，这样一座世界上最瑰丽多姿的宫苑杰作，却由于清朝统治者软弱无能，被英法侵略军毁于一旦。法国著名作家雨果曾这样抨击侵略者的暴行：有一天，两个强盗闯进了夏宫，一个进行抢劫，另一个放火焚烧。他们高高兴兴地回到了欧洲，这两个强盗，一个叫法兰西，一个叫英吉利。他们共同“分享”了圆明园这座东方宝库，还认为自己取得了一场伟大的胜利！

★圆明园内被焚弃的石拱桥

圆明园

圆明园位于北京市西北郊，海淀区东部，平面布局呈倒置的品字形。圆明园周围连绵10公里，由圆明园、万春园、长春园组成，而以圆明园最大，故统称圆明园（亦称圆明三园）。此外，还有许多属园，分布在圆明园的东、西、南三面，其中有香山的静宜园、玉泉山的静明园、清漪园（后来的颐和园就是在此基础上建造起来的）等，全园面积合计5000多亩。

圆明园的陆上建筑面积和故宫一样大，水域面积又等于一个颐和园。圆明园汇集了当时江南若干名园胜景的特点，融中国古代造园艺术之精华，以园中之园的艺术手法，将诗情画意融化于千变万化的景象之中。圆明园的南部为朝廷区，是皇帝处理公务之所。其余地区则分布着40个景区，其中有50多处景点直接模仿外地的名园胜景，如杭州西湖十景，不仅模仿建筑，连名字也照搬过来。更有趣的是，圆明园中还建有西式园林景区。最有名的“观水法”，是一座西洋喷泉，还有万花阵迷宫以及西洋楼等，都具有意大利文艺复兴时期的风格。在湖水中还有一个威尼斯城模型，皇帝坐在岸边山上便可欣赏万里之外的“水城风光”。

★圆明园大水法遗址

圆明园是一座珍宝馆，里面藏有名人字画、秘府典籍、钟鼎宝器、金银珠宝等稀世文物，集中了古代文化的精华。圆明园也是一座异木奇花之园，名贵花木多达数百万株。完整目睹过圆明园的西方人把它称为“万园之园”。不过，这座超巨型园林却于1860年被英法联军洗劫和焚毁，奇迹和神话般的圆明园变成一片废墟，只剩断垣残壁，供游人凭吊。

辛酉政变

XIN YOU ZHENG BIAN

1861年8月22日，因英法发动第二次鸦片战争而避难于承德避暑山庄的咸丰皇帝病死于“烟波致爽”殿。咸丰帝临终前遗诏：立6岁的载淳为皇太子，任命载垣等八大臣辅政。但载淳生母慈禧太后权欲熏心，一心想掌握清朝的大权，她对八位辅政大臣总摄朝政心怀不满，便与心腹密商罢斥载垣、肃顺等人，并与在京的奕䜣联系。当时恭亲王奕䜣奉命留京为钦差便宜行事全权大臣，与英、法等国议和，签订《北京条约》。期间，奕䜣不但得到外国的支持，而且在朝廷中结成自己的势力集团，其中有大学士贾祯、周祖培、户部尚书沈兆霖、刑部尚书赵光，并得到在京畿握有重兵的兵部侍郎胜保和科尔沁亲王僧格林沁的支持。奕䜣接到慈禧太后密召后，两人正好一拍即合。于是，慈禧即差心腹内臣董元醇出面，奏请两宫太后“权听朝政”并派近支亲王辅政，来排挤八位总摄朝政的大臣，但八位大臣以“清朝无此先例”为由，驳斥了这一奏折，使慈禧未能如愿。

9月5日，奕䜣以奔丧为名，不顾八大臣梗阻，赶赴热河，与慈禧秘密谋划政变。10月26日，咸丰的灵柩从承德起运回京，慈禧暗使诡计，故意让肃顺护送灵柩后行，自己与慈安和载淳先期到达北京，两宫太后抵京后，即召见先行返京的奕䜣，安排政变事宜。11月2日，奕䜣示意大学士贾桢、周祖培等再次奏请两太后“垂帘听政”，胜保亦上奏附合，并请以近支亲王辅政。当日，太后下诏，历数载垣、端华、肃顺等罪状，称上年海疆不靖为在事王公大臣筹划乖方所致，而其与外不能尽心和议，使朝廷失信各国，皇帝避走热河。并令载垣、端华、肃顺解任听勘，景寿、穆荫、匡源、杜翰、焦佑瀛退出军机处。不出一日，又下诏将肃顺等三人革职拿问。11月3日，任命奕䜣为议政王，掌管军机处，桂良、沈兆霖、文祥、宝鋆并为军机大臣。7日，下诏废祺祥年号，以明年为同治元年。次日，再下诏命载垣、端华自尽，斩肃顺于市；景寿、匡源、杜翰、焦佑瀛皆革职，穆荫革职后发往军台。随后，又清除了赞襄政务王大臣的党羽。11日，同治帝载淳正式即位。从此，慈禧、慈安两太后开始垂帘听政。

皇后、皇太后临朝听政，处理国家大事，因在宝座前设帘遮蔽，因而叫垂帘听政。1861年，同治帝载淳举行了象征式的登基典礼后，两宫皇太后即携载淳到养心殿东暖阁，设两太后宝座在皇帝宝座之后，中间以八扇黄屏风隔开，正式垂帘听政。此后，慈禧掌握着清政府的最高权力，历时47年之久。

★同治帝载淳惠陵

★慈禧太后

慈禧太后

慈禧太后（1835—1908年），又称“西太后”、“那拉太后”、“老佛爷”，死后清朝上谥号为“孝钦慈禧端佑康颐昭豫庄诚寿恭钦献崇熙配天兴圣显皇后”总共25字，为有史以来皇后身后哀荣之最。1861年至1908年间清朝的实际统治者。

慈禧太后是满洲镶蓝旗人，其家庭属叶赫部。父惠征，曾任安徽徽宁池广太道道员。玉牒（皇族家谱）记载慈禧为“叶赫那拉氏惠征之女”，有姓无名（传说为杏贞，乳名兰儿），故称叶赫那拉。慈禧是咸丰帝的妃子，同治帝生母。同治帝即位，尊其为圣母皇太后，尊号为慈禧太后。在清文宗驾崩于避暑山庄后，治丧期间因与慈安太后分住烟波致爽殿东西暖阁，故也被称为西太后。

金田烽火

JIN TIAN FENG HUO

鸦片战争以后，资本主义国家对中国的侵略一步步加紧。清政府为了支付赔款，加紧从老百姓身上搜刮。战后十年当中，人民的负担比战前增加了一倍以上，成千上万的劳动人民被逼得倾家荡产，卖儿卖女。人民为了生存，纷纷拿起武器反抗统治阶级的剥削压迫。1851年，遍布南方各省的大小起义终于汇合成一股强大的革命洪流——太平天国运动。领导这场伟大起义的主要人物是杰出的农民领袖洪秀全。

★洪秀全像

洪秀全是广东花县福源水(今花都区)村人，1814年出生在一个农民的家庭。

洪秀全从小聪明好学，七岁进私塾读书，五六年功夫就把“四书”、“五经”念熟了，后来还读了不少古文。他父亲挺喜欢他，希望小儿子通过科举考试，能够扬名显亲，改换门庭。可是到洪秀全十六岁的时候，家中的日子渐渐艰难起来，他不得不放弃学业，在家帮父亲和哥哥种田、养猪、放牛。十八岁时，乡亲们看他学问不错，就请他到本村的私塾里当老师，教孩子们读书认字。由于他从小生活在农村，又亲自参加农业劳动，因而对农民的疾苦和愿望有深切的了解。

洪秀全好不容易读了八九年书，当然很想通过科举求得一官半职。他从十六岁起，一次又一次去应试，县考时每试都名列前茅，但到府试时，却总是名落孙山。

洪秀全二十五岁那年，又去广州考过一次，仍然没有考中。这一次落选，使他精神上受到很大刺激，气得他生了一场大病，好长时间昏迷不醒。这场病，过了四十多天才好。

1843年，三十一岁的洪秀全最后一次到广州应考，照例又落选。这时，正是鸦片战争失败不久。社会的黑暗、人民的苦难、个人的遭遇，加深了他对当时社会的不满，打消了他求取功名的念头。他开始怀疑和思索人生的真理。回家以后，有一天他偶然翻看前几年去广州考试时，在大街上得到的一本书——《劝世良言》，忽然从这本书里得到启示，发现了他要寻找的真理。

《劝世良言》是中国最早的传教士梁发写的一本宣传基督教教义的传道书。这本书劝人拜上帝、敬耶稣，不要拜偶像邪神，还用天堂永乐、地狱永苦一类话来欺骗吓唬人们。但是，就是它却紧紧抓住了在困惑迷惘中徘徊的洪秀全，使他成了一个基督教徒。更奇特的是，他把二十五岁那年害病时在梦里见到的一些人和事，同书上讲的上帝、耶稣、天堂、地狱等等联系起来，相信自己就是上帝的使者，是上帝叫他下凡来宣传福音、扫除妖魔、拯救世人的。从此，他就仔细钻研《劝世良言》，并在1843年夏天，和他的同学冯云山(也是穷苦的塾师)、族弟洪仁玕一起创立了“拜上帝教”。

为了表示对上帝的忠诚，不崇拜偶像邪神，洪秀全和冯云山毅然抛弃了私塾里供的孔子牌位。孔子是旧社会的圣人，撤去他的牌位是大逆不道的事，远近乡邻议论纷纷，视为异端。加之他拒绝作歌颂神佛的诗文，乡绅们就不让他教书了。洪秀全失了业，不得不远离家

★太平天国金田起义纪念馆

★太平天国金田起义旧址三界庙

乡，和冯云山一起去广西传教。

1844 年春天，洪秀全和冯云山历尽千辛万苦来到广西贵县赐谷村传教，但信教的人很少。不久，洪秀全回广东老家去写传道书，冯云山独自到桂平县去传教。这以后的两三年当中，随着各地群众反清斗争的发展壮大，他们的传教活动也渐渐和阶级斗争结合起来。

冯云山抛弃妻子儿女，远走他乡传教，表现了他坚韧不拔的毅力。当他在桂平县城听说紫荆山山深地僻，地势险要，里面有很多种山烧炭的穷苦农民，他一眼就看中了这块地方，把它当作密图大事的天地，只身前往。他初到山区，举目无亲，借贷无路，就靠拾牛粪、打短工过活，不久又当了塾师。一有空，他就到烧炭工人那儿去聊天，劝人们拜上帝，说拜了上帝，将来就有吃有穿，没灾没难。没活路的穷苦人听了这番话，心里有了指望，都高高兴兴地拜了上帝。

1847 年夏天，洪秀全带着他写的《原道醒世训》等几篇宣传材料来到紫荆山。他真没想到冯云山居然在两三年内发展了两千多名拜上帝会的会员，不但紫荆山周围几百里到处都播下了拜上帝会的种子，而且在冯云山左右还聚集了不少反清的好汉，种山烧炭的杨秀清、破产农民肖朝贵、地主兼商人韦昌辉、石达开等，都成了拜上帝会的骨干。洪秀全看到冯云山开创的这个大好局面，听到他隐藏的抱负，并且得知人人都在焦急地盼望着自己的来临，真是又惊又喜。他现在不光是要宣传福音，而且要借上帝的名义来打天下，成就帝王事业，实现“天下一家，共享太平”的理想。

为了树立拜上帝会的权威，洪秀全和冯云山带领群众开展了破坏偶像、捣毁神庙的斗争。当时离桂平县不远的象州有座甘王庙，传说这庙里供的甘王非常凶恶，谁要是敢讲他的坏话，他就叫你肚子疼，闹得你家里鸡犬不宁。老百姓都怕他，不敢不给他烧香磕头。洪秀全听说有这么个怪物，就和冯云山带人到庙里宣布甘王十大罪状，用大竹杖把他的神像狠揍一顿，还叫人把它的眼睛挖出、胡子拔掉、龙袍扯碎、手脚扭断。当地的群众听说洪秀全捣毁了甘王庙，都以为甘王决不会饶过他，一定会显灵来害他。可是等了好多天也不见动静，洪秀全还是好好的。从此，洪秀全威名大振，远近的群众对他奉若天神，参加拜上帝会的人越来越多了。

拜上帝会的声势一天天大起来，和当地的地主武装——团练的冲突也一次比一次激烈。紫荆山的团练头子勾结官府逮捕了冯云山，但不久就被群众营救出狱。从这以后，群众的战斗激情更加高涨，洪秀全、冯云山领导会众加紧操练兵马，制造武器，待机发动起义。

1849 年前后，广西连年发生灾荒，整个广西动荡起来，天地会（又叫“哥老会”，原是福建人民的一个秘密结社，后来遍布南方大部分地区）乘机举行暴动。大规模起义的时机已经成熟了。

1850 年 7 月，洪秀全发布总动员令，通知各地会众于 11 月到紫荆山南麓的金田村集会。第二年 1 月 11 日，正是洪秀全三十八岁生日。这天，金田村战旗飘扬，气氛庄严，一万多手执长矛、威风凛凛的战士齐集韦昌辉家的祠堂门前，举行隆重的仪式，由洪秀全宣布正式起义，建号太平天国，起义军称太平军。偏僻的山村响起了震天动地的革命风雷，一支浩浩荡荡的起义大军从金田出发了。

一路上，太平军打妖魔（清朝官吏），救百姓，纪律严明，所向无敌。大军所至，焚烧大小衙门以及粮册、田契、借券，杀逐豪绅、地主。

★金田起义浮雕

★太平军铸造兵器(木刻)

老百姓欢天喜地地唱道:“长毛（指太平军)一到,叫花子拿元宝。穷人穿皮袄，财主穿蒲包。谁说长毛不好?”人人争先恐后参加太平军。起义军的队伍就像滚雪球一样，越滚越大。

9月,太平军打下永安(广西蒙山)。洪秀全这时已当了太平天王，于是封杨秀清为东王，肖朝贵为西王,冯云山为南王,韦昌辉为北王,石达开为翼王。并按新定的官制,组成了太平天国的领导机构。

太平军攻克永安后,清军分南、北两路来围攻永安。1852年4月,洪秀全下令全军突围,向桂林进军,把围攻的清军打了个落花流水。接着,北上打下全州,然后进军湖南,攻打长沙。驻守长沙的清军有枪炮,太平军武器太差,没打下来,于是改变计划,奔向湖北,不久就占领了武昌、汉阳。可惜的是,在全州和长沙的两次战役中，冯云山和肖朝贵都中炮牺牲了。这对后来太平天国的事业是一个很大的损失。

1853年2月，洪秀全指挥五十万大军,分水陆两路沿长江东下。水路战船万艘,风帆蔽江;陆路人马如云,旌旗遮日。大军长驱直入,势如破竹。清军闻风丧胆,一触即溃。3月19日，太平军百万雄师一举拿下江南第一大城南京。洪秀全改南京为天京,作为国都。从此,太平天国就在以天京为中心的南中国的土地上，同清王朝和外国侵略者展开了更大规模的殊死搏斗。

洪秀全

洪秀全(1814—1864年),广东花县(今花都区)人。自幼博览群书,聪明好学。早年应秀才试,屡试不中。曾在村中任塾师。鸦片战争后,在社会矛盾日益激化的情势下,深感国弱民贫,朝政日非,开始寻找救国救民的真理。

1843年春天,洪秀全第四次到广州应试失望而归。在回乡的路上,眼前尽显凋敝、荒芜和赤贫。清政府的腐败,战争的创伤,加之考场失意,使他对这个世道充满了愤恨。回乡后,受基督教布道书《劝世良言》中的一神教的启发,他与洪仁玕、冯云山一起创立只拜上帝、不拜邪神的“拜上帝会”，开始向传统的封建思想宣战。1844年,他与冯云山离乡深入广西,以宗教发动、组织农民群众。1845年至1848年两度返回花县,撰写《原道救世歌》、《原理醒世训》及《原道觉世训》等著作,指出人世间的男女都是“上帝”的子女,都是平等的,号召人们起来同清朝统治者作坚决的斗争,创造一个“无处不均匀、无人不饱暖”、“天下一家,共享太平”的理想社会。

1851年1月11日,洪秀全领导拜上帝会群众在广西桂平县金田村武装起义，并于转战各县中寻机歼灭清军，保存和壮大实力。同年3月,在广西武宣东乡被拥戴为天王,随后建五军主将制。及克永安(今广西蒙山),又加封五主将为东、西、南、北、翼五王,建号太平天国。9月,太平军攻克永安,在那里进行了军政建设,颁布了军律和历法。1852年6月,在湖南道州(今道县)采纳杨秀清意见,确立“专意金陵”的战略方针。起义军围长沙,克武汉,下九江(今属江西),于1853年3月占领南京,定为都城,改称天京。定都天京之后,洪秀全又下令主动出击,分兵北伐和西征,组织了激烈的“天京破围战”,大败清军和曾国藩的湘军,使太平天国进入全盛时期。与此同时,洪秀全的思想也有了进一步的发展。1853年下半年,洪秀全钦定颁布了太平天国的政治纲领《天朝田亩制度》。这一制度提出了改变土地制度和其他改革社会的措施。其内容表现了农民反封建的要求和解决土地问题的强烈愿望。纲领内容的完备性和深刻性,使太平天国革命达到了中国历代农民革命所未能达到的最高思想境界。

★洪秀全雕像

天京事变

TIAN JING SHI BIAN

太平天国定都天京后，军事、政治形势迅猛发展，到1856年夏天，不仅在长江流域取得了重大胜利，而且把包围天京的清军江北大营和江南大营也先后摧垮。太平天国进入了全盛时期。但是，就在这种大好形势下，爆发了自相残杀的“天京事变”。

当时，太平天国领导核心有六个人，除了天王洪秀全，还有东王杨秀清、北王韦昌辉、翼王石达开、燕王秦日纲、豫王胡以晃。他们在未进入南京以前，还能团结一致，保持艰苦朴素、朝气蓬勃的作风。自从到了繁华富丽的南京以后，他们不但渐渐丢掉了这种好作风，而且越来越醉心于个人权势和生活享受，开始争权夺利了。

天王洪秀全进了南京以后，很快就摆起封建皇帝的谱儿来。当时太平军正大举北伐和西征，两个战场上军事都十分紧张。可他不为打仗着想，却在战火纷飞之时，征调大批男女劳役，夜以继日地给他盖豪华的天王府。他整天呆在里面，尽情享受起来，国事也很少过问，还说他睡着了也能称王坐江山。出门坐轿，得六十四个人抬着他；妃嫔有八十多个。而且他还明文规定，谁胆敢叫出他的妃子的姓名，或者偷看了他的妃子，就要杀头。此外他还制定了一套森严的等级制度，例如高级官员外出，下级官员和士兵必须跪在路旁，违者也要杀头等等。他把自己当作神灵和救世主，要人民无条件地歌颂他、崇拜他，这就使他逐渐脱离人民。

杨秀清的腐化程度也不比天王差。世上好听的、好看的、好玩的，他家里应有尽有。每次出门，前呼后拥，仪仗队就有一千多人。比这更可怕的是他追求权力的欲望，永无止境，这就使他和洪秀全的权位关系不能不日趋紧张。

当初，在金田起义前两年，由于冯云山被团练抓去，洪秀全去广东设法营救，紫荆山拜上帝会一时群龙无首，面临瓦解的危险境地。富于权略的杨秀清见会众情绪动摇，就假托天父下凡，借他的口传话给会众，这样才稳住了会众的情绪，使拜上帝会没有发生分裂。事后洪秀全就承认他有代天父传言的权力，而杨秀清也就在拜上帝会里取得了和洪秀全同等的地位，这就为后来的内讧埋下了种子。永安封王后，杨秀清又从洪秀全手中取得了太平天国军队的统帅权（西王以下各王都受东王节制）。随着太平天国军事上的节节胜利，杨秀清更加居功自傲，越来越不满足于“一人之下，万人之上”的权位，开始进行夺权的试探。有一次，他借口洪秀全虐待了女官，就假托天父下凡，要打洪秀全四十大板，直逼得洪秀全跪在地上连称“小子知错，求天父开恩饶恕”才罢休。这样，他们之间的矛盾也就更加尖锐了。

东王对其他各王也很霸道，想打就打，想骂就骂，弄得各王心里都恨他。有一回，燕王的一个马夫坐在门口，遇见东王的一个拜把兄弟的叔父，没站起来。东王的这个

★杨秀清雕像

★韦昌辉雕像

★石达开雕像

★洪秀全故居

拜把兄弟的叔父仗势欺人，把马夫打了二百鞭，还要让管法庭事务的黄玉崑（石达开的岳父）再加杖打。黄玉崑觉得这样做太过分了，就劝他别为这件小事生气，饶了马夫。没想到东王知道后，为了显示自己的威风，压服各王，竟把马夫判了五马分尸的酷刑，还打了燕王一百杖，黄玉崑三百杖，气得黄玉崑跳水寻死。东王这样专横跋扈，使各王怀恨在心，都想等机会报复他。

1856 年夏天，太平军解除了清军对天京的威胁。这时，杨秀清野心更加膨胀，急不可待地要登上“万岁”的宝座。一天，东王又假借天父下凡，将洪秀全召到东王府，听“天父”训话。东王装模作样用天父的口气对天王说：“你和东王都是我的儿子，东王功劳这样大，称九千岁合适吗？”天王跪在地上，无可奈何地答道：“东王打江山，也该是万岁。”

“天父”又问：“东王的儿子称九千岁够吗？”

天王答道：“东王既是万岁，东王的儿子也该是万岁。”

“天父”听了，乐滋滋地笑道：“那我就回天上去啦。”

这场戏，双方演得都很逼真。天王本是个火性子人，可是对待东王，他却把火气压了又压。这回他又把火气压下去，装作听任东王摆布的样子，答应到东王生日那天，加封他为“万岁”。等洪秀全回到天王府，他知道问题已经非常严重，他不得不立刻采取果断措施，秘密命令北王韦昌辉、翼王石达开火速带兵来给他解围。

韦昌辉出身地主，金田起义前他家里非常有钱，但没人当官；加上他是少数民族（壮族），因此免不了受当地恶霸劣绅和官府的欺凌。为了给自己找出路，他参加了拜上帝会。当初，他入会态度很坚决，不但带领全族人参加了金田起义，还拿出几万两银子支援起义。特别是他敢于冒着诛家灭族的危险，在自己家中开炉锻造大批武器，为起义作出了积极贡献。可是他野心也不小，而且是个两面派。东王专横霸道，权势显赫，早就使他怀恨在心，但他表面上却不露声色，并且一味地阿谀奉承东王。东王每次轿子一到，他就三步并作两步跑上去扶轿迎接。和东王说不上几句话，就跪在地上连声说：“要不是哥哥教导，小弟才识短浅，几乎不知道。”有一次，东王打了他几百板子，打得他皮开肉绽，起都起不来，可他还是低眉顺眼，忍气吞声，把仇恨咽在肚里。还有一次，他哥哥和东王小老婆的哥哥为争房子吵架，惹得东王发了火，要杀他哥哥。东王故意把这件事交给他处理，而他为了讨好东王，竟给自己的哥哥定了个五马分尸的酷刑，还说不这样做，就不能惩前毖后。这样异乎寻常的献媚，实际上早就包藏着祸心。终于，这场大祸由于杨秀清逼封“万岁”而迅速来临。

正在江西战场的韦昌辉，一接到天王密令，立即率领心腹部队三千多人，风驰电掣，连夜赶回天京。他们和燕王秦日纲把队伍分布到各个要害地方，将东王府团团围住。东王这时还蒙在鼓里，毫无觉察。9 月 2 日，天还没亮，韦昌辉杀气腾腾带兵闯进东王府，捉住东王。东王知道大事不好，哀求说：“你我都是金田起义的弟兄，你不能杀我。”韦昌辉却说：“你要夺位，我是奉二哥（洪秀全）的命令来杀你。今天的事不能两全，不杀你，我就得死。”说着，他拔剑假装要自尽，他的随从一把夺过剑来向东王头上砍去，东王登时断了气。接着，韦昌辉就带兵杀死东王的全部家属和东王府的大批人员。天亮后，东王府血流成渠，死尸遍地。韦昌辉用木匣子装了东王的头，去向天王请功。随后他又乘机扩大事态，树立个人权势，不分青红皂白地乱

★太平军佩带的腰牌

★天王洪秀全与随从在南京城

杀东王的部下和他们的家属。屠杀持续了两个多月，终于把两万多身经百战的太平天国将士淹没在这场权力斗争的血泊里。

在武昌前线督战的石达开，得到天京发生大屠杀的消息，急忙带了几个部将赶回天京。他严厉斥责韦昌辉不该滥杀无辜，使亲者痛仇者快。韦昌辉又想杀石这开。石达开机警果断，在到达天京的当天就连夜逃出天京。韦昌辉在深夜冲进翼王府，找不到石达开，就杀了他全家老小，还派兵追捕石达开。

韦昌辉不仅在天京胡杀乱斩，还带兵围攻天王府，企图加害洪秀全，夺取太平天国的最高领导权。这时，逃出天京的石达开在安徽已经调集了大军，准备起兵讨伐韦昌辉。他上奏天王，请求天王处死韦昌辉。洪秀全接受了这个要求，下令讨伐韦昌辉。韦昌辉早已人心丧尽，极为孤立，逃到浦口后立即被抓获，解回天京处死。天王派人把韦昌辉的脑袋送到安徽宁国府，并要石达开回京辅佐政事。至此，历时七十天的天京内乱才算结束了。

可是，一波刚平，一波又起。

石达开接到天王要他回京的诏书后，就于 11 月下旬回到天京。他回天京辅政，本来是很得人心的事，因为他不仅是太平天国第一流的军事政治人才，而且在军民中的威信也很高。但是，天王经过这次内乱，成了惊弓之鸟，除了洪家的人，对谁也不敢相信了。他虽然任命石达开理政，但却不给他打仗的机会，不让他出城，不久又把军权也收回了。这还不算，天王又封自己的大哥为安王、二哥为福王，让他们来牵制石达开。天王的这两个哥哥都是昏庸无能的人，石达开受不了他俩的气，就赌气离开了天京，临走时把太平天国的二十万精兵猛将也带走了。

离开了天京，石达开的大军就像离群的孤雁，茫无目的地到处流窜。他们从东打到西，走遍了南中国的九个省，也曾给清军以不断的打击，可是他始终没打出个名堂。到 1860 年，他的部属接连不断地脱离他回到天京。他心灰意冷，表示要到深山里去隐居，可是清朝统治者却不放过他，到处悬赏捉拿他，使他无处藏身，他没办法，又在广西等省招兵买马，想攻打下四川作为自己的根据地。

1863 年 5 月，石达开率军四万人到大渡河南岸的紫打地（今四川省石棉县安顺场），准备抢渡大

★韦昌辉故居

位于广西桂平市金田镇金田村内。该建筑是 1986 年修复的韦昌辉的部分故居。是一座两进三开间四合式的小院落，坐西南向东北，平面呈长方形，建筑面积 317 平方米，整组建筑均为一层平房，左右两边各有一幢五开间的横廊，中间为天井，全为砖木结构，硬山顶，小青瓦屋面，普通砖灰脊。整座建筑小巧朴实，富于村庄民宅的特色。

渡河，进入四川腹地。不巧，正遇上山洪暴发，河水猛涨，石达开抢渡未成，被追击的清军死死围困在这个地方。他身陷绝境，进退无路，只有率军死战。经过一场激烈的殊死战斗，他的军队损失大半，伤亡极其惨重。石达开在绝望中写信给四川总督骆秉章，请这个刽子手奏请清朝皇帝，不要屠杀他的将士，而他则愿意以自杀来保全部下。清军将领收到他的信，立即假装答应，诱使石达开带领部众两千余人到清军大营，乘夜将他们捕杀。石达开被俘后，不久就在成都被杀害。

经过天京事变和石达开的出走，一个方兴未艾、巍然挺立在南中国的太平天国，由于自相残杀而陷入了混乱和分裂，开始走上了下坡路。

★安顺场原名紫打地，地势险要。1863年5月，太平天国翼王石达开在此全军覆没。

★翼王亭

位于广西壮族自治区贵港市港北区东湖公园内，始建于1934年，由白崇禧等人发起，广西省政府拨款兴建，是我国第一座翼王石达开纪念亭。

《资政新篇》

《资政新篇》是太平天国政权中洪仁玕向领袖洪秀全提出的施政建议书。1859年，太平天国政权开始全面衰退，急需改革内政，“富国强兵”，以扭转不利的形势。洪仁玕根据个人的经历及对当时社会、政治和经济的认识，同时针对起义队伍和起义军政权所存在的实际问题，着手撰写了《资政新篇》。《资政新篇》的主题思想是在“用人”、“设法”两个方面要仿效西方，全面进行政治、经济、文化方面的改革。明确提出学习西方的先进政治制度和先进的科学技术，主张平等互利，与西方先进国家建立密切的外交关系，集中反映了当时先进的中国人向西方寻找真理和探索救国救民道路的迫切愿望。同年，该书经洪秀全批准刊刻颁行。《资政新篇》是在半殖民地半封建的社会背景下创作出来的，这是一个改造封建社会、救国救民的探索方案。其根本目的是维护天国政权，进行反封建反侵略的斗争。因而，洪秀全对上述的主张都十分赞赏，并把它作为太平天国后期的施政纲领。但由于当时紧张严峻的战争环境和缺乏广泛的社会支持而未能得到真正的贯彻和实施。

★《资政新篇》壁雕

《资政新篇》分前言、用人察失类、风风类、法法类、刑刑类五个部分，同时还鲜明地阐述了当时的政治观点，即：政治上主张法治、民主和“开明君主制”，突破了封建君主专制体制；经济上提倡发展工商业，重视科技的作用，从根本上瓦解了自然经济，否定了重农抑商；文教上提倡办新式学校和学习西方科技；外交上主张开放和独立自主。因此，它总体上具有鲜明的资本主义色彩，是中国人第一次提出的发展资本主义方案，它符合中国社会的发展方向，反映了中国社会经济发展的必然趋势。

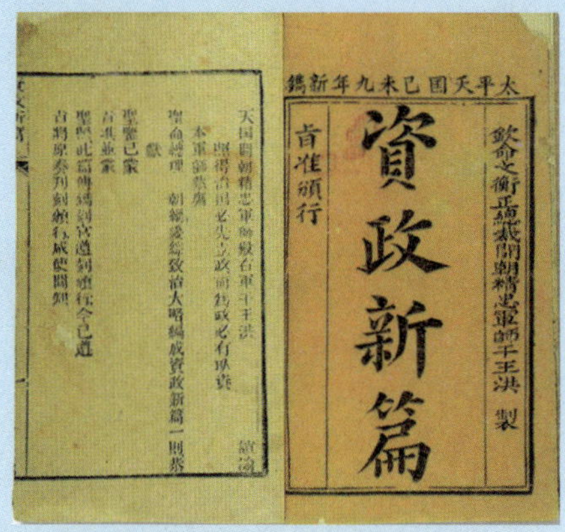

★《资政新篇》书影

血染天国

XUE RAN TIAN GUO

天京事变使太平天国元气大伤，从此，太平军从前期的战略进攻转入后期的战略防御。过了两年，关系到太平天国存亡的安庆和天京已经处于兵临城下的困境。洪秀全破格提拔陈玉成、李秀成两个青年将领担任军事统帅。但是，尽管他们英勇善战，屡建奇功，却终究无法从根本上扭转太平天国的危局。到1860年以后，太平天国就完全处在被动困守的境地了。

太平军之所以由当年的所向无敌到现在这种地步，除了领导集团犯了很多错误以外，还因为在后期遇到了比先前强劲的敌人——曾国藩的湘军和英、法等帝国主义的洋枪队。

曾国藩是湖南湘乡一个地主家的子弟，自幼养成一种极端残忍而虚伪的性格。他在二十八岁时考中进士以后，因为巴结满洲贵族的手腕特别高明，很快得到卖国贼穆彰阿的赏识，把他看作特等人才来向清朝皇帝推荐。十年功夫，曾国藩就爬上了礼部侍郎的高位。1853年，太平军向南京进军时，曾国藩正在老家给他母亲守丧。那时清朝派出镇压太平军的军队都是酒囊饭袋，见太平军就跑。咸丰帝不得不利用地方武装，于是派曾国藩帮助湖南巡抚办理本省团练。

★陈玉成像

★李秀成像

曾国藩办团练，专靠杀人。他主张抓人要多，杀人要快，允许各地土豪恶霸抓人杀人不必给官府打招呼，也不准尸亲喊冤。老百姓恨之入骨，叫他“曾剃头”，形容他杀人像剃的头发一样多，出于对农民起义的刻骨仇恨，曾国藩很快就拚凑了一支由他直接控制的一万七千人的军队——湘军。湘军的大小军官都是湘乡人，大多是曾国藩的亲戚、朋友、学生或同乡。这些人通过封建关系结成了死党，叫喊要为保卫“圣朝”而战，反革命意志非常坚决。这支反动的地主武装的战斗力几乎是当时中国最强大的，曾国藩就是靠着这支凶恶无比的军队最后战胜了太平军。

湘军开始出战时败多胜少。1854年，曾国藩亲自出马攻打长沙附近的靖港，被太平军当头一棒，打得落花流水。曾国藩又羞又恨，跳水寻死，但被随从捞起。他回去后重新整顿水陆军，准备反扑。第二年，在鄱阳湖一战中，又被石达开的军队打得焦头烂额，连他的

★曾国藩铜像

座船也被太平军夺去。他吓破了胆，悲观失望，又跳水寻死，再次被附近的小船救出，狼狈逃回南昌。1856年初，石达开攻克武昌后，亲自率领敢死队夜袭樟树镇湘军大营，湘军不战而逃，吓得困守在南昌危城里的曾国藩心惊肉跳，失魂落魄。可惜，正在两军搏斗最紧张的时候，天京事变发生，石达开闻变赶回天京，湘军这才松了口气。

天京事变虽然使敌人得到了喘息的时机，但后起的英王陈玉成、忠王李秀成却成为曾国藩的劲敌。1858年，三河镇（在安徽巢湖西岸）一仗，陈玉成击毙湘军悍将李续宾、曾国华，全歼湘军罗泽南旧部，曾国藩拚死抵抗才免于覆灭。1860年，李秀成、陈玉成联合作战，再次摧垮了重建的清军江南大营。接着，李秀成攻取苏州，进入浙江境内。咸丰惶惶不可终日，不得不给曾国藩更大的权力，让他署理两江总督（管辖江苏、江西、安徽三省）带兵亲往浙江救援，“保全东南大局”。

曾国藩大权到手，立即推荐左宗棠帮办军务，并派他的门生李鸿章照湘军的样子到安徽去组织淮军。这样，在清朝的地主武装中又出现了左系湘军和李系淮军，从而使反动势力又得到了恢复和加强。

1881 年 9 月，太平天国的战略要地、屏障天京的西大门——安庆失守，太平天国遭到致命打击，天京的形势更加危急了。

正在这个时候，咸丰帝驾崩了，大权落到了他的皇后慈禧手中。慈禧掌权后，公开表示要执行讨好外国侵略者的政策，投靠外国侵略者。从此，中外反动派互相勾结起来共同镇压农民起义。曾国藩这时更加受到清王朝的重用。慈禧在上台的当月，就交给他两江总督节制江苏、安徽、江西、浙江四省的大权，使他成为清王朝给予大权的第一个汉族官僚。满洲皇帝破天荒地向汉族奴才低头，使得曾国藩感激涕零，更加死心踏地地为主子效劳。他给主子出谋划策说：“看现在这个情况，除了请洋兵出战以外，实在也没别的好办法了。”1862 年初，慈禧正式确定“借师助剿”的反动方针，加紧同外国侵略者进行勾结。这样，帝国主义者便在“助剿”的名义下，以中国人民革命事业的绞杀者的身份出场了。

外国侵略者（英、法、俄、美）不但供给清朝军队新式枪炮，而且还组织军队直接出面攻打太平军。

当时，上海是外国资本主义侵略中国的大本营。李秀成大军进入江苏、浙江境内以后，这两省的很多官僚、买办、地主和大商人纷纷跑到上海来藏身。清政府为了保护他们，雇了一个名叫华尔的美国流氓，由他召募一批外国的亡命之徒组成洋枪队：每打下一城，就给他三万六千两银子，让洋兵先进城抢劫。住在上海的官僚、地主和商人，都把华尔当成救命的稻草，抓住不放。

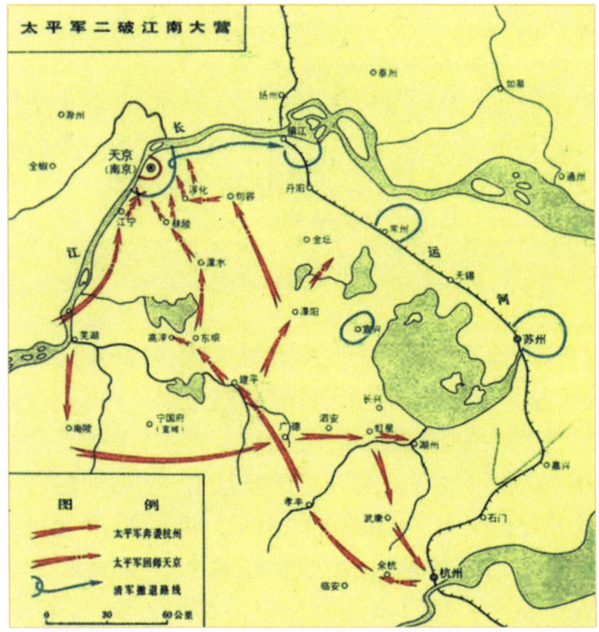

★太平军二破江南大营路线图

太平军于 1858 年下半年取得二破江北大营与三河镇大捷两次重大胜利之后，初步扭转了太平天国在军事上的危局，遏止了湘军长驱直入的攻势，一定程度上改变了天京和安庆受围困的局面，战争形势有了较明显的好转。

1862 年春天，李鸿章的淮军七千人乘英国轮船，在英国军舰的护航下通过天京江面到达上海，联合英、法军队和洋枪队，开始对太平军作战。李秀成在淮军到达之前就率大军猛攻上海，在太仓、嘉定、青浦等地同中外反动军队展开了一场激战。太平军击毁敌营一百三十多座，杀伤大批敌军，还打死法军总头目卜罗德，活捉了洋枪队的二号头目法尔思德。敌人不敢再和太平军接仗，狼狈逃回上海。不久，太平军又在慈溪县城打死洋枪队头子华尔，在绍兴打死“常捷军”（由法国人日意格编练的中法混合军）的头目。但是，当李秀成在长江下游用兵，并且连战连胜的时候，太平军在安徽战场上却接连打了败仗。陈玉成在安徽寿州被叛徒诱捕，壮烈牺牲。太平天国失去了最坚强的一大支柱。同时，湘军又大举反扑，扎营雨花台附近，企图四面包围天京。李秀成奉天王命令，把主力从东战场调到西战场，回师救援天京。这样，中外反革命再次得到喘息的机会。

李秀成援救天京的三十万大军和曾国荃（曾国藩之弟）的湘军主力血战四十多天，始终没有突破湘军的阵地。由于严冬来临，没有准备好棉衣，太平军不得不从雨花台一带的战地上撤退。这样，天京解围的希望就越来越小了。而这时中外反革命的联合进攻也更加猖獗。“常胜军”的头目换成英国军官戈登，更多的英国军官参加了这支

★咸丰帝像

★洋枪队首领华尔

★太平军使用过的马鞍和头盔

军队，人数大大增加，淮军也全用洋枪洋炮武装起来，两军配合，疯狂向苏州、常州进攻；“常捷军”也伙同左宗棠的湘军加紧向浙江进攻。中外敌人靠着武器的优势，步步紧逼，太平天国的势力范围越来越小。1863 年 6 月，雨花台失陷，天京到了危急存亡的关头。李秀成劝天王放弃天京，另辟新根据地。可是洪秀全不但不听李秀成的劝告，而且不放他出城。李秀成只好留在天京，困守这座危城。

天京被围，内外交通断绝，生活极端困苦，洪秀全和全城军民靠吃野草度日。

1864 年 6 月，洪秀全病逝，把儿子洪天贵福托付给李秀成，把军政大权也交给了他。但这已经太晚了。7 月 19 日，曾国荃披挂上阵，指挥湘军用炸药轰倒天京城墙，攻进天京。城里残留的三四千太平军同湘军展开激烈的巷战，战士们寡不敌众，宁愿聚集在一处自焚，也没有一个人投降。英雄们用自己的生命和鲜血，写下了太平天国最悲壮的一页，为中国历史增添了光辉。

湘军进城后，兽性大发，见人就杀，见东西就抢，见房子就烧。三天之内，被屠杀的太平军和人民竟有十多万，秦淮河填满了尸首，大火烧了七天七夜。繁华的天京，几天时间就化为瓦砾灰烬，成了一座空城。江苏、浙江、安徽三省，几乎百里不见人烟，到处是白骨和荒草。

天京城破时，李秀成带着洪天贵福突围出城。在敌人追赶中，洪天贵福逃脱（后在江西被杀害），李秀成因人告密，被敌人俘虏。不久，曾国藩将他凌迟处死。

轰轰烈烈的太平天国运动在坚持战斗十四年之后，终于在中外反动派的联合镇压下失败了。但是，它的光辉业绩、可歌可泣的反抗精神，却激励着后来的人民，成为近代人民革命的巨大鼓舞力量。

《天朝田亩制度》

《天朝田亩制度》的基础内容，是根据“凡天下田，天下人同耕”的原则，把每亩土地按每年产量的多少，分为上、中、下三级九等，然后好田坏田互相搭配，好坏各一半，按人口平均分配。凡 16 岁以上的男女每人得到一份同等数量的土地，15 岁以下的减半。除了解决土地问题之外，《天朝田亩制度》还对农副业生产和分配等问题，做了一系列具体规定生产和分配，都由农村政权的基层组织“两”来实行管理，每 25 户为一“两”。分得土地的农民，都要参加农副业生产劳动。在分配问题上，规定每“两”生产的农副业产品，“除足其二十五家每人所食可接新谷外，余则归国库。凡麦、豆、苎麻、布帛、鸡犬各物及银钱亦然”。25 家中的婚丧等事所需要的银钱粮食，都由每“两”所设的国库开支。鳏寡孤独、疾病残废等丧失劳动能力的人，都由国库供养。太平天国的领导者们希望通过这样的方案，建立“有田同耕，有饭同食，有衣同穿，有钱同使，无处不均匀，无人不饱暖”的理想社会。

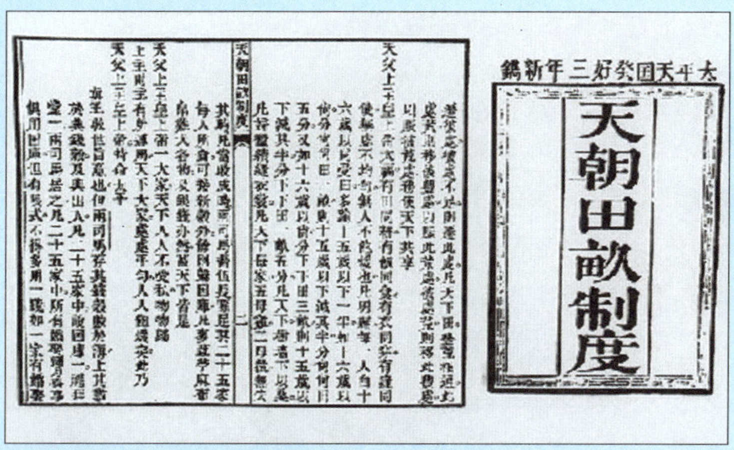
太平天国癸好三年新镌

天朝田畝制度

★《天朝田亩制度》文本（局部）

★洪秀全印玺

捻军起义

NIAN JUN QI YI

捻军是太平天国起义爆发后发展起来的又一支农民武装，主要爆发于我国的淮北地区，并具有零散出击和流动作战的特点。因为在淮北当地的方言中习惯将一股或一伙称作“捻”，故而该武装即被称作捻子或捻党。

★（石刻）陈大喜（1832 年—1865 年），字泰和，今河南省平舆县东皇庙乡老围子村（时为陈家寨），为清末著名的捻军首领之一。同治四年（1865 年）陈大喜会同赖文光、张宗禹部在山东曹州（今菏泽）设伏，杀死号称常胜将军的清亲王僧格林沁，全歼僧部一万多名蒙古马队，给清军以沉重打击。曹州一战，举国震惊，清廷急命曾国藩督军围剿捻军。陈大喜率部转战豫鄂两省，后被清政府重兵镇压，陈大喜下落不明。

捻子是民间的一个秘密组织，大约产生于清康熙年间，捻子成员主要是农民和手工业者，他们早期活动于皖北淝水和涡河流域。清嘉庆末年，捻子日渐增多，小捻子数人、数十人，大捻子可达一二百人。这些捻子因经常在安徽、江苏、河南、山东间护送私盐，与清政府发生过多次武装冲突。1853 年，捻子在太平天国影响下发动大规模起义。起义后的“捻”被史学界称为捻军。

捻军起义长达 16 年，分为两个历史阶段。第一阶段是从 1853 年春开始到 1863 年 3 月为前期捻军。前期捻军主要采取流动战术，以小股分散的形式打击清政府和清地方势力，他们互不统属，各自为战，具有灵活机动的战术优势。但不利于大规模作战，缺乏从根本上消灭清军的有生力量、动摇清王朝和建立政权的战略眼光。1853 年 1 月至 3 月，太平军连克武汉、安庆、南京。这时，活动于安徽、河南的捻子也都纷纷起义响应。及至太平天国北伐军经过这一地区时，捻军便开始从分散斗争趋向于联合作战。1855 年秋，各路捻军在安徽亳州雉河集（今安徽涡阳）会盟，起义力量最大的当地捻军首领张乐行被推为盟主。联合后的捻军用黄、白、红、蓝、黑五色旗来区分军队。总旗下有大旗、小旗之分。每一旗主左右都有一个以宗族、亲信、乡邻关系组成的领导体系。由于各旗间互不统属，缺乏统一集中的指挥和各部之间的协调动作，加之捻军“居则为民，出则为捻”，不易离开本土作战，因而暴露了它的分散性和落后性。

★捻军作战图

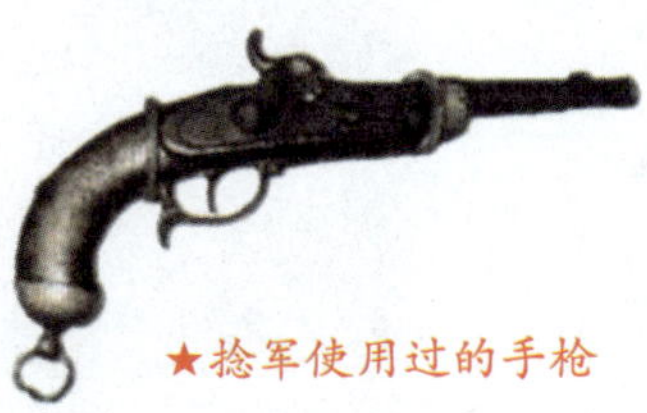

★捻军使用过的手枪

1857 年 3 月，张乐行率领捻军渡淮河与太平军会师于霍丘和正阳关，积极配合太平军作战，但由于捻军各级起义将领本位

★左宗棠

主义和个人主义思想严重，未能接受太平军的改编。当年，内部又出现了分歧，并直接导致了起义队伍的分裂。1861 年 9 月和 1862 年 5 月，清军攻陷安徽太平天国重镇安庆和庐州（今安徽合肥）后，捻军因而失去太平军为依托，处境困难。张宗禹等部自淮北西入河南、陕西，与远征西北的太平天国陈得才等军会合。1862 年秋，以僧格林沁为首的清军大举进攻皖北，次年 3 月攻陷捻军根据地雉河集，张乐行被叛徒绑至清营遇害。

1863 年 3 月，张乐行牺牲后，捻军各部继续转战于河南、湖北、陕西边区，摆脱清军的围追堵截，伺机消灭敌人。1864 年 4 月，捻军一部与太平军组成联军，并按太平军军制重新整编，变步卒为骑兵，采用流动战术，使起义的声势复振。1865 年 5 月，在山东曹州（今山东菏泽）高楼寨歼灭清精锐蒙古骑兵，消灭了清廷最能征善战的僧格林沁和其麾下的万余清军。

1866 年，清政府先后派曾国藩、李鸿章督率装备有洋枪洋炮的清军四处围剿起义联军。10 月，联军分为东西两军，赖文光、任柱继续在中原地区活动，为东捻军；张宗禹、张琢进入陕西联络回民起义，为西捻军。1867 年，东捻军转战湖北，试图与西捻军会合未遂。6 月，东捻军经河南进入山东，后被李鸿章击败。西捻军转战陕西后，于 1867 年初至保定，威胁北京。但在转战中被李鸿章、左宗棠率军包围，1868 年 8 月在茌平溃败。至此，坚持抗清 16 年的捻军起义以失败告终。

★张乐行故居

故居位于安徽省涡阳县城西北张老家村，张乐行故居属清式四合院，松柏掩映，有瓦房 16 间，其中前排堂屋 5 间，后客厅 5 间，东西厢房各 3 间。客厅重梁起架，雕梁画栋，明柱走廊，花格门窗，建筑雄伟。现为安徽省重点文物保护单位。

★张乐行像

张乐行

张乐行（？—1863 年），一称张洛行，捻军前期首领。安徽亳州人。出生于地主豪绅家庭。1852 年，皖北饥荒严重，张乐行与龚得树等率捻众万余人起义，在苏鲁豫皖交界广大地区活动，声势迅速扩大，各地捻众纷纷起义响应。1855 年秋，各路捻军首领云集雉河集（今安徽涡阳县），成立联盟，推张乐行为盟主，号称大汉永王。1857 年，张乐行率捻军与太平天国陈玉成、李秀成部队会师，被封为成天义，任征北主将，后改封沃王。与太平军并肩战斗，使清政府大为恐慌，先后派胜保、袁甲三等人镇压捻军。1863 年，僧格林沁围攻雉河集，捻军遭受重大损失，张乐行在涡阳义门遇害。

小刀会起义

XIAO DAO HUI QI YI

1853年9月7日，在太平天国农民大起义推动下,各地人民纷纷举行武装起义,响应太平天国运动,上海小刀会便是其中的一支起义队伍。

小刀会是成立于厦门的民间秘密团体,属天地会支派,1851年传到上海。主要成员为上海的福建籍劳动人民和部分工商业主。此期,在上海与小刀会性质相同的秘密结社还有主要成员为广东人的天地会和本地人组成的庙帮、塘桥帮、百龙党、罗汉党等。

1853年春，受太平军攻占南京和福建小刀会起义的影响,上海各秘密团体相继合并于小刀会,会员数千人。9月7日,上海小刀会在刘丽川的领导下发动了武装起义,起义军杀死了上海知县袁祖德,活捉了上海道台吴健彰,占领了上海城。

★小刀会太平通宝背星月小平钱

上海小刀会举行起义后,接着便从上海、嘉定分别出发,他们打着“剿灭贪官,以除残暴”的口号,痛斥清政府的罪恶,吸引了很多群众参加起义军队伍，使队伍很快发展到1万多人,并连续攻占了宝山、南汇、川沙、青浦四县,成立了小刀会政权。根据天地会“反清复明”的宗旨,初用“大明国”国号，旋即改称太平天国,并由刘丽川上书太平天国天王洪秀全,表示接受领导。

★小刀会起义指挥部所在地——上海豫园点春堂

上海小刀会起义同样使清政府恐慌不安,清政府只得从原来包围天京的江南大营中抽调军队,前往镇压。9月22日,清军攻陷嘉定,小刀会将领周立春被俘牺牲,其女周秀英和徐耀率领部分起义军转入上海。至月底,周围各县相继失陷。

起义军在上海坚守抗敌,曾宣布豁免三年赋税钱粮，并铸造货币,发展商业,保证粮食供应,打击高利贷,得到上海人民的拥护。清军包围上海城一年多,发动无数次攻城战,都被起义军击退。清廷还利用各种方式对起义军进行劝降,但小刀会杀死了前来诱降的奸细,表示决不妥协。然而,早在小刀会起义不久,外国势力与清军即在上海城北建筑围墙,以隔断城内起义军与外界的联系。1855年1月6日,法国舰队司令辣厄尔率领法军与清军配合,攻击县城北门,起义军英勇还击,予以了重创。英、美、法当局和清政府遂加紧围困,断绝对城内的粮食、火药接济。2月17日，起义军终因受敌围困日久,弹尽粮绝,被迫分路突围。战斗中,刘丽川、周秀英、徐耀等相继牺牲。部分起义军由潘起亮率领找到并加入了太平军。其他突围残部流散各地，继续参加反清斗争。上海小刀会起义至此即告失败。

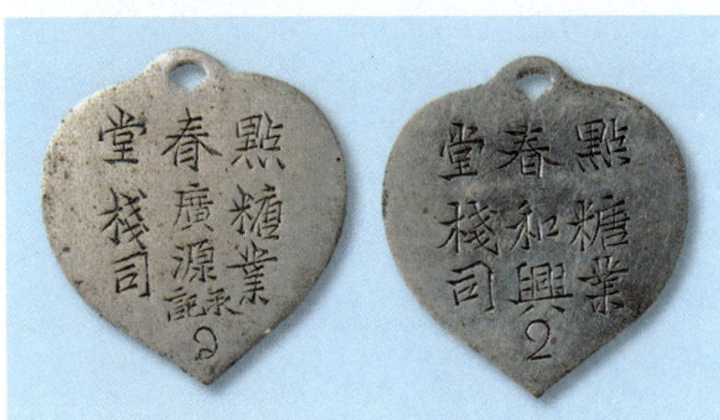

★清末点春堂铜牌二件

★厦门小刀会杀清将郑振缨处

★小刀会腰牌

舞剧《小刀会》

大型民族舞剧《小刀会》是根据19世纪50年代太平天国革命运动中上海"小刀会"武装起义的史实创作,成功地塑造了起义军领袖刘丽川、潘启祥和周秀英三个英雄人物的典型形象。《小刀会》最重要的一场戏是点春堂拒降,这是全剧高潮的顶点,处在这个内外矛盾交织中心的人物是周秀英。在强敌迫城、危在旦夕的生死关头,她知道了心爱的战友牺牲的噩耗,以化悲痛为力量的动人场景,刻画出小刀会英雄宁死不屈的光辉形象。为了塑造鲜明的人物形象,剧中主要人物借助于戏曲行当的表演技巧,如用老生身段表现刘丽川的果敢老练、用武生身段表现潘启祥的刚强勇猛、用武旦身段表现周秀英的英俊矫健、用袍带丑和架子花脸的身段来表现反面人物吴健彰既昏庸又凶险的两面性格。其中精彩舞段《弓舞》曾荣获第七届世界青年与学生和平友谊联欢节舞蹈比赛金质奖章,在1994年"中华民族20世纪舞蹈经典"评比中获经典作品金像奖。

★舞剧《小刀会》剧照

★刘丽川领导小刀会起义

刘丽川

刘丽川(1820—1855年),广东香山(中山)人。农民出身,1845年在香港参加天地会。1849年赴沪,从事反清活动。1853年,联合青浦(今属上海市)人周立春、陈阿林、潘起亮等人,在上海组织小刀会,成为首领,并于9月举行起义,占领上海,杀死知县,活捉上海道台,建立"大明国",任统理政教招讨大元帅。后积极上书太平天国洪秀全,愿受其领导,共图灭清大业。

小刀会起义后,占据了嘉定、宝山、南汇、川沙、青浦等县城。清廷见小刀会势力日益扩展,于是勾结英、美、法等外国势力进行反扑。刘丽川领导小刀会坚持斗争达15个月,终因未能与洪秀全取得联系,孤军无援,于1855年2月17日在上海虹桥率师突围时壮烈牺牲。

洋务运动

YANG WU YUN DONG

19 世纪中叶前后，由于受太平天国运动和第一、第二次鸦片战争的打击，清政府开始感受到了内忧外患的生存危机。面对这种局面，以“中学为体，西学为用”、“抛弃祖宗之法”和热衷于政治、军事、经济、教育革新的洋务派官僚便脱颖而出，而他们所采取的一系列变革，史称为“洋务运动”。洋务运动旧称“同光新政”。1860 年以后，在中外反动派联合镇压太平天国运动过程中，清朝封建集团中逐渐形成了一批具有买办性的官僚军阀。他们在与外国资本主义打交道期间，不但认为清政府与外国侵略者的矛盾可以相互调和，与之共同镇压国内人民的反抗，而且还可以采用一些资本主义生产技术，以达到维护摇摇欲坠的封建统治的目的。这部分人当中有总理各国事务衙门大臣奕䜣，还有在地方握有实权的大官僚曾国藩、李鸿章、左宗棠、张之洞等人。

洋务运动涉及军事、政治、经济、外交等方面，他们以“自强”为金字招牌，开始在天津、上海、广州、武昌、福州等地聘用外国教官、购买枪炮、组建洋枪队、兴办兵工厂、建立新式武器装备的陆海军。从 19 世纪 60 年代开始，曾国藩的

★江南制造总局炼钢厂

★洋务运动时期，清政府派遣的留学生。

★清朝兵工厂制造的大炮

曾国藩

曾国藩（1811—1872 年），初名子城，字伯函，号涤生。湖南长沙府湘乡（今湖南省双峰县）人。中国清朝时期的军事家、理学家、政治家，“中兴名臣”之一，也是文学家，晚清散文“湘乡派”创立人。官至两江总督、直隶总督、武英殿大学士，封一等毅勇侯。

曾国藩的一生是和镇压太平天国起义分不开的。1852 年，曾国藩因母丧在家。这时，太平天国的起义已席卷半个中国，尽管清政府从全国各地调集大量八旗、绿营官兵来对付太平军，可是这支腐朽的武装不堪一击。因此，清政府屡次颁发奖励团练的命令，力图利用各地的地主武装来遏制革命势力的发展。借此，曾国藩在其家乡湖南一带，依靠师徒、亲戚、好友等复杂的人际关系，建立了一支地方团练，称为“湘军”。曾国藩残酷镇压太平天国起义，用刑苛酷，史称“派知州一人，照磨一人承审匪类，解到重则立决，轻则毙之杖下，又轻则鞭之千百。……案至即时讯供，即时正法，亦无所期待迁延”。不仅他自己直接杀人，他的父亲和四弟也杀人，即有人责其杀人过多，称其为“曾剃头”、“曾屠户”。

★曾国藩

★洋务派在清政府的代表机构——总理各国事务衙门

安庆军械所、李鸿章的苏州西洋炮局和江南制造总局、左宗棠的福州船政局、崇厚的天津机器制造局、丁葆祯的成都机器局和一些中小型兵工厂都相继建立。但是,洋务派兴办军事工业的过程中，遇到了难以解决的资金、原料、燃料和交通运输等困难。于是,洋务派又打出了“富国”的口号,开始了“求富”之路,在此后的 10 余年间,煤矿、铁厂、缫丝厂、电厂、自来水厂、织布厂、电报、铁路相继建设。如开办轮船招商局、开平矿务局、天津电报局、唐山胥各庄铁路、上海机器织布局等。1884 年,他们还逐步建立起了以巩固海防为目的的北洋舰队，修建了旅顺船坞和威海卫军港。

由于洋务运动兴办的军事工业基本上是封建性近代工业，民用工业基本上是以利润、市场为基础的资本主义企业。结果是近代的生产力跟腐朽的封建式经营管理制度不配套，特别受制于封建体制的束缚和侵略势力的压迫，使洋务运动举步维艰,成效不大。但洋务运动引进了西方国家的近代生产方式，导致中国近代企业相继出现；培养了一批近代科技人员；西式教育的引进在一定程度上也使中国人的思想开始摆脱蒙昧状态，在客观上对本国封建经济起到一定的解体作用,从而刺激了资本主义的发展；民用工业的兴办，对外国经济势力的扩张也起到一定的抵制作用，因而打破了西方资本在中国的垄断。

李鸿章

李鸿章(1823—1901 年),字子黻、渐甫,号少荃、仪叟。安徽合肥人。中国晚清军政重臣,淮军创始人和统帅,洋务运动的主要倡导者。

★李鸿章

李鸿章于道光二十七年(1847 年)中进士。同时,受业曾国藩门下,讲求经世之学。咸丰三年(1853 年)受命回籍办团练,多次领兵与太平军作战。1858 年冬,入曾国藩幕府襄办营务。1860 年,统带淮扬水师。湘军占领安庆后，被曾国藩奏荐“才可大用”,命回合肥一带募勇。同治元年(1862 年),编成淮勇五营，曾国藩以上海系“筹饷膏腴之地”，命淮勇乘英国轮船抵沪,自成一军,是为淮军。旋经曾国藩推荐任江苏巡抚。地方实权既握,又于江苏大力扩军,采用西方新式枪炮,使淮军在两年内由 6000 多人增至六七万人,成为清军中装备精良、战斗力较强的一支地方武装,淮系军阀集团在此基础上逐渐形成。李鸿章到上海后,同外国雇佣军(后组建为常胜军)初犯太平军,1863 年和 1864 年他率淮军攻陷苏州、常州等地,和湘军一起镇压了太平天国。从 19 世纪 60 年代起,李鸿章积极筹建新式军事工业,仿造外国船、炮,开始从事标榜“自强”的洋务事业。1865 年分别在上海和江宁(今江苏南京)创立江南机器制造总局和金陵机器制造局。同时,署理两江总督,调集淮军数万人赴中原对捻军作战。1866 年,继曾国藩署钦差大臣,专办镇压捻军事务。次年,授湖广总督。其后,采取“就地圈围”、“坚壁清野”等战略,相继在山东、江苏间和直隶(约今河北)、山东间剿灭东、西捻军。1870 年,继曾国藩任直隶总督兼北洋通商大臣,从此控制北洋达 25 年之久,并参与掌管清政府外交、军事、经济大权,成为清末权势最为显赫的封疆大吏。

★李鸿章故居

左宗棠收失地

ZUO ZONG TANG SHOU SHI DI

幅员辽阔、美丽富饶的新疆，自古以来就是中国的神圣领土。秦汉以后称“西域”。公元前60年，汉宣帝设都护府于乌垒（今新疆轮台），从此，西域成为中国不可分割的一部分。自汉以后，历代相沿，都在西域设有政权机构。1759年，清政府“宣示中外”，将西域改称“新疆”。当时，新疆的西部边界远在巴尔喀什湖，与中亚汗国接壤。1862年，沙俄趁英、法发动第二次鸦片战争之机，通过《勘分西北界约记》割占了巴尔喀什湖以东以南广达44万多平方公里的土地。

1865年，中亚浩罕国的军事头目阿古柏趁新疆地区封建主内战，而清政府又忙于镇压捻军和陕甘回民起义之机，侵占了新疆的大片领土。当时，英、俄两国正在中亚地区争霸，都极力拉拢阿古柏。英国已占领了印度、克什米尔和阿富汗，又想通过控制阿古柏蚕食中国南疆地区，以建立阻隔沙俄南下的屏障。俄国已吞并了中亚3个汗国，更想通过控制阿古柏占领觊觎已久的新疆，进一步把势力扩展到阿富汗及印度边境，与英国对抗。俄国对阿古柏同英国的勾结非常恼怒，于1871年出兵抢占了新疆的战略要地伊犁。三股侵略势力在天山南北横行霸道，把新疆各族人民推向灾难的深渊。

★阿古柏

新疆的危机引起了国人的公愤，也使朝野震惊，议论纷纷。清政府曾几次派人与俄国进行谈判，都毫无结果。经过慎重考虑，决定采纳陕甘总督左宗棠的意见，发兵西征，收复新疆失地。但就在清政府调兵遣将准备出征的时候，又发生了日本侵占台湾的事件。于是，如何处理“塞防”与“海防”的关系，就成为当时清政府御侮布局的核心问题。上至中央大吏，下到地方要员，无不密切关注，并产生了尖锐的意见分歧。以直隶总督兼北洋大臣李鸿章为代表的一派人，借口东南海防重要，力主放弃新疆，坚决反对西征。他们认为：新疆不复，无伤元气。而要收复新疆，不仅远征劳费，而且外敌强大，收复了也守不住。而海疆不防，则会酿成心腹之患。因此主张“移塞防之银，充海防之饷”。在决定新疆命运的关键时刻，左宗棠挺身而出，坚决反对李鸿章的主张，力主收复新疆。他据理力争，强调只有保住新疆，才能保住蒙古，保住了蒙古，才能保卫京师。因此，他主张东为海防，西为塞防，二者并重，不可偏废。这一意见得到朝内许多爱国大臣的支持。清廷出于本身利益的考虑，同意了左宗棠的意见，并在1875年5月任命他为钦差大臣，让其率军收复新疆。

★清朝名将左宗棠雕像

左宗棠奉命之后，心情激动，思绪万千，深感自己和新疆有着特殊的不解之缘。原来，他从小喜欢研究历代异事和山川地理，早在年轻时代就很关心新疆的历史地理沿革和边防安危。1833年，他又在《燕台杂感》诗中留下了这样的诗句：“西域环兴不计年，当时立国重开边。橐驼万里输官稻，砂碛千秋此石田。置省尚烦他日策，兴屯宁费度支钱？将军莫更纾愁眼，中原生计亦可怜。”不难看出，他对当时守疆官吏的因循苟且和不善经营虽然充满了忧虑和愤慨，但对加强新疆的军政建设仍充满了希望和信心，并提出了“置省”、“兴屯”这些卓有远见的爱国主张。如今40多年过去了，没想到这一爱国宿愿现在就要由他自己去实现，一种神圣的使命感油然而生，左宗棠恨不得身插双翅立刻飞向天山……然而，征途遥远，要使沦陷多年的新疆重归版图，有四大难题亟待解决。第一难题是“兵疲”，不仅兵多老弱疲惫之士，而且将多腐朽昏庸之辈。左宗棠以极大的勇气和魄力遣散冗兵昏将，训练部队，充实装备，组成了一支以自己湘军为主的、精明强悍的西征军。第二难题是“饷蚀”，不仅国库空虚，调拨无多，而且李鸿章又处处与其分争。左宗棠通过户部解给200万两，各省关解拨300万两和自筹外债500万两，为西征军解决了最必需的费用。第三难题是“粮乏”，西北人烟稀少，军粮难筹。左宗棠通过多方采购和大办屯田，终于赶在战斗打响之前集中了4000多万斤军粮。第四难题是“运艰”，运送军粮的距离远达几千里，所运粮食几乎全部消耗在路上。左宗棠改长途运输为短途转运，采用车运、驼载结合，官运、民运并举的办法，组织了一条有效的运输线。经过近一年的紧张准备，左宗棠终于在1876年4月完成了出征前的准备。

★天罡银币

天罡银币直径为22毫米左右，重7.5–8克，历经百余年，因其存世量少，尤显珍贵。阿古柏于回历1219年，按照浩罕汗国钱币的形制，在喀什葛尔打造了天罡银币，分金、银、铜三种，这种银币是用手工在银片上冲压而成的，银币圆而不整，极不规范，也无标准计量，属中亚货币体系，有着浓郁的阿拉伯地域风格和民族特色。

1876年4月7日，年逾花甲、体弱多病的左宗棠不顾个人安危，亲率部队由兰州向新疆进发，跨出了西征的第一步。他骑在高大的战马上，环视浩浩荡荡的队伍，刚毅的面孔上露出了自信的笑容。

西征的总指挥部在肃州（今甘肃酒泉）安营后，左宗棠便加紧与众将领分析敌情，研究战法。为了避免两线作战，分散兵力，他们决定采取先消灭阿古柏，收复北疆和南疆地区，再从沙俄手中收回伊犁的两步战略。在讨伐阿古柏时，要实行“先北后南”的总体战略，因为北路乌鲁木齐以东地区仍在清军手中，与内地相连，补给方便，而且守敌是战斗力较差的白彦虎和马人保部，所以先取北疆，后取南疆，便于各个击破，把握性大。为克服战线太长，补给调运不易的困难，在战术上应采取“缓进速战”的方针，即整个西征之战不必急于求成，但每次具体战役，必须充分做好战前准备，不打无把握之仗，一旦发动进攻，则须以排山倒海之势克敌，力求战役速战速决，避免陷入劳师糜饷的持久战、消耗战。实践证明，上述方针是完全正确的。由于众将领能够正确理解并坚决贯彻执行，收复新疆的战斗才打得如此顺利和成功。

★左宗棠命刘锦棠为前军统帅进军北疆

1876年7月，左宗棠命总理行营营务刘锦棠为前军统帅，进军北疆。西征军先于8月11日首战告捷，智取战略要地黄田，随后又攻下乌鲁木齐外围的重要据点古牧地，进而一鼓作气拿下了兵力空虚的乌鲁木齐，共歼敌六七千人。西征军乘胜追击，连克昌吉、呼图壁。在玛纳斯南城遭到残匪的负隅顽抗，历时两个多月，歼敌3000余人。西征军也付出了近千人的牺牲。11月6日，玛纳斯南城攻坚战结束，标志乌鲁木齐战役获得全胜。西征军扫除了北疆的白、马叛军，为攻打南疆创造了极为有利的条件。

★清军进攻乌鲁木齐

驻在南疆的阿古柏，听到北疆

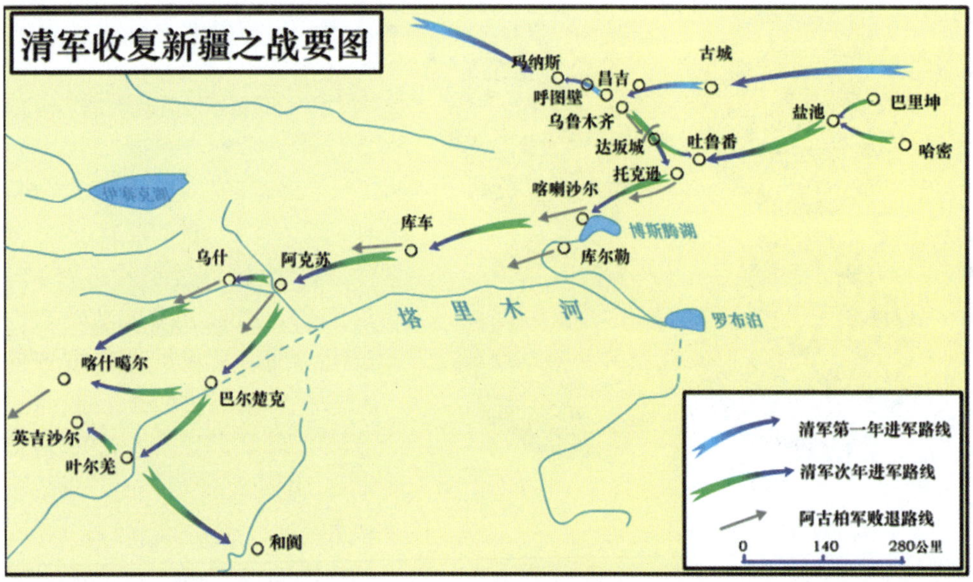

★清军收复新疆之战要图

被清军收复的消息后，大为惊慌。他一面在达坂、吐鲁番、托克逊等地增强兵力，企图阻击清军南下，一面乞求英国出面调停。由于达坂、吐鲁番、托克逊三城呈鼎足之势，紧扼南疆门户，战略地位十分重要。左宗棠在安排西征军冬季休整之后，于1877年4月14日组织优势兵力向南疆门户发动攻击。在左宗棠的正确指挥下，兵分两路，一路攻达坂，一路取吐鲁番，然后合击托克逊。西征将士意气风发，短短两周三城尽克，取得了收复南疆失地的决定性胜利。

经过北疆和南疆门户两次战役，阿古柏的主力大部被歼，余部成了强弩之末。阿古柏感到末日来临，服毒自杀。他的儿子们互相残杀，携裹其尸逃至南疆最西南的喀什噶尔（今喀什），准备作最后挣扎。英国见他们所支持的阿古柏政权岌岌可危，便出面玩弄“调停”把戏，建议由阿古柏的儿子交出南疆东四城作为变换条件，中国政府允许其保留西四城作为“保护国”。这一建议得到李鸿章等人的赞成，却遭到左宗棠的坚决反对。左宗棠在给清廷的复奏中揭露英国为阿匪乞降“立国”的阴谋，历陈乘胜收复南疆的重要意义和有利条件，而后表示决心说，大军西进，欲止不能，在我“惟有勉竭驽钝，以效驰驱，成败利钝，听之而已”。左宗棠的意见再次得到了清廷的支持。

★崇厚像

攻打南疆八城，是一场远距离的追歼战。左宗棠根据这一地理特点，确定组织两个兵团梯次前进的布兵方案。命英勇善战的刘锦棠在前，负责军事攻击，命“文武兼资”的张曜在后，负责后续及巩固后方。左宗棠根据这一地区经阿匪统治多年的政治特点，特别强调民族关系和军队纪律。他向将士严厉申明：“我军所到之处，不准奸淫抢掠，不许滥杀无辜，要成为真正的道义之师。”

各路将领严格遵守左宗棠的训示，对维吾尔等少数民族秋毫无犯，受到当地人民的欢迎和支持。西征军所到之处，各族人民纷纷献粮马、运粮草、当向导、传情报。在各族人民的支持下，西征军所向无敌，自1877年8月至1878年1月，将南疆八城全部收复。残匪逃入俄境，阿古柏反动政权彻底瓦解。至此，被阿古柏侵占达十几年之久的新疆领土重新回到祖国的怀抱。因收复新疆有功，清政府晋封左宗棠为二等侯爵。

左宗棠在平定阿古柏侵略势力之后，立即把收复伊犁作为他下一步的主要奋斗目标。他深知沙俄绝不会痛快地交回伊犁，便一面上奏清廷，建议“乘此兵威”先通过外交途径向沙俄交涉，一面加强武力收复的准备。清廷接受了他的建议，先向驻北京的俄国公使提出归还伊犁的要求，后又委派吏部侍郎崇厚为全权大臣，前往俄国谈判。

沙俄根本不想归还伊犁，便庇护纵容逃入俄境的阿古柏残匪到边境骚扰劫掠，制造混乱，然后借口地方秩序没有恢复，而拖延耍赖。对此，左宗棠传令将士穷追猛打，决不姑息。一来可以消灭残匪，二来也是为了向沙俄展示军事实力。

谁知昏庸无能的崇厚却在沙俄的威胁利诱下签订了丧权辱国的条约，以割地、赔款、通商等种种特权为代价，换回一座险要尽失的空城。消息传来，举国哗然，左宗棠尤为愤慨。他再次上书清廷，坚决反对崇厚的卖国行为，并表示要竭尽全力收复伊犁。可是李鸿章却主张对俄妥协，支持崇厚，污蔑左宗棠。清政府碍于全国舆论，没有同意李鸿章的意见，决定撤销崇厚职务，改派驻英、法公使曾纪泽赴俄重新谈判。同时，指示左宗棠统筹战守，准备收复伊犁。

沙俄见清政府拒绝批准他一手炮制的“条约”，不仅极力施加外交压力，还大肆进行军事讹诈。在同中国毗连的地区集中了几万俄军，伊犁地区的俄军也骤然增至1200人，同时还向远东派出了一支由20多艘军舰组成的舰队。

面对沙俄的威胁，左宗棠毫不畏惧，于1880年5月完成了兵分三路收复伊犁的准备。命金顺率部在东路扼精河一带，防俄军东窜；命张曜率部由中路出阿克苏，沿特克斯河，直趋伊犁；命刘锦棠率部由西路取道乌什，经布鲁特牧区，径奔伊犁。他还下令将总指挥部由肃州移到哈密。这时，左宗棠已年近七旬，多病缠身，但是他老骥伏枥，勇往直前。移营时，命令士兵抬着他的棺材同行，以示此行不成功便成仁的爱国决心。“羌笛何须怨杨柳，春风不度玉门关”，这是古人描写戍边者不得还乡的怨情，然而左宗棠行抵玉门，发出的却是“壮士长歌，不复以出塞为苦”的豪言！随军将士看到主帅为了祖国把生死福祸置之度外，人人思奋，个个争先，于6月15日抵达哈密。

尽管左宗棠调兵遣将，秣马厉兵，然而腐朽的清政府又在国内外妥协势力的诱迫下，动摇了以武力收回伊犁的决心，开始寄希望于谈判。为避免冲突，清政府又在1880年8月用“以备朝廷顾问”为借口急调左宗棠回京。军令难违，壮志未酬的左宗棠噙泪告别了西征将士，于翌年2月回到北京。这时恰逢《中俄伊犁条约》在彼得堡签订，虽然它仍是一个不平等条约，但与崇厚签订的条约相比，中国毕竟挽回了许多权益，收复了伊犁地区，结束了沙俄对伊犁地区长达10年之久的血腥统治。

★左宗棠墓

左宗棠墓位于湖南省长沙县石门乡柏竹村，从黄兴故居过杨梅河大桥，南行约2公里，即可见公路边的“重修左宗棠墓碑记”。从碑后登数十级石阶，“清太傅大学士属靖侯左文襄公之墓”跃入眼帘。墓前有石砌平台，配以石桌、石鼓、石香炉。两侧华表刻联语“汉业唐规西陲永固；秦川陇道塞柳长青”。

阿古柏入侵新疆

新疆是中国的西大门，号称“世界屋脊”的帕米尔高原，屏障着祖国的西部河山。沙俄在第二次鸦片战争时夺取了中国东北边疆的大片领土。接着，就将魔爪伸入新疆地区。1865年，中亚细亚的浩罕国派阿古柏率军队侵入中国新疆，占领喀什噶尔。阿古柏悍然成立“哲德沙尔国”(哲德沙尔国，七城国的意思。七城指：喀什噶尔、和田、阿克苏、叶尔、库车、乌什和吐鲁番)，自立为汗。1871年6月，沙俄借口维护边境安全，派兵侵占新疆伊犁地区，移民垦殖，实行殖民统治。第二年，沙俄不顾清政府多次交涉，竟同阿古柏商订“商约”，承认阿古柏伪政权，并攫取在天山南路建立“商馆”、自由通商等特权。英国见沙俄深入南疆，也加紧笼络阿古柏，特派全权使节去喀什噶尔，于1874年同阿古柏签订正式条约，承认阿古柏的统治地位。英国与阿古柏签订商约，以提供大批枪支弹药为条件，取得在阿古柏统治区通商、驻使、设领事等特权。这样，阿古柏就成了英、俄分裂和肢解中国领土新疆的共同傀儡。

中法战争

ZHONG FA ZHAN ZHENG

1883年至1885年，爆发于越南境内的中法战争，以法军向驻守越南的中国军队发动进攻为开始，以中国守军取得镇南关大捷，却与法军签订《中法新约》这一丧权辱国的条约而结束。使世人都知道“中国不败而败，法国不胜而胜”这一事实，成为世界舆论的笑柄。

中国与越南山川相连，唇齿相依，自古以来关系密切。19世纪以前，法国天主教势力侵入越南。英法对华第二次鸦片战争期间，法国开始武力侵占越南南部（南圻，西方人称为交研支那），使越南南部六省沦为法国殖民地。接着就想把越南作为一块跳板，利用红河作为入侵中国云南的通道，进而全面打开中国的大门。

1883年3月，法国海军司令李维业指挥侵略军在侵占越南河内后，又继续攻占产煤基地鸿基和军事要地南定。越南朝廷一再要求清政府速派军支援。清政府也意识到了法军的险恶用心，命令滇、桂两省的防军扼要进扎，但强调“衅端不可自我而开”。5月19日，刘永福率黑旗军在怀德府纸桥与法军进行决战，法军李维业及副司令卢眉以下30余名军官、两百余名士兵被击毙，法军被迫退回河内。

8月，法军除增援陆军外，还成立了北越舰队，一面在北越加紧攻击黑旗军，一面以军舰进攻越南中部，直逼越南都城顺化。8月25日，迫使越南签订《顺化条约》，取得了对越南的“保护权”。法国侵略者为实现对越南的殖民统治，及早达到据越南而侵入中国西南的目的，开始以全力来对付中国。12月，法军把越南的山西确定为第一个作战目标。山西的防军主要是中国的黑旗军，同时也有7个营的桂军和滇军。法军于14日发起攻击，中国驻军被迫实行了军事抵抗，中法战争由此正式爆发。

★中法战争中黑旗军与清军攻打法军

战争期间，法军依靠优势的装备，于16日占领了越南山西。军事上的胜利为法国在外交上增加了筹码，他们以越南“保护者”的身份要求中国承认他们对越南的殖民统治，并借机赶走中国的军队。清政府对这一问题却举棋不定、模棱两可，为法军大举进攻中国守军，进而打开中国大门提供了方便。

1883年8月23日，法国以先期驶进福州马江以内的优势兵舰向中国船舰猛烈炮击，中国水师仓卒应战，11艘战舰或沉或伤，官兵殉难近800人。随后，法军又先后进攻台湾和浙江镇海，但却遭到了我国军民的顽强痛击，不可一世的法军统帅孤拔也在此间丧命。

1884年2月，米乐继孤拔为法军统帅，兵力增至1.6万人，图谋侵犯北宁，当时北宁一带驻军约40营，但将帅昏庸怯懦，互不协

★刘永福

★孤拔

★中法战争后签订《中法新约》的场面

调，军纪废弛，兵无斗志。3 月 12 日，法军攻下了北宁；19 日，太原失陷；4 月 12 日，法军进驻兴化，并开始了对越南和中国的政治胁迫。5 月 11 日，清廷得悉前线军事挫败的消息后，授权李鸿章与法国代表福禄诺在天津签订了《中法会议简明条约》。6 月，法国政府与越南订立最后的保护条约。

但是，法国并未满足于即得的利益，他们一方面将军舰分别开进福州和基隆，胁迫中国接受新的无理要求，另一方面寻找借口准备随时占领这些口岸。8 月 5 日，法舰轰击基隆，强行登陆，中国军队在督办台湾事务大臣刘铭传统率下顽强抵抗，使法军不得不退回海上。

1885 年 3 月 24 日，在镇南关阻击陆地进攻的法军作战中，老将冯子材所指挥的抗法军民，英勇拼杀，取得了“镇南关大捷”，歼敌 1000 余人，并乘胜收复谅山等地，从根本上扭转了战局。同期，在西线抗击法军的黑旗军也收复了十几个州县。而就在法军力不能支，法国舆论哗然的时候，清政府却弹起了“乘胜而求和”的调子，使法国只是闹了一场虚惊。1885 年 6 月，李鸿章与法国代表签订了《中法新约》，致使中国西南门户被彻底打开。

★刘永福故居

刘永福故居又名三宣堂，座落在广西钦州市板桂街 10 号。刘永福因在越南抗法战争中屡立战功，被越南王封为三宣提督，其故居则据此命名。

刘永福

刘永福（1837—1917 年），字渊亭。广东钦州（今属广西）人。中国清末援越抗法将领。刘永福早年参加广西天地会农民起义，失败后带领部众二三百人活动于中越边境，以七星黑旗为战旗，故称黑旗军。同治十二年（1873 年），法军侵占越南河内等地，应邀率黑旗军援越抗法，击毙法军头目安邺及所部数十人，迫使法军退出河内。越南政府以此授刘永福为三宣副提督。光绪八年（1882 年），法军再犯河内等地，刘永福于次年四月在河内城西纸桥，采用分散伏击的战术大败法军，击毙法军舰队司令李维业。此战震惊中外，阻延了越南殖民地化的进程，打乱了法国入侵中国的计划，越南政府授刘永福为三宣正提督。

中法战争中，刘永福又在左育、临洮击败法军。战后清廷授为广东南澳镇总兵。1895 年，清政府在中日甲午战争中战败，刘永福反对清政府割让台湾，他联合台湾义军，英勇抗击日本占领军达 5 个多月，给敌军以沉重的打击。后于台南失陷前夕内渡厦门，晚年退居家乡。

★刘永福雕像

镇南关大捷

ZHEN NAN GUAN DA JIE

1883年，法国侵占越南后，欲以越南为跳板，准备向中国发动侵略战争。广西前线的清军在清政府投降路线的影响下，军心涣散，全线瓦解，镇南关一度被法国侵略军占领，法军炸毁关口，统帅尼格里派人在废墟上插块牌子，狂妄地写道："广西的门户已不存在了！"愤怒的中国百姓针锋相对，他们在关上回敬道："我们将用法国人的头颅，重建我们的门户！"在人民群众反侵略热潮的激励下，以冯子材为首的爱国清军积极展开了抗法斗争。

冯子材是广东钦州人，早年曾参加天地会农民起义，后被清朝"招安"。1881年任广西提督，次年因年老多病还乡。1883年12月，法军悍然对驻防越南山西的清军发起攻击，驻越清军一战即溃。已解甲归田的冯子材心急如焚，他主动请缨率兵入越抗法。但朝廷考虑冯子材年老，非法军对手，让他任团练督办。他办团戍边，团结诸将，整顿军纪。1884年6月，法军借口"观音桥事件"将战火烧到中国东南沿海，清廷感到局势严重，下令对法宣战。12月，令冯子材募集"萃军"18营迅速开赴前线（因冯子材号萃亭，故时称其所率军队为"萃军"）。"萃军"于1885年1月中旬起征。为表示此行抗敌决心，冯子材还将两个儿子带在身边以备料理后事。临行嘱咐家人，若广西不守，将祖先牌位迁回江南祖籍，永作中国臣民。

★友谊关今貌

★中法战争期间的法军及其越南附庸兵

★冯子材抗法图

2月，驻越清军战败逃入关内，已溃不成军，法军前锋一度进占镇南关。时已年近古稀的冯子材受命帮办广西关外军务，被前线各路将领公推主持战事，力撑危局。他临危受命，立即召集各军首领商议御敌大计。在他的主持下，各军都表示听从指挥，誓死抗法。越南军民得知冯子材率部抵达镇南关布防，纷纷前来通报法军动态。在各方面协作下，很快选定隘口为阻击法军的战场。仅用半个月的时间，就在东西岭之间构筑成坚固、实用的防御工事。工事以壕沟、土墙、栏栅构成，横垮山隘，又称长墙。还在附近岭上修筑5座炮垒与长墙连成一体，形成了较完整的多层次山地防御阵地。同时，为打乱法军作战部署，他还领兵出关，夜袭越南文渊，诱使法军不待援兵到齐，而提前发起进攻。

1885年3月23日，尼格里率法军2000余人，分三路扑向镇南关，凭借优势炮火，攻陷了东岭三座炮台，并向长墙进攻。冯子材一面指挥各部迎战，一面调扣波、幕府各军来援。16时许，苏元春率部赶到东岭，阻击法军的进攻；王德榜部也自油隘袭击法军后路，牵制了其预备队的机动，终于遏制了法军的攻势。24日黎明，法军集中火力猛攻长墙，并分兵偷袭长墙西侧的炮垒。当时，法军已发射了千余发炮弹，长墙几处被轰塌。在法军

★冯子材墓

冯子材墓位于广东省钦州市沙埠镇平石艮村，墓前有碑刻、石人、石马、石牌坊，规模宏大。

★冯子材故居

故居又名宫保第，在广东省钦州市钦州镇白水塘村，是冯子材退居时住所。故居建于光绪元年（公元 1875 年），占地面积 64350 平方米。

先头部队已经爬上长墙的危急时刻，冯子材持矛大声呼喊道："法再入关，有何面目见粤人？"随即他以帕包头，脚穿草鞋，手持长矛，一跃而出。全军将士也随之一齐冲入敌阵，人人奋勇争先，刀劈枪挑，与法军展开了白刃战。法国侵略军看到如猛虎下山的清军，顿时旗靡阵乱，被逼离长墙，压下山谷。与此同时，关外的中越民众一千多人也冲杀前来，里应外合，法国侵略军全线崩溃，被追杀 20 余里，丢下 1000 多具尸体，纷纷夺路向文渊方向奔逃。冯子材率领"萃军"及各兄弟部队乘胜追击，直逼文渊、谅山，数日间，尽复郎甲北失地，重伤法军第 2 旅指挥官尼格里，将法军逐于郎甲以南。

镇南关大捷极大鼓舞了中国军民的抗法决心和斗志，同时也使法国舆论哗然，法国内阁总理茹费理因此被迫辞职。

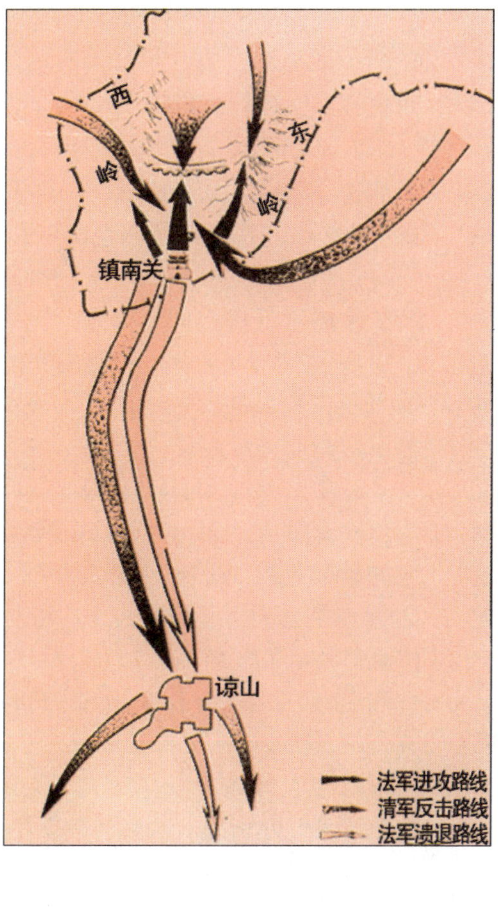

★镇南关大捷示意图

冯子材

冯子材（1818—1903 年），字南干，号萃亭。广东钦州（今属广西）人。行伍出身，晚清名将。

咸丰元年（1851 年），参加天地会起义军，旋投降清军，赏补千总。1853 年协助向荣建立江南大营，围困太平天国天京，擢副将、总兵。同治元年（1862 年）升广西提督，配合湘军、淮军与太平军对抗。光绪元年（1875 年）调任贵州提督。1883 年 12 月，法国挑起中法战争，时滇桂边境紧张，冯子材应两广总督张树声之邀督办广东高、雷、钦、廉四府团练，参加抗法战争。1885 年初，出任前敌统帅。冯子材亲率士兵于镇南关（今友谊关）内关前修筑长墙，在东、西两岭设置炮台，严加防守，并出兵袭扰法军。3 月 23、24 日，指挥将士击溃猛攻长墙的法军主力，歼敌 1000 余。接着取得谅山大捷，法国茹费理内阁因此倒台。正当冯子材筹划攻取河内、规复全越之时，清廷却下诏停战，冯子材被迫撤军回国。

★冯子材

中日甲午战争

ZHONG RI JIA WU ZHAN ZHENG

日本自 19 世纪中叶明治维新运动以后，国势日盛，便开始积极寻求向外扩张的机会。它首先吞并我国台湾，然后出兵朝鲜，以此作为全面入侵中国的跳板。1894 年春，朝鲜爆发东学党农民起义，朝鲜政府请求清政府派兵协助镇压。清政府派直隶提督叶志超、太原镇总兵聂士成率淮军 2500 人赴朝。日本亦派兵入朝，日本外务大臣陆奥宗光授权驻朝公使大鸟圭介挑起衅端，发动侵略战争。当中日两国向朝鲜出兵时，朝鲜政府和东学党起义军已签订休战和约。朝鲜政府为消除日本出兵借口，于 6 月 13 日请求中国撤兵。清政府要求日本同时撤兵，但日本决心扩大事端，继续向朝鲜增派军队，并提出所谓共同“改革”朝鲜内政的方案。大鸟圭介于 19 日和 20 日，胁迫朝鲜政府废除中朝通商条约，并驱逐中国军队出境。23 日，日军攻占朝鲜王宫，拘禁国王李熙，成立以大院君李昰应为首的傀儡政府。25 日，大鸟圭介指令大院君宣布废除中朝两国间的一切商约，并授权日军驱逐屯驻牙山的清军。当天，日本联合舰队第一游击舰队在丰岛海域突然袭击北洋水师的济远和广甲两艘巡洋舰，挑起了丰岛海战，导致了中日甲午战争的爆发。8 月 1 日，中日政府同时宣战。

★甲午战争时日军在朝鲜仁川登陆

★甲午战争时日军在朝鲜京城万里仓的军营

中日甲午战争主要包括陆战和海战，陆战主要是平壤之战，海战主要是黄海海战。9 月 15 日，双方陆军首次展开大规模作战。战斗在 3 个战场同时展开：其一为大同江南岸战场。日军第九混成旅团首先向大同江南岸清军发起进攻。太原镇总兵马玉崑督队英勇抗击，日军死伤惨重。其二为玄武门外战场。玄武门为日军的主攻方向，因此集中了优势兵力。高州镇总兵左宝贵登玄武门指挥，中炮牺牲。玄武门被日军攻陷。其三为城西南战场。野津道贯中将亲率日本第五师团本队，从平壤西南用炮火掩护步兵冲锋，清军马队进行反击。至中午，日军退回驻地。清军总指挥叶志超贪生怕死，树白旗停止抵抗，并下令全军撤退。叶志超携败兵在 6 天里狂奔 250 公里，于 21 日渡鸭绿江回国，致使日军占领朝鲜全境。

★日军占领威海卫文庙充做司令部

7 月 25 日，丰岛海战之后，由于清军在朝鲜牙山战败，撤守平壤。日本联合舰队亦将基地前出到朝鲜仁川至大同江口，目的是企图切断中国同朝鲜之间的海上联系，阻止清朝在海上运兵，并寻机同中国海军主力决战，歼灭北洋海军，夺取黄海制海权。

9 月 16 日，北洋海军提督丁汝昌奉命率领由战斗舰艇 18 艘组成的护航舰队，护送陆军 4000 人由大连乘运输船至鸭绿江口大东沟登陆，赴平壤增援。17 日，陆军登陆后，舰队返航。但在当日 12 时许与日本联合舰队本队和第一游击舰队在大鹿岛（大洋河口外）西南 3.2 海里处相遇。日联合舰队第

★甲午海战前，“致远”舰部分官兵合影。

一游击舰队突然向北洋舰队右翼实施猛烈攻击，“超勇”和“扬威”二舰被击中起火，先后沉没。“超勇”管带黄建勋、“扬威”管带林履中及两舰官兵大部阵亡。日舰“吉野”也被同时击伤。

战斗开始后，丁汝昌因“定远”舰飞桥塌毁被摔伤，“定远”舰信号设备亦被炮火击中，北洋舰队失去了指挥。此时，日联合舰队本队绕至北洋舰队背后，形成对北洋舰队夹击态势。邓世昌所指挥的“致远”舰被击中，且弹药已尽。邓世昌指挥“致远”舰向日本“吉野”舰猛冲，准备与敌舰同归于尽，但被日舰击中鱼雷发射管，“致远” 号舰身爆裂，邓世昌及全舰官兵 250 余人壮烈殉国。

与此同时，中国“经远”舰也遭到夹击，“经远”舰奋勇苦战，管带林永升、大副陈策阵亡，随后该舰被击沉，全舰官兵 200 余人英勇殉难。15 时 30 分，日舰继续夹击“定远”、“镇远” 两舰，“定远”、“镇远”等舰英勇抗击，重创日舰“松岛”，毙伤其 100 余人，管带叶祖珪自动代理舰队指挥，他集合各舰，准备同敌舰以死相拼，但因天色将晚，日本联合舰队溜之大吉。黄海海战历时 5 个多小时，日舰有 5 艘被击伤，死伤 290 余人。北洋海军有 5 艘被击沉，4 艘受伤，官兵伤亡约 1000 人。此后，黄海制海权落入敌手。

日军控制了黄海后，直接进逼大连和旅顺，于 11 月 22 日攻陷这

★“致远”舰撞击“吉野”不成，壮烈战沉的瞬间，画面右侧为日舰“吉野”，中央倾斜的为“致远”舰。

丁汝昌

丁汝昌(1836—1895 年)，字禹廷。安徽庐江人。清末海军爱国将领。丁汝昌早年参加太平军，后叛投湘军，不久改隶淮军，参与镇压太平军和捻军，官至记名提督。光绪五年(1879 年)，任北洋海防差用。1888 年，任北洋海军提督。1894 年 6 月中岛海战后，带领北洋海军诸将察看被日舰击伤的“济远”舰，并改装了其他各舰的防护设施；8 月 18 日，在黄海海战中，因指挥失误，致北洋海军受重创，被革职留任。在威海卫之战中，率北洋海军困守威海港和刘公岛，被日军海陆围攻，陷于绝境，仍坚持抵抗，严拒日本联合舰队司令长官伊东佑享的劝降和美国人马格禄等的投降要挟，决心战至船没人尽而后已。1895 年正月十七日夜，丁汝昌见援兵已绝，突围无望，遂服毒自尽。

★丁汝昌

两座城市，并对旅顺实施了惨绝人寰的大屠杀，使该城仅幸存 36 人。1895 年 1 月，日本陆军在山东半岛荣成湾登陆，和日本海军共同夹击威海卫军港，守将丁汝昌率将士奋起反击，但因腹背受敌，终遭惨败，丁汝昌愤而自杀。2 月 12 日，日军占领了刘公岛。至此，清廷洋务派长期经营的北洋舰队也毁于一旦。

1895 年 4 月 17 日，清廷被逼屈膝求和，派李鸿章到日本马关，双方签订了《马关条约》。该约规定：中国割让辽东半岛、台湾及澎湖列岛予以日本，开放苏州、杭州、沙市、重庆为通商口岸，允许日本在各通商口岸投资设厂，以及赔偿日本军费 2 亿两白银。从此，又一个屈辱的条约压在了中国人民的头上。

★1895 年 2 月 4 日自爆后的“定远”舰

★日本于甲午战争前夕订造的世界第一快舰“吉野”号

★日军侵占旅顺后，血腥屠杀中国百姓。

邓世昌

★邓世昌

邓世昌(1849—1894 年)，原名永昌，字正卿。广东番禺人。1867 年入马尾船政学堂驾驶班第一期学习，1874 年以优异成绩毕业，并被船政大臣沈葆桢奖以五品军功，任命为“琛航”运船帮带。次年任“海东云”炮舰管带，时值日本派兵侵犯台湾，他奉命巡守澎湖、基隆，获升千总。

1880 年，李鸿章为建设北洋水师而搜集人才，因邓世昌“熟悉管驾事宜，为水师中不易得之才”而将其调至北洋属下。同年冬天，北洋在英国定购的“扬威”、“超勇”两艘巡洋舰完工，丁汝昌水师官兵 200 余人赴英国接舰，邓世昌随往。1881 年 11 月，舰队安然抵达大沽口，邓世昌因驾舰有功被任命为“扬威”舰管带。

1887 年春，邓世昌率队赴英国接收清政府向英、德订造的“致远”、“靖远”、“经远”、“来远”四艘巡洋舰，是年底回国。归途中，邓世昌沿途安排舰队操演练习。因接舰有功，升副将，获加总兵衔，任“致远”舰管带。

1894 年 9 月 17 日，在大东沟海战中，邓世昌指挥“致远”舰奋勇作战，后在日舰围攻下，“致远”多处受伤，全舰燃起大火，船身倾斜。邓世昌鼓励全舰官兵道：“吾辈从军卫国，早置生死于度外，今日之事，有死而已！”毅然驾舰全速撞向日本主力舰“吉野”号右舷，决意与敌同归于尽。日舰官兵见状大惊失色，集中炮火向“致远”射击，不幸一发炮弹击中“致远”舰的鱼雷发射管，管内鱼雷发生爆炸，导致“致远”舰沉没，邓世昌与全舰官兵 250 余人壮烈殉国。邓世昌牺牲后，举国震动，光绪帝垂泪撰联“此日漫挥天下泪，有公足壮海军威”。

★邓世昌墓

刘铭传矢志保台湾

LIU MING CHUAN SHI ZHI BAO TAI WAN

19世纪七八十年代，中国的边疆危机日益加深。待到中法战争爆发，清朝政府步步退让，清军在越南战场接连失利，中国的西南边疆和东南海疆就更加危在旦夕。1884年6月，气焰嚣张的法国侵略军，在陆路已把战火逼进中国边境，在海上已把炮口对准台湾海岛，并打算抢先占领台湾，然后踞地为质，作为这次侵华战争的“担保品”。

台湾朝不保夕，中华民族又一次面临帝国主义的侵略。在这关键时刻，清政府于1884年6月26日特诏起用已经退职的原直隶提督刘铭传，命他以巡抚衔督办台湾军务，前往台湾筹备抗法事宜。

早在1870年天津教案期间，刘铭传就愤恨法国侵略，曾表示有朝一日“要与法国决一雌雄”。后来，他虽因病辞职还乡，但仍念念不忘国事，尤其关心日益严重的边疆危机，曾在中俄伊犁交涉紧张之时被清廷宣诏进京，与陈宝琛共上《筹造铁路以图自强折》，揭露沙俄借助铁路欺我中国之罪恶，强调中国要想自强也必须建筑铁路加强国防的道理。这是清朝官员主张修造铁路之先声。待到中法开战后，他又奏请政府切实整顿海防，加强战备，坚决抗击法国的侵略。刘铭传对待外敌的鲜明态度给朝廷留下深刻印象，因此在危急用人之时首先想到他。而刘铭传也不负朝廷厚望，不仅欣然应召，还以最快的速度作好准备，于7月10日离津南下，设计粉碎了法国半路截击的阴谋，14日夜从上海冒雨登舟渡台，16日在基隆安全登陆。

★刘铭传塑像

刘铭传出身行伍，谙熟“天时、地利、人和”的兵家之道。抵台后，他首先根据台湾“地利”，调整了台湾防务。当时，驻台的兵力仅40营，而全岛四周的海岸线却长达千余公里。若分防堵口或布防无章，都难以抵御强敌，因此必须确定守御重点。原来负责台湾防务的兵备道刘璈在兵力部署上重南轻北，台南驻军31营，台北仅有9营，而且装备极差，海口未堵。刘铭传在考察了台湾的地理环境之后，认为法军远涉重洋，沿海来犯，全凭舰船，必定首先抢占海港。而台湾岛东部虽为岩岸，但多高山峭壁，没有良港，西部台中附近，沙岸淤浅，大船不能靠近，台南只有打狗（高雄）一港，唯台北地区多优良港湾，同为台北府门户的基隆和沪尾（淡水）两海港自然也就会成为法军的主要攻击目标。因此，刘铭传便把台北作为守御重点，调整了全台防务。他首先在基隆外海口增设社寮岛、仙人洞和沙湾炮台，又在沪尾改造沙仑旧炮台，构筑中仑和油车口两座新炮台，阻遏敌舰入侵。然后，他又增加台北的兵力和重武器装备，并号召各地乡绅举办团练，协助官兵抗敌。后来的实践证明，这次战略调整是完全正确的。

★陈宝琛

为了团结御侮，刘铭传还尽力化除畛域之见，力促“人和”，加强了营伍的团结。当时，台湾驻军中大部分为湘军，刘铭传以淮军宿将出任统帅，除了充分相信依靠自己的部属外，还特别注意团结湘军将领。有些湘军将领不理解也不支持他的防务政策，甚至对他进行诽谤和中伤。他也能够毫不计较，一视同仁。这种坦诚的胸怀和同仇敌忾的正气，感动了不少将士，也化解了许许多多的派系成见，为联合抗敌创造了有利条件。

刘铭传在台北布防尚未完工，

法国舰队已于8月4日封锁了基隆海港，并派人上岸递交劝降书，威胁中国守军交出基隆防地。清军一面严词拒绝，一面飞报正在台北府的刘铭传。5日上午8时，法舰开炮猛轰基隆炮台。已经赶回基隆的刘铭传立即督率守军奋力发炮还击，不断命中法舰。可惜炮弹威力太小，未能给予致命打击。9时左右，由于法舰炮火猛烈，基隆炮台火药库爆炸，炮台亦被毁，守台清军被迫撤离，法军陆战队四五百人登陆，并占领附近高地。

★刘铭传领导的抗法战争海战图

刘铭传见海口已失，当机立断，采取"诱之陆战，两面夹击"的战术。他激励各路清军，"坚筹血战，誓挫凶威"。当夜即趁倾盆大雨派兵出击，骚扰喘息未定的法军。第二天又在基隆城外埋伏上三路兵马，严防法军攻城。下午2时，法军果然向基隆城区发起进攻。刘铭传指挥三路清军奋起迎敌，猛烈夹击，很快形成了合围之势。法军招架不住，节节败退，最后在舰炮火力的掩护下，狼狈逃回军舰，死伤百余人。刘铭传领导台湾驻军抗法旗开得胜，基隆保卫战极大地鼓舞了全台军民的斗志。

法国侵略军不甘失败。他们一方面实行海上封锁，断绝大陆对台湾的支援，并不断地对基隆、沪尾进行炮击。另一方面又集中兵力，把进攻的主目标转向了福建马尾港。刘铭传面对法军的封锁和炮击，命守军凭险设防，用劳彼逸我的战术来对付敌人。所以，从8月初到9月底，法军在台湾没有捞到任何好处。

当法军在马尾港击溃福建水师，解除了后顾之忧后，就立即将全部力量转向台湾。9月底，法国将其远东舰队的10多艘战舰全部开到台湾北部，准备以其主力攻击基隆，同时，调舰4艘进犯沪尾。两路战舰共载陆兵2250人，企图从两面夹击台北府，占据台湾北部。

法军的军事进逼使刘铭传在台湾的处境日益困难。但他决心率军抗敌，派湘系将领孙开华率部保卫沪尾，亲率主力守卫基隆。他断定法军侵台志在夺取基隆煤矿，以保证战争所需，因此便在基隆坚壁清野，拆移基隆煤矿设备，并把存煤浇上煤油，好在必要时焚毁，以免资敌。

10月1日清晨，法军首先向基隆发动攻击。在舰炮强大火力的掩护下，一个海军陆战大队抢先登陆上岸。刘铭传身先士卒，奋不顾身。众将士坚决抗击，奋勇杀敌。激烈的战斗持续了一个上午，法军虽然付出了惨重的代价，然而凭借其优势火力，后续部队源源涌上滩

★二沙湾炮台或称为"基隆小炮台"，人称"海门天险"。中法战争结束后，台湾首任巡抚刘铭传意识到海防的重要性，积极筹款在全台各地兴建了十座炮台，其中基隆便占了两座，一座在社寮岛，一座在二沙湾。刘铭传吸取了大沙湾炮台位在海滨容易被击毁的教训，因此将二沙湾炮台的位置选在山上，由德国人鲍恩士担任监工。

头，进入阵地。

正当基隆酣战之际，传来了沪尾告急的飞报。刘铭传审时度势，果断作出决定：撤出基隆清军，分出少量兵力把守基隆、台北之间山势险要的狮球岭一带，将主力部队增援沪尾，以求保住台北，稳定局势。这是一个重大的策略转变，很多将士都不理解，极力反对，但刘铭传不为所动，仍下令撤军，并在撤退前转移机器，炸毁煤井，销毁存煤，破坏炮台，留给了法军一座空城。

刘铭传之所以如此坚持放弃基隆，主要是因为基隆是法军的主攻目标，他们“船坚炮利，巨炮环布铁船”，与其在近海和法军硬拼，受敌舰炮火之苦，不如撤出敌舰的火力范围，凭险拒守，诱敌陆战，以我之长制敌之短。再说，基隆、沪尾同为台北门户，沪尾又是基隆后路。即便放弃基隆，守军还可凭沪尾口外下沉的石船堵挡敌舰，周守沪尾，以保台北，而一旦沪尾失守，台北则无险可凭，必然全局瓦解。后来的实践证明，刘铭传改变决策是符台实际情况的，也是完全正确的。

刘铭传撤到沪尾之日，正是守军鏖战法军亟待增援之时。刘铭传的到来，如同雪中送炭，极大地鼓舞了士气。根据刘铭传的命令所编练的500“土勇”也赶来参战，发挥了极大的作用。由于清军集中兵力，勇敢拼搏，加之法军主力占领基隆空城，又深怕有计，不敢分身支援沪尾，致使来犯法军连攻7天，尚未得手。10月8日，法国集中7艘军舰的炮火猛轰沪尾，掩护法军登陆得逞。岂不知刘铭传已提前将部队分散隐蔽，正以小股兵力诱敌深入。等法军进入埋伏圈后，清军以绝对优势兵力分三路合击。双方展开激战。刘铭传身先士卒，各路将士誓死拼杀，终于大败法军，当场毙敌30余人。其余法军逃至海边，又因夺路争渡，自相践踏，落水而死者七八十人。这次胜利不仅沉重打击了进犯沪尾之敌，也使侵占基隆的法军成为孤军。因此，沪尾大捷对于粉碎法军占领台北的企图具有决定性的意义，极大地鼓舞了台湾乃至全国军民抗击法国侵略的信心。

★沪尾炮台遗址

★沪尾炮台的外墙，“北门锁钥”为刘铭传所题。

法军在沪尾大败、基隆受阻的情况下，开始全力封锁海面，企图断绝大陆对台湾的支援，使台湾不攻自破。刘铭传电请李鸿章派军舰前来解围，李鸿章却拒不出兵。刘铭传见外援无望，便孤军奋战，坚持斗争。为了调动台湾军民抗法的爱国热情，他执法如山，赏罚分明；选贤任能，破格提拔；讲明困难，取得谅解；筹粮借款，军饷缓发；悬赏杀敌，激励斗志……赢得了台湾广大军民的广泛支持。后来虽有几路援军相继偷渡赴台，但守台军民的困境始终没有大的改变。他在极端困难的条件下领导台湾军民坚持斗争，一直持续到《中法会订越南条约》签订。1885年6月，法军在基隆附近的墓地里留下700多具枯骨后退出了台湾。刘铭传领导的抗法斗争以胜利告终。

中法战争之后，台湾满目疮痍，百废待举。刘铭传总结1840年以来的历史经验教训，得出了“台湾为东南七省门户，各国无不垂涎，一有衅端，辄欲攘为根据”的正确结论，决心首先解决防务问题，以振兴台湾。为此，他恳求清廷免去他福建巡抚之职，以便专心筹划台湾防务，“以御外侮”。1885年10月，清政府批准台湾建省，刘铭传为首任巡抚。

正是在“御外侮”的爱国思想指导下，刘铭传克服种种困难，先后兴办了军器局、军械所、大机器厂，解决了台湾军械储存、修理和制造的难题。他还督促基隆、沪尾、安平、旗后、澎湖等海口增筑了10座铁水泥新式炮台，添购31门新式钢炮和一批鱼雷，并购买轮船兵舰，改变了水师无舰船的状况。此外，他还着力整顿军制，严密布置陆防，以新式方法练兵，创设医疗制、抚恤制、存饷制，使台湾将士安心守台，同时整顿台地团练，加强兵民联防。

为巩固台湾海防和祖国的统一，刘铭传着手开发高山族居住地区。19世纪时，高山族仍处于非常落后的原始“番社”（部落）状态，一些外国殖民者和传教士乘机潜入，设堂布道，离间高山族与汉族的居民关系。清廷对高山族人民不仅长期放弃治理，还动辄派兵杀戮，这更给外国侵略者提供了可钻的空子。刘铭传抚台后，深感只有加强汉族与高山族的联系和团结，才能消除隐患，巩固台湾海防，有利祖国统一。于是，他制定了“以抚为主，攻心为上”的新方针，并在各府、县、厅设置抚垦局和“番学堂”，发展高山族地区的经济和文化。这对加强民族团结、稳定后方起了积极作用，也有力地抵制了外国侵略者的分裂阴谋。

1891 年 6 月，刘铭传因病辞职还乡，离开了他曾浴血奋战、矢志保卫的台湾。

1895 年，清政府因战败把台湾割让给日本。刘铭传闻讯后，既伤心又懊悔。伤心的是，他亲自参与保卫、建设的台湾宝岛如今被拱手让敌；懊悔的是，他未能再度出山赴辽东督师，抗击日寇。从此，他忧思郁结，一病不起。1896 年 1 月 12 日，这位爱国功臣怀着对《马关条约》的满腔悲愤与世长辞。

日本侵犯台湾

★奕䜣

日本明治维新后，资本主义迅速发展，积极对外扩张，首先把矛头指向中国。1872 年，日本借 12 琉球国的一只渔船同台湾人民发生冲突。1874 年，日本借口琉球船到台湾避风被当地人劫杀，出兵 3000 攻台。清政府与日本订立《台事专约》，以赔偿兵费 50 万两息事。但这等于承认原中国的属国琉球归了日本保护。次年日本便派官进驻琉球，阻止琉球入贡中国。1875 年，日本派军队在琅乔登陆。在美国军官的帮助下，悍然进攻当地高山族人民聚居的村庄。高山族人民奋起反抗，先后打死打伤侵略军五六百人，日军被迫退据龟山。接着，日本侵略者在台湾设立都督府，妄图久占台湾。日本侵略军由于受到台湾人民的顽强抵抗和清军增援部队的威胁，加以瘟疫流行，霸占的企图难以得逞，于是日本政府派大久保利通为特使，来华交涉，进行外交讹诈。英、美公使也乘机出面“调停”，露骨地偏袒日本，压迫中国。清政府主持外交事务的李鸿章，明知日侵略军不是中国新船之对手，但他不敢违拗英、美公使的“调停”意见，力主与日本议和。10 月，清政府以奕䜣、李鸿章等为代表，与日本特使大久保利通在北京谈判后，结果，日本向中国勒索白银 50 万两，才撤出台湾。

★刘铭传旧居遗存的外壕沟

★刘铭传故居一角

宝岛“抗日英雄”徐骧

BAO DAO KANG RI YING XIONG XU XIANG

在1895年英勇悲壮的台湾保卫战的最后一役——曾文溪之战中，义军首领徐骧身先士卒，英勇抗敌，身中敌炮后仍然高呼：“大丈夫为国而死，死亦无憾！”最后为国捐躯。这位可歌可泣的民族英烈，代表了千千万万抵抗日寇、保卫台湾的台湾人民的高尚爱国情操。

徐骧，字云贤，1858年出生于台湾苗栗县头份庄一户农家。他自幼“耕而兼读”，“耕读之余，更以余力习武技”。从事农业劳动，他坚忍耐劳，每年所获或有剩余，便用以周济乡里贫寒之人。乡民每有所求，他也总是倾囊相助，所以深得乡民的崇敬。徐骧读书不拘于章句之学，能识大体，负有远大志向，深为许多古代仁人志士的爱国事迹所折服。曾考中秀才，甲午战前在家乡执教。他身材魁梧，臂力过人，练就一身好武艺。早年这种耕读习武相结合的生活，铸造了他侠义豪爽的性格，培养了他爱国爱民的感情，具备了抗御强暴的本领。

★徐骧塑像

1894年，日本帝国主义发动了侵略中国的甲午战争，清政府的海陆军在战场上遭到惨败，被迫于1895年4月与日本签订了丧权辱国的《马关条约》，把台湾全岛及其附属岛屿拱手让给日本。消息传来，举国哗然，台湾人民“奔走相告，聚哭于市中”，徐骧向父老乡亲们大声疾呼：朝廷无力保卫台湾，能保卫台湾的是我们广大民众，只要我们众志成城，就可以移山填海，“愿吾血随吾台俱尽，吾头与吾台俱碎，安知终不可以有为耶”。号召人民依靠自己的力量誓死保卫台湾。

★1895年4月17日，清政府同日本签订了丧权辱国的《马关条约》。

5月底，清政府在办理交接手续后，日本侵略军从北部登陆，开始以武力进攻台湾。原台湾巡抚唐景崧于6月初逃回大陆，台北连被日军占领。台湾人民不甘沦为亡国奴，纷纷组成抗敌义军，与刘永福的黑旗军相互配合，进行武装保台。这时，徐骧又在家乡向群情激愤的乡亲们慷慨陈词：台湾是我们的家乡，这里有我们的田园庐舍，我们的子孙将生活在这里，祖宗的坟墓在这里。如果台湾沦亡，我们将无家可归。当此生死存亡之交，我们应当“人自为战，家自为守……成则建造新邦，熠耀千古；败则举吾民之骨血，与全台俱烬焉，是亦亡国之荣也！”乡民深为徐骧的话语所打动，纷纷参加他所组织的抗日义军，并推举他为首领。徐骧满怀“驱彼异族，还我山河”的报国之志，随即率领义军奔赴抗日的战场。

★唐景崧雕像

6月中旬，日本侵略军向位于台北和台中之间的新竹进攻，新竹附近的义军与刘永福部将杨紫云的新楚军联合作战，徐骧率领的义军防堵东路同日军大战于龙潭陂。由于义军士气高昂，附近三角涌、三峡庄一带人民也群起响应，“四

★日军占领新竹后，在庙宇召集民众训话。

面包裹，杀声连天”，义军首战告捷，打退日军的进攻。其后，日军大量增援，义军饷项供应不足，徐骧等率队撤退，6 月 23 日日军占领新竹。7 月 9 日后，义军与刘永福所部清军反攻新竹，徐骧部义军原计划进攻北门，因见城东战斗激烈，便改变计划援助城东吴汤兴部，从背后袭击日军。城内日军发现徐骧实行包抄，也出城实行反包抄。双方激烈争夺，战况非常紧张。义军英勇顽强，与敌展开肉搏，后因寡不敌众，在腹背受敌的情况下，徐骧率军杀出一条血路，转移到竹林中，随即南撤。经过反复激战，义军虽未克复新竹，但消灭了日军大量有生力量，延缓了日军的南进计划。

新竹失陷后，日军继续南犯，分三路进攻苗栗北的尖笔山，意在夺取苗栗。集结在这一带的义军徐骧、吴汤兴与清军杨衢云部共 7000 余人迎战日军。徐骧部义军利用熟悉地形的有利条件，巧妙地避开日军炮火，袭击日军后路，给日军以重大创伤，后因兵力不足，弹药不济，尖笔山被日军攻陷，8 月 14 日苗栗也陷入敌手。

日军攻占苗栗后，又向南进攻台中。台中北面的大甲溪为台中的天然屏障。为阻击日军南进，徐骧率所部义军来到大甲溪后，人未解甲，马不停蹄，即与刘永福派来的黑旗军将领吴彭年联合，在大甲溪边设计破敌。8 月 22 日，日军刚渡到大甲溪南岸，吴彭年军乘其不备，突然袭击，打得日军纷纷下水逃命。随后，隐蔽在丛林中的徐骧义军又冲出截杀。日军遭到前后夹击，纷纷落水，死伤惨重，余者大败而逃。大甲溪这场漂亮的阻击战，是义军与黑旗军联合破敌的光辉战例。23 日，日军又增兵进犯，并收买奸细抄袭，使大甲溪终于陷落。

大甲溪的失落，使台中已无险可守，日军遂侵占台中。刘永福命令各军以台中西南的彰化城为主要阵地，凭藉大肚溪防守。此时，由于日军迫近，彰化城内“人心皆动”。徐骧自大甲溪撤至彰化后，率部“行视城内外，夜宿城外，……警夜无忧色”，由于徐骧及部众的从容镇定，使彰化军民“人心始定”。8 月 24 日，日军进攻大肚溪，徐骧率军佯装撤退，将日军引入伏击圈，顿时杀声四起，义军大获全胜，并乘胜追击，一度收复大甲溪。由于侧路日军进攻彰化，徐骧只得回兵与吴彭年率军防守彰化城外的八卦山。八卦山壁立千仞，高耸云际，为全台最险要之区。8 月末，日军集中兵力开始进攻，徐骧与吴彭年占据有利地形，居高临下，屡挫日军，并夜袭日军，使其自相惊扰，“践踏以死者无算”。日军“劳师既久，不能成尺寸功”，只能望山兴叹。最后，他们又收买奸细，乘夜抄袭后路，到达山顶，徐骧、吴彭年率军与日军短兵相接，展开了肉搏战，日军 1000 余人被击毙，义军也损失严重，吴彭年血战殉国，徐骧率部且战且退，杀出重围，退往台南。日军占领八卦山后，在山上架炮轰击彰化城，使彰化又陷敌手，日军兵锋直指嘉义。

在彰化失守的危急时刻，台湾抗日主将刘永福曾组织黑旗军及义军进行反攻，并一度收复苗栗等地。日军则调派大量兵力增援台

★1895 年侵略台湾的日本军舰

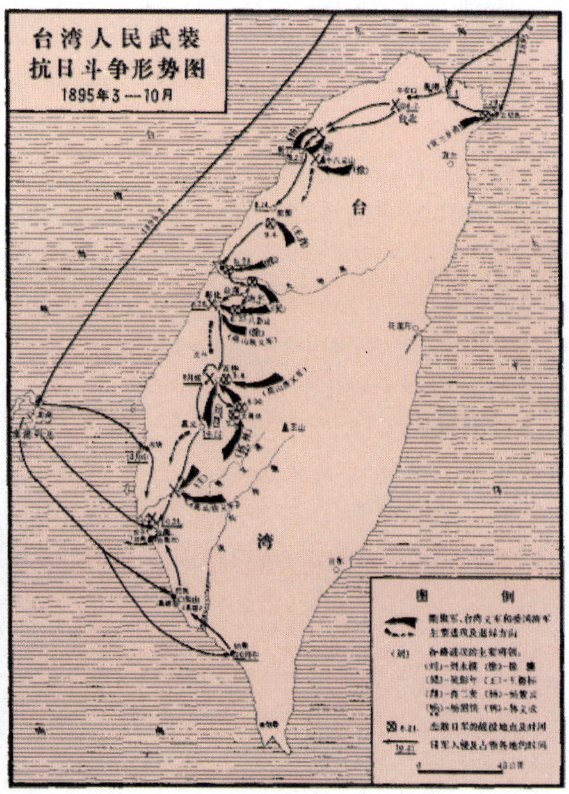

★台湾人民武装抗日斗争形势图

★台湾高山族战士

★台湾巡抚唐景崧发动台湾人民抵抗日军

湾。10 月中旬日军集中兵力进攻嘉义城。彰化失陷后，徐骧悲愤异常，他目睹“内无余粮，外无援兵，敌人方铁骑排山来，我则株守一隅以待毙”的抗战局面，估计到台湾将要失陷。他抱定誓死抗敌的决心，义无反顾地表示“吾不愿生还中原”，继续招募兵力，准备再战。台湾的父老乡亲也深知大局危殆，纷纷投奔徐骧，“皓发老翁，黄口小儿，均执梃而隶兵藉，遥尊骧为之魁，受其节制”。徐骧又招募 700 余人的义军，与嘉义守将王德榜共守城池，他们在城外暗埋地雷，诱敌至雷区，然后出其不意轰击日军，日军被炸死 700 余人。嘉义失守后，义军与黑旗军又退守曾文溪，与日军进行最后决战。日军炮火猛烈，马步齐攻，义军毫不畏惧，先与日军战于溪北，后战于溪南，徐骧身当前敌，“步战最锐”，不幸中炮牺牲。随后曾文溪失陷，台湾保卫战也进入尾声。

徐骧从 6 月中旬开始，到 10 月中旬牺牲为止，期间，几乎参加了台湾人民抗日保台的所有战斗，在他的身上凝聚着一代英杰的高尚爱国情操。他不畏强暴，为反抗外敌入侵而舍弃自身及家庭的利益，曾“罄其家中祖父相传之产业以作军中粮”，有人问其眷属，他则说：“台湾不亡，吾眷可得也；台湾亡，遑问家乎？”他“转战千里，大小数十战，战必居前敌”，这种身先士卒、奋勇杀敌的英雄气概，使人民对他啧啧称赞，使敌寇闻名丧胆。他和台湾爱国军民共同抗敌 4 个月，打死打伤日军 3 万余人。他为维护祖国统一、抗御外侮而奋战到底的英雄业绩，必将激励亿万炎黄子孙为祖国的重归统一而努力！

★这是台湾省彰化市的八卦山上台湾义军使用过的古炮。1895 年 8 月，义军将领吴彭年率部凭借八卦山炮台抵抗入侵台湾的日本军队，血战三昼夜，敌酋北白川宫能久被击伤，不治身亡。义军将士终因敌众我寡，全部遇难。

美国图谋台湾

鸦片战争以后，美国就有侵略中国台湾的野心，企图把台湾变成它的远东海军基地。早在 1847 年和 1849 年，美国驻华海军曾两次派舰只驶到台湾勘察矿藏，图谋染指。1853 年，美国军舰又侵入台湾海峡窥察。1854 年，曾在广州开设博济医院，后被任命为美国公使的巴驾向其政府献策，提出美国必须占领台湾。1867 年，一只美国船只“罗佛号”在台湾海面触礁沉没，美国借口船上 7 名水手被害，公然派出军舰两艘、陆战队 181 人，侵袭台湾，因遭到台湾人民的英勇伏击打退了其武装侵略。此后，美国由于解决国内的矛盾，便改变手法，不断怂恿日本侵略台湾，而自己则为日本提供军火、船只、指挥官以及顾问，伺机从中渔利。

公车上书

GONG CHE SHANG SHU

1895年春天，清政府定期选拔进士的考试在北京举行，各省的举人云集京师。这时，正赶上清政府准备批准《马关条约》。消息一传开，举人们立刻被激怒了，大家纷纷跑到都察院（清朝的最高监察机关），上书反对割让台湾，请求政府不要批准《马关条约》。特别是台湾籍的举人，听到自己的家乡就要被割让的消息，人人怒不可遏。他们围住都察院长官的车轿，哭着向他们请命，希望用自己的泪水能洗刷民族的耻辱，恢复国家的尊严和独立。一时间，都察院门庭若市，人群纷集，议论沸腾。在这些请愿的举人当中，领头的是广东举人康有为。

康有为，广东南海人，出身地主小官僚家庭。他的父亲去世很早，幼年的康有为跟着祖父读了很多古书，受封建文化的影响很深。青年时代，他到北京去参加科举考试，路过香港、上海，看见外国人在那里实行的资本主义政策，感到很新奇。他想：香港是英国的属地，在市政管理等各方面能搞得那样井井有条，那英国本土也就可想而知了。可是眼下的中国，却到处是贫穷、落后、混乱，而且老是挨洋人的打。从此，他觉得洋人一定有一套治理国家的办法，于是他如饥似渴地阅读有关外国历史、地理、政治方面的书籍，钻研声、光、化、电等自然科学知识，开始向西方寻找真理。在西方资本主义思想的影响下，康有为把学外国、搞改良（就是在原来的社会基础上逐步改善不合理的社会制度）当作救国的办法，希望中国通过学习西方国家，走上富强的道路。

为了实现自己的政治理想，早在1888年康有为去北京考举人时，他就写了一封五千字的上皇帝书，请求皇帝变法维新。虽然他的主张只是采取一些资本主义措施，并不是挖掉封建统治的老根，可是却遭到顽固守旧的大臣的疯狂嫉恨。结果，这封轰动了整个北京官场的上皇帝书，不但没送到皇帝手里，反而因此触怒了考官。本来，他在这次考试中已经考中举人，就因为这封信，顽固派考官竟临时抽掉了他的考卷。

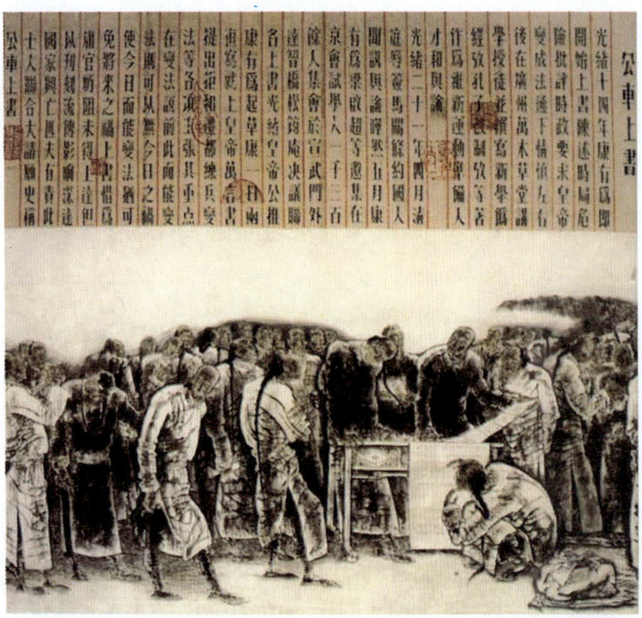

★公车上书图

康有为落了榜，却因此出了名。一些比较开明的官僚都很同情他，而他也并不因落第而泄气。回到广东后，他就开始讲学、写书，宣传变法的主张。

这一次康有为到北京来考进士，听说要签订丧权辱国的《马关条约》，非常愤慨。他立刻叫他的学生梁启超去发动广东籍的举人联名上书，反对签约。接着各省举人也都纷纷行动起来。康有为看到举人们的爱国热情十分高昂，觉得很可以利用这个时机为变法活动制造舆论和声势，就决定联合十八省举人到达智桥松筠庵开会，来一次更大规模的上书请愿。开会那天，到会的有一千多人，大家公推康有为起草奏疏。康有为两夜没睡，一口气写成一封长达一万四千多字的上皇帝书。书里指出《马关条约》的严重后果，提出了拒约、迁都、变法等主张，请求皇帝亲下诏书，检讨国家政策得失，提拔重用人材，迁都长安；准备长期抗战，以二万万两赔款充作军费，暂不对日求和，加紧练兵，与日本决一死战。书中还特别强调，这些措施不过是暂时应付眼前局势的权宜之计，要使国家从根本上富强起来，就必须实行变法，改革政治、经济、文化教育制度。

怎样进行改革呢？康有为的办法是从“富国、养民、教民”三方面着手。“富国”，就是允许私人投资办工业，包括修铁路、办工厂、开矿山等。“养民”，就是鼓励人民经营农业、工业、商业等。“教民”，就是改革教育制度，办学堂、设报馆等。此外，他还指出中国落后的一个重要原因是皇帝和臣子互相隔绝，当官的和老百姓隔绝，上下不通气。为了改变这种状况，他主张在每十万户中，由士民公举一个有学问、敢说话的“士”（知识分子）作“议郎”，充当皇帝的顾问。凡遇重大事情，由皇帝召集议郎会议，根据多数意见作出决定后实行。总之，这封上书，实际上是新兴的资产阶级要求改革、进行变法维新的政治纲领。

上皇帝书写好后，有一千二百多举人在上面签了名。5月2日，大家集合起来，把这封请愿书送到了都察院。这就是有名的“公车上书”（汉朝时候，地方上推荐人才到京城，由公家的车马接送，后来就用“公车”称呼进京考试的举人）。

请愿书是送上去了，可是都察院推说皇帝已经在条约上盖了大印，没法子挽回了，不给他们代呈。举人们无可奈何，只好垂头丧气地散去。

“公车上书”虽然没有能够阻止《马关条约》的签订，皇帝也没看到它，但它的影响很大。在清朝说来，这样大规模的知识分子请愿还是第一次，尤其是在清朝历来严禁知识分子干预政治的制度下，这的确是一个了不起的行动。从此，一潭死水般的中国社会，开始出现了波澜。上皇帝书的全文被人们争相传抄，广泛传播开来，康有为的变法主张渐渐变成全国性的政治运动。近代中国的第一个思想解放的潮流就从这时开始了。

康有为

★康有为

康有为（1858—1927年），又名祖诒，字广厦，号长素。广东南海人。1895年中进士，曾任工部主事。清末资产阶级改良派领袖，后为保皇派首领。

康有为出身于士宦家庭，很早失去了父母，受教于祖父。他早年重视经世致用之学，但国家的危亡，现实的刺激，使他对旧学发生怀疑。后来在龚自珍、魏源以来“今文派”经学和西方资产阶级“新学”的影响下，逐渐接触到了西方资本主义思想和当时的改良思潮。此后他不断讲学、著书，成为19世纪后期中国政治学术界一个突出的思想家和活动家。

他曾先后7次上书，请求变法图强，向光绪帝提出了不变法即将亡国的严重警告。同时，与梁启超等人一起创办《万国公报》，建立强学会，发行《强学报》，为维新变法制造舆论。1898年1月24日，光绪帝传康有为到总理各国事务衙门问话。康有为批驳了荣禄“祖宗之法不可变”的顽固思想与李鸿章维持现状的保守思想，讲述了变法的必要性和具体措施。1898年6月11日，光绪帝在康有为和梁启超等维新派的影响下，下《定国是诏》，宣布变法。在维新变法期间，康有为深得光绪帝倚重。他多次上奏折，起草诏令，对政治、经济、军事、文教等方面提出改革建议，与谭嗣同等全力策划新政，期望按照西方资本主义国家模式改变中国的国家制度和社会制度，挽救民族危亡。然而，此次的维新运动却遭到以慈禧太后为首的顽固势力的极力反对。9月21日，慈禧太后发动政变，以“结党营私，莠言乱政”为名通缉康有为等人。戊戌变法运动遂遭致失败，康有为不得不逃居国外。

★康有为故居

康有为故居，位于山东省青岛市南区福山支路5号，始建于1899年，三层德式砖木结构建筑，为德占时期总督府要员官邸。1924年康有为先生购买此房作为寓所，直至1927年3月病逝于此，现为山东省重点文物保护单位。

百日维新

BAI RI WEI XIN

公车上书以后，康有为考中进士，被任命为工部主事。主事是个小官，他没有去就职，一心扑在变法维新上。

1895 年 7 月，康有为和梁启超凑钱办了一个宣传变法的报纸《中外纪闻》，送给北京的官员们看，想使他们开开眼界，接受一点新思想。随后他又联络了一些支持变法的人组成强学会，渐渐把变法运动的声势造了起来。但是，在封建专制统治下，包括大小官僚在内，任何人都没有集会、结社的自由。强学会成立刚四个月，就被慈禧太后下令封禁了。

强学会被封禁以后，康有为又回广东去讲学，但《马关条约》和公车上书等于向全国发了维新运动的动员令，要求变法的思潮已经阻挡不住了。北京、天津、上海、广东、湖南等地的学会、学堂和报纸，像雨后春笋，纷纷出现。顽固派害怕了，起来叫骂不休。维新派的康有为、梁启超、严复、谭嗣同等，就同他们围绕要不要变法等问题展开了一场激烈论战。经过这场资产阶级思想和封建主义思想的正面交锋，中国的一部分读书人开始从封建思想的罗网中挣脱出来。

★光绪皇帝接见外国使臣

到了 1897 年的冬天，民族危机空前严重。德国借口传教士在山东被杀，出兵强占了胶州湾。其他列强也纷纷效仿，又掀起了一个强占中国土地、划分势力范围的狂潮。康有为眼看瓜分中国的大祸就要临头，匆忙从广东赶到北京，第五次上书光绪皇帝，请求变法。这次上书的措词比以往都激烈，好些话都刺痛了皇帝和大臣们。他警告说："国家现在已经到了山穷水尽的地步，如果再不赶快设法挽救，将来恐怕皇上和诸位大臣连普通百姓也当不成了。"

光绪是清朝皇族中比较能接受新思想的青年皇帝，很想有所作为。他看了这封上书深受感动，非常佩服康有为的胆识，准备亲自召见他，向他询问有关变法的问题。可是恭亲王奕䜣借口皇帝接见小臣，不合祖宗家法，拦住了光绪。他只好让康有为用书面文字向他陈述变法意见，并下令左右，今后康有为有什么奏章、条陈，当天呈上，不准阻拦和积压。1898 年 1 月，康有为奉命又写了一个全面筹划变法步骤的奏折，并把他写的《日本明治变政考》、《俄罗斯大彼得变政记》也进呈光绪。在这道奏折里，康有为提出实行变法的几条纲领，要光绪召集群臣，宣布变法，允许人们自由上书给皇帝，从中选拔人才，吸收维新派人士参加政权，全盘改革政权机关。总之，康有为的主张是要学日本，实行君主立宪（资产阶级专政的一种政权形式，仍保留皇帝，但用宪法和议会来约束他的权力），走明治维新的道路。

光绪看过这个奏折，深表赞许，把它交给大臣们讨论，决心实行变法。可是，变法的阻力很大。慈

★梁启超

★严复

禧太后和朝廷里掌握实权的顽固派大臣死命反对变法，公开叫喊"宁可亡国也不变法"。康有为、梁启超组织保国会，呼吁变法救国，大官僚荣禄就骂康有为胆大妄为，非杀不可，还说："我们这些大臣都还没死，就是亡国也轮不着他来保。谁入他的会，小心脑袋！"光绪支持保国会，撤了一个攻击保国会的官僚的职，但他对荣禄却毫无办法。保国会随后就散了伙。

光绪身为皇帝却惹不起一个大臣，这是因为他没有实权，不过是个傀儡，处处受人牵制。牵制他的人就是慈禧太后。

慈禧太后权欲熏心，打定主意不死不交权。自从 1861 年垂帘听政以来，她就是中国的女皇。过了 12 年，她的亲儿子同治皇帝 18 岁，已经算成人了，她不得不让他"亲政"，可是实际上还是抓住政权不放。同治对她很不满，但"亲政"不到两年就死了。按父死子继的规矩，应该给他过继一个儿子来继承皇位，可慈禧太后偏不这样做。因为这样做了，同治的皇后就成了皇太后，她就得靠边站。她想了个好主意，把同治的一个堂弟载湉找来

★同治帝画像

继承皇位，然后又把同治的皇后逼死。

★儿时的光绪在皇家护卫下骑马

载湉就是光绪，当时才四岁。慈禧太后叫一个小孩当皇帝，是为了能够继续垂帘听政。而且，因为光绪的父亲醇亲王奕譞是咸丰之弟，母亲是慈禧太后之妹，所以慈禧太后既是光绪的伯母，又是他的姨妈，不管怎样，她都能控制这个小皇帝。更阴险的是，为了把光绪从小整得服服贴贴，叫他长大了也怕自己，慈禧太后从光绪进宫后，天天训他骂他，动不动还打他，让他一跪就是几个钟头，整得他听见锣鼓声也吓得脸上变了颜色。到光绪帝 19 岁时，慈禧太后名义上允许他"亲政"，但实际上他只有看奏折的权力，慈禧太后不点头，他什么事也做不了主。朝廷里的那些顽固派大臣也都围着慈禧太后转，被称作"后党"，拥护光绪的只有他的师傅、户部尚书翁同龢官位较高，其余的都是一些小官，称作"帝党"，实力很小。

在这种情况下，光绪要变法就非常困难。但他毕竟是个年轻人，有一股子朝气，不甘心当傀儡。特别是他有一颗爱国之心，很想振作起来，发愤图强。当顽固派官僚手捧《马关条约》，强迫他批准的时候，他急得在殿上踱来踱去，足足转了一个多小时，最后跺着脚、流着泪在上面签了字。正因此，康有为的上书一下子就打动了他。他迫切希望经过变法，引进新人，夺取实权，挽救国家的危亡。但是顽固势力的百般阻挠又使他不能自行其志。他对一个亲王说："我不能当亡国皇帝，如果不给我实权，我宁愿退位。"话传到慈禧太后那儿，她勃然大怒道："我也早就不想让他坐这个位子了！"可是阴险的慈禧太后并没有立刻废掉光绪，却装作不闻不问的样子，由着光绪去干。还捎话给光绪："太后不禁皇上办事。"有的顽固派官僚请她阻止变法，她连笑带骂地说："你们管这些闲事干什么呀？"

1898 年 6 月 11 日，光绪鼓足勇气下了《定国是诏》，宣布变法。从这一天起，变法的命令像雪片一样飞下去。一直到 9 月中旬，几乎每天都有新的命令发布。变法法令的主要内容有：废除八股，将书院、祠庙改设学堂，裁减兵员，精减机构，取消满人享受的各种特权，设立京师大学堂，奖励科学著作和发明，设立译书局，编译书籍，奖励创办报刊，允许官民上书发表意见等。

照光绪和维新派的这些设想做下去，中国的资本主义就有可能发展起来。可是，变法法令虽然发下去了，而且赞成的人不少，但反对的人更多。各省的大官，大多是守旧官僚，对这些改革命令不理不睬，只有湖南巡抚陈宝箴支持新政。因为推行新政，触犯了社会上那些腐朽势力的利益。废除八股，几百万举人、秀才失去了做官的途径，怎么能指望"金榜题名"往上爬呢？精减机构，摘了无能之辈的乌纱帽，他们怎能甘心呢？还有，大量的绿营官兵发生了失业的恐慌。一

向把持着书院、寺庙的土豪劣绅、和尚道士因这些地方改成学堂，也绝了生财之道。至于取消满人特权，让过惯了寄生生活的人靠劳动谋生，那简直让他们无法接受。于是，这些腐朽势力都把变法看成是他们的一场大祸，恨之入骨，好多人跑到慈禧太后那儿告光绪的状，还请求杀掉康有为和梁启超。

慈禧太后是中国最黑暗、最反动的势力的总代表，她当然不会让光绪从她手心里跳出来，更不会让他放手搞新政，只不过她要找最合适的时候才下手。她这时虽然住在颐和园里享清福，整天听戏打牌，可外面的事她全知道。她的耳目众多遍布光绪周围，光绪的一举一动她都了如指掌。到了9月21日，她觉得火候已到，立即发动政变，把光绪囚禁到中南海里一个四面都是水的孤岛——瀛台，并在当天宣布，因皇帝生病，由她亲自临朝听政。跟着，她就下令大肆搜捕屠杀维新派人士。

这次变法就这样失败了。政变后，除京师大学堂和保甲制度两项外，其余新政全被废除。

1898年6月11日到9月21日的变法运动，一共进行了一百零三天，历史上称它为“百日维新”。因为这一年是旧历的“戊戌”年，所以又叫它“戊戌变法”。

“百日维新”集中反映了鸦片战争以来人们要求改革的愿望，在当时中国的条件下，是一个爱国的进步的资产阶级改革运动。变法期间，广大青年知识分子受到很大鼓舞，气息奄奄的中国出现了一点生机。它传播了西方资产阶级的社会政治学说、哲学和自然科学，在社会上起了思想启蒙的作用，造成了中国社会巨大的思想变动，因而为后来的辛亥革命作了准备。

《中外纪闻》和《强学报》

《公车上书》失败后，维新派为扩大影响，推动变法以实现自己的政治主张，一方面继续向皇帝上书，希望争取自上而下的改革；同时加紧对官僚和知识分子的宣传发动和组织工作。这些宣传组织工作主要是成立学会、出版报纸和兴办学堂。康有为首先和他的朋友学生们创办了维新派的第一份报纸——《中外纪闻》，介绍西学知识，提倡变法自强。在此基础上，8月底又组织了强学会。强学会每10天集会一次，每次有人演说，扩大变法维新的宣传。当时不仅京城的许多名士参加，不少帝党官僚都纷纷参加。有的是出于爱国的热诚，也有不少是附和时髦。强学会很快就发展为不可轻视的政治力量。同年11月，上海成立分会并出版《强学报》。它的发展引起了后党的注意和憎恨。强学会创立不到四五个月就被封禁。《中外纪闻》和《强学报》也被迫停刊。不过，维新派并未因顽固派阻挠而停止活动，他们以上海、天津、湖南、广东为中心向全国继续发展。

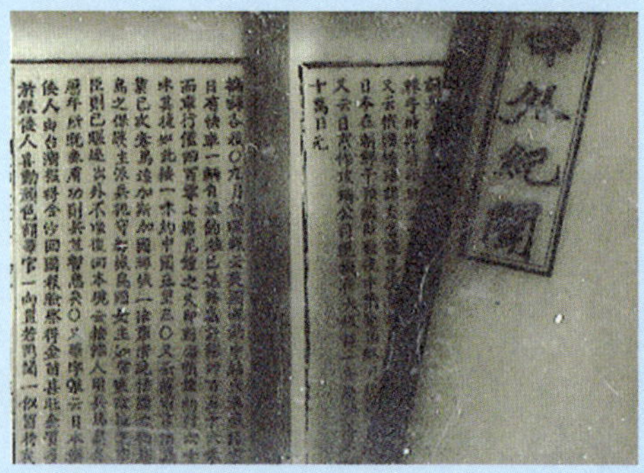

★《中外纪闻》

★慈禧和宫内太监

戊戌政变

WU XU ZHENG BIAN

慈禧太后囚禁光绪、搞垮新政、屠杀维新志士，这段历史叫做“戊戌政变”。

政变的准备，几乎是和变法同时开始的。早在宣布变法的第四天，慈禧太后就逼着光绪连下了三道命令：一是撤除翁同龢的职务，把他遣送原籍；二是规定今后任命的文武大臣要向慈禧太后谢恩；三是调顽固派大臣荣禄去当直隶总督。

这三道命令一下，就给维新派和光绪布下了天罗地网。

翁同龢是帝党的首领，维新派和光绪接近，靠他作桥梁，光绪下决心变法，主要也是受他的鼓动，而且有事都先和他商量。撵走他，就是要把光绪孤立起来，砍掉他的左右手。慈禧太后早已归政，按规矩不能再接见大臣，现在宣布要大臣向她谢恩，就是要把用人的大权完全抓到手。荣禄一直是她的头号亲信，不要他留在身边，却派他到天津当直隶总督，是因为这个职位能够统帅北洋三军（董福祥的甘军、聂士成的武毅军、袁世凯的新建陆军），能把兵权抓到手，控制北京的政局。

★翁同龢

荣禄还没出京，慈禧太后又和他秘密定计：今年秋天叫光绪陪她去天津阅兵，到时候就用武力逼他退位，另立一个听话的皇帝。接着，她又派自己的爪牙把京城和颐和园的警卫大权也抓到手，命令亲信太监严密监视光绪。

经过这番密锣紧鼓般的策划部署，几天功夫，维新派和光绪就完全处在慈禧太后的控制之下了。这时顽固派也都一声不吭了。荣禄不打自招地说：“先让他们胡闹几个月，到他们恶贯满盈再动手不迟。”

光绪不顾慈禧太后和顽固派的威胁，在翁同龢撤职的第二天，任命康有为为总理衙门章京（清朝办理文书的官员），允许他专折奏事。过了几天，又亲自接见康有为，梁启超也以“布衣”的身份被召见，这在清朝是从来没有过的事。

到了9月初，光绪见新政根本贯彻不下去，决心要给顽固派一点厉害看。9月4日，他怒气冲冲下令撤了礼部尚书怀塔布等六个大官的职，第二天破格提拔维新志士谭嗣同、刘光第、杨锐、林旭四人到军机处担任机要工作，号称“军机四卿”。这是变法运动中光绪亲自决定的一次人事上的大变动，给了顽固派一个有力的打击。过了两天，又把李鸿章也从总理衙门撵走。

这样一来，顽固派再也忍不住了。一时间，颐和园里接二连三地演出了吁请慈禧太后训政的闹剧。怀塔布等领着几十个官僚跪在慈禧太后面前嚎啕大哭，控诉光绪无道。大太监李莲英和怀塔布的老婆（她常在颐和园侍候慈禧太后，很

★慈禧扮观音。右一为李莲英、左二为四格格。

得慈禧太后的欢心）也都哭得死去活来。还有李鸿章的亲家也跑来奏请训政。

“训政”的舆论闹得沸反盈天，一直不动声色的慈禧太后觉得该动手了。于是北京、天津之间，信使来往不断，军队调动频繁。当荣禄紧急调兵到长辛店（离北京四十里）时，政变的迹象已经非常明显了。

北京城里流言四起，人心惶惶。光绪发现形势严重，就在9月

14日由杨锐传出一道“密诏”给康有为，告诉他们，皇位眼看不保，你们速速设法相救。可是杨锐读了密诏以后，吓得不知怎么办才好，竟把密诏搁在自己那里，并没有转达出。光绪左等右等不见回音。到17日，风声越来越紧，他又下了第二道密诏，叫康有为赶快逃命。

康有为、谭嗣同等见了密诏，一筹莫展，唯有痛哭流涕。最后，他们商量了好一阵，决定孤注一掷，一面向英国和日本求救（当时英、美、日和沙俄有矛盾，沙俄支持慈禧太后，英、美、日想拉拢光绪对抗沙俄），一面去找掌握军队的袁世凯。可是不巧，英国公使到北戴河避暑去了，他们扑了空；去找正在中国游历的日本大政客伊藤博文，请他向慈禧太后说几句话，但也没结果。现在唯一的救星就是袁世凯了。

袁世凯是个什么样的人呢？他是河南项城县一个官僚地主的儿子。他家祖宗三代都是屠杀人民的刽子手。袁世凯从小过继给当军官的叔父袁保庆当儿子，跟着袁保庆在外地过着游山逛景、寻欢作乐的浪荡生活。他经常骑着大马东游西逛，喝酒胡闹，练了一身流氓无赖的本领。他叔叔一死，他就回到老

★梁启超、光绪和康有为

家闲呆着。他原想靠科举往上爬，可是考了两次举人也没考上。这条路走不通，他就赌气把他写的诗文统统烧了，还说什么“大丈夫志在四方，不能老困在书本里头”。言下之意，就是要另谋出路，凭他的手腕、权术去获取高官厚禄。不久，他叔叔的朋友吴长庆，让他在军队里当了一个小小的文官。袁世凯得了这份差事，也就踏上了往上爬的台阶。因为他会吹会拍，会看风使舵，很快就被李鸿章赏识，步步高升。甲午战后，他又巴结荣禄，当上了新建陆军的督办，到天津小站训练新式陆军。

袁世凯有了军队也就有了起家的本钱，但他更大的本钱是投机钻营。1895年，康有为组织强学会得到光绪支持，袁世凯马上装出赞成维新的样子，加入了强学会。正因为他曾是强学会的会员，而且又有军队，特别是翁同龢被赶出北京路过天津时，他还送了一份厚礼，表示对光绪的同情。所以，康有为得知天津阅兵的消息后，就派人到天津探听他的态度。当时袁世凯表示坚决拥护光绪。康有为信以为真，就向光绪推荐袁世凯，想依靠他的军队保护光绪，推行变法。

9月16日，光绪在发出求救密诏的紧张时刻接见了袁世凯，提升他为兵部侍郎，叫他专办练兵的事。袁世凯升了官，心里却在嘀咕这官儿当得稳当不稳。他到处探听风声，了解内情，断定光绪斗不过慈禧太后，就赶紧去拜见顽固派大臣，请他们谅解。

维新派虽然找到袁世凯来保驾，但对他总不放心，林旭就认为对袁世凯不能轻信。可是事已临头，再没别的人可以指望。9月18日夜间，谭嗣同到法华寺去找袁世凯。一见面，谭嗣同就直截了当地问他：“您觉得皇上是怎样一个人？”

★慈禧太后全身像

“古今少有的圣明君主。”

谭又问：“天津阅兵的事，您知道吗？”

“是的，已经听说了。”

于是，谭嗣同拿出密诏让他看，并说：“现在能救皇上的就只有您了，您想救他就设法相救……”谭嗣同略停了一下，用手摸着自己的脖子又说：“如果您不愿救，那就请您到颐和园告发我，杀掉我，您就可以得到富贵了。”

袁世凯听了，板起一副严肃面孔，生气地说：“你把我看成什么人了，你我都为皇上效力，受过皇上的大恩，救护皇上不单是你的责任。你有什么主意，痛痛快快告诉我好了！”

谭嗣同被袁世凯的慷慨激昂感动了，于是请他在阅兵时杀掉荣禄，保护光绪脱险。袁世凯当即表示誓死保护皇上。

9月20日，光绪再次召见袁世凯，要他保护新政。谁料想，当天傍晚，袁世凯就赶回天津，直奔总督衙门，把谭嗣同的计划一五一十地告诉了荣禄。荣禄一听，脸都吓白了，连夜进京，飞奔颐和园向慈禧太后报告。

第二天凌晨，慈禧太后带着大批人马气急败坏地从颐和园赶到

★戊戌六君子：谭嗣同、林旭、康广仁、杨锐、杨深秀、刘光第

紫禁城，软禁了光绪帝。

当天，慈禧太后下令大肆追捕维新派。康有为事先在英国人掩护下逃往香港，没有抓到，结果抓去了他的弟弟康广仁。梁启超在日本人掩护下化装逃往东京。其余没有来得及逃走的都被革职、监禁或充军。只有谭嗣同不怕杀头，能逃而不逃。他对劝他逃亡的人说："各国变法没有不流血而成功的，但中国却没有因变法而流血牺牲的，这就是国家不昌盛的原因。现在就从我开始流血吧！"因此，他沉着地等待着逮捕。入狱后，他在狱中墙上题诗一首，留下了广为传诵的名句"我自横刀向天笑"。

28 日，慈禧太后下令杀死谭嗣同、康广仁、刘光第、林旭，杨锐、杨深秀六人（即"戊戌六君子"）。临刑时，到北京菜市口刑场观看的有上万人。谭嗣同神色从容，毫不畏惧。屠刀举起时，他愤呼："有心杀贼，无力回天；死得其所，快哉快哉！"表现了他为争取祖国的独立、自由不怕流血牺牲的英雄气概。

"百日维新"的失败和维新志士的惨死说明，在半殖民地半封建社会的中国，企图通过变法改革现状，使中国走向独立富强，是不可能成功的。

★慈禧太后在颐和园仁寿殿前乘舆照，前为总管太监李莲英（右）、崔玉贵（左）。

谭嗣同

谭嗣同（1865—1898年），字复生，号壮飞，又号华相众生、东海褰冥氏、廖天一阁主等。湖南长沙浏阳人，清末巡抚谭继洵之子，善文章，好任侠，长于剑术。著名维新人物。慈禧发动政变后，连发谕旨，捉拿维新派。谭嗣同听到政变消息后并不惊慌，置自己的安危于不顾，多方活动，筹划营救光绪，但计划均告落空。在这种情况下，他决心以死来殉变法事业，用自己的牺牲去向封建顽固势力作最后一次反抗。在狱中，谭嗣同意态从容，镇定自若，写下了这样一首诗："望门投止思张俭，忍死须臾待杜根。我自横刀向天笑，去留肝胆两昆仑"。9 月 28 日，他与其他 5 位志士英勇就义于北京宣武门外菜市口。

★谭嗣同

义和团运动

YI HE TUAN YUN DONG

慈禧太后指挥清廷的保守势力对变法维新人物进行了残酷的屠杀和迫害，以期达到他们对内保持封建权威，对外继续实施妥协的策略。但此举并未能阻止列强对中国实行的瓜分步骤。1898 年以后，世界列强不断胁迫清政府，对中国的主权和领土实施瓜分，随着列强势力在中国不断扩张，宗教也成了他们侵略的重要工具。外国传教士大批涌入中国，成为中国社会的一种特殊势力。这些传教士日益专横跋扈，人民的反抗也愈来愈强烈。此时，义和拳便由暗斗转为直接的抗争，并改称“义和团”，打出了“扶清灭洋”的口号，把斗争的矛头指向了帝国主义，集中打击外国教会侵略势力。

1899 年秋，义和团运动再次掀起浪潮。9 月 17 日，山东平原县杠子李庄教民、地主李金榜荒年存粮不借，借故欺压拳民首领李长水，并诬告拳民“闹教”。9 月 22 日，平原知县蒋楷派捕役会同恩县马队到杠子李庄弹压，并逮捕团民 6 人。应李长水之请，10 月 9 日，义和拳首领朱红灯率高唐、茌平、长清等地义和拳众二三百人开赴平原县杠子李庄。平原、恩县拳民 1000 多人也自带武器、干粮，纷纷前往杠子李庄集中，自曹州转来的一部分大刀会众也闻讯参加。朱红灯集结队伍，正式竖起了“天下义和拳兴清灭洋”的旗帜。10 月 11 日，知县蒋楷率领勇役数十人前往镇压。朱红灯指挥拳民 4 人一队，用“轮伏轮起，轮进轮退”战术，殴伤差役 2 名，将勇役击退，蒋楷见义和团人多势众，率队狼狈而逃。10 月 17 日晚，朱红灯率 2000 多团民驻距平原城 10 里的森罗殿，准备攻打恩县城西的刘王庄和庞庄教堂。蒋楷立即电报毓贤，请求派兵前来镇压。10 月 18 日，朱红灯率团民在森罗殿与前来镇压的济南知府卢昌诒、管带亲军营补用知府袁世敦和蒋楷率领的清军交战，激战数小时，击毙击伤清军 10 余人。朱红灯趁机转移，退回茌平。此后，朱红灯和心诚和尚等决定分兵四出，大闹茌平，影响邻县，反教灭洋。11 月 4 日，他们率领义和团前往禹城苗家林庄“闹教”，然后兵分两路，一路以朱红灯为首，南下长清。一路由心诚和尚率领直奔茌平北部和博平一带，继续开展反教灭洋的斗争。

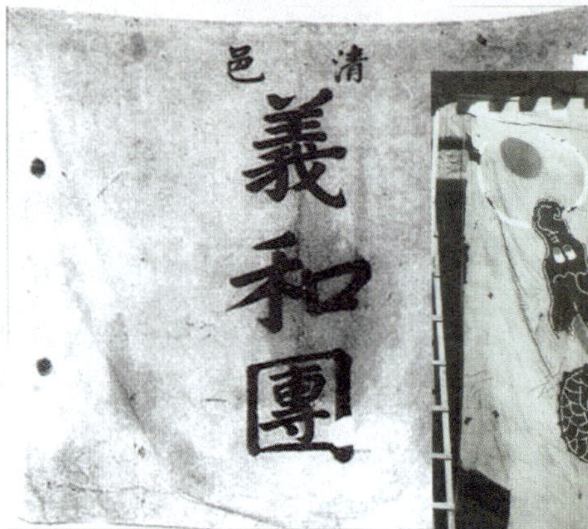

★河南清邑义和团旗帜

★义和团龙珠长文旗

★义和团廊坊大捷

义和团运动引起了清政府的极大恐慌，他们多次宣布义和团为“邪教”，严加禁止。以劳乃宣、袁世凯等人为代表的“主剿派”，多次派兵镇压、围剿。但义和团所提出的“扶清灭洋”、“助清灭洋” 的口号，已经吸引更多的民众，也得到了一些爱国的官绅、士大夫和清军爱国将士的同情和支持。因而，义和团运动空前高涨。

义和团势力的迅速发展直接威胁着清王朝的统治，慈禧等人害怕一味“剿办”，会“激成变端”，于是便有意招抚这支武装力量。此时，捐官出身的汉裔旗人毓贤出任山东巡抚，他提出“民可用，团应抚，匪必剿”的政策，对义和团采用

★义和团青年战士

抚的办法，将其招安纳入民团。

此后，义和团在北京、天津附近发展迅速，各路团民以浩大声势打击洋教势力。他们烧教堂、砸洋行、冲击各国使馆、打击不法传教士和不法教徒，对列强的侵略势力给予了严厉打击。1899 年冬，在西方各国连续抗议后，毓贤被清廷免职。新任巡抚袁世凯带领北洋新军在山东大力镇压义和团。毓贤离职后到北京觐见慈禧太后，再次向她提出招安义和团，之后获得调任山西巡抚。戊戌政变后完全控制朝廷的慈禧，对西方反对她废黜光绪感到十分不满。1900 年 1 月，慈禧不顾西方外交人员的抗议，发布袒护义和团的诏令。直隶总督裕禄于是由本来剿灭义和团，转变成扶助义和团。除了向团民发放饷银外，裕禄还邀请义和团的首领大师兄到天津开坛聚众。于是山东的团民涌入直隶。由天津至涿州、保定都有拳民起坛请神、烧教堂、杀洋人，并到处毁坏铁路及电线杆等洋物。涿州知府更被 3 万名拳民占据。慈禧派军机大臣协办大学士刚毅到涿州调查。结果刚毅回京后，向慈禧报告"拳民忠贞，神术可用"。庄亲王载勋、端郡王载漪、辅国公载澜亦主张招抚义和团，向洋人开战。

但随着北京的失陷，八国联军到处烧杀淫掠，扩大侵略。以慈禧太后为首的清政府，便归咎于义和团，决心对外彻底投降，对义和团"痛加铲除"。慈禧在流亡途中，便迫不及待地颁发"剿匪"上谕，通令清军剿灭义和团，做到斩尽杀绝。

由于清政府同西方列强的相互勾结，共同绞杀，使义和团不断地被分化、瓦解，直至名存实亡。然而，义和团运动以它独特的斗争内容和斗争形势，席卷了大半个中国，震惊了资本主义世界，也打乱了列强瓜分中国的阴谋。

★日军屠杀义和团团员

朱红灯

朱红灯（1850－1899 年），义和团早期首领，原名朱逢明，山东泗水人。光绪二十四年（1898 年）因避水灾至长清县大李庄其舅刘亭水家，以治病为业，聚众设场，遍打教堂，深得当地群众拥戴。后因地主民团的压迫，率众至茌平、平原、高唐一带活动。斗争中又与禹城义和拳首领心诚和尚联络，互为声援。光绪二十五年（1899 年）10 月，率领拳众至平原杠子李庄，与李长水领导的义和团会合，打退平原知县蒋楷所率捕役和马队的进攻。旋又在森罗殿重创袁世敦所部清军。森罗殿大捷后，与心诚和尚、于清水等义和团首领聚会于禹城丁家寺，商讨行动计划。11 月 4 日，与心诚和尚同时率领义和团前往禹城，大闹苗家林。12 月 21 日，因伤在博平县花园寺被捕。12 月 24 日与心诚和尚一起在济南遇害。

★朱红灯像

八国联军侵华

BA GUO LIAN JUN QIN HUA

1900年，义和团运动在直隶和京津地区得到了迅猛发展，他们打着“扶清灭洋”的大旗，把斗争的矛头直接指向外国列强。与此同时英、法、德、奥、意、日、俄、美八国列强公使联合照会清政府，要求“剿除义和团”。4月，义和团刚在北京近郊发展起来，俄国公使就胁迫清政府予以镇压，美、英、法、德各国公使也将舰队聚集在大沽口进行武力威胁。5月间，义和团在京津一带迅速发展，越来越多的清军士兵也参加了义和团。当时，朝廷以端王载漪为首的排外势力在清政府内占据上风。各国公使眼看清政府已无法控制形势，总理衙门也“无力说服朝廷采取严厉的镇压措施”，便策划直接出兵干涉。5月28日，各国列强在驻华公使会议上正式决定以“保护使馆”的名义，联合出兵镇压义和团。5月30日，八国的海军陆战队400多人，陆续由天津乘火车开到北京，进驻东交民巷。各国军舰24艘也已集结在大沽口外。6月6日前后，八国联合侵华政策相继得到各自政府的批准。此时，各国政府增派来的侵略军已达到2000余人。6月10日，八国联军开始从大沽经天津向北京长驱直入，侵略中国的战争由此爆发。

由俄、英、美、日、德、法、意、奥八国2064名官兵组成的八国联军，在英国海军中将西摩尔的率领下，分批由天津乘5列火车向北京进犯。义和团以破坏铁路相阻截，侵略军只得边修路边推进。11日傍晚，侵略军进至落垡车站附近，因前方路轨被挖而停顿抢修铁路。12日下午，数百名义和团战士举着大刀、长矛，由铁路北侧向侵略军发动攻击，双方展开激战。后因侵略军后队的美军赶到，在铁路两旁架起大炮，两面开炮夹攻，给义和团造成重大伤亡，初战失利。次日，侵略军以一个支队兵力驻守落垡，其余部队则继续推进。津京全线火车原只有三四个小时的路程，可是直至13日晚，竟用了80多个小时，才到达离北京尚有一半距离的廊坊车站。14日清晨，侵略军的第一列火车刚从廊坊开出10余里，第二列火车尚在车站加水待发之时，突然从铁路两旁涌出300名义和团战士向廊坊车站发起围攻。经一番恶战，义和团击毙意大利侵略军5名，杀伤多人。同一天，另一部义和团还包围袭击了盘踞在落垡车站的侵略军。西摩尔只得令第一列火车返回廊坊车站相救；同时又派一列火车载运大炮前往落垡解围。18日，大队义和团联合清军董福祥部共2000余人，又一次向廊坊侵略军发起猛攻。义和团战士迎着敌人的炮火，猛冲敌阵，杀死敌人50多人，迫使侵略军向杨村撤退，妄图改由水路入侵北京。当晚，义和团再一次在杨村车站向敌人发动进攻，打死打伤侵略军40人。至此，西摩尔自叹“进京之路，水陆俱穷”，“惟回津之计可行”，遂于20日率全部侵略军向天津退逃。侵略军在溃退中，沿途又不断遭受义和团的阻击，至25日才在2000名沙俄援兵接应下，逃进天津租界。廊坊、落垡战役使八国联军遭到了沉重打击，前后总计

★八国联军在天津大沽口登陆情景

★外国人笔下的八国联军进京图

★行程近半的联军在廊坊遇到义和团和清军的阻击

被打死打伤374人。

7月初，经过汇合和休整的侵略军又发起了向天津的进攻，战斗异常激烈，义和团将领张德成率众在紫竹林与侵略军血战三昼夜，但因无后续力量，被侵略军攻破城池。入城后的八国联军到处烧杀淫掠，所犯的罪行令人发指。

8月4日，侵略军约2万人又从天津出发，沿东岸向北京进犯。当时，京津之间的清军尚有数万人。但慈禧太后不想抵抗，而是向侵略者乞降。她一面电催李鸿章北上与列强议和，一面命人通知各国统帅，乞求停战。随着侵略军的推进，清军望风溃逃，仅少数部队抵抗。不过，京津沿线的义和团战士却始终与侵略军进行着顽强的较量。侵略军到哪里，哪里就有义和团阻击。

8月5日，八国联军到达离天津仅10公里的北仓。驻北仓的有从天津撤出的马玉昆率领的清武卫右军，聂士成的武卫前军余部把守着运河西岸的韩家墅。侵略军到北仓后，即与马玉昆部遭遇。义和团大队人马数千人立即从附近各地赶来，与清军会合，阻击侵略者。5日凌晨，侵略军向北仓发起攻击。义和团战士和武卫右军在运河两岸挖战壕，顽强抗击，与

★美军第五炮兵团轰击紫禁城的第三门

★美军第四十步兵团在皇宫前

海兰泡惨案

海兰泡原名孟家屯，是我国黑龙江省瑷珲县一个村庄，位于黑龙江和精奇里江汇合处。1858年，沙俄通过不平等的中俄《瑷珲条约》将其强占，改名为布拉戈维申斯克（意为“报喜城”），同时也作出规定：在原居住地的中国人可以继续留在那里生活。到1900年，这里大约共生活有3.8万人，其中半数以上是中国人，他们长期以来就在这里耕种、做工、经商，当时大小商号有500家。

1900年6月，正值八国联军进攻中国时，沙俄也准备吞并中国东北的大部地区。6月23日，沙俄在阿穆尔军区实行军事动员，此后海兰泡便不断发生迫害华人的暴行，许多华人不堪虐待，纷纷逃回瑷珲。7月初，俄国军舰“米哈依尔”号和“色楞格”号从海兰泡沿江下驶，进攻瑷珲，被中国士兵击退。沙俄军事当局遂以此为借口，策划对海兰泡的中国居民进行血腥屠杀。7月上旬，沙俄当局下令通知海兰泡的中国居民，中俄两国要打仗，要把他们送过江去，各家不许闭门上锁。7月15日下午，俄军突然封锁黑龙江，扣留全部船只，禁止华人渡江回归瑷珲，并在海兰泡全城进行疯狂搜捕。

7月16日，沙俄军队不问男女老幼强行将数千名中国居民赶到了警察署。中国居民的住宅和商店也随即被洗劫一空，凡进行抵抗的都被刺杀。由于被关押的人越来越多，警察署容纳不下，晚上居民们又被带到精奇里江畔一个木材厂的院子里。17日，第一批中国居民大约有3000多人，被沙俄哥萨克兵押往海兰泡北六英里的黑龙江边，途中掉队的都被俄兵活活砍死。当时江边没有一只船，哥萨克兵就强迫中国人泅渡，先下水的立即沉溺，能泅渡幸免者不过百人。不敢下水的即遭到俄军的射击和砍杀，半小时后岸上中国人的尸体堆积如山。从7月16日至21日，俄军在海兰泡共进行了4次大屠杀，夺去六七千中国人的生命。海兰泡惨案是沙俄侵略者对手无寸铁的中国人进行的惨绝人寰的野蛮屠杀，是沙俄殖民者欠下中国人民的一笔血债。

★《瑷珲条约》签字仪式（蜡像）

★八国联军在乾清宫

敌人展开血战。义和团战士还掘开运河，放水阻遏敌人。双方激战多时，几次打退了八国联军的进攻。敌人见攻不下北仓，转而攻运河西岸的韩家墅。守卫在那里的清军人少，韩家墅被日、美和英军占领。此后，敌人渡过运河，从侧翼进攻北仓阵地。义和团和清军遭到敌人夹击，马玉昆的军队在混战中撤退，大批义和团战士壮烈牺牲，北仓失守。慈禧太后和光绪皇帝得到消息后，认为京城不保，便匆匆逃往西安，使八国联军轻而易举地占领了紫禁城。随后侵略军在城中杀人放火，无恶不作，宫中的宝器、颐和园的宝物被侵略者洗劫一空。此时，专意于我国东北的沙皇俄国也派兵10万，在我国东北制造了“海兰泡惨案”和“江东六十四屯惨案”，万余无辜的中国人遭到血腥屠杀，沙俄继而还强占了我国东北全境。

8月7日，昏庸无能的清政府任命李鸿章为全权大臣正式向外国列强乞和。除八国之外，其他侵略者也乘势而来，并均获得了意想不到的利益。1901年9月7日，一纸《辛丑条约》在北京签订，把八国列强和趁虚而入的比利时、荷兰、西班牙都恭送回本国，也把在风雨中飘摇的大清王朝送上了一条不归路。

★1901年9月7日，清政府被迫与英、俄、德、法、美、日、意、奥、比、荷、西签订《辛丑条约》。

江东六十四屯惨案

江东六十四屯惨案，是沙俄侵占中国领土对中国人民欠下的又一笔血债。

江东六十四屯位于黑龙江左岸，从瑷珲县黑河镇对岸的精奇里往南，直到孙吴县霍尔莫勒津屯对岸，面积约6600平方公里，人口达3万多。其中多数是汉人，也有满族人和达斡尔人。历史上这一带曾有六十四个中国居民村屯，人们习惯地称它为六十四屯。按1858年《瑷珲条约》规定，黑龙江左岸中国人历代居住的六十四屯“照旧准其各所住屯中永远居住”，由清政府官员管理，沙俄“不得侵犯”。显然，即使根据不平等条约的规定，中国政府对江东六十四屯仍然享有主权。江东六十四屯当时归瑷珲副都统管辖。但实际上沙俄早就对这块中国人民所生活和开发的土地垂涎三尺了。

沙俄军队在制造海兰泡大血案的同时，1900年7月17日，又把屠刀杀向江东六十四屯。他们到处放火烧房，把搜捕到的数千中国居民，先关在警察总部，然后转移到结雅河边的木厂院子里。从17日到21日，他们把数千中国居民分四批徒步押到海兰泡北边的黑龙江畔。沿途掉队的居民，全部被砍死；到达江边的，就被赶到江中，大都溺死；没有下水的，在江边也全被枪杀。前后遇难的中国居民达2000余人。沙俄侵略军血洗江东六十四屯之后，阿穆尔地区军事长官悍然宣称：“根据《瑷珲条约》规定一直归中国当局管辖的前满洲外结雅地区(即江东六十四屯)及阿穆尔河(黑龙江)右岸为我军占领之满洲土地，已归俄国当局管辖。凡离开我方河岸的中国居民，不准重返外结雅地区。”中国人民长期辛勤开发的田地就这样被霸占，人民被迫离开了自己世世代代居住的家园。俄国从此长期霸占我国这片领土。

★沙俄侵占瑷珲图

革命导师列宁强烈谴责了俄军在东北所犯下的滔天罪行，痛斥他们“杀人放火把村庄烧光，把老百姓驱入黑龙江中活活淹死，枪杀和刺死手无寸铁的居民和他们的妻子儿女。”并严正指出：“沙皇政府在中国的政策是一种犯罪的政策勿再妄杀良民”。

中国同盟会成立

ZHONG GUO TONG MENG HUI CHENG LI

20世纪初，资产阶级民主革命思想得到广泛传播，出现了章炳麟、邹容、陈天华等著名民主革命思想家和宣传家。随着民主革命思想的广泛传播，资产阶级革命团体也相继建立起来。1894年，孙中山创立了中国资产阶级第一个革命团体——兴中会。兴中会以“驱除鞑虏，恢复中国，创立合众政府”为民主革命纲领。1895年1月，孙中山回到香港，并于2月21日建立了兴中会总部，标志着资产阶级革命派正式登上历史舞台。

★中国同盟会章

★黄兴

1904年，华兴会、光复会策划长沙起义败露，迫使很多革命志士流亡到日本。1905年7月，孙中山从欧洲来到日本，在他和黄兴的倡导下，决定将兴中会与华兴会联合，并吸收光复会、科学补习所等多个组织参加。

1905年8月20日，中国同盟会成立大会在日本东京举行，有国内17省的代表100多人出席。大会通过了同盟会章程，推举孙中山为同盟会总理，黄兴为副总理，并提出了中国同盟会的根本政治要求，即孙中山提出的“驱除鞑虏，恢复中华，创立民国，平均地权”十六字纲领。其机关刊物是当年11月创刊的《民报》。孙中山在发刊词中对“十六字纲领”作了进一步阐述，提出了“民族、民权、民生”三大主义的完整纲领，鲜明地举起了“三民主义”的旗帜，使许多知识分子摆脱了改良主义的影响，站到了革命立场上来。中国同盟会的成立，标志着中国的资产阶级民主革命进入了一个新的阶段。

此后，中国同盟会还曾组织多次的反清武装起义，试图推翻腐朽的清政府。虽然历次起义都没有成功，但从根本上动摇了清王朝的统治，增强了革命的感召力，鼓舞革命者的斗志，为最终推翻清朝统治创造了条件。

1911年夏天，为反对清政府把川汉、粤汉铁路出卖给帝国主义，四川等省人民掀起了保路运动。同盟会会员龙鸣剑等发动武装起义，

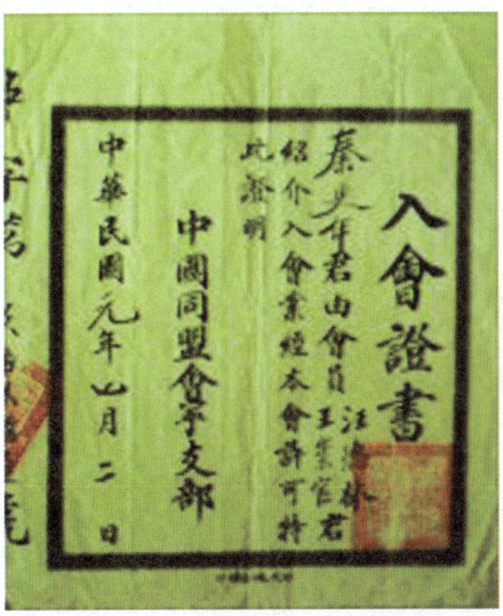

★中国同盟会入会证书

★孙中山（右四）与新加坡同盟会员合影

建立了以同盟会员吴玉章、王天杰为首的荣县军政府，建立起了第一个地方革命政权。10月10日，震惊中外的武昌起义，再一次敲响了清王朝的丧钟。起义胜利后，同盟会总部由日本东京移至上海。

★武昌起义纪念馆

武昌起义纪念馆，位于武汉市武昌区武珞路，为一座西式两层楼房，俗称“红楼”。1911年10月，武昌起义成功后，即在此建立了革命军政府，颁发公告，宣布废除封建帝制，成立中华民国，并电通全国，号召各省起义。1981年10月被辟为纪念馆，珍藏大量文物和文学、照片资料。

★吴玉章

1912年元旦，中华民国成立。孙中山就任了南京国民政府临时大总统，同盟会总部亦由上海移至南京。但是，帝国主义拒不承认革命政府，他们曾一度企图进行武装干涉，而清政府也仍躲在北平苟延残喘。

1912年4月1日，孙中山迫于革命成功的需要，迫于各方面的压力，不得不将大总统职务交到袁世凯的手中。而此期，同盟会的实际负责人宋教仁醉心于“政党政治”，为了争取国会中的多数，未征得孙中山的同意，拉拢一些小党派与同盟会合并组成国民党，于1912年8月25日在北京召开了成立大会。国民党把同盟会纲领中的革命精神放弃殆尽，倒退成一个具有浓厚改良主义色彩的政治团体。1913年，袁世凯在就任正式大总统后，于11月4日下令将国民党强行解散。

★孙中山雕像

中国同盟会

中国同盟会简称同盟会，是由孙中山领导和组织的海外中国人为主的一个全国性的革命政党。中国同盟会于1905年8月20日在日本东京成立。其前身是华兴会和兴中会，除此之外还有复兴会、科学补习所等多个组织参加。中国同盟会的根本政治要求是孙中山提出的“驱除鞑虏，恢复中华，创立民国，平均地权”十六字纲领。其机关刊物是《民报》。孙中山为同盟会总理，黄兴为副总理。

中国同盟会是一个在20世纪初叶发挥了巨大作用的革命政党，标志着中国资产阶级民主革命进入了一个新的时期，在中国政治和革命史上占有极为重要的地位。

★中国同盟会会员在成立大会现场合影，第二排左起第7人为孙中山。

民主革命的先驱孙中山

MIN ZHU GE MING DE XIAN QU SUN ZHONG SHAN

1895年4月，清政府与日本签订了《马关条约》，举国一片反对之声。中国民主革命的先驱——孙中山认为这是发动起义的好时机，便与陆皓东等策划起义。但由于走漏了风声，起义还未正式发动就遭失败。陆皓东壮烈牺牲，孙中山被迫流亡海外。

孙中山，名文，字德明，号日新，后改逸仙，在日本从事革命活动时曾化名中山樵。广东香山近代民主革命的先行者。

1866年11月12日，孙中山出生在广东香山县(今中山市)翠亨村的一个贫苦农家。12岁时，他投奔了在檀香山经营农业的哥哥孙眉，此后又在香港、广州等地读书，受到了较系统的资产阶级教育。1885年，中法战争后，中国以“不败之身”反向法国屈辱求和，使他目睹了清政府的专制和腐败，激起了孙中山挽救民族危亡的爱国热情，开始产生了反清和以资产阶级政治方案改造中国的思想。

1892年，孙中山毕业于香港西医书院，随后在澳门、广州等地一面行医，一面联络有志之士，准备创立革命团体。1894年夏，他受当时蓬勃兴起的维新思潮的影响，抱着一线希望来到天津，上书李鸿章，要求“仿行西法，以筹自强”。希望统治阶级上层实行一些改良措施，效仿西方资产阶级国家，采用先进科学技术以发展工农业生产。但他的上书遭到冷遇，使他希望依靠统治阶级上层人物进行改良的幻想彻底破灭。10月，孙中山从上海到檀香山联络华侨，宣传革命思想。经过多方联络发动，于同年11月24日，在檀香山建立了中国最早的民主革命团体——兴中会。1895年1月，孙中山回到香港，于2月21日建立了兴中会总部。

起义失败后，孙中山借流亡之机，详细考察欧美各国的经济政治状况，研究了多种流派的政治学说，并与欧美各国进步人士接触，产生了具有特色的民生主义理论，三民主义思想由此初步形成。1897年，孙中山由英国经加拿大转赴日本，与康有为、梁启超为代表的改良派商谈过合作问题，但因改良派坚持保皇、反对革命而未能如愿。此后，他到各国华侨及留学生聚集地宣传革命，并先后在比、德、法等国的留学生中建立了革命团体。

★1912年1月孙中山在南京就任中华民国临时大总统时与总统府职员合照

★孙中山

1905年8月，孙中山与黄兴等人以兴中会、华兴会等革命团体为基础，在日本东京创建同盟会，孙中山被推举为总理，他所提出的“驱除鞑虏，恢复中华，创立民国，平均地权”的宗旨被采纳为同盟会纲领。此后又提出了“民族、民权、民生”三大主义。并多方宣传革命，想方设法为革命积蓄力量。此后，孙中山又多次组织武装起义，但每次起义都因缺乏群众基础、组织不够严密而失败。

1911年10月10日，武昌起义爆发，各省纷纷响应。12月下旬，孙中山回国后，即被17省代表推举为中华民国临时大总统，并于1912年1月1日在南京宣布就职。结束了中国长达2000多年的君主专制统治，建立了共和国。但仅一个多月，由于来自革命党本身对封建军阀的妥协，孙中山被迫辞去了临时大总统职务，让位于封建军阀袁世凯。1913年3月，袁世凯刺杀了由同盟会改组的国民党代理理

★1898 年，孙中山、杨衢云与日本友人在横滨合影。前排左起安永东之助、杨衢云、平山周、末永节、内田良平；中排左起大原义刚、小山雄太郎、孙中山、清藤幸七郎、可儿长一；后排宫崎寅藏。

事长宋教仁。孙中山由此发动了二次革命，实施武力讨袁，失败后他再度流亡日本。1917 年 7 月，因段祺瑞为首领的北洋军阀解散国会和废弃由孙中山等制定的《临时约法》，孙中山联合西南军阀在广州建立军政府，9 月被推举为大元帅，进行护法战争。但由于受军阀、政客的排挤，不得不辞去大元帅职务。

1917 年，俄国十月革命的胜利和 1919 年的“五四”运动，给予孙中山很大鼓舞。他从 1920 年开始与苏俄人士接触，深层次地了解共产党的主张，积极探求两党间合作的可能性。特别是 1922 年 6 月，掌握广东军队统率权的陈炯明发动叛乱，使准备以两广为根据地的北伐行动落空，迫使孙中山离开广州。孙中山决心接受共产国际和中国共产党的帮助，欢迎李大钊等共产党人以个人身份加入中国国民党。又于 1923 年 1 月同苏联代表发表了《孙文越飞宣言》，奠定了“联俄、联共”政策的基础。1923 年 2 月，孙中山从上海回到广州重建陆海军大本营，以大元帅名义统率各军，综理政务。与此同时，逐步加紧改组中国国民党的准备工作。1924 年 1 月，中国国民党第一次全国代表大会在广州召开，孙中山主持了大会。大会通过新的党纲、党章，在实际上确立了“联俄、联共、扶助农工”三大政策，选出有中国共产党人参加的中央领导机构。建立了国共两党和社会各界人民的统一战线。5 月，孙中山在广州黄埔长州岛创立陆军军官学校，即“黄埔军校”，为建立革命军队打下基础。

1924 年 10 月，奉系军阀的张作霖和直系将领冯玉祥联合推翻曹锟为总统的直系军阀政府。冯玉祥、段祺瑞、张作霖先后电邀孙中山北上共商国是。孙中山接受邀请，带病到达北京。1925 年 3 月 12 日，因患肝癌在北京逝世。

孙中山是中国伟大的民主革命先行者，为了改造中国耗尽毕生的精力，在历史上建立了不可磨灭的功勋，在政治上也为后继者留下珍贵遗产。在他逝世前夕仍提出了“必须唤起民众，及联合世界上以平等待我之民族，共同奋斗”的民主革命方略，还发出了“革命尚未成功，同志仍须努力”的号召，希望他的革命主张和革命主义能够得到实现。

★1909 年 8 月孙中山在伦敦

三民主义

三民主义是孙中山在中国资产阶级民主革命中提出的民族主义、民权主义、民生主义三个问题的原则和纲领。随着时代的不同，三民主义的内容有新旧的区别。旧三民主义是中国旧民主主义革命的纲领。1924 年 1 月，孙中山接受共产党人的建议，在中国国民党第一次全国代表大会上，对三民主义重新作了解释，旧三民主义从此发展为新三民主义。新三民主义包含“联俄、联共、扶助农工”的三大政策和反对帝国主义、反对封建主义的纲领，是第一次国内革命战争时期中国共产党同国民党合作的政治基础。

★南京中山陵外景

为共和牺牲第一人——陆皓东

WEI GONG HE XI SHENG DI YI REN LU HAO DONG

1906年初冬的一天，孙中山、黄兴、章炳麟等一些同盟会的骨干正在日本的居所商量制定革命方略。当讨论到中华民国国旗的问题时，大家开始激烈地争论起来。有提议用五色旗的，以顺中国历史之传统；有提议用十八星旗的，以代表中国的十八个行省；有提议用金瓜钺斧图案的，以发扬汉族之精神；有提议用“井”字旗，以表示井田之义……种种提议均未获通过，唯有孙中山强烈要求的青天白日旗占了上风。虽然黄兴等人对之甚为不满，认为形式既不美，又与日本旭旗太相似，但孙中山却执意坚持，不肯让步，只同意修改成青天白日满地红三色旗，以符自由、平等、博爱之意。孙中山何以要执意坚持青天白日旗呢？原来这是兴中会成立时，由陆皓东设计的国旗，而陆皓东本人却早已在1895年的广州起义中遇难了。为永志革命先烈之业绩，孙中山竭力使同盟会通过用青天白日旗作为党旗，用青天白日满地红三色旗作为国旗。陆皓东之英名，也就永远地同中华民国的国旗连在一起了。

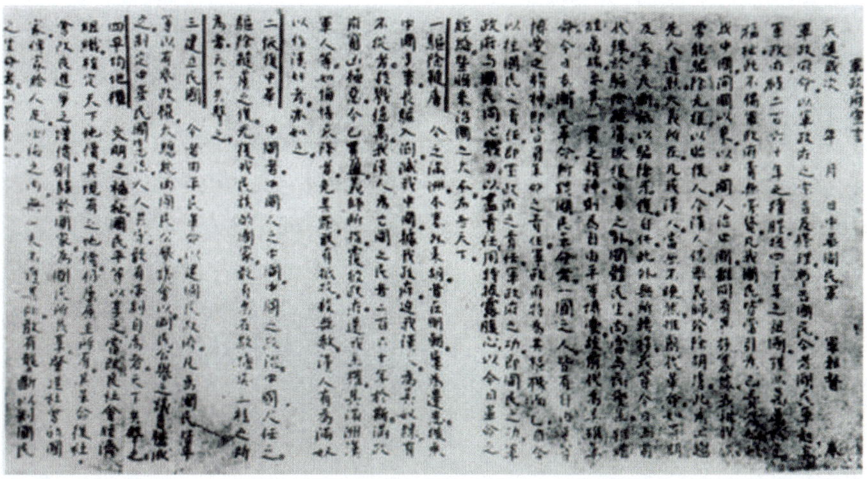

★1906年秋冬间，孙中山会同黄兴、章炳麟等制订同盟会《革命方略》，以备将来各省起义时采用。这是《革命方略》中的《军政府宣言》。

陆皓东，名中桂，字献香，皓东是其别名。他生于1868年的中秋节，故取名中桂，是广东省香山县翠亨村人，与孙中山同村，且相距不远，年龄又相近，仅比孙中山小二岁。因此，从小就在一起打闹嬉戏，堪称竹马之交。

陆皓东的父亲名陆晓帆，一直在上海经商，家境宽绰，积产颇丰。故幼年的陆皓东生活十分舒适，见识也比一般乡村小孩广得多。陆皓东从小就“聪明好学，真挚恳诚”，遇事很有自己的见解。8岁那年，陆皓东入乡塾读书，因其十分喜爱绘画，故在塾中经常拿出画笔作画，塾师对之十分不满，责骂他不专心求学，他却面无惧色，理直气壮地反驳道：“图画亦学问之一种，何责为？”竟使塾师一时语塞，奈何他不得。不幸的是，其父在他上学的第二年就去世了，母亲就把希望寄托在陆皓东身上了。

1883年秋天，陆皓东15岁那年，孙中山从檀香山回到家乡，与陆皓东别后相聚，倍觉亲切，互相交流知识见闻，十分投机。因孙中山在檀香山五年，接触了欧美的科学文化知识和资产阶级民主主义思想，回乡后，经常与陆皓东抨击中国政治的腐败和社会风俗的不良，还着手进行了若干改良乡政的实践，“如教育、防盗、街灯、清道、防病，皆为筹办”，加之孙中山又长陆皓东两岁，因此年轻的陆皓东事事与孙中山站在一起。当时，乡民

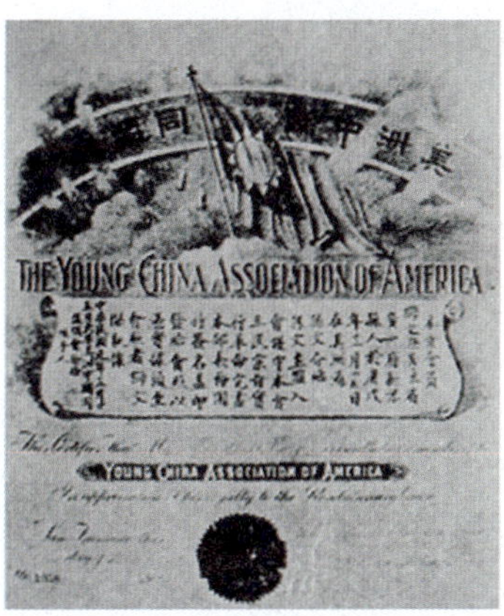

★在美国旧金山的中国同盟会颁发的会员证书

★陆皓东

们常到村庙中烧香祷告，孙中山与陆皓东为了破除封建迷信，便将村庙北极殿中的偶像砸毁了。这一件事虽然距洪秀全、冯云山砸毁至圣先师牌位已有40年，但照样引起乡民大哗，向两家家长提出责难，于是孙中山与陆皓东只得避往香港。同年年底，两人一同在香港接受了美国公理会传教士喜嘉理施行的洗礼，加入了基督教。之后，孙中山入香港中央书院读书，陆皓东到了上海，进入电报学堂读书。

★陈少白像

★程璧光

几年后，陆皓东在上海电报学堂毕业，被派往安徽芜湖电报局工作，充任领班，仍经常到香港、广州小住。当时，孙中山正在香港西医书院读书，课余经常往来于香港、澳门之间，与陈少白、尤列、杨鹤龄三人互抒救国抱负，“高谈造反覆满”，提出“勿敬朝廷”的口号，被人视为大逆不道，称其为“四大寇”。陆皓东虽不能与他们朝夕晤谈，但“亦积极支持孙中山的政治见解”。

1891年，陆皓东23岁那年，回乡与黎吉卿之女结婚，得以重晤孙中山，两人“风雨连床，畅谈竟夕”，同愤各国列强的强兵黩武、阴谋窥伺，共恨满清政府的专制腐败、贪污昏庸，“凭吊中原，荆榛满目，每一念及，真不知泣涕之何从也”！当谈到中国的最终出路时，陆皓东与孙中山发生了分歧。陆皓东认为“以外患之日迫，欲治其标”，即御侮是当务之急，只有驱逐列强在华势力，中华才能振兴。孙中山则认为“满仇之必报，思治其本”，即中国的当务之急是推翻满清王朝，进行彻底变革，才能外御侮、内自强。经过“连日辩驳”，两人才统一了认识，确定了排满的宗旨，目的在于“警醒黄魂，光复汉族”。认识一致后，孙陆两人的关系更为密切。

★图为南华医学堂旧址

1886年，孙中山入广州博济医院附设南华医学堂(今广州中山医学院附属第二医院)读书。

★孙中山在香港西医书院学习时与友人的合影

(左起杨鹤龄、孙中山、陈少白、关心焉、尤列)。

1893年，孙中山在广州行医，在西关冼基创设东西药局，并设医务分所于双门底(今北京路北段)圣教书楼内。陆皓东、郑士良、陈少白、尤列、程璧光、程奎光等人便经常聚集在圣教书楼后座的礼拜堂内，或到广雅书局内的南园抗风轩，与孙中山一起讨论时事政治。这年冬天，陆皓东与孙中山、郑士良等八人又聚会于南园抗风轩，席间孙中山提议创设兴中会，以“驱除鞑虏、恢复华夏”为宗旨，陆皓东等人均表赞同。这是兴中会的最初酝酿，只是尚未形成具体的组织。

19世纪80年代末90年代初，中国思想界改良思潮风行，陆皓东、孙中山也深受其影响，尚游移于改良与革命之间。1894年春，26岁的陆皓东陪同孙中山一起到了上海，走访了香山籍同乡郑观应，希望能为他们上书李鸿章疏通门径。由郑观应介绍，他们又结识了上海格致书院院长王韬，请其为上李鸿章书润色。经郑观应、王韬的帮助，又疏通了盛宣怀为其写了见李鸿章的推荐信。6月，陆皓东与孙中山到了天津，通过李鸿章的幕僚罗丰禄、徐秋畦投书，希望当时号称最了解世界大势而且大权在握的李鸿章能接受孙中山的革新主张。但是他们既未获得李鸿章的接见，书中的改革主张也未被理睬，一片苦心付之东流。二人怀着惆怅忿懑的心情到了北京城。当时正是中日甲午战争爆发前夕，日本在朝鲜的大本营已正式设立，日军已在仁川登陆，进驻汉城，扼守险要，构筑工事，而清朝军队却孤悬牙山一地，处境岌岌可危。然而，北京城内却在大肆铺张地筹办慈禧太后的“万寿”节，楼阁日夜修缮，九重宴安升平。此情此景，不禁使陆皓东、孙中山“抚然长叹，知和平之法无可复施”，从而坚定了反清革命的意志。

1894 年 11 月，孙中山在檀香山创立“兴中会”，决意要“驱除鞑虏，恢复中华，创立合众政府”。1895 年 1 月下旬，孙中山从檀香山到达香港，准备在香港设立兴中会总部。陆皓东偕同陈少白、郑士良等到香港帮助孙中山作联合杨衢云“辅仁文社”的工作。2 月 21 日，在他们的共同努力下，香港兴中会总部正式成立，地点选在香港中环士丹顿街十三号，对外则用“乾亨行”的名义作掩护。当时，清政府对日战争败北，全国震惊，孙中山、杨衢云等人则认为是乘机袭取广州的好机会。于是，在 3 月 16 日，即马关条约签字前的一个月，兴中会骨干便聚集在“乾亨行”开会，讨论攻取广州的具体策略。当时决定募集 3000 名勇士由香港袭取广州，时间定在 10 月 26 日，即阴历九月九日重阳节。因为每年的重阳节，按风俗一般乡民都要去祭祀祖先的坟墓，城内人多嘈杂，是举行起义的有利时机。会上还通过了由陆皓东设计的青天白日国旗，以取代满清王朝的黄龙旗。会后，由孙中山负责在广州的军事行动计划，杨衢云负责在香港筹款、购办军火和募集敢死队员。

陆皓东随孙中山到了广州，在广州成立了兴中会组织，在双门底王氏书舍设立“农学会”，作为掩护起义的总机关，又在东门外咸虾栏张公馆等地设立了数十处秘密机关，联络了防营、水师及附城一带的会党、绿林、游勇等。经过几个月的积极筹备，到 8 月 27 日，广州起义的各项部署已基本就绪。8 月 29 日，兴中会骨干在香港乾亨行开会，讨论了起义成功后临时政府的各项政策。

到 10 月 26 日前夕，因香港杨衢云那里的各项准备工作未能及时完成，起义只得推迟两天。不料兴中会员朱祺自首告密，清政府驻港密探也侦得兴中会的起义计划，暗中电告两广总督。于是，27 日广州清军便大举出动，封闭革命机关，搜捕革命党人。孙中山立即向香港递送警报，但是香港的人员枪支已经赴广州了。28 日，70 多名革命党人一抵广州即遭逮捕，600 多支手枪和大约 80 余箱弹药也被查抄没收，起义惨遭失败。

★孙中山在檀香山成立兴中会

★陆皓东展示青天白日旗

★兴中会会员在檀香山秘密宣誓的地方

当时陆皓东与孙中山等人已经避往他处，但他突然想起在王氏书舍里还有一份会员名册没有来得及拿出来，要冒险去取，大家一致劝阻，他却慨然答道：“党员名册最重要，倘被搜去，清吏按名株连，我党还有余类吗？我个人冒生命危险，去保全多数同志，实份内之事。”他毅然返身而去。他刚到王氏书舍，暗探便尾随其后，随即清兵就将书舍团团包围。这时，陆皓东已料到难以幸免于难了，便干脆紧闭门窗，取出党员名册迅速加以焚毁，直到清兵破门而入，他已处理完毕，面露欣慰之色，从容就捕。

陆皓东被捕后，立即被押往南海县署审讯。清政府企图在他身上打开一个缺口，以将革命党人一网打尽，故软硬兼施，严刑逼供，但陆皓东坚不屈膝，宁死不招。他要县令给其纸墨让他书写供词，县令信以为真，忙令左右供其纸笔，却不料陆皓东挥毫疾书，大骂朝廷狗官昏庸，直认覆满兴汉不讳，最后慷慨写道：“今事虽不成，我心甚慰。但一我可杀，而继我而起者不可尽杀！公羊既殁，九世含冤，异心归楚，吾说自验。吾言尽矣，请速行刑！”写毕举座皆惊，如此豪迈之词，竟出自于一个衣食不愁、年仅 27 岁的知识青年之手！县令仍不死心，以种种酷刑加于陆皓东，用钉插其手足，用钻凿其牙齿，皓东死而复苏者数次，但仍坚贞不屈，并痛斥清朝官吏：“你们虽以严刑

★檀香山兴中会成立宣言

加我，但我肉痛心不痛，其奈我何！”面对如此大义凛然之革命党人，清吏不仅无计可施，而且惊心丧胆，最后仍一无所获。

1895年11月7日（阴历九月二十日），陆皓东与其他两位革命党人从容就义，牺牲时年仅27岁。死后，他的尸骨也不知被清吏抛在何处，后人无法寻找，只得将其两枚遗齿及衣冠葬于故乡翠亨村。

陆皓东是孙中山早期的革命同志和忠实的革命助手，是“吾党健将”、“沉勇元良”。凭他的才华与经遇，本可以生活得十分舒适。但他为了“申民志而扶国余”，御外侮而兴中华，却不惜弃却安逸的生活，抛头颅、洒热血，为革命事业献出了自己年轻的生命，而且“死节之烈，浩气英风，实足为后死者之模范”。1895年的广州起义是资产阶级革命党人发动的第一次武装起义，其时的中华大地上正席卷着改良的风潮，共和革命对于一般的中国民众来说，不啻是天方夜谭，而陆皓东却已率先为这覆帝制、争民权的理想蓝图贡献了宝贵的青春，实堪称得上是“中国有史以来为共和革命而牺牲者之第一人”。

章炳麟

★章炳麟

章炳麟，原名绛，字枚叔，号太炎，浙江余杭人。早年师从晚清著名学者俞樾研究经学。戊戌变法期间，应梁启超之聘，参与《时务报》编辑工作，并发表文章鼓吹变法。政变发生后，避祸于台湾，尝撰文“劝告康梁辨别种族，勿再效忠虏主”。1899年夏至横滨晤见孙中山后，开始宣传“排满革命”。唐才常起义以“勤王”为宗旨，章炳麟割辫与之决裂。1902年撰写《客帝匡谬》一文，公开检讨自己以前主张拥戴清帝的错误。同时修改数年前撰写的《訄书》，删去主张改良的部分，增加了反清革命的内容，在知识分子中间产生了很大影响。翌年，在《苏报》上发表《驳康有为论革命书》一文，直斥光绪皇帝“载湉小丑，未辨菽麦”；指责康有为利禄熏心，甘当奴才，行同市侩；且针对其散布的中国民众“公理未明，旧俗俱在”，因而不可实行革命的论点，倡言：“公理之未明，即以革命明之；旧俗之俱在，即以革命去之”。“今日之民智，不必恃他事以开之，而但恃革命以开之”。他把革命视为启迪民智、除旧布新的良药，而极力歌颂之。这篇文章在海内外传诵一时，奠定了章炳麟资产阶级革命宣传家的地位。

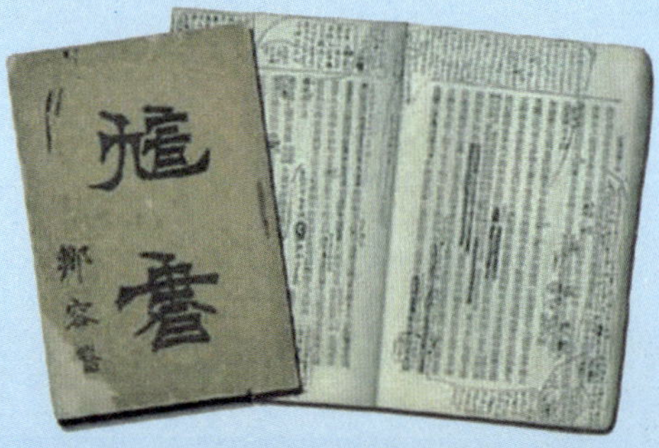

★《訄书》的修改稿

★陆皓东故居

鉴湖女侠秋瑾

JIAN HU NV XIA QIU JIN

秋瑾，原名闺瑾，字卿，号竞雄，别号鉴湖女侠。是清末杰出的革命家，是中国辛亥革命时期著名的巾帼英雄。

★秋瑾

1875年11月8日，秋瑾出生于绍兴的一个官僚地主家庭，她的父亲秋寿南曾任湖南郴州知州。秋瑾自幼爱读书，工诗文，好骑马击剑。少年时的秋瑾热情而倔强，最钦佩历史上的“巾帼英雄”。义和团运动失败以后，本已满目疮痍的神州大地，更是危象丛生。秋瑾救国情切，她不愿“与世浮沉，碌碌而终”，热望把裹在头上的头巾换成将士的盔甲，像花木兰那样，效命疆场。

1904年，她毅然冲破了封建家庭的束缚，只身东渡日本求学。从此，秋瑾积极地投入了中国留学生的革命斗争。她经常参加留学生大会和浙江、湖南同乡会集会，登台演说革命救国和男女平权道理。在此期间，曾与陈撷芬发起“实行共爱会”，作为开展妇女运动的团体；和刘揆一、王时泽等10人结为秘密会，以反抗清廷、恢复中原为宗旨；创办《白话报》，以“鉴湖女侠秋瑾”署名，发表《致告中国二万万女同胞》、《警告我同胞》等文章。此间，清政府勾结日本政府，颁布取缔中国留学生规则，压迫留日学生，秋瑾愤然回国。

1906年，秋瑾返回绍兴，主持大通学堂。大通学堂原为徐锡麟、陶成章等创办，是光复会训练干部、组织群众的革命据点。在大通学堂，秋瑾为了进一步训练革命力量，成立了“体育会”，招纳会党群众和革命青年，进行军事操练，并积极联络浙江各地党，组成“光复军”，推举徐锡麟为首领，秋瑾任协领，积极进行起义的筹备工作。

1907年1月，秋瑾在上海创办《中国女报》，以“开通风气，提倡女学，联感情，结团体，并为他日创设中国妇女协会之基础”为宗旨。此后又自己往来杭、沪之间，运动军学两界，准备起义。她秘密编制了光复军制，并起草了檄文、告示，商定先由金华起义，处州响应，诱清军离杭州出击，然后由绍兴渡江袭击杭州，如不克，则回绍兴，再经金华、处州入江西、安徽，同徐锡麟呼应。

★刘揆一

5月，徐锡麟准备在安庆起义，秋瑾在浙江等地响应。但徐锡麟起义计划泄露。7月6日，徐锡麟仓促刺杀安徽巡抚恩铭，在安庆发动起义，由于准备不足，起义很快失败，徐锡麟也被捕牺牲。其弟徐伟的供词中牵连秋瑾，并使秋瑾主持的浙

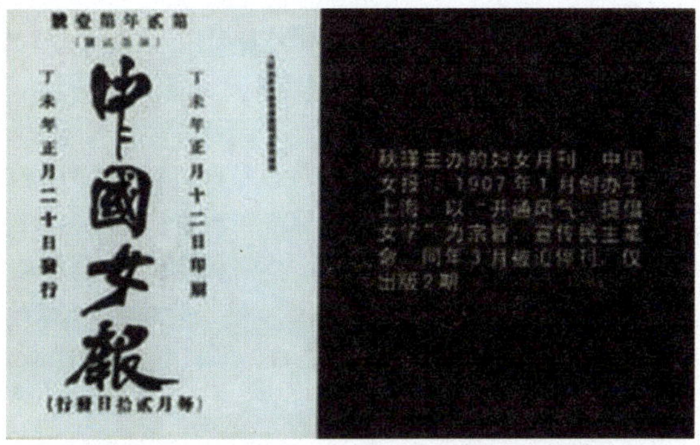

★秋瑾在上海创办的《中国女报》

★秋瑾故居内景

★秋瑾雕像

★秋瑾纪念碑

江地区起义计划完全泄露，形势十分危急。她立即遣散众人，毅然留守大通学堂，决心做中国妇女界为革命牺牲的第一人。在与前来包围的清军进行殊死搏斗后，因寡不敌众而被捕，1907 年 7 月 15 日凌晨，秋瑾从容不迫地走向刑场，为了挽救民族危亡，献出了年轻的生命，时年仅 32 岁。

秋瑾墓

秋瑾墓位于浙江省杭州西泠桥畔。秋瑾被杀后，遗体由同善堂薄葬于卧龙山麓。1907 年 9 月由其兄秋誉章迁之常禧门外严家潭暂厝。同年 12 月，秋瑾挚友吴芝瑛、徐自华遵照烈士遗愿，埋骨西泠桥边。1908 年冬，清政府迫令迁葬，复移柩绍兴严家潭。1909 年秋运湖南其丈夫家下葬。辛亥革命后，浙江政府迎回烈士灵柩，重在西泠原址筑墓。1966 年，秋瑾墓被平毁。1981 年复于西泠桥畔建墓，并建一汉白玉秋瑾雕像。烈士遗骨安置于基座之中，正面刻孙中山所题“巾帼英雄”四字。

★秋瑾墓

★徐锡麟

徐锡麟

徐锡麟（1873—1907 年），字伯荪，别号光汉子，清山阴东浦人，中国民主主义革命著名活动家。光绪三十年（1904 年）底加入光复会。翌年与陶成章等创办大通学堂，训练会党骨干，以培养、积蓄革命力量。

1904 年冬，为掩护革命活动，捐资入官，得道员衔，分发安庆。入皖后，得巡抚恩铭信任，先后任陆军小学堂会办、巡警学堂监督。以合法身份，宣传革命，积蓄力量，准备与秋瑾等发动皖浙起义。后被察觉，遂于 1907 年 7 月 6 日，借巡警学堂毕业典礼之际，仓促提前起义，枪杀恩铭，与清军激战 4 小时，终因孤军无援、寡不敌众而被捕。翌日晨，惨遭剖腹挖心酷刑，壮烈捐躯。

革命军中马前卒邹容

GE MING JUN ZHONG MA QIAN ZU ZOU RONG

19世纪末20世纪初，中国人民开展的民主主义革命运动风起云涌。资产阶级革命思想在中国迅速传播，逐渐成为社会思想的主流。当时围绕着中国革命的前途问题，展开了激烈的争论：是维护帝制，搞君主立宪？还是推翻帝制，搞民主共和国？为了救亡生存，许多爱国志士在实践中摸索探求。邹容就是这个时期站在历史的潮头，以《革命军》作为进军的号角，将21岁的热血之躯，奉献给中国资产阶级民主革命事业的一位杰出的思想家和宣传家。在资产阶级民主革命的阵营里，邹容被誉为“革命军中马前卒”，他的一生是以推翻满清王朝、革新中华为己任的一生，是追求革命的一生。

邹容，原名绍陶，又名桂文，字蔚丹（威丹），留学日本时改名为邹容。重庆巴县（今渝中区）人。邹容6岁入私塾，少年时却讨厌经学的陈腐，鄙弃八股功名，喜读严复的《天演论》、《时务报》等新学书刊，心向维新变革的新思潮，后成长为民国奠基者、革命家。

1898年，他随兄应巴县童子试，题旨皆《四书》、《五经》，他遂罢考而去，遭到了父亲的责打。当得知谭嗣同等六君子变法遇难的消息，他悲愤不已，用诗歌的形式表达他对就义者的惋惜与变革志向。后入重庆经学院读书，仍关心国家大事，立志救国救民，常侃侃议论政事，以致被该校除名。

1901年夏天，他到成都参加官费留学日本的考试被录取。但当局以其平时思想激进为由，取消了他官费留学日本的资格。次年春，他冲破重重阻力，自费东渡日本。在东京同文书院补习日语期间，他大量接触到西方资产阶级民主思想与文化，结识了一些革命志士，革命倾向日渐显露。他刚毅勇为，积极参加留日学生的爱国活动，常争先讲演，痛责满清统治的腐败和软弱，向往中华民族的新生与崛起。其言辞犀利，锋芒外露，为公认的革命分子。

★邹容

★《革命军》书影

1903年3月，清政府赴日留学监督姚文甫因劣迹甚多，常对邹容等革命言行横加指责，邹容等人便将其痛打一顿，然后又剪掉了他的辫子。清政府驻日公使以邹容犯上作乱罪，照会日本外务省索办邹容等人。邹容被迫离开日本，寄居于上海爱国学社。此间，他与章炳麟结为忘年交，互以倡言革命相激励，并很快写出了一部令清廷闻之胆寒的《革命军》一书。署名为“革命军中马前卒”，章炳麟为之作序。该书以西方资产阶级革命时期提出的“天赋人权”、“自由、平等、博爱”为指导思想，阐述了反对封建专制、进行资产阶级民主革命的必要性，指出了“革命”是对上下古今、宗教、道德、政治、学术，以及日常事物存善去恶、存美去丑、存良善而除腐败的过程。无情地揭露了满清王朝官制的腐败和刑审、官吏的贪酷及民众生不如死的社会现实。指出了革命爆发的必然性。提出了“永脱满洲之羁绊，尽复所失之权利，而介于地球强国之间”的口号，号召民众推翻满清封建专制王朝，建立“中华共和国”。1903年5月，《革命军》在上海出版，成为打击封建统治严正声明的一颗重磅炸弹。

1903年6月，因《苏报》宣传《革命军》一书被查封，章炳麟等人被捕入租界监狱。邹容奋而投狱，与章炳麟共患牢狱之苦。然而，人们都未曾想到，1905年4月3日，就在邹容入狱还不到两年的时间，这位年仅20岁的革命志士、杰出的资产阶级革命宣传家便被折磨致死。邹容死后，狱方把他的遗体置于狱墙外，上海义士刘三收其遗体安葬在上海华泾乡野。1912年2月，孙中山以临时大总统的名义签署命令，追赠邹容为“大将军”。

陈天华蹈海警醒世人

CHEN TIAN HUA DAO HAI JING XING SHI REN

陈天华，革命家，清末资产阶级革命派出色的宣传家。1875 年出生于乡村教师之家，幼年丧母，饱尝清贫之苦。其父陈善虽为塾师，但天华在应入学的年岁，却迟迟未能跨进私垫的门坎，只能一边打工，一边跟随父亲课读。直到 15 岁时，他才成为一名正式童生。当时，在偏僻的山乡，除了早已诵读烂熟的经书之外，能看到的书籍很少，偶尔找到几本《水浒传》、《西游记》、《三国演义》、《封神榜》、《二度梅》、《粉妆楼》等小说、唱本，他都视若珍宝，爱不释手。他常常被书中的情节所打动，时而兴奋得手舞足蹈，时而悲恸得涕泪横流。特别是读到国家败亡之处，他更有一种怀古思忧的痴情，仿佛身临其境，同古人一起经历了国破家亡的悲剧。

1896 年，陈天华跟随父亲到新化县城谋生，寄住资江书院。由于生活所迫，他未能入院读书，靠做小生意维持生计。在县城中，视野毕竟比山村开阔一些。在这里，他渐渐知道了甲午战败后中国面临被列强瓜分豆剖的险恶局势。面对祖国的破碎山河，目睹时政的昏庸腐败，风华正茂的陈天华时常感慨交集，愧勉有加。他慢慢懂得，如果再不进行改革，中国将难以图存。一腔兴衰治乱、澄清天下的热血开始在胸中涌动。有一次他路过邮亭，慨然挥毫题壁："莫谓草庐无俊杰，须知山泽起英雄。"表达了他救亡爱国、匡世济时的雄心壮志。

★《湘报》

聪颖好学的陈天华在做生意之余，一有空就到书院旁听。有一次，他随学生写了一篇论述古今治乱兴亡的作文，因材料丰富、议论精当，被书院山长邹苏柏发现并大加赞扬。邹苏柏不仅破例允许陈天华借阅书院的藏书，而且荐与新化巨绅陈御丞资助他正式入院读书。在此期间，他有幸阅读了二十四史，信史明鉴更牵动了他对时局的愤懑和忧虑，他深受维新思潮的启迪，毅然考入倡导新学的新化实学堂。

在新化实学堂学习期间，陈天华如饥似渴地学习西方的自然科学和社会政治学说，特别喜欢阅读维新派编著的书刊。他经常与同学讨论资产阶级的自由、平等思想，并每每以新颖敏锐的见解被那些所谓守旧顽固的"时流"所侧目。有一次，老师出了一个《述志》的作文题，陈天华略思而书，第一个撰就交卷。他仅用短短的 100 多个字，就激情满怀、笔调生动地表达出自己立志变法改革、不为时俗所动的明确志向，深受老师赞许。陈天华除认真读书外，还"慨然欲任天下事"，积极参加维新活动，他联络一些同学，撰写了《公恳示禁幼女缠足禀》，刊登在维新派主办的《湘

★陈天华

报》上。该文力陈缠足之弊，呼吁当局为"强种保族"而"觉愚俗"、"变颓风"，代表了青年学生支持变革的呐喊声。

戊戌变法失败，八国联军入侵，沙俄占领东北，自立军惨遭镇压……接二连三的国难使陈天华的心灵受到极大的创伤。中国的出路在哪里？他苦苦地思索……虽然陈天华一时找不到新的出路，但救国救民的决心却更加坚定了。他愈加愤发地刻苦求学，置个人的荣辱得失于不顾。由于他参加学堂和省级的考试常获第一，名震湖南学界，一位有名望的县令想择他为婿。然而年已二十七的陈天华，却拒绝了这门许多人想攀都攀不上的美姻良缘。他心情忧愤地回答："匈奴未灭，何以家为？"一种探寻救国途径的神圣使命感牢牢地占据了他的心灵。

1903 年春，陈天华因学业出众，由新化实学堂资助赴日留学，满足了他探求救国真理的心愿。他一进入东京弘文学院，立刻被留日

★陈天华故居

陈天华故居位于湖南省新化县荣华乡小鹿村

学生中高涨的革命气氛所感染。他一边抓紧时间刻苦攻读西方资产阶级革命时代的社会政治学说，一边勇敢地投身于留学生的各项爱国活动。

1903 年 4 月，为抗议沙俄违约拒绝撤军并向清政府提出新的侵略要求的无耻行径，中国留日学生中的积极分子同国内民众一道掀起了轰轰烈烈的拒俄运动。4 月 29 日，陈天华与黄兴等人参加了东京留学生在锦辉馆召开的拒俄大会并发表演讲。会上，群情激昂，一致通过黄兴、陈天华等人的提议，成立了“拒俄义勇队”，4 天后改名“学生军”。后来由于日本政府的非难，又改称“军国民教育会”。他们沉痛地指出：“东三省的存亡，关系着祖国和民族的命运，决不可等闲视之。”并坚决表示：“宁为亡国死，不为亡国人。”陈天华是这次大会的发起人之一，也是拒俄义勇队队员，他“签名之时，已置生死于度外”。

此刻，祖国的命运已经到了十分危急的地步。然而，清政府仍在奉行“宁赠友邦，不予家奴”的卖国政策。他们对侵占国土、蹂躏人民的沙俄侵略军不足介意，妥协投降，而对呼吁拒俄的爱国学生却如临大敌，“防若寇贼”。清政府谕令各省，对有革命意图的归国留学生，“随时获到，就地正法”。在这场斗争中，陈天华真正看透了清政府的卖国嘴脸。他的思想发生了从单纯爱国到立志革命的转变。

此后，陈天华一方面积极参加集会操练、演习枪法等活动，一方面“日作书报以警世”，宣传革命，散发传单。他决定先鼓动家乡人民，撰写了题为《敬告湖南人》的公开信，信中“备陈灭亡之惨”和当前的民族危机，并强调指出，只要“万众一心，舍死向前”，中国是可以不亡的。这封信不仅对湖南人民影响很大，而且又因上海《苏报》转载，成为一篇震动全国的战斗檄文。

同年 10 月，第三批撤军期限已到。沙俄非但不撤军，反而增兵，重新占据奉天省城。为了警醒国人，陈天华咬破手指，写了数十封血书，寄往湖南各学堂，激励人民奋起反抗沙俄的野蛮侵略。他的爱国行动，不仅使家乡人民深受感动，潸潸泪下，而且也大大增强了在东京的义勇队队员们奔赴疆场、把沙俄侵略军赶出东三省的决心。

1903 年夏天，陈天华用人民大众喜闻乐见的弹词形式撰写了《猛回头》。同年秋天，他又以通俗易懂的白话文撰写了《警世钟》。这两本小册子的篇幅虽然不长，却以其特有的真挚情感和犀利文笔表达出作者强烈而鲜明的反帝爱国和反清革命的思想。

陈天华在书中一字一泪地疾呼：帝国主义是最危险的敌人！一语一血地痛陈亡国奴的悲惨生活：“苦呀！苦呀！苦呀！我们同胞辛苦所积的银钱产业，一齐要被洋人夺去；我们同胞恩爱的妻儿老小，……都要受那洋人的斩杀奸淫；我们同胞的生路，将从此停止；我们同胞的后代，将永远断绝。枪林炮雨，是我们同胞的送终场；黑牢暗狱，是我们同胞的安身所。大好河山，变成了犬羊的世界；神明贵种，沦落为最下的奴才。唉！好不伤心呀！”

陈天华更以饱含仇恨的笔墨，将帝国主义列强宰割、瓜分中国的危局呈现于世：“俄罗斯，自北方，包我三面；英吉利，假通商，毒计中藏；法兰西，占广州，窥伺黔桂；德意志，领胶州，虎视东方；新日本，取台湾，再图福建；美利坚，也想要，割土分疆。”他是想用这触目惊心的现实向国人敲响警钟，呼吁人民奋起革命，共同为挽救国家民族的危亡而战斗。他怀着“瓜分豆剖逼人来，同种沉沦剧可哀”的悲愤心情振臂高喊：“要革命的，这时可以革了，过了这时没有命了！”

明明中国已经到了亡国的危急关头，可帝国主义的走狗们却极力散布帝国主义不会瓜分中国的流言。陈天华在书中对帝国主义不马上瓜分中国，而利用清政府“代他管领”以求“暗行瓜分”的阴谋，也作了深刻的分析，并深刻地揭露

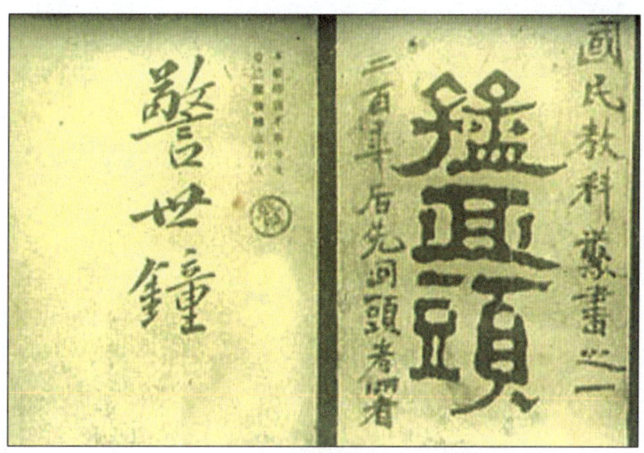

★陈天华著的《猛回头》、《警世钟》

了帝国主义与清政府之间的主奴关系和帝国主义的险恶居心。除揭露之外，陈天华还向国人宣扬与帝国主义斗争的思想和策略。他特别强调要敢于藐视敌人，书中写道：“其实洋人也不过是个人，非有三头六臂，怎么就说不能敌他？”同时还强调反帝斗争要研究方法，重视策略。尤其要善于学习西方敌人之长。他指出：越恨他，越要学他，越学他，越能报仇雪耻，如今不学西方就断不能洗刷国羞。这就进一步论证了反对侵略与学习外国先进技术在维护民族尊严上的一致性。

在《猛回头》和《警世钟》两本书中，陈天华还深刻形象地揭露了清政府对外卖国、对内镇压的反动面目，愤怒地指出现在的朝廷已经彻头彻尾地变成了“洋人的朝廷”。《警世钟》指出：“你道今日中国还是满州政府的吗？早已是各国的了。那些财政权、铁道权、用人权，一概拱手送与洋人。洋人全不要费力，要怎么样，只要下一个号令，满洲政府就立刻奉行。”《猛回头》进一步指出，中国人民若反对清政府的卖国行径，“他就加以违旨的罪，兴兵剿洗，比草芥也比不上。十八省中愁云黯黯，怨气腾霄，赛过十八层地狱”。陈天华在书中还戳穿所谓“新政”的伪装，指出：“庚子年闹出了弥天大祸，才晓得一味守旧万万不可，稍稍行了些皮毛新政。其实何曾行过，不过借此掩饰国民的耳目，讨讨洋人的喜欢罢了，不但没有放了一线光明，那黑暗反倒加了几倍。到了今日，中国的病，遂成了不治之症。”他痛心疾首地号召人民迷梦中猛醒，对清政府再也不能抱有丝毫的希望，什么改良、勤王统统不行，必须用武装革命推翻反动统治。

最后，陈天华在书中激励人们把反帝反清的革命斗争，世世代代继承下去，直至胜利。他指出，“睡狮”梦醒之日，便是“百兽”惊走、“魑魅逃藏”之时。他坚信，只要大家“勇气鼓足”、“再接再厉”，“一定能够建立个极完全的国家，横绝五大洲。”

陈天华的心血没有白费，颇具感染震撼之力的《猛回头》、《警世钟》一经问世，便立刻风靡日本和国内。人们争相传阅，初版，再版，又重版，仍供不应求，反动当局反复查禁、恫吓、逮捕加屠杀，亦无法禁止。这位“革命党之大文豪”，在祖国危难之际，敲响了《警世钟》，唤国人《猛回头》。他的作品和思想警唤着中华民族的几代人！

★1905 年华兴会部分领导人在日本留影。前左(一)黄兴，左(四)为宋教仁。

在国难日益加重的险恶形势下，已经血誓革命的陈天华十分鄙视畏惧不前的口头革命派。他认为断没有自己不肯捐躯，反能鼓动别人献身的，所以决定不再留在海外仅作宣传，而要带头回国开展反清的实际斗争，真正做到以身作则，言行一致。于是，他于 1903 年底自日本回到湖南。

★陈天华生前遗物

陈天华回到长沙，立即会见黄兴等人，接着便投身于组织“华兴会”和策动武装起义的筹备工作。他不辞辛劳、不畏艰险，除了承担宣传任务之外，还游说军界、学界，策动会党和军队参加起义，做了大量组织准备工作。后因走漏风声，起义未举。由于清政府血腥镇压和跟踪追击，陈天华被迫于 1904 年底再赴日本。

1905 年 7 月，陈天华与孙中山会晤。他十分赞同孙中山的革命主张，积极参加了同盟会的筹建工作。同盟会成立后，陈天华担任机关报《民报》的编辑工作，并为主要撰稿人之一，充分发挥了革命宣传家的作用。

同盟会的成立，使东京成了反清革命的策源地和指挥部。为此，清政府要求日本政府进行干预，驱逐留日学生中的革命党人。1905 年 11 月 2 日，日本文部省应清政府的要求颁布了《清国留学生取缔规则》。此规则不仅严禁中国留学生的革命活动，而且暴露了日本政府图谋变中国为其殖民地的狼子野心。中国留日学生大为愤怒，纷纷罢课集会，并很快发展到罢学归国，以示抗议。陈天华对日本政府“剥我自由，侵我主权”的《清国留学生取缔规则》极为愤慨。他开始很为罢课斗争能否坚持下去而忧虑担心，后来则积极参加斗争，主张全体罢学回国。

中国留学生的正义行动，当时被日本的某些报刊污蔑为“乌合之众”和中国人所特有的“放纵卑劣”性情。对此，陈天华气愤不已。然而更使他气愤的是，正当部分中国留日学生陆续回国时，东京的中国留学生内部发生分裂，特别是留日学生总会的领导人纷纷借故引退，不肯负起领导责任。“绝不能让反对《清国留学生取缔规则》的斗争半途而废！绝不能让日本人的污蔑之词变为现实！”陈天华暗自下定决心，并苦苦思索推动时局的办法。振臂呼吁吧？他担心自己还不具有呼之即起的权威。请孙中山、黄兴出面吧？他们眼下又都不在日本。可是，时局不等人啊！怎么办？此刻，悲愤至极的陈天华毅然决定，采取自杀的非常行动来激励留学生“坚忍奉公，力学爱国”，来震惊国人反帝反清，团结斗争，来向全世界宣布——中国人民绝不是“放纵卑劣”的“乌合之众”！12月8日，陈天华在留下一封语重心长的《绝命书》之后，乘车来到大森海湾，纵身跳入了茫茫的大海，时年31岁。

陈天华愤而投海的消息震动了全体中国留学生，他们随即作出了集体归国的决定。数千名留学生集体回国的行动，又震惊了国际舆论。国内外的强大压力，迫使日本当局不得不承认中国留学生提出的一系列正义要求。

陈天华以身殉国的悲壮举动，博得了全国人民的崇敬和爱戴。当时在南洋筹集革命资金的孙中山，闻讯噩耗，哀悼不已。香港的革命人士为他举行追悼大会。《民报》刊登了陈天华的《绝命书》、遗照、传略、祭文，并连载其文章、小说。当人们读到他的《绝命书》时，无不感动得痛哭流涕。当烈士的灵柩运回湖南，安葬于岳麓山时，送葬的人们冲破反动当局的阻挠，手举挽旗，高唱哀歌，队伍长达10余里。12年后，周恩来同志在东渡日本时，写下“难酬蹈海亦英雄”的诗句，以表达对这位革命志士的仰慕之情。

“长梦千年何日醒，睡乡谁遣警钟鸣？”陈天华那光辉短暂的一生，是为唤醒昏睡的中国人而搏力撞击警世洪钟的一生。他匆匆地走了，可这热爱祖国、催人奋进的钟声却永远回荡在神州的长空！

★陈天华墓

湖南岳麓山上有几座合墓，陈天华、姚宏业墓就是其中之一。墓建在麓山寺的左后方，分冢共茔，各以花岗石砌成石棺，并列于坟茔之内，外以石砌围护。

★任伯年

任伯年

任伯年是清末杰出的画家，他兼长人物、花鸟、山水，作品有鲜明的个性、独特的风格，洒脱新颖，雅俗共赏，能适应半封建半殖民地社会新兴都市各阶层群众的需要，而享有盛名。任伯年绘画创作的一生可分为三个时期：19世纪50年代和60年代是他习画和创作上的准备时期；70年代，他不仅对传统国画博采众长，而且从西洋画中吸取营养，这是他创作上的“变法”时期；80年代和90年代，他的绘画艺术已达到了炉火纯青，且不拘成法，多所创新，这是他创作的鼎盛时期。任伯年重视写生，精于画人物肖像。他的《三友图》、《冯畊山像轴》、《沙馥小像》、《仲英五十六岁小像》、《吴淦小像》以及为吴昌硕所作的三幅肖像画，都是传神的精品，可谓他的肖像画的代表作。他善于抓住具有本质意义的形体特征、动态、表情，而舍弃一些次要的细节，来表现人物内在的精神面貌。

保路运动

BAO LU YUN DONG

1903年9月，清政府为了推行“新政”，允许招商局集商股成立铁路、矿务、工艺、农务等项公司。此后，各省的铁路公司陆续成立，商办铁路开始兴建。在四川人民的强烈要求下，四川总督锡良不得不奏请自办川汉铁路，并于次年成立了“川汉铁路公司”。但是，帝国主义为了进一步奴役中国人民和掠夺中国财富，从19世纪末以来，开始对中国进行铁路投资，争夺铁路的修筑权。粤汉、川汉铁路是沟通南北和深入内地的两条重要干线，一旦窃取了铁路，不仅可以利用它调运军队，而且可以直接控制铁路沿线的城镇乡村和矿产资源。因而帝国主义十分注意夺取铁路修筑权，而粤汉、川汉铁路便成了帝国主义争夺的目标。

★蒲殿俊

★川汉铁路开工典礼

1909年12月10日，川汉铁路在宜昌举行开工典礼。1911年5月9日，清朝政府将其出卖给外国列强，引发了鄂、川、湘省保路运动，保路运动成为辛亥革命的导火索。

清政府迫于帝国主义的压力，准备于1911年5月9日，以“国有”为名，实行所谓“铁路国有”政策，宣布各省原已准交商办的铁路干线，一律“收归国有”，然后向英、美、法、德四国银行团出卖全国铁路主权。

清政府的这一举措，激起了全国人民的强烈反对，湖南人民首先起来反抗。1911年5月14日，长沙举行了万人集会。接着又举行了长沙至株洲的万余铁路工人的示威，并号召商人罢市、学生罢课、拒交租税，以示抗议。

在湖南人民的带动下，湖北、广东、四川的人民也都积极行动起来，保路运动很快发展成为声势浩大的武装起义。6月17日，川汉铁路股东在成都组织保路同志会，推举立宪党人蒲殿俊、罗纶为正副会长，确定了“破约保路”宗旨，并通电全国，痛斥清政府的卖国政策。会后还派人到全省各地进行广泛宣传，通知各州县成立分会。全川142个州县的工人、农民、学生和市民纷纷投身于保路运动之中，保路同志会的会员不到10天就发展到10万人。至8月下旬发展为罢市、罢课和抗粮、抗捐的群众斗争。同盟会员龙鸣剑、王天杰等乘势联络会党，组织保路同志军。

★四川保路运动领导人之一罗纶（左）与四川大汉军政府第二任总督尹昌衡

9月7日，四川总督赵尔丰诱捕咨议局正、副议长蒲殿俊、罗纶以及保路同志会和川路股东会的负责人。消息传开，数万群众前来请愿，要求放人。赵尔丰竟下令军警向手无寸铁的群众开枪，当场打死30多人，造成骇人听闻的“成都血案”。同时还下令解散各处保路同志会。

四川保路同志會報告
四川保路同志會簡章
第一號
四川保路同志會報告

★刊登有《四川保路同志会简章》的《四川保路同志会报告》

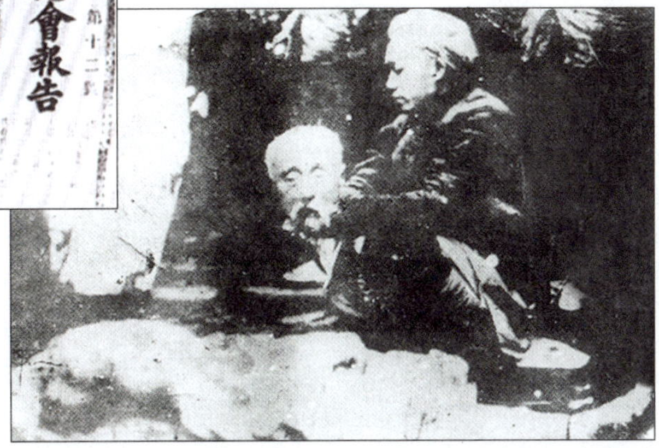

★四川总督赵尔丰镇压保路运动，后被擒获斩杀，此图为赵尔丰临刑前。

清军的暴行更激起了四川人民的反抗浪潮，保路同志军在各县发动武装起义。9月8日，保路同志军进围成都，附近州县群起响应，纷纷成立保路同志军，数日之内，队伍发展到20多万人，形成了群众大起义的局面。9月25日，同盟会员吴玉章、王天杰宣布荣县独立，建立了辛亥革命时期第一个县级革命政权。声势浩大、规模壮阔的保路运动，沉重地打击了帝国主义及清王朝在中国的统治，极大地鼓舞了资产阶级革命党人的斗志，成为武昌起义的前奏。

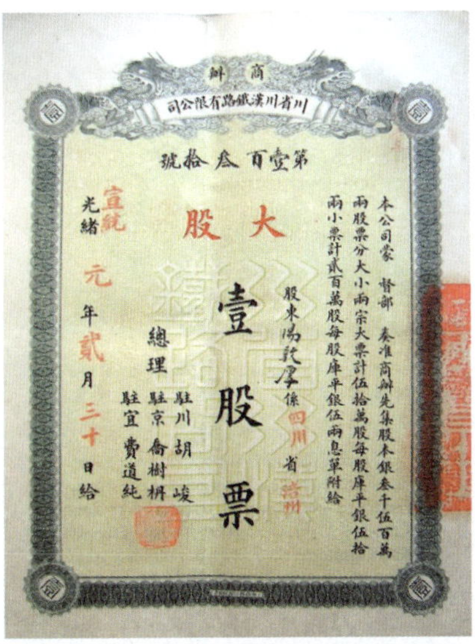
商辦
川省川漢鐵路有限公司
第壹百叁拾號
大股
壹股票

★1907年川汉铁路总公司发行的川汉铁路的股票

成都血案

四川修筑铁路的股金，不仅来自绅士、商人、地主，还有农民，而且农民购买的股份占很大比例。1911年5月9日，清政府颁布“铁路国有”政策以后，由于拒不归还四川的股金。因此招致了四川各阶层，尤其是广大城乡劳动人民的反对，从而掀起了轰轰烈烈的保路运动。

同年6月，清政府与英、美、法、德四国银行团签订“借款合同”，其夺路款、卖路权的阴谋完全败露，成都绅商于6月17日在岳府街铁路公司成立保路同志会，誓死“破约保路”，保路风潮迅速由成都扩及全川。9月7日，四川总督诱捕保路同志会蒲殿俊、罗纶、张澜等人，屠杀请愿民众30余人，制造了一起骇人听闻的“成都血案”。9月8日，成都附近的保路同志军揭竿而起，围攻成都，全川同盟会员借机发动了武装起义。四川保路风潮成为辛亥革命的导火线。

★四川保路运动纪念碑

黄花岗起义

HUANG HUA GANG QI YI

从 20 世纪初年开始，资产阶级革命党人不断利用会党和新军发动武装起义。1906 年 12 月，同盟会推动和领导了规模巨大的萍浏醴起义。1907 年、1908 年，同盟会又在西南边境地区发动了六次武装起义：潮州黄冈起义、惠州七女湖起义、防城起义、镇南关起义、钦廉上思起义、河口起义。光复会也在 1908 年 11 月发动安庆新军马炮营起义。但是，这些起义都因准备不足，单纯冒险，结果都归于失败。1910 年 2 月，同盟会员倪映典率广州新军 3000 人起义，但同样遭致失败。连续的失败，使少数革命党人对前途失去信心，孙中山等人面对当时的革命形势，决心在广州发动一次更大的起义，以此改变被动局面，推动全国革命形势的发展。

★黄花岗起义图

1910 年 11 月，孙中山在马来半岛槟榔屿召开会议，同黄兴等人商定在广州举行起义的计划。1911 年初，他们在香港建立了统筹部，由黄兴、赵声分别担任正副部长，负责广州起义的领导工作。孙中山亲自到欧美各国华侨中募集起义经费，购买武器。黄兴组织了一支由南洋华侨革命青年和从国内抽调的革命党人 800 人组成的敢死队，作为起义的中坚力量。他们计划首先占领广州，然后由黄兴率领一军入湖南，赵声率领一军出江西，谭人凤、焦达峰在长江流域举兵响应，然后会师南京，举行北伐，直捣北京。为了组织好这次起义，他们还在广州设立了 38 个秘密机关。

★黄花岗起义中被捕的革命志士

4 月 8 日，统筹部召集会议，决定 13 日起义。不料在开会的当天，同盟会员温生才枪杀了广州将军孚琦，清军开始戒严，起义被迫改期。

4 月 23 日，黄兴由香港潜入广州，在两广总督衙门附近的小东营五号设立起义指挥部。当时，广州革命党人已决定于 26 日举事。因日本、安南方面的枪械稍迟方能运到，而准备响应起义的新军第二标又面临于 5 月 3 日退伍的消息，这就使起义陷于既不能速发，又不能拖延的困难境地。黄兴等人临时决定起义延缓一日，定在 4 月 27 日，将原定十路进军计划改为四路：黄兴率一路攻总督衙门；姚雨平率军攻小北门，占飞来庙，迎接新军和防营入城；陈炯明带队攻巡警教练所；胡毅生带队守南大门。但后来陈、胡均未发动，姚因领不到枪械而无法发动，只有黄兴一路孤军作战。

黄兴等均臂缠白巾，从小东营直奔督署，杀死管带金振邦，然后冲入内堂，并决心生擒两广总督张鸣岐。不料，张鸣岐越墙逃遁，起义

★黄花岗七十二烈士墓

军放火焚烧了总督衙门。黄兴率敢死队冲出后，在东辕门外与水师提督李准的大队亲随短兵相接。起义军浴血奋战，东奔西突，在激战中，黄兴右手两个指头被流弹打断，他仍旧坚持指挥战斗，并将所部分为三路：川、闽及南洋党人往攻督练公所；徐维扬率花县党人 40 人攻小北门；黄兴自率方声洞、朱执信等出南大门，接应防营。

攻督练公所的一路途遇防勇，绕路攻龙王庙。起义军勇士喻培伦胸前挂着满满一筐炸弹，他奋勇当先，边挥枪射击，边投掷炸弹。战至半夜，终因众寡不敌，喻培伦全身多处受伤，率众退至高阳里盟源米店，以米袋作垒，向敌射击。后因敌放火，他们才被迫突围，喻培伦被俘遇害。

攻打小北门的一路也很快遭遇清军，经过一夜激战，打死打伤敌人多名。最后，张鸣岐放火烧街，徐维扬率部突围，被敌逮捕。

黄兴所率一部行至双门底后，与温带雄所率计划进攻水师的巡防营相遇。温部为入城方便，没有缠带白巾，方声洞见无记号，误为清兵，便开枪射击，温带雄应声倒下。对方立即发枪还击，方声洞也倒在血泊之中。战至最后，只剩黄兴一人，避入一家小店后，改装出城。4 月 30 日逃往香港。

起义失败后，死难的同盟会会员有名可考者 86 人，其中 72 人的遗骸由潘达微等收葬于广州东郊红花岗。潘达微并把红花岗改名为黄花岗，因而史称这次起义为“黄花岗起义”。

黄兴

黄兴（1874—1916 年），字克强。善化（今属长沙）人。中国资产阶级民主革命家，辛亥革命时期武装起义的主要组织者和指挥者。

黄兴早年就读于长沙城南书院，1896 年中秀才。1898 年进武昌两湖书院深造，开始接触西方社会政治学说，关怀国家民族前途。戊戌维新和自立军起事相继失败，开始倾向革命。1902 年夏被选派赴日本留学，入弘文学院速成师范科学习，1903 年春在日本参与组织拒俄义勇队。不久即回两湖策动反清革命。后在明德学堂任教，利用课堂激发学生爱国思想；物色同志，酝酿成立革命团体。11 月在长沙创立华兴会，被推举为会长，提出“以革命党人为核心，以会党、新军为基础建设革命武装，采取雄据一省，与各省分别起义，武装推翻清廷”的军事战略。随后积极联络会党，运动新军，计划于阴历十月十日慈禧太后生辰，炸死那些在皇殿行礼的全省官吏，宣布起义。但因筹划时泄密，起义无法遂行，黄兴逃亡日本。1905 年 7 月下旬，经日本友人介绍，他与孙中山在凤乐园会晤，共商建立全国性革命组织。8 月与孙中山在日本创建同盟会，被推举为执行部庶务。年底离日经香港潜入桂林，发展革命组织，策动郭人漳、蔡锷反正。

1906 年，黄兴转赴新加坡，协助孙中山在南洋各地建立同盟会分会。返日后，又派刘道一、蔡绍南等回湖南运动会党，策划起义。并于 12 月在湖南发动萍浏醴起义，首次打出“中华民国”的旗号。起义失败后，鉴于湘赣会党损失严重，遂将战略主要突击方向转移至会党基础较好的西南边陲地区。从 1907 年起多次发动武装起义，但均遭失败。此后，黄兴总结历次失败教训，决心建立一支以新军为主力的革命军队，并将战略重心由边远山区转移至南方中心城市。1909 年至 1910 年，陶成章两次掀起倒孙风潮，黄兴竭力维护孙中山的威信，拒绝由自己取代孙中山的总理地位。其间，他抵达河内，与孙中山共谋南方起义，亲自主持或参加钦州防城、镇南关、钦廉上思、河口起义。1911 年 4 月，他亲率敢死队，发动广州起义，失败后逃往香港。10 月 10 日，武昌起义爆发，黄兴任战时总司令，领导武汉保卫战，与清军主力激战 20 余日，各省趁势揭竿而起，终于结束了长期统治中国的封建帝制。1912 年，南京政府成立，黄兴任陆军总长，组织革命军北上讨伐清军。1913 年被推为江苏讨袁军总司令，积极主张武装讨伐袁世凯，失败后逃亡日本。6 月由日赴美，在美国积极宣传反袁，策动各派力量联合讨袁，并为组织讨袁军出谋划策，筹集军饷。1915 年，支持蔡锷发动护国战争，并为云南护国军筹措军饷，从事反袁宣传。护国战争爆发后回国，与孙中山重新携手。1916 年 10 月 31 日，黄兴因病逝于上海。

★黄兴雕像

武昌起义

WU CHANG QI Y

黄花岗起义失败后，一部分革命党人决定把目标转向长江流域，准备在以武汉为中心的两湖地区发动一次新的武装起义。通过革命党人的努力，终于在1911年(农历辛亥年)10月10日成功地发动了具有划时代意义的武昌起义。

1904年7月，武昌出现了第一个革命团体——科学补习所，随后又陆续成立日知会、文学社、共进会等秘密革命组织。湖北革命党人深入新军，宣传革命，在士兵中发展革命组织，进行了长期艰苦的工作，到武昌起义之前，新军中已有三分之一的士兵参加了革命组织，成了起义的主力。

1908年慈禧太后与光绪皇帝相继去世，年仅3岁的宣统皇帝溥仪即位，其父载沣摄政。为取得外国的支持，以维护其统治，清廷将广东、四川、湖北、湖南等地的商办铁路收为国有，然后再卖给外国，掀起了全国大规模的人民反抗运动——保路运动，其中四川最为激烈。清廷为扑灭四川的人民起义，派出大臣端方率领部分湖北新军入川镇压，致使清军在湖北防御力量减弱，革命党人遂决定在武昌发动起义。

★武昌起义图

1911年9月24日，文学社与共进会在武昌举行联席会议，推举蒋翊武为临时总司令、孙武为参谋长，制定了起义计划，预定10月6日发动起义，后因故改期于10月9日。同时派人到上海请同盟会领导人黄兴、谭人凤、宋教仁来鄂主持大计。9日上午8时，孙武等在位于汉口俄租界宝善里的共进会机关总部试制炸弹，因失慎爆炸，孙武受伤被送往医院，文件全被俄国巡捕搜走，机关暴露。

蒋翊武得知此消息，立即召集紧急会议，决定当晚12时起义。但因命令未能及时送到，起义没有实现。湖广总督瑞澄下令搜捕党人，武昌机关遭到破坏，革命党30余人或被捕，或被杀害，蒋翊武乘混乱之机逃离武昌。10月10日，瑞澄继续按所获名册搜捕党人，武昌形势异常紧张。在此危难关头，新军中的革命党人认为“与其束手就擒，不如奋起反击”，他们自行联络。当晚7时过后，工程第八营革命党的总代表熊秉坤领导该营首先打响了第一枪，他率领十多名革命士兵直奔楚望台军械库，守库的本营左队士兵鸣枪配合，顺利地占领了楚望台，一场轰轰烈烈的武昌起义由此爆发。

★武昌起义中的革命军

熊秉坤的枪声带动了其他部队的革命士兵，他们一应而起，推举队官吴兆麟为临时总指挥，分三路进攻总督署和旁边的第八镇司令部。并命已入城的部分炮兵在中和门及蛇山占领发射阵地，向督署进行轰炸。起初，起义军缺乏协调指挥能力，加上兵力不够，进攻受挫。晚12时后，起义军经过部署调

★熊秉坤

整，再一次发起攻击，并突破敌人防线，在督署附近放火，以火光为标志，蛇山与中和门附近的炮兵向火光处发炮轰击。湖广总督瑞澄打破督署后墙，从长江坐船逃走，第八镇统制张彪仍旧在司令部顽抗。起义军经过反复的进攻，终于在天亮前占领了督署和镇司令部，张彪逃至刘家庙，整个武昌城旋即掌控在起义军的手里。

此后，汉阳、汉口的革命党人闻风而动，他们分别于10月11日夜、10月12日攻占汉阳和汉口。起义军掌控武汉三镇后，湖北军政府成立，黎元洪被推举为都督，改国号为中华民国，并号召各省民众起义响应。

在武昌起义胜利的鼓舞下，湖北各县先后为革命党人攻占，成立了革命政权，至11月底，湖南、陕西、江西、山西、云南、上海、浙江、江苏、贵州、安徽、广西、福建、广东、四川等14个省区先后宣布独立，脱离清朝，建立了军政府。

武昌起义的成功，标志着“辛亥革命”的胜利，也是孙中山领导的资产阶级民主革命的第一次胜利，它敲响了清王朝封建统治的丧钟。1912年1月1日，中华民国临时政府在南京成立，孙中山被推举为临时大总统。

南京临时政府

1911年10月，武昌起义得到了全国各地的纷纷响应。12月29日，全国十五个省区的起义政权代表在武昌集会，通过了《中华民国临时政府组织大纲》，提出了在召集国民会议、颁布宪法之前，组建临时政府，并于12月29日，选举孙中山出任临时大总统。1912年元旦，孙中山在南京宣誓就职，定国号为“中华民国”，五色旗为国旗，并建立了由黄兴、王宠惠和蔡元培分别任陆军、外交和教育总长，宋教仁任法制局局长，次长也均为同盟会重要骨干的中央政府机构。南京临时政府的成立，标志着中国历史上第一个资产阶级共和国——中华民国的诞生，它结束了近300年的清朝统治，也结束了两千多年的封建帝制。

1912年3月，南京临时政府颁布了具有宪法效力的《中华民国临时约法》，该法反映了资产阶级革命派的民主精神，集中体现了辛亥革命的实际意义，成为民主共和的象征和旗帜，在中国历史上产生了深远的影响。

★南京临时大总统办公室旧址

★参加武昌起义的新军

★孙中山被选举为临时大总统时合影

“盖世之杰”吴禄贞

GAI SHI ZHI JIE WU LU ZHEN

在为辛亥革命而献身的众多的烈士中，吴禄贞是一位颇具传奇色彩的风云人物，他虽然供职于清政府，却胸怀爱国热情和革命志向。他以卓越的外交和军事才能，为中国争回东北图门江间岛主权，从而被人们视为民族英雄；当辛亥革命在武昌首义成功之后，他又在北方积极策动武装起义响应，虽然最后功败垂成、出师未捷身先死，但却为推翻清廷、建立民国做出了不可磨灭的贡献。因此，孙中山盛赞他为“盖世之杰”。

吴禄贞，字绶卿，别名梦泽雄，1880 年 3 月 6 日出生于湖北云梦县吴家台子。父亲吴利彬是个秀才，在武昌教书为业。吴禄贞从小随父读书，聪敏过人，7 岁左右已能写出很像样的文章，15 岁便考中秀才，18 岁又中举人。他擅长书法，好诵诗词，尤其喜爱岳飞的《满江红》。他为人正直，交游广泛，喜欢武术，对兵法很感兴趣。吴禄贞认为武能救国，中举不久就弃文从武，考入湖北武备学堂。此后不久，他父亲不幸病故，全家就靠母亲刺绣勉强维持生活。贫苦生活的磨练，民族英雄爱国思想的熏陶，对他以后走上革命道路有很大的影响。

★1898 年日本士官学校的第一批中国留学生合影。56 人中有湖北籍学生 18 名。前排左三为吴禄贞，二排左一为傅慈祥。

吴禄贞在湖北武备学堂期间，学业冠群，被湖广总督张之洞选送日本士官学校留学，成为中国第一批士官生。在那里，他目睹了日本明治维新后蒸蒸日上的国势，联想到国内政治腐败，深感忧虑，经常与留日同学一起议论时局，措词尖锐，激情满怀。他与傅慈祥、沈翔云等创建了“励志会”，积极宣传爱国思想。“励志会”是留日学生最早的革命团体之一。不久，孙中山来到日本，吴禄贞常去拜访，接受革命思想的熏陶，加入了“兴中会”，立志推翻清王朝的统治。戊戌变法失败后，康有为、梁启超逃到日本，继续鼓吹君主立宪。一时间谬论流传，很多人甚至一些兴中会会员也受骗上当，纷纷转向康、梁。当时，孙中山不在日本，革命组织面临瓦解的危机。在这危急关头，吴禄贞毅然挺身而出，同康、梁保皇派坚决斗争，反复向同志们阐述革命道理，分析斗争形势。在他的耐心帮助下，许多同志渐趋醒悟，革命组织终于巩固下来。

★吴禄贞

1900 年，中国北方爆发了轰轰烈烈的义和团反帝爱国运动。在长江流域，唐才常也在积极策划“自立军”起义。吴禄贞奉命秘密回国，协助秦力山领导大通起义以配合唐才常，初步显示了非凡的军事才能。但是，由于力量悬殊，起义失败了。他回到日本，继续学习。1902 年，吴禄贞从日本毕业回国，来到武昌，谒见张之洞，遭到张之洞的训斥。但他无所畏惧，当着张之洞的面纵论时事。他的精辟独到的见解使张之洞暗暗惊服，决定委以重任，他先后任营务处帮办等职。

在武昌，吴禄贞继续从事革命活动，建立了湖北第一个革命机关——花园山秘密据点，大量印发《猛回头》、《警世钟》、《黄帝魂》等革命书籍。回顾“自立军”起义的失败，吴禄贞痛定思痛，认识到应该在新军和知识分子中发展革命力量。他物色大批知识分子加入新军，培养骨干，使得“秀才参军，一时蔚然成风”。后来，正是这些骨干在武昌起义中发挥了重大的作用。次年，吴禄贞赴长沙与黄兴筹划建立华兴会，借机介绍了孙中山和兴中会的情况，使黄兴等人开始了解孙中山的革命思想。

这时，清政府在北京设立练兵处编练新军，到处网罗军事人才。经清宗室良弼（吴禄贞留日同学）推荐，清政府调他入京任职。他起初不想去，同志们劝他说：“你现在名声很响，与其在地方上没有大作为，倒不如打入清政府内部，取得军权，然后见机行事。”吴禄贞于是在1904年4月进京，担任练兵处军学司马队监督，这是一个没有实权的虚职。吴禄贞素怀大志，不甘于碌碌无为，于是悉心研究边防，并向军机大臣铁良要求到西北考察边务，获准西行。由于他思想激进，言谈过于直露，受到陕甘总督升允的忌恨，丢掉了官职。

日俄战争后，日本加紧向我国东北地区扩张。为了加强对东北地区的统治，清政府任命徐世昌为东三省总督，任命吴禄贞为军事参议，随徐出关。这时，宋教仁从日本来到东北策动革命，吴禄贞大力协助宋教仁，建立了同盟会辽东支部。

在东三省期间，吴禄贞成功地解决了一桩外交重案——“间岛”问题，成为引人瞩目的爱国英雄。间岛，本是图们江中一个宽1里许、长约10里的沙洲。从咸丰年间开始，朝鲜移民纷纷渡江来江北地区垦殖，到20世纪初，垦地面积已达十余万平方里，移民称这一地区为“大间岛”。间岛、大间岛自古就是中国领土，可是，日本为了吞并它，在控制朝鲜不久，悍然派陆军大佐斋藤季治郎率宪兵强占该地，并大造舆论，胡说此地为“中韩未定之国界”。面对日本的强盗行径，

★良弼

清政府任命吴禄贞为专使与日本交涉。吴禄贞深知争间岛无异虎口夺食，然而为了中华民族的利益，他还是欣然从命了。

为了辨明是非，吴禄贞决心实地调查，掌握确凿的证据。时值盛夏，白天烈日炎炎，晚上蚊叮虫咬，吴禄贞全然不顾，亲自带领调查人员跋山涉水，73天步行2600余里，凡与中朝界务有关地区都精测细量。他大量查阅有关资料，沿途访问当地的父老乡亲，详尽掌握了这一地区的历史沿革，在此基础上，写成一部约10万字的《延吉边务报告》。这本书内容详备，证据确凿，成为谈判桌上的锐利武器。吴禄贞还采取了许多有效措施，与对方进行针锋相对的斗争。比如，日本在图们江南岸集结军队进行军事恫吓，吴禄贞毫不畏惧，利用当地绿林武装进驻边防，南岸日军被慑服，后撤了几十里。吴禄贞不畏强敌，日军司令官斋藤一筹莫展。

会谈前夕，斋藤宴请吴禄贞，妄想利用自己曾是吴留日时的教官这种私人关系拉拢他。但是，吴禄贞非常机警，席间，觥筹交错，他只叙旧情，绝口不谈边务。正式会谈一开始，吴禄贞即先发制人，用日语质问：“为什么侵占中国领土？”斋藤狡黠地说：“这里是朝鲜属地，日本派兵是为了保护韩民，你们来此制造纷乱，是何道理？”吴禄贞冷冷一笑，义正辞严地说：“图们江是中韩天然国界，间岛、大间岛自古便是中国领土，两国史书及志书图表历历可考，数百年来从无异议。现在，贵国武装悍然侵我国土，我希望贵军赶快退出，否则只有武力解决！”字字铿锵，掷地有声。吴禄贞引经据典，唇枪舌剑，斋藤理屈词穷，只得率军退出局子街。后来，吴禄贞以《延吉边务报告》为依据，为清政府解决间岛问题起草了外交文件，一一列举事实，将日方所持伪证全部驳翻。日本被迫与中国鉴订了《图们江中韩界务条款》，承认图们江为中韩两国国界。这一重大胜利，是鸦片战争以后我国外交史上光辉的一页。

1910年春，清政府调吴禄贞回京，授以蒙古镶红旗副都统，派往法、德阅操，同年冬回国。为了能

★长白朝鲜族自治县档案馆馆藏光绪三十三年（1907年）《延吉边务报告》

★道尹楼内吴禄贞大将军铜像

谋取一省巡抚之职以推进革命工作，吴禄贞用友人黄恺元资助的二万两白银贿赂庆亲王奕劻，很快被任命为陆军第六镇统制。第六镇是袁世凯的嫡系部队，军纪涣散。吴禄贞决心整顿军队，但遭到陆军大臣荫昌等人的重重阻挠。他感到第六镇对将来革命起不了多大作用，从此，就常住北京，与朋友饮酒赋诗，借以消愁，同时等待革命时机。

1911年10月10日，武昌起义爆发，中外震惊。吴禄贞非常兴奋，觉得久已期待的这一天终于来到了。他向清政府请求南下“平乱”，打算在前线倒戈，但清政府对他早有疑心，另派荫昌督师。正当两军血战湖北时，北方又发生了一件大事。10月29日，驻扎滦州的第二十镇统制张绍曾实行“兵谏”，通电清政府要求立宪。张绍曾和吴禄贞曾一起留日，友情甚笃，清政府忙派吴禄贞前往“宣慰”。吴禄贞到滦州后趁机与张绍曾协商，准备武装起义，推翻清王朝统治。同日，山西宣布独立。滦州、山西两股力量犹如一把铁钳紧紧夹住了清政府的咽喉，京师震动。清政府急令吴禄贞速赴石家庄，督率所部第六镇进攻山西革命军，吴禄贞一到石家庄就立即下令第六镇停止进攻，并派人与晋军联系。11月2日，他又果断下令截留了运往湖北前线的军火，同时电奏清政府要求汉口停战。清政府大惊，明知吴禄贞心怀异志，但又不敢撤换，唯恐把他“逼上梁山”，就假言传旨嘉奖，命他署理山西巡抚，企图让革命军互相残杀。吴禄贞深知其用心之险恶，遂亲至娘子关，与山西都督阎锡山会晤。阎锡山有些疑虑，吴禄贞坦然笑笑说：“你可能不知道，我是老革命党了，怎么会当什么巡抚呢？你尽管放心跟我合作好了。”阎锡山这才放心，召集部队让他训话。吴禄贞登台喊道：“弟兄们，现在南方革命军正在跟清军血战，如果我们行动起来，就正如一把尖刀插进了朝廷的心脏，满清顷刻就会土崩瓦解。我已经电约滦州张绍曾，准备三军同时行动，计划是：你们阎都督率部切断京汉线以阻止袁世凯北返（袁已于11月1日出山到湖北前线督战，进攻革命军）；我率第六镇长驱直取京师，然后回师南下，与南方革命军合歼袁部；张统制率部带京奉线西进，并分兵扼守，以防清政府逃窜热河。这样，推翻满清，指日可待啦！”台下群情激昂，纷纷高呼：“拥护吴大帅！”会后，组成“燕晋联军”，吴禄贞任大都督，阎锡山、张绍曾任副都督。议毕，吴禄贞当即赶回石家庄。

吴禄贞在北方的革命活动深为袁世凯所痛恨，如果“燕晋联军”计划成功，湖北前线的北洋军就失掉了“老巢”，袁世凯的一切指望就全部落空，形势已经发展到“有吴无袁”的地步。因此，袁世凯暗派吴禄贞的仇人周符麟携巨款潜赴石家庄，用两万元收买了吴禄贞的卫队长马步周，让他刺杀吴禄贞。有人发现这一可疑情况，就报告了吴禄贞，请他加强戒备，以免不测。但是，吴禄贞平生志大气豪，视戒备为怯懦，依旧日夜操劳，不加防备。

11月6日凌晨，吴禄贞和参谋长张世膺、副官周维桢正在石家庄火车站站长室紧张地批阅机要文件，突然四个军官闯进门来，为首的卫队长马步周跪下说道：“恭贺大帅荣升巡抚。”话犹未毕，几个人同时拔枪向吴禄贞射击。吴禄贞见势不妙，跳起身来，想夺门而出，不幸被击中要害，仆倒在地，张世膺、周维桢同时遇害。凶手竟残忍

★吴禄贞墓

位于河北省石家庄市长安公园内西北侧的小土山上，占地约150平方米。1982年3月迁建于长安公园内。墓地前部，是用砖石垒砌的长12米、宽6米的墓塔基石，台上矗立3座坐西向东的汉白玉墓塔。正中一座镌刻“故燕晋联军大将军绶卿吴公之墓”14个镏金大字。整个墓区松柏青翠，庄重肃穆。

★山西都督阎锡山(1917 年摄)

地割下吴禄贞的首级，仓皇而逃。当吴禄贞的部下赶到时，只见三具尸体横陈于地，桌上还放着两份电报，一份是张绍曾的来电："电悉，愿率所部健儿以供驱使。"另一份是吴禄贞的复电："愿率燕赵子弟八千以从。"

吴禄贞奔走革命十余年，因一时大意而招致杀身之祸，未能亲见民国成立。吴禄贞的遇害是辛亥革命的极大损失，消息传出，举国悲痛。湖北革命军将士听到这个噩耗，群情激愤纷纷要求北伐，为吴禄贞报仇。延吉边地人民更是悲痛万分，在一幅挽联中写道："革命未成身先死，事虽失败亦英雄。"南京临时政府成立后，孙中山对吴禄贞以陆军大将军例赐恤，并在挽联中盛赞他为"盖世之杰"。1913 年 11 月 7 日，人们在石家庄为吴禄贞举行了遗体安放仪式，墓碑上刻有"故燕晋联军大将军绶卿吴公之墓"及介绍他生平事迹的碑文。

吴禄贞的一生是短暂而又伟大的，他为了民族利益、为了革命事业辛苦奔波，不避艰难险阻，直至为革命捐躯。他的不屈不挠的革命意志和崇高的爱国主义精神，永远值得我们后人敬仰和铭记。

朱执信

朱执信，名大符。1885 年生于广东番禺。家庭虽无很高地位，但也较为富裕。1902 年入教忠学堂读书。当时，义和团运动的失败，帝国主义侵略的加剧，激起了他的爱国救亡热情。他开始接触西方资产阶级革命的著作，如《天演论》、《民约论》等。1904 年到日本留学，1905 年加入同盟会，担任评议部议员兼书记。辛亥革命武昌起义后，朱执信积极联络广东的革命党人并组织民军准备武装夺取政权。袁世凯篡夺辛亥革命的果实后，朱执信积极参加了孙中山领导的反袁的"二次革命"。在反对军阀的"护法运动"中，朱执信仍然坚定不移地支持孙中山。1917 年的十月革命和 1919 年的五四运动，使朱执信从中受到鼓舞并看到了力量。自此，他激情满怀，写了大量论著，揭露帝国主义的侵略，进一步阐发三民主义。1920 年 9 月 21 日，为协助孙中山驱逐盘踞广东的桂系军阀进入虎门，不幸遇难，死时年仅 35 岁。

★朱执信

★朱执信墓

位于广州市先烈路驷骃。墓园占地共 4000 多平方米，四周绕以崇垣，台阶层叠，丰碑高耸，树木葱笼。碑文、墓表分别由孙文、汪兆铭题书。

冯如航空救国搏命飞行

FENG RU HANG KONG JIU GUO BO MING FEI XING

冯如，号鼎三，出生在广东省恩平县一个贫苦农民家庭。冯如兄弟五人，四个哥哥都先后死于饥荒和瘟疫。幸存下来的冯如，幼时非常聪明。父亲为了让儿子成才，节衣缩食，送他到乡间小学读书。冯如智力超群，读书勤奋，学习进步很快。他心灵手巧，喜欢自己制造玩具，课余时间，他用泥巴、火柴盒等制作的轮船模型，十分逼真，深得教师和乡邻称赞。12岁那年，由于生活所迫，冯如跟着一位表亲到海外谋生。父母爱之甚切，舍不得放他远行。但冯如则不以为然，对父母说："大丈夫以四海为家，株守乡隅，非所愿也。儿行矣，勿以我为念！"他终于离别父母和祖国，漂泊到美国三藩市（旧金山）做工。

三藩市华侨很多，冯如在他们的帮助下到耶稣教会当了一名勤杂工。为了尽快适应美国的生活，他白天工作，夜晚刻苦地自学英语，经过一段时间的努力，终于攻克了语言关，能讲一口流利的英语了。当时，美国的资本主义迅速发展，尤其是机器制造工业特别发达。冯如目睹了美国繁荣的经济，精巧的工艺，心向神往。他对人说："国家富强，是由于工艺发达，而工艺发达，必须以机器为基础。现在中国贫困到了极点，非学机器制造，不足以发达工艺，由穷变富。"于是，他决心学习机器制造技术。但是，当时中国民穷国弱，国际地位低下，华侨在美国受到歧视和欺凌。因此，冯如要进工厂学习机器制造技术，谈何容易。可是，既然决心已经下定，他便百折不挠，经过一番波折后，终于在1901年，经人帮助，才转往纽约一家工厂做工。身处异国的艰难，繁重的体力劳动，不足以糊口的工资，失业的危险，恶劣的环境，没有难倒急欲寻求新知的冯如。他一面做工，一面顽强学习，奋力拼搏，决心尽快掌握先进的机器制造技术。为此，他省吃俭用，从微薄的工资中挤出钱来，购买了大量书籍，并克服了文化水平低的困难，孜孜不倦地自学了中学数理化的全部课程，并选定机器制造的理论和技术为主攻方向，同时也不放松与此有关的力学、电学、光学等专业课程，从而打下了科学知识的牢固基础。经过十年的刻苦自学，冯如积累了渊博的知识，不但"三十六种机器无不通晓"，而且还别出心裁，发明了抽水机和打桩机等。尤其值得一提的是，当时欧洲人发明的无线电通讯技术，才刚刚实行，而冯如"所制之无线电，能发能收，电码灵敏"，许多美国人都争相订购。

★冯如

冯如勤奋求知，醉心技艺，志在强国。1904年，沙俄与日本为争夺我国东北领土，爆发了日俄战争。日、俄帝国主义的罪恶行径，激起了冯如的满腔义愤。他十分沉痛地对友人说："日俄战争大不利于中国。当此竞争时代，飞机为军事上不可缺之物。""倘得千数百万飞机，分守中国港口，微特足以固吾圉，并足以慑强邻矣。"于是，从此立下了制造飞机，报效祖国的宏愿，开始致力于祖国的航空事业。冯如还立下誓言："誓必以身为之倡，成一绝艺，以归飨祖国，苟无成，无宁死！"

当时的航空技术尚处于摸索阶段，制造飞机绝非易事。冯如一无资料，二无资金，困难重重。但这些都没有难倒决心报效祖国的冯如。1906年冯如回到了三藩市。他以"壮国体，挽利权"为宗旨，向当地华侨发出集资创办飞机制造公司的倡议，陆续集资1000美元。冯如带着徒弟朱竹泉、朱兆槐、司徒璧如等，白天跑图书馆和书店，收集有关资料，晚上聚集在狭窄、拥挤的居室内，潜心钻研飞机制造和飞行技术。为了振兴中华，巩固国防，使四万万同胞摆脱西方列强的欺凌和奴役，冯如呕心沥血，含辛茹苦，在一条布满荆棘而又崎岖的道路上，开始了艰苦的攀登。

为了早日制成飞机，冯如锲而不舍，日夜苦战。他广泛收集和研究了各种飞行资料，博采众家之长，反复修改设计方案，终于研制出了第一个飞机模型。1907 年 9 月，在爱国华侨的支持和资助下，冯如在奥克兰市租厂开工，试制飞机。他废寝忘食地苦思苦干，功夫不负有心人，1908 年冯如终于制造出了第一架飞机。但不幸的是，在试飞时失败了。祸不单行，冯如在奥克兰市的厂房又遭火灾，机器设备全部烧光了。遭此打击，冯如毫不气馁。他带领徒弟们就地支起工作棚，继续试制。他翻阅和收集大量飞机结构图纸，分析失败原因，夜以继日地研究改进之法。一次次地失败伴随着一次次地改进，经过了多次反复，到 1909 年 2 月，又一架飞机造好了。可是，这架飞机只飞了几丈高，就从空中一头栽了下来，冯如死里逃生。这时，筹集的资金已经耗尽，冯如真可谓“山穷水尽”了。恰在这时，冯如年迈多病的双亲因儿子多年不归，思念心切，又万里来书催他早日回国，与家人团聚。事业的失败，对祖国和亲人的思念，使冯如陷入了痛苦之中。但是，当他想到祖国还处在水深火热之中，四万万同胞还在列强的铁蹄下呻吟之时，精神顿时又振作起来。于是他立即写信回国，一方面安慰年迈的父母，一方面倾吐了自己决心报效祖国的志愿，并且再次立下誓言：“飞机不成，誓不返国！”

★冯如自行设计、研制、生产的有人驾驶飞机

冯如百折不挠，继续刻苦攻关，经过细心地分析研究，终于找到了历次失败的原因，就是飞机的平衡和操纵问题没有解决好。但如何解决这个难题，却百思不得其解。一天，他偶然看到正在天空飞行的一只老鹰当改变飞行姿态时，其两翼的伸展情况也随之发生变化，善于学习的冯如受到了启发。他立即向邻居借了一只鸽子，用尺子测量了它的身躯和两翼的长度，仔细计算了两者之间的比例，兴奋地对徒弟们说：“好了，这下子飞机有成功的希望了。”1909 年 9 月 21 日，年仅 26 岁的冯如，满怀信心地驾驶着自己设计、自己制造的飞机胜利地飞上了蓝天，并且安全地降落到地面，成为中国第一个飞行家。这架飞机从机翼、方向舵、螺旋浆到内燃机等大大小小的零部件全是自制的。冯如既是制造家，又是驾驶员。他驾驶的飞机在奥克兰市上空翱翔了 2640 英尺，其航程等于飞机发明者美国的莱特兄弟 1903 年首次试飞 852 英尺的三倍多。当时的世界航空技术刚刚起步，冯如的飞机制造技术和创下的飞行记录，的确是了不起的成绩，难怪西方世界为此感到震惊和羡慕，并发出了“中国人的航空技术超过西方”的惊叹。冯如的光辉成就，向全世界显示了中国人民的智慧和才能，为中国在世界早期航空史上赢得了荣誉。

★冯如设计的飞机模型

冯如这次试飞成功，大大鼓舞了关心祖国航空事业的广大旅美华侨。他倡议创办的中国第一家飞机制造公司——广东飞行器公司，由于广大华侨踊跃入股，遂于 1909 年 10 月正式成立。冯如就任了总机械师。1910 年 3 月，美国飞行家奥维尔·莱特在洛杉矶作飞行表演。冯如为了学习和借鉴先进技术，专程前往参观。不料，表演者竟以技术保密为借口，将参观者拒之于飞机三里之外，这使冯如大失所望。然而，美国人的技术封锁却更加激起了冯如奋发图强的斗志。他回到奥克兰市以后，再接再厉，日夜苦战，不久，终于又制造出了一架性能更加优良的“顿导前制”飞机，并于 1910 年 6 月，在奥克兰市再次举办飞行表演。当时，正在海外为革命奔走操劳的孙中山先生，闻讯特意前来观摩了冯如的试飞表演。当冯如试飞结束跳下飞机时，孙中山先生快步迎上前去，紧紧握着冯如的手赞扬说：“吾国大有人矣！”

受到孙中山先生的鼓励和广大华侨的支持，冯如情绪高昂，精神更加振奋。在为国争光的思想鼓舞下，冯如更积极地钻研和学习飞机制造技术，不断总结经验，进一

★冯如纪念馆

步改进飞机结构，使其性能更加良好，很快又制造出了一架新型飞机。冯如驾驶这架飞机，创造了航程 20 英里，时速 65 英里，飞行高度 700 多英尺的世界记录。这个记录，超过了 1909 年 8 月在法国理姆斯举行的第一届国际飞行比赛中，速度冠军柯蒂斯时速 47.2 英里和高度冠军拉塔姆 508 英尺高度的成绩。冯如更加信心百倍了。1910 年 10 月，国际飞行协会在三藩市举办的飞行比赛开幕。冯如驾驶着自制飞机满怀信心地参加了比赛。许多旅美华侨听说冯如将参加飞行表演，争先恐后地前来参观。当冯如驾驶着飞机在蓝天上空自由翱翔时，广大华侨心情无比激动，他们手舞足蹈、齐声欢呼。许多人情不自禁地摘下礼帽向空中挥舞，祝贺冯如的精彩表演。冯如飞临人群上空时，也高兴地晃动飞机翅膀，向同胞们致意。这次国际飞行大赛，冯如以时速 104 公里，飞行距离 30 多公里，飞行高度 230 多米的优异成绩，荣获冠军。国际飞行协会发给冯如优等证书，欧美各报刊竞相报导了中国人冯如一举夺标的消息。冯如的飞行技术和卓越成就，驰誉全球，再一次为中华民族赢得了荣誉。

冯如勤奋求知，刻苦攻关，取得令人瞩目的重大成就，使他名声大噪。在技术就是金钱，金钱可以万能的西方世界，许多国家和企业对新兴的航空技术都非常重视，不惜代价地到处搜罗航空技术人才。当时，美国有人想用重金聘请冯如任飞行技术教练，传授专业技术，但遭到了冯如的断然拒绝。他说：“我钻研飞机制造和飞行技术，不是为了个人成名立业，而是准备把自己的技术和知识全部奉献给我的祖国。”

1911 年 3 月 22 日，冯如怀着一颗报效祖国的赤子之心，带着两架自制飞机和制造飞机的机器抵达香港，然后，将飞机和制造飞机的机器运往广州郊区燕塘安置。这位身怀绝艺的飞行家，漂泊海外十几年，终于回到了他日夜思念的祖国。祖国和人民热烈欢迎冯如由海外归来。清朝反动政府也企图对他拉拢利用。但在海外受到孙中山先生鼓励，初步接受了革命思想的冯如，不愿为腐朽的清王朝效力，认为“此非吾志也”。因此，他拒绝了两广总督张鸣岐的任命。张鸣岐恼羞成怒，下令禁止冯如在广州举行飞行表演。冯如身处逆境，极为愤慨。4 月 27 日，广州城爆发了革命党人发动的“黄花岗之役”，冯如热血沸腾，对革命更加向往和同情。他热切地期待着一个经过革命改造的新型中国的诞生。张鸣岐唯恐冯如与革命党人取得联系，于是便派人把他严加监视起来。这更加激起了冯如对清朝反动政府的切齿痛恨。

就在冯如有志不得伸，报国苦无门的时候，1911 年 10 月 10 日震撼中外的武昌起义爆发了。革命风暴迅速席卷了神州大地。清王朝倾刻瓦解。11 月 19 日，革命党人光复了广东。冯如怀着一腔爱国热血，毅然参加了广东革命军，投身到了革命的洪流中。广东革命军政府任命他为飞机队大队长，担任中国最早的一支革命空军的领导工作。为了革命早日成功，冯如和同伴们加紧修理从美国带回来的飞机，准备随同广东北伐军北上作战。后来因为腐败的清政府迅速垮台，这个计划未付诸实施。

为了开通民智，普及航空技术，唤起各界对航空事业的重视，经广东革命军政府批准，冯如于

★广东航空纪念碑

广东航空纪念碑是为纪念我国航空事业先驱和在东征、北战、抗日战争中阵亡的空军将士们而建造的。碑石下面刻有孙中山先生题写的“航空救国”四个大字，碑志上面刻有冯如等 266 名殉国殉职的航空英烈的名字。

★冯如墓

1912 年 8 月 25 日，在广州郊区燕塘操场举行飞行表演。各界群众得到消息，纷纷前往观看，都热切地希望一睹冯如驾机飞行的壮举。这一天，冯如兴致勃勃，神采奕奕。他首先热情地向观众详细介绍了飞机的原理和性能，及其在国防与交通上的作用和价值，然后开始飞行表演。他由燕塘墟驾机凌空而上，向东南方向飞行约 5 里。在飞行过程中，只见飞机旋转自如，十分灵活，场上观众，欢呼雀跃，掌声雷动。飞行了一大圈之后，冯如移动操纵杆，打算继续升高，不料用力过猛，两足浮动，飞机突然下坠，致使冯如的头部、前胸及股部都受了重伤。红十字会疾驰抢救，但苦于药品不足。事不凑巧，这天又正是星期日，医院的医生全部外出，以致赶治不及，耽误了抢救。等到医生闻讯赶来，已经为时太晚了。在弥留之际，冯如仍念念不忘祖国的航空事业。他对助手们说：“我死之后，你们千万不要因这次事故就失去了进取之心。失败是成功之母，只要持之以恒，继续努力，就一定能取得成功。”中国航空科学技术的创始人，中国第一个飞机设计师和飞行家冯如，为了创建祖国的航空事业，献出了年轻的生命。他死时，年仅 29 岁。

9 月 24 日，广州各界群众在冯如坠机罹难处举行隆重的追悼大会，对冯如的不幸遇难表示沉痛的哀悼。各界赠送了许多挽联，其中广东的一位文学家何淡如送的一副挽联写道：“殉社会者则甚易，殉工艺者则尤难，一霎坠飞机，青冢那堪埋伟士；论事之成固可嘉，论事之败亦可喜，千秋留实学，黄花又见泣秋风。”这一副义深情切的挽联，高度赞扬了冯如为强国刻苦求知、殉身工艺的高尚情操，也表达了人们对这位爱国志士不幸失事罹难的无限惋惜和深切悼念。

为了永远纪念这位卓越的中国航空事业的奠基者，表彰他在祖国航空事业上的光辉业绩，广东革命军政府决定“从优照少将阵亡例”给恤冯如，并将其事迹交付国史馆。同时，经临时大总统孙中山批准，在冯如罹难处建筑纪念碑，并按照冯如的遗志，把他安葬在广东东郊白云山下的黄花岗七十二烈士墓左侧。

杨守敬

杨守敬，字惺吾，号邻苏。1839 年 4 月 15 日出生于湖北宜都。他 4 岁丧父，跟随祖父生活。6 岁，母亲教他读书习字。8 岁读私塾。11 岁辍学当学徒。14 岁到学馆学八股文。17 岁依祖父和母亲的意见结婚。19 岁，在许家学馆中附课，遂开始接受清儒学问，并考中秀才。20 岁开始决心研究地理学。1862 年，杨守敬年轻得志，中壬戌科举人，便锐意功名。冬天，进京会试，落第。后又 5 次进京赶考，均没有成功。1880 年，杨守敬应邀到日本做清政府驻日大臣的随员。1882 年，杨守敬回国当了黄冈教谕。1886 年，48 岁的他抱着最后的希望再次进京会试，依然失败。他从此绝了功名，一心著述。1902 年，两湖书院改成学堂，他被保奏为勤成学堂总教长，授四品衔。1913 年，他由于经济上的窘迫，不得不卖字为生。1914 年，先受袁世凯聘请当顾问，后任参政院参政。按他的话说是“此行乃谋刻所著书，非以求仕。”1915 年 1 月 9 日，杨守敬病逝于北京，终年 77 岁。

★杨守敬像

★杨守敬墓

清帝溥仪退位

QING DI PU YI TUI WEI

辛亥革命敲响了清王朝封建统治的丧钟。尤其在1911年的武昌起义后，清王朝权力的重心被以镇压革命党人起家的袁世凯所掌握。袁世凯为了顺应南方革命党人要结束帝制，实行共和的要求，同时也为他进一步窃取统治权力，最终达到将清王朝取而代之的目的，他一面不反对革命党人与他的“议和”，一面又以手中的军队作为“王牌”对革命党人进行威胁。

★爱新觉罗·溥仪

此外，帝国主义在“中立”的幌子下，也在抓紧物色新的奴才，他们极力扶持袁世凯。经过英国公使朱尔典和袁世凯的一番密谋后，由英国驻汉口领事出面，向湖北军政府提出南北停战议和的建议。以停战、清帝退位、袁世凯为总统三项为议和条件。最初，孙中山反对南北议和，并于1912年1月11日宣布自任北伐军总指挥，制定了六路北伐计划。但当时英、美、德、日各国军舰驶进长江，蠢蠢欲动，造成即将“武装干涉”的局势，使革命党的许多领导人非常害怕。而临时政府才刚刚成立，革命还在进行，经济也很困难。帝国主义又在财政上施加压力，封锁了南方革命军占领下各岸口的海关税款，不让临时政府动用，混进临时政府里的立宪派、旧官僚与帝国主义暗中勾结，借口怕引起外国干涉，反对孙中山出兵抗击袁世凯。在内外交迫的形势下，中华民国临时政府总统孙中山只得向袁世凯做出了让步。1912年1月15日，孙中山明确表示：“如清帝实行退位，宣布共和，则临时政府决不食言，立即正式宣布解职，以功以能首推袁氏。”

★加拿大总督威云顿与溥仪、婉容于天津张园

袁世凯在得到南方的确切保证后，便集中全力进行“逼宫”。1月16日，袁世凯首先联名内阁诸大臣辞职。接着他又指使段祺瑞等50名北洋将领于1月20日致电内阁、军咨府、陆军部，强硬要求清廷“立定共和政体”，并且警告清室“杀身之祸且在目前”。

与此同时，川籍革命党人彭家珍趁反对共和的骨干良弼回家时，在其门前投掷炸弹，彭当场牺牲，良弼受重伤后两天毙命。于是那些爱财惜命的王公亲贵们便纷纷逃离北京，“无敢有异词者”。太后隆裕也因此彻底屈服。

1月30日，隆裕太后再次召开御前会议，决定让袁内阁准备宣布共和的诏旨。2月3日，清廷授权袁世凯与南京临时政府商酌退位条件。南京临时政府于2月9日向袁送交了三个给予退位后的清皇帝、皇族、满蒙回藏等民族的待遇条件的文件。2月12日，清廷宣布了退位诏书，同时也结束了两千余年的封建专制主义统治。

★隆裕太后

★溥仪天津故居

“静园”是溥仪在天津的主要住所，主楼是日式，从中央突出外部并有通天木柱的门廊，西侧东侧都有跨院。院子虽然临街，但由于院内树木茂盛反倒十分幽静。

★溥仪墓

中国末代皇帝溥仪安葬于河北易县华龙皇家陵园（华龙皇家陵园是新建的现代贵族陵园），位于清西陵西侧。

爱新觉罗·溥仪

溥仪(1906—1967 年)，姓爱新觉罗，字浩然。满族。醇亲王载沣之子。清末代皇帝、伪“满洲国”皇帝。

1908 年 11 月 14 日，溥仪 3 岁时被立为嗣皇帝，授载沣为摄政王，年号“宣统”。1912 年中华民国成立，登基不满 3 年的溥仪由隆裕太后于 2 月 12 日代行颁布《退位诏书》。根据清室退位优待条件规定，不废帝号，仍居宫禁。1917 年 7 月 1 日，溥仪在紫禁城召见张勋，接受他的奏请，复辟帝制，恢复宣统年号，但只做了 12 天皇帝，随着张勋的失败而被迫退位。1924 年，冯玉祥等发动北京政变后，摄政内阁决定修正清室优待条件，废除皇帝称号并将其驱逐出宫。溥仪先搬进原醇王府，不久逃入日本公使馆。1925 年 2 月由日本便衣警察护送到天津日租界，继续进行复辟活动。

★伪满洲国时期的溥仪

1931 年“九·一八”事变后，在侵华日军的策划下潜往东北。次年 3 月，当上伪“满洲国”执政，1934 年 3 月又改称“满洲帝国”皇帝，改元“康德”。溥仪于 1935 年 4 月和 1940 年 6 月，以伪“满洲国”皇帝的身份，先后两次访问日本。1945 年 8 月 14 日，日本无条件投降后，溥仪于 8 月 17 日逃往日本途中被苏军俘获，押到西伯利亚，在集中营里关押五年。1950 年 8 月，溥仪与其他伪“满洲国”战犯一起被苏联政府移交给中国政府，先后在哈尔滨和抚顺两个战犯管理所关押 10 年。1959 年 12 月 4 日，经中华人民共和国最高人民法院根据特赦令予以释放。从此，溥仪成为中华人民共和国公民。1960 年 3 月，溥仪被分配到北京植物院工作。1964 年被调到全国政协文史资料研究委员会任资料专员，并担任人民政协第四届全国委员会委员。1967 年 10 月 17 日在北京病逝。著有《我的前半生》。

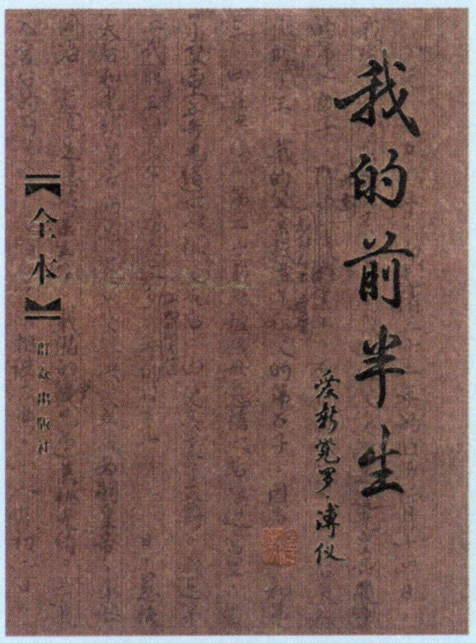

★群众出版社出版的《我的前半生(全本)》封面

晚清谴责小说家李伯元

WAN QING QIAN ZE XIAO SHUO JIA LI BO YUAN

清朝后期，继吴敬梓写了《儒林外史》之后，很多人都应用这种讽刺的笔法来描写官场的腐朽，揭露社会的黑暗，他们形成了一群谴责小说家，其中最有名的，莫过于李伯元和他的《官场现形记》。

李伯元，原名宝嘉、宝凯，江苏武进人。他幼年丧父，是被堂伯父李翼青抚养长大的，因此随着做官的堂伯父在山东生活了二十多年，二十六岁时才回到了故乡武进(今江苏常州)。

武进的读书人很快发现，这个年轻人在李家子侄辈中，很有些与众不同。他的堂兄弟们个个身材魁梧，说起话来带卷舌的山东口音，而李伯元却是中等个头，眉秀齿白，说得一口娓娓的家乡话。他还是个近视眼，戴了一副眼镜。当时青年人戴眼镜的很少，路上遇到尊长必须拿掉眼镜以示礼貌，李伯元却从来不理会这一套，虽然也表现得彬彬有礼。于是，这个“眼镜后生”立刻引起了大家的注意。

回乡不久，他参加了院试，中了第一名秀才，从此更是声名鹊起。当秀才们赴江阴参加第二步的乡试时，许多人都预料，李伯元是最有希望中举的一个。可是，榜一贴出来，这位才学出众的青年才子，竟然名落孙山。科举考场上，一次不中并不是什么稀奇的事，下次再考就是了，可是李伯元却丢了书本，径自去上海谋生了。人们不理解这么一个有前途的年轻人怎么会对仕途灰心丧气，其实，是爱国之心促使他毅然抛弃仕途，走上了文学创作的道路。

原来，就在这些年里，中国发生了许多令人震惊的事，特别是中日海战中的败北，以及随后签订的《马关条约》，让整个中国都陷入了水深火热之中。李伯元眼见民族多难、国家危艰、朝廷昏庸、官场腐败，不禁忧心如焚。他想投身于社会，为国家民族多出一份力，于是决定去上海。19世纪末的上海，是“通商巨埠，骄奢繁盛，甲于五洲”，可是，“势力之区，逋逃之薮，天生人众，懵懂懂在睡梦中，而无有从旁为之大声疾呼者”。谁来振臂疾呼？谁来唤醒这无知无觉的民众？

★李伯元

李伯元来到上海，参加了《指南报》的编发工作，他要利用这些人们手中的小报，来针砭时弊，来发聋振聩。一年之后，他又创办了自己的《游戏报》，并用起了“游戏主人”的笔名。眼看国家日益贫穷，百姓日益困苦，官场日益腐败，怎么能直截了当地去品评朝纲、议论国事呢？这将被嘲笑为不合时宜，也就会失去读者。所以李伯元借了“游戏”的名，用“隐寓劝惩”来“觉世”。他的想法对了，《游戏报》问世之后，受到读者的欢迎，十几种效颦的小报也相继出现。

李伯元在《游戏报》上倾注了他全部的心血，他以《申报》、《新闻报》创业之艰为鉴，异常辛苦努力。他一人兼做主笔和主编，有时太阳下山了，写的文章还未脱稿，排字工人等在桌边，有事来商谈的客人等在门口，他只好一边写一边同人谈话，手挥口应，目不暇给。又想到报纸一出，将为千万人瞩目，所以十分认真，哪怕有一个字推敲得不合意，心里都难以释然。《游戏报》获得成功后，李伯元仍不满意，他觉得《游戏报》分类栏目欠细，于是

★清末彩票

★清末石湾窑棕色釉猫

★李伯元故居古井

★李伯元故居

另辟蹊径，创办了《世界繁华报》，分目有小说、讽林、时事嬉谈、艺术志等十几类。上面常有文章讽刺当时的官场和政治，他的《庚子国变弹词》和《官场现形记》最早就是在这份报纸上连载刊出的。

1900年，帝国主义结成八国联军侵犯北京，历史上称为“庚子之役”。翌年，清政府在丧权辱国的《辛丑条约》上签字。李伯元亲眼看到，国难当头时，“海内沸腾，国人大多激于义愤”。而和议签定之后，“骄奢淫佚之习，复中于人心；敷衍塞责之风，仍被于天下”。他为此感到痛惜，感到愤慨，为了让人们记住伤痛，发愤图强，他挥笔写就了一部《庚子国变弹词》。

有位朋友听说他要写这部弹词，就问他：“仗也打败了，和约也订了，你又来旧事重提，有什么用呢？”李伯元叹息道：“殊不知我们中国人的心，是有了今日一时的安乐，就忘了昨日的苦楚。我要写出一部好读好记的弹词，让大家常记心间。”《辛丑条约》签订后仅一个月，他的《庚子国变弹词》就在报上开篇，此后逐日连载，约一年刊完。

李伯元在弹词中写了清朝官吏的凶狠，写了帝国主义的残暴，用满腔愤怒揭露了中外恶人的丑恶行径，用深切的同情抒写了普通民众的苦难生活。尽管由于时代和阶级的局限，其中也有对义和团的污辱，有对李鸿章等人的吹捧，但他开创了弹词的新境界，即从才子佳人、妯娌儿女的题材，扩展为社会政治生活各方面的叙述。他抓住历史的真实，从中外书报和人们的传述中取材，使《庚子国变弹词》不仅成为一部小说，也成为了一部信史，一部中国人民的受难史，一部帝国主义的侵华史。

他用这部七言俚句编成的小说，告诫人们安不忘危，痛定思痛，他用这些触目惊心的回忆，激励人们打起精神，救亡图存。《庚子国变弹词》很快流传开来，富民强国的愿望也在更多中国人的心中激荡起来。

李伯元深怀爱国之心，必然要探究中国积贫积弱受人欺辱的原因，他用敏锐的目光，看到了官场黑暗是一个重要的亡国之源，因此对晚清的官场深恶痛绝。《庚子国变弹词》刊完后半年，《官场现形记》就同样以逐日连载的方式和读者见面了。后来又汇编成单行本出版，备受关注。

李伯元生活的时代，恰是中国历史上官场最为腐败的时代，他的亲朋好友中有不少人涉足官场，因此他对官场内幕，也多有知悉，将种种丑态尽收眼底。在他看来，贪官污吏带给人民的灾难，要远甚于洪水饥荒，怎不叫人愤恨！他用犀利的笔尖挑去了官之位高、名贵、权大、威重的帏幕，把晚清官场的黑暗暴露于光天化日之下：“官之气愈张，官之焰愈烈，羊狠虎贪之技，他人所不忍出者，而官出之；蝇营狗苟之行，他人所不屑为者，而官为之。”

官场内幕如此黑暗，中国又怎么强盛得起来呢？他在另一部小说《文明小史》的楔子中说：“这几年新政新学，早已闹得沸反盈天，也有办得好的，也有办得不好的……且不管他是成是败，是废是兴，是公是私，是真是假，将来总要算是文明世界的一个功臣。所以，在下特地做这一部书，将他们表扬一番，庶不负他这一片苦心孤诣也。”

究竟怎样“表扬”法呢？李伯元在《文明小史》中写了三方面的人：官僚、维新党人、洋人。在官僚方面，主要写他们对洋人、商人和传教士的畏惧、屈服和献媚。在洋人方面，是写他们的横行、要挟、纵容教民，公然索取被拘的囚徒，任意勒索赔款，还写了洋人士兵的酗酒伤人、调笑妇女的事。在维新人物身上，李伯元花了更多的笔墨，写了他们中间的真诚提倡者，投机弄巧者，或是碍于上命、阳奉阴违者。最多的是不学无术的投机之人，假

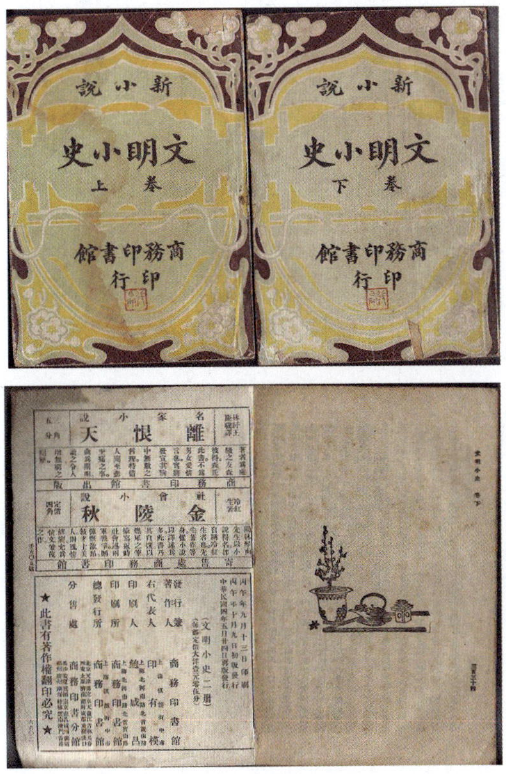

★《文明小史》书影

★《庚子国变弹词》书影

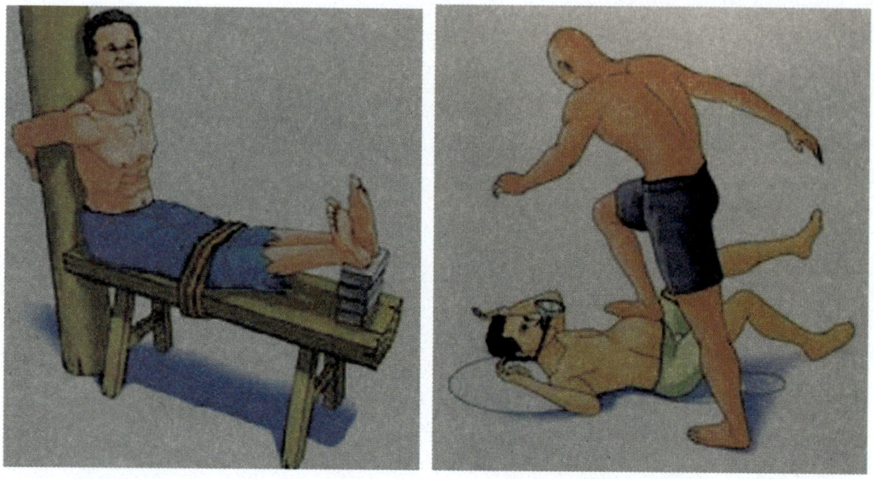

★李伯元《活地狱》插图

借几个新名词招摇撞骗，谋求升官发财，对广大人民仍压迫剥削，横征暴敛。这里，既表现了李伯元对革新的迫切渴望，也反映出对现有的维新变革的不满意。

从 1901 年到 1906 年之间，他还创作了另外一些长篇小说和弹词，如《活地狱》和《中国现在记》等，都是揭露现实黑暗的作品。此外，才华横溢的李伯元，还写了不少仿时调的诗歌与辛辣的谐文，包括“仿时调叹五更体”的《爱国歌》、“仿时调送郎君体”的《送郎君》等，用琅琅上口的语句，写出遭侵略的悲愤，写出无力抵抗的哀叹，也寄托了团结民众、反抗侵略的激情。凭着敏捷的才思，凭着对国家民众的一片深情，李伯元紧握着手中一支笔，让人们正视黑暗，直面现实。1906 年去世时，桌上还摆着他准备完稿的《活地狱》。

四大谴责小说

清朝末年，清政府在镇压了戊戌变法、出卖了义和团运动后，国势衰微到了极点，民族危机愈加深重，广大群众对腐朽无能的清帝国已感到无望。具有改良思想的小说家纷纷通过小说来抨击政府和时弊，提出挽救国家的主张，人们把这一时期出现的小说称为“谴责小说”。而李伯元的《官场现形记》、吴趼人的《二十年目睹之怪现状》、刘鹗的《老残游记》、曾朴的《孽海花》则代表了这类小说的最高成就，被后人誉为“清末四大谴责小说”。

★凤凰出版社出版的《官场现形记》封面

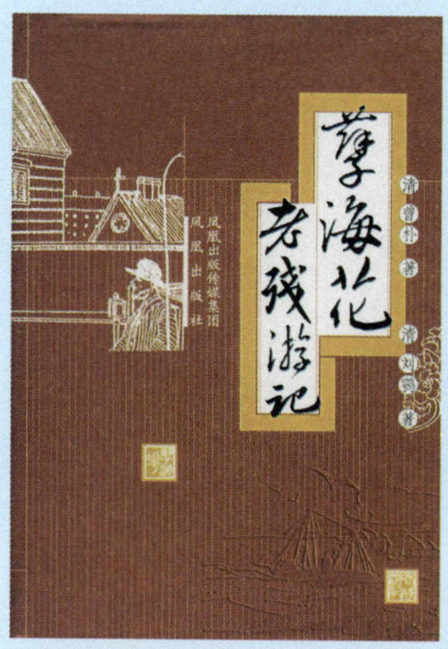

★凤凰出版社出版的《老残游记·孽海花》封面

★凤凰出版社出版的《二十年目睹之怪现状》封面

近代数学家华蘅芳

JIN DAI SHU XUE JIA HUA HENG FANG

华蘅芳，字若汀，江苏无锡人，出身于小官僚家庭。华蘅芳的父亲从小就对他进行封建传统教育，希望他能像其他官僚子弟一样，走上读书做官的道路。但华蘅芳却深受鸦片战争后社会上流传的“经世致用”思想的影响，对科举越来越厌烦，对自然科学产生了浓厚兴趣。14 岁那年，一个偶然的机会，他得到一本残缺不全的明代数学家程大位的《算法统宗》，这是一本集宋元以来我国数学之大成的著作。华蘅芳读着，读着，便放不下了。他觉得这本书比四书、五经有意思多了，于是便没白没黑地看起来。没几天的时间，不但读完了全书，而且弄懂了书中的算法规则和原理。这更增强了他对算学的浓厚兴趣，他开始利用一切时机到书坊寻找算学方面的书籍，对搜罗到的书认真阅读和钻研。华蘅芳对数学的爱好以及他所表现出的数学天赋，促使他父亲改变了观点，不再逼着他念四书、五经，反而给他买了许多数学书籍。这样，从 1848-1852 年间，他先后又刻苦研读了中国古典数学著作《周髀算经》、《九章算术》、《孙子算经》、《海岛算经》，以及明清以来的近人数学著作。

★华蘅芳

★徐寿

华蘅芳由学习八股转而研究数学，遇到不少困难。当时大部分知识分子都沉溺于科举仕途，藐视自然科学，对从西方传进来的先进的科学知识更是持鄙夷的态度。封建顽固势力一再鼓吹立国之本在礼仪而不在技艺，把天文、算学列为“末议”。面对这样的社会环境，华蘅芳不为所动，毅然抛弃科举，怀着振兴祖国科学文化事业的热忱，全身心地投入到了科学研究之中。攻读科学书籍，常常遇到深奥难懂之处，在我国科学文化极其落后的情况下，华蘅芳很难找到指导老师，一切疑难问题全靠自己苦苦求索，加以解决。因此，华蘅芳经常为了一道算题、一个原理，反复思考，几遍、几十遍地演算，直至弄通弄懂。

在自学数学的过程中，华蘅芳遇到了同乡徐寿。徐寿比华蘅芳大 15 岁，后来钻研化学，成为著名的化学家。他们志同道合，对疑难问题，相互启发，深入讨论，日夜不休，苦苦思考，当问题豁然明朗时，他们高兴得大笑起来。华蘅芳深深体会到了自学数学的酸甜苦辣。

为了开阔自己的视野，拓宽知识面，华蘅芳和徐寿一起来到上海。当时的上海是西方人云集的地方，也是传播西方科学知识的前沿阵地，在外国传教士开办的墨海书馆里，华蘅芳看到一本本几何、三角、微积分书籍，他如获珍宝似的买回家，刻苦钻研起来，常常废寝忘食。经过勤奋苦学，在研究了我国古代算学著作的基础上，华蘅芳又掌握了从外国传进来的近代数学知识，这为他日后进一步钻研数学理论奠定了良好的基础。

★科学先驱徐寿、华蘅芳雕像

★左起徐建寅、华蘅芳、徐寿

华蘅芳勤奋自学所取得的成就，使他受到了洋务派大官僚的重视。1865 年，华蘅芳被召到江南制造局附设的翻译馆，负责翻译算学、地质书籍。

当时的翻译与今天不同，因为当时大部分中国人都不会英语，而在中国的外国人却懂一些汉语，因此，当时的翻译是采取由外国人口述，中国人笔录的形式。如果外国人的汉语水平较高，工作起来就会比较顺利，但如果外国人对汉语不甚熟悉，翻译工作便会遇到很大困难。华蘅芳遇到的正是后一种情况。华蘅芳的合作者是美国人玛高温，他的汉语水平较差，华蘅芳在笔录时，要看他的表情，看他的手势，才能勉强理解他的意思。他们合译的第一部著作是美国人代那写的《金石识别》。这是一部有关五金矿藏的书籍，书中内容与华蘅芳过去所接触的知识有较大的距离。但是，五金矿藏与富国强兵密切相连，所以，华蘅芳首先选择了这部书。在翻译的过程中，他们遇到了许多困难，除语言方面的障碍外，一些矿物质的名称也很难确定，每翻译一个名词都要辩论几次，即使这样，也还是错误百出。当紧张工作了一天之后，在夜深人静的时候，华蘅芳望着涂改太多、模糊不清的译稿，难以入睡，于是，他又开始了工作，开始了思考。经过仔细的推敲和斟酌，当一张张清清楚楚、工工整整的译稿终于出现在自己面前时，华蘅芳才满意地放下手中的笔。在这段时间里，他把自己的全部精力都用在了这本书的翻译中。为了找到一种矿物质名称的正确译法，他不仅白天在思考，晚上睡觉的时候也在琢磨。后来，他在回忆这段工作时说：“每当晚上掩卷上床之后，某种矿物质的名称好像往来萦绕于梦魂之中，驱之不去。”就这样，经过昼夜不停地努力，几乎用了一年的时间，才译完这部书。

接着，他们又开始翻译《地学浅释》。每天早晨吃罢早饭，华蘅芳便前往玛高温家中，工作到中午又赶回家中吃饭，吃罢午饭又匆匆赶回去，一直工作到晚上。一切校订、誊清，及草图绘制都由华蘅芳一人担任，长期的劳累，使他在译到十七卷时得了血痢，无法继续工作，休息了半年之后，才继续将书译完。虽然华蘅芳从此精力大衰，但他却未停止工作。此后，他又与玛高温、傅兰雅等合译了《代数术》、《微积溯源》、《三角数理》、《代数难题解法》等西方近代数理著作。他先后翻译了国外科技著作 12 种，共 160 卷。这些译著介绍了西方近代科学知识，特别是首次将数学方面的概率论和矿物学等知识介绍给我国读者，从而给荒芜的知识界带来一股春风，扩大了西方自然科学在中国的传播，这对于打破因循守旧的社会风气，鼓舞人们追求新知，开拓创新，起到了积极作用。

在积极译书的同时，华蘅芳还总结了自己的研究成果，写出了一系列数学著作。《算法笔谈》是他的代表作，这是一本数学普及读物，语言简明扼要，通俗易懂；例题具体形象，容易记忆。书中介绍了一些数学基本知识及当时数学方面的最新成果，如微分、积分的数理及解法。此外，他还结合自学数学的经验，在书中介绍了一些学习数学的方法，如“由浅而深”，“循序渐进”等。这是一部优秀的数学启蒙著作，此书问世后，东南一带，几乎

★华蘅芳故居

华蘅芳故居位于鹅湖镇新当里花沿街北侧，占地面积 1521 平方米，建筑面积 781 平方米，为江苏省文物保护单位，并列为“无锡市爱国主义教育基地”。现故居保存两进 14 间，前是“行素轩”，后是“回”字形四合院，均是硬山顶晚清式建筑。

每家都存有一册，受到人们极大欢迎。华蘅芳的《开方别术》一书，则着重论证了“并诸商为一商”的开方理论和方法，是对古代开方术的一个新发展。近代中国的权威数学家李善兰称其为空前绝后之作。此外，他还著有《积较术》、《开方古义》、《循环小数考》等许多数学著作，合刻为《行素轩算稿》。

华蘅芳在从事科学研究的同时，还大力宣传近代科学知识。他先后主讲于上海格致书院、湖北自强学堂、两湖书院，晚年创办无锡竢实学堂。在这些学堂里，他孜孜不倦，循循善诱，把精奥难懂的数学原理以浅显简明的形式表达出来，培养了不少数学人才。

在近代数学领域，华蘅芳之所以能够取得这些独创性的优秀成果，是与他的刻苦钻研、勤奋自学和专心致志分不开的。他把自己的全部精力都放在了数学研究事业上，几乎是全身心的投入。婚后 20 年，他一直驱驰在外，常常是一连几年不回家一次，即使有时回家，也只是小住几日，又连忙返回。每当离别体弱多病的妻子和活泼可爱的孩子时，他心里总是极为不忍，但为了数学研究事业，他不得不把妻儿抛在家里。他的独生子 5 岁时得了重病，他闻讯急忙回家探望，但心里又惦记着没有写完的书，只在家住了两天，又匆忙返回。刚到上海，即得到儿子的凶信。在悲痛之际，他作诗寄托哀思，然后重新振作起来，投身于数学研究。正因如此，华蘅芳才能在无人指导下，依靠自己的勤奋苦学，从而在近代数学史上留下了自己的名字。

翻译家林纾

林纾在文学上的主要贡献，是介绍、翻译了大量的西洋小说。1897 年，林纾中年丧偶，寂寞寡欢，友人王子仁从法国归来，向他谈起法国小说，特别提到小仲马的《茶花女遗事》。林纾颇感兴趣，因而由王子仁口授，林纾用古文译成《巴黎茶花女遗事》。此书内容新鲜，译笔凄惋有致，获得了很大的成功。读者不仅惊叹小仲马的巧妙构思，也欣赏林纾典雅的译笔。不少人为茶花女的遭遇而流泪。故严复在《留别林纾》一诗中写道：“可怜一卷茶花女，断尽支那荡子肠。”继此之后，他又与魏易合作，翻译了斯托夫人反映美国农场主虐待黑奴的小说《黑奴吁天录》。他认为这是一部最悲伤的作品，“依微黄种前程事，岂独伤心在黑奴。”他联系到当时严重的民族危机，不知流下了多少眼泪。这部书在国内引起了很大的反响，促进了中国人民爱国思想的高涨。20 世纪初年，留日学生曾改编为剧本演出，使不少人受到教育。

★1921 年四月林纾先生（右）70 大寿与老友罗云章先生在北平合影留念。

★《巴黎茶花女遗事》书影

★林纾故居(卧室)

林纾的故居位于福州莲宅社区，是市级文物保护单位，占地 300 多平方米。

容闳艰难开辟留学路

RONG HONG JIAN NAN KAI PI LIU XUE LU

在中国近代史上,容闳是第一个系统地接受了西方教育的知识分子。在大多数中国人对世界情况一无所知的时候,他能够洞悉世界发展的趋势,大力倡导学习西方的先进科学技术和思想文化,为中国向近代化迈进作出了卓越的贡献。

容闳,字达萌,号纯甫,广东省香山县南屏镇(今属珠海市)人。1828 年生于一个贫民之家。容闳的家乡与澳门仅一水之隔,这里是外国人经常活动的地区。容闳 7 岁时被送进澳门一家外国教士办的小学读书。1841 年,容闳又到澳门另一家外国教会学校马礼逊学堂念书。容闳天资聪颖,加上比较勤奋,学习成绩很好。该校校长美国人布朗先生对他十分赞赏。1846 年,布朗先生要回美国休假,他希望带上几名中国学生去美国深造。容闳征得家人同意后决定赴美求学。

★容闳、黄宽、黄胜就读的马萨诸塞州的孟松中学

★容闳

★黄宽

1847 年,容闳随布朗先生动身赴美,同行的还有容闳的同学黄宽、黄胜。他们是近代中国最早的留学生。到美国后,容闳等人被安排在马萨诸塞州的孟松中学学习。1850 年,容闳考入美国著名的耶鲁大学。学习期间容闳各门功课都取得优异成绩,还获得过校方奖励。1854 年,26 岁的容闳大学毕业了,获得了文学学士学位。在选择自己未来道路的时候,容闳谢绝了美国一些人士的挽留,毅然决定返回中国。他要用学到的知识为自己的祖国服务,他要实现把西方先进文化传入中国的愿望,"使中国日趋于文明富强之境"。

1855 年,容闳回到了祖国,回到了家乡。当时的中国正是太平天国起义军同清政府浴血奋战的时候。容闳无法找到合适的职业,只好在香港、上海等地呆了一段时间。在对国内形势有了基本了解之后,容闳感愤于清政府屠杀人民的暴行,并怀着对新生的农民政权的同情,于 1860 年 11 月来到了太平天国的首都——天京。主持朝政的干王洪仁玕亲切会见了容闳。他们过去在香港有过交往,老友重逢,十分投机。容闳向洪仁玕提出了七条建议,希望太平天国在政治、经济、文化、军事等方面进行改革,以利事业之发展与中国之进步。容闳还表示,如果太平天国能够进行这些改革,他则准备为太平军效力。洪仁玕高度评价了容闳的建议,不过他也表示,限于当时的条件,实行这些改革是有困难的。后来容闳意识到在太平天国是无法施展自己抱负的,便告别了洪仁玕,离开了天京。

这时,清政府大官僚曾国藩正兴办洋务。他在安庆开办了军械所,延揽了许多当时著名的科学家,创办近代工业。经友人介绍,容闳受到了曾国藩的接见。容闳对在中国发展机器工业之创举非常高兴,并提出了一些有益的建议。曾国藩对容闳的品行和学识比较满意,随即派他出国购买机器设备。

容闳奉命去了美国，四处奔波，多方联系，很快就出色地完成了任务，买回的机器设备安装在当时中国最大的军火工厂——江南制造总局。为此清政府授予容闳五品候补同知官衔，他成为著名的洋务活动家之一。

1870 年，容闳向曾国藩提出了自己酝酿已久的一个“留学计划”，以期为中国培养一批近代化所需的专门人才。曾国藩对此十分重视，并上奏清政府请求批准实行。不久，清政府批准在上海设立了“幼童出洋肄业局”。按照计划确定留学生名额共 120 人，分四批派遣，每年派 30 名。清政府任命陈兰彬、容闳为留学生正、副监督。1872 年，中国近代第一批官费留学生 30 名启程赴美。随后的 90 名也如期派出。这在当时是轰动一时的事情，这同容闳的努力分不开的，留学生到美国后分别入中小学校学习。数年后不少人考入高等学校，学业上的进步十分显著。容闳对留学生们生活、学习等方面的关心无微不至，他们之间“感情之亲，不啻家人父子”。

1873 年，秘鲁政府派特使来华，要求与清政府签订关于招募华工赴秘的条约。清政府派容闳与秘鲁特使谈判。容闳在谈判中揭露了华工在秘鲁遭受非人待遇的真相，力阻签订此项条约。随后容闳又奉命亲赴秘鲁进行了三个月的调查，以许多确凿证据驳斥了秘鲁特使的谎言，促使清政府宣布禁止华工出洋，容闳为维护中国人的利益作出了贡献。

★容闳铜铸雕像

★1878 年，留美幼童组成的棒球队合影。

1875 年，清政府任命容闳为驻美国副公使，同时兼管留学生事务。经过多年的学习，留学生们接受了西方文化，思想渐渐有了变化。他们对封建伦理道德以及一些陈规陋习十分反感，言行中不免带有叛逆情绪，这些不可避免地遭到陈兰彬以及后来的留学生监督吴子登的强烈反对。朝野的其他一些顽固派也借题发挥，从中作梗。清政府遂于 1881 年撤消了留美学生事务所，命全体留学生回国，容闳经办多年的“留学计划”就这样半途而废了。尽管如此，容闳的心血并未白费，因为这些留学生多数都学有所成，成为近代中国最早的一批专门人才。同时，这件事对当时愚昧守旧的社会风气也是一种巨大冲击。

此后，容闳在美国闲居了几年。他常为怀才不遇和无缘报效祖国而苦闷，他的心始终牵挂着大洋彼岸的中国。1894 年，日本发动了甲午侵华战争。在美国的容闳为此焦虑万分，他曾写信给湖广总督张之洞的幕僚蔡锡勇，提出筹款、购舰、对日作战等项建议，但未被采纳。1895 年，容闳又一次回到中国。他先后向清政府提出设立国家银行、修筑铁路等建议，又因为遭到掣肘而不能实行。

甲午战败后，中国的民族危机日益深重，清政府的腐朽和无能也引起了国人公愤，资产阶级维新运动方兴未艾。容闳在北京与康有为、梁启超等维新派领袖密切交往，共谋变法大计，容闳的住所经常成为维新派人士集会的地点。容闳也被大家视为学习西方的先驱，倍受尊敬。时隔不久，以慈禧太后为首的顽固派发动了政变，幽禁了主持变法的光绪皇帝。为了挽救危局，梁启超、容闳曾分别去日本、美国公使馆求援，但未获响应。在顽固派大肆搜捕维新派的形势下，容闳只好逃到上海。

1900 年，唐才常在上海召集社会名流开会，准备发动自立军起义，拥立光绪皇帝。容闳出席了会议。大家选举容闳为“中国议会”会长，严复为副会长。不久，自立军起义被湖广总督张之洞派兵镇压了，唐才常不幸遇难，容闳逃往香港。

在遭受了多次挫折和打击之后，容闳对清政府的反动本质有了更深的认识，他的思想逐步转变为同情革命的立场，认为只有进行一场彻底的变革才能为中国的进步开辟道路。1900 年夏，容闳在去日本的轮船上初次会见了孙中山。二人彻夜交谈，纵论古今，颇有相见

★容闳故居

位于珠海市南屏镇西大街三巷1号。1928年中国留学生之父容闳诞生于此。

恨晚之感。他俩畅谈了发动反清革命、谋求中国的民主自由的理想，互相勉励要为中国的发展奋斗不息。

1902年，容闳再次赴美。他广泛联系美国的华侨支援中国革命党人的武装起义，他也曾劝说一些美国友人给中国革命以支持。1909年，容闳在美国又会见了孙中山。他们共同商讨了武装起义的计划，容闳承担了筹款等任务。这对孙中山的革命热情是一个巨大的鼓舞。在这些年中，年近80岁的容闳回顾并整理了自己的生平经历，用英文写了自传《我在中国和美国的经历》（中译本名为《西学东渐记》）。

1911年，辛亥革命爆发了。资产阶级革命派经过多年奋斗，终于推翻了中国的封建专制制度，取得了初步胜利。83岁高龄的容闳得知这一消息异常兴奋，他在《致全体革命者》的信中写道："你们代表了四亿五千万中国人民……为解除人民的疾苦，去争取自由和独立。"同时他还告诫革命党人，必须对袁世凯的两面派嘴脸保持警惕，防止断送革命的成果。1912年元旦，孙中山在南京就任中华民国临时大总统，宣布中华民国成立。2月，孙中山给容闳写了封热情洋溢的信，赞扬他"素仰盛名，播震环宇，加以才智学识达练过人"，并恳请他回国，"在此中华民国创立一完全之政府，以巩固我幼稚之共和"。容闳对此深感欣慰，但遗憾的是他已重病在身，卧床不起了。1912年4月21日，容闳在美国哈格福德城逝世，享年84岁。他被安葬在哈特福德城西带山公墓。

容闳的一生正处在中国近代史的前80年，在这个中外冲突、风云变幻的时代，许多先进的中国人先后向西方寻找真理，谋求中国的独立和富强，容闳是他们当中的杰出代表。容闳一生中的许多时光是在美国度过的，他是近代中国第一个系统地接受了西方教育的知识分子。他怀着对自己祖国的特殊情感，为中国的发展贡献了全部力量，他是一个优秀的爱国主义者。容闳又是一个能够顺应历史潮流逐步前进的人，他曾参加过洋务运动、维新运动、辛亥革命等重大事件，在不同时期都起了重要的积极作用。他的这种与时俱进的不倦追求真理的精神是难能可贵的，是近代先进的中国人不屈不挠奋斗精神的缩影。

★容闳墓

江南制造总局

1865年，李鸿章购买了上海虹口美商旗记铁厂，将这所铁厂与丁日昌和韩殿甲主持的设在苏州的两个炮局合并在一起，加上容闳从美国购来的机器，成立江南制造总局。这所兵工厂最初计划以造船为主，后来改为制造枪炮、弹药、水雷等武器为主，同时也造船、炼钢以及制造简单机器。该局所产军火主要供给南北洋军队，也调拨给各省军队。同其他军火工厂相比，江南制造总局经费充裕，技术力量雄厚，是近代中国第一个大型兵工厂。

近代西学先驱——严复

JIN DAI XI XUE XIAN QU YAN FU

严复，初名严传初，字又陵，又字几道。出生于福州一个贫寒的医生家庭。父亲严振先对严复特别疼爱，同时又望子成龙。从严复 6 岁起，他便让儿子从师学习四书、五经，接受封建礼教的熏陶。父亲希望严复能像当时有钱人家的子弟一样，通过科举考试考中秀才、举人，光宗耀祖，荣华富贵。严复一直在为此努力。直到 1866 年夏天，父亲的去世才改变了严复的命运。

★严复雕像

1866 年的冬天，对于严复来说，似乎比往年更增加了几分寒意。自从父亲去世之后，他的心情一直非常沉重，父亲临终时的叮嘱时时回响在耳边："难当立志，奋发图强，像你二叔一样，博取一个功名才好。"父亲是希望自己也像叔叔一样，通过科举考试而中举。可是在父亲去世之后，一家四口人的生活只有靠母亲做女红来维持，哪里还有钱供自己继续念书？社会的变迁，亲身的经历，又使严复扪心自问，读那些四书、五经对社会有什么用呢？严复为这些问题所困扰，时常走出家门，在福州街头徘徊。这天，当他走出家门的时候，看到人们正在议论一件新鲜事：新成立的福州船政学堂免费招生。严复觉得很稀奇，便来到招生的榜文前，仔细一看，果然如此。榜文上写道：凡录取的学生，全免伙食费；另外每月给银四两，补贴家用；每三个月考试一次，成绩列为一等的，可领赏银十两。这个免费招生的广告，给窘于家境拮据、急于谋出路的严复带来一线希望，自己又有机会读书了。但这个学堂到底是干什么的呢？经过一番打听，严复才知道，这是洋务派所办的马尾船政局附设的一个学堂，学堂分为前后两个，前学堂是培养造船的"良工"，后学堂是培养驭船的"良将"。在严复看来，进这类学堂既可领点银子补贴家用，又可学一些新的知识，掌握一门技术，比考科举要好得多。他决定报考船政学堂。

严复的叔叔严厚甫听说侄子要报考新式学堂，气得火冒三丈。他找到严复教训道："那个学堂是你读的？我们严家是出过举人的，严家子弟应该为祖宗争光才是，你年纪轻轻的，就不走正途，违背祖制，读什么船政，学什么洋务，快快去退了名字。"严厚甫曾经通过科举考试而中了一个秀才，所以说起话来理直气壮。严复申辩道："那个学堂开宗明义，讲得很清楚，是要培养国家的良工良将，这有什么不好？"严厚甫见严复不听他的话，气得调头而去。

叔叔的话给严复带来很大的压力，也引起他深深的思考。是啊，社会上的人都把科举看得很重要，都希望通过科举考试而中举、做官。人们把科举视作正途，父亲临终时也对自己提出过这样的要求，而学习近代知识的新式学堂是被人瞧不起的。难道这些就能动摇自己的决心吗？今天的社会已与古代不同，很多人都在为挽救祖国的危机而努力，自己就没有勇气克服阻力加入到这个行列中去吗？经过一番思考，严复最后下定决心放弃举业，投考船政学堂，去闯一条新路。考试的日子到了，当严复拿到作文题《大孝终身慕父母论》的时候，他想到了刚刚去世的父亲，积郁在胸的许多感情，像泉水一般喷涌出来。结果，他的文章以丰富的感情、卓越的才华而独占魁首。严复获得了这次考试的第一名。

1867 年，严复跨进了船政学堂的大门。他就学于传授驾船技能的后学堂，在这里学习的主要是英文

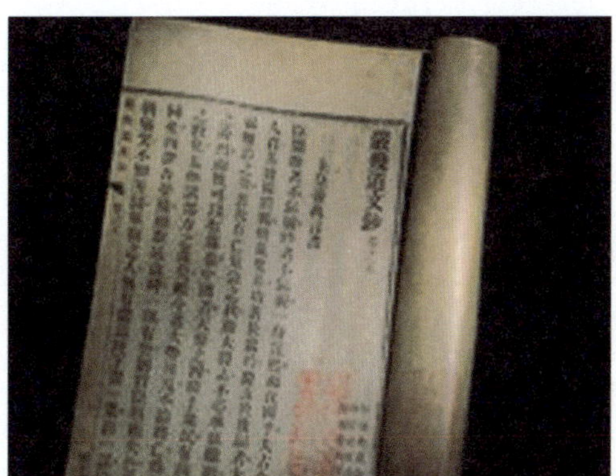

★严复写给光绪皇帝的上皇帝万言书

及西方资本主义国家传来的自然科学知识，与他过去所读的四书、五经完全不同。因此，严复动脑筋、花气力，勤勤恳恳、扎扎实实，把全部时间和精力都用在了学习上。他的家离学校并不远，但他极少回去，有时回去，看到日夜操劳的妻子和活泼可爱的孩子，真想在家多住几日，但由于惦记着自己的学业，常常是匆匆而来，匆匆而去。经过他的苦读，到第四年的时候，他的英文水平已达到了能看、能读、能写、能说、能翻译的程度。除英文外，他还学习了数学方面的“算术、几何、代数、解析几何、割锥、平三角、弧三角、代积微”，物理方面的“动静重学、水重学、电磁学、光学、音学、热学”，以及“化学、地质学、天文学、航海学”等课程。他的学习成绩一直名列前茅。根据学堂规定，每次考试优等者另加奖学金，而严复在每次月考、半期考和期末大考时都得了奖学金。这些自然科学知识刷新了严复的头脑，为他日后进一步接受西方社会科学理论奠定了基础。

1871 年，船政学堂招收的第一批学生已满五年，一些基本知识已经学完，毕业前的大考紧张而严肃，严复进行了认真地复习和准备。由于平时的刻苦努力和扎实的基本功，他的门门功课都名列第一。毕业的时候，船政大臣沈葆桢亲自给严复披红挂彩，并鼓励他到军舰上去实习。严复先后随“建威”号、“扬武”号军舰漂洋出海，南至新加坡、槟榔屿，北至渤海湾、辽东湾，在波涛汹涌的海面上行南闯北，增长了见识，开阔了眼界。

★严复故居大门

★严复故居内室

严复在求知道路上迈出的第一步，决定了他一生的命运。他敢于打破传统，克服重重阻力，追求新知识，为他日后成为著名启蒙思想家奠定了基础。

1877 年，清政府为了培养精明强干的海军良将，选派严复等人到英国继续深造。这年春天，严复辞别了家乡的父老，登上了开往伦敦的海轮，开始了他的留学生涯。从南太平洋，经印度洋、波斯湾、红海、地中海，出直布罗陀海峡到大西洋，严复绕了半个地球，航行了两个多月，终于到达目的地——英国首都伦敦。踏上英国国土，严复顿觉耳目一新，鳞次栉比的高楼大厦，川流不息的汽车、马车，五光十色的电灯，五彩缤纷的橱窗，美仑美奂金色的圆顶，高耸云天的伦敦铁塔，以及各种各样的教堂、剧院，无处不在闪烁着资本主义社会全盛时期的灿烂光辉。所有这些，对来自封建、落后的大清帝国的留学生来说，具有无限的诱惑力。面对英国的繁荣和强盛，严复想起了自己的祖国，为什么在一个地球上竟会有这样完全不同的两重天地？具有数千年文明历史的祖国，为什么远远落于人后了呢？英国富强的原因究竟是什么？严复陷入了深深的思索。

根据安排，严复和他的同学一起，先到抱士穆德大学攻读天文和驾驶，以后又转到格林尼次海军大学。在这里，他学习了高等算学、化学、物理、海军战术、海战公法及枪炮营垒等课程。由于他的勤奋和刻苦，他的成绩一直名列前茅，从而引起了英国人和在英国学习的外国人的重视。后来成为日本首相的伊藤博文，当时也在英国学习，他对严复取得的成绩极为佩服，两人经常往来，结成至交。但是，留学生活中耳濡目染了西方政治、经济、文化、社会、教育、科技各方面的成就，使得严复已不满足于做一个大清王朝的良将了，他对海军战术、海战公法等课程渐渐失去了兴趣，他逐渐懂得学习这些东西并不能真正救中国，他要寻求英国富强、中国贫弱、英国先进、中国落后的原因。于是，他把自己求知的范围扩大到整个英国社会：他时常走出校门，去观察、研究英国的资本主义制度；时常在街头徘徊，调查英国的市政建设；时常去法庭旁听，了解英国的司法制度。他如饥似渴地吸收着新的知识。

两年的时间很快就要过去了，按照规定，毕业前都要到军舰上实习，与严复同去英国的其他十一人都先后到军舰上去了，最后只剩下了严复一人。留学生监督李凤苞多次催促严复去实习，可严复迟迟没有行动。李凤苞极为恼火，声言要

★1900 年严复(中坐者)与好友合影

撤消严复留学生的资格,遣送回国治罪。与严复同去英国的萨镇冰听到这个消息后,连忙找到严复,劝他早些上军舰。但严复态度极为坚决,他摇头说道:“我不想到军舰上去了。我认为练兵自强固然是一种办法,但这并不是国家富强的根本。国家富强的根本在于社会制度,社会制度落后,即使船坚炮利又怎能取胜?不取胜又怎能自强?我们远渡重洋来到英国,实在不容易,应该抓紧时间学习一些使祖国振兴的根本,而不应只学习一些皮毛。”严复又接着说:“民主立宪和封建专制更是国家根本之根本,西方国家之所以兴盛,是因为实行民主立宪,而中国之所以衰落是因为实行封建专制。不改变专制制度,中华不能振兴。我肩上负有救国之责,刻不容缓,此时此刻,怎能顾及个人生死安危!”一席话,使萨镇冰极为佩服,也就不再劝说严复。就这样,严复甘冒被除名和治罪的危险,努力探索振兴国家和民族的根本之路。

严复把全部时间和精力都用在了考察和学习上。在英国两年的时间里,他从未乘一次游艇,去欣赏泰晤士河那水波荡漾、天鹅逐浪的绮丽风光,更舍不得花时间在维多利亚河滨大道上漫步。举世闻名的格林威治天文台,圣保罗大教堂,凌空飞架、神态各异的浮桥、塔桥……美丽、迷人的雾都伦敦好像独独对严复失去了魅力。每当别人在星期天或节假日成群结队外出游玩的时候,他便来到图书馆,如饥似渴地埋头苦读,亚当斯密的《原富》,孟德斯鸠的《法意》,达尔文的《物种起源》……这一部部西方资产阶级思想家和科学家的宏文巨著,比那些迷人的风光更深深地吸引着严复。读着,读着,他的脑海里似乎也出现了一幅幅祖国繁荣昌盛的美好蓝图。

严复对资本主义社会的观察研究,通过刻苦攻读所获得的丰富的理论与科学知识,引起了清政府第一任驻英公使郭嵩焘的注意。他把严复引为忘年之交,对严复的学识极为佩服,他曾写信给朋友说:“出使英国这样的大事,只有严复才能胜任啊!像我这样的,既不懂英文,又不知世界大势,哪能担当得起!”这时的郭嵩焘年已 60 岁,一向自命为精通洋务的人物,却对严复如此推崇,可见,严复的确拥有十分渊博的西方资本主义社会的知识。

严复在英国学习了两年,时间虽短,但在严复的一生中却是一个转折点。通过对英国社会的考察,通过对资本主义思想理论的研究,他渐渐悟出一个道理:中国要富强,就应该学习西方。他决心运用自己所学的知识,拯救危难中的祖国。

1879 年,严复学成回国,先在母校——福州船政学堂任教员,第二年调到新成立的北洋水师学堂任总教习(教务长)。北洋水师学堂是 1880 年李鸿章在天津创办的。严复上任后,便有了与李鸿章等封建官僚接触的机会,这使他从中看到了封建官场的腐败,也看到了清朝统治衰落的必然性。尽管在“自强”、“求富”的口号之下,洋务新政进行了十几年的时间,制造出了洋枪洋炮,建立了新式海军,但这样就能使中国富强吗?

严复在思索,在彷徨。就在这时,中日甲午战争爆发了,向西方学习不到 30 年的日本,竟然打败了天朝帝国,北洋海军全部覆没。赔偿日本军费白银二万万两;割让

★晚清时期福州船政学堂

★船政学堂学生上课模拟情景

辽东半岛、台湾全岛。消息传来，严复拍案而立，异常愤怒地在屋里踱来踱去，并自言自语地说：“亡国，亡国！耻辱，耻辱！”他痛切地感受到，如果不对僵化的社会制度进行变革，买再多的枪炮，造再多的船舰，建再多的工厂也无济于事。要救中国，就要维新，要维新就要学外国。严复认识到属于自己的那个时代到来了。

从 1985 年 2 月起，严复在天津《直报》上公开发表了自己的见解。他在《论世变之亟》、《原强》、《辟韩》、《救亡决论》等文章中，全面提出了他的资产阶级改良思想，大胆抨击了中国两千年以来的专制政体。泼辣的笔调、尖锐的批判、透彻的分析，使严复成了一个名人。但更多的人是通过《天演论》知道了严复的名字。

《天演论》是严复翻译的英国生物学家赫胥黎的论文集《进化论与伦理学及其他》中的前两篇。早在英国留学期间，严复就仔细读过此书，书中讲的是自然界“物竞天择，适者生存”的道理。在维新运动日益高涨的情况下，严复由此想到了危难中的中国，在人类的生存竞争中，如果不振兴图强，不是同样也要被淘汰吗？“国家兴亡，匹夫有责”，自己应该把这种观点介绍给中国人，借此向全国人民敲响祖国危亡的警钟。严复想着，就浑身急出了汗，他恨不得马上把这本书翻译过来，使更多的中国人清醒起来。这天晚上，已经很迟很迟了，严复的书房里依然亮着灯，妻子不放心，轻轻地走到楼上，到书房里一看，严复竟疲惫地伏在书案上睡着了。映入妻子眼帘的是十几页密密麻麻的写着许多蝇头小楷字的译稿：“赫胥黎独处一室之中，在英伦之南，背山而面野，槛外诸境，历历如在几下。乃悬想二千年前，当罗马大将恺撒未到时，此间有何景物，计惟有天造草昧，人功未施……”

★严复墓

严复墓位于福州市郊阳岐村鹅头山前，为严复生前所营造。东北向，风字形，土石结构，五层墓埕，占地面积 1680 平方米，环以围墙。墓前石墙护卫墙中洞开二门，门上覆以石构歇山顶，沿门可拾阶而上至封顶。第三层墓埕中立一石横屏，屏上阴刻“惟适之安”。

读着，读着，妻子便被这优美的文字和深刻的哲理吸引住了。她不敢惊醒伏案熟睡了的丈夫，只是轻轻地给他盖上一件袍子。从此，严复便忘记了白天，忘记了黑夜，他惦念的就是要快，要快！经过几个月的艰苦工作，第二年春天，《天演论》终于脱稿了。它的议论之精，文辞之美，特别是在祖国危亡的关键时刻，所发出的呼吁：“变法自强，以救中国！”使其轰动一时。维新派主要领袖康有为、梁启超在读完译稿后，都极受启发。《天演论》像一道闪电，划破了思想界萤光点点的星空，传播了资产阶级思想理论，满足了人们追求新知的愿望。在短短的几个月内，它便被广大的读者，特别是被广大的知识分子接受。《天演论》几乎成了家喻户晓的名著，“物竞天择，适者生存”也成了社会上最流行的口头禅。它为爱国人士救亡图存提供了理论根据，对即将到来的变法高潮起了推动作用。然而，封建势力是极其顽固的，慈禧太后等人宁愿亡国也不肯变法。1898 年 9 月，“戊戌六君子”被杀，维新运动失败了。严复由于没有参加变法的实际活动而未受更多株连，然而，变法的失败、维新志士的被杀，使他的心情及其沉痛。但他不相信中国人甘愿长此下去，不相信中国从此没有希望。他决心继续传播新知，宣传西学，唤

《天演论》书影

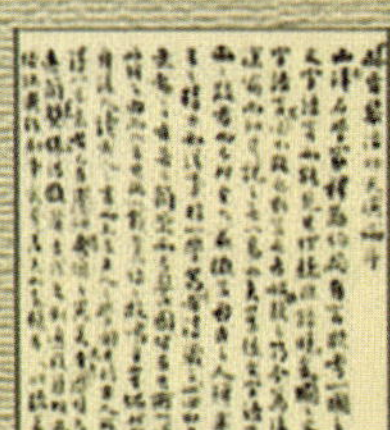

《天演论》手稿

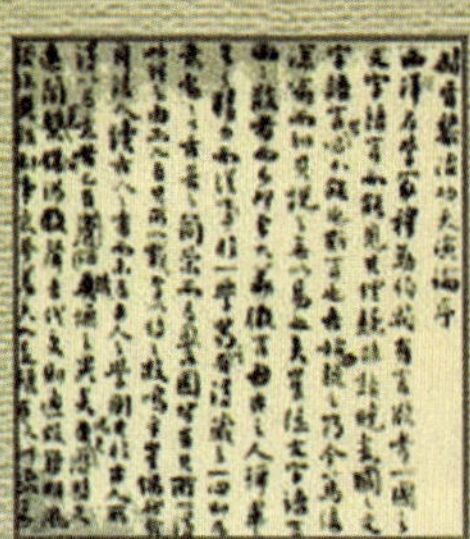

严复为《天演论》写的序言

醒民众，拯救祖国。1900 年，他趁义和团运动的时机，离开工作了 20 年的北洋水师学堂，到上海埋头翻译西学名著。

在今天看来，翻译几部英文书并不算难，但在严复的时代，既没有字典又没有语法书，更没有可以参考的资料，其工作的艰辛可想而知。但严复并没有被困难压倒，在艰苦的环境里，他工作极为认真，对每个字、每个词都慎重斟酌，反复推敲，有时为准确地表达一个概念，要思考十几天的时间，直到自己满意为止。他在翻译过程中，坚持“信、达、雅”三原则，即既忠实于原文，又词能达意，文字优美，从不马虎。经过他的刻苦努力，他先后翻译出亚当斯密的《原富》、斯宾塞的《群学肄言》、约翰穆勒的《群己权界论》和《穆勒名学》、甄克思的《社会通诠》、孟德斯鸠的《法意》、耶芳斯的《名学浅说》等 10 余部著作，约 170 万字。内容涉及哲学、古典政治经济学、自然科学、社会学、教育学、法学等领域。这些译著多是当时西方思想界最有影响、最有代表性的作品。严复在翻译过程中又针对中国社会的需要附加了许多按语，这大大启发了近代人们的思想，为他们提供了认识世界和改造世界的新的思想武器。严复由此而成为近代著名的启蒙思想家，精通西学的第一人。

★严复留学英国就读的英国格林尼茨海军学校

郑观应

★郑观应

郑观应，本名官应，字正翔，号陶斋，别号浮鹤山人。广东香山（今中山）人。1842 年出生于一个地主家庭，1922 年病逝于上海，终年 81 岁。郑观应一生奔走于外国洋行，洋务企业和民族资本企业之间。1858 年弃科举学商于上海。此后，相继在英商宝顺洋行、太古轮船公司当买办。19 世纪 80 年代后，栖身于洋务派，先后被李鸿章委托为上海机器织布局总办，轮船招商局总办，上海电报局总办。19 世纪 90 年代后，与盛宣怀过从甚密，由盛保举，重入轮船招商局任帮办，同时兼任汉阳铁厂总办。在此期间，他也曾自己经商，并先后投资于轮船招商局、开平煤矿、上海机器织布局、上海电报局等。此外，他还联合盛宣怀等人集资开采山东登、莱、青、莒四府和东北锦州等地五金矿藏，并主持集股开设造纸公司等。郑观应出生在鸦片战争之后，他的一生经历了整个旧民主主义革命时期。他早年虽侧身于外国洋行，效力于洋务集团，但外国资本主义的侵略，洋务集团的腐败，中国的贫困落后和民族危机，时时都在激发着这个年轻人强烈的民族意识和爱国热忱。为此，他怀着“杞忧忠愤”的心情著书立说，以“危言”启迪世人。

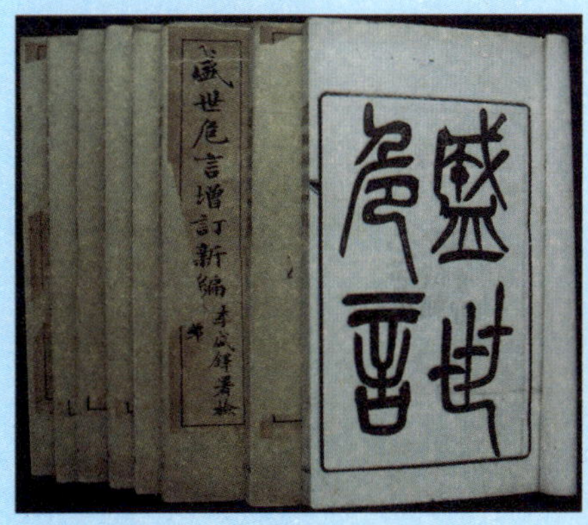

★郑观应的《盛世危言》书影

★郑观应（前排中）和家人合影

詹天佑和京张铁路

ZHAN TIAN YOU HE JING ZHANG TIE LU

1909年10月2日，塞北重镇南口鼓乐喧天，热闹非凡，清政府官员、各界人士以及各国驻北京、天津使臣和许多外国工程师共10000多人在这里举行京张铁路通车典礼。清政府邮传部尚书徐世昌在致词中对此路的修成给予了高度评价，认为它不但为中国工程师赢得了荣誉，而且增强了中国工程师的自信心，开创了中国自办铁路的先河。广东代表也说："詹总办独具匠心，不假外人分毫之力，筑成此路，为中国人吐气矣！"这条完全由中国人自己设计、修筑的铁路就是在詹天佑的主持下完成的。

★詹天佑

詹天佑，字眷诚，生于广东南海。原籍安徽婺源，其祖父因经营茶叶出口始迁居广州。到父亲詹兴洪时，由于受鸦片战争后外国列强对华经济侵略的影响，经营的茶行破产，家境开始衰落，不得不迁居南海乡间，靠种田谋生。詹天佑七八岁时入私塾读书。他自小就有很强的好奇心和求知欲，尤其是对机械钟表感兴趣。有时常常一个人步行很远到城里去观看机器和各种零件，然后回家用泥土进行仿制、研究。这种行为在当时科举盛行的情况下，被许多人视为不务正业。所幸的是，詹天佑有一个很开明的父亲，詹兴洪对儿子的行为很支持。当1871年詹天佑读完私塾，正值清政府挑选幼童赴美留学时，詹兴洪积极地为儿子报了名，而且注明要学被顽固派视为"雕虫小技"的"技艺"。负责招考的容闳，见詹天佑面圆白皙，才思敏捷，当即予以录取。

1872年8月11日，年仅12岁的詹天佑和其他29名幼童启程前往美国。茫茫大海，一望无际。詹天佑免不了对亲人、家乡的思念之情。但同时他也下定决心要刻苦学习，将来报答亲人，报效祖国。

詹天佑到美国后，先在一个美国家庭补习英语，不久即进入西海文小学读书。1876年，他以优异的成绩考入纽哈文中学。两年后他又提前毕业，怀着科学技术救国的爱国思想，考入耶鲁大学土木工程系，专攻铁路。大学期间，他学习刻苦，各门成绩都很优异，特别是数学更佳，他是该校最优秀的学生，曾两次获数学奖学金。毕业考试，他得了第一名，为中国人争了气。1881年5月，詹天佑毕业，以优秀论文《码头起重机的研究》获土木工程科学士学位。他是当时120多名留美学生中仅有的两名学位获得者之一。留学期间，他不仅刻苦学习专业知识，而且在课余大量阅读了具有民主思想的进步作家

★詹天佑（左）与同学潘铭钟

★詹天佑与耶鲁大学同学合影

★詹天佑与家人在武汉

的文艺作品，如薄伽丘、莎士比亚、马克·吐温的作品等。这些作品对詹天佑的思想有很大的影响。他也很关心时事，对当时殖民强盗拐卖华工作苦役很愤慨。对1874年日本侵略台湾，随后吞并琉球极为震惊。这促使他学习更加努力，以便将来用自己的才智振兴祖国。

但是，事实并不能如他所愿。他1881年回国后，却用非所学，被派到福州船政学堂学习驾驶。当时，他感到十分意外，并为此流泪，后经他所尊敬的天津水师学堂总教习严复的劝慰，只好听命，等待将来的时机。

1882年，詹天佑以“技艺素优”，被清政府赏以五品顶戴，派任“扬武”号兵舰驾驶官。1884年，中法战争爆发。8月23日，法舰突袭福建水师。福建水师仓猝应战，损失惨重。战斗中，詹天佑所在的“扬武”号旗舰遭法舰围攻，不幸中雷，詹天佑和他的战友们在敌众我寡的情况下，毫无惧色，连连发炮，毙伤侵略者多人，一直坚持到火药仓中弹爆炸战舰沉没。詹天佑的突出表现，连当时外国人办的《字林西报》也表示惊叹，说：‘扬武’号兵舰上的学生5人中，以詹天佑的表现最为动人。他临大敌而毫不畏惧，并且在生死存亡的紧要关头，还能镇定如常，鼓其余勇，由水中救起多人。”

中法战争后，詹天佑应两广总督张之洞之邀，任广东博学馆教习。直到1888年，詹天佑才由他的留美同学邝孙谋推荐，被天津铁路公司总理伍庭芳聘为中国铁路公司第一名中国工程师，参与修筑(天)津(塘)沽铁路，从此才开始了自己的铁路事业，此时已是他回国的第8个年头了。

中国铁路公司的前身是开平铁路公司。1887年清政府决定将该路延伸至塘沽、天津，聘英国人金达为总工程师，詹天佑作为分段工程师的助手，负责塘沽到天津段的铺轨工程，仅80天他就完成了任务，而且工程质量良好，显示了非凡的才能。

1891年，清政府修筑关东铁路，仍以金达为总工程师。詹天佑则升为分段工程师，负责督修从古冶到滦州段工程。在这段工程中，最困难最复杂的要数修建滦河铁桥了。滦河水流湍急，地质复杂。金达最初不信中国人能修建铁道桥梁，所以他先后将该工程承包给英、日、德等国工程师，但他们都失败了。最后，金达没有办法，才让詹天佑负责修建。詹天佑吸取了外国工程师失败的教训，认真研究分析了滦河的地质结构，并听取工人意见，决定用压气沉箱法修筑桥墩，并取得了成功，建成了大桥。詹天佑的成功令外国工程师惊讶、佩服。鉴于其成就，1894年他被吸收为英国土木工程学会会员，时年34岁。

此后，詹天佑担任过津芦铁路工程师，关内外铁路总局的总段工程师，还主持过萍醴铁路工程。

詹天佑独立承担修筑的第一条铁路是新易铁路。1902年，从西安回到北京的慈禧太后，为了到西陵祭祖，决定修筑一条东起京汉铁路高碑店站，西至易县西陵的谒陵专用线。英、法两国都争夺该路的修筑权，由于互不相让，双方被迫同意清政府委任一名中国工程师出任该路总工程师。詹天佑以他的才能、成就，理所当然地当选为这一职务。当时距祭陵只有6个月的时间，要在这么短的时间内从测线到修筑42.5公里的铁路并通车，这在当时似乎是不大可能的。而且时值冬季来临，修筑就更加困难了。为了按时完成任务，詹天佑抛弃了当时外国人必须在路基修成之后风干一年才可铺轨的常规，从1902年11月动工到1903年2月竣工，仅用4个月的时间以极低的费用建成了新易铁路(高碑店至易县)。在4个月中，詹天佑每天工作15小时以上，有时是通宵达旦。修筑新易路并无多大经济价值，但政治影响却很大。因为这是一条完全

★天佑会堂，北京交通大学的标志性建筑

由中国人自己修筑的铁路,不仅增强了中国人民自筑铁路的信心,而且为日后修筑京张铁路提供了经验。从此,詹天佑在中国工程技术人员中树立了极高的威信。

20世纪初年,帝国主义列强加紧了对中国路权的掠夺。中国人民争收路权,自办铁路的风潮也日趋高涨。当时有不少商人呈请清政府修筑北京至张家口的铁路。张家口乃塞外重镇,是北京通往蒙古的要道。修筑京张铁路于政治、经济、军事都有极为重要的意义,因此清政府决定官办这条铁路。沙俄和英国为承修此路展开了激烈的争夺。詹天佑作为一名爱国主义者和一名具有极高水平的铁路工程技术人员,坚决反对外国人插手。最后,清政府决定,不任用一个洋工程师,此路由中国人自己修筑和经理。1905年,清政府成立京张铁路总局和工程局,任詹天佑为总工程师兼会办。

詹天佑出任京张铁路总工程师后,国内外的一些人都不相信,中国人自己能修筑这条地形十分复杂的铁路,讽刺中国能完成如此艰巨任务的技术人员还没有诞生,预言詹天佑必然失败。确实,詹天佑遇到了很多困难。在清政府的腐败统治下,中国自己的工程技术人员极为稀少。京张铁路经过的地方有崇山峻岭,地形复杂,筑路极为困难,但这些并没有使詹天佑退缩。他相信,只要依靠广大工人和办事人员,一定能把此路建成。

★詹天佑故居花园里的人字形铁路

1905年5月,詹天佑率一部分工程技术人员开始了测线工作。由于缺乏适当比例尺的地形图,只能依靠多年积累的选线经验,在野外决定线路的取舍。这是一项相当困难、复杂的工作。测线过程中,他亲背标杆、经纬仪,率工程技术人员风餐露宿,往返反复勘测,往往要从七八条线路中才能选定一条,他勉励工作人员说:“全世界的眼睛都在望着我们,我们必须成功。”“不论成功或失败,决不是我们自己的成功或失败,而是我们的国家。”经过詹天佑和全体工程技术人员的艰苦努力,7月,测线工作顺利完成。

★ 1912年9月6日,孙中山视察詹天佑设计修建的京张铁路时,与欢迎者在张家口车站月台上合影。

★1909年10月2日京张铁路举行通车典礼,詹天佑(车前右第三人)与同事合影。

1905年10月2日,京张铁路正式动工。12月12日,詹天佑在群众的欢呼声中,在路轨上钉下了第一根铁钉,开始了铺路工程。在修筑的过程中,有几件事是非常值得一提的。一是火车车箱自动挂钩的发明。在铺路的第一天,因为发生了工程列车中有一节车钩链子折断,造成脱轨事故。詹天佑觉得要保障列车的安全运行,必须要使列车的车箱之间能够紧紧地连接在一起。后来他经过苦心研究,发明了自动挂钩。这种挂钩现在通行于全世界,被称为“詹天佑挂钩”。二是开凿八达岭隧道。八达岭是京张铁路经过的最高峰,山体宽大,山顶终年积雪。铁路要越过此岭,不仅要爬很高的坡度,而且要开凿极长的隧道。当时既无精密的测量仪器,又无新式的开山机、抽水机和通风机等设备,完全要凭人工开凿,困难是可以想见的。外国资本家既不相信中国人有能力开凿这样的隧道,也盼望着工程的失败,然后他们好攫取开凿隧道的权利。詹天佑深知,如果此时失败,那就意味着前功尽弃，一切都会付之东流。他发挥自己的聪明才智，依靠广大技术人员和工人，认真分析了八达岭周围的地质情况，设计出了“人字形”（或称“之字形”）展线方案。即在山坡上修筑多层铁路，使火车先往西走一段，然后返折，往东走一段，就可升高一层。层层上升，就可把铁路大大抬高，也就把隧道大大抬高，从而减少了隧道的长度。不过，八达岭隧道仍然很长。詹天佑认为，如果采用一般方法开凿，不仅不易准确掌握，而且耗时也长。他采取了中距离开凿的方案。即先将中线和水平测准，然后在隧道经过的山坡上开凿两座大井，垂直下去分向洞的两端。这样两头六面同时开凿，既易掌握，速度也快。经过詹天佑和工人们的努力奋战，1908年6月，长达1091.18米的八达岭隧道全部打通。隧道完工后，金达等外国工程师应邀参观，他们对工程设计的准确，工程质量都深表钦佩。

詹天佑纪念馆

詹天佑纪念馆位于北京八达岭特区，由全国政协副主席吕正操亲自选定馆址。这里正值八达岭古长城之侧、八达岭隧道上方，与青龙桥车站詹天佑先生墓和铜像遥相呼应。馆址旁边是当年詹天佑先生设计京张铁路越岭线路方案的侧站所在地。到这里参观，既可仰望巍峨的古长城，又可俯视著名的京张铁路，缅怀我国人民宏伟的爱国史迹。该馆系现代建筑，占地面积9400平方米，建筑面积2600平方米。1987年11月6日建成，1988年4月1日正式向国内外观众开放。

★詹天佑纪念馆

1909年10月2日，京张路全线通车。这条全程357里的铁路，原计划6年完成，实际只用了4年就完成了，工程经费还节余了28万余两白银。在帝国主义疯狂掠夺中国铁路主权的年代里，京张路的修成具有历史意义。它不仅为中国工程界赢得了荣誉，而且一扫半个多世纪以来由于国势贫弱给中国人所造成的自卑心理，在一定程度上振奋了中国人的民族自信心。

京张铁路建成后，詹天佑继续为中国的铁路事业奋斗，担任过绥张铁路、川汉铁路总工程师，河南铁路公司顾问工程师，商办粤汉铁路粤路公司总理兼总工程师。1917年任交通部“铁路技术委员会”会长，主持拟定中国国有铁路标准。1919年2月，他奉北洋政府之命，参加协约国西伯利亚铁路监督会，任该会技术部的中国代表。当时他的身体已经很差了，但为了维护国家主权，他仍夜以继日地工作。4月24日，中国近代杰出的铁路专家——詹天佑在汉口与世长辞，终年59岁。

★詹天佑故居

★詹天佑墓

袁寿山以身殉国

YUAN SHOU SHAN YI SHEN XUN GUO

清光绪二十六年（1900 年）8 月 27 日，黑龙江省城齐齐哈尔，黑云压城，枪声凄厉，十余万沙俄侵略军兵临城下，胁迫中国守将投降。次日黎明时分，城内将军衙门里一派悲壮、肃穆的气氛。这时，黑龙江省将军袁寿山踏着沉重的脚步走到一具棺材前，随即从容不迫地仰卧于棺中，缓缓地闭上双眼，然后下达了向他射击的命令。持枪者是将军的部下，只见他眼里饱含泪花，双手不停地颤抖着，艰难地扣动了扳机……将军以死拒降，浩气贯长空，壮举震中外，连沙俄侵略者也不得不承认他是满洲将军中最刚毅的。

袁寿山，汉军正白旗人，字眉峰，清咸丰十年（1860 年）生于黑龙江边瑷珲城的一个将门之家。其先祖是明末抗清名将、兵部尚书袁崇焕。袁崇焕死后，其子孙后代在清初被编入宁古塔汉军旗籍。袁寿山父亲名富明阿，是袁崇焕六世孙，他戎马生涯大半生，长年征战沙场，为清廷屡建战功，官至吉林将军。袁寿山虽生长在官宦人家，却没有沾染上八旗子弟的纨绔作风。青少年时代，正值清政府腐朽没落，西方侵略势力肆虐于中华大地，民族危机日甚一日的多难之时，袁寿山怀着对侵略者的仇恨和拯救祖国的念头，刻苦练武，“折节读书”，“欲以功业自奋”。他立志以岳飞、文天祥为楷模，为国尽忠、献身。

清光绪二十年（1894 年），中日甲午战争爆发。由于腐败的清政府采取妥协退让、避战求和的政策，导致清军在战场上一再失利，日军把侵略的战火很快烧到鸭绿江边。在敌寇入侵国门，国家民族生死存亡的紧急关头，久怀报国大志的袁寿山热血沸腾，跃跃欲试。他当时在北京任文职小官，却毅然请缨杀敌，不久获准，单骑就道，于途中举旗募兵，很快编练成两营劲旅，率赴前线，在黑龙江将军依克唐阿麾下任步兵统领。

袁寿山从军后，英勇杀敌，屡立战功，令上司和下属刮目相看。12 月初，清军兵分两路发起了收复凤凰城之役。一路由依克唐阿率领，由通远堡南进，进攻凤凰城北面；另一路由袁寿山和袁永山率领马步兵各一部向东北迂回，进攻凤凰城东北面，计划两路大军分进合击，克敌致胜。12 月中旬，袁寿山率军如期到达凤凰城郊。然而，清军的作战计划已被日军掌握，敌人采取先发制人的手段，乘着夜幕偷袭清军营地。清军措手不及，死伤惨重。天明，日军更加猛烈地向清军扑来。面对敌人的疯狂进攻，袁寿山沉着应战。他额角受伤，仍不下火线，坚守阵地，身先士卒，击退了敌人一次次进攻。依克唐阿称赞袁寿山是“谋勇兼优，洵属不可多得”的人才。是役，袁寿山的弟弟袁永山为掩护大队突围，受伤阵亡，年仅 27 岁。

★袁寿山将军墓

永山的牺牲，给袁寿山以很大的刺激，他心情十分沉痛，哀思如潮。真是国恨未报，又添家仇。他强忍悲痛，更加英勇作战，将生死置之度外。1895 年 3 月，日军侵占牛庄、营口、田庄台等地，辽阳告急，寿山奉命率马队救援。一次，侦探敌情时与敌猝然相遇于汤岗子，面对着十倍于己的敌人，袁寿山从容镇定，奋力迎击。在激战中，袁寿山右腹中弹自左臂穿出，但仍“屹立不为动，战愈猛”，打得敌人心惊胆寒，节节败退。当他跨马回营时，只见“衣袴淋漓，血厚盈指”，几乎成了血人。事后，袁寿山受到了清廷的嘉奖，荣升知府，并赏戴花翎。

清光绪二十四年（1898 年），清廷补授袁寿山为河南开封府知府。黑龙江将军恩泽以东北边防日急，而袁寿山对“边事甚悉”，奏请加以重用。清廷接受恩泽建议，转任袁寿山为黑龙江城（瑷珲）副都统，帮办边防练军事宜。后恩泽病故，袁寿山便于光绪二十五年（1900 年）继任黑龙江将军，担起江省边防重任。为防备沙俄的侵略，袁寿山采取了一系列措施：政治上，整顿吏治，铲除弊政，申明赏罚，广招贤才，注意听取下情；军事上，统一军制，一律采用练军编制，借鉴西法

★寿公祠又称寿山将军祠，位于齐齐哈尔龙沙公园内劳动湖南岸土岗下，为一座青砖灰瓦三进式祠堂建筑，占地1650平方米。系清朝政府为纪念寿山将军英勇抗击外侵之敌，壮烈殉职而建造。

进行操练，并购置外国武器，同时还亲订行阵操法，图绘要隘，颁发各级将领。袁寿山因负伤失血过多，时常眩晕，但仍克尽职守，终日废寝忘食而无倦容。由于袁寿山的励精图治，短短几个月里，黑龙江的吏治和军务焕然一新。

1900年，义和团运动在北中国兴起，野心勃勃的沙皇尼古拉二世认为这是实现其“黄俄罗斯”计划的良机，遂以保护中东铁路为借口，于1900年7月悍然调集十数万大军，兵分六路入侵我东北地区。沙俄侵略者照会袁寿山将军，企图借道瑷珲、齐齐哈尔等城，把集结在海兰泡的数千俄军开往哈尔滨。袁寿山认为：“敌逼我都，我假敌道，如大义何！”他正气凛然地拒绝了敌人的无理要求。7月17日至21日，恼羞成怒的侵略者灭绝人性地血洗江东六十四屯，大肆屠杀海兰泡中国居民数千人，制造了惨绝人寰的大血案。闻此惨讯，袁寿山怒不可遏，下令瑷珲守军痛击来犯之敌，挫敌凶锋。为了壮大抗敌力量，寿山毅然决定联合义和团，协同作战。他统筹全局，对黑龙江防务作了周详的部署，兵分北、西、东三路抵御敌寇。

为了集中优势兵力抗击沙俄的正面进攻，寿山约请吉林将军长顺会攻俄军内地巢穴哈尔滨，以解除后顾之忧。但长顺表面上赞成，暗底里却拖延破坏。7月下旬，袁寿山率领本部清军和义和团如期向哈尔滨发起猛攻，打得俄军龟缩到新市街松花江车站一带，筑垒固守不敢出战，而长顺却不予配合，贻误战机。俄军援兵陆续赶到，敌众我寡，进攻哈尔滨的计划受挫。在瑷珲前线，清军和义和团互为犄角，屡创敌军，但终因寡不敌众，8月初瑷珲失陷。在呼伦贝尔方面，清军陷敌重围，形势危急。8月中旬，清军和俄军又在北大岭上展开了殊死的搏斗，北路翼长风翔壮烈殉国，北大岭失守，通往省城的大门洞开。十余万俄兵如同飞蝗般向南扑来，齐齐哈尔危在旦夕。

在战局万分危急的情况下，袁寿山欲亲赴前敌与敌决一死战，被部下劝阻。袁寿山多次致电清廷乞求援兵，但杳无音讯。昏庸无能的清廷不但不派兵救援，反而极力求和，对袁寿山抗击侵略者的正义行动横加指责，说他“妄开边衅”，并将他革职交部议罪。8月18日，中俄双方议和的电报到达，清廷屈辱妥协的大局已定。眼看着祖国的大好山河被侵略者践踏，骨肉同胞被侵略者残害，而自己身为将军，却无力回天，怎么不痛心疾首。他沉痛地对部下说，像眼下这种局面，我作为将军还有什么颜面见黑龙江父老？因此决定守“军覆则死”的古训。死前，他从容料理后事，写下遗书，尚念念不忘黑龙江省的重振和建设，希望继任将军要“修内政、御外侮、设民官、开荒务”。他对黑龙江省的未来充满了信心，认为“以七城之大，土地之沃，如果得人而理，不出十年，必能自立”。遗书还特别提出抗击沙俄侵略的问题，主张发动沿边民众，就地取饷，抵御侵略者。

“孤臣泪点都成雪，幻作冬青一树花。”寿山将军在中华民族遭受外敌侵略的危难关头，挺身而出，英勇作战，绝境之中，宁死不屈。他那高尚的民族气节和爱国主义精神，理所当然地为世人所景仰。

日俄战争

中日甲午战争以后，沙俄插足中国，排挤日本在中国的势力，日俄矛盾加剧。日本在英美的支持下，决定对俄开战。1904年2月8日，日本海军联合舰队突然袭击了停泊在中国旅顺口的俄国太平洋舰队，揭开了日俄战争的序幕。随后，日本陆军相继在朝鲜和辽东半岛登陆。1905年1月，日军攻克旅顺。3月，日俄主力会战奉天，俄军遭到失败，退至四平街防御阵地。5月，俄国从波罗的海调来的增援舰队在对马海峡也被日舰队击溃，对马海战最终决定了俄国在日俄战争中的败局。日俄战争历时19个月，日军在战场上虽然节节胜利，但人力、财力消耗殆尽；俄国接连失利，国内酝酿着革命危机。在这种情况下，日俄双方均不愿将战争继续下去，美国出于自身利益，乘机出面调停。1905年8月，日俄两国在美国朴茨茅斯谈判。9月5日签订《朴茨茅斯条约》。俄国退守中国东北北部，朝鲜和中国东北南部则成为日本的势力范围。日俄战争，表面上是日本胜了，俄国败了，实际上，它们都是胜利者，唯一的失败者是中国。中国除了遭受战争的严重摧残外，并没有从这场战争中得到任何好处。

学界泰斗蔡元培

XUE JIE TAI DOU CAI YUAN PEI

★蔡元培 1917 年就任北大校长时的委任状

1982 年蔡元培的铜像在北京大学落成，一代宗师巍然屹立在未名湖畔，人们以此来纪念他在中国教育史上的重大贡献。

蔡元培，字鹤卿，号孑民，浙江绍兴人。青少年时代，和当时绝大多数读书人一样，走的是应考科举

★蔡元培

的路子。他 17 岁中秀才，26 岁成进士，入翰林院，一时名震公卿。

1895 年，中国在甲午战争中败于日本，外国列强随后掀起了在中国强占租借地和划分势力范围的狂潮。三年后的秋天，谭嗣同等六君子血洒京城，康有为、梁启超逃亡海外，喧腾一时的戊戌变法运动被血腥地镇压了。就在这时，蔡元培，一个年轻的翰林院编修，"知清廷之不足为，革命之不可已"，毅然辞去令多少人仰慕的官职，束装南下，开始了教育救国的生涯。

蔡元培弃官后，先任绍兴中西学堂监督，因倡言新学遭压制而辞职。1902 年，他在上海发起成立了国内第一个资产阶级革命团体——中国教育会，表面办理教育，暗中鼓吹革命。不久，又创办爱国学社和爱国女校，宣传反清革命。1903 年，他参与领导了上海的拒俄运动，又与《苏报》订约，将其改造为中国教育会实际上的机关报，"《苏报》案"后更创刊《俄事警闻》(旋改名《警钟日报》)，继续宣传革命。蔡元培的卓越表现，使他成为上海倡导反清革命的知名人士。1904 年，江浙爱国志士在上海建立反清革命团体光复会，他被推为会长。1905 年，中国同盟会在东京成立，他立即被邀入会并被孙中山任命为上海分会会长。当时，反清革命的宣传中心有两个，一是日本东京，二是上海，因此，蔡元培的革命宣传活动对反清革命起了重要的作用。

1911 年 10 月 10 日，震惊中外的武昌起义爆发。正在德国留学的蔡元培欢喜欲狂，迫不及待地踏上归程。1912 年 1 月 1 日，中华民国诞生，接着，临时政府宣告成立，以教育救国闻名于世的蔡元培被任命为中华民国首任教育总长，开始了他生命历程的新阶段。

蔡元培就任教育总长后，立即着手制定国民教育方针，除重订学制外，在文化教育领域首倡反对尊孔读经，罢尊孔拜教，小学废止读经，大学取消经科。这在中国教育史上是破天荒的壮举，震聋发聩，堪称"五四"新文化运动反孔斗争的先导。他的教育思想集中体现在《对于新教育之意见》一文中。在这篇文章中，他彻底否定了封建教育中"忠君"、"尊孔"的内容，提出军国民主义教育、实利主义教育、公民道德教育、世界观教育和美感教育五项为今后之教育方针。并将教育分为两类，一类隶属于政治，前三项是也；一类超轶乎政治，后二项是也。他认为军国民教育和实利教育在于强兵富国，为救时之需，但须以公民道德教育为中坚，以免兵强而变为私斗和侵略，国富而变为欺贫凌弱；要养成公民道德，则必须使公民具有一种高尚的世界观，这是教育的最终目的，而惟有美育才是达此目的之津梁。将教育分为政治的和非政治的两类并特别重视美育，是蔡元培教育思想的重要特点。他是我国第一个把美学理论应用于教育的人，后来又提出"以美育代宗教"的著名口号。

由于资产阶级的软弱性，辛亥革命的果实被袁世凯窃夺，蔡元培在力辞不果的情况下，继续留任教育总长。但为时不久，因愤于袁氏肆行专制，破坏责任内阁制，与其他同盟会阁员联袂辞职，再度出国留学。此番留学，在法三年，最值得

大书特书的事情是，与李石曾、吴稚晖等人组织勤工俭学会、华法教育会，提倡留法勤工俭学，鼓励国内无力出国求学的青年以半工半读的方法赴法国留学，学习西方先进文化科学知识。许多老一辈无产阶级革命家如周恩来、陈毅、聂荣臻、邓小平等，都是当时留法勤工俭学生，这虽不是蔡元培始料所及，但正如革命老人吴玉章所说：“这也应归功于孑民先生倡导勤工俭学之力。”

1916年6月，窃国大盗袁世凯在全国人民的唾骂声中魂归西天，革命党人纷纷归国。是年底，蔡元培应邀回国任北京大学校长。北京大学的前身是京师大学堂，教员多为官僚，学生多为京官，时人称之为“官僚养成所”。辛亥革命后，北大依旧腐败不堪，学生以大学为跻身官场的终南捷径，学术空气稀薄，官僚习气十足。不少友人劝他不要去北大，以免于声名有碍，但他抱着“我不入地狱谁入地狱”的牺牲精神，毅然赴任，对北大进行整顿改革，揭开了北大历史的新篇章，造就新北大，成为蔡元培教育生涯中最为辉煌壮丽的一页。

★蔡元培和黄仲玉及子女

1917年1月，蔡元培走马上任。上任伊始，就在就职演说中向学生约法三章：抱定宗旨，“以研究学术为天职”；砥砺德行；敬爱师友。但他并不希望学生成为书呆子，而是要求学生应有狮子般的体魄、猴子般的精明和骆驼般的精神。为转变风气，将北大造就成学术空气浓厚而又生机勃勃的高等学府，他大刀阔斧进行改革。首先从整顿教师队伍入手，裁汰不合格的教员，延聘有真才硕学的名家，重点是守旧势力较大的文科。他请主编《新青年》的陈独秀任文科学长，聘环绕在《新青年》周围的进步学者李大钊、胡适、刘半农等来北大任教；理科方面聘著名物理学家夏元瑮任学长，李四光、任鸿隽等为教授；法科则有马寅初、陶孟和等，皆学界俊彦。他任人唯才，不拘一格。24岁的梁漱溟报考北大未被录取，但蔡元培很欣赏他发表的一篇关于佛教哲学的文章，就破格请他到北大任教，当北大学生不够“格”的梁漱溟成了北大最年轻的教授。为造成浓厚的学术氛围和“活泼的精神”，他大力鼓励学术研究，提倡社团活动。在他的亲自发动和帮助下，各种学术团体和社会团体如雨后春笋在北大校园竞相涌现，如新闻研究会、化学研究会、画法研究会、哲学研究会、平民教育演讲团等等。当时在北大图书馆工作的年轻的毛泽东，参加了新闻研究会和哲学研究会的活动。这些社团既有教师组织的，也有学生创办的，还有师生合办的，如百花竞放，争奇斗艳。为将学校办好，他还改革领导体制，实行民主办校、教授治校，先后设立了由校长、各科学长和主任教员等人组成的评议会为最高立法机关，各科教授会规划各科教学工作，以及由各科教授会主任组成的校教务处领导全校教学工作。良好的制度为学校工作的顺利进行打下了坚实的基础。蔡元培任职北大十余年，因各种原因，实际在校不过五年，而各项工作得以正常开展，端赖于此。

★北大校园里的蔡元培铜像

★北京大学校长蔡元培(中)等合影

在改革北大的过程中，蔡元培提出了著名的“思想自由”、“兼容

★蔡元培(前排中)、陈独秀(前排右二)参加北京大学文科毕业合影

并包”的办学方针。他说:“我对于各家学说,依各国大学通例,循思想自由原则,兼容并包。无论何种学派,苟其言之成理,持之有故,尚不达自然淘汰之运命,即使彼此相反,也听他们自由发展。”这一办学方针突出地表现在对教员的聘用和社团的提倡上。以教员聘用为例,蔡元培本人是进步教育家,因而着力聘用进步学者,如前述之陈独秀、李大钊等,但并不排斥有学术造诣的旧派人物如辜鸿铭、刘师培、黄侃等。辜鸿铭自幼留学英国,又遍游德、法、意等国,精通数国语言,能写一手令英国作家都嫉妒的英文,是个学贯中西的大学者。但就是这样一个受西方教育多年的人,却顽固地迷恋中国封建文化,拥护帝制,民国后依旧拖着长辫,以复辟派自居,主张尊王尊孔,主张纳妾,也不反对随地吐痰,被人称为“文坛怪杰”。刘师培是著名古文经学家,曾参加同盟会,但不久变节。袁世凯复辟帝制时,他又是筹安会发起人之一,为袁世凯帝制自为效劳。因此,蔡元培被人戏称为“古今中外派”。但是,“思想自由”、“兼容并包”绝不是无原则的自由放任、混合杂凑,他请辜鸿铭教英诗决不允许他提倡复辟,请刘师培讲国学,决不允许他宣传帝制。

经过这番整顿改革,北大面貌焕然一新,学术气氛空前浓厚,社团活动异常活跃,新思想、新观念蔚为风气,为新文化运动的蓬勃开展以及后来马克思主义的传播提供了条件,终于使北大成为“五四”运动的摇篮和中心、马克思主义在中国的发源地,从中涌现出许多无产阶级革命家,如陈独秀、李大钊、邓中夏、高君宇等,培养出的学者专家更是不胜枚举,灿若星辰,北大也因此成为举世闻名的高等学府。蔡元培造就新北大,成为中国教育史上不朽的篇章。

主持创立中央研究院,是蔡元培在我国科学教育事业上的又一辉煌业绩。1927年春,他受国民政府之命组建中研院,次年春就任院长,不久辞去本兼各职二十余项,专心致力于中研院,直至逝世。在他主持下,中研院从1927年秋开始筹建,到1930年初共建立了九个研究所和一个博物馆(物理所、化学所、工程所、地质所、天文所、气象所、社会科学所、历史语言所、心理所和自然历史博物馆),聘请了国内最优秀的科学家和学者为研究员,如历史学家陈寅恪、陈垣,语言学家赵元任、罗常培,考古学家李济,地质学家李四光,气象学家竺可桢,物理学家丁西林等。办院方针和治院方法一仍其旧,“兼容并包”,民主治院。中研院成立后,各所积极开展工作,取得了可观的成绩,如史语所在安阳发掘殷墟、地质所调查地质矿产、天文所建筑紫金山天文台等。中研院的成立,使我国第一次有了全国性的科研机构,促使我国科学逐渐摆脱了单纯介绍西方科技成就的局面,开始有了自己的科研成果,有的还达到世界先进水平,并为我国科技事业的发展积累了经验,培养了人才。所有这一切,是与蔡元培的辛劳策划、勤奋经营分不开的。

蔡元培不仅是伟大的教育家,也是造诣很深的学者和思想家。他一生中发表了大量文章、演讲,多次为他人著作作序,涵盖教育、哲学、美学、语言、科学技术及政治时事各方面,均有深刻独到的见解。他还有多种著译问世,影响最大者,一是所著《中国伦理学史》(1909年出版),为我国第一本用新体裁编著的中国伦理思想史,后被列为中国文化史丛书之一,并被日本翻译介绍;二是所译德国哲学家泡尔生的《伦理学原理》,出版后被国内许多学校采作伦理学教科书,该书后被列为汉译世界名著之一。可以设想,如果蔡元培不是一个举世知名的大教育家,也必会是

★鲁迅和宋庆龄、蔡元培等在一起的素描

★鲁迅与萧伯纳、蔡元培合影于上海宋庆龄住宅

一个著译丰硕的大学问家。

民国之后的蔡元培在献身科学教育事业的同时，仍积极参加反对卖国独裁、反对外国侵略的斗争。五四运动中，他反对北洋政府的卖国行径，热情支持学生的爱国行动，并多方奔走营救被捕学生。任职国民政府后，尽管也曾为蒋介石出谋划策，但随着时间的推移，他逐渐认清了蒋介石独裁卖国的真面目。1932 年底，他与宋庆龄等人发起成立了民权保障同盟，任副主席，积极参加了营救共产国际牛兰夫妇、廖承志、陈赓等共产党人和进步人士的活动，与蒋介石进行了不妥协的斗争。“九·一八”事变后，他多次发表谈话和文章，反对日本帝国主义侵略中国，还亲自劝汪精卫改变亲日妥协立场。在一次宴会上，他语重心长地对汪精卫说：“关于中日的事情，我们应该坚定，应该以大无畏的精神抵抗。只要我们抵抗，我们的后辈也抵抗，中国一定有出路。”他老泪纵横，举座无不感动，汪精卫则尴尬不堪。1938 年初春，他赋诗一首，表达了抗战必胜的信念：“由来境异便情迁，历史循环溯大原，还我河山旧标语，可能实现在今年。”

1940 年 3 月 5 日，蔡元培在香港溘然长逝，一颗巨星陨落了。全国各界不分政治派别，不论海内海外，同声哀悼。出殡时，前往执绋者 5000 余人。国民政府颁布了褒扬令，蒋介石发了唁电并亲自参加公祭；中共中央和毛泽东也从延安发了唁电，称他是“学界泰斗，人世楷模”。

蔡元培是中国知识分子的楷模和先驱。虽然他也有过彷徨，走过弯路，但他始终追求民主自由，反对独裁专制，反对外国侵略。他一生致力于教育救国、科学救国，对我国科学教育事业的贡献无人能望其项背，民国教育史上的一切重大事情无不与他的名字联系在起。他培养教育了一代人，他的思想和实践至今仍有启发和借鉴意义。他为人平易和霭，恬淡廉洁，择善固执，不屈不挠，是知识分子的光辉典范。他的崇高思想和嘉言懿行，深受时人和后人的敬仰。

★蔡元培故居内景

“新红学”的诞生

★胡适

五四新文化运动对以儒学为支柱的传统文化进行了猛烈进攻，反映了中国社会发展变革的根本方向。胡适首先提出“以科学精神整理国故”的口号，他主张要敢于打破封建时代沿袭下来的不准议论古代圣贤的禁例。他把孔子和其它哲学家摆在同样的地位，供人们评论。这是一个大变革，在历史学界和文学评论界引起了震动。胡适在研究实践上成就突出，先后撰写了《水浒传考证》、《吴敬梓传》、《红楼梦考证》和《考证后记》等。在《红楼梦考证》一文中，根据可靠的版本与可靠的材料，认为《红楼梦》一书是曹雪芹破产倾家之后，在贫困中所著，书未完成死去，只留下八十回，后四十回由高鹗补写。《红楼梦》是一部隐去真事的自叙，宝玉是曹雪芹的化身，而荣宁两府即是当年曹家的影子。随后，俞平伯也以考据的方法撰成《红楼梦辨》，进一步考证了《红楼梦》系曹雪芹自传说。胡适、俞平伯的研究成果，不仅标志着“新红学”的诞生，更是在文艺评论界首倡了一种把文学作品当作“学术主题”的研究风气，促进了文学研究的深入。

京剧鼻祖程长庚

JING JU BI ZU CHENG CHANG GENG

“同光名伶十三绝”中，有一位资历最深的老生，即“徽班领袖、京剧鼻祖”程长庚，他是不畏权贵、洁身自好的艺林旗手，是人中豪杰和古代戏曲表演艺术家。

程长庚的父亲程祥芑是徽班一名老生演员，所以程长庚自幼就入了徽班坐科。他不但天资聪颖，

★程长庚雕像

而且非常勤奋刻苦。出科后，即以小小年纪，在安徽各大戏班粉墨登场，并很快展露了他的非凡才华，成为一位小有名气的徽调演员。不久，他便获得了决定终身命运的大好机会，跟随父亲北上，经保定进入了清朝统治的政治文化中心北京。

徽班进京后的四五十年间，逐渐形成了四喜、春台、和春以及三庆四大徽班雄踞北京剧坛的局面。其中，三庆徽班是个诸腔并奏的戏班。它以唱二簧调为主，兼唱昆腔、吹腔、四平调、拨子凋、罗罗腔和梆子腔。这样，那些深受压抑的秦腔演员纷纷投靠新兴徽班。徽班不仅保持诸腔并奏的传统，而且还把秦腔所有剧目都学了过来。道光年间，汉剧演员王洪贵、李六、余三胜等人又把楚调带入北京，并加入徽班，同台演出，促使安徽的二簧调和湖北的西皮调相结合。这样，徽秦合流、徽汉合流，引起了戏曲史上一次大变革。一种独尊剧坛的新声应运而生。后世称为京剧的皮簧戏，崛起于这花雅之争的几次交锋中。

程长庚在徽汉合流、改革创新的高潮中，力举大势，独标高格，以稳健的步履登上了群芳竞秀的舞台。前面所述徽班在北京创下的基业，为他提供了一个发挥巨大艺术潜力的机会和锻造艺术的广阔前景。

在程长庚之前，无论昆腔、京腔、秦腔所演剧目，都是以旦角为重。就连蜀班的魏长牛和徽班高郎亭，也都是以做功为主的旦角戏名重一时，领袖其班。从清初至道光的近两百年，璀璨烂漫的戏曲舞台，竟是“假妇人”主宰的时代。程长庚则不然，他一进北京便把他主演的老生戏《文昭关》推出台，立即引起轰动。程长庚扮演伍子胥，身穿“富贵衣”，但造型仍处处显出大将风度，表现他身在困境的悲壮豪雄。这是一种动人心魄、神气鹰扬的阳刚美。这种美，以铜铁琵琶的激昂拨动了观众崇高、伟烈、凝重的脉搏，打破了缠绵悱恻、充满阴柔美的生旦格局。程长庚的一曲文武老生戏震撼梨园，席卷京城。同时，也促使他向艺术顶峰挺进。

程长庚并不满足于已有的成果，接着更加集中精力，深入探索又成功地塑造了《战长沙》、《华容道》的关羽，《战樊城》、《鱼肠剑》的伍子胥，《群英会》、《取南郡》的鲁肃，《镇谭州》的岳飞，《取成都》的刘璋等一系列艺术形象，他的做功身段，一招一式，肃穆神威，端庄凝重。演绿靠红生关羽，青龙偃月刀直劈直回，不耍花刀，以示壮伟肃穆；饰演白靠武生岳飞，持枪亮相，不偏不斜，犹如冲刺的雄鹰，表现出英雄的刚正威武；扮演儒雅老生鲁肃，双于握住玉带前端亮相，先提袍后抬腿漫步，以显示人物的凝重端庄。由于他功底深厚，不但擅长表演庄重威武的忠臣义士，而且还能演黑头。如《白良关》中的黑靠尉迟敬德和“小黑”尉迟宝林，《风云会》中的黄靠赵匡胤，《战太平》中的的红靠华云，他都扮演过。此外，还经常主演昆曲《钗钏大审》。在《法门寺》中饰赵廉或刘瑾。不过，他演出的剧目是有严格的选择

★程长庚饰演的鲁肃(画像)

的。如《空城计》，违背了“诸葛一生惟谨慎”，他不演；《武家坡》、《回龙鸽》因无历史根据，不合情理，他也不演。

程长庚除了高超的做功表演艺术外，还特别注重唱曲。他继承徽班兼容并蓄的传统，冶徽调、汉调、昆腔、梆子腔于一炉，形成了优美动听的新声——皮簧。他的演唱，以脑后音发声，高亢洪亮，穿云裂石；直腔直调，爽朗雄浑；平坦甘润，抑扬吞叶，宽窄高下，无不字正腔圆，慷慨自如。时人把他的唱腔比作“天风海涛，金钟大镛”，谓之“登台一奏，响彻云霄，虽无花腔，而充耳餍心，必人人如其意而去”。他的唱腔如同他的做工招式，有一种刚劲的雄风、震慑的神威、磅礴的气势。这是他探索、创新所开拓的艺术新葩。

这一时期，还涌现了春台班的余三胜、李六，四喜班的张二奎，春班的王洪贵，嵩祝班的张汝林，新兴金钰班的恭印轩，大景和班的梅东等一批新秀。他们都以老生闻名而成为各戏班的台柱。其中，尤以余三胜、张二奎唱红，与程长庚鼎足争胜，史称“老生三杰”，并称道光、咸丰京都梨园的“三鼎甲”。

他们三人中，程长庚端凝肃穆的表演首标高格，余三胜优美婉转的花腔继起于后，张二奎质朴奔放的喷口独树一帜。他们各自以徽汉京的艺术美创宗立派，成为后世影响深远的程派、余派、奎派的祖师。他们共同以唱功、做功并重，体现着阳刚美的老生大轴，夺了旦角的首席地位而称雄一时。中国戏曲，由于他们的探索与创新，正大步迈向博大精深的京剧艺术的华美殿堂。

程长庚艺高超人，为人处世耿介忠直。在同治末年，有一次都察院团拜，点名要程长庚去演出。程长庚拒不赴演，当局即派人强行把

★余三胜剧照

他捆了来。后来他听说让他演《打鼓骂曹》，转怒为喜，欣然粉墨登场。他扮演祢衡，临时编了几句台词，对着台下花天酒地的权贵们骂开了：

“方今外患未平，内战隐伏，你们一般奸党，你们一般奸党尚在此饮酒作乐，好不愧也！有忠良，你们不能保护；有权奸，你们不能弹劾。你们一般奸党，尚在此饮酒作乐，好不愧也！”

这虽然是临时编的词，但他越唱越有劲，骂了又唱，唱了又骂，句句针对都察院的那些酒囊饭袋。堂下贵官显宦都感自愧，然而剧目是他们自己定的，程长庚是他们捆绑来的，他们只好自作自受了。

程长庚就有这种骨气和血性，从来不向权贵低头。曾有一位名叫路慎庄的官僚，他的父亲以工制艺而闻名于翰林，他继承父业，也擢翰林迁御史。一次，他会集同年饮宴，请了一个戏班演戏。戏班并非三庆班，但又点名要程长庚前来串戏。程长庚自然一口拒绝。结果仍然被锁系押到舞台，逼令他奏曲。程长庚坚决不唱，被锁系在戏台下。路慎庄以势压人，想让他低头，说：“必须自己哀求，才能释放。”程长庚回答说：“我没有犯天子法，哀求什么？”路慎庄又把他捆绑在三庆园门外示众，他仍不屈服，两相僵持，最后是别人出面圆场，才释放了他。

戏子的地位卑微，但人格不容侮辱。程长庚无论在台上还是台下，始终保持着刚正不阿的高尚品质和个性。他以顽强无畏的勇气维护自己的人格，捍卫演员的尊严。在他以前，戏曲舞台一直残存“站台”的陋习，开戏之前，戏班旦角演员必须站在台前应酬看客。高尚的献艺夹杂着低下的逢迎。程长庚宣布废除了这种规矩，以维护演员的人格。

从道光末年开始，程长庚不仅是三庆班首席演员，而且是三庆班的班主、四大徽班的总管。北京戏剧界尊他为“大老板”，他以身作则，不谋私利；爱惜同仁，整顿班规，以精湛的艺术、高尚的品格，赢得了崇高声誉和威望。尽管如此，他却从不以功自居或自尊自大。凡是唱戏缺少配角，他就自己出来充任。他根底厚，戏路宽，十门角色都

★位于安徽省潜山县的程长庚纪念馆

能拿起来，随时都可填空补缺。戏剧同仁担心会有损于他的声誉和盛名，一再对他进行劝阻。他十分严肃地说："众人之搭三庆班，就是因我程长庚，众人为我，我又何敢不以手足看待众人！正角唱戏，配角为什么就不能唱戏呢？同是唱戏，有何高低之分、贵贱之别呢？"在那时，梨园戏班中的班主与演员、首席演员与一般演员、主角与配角之间，尊卑贵贱，了了分明，等级森严。程长庚堂堂正正、有情有义的一席话使大家心暖如春、亲密无间。人们称颂他操行特著，古之贤宰相，也不过如此！

★谭鑫培

★汪桂芬

★孙菊仙

程长庚年老体衰时，仍然时时登台演出。有人不解地问他："君衣食丰足，何尚乐此不疲？"他感慨道："我自入主三庆班以来，如今数十年了。能支持到今日，实不容易。我一旦辍演，全班必散。殊觉可惜。且同仁依靠我为生活的，正不乏人。三庆一散，他们谋食艰难。因此，我不能决然离去！"扶危济困的责任，鞠躬尽瘁的精神，执着艺术的顽强毅力，构成了他的人生准则和价值取向。同时，他在晚年又费尽心机，创办了三庆大科班，也称四箴堂科班，以培育第二代接班人。在他的传人中，最为正宗的当是谭鑫培、汪桂芬、孙菊仙所谓"新三派"，他们是真正的继往开来的艺术接力人。程长庚就这样全心全意地奉献，把中国艺术家的传统美德昭示于后人。他的品格为后人称道，就像他所开拓的艺泽长流不竭一样，一代戏曲大师的楷模和他所树立的艺术丰碑同存。

程长庚晚年得罪了袁世凯的爪牙，失去了演出的自由。最后，军阀江朝宗强迫他唱堂会，他抱病演完《洪羊洞》，劳累加上气愤，使他溘然长逝，永远告别了舞台。

十三绝

乾隆年间，北京前门外大栅栏内"诚一斋"南纸店门前，曾悬挂过"时人贺世魁"所绘之《京腔(高腔)十三绝人物图相》。这图相上的十三位名伶，一般认为是霍六、开泰、才官、沙四、赵五、虎张、卢老、玉顺、连喜、王三秃子、恒大头、李老公、阵丑子。对此也有不同考证。庚子年(1900年)八国联军进占北京，该纸店被侵略者一火焚尽，《京腔十三绝图相》当然未能幸存。清光绪初年著名画师沈蓉圃沿用高腔"十三绝"这一名称，绘制了程长庚、谭鑫培、梅巧玲、徐小香、杨月楼、余紫云、朱莲芬、时小福、杨鸣玉、刘赶三、张胜奎、芦胜奎、郝兰田十三位同光年间著名演员图相，世人称之谓"后十三绝"。1943年，北京《三六九画报》主编朱复昌，根据沈蓉圃绘制的《同光朝名伶十三绝图相》，组织撰写了一部《同光朝名伶十三绝传略》，由当时"进化社"出版行世。从此，十三绝的名字便在群众中广泛传播开来。

★同光名伶十三绝

中华民国

窃国大盗袁世凯

QIE GUO DA DAO YUAN SHI KAI

1912 年 2 月，清帝溥仪被袁世凯逼宫退位，孙中山也迫于帝国主义、地主买办阶级的压力而辞职，袁世凯随后当选为临时大总统。3 月，由袁世凯推举的国务总理唐绍仪赴南京组建新内阁，接收了南京临时政府。随后，临时政府迁往北京。3 月 10 日，袁世凯在北京就任临时大总统，开始了中华民国史上北洋政府的统治时期。

★袁世凯

北洋政府是指由北洋军阀操纵的北京中华民国政府的统称。清朝后期到民国初年，江苏以北沿海的山东、直隶、奉天等省都被称为北洋，江苏以南的沿海各省都被称为南洋。此后，清朝便把在北洋地区担任要职的朝臣称作北洋大臣。1895 年，清政府命袁世凯在天津小站编练“新编陆军”，归北洋大臣李鸿章节制。1901 年，袁世凯因出卖维新派和镇压义和团，被任命为直隶总督兼北洋大臣，所建新军称为北洋军，而袁世凯所建立的封建买办军阀集团亦称北洋军阀。北洋政府即是指由北洋军阀操纵的北京中华民国政府的统称。

袁世凯被革命党人推举为中华民国临时总统，继而又镇压了革命党人的“二次革命”。此后，他更加肆无忌惮。1913 年 10 月，袁世凯通过威胁手段，迫使国会选举他为正式大总统，后又解散国会。1914 年，袁世凯召开约法会议，废除《中华民国临时约法》，制定了《中华民国约法》，改责任内阁制为总统独裁制，实现了大权独揽。随后，他又废除了国务院，改设政事堂，并设参政院代行立法权，为他遂行改共和制为君主制扫平道路。

1914 年 8 月，第一次世界大战爆发，欧洲列强忙于战场上的厮杀，无暇顾及在中国所攫取的权益，他们暂时放下了侵略中国的屠刀。此时，日本为实现其独霸中国的野心，以对德宣战为借口，趁机派兵在山东半岛登陆，夺取了德国在山东的侵略权益。1915 年，日本窥测到了中华民国大总统袁世凯有称帝的野心，便利用他急于寻求国际支持的心态，以帮助他称帝为诱饵，向袁世凯抛出了早已密谋好的“二十一条”。

“二十一条”共分五大项：一是德国所占有的山东一切权利转让给日本；山东境内沿海土地及岛屿不得租让给他国；日本建造龙口或烟台接连胶济之铁路；中国开辟山东省各主要城市为商埠。二是旅大租借期及南满、安奉铁路租期均延至 99 年；日本人可在该地区租借或购买土地；日本人可在该地区居住往来，经营工商业；该地区之矿产开采权许以日本人；吉长路的经营管理权延至 99 年；该地区或因筑路或以税课作抵押向外国借款须经日本政府同意；中国政府在该地区聘用政治、财政、军事顾问、教官等须与日本商议。三是中日合办汉冶萍公司；附近矿山，包括汉阳铁厂、大冶铁矿和萍乡煤矿，不准公司以外之人开采。四是中国沿海港湾及岛屿不得让与或

★1903 年袁世凯(前排正中)视察译学馆

★袁世凯与北洋将领

租借与他国。五是中国中央政府须聘用日本人充当政治、财政、军事顾问；日本在中国境内所设医院、寺院、学校拥有土地所有权；警察由中日合办；半数以上之军械向日本购买，或中日合办军械厂，聘用日本技师，采买日本材料；武昌、九江、南昌、杭州间，南昌、潮州间各铁路之建造权许与日本；福建省内筑路、开矿及整理海口（船厂在内）如需外国资本须先向日本协议；日本在中国享有宣教权。

日本向袁政府提出“二十一条”的消息一经传开，立刻激起中国各阶层人民的无比愤慨，反日情绪空前高涨。欧美列强对日本损害他们在华的侵略权益也大为不满，纷纷谩骂和指责日本政府和袁世凯。袁世凯指望得到欧美列强的帮助落空，同时又怕得罪了日本而当不上皇帝，便于5月9日递交了复文，表示除第五项各条“容日后协商”外，全部接受日本的要求。当然，由于全中国人民轰轰烈烈的爱国斗争，最终使彰显着耻辱的“二十一条”未能生效。

经过一场闹剧之后，袁世凯更加急不可待地想实现其当皇帝的美梦。1915年8月，袁世凯的宪法顾问美国人古德诺发表《共和与君主论》一文，认为中国人知识程度太低，无研究政治之能力，只适合于君主制，为袁世凯顺利实施对政体的转变大造舆论声势。最后，参政院参政杨度在袁世凯的示意下串联了孙毓筠、李燮和、胡瑛、刘师培和严复，以“研究共和政治得失”为名，于8月14日联合发起成立“筹安会”，公开进行复辟帝制活动。筹安会为促成改行帝制找到了一件“合法”的外衣，为袁世凯早登帝位起了先锋的作用。筹安会一面利用各种团体组织搜罗所谓的“民意”，一面又指使手握重兵的大小军阀们争先恐后地“推举”和“拥戴”。于是，参政会便打着“尊重民意”的幌子，向袁世凯呈送了“推戴书”，袁世凯遂于12月13日接受帝位。改中华民国为“中华帝国”，并定年号为“洪宪元年”（史称“洪宪帝制”），准备于1916年元旦正式登基。

袁世凯称帝，激起全国亿万人的极大愤怒，讨袁呼声一浪高过一浪。首先，孙中山发出《讨袁宣言》，12月底，蔡锷将军举起了讨袁大旗。接着，袁世凯的心腹爪牙冯国璋等出于自身的考虑向袁抛出“速消帝制，以安人心”的“五将军密电”。在一个接连一个的沉重打击下，袁世凯顿时气短神昏，大病不起。1916年6月6日，袁世凯带着恐惧的心理在人民的叫骂声中死去。

★袁世凯统治时期使用的银元

★袁世凯就任总统后接见外国公使

★袁世凯政府与日本驻华公使签订“二十一条”

★袁世凯祭天

★袁氏宅邸

"袁氏宅邸"位于天津市海河东路。袁世凯的政治生涯是在天津起家，他在天津建造了大量豪宅。其中最为特殊的就是坐落在海河东路与民主路交口的这座德式小洋楼。在历经沧桑岁月之后，它已经成为海河之畔独特的人文景观。宅邸最引人注目的是双坡顶以及在屋顶上的采光亭。这种造型起源于意大利文艺复兴早期，在德国建筑风格中进行演化，简洁活泼，具有德式建筑独特的历史价值。

★袁林

袁林，也称袁公林，位于河南安阳洹水北岸之太平庄，南临洹水，北望韩陵，东接御道，西依京广。是中华民国第一任总统袁世凯的墓地所在。袁林建筑群仿明清帝陵建筑形制而规模略小，袁氏墓冢则仿美国第 18 任总统格兰特濒河庐墓的形制修成，为内包水泥，外砌石墙的独特欧式风貌。照壁、牌楼、碑亭、东西配殿、景仁堂、墓台等建筑，以神道为中轴，分布其间，布局严谨、错落有致，既承袭我国传统建筑规制，又吸取西洋建筑风貌，形成了中西合璧、风格迥异的陵园建筑特色。现为河南省重点文物保护单位。

袁世凯

袁世凯(1859—1916 年)，字慰亭，亦作慰廷，尉亭，号容庵。1859 年 9 月出生于河南项城县一个世代官宦的大家族。袁世凯因屡试不中，故于 1881 年 4 月前往山东投奔嗣父袁保庆的密友吴长庆。吴长庆将他留在营中读书，袁世凯谦抑自下，时作激昂慷慨之谈，很快取得吴长庆等人的好感，不久被提拔为庆军营务处帮办，踏上了仕途。

戊戌变法期间，谭嗣同密访袁世凯于法华寺，要求他杀荣禄、除旧党、助行新政。袁当面一口答应，并慷慨激昂地说："诛荣禄如杀一狗耳。"事后，经过反复权衡，认为维新派实力有限，难成大事，遂立即返回天津，向荣禄告密。慈禧囚禁光绪帝，捕杀谭嗣同等"六君子"，戊戌变法失败。袁世凯因此取得荣禄等的信任，从此进一步飞黄腾达。

1903 年起，袁世凯作为练兵处会办大臣，他对自己所组建的新军大加扩充，还制定了一整套森严的军法军纪，并积极培植党羽亲信。从此，这支带有私家印记的北洋新军，便成了袁世凯傲视群雄，窥视皇帝宝座而掌握在手中的一张王牌。

1907 年，清政府因袁世凯权高震主，调他为军机大臣兼外务部尚书，削去了兵权。1908 年，光绪帝与慈禧先后死去，宣统皇帝继位，摄政王载沣监国，1909 年 1 月 2 日以袁世凯有足疾为名，勒令其回河南彰德养病。1911 年，武昌起义爆发。清廷被迫起用袁世凯为湖广总督，然后又任内阁总理。袁世凯借机迫使清帝退位，南京参议院也只得选袁世凯为大总统。1912 年 3 月 10 日，袁世凯在京就任临时大总统后，下令解散国会，废除《中华民国临时约法》，接受日本提出的"二十一条"，实行帝制，改元洪宪。

宋教仁被刺事件

SONG JIAO REN BEI CI SHI JIAN

1913年3月20日晚，上海沪宁车站。

虽然严冬已过，但初春的夜晚仍透着一股寒气。车站上熙熙攘攘。等车的旅客，有的在闲聊，有的在和送行的亲友话别。就在这拥挤的人群中，一个身材矮小，年龄20多岁，身穿黑色上衣，神色慌张的人，两眼不时地向四处张望，好像在寻找什么人。

大约10点40分，车站候车室专设的议员休息室的门开了，从里面走出几个人来。走在中间的是位30岁左右的年轻人。他中等身材，高高的额头下，有一双炯炯有神的眼睛。在两旁朋友的簇拥下，他向停在站台旁的车厢走去。当他走到检票口正要检票上车时，突然，背后传来一声沉闷的枪声，接着第二声、第三声。只见他身子晃了一晃说："我中弹了！"便一下子跌倒在身旁的铁椅子上。"遁初，遁初，你怎么啦！"朋友在撕肝裂胆地喊着他。车站顿时大乱。混乱中，那个身穿黑色上衣、行动诡秘的人，疯狂地冲出车站，消失在夜暮之中。

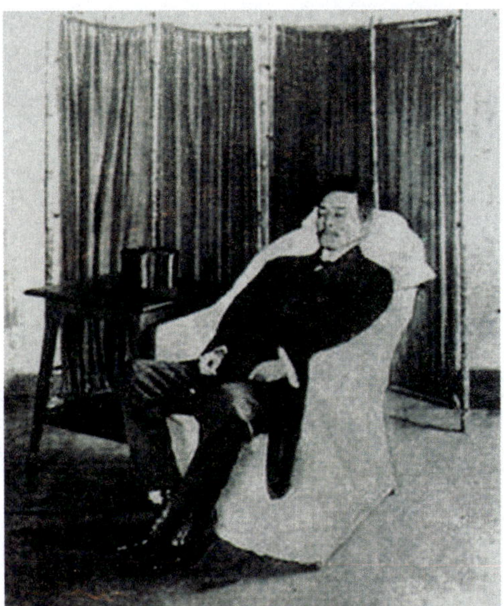

★被刺身亡的宋教仁先生

大家慌忙将受伤的年轻人抬上一辆临时借来的汽车，飞也似地向沪宁铁路医院疾驶……中枪者就是即将登车北上、进京组阁的国民党代理理事长宋教仁。

宋教仁出生在湖南省桃源县香冲的一个地主家庭。虽然他的家乡山明水秀，景色宜人，但是，当他睁眼观世界的时候，祖国大地上空，却笼罩着重重乌云。

宋教仁天资聪颖，勤奋好学，早年受到严格的私塾教育。但他对所谓"文质彬彬，然后君子"的儒家说教不感兴趣，却对时事新闻和军事颇为好奇。1901年，宋教仁中了秀才，但他见清王朝江河日下，便不想再走封建科举的老路了。1902年，他以一篇《汉武帝论》的优秀文章，名列榜首，被录取到张之洞创办的武昌文普通中学堂。

1903年，全国爆发了反对沙俄入侵东北的拒俄运动。此时，革命家黄兴由日本回国，在两湖书院演讲，倡导排满革命，对宋教仁震动很大。他深为革命潮流所感动，积极与黄兴联系，很快成为其挚友。1904年2月，宋教仁协助黄兴在湖南建立革命小团体——华兴会，并决定在11月16日慈禧70岁生日这天

★北一辉与中国友人于上海的合照，前排右起：北一辉、宋教仁、陈其美。

举行武装起义。为筹款办武器，宋教仁毫不犹豫地典卖了自己的家产和日常用品。然而，由于计划不慎泄露，起义失败了。宋教仁站在武昌街头，看到到处悬挂着庆祝慈禧寿辰的龙旗和彩灯，到处是荷枪实弹、四处梭巡的清兵，他悲痛交加。为躲避清政府的搜捕，进一步探索救国真理，1904年12月，宋教仁在凛冽的寒风中，登上了赴日本东京的海轮。

20世纪初的日本，已进入世界列强的行列。经济发展迅速，社会风气开化，人们思想解放。这一切给宋教仁强烈的刺激。同时，也使他的眼界大为开阔。为进行革命宣传，他发起组织了"二十世纪支那"社，并以此名出版刊物。很快，他便成为留学生中有影响的人物。

1905年8月，中国同盟会在东京成立，宋教仁被推为司法部检事长。随着革命形势的发展，宋教仁越来越感到，革命者不仅要从事破坏，更重要的是要准备革命后的建设。他抱着将来建设祖国的宏大愿望，先后进入东京法政大学和早稻田大学学习。这期间，他广泛地了解和研究西方各国的政治制度和

政权组织形式，先后翻译了《英国制度要览》、《美国制度概要》、《万国社会党大会略史》等重要著作，为他设计中国未来的政治改革方案奠定了基础。

宋教仁身在异国，却时刻想念着生他养他的故土。1907 年春，受同盟会委派，宋教仁回到祖国。他秘密来到辽东，联络当地义军，制订共同抗清计划。在此期间，他得知日本正在东北加紧侵略活动，企图吞并东北的“间岛”，即延吉地区。出于一腔爱国热情，他化名贞村，打入日本参谋部设在东北的侵略组织长白山会，搞清了全部内幕，拍下了所有伪证资料。后又在汉城、东京查阅了大量的历史档案和图籍，写成《间岛问题》一书。以十分确凿的事实证明，间岛自古以来就是中国领土，揭穿了日本当局为占此地捏造的所谓间岛是“韩国属地”的谎言。日本政府不惜出重金购买此书版权，遭到宋教仁严词拒绝。此书手稿转至清政府，使其在对日谈判中获胜。清政府以授宋教仁四品京堂，酬金 2000 元为诱饵，对其加以笼络。但宋教仁却庄严声明：“我著此书为中国一块土地，非为个人之赚几文钱也。我是革命者，绝不会做清朝的官。”表现了一位爱国者的赤子之心和高风亮节。

鉴于同盟会成立后革命党人在南方沿海多次起义均遭失败，宋教仁大胆地提出了“长江流域各省同时起义，建立政府，然后北伐”的建议。1910 年冬，宋教仁回到上海，应于右任之邀在其创办的《民立报》任主笔。他夜以继日地忘我工作，以“渔父”的笔名写出大量的政论文章，为中华民族的危亡大声疾呼，有力地推动了长江流域的革命。“渔父”先生很快成为人们熟悉的年轻政论家。

1911 年 7 月，同盟会中部总会在上海成立。31 日宋教仁任总务干事。接着，他便不辞辛劳地秘密往返于上海、武汉各地，筹划武装起义。两湖地区革命形势迅速成熟。1911 年 10 月 10 日，武昌起义爆发。

在许多革命党人对武昌起义胜利的突然到来还缺乏准备的时候，宋教仁却已经为即将诞生的民主共和国设计了蓝图。1912 年 1 月，中华民国临时政府在南京成立，宋教仁任法制院总裁。“临时政令，多出其手”。尤其是我国第一部具有资产阶级宪法性质的《中华民国临时约法》，也是由这位杰出的政治家起草的。宋教仁为民国初年的法制建设立下了不朽功勋。

1912 年 3 月，袁世凯窃取临时大总统。一些革命党人对袁世凯玩弄的假共和、真独裁的伎俩没有识破。孙中山宣布 10 年不参政，专心致力于社会革命。黄兴主动解散南京临时政府军队。但宋教仁却看出了共和国面临的危机，他指出：“不良之政府虽倒，而良政治之建设却未尝有也。”他依然为民主政治而斗争。在唐绍仪第一届内阁中，他出任农林总长。这虽非他之所长，但他抱着建设民国的良好愿望，恪尽职守，提出了一系列诸如开垦土地、兴修水利、植树造林等施政纲领。由于他为人正派，光明磊落，才华卓著，深得唐绍仪的赏识。第一届内阁有“唐宋内阁”之称。

然而，袁世凯奉行专制独裁政策，根本不把内阁放在眼里，甚至在官吏的任用上公开破坏责任内阁制，践踏民主政治，使唐绍仪忍无可忍，1912 年 6 月愤然辞职。

唐内阁的倒台，使宋教仁深切地感到，要避免专制制度的复生，保证民主共和制度的实施，就必须建立纯粹政党的责任内阁。内阁掌握政府实权，直接向议会负责，而不向总统负责。一句话，就是要使袁世凯成为空有其名的总统。为此，他本着求同存异的原则，积极活动于各派政治力量中间。他以灵活的政治手腕、高超的组织才能，终于促成几派政治力量的联合。1912 年 8 月，国内第一大政党国民党宣告成立。宋教仁被孙中山委托为代理理事长，负责实际工作。

宋教仁一跃而成为全国第一大党领袖，为全国所瞩目。这一重大变化，引起了视民主政治如洪水猛兽，一心要专制独裁的袁世凯的极大不安，他忧心忡忡地对杨度说：“我现在不怕国民党以暴力夺取政权，就怕他们以合法的手段取得政权，把我摆在无权无勇的位子上。”他认为孙中山和黄兴都好对付，宋教仁则是他的最大障碍物。为避免国民党组阁局面的出现，袁世凯对宋教仁百般笼络。先是封官

★唐绍仪

★杨度

许愿，暗示宋教仁只要不坚持责任内阁制，定加以重用，委以内阁总理。接着他又向宋教仁馈赠 50 万元，并介绍一位有文化又漂亮的亲戚给宋作妻子。但正直的宋教仁，面对高官厚禄、金钱美女，不为所动，断然拒绝。并表示，自己要通过光明正大的竞选，堂堂正正地组建内阁。

第一届正式国会参众两院议员选举于 1912 年底到 1913 年初在全国进行。按照预先计划，宋教仁乘车南下，到各省进行竞选宣传。

1913 年 1 月上旬，宋教仁回到阔别 8 年之久的故里，探望年迈的母亲和妻儿。随后，他依依不舍地辞别亲人，投入到为国为民的辛苦奔波之中。一路上，他不断发表言辞激烈的演讲，抨击民国以来的政治腐败和统治者无能。同时，大力宣传国民党的政治主张和奋斗目标。他充满激情的演说受到选民的热烈拥护和支持。给果，在参众两院 870 个议席中，国民党获得 392 席，占绝对优势。宋教仁满怀信心地宣布，他将以多数党党魁的资格，组织责任内阁。

就在宋教仁在南方进行国会竞选的同时，北京总统府内正在酝酿着一个恶毒的计划。袁世凯本想用金钱美女将这位年轻气盛的政治家收买在自己门下，为己所用，不料宋教仁却拒己于千里之外，且又表现得如此锋芒毕露，咄咄逼人。在接到宋教仁退回的支票时，袁世凯十分恼怒地说：“他藐视我了，他显然地表示着要和我做对头。”既然收买不成，袁世凯决计使出卑鄙的暗杀手段，向革命党人摊牌。袁世凯的心腹、国务总理赵秉钧和内务秘书洪述祖安排了暗杀计划。他们收买了上海流氓头子应桂馨具体执行，应指使他手下的武士英充当杀手。一张罪恶的黑网，

★宋教仁雕像

向着宋教仁密密张开……3 月 14 日，应桂馨密电洪述祖：“一切准备就绪，等候指示”。3 月 18 日，袁世凯正式下达刺杀宋教仁的密令：“14 日电应即照办，事速进行。”一切安排妥当以后，袁世凯又电告宋教仁，要其迅速进京，共商国事。宋不知是圈套，接电后，决定乘 3 月 20 日晚火车去南京，然后转津浦列车北上。

临行前，宋教仁先同国民党领导人一起商讨国策，筹划未来，起草了《国民党大政见》。接着他又到《民立报》社与同仁们辞行。大家都为宋教仁即将实现自己多年的夙愿，大展宏图而高兴，也为他的安全担忧。他的好友徐血儿紧紧握住他的手叮嘱道：“先生此行责任重大。当今局势混乱，一些心怀叵测之人，恐有对先生不利之处，还望先生小心防备才是。”宋教仁淡淡一笑说：“没关系。我此行的目的，主要是为调和南北，堂堂正正，有什么可怕的？我不信在光天化日之下，会有人敢使用这种卑劣的手段。既便是有什么不测或危险，我又怎能轻易放弃自己的责任？民不畏死，奈何以死惧之。”廖廖数语，表现出一个政治家的坦荡胸怀。然而，在这场民主与专制、进步与倒退的残酷政治斗争中，在袁世凯这样阴险毒辣的人面前，宋教仁显得过于天真了。

子弹射中腰部，进入腹腔，伤势极为严重。宋教仁深知自己将不行了。他怀着无限的遗憾拉着于右任的手，用十分微弱的声音说：“我恐怕不行了。有三件事要奉托于兄。第一，我所有的存书，替我全部捐赠给南京图书馆。第二，我的老母和妻儿还需你们几位老友多加照顾。第三，对于国家之事，各位还要尽力去做，千万勿以我死而放弃责任。我毕生为争取一个和平统一的中国而费尽心力，一些不明真相的人造谣生事，中伤于我，这多是误会。我现在就是死了，也没什么好后悔的。”接着，他又托黄兴代笔，给袁世凯发了一封电报，恳切地希望袁大总统能够“开诚心，布公道，竭力保障民权，使国会得以确定不拔之宪法”。生命垂危的宋教仁在弥留之际，还念念不忘国事，还盼望袁世凯能够为他的将死之言所感动，能够化伪为诚，化私为公。可悲的是，这位心地善良的政治家至死也不知道自己寄予一线希望的袁大总统正是杀害自己的凶手！

宋教仁遇刺的消息，第二天便以头版的醒目位置赫然刊登在上海各大报刊上。全国为之震惊，群情为之激愤。捉拿凶手，严惩凶犯的呼声，响彻云霄。上海各界爱国

★于右任

人士纷纷涌向沪宁医院，给这位呕心沥血浇灌共和国幼苗的革命家送去真诚的慰问，期盼他能转危为安。然而，子弹伤中要害，一切挽救措施都未能保住这位年轻革命家的生命。3月22日凌晨，宋教仁病情急剧恶化，体温骤然下降，呼吸急促，心跳微弱。黄兴、陈其美、于右任等10多人围在他的床边，欲哭无泪，欲言无声，默默地注视着……4时48分，年仅31岁的杰出的资产阶级革命家宋教仁的心脏停止了跳动。他双拳紧握，死不瞑目。黄兴把他的眼皮轻轻合上，大家这才放声痛哭起来。

此时，北京总统府内，却是另一番气氛。刺宋当天，袁世凯接到“魁匪已灭，我军无一伤亡”的密电，心中有了底，便大耍贼喊捉贼的伎俩。他电令江苏都督程德全，要其迅速侦破，捉拿凶手，按法严办。同时，他暗中指使御用报刊，利用宋教仁被刺，挑拨离间，说什么宋被刺是由于国民党内部互相倾轧的结果。企图分裂国民党，收一箭双雕之效。

经革命党人和上海英租界总巡捕卜罗斯多方查询，终于将凶手武士英和应桂馨捉拿归案。在应的住宅内，搜出手枪一支和与洪述祖、赵秉钧往来密函多件，案情真相大白。

袁世凯图穷匕见，他指使上海特务将武士英毒死狱中，让洪述祖潜逃青岛。后又将越狱逃跑、找他索要“毁宋酬勋”报酬的应桂馨刺死在京津火车上。最后，又将自己的心腹赵秉钧毒死在天津直隶督署内。在袁世凯杀人灭口的同时，他向五国银行团借款2500英磅，命北洋军队南下镇压革命党人，导致“二次革命”的爆发。

宋教仁的悲剧，也是中国资本阶级的悲剧。宋案的发生，使大多数国民党人从“胜利”和“南北合作”以及“政党内阁”与“议会政治”的幻梦中震醒过来。

宋教仁

宋教仁(1882—1913年)，字遁初，号渔父。湖南桃源人。中国近代民主革命家，民国初年国民党主要领导人之一。

1904年春，宋教仁同黄兴等在长沙创立华兴会，任副会长。同年11月，参与华兴会策划于慈禧太后生日时在长沙发动武装起义，失败后逃亡日本，先入东京法政大学，继入早稻田大学。1905年8月加入同盟会，任司法部检事长。1911年7月同谭人凤、陈其美等在上海组织同盟会中部总会，任总务干事。武昌起义爆发后，到武汉协助湖北军政府办理外交。1912年1月任南京临时政府法制局局长。3月任唐绍仪内阁农林总长。后随同盟会阁员一起辞职。宋教仁赞同袁世凯就任临时大总统，但主张实行西方的议会政治和政党内阁，以限制袁世凯的权力。1912年8月，将同盟会、统一共和党、国民共进会等合并为国民党，任理事并代理理事长。

★宋教仁

1913年初，他路经湖南、湖北、安徽、江苏到达上海，沿途发表演说，反对袁世凯专权，主张成立责任内阁，制定民主宪法，为袁世凯所忌恨。1913年3月20日，宋教仁在沪宁路上海站被袁世凯所派刺客以枪击伤，22日逝世。生前著有《宋教仁集》、《宋渔父日记》等。

★宋教仁墓

墓呈半球形，墓前立有“宋教仁先生之墓”的石碑。墓顶塑一展翅雄鹰，象征先烈革命的凌云之志，墓地中还立有宋教仁先生石雕像，四周遍植龙柏，绿树成荫，庄严肃穆。

二次革命

ER CI GE MING

1913年3月20日，国民党党魁宋教仁遭暗杀使孙中山看清了袁世凯破坏民主、实行独裁的丑恶面目，使国民党对以约法、国会、责任内阁限制袁世凯的希望彻底破灭。于是，孙中山提出兴师讨袁，发动“二次革命”以挽救民国的主张。

二次革命是辛亥革命的最后一役，但此役从一开始就注定了失败的结局。孙中山的建议一提出，国民党内部就出现了意见分歧。只有江西都督李烈钧等赞成武力讨袁，黄兴等对武力讨袁没有信心，犹豫不决，而另一些国民党的国会议员则留恋禄位，主张“法律倒袁”。在国民党人争论不休之时，袁世凯已作好了战争准备。9日，他悍然下令解除李烈钧江西都督职务，发出向国民党全面进攻的信号，国民党陷于非战不可的境地。孙中山急忙派人动员李烈钧起兵讨袁。李烈钧与部将商议后，又与谭延闿、柏文蔚、胡汉民和闽督孙道仁等国民党籍都督联络，但得不到积极响应。于是，他犹疑不决，卸职到上海与党内干部商议对策。国民党迟迟不下武力反袁的决心，袁世凯却步步进逼。8月14日，他下令解除胡汉民广东都督职务，调为西藏宣慰使。30日，又解除柏文蔚安徽都督职务，调为陕甘都爵。三都督的被罢免，表明袁世凯已公开向国民党宣战，国民党不得不起而应战。

★1913年3月20日宋教仁被刺后，孙中山、黄兴在上海举行会议，决定发动“二次革命”。

★1913年7月12日，江西都督李烈钧在江西湖口组织讨袁军，揭开二次革命的序幕。

6月下旬，孙中山赴香港和澳门，与新任粤督的陈炯明商议反袁独立。黄兴也以湖北为重点，准备起事。由于叛徒告密，汉口机关被黎元洪破坏，黄兴派往武汉敦促起义的宁调元、熊樾山被捕，詹大悲等勉强发动，但很快就失败。孙中山回上海后，又召集会议，力促陈其美、章梓分别在上海和南京起事未成。这样，孙中山、黄兴将希望放在李烈钧身上，促使李烈钧下定决心。

7月8日，李烈钧抵达江西湖口，设立讨袁军司令部。11日，李烈钧下达军事部署，以林虎为讨袁军

★李烈钧

★柏文蔚

★胡汉民

★陈炯明

左翼司令、方声涛为右翼司令。翌日拂晓，林虎部向北洋军发动进攻，李烈钧同时在湖口宣布独立，发布讨袁檄文,号召天下共击之。7月13日,江西省议会举行会议,推举李烈均为讨袁军总司令、欧阳武为都督。湖口之役的发动,标志着二次革命的开始。

在江苏,国民党的武力集中在南京。湖口之役发动后,南京军中高级将领仍然没有起事的信心,要求陈其美先在上海发动,夺取制造局,以解除南京的后顾之忧。但陈其美策动未果，上海不能起事,南京方面仍然犹豫。南京军队尤其是第八师,是国民党所保存的精锐部队。军内中下级军官对高级将领的犹豫迟疑极为不满，要求从速发动。其时,孙中山急于起事,派朱卓文到南京活动,运动中下级军官除去高级将领，南京军队更加动荡。在此情况下，第八师旅长王孝缜、黄恺元到上海，请黄兴到南京指挥,发动武装起义。孙中山也准备亲自前往南京发动。黄兴以孙中山不善戎伍,劝孙中山留沪,表示自己愿意代为指挥。7月14日,黄兴到达南京，召集第一师师长章梓、第八师师长陈之骥等高级将领举行会议,部署讨袁军事。会后,章梓即派兵捕杀反对独立的南京要塞司令吴绍磷、讲武堂副堂长蒲鉴和要塞掩护团教练官程凤章。次日晨，黄兴率高级将领进入江苏都督府，要求都督程德全宣布独立。在形势逼迫下，程德全只得同意江苏独立，发布讨袁通电，并委任黄兴为江苏讨袁军总司令。黄兴当即发表就职通电，下令驻徐州的第三师冷遹部堵击南下袁军，第一师、第八师出兵临淮关，控制要隘。继江西、江苏之后，安徽、上海、广东、福建、湖南和重庆等地相继宣布独立,加入讨袁行列。

★讨袁军在阵地装设大炮

★1913年3月25日,孙中山与黄兴、陈其美、居正、戴季陶等在黄兴寓所合影

★陈其美

袁世凯的北洋军以江西、江苏为进攻重点。在江西方面,讨袁军左翼林虎部首先在7月2日向北洋军第六师李纯部发起进攻。由于李纯部孤军深入，林虎初战顺利。但讨袁军配合不佳，未能扩大战果,给北洋军以重创。14日,北洋军向沙河至苗家湾的林虎部反扑,讨袁军受挫。接着,讨袁军右翼方声涛向金鸡坡炮台的进攻也失败。李烈钧只得收缩兵力，等待湘、粤援军的到来。然而,广东陈炯明虽下令组织援赣支队,但各师、旅长借故拖延,不肯出发;湖南谭延闿则首鼠两端,敷衍塞责。因援军迟迟不到,李烈钧处境困难。袁世凯又派段芝贵为江西宣抚使,加派第二师入赣作战,并派海军次长汤芗铭赴赣,调遣海军配合。在北洋军重兵的压力下,湖口、建昌、南昌等地相继失陷，江西讨袁军瓦解,李烈钧、林虎等经湖南逃往日本。

在江苏战场,讨袁军第三师冷遹和前来支援的第一、第八师部队在徐州与进犯的北洋军激战失败。7月22日,北洋军进占徐州。徐州失陷,使南京失去北面屏障。7月23日，陈其美在上海指挥讨袁军进攻制造局，经数日作战仍告失败,南京更加孤立。7月25日,程德全在南京发出通电,声称南京独立是黄兴、陈之骥所为,独立后一切文告均为假用程的名义号召,并宣布在苏州行署办事,要黄兴取消讨袁名义,投戈释甲,痛自咎责,以谢天下。

为挽救危局,黄兴急忙重作军事部署，但军心已开始有所动摇。接着,江西湖口失陷,临淮前线不守,沪宁铁路当局接受袁世凯令拒绝通车,南京顿成孤岛,军心也更为摇动。程德全的通电,又在政治上给南京方面以沉重的打击。7月26日,黄兴发表声明,称“我军饷糈械弹均缺,或当不免一败。虽我方有各省响应,同具决心,可破全国,非袁世凯所能抵御;然兴以此实不徒无益，而且有害。我如奋斗到底，将使大好河山遭受破坏，即获胜利，全国亦将靡烂，且有被列强瓜分之虞”。28日，程德全向南京军界发出取消独立的密电，并电令南京卫队营营长张鹏翥捉拿黄兴。黄兴见败局已定，极为悲观，企图自杀而为部下所止，当晚乘日轮静冈丸离开南京。黄兴走后，南京军队主要将领也相继离开。陈之骥见前途无望，只得宣布取消独立，请程德全回南京主持。

南京讨袁失败不久，安徽、福建、湖南、广东和重庆等地的讨袁斗争也相继失败。孙中山曾决意赴粤坚持。他至福州马尾时，得知陈炯明已无法控制广东军队，广东的失败亦无可挽回，只得取道台湾，转赴日本。

二次革命的最后战斗是南京保卫战。8月8日，激进的国民党人何海鸣再次宣布独立，当晚就被陈之骥取消。10日夜，第八师第二十九团下级军官和士兵起义，将何海鸣迎至二十九团团部，何海鸣宣布第三次独立。北洋军以冯国璋、张勋、雷震春等部大军压城，连续围攻。讨袁军第一师、第八师士兵与下级军官以大无畏的英雄气概，进行了顽强抵抗，血战至9月1日，终因敌我力量悬殊过大而失败。

二次革命是国民党人为保卫辛亥革命胜利成果、捍卫共和制的英勇斗争，它猛烈地冲击了袁世凯的反动统治，使袁世凯的面目进一步暴露。这次革命虽因国民党力量不足、意见不一和指挥无力而失败，但表现了孙中山为代表的国民党人坚持革命、不懈奋斗的精神和英雄气概。二次革命的失败，也进一步暴露了中国资产阶级的软弱性和国民党组织的根本缺陷。

废除《临时约法》

1913年，袁世凯登上了正式大总统的宝座后，他以国民党发动“二次革命”为借口，于11月4日下令解散国民党，收缴了438位国民党议员的证书和徽章，使国会因不足法定人数而无法开会。随即组成御用的政治会议，代行国会职权。1914年1月下令解散国会，2月取消各省议会，停办地方自治，同时指使党羽制造舆论攻击内阁。熊希龄内阁在部署了解散国民党、设立政治会议、解散国会等命令后，被迫辞职。3月，袁世凯召集约法会议，炮制出一部《中华民国约法》，于5月1日正式公布，同时废除了《临时约法》。新约法规定：改责任内阁制为总统制，撤销国务院；在总统府内设立政事堂，以国务卿为首；并把总统的权力扩大到与专制皇帝相似的程度。随后，袁世凯任命70余位参政组成参政院，代行立法权。12月，参政院完成了《修正大总统选举法》，规定：总统任期为10年，可无限制地连选连任；若“政治上有必要”，不必改选即可连任；总统负责推荐其继任人，被推荐者无任何限制。于是，不仅袁世凯可以成为终身总统，而且袁氏家族还能够世袭总统，中华民国变成了一块空招牌。

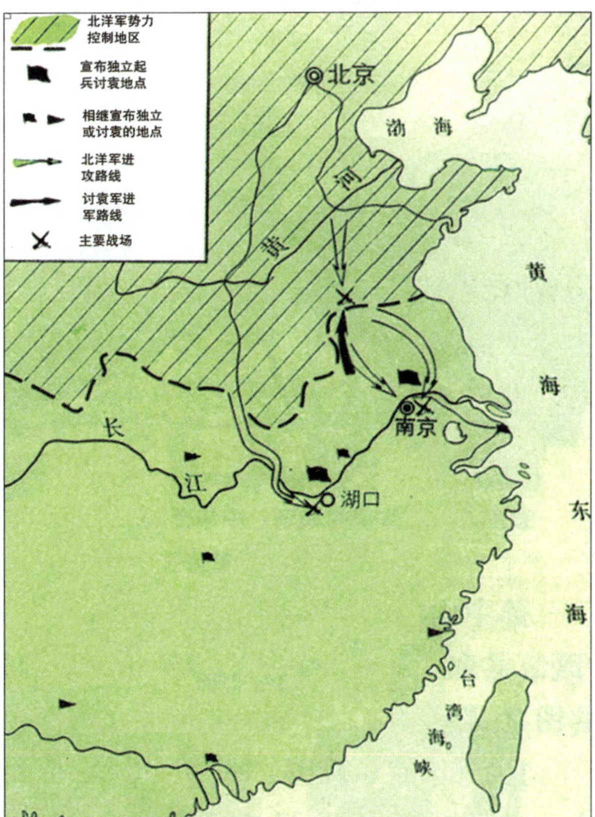

★二次革命形势示意图

★二次革命失败后，孙中山(右三)经台湾赴日本途中。

白朗起义

BAI LANG QI YI

1914年4月，以孙中山为首的资产阶级革命派发动二次革命失败以后，全国处于北洋军阀的统治之下，阴霾蔽空，恐怖窒息。当此之际，由白朗率领的号称“公民讨贼军”的农民起义队伍，却活跃于秦陇大地，进逼西安，并贴出布告，指斥袁世凯“以意思为法律，仍欲帝制自为”，其专制统治“摧残吾民，盖较满洲尤甚。海内分崩，民不聊生。……吕政、新莽不如其横酷也。”表明起义军是“痛心疾首，奋起陇亩，纠合豪杰，为民请命”，号召民众加入起义军以推翻袁世凯的反动统治，并表示起义军攻克西安后，要“申沛公三章之约，不举项王三月之火”。

白朗，字明心，1873年出生于河南省宝丰县大刘庄一个家道殷实的农民家庭，幼时曾入私塾读书，辍学后参加农业劳动。他身高体健，善于交游，且好打不平。大刘庄王姓居多，白家身单势孤，常不免受其欺凌。1908年，他因口角之争与本村王姓地主互相殴打，事后王家贿官诬告，白朗被捕入狱一年多，在狱中也因未能满足狱卒的索取而受尽折磨。后经白家卖去一顷土地，多方奔走，始获释出狱。这使他对反动官府、地主积下很深的仇恨。出狱后，因家产所剩无几，本村又无法存身，为维持家人生计，白朗便赶着牛车往来于宝丰至会兴头(今三门峡市会兴镇)的商路上拉官盐，凡遇车队出事，他必独当艰难，由此而声誉日隆，渐成车队的领袖人物。后来又在宝丰的大王庄冶炼生铁，声名更著，乡民遇事多找他相商，人们亲热地尊呼他为“官大哥”。清末的河南，土地兼并日趋严重，官府及包税人也加强对人民的经济掠夺，使农民难以承担，大量农民逃荒讨饭或铤而走险，农民暴动不断发生，清王朝的统治已走到尽头。1911年宝丰又发生雹灾，大片土地颗粒无收。正是在这种情况下，约在武昌起义的同时，白朗起义的枪声在河南宝丰打响了。

白朗起义军最初只有二三十人左右，使用的武器除一支快枪外，其余尽是“笨炮”(土铳)和大刀，被当时人们称为“笨炮队”，又因他们的成员多为贫苦农民，衣衫破烂，一律穿着破棉袄，所以又被称为“袄片队”。这支队伍在1912年2月曾与附近农民军联合围攻鲁山县城，4月又“打劫”了民愤极大的宝丰卸任县官张礼堂，得快枪20余支。到5月下旬，已有70余人，快抢30余支，初步站稳了脚跟。

袁世凯窃取中华民国临时大总统职位后，人民群众的政治经济地位并没有得到改善，白朗起义军也就把斗争矛头对准了袁政权。他们在宝丰、鲁山一带打败来犯的官军，使其龟缩城内不敢出战。袁世凯的亲信、河南都督张镇芳又改用招抚之计，诱骗了杜启宾、秦椒红等18位农民军首领，于11月将他们杀害于鲁山。白朗识破了反动派的阴谋，拒绝受抚，继续坚持斗争。各路农民军余部纷纷集合于白朗的旗帜之下，使他的队伍发展到600余人，以舞阳县的母猪峡为大本营，到处宣传“打富济贫”，并把缴获的官绅、地主、富商的粮食和财物散发给穷苦百姓，深得民众拥戴，出现了“父绍其子，兄勉其弟，妇勖其夫”，争相参加起义军的动人场面，起义军迅速发展到3000余人。

1913年，白朗起义军的斗争发展到一个新阶段。这年3月，宋教仁被袁世凯派人暗杀，资产阶级革命派准备发动二次革命，不断派人到白朗军中进行联络，白朗也表示愿与革命党人联合“以图大举”，并率军于5、6月间攻占河南唐县、禹县，自此白朗声振豫西。二次革命爆发后，黄兴曾在7月20日写信给白朗，希望他与各路讨袁军相配合，“占领鄂豫之间，相机进攻”，因信使在开封被捕杀，信未能送到。黄兴也曾派国民党人杨体锐去白朗军中活动。白朗军自禹县城撤出后，7月攻占了鄂豫陕三省交界的军事重镇荆紫关和淅川县城，并袭击京汉铁路，牵制了北洋军的南下，支持了南方革命势力。

“二次革命”失败后，白朗军于9月下旬攻占湖北枣阳，10月初又返回鲁山、宝丰地区，11月攻占宝丰县城，并回到故乡大刘庄。这时，白朗军已成为国内规模最大的反袁队伍，袁世凯调集了3万余人来围剿起义军。白朗采取了避实击虚之策，冲出包围，于1914年1月越过京汉铁路，挥戈东进，连克河南光山、光州(今潢川)、商城后进入安徽，攻占六安、霍山，缴获大批枪支弹药，义军也发展到4000人。

北洋军连遭失败后，袁世凯调整将帅，撤去张镇芳的河南都督，改由陆军总长段祺瑞兼任。段祺瑞亲赴信阳，企图将起义军聚歼于霍山、六安、霍丘之间。在北洋军进逼之下，白朗又化整为零，把队伍分为几路，同时采取声东击西的战术，冲出包围圈后兼程西进，2月末又越过京汉铁路进入湖北。3月7日，一举攻克湖北商务重镇老河口，歼敌一个营，进城后还惩办了外国传教士，没收了一批外国在华企业如亚细亚煤油公司等。

白朗在攻占老河口后，召开了一次重要的军事会议，讨论下一步的行动。白朗本想进军四川以建立根据地，因蜀道险峻，川军防备严密，不利攻取，遂决定西进陕甘，然后相机入川。同时，白朗还在老河口改编了队伍，称“公民讨贼军”，又称“扶汉军”，自称“中原扶汉军大都督”。

白朗军在老河口停留三天，然后挥师北上，3月14日攻克荆紫关后进入陕西，连克商南、武关、商县等地，兵锋直指西安。陕西都督张凤翙坐困西安，向袁世凯告急求援，袁又调集兵力，企图在西安一带消灭白朗。起义军在关中张贴布告后，并没有硬攻西安，而是乘渭南一带空虚之际，由子午镇附近疾驰西进，陕甘一带哥老会纷纷归附。起义军随后连克凤翔、陇县、固关而进入甘肃。甘肃都督张广建急调军队防堵，起义军攻克了甘肃伏羌(今甘各)、秦州(今天水)、徽县、成县、武都、通渭、岷州、洮州等地，取得了一定战果，但终未能实现入川建立根据地的计划。

白朗起义军在进入甘肃一带后，注意宣传起义军“所以西来，谋大事耳。……决不涂炭生灵”的宗旨，约束部众严禁焚烧民房、抢劫民间财物。但由于连续征战，部队过于疲劳，甘肃一带人烟稀少，粮食、饮水都很缺乏，且时疫流行，少数民族武装也抵抗起义军。这些因素，加剧了起义军部众的思乡情绪。在攻下洮州后，白朗在县署召开了军事会议，鉴于众志难违的情势，决定回师东归。

1914年5月末，白朗军突破北洋军对洮州等地的包围，挥军东进。6月4日再占秦州，接着在宝鸡附近冲开敌军防线进入陕西，以风驰电掣之速前进，但在沿途各地都遭到北洋军的围追堵截，损失惨重，回到河南宝丰、鲁山一带后，已无力与官军相抗，只得分散为数股。部众在进入河南后，纷纷自动离队回家，起义军不复成军，跟随白朗的只有数十人。8月，白朗率众在鲁山县石庄一带与北洋军交战中不幸负伤，数日后去世。民初的这场轰轰烈烈的农民起义，由于没有先进阶级的领导，长期流动作战，最后以失败告终。

白朗在领导这场农民起义的过程中充分地表现出了农民起义领袖的优秀品质。其一，他嫉恶如仇，不畏强暴，敢于与腐朽势力斗争到底。在与袁世凯集团的斗争中，孜孜以求的是“设立完美之政府”，拒绝了北洋政府的劝降，并明确表示：“如果袁世凯真正的支持和维护共和国的政府，我就不独树一帜去反对他。”其二，他爱民如父母，勇于为民而战。在转战各地的戎马岁月中，始终强调“打富济贫”，在攻占各地后，都要把缴获的粮食、财物分给贫苦农民，并严明军纪，堪称秋毫无犯，所以深得民众拥护，连敌人也不得不承认：“该匪以劫富济贫为唯一手段，故所至之处，贫苦小民均极欢迎，并乐为耳目。”其三，他追求进步，大胆与代表进步势力的资产阶级革命派进行联合，在二次革命及其以后，接受了反袁的口号，委任革命党人在起义军中担任参谋长等要职，并为捍卫民主共和制度而勇敢战斗，由此也给这场农民起义打上了时代和资产阶级革命派影响的烙印。白朗所领导的农民起义前后坚持三年之久，活跃于豫、鄂、皖、陕、甘五省，先后攻克50余座城镇，沉重打击了袁世凯集团的反动统治。

★白朗起义

护国战争

HU GUO ZHAN ZHENG

1915年，袁世凯加紧进行复辟帝制活动。12月13日，他公然宣布“接受”帝位，改国号为“中华帝国”，定于1916年元旦举行登基大典。梁启超领导的进步党首先举起“护国”旗帜，全国各地具有民主思想、反对帝制、拥护共和制度的各界民众也都纷纷起来进行声讨。

★蔡锷

1915年12月25日，唐继尧、蔡锷、李烈钧等向全国发出通电，宣布云南独立，反对帝制，武力讨袁。并以唐继尧为都督组织护国军，以蔡锷、李烈钧为护国第一、二军总司令，统兵出征，分别进入四川、广西等地；唐继尧兼任护国第三军总司令，留守云南。1916年元旦，护国军誓师出征，在四川、贵州、广西、广东等地与袁军交战，攻势甚猛。北洋军纪律败坏，军心涣散，一触即溃。曾投靠袁世凯的贵州督军刘显世、广西将军陆荣廷，先后于1月27日和3月15日宣布独立。袁世凯不得不于3月22日宣布取消帝制，但他企图退保总统地位，却遭到各方拒绝。此间，孙中山也由日本返国，发表第二次《讨袁宣言》，号召人民继续斗争，“还要永远铲除帝制”，使反对袁世凯的风暴不断扩大。1916年6月6日，袁世凯在举国上下的讨伐声中绝望地死去，护国战争取得了胜利。

★护国军将领(左起:李日垓、罗佩金、蔡锷、殷承𤩽、李烈钧)

★护国军青年及护国军乐队

护国战争胜利后，由黎元洪任大总统，宣布恢复《临时约法》，召集国会。但实际权力则为国务总理、皖系军阀段祺瑞所掌握。黎元洪不甘于受段摆布，联合反段派议员、官僚共同对抗，进而形成“府(总统府)院(国务院)之争”。段便利用张勋将黎元洪驱走，由冯国璋代理大总统。

蔡锷

蔡锷(1882—1916年)，原名艮寅，字松坡。生于湖南邵阳。中华民国初年军事家。1915年云南护国起义的主要组织者和领导者。

蔡锷幼年在私塾读书，1898年考入长沙时务学堂，接受了梁启超等人维新思想的影响。1899年赴日本，就读于东京大同高等学校、横滨东亚商业学校。1900年随唐才常回国参加自立军起义。失败后改名锷。复去日本，先入成城学校，继入陆军士官学校，学习军事。1904年毕业回国。先后在湖南、广西、云南等省教练新军。1911年初调云南，任新军第十九镇第三十七协协统。10月30日与革命党人李根源等在昆明领导新军响应武昌起义，被推为临时革命军总司令。成立云南军政府后，任都督。后为矫正军人干政时弊，自请解职。1913年被袁世凯调至北京，加以笼络与监视。

1915年袁世凯称帝，他由北京潜回云南，与唐继尧等人于12月25日宣布云南独立，组织护国军，蔡任护国军第一军总司令，发动护国战争。1916年春率部在四川纳溪、泸州一带击败优势袁军，迫袁取消帝制。袁世凯死后蔡锷任四川督军兼省长，不久因病赴日就医，1916年11月8日卒于福冈。

张勋复辟

ZHANG XUN FU BI

张勋原是袁世凯新军的部属，1902年调北京宿卫端门，曾扈从慈禧太后和光绪帝。1911年8月调任江南提督。武昌起义爆发后，他率军进入南京城与革命军对抗，被清政府任命为江苏巡抚兼署两江总督。民国成立后，其部改称武卫前军，为表示仍忠于清王朝，他和他的队伍仍然留着发辫。因而他的军队被称为“辫子军”，他则称“辫帅”。

1913年，张勋因率军镇压孙中山发动的二次革命有“功”，被袁世凯提拔为长江巡阅使，统率两万军队驻扎在徐州一带。1916年袁世凯称帝败亡后，政局出现动荡。张勋遂乘机联络前清遗老遗少及保皇党人康有为等，积极为复辟做准备。1917年5月，大总统黎元洪和国务总理段祺瑞因是否解散国会问题发生了争端。黎元洪被迫召张勋入京调解，张勋便带领3000人的军队从徐州出发，8日到达天津，先强迫黎元洪解散国会，否则不进京调停。黎元洪出于无奈，于6月13日下令解散国会。6月14日张勋入京，30日晚入清宫，召开“御前会议”，决定恢复清帝国。张勋一直企图使清帝复辟，梦想做个复国元勋。当晚，张勋派兵占据了火车站、邮电局等要地，同时派人劝黎元洪“奉还大政”。7月1日凌晨，张勋穿戴清代的朝服朝冠，率

★张勋的辫子军在北京天坛内露营

张勋

★张勋

张勋(1854—1923年)，字诏轩。江西奉新人。初为清广西提督苏元春部参将。中日甲午战争爆发，随四川提督宋庆调驻奉天。后随袁世凯到山东镇压义和团，升总兵。1901年调北京，宿卫端门，多次担任慈禧太后、光绪的扈从。1911年擢江南提督。武昌起义后，奉令镇守南京，戒备第九镇新军。不久，江浙联军围攻南京，他兵败退徐州，仍被清政府授为江苏巡抚兼署两江总督、南洋大臣。袁世凯任大总统后，所部改称武卫前军，驻兖州。二次革命中，率军攻下南京，纵兵杀掠。旋被袁世凯任为江苏督军。继转任长江巡阅使，移驻徐州。1917年，黎元洪与段祺瑞因为战争问题发生“府院之争”。他借调停为名，率兵入京，拥护溥仪复辟，自封议政大臣兼直隶总督、北洋大臣，后被段祺瑞击败。1918年10月23日，经曹锟、张作霖等呈请，新任大总统徐世昌发布命令，对张勋“免于追究”。1919年5月，北京爆发学生爱国运动，张勋收容爱国学生，支持学生运动。1920年5月张作霖向徐世昌提出恢复张勋长江巡阅使兼安徽督军之职，被张勋拒绝。7月14日直皖大战爆发，段祺瑞曾指曹锟，张作霖勾结张勋出京重谋复辟，20日张勋通电声明未谋复辟，转天津居住，张勋的投资遍及工商、金融各业，总计约三千万元，成为北洋军阀集团第一个投资经营近代工商金融业的将领。1921年1月26日，北京政府在张作霖要求下特派张勋督办热河林垦事宜，再次被拒绝。1923年9月12日，张勋在天津病故。

★张勋故居

故居位于天津市河西区浦口道6号，建于1899年，为德式建筑。主要建筑分东、西两楼。院中原有假山、凉亭、荷花池、石桥、游船，并养鸟兽、花卉等，是一处不错的园林景观。

★段祺瑞部讨逆军在紫禁城东门与辫子军交战

★1917年7月12日，接纳张勋避难的荷兰驻京使馆。

领康有为等群党，拥溥仪登基，改民国六年为宣统九年，易五色旗为龙旗，恢复清末官制，溥仪大加封官赐爵。张勋被封为忠勇亲王、首席议政大臣、直隶总督兼北洋大臣，掌握军政大权。

清帝复国的消息传出后，孙中山在上海发表讨逆宣言，各大城市群众团体、社会名流，纷纷集会通电，要求讨伐张勋，北京十几家报纸自动停刊，表示抗议。上海、天津、武汉等处的报纸也无不口诛笔伐。段祺瑞借助全国反对复辟的声势和日本政府的财政支援，于7月3日在天津附近的马厂组成讨逆军，誓师讨伐张勋。张勋的军队一触即溃，7月12日，张勋仓皇逃入荷兰使馆，溥仪宣布退位后也逃入了美国使馆。段祺瑞于7月14日到北京，重新执政。张勋复辟仅仅12天便宣告结束。

段祺瑞

段祺瑞(1865—1936年)，原名启瑞，字芝泉。安徽合肥人。北洋军阀皖系首领。北洋武备学堂毕业，曾留学德国学军事。1895年佐袁世凯在天津小站练兵，任炮兵学堂总办兼统带。1903年任练兵处军令司正使，后历任江北提督等职。辛亥革命后，历任北京政府陆军总长、参谋总长、国务总理等职。袁世凯死后，在日本帝国主义支持下，把持北洋军阀政府。第一次世界大战后，向日本大量借款、购买军火，编练"参战军"。1920年被直系军阀曹锟、吴佩孚击溃下野。1924年直系政权倾覆，被冯玉祥等人推举为北京临时执政。1925年召开善后会议、抵制国民会议，并在帝国主义指使下召开关税特别会议和法权会议，用以欺骗人民，破坏反帝斗争。1926年，段琪瑞指使军警屠杀北京爱国群众，造成著名"三一八"惨案。同年6月，段被冯玉祥驱逐下台，后病死于上海。

★段祺瑞

★"三一八"惨案时，请愿群众与执政府卫队对峙。

★段祺瑞执政府旧址

护法运动

HU FA YUN DONG

护国战争胜利后，由黎元洪继任中华民国总统，段祺瑞出任北京政府国务总理，并宣布恢复《临时约法》和召集国会。1917 年 6 月，张勋利用黎元洪与段祺瑞的矛盾，

★冯国璋(右)与段祺瑞合影

率 3000 辫子兵，借“调停”之机于 6 月 14 日进驻北京，他首先解散国会，逼走黎元洪，然后把 12 岁的溥仪抬出来宣布复辟，他自任首席内阁议政大臣，兼直隶总督。7 月 12 日，段祺瑞率“讨逆军”进攻北京，辫子兵战败，张逃入东交民巷

★段祺瑞的内阁成员：(右起)曹汝霖、刘冠雄、陆征祥、段祺瑞、钱能训、段芝贵、朱深、傅增湘

荷兰使馆，溥仪只得再次宣告退位，复辟丑剧仅 12 天便宣告破产。

此后，段祺瑞再次出任总理。但当他掌握了实权后，却拒绝恢复《临时约法》和召集国会。1917 年 7 月 17 日，孙中山率领两艘军舰到达广州，号召全国进行护法斗争，并提出了以“打倒假共和，建设新共和”为护法宗旨，正式举起了护法的旗帜。22 日，程璧光率第一舰队从上海到广州，壮大了护法的声势。多数国会议员不满于段祺瑞的毁法专擅，纷纷南下。8 月中旬，南下议员已达 150 多人，根据孙中山的提议，8 月 25 日召开了非常国会，通过了《中华民国军政府组织大纲》，决议成立中华民国军政府，选举孙中山为军政府海陆军大元帅。云南督军唐继尧、两广巡阅使陆荣廷为元帅，护法军政府成立。9 月 10 日，孙中山宣誓就职，宣布段祺瑞等为叛逆，并出师北伐，护法战争正式开始。

★非常国会选举孙中山为海陆军大元帅时合影

1917 年 11 月下旬，在护法战争节节胜利的时候，西南军阀陆荣廷等却暗中与直系军阀谋和，阻挠和破坏南方护法军的进攻，并拉拢政学会分子等国会议员，用内部改组的方法取消元帅，设立七个总裁。1918 年 2 月 26 日，拥护孙中山的海军总长程璧光被暗杀。同年 5 月，桂系操纵国会非常会议，用“总裁合议制”代替大元帅制，孙中山被迫辞去大元帅职务，离广州去上海。护法军政府实际权力被西南军阀所篡夺，护法战争宣告失败。

黎元洪

★黎元洪

黎元洪(1864—1928年),字宋卿,湖北黄陂县夏店(今属大悟县)人,寄籍江夏县(今武昌县),原籍安徽巢县。北洋政府总统。1864年10月19日出生。1883年考入天津北洋水师学堂，毕业后,派往广东服役,1888年随"广甲"编入北洋水师,1894年中日战争爆发,随舰队北援。坐舰被日舰击沉,黎飘海遇救,往南京投两江总督张之洞。1896年随张之洞回湖北,任炮台监制、护军后营帮带,参与训练新军。1898年至1901年,曾3次赴日本考察军事。

1911年,武昌起义爆发,黎元洪被革命党人强迫推举为湖北都督。1912年1月,中华民国临时政府在南京成立,黎元洪被选为副总统。2月,南北和议告成,与孙武、刘成禺、张伯烈等组织"民社",任理事长,鼓动武昌和南京分裂;附和袁世凯定都北京;镇压"群英会";为排除异己,将原8个师的军队改编为3个师。8月16日与袁世凯合谋,诱杀湖北军政府军务部副部长张振武和湖北将校团团长方维。

1913年,袁世凯扑灭二次革命。10月6日,袁世凯任中华民国正式大总统,黎元洪为正式副总统兼鄂督。但袁世凯对黎元洪在鄂视为心腹之患,12月派段祺瑞到鄂,以"磋商要政"为词,迫黎元洪赴京,被安置在瀛台,与之结为儿女姻亲加以控制。1915年,袁世凯欲遂行帝制,黎元洪迁居东厂胡同,闭门谢客。12月15日,袁世凯册封黎元洪为武义亲王,黎元洪坚辞不就。

★孙中山与湖北军政界合影,2排左1孙科、左3胡汉民、左4黎元洪、左5孙中山,3排右2是廖仲恺。

1916年6月6日,袁世凯病亡,黎出任大总统。而国务总理段祺瑞独断专行,演成"府院之争"。翌年6月,黎引长江巡阅使张勋入京斡旋,7月1日张勋复辟,黎被迫弃职。1922年6月,直系军阀曹锟、吴佩孚赶走皖系总统徐世昌,黎再任大总统。次年初曹锟贿选,逼黎下野,黎辞职赴天津,开始致力于实业。1928年6月3日,病逝于天津。

★黎元洪墓

位于武汉市卓刀泉土公山。这里原本有宏大的墓道和巨大的墓冢,如今,只剩下圆形的墓冢和墓碑。在墓前,留下了一条十几米长的墓道,墓道的尽头是刻有"大总统黎元洪墓"字样的墓碑,墓碑后面就是圆形、大理石堆砌的黎元洪墓。墓的后面是一块记载大总统生平的巨大碑石。环绕整个墓的是苍松翠柏,如今,这里被认定为"武汉市重点文物保护单位"。

直皖战争

ZHI WAN ZHAN ZHENG

北洋政府大致分为袁世凯统治时期、皖系军阀统治时期、直系军阀统治时期和奉系军阀统治时期四个阶段。北洋政府外靠帝国主义支持，内倚北洋军队为统治支柱，主要代表着国内封建势力，他们在全国建立起军事化的统治，镇压人民，排斥异己，实施着黑暗的专制统治。

1916年袁世凯死后，皖系军阀段祺瑞以国务总理身份把持北京政府的实权。他在日本扶持下，购置军火，编练军队，极力扩充其武装力量。段祺瑞提出“武力统一”的口号，企图利用直系军队消灭孙中山的护法军政府，又达到削弱直系的目的。而直系又不甘心皖系的扩张，提出“和平统一”。由此，英、美帝国主义扶植下的直系军阀曹锟、吴佩孚便与日本帝国主义支持下的皖系段琪瑞之间形成了矛盾。

由于日本与美、英都在为争夺中国而明争暗斗，因此他们的较量，也就使得皖系与直系矛盾的更

★皖系军阀段祺瑞戎装照

曹锟

曹锟(1862—1938年)，字仲珊，河北天津人。直系军阀首领。1885年入天津武备学堂。1894年中日甲午战争，随军去朝鲜，战后投袁世凯，次年升管带。武昌起义后，移驻京郊南苑附近。

1912年2月，曹锟纵兵哗变，焚掠北京内外城，为袁世凯制造拒绝南下就任中华民国临时大总统的借口。1915年9月，上书请改国体为帝制，为袁称帝推波助澜，被授“虎威将军”，再封一等伯。护国军讨袁时，曹率军入川镇压，1916年3月，与护国军战于叙(州)、泸(州)之间，受创败退。9月任直隶督军。1917年7月张勋复辟，曹任西路讨逆军总司令。孙中山南下护法，曹锟曾通电附和段祺瑞反对恢复旧国会、反对护法军政府。1918年2月曹南下汉口，以吴佩孚代理第三师师长兼前敌指挥，率部入岳州、占长沙、取衡阳。1919年12月冯国璋病死，曹锟被奉为直系首领。

★曹锟

1922年4月，第一次直奉战争爆发，直系获得此战的胜利，曹锟与吴佩孚等控制了北京政府。1923年6月，曹锟指使党羽逼宫夺印，将黎元洪逐走天津。10月5日出动军警挟持国会，重金收买议员，贿选为大总统。1924年第二次直奉战争中，被冯玉祥等人发动的北京政变赶下台，囚禁于中南海。1926年获释，到河南投奔吴佩孚。1927年，吴佩孚被国民革命军击败后，曹寓居天津。在日军占领天津期间，拒绝出任伪职。1938年5月，曹锟病死天津。

★曹锟旧居

加突出。1920年4月，曹锟在直隶保定以追悼在湘阵亡将士为名，召开各省代表大会，组成了直奉两系的八省反皖联盟。5月，吴佩孚自衡阳率直军北上至保定，准备讨段。7月，直皖战争爆发。战争的结果是直系的曹锟和吴佩孚成了北洋政府的新主人。

7月14日，直皖两军在北京东西两面的京津铁路和京汉铁路线上的涿州、高碑店、琉璃河一带开战。奉系张作霖也派兵入关，作为直军后盾。16日，东路皖军在日军护路队支援下，攻占杨村，直军退守北仓。次日，吴佩孚指挥西路直军采取侧翼迂回战术插至松林店，直捣皖军前敌司令部。接着，直军占领涿州并向长辛店追击。这次战争历时5日，皖军大败。

7月18日，段祺瑞的心腹将军靳云鹏向其进最后忠告说："战争已完全失败，边防军战斗力已失，若不从速设法，恐三数日内，京中粮食问题将令全军不战自溃，至兵临城下，为时已晚，追悔莫及矣。"段祺瑞表示同意，便向徐世昌请求下令停战。当天，徐世昌颁布停战令，责成各路将领指挥所部将士各守防线，停止进攻，听候命令。

7月19日，段祺瑞发表通电，自请罢免官职，解除定国军名义。直奉两系军阀遂控制了北京政权。

★靳云鹏

吴佩孚

★直系军阀吴佩孚

吴佩孚(1871—1939年)，字子玉。山东蓬莱人。北洋军阀直系首领。1898年投淮军。日俄战争爆发，赴东北刺探俄军情报，因"功"以帮统记名。1906年，任北洋陆军曹锟部管带，颇得器重。后升任旅长。护国讨袁运动兴起，随营入川镇压蔡锷领导的云南护国军。1917年7月，任讨逆军西路先锋，参加讨伐张勋复辟。同年，孙中山组成护法军政府，段祺瑞派曹锟、张怀芝带兵南下讨伐，吴佩孚任第三师代理师长兼前敌总指挥。因湖南督军席位为皖系张敬尧所得，吴佩孚仅获空衔，十分气愤。遂发出罢战主和通电。

1919年五四运动爆发，吴佩孚曾多次通电反对在巴黎和约上签字，支持学生运动，颇得舆论的好评。11月，吴佩孚与西南地方当局结成反段军事同盟。12月，冯国璋病死，曹锟、吴佩孚继承了直系军阀首领的地位。1920年5月，吴佩孚率军自衡阳北撤，布置对皖军事。14日直皖战争爆发，在奉军配合下大败皖军。此后，直奉两系共同把持了北京政府。1922年4月，第一次直奉战争爆发，奉军败退关外，吴佩孚成为北洋军阀的首要人物，操纵政局。1923年2月，吴佩孚镇压京汉铁路工人罢工，造成"二七"惨案。1924年9月，第二次直奉战争爆发，吴佩孚任"讨逆军总司令"，为奉军及冯玉祥国民军所败。1925年10月，浙江督办孙传芳发动反奉战争，吴佩孚出任"讨贼联军总司令"，派兵攻入河南，后与奉系沟通，南北夹击国民军。1926年夏北伐战争期间，吴佩孚从北方赶赴前方督战，在鄂南汀泗桥、贺胜桥连遭惨败。10月，北伐军攻占武汉三镇，吴部主力被歼，从此一蹶不振。1927年5月，吴佩孚率残部去四川依靠军阀杨森、刘存厚。1932年回到北平(今北京)。吴佩孚曾通电声讨溥仪充当伪满傀儡，拒绝日伪拉他下水。1939年12月4日，暴卒于北平。

★吴佩孚墓

直奉战争

ZHI FENG ZHAN ZHENG

★1926年张作霖与吴佩孚合影

★齐燮元

★孙传芳

★北京政变后，冯玉祥在滦平与将士们合影。

1920年，直皖战争后，受英美帝国主义支持的直系军阀和受日本帝国主义扶植的奉系军阀控制了北京政权，但因两系均受制于不同的帝国主义国家，因而帝国主义国家便会出于自身的利益考虑来左右这两个执政的派系。致使直、奉两系在很短的时间内便矛盾重重。1921年，张作霖推荐梁士诒任国务总理，吴佩孚以梁士诒亲日媚外为由，迫其辞职，最终引发了第一次直奉战争。结果直系击败奉系，独占了中央政权。1923年10月，曹锟通过贿选当上了大总统，搞得举国哗然，民心丧尽。1924年9月，江苏直系军阀齐燮元攻击浙江皖系军阀卢永祥，爆发了江浙战争。1924年9月15日，于第一次直奉战争失败后脱离北京政府，并宣布"闭关自治"的张作霖以援助卢永祥为由向直系宣战，指挥陆、海军约15万人，分路向山海关和赤峰、承德推进，企图围歼直军主力于滦河以东地区。17日，曹锟任命吴佩孚为讨逆军总司令，调集约20万人马，主要依托长城组织防御，第二次直奉大战由此爆发。10月，直系将领冯玉祥发动北京政变，囚禁曹锟，直系吴佩孚失败南下，直系军阀统治时期告终。

直系垮台后，奉系控制了北京政权，他们抬出皖系首领段祺瑞为临时执政，实际则在背后操纵。1926年7月，广东革命军开始大举北伐。直系吴佩孚、东南孙传芳、奉系张作霖均被北伐军各个击破，不到一年，北伐军便控制了全国的半壁江山。1928年6月，奉系见大势已去，再次退回关外，而张作霖却在回沈阳途中，被日本关东军预先埋设的炸弹炸死。1928年6月8日，国民党军队进入北京，北洋政府在中国的统治结束。

★张作霖被炸现场，东北军人员在进行抢救。

张作霖

★张作霖

张作霖(1875—1928年),字雨亭。奉天海城人。奉系军阀首领。张作霖早年当土匪,1902年被官府收编。武昌起义后,仍效忠清廷,任“奉天国民保安会”军事部副部长,打击革命力量。后被袁世凯任命为第27师师长,镇压反袁的国民党人。袁称帝,被封为子爵、盛武将军,督理奉天军务兼巡按使;袁死后,被北京政府任命为奉天督军兼省长、东三省巡阅使,依靠日本控制了辽、吉、黑三省,成为奉系首领。此后,张作霖以东北为基地,向关内扩张势力。1920年7月直皖战争爆发前,与直系共同把持了北京政府。直奉战争失败后撤回关外,任东三省保安总司令,宣布东北三省“独立”、“自治”。

1924年9月,张作霖挑起第二次直奉战争,占据山东,一度扩展到苏、皖,直至上海。他联合吴佩孚、阎锡山、张宗昌等,合力对冯玉祥的国民军作战,重占天津、北京。1926年,任安国军总司令,宣言“反共讨赤”,封闭进步报馆,杀害李大钊等共产党人和进步人士。1927年6月在北京成立安国军政府,自称陆海军大元帅,企图以黄河为界南北分治。1928年初,蒋介石统率冯玉祥、阎锡山、李宗仁各路军北上,直逼京、津。张作霖眼看大势已去,于5月30日下总退却令。因慑于东北人民的反日浪潮,对日本的侵略要求未予全部承诺,因而激怒日本军方。6月4日清晨,张乘车由北京回奉天,经过沈阳西郊皇姑屯车站附近时,被日本关东军预埋的炸药炸死。

冯玉祥

冯玉祥(1882—1948年),字焕章。安徽巢县人。中华民国时期军事家,爱国将领。冯玉祥清末入淮军当兵,后投北洋军,升任河南督军及陆军检阅使等职。反对袁世凯称帝,讨伐张勋复辟。

1924年,冯玉祥在第二次直奉战争中,发动北京政变,推翻曹锟政府,驱逐清逊帝溥仪出宫。他脱离直奉军阀,改所部为国民军,任总司令兼第一军军长,并电请孙中山北上主持国家大计。不久,迫于奉、皖军阀的压力,赴张家口任西北边防督办,将第一军改称暂编西北陆军。1926年秋在绥远五原誓师,就任国民军联军(后改为国民革命军第二集团军)总司令,并率部参加北伐战争,出兵潼关,会师中原。1927年,冯玉祥曾一度附和蒋介石、汪精卫清党反共。因与蒋发生利害冲突,1930年联合阎锡山、李宗仁等举兵反蒋,爆发中原大战,冯在失败后下野,所部被蒋收编。

★冯玉祥

“九一八”事变后,冯积极主张停止内战,一致抗日。1933年5月,在中国共产党的支持和帮助下,与吉鸿昌、方振武组织察哈尔民众抗日同盟军,任总司令,后被蒋介石所迫辞职。1936年出任国民党政府军事委员会副委员长。抗日战争爆发后,相继任第三、第六战区司令长官,不久被蒋介石排挤,被迫离职。

1946年,被迫以水利考察专使名义出访美国。抗战胜利后,反对蒋介石的内战独裁政策,要求组织联合政府。1948年1月1日,中国国民党革命委员会在香港成立,冯被选为中央常务委员兼政治委员会主席。是年7月应中国共产党邀请回国参加中国人民政治协商会议筹备工作,于9月1日因所搭轮船经黑海时失火遇难。

五四运动

WU SI YUN DONG

1914 年 8 月，第一次世界大战爆发，欧洲列强忙于战场上的厮杀，无暇顾及在中国所攫取的权益，他们暂时放下了侵略中国的屠刀。日本为实现其独霸中国的野心，以对德宣战为借口，趁机派兵在山东半岛登陆，夺取了德国在山东强占的各种权益。

第一次世界大战结束后，1919 年 1 月，英、美、法、日、意等 27 个帝国主义国家在巴黎召开所谓“和平会议”。巴黎和会召开前，美国总统威尔逊发表了国会演说，提出一切殖民地的处置，应顾全各殖民地居民的利益，而且大小国家都要互相保证政治自由和领土完整。这样，中国作为战胜国之一，就有权收回被德国占领的土地，因而对巴黎和会抱着很大的希望。1919 年 1 月，中国组团以参战国的身份参加了巴黎和会。

★五四运动(油画)

会议期间，中国代表向“和会”提出了取消列强在中国的各项特权，取消日本与袁世凯订立的“二十一条”，要求日本归还山东。但是，巴黎和会不仅拒绝了中国的要求，而且在对德和约上，却明文规定德国把山东的特权转让给日本。

★北京大学等 13 所学校学生示威游行

★北京学生在街头演讲

原来，在段祺瑞上台执政后，他仍充当日本帝国主义的走狗。1918 年 9 月，段祺瑞曾派驻日公使章宗祥和日本政府交换了“山东问题的秘密换文”，使得日本在山东占有的权利大大超越了德国。因而在巴黎和会上，日本代表就是以“山东问题的秘密换文”为借口，提出无理要求的。巴黎和会实质上是一个帝国主义的分赃会议，其目的是为了重新分配殖民地和划分势力范围。因而，巴黎和会同意了日本的无理要求，而北京政府代表也准备签字。

消息传到国内，举国震惊。1919 年 5 月 2 日，济南 3000 名工人集聚在北岗子举行讲演会，要求收回青岛。5 月 3 日，北京国民外交协会开会，决定在 5 月 7 日召开国民大会，通电全国各地各界共同行动，阻止北京政府代表签约。

5 月 3 日晚，北京大学法科礼堂挤满了学生，除北大全体学生外，还有北京高师等校学生。北大学生代表邓中夏站到讲台上激昂地说：“同学们，我们不能再等待下去了，段祺瑞政府是个卖国政府，只会讨好日本主子。我们明天下午 1 点各校到天安门前集合，举行学界大示威，直接唤起民众，制止签约！”

1919 年 5 月 4 日下午 1 点，北京大学等 13 所大专院校 3000 多名爱国学生汇集到天安门城楼下，像潮水般地涌向外国使馆区东交民巷。他们一路上振臂高呼：“还

★五四运动时，天津学生包围警察厅，声援北京学生的爱国斗争。

★被捕的北京学生被释放

我山东”、“保我主权”、“外争主权，内惩国贼”、“取消卖国的二十一条”、“拒绝和约签字”等等。并要求惩办交通总长曹汝霖、货币局总裁陆宗舆、驻日公使章宗祥。

当游行队伍向东交民巷进发，遭到使馆巡捕的阻拦，学生们转而冲进赵家楼胡同曹汝霖的住宅，放火将曹宅焚毁，曹汝霖急忙到处躲藏，正在该处的章宗祥受到学生痛打。军警赶来后，当场逮捕了30多名学生。

次日，北京学生实施罢课抗议，并通电全国，呼吁各界参加斗争。上海首先发起了罢课、罢工、罢市活动，声援北京学生。南京、天津、杭州、济南、武汉、九江、芜湖等地工人也都先后举行罢工和示威游行。北京政府慑于来自民众的压力，不得不于6月6日释放全部被捕学生，解除了曹汝霖、章宗祥、陆宗舆三人的职务。28日，中国代表团拒绝了在和会上签字。“五四”运动最终以学生们的爱国热情赢取了胜利，它是中国人民反对帝国主义、封建主义的爱国运动，标志着中国旧民主主义革命的结束和新民主主义革命的开端。

巴黎和会

1919年1月18日至6月28日，第一次世界大战的战胜国(协约国)和战败国(同盟国)在巴黎凡尔赛宫召开了和平会议。会议共有27国参加，苏俄未被邀请。会议标榜通过媾和建立世界永久和平。实际上是英国、法国、美国、日本、意大利帝国主义战胜国分配战争赃物，重新瓜分世界，策划反对无产阶级革命和民族解放运动的会议。

在中国人民的要求下，中国代表团向和会提出收回战前德国侵占中国胶州湾、胶济铁路和山东的一切权利。日本竟然要求和会同意把德国的侵华权益转移给日本，并得到英、法的支持。由于美、日在太平洋和远东地区的矛盾，美国对日本的侵华野心起初持暧昧态度，后日本以拒绝在和约上签字和退出和会相要挟，美国转向支持日本。在五四运动浪潮冲击下，中国代表团拒绝在《凡尔赛和约》上签字。

★巴黎和会现场

中国共产党成立

ZHONG GUO GONG CHAN DANG CHENG LI

第一次世界大战期间，随着中国资本主义经济的进一步发展，资产阶级强烈要求在中国实行资产阶级的民主政治，反对封建军阀的统治，新文化运动由此应运而生。1915 年，陈独秀在上海创办《新青年》，提出了“民主”和“科学”的口号，成为新文化运动兴起的标志，在社会上掀起了一股思想解放的潮流。俄国十月社会主义革命胜利后，李大钊宣传十月革命，在中国第一次举起了社会主义的大旗，从而使新文化运动又有了新的发展。1919 年的五四爱国运动促进了马克思主义的传播，成为新思潮的主流，为中国共产党成立早期组织奠定了思想基础。同时，五四运动中的骨干，也为中国共产党成立早期组织奠定了干部基础。

1920 年初，李大钊和陈独秀等人开始酝酿建党的问题。在法国留学的蔡和森则明确提出应该建立“中国共产党”。在共产国际代表的帮助下，上海、北京、武汉、广州、长沙、济南等地的先进知识分子，建立了党的早期组织。在法国和日本留学的青年学生，也成立了党的早期组织。

1921 年 7 月 23 日，中国共产党第一次全国代表大会在上海举行。参加会议的各地代表有：李达、李汉俊、张国焘、刘仁静、毛泽东、何叔衡、王尽美、邓恩铭、陈潭秋、董必武、周佛海、陈公博，包惠僧受陈独秀派遣参加了会议。他们代表着全国 50 多名党员。共产国际代表马林和尼科尔斯基列席了会议。在会议进行过程中，突然有法租界巡捕闯进了会场，会议被迫中断。于是，最后一天的会议，便转到了浙江嘉兴南湖的一艘游艇上举行。经过讨论，大会通过了中国共产党的第一个纲领和决议，并选举产生党的领导机构——中央局。

党的一大宣告了中国共产党的正式成立。伟大的中国共产党从此光荣诞生，她所制定的民主革命纲领，为中国革命指明了方向，中国工人运动也由此出现了高潮。

★中国共产党第一次全国代表大会会址

★南湖红船

★中共“一大”纪念船中舱内景

李大钊

★李大钊

李大钊(1889—1927 年),字守常。河北乐亭人。中国共产主义运动的先驱,中国最早的马克思主义者。1913 年冬,李大钊怀着忧国忧民的情怀东渡日本,考入东京早稻田大学政治本科学习,开始接触社会主义思想。1918 年,俄国十月社会主义革命的胜利极大地鼓舞和启发了李大钊,他先后发表了大量文章和演说,宣称:“试看将来的环球,必是赤旗的世界!”1919 年,他与陈独秀创办《每周评论》,积极领导了“五四”运动。1920 年春,他与陈独秀开始酝酿组建中国共产党,发起组织了马克思学说研究会,组织成立了北京共产党小组。1921 年中国共产党成立后,李大钊当选为中央委员,成为中国共产党的主要创始人之一。

★1927 年 4 月 28 日下午李大钊在就义前与难友路友于(左)、张挹兰(右)合影。

1924 年 1 月,李大钊出席了国民党第一次全国代表大会,帮助孙中山确定了联俄、联共、扶助农工三大政策,为改组国民党、实现国共合作起了重要作用。1927 年 4 月 6 日,奉系军阀张作霖勾结帝国主义,闯进苏联大使馆驻地,逮捕了李大钊等 80 余人。李大钊倍受酷刑,但他坚贞不屈,从容就义。

陈独秀

★陈独秀

陈独秀(1879—1942 年),字仲甫,安徽怀宁(今安庆市)人。1901 年,陈独秀因为进行反清宣传活动,受清政府通缉而逃亡日本。归国后,他先后参加了辛亥革命和讨伐袁世凯的二次革命,并因此被捕入狱,出狱后他辗转到了日本。1915 年 9 月,陈独秀回上海创办并主编了《新青年》。这期间,他以《新青年》和与李大钊创办的《每周评论》及北京大学为主要阵地,积极提倡民主与科学,提倡文学革命,反对封建的旧思想、旧文化、旧礼教,成为新文化运动的倡导者和主要领导人之一。五四运动后期,他开始接受和宣传马克思主义。1920 年初他潜往上海,在共产国际的帮助下,首先成立上海的共产党早期组织,同时与其他各地的先进分子联系,发起成立中国共产党。

★陈独秀墓

1921 年 7 月,陈独秀在上海举行的中共第一次全国代表大会上被选为党的中央局书记,成为中国共产党早期的主要领导人。大革命后期,陈独秀对国民党右派的进攻采取妥协投降的政策,致使革命在敌人的突然袭击下遭到惨重失败。1927 年,在党的“八七”会议上,他被撤销总书记的职务。

香港海员大罢工

XIANG GANG HAI YUAN DA BA GONG

1921年，中国共产党成立后，非常重视领导工人运动。香港海员大罢工，就是我国第一次工人运动高潮中一次重要的罢工斗争。

自帝国主义侵入中国以后，手工业与农业破产，沿海一带，失业农民及手工业工人，纷纷涌入大都市寻找工作。然而大量的剩余劳动力，却成了资本家和一些中介者的压榨对象。他们不仅对失业者进行欺诈，对在业的海员也肆无忌惮地施行剥削。稍有反抗，就会把这些人挤出于轮船之外。当时，香港海员失业人数经常保持在一两万人之多。海员失业后，就只有饿肚皮，睡马路。

然而，那些经常航行于世界各地的海员们，早已领略到了世界革命潮流的汹涌趋势，因而面对自己的处境，他们当然要闻风而动，向盘剥他们的人要回属于自己的尊严和生存的权利。1922年1月12日，香港海员因要求增加工资，遭英国资本家拒绝后，便在中华海员工会联合总会苏兆征、林伟民等领导下开始大罢工。仅十几天的时间，罢工人数便骤增至3万人。

罢工期间，正值中国的旧历年关，香港物价飞涨，很多商品来源中断，整个香港关门闭户，秩序混乱。香港英国当局对工人罢工极为恐慌，于2月1日动用武力封闭海员工会和运输工会，逮捕罢工领袖。工人群众当即组织纠察队，奋起反抗，在广州附近农民支援下，封锁香港，断绝交通。3月1日，香港10余万工人实行总罢工。香港英国当局立即调集军队对罢工工人进行野蛮镇压。

3月4日，工人们成群结队徒步返回广州，当行至离香港6公里的九龙沙田地区时，遭到英国军警的开枪射击，当场打死6人，打伤数百人，造成“沙田惨案”。英帝国主义的屠杀更加激起了广大工人的义愤，他们在中国共产党的影响和推动下，在全国各地工人组织的声援下，坚持罢工斗争56天，使英帝国主义在华经济利益遭受巨大损失。

★1922年1月香港海员大罢工时制发的中华海员工业联合会徽章

3月8日，港英当局被迫接受海员们提出的条件，释放被捕工人，抚恤在“沙田惨案”中死难的工人，将工人工资增加15—30%。至此，香港海员大罢工胜利宣告结束。

★香港海员大罢工

★海员工人代表合影，前排右三为罢工领导人之一苏兆征。

苏兆征

★苏兆征

苏兆征(1885—1929年),广东香山淇澳岛(今属珠海市)人。苏兆征出身贫苦农民家庭。1903年,18岁的苏兆征为了谋生,赴香港在一外轮当杂役。1908年,苏兆征加入中国同盟会,积极参加推翻满清政府的革命运动。在孙中山等受到密探追捕时,他机智掩护他们脱险。

1925年春,苏兆征加入中国共产党。入党后,苏兆征先后任中华全国总工会执行委员、全国海员总工会执行委员会委员长、中华全国总工会委员长,是中国工人运动的著名领袖,曾成功地领导了香港海员大罢工。在中共五大上,苏兆征当选为中央委员、政治局候补委员;在党的八七会议和中共六大上,均被选为中央政治局委员、常委。1928年春,苏兆征离开上海,率领中国工会代表团前往苏联,参加3月中旬在莫斯科召开的赤色职工国际第四次代表大会。

★苏兆征故居

由于艰苦严峻的斗争环境和长期忘我地工作,使苏兆征积劳成疾,并患了盲肠炎。因他的身体虚弱,医生建议他在苏联先休养一段时间再施行手术。但苏兆征一心惦记着祖国的革命事业,不顾医生和同志们的劝阻,于1929年2月初,毅然抱病回国。1929年2月25日,苏兆征病逝于上海。

林伟民

★林伟民

林伟民(1887—1927年),广东省香山县人。早年到香港谋生,在外国轮船上当苦力。1920年起,林伟民和苏兆征等在香港海员工人中进行革命宣传,并发起成立海员工会筹备组,为筹备委员之一。1921年3月,中华海员工业联合总会在香港成立,他当选为干事会干事,负责交际方面的工作。1922年1月和苏兆征等领导了香港海员大罢工。同年7月任中华海员工业联合总会上海支部主任。8月发动和领导上海海员工人举行罢工。

1924年春,林伟民代表香港海员工会去苏联参加国际运输工人代表大会,在苏期间加入中国共产党。同年10月回国后,任中华海员工业联合总会广州办事处主任,12月领导广州盐船工人进行罢工斗争。1925年5月,在第二次全国劳动大会上当选为中华全国总工会委员长,成为早期中国工人运动的著名领袖。同年,上海"五卅惨案"发生后,林伟民在广州发动沙面洋务工人和香港工人联合举行反帝政治大罢工,声援和支持上海人民的反帝爱国运动。6月,主持中华全国总工会省港罢工委员会临时办事处的工作,从事接待香港罢工工人,筹措罢工款项。

1925年6月19日省港大罢工爆发后,他代表中华全国总工会参加了省港罢工委员会的领导工作。同年8月,因患骨结核恶性发作而住院治疗。1927年春,林伟民病情恶化,同年9月1日病逝于广州,时年仅40岁。

安源路矿工人大罢工

AN YUAN LU KUANG GONG REN DA BA GONG

安源路矿是20世纪20年代中国最大的产业，是江西萍乡安源煤矿和株萍铁路局的简称。安源煤矿属汉冶萍公司管辖，拥有工人12000余人；株萍铁路局职工1100余人。汉冶萍公司是当时最大的官僚买办企业，受日本帝国主义的控制。安源路矿工人在帝国主义、封建势力和官僚买办的压榨下，过着悲惨的生活。他们每天要做十几个小时的苦工，而工资、生活、生命却没有保障。

★安源路矿工人俱乐部旧址

★李立三

1921年秋，毛泽东同志亲自到安源路矿工人中开展工作。随后，党又派李立三同志去安源常驻，先后在工人中建立起社会主义青年团组织和共产党支部，成立了工人俱乐部。1922年5月1日，安源路矿成立了工人俱乐部，以发挥其保护工人权益的作用，李立三任主任。9月上旬，路矿当局拒发拖欠工人的工资，使工人生活陷入绝境。工人俱乐部提出的保护俱乐部和改善工人待遇等要求也没得到答复。路矿当局还企图勾结军阀封闭工人俱乐部。14日，刘少奇、李立三组织领导全路矿17000多名工人举行大罢工。当日，罢工的命令一下达，火车便停驶鸣笛，矿井电源切断，工人们手举各式劳动工具聚集在一起高喊着“我们要吃饭”、“我们要活命”、“从前是牛马，现在要做人”等口号，同时俱乐部也发表宣言，向路矿当即局提出保障工人的政治权利、增加工资和改善待遇等17项复工条件。

★安源路矿工人欢庆罢工胜利

罢工一开始，路矿当局即请赣西镇守使署派兵镇压。9月14日午后1时，镇守使署所派军队到达安源，宣布将安源划为特别戒严区，设戒严司令部于矿局公事房，由赣军旅长李鸿程任戒严司令。矿局许以每人每天两块大洋为报偿，请军队占驻工人俱乐部机关，并驱散各工作处的工人监守员，强迫工人开工。当军队开到俱乐部机关时，有数千工人闻讯赶到，一面冒死冲进俱乐部，一面向士兵宣传，

★安源路矿工人大罢工纪念馆

位于中国江西省萍乡市安源镇。前身是安源路矿工人俱乐部遗址陈列室。创办于1956年,1968年兴建陈列馆,1969年开放,1984年8月改现名。该馆占地面积200亩。建筑面积3245平方米,陈列面积2400平方米。

将军队挤走，军队到各工作处驱散监守员时，工人监守员在工人群众支持下至死不退。虽然有些工作处被军队把守,但罢工工人严格服从俱乐部命令,在住房稳坐,无一人自动上工。当局欲以武力镇压罢工,促使工人复工的策略终未奏效。

此后,路矿当局先是设法收买工人,又密遣暗探刺杀李立三,行刺的毒计虽极秘密,仍很快被工人侦知。对此,工人一面公开宣言:“若俱乐部主任被害,当使路矿两局全体职员不得生离安源。”一面采取严密的措施保护俱乐部领导人。

由于路矿当局的所有计谋均未能奏效,被迫于9月18日接受谈判，签订承认工人俱乐部的合法权利、改善待遇和增加工资的13款条约。大罢工最终以胜利宣告结束,俱乐部召开万余人的罢工胜利庆祝大会,通过复工宣言,随后上街游行。

这次罢工的胜利,使工人深切认识到团结奋斗的重要,极大地提高了工人们的阶级觉悟和组织性。罢工胜利后不久,工人俱乐部的成员就由罢工前的700多人猛增到1.2万多人。路矿全体工人团结起来，形成了以中共党组织为领导核心、以工人俱乐部为公开组织形式的阶级队伍。安源路矿罢工的胜利影响深远,它显示了中国工人阶级的伟大力量。

毛主席去安源

1922年9月初,中共湘区区委书记、劳动组合书记部湖南分部主任毛泽东来安源,考察发动安源工人罢工,了解与粤汉铁路工人罢工相呼应的可能性。因为党支部书记、工人俱乐部主任李立三当时不在安源，毛泽东便直接主持召开党支部会议,分析形势,讨论对策。会议确认,当时工人面临的路矿两局欠饷并图谋封闭工人俱乐部的问题，已经达到非罢工即不能解决的地步,并认为举行罢工斗争的条件正在逐渐成熟。会议决定,立即组织两局全体工人进行罢工。毛泽东要求党支部有勇有谋地领导工人坚持斗争,夺取胜利,并从安源的具体情况出发,提出了“哀而动人”的策略思想。会后,毛泽东写信给在醴陵的李立三,嘱其速回安源领导罢工。接着,又派在粤汉铁路工作的共产党员刘少奇来安源,参加罢工的领导工作。

★毛主席去安源(油画)

京汉铁路工人大罢工

JING HAN TIE LU GONG REN DA BA GONG

1923年2月1日，京汉铁路工人在郑州举行京汉铁路总工会成立大会。但直系军阀吴佩孚竟下令禁止开会，并派军警包围会场，封闭、捣毁总工会和郑州分会的会址。当晚，总工会决定举行京汉铁路全体总罢工，提出“为自由而战，为人权而战”的口号。

★林祥谦

1923年2月4日上午9时，武汉江岸车厂首先罢工，到中午12时，全路（京汉铁路）2万多工人全部罢工，1200多公里铁路顿时瘫痪，所有客车、货车、军车一律停驶。2月7日，湖北督军肖耀南借口调解工潮，诱骗工会代表到江岸工会会所“谈判”。工会代表在去工会办事处途中，遭到反动军队的枪击，赤手空拳的工人纠察队当场被打死30多人、打伤200多人。反动军队还闯进工人宿舍，大肆搜捕，造成了震惊中外的“二七”惨案。总工会江岸分会委员长、共产党员林祥谦被捕后，反动军警把他绑在电线杆上，用刀逼迫他下令复工。林祥谦高呼：“上工要总工会下命令，我的头可断，工是不能上的。”他宁死不屈，英勇就义。武汉工团联合会法律顾问、共产党员施洋也惨遭杀害。

惨案发生后，中国共产党发表《为吴佩孚惨杀京汉铁路工人告工人阶级与国民书》，号召全国人民团结起来，打倒压迫和残害工人的军阀，为自由而奋斗。尽管反动军阀到处逮捕工人，用恐怖手段强迫工人复工。但工人们坚持斗争，在没有得到总工会复工命令以前坚决不复工，各地工会也都拒绝单独谈判。

罢工斗争坚持到2月9日，京汉铁路总工会的武汉工团联合会为避免不必要的牺牲，保存力量，准备将来进行更大的斗争，于是忍痛下令复工，大罢工宣告结束。在这场斗争中，京汉路各地工人死50余人，伤数百人，被捕和被迫流亡的有1000多人。

这次大罢工虽然遭到了失败，但它扩大了中国共产党在全国人民中的影响，为进一步领导工人阶级进行斗争积累了经验和教训。

★京汉铁路部分修通时举行的通车典礼

★京汉铁路总工会召开成立大会时全体代表合影

施洋

施洋(1889—1923年),原名吉超,号万里,字伯高。湖北竹山麻家渡镇双桂村人。1915年,施洋就读于湖北私立法政专门学校。1917年毕业后,他与武汉法学界人士组织法政学会,主张律师是保障人权、伸张公理的工具。

★施洋

1920年秋,施洋在武汉参加了中国共产党早期组织成立的马克思学说研究会,阅读了《共产党宣言》等马列著作。同时,他还深入产业工人居住区,了解工人疾苦,参与创办工人夜校和工人子弟学校,宣传"劳工神圣"和社会主义。1921年10月,参加劳动组合书记部武汉分部工作,积极从事有计划的工人运动。1922年6月,施洋加入中国共产党。同年7月底,施洋指导汉阳铁厂取得了罢工胜利后,参与组建武汉工团联合会,并被聘请为该会法律顾问。

1923年2月4日,京汉铁路工人举行总罢工。施洋是罢工的领导者之一,积极组织武汉工人和学生进行反对军阀吴佩孚的游行示威。2月7日晚,施洋被反动军警逮捕。在敌人的法庭上,施洋怒斥军阀镇压工人运动的滔天罪行。2月15日凌晨,敌人将施洋杀害,时年34岁。

林祥谦

林祥谦(1892—1923年),福建闽侯人。1905年到马尾船政局办的学堂读书。1906年停学后,进马尾造船厂当学徒。1912年到京汉铁路江岸机车车辆修理厂当钳工。1921年8月中国劳动组合书记部成立后,他积极响应书记部提出的铲除帮口、按照产业原则组织工会的号召。同年12月参加中国劳动组合书记部武汉分部召开的会议,并作为发起人之一,筹备组织京汉铁路江岸工人俱乐部。

1922年1月江岸工人俱乐部成立后,任俱乐部财务干事,同年夏加入中国共产党。在党的领导下,积极参加工人俱乐部的工作,为工人谋利益,深得群众的信任和爱戴。10月,江岸工人俱乐部改名为京汉铁路江岸分工会,他是江岸分工会的领导成员之一,不久又当选为江岸分工会委员长。

1923年2月1日,林祥谦同各工会、团体代表到郑州参加京汉铁路总工会成立大会,遭到北洋军阀吴佩孚的禁止和破坏,他和代表们一起,不顾禁令,冲破军警的包围圈,进入会场,举行会议。会后,总工会为抗议军阀的残暴行径,决定于2月4日举行全路总同盟罢工,他被指定为江岸地区罢工的总负责人。在罢工中,他始终战斗在第一线。2月7日,吴佩孚、肖耀南等对罢工工人进行残酷屠杀,造成了"二七"惨案。同日他遭到逮捕,并英勇就义。

★林祥谦雕像

第一次国共合作

DI YI CI GUO GONG HE ZUO

★孙中山(前排中)、瞿秋白(后排左三)等在国民党“一大”期间的合影

中国共产党成立以后，集中力量领导工人运动，掀起了中国工人运动的第一次高潮。从1922年1月至1923年2月，全国罢工达180多次，其中主要的有香港海员大罢工、安源路矿工人大罢工和京汉铁路大罢工。香港海员大罢工和安源路矿工人大罢工取得了胜利，但京汉铁路大罢工却遭到直系军阀吴佩孚的血腥镇压，造成了震惊中外的“二七”惨案。我党从“二七”血案中进一步认识到，没有强有力的同盟者，要战胜强大的敌人是不可能的。

1922年6月，中国共产党发表了《中共中央第一次对于时局的主张》，明确提出了建立各民主阶级联合战线的主张。孙中山领导的国民党，是中国资产阶级民主派的主要代表。共产党要建立反帝反封建的革命统一战线，首先要同孙中山领导的国民党实行合作。关于建立统一战线的方式，1922年7月党的二大提出的设想原本是实行“党外合作”，但共产国际驻华代表马林却倡议实行“党内合作”，即共产党员、青年团加入国民党，把国民党改造成为各革命阶级的联盟。这个倡议得到了共产国际的赞同。

★中国国民党第一次全国代表大会会场旧址

8月，中共中央在杭州西湖召开会议。马林传达了共产国际关于国共合作，共产党员以个人身份加入国民党，以实现民主联合战线的建议。会议决定只要孙中山改组国民党，共产党员可以个人身份加入国民党。同时，要求中国共产党绝对不能同国民党合并，不能以取消中国共产党独特的政治面貌来换取合作，党必须保持自己原有的组织和严格集中的领导机构。会后，陈独秀等在上海会晤孙中山，向孙中山正式提出中国共产党关于实行国共合作的主张和具体途径。孙中山接受了中共代表和共产国际代表的建议，同意国共合作，决定联俄、联共，对国民党进行改组。

1924年1月20日至30日，在孙中山主持下，中国国民党第一次全国代表大会在广州举行，李大钊等共产党人参加了大会的领导工作。大会通过了有共产党人参加起草的《中国国民党第一次全国代表大会宣言》，对旧三民主义重新作了解释。确定了联俄、联共、扶助农工的三大政策，明确地提出了反对帝国主义和封建军阀的主张。国民党的“一大”标志着国共第一次合作正式形成。这次国共合作促进了民主革命的发展，广泛地动员了工农群众，开创了民主革命的新局面，促进了北伐战争的顺利进行。

国民党第一次全国代表大会

1924年1月20日至30日，中国国民党第一次全国代表大会在广州召开。由于辛亥革命和以后历次斗争的失败，孙中山在共产国际和中国共产党的帮助下，认真总结了中国民主革命的经验教训，决定学习俄国革命的经验和方法，改组国民党，以振兴国民党进而振兴国家。从1922年8月起，他采取一系列具体步骤进行准备。1923年10月，指派廖仲恺、李大钊、汪精卫等五人为改组委员，并设立国民党临时中央委员会，筹备党的全国代表大会。大会代表以地方党部推选和孙中山指派相结合的方法产生，海内外代表共200人，出席开幕式的代表有165人。代表中有共产党人陈独秀、李大钊、毛泽东、林祖涵（林伯渠）、瞿秋白、谭平山等24人。孙中山以总理身份担任大会主席，并指定胡汉民、汪精卫、林森、谢持、李大钊组成大会主席团，苏联顾问鲍罗廷也出席了大会。

★国民党第一次全国代表大会会场

孙中山在报告中，阐明大会主旨是改组国民党成为有力量的政党，以此去改造国家，号召大家团结起来，为党为国，争取革命成功。他总结了国民党的历史经验，提出改组的组织原则是淘汰不纯分子，吸取革命分子。大会听取了谭平山代表临时中央执行委员会所作的工作报告和柏文蔚所作的军事报告；通过了《组织国民政府之必要案》、《中国国民党第一次全国代表大会宣言》、《中国国民党章程草案》、《出版及宣传问题案》等议案；选出了中央执行委员会和监察委员会。在当选为中央执行委员和候补委员的41人中，有共产党员李大钊、谭平山、于树德、毛泽东、瞿秋白、林祖涵等10人，约占总数的四分之一。大会通过了改组国民党使之革命化的具体办法，在保留总理的名义下，强调“国民党之组织原则，当为民主主义的集中制度”。领导机构采取委员制。大会还通过了接受共产党员和社会主义青年团员以个人身份加入国民党的决定。大会提出了反帝、反封建的新三民主义，制定了“联俄、联共、扶助农工”三大政策。这次大会对中国新民主主义革命具有重大意义，成为新的革命高潮的起点。

★孙中山等步出国民党第一次全国代表大会会场

★林祖涵

★瞿秋白

★谭平山

★林森

★谢持

五卅运动

WU SA YUN DONG

20世纪初的上海是帝国主义进行经济侵略的重要据点，仅日本就在上海开设了十几个纱厂。为了榨取更多的利润，日本资本家肆意虐待中国工人。工人每天早上5点半以前进厂，连续工作12至26小时，连吃饭的时间都没有，而且工人们工资极低。

1925年1月，党的四大提出了无产阶级在民主革命中的领导权问题，决定加强党对工农群众运动的领导。四大以后，工人运动迅速复苏和发展。1925年2月，在中国共产党领导下，数万名上海、青岛的日本纱厂工人举行了罢工斗争，并取得了阶段性胜利。日本帝国主义勾结北洋军阀政府企图破坏这场工人运动，他们开始酝酿对组织和参与这一斗争的共产党员和工人骨干进行血腥屠杀。5月15日，上海日本纱厂工人为抗议日本资方无理开除工人再度举行罢工，资本家以关厂停工相威逼，声言“用关厂来饿死中国工人”。愤怒的工人们推倒铁栅栏，冲进工厂，要求资本家发放工资。此时，日本资本家竟然向工人连连开枪射击，许多工人当场被打伤，20岁的工人、共产党员顾正红被打死。

★五卅运动爆发时上海总工会的游行队伍

★广州各界声援五卅运动的示威游行队伍

★五卅运动浮雕

★五卅运动(油画)

日本资本家打死顾正红，打伤10余名工人，更进一步激起了上海工人、学生和市民的愤怒。28日，中共中央决定利用日本人枪杀中国工人的事件，进一步动员群众开展反帝斗争。30日，上海学生2000余人在租界内散发传单、发表演说，号召收回租界，当即有100余人遭到英国巡捕的逮捕。当日下午，万余群众聚集在南京路老闸巡捕房，他们高呼着“打倒帝国主义”的口号，严正要求释放被捕的学生。英国巡捕非但没有同意全体抗议者的请求，反向手无寸铁的集会人员开枪射击，当场有11人中弹倒地，被拘捕和被打伤的人

★上海租界巡捕房的英国巡警

★惨案发生前聚集在南京路上的民众

不计其数，造成了震惊中外的五卅惨案。

五卅惨案发生的消息立刻传遍了全国，全国各地的工人和学生纷纷举行罢工罢课，声援上海人民的反帝斗争。5月30日夜，中共中央也召开了紧急会议，决定扩大斗争规模，举行罢工、罢课、罢市，抗议英帝国主义的大屠杀，为死难者讨回公道。

6月1日，在共产党人蔡和森、李立三、刘少奇、刘华等人领导下，上海总工会宣告成立，随即宣布实行全市工人总同盟罢工，参加罢工的有20多万工人。另有5万多学生罢课，公共租界的商人全体罢市，英租界的华籍巡捕也举行了罢岗。

以上海为中心的五卅运动很快波及全国，形成了一场全国规模的反帝运动。这次运动继五四运动之后，进一步唤醒了中国人民的反帝精神，并且成为第一次国内革命战争时期全国大革命风暴的序幕。

顾正红

★顾正红

顾正红(1905—1925年)，江苏阜宁(今属滨海)人。1921年，顾正红的家乡遭遇水灾，他随母亲流落到上海，后在上海日商内外棉九厂、七厂当工人。外国资本家对中国工人政治上的压迫、经济上的榨取、肉体上的摧残、精神上的折磨，在年轻的顾正红心里留下了深深的烙印。1924年夏，顾正红参加了中国共产党在上海举办的工人夜校的学习和沪西工友俱乐部的活动，很快成为俱乐部的积极分子。

1925年2月，上海22家日商纱厂工人先后举行罢工，顾正红参加了工人纠察队和罢工鼓动队，积极投身罢工运动。在这场反帝爱国斗争中，顾正红经受了锻炼与考验，并光荣地加入了中国共产党。

为了对付不断高涨的工人运动，日本资本家使出了种种手段。5月15日，日本资本家宣布内外棉七厂停工，不准工人进厂。顾正红率领工人冲进工厂要求复工和发工资，他跑在工人队伍的最前面，并带头高呼："反对东洋人压迫工人！"面对日本资本家及其打手，他毫无惧色，据理力争。日本资本家凶狠地朝顾正红开枪，子弹击中他的左腿，鲜血直流。他忍着伤痛，振臂高呼："工友们，大家团结起来，斗争到底！"资本家及其打手凶相毕露，连续向他开枪射击，并用刀猛砍他的头部，使顾正红这位年轻的共产党员倒在血泊之中，年仅20岁。

★顾正红烈士故居

省港大罢工

SHENG GANG DA BA GONG

1925年五卅惨案发生后，广州工人在中国共产党领导下于6月2日举行游行示威，表示对上海民众的支持。6月上旬，中国共产党派中华全国总工会秘书长兼宣传部部长邓中夏等人赴香港，与苏兆征一起组织发动香港工人罢工。6月13日，中华全国总工会为组织省港罢工委员会发表启事，并于广州设立省港罢工委员会临时办事处。6月15日，中共广东区委发表《告广东人民书》，号召广东各界一致行动，与上海工人阶级共同进行反对帝国主义的斗争。香港工人团体组成了以苏兆征为主席，邓中夏为副主席、总顾问的全港工团联合会。6月中旬，邓中夏召集香港各工会举行全港工团联席会议，决定举行大罢工，并提出香港市民有政治自由、法律平等、普遍选举、劳动立法、减少房租、居住自由等6项要求。6月19日，海员、电车、印刷业工人首先举行罢工，码头、洋务、煤炭、建筑及服务业工人相继响应。

罢工发生后，港英当局发布戒严令、禁止粮食出口令、禁止金银圆块纸币出口令，并令海军陆战队全体登陆，军舰往来于海面巡逻。15天内，参加罢工的工会组织就有几十个，罢工人数达到25万人。香港罢工工人纷纷离开香港返回广州，每天达两三千人之多。

香港工人罢工得到了广东革命政府的支持，他们妥善解决了罢工工人的食宿问题。6月21日，广州沙面租界3000余名洋务工人罢工退出租界，并组织成立了沙面中国工人援助上海惨案罢工委员会。广州市英、日、美洋行的职工也实行了罢工。

6月23日，广州工人、郊区农民、学生、商界、黄埔军校学生军等约10万人为声援上海人民和香港工人在东校场集会，会后举行声势浩大的示威游行。中共广东区委领导人周恩来、陈延年等参加了群众游行。当游行队伍途经沙基路时，突然遭到沙面租界英法军警的机关枪扫射，停泊在白鹅潭的英、法军舰也开炮轰击，当场打死50多人，重伤170多人，轻伤无数，制造了沙基惨案。

6月27日，广东各界举行代表大会，通过“经济封锁办法”、“援助省港罢工工人办法”等决议案。7月6日，成立了以中国共产党为核心的省港罢工委员会。大会共有代表800余名，罢工委员会委员13名，苏兆征为委员长，聘请廖仲恺、邓中夏等人为顾问。下设干事局、财政委员会等机构和由2000名工人组成的罢工工人纠察队。罢工初始，工人们封锁香港和沙面租界，禁止粮食外流，扣押走私物资，厉行抵制英货，使香港交通瘫痪、商业停滞，变成了“饿港”、“死港”，使港英当局在政治上和经济上受到了严重打击。

省港大罢工是一次回击帝国主义制造五卅惨案，支援上海人民的反帝斗争而举行的政治大罢工。省港大罢工共坚持了1年零4个月之久，是截至当时为止的世界工人运动史上时间最长的一次罢工。它沉重打击了英帝国主义，再一次显示了中国工人阶级的伟大力量，在中国工人运动史上写下了光辉的一页。

★省港大罢工中的劳动童子团

廖仲恺

★廖仲恺

廖仲恺(1877—1925年),原名恩煦,又名夷白,字仲恺。广东归善(今惠阳)鸭仔乡窑村人。中国民主革命活动家,国民党左派领导人。

1877年4月23日,廖仲恺诞生于美国圣弗朗西斯科(旧金山)一华侨家庭。1893年,父亲在旧金山病故后回国。1896年进入香港皇仁书院学习。1897年10月与何香凝在广州结婚。1902年秋赴日留学。在东京结识黎仲实、朱执信、胡汉民等革命青年,相互激励,萌发了反清革命思想,积极参加孙中山领导的革命运动。

1905年,廖仲恺在东京加入中国同盟会,担任同盟会总部外务部干事。1909年夏,在日本中央大学毕业后返国。武昌起义后,返回广东,担任广东省军政府枢密处参议、财政司司长等职。1913年,二次革命失败后,随孙中山再度亡命日本。

★廖仲恺、何香凝夫妇与子女廖梦醒、廖承志合影

1916年4月,廖仲恺随孙中山回国。此后,他奔走于上海、广东等地,协助孙中山从事反袁世凯、护法斗争,致力于筹措革命经费和组织革命力量的活动,成为孙中山的得力助手。1921年,孙中山回粤就任非常大总统,廖担任财政部次长、广东省财政厅长,筹措军费,支持孙中山出兵北伐。1922年6月,陈炯明叛变,廖仲恺被陈囚禁,经何香凝等营救脱险。

廖仲恺竭诚拥护孙中山改组国民党,实行联俄、联共、扶助农工三大政策。孙中山在1923年春回粤就任陆海军大元帅时,廖仲恺先后担任军政府财政部长和广东省长,并积极协助孙中山改组国民党,同右派反动势力进行斗争。国民党改组后,当选为中央执行委员、常务委员、政治委员会委员,除继续任广东省长、财政部长外,并先后兼任国民党工人部长、农民部长,黄埔军校党代表,为建立革命军而努力,被誉为"黄埔的慈母"。1925年孙中山逝世后,更加积极贯彻三大革命政策。1925年8月20日,遭国民党右派势力暗杀。

★廖仲恺纪念碑

★廖仲恺何香凝合葬墓

邓中夏

★邓中夏

邓中夏(1894—1933年),原名康,字仲澥,后改用中夏。湖南宜章人。中国共产党北方组织创始人之一,早期工人运动领袖。

1894年10月5日,邓中夏出生于湖南宜章县一个破落地主家庭。他6岁入学读书,1917年考入北京大学国文系。当时,新文化运动正在蓬勃发展,北大校长蔡元培提倡"兼容并蓄",鼓励学生发挥学习的主动性和创造性,支持学生组织各种社团活动。邓中夏深为震动,他常去别的系听课,广泛学习各种新知识。在思想上,他开始冲破封建思想的束缚,把注意力转到探求救国救民的道路上来。

轰轰烈烈的反帝反封建爱国运动,使邓中夏经受了实践的考验。1919年五四运动爆发,邓中夏不畏北洋军阀政府的残酷镇压,英勇走上街头,率领平民教育演讲团连续十多天演讲,后又赴湖南发动并参加领导全省学生的罢课斗争。期间,他拒绝了父亲为他在北洋军阀政府里找到的一个待遇优厚的差事,对父亲明确表示:"要联合同志,做到人人有饭吃,个个过富裕生活。"此后,他先后参加和指导了长辛店工人罢工、开滦煤矿工人罢工和京汉铁路工人大罢工。1923年在上海,历任上海大学校务长,中共上海地方兼区执行委员会委员长,并参与领导工人运动。1924年任中共中央工会运动委员会书记、团中央书记、组织部主任。1925年又到广州担任省港大罢工罢工委员会党团书记总顾问,领导了省港大罢工。

党的"八七"会议后,邓中夏任中共江苏、广东省委书记。1930年秋,任中共湘鄂西特委书记、红军红二军团政治委员。1931年,因受王明左倾路线的打击被撤职。1933年5月15日,邓中夏在上海法租界因叛徒出卖而被捕。在狱中,他以一个共产党员的钢铁意志挺住了敌人的残酷摧残。监狱地下党支部通过难友对邓中夏说:"同志们很关心你,你有什么打算?"邓中夏听后激动地说:"请你告诉大家,就是把邓中夏的骨头烧成灰,邓中夏还是共产党员。"1933年9月21日的黎明,邓中夏在南京雨花台从容就义,年仅39岁。

★1924年5月5日,中国国民党上海执行部成员在孙中山寓所合影(前排左一邓中夏、左十向警予,中排左五王荷波,后排左二毛泽东,左七罗章龙,左八恽代英)。

第一次国内革命战争

DI YI CI GUO NEI GE MING ZHAN ZHENG

在五卅运动蓬勃发展的有利形势下，国共两党共同合作，推动了全国革命形势的发展，完成了统一广东革命根据地的工作。1925年7月1日，广东革命政府在广州成立。8月18日，国民政府军事委员会将所辖各地方军队名目取消，统一名为“国民革命军”，简称“国军”。由黄埔军校训练的军官组成的黄埔军校校军为第一军，军长蒋介石。

1926年2月，为进一步把革命斗争推向全国，推翻帝国主义的殖民统治和北洋军阀的封建统治，中共中央特别会议在北京召开，会议指出：“党在现时政治上的主要的责任，是从各方面准备广东政府的北伐；而北伐的政纲必须是以解决农民问题作主干。”会议还决定建立中央军事委员会，以便加强党的军事工作。随后，中共中央建立了军事部。5月上旬，广东革命政府派遣国民革命军第四军叶挺独立团和第七军一部为北伐先遣队，从广东肇庆出发，挺进湖南，揭开了北伐战争(即第一次国内革命战争)的序幕。

1926年7月，广东国民政府发布了《北伐宣言》。把吴佩孚、孙传芳、张作霖三派军阀列为北伐对象。9日，北伐战争在“打倒列强，除军阀”的口号声中正式开始。参加北伐战争的国民革命军共八个军，约10万人，蒋介石为总司令。在北伐军中，一大批共产党员担任各级党代表或政治处长，或者担任基层指挥员、战斗员。一些著名的共产党人，如周恩来担任第一军副党代表，李富春担任第二军副党代表，朱克靖担任第三军党代表，罗汉担任第四军党代表，林伯渠担任第六军副党代表，肖劲光担任第二军第六师党代表等。同时，中国共产党的各级组织还组织和武装了大批农民自卫军、工人纠察队，用以策应和支援北伐军的行动。

当时，吴佩孚有军队20万人。盘踞在湖南、湖北、河南三省和陕西、河北的部分地区。孙传芳有军队20万人，占据江苏、安徽、浙江、福建、江西五省。张作霖有军队35万人，控制着东北各省、北京、天津和津浦铁路北段。北伐军首先集中兵力在两湖战场打击吴佩孚所部。北伐正式开始后，国民革命军连克长沙、平江、岳阳等地。8月，北伐军攻入湖北，但军阀吴佩孚急调重兵扼守汀泗桥，使北伐军前进受阻。奉命增援的第四军叶挺独立团，为了尽快打通这个关隘，派独立团一部分将士从东面大山上的小路，绕到敌人背后进行奇袭，出其不意地夺取了最高峰上的敌人阵地，使吴佩孚的军队全线崩溃，夺取了汀泗桥战役的胜利。8月29日，蒋介石、唐生智、李宗仁等决定叶挺独立团再次担任正面进攻的任务，拿下贺胜桥。8月30日，叶挺独立团遭到敌军三面炮火袭击的情况下，果断率军向吴佩孚的指挥阵地猛冲，使吴佩孚苦心经营的三道防线瞬间崩溃，吴佩孚仓皇逃往武昌。与此同时，在苏联和中共的帮助下，同年9月17日，以冯玉祥为总司令的国民军在绥远五原誓师，宣布全军加入国民党，并率部进军陕西、河南，有力地配合了北伐军攻击河南。

北伐军在两湖战场取得胜利后，广州国民政府决定迁都武汉。同时，开辟江西战场，进击孙传芳所部。10月上旬以前，北伐军两次进攻南昌，均付出重大伤亡，被迫撤除南昌之围。11月初，两湖战场的主力部队迅速奔赴江西战场，对江西孙传芳部各据点发动总攻，并于8日占领了南昌。至此，江西的北洋军全线溃退。接着，北伐军出兵福建，于1926年12月间占领福建全省，并乘胜追击，向浙江挺进。这时北伐军已发展到20个军，拥有兵力25万人。1927年，北伐军东路军于2月底占领了杭州及浙

★北伐战争各军的党代表合影

江全省。3 月，北伐军先后攻占安庆、南京。3 月 21 日，为配合北伐军进军上海，中国共产党领导上海工人取得第三次武装起义的胜利，占领上海。至此，长江以南地区完全为北伐军控制。

在北伐进军中，中国共产党领导工农群众支援战争，有力地配合了北伐进军。1927 年初，汉口、九江的工人收回了汉口、九江的英租界。从 1926 年秋到 1927 年春，中共中央和上海区委先后领导上海工人举行三次武装起义。农民运动也蓬勃开展，形成了空前的农村大革命形势。

北伐战争是国共两党共同进行的一场革命战争。两党团结合作、一致对敌，北伐军将士英勇奋战，以鲜血和生命换来了辉煌战果。在不到 10 个月的时间里，北伐军从广州打到武汉、上海、南京，歼敌数十万，使吴佩孚和孙传芳两大军阀的主力丧失殆尽，同时也使北洋军阀的统治濒于崩溃。但是，由于蒋介石和汪精卫施展两面派的手法，在北伐成功在即的关头，对共产党和革命群众举起了屠刀，随着“四一二”和“七一五”反革命政变，北伐战争的果实被新生的军阀所窃取，也使北伐战争就此夭折。

★独立团团部旧址

黄埔军校

1923 年 9 月，孙中山派蒋介石访问苏联，学习建军经验。1924 年 1 月 24 日，孙中山命名成立“陆军军官学校筹备委员会”，28 日选定广州长洲岛上的原广东陆军学堂和广东海军学校的旧址上建立军校。任命蒋介石为校长，廖仲恺为国民党党代表，李济深、邓演达为教练部正、副主任，王柏龄、叶剑英为教授部正、副主任；戴季陶、周恩来为政治部正、副主任。

1924 年 5 月，从 1200 名考生中正式取录学生 350 名，备取 120 名。5 月 5 日开始入学。6 月 16 日，举行开学典礼，孙中山到会场给青年作了热情洋溢的讲话。1925 年 2 月，军校出师东征使用的校名为中国国民党党立陆军军官学校，以排斥共产党人在校内的地位。1926 年，根据国民政府中央军事委员会决定，将原陆军军官学校扩大改组，于同年 3 月正式命名成立中央军事政治学校。北伐军攻克武汉后，1926 年 10 月 27 日，国民党中央先决定在两湖书院旧址设政治训练班，后改办中央军事政治学校政治科，后将黄埔第五期政治科学员移往武昌就读。12 月，又决定将黄埔五期炮兵、工兵科移来武昌就读，于 1927 年 1 月 19 日改名为中央军事政治学校武汉分校。

1927 年，第一次国共合作分裂，于是在广州、武汉和南京分别出现了三所黄埔军校。在武汉，3 月 22 日，以国民党中央的名义，决定将武汉分校扩大改组为（武汉）中央军事政治学校，开展讨蒋斗争。“七一五”反共事变后，黄埔五期学员被迫毕业离校，军校整体改编为张发奎的军官教导团，成为南昌起义和广州起义的主力，武汉军校便不复存在；在广州，原中央军事政治学校依然开办，1928 年 5 月，由副校长李济深决定将学校改名国民革命军军官学校，学校只剩下 718 人坚持至毕业，其余撤往武汉、南京等地，称黄埔六期生。1929 年 9 月 10 日，校长蒋介石以国民政府名义，改称学校为国民革命军黄埔军官学校。第七期学生毕业后，1930 年 9 月，学校被要求停办；在南京，1927 年底，由蒋介石决定自行成立（南京）中央军事政治学校，宣誓反共。1928 年 3 月，以中央军事委员会名义明令改名为中央陆军军官学校。抗日战争全面爆发后，于 1937 年 8 月迁至成都。

★黄埔军校旧址

刑场上的婚礼

XING CHANG SHANG DE HUN LI

在轰轰烈烈的第一次国内革命战争时期牺牲的女共产党员陈铁军的英雄事迹，催人泪下，感人至深。她和周文雍在刑场上英勇就义的壮烈情景，充分表现了共产党员为革命视死如归的精神，至今仍激励人心。

★陈铁军在中学读书时的毕业纪念照(前排左二为陈铁军)

陈铁军原名陈燮君，广东省佛山市人，出生于一个归侨富商之家。陈铁军从小过着大家闺秀的优裕生活，但她自己从懂事开始，就不满这种幽居深闺、孤陋寡闻的生活。当佛山在民主文化运动的影响下办起女私塾后，她便要求父亲送她上学。父亲由于自己侨居国外时受尽外国人歧视欺侮的苦楚，很想有一个出众的“才女”，以扬名显亲，于是，在铁军14岁那年将她与妹妹铁儿一起送入佛山私塾读书。

五四运动的爱国浪潮席卷全国，佛山也沸腾起来了。广州女子师范学校组织的演讲队来到佛山，陈铁军心情无比振奋。她急忙拉着妹妹铁儿上街听演讲，听着听着，她自己也接过传单去散发，走进游行队伍跟着高呼口号。从此，陈铁军的脑海里翻滚起新的波澜，开始了新的觉醒。

★陈铁军

一年之后，佛山出现了第一所新式女子小学，名叫“季华两等女子小学”。陈铁军便成为该校高小部的第一批学生。就在陈铁军快要毕业那一年，她遇到一件很不愉快的事。她父母生前把她许配给当地一个姓何富商的孙子，这时，那位富商忽然患重病，要把未婚孙媳妇接过门去“冲喜”。这真是“大祸临头”，按照她的志愿，是继续读书求学问，而不是现在出嫁去做“少奶奶”。但她又无力反抗这门婚事，于是她提出两个条件：第一，父母重孝在身，只能拜堂，不能同房；第二，拜堂后要回家继续读书，直至中学、大学。标榜道德伦理的何家，无法拒绝这两个条件，只好答应。在行礼、拜堂之后，陈铁军落落大方地跟对方交谈，发现丈夫是一个耽于享乐、毫无进取心的人，于是，她立即返回家里，继续完成学业。1922年春，陈铁军小学毕业，几经周折，来到广州，考入坤维女子中学初中部。

坤维女子中学是一所专门为大家闺秀而设的学校。校长提倡“三从四德”，陈铁军很快就不满意这种教育，于是她就自己寻找些书来看，尤其是着重广泛阅读有关妇女问题的书刊。当时的广州既是革命的策源地，又是社会矛盾的集中点，各种政治思想斗争很激烈。当铁军在三民主义、改良主义、无政府主义、马列主义等各种学说漩涡中彷徨的时候，她的国文老师、中共党员谭天度给她引了路。谭天度时常对学生讲中国的现实问题，讲妇女的解放问题。陈铁军也时常与几个同学向谭天度请教学问，讨论时事政治，探讨救国救民的真理。谭天度把当时的进步刊物《向导》、《新青年》、《前锋》等介绍给她们看。以后，陈铁军和同学们组织了时事研究社，经常研讨社会问题，

★谭天度

★蔡畅

学习社会主义理论。谭天度经常鼓励铁军多学习勤思考，努力创造入党条件。1925年春，谭天度介绍陈铁军认识蔡畅和邓颖超，由广东区委妇委对她进行考察培养。在党的教育下，陈铁军思想觉悟提高很快。假期返回家乡时就与何家解除了婚姻关系。

1925年上海五卅惨案以后，广州和香港的工人在中国共产党领导下，举行了省港大罢工。6月23日，陈铁军和同学们一起参加了由周恩来、陈延年等率领的广州政治大示威游行。当游行队伍经过沙基路时，突然遭到帝国主义的伏击，顿时血肉横飞，当场死亡50多人，伤100多人。陈铁军目睹烈士们浑身鲜血，进一步认识到只有参加反帝爱国的革命运动，中国才有出路。从此，她在党的领导下，更加积极投身各种革命活动。

1925年秋，陈铁军考入广东大学文学院预科学习。当时，广东大学新旧思想斗争十分激烈。学生中存在着不同政治派别的学生组织，常常展开激烈的辩论和斗争。面对校内纷繁复杂的政治斗争，陈铁军在党的教育、影响下，坚决站在左派一边。她说："共产主义好，能够解放全人类，妇女也能彻底解放"。不久，她成为新学生社和广东妇女解放协会两个组织的积极活动分子。一次，学校选举全国国民外交后援会代表和选举全国学联会的广州学联代表，当宣布选举结果是新学生新成员得票多时，右派学生大声咒骂，挥动手杖乱打。陈铁军很气愤，立即带领几个进步同学反击，结果，她被打伤脸部，眼睛瘀血成块。她在养伤期间表示："你们要打垮共产党吗？我就要铁心跟党走，同反动派斗争到底！"并决定把原名燮君改为铁军。她的妹妹也把原名燮元改为铁儿。1926年4月，陈铁军由区梦觉介绍，广东大学文、理学院总支书记徐文雅（即徐影如）签批，加入了中国共产党。

入党后，陈铁军一面继续读书，一面从事学生工作和妇女工作。她担任了广东妇女解放协会秘书长、中共两广区委妇女委员。在邓颖超领导下，她工作很出色，经常到工厂去，到工人家里去，活动在妇女群众之中。刚开始到女工中去，陈铁军不习惯，也不顺利。女工们见她白衣黑裙，时兴发式，言谈举止彬彬有礼，就把她看作是"贵小姐"或"少奶奶"，对她不够亲切。于是，她脱下白衣黑裙，穿上大襟衫、阔脚裤，梳成劳动妇女的发式，一到工人家，就帮助做家务，把工人的家当自己的家。这样，工人也把她当自己人，倾吐心里话。工人的困难和痛苦，她心中有数，工人群众称赞她是个"好人"、"贴心姐妹"。1926年至1927年间，党派陈铁军主持举办了为农村培养妇女干部的妇女干部训练班。她亲自上课，用通俗的语言讲解"没有广大工农妇女参加反帝反封建的国民革命运动，革命就不会成功"的道理，讲解发动农村妇女参加革命斗争的重要性，并邀请周恩来和邓颖超来作报告。学员们学习期满下乡时，她再三叮嘱："要关心农民，特别是农村妇女的疾苦，要放下架子和农民交朋友。"

★区梦觉

1927年4月12日，蒋介石在上海发动了反革命政变。4月15日，蒋介石又与广东军阀共谋，在广州发动了反革命政变。这天凌晨，反动军警包围了中山大学学生宿舍，搜捕进步学生。这时学校一女工立即通知陈铁军说："你赶快逃跑吧！警察来抓你了。"陈铁军乔装打扮，越墙逃离了学校。这时，陈铁军首先想到邓颖超住在长寿路一家医院里，不知她是否已经转移，心里十分焦急。于是，为避免引起敌人注意，陈铁军立即装扮成一个"贵妇人"，赶往医院。见到邓颖超还在病房里，陈铁军急忙向她报告了外边的情况，并"代表党组织"来通知她快离开广州。陈铁军又设法买到船票，在医院院长的掩护下，把邓颖超送上船，抵达香港，安然脱险。以后，邓颖超一直不忘此事，并且认为"若不是陈铁军冒着极大危险及时通知并送走我，那将是不堪设想的"。

在白色恐怖下，党组织被迫转入地下。陈铁军在工人的掩护下，时常变换住处，暗中打听同志们的下落，寻找党的组织。1927年5月，陈铁军与中共广东省委终于联系上了，她到达已转移到香港的省委机关。8月，陈铁军接受了中共广东省委分配她回广州，协助广州工人代表大会主席、广州市委工会书记周文雍建立秘密机关、积聚革命力量、准备暴动的新任务。按党的指示，陈铁军和周文雍假扮夫妻，租了一间房子，建立了党的秘密机关；陈铁军的妹妹铁儿也驻机关，当他们的助手。在艰险的革命斗争中，陈铁军和周文雍建立起了深厚的革命友谊。

1927年10月1日，周文雍领导一次工人游行时，遭反动军警镇压，受伤被捕。这时，广东省委正在积极组织广州起义，周文雍是广州起义的组织者。他被逮捕，对广州起义的准备工作影响很大。为此，省委选派梁桂华、沈青和陈铁军等成立营救小组，杨殷负责领导。由于敌人监狱戒备森严，省委指示不能硬拼，只能智取。营救小组根据情况制定了智取方案：第一步是把煎炒辣的食物给周文雍吃，不饮茶水，造成患有严重伤寒"传染病"的症状，迫使敌人将他转送医院留医；第二步是便衣武装智闯医院，把他抢救出来，由事先准备好的小汽车送达安全地点。方案制定后，

★周文雍与陈铁军雕像

立即采取行动，陈铁军派一位工人冒充周文雍的家属，每次探病送去姜炒饭、辣椒排骨等辛辣食物给他吃。几天后，周文雍便"发高烧"，"讲胡话"，大声叫喊、呻吟，要求就医。一天，监狱长来巡查，正遇周文雍咳嗽、气喘，狱友们乘机叫道："我们在这里坐牢，害了病难道就等死吗？"要求立即把危重病人送进医院。与此同时，陈铁军通过一个狱医给周文雍看病，诊断他患传染病。监狱长怕伤寒蔓延开了，责任难负，又怕他死了无法得到共产党的重要情报，于是无可奈何地把周文雍送到犯人留医处。第一步营救计划实现后，又开始了第二步营救计划。周文雍入院当天，营救小组派一位可靠的司机到医院摸清了情况，并与周文雍约好暗号，以配合行动。第二天，一辆已卸掉牌子的小汽车，停在医院大门前的马路旁，"不熄火不离坐"。中午12时，大门守敌警卫正换班时，突然，街上鞭炮响声不断，营救人员以迅雷不及掩耳之势，缴了警卫的枪，另外几个同志直奔病房，用白被单把周文雍包裹着背上汽车，这时司机开足马力飞驰而去。劫狱成功了，同志们都称赞陈铁军做事沉着机警，勇敢细心。

1927年11月17日，中共中央作出指示，要"广东省委发表宣言，号召全省工农暴动，建立工农兵贫民代表会议政权"。1月26日，广东省委决定立即暴动。会后，革命军事委员会便分头进行准备。陈铁军以饱满的热情和严谨的作风，执行革命军事委员会发出的各项指示和具体任务：秘密联系工人，印刷和散发宣传鼓动起义的文告和传单；组织妇女分头购买红

★陈铁军故居

布，缝制起义的标志"红领带"、"红袖章"、红旗和横幅；还巧妙地给起义军运送武器弹药，为起义做了大量的准备工作。

1927年11月21日凌晨，震撼中外的广州起义爆发了。起义军天亮之前就占领了市内大部分地区。当天中午，成立了广州苏维埃政府。陈铁军看着飘扬的红旗，非常激动。她为起义军分发枪支、送饭，看护受伤的革命士兵和工人。广州起义失败后，革命军队撤出了广州，转移到农村。面对白色恐怖，陈铁军丝毫没有畏惧。她和妹妹铁儿仍然坚守着党的秘密机关，并且迅速掩藏、转移、烧毁有关起义的机要文件和物品。后来，广东省委命令她们马上隐蔽、撤退，她才带着铁儿乔装离开了党的秘密机关，撤退到了香港广东省委机关驻地。

1928年初，广东省委派周文雍重返广州，恢复党的工作，开展新的战斗，因陈铁军做地下工作很有经验，省委仍派她回广州，协助周文雍重建党的秘密机关工作，铁儿仍然当他们的助手，同驻秘密机关里。当时反革命势力极为嚣张，革命活动非常艰险，但陈铁军勇敢、机智、沉着，经常变换乔装，巧妙地避过敌人的耳目，四处寻找失散的同志，很快就协助周文雍把联络网和交通线重新建立起来。

不料，由于叛徒告密，他们住的机关被敌人发现了。1月17日

★周文雍和陈铁军在狱中的合影

早晨，海员工会子弟学校一个教员前来通知陈铁军，由于出了叛徒，党的秘密机关已经暴露，情况危急，要她马上转移。但她想到当天还有几个同志要来接头，外出的周文雍也还没有回来，便决定暂且留下。她告诉那位同志先回去，迅速将情况通知周文雍和其他同志，以避免党受到损失。不久敌人包围了他们的住处，铁儿在姐姐陈铁军的帮助下，通过凉台进入楼上邻居家，才幸免被捕。陈铁军走到窗前，把窗帘拉向左边，放出和接头同志预先约好的“危险暗号”。随即，敌人闯了进来，他们看出那挂着的窗帘是别有用意的，便一把扯下来。他们向陈铁军盘问，周文雍在哪里，陈铁军镇静地对付着敌人，心里却担心着周文雍回家来，看不见窗户前的“报警”信号而投入罗网。她苦思着怎样才能使周文雍脱险时，周文雍突然进屋了。伪警见周文雍回来，狞笑一声说：“你们到齐了，局长有请。”话毕便催促上路。陈铁军嘲讽地说：“嘿！你们这些人办事也不是爽快的，还是让我穿件衣服再走吧”。说完，她进屋穿好衣服，披上大围巾，把屋里的东西再检查一番，才不慌不忙地迈步走出机关。

在法庭上，陈铁军和周文雍严词痛斥国民党反动派杀害革命群众的罪行。当法官宣布判处周文雍、陈铁军死刑，并问他们死前还有什么要求时，周文雍提出要和陈铁军照一张合影。敌人把摄影师带到监狱，周文雍和陈铁军并肩站在牢房的窗前照了幅临刑前的两人合影。

2月6日下午，一群刽子手来到监狱，把周文雍、陈铁军分别押上黄包车，解赴刑场。一路上，他们神态自若，毫无惧色。在刑场上，在生命的最后一刻，陈铁军用深沉的留恋的目光凝视着与她生死与共的周文雍，高声向群众作最后的演说：“亲爱的同胞们！姐妹们！我和周文雍同志的血就要洒在这里了。为了革命，为了救国救民，为了我们的妇女从苦难中求得解放，为了千秋万代共产主义的伟大事业而牺牲，我们一点也没有遗憾！”“同胞们，过去为了革命的需要，党派我和周文雍同志同住一个机关，我们的工作合作得很好，两人的感情也很深，但是为了服从革命的利益，我们还顾不得来谈个人的爱情。因此我们一直是保持着纯洁的同志关系，还没有结婚。”“今天，我要向大家宣布：当我们把自己的青春生命献给了党的时候，我们就要举行婚礼了。让反动派的枪声，来做我们结婚的礼炮吧！同胞们，同志们，永别了！望你们勇敢地战斗，共产主义一定会胜利，未来是属于我们的！”

陈铁军牺牲时，年仅24岁。

★周文雍、陈铁军烈士陵园

两次国内革命战争

第一次国内革命战争(1924-1927年)，也称“大革命”，是中国人民在国共两党的合作领导下，为反对帝国主义、封建主义，推翻北洋军阀的统治而进行的革命战争。第二次国内革命战争(1927-1937年)，又称土地革命战争，是中国共产党领导中国工农红军和中国人民，为反对国民党蒋介石集团的统治，废除封建土地制度，建立工农民主政权而进行的革命战争。两次国内革命战争艰苦而曲折，体现了毛泽东、周恩来、朱德、贺龙等一大批军事将领的非凡才能，形成了适合中国革命战争的建军原则和战略战术原则。

“四一二”反革命政变

SI YI ER FAN GE MING ZHENG BIAN

1926年，随着北伐战争的胜利进军和工农运动的空前高涨，沉重地打击了帝国主义和封建军阀在中国的统治，威胁到帝国主义的在华利益。1927年3月，帝国主义命令它们在下关的军舰对南京市内的北伐军和市民开炮轰击，制造了中国军民死伤2000余人的南京惨案。同时，以蒋介石为首的国民党右派同帝国主义和中国资产阶级右翼勾结起来，加紧反革命阴谋活动。当月，正当上海工人起义胜利，迎接北伐军到来的时候，国民革命军总司令蒋介石却为了实现其反革命野心，大耍反革命两面派手法。3月26日，蒋介石赶到上海，与帝国主义者、大资产阶级代表密谋策划反革命政变，帝国主义答应以驻沪侵略军相配合；大资产阶级乐于“认捐五百万元”资助，青帮头子黄金荣、杜月笙、张啸林组织反动社团，纠集流氓、打手，以供驱使。此时的蒋介石一方面加紧了同帝国主义、封建买办阶级勾结，密谋举行反革命政变。另一方面却煞有介事地派军乐队给上海总工会送去题有“共同奋斗”字样的锦旗，以此来麻痹工人。

4月上旬，蒋介石和汪精卫、白崇禧等人举行一系列的秘密反共会议。接着，蒋介石纠集流氓、地痞组织“中华共进会”和“上海工界联合总会”，以反对上海总工会。8日，以白崇禧为司令的上海戒严司令部成立。11日，蒋介石密令东南各省一致清党。当晚，上海市总工会委员长汪寿华被杜月笙以宴请为名骗出谋害。蒋介石还同时利用来自中国共产党内以陈独秀为代表的右倾投降主义者，帮助解除了中国共产党和工人的思想武装，使党和人民处于无戒备状态，并在他们毫无防范的情况下，突然发动反革命政变。

★“四一二”反革命政变中牺牲的共产党员

1927年4月12日凌晨，早就作好准备的大批青洪帮武装流氓从租界冲出，向分驻上海总工会等处的工人纠察队发动突然袭击。当工人群众奋起抵抗时，国民党军队借口调解“工人内讧”，强行将工人纠察队缴械，解除了上海2700名工人纠察队的全部武装。纠察队员仓促应变，被打死打伤300多人，并抢走工会和工人纠察队驻所的一切物品。

★“四一二”反革命政变中共产党员被反动军队集体处决

4月13日，上海20多万工人为抗议反动派的血腥屠杀，举行罢工和游行，并向26军第2师司令部请愿，当游行队伍冒雨行至宝山路时，遭反动军队开枪射击，死亡100多人，伤者无数。接着，蒋介石下令解散上海总工会，查封革命组织，捕杀共产党员和革命者。江浙区委领导人陈延年、赵世炎等在此次政变中英勇牺牲。

“四一二”反革命政变使中国大革命受到严重的摧残，是大革命从胜利走向失败的转折点。在这次事变中，先后有300多人被杀害，500多人被捕，5000多人失踪。同时，“四一二”反革命政变的毒雾迅速扩散到了全国各地，大批共产党人、革命志士惨遭敌手，伟大的无产阶级革命先躯李大钊，也在这一期间被军阀张作霖残害于北京。4月18日，蒋介石成立了代表帝国主义和地主买办资产阶级利益的南京国民政府。他发出的秘字第一号令，即通缉严办共产党人。

蒋介石

★蒋介石

蒋介石(1887—1975年)，名中正，原名瑞元，谱名周泰，学名志清。浙江奉化人。1907年，蒋介石入保定全国陆军速成学堂。1908年留学日本，同年加入同盟会。1910年日本振武学校毕业后，入日本陆军第十三师团第十九联队为士官候补生。辛亥革命后，蒋介石追随孙中山，曾参加反对袁世凯的活动。1923年，受孙中山委派赴苏联考察军事政治，回国后任黄埔军校校长，国民革命军第一军军长。1926年，先后制造“中山舰事件”、“整理党务案”，打击共产党和革命势力。后任国民政府军事委员会主席，国民革命军总司令，国民党中央执行委员会常务委员会主席。率师北伐途中，于1927年发动了“四一二”政变，在各地清党，第一次国共合作公开破裂。1928年任南京国民政府主席，不断进行新军阀混战。1931年“九一八”事变后，任军事委员会委员长，推行“攘外必先安内”政策，继续围攻红军革命根据地，将东三省拱手让给了日本侵略军。1936年“西安事变”后，被迫接受抗日主张，实行第二次国共合作。1938年任中国国民党总裁，三民主义青年团团长。

★蒋经国与父亲蒋介石

抗日战争时期，蒋介石任国防最高委员会主席，同盟国中国战区最高统帅。期间，仍不失时机地制造磨擦，并借此掀起第三次反共高潮。抗日战争胜利后，与中共代表团在重庆进行和平谈判。1946年撕毁《停战协定》、《政协决议》，命令进攻解放区，单独召开制宪国民大会，通过宪法。1948年擅自召开第一届国民大会，当选“总统”。

解放战争后期，蒋介石曾一度下野，但仍在幕后指挥，拒不接受中共的和谈条件，最终陷于人民解放战争的汪洋大海。1949年12月，蒋介石匆匆离开大陆，赶往他经营多年的反共巢垒——台湾。此后，他始终独揽“总统”与国民党总裁，直至1975年4月5日去世。

★蒋介石与宋美龄在台湾

★蒋母陵园

“七一五”反革命政变

QI YI WU FAN GE MING ZHENG BIAN

“四一二”反革命政变以后，帝国主义、蒋介石等反革命集团势力对武汉地区加紧了军事包围和经济封锁，以汪精卫为首的武汉政府在摇摆不定中越发趋向于反动的营垒。1927年4月，汪精卫提出制裁所谓“违反本党主义、政策之言论行动”。国民党中央党部决议在湖南、湖北、江西等省组织特别委员会，检查各级党部、政府机关和民众团体一切言论行动。5月8日，武汉政府连续发出通告、训令，不准工农团体举行集会和示威游行，禁止工会、农会逮捕反革命和没收其财产，指责农民协会“幼稚过当”、“骚扰后方，挠动人心”。下令解散湖北黄岗、黄陂两县的农民协会。在这种政治倾向的直接影响下，5月17日，独立第14师师长夏斗寅在鄂南叛变。5月21日，驻长沙的第35军33团团长许克祥发动叛乱。一些不明是非的国民党军政要员把这些问题归咎于共产党，要求把共产党员从组织内清除出去，当地的土豪劣绅乘机反攻倒算，破坏革命组织，杀害革命群众。6月初，汪精卫召集武汉地区非共产党员的国民党中央委员开会，策划反共办法。6月19日，蒋介石、冯玉祥等举行徐州会议，密谋“宁汉合流”，共同反共。在革命的紧急关头，陈独秀主持的中共中央继续坚持右倾投降主义错误，下令制止农民没收地主土地，自动解除工人纠察队武装，对汹汹而来的反动势力一味实施妥协。30日，中共中央举行扩大会议，通过了一个关于国共两党关系的决议案，企图用投降式的让步拉住汪精卫，致使汪的反革命气焰更为嚣张。

★1927年6月10日郑州会议后的合影。前排左起：孙科、于右任、冯玉祥、谭延恺、汪精卫、唐生智。

★夏斗寅

★1927年6月20日徐州会议后，冯玉祥（前排左1）和蒋介石（左3）合影。

1927年7月15日，汪精卫不顾宋庆龄、邓演达等国民党左派的坚决反对，召开国民党中央常务委员会第二十次扩大会议，讨论“分共”的问题，同时作出决定：在未开会以前，制裁共产党人“违反本党主义政策之言论行动”，完全暴露了他背叛革命的嘴脸。随后，反动军队封闭了工会、农会和所有革命团体。在“宁可枉杀一千，不可使一人漏网”的口号下，大规模地逮捕、屠杀共产党员和革命群众。由于蒋介石的“清党”和汪精卫的“分共”，国民党由各革命阶级的联盟变成了代表地主买办阶级利益的反动政党，国民政府由各革命阶级联合的政权变成了地主买办阶级的反革命政权。国共两党的合作也随之彻底破裂，致使1924年至1927年的大革命宣告失败。

汪精卫

★汪精卫

汪精卫(1883—1944年),名兆铭,字季新。广东番禺人。原中国国民党副总裁,亲日派首领,后为汉奸。1903年,汪精卫官费赴日本留学。1905年参与组建同盟会。此期,他积极宣传革命主张,抨击清政府和改良派。1907年随孙中山赴南洋。1910年3月,谋炸清摄政王载沣,事泄被捕,被判处终身监禁。1911年10月武昌起义后,汪精卫出狱并赴法国留学。回国后于1919年在孙中山领导下,驻上海创办《建设》杂志。1921年,孙中山在广州就任非常大总统,汪精卫出任广东省教育会长、广东政府顾问,次年任总参议。

★1942年12月,日军扶植的伪南京国民政府主席汪精卫(右三)前往东京,参加"大东亚战争一周年纪念会"。图为汪精卫会见日本首相东条英机(左三)时的情形,左一为日军军令部总长,左二为日军参谋总长杉山元。

1922至1923年,孙中山筹备改组中国国民党,汪精卫反对共产党员加入国民党。1924年1月,中国国民党第一次全国代表大会召开,汪被选为中央执行委员兼宣传部长。孙中山病逝后,广东政府于1925年7月改组,汪被选举为国民政府常务委员会主席兼军事委员会主席。蒋介石发动"四一二"政变后,汪也于7月15日发动政变,残杀共产党人和革命群众。1930年,汪精卫联合冯玉祥、阎锡山、李宗仁共同反蒋。失败后,潜逃香港。1931年,汪纠合各派反蒋势力,在广东另立国民政府。

"九一八"事变后,全国人民一致要求各党派共同抗日,蒋、汪再次合作。"七七"事变后,汪精卫被选举为国防最高会议副主席、国民党副总裁。1938年12月,汪精卫离开重庆,经越南河内去南京,发表"艳电",公开与日本合作。1939年5月,汪精卫等赴日,与日本当权者直接进行卖国交易。回国后于8月在上海秘密召开伪国民党第六次代表大会,宣布"反共睦邻"的基本政策。12月,与日本特务机关签订《日华新关系调整纲要》,以出卖国家的领土主权为代价,换取日本对其成立伪政权的支持。1940年3月,汪精卫在南京成立伪国民政府,自任主席。1944年11月10日在日本名古屋病死。

★1940年3月30日南京举行汪伪政府成立典礼

★1942年12月,汪精卫访日时与东条英机(左二)在一起。

中国文化革命的主将——鲁迅

ZHONG GUO WEN HUA GE MING DE ZHU JIANG LU XUN

鲁迅出生在封建社会中的“书香门第”，他少年时代的学习生活，是在读中国古书中度过的。从 6 岁到 17 岁，他读了不少中国“正统”的经书和史书。他 7 岁被送进私塾念书。最初，他跟玉田先生学习启蒙的历史书《鉴略》，12 岁时，又到绍兴著名的三味书屋求学，读的是四书五经。当时，鲁迅虽然读的是自己不爱读、也读不懂的书，但他还是努力学习，成绩也很优异。

鲁迅读书不喜欢死记硬背，而是注重理解。他自己做了一张小书签，书签两端剪贴着红色花纹，中间有十个正楷小字：“读书三到：心到、眼到、口到。”读书时，他把书签夹在书页里，每读一遍就从上往下盖掉一个字，读过几遍后，就用默读来加深对课文的理解，用不了多久，他就能熟练地把课文背出来了。

一次，先生出了一个题“独角兽”，要学生们做对子。同学中七嘴八舌，有的对“二头蛇”，有的对“九头鸟”，甚至什么“四眼狗”等，结果都遭到先生的训斥。而鲁迅却根据学过的《尔雅》中的句子，对了“比目鱼”三个字，先生很是称赞。在三味书屋读书时，有一次鲁迅因事迟到了，老师批评他，他诚恳接受，并用小刀在课桌的一角，刻了一个“早”字，以示对自己的鞭策。从此，他就再也没有迟到过。鲁迅日后具有坚韧、执着的性格，同他从小就注意自我磨炼是分不开的。

★鲁迅刻“早”的课桌

鲁迅读书的兴趣十分广泛，但他更偏爱的倒是野史、杂集之类，景仰历史上有骨气、有革新精神的人。对于那些宣传封建礼教的书，他从内心怀疑、反感。一位长辈曾送给他一本《二十四孝图》，鲁迅却从那些令人眩目的故事中发现了封建礼教吃人这个残酷的秘密。这些都说明传统的封建教育和道德禁锢不住鲁迅那一颗活泼的心。

鲁迅生长在一个没落的封建士大夫家庭，家庭的破产，使他深深地感触到世态的炎凉，许多刺激使他对熟识的绅士阶级产生了极度的憎恶，在他幼年的心灵深处播下了憎恶本阶级的种子。鲁迅生活在鸦片战争后，中国社会急剧变化，民族危机日益严重。在祖国迫于内忧外患、家庭境况日益衰败的情况下，鲁迅不可避免地要接触到较多的社会问题，促使他独立思考。

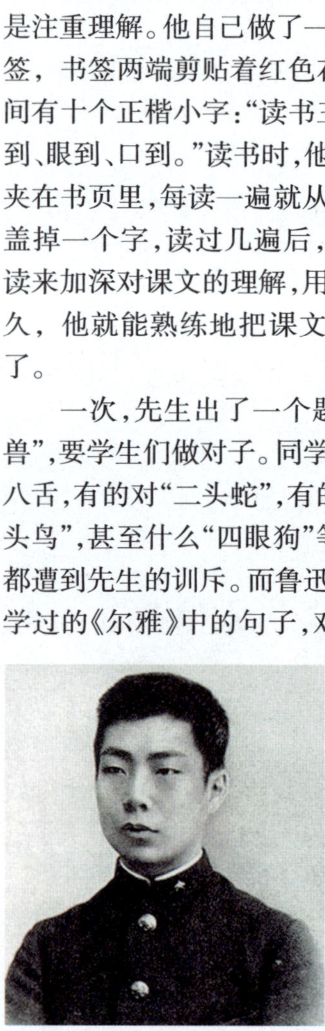

★年轻时的鲁迅

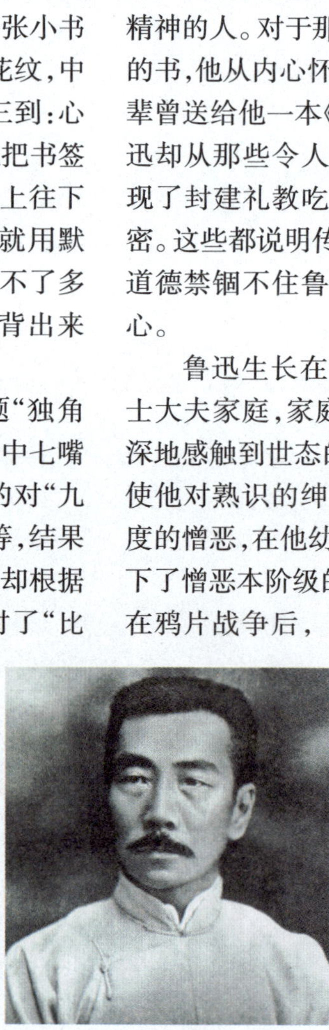

★鲁迅像

在这个时期，洋务派官僚以富国强兵为旗号创办了一些新学堂，这对于当时要求学习新知识的青年具有很大的吸引力。决心冲破封建主义的牢笼，去寻求新知识的鲁迅，立志“走异路，逃异地”，去寻找“别样”社会和生活道路。于是，1898 年 5 月 1 日，鲁迅携带了一只网篮、一个铺盖卷，以及仅有的 8 元川资，告别了垂泪相送的母亲，来到江南水师学堂。

鲁迅到南京一个月后，发生了昙花一现的戊戌变法。这场以康有为、梁启超为代表的资产阶级改良运动只有 103 天的寿命，被称为“百日维新”。戊戌变法的那些措施，在今天看来虽然是微不足道的，但当时变法诏书一道道传来的时候，却震撼过不少进步的中国人的心灵，使他们开了眼界。在戊戌变法的高潮中，江南水师学堂的封建痼疾暴露得更加明显，这所号称洋务派兴办的学堂，由于淹死了一个学生，居然填平游泳池，盖起关帝庙。夏历中元节，还特意请来大和尚诵经施食，超度冤鬼的亡灵。

在水师学堂，学生读的是孔孟的书，做的是八股文，更为森严可怖的是大堂上陈列着“令箭”，学生触犯了“军令”，还有被杀头的可能。这个乌烟瘴气的学堂，使满腔热情追求新知识的鲁迅大失所望。他再也呆不下去了，于是他在1899年初转学投考了南京江南陆师学堂附设的矿路学堂，决心学习国家急需的真才实学，为日后振兴祖国的实业而有所贡献。

鲁迅在矿路学堂接触到一些西方传来的新知识，现代科学代替了他过去所学的国故，这引起了他探求新学的兴趣。鲁迅是新学堂里全班24名同学中年龄最小的一个，也是唯一获得金质奖章的一个。不过，鲁迅并不爱虚荣。他得到奖章之后，就立即变卖，用以购买了许多介绍新学的书籍。

在矿路学堂，读新书的风气很盛。鲁迅知道了有一部叫《天演论》的书，并且立即购买。这是一本宣传达尔文进化论的书，是维新派的重要人物严复，根据英国著名生物学家赫胥黎的著作《进化论与伦理学及其他》译述的。鲁迅如饥似渴地诵读着、思考着。一直读到背诵如流的程度，生存竞争的新观念深深地印入他的脑际。一个闻所未闻的全新的思想境界在他眼前展现着，他开始探索垂亡的祖国的生路问题。自读过《天演论》之后，凡严复出的每一本书，鲁迅一定想方设法买来，足见他对新思想的执著追求。进化论的生物进化、生存竞争的理论，启迪了鲁迅的思想，使他认识到，在这个竞争激烈、优胜劣败的世界上，再按照传统的老一套的方式，是不可能生存下去了。因此要求“自强保种”，以挽救危难的中国。怎样“自强保种”呢？鲁迅认为：必须坚决抛弃那些落后、腐朽的东西，学习先进的新鲜事物，从斗争中才能找到中国人民生存的道路。从此，鲁迅树立了将来必胜于过去、青年必胜于老年的观念，这给日后的鲁迅增强了斗争的信心。

1902年1月27日，鲁迅以一等第三名的成绩获得矿路学堂的毕业执照，同学们都很羡慕他。但鲁迅却漠然置之。纷至沓来的内忧外患，广大人民的哀苦无告，洋务运动的彻底破产，变法维新横遭扼杀，这一切都涌到鲁迅的眼前，强烈地冲击着他。中国向何处去？个人要为此作怎样的奋斗呢？鲁迅陷入了苦苦的思索之中。从新思潮中汲取了有益养料，又从现实斗争中磨炼出爱国图强思想的鲁迅，不会去走前人走过的老路了，他把提倡科学和社会变革联系起来，抱着科学救国的理想，决心到日本留学，继续寻求新鲜知识和救国真理。

1902年4月，鲁迅进入了日本弘文学院。这所学院是为中国留学生准备投考正式的专门学校而设立的，鲁迅选修的是日本语和“速成普通科”。当时，鲁迅经常和友人讨论下列三个相关的大问题：一、怎样才是最理想的人性？二、中国国民性中最缺乏的是什么？三、它的病根何在？为了逐步解决这些问题，鲁迅首先选择了“科学救国”的道路。他不仅翻译了《月界旅行》、《地底旅行》等科学幻想小说，及时把“镭”的发现等最新科学成果介绍给国人，而且还以很大的精力撰写了《中国地质略论》、《中国矿产志》，通过普及科学知识的途径大力进行爱国宣传，以配合中国人民保卫领土资源的正义斗争。鲁迅这种“科学救国”的思想和实践，出发点是为了实现国家独立富强和社会进步，与以实现君主立宪的政治制度为宗旨的资产阶级改良主义有着本质的区别。正因为如此，所以，鲁迅常在课余时间赴集会、听讲演，并参加了以推翻清王朝为宗旨的秘密革命团体的活动，誓做“革命党之骁将”。在弘文学院江南班，他还带头剪掉了象征种族压迫的辫子。在断发小照后面，他题写了一首七言绝句，抒发了愿将全部热血献给民族解放事业的宏大抱负，“灵台无计逃神矢，风雨如磐暗故园，寄意寒星荃不察，我以我血荐轩辕”。这些都表明，在资产阶级革命派与改良派实行决裂的重要历史关头，鲁迅

★东京弘文学院鲁迅(右)和同学合影

★东京弘文学院鲁迅(后排左一)和同学合影

★鲁迅、许广平和儿子周海婴

坚定地站在了革命派一边。

1904年4月，鲁迅从弘文学院毕业，按规定他应升入东京帝国大学工科学习采矿冶金。但是他通过阅读史书，知道了日本维新主要是发端于西方医学的事实，于是决定不学开矿而改学医学，以便毕业归国后，能献身于祖国的医学事业，以救治中国人民疾病的痛苦，战争时便去当军医，同时又可以促进国人对于维新的信仰。所以，他终于决心放弃矿务，进了仙台医学专门学校学习。

在仙台学医，鲁迅的学习成绩优异，在新的学科面前，虽然困难很多，但由于勤奋学习，使他很快获取了多方面医学知识，并能够从医学科学的角度重新考虑社会问题，进一步坚定了他治病救人和改造社会的信念。

1904年，爆发了日俄战争。这是日俄两帝国主义国家为争夺势力范围而进行的战争，中国的东北成为他们角逐的主要战场。当时，放演幻灯是日本战时宣传的一种手段。有一次，鲁迅在幻灯片上看到了他久违的同胞，其中一人因替俄军做侦探而被日军砍头示众，而围着观看这"示众"盛举的同胞却表现出麻木的神情。课堂里的日本学生拍掌欢呼起来，那刺耳的"万岁"声像利刃似的绞割着鲁迅的心，使他感到强烈的震动和巨大的痛楚。已经具有了比较坚实的民族主义思想的鲁迅，由于"幻灯事件"的刺激，毅然决定中断学医，改学文艺。他认为，治疗人民的精神麻木症是比治疗他们的疾病更为紧要的事情，因此他毫不犹豫地从振兴中华的需要出发，作出了人生道路上具有决定意义的抉择——弃医从文。他要拿起文艺的"听诊器"，去"诊察"时代的脉搏，社会的病变；他要操起文艺的"解剖刀"，去戳穿敌人的"痈疽"，治愈人民的"病瘼"，唤醒民族的觉悟。

1906年3月15日，鲁迅正式从仙台医专退学。他告别了峰峦重叠的青叶山和流水清清的广濑川，从枫叶如丹的仙台回到樱花烂漫的东京，开始了他的文学的潜心研究，从此，以"精神界之战士"的姿态出现在反帝反封建的思想文化战线。

1909年夏天，鲁迅离开日本归国，先后在浙江杭州两级师范学堂和绍兴府中学堂任教员。这时，中国资产阶级领导的旧民主主义革命正处在全面爆发的前夕。

1911年，辛亥革命爆发后，鲁迅满腔热忱地领导学生，开展了革命活动，号召学生组织演讲队宣传光复的意义，但是不久他失望了。辛亥革命之后，政局更加动荡不安。1915年12月12日，袁世凯称帝，做了83天的短命皇帝；1917年7月，辫帅张勋又把废帝溥仪抬出来，演了一出12天的复辟丑剧。目睹这种"狐狸方去穴，桃偶已登场"的政局，鲁迅看不到中国的出路，思想异常苦闷。这时资产阶级领导的旧民主主义革命已经失败，而无产阶级领导的新民主主义革命尚未兴起。在怀疑、苦闷情绪的笼罩下，已在教育部任职的鲁迅，曾一度埋头于整理古籍，研究佛学，搜集金石拓片。他在孤独中思索着辛亥革命的教训，在尖锐的思想矛盾中不倦地探寻着中国革命的新路。

正当鲁迅在补树书屋过着"槐蚕叶落残碑冷"的生活的时候，涅瓦河上响起了"阿芙乐尔号"的炮声。俄国沙皇盘踞的冬宫熄灭了最后一支蜡烛，十月社会主义革命的曙光开始显露在薄明的天空。沉睡于封建长梦中的东方睡狮醒来了，在迷雾中旋转的中华民族的航船终于在历史的江面上找到了前进的标灯。在这个伟大的历史转折关头，时代精神的钥匙终于启开了鲁迅心灵的门扉。

鲁迅立即投身到正在蓬勃发展的新文化运动的洪流中，在《新青年》这个阵地上，积极撰写文章，唤起熟睡的人们，毁坏那"绝无窗户而万难破毁"的"铁屋子"，他集中火力抨击了为封建统治服务的忠孝节义等旧观念，痛斥那些腐朽的旧文化和有毒的神道传统，帮助青年摆脱旧思想的束缚，成了当时革命青年非常尊敬的一位先生。1918年，鲁迅在《新青年》上发表了他的第一篇白话文小说《狂人日记》。为了掀翻封建统治阶级摆设的人肉筵宴，鲁迅运用"杂取种种

★河北教育出版社出版的《狂人日记》封面

人，合成一个”的典型化手法，孕育了一个既有狂人病理特征又有反封建战士精神本质的独特形象。鲁迅借助这个现实性与象征性互相渗透的两重色彩的人物，对封建家族制度和封建礼教的弊害进行剔肤见骨的揭露。“狂人”用他如炬的目光，透过峨冠博带的封建世家在每页上都写着“仁义道德”几个字的历史，看到了字缝里隐藏着“吃人”二字。“狂人”还用黄钟大吕般的声音提出了“将来容不得吃人的人活在世上”的愤怒警告，发出了“救救孩子” 的战斗号召。这篇小说，以其思想的深刻和格式的特别，为中国新文学奠定了第一块基石，像号角一样震醒了封建“铁屋子”里沉睡的人们。继《狂人日记》之后，鲁迅接连又写出了《孔乙己》、《药》、《阿 Q 正传》、《白光》等作品，为抨击封建制度提供了一件件活生生的罪证。1923 年，鲁迅将这些小说集为《呐喊》一书出版。“呐喊”的意思，就是用文艺作品为革命前驱者助阵作战，使他们无畏的前进。与此同时，鲁迅又创造了一种文艺性的社会评论 ——杂文，用诗和政论相结合的风格，鲜明地反映出五四时期提倡科学与民主的时代精神。由于鲁迅的作品第一次在文艺领域反映了新民主主义革命彻底反帝反封建的政治要求，因而在人民民主革命的新文化运动中起了重要作用。

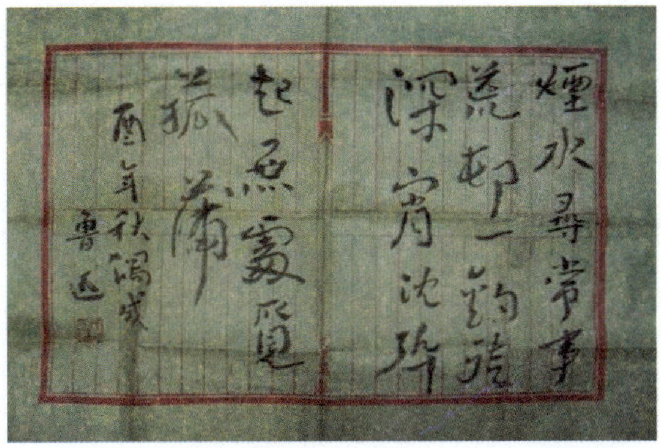
★鲁迅手稿

五四新文化运动的统一战线一开始是由具有共产主义思想的知识分子、革命的小资产阶级知识分子以及资产阶级知识分子三部分人组成。在五四高潮时其内部分歧已显露端倪，随着革命斗争的深入发展，特别是 1921 年中国共产党的成立，这种分歧逐渐发展成重大分化。有些文化战士接受共产主义思想，参加无产阶级先锋队，从事政治斗争和工农运动去了；统一战线中的右翼知识分子，则逐渐站到了反动势力方面；也有一些曾经打过一些硬仗的资产阶级、小资产阶级知识分子，经不起新的严重考验，动摇妥协，离开战斗，从此销声匿迹。当时的北京文化界正像鲁迅所说：“有的高升，有的退隐，有的前进”，显出寂寞荒凉的景象。鲁迅又一次感到自己“成了游勇，布不成阵”。

但是，这种孤独和寂寞对于鲁迅这样一位战士来说是短暂的，因为历史的需要必将召唤他振作起来，继续前进。他很快便联合新战友建立新阵地。1924 年 11 月，鲁迅积极支持的《语丝》创刊。1925 年 4 月，鲁迅亲自主编的《莽原》创刊。鲁迅凭借战斗的刊物，针砭丑恶的社会现象和病态的社会心理，以期改造人民的思想和改革黑暗的社会。他怀着殷切的希望寻找新的战士，热切地进行着新的追求和探索。中国共产党诞生以后，中国工人阶级和广大人民群众在党的领导下，进行了英勇无比的斗争。革命运动日益高涨，全国范围的革命风暴，终于在 1925 年到来了。因 5 月 30 日流血的游行示威得名的五卅运动，促进了革命进一步发展。

“五卅”运动，鲜明地显示出革命群众的巨大力量，工人、农民、先进的知识分子汇合成汹涌澎湃的潮流，冲向帝国主义和封建主义。于是，封建军阀便以武力替其主子惩膺不驯服的人民了。1926 年 3 月 18 日，在段祺瑞执政府门前，发生了残杀请愿青年，致使死伤达 200 多人的流血事件。封建军阀以血腥手段镇压群众，表明阶级斗争的尖锐化，随之，文化战线的斗争也相应激烈起来。

鲁迅坚定地站在人民大众的立场，在文化战线上身先士卒地向敌人冲锋。1924 年 ~1925 年两年间，在同反动势力的斗争中，他用自己一支锋利的笔，继续文学创

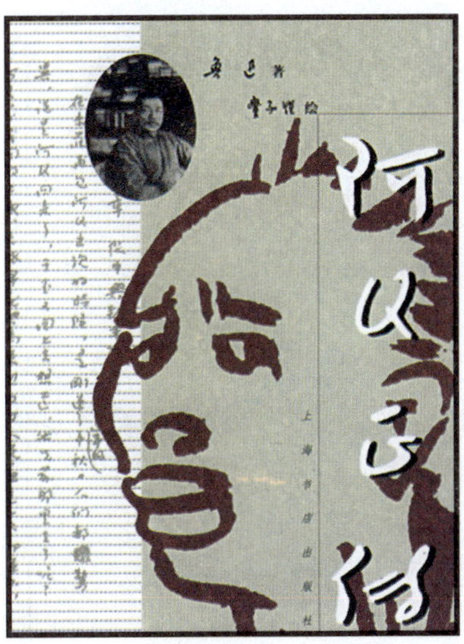
★上海书店出版社出版的《阿 Q 正传》封面

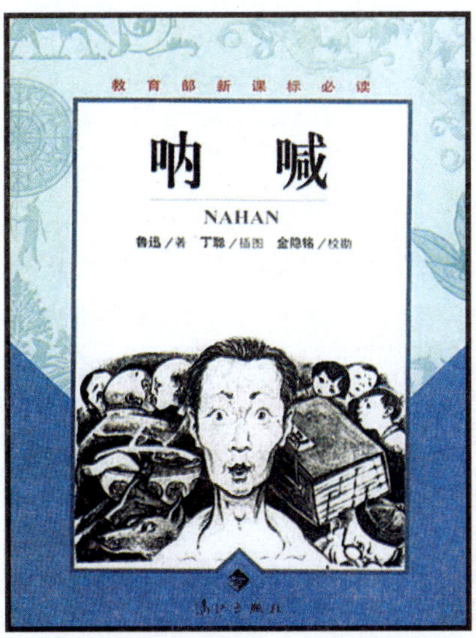

★漓江出版社出版的《呐喊》封面

作，写了诸如《祝福》、《离婚》、《在酒楼上》、《伤逝》等十几篇小说，后来编辑成册，定名《彷徨》。这些现实主义作品，都深刻地暴露和反映了中国社会的黑暗和人民群众的苦难。《彷徨》还比较多地选择了关于知识分子的题材，写出他们种种不幸和弱点，或刻画由热心改革到颓唐敷衍的精神状态，或嘲讽脱离现实而又想当作家的人，或揭发行为卑劣的"夫子"，或抒写青年男女的个性解放……这些作品都接触到一些深刻的社会问题，反映了鲁迅深入的思索。正像《彷徨》的题辞所引的诗句："路漫漫其修远兮，吾将上下而求索。"所以，《彷徨》一书，表现了鲁迅在辛亥革命失败以后，面对封建军阀连年混战，人民处于水深火热之中的沉重心情，但这时的鲁迅，决不是消沉悲观，而是正在摸索前进。

五卅惨案和"三一八"惨案的发生，促使鲁迅在思想上、政治上更前进了一步。这种进步是通过不断的求索和思想上的矛盾斗争实现的。革命形势的发展要求鲁迅必须和广大群众更加紧密地结合，并以崭新的理论武装自己和群众。这个时期，中国革命在中国共产党领导下，已经有了很大的发展。而鲁迅所进行的战斗，正是人民民主革命的一部分，只是当时他还没有意识到这一点，还以为自己是一个"荷戟独彷徨"的"游勇"。至于究竟应当走什么道路，他还是不明确的。但是，正因为他身在革命运动中，积极参加了革命斗争的实践，又具有勇于探索真理的精神，所以，鲁迅终于接受了马克思主义的真理。

1926年，中国革命的浪潮日趋高涨，同年7月，国民革命军举行北伐。由于共产党人和国民党革命派英勇奋斗，迅速击溃了北洋军阀的军队，北伐战争获得了很大的胜利。北洋军阀更加疯狂地镇压人民，鲁迅被反动势力列入黑名单。这种险恶的环境，促使他离开北京，走向革命正在发展的南方。1926年8月，鲁迅到达厦门大学任文科教授。鲁迅在厦门大学，虽然只有4个月，但他除了编写中国文学史讲义外，还写了不少杂文和小说，后来收入《故事新编》的《铸剑》就是这时的创作。这篇小说热烈地颂扬了为铲除暴君，宁可自我牺牲的精神。很明显，这是同打倒旧军阀的北伐相呼应的。

正由于鲁迅向往当时的"革命策源地"，所以，1926年12月，他前往广州。这时的广东已经是北伐的后方，但鲁迅到广州不久，便发现了这个革命策源地的真相。他预见到当时的广州可以做"革命的策源地"，也可以做反革命的策源地。4月10日，鲁迅写了《庆祝沪宁克复的那一边》一文，文中引用了《少年先锋》上译载的列宁语录，号召革命人民永远进击，防止敌人乘隙而起，切不可小有胜利，便陶醉在凯歌声中。历史的发展进程很快就证实了鲁迅上述论断惊人的正确性。继"四一二"以后的广州"四一五"大屠杀，使许多进步青年牺牲在国民党反动派的屠刀之下。当刽子手们在中山大学大捕学生以后，鲁迅曾冒着生命危险设法营救被捕的学生，结果无效，于是他便坚决辞去中山大学的一切职务。毕磊等一大批优秀青年遭惨杀，而参予杀戮革命青年者，其中竟不乏年轻人。严酷的、血腥的现实完全"轰毁"了鲁迅进化论的"思路"，使他开始认识到，只有马克思主义的阶级论才能看清事物的本质。鲁迅无情地解剖自己的思想，终于认识到只有马克思主义才是观察中国命运、解决中国问题的科学真理。他决定选择当时中国最大的城市上海，用笔当作武器，同反动派进行坚韧的战斗。由于鲁迅是从旧社会过来的，富有斗争经验，而且对旧社会看得比较清楚，所以"反戈一击"特别有力。

★鲁迅先生生前最后拍的照片（自左至右：鲁迅先生、黄新波、曹白、白危、陈烟桥）

在上海，革命文化阵线上关于文艺理论的争辩，促使鲁迅更深入地学习马克思主义，仅1928年鲁迅200多笔购书帐目中，关于马克思主义的书籍就有60多种。其中仅阐述辩证唯物论和历史唯物论原理的书就有10多种，还有一部日文书。从1929年起，三四年间鲁迅几乎每天手不释卷地在翻阅着有关马克思主义的著作。鲁迅学习马克思主义，不是为了从经典著作中寻章摘句借以装潢门面，而是十分注意运用马克思主义的立场、观点、方法来解决中国社会面临的迫切问题；他不是从经典著作中搬用口号、名词作为吓人的"符咒"，而是首先用来无情地解剖自己；不是倚仗"选本"、"提要"作为学习理论的捷径，而是发扬"不图'爽快'不怕艰难"的精神阅读切实可靠的"基本书"。他还购置了不少研究德文的字典、辞典和语法修辞方面的

★鲁迅墓

位于上海市虹口区鲁迅公园内，墓前铺有天鹅绒草皮，墓正南向，用苏州金山花岗石砌成，建筑面积 1600 平方米。绿地中央偏后，建有鲁迅坐像。像基座用四块花岗石镶成，上部浮雕花饰图案，图案下刻阴文鲁迅生卒年份：“1881～1936”。

书籍，常常每晚挤出一定的时间孜孜不倦地学习，以便直接阅读马克思、恩格斯的原著。在中国黎明前最黑暗的年代，马克思主义的炬火使鲁迅炼就了一双“火眼金睛”。云遮雾障，鲁迅能洞若观火；涛狂浪恶，鲁迅能辨识潮流。

中国无产阶级革命文学运动的发展，始终是和马克思主义文艺理论的传播紧密结合在一起的。为了改变革命作家理论修养普遍不足的状况，促进“真的新文艺和新批评的产生”，鲁迅决心竭力传递切实的精神食粮。1929 年春，冯雪峰发起编译和出版“科学的艺术论丛书”，鲁迅给予了及时指导和大力支持。他译成了普列汉诺夫的《艺术论》、卢那卡尔斯基的《文艺与批评》和《文艺政策》三部书，收入这套丛书中出版。对于鲁迅，马克思主义的文艺论不是文艺沙龙中的谈资，而是克敌制胜的武器。他“操马克思主义批评的枪法”，迎击了鼓吹资产阶级“人性论”，反对马克思主义阶级论的“新月派”；揭露了“在指挥刀的保护之下，挂着‘左翼’的招牌，在马克思主义发现了文艺自由论，列宁主义里找到了杀尽‘共匪’说的论客”；扫荡了在上海滩上沉沉浮浮的文艺败类的流尸。在斗争中，鲁迅用马克思主义基本原理精辟阐明了文艺和政治、文艺和生活、作家和群众、思想和艺术、继承和革新、创作和批评等一系列重要问题，为中国无产阶级文艺理论宝库增添了瑰宝。鉴于中国的新文学创作比较薄弱，鲁迅十分重视介绍外国进步作品以供借鉴。在他的全部文学生涯中，有四分之一时间用于翻译俄罗斯和苏联文学。

就这样，在漫漫长夜里，在禁锢得比罐头还严的白色恐怖中，鲁迅用“窃来”的“天火”照亮了自己，照亮了别人，照亮了中国无产阶级革命文学发展的征途。鲁迅终于成为中国文化革命的主将，成为伟大的思想家和伟大的革命家。

绍兴鲁迅纪念馆

绍兴鲁迅纪念馆在浙江省绍兴市城内都昌坊口，建于 1953 年 1 月。由鲁迅故居（新台门）、百草园、三味书屋和鲁迅生平事迹陈列厅等部分组成。鲁迅故居新台门，保留着鲁迅睡过的床、伏案写作的桌子等原物。百草园是鲁迅童年时代游戏玩耍的乐园，鲁迅童年在此捉蟋蟀、捕麻雀，在心灵中留下了美好的印象。三味书屋是鲁迅少年时代读书的地方，原称“三余书屋”，意思是“冬者岁之余，夜者日之余，阴雨者晴之余”，勉励人们应当利用一切空余时间勤奋读书。鲁迅的老师寿镜吾的祖父寿峰岚将它改成“三味书屋”。这里陈列着当时原有的器具，其中一张硬木书桌，桌角上刻有“早”字的，就是当年鲁迅用过的书桌。陈列室里陈列着鲁迅的生平事迹及著作。

★三味书屋内景

★百草园

★鲁迅睡过的床

民主斗士闻一多

MIN ZHU DOU SHI WEN YI DUO

闻一多出身封建世家，1922年毕业于清华大学前身的清华学校，然后赴美留学，先后在芝加哥美术学院、珂罗拉多学院美术系、纽约美术学生联合会学习。1925年9月回国，先后在北平艺专、南京国立第四中山大学、武汉大学文学院、青岛大学文学院执教。1932年秋回母校清华大学任中国文学系教授。在这一段时间，他出版了诗集《红烛》和《死水》，表达了他对祖国真挚的爱恋和对黑暗现实的深深憎恶，成为名噪全国的诗人和学者。

然而，漫长的书斋生活使他脱离了现实斗争，以致看不清中国的希望，和苦难的人民大众的感情十分隔膜，部分作品流露出消极颓废的情绪。他对各种新思潮的认识十分模糊，对苏联的革命亦有很大的偏见，并指责那些欢呼十月革命给中国送来马列主义的进步人士和共产党人。他又和“新月派”的主要人物梁实秋、徐志摩等人交往甚密，1925年后参与了新月派的一些活动，越来越多地把自己关在象牙塔里饮酒、赋诗、读《离骚》，几乎到了对政治不闻不问的地步。他对共产党领导的事业、对鲁迅先生的斗争，都非常不理解，并曾写文章骂过鲁迅先生，受到鲁迅先生的痛斥。两人在思想感情上一直处于对立的地位。

然而，七七事变的炮声把他炸出了象牙之塔。他随清华大学南迁湖南，然后又迁昆明。清华大学与北京大学、南开大学合组，改称西南联合大学，闻一多仍任中文系教授。他曾和众多的知识分子一样，把中国抗战的希望寄托在国民党身上。但抗战八年，他耳闻目睹了侵略军的暴行，也看清了国民党反动政府的腐败专制和它“内战内行，外战外行”的真面目，开始对这个反动政府感到失望和憎恨。这时候，他开始仔细阅读鲁迅的书，对鲁迅那种嫉恶如仇、敢笑敢骂、怒讨敌人的勇敢精神，开始由衷地敬佩，对自己过去反对鲁迅的活动，内心开始愧悔。

1943年后，闻一多经常带着这种心情审视自己，反思过去，开始面对现实，与一些爱国忧时、热血澎湃的青年学生和进步人士交上了朋友。昆明的共产党组织及时地发现了他这种变化，便因势利导地对他做了大量工作，并把《共产党宣言》、《资本论》、《家庭、私有制和国家的起源》、《新民主主义论》、《在延安文艺座谈会上的讲话》、《论联合政府》等著作和《新华日报》先后推荐给他。闻一多避开国民党特务的耳目，冒着生命危险，如饥似渴地阅读着，心头如同汩汩流进清泉，豁然开朗，终于找到了自己前进的方向。他多次找党的地下组织负责人促膝畅谈，倾吐肝胆，并诚恳地提出了加入中国共产党的要求，也多次表达了要去革命圣地延安的愿望。但党组织告诉他：当今的昆明，已成为中国进步人士和国民党反动派斗争最尖锐的地方，是大后方的“民主堡垒”，也是他目前最好的斗争场所。党组织还从当时斗争的实际需要出发，劝他先参加中国民主同盟（简称“民盟”），以公开身份团结爱国师

★闻一多

★《红烛》诗集封面

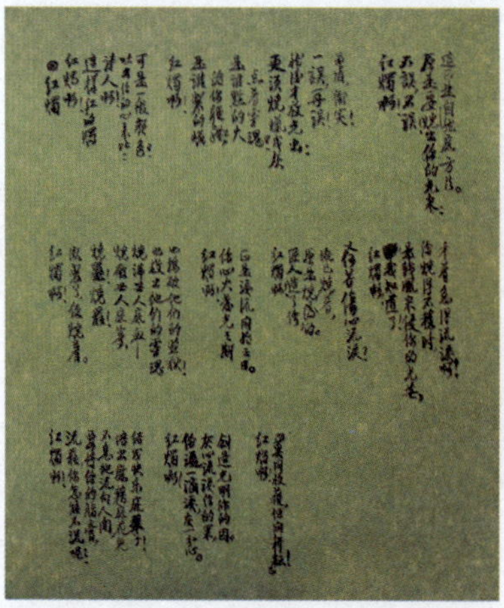

★闻一多首部诗集《红烛》手迹

★科罗拉多大学中国同学会的合影（后排右二为闻一多）

生，进行反对蒋介石法西斯独裁统治、争取民主的斗争。他服从了组织的决定，加入了民盟，并担任了民盟中央执行委员及云南支部的宣传委员和青年委员，还担任了民盟机关刊物《民主周刊》社的社长。

闻一多终于在党组织的帮助下，走出了书斋，投身到火热的斗争中。1944 年 8 月 15 日，他出席西南联大组织的抗战七周年纪念晚会，并针对晚会主持人的讲话，上台反驳说：“刚才主席说今天是学术性晚会，难道今天是谈学术的时候吗？研究？难道我们不喜欢研究？我们若能好好地看几天书，都是莫大的幸福。可是，饭都吃不饱，研究什么？别人不叫我们闹，我们就是要闹。我们不怕幼稚，国家到了这步田地，我们不管，还有谁管？”鲜明的态度、激昂的言辞，使在座的爱国师生肃然起敬。

现实的斗争，进一步教育了闻一多，也使他认识到鲁迅先生当年那身爱憎分明、敢于斗争的硬骨头才是中国人民的希望，更是中国知识分子的榜样。闻一多是胸怀坦白的，一旦认识到自己过去错了，便毫不犹豫地同过去的错误决裂。于是，他在发扬鲁迅先生坚贞勇猛之风的同时，决心寻找机会公开向鲁迅先生忏悔。

机会终于来了。1944 年 10 月 19 日，昆明文协和西南联大、云南大学联合举办鲁迅逝世八周年纪念晚会。他欣然到会，等他上台发表演讲时，先是对着鲁迅先生的画像深深鞠躬，然后转过身来，批判自己过去对鲁迅认识和态度的错误。他说：“鲁迅以前骂我们清高，是对的……我们在北平骂鲁迅，看不起他，说他是海派。今天，我要代表自英、美回国的教授，至少我个人，向鲁迅先生深深地忏悔。我们骂错了，鲁迅对了。时间愈久，愈觉得鲁迅伟大……我们要清高，清高弄到国家这步田地。当时如果我们有鲁迅那样的骨头，那怕只有一点，中国也不至于这样了！随后，他又转过身去，指着鲁迅画像旁边悬挂的“横眉冷对千夫指，俯首甘为孺子牛”的条幅，用高昂而坚毅的声音讲道：“有人说鲁迅是中国的圣人，就这两句话也是当之无愧的！”他这种率直坦诚的态度，赢得了与会者的交口称赞，也为我国文坛留下了一段令人难忘的佳话。

然而，从这以后，谣言纷传，传说西南联大要解聘他，国民党特务还准备暗杀他。但他毫不为之所动，而是以更加炽热纯真、敢做敢为的大无畏精神直面人生，一如既往地英勇斗争。1944 年“双十节”，昆明各界召开纪念会。他作为大会主席团成员之一，在会上慷慨激昂地作了《组织民众与保卫大西南》的演讲，指责国民党养兵以备内战、不断丧失国土的罪行，呼吁人民坚持抗战，组织起来进行自卫，迎接抗战的最后胜利，赢得了一阵又一阵的掌声。

抗战胜利后，国民党反动派发动对解放区的进攻，内战迫在眉睫。闻一多又和其他进步人士一起，在党的影响和领导下，积极投入反对独裁和内战、争取和平民主的运动。当时，昆明所有这方面的群众集会，他几乎都是出任主席或主席团成员，每一次反独裁、争民主的群众游行，他都是走在队伍的最前列。他还在《民主周刊》上发表了许多杂文，猛烈抨击国民党的独裁统治，大声疾呼要民主、要自由、要独立。其笔锋之犀利，态度之坚定，大有当年的鲁迅之风。由于闻一多在晚年继承了鲁迅对旧世界的战斗精神，被人们誉为“昆明的鲁迅”。周恩来同志也多次把闻一多和鲁迅相提并论，给予极高的评价。

1945 年 12 月 1 日，在昆明发生了震惊全国的“一二·一”惨案，国民党武装特务对西南联大等校上街游行、反对内战的进步师生，进行了血腥屠杀。西南联大的学生潘琰、李鲁连等四人当场牺牲，还有十三人受重伤。消息传出，全国震惊。在延安青年纪念“一二·九”运动十周年大会上，周恩来同志指出：昆明师生被国民党拿着武器的特务杀死了四人，受伤十三人。这是中国从“三·一八”以来最残暴的大惨案。我们向全中国、全世界提出控诉。昆明学生与教授的命运，也就是全国人民的命运。我们声援苦难中的昆明学生与教授，因为他们的奋斗，就是为独立、自由、幸福的新中国的斗争，是这个斗争的一

★闻一多（左二）与家人合影

部分。

面对这一惨案，闻一多怒不可遏，他和学生们一起集会，游行示威，并满怀悲愤地写下了《一二·一运动始末》一文，向全中国和全世界公布这一暴行的经过，控诉反动派的罪行。他大声疾呼："这是中华民国最黑暗的日子，是黑色恐怖。今天，我们第一是要民主，第二是要民主，第三还是要民主！非民主不能救人民，非民主不能救中国！"他还亲自主持了四烈士的葬礼，号召师生团结起来，为死者报仇，追捕凶手。他坚定地表示：我们要追到天涯海角，这辈子追不到，下辈子还要追。这血债，是要还的！

为了向敌人讨还血债，闻一多还在1946年6月与楚图南等人筹备成立"各界争取和平、反对内战委员会"，发动万人签名活动。万人签名的《和平宣言》引起了昆明反动当局的极端仇视，国民党特务准备对签名的进步人士下毒手。

1946年7月11日夜，国民党特务暗杀了闻一多的亲密战友李公朴。闻一多抚尸痛哭，他一个字一个字地说："此仇必报！"

1946年7月15日，在李公朴遇害经过报告会上，他悲愤地说："这几天来，大家晓得，在昆明，出现了历史上最卑污、最无耻的事情！"说到这里，他挺起胸来，把目光扫场一周，然后，大声问道："今天，在这里有特务没有？你们站出来，你是好汉的话，有理由，站出来讲！凭什么要杀死李先生？"他觉得指斥特务走卒还不够，就话锋一转，矛头直指罪魁祸首蒋介石，"李先生的死，是某一个人的无耻，是李先生的光荣！"他又以一个群众领袖的热诚，号召昆明人民继承革命先烈的光荣传统，替烈士们讨还血债。最后，他提高声音强调说："他们这样疯狂地制造恐怖，其实是他们自己在恐怖啊！特务们，你们想想，你们还有几天？你们完了，快完了！你们以为打伤几个，杀死几个，就可以了事，就可以把人民吓倒了吗？其实，广大人民是打不尽的，杀不完的，要是这样可以的话，世界上早没有人了，你们杀死一个李公朴，会有千百万个李公朴站起来！你们将失去千百万的人民！……人民的力量是要胜利的，真理是永远存在的。历史上没有一个反人民的势力不被人民打倒的！我们的光明，就是反动派的末日！光明快要来了，这是光明到来前的最黑暗的时期。我们不怕死，我们有牺牲精神，我们准备随时像李先生一样，前脚跨出大门，后脚就不准备再跨进大门！"这是闻一多为先烈们讨还血债的战斗檄文，他的浩然正气和铮铮铁骨，赢得了一阵又一阵的热烈的掌声。

★闻一多先生衣冠冢

敌人再也容不下闻一多，策划已久的暗杀阴谋终于出手了。就在这天下午，即1946年7月15日下午，国民党特务就在光天化日之下，把闻一多先生暗杀在昆明的西南联大教员宿舍门前。

噩耗传出，全国震惊，群情激愤。唁电从四面八方打来，其中也有毛泽东、朱德和周恩来等发来的唁电。中国人民忘不了闻一多。直到1949年8月18日，毛泽东同志在《别了，司徒雷登》一文中还特别强调："闻一多拍案而起，横眉怒对国民党的手枪，宁可倒下，不愿屈服。朱自清一身重病，宁可饿死，不领美国的'救济粮'……我们应当写闻一多颂，写朱自清颂。他们表现了我们民族的英雄气概。"

闻一多，一个集诗人、学者、民主战士于一身的伟大的爱国主义者的光辉形象，将永远留在中国革命的史册上，铭刻在中国人民的心头。

闻一多"醉书"

闻一多新婚的那一天，全家喜气洋洋，贺喜的亲朋一大早就拥入家门，但是不见新郎照面，大家都以为他更衣打扮去了，直到鞭儿炸，唢呐唱，花轿快进门了，才在书房里找到他。他穿的还是那件旧长袍，手里捧着书本，兴味正浓。有一回，闻一多捧着书本在院子里入神地看着，一条蜈蚣从天井边爬过来，一直爬到他的鞋上，眼看要咬着脚了，嫂子在一旁吓得惊叫起来。闻一多却像没有听到似的，只用手中的扇子毫无目标地往地上扇了扇。幸亏侄儿眼快手疾，一把掸掉蜈蚣，将它踩死。闻一多不动声色地挪了个位置，两眼仍盯着书本，如醉如痴。家人都说他不能看书，一看就"醉"。

绘画大师齐白石

HUI HUA DA SHI QI BAI SHI

在湖南省湘潭县的杏子坞村，有个出产鱼虾的水塘，叫星斗塘。这地方座落在紫云山下。水塘边有间小茅屋，这就是齐白石出生的地方。

齐氏家境贫寒。幼年齐白石叫齐纯芝，曾在外祖父教的村学里免费读书，不到一年，就因家境拮据，不得不辍学回家，做起了放牛、砍柴、拣粪的活计。他那已经萌发的学习兴趣和进取心，促使他忙中偷闲挤时间读书、练字、画画。做工和学习很难两全。一次，齐白石在山上放牛，读书入了迷，等太阳下山该回家的时候，才发现柴不够担，粪不满筐，也只好回家。晚饭后，他还像往常一样，摊开纸练字画画。祖母心里憋不住了，就对他说："阿芝，现在你会砍柴了，家里等着烧。可惜你生错了人家！"他明白祖母的意思是盼望他为这个少吃缺穿的家多尽一点力。从此以后，他每次上山，先去砍柴、拣粪，完成任务后再静下来读书。回到家把柴和粪交代过了，才动笔练字画画。

齐白石 15 岁那年，家里送他拜师学木匠，从此进了鲁班行列。他学艺认真，又很灵性，很快掌握了粗木工的技巧，他不满足，又拜名师学习了雕花技艺。他不仅学会了师傅最拿手的刀法和祖师爷传下来的一套雕花花样，而且创造了新刀法，构思出许多富有生机的新花样，深得人们的好评。20 岁的时候，齐白石已经成了方圆几十里内享有盛名的雕花匠。

他身背工具箱早出晚归做雕花，每天走乡串村来去几十里路。可是，他从没有间断读书、写字、画画。收工回家，晚间总要画上几幅画，这成了他的日常功课，日日如此，从不间断。可他这时学画，既无老师引路，又无画谱指导，全靠搜集一些民间流传的画样，闷着头去练。他多么渴望能得到一点指导啊！时机终于来了，一次，他在一个雇主家里雕花时，偶然发现了一部《芥子园画传》。这是一部有名的中国画技法图谱，山水、花卉、草虫、禽鸟样样俱全，并附有画法技巧的详细说明，是学画的好教材。他如获至宝，决心从头学起，一幅一幅临摹。这本画谱把他引向了绘画的新天地，为他画画奠定了基础。

★齐白石的全家福

★齐白石

齐白石没有条件进学校，也不会有送上门的老师。乡里社会就成了他读书学画的课堂，民间艺人、文人和名士成了他寻觅的良师。一次，他听说本村来了一位叫萧乡陔的画像高手，这是一位靠发愤自学成才的人，会做诗、善画山水人物，多才多艺，画像在湘潭算第一名手。求师心切的齐白石，抓住时机画了一幅铁拐李送去请求指教，并表示愿拜列门墙。萧乡陔高兴地接受了这个要求，并很器重这位学生。名手的指点，加上自己的刻苦学习，齐白石很快成了一名画像的能手。

齐白石到 27 岁时，才寻到了中国画的老师。那是他在外干活遇上的一位名士叫胡沁园，是一位善于交游和收集名人字画，长于画工笔花鸟画的风雅之士。胡沁园对齐白石的才气，早有所闻，很愿意帮他学画。齐白石来到胡家，一面跟胡沁园学画，一面跟胡家私学的教师陈少藩学诗。两位老师为他取了题画用的号——白石山人，从此，齐纯芝改名为齐白石。他从陈少藩那里学习诗书古文，陈少藩对他学习成绩的进步常感到吃惊。他跟胡沁园学画，刻苦勤奋。胡沁园常邀集朋友举行诗会。在一次赏牡丹的赋诗会上，他叫齐白石当场作诗，齐白石认真思考作了一首七言绝句，其中有这样两句："莫羡牡丹称富贵，却输梨菊有余甘"。得到了众诗友的好评，这是他所写的第一首诗。在胡沁园的帮助下，齐白石结交了不少名士，使他有条件向更多文人墨士学习，不但画画步入了更高境界，诗文也不断长进，从而增强了他画画的基础知识和知名度，请他画画的人逐渐多了起来。从此，齐白石便揖别了木工，走上了艺术创作的道路。

齐白石在艺术上的每一点成就都是由他的辛劳和汗水所凝成的。无论读书、练画、学诗，他都只能利用业余时间。因为家里生活很拮据，常买不起灯油，他就借松柴燃烧的火光夜读。后来在回顾当时的境况时写下了："灯盏无油何害事，自烧松火读唐诗"的诗句，并颇有感触地说："没有读书的环境，偏有读书的嗜好。穷人读一点书真不容易。"这同今天那些有着优越的学习条件反而厌学的人相比，其精神是多么难能可贵啊！

中国画，不但要求作者诗书画兼通，还应该懂篆刻。齐白石在这方面也下了一番苦功。篆法是篆刻的基础。他先跟诗友学会写钟鼎篆，为篆刻作好了准备。

他又去求教一位篆刻精到的朋友，怎样才能把印刻好？朋友半开玩笑地说："你去挑一担楚石回家，刻了磨，磨了刻，等到一担楚石变成了泥浆，那时你的印章就刻好啦。"他领悟了其中的道理，就弄来了楚石，刻了磨，磨了刻，弄得屋子里到处是泥浆。他一边刻，一边拿名家篆刻的拓片和印谱作对比，琢磨其中的刀法，一时间真成了印迷。这"化石为泥"的功夫，磨砺了他的意志，使他的篆刻艺术终于达到了高超的程度，他制作出的印雄健、洗炼，独具一格。

随着齐白石以画养家糊口、走城串乡的艰难步履，他的诗作、篆刻、绘画名声迅速传开。在湘潭以至长沙也有许多行家对之赞不绝口，请他作画刻印的人越来越多。靠着他的画画、篆刻技艺，家里拮据的生活也渐渐有所缓解。然而他更加勤奋地画画、刻章、读书、写诗，仅一年时间写的诗作就有几百首。

齐白石 40 岁时，经过多年刻苦临摹古今名人真迹，已经掌握了中国画的笔墨技巧。他有些作品和八大山人的画作无论在笔墨上，还是在趣味上都已不相上下，叫人难以鉴分。但是他又有了更高的艺术追求，他要为进一步创造准备条件，他花了许多功夫进行鸟兽虫鱼的写生，并曾借友人之邀的机会，先后五次长途跋涉出游南北名山大川，饱览了祖国的华山、嵩山、庐

★松鹰图·齐白石

★挖耳朵图·齐白石

山、桂林、长江、珠江、洞庭、黄河等伟大山川美景，七八年间走遍了半个中国，进行写生，体验生活。每次出游归来，总要闭门加工整理画稿、读书、作诗，去实践"行万里路，读万卷书"这句名言。

他五次出游，大开了眼界，对前人画谱的立意、布局、境界有了新的理解，开阔了绘画的胸襟，积累了丰富的绘画资料。在奇峰胜景激发下，常拿起画笔画上一幅，旅途中完成了多幅佳作。远游本是借朋友之邀而实现的，同时又结识了更多的画家和诗人，选择了许多前所未见的私人藏画进行真本临摹。所以，齐白石的五出五归，是在美的追求道路上的一段奔波。

远游使齐白石拓宽了见识，他的画、印的声誉也传播更广。然而对他触动最深的却是，自觉读书功底不深。回到家时，决心闭门用功"补读少年书"，为此曾将自己的书屋由"借山吟馆"改为"借山馆"，删去"吟"字，以示自己不敢妄称诗人。正是这种精神境界，引起了他

★齐白石与梅兰芳合影

在艺术上的一次大飞跃。

经过几十年的艰苦奋斗，齐白石50岁左右时，形成了用笔少，用色淡，形神兼备，气韵生动的艺术风格。他在掌握前人笔墨技巧的基础上，融入了八大山人的笔墨趣味，描绘出自然界的景象。这时期的作品，标志着他在艺术上已经趋于成熟，自成一家了。

齐白石在艺术上的成熟，离不开他临摹古今画家之长而奠定的笔墨基础。他在40岁前后，曾见到很多古代名人作品，他很重视学习临摹，但是他在临摹方面有自己独到的见解和方法。他临摹古人的优秀作品是有选择的，而且肯下苦功。他对明清大写意的画特别喜爱，最崇拜徐青藤、石涛和八大山人。他认为徐青藤的作品淡墨豪纵，意在形真；石涛的作品，意境深邃；而八大山人是创造性最大的写意画家，对这些名家的作品他一一进行精细的研究。他先一边看着原画进行"对临"，吸收其笔墨技巧，从外形体会其"神"，然后，根据对临的体会不看原画一气写成叫做"背临"，体会其用笔用墨的功夫，最后，再把临摹的作品同原画挂在一起进行研究比较，发现有不到之处，再进行"三临"，直临到自以为吸取到其笔墨精神为止。这样临过的画，每张都记得清清楚楚，可见用工之深。他既向古人学习，又向今人学习，不论是师友还是学生只要画有所长就虚心求教。他一生结识的良师益友很多。55岁定居北京后，对他影响最大的画友是当代名画家陈师曾。他后来接受陈师曾的劝告，改学了吴昌硕开创的大写意画派。这时的齐白石，本来已有很高的绘画造诣，可是他又有了更高的追求。要作出新的发展，新的创造，就要一改原来的方法。于是，他下定决心，要来一个"衰年变法"，他的"涂黄抹绿再三看，岁岁寻常汗满颜"的诗句，就是当时苦学苦练的真实写照。他虽已年逾六旬，可是为了吸收吴昌硕的优点，创造出自己的风格，他对着吴昌硕的作品，仔细琢磨其笔墨、构图、色彩，从中吸收吴昌硕的概括力强、重点突出、大胆删减、力求精练的手法，用以进行自我创造。到60多岁以后，创出了新风格，他的红花绿叶的浓色花卉和用墨画鸡、虾、蟹等，笔墨纵横雄健，造型简练质朴独具一格。齐白石这种成功后不断进取的精神，为后人树立了典范。

他对自己的学生的好作品照样学习。他在北平国立艺专教画时，学生画了一幅"梅鸡"，鸡尾画得很有情趣，他借去临了一张，同学生交换。齐白石在学习借鉴古人作品的时候，正确解决了临摹与创新的关系。认为没有临摹的基础，就不能学习前人的笔墨技巧，更谈不上继承古人的遗产。但如果陷入古人的窠臼，就不会有成就，强调临摹前人的同时，又要脱尽前人的习气，创造出前人所不具有的东西。他针砭当时崇尚仿古的"时尚"，保守者骂他的作品是"匠画"、"无所本"，也动摇不了他的主张。他反复强调作画能创造才是可贵的，以临摹夸耀自己是可耻的。并反对那种只追求皮毛的学习，提出了"学我者生，似我者死"的论断，要求学习他的方法和精神。

齐白石从学习古人遗产中明确了中国画必须"形神兼备"，画家不仅要掌握笔墨技巧，更需要生活积累。这就需要通过"观天地万物之造化"，"对天地万物写生"，积累材料。他一生重视写生，几次出游是他观天地造化的契机，即使平时

★郭沫若（中）和茅盾（右）向获得世界和平理事会国际和平奖金的齐白石祝贺

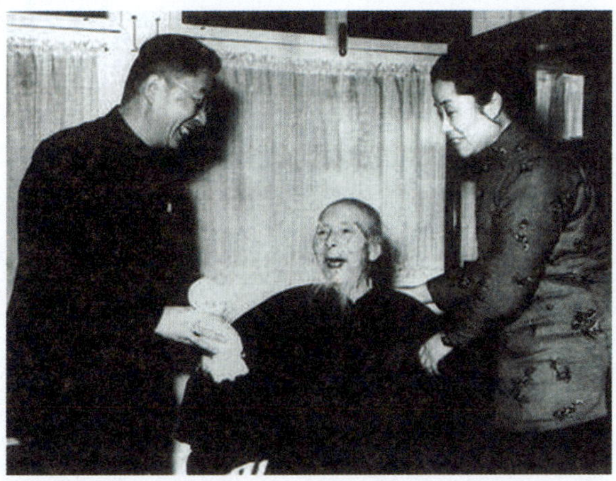

★1953年老舍夫妇与齐白石老人（中）在一起

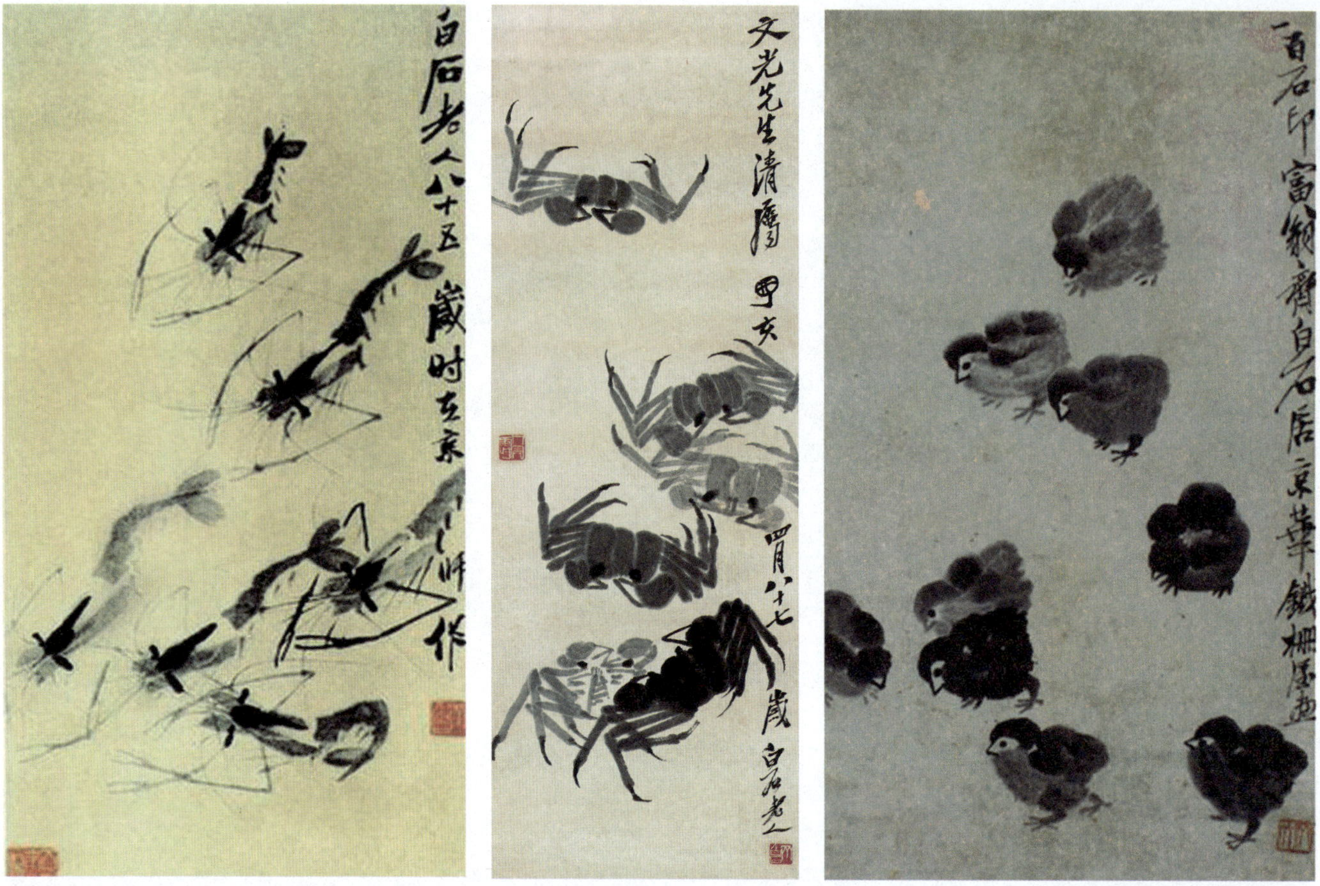

★齐白石的画有三绝——虾、蟹、鸡

在家也总是喜欢养虫鱼、种花木，对花鸟虫鱼从外形和神态上进行深入地观察，使他避免于单纯玩弄笔墨于形式的俗习。一笔一墨都有客观根据，他画花卉多是写意的粗枝大叶，这不是单纯笔墨，而是每一笔都能讲出道理，付出很大劳动才提练出来的。他的写意草虫往往只是寥寥几笔，只用几笔焦墨，不但能画出几只蝴蝶正在飞舞的态势，还能把翅膀的黑薄而有绒的质感表达出来。这看来似乎很随便的寥寥数笔，却能使虫草跃然纸上，充满生命活力，这正是他多年仔细观察提炼的结果。他无论画花卉、虫草、禽鸟、山水、人物，都能随手拈来，就是因为他有对景物长期的观察、写生锻炼的深功夫，使“万物寓于胸中”，才达到了“腕底有鬼神”的自由程度。

齐白石视临摹为绘画基础，而反对单纯玩弄笔墨，重视写生而又反对只求外形不求神韵的自然主义刻划，认为作画“妙在似与不似之间”，才能创作出真实而又富有神韵的作品，达到“形神兼备”。他又指出，这样的“妙境”，并非偶然所得，而要在写生而后写意，写意而复写生，这样反复锤炼中才能步入。这正是他自己艺术创作实践经验的概括。

齐白石创造花鸟草虫画最成功。人们称他的画有三绝——虾、蟹、鸡，三绝中以虾最为神妙，深得人们喜爱。在这神妙的“虾”里，凝结着画家的才智和几十年写生、创作的辛勤劳动和汗水。他曾说：“吾画虾几十年始得其神。”可见用工之深。他画的是河里的长臂虾，对这种虾的生活他非常熟悉，观察细致入微。他初学画虾，是向八大山人、郑板桥学来的。60岁以前主要是摹古，62岁以后，虽然在笔墨上已经超过了前人，但自认为对虾的感触还不够深刻，需要长期进行观察和写生。就在案上用碗养起了几只长臂虾，他常用笔杆触动它们，以观察虾的动态。活蹦活跳的小虾，有时也会各自扬起自己的双钳，扎向对方厮杀格斗。他常被吸引得入迷。以前，他画虾还停留在追求形似上，外形很像，但精神不足，虾的透明质感表现不出来，还缺乏动感。观察使他发现，虾在破水冲跃时，是双钳闭合，躯干伸长，长须急甩于后，随即照此他在画中作出调整，经过反复观察实践，66岁时所画的虾，大有改观，虾的精神已经抓住了。虾的身躯也有了透明质感，头胸部给人以坚硬感，虾好像蠕动起来了，用笔用墨上也起了很大变化。但他还不满足，到68岁时，画虾更进一步，除在腿、须增添了变化外，在头胸部分淡墨上加了一笔浓墨。他得意地认为自己对虾写生七八年，这一笔是最成功的。这一笔不但加重了虾的重量，也表现了虾的躯干透明。他认为自己画虾经过数次变化才成功的，是长时间实践的结果。

齐白石艺术上的成就内容极其丰富，诗、书、画、篆兼精，花鸟、虫草、山水、人物笔墨构思技艺俱见高超。他在艺术上的功绩在于继承古法而不落窠臼，面向现实而又推陈出新。在中国画界独创了一种新风格，给中国画增添了新的生命力。

★齐白石墓

★齐白石故居

齐白石故居，原名齐家老屋、星塘老屋、星斗白屋，位于湖南省湘潭县白石乡杏花村星斗塘，距107国道1公里，距湘潭市区50里。

黄宾虹

黄宾虹是中国杰出的国画艺术大师、书法家、美术教育家、美术史家、国画理论家、教授，他为我国美术事业贡献了毕生的力量，取得了突出的成就。黄宾虹的山水画，初得萧山倪翁指点，后来又受明代李流芳、明末清初的程正揆、髡残以及程邃等的影响，并宗宋元画法，屡经变革，自成一家。黄宾虹一生重视写生，所积画稿达万幅之多。中年时严于用笔，画风苍浑清润。晚年时精于用墨，画风出现了一个引人注目的转变：由清楚到不清楚，由规则到不规则，画面趋向于黑。这一变化引起世人瞩目，评论家认为，黄宾虹的画面黑是为了表现山水最真最美的特点，如果看到的山清清楚楚，一览无余，就没有味道。最好能草木丛生，露水欲滴，云雾缭绕，既迷迷糊糊，又阴沉厚重，这种山就显得是活山，有气韵。所以晓山晚山就很好。山在日光下，清清楚楚，看起来，就觉得所看的山不高，不深，不远，不灵。黄宾虹的这个转变，是他和真山真水相结合的结果。

★黄宾虹

★山水四屏·黄宾虹

蒋桂战争

JIANG GUI ZHAN ZHENG

1928年12月29日，已掌握奉军的张学良不顾日本的反对，排除杨宇霆的干扰，毅然宣布“遵守三民主义，服从国民政府，改易旗帜”。南京政府遂任命张学良为东北边防司令长官。至此，北洋军阀割据局面彻底结束，国民政府实现了形式上的统一。

南京国民政府统一全国后，国民党新军阀的矛盾斗争却尖锐起来，尤以蒋介石与桂系的矛盾最为突出。桂系指李宗仁、白崇禧为首的军阀统治集团。因李、白都是广西人，其部队也多是广西人，因而称桂系。当时，桂系拥有10多个军20多万部队，并据有两湖和河北、平、津、唐等地，又得到广州政治分会主席李济深的支持，势力迅速扩展，直接影响蒋介石建立独裁统治。1929年1月，蒋介石为削减其他军阀的兵力和地盘，在南京召开军事编遣会议。会上，李宗仁联合冯玉祥，反对缩编自己的军队。蒋桂间矛盾日趋明朗。1929年2月19日，李宗仁以武汉政治分会的名义发布命令，免除亲蒋的湖南省政府主席鲁涤平的职务，以何健继任，蒋介石便利用这一事件向桂系开刀。3月26日，蒋介石以李宗仁“诬蔑中央、反抗政令”为由，下令讨伐桂系，战争瞬即爆发。蒋介石采取了政治、军事双管齐下的策略，先是诱骗李济深到南京，将其软禁于汤山，又多方拉拢冯玉祥、阎锡山、刘湘地方实力派，孤立桂系，并收买李宗仁的部将陈济棠，拆散粤桂联盟，同时派唐生智赴河北唐山收买其被白崇禧收编的旧部两个师，迫白外逃。

★李济深

蒋介石自任讨逆军总司令，以何应钦为参谋总长，设讨逆行营于江西九江。任命朱培德、刘峙、韩复榘为各路总指挥，并有海军和空军配合作战。双方自3月27日投入战斗，桂军由于战线太长，内部矛盾重重，加之何键通电拥蒋，脱离了桂系，且前线重要将领李明瑞、杨腾辉等为蒋介石收买倒戈，因而一战即溃。4月3日晚，桂军放弃武汉，败逃鄂西。5日蒋军进入武汉，李宗仁、白崇禧逃回广西。4月25日，蒋介石亲赴长沙，部署进攻广西计划。

5月5日，李宗仁留守广西的部队企图挽回败局，攻至广东花县。但白泥一战，被投蒋的陈济棠的粤军打败，李宗仁、白崇禧逃往香港。6月27日，倒向蒋的原桂系派俞作柏部进驻南宁，李宗仁、白崇禧被迫通电下野，蒋桂战争至此结束。此次战争李、白人地尽失，而蒋介石的统治实力却得到了加强。

★杨宇霆

★陈济堂

★李明瑞

李宗仁

李宗仁(1891—1969年),字德邻。广西临桂人。军事家,爱国人士。原国民党政府代总统,国民党军陆军一级上将。李宗仁早年就读于广西陆军小学堂、广西陆军速成学校。1910年加入中国同盟会。1916年投桂军,先后参加护国战争、护法战争,因战功由排长递升营长。1922年自任广西自治军第二路总司令,后改所部为定桂军。1923年至1925年,在孙中山领导的大元帅府支持下,联合黄绍竑、白崇禧的讨贼军,组成定桂讨贼联军,李宗仁任总指挥,先后消灭了旧桂系军阀陆荣廷、沈鸿英部,击退入桂云南军阀唐继尧部,统一了广西,成为新桂系首领。

★李宗仁

★李宗仁与夫人郭德洁

1926年7月,李宗仁率第七军2万多人参加北伐战争,转战湘、鄂、赣、皖等省,立下战功。历任南京国民党政府第三路军总指挥、西征军总指挥、第四集团军总司令等职。1929年蒋桂战争中桂军败北,李出走香港,旋即返回广西。翌年出兵湖南,策应冯玉祥、阎锡山反蒋作战,受挫后,再次撤回广西。

1937年抗日战争爆发后,李宗仁先后任第五战区司令长官、汉中行营主任,指挥徐州会战诸役。在台儿庄会战中,集中优势兵力歼灭日军万余人,鼓舞了全国军民的抗战热忱。1945年抗战胜利后,任北平行辕主任、国民党政府副总统。

★毛泽东接见李宗仁

1949年1月蒋介石"引退"后任代总统,4月派代表团到北平(今北京)与中国共产党进行和平谈判,由于国民党反动派一再策划"划江而治"的阴谋,导致和谈破裂。4月23日,人民解放军攻占南京,国民党反动统治被推翻。此后,李宗仁先后退到桂林、广州,继续组织国民党军队进行顽抗。11月,白崇禧指挥的桂系部队大部被歼,李宗仁在政治上赖以生存的条件被摧毁。李宗仁以就医为名,从南宁乘专机飞往香港。12月飞往美国。此后,在美国度过了16年流亡生涯。1965年,在周恩来总理的安排下,毅然回国。1969年1月30日卒于北京。

★桂林李宗仁故居

李宗仁故居坐落在距桂林市约30公里的临桂县两江镇浪头村,建于清末民初,占地5060平方米,为木结构的二层楼房,由安乐第、将军第、学馆、三进客厅、炮楼等组成,分布有7个院落、13个天井,共有大小厅房113间,是具有庄园气派的桂北民居建筑。

中原大战

ZHONG YUAN DA ZHAN

1929年，蒋介石召开编遣会议，以裁军为名，扩充嫡系，排除异己，引起国民党内各地方军阀强烈不满。而尚未与蒋交过手的阎锡山则预感到他将可能成为蒋的主要打击目标，遂决定反蒋。1930年2月10日，阎锡山首先电请蒋介石下野，继则联络反蒋失败的冯玉祥、桂系李宗仁等组织反蒋同盟。阎的反蒋号召，得到了以汪精卫、陈公博为首的国民党改组派，以及冯玉祥、李宗仁等反蒋政治派别与军事集团的响应和支持。于是，上述各派势力形成了反蒋大联盟。3月中旬，冯、阎、桂三军将领联名发出逼蒋下野通电。4月初，反蒋联盟推举阎锡山和冯玉祥、李宗仁分别就任反蒋的中华民国陆海空军总司令、副总司令。阎在石家庄设立总司令部，参战的反蒋军有5个方面军60余万人。蒋介石也调兵70余万，编成4个军团，并亲任总司令。5月1日，蒋在南京发表讨阎、冯誓师词，11日下达总攻击令。

★蒋介石与冯玉祥(左)、阎锡山合影(1930年)

★中原大战前，冯玉祥的部队在潼关红场整装待发。

★东北军入关到达天津

战争爆发当日，东起山东，西至襄樊，南迄长沙，在绵延数千里的战场上，一时战火突起，规模空前。战争初始，蒋军虽攻占河南商丘等地，但马上被冯军收复，长沙、济南也先后被桂军和阎军占领，蒋军撤守鲁西南和河南漯河地区。6月底，广东军阀拥蒋出击，打败了从南向北攻蒋的桂军，解除了蒋介石的南线之忧，顿使战况开始发生逆转。8月1日，蒋军在津浦线对阎军发动全线总攻，阎军在蒋军的猛烈进攻下，开始全线动摇。8月15日，蒋军占领济南市，随后又渡过黄河追击阎军。战场形势以济南落入蒋军之手为转机，反蒋军如江河日下，出现了无法挽回的败局。9月18日，东北军易帜，张学良发出拥蒋通电，随后派东北军入关，助蒋讨伐冯阎联军，占领了平、津、河北等地。在此情况下，阎锡山逃到大连避难，桂系仍退回广西，而冯玉祥人地尽失。11月4日，阎、冯通电下野，所属军队被张学良、蒋介石改编。

蒋阎冯大战历时7个月，双方投入兵力逾百万，双方死伤30多万人，战线绵延数千里，是中国近代历史上一次规模最大的军阀战争。蒋介石通过这次大战将联军大部蚕食掉，既达到了消灭异己的目的，又进一步巩固了他在国民党中的统治地位。

阎锡山

阎锡山(1883—1960年),字百川。山西省五台县河边镇(今定襄河边)人。国民革命军第三集团军总司令、太原绥靖公署主任、第二战区总司令、行政院院长。

★阎锡山晚年在台湾

阎锡山少时入家乡私塾读书,后考入山西武备学堂,1904年考取留日官费生,入日本士官学校学习军事。1905年,他在日本东京加入同盟会。1911年10月29日,太原辛亥起义成功,阎锡山被推选为大都督,以后逐渐总揽了山西军政大权。

★阎锡山

阎锡山是中国近代最为知名的山西人之一。他深谙权术,朝秦暮楚,一生中苦心经营自己的"地盘",素有"土皇帝"之称。对内,他提出"保境安民"的口号,努力发展农桑、水利和工业。对外,他长期奉行"反蒋联蒋、反共联共"的政策,其目的均为确保自己在山西的利益。1929年初,国民党召开编遣会议,蒋介石拟利用编遣全国军队之机削弱异己,首先任命阎锡山为蒙藏委员会委员长,以孤立冯玉祥和李宗仁。阎在各方讨价还价声中,曾提出有利于蒋的编遣方案。但随着他的第三集团军总司令部被撤销,而代之以第三编遣区办事处后,阎成了光杆司令,方知上当受骗。此后他与冯玉祥、李宗仁组成反蒋联盟,与蒋展开了"中原大战",战败后蛰居大连。

★1930年9月9日,北平反蒋派决议组织国民政府,推阎锡山为政府主席。前排左四为阎锡山,左五为汪精卫。

抗日战争爆发后,阎锡山又故伎重演,一方面积极准备抗日,组织了"牺牲救国同盟会"(简称牺盟会,实际是由共产党领导),建立"抗日决死纵队",一方面又秘密勾结侵华日军,谋求一己私利。抗战胜利后,他积极参加了蒋介石集团的反共内战,在山西大肆屠杀共产党人。1949年3月,人民解放军兵临城下,阎锡山逃离太原,同年5月在广州就任国民党政府行政院长兼国防部长,1960年病逝于台北。

★阎锡山故居

位于山西省定襄县城东北22公里的河边村。始建于1913年,1937年结束,长达14年之久,耗资140万两银。整个建筑群坐东向西,原长135.2米,宽119.7米,占地面积61834平方米,近30座院落,八百余间房屋。现存18座院落575间房屋,占地面积38000平方米,建筑面积18000平方米。总体设计分为上下两院,前后为东西花园。

南昌起义

NAN CHANG QI YI

1927 年 4 月和 7 月间，蒋介石和汪精卫集团先后在上海和武汉发动了反革命政变，残酷屠杀共产党人和革命群众，一场轰轰烈烈的反帝反封建大革命遭到了失败。中国共产党为了挽救革命，于 7 月 12 日进行改组，停止了中央委员会总书记陈独秀右倾投降主义的领导。7 月下旬，决定集合自己掌握和影响的部分国民革命军，并联合以张发奎为总指挥的第二方面军南下广东，会合当地革命力量，实行土地革命，恢复革命根据地，然后举行新的北伐。

但是，当时的张发奎已经同汪精卫勾结在一起，并在第二方面军中开始迫害共产党人。据此，中共中央指定周恩来、李立三、恽代英、彭湃等组成中共中央前敌委员会，以周恩来为书记，前往南昌领导这次起义。7 月 27 日，周恩来到达南昌，在江西大旅社召开会议，宣告前敌委员会正式成立。会议同时决定于 7 月 30 日晚举行起义，但由于张国焘的阻挠，起义时间推迟到了 8 月 1 日凌晨 4 时，后因起义时间泄露，前敌委员会决定将起义提前到 8 月 1 日凌晨 2 时。当时南昌城内国民党的武装力量仅有 1 万多人，而由贺龙、叶挺、朱德领导的国民革命军，约 2 万余人。8 月 1 日凌晨 2 时，贺龙、叶挺、朱德、刘伯承等率部举行起义，经过 4 个多小时的激烈战斗，共歼敌 3000 多人，起义部队占领了南昌城。8 月 1 日 9 时，在南昌城召开了有起义领导人和各省市及海外华侨代表共 40 余人参加的联席会议，选举宋庆龄、何香凝、邓演达等 25 人组成中国国民党革命委员会，谭平山任主席。起义部队仍沿用国民革命军第二方面军番号，由贺龙任代理总指挥、叶挺任代理前敌总指挥、刘伯承任参谋长。

★部分参加南昌起义的人员抗日战争时期在皖南合影。右起：一为陈毅，二为周子昆、六为叶挺、九为朱克靖。

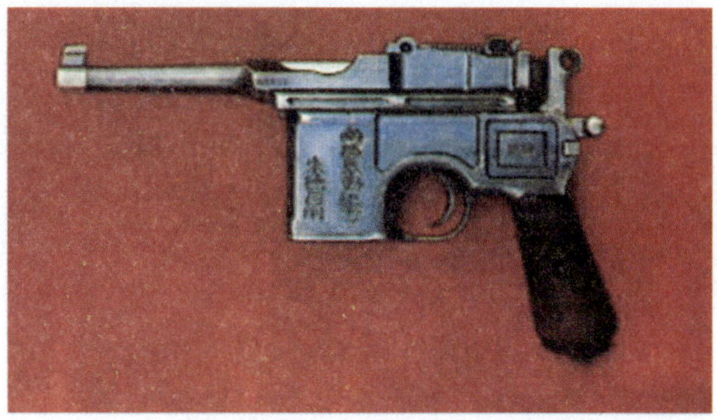

★南昌起义时朱德使用的驳壳枪

★南昌起义（油画）

南昌起义打响了武装反抗国民党反动派的第一枪，标志着中国共产党独立地领导革命战争、创建人民军队和武装夺取政权的开始。然而，南昌起义后，汪精卫命令张发奎、朱培德向南昌进攻，起义前委会按原计划向南挺进。8 月 3 日至 5 日，起义部队先后撤离南昌。但是起义没有注意与当地农民运动相结合，到 9 月下旬，起义部队在广州潮汕地区遭强敌围攻，起义宣告失败。保留下来的起义部队一部分转入海陆丰地区继续斗争；一部分在朱德、陈毅等率领下，转战到湖南南部，最后保存起义军约 800 人，参加了湘南起义，并于 1928 年 4 月到达井冈山革命根据地，同毛泽东领导的湘赣边界秋收起义部队会合。

贺龙

贺龙(1896—1969年),原名文常,字云卿,湖南桑植人。1914年加入孙中山领导的中华革命党。曾任县讨袁护国军总指挥,湘西护国军营长,靖国军团长,四川警备旅旅长,混成旅旅长,建国川军师长。1926年参加北伐战争,任国民革命军第九军一师师长,第二十军军长。1927年8月参加领导南昌起义,任起义军总指挥。在起义部队南下途中,经周逸群、谭平山介绍,加入中国共产党。

★贺龙

南昌起义后,贺龙根据党中央的指示,于1928年初由上海回到湘鄂西,领导发动荆江两岸年关暴动和湘西起义,与周逸群、段德昌等创建了红二军团和湘鄂西革命根据地。任红二军团总指挥兼红二军军长,红三军军长,红二、六军团总指挥兼湘鄂川黔省革命委员会主席和湘鄂川黔军区司令员,红二方面军总指挥。贺龙参与创建的湘鄂西、湘鄂川黔革命根据地是当时中国共产党领导的主要根据地之一;他参与创建的红四军、红二军团和红二方面军,是红军的三大主力之一,他为中国工农红军和革命根据地的创建和发展立下了丰功伟绩。1935年,贺龙率部长征。

★贺龙与夫人薛明合影

抗日战争时期,任中共中央军委委员、八路军120师师长,率部开辟了晋西北抗日根据地。抗战胜利后,任晋绥军区兼晋绥野战军司令员、第一野战军副司令员。曾率华北野战军第十八兵团等部,由陕入川,配合刘伯承、邓小平指挥的第二野战军,歼敌数十万人于成都地区。建国后,任中央人民政府委员、西南军区司令员。1952年任国家体育运动委员会主任。1954年任中央人民政府革命军事委员会副主席、国务院副总理兼国家体委主任、国防委员会副主席。1955年9月被授予中华人民共和国元帅军衔。

"文化大革命"中,贺龙遭到林彪、江青、康生一伙的残酷迫害。他始终坚持党的原则,对林彪、江青、康生一伙进行了坚决的斗争,表现了共产党员坚贞不屈的气节和高尚品德。1969年6月9日,贺龙被迫害致死,终年73岁。

★毛主席和贺龙元帅亲切交谈

★1952年8月,人民解放军建军25周年,全军体育运动大会在北京举行。图为邓小平和朱德、贺龙在主席台上

秋收起义

QIU SHOU QI YI

1927年8月7日，中共中央在汉口召开了我党具有历史意义的会议，即党的八七会议。中国共产党人从大革命失败的惨痛教训中，逐步认识到独立领导武装斗争和组织革命军队的极端重要性，纠正了陈独秀的右倾投降主义错误。确立了武装反抗国民党反动派，废除封建土地制度，建立工农民主政权，实行土地革命的方针。同时，决定派毛泽东去湖南改组中共湖南省委并领导秋收起义。

1927年9月，毛泽东受中共中央的委派，以中共中央特派员的身份前往长沙，领导湘赣边界的秋收起义。8月18日，改组后的湖南省委在长沙市郊的沈家大屋召开会议，讨论制定秋收起义的计划。毛泽东在会上着重阐述了枪杆子出政权的思想。会议决定要与国民党彻底划清界限，旗帜鲜明地以中国共产党的名义号召群众，并确定集中力量在湘东赣西发动以长沙为中心的武装起义。

为便于领导秋收起义，省委确定秋收起义的领导机关分为两个，一个是由各军事负责人组成的党的前敌委员会，任命毛泽东为书记，作为武装起义的军事指挥机关；另一个是党的行动委员会，由起义地区各地方党委负责人组成，任命易礼容为书记，负责地方工作。9月初，湖南省委决定9月9日开始破坏粤汉和株萍铁路，11日各县起义，16日长沙起义。这次秋收起义不沿用国民革命军的番号，而将起义部队统一编为工农革命军第一军第一师，卢德铭任总指挥，余洒度为师长，下辖三个团：以原武汉国民政府警卫团为主力编为第一团，团长钟文璋；以安源工人纠察队、矿警队和萍乡等地的农民自卫军编为第二团，团长王新亚；以原武汉国民政府警卫团一个营和浏阳部分工农武装编为第三团，团长苏先骏。参加起义部队共约5000人。此外，在起义前，还收编了当地的土匪武装邱国轩的一个团。

★秋收起义纪念碑

起义部队以夺取长沙为目标，具体部署了各团的行动计划。9月9日，湘赣边界秋收起义按预定计划爆发。参加起义的铁路工人和农民，首先破坏了岳阳至黄沙街，长沙至株洲两段铁路，切断了敌人的交通运输。第一团从江西修水出发，向长寿街进攻，9月10日占领了平江县龙门厂。这时混入起义部队的邱国轩部乘机叛变，当第一团路过金坪攻打长寿街时，遭到邱部的突然袭击，该团腹背受敌，人员伤亡较大，被迫向浏阳转移。第二团在安源起义后，进攻萍乡未克，西进攻占了老关、醴陵，又北进占领浏阳。由于部队麻痹轻敌，9月16日陷入优势敌人的包围，部队被打散，只有部分突围脱险。第三团于9月11日在铜鼓起义，胜利

★毛泽东领导秋收起义（油画）

占领了白沙镇，9 月 12 日又占领东门市。9 月 14 日，敌人兵分两路包围第三团，该团被迫向上坪撤退。鉴于三路起义部队均受挫，毛泽东当即决定改变攻打长沙的计划，以前委书记的名义通知起义各部队到浏阳县文家市集结。9 月 19 日，各路起义部队到达湖南省浏阳县文家市。当晚前敌委员会召开了会议。根据敌强我弱的形势，会议决定保存实力，放弃攻打长沙计划，而向敌人统治力量薄弱的农村中去坚持武装斗争，发展革命力量。

9 月 20 日上午，起义部队 1500 余人离开文家市向南进发。23 日，起义部队在芦溪镇遭反动军队伏击，损失数百人，总指挥卢德铭牺牲。25 日，起义部队冒雨攻克莲花县城。29 日，起义部队到达永新县三湾村时已不足千人，而且官多兵少，部队思想混乱，组织纪律性差。当天晚上，毛泽东召开了前敌委员会，决定对部队进行整编，这次著名的“三湾改编”将党支部建在连上，在一定程度上实现了党对军队的绝对领导。同时，将原来的一个师缩编为一个团，成立各级士兵委员会，实行民主管理制度，在政治上官兵平等，使部队形成了凝聚力，增强了战斗力。

10 月 3 日，起义部队离开三湾村，开始向井冈山进军。10 月 27 日，起义部队到达罗霄山脉中段井冈山的茨坪，在那里开展游击战争，打土豪、分田地，废除封建土地制度，创建了一支革命武装和革命政权，创立了第一个农村革命根据地，为中国革命开辟了以农村包围城市最后夺取城市的正确道路。此后，在中国共产党的领导下，一场轰轰烈烈的土地革命战争暨第二次国内革命战争（又称“十年内战”）拉开了帷幕。

★毛泽东和参加秋收起义的部分同志合影

井冈山会师

1927 年 10 月，毛泽东率领工农革命军来到井冈山，创建了以宁冈为中心的井冈山革命根据地。1928 年 1 月，朱德、陈毅率领的国民革命军 800 余人来到了湘南地区。在中共湘南特委和当地农军的组织领导和配合下，发动了湘南武装起义。3 月，在永兴成立了湘南苏维埃政府。3 月底，由于湘、桂、粤军的三路“协剿”，难以在湘南立足。为保存革命力量，除留一部分武装继续坚持斗争外，朱德、陈毅率南昌起义部队和农军向湘赣边界的井冈山转移。3 月下旬，毛泽东率部队在汝城一带击溃了尾追湘南起义的敌军，4 月在酃县的十都与朱德见面。在毛泽东率部的掩护下，朱德、陈毅率领的部队于 4 月中旬抵达江西省宁冈县的砻市，与毛泽东统率的井冈山部队胜利会师。井冈山会师，壮大了井冈山的革命武装力量，对巩固扩大全国第一个农村革命根据地，推动中国革命的发展，起到了至关重要的作用。

★井冈山会师（油画）

中国工农红军

ZHONG GUO GONG NONG HONG JUN

中国工农红军，简称“红军”，是中国土地革命战争时期，中国共产党领导的人民军队。1928年5月25日，中国共产党中央委员会决定，全国各地工农革命军正式定名为红军。1930年后，又逐渐改称中国工农红军。在国共内战时期，中国工农红军不断发展壮大，先后组成了第一方面军（曾经称中央红军）、第四方面军、第二方面军和西北红军等红军部队，建立了中央革命根据地和湘鄂西、鄂豫皖、琼崖、闽浙赣、湘鄂赣、湘赣、左右江、川陕、陕甘、湘鄂川黔等革命根据地，连续粉碎了国民党军多次“围剿”和“清剿”。全国红军发展到最多时达到约30万人。由于王明“左”倾错误的战略指导，中央红军未能打破国民党军的第五次“围剿”，被迫于1934年10月撤离中央革命根据地，进行长征。在长征中，红军粉碎了国民党军的围追堵截，战胜了无数艰难险阻，于1935年9月、10月和1936年10月先后到达陕甘革命根据地和甘肃南部地区会师。抗日战争全面爆发后，根据中共中央同国民党政府达成的协议，主力红军改编为国民革命军第八路军（简称八路军）；在江西、福建、浙江、广东、湖南、湖北、河南、安徽八省十三个地区坚持斗争的红军和游击队改编为国民革命军陆军新编第四军（简称新四军）。

★中国工农红军军旗

★周恩来、朱德指挥红军打败国民党第四次围剿后，与红一方面军的部分领导人在福建建宁合影。

红军军歌

红军歌谣很多，多为根据地山歌改编，对于鼓舞士气影响巨大。影响最大的红军军歌是《三大纪律八项注意歌》。1935年10月，红十五军团收编了大量俘虏，当地（陕北）的农民参加红军更是踊跃，部队的成份起了变化，对新兵进行教育是一项迫在眉睫的任务。当时，正是榆林桥战役之际，中央红军先遣队与红十五军团汇合了。先遣队带来的文件中有一份中国工农红军总政治部印的《中国工农红军三大纪律八项注意布告》。红十五军团政治部秘书长程坦便根据布告内容编写了《三大纪律八项注意》歌词。

红军三大主力

中国工农红军第一方面军，简称红一方面军，曾称“中央红军”。土地革命战争时期，中国共产党领导的中国工农红军主力之一。1930年8月由红军第一、三军团组成，朱德任总司令，毛泽东、周恩来先后任总政委。曾在江西中央苏区粉碎国民党军四次“围剿”。1934年10月开始长征。次年10月胜利到达陕甘苏区。抗日战争爆发后改编为八路军115师。

★萧克

1936年7月5日，奉中革军委命令，红二、红六军团与红三十二军组成中国工农红军第二方面军。贺龙任总指挥，任弼时任政治委员，萧克任副总指挥，关向应任副政治委员，李达任参谋长，甘泗淇任政治部主任。下辖第二军（即红二军团）、第六军（即红六军团）、第三十二军，共1.3万余人。随即与红四方面军共同北上。10月22日，红二方面军在甘肃静宁以北的将台堡（今属宁夏）与红一方面军会师。会师后，关向应任方面军政治委员，周士第任参谋长，朱瑞任政治部主任。11月，参加山城堡战役。12月，西安事变后，南下参加准备迎击何应钦“讨伐军”的行动。1937年7月，抗日战争全面爆发。8月，根据中共中央决定，红二方面军与红二十七、红二十八军等部，在陕西省富平县庄里镇改编为国民革命军第八路军第120师。在土地革命战争中，红二方面军部队先后转战湘西、鄂西、黔东、湘赣以及湘鄂赣、湘鄂川黔等地区和苏区。在浴血奋战中歼灭了大量国民党军，取得了丰富的建军和作战经验，并造就了大批领导骨干，为中国革命事业的发展做出了重大贡献。

★任弼时

在土地革命战争中，红二方面军部队先后转战湘西、鄂西、黔东、湘赣以及湘鄂赣、湘鄂川黔等地区和苏区。在浴血奋战中歼灭了大量国民党军，取得了丰富的建军和作战经验，并造就了大批领导骨干，为中国革命事业的发展做出了重大贡献。

中国工农红军第四方面军，即中国工农红军第四军团。红军第四方面军是在1931年10月底，由鄂豫皖革命根据地的第四军、第二十五军开始组建。11月7日，在湖北省黄安县（现为红安县）七里坪镇建立，徐向前任总指挥，陈昌浩任政治委员，刘士奇任政治部主任，实际领导权由张国焘控制。方面军下辖第四军、第二十五军。第四军军长为徐向前（兼），政委为陈昌浩（兼）；第二十五军军长邝继勋，政委为王平章。原四军部改为方面军总部，两军所辖各师归总部直接指挥。总兵力3万余人。时为中国共产党控制下仅次于中央红军的军事力量。不久，又建立红九军，全军共有6个师。

★中国工农红军第七军（油画）

1929年12月，邓小平、张云逸、韦拔群领导和发动百色起义，创建了中国工农红军第七军和右江苏维埃政府。次年2月，又发动了龙州起义，建立了红军第八军和左江根据地。邓小平任红七军、红八军政治委员和前敌委员会书记。

红军四次反“围剿”

HONG JUN SI CI FAN WEI JIAO

1928年4月，朱德、陈毅等率领参加南昌起义的一部分部队到达井冈山，和毛泽东领导的秋收起义部队会师，逐步扩大了井冈山根据地。同年12月，公布了中国历史上第一部彻底消灭封建土地所有制的《井冈山土地法》。土地革命战争的开展，动摇了国民党的反动统治，蒋介石对红色政权视如洪水猛兽，把红色根据地视为毒疥，必欲以除之而后快。

1930年10月，从中原大战中吞并了冯玉祥、阎锡山所部的蒋介石纠集了10万兵力，采取“分进合击，长驱直入”的战术手段，对中国共产党建立起来的革命根据地发动了大规模“围剿”。中国工农红军在毛泽东同志的领导下，采取了“诱敌深入”的作战方针，在江西永丰县的龙岗附近，包围了敌前沿总指挥张辉瓒所部两个师的兵力，歼敌9000多人。接着，又在宁都的东韶吃掉了国民党军大半个师的兵力，取得了第一次反“围剿”的胜利。

★反“围剿”时期的毛泽东

1931年2月，国民党又调集20万军队，采取“稳扎稳打，步步为营”的战略战术，开始了第二次“围剿”。毛泽东坚决主张继续采取诱敌深入方针，把敌人引到苏区内，集中优势兵力各个击破，并提出先打较弱之敌王金钰部，然后向东横扫，在闽赣交界的建宁、黎川、泰宁地区扩大苏区。中共苏区中央局采纳了毛泽东的正确主张。1931年4月23日，红一方面军3万余人转到退却终点龙冈、东固地区隐蔽集结，持重待机。在毛泽东同志的指挥下，采取避实就虚的打法，灵活巧妙地削弱敌人的有生力量。到5月中下旬，连续五战五胜，吃掉敌人3万余人，取得了第二次反“围剿”的胜利。

1931年6月21日，蒋介石亲自任“围剿”总司令，随带英、日、德军事顾问，调集23个师，计30万人，采取长驱直入的作战方针，企图先击破红军主力，捣毁我根据地，然后再深入进行“清剿”。7月1日，敌人开始向我大举进犯。红军依然使用“诱敌深入”的战略方针，以一部兵力迟滞敌人前进，主力则绕道千里，驰奔其侧后，并适时转入反攻，集中兵力各个歼敌。在前后3个月的作战中，红军连战连胜，毙伤俘敌3万余人，缴枪2万余支，再一次彻底粉碎了敌人的第三次“围剿”。

1932年底，面对着关外穷凶极恶的日寇却叫嚣着“攘外必先安内”的蒋介石，调集了30个师的兵力，分三路向中央革命根据地发动第四次“围剿”。红军在周恩来和朱德的指挥下，根据毛泽东积极防御的战略思想和前三次反“围剿”的成功经验，采取声东击西，大兵团伏击，集中优势兵力，坚决围歼敌人的作战方针。1933年2月中旬，红一方面军根据中共临时中央的指示，围攻敌重兵设防的南丰，以破坏“围剿”。在攻南丰受挫和敌优势兵力进逼下，红一方面军总司令朱德、总政治委员周恩来下令于22日、27日发起黄陂伏击战，并于江西宜黄的草台岗对国民党军发起进攻，共歼国民党军近3个师，巩固了中央革命根据地，取得了第四次反“围剿”的胜利。

★反“围剿”胜利（油画）

创建红色政权

CHUANG JIAN HONG SE ZHENG QUAN

中华苏维埃共和国临时中央政府即中央工农民主政府，是第二次国内革命战争时期，中国共产党在中央革命根据地建立的中央政权机关，并被誉为红色政权。

1930年10月至1931年9月，在毛泽东、朱德等的正确领导下，红一方面军连续取得三次反“围剿”的胜利，中央革命根据地得到巩固和发展，鄂豫皖、湘鄂西、湘赣、湘鄂赣等根据地也都发展到相当规模。中共中央决定以赣南闽西根据地为依托，建立苏维埃中央政府。在此之前，中共中央已开始筹划建立全国性的苏维埃政权。1930年5月下旬，在上海秘密召开全国苏维埃区域代表大会，成立了第一次全国苏维埃代表大会中央准备委员会临时常务委员会。9月中旬，中央准备委员会在上海举行全体会议，讨论并通过第一次苏维埃全国代表大会选举条例，以及准备提交大会的宪法大纲、劳动法、土地法令、经济政策和关于红军问题决议案等草案，并决定召开全国苏维埃第一次代表大会。

★中华苏维埃共和国临时中央政府成立大会

1931年11月7日至20日，中华苏维埃第一次全国代表大会在江西瑞金叶坪村举行。来自闽西、赣东北、湘赣、湘鄂西、琼崖和中央等根据地，红军部队，以及在国民党统治区的全国总工会、全国海员总工会的610名代表出席了大会。毛泽东向大会作政治问题报告。大会通过《中华苏维埃共和国宪法大纲》、土地法令、劳动法和关于经济政策的决定等法律文件。

★中共苏区中央局委员合影(右二为毛泽东)

《中华苏维埃共和国宪法大纲》规定了苏维埃政权的性质，即“中国苏维埃政权所建设的是工人和农民的民主专政的国家”。苏维埃全部政权属于工人、农民、红军士兵及一切劳苦民众，在苏维埃政权领域内的工人、农民、红军士兵及一切劳苦民众和他们的家属，不分男女、民族和宗教信仰，在苏维埃法律面前一律平等。苏维埃政权不承认帝国主义在华的一切特权，废除一切不平等条约，帝国主义在华的一切财产收归国有。苏维埃政权的最高权力机关为全国工农兵代表大会，在大会闭会期间，苏维埃中央执行委员会为最高政权机关，中央执行委员会之下组织人民委员会，处理日常政务，并发布一切法令和决议案。

大会选出63人组成的中央执行委员会，宣告了中华苏维埃共和国临时中央政府的成立。11月27日，中央执行委员会举行第一次会议，选举毛泽东为中央执行委员会和人民委员会主席，项英、张国焘为副主席，决定中华苏维埃共和国临时中央政府设在瑞金。根据大会决议和中央执行委员会的决定，于11月25日成立中华苏维埃中央革命军事委员会，朱德为主席，王稼祥、彭德怀为副主席。

中华苏维埃共和国临时中央政府是以工农为主体的人民民主政权。主要任务是在中国共产党的领导下，带领各根据地人民进行武装斗争、土地革命和政权建设，发展根据地的经济和文化教育事业。它的建立，是中国共产党领导广大群众建立全国性质政权的一次重要尝试，对各根据地在一定程度上起到了加强中枢指挥的作用，在政治上也产生了很大的影响。对于鼓舞革命群众的斗志，推动革命斗争的进程，彻底推翻国民党反动派的统治有着积极的作用。

宁都起义

NING DU QI YI

1931年12月14日，被蒋介石调到江西“围剿”红军的原国民党第二十六路军官兵在江西宁都举行起义，加入红军队伍。这是第二次国内革命战争时期一次著名的起义，它给国民党反动派以沉重的打击，对壮大红军队伍、巩固和发展中央革命根据地，都起了重要的作用。

二十六路军原是冯玉祥西北军的一部分。1930年中原大战后，西北军彻底瓦解，冯玉祥被迫通电下野。蒋介石把西北军3万余人改编为二十六路军，交孙连仲指挥。此时正值蒋介石对革命根据地发动第二次反革命“围剿”之际，为排除异己，消灭红军，遂令二十六路军开赴江西反共前线参加“剿共”内战。

二十六路军官兵在早期的军阀混战中吃过蒋军的亏，改编后又倍受歧视，心里都对蒋介石憋着一股怨气。他们大都是北方人，驻守宁都以后，由于水土不服，导致疫病流行，许多人病死。进驻宁都不到五个月，城外就增加了两三千个新坟头，因而人心浮动，军无斗志，厌战思乡，有不少人开小差。另外被红军俘虏的一千多人，回到原部队成了红军的义务宣传员，揭穿了国民党对红军和苏区的欺骗宣传。

★孙连仲

“九一八”事变以后，二十六路军官兵们在中国共产党抗日救国方针和全国抗日救亡浪潮的感召下，发出了“回北方，打日本”的呼声。作为二十六路军总指挥的孙连仲，也看出蒋介石利用打红军来消灭异己的险恶用心。于是，二十六路军高级将领联名通电蒋介石，强烈要求率军北上抗日。他们不等答复就命令全军离开宁都，由董振堂率七十三旅开路，向北开拔。蒋介石得知后对军中将领大加训斥，并令部队立即返回原防，死守宁都，声称再有侈谈抗日者杀无赦。同时，蒋介石还把嫡系部队摆在北线，截住二十六路军唯一的退路。所有这些更加激化了广大官兵的反蒋情绪，整个军队就像一个火药桶，大有一触即发之势。部队返回宁都后不久，二十七师师长高树勋和总指挥孙连仲借口到后方休养治病，先后离开部队。

二十六路军的下级军官和士兵多是来自陕、甘、宁、青的贫苦农民和小资产阶级知识分子，他们在国民革命时期受过大革命的洗礼。有许多著名的共产党员曾在这支部队工作过、战斗过，这些共产党人的模范行为在广大官兵中留下了深刻的影响。1930年5月，中共中央为了争取二十六路军参加革命，从上海派遣王超、李肃、袁汉澄三名共产党员潜入二十六路军开展兵运工作。他们与地下党员刘振亚取得联系，很快掌握了二十六路军各个军官的政治态度和士兵的思想动向，并充分利用大革命时期共产党的政治影响，发展了党员，建立了共产党特别支部。1931年10月，经中共中央批准，发展了军参谋长赵博生入党。党的特别支部多次研究和分析了二十六路军中潜在的革命形势，决定抓住这一有利时机，开展有组织有计划的政治鼓动，因势利导，促进革命条件的成熟，争取早日起义。根据中共中央指示，特别支部制定了周密的起义行动计划和实施方案，准备在适当时机发动起义，整个行动由赵博生负责指挥。当时，商定的起义方案有三个：一是争取部分起义，即让学兵连去宁都城东南三十华里的地方实弹打靶，举行起义，投奔红军；二是争取我党工作较成熟的两个团起义；三是全军举行起义。

★赵博生

★董振堂

赵博生决定全力以赴，力争实现第三个方案。

为了使起义更多一分成功的把握，赵博生不仅大力团结下层官兵作为起义的基本力量，而且尽量争取高级中级军官的同情和支持，以利于稳定部队，减少阻力，争取起义的更大效果。首先是团结董振堂。董振堂为人作风正派，能吃苦，富有正义感，在官兵中有较高的威信。二十六路军开到江西后，他不愿同红军作战，消极避战，曾派刘振亚到上海找过共产党。董振堂完全赞同起义，并协助赵博生争取了七十四旅旅长季振同和较有实力的黄仲岳团长，成为起义的骨干。为了准备起义，他们加紧整顿军队，协助地下党制定暴动计划，争取下级军官和士兵，掌握学兵连。七十三旅学兵连是暴动的中坚力量，二十六路军中唯一的中共士兵支部就建在这里。董振堂虽然还不清楚这些情况，但他从当时学兵连那种活跃的表现中已感到，要使暴动成功，必须依靠学兵连不可。因此，他调李青云（地下党员）接替学兵连连长职务。

12月5日，南昌共产党的秘密联络点被破坏，有关共产党在二十六路军中活动情况的文件落入敌手，蒋介石当即命令逮捕二十六路军中的共产党人。由于当时孙连仲尚在上海，密电和手令均落在“代拆代行”军中事务的参谋长赵博生手里。情况已经万分危急。特别支部决定一面由赵博生应付南昌方面的催促和压力，答应“遵令即办”，同时派代表星夜赶往瑞金，请示中央军委。中央军委决定二十六路军于12月13日拂晓发动起义。为了确保起义的成功，中央军委派左权、刘伯坚、王稼祥等人为中央军委代表，携带电台到宁都附近联络指挥。

赵博生、董振堂、季振同和黄仲岳四人周密研究了起义具体方案。为了保密，动员更多的部队参加起义，在公开场合，暂不以参加红军为号召，而是强调要抗日，绕道打回北方去。为了保障全军起义顺利成功，起义领导人强调必须特别注意保密，并作了相应的规定：任何与执行任务无关的人员，均不得让其知道起义行动的任何消息；对于执行任务的部队，仅告知他们执行任务所必须知道的情况，其它的一概不要涉及。为了得到尚在解运途中的新发的冬衣和薪饷，起义时间推迟一天。13日，七十三旅学兵连连长根据董振堂的指示，宣布要连续进行几天野外演习，命令全连官兵立即全副武装，兵不离班，枪不离手，随时准备集合。当下全连装束停当，静待一天。到了晚上，和衣而卧。

★左权

★王稼祥

董振堂

董振堂，宁都起义领导人，中国工农红军高级指挥员。1895年生于河北新河西李家庄。1931年任国民党军第26路军73旅旅长时，被调到江西“剿共”。同年12月14日和赵博生、季振同等率部在宁都起义。起义部队编为中国工农红军第5军团，他任军团副总指挥兼第13军军长，后任军团长。1932年加入中国共产党。先后率部参加赣州、漳州、南雄水口等战役战斗和中央苏区第四、第五次反“围剿”。曾获中华苏维埃共和国临时中央政府授予的红旗章。1934年被选为中华苏维埃共和国中央执行委员。中央红军主力长征中，率部担任后卫，多次完成阻击国民党军的任务。1935年6月第一、四方面军会师后第5军团改称第5军，他任军长。1936年10月随部西渡黄河，指挥所部参加攻占山丹、临泽、高台等县城的战斗。12月，任中央革命军事委员会委员。1937年1月12日率部在甘肃高台县城与国民党军浴血奋战，弹尽粮绝，于20日壮烈牺牲。1956年，为了纪念高台战役中壮烈牺牲的红军指战员，人民政府在高台建立了烈士陵园。陵园为正方形，占地面积4.4万平方米。大门横额上书“烈士陵园”为朱德亲题。

14日下午,按照事前商定的计划,七十四旅第一团第三营在赵博生指挥下,逮捕了所有参加总指挥部宴请的反动军官。赵博生命令被扣的各旅长、团长交出印章,由各旅、团参谋长以他们名义调动部队。第二营和总部特务营控制了蒋介石的特务电台和总指挥部电台。第一营去二十五师师部捉拿代总指挥李松昆时,发生了战斗,李松昆翻墙逃走,带走了驻扎在城外的1个团。七十三旅学兵连负责城内警戒。12月15日清晨,二十六路军全军1个总部、2个师部、6个旅部、11个团、4个独立营、1个总部直属队共1.7万多人参加了起义队伍,浩浩荡荡向苏区进发。当晚通过电台向全国发出了《原国民党二十六路军在宁都起义加入红军的宣言》。16日早晨,刘伯坚代表中共中央军委,向起义部队全体官兵宣布组成中国工农红军第五军团的命令:季振同任红五军团总指挥,董振堂任副总指挥兼十三军军长,赵博生任参谋长兼十四军军长,黄仲岳任十五军军长。接着队伍开到秋溪、龙岗一带整训,遣散一部分要求回去的军官,进行政治和军事教育。部队经过一段时间的教育、整顿和训练,红五军团基本上消除了旧军队遗留下的痕迹,很快成为一支令敌人闻风丧胆的革命军队,在中央革命根据地反"围剿"战场上屡建奇功。中央红军长征时,红五军团担负全军后卫任务。后来由于张国焘的错误随红四方面军几经辗转,实力大大减弱。1936年被编入西路军,在甘肃省高台县全军覆没。

★宁都起义指挥部旧址

★刘伯坚

宁都起义是10年土地革命过程中代价最小、兵力最大的一次重要起义。它沉重打击了蒋介石"攘外必先安内"的反动政策,鼓舞了全国人民抗日反蒋的热情,壮大了红军的力量,对巩固和发展中央革命根据地,增强根据地军民革命胜利的信心,起了重要作用。宁都起义以它不容抹煞的历史功绩,在中国革命斗争的史册上留下了辉煌的一页。

★毛泽东(左三)、肖劲光(左一)、王稼祥(左二)和参加宁都起义的部分同志在延安合影

井冈山革命根据地

毛泽东1927年9月底率秋收起义后剩下的工农革命军约千余人,到达江西永兴县的三湾镇,在那里把原来的三个团缩编成一个团,改称中国工农革命军第一军第一师第一团,在各级建立了党的组织,成立了士兵委员会,史称三湾改编。之后,部队在当地农民武装袁文才、王佐的接引下,登上了井冈山,以茨坪、大小五井、茅坪等村为指挥中心和后方,向井冈山周围各县开展游击斗争。到1928年2月间,工农革命军已经先后占领了茶陵、遂川、宁冈三个县城,并建立了工农兵政府。两个月后,朱德、陈毅率南昌起义和湘南暴动的余部到达井冈山,毛、朱两支工农武装胜利会师,改编为中国工农革命军第四军(后改称红军第四军),全军近万人,毛泽东任军委书记兼党代表,朱德任军长,陈毅任政治部主任,下辖三个师六个团。12月,彭德怀、滕代远等也率领平江起义后组建的红军第五军主力近千人来到井冈山,与红四军会师。井冈山根据地至此初具规模。

第五次反“围剿”

DI WU CI FAN WEI JIAO

1933年初，日军大举入侵华北，中华民族危机日益严重，然而国民党政府主席蒋介石却置民族危亡于不顾，仍然坚持推行“攘外必先安内”的反动方针，决心消灭共产党及其领导的红军。1933年9月25日，国民党又调集了50万大军，对红军发动了第五次大规模的“围剿”。这次“围剿”由蒋介石亲自坐镇南昌指挥，并聘请了外国顾问，采取所谓持久作战和“堡垒主义”的新方针，企图逐步压缩革命根据地，加紧寻找与红军主力决战，以达到消灭红军，摧毁革命根据地的目的。

面对国民党军采取堡垒主义新战略和重兵进攻，中共临时中央领导人博古等却错误认为，这次反“围剿”战争是争取中国革命完全胜利的阶级决战。在军事战略上，拒绝和排斥红军历次反“围剿”的正确战略方针和作战原则，继续实行“左”倾冒险主义的战略指导，提出“御敌于国门之外”的方针，企图以阵地战、正规战在苏区外制敌，保守苏区每一寸土地。这时，共产国际派来的军事顾问李德（原名奥托·布劳恩，德国共产党党员）从上海到达中央苏区，直接掌握第五次反“围剿”的军事指挥权。因而，在国民党军“围剿”前夕，未及时有效地组织苏区军民进行反“围剿”准备，而是命令由红三军团（总指挥彭德怀、政委杨尚昆）、红十九师为主组成的东方军和由红一军团、红十四师为主组成的中央军，继续在闽西北地区和抚河与赣江之间地区对国民党军实行不停顿的进攻。红一方面军主力在持续作战而未休整和补充的情况下，即于9月下旬仓促开赴中央苏区北线迎击国民党“围剿”军。但红军虽经近2个月浴血苦战，却因一味死打硬拼而未能御敌于苏区之外，反使部队遭受很大损失，完全陷于被动地位。

★蒋介石在南昌检阅参加第五次“围剿”的军队

★第五次反“围剿”红军烈士纪念碑

★中央革命根据地第五次反“围剿”示意图

红军在进攻受挫后，中共临时中央和中央革命军事委员会在作战指导上转而采取消极防御的战略，要求红军处处设防，节节抵御，企图以阵地防御制止国民党军的进攻。此时，驻福建省的国民党军第十九路军于11月20日发动了反蒋介石的福建事变，并在福建成立中华共和国人民革命政府。蒋介石慌忙从北路军中抽调11个师前往镇压第十九路军。在这种有利的形势下，毛泽东提议，红军主力应突进到以浙江为中心的苏浙皖赣地区，变战略防御为战略进攻，威胁敌之根本重地，向广大无堡垒地带寻求作战。而中共临时中央却将红军主力从东线调到西线永丰地区，进攻国民党军的堡垒阵地，从而使红军丧失了打破“围剿”的有利时机。

蒋介石很快镇压了福建事变，于1934年1月下旬重新开始了对中央苏区的进攻。在国民党军新的

★博古

进攻面前，中共临时中央仍然要求中央红军处处设防，广筑碉堡，以阵地防御结合"短促突击"顶住敌人的进攻。从1月下旬至9月初，红军全线开展阵地防御，采取集中对集中、堡垒对堡垒、阵地对阵地的"正规战"。然而，红军却始终未能改变被动挨打的局面，且在这场消耗战中拼掉了大部实力。到10月上旬，中央红军完全丧失在苏区内粉碎国民党军围剿的可能。此时，中共中央主要领导人作出决定，放弃中央苏区，向湘西实行战略转移。

历时一年之久的第五次反"围剿"最终失败，究其原因主要是受极端教条的马克思主义者王明"左"倾机会主义的影响，中共临时中央负责人博古把军事指挥权完全交给了并不了解中国国情的共产国际驻中国的军事顾问李德的手中。李德先推行"军事冒险主义"策略，后在敌人的猖狂进攻面前采取"拼命主义"，最后发展成"逃跑主义"，使红军虽然打得十分英勇顽强，但都没能击破或打乱敌人的进攻计划，而自己却遭到更大的失败。由于在军事指导上实行的是军事冒险主义和军事保守主义的方针，最终迫使红军进行长征。

李德

李德(1900—1974年)，原名奥托·布劳恩，笔名华夫，奥地利人，共产国际派驻中国的军事顾问。1900年9月28日生于德国慕尼黑。第一次世界大战期间参加德国共产党。1926年被德国政府逮捕监禁。1928年越狱逃往苏联，入伏龙芝军事学院学习。1932年春毕业后，被苏联红军总参谋部派往中国东北收集日军情报。1933年9月任中华苏维埃共和国中央军事委员会军事顾问。李德来到苏区，虽然怀有帮助中国人民解放事业的良好愿望，但是他错误的干预、指挥却给中国共产党造成了重大损失。在指挥红军作战中，他不问中国国情，不顾战争实际情况，仅凭课本上的条条框框，推行"左"倾冒险主义的战略战术，反对游击战，使红军第五次反"围剿"遭致失败。红军长征开始时，李德是军事最高领导三人团成员之一。1935年1月，在遵义会议上，李德被撤销指挥红军的权利，后随红军长征到达陕北。1939年夏去莫斯科，并加入苏联红军。1949年回德意志民主共和国定居。

★李德

★毛泽东、李德、朱德、吴莉莉合影

★李德用过的床

二万五千里长征

ER WAN WU QIAN LI CHANG ZHENG

第五次反“围剿”的失败，迫使中央红军主力5个军团和中央、军委机关直属部队30余万人被迫退出中央革命根据地，向西突围转移，并开始了长征。长征部队分别于江西的瑞金、于都和福建的长汀、宁化出发。此时，红六军团已撤离湘赣苏区，会同红二军团创建了湘鄂川苏区，准备迎接中央和红军主力的到来。但长征初期，“左”倾领导者却又犯了退却中的逃跑主义，并把战略转移变成搬家式的行动，使部队行动迟缓，延误了与红二、六军团会师的时间。

此时，蒋介石已对红军的行动意图有所察觉，他立刻调集重兵，准备将中央红军一网打尽。红军主力由于要随时掩护行动迟缓的中央、军委机关和其它直属单位，在连续突破敌人的四道封锁线，并转移到湘江以西地区时，主力部队已由原来的8.6万人锐减到3万人。在这危急关头，中共中央接受了毛泽东的正确主张，主动放弃了北上与红二、六军团会合的计划，挥戈西南，向敌人力量薄弱的贵州前进。

1934年12月15日，红军攻占了贵州黎平。1935年1月，红军强渡了乌江。1月7日，红军占领了遵义城。1月15日，中共中央在遵义召开了政治局扩大会议，结束了王明“左”倾机会主义在中央的统治，停止了博古、李德对红军的领导指挥，确立了以毛泽东为代表的新的中央领导集体。此后，红军在毛泽东、周恩来、朱德等的指挥下，运用灵活机动的战略战术，忽东忽西，迂回曲折地穿插于敌人重兵之间。四渡赤水、南渡乌江、抢渡金沙江、飞夺泸定桥、强渡大渡河、翻过终年积雪的夹金山，摆脱了数十万敌军的围追堵截，使敌人摸不着头脑，疲于奔命。

6月14日，中央红军在四川懋功、达维地区与从川陕根据地转移的红四方面军胜利会师。但此期，掌握红四方面军指挥权的张国焘反对中央北上抗日的正确战略方针，继而分裂中央、分裂红军，擅自率领左路军重过草地，向南退却。1935年9月12日，党中央在俄界召开政治局扩大会议，批判了张国焘分裂红军，违抗中央命令的严重错误。会后，中共中央率陕甘支队迅速北上，攻占天险腊子口，到达

★湘江战役：1934年11月25日，中央红军为掩护中央直属机关进行长征，在湘江与敌展开激战，付出了巨大伤亡代价，主力由出发时的8.6万人锐减到3万人。

★中央红军长征第一渡——于都县城东门渡口　中央红军长征第一渡位于江西于都县城东门外。当年，毛泽东、周恩来、朱德等中央领导人及中央第一、第二野战纵队就是从这里南渡贡水进行长征的。

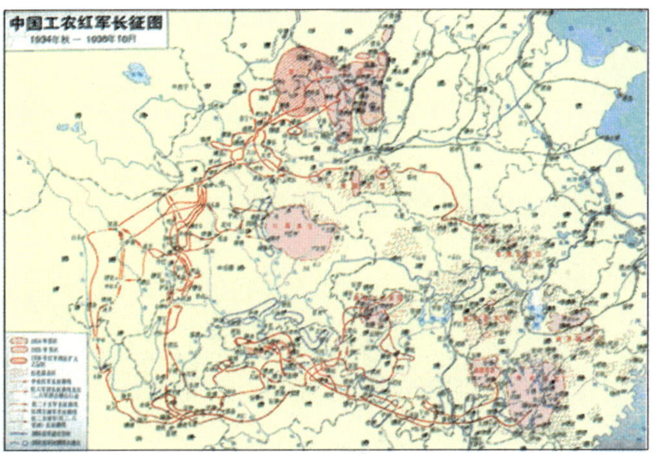

★中国工农红军长征图

★红军飞夺泸定桥（油画）

★红军翻越常年积雪的夹金山

★红军过草地（油画）

甘肃岷县以南的哈达铺。与此同时，南下的红四方面军却遭到了国民党军队多次围攻袭击，被迫退向西康的甘孜一带。9月27日，中央得知陕北有相当大的一片苏区和相当数量的红军后，组织政治局常委在榜罗镇开会，决定放弃创建川陕甘革命根据地的战略计划，而把陕北作为革命的大本营。11月初，中央红军与徐海东、程子华、刘志丹及所率领的陕北十五军团在陕北根据地胜利会师。与此同时，贺龙、任弼时所率领的红二、六军团亦从湖南桑植出发，开始长征，于1936年7月2日在甘孜与红四方面军会师。会师后，二、六军团改称为红二方面军。朱德、刘伯承、任弼时、贺龙、关向应等与张国焘进行了坚决的斗争，并率红二方面军继续北上。1936年10月22日，红一、二、四方面军三大主力红军在甘肃会宁胜利会师。至此，红军用两年时间，长驱二万五千里，纵横11省，冲破国民党重兵的追堵，克服雪山草地的自然险阻，战胜党内分裂危机，胜利地完成了长征。红军的长征，是世界历史上前所未有的壮举，是一部英雄的史诗。

遵义会议

1935年1月15至17日，中共中央政治局在遵义召开扩大会议。出席会议的有政治局委员和候补委员毛泽东、周恩来、朱德、陈云、张闻天（洛甫）、秦邦宪（博古）、刘少奇、王稼祥、邓发、何克全（凯丰），中央秘书长邓小平，红军总部和各军团负责人刘伯承、李富春、聂荣臻、彭德怀、杨尚昆、李卓然、林彪，共产国际派来的军事顾问李德，翻译伍修权。会议着重总结了第五次反“围剿”失败的经验教训；结束了“左”倾教条主义错误在中央的统治，确立了毛泽东在红军和中共中央的领导地位；重新制定了红军渡过长江在成都的西南或西北地区建立根据地的战略方针。会后，又根据敌情的变化，决定中央红军在川滇黔三省广大地区创造新的根据地。这次会议，在极端危急的历史关头，挽救了党，挽救了红军，挽救了中国革命，在中国共产党和红军的历史上，是一个生死攸关的转折点。

★遵义会议旧址

★遵义会议会议室

方志敏正气浩然垂青史

FANG ZHI MIN ZHENG QI HAO RAN CHUI QING SHI

方志敏，名远镇，出生在江西省弋阳县漆工镇湖塘村一个世代务农的大家庭中。方志敏从小就下地劳动，8岁时才被父亲送入本村私塾读书。少年时的方志敏读书很用功，而且敬老恤贫，为人仗义，很受老师的称赞和同学们的敬佩。在父亲的筹措下，1916年方志敏考入了弋阳县立高等小学校，从此接受新式的教育。在弋阳高小，他仍继续用功刻苦学习，是一个各门成绩总是名列前茅的好学生。读书之余，方志敏还团结了一批同学组织“弋阳九区青年社”，利用课余或假日综合谈论时事，研究新学，以图学以致用、学以救国。

1919年秋，方志敏考入南昌甲种工业学校预科学习。入学后不久，他即与南昌各校爱国学生一道查禁日货，被推荐为“甲工”学生自治会的领导人和南昌学生联合会的负责人之一。平时他学习刻苦，考试成绩优异。但他不满意学校里的腐败教育，多次进行抨击，还曾领导同学们游行请愿要求校方改革校政，撤换滥竽充数的“饭桶教员”。请愿风潮持续了一个多星期，但校方态度顽固，还让军警出面镇压，方志敏等人也遭到开除学籍的处罚。

1926年秋，方志敏考入九江南伟烈大学，插入该校旧制中学二年级就读。在学校里，他阅读了英文版的《共产党宣言》和《资本论》，组织同学参加“读书会”和“马克思主义研究小组”，还组织同学积极参加九江各界举行的反对日本侵略山东的集会和游行。方志敏还发表小说和诗歌，表达自己对人民的痛苦生活的同情。

1922年上半年，方志敏自南伟烈大学退学，只身来到上海，开始半工半读，一面在《民国日报》担任校对，一面在上海大学社会系旁听。同年8月，经赵醒侬介绍，方志敏正式加入了中国社会主义青年团，成为一个坚定的马克思主义者。8月底，方志敏根据上级组织的决定，返回江西开展革命活动。

★方志敏

★方志敏夫人缪敏

经过一番艰苦的筹备工作，方志敏与赵醒侬等人在南昌创办了“文化书社”，作为从事革命活动的基地；同时编印《青年声》等刊物，宣传马克思主义，传播革命真理。1923年初，方志敏等人在南昌建立了江西社会主义青年团支部，吸收思想进步的青年为团员；还组织了“马克思学说研究会”，作为公开从事革命活动的机关。此外，还开展“民权运动大同盟”活动，吸收社会各界具有民主进步思想的人士参加，以进行反对军阀统治的宣传教育，争取民主权利。同年3月，方志敏加入了中国共产党。这段时间，他因长期积劳成疾不得不住进医院，但他在治病时仍做发展党的工作。后“文化书社”被军阀查封，他又离开南昌赴上海进行革命活动。

★赵醒侬

1924年，方志敏又返回江西，协助赵醒侬开展党的地下工作，在南昌开设了“明星书店”、“黎明中学”，作为党的地下活动机关。

1925年五卅运动爆发后，方志敏组织了声援活动。随后，在国民党的江西第一届代表大会上，他当选为江西省党部执行委员兼农民部长，组织主持全省的农民运动，积极发展农民协会，配合北伐军东征。

★方志敏纪念馆内方志敏烈士雕像

★方志敏纪念馆内“狱中斗争”的浮雕

1927年初，随着北伐战争的胜利发展，全国的工农群众运动进一步发展，国民党内部左右两派的斗争进一步加剧。方志敏组织共产党人和国民党左派开展了反对国民党右派AB团分子的斗争，组织召开了江西省第一次农民代表大会，成立了江西省农民协会。此后，他回到弋阳地区开展农民运动和减租减息的斗争。为了提高农运干部的素质，他又办起了江西农民运动训练班。他积极发展农民武装力量，并带领暴动队举行了漆工镇暴动，给当地反动政府以沉重打击；还大闹上清宫，惩治了土豪恶霸。同年7月，方志敏又被派到吉安等县领导开展减租减息运动，取得了很大的成效。

1927年7月中旬，武汉汪精卫一伙公开叛变革命，国共合作完全破裂，全国笼罩在一片白色恐怖之下。江西吉安一带也处于血雨腥风中，革命力量受到很大损失。8月中旬，当听到八一南昌起义胜利的消息后，方志敏受到很大鼓舞，决计返回弋阳，发动秋收暴动。10月他回到弋阳漆工镇，发动农民群众，进行革命宣传，建立了许多革命组织，准备暴动。但是，因情况发生突变起义计划受挫，方志敏便化装来到波阳。

1927年12月，方志敏当选为弋横五县党委书记，成立了暴动指挥部，并亲任总指挥。他化装来到横峰山区，对贫苦农民进行启发教育，引导他们参加革命斗争。经过一段时间的发动和准备，方志敏和其他负责人以年关之际横峰县派人到楼府村勒索税款为导火线，领导了一场轰轰烈烈的弋横农民武装大暴动。仅在几天之内，暴动区域扩大到百余里，参加暴动的农民群众多达六七万人。几路暴动大军汇成了一股势不可挡的革命洪流，土豪劣绅受到沉重打击，贫苦农民扬眉吐气。当年赣东北地区传诵着这样一首歌谣：“湘塘塌塌岭，出了方志敏。领导闹革命，都是为穷人。”

武装暴动的胜利，引起敌人的恐慌和紧张。敌人派大批军队围攻暴动区，进行大规模的“清乡”运动，杀烧抢掠，环境变得越来越险恶和困难。面对这种形势，方志敏召开了一次干部大会，确立了正确方针，鼓舞大家坚持斗争的信心。会后，方志敏率领游击队粉碎了敌人的四次“围剿”，创立了红军独立团，弋横地区的革命斗争打开了新的局面。

红军独立团成立后，方志敏率领队伍稳扎稳打，不断取胜。至1929年末，几个县的苏区联成了一片，并成立了信江苏维埃政府，方志敏被推选为主席。1930年，又召开了赣东北第一次工农兵代表大会，方志敏当选为革命委员会主席。同年7月，他率领红军独立团1000多人采取长途奔袭速战速决的策略，攻下景德镇，独立团一下发展到4000多人，不久改编为红十军。同年底方志敏和红十军其他领导人率部队连打四次胜仗，粉碎了敌人对苏区的第一次“围剿”。

方志敏十分重视苏维埃政权建设，他根据自己积累的革命经验，写下了《苏维埃与群众关系回答》等文章，加强对政权建设的指导。1931年，方志敏当选为赣东北省苏维埃政府主席，还代理红十军政委。在方志敏的指挥下，红十军采取灵活机动的游击战术，同敌人周旋在山林里，消灭了几个团的敌军，粉碎了敌人的第二次“围剿”，振奋了红军和苏区人民的斗志。同年11月7日，第一次全国工农兵代表大会在瑞金召开，方志敏当选为中华苏维埃共和国临时中央政府执行委员会委员，并被授予一枚勋章。1932年12月，赣东北省改为闽浙赣省，方志敏担任省主席。

1933年，为了扩大红军，加强根据地建设，方志敏又组建了新十军，指挥红军与敌人周旋作战，粉碎敌人第四次“围剿”。不久，敌人

★方志敏闹革命的『两条半枪』

★1935年2月7日，敌人将方志敏押至南昌豫章公园“示众”，方志敏大义凛然。

发动了对苏区的第五次反革命“围剿”。方志敏主持召开第三次全省工农兵代表大会，号召苏区群众起来开展第五次反“围剿”斗争。大会期间，他还主持举办了一个展览会，展出了全省工农群众和省苏维埃兵工厂制造的地雷、冲锋枪、机关枪和子弹等，并向代表作了表演，这显示了方志敏坚持发展人民武装所取得的成绩。当时，“左”倾错误路线的代表在苏区发动了一场所谓“反对罗明路线”的斗争，方志敏认为这样做不利于党内团结和根据地的巩固，便写了《建设我们铁的红军》等文章来批评“左”倾错误观点，强调部队的思想建设。在方志敏和其他人的努力下，新十军的政治素质和军事素质迅速得到提高，成为苏区的一支重要武装。

为了抵抗日本帝国主义的进攻和粉碎敌人的“围剿”，1934年7月，中共中央和中央苏维埃政府决定派遣中国工农红军北上抗日先遣队，向闽、浙、赣、皖等省出动，建立新的苏区，推动抗日运动发展。同年10月，中央革命军事委员会又指派方志敏重组北上抗日先遣队，向皖南出击；同时命令先遣队与闽浙赣苏区的新红十军及地方武装实行合编，成立红十军团。为了统一领导，成立了由方志敏为主席的军政委员会。

11月下旬，方志敏告别即将临产的妻子，告别乡亲，抱病率部队远征。部队从德兴出发，北上皖南，准备与先期到达皖南的十九师在黄山东南的汤口会合。红军的行动，引起了蒋介石的恐慌，急忙调派重兵，对先遣队进行“围剿”。先遣队仍迅速前进，抵达皖南。12月中旬，先遣队在太平县的乌泥关同敌人重兵相遇。由于指挥不当和敌强我弱，部队受到很大损失，处于没有给养、十分疲劳的困境之中。

1935年1月10日，方志敏率部队离开皖南沿浙西的天目山向赣东北的怀玉山区进发。当时已是隆冬季节，天气寒冷，风雪交加，加上饥饿和疲劳，部队战斗力受到很大影响，围攻的敌人越来越多。1月19日，部队向南华山疾进时，在东北方向的浙江保安师发现我军动向，逼近上来。部队在几次突围失败后遭到严重损失。方志敏将部队缩编为一个团，作最后一次突围，经过激战，部队终于转进了深山，但只剩下很少的一部分人，而且大部分是伤员。最后，方志敏决定再作一次突围努力。晚上，队伍在崎岖的山路上艰难前进，突然听到前面有枪声，敌人已把部队切断和包围了。

为了躲避敌人的搜捕，方志敏躺在树林里。他看到一批又一批战士被缴械而成为俘虏，看到红十军毁于一旦，真是心如刀绞！他几次拿起手枪顶向自己的头颅，但是，共产党员的神圣使命感，又一再迫使他垂下手臂。他想：一个共产党员，生命是党的，没有自杀的权利！

方志敏在山上躲了7天，最后由于警卫员的被捕和叛变，敌人再度搜山，两个敌军士兵发现了他。敌兵以为发现了共产党的大官可以发一笔大横财，便将他浑身上下搜查了一遍，但除了一只怀表、一支自来水笔和一枚私章之外，连一个铜板也没有找到。敌兵失望了，他们哪里知道，方志敏在长期革命斗争中，一向过着清贫、朴素的生活。他职务虽高，经手的钱财不计其数，但一点一滴都用在革命事业上，自己从不挪用一分一厘。他说：“清贫、洁白、朴素的生活，正是我们革命者能战胜许多困难的地方！”后来他在狱中曾写了一篇《清贫》的文字，表明自己一向过着朴素的生活，从来没有奢侈过，认为矜持不苟、舍己为公是每个共产党员的美德。

1935年1月29日下午，方志敏被押到陇首敌团部，写下了一篇正气浩然的《自述》。在自述中，方志敏说明了自己的政治信仰和抱负，表达了自己对革命的信念和为革命而牺牲一切的决心。他写道：“我已认定苏维埃可以救中国，革命能取得最后的胜利。我愿意牺牲一切，贡献于苏维埃和革命。”敌团长看完这篇自述后，作为军人，他也不能不对方志敏肃然起敬。

2月2日，方志敏被敌人从上

★被囚禁中的方志敏（中）和他的两名军官

★方志敏故居

饶押解到南昌。他被囚禁在“绥靖公署”军法处的三等监狱里，敌人不断派“要员”和“名流”们来劝降，蒋介石还密令国民党驻赣绥靖公署主任顾祝同，要尽力劝说方志敏“归诚”。为了便于劝降，4月初敌人又把他送进了一间所谓的“优待”室。但是，方志敏一次又一次驳回了敌人的利诱和劝降，同时还教育帮助监狱里倾向进步的职员。

在狱中半年多的时间里，方志敏先后写下了《我从事革命斗争的略述》、《可爱的中国》、《死！共产主义的殉道者的记述》、《清贫》和《狱中纪实》等16篇文稿和信件，共14万余字，为革命事业留下了一笔用鲜血凝成的精神遗产。在这些文稿和信件中，方志敏以火热的情感和生动的语言描绘了祖国大好河山的壮美，讴歌了中华民族的伟大，控诉了外国侵略者在中国土地上横行霸道、无恶不作的侵略罪行，述说了中国劳苦大众在帝国主义和封建军阀统治下所遭受的深重苦难；同时他也回顾了自己为民族解放而孜孜不倦地探索追求的艰难历程，表示了他为人民大众和共产主义事业而献身的高尚情怀和坚强的意志。通过这些书稿和信件，人们可以看到一位伟大的爱国主义者和真正的共产党人的高大而光辉的形象。

1935年8月6日，东方未亮，细雨蒙蒙，方志敏被刽子手从监狱押到刑场。几声枪响，方志敏壮烈牺牲，时年36岁。

1937年1月，党中央机关报《斗争》出了一期“纪念民族英雄方志敏专号”，发表了悼念文章。1940年叶剑英同志在八路军驻重庆办事处作《读方志敏同志狱中手书有感》七绝一首：“血染东南半壁红，忍将奇迹作奇功。文山去后南朝月，又照秦淮一叶枫。”1964年，毛泽东庄重地为方志敏烈士的墓碑亲笔题字：“方志敏烈士之墓”。

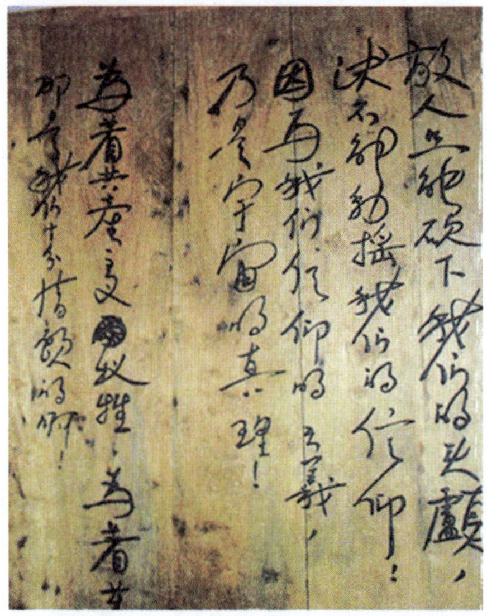

★方志敏狱中手稿

方志敏纪念馆

方志敏纪念馆位于江西弋阳县城北面峨眉嘴山顶，是中国爱国主义教育基地，江西省级重点烈士纪念馆建筑保护单位。1977年9月由江西省人民政府批准建设，1978年9月落成，占地面积1.1万平方米，建筑面积1300平方米。2003年10月闭馆进行改建，2004年元月重新开放。馆内设有四室一厅，正厅设有灵堂，灵堂正中为纪念碑，上面镌刻着毛泽东书写的“人民英雄永垂不朽”的字样，灵堂还存放着弋阳9288名有名有姓的烈士英名录。左右展览室建有反映红军战士、赤卫队员英勇善战、前仆后继的石膏塑像四座。第一陈列室介绍了青少年时代的方志敏作为江西地方党团组织的创建者、江西农民运动的卓越领导人两条半枪闹革命的感人事迹；第二陈列室介绍了方志敏所创建的根据地和红十军团的建设及战斗经历；第三陈列室正中有一座高3米的“方志敏挥毫”石膏塑像，主要陈列介绍了方志敏在狱中的斗争和以顽强的毅力写下的《可爱的中国》、《清贫》等千古名篇，以及他的战友黄道、唐在刚、余汉朝、邹琦等著名英烈的生平事迹；第四陈列室介绍了建国后病故的红军老干部邵式平、汪金祥、吴克华、谢锐等同志的生平事迹。

"九一八"事变

JIU YI BA SHI BIAN

1930年的中原大战，使中原战火绵延千里，而欲坐收渔人之利的张学良也受蒋介石诱惑，率东北军7万余人入关助蒋。虽然张学良得到了收编冯玉祥、阎锡山残部的好处，却使得东北防务空虚。中原大战后，蒋介石继续坚持反共立场，调动数十万军队连续对中国共产党领导的工农红军发动大规模的反革命"围剿"。国民党内部斗争亦十分激烈，1931年5月，汪精卫等在广州另立中央，成立"国民政府"，形成宁粤对峙的局面。内战、内乱和相互倾轧，以上种种原因，均给日军发动事变，进而大举侵华造成了可乘之机。

1931年9月18日晚间，日本驻沈阳的关东军，经过周密计划和详细安排，由他们的爆破人员自行炸毁了沈阳北郊柳条湖附近的部分南满铁路路段，反而诬陷这一事件是中国军队所为，意在破坏南满铁路，袭击日本守备队，并借此突然袭击了东北军驻地北大营和沈阳城，制造了震惊中外的"九一八"事变。

"九一八"事变爆发后，日本关东军在几天内便占领了中国东北20多座城市及其周围的广大地区。而我中国东北军却未放一枪一弹，在"绝对不抵抗"的严令下，19万热血男儿被迫退避关内，使中国100多万平方公里的黑土地尽皆沦丧，3000万中国同胞在日寇的铁蹄下惨遭蹂躏。

"九一八"事变是日本帝国主义试图吞并中国、称霸亚太地区而采取的一个蓄谋已久的实施侵略的步骤。早在1927年夏，日本内阁就曾在东京召开过"东方会议"，制定了《对华政策纲领》，并把中国东北"在(日本)国防和国民的生存上有着重大的利害关系"纳入他们的课题研究，反复强调中国东北对他们生存的意义。同年7月，内阁首相田中义一向天皇奏呈"田中奏折"，名目张胆地指出："欲征服中国，必先征服满蒙，欲征服世界，必先征服中国"，从而确立了在"满蒙"建立侵略基地的狂妄战略。1931年，日本军部秘密制订了有关侵略我国东北的方针、措施和实施的步骤。在完成了周密的发动侵华战争的准备之后，日本帝国主义便悍然发动了"九一八"事变，揭开了对中国，进而对亚洲及太平洋地区进行全面武装侵略的罪恶一页。

★日军占领沈阳城

★日本关东军自行炸毁的南满铁路柳条湖路段

★日军在沈阳外攘门上向中国军队进攻

★"九一八"历史博物馆

伪满洲国

1931 年，日本侵略者为了使其侵略行径合法化，以达到他们长期霸占中国东北的目的，便利用已经退位的清帝爱新觉罗·溥仪作为他们的附庸，建立傀儡政权。9 月 22 日，日本关东军参谋部炮制了《满蒙问题解决方案》，进一步策划和建立一个由日本支持的领土包括中国东北及蒙古的“新国家”。同年 11 月，他们把溥仪从天津挟持到东北，并在东北各省拼凑地方伪政权。1932 年 2 月 18 日，关东军在沈阳召开“建国会议”，发表《独立宣言》，宣布东北脱离南京国民政府。25 日公布《新国家组织大纲》，规定“新国家”称满洲国。3 月 9 日，日本关东军为溥仪举行了就任伪满洲国“执政”仪式，定年号大同，以长春为“首都”，改称“新京”。从此，日本帝国主义把东北变成它独占的殖民地，进一步实行政治压迫、经济掠夺、文化奴役，使东北民众过上了 14 年之久的亡国奴生活。

★伪满洲国成立仪式

伪满洲国成立后，日本关东军便迫不及待地要求与溥仪签订《日满议定书》，同时以日本人驹井德三任伪国务院总务厅总务长官，总揽伪政府的一切大权，各部次长均由日本人充任。8 月 8 日，日本天皇任命武藤信义大将为日本关东军司令官兼驻伪满洲国特命全权大使、关东长官，事实上他成了伪“满洲国”的太上皇。1934 年 3 月 1 日，伪“满洲国”改称“满洲帝国”，溥仪改称“皇帝”，年号康德。日本帝国主义借此对中国东北实行军事占领和殖民统治，他们疯狂掠夺我国的自然资源，残酷地屠杀和奴役中国人民。而当时的伪满洲国也只是他们羽翼下的一枚卵，软弱得一触即碎，没有丝毫的抗争能力。相反，他们却帮助日本侵略者对反满抗日的中国人民实施血腥的镇压。1945 年 8 月 15 日，随着中国人民抗日战争的胜利，伪满洲国即于 18 日灰飞烟灭。

★伪“满洲国”国务院旧址

伪满洲国国务院旧址建成于 1936 年，此为总务厅和参议院的办公楼。作为伪满洲国傀儡政权的中枢机关，在东北沦陷四十年中，伪满洲国国务院掌握伪满洲国行政事物，为日本军国主义侵略东北服务，犯下滔天罪行。旧址外形与同时期日本国会大厦具有共同的“兴亚”式风格，具有历史、艺术、科学价值。伪旧址 1983 年被公布为吉林省重点文物保护单位，现为白求恩医科大学基础教学楼。

平顶山大屠杀

PING DING SHAN DA TU SHA

1932 年 9 月，曾任辽宁陆军步兵第一团团副的唐聚五率领的辽宁民众抗日自卫军，决定向日本侵略者示威，表示中国人民绝不甘心当亡国奴、誓死救国雪耻的决心。

9 月 15 日（农历中秋节）之夜，自卫军发起了进攻，以大刀队为主攻，以“中华九江”和“老来好”骑兵团为增援，向抚顺市逼近。战斗一直进行到第二天清晨 3 时，由于组织不严密，武器装备极差，事先又走漏了风声，这次进攻没有成功。但这一夜日本人却惊慌万分，抚顺矿全部停产停电，日本人龟缩到安全区，有的趴在水沟里，到第二天才悄悄爬上岸来。

受到震动的驻抚日军恼羞成怒，决心进行报复。守备队中队长川上精一叫嚷：“大刀匪攻矿区，平顶山周围那几个屯的老百姓是知道的，但并未向分所报告，所以肯定他们是通匪的。”“只有把他们全部烧光，杀光！”平顶山村位于抚顺市郊西露天矿东部，有居民 400 多户，3000 多口人。

★平顶山殉难同胞纪念碑

9 月 16 日上午 8 时，川上精一和宪兵队长小川一郎为这次屠杀进行了周密策划。他们决定由守备队负责，宪兵队配合，用哄骗村民照相为由把人集中起来杀光，同时烧毁平顶山居民的全部财物和房屋。按照川上精一的部署，守备队和宪兵队的便衣先赶到平顶山村，挨家挨户哄骗人们出来到指定地点集合照相。平顶山街很长，几个便衣进去却召集不上人，许多人或不想出来，或行动迟缓。见此情形，在屠杀现场南侧公路上指挥的川上精一担心时间拖长了，会泄露机密，或被居民看出破绽。于是，一改哄骗面孔，露出狰狞面目，强行驱赶居民前往屠杀现场。全副武装的日本兵，分乘四辆卡车疾驰到平顶山村北头。其中三辆卡车上的日本兵，一部分迅速包围了平顶山，不准进出；其余的日本兵分布到东西山头，防备大刀队前来营救；另一辆卡车开进平顶山村，荷枪实弹的日本兵，逐一闯进民宅，强行驱赶人们去屠场。不多时间，全村家家户户都被赶了出来。居民在前面走，日本兵在后面用枪托撞、脚尖踢。对一些走得慢的老弱病残者，日本兵就拖着走或干脆一枪打死，或用刺刀刺死。在刽子手们虎狼般逼赶下，被赶出来的男女老幼村民哭着喊着连跌带爬地被集中到安排好的屠场上。

★参加平顶山大屠杀的日本抚顺守备队

这时，随着一声尖叫：“鬼子烧房子了！”人们回头一看，浓烟弥漫，大火冲天，日本兵已经用汽油把居民的房子都点着了，人群中激起一阵阵紧张的动荡。然而，面对全副武装的强盗又有什么办法呢？人们眼巴巴地看着自己的房子被烧掉。

屠场是在平顶山南端的沟形草坪地。它的西面是断崖陡壁，即当年用机器镐挖平顶山时剩下的半边山，有两三丈高；北面是铁丝障，东面放着六个被红布蒙着的东西。人们不知道这是何物，还以为真是照相机呢！

突然，红布被揭开，露出了六挺机枪。一声令下，机枪疯狂地向人们扫射，四面守备队也同时向人群开枪射击，顿时，鲜血四溅，血肉横飞，惨叫声、呼喊声连成一片，不少人当即饮恨九泉。“快冲出去，逃命啊！”活着的人明白过来，拼命地往外冲。可是东、西、北都是绝路，只有南面有一个缺口，而这里刽子手早有严密部署，往外跑的人，幸存者极少。据幸存者夏廷泽回忆说:“我当时抱着一个三岁的孩子,乘一团大乱之际,迅速从南面缺口跑出去,跟我一起跑出去的,总共不过六七人,都伏在空地内,避开刽子手的视线,因而侥幸获得成功。”刽子手用的多是爆炸性子弹,枪声一响,有许多人连往下卧倒都不懂得,大多是两手把脑袋一抱,蹲在地上让机枪扫射,结果开花子弹多打中头部,脑壳崩裂,脑汁和鲜血并流。刽子手的机枪,一轮又一轮扫射,人们一堆又一堆倒下去。这时,一边是枪声大作,刽子手疯狂杀人,一边是村中被烧的民房浓烟飞腾,烈火冲天,整个平顶山被火和血所吞没。

当罪恶的枪声停止后,整个屠场好似乌云压顶,空气凝滞,尸横遍地,血流成河。然而,大屠杀并没有结束。据幸存者杨占有证实说:“我在昏迷中听到日本兵咕噜咕噜说了几句什么话,一会儿又听到汽车马达声,我知道日本兵屠杀完要走了。最后一车刚刚开走不远,一些没死的人都挣扎着往外跑。这一跑糟了,日本兵发现许多人没有死,马上把车头一转,再来第二次屠杀。这次屠杀比起机枪扫射惨得多。日本兵跳下车,一个个端起刺刀,从北到南挨个地往人身上刺。一刀刺下去,没有反应,就证明已经死了;一刀刺下去,‘爹呀,娘呀’地叫唤,刽子手就猛力地再来第二刀、第三刀,直至刺死为止。我所以能活着出来,一方面因为我被压在死尸底下,另外我咬紧牙关,任凭刽子手刺,一声不吭,假充死人,刽子手刺几下没刺到要害部位,以为我死了,才幸免于难。”有的刽子手为了取乐,专挑妇女的阴部,把肠子都挑出来,满地狼藉;有的则专挑孕妇的肚皮,把胎儿挑出来,甩到半空中。尤其残忍的是,有的孩子呼爹唤娘地爬来爬去,寻找自己死去的爸爸妈妈,刽子手走过去,一刀插进去,高高举起,往后一甩,不知甩到哪里去了。有些人被刺时,破口大骂洋鬼子,刽子手听见骂他,就更加用力猛刺,把人周身刺得稀烂。据幸存者赵树林回忆:屠杀当时,他身边有一位不屈的妇女,当刽子手用刺刀刺进她的胸膛时,她身上带着刺刀坐了起来,双手攥住刺刀,刽子手一脚将她踢倒在地,狠狠地拔出刺刀,她的十个手指头刷的一下被割落在地。仇和恨,使她瞪着愤怒的双眼,至死还紧紧盯着刽子手。原先经过扫射后,有许多人还活着,经过这两次屠杀后,能保全下性命的太少了,第二次刺刀一过,起码多死二三百人。

这场大屠杀历时三个多小时,直到太阳落山日本兵才登车回去。据幸存者李德贵、夏廷泽回忆:这次刽子手去后,就不再有人动了,鸦雀无声,一片沉寂。直到天大黑之后,下了蒙蒙雨,才隐隐听到有人说话声,慢慢有人从死尸堆里挣扎着爬起来往外逃,有些人负了重伤以后,昏迷过去,直到半夜才苏醒过来,挣扎着逃命,但是多数丢臂断腿,遍体鳞伤,已经爬不动了。有的人爬不出几步就死在高粱地里。有的人流血过多,喝不上水,张着嘴渴死。死前发出的凄厉的呻吟声、呼号声和惨叫声,一直到天亮。这一夜稀稀拉拉逃出来的,有三四十人。

第二天一早,川上精一命令一帮朝鲜浪人,用大钩子把一具具尸体钩到山崖底下,其中还有不少没有死的,有的还能说话,但这帮朝鲜浪人,不管中国人的死活,把他们统统堆在一起,浇上汽油焚烧,然后崩塌山崖,掩埋烧剩的尸体。

从此,平顶山变成一座人骨堆积的荒山。人们编了一首歌谣:

当年平顶山人烟茂,一场血洗遍地生野草。

捡起一块砖头,拾起一根人骨。

日寇杀死我们父母和同胞,血海深仇永难消。

平顶山惨案是“九一八”事变后,日军在中国制造的第一起大屠杀事件,为日本军国主义日后在侵华战争中实行三光(杀光、烧光、抢光)政策开了先河。

平顶山殉难同胞遗骨馆

为了揭露日本军国主义的侵华罪行,1972 年 9 月 16 日,平顶山惨案 40 周年之际,抚顺市在当年屠杀现场建起了“平顶山殉难同胞遗骨馆”,这里成为爱国主义教育的场所。日本女作家泽地久枝在她的长篇访问记《我的家在松花江边》中,曾描述了遗骨馆内展出的死难者的遗骨的惨状:“展现在我们眼前的,仿佛是一条遗骨之河。有些头骨大张着嘴,无疑是在惨叫的瞬间绝命。肢骨有粗有细,头骨有大有小,有长长的头发,有穿着布鞋的下肢,还有像枝条一样细小的肋骨,由此可见,不分男女老幼,悉被杀害……”

★平顶山大屠杀遗骨

长城抗战

CHANG CHENG KANG ZHAN

日本帝国主义侵占东北三省后，为割断东北抗日部队与关内的联系，扩大并巩固伪满洲国的疆界，进而蚕食华北，决定由关东军司令官武藤信义指挥4万余日军及3万多伪军，企图攻占热河、古北口以东的长城一线，伺机进占冀东。

1933年1月1日，日军在山海关制造事端，炮击临榆县城。中国守军还击，揭开了长城抗战的序幕。2日，日军第8师第4旅在航空兵和海军各一部支援下，向山海关中国驻军第9旅第626团发起攻击。该团奋起抗击，至3日下午伤亡过半，奉命撤退，山海关陷落。日军开始把军事侵略的矛头指向华北，并加紧部署进攻热河。

2月17日，武藤信义下令进攻热河。19日，张学良调整部署，以4个军配置在叶柏寿、朝阳、北票、开鲁一线和平泉、凌源、建平、赤峰等地阻止日军进攻。日军分三路进攻热河，守凌源的万福麟部于兆麟师一度抵抗后，因腹背受敌，退守长城线上军事要塞喜峰口。3月4日，国民党热河省政府主席汤玉麟弃地逃走，日军骑兵128人乘虚进占热河省会承德。3月上旬，日军攻占热河北部赤峰、围场、全宁等地，热河全省沦陷。

日军占领热河后，即南下向长城各口推进。此时，接替张学良职务的何应钦执行国民党政府一面抵抗，一面交涉的政策，沿长城线布防，企图阻止日军进攻。3月9日，日军混成第14旅一部攻占喜峰口口门，当天刚接防的第29军宋哲元部第37师第109旅第217团，在王长海团长率领下实施反击，毙伤日军百余人，夺回该口门。在日军不断反扑下，王长海团因众寡悬殊，伤亡500余人，被迫撤退，该口门复被日军占领。10日至11日，第37师与进攻喜峰口第二道关门及两侧高地的日军混成第14旅展开肉搏战，两侧高地多次易手，双方伤亡惨重。日军遂以一部守关门，主力集中长城北侧待机。11日夜，第29军乘日军疲惫之际，以约2个旅的兵力采取迂回夜袭战术，绕至敌后，重创日军，摧毁其火炮十余门。此后，在第38师一部配合下，经五昼夜正面抗击与迂回敌后作战，终于迫使日军停止进攻，在喜峰口和董家口、铁门关、潘家口等地对峙。

在长城古北口驻扎的是国民政府第17军徐廷瑶部，在关麟征、黄杰、刘戡师的轮番指挥下，给日军造成了重创。傅作义统率的第59军坚守独石口，自怀柔出击，采取夜战、近战、白刃战，也连获胜利。长城冷口抗战先由东北军将领指挥，后由国民政府第32军商震率部支援，多次进行激战，顽强防守。

★长城抗战时的中国军队炮兵阵地

★宋哲元将军在长城上指挥抗战

★中国第29军官兵戍守在长城上

长城抗战曾得到了全国人民的热烈支援，但由于蒋介石坚持“攘外必先安内”的反动方针，长城守军得不到有力的支援，使前线抗战受到很大阻挠。同年3月下旬，日本侵略军派兵进攻滦东，从侧翼

★长城抗战纪念碑

★长城抗战时被日寇损毁的山海关城楼

移动，并于 4 月初攻克石门寨、海阳、秦皇岛等地，迂回到中国守军身后，致使长城沿线守军腹背受敌，被迫撤离长城各口。

5 月 3 日，武滕信义下令入关作战。此时，热河日军西进占领察哈尔省（今分属内蒙古、河北）的多伦和沽源。7 日至 10 日，日军第 6 师团等部复攻占滦东，并于 12 日由滦县、迁安、兵河桥等地突破滦河守军防线，向平津方向进击。守军第 29 军、第 32 军、第 53 军、第 67 军等部奉命节节后撤。13 日，古北口日军第 8 师占领石匣镇，19 日占领密云。21 日至 23 日，第 59 军在怀柔牛栏山抗击由密云向北平进逼的第 8 师团也未奏效。至 23 日，日军先后占领冀东的丰润、迁安、遵化、唐山、玉田、蓟县、三河、香河、平谷、密云、怀柔等县市。守军退至平、津附近。日军从南、东、北三个方向对北平形成威逼态势。25 日，军事委员会北平分会代委员长何应钦派军使至密云与日军和谈，双方停止军事行动。31 日，双方代表在塘沽签订了《塘沽协定》，在事实上承认了日本占领东北三省和热河，并把冀东置于日伪势力范围之内。长城抗战历时 80 多天，最后以失败告终。

《塘沽协定》

长城抗战失败后，军事委员会北平分会代委员长何应钦派徐燕谋至密云向日军求和，双方停止军事行动。1933 年 5 月 30 日，北平军分会派中将总参议熊斌等与日本关东军副参谋长、陆军少将冈村宁次等在塘沽谈判停战条件。31 日，双方代表在塘沽签订了使中国丧权辱国的《塘沽协定》。

《塘沽协定》的具体内容共五款：一是中国军一律迅速撤退至延庆、昌平、高丽营、顺义、通州、香河、宝坻、林亭口、宁河、芦台所连之线以西、以南地区，尔后不再越过该线，不行一切挑战扰乱之行为；二是日本军为证实第一项实行之情形，随时用飞机或其它方法，以行视察，中国方面应行保护，并予以便利；三是日本军证实中国军业已遵守第一项规定时，不再超越上述中国军的撤退线进行追击，并自动回到大致长城之线；四是长城线以南，第一项协定之线以北及以东地区内之治安维持，由中国警察机关任之。上述警察机关，不可用刺激日本感情之武力团体；五是本协定签字盖章后，即生效力。

《塘沽协定》从事实上承认了日本占领东北三省和热河，并把冀东置于日伪势力范围之内。广大军民所进行的长城抗战和满腔的爱国热忱，终因国民党政府采取妥协退让的手段而被全盘出卖。

★《塘沽协定》签字现场，前排左起第三人为冈村宁次。

恨不抗日死的吉鸿昌

HEN BU KANG RI SI DE JI HONG CHANG

正当国民政府积极卖国求和，与日寇签订了屈辱的《塘沽协定》的时候，著名的抗日将领吉鸿昌此时正与爱国将领冯玉祥、方振武在张家口建立了察哈尔民众抗日同盟军。他们以“宁为战死鬼，不做亡国奴”、“一寸河山一寸血”为战斗口号，向日本帝国主义发出了怒吼，并率领抗日军民先后收复了察东四县。

吉鸿昌是河南扶沟人。1895年，吉鸿昌出生在河南省扶沟县吕潭镇一个普通人家。幼年受过私塾教育，当过学徒。1913年8月，18岁的吉鸿昌投奔了冯玉祥的西北军，开始了戎马生涯。1924年9月，参加冯玉祥发动的“北京政变”。1925年10月，任绥远督统署直辖骑兵团团长兼警务处长，后任第36旅旅长。1925年，在张家口结识共产党人，开始接触新的革命道理。1926年9月，在随冯玉祥参加北伐战争中，率部参加攻克咸阳、西安之战。他有胆有谋，作战勇敢，其所率部队被称为国民革命军第二集团军的“铁军”。

★吉鸿昌

1927年6月，国民联军内部进行“清党”，他所辖的19师因暗中保护共产党员，番号被取消，他被调到北平陆军大学特训班学习。1930年春，中原大战爆发，吉鸿昌率部到潼关参加讨蒋大战，西北军溃败，所部被蒋介石改编为22路军。同年冬，蒋命令其进攻鄂豫皖苏区。1931年，吉鸿昌因不愿替蒋介石打内战，被蒋解职并勒令出国“考察”，他在欧美期间多次发表抗日演说。

★吉鸿昌墓

1932年1月28日，日本帝国主义悍然进攻上海，吉鸿昌闻讯毅然回国，加入中国共产党，由一个爱国的旧军人转变为共产主义战士。不久，根据党的指示吉鸿昌潜赴山东联络冯玉祥出山，组织武装抗日。随即他变卖家产6万元，全部用来购置枪弹，并于1933年5月，与冯玉祥、方振武在张家口建立了察哈尔民众抗日同盟军，任第2军军长、北路军前敌总指挥兼察省警备司令。6月，率部北征收复察东失地。22日，收复康保城。7月，收复宝昌和沽源县。

正当吉鸿昌收复察东四县，举国为之大振的时候，蒋介石却派重兵进攻同盟军，同盟军终因腹背受敌、寡不敌众而失败。同盟军失败后，吉鸿昌到平津等地继续从事抗日活动。1934年5月，在天津组织“中国人民反法西斯大同盟”，任党组领导成员。在天津法租界霞飞路40号自己住宅，设立秘密印刷所，印刷大同盟的机关刊物《民族战旗》。他的家成了党在天津进行抗日民族统一战线工作的主要联络站，被大家称为“红楼”。

1934年11月9日，吉鸿昌不幸被国民党反动派逮捕，面对敌人连续审讯，他“态度倔强，骂不绝口”，痛斥国民党当局卖国媚日，表现了共产党人的凛然正气。牺牲前，他从容走上刑场，以树枝作笔，以大地为纸，写下了浩然正气的就义诗：“恨不抗日死，留作今日羞。国破尚如此，我何惜此头。”行刑前，他向刽子手要来椅子，并面对着行刑的敌人，表现出一个共产党员视死如归的革命英雄主义精神。当刽子手在他面前举起枪时，他凛然高呼：“抗日万岁！”“中国共产党万岁！”刽子手的枪响了，年仅39岁的抗日英雄倒在了反动派的魔掌之下。

何梅协定

HE MEI XIE DING

★梅津美治郎

★《何梅协定》签订现场

“九一八”事变后，日本侵略军不满足于既得的利益，再一次把铁蹄伸向中国的华北。经中国军民的长城抗战，侵略者不得不重新考虑他们的侵略政策。1933 年，日本暂时将对中国“武力鲸吞”的露骨侵略方式转变为有序推进的“渐进蚕食”方式，即企图一口一口啃噬掉中国。这样，继东北之后，华北顺理成章地成为日本侵略的下一个目标。

1935 年 5 月，日本侵略军借口河北省遵化县县长于学忠援助东北义勇军进入滦东“非武装区”进行活动，破坏了《塘沽协定》，由日本天津驻屯军参谋长酒井隆于 5 月 29 日向国民党政府提出对华北统治权的无理要求。同时，从东北调遣日本军队入关，进行武力威胁。当日，国民党华北军分会代理委员长何应钦与日方代表开始秘密谈判。6 月 9 日，日本华北驻屯军司令官梅津美治郎向国民党政府在华北的代表何应钦提出备忘录，限三日答复。何应钦经与日方秘密会商后，于 7 月 6 日正式复函梅津美治郎，表示对“所提各事项均承诺之”，接受日方要求。何梅往来的备忘录和复函被称为《何梅协定》。《何梅协定》是日本侵略军利用各种借口来攫取华北主权，而国民政府要员何应钦极力卖国、出让主权的一项协定。其主要内容有：

取消河北境内一切党部，包括铁路党部在内；撤退驻河北的国民党中央军、东北军和宪兵第三团；解散国民党军分会训政处及蓝衣社、励志社等机关；撤免河北省主席于学忠及日本提出的其他官吏和禁止一切抗日活动等。这个协定实际上是国民政府放弃了华北主权，为日本完全吞并华北，进而发动全面侵华战争大开了方便之门。

★何应钦

★于学忠

何應欽梅津協定全文

無異將河北省及平津兩市完全斷送

國人對於此類秘密協定決誓不承認

★何应钦梅津协定全文

1935 年 11 月上旬，日本帝国主义为了肢解华北地区，策动汉奸进行所谓华北五省“自治”运动，企图使河北、山西、山东、察哈尔、绥远五省独立。国民党政府坚持投降卖国政策，华北危机加剧。

"一二·九"运动

1935年11月18日，在中共北平临时工作委员会的领导下，北平市大中学校学生联合会成立。随后，学联决定以请愿的方式，发动一次抗日救国行动。12月6日，北平15所大中学校发表宣言，反对华北"防共自治"，要求国民党政府讨伐汉奸殷汝耕，动员全国对敌抵抗，切实开放人民言论、结社、集会自由。此时，学联得到冀察政务委员会将于12月9日成立的消息。北平学联党团决定在这一天举行抗日救国请愿。12月9日，寒风凛冽，滴水成冰。在黄敬、姚依林、郭明秋等共产党员的组织和指挥下，参加抗日救国请愿游行的爱国学生涌上街头。他们高呼"停止内战，一致对外"、"反对华北五省自治"、"收复东北失地"、"打倒汉奸卖国贼"等口号，表达了全国人民抗日救国的呼声。行进中，学生们向沿街的群众宣讲抗日救国的道理，散发传单，得到群众的拥护和支持。当游行队伍前锋到达王府井大街时，大批警察开着水龙头，将冰冷的水柱喷射在学生们身上，接着他们又挥舞皮鞭、枪柄、木棍殴打。学生们与军警展开英勇的搏斗，有百余人受伤。12月10日，北平各大中学校联合宣布自当日起举行总罢课，并决定再次举行示威游行，把学生抗日救国运动推向新的高潮。

12月16日清晨，来自东北大学、中国大学、北京大学和清华大学的学生总计1万余人参加了声势浩大的示威游行。他们高举"反对华北特殊化"、"反对成立冀察政务委员会"等横幅，汇集到天桥广场，并与市民举行大会，强烈要求当局"停止内战、一致对外、收复东北失地"。会后，游行队伍奔向冀察政务委员会预定成立的地点——东交民巷口的外交大楼，举行总示威。当队伍行进到宣武门时，爱国学生即遭到了上千名军警的血腥镇压，有近30人被捕，近400人受伤。

"一二·九"运动公开揭露了日本帝国主义侵略中国，并吞华北的阴谋，打击了国民党政府妥协投降政策，它标志着中国人民抗日民主运动新高潮的到来。

★1935年12月9日，全国掀起抵制日货运动，图为民众焚烧日货。

★『一二·九』运动中的游行示威队伍

★清华大学女学生陆璀（持话筒者）在北平西直门外进行抗日宣传

聂耳和《义勇军进行曲》

NIE ER HE YI YONG JUN JIN XING QU

聂耳，原名聂守信，云南玉溪人。他在日寇侵华、国难当头的严峻岁月里，勇敢搏击时代风云，奋笔谱写救亡乐章，推出了举世闻名的《义勇军进行曲》，唤起了千百万优秀的中华儿女，勇敢地走上战场，为抗日救国而战。聂耳用自己的笔，为中华民族的生存，作出了自己独特的贡献。

★聂耳

聂耳出身贫寒，经历坎坷，饱尝人间辛酸，和苦难中的人民大众的心本来就比较贴近。抗日战争的炮火，又震塌了他一度有过的纯艺术的象牙之塔，使他醒悟到：音乐不是永远娱人的。当人们正在为生存而挣扎，为民族的沦亡而忧虑，为饱受屈辱的祖国而奋战的时候，你就是演奏一首最优美的莫扎特的《小夜曲》，也不能表达他们的心声，更不能激励他们的斗志。那么，什么样的音乐才能奏出时代的主旋律，并为最广大的人民所欢迎呢？他苦苦求索，在1932年参加了左联音乐小组，经常和张曙、任光、吕骥、安娥等革命同志一起工作，并在他们的影响下，刻苦阅读马列主义著作。通过阅读《反杜林论》、《马克思传》等著作和积极参加党所领导的左翼文艺运动，他终于在1932年加入了伟大的中国共产党，认清了自己的奋斗目标。从此以后，他决心为工农歌唱，把自己的一切都献给壮丽的共产主义事业。1933年，他参加了“苏联之友”音乐组，对社会主义苏联有了更多的了解，共产主义觉悟进一步提高。他的心更加贴近了人民，他的创作也更多地从民歌民谣，甚至劳动号子中吸取营养。广泛流传的《卖报歌》，就是在这期间创作的。

1933年秋，聂耳在上海繁华的霞飞路口，多次注意到一位卖报的小姑娘在人缝中机灵地挤来挤去，向行人兜售报纸。她10岁左右，穿着褪色的小花布上衣、深色的裤子，衣服上虽然有补丁，却浆洗得很干净。她的声音很清亮，把所有的报名顺口溜似的排下来，还清楚地说明几个铜板可买几份报。听她叫卖报纸，就像听唱歌一样悦耳。惹得许多过路的人，虽不买报，也要停下来看她几眼。

聂耳详细了解了她的身世：她叫“小毛头”，家中有父母。父亲病重不能工作，母亲要照料有病的父亲，全家就靠她卖报挣点钱养家。下雨天不能卖报，全家就得挨饿。聂耳见她这么弱小的双肩就要挑起如此沉重的担子，很想帮助她，决定专门为她谱写一曲卖报歌，让这可爱的小姑娘一面唱歌，一面卖报，以吸引更多的人来买她的报纸。他请来作词家安娥，每天一起在街头仔细观察卖报的小毛头。安娥也被纯朴耐劳的小毛头深深感动，很快写出了歌词。聂耳一遍遍地念着歌词，反复琢磨，脑海中回忆着小毛头稚嫩的童音，麻利的手势，还有那嗒嗒嗒来去匆忙的脚步声……聂耳在钢琴上弹出了一个个跳跃的音符——纯真、活泼，却并不轻松。那稚嫩的童音倾诉出来的辛酸，更加令人心痛和愤慨，不少人听后都流下了同情之泪。

《卖报歌》由一个报童教给另一个报童，迅速传遍了全上海，乃至全中国，温暖着这些早知生活甘苦的孩子们的心。从此，在风沙漫漫的街头，在风雨交加的黎明，到处都

★聂耳(右一)与母亲彭寂宽及二哥、三哥在一起

★聂耳故居

有稚嫩的童音在唱他们感到格外亲切的《卖报歌》:“啦啦啦,啦啦啦,我是卖报的小行家。不等天明去卖报,一面走,一面叫,今天的新闻真正好,七个铜板就买两份报……”

1934年,是聂耳的音乐年。他为著名的左翼戏剧家田汉的歌剧《扬子江暴风雨》创作了四首歌曲,曲曲唱出了苦难劳动人民的心声,受到国内外,尤其是苏联艺术界的好评。接着,聂耳为上海电通影片公司所拍的第一部故事片《桃李劫》的主题歌《毕业歌》谱了曲。这支歌洋溢着青年人的朝气和满腔的爱国热忱,号召青年们挑起拯救民族危亡的重担,为抗日救亡的伟大事业贡献青春、贡献热血和力量,共同掀起抗日救国的新高潮。“同学们,大家起来,担负起天下的兴亡!听吧,满耳是大众的嗟伤!看吧,一年年国土的沦丧!我们是要选择战,还是降?我们要做主人去拼死在疆场,我们不愿做奴隶而青云直上!我们今天是桃李芬芳,明天是社会的栋梁;我们今天是弦歌在一堂,明天要掀起民族自救的巨浪!巨浪,巨浪,不断地增涨!同学们!同学们!快拿出力量,担负起天下的兴亡!”在这支歌中,聂耳抒发了时代青年的豪情壮志,也道出了他自己过去的历程和现在的抱负。

1935年,是抗日浪潮不断高涨的一年。“九一八”事变后,日寇侵占我东北三省,进而对华北平原虎视眈眈。国民党政府采取了对日妥协、节节退让的反动政策,先后和日寇签订了丧权辱国的《塘沽协定》和《何梅协定》。偌大的华北,已安放不下一张平静的书桌,民情激愤,学生呼号。文艺界也痛感天下兴亡,匹夫有责,自觉地承担起宣传抗日救国的神圣使命。然而,国民党反动政府却对抗日群众采取镇压政策,白色恐怖笼罩了全中国,也威胁着大上海。义愤填膺的聂耳,更加积极地投入到救亡运动中,决心像雄鹰那样去搏击时代的风云。

适逢这时田汉又写了一部描写知识青年毅然走出象牙之塔,奔向抗日战场的电影剧本《风云儿女》,结尾的主题歌便是《义勇军进行曲》。田汉写好了主题歌的歌词,但电影还未开拍,他就被捕了,聂耳和同志们都为此激愤不已。

田汉是聂耳的亲密朋友。早在1931年,他们就结识了。两人相见恨晚,结下了忘年之交。1932年,田汉又介绍聂耳参加了左联音乐小组,引导他走上革命之路。聂耳十分钦佩这位革命前辈。听到田汉被捕,就急忙向导演请战,把《义勇军进行曲》的谱曲任务领到了手。

抗日救亡运动形势急速发展,要求《风云儿女》赶快面世。这部影片常常是通宵达旦、日夜不停地拍摄。聂耳在影片中承担了不少重要任务,《义勇军进行曲》的谱曲工作,只能赶在别人休息的片刻时间里进行。创作的狂热和冲动,常常使他忘记吃饭、忘记睡觉。每当此时,侵华日寇的残暴、流浪难民的悲号、日机轰炸的巨响、受伤军民的声讨、古北口的鏖战、长城朔风的怒号、抗日志士的豪情和汉奸卖国贼的无耻……这一切的一切,似乎同时在聂耳的胸中激荡,撞击着他的心灵,又融合、升华为雄劲有力的旋律,像火山一样不断地喷发、燃烧,冲击得聂耳无法静坐。他一会儿在桌子上击打拍子,一会儿在钢琴前猛弹旋律,一会儿来回走动,一会儿又在凝神苦思之后引吭高歌。创作的冲动就像奔腾欲出的潮水。一旦思考成熟,就伏案疾书,手里的笔简直跟不上他那汹涌澎湃的激情……谱写完,他忘情地唱了一遍又一遍。唱着唱着,他激情满怀,唱着唱着,他振臂高呼,恨不得立时就有千百万人汇集到他的身边,同声高唱这一时代的战歌。

可恨的是,国民党反动政府的魔爪,这时猛然伸向聂耳,逼得他出走日本。1935年7月17日,日本近海的狂涛巨浪,无情地吞噬了这一英才的年轻生命。当时他只有23岁。

★《义勇军进行曲》手稿

★聂耳墓

聂耳的《义勇军进行曲》和其他名作，成了中国革命的号角、人民解放的鼙鼓，在八年抗战和以后的年代里，给了中国人民巨大的鼓舞和力量。他逝世不久，刘良模就在上海体育场指挥万人大合唱，高唱《义勇军进行曲》和《毕业歌》，军乐队敲着战鼓伴奏，雄壮奋激的歌声使不少在座者热泪盈眶、热血沸腾。待到1937年，国共第二次合作，《义勇军进行曲》在全国就更广为流传，成为中华儿女的抗日战歌了。无数中华民族的优秀儿女，高唱着《义勇军进行曲》走出学校、走出工厂，拿起刀枪，奔赴抗日战场，奔向革命圣地延安。千千万万的抗日将士，高唱着《义勇军进行曲》冲锋陷阵，拼搏沙场，甚至为国捐躯。无数抗日志士，高唱着《义勇军进行曲》走向刑场，大义凛然，义无反顾。

人们不会忘记：1938年4月，在周恩来、郭沫若和田汉等同志的领导下，武汉民众不顾国民党的高压，搞起了声势浩大的“抗日宣传周”，在国民党统治区第一次公开地、大规模地宣传抗战。时逢台儿庄大捷，群情振奋，户户出人，高举火炬祷行。队伍越走越长，越走越浩荡。武汉三镇几乎所有街道都火炬成龙，把长江两岸照得通红。当10多万群众又从四面八方聚集到汉口的会场时，抗日战歌彼伏此起，响彻云霄。其中最震撼人心的主旋律，还是：“起来，不愿做奴隶的人们，把我们的血肉，筑成我们新的长城……”

《义勇军进行曲》不仅像狂飙一样传遍全中国，还经任光等同志的努力，灌成唱片，销遍了南洋，传到了世界许多国家。所以，不仅在中国，而且在吕宋岛平原，在马来亚椰林，在世界上一切同情和支持中国抗日和革命的地方，都可以听到《义勇军进行曲》的激越旋律。

《义勇军进行曲》唱出了时代的心声，人民的心声。中国人民唱着它，迎来了抗日战争的伟大胜利。因此，当1944年美国国务院提出要在盟国胜利之日演奏各国音乐的时候，各国不约而同地把《义勇军进行曲》选为代表中国的音乐。

中国人民唱着《义勇军进行曲》反对内战，反对投降，又唱着它迎来了中华人民共和国的成立。站起来的中国人民便把《义勇军进行曲》定为国歌。从此，在国际舞台上，在声的世界里，《义勇军进行曲》成为新中国的象征。

冼星海

冼星海(1905年－1945年)，中国近现代著名的音乐家、作曲家。在冼星海短促的一生中，创作生活约10余年，共作歌曲数百首(现存250余首)，大合唱4部、歌剧1部、交响曲2部、管弦乐组曲4部、狂想曲1部以及小提琴、钢琴等器乐独奏、重奏曲多首。《黄河大合唱》是冼星海最重要的和影响最大的一部代表作，作于1939年3月，并于1941年在苏联重新整理加工。这部作品由诗人光未然作词，以黄河为背景，热情歌颂中华民族源远流长的光荣历史和中国人民坚强不屈的斗争精神，痛诉侵略者的残暴和人民遭受的深重灾难，广阔地展现了抗日战争的壮丽图景，并向全中国全世界发出了民族解放的战斗警号，从而塑造起中华民族巨人般的英雄形象。

★冼星海

★冼星海与夫人合影

西安事变

XI AN SHI BIAN

"九一八"事变发生后，中共中央立即作出《关于日本帝国主义强占满洲事变的决议》，向全党指出："立刻发动与组织广大工农群众反对日本帝国主义占领满洲"是党的中心任务，特别在满洲应组织武装力量，"直接给日本帝国主义以严重打击"。在中国共产党的领导和影响下，东北人民奋起抵抗，开展抗日游击战争，先后出现了东北义勇军和各种抗日武装。

★1936 年 12 月 2 日，蒋介石在洛阳与西北军政首脑合影。前排左起：杨虎城、蒋介石、宋美龄、杨虎城夫人、张学良、邵力子(陕西省主席)

1935 年，中国共产党发布《八一宣言》，提出了建立抗日民族统一战线的主张，得到了全国人民的热烈响应和支持，而蒋介石"攘外必先安内"的政策则更加不得人心。在西北担负剿共任务的东北军与西北军出于民族大义，积极呼吁停止内战、一致对外，倡导建立抗日民族统一战线。张学良、杨虎城两位爱国将领受中国共产党抗日民族统一战线政策的感召，遂与红军实现秘密停火，并屡屡请求蒋介石停止内战，联共抗日。

蒋介石于 1936 年 12 月 4 日飞抵西安，要挟张、杨：如不加紧"剿共"，即将张、杨两部分别调往安徽、福建，由中央军进驻西北。张、杨力劝蒋介石联共抗日，蒋加以拒绝。甚至当西安民众得知蒋在西安，而向其游行请愿要求实施抗战时，蒋介石则命令张学良对爱国请愿群众进行严酷镇压。为了避免发生血案，保护群众，张学良向群众保证将用自己的行动给大家一个满意的答复，才劝阻了请愿的群众，避免了一场血案的发生。在苦谏无果、救国无望的情况下，两位爱国将领毅然决定实行兵谏。

12 月 12 日凌晨，张学良的卫队进抵蒋介石驻地临潼华清池，与蒋的卫队交火。蒋介石闻枪声惊走，隐蔽于山坡巨石后，被张学良的卫队搜索发现后看管起来。同时杨虎城部下将留居城中的蒋介石高级党、政、军官员陈诚等 10 余人拘押。当日，张、杨通电全国，提出了"停止内战、联共抗日"等八项主张，同时致电中共中央，要求派代表到西安共商团结抗日大计。西安事变发生后，以何应钦为首的亲日派主张进攻西安，借机阻蒋归路，以便自己取而代之。16 日，何应钦就任"讨逆军"总司令，并相应作了军事部署，派飞机轰炸西安临近地区。在这种复杂的形势下，中国共产党不计前嫌，出于民族大义，提出在有利于抗日、有利于人民、有利于革命的条件下，和平解决西安事变的方针。

17 日，党中央派周恩来、秦邦宪、叶剑英等组成中国共产党代表团去西安调停，并向张、杨两位将军及蒋介石表明了中共和平解决西安事变的立场。经过中国共产党和各方面的努力，蒋介石被迫接受停止内战、联共抗日的条件。事变的和平解决，推动了国共两党再次合作，实现了团结抗日，中国由此实现了从国内战争到全国抗战的伟大转变。但蒋介石后来背信弃义，使张学良遭长期监禁，杨虎城惨遭杀害。

★中共参与西安事变谈判代表：秦邦宪、叶剑英、周恩来(左起)

张学良

张学良(1901—2001 年),字汉卿。辽宁海城人。国民党军陆军一级上将,西安事变的组织者。著名爱国将领。

1919 年 3 月,张学良入东三省陆军讲武堂第一期炮科,毕业后历任奉军营、团、旅、师、军、军团长、空军司令等职。1928 年 6 月,其父被日本关东军炸死后,由奉系元老推为首领,出任东三省保安总司令。12 月,不顾日本和亲日派的阻挠,宣布东北"易帜",服从南京国民政府,先后任东北边防军司令长官、中华民国陆海空军副司令等职。

1931 年,在"九一八"事变中,张学良未辨明日军大举入侵中国的企图,以息事宁人的态度要求东北军克制忍让,致使日军很快侵占东三省。1933 年 3 月,热河省(今并入辽宁、河北、内蒙古)沦陷后,蒋介石、张学良受到全国舆论谴责,张学良引咎辞职。1935 年率军到西北与红军作战,多次失利后,接受中国共产党"停止内战,一致抗日"的主张,并与红军实现秘密停火。1936 年 12 月 4 日,蒋介石到西安督战。张学良与西安绥靖主任、第 17 路军总指挥杨虎城共同向蒋面谏,请求联共抗日,遭到蒋的训斥。蒋介石令张学良、杨虎城进攻陕北红军,否则将其所部分别调往福建、安徽。张学良、杨虎城为逼蒋介石抗日,于 12 日晨发动了著名的西安事变。

★张学良

西安事变和平解决后,张学良在没有通知周恩来的情况下,亲自陪同蒋介石回南京。蒋一到南京便立刻扣留张学良,从此多年被软禁。1949 年,国民党撤往台湾,蒋将张转至台湾继续软禁。1988 年,蒋经国逝世后,张学良逐渐获得人身自由。1995 年张学良离台,侨居美国。2001 年 10 月 15 日下午 2 时 50 分,张学良在美国夏威夷首府檀香山史特劳比医院病逝,享年 101 岁。

杨虎城

杨虎城(1893—1949 年),原名忠祥,号虎臣,后改为虎城。陕西蒲城人。国民党陆军二级上将。中国抗日爱国将领。

杨虎城早年参加辛亥革命。1915 年参加陕西护国军。1924 年加入中国国民党。同年 10 月,任陕北国民军前敌总指挥。1925 年 7 月,任国民党第 3 师师长。1927 年任国民联军第 10 军司令、第 10 军军长、东路军前敌总指挥。"四一二"反革命政变后,拒绝在所部"清党"。1928 年 11 月就任第二集团军暂编第 21 师师长。次年蒋介石与冯玉祥关系濒于破裂,率部附蒋,任新编第 14 师师长,驻防河南。1930 年蒋冯阎战争中,相继任蒋军第 7 军军长、第 17 路军总指挥,率部攻击冯军。同年 10 月兼任陕西省政府主席。1931 年"九一八"事变后,反对蒋介石的"攘外必先安内"的政策,积极主张抗日。1933 年曾请缨抗日,遭冷遇。1935 年任陕西绥靖公署主任,奉命阻击红军北上,损失惨重。中共《八一宣言》发表后,接受中共抗日民族统一战线主张,曾与中共代表协商抗日事宜。1936 年 12 月 12 日与张学良进行兵谏,发动西安事变,扣押蒋介石及其随员,提出抗日救国八项主张。西安事变后,被蒋介石逼迫出国。七七事变后,要求回国抗日,遭蒋拒绝。1937 年 11 月,杨虎城由法国回到香港,准备参加抗日工作。后被骗至南昌遭囚禁达 12 年之久。1949 年 9 月 17 日重庆解放前夕,在戴公祠被国民党反动派秘密杀害,时年 56 岁。

★杨虎城

第二次国共合作

DI ER CI GUO GONG HE ZUO

1935年，华北事变使中日民族矛盾上升为中国社会的主要矛盾，引起国内阶级关系和国际关系的重大变化和各种政治力量的重新组合。1935年12月，中共中央在瓦窑堡召开政治局扩大会议。会议从理论和政策上正式确立了中国共产党关于建立抗日民族统一战线策略的总路线，批判了党内的关门主义错误。会后，毛泽东又作了《论反对日本帝国主义的策略》的报告，系统地阐明了党的抗日民族统一战线的策略方针。1936年5月5日，中国共产党向国民党政府发出《停战议和一致抗日》的通电，将"抗日反蒋"政策转变为"逼蒋抗日"政策。8月、9月间，中共中央根据形势的进一步变化情况，又明确提出实现第二次国共合作，组成国共两党合作为基础的全民族抗日统一战线。

但是，蒋介石却始终没有放弃"攘外必先安内"的政策，继续进行"剿共"。西安事变爆发，迫使蒋介石接受停止内战、联共抗日等条件。1937年2月，国共两党代表先后举行了6次谈判，蒋介石被迫同意将在陕北的中央红军改编为国民革命军第八路军(简称八路军)，又将在南方13个地区的红军游击队改编为国民革命军新编第四军(简称新四军)。9月22日，国民党中央通讯社公布《中共中央为公布国共合作宣言》。次日，蒋介石发表《对中国共产党宣言的谈话》，事实上宣布承认了中国共产党的合法地位。至此，抗日民族统一战线正式形成，第二次国共合作开始。

★1937年4月初，周恩来在西安谈判后回到延安。左起：秦邦宪、张闻天、毛泽东、周恩来、彭德怀、林伯渠、萧劲光。

抗日民族统一战线建立后，中国工农红军改编为国民革命军第八路军（简称八路军），下辖3个师，共计45万人。在3个师之上设总指挥部，由朱德和彭德怀分别担任正副总指挥。另由南方13个地区的红军游击队改编为国民革命军新编第四军(简称新四军)。任命叶挺为军长，项英任政委兼副军长，张云逸为参谋长，下辖四个支队，共计1万余人。

★第二次国共合作期间，驻重庆八路军办事处旧址。

★第二次国共合作时毛泽东与蒋介石合影

八路军

八路军是抗日战争时期，中国共产党所领导的武装力量。1937 年 2 月，中国共产党同中国国民党就中国工农红军改编和开赴抗日前线的问题开始谈判，抗日战争爆发后达成协议。8 月 22 日，国民党政府宣布中国工农红军主力部队改编为国民革命军第八路军，简称八路军。8 月 25 日，中共中央军委发布命令，将驻陕甘宁边区的红军第一、第二、第四方面军和西北红军改编为国民革命军第八路军，朱德任总指挥，彭德怀任副总指挥(从 9 月 11 日起，按战斗序列又称第十八集团军，朱德、彭德怀改称正、副总司令)，叶剑英任参谋长，左权任副参谋长，任弼时任政治部主任，邓小平任政治部副主任。下辖 3 个师：第 115 师，林彪任师长，聂荣臻任副师长；第 120 师，贺龙任师长，萧克任副师长；第 129 师，刘伯承任师长，徐向前任副师长。全军共 4.6 万人。改编后，八路军主力开赴华北前线作战。为保卫陕甘宁边区的安全，成立八路军后方总留守处(12 月改称八路军留守兵团)，萧劲光任主任，统一指挥各师留守部队。抗日战争期间，八路军共歼灭日伪军 125 万余人，解放了大片国土，为抗日民族解放战争和世界反法西斯战争作出了巨大贡献。抗日战争结束时，八路军发展到 100 余万人，成为解放战争时期中国人民解放军的主要组成部分。

新四军

新四军是抗日战争时期，中国共产党所领导的武装力量。1937 年 10 月，在国共两党合作抗日的形势下，经国民党当局同意，由江西、福建、广东、湖南、湖北、河南、浙江、安徽八省 14 个地区的红军游击队陆续改编而成，全称“中国国民革命军陆军新编第四军”。军长叶挺、副军长项英、参谋长张云逸、副参谋长周子昆、政治部主任袁国平、副主任邓子恢。辖 4 个游击支队、10 个团、1 个特务营，共 10329 人。

★新四军臂章

改编后，新四军根据中共中央关于向敌人后方发展的指示和国民政府军事委员会关于集中整训的命令，军部和第 1、第 2、第 3 支队先后到达皖南歙县岩寺地区，第 4 支队在皖西霍山地区集中后向皖中开进，随后即在长江南北作战略展开。第 1、第 2 支队相继进入苏南，开辟了以茅山为中心的抗日游击根据地，并将丹阳县的抗日武装改编为新四军挺进纵队。第 3 支队留在皖南担任长江防务。第 4 支队在皖中、皖东以游击战频繁打击日军。

1941 年 1 月 7 日，国民党当局发动皖南事变，围攻奉命北移的新四军军部。叶挺下山谈判被扣。项英、周子昆被叛徒杀害。袁国平在突围时牺牲。1 月 17 日，国民党当局宣布取消新四军番号。1 月 20 日，中共中央军委发布命令，重建新四军军部，任命陈毅为代理军长，刘少奇为政治委员，张云逸为副军长，赖传珠为参谋长，邓子恢为政治部主任。陇海路以南的新四军和八路军部队，分别改编为新四军第 1 至第 7 师和独立旅。全军共 9 万余人。从 1941 年至 1943 年，新四军进行了艰苦的反“扫荡”、反“清乡”、反“蚕食”、反摩擦斗争，抗击和牵制了 16 万日军，23 万伪军，作战 2.2 万余次。抗日战争结束时，新四军已发展到拥有主力 21.5 万余人，地方武装 9.7 万余人，计 31 万余人；另有民兵自卫队 96 万余人，成为解放战争中的一支重要武装力量。

★全副武装的新四军战士

“七七”事变

QI QI SHI BIAN

日本侵略者从 1931 年“九一八”事变中，轻而易举地侵吞了我国的东北三省，又通过 1933 年马踏热河、脚登长城口，换来了华北大平原的主权，如此轻松的战局令侵略者们乐此不疲。为了进一步挑起全面侵华战争，他们陆续运兵入关。到 1936 年，日军已将华北的兵力增至 14 个师团，计 20 万人，并从东、西、北三个方面对北平形成了包围态势，仅西南面一部为中国驻军宋泽元部第 29 军驻守，位于平汉铁路上的卢沟桥。卢沟桥是北平通往内地的唯一门户，其战略地位尤为重要，日军也意识到攻占卢沟桥的战略意义，便从 1937 年 6 月开始，驻丰台的日军连续多次举行了具有针对性和挑衅性的军事演习。

1937 年 7 月 7 日夜，卢沟桥的日本驻军在未通知中国地方当局的情况下，径自在中国驻军阵地附近举行所谓的军事演习，并诡称有一名日军士兵失踪，要求进入北平西南的宛平县城（今卢沟桥镇）搜查。中国守军拒绝了这一无理的要求后，日军竟开始攻击中国驻军，炮轰宛平县城。中国驻军第 29 军 37 师 219 团奋起还击，进行了顽强的抵抗。旅长何基沣、团长吉星文亲临前线指挥战斗，将士们各个奋勇拼杀，其中一连的全体官兵最后只剩下 4 人，仍旧与敌寇进行肉搏。一名战士手握大刀，一连砍倒了十几个日军，自己也英勇捐躯。日寇在我守军英勇无畏的打击下，丢下了 100 多具尸体狼狈滚出永定河东岸。

★侵华日军在炮击宛平县城

★驻守北平宛平城的中国军队奔赴卢沟桥抵抗日军

★中国军队在卢沟桥抗击日军的进攻

7 月 9 日，中日双方交战部队曾达成口头停火协议。但同时，日本却暗中从中国东北和朝鲜抽调 2 万多军队和百余架飞机投入华北地区。7 月 17 日，日本陆军参谋本部制定了《在华北行使兵力时对华战争指导纲要》，日本政府决定动员 40 万兵力，妄图用武力灭亡中国。“七七”事变是日本帝国主义为实现它鲸吞中国的野心而蓄意制造的，是全面侵华的开始。“七七”事变的第二天，中共中央通电全国，号召中国军民团结起来，共同抵抗日本侵略者。全国各族、各界人民热烈响应，抗日救亡运动空前高涨，中国人民高举的抗日烽火迅速燃遍了全国。

卢沟桥

卢沟桥位于北京市西南约15公里丰台区永定河上，是北京市现存最古老的石造联拱桥。永定河旧称卢沟河，桥亦以卢沟命名。卢沟之名始自唐代。因其水混浊，又称作小黄河。其河水经常泛滥，河道迁徙不定，故又称无定河。清康熙三十七年(1698年)疏浚后，改名为永定河。卢沟桥始建于金大定二十九年(1189年)，明正统九年(1444年)重修。清康熙时毁于洪水，康熙三十七年(1698年)重建。桥全长6.5米，宽7.5米，下分11个涵孔。桥身两侧石雕护栏各有望柱140根，柱头上均雕有卧伏的大小石狮共501个。石狮神态各异，栩栩如生。桥东的碑亭内立有清乾隆题“卢沟晓月”汉白玉碑，为燕京八景之一。意大利旅行家马可·波罗在他的游记中称赞“它是世界上最好的、独一无二的桥”。桥东为宛平县城，明崇祯十一年(1638年)建。

★卢沟桥

卢沟桥在地理上占有很重要的地位，1937年7月7日，日本帝国主义即在此发动了全面侵华战争。中国驻军第29军全体将士均知道，一旦日军占据卢沟桥，平汉交通为之堵塞，而将使北平进退失据，华北危亡在即。因而，全体将士奋起反击，在卢沟桥上谱写了一曲中华民族威武不屈的壮歌。

宛平城

宛平城建于明崇祯十三年(1640年)，最初为一城堡式桥头堡。城内面积约0.2平方公里，形制与普通县城有别，无街巷、市场、钟鼓楼等，实际上是一座大堡垒。1928年宛平县署迁至这里，遂称宛平城。城有东西两门，设有瓮城和敌楼。东门曰“顺治”，西门曰“威严”。有中心台，南曰“洪武”，北曰“北极”。城的四周原有角台，上有角楼，城墙厚实坚固。“七七”事变发生时，日军攻击宛平守军，古老的宛平城承受着日寇猛烈的炮轰和枪击，现在仍可清晰看到斑斑痕迹。1985年，中央正式决定在宛平城内旧县衙遗址上兴建一座规模宏丽的“中国人民抗日战争纪念馆”。1986年7月7日举行奠基仪式，一年后，在抗日战争50周年纪念日前夕竣工。该馆以图片为主，并配以珍贵文物，反映了“九一八”事变至抗日战争胜利这一历程中有关重大历史事件。

★宛平城近貌

蓄须明志的梅兰芳

XU XU MING ZHI DE MEI LAN FANG

1937年抗日战争爆发后，神州大地的大片土地笼罩着炮火硝烟，京、津、沪等大城市相继沦陷。在这中华民族最危险的时候，一位在国际上享有盛誉、艺术生命正值黄金时期，但却困居上海的著名戏剧艺术家，不为敌伪的威胁利诱所屈服，毅然罢歇歌舞，蓄须明志；宁鬻画自给，勉强度日，也决不在敌伪统治下演出，一直坚持到抗战胜利，表现了“饥不从猛虎食，暮不从野雀栖，渴不饮盗泉水，热不息恶木荫”的崇高民族气节和爱国主义情操，受到全国人民的由衷赞誉。他，就是中国现代杰出的京剧艺术大师、著名戏剧活动家，位列“四大名旦”之首、独树一帜的“梅派”创始人——梅兰芳。

梅兰芳，名澜，字畹华，祖籍江苏泰州，1894年出生于北京一个梨园世家。祖父为京剧名旦，“同光十三绝之一”；父亲亦是昆曲、京剧名旦，伯父为著名京剧琴师。梅兰芳父母早亡，由伯父抚养成人。他8岁开始学戏．9岁从名旦吴菱仙学青衣，10岁首次登台，在昆曲《长生殿·鹊桥密誓》中扮演织女。

★青年梅兰芳

★中年梅兰芳

1908年起，梅兰芳搭喜连成班演出，在继续就教于吴菱仙的同时，又向名旦秦稚芬和丑角胡二庚学花旦戏，刻苦学习昆曲，习练武功蹻功，广泛观摩旦角本工戏和其他各行脚色的演出，为日后的艺术创造构筑了坚实的基础。

1913年，19岁的梅兰芳首次应邀赴沪，与南北驰名的须生王凤卿合作演出。在首次压台演出《穆柯寨》中，梅初露锋芒，成功地塑造了穆桂英这一巾帼女杰的艺术形象，博得观众热烈赞赏。在沪期间，他观摩表现近现代题材的“新戏”，受到很大启发。新式舞台的灯光布景、演员化妆方法、服装样式的设计等，给他以很大影响。返京后，他开始致力于以现代故事为题材的时装新戏《孽海波澜》等的创作与演出，为京剧现代戏之始。次年秋，他再次应邀赴沪，演出《彩楼配》、《女起解》、《贵妃醉酒》等戏，上座经久不衰，盛况空前，誉满全沪。两次南下，使梅兰芳深感山外有山，天外有天，艺术视野更加开阔。同时也使国人刮目惊看这颗冉冉升起的京剧新星，为他日后艺术上独树一帜奠定了基础。

★梅兰芳代表作《贵妃醉酒》中的一幕

1915至1919年间，梅兰芳进行了几十部新剧目的排演和艺术上的大胆革新。其中有《邓霞姑》等反映妇女受压迫、婚姻不自由的时装新戏；有《黛玉葬花》等古装新戏，塑造了封建社会中勇于同宗法礼教抗争的妇女形象；还整理演出了《宇宙锋》、《贵妃醉酒》、《断桥》、《打渔杀家》等传统剧目。这一时期，梅精力旺盛，不辞辛劳，孜孜以求，取得了丰硕的艺术成果。

梅兰芳在艺术上的卓越成就蜚声海内外。1919年和1924年他两次应邀赴日本演出，受到日本文艺界和广大观众的热烈欢迎。并与市川左团次、中村歌右卫门、松本幸四郎等一批著名演员结识，交流了艺术经验。1929年末，他应邀赴美国演出，受到美国各界人士热烈欢迎与高度评价。南加利福尼亚大学和波莫纳学院授予他名誉文学博士学位，美国艺术家还特地为他塑像。他与卓别林、贝拉斯科、保罗·罗伯逊、圣丹尼斯等一批著名艺术家结识，获益颇丰。

1931年“九一八”事变后，东北三千里江山沦于敌手，梅兰芳由北平移居上海。他以“无比愤怒的心情”排演了以反抗侵略、鼓舞人心为主题的《抗金兵》、《生死恨》等剧目，倾注了他的爱国热情。

1935年，梅兰芳应全苏对外文化协会邀请赴莫斯科、列宁格勒访问演出，受到热烈欢迎，并结识了托尔斯泰、高尔基、斯坦尼斯拉夫斯基、布莱希特、萧伯纳等世界闻名的作家和艺术家，他们对梅兰芳的表演极为推崇。

在半个世纪的舞台生活中，梅兰芳继承和发扬了京剧艺术的优良传统，创造了一大批为人民大众所欢迎的性格鲜明、优美感人的艺术形象，给中华民族戏曲艺术宝库增添了灿烂的光辉。《金山寺》、《断桥》中为追求爱情自由敢于同邪恶势力作殊死抗争的白娘子，《打渔杀家》中与父亲并肩战斗英勇复仇的渔家姑娘肖桂英，《宇宙锋》中敢于反抗昏君佞臣的赵艳容，《抗金兵》中的巾帼英雄梁红玉，《穆柯寨》、《穆桂英挂帅》中英勇无畏抗击外侮的穆桂英，《生死恨》中饱受战乱之苦的韩玉娘，《黛玉葬花》、《千金一笑》中为封建礼教所不容的林黛玉和晴雯，以及《西施》中的西施、《霸王别姬》中的虞姬、《贵妃醉酒》中的杨玉环等。梅兰芳塑造的这些艺术形象，体现了中国古代妇女各种美好的道德情操与品行个性：有的豪放英武，有的活泼娇憨，有的温柔敦厚，有的聪明机敏，有的国色天香，有的孤苦伶丁……梅兰芳借用这些美的形象美的描绘，给观众以巨大的美的享受。正如国外评论家所说：“他的表演不是在摹仿女子，而是在创造中国女性的本质和意象，力求传达中国女性的温柔、含蓄、高雅等特征。”我国著名戏剧家欧阳予倩则赞誉他为“伟大的演员、美的化身。”

★梅兰芳演时装戏的发式与服装

梅兰芳在京剧艺术上能够达到如此高的境界，他的表演艺术之所以如此别具魅力，而且长盛不衰，盖出于他勤奋刻苦的艺术实践和自强不息的进取创新精神。

梅兰芳的京剧表演艺术精湛，人称声、色、艺三绝。面对他如此高超的技艺，人们往往以为他生来就有一双传神的眼睛和一副好嗓子，才成为梅兰芳。其实并不尽然。拿一个京剧演员的先天条件来说，他的条件并不甚优越。他在总结自己的艺术创作时也说：“我是个笨拙的学艺者，没有充分的天才，全凭苦学。”这话虽出自他那虚怀若谷的思想境界，但确是肺腑之言。梅兰芳出生在梨园世家，6岁开始学戏，每日天刚蒙蒙亮就同其他学艺的孩子一起跟着师父去城根底下喊嗓子、踢腿，日复一日，年复一年，可谓“夏练三伏，冬练三九”。11岁开始登台演出。勤学苦练，既使他学得了艺术技巧，同时也改变了他那先天不足的条件。演员的一双眼睛怎样，对他的表演艺术来说至关重要。

★梅兰芳和孟小冬

可年轻时期的梅兰芳，眼睛近视，眼神不能外露，眼珠转动也不太灵活，这是一个重大的缺陷，势必影响表演的感染力。怎么办？梅兰芳想了个办法，叫“放鸽练眼”。他喂了许多鸽子，每天清晨坚持放鸽，把一只只鸽子放出去，两眼紧随着它们在空中翱翔，借以锻炼自己的眼神。同时，由于梅兰芳年幼丧父，靠从艺的伯父抚养。家景的贫寒使他从小身体纤弱，臂力很差，于是他又弄了一根两丈长的竹杆，顶部系上红绸条，他用力挥舞这根长杆，用来引诱飞鸽。天天坚持这么做，一段时间以后，他终于改变了原来有些呆滞的目光，使两只眼睛练得炯炯有神了。谁会想象到，戏剧舞台上梅兰芳那双异常敏感传神的眼睛，竟然同放鸽子有着因果联系！

梅兰芳苦练基本功的办法很多。十几岁时，为了练好腿脚功夫，在寒冬腊月天，他在院子里泼上水结成冰，在冰上练踩跷、跑圆场。摔倒了爬起来再练，坚持不懈，终于练就了腿脚稳健的硬功夫，这使他在60多岁的时候，跑起圆场来依然是脚下轻、稳、快，让人看了大有轻松、舒服、自然之感。

京剧是一种综合艺术，它将

做、唱、念、打结合得十分巧妙和高超，要求演员必须具备上述各方面的基本功。梅兰芳非常重视练嗓和唱功。他半个多世纪的舞台生涯，嗓音始终以纯正圆润、高亢动听著称。在舞台上他从来不用扩音器，声音却能直达一般剧场的最后一排，而且从未因嗓子不便误过场。这同他的平时苦练不无关系。青少年时期的梅兰芳，每天早晨外出练嗓子、念道白，当觉得自己发出的声音不准确或不圆润时，就反复加工，直至满意为止。一年四季，暑往寒来，从不间断。为了使自己的嗓音宽亮，还时常对着空坛喊嗓子练音色。梅兰芳作为男旦角，以假嗓唱出很美的音色，是用底腭音，它需要发自胸腔、丹田，再配以适当内部开阔的口腔和鼻腔、头腔的共鸣从而使发出的声音饱满、圆润、清晰、达远。可是，这种发音如果不下一番苦功夫，不讲究方法，就无法奏效。由于他平时十分注意坚持用科学的方法吊嗓子，到了59岁那年，他的歌喉依然很响亮，嗓音发得比较痛快，琴师提高了一个调门，他唱起来也毫不费力。

梅兰芳的京剧艺术底子很宽厚，他的老师很多，正式拜过的就有关菱山、乔慧兰、茹莱卿、路三宝、陈德霖、王瑶卿、钱金福、李寿山、丁兰荪、谢宝昆等许多著名演员。他精通青衣、花旦、刀马旦的旦行表演艺术，又掌握了老生、小生、武生和其他行当的技巧，因此，他的戏路很宽，艺术表演丰富多彩。

经过几十年的不懈努力、刻意追求和不断创新，梅兰芳的表演艺术达到了炉火纯青的境界，形成了自己独特的“梅派”风格，为中国京剧艺术的发展作出了不可磨灭的贡献。

梅兰芳一生热爱祖国，追求进步，爱憎分明，谦虚谨慎。他的祖父梅巧珍就是一位艺德高尚、疏财仗义、乐于助人的人。梅兰芳自幼饱受熏陶，终生崇尚艺德，明辨世理，不近尘污。早在1935年国民党统治时期，他赴苏演出时就敢于向列宁墓敬献花圈，表示他对这位无产阶级革命导师的景仰之情。他回忆说：“我备了花圈到红场谒列宁同志的遗容，他那坚毅慈祥的面貌，使我想到这位伟大的革命导师，以自己毕生聪明智慧贡献于人民解放事业，不禁肃然起敬。”

★1960年7月23日，毛泽东亲切会见著名作家老舍、著名京剧艺术家梅兰芳(中)、著名剧作家田汉。

抗战八年，他蓄须明志，曾被传为佳话。抗战胜利后他重登舞台，也曾不畏权势，拒绝为美蒋反动派服务。1947年1月6日，北平《新民报》曾有署名文章记其事云：“……为了要招待麦克阿瑟元帅，梅兰芳君将应邀于今年元旦赴日演剧，有人认为这是一种莫大的荣誉，然而梅君拒绝了。最近梅君赴京演剧，当局为了要招待马歇尔元帅，特别挽留他多演一天，有人认为这也是一种莫大的荣誉，在常人是求也求不到的，但是梅君也拒绝了。……就凭这一点，我向梅君致最高的敬意。”于此可见梅兰芳忠贞耿直、不媚权势之一斑。

风雨如磐的年代过去了。1949年，梅兰芳由上海回到北京。9月，应邀参加中国人民政治协商会议第一届全体会议。中华人民共和国成立后，他先后当选为全国人大代表、全国政协常委、全国文联副主席和中国剧协副主席等职，并相继担任中国戏曲研究院、中国戏曲学院、中国京剧院院长，为繁荣新中国的戏剧艺术更加殚精竭虑，勤奋工作。

梅兰芳纪念馆

梅兰芳纪念馆在北京市西城区护国寺街，原为晚清再封庆亲王奕劻王府遗址的组成部分，1951年至1961年梅兰芳全家居此。1985年首次开放。1988年4月闭馆整修，1989年9月18日重新开放至今。纪念馆占地716平方米，建筑面积499平方米；建筑布局是一座典型的北京小四合院，共有房屋37间。朱漆大门上悬挂着邓小平亲笔书写的馆名匾额。进入大门，迎面是青砖大影壁。影壁前翠竹丛中是汉白玉雕梅兰芳胸像。前院春树、秋树两棵，倒座房7间(含大门)，对面是一座绿色4扇屏门。屏门内又有一座木质小影壁，影壁前摆着4个石质雕花小圆墩、1个带底座的大石海。正院有北房3间、东西耳房各2间、东西厢房各4间。在北房和东西厢房之间筑有穿廊、红漆圆柱、彩绘廊檐。院内植有两棵大柿子树，还有海棠、丁香等花树。靠北房东西两侧各有月亮门一座，东门外是一条甬道，西门通向跨院。

一代宗师程砚秋

YI DAI ZONG SHI CHENG YAN QIU

程砚秋，中国京剧四大名旦之一，程派艺术的创始人，满族。1904年1月1日出生在北京德胜门内大翔凤胡同，原名承麟。

承麟一岁，父亲去世，家境日渐衰落。六岁那年，邻居中一位京剧演员荣蝶仙，看到承麟母子度日艰难，愿收他为徒。从此，承麟投身梨园，艺名“程菊侬”。

学戏练功是苦差事，而“教戏就是打戏”的陋规，对菊侬也不例外。他忍受痛苦，刻苦学艺。十一岁登台唱了青衣的老戏《彩配楼》、《祭江》、《祭塔》，如果说荣蝶仙是菊侬的启蒙师父，那么，真正扶持菊侬走上艺术舞台的人，当举罗瘿公。罗瘿公是北京政、教两界有名气的人物。起初，他在清廷邮传部供职。辛亥革命后，历任总统府秘书、国务院参议、礼制馆编纂等职。袁世凯称帝时，他不附合苟同，辞官纵情诗酒，流连戏院。

当时，菊侬从师已到后期，能以演唱的收入回报师父了。一天，在浙慈会馆演戏，由于劳累过度，菊侬倒呛了。按例，他应充分休息，可师父为了一笔可观的收入，仍催逼他赴沪演出。罗瘿公早就爱看菊侬的戏，且认为他很有前途，此时得知这事，他立即筹款为菊侬赎师。

★程砚秋

菊侬回到家，母子俩生活没有依靠。罗瘿公妥善安排了他们的生活，并让菊侬继续学艺。他亲自为菊侬制定学习规划，教他学文化，并请来著名艺术家传授技艺。罗瘿公还为菊侬更改艺名“程艳秋”。

在罗瘿公的引荐下，程艳秋得到了戏剧艺术家梅兰芳的指导，演艺不断提高。之后，又问业学艺于王瑶卿门下。王瑶卿先生对程派艺术的形成和发展有着决定性的影响。可以说，程艳秋独创程派艺术的两根巨大支柱，一是罗瘿公，二是王瑶卿。

几年功夫不寻常，程艳秋在恩师的指点下，艺有大进，许多班社都来约他搭班合作，他认真地选择，最后决定搭班于著名老生余叔岩。

1922年秋，余叔岩应邀去上海演戏。余挂头牌，带去的程艳秋挂二牌。后因意外事故，余叔岩悄然回京，使得程艳秋挂了头牌，第一次独挡一面。程艳秋以《玉堂春》等剧目在上海一炮打响，初露锋芒，从此，上海滩认定了程艳秋的名字。

程艳秋没有满足以老戏取胜的局面，罗瘿公先生写的《红拂传》、《花舫缘》、《王狮坠》、《孔雀屏》、《风流棒》、《鸳鸯冢》等一批新戏，都在王瑶卿的指导下一一排练上演了。

正当程艳秋全力奔向新阶梯时，恩师罗瘿公病故。这对程艳秋精神上以沉重的打击，艺术上一个巨大的损失。罗瘿公死后，程艳秋失去了精神与艺术上的一大支柱。他必须站立起来，另起炉灶。

20世纪20至30年代，是旦角行当以演新戏求发展的年代，梅兰芳、程艳秋、荀慧生、尚小云的一大批新剧目，拓宽了新戏题材领域。程艳秋的《荒山泪》、《春闺楼》把程派艺术推向了高峰。

1932年元旦，程艳秋宣布改名程砚秋。就在他改名后不几天，程砚秋决定放弃巨额收入，抛妻别子，以中华戏曲音乐研究院院长的头衔，只身游学欧洲考察。一年多的旅欧考察，程砚秋感受颇多，他看到了中国戏剧的差距，看到了中国教育形式的落后。他1933年写的《赴欧考察戏曲音乐报告书》成为半个世纪以来中外戏剧交流中不可多得的一本志书，具有重要的历史价值。

访欧归来，他的戏班濒临瓦解，他必须重施粉墨。程砚秋在配演阵容不强的情况下，无法排演新戏，于是组织了几次巡回演出，将以前的《荒山泪》、《春闺梦》介绍给外省观众。

1940年，响世之作《锁麟囊》轰动了上海，这是集程派之大成的成功之作，人们评赞《锁麟囊》的成功是“秋云阅厚，韵绝尘寰”。半个多世纪后的今天，这部戏仍为程派传人盛演不衰。

自 1937 年芦沟桥事变后，日本帝国主义践踏中国领土，敌伪势力不断骚扰戏剧界，梅兰芳、程砚秋等爱国艺术家表现出强烈的民族气概，宁死枪下，也不为敌伪唱戏。敌人不断干扰戏剧演员，戏班子难以维持，梅兰芳被迫回上海，留胡须，闭门不出。程砚秋则在北京青龙桥下乡种地，一干就是两年。

1945 年，日本帝国主义无条件投降，程砚秋满怀喜悦，马上返城，重返舞台。他在北平新新大戏院举行庆祝抗战胜利的首演，轰动了北平。次年，程砚秋再震浦江。经过三十多年舞台生活的程砚秋，此时艺术已至巅峰。

好景不长，正当程砚秋在上海演出接连成功之时，蒋介石又发动了内战，战火重开。程砚秋回到北平，他常去青龙桥小住，后萌生了久居之念。1947 年，他在这里创办了一所农村中学，取名功德中学。开学不久，城里一些流氓学生、三青团，常到学校打架斗殴，欺侮女学生，加之教员不断要求加薪，学校被迫停办。

1949 年 1 月，文化古城北平迎来了解放的春天，解放军陆续进城。程砚秋的院子安静极了，他每天吊嗓、说戏，准备演出。解放后，程砚秋等老一辈艺术家受到了党和国家领导人的高度重视，周总理亲自登门看望程砚秋。程砚秋了解中国共产党，信任中国共产党，也更加热爱中国共产党。他要把他的全部艺术贡献给党，贡献给劳动人民。

从 1941 年《女儿心》问世后到全国解放，程砚秋处境坎坷，一直没有新戏问世。建国后，他踏遍全国，四处考察，慰问演出，还有大量会议、社会活动，没能静下心来构思新作。他感到，只靠老戏过日子已不行了，他要排出具有时代精神的新戏。他完成了由南方剧种改编的京剧《英台抗婚》，可惜此戏演出不多，也没来得及总结、改进和提高，但毕竟是他晚年的艺术设想和追求的最后新作。

程砚秋由于年老体胖，不得不在 1956 年拍摄完电影《荒山泪》之后，告别舞台，转事笔耕。他发表了大量论文，把自己一生艺术的经验都献给了中国的戏剧事业。1957 年 10 月 11 日，是个难忘的日子，中国戏曲研究院党支部讨论通过程砚秋同志为中国共产党预备党员，入党介绍人周恩来、贺龙。

入党后的程砚秋精神焕发，浑身有使不完的劲。1957 年 11 月，一次临时任务，在中南海怀仁堂举办名家汇集的京剧晚会，他演出了京剧《六月雪》。演出结束，他深深地感到，自己作为一个演员，舞台生命必须到此告一段落了，心中有说不出的痛苦。

1958 年初，我国决定派出由程砚秋率领的艺术团赴法参加国际性戏剧节。他满腔热情地投入到行前准备工作中。紧张的工作使身体一向很好的程砚秋突然倒下了，经确诊为心肌梗塞。1958 年 3 月 9 日，程砚秋在一次心肌梗塞突然发作时，抢救无效，心脏停止了跳动，享年 54 岁。

★程砚秋在《斟情记》中饰朱福姑

怀念一位伟大的艺术家，只有沉重的追忆和赞颂是不够的，重要的是研究、继承、发展他的艺术成果，使他的艺术生命永存人间。

四大名旦

20 世纪 20 年代初期，而立之年的梅兰芳，首先以“清水出芙蓉，天然去雕饰”的艺术风格与艺术功力，崛起于京剧舞台。他在《洛神》、《西施》、《宇宙锋》、《樊江关》、《贵妃醉酒》、《霸王别姬》等代表剧目中独树一帜，展现了卓尔不群的艺术才华，被当时人们誉为“旦中之魁”。接着，尚小云、程砚秋也拔地而起，各自以《秦良玉》、《汉明妃》、《昭君出塞》、《乾坤福寿镜》等“尚派”剧目，以及《红拂传》、《鸳鸯冢》、《荒山泪》、《锁麟囊》、《窦娥冤》、《文姬归汉》等“程派”剧目轰动京都，剧坛出现了梅、尚、程“三大名旦”之说。再以后，唱梆子的荀慧生改演京剧，并且以娇艳妩媚的独特表演而一鸣惊人。他的《红娘》、《晴雯》、《勘玉钏》、《霍小玉》、《荀灌娘》、《绣襦记》，以及《大英杰烈》、《红楼二尤》等代表剧目，使广大观众深为折服。从而社会上又出现了梅、尚、程、荀“四大名旦”之说。

"八一三"淞沪抗战

BA YI SAN SONG HU KANG ZHAN

淞沪地区位于长江下游的黄浦、吴淞两江汇合处，扼长江门户。由于受1932年"一·二八"事变后签订的《淞沪停战协定》所限，上海市区不准有中国驻军，也不能在上海周围驻防，市区内仅有淞沪警备司令杨虎所辖的上海市警察总队及江苏保安部队两个团担任守备，武装力量十分薄弱。而日本在"一·二八"事变以后，却在上海虹口、杨树浦一带派驻重兵，专设了日本驻沪海军陆战队司令部，驻沪兵力达3000余人，大批日本舰艇也常年在长江、黄浦江沿岸巡弋。

1937年"七七"事变后，日本侵略军企图侵占上海，尔后大举进攻南京，妄图以重兵压境之势，胁迫南京国民政府与之订立"城下之盟"，实现他们对全中国的殖民统治。日驻沪军官，纵容士兵到处寻生事端，试图利用挑衅的手段为他们找到大举攻击上海的口实。1937年8月9日，驻沪日本海军陆战队官兵两人驱车闯进虹桥机场进行武装挑衅，打死一名中国卫兵。中国保安部队当场将这两名日本官兵击毙。日军以此为借口，要挟中国政府撤出上海保安部队，同时加紧向上海增兵。8月13日凌晨，驻上海日军以冲入虹桥机场的日军官兵被击毙为借口，由第三舰队司令官长谷川清指挥，突然向驻八字桥一带的中国守军进攻。同时，日本军舰也开始炮轰上海市区。中国政府被迫发出《自卫抗战声明书》，向全世界表明了中国被迫抗战的正义性和抗战决心。

14日拂晓，张治中将军指挥第87、88师予以还击。同时出动空军轰炸日军陆战队及其司令部，炸伤旗舰"出云"号。由于中国军队的英勇作战，使日军迟迟不能取得进展，日军不断从国内及华北、台湾抽调大量部队增援，进行登陆作战，日本海空军也大量参战。使参战日军总计达到30余万人，战争的规模在不断升级。中国在日益增强的敌人面前也不断投入兵力，先后从广东、广西、四川、贵州、云南等地抽调部队参战，并不断调整军事部署。中国海空军力量也参加了战斗，投入总兵力达70余万人。17日，中国军队向虹口、杨树浦方面

★在阻击日军进攻的中国军队

"一·二八"事变

1931年"九一八"事变后，日本帝国主义得寸进尺，企图侵占上海作为继续侵略中国的基地。1932年1月28日夜间，日本侵略军由租界向闸北一带进攻，驻守上海的19路军在全国人民抗日高潮的推动下，奋起抵抗，开始了淞沪抗战。在中国共产党领导下，上海日本工厂工人举行抗日同盟罢工，各界人民组织反日救国会，纷纷参加抗日义勇军、运输队、救护队等，积极支援前线。淞沪抗战在上海军民的英勇斗争下，坚持了一个多月，使日本侵略者受到沉重打击，死伤1万余人，四度更换战场主将。由于国民党政府坚持不抵抗政策，破坏淞沪抗战，19路军被迫撤离上海。在英、美、法等国调停下，国民党政府和日本签订了卖国的《淞沪停战协定》。

★国民政府与日军签署《淞沪停战协定》

★占领吴淞要塞的日军

★中国守军第88师在闸北的环形工事里同日军巷战

之敌发起反击。第87师攻占日海军俱乐部，并击退敌人多次反扑。第88师在八字桥、法学院、虹口公园等处与敌进行了反复争夺。19日，中国军队再一次发起攻势，激战中，第36师215团2营300余名官兵，攻入华德路十字街口后，突入巷内与敌展开白刃格斗，不料被日军以坦克阻塞路口，遭到火力袭击，300余名官兵全部壮烈牺牲。守卫宝山县城的583团3营500名官兵，在营长姚子青的带领下，冒着敌人密集的炮火，顽强与敌激战两昼夜，最后绝大部分官兵壮烈殉国。

8月23日，日本上海派遣军司令官松井石根率两个师团及炮兵、航空兵一部，在张华浜及长江方面川沙口强行登陆，实施陆海空军联合攻击。但中国守军仍坚守北站、江湾、庙行、罗店一线。10月26日，大场失守，苏州河以北守军腹背受敌，中国军队开始撤退。次日晚，中国守军第88师第524团团副谢晋元仅率所属一营死守四行仓库，面对优势敌人疯狂不断的进攻，他们坚守4昼夜，击退日军6次进攻，毙敌数百人，令敌胆寒，所部被中国人民誉为"八百壮士"。11月初，中国守军后方受到日军威胁，被迫全线撤退。11月12日，日军占领上海，历时3个月的淞沪抗战结束。

"八一三"淞沪抗战是八年抗战中最为激烈的战役。抗战中，中国广大官兵同仇敌忾，斗志昂扬，以劣势装备同优势装备的日军顽强拼搏，毙伤日军4万多人，坚守上海3个月之久，粉碎了日本侵略者"速战速决"的侵略计划。同时，这次抗战极大地鼓舞了全国人民的抗日热情，也为上海工厂内迁，保存经济实力，以致掩护国家转入战时体制赢得了时间，为坚持长期抗战起了重大作用。

重庆国民政府

1937年，抗日战争爆发后，为了便于协调和指挥全国抗战，南京国民政府决定迁都重庆。11月20日，国民政府发表宣言，正式宣布以重庆为战时首都。政府机构先后移往武汉、重庆。1938年7月，国民政府发表《抗战建国纲领》，提出了坚持抗战的各项方针政策。同时，组织国民参政会，听取各党各派对国事政务的意见，以利于抗日和民主。但在抗日战争进入相持阶段后，国民政府加紧实施消极抗日、积极反共的政策，不断制造摩擦和各类惨案，企图吞掉共产党领导的抗日武装。中国共产党及一切民主力量以团结抗日的大局为重，同其进行了有理、有利、有节的斗争。1941年12月，太平洋战争爆发后，国民政府于当日下午即通过各种媒体宣布与德、意、日法西斯公开宣战。1942年1月21日，同盟国中国战区统帅部在重庆成立，负责指挥中国、越南、缅甸、马来西亚等国的同盟军作战。整个抗战期间，苏、美、英、法等30多个国家在重庆设有大使馆，40多个国家和地区设有外事机构，并建立反法西斯战争的各种国际性组织和中外文化协会。至此，重庆既是中国战时的指挥中枢和领导核心，同时也是世界反法西斯战争在远东地区的指挥中心。云集重庆的世界名人、各国外交官等有3000人，使重庆成为有国际影响的重要城市。1945年8月15日，日本侵略者宣布无条件投降后，国民政府于1946年5月5日由重庆迁回南京。

★重庆国民政府旧址

阻敌猛将谢晋元

ZU DI MENG JIANG XIE JIN YUAN

“八一三”淞沪抗战爆发后，日军屡受重挫，不断增调援兵。1937 年 10 月 26 日，日军攻占了大场、江湾、闸北、庙行地区，企图切断闸北、江湾中国军队的后路，形势十分危急，国民政府军事委员会决定将主力撤至苏州河以南阵地。时任营长的谢晋元受命率第 524 团第 1 营官兵 411 人留守闸北，掩护大部队撤退。27 日凌晨 2 时，谢晋元带领部队进驻苏州河北的四行仓库，四行仓库的西面和北面已被日军占领，东面和南面是公共租界，与未被占领的中国地界完全隔绝，成为一个“孤岛”，进入四行仓库，也就成了孤军。

★谢晋元

谢晋元边组织官兵做好战前准备，边激励全体官兵说：“仓库就是我们的最后阵地，也可能是我们的坟墓，只要我们还有一个人，就要同敌人拼到底！”27 日中午，千余名日军向他们进犯，谢晋元指挥官兵沉着应战，毙敌 80 余名。谢晋元坚守四行仓库的消息传开，上海人民无不敬佩感泣，把他们誉为“八百壮士”。每天从早到晚，数以万计的各界群众，不顾北岸日军的流弹四射，纷纷聚集在苏州河南岸，表示对四行仓库孤军的尊敬和关心。10 月 28 日黎明，上海市商会派出一名女童子军杨惠敏携带慰劳品，渡过苏州河进入四行仓库，向孤军敬献新制国旗，表示全市人民的崇高敬意。谢晋元命令将国旗在仓库大楼楼顶升起，隔河观望的群众无不拍手欢呼。29 日，谢晋元组织了敢死队，严阵以待，随时准备与日军决一死战。他还写下遗书，发誓要“与敌周旋到底！”30 日，日军动用了飞机、坦克，连续向四行仓库发动猛烈进攻。谢晋元瞪着布满血丝的双眼，依然指挥若定，再次遏制了日军的攻势。日军久攻不下，恼羞成怒，威胁租界当局如不采取行动逼走中国军队，将不顾租界安危。此时掩护大部队后撤任务已经完成，谢晋元接到了后撤命令。31 日，敌人又以飞机大炮攻击仓库，谢晋元以 3 挺机枪掩护，率部冲出重围，退入租界。此战他们坚守仓库 4 昼夜，击退日军数 10 次进攻，毙敌 200 余名，写下中国抗战史上极为壮烈的一页。

★谢晋元（中）与坚守四行仓库的第一营四位连长

★坚守四行仓库的 800 壮士

部队退入租界后，正待整装再战，却被英军解除武装，送往胶州路“孤军营”，在那里，他们受尽了凌辱。谢晋元满腔悲愤，每日清晨带领孤军唱国歌，举行升旗仪式，出操上课，教育部属勿忘爱国军人的人格和国格。日伪特务机关为收买谢晋元，曾派人以 50 万元、师长之职诱降，被谢晋元严辞拒绝。1940 年 3 月，汉奸汪精卫在南京成立伪国民政府，派员以陆军总司令的高官诱降，也被他骂得无地自容。1941 年 4 月 24 日，郝鼎诚等 4 人被日伪军收买，谢晋元被这几个民族败类刺杀身亡，终年 36 岁。

★谢晋元墓

尽忠报国的张自忠

JIN ZHONG BAO GUO DE ZHANG ZI ZHONG

张自忠，字荩忱，著名抗日将领。1891 年，出生于山东临清。1911 年，在天津法政学堂求学时秘密加入同盟会。1914 年投笔从戎。1914 年秋，他到奉天(今沈阳)新民屯陆军第 20 师第 39 旅第 87 团车震部下当兵。不久，被提升为司务长。1917 年，入 16 军混成旅冯玉祥军中，历任排长、连长、营长、团长、旅长、师长等职。1930 年中原大战后，冯玉祥军事集团被瓦解，张自忠所部被蒋介石收编。1931 年“九一八”事变后，张自忠曾任第 29 军第 38 师师长、第 59 军军长、第 33 集团军总司令兼第五战区右翼兵团司令等职。1933 年初，第 29 军奉命参加长城抗战，他率所部与 37 师在喜峰口到罗文峪一线与日军血战，在 40 多天的激战中，打退了日军的多次进攻。同年夏，参加察北抗战。1935 年任察哈尔省政府主席。

1937 年“七七”事变时，任冀察政务委员会委员和天津市市长，除掌管军务外，还负责对日交涉。当 29 军撤离平津时，他受命代理冀察政务委员会委员长兼北平市市长。日军占领北平后出走。12 月，在河南任第 59 军(由原 38 师扩编)军长。后该军调赴徐州，编入第五战区序列。1938 年 2 月，奉命支援淮北于学忠部。在固镇指挥 59 军与日军血战 7 天，夺回曹老集、小蚌埠，稳定了淮河防线。

1938 年 3 月，日军投入七八万兵力，分两路向徐州东北的台儿庄进发。待至临沂、滕县时，同中国军队发生了激烈的战斗。当时守卫临沂的是庞炳勋的第三军团。由于实力过于悬殊，伤亡惨重，庞部急待援军。国民革命军第 33 集团军总司令张自忠奉调率第 59 军以一昼夜 180 里的速度及时赶来增援。

此次，张自忠又奉命支援临沂庞炳勋部，他与庞炳勋原有宿仇，但他以国家、民族利益为重，摈弃个人恩怨，指挥 59 军在临沂城郊与日军精锐坂垣师团进行拉锯战。他抱定拼死的决心，声言：“战而死，虽死犹生；不战而生，虽生亦死。”经 7 昼夜鏖战，取得临沂战斗的胜利，因功升任第 27 军团军团长，兼 59 军军长。同年 5 月中旬，在徐州突围时，奉命掩护友军撤退。在战斗人员不足的情况下，59 军在萧县南部地区顽强阻敌，完成任务后，到河南信阳稍事整补。之后，张自忠又率部投入武汉会战，在潢川、大别山一带阻击敌人。10 月率部安全撤回鄂西，升任第 33 集团军总司令，后兼第五战区右翼兵团总司令。1939 年 5 月，冈村宁次调集 10 余万日军分两路大举进犯鄂北的随县、枣阳地区，企图围歼第 33 集团军。张自忠派正面部

★张自忠铜像

★张自忠将军率部开赴前线

★29 军部分将领合影，有军长宋哲元(中)与高级将领张自忠(前排左二)、刘汝明(前排右二)等。

★张自忠旧居

★张自忠墓

队进行死守，并火速调派2个师迂回到日军后方，对日军进行两面夹击，在田家集大败日军，粉碎了日军围歼第33集团军的企图，并一举收复枣阳、桐柏等地区，史称“鄂北大捷”。1940年5月，日军集结15万的兵力向宜昌发动进攻。张自忠率74师的两个团和1个手枪营共2000余人东渡襄河后，一路奋勇进攻，在方家集将日军第13师团拦腰斩断，给敌人以极大威胁。日军遂以优势兵力对张部实施围攻。张自忠面对人数比他多一倍半的日军毫不畏缩，多次指挥部队向日军冲杀，经过七八天的苦战，部队严重减员，粮弹两缺，被迫退入南瓜店附近。5月16日下午2时，张自忠身边只剩下高级参谋张敬和副官马孝堂等8人，他掏出笔向战区司令部写下最后近百字的报告，交给马孝堂并留下遗言说：“我力战而死，自问对国家对民族可告无愧，你们应当努力杀敌，不能辜负我的志向。”激战中，张自忠被日军机枪子弹击中倒在血泊中。为了不让日军俘获，他掏佩剑自刎。一代名将，壮烈殉国。1940年5月28日，国民政府为他举行国葬。中共中央在延安也举行了隆重的追悼会，并在祭文中给予张自忠高度评价。毛泽东同志亲笔为张自忠题写“尽忠报国”的挽联。

张自忠将军纪念馆

★张自忠

张自忠将军纪念馆建于1991年，位于湖北省宜城市，是湖北省政府核定公布的省级纪念馆。此馆是一座古今结合、富有民族风格的四合院建筑，使用面积达720平方米。门楼两侧的花岗岩上分别镌刻着毛泽东、蒋介石当年题写的挽词“尽忠报国”、“英烈千秋”。王任重同志题写的“张自忠将军纪念馆”的馆名匾额，悬挂在门楼的上额。馆内以红颜色为主，象征烈士的鲜血染就。两侧碑廊有20块石碑，仿刻着著名人士题写的挽词手迹。正面7间高大房屋，分6个部分展出将军的遗物、手迹、照片、地图300多件，充分展示了张自忠上将艰难曲折的经历和从政治军风范。

★张自忠将军纪念馆

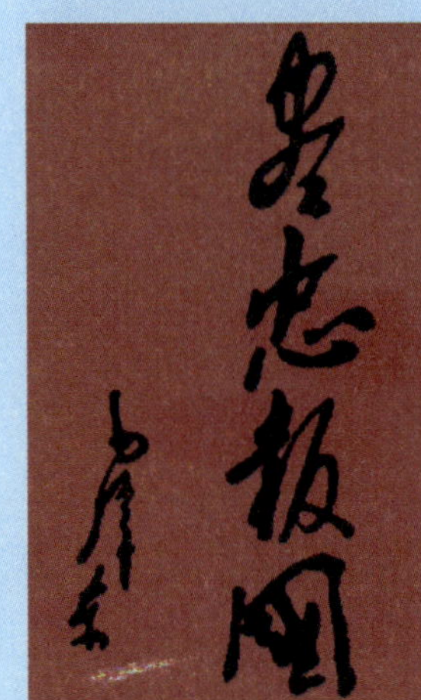

★毛泽东为张自忠题词

平型关大捷

PING XING GUAN DA JIE

1937年9月，日军把进攻的矛头指向太原。平型关是太原的门户，是山西东北的一个著名要塞，地势十分险要。日军便企图攻取平型关，以打开夺取太原的通路。9月，根据作战计划，八路军115师担负了配合友军作战，侧击来犯日军的作战任务。全师指战员受领任务后，决心歼灭来犯之敌，保卫山西，打出八路军的军威。

9月上旬，八路军115师开赴平型关附近，并占领有利地形。22日，日军第五师团第21旅团一部，由灵丘向平型关进犯，并占领东跑池地区。115师师长林彪、政治委员聂荣臻等决心抓住日军骄横、疏于戒备的弱点，利用平型关东北的狭窄谷道伏击歼敌。23日夜，115师师部进至平型关以东之冉庄、东长城村地域，并部署作战计划，进行战斗动员。24日深夜，115师利用暗夜和暴雨，秘密进入白崖台等预置阵地。25日拂晓，日军第五师团第21旅后续部队乘汽车100余辆，辎重大车200余辆，沿灵丘—平型关公路由东向西开进。7时许，该部全部进入我115师伏击阵地。115师指挥员抓住战机，立即命令全线开火，并乘敌陷于混乱之际，适时发起冲击。整个战斗中，各级指挥员指挥果敢沉着，作战任务明确，他们按预先作战方案以一部歼击先头日军，阻其沿公路南窜；一部分割包围日军后队，断其退路；一部冲过公路，迅速抢占老爷庙及其以北高地；一部阻断先期占领东跑池的日军回援。此时，日军第五师团长板垣征四郎急从蔚县、涞源调兵增援，但115师对此早有防范。增援日军被115师独立团、骑兵营阻击于灵丘以北及以东地区，并于腰站毙伤其300余人。

平型关战役，有力地打击了日军的疯狂气焰，打破了日军不可战胜的神话，也打出了八路军的军威，取得了全国抗战开始以来中国军队的第一个大胜利。

★林彪

★聂荣臻

★第115师343旅的机枪伏击阵地

★平型关战斗前，聂荣臻在前线侦察。

★八路军115师官兵与日寇进行肉搏战

★平型关一战，我八路军115师大获全胜。

奇袭阳明堡

QI XI YANG MING BAO

平型关战斗后，日军后续部队仍继续南侵，1937 年 9 月 28 日突破茹越口国民党防线，29 日进占繁峙县。阎锡山令国民党军队于 10 月 1 日从平型关、雁门关全线撤退。国民党决定全线撤退，日军却决计侵占太原，日军主力第五师团及第二、第十五独立混成旅团，紧紧尾追国民党军沿代县、崞县挺进。日军在攻占代县后，沿公路侵入阳明堡和崞县。八路军 129 师已陷入敌后，该师 769 团的任务是侧击南犯敌人。769 团是 129 师的一支劲旅，由 24 岁的团长陈锡联带领，到达代县南部滹沱河东岸的苏龙口村一带寻机歼敌。为了逃避日寇，附近的老百姓早已跑光。正巧，有一位国民党晋绥军的团长带着队伍刚从大同方向撤退下来。陈锡联想了解一点前线的情况，就迎上去同他搭话。谁知这位团长只简单地答了一句：“敌人天上有飞机，地上有大炮，我们没有打就完了……”

★陈锡联（左）与王近山（右）在战争年代的合影

既然无法从国民党军队那里了解敌情，为了伺机打击日寇，只有自己去进行侦察。陈锡联带着三位营长，化装成老百姓下了山。这里往南百里左右就是忻口，战争正在那里紧张地进行着，日寇的飞机不断从头上掠过。“莫非敌人的机场就在附近？”陈锡联心里暗暗琢磨着。

果然，他们刚出沟口，一眼就看见了河对岸敌人的机场。说来也巧，当他们在隐蔽处仔细观察敌人机场的时候，一个老乡刚趟水过河，向这边走来。他们急忙迎上去询问。原来老乡是附近村里的农民，被日本兵抓去，天天在机场当苦力，给敌人抬汽油。因为受不了敌人的虐待，刚从机场逃了出来。老乡对机场的情况非常熟悉。这个机场离阳明堡不远，是在小茹解、班政铺、泊水村、下班政四个村子的中间，紧接着小寨村，机场上有 8 架大飞机，16 架小飞机，共 24 架飞机，分成三批，轮番出动。飞机场里有一支守卫部队，大约 200 人左右。阳明堡里住着敌人的一个大司令，还配有装甲车。

陈团长他们又悄悄地爬上一座小山，从高处瞭望机场，情况看得更清楚了。敌机停放为三列横队，每列 8 架，这时正轮番起飞，往南轰炸忻口。机场的边缘沿跑道有一条很深的战壕。从望远镜里可以看到，在崞县进入机场的北端，是要塞的入口，敌人警戒检查很严，但在南端的停机坪处，警戒却比较松懈。

侦察完毕，陈锡联立即召开动员会，发动各营指战员对如何实施袭击机场动脑筋、想办法。在会上，有的说，把柴禾搬进机场用火烧；有的说弄点汽油泼在飞机上，用火点着就行了；有的主张干脆甩机枪打；有的说用手榴弹炸。建议提的很多。最后决定用五个手榴弹捆在一起，塞到飞机肚里炸。在讨论由谁去执行任务时，又发生了一番激烈争执，各营都要求去执行炸机任务。最后陈锡联决定，袭击任务交给三营。三营是一支能攻善守、以夜战见长的部队，曾被授予过“以一胜百”的奖旗。三营长赵崇德，虽然只有 23 岁，但他是 1932 年入伍的老战士，经受过长征锻炼，是一位优秀的年轻指挥员，战士们称他“打仗如虎，爱民如母”，把炸飞机的任务交给三营没错。

769 团的整个战斗部署是：三营袭击机场，一营牵制崞县援敌，二营为预备队，和团部一起驻守滹

★赵崇德

★毛远新和陈锡联在一起

八路军袭击部队出色地完了炸机任务，迅速撤离了机场。在掩护部队撤离时，赵崇德和十几名战士英勇地牺牲了。

沱河东岸苏龙口北侧地区待命。

10 月 19 日晚饭以后，夜幕降临，部队乘着夜色，悄悄出发了。袭击部队由老乡作向导，沿着山谷，来到滹沱河边。赵营长问向导："河水深吗？能不能趟过去？"向导说："水倒不深，但河里有污泥，走慢了容易陷进去，快跑没事。"按照向导的意见，营长命令部队快速趟水过河。过了河，赵营长率领战士们悄悄地爬过铁丝网。由于日军入侵华北以来，还没有遇到过顽强的抵抗，所以他们对机场的防卫也比较松懈，因此直到夜袭部队向敌人哨位靠近时，敌哨兵才发觉势头不对，立即鸣枪示警。赵崇德听见枪声，立即就下令快速出击，用猛烈的火力压住掩体里的敌人。负责炸飞机的战士，迅速爬上飞机，敲破弦窗，把手榴弹利索地塞进机舱里。霎时间，机场上响起了此起彼伏的爆炸声，一架架飞机接连起火爆炸。日军守卫部队急忙组织火力向八路军袭击部队扫射，并昏头昏脑地胡乱冲击，却被八路军的火力网死死封锁住，不得前进一步。不到一个小时，机场上的飞机全都被炸毁，机场上一片狼藉，日军的机场守卫部队也被消灭了一百多人。

八路军夜袭阳明堡机场胜利的消息，很快就传遍了全国，大大鼓舞了全国人民的抗敌斗志。重庆的国民党官方报纸也刊登了这一消息："南京二十日电：我军在晋北突袭阳明堡敌空军侵略临时根据地，并炸毁敌机二十四架之消息，此间关系方面亦得到报告，业经证实云。"

但国民党的一些军官们不相信，说："就凭八路军那破武器还能打飞机？不可能！"可是从 10 月 20 日起一连数天，忻口、太原上空都没有遭日军飞机轰炸，这时他们才瞠目结舌，不得不相信了。

奇袭阳明堡机场，是八路军 769 团出征抗日的第一个重大胜利。此战之后，使日军晋北战场一大段时间里失去了空中优势，大大缓解了忻口战役中国军队的空中威胁，严重地削弱了日军的进攻力量。也使饱受日军飞机轰炸的中国军民长出了一口气，使全国人民看到了中国共产党抗日的决心和勇气、智慧和战术，民族精神得到鼓舞而空前高涨。

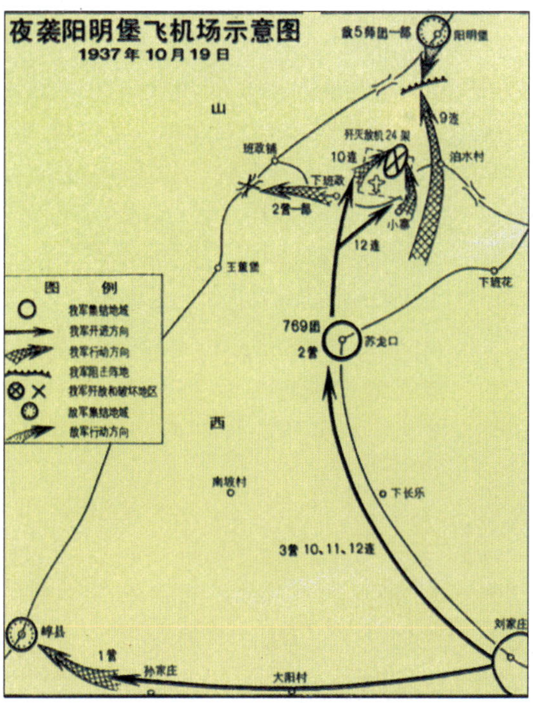

★夜袭阳明堡飞机场示意图

★陈锡联

陈锡联

陈锡联，中国人民解放军高级将领。1915 年 1 月 4 日生于湖北黄安（今红安）高桥区陡山彭家村，1929 年 4 月参加中国工农红军。1930 年加入中国共产主义青年团，同年转入中国共产党。在红四方面军先后任连政治指导员、营政治委员、团政治委员、副师长、师政治委员、师长等职，参加了鄂豫皖苏区历次反"围剿"和开辟川陕苏区的斗争，参加了长征。他作战勇敢，屡建战功，被指战员们誉为"小钢炮"，李先念同志赞誉他"打仗数第一"。1988 年被授予一级红星功勋荣誉章。1999 年 6 月 10 日病逝于北京。

七亘大捷

QI GEN DA JIE

1937年芦沟桥事变后，刘伯承同志指挥我八路军一部，于10月26日、28日，在山西省平定县七亘村“反常用兵”，两度设伏，均以小的伤亡，取得重大胜利。这是抗日战争初期，继平型关大捷后我军较大的一次胜利。

七亘地处太行山脉中段、晋冀两省接壤地，位于平定、昔阳、井陉三县的交界处。古称“太行八陉”之一的井陉，有两道大门可穿过太行山进入山西平定，北门是娘子关，南门是七亘。七亘村，四面环山，高山峻岭，层峦叠嶂，沟壑纵横，峡谷陡峭，道路奇险，素有“龙虎环抱”之称，为屯兵设营要地。抗日战争期间，平东县委、县政府常住此地。

1937年10月，日寇占领石家庄后，以20、109两个师团的兵力，沿正太线向西疯狂进犯，企图夺取娘子关，进入晋东境内，以解晋北日寇被困忻口之危。日寇109师团向娘子关正面进攻，20师团的精锐部队由井陉县南、北障城、测鱼镇(原属平定县)经七亘村，向平定迂回，意在切断我娘子关国民党守军的退路，使其腹背受敌。

★李达

10月25日拂晓，已开进太行山区的八路军129师师长刘伯承同志率领师部司政人员30余人，由平定县马山村出发抵达七亘村。刘伯承同志在村南的三郎庙土包上，用望远镜仔细环视七亘地形，并将要点告诉身旁的参谋们记了下来。不多久，敌人发现了刘伯承同志在七亘的行动，企图活捉刘师长，但被李达参谋长指挥的警卫战士击退了。

当时，129师所属386旅旅长陈赓同志已奉命率部驻至昔阳县孔氏村，该旅772团第三营由王近山副团长率部进入七亘村南山西岔和双炭窑的深山宿营，营指挥所设在西岔的牛角峪。

25日，我军侦察人员获悉，敌20师团的先头部队，已向平定方向急进，后边辎重部队约千余人，已在距离七亘10公里的测鱼镇宿营。刘师长对敌情和地形进行了准确的分析判断后，对身旁的指挥员说：“七亘村是测鱼镇通往平定的咽喉要道，敌人明天一定经七亘村向前方输送军需物资，送到嘴的‘狗肉’一定把它吃掉！”讲到这里，刘师长拿起铅笔，在地图上把“七亘村”三个字果断地划了一个红圈，说：“就在这里设伏。我军要利用七亘村西口至申南峪之间路南的自然地貌埋伏下来，出其不意打击敌人，切断敌人20师团与后方的交通联系，夺其辎重，牵制敌人的西进兵力。”并确定由王近山副团长指挥772团第三营实施这一计划。三营的具体部署是，12连担任突击任务，11连向定盘寨迂回包围，9连、10连作预备队。营指挥所设在青脑北的小山上。

26日上午9点左右，敌人先头部队已进入我军伏击区。在蒿草丛中，我军一双双仇恨的眼睛怒视着敌人，一双双钢铁般的手紧扣着打开保险盖的手榴弹，乌黑的步枪装填上一触即发的子弹。指战员们屏住呼吸，耐心地等待着一步步靠近之敌。敌人越来越近了，担任前卫的敌人扛着旗，昂头挺胸地走了过去，却没有发现身边有埋伏。

当辎重部队全部进入我军的伏击圈内时，后面掩护之敌跟着前进。指挥员一声令下：“打！”我军居高临下，采用拦头、截腰、堵尾的战法，把敌人分为三段。前面敌辎重部队因遭到我军的袭击，向后急转，慌忙逃命。后面掩护之敌疾进增援，却被一匹匹四处奔跑和打死了的骡马和骆驼堵塞在狭窄小道上，弄得敌人自相践踏，晕头转向，兵力无法展开，火力无法发挥，完全失去了控制能力。被我军截击在山腰隘路之敌，更是上天无路、入地无门，慌作一团，在我军猛烈的火力打击下，翻翻滚滚跌落到路旁悬崖之下的河沟里。这时，我军发起冲锋，与敌人展开肉搏战。12连4班战士、共产党员杨绍清冲在最前头，与迎面围上来的7个鬼子拼刺刀，刺死六个，刺伤一个，夺获步枪三支，自己也负了三处伤。还有个不知名的战士，用没有刺刀的枪托和敌人拼杀搏斗，他身上已负了五处伤，鲜血沾满了全身，已无力再和敌人拼搏了，但他仍不下火线。他把手中的枪猛力向一个手执指挥刀的鬼子军官迎面掷过去，吓得那个鬼子倒退了一步，他乘着敌人一怔的瞬间，向敌人猛扑过去，用尽全身力气，把敌人压倒在地上，用嘴把敌人的鼻子狠狠地咬掉。敌人因被咬掉鼻子疼痛得昏迷过去了。他迅速夺过敌人手中的战刀，向敌人胸口猛刺过去，这个鬼子军官顷刻在血泊中毙命。敌人尾部见势不妙，朝原路回缩，向测鱼镇狼狈逃窜，被我团部侦察班截击于石门关前的峡谷中，以毫无伤亡的记录，歼敌四五十人。

这次战斗，敌人除少数掩护部队和骡马逃回测鱼镇外，大部分被我军歼灭，共击毙敌300余人，缴获满载辎重物资的骡马300余匹，我军仅伤亡10余人。刘师长兴奋地对三营营长说："你们的伏击打得很漂亮，让日本人尝到点厉害！"并立即指示部队："要赶快打扫战场，迅速退出七亘村，要当心敌人的回马枪。"刘师长多智善谋，神机妙算，我军前脚退出七亘村，果然测鱼镇之敌很快派出部队，到七亘村四处寻找我军去向。但我军巧妙佯动，早已走得无影无踪了。敌人扑了空，只搬运了几具死尸回去。

27日上午，772团在昔阳县东冶头村召开了庆祝七亘大捷和悼念在战斗中英勇牺牲的烈士大会。叶成焕团长向大会做了总结报告，陈赓旅长讲了话，他说："这一仗虽然胜利了，但仅仅是开始，我们还要继续作战。研究这一次战斗的经验和教训是非常必要的。"

刘师长运筹帷幄，决胜在胸，七亘第一次战斗胜利后，刘师长分析了日军的作战心理和当地的交通条件，对身旁的指挥员说："按一般常规来说，会用兵的不会在一个地方连续搞伏击。可我们能够利用敌人的这些弱点，出其不意地来个'守株待兔'，再给他一次打击！"并进一步分析了敌人在七亘村受到打击后，与前方的交通联系被我军切断，增援任务没有完成，大批军需物资堆积在测鱼镇，急需向前方输送，敌人迷信于我国古代兵法"兵无常势，水无常形"、"不得中常"的用兵之道。因此，敌人认为我军不会以原样章法，再到原处去设伏。所以敌人不会改变他们的计划，绕走别路，他们还会经此向前方输送军火。刘师长审时度势，善用"五行"，决心再次在七亘设伏，但埋伏的地点稍稍偏西一点，利用七亘村南山（西口至改道庙）的土坎、沟壑、草丛这些自然地貌，把部队巧妙地隐藏起来，慢慢等敌人上钩。另外，刘师长又命令王近山副团长，再次去指挥第三营。这次的兵力部署是：9连担任突击任务，10连迂回包围，11连、12连和特务连一个排为预备队。营指挥所设在得清岩沟西山上。

★一二九师陈列馆

★八路军129师司令部旧址

28日上午，果然不出刘师长所料，测鱼镇之敌又向七亘村出发了。这次来的是一个骑兵连、两个步兵连，共100余骑兵和300余步兵，掩护辎重部队向西进犯。敌人这次更狡猾，把部队拉开了距离，打前站的敌人搜索甚严，步步前进。

三营指战员有了第一次打伏击的经验，斗志非常旺盛。尽管秋雨连绵，但他们紧紧地贴在地上纹丝不动，沉着镇静，神色不变，敌人从他们眼前走过去都没有发觉他们。我军又将敌人先头部队放过去。一个骑在马背上的鬼子兵，看到山上和山下均无动静，可以放心通过便得意地吹起口哨，朝后面打"旗语"，通知后面辎重部队大胆前进。当敌军辎重骡马刚刚进入我军伏击圈时，战士们从地上跃起，像从地下冒出来似的，机枪、手榴弹猛烈袭击敌人，山腰的鬼子兵人仰马翻，狂呼乱叫，慌作一团。刚刚迈出伏击圈，爬上改道庙的先头部队，看到后面辎重部队遭到袭击，赶紧调头回来增援。狡猾的鬼子兵发现了我指挥所的位置，马上朝这边射击，三营命令侧翼部队堵住这股敌人。我侧翼部队,对敌实施火力控制,一排排手榴弹投向敌阵,几挺轻、重机枪集中火力射击,峡谷的鬼子兵血肉横飞,死尸遍野。

战斗一直进行到黄昏,敌人被迫逃窜后,战斗结束。由于敌人这次组织较前严密,掩护部队也较多,又因雨天路滑,我增援部队未能及时赶到,只歼敌100余人,缴获了满载辎重物资的骡马100多匹,我伤亡20余人。

★七亘大捷纪念碑

两次战斗,我军以30余人的伤亡,歼敌400多人,缴获了满载军用物资的骡马400多匹、骆驼数十匹和大批军用物资。

刘伯承同志率部在三天内,叮住了七亘村这块要地,连续两次用同一支部队,在同一个地点,伏击同一股敌人,取得了振奋人心的重大胜利。战后,第二战区副司令长官卫立煌对这次"反常用兵"敬佩不已,称赞刘伯承将军"重叠的待伏"是个奇迹,是"兵家所忌"的一次大胆的巧妙用兵。

刘伯承同志亲自指挥的七亘大捷,在太行山区出色地揭开了抗日游击战的序幕,以灵活机动的战术沉重地打击了敌人,打乱了日寇西进的战略部置和长驱直入的嚣张气焰,有力地批驳了患"恐日病"的国民党军轻视游击战争的谬论,唤起了当地人民抗日救国的信心,建立起太行山区最早的革命根据地,把胜利旗帜高高地插到太行山上。

陈赓

陈赓,原名陈庶康,化名王庸。1903年2月27日生于湖南省湘乡县二都柳树铺。1916年入湘军当兵。1921年脱离湘军,在长沙参加爱国活动。1922年加入中国社会主义青年团,1922年12月加入中国共产党。1924年5月年入黄埔军校第一期学习。毕业后,留校任副队长、连长。参加了平定商团叛乱和讨伐陈炯明的东征。1926年赴苏联学习。1927年回国参加南昌起义,南下途中在贺龙部任营长。后赴上海在中共中央机关做情报工作。土地革命战争时期,历任中国工农红军四方面军十二师团长、师长,红军步兵学校校长,红军干部团团长,陕甘支队第十三大队队长,红一军团第一师师长。参加了长征。抗日战争时期,历任八路军一二九师三八六旅旅长,太岳军区太岳纵队司令员。解放战争时期,历任晋冀鲁豫野战军第四纵队司令员,中国人民解放军第四兵团司令员兼政委。

★陈赓

★陈赓一家

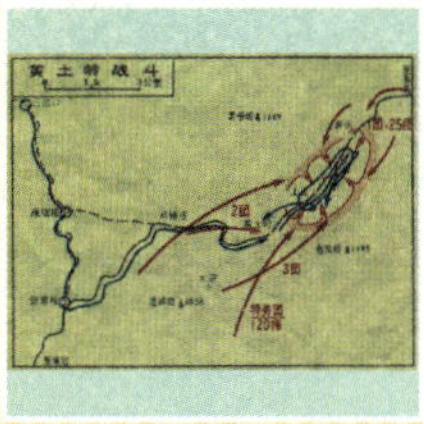

阿部规秀丧命黄土岭之战

A BU GUI XIU SANG MING HUANG TU LING ZHI ZHAN

独立混成第二旅团，是向称骠悍的一支日军劲旅。原旅团长常冈宽治少将于 1938 年 10 月 28 日在广灵西南张家湾战斗中被击毙。1939 年 9 月，日军吹捧为擅长运用新战术的“俊才”和“山地战专家”的阿部规秀由少将晋升为中将，被任命为蒙疆驻屯军总司令，兼任独立混成第二旅团的旅团长。日军的旅团长一般由少将担任，而第二旅团长由中将来兼任，可见该部队大受大本营的重视。这支部队成为阿部规秀的看家军镇守张家口。

★阿部规秀

9 月底，日军开始冬季大“扫荡”，先是攻击晋察冀根据地的南线，由灵寿、慈峪、陈庄一线推进。敌独立混成第八旅团旅团长水原少将率领精兵 1500 余人，运用新战术，绕小道奇袭陈庄，却钻进我军的伏击圈，“天才的指挥者”水原少将及其一千多部下全被歼灭。敌人南面的“扫荡”被迫终止，不得不将重点转移到北线来，并命阿部规秀为北部行动的总指挥。

阿部规秀骄蛮成性，狂妄自负，刚刚晋衔，急于报效天皇。他首先动工修筑一条从九宫口经摩天岭、曹庄子、上庄、中庄的支线公路，与涞源、易县、灵丘的干线公路连接，以便增强其机动性。为此，晋察冀一分区组织了一支“北进支队”，并于 10 月 19 日夜袭摩天岭，消灭了 100 多名日伪军，把摩天岭公路支线予以彻底破坏。

阿部在公路支线被破坏后，怎肯罢休。根据《第三期治安肃正计划》，独立混成第二旅团将灵丘地区移交给二十六师团，而接防原一一零师团驻防的涞源县，该《治安肃正计划》规定：“东部及南部山地地带的讨伐，除由原来负责的警备队进行外，随时以旅团主力进行讨伐。”

第二旅团根据《第三期治安肃正计划》，企图扫荡涞源县南境方面的八路军根据地，并于 11 月上旬，实施全面的讨伐。

旅团长阿部规秀，先期于 10 月下旬对灵丘方面进行“扫荡”以后，又率领独立步兵大队（大队长：辻村宪吉大佐）到达涞源，当即命令担任该县警备任务的独立步兵第四大队（大队长：堤赳中佐）进行讨伐准备。

31 日，阿部规秀作了必要的部署：堤赳“讨伐队”从插箭岭，首先对走马驿镇的八路军进行袭击；辻村“讨伐队”从白石口，首先对银坊的八路军进行袭击。11 月 2 日半夜以后，开始行动。

两“讨伐队”于 2 日半夜，从长城线出发。辻村“讨伐队”3 日晨到达雁宿崖南方险峻的长隘路时，突然遭到八路军的伏击，“讨伐队”立即展开攻击，八路军的士气十分旺盛，激战一直持续了一天。

阿部规秀在这次讨伐前给女儿写了一封信：“爸爸从今天起去南方战斗！回来的日子是十一月十三、四日，虽然不是什么大战斗，但也将是一场相当激烈的战斗。八时三十分乘汽车向涞源城出发了！我们打仗的时候是最悠闲而且最有趣的，支那已经衰弱下去了，再使一把劲就会投降……圣战还要继续，我们必须战斗。那么再见。”

阿部规秀旅团的行动，其实已在八路军掌握之中。当日军从涞源城出动的时候，涞源情报站送来了有关敌人行动的综合情报，日军共兵分三路出动了：西路经北石佛驰往灰堡；西南路出涞源城经插箭岭奔袭走马驿；东路由辻村宪吉大佐率一个大队和一个炮兵中队、一个机枪中队共 600 多名日军，有经白石口、鼻子岭向我银坊镇地区“扫

★关向应

荡”的迹象。

情报送到晋察冀军区时，军区正在筹备军区成立两周年的庆祝活动。一二零师贺龙师长、关向应政委，都应邀参加军区庆祝活动。

军区聂荣臻司令员，得到这一情报，征求第一军分区司令员杨成武的意见。杨司令员认为敌人有三路，我们应集中力量打一路。其中东路从涞源到银坊的道路，出涞源城，经白石口，再往南到雁宿崖、银坊，其间有一条山路可走，两面是大山乱石，不难找到伏击地域。虽然这路敌人是三路中的主力，可是由于大山阻隔，另外两路敌人难以策应，成了孤军。而我军主力部队，在东部附近，打东路比较方便。

聂司令同意这个意见，还请彭真、贺龙、关向应同志一起来进行磋商。贺师长听完了敌情通报和作战设想后，十分赞同地高声说：“送上门来的，打嘛！打一个胜仗，庆祝军区成立两周年！”贺师长一句话，说得大家都笑了，大家也都同意打。军区很快作出决定，命令杨成武负责组织指挥这次战斗。

11 月 2 日，杨成武司令员在分区司令部召开干部会议，仔细研究了作战部署，并得到军区批准：以部分兵力和地方游击队去牵制、堵击插箭岭、灰堡之敌，由二团、三团分别埋伏于雁宿崖东西两面；一团插至白石口南截击敌人退路，由素有“狼诱子”称号的曾雍雅、梁正中支队，由白石口向雁宿崖佯动，诱敌进入雁宿崖伏击圈后，全线发动攻击。

这次作战的兵力部署，八路军有三个主力团，与这一路日军的兵力相比，占有绝对优势。八路军兵力集中，地形十分有利，从白石口至雁宿崖一路是一个宽约 40 米的干河滩，两边山岭陡峭，如果伏兵于两侧，诱敌进入伏击圈，再用火力断其退路，完全具备聚歼敌人的条件。

★1939 年黄土岭围攻战之前，杨成武向部队指战员作战斗动员。

分配作战任务以后，各团进入伏击阵地，指战员荷枪在山中露宿。11 月 3 日，晴空万里。早上 7 时许，清新的凉风阵阵扑面。很快，八路军便与三路敌人先后接火，枪炮声连续不断。接着，各路战报分别汇集到军分区司令部。

东路日军和八路军诱敌部队略一接触，诱敌部队佯装节节败退。敌人认为八路军不堪一击，竟大踏步追进狭谷，气焰十分嚣张。日军进入狭谷后，行军和休息也不派出警戒，对道路两侧也不搜索，径直奔张家坟前进。

埋伏在张家坟以北及枣儿沟的三团、一团已进入阵地，一团三营除以一个连控制敌人退路外，其余主力则尾随敌人。敌先头部队进入雁宿崖与张家坟之间时，三团首先以猛烈的火力予以迎头痛击，接着一团也猛扑过来。伏击部队的机枪一齐开火，枪声、手榴弹爆炸声、喊杀声，震耳欲聋。敌人遭到突然袭击，纷纷向四面逃窜，极力寻找掩身之地。因为日军的这支部队曾受过严格训练，还能临阵不惊。他们迅速组织反抗，先是占据了一块小高地作为立足点，然后以十几挺机枪和几门山炮为掩护，向三团阵地发起连续反扑。另以猛烈炮火向一团所占小山头轰击。同时，又有几十名日军士兵迅速抢占了无名高地以西的 615 高地。

在三团的阵地上，指战员很沉着，等敌人靠近以后，才猛扑过去，用手榴弹和刺刀将敌人压下去。一、二团的机枪也在敌人侧面猛烈扫射，打得反扑的敌人难以立脚。

没多久，二团又攻占了 615 高地，一团也攻占了敌人的炮兵阵地。雁宿崖外围的敌人已基本肃清，剩下的残敌被压缩在上庄子与雁宿崖西北的小高地上。

★聂荣臻

★杨成武

小高地上面有敌人的指挥部和炮阵地。辻村宪吉大佐督促士兵四面抵挡，山炮不停地发射。显然，他们妄想坚持到天黑，等待另外两路敌人的救援。但他们哪里知道，另两路敌人也受到八路军堵击，无法前进。

八路军在小高地四周，把敌人围得水泄不通，下午4时许，开始总攻。主攻部队由三团一营担任，营长赖兴中冲到最前沿指挥。冲锋号一响，十几挺机枪掩护冲锋部队，三连指导员甩去了棉衣裤，挥舞着驳壳枪，带着全连迅猛地冲上了山顶。由于小高地只有一面陡坡能通向山顶，冲上去的一个连，被倾巢而出的日军死命抵抗顶住，双方在山头上展开了激烈的白刃格斗。指导员数处负伤，满身是鲜血，一只眼睛也被鲜血糊住，不能睁开，但他仍用驳壳枪不断射击。敌人也拼命抵抗，机枪封锁了陡坡下的道路，八路军后续部队无法冲上去，攻上去的部队又被压了下来。

第二次冲锋也没有成功。指挥部下了决心：一定要在今天解决战斗。

夕阳已经落到山后，山谷渐渐模糊。第三次冲锋又开始了。这次冲锋由一团主攻，曹葆全排领受了冲击先锋任务，全排决心打出一个样板。冲锋号一响，四面八方的呐喊声和枪炮声如轰雷四起，曹葆全率全排冲在最前头，大部队如狂潮一般涌了上去。

日军再也无法负隅顽抗了，残余敌人被逼迫龟缩到村西的一个大院里。一团的战士紧紧包围住院子，机枪、步枪同时向大院射击，手榴弹成排的向院内倾泻。大院顿时烟雾弥漫，房子着火了，屋里的日军像老鼠一样，四处乱窜。八路军围攻部队乘势冲进大院，将敌一举聚歼，除生俘13人外，其余均被击毙，漏网者极少。

死里逃生的漏网日军士兵，跑回涞源城向阿部报告了辻村所部被歼的消息，阿部大为恼火。摩天岭道路的被毁和辻村的被歼灭，对他这位荣任未久的旅团长来说不啻是挨了两个大嘴巴。“山地战专家”阿部，妄图趁八路军“消化”战果，兵力疲惫之际，来个出其不意，以重兵咬住主力兵团，来一次决战。企图用优势兵力消灭这支八路军部队。阿部旅团长判断，八路军主力已向司格庄方面退走。他决定派部队迅速追击八路军主力。

当日军刚要从涞源出动，八路军已经获得了情报，知道这是敌人要实施报复性“扫荡”，可能会沿着辻村的旧路，进至银坊。然后，或西取走马驿或东扑黄土岭，寻八路军主力决战。

情报送到军区司令部，聂司令员问杨成武有什么意见。杨汇报说：“部队刚打了胜仗，伤亡很小，士气很高，正在银坊、司各庄一带休整。银坊以东，直到黄土岭，地势也十分有利于设伏。只要敌人敢于由银坊东进，定能伏击成功。”

聂司令员又征求彭真、贺龙、关向应等同志的意见，大家都同意再打一个更大的胜仗。考虑到兵力问题，又计划调派二十团、二十五团和炮兵营加入战斗。贺龙师长也命一二零师特务团从神南北上，归杨成武指挥。同时，军区还命二十六、三十四团箝制易县、满城、徐水的可能增援之敌。整个战斗布置十分严密，到处洋溢着同仇敌忾、齐心杀敌的气氛。

11月4日，日军没有分兵，集中了1500多名日军沿着辻村走的旧路冲杀过来。晚上已推进到雁宿崖下，他们把八路军已经掩埋过的日军尸体都挖出来，用木杠子抬到一起，架上柴堆，浇上汽油，点火焚烧。整个山谷弥漫着焚尸的焦糊味，数里以外都可看见熊熊烈火。

11月5日，日军继续向白石口前进，与八路军诱敌部队接上了火，诱敌部队忽而坚决堵击，忽而急速后撤，紧紧缠住敌人不放。敌人求战不能，追赶不及，脱身不得，气得阿部焦躁不安。

傍晚，日军进占银坊镇。镇内既无人畜，更无粮秣。敌人扑了一个空，气得野性大发，将银坊镇村庄房屋全部烧着了。大火烛天，长久不熄。由于群众及时坚壁清野，没有伤及人畜。

6日，日军两次扑空后，阿部已急红了眼，倾其所部向黄土岭进发。在敌军行进的过程中，八路军部队已乘夜展开，完成了对敌的包围。

次日，天空下起了小雨，周围的山峰被浓雾笼罩着，有一种阴沉、神秘的气氛。黄土岭其实不是黄土高原上的山岭，而是太行山北部群山中的一座岬口，四周有许多深沟大壑和一条狭窄的河滩。日军的这次行动比较谨慎，上午先是由先头部队30多人，携带轻、重机枪缓慢行动，先占领路侧小高地，后面大队才接着跟进。

中午12时左右，日军先头部

★黄土岭战斗中，士兵向日军开炮。

★击毙阿部规秀的迫击炮

队已接近黄土岭东面的寨坨村，大队人马还在上庄子一线。下午3点，日军全部离开黄土岭，进入峡谷。突然，一、二、三、二十五团从四面杀出，将日军团团围住，并将他们压缩在上庄子附近一条长约二三里、宽仅百十米的山沟里。八路军100多挺机枪从各个山头一齐往山沟里射击，炮兵部队也连续发射炮弹，整个山沟都被弹片、尘土和碎石、硝烟覆盖了。

日军受到突如其来的打击，开始慌乱了一阵，接着试图依仗其火力优势，准备向前突击。当遭到强烈反击后，又掉头返回，妄图从黄土岭突围。但在黄土岭方向又遭到堵截部队三团和一二零师特务团的阻击。前进无望、后退无路的敌人，只好就地组织顽抗，以待援军。

黄土岭之东有个小村庄，名叫教场，这个村庄就成了日军的临时指挥部。一群日本军官围在村庄前一座独院的前场上，用望远镜向四周观察，企图寻找八路军的薄弱处进行突围。这情景，被对面山头上一团团长发现，他急忙将目标指示给配属的炮兵。炮兵连长杨九秤立即指挥炮手，连发数炮，炮弹刚好落在这群日本军官当中，硝烟散处，倒下一大片人，其中包括“山地战专家”阿部规秀。

正巧，有十七八个当地群众被日本人关押在这座独院的东屋里，亲眼看到炮弹在房前爆炸，日军军官被大片炸倒，连同趴在一边的一条日军大狼狗也被炸死。但是，并没有一个弹片飞到小屋里，伤到群众。大家暗暗称奇，夸赞八路军的炮弹打得真神。

日军中将阿部被打死后，敌人极度恐慌。绿川纯治大佐命令部下抬着阿部的尸首，拼命往西突围。遭到三团、特务团猛烈堵击后，又转头往东冲击，但又被一团击退。眼见突围无望，敌人不得不收缩兵力固守待援。

入夜，残敌固守在上庄子。八路军因激战一天，各团之间联系困难，不便乘夜攻击，遂固守阵地，不使敌人突围。同时用小部队袭扰、疲劳敌人，准备次日一早开始向敌人发起总攻击。

8日早晨，飞来5架日机，先是在日军阵地上盘旋，然后投下了7个降落伞。除了投下弹药、食品外，还有一个人。不久，敌人便开始行动，留下200多人在上庄子掩护，其余向司各庄方向突围。八路军立即派部队穿插上去切断了两部日军间的联系。与此同时，各团开始实施全线攻击。

中午，从三岔口方向传来密集的枪声，估计这是日军增援部队与八路军阻击部队交了火。日军纠集了前所未有的重兵，包括驻保定的一一零师团、驻大同的二十六师团、驻张家口的独立混成第二旅团余部一齐出动，从灵丘、涞源、唐县、完县、易县、满城等方向多路往黄土岭合击，敌人企图在八路军的后边，再形成一个更大的包围圈，将这支抗日军队一网打尽。当时敌人的先头部队离黄土岭不到30里时，聂司令员果断命令部队撤退，各部接到命令后迅速撤离了阵地。

八路军从11月3日至8日，6天中连续取得雁宿崖和黄土岭两次胜利，共歼灭日军“名将之花”阿部规秀以下1500多名（不包括伪军），并缴获大批武器、弹药和军用物资。

聂荣臻元帅陈列馆

聂荣臻元帅陈列馆位于重庆市江津市城区西部，背倚青山，交通便利，距重庆市区43公里，由高速公路、一级公路相连，面临长江。聂帅陈列馆由主馆和铜像广场组成，占地约20亩，铜像广场宽阔平坦，两组大型浮雕分列左右，聂元帅铜像耸立中央。主馆内共陈列照片近300张，文物、史料400余件，党和国家领导人的题词和书、画名家创作的书画近百件，此外还收藏照片3000余张、文物数百件、名家字画500余件、聂帅生前藏书近万册。馆内还陈列了建国50周年阅兵式中展示的国产先进武器装备、长征系列火箭、各种人造卫星等声光电结合的模型40余件。

南京大屠杀

NAN JING DA TU SHA

1937年12月13日，国民党军队在南京外围与日军多次进行了激战，但未能阻挡日军的多路攻击，南京在一片混乱中被日军占领。此后，日本法西斯分子松井石根和谷寿夫指挥日本侵略军对我手无寸铁的同胞进行了长达6周残忍、野蛮、令人发指的大规模屠杀。

12月15日，日军将中国军警人员2000余名，解赴汉中门外，用机枪扫射，并焚尸灭迹。当夜，一伙日军又将9000名市民和已放下武器的中国士兵押往海军鱼雷营，除9人逃生外，其余全部被杀害。16日傍晚，中国士兵和难民5000余人，被日军押往中山码头江边，先用机枪射死，然后将尸体抛入江中。17日，日军将从各处搜捕来的军民和南京电厂工人3000余人，在煤岸港至上元门江边用机枪疯狂扫射，并把当时未死的用木柴烧死。18日，日军将幕府山下的难民和被俘军人5.7万余人，用铁丝捆绑，驱至下关草鞋峡，先用机枪扫射，然后用刺刀乱刺，最后浇上煤油，纵火焚烧，并将残骸投入长江。更令人发指的是，日军大本营竟然以"耀扬国威"来嘉勉进行杀人比赛的日本侵略军。其中两名日军因分别杀了106和105名中国人而荣登日本报纸的版面。在日军进入南京后的一个月中，他们遇屋就烧，从中华门到内桥，从太平路到新街口以及夫子庙一带繁华区域，大火一连烧了多日，全市约有三分之一的建筑物和财产化为灰烬。无数住宅、商店、机关、仓库被洗劫一空。

据1946年2月中国南京军事法庭查证：日军集体大屠杀28起，19万人，零散屠杀858起，15万人。日军在南京进行了长达6个星期的大屠杀，中国军民被各种禽兽般的手段致死的人多达30多万。在《远东国际法庭判决书》中有过这样一段对那些战争狂人的指控："日本兵完全像一群被放纵的野蛮人似的来污辱这个城市"，他们"单独的或者二、三人为一小集团在全市游荡，实行杀人、强奸、抢劫、放火"，终至在大街小巷都横陈被害者的尸体。"江边流水尽为之赤，城内外所有河渠、沟壑无不填满尸体"。

南京大屠杀是一场亘古未见、闻所未闻的大屠杀，每一个有良知的中国人都应永远警记这段血色历史！

★杀完中国人的日本禽兽

★日军正准备活埋中国百姓

★日军轰炸之后的南京市区

★南京大屠杀纪念馆之历史警钟

★被南京军事法庭确认的日本战犯（三名吸烟者）

松井石根

★杀人恶魔——松井石根

松井石根(1878—1948年),日本名古屋人。日本陆军上将,甲级战犯,南京大屠杀的罪魁。

1898年,松井石根毕业于日本陆军士官学校,随后入日本陆军大学,期间参加过日俄战争。1906年毕业后,曾任日本参谋本部中国班班员、驻中国广东武官和驻上海武官、步兵团长、海参崴派遣军情报参谋、哈尔滨特务机关长、步兵旅长、参谋本部第2部部长、第11师师长。长期在日本陆军军令机关工作,前后驻华13年,是所谓的"中国通"。曾组织"大亚细亚协会",积极制造侵华舆论。1932年出席日内瓦裁军会议,回国后曾任军事参议官、驻台湾日军司令。1933年晋上将。1937年8月15日,淞沪战役爆发两天后,松井石根来到中国,担任上海派遣军司令。指挥了人类历史上最骇人听闻的暴行"南京大屠杀"。1938年回国后曾任内阁参议。1948年作为南京大屠杀的首犯,被远东国际军事法庭判处绞刑。12月23日0时,松井石根在东京巢鸭刑务所被送上绞刑架。

★松井石根在美国宪兵押解下赴法庭受审

谷寿夫

★杀人恶魔——谷寿夫

谷寿夫(1882—1947年),日本陆军中将,侵华日军第六师团长,南京大屠杀主犯。1904年,已经从军的谷寿夫参加了日俄战争,在我国东北与俄军激战中多有战功,从此他在日本陆军中青云直上。1937年,日本全面侵华后,他指挥第六师团攻下永定河、保定、石家庄等地。为了实现日本军部"三个月灭亡中国"的野心,谷寿夫跨海南下,于11月15日在杭州湾登陆,企图在昆山方向截断中国军队撤往南京的后路,置上海守军于死地。12月13日,谷寿夫所率第六师团从中华门侵入南京城里,第一个举起了南京大屠杀的屠刀。当时,逃难的南京市民拥挤在主要街道上,谷寿夫命属下官兵对无辜百姓狂掷手榴弹,用机枪扫射,数以万计南京市民被杀。此后,他放任与纵容属下和士兵在南京城内大肆烧杀奸淫,其兽行令人发指。1947年2月6日,南京审判战犯军事法庭对日本战犯进行公审。有80多名证人出庭陈述谷寿夫等部日军在南京所犯罪行。1947年3月10日,南京审判战犯军事法庭判决谷寿夫死刑。4月26日,谷寿夫在9万名中国百姓的面前被押赴刑场执行处决,结束了他可耻的一生。

★中国军事法庭审判南京大屠杀案的主犯谷寿夫

★南京大屠杀案的主犯谷寿夫被押赴雨花台刑场,执行死刑。

台儿庄会战

TAI ER ZHUANG HUI ZHAN

日军攻陷南京后，急欲打通津浦线，夺取徐州，然后循陇海线西进，取道郑州南下，占领中国的抗战中心——武汉。为了阻止日军的进攻，蒋介石调集了七八万军队，于 1937 年 10 月 12 日任命李宗仁为第五战区司令长官，指挥津浦线的防御作战。

1937 年 12 月中旬，日军以津浦路南端为主攻，北段为辅攻，分别从南北方向向徐州推进。但遭到李宗仁将军布控的李品仙的第 11 集团军和于学忠的第 51 军的顽强阻击，双方血战月余，而日军竟未能前进一步。然而，在李宗仁指挥津浦路艰难抵抗北进之敌和阻截华北日军南下的同时，第五战区副司令长官兼第三集团军总司令韩复榘，却在大敌当前只顾保存自己的实力，竟在日军攻下山东延安镇和归仁镇后，与日军不战而走，致使济南、莱芜、泰安落入敌手，津浦路正面大门洞开，日军得以沿线长驱直入，为徐州会战投下了阴影。

为确保徐州安全，李宗仁不惜拼上血本，在相里集、羊山集、巨野一线部置重兵，侧击北段南下之敌，牵制了敌人的主力，使其在这一带徘徊而不能南进。日军沿津浦路南进不成，遂改派北路板垣征四郎、矶谷廉介两个师团朝台儿庄推进。矶谷廉介第十师团和板垣征四郎第五师团，由左右及津浦正面三路前进。津浦左翼，日军第十师团濑武旅团于 1938 年 2 月 25 日，以其主力渡过黄河，向嘉祥等地进攻。第 3 集团军孙桐萱、曹福林两个军与日军苦战多日，嘉祥失而复得，鲁西第五战区左翼转危为安。津浦右翼，日军第五师团由青岛登陆后，经潍坊转南猛攻临沂，张自忠亲率第 59 军与庞炳勋第 40 军协同作战，血战五昼夜，毙伤日军 4000 人。临沂之战告捷，粉碎了日军第十、第五师团会师台儿庄的计划。

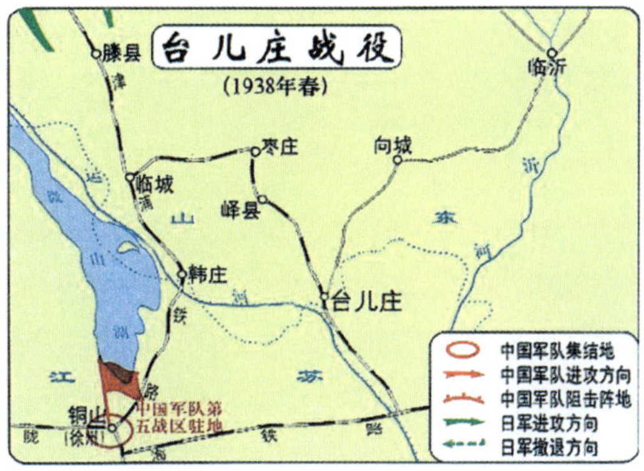

★台儿庄战役示意图

接着，日军第十师团便由津浦正面孤军深入，从 3 月 14 日起，濑谷旅团自两下店（邹县南）猛攻滕县，同开赴前线抗日的川军第 22 集团军第 122 师血战三昼夜。日军于 17 日攻陷滕县，师长王铭章壮烈殉国。3 月 23 日，担任台儿庄守备的第 2 集团军第 31 师，派出骑兵连北上诱敌，同日军在康庄发生遭遇战，台儿庄会战就此拉开帷幕。

1938 年 3 月 24 日，日军在飞机、坦克的掩护下，直扑徐州的门户台儿庄，其中一部已突入台儿庄东北角，形势十分危急，31 师师长池峰城亲率将士，严把死守，将日军击退。27 日，濑谷旅团主力一部突入北门，第 31 师与敌展开拉锯战，官兵伤亡甚重。28 日，31 师师长池峰城组织敢死队，同日军展开肉搏战，恢复了大部阵地，并给予日军重创。29 日，李宗仁严令第 2 集团军死守台儿庄阵地，并令汤恩伯部迅速南下，协助第 2 集团军解决台儿庄之敌。31 日，中国军队将进入台儿庄之敌完全包围。4 月 3 日，中国军队向日本侵略军发起攻击。双方拼力争夺，展开了街垒战，夺回被日军占领的市街。6 日晚，中国军队全线攻击濑谷旅团，双方陷于苦战。至 7 日凌晨，除一部日军突围至峰县附近固守待援外，被围之敌全部被歼。

台儿庄会战历时半个月时间，在中国军队的英勇抗击下，取得了歼灭日军 1 万余人的巨大胜利。同时，中国军队也付出了伤亡 7500 人的巨大代价。但此战提高了前线士气，振奋了民族抗战精神，沉重地打击了日本侵略者的气焰，鼓舞了全国军民坚持抗战的斗志。

★第 5 战区司令长官李宗仁将军

武汉会战

WU HAN HUI ZHAN

台儿庄大捷后,中国最高军事当局不顾敌强我弱的总体形势,调集大军在徐州附近,企图与日军决战。日军改以部分兵力在正面牵制对方,主力向西迂回,企图从侧后包围徐州,歼灭第五战区主力。从1938年4月18日至5月14日,日军各参战师团分别完成了对徐州外围各军事要点的进攻,并对徐州形成了四面合围的态势。5月15日,中国最高军事当局鉴于徐州已成了孤城,遂决定放弃徐州。16日,第五战区命令各部队分别向豫、皖边界山区突围。19日徐州陷落。

日军攻陷徐州后,积极准备扩大侵略战争。决定先以一部兵力攻占安庆,作为进攻武汉的前进基地,然后以主力沿淮河进攻大别山以北地区,由武胜关攻取武汉,另以一部沿长江西进。为阻止日军前进,蒋介石9日下令在郑州东北花园口附近炸开黄河大堤,河水经中牟、尉氏沿贾鲁河南泛。日军被迫中止沿淮河主攻武汉的计划,改以主力沿长江两岸向武汉进攻。

武汉地区位于华中地区中心,1937年11月,国民政府部分机构迁至武汉后,该地实际成为中国的军事、政治、经济中心。日军攻占徐州后,企图攻取武汉,以逼迫中国政府屈服,因而积极准备进攻武汉。会战在武汉外围沿长江南北岸展开,遍及安徽、河南、江西、湖北4个省区。中国参战兵力为124个师及海空军各一部,约75万人,苏联援华空军志愿飞行大队也参加了会战。日军则集中兵力约25万人,由华中派遣军司令官火田俊六指挥第2、第11军,共9个师团及3个旅团,同时海军舰艇120艘、航空兵团300余架飞机配合陆军,沿长江南北两岸和大别山北麓分两路向武汉推进。

★武汉空战中的中国空军

6月12日,日军波田支队在海军配合下攻陷安庆,揭开了武汉会战的序幕。7月23日,日军在鄱阳湖滨的姑塘登陆,直攻九江,开始了激烈的武汉外围战。此后,日军先集中重兵于江南,分两路进攻。8月22日,日军在星子强行登陆,与薛岳兵团发生激战,双方在德安附近成胶着状态。10月上旬,薛岳抽调三个军于德安以西的万家岭地区,对南进的日军一部构成包围,随即展开了英勇的围歼战,并组成数百人敢死队强行攻击,歼灭日军四个联队,毙敌3000人,伤敌无数,俘虏30余人,缴获轻重机枪50多挺、步枪1000多支、军马100余匹,取得了万家岭大捷。但另一路日军则进展迅速,自8月25日以后,接连攻占瑞安、码头镇、阳新,并由阳新等地大举向西进攻。

★武汉会战中,中国军队在向敌人发射迫击炮弹。

江北日军乘鄂东战场激战之机,由大别山南北两面分三路齐头并进:右翼向六安、固始、商城等地进攻;左翼向罗山、信阳等地进攻;中路沿江向宿松、黄梅、广济等地进攻。中国军队利用大别山的险峻地形,巧妙阻击日军,激战1个多月,致使日军付出了战死1000人、伤约3400人的代价才得以突破。

在河南信阳,中国军队持续阻击日军,歼敌2600人。但由于与具备优势兵力和火力的日军采取了消极防御的阵地战,防线一再被攻破。至10月中下旬,武汉外围要塞、重要阵地均被攻陷,日军逼近武汉。

从6月到10月底，与日军展开的一系列防御作战，均使敌人在推进途中付出了重大代价。在长江北岸的田家镇要塞攻防战中日军伤亡1150人，其中被击毙287人，击伤866人。在长江南岸的江西马头镇要塞，中国守军与敌恶战8昼夜，予敌大量杀伤。在富池口要塞同日军血战近10天，多次击退日军进攻，无耻的日寇向中国军队施放了毒气后才占领该要塞。在大别山地区，中国军队在富金山高地顽强阻击日军，予敌重创，歼敌1000余人。

在武汉保卫战中，中国空军在苏联志愿航空队配合下与敌激战，取得重大战果，共击落日机62架，炸毁日机16架，炸沉日军舰艇23艘，有力支援了地面部队作战。中国海军在长江上也进行了激烈战斗，在沿江要塞布置水雷，设置海岸炮，并击沉日舰多艘，有力迟滞了日舰的沿江进攻。

由于中国军队在各战略要地进行了顽强、持续的阻击，各路日军在付出惨重代价后，迟至10月底才完成由东、南、北对武汉的三面包围。不过，此时日军为策应攻取武汉作战，在广东省大亚湾登陆，使广州陷落。于是，蒋介石认定武汉已失去战略上的重要性，于10月24日下令放弃。25日汉口弃守，27日武汉沦陷。

★沿粤汉铁路推进的日军

★占领武汉的日陆海军官聚会祝贺

武汉保卫战历时4个半月，是抗日战争初期中国投入兵力最多、战线最长、坚持最久、牺牲最大的一次战役，中国军队总计伤亡20多万人，毙伤日寇近4万人，大大消耗了日军的有生力量，使日本企图“速战速决”，一举摧毁中国抵抗力量的目的彻底破产。特别是中国共产党领导的敌后游击战争的猛烈发展，钳制了大量日军，拖住了日军对正面战场的战略进攻。以武汉会战结束为标志，中国的抗日战争进入战略相持阶段。

万家岭大捷

日军第11军占领九江后，在以主力沿江西进的同时，以第9师团、第101师团、第106师团、第27师团等主力部队在赣北展开攻势，以图扩张战果，保护主力侧翼，并相机攻取南昌。国民党军第9战区在九江失守后也重新调整了作战部署：以张发奎任总司令的第2兵团担任沿江正面防守，而赣北方面的作战则统一由第1兵团总司令薛岳指挥。9月间，由于日军进攻猛烈、正面宽大，薛岳第1兵团的防线在瑞(瑞昌)武(武宁)路和南(南昌)浔(九江)路之间出现了一个半月形的狭长的防御漏洞。9月20日，冈村宁次迅速命令所属第106师团插入这一空隙，以便配合其第27师团、第101师团完成对薛岳部的包围。9月末，106师团进至位于庐山南麓的万家岭一带。此时，薛岳洞悉了日军的企图，制定了利用优势兵力，集中南浔线10万主力对孤军冒入的敌第106师团予以歼灭的作战方案。

日军第106师团发现自己陷入包围后，开始利用优势火力，疯狂突围。为粉碎敌人突围企图，迅速歼灭106师团，薛岳急调驻守庐山的66军增援。战至10月6日，第106师团已经伤亡过半，向外突围已经不可能，只能转入防御，固守待援。次日，中国军队开始向万家岭被围之敌发起全线进攻。8日，第106师团仅剩数千残兵，被压缩在万家岭几个可数的据点中，整个师团已经陷入了绝境。9日，万家岭地区各师抽调精锐，由团、营长率领，配备轻重武器，组成13支数百人的奋勇队，对分散在各据点的日军残兵实施最后的歼灭。10月10日，日军第106师团除师团长松浦淳六郎和少量残敌侥幸逃脱外，师团大部被歼。

国际主义战士白求恩

GUO JI ZHU YI ZHAN SHI BAI QIU EN

“华佗转世白医生，葛公重现黑大夫”，这是抗日战争时期流传在晋察冀边区的歌谣。白医生，即诺尔曼·白求恩，著名的胸外科医生，1890年诞生在加拿大，1935年参加加拿大共产党，从此树立了为共产主义奋斗的崇高理想，并付诸实践。1936年，德、意法西斯支持佛朗哥向新生的西班牙共和国发动了进攻，白求恩放弃了优越的工作和生活条件，率医疗队奔赴硝烟弥漫的西班牙战场，投身于反法西斯的伟大斗争。1937年，日本帝国主义发动了侵略中国的战争，白求恩闻讯后十分气愤。他认为，西班牙和中国都是同一场战争中的一部分，中国战场对医生的需要比西班牙更迫切，因此白求恩申请率医疗队来中国。

1938年1月，白求恩受加拿大和美国共产党的派遣，不远万里来到中国。当时国民党当局想挽留他，但白求恩表示：“我的岗位是在敌后坚持斗争的八路军、新四军那里。我要去延安！”1938年3月下旬，白求恩率领的由加拿大人和美国人组成的医疗队抵达延安。第二天，毛泽东在自己的窑洞里，亲切会见了白求恩。他们一见面就紧紧握手，然后他俩相对坐在桌子的两边，互相微笑着。这时，白求恩从衣兜里掏出了党证，捧在手中，交给了毛泽东。毛泽东接过党证，向他愉快地点点头，说道：“欢迎你们来到延安。”毛泽东接着询问了他们一路上的情况，以及在西班牙从事战场救护的情况。白求恩一一作了回答，并且说道：“根据我在西班牙的经验，如果能在战场上立即给伤员们治疗，我敢说，百分之七十五的伤员一定可以得到抢救。这就是说，医疗队必须到前线去，到战壕附近去。”毛泽东对白求恩的意见表示赞同，向他介绍了八路军和敌后抗战的情形，分析了敌我力量的对比与变化，满怀信心地指出：中国人民一定能取得抗日战争的胜利，一定能打败日本侵略者。白求恩对毛泽东的观点深信不疑，他向毛泽要求到前线去，他说：“在那里，我将使百分之七十五的伤员迅速恢复健康。”毛泽东答应由八路军卫生部安排他的工作。毛泽东与白求恩一直到深夜才结束谈话。

★白求恩

对白求恩的工作问题，八路军卫生部有争论，有的说他年近半百，身体需要照顾，应该留在延安工作，有的认为应当同意他去前线的要求，几次研究因意见不统一没有决定下来。最后一次研究白求恩工作的会议，他本人也参加了。当他听有的同志说不打算让他到前线，而准备让他留在延安工作时，他忽然跳了起来，抄起圈椅，朝窗户砸去，椅子冲断窗棂，被摔到院子里。他生气地说：“我不是为生活享受而来的，什么咖啡、嫩牛肉、冰淇淋、软绵绵的钢丝床，这些东西我早就有了，但为了理想我都抛弃了！需要特别照顾的是伤员，而不是我！”与会同志被白求恩近乎鲁莽的行动所震惊，最后大家都同意他上前线。事后，白求恩对马海德大夫说：“我可以向大家道歉，但是你们也要向扶着拐棍走路的伤员道歉。”1938年6月，他被派往晋察冀边区。聂荣臻司令员任命他为八路军晋察冀军区卫生顾问。从此，八路军中有了一个新的作战口号：“冲啊！白求恩就在我们后面！”

★白求恩在给伤员做手术

白求恩在担任晋察冀军区卫生顾问的时候，为了改善医疗条件，他发动群众在五台山松岩口创建了根据地第一所后方医院——模范医院，亲自为医院培养训练了大批医务人员。白求恩规定，凡有伤员送到医院来，只要他在，必须先经过他亲自处理。在治疗中，白求恩发现有的伤员因得不到及时治疗而造成死亡和残废的现象比较多，于是他提出成立战地医疗队，接近火线实行战地救护。同志们考虑白求恩年岁大，照顾他留在后方医院，但他却说："我不是为生活享受而来……为了实现我的理想，我把一切都抛弃了，抛弃了！需要照顾的是伤员，伤员第一！不是我自己！"有的伤员没有被褥，白求恩发现后带头把自己的被褥送给伤员，他严肃地说："一个医生、一个护士、一个护理员的责任是什么？只有一个责任，那就是使你的病人快乐，帮助他们恢复健康、恢复力量。你必须把他们看做是你的父兄，他们甚至比父兄还要亲切，因为他们是你的同志。"白求恩经常赶几十里路，工作十几个小时，深夜还亲自查病房，甚至为伤员端便盆。有的伤员急需输血，白求恩毫不犹豫挽起袖子说："我是O型万能血，来，输我的！"凡从前线回来的人，凡亲身受过白求恩治疗和亲眼看过白求恩工作的人，没有一个不为他的精神所感动。然而，当伤员感谢他，同志们赞扬他时，白求恩却说："这是我应尽的责任，不要感谢，大家都是同志，我把你救活了，就等于救活我自己一样。"

1939年10月，日军又调集了5万多兵力再次向晋察冀根据地发动"扫荡"，在涞源县附近的摩天岭上，八路军与日军展开了激烈的战斗。白求恩率领医疗队紧随部队行动，并将手术室设在了离火线仅7里近的一个小庙里。战斗开始后，伤员们一个接一个地被抬进手术室，在紧张的手术后又一个接一个地抬了出去，手术一直进行到第二天下午。由于日军不断发动进攻，医疗队所在地已十分危险，指挥部通知他们马上转移，但这时的手术室里，却仍有10名重伤员躺在那里。白求恩看着那一张张年轻而充满活力的脸，他决定做完手术后再走，并命令再增加手术台，加快手术。正当白求恩埋头做手术时，日军的一发炮弹却落在了小庙门前，巨大的震撼使白求恩的手猛地一抖，结果，一片腐骨刺破了他的左手第3指，鲜血顺着指头流了下来。但白求恩并没有在乎，只是把手指消了消毒，又继续工作了，直到最后一位伤员安全抬出手术室，他才飞身上马，在战友们的簇拥下，奔向了东面的大山，这时，他才感到伤口隐隐作痛。11月1日，白求恩又坚持带伤为一位因链球菌而引起急性炎症的病人做了最后一次手术。病人得救了，而白求恩却因病毒感染病倒了。作为一位著名的外科医生，他清楚地知道病毒感染并渗入血液的严重后果。在病床上，他用颤抖的手给晋察冀军区司令员聂荣臻写下了最后的遗言："亲爱的聂司令员，我今天觉得非常不好，也许就要和你们永别了。请转告加拿大和美国共产党，

★白求恩雕像

我在这里十分愉快，我唯一的希望是能多做贡献……请转告毛泽东同志，感谢他和中国共产党给我的教育……我相信中国人民一定会获得胜利。"

1939年11月12日凌晨5时20分，加拿大人民的优秀儿子、中国人民最亲密的朋友、伟大的国际共产主义战士诺尔曼·白求恩永远离开了我们，离开了与他一起战斗过的战友们，长眠在了华北的土地上。我军将士对白求恩的逝世万分悲痛，毛泽东为他写下了著名的《纪念白求恩》的悼文。

白求恩墓

1940年初，晋察冀边区军民在反"扫荡"斗争尚未完全结束的形势下，为白求恩召开了隆重的追悼会。在河北省唐县军城南关修建了白求恩陵墓。两块墓碑上分别镌刻着中共中央的悼词、晋察冀军区的志文和全体指战员的祭文。新中国成立后，党和人民政府将白求恩的灵柩迁至石家庄中国人民解放军烈士陵园，重建了陵墓，墓前耸立着白求恩的全身塑像。在石家庄还建立了一座以白求恩的名字命名的现代化综合医院——白求恩国际和平医院。

★白求恩墓

狼牙山五壮士

LANG YA SHAN WU ZHUANG SHI

平型关大战以后，八路军各部深入到敌人后方，广泛开展游击战争，开始建立起抗日民主根据地。到1940年前后，中国共产党领导的根据地，在华北有晋察冀、晋冀鲁豫、晋绥、山东四个地区，在华中有新四军建立的根据地，在华南有东江和海南区。

抗日根据地里，八路军、新四军与人民融成一体，正规军、游击队和民兵互相配合，利用地道战、地雷战等形式，反扫荡，反蚕食，到处摆下歼灭日寇的战场。在长达八年之久的抗日战争过程中，英雄的抗日军民用鲜血和生命写下了成千上万可歌可泣的光辉篇章。狼牙山上五壮士宁死不屈的故事，便是其中的一个。

故事发生在1941年秋天晋察冀抗日根据地反扫荡战斗中。这年8月，日寇集中兵力向晋察冀根据地的北岳、平西一带大举扫荡。八路军北岳军区一团在狼牙山周围同敌人周旋开来。9月25日，两千五百多名日本鬼子从四面八方向狼牙山合围起来，妄图把我一团一网打尽。团长命令部队撤到狼牙山下。

天黑以后，团长决定留下少量兵力在狼牙山进行掩护，全团主力在夜色中秘密转移，跳出敌人的合围圈。掩护任务由七连六班和二班的十多名战士承担。团长对这两个班的战士说：“主力部队能不能安全跳出敌人的包围圈，全看你们能不能把敌人拖在狼牙山上了。你们一定要把敌人拖到明天中午十二点。同志们，狼牙山就交给你们了！”

主力部队撤离狼牙山之后，二班把守狼牙山北山脚下的山口，六班留在狼牙山的棋盘陀上。六班只有五名战士，他们是：班长马宝玉，副班长葛振林，战士胡德林、胡福才和宋学义。

一夜过去，东方刚刚露出鱼肚白，山脚下就响起了激烈的枪声。不一会儿，就影影绰绰看见五六百个日本鬼子兵向棋盘陀摸上来。六班的五名战士揭开手榴弹盖，把子弹推进枪膛，严密注视着敌人。等到敌人靠近之后，随着天崩地裂一阵巨响，战士们投出的一排手榴弹在鬼子群里开了花，接着，五支步枪同时朝敌人猛烈射击。顷刻间，棋盘陀上烟尘四起，鬼子兵随着硝烟飞上了天。硝烟过后，敌人又重新集结起来，再一次向山上爬来。五名战士又一次打退了敌人的进攻。敌人摸不清山上我军有多少兵力，竟然动用了大炮，进行轰击。在炮火的掩护下，他们反复发起冲锋，但是每一次冲锋都被五名壮士打了下去。

★狼牙山五壮士中脱险的葛振林（右）、宋学义（左）

就这样，战斗持续到中午时分，五六百名敌人仍然被我五名战士阻挡在棋盘陀下，无法前进半步。相反，在蜿蜒崎岖的山道上，却横七竖八地躺满了鬼子兵的尸体。

拖住敌人的任务完成了。班长马宝玉下了“撤走”的命令。可是往哪儿撤呢？沿着主力部队撤走的方向撤，会把敌人引向自己的队伍；向棋盘陀的顶峰撤，那里是一座悬崖；从敌人丛中冲出去，敌人横在面前，近在咫尺，根本无法突围。

正在这时，山腰里又传来了敌人的嚎叫声，敌人又在冲锋了。为了不暴露主力部队撤走的目标，五名战士在班长的带领下，毅然决定牵着敌人向顶峰撤去。到太阳快落山的时候，五壮士一路打一路撤，终于攀上了棋盘陀的顶峰。鬼子兵也像一群疯狗一般跟了上来。

面对着张牙舞爪的敌人，五壮士毫不畏惧，顽强地同敌人厮杀着。弹药不多了，他们就用石头砸，凡是可以搬动的石块，他们都搬起来抛向了敌人。最后，子弹打光了，石头也抛尽了，只有战士胡福才手中还剩下一颗手榴弹。

最后的时刻到了：五壮士下定决心。宁死不当俘虏。他们紧紧地靠在一起，班长举起了手榴弹。敌人冲上来了。为首的一个鬼子兵摇晃着一面太阳旗，哇啦哇啦地叫着。后面的敌人边冲边狂呼乱叫起来："抓活的，抓活的！"

面对着得意忘形的敌人，班长抡起了手榴弹，一咬牙，甩向鬼子兵。这最后一枚手榴弹带着五壮士的仇与恨，轰然一声在鬼子群中炸开了。好几个敌人被掀到深谷里，其余的敌人又退缩回去。

趁着这个机会，班长马宝玉对四名战友说："同志们，我们牺牲了，也有价值，也光荣！我们无论如何不能当俘虏！"他这么一说，大家心里都明白了：跳崖！

班长首先举起他那支从日本人手中夺来的三八大盖枪，说："砸吧！同志们，不能把武器留给敌人！"大家纷纷把自己的武器砸断，扔进山谷中。然后，五壮士大步向悬崖走去。来到悬崖边，他们一齐调转头来。眼前的狼牙山依然像巨人一样矗立着，脚下的易水河依然泛着夕阳的光辉。五壮士就要和这英雄的山河永别了。他们心里默默地叨念着："永别了，亲爱的祖国大地！永别了，敬爱的首长、战友们！我们完成了自己肩负的重任，拖住了敌人，掩护了主力。我们的死是值得的。"班长马宝玉头一个向崖下跳去，只见他的白衬衫在崖上一闪，身影便消失在悬崖下。副班长葛振林跟着纵身跳下。其他三名战士胡德林、胡福才和宋学义也一个跟着一个跳了下去。

日本鬼子被这壮烈的场面吓得目瞪口呆。等他们爬到悬崖边一看，除了几截砸碎的枪支外，什么也没有得到。有一个随着日本鬼子扫荡的伪军看到这情景，不由得倒吸了一口气："这些八路真有种，宁死也不缴枪！"

舍身跳崖的五壮士中，马宝玉、胡德林、胡福才壮烈牺牲了，副班长葛振林、战士宋学义却奇迹般地活了下来。他们从悬崖上跳下来以后，在半山腰上被小树枝挂住，没有滚下坡。葛振林摔坏了脊骨，宋学义腰部受了重伤。

当天夜里，葛振林、宋学义拖着负伤的身子，爬下山腰，找到了队伍，被送到卫生队去治疗。

反扫荡结束以后，晋察冀一分区司令员杨成武代表军区司令员聂荣臻，在军分区大会上宣读了表彰狼牙山五壮士的嘉奖令，并发给葛振林、宋学义奖章和奖品。马宝玉、胡德林和胡福才三位同志虽然为国捐躯，但是他们的名字却随着狼牙山五壮士的故事到处为人们所传颂。

★马宝玉的塑像

★抗日英雄——狼牙山五壮士塑像

冬季攻势

1939 年 11 月下旬至 1940 年 3 月，国民党军队相继完成了两期整训，战斗力有了一定的恢复和提高。中国各战区根据蒋介石的命令，对日军发动"冬季攻势"。此役，国民党投入的兵力占总兵力一半以上，攻击范围遍及绥西、晋南、豫北、豫东、豫南、鄂北、鄂中、鄂南、湘北、赣北、皖南、浙东、桂南等广大地区，其中反攻武汉战役、昆仑关战役和反攻包头战役给日军以沉重打击。例如，第八战区傅作义部在包头、绥西、五原三次战役中，击毙日军川伊夫中将，歼敌 1 万余人，缴获大批物资。这是正面战场在相持阶段所采取的惟一的一次全国性攻击，共毙敌 7.73 万人，俘敌 400 余人。

长沙会战

CHANG SHA HUI ZHAN

长沙是华中战略重镇，粤汉铁路之要冲。武汉、南昌会战后，长沙的战略地位已经上升到特别突出的位置，成为屏障中国战略大后方大西南门户上的战略要点。中国特别重视长沙地区的防御，由第 9 战区(后分设第 6、第 9 两个战区)集重兵与日军在战线上对峙，为此，从 1939 年到 1942 年间，日军先后三次大规模进攻长沙，中国军队与之展开殊死搏斗，是为三次长沙会战。

日军侵占武汉、南昌后，为巩固和扩大其占领区，企图歼灭中国第 9 战区主力于湘北、赣北地区。1939 年 9 月 14 日，由第 11 集团军司令官冈村宁次指挥 4 个师、2 个支队及海军、航空兵各一部，共 10 万余人，采取“分进合击，正面突破、两翼包抄”的战术，分别从赣西、鄂南、湘北三个方向会攻长沙，湘北为主力。在会战中，鉴于长沙的极端重要性，国民政府进行了战役动员，中国官兵表现出了空前高涨的抗日意志，与日军进行了异常激烈的战斗。在中国军队的顽强打击下，10 月 1 日，日军放弃攻势，被迫退却。10 月 15 日后，逐步恢复原阵地。此次会战为第一次长沙会战，日军伤亡达 2 万余人。

1941 年 9 月初，日军调集约 12 万人，强渡新墙河。由于第 9 战区出现指挥失误，下达作战命令的无线电报竟被日军窃收并破译，使中国军队陷入极大被动，虽多处与敌激战，但遭遇失败。月底，日军攻入长沙。由于日军大本营正在积极准备发动太平洋战争，“要求作战尽快结束”，同时日军经连日作战，粮弹损耗很大，战线过长，后勤保障困难，遂决定 10 月 1 日开始撤退。中国军队抓住时机，随即展开追击作战。10 月 5 日，日军退回新墙河北岸，中国军队恢复原阵地。此役为第二次会战，会战中日军又付出了 2 万余人伤亡代价。

1941 年 12 月 8 日，日本发起太平洋战争后，驻广州的日军开始进攻香港，日军驻武汉集团军决定再次发动对长江以南的进攻，从而牵制中国军队转向广东方向，阻止中国军队援助英军保卫香港。为此，武汉日军再次进攻长沙。1941 年 12 月 23 日，日军强渡新墙河，会战开始。会战中，第 9 战区一线兵团依托各阵地逐次抵抗，给日军相当的损耗和迟滞。待敌深入长沙预定决战地区，中国长沙守军顽强坚守核心阵地，连续挫败日军进攻。同时，第二线反击兵团周密协同，对日军进行合围。日军屡攻长沙不下，周围中国军队又不断压缩包围圈。日军弹药将尽而补给线已被切断。日军见势不妙准备退却。我军立即合围对敌实施阻击、截击、尾击作战，使日军狼狈逃窜，至 1942 年 1 月 15 日，日军再次退回新墙河，恢复战前态势。此役为第三次长沙会战，给日军以重创，共毙伤日军 5 万余人，俘虏 139 人。

第三次长沙会战是太平洋战争爆发后盟国军队第一次战胜轴心国军队的战役，极大增强了中国人民消灭日本法西斯的信心，这次战役的战果被同盟国的报纸争先刊载，引起国际上强烈反响。

★长沙会战中被俘的日军

★第三次长沙会战后中国军队在清理战场上的日军尸体

★进攻长沙的日军在全线撤退

冈村宁次

冈村宁次(1884—1966年),日本东京人。陆军大将,日本侵华战争的主要战犯之一。冈村宁次先后毕业于日本陆军士官学校和陆军大学。1927年任日本陆军步兵第6团团长,是在中国山东制造"五三"济南惨案的主犯之一。1932年任日本上海派遣军副参谋长,参与制造了"一·二八"事变,并率军攻占了上海。同年调任关东军副参谋长。此后,他代表日方迫使国民党当局与之签订了侵略中国主权的《塘沽协定》。1941年,任侵华日军华北方面军司令。此间,他疯狂地推行烧光、杀光、抢光的"三光"政策,对我抗日根据地实行"烬灭扫荡"。日本投降后,曾被中共中央列为首要战犯,但蒋介石的国民政府却招降纳叛,将其聘为军事顾问,帮助他们与中共打内战。1949年,国民党政府将其"无罪"释放归国,使其逃脱了中国人民的惩罚。国民党入台后,又将冈村宁次聘为高级"教官",为其反攻大陆网罗帮凶。1955年归日后,组织日本旧军人继续从事复活军国主义活动。1966年死于东京。

★日本战犯——冈村宁次

薛岳

薛岳,字伯陵,原名薛仰岳,广东韶关乐昌人。抗日名将,国民党一级上将。1906年入黄埔陆军小学,1909年加入同盟会,之后入读保定陆军军官学校第六期,回粤后曾任孙中山警卫团第一营营长。1922年陈炯明叛乱期间,薛岳曾保护宋庆龄脱险。后在国民革命军李济深第4军任师长。1935年任贵阳绥靖主任,一度代理黔省主席,数次参与"围剿"红军。抗战开始后,薛岳主动请缨杀敌,率部参加了"八一三"上海抗战。1939年代理第9战区司令长官,负责指挥两湖和江西部分地区对日作战。

★薛岳

1941年12月23日,日军在两次攻占长沙均未能得逞的情况下,又以第40师团主力发动了第三次对长沙的进攻。薛岳总结前两次会战的经验教训,提出了一套利用湘北复杂地形,与敌后退决战的"天炉战法"。日军先乘大雨和夜色突破了我军前沿阵地,渡过新墙河,扑向汨罗江北,并与沿粤汉线南下的日军第3师团会合后,很快攻至汨罗江南岸,进入我军预设之决战区域。薛岳向所部官兵下达手谕:"第三次长沙会战,关系国家存亡。岳抱必死决心,必胜信念。"他命令"各集团军总司令、军、师长,务必确实掌握部队,亲往前线指挥,适时捕捉战机,歼灭敌军"。经过与日军的反复较量,使冈村宁茨指挥的日军第3师团损失惨重,整个战役共歼灭日军5万多人,第三次长沙会战取得了大捷。

★1939年10月薛岳在长沙会战中会见战地记者们

抗战胜利后,薛岳被委任为徐州绥靖公署主任。1949年任广东省政府主席,同年底任海南岛防卫总司令。1950年5月去往台湾。

百团大战

BAI TUAN DA ZHAN

1940年以后，日本侵略者企图彻底摧毁我抗日根据地，以达到他们全力进攻已由武汉退守重庆的国民党军队。为了配合正面战场作战，粉碎日军对我根据地采取的“囚笼政策”，八路军总部决定借“青纱帐”茂密和雨季绵延对我军作战有利的时机，对华北日军发动一次大规模的破袭作战。参战员额为105个团约20余万人，故称“百团大战”。

正太铁路横贯太行山脉，既是华北敌人的重要战略交通线，也是敌人对抗日根据地进行“扫荡”的枢纽，同时铁路沿线又有日军的重要燃料基地阳泉和井陉煤矿，以及天险娘子关等，因而正太铁路成了我军破袭的主要目标。7月22日，八路军总部向晋察冀军区、第120师、第129师下达了《战役预备命令》。8月8日，八路军总司令朱德、副总司令彭德怀、副参谋长左权下达《战役行动命令》，对作战地域、兵力兵器、作战意图作了具体部署。规定：晋察冀军区破击正太铁路石家庄至阳泉（不含）段；第129师破击正太铁路阳泉（含）至榆次段；第120师破击忻县以北的同蒲铁路和汾（阳）离（石）公路，并以重兵置于阳曲南北地区，阻击日军向正太铁路增援。要求各部在破击交通线的同时，乘机收复日军占领的一些据点。在上述地区和交通线上，驻有日军3个师团全部、2个师团的各2个联队、5个独立混成旅团全部、4个独立混成旅团的各2个大队、1个骑兵旅团的2个大队，共20余万人，另有飞机150架和伪军约15万人。

★百团大战中涞灵战役胜利后的欢庆场面

8月20日夜，参战部队、游击队、民兵同时发起攻击，破袭正太、同蒲、平汉、德石、平绥、北宁、津浦、白晋等铁路交通线，歼灭大量日伪军。八路军攻占许多据点和车站，破坏日军占据的华北重要燃料基地井陉煤矿，并截断正太铁路一个多月，此役为百团大战的第一阶段。第二阶段从9月22日起至10月上旬止，继续巩固和扩大第一阶段的破袭战果，乘机消灭和摧毁了敌交通线两侧的日伪军和据点。此间，共歼灭日伪军1400余人，攻克据点29处，破坏公路150余公里。第129师在榆社战役中，连续攻占榆辽公路沿线据点多处，并攻下榆社县城，缴获大批武器，歼敌900余人。第120师继续破袭同蒲铁路北段，使该铁路线再次中断。第三阶段自1940年10月6日起至翌年1月24日止，主要进行了反“扫荡”作战。10月6日，日军调集重兵，对华北各抗日根据地进行疯狂的报复性“扫荡”。10月19日，八路军总部下达了反“扫荡”作战命令。10月至12月，第129师主力粉碎了日军对太行和太岳根据地的“扫荡”。10月至1941年初，晋察冀军民先后击退日军对平西和北岳地区的“扫荡”。12月中旬至1941年1月24日，第120师粉碎日军对晋西北的“扫荡”。至此，百团大战结束。

百团大战共进行大小战斗1824次，毙伤日军20645人、伪军5155人，俘日军281人，俘伪军18407人，日军投降47人，伪军反正1845人；破坏铁路474公里，公路1500多公里，火车站、桥梁和隧洞260多处，摧毁大量敌堡和据点；缴获各种炮53门，各种枪5900余支和一大批军用物资。

百团大战打出了敌后抗日军民的声威，振奋了全国军民争取抗战胜利的信心，以事实驳斥了国民党顽固派对共产党、八路军“游而不击”的诬蔑。它牵制了日军的兵力，延缓了日军“南进”的时间，支持了正面战场的作战，振奋了全国军民争取抗战胜利的信心。

彭德怀

★彭德怀

彭德怀(1898—1974年),原名得华,湖南湘潭人。无产阶级革命家、军事家,中国人民解放军的重要领导人之一。

彭德怀幼年家贫,1916年加入唐生智湘军第二师当兵。1922年考入湖南军官讲武堂,先后任连长、营长。1926年参加北伐战争。1928年1月任团长。同年4月,面对大革命失败后的白色恐怖,毅然选择革命道路,加入中国共产党。7月与滕代远、黄公略率部发动平江起义,成立红军第五军,任军长。11月率领红五军主力赴井冈山,与毛泽东、朱德领导的红四军会师。1931年11月,任中央革命军事委员会副主席,参与指挥了第一、第二、第三次反"围剿",在保卫中央革命根据地的战斗中屡建功勋。1935年1月,在参加遵义会议时,坚决拥护毛泽东的正确主张。红一、红四方面军会合后,同张国焘的反党分裂活动进行了坚决斗争。此后任红军陕甘支队司令员、红军第一方面军司令员。

★彭德怀与夫人浦熙修

抗日战争时期,彭德怀任八路军副总指挥(第十八集团军副总司令),协助朱德指挥八路军深入敌后,开展游击战争,开辟华北抗日根据地。1940年秋,在华北组织发动百团大战,使日本侵略军受到沉重打击。解放战争时期,任中国人民解放军副总司令、西北野战军(后编为第一野战军)司令员兼政治委员。曾指挥部队3万人在陕北与敌23万人周旋作战,连战皆捷,粉碎了国民党军对陕北的重点进攻。在解放战争战略决战阶段,率部解放了西北五省。

★1954年,彭德怀在大阅兵检阅台上宣读中华人民共和国国防部命令。

新中国成立后,任人民革命军事委员会副主席、西北军政委员会主席、中共中央西北局第一书记、西北军区司令员。1950年10月,指挥中国人民志愿军赴朝鲜作战,与朝鲜人民军并肩作战,共同粉碎了美军对朝鲜北部的进攻,迫使美国在停战协定上签字。1952年回国后,主持中央军委日常工作。1954年后任国务院副总理兼国防部长,对中国人民解放军的现代化、正规化建设作出了卓越的贡献。1955年被授予中华人民共和国元帅军衔。1959年7月,在庐山会议期间,因为反对大跃进和人民公社化的"左"倾错误,而受到错误的批判。"文化大革命"期间,遭到林彪、江青反革命集团的诬陷和残酷迫害,多次被游斗。1974年11月29日逝世。

★陈赓、彭德怀与邓华

皖南事变

WAN NAN SHI BIAN

1940年10月，抗日战争进入相持阶段后，国民党顽固派加紧制造反共摩擦。10月19日，蒋介石授意何应钦、白崇禧发出致八路军朱德总司令、彭德怀副总司令和新四军叶挺军长的“皓电”。“皓电”在对我八路军和新四军大肆诬蔑攻击的同时，限令黄河以南新四军于一个月内撤到黄河以北地区。与此同时，国民党当局又密令汤恩伯、李品仙、韩德勤、顾祝同等部伺机向新四军进攻。

11月9日，朱德、彭德怀、叶挺、项英复电何应钦、白崇禧，据理驳斥了国民党对我新四军的恶毒诬蔑，但为顾全大局，对其无理要求，仍答应将皖南新四军部队撤至长江以北。但此时蒋介石对于中共的回应根本不予理睬，仍按原定计划密令第三战区顾祝同、上官云相将江南新四军立即“解决”。

中共中央在揭露蒋介石罪恶阴谋的同时，连电东南局和军分会书记项英，乘国民党军尚未部署就绪，迅速率部北移，防止遭到突然袭击。1941年1月4日，奉命北移的新四军军部及其所属皖南部队9000余人，从云岭驻地出发绕道北上。6日在安徽泾县茂林地区，突然遭到国民党军队7个师8万余人的包围袭击。广大指战员经7昼夜浴血奋战，但终因众寡悬殊，措施失当，弹尽粮绝，除2000余人突出重围外，一部被俘，大部壮烈牺牲。军长叶挺在和国民党谈判时被扣押，政治部主任袁国平牺牲，副军长项英、参谋长周子昆在突围中被叛徒杀害。1月17日，蒋介石竟反诬新四军“叛变”，宣布取消其番号，并声称要把叶挺交“军法审判”。这就是震惊中外的“皖南事变”。这一事变是国民党顽固派发动的第二次反共高潮的最高峰。

“皖南事变”发生后，周恩来等根据党中央指示，向国民党提出严正抗议，并在新华日报上刊登亲笔题词：“千古奇冤，江南一叶，同室操戈，相煎何急！”对国民党顽固派进行了有力的声讨。1941年1月20日，中共中央军委发布重建新四军军部的命令，任命陈毅为新四军代理军长，张云逸为副军长，刘少奇为政治委员，赖传珠为参谋长，邓子恢为政治部主任，继续领导新四军坚持长江南北敌后抗日斗争。

★皖南事变中遭到围攻的新四军

★皖南事变中突围出来的新四军官兵

★皖南事变烈士陵园位于泾县城郊的水西山，整个陵园由入口纪念碑、主题广场、主碑纪念广场和无名英雄烈士墓四个纪念性空间序列，配以皖南事变史料陈列室有机组合而成。下图为邓小平亲笔题写的“皖南事变死难烈士永垂不朽”纪念碑。

叶挺

★叶挺

叶挺(1896—1946年),字希夷,广东惠阳人,是中国人民解放军的创建者之一。1896年9月10日,叶挺诞生于广东省惠阳县周田村。先后毕业于广东陆军小学堂、武昌陆军第二预备学校和保定军官学校。1919年初投身孙中山领导的民主革命,在粤军中任支队副官,同年加入中国国民党。1921年任孙中山陆海军大元帅府警卫团第二营营长。次年6月粤军总司令陈炯明叛变时奉命守卫总统府前院,掩护孙夫人宋庆龄脱险。1924年赴苏联东方劳动大学与军事学校学习。

第一次国内革命战争时期,任国民革命军独立团团长,在湖北汀泗桥和贺胜桥等战役中屡建战功,被誉为“北伐名将”。武汉国民政府成立后,任二十四师师长、十一军军长。1927年7月,大革命失败后,他在中国革命的危急关头,组织参加了南昌起义,为武装反抗国民党反动派和创建人民军队作出了重要贡献。抗战时期任新四军军长,指挥部队挺进华中敌后,开展游击战争。1941年皖南事变时被国民党非法逮捕,先后被囚于江西上饶,湖北恩施,广西桂林等地,最后移禁于重庆“中美合作所”集中营。

★叶挺在澳门时拍摄的全家福

1946年3月4日,由于中共中央的坚决要求,叶挺获释。他刚刚出狱,即于次日电中共中央,请求加入中国共产党。3月7日,经中共中央批准其为中共正式党员。4月8日,叶挺自重庆飞返延安,但在飞机飞临山西兴县黑茶山时,不幸失事遇难。同机遇难的还有王若飞、博古、邓发以及叶挺的妻子李秀文、女儿杨眉及其幼子。

★叶挺故居

叶挺故居是惠州首个获得国家级重点文物保护单位,位于惠州市惠阳区,是惠州市爱国主义和党史教育基地。叶挺故居是叶挺的祖父叶沛林所建,到20世纪90年代时,房子已有一百多年历史了,故居里摆设了150多件珍贵的照片、实物、文物,大致概括了叶挺的一生。

中国远征军入缅作战

ZHONG GUO YUAN ZHENG JUN RU MIAN ZUO ZHAN

1941 年 12 月，太平洋战争爆发。英美盟军在东南亚的节节败退不仅助长了日本侵略者的嚣张气焰，而且把中国政府的大后方统统暴露给日本人。早在 1941 年 6 月，日军占领法属印度支那（越南），滇越铁路被切断。12 月，香港沦陷，香港通往内地的物资补给线被切断。紧接着侵泰日军陈兵泰缅边境，企图夺取缅甸，一举切断中国仅剩的国际通道——滇缅公路，迫使中国不战而降。

缅甸当时是英国的殖民地，缅甸的安危直接关系到中国的抗战乃至太平洋战场的前途。从东方反法西斯战争的全局出发，1941 年 12 月，中英两国订立了《共同防御滇缅路协定》。根据美国总统罗斯福的建议，成立了太平洋战场中国战区，蒋介石任中国战区统帅，中印缅战区美军司令官史迪威中将兼任中国战区参谋长，统一和协调中国、越南、泰国、缅甸等国盟军对日作战。1942 年 1 月，日军进犯缅甸，英军溃不成军，滇缅公路告急。英国向中国政府求援，要求派兵入缅作战。为确保滇缅公路畅通，援助英军对日作战，中国政府调拨第五军（军长杜聿明）、第六军（军长甘丽初）、第六十六军（军长张珍）3 个军共 10 万兵力，组成中国远征军，任命卫立煌（后为罗卓英）为司令长官，杜聿明为副司令长官，率领远征军由滇西进入缅甸，从而开始了艰苦卓绝、可歌可泣的战斗历程。

第五军 200 师作为中国远征军先头部队，由保山起程入缅。滇西居民敲锣打鼓，夹道欢送中国远征军出国抗日，出现了自抗战以来少有的自发性的欢送部队上前线的场面。第五军是国民党百万大军中唯一的机械化部队，第 200 师则是其骨干队伍。1939 年 12 月，第 200 师师长戴安澜率部参加广西昆仑关战役，歼敌 6000 人，击毙日军旅团长中村正雄，因而威震中外。

远征军入缅之初，仰光即失陷。200 师经长途急行军抵达仰光北约 260 公里的同古，第五军其余各部亦进至曼德勒一线担任正面作战，第六军、第六十六军部署在其东西两翼配合作战，目的是会同英缅军进行同古会战，扼制日军攻势，并伺机收复仰光，保卫滇缅公路。但是，英国从保存实力出发，并没有和中国军队并肩作战的意图，只不过是想利用中国军队来掩护英军安全撤退而已。并且唯恐中国染指其殖民地，从部队的运输到物资的补给处处刁难。因此，中国远征军一开始就陷入了孤立无援的不利境地。

1942 年 3 月 19 日晨，日军一个快速大队在皮尤河南岸遭远征军伏击，从而拉开了同古大战的序幕。同古是南缅平原上的一座小城，扼公路、铁路、水路要冲，战略地位十分重要，是阻挡日军北进的第一道屏障。同古大战是远征军入缅后的第一场硬仗，守军是远征军 200 师的官兵。为了占领同古，日军出动几十架飞机，并配以大炮、坦克进行狂轰滥炸，并丧心病狂地施放毒气。面对敌人的疯狂进攻，戴安澜师长下令：“只要还有一兵一卒，亦须坚守到底。”并立下了“誓与同古共存亡”的遗嘱。在戴师长的带领下，全体官兵怀着与日军血战到底的决心，沉着应战、机智歼敌，苦战 12 昼夜，打退了敌人无数次进攻，打死打伤日军约 5000 人。由于英军阻挠，再加上杜聿明情报不灵，判断失误，因此，同古之战坐失良机，未能歼灭日军孤军冒进的 55 师团。战斗最终以中国军队主动撤退而告结束。但同古血战，为中国军队在国际上赢得了殊荣。敌酋东条英机在日本议会上承认，同古之役为旅顺攻城以来从未有过之苦仗。史迪威也称：近代立功异域，扬大汉之声威者殆以戴安澜将军为第

★中国远征军高级将领，前排右一为杜聿明。

一人。

继同古血战后，中国远征军又取得了仁安羌大捷。4月16日，日军包围了退守仁安羌的英军第一师和第七装甲旅共7000多人。英军亚历山大总司令匆匆组织的突围在日军强大的火力面前被碰得粉碎。第一师师长斯利姆将军在无线电里绝望地喊道："……我们快完蛋了，将军。没人能挽救我们，除非上帝显示奇迹。"紧要关头，中国远征军新38师师长孙立人亲自率部前往救援。经过激战，日军阵地被攻克，并全歼一个大队约1200余人，解救了陷入绝境的包括英军

★孙立人

总司令亚历山大上将在内的7000多名英军，并救出传教士和记者500多人。仁安羌大捷，中国远征军再立奇功，轰动英伦三岛。为表彰中国远征军的卓著战功，英国政府以英国女王的名义向孙立人师长颁发了"英帝国司令"勋章。

仁安羌大捷后，出现了有利于中英联合反攻的战局。但在这关键时刻，担任曼德勒正面防守的英军为了保存实力以守卫印度殖民地，在没有通知中国友军的情况下单方面开始撤退，不仅使精心策划的曼德勒会战瓦解，而且将中国远征军推向四面受敌的困境。狡猾而凶狠的日军看到英军的意图和我军会战计划流产后，迅速而果断地以精锐师团隐蔽通过缅甸东部山区，穿插到我军后方并一举攻占腊戍重镇，切断我军归路，企图全歼远征军。形势顿时急剧恶化，迫使远征军兵分两路开始撤退，小部退入印度，主力由缅北向国内撤退。由于日军围追堵截，远征军被迫进入原始森林，开始了惨绝人寰的突围。时至盛夏，气温高热，阴雨绵绵，数万名中国士兵在荆棘丛生、道路崎岖、泥泞路滑的崇山峻岭中行军。在酷暑、饥饿和病疫的威胁下，许多战士长眠在异国的土地上。血战同古、威震缅甸、被周恩来誉为"黄埔之英，民族之雄"的戴安澜师长在突围途中，身负重伤，以身殉职在缅北的茅邦山村。根据战后盟军公布的档案材料，中国远征军入缅兵员为10万人，伤亡总数达6万余人，而其中约5万人是在撤退途中牺牲或失踪的。

中国远征军入缅作战失败后，日军占领了缅甸，大有攻占印度，西进西亚，与德国法西斯会师中东之势。缅甸战局引起了世界反法西斯国家的关注，中美英三国在军事上重新部署，稳守印度，并寻机反攻缅甸。1942年5月，退至印度的远征军改为中国驻印军，在兰姆伽接受美国训练。1943年4月，国民党政府在滇西重建远征军，准备第二次入缅反攻。

1943年3月，按照史迪威制定的"人猿泰山"计划，中国驻印军开始陆续走出兰姆伽军营大门，推进到印缅边境的小镇利多，准备反攻缅北，并掩护另一支从美国本土开来的美军施工部队修筑一条通往中国的战略公路——史迪威公路（即中印公路）。10月，装备精良、面貌一新的中国驻印军犹如出山猛虎，在史迪威和郑洞国的指挥下，开出印度，沿着塔奈河谷向日军占领下的缅甸北部推进。当面之

★中国远征军渡河进入缅甸境内

敌为日军精锐部队18师团。驻印军将士怀着对日军的刻骨仇恨，前仆后继、浴血奋战，不断夺取敌军阵地，节节向前推进。1944年12月，进攻敌18师团指挥部所在地瓦鲁班。在驻印军排山倒海般的强大攻势下，日寇溃不成军，经过两天激战，击毙日寇1500余人，打伤约3000人。特别是18师团的大印被我军缴获，被18师团引为"奇耻大辱"。师团长田中信义中将也被军事法庭追究责任，并判处死刑。

驻印军官兵再接再厉，继续向军事要地孟拱发起进攻，经过苦战，消灭日军数千人，占领孟拱，并将锋芒直指另一缅北重镇密支那。密支那守军在三十三军司令官本多中将"死守密支那"的命令下，殊死抵抗，进行"焦土抗战"，使进攻密支那成为一场罕见的攻坚战。在美军的配合下，经过两个多月的苦战，终于在8月3日攻下密支那。城防司令、日军56师团步兵指挥水上源藏少将兵败自杀。在这场艰苦卓绝的密支那——孟拱战役中，共毙伤日军2.5万人，中美联军亦伤亡近两万人。9月2日，中印公路修到密支那，不仅使打通中印公路指日可待，而且使运输援华物资

★中国远征军入缅开战

的"驼峰航线"航程缩短了近一半。短短数月,运往中国内地的援华物资成倍增加,有力地支援了中国人民的抗日战争。经过两个月的休整,10 月 15 日,中国驻印军兵分两路向八莫攻击前进。八莫是日寇入侵滇西的战略要地,关系缅北及滇西全局。所以日军集中残兵败将,深沟高垒,层层设防,每条街巷都有坚固工事。鏖战一月,整个八莫的敌军阵地几乎全部被我军炮火及飞机摧毁。日军负隅顽抗,大部被我军消灭,残敌向南坎逃窜。驻印军英勇追击又一举拿下南坎。至此,缅北、滇西战场连成一片。与此同时,为了配合驻印军反攻缅北,早日打通中印公路,1944 年 5 月,滇西远征军的 17 个师的 16 万多人在卫立煌的指挥下强渡怒江,开始反攻滇西。战斗先后主要在松山、龙陵、腾冲等地展开。日军仰仗其修筑的永久性作战工事,拼死抵抗。为了扭转战局,日军派出大量增援部队从龙陵向远征军反攻,企图与松山守军会师,瓦解我军攻势,并歼灭远征军。针对敌人的部署,我军在龙陵取守势,在松山、腾冲取攻势。这样方圆百里的怒江前线呈现出这样一种错综复杂的战场局面:左翼龙陵、松山,中国 3 个半军与日本 3 个师团紧紧咬在一起,枪炮昼夜不息,大地硝烟弥漫,阵地犬牙交错,攻防互有胜负。右翼腾冲,中国第二十集团军 6 个师围攻日军 56 师团 148 联队,日军顽强抵抗,寸土必争。

在龙陵前线,日军排山倒海般的进攻在中国士兵的顽强防守和美国飞机的呼啸声中一次次遭到失败。日军的太阳旗始终被挡在镇安防线以外,无法前进一步。本多司令官回天乏术,只好遥望松山方向的浓烟和烈焰,仰天长叹,五内俱焚。在松山和腾冲,日军得到的命令是战至一兵一卒,坚守到 10 月底。为此他们集中利用每一座山头、每一道工事进行顽强抵抗,把杀伤中国每一个士兵和拖延每一分钟时间都看作缩短通向胜利道路的保障,因此,战斗异常残酷、激烈,战场血流成河。经过 100 余天的殊死战斗,远征军在付出巨大代价后,9 月 7 日攻克松山,14 日腾冲告捷,两处日军全部被歼。远征军左右两翼连成一片,合力猛攻龙陵,日军终于抵挡不住,开始向缅甸境内节节败退。11 月 11 日远征军拿下龙陵。龙陵战役历时 188 天,消灭日军 10700 人,中国官兵伤亡达 4 万余人。12 月相继攻克芒市、遮放、瑞丽诸地。1945 年 1 月 20 日,边境重镇畹町收复,至此,滇西失地全部光复。5 天之后,中国远征军兵分数路,浩浩荡荡开出国门。27 日,在畹町附近的芒友与中国驻印军胜利会师,中印公路完全打通。中国远征军第二次赴缅抗日取得了巨大的胜利,并为盟军收复缅甸奠定了基础。

常德战役

1943 年 8 月,同盟国军队在太平洋战场转入反攻,形势对日本不利。日军为牵制可能转用到云南去的中国兵力,以策应太平洋及缅甸方面的作战,在华中发起攻势。11 月 2 日,日军发动了常德战役。在连陷南县、公安、松滋、桃源等地后,于 24 日开始围攻常德。中国守军官兵在城内与敌军展开激烈的巷战,拼死作战,伤亡惨重,师长许国璋、彭士量、孙明瑾等为国捐躯,第五十七师仅存 300 余人。12 月 3 日,常德失守。随后,中国援军陆续到达常德附近,在中美空军的配合下发动反攻,很快收复常德。接着,日军全线撤退,中国军队乘势追击,收复失地。至 12 月底,双方恢复战前态势,战役结束。

★常德会战中的日军俘虏

★中国将领在常德前线指挥作战

陈纳德与飞虎队

CHEN NA DE YU FEI HU DUI

在中国抗战史上，国民党正面战场鲜为人知却又无法回避的人与事大概很多，陈纳德与他的飞虎队即是其中之一，而且很独特。之所以如是说，不仅由于他杰出的胆略、过人的机敏、卓越的预见力和百战百胜的军事天才，更由于他训练出来的中外王牌飞行员的赫赫战绩及中国人民称颂他们为“飞虎队”的美名。半个多世纪过去了，美国人民没有忘记他，中国人民也不应该忘记他，因为从他1937年来华至1945年离开中国这些年中，他的目标是消灭日军飞机及飞行员。在这一点上，他的目标和中国人民的目标是一致的。陈纳德的成功业绩和飞虎队的赫赫战果，是在反法西斯正义战争的炮火硝烟中创造出来的，他们为中国人而来，为中国人而战，为中国人而牺牲。

★陈纳德

陈纳德，全名克来尔·李·陈纳德，美国南部路易斯安娜州人。生于1893年，1920年入伍，1921进入美国第94战斗机中队受训，1923年任夏威夷第19驱逐机中队指挥官。1937年，受蒋介石夫人宋美龄之邀来华，任宋美龄出面组建的航空委员会顾问。抗战爆发后，积极参加对日空战，战功卓著，1940年底，回美招募美国空军志愿人员来华。1941年8月，得到中、美政府准许，建立美国志愿航空队并任指挥官，后历任美国驻华空军特遣队准将指挥官、第十四航空队少将司令官，以及中国民运航空公司总经理。

由于生母早丧，陈纳德从小就懂得一切要靠自己，要么自己做，要么自己挣钱买。在邓萨斯河畔成长的日子，造就了他的体力和智力，成为一名神枪手，一流的棒球、篮球、足球运动员，也造就了他善于思考、勇于创新、具有高度协调性和精确性的品质。他有一句名言：“浪费子弹就是浪费生命。”这名言贯穿于他的整个战斗生涯，也使他的学生从中受益，所以他又是一名出色的教员。在美国作为盟国参战前，他就在中日空战中亲自击毁敌机至少40架。同时，在沪、金、汉三角地区建立了著名的中国空袭警报网。这就使他的队员在空战中获得巨大优势，使日军空袭不能成功。

★陈纳德与他的第14志愿轰炸机中队在中国

陈纳德的飞虎队最初的成员是著名的“三人空中秋千”空军特技飞行队，由陈纳德、麦克唐纳、威廉逊组成。这些人跟随他十几年。他在五天南京空战中，击落日军54架轰炸机。他的飞机上装有机关枪，百发百中，使他成为二战中最著名、最优秀的王牌飞行员之一。陈纳德遗孀陈香梅在回忆录中写道：“我的丈夫出于两个原因，非常乐意为中国服务，他热爱中国和中国人民。”“早在1937年到中国之前，就坚信，帮助中国对日作战就是帮助他自己的祖国。”卢沟桥事变爆发之时，他就预见珍珠港迟早要引发美日之战，而且中、日间，美、日间的战争是不可避免的。后来的事实果真如此。

1941年12月18日，日军轰炸昆明，飞行队员在首次闪电行动中，击落敌机9架。在20日晚昆明市民的庆功会上，大家称赞美国志愿航空队的战斗机是“飞虎”，从此，他的飞行队统称“飞虎队”。美国志愿航空队在以后的31次对日作战中，击毁敌机217架，击落43架，自己损失1架。1944年夏，中国陆军在飞虎队支援下渡过怒江，完成了英、缅、印、中联军没有完成的战斗任务。这使史迪威将军始料不及，就凭4新4旧8架战斗机奇迹般地遏制了日军的战机。

美国志愿航空队在给养不足的条件下，在缅、中、泰、印上空作战个7月，50多次空战，击落敌机153架，击毁299架。自己空中损失12架，地面损失61架；队员阵亡6人，空中损失4人，3人炸死，3人被俘。他们中的大多数获得了中国奖章和盟国奖章。

1942年底，陈纳德组建了美国驻华空军特遣队，其中第二十三战斗机大队和第四十九战斗机大队创出对日作战的最优成绩：三年共歼敌机941架。到1942年9月，20名曾在巴拿马受训的杰出飞行员：汉普夏、托莱尔威尔柯克斯、李邦逊、李杜、邓北斯、格登、史德华等参加到这个行列之中，这些人都把生命贡献给了中国的民族解放战争。他们在9个月中，共击落敌机234架，自己损失16架战斗机。

1942年至1943年的冬天，陈纳德写了两份文件，一份是写给史迪威的备忘录，“美国空中部队已无法作战，而中国军队缺乏空中支持，已造成中国战局的最大危机”。他向这位中缅印战区美军司令官紧急建议，支援他一支规模不大的有效的空军部队，并请转交五角大楼。另一份写给罗斯福总统的私人代表威尔基。他坚信“在中国境内可以击败日军……我若有权指挥空军的话，对于击败日本绝对有把握……”他的飞虎队“所拥有的战机从未超过50架，对抗着整个日本空军……击毁日机300架，击落300架。自己损失12名飞行员和4名特遣队员”。他自信“我是一个常胜将军，我从未向中国人说过谎话，同时不随意许诺……为了打败日本，我只需要一支很小的美国空军：105架新型战斗机，31架中型轰炸机……”

1943年3月3日，陈纳德晋升为陆军少将。3月10日美国驻华空军特遣队扩编为第十四航空队，他任少将司令官，以昆明作基地，活动于中缅印战区。4月5日，在由罗斯福、丘吉尔等参加的会议上，否决了史迪威的作战计划而采用了陈纳德的计划。他主张要在中国发动一场自己指挥的空中攻势，以猛烈狙击在太平洋上空的日军。这一计划事实上由于史迪威和以后马歇尔的坚决反对而未能实施。第十四航空队穿梭往来于长江一带重庆以东地区，同时保卫着衡阳——寒陵——桂林线并进攻华东日占区。在这一线击落敌机108架。8月26日一战，文森特等人歼敌机114架。1943年11月的5天内杀伤敌军15000人，从此日军对飞虎队闻风丧胆。二战后，日驻华中部队司令官高桥中将说：“日本在中国面临的有效反击的60%—70%，是由陈纳德的第十四航空队发动的。”

★陈纳德与夫人陈香梅

1945年5月，陈纳德奉命回国。1958年7月27日，因癌病逝新奥尔良医院，享年65岁。他胸前挂满了勋章。参加葬礼的有美国总统以及中国的、各盟国的来宾。陈纳德被安葬在克林顿国家公墓。当年飞虎队中较年轻的成员如今仍有健在的，每当回忆起当年在中国的战斗，他们都感到无限光荣和幸福。

太平洋战争对战局的影响

太平洋战争的爆发，使第二次世界大战的东方战局发生了变化。中、美、英并肩对日作战，不仅增强了抗日的力量，而且调动了美、英援助中国抗战的积极性。在经济方面，美、英加强了对中国国民政府的援助。1942年2月，美国与中国国民政府订立了中美5亿美元的借贷协定。同时，英国与中国国民政府订立了中英5000万英镑的借贷协定。同年6月，中国国民政府与美国在华盛顿签订《中美抵抗侵略互助协定》。这样，美国一跃成为对中国抗战援助最多的国家。在外交方面，美、英为了与中国合作抗日，决定放弃在华特权。经过谈判，1943年1月11日，签订了中美、中英新约。此外，挪威、巴西、荷兰、比利时等国，分别与中国签订了友好条约，宣布交还各国在华租界，取消领事裁判权，海关监督权，沿海贸易、内河航行、通商口岸特权，以及辛丑条约驻军权，使馆特权。这是继1917年苏俄宣布放弃不平等条约后的又一件大事。它符合中国全民族的利益，使我国国际地位空前提高，对争取抗战胜利有积极意义。

国际友人与中国抗战

GUO JI YOU REN YU ZHONG GUO KANG ZHAN

在中国人民的解放事业中，美国著名记者、作家艾格妮丝·史沫特莱、安娜·路易斯·斯特朗和埃德加·斯诺曾经做出过巨大的贡献。仅抗日战争时期，他们三个曾多次来到中国，投身于中国人民反对日本法西斯的民族解放斗争行列，奔赴抗日前线，以锐利的笔锋和大量具体生动的事实，向全世界揭露日本帝国主义的罪行，忠实报导中国人民的抗战事迹。

艾格妮丝·史沫特莱，诞生于美国西部密苏里州一个贫穷的矿工之家。后来因写作《大地的女儿》自传体小说而成为美国著名女作家和新闻工作者。1928年底，她以德国《法兰克福报》特派记者身份首次来华访问，开始对中国共产党领导下的革命斗争，向全世界进行正义的宣传报导。20世纪30年代，曾协助宋庆龄、鲁迅等人组织成立“中国民权保障大同盟”。西安事变爆发后，曾亲临现场采访并向世界报导事变真相，积极宣传中国共产党建立抗日民族统一战线的主张。从此，史沫特莱就和中国人民解放事业结下了不解之缘。

抗日战争爆发后，史沫特莱终于到达她向往已久的延安。接着，又以英国《曼彻斯特卫报》特派记者和中国红十字会志愿人员的双重身份，随八路军奔赴华北抗日前线。在华北，史沫特莱被中华民族风起云涌的抗日烽火深深地感染，她决心要用自己手中的笔真实地记录和传颂抗日军民的英雄业绩。为此，她不畏艰险，经常深入战火纷飞的抗日战场，实地采访和报导八路军将士英勇杀敌的事迹。她尤其喜欢朱德总司令憨厚、质朴的性格，并对八路军产生了极大的兴趣。基于这一认识，史沫特莱多次采访朱德，广泛搜集素材，先后完成了两部巨著——《中国在反击》和《伟大的道路》。前者以反映八路军火热的抗日斗争为内容，揭示了中华民族的力量和希望之所在；后者以朱德总司令数十年革命生涯为线索，记载了他从一个民主主义者转变为共产主义者的光辉历程。

★1938年，周恩来和美国进步作家艾格妮丝·史沫特莱（左三）等国际友人在武汉。

1938年春，史沫特莱离开华北，又前往新四军驰骋战斗的华中抗日前线采访。在新四军所在地，她访问了上至陈毅、李先念、陈少敏等高级指挥员，下到普通的士兵等众多的新四军官兵。同时还考察了新四军兵工厂、医院等。在数载与新四军共同生活、战斗的岁月里，史沫特莱根据其耳闻目睹的大量事实及采访，完成了她的又一部不朽之作——《中国的战歌》，该书以新四军健儿驰骋大江南北，与日寇血战的动人事迹为内容，热情讴歌了敌后军民英勇抗战的伟业，谱写了一曲中华民族震撼世界的响亮战歌，同时也是史沫特莱激情昂扬的生命进行曲。因而，该书成为举世公认的第二次世界大战中最佳战地报告文学著作之一。

★周恩来和邓颖超在武汉会见美国著名记者和作家埃德加·斯诺。

在热情歌颂中国革命，向世界报导中国抗日战争的同时，史沫特莱还利用自己的特殊身份，呼吁世

★1960 年 2 月，周恩来和邓颖超在海南岛同美国著名进步女作家安娜·路易斯·斯特朗合影。

界爱好和平的人们积极支援中国人民的抗日战争。由于她的动员和组织，以白求恩、柯棣华为代表的加拿大、印度医疗队先后来到中国，为中国抗日战争的胜利作出了巨大贡献。

1941 年 5 月，史沫特莱因病不得不离开她的第二故乡——生活和战斗了 10 多年的中国，回到自己的祖国，回国后的史沫特莱仍然关注着中国的革命，后因受美国反共势力的迫害，1949 年被迫移居英国。1950 年 5 月 6 日，她那颗伟大的心脏停止了跳动。弥留之际的史沫特莱依然不忘中国人民的革命事业，在遗言中她这样写道：“我唯一的信念和唯一的誓愿，就是那些贫困的被压迫的人民的解放，而中国革命的成就，已经是这一解放事业的中流砥柱。”这情真意切的肺腑之言，使她真正无愧于“大地的女儿”的称号。遵照她的遗嘱，史沫特莱的骨灰运送中国，安葬于北京八宝山革命公墓。

安娜·路易斯·斯特朗，生于美国内布拉斯加州费伦德城，也是美国杰出的女记者。她一生曾先后六次来中国，为中国人民革命事业奔走呐喊。大革命时期，两次来华，曾热情洋溢的报导过以湖南为中心的农民运动，并对“四一二”大屠杀的真相予以公开的揭露和报导。抗日战争全面爆发后，斯特朗不远万里，又先后两次来到中国，对中华民族正义的战争给予了无私的关怀和帮助。和史沫特莱一样，她不怕艰辛，冒着生命危险奔走抗日前线，进行战地采访。作为一名著名记者，斯特朗冒死深入战争第一线，不仅是为了采访珍贵而有价值的新闻，更是希望用自己的行动和良知唤起世界人民对中国抗战的援助。因此，她向世界报导了大量的有关中国抗日战争的新闻，尤其是以极其浓厚的笔墨报导了中国共产党领导下的人民军队和敌后根据地浴血奋战，英勇悲壮的抗日史实。

抗战胜利后不久，国民党挑起了蓄谋已久的反共内战，妄图在美国的支持下，消灭以中国共产党为代表的人民革命力量。国共两党极为悬殊的军事对比，使国际国内许多友好人士十分关注中国共产党能否打败美蒋，取得革命战争的胜利。正是在这一背景下，斯特朗第五次踏上了中国国土，并排除一切障碍，亲往延安访问毛泽东。就是在这次会谈中，毛泽东首次对她发表了“帝国主义和一切反动派都是纸老虎”的著名历史性谈话。对于中国共产党这种在战略上藐视反动派的大无畏革命精神，斯特朗十分钦佩和赞赏。继延安之后，她还访问了其他解放区。通过访问和考察，斯特朗对中国革命的胜利充满了信心和希望。

斯特朗一生写作了大量有关中国革命的新闻报导和著作，而以反映抗日战争为内容的居多。《千千万万的中国人》、《人类的五分之一》、《中国的黎明》等堪称其代表作。1958 年，已年逾 7 旬的斯特朗第六次来中国，并定居北京直至 1970 年逝世。在定居中国的 12 年间，斯特朗虽已暮年，仍宝刀不老，以她笔下生花的新闻专长热情向世界宣传新中国的建设成就，并为

★1946 年 8 月 6 日，毛泽东会见美国记者斯特朗，提出“一切反动派都是纸老虎”的著名论断。图为毛泽东会见斯特朗的旧址——延安杨家岭毛泽东的窑洞前。

增进中美人民间的友谊作出了不懈的努力。

埃德加·斯诺生于美国密苏里州堪萨斯城，他不仅是美国著名的作家和新闻记者，也是第一位到中国的苏区进行实地采访和第一个向世界报道中国共产党领导的工农红军二万五千里长征的西方新闻记者。1936年，斯诺冲破国民党设置的重重障碍，冒着生命危险克服千难万险到达陕北，通过对毛泽东的采访和同各方面的广泛接触，在大量的第一手材料和苏区的所见所闻的基础上，以满腔热情写下了中外闻名的《红星照耀中国》（即《西行漫记》一书）。该书的出版轰动了世界，使许多国家的人民真实地了解到，中国共产党及其领导的工农红军为人民革命事业和北上抗日而进行的二万五千里长征的艰苦卓绝的光辉业绩。

抗日战争开始后，斯诺于1939年第二次进入革命圣地延安，与毛泽东等中国共产党领导人再次进行长谈。这些谈话后来发表在《密勒氏评论报》上。延安之行后，斯诺又深入抗日前线跟踪采访，报导前方战事。皖南事变发生后，斯诺对事变的经过和真相作了如实的报道，因此受到国民党当局的打击，被迫离开他生活了10余年的中国。他人虽离开了中国，但心仍系中国的抗战。所以，在1942—1943年间，斯诺又来过一次中国，但因国民党的阻挠而未能到抗日根据地采访，最后不得不带着遗憾的心情离开中国。此外，抗战期间，斯诺还与新西兰友人路易·艾黎一道，为了解决中国抗日战争所面临的经济困难，共同发动并努力推动了中国工业合作运动，为中国人民赢得抗日战争的最后胜利作出了巨大的贡献。

新中国成立后，斯诺先后于1960年、1964年和1970年三次来中国访问，受到毛泽东、周恩来等人的亲切会见。晚年的斯诺，除了从各个方面介绍新中国的巨大成就外，还不遗余力地为增进中美两国人民的了解和友谊而努力。当1972年美国总统尼克松访华时，处于病中的斯诺曾设想借此机会以记者身份再次来华，为增进中美人民的友谊作最后的贡献。然终因病魔缠身而未能成行，于当年2月病逝于瑞士。根据他生前的愿望，斯诺骨灰的一部分安葬在北京大学未名湖畔。因为，这里既是当年斯诺去西北苏区采访的出发点，也是后来他写作《西行漫记》的地方。这一安排，既具有纪念意义，更表示了他对中国人民的友好和眷恋之情。

史沫特莱、斯特朗和斯诺不仅为中国的抗日战争做出了巨大贡献，而且为中国人民的解放事业奋斗到终生。他们既是沟通中国和世界人民之间相互了解的先驱，也是维护世界和平、促进人类进步的使者。正如邓颖超所说，他们“为中国各族人民所做的贡献是难能可贵的，也是难以估量的”。他们将永远活在中国人民心中！

★1970年10月1日，毛泽东邀请美国作家埃德加·斯诺登上天安门城楼参加国庆典礼。

★《西行漫记》的作者埃德加·斯诺

《西行漫记》

《红星照耀中国》（中译名为《西行漫记》）是美国著名记者埃德加·斯诺的不朽名著，一部文笔优美的纪实性很强的报道性作品。作者真实记录了自1936年6月至10月在我国西北革命根据地（以延安为中心的陕甘宁边区）进行实地采访的所见所闻，向全世界真实报道了中国和中国工农红军以及许多红军领袖、红军将领的情况。毛泽东和周恩来是斯诺笔下最具代表性的人物形象。《西行漫记》打开了了解中国共产党和工农红军真实情况的窗口；开拓了采访红色中国、报道中国革命的途径；为中美人民之间树立了友好交往的丰碑。《西行漫记》不论在国外还是在国内，不论在政治上还是在学术上（新闻学、史学等），也不论在问世的当时还是在出版以后，都产生了非常深远的影响。

华侨与祖国抗战

HUA QIAO YU ZU GUO KANG ZHAN

华侨是侨居在海外的炎黄子孙。在祖国民主革命的各个时期，广大海外侨胞都始终与祖国同呼吸、共命运，满怀报国的赤子之心，奔走呼号，踊跃捐助，输送人才，流血牺牲，与祖国人民风雨同舟，并肩战斗，为中华民族的独立和自由建立了不朽功勋。孙中山先生曾高度赞扬华侨是祖国“革命之母”。以各种形式积极支持祖国抗战，是海外华侨继支持辛亥革命之后在近代掀起的又一次爱国高潮。

经济上的援助，是华侨支援祖国抗战的最集中最主要的形式。其中又以捐款、购债和物质援助为主要形式。

抗日战争时期，由于日寇的大举进攻，东南沿海等工业城市尽陷敌手，抗战经济发生了巨大困难。海外华侨情系祖国，掀起了大规模的捐输活动，捐款主要有常月捐、特别捐、献金、义卖、侨汇等。常月捐，就是逐月捐款，常年不断，这是一种最有成效的捐款形式。为了抗战的胜利，广大华侨节衣缩食，竭尽全力，按月缴纳抗日捐。特别捐，是为了援助国内抗战某种用途的各种专项捐款，如航空救国捐、坦克救国捐、救灾捐等，更是踊跃输财。献金，是在“七七”、“九一八”等重大纪念日举行的一种现场直接捐献。侨汇，是把款项直接寄回国内。义卖，在海外华侨中是一种最常见而普遍的募捐形式。凡有华人足迹的地方就有义卖活动。每逢假日和纪念日，从城市到乡村，从团体到个人，到处都有感人的义卖场面。有一首义卖歌这样唱到：“你一角，我一角，涓涓滴滴，积成江河，变成怒潮。只要你有多少，捐多少……寄到前方去，买子弹，买枪炮，赶走强盗。到那时扬眉吐气，誓把中国保。”侨胞们对义卖商品争相购买，而且一般都是按照高出原物价格数倍乃至数十倍、数百倍付款。一个面包给 20 元，一碗炒面给 50 元，一个刻有“热心祖国”字样的徽章，付 10 元至 1 万元不等。在遍及海外的义卖活动中，影响最大和范围最广的是宋庆龄首倡于香港然后遍及全球的“一碗饭运动”和遍及南洋的卖花活动。在南洋地区，到处可见长长的卖花队伍和感人的卖花声，“先生买一朵花吧，先生买一朵花吧。这是爱国的花啊！这是救国的花啊！买了花啊，救了国家……”歌声和叫卖声，强烈地震撼了多少华侨的心灵，唤起了多少同胞的爱国心声啊！据统计，抗战八年，海外华侨给国民政府的捐款达 13.2 亿多元，侨汇约 95 亿元以上，仅此两项就超过了 100 亿元。此外，海外华侨还对中共领导下的抗日根据地和八路军、新四军、琼崖纵队、东江纵队等抗日武装力量给予了大量的财力和物质上的直接帮助。这些募捐，无一不浸透着海外炎黄子孙的拳拳爱国之心、凝聚着他们的血汗和辛劳，同时也体现了华侨不畏强暴的反抗精神和对祖国独立自由、繁荣富强的殷殷期望。

★陈嘉庚

广大侨胞还积极认购国民政府发行的各种抗战救国公债，大量向国内捐献飞机、坦克、大炮、汽车、药品、衣物等各种战争必需品。据统计，抗战期间国民政府先后发行公债共 30 亿元，海外华侨就购买了 11 亿元，占总数的 1/3 以上，至于华侨直接捐献的物资就更多，举不胜举。在国内，到处可见以侨胞名字和所在地区命名的各种飞机、坦克和汽车。

在广泛而浩大的华侨捐献活动中，上至爱国华侨领袖、知名人士，下至中下层华侨，涌现出了无数优秀代表人物。被毛泽东誉为“华侨旗帜，民族光辉”的南洋华侨领袖陈嘉庚堪称华侨领袖模范。陈嘉庚，福建省同安县人，1874 年生。他青少年时期目睹了清政府的腐败和帝国主义的侵略，于是产生了变革政治的爱国之心。17 岁时远离家乡，漂洋过海，去新加坡谋生，经过数十年奋斗，终于成为东南亚著名的“橡胶大王”，饮誉海内外的“华侨大实业家”。辛亥革命时期陈嘉庚曾参加同盟会，援助孙中山的革命活动。抗战时期，由于受世界资本主义经济危机的困扰，其

★1938年10月10日，“南洋华侨筹赈祖国难民总会”在新加坡成立，陈嘉庚为主席，庄西言、李清泉为副主席。组织广大华侨支援祖国抗战。

企业亏损严重，很不景气，但他仍全力以赴，为国慷慨解囊。1938年10月，在陈嘉庚的倡议下成立了“南洋华侨筹赈祖国难民总会”，他亲任主席，领导南洋地区的募捐。陈嘉庚以身作则，带头认购救国公债10万元，并常月捐2000元，直至抗战胜利。1940年3月，陈嘉庚以67岁高龄亲率南洋华侨慰劳团回国考察，足迹踏遍了祖国西北、西南等地。在重庆他亲自看到国民党消极抗日积极反共的行径后，不顾蒋介石的百般阻挠，顶住了各种压力，亲临延安，对敌后抗日根据地进行了为期8天的参观访问，并同毛泽东、朱德等中共领导人进行了亲切而广泛的交谈，还考察了陕北人民的生活。延安之行使他对国共两党有了新的认识，他断定“国民党蒋政府必败，延安共产党必胜”，“中国的希望在延安”，从此，陈嘉庚并始走上了反蒋拥共的道路，这对一代华侨产生了历史性的影响。对陈嘉庚先生在抗战期间大义凛然的民族气节和无畏的牺牲精神，周恩来、王若飞曾高度称赞是“诽言不能伤，威武不能屈。”此外，南洋华侨总会副主席李清泉、全美洪门领袖司徒美堂、阮本为等著名华侨领袖也都积极募捐，带头认购公债，影响和带动了当地侨胞的捐款捐献。

除了著名华侨领袖、知名华侨人士以外，广大中下层华侨中也涌现出许多感人的事迹，许多人把多年乃至终生省吃俭用的积蓄毫不吝惜地倾囊捐助。伦敦华工吴耀如把10多年的积攒3800元全部捐助祖国，美籍华人李兆焕把他1.7万美元的积蓄全部捐助八路军和新四军。许多老华侨把多年珍藏的古玩变卖捐献，有的甚至把晚年的养老金也拿出来全部捐助。华侨中一些残疾人、乞丐，也把他们终日艰辛乞讨所得的极其微薄的收入奉献祖国，被人们称作“伟大的乞丐”。像这样感人至深的事例比比皆是。广大侨胞的捐助岂止是物质的力量，而是千千万万炎黄子孙对祖国的一片金子般赤诚的心。

华侨援助祖国抗战的另一种形式就是直接回国参战。为了同国内同胞一道挽救民族危亡，保卫祖国和家乡，许多海外赤子远涉重洋，跋山涉水，不远万里踏上祖国的土地，请缨杀敌，奔赴抗日前线。仅粤籍华侨就有4万多人。他们活跃在祖国大江南北、黄河之滨和长城脚下。有的参加华侨战地服务团，担任战地救护，运送伤兵；有的组织华侨记者团，冒着纷飞的战火进行战地采访；有的在敌机狂轰滥炸下，冒着车毁人亡的危险，驾驶着满载抗战物资的汽车，奔驰在漫长的滇缅公路上；还有驾驶战鹰在祖国蓝天与日寇搏击的华侨飞行员。广大侨胞在抗日前线浴血奋战，英勇杀敌，为抗战的胜利建立了卓著的功勋。许多华侨血洒抗日疆场，为祖国的独立献出了宝贵生命。其中，被贺龙称为“民族女英雄”的印尼归侨李林堪称楷模。李林曾经担任晋绥抗日根据地雁北游击队第8支队政治主任、八路军120师6支队骑兵营教导员，中共党员，是一位英勇善战、威震敌寇、屡建战功的八路军优秀指挥员。1940年4月，在日寇的“扫荡”中，李林为掩护战友突围身负重伤，为了免遭日寇的欺凌，她宁死不屈，用最后一颗子弹击中自己的头部，壮烈牺牲，年仅24岁。为了缅怀这位抗日女英雄的英勇事迹，解放区军民召开了隆重的追悼大会。《新华日报》、《新中华报》等许多报刊纷纷介绍她的悲壮事迹，称赞她的殉国“是神圣抗战中的奇迹，中华民族的无尚光荣！”

1945年，在延安中共第七次全国代表大会上，毛泽东代表中共中央所作的《论联合政府》的政治报告中，高度评价了华侨在抗战中的贡献，他说：“中国军队的广大官兵，在前线流血战斗，中国的工人、农民、知识界、产业界，在后方努力工作，海外华侨输财助战，一切抗日政党，除了那些反人民分子外，都对战争有所尽力。”可以这样说，没有华侨的无私援助就没有中国抗日战争的伟大胜利。在今天，广大侨胞的这种崇高的爱国主义精神，仍将是推动祖国实现统一大业和现代化的伟大力量。

★图为部分华侨青年在皖南合影

阎锡山"狡兔三窟"

YAN XI SHAN JIAO TU SAN KU

抗日战争时期，长期统治山西的土皇帝、国民党地方实力派、第二战区司令长官阎锡山，为了保存自己的实力，在共产党、国民党和日本三种力量面前，实行了一种既联共又反共、既追随国民党又与其保持一定距离、既抗日又暗中勾结日本的策略，此即所谓阎锡山的"狡兔三窟"。

卢沟桥事变后，日本侵略者大举进攻中国。地处华北的山西在日军的进攻面前首当其冲。阎锡山在山西的统治受到威胁，尤其是他靠搜刮民脂民膏而聚敛起来的亿万财富一时无法转移和搬迁。在这种情况下，只有两条路可供他选择：要么抗日，要么降日。而在全民族抗战的局面下，老谋深算、极富政治头脑的阎锡山认为，投降日本只能落个千夫所指、万人唾骂的汉奸卖国贼下场。因此，他在"守土抗战"的旗帜下，决定实行联共抗日的政策。

基于这一思想，在1936年红军东征回师后，8月阎锡山就邀请共产党人谈判，共商保晋大计。阎锡山的这一做法，目的是为了保存实力，扩充自己的势力，保持他在山西的统治。然而，充分利用这一时机，既可以使中国共产党在山西活动取得合法地位，更有利于推动山西抗日统一战线的形成和发展。因此，中共北方局接受阎锡山的邀请，并指派薄一波等赴山西和阎锡山谈判。经过谈判，9月，在山西省会太原正式成立了"牺牲救国同盟会"，阎锡山担任会长。牺盟会虽然是"官办"形式的组织，阎锡山也企图通过它来扩大自己的影响和实力，但是牺盟会实质上是共产党领导的抗日救亡运动的进步群众性团体和广泛的统一战线组织。中国共产党充分利用这一"官办"组织的合法形式，广泛开展抗日救亡运动，不仅有力地推动了山西的抗战局面，而且为中国共产党在山西的抗日战争培养了大批干部力量。1937年8月，在中国共产党的建议和推动下，在山西省会太原成立了以续范亭为主任的"第二军区民族革命战争战地总动员委员会"（即"战总会"），该会成为中国共产党发动广大民众参加抗战的统一战线具体组织。特别是在牺盟会旗帜下组建的山西青年抗敌决死队等新军，实际上是共产党通过牺盟会而掌握的在山西的一支重要的抗日武装力量。加上牺盟会在山西各县建立的自卫队和抗日游击队，共产党在山西掌握的武装力量总计达10万人左右。这支武装在太原失守，华北正面战场作战结束后，与挺进山西的八路军一道，先后开辟了晋绥、晋察冀和晋东南等抗日根据地，在敌后发动人民，开展游击战争。

★阎锡山全家福

共产党和八路军在山西的立足与力量日益壮大，这是阎锡山所始料不及的。为此，阎锡山极为惶恐，大呼上当，认为再联共抗日，便没有他在山西的立足之地了，更谈不上"生存"。所以，从1938年春天起，阎锡山便对牺盟会、决死队采取限制和削弱的政策，妄图以此来削弱共产党在山西的影响。

抗日战争进入相持阶段后，日本改变了对华策略，对国民党实行军事进攻为辅、政治诱降为主的政策。在这一背景下，国民党五届五中全会正式确定了消极抗日、积极反共的政策。汪精卫集团也公开叛国投敌。受此影响，阎锡山加紧了反共步伐。1939年3月，阎锡山在陕西宜川县秋林镇召开了有167人参加的"第二战区军政民高级干部会议"。这次会议的基调就是反共妥协。阎锡山在会上说："武汉失守以后，抗战越来越困难，二战区削弱了，只有共产党、八路军壮大了。我们要自谋生存之道。""我们现在处于抗日的最前线，陷入日军攻击与八路军的包围之中，蒋介石不足畏；毛泽东……倒是个可怕的人物，请看今日之华北，竟是谁家

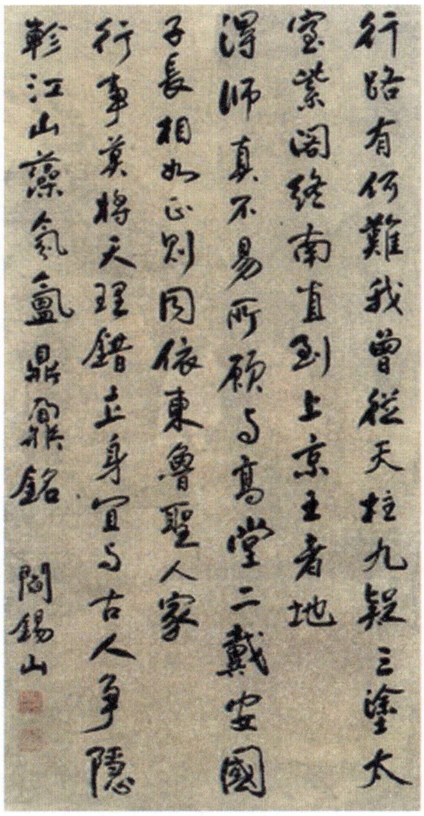

★阎锡山书法

的天下。现在的形势是，蒋要抛弃异己，看来是想借日军之手消灭我们，处在这样的环境里，只有抗日第二，防共第一才能立足。”这显然是阎锡山对日军改变侵华策略和国民党消极抗日、积极反共政策作出的反应。所以，秋林会议把矛头集中指向共产党、八路军及牺盟会和新军，作出了取消有八路军正式代表参加的“战总会”和新军中由共产党人担任的政治委员建制的决定，企图取消山西全民抗战的局面，迫使共产党交出对新军的领导权，从而达到把新军变为其反共工具的目的。秋林会议是阎锡山由联共抗日到反共与妥协的转折点。该会议是阎锡山在政治、军事和组织等方面为破坏山西抗日民族统一战线进行全面准备的一次会议。正如他在会上所说：“现在天要下大雨，应该准备雨伞。”之后，阎锡山在山西全省范围内采取了一系列反共和破坏抗日的措施。一时间，山西的大好抗日形势急转直下，反共逆流日益猖獗。

1939 年底到 1940 年春，国民党顽固派经过周密部署，终于发动了抗战时期的第一次反共高潮，在黄河以北的华北地区大举围剿八路军等抗日武装力量。“陇东事变”和“十二月事变”是第一次反共高潮中的两个最严重的事件。其中，“十二月事变”就是阎锡山勾结日蒋在山西反共的表现。在该事变中，阎锡山与日蒋配合，向山西的八路军和抗日决死总队发动进攻，提出了“扫荡晋西南，掌握晋西北，摩擦晋东南”的反共口号。对阎锡山的反共行为，中国共产党按照“人不犯我，我不犯人，人若犯我，我必犯人”和“有理、有利、有节”的自卫原则，一方面给予有力的反击，调集八路军主力部队粉碎了阎锡山部的军事进攻；另一方面，在打退进攻后，主动停止还击，与阎锡山进行谈判，劝其改变反共立场，争取其继续抗日。由于中国共产党的有力反击和极力争取，双方达成协议。阎锡山表示不再反共，并答应继续抗日。这样，阎锡山在山西的反共行为被制止了。在第二次反共高潮中，阎锡山保持了中立的态度。

“十二月事变”，阎锡山勾结蒋介石反共不成，反被蒋介石部趁机夺取晋东南余县政权，真可谓“偷鸡不成反蚀一把米”，搬起石头砸了自己的脚。向来以生存自保为根本目的的阎锡山，为了重整队伍，巩固实力，开始从对日妥协中寻求生存出路。为此，他鼓吹“存在就是真理，抗战只是手段”，“一切为了存在，存在就是一切”，极力为其妥协勾结日本制造理论依据。继 1939 年冬天与日勾结进攻八路军之后，1941 年 3 月，阎锡山派赵承绶赴汾阳与日军达成口头协议：双方“消除敌对行为，互相提携，共同防共”，离（石）军（渡）公路以北之“防御进剿”由日军负责，以南由阎锡山负责，必要时双方实行会剿。不久，又和日军在汾阳正式签订了《日本军与晋绥军基本协定》和《停战协定》，规定日阎停止军事上的对立，阎与南京汪伪政府合作；日方为阎补充兵力 30 万，各种枪支 10 万多支（挺）；汪伪政府为阎每月提供军费 1200 万等。“汾阳协定”使阎日双方加快勾结步伐。1942 年 5 月，双方在山西吉县安平村举行秘密会议，日方以汾阳协定应允武器、物资、款项数目太大，须分期交付为条件，要求如阎锡山能尽早通电降日，方可兑现协定之规定。由于阎锡山深知沦为汉奸的利害，尤其认为还未到非降日便不能生存的地步，所以在安平会议上没有答应日本方面关于通电降日的要求。

总之，尽管阎锡山老谋深算，狡兔三窟，以“生存”哲学为其处世名言，以保存实力为根本目的，企图游移于抗日和妥协二者之间。然而，由于中国共产党在山西正确地实施了抗日民族统一战线的策略方针，充分利用牺盟会这一特殊的统战组织形式，坚持既联合又斗争，以斗争求团结的斗争策略，不但在军事上打退了阎锡山的武装进攻，而且在政治上制止了他的反共降日活动，最终达到了团结、争取阎锡山抗日的目的。

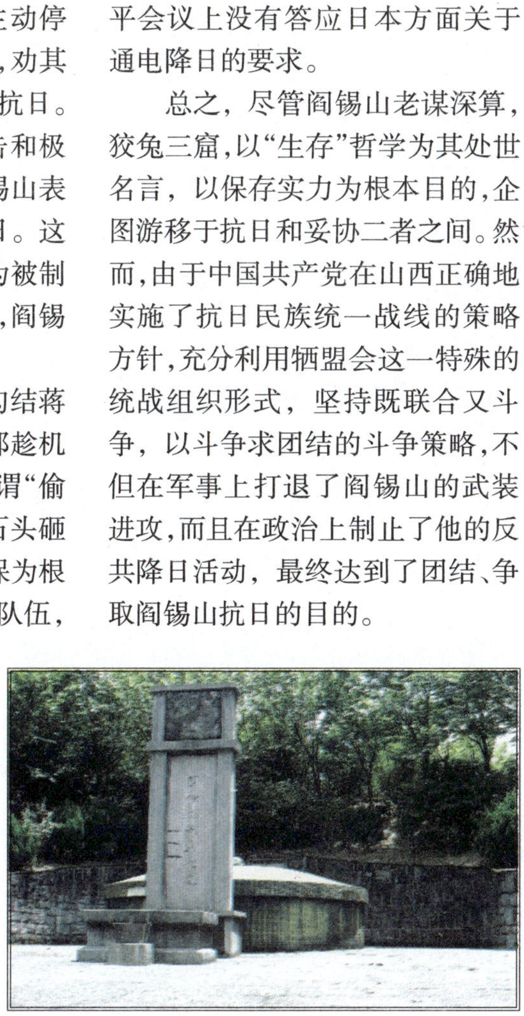

★位于台湾的阎锡山墓

创建陕甘宁边区政府

CHUANG JIAN SHAN GAN NING BIAN QU ZHENG FU

1937年抗日民族统一战线建立以后，陕甘宁革命根据地改为陕甘宁边区。1937年9月6日正式成立了陕甘宁边区政府，边区包括延安、甘泉、延川、安塞、靖边、神木、定边等20余个县，面积12.9万余平方公里，人口150多万。边区政府主席林伯渠，首府所在地延安。边区大部分为黄土高原，但土地比较肥沃，宜于发展农业和畜牧业，且有石油、煤、铁等矿物资源。

★陕甘宁边区政府礼堂旧址

★陕甘宁边区政府旧址

陕甘宁边区政府成为中共中央所在地，是中国人民抗日战争的指导中心和敌后抗日根据地的总后方。中共中央非常重视陕甘宁边区的政治、经济和文化建设，提出要把边区建设成为全国抗日民主的模范区。实行民主政治，是边区政治建设的一项重要内容。根据党的抗日民族统一战线的政策，从1937年5月起，边区就开始进行不分阶级、不分党派、不分宗教信仰、男女平等、民族平等的民主选举。到10月，完成了乡、区、县的选举，成立各级议会和民主政府，奠定了边区抗日民主政权的基础。抗战时期陕甘宁边区政权建设中实行“三三制”原则，共产党员、非党的左派进步分子、中间分子和其他分子各占三分之一。

抗战初期，陕甘宁边区和八路军、新四军的财政开支，大部分来源于国民政府调拨以及华侨、国际友人的捐赠。1938年，外援占边区经济总收入的51.6%。抗战进入相持阶段后，特别是从1940年起，国民政府不仅完全停发军饷，而且对陕甘宁边区实行军事包围和经济封锁，断绝边区的一切外援，陕甘宁边区的财政难以维持。边区政府财政连年赤字，医疗、生产等所需物品严重匮乏。为此，陕甘宁边区政府实行了精兵简政，在此基础上，大力发展生产，开辟财源，保障军队和党政机关的供给，改善人民生活。边区政府在注意恢复和发展农业生产的同时，积极发展工业、商业和交通运输业，促进了边区经济的发展。中共中央和边区政府先后开办中国人民抗日军政大学（简称抗大）、陕北公学、青年干部训练班、鲁迅艺术学院、马列学院、中共中央党校、职工学校、中国女子大学、卫生学校等，为军队和地方培训了大批干部，对增强抗战力量起了重大作用。抗战初期，全国各地成千上万的爱国青年，不顾国民党当局的阻挠和破坏，不畏艰苦，奔赴延安，追求革命真理。他们经过学习培训，成为优秀的共产党员和坚持抗战的骨干。边区政府还大力发展中小学校，以及大量的扫盲学校、识字班，以扫除文盲，提高民众的文化水平。使边区经济和文化建设出现了欣欣向荣的景象。

★陕甘宁边区政府发行的货币

延安"大生产"运动

YAN AN DA SHENG CHAN YUN DONG

1941 年，中国抗日战争进入了相持阶段，由于日本侵略军的野蛮进攻，国民党顽固派的疯狂包围和封锁，以及陕北、华北等地区自然灾害的侵袭，解放区的财政经济遇到了极大困难。当时，边区地广人稀，土地贫瘠，仅有 140 万群众，要担负起几万干部、战士和学生的吃穿用，实在是一件难事。为战胜困难，坚持抗战，1942 年底，中共中央提出了"发展经济、保障供给"的方针，号召解放区军民自力更生，克服困难，开展大规模的生产运动。

解放区军民在党中央和毛泽东的亲自领导下，发扬"自力更生，艰苦奋斗"的革命精神，开展了南泥湾、槐树庄、大风川等地的屯田大生产运动。1941 年，王震率领的 359 旅，开进了野草从生、野狼成群的南泥湾。他带领全旅官兵，披荆斩棘，开荒种地，风餐露宿，战胜了重重困难。经过全旅官兵的共同努力，在不到 3 年的时间里，就开垦荒地 3300 多公顷，养猪 5000 多头，并卓有成效地开展了工副业生产、运输和商业活动，把昔日没有人烟、到处是荒山的南泥湾变成了"陕北的好江南"。

与此同时，抗日民主政府还开办了许多自给工业，军队发展了自给经济，农民广泛组织起来发展农业生产。敌后军民在频繁的反"扫荡"中，边战斗，边生产，实行劳武结合。在缺乏生产资金和生产工具的极端困难的情况下，抗日军民发扬自力更生、奋发图强的精神，一面动手开挖窑洞解决住宿问题，一面勘察开荒的地区，学习耕作技术，制作生产工具，动手开垦荒地。

当时，边区不产棉花，延安军民穿衣主要靠商人从关中等地贩运的棉布来保障。但是，这惟一的来源也被阻断。国民党顽固派在通往边区的大小路口设立关卡，严禁棉花、布匹入境。朱总司令在深入基层考察中，发现了延长、延川等县的农民仍靠古老的纺车纺线织布，如获至宝，立即号召开展"纺线运动"，并与边区中央领导同志身体力行，带头投入生产。此后，纺车就成了周恩来、张闻天、朱德、任弼时等中央领导同志住室中的用具。工作间隙，他们就坐下来摇起纺线车。朱德还定了一条不成文的规矩：有同志来谈工作，首先问你会不会纺线，若不会，就手把手教给你，直到你掌握要领后再谈工作。在他的精神鼓舞下，延安的党政军学各界均有大批数量的人员会纺线织布，"纺线运动"开展的轰轰烈烈。

大生产运动在很短的时间里便收到巨大成效，改变了过去那种"几乎没有衣穿，没有油吃，没有纸，没有菜，战士没有鞋袜，工作人员在冬天没有被盖"的困难局面。许多部队、机关达到自给或半自给，基本改善了军民衣、食、住等条件。大生产运动粉碎了敌、伪、顽的封锁，克服了严重的物质困难，改善了军民生活，密切了党政军民关系，积累了经济建设经验，为争取抗战最后的胜利奠定了物质基础。

★"军民大生产"雕塑

南泥湾

南泥湾位于延安东南 45 公里处。很早以前，这里人烟稠密，水源充足，土地肥沃，生产和经济都十分繁荣。但到了清朝中期，清统治者挑起回汉民族纠纷，两个民族的百姓互相残杀，使这里变成野草丛生，荆棘遍野，人迹稀少，野兽出没的荒凉之地。抗日战争进入相持阶段后，由于国民党的封锁和边区的灾荒，给陕甘宁边区带来极大的经济困难。1939 年 2 月，党中央、毛主席及时地提出了"发展经济、保障供给"的总方针和"自己动手"、"丰衣足食"的号召，动员广大军民开展大生产运动。1940 年秋，八路军 120 师 359 旅奉命开赴南泥湾屯田开荒。在王震旅长的率领下，经过三年艰苦奋斗，终于将荒无人烟的南泥湾变成了"陕北的好江南"，为边区的经济建设作出重要贡献。

水上神兵“雁翎队”

SHUI SHANG SHEN BING YAN LING DUI

冀中平原不仅有一望无际的平原，还有不少河港湖泊。白洋淀是冀中较大的湖泊。它位于河北保定以东，汇合唐河、潴龙河诸水，通过大清河，注入海河，是天津、保定之间的航运中枢。白洋淀内盛产鱼虾、菱藕和芦苇，周围则种植大米，是北方的鱼米之乡。

1938年，日军进入白洋淀，并在赵北口和同口等大村镇安上了据点。从此日军的汽艇在淀内横冲直撞，撞翻了捕鱼船，撞折莲荷，就连鱼鹰也遭毒手。淀内外46个村庄惨遭日军烧杀掠抢，这片富饶大地成了人间地狱。

群众被夺去了渔船，被赶出了村庄，有的还遭到无端杀害。仅在端村，日军一次即杀害群众200多人，群众被迫靠地梨、水草充饥度日。日军的凶残并不能使人民屈服，白洋淀人民在共产党八路军的领导下，抗日斗争情绪日益高涨，纷纷组织起来，充分利用水淀有利的地形，开展水上游击战争。雁翎队就是其中最著名的一支抗日武装。

说起雁翎队的来历，还得从安新县三区的抗日斗争谈起。

在抗日战争中，安新县成立了县大队，三区成立了三小队。三小队刚成立的时候，只有20多名民兵，有十几副打野鸭的大抬杆，这是白洋淀里土武器中杀伤力最大的一种，杆长约一丈，装满铁砂、炸药，可以打得很远。20多名民兵，却拥有20只小船。他们就是小船的主人，驾船如飞，对白洋淀里的水港河汊了如指掌。他们一个个熟识水性，是白洋淀土生土长的渔家人，自从日军侵占白洋淀以来，家家都有血泪深仇，誓和日本鬼子不共戴天。

三小队成立不久，得知有一条汽船，从安新出发去赵北口，船上有20多个日本兵。摸清情况以后，他们就埋伏在水路上，待敌人进入伏击圈，十几副大抬杆一起开火，敌人一阵慌乱，汽船翻了身，20多个鬼子都沉入湖底。三小队的队员也跳入水中，将鬼子一个个灌饱水，还缴获了一批武器。当他们得胜回村时，寨南村全村群众出来欢迎。人们看到排成人字形的20只小船犹如蓝天上的雁阵，便一齐欢呼：“雁翎队！”“我们的雁翎队！”从此，白洋淀的人民就以“雁翎队”代替三小队的正式番号。不久，上级也就正式授予安新三小队以“雁翎队”称号。

雁翎队在战斗中渐渐发展壮大起来。他们夺取敌人的武器来装备自己，用三八式钢枪换下了土枪，歪把子机枪代替了大抬杆。到1940年底全队已发展到180多人，拥有50多只小船。雁翎队像一把尖刀，插在津保水上航线的咽喉上。

1941年日本侵略者为了拔除雁翎队这支眼中钉肉中刺，从3月份起调集了30多只汽船，由驻安新的日军头目龟本统率对白洋淀进行“扫荡”。

日军的汽船，穿梭般地在白洋淀上往返巡逻，日伪军和汉奸、特务布满白洋淀的大小村庄。这时，抗日武装在村里藏身已十分困难，雁翎队就化整为零，利用苇塘作掩护，与敌人周旋。时值早春，淀上能食用的食物还没长出来，雁翎队便以鱼虾当饭吃。没有油盐，只能清水白煮，腥得人吃了直发呕。在湖里整整两个多月，人们见了鱼虾直呕吐，但饿得没有办法，还是得以此充饥。生活虽然艰苦但大家仍然斗志昂扬，时刻寻找机会打击敌人。白洋淀的苇塘水很浅，敌人的汽船不能驶入苇塘。雁翎队却可以驾着小船从这个苇塘转到那个苇塘，从这条河汊划到另一条河汊，

★白洋淀上抗日神兵雁翎队

★原白洋淀水上抗日游击队——雁翎队的副队长孙革。

机动灵活，敌人难以找到他们。但他们有时却可以埋伏在日军必经之处，打敌人个措手不及。有时还能摸进敌人的据点，突然袭击一下，补充一点军需给养。

日军在淀里封锁、巡逻了两个月，还在岸边的村庄里实行“治安计划”，村村都建立了伪政权。白洋淀周围修起了38座炮楼。敌人十分得意，以为白洋淀的治安已经“确保”，便结束了这次春季“扫荡”。安新与赵北口的包运船，也频繁航行起来。这种包运船是雇用货船装货，而由日伪军武装押送。

7月1日清晨，雁翎队得知，有20多个日军和30多名伪军，分乘汽船两艘，从安新驶向赵北口，预定在下午驶回。大家商量，决定要打一个伏击战，一来纪念党的生日，再则也让敌人知道雁翎队还在白洋淀。

雁翎队在大张庄的苇塘中设伏，搬出了好久没用的大抬杆。20多副大抬杆都装满了炸药和黄豆大的铁砂。大抬杆和步枪、手枪相互配置，位置恰当，并约定以队长打掌舵的日军为号，然后大家一齐射击，向敌人的汽船攻击。晌午时分天气燥热，每个队员都采了一张大荷叶戴在头上，既遮太阳，又作伪装，埋伏得十分隐蔽。

太阳偏西了，隐约听到远处有马达声，不一会儿日本鬼子的汽船出现在眼前。雁翎队队长郑少臣，是白洋淀上打野鸭的能手，枪法极好，百发百中，现在他手里拿的已不是鸟枪，而是一支崭新的驳壳枪。自得到这支枪，他是练了又练，在几次袭击中已经得心应手，和玩鸟枪一样，弹无虚发。他这时已把枪管从芦苇缝中伸出去，对着把舵的日军。当汽船驶近时，只听“砰”的一声，舵手应声倒下，接着大抬杆、步枪、手枪一齐开火。汽船失去舵手，在白洋淀里打转。一部分日伪军被打死了，活着的纷纷跳进水里，企图游水逃跑。只听一阵枪响，跳进水里的敌人又被打死好几个。

“冲啊！”队长一声令下，雁翎队的几十只小船一齐冲向汽船。汽船中了弹，开始逐渐下沉。雁翎队员们加了一把劲，汽船很快就沉没了。这时，敌人的另一艘汽船即将驶来。队长命令大家立即撤退。于是，他们把小船驶入苇塘，全部蹬翻，大抬杆也沉入了水底。接着，队员们每人又采了一张荷叶戴在头上，向荷塘深处游去，安全摆脱了敌人的追击。

大张庄歼敌的消息，很快传开。群众知道雁翎队还在白洋淀，更增加了胜利的信心。

驻扎在白洋淀周围的敌人，在抗日军民的不断沉重打击下，伪军逃跑得越来越多。日军为了加强对伪军的控制，合并了邸庄、大四庄、寨南村的据点，把伪军集中在大淀头村大地主朱百万的院子里，并增修岗楼，以维持他们的统治。为了把敌伪势力赶出白洋淀，中共安新县委要求雁翎队拔掉这个据点。

8月的一天晚上，天气闷热、乌云密布，据有经验的渔民推断，夜间会有暴风雨。雁翎队决定利用这次暴风雨天气对敌人进行夜袭。在内线接应下，队长郑少臣带着两名队员，化装成送菜的潜入朱百万的大院。指导员带着全体队员，隐蔽在大院的周围。半夜时分，雷电交加，倾盆大雨哗哗直泻。朱家大院里的灯火已经全部熄灭，大院的铁门平时开起来咣当直响，这时被抹上了油，无声无息地就打开了。预先潜入的队员，伸头一打手势，100多名队员逐个跟进，在雷声的掩盖下很顺利地全面进入院中。根据内线的情报，队员们依照预定的计划，分头进入东西厢房和炮楼。沉睡中的伪军，被全部收缴了枪支。伪军中队长胡凤才，听到伪军叫嚷要缴枪的声音，还以为他们说梦话，爬起来大骂：“孬种，你们都叫雁翎队吓破了胆！”但当他定睛看到雁翎队真的站在他面前时，赶忙举起双手，连喊：“我不动，我缴枪！”没动一枪一弹，伪军的武器全部被缴，雁翎队共获得三八枪50多枝，手枪1支，手榴弹20多箱。

雁翎队的拿手好戏，还是在淀上打包运船。日军往来于津保间的包运船，怕受雁翎队的截击，每次都派河防大队护送。要打断这条运输线，必须首先消灭敌人的河防大队。

中秋节前夕，雁翎队得到情

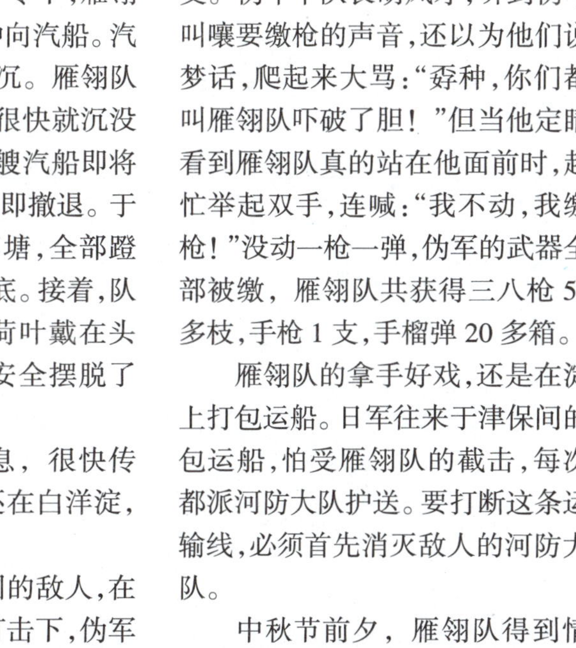

★白洋淀雁翎队纪念馆的雁翎队雕像

报，有一支包运船队，由河防大队护送。河防大队由15个日军和100余名伪军组成，携有重机枪1挺、轻机枪两挺，分乘3艘汽船，在船队的后尾押送。雁翎队经过研究，决定以大队埋伏在赵庄子村西、王家寨村东的苇塘里，准备全歼河防大队，截下包运船。

五更时分，雁翎队进入阵地，在朦胧中已看到敌包运船队后面3条船上，有一个瞭望哨正坐在桅杆尖的横板上，拿着望远镜观察周围的情况。

按照预定的计划，雁翎队放过包运船队，集中力量打河防大队。当包运船队过去后，河防大队的汽船已靠近阵地。队长郑少臣，对准瞭望哨打了一枪，瞭望哨立即头朝下掉了下来。同时，全部火器一齐射向敌船。正在吃饭的日伪军猝不及防，被打死了许多，其余全部被活捉。这次战斗，15名日军被打死10人，5个被活捉。起初清点战俘时，发现少了一个日本兵，经过搜查，仍不见其踪影。大家以为他已经浮水脱逃，后来在最后一条船的灶火旁，发现一只鼓鼓的麻袋，不知装的什么东西。一个队员用脚一踢，发现麻袋哆嗦起来，他抓住麻袋一抖，原来里面就是那个漏网的日本兵。这次战斗共缴获重机枪1挺、轻机枪110多挺、手枪10支，获得全胜。

雁翎队神出鬼没的斗争活动，使敌人闻风丧胆。它的英名传遍冀中、冀西和延安。在《解放日报》上，还登载有雁翎队机智抗日的英勇事迹。

★白洋淀雁翎队纪念馆大门

★白洋淀雁翎队纪念馆内展出的雁翎队缴获的日军山炮

伪军

伪军是一切汉奸队伍的总称，包括汪精卫的伪国民政府的军队，华北自治政府等汉奸组织的队伍，伪"满洲国"的军队等。伪军在1937年全面抗战以前便已存在，那是在东北的伪满州国军，主要是由原东北军组成，也包括当地招募的土匪等。

伪军除了部分驻扎在城市负责占领区治安维护外，绝大部分的伪军被调往华北地区共产党的抗日根据地进行"扫荡"，所有伪军均听命于日军指挥。"七七"事变爆发后，日军在华北、华东两地全面作战，大量俘获国民党军。同时随着北平等地的陷落，大批华北部队编入伪军序列。当时的伪军主要是两类：伪满州国军和华北伪军。华东也开始出现伪军，但在规模上远不能与二者相比。1938年时，中国东北以外的伪军数量约为7.8万人。随著1940年汪精卫叛离国民政府建立伪"南京新的政府"后，华东方面伪军大为扩张，伪军数量急剧上升至14.5万人。1945年日本无条件投降后，伪军随之被遣散或被收编。

★伪国民政府主席汪精卫

★伪军通讯队在进行驮马训练

敌后武工队屡建奇功

DI HOU WU GONG DUI LV JIAN QI GONG

"武工队"的全称是"武装工作队"，它首先出现在共产党八路军抗日根据地冀中七分区。1942年"五一"反扫荡开始，八路军主力部队转移到冀西山区。分区的环境变得极端恶劣，敌人烧杀抢掠，实行见房屋烧光、见人杀光、见东西抢光的"三光"政策，冀中抗日根据地的群众受到很大的摧残。针对这种环境，七分区集中敌工科外线工作队的一部分人员，并选调立场坚定、作战勇敢、能文能武的人员，编成了七分区武装工作队，队员约30人左右。以后逐步扩编，将除奸科、民运科和剧社的部分同志编入，约有90余人。武工队的队长张英精明强干，指挥机动灵活，指导员崔希哲是老敌工科长，受过实施敌伪特工工作的专门训练，熟悉敌伪军的情况，还会说日本话，会唱日本歌。这支队伍有三个手枪分队，一个步枪分队，还有一个工作队负责宣传工作和群众工作。根据分区指示，武工队的任务，就是坚持敌后对敌斗争，宣传群众、团结群众作敌伪军工作，保存力量，以待主力回来。

到1942年6月，七分区8个县的1566个村里，日军就建起岗楼据点392个，平均4个村庄就有一个据点。在敌人的严密封锁下，武工队采用各种巧妙的活动方法，来去十分自如。有一次武工队转移到新乐东部一个村庄，听了老百姓对炮楼里汉奸警备队长的各种罪行控诉，大家非常气愤。武工队就埋伏在青纱帐里引伪军出岗楼，当伪军进入伏击圈时，武工队突然袭击，就捉住了这个作恶多端的汉奸队长。武工队在附近村庄镇压了伪队长，还张贴布告，起到打击首恶、震慑余众、分化瓦解伪军的作用。

武工队坚持敌后斗争，收容并护送很多抗日部队和工作人员转移到路西。他们还认真执行对敌伪军的政策，对敌伪人员及其家属开展政治攻势，内外夹攻软化敌伪军，枪决了一批罪恶多端的汉奸特务，为民除害，也使敌伪军的反动行为有所收敛。有些伪军转变立场，主动与我武工队联系，为我军的活动提供方便。武工队有力地打击了敌人的气焰，坚定了人民坚持抗战争取胜利的信心。

★冀中平原敌后武工队协助大部队作战

冀中九分区的武工队，对敌斗争也很出色。该分区在保定附近活动，日军为了保定的安全，在距保定城5公里外围，挖了一道大封锁沟。在封锁沟出入口都安上了岗楼，派武装警察把守，严格盘查出入封锁沟的老百姓。在这些岗楼中乌马岗的炮楼的驻军为最残忍，他们敲诈勒索、攫掠财物、污辱妇女，干绝了坏事。武工队得知此事后，通过保定日本宪兵从内部搞了一张假公函，组织了以小队长魏树槐为首的七人手枪队，化装成保定日本宪兵司令部的特务队，他们在侦察好的地方半夜爬进封锁沟，翻墙跳进一个老乡家里隐蔽起来。天亮后，他们以特务队的名义说是来清乡，敲开老乡家的门，叫老乡给他们烧热水，他们把脸洗干净，打掉衣服上的尘土，化装一番，歪戴着帽子，斜插着手枪，就从公路上往乌马岗的炮楼走去。乌马岗炮楼里有13个伪警，他们的内部布局，已由内线摸得很清楚。当魏队长一行走近炮楼，站岗的伪警见了，忙打招呼，魏树槐举着假公函，声称是宪兵司令部特务队，要到南乡去抓人，需要这里配合，请传禀。伪警不敢怠慢，一面给警长送信，一面放下吊桥请他们进岗楼。武工队进入岗楼，就各自进入预定方位，魏树槐、张志强进入警长室，把伪警长叫醒，以上司的口吻，训了他一顿，把伪警长训得晕头转向。魏树槐使个眼色让张志强缠住伪警长，自己出来，命令值日兵将全部伪警徒手集合，由魏树槐训话。同时，由其他人迅速收缴枪支弹药，十分钟内便将抢支全部收缴完毕。随后，押着13名俘虏离开岗楼，出了封锁沟，进入青纱帐，在青纱帐里枪毙了罪大恶极的伪警长，其余警察在简单扼要进行教育后释放。这次武工队在敌人鼻子底下，一枪未放，拿下炮楼，被传为佳话。

自从智取乌马岗炮楼后，伪军、伪警对武工队特别惧怕。在开辟保定城南5里的樊庄时，武工队专门把队伍拉到伪大乡长的家里住了一天一夜。伪大乡长慑于武工队的威名，也想为自己留后路，答应以后服从抗日政府和八路军的领导，给抗日政府和八路军供应粮食和物资。这样，附近的小张庄、于庄、方顺桥等村庄也逐步开辟出来。

于庄车站附近的小张庄，虽然离车站很近，但村里的群众基础较好，武工队把伪保长也教育争取过来了，武工队就驻在该村，区里也派干部来，成为平汉铁路边上一个隐蔽的抗日根据地。日军大规模"清乡"情况紧急时，武工队就在村里避风，敌人做梦也不会想到八路军就在他们的鼻子底下。此后，武工队护送干部过路，就由更夫带路由道口过，不再爬沟。有敌情时就紧敲梆子报警，没有敌情就慢敲梆子喊"平安无事"，日军的治安区成了八路军活动的"天下"。

九分区武工队击毙保定南关火车站警务段驻在所头目大平一事，也曾轰动全保定。铁道警务段是铁道系统的警察组织，其任务是在铁道沿线和车站查找共产党和八路军。大平所管辖的驻在所，有十几个中国籍警察和特务，只有大平是日本人。

为了单打大平，武工队派保定工作站的敌工干事，三次去车站侦察，摸清了他们的活动规律。该驻在所在车站东头，车站以西有一条大道向南出城，往北为南关，该驻在所的人较麻痹，以为日本大军就在近前，所以没有警备，该所人员好打篮球，每晚都组织比赛。大平不好打球，但好看球，每晚打球时，就站在所门前看，所的门岗只有一人，枪都挂在屋内。武工队将这些情况搞清后，就组织了6个精干人员各挎短枪，穿了伪军的服装骑了自行车出发。下午6时30分，他们装成刚从南乡讨伐回城的伪军，从车站西侧向南关城门奔去，但没有进城，而绕入车站背后，奔向车站东头的驻在所。自行车队在驻在所门前下车，当时敌人大多数人在打球，大平正站在所门前观看，见有6人来到门前，便问："你们是干什么的？"

"我们省公署特务队的干活！"队长回答着。

"省公署特务队？"大平带着疑惑的眼光，打量着每个人，"怎么我一个也不认识？"

说着，大平把手伸进口袋要掏枪，魏树槐手快，掏枪朝大平头部就是一枪，大平立即栽倒在地，队员就势从大平口袋里掏出两支小手枪。于此同时，几个队员缴了门岗的枪，抢入屋内，各人背着一支新枪骑车就跑。刚跑出二三公里，伪治安军的骑兵已经从后面追来了，武工队就分成二人一组，四散到庄稼小道上，约定了集合地点，消失在暮色中。伪治安军追来后，大道上已无踪影，天已快黑了，他们怕中埋伏，不敢再追。武工队只费了一颗子弹，就收拾了大平，还得了5支新式马步枪、两支手枪，特别是武工队在敌人眼皮底下的行动，使敌伪人心惶惶，心惊胆战，一遇风吹草动便草木皆兵，一连戒严了几次。保定城内外老百姓听到这个消息，打心眼里高兴，说有这样的神八路，中国是灭亡不了的。

★冀中军区的敌后武工队向敌占区进发

《敌后武工队》

《敌后武工队》是描写冀中军民抗日斗争故事的优秀长篇小说，它通过以魏强为首的武工队同日伪军的复杂艰苦的斗争，热情地讴歌了中国人民的伟大斗争精神、强烈的爱国主义精神，赞美了中国军民在顽敌面前那种百折不挠、刚毅不屈的高贵品质，表现了中国人民必胜的坚定意志和信心。小说好似庄严的宣言书，向全世界宣告，中国人民是永远不能战胜的。小说对日本帝国主义侵略者进行了无情地揭露，把日军的残酷无道、凶狠暴戾、浑身充满血腥的侵略本质暴露无遗。它形象地告诉人们一切侵略战争都必然要失败的道理。小说还热情称赞了中国共产党在抗日战争中的领导作用。书中突出地描绘了抗日英雄的动人形象，其中尤以魏强、刘太生、贾正、汪霞、刘文彬等写得比较突出。

驰名中外的地道战

CHI MING ZHONG WAI DE DI DAO ZHAN

抗战时期，日军对八路军各个抗日根据地实行分割封锁，不断进行“蚕食”和“扫荡”。处在平原地区的抗日军民，根据“保存自己，消灭敌人”的积极防御思想，创造了地道战这种作战形式。平原地区抗日根据地军民以民兵为骨干，挖掘了大量的地下隧道，构成了坚固隐蔽、纵横交织、户户相连、村村相通的地道网，形成了一道地下长城。

冀中平原的地道，古来有之。据传当年窦尔墩曾在高阳边渡口挖过一条长60里的地道，还是用砖砌的，可这种地道后来谁也没有见过。但是，挖地洞却是大家都亲身经历过的事。1922年，军阀部队第十一师驻在高阳。他们看到高阳是个繁华的工商业区，周围农村也很富庶，就成群结队在夜里出来抢东西。这期间高阳有钱的人都躲到蠡县去了，但剩下的穷人也要遭抢。于是老百姓就自发地组织起来自卫，男人们便拿起土枪土炮和这帮名为官军实即土匪的强盗开展斗争，老弱妇孺就挖地洞隐藏起来。后来十一师垮了，这些洞就用来贮藏东西，老百姓叫这些地洞为“地窖子”、“蛤蟆蹲”，用来作菜窖或山药窖。当初这种洞很浅，只能消极隐蔽，一旦被日军发现，就很难逃脱。最初，日军一来“扫荡”，群众就到野地里去躲藏，或者逃到外村亲戚家避风。以后，“扫荡”频繁，群众躲躲藏藏终非长久之计。再说“扫荡”时，不知鬼子从哪里来，往往跑出这一村，在路上又碰上敌军，特别是老人小孩，更经受不了这样折磨。先是有人在村外挖个坑，上面盖些柴草，人不走到跟前，根本不会发现。但这种洞妨碍田间耕作，于是再加改进，挖得更深一点，用木板盖住，再在木板上铺上土。也有人干脆在坟地里挖洞，躲在里边，再发展，做成假坟，留出孔眼，可以瞭望敌情。

日军几次“扫荡”，在村子里找不到人，就用“拉大网”的办法，搜索野地。人们在野外也藏不住了，就又回到村里，先是在街上挖，几家共用一个洞口。但是敌人常常突袭，往往来不及下地洞。后来就改成一家一洞，洞口从街上移到各人家里。这种洞是死洞，日军进村后，手里拿着铁棍或者枪托，到处敲击地面，洞口仍会被发现。

随着斗争的发展，群众逐步把孤立的隐蔽洞连成了地道，由一户发展成多户相通，当日军围住这家搜索时，就从另一家洞口出来。

这种初级的地道，最早是1940年至1941年间在离保定很近的蠡县三区发展起来的，地道挖成后对掩护抗日干部很起作用。

新事物的发展往往不是一帆风顺的。挖地道在冀中抗日根据地曾引起分歧，个别领导人不深入实际，批评这种作法是逃跑主义、退却路线，说什么既参加抗战，就要不怕牺牲，不同意发展地道。蠡县县委书记王夫还因坚持地道战而被解职。直到1941年7月，冀中军区政委程子华亲自带着工作组深入蠡县三区调查，作了细致分析，才肯定了地道这件抗战中的新生事物。

调查结果认为：没有地道，不能保存干部，不能坚持平原游击战争。地道是人民的伟大创造，是保存自己、消灭敌人的有利形式之一，是进一步改造平原作战地形的

★挖地道的妇女

★河南省民权县的地道战遗址

★冉庄地道战遗址

创举，对于坚持平原游击战争有巨大意义。调查报告还认为，这种战斗形式应该推广到冀中全区。报告还要求将单纯的防御隐蔽地道逐步发展为村村相通、户户相连，既能隐蔽，又能作战的地道。

在军区领导的号召下，许多村庄开始有组织有计划地挖掘地道。光是地道口，群众就设计了约有一百多种。地道的具体挖掘方法，任丘县某村庄较为典型：他们每 6 人编为一个小组，每天挖 3 丈，每隔若干丈，挖一深 8 尺、宽 3 尺的口，而后由内向外掏土；地道一般高 4 尺，人可以躬身而过，宽 3 尺，两人对面侧身而过，距地面约 3 尺至 5 尺，并不妨碍交通和耕种；村内的地道就在街上挖，通向各村的就在野地里挖；挖的时间定在下午，一般挖到半夜就停工。

地道内设有大量的通气孔和出入口，这些气孔往往设在猪圈、茅厕、水井、锅灶、柜下、墙边等隐蔽的地方。出入口只有一家人知道，是极为秘密的。地道内还有许多大大小小的掩体，大掩体做得极为牢固，最大的可以藏一百人，分为藏人和藏牲口的。大洞里经常放有熟食、开水、灯火、被褥，有的还有厕所。人在洞中可以隐藏几天也没有问题。

地道中间都挖有凹凸过门，叫做“孑口”，狭小得只能容一个人匍伏而过，只要一个人拿根棍子就可以守住。每个孑口处还有防毒设备，一经发现毒气，放下吊板，用土堵塞，气就通不过去。另外地道还与枯井相通，敌人即使放水，也不要紧，水会流到枯井中去，不致淹了地道。

有些地道的入口处做在枯井半腰，中间有活板，人进了地道后，把板抽走，别人就无法进入地道。有时活板做成翻板，人进地道后，翻板就活动，再踩在翻板上，就掉入枯井底，而井底往往埋有尖刀或地雷。

凡是各村相连的地道，在连接处都有人把守，没有熟人引路就无法通过。地道内有很多岔道，有的是通道，有的是死洞。进了死洞，就是摸索很长时间走到头也走不出来，再回头也很难出来。村的联络处还有通讯设备，一拉铁丝，铃声就响，不同响声代表不同规定的暗号，听到铃声就可知道敌人情况等等。虽然是土设备，却也十分管用。

冀中平原抗日根据地利用地道开展抗日斗争的成就十分辉煌。

1942 年 5 月 13 日，日军加岛大队 700 多名步兵，由加岛率领向藁无县、王村一带围攻。八路军藁无县大队和二十二团、十七团部分连队得到情报后立即部署迎敌，组织群众有秩序地进入地道，并在村边、街口、地道口、草堆中埋设了地雷，还把兵力分出一部分依托村外的土岗和坟地迎击敌人，其余则在村内准备。敌人开进来时，村外的部队首先迎击，杀伤了大量敌人。敌人冲进村内，先在村口踩响了地雷。预先埋伏在高房上的部队趁敌人混乱之际，又扔了一排手榴弹，炸死炸伤了很多。敌人费了很大力气，才抢占了高房。这时，二十二团就钻进了地道。利用地道的射击孔或趴在地道口的暗处，向高房上、街道上的敌人射击。敌人被莫明其妙飞来的枪弹和手榴弹杀伤了不少，但又找不到八路军的影子，急得哇哇直叫。搜索多时，日军总算找到了一个地道口，加岛就催促着伪军先下去。当伪军刚下到洞底，就被暗藏着的民兵扎死，他们连还手都来不及。这样一连扎死了几个敌人，加岛十分恼怒，就叫伪军挖地道，要把地道中藏的八路军挖出来。谁知没挖几下，又被埋在下边的地雷炸死炸伤了一大片。到黄昏时分，敌人已死伤了百余人。加岛害怕八路军来夜袭，就灰溜溜地拖着死伤人员回去了。

1942 年秋天，有一次，一位定南县的干部在北疃村的一个老百姓家里，听说有情况，就准备转移。房东告诉他没有关系，屋里就有地道。说着，房东出去了解敌情，由于走得很匆忙，没有告诉这位干部地道入口在什么地方。谁知道一出门就碰到一个日本鬼子来搜查，发现了那个干部。这个鬼子胆小，害怕屋里还有八路军埋伏，立刻向长官去报告。结果来了好几个日本兵，他们也不敢进门，只是逼着房东进屋。房东进了屋，见干部还在屋内，趁鬼子在门外，就掀开墙壁上的地道口，让干部迅速爬进去了。这个地道口做在墙壁上，用和墙一样颜色的假壁封住，难以看出。房东迅速封好洞口后，从容出来对日本鬼子说，里边没有人。鬼子仍不相信，用枪逼着房东一起进房，果然没人。敌人就把房东吊起来拷打，要他说出地道口。房东一口咬定没有地道，鬼子就在房前屋后到处搜查，还用棍棒在屋内外地面敲打，都没有发现疑点，就只好罢休。这位干部下了地道，一会儿就转移到别处去了。鬼子们回到据点，还骂那个发现干部的鬼子兵，说他有精神病。

北平（现北京市）附近顺义县焦庄户村的地道，是一处模范地道。抗战时，日军的碉堡离焦庄户不到1公里，周围4个村庄里都安了碉堡，最远的也不超过8公里，这是敌人严密控制的区域。这些据点里的日军经常出来烧杀抢掠，祸害人民。焦庄户的民兵和群众为了避免损失，保存自己，从1943年春天开始挖地道，除了村内挖得户户相通，还挖到村外。到1946年，已挖成一条南通二三里以外的龙湾屯和唐洞村，北达1.5里以外的大北坞村，全村地道的长度达11里，构成了一个纵横交错、四通八达的地道网。他们还利用有利地形修筑了7个暗堡和一些高房工事。1944年4月，日伪军集结了大队人马来焦庄户进行报复性“扫荡”。当敌人入村以后，遭到不知来自何处的冷枪射击，把他们打得晕头转向，躲也无处躲，藏也无处藏，处处挨打。敌人多方搜索，找不到地道，也找不到枪眼，更看不到民兵踪影，只好乱打一阵枪狼狈逃走。广大民兵群众高兴地唱道：

地道好，地道妙，
消灭敌人最可靠。
日寇伪军干挨揍，
抗日军民哈哈笑。

由于焦庄户利用地道战屡次打击日伪军，以后又在解放战争中发挥地道的威力，获得县民主政府颁发的“人民第一堡垒”的光荣称号。

在冀中地区，仅1944年的冬季就挖了地道12500多公里，在冀中平原的地下构筑了一条伟大的地下长城。特别是蠡县的三区，被日军称为有两个“三区”，一个是地上“三区”，另一个是地下“三区”。日军对此一筹莫展，束手无策。蠡县附近的冉庄和顺义的焦庄户的地道至今仍保存完好，吸引着国内外的游客，成为名胜，是平原的一大景观。

★墙根壁地道口

★水井地道口

焦庄户地道战遗址纪念馆

焦庄户地道战遗址纪念馆位于北京市顺义县龙湾屯乡焦庄户村，距市区60千米，距顺义县城30千米。全馆占地面积4048平方米，建筑面积1048平方米。地道遗址全长115千米，已修复可供参观的地道650米。该馆的前身是“北京市焦庄户民兵斗争陈列室”。该室1963年筹建，1964年建成，同时开放的还有部分地道遗址。1987年新馆落成并对外开放，国防部长张爱萍为新馆题写了馆名“北京市焦庄户地道战遗址纪念馆”。纪念馆参观的内容共有六项：一是参观地道遗址；二是看地道战电影；三是听抗战时期儿童团员焦志斌同志讲焦庄户村的战斗历史；四是吃“抗战饭”（即窝窝头、玉米渣粥和咸菜）；五是看“地对空导弹基地”（即看部队内务、队列表演、通讯和指挥、导弹实物操作、导弹演习录像）；六是秋季苹果熟了，观众可以亲自参加采摘苹果活动。

★焦庄户地道战遗址纪念馆大门

★焦庄户地道战遗址纪念馆地道遗址

威震敌胆的地雷战

WEI ZHEN DI DAN DE DI LEI ZHAN

说到地雷战，首先得从炸药说起。冀中部队最初使用的是黑色炸药，这种炸药是由“一硝、二磺、三木炭”配制而成的土炸药，威力较小。冀中军区供给部曾试制了一种氯酸钾炸药，想以此来代替黑色炸药，不幸在试验过程中发生了爆炸事故，试验被迫中断。但军区一直在设法提高炸药的质量。

从北平撤出到晋察冀担任冀中军区二军分区参谋长的张珍，受命到北平执行特殊的任务。军区首长吕正操、孙志远决定派他到平(北平)津(天津)保(保定)一带组织地下抗日工作，其中一项任务是搜罗能制造炸药的人才。

张珍到北平后找到了学化学的汪德照、张芳、李广信、门本忠等人。

汪德照等人一到冀中，就组织了研究组，专攻炸药这个课题。为了解决研究中的器材，汪德照曾两次去天津向著名物理学家叶企孙求援。在叶企孙的帮助下，制造雷管需用的化学原料和钢壳、制造雷管的铂丝和控制爆炸用的电动起爆器等都弄到了手。叶企孙还把在燕京大学借读的清华研究生林风召到天津，在英租界一家药铺里，制造 TNT 黄色炸药，将它浇铸成条皂状，和真条皂混在一起，偷运到了冀中。

另外，冀中曾意外地得到一大批军工原料。一天，张珍到安平公干，当地三分区的司令员沙克找到他，告诉他滹沱河里不知是什么人，抛弃了四五条船，有人说是炸药，大家不敢近前。他知道张珍是化学专家，特地请他去看一下。

张珍带了几个人赶到滹沱河边，带路的人就停下不走了，说河边有雷，走近了就炸。张珍驻足观察了一下船的位置和停泊的情况。分析情况，此船往西，船的锚、缆都没有系紧。这样子很像是从天津往石家庄运的货，可能遇到空袭或紧急情况，船家怕货物爆炸，弃舟逃命的。从停泊的情况看，船家十分慌张，顾不上在岸边埋地雷。根据这个判断，张珍小心留意脚下，没有发现地面有任何痕迹，慢慢地走向河边上了商船。他打开仓盖一看，里边装的是一箱箱的氯酸钾，还有些赤磷、硫化锑。这些都是做火柴的原料。还有一船是钢材，载有钢管和漆包线等等。这些原料为冀中制造炸药，解决了很大问题，有些一直用到抗战胜利。

★抗日战争时期的吕正操

★物理学家叶企孙

冀中的军火生产，由汪德照等人用两三个月的时间，就解决了安全制造和使用氯酸钾炸药的难题，同时还制造成功了雷汞雷管、电动引发雷管等，培训了一批又一批的战士、民兵，都掌握了地雷制造和使用的方法。

冀中民兵使用地雷是在 1940 年春季反“扫荡”斗争中开始的。安国县东赵、西寇两村民兵把手榴弹埋在大道上，用线拉火，炸死了两个伪军。这个消息很快传开，各地竞相仿效，方法也越来越多。各地利用废炮弹、废手榴弹、破铁罐，甚至玻璃瓶，装上炸药，有的自制硫磺炸药，起爆方法也多种多样。这种土造地雷成为民兵手里有力的杀敌武器。

1940 年夏季，七分区就开办爆炸人员训练班，抽调有一定作战经验和钻研精神的人参加。一期约 30 名左右，地点选在定县造弹厂附近，训练方法主要是口授、作简易图解和实物观摩。教学内容包括爆炸物使用方法、土法翻砂制雷壳、炸药配方和地雷制作等等。着重结合日军“扫荡”的攻击破坏行为方式，日伪军的活动规律，集思广益，研究如何就地取材，制造爆炸物不限于地雷、手榴弹等品种类型，使用方法也不限于投掷或掩埋。总之，是要把死雷根据实际情况去灵活运用。训练的时间不太长，主要看学得怎样而定。训练班办了好几期，经过训练的人员都掌握了爆炸物的原理，成为这方面的骨干，为广泛开展群众性的地雷战打下了一定的基础。

为了保密和确保安全，分区指示各村都要建立专门的爆炸小组。并责成有翻砂厂的县制造雷壳，供应各村，各地还自己设法收集各种可以利用的容器，经常组织互相观摩，交流经验，取长补短。因此花样越来越多，如利用土炮发射的抛射雷、子母雷，落地后又反跳起来才爆炸的跳雷；用于庄稼地小路上的趟线雷；用于地面上的鼠夹子雷、压簧挑线雷——这种雷，是把弹簧用三根扛杆依次压住，最后一个杆端用一个小砖块或土块就可压住，如果把这块小土块去掉，三个杠杆就依次张开，弹簧就拉雷爆炸。其它还有挂雷、定向短土炮等等。沁源武委会主任王鹏飞与一位陶瓷工人合作，发明了磁雷。他们把碗、罐、茶壶、小孩玩具等都做成爆炸物，使敌人到老百姓家，渴了不敢拿壶喝水，饿了不敢拿碗吃饭，使敌人感到草木皆兵。

1941年，中共冀中区党委召开组织会议期间，专门举办地雷展览会，介绍经验，促使地雷战在冀中以及晋察边区很快推广开来，收到很大效果。

这种被日军称之为“土八路的地雷爆炸”，使敌伪军遭到越来越多的伤亡，如在破路斗争中，民兵拆下道钉、夹板，就在旁边埋上地雷。日军来修复，就不得不分外小心，不知道会在什么地方踩上地雷。这样破路，每次参加的人数虽不多，破坏地段也不长，但修复十分慢，对日军通车威胁很大，使敌人防不胜防。

用地雷对付敌人的“扫荡”也很起作用。一天拂晓，无极县日军骑兵出动到城东“扫荡”，因民兵事先得知情报，夜间就在敌人必经的路上设下了地雷封锁线。敌人毫不知觉，在晨光微曦中闯入雷区，触发了地雷，惊得战马驮着敌人乱作一团，到处乱蹦，又踩了好多地雷，死伤一大片，灰溜溜逃回城里。

又如，有一次日军“扫荡”河北蠡县三区，全区民兵在敌人出动前的夜里，埋了400多个地雷。还发动小学生在路上挖了无数小土坑，民兵在小土坑里，有的埋上地雷，有的不埋。有些埋雷的地方，还用自行车带轻轻压上带痕，表示上面走过车，没有危险。而在未埋雷的地方，故意翻起新土。搞得虚中有实，实中有虚。敌人踩响了几十地雷，面对难辨的真真假假虚虚实实，不敢轻举妄动，胆战心惊地往前蠕动，大大限制了敌人的行动。

地雷战不仅在晋察冀发挥威力，还传播到胶东。全国民兵英雄、爆炸大王赵守福曾在他的家乡山东海阳赵疃就开展过一次地雷战。

一天，赵疃民兵得知，400多名日伪军将于次日晨向赵疃进犯。赵守福、赵同伦立即召集民兵进行战斗准备。他们把全部地雷分设成两线：第一线设在村北的树林里，多是绊雷；第二线设在村子里，都是踏发雷和箱子雷。第二天早晨，日伪军果然径直向村里扑来，刚闯进树林，地雷就响了。前面的鬼子大多被炸死，后面的趴在地上不敢抬头，有的干脆掉头往回跑。这时，隐蔽在村口的民兵对准鬼子就是一阵土枪射击。一个骑着高头大马的军官抽出洋刀，哇哇直叫，领着一群士兵向村里冲来，刚到十字路口的牌坊下，一声巨响，大洋马应声倒下，军官栽倒在地下。后面的鬼子伪军四处乱跑，又被街上的地雷炸死、炸伤10余人。敌人挨了当头一棒，不敢再进，吓得急忙收拾残尸，狼狈逃回。

日军吃了这次亏，并不甘心，他们从青岛搬来工兵，每次出动，都让工兵先排雷，扫清道路后再前进。民兵摸清敌人的这个规律后，又重新想点子对付他们。

爆炸队在同一雷坑里，放进两

★赵守福

个地雷，上面是假雷，下面是真雷。敌人排雷时，挖出了上面的假雷，下面的真雷就爆炸了。日本工兵吃了几次苦头，就不敢再起雷了。他们见了可疑的地方就用白粉撒个圈，让后面的鬼子绕着白圈走。民兵就“照葫芦画瓢”，也在路上画圈，与敌人以前画的混在一起，而在不画圈的地方埋上了地雷。鬼子回来时，照着来时绕着白圈走，又蹦又跳，地雷也随着鬼子的蹦跳连续爆炸，吓得敌人不敢走动。

敌人既不死心，又很狡猾，趁民兵在降雨前把地雷都起出来的机会向村庄进行偷袭，于是爆炸队将计就计。有一次，民兵在暴雨前将100多个地雷用蜡密封好，埋放在路面、路侧和村子里。暴雨刚停，鬼子就向村里扑来，他们完全没有料到民兵在雨前已经埋上了地雷，有几个鬼子摸进村，一推门就被拴在门上的挂雷炸飞了。另外几十个鬼子上菜地，想刨土豆吃，被埋在菜园里的雷炸飞了。爆炸声接连不断，敌人往村外乱跑，刚出村口，踏上路中间的地雷。剩下的敌人连滚带爬地向路边逃去，路边的地雷也不断起爆，一时爆炸声不绝，敌人乱作一团。这时埋伏在山上的民兵用土枪土炮向敌人猛轰，打得敌人晕头转向。仅这一次战斗就炸死炸伤敌人60余人。

赵疃的地雷战，在胶东出了名，敌人不敢再侵入赵疃，赵疃因

★军民埋地雷抗击侵略者

此成了胶东抗日的一面旗帜。

日军在冀中多次吃了地雷的苦，以后每次“扫荡”，总是先抓一批老百姓，强迫他们走在前头，迫使民兵不敢使用地雷。针对这一情况，民兵造出一种缓燃起爆雷和触发管在前地雷在后的地雷。群众走上前面，踩上引爆装置，并不立即起爆，当敌人行进到雷区时，地雷正好爆炸。

有时民兵对日军采取诱炸的方式。藁城县的东西四公村，村外有一土岗，敌人每次出动，一定先用小部队占领土岗，作为制高点，架着机枪作为掩护。1941 年 4 月在保卫春耕时，民兵就在岗上埋好了地雷，派部分民兵去据点袭扰，打了一阵土炮以后，敌人果然出来追击。追到村边时，敌人又是先爬上土岗，当他们刚要架设机枪时，土岗就开了花。伏兵四起猛攻，敌人只得狼狈而逃。

民兵对于地雷的应用，创造出很多新的方法。有时用农村送礼用的礼盒，装上爆炸物，拉火线系在盒盖上，放在据点、岗楼附近，敌人一出来，以为是别人遗忘的或是被吓得丢掉的东西，自己拾了个小便宜。当抱回岗楼，正想享用“礼品”时，不料一打开盒盖，礼盒就炸响了。还有一种雷叫做“仙人脱衣”，有两层皮，外层皮的导火管不起作用，揭开外皮就要爆炸。民兵故意把这种雷放在公路上，敌人战战兢兢的把它抱回据点，根据工兵经验，揭开外衣，发现导火线，就将导火系统破坏，地雷就不会爆炸了。当敌人随手揭去外皮，“衣服”一脱去，“仙人”就炸了。

日军在抗日根据地，到处都能碰到地雷。凡到过根据地的，都吃过地雷的苦头。就连日伪的报纸上谈起地雷也经常是谈虎色变。当时的日伪《山西新民报》有一篇报道说：八路军“埋设地雷，多在单独路口、必经路口、十字路口或山脚山腰山顶，尤其山的鞍部，其余如水井附近、房屋内粮食器具或箱柜柴草煤炭内，均可为地雷匿伏地点。地雷毒害教训，一二年来给予我们的经验是太多了，谁能忘记呢。”

“冀西边区调查班”的日伪人员，回到北平后，在日伪《北平民众报》上发表感想：“在初次踏上匪区的土地时，全体人员都怀着不安的心，正是如临深渊，如履薄冰，在默默中决不敢说出踏地雷、遇八路等笑谈，恐怕遭遇到他们，将不会平安地过去。”

地雷战是当时华北、山东对敌斗争的重要武器，在抗击日本帝国主义的战争中发挥了极大的作用。

伪“南京国民政府”

继上海和南京沦陷后，日本法西斯为了长期占领中国的领土，他们一方面继续加强对伪满洲国和伪华北临时政府的控制，另一方面开始积极物色能够全方位代表中国的傀儡政权。原国民党副总裁、国民党内亲日派首领汪精卫，抗战伊始就与周佛海、高宗武、梅思平等组织“低调俱乐部”，大肆宣扬失败主义，并暗中进行投降活动。1938 年 8 月，汪精卫叛逃到越南河内，并公开发出了降日的“艳电”。1939 年 5 月，汪精卫等去了日本，先后和当时的日本首相平沼及陆军外交等大臣会谈，他的“另立中央政府”的要求立即得到了日本政府的允诺。8 月底，汪精卫等回到上海召开了所谓国民党第六次代表大会，制定了《中国国民党政纲》，通过了“以反共为本党之基本政策”、“根本调整中日关系”等提案，发表了宣言。宣言中重申：承认日本的“善邻友好”、“共同防共”、“经济提携”三个原则，赤裸裸地暴露出了他卑躬屈膝的丑态和汉奸卖国的嘴脸。

1940 年 1 月，汪精卫与北平伪临时政府头子王克敏、南京伪维新政府头子梁鸿志等在青岛举行“联席会议”，就组织伪政权问题达成协议。3 月下旬，汪精卫在南京召开伪中央政治会议，决定伪中央政权名称为“国民政府”，用“青天白日满地红”国旗(在旗下附一块三角形黄布片，上写和平反共)。汪精卫任国民政府代主席兼行政院长、王克敏任华北政务委员会（由华北临时政府改制而成)委员长。3 月 30 日，伪国民政府在南京宣布成立。

12 月 31 日，汪精卫集团与日本秘密订立了《日支新关系调整要纲》，主要内容是：承认伪满洲国；把华北、蒙疆、长江下游和华南岛屿定为“日支强度结合地带”，由日本长期占领；伪政权由日本派顾问或职员操纵；伪军、伪警察由日本教官训练，武器由日本供给；伪政权的财政、经济、工农业及交通等，均由日本控制。一切资源由日本任意开发；协力反共，禁止一切抗日活动。

神头岭伏击战

SHEN TOU LING FU JI ZHAN

1938年初，八路军第129师，根据独立自主的山地游击战的战略方针，在正太线上积极开展游击战争，开辟根据地，建立和发展地方武装力量。为配合第115师主力和活动在晋西北的第120师作战，牵制晋东日军对黄河一线的进攻，129师在部队逐步南移后决定，首先以吸打援敌的战法，在神头村地区伏击歼敌。

作战部署明确之后，第129师师长刘伯承便带着几名参谋了到神头岭一带观察地形，选好伏击地点，但如何使日军进入我伏击圈却成为关键问题。刘伯承师长根据日军一处受袭别处日军必来增援的作战规律，拟定了以一部兵力佯攻敌人的军事要地，“攻其必救”，以主力埋伏在敌人援兵必经之路，并将其吃掉的计划。佯攻目标选在山西黎城，黎城的日军守备队几天前刚刚有500人开往潞城，只剩300人据守。3月15日夜，第386旅各团预先来到神头岭三面设伏。16日凌晨3时许，第769团佯攻黎城的战斗打响。但意外的是，这里的日军在前一天新增了1200多人。因为天还没有大亮，日军一时还没有摸清八路军的情况，没敢贸然出来。最先突入黎城城内的第769团第1营见敌情有变，在消灭了上百名日军后，沉着地边打边退。等八路军出城后，日军才派了150多名骑兵追击，结果又被1营堵住打回城里。吓得日军赶忙向涉县、潞城发出求援信号。8时30分，涉县来增援的日军数百人乘汽车刚过东阳关，就被769团设伏的部队打了回去。而从潞城赶来增援的日军1500余人也蜂拥而来。等全部日军都走上神头岭时，陈赓旅长一声令下，子弹、手榴弹顿时飞向敌群。毫无戒备的日军一下子被打得人仰马翻，四处逃窜。面对突然而来的三面围攻，日军方知中了八路军的调虎离山计，但为时已晚。这场战斗持续了7个小时，歼灭日军1500多人，缴获了各种枪支300余件，取得了辉煌战果。

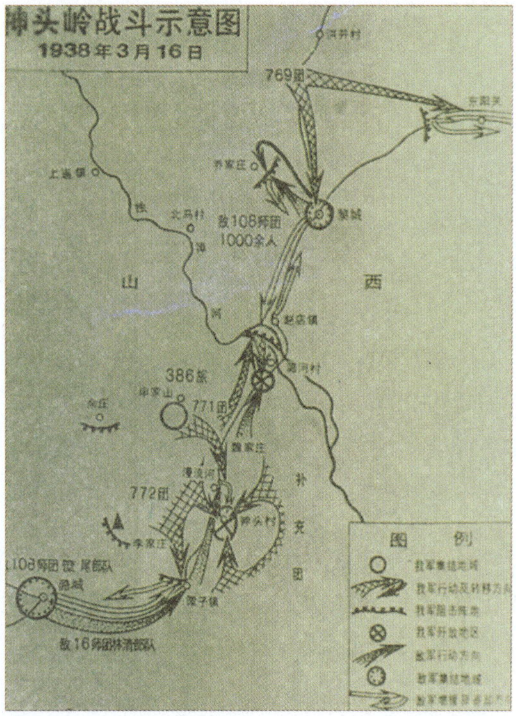

★神头岭战斗示意图

★刘伯承（后排左四穿浅色大衣者）带领各旅旅长到前沿阵地视察

★129师副师长徐向前在神头岭指挥战斗

刘伯承

★刘伯承

刘伯承（1892－1986年），曾用名刘伯坚，四川省开县人。中国革命家、军事家、军事理论家，中国人民解放军创建人和领导人之一，中华人民共和国元帅。

刘伯承家境贫寒，自幼发愤苦读，在革命潮流的影响下，青年时代即萌发了富国强兵、拯民于水火的思想。1911年，他参加了响应辛亥革命的学生军。1914年加入孙中山先生领导的中华革命党。在护国、护法等战争中，历任连长、旅参谋长、团长。他足智多谋，骁勇善战，被誉为川中名将。从1924年起，刘伯承接受了马克思主义，逐步实现了从爱国的民主主义者向共产主义者的转变。1926年5月加入中国共产党。

1927年，在大革命失败的严重时刻，刘伯承与周恩来、贺龙、叶挺、朱德等领导了南昌起义，为创建革命军队作出了突出的贡献。1927年冬，赴苏联莫斯科高级步兵学校学习，后入伏龙芝军事学院深造。1930年12月回到上海，协助中央军委书记周恩来处理中央军委日常工作。1932年10月，任军委总参谋长，协助朱德、周恩来指挥作战，取得了第四次反"围剿"的胜利。在第五次反"围剿"中，因反对军事指挥上的教条主义，被错误地撤销总参谋长职务。长征中，于1934年底重新担任红军总参谋长，并兼任中央纵队司令员，指挥先遣部队强渡乌江，智取遵义。在遵义会议上，坚决拥护毛泽东的正确主张。会后，协助毛泽东、周恩来、朱德等指挥红军四渡赤水河。亲率干部团抢占皎平渡口，保证了部队顺利北渡金沙江。5月，任先遣队司令，与政治委员聂荣臻率部为全军开路。在进入大凉山时，贯彻执行党的民族政策，与彝族部落首领小叶丹"歃血为盟"，使部队顺利通过彝族聚居区。接着，率红一师在安顺场强渡大渡河。红军第一、第四方面军会合后，执行中共中央关于北上抗日的战略方针，与朱德一起同张国焘分裂党的活动进行了坚决斗争。

抗日战争爆发后，刘伯承任八路军第129师师长，率部以太行山为依托，开展敌后游击战争。率部进行了夜袭阳明堡、设伏七亘村等著名战斗，痛击了日军的侵略气焰。1938年起，与政治委员邓小平、副师长徐向前等组织指挥了长生口、神头岭、响堂铺以及晋东南反"九路围攻"、冀南反十一路"扫荡"等战役战斗，创建了晋冀豫抗日根据地。

1946年6月，蒋介石悍然发动全面内战。刘伯承与邓小平率晋冀鲁豫野战军，以大踏步进退的运动战歼灭和钳制了大量敌军。次年6月底，根据党中央关于由战略防御转入战略进攻的重大决策，与邓小平率10万大军强渡黄河，挺进大别山，深入敌腹心地区，威逼南京、武汉，揭开了人民解放军战略进攻的序幕。1948年11月，参与指挥了淮海战役，取得了歼敌55万余人的重大胜利。

★刘伯承故居

1949年4月，刘伯承参与指挥渡江战役，并直接指挥第二野战军直出浙赣线，解放了皖南、浙西、赣东北、闽北广大地区。同年冬，与邓小平一起指挥第二野战军和第四野战军一部进行了西南战役，通过采取"包围、实施军事打击和政治争取"的斗争策略，促成大批国民党上层军政人员率部起义和投诚，在较短的时间内解放了四川、云南、贵州、西康四省。1950年1月任西南军政委员会主席。领导军民肃清匪患，恢复经济，筹划和平解放西藏的工作，为解放西南地区、巩固西南边疆作出了重要贡献。1950年底，任人民解放军军事学院院长，后又兼任政治委员。1955年被授予中华人民共和国元帅军衔。

新四军首战韦岗

XIN SI JUN SHOU ZHAN WEI GANG

在抗日战争中，与北方八路军南北呼应的，就是在大江南北浴血奋战、威震华夏的由中国共产党领导的新四军。

自"七七"事变，抗日战争爆发，国民党被迫和中国共产党结成抗日民族统一战线。1937 年 10 月 2 日两党达成协议，将南方 8 省 13 个地区的红军游击队统一改编为新四军，开赴华中敌后抗日。

1938 年 1 月，新四军军部在南昌成立，4 月初移至安徽岩寺，各部队也向岩寺集合。4 月 28 日粟裕率新四军先遣支队挺进苏南敌后，开展战略侦察。5 月中旬陈毅率一支队由岩寺出发，至 6 月中旬在苏南溧阳与先遣支队汇合。

当时的苏南是一片混乱、凄凉的局面。日军所到之处，疯狂实行"三光"政策，特别在铁路、公路沿线的城镇和附近村庄，一律烧光、杀光、抢光，江南大地狼烟滚滚，人民陷入水深火热之中。国民党的军队一触即溃，地方政权已经瘫痪。国民党的散兵游勇、特务分子、地痞流氓和反动会道门，纷纷拼凑武装，蜂拥而起，各种"司令"多如牛毛。在铁路、公路沿线的日军控制地区，一些民族败类凑起了"维持会"等伪组织，助纣为虐，干尽卖国的勾当。

★粟裕

新四军东进时，所用的武器是内战期间用旧了的武器，有的长枪锯成了短枪，有的是埋在地下许久才挖出来的，甚至还有刀矛之类的原始武器，在东进的路上，正如八路军北上时一样，沿途遇见许多刚从京沪溃退的国民党军队。溃军的情绪很糟，对日本兵很害怕，对新四军也很看不起。有位国民党将领当时曾对新四军一支队司令员陈毅说道："陈司令，你们的军队有优良纪律，作为一支政治宣传队是很好的，如到东线去打仗，请听下文分解好了。"

★陈毅和粟裕

但是新四军并未因此丧失信心，挺进南京、镇江、丹阳、句容、金坛、武进、溧水、芜湖一带，将广大农村很快从日伪手中解放出来，建立了以茅山为中心的苏南解放区。

当新四军初到这里时，老百姓弄不清他们是什么军队。后来当得知是中国军队时，才热情接待。有一次，部队住在南京附近农村中的一个地主士绅家里，这位士绅很高兴，他们一年来没见过中国的军队了，到处是土匪，所以见到新四军就热情招待。可是第二天一早，房东拿了许多便服给新四军战士，并说："你们要小心，打日本不是好玩的，你们的枪不好，怎么能打日本，还是穿上便衣，我可以保护你们。"

当时，从种种迹象来看，人们对新四军的战斗力还有怀疑。因此新四军必须打几个胜仗，才能坚定群众抗日的信心。陈毅司令员决定：一支队从二团中挑选一部分人，临时组成一个连队，配合先遣队行动，由粟裕指挥。这个连队的素质很好，战士都是经过三年游击战争锻炼考验的红军，政治觉悟高，军事经验丰富。粟裕来到连队后，又从先遣支队的警卫班和侦察班挑选了 30 多名战士，与连队合并行动。这支精悍的部队一共有 100 余人。粟裕向战士们介绍当时的形势，并郑重宣布连队的行动计划。

1938 年 6 月 15 日，这支先遣队出现在南京与镇江之间的下蜀镇铁道上，按预定计划要破击铁路，但事到临头大家都不知道该如何下手。当时所带的工具只是几根铁棍和树干、扁担之类的东西。花了很多时间费了九牛二虎之力，也

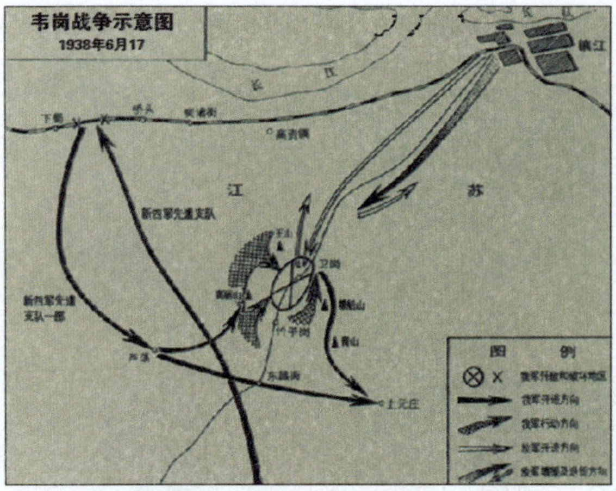

★韦岗战争示意图

没有撬动铁轨。于是粟裕要战士们向老百姓请教，经老乡指点，他们先拔去道钉，再移动铁轨，一下子就把一段铁轨卸掉了，并在黎明前安全地转移到了下蜀西南的一座小山上。

在山上，大家静静观察着铁路线。上午8时左右，一列从上海方向开来的日本军用列车，行驶到了卸掉道轨的地段，便“吭哧，吭哧”地停了下来，敌人急忙检修。这次破坏使得京沪线中断了几个小时的通行。

先遣部队并没有因破坏铁路的成功而罢手，粟裕又亲临镇江至句容公路沿线侦察敌情。17日上午，部队在下蜀西南小山坡的竹林里开会，粟裕介绍情况说，镇句公路上每天早上7时许就开始有日军车辆出现，一天要有五六十辆军车毫无戒备地通过，他宣布这次行动就是伏击敌军的车队，地点就在镇江以南一二十公里处韦岗南面的赣船山口。要求在黑夜行军，拂拢进入阵地。他还说明了这次战斗对打击日寇嚣张气焰、增强民众抗日信心有着十分重要的意义，并提出了战斗要求。指战员们接受了任务，无不摩拳擦掌，积极准备，情绪十分高昂。

午夜时分，天下起了大雨，部队冒着风雨出发了。战士们在漆黑的雨幕中深一脚浅一脚艰难地向目的地挺进。还未到达目的地，天色已经亮了。

赣船山一带地形险要，两条百米高的连绵山岗横亘南北，镇句公路弯弯曲曲在山岗中通过。山上树木稀疏，但有许多高低不平的小丘可以埋伏。当先头部队刚下山接近公路，大部人虽还未进入伏击地点时，敌人的一辆军车已出现在公路上。当汽车离埋伏点有二三十米时，机枪首先开火。敌车遇截，拼命逃窜，新四军战士尾追不舍，狠狠打击。敌人的汽车只冲出50多米，就歪倒在路边。此时，又有两辆敌人军车开过来了，同样遭到了截击。新四军部队集中火力，机枪、步枪、手榴弹一阵猛击。敌人遭到阻击后，迅即跳车，有的跳入路沟,有的钻入车底，负隅顽抗。战士们奋力攻击，把敌人的凶焰压下去了。粟裕同志举着左轮枪率部猛冲，横扫残敌，一日军军官受伤后，滚入水沟，静卧不动。当粟裕靠近时，他猛地跳起来朝着粟裕举刀就劈，但被眼明手快的警卫员一枪击毙了。

伏击战进行近一小时，部队迅速收拾能带走的战利品。这次战斗共缴获步枪20余支、手枪2支、指挥刀1把、军旗1面、日钞7000余元，击毙土井少佐以下90余名日军，击毁日军车4辆。新四军牺牲了两名战士。首战告捷。

次日，粟裕所部行进到支队司令部驻地宝埝填，在附近的一个祠堂里，将缴获来的武器和日本国旗及日钞等进行展览，参观的人络绎不绝，胜利消息顿时传遍镇江、丹阳、句容一带。这场战斗规模虽然不大，但在江南的影响却极其广泛，在江南的国民党军队及忠义救国军虽有数万，其他“司令”亦多如牛毛，但谁也不敢动日军一根汗毛。新四军初来江南，就勇敢地袭击了“萝卜头”(因日军军帽顶部高耸，酷似萝卜头，故江南人民对日军以此称之)，而且旗开得胜，这不能不使江南各界群众、国民党友军对新四军的战斗力刮目相看，从而更加坚定了江南人民抗击日寇的决心和信心。

为纪念这次胜利，粟裕曾吟《韦岗初胜》五言诗一首：

新编第四军，
先遣出江南。
韦岗斩土井(日首土井少佐)，
处女奏凯还。

陈毅司令也为这次胜利赋七绝一首：

故国旌旗到江南，
终夜惊呼敌胆寒。
镇江城下初遭遇，
脱手斩得小楼兰。

韦岗战斗以后，到1938年底，新四军在江南进行大小战斗200多次，而且还深入到南京城内，连城郊的日军飞机场、雨花台和麒麟门都曾响起过新四军的枪声。

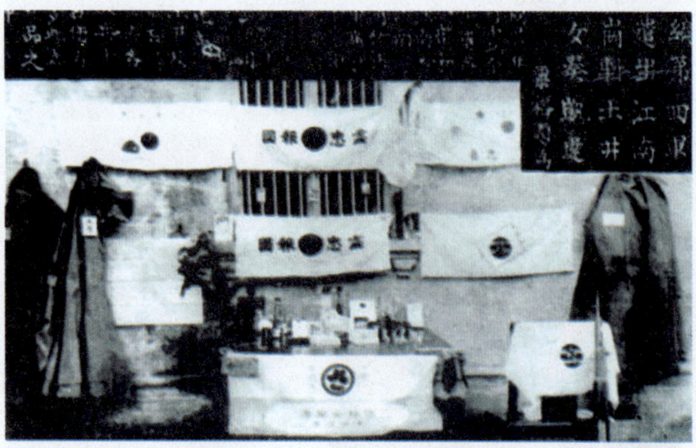

★韦岗伏击战缴获的部分战利品

车桥战役

CHE QIAO ZHAN YI

新四军在江北对日伪的斗争开展得十分激烈，仅在1944年2月苏中的新四军对敌作战即达200余次。1944年国际国内形势，对中国已十分有利。苏德战场上，苏军已掌握战略主动权，并实施大规模反攻。在太平洋战场，美军反攻不断胜利，日寇节节败退。在华北敌后战场，八路军、新四军也开始局部反攻。新四军在苏北的反攻中以车桥战役最为著名。

车桥镇是距淮安东南20余公里的一个大集镇，它本来是国民党流亡江苏省政府的所在地，流亡省长韩德勤和共产党摩擦是老手，但一遇到日军就不行了。1943年2月12日，日军向苏中区“扫荡”，在3天内就把韩德勤部队打垮了，车桥陷入敌手。韩德勤是在新四军的掩护下，才得以逃脱。

日军攻占车桥后，便着意经营。在镇的四周筑起两丈多高的砖墙，墙外挖了1.5丈宽的深沟，墙上修了4个三四丈高的大碉堡，镇内修建了53个大小碉堡，镇内常年驻有伪淮安保安纵队600人，另驻有一队日军。日伪认为这里固若金汤，经常吹嘘：“新四军若是能够打下车桥，我们情愿搬出苏中。”

根据敌我形势，新四军一师以五个多团的兵力准备强攻车桥。战役于1944年3月5日凌晨发起。当部队接近敌人据点时，敌人还在呼呼大睡。攻击部队早已作好准备，转眼之间100多架云梯已架在外壕上。机枪打响后，突击部队冲过了外壕，爬上了两丈多高的围墙，在30分钟内，1000多名新四军战士已冲到车桥的街市上。一时间喊杀声震天，车桥守敌慌乱一团忙钻进碉堡，妄图依仗工事负隅顽抗。战斗到拂晓，一半以上的碉堡和街市已被新四军占领，但有一个筑在围墙上的大碉堡，封锁住了新四军的进攻道路。

天已大亮，但大风刮得满天灰尘，日军碉堡里的机枪仍在吼叫。这时有一位平时口讷，举止笨拙，外号称为“陈傻子”的新四军战士陈福田，带着梯子，缠着手榴弹冲向碉堡。他爬上碉堡，往枪眼里塞手榴弹。手榴弹在碉堡里爆炸，接着就起火了。在碉堡里无法存身的伪军，一个个从门窗里钻出来举手缴了枪。同志们跑过去，把“陈傻子”举起来，大声嚷着以后不能再叫“傻子”了，要改称“飞将军”。

中午，残存的碉堡都用“飞将军”的办法全都攻下，600多人的伪军淮安保安纵队全军覆没，毙伪副团长以下200多名，其余300多人当了新四军的俘虏。

午后，“江抗”部队向被围的日军进行攻击。日军一个小队龟缩在一个碉堡中，利用优势火力顽抗。虽经“江抗”部队中反战同盟的日本友人向碉堡内喊话，但日军仍不

★车桥战役示意图

觉悟，反而把枪打得更凶了。反战同盟苏中支部的宣传委员松野觉见他们顽固不化，十分恼怒，也拿起武器来向日军开火，一下子打死日军两名士兵，但他自己也不幸中弹牺牲。

敌人的顽固抵抗，激怒了“江抗”的全体指战员，于是集中火力进行猛烈射击，手榴弹、轻重机枪一起攻击，日军碉堡终于塌下了一个角，战士们迅速冲了上去，碉堡里30多个日本鬼子也全部被消灭了，车桥攻击战至此胜利结束。

当“江抗”在车桥展开激战时，新四军主力部队在车桥以西的周庄、芦家滩一线摆开，正面迎击敌人的增援。

芦家滩前有个韩庄，该庄有一道迷惑敌人的假工事，工事前有坟

头、土埂、公路侧坡等地形，估计敌人会利用它们。新四军战士就在这些地方埋上了地雷。

果然，5日下午4时，由淮安、淮阴、泗阳、涟水等县，先后出动了敌人800多人，由六十五师团五十二旅团的三泽大佐率领一个大队出来支援。该大队拥有步兵4个中队，炮兵一个中队，机枪一个中队。

在太阳偏西时，三泽大队已出现在韩庄。这天风沙很大，但日军怕中埋伏，汽车开得很慢，在假工事前约50米，敌人惊奇的发现了工事，便迅速下车，以重机枪、掷弹筒向工事猛射，打了半晌，没有动静，敌人发觉受骗。这时第二批增援的3车鬼子兵和一队步行的警察也相继开到。

当敌人下车挺进时，不知哪个新四军战士的枪走了火，惊动了敌人。敌人赶紧散开，各自寻找坟头、土埂等有利地形地物，正要准备趴下掩蔽反抗时，地雷接二连三地爆炸了，一下子炸死了不少鬼子。慌乱的敌人迅速窜进民房，三泽大佐爬到高地上，用望远镜窥测到了新四军阵地，连忙指挥大炮、重机枪向阵地猛射。新四军战士们都静静的在工事里等待着。炮轰过后，日军开始冲锋，当快冲到新四军阵地前沿几十米处时，新四军战士一齐开火，前面的敌人倒了一片，剩下的急忙逃了回去。

接着，敌人又是一阵炮轰。炮停后，敌人发动第二次冲锋。战士们还是等敌人到了有效射程内时才开火，而且命中率很高，三四颗子弹就打倒两三个敌人。为了节约子弹，新四军的机关枪常用点射。大家的口号是“一颗子弹消灭一个敌人”。阵地前，敌人尸体横七竖八地躺了一大片。日军的第二次冲锋又被打垮了。

当日军正准备发起第三次冲锋时，新四军的突击队出动了，开始从两侧迅速包围了敌人。

由周庄出动的增援之敌，有两部装甲汽车和两连伪军。但他们刚离开周庄就受到新四军阻援部队拦击，很快便又缩了回去。

午后，车桥方向枪炮声已经沉寂，战斗已经全部结束。周庄方面援敌也遭到阻击，韩庄附近被围之敌已陷于孤立无援的境地。

晚上9时，新四军部队指挥部下达了对韩庄之敌实施总攻击的命令。攻击部队的冲锋号划破长空，攻击部队如洪水般地向韩庄敌人冲去，战斗异常激烈。喊杀声和隆隆的炮声交织在一起，整个韩庄要沸腾了，敌人在房子里再也守不住了，便向东北角突围。他们从水荡里爬过去，因不知水的深浅，有的被水淹死了。有幸爬出去的，逃到三王庄、大北庄一带，又遭新四军的包围。最后，残敌被围在一所房子里，他们一连冲了4次，想夺路逃命，但都遭到迎头痛击，又龟缩回去，后来房子着了火，敌人全部被熊熊大火烧死在房子里。

拂晓以前，日军的大炮沉寂了，韩庄阻击战也胜利结束，800多敌人大部被歼，其中捉住了20多个俘虏，3人重伤，三泽大佐也在内。

6日清晨，吃早饭的时候，老乡们来报告说，韩庄前面的田里还躲着几个被打散的鬼子。战士们连忙放下饭碗，要去捉活的。田野里喊声枪声连成一片，鬼子像离窝的野兔一样，抱头乱窜，一刻钟后，十几个日军全都被擒。

车桥战斗，从3月4日午夜至6日拂晓，共毙俘日伪军1300人之多，其中俘日军48人，伪军300余人。这是新四军俘虏日军较多的一次战役。

★叶飞

江南抗日义勇军

江南抗日义勇军简称“江抗”，是新四军江南指挥部领导的主力部队之一。1938年上半年，中共上海地方组织派何克希等到苏南江阴县西石桥，争取当地游击队梅光迪。10月，新四军第1支队授予该部江南抗日义勇军第3路的番号，梅光迪任司令员，何克希任副司令员，辖3个连共200余人。1939年1月，第1支队派参谋长胡发坚去江抗第3路主持工作。5月，新四军第6团向东路(沪宁路东段)地区发展，与江抗第3路汇合于武进县戴溪桥，成立江抗总指挥部，总指挥梅光迪，副总指挥叶飞(化名叶琛)、何克希，吴焜(化名吴克刚)，参谋长乔信明(化名汪明)，政治部主任刘松清(改名刘飞)。第6团以江抗第2路名义继续东进，先后夜袭浒墅关火车站和上海虹桥机场，在国内外造成重大影响。

东北抗日英雄杨靖宇

DONG BEI KANG RI YING XIONG YANG JING YU

杨靖宇，原名马尚德，字骥生。河南省确山县（今驻马店市驿城区）人。无产阶级革命家，著名抗日民族英雄，东北抗日联军的主要创建人和领导人之一。

1905 年 2 月 26 日，杨靖宇出生于河南省确山县李湾村穷苦农民家庭。幼时在村私塾读书，1918 年以优异的成绩考入确山县立第一高等小学堂。1919 年的五四爱国运动席卷全国，年仅 14 岁的杨靖宇即投身于火热的斗争之中。1923 年 9 月，杨靖宇考入河南省第一工业（开封织染）学校，加入了北京李大钊创办的马克思学说研究会，开始接受马克思主义。1926 年被吸收加入中国社会主义青年团。1927 年 3 月，为迎接北伐军胜利北进，领导了确山农民暴动，同年 5 月加入中国共产党。大革命失败后，组织刘店秋收起义，任当地农民革命军总指挥。失败后到开封、洛阳等地从事秘密工作，曾三次被捕入狱，坚贞不屈。1929 年春到东北，化名张贯一，任中共抚顺特别支部书记。在抚顺又两次入狱，多次被严刑拷打，但始终坚定着革命信仰，忠贞不屈，与敌顽强周旋。“九一八”事变后，经组织营救出狱，历任中共哈尔滨市道外区委书记、市委书记、满洲省委军委代理书记。

★杨靖宇将军纪念馆

★杨靖宇雕像

1932 年改名杨靖宇，赴南满领导抗日武装斗争。1933 年任中国工农红军 32 军南满游击队政委、东北人民革命军第一独立师师长兼政委。他团结各路抗日武装，创建了以磐石县红石砬子为中心的游击根据地。1934 年任南满抗日联军总指挥、东北人民革命军第一军军长兼政委等职。1936 年 6 月任东北抗日联军第一路军总司令兼政委。所部 5000 余人，分布南满一带开展抗日斗争。面对日伪军频繁的“讨伐”，他提出“不击中敌人要害不打”、“对当地人民损害大不打”等原则，采用“敌合我分，敌进我退，乘敌之虚，各个击破”等战术，指挥所部与日伪军作战数百次，沉重打击了日伪军，扩大了游击根据地。

1937 年卢沟桥事变后，杨靖宇发动西征，经常出击日军，支援关内的斗争。1938 年 5 月，召集南满党和军队干部开会，讨论坚持游击战争策略。会后，在通化、临江一带开展抗日斗争，给敌伪军以沉重打击。1938 年秋，日伪军连遭打击后，加紧进行军事“讨伐”，同时悬重赏缉拿杨靖宇。1940 年 1 月，杨靖宇所部被日伪军重兵围困。他组织部队分散突围，自己只身同敌人周旋五昼夜。2 月 23 日在吉林省蒙江县（即现在的靖宇县）保安村三道崴子，只身同数百名日伪军战斗时壮烈牺牲，年仅 35 岁。

当残忍的日军将杨靖宇将军割头剖腹后，发现他的胃里尽是枯草、树皮和棉絮，竟无一粒粮食，也无不为之震惊。杨靖宇领导军民对日寇坚持了长达 9 个年头的艰苦卓绝的武装斗争，部队转战于白山黑水，使得数十万日军不能入关，创造了惊天地泣鬼神的斗争业绩，有力配合了全国人民的抗日战争。

回民抗日英雄马本斋

HUI MIN KANG RI YING XIONG MA BEN ZHAI

马本斋，学名守清，直隶献县东辛庄(今河北省献县本斋回族自治乡本斋东村)人，著名回民抗日民族英雄。

1901年12月25日，马本斋出生于一个普通的回族家庭。自幼聪颖，读过私塾，粗通文墨，少年时代随父亲到东北，投身奉军。1924年在东北讲武堂毕业后，从士兵升到团长。1931年“九一八”事变后，因不满国民党政府的对日不抵抗政策，毅然弃官还乡务农。

1937年7月，全国抗战爆发后，在家乡组织回民义勇队，奋起抗日。1938年4月，参加八路军。所部改编为冀中军区回民教导总队，任总队长。10月，加入中国共产党。次年教导总队改称冀中军区回民支队，任司令员。率部转战河间、献县、青县、沧州一带，先后作战30余次，打死打伤日伪军500多人；破坏铁路70余次，覆车20余次。1939年7月，奉命开赴无极、藁城、新东一带，开辟新的抗日根据地。1940年8月，率部参加了百团大战。10月，所部荣获冀中军区授予的“打不烂，拖不垮，攻无不克的铁军”锦旗。

★马本斋

为了招降马本斋，消灭回民支队。1941年秋天，日军包围了东辛庄，抓走了马本斋的母亲。面对敌人威胁，马母坚贞不屈，痛斥日军的罪行，揭穿了敌人的阴谋，并以绝食的方式进行抗争，最后光荣牺牲。得知母亲牺牲的消息，马本斋强忍悲痛写道：“伟大母亲虽死犹生，儿承母志，继续斗争！”表明了与日寇血战到底的决心。1942年8月，回民支队奉命到达冀鲁豫抗日根据地，马本斋被任命为冀鲁豫军区第三军分区司令员兼回民支队司令员。马本斋作战勇猛，身先士卒，在回民支队和广大群众中享有很高威望。改编后的回民支队，在马本斋的率领下，战斗力不断提高，队伍发展到2000多人，成为一支能征善战的抗日劲旅。

★回民支队战士进行刺杀训练

★冀中回民支队整装待发

从1937年至1944年，马本斋率领回民支队，不惧牺牲，浴血作战，奋勇杀敌，经历大小战斗870余次，歼灭日伪军3.6万余人，打得日本侵略军闻风丧胆。在广阔的冀中平原和冀鲁豫大地上，所向披靡，屡建战功。1943年底，马本斋在率部参加冀鲁豫抗日根据地反“蚕食”战斗中，由于长期的艰苦作战，身患重病。当时战事繁忙，加之缺医少药，未能及时治疗，不久病情加重。1944年1月底，回民支队奉命开赴延安。出发前，他抱病为部队作了最后一次动员，叮嘱同志们“要跟着党，跟着毛主席，抗战到底”。2月7日，马本斋在山东莘县不幸病逝，时年42岁。

得知马本斋病逝的消息，党中央在延安为他举行了追悼会，总参谋长叶剑英高度赞扬了他光辉的斗争经历和卓越的军事指挥才能。毛主席、周恩来副主席、朱德总司令都分别题写了挽联。

日本投降

RI BEN TOU XIANG

1945年夏，德国法西斯已经被消灭，第二次世界大战的欧洲战场归于宁静。但在亚洲战场上，依然战事频仍，尽管日本法西斯已在各大战场屡遭败绩，但他们还要拼死挣扎。此期，世界反法西斯战争进入最后阶段，盟军在亚洲大陆各战场已对日军发起反击。

1945年7月26日，中、英、美三国发表波茨坦公告，促令日本立即无条件投降。8月6日，美国在日本广岛投掷第一枚原子弹，并声明，使用原子弹是为了迫使日本无条件投降，迅速结束第二次世界大战。8月8日，苏联召见日本驻苏大使，通告苏联参加《波茨坦公告》，并宣布对日作战。翌日，毛泽东发表《对日寇的最后一战》，并率领中国共产党领导的八路军、新四军及其他人民武装向日本侵略军发动全面大反攻。与此同时，苏联红军出兵中国东北，对日本关东军发动了强大攻势；美国亦于9日向日本长崎投下了第二枚原子弹；朝鲜人民军和越南人民军也转入了总反攻。

日本侵略者在四面楚歌的形势下，不得不于8月10日召开御前会议，会议决定接受《波茨坦公告》。当日，日本政府通过瑞士和瑞典两个中立国向中、美、英、苏四国发出“乞降照会”。8月15日，日本天皇裕仁以广播的形式下达了《停战诏书》，正式宣布日本无条件投降。

日本宣布投降后，中、美、英、苏四国同意任命麦克阿瑟为盟军最高统帅接受日本投降，并负责占领日本本土。9月2日，参加对日作战的同盟国代表接受日本投降签字仪式在停泊于日本东京湾的美军战列舰“密苏里”号上举行。上午9时，日本外相重光葵代表天皇和日本政府，参谋总长梅津美治郎代表日本帝国大本营在投降书上签字。9时零8分，麦克阿瑟以盟国最高司令官的身份签字，接受日本投降，然后是接受投降的中、美、英、苏等9个盟国代表分别代表本国依次签字。中国代表徐永昌参加了签字仪式。签字结束后，数千架美式飞机越过“密苏里”号军舰上空，庆祝这个具有伟大历史意义的时刻。

在中国战区，1945年9月9日——中华民族抗击外敌入侵的历史上一个值得永远记住的日子。这一天，中国战区侵华日军投降签字仪式在南京国民政府中央军校大礼堂举行，侵华日军总司令、日本投降代表冈村宁次无可奈何地在无条件投降书上签了字。曾经不可一世、狂妄叫嚣

★1945年9月2日，日本外相重光葵、参谋长梅津美治郎在美国“密苏里”号战舰上向盟军投降。

★日军根本博中将率领幕僚就位待命准备签降书、缴刀。

★日军华北方面军司令官根本博中将在“投降代表”下签字

★中国受降主官孙连仲上将在“受降主官”下签字

★1945 年 9 月 9 日，中国战区的日本投降仪式在南京举行。

★围观日军投降代表的北京军民

三个月灭亡中国的日本法西斯，终于向中国人民低下了头颅。然而，为了这一天，中国人民付出了伤亡 3500 万人，经济损失 6000 亿美元的代价。

南京受降后，中国战区除东北地区由苏军受降外，共划分了 16 个受降区，分别接受日军的投降。根据盟军总部规定：法属印度支那 16 度以北地区也由中国受降。10 月 25 日，台北举行对台湾日军受降仪式。上午 9 时，台湾、澎湖列岛地区日军投降仪式在台北公会堂（现更名中山堂）举行，中国受降官由台湾省行政长官兼警备总司令陈仪担任，日军安藤利吉等 5 人由中方人员引入会场。他们向受降人员脱帽鞠躬行礼后，即将所佩军刀解下呈上，以示台湾日军缴械投降。至此，日本侵略者在台湾 50 年的殖民统治正式结束。这块饱受日本侵略者的铁蹄肆意践踏的国土终于获得了宁静，并重新回到祖国的怀抱。随着最后一个受降区受降完毕，中国抗日战争胜利结束，世界反法西斯战争也由此落下了帷幕。

南京受降

1945 年 8 月 15 日，日本天皇裕仁正式宣告日本无条件投降。同日，蒋介石以中国战区最高统帅的名义，致电南京日本中国派遣军总司令官冈村宁次，指示投降原则。在双方进行接洽，中国方面指示日军投降应进行准备的事项后，国民党军先遣部队开始空运到南京、上海、北平、开封等地。9 月 8 日，中国陆军总司令何应钦飞抵南京，代表中国战区最高统帅在南京接受侵华日军投降。9 月 9 日上午 9 时，何应钦在南京国民政府中央军校大礼堂主持受降典礼，冈村宁次解下佩刀，表示缴械投降，并在投降书上签字。受降仪式结束后，何应钦发表广播演说：“中国战区日军投降签字已于本日上午 9 时在南京顺利完成。这是中国历史上最有意义的一个日子，这是八年抗战艰苦奋斗的结果。”南京受降后，中国各战区受降主官及其部队亦分别到达指定地点，进行受降，共接受日军投降官兵 124 万人，伪军 95 万人。从 1945 年冬至 1946 年夏，国民政府将日俘、日侨 213 万人全部遣送回日本。

★南京受降图

重庆谈判

CHONG QING TAN PAN

1945年8月15日，抗日战争胜利结束。此时，以蒋介石为首的国民党反动派一方面准备发动内战，一方面又受到国内外要求和平、反对内战的舆论压力，于是他们便采取了“假和平，真内战”的贯用伎俩。1945年8月，蒋介石三次邀请毛泽东去重庆“商讨”国内和平问题。中共中央于8月23日在延安召开政治局扩大会议，会议决定派毛泽东、周恩来、王若飞为代表，赴重庆与国民党谈判。同时，中共中央发出《对目前时局的宣言》，明确提出“和平、民主、团结”三大口号。

8月28日，毛泽东偕周恩来、王若飞在张治中、美国驻华大使赫尔利陪同下乘专机抵达重庆。毛泽东不顾个人安危亲赴重庆这一行动，向国内外宣告：中国共产党是真诚地谋求和平的，是真正地代表全国人民的利益和愿望的。毛泽东等到达重庆，受到各阶层民众的

★毛泽东赴重庆谈判前

热烈欢迎，在国内外引起巨大反响。但当时国民党对这次谈判并没有诚意，也没有估计到毛泽东真的会来到重庆，所以他们根本没有准备好谈判方案，只能由中国共产党方面先提出意见和方案。

重庆谈判从8月29日开始，谈判围绕人民军队和解放区民主政权的合法地位展开了激烈的争论，为争取和平，中共代表团做出让步，在普遍裁减全国军队的条件下，将人民解放军减少为24个师，并自动退出广东、湖南等8个解放区。但国民党方面执意不作任何让步，使谈判一度陷于僵局。蒋介石还试图用武力向中共施加压力，迫使中共代表在谈判桌上屈服。他们恣意发动了上党战役，解放区军民对破坏和谈的国民党反动派予以了迎头痛击，一举歼灭入侵的阎锡山所部3万余人。毛泽东、周恩来和中共在重庆的其他代表借此利用谈判间隙，积极同各界人士交往，揭露国民党“假和谈，真备战”的两面派嘴脸，使中共的主张得到各民主党派和各界民主人士普遍的同情和支持。

在重庆期间，毛泽东在赫尔利的陪同下，就和平建国等问题直接同蒋介石进行多次商谈。有关问题的具体谈判主要在中共代表周恩来、王若飞和国民党政府代表王世杰、张群、张治中、邵力子之间进行。9月

★毛泽东赴重庆谈判前与美国驻华大使赫尔利等合影

★毛泽东和周恩来在延安机场赴重庆谈判

★重庆谈判期间，毛泽东与蒋介石、赫尔利等合影。

★重庆谈判后，张治中(右二)陪同毛泽东返回延安。

3日，中共代表提出关于两党商谈的主要问题11项提交国民党政府代表，主要内容包括：确定和平建国方针，承认各党各派的合法平等地位，承认解放区政权及抗日部队，结束国民党的党治等，并表示拥护蒋介石的领导地位。但国民党方面则表示"承认解放区绝对行不通"，将解放区斥之为"封建割据"。使争论最激烈的军队和解放区问题一直悬而未决，谈判几度陷于停顿。

为使谈判获得进展，中共方面先后作过多次让步。但是，国民党方面按照蒋介石确定的方针，在所谓"政令军令统一"的借口下，执意要共产党"交出解放区"、"交出军队"、"放弃地盘"。周恩来、王若飞根据事实给予有力驳斥，指出解放区和人民抗日武装力量是中国共产党领导人民同日本侵略者长期浴血奋战的结果，完全是属于人民和保护人民的。

经过艰苦的努力，10月10日，国共双方代表签订了《政府与中共代表会谈纪要》，即《双十协定》。《双十协定》就和平建国的基本方针、政治民主化、国民大会、党派合作、军队国家化、解放区地方政府等12个问题阐明了国共双方的见解。

《双十协定》的发表，表明国民党方面"承认了中共的地位"，"承认了各党派的会议"。但是，以蒋介石为首的国民党反动派，完全不顾人民期盼和平的呼声，背信弃义，单方面撕毁《双十协定》，大肆进攻我解放区，把饱受战争创伤的中国人民再一次推入战火之中。1946年6月，蒋介石终于拉开了战争的导火索，旋即又被湮灭在人民解放战争的汪洋大海。

张治中

★张治中

张治中(1890—1969年)，原名本尧，字文白。安徽巢县(今巢湖市)人。张治中六岁入塾，读书十年。1911年辛亥革命爆发时，在扬州参加反清起义。1916年毕业于保定军官学校第三期步兵科，次年到广东参加护法运动。1924年初，对孙中山确立三大革命政策表示拥护。后任黄埔军校学生总队长、军官团团长。1926年参加北伐战争。1928年后，曾任国民党第五军军长。期间于1932年参加了"一·二八"淞沪抗战。当时，他不顾国民党统治集团的阻挠，毅然率部开赴前线，同十九路军并肩作战，并留下遗书，决心以身许国。八年抗战期间，他始终坚持抗战到底，直到最后胜利。尤其可贵的是，张治中从未参加国民党统治集团发动的历次反共内战，是一位从来没有同共产党打过仗的国民党高级将领。以后，张治中又历任第四路军总指挥、中央陆军军官学校教育长、第九集团军总司令。抗战胜利后，任湖南省政府主席、国民党政府军事委员会政治部长、三民主义青年团书记长、国民党西北行辕主任兼新疆省政府主席，主张国共谈判，和平建国。1946年代表国民党参加军事调处三人小组。1949年任国民党政府和平谈判代表团首席代表。国民党政府拒绝签订国内和平协定后，张治中留住北平，并应邀出席了全国政协第一届全体会议。新中国成立后，任西北军政委员会副主席、全国人大常委会副委员长、国防委员会副主席、民革中央副主席。

★张治中故居

解放战争

JIE FANG ZHAN ZHENG

《双十协定》签订后，毛泽东在张治中的陪同下回到了延安，周恩来继续留在重庆，与国民党进一步商洽有关事宜。1946年1月10日，双方签订了停战协定。但以蒋介石为首的国民党统治集团，却使出贯用的两面派手法，玩弄起“假和谈，真备战”的伎俩。1946年6月26日，在美帝国主义的支持下，国民党反动派撕毁停战协定和政协决议，悍然对解放区发动全面进攻，使中国共产党走和平建国的道路再一次受阻。解放区军民在中国共产党领导下，英勇地进行自卫，由此，一场伟大的人民解放战争拉开了帷幕。

★1947年3月起，毛泽东转战陕北，指挥全国人民解放战争。这是转战陕北前夕的毛泽东。

★蒋介石在发起内战前进行动员讲话

★1947年国统区人民掀起“反内战”“反饥饿”“反压迫”运动

★1947年鲁南战役中缴获的坦克及大量物资

1946年6月，战争主要在解放区进行，人民解放军当时的兵力为120万人，武器装备比较落后，处于战略防御阶段。此期，中国共产党制定了放手发动群众，调动一切积极因素，团结一切可以团结的力量，建立最广泛的民主统一战线的政治方针，以及集中优势兵力，各个歼灭敌人，以消灭敌人有生力量为主要目标的军事方针。经过8个月的英勇战斗，取得了苏中、鲁南、莱芜等较大战役的胜利，歼灭了国民党军71万人，粉碎了国民党的全面进攻。1947年3月，人民解放军在人民群众的有力支持下，又连续取得了孟良崮及其它战场的胜利，打破了国民党的重点进攻。同时，国民党统治区内的人民“反饥饿、反内战、反迫害”的民主爱国运动也逐步高涨，把蒋介石的反动统治拖进了政治战场的泥潭，并迫其走进了战争的死胡同。

1947年7月，人民解放军由战略防御转入战略进攻，把战争引向了国民党统治区，极大地消灭了敌人的有生力量。从1948年9月，人民解放军先后进行了辽沈、淮海、平津三大战役，歼灭国民党军队154万人，严重动摇了蒋家王朝的根基。1949年元旦，蒋介石宣布第三次下野，由李宗仁代行总统职权。但蒋介石并未真正放弃权利，而是坐镇浙江溪口遥控指挥，对于国民政府指派的和谈代表处处掣肘，妄图阻止人民解放军南下，进而达到他“划江而治”，分裂国家的目的。1949年4月，由于蒋介石暗中操纵，南京国民政府拒绝响应由毛泽东提出的八项谈判条件，并拒绝在《国内和平协定最后修正案》上签字。4月21日，毛泽东、朱德发布了“向全国进军”的命令。由总前委书记邓小平统一指挥的第二、第三野战军，发起了渡江战役，一举摧毁了国民党军自以为“固若金汤”的“长江防线”。23日，解放军占领南京，宣告了国民党反动统治的覆灭。

1949年10月1日，在人民解放军向全国进军途中，中华人民共和国在北京宣告成立。到1950年6月，残存在华东、中南、西南、西北战场上的国民党军被全部歼灭，仅有少量逃往台湾。1951年西藏和平解放。至此，人民解放军完成了解放全国大陆和近海岛屿的任务，解放战争（又称“第三次国内革命战争”）获得了决定性的胜利。

千里跃进大别山

1947年6月30日，由司令员刘伯承、政治委员邓小平率领的晋冀鲁豫野战军7个纵队，在鲁西地区强渡黄河，向大别山进军，揭开全国性大进攻的序幕。刘邓大军胜利突破黄河天险，于7月7日至10日攻克郓城，歼敌2个旅和第五十五师师部，约15000人。14日六营集一仗，又歼敌3个半旅和2个师部。至18日战取羊山集，共歼敌9个半旅和4个师部约56000人，打开挺进大别山的道路。8月7日，刘邓大军从鲁西南的金乡至荷泽以南一线向南推进，11日越过陇海路，接着陆续跨过涡河、黄泛区、颍河、沙河，于26日渡淮河，27日到达大别山地区，分别占领了固始、潢川等县城，像一把利剑狠狠地插进了国民党军的战略纵深，完成了千里跃进大别山的壮举，并在运动中共歼敌十多万人。此后，经3个月战斗，建立33个县的人民政权，开辟了大别山根据地。

千里跃进大别山是解放战争中的一次大转折，大别山根据地的创建，为我军转入全国性的战略进攻阶段奠定了基础。

★挺进大别山时的刘伯承、邓小平

★1947年6月30日刘邓大军挺进大别山

★刘邓大军向江汉、桐柏地区出击时，在风雪中通过汝河。

全心全意为人民服务的典范——张思德

QUAN XIN QUAN YI WEI REN MIN FU WU DE DIAN FAN ZHANG SI DE

1944 年 9 月 8 日下午，中央直属机关正在延安枣园西山脚下举行隆重的“追悼张思德同志”大会。整个会场庄严、肃穆，土台上摆满用松枝和野花编扎的花圈，白色的挽联静静地垂挂着。台下，中央机关和警卫团的干部、战士排着整齐的队伍默然肃立。毛泽东在会上作了《为人民服务》的讲演。

1915 年 3 月 6 日，张思德出生于四川省仪陇县韩家湾一个佃农家庭里。7 个月后，母亲病饿而死，父亲流落他乡。14 岁那年，养父被地主打伤，被迫逃到六合场。第二天父亲就死在四面透风的草棚子里。天下乌鸦一样黑，天下地主一样狠。张思德与养母带着小妹妹苦苦挣扎在死亡线上。

“苦竹叶，一头尖，咱穷人苦到哪一天？

“苦竹月，一头圆，咱穷人出头在哪年？”

这一天终于盼来了，1933 年红军开到六合场，斗地主，分田地。张思德心情十分激动，自己祖祖辈辈的苦难遭遇在他脑际掠过，韩家湾、六合场佃户们受欺压的生活在他眼前闪现……参加红军，给亲人们报仇。几个月后，张思德的愿望实现了，他参加了红军。

入伍后，张思德在党的教育下，思想觉悟有了很大提高。无论遇到什么困难，他都挺身而出，把方便让给别人，把困难留给自己。1936 年，张思德担任通讯班长，跟随部队二过草地，北上抗日。茫茫草地，荒无人迹。草丛上笼罩着迷蒙的雾气，腐草下掩盖着危险的泥潭。张思德两颊深陷、双脚被烂泥泡的红肿，每逢来了送信任务，他总是拔腿就走。一次，张思德又要亲自送一道命令。副班长一把拉住他说：“班长，总这样不成啊！还是轮流送吧。”张思德看了看疲惫的战士，又望了望随时都可能吞噬生命的泥沼，把副班长叫到一边轻声解释道：“我们班好多同志岁数小，不能让他们再多跑路，我自己多走几趟，让大家都能走出草地，完成北上任务，多好啊！”

“那我去送！”副班长伸手就要拿信。

“一样嘛！”张思德说着又走开了。在困难面前，张思德总是首先为其他同志考虑。

部队艰难地行进，茫茫草地仍看不到边际。部队断粮了，饥饿无情地威胁着战士们。老炊事班长端着一碗菜糊糊，走到刚刚送信回来的张思德面前，张思德望着日益消瘦的老炊事班长，轻轻地推开了饭碗。为了战胜饥饿，连队党支部号召共产党员“尝百草”。在这神秘莫测的草地上，毒草丛生，要识别出一种能吃的野草，往往付出一定的代价。当时，张思德还没入党，但共产党员的英雄事迹激励着他处处以共产党员的标准要求自己。一天中午，部队来到一片水草丰盛的洼地，休息号刚传来，张思德就和一个战士四处寻找野菜。“班长，瞧！萝卜，野萝卜！”那个战士惊喜地叫起来。张思德一看，果然，水塘的边缘上长着一丛丛翠绿的野草，叶子的形状和萝卜叶儿差不多。小战士弯腰就要去拔，立刻被张思德喊住。张思德知道，有些样子很好看的野草往往有毒。他两步跑到前边，撕下一片叶子放到嘴里嚼了嚼，甜丝丝的。张思德叫小战士先不要尝这种“萝卜草”，自己拔了些，准备作样品。没过一会儿，张思德突然感到肚子一阵绞痛，连吐几口清水，只觉天旋地转，“快！这草有毒，告诉同志们……”张思德话还没说完，手中那把草一扬，就失去了知觉。“班长，班长！”小战士声声惊呼，同志们闻讯赶来，只见张思德面色发青，脸上浮肿，好一阵子抢救才苏醒过来。他看到同志们都安全无恙，痛苦的脸上露出了微笑。在危险面前，张思德首先想到的是同志们。为了同志们的安全，为了革命胜利，张思德早把自己的安危置之度外。

张思德对工作认真负责，一丝

★张思德雕像

不苟，以满腔的革命热情，认真完成上级交给的每项任务。抗战爆发后，刚刚入党的张思德离开“荣誉军人学校”，到云阳八路军留守处警卫连担任班长。一到班里，他就以高度的革命热情，带领全班战士学政治、学文化，严格军事训练，认真做好警卫工作。1937年7月31日，张思德奉命带领全班战士押送一批重要物资到延安。车队进入黄陵境内，山越来越陡，路越走越窄，10辆卡车逐渐拉开了距离。忽然，天空中扑过黑沉沉的乌云，远处传来沉闷的雷声。“加快车速，缩短距离。”张思德一边催促司机，一边检查毡布。汽车刚爬到半山腰，一场瓢泼大雨直泻而下，骤雨、云雾吞没了整个黄陵山。雇来的国民党司机抛下车子找客店去了。张思德跳下车，急忙命令战士用石头把车轮垫住，防止汽车下滑，然后把党员叫到一块，急切而严肃地说：“看样子今天不能走了。风雨天，坏人容易钻空子，大家一定提高警惕，防止意外。”10辆车只有11个人，卡车又拉开了距离，使他们无法相互照顾。张思德让每人守住一辆车，自己顶风冒雨，在泥泞的盘山公路上前后巡查。入夜，寒气袭人，风雨交加。张思德负伤的右腿开始作痛，他顾不得；摔倒了，爬起来；膝盖、脚趾碰出了血，他没觉察，心中只有一个念头：“这是党中央的急需物资，决不能出半点差错。”闪电劈开云路，照出盘山道上卡车的身影。一辆……两辆……三辆……一个黑影在泥泞中来回巡逻，山上……山下……山上……

★张思德牺牲地

★张思德用过的被子

张思德心中时刻装着千千万万劳动人民，他常说：“全国还有许多受苦人没有解放，我们要努力工作，努力奋斗。”因此，他自觉为人民吃苦，生活克勤克俭。当上级发衣服时，张思德总是很少去领。有次发棉衣，上级号召：不太破的就不要领新的了。可张思德的棉衣已穿了好几年，破旧不堪。同志们都要他去领新的，张思德说：“我补一下，还可以再穿2年。”后来，他费了好大功夫，补丁上打补丁，才把那件破棉衣补好，果然又穿了2年。张思德用的搪瓷缸，是长征时的，搪瓷几乎掉光，里外坑坑洼洼的。上级几次发搪瓷缸，他都没领，而且还珍爱地缝了个布套。他对同志们说：“国家还非常困难，我们要省吃俭用，尽量减轻人民负担，如果每人都注意节约，就能为革命解决好大问题。”张思德处处以人民利益为重，严格遵守三大纪律八项注意。在土黄沟烧炭时，有一次和同志们背炭下山，有个战士的炭包绳子断了，压坏了老乡的几棵玉米苗。张思德很心疼，对这个战士说：“老乡花了多少心血啊！我们以后一定要多加小心。”他顺便把压倒的玉米苗扶起，用土培好。晚上，又拿着压坏的玉米苗找到老乡，再三道歉。在张思德心目中，群众的利益高于一切，群众的困难就是他的困难，群众的苦乐就是他的苦乐，群众的需要就是他的需要。一年深秋，张思德奉命去医院取药。路上他发现延河河面上飘来些黄瓜、茄子，再往上游看，只见河岸上站着头毛驴，驮筐倒在一边，两个老乡正急忙在水里捞菜呢。张思德急忙紧跑几步，“扑通”一下跳进河里，帮老乡打捞起来。这时天气已经很凉，加上是大清早，河水冷的刺骨。张思德只有一个念头：“在这陕北高原，老乡种点菜不容易。”

张思德以共产党员的标准严格要求自己，从不计较个人得失，无条件地服从调动，革命需要就是他的志愿。1937年，张思德在“荣校”养伤期间，曾向党组织提出伤好后到抗日前线去的请求。当领导安排他去警卫连时，他二话没说就愉快地接受了。张思德想：前方后方都是抗日战场，共产党员的岗位，就是站在党所需要的地方。1940年，张思德又被调到中央警卫团担任通讯班长，不久他又愉快地接受任务进山烧炭。1942年秋，张思德到中央警卫团当战士，他愉快地回答：“当班长是革命的需要，当战士也是革命的需要，请首长放心，保证当一名好战士。”多么朴实的语言，多么高尚的革命情操。来到新单位，班长是抗战期间入伍的同志，论年龄比张思德小，论“资历”，没有张思德老。可是，张思德对他很尊重，处处谦虚谨慎，热情地帮助班长做好工作，遇到问题，及时向班长汇报，协助解决。

张思德把革命利益看的高于一切，党指向哪里，他就奔向哪里，为了党和人民的利益就是献出生命也再所不辞。正是这种彻底的革命精神，使张思德具备了革命战士的崇高境界。

1944年春，张思德自愿报名到安塞开荒烧炭。转眼间已是深秋。9月5日早晨下起了毛毛细雨，地皮湿漉漉的，田里的活是干

★张思德(左)和战友在炭窑里出炭

不成了。张思德向队长建议：天快冷了，应利用这个时间上山挖窑，准备烧炭。队长和张思德商量后，决定临时组织个突击队，进山挖窑。突击队进山后，分成3个小组在3处挖窑。张思德和战士小白一组，干得特别猛，窑越挖越深，但里面还是不能直起腰来。张思德钻在里边，满头大汗，留在外边的小白直喊："组长，出来歇歇，让我进去干一会儿吧！"

"不用了。"窑口传出张思德瓮声瓮气的回答。

这时，天更加阴了，一阵风过后，毛毛雨变成了淅淅沥沥的小雨点。张思德听到雨声，赶紧从窑洞里出来，把一条麻袋披在小白身上。

"这回让我进去挖一会儿吧！"小白央求着。"好，进去多注意。"张思德见窑内已能容下两人一块干活，就同意了。张思德在里边用小镐刨土，小白在靠近窑口的地方用铁锹往外扔土，两个人边干边愉快地交谈着。中午时分，眼看炭窑就要挖成了。突然，窑顶上"啪、啪"掉下几块碎土。

"快出去，有危险。"张思德大喊一声。小白还没领悟过来，刚要转身就被张思德一把推出窑口。就在这时，只听"轰隆"一声，由于山坡土质松软，2米多厚的窑顶坍塌下来，小白在窑口被黄土压住半截身子，张思德被埋在窑中。

"张——思——德——"小白的喊声穿过深谷，传遍山林……

几分钟后，张思德安详地躺在战友们的怀里——为了人民的利益，为了战友的安全献出了自己的生命。

张思德从一个苦娃子成长为一个坚强的革命战士、模范的共产党员。十几年来，他勤勤恳恳、任劳任怨、大公无私，把人民的利益看的高于一切，把革命利益放在第一位，从不计较个人得失。他把自己的一切无私地献给了人民，在平凡的工作岗位上，用火红的青春谱写了一曲完全彻底为人民服务的共产主义凯歌。

《为人民服务》

《为人民服务》是毛泽东1944年9月8日在中共中央直属机关追悼中央警卫团战士张思德同志大会上所作的演讲。全文如下：

我们的共产党和共产党所领导的八路军、新四军，是革命的队伍。我们这个队伍完全是为着解放人民的，是彻底地为人民的利益工作的。张思德同志就是我们这个队伍中的一个同志。

人总是要死的，但死的意义有不同。中国古时候有个文学家叫做司马迁的说过："人固有一死，或重于泰山，或轻于鸿毛。"为人民利益而死，就比泰山还重；替法西斯卖力，替剥削人民和压迫人民的人去死，就比鸿毛还轻。张思德同志是为人民利益而死的，他的死是比泰山还要重的。

因为我们是为人民服务的，所以，我们如果有缺点，就不怕别人批评指出。不管是什么人，谁向我们指出都行。只要你说得对，我们就改正。你说的办法对人民有好处，我们就照你的办。"精兵简政"这一条意见，就是党外人士李鼎铭先生提出来的；他提得好，对人民有好处，我们就采用了。只要我们为人民的利益坚持好的，为人民的利益改正错的，我们这个队伍就一定会兴旺起来。

我们都是来自五湖四海，为了一个共同的革命目标，走到一起来了。我们还要和全国大多数人民走这一条路。我们今天已经领导着有九千一百万人口的根据地，但是还不够，还要更大些，才能取得全民族的解放。我们的同志在困难的时候，要看到成绩，要看到光明，要提高我们的勇气。中国人民正在受难，我们有责任解救他们，我们要努力奋斗。要奋斗就会有牺牲，死人的事是经常发生的。但是我们想到人民的利益，想到大多数人民的痛苦，我们为人民而死，就是死得其所。不过，我们应当尽量地减少那些不必要的牺牲。我们的干部要关心每一个战士，一切革命队伍的人都要互相关心，互相爱护，互相帮助。

今后我们的队伍里，不管死了谁，不管是炊事员，是战士，只要他是做过一些有益的工作的，我们都要给他送葬，开追悼会。这要成为一个制度。这个方法也要介绍到老百姓那里去。村上的人死了，开个追悼会。用这样的方法，寄托我们的哀思，使整个人民团结起来。

生的伟大，死的光荣——刘胡兰

SHENG DE WEI DA SI DE GUANG RONG LIU HU LAN

刘胡兰，山西省文水县云周西村人。她13岁就参加革命，14岁光荣加入中国共产党，是一位面对敌人的屠刀大义凛然、英勇不屈、壮烈牺牲的优秀共产党员，是人民的好女儿。

在那暗无天日的旧社会里，刘胡兰的一家和全国许许多多的贫苦农民一样，吃不饱穿不暖，成年累月生活在水深火热之中。正是这种艰难的生活，炼就了刘胡兰倔犟的性格和顽强不屈的精神。

刘胡兰的童年是在抗日战争的暴风雨中度过的，又经受了革命烈火的熏陶和锻炼。1938年初，日寇的铁蹄踏上了文水县城，到处烧杀抢掠，在刘胡兰幼小的心灵中烙上了深深的印记。不久，八路军120师在贺龙、关向应同志率领下来到晋中地区，赶走日本鬼子，开辟了根据地。在八路军的帮助下，当地建立起抗日武装工作队，成立了文水县抗日民主政府。云周西村几乎每天都有抗日队伍来往。他们召开群众会，宣传抗日道理，教唱激动人心的抗日歌曲。刘胡兰的奶奶、妈妈整天忙着为抗日队伍纺线织布，爹爹到西面吕梁山根据地给抗日民主政府送布、送粮。年幼的刘胡兰也跟着大人忙前跑后，11岁就参加了抗日救国儿童团，站岗、放哨、查路条、送情报，有时还帮助抗日政府监视汉奸地主的活动。

★刘胡兰雕像

★与刘胡兰同时遇害的7名烈士雕塑

在1942年到1943年抗日战争最艰苦的时期，敌人占领了文水县城和县内部分地区，中国共产党的活动由公开转入地下。在云周西村，我党建立了“文（水）、汾（阳）、交（城）敌工站”，党的许多负责同志经常隐蔽在这里。刘胡兰有机会接触到许多共产党员和革命干部，不仅能经常听他们讲革命的故事，还亲眼看到他们中有人为抗日救国英勇牺牲，懂得了更多的革命道理。

抗日战争胜利后，八路军于1945年9月1日收复了文水县城。但是，国民党反动派为了抢夺抗战胜利果实，大举进攻解放区，并于9月9日侵占了文水县城。为了迎接新的战斗，中共文水县委决定在贾家堡村举办“妇女干部训练班”。刘胡兰不顾奶奶的劝阻参加了训练班，并以顽强的毅力克服了年龄小、文化低的困难，进步很快。不久，她就担任了学习小组组长，还参加了贾家堡的反奸反霸斗争，思想觉悟和工作能力不断提高，成长为一名优秀的妇女干部。

1945年11月底，刘胡兰被派回云周西村代理妇救会秘书，开展妇女工作。在区委的支持下，刘胡兰很快办起了40多人参加的冬学，组织妇女学政治、学文化、学唱革命歌曲，讲革命故事，深得全村妇女信任，被妇女们一致选为云周西村妇救会秘书。此后，她更积极地带领妇女纺线织布、做军鞋、运军粮、慰问部队、照顾伤员。有一次战斗结束后，一位伤员转移到云周西村疗养。刘胡兰发动妇女找鸡蛋给伤员吃，并用自己头年夏天拾麦穗攒下的钱买了70多个鸡蛋首先送给了伤员。在她们的精心护理下，伤员很快痊愈归队了。

1946年5月，刘胡兰被调到区里担任妇救会干事，同时还兼任云周西村妇救会秘书。区委为了进

★刘胡兰被捕处

★刘胡兰就义处

★刘胡兰纪念碑

一步加强对刘胡兰的锻炼和培养，派她参加了县委组织的土地改革试点工作。刘胡兰每天起早摸黑，以饱满的革命热情投身于这场激烈的阶级斗争中。土改试点搞得非常成功，年仅 14 岁的刘胡兰也通过实践斗争的锻炼，于 1946 年 6 月光荣地加入了中国共产党，成为一名候补党员。她面对鲜艳的党旗庄严地宣誓："我一定要听党的话，努力工作，不怕流血，不怕牺牲，在困难面前不低头，在敌人面前不屈服，为崇高的共产主义事业奋斗到底。"

进入 1946 年夏季，土地改革运动在文水县全面铺开。受区委的委托，刘胡兰等回到云周西村，领导本村的土改工作。

刘胡兰和工作队的同志进村以后，依靠村党支部，组织贫农团，大张旗鼓地宣传土改政策，广泛发动群众，斗争了恶霸地主石廷璞、石廷玉，还开除了变节分子石五则的党籍。由于云周西村的土改运动进展快，贫雇农都分得了土地、粮食和农具，受到了上级的表扬。

秋天，遍地庄稼金灿灿，眼看丰收的果实就要到手了。可是，阎锡山反动派趁晋中平川一部分主力部队调往外地作战的时机，对文水平川实行了残酷的"扫荡"。大一点的村子都扎下了敌人的据点。"还乡团"、"复仇队"等反动武装顿时猖獗起来。文水县委决定，除了留少数干部坚持地方工作外，其他大部分干部暂时转移到吕梁山老根据地去，以保存革命力量。刘胡兰也属要转移的干部，但她想自己是一个共产党员，应该在斗争最残酷的时候站在斗争第一线；再说自己从小在这里长大，情况比较熟悉，工作起来方便，年龄又小，也比较容易隐蔽。于是她要求组织把她留下来就地坚持斗争。区委负责同志对她说："留下来是很危险的。"刘胡兰说："我是个共产党员，在最困难最危险的时候，应该挺身而出，为党为人民贡献力量，再困难再危险我也不怕。"党组织见她态度如此坚决，便同意了她的请求。县委书记亲自找她谈话，叮嘱道："胡兰子，留下来坚持斗争是很危险的，会有想象不到的困难。你要紧紧依靠党、依靠群众，要时刻准备应付恶劣的情况，经受更严峻的考验。"刘胡兰表示："坚决完成党交给的任务。"

刘胡兰和其他同志一起，紧紧依靠群众，密切配合武工队，在极端艰苦的条件下坚持敌后斗争。他们经常撒传单、贴标语、送情报，监视敌人的动静，还在 1946 年 12 月 26 日夜秘密联络了武工队，镇压了云周西村罪大恶极的伪村长石佩环，极大地鼓舞了人民群众的斗志。

但是，由于叛徒石五则告密，敌人很快地发觉了刘胡兰等同志的活动。1947 年 1 月 8 日，阎锡山匪军突然袭击了云周西村，抓走了民兵和抗属 6 人。父亲对刘胡兰说："胡兰子，你得出去躲一躲。"妈妈也劝她赶紧上山。刘胡兰摇了摇头，镇静地回答："我是干部，不能随便离开工作岗位！"

形势越来越紧张。1947 年 1 月 12 日，刘胡兰接到组织上让她转移的通知。然而就在她安排好工作正准备转移时，敌人包围了村子。刘胡兰和群众一起被赶到大庙前场上，这里正押着前几天被抓走的 6 位民兵和抗属。敌人在人群中认出了刘胡兰，乡亲们立即紧紧地将她围住，不让敌人靠近她。站在大庙前的匪连长许德胜，气急败坏地拔出手枪，大声威吓群众说："这简直是造反，谁再动，枪毙。"匪徒

★刘胡兰当年被关押受审的观音庙

们也跟着举起刺刀，对准了乡亲们的胸膛。刘胡兰不愿让乡亲们受连累，便分开了人群，昂首挺立在敌人的面前。

匪连长想从刘胡兰的口里得到关于我党的情况，便软硬兼施，连连发问。刘胡兰都回答：“我不知道。”敌人又说：“现在已经有人供出你是共产党员了。”刘胡兰正气凛然地回答：“说我是共产党员，我就是共产党员。”敌人威胁说：“你这小小年纪，难道不怕死吗？”刘胡兰豪迈地说：“怕死不当共产党。要杀就杀，要砍就砍，共产党员你们杀不完，革命烈火你们扑不灭。”敌人想用死来迫使刘胡兰就范，凶残地用铡刀把先前被捕的6人统统当场铡死。烈士的鲜血染红了铡刀，染红了铡刀周围的地面。人群被激怒了，他们个个紧攥着拳头，骚动着，咆哮着，抗议着。敌人被愤怒的群众吓呆了，连忙架起了机枪。刘胡兰见此情景，厉声喊道：“要杀要砍我顶着，不准伤害乡亲们。”她又怒视匪徒，大声喝问：“我咋个死法？”敌人指着血淋淋的铡刀说：“不说，也铡死你！”刘胡兰甩了甩披在脸上的头发，昂首挺胸，从6位烈士的遗体前走过，踏着他们的鲜血，走到铡刀跟前，高呼：“中国共产党万岁！”“毛主席万岁！”年轻的刘胡兰壮烈地牺牲了，全村的乡亲们得救了。

刘胡兰同志牺牲不久，文水县解放了。参与杀害刘胡兰同志等烈士的凶手，一部分在战斗中被击毙，一部分被逮捕枪决，为烈士们报了仇。

1947年8月1日，中共中央晋绥分局做出决定，追认刘胡兰为中国共产党正式党员。中共中央主席毛泽东为刘胡兰亲笔写下了挽词：“生的伟大，死的光荣。”邓小平同志为刘胡兰的题词是：“刘胡兰的高贵品质，她的精神面貌，永远是中国青年和少年学习的榜样。”

★刘胡兰墓

刘胡兰纪念馆

刘胡兰纪念馆位于山西省文水县城东17公里的云周西村。前身为刘胡兰烈士陵园，始建于1956年，1957年1月12日，刘胡兰就义10周年时落成并对外开放。1959年改称刘胡兰纪念馆。1959年、1976年曾两度调整布局，重新整修扩建。现占地面积6300余平方米，由广场、纪念碑、刘胡兰生平事迹陈列室、影视室、书画室、七烈士纪念厅和群雕、陵墓、刘胡兰雕像、碑亭、烈士被捕受审就义原址组成，以纪念碑和陵墓为中轴作对称分布，藏有烈士遗物74件。陈列室内有党和国家领导人朱德、邓小平、江泽民和董必武、乌兰夫、郭沫若、谢觉哉的题词。刘胡兰纪念馆是中宣部命名的“全国百个爱国主义教育示范基地”，是团中央、民政部命名的“全国青少年教育基地”、“爱国主义教育基地”，是国家教委（现教育部）、团中央、民政部、文化部、国家文物局、解放军总政治部联合授予的“全国百个中小学爱国主义教育基地”，也是山西省、吕梁地区确定的“爱国主义教育基地”、“德育基地”和“国防教育基地”。

★刘胡兰纪念馆

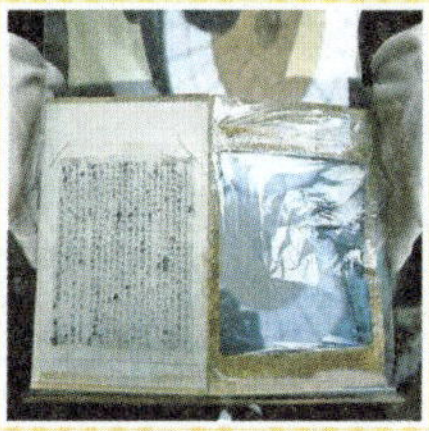

江竹筠血染红岩

JIANG ZHU JUN XUE RAN HONG YAN

江竹筠，原名竹君，曾用名志伟，人们尊称她为江姐，四川省自贡市大安区爱和乡人。她是中国共产党的优秀党员，积极参加抗日救亡活动和解放战争，被捕入狱后，面对敌人的严刑拷打毫不畏惧，坚贞不屈，为中国人民的解放事业献出了生命。

童年时代，江竹筠随母亲从家乡到重庆谋生，曾进教会办的孤儿院读书。她所尊敬的丁尧夫老师，被国民党当局以“共产党”的罪行逮捕。这使江竹筠开始认识了国民党反动派的丑恶嘴脸，也由此产生了“要寻找共产党”的念头。

1936 年秋，江竹筠考入重庆南岸中学。抗日战争爆发后，她和同学们一起搞宣传、演戏、办壁报，开展抗日救亡活动。1939 年春，江竹筠考入四川巴县兴隆场的中国公学附中高中部。她深受校内进步师生的影响，经常看《新华日报》和《群众》杂志，并同诬蔑共产党抗日主张的反动分子进行斗争。同年夏天，经同班同学地下党戴克宁介绍，光荣地加入了中国共产党。入党前夜，戴克宁曾和她谈到入党后随时都有可能被杀头的危险，江竹筠坚定地回答：“要革命还怕什么，革命本身就不是什么安乐与享受，我既然决定入党，就是决心把自己的一切贡献给革命事业，甚至宝贵的生命。”

★江竹筠(左)与挚友何理立摄于重庆南岸

1940 年秋，江竹筠考入中华职业学校会计训练班学习，同时担任该校和附近地下党组织的负责人。1941 年皖南事变爆发后，她团结进步同学在学校秘密散发传单，揭露事实真相。会计训练班毕业后，她到曾家岩重庆妇女慰劳总会工作，并担任了新市区区委委员，负责单线联系沙坪坝一带高等学校党的组织。

1943 年 5 月，党组织安排她给地下党重庆市委第一委员彭咏梧当助手，并和他假扮夫妻，掩护党的机关。当时彭咏梧的公开身份是国民党中央信托局职员，他俩的“小家庭”便是中共重庆市委的秘密机关、地下党组织的指导中心。江竹筠在这里加强了理论学习和党性锻炼，为帮助和掩护彭咏梧做了很多工作。

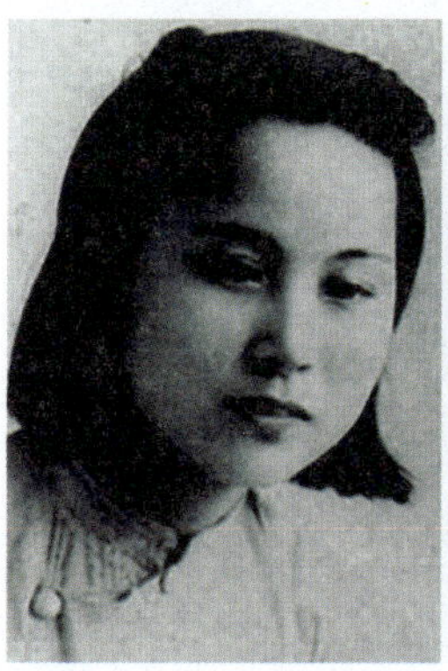

★江竹筠

★江竹筠石刻像

1944 年 5 月，江竹筠接受组织委派来到成都，从事党组织的发展工作。因没有就业机会，组织上同意她投考大学。经过努力，她考上了四川大学农学院农艺系，改名江志伟。1945 年春，经组织上批准，江竹筠与彭咏梧正式结婚，第二年 4 月，在成都生下了儿子彭云。为了能更好地开展革命工作，她再三请求医生为她做了绝育手术。

1946 年秋，蒋介石发动内战。江竹筠奉命回到重庆，先在国民党中央信托局工作，除在职业的掩护下帮助彭咏梧处理党内事务外，还负责内外联系。她家原在观音岩的房子，这时成了过往同志的临时“招待所”。

1947 年春，内战形势更加严重，八路军驻重庆办事处和《新华日报》社的工作人员，被迫撤往延安，中共重庆市委的工作任务加重。江竹筠同志便辞去公开的社会职务，专门从事党的通讯联络工作。她受市委的指派，负责领导重庆育才学校、国立女子师范学院和西南学院等学校党的工作，积极开展学生运动，并在斗争中亲自发展了十多个党员和四五十个“六一”社员，团结了一大批进步师生。此时，由刘镕铸、蒋一苇等创办的《挺进报》转为中共重庆市委机关报，由彭咏梧直接领导，江竹筠在传递稿件和组织发行方面又作了很多

★江竹筠与丈夫、儿子的合影

工作。

1947年10月，中共重庆市委改组，成立川东临时工作委员会。彭咏梧任临委委员兼下川东地工委副书记，奉命前去川东地区组织武装暴动。江竹筠以下川东地工委和川东临委联络员的身份随同前往，行前将一岁半的儿子托给亲友抚养。

1947年12月，彭咏梧与江竹筠筹备下川东武装暴动的准备工作基本就绪，就在云阳召集了炉塘坪会议，宣布成立川东民主联军，由赵唯任司令员，彭咏梧兼任政委。考虑到暴动以后缺少干部，地工委又派江竹筠回重庆，向临委要求尽快增派干部。

江竹筠走后，情况突然发生了变化。暴动提前到1948年1月8日在云阳、巫溪同时发动，首战告捷。1月10日，两地暴动队会师青莲乡，又歼灭了敌人一个保安分队。但此时敌军已布成四面合围之势，兵力大我十余倍。暴动队决定分兵两路突围转移，彭咏梧在突围途中不幸壮烈牺牲。当敌人知道他就是起义部队的领导人时，野蛮地砍下他的头，吊在奉节县竹园坪镇上“示众”。

1月中旬，江竹筠在重庆完成任务后，与支援下川东的干部分路出发。1月20日，按预定计划在云阳县董家坝彭咏梧的外婆家会合。在这里，江竹筠才得知部队失利和丈夫牺牲的消息。她忍住巨大的悲痛，极力镇定自己，和其他同志一起研究下一步的行动部署。鉴于奉、巫、汤溪一带的严重局势，他们决定立即回重庆向临委汇报后再行动。临委听取了江竹筠等同志的汇报后，充分肯定了他们的临时处置，并决定再派同志到下川东继续发动起义。但临委认为，彭咏梧刚刚牺牲，江竹筠再去下川东工作很容易暴露，危险性太大，而且孩子又小，也极需要她照顾，再三要她留在重庆工作。同志们也劝她接受组织的安排。但江竹筠执意不肯，她说：“这条线的关系只有我熟悉，别人代替有困难。我应该在老彭倒下的地方继续战斗。”临委见江竹筠决心已定，只好同意再次派她去下川东。

临行前，她听说党组织要筹建一个地下联络点，资金不足，便把自己的全部家具交给党组织。她还把结婚时购置的衣柜也送给了朋友，以示要在老彭牺牲的地方战斗到底的决心。

因暴动地区风声太紧，江竹筠暂时留在万县。经朋友介绍，到县法院会计室作职员。她秘密协助万县县委作各地的联络工作，由于叛徒的出卖，于1948年6月14日被捕。

江竹筠被捕的第二天，国民党特务就把她和黄玉青、李青林等12人押上轮船，解往重庆，关进了“中美合作所”渣滓洞监狱。

特务们从叛徒的口里得知江竹筠是中共下川东地委委员、华蓥山游击队政委，又是彭咏梧的妻子和助手，对她特别重视，妄图从她口中得到他们需要的情况。审讯由特务头子、国民党西南行辕第二处处长徐远举亲自主持。当班的特务军士特地搬来了老虎凳、电刑机器、刺钢鞭、水葫芦、火背篼和竹签子等刑具。但江竹筠只轻蔑地看了一眼，依然从容地面对审问她的特务。

徐远举一连串提了许多问题，并问江竹筠：“你的丈夫是谁？你是哪一个领导的？你领导哪些人？有多少武器弹药……”她只是一概回答“不知道”、“不认识”，后来对这类重复的讯问干脆不予回答。特务们气急败坏，把江竹筠倒吊起来。但她仍然紧闭着嘴，什么也不说。特务们又用竹筷子用力夹她的手指，痛得她汗珠从脸上大滴大滴地滚下来，几次昏倒过去。但当她醒过来后，仍然顽强地对特务们说：“你们可以整断我的手、杀我的头，要组织是不行的，永远不行。我没有组织。”敌人反复施刑，她的手指被夹得血肉模糊，鲜血淋淋。但江竹筠仍不屈服，又大义凛然地说：“你们以为刑具是万能的，我看是无用的。”徐远举这时竟暴跳如雷，大喝一声，命令特务把她的衣裤全剥下来。江竹筠愤怒地斥退了走上前来的特务，整了整衣服，理了理头发，然后指着徐远举厉声诘问：“我是连死也不怕的人，还怕你用剥掉衣服这种卑鄙的手段来对待我。”“我问你，你妈妈是不是女性？你老婆是不是女性？你女儿是不是女性？你用这种可耻的手段侮辱我，是连你妈妈、你老婆、你女儿都一起侮辱了！”这使徐远举狼狈不堪，只好下令用竹签钉进江竹筠的手指。她几次痛昏过去，又几次被凉水浇醒过来，可仍然一言不发，严守机密。徐远举无可奈何，只好宣布来日再审。

一个星期后，特务们在渣滓洞监狱又对江竹筠进行了一整天的刑讯。讯问的内容与上次相同，但用刑的方式却更加狠毒。敌人不仅在江竹筠手指尖上钉满竹签，还让她坐老虎凳，又用辣椒水浇她的伤口，并喊来叛徒涂孝文与她当面对质。江竹筠一见叛徒，怒不可遏，指着他的鼻子痛骂。涂孝文不敢正视鲜血淋漓仍正气浩然的江竹筠，吓得迟迟说不出话来。

江竹筠同志的精神博得了全狱难友的敬佩，他们纷纷写信赋诗、收集慰问品，掀起了慰问江竹筠的热潮。江竹筠看到这一情景，心情无比激动，含着泪花说：“同志们太好了，我算不了什么……”她在给难友的回信中还说：“毒刑是太小的考验，筷子是竹做的，共产党员的意志是钢的……”江竹筠的行动，引起了全体难友强烈的思想共鸣。他们互相勉励，相互保证，很快形成了一个坚强的革命战斗集体，同敌人展开英勇的斗争。

监狱中虽然没能正式建立党组织，但在女牢房中，江竹筠和曾紫霞、黄玉清、李清林实际上已起着党小组的作用。她们组织同志们划分小组，有计划地学习革命理论。她们凭着记忆默写了毛泽东《新民主主义论》的主要内容，供同志们学习。尽管江竹筠身负重伤，行动极为不便，但她始终坚定乐观，对难友关怀体贴，帮助别人解决困难。

过了些时候，脚镣取了，刑伤愈了，新入狱的人渐渐少了。种种

★江竹筠在狱中用竹签子笔写了最后一封家书

★关押江竹筠的牢房

迹象表明，国民党反动派的日子不会很长了。待到解放战争的胜利消息隐约透过铁窗，就更加坚定了江竹筠的必胜信念。同时，她也充分估计到了自己的处境，做好了最坏的打算。她在给朋友的一封信中写道：“苦难的日子快完了”，“我有必胜和必活的信心”，但“话又得说回来，我们到底还是虎口里的人，生死未定……假如不幸的话，云儿就送你了。盼教以踏着父母之足迹，以建设新中国为志，为共产主义事业奋斗到底。孩子们不要骄养，粗服淡饭足矣……”

不出江竹筠所料，在 1949 年 11 月，重庆解放前夕，已准备逃跑的反动派，开始对囚禁在“中美合作所”的共产党员和进步人士进行了有计划的大屠杀。江竹筠等 30 人列入被屠杀的第二批，在 11 月 14 日深夜，被敌人以“转移”为名押出了监狱。押解途中，江竹筠已完全明白这是为革命献身的时候了，便高呼：“中国共产党万岁！”“打倒反动派！”同行的难友齐声高呼，声音穿过夜空，一二里路都能听见。刽子手们吓慌了，还未到达预定地点，就急忙射出了罪恶的子弹。中国共产党的优秀党员江竹筠和遇害烈士的鲜血涂染了红岩，映红了初放的红梅，迎来了祖国的春天。

歌剧《江姐》

1964 年，中国人民解放军空军政治部文工团将《红岩》中有关江姐的故事搬上歌剧舞台，这就是歌剧《江姐》。此剧由阎肃编剧，羊鸣、姜春阳、金砂作曲。全剧以四川民歌的音乐为主要素材，广泛吸取川剧、婺剧、越剧、杭滩、洋琴、四川清音、京剧等音乐与会和手法进行创作，既有强烈的戏剧性和鲜明的民族风格，又有优美流畅的歌唱性段落，深刻刻画了英雄人物的音乐形象。剧中的著名唱段《红梅赞》、《革命到底志如钢》、《青松林内红旗扬》、《五洲人民齐欢笑》、《春蚕到死丝不断》、《绣红旗》等，琅琅上口，过耳不忘，至今仍在群众中广为传唱。歌剧《江姐》1964 年在北京首演后，立即受到广大群众的热烈欢迎。1978 年，上海电影制片厂根据舞台演出本拍摄了同名舞台歌剧艺术电影。

★歌剧《江姐》剧照

董存瑞舍身炸碉堡

DONG CUN RUI SHE SHEN ZHA DIAO BAO

1948年5月，人民解放军发起了攻打河北隆化城的战斗。在攻打设在隆化中学的敌军司令部时，一位担任班长的爆破手为了扫除部队前进道路的障碍，手举炸药包，毅然拉开了导火线。敌人的碉堡被炸掉了，战斗取得了胜利。这位舍身炸碉堡的英雄就是董存瑞。

董存瑞，河北省怀来县南山堡人，1929年秋天出生在一个贫苦农民家庭。他排行第四，所以小名叫“四头”，别人称他为“四虎子”。由于家境贫寒，他从小就跟着爹上山砍柴、下田劳动，特别能吃苦耐劳。1937年抗日战争爆发后，日本侵略军很快占领了华北。从此，董存瑞一家的生活就更苦了。

1940年，八路军建立了龙（关）、延（庆）、怀（来）联合抗日民主政府，南山堡一带成为抗日游击区。当时联合县民主政府的农民委员、三区区委书记兼武委会主任王平，常常到南山堡来发动群众，宣传抗日救国。1942年秋天的一天，王平遭到一队日军的追捕，董存瑞在自己家中机智勇敢地掩护王平脱险。这事一传开，大家都夸奖他，称赞他是“南山堡的王二小”。

★董存瑞

1943年春天，王平来到南山堡工作，把南山堡的20多个穷孩子组成一个儿童团，由董存瑞担任团长。董存瑞带着大家站岗放哨，送信，防汉奸特务造谣和破坏，有时还跟大人一起参加战斗。

董存瑞在斗争中迅速成长，和王平建立了深厚的友谊。这年秋天，王平在反“扫荡”战斗中牺牲，董存瑞听到这一消息后非常伤心，急忙跑到民兵队长家里，坚决要求参加民兵为王平报仇。但当时他才14岁，村干部只让他当“见习民兵”。但在民兵队里，他样样活都干，埋地雷、割电线、打埋伏、扒铁路等，都干得很出色。不久，他就当上了正式民兵。

1945年夏，董存瑞参加了区小队，不久又被编入县大队。抗战刚一胜利，蒋介石就开始抢夺人民的胜利果实，发动了对解放区的进攻。为了保卫解放区，县民兵大队编入大部队中。董存瑞在某部六连九班当战士，实现了当一名战士的愿望。

在人民军队这个大熔炉里，董存瑞茁壮成长。一次，部队攻入城关县城后，董存瑞缴获到一支勃郎宁手枪，很想留下来自己用。通过连长和战友们的耐心教育，他懂得了三大纪律八项注意、一切缴获要归公的道理，把手枪上交了。从此，他经常注意用革命纪律来严格要求自己。在部队的军事训练中，董存瑞以高标准要求自己。他凭着顽强的意志和毅力，经过刻苦训练，练成了左右开弓、双手投弹的杀敌本领，投弹成绩在全连名列第二，并在全连作了刺杀表演。

1946年秋，敌人从北平、热河、绥远等三个方向进攻冀热察解放区，企图侵占张家口。董存瑞所在的部队在延庆、怀来一带战斗15个昼夜。他在战斗中勇敢顽强，并果断地给友邻部队以支持，使阻击任务胜利完成。

在革命军队里，董存瑞迅速成长为一名优秀战士。有一次，连队改善伙食，炊事班另炒了一个菜给连部送去，他就此事向连干部提出了尖锐的批评意见。他自己模范遵守纪律，执行任务时3次路过家门都不吭一声。根据他的表现，六连党支部开会研究了董存瑞的入党问题。大家一致认为，他虽然还差几个月才满18岁，但表现出色，可以吸收入党。自从入党之后，董存瑞无论在行军、宿营、操练和战斗中，处处以共产党员的标准严格要求自己，总是吃苦在前，享受在后。他先后立下3次大功、4次小功，还荣获3枚勇敢奖章、1枚毛泽东奖章，并且担任了六班班长。

1948年5月，东北解放军的一支队伍迅速向西开进，准备攻打热河省隆化。董存瑞就在这个队伍里。敌人在隆化城周围修了许多坑

★董存瑞纪念馆

★董存瑞纪念馆内的董存瑞雕像

道和碉堡，他们躲在钢筋水泥筑的碉堡里向外扫射，使我们的部队不能前进，只有炸掉它们，解放军才能攻城。连长叫来六班长董存瑞，命令他带着爆破组做好战斗准备，并且告诉他，隆化中学的北边有四个炮楼和五个碉堡，火力很猛，阻挡住六连前进。爆破组的任务就是炸掉这些炮楼和碉堡。

二排长指挥机枪掩护，董存瑞带着四个同志，抱着炸药包，像燕子一样飞速前进，向着炮楼和碉堡靠近。敌人的机关枪“哒哒哒”地疯狂扫射，子弹像雨点一样密，爆破组的孙永德被打倒了。一会儿，张万才也牺牲了。组里只剩下了董存瑞、李振德和郅顺义三个人。董存瑞很着急，任务还没有完成，同志们就倒下了，该怎么办呢？连长命令火力组赶紧掩护董存瑞他们，突然见前面响了几颗炮弹，起了一片烟雾，董存瑞一跃而起，轻捷地朝烟雾冲去，接着又跳到敌人的一个炮楼底下，只见他点燃了炸药包，很快地滚到一个山坡下面，又去炸别的炮楼。在火力组、突击组的配合下，他们一口气把四个炮楼全部给放倒了。郅顺义高兴得简直要叫了起来，他使劲地向敌人扔手榴弹，向董存瑞和李振德传递突击组送来的炸药包。董存瑞累得满头是汗，在敌人的炮火之下来回奔跑，把一包包炸药运到碉堡下面。他带着李振德冲向哪个碉堡，哪个碉堡就开了花。他们又接连炸倒了五个碉堡。连长见气势汹汹的炮楼和碉堡不出声儿了，都被炸得粉碎，自言自语道：“董存瑞真不愧为爆破元帅啊！”等五个碉堡一倒，连长指挥队伍由后面冲上来，从隆化中学的东北角往里打。突击组、爆破组也跟着大部队往前冲，战士们象潮水一样涌上来。董存瑞的好朋友刘祥带着六班跑在最前面。不料，意外的事情发生了，同志们被打倒了好几个，刘祥也被打中了。董存瑞冒着弹雨，奔到刘祥身边，将他抢救下来，扶住他问：“伤得怎样？从哪儿打来的？”刘祥呼吸已非常吃力，只听见他说：“班长……六班……冲上来啦！那是桥形……碉堡，你……”话还没说完就停止了呼吸。董存瑞紧紧抱着刘祥的尸体，瞪着那座桥。

这座桥建在一条旱河上，桥身上有许多射击口，从里面喷出条条火舌，一梭梭的子弹飞向了解放军战士。原来这座桥就是一个碉堡，称为“桥形堡”。解放军一直没有发现它，以为它是一座普通的桥，所以连长下爆破命令时，也没有让炸这座桥。这一下可坏了。战士们牺牲了十几个，整个部队被猛烈的火力阻挡，抬不起头来。这时，争取一分一秒的时间就是胜利。董存瑞看着桥形堡，心里狠狠地骂道：“狡猾的敌人，把碉堡假扮成一座桥，老子饶不了你们！”

董存瑞来到连长面前，指着桥形堡叫道：“连长，我去炸掉它！”接着，又转向郅顺义：“你掩护我。”指导员在一旁说：“不，另外派人去。”董存瑞吃惊地问：“为什么？”“你一连炸了几个碉堡，该歇一会儿了！”指导员很严肃地说。“不行，绝对不行。”董存瑞急得几乎是喊了起来，“指导员，我是同志们选的‘爆破元帅’，隆化不解放，我的爆破任务就没有完成。”最后首长只得让他去，连长握住他的手说：“好，这次再把这个任务交给你。你一定要炸掉它，给大部队扫除前进的障碍。”“首长，我是个共产党员。”董存瑞一面说着，一面从衣兜里掏出一个小包递给指导员，“如果我牺牲了，这就是我最后一次党费。”

指导员接过小包，连连说：“不，大家都等着你胜利归来。”董存瑞弯腰抱起炸药包，冲了出去，一班长和郅顺义也跟在后面。敌人的机枪发狂地叫着，火力组全力掩护他们前进。快到桥形碉堡时，郅顺义扔一阵手榴弹，董存瑞就向前跃进几步；同志打一阵，再跃进几步。一班长就源源不断地把手榴弹送到郅顺义手里。

董存瑞到了桥跟前，敌人见他拿着炸药包，于是更疯狂更猛烈地朝他射击。郅顺义接连不断地扔出手榴弹，尽量减轻敌人对他的威胁。董存瑞乘着烟雾不顾一切地窜到了桥底下。

在桥底下，董存瑞抱着炸药包，向四周环视一圈，都是光滑滑的墙壁，顶上是平平的桥板，董存瑞急了，不知该往哪放炸药。放在地上，桥离地面有一人多高，炸不着碉堡，若放在高处又没地方搁。董存瑞又转着身子四下打量着，哪怕是有根木棒做支架，把炸药托起

★董存瑞炸碉堡雕像

来也好，但是那里光秃秃的，什么都没有。狡猾的敌人真可恨，找了这么一个地方建碉堡，董存瑞急得满头是汗。突然，身后响起了嘹亮的号声。总攻的时间到了，部队正像潮水一般朝着董存瑞的方向奔来。就在这时，桥形碉堡上的砖头一块块地被推开了，立刻出现了六个暗藏的枪眼。子弹突突地打出来，眼看着倒下好几个战士。董存瑞心想，必须马上炸掉桥形堡，多耽误一分钟，就会有更多的战友牺牲，只见他把身子向左一靠，左手托起炸药包，紧紧贴住桥形碉堡。右手猛地一下拉开了导火索，导火索“嗞嗞”地冒出了白烟。只听他高声喊道：“同志们，为了新中国冲啊！”忽然一声巨响，天崩地裂，一团火花冲上半空，桥形碉堡没有了，战斗英雄董存瑞也跟战友们永别了。冲锋的战士们踏着英雄的血迹冲进了隆化中学。

为了解放隆化，董存瑞献出了自己年轻的生命。他的这种勇敢精神和崇高的革命英雄形象，永远活在我们心里，永远鼓舞着全中国人民胜利前进。解放后，隆化中学被命名为存瑞中学，以此永远纪念他。

董存瑞烈士陵园

★董存瑞墓

董存瑞烈士陵园位于河北省隆化县城西北的苔山脚下伊逊河东岸。1954年隆化县委、县人委为纪念全国著名战斗英雄董存瑞而建。1955年正式施工，当年完成三项工程：大门、纪念碑、烈士墓。经1960年，1967年，1975年几次扩建，初步形成纪念体系。1987年重建烈士纪念碑，1991年重建董存瑞烈士纪念馆。现董存瑞烈士陵园占地71000平方米，有10项纪念建筑形式基本为具有民族风格和鲜明的时代精神的仿古建筑。整个建筑群体构成了较为完整的纪念体系。1982年董存瑞烈士陵园由河北省人民政府批准定为省重点文物保护单位；1986年由国务院批准为全国重点烈士纪念建筑物保护单位；1995年1月被中华人民共和国民政部定为爱国主义教育基地；1995年5月被河北省委、省政府定为河北省爱国主义教育基地，1997年9月被国家教委、民政部、文化部、国家文物局、共青团中央、解放军总政治部命名并向全国中小学推荐的百个爱国主义教育基地；1997年6月被中宣部定为全国爱国主义教育基地；1997年6月被中宣部定为全国爱国主义教育示范基地。

★董存瑞纪念碑

20世纪的伟大女性——宋庆龄

20 SHI JI DE WEI DA NV XING SONG QING LING

宋庆龄的父亲宋嘉树，是上海有名的资本家，也是孙中山的好朋友，十分同情和支持孙中山的革命活动。由于孙中山经常访问宋嘉树，宋庆龄小的时候就多次见到孙中山。他那和蔼可亲的面容和饱满的革命热情，在宋庆龄幼小的心灵里留下了极为深刻的印象。

1908年，宋庆龄留学美国，就读于佐治亚州梅肯市威斯理安女子大学。1913年夏季毕业，获文学学士学位。同年秋离美回国，途经日本时，她见到了正在日本避难的父母和孙中山先生。当她得知国内详情后，毅然决定留在孙中山身边，接替大姐宋蔼龄担任孙中山的英文秘书，从此开始了长达近70年的革命生涯。

1915年10月，宋庆龄和孙中山在东京结婚，成为孙中山的最亲密战友和得力助手。1916年5月，宋庆龄陪孙中山回到上海。在紧张的讨袁和护法斗争中，宋庆龄陪孙中山奔波于上海、广州之间，不仅协助他进行革命活动，并且在他极度苦闷和绝望的时候，一直鼓励和安慰着他。

★1915年宋庆龄与孙中山在日本的结婚照

1922年6月，陈炯明在广州发动军事叛乱，指挥叛军围攻总统府和孙中山住宅粤秀楼。宋庆龄为了保护孙中山的安全，让孙中山先行撤离，自己留下来指挥卫队牵制敌人。直到孙中山安全登上永丰舰，指挥部队讨伐陈炯明，宋庆龄才在副官的掩护下，冒着枪林弹雨奔向总统府，然后几经辗转才脱险，登上永丰舰与孙中山重逢，但胎儿流产了，身体受到了很大摧残。

1923年，宋庆龄帮助孙中山，参与了第一次国共合作的准备工作。她坚决拥护孙中山重新解释的三民主义，积极贯彻执行孙中山提出的联俄、联共、扶助农工的三大政策，热情而真诚地与中国共产党合作，对于推动大革命运动的开展做出了重要贡献。

“北京政变”发生后，宋庆龄陪同孙中山北上。由于过度劳累，孙中山在天津肝病发作，到北京后便住院治疗。宋庆龄深为孙中山的健康担忧，日夜守护在病榻前。孙中山当着宋庆龄的面，口授了《总理遗嘱》、《致苏联遗书》和《家事遗书》，表达了他对宋庆龄的信赖和爱戴。孙中山去世后，宋庆龄忍住巨大的悲痛，向国内外介绍孙中山的遗嘱，解释新三民主义的内容，宣扬三大政策。她决心化悲痛为力量，继承孙中山遗志，完成先生的未竟之业。

“五卅”惨案发生后，宋庆龄发表谈话，高度赞扬上海工人的反帝爱国斗争，并呼吁全体“国民皆当负此救国重任”，“以解放中国脱离英日帝国主义之压迫”。她还提出要大规模向各省募捐，以“援助失业之工人”。省港工人大罢工爆发后，宋庆龄也当即予以支持，并指出广东和全国人民反对帝国主义的斗争，是“志先生之志，行先生之行，先生有知，地下亦当含笑矣”。

1925年底，宋庆龄带病到了广州，继续为贯彻孙中山的三大政策而奔走呼号。次年1月，她出席了中国国民党第二次全国代表大会。在宋庆龄和与会的共产党人及国民党左派的共同努力下，大会贯彻了孙中山提出的三大政策和新三民主义，通过了《接受总理遗嘱决议》、《完全接受第一次大会所定之政纲决议》和《弹劾西山会议决议案》。此后，宋庆龄便投身于北伐战争的准备工作。

北伐战争开始后，国民革命军于1926年秋攻克武汉三镇。国民政府乃决定迁都武汉，以加强对革命运动的领导。宋庆龄于11月先期到达武汉，筹备迁都事宜，使国民政府于1927年1月顺利迁至武汉。此时，野心勃勃的蒋介石为了实行个人军事独裁，便在南昌召开“军务善后会议”，公开对抗武汉国民政府。为了挫败蒋介石的阴谋，

★年轻时的宋庆龄

★中年时的宋庆龄

1927年3月，宋庆龄在汉口召开的国民党二届二中全会上，同何香凝、邓演达、毛泽东、林伯渠等一致努力，使全会通过了《统一党的领导机关案》，规定中央执行委员会采取主席团制、实行集体领导；军事委员会的一切决议、措施，须经中央执行委员会通过。从而使蒋介石的权力受到了限制。

为了动员广大妇女参加民主革命，宋庆龄在武汉主持开办了中国国民党妇女党务训练班。她在训练班开学典礼上讲话，指出："中国国民革命是要全体国民来参加共同奋斗，方才可以成功的。中国妇女虽然受了两千多年的专制压迫，对于眼前的革命工作当然不能置身事外。妇女是国民一分子，妇女解放运动是中国国民革命的一部分。所以为求全民族的自由平等，妇女应当参加国民革命。为求妇女的自由平等，妇女也应当参加国民革命。"

1927年4月，蒋介石在上海发动"四·一二"政变，公开背叛革命，大肆屠杀共产党人和革命群众。宋庆龄义愤填膺，当即联合国民党左派和共产党人毛泽东、恽代英等人发表讨蒋通电。蒋介石为了借助宋庆龄的威望来掩盖自己的反动面目，于7月12日亲笔写信给宋庆龄，请她去上海。宋庆龄识破了蒋介石的阴谋，于7月14日发表了《为抗议违反孙中山的革命原则和政策的声明》，作为对蒋介石来信的公开答复。她严厉指出："本党若干执行委员对孙中山的原则和政策所作的解释，在我看来，是违背了孙中山的意思和思想的。"她郑重声明："对于本党新政策的执行，我将不再参加。"公开与蒋介石、汪精卫之流划清界限、分道扬镳。

为了实现孙中山的遗愿，履行她代孙中山访问苏联的诺言，宋庆龄决定秘密访问苏联。出国前，宋庆龄发表声明，再次全面阐述了孙中山的三大政策，指出"中国共产党在国内所有革命力量中最为活跃，是中国内部革命力量中最大的动力"。她痛斥"国民党冒牌领袖们所领导的反动势力危害了三大政策"、投靠帝国主义的丑恶行径，并指出"他们必然失败"的命运。1927年8月底，宋庆龄一行抵达莫斯科，受到苏联各界人士、华侨代表和中山大学留学生的热烈欢迎。同年12月，蒋介石悍然决定同苏联断绝外交关系，并将这一决定电告正在苏联参观访问的宋庆龄。宋庆龄表示坚决反对，并警告蒋介石要"悬崖勒马"，否则她将留在苏联以示抗议。12月18日，蒋介石再次致电宋庆龄，进行污蔑和恫吓，并逼迫宋庆龄迅速归国。宋庆龄非常气愤，再次在复电中有力地驳斥了蒋介石的无耻谰言，并且声明："我们之间的分歧犹如一道鸿沟。如果我回国的话，那也只是为了参加工农斗争。我将踏着革命的足迹继续前进……我在这条道路上决不回头！"

宋庆龄在苏联住了近两年，以后又转赴德国，住在柏林近郊。这期间，她除了关注国内政治动向之外，还参加了世界和平和国际反帝活动。她同高尔基、罗曼·罗兰等发起成立国际大同盟。1928年12月，宋庆龄出席了在布鲁塞尔举行的国际大同盟成立大会，并被推选为大会名誉主席。

1929年春，宋庆龄应邀回国参加孙中山的国葬仪式。回国前，她特在《密勒氏评论报》上发表声明："在国民党的政策完全符合已故孙逸仙博士的基本原则之前，我不能直接或间接地参与该党的任何工作。"6月1日，宋庆龄参加完孙中山国葬仪式，第二天就从南京到了上海。蒋介石忙派戴季陶夫妇前来游说，遭到了宋庆龄的严词拒绝。为了摆脱蒋介石的纠缠，宋庆龄不久再次前往欧洲。

1931年7月，宋庆龄的母亲去世，为奔丧宋庆龄再次回国。此时，正是国民党法西斯统治最疯狂、最野蛮的时期。8月17日，他们在上海逮捕了中国国民党临时行动委员会（中国农工民主党的前身）中央干事会总干事邓演达。宋庆龄闻讯，极力设法营救。蒋介石则急令将邓演达押解南京，并于11月29日将其秘密杀害。宋庆龄悲愤至极，随即发表了《国民党已不再是一个政治力量》的声明，揭露南京国民党政权的反动实质，指出："惟有以工农政策为基础的党才能为社会主义打下基础，才能粉碎军阀的势力，并摆脱帝国主义的枷锁。"

1932年"一·二八"事变爆发后，宋庆龄奔走呼号，"主张积极抗战到底"。她冒着枪林弹雨，亲临十九路军抗战前线慰问全体将士，又到吴淞前线视察。她发现前线抗日部队缺医少药，大批伤员得不到护理，便和何香凝、杨杏佛等通过募捐，在上海交通大学内创办了一所300个床位的国民伤兵医院。在宋

★宋氏三姐妹合影

庆龄的感召下，四面八方大力支持，国民伤兵医院一时名医云集，慰劳品源源不断，使大量伤兵得到了及时治疗，有力地支援了十九路军的上海抗战。

面对蒋介石集团的法西斯统治，宋庆龄痛心疾首，决心利用自己的影响，组织进步团体，申张正义，保障民权，积极营救爱国志士，开展抗日救亡运动。她与蔡元培、杨杏佛等经过多方酝酿筹备，于1932 年 12 月正式成立“中国民权保障同盟”，并出任同盟临时中央执行委员会主席。宋庆龄指出，同盟的任务是为争取国家释放政治犯和废除对政治犯的非法拘禁、酷刑及杀戮而奋斗。早在民权保障同盟发起之时，宋庆龄就以筹委会的名义，打电报给蒋介石和于学忠等人，抗议他们非法监禁许德珩等北平爱国师生，并亲自到北平慰问和营救许德珩等人出狱。1933 年 3 月，中华全国总工会书记罗登贤、秘书余文化、中华海员工会廖承志、红军将领陈赓等人被捕，宋庆龄联合杨杏佛、史良等人全力进行营救。4 月 3 日，中国民权保障同盟专门成立了营救政治犯委员会，宋庆龄、蔡元培、杨杏佛、沈钧儒、王造时等 7 人为委员，展开了大规模的营救政治犯活动。

对中国民权保障同盟的活动，国民党反动派恨之入骨，千方百计地进行破坏和镇压。1933 年 6 月 18 日，同盟总干事杨杏佛惨遭特务暗杀。这对刚刚发展壮大起来的同盟组织是一个极大的损失，同盟被迫停止活动。但宋庆龄并没有被吓倒，她掩埋好同伴的尸体又继续进行战斗。

1933 年 9 月，宋庆龄不顾国民党特务的阻挠和破坏，在上海秘密主持了由世界反对帝国主义战争委员会所召开的远东反战大会。大会决定成立世界反对帝国主义战争委员会中国分会，宋庆龄当选为该会主席。

在中华民族生死存亡的紧急关头，宋庆龄挺身而出，极力主张国共联合抗日，为统一战线的建立和抗日战争的兴起做出了重大贡献。

1934 年 4 月 20 日，宋庆龄与何香凝、马相伯、李杜等联名发表《中国人民对日作战的基本纲领》，提出“全体武装总动员”、“全体人民总动员”、“全体人民总武装”，驱逐日本帝国主义的正确主张，得到了国内各界群众和海外侨胞的热烈响应。中国民族武装自卫委员会在上海正式成立，宋庆龄担任主席。她和何香凝、柳亚子、于右任、孙科等率先响应中共“八一宣言”中停止内战、一致抗日的正确主张，在国内外产生了巨大影响。

在国共两党寻求合作的过程中，宋庆龄主动牵线搭桥，互相传递信息。1936 年，她秘密护送国际友人马海德和斯诺去延安，为国统区人民和世界人民了解延安、了解中国共产党打开了一个窗口。毛泽东亲笔致信宋庆龄，阐述中共关于建立抗日民族统一战线、重新实现国共合作的主张，恳切希望她为此作出努力。宋庆龄进一步认清了国内的形势和自己的重任，决心全力以赴，促进抗日民族统一战线的建立。

1936 年 11 月，全国各界救国联合会的领导人沈钧儒、邹韬奋、章乃器、李公朴、王造时、史良和沙千里被国民党非法逮捕。宋庆龄无比气愤，立即联合各界著名人士，展开了营救“七君子”活动。西安事变爆发后，宋庆龄坚决拥护中共中央和平解决事变的正确主张，并为其实现做出了积极的努力。1937 年 2 月，在国民党五届三中全会上，她与何香凝、冯玉祥等联名提出《恢复孙中山先生手订联俄、联共、扶助农工三大政策案》，呼吁停止内战、联合抗日，促成会议通过同共产党关系的“四项原则”，为国共合作的形成迈出了重要的一步。

全面抗战爆发后，宋庆龄到了香港。1938 年 6 月，宋庆龄在香港发起成立保卫中国同盟并担任主席。为了争取华侨和国际组织以及友好人士支援中国抗战，宋庆龄经

★宋庆龄在中南海和毛泽东、周恩来等合影

★宋庆龄和她领导的保卫中国同盟中央委员会成员在香港合影

★宋氏唯一的一张"全家福"

常给外国机构、组织和友人写信，争取物资援助。仅在"保盟"成立一年之内，就收到捐款25万港币、10辆卡车、数千条毯子和大批的医疗器械及药品。宋庆龄还特地将一部大型装有手术室的救护车，赠送给了八路军白求恩国际和平医院。

太平洋战争爆发后，宋庆龄离开香港到达重庆。在重庆，宋庆龄始终同中共驻重庆代表保持着密切的联系。抗战胜利后，她迁回上海。1945年12月，宋庆龄发表《保卫中国同盟声明》，将保卫中国同盟改名为中国福利基金会，主要从事儿童福利事业。

1946年夏，蒋介石在美帝国主义的支持下，发动了全面内战。宋庆龄于7月23日发表《关于促成组织联合政府并呼吁美国人民制止他们的政府在军事上援助国民党的声明》，在国际上引起了极大震动，得到国内外爱国人士和世界爱好和平人民的广泛支持。

在内战的漩涡里，国统区的文化、艺术和教育界知名人士，处于贫病交加之中。宋庆龄专门设立了文化救济基金，使郭沫若、臧克家、叶浅予、艾明之、刘白羽等许多著名人士得到救济，为中国人民保护了一笔大的财富。

在解放战争中，宋庆龄领导的中国福利基金会，重点是援助解放区，他们克服重重困难，把整吨整吨的手术器械、药品、各种书籍以及儿童服装等运往解放区的各个国际和平医院和白求恩医科大学、制药厂、孤儿院。在宋庆龄主持下，从1938年到1948年10年间，先后援助解放区建立了8所国际和平医院、40多个分院，设有11800多个床位。此外还援助解放区开办了数十个制药厂，成立了数十个医疗队，为成千上万解放区军民解除痛苦，为中国人民的医疗卫生事业做出了巨大的贡献。

1948年1月1日，李济深、何香凝、谭平山等在香港成立中国国民党革命委员会，宋庆龄被推举为名誉主席。同年5月，中共中央发出召开新政协会议的号召，毛泽东、周恩来联名致电宋庆龄，邀请她到华北解放区，参加新政协会议的筹备工作。上海解放后，中共中央派邓颖超带着毛泽东和周恩来的亲笔信来上海，专程邀请宋庆龄去北平共商建国大计。宋庆龄当机立断，随邓颖超离沪北上。在北京火车站，宋庆龄受到了毛泽东、朱德、刘少奇、周恩来等中共中央领导人的热烈欢迎。

1949年9月21日至30日，宋庆龄在北平参加了中国人民政治协商会议，与中国共产党和各民主党派、无党派民主人士的代表一起，共同协商国家大事。她看到了孙中山先生的遗愿变成了现实，无比激动，在会上发表了热情洋溢的讲话。在大会上，宋庆龄当选为中华人民共和国中央人民政府副主席、中国人民政治协商会议第一届全国委员会常务委员。10月1日，宋庆龄和毛泽东、朱德、刘少奇、周恩来、李济深等党和国家领导人一起同首都30万军民参加隆重的开国大典。从此，宋庆龄作为中华人民共和国的缔造者和重要领导人，开始了她生命中又一新的历程。

宋庆龄陵园

宋庆龄陵园经中共中央批准成立于1984年1月，位于上海市中心城区西部的长宁区的宋园路21号。宋庆龄陵园占地约12公顷，由宋庆龄纪念设施、名人墓园和外籍人墓园以及少儿活动区四个部分组成。

以宋庆龄墓为中心的纪念设施，是陵园的主体部分。主要有宋氏墓地、纪念广场、展示宋庆龄特有气质和风采的汉白玉雕像、由邓小平亲笔题词的宋庆龄纪念碑和宋庆龄生平事迹陈列馆等。陈列馆展线长137米，展出照片400多幅，实物100多件，真实、形象、全景式地展示了宋庆龄从一个追求真理的爱国青年到投身革命，最终成为共产主义伟大战士的光辉历程。馆内录像室放映介绍宋庆龄生前主要活动的《国之瑰宝》等文献纪录片。宋庆龄陵园气氛庄严肃穆，环境优美自然，建筑协调美观，主要场所一年四季鲜花盛开，不但是一个融纪念、游览为一体的旅游胜地，而且是爱国主义、共产主义教育和建设社会主义精神文明的重要场所。

★宋庆龄墓

辽沈战役

LIAO SHEN ZHAN YI

1948年，人民解放军在解放战争中逐步发展壮大，仅东北野战军就可集中12个纵队和1个炮兵纵队，连同各独立师共53个师，70余万人。而此时被迫困守于长春、沈阳、锦州的国民党军东北“剿总”卫立煌集团却只有14个军55万人。根据战场的敌我态势，毛泽东决定首先在东北同国民党军进行战略决战，确定了首先南下北宁线，切断敌人退缩关内的通路，然后攻克锦州，把敌人关在东北，就地歼灭的作战方针。10月1日，东北野战军完成了对锦州的包围。10月14日，东北野战军对锦州发起总攻，经过31个小时的激战，全歼守敌近9万人，生俘国民党东北“剿总”副总司令范汉杰。

在攻打锦州时，东北野战军以5个纵队16个师攻歼锦州守敌，以2个纵队又2个师阻击锦西、葫芦岛方向增援之敌，以3个纵队阻击沈阳方向援敌，以1个纵队欠1个师为总预备队，另以1个纵队及11个独立师围困长春。蒋介石急忙调集华北、山东的一部分兵力组成东进兵团，并以沈阳主要兵力组成西进兵团，两路增援锦州。解放军在塔山、虹螺岘一线对敌东进兵团进行英勇阻击，敌西进兵团也被解放军顽强阻击于黑山、大虎山东北地区。

我军攻克锦州后，长春守敌鉴于“突围无望，守必被歼”的形势，国民党第60军军长曾泽生于17日率部起义，19日郑洞国率新编第7军等部投诚。

锦州、长春解放后，蒋介石企图东西对进，重占锦州，打通向关内逃跑的退路。由沈阳出援的廖耀湘兵团继续向锦州前进。东北野战军采取将计就计，诱敌深入的方针，准备在辽西地区歼灭廖耀湘兵团。10月21日，东北野战军主力由锦州地区挥师东进。26日，对敌展开了大规模的围歼战，至28日，全歼廖耀湘兵团10万余人，从而消灭了东北敌军的精锐主力。辽西会战刚一结束，东北野战军即向沈阳出击。11月1日进入市区，守敌纷纷溃逃，2日沈阳解放。辽沈战役历时52天，歼敌47.2万人，解放了东北全境。人民解放军从此在数量上也相对国民党军队占有了一定优势，使中国革命的形势发展到了一个新的转折点。

★在辽沈战役中，东北野战军伏冰卧雪与敌作战。

塔山阻击战

塔山是北宁线上的一个小村落，位于锦州、锦西之间，距锦西10余公里，距锦州30公里，是由锦西增援锦州的必经之地。林彪强调指出：“攻击锦州最重要的保证，是要把锦西方面的敌军挡住。两锦相距约50公里，万一堵不住敌人，攻锦部队就要受到很大威胁。”担任塔山地区阻击战任务的是我军4纵、11纵和热河独立4师、6师和炮兵旅，共8个师的兵力。而从锦西、葫芦岛方向驰援锦州的敌军是92军21师、62军、39军两个师、54军和暂编62师、独立95师，共11个师的兵力。1948年10月5日，林彪致电4纵：“你们必需利用东自海边西至虹螺蚬山下一线约20余里的地区，作英勇顽强的攻势防御，利用工事大量杀伤敌人，使敌人在我阵地前尸横遍野……而使我军创造震动全国的光荣的防御战。”

10月10日拂晓，塔山阻击战打响。凌晨3时半，国民党军趁落潮之际，袭占了我军打鱼山岛阵地，袭占了我军前沿几个尚未修好工事和还没有来得及构筑工事的小高地。特别是打鱼山岛阵地，位于我军防线的东端，东与西海口阵地北侧陆上毗连，西与塔山堡隔路相望。敌人攻战打鱼山岛，就直接威胁到我军西海口和塔山堡阵地的侧翼安全。如果敌人从海上登陆西海口，还可以越过塔山，绕过高桥镇，直抵锦州外围。打鱼山岛阵地的丢失，引起了我4纵指挥员的关注。吴克华司令员立即命令：迅速组织反击，夺回阵地。因此，塔山阻击战刚一开始，我军在前沿阵地上就展开了反击战，丢失的几个小高地在我军连续反击下夺了回来。塔山阻击战鏖战六昼夜，至10月15日结束，东北野战军阻援部队共歼国民党军6549人，守住了阵地，保障了主力部队的侧后安全和攻锦作战的胜利。

淮海战役

HUAI HAI ZHAN YI

1948年秋，蒋介石为了保住徐州，巩固江淮，以攻势防御阻击我军南下，并确保南京的安全，将其精锐部队5个兵团29个军约60万人，后增至约70万人，汇集于徐州及以徐州为中心的津浦、陇海铁路沿线。

★中共淮海战役总前委书记邓小平（左二）

根据中央军委的战略部署，人民解放军集结了华东野战军15个步兵纵队、1个特种兵纵队，中原野战军7个纵队，加上地方部队，共有60多万人，求歼刘峙集团于长江以北。同时，决定由刘伯承、陈毅、邓小平、粟裕统一指挥淮海战役。

★淮海战场被摧毁的敌炮兵阵地

1948年11月6日，华东野战军分路南下。8日，国民党军何基沣、张克侠率部2万余人在贾汪、台儿庄地区起义。10日，解放军山东兵团趁势越过起义部队的防区，直插徐州以东，切断了黄伯韬兵团西逃的退路，并将其合围于碾庄地区，进行围城打援，从徐州东援的两个兵团被华东8个纵队阻止在碾庄以西地区。经过10天逐村恶战，至22日全歼敌军10万余人，并击毙了敌兵团司令黄伯韬。同时，中原野战军为配合作战，出击徐（州）蚌（埠）线。11月15日攻占战略要点宿县，切断了徐州与蚌埠间的联系，孤立了徐州。

★我军乘着缴获来的坦克撤出战场

徐州被围后，蒋介石急令黄维、李延年、刘汝明三个兵团与徐州守军南北对进，打通徐蚌线。11月25日，黄维兵团12个师12万人被我中原野战军7个纵队包围在宿县西南的双堆集地区。黄维兵团被围后，蒋介石见其突围不成，徐州、蚌埠增援无望，遂于28日被迫决定徐州守军作战略退却。

★指挥淮海战役的领导集体雕像

12月12日，中原野战军主力在华东野战军一部的协助下向黄维兵团发起攻击，15日将其全歼，俘兵团司令官黄维。11月29日，杜聿明率三个兵团及党政军机关约30万人，沿徐州至永城公路向西南撤退。华东野战军11个纵队随后猛追，于12月4日将其包围在陈官庄、青龙集、李石林地区。我军同时包围了敌两个集团，蚌埠之敌仍企图北上救援。总前委采取了“吃一个（黄维），挟一个（杜聿明），看一个（李延年、刘汝明）”的方针。

1949年1月6日，华东野战军对被包围的杜聿明集团发起总攻，经过4天战斗，全歼邱清泉、李弥两个兵团共30万人，俘获杜聿明，击毙邱清泉，李弥逃脱。淮海战役胜利结束。

淮海战役历时66天，歼灭了国民党在华东、中原战场的56个师55万人。解放了长江中下游以北广大地区，使国民党军在华东、中原战场的主力丧失殆尽，并使敌人的长江防线和统治中心南京、上海地区直接暴露在我军面前。淮海战役结束后，淮河以南的敌人仓惶南逃。华东野战军第6、第7、第8、第13纵队分路南下，解放了江淮间广大地区，前出到长江北岸，为尔后的渡江战役创造了条件。

★淮海战役烈士公墓

郑州战役

1948年10月，中原野战军奉命配合位于山东省曲阜地区的华东野战军南下举行淮海战役，司令员刘伯承率2个纵队进至平汉铁路(今北京—汉口)南段牵制国民党军张淦、黄维两兵团；政治委员邓小平、副司令员陈毅指挥4个纵队围攻据守郑州的国民党军第40军军部及其第106师(欠1个团)和第99军第268师等部，以牵制开封、商丘的国民党军。21日夜，中原野战军第1、第3、第4、第9纵队开始向郑州城实施包围。22日晨，豫皖苏军区3个团占领中牟，各纵队逼进城郊。国民党守军第12绥靖区第40军第106师、第99军第268师等部弃城北逃，其先头部队进至薛岗，遭第9纵队第27旅一部和豫西军区基干团的阻击。第9纵队即以第26、第27旅各一部将其后续部队包围在薛岗、老鸦陈、固城地区。国民党军以第318团由古荥镇南援，向双桥、杜庄等地攻击；第268师和第106师主力向薛岗、固城猛攻，企图夺路继续北逃。第9纵队第26、第27旅协力将企图北逃的敌军压缩在老鸦陈、固城地区，经两小时激战予以全歼。第318团掉头继续北逃。第27旅主力与第26旅一部当即乘胜追击，将其合围在黄河南岸邙山地区，23日黄昏予以全歼，并与华北军区第14纵队一部在黄河铁桥会师。23日，第27旅主力与第26旅将北逃的敌318团围歼于黄河南岸的邙山地区，并与华北军区第14纵队一部在黄河铁桥会师。此役，歼灭国民党军1.1万余人，解放了中原重镇郑州，控制了平汉、陇海两条铁路枢纽；为同华东野战军共同举行淮海战役创造了条件。

★在郑州战役中，刘伯承、邓小平在野战军的干部会议上。

★郑州战役前线指挥所旧址

平津战役

PING JIN ZHAN YI

1948 年 11 月，随着淮海战役的全面铺开，华北国民党军战略处境十分不利，华北“剿总”总司令傅作义对战与和、守与撤一直举棋不定。11 月初，蒋介石电召傅作义到南京商谈华北作战方针。经过磋商，认为人民解放军华北军区部队在兵力上不占优势，东北野战军需经 3 个月到半年的休整才能入关，“华北不致遭受威胁”，因此决定暂守北平、天津、张家口，并确保塘沽海口。

★平津战役总前委林彪、罗荣桓、聂荣臻在一起

然而，随着淮海战役的胜利发展，中央军委判断位于平津地区的蒋系部队向南撤退的可能性增大，一旦蒋系部队南撤，傅系部队亦必将西逃。如果蒋介石采取撤退方针，人民解放军虽可不战而得北平、天津等大城市，但国民党军加强了长江防线，对于以后渡江作战不利。因此，中央军委作出了纵观全局的战略部署，命令东北野战军提前隐蔽入关，将平、津、塘守军分割包围，以保障将傅作义集团扼止在华北，就地歼灭。同时，命令华北部队撤围归绥，缓攻太原，拖住傅部，争取时间。随后，东北、华北野战军集结了 100 万人，发起了平津战役。

★平津战役纪念馆全景

★平津战役纪念馆雕塑

1948 年 11 月 23 日，东北野战军主力开始向平津和塘沽、唐山地区挺进。29 日，华北第三兵团突向张家口外围据点发起攻击，并在 20 天后将傅作义的国民党军队分割包围在北平、天津、张家口、新保安、塘沽等五个孤立据点，封闭了华北国民党军南逃的通路。

12 月 22 日，遵照毛泽东关于先打两头，后取中间的指示，华北野战军首先向新保安发起总攻，全歼傅作义精锐部队第 35 军军部及两个师，军长郭景云自杀。随后，华北第 3 兵团和东北野战军第 4 纵队于 24 日追歼张家口逃敌 5.4 万余人，收复了张家口。

1949 年 1 月 14 日，东北野战军采取“东西对进、拦腰斩断、先南后北、各个歼灭”的战法，向天津守军发起了总攻，经过 29 小时激战，全歼国民党军 13 万余人，俘获天津警备司令陈长捷，天津解放。1 月 17 日，塘沽守军 5 万余人从海上逃走，塘沽解放。

中共中央为保护古城北平，力争通过谈判实现和平接管，采用了“围而不打”的战术手段，同时又要求部队不放松强攻的准备。经双方多次谈判，以及中共北平地下党组织和爱国民主人士的配合工作，1 月 21 日，北平和平解放的协议达成。

1 月 22 日，傅作义所辖的国民党军全部开出城外，接受改编。1 月 31 日，人民解放军入城，北平宣告和平解放，平津战役胜利结束。

平津战役，共歼灭和改编国民党军 52 万余人，基本上解放了华北地区，并较好地保护了文化古都北平。平津战役的胜利，连同辽沈战役、淮海战役的胜利，使国民党丧失了三大精锐战略集团，国民党的统治基础发生了根本动摇，为解放战争在全国的胜利奠定了基础。

★北平市民在正阳门大街欢迎入城的人民解放军

傅作义

傅作义，字宜生，1895 年 6 月 27 日出生于山西省荣河县(今临猗县)安昌村。民国时期著名军事家，国军革命军陆军二级上将。保定军校毕业。原为阎锡山部属。1930 年参加阎、冯反蒋战争，任津浦线总指挥。抗日战争时期，历任第七集团军总司令，第八、第十二战区副司令长官、司令长官兼绥远省、察哈尔省政府主席。解放战争时期，任华北“剿总”司令。1949 年 1 月底，接受中共提出的和平解放北平条件，率部起义，对北平和绥远和平解放作出了重要贡献。

建国后，历任中央人民政府委员，水利部、水利电力部部长，四届全国政协副主席，国防委员会副主席。是二、三届全国政协常务委员，一、二、三届全国人大代表。1974 年 4 月 19 日因病在北京逝世，终年 79 岁。

★傅作义(左)、蒋介石(中)、卫立煌(右)合影

★西柏坡纪念馆

★西柏坡纪念馆群雕

西柏坡

西柏坡，位于平山县中部，正处于华北平原和太行山交汇处，在一片向阳的马蹄状山坳里。西柏坡三面环山，一面环水，西扼太行山，东临冀中平原，距华北重镇石家庄仅 90 公里。这个冀西山区滹沱河北岸的小山村，不仅风光秀丽，而且交通便捷，易守难攻，既适宜危急时刻向山里撤退，又便于向城市进军。1948 年 3 月 20 日，党中央作出了移至华北同中央工委合并的决定。3 月 23 日，毛泽东、周恩来、任弼时等率领党中央机关由陕西吴堡县川口东渡黄河，告别了生活战斗了 13 度春秋的陕北根据地，向西柏坡转移。1948 年 5 月，毛泽东同志率领中共中央、中国人民解放军总部移驻西柏坡，使这个普通的山村成为“解放全中国的最后一个农村指挥所”，成为中国共产党领导全国人民和人民解放军与国民党进行战略大决战，指挥三大战役和创建新中国的指挥中心。从此，西柏坡以其独特的贡献，彪炳于中国革命史册。

重庆号巡洋舰起义

CHONG QING HAO XUN YANG JIAN QI YI

1949年2月25日夜间1时30分，停泊在长江吴淞口外的重庆号巡洋舰上的电话电源、无线电天线及备用电源突然被切断，一些荷枪实弹的士兵匆匆来去。原来，舰上的士兵解放委员会已发动起义，他们拘禁了全部军官和上士士官。

重庆号是由英国政府赠送给国民党政府的，是国民党海军中最大的一艘轻巡洋舰。该舰原名奥罗拉号，建造于1937年，排水量5270吨，舰长153米，宽15.2米，马力64000匹，最高航速每小时32海里。舰上有双联装152毫米主炮3门、双联装105毫米副炮4门、40毫米高炮两门、双联装20毫米机关炮3门，配有雷达炮火指挥仪，可以控制火炮集中对海对空射击，能自动装弹；此外还有三联装530毫米鱼雷发射管两座、扫雷具两套、磁性水雷防护电网、深水炸弹发射架两具；全舰有6部对海对空雷达、1部声呐、61部无线电台，其长波电台可进行全球通讯；舰上装有航海计程仪、测深仪、自动绘制航迹仪等多种精密的航海仪器；可以对海面、水下和空中目标发起进攻和进行防御，是当时一艘拥有现代化装备、武备齐全的新型巡洋舰。该舰在第二次世界大战中曾是英国海军大臣的旗舰和巡洋舰队的旗舰，战功卓著，曾在地中海中部拦阻并围歼敌护卫舰两艘，先后击沉德国、意大利海军舰艇、商船42艘，重伤驱逐舰9艘，被誉为英国皇家海军的功勋巡洋舰。

1948年5月，英国政府根据1944年中英协定，将该舰赔偿给中国国民党政府，以抵还抗日战争初期中国政府留在香港的6艘辑私船。5月26日，该舰离开英国，8月13日到达上海吴淞口，14日到达南京下关。10月，重庆号奉命驶往东北海城参加内战。曾在葫芦岛港外，配合增援锦州的国民党东进兵团向塔山、高桥的解放军阵地猛烈炮击，使解放军塔山阻击部队受到严重伤亡。11月，重庆号返回上海维修。

★重庆号巡洋舰

1948年底至1949年初，国民党军连遭惨败，人民解放军准备渡江南进。重庆号广大官兵日益不满国民党的反动统治，大批士兵逃亡或另谋出路。在这种情况下，舰上的进步官兵和潜伏的中共地下党员，开始秘密串联，逐渐发展成三五人不等的小组，这些小组又互相联络结合成两个秘密策划起义的组织。一个是由士兵王颐桢、毕重远等发展的重庆军舰士兵解放委员会，共27人；另一个是由曾祥福、莫香传等发展的组织，共16人。毕重远是中共南京市委领导的地下党员，另一组织与中共南京市委和中共上海局有联系。在军官中，舰长邓兆祥、协长陈景文等人也都分别与好友、同事议论和酝酿过何去何从和起义问题。

★重庆号巡洋舰武装起义解委会全体成员（第三排右一为眭世达，右二为毕重远，第二排右一为陈洪源）

重庆舰士兵解放委员会的起

★邓兆祥

义计划，最初是准备在去青岛拖运海上船坞的航行中起义。但1949年2月17日，重庆号忽然奉命开到吴淞口抛锚待命，起义组织根据种种迹象判断，军舰可能是要开往江阴阻止解放军渡江。如果军舰进了长江，将不利于起义行动。于是他们决定改变原计划，在吴淞口起义。

2月25日夜间，士兵解放委员会发动起义，控制了军舰，并通知另一起义组织一起行动。起义人员动员舰长邓兆祥参加起义，指挥开航。邓兆祥事先并不知道舰上官兵酝酿起义之事，但他从英国接舰回国后受到来自陆军的国民党海军司令桂永清的排挤，不满国民党的腐败统治，早有应变的思想准备，所以他毅然参加了起义，并参与制定航线，指挥航行，保证了起义的成功。

26日早晨7时左右，重庆号抵达山东解放区烟台港，当地军政首长欢迎重庆号官兵回到人民的怀抱。从此，重庆号官兵加入了人民解放军的行列。

★重庆号巡洋舰的铜铸舰牌

3月3日，为防止国民党飞机轰炸，重庆号根据中央指示，离开烟台，4日抵达葫芦岛深水港。3月5日，邓兆祥舰长率舰上全体官兵致电毛主席、朱总司令。24日，毛主席、朱总司令复电该舰官兵，勉励他们做“参加中国人民海军建设的先锋”。

3月18日、19日，国民党飞机多次对重庆号轮番轰炸。舰上官兵英勇还击，在激战中，舰上官兵多人伤亡。重庆号中弹受伤后，领导上决定“弃舰全人”。20日，在拆除了舰上重要设备后，该舰自沉在葫芦岛码头旁。

重庆号自沉前后，舰上官兵分批前往沈阳参观学习。5月，全舰官兵集中到新中国的第一所海军学校安东(今丹东)海军学校学习。邓兆祥任该校校长，朱军任政治委员。

重庆号起义后，国民党海军第二舰队、江防舰队以及其它一些舰艇先后起义。从1949年2月至12月，连同在重庆号之前起义的黄安舰，共有21起（含起义失败的4起），97艘舰艇起义，起义人员3800余人。这些起义加速了国民党统治的崩溃。起义人员和舰艇对人民海军的建立和发展起了重要作用。

台湾二二八起义

抗日战争胜利后，台湾从日本的铁蹄下解放，回归祖国。1947年1月，台湾人民为响应大陆人民的抗暴斗争，曾在台北举行反美反蒋的集会和示威游行。2月27日，国民党专卖局的武装缉私员在台北市延平北路殴打女烟贩林江迈，群众非常气愤。缉私员开枪打死一名不满群众，造成“缉私血案”。28日晨，市民罢市，举行抗议游行。下午，国民党开枪打死请愿群众3人，更加激起公愤。于是，起义爆发。汉族、高山族人民并肩战斗，几天之内，起义遍及台北、台中、台南，使台湾全省大部分地方反动政权陷于瘫痪。3月8日，美国军舰护送大批国民党军队在基隆、高雄登陆，起义被镇压下去，有3万多人被杀害。这次起义虽然失败了，但它给美蒋反动派以沉重打击，直接配合了大陆的解放战争，表现了台湾人民英勇斗争精神，在中国人民革命史上留下了光辉的一页。

★二二八起义时，群众烧毁专卖局的情景。

★纪念二二八起义的游行队伍行进在台中市街道上

渡江战役

DU JIANG ZHAN YI

辽沈、淮海、平津三大战役结束后，国民党的残余部队撤退到了长江以南地区。1949 年初，蒋介石为了赢得时间，依托长江以南半壁山河重整军力，等待时机卷土重来，一方面于 1 月 21 日宣布引退，由副总统李宗仁任“代总统”，并出面提出与中国共产党进行和平谈判；另一方面仍以国民党总裁身份总揽军政大权，积极扩军备战。将京沪警备总司令部扩大为京沪杭警备总司令部，任命汤恩伯为总司令，统一指挥江苏、浙江、安徽三省和江西省东部的军事，会同华中“剿匪”总司令部（4 月改称华中军政长官公署）总司令白崇禧指挥的部队组织长江防御。到 1949 年 4 月，国民党军在宜昌至上海间 1800 余公里的长江沿线上，共部署了 115 个师约 70 万人的兵力。另以海军舰艇 120 余艘、空军飞机 280 多架支援作战。他们幻想依凭长江天险和海空军优势，阻我军渡江南进，以期达到他们“划江而治”的目的。

1949 年 4 月 20 日，国民党反动政府最后拒绝在国内和平协议上签字。21 日，中国人民革命军事委员会主席毛泽东和中国人民解放军总司令朱德发布了《向全国进军的命令》，并经中央军委决定，由刘伯承、陈毅、邓小平、粟裕、谭震林担任渡江战役总前委，邓小平任总前委书记。命令人民解放军第二、第三野战军和中原、华东军区部队共约 100 万人参加渡江战役。同时决定，第四野战军以第 12 兵团部率第 40、第 43 军约 12 万人组成先遣兵团，由平津地区南下，攻取信阳，威胁武汉，会同中原军区部队牵制白崇禧集团，策应渡江作战。

1949 年 4 月 20 日晚，人民解放军第二、第三野战军发起了渡江战役，并迅速突破安庆、芜湖间防线。21 日，百万雄师以木帆船为主要航渡工具，千帆齐发，并在炮兵、工兵的支持配合下，在西起湖口、东至江阴的千里战线上强渡长江，迅速占领了贵池、铜陵、芜湖和常州、无锡、镇江等城，彻底摧毁了国民党军的长江防线。

4 月 22 日下午，长江防线被突破后，国民党政府仓惶部署总退却，许多机构加速迁移广州，代总统李宗仁于 23 日上午逃往桂林。同日，我第三野战军一部解放了国民党 22 年来的反革命统治中心南京，宣告了国民党反动统治的覆灭。

5 月 7 日，汤恩伯集团的 24 个师，20 余万人，退据上海，企图在浙赣路和上海地区组织新的防御。第 3 野战军第 9、第 10 两个兵团，于 12 日对上海发起进攻，至 27 日解放上海，除汤恩伯率 5 万人乘军舰逃窜外，其余 15 万余人全部被歼，彻底粉碎了敌组织新防御的企图。

5 月 14 日，第四野战军先遣兵团在湖北团风至武穴地段横渡长江，16 日解放汉口，17 日解放武昌和汉阳。22 日，第二野战军一部解放南昌。6 月 1 日，我军乘胜解放崇明岛。至此，渡江战役胜利结束。

★我军乘帆船扑向敌长江防线

★人民解放军千帆竞发，横渡长江。

★安徽人民在架设桥梁支援渡江战役

渡江战役从 4 月 20 日起至 6 月 1 日结束，突破了国民党军长江防线，解放了苏南、皖南、浙江、闽北、赣中等广大地区，并攻占了南京、上海、杭州、武汉、南昌等大城市，歼敌 43 万人。为我军进军华南、西南创造了有利条件，加速了全国的解放。

陈 毅

陈毅(1901—1972 年),字仲弘。四川省乐至县人。无产阶级革命家、军事家、政治家,中国人民解放军创建人和领导人之一,中华人民共和国元帅。

★陈毅像

1919 年,陈毅赴法国勤工俭学。1921 年,因参加中国留学生的爱国运动被押解回国。1923 年到北京中法大学学习,同年加入中国共产党。1926 年初毕业后被派赴四川万县,推动川军响应北伐。汪精卫"七一五"反革命政变后,陈毅转赴江西,8 月上旬在抚州赶上南昌起义部队,起义军南下失败后,与朱德整顿余部,转战闽赣粤湘地区。1928 年 1 月参与领导湘南起义,建立苏维埃政权,成立工农革命军第 1 师,任师党代表。同年 4 月与朱德率部到井冈山地区,与毛泽东领导的秋收起义部队会师,组成中国工农红军(初称工农革命军)第 4 军,参与领导创建和保卫井冈山革命根据地的斗争。1930 年后历任新成立的第 6 军政治委员、第 22 军军长、江西军区总指挥兼政治委员,积极发展人民武装,参与领导反"围剿"斗争。1934 年 10 月,中共中央率第一方面军主力长征,他继续留在苏区坚持斗争,转战赣粤边区,依靠人民群众,坚持了三年极其艰苦的游击战争。抗日战争时期,奉命赴湘赣、皖浙赣等游击区组建新四军,任中共中央军委新四军分会副书记、新四军第一支队司令员。1941 年 1 月皖南事变后,重建新四军军部,任新四军代军长,继续领导华中军民进行反"扫荡"、反"清乡"斗争。

★陈毅故居

解放战争时期,任华东军区司令员、华东野战军司令员兼政治委员,同副司令员粟裕、副政治委员谭震林等在粉碎国民党军全面进攻中,指挥部队连续取得宿北、鲁南、莱芜等战役的重大胜利。当蒋介石集中主力对山东实行重点进攻时,又指挥孟良崮战役,歼灭了全部美械装备的国民党军主力整编第 74 师。1947 年秋,同粟裕率华东野战军主力一部实行外线出击,挺进豫皖苏,与刘(伯承)邓(小平)野战军及陈(赓)谢(富治)兵团密切协同,在中原地区大量歼敌,使国民党军陷于被动地位,对扭转全国战局起了决定性的作用。1948 年 5 月,任中原军区和中原野战军第一副司令员,参与组织指挥了淮海战役和渡江战役,解放了南京、上海、杭州等城市和东南广大地区。1949 年 5 月起兼任上海市市长。

中华人民共和国建立后,陈毅继续担任华东军区、第三野战军司令员。1954 年任国务院副总理,并任中央人民政府人民革命军事委员会副主席和国防委员会副主席。1955 年被授予中华人民共和国元帅军衔。1958 年 2 月起兼任外交部部长。1966 年 1 月任中共中央军委副主席。文化大革命期间,陈毅同林彪、江青反革命集团进行坚决斗争,遭到了严重迫害。1972 年 1 月 6 日在北京逝世。终年 71 岁。

★陈毅全家福

向全国进军

XIANG QUAN GUO JIN JUN

渡江战役后，国民党尚有残余部队150万人，分布在大陆广大地区以及沿海岛屿。中共中央指示人民解放军采取大迂回、大包围、大歼灭的作战方针，向一切尚被国民党军占领的地方进军，同时提出以政治解决作为战斗解决的辅助方式，加速战争的进程。中央军委依据全国战场的形势，统一区分部署了进军方向和作战任务。

东南地区，第三野战军一部于1949年7月上旬进军福建，经两个半月作战，歼敌10万余人，解放了除金门、马祖等岛屿外的福建全省。浙东地区解放后，三野另一部渡海作战，至1950年5月解放了舟山群岛等一批岛屿。

中南地区，第四野战军附二野一部于1949年6月底自武汉、南昌等地南下，进军鄂、湘、赣各省。

★1949年9月5日，人民解放军解放青海省省会西宁市。

国民党湖南省主席程潜，第一兵团司令陈明仁于8月在长沙率部起义。南进解放军于9月中旬分三路迂回追击白崇禧、余汉谋集团，于10月14日解放广州，11月22日解放桂林，12月4日解放南宁，先后歼灭国民党军40余万人。1950年4月，四野一部在琼崖纵队接应下渡海占领海南岛，中南全境解放。

★1950年5月，第三野战军乘船向舟山群岛进发。

西南地区，第二野战军附四野一部于1949年9月初从芜湖、上饶等地出发，11月分路向贵州、川南进军，解放贵阳、重庆。12月上旬，国民党云南省主席卢汉、西康省主席刘文辉以及西南军政公署副长官邓锡侯、潘文华率部起义。入川部队向成都急进，形成袋形包围，守军五个兵团相继起义，成都解放。胡宗南集团及川境其他部队除起义外，全被消灭。1950年初，解放军进军滇南，先后解放西昌、昌都。二野进军西南，共歼灭国民党军90余万人。

西北地区，第一野战军于1949年6月结束陕中战役后，采取抗马（马步芳、马鸿逵）打胡（胡宗南）、先胡后马的方针，挥师西进。7月发起扶眉战役，歼灭胡宗南部四个军，并解放宝鸡。然后乘胜分路向甘肃、青海、宁夏进军，追歼“二马”，相继解放兰州、西宁、银川等地。一野主力继续向河西走廊挺进，先头部队9月底抵达新疆边境。9月下旬，国民党新疆警备司令陶峙岳、新疆省主席包尔汉宣布起义。1950年3月，解放军进驻全疆。一野经半年作战，歼灭国民党军30余万人，解放了西北全境。

1949年10月1日，在人民解放军向全国进军途中，中华人民共和国在北京宣告成立。到1950年6月，残存在华东、中南、西南、西北战场上的国民党军被全部歼灭，仅有少量逃往台湾。1951年5月，中央人民政府与西藏地方政府达成协议，西藏和平解放。至此，人民解放军完成了解放全国大陆和近海岛屿的任务，解放战争获得了伟大的胜利。

★1950年12月9日，云南省主席卢汉率部起义。

★1951年秋解放军到达古城拉萨

★解放军官兵在拉萨近郊开荒

湘西剿匪

湘西地区，山高林密，是中南地区土匪的主要聚居地。民国初年，湘西战乱频繁，地方政府形同虚设，散兵游勇啸聚山林，大量枪支散落民间，形成了打着各种旗号的地方游杂武装。这些武装各自为政，盘踞于各个乡寨，他们扰乱地方，渔肉百姓，喜则合兵一处，怒则分庭抗礼，相互残杀，争夺地盘，所到之处烧杀掳掠，人民叫苦不迭。1950年6月至9月间，湘西边缘地区的土匪活动猖狂，由1.8万人发展到2.3万多人，并统一整编为反共救国军，在占领区内建立了土匪政权。

★解放军战士在土匪活动区写标语

按照中南军区剿匪作战部署，湖南军区调集第47军（兼湘西军区）、第136师和地方武装共4万多人，在驻湖北、四川、贵州等省部队协同下，组织对湘西边缘地区土匪会剿。剿匪部队首先集中10个团的兵力，进剿湘西北部以龙山地区为主要根据地的土匪。经10多天的连续进攻、合击，将几股土匪全部击溃。随后又进行了半个月的重点搜剿，歼灭土匪4000余人。进剿湘西南部地区的部队，于10月20日攻占土匪盘踞的绥宁、靖县两座县城，并切断其北逃之路，将6000多匪徒全部包围。经激烈战斗，到11月15日，歼匪5500多人，俘“华南反共救国军第三方面军”总指挥蒋燮琴。

★解放军在大庸（今张家界）围剿匪首覃国卿

此后，湘西军区又集中11个团的兵力，以7个团就地铺开清剿溃散潜逃的土匪；以4个团转向九龙山、凤凰、麻阳、晃县（今新晃县）及通道等地区，在邻省部队配合下追剿残匪。进剿部队一面继续进行清剿，一面发动群众，在控制区内开展“父劝子、子劝父、妻劝夫、弟劝兄、亲劝亲、友劝友、匪劝匪”的七劝运动，使很多土匪在军事压力和政治争取下走出山林，放下武器，向人民解放军自首。到12月底，将湘西边缘地区的土匪全部肃清。此次会剿战役，共歼灭土匪23000余人，解放了被土匪占据的靖县、绥县、通道三座县城及上百万人口的广大边缘地区，根除了有数百年历史的湘西匪患。

开国大典

KAI GUO DA DIAN

“中华人民共和国，中央人民政府，今天成立了！”

公元1949年10月1日下午3时，一个浓重的湖南口音如洪钟般在天安门城楼上响起，这是新生的人民共和国在世界历史舞台上的第一句台词，宣读这句台词的是中国人民永远爱戴的领袖毛泽东主席。从此，新生的中华人民共和国便跻身于世界民族之林，屹立在世界的东方。

1949年6月，中国人民政治协商会议筹备会议决定，10月1日在北平天安门广场举行开国大典。中共中央成立了开国大典筹备委员会，周恩来任主任，朱德任阅兵司令员，聂荣臻任阅兵总指挥，二十兵团司令员杨成武任阅兵指挥所主任。

参加典礼的有中国人民政治协商会议全体代表、国际友人，有首都各工厂、各大专院校、各机关的代表，还有市民、近郊农民和城防部队等，共约30万人。

10月1日下午2点55分，毛泽东主席和一代开国元勋们经新华门来到天安门，从西边马道登上天安门城楼。他们是中央人民政府副主席朱德、刘少奇、宋庆龄、李济深、张澜和政务院总理兼外交部长周恩来，还有功勋卓著的元帅、将领，另外还有马寅初、郭沫若、傅作义等民主党派和社会知名人士。在金水桥的南面大约50米处的以华北军区军乐队为主组成的联合军乐队奏响了《东方红》乐曲，广场上的人群欢声雷动。

下午3时，中央人民政府委员会秘书长林伯渠宣布典礼开始。中央人民政府主席、副主席、各委员就位。在群众的欢呼声中，毛泽东主席用他那带着湖南口音的洪亮声音，向全世界庄严宣告：“中华人民共和国、中央人民政府今天成立了！”顿时，广场上掌声、欢呼声响彻天宇。这庄严的宣告，这雄伟的声音，经过无线电的广播，传到长城内外，传到大江南北，使全中国人民一起欢腾起来。

接着，在《义勇军进行曲》的雄壮旋律中，毛泽东按动电钮，新中国第一面鲜艳的五星红旗冉冉升起。全场肃立，向国旗行注目礼。与此同时，广场上的54门礼炮齐鸣28响，这54门礼炮象征着参加中国人民政治协商会议第一届全体会议代表中的54个民族；28响标志着中国共产党领导人民英勇奋斗的28个春秋。

随即，毛主席向全世界宣读中央人民政府第一号公告，然后举行了盛大阅兵式。中国人民解放军三军指战员接受了阅兵司令员、中国人民解放军总司令朱德的检阅。阅兵式共用了2个多小时，受阅部队的人员总计有1.6万多人，并有

★中国人民政治协商会议第一届全体会议在北平开幕

★1949年6月，毛泽东与新政协筹委会全体委员合影。

★毛泽东向全世界庄严宣告中华人民共和国成立

★1949年10月1日，北京30万军民在天安门广场参加开国大典。

★1950年12月9日，云南省主席卢汉率部起义。

★解放军官兵在拉萨近郊开荒

★1951年秋解放军到达古城拉萨

湘西剿匪

★解放军战士在土匪活动区写标语

湘西地区，山高林密，是中南地区土匪的主要聚居地。民国初年，湘西战乱频繁，地方政府形同虚设，散兵游勇啸聚山林，大量枪支散落民间，形成了打着各种旗号的地方游杂武装。这些武装各自为政，盘踞于各个乡寨，他们扰乱地方，渔肉百姓，喜则合兵一处，怒则分庭抗礼，相互残杀，争夺地盘，所到之处烧杀掳掠，人民叫苦不迭。1950年6月至9月间，湘西边缘地区的土匪活动猖狂，由1.8万人发展到2.3万多人，并统一整编为反共救国军，在占领区内建立了土匪政权。

按照中南军区剿匪作战部署，湖南军区调集第47军（兼湘西军区）、第136师和地方武装共4万多人，在驻湖北、四川、贵州等省部队协同下，组织对湘西边缘地区土匪会剿。剿匪部队首先集中10个团的兵力，进剿湘西北部以龙山地区为主要根据地的土匪。经10多天的连续进攻、合击，将几股土匪全部击溃。随后又进行了半个月的重点搜剿，歼灭土匪4000余人。进剿湘西南部地区的部队，于10月20日攻占土匪盘踞的绥宁、靖县两座县城，并切断其北逃之路，将6000多匪徒全部包围。经激烈战斗，到11月15日，歼匪5500多人，俘“华南反共救国军第三方面军”总指挥蒋燮琴。

★解放军在大庸（今张家界）围剿匪首覃国卿

此后，湘西军区又集中11个团的兵力，以7个团就地铺开清剿溃散潜逃的土匪；以4个团转向九龙山、凤凰、麻阳、晃县（今新晃县）及通道等地区，在邻省部队配合下追剿残匪。进剿部队一面继续进行清剿，一面发动群众，在控制区内开展“父劝子、子劝父、妻劝夫、弟劝兄、亲劝亲、友劝友、匪劝匪”的七劝运动，使很多土匪在军事压力和政治争取下走出山林，放下武器，向人民解放军自首。到12月底，将湘西边缘地区的土匪全部肃清。此次会剿战役，共歼灭土匪23000余人，解放了被土匪占据的靖县、绥县、通道三座县城及上百万人口的广大边缘地区，根除了有数百年历史的湘西匪患。

开国大典

KAI GUO DA DIAN

“中华人民共和国，中央人民政府，今天成立了！”

公元1949年10月1日下午3时，一个浓重的湖南口音如洪钟般在天安门城楼上响起，这是新生的人民共和国在世界历史舞台上的第一句台词，宣读这句台词的是中国人民永远爱戴的领袖毛泽东主席。从此，新生的中华人民共和国便跻身于世界民族之林，屹立在世界的东方。

1949年6月，中国人民政治协商会议筹备会议决定，10月1日在北平天安门广场举行开国大典。中共中央成立了开国大典筹备委员会，周恩来任主任，朱德任阅兵司令员，聂荣臻任阅兵总指挥，二十兵团司令员杨成武任阅兵指挥所主任。

参加典礼的有中国人民政治协商会议全体代表、国际友人，有首都各工厂、各大专院校、各机关的代表，还有市民、近郊农民和城防部队等，共约30万人。

10月1日下午2点55分，毛泽东主席和一代开国元勋们经新华门来到天安门，从西边马道登上天安门城楼。他们是中央人民政府副主席朱德、刘少奇、宋庆龄、李济深、张澜和政务院总理兼外交部长周恩来，还有功勋卓著的元帅、将领，另外还有马寅初、郭沫若、傅作义等民主党派和社会知名人士。在金水桥的南面大约50米处的以华北军区军乐队为主组成的联合军乐队奏响了《东方红》乐曲，广场上的人群欢声雷动。

下午3时，中央人民政府委员会秘书长林伯渠宣布典礼开始。中央人民政府主席、副主席、各委员就位。在群众的欢呼声中，毛泽东主席用他那带着湖南口音的洪亮声音，向全世界庄严宣告：“中华人民共和国、中央人民政府今天成立了！”顿时，广场上掌声、欢呼声响彻天宇。这庄严的宣告，这雄伟的声音，经过无线电的广播，传到长城内外，传到大江南北，使全中国人民一起欢腾起来。

接着，在《义勇军进行曲》的雄壮旋律中，毛泽东按动电钮，新中国第一面鲜艳的五星红旗冉冉升起。全场肃立，向国旗行注目礼。与此同时，广场上的54门礼炮齐鸣28响，这54门礼炮象征着参加中国人民政治协商会议第一届全体会议代表中的54个民族；28响标志着中国共产党领导人民英勇奋斗的28个春秋。

随即，毛主席向全世界宣读中央人民政府第一号公告，然后举行了盛大阅兵式。中国人民解放军三军指战员接受了阅兵司令员、中国人民解放军总司令朱德的检阅。阅兵式共用了2个多小时，受阅部队的人员总计有1.6万多人，并有

★中国人民政治协商会议第一届全体会议在北平开幕

★1949年6月，毛泽东与新政协筹委会全体委员合影。

★毛泽东向全世界庄严宣告中华人民共和国成立

★1949年10月1日，北京30万军民在天安门广场参加开国大典。

26 架次的我军战机排列有序地通过天安门上空，接受党和国家领导人的检阅。

阅兵式完毕，已经是傍晚时分，此时的天安门广场上华灯初放，一万支礼花陆续射入天空。天上五颜六色的火花结成彩团，从天而降。在礼花绽放、群辉交映的时刻，群众大游行开始了。一队队游行的群众高举着红旗和红灯，人们纵情欢呼："中华人民共和国万岁!""毛主席万岁!"天安门城楼上，毛主席探身栏杆外，不停地向广场上的群众挥手致意，情不自禁地在扩音机前大声高呼："同志们万岁!""人民万岁!"广场上，人们热情洋溢，载歌载舞，万众欢腾，尽情地欢度着新中国的第一个夜晚。

★开国大典（油画）

开国大典宣告了中华人民共和国的诞生，宣告了中华民族的新生，公元 1949 年 10 月 1 日是中国人民将永远铭记的一天。新中国的建立，开创了中国历史的新纪元，中国社会从此进入了一个前所未有的新时代!

首都北京

北京位于华北平原，地理位置十分突出，交通四通八达，有京沈、京绥、京汉、京沪等铁路干线，连接全国各地。早在 3000 年前的春秋时期，北京就已成为当时燕国的都城，当时称"蓟"。此后，在元、明、清等朝代都把北京作为都城，曾经有 34 位皇帝在北京实施过他们的封建统治，前后达 700 多年，是中国六大历史文化名城和古都之一。1949 年 1 月 31 日，北平获得和平解放，未遭战火的古都在和平的氛围里更显得古朴而富有魅力。3 月 23 日上午，毛泽东、朱德、刘少奇、周恩来、任弼时率中共中央机关离开西柏坡。25 日凌晨 6 时，毛泽东等中央领导人乘专列抵达清华园火车站，下午赴西苑机场阅兵，受到各界民主人士的热烈欢迎。6 月 15 日，中国新政治协商会议筹备会在北平召开。次日，周恩来主持筹备会常委会第一次会议，会议决定下设研究草拟国旗、国徽、国歌、纪年、国都等方案的小组，组长是中国著名教育家、中国民主促进会负责人马叙伦，副组长由北平军管会主任叶剑英担任。经过多次讨论，该小组于 9 月 14 日一致提出建都北平，改名为北京，并在当年 9 月 27 日中国人民政治协商会议第一届全体会议获得一致通过。此后，北京便成为中国共产党中央委员会、中华人民共和国中央人民政府所在地，中国的政治、经济和科学文化以及国内、国际交往的中心。

★北京故宫的太和殿

★北京天坛

★北京天安门城楼

读行天下

中华上下五千年

ZHONG HUA
SHANG XIA
WU QIAN NIAN

隋—清（鸦片战争前）

中华民族生生不息，中华文化源远流长。滔滔黄河养育着华夏子孙，滚滚长江孕育了中华文明，勤劳勇敢的先民们在广袤深厚的土地上，以坚忍不拔的毅力，开疆拓土的壮志，非凡的智慧和勤劳的汗水，创造了博大精深、灿烂辉煌的文明。

旅游教育出版社
·北京·

责任编辑：潘丽杰

图书在版编目（CIP）数据

中华上下五千年 / 袁宏宾主编. — 北京：旅游教育出版社， 2012.3
（读行天下）
ISBN 978-7-5637-2384-3
Ⅰ. ①中… Ⅱ. ①袁… Ⅲ. ①中国历史— 少儿读物 Ⅳ. ①K209
中国版本图书馆CIP数据核字（2012）第030842号

读行天下 ▶▶

中华上下五千年

ZHONG HUA SHANG XIA WU QIAN NIAN 隋–清（鸦片战争前）

袁宏宾 主编

出版单位	旅游教育出版社
地　　址	北京市朝阳区定福庄南里1号
邮　　编	100024
发行电话	（010）65778403　65728372　65767462（传真）
本社网址	www.tepcb.com
E-mail	tepfx@163.com
印刷单位	北京新华印刷有限公司
经销单位	新华书店
开　　本	889mm×1194mm　1/16
印　　张	84
字　　数	520千字
版　　次	2012年7月第1版
印　　次	2012年7月第1次印刷
定　　价	168.00元（全套四册）

（图书如有装订差错请与发行部联系）

前言

QIAN YAN

中华民族是一个勤劳、勇敢和富有创造精神的伟大民族，在几千年的发展史中以其灿烂的文化著称于世。五千年的悠悠岁月之中，世事沧桑，朝代更替，从远古传说到夏、商、周；从春秋战国到秦、汉、魏、晋；从十六国至南北朝；从隋、唐、五代到宋、元、明、清……在历史的长河中，中华民族生生不息，拼搏不止，传承至今。

了解历史，传承文明。滔滔黄河养育着华夏子孙，滚滚长江孕育了中华文明。勤劳勇敢的先民们在广袤深厚的中华大地上，以坚忍不拔的毅力，开疆拓土的壮志，非凡的智慧和勤劳的汗水，创造了博大精深、灿烂辉煌的文明。远古燧人氏取火，碰撞出了人类最初的光明；有巢氏构木为巢，开启了改造自然的历程；穿过春秋战国的烽火硝烟，听着巧舌如簧者们的纵横联盟，感受到的是一场剧烈的社会变革悄然而至；仰视秦皇汉武的雄才大略，从中评论君王的得失功过；从大泽乡起义的揭竿而起，听到了发自劳苦大众的第一声怒吼；鸿门宴的暗藏杀机，唐宗宋祖的辉煌鼎盛，马嵬坡下的荡气回肠，岳飞精忠报国的赤胆忠心，林则徐虎门销烟的铮铮誓词……一段段历史记录了历代王朝的兴衰更替。圣君明主的文治武功，圣人先贤的深度哲思，政治舞台的暗藏玄机，军事角斗的计谋韬晦，所有的一切都启迪着后人去领悟王朝更迭的规律、成败的原因和兴国富民的道路。

读史以明鉴，察古以知今。了解祖国的过去，才能更加热爱祖国的现在和将来。在中华民族漫长的历史进程中，发生过许多惊天动地的事件，涌现出许多风云人物，把这些历史事件和人物介绍给青少年读者，可以开阔他们的眼界，启发他们的智慧，培养他们的民族自尊心和爱国热情。为此，我们精心编选了这套丛书。全书共分四册，编者以时间为经，以事件和人物为纬，穿针引线，纵横交织，从盘古开天辟地的传说开始，将中华上下五千年历史文化的精髓一一展现，为读者提供了了解历史的捷径。翔实的历史片断，弥足珍贵的图片，加之细腻的笔法，简洁的语言和亲切的文风，清晰地勾勒出历史事件的来龙去脉和历史人物的真伪善恶，也使得此书成为名副其实的通俗易懂的历史读物。

谨以此书献给所有热爱中国文化的广大青少年读者们！

编 者

目录

MU LU

隋·唐·五代

北宋·南宋

元·明·清（鸦片战争前）

目录

MU LU

隋·唐·五代

杨坚的“开皇之治”

YANG JIAN DE KAI HUANG ZHI ZHI

隋文帝灭了陈朝，最终统一了全国，结束了中国自汉末以来二百多年分崩离析的局面，为全国赢得了一个相对和平的环境。但是，隋朝建立初期，是一个百废待兴、百乱待治的局面。隋文帝登基后，便开始施展他的雄才大略。首先对政治制度进行了一系列重大改革，然后又采取了各种巩固统治的措施。

隋文帝首先废除不合时宜的北周六官制，基本上确立了三省六部制度，以利于加强中央集权。在地方，简化行政机构，废除郡一级地方官，实行州、县两级制。官吏的任用权一概由吏部掌握，禁止地方官就地录用僚属。

随后，隋文帝下令制定对后世法律影响深远的《开皇律》，废除了一些酷刑，缓和了阶级矛盾；采取经济措施，颁布了关于均田和租调的新令，减轻了农民的负担，使农民有更多的时间从事农业生产；规定军人户籍属州县管理，平时参加生产，兵农合一化。使府兵制和均田制结合起来，既保证国家的兵源，又加强了对农民的奴役和控制；建立科举制，废除九品中正制。科举制度的创建，重才学而不重门第，削弱了门阀大族世袭的特权，这种“任人唯贤”的改革，对后代影响很大。

★白瓷龙首双身壶·隋

北齐和北周时期上层贵族都极端排斥汉人，热衷于鲜卑化与西胡化。杨坚先辈武川镇司马杨元寿因辅助鲜卑有功被赐胡姓普六茹，杨坚登基后立即恢复了自己的汉姓，停止了历时 80 年的军界鲜卑化和历时 46 年的政界鲜卑化趋势，力行汉化。此后，杨坚又罢黜了一些没有才干的大臣，包括对自己夺取帝位有功的人，将一些有真才实干的人提拔上来，辅佐自己管理国家政务。隋文帝所进行的一系列改革措施，对削弱地方豪强势力，加强中央集权起了积极的作用。隋文帝统治的后期，国家富足强盛，编户大增，仓储的丰实为历史所罕见。全国安宁，南北民众得以休养生息，社会呈现空前繁荣景象。

隋文帝不仅制定和施行了一些政治、经济、军事和文化等制度，他还注意身体力行，克勤克俭。每天鸡一叫，他便上朝理政，日落尚未歇息。除了勤于政事，他还注意节俭，每天吃饭时只有一个荤菜。有一次，隋文帝患了痢疾，太医配药需用胡椒粉，可找遍御膳房却连一两都未找到。平日对于大臣迎来送往，相互馈赠，他深恶痛绝，还规定“犬马服玩，不得献上”。

★隋朝武士服饰图

对于自己的子女，隋文帝更是严格约束。皇子秦王杨俊背着他在外面造了华丽的宫室，他发觉后，马上撤了杨俊的爵位，把杨俊禁闭起来。大臣们说：“秦王没有什么大错误，不过是多花了点钱，造点房子，应该宽容他。”宰相杨素也认为对杨俊处理太重。隋文帝说：“我是一国之主，不单是几个孩子的父

★五铢钱·隋

★赵绰抗命

亲，只能依一个刑律办事。照你们这种说法，是不是还要为皇子另外制订一种刑律？”大臣们一时无言以对。后来，隋文帝又发现太子杨勇生活奢侈，讲究排场，十分严厉地教训杨勇说：“自古以来，凡是喜欢奢侈的帝王，没有能够长久的。你是太子，要特别注意节俭啊！”文帝尚俭的作风，在宫里宫外起到了很好的带动作用，手下的大臣个个都能安守本分，洁身自好，并以清廉为荣。

隋文帝不仅知人善任，还能虚怀纳谏，知错即改。有一次，大兴（隋朝的都城，今陕西西安市）大街上有人拿次币换好币，被人发现后，捉到衙门里。隋文帝听说有人竟敢违反他下的禁令，一气之下，命令把换钱的两个人统统砍头。主管大理（管理司法的官署）的大臣赵绰接到命令，赶忙进宫求见隋文帝。他对隋文帝说：“这两个人犯了禁令，按刑律只能打板子，不该处死。”隋文帝不耐烦地说：“这是我下的命令，不干你的事。”赵绰据理力争说：“陛下不嫌我愚笨，叫我充当大理官员。现在遇到不依刑律杀人的情况，怎么能说跟我没关系呢？”隋文帝气冲冲地说：“你想撼动大树吗？撼不动你就走开吧！”赵绰说：“我只是想劝说陛下改变主意，谈不上想撼动大树。”

赵绰不管隋文帝怎样威吓，始终坚持自己的意见。隋文帝怎样骂他、赶他，他就是不肯走。隋文帝没有办法，只好躲开了他。后来，由于别的官员也上奏章谏阻，隋文帝终于取消了杀人的命令。

又有一次，大臣辛概穿了一条红色裤子，还对朝臣们散布说：“穿了这样的裤子就能保官运亨通。”隋文帝认为此言是妖言惑众，下令要将辛概处死。赵绰忙辩称：“辛概没有犯死罪，我不能接受这个命令。”文帝说：“我看你是只顾怜惜他，却不知道怜惜自己，那好！我就把你们两个一块儿砍头。”说罢，他喝令左右将他们推出去斩首。

侍从真的把赵绰扭下朝堂，剥了他的官服，摘掉他的官帽，准备处斩。此时，隋文帝已经意识到自己很不理智，便有意磨蹭时间。故意问赵绰说：“你还有什么话说？”赵绰跪在地上，挺直了腰说：“臣一心执法，不怕一死。陛下可以杀我，但是杀辛概实在不该。”文帝看他这样执拗，马上转怒为喜，命人放了赵绰，将辛概从轻发落。第二天，文帝还派人慰问了赵绰。

这件事不仅使赵绰落下了诤臣的好名声，也使隋文帝成了旷世明主而受到臣民的拥戴。但是，隋文帝却在选择太子方面出了偏差。晋王杨广比他两个兄弟狡猾，他表面上装得特别朴素老实，骗得了隋文帝和独孤皇后的信任，再加上宰相杨素帮他说话。结果，隋文帝废了杨勇的太子之位，改立杨广为太子。直到他病重的时候，才发现杨广是个品性很坏的人。他想再召回杨勇，却已经来不及了。最后，杨广害死了父亲，夺取了皇位，这就是历史上有名的暴君隋炀帝。

隋文帝

隋文帝杨坚（541-604年），弘农华阴（今陕西华阴）人。杨坚父亲杨忠是西魏十二大将军之一，封为隋国公。杨忠死后，杨坚袭父爵，女儿为周宣帝的皇后。由此可见，杨坚不仅是强有力的军事统帅，还是皇亲国戚，享有很高的政治地位。周宣帝死后，年仅八岁的周静帝宇文阐即位，杨坚便以“入宫辅政”为由，总揽军政大权，号称“假黄钺左大丞相”，都督内外军事。581 年 2 月，杨坚逼宇文阐让出帝位，登基称帝，建立了隋朝。杨坚称帝后，精心治理，隋朝迅速强大繁荣起来。他不仅完成统一中国的大业，还使隋朝成为政权稳固、社会安定、户口锐增、垦田速增、积蓄充盈、文化发展、甲兵强锐、国力强盛的国家。后人一般将隋文帝时期的大治誉为“开皇之治”。

★隋文帝像

贺若弼渡江平陈

HE RUO BI DU JIANG PING CHEN

贺若弼，字辅伯，河南洛阳人，其父贺若敦，以武烈知名，在北周任金州总管，因为遭到北周权臣宇文护的妒忌而遇害。临刑时，贺若敦对贺若弼说："我一心要平定江南，但是现在此志无法实现了，你要完成我的志向。我今天是因为口舌而被害致死，你不可不思。"他用锥子刺破贺若弼的舌头，出血不止，告诫他说话要谨慎，以免因口舌致祸。贺若弼立下大志，一定要实现父亲灭陈的遗愿。他为人慷慨，又十分骁勇，善弓箭骑射，同时还博涉群书，有名于当世。

★隋文帝半身像（清人绘）

杨坚代周之后，就有平定江南、统一天下的大志，他向高颎访求可以担当灭陈大任的人才。高颎对隋文帝说："朝内之臣，文武才干，没有比的上贺若弼的。"开皇元年（581 年）三月，隋文帝命贺若弼为吴州总管，坐镇于广陵（今江苏省扬州），为平定江南作准备。贺若弼也以平定江南为己任，他给寿州（今安徽省寿县）总管源雄的诗中表达了自己要和源雄一起在平陈战争中立功扬名的志向，其诗中说："交河骠骑幕，合浦伏波营，勿使骐驎上，无我二人名。"贺若弼到广陵之后，向隋文帝献了取陈十策，受到隋文帝的赞扬，并赏以宝刀。

在广陵，贺若弼采取了一系列办法来迷惑陈朝将士，他虚虚实实、真真假假的办法，麻痹了陈军。要平定陈朝，必须渡过长江，在那个时候，渡江必须要有船。贺若弼便用军中要淘汰的老马，去换取陈人的船只，凡是好的船只，都让人藏匿起来，又买来五六十艘破旧的船只，放在渎中。陈人来侦察时，发现只有破旧的船只，便产生了错觉，认定隋军没有像样的船只，并无渡江企图，对隋军渡江的警惕性放松了。贺若弼请隋文帝批准，守卫江防的士兵每次换防时，一定集合在广陵，集合之时，大列旗帜，军营、帐幕广设于沿江大地。这样，每次换防，陈朝都以为隋军要攻打，便发兵防备。事后知道，这是隋兵换防，陈朝军队也便散回。几次之后，陈军知道这是隋军换防，不再防备了，对隋兵的调动也不以为意了。贺若弼还让士兵不时沿江边打猎，打猎时，人欢马叫，喧闹之声传到江南。开始时，陈朝将士还认为隋兵要来攻打，以后知道是隋兵打猎，习以为常，也不再防备了。贺若弼通过这些办法，使陈朝将士放松了警惕，戒备松弛了。在陈兵麻痹的情况下，一旦隋军真的打到南方去，陈兵也不易发觉。贺若弼的策略取得了成功。

开皇九年（589 年）正月初一，

建大兴城

隋开国之初都长安，因久经战乱，此时的长安城已残破不堪，而且宫室形制狭小，不能适应新建的统一国家都城的需要。于是隋文帝于龙首原以南，汉长安城东南选择新址，营建新都。开皇二年（582 年）隋文帝命宇文恺负责设计建造新城。次年三月竣工，定名大兴城，习惯上仍称长安。大兴城的平面布局整齐划一，形制为长方形。全城由宫城、皇城、外郭城三部分组成，采取宫城、皇城和坊市分隔，实行夜禁的城市制度和坊里制度的形式。大兴城的面积达八十四平方公里，大约是现在西安城的七倍多，规模之大是前所未有的。大兴城布局整齐，街道宽阔。用唐代大诗人白居易的话说："百千家似围棋局，十二街如种菜畦。"大兴城的兴建，不仅是中国古代城市建设规划高超水平的标志，也是当时国家经济实力和科技水平的体现。

★大兴城遗址

陈后主叔宝庆祝新年，举行大朝会，连镇守南徐州（今江苏省镇江市）的大将萧摩诃也被召到建康（今江苏省南京市），参与朝会。这天大雾迷漫，陈后主昏睡了一天，到黄昏才醒来。

贺若弼利用陈朝庆祝新年、防备更加松懈的时机，从广陵引兵渡江。在渡江时，他酹酒祝告说："我亲自接受皇帝的平陈谋略，振奋国威，为民伐罪于陈，翦除凶暴。现告于上天和长江，如果是为善者有福，行恶者得祸，那么就保佑我们大军渡江顺利；如果这次出兵有违天意，或者处置不当，那么我即使身葬鱼腹，死也不后悔和恼恨。"这番话表达了他平定江南、为完成统一事业、实现父亲未竟大志的决心。

由于陈朝上至陈后主，下至将士，都沉醉在庆贺新年的欢乐之中，加之陈朝将士已解除思想武装，放松了警惕，所以隋兵从广陵过江，陈朝将士竟没有发觉。正月初六，隋军攻克南徐州京口，俘虏其刺史。贺若弼领兵军纪严明，秋毫无犯。有士兵在民间买酒，当时被贺若弼下令处死。俘获的六千陈兵，都发给粮食释放，把隋文帝的平陈诏书散发给他们，让他们到各地去宣传，使陈各地都知道隋军是仁义之师，陈后主罪行累累，陈国百姓应当归附隋朝。这样，与贺若弼同日从采石过江的韩擒虎从南面、贺若弼从北面进击建康。初七，贺若弼进屯钟山之白土岗，陈将鲁广达、周智安、任忠、田瑞、樊毅、孔范、萧摩诃等率陈之精兵抗拒。十二日贺若弼先击退了田瑞等，鲁广达相继递进，贺若弼所统隋军，几次被击退。这时，贺若弼发现陈军有骄傲的情绪，士卒也有些惰性了，于是他严厉督促将士，与陈兵作殊死奋战。陈后主的宠臣孔范并不懂军事，又贪生怕死，贺若弼便引兵先攻孔范。孔范之兵刚一交锋，转身便走，陈朝各军见状，纷纷溃退，不可遏止。隋军终于大破陈兵。萧摩诃被生擒，贺若弼先命斩之，后见萧摩诃颜色自若，贺若弼索性把他释放，并以礼相待。萧摩诃也就降隋了。

★陈后主像

★杨素像

贺若弼乘胜进至乐游苑，鲁广达仍督陈兵苦战，这时，韩擒虎已由陈将任忠引导进入陈宫，俘获陈后主。鲁广达抵抗到晚上，才解甲就擒。陈宫门卫皆走，贺若弼夜烧北掖门而入。听说韩擒虎已先俘获陈后主，贺若弼便把陈后主叫出来看，陈后主见了贺若弼，惶恐惧怕得流汗，股慄而拜。贺若弼对陈叔宝说："小国之君，当大国卿，拜，礼也。"由于贺若弼怨恨自己没有抓获陈叔宝，功在韩擒虎之后，竟同韩擒虎争执起来，以至拔刀而去。

★全椒太平桥，原名贺樯桥，相传隋大将军贺若弼曾造樯于此而得名。

对于贺若弼平陈之功，隋文帝下诏褒扬。平陈的主帅晋王杨广认为贺若弼提前与陈军决战，违反了军令，便把贺若弼交付有关官吏进行处置。隋文帝便很快召见贺若弼，并对他表示欢迎和慰问，肯定他"克定三吴"的功劳，让贺若弼登上御座，赐物八千段，加位上柱国，进爵宋国公，真食襄邑三千户，并加赠宝剑、宝带、金瓮、金盘各一，以及雉尾扇、曲盖、杂綵二千段，女乐二部，还把陈叔宝的妹妹给贺若弼为妾，拜贺若弼为右领军大将军，不久转为右武侯大将军。

贺若弼十分自诩，炀帝杨广为太子时，曾问贺若弼："杨素、韩擒虎、史万岁三人，俱称良将，优劣如何？"贺若弼回答说："杨素是猛将，非谋将；韩擒虎是斗将，非领将；史万岁是骑将，非大将。"谁是大将呢？贺若弼不说，实际上贺若弼是自诩为大将。贺若弼自以功大，而杨素为相，贺若弼仍为将军，所以他常发怨言，以至被免官。大业三年（607 年），贺若弼与高颎等随炀帝至榆林，因议论炀帝太侈，为人告发而被杀。

韩擒虎智取金陵

HAN QIN HU ZHI QU JIN LING

韩擒虎，字子通，河南东垣（今河南省新安）人，后迁家新安（今河南省渑池东）。其父韩雄膂力过人，善于骑射，又十分勇敢，从小便有将帅的才略。曾在北周为将，屡立战功，进爵新义郡公，历任八州刺史，官至骠骑大将军。他为人慷慨大度，有胆有识，加之容貌魁伟，颇具豪杰气度。韩擒虎不仅精通武艺，而且喜欢读书，对于经史百家，

★韩擒虎像

都能知其大略。北周时，他以军功拜都督、新安太守。在同北齐的战斗中，他屡有建树。在陈军进逼光州（今河南省光山）时，曾任行军总管，大败陈兵。杨坚任丞相时，韩擒虎为和州（今安徽省和县）刺史。陈朝的将领甄庆、任忠、萧摩诃等互相支援，频繁进攻，前后多次进入韩擒虎的和州界内，韩擒虎屡次挫败陈兵，使陈朝将士闻风丧胆。

开皇元年（581年）三月，隋文帝代周为帝刚一个月，就准备灭陈。为此，他向高颎询问将帅人才，高颎推荐了韩擒虎与贺若弼，于是隋文帝命韩擒虎为庐州总管，镇守庐江（今安徽省庐江），与吴州总管贺若弼共同经略平陈事宜。

韩擒虎与陈朝将士交锋多年，威名远震。现在他受命镇守与陈为邻的庐江，隋文帝委以平陈重任，“甚为敌人所惮”。开皇八年（588年）十月，隋文帝大举伐陈，韩擒虎镇守庐江，离陈的国都建康（今江苏省南京市）很近，所以成为伐陈的先锋。开皇九年（589年）正月初一，陈后主在隋朝大兵压境的情况下，仍然醉生梦死，通宵达旦，举行朝会。当时，贺若弼从广陵偷渡过江，韩擒虎则亲率五百精锐，夜袭采石，把喝得酩酊大醉的陈兵全部俘虏。

正月初二，陈朝采石的戍主徐子建报告采石失守，隋兵过江。初三，陈后主叔宝召集大臣议论军情。初四，陈叔宝下诏表示要“亲征”，遣兵将抵御，并让境内的僧、尼、道士都参加抵抗隋兵的战事。

韩擒虎率兵过江之后，稍事休整，于初七进攻姑熟（今安徽省当涂），仅用半日便一举攻克。江南地方的百姓，早就听说韩擒虎智勇双全，纷纷赶到韩擒虎的军营去慰劳隋军，昼夜不绝。

韩擒虎、贺若弼分别从南北两面共同夹击建康，沿江的陈朝将士大批逃走。平陈战争的最高统帅晋王杨广派总管杜彦率军与韩擒虎会合，计有步兵、骑兵二万，屯驻离建康只有20里的新林。

陈朝在建康尚有将士十余万人，但是陈叔宝庸碌无能，又十分胆怯，不懂军事，听说隋兵离城只有20里，不知如何是好，只是日夜

李春建赵州桥

李春是隋代杰出的工匠。隋炀帝大业元年（605年）前后，他在赵州（今河北赵县）洨河上建造了安济桥，又称赵州桥。桥为单孔，全长50.82米，宽约9.6米。主桥洞由28条并列的石条组成，跨距37.45米，拱圈矢高7.23米，坡度平缓，便于桥上桥下交通往来。主桥洞上左右各有两个小桥洞，既节省石料200余立方，又减轻了桥的自身重量，还增大了排洪能力。整座桥设计科学精巧，造型美观，而且坚固实用，在1300余年后的今天仍然保存完好。赵州桥是我国现存最古的石桥，比欧洲建造同类型的桥要早700多年，在我国乃至世界桥梁建筑史上占有重要地位。以李春为代表的我国古代劳动人民所创造的高超技术，仍为今天的桥梁建筑所借鉴和采用。

★赵州桥

啼哭，并把政事都委托给佞臣施文庆。施文庆知道陈朝将领痛恨他祸国殃民，又害怕这些将领立功，便把将领们向陈叔宝上的表启都扣压下来，不采纳他们抵御的建议。贺若弼攻京口(今江苏省镇江)，陈将萧摩诃请求迎战，陈叔宝不许。贺若弼兵至钟山，萧摩诃再请掩袭，陈叔宝还是不许。而当隋兵已至建康城外时，陈将认为只能固守待变，陈叔宝却命令萧摩诃率兵出战，结果兵败被俘。

陈将任忠原主固守，现见兵败不可收拾，便回报陈叔宝说自己无能为力了。这时，韩擒虎乘陈军主力正与贺若弼激战、守防空虚，便率五百精骑从新林向建康城进逼，任忠领了几个亲信在石子岡迎接韩擒虎，守朱雀航(在今南京秦淮河上)的陈朝将士听说韩擒虎将要到来，都非常惧怕，纷纷弃地溃逃。韩擒虎兵不血刃，在降将任忠的向导下，率军直入朱雀门。陈朝守军想抵抗，任忠对这些陈军说：“老夫尚且投降，你们有什么用！”陈朝士兵见状，都散去了。此时建康城内的文武官员大多逃遁，只有极少数官员还守着陈叔宝。

在韩擒虎快进入陈朝宫殿时，陈叔宝想躲藏起来。陈朝尚书仆射袁宪请求陈叔宝“正衣冠、御正殿”来见隋将。但陈叔宝害怕被杀，便从皇位上走下来说：“在刀锋之下，不可以如此，我自有办法。”陈叔宝的办法就是躲起来。他带了十几个嫔妃走出后堂景阳殿，准备跳到井里藏匿。袁宪苦苦劝他，陈叔宝就是不听，陈朝的后阁舍人夏侯公韻不让陈叔宝入井，便以身体挡住井，陈叔宝竟不顾身份，与夏侯公韻争推好久，才进入井中。

隋军到后，便向井中呼喊，但是井中没有回答。隋军正准备向井中投掷石块时，忽然井中传出呼叫声。韩擒虎便让士兵用绳子把井中

★陈叔宝携嫔妃藏匿、最后被隋军俘获的胭脂井

的陈叔宝拉上来，谁知其重非凡，好不容易才拉了上来，原来，绳子束着三个人，即陈叔宝与他的两个宠妃张贵妃、孔贵嫔。韩擒虎攻占建康，俘虏了陈叔宝，陈朝灭亡。

在隋军伐陈之前，江南流传着一首歌谣：“黄斑青骢马，发自寿阳涘，来时冬气末，去日春风始。”据说这首歌谣应在韩擒虎身上，他名中有“虎”字，黄斑即指虎，韩擒虎在平陈战役中所骑之马为青骢马，平陈战役始自冬末，成于春初。对韩擒虎首入建康、亲俘陈叔宝的功勋，隋文帝给予了充分的肯定，他下诏给晋王杨广，表彰韩擒虎与贺若弼在平陈统一战争中的功劳：“此二公者，深谋大略，东南逋寇，朕本委之，静地恤民，悉如朕意。九州不一，已数百年，以名臣之功，成太平之业，天下盛事，何用过此！闻以欣然，实深庆快。平定江表，二人之力也。”赏赐韩擒虎物万段。隋文帝还下诏给韩擒虎与贺若弼，赞扬他们“申国威于万里，宣朝化于一隅。使东南人民俱出汤火，数百年寇旬日廓清，专是公之功也。高名塞于宇宙，盛业光于天壤，逖听前古，罕闻其匹。班师凯入，诚知非远，相思之甚，寸阴若岁”。

韩擒虎回到京城之后，贺若弼在隋文帝面前竟与韩擒虎争功，贺若弼说：“我在钟山死战，打败了陈朝的精兵，活捉了陈朝的骁将，才平定了陈国，而韩擒虎并没交战，他的功劳怎么可与我贺若弼相比呢？”

对贺若弼的这种说法，韩擒虎回答说：“本来奉圣上的明旨，让我与贺若弼同时合力攻陈，以取其都城建康。而贺若弼不按军令办，预先出战，遇到陈朝的军队便打，以致使我大隋士兵伤亡不少。我以五百轻骑，兵不血刃，直取建康，降伏陈朝大将任忠，活捉陈后主叔宝，占领了陈国的府库，捣毁了陈国的巢穴。到了晚上，贺若弼才赶到北掖门，我开关让他进城入宫。他赎罪还来不及呢，怎么可以同我比功呢？”

韩擒虎在平陈战争中，既保存了自己的实力，又以智谋取得了平陈首功，可见他是一个智勇双全的大将。韩擒虎与贺若弼争功，隋文帝对此采取劝和的办法，他说：“两位将军都应得到上勋！”于是都进位为上柱国，赐物八千段。但是由于有人弹劾韩擒虎“放纵士卒淫污陈宫”而未能进爵加邑。平定江南之后，隋文帝杨坚授韩擒虎为凉州行军总管，负责金城(今甘肃兰州)的防务。当时凉州的主要敌人是突厥。在隋经略南方和过江灭陈期间，突厥族的武装势力逐渐发展起来。经过长期的积累，突厥的首领又试图向南进兵。为了摸清隋朝的虚实，突厥派使者假装向隋朝廷行朝拜之礼，实际上是看看隋朝的态度。老谋深算的杨坚，不愿再兴兵动武，因此，想用重将震慑突厥人。当突厥使者上朝拜见杨坚时，杨坚让韩擒虎就坐于大堂之上。杨坚故意问突厥使者：“你知道陈朝吗？”回答说：“知道。”然后让人把突厥使者领到韩擒虎面前，对他说：“这就是活捉陈朝天子的那个人。”然后又对他说：“就是这个人出任凉州行军总管。”韩擒虎威风凛然，使突厥使者惶恐不安。突厥使者回去报告情况之后，突厥首领果然打消了南犯的企图。开皇十二年(592年)，韩擒虎奉诏回京养病，因积劳成疾，不治而卒。

独孤皇后专宠

DU GU HUANG HOU ZHUAN CHONG

隋文帝的皇后独孤氏，名伽罗，是北周开国功臣、大司马独孤信的第七个女儿，她的大姐是北周明帝的皇后。

据《北史》记载，独孤伽罗生于544年。独孤信部下有一骁将杨忠，跟随独孤信多年，关系密切。独孤信见杨忠十七岁的儿子杨坚长得一表人才，很是喜欢，便把十四岁的女儿伽罗嫁给了他。杨坚与独孤伽罗夫妇感情十分融洽，他们表示，只要两个人自己所生的孩子，这在当时是很难得的。一个贵族子弟，三妻四妾，是常有的事，妻妾争风吃醋，子女为争夺家产和继承权而互相残杀，也屡见不鲜。特别是后来杨坚当了皇帝，他与独孤伽罗仍然只要他们夫妇所生的孩子，就尤其不同寻常了。

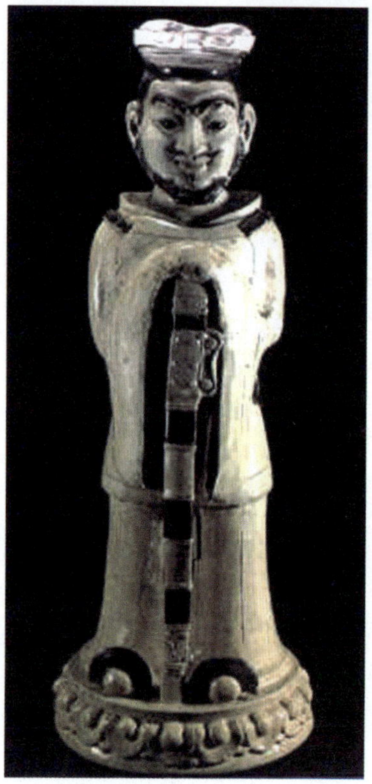

★白釉黑彩瓷侍吏俑·隋

独孤伽罗到杨家之后，温柔和顺，对长辈恭敬，能尽孝道。她的大女儿杨丽华后来成为北周宣帝的皇后。在北周的贵族妇女中，独孤伽罗尊贵无比。但是她自尊自爱，对人谦和，所以受到人们的称赞，说她是个贤慧的贵妇人。北周宣帝死后，杨坚以皇后父亲和静帝宇文阐外祖父的身份入朝辅助，并总理朝政，都督内外诸军事，掌握了北周政权。当时形势非常清楚，支持北周的势力眼看杨坚要夺取北周而代之，决不肯善罢甘休。独孤伽罗对形势也十分了解，她派人去告诉杨坚："事情已经到了这种地步，骑虎难下，你好好尽力办吧！"表示了在危急情势下，她对丈夫的支持。杨坚登上皇帝位后第三天，便册封独孤伽罗为皇后。

隋王朝建立之初，不断受到突厥的骚扰。一次，幽州总管阴寿向独孤皇后提出，要以八百万钱购买突厥的明珠。独孤皇后立即回答说："这不是我需要的东西。现在突厥常常来犯边疆，将士历尽艰辛，已很疲劳，还不如用这八百万来赏给有功的将士。"

皇后明断的处理和回答，使百官深受感动，他们认为独孤氏是个识大体、明道理的贤慧皇后。

当时有人提出，按照古礼，官员的妻子，应受命于皇后。独孤皇后听后，以妇女不参政为由而拒绝了。她对女儿们说："周朝的公主，缺乏妇女应有的道德，对公婆又没有礼貌，使骨肉感情受到影响，这

隋朝的音乐

隋朝的音乐，初期受北方少数民族音乐的影响，宫廷乐歌也都杂有"胡声"。隋平陈后，得宋、齐的旧乐，设置清商署来管理。炀帝时，设置清乐、西凉、龟兹、天竺、康国、疏勒、安国、高丽、礼毕等九部乐。至于乐器如曲项琵琶、竖头箜篌、筚篥、答腊鼓和羯鼓等，都是从北方少数民族和西域流传过来的。隋朝的音乐家有牛弘、郑译、万宝常等，而著名的是万宝常。他原是后梁人，跟父亲归降北齐，后来他的父亲想要逃回江南而被杀，他也被没入官府充当乐户，过着奴隶的生活。到隋朝时，他曾指出郑译所作音乐的缺点。他还写成《乐谱》64卷，"具论八音旋相为宫之法"，这是一个很重要的创造。后来万宝常因受到大官僚苏威等人的排斥，得病饿死。临死时，由于气愤，遂烧去自己的著作，只被人抢出一小部分。

★彩绘坐部伎乐俑·隋

不是什么好事。你们要以此为诫。”

她的表兄弟崔长仁犯了死罪，隋文帝想予以宽宥，独孤皇后认为，这是国家的大事，不可以因为是自己的亲戚而破坏国家大法。崔长仁被依法处死，而她的同父异母弟弟独孤陀咒诅她，也被依法判处死刑。独孤皇后得知后三天不吃饭，并向隋文帝求情，她说：“如果独孤陀是因为误政害民，那么，我就不敢说话了。现在他是因为我的事而要判处死刑，我才向你请求饶他的性命。”这样，独孤陀才免去一死。

在处理政事上，独孤皇后对隋文帝颇有帮助。隋文帝每次上朝，皇后都乘车辇同行，到阁门才止，并派宦官探察隋文帝，凡是在政事处理上有不妥当的地方，她随时向隋文帝指出，进行匡正。隋文帝退朝，独孤皇后便与他一起回宫，两人感情仍然很好。平时两人谈到政事，独孤皇后的看法、意见，常常同隋文帝不谋而合。所以，隋文帝很尊重独孤皇后，凡事征求皇后的意见。宫中称隋文帝、独孤皇后为“二圣”。

独孤皇后对爱情相当专一，她不允许隋文帝再去爱其他女人，这

★独孤信多面体煤精组印

在那个时候便认为是贵族妇女，尤其是皇后的一大毛病，称之为妬。当然，独孤皇后为了达到自己的目的，不让其他女性接近隋文帝，而采用残忍的手段，就不值得同情了。尉迟迥的孙女，长得美貌，隋文帝在仁寿宫见到之后，便心生爱慕之心。不久，独孤皇后知道了，非常生气，于是在隋文帝上朝后，她便把尉迟迥孙女杀死了。隋文帝退朝后，十分愤怒，便骑马出宫。宰相高颎、杨素追了上去，劝隋文帝回宫。隋文帝叹息说：“我身为最尊贵的天子，却没有自由。”高颎便劝说道：“皇帝陛下怎么可以因为一个妇人（指独孤皇后）而不为天下着想呢？”这样，隋文帝的气才稍稍平息。回宫时，已是半夜了。独孤皇后也知道自己把事情做

★独孤皇后像

得太过分了，所以，一直在阁中等候。见隋文帝回来，她哭着上前向隋文帝认错，高颎、杨素也在一旁解劝，这事总算平息了。

独孤皇后很快就知道高颎在劝隋文帝时，说自己是“一妇人”，便对高颎怀恨在心。高颎之父高宾原来是独孤信的部下，高家与独孤家来往密切，这次高颎失言得罪了独孤皇后，还不知道。这时，太子杨勇受到隋文帝的猜忌，而独孤皇后见太子不爱元配王妃，而喜欢云昭训，特别不是滋味，她同隋文帝计划废去太子，另立晋王杨广。一天隋文帝问高颎：“有人讲晋王杨广的妃子受到天神保祐，还说晋王杨广一定会得天下。你认为怎么样？”这实际上是示意高颎，要废太子杨勇而立杨广，当时高颎跪下来说：“长幼有序，不可以废长立幼。”对高颎的反对，隋文帝默不作声。独孤皇后见高颎在这件事上又不与自己一条心，更加恼怒，于是新账旧恨凑到一起，便想方设法要把高颎从宰相职位上赶下去。

高颎夫人贺拔氏病死后，独孤皇后对隋文帝讲：“高仆射年纪大了，夫人又死了，陛下为什么不为他再娶位夫人呢？”隋文帝听后，认为皇后关心高颎，便向高颎说了。高颎非常感激，说：“臣已年纪大了，退朝之后，只在家里读读佛经。

★伎乐天（壁画）·隋

皇上降恩可怜我，让我续娶，这并不是我的愿望。”隋文帝见高颎不想再娶，也就不勉强了。不久，高颎的爱妾生了儿子，隋文帝知道后非常高兴，独孤皇后则很不高兴。隋文帝问她为什么不高兴，独孤皇后便说：“陛下，你难道还要相信高颎吗？你开始要为高颎续娶，可是他心里想的是爱妾，当面欺骗你。现在他的爱妾生了孩子，他的欺诈已经暴露，陛下怎么还可以相信他呢？”从此，隋文帝也就开始疏远高颎了。

★木塔寺原名大庄严寺，始建于隋仁寿三年(603年)，是隋文帝为独孤皇后所立，初名禅定寺。

后来，隋文帝要征高丽，高颎认为不可，几次劝谏，隋文帝都不理，还让高颎为元帅府长史，随汉王杨谅出征。结果遇雨，士兵又染上疾疫，只好退回。独孤皇后对隋文帝说：“这件事，我早就知道他是不会办成的。他本来就不想去，是陛下你强派他去的。”而汉王杨谅对高颎也不满。出征时，隋文帝以杨谅年幼，便把军务全权交给高颎，高颎认为皇帝如此信任，自己一定要秉公办理，没有什么顾虑。杨谅所提的一些办法，高颎认为不妥，没有采用，杨谅便到隋文帝那里去告高颎的状，说自己侥幸没有被高颎杀掉。这就使隋文帝对高颎愈加不满了。在处理王世积事件时，隋文帝以高颎曾泄漏宫中之事为由，乘机罢免了高颎。独孤皇后终于实现了自己挤走高颎的目的。

★隋文帝泰陵前石碑

几乎与此同时，独孤皇后要把太子杨勇废去。主要原因是，太子内宠太多，不喜欢隋文帝、独孤皇后为他娶的王妃，而这位王妃又突然死亡，独孤皇后更加恼恨了，认为这是太子宠爱的云昭训毒死的，于是唆使隋文帝废去太子杨勇，而立晋王杨广为太子。

独孤氏的专宠和擅权由此可见。她和隋文帝生了五个儿子，他们非常满足，认为五个儿子都是一母所生，不会发生什么争斗。隋文帝公然对大臣们说：“前代的皇帝内宠太多，往往由于嬖爱而废嫡立幼。我没有姬妾，五个儿子都是皇后所生，是真正的兄弟，不会像以前的朝代那样发生争夺。”

其实，当隋文帝这样得意地宣布时，争夺继承皇位的斗争早已暗中进行了，而他的皇后也在其中兴风作浪。隋文帝与独孤皇后的儿子，几乎没有一个是寿终正寝的：开皇二十年(600年)六月，杨俊患病死在他们夫妇之前；杨秀在隋文帝时就被禁锢，宇文化及扬州兵变时被杀；小儿子杨谅在炀帝即位后起兵反抗，兵败被幽禁而死；杨勇在隋文帝死后，被炀帝伪造隋文帝诏书赐死；杨广在扬州兵变时被缢杀。他们的五个儿子，全部死于非命，可见封建皇室内部斗争的残酷。

★千年龙爪古槐——据说是当年隋文帝杨坚和独孤皇后所植夫妻树，已逾千年，仍枝繁叶茂。

隋文帝仁寿二年(602年)独孤皇后去世，终年59岁。她死后，隋文帝没有了束缚，生活上放纵起来，内宠增加，不二年便病倒。死前，隋文帝很怀念独孤皇后，说：“要是独孤皇后还在的话，我是不会到这地步的！”可是，当他知道杨广的劣迹后，又怨恨独孤皇后，认为自己废杨勇立杨广是独孤皇后所造成的，所以他认为“独孤皇后误了我的大事”。

长孙晟计破突厥

ZHANG SUN SHENG JI PO TU JUE

南北朝之时，北方的突厥强大起来，北齐北周时，突厥是亚洲大陆上军事实力最强大的民族政权。佗钵可汗时，“控弦数十万，中国惮之，周、齐争结姻好，倾府藏以事之。佗钵益骄，每谓其下曰：‘我在南两儿常孝顺，何患贫也！’”隋王朝建立之后，隋文帝杨坚对突厥礼遇较薄，突厥十分怨恨。

突厥的可汗，原为逸可汗，他去世时，没有传位给儿子摄图，而传给弟弟俟斗，是为木杆可汗，木杆死时亦未传位给儿子大逻便，而传给弟弟佗钵可汗。佗钵在隋文帝开皇元年(581 年)去世，死前，他对儿子菴逻说：“我哥哥不传位给儿子，而传给我，我死之后，你要让大逻便当可汗。”

佗钵死后，突厥将立大逻便，但是大逻便的母亲低贱，众人不服。突厥十分重视母亲的贵贱，菴逻的母亲尊贵，所以突厥人很尊重他。摄图也说：“如果立菴逻，我就带领众兄弟侍奉他，若是立大逻便，我就要严守自己的疆界，用锋利的刀和长矛来对付他！”

★捧罐女俑·隋

摄图英雄勇敢，在兄弟辈中，年纪又大，他统突厥东面各部落，实力雄厚，突厥人不敢与他抗拒，便立菴逻为汗。大逻便不能成为可汗，心中不服菴逻，常常派人去辱骂菴逻，菴逻对大逻便毫无办法，就把可汗位让给摄图。突厥人认为，前几位可汗的儿子中，以摄图最贤，都拥护摄图，摄图就是沙钵略可汗。菴逻为第二可汗。大逻便对沙钵略说：“我们都是可汗的儿子，现在你尊贵无比，我独独没有地位，这是为什么呢？”沙钵略怕大逻便作乱，便以大逻便为阿波可汗，统领所部。沙钵略的叔叔玷厥在西面，号达头可汗。这样，突厥有四可汗，分居四面，其中沙钵略最强，北方各部都归附他。

在北周末年，突厥摄图请婚于周室，北周以赵王招之女为千金公主嫁之。现在北周被杨坚取代，对突厥礼遇又薄，加之千金公主“自伤宗祀绝灭，每怀复隋之志，日夜言之于沙钵略”。沙钵略认为，“我周家亲也，今隋公自立而不能制，复何面目见可贺敦乎？”可贺敦即可汗妻，此处指周之千金公主。于是，他在开皇元年(581 年)出兵攻打隋，并约各部落共同南侵。突厥“控弦之士四十万”屡败隋兵，武威、天水、安定、金城、上郡、弘化、延安等地六畜均被虏走。

隋文帝杨坚刚刚取代北周，国内尚不安定，面对突厥的强大攻势，唯恐造成内外交困的局面，难

★千金公主像

以收拾。所以，他只好一面修筑长城，一面派兵屯守北边，进行防御。

正在这个危难的时刻，有位将军上书隋文帝，提出了制约突厥的方略。这位年方三十的将军，叫长孙晟。他是鲜卑族人，祖居洛阳，祖父与父亲曾在魏与周任职。长孙晟，字季晟，性格通达，为人机敏有智，对于书籍，他只粗略看看。对于武艺却很精通，尤其是骑射，技能过人，又十分骁勇。在北周尚武的时代，长孙晟的骑射高人一筹，北周的射手，无不甘拜下风。18 岁当司卫上士，人们对他并不重视。杨坚认为他武艺超群，智慧谋略出奇，将来一定会成为名将。

在送千金公主去突厥时，长孙晟作为副使到突厥的牙帐。当时，北周和突厥都互相夸耀自己使者的武艺，所以都选骁勇之士为使者。前前后后几十人去突厥，沙钵略都看不上，不以礼相待，而一见

高越原之战

隋在抗御突厥进攻的同时，完成了反击准备。自开皇三年(583年)四月起发起全面反击。隋文帝杨坚命秦州总管窦荣定率9总管、步骑兵3万，由凉州(今甘肃武威)道北击突厥。五月二十四日，与突厥阿波可汗所部在高越原地区相遇。高越原地处沙漠地带，干枯无水。窦荣定军刺马血解渴，死者十分之二三。忽然遇雨，士气大振。窦荣定乘势挥军奋力冲击，多次挫败阿波军。时被贬于敦煌为戍卒的前上大将军史万岁，要求立功赎罪。荣定知其骁勇，便于二十五日派人向突厥提出：双方各派一名壮士以决胜负。阿波应允，遂派一名骑将挑战，荣定派万岁出马应战，万岁驰斩其将而还。突厥大惊，不敢再战，即请议和而退。正在荣定军中任偏将的长孙晟，乘机离间突厥，说服阿波可汗连结达头可汗依附于隋。阿波遂派使者入朝。

★虎符·隋

★隋朝时期突厥势力范围图

长孙晟，便十分喜欢，常与长孙晟一起游玩打猎。一天，有两只雕在天空中飞翔着争肉，沙钵略取出两支箭给长孙晟，请他把两只雕射下来。长孙晟不作声，取过箭，放马奔驰而去，当两只雕争肉在一起时，他一箭射出，竟中两雕。沙钵略高兴极了，认为长孙晟技艺高强，便命子弟、贵人都与长孙晟亲近、交朋友，希望通过这种亲近结交，把长孙晟的骑射技艺学来。为此，他把长孙晟留在突厥达一年之久。长孙晟也乘此机会，尽可能地了解突厥各方面的情况。

沙钵略的弟弟处罗侯，号为突利设，受到突厥人的爱戴，而为沙钵略所忌，处罗侯便私下派心腹人找长孙晟，与他定盟约相好。长孙晟乘此机会与他一起游玩和打猎，观察突厥的山川形势，了解他们各部落的强弱，掌握了突厥的很多情况。在杨坚当北周丞相时，长孙晟便把所知情况向他作了汇报。现在突厥进攻，形势紧张，长孙晟便向隋文帝献计。

长孙晟深知，沙钵略、阿波可汗、达头可汗、突利设等叔侄兄弟都统有强兵，虽然他们表面上是一致的，而实际上却互相猜忌。如果靠武力去征服，比较困难，但是可以采取离间之计。他在上书中，告诉隋文帝杨坚："玷厥之于摄图，兵强而位下，外名相属，内隙已彰，鼓动其情，必将自战。""又处罗侯者，摄图之弟，奸多而势弱，曲取于众心，国人爱之，因为摄图所忌，其心殊不自安，迹示弥缝，实怀疑惧。""又阿波首鼠，介在其间，颇畏摄图，受其牵率，唯强是与，未有定心。"在分析了突厥四位当权人物的情况之后，他提出"今宜远交而近攻，离强而合弱"的策略。他还规

★突厥汗国骑士像

划了这个战略性策略的具体实施，要解目前的危机，应当"通使玷厥，说合阿波，则摄图回兵，自防右地。又引处罗，遣连奚、霫，则摄图分众，还备左方"。这就使突厥"首尾猜忌，腹心离阻，十数年后，承衅讨

★长孙晟的女儿长孙皇后

之,必可一举而空其国矣”。隋文帝看了之后,非常高兴,他认为,这是处理突厥问题的最佳方案。从这个方案中,可以看出长孙晟在军事外交上的卓越见解和才能。隋文帝还召见长孙晟面谈突厥问题,长孙晟一面讲述突厥的情况,一面画出突厥的山川地形,写出其中的虚实。

隋文帝全部采纳了长孙晟的意见和策略。当下派太仆元晖去西方玷厥处,送给玷厥狼头纛(突厥以狼为图腾),表示对他的尊敬和钦佩,礼遇也很优厚。果然,玷厥被吸引过来了,他立即回派使者到隋朝。隋朝让玷厥使者居沙钵略使者之上,使突厥内部的猜忌加深了。

隋兵在高颎、卢庆则、窦荣定、豆卢绩、杨弘等统帅下与突厥兵作战,这时突厥发生灾疫,死者极众,隋兵打了几个胜仗。长孙晟被命为车骑将军联络奚、霫、契丹,让他们为向导,到达处罗侯处,劝说处罗侯归附隋朝。沙钵略要继续南侵时,玷厥不从,而首先退兵。长孙晟又让人把假情报告诉沙钵略,说铁勒等部反突厥,要袭击沙钵略的牙帐,沙钵略只好退兵。突厥这次进攻就这样被瓦解了。

开皇三年(583年),突厥又攻隋,隋文帝发八道元帅率兵抵御。阿波可汗在凉州同隋将窦荣定作战,几次都失败了。长孙晟作为副将在军,他派人对阿波可汗说:“沙钵略每次出战都能取胜,你刚到就打败仗,这是突厥的耻辱。你阿波与沙钵略的军事力量相匹敌,现在沙钵略胜,受到突厥人的推崇,你阿波战败,沙钵略全归罪于你,将把你的牙帐消灭,你自己考虑一下,能抵御得住沙钵略吗?”

阿波认为这话很有道理。本来他与沙钵略就不和,现在又打了败仗,必然会受到沙钵略的处置。于是他派使者到隋军营,长孙晟让使者转告他说:“现在达头(即玷厥)已同隋联合,沙钵略拿他没有办法,你阿波可汗为什么不归附隋天子呢?可以联结达头,相合为强,这是万全之策。如果打了败仗,回去定遭沙钵略的戮辱。”阿波便派使者入隋。这时,沙钵略与隋军战不利,听说阿波要降附隋朝,便借口阿波先退兵,袭击了阿波的牙帐,并杀死了阿波的母亲。阿波无处安身,投奔西面可汗达头,达头借军队给阿波,使与沙钵略作战。阿波东行,招抚旧部十万骑,攻击沙钵略,并收复了故地。阿波与沙钵略从此相攻。

沙钵略又认为贪汗可汗与阿波友好,便夺其众、废其位,贪汗也亡奔达头。沙钵略同堂弟地勤察有隙,地勤察率部投奔阿波。阿波在与沙钵略相攻中,逐渐取得优势。沙钵略在突厥各部中,日显孤立。

在突厥四分五裂、互相攻击的情况下,隋王朝进一步加强了外交攻势。最强大的沙钵略被削弱了,玷厥、阿波都已同隋议和,沙钵略也只好遣使求和,隋文帝在突厥内耗到一定程度,也就是不足以为害隋朝时,也接受了沙钵略的求和要求。

开皇四年(584年),沙钵略遣使到隋朝贡,千金公主宇文氏上表请改姓杨,愿意成为隋文帝的女儿。隋文帝表示同意,并派长孙晟作为副使随同卢庆则到突厥,改封千金公主为大义公主。沙钵略见了隋使不肯起拜,长孙晟以女婿当拜岳父之理责之,沙钵略才对隋文帝的诏书施行跪拜礼。

这样,受到削弱的突厥,其各部都向隋朝求和,不再成为隋朝的主要边患了。隋文帝消除了后顾之忧,可以放心地消灭南方的陈朝,完成全国统一的大业。长孙晟在处理突厥问题上功绩巨大,客观上推动了统一大业的实现。

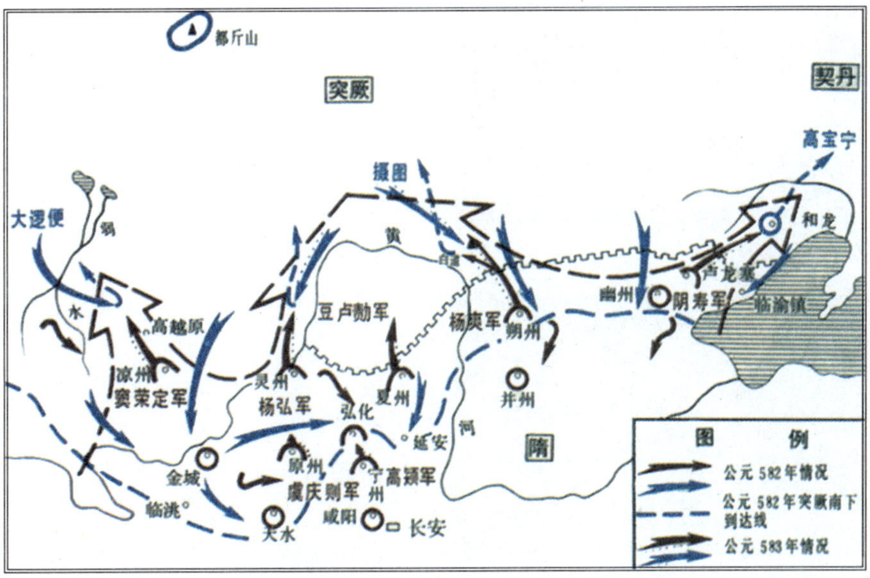

★隋军北攻突厥之战示意图

一代名将史万岁含冤而死

YI DAI MING JIANG SHI WAN SUI HAN YUAN ER SI

北周末年，杨坚作为丞相掌握了北周的军政大权。北周旧臣尉迟迥举兵反叛，杨坚命韦孝宽率军镇压。当时，梁士彦作为行军总管参加了这次平定反叛的战斗。他率军经过冯翊(今陕西省大荔)时，只见天上飞过一群大雁，将士们正仰脸观看，一位青年将军骑马飞奔过来，他向主将梁士彦说道："总管大人，请让我射下这一行大雁的第三只吧！"梁士彦点头同意。只见这位青年将军张弓放箭，弦声刚过，排在第三的那只大雁随声落地，三军将士兴奋得齐声呼好，他们都非常敬佩这位青年将军的箭术。这位青年将军就是隋代著名的勇将史万岁。

史万岁是京兆杜陵(今陕西省西安市东南)人，父亲史静在北周任刺史。史万岁长得十分英俊魁伟，特别善于骑马射箭，又非常勇猛敏捷。他不仅很爱读书，而且还能够根据天象的变化来预测吉凶。他15岁时，北周与北齐战于芒山(在今河南洛阳北)，当时，史万岁跟随父亲在军队中。北周与北齐两军旗鼓相当，分不出胜负。突然，史万岁让左右的人准备行装，赶紧离开这里，不一会儿，北周的军队果然战败了。史万岁能够预先观察到胜败的征兆，史静对此很是惊奇。

★青釉兔钮莲瓣纹杈·隋

★弹琵琶女俑·隋

在平定尉迟迥反叛的战斗中，每次开战，史万岁总是率先向前，攻击敌人。在邺城(今河南省安阳)作战时，尉迟迥军队向官军攻击，来势凶猛，几乎要把官军打败了，这时，史万岁对身边的人说："现在事情危急了，我要上前去破敌。"说完，他拍马冲入敌阵，奋力击杀数十人，官军见到史万岁在敌阵中横冲直撞，英勇无比，顿时受到了极大的鼓舞，士气振奋起来，士兵们纷纷跟着冲了上去，经过一番战斗，终于打败了叛军，取得了胜利。平定尉迟迥反叛后，史万岁因功被封为上大将军。

★巢元方像

巢元方编《诸病源候论》

巢元方曾任隋太医博士，奉隋炀帝诏于大业六年(610年)主持撰写《诸病源候论》。全书50卷，计分62门，1720论。书中记述了包括内、外、妇、儿、五官、神经及精神等科各种疾病的病因、症状、诊断和预防，所列病类主要有：中风、虚劳、伤寒、天花、霍乱、疟疾、水肿、黄疸疸等。该书还在前代医学遗产的基础上，对某些病源作了新的理论探索。认为某些传染病系由"乖戾之气"所引发，且能"多相染易"，但可以服药预防之。书中还记载了用肠吻合手术治疗外伤肠断和血管结扎、人工流产等外科手术，反映出隋代医学达到相当高的水平。该书的缺点在于除少数例外，不开药方，只述病源。作为第一部综合性病理学专著，该书在我国医学史上有重要地位。

后来发生了尔朱勣的谋反案，史万岁受到牵连，被除名，并发配到敦煌为戍卒。史万岁所在部队的戍主十分勇敢雄壮，他经常单人匹马深入到突厥队伍中掠取羊和马，并且总是满载而归，突厥人很难抵挡得住戍主。戍主因此非常自负，见新来了一个戍卒，便随意辱骂，史万岁对戍主这样对待自己深感忧虑。有一次，史万岁对戍主说：“大人，戍卒我也是一个有武艺的人。”戍主听了之后，便说：“那好，你去试试骑射。”史万岁当着戍主的面，把自己骑马射箭的本领施展了一番，戍主一见，非常高兴，认为史万岁还是个人物，开始对他友好起来。史万岁乘机要求戍主发给他战马和弓箭，然后跳上战马，直奔突厥地区掠获了大批牲畜而还。戍主与史万岁的关系越来越好，两人常常双骑深入突厥地区数百里，因此名震突厥。

当窦荣定奉命率兵出击突厥时，史万岁告别了戍主，赶到窦荣定的辕门，请求他允许自己也去参加对突厥的战争。窦荣定早就听说勇将史万岁的大名了，今天见史万岁来投奔自己，高兴极了，当即便收下了史万岁。在窦荣定军与突厥对垒时，窦荣定派人去对突厥的首领说：“士兵有什么罪过呢？为什么一定要他们去送死，还不如我们双方各派一名壮士进行比试，以决定胜负。”突厥首领同意了。窦荣定便让史万岁出阵与突厥壮士决斗。突厥的勇士正骑在马上，持刀等待着史万岁，史万岁跃马飞驰而去，两人对阵不一会儿，史万岁便斩杀了突厥勇士，胜利而归。突厥人见此情景，吃惊不小，便不再同隋军作战，退兵而去。史万岁因功拜上仪同、领军将军。在平陈统一的战争中，他又以功加上开府。

开皇十年(590 年)，江南地区发生了高智慧等人的武装反隋。史万岁作为行军总管，随着杨素前去镇压。史万岁率兵二千从东阳(今浙江省东阳)别道前进，过海翻岭，攻陷了不少少数民族的溪洞，前后经历战斗七百余次，转战上千里路。有一百多天，杨素竟听不到史万岁部队的消息，远近的隋军都以为史万岁已经战死了。而这时的史万岁正率军行进在山水之间，水陆交通阻绝，信使不通，为了把军事消息传递出去，他便把书信装入竹筒中，将竹筒封好放入水中，后来，竹筒被打水人捞起，看到是军事情报，便立刻报告了杨素。杨素得知史万岁深入到敌人腹地，而且正在战斗的消息，高兴极了，立即上表报告隋文帝。隋文帝看表之后，感叹不已，当即派人赏赐史万岁家中十万钱。史万岁回到长安以后，以功拜左领军将军。

★杨素塑像

以前，南宁夷的首领爨翫，投降隋王朝，被封为昆州(今云南省昆明市)刺史。不久，他又反叛了隋朝。隋文帝便命史万岁为行军总管率兵前去镇压。史万岁率兵进击，节节取胜，一直追到了三国时期蜀汉丞相诸葛亮的纪功碑处，尽管历经沧桑岁月，但是碑上的铭文还清晰可见，上面写着：“万岁之后，胜我者过此。”史万岁见了，不由得哈哈大笑。他让人把碑拖倒，然后又继续向前进军。经过千里路程的征战，连败南宁夷爨翫部落 30 余部，俘获二万多人。

于是南宁夷便向史万岁请降，

★突厥人石像

★青釉瓷碗·隋

并献上了大颗珍珠，史万岁便刻石纪功而还。史万岁上表请示朝廷，要把爨翫押到长安，隋文帝下诏同意了。但是爨翫不愿意随史万岁到长安，便以大批金宝贿赂史万岁。史万岁接受了金宝，同意不带他去长安，便放他走了。这时，隋文帝的第四个儿子蜀王杨秀在益州(今四川省成都市)，他知道了史万岁接受金宝贿赂，便派人去向史万岁索要，史万岁却将全部金宝沉入江中，一点儿也不给蜀王杨秀，杨秀为此十分记恨史万岁。

不久，爨翫又反了。蜀王杨秀趁机告发史万岁受贿并放走爨翫的事。隋文帝认为史万岁隐瞒问题，欺骗了自己，便准备斩杀史万岁。这时，尚书左仆射高颎、左卫大将军元旻等人都向隋文帝求情，他们说："史万岁作战英勇，而且谋略过人，每次行军打仗，他都身先士卒，善于安抚和统领部队，将士都乐于为他效力，即使古代的名将也不见得超过他。人才难得，希望皇上宽恕他。"隋文帝这才明白了千军好得，一将难求的道理，于是便免去了史万岁的死刑，除名为民，一年以后才恢复史万岁的官爵。

开皇二十年(600年)，突厥达头可汗侵犯隋朝边疆，隋文帝命晋王杨广与杨素率兵出灵武(今宁夏陶乐西南)道，汉王杨谅与史万岁出马邑(今山西省朔县)道，出击突厥。史万岁率领柱国张定和，大将军李药王、杨义臣等出塞，到大斤

★青釉印花带盖唾壶·隋

山(今大青山)时与突厥相遇。达头可汗派人问："隋将是哪一位？"隋军回答说是史万岁。达头可汗又问："是不是那个敦煌的戍卒？"隋军回答说："史大将军确实在敦煌待过。"达头可汗问明之后，知道与自己对阵的是名将史万岁，心中不免有些胆怯，决定引兵退去。突厥一退兵，史万岁乘机率众追击，追了一百多里路才赶上，大败达头可汗的突厥军，接着，又追入北边沙漠几百里，才率领部队退回来。

这次隋军分两路出击突厥，史万岁功劳最大，杨素妒忌他的功劳，便向隋文帝进谗言，说："突厥这次来，是准备投降的，并不是侵犯边疆，他们到边疆是来放牧。"这样一说，就把史万岁的功劳一笔抹煞了。史万岁很不服气，多次上表向隋文帝说明情况，但是隋文帝并不醒悟。

★青瓷印花盒·隋

当时，隋文帝刚从仁寿宫回到长安，要废去太子杨勇，并追究太子的党羽。所以，对大臣们都很猜忌，怕他们同太子勾结。杨素对这一切非常清楚，因此当隋文帝问他："史万岁在哪里？"时，杨素明明知道史万岁正在朝堂等候，却故意编造说："史万岁去东宫朝见太子了。"这一下子就激怒了隋文帝，隋文帝便决定立即召见史万岁。

这时，史万岁正在朝堂等候隋文帝召见，同时有数百名将士在朝堂上呼冤，他们对自己血战的功勋被一笔抹煞，十分愤怒。史万岁对他们说："今天，我一定要把这件事向皇上诉说清楚，事情会有结果的。"见到隋文帝后，史万岁便把将士们如何深入沙漠奋勇杀敌以及功绩被抹煞的情况，详细地对隋文帝讲述了一遍。史万岁因为战功被埋没，心情十分激动，诉说时，语言中不时带有愤怒，这使隋文帝心中更加不高兴了，在盛怒之下，下令处死史万岁。不一会儿，隋文帝又感到有些后悔，但是已经来不及了。一代名将就这样冤死在隋文帝的刀下。史万岁死后，隋文帝根本不承认是自己枉杀了史万岁，反而下诏书，指责史万岁犯了罪，甚至骂史万岁是"国贼"。

史万岁无辜被杀，天下的人，不论是认识他的，还是仅仅听说过他的名字的，都替史万岁呼冤，认为他死得太可惜了。

★椭圆形玻璃瓶·隋

冼夫人安定南疆

XIAN FU REN AN DING NAN JIANG

隋朝与吐谷浑的关系

隋朝初年，吐谷浑经常进犯隋的弘州（今甘肃临潭县），都被击退。开皇十一年（591年），吐谷浑国主夸吕死后，子世伏继位，向隋奉表称臣，文帝配以光化公主。开皇十七年（597年），世伏因内乱被部下所杀，其弟伏允继位，仍取光化公主为妻，双方长期保持姻缘关系。隋炀帝即位后，接受裴矩关于经营西域的建议，于大业五年（609年）派杨雄、宇文述带兵四征吐谷浑，伏允兵败逃走。隋得降众十万余人，牲畜三十万头，并在“自西平（今青海乐都县）临羌城以西，且末以东，祁连以南，雪山以北，东西四千里，南北二千里”的吐谷浑旧地，“设置郡县镇戍，发天下轻罪徙居之”。到隋末大乱时，伏允趁机恢复吐谷浑旧地。

★弘化公主与吐谷浑王塑像

冼夫人是高凉（今广东省阳江县）冼氏之女。冼家世代为南越（岭南少数民族）的首领。冼夫人贤能而聪明，机智而有谋略，曾帮助父母安抚部众，并领兵用计，压服了其他部族。由于她智勇双全，所以在当地极有威望。

梁、陈时期，岭南地区的俚人等少数民族，经常互相攻击。冼夫人的哥哥冼挺是南梁州刺史，他依恃自己的富强，不断侵掠附近的州县，使岭南地区深受其苦，人民怨恨不止。冼夫人时时规劝哥哥，让他友好待人。由于冼夫人的努力，终于止息了怨怒，安定了部众，以至海南儋耳（在海南岛）的一千多洞部众也归附于她。

梁大同（535—545年）初年，罗州（今广东省化州）刺史冯融听说冼夫人品行高尚、机智勇敢而又讲信义，在岭南少数民族中威望颇高，便为儿子高凉太守冯宝求亲。冼夫人与冯宝成亲之后，共同治理地方。从梁朝至陈朝，冼夫人一直忠于中央朝廷。在冯宝去世后，岭南地区一度大乱，冼夫人采取怀柔办法，安抚了岭南的各少数民族，使岭南各州保持了安定，并帮助梁朝和陈朝平定了几次叛乱。

★冼夫人石雕像

开皇九年（589年），隋兵攻入建康，陈朝灭亡。岭南地区一时归属未定，为了防止造成混乱，各州推举冼夫人为“圣母”，保境安民。

★冼夫人故里

★高州冼太庙

★冼夫人的府署所在地——长坡旧城

当时隋文帝命总管韦洸率兵安抚岭南。陈朝虽然灭亡，但一些州郡仍在抵抗隋兵。陈朝的豫章（今江西省南昌）太守徐璒便据守南康（今江西省南康），拒阻隋兵南下，被韦洸击败，徐璒被俘获。韦洸率兵进至广东境，并未直接南下。这时，晋王杨广派人持陈后主叔宝的信去见冼夫人。陈叔宝在信中告诉冼夫人，中原的隋王朝派兵南下，陈朝已经灭亡，自己也已被俘，并劝冼夫人归顺隋朝。使者还拿出了犀杖和兵符作为信物。冼夫人见了犀杖，知道这一切都是事实。原来在陈朝时期，冼夫人曾以扶南（今越南）所产的犀角，制成手杖，献给陈后主叔宝，现在犀杖到了隋使手里，证明隋确已灭陈。于是冼夫人便把岭南地区的南越首领数千人集合起来。在集合会上，冼夫人放声痛哭，表示了自己对陈灭亡的伤痛，然后，便派孙子冯魂率首领们去迎接韦洸进入广州。这样，在冼夫人的号令下，岭南地区都归顺了隋王朝。一场可能发生的战争、岭南地区可能发生的混乱，由于冼夫人的明断而避免了。冼夫人为全国的重新统一，作出了自己的贡献。为了表彰冼夫人的功勋，隋文帝封她为宋康郡夫人，她的孙子冯魂也被封为仪同三司。

岭南安定了一年，在江南地区发生武装反隋之后，番禺（今广东省广州南）首领王仲宣也起兵反隋，岭南地区一些越人首领纷纷响应，并把广州总管韦洸围在城中，兵进衡岭。冼夫人坚决反对王仲宣背叛隋王朝。为了平定叛乱、维护统一、防止分裂和安定岭南，她派孙子冯暄率兵援救韦洸。这时，在广州的防卫中，韦洸不幸中箭身亡。隋王朝立即命韦洸的副手慕容三藏主持广州道军事，同时派吏部给事郎裴矩巡抚岭南。冯暄与叛将陈佛智是好朋友，所以对援救广州并不积极，他故意逗留，贻误了军机。冼夫人知道后，十分生气，立即派出使者把冯暄抓回，关进监狱。随后冼夫人让另一孙子冯盎率兵击败陈佛智，把他斩首，并与隋兵会合。这时，隋朝巡抚岭南的裴矩与将军鹿愿击杀了围攻东衡州的周师举。于是冯盎与鹿愿、慕容三藏通力合作，大败叛将王仲宣，解了广州之围。

为了进一步安定南疆，宣扬隋王朝的威严，巩固国家的统一，冼夫人不顾自己已是八旬老人，披盔甲、乘介马、张锦伞，引导骑兵卫队卫护裴矩，共同巡抚岭南 20 余州。冼夫人亲自陪同裴矩安抚各地，表明了她对隋朝中央的尊重和忠诚，也为岭南各地的越人首领作出了榜样，这对于巩固重新统一不久的国家，作用巨大。果然，岭南各地的少数民族首领纷纷前去参谒裴矩，表达对隋王朝的忠心。参谒裴矩的南越首领有：苍梧（今广西梧州）的陈坦、冈州（今广东省恩平北）的冯岑翁、梁化（今广东省惠州市东）的邓马头、藤州（今广西藤县）的李光略、罗州（今广东省茂名市）的庞靖等。冼夫人协助裴矩安抚了这些首领，让他们回到本部进行治理。这次巡抚，进一步密切了岭南地区与隋朝中央的关系，岭南地区也安定下来了。

隋文帝对冼夫人如此忠于国家非常高兴，他对一个少数民族首领、八十高龄的妇女能为国家的大义灭亲，更觉惊异。隋文帝封冯盎为高州刺史，赦免冯暄，并任他为罗州刺史，追赠冼夫人的丈夫冯宝为广州总管、谯国公，册封冼夫人为谯国夫人，特许开谯国夫人幕府，设置长史等官属，颁给印章。隋

★冼夫人塑像

★冼夫人与冯宝塑像

★冼夫人衣冠冢

★谯国夫人匾额

文帝还规定，岭南六州的兵马由冼夫人发落，遇有急事，冼夫人可以便宜行事。这表明了隋文帝对冼夫人的高度信任。隋文帝还专门下诏，对冼夫人明达事理、一心奉国、安定南疆，给予高度的评价，并赐物五千段。独孤皇后还赏给冼夫人首饰和宴会服装一套。

冼夫人把隋文帝、独孤皇后赏赐给自己的东西，用金箧装起来，同时，把梁朝、陈朝赏赐的东西，分别藏在库中。每年大会，冼夫人就把隋、陈、梁各朝赏赐的东西陈列在庭中，让子孙观看，并教导他们说："你们都是冯家的子孙，要赤胆忠心地服从天子。我一生对梁朝、陈朝和隋朝的天子，都是这样的一片忠心。现在，天子赏给我的东西都放在这里，这就是忠孝的报答。我希望你们能够经常考虑这个问题。"冼夫人以忠孝教导子孙，她说的忠，是对中央王朝的顺从，实际上也是对国家统一的巨大支持。

隋朝番禺（今广东广州）总管赵讷贪污暴虐，鱼肉百姓，岭南各族人民不堪忍受，开始逃亡和反叛。冼夫人对此非常焦急和忿怒，便派自己的长史张融到长安上表，向隋文帝揭发了赵讷的罪行，认为像赵讷这样的人，绝不可以治理地方。赵讷的所作所为，破坏了隋王朝的威信和岭南地区的安定，造成了岭南地区对中央的离心离德。冼夫人还提出了自己对治理岭南的意见。

接到冼夫人的表章，隋文帝十分重视，立即派官员到岭南查证赵讷的罪状。不久，查出了赵讷贪污受贿的大量赃物，隋文帝下令处死赵讷，并委托冼夫人处理善后，安抚逃亡的部众。为了维护南疆的安定，巩固与中央的关系，冼夫人又一次亲自巡抚岭南各地。当时，冼夫人已是年近九旬的老人，她奉载着隋文帝的诏书，并称自己是朝廷的使者，一路巡抚了十几个州，传达了隋文帝的安抚旨意，宣布了隋文帝对贪官赵讷的处理，并劝导各地少数民族维护朝廷，维护岭南的安定。经过冼夫人的宣传和安抚，岭南各少数民族纷纷表示服从隋朝廷的治理。冼夫人再次为巩固统一作出了贡献。

对冼夫人的功绩，隋文帝给予充分的肯定，并予以优厚的嘉奖。冼夫人的上表和巡抚，不仅为岭南人民铲除了一害，减轻了人民的痛苦，而且也缓和了隋政权与岭南各族人民的矛盾，稳定了隋对岭南的统治。一个年近九旬的老妇人，为了国家的统一和安定，也为了解除岭南人民的痛苦，不顾劳累，不顾可能受到的打击、陷害，上表揭发贪官，亲自巡抚各地，这种爱国爱民的崇高精神多么可贵！隋文帝仁寿（601—604 年）初年，年过九旬的冼夫人去世了。但是，冼夫人维护统一、安定岭南的事迹，至今还在岭南地区广泛传诵。

★冼夫人铜像

裴矩通西域

PEI JU TONG XI YU

★乘象入胎壁画·隋

隋朝和西方各国的往来

隋朝和西亚、欧洲各国，都有友好往来。南海不仅是进出到东南亚各国的大港口，也是通往西亚、欧洲海路上的主要港口。由此坐船经南中国海，渡过马六甲海峡，行经印度洋，可达波斯、阿拉伯以及北非各处。隋炀帝曾派云骑尉李昱，出使波斯，波斯随即遣使和李昱同来，和隋朝进行朝贡通商。炀帝又曾派侍御史韦节、司隶从事杜行满出使西方（今南亚各地），由陆路到罽宾（克什米尔），获得玛瑙杯；到王舍城（印度恒河旁），得到佛经等。吐火罗（阿富汗）在大业（605—617年）间，也曾和隋朝进行贡使通商。

★菩萨与金刚塑像·隋

裴矩，字弘大，河东闻喜（今山西省闻喜县）人。他生下不久，父亲就去世了。长大后，爱好读书，尤其喜欢文学。为人又足智多谋。他的伯父对他说："我看你的能力和见识，成为一个有才干的人，绰绰有余。如果要求在仕途上通达的话，那么，你还应当学习一些迎合世俗以求功名的东西。"裴矩听后，觉得很道理，便开始注意起世事来了。

北周时，杨坚任定州（今河北省定县）总管，裴矩被召为补记室，并且受到杨坚的亲近和敬重。杨坚掌北周大政为丞相时，又派使者召裴矩到长安，参与丞相府的记事室。杨坚代周以后，迁给事郎，奏舍人事。平陈战争时，为晋王杨广元帅的记室，进入建康，裴矩奉晋王杨广之命与高颎一起接收陈国的图书典籍。开皇十年（590年），裴矩奉命巡抚岭南。还未动身，江南高智慧、汪文进等起兵反隋，去岭南的道路受阻。隋文帝感到很难再让裴矩南下，正犹豫时，裴矩请求立即南下。隋文帝同意后，裴矩率三千人很快到南康（今江西省南康），又得到九千士兵。在岭南王仲宣叛军逼近广州时，裴矩与大将鹿愿进击围困东衡州（今广东省韶关市南）的叛兵，获胜后，又从南海援助广州。平叛后，裴矩在冼夫人的陪同下。巡抚岭南，巩固了统一，安定了南疆。

裴矩回长安，受到隋文帝的慰劳，隋文帝对高颎、杨素等人讲："当年，韦洸率二万兵，不能迅速到达岭南，我一直很担忧，认为是兵少。而裴矩只带三千人，一下子就到达南康，并取得了成功。有这样能干的大臣，我还有什么可以忧愁的呢？"裴矩因功拜开府，封闻喜县公，赏物二千段，后又为民部侍郎、迁内史侍郎。在同突厥的交涉和战争中，裴矩均有功劳。

在隋朝，西域人经常到张掖（今甘肃省张掖）来进行贸易交往。隋炀帝时，裴矩奉命主持此事。他知道隋炀帝有扩充领土、威加远地

★白釉长颈瓶·隋

的想法。所以，每当西域各地的商人到张掖，他就详细询问这些商人，以了解西域各国的风俗、山川形势、物产等情况。他根据了解到的情况，写成了《西域图记》三卷。书中不仅记载有四十四个国家的情况，并且附有相应的地图，连各国的服饰、仪形、国王、百姓的形状，也在书上有绘图。另外，还记载了当时通往西域的道路。这是一本以记录西域各国地理资料为主的地方志，是我国古代有关中西交通的重要文献。

隋炀帝见后，非常高兴，当即赏裴矩物五百段，并不断向裴矩询问有关西域各地的事情。这也引起了隋炀帝打通西域通道、经营西域的雄心。见裴矩这么留意西域事宜，隋炀帝便把经营西域的事交付给裴矩。

裴矩又到张掖，他招引西域十余国的使者到隋朝来朝见隋炀帝。大业三年(607 年)，隋炀帝到恒山祭祀，西域各国还派人助祭。裴矩到敦煌(今甘肃省敦煌)时，又派人说服了高昌王等人来朝见隋炀帝。隋炀帝西巡，裴矩说服西域二十七国的使臣和君主在沿途朝见隋炀帝，并且让他们身佩金玉、披锦帛，焚香奏乐，歌舞宣扬；又让张掖、武威(今甘肃省武威)的男男女女，穿着华丽的服饰观看，使数十里的道路上都是人、马、车，显示了大隋王朝的富庶、强盛，也满足了隋炀帝好大喜功的虚荣心。隋炀帝对裴矩这样做，非常满意。随后，隋炀帝采纳裴矩的建议，打败吐谷浑，扩地数千里，设西海(今青海省青海湖西古伏俟城)、河源(今青海省兴海县东南)、鄯善(今新疆若羌)、且末(今新疆且末)等四郡。西域三十余国慑于隋朝的兵威，相继来向隋炀帝朝贡。隋炀帝认为，裴矩有处理西域各族、各国的才能和谋略，进位为银青光禄大夫。

大业五年(609 年)冬，隋炀帝在洛阳。当时，来朝贡的西域各国和其他各少数族的使者，都云集洛阳，裴矩为了显示隋帝国的威严、强盛和富庶，建议隋炀帝在洛阳进行大规模的文艺演出。于是，便让天下各种奇异的技艺在洛阳端门街表演，这些演员穿锦绮衣服、佩带金玉饰品，共有十几万人。而观看演出的官员、百姓就更多了，他们坐在搭好的棚阁里，穿着精美华丽的衣服，看艺人们的精彩表演。这样的演出，进行了一个月。同时，还在洛阳城的三市店铺设帷帐、摆着丰盛的酒席，让各国、各少数族的使臣同百姓进行贸易。每到一个地方，就让各国、各族的人吃饱喝足而去，并不收钱。各国、各族的使者，都以为中国是个神仙的国度。对这种耗费巨大的华丽宏伟场面，隋炀帝非常得意。他认为裴矩对自己是十分忠诚的，他对宇文述、牛弘说："裴矩深深知道我的意思。他所讲的事，都是我心里早就打算过的，还没有办，裴矩就说出来了。如果不是忠诚为国，怎么可能这样呢？"

大业六年(610 年)，隋炀帝命大将薛世雄建立伊吾（今新疆哈密)城，让裴矩帮助经营。西域各国、各族对隋朝在西部地部地区建立城堡，都很惊异，怕隋朝屯兵伊吾，会成为西域各国、各族的一大威胁。裴矩深知西域各国的担忧，便对西域各国解释说："皇上是因为同你们贸易太远，才建立伊吾城的。"西域各国、各族认为裴矩讲的有道理，也就不再过问隋朝建立伊吾城的事了。裴矩还向隋炀帝建议，离间西突厥射匮和处罗的关系，终于使处罗投奔了隋王朝。裴矩对隋炀帝经营西域，不仅提出了建议，了解了实情，并且进行大量的联络工作，劝说西域各国同隋王朝建立了较友好的关系，安定了西边，这还是应当予以肯定的。裴矩还劝隋炀帝东征高丽，造成国内生产的破坏，民不聊生，最后农民起义，把隋王朝与隋炀帝一起毁灭。

裴矩的功过，据《隋书》的评论，对他劝隋炀帝经营西域是否定的。但是认为他个人学识广博，有政治才干，为国尽忠。在危乱之时，裴矩也是廉洁奉公的。这是指他在隋炀帝后期政治腐败时，文武官员大都贪暴受贿，而裴矩没有这方面的问题，受到当时人的称道。

★高昌故城遗址

隋炀帝游江都

SUI YANG DI YOU JIANG DU

604年7月，隋文帝病重卧床，杨广认为登上皇位已指日可待，便写信给杨素，请教怎样处理文帝的善后及自己登基事宜。不料，送信的人误将杨素的回信送给了文帝。文帝见信中言语之间大有不恭之词，同时也看出了他们迫不及待的心态，心中大怒，马上宣召杨广入宫，要当面责问。刚刚使人宣召杨广，此时宣华夫人（文帝宠妃）衣衫不整地跑进来，哭诉杨广乘她换衣时无耻地调戏她，使文帝更加醒悟到受了杨广的蒙骗，他拍着床头大骂："这个畜生如此无礼，怎能担当治国的大任。"他急忙命在旁的大臣柳述、元岩草拟诏书，废黜杨广，重立杨勇为太子。

此时，杨广得到自己安插在文帝身边耳目的密报，忙带兵包围了皇宫，赶散宫人，抓住柳述、元岩，谋杀了文帝。之后，杨广又派人假传文帝遗嘱，让故太子杨勇自尽，杨勇未及询问缘由，就被杨广的手下杀死。就这样，杨广用弑父杀兄的手段夺取了皇位，史称隋炀帝。

隋炀帝杨广即位后，一改矫情伪饰的面孔，与平日朴素、节俭的太子判若两人。他盛饰车马、随驾，大造舟楫、宫室，多方搜罗美女，力图使自己因伪饰而失去的享乐得到加倍的补偿。

605年，隋炀帝决定迁都洛阳。他派管理建筑工程的大臣宇文恺负责营建东都洛阳。宇文恺为迎合隋炀帝追求奢侈的心理，把工程规模搞得特别宏大。每月要役使200万人参加营建，同时又征集各

★隋炀帝杨广像

地的奇材异石，运送到洛阳。农民被迫运输，千里络绎不绝，许多人活活累死在路上。在营造东都的同时，他们还在洛阳西面专门造了供隋炀帝玩赏的大花园，叫做"西苑"。西苑方圆200里，园里人造的海和假山、亭台楼阁、奇花异草等应有尽有。尤其别出心裁的是，到了冬天树叶凋落的时候，他们派人用彩绫剪成花叶，扎在树上。苑内还饲养着各种珍禽异兽，供杨广游猎、观赏。晚上，杨广经常带着几千骑马的宫女，吹奏着乐曲，到西苑游览、夜宴。

同年，杨广为了游玩和加强对南方的统治，下令征发河南、淮北各地百姓100多万人，历时六年，修凿了一条东北起自涿郡（今河北省涿县），东南到苏杭，全长4000多里的大运河。河的两旁开辟大道，道旁种上榆树和柳树，岸边每隔两个驿站设置一座供杨广休息的行宫。自洛阳到江都（今江苏省扬州市），共设置了40多座行宫。

隋炀帝特别喜欢外出巡游，一来是游玩享乐，二来也是向百姓摆威风。从东都到江都的运河刚刚完工，隋炀帝就带着20万人的庞大队伍到江都去巡游。此前，他命官员造好了上万条大船。出发那天，隋炀帝和萧后分乘两条四层高的大龙船，船上有宫殿和上百间宫室，并装饰得金碧辉煌。接着就是宫妃、王公贵族、文武官员坐的几千条彩船。后面的几千条大船，装载着卫兵和他们随带的武器和帐幕。这上万条大船在运河上排开，船头船尾连接起来，竟有200里长。拉船的纤夫就有8万多人，两岸还有骑兵护送，旌旗蔽日，热闹非凡。

为了满足船队大批人员的享受，隋炀帝命令两岸的百姓给他们准备吃喝，时称"献食"。那些州县官员为了讨好皇上和宫中大臣，他们逼着百姓办酒席送去，有的州县送的酒席多到上百桌。这些美酒菜

★隋炀帝下江南（年画）

★隋朝大运河苏州段夜景

肴别说隋炀帝吃不了，就连他带的宫妃太监、王公大臣一起吃也吃不完。留下的许多剩菜，就在岸边掘个坑埋掉。如此奢侈浪费，使许多“献食”的百姓倾家荡产。有一年，杨广对乘船巡游已经没有了新鲜感，他突发奇想，要从陆路去北方巡游。正直的朝臣和百姓实指望此次巡游能省却很多麻烦。不料，炀帝却带了50万大军，还特地征调了十几个郡的民工开凿太行山，修起一条大道。又征调了100多万人，限期20天，修筑长城，用来保护他的安全。

隋炀帝建东都、开运河、筑长城，加上连年的大规模的巡游，无休无止的劳役和越来越重的赋税，已经把百姓压得喘不过气来。但是隋炀帝的骄奢淫逸的心理却越来越重。为了炫耀武功，612年，他发动了对高丽的战争。出兵以前，他征调大批工匠在山东东莱（今山东省掖县）海口大规模造船。工匠被迫在水中不分昼夜地劳作，腰部以下都被泡烂，死亡的有十分之三四。他还征调江淮以南的民工和船只，把黎阳仓、洛口仓的粮食运到涿郡，船只前后相继长达1000多里。奔走在路上的民工和兵士有几十万人之多，很多人因劳累而倒毙路旁，尸臭不绝。战争准备就绪后，隋军100多万人分海、陆两路进攻高丽，结果隋军大败，只有2700人逃回。

613年正月，杨广第二次征讨高丽，但因国内杨玄感起兵生乱，炀帝只好退兵。次年，国内农民起义席卷大江南北，炀帝妄想以对外胜利来扭转危亡的命运，进而对高丽进行了第三次征讨。但当时农民起义军遍地皆是，征集的士兵或因道路阻隔不能到达或沿途逃散，以致兵员不足，无法进军。炀帝只好与高丽和议，乘势收兵。

就这样，隋文帝时期积累起来的财富和民力被杨广无休止地挥霍和消耗着。而无止境的徭役和兵役，又迫使千千万万的农民离开家园，使大量田地荒芜。广大农民无法生活，只得吃树皮、树叶，甚至发生了人吃人的惨剧。杨广如此暴虐的统治，已在611年激起了农民大起义，但杨广却不知收敛，依然奢侈残暴，而且拒绝臣下的劝谏。

616年，他不顾大臣的反对，再次巡游江都。沿途他杀了三位上书劝他停止巡游的谏臣，最终到达了江都。此时，农民大起义的烽火已越燃越烈，而杨广的禁卫军将士也早已怨恨炀帝久居江都。618年3月3日，右屯卫将军宇文化及鼓动士兵，于傍晚杀入宫中。杨广闻变，仓皇改换服装，逃入西阁。叛军从宫女口中得知炀帝所在，将其与萧皇后抓住，吓得二人哭泣不止。杨广还声泪俱下地责问叛将道：“我犯了什么罪，你们要如此对待我？”叛将们说：“你穷兵黩武，游玩不息，穷奢极侈，荒淫无度，相信奸邪，拒绝忠言，使男子枉死战场，妇女儿童死于野外，百姓失去生计，天下大乱，你还说没有罪吗？”杨广无言以对，引颈受刑。统治中国38年的隋王朝至此宣告灭亡。

隋炀帝

隋炀帝杨广（569-618年），隋文帝次子，他在杀死文帝及兄长杨勇后即位。共在位14年，被农民大起义的浪潮困于江都（今江苏扬州市），为部下宇文化及等发动兵变缢杀，终年50岁，葬于今江苏省扬州市西北15里的雷塘侧。

隋炀帝杨广，又名杨英，小字阿摩。581年封为晋王，在南下灭陈和抵御北方突厥的过程中，他立有大功，并笼络了一批人才，一心要取代兄长杨勇的太子地位。杨勇由于生活奢侈，渐渐失去了隋文帝的欢心。杨广则迎合文帝的心意提倡节俭，伪装出生活俭朴，不好声色的样子。每当文帝到他府中，他就把浓装艳抹的姬妾锁进里屋，王府中只安排几个又老又丑的妇人，穿着粗布衣服，在左右侍候。他又故意将乐器的弦弄断，使乐器上布满了灰尘，放置在引人注目的位置上。文帝见了以为杨广像自己，十分称心。有一次，杨广外出狩猎，正逢大雨。侍卫给他送上油衣（雨衣），他拒绝着说道：“兵士们都在大雨中淋着，我一人岂能穿上独自避雨呢？”文帝听了，以为杨广还具备仁爱之心，日后能成大事，因而对他更加喜爱。与此同时，杨广又勾结与杨勇不和的越国公杨素，两个人在文帝和独孤皇后面前极力中伤杨勇，诬陷杨勇在文帝生病期间“盼望父皇快死”。文帝信以为真，逮捕了杨勇，并于600年将其废为庶人，改立杨广为太子。

杨玄感反隋

YANG XUAN GAN FAN SUI

杨玄感是杨素的大儿子，他喜欢读书，因为是将门之子，又善于骑马射箭。靠着父亲的军功，他位至柱国，品位与父亲一样，朝会时，父子同在一列。为此，隋文帝降杨玄感品位一等，以免父子同列。

★扬州观音山是隋代迷楼故址，据《迷楼记》载，迷楼是隋炀帝行宫。

杨玄感成年后在地方为官，他总是先派亲信去查实官吏的政绩，在弄明情况之后，再进行处置。所以，他的处理都很妥当。属吏对他敬畏而不敢欺骗、隐瞒，百姓也对杨玄感很敬佩和信服。当时人们认为杨玄感是个有才干、有能力，而且办事公平的官员。父亲杨素去世以后，他在隋炀帝朝中担任礼部尚书。杨玄感虽然很骄傲，对人也不太恭敬和礼貌，但是由于他爱好文学，敬重有学问的人，所以当时有名的文人学士都爱同他交往。

隋炀帝统治时期，腐败现象一天天严重，朝廷的纲纪越来越坏，杨玄感曾经准备废掉隋炀帝，改立秦王杨俊之子杨浩。大业五年(609年)，隋炀帝西巡，三月出发，五月攻打吐谷浑，六月份从大斗拔谷(今甘肃省民乐县东南，甘肃、青海两省交界处的扁都口隘路)退兵，由于山路崎岖、险要，人马只好鱼贯而出，那天又有大风，天色阴沉，许多士兵被冻死，随行官员也走失不少。杨玄感准备趁此机会袭击隋炀帝。他的叔叔杨慎劝杨玄感说："现在还不是时候。因为人心还没有改变，仍然向着隋朝，国家也没有什么大的破绽，还不是推翻朝廷(指隋炀帝)的时候。"杨玄感也就没有采取行动。

杨玄感认为，要推翻隋炀帝，应当掌握一些军队，所以他便向兵部尚书说，自己作为将门之后、功臣之子，受到朝廷莫大的恩惠，有心要报答国家，愿意在有军事活动时，作为将军领兵打仗，为国效劳。隋炀帝听说后认为，这是功臣之子爱国家、爱隋王朝的表现，很是高兴，给予了奖励，在隋炀帝发动征伐高丽的战争时，果然把督运粮草的重任交给了杨玄感。

隋炀帝大业八年(612年)，第一次征高丽，动用了113万人马，前锋30万人攻打过辽河，几乎全军覆没，只有2700人逃回。当时征发民工运粮，动用了二百多万劳动力，使田地荒废，大大破坏了农业生产。早在大业七年(611年)，无法生存的农民便开始起义反抗，到大业八年(612年)冬天，由于天旱，发生疫病，百姓死亡，以山东地区为最多，民间怨忿之极，农民起义更多了。到大业九年(613年)，农民起义有了发展，参加起义的农民更加多了。山东平原有数万农民起义，被称为"阿舅军"；灵武有"奴贼"起义；济北人韩进洛聚集数万人起义；济阴有孟海公领导的数万人起义；北海郭方预也聚众三万人起义。见到这种民怨沸腾、到处农

★杨广出游的豪华场面

★隋炀帝陵

民起义的情况，杨玄感决心把反隋炀帝的思想变为行动。

大业九年（613年），隋炀帝又发起第二次征伐高丽的战争。杨玄感在黎阳（今河南省浚县东北）督运粮草。他清楚，隋炀帝繁重的徭役、兵役逼得农民起来造反，天下将要大乱。他便同部下商量，决定不按时运粮，以此拖垮隋炀帝所率征伐高丽的军队。隋炀帝见粮食屡屡逗留迟运，便派使者去催促，杨玄感推说，有盗贼阻挡，难以按时连续运送粮食。当时，杨玄感的弟弟杨玄纵、杨万硕都在隋炀帝征高丽的前线，杨玄感怕自己一起兵，隋炀帝会把自己的弟弟处死，所以，悄悄派人让两个弟弟赶紧离开隋炀帝的军营，到黎阳来。六月，杨玄感便起兵反隋。

为了找个理由起兵，杨玄感知道隋将来护儿要率水兵从东莱入海进攻平壤，兵还未发，杨玄感便派自己的家奴假装从东边来，说是来护儿因迟出兵、违反了军令而造反了。于是杨玄感便进入黎阳城中，把城门关闭，搜集所有成年男子，说是来护儿造反，自己奉命要去讨伐，并向周围的各郡发书，让他们发兵前来，会合于黎阳仓。杨玄感很快就聚集了一万军队，准备袭击洛阳，由于无法渡过临清关，便从汲郡（今河南省浚县西）南渡黄河。当时参加杨玄感反隋炀帝的人，成群结队。不几天，杨玄感就有兵十余万，并打败了隋将裴弘策。附近的百姓纷纷送去酒食，进行慰劳。杨玄感常常对部下和百姓讲："我杨玄感身为上柱国，家中有钜万财产，富有尊贵可说到了极点，所以对于富贵已没有什么追求了。现在所以不顾家破族灭的危险而起兵，完全是为了解救倒悬，拯救天下黎民百姓的性命。"

杨玄感的这番话，鼓动了更多的人来到他的营门，要求参加反隋炀帝的斗争，几乎每天都有几千人去投奔他。随后，杨玄感便率兵进逼洛阳。

这时，刑部尚书卫玄从关中率领数万人马前去救援洛阳。他先派二万骑兵向杨玄感军队挑战，杨玄感伪装败退，卫玄以为战胜了，立即驱兵追赶上来，杨玄感预先埋伏的部队见隋军进入包围圈，立即冲杀出来，使卫玄的前锋全部被消灭。过了几天，卫玄又率兵来与杨玄感作战。双方的军队刚交战，杨玄感便派人呼喊说："杨玄感已经被活捉了！"卫玄的军队听到后，以为大功告成，都松懈了。正在这时，杨玄感率领数千骑兵突然冲了出来，见到杨玄感，隋军都愣住了，杨玄感乘机冲杀卫玄部队，隋军被冲溃，只剩下八千人退了回去。

杨玄感打仗十分骁勇，他使用一根长矛，身先士卒，对阵时，他厉

雀鼠谷之战

甄翟儿原为上谷（今河北易县）农民起义军首领魏刀儿部将，拥兵10万，曾率领义军攻打太原（今太原西南），大败隋将军潘长文和慕容罗喉军。作为隋末农民战争中的一支生力军，经常转战今山西北部地区，严重威胁隋战略要地太原。隋炀帝杨广为消灭起义军，加强太原守备，于大业十二年（616年）十二月，命李渊为太原留守，虎贲郎将王威、虎牙郎将高君雅为其副将，率领河东太原兵马五六千人，进剿甄翟儿起义军。双方相遇于雀鼠谷。甄翟儿率义军2万余人，布阵10余里，首尾相继，抗拒李渊军。李渊却布为二阵：以羸弱之兵居中，多张旗帜，全部辎重继后，为大阵；自率精骑数百分左右队，为小阵。并舍弃些辎重物资，以诱起义军中计。交战时，王威领大阵居前进击，甄翟儿误认为是李渊所在，便率义军精锐迎战。义军战士见官军辎驮，舍鞍争相取物。李渊遂率左、右二队，突然进击，义军大乱。李渊步骑兵乘势纵击，大败甄翟儿部，俘获甚多。

★绵山下的雀鼠谷

★游春图·隋

声怒喝，使敌人受到极大的震慑，当时人把杨玄感比作楚霸王项羽。杨玄感不仅勇敢善战，而且善于统率和控制部队，善于安抚士卒，对部下较好，所以士兵都乐于为他尽力战斗，常常取得胜利。

卫玄虽然打了几次败仗，但他仍然坚持战斗，他率军要与杨玄感决战。战斗更激烈了，一天之内，战十余合，结果杨玄感的弟弟杨玄挺中箭而亡，杨玄感受到很大震动，使进攻暂时停了下来。

在征高丽前线的隋炀帝，听到杨玄感起兵反隋的消息，十分震惊，只好收兵，停止征伐高丽。他要全力以赴镇压杨玄感的反叛，稳定自己的后方基地。隋炀帝命令武贲郎将陈稜攻黎阳，武卫将军屈突通屯兵河阳(今河南省偃师北的黄河北岸)，左翊卫大将军宇文述、右骁卫大将军来护儿，率兵攻打杨玄感。

★迦叶像·隋

被多支隋军拖住的杨玄感，在屈突通的隋军渡过黄河之后，只好分兵抵御卫玄和屈突通两军，随后又受到洛阳樊子盖隋军的攻击。杨玄感几次战斗失利。曾任隋朝民部尚书的李子雄建议杨玄感直入关中，开永丰仓救济百姓，这样可以控制关中，与隋炀帝争夺天下。杨玄感采纳了李子雄的建议，放弃了对洛阳的围攻，率军西行，进攻关中。宇文述等率隋军尾随。这时，有人劝杨玄感继续攻打洛阳，并告诉杨玄感说，洛阳宫城已经空虚，但里面粮食很多，很容易攻下。占领之后，进可以使敌人绝粮，退可以占领宜阳(今河南省宜阳西)地方。杨玄感听后，认为这也很有道理，便又回军攻打洛阳。一连三天都未攻下，延误了时间，而宇文述等率领的隋军都已追了上来。杨玄感与隋军边战边退，一日之间被人多势众的隋军打败了三次，接着又被追击的隋军打败。杨玄感只率领十几人逃奔到树林里，准备去上洛(今河南省商县)，这时部分追兵赶到，杨玄感挺长矛厉声高喝，追兵一见，都恐惧地退了回去。

摆脱了追兵以后，杨玄感与十余人继续西行。

一路上，杨玄感的人死伤掉队，逐渐减少，最后，只剩下杨玄感与弟弟杨积善了，他们连马也没有了，只好步行。在阌乡(今河南省灵宝西)，杨玄感认为已经没有办法生存下去了，便让弟弟杀死自己，他说："我们失败了，但是，我不能让他们抓住我，受凌辱而后被杀死。"杨积善遵照哥哥的命令砍杀了杨玄感，然后自杀，但没有死，被隋兵抓住，连同杨玄感的首级一起送到隋炀帝那里。杨玄感的几个弟弟，也都被隋炀帝杀死。

镇压了杨玄感之后，隋炀帝不仅感觉到了统治集团内部的破裂和矛盾，而且感觉到百姓对自己的不满，杨玄感一声招呼，立即组成了十余万反对隋炀帝的武装。所以，隋炀帝命樊子盖严厉惩处参加起义的人，连接受过杨玄感部队粮食的人也被处死，光是樊子盖所杀的就有数万人，而杨玄感则九族被诛。隋炀帝对身边的人说过："杨玄感反叛时，一声呼喊，就有那么多的人追随他，可见天下的人不要多，多了反而要为贼。不都杀掉，就不能劝诫后来的人。"

★金扣白玉盏·隋

他还让裴蕴穷追杨玄感的党羽，让各郡县坑杀掉，死者不可胜数。这使隋朝的社会矛盾更加激化，加速了隋王朝的灭亡。

隋末农民大起义

SUI MO NONG MIN DA QI YI

大业八年(612 年),由于杨广崇战尚武,曾三次征伐高丽,使隋军士兵死亡过半。又因他好大喜功,修东都、开凿大运河,几乎年年都有重役,男子不够征用,便把妇女也征来干活。由于人力、物力都浪费在征战和服徭役上,农业生产遭受到严重的破坏,人们的吃穿问题无法保障,饥民复生。

隋炀帝在大兴土木的同时,还讲求排场,四处巡游。每次都规模浩大,沿途的州县百姓不仅要修整河道,陆路也要修整,还要供应食品。下属的官员为了讨好朝廷和皇上,无不使出浑身解数,拼命地搜刮,竞相献送,使当地的百姓雪上加霜。612 年,全国大旱,尤其山东灾情严重,百姓为了求生存、解饥困,只有铤而走险。由此,全国规模的农民大起义的风暴又一次来临。

611 年,山东首先吹响了起义的号角。因为山东是东征高丽的筹备基地,兵役、徭役都较其它地区沉重,加之遭受了一次特大水灾,人们在走投无路的情况下,纷纷加入了起义的队伍。起义军凭山据险,攻守自如,使隋朝的官军望风披靡,各地郡县城隘不断被义军占领,豪强地主、贪官污吏得到了惩处。到 614 年止,全国各地的农民起义军已经达到了 130 多支。不论是隋朝统治集团的腹心地带,还是历史以来的军事重镇,到处都有起义军的影子。在全国起义军的行列中,有三股较大的起义力量,其中翟让、李密领导的瓦岗军力量最为强大。

瓦岗军首领翟让,本来是东郡的一个小吏,因为得罪了上司,被打进死牢。有个狱吏同情他,偷偷告诉他说:“我看你是条好汉,怎么能在牢里等死呢?”一天夜里,狱吏偷偷地为他解了镣铐,把他放出了牢门。

翟让逃到东郡附近的瓦岗寨,招集了一些贫苦农民,组织了一支起义队伍。当地一些青年人听到这个消息,都来投奔他。其中有一个青年叫徐世勣,年纪才 17 岁,他不但武艺高强,而且很有计谋,也深得翟让的信赖。按照徐世勣的建议,翟让带领农民军到荥阳一带,专门打击官府富商,夺取大批资财,扩大了起义军的影响,使附近越来越多的农民投奔到起义队伍,起义军很快就发展到 1 万多人。

★瓦岗军开仓散粮图

★李密塑像

后来,一个因牛角挂书、勤勉好学而名噪一时的李密投奔了翟让的起义军。原来,李密与帮助炀帝夺得皇位的宰相杨素的儿子要好。当年,杨素把隋炀帝扶上宝座后,便被抛之脑后,杨素因不得志,郁郁而死。杨素的儿子杨玄感心中不平,他趁隋炀帝第二次进攻高丽,便起兵造反。李密被杨玄感用为军师,但杨玄感未按李密谋划的“北上截断炀帝退路,使其腹背受敌”的上策行事,而是以下策攻取东都洛阳,结果杨玄感兵败被杀,李密则趁乱出逃。

李密参加起义军后,帮助翟让整顿人马。那时候,附近各地还有一些小股的农民起义队伍。李密到各处去联络,说服他们联合起来,听从翟让指挥。翟让十分高兴,对

瓦岗军

早在大业七年(611年)，东郡韦城县(今河南滑县)人翟让因罪逃亡到瓦岗寨(今河南滑县南)，继而聚众起事。不久，同郡的王伯当、单雄信、徐世勣纷纷加入，势力渐强。此后，起义队伍接受徐世勣建议，西上郑、宋(今河南郑州、商丘一带)发展。大业十二年(616年)，王伯当引荐曾参加杨玄感起兵反隋的李密加入瓦岗军。李密有胆略，多智谋，在他的策划下，瓦岗军很快壮大起来，并成为中原地区起义队伍的主力。随后瓦岗军攻克了荥阳(今河南郑州)诸县，又杀死了前来讨捕的隋将张须陀，声威大振。大业十三年(617年)二月，瓦岗军攻克了兴洛仓，并将贮存的大批粮食分给饥民。隋留守东都的越王侗急忙派刘长恭、裴仁基兵分两路合击瓦岗军。李密先击破刘军，后又招降了裴仁基。由是李密成了瓦岗军首领，统兵数十万人，几乎控制了河南全境。四月，瓦岗军进逼东都，隋炀帝遂派王世充拒守。但这时瓦岗军却发生了严重的内讧，李密杀了翟让，并坚持在东都城外与隋军相峙的错误战略。大业十四年(618年)三月，隋炀帝在江都被杀，宇文化及引兵西归，在洛阳城下与瓦岗军相遇，瓦岗军被宇文化及军和王世充军前后夹击，大败。九月，李密西走，降于唐朝，瓦岗起义军终于溃散。

李密的能力也十分赞赏。一次，李密建议翟让说："从前刘邦、项羽本来也是普通老百姓，后来借起义力量终于推翻了秦朝。现在皇上昏庸暴虐，百姓怨声载道，官军大部分又远在辽东。咱们手下兵强马壮，应该拿下东都和长安，推翻这个暴君！"翟让听从了李密的建议，并经过研究，决定先攻打荥阳。荥阳太守向隋炀帝告急，隋炀帝派大将张须陀带大军前来镇压。翟让曾与张须陀交过手，吃过败仗，他对此役心里没底。李密却胸有成竹，他请翟让摆开阵势，正面迎击敌人，自己则带了1000人马在荥阳大海寺北面的密林里设下埋伏。张须陀欺翟让不是他的对手，莽莽撞撞地指挥人马掩杀过来。翟让抵挡了一阵，假装败退。张须陀紧紧追赶，追了10多里，路越来越窄，树林越来越密，而此地正是李密布置的埋伏圈。李密一声令下，埋伏的瓦岗军将士一齐杀出，把张须陀的人马团团围住。张须陀虽然勇猛，但是被伏兵层层包围，他左冲右突，无法脱围，最终全军覆没。

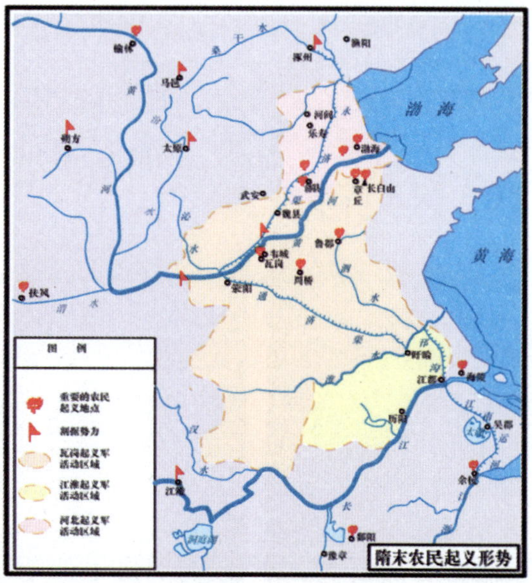

★隋末农民起义形势图

经过这一场战斗，李密在瓦岗军里提高了威信，掌握了兵权。李密不但号令严明，而且生活朴素，凡是从敌人那里缴获来的钱财，他都分给起义将士，将士们对他更加拥戴。617年，在李密的谋划下，瓦岗军攻取了洛口仓，并开仓济贫。贫苦农民受到了极大的鼓舞，他们积极踊跃地参加起义军。此时，隋朝在洛阳的越王侗派遣虎贲郎将刘长恭率军近3万人前来镇压。翟让、李密预先侦知了隋军的动向，作了周密的部署。他们乘隋军初来乍到，饥饿疲惫之时，主动进攻，隋军大败，死伤一半以上，刘长恭仓皇逃回东都。瓦岗军在此役中得到大量的辎重器甲，力量壮大，声威大振。同年9月，瓦岗军又攻破黎阳仓（今河南浚县东南），开仓济贫，起义军增加了20多万。此时的瓦岗军有数十万之众，控制了中原广大地区，达到了鼎盛时期。瓦岗军还公开宣布了隋炀帝的十大罪状，明确表示要推翻隋朝政权。但是，正当瓦岗军日益强大的时候，起义政权内部却出现了不可调和的矛盾。此前，翟让把首领位子让给了李密，翟让手下有些将领很不理解，有人劝翟让把权夺回来。翟让虽无此意，但这些话却传到李密和其部下的耳朵里，李密的部下建议李密除掉翟让，而李密为了保存自己的地位，竟起了狠心。有一天，李密请翟让喝酒，在宴会中，他把翟让的兵士都遣开，然后假意拿出一把好弓请翟让试射。翟让转过身子，刚拉开弓，李密布置好的刀斧手便把翟让砍杀。

瓦岗军内部的分裂，削弱了起义军的力量。618年6月，宇文化及率江都隋军北上，瓦岗军虽然对宇文化及作战取得胜利，但也损失严重。9月，东都隋军乘机发动进攻，瓦岗军全面失败，李密走投无路，于10月奔赴长安，投降了新建的唐朝。

李渊太原起兵

LI YUAN TAI YUAN QI BING

★李渊像

隋朝末年，随着农民起义的发展，一些地方豪强也都趁乱起兵，形成了一股股强大的割据力量。原太原留守李渊与隋炀帝是姨兄弟，617年，隋炀帝派李渊到太原去当留守，镇压农民起义。李渊有四个儿子，他的次子李世民时年18岁，有胆有识，平时喜欢结交有才能的人，人们也觉得他慷慨好客，喜欢与他交往。李世民看到各地起义风起云涌，隋朝的江山已经分崩离析，便暗暗打起了主意。

当时，晋阳(今山西太原)县令刘文静，十分看重李世民，李世民也把他看作知心朋友。刘文静与李密有亲戚关系，李密参加起义军后，隋炀帝下令捉拿李密的亲友，刘文静因此受到株连，被革了职，关在晋阳的大牢里。李世民听到刘文静坐了牢，十分着急，赶到牢里去探望。李世民拉着刘文静的手说："刘大哥，我来探望，不但是为了叙叙友情，主要是想请您帮我出个主意。"

刘文静早就知道李世民的心思，他说："现在皇上远在江都，李密逼近东都，到处都有人造反，这倒是打天下的好时机。我可以帮您收集10万人马，您父亲手下还有几万人，如果用这支力量起兵，打进长安，号令天下，不出半年就可成就帝业。"几句话说得李世民心里如释负重，他高兴地说："您对我想什么都心知肚明，以后还得靠您多帮我运筹。"

李世民回到家里，正愁不知怎样向父亲挑明起兵的事情，恰在这时，太原北面的突厥可汗(少数民族首领)率兵进攻马邑。李渊派兵抵抗，却连吃败仗。李渊怕隋炀帝知道后追究他的责任，正在又急又怕。李世民抓住这个机会，向父亲提出了起兵反隋的建议。李渊一听，吓得连忙说："起兵造反是要诛九族的，你怎么不知轻重。被人知道了你还有活路吗?"李世民胸有成竹地说："父亲受命于皇上，到这里讨伐反叛的人。可眼看造反的人越来越多，您能讨伐得了吗？再说，皇上猜忌心重，嗜杀成性，就算您立了功，您的处境也不会好到哪里，良禽择木而栖，不如我们早点动手反了隋朝，或许还能打出一个李氏江山，以解万民于水火。"

李渊犹豫了很长时间，才长叹一口气说："想想你说的话，也不无道理。自炀帝登基，天怒人怨，百官离心，百姓离德，早现亡国之兆。既然你有化家为国的志向，那就听天由命吧！"说完，他命人把刘文静从晋阳大牢里接出来，又派人把正在河东打仗的另两个儿子李建成和李元吉召了回来，与他们共谋起兵。李渊手下的两个副将看到李渊父子的举动反常，想出来阻挠，李渊借口他们勾结突厥，把他们抓起来杀了。

617年5月，李渊自称大将军，派李建成和李世民分别做左右领军大都督、刘文静做司马，又把兵士都称为"义士"。然后，他一面遣刘文静出使突厥，请求始毕可汗派兵马相助，一面带领3万人马离

★李渊太原起兵

★唐高祖像

唐高祖

唐高祖李渊（566－635年），字叔德。先世本为赵郡（今河北赵县）李氏。祖父李虎，西魏时官至太尉。父李柄，北周时历官御史大夫、安州总管、柱国大将军。母为隋文帝独孤皇后的姐姐，故特见亲重。隋炀帝即位后，李渊任荥阳（今河南郑州）、楼烦（今山西静乐）二郡太守。后被召为殿内少监，迁卫尉少卿。大业十一年（615年），拜山西河东慰抚大使。十三年（617年），拜太原留守。当时，隋末农民起义遍布全国，李渊自知无力镇压农民起义，又深晓炀帝猜忌嗜杀，政局动乱，难于自保，便与次子李世民在大业十三年五月起事，并从河东（今山西永济西）召回长子李建成和四子李元吉。李渊起兵后，一面遣刘文静出使突厥，请求始毕可汗派兵马相助，一面召募军队，并于七月率师南下，进取关中。

十一月攻拔长安，在关中站稳了脚跟。李渊入长安后，立炀帝孙代王侑为天子（恭帝），改元义宁，遥尊炀帝为太上皇。然后又以杨侑名义自加假黄钺、使持节、大都督内外诸军事、尚书令、大丞相，封唐王，综理万机。次年（618年）五月，李渊称帝，改国号唐，定都长安。

开晋阳，向长安进军。一路上，他们继续招募人马，并且学农民起义军的做法，打开官仓发粮给贫民，得到了百姓的拥护和支持，队伍不断壮大。而此时，瓦岗军在李密领导下与困守洛阳的王世充激战正酣，李渊乘隙夺取了关中。

当年7月，李渊命李元吉留守太原，亲自率军3万，在西突厥兵协助下，向长安进发。长安代王杨侑派宋老生、屈突通出兵抵御。李渊南下逼近霍邑（今山西霍县），但由于霍邑一带道路狭窄，又正赶上接连几天大雨，军队缺衣乏食，李渊对此有些动摇，想撤兵回晋阳。李世民哭谏说：“现在正是秋收季节，田野里有的是粮食，哪会缺粮！如果还没打仗就班师，岂不叫人失望！”李建成也支持李世民的主张，李渊这才改变了主意，决定在霍邑与隋军交战。

战斗开始之前，李渊、李建成在城东列阵，与宋老生对峙。李世民则从城南率骑兵直冲隋将宋老生的阵营。由于李氏父子两下合击，使宋老生腹背受敌，遭到惨败，霍邑被攻克。随后，李渊相继攻克临汾郡和绛郡（今山西新绛县），进逼龙门（今山西河津县西北）。

★表现李渊太原起兵的群塑

★青釉塑龙屋宇盖罐·隋

此后，李渊率兵围河东（今山西永济县），过黄河，兵锋直逼长安。11月，李渊汇合李建成、李世民、张弘基等20万兵马攻打长安城，并一战而下。李渊攻下长安以后，为了争取民心，宣布约法十二条，把隋王朝的苛刻法令一概废除，并且暂时让隋炀帝的孙子杨侑做个挂名的皇帝。

618年，隋炀帝被杀后，李渊废掉杨侑，正式称帝，建立了唐朝。而此期，盛极一时的瓦岗军内部出现了裂隙，李密杀死了起义军的主要首领翟让，并在几次重大战役中连连失利，瓦岗军濒于瓦解。其它各路义军或降唐，或被斩杀，起义的形势急转直下。到628年，全国各路义军均被征剿一空，全国又进入了大一统的李唐天下。

★唐高祖李渊献陵的华表

斗酒学士王绩

DOU JIU XUE SHI WANG JI

王绩，字无功，自号东皋子。绛州龙门（今山西省河津县）人。他约生于开皇十年（590年）。其兄王通，为隋末著名的儒者。王绩少好学，有远大的理想。然性格简放，不喜揖拜。为实现自己的抱负，他从十五岁开始便到京城长安，谒见名人，以求仕进。隋炀帝大业年间，登孝悌廉洁科，授秘书省正字。但王绩不乐意在朝廷做官，主动要求到外地任职，于是他做了扬州六合县的县丞。当时已是隋末，时局动乱，王绩也无心于政事，加之性情简傲，经常纵酒，终于纵酒失职，屡遭弹劾，并于大业十年（614年）被革职归家。

王绩被罢官回乡，乡里有人讥诮他以饮酒失官，对此，王绩不屑一顾，他写了一篇杂文叫《无心子》，文章的主要内容是说："无心子寓居于越，越王不知道他是个有大作为的人物。越王让他做官，他面无喜色，一切都随大流。按照越国的法令，'有秽行者不齿'。无心子当官不久，有人向越王汇报他有'秽行'，越王罢了他的官，他对此面无恼怒之色，坦然地退归。无心子来到王绩的故乡，遇到了机巧之士，机士拍着大腿再三叹息说：'唉呀，您是贤者，怎么会因罪革职？'无心子不予回答。机士又说：'愿意向您请教。'无心子说：'你听说过蜚廉氏马的故事吗？从前有蜚廉氏者，家里有两匹马。一匹毛色漂亮，有龙凤之姿，骤驰如舞，终日不卸鞍，最后因其艺高而累死了；另一匹长相奇丑，毛病极多，无人用它，把它放在了野地里，结果它吃得肥胖，活得很好。所以说，凤凰不憎出栖，蚊龙不羞泥蟠；君子不苟洁以罹患，圣人不避秽而养生。'机士听了无心子这番话，说：'这话说得太好了，太完善了，真是无以复加了。'"

★纵酒佯狂的王绩

从这篇文章中，可以看出王绩是以无心子自喻，表明自己是一个"君子"，不愿在这乱世"苟洁以罹患"，而愿"不避秽而养生"。王绩家中有田四十六顷，有奴婢数人帮他种地，春秋酿酒，养凫鹰，种草药。他的床头放着《周易》、《老子》和《庄子》，其他书很少读。他的同乡中有位隐士叫仲长子光，无妻子，结庐于黄河之北渚，三十年间，均自食其力。王绩爱其有真情至性，与之交往。仲长

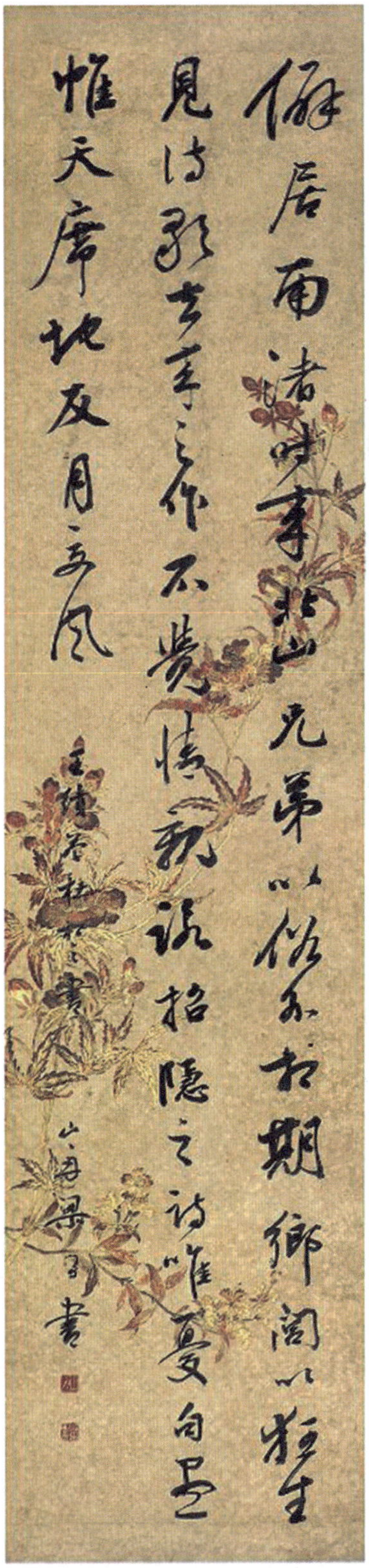

★梁同书（1723–1815）行书·王绩答杜松之书·立轴

子光是个哑巴，不能与王绩交谈，但王绩经常和他对饮酒，十分欢乐。王绩尝耕于北山东皋，所以自号东皋子。闲暇之时，他骑牛到酒肆去，有时数日不归。

唐朝建国之后，对隋朝的官员实行优待政策：凡在隋朝做过官的人，都可待诏门下省，也就是等待分配工作，王绩当然也在此列。按照传统习惯，官府每天发给每位待诏者三升好酒。王绩的弟弟王静曾问他：“待诏有什么乐趣？”王绩回答说：“待诏俸禄微薄，境况萧瑟，无什么乐趣。但每天有三升好酒，这还是让人留恋的。”王绩的话传到了主管官员那里，侍中陈叔达说：“三升好酒不足以留住王先生。”于是破例每天给他一斗好酒，因此，王绩获得了“斗酒学士”的雅号。

★王绩画像

★王绩拜见权倾朝野的大臣杨素

唐太宗贞观四年(630年)，王绩的哥哥王凝因得罪了朝廷重臣，牵累到“王氏兄弟，皆抑而不用”，王绩就假借有风疾，退隐回乡。到了贞观十一年(637年)，王绩又第三次赴选入仕。在安排工作时，王绩主动要求去太署去，吏部不同意他去，王绩三番五次地请求，并说明他到太乐署做官“有深意”，结果吏部只好同意，他出任了太乐丞。原来，这太乐署史名叫焦革，家里善酿美酒。王绩上任后，焦革每天给他送酒喝。但过了不久，焦革突然死去，王绩十分伤心，好在有焦革之妻袁氏每天继续给他送酒。可是一年多以后，焦革的妻子也死了，从此再没人给送好酒喝了，王绩仰天长叹：“难道老天爷不让我喝好酒吗？”既无好酒可喝，他对太乐丞这个小官本来就无兴趣，于是他又弃官而去。

王绩回乡之后，追述焦革酿酒法为《酒经》一卷，又采杜康、仪狄以来善酿者为《酒谱》一卷。在自家住处东南建造了杜康祠，并以杜康为师，以焦革配飨。自己写了《醉乡记》一文，以配刘伶的《酒德颂》。他经常入酒肆饮，至五斗不醉，人称“五斗先生”。他自己撰写了《五斗先生传》一文，自称：“有五斗先生者，以酒德游于人间。人有以酒请者，无贵贱皆往。往必取醉，醉则不择地斯寝矣，醒则复起饮也。”凡是有人请喝酒，他是有请必到，每饮必醉。对于他的醉酒，他曾写有《过酒家》诗八首，其第五首写道：“此日长昏饮，非关养性灵。眼看人尽醉，何忍独为醒？”看来他的醉酒，不关修身养性，也不只是为图享乐，还包含着他对社会的深深不满和不平。

王绩在乡间以饮酒和狂放闻名。刺史崔喜很喜欢他的性格，请求和他相见，王绩说：“他怎能坐在家里召见我这有名的隐士？”坚决不去见崔喜。他的老朋友杜之松做州刺史，请他去讲礼。他说：“吾不能揖让邦君门，谈糟粕，弃醇醪也。”意思是说，我不愿到官府去揖拜受束缚，谈论糟粕(指礼)而放弃饮酒。他除饮酒之外，就是写诗著文。

贞观十八年(644年)，王绩自知不久于人世，于是留下遗嘱，要求薄葬，并预先替自己写下了墓志。其《自作墓志铭》前有序道：“王绩者，有父母，无朋友。自为之字曰无功焉。人或问之，箕踞不对，盖以有道于己，无功于时也。不读书，自达理。不知荣辱，不计利害。起家以禄仕，历数职而一进阶。才高位下，免责而已。天子不知，公卿不识，四十、五十而无闻焉。于是退归，以酒德游于乡里。往往卖卜，时时看书。行若无所之，坐若无所据，乡人未有达其意也。”其铭文道：“有唐逸人，太原王绩。若顽若愚，似矫似激。院止三径，堂唯四壁。不知节制，焉有亲戚？以生为附赘悬疣，以死为决疣溃痈。无思无虑，何去何从？”这篇《自作墓志铭》是王绩对自己一生的总结，是后人了解王绩的重要材料。

王绩一生怀才不遇，他对现实不满，确有愤世之情，但他一生对社会、对人生的态度是消极的。这种既愤世又混世的处世态度，也直接影响了他的诗文创作，使他成为唐朝初年一位有影响的田园诗人。

王绩《野望》

东皋薄暮望，徙倚欲何依。
树树皆秋色，山山唯落晖。
牧人驱犊返，猎马带禽归。
相顾无相识，长歌怀采薇。

这是一首描写秋天山野景致的五言律诗。诗风疏朴自然，于平淡中表现出诗人“相顾无相识”的抑郁苦闷的心情，同齐梁以来绮靡浮艳的文学风习大异其趣。全诗洗尽铅华，为唐初诗苑吹进一股清新的气息，是王绩的代表作之一。

“东皋薄暮望，徙倚欲何依。”首二句以抒写情性为主。“东皋”，泛指王绩家乡绛州龙门附近的水边高地，借用陶渊明《归去来辞》“登东皋以舒啸”的诗句，暗含诗人归隐之后，尝耕东皋之意，故而自号“东皋子”。“徙倚”，是徘徊的意思。“欲何依”，化用曹操《短歌行》“绕树三匝，何枝可依”的诗句。这两句诗以平平淡淡的叙述，首先推出薄薄暮色之中，诗人兀立在东皋之上，举目四望，一种莫可明状的孤寂无依的愁绪涌上心头，使之无法平静下来，以此观景自然会涂上一层心理上的不平衡色彩，并为中间四句写景提供巧妙的铺垫。

“树树皆秋色，山山唯落晖。”这是诗人对眼前景观的粗线条的描绘，着重于色彩的透明度，层层树林已染上萧瑟的金黄的秋色，起伏的山峦惟见落日的余晖，这是多么宁静、开阔、美丽的画面。纵使在淡淡的暮霭之中，人们还是能够感觉到山野间秋林、落晖的光与色的强烈辉映。接着，诗人的笔锋又转向动的叙写：“牧人驱犊返．猎马带禽归。”着力刻画视野所见山野放归的生动场景，为整个静谧的画面，注进一股跳动的情致和欣然的意趣。句中的几个动词“驱”、“返”、“带”、“归”，用得自然而精警。这种动态式的描写愈发衬托出秋日晚景的安详宁静，诗人于一静一动的描写之中，把山山树树、牛犊猎马交织成一幅绝妙的艺术画卷。光线与色彩的调和，远景与近景的搭配，都显得那么自然和谐，令人不能不产生某种遐想，甚至忘情在安逸闲适的田野之中。

可是，身临其境的王绩，他的感受远不能像田园诗人那样得到精神上的慰藉，油然而生的却是某种茫然若失、孤独无依的情绪。“相顾无相识，长歌怀采薇。”这最后两句完全道出诗人内心的苦闷和怅惘，既然在现实中找不到相知相识的朋友，那就只好追怀伯夷、叔齐那样不食周粟、上山采薇的隐逸之士。有人评曰：“读《野望》篇，固知高士胸襟，超然物外，一腔隐情，千古自有知己。”正深得本诗的主旨。

本诗首尾两联抒情言事。中间两联写景，经过以情写景、借景言情的层层深化描写，把诗人的孤寂彷徨之情与笼罩四野的秋色暮景巧妙的联结起来，给读者带来直觉的艺术观感和美的愉悦。诗中所蕴含的不尽之意，更使人们长久地咀嚼、回味。全诗语言质直清新，自然流畅，言浅味深，句句有力，为唐诗及后代诗歌语言的创新开辟先路。

★《野望》诗意图

李世民取东都

LI SHI MIN QU DONG DU

在李渊攻占长安的同时，各地起义军也在不断发展壮大。除了瓦岗军之外，主要的还有窦建德领导的河北起义军和杜伏威领导的江淮起义军，他们都在各地不断打击隋军。

残暴荒淫的隋炀帝被禁卫军勒死后，东都洛阳还在隋炀帝的孙子杨侗和大臣王世充手里。王世充把杨侗立为皇帝，继续打着隋朝的旗号，对抗起义军。

东都周围本来是瓦岗起义军活动的地区，李密曾经多次打败隋军，但因起义政权发生分裂，李密杀死了起义军首领翟让，严重削弱了起义军的力量。王世充看准时机，发起一次猛烈袭击，打垮了李密大军。李密带着残兵败将，逃到长安，投靠了李渊。

王世充赶跑了李密，自以为力量强大，便废黜杨侗，自立为帝，国号郑。这时候，李世民率兵挺进中原，势如破竹，相继收复了河南的多数郡县，只给隋朝的残余势力王世充留下一座孤城——东都洛阳。

★三身佛像·唐

619 年，唐高祖派李世民统率大军进攻东都。李世民不但善于打仗，而且善于用人。他从原瓦岗军和其他割据势力的降将中，收留了一批人，如秦叔宝、程咬金、尉迟敬德等，这些人都是他的得力助手。有一次，在围城以前，李世民亲自带了 500 骑兵在阵地上巡视，被王世充发现。王世充欺他人少，派出 1 万多步兵骑兵突然围上来，王世充的大将单雄信冲到李世民身边，用长矛直刺过来。在此危急关头，尉迟敬德飞马赶上，大喝一声，把单雄信刺于马下，并保护李世民突出重围。然后，两个人又带着骑兵转过身在郑军阵地来回冲杀，吓得郑兵不敢阻挡。接着，唐军援兵赶来，一阵厮杀，把郑军打得一败涂地。王世充本想截杀李世民，却偷鸡不成蚀把米。

620 年，李世民把东都层层包围起来。从这年秋天一直到第二年春天，唐军日夜不停地攻城。王世充则在城里严密防守，不断用石炮、弩箭袭击城外唐军。时间一长，双方将士都有些疲劳厌战，李世民同将士们共同分析战场形势，认为此时不应给郑军以喘息之机，如果停止攻城，就会前功尽弃。于是他下令说："现在四周各州郡都已经投降，洛阳成了一座孤城，迟早可以攻下，咱们不能半途而废，不攻下东都，决不退兵。"

★唐太宗李世民像

王世充见唐军攻城愈急，洛阳城旦夕将破，只得秘密派人出城，向河北的窦建德求救。窦建德领导的起义军是河北一支强大的军事力量，在王世充自立为帝以后，窦建德也称帝，国号夏。窦建德接到王世充的求救信后，一面带领 30 万人马水陆并进，援救东都；一面派出使者给李世民送去一封信，要求李世民退回关中。

李世民对窦建德的威吓未加理会，他果断地采取了围城打援的作战策略，把南下的窦建德大军堵住。李世民将李元吉留在东都继续围攻王世充，自己带 3000 多精兵北上，扼守武牢关(即虎牢关，在今河南荥阳汜水镇)。

★唐太宗半身像

唐太宗

李世民（599-649年），中国封建社会伟大的军事家，卓越的政治家，唐代第二位君主，中华帝国千古一帝。李世民为高祖李渊的次子，出生于武功（今陕西武功西北），四岁时曾有相面先生预言说，此子将来必能济世安民，因而取名世民。隋炀帝大业十一年（615年），炀帝被突厥始毕可汗率兵围困在雁门（今山西代县），年仅十六岁的李世民应募勤王，崭露头角。大业十三年（617年），李渊被任为太原留守，李世民随从来到晋阳（今山西太原）。这时隋政已衰，天下纷乱，李世民广交英雄豪杰，积极招兵买马，准备举兵反隋，夺取天下。他的密友晋阳县令刘文静因受瓦岗军首领李密株连而被捕入狱。李世民以探视为名，与他在狱中拟定了招募兵士、西入关中、创立帝业的起兵计划。李渊在晋阳起兵以后，李世民与其兄李建成分统左右两军，协同作战，于大业十三年（617年）十一月攻克长安。唐朝建立后，李世民以功拜为尚书令、右武候大将军，封秦王。

窦建德大军到了武牢关，被唐兵拦住，夏军发起几次进攻都没成功。李世民却派轻骑兵抄小路，把夏军的粮道切断。而窦建德认为自己兵力强大，可一举拿下武牢关，便拒绝了部下的劝阻，命令全军出动，攻关夺隘。

★魏征与唐太宗

李世民见夏军鼓噪而来，便来到一处高地，观察夏军的阵势，只见夏军阵法混乱，行进松散，便对手下说："窦建德没有遇到过强大的敌手，从他的阵势就可以看出他骄傲轻敌。我们只要按兵不动，等待他们兵士疲劳的时候一举出击，就一定能打败他们。"

夏军列阵完毕，等待着唐军下关交锋。可是，夏军从早上等到中午，也没见唐军出来。此时，夏军兵士们又累又饿，有的坐在地上，有的到河边舀水喝。李世民见夏军疲惫，且已失去戒备，便命令将士渡过汜水，直冲窦建德的大营。

窦建德听说唐军骑兵突然冲来，赶忙指挥骑兵应战。霎时，阵地上尘土飞扬，箭如雨落。激战中，李世民乘夏军不备，带领小股骑兵猛插到夏军阵后，举起了唐军的大旗。夏军将士回头一看，以为唐军已经占领大营，都四处逃散。李世民率兵奋力追击，生擒了窦建德。接着，李世民回兵东都，继续围攻王世充，并迫其投降。

东都一战，生擒了窦建德，迫降了王世充，消灭了这两股较强的割据势力。只有窦建德的部将刘黑闼仍率领河北夏军，继续和唐军作战。唐军又花了三年时间，才把河北地区稳定下来。623年，唐朝统一中国的战争方告结束。

★三彩宝相花纹罐·唐

★少林寺十三棍僧救唐王（烙画）

玄武门之变

XUAN WU MEN ZHI BIAN

房玄龄

房玄龄（579-648年），名乔，字玄龄。齐州临淄（今山东淄博东北）人。唐代初年名相。房玄龄博览经史，工书善文，18岁时举进士，授羽骑尉。隋末大乱，李渊率兵入关，房玄龄于渭北投秦王李世民，屡从秦王出征，参谋划策，典管书记。每平定一地，别人争着求取珍玩，他却首先为秦王幕府收罗人才。他和杜如晦是秦王最得力的谋士。626年，他参与玄武门之变的策划，与杜如晦、长孙无忌、尉迟敬德、侯君集五人并功第一。唐太宗李世民即位，房玄龄为中书令。贞观三年（629年）二月为尚书左仆射。637年封梁国公。至642年进位司空，仍综理朝政。太宗征高句丽时，他留守京师。贞观前，他协助李世民经营四方，削平群雄，夺取皇位。李世民曾称赞他有“筹谋帷幄，定社稷之功”。

★房玄龄像

在唐朝统一全国的过程中，李世民军功甚多。他首先打败了据有金城（今甘肃兰州）一带的薛举，迫使其子薛仁杲降唐；接着又打退了倚仗突厥势力南攻河东的刘武周、宋金刚；621年又打败窦建德，消灭夏政权，同时迫使盘踞洛阳的王世充出降，郑随之灭亡。其后，李世民南征北战，逐一削平了其他的割据势力，最终统一了全国。李世民不但自身有勇有谋，而且手下有一批人才。在秦王府中，文有房玄龄、杜如晦等，号称十八学士；武有尉迟敬德、秦叔宝、程咬金等著名勇将。

★尉迟敬德雕像

唐高祖即位之初，封李建成为太子，李世民为秦王，李元吉为齐王。因李世民功高权重，他的功业超过了李建成和李元吉，但身为次子，不能继承皇位。而太子李建成自知李世民终不会屈居人下，觉得自己的地位时时受到威胁，便暗中积蓄力量。虽然他没有李世民那样雄厚的实力，但他有太子这个合法的身份，使得一大批皇亲国戚聚集在他的周围。他长期留守在关中，在京城长安一带有坚固的基础，甚至宫廷的守军（玄武门的卫队）都在他的控制之下。为了不失太子之位，李建成还把齐王李元吉拉拢过去，一起排挤李世民。

★玄武门之变

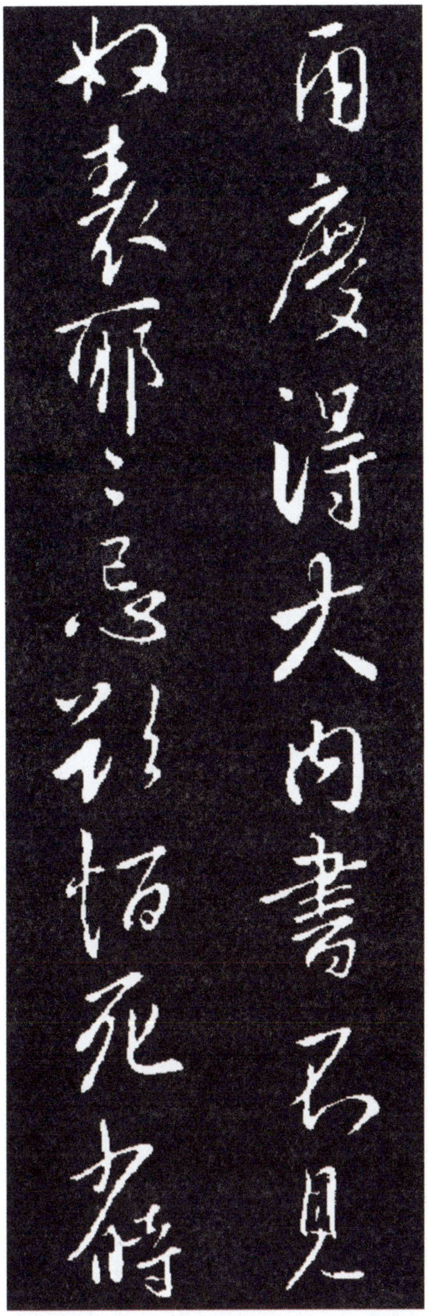

★唐太宗李世民手迹

李建成、李元吉知道唐高祖宠爱哪位妃子，就经常在这些宠妃面前拍马送礼，讨她们的欢心。可李世民平定东都之后，有的妃子私下向李世民索取隋宫里的珍宝，为她们的亲戚谋取官职，却都被李世民拒绝。于是，宠妃们常常在高祖面前说太子的好话，讲秦王的短处。唐高祖听信宠妃的话，以为李世民功高自傲，便渐渐与他疏远。

李建成和李元吉见李渊疏远了秦王，知道他们的计谋起了作用。于是，他们便着手实施加害李世民的第二个步骤。一次，李建成请李世民到东宫去喝酒。秦王喝了几盅，忽然感到肚子痛，并呕出血来。幸亏叔父淮安王李神通把他扶回秦王府，抓紧请医服药，才使李世民脱离了生命危险。李世民心里明白，一定是李建成在酒里下了毒。从此他开始警觉起来，并寻找机会挫败来自太子的威胁。

李建成、李元吉酒中下毒未能得手，却打草惊蛇，使他们很难找到下手的机会。他们看一时难以除掉李世民，便把目标集中在翦除李世民羽翼的方向上来。李建成私下派人送了一封信给秦王手下的勇将尉迟敬德，表示要同尉迟敬德交个朋友，还给尉迟敬德送去一车金银。

尉迟敬德知道李建成是在为自己树立党羽，他对使者说："我是秦王的部下。如果私下跟太子来往，对秦王三心二意，我就成了个贪利忘义的小人。这样的人对太子又有什么用呢？"说着，他把一车金银原封不动地退还给使者。

李建成受到尉迟敬德的拒绝，气得要命。但他们并未就此罢手，而是采取了孤立秦王的办法。当时，突厥进犯中原，李建成便向唐高祖建议，让李元吉代替李世民带兵北征。唐高祖任命李元吉做主帅后，李元吉又请求把尉迟敬德、秦叔宝、程咬金三员大将和秦王府的精兵都划归自己指挥。他们打算把

★程咬金像

★杜如晦像

杜如晦

杜如晦（585—630 年），字克明，京兆杜陵（今陕西西安东南）人，唐初名相。唐武德元年（618 年），杜如晦被李世民引为秦王府属官。此后常从征伐，参与机要、军国之事，剖断如流。又迁陕东道大行台司勋郎中，并以本官入文学馆为十八学士之首。武德四年（621 年），李世民建天策府，以杜如晦为从事郎中。当时李世民弟兄间皇位继承的争夺十分激烈，太子李建成企图翦除李世民的羽翼，在唐高祖李渊面前谮毁李世民的幕僚，因此杜如晦和房玄龄同被斥逐。武德九年（626 年），杜如晦潜入秦王府谋划玄武门之变，以功擢拜太子左庶子。太宗即位，杜如晦迁兵部尚书，进封蔡国公。贞观二年（628 年），以本官检校侍中，摄吏部尚书，仍总监东宫兵马事。杜如晦为相时，正值唐新建不久，他与房玄龄共掌朝政，典章制度皆两人所定。时称如晦长于断，玄龄善于谋，即流传于世的"房谋杜断"，两人配合默契，同心辅佐太宗，后世论唐代良相，首推房、杜二人。

★唐代画家阎立本所画《步辇图》中的李世民

★长孙无忌像

★秦叔宝雕像

这些将士调开以后，就在秦王为出征将士饯行的时候刺杀他。不想，有人把这个秘密计划报告了李世民。李世民感到形势紧急，决定先发制人。就在当天夜里，李世民进宫向唐高祖告了一状，诉说太子与李元吉淫乱后宫，图谋害己。唐高祖答应等明天一早，叫兄弟三人一起进宫，由他亲自查实此事。

第二天早上，李世民叫长孙无忌和尉迟敬德带了一支精兵，埋伏在皇宫北面的玄武门，只等李建成、李元吉进宫。没多久，李建成、李元吉骑着马朝玄武门而来，他们自以为这一次骗开秦王的属下，就可以放心地对他下手了，因而没有丝毫的心理戒备。可是，他们到了玄武门旁，却觉得周围的气氛有点反常，守门卫士也比较陌生，两人心里开始犯疑，便不约而同掉转马头，准备回去。

这时，李世民从玄武门里骑着马赶了出来，高喊道：“殿下，慢走！”李元吉转过身来，见是李世民，他操起随身的弓箭就想射杀他，可是由于心里紧张，连射几箭都未射中。此时，李世民也已握箭在手，他首先朝着李建成的面门就是一箭，李建成应声落马。接着，尉迟敬德带了70名骑兵一齐冲杀出来，李元吉也命丧箭下。

东宫和齐王府的将士听到玄武门出了事，全部出动，猛攻秦王府的兵士。李世民一面指挥将士抵抗，一面派尉迟敬德进宫。当李氏三弟兄火并的时候，唐高祖带着大臣、妃子正在海池中乘船游玩。忽然，高祖看见尉迟敬德匆匆朝这里赶来，他高声问道：“你来这里干什么？”尉迟敬德说：“太子、齐王叛乱，秦王恐怕惊动陛下，特派臣来护驾。”高祖大吃一惊，忙问：“太子、齐王现在何处？”尉迟敬德说：“已经被秦王杀死了。”

高祖听了十分难过，吩咐游船靠岸，喃喃自语说：“想不到会有今天这样的事情发生，这可怎么办呢？”身旁的一位大臣说：“建成、元吉本来就没有大功，秦王功德盖世，深得人心，理该立为太子。”高祖说：“我本来也是这样想的。”尉迟敬德忙说：“外面还没有完全平静，请陛下降旨，要各路军队都接受秦王指挥。”高祖立即派人传旨各路人马，接受秦王节制，从而结束了这场政变。两天以后，唐高祖下诏将李世民立为太子。八月，唐高祖禅位而为太上皇，李世民登上帝位，是为唐太宗。第二年年初，唐太宗改元贞观。

★陕西西安玄武门遗址

★李世民雕像

魏征直言敢谏

WEI ZHENG ZHI YAN GAN JIAN

627年，李世民登基改元后，重置朝官，奖功罚过。他将谋士房玄龄、杜如晦的功劳列为第一，并任为宰相，执掌朝政。这样安排引起了他的叔父淮安王李神通和骁将尉迟敬德的不满。两人自恃战功显赫，资深位高，口出怨言。对此，唐太宗声色俱厉地对李神通说："叔父虽在义旗初举之时，有首倡之功，但后来却在同窦建德和刘黑闼的两次作战中，一次全军覆没，一次望风而逃。房玄龄、杜如晦运筹帷幄，安定社稷，论功行赏，理当第一。你虽是我的叔父，国家贵戚，但我决不能以私恩滥与功勋之臣同赏！"接着，他又对尉迟敬德说："我以前在读《汉书》时，看到汉高祖时的有功将领很少有保全性命的，常对高祖心怀不满，因而想引以为鉴，有意保护功臣，不使其子孙断绝。但你却经常居功自傲，触犯法律。我今天才明白汉初大将韩信和彭越等人受戮被杀，家破人亡，并非是汉高祖的过失。国家大事，只有赏罚两种。非分之恩，不可兼行，你要自珍自爱，免得将来后悔。"李神通和尉迟敬德听了这番警告以后，当即表示悔过自新，这场争功风波很快便平息了。

★房玄龄雕像

不过，接下来有人向唐太宗进言，说李建成原来的幕僚魏征，曾经多次为李建成除掉李世民出谋划策，应抓来问罪。唐太宗听说此事，立刻派人把魏征找来，太宗责问说："曾闻你多次向太子献计，要诛杀我，可有此事？"太宗原以为魏征会矢口否认，哪知他非常平静地回答说："是，陛下。"太宗大声吼道："我与太子孰优孰劣天下皆知，可你却不知择主而侍，挑拨我兄弟相互残杀，你知罪吗？"

左右的大臣听太宗这样发问，以为是要算魏征的旧账，都认为魏征此来不能生还。但魏征还是神态自若、不慌不忙地回答说："我当时是太子的臣下，为太子谋国去敌是我份内之事，所谓各为其主。只可惜太子不纳臣言，没听我的话。要不然，也不会有玄武门的杀身之祸。"太宗听了，觉得魏征说的很在理，又觉得他很有胆识，便把火气压了下来。他和颜悦色地说："为主设谋是其忠，不避祸患是其勇，临危不乱是其智，可见太子当初没有很好地重用你啊！"接着，太宗赦魏征无罪，还委以重任，把他提拔为谏议大夫，让其参掌朝政。

如此重用魏征却引来了太宗旧臣的不快，他们背后嘀咕说："我

★魏征像

们跟着皇上多少年了，现在皇上封官拜爵，反而将东宫和齐王府的人多加重用，这太不公平了！"宰相房玄龄把这番话告诉了唐太宗。唐太宗笑着说："朝廷设置官员，为的是治理国家，选拔贤才应不拘一格，怎么能拿关系来作选人的标准呢。"大家闻太宗之言，才无话可说。

唐太宗不仅不记旧仇，他还注意采众家之长，择善而从，虚怀纳谏。他时常鼓励臣下，多提意见，多进谏言，以便帮他明辨是非。魏征本身是个谏官，因此他的谏奏相对就多。不过，魏征有什么意见喜欢在唐太宗面前直说，有时弄得唐太宗也很下不来台。有一次，宰相封德彝向唐太宗建议将不到参军年龄的中男（唐初十六岁为中）体格健壮者简点入军，以补充兵员不足。唐太宗没有多想，便令中书省起草诏令，送门下省审议后，交尚

★立于河北省晋州市魏征公园内的魏征塑像

书省执行。但当这一诏令送至专门负责签名盖章的魏征手中时，他却拒不签字，虽经多次交涉，均被退回。无奈，封德彝只得向唐太宗作了汇报。太宗听罢大怒，立即派人召来魏征，声色俱厉地说："简点健壮中男入军一事，是经我同意的。你这样顶着不办，是何道理？"魏征郑重地回答道："我听说竭泽而渔，并不是打不到鱼，但明年无鱼；焚林而猎，并不是捕不到兽，但明年无兽。如果将中男简点入军，那么这些人原来承担的租赋杂徭，将如何取给？并且兵不在多，关键在于训练是否得法。"唐太宗听罢，火气顿消，连忙解释说："是我没有动脑子，差点儿铸成大错。"然后，他收回了原来的诏命，还特意赏赐魏征一口金瓮。

还有一次，魏征在上朝的时候，与唐太宗争得面红耳赤。唐太宗实在听不下去，想要发作，又怕在大臣面前丢了自己善纳谏言的好名声，只好勉强忍住。退朝以后，他憋了一肚子气回到内宫，见了他的妻子长孙皇后，气冲冲地说："总有一天，我要杀了这个乡巴佬！"长孙皇后很少见太宗发那么大的火，问他说："不知道陛下想杀哪一个？"唐太宗气呼呼地说："还不是那个魏征！他总是当着大家的面让我下不了台，弄得我失了威风，丢了斯文！"

长孙皇后听了，未加言语，她回到自己的内室，换了一套朝见的礼服，向太宗下拜。唐太宗惊奇地问道："你这是干什么？"长孙皇后说："我听说英明的天子才有正直的大臣，现在魏征这样正直，正说明陛下的英明，我怎么能不向陛下祝贺呢！"

这一番话就像一盆清凉的水，把太宗满腔怒火浇灭了。以后，太宗有什么难于排解的事都把魏征召进内宫，先听取他的意见。有一次，唐太宗问魏征说："历史上的人君，为什么有的人明智，有的人昏庸？"魏征说："兼听则明，偏听则暗。治理天下的人君如果能够采纳下面的意见，那么下情就能上达，他的亲信要想蒙蔽也蒙蔽不了。"他同时还列举了历史上尧、舜和秦二世、梁武帝、隋炀帝等例子来说明这个道理，听得唐太宗连连点头。还有一次，唐太宗读完隋炀帝的文集，跟左右大臣说："我看隋炀帝这个人学问渊博，也懂得尧、舜好，桀、纣恶，为什么干出事来却这么荒唐？"魏征接口说："一个皇帝光靠聪明渊博不行，还应该虚心倾听臣子的意见。隋炀帝自以为才高，骄傲自信，说的是尧舜的话，干的是桀纣的事，到后来只能自取其辱，自取灭亡。"唐太宗听了，感触很深，叹了口气说："唉，过去的教训，就是我们的老师啊！"

643年，魏征因病重而死。唐太宗非常难过，他亲自去了魏征家，流着眼泪说："一个人用铜作镜子，可以照见衣帽是不是穿戴得端正；用历史作镜子，可以看到国家兴亡的原因；用人作镜子，可以发现自己做得对不对。魏征一死，我就失去了一面镜子啊！"

魏 征

魏征（580—643年），字玄成，巨鹿下曲阳（今河北晋县）人。魏征从小丧失父母，家境贫寒，但喜爱读书，不理家业，曾出家当过道士。隋大业末年，魏征被隋武阳郡（今河北大名东北）丞元宝藏任为书记。元宝藏举郡归降李密后，他又被李密任为元帅府文学参军，专掌文书卷宗。

唐高祖武德元年（618年），李密失败后，魏征随其入关降唐，但久不见用。次年，魏征自请安抚河北，诏准后，魏征赶往黎阳（今河南浚县），归劝李密的黎阳守将徐世勣归降唐朝。不久，窦建德攻占黎阳，魏征被俘。窦建德失败后，魏征又回到长安，被太子李建成引用为东宫僚属。魏征看到太子与秦王李世民的冲突日益加深，多次劝李建成要先发制人，及早动手。玄武门之变以后，李世民由于器重他的胆识才能，非但没有怪罪他，而且还把他任为谏官之职，并经常引入内廷，询问政事得失。魏征喜逢知己之主，竭诚辅佐，知无不言，言无不尽。加之性格耿直，往往据理抗争，从不委曲求全。

★魏征半身雕像

李靖夜袭阴山

LI JING YE XI YIN SHAN

★李靖画像

唐太宗即位初期，中原战事虽然结束，但西边边境上还很不安定。特别是东突厥当时还很强大，对唐朝构成了主要威胁。唐高祖太原起兵以后，为了一心对付隋朝，只好靠妥协的办法维持了和东突厥的友好关系，但东突厥贵族仍旧不断侵扰唐朝边界，闹得边关百姓人心惶惶，无法安定生活。

627年，唐太宗即位还不到20天时，东突厥的颉利可汗率领人马10多万，一直打到离长安只有40里的渭水边。颉利可汗以为唐太宗刚即位，未必敢抵抗，他先派出使者进长安城见唐太宗，扬言突厥陈兵百万，让唐朝俯首称臣。唐太宗知道使者是在虚张声势，他不动声色地把使者扣押起来，然后布置长安的唐军摆开阵势。接着，又亲自带了房玄龄等六名将领，骑马到渭水边的便桥，指名让颉利可汗出阵，并对其进行了严厉的斥责。

使者被扣已经让颉利可汗大出意料，唐太宗亲自上阵又让他吃惊不小，及至唐太宗招其出阵答话，他已是威风扫地，又见后面唐军旌旗招展，军容整齐，不禁害怕起来。颉利可汗来到河岸，他滚鞍下马，恭立受训。唐太宗隔着渭水对颉利可汗说："我们两家早已订立盟约，几年来也没有少给你们金帛，为什么要背信弃义，带兵来犯？"颉利可汗无言以对，只得以"使者擅作主张"为由来推托，并表示愿意订立盟约，息兵罢战。两天后，一纸盟约把颉利可汗送回了蒙古高原。

从此以后，唐太宗加紧训练将士，每天召集几百名将士在殿前练习弓箭。他对将士们说："外敌进犯，这是常有的事，并不可怕。怕只怕边境稍为安定，君臣上下就贪图安逸，边备废弛，敌人来了无以为战。从现在起，平时我做老师，教你们弓箭；战时我当将帅，带领你们抵抗敌人。"经过唐太宗的鼓励，将士们都专心习武，居安思危，没用多长时间，便训练出了一支攻防俱精的军队。

★李靖碑

★凌烟阁二十四功臣图

★李靖像

李靖

李靖（571-649年），字药师。京兆三原（今陕西三原东北）人。唐代著名军事家。李靖少时研读孙吴兵法。隋大业末年任马邑郡丞，曾与太原留守李渊有隙。李渊攻占长安（今陕西西安），执李靖将斩，见其胆识过人，便将其释放，后被秦王李世民召入幕府。唐武德四年（621年），任行军总管兼李孝恭长史，协助李孝恭统十二总管兵，击灭萧铣，晋升为上柱国大将军，任岭南道抚慰大使，招抚了岭南96州。624年，率军击灭据丹阳（今江苏南京）反唐的辅公祏。太宗即位后，先后任刑部尚书、检校中书令、兵部尚书。贞观四年（630年），在唐攻东突厥之战中，消灭了颉利可汗的主力，俘颉利可汗。634年，曾因病辞官。不久，吐谷浑扰唐，64岁的李靖自愿请行，被任为西海道行军大总管，统五总管之兵西攻吐谷浑。李靖分兵两路深入追击，取得了胜利，因功封卫国公。此后，李靖谨慎自谦，长期闭门谢客。李靖归唐时已年近半百，此后的15年中4次出征，均获全胜。

★李靖故居园内的石雕

第二年，北方因一场大雪而发生了严重的饥荒，东突厥的牛羊被冻死和饿死很多，颉利可汗趁此机会加紧对其他部族进行掠夺和压迫，引起了各部族的反抗。颉利可汗派他的堂兄弟突利去镇压，反被打得大败而归。颉利可汗追问突利丧师之罪，将其痛打，突利挟羞带愤，率部下投奔唐朝。

唐太宗抓住这个时机，派出李靖、徐世勣（即李勣，因功被赐李姓）等4名大将率领大军10多万，由李靖统率，分路出击突厥。630年正月，李靖率骑兵趁黑夜攻下定襄，李勣在白道（今内蒙古呼和浩特市北）大破突厥。颉利可汗既败，怕唐军继续追赶，卑词请降作缓兵之计，在阴山休兵息马，准备进入漠北。唐太宗一面派唐俭到突厥表示安抚，另一方面又命令李靖带兵前去察看颉利可汗动静。李靖与李勣会师白道，合谋进兵。他们挑选了1万精兵，每人带20天的粮食，于路跟踪到了阴山。唐军乘夜出兵，李靖在前，李勣在后，在阴山俘获突厥1000余帐。

当时，唐朝派遣的议和使臣唐俭正在突厥营中，颉利可汗毫无战争准备。当唐军发起攻击时，突厥兵无力应战，纷纷溃逃。此战突厥兵被杀死1万余人，俘虏10余万人，缴获牲畜数10万头。颉利可汗乘千里马逃跑，被李勣堵住归路。颉利可汗无法北归，转而带败兵逃到小可汗苏尼失的居地灵州（今宁夏灵武西南），苏尼失把颉利可汗执送唐军，率众投降。

★李靖故居

阴山之战，唐军大败东突厥，提高了唐太宗在西北各族中的威信。这一年，回纥等各族首领一起来到长安，朝见唐太宗，拥护唐太宗为他们的共同首领，尊称他是“天可汗”（意思为“像天一样伟大的领袖”）。从此以后，西域各族人和亚洲许多国家的人都不断来到长安朝拜。

对于东突厥的降众，唐太宗按中书令温彦博的建议，将他们迁居到水草丰美的河套地区居住，在那里设立了定襄和云中两个都督府，统领突厥降众。唐朝的这一措施，保全了他们的原有部落，顺从他们的生活习俗，这样既可以充实空虚之地，又可以加强北部的边防力量。对此，唐太宗还自我解释说：“自古以来都是贵中华而贱夷狄，只有我对他们都是爱之如一的！”

玄奘取经

XUAN ZANG QU JING

★玄奘像

一度很强大的东突厥灭亡了，而唐太宗的安边政策，得到了周边很多民族的拥护和爱戴，他们纷纷将唐太宗敬若神明，并由此引来了八方朝贺。同时，不同地域的民族文化和宗教信仰也引起了唐朝臣民的兴趣，其中玄奘西行取经便是受到了民族交往的影响。

玄奘是长安大慈恩寺的和尚，他从小就受出家的二哥的熏陶，对佛教和佛学产生了浓厚的兴趣，13岁时也出家当了和尚，开始细心地学习佛经。玄奘精明聪慧，记忆扎实，且悟性极高，对于新出现的佛经必想方设法进行研读，然后整理出自己的独到见解加以注释和进行讲学。这期间，他发现原来翻译出的佛经存在很多错误，又听说天竺（即印度）有很多的佛经，而且当时天竺国的戒贤法师正在那烂陀寺宣讲《喻迦师地论》，于是立即动身，前往求经。

629年，玄奘从长安出发，到达凉州（今甘肃武威）。当时，朝廷禁止唐人出境，他在凉州被边境兵士发现，让他返回长安。他却逃过边防关卡，向西来到玉门关附近的瓜州（今甘肃安西）。正在他策划如何闯过玉门的时候，凉州的官员已经发现他偷越边境，发出公文到瓜州缉拿他。此时若被兵士捉住，轻者遣回原籍，重者还要吃几年官司。

正在玄奘束手无策的时候，无意间碰到了当地的一个叫石槃陀的胡族人，他愿意替玄奘带路。玄奘喜出望外，变卖了衣服，换了两匹马，连夜跟石槃陀一起出发。几经周旋，他们终于混出了玉门关，并在草丛里睡了一觉，准备继续西进。没想到，石槃陀走了一程便开始反悔，甚至想谋杀玄奘。玄奘发现他不怀好意，便让他自行回去，然后独自一人走进了茫茫沙漠。

当时，出玉门后还要经过五个唐军的堡垒，玄奘道路不熟，怕误撞上堡垒，只得摸索前进，因而速度很慢。约摸走了80多里，才看到第一个堡垒。他瞄好了水源，然后躲进沙沟里。天黑以后，他悄悄接近堡垒前的水源。可当他正想用皮袋装水时，忽然一支箭射来，差点儿射中大腿。玄奘知道无法躲藏，

玄奘

唐三藏（602—664年），俗姓陈，名祎，洛州缑氏（今河南偃师缑氏镇）人。少年时代父母双亡，13岁出家当了和尚，20岁时在成都受具足戒，正式取得僧人资格。此后他游历各地，参访名师，佛学造诣日深。在多年的学习中，他感到他所学的各种佛教经论的说法不一，且其老师所教的观点也不尽一致，由此萌发了去佛教的发源地天竺求取真经的念头。当时唐朝初建，西北面临突厥的威胁。因此规定人员出关要申请"过所"（通行证）。玄奘上书申请西行求法，但未获批准。他继续努力，等待时机。

唐贞观元年（627年）秋，长安一带遭受自然灾害。唐太宗李世民下令所有人可以四出随丰就食。求法心切的玄奘，收拾行囊，不顾一切地混在灾民群中，出了长安城，开始了漫长而又艰险的西行取经之路。

★玄奘西行雕像

★玄奘西行

便高喊道:“我是长安来的和尚,你们别射箭!”

堡中的人停止射箭,把玄奘带进堡垒。经过盘问,知道玄奘的确为取经而西行,又恰逢守堡的校尉王祥信佛,因而不但没有为难他,还派人帮他盛水,给玄奘准备了一些干粮,给马也喂足了草料,王祥又亲自把他送到十几里外,指给他一条直接通向第四堡的小道。

第四堡的校尉是王祥的同族兄弟,听说玄奘是从王祥那里来的,也热情地接待了他,并且告诉他,第五堡的守兵十分凶暴,叫他绕过第五堡,到野马泉去取水,然后再进入800里大沙漠。可是,玄奘走了100多里,却迷了路,他没有找到野马泉。他边思索如何能找到泉水,边拿起水袋喝水,润一润干燥的喉咙,哪知一失手,皮袋里的水都洒了。玄奘懊恼不已,深知再往前走生死难料,但开弓没有回头箭,他义无返顾地骑着马走进了无边无际的沙漠。

大沙漠里上不见飞鸟,下不见走兽,有时一阵旋风袭来,卷起的沙土,会像暴雨一样落下来。玄奘在沙漠里接连走了四五天,没有一点水喝,口渴得像火烧一样,终因支持不住,昏倒在沙漠上。夜里,一股凉风将他吹醒,他隐隐地感觉到风中夹杂着一丝潮气。他突然意识到:也许不远处会有水源。于是,他马上来了精神,牵着马迎风走了十几里。果然,他发现了一片草地和一池清水。有了水和草,人和马都摆脱了绝境。待马吃足了草,玄奘也养足了精神,于是继续西行。两天后,玄奘终于走出了大沙漠,并经过伊吾(今新疆哈密),到了高昌(在今新疆吐鲁番东)。

高昌国王曾百般挽留玄奘,但玄奘婉言拒绝,国王软硬兼施,他便以绝食对抗。他的坚定决心,打动了高昌国王,便主动要求与玄奘结为兄弟,并要求玄奘给他和臣民宣讲《仁王经》,再派出侍从4人,随他一起踏上万里征途。玄奘一行风雨无阻,历经了中亚和阿富汗、巴基斯坦,历时4年时间,行程2万公里,终于到达了西行的目的地——天竺国那烂陀寺。

玄奘在那烂陀寺跟着颇负盛名的戒贤法师学习了5年,对其所藏经文,大都融会贯通,被称为“三藏法师”(三藏是佛教经典的总称)。玄奘不满足现状,又游历了10个国家,学习到了更多的佛教经典。那烂陀寺的戒贤法师对他倍加赞赏,并让他在本寺院主讲《摄大乘论》等。642年,摩揭陀国的戒日王在曲女城设佛教论坛,请玄奘做论主,让到会的3000多位高僧参与辩论,玄奘经过18天的精彩讲说,博得了与会18位国王和众多高僧们的赞许。

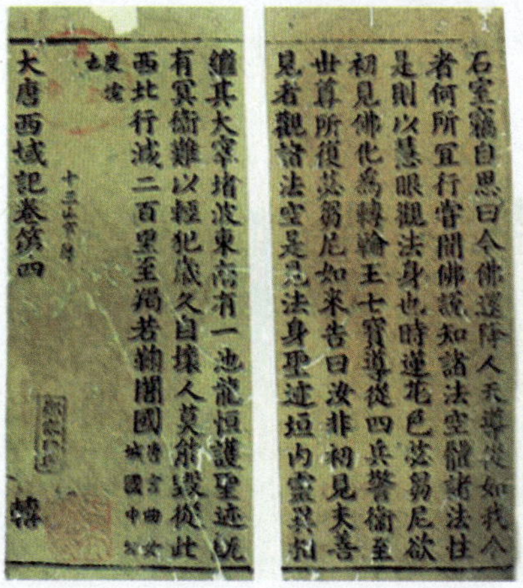

石室竊自思曰今佛還降人天導從如我今
者何所宜行嘗聞佛說知諸法空體諸法甘
是則以慧眼觀法身也時蓮花色苾芻尼欲
初見佛化為轉輪王七寶導從四兵警衛至
世尊所復苾芻尼如來告曰汝非初見夫善
見者觀諸法空是見法身聖迹垣內靈異相
繼其大窣堵波東南有一池龍恒護聖迹既
有冥衞難以輕犯歲久自壞人莫能毀從此
西北行減二百里至羯若鞠闍國唐言曲女城國中印度
大唐西域記卷第四

★《大唐西域记》书影

645年,经过了17年的游历,玄奘先后到过100多个国家,参加讲学和辩论无数场次,未曾有一人能驳倒他,玄奘因此名震天竺。在他动身回国的前几天,戒日王曾千方百计挽留他,其他国王也都表示请求他留在天竺。但玄奘义无反顾,最终带着梵文佛经657部回到了大唐。

玄奘以其百折不挠的精神,历尽磨难,终于取经归来,在长安引起了轰动。唐太宗李世民听说后,也深受感动,他亲自接见了玄奘,并把他安置到了长安的慈恩寺。此后,玄奘专心于佛经的编译。他利用19年的时间译出了75部,计1335卷经文。这些经卷不仅是我国佛教的经典藏书,同时也是研究印度古代文化的重要史料。在编译经卷的同时,玄奘还把他所经历过的各国风土人情、山川地理、人文景观编写成了《大唐西域记》一书,使当时的人们能从这本书中详尽地了解到古印度的文明风貌。

★印度那烂陀寺的佛塔

文成公主进吐蕃

WEN CHENG GONG ZHU JIN TU BO

文成公主

文成公主（？—680 年），唐太宗李世民宗室女。文成公主聪慧美丽，自幼受家庭熏陶，知书达礼，并信仰佛教。

松赞干布是藏族历史上的英雄，崛起于藏河（今雅鲁藏布江）中游的雅隆河谷地区。他统一藏区，成为藏族的赞普（“君长”之意），建立了吐蕃王朝。唐贞观十四年（640 年），他遣大相禄东赞至长安，献金 5000 两，珍玩数百，向唐朝请婚。太宗许嫁宗女文成公主。

贞观十五年（641 年），文成公主在唐送亲使、江夏王李道宗和吐蕃迎亲专使禄东赞的陪伴下，出长安前往吐蕃。松赞干布在柏海（今青海玛多县）亲自迎接，谒见李道宗，行子婿之礼。之后，携文成公主同返逻些（今西藏拉萨）。文成公主在吐蕃生活了近 40 年，她作为汉藏友好的使者一直备受尊崇。

★文成公主塑像

唐太宗灭了东突厥后，又派李靖击败了西南的吐谷浑（我国古代民族之一，在今青海省），打通了西域的通道。西域各国纷纷和唐朝交往，远在西南的吐蕃（我国古代藏族在青藏高原建立的政权）也派使者来朝见唐朝天子。

当时的吐蕃赞普（吐蕃王的称号）名叫松赞干布，他从小受到过良好的家庭教育和严格的训练，因精通骑射、角力、击剑而武艺出众，又因爱好民歌、善于吟诗而被誉为文武全才的王子。629 年，松赞干布 13 岁时，国王朗日松赞被人毒死，西部的羊同部落便乘势入侵，苏毗旧贵族也开始积极地进行“复国”活动，他们纷纷向吐蕃进兵发难。松赞干布在这种内困外扰的严重局势下继承王位，成为吐蕃第 32 代赞普。他沉稳果敢，以强硬手段应付叛乱，经过 3 年征战，终于稳定了局势，再次恢复了吐蕃的统一。632 年，松赞干布率部众渡过雅鲁藏布江，把都城迁到拉萨。

重新统一吐蕃王朝之后，年轻的松赞干布并不安于现状，不满足吐蕃的贵族生活，他要强大吐蕃民族，学习唐朝的文化、生活礼俗和经济技术。他派出使者，长途跋涉，到长安来要求跟唐朝建立友好关系。

唐太宗也听说过吐蕃的名声，愿意与他们结交，还派使者到吐蕃去回访。过了两年，松赞干布越来越向往中国，渴慕了解唐朝的中原文化和风土人情，便多次派使者到长安来求婚。

★文成公主雕像

634 年，他第一次派出使者赴长安向唐朝通好问聘。但当时唐太宗没有同意，松赞干布以后又几次派人向唐朝请婚，也未能如愿。松赞干布羞愤至极，他决定用武力逼婚。638 年，松赞干布率兵打到唐朝境内的松州（今四川松潘），并派人威胁唐朝说：“如果不把公主嫁给我，我就带兵打到长安。”

唐太宗对吐蕃的要挟，十分生气，他派大将侯君集带兵反击吐蕃。吐蕃将士对松赞干布挑起跟唐朝的战争本来就不满，看到唐朝派大军前来，都要求退兵。松赞干布眼看如此蛮干要遭到失败，便一改强硬的面孔，遣使向唐朝求和。唐太宗也不愿刀兵相见，便允许两国继续通好。640 年，松赞干布又派大相禄东赞备黄金 5000 两及宝物珍玩数百件，到长安再次向唐太宗请婚。禄东赞向

★文成公主庙内的文成公主像

吐蕃

吐蕃是7-9世纪时古代藏族建立的政权，是一个位于青藏高原的古代王国，由松赞干布到达磨延续200多年，是西藏历史上创立的第一个政权。

吐蕃在6世纪时，兴起于今西藏山南地区泽当、穷结一带的藏族先民雅隆部，当时已由部落联盟发展成为奴隶制政权。其领袖人物达布聂赛、朗日松赞父子，逐渐将势力扩展到拉萨河流域。7世纪初，朗日松赞之子松赞干布以武力降服古代羌人苏毗（今西藏北部及青海西南部）、羊同（今西藏北部）诸部，将首邑迁至逻些，正式建立吐蕃王朝。

★松赞干布像

★位于青海省玉树藏族自治州的文成公主庙

唐太宗转达了松赞干布想跟唐朝长期友好交往的心愿，说得娓娓动听。唐太宗心里十分高兴，答应以宗室女文成公主许嫁松赞干布。

据说，吐蕃使者禄东赞是个绝顶聪明的人。当时，各国使者来唐求婚的人很多，唐太宗为了表示对待各国不分远近亲疏，一视同仁，便下了一道命令：凡前来求亲的使者先解答五个难题，哪一国使者取得优胜，就先与哪个国家和亲。

第一道题目是要求把一根很细的丝线，穿过一颗有九曲孔道的明珠。禄东赞把丝线系在一只蚂蚁的腰部。蚂蚁带着丝线，爬过明珠的九曲孔道，把丝线带了出来。

第二道题目是把100匹母马和100匹小马驹儿放在一起，要求辨认出哪匹马驹儿是哪匹母马生的。禄东赞把母马和马驹儿分开关了一天，断绝了马驹儿的饲料和水。第二天，再把它们放在一起。饿慌了的马驹儿分别奔到自己的母亲那里去吃奶，它们的母子关系也就此得到了确认。

禄东赞通过了一道道考试，最终取得优胜。太宗便把温柔貌美、仪态大方的文成公主许给了松赞干布。虽然这些只是传说，但它反映了吐蕃人民对唐蕃友好的愿望和对和平使者的赞美。至今在青藏高原的藏族同胞中，仍流传着唐太宗“五难求婚使”的故事。

641年，文成公主在江夏王李道宗的护送下，起身入蕃。松赞干布亲自到远离逻些（即拉萨）的柏海去迎嫁，并在那里举行了隆重的婚礼。婚礼结束后，松赞干布和文成公主翻过雪山高原，来到逻些城，逻些人载歌载舞，夹道欢迎。松赞干布专门为文成公主建造了唐式建筑宫殿，开始了她40年的吐蕃生活。

文成公主入吐蕃时，随嫁的有手工业品、药物、经史和记载各种生产技术的书籍，这些文化典籍和先进的生产技术对吐蕃人的思想、经济、文化都产生了巨大影响。后来，文成公主又派人入唐，将能影响和改善吐蕃人生活的物品和技术要来，同时也派贵族子弟到大唐学习内地的文化。通过汉族先进的经济和文化的影响，吐蕃开始制定了历法，创造了文字，形成了一整套的封建礼俗和比较健全的法律规范，为汉藏两族的文化交流起到了良好的作用。

文成公主在吐蕃生活了40年，她一直受到吐蕃人的尊敬，为汉藏两族人民的友好联系和发展藏族经济文化作出了贡献。直到现在，在西藏的大昭寺和布达拉宫，还供奉着松赞干布和文成公主的塑像，这尊塑像成了汉藏两族人民世代友好、和睦的象征。

薛仁贵三箭定天山

XUE REN GUI SAN JIAN DING TIAN SHAN

薛仁贵是绛州龙门(今山西河津)人,生于唐朝初年。贞观末年,唐太宗亲自率师征讨辽东,薛仁贵拜谒将军张士贵,请求随从出征。大军行至安地(在今辽宁省盖平县东北),郎将刘君昂被敌兵围困,情况十分紧急。薛仁贵前往援救。只见他跃马前进,亲手斩敌将,悬其头于马鞍之上,敌兵慑服,薛仁贵一战成名。到大军围攻安地城时,高丽莫离支派遣大将高延寿、高惠贞率兵二十五万来援,依山结营。唐太宗分别派遣将领四面出击。薛仁贵自恃勇力过人,欲立奇功,于是他身穿白衣,手握大戟,大呼,首先冲入敌阵。他骁勇过人,所向无敌,敌兵大惧,慌忙退却,唐朝大军乘机攻之,敌军溃败。唐太宗遥遥望见这一白衣将领,忙派人问讯此人是谁,并亲自接见,赐马二匹,绢四十匹,提拔他为游击将军、云泉府果毅。此次还军,唐太宗对薛仁贵十分赏识,曾对他说:“我的旧将都已老了,不大能胜任征战之劳,我时常想提拔骁勇的年轻将领,没有能比上你的。我不以得辽东为喜,而以能得到你为喜。”不久,升他为右领军郎将。

★薛仁贵像

唐高宗永徽五年(654 年),唐高宗幸万年宫。一天夜里,山洪暴发,洪水冲击玄武门,宿卫之士皆惊慌逃散。薛仁贵说:“哪有天子有难,竟敢怕死而逃跑呢?”于是,他急忙登上门梯,大声呼叫,以惊醒宫中之人。唐高宗听见呼喊,急忙逃到地势高处,不一会儿,大水进入唐高宗的寝殿。唐高宗派人对薛仁贵说:“幸亏有你呼唤,才免得被大水淹死,我这才知道真有忠臣啊!”于是,赐薛仁贵御马一匹。

唐高宗显庆二年(657 年),程名振为辽东经略使,薛仁贵为其副,曾破高丽于贵端城,杀敌三千。显庆三年(658 年),又同梁建方、契苾何力等与高丽大将温沙门战于横山。薛仁贵匹马先入,敌军莫不应弦而倒。高丽军中有善射者,于石城下一连射杀十几个人,薛仁贵又单骑直冲而去,敌兵弓矢俱失,手不能举弓,均被薛仁贵活捉。不久,他又与辛文陵破契丹于黑山,活捉契丹王阿卜固及诸首领,献俘东都。薛仁贵因战功升任左武卫将军,封为河东县男。

不久,薛仁贵又领兵出击九姓突厥于天山。临行前,唐高宗拿出宫中所藏铠甲,让薛仁贵试一试。唐高宗说:“古代善射之人能一箭射穿七札,你暂且先射五层试试。”薛仁贵一箭将其穿透,高宗大惊,于是又换了更坚硬的铠甲赐给了薛仁贵。当时,九姓突厥有兵十余万,实力强大。他们让几十个骁勇

突厥

突厥是中国古代民族。先世源出于丁灵、铁勒。南北朝时铁勒原住在叶尼塞河上游,后南迁高昌的北山(今新疆博格达山)。突厥是铁勒的一部,以狼为图腾。5 世纪中叶被柔然征服,徙于金山南麓(今阿尔泰山)。因金山形似战盔“兜鍪”,俗称突厥,因以名其部落。以善锻铁被柔然称为“锻奴”。6 世纪时突厥首领阿史那土门遣使向西魏献方物。546 年合并铁勒部 5 万余落(户),势力逐渐强盛。552 年又大败柔然,以漠北为中心在鄂尔浑河流域建立突厥奴隶制政权。最盛时疆域东至辽海(辽河上游),西濒西海(今咸海),北至北海(今贝加尔湖),南临阿姆河南。“可汗”为最高首领,其子弟称“特勤”,将领称“设”。分辖地为“突利”(东部)、“达头”(西部)。可汗廷帐在东、西两部之间鄂尔浑河上游一带。汗国官制有 28 级。税法规定对普通牧民、黑民(战争中归附者)“征发兵马、科税杂畜”。

★突厥石人

善战的人前来挑战，薛仁贵连发三箭，射死了其中三人，其余的一看来者不善，纷纷下马求降。薛仁贵恐怕留下这些人会有后患，于是全部将其活埋。接着就于碛西安抚九姓突厥将士，擒获叶护可汗兄弟三人而还。军队大喜，军中有歌道："将军三箭定天山，战士长歌入汉关。"从此，九姓突厥大为衰弱，不再成为唐王朝的边患。

唐高宗乾封元年(666 年)，高丽大将泉男生率众表示归附唐朝，高宗派将军庞同善、高侃等前往迎接。而泉男生之弟泉男健率高丽士兵迎击庞同善。高宗命薛仁贵统兵以为后援。庞同善等行至新城(今辽宁抚顺北高尔山城)，夜里被敌兵袭击。薛仁贵领兵前往救援，杀敌数百。庞同善进军至金山(今辽宁昌图西)，与敌接战，大败，高丽兵乘胜追击。薛仁贵领兵横击敌兵，敌兵大乱，唐军乘机追杀，斩敌五万余，大获全胜，攻克了南苏(今辽宁抚顺东办子河与浑河交流处)、木底(今辽宁新宾馆西木厅镇)、苍岩(今吉林集安西境)三座城，完成了与泉男生的汇合。唐高宗得此消息十分高兴，亲写敕书劳之，说："金山大战，敌人甚多。你能身先士卒，奋不顾身，左冲右突，所向无敌，全军人人奋勇前进，取得这次重大胜利。你应再建功业，成全自己的美名。"薛仁贵又乘胜领两千人进击扶余城(今吉林四平)，诸将都说兵少，薛仁贵说："兵之胜否在于主将是否善于用兵，而不在其多少。"于是，他又率先进军。敌兵来拒，薛仁贵迎击，又大破敌军，杀死、俘获敌兵万余人，并攻下了扶余城。扶余川中四十余城，均被平定。当时，高宗又命大将李勣统兵渡辽。总章元年(668 年)，薛仁贵与李勣大军会合于平壤城，高丽投降。唐高宗命令薛仁贵率兵二万与刘仁轨一起留守平壤，授右威卫大将军，封平阳郡公，兼检校安东都护。薛仁贵在平壤抚恤孤老，量才用人，旌表忠孝节义，高丽百姓无不欣然接受其教化。

★位于山西省河津市的射雁塔，据说是薛仁贵射雁的地方。

唐高宗咸亨元年(670 年)，吐蕃内侵，薛仁贵又以逻娑道行军大总管身份，率领将军阿史那道真、郭待封等击之。郭待封曾经当过鄯城镇守，以职居薛仁贵之下为耻，多次不听薛仁贵调遣。军队行至大非川，将向乌海进发，薛仁贵对郭待封说："此去乌海，道路险远，车行艰难，如带辎重，将失去战机。况那里又多瘴气，军队不可久留。可在大非岭上设置两栅，辎重留在栅内，另留两万人马看守即可。我们率轻锐之师兼程前进，攻敌不备，即可消灭他们。"薛仁贵遂率先行部队至河口，遇敌，击破之，收其牛羊万余头，然后回至乌海城，等待

★位于山西省河津市薛仁贵庙中的薛仁贵夫妇像

后援。郭待封不听薛仁贵的布署，带着全部辎重行军，等他到了乌海，吐蕃又集结二十万大军来救乌海，与郭待封战，郭待封大败，军粮及辎重尽被吐蕃掠去，薛仁贵又被迫退回大非川。吐蕃又聚集四十万人来战，官军大败，薛仁贵只好与吐蕃大将论钦陵讲和。薛仁贵因打了败仗而被解除职务。

不久，高丽人又相继叛唐。唐高宗又起用薛仁贵同为鸡林道总管，经略此事。上元年间，薛仁贵坐罪贬象州，遇赦而归。高宗思其功，于开耀元年（681 年），召见薛仁贵，对他说："当年九成宫遭大水，如果没有你，我早已葬身鱼腹了。你又北伐九姓突厥，东击高丽，漠北、辽东皆遵声教，这全是你的功劳。你虽有过失，我怎能忘了你？有人说你在乌海城下自己不出击吐蕃，导致失利，我所感到遗憾的，就只有这件事。如今西部边境不宁，你哪能高枕安卧于乡邑而不去替我指挥战争呢？"于是授薛仁贵瓜州长史，不久，又拜为右领军卫将军，检校代州都督。又率兵击突厥将领元珍等于云州，斩首万余，获人口两万余，驼、马、羊、牛三万余头。敌人听说薛仁贵又被起用为将军，素畏其名，尽皆奔散，不敢抵挡。也就在这一年，薛仁贵病逝，结束了一生的争战生涯。享年七十岁，赠左骁卫将军。

滕王阁王勃赋文惊四座

TENG WANG GE WANG BO FU WEN JING SI ZUO

王勃字子安，绛州龙门（今山西省河津）人。祖父王通是隋代著名的儒者和教育家，叔祖父王绩，是隋末唐初著名的诗人。父亲王福畤，曾任太常博士、齐州长史等职。这是一个儒学和文学气氛都相当浓厚的家庭。

王勃天资聪慧，六岁即开始诗文写作，构思敏捷，词情英迈。年未弱冠，已小有名声。唐高宗麟德初年（664 年）右相刘祥道巡视关内，王勃给他上书陈情，得到刘祥道赏识，推荐参加朝廷的幽素科考试，对策及第，授朝散郎（侍于皇帝身边的从七品官）。沛王李贤闻其名，召至府中为修撰，对他的才华特别爱重。当时宫中盛行斗鸡游戏，诸王每次斗鸡，当然都有僚属随同助兴。有一次沛王与英王李显斗鸡，互有胜负，为助兴，王勃写了一篇《檄英王鸡文》，假托沛王鸡传檄声讨英王鸡。这本是一篇逢场作戏的游戏文字，但此文不久传到唐高宗手里，唐高宗龙颜大怒，认为王勃是有意在挑拨诸王之间的关系，于是，不分青红皂白，就将王勃逐出了沛王府。王勃被废之后，曾经客游剑南，登山远眺，缅怀诸葛亮当年的功业，赋诗抒怀。过了好久，王勃才又得到了一个虢州参军的官职。但由于王勃恃才傲物，性情浮燥，为同僚们所嫉。也正在此时，王勃多管闲事，私自藏匿了逃亡的官奴曹达。按照唐朝的法律，私藏逃亡官奴是要判重罪的，王勃害怕事泄受累，于是就杀死曹达以灭口。王勃杀曹达案发，该判死罪，然而王勃走运，正赶上朝廷大赦，得以获免。可是他的父亲王福畤却因此事受牵连，由雍州司户参军被贬官做了交阯（今越南河内一带）令。

★王勃雕像

★王通庙

王勃由少年得志沦为罪犯，完全丧失了在政治上飞黄腾达的机会，但仕途的坎坷失意却也成就了他的诗名。王勃才思敏捷，诗文俱佳。辛文房《唐才子传》说：“勃属文绮丽，请者甚多，金帛盈积。心织而衣，笔耕而食，然不堪精思。先磨墨数升，则酣饮，引被覆面卧，及寤，援笔成篇，不易一字，人谓之‘腹稿’。”王勃的名声也与日俱增，他与杨炯、卢照邻、骆宾王被誉为“初唐四杰”，而他排在首位。

唐高宗上元二年（675 年），王勃前往交阯探望他的父亲，路过洪州（今江西省南昌市），正赶上洪州都督阎伯屿在滕王阁举行的一次盛大宴会。

在山明水秀的南昌城漳江门外的半山坡上，有一座富丽雄伟的高阁，此阁为唐高祖的儿子元婴作洪州刺史时所建，后来元婴被封为滕王，此阁也就被称为滕王阁了。

唐高宗咸亨二年（671 年），阎伯屿做了洪州刺史。这阎伯屿颇有点文人雅士的味道，非常喜欢游山玩水，饮宴赋诗。他看到景观甚美的滕王阁已年久失修，于是下令重

初唐四杰

“初唐四杰”指王、杨、卢、骆，即王勃、杨炯、卢照邻、骆宾王。王勃是“初唐四杰”之冠，被称为诗杰。代表作是《滕王阁序》。杨炯，华阴(今属陕西)人。他在四杰中成就不算高，可边塞诗写得很好，像《从军行》。卢照邻，字升之，幽州范阳(今河北涿州)人。他一生中官场失意，晚年又患了重病，在愁苦中活了一辈子，最终跳水而死。他在诗歌创作上擅长写七言歌行，最著名的有《长安古意》。骆宾王，婺州义乌(今属浙江)人。他七岁能赋诗，才华出众，但经历坎坷，曾因事下狱，做过一首《在狱咏蝉》。

★王勃

★杨炯

★卢照邻

★骆宾王

★滕王阁夜景

修了滕王阁。重修后的滕王阁雕梁画栋，周围是层峦积翠，枫林掩映，真可谓风景如画。滕王阁峻工之后，阎伯屿非常高兴，恰好又赶上九月九日重阳临近，于是阎伯屿就筹划在重阳节这天，邀集本州官吏和有名的文人学士在滕王阁好好庆祝一番。

相传阎伯屿有个女婿，名叫吴子章，此人诗赋文章也都写得不错。阎伯屿对他的这位女婿非常满意，只是吴子章仕途不达，一直未被重用，阎伯屿常为此不平。这次要在滕王阁举行盛会，他让吴子章事先准备好一篇文章，以便在庆祝宴会上一鸣惊人。吴子章对老泰山的用意心领神会，他埋头在书房里翻阅古书，寻找典故，推敲字句，到重阳节这天，他不但早已写好，而且已把文章背得滚瓜烂熟了。

就在阎伯屿翁婿忙于准备文章的时候，王勃正在由九江开往南昌的船上。重阳节这天一大早，王勃乘的船抵达南昌，他一听说在滕王阁有个盛大的宴会，就不顾旅途劳累赶去参加。参加这次宴会的，除了新任澧州刺史宇文钧之外，还有文坛名流孟学士、军中武官王将

★滕王阁东门牌楼

★根据《马当神风送滕王阁》的故事而创作的汉白玉浮雕——《时来风送滕王阁》

★王勃石雕像

军等显要的宾客，真可谓“高朋满座，胜友如云”。酒过三巡，阎伯屿举杯向满座宾客倡议：希望有人能即兴写一篇文章，记下今天宴会的盛况。众人齐声称妙，但谁也没有勇气来承担这个任务。阎伯屿一看这个形势，心中不觉暗喜。立即命令侍从端出早已备好的文房四宝，遍让宾客。客人们一一婉言辞谢。因为王勃是临时赶来参加宴会的，年纪又轻，所以他主动坐在靠后的位置。当捧着文房四宝的侍者来到他的面前时，他并不辞让，大大方方地接过来放在桌上。王勃此举引起了所有人的注意，人们议论纷纷。阎伯屿见此情景，嘴里不好说什么，但心里很不痛快。他独自离席到旁边更衣室里去，吩咐手下人站在王勃身旁，看他都写些什么，随时报来。

王勃从容地铺好纸张，摆好笔砚，略加思索之后，提笔就写了起来。王勃旁若无人，只是奋笔疾书。他从南昌的地理位置、山川形势和历史人物，写到今天宴会的盛况。从滕王阁的远近景物，写到自己的处境和愿为国家做一番事业的政治抱负。最后又用一首七言律诗作结。这篇用当时流行的骈体文写成的《秋日登洪府滕王阁饯别序》（简称《滕王阁序》），全文765字，一气呵成，文情并茂，在坐的人无不赞叹，连自负才高的吴子章也只能自叹弗如了。

王勃在滕王阁大显才华的故事伴随着他的佳作很快就广为流传了，并且越传越神。有人说，王勃本来头天晚上才到马当，离南昌还有七百里路，但他得到了水神的帮助，使他顺风一夜赶到了南昌。《醒世恒言》里有一篇《马当神风送滕王阁》的故事，就是根据这样的传说写成的。关于王勃在宴会上写《滕王阁序》情况的传说，不无虚构和夸饰的成分。说王勃得神之助，更是子虚乌有。但王勃即席写下了这篇千古传诵的名作，却是千真万确的事实。文中抒写作者的政治抱负和怀才不遇之情，是我们了解作者的重要资料。“老当益壮，宁移白首之心。穷且益坚，不坠青云之志。”这种积极的人生态度，也让人读之振奋。“落霞与孤鹜齐飞，秋水共长天一色。渔舟唱晚，响穷彭蠡之滨；雁阵惊寒，声断衡阳之浦。”这脍炙人口的名句，让人读之余香满口。其华美的文辞，奔放的气势，抑扬起伏的节奏，雍容华贵的风格，的确让人叹为观止。

★滕王阁

女皇帝武则天

NV HUANG DI WU ZE TIAN

唐太宗晚年不大听得进别人的意见，他不顾朝臣的反对，决意要征伐辽东的高句丽。644 年 11 月，他诏命刑部尚书张亮为平壤道行军大总管、李勣为辽东道行军大总管，率水陆大军分道进攻高句丽。次年 2 月，唐太宗御驾亲征，率六军从洛阳出发。但此战并未实现“驱高句丽于辽东”的战略构想，却给两国人民带来了灾难，并且也使自己的病患由此加重。

唐太宗最初立长子李承乾为太子，后来又爱重第四子魏王李泰。李承乾由此产生了夺嗣之惧，企图发动政变刺杀李泰，但没有成功，被废为庶人。唐太宗为防止身后发生兄弟仇杀的悲剧，贬魏王李泰，改立第九子晋王李治为太子，即唐高宗。649 年 5 月，唐太宗因病不治身亡，李治即位。

李治是个庸碌无能的人，他即位以后，自己不会处理朝政大事，一切靠他的舅父、宰相长孙无忌拿主意。后来，他立了皇后武则天，情况则发生了逆转。

★唐高宗李治像

武则天是并州文水（今山西文水东）人，14 岁入宫，被唐太宗李世民封为才人，赐号媚娘，宫里人都习惯称她为“武媚娘”。因武媚娘经常要环侍太宗左右，便与太子李治经常碰面，由此两人互生爱慕。太宗死后，她按宫制到感业寺做了尼姑。唐高宗李治即位后，因念旧情，再次把她召回宫中，封为昭仪，进号宸妃。从此，武媚娘卷入了与王皇后、萧淑妃争宠和互相谗毁的宫廷斗争的漩涡。

★武则天步辇图

655 年，凭心智和手段以及高宗对她的垂爱，武媚娘被立为皇后。王皇后、萧淑妃被废，她们的家人也都被流放到岭南。不久，王皇后与萧淑妃相继被武媚娘害死。当时，废后一事曾遭到很多老臣的反对，特别是长孙无忌，他据理力争，劝说高宗不要轻言废立，以免发生祸乱。武则天见长孙无忌从中梗阻，便私下拉拢一批大臣，在高宗面前夸赞自己如何可以母仪天下，王皇后如何善嫉无德，他们还说：“废立皇后是陛下的家事，别人管不着。”唐高宗遂下了决心，将王皇后废为庶人，打入冷宫，立武则天为皇后。

武则天当了皇后以后，就使出她那果断泼辣的手段，把那些反对她的老臣一个个降职、流放，连长孙无忌也被逼自杀。武则天的天资聪颖、素多智计，已在宫廷斗争中一展无余。但不为人知的是，她还有政治野心，也有政治才干。平日，她通览朝臣奏章，兼涉文史，利用高宗体弱多病之机，便把握朝政，不断培植自己的势力，威势日重。674 年，高宗称“天皇”，武则天称“天后”。高宗每次处理政事，她都坐在幕后指挥，政事无论大小，都由她一个人说了算，高宗不过是一个傀儡。

有一次，高宗与宰相上官仪言事，高宗言语间流露出对武则天不满的情绪。由于上官仪反对武则天干预朝政，便趁机说：“陛下既然嫌皇后太专断，不如把她废了。”高宗是个没主意的人，听了上官仪的话马上说道：“好，那就请你去给我起草一道诏书吧。”两个人的话，被旁边的太监听见了，那些太监都是武则天的心腹，连忙把这件事报告武则天。等上官仪把起草好的诏书送给高宗，武则天已经赶到了这里。她厉声问高宗说：“这是怎么回事？”唐高宗见了武则天，吓得不行。他把写好的诏书藏在袖子里，结结巴巴地说：“我本来没这个意思，都是上官仪教我干的。”武则天立刻下令，把上官仪处死。

★武则天墓前的无字碑

675 年，高宗因重病，不能理政，便欲禅位于太子李弘，李弘素与母后政见不一，武则天便令人毒死了太子。又于 679 年将第二个太子李贤废为庶人。683 年，高宗去世，三子中宗李显即位。其实，这是武则天的权宜之计，因为李显生来懦弱，容易控制，她可以临朝称制。但是李显却昏庸无德，刚刚做了几天皇帝，就开始头脑发热，忘乎所以。他自作主张，把韦后的父亲韦玄贞由普州参军提拔为豫州刺史，还想擢升为侍中(宰相)。他对前来劝谏的大臣说：“我若高兴，还可以把江山都送给他。”这种荒唐之举和昏聩之言当然把武则天气个半死，她闻知此事，命人勒兵入宫。

684 年，也就是中宗即位未满两个月的时候，便被武则天废为庐陵王。接着武则天立四子睿宗李旦即位，但她把李旦安置在别殿，不让他参与政事，凡事全由武则天自己决定。此后，她大封武氏宗族，培植武姓势力，为自己登上皇位暗造阶梯。

690 年，武则天称帝，国号周。废睿宗为皇嗣，改东都洛阳为神都。武则天在夺取政权的过程中大肆翦除异己，打击政敌，并滥杀一些被她怀疑的大臣。到武周政权正式建立以后，斗争趋向缓和，此风才有所收敛。为了培植自己的政治力量，扩大其政权的社会基础，她举行殿试，创武举、自举、试官等制，员外置官，破格用人，选拔了一批才能之士，如狄仁杰、姚崇等。

武则天在选贤任能的同时，注意兴修水利，鼓励农业生产，她规定：凡治理不善，百姓流移的州县，当地的官员要受到处罚。所以，在她执政的 50 年间，国家的经济稳步发展。但是，由于她大兴告状之风，致使一些贤臣死于无辜。705 年正月，张柬之、桓彦范等人联合右羽林大将军李多祚发动政变，逼武则天退位，迎中宗复位，尊她为“则天大圣皇帝”，后人因而称她为“武则天”。

★唐高宗李治与武则天陵寝乾陵

武则天

武则天，名武曌(624-705 年)，唐高宗李治的皇后，唐代女政治家。性巧慧，多权术。637 年(唐太宗贞观十一年)，武氏以美貌应召入宫，始为才女，赐号媚娘，时年 14 岁。649 年，太宗死，她按宫制入感业寺削发为尼。时王皇后正与萧淑妃争宠，决计利用武媚娘的美貌，转移高宗对萧氏的厚宠。遂令武氏暗中蓄发，献给高宗，封为宸妃。翌年，武媚娘生长子李弘，晋为昭仪。

武氏再次入宫，得力于王皇后，因而最初她对王皇后卑躬屈节，极力奉承。她知道王皇后与萧淑妃有矛盾，便联合王皇后，夺去高宗对萧氏的宠爱。当萧氏失宠后，她认为自己要当六宫之主，必须把王皇后打下去。654 年，武昭仪产下一位公主，深得高宗喜爱。有一天，王皇后到昭仪宫中去看小公主，武氏在王皇后来时故意避开，及王皇后离去，小公主却窒息而亡。由此，王皇后背上了杀死小公主的罪名，并废去后位，而武媚娘则被立为皇后。

★武则天像

宋璟刚直不阿受信用

SONG JING GANG ZHI BU E SHOU XIN YONG

宋璟是唐朝一位以刚直闻名的台阁重臣。因其曾拜开府仪同三司之职，故世称宋开府。宋璟少年时期就耿介有大节，博学多才，工于文章。二十岁中进士，出任凤阁舍人，因为官正派，武则天十分器重他。

武则天生活侈纵，多内宠，张易之、张昌宗兄弟为其面首，宠幸尤甚，官至列卿，位在三品。满朝文武因二张为内宠，都不敢以官名称呼，而呼张易之为五郎、张昌宗为六郎。有一次在朝堂侍宴，宋璟也在场。因宋璟当时只是六品官，所以坐在下位。张易之、张昌宗均为三品大员，所以坐在上位。张易之虽受宠声威显赫，但一向惧怕刚正无私的宋璟。他看到宋璟坐在下坐，就故意空出自己的座位揖让宋璟说："您是朝中第一人，为何坐在下位？"宋璟正色回答说："我宋璟才能低下，官品卑微，你张卿却认为我是朝中第一人，这是什么意思？"此时，天官侍郎郑善果惊慌地对宋璟说："你怎么敢称五郎为卿呢？"宋璟回答说："以官职论，正应该称他为卿；如以亲戚论，则应该称他为张五。你郑善果又不是他张易之家的奴才，为什么要称他为五郎呢？你郑善果是多么怯儒啊！"张易之对此十分恼火，此后经常借故想谋害宋璟，但都因武则天明察内情而未能得逞。

★宋璟像

武则天长安（701–704 年）年间，有一次，张易之无端构罪诬陷御史大夫魏元忠有不顺之言，并强拉凤阁舍人张说来作证。张说要去武则天面前回话，内心非常惶惑惧怕，他担心如果自己不顺从张易之之意会惹祸。宋璟对他说："人的名义至关重要，神道不可欺骗，你千万不能追随邪恶而陷害忠良，以求自己一时免罪。如果你因为如实讲清情况而得罪皇帝被贬官流放，那你即可美名扬于天下；如果你有什么不测之祸，我将全力救你，并愿和你同死。你可千万要努力自勉，你是否能让后代万世瞻仰，就在此一举了。"张说听了宋璟这一番话，很受感动，他鼓足勇气，向武则天讲明魏元忠并无不顺之言，魏元忠才免了一死。

宋璟升任御史中丞时，也正是张易之、张昌宗飞扬跋扈、为所欲为之际，朝臣多依附他们。一次，张昌宗私自请李弘泰给他看相，以观凶吉，因其言涉不顺，被人告到了御史台。宋璟于是奏请武则天，要追究此事。为了保护自己这个内宠，武则天对宋璟说："此事张昌宗已主动给我交待了，就不要再治罪了。"宋璟非常严肃地对武则天说："张昌宗因为事情败露才自己出来交待，实在是难以饶恕。况且他言涉谋反，实为大逆不道，更不能豁免。我请求让张昌宗到御史台去受审，以明国法。我知道张氏兄弟长时间以来受到您的格外优待，我也知道我这样做会言出祸从，但我出于正义，虽死无恨。"武则天很不高兴。这时，内史杨再思害怕得罪武则天，于是立即宣布武则天的命令，让宋璟退出去。宋璟厉声对杨再思说："皇帝近在咫尺，我要亲自听到皇帝的声音，用不着麻烦你擅自宣布皇帝的命令。"武则天无可奈何，只好让张昌宗到肃政台去受审。宋璟正在审讯张昌宗，突然宫中传出了武则天的赦免令。宋璟大怒，呼喊道："我真恨没有一来就砸碎这小子的脑袋！"武则天听说宋璟发了火，于是就让张昌宗到宋璟那里去谢罪。张昌宗来到宋璟住处，宋璟拒不见他，并说："公事应该公开办理。如果我私下见他，那么法可是无私的。"

宋璟屡次和武则天的内宠们对着干，但武则天深知宋璟忠正刚直，虽有二张屡进谗言，她都能明察善断，始终保持对宋璟的信任和重用。

唐中宗神龙元年（705），宋璟升任吏部侍郎。中宗很赏识他的正

宋璟

宋璟，唐朝大臣、著名政治家。邢州南和(今河北南和县)人。曾为武则天所器重，先后任监察御史、凤阁舍人、左御史台中丞，极力反对张易之、张昌宗的专横，以刚正闻名。中宗时，历任贝(今河北清河)、杭、相(今河南安阳)诸州刺史。睿宗时，升吏部尚书，革除前弊，选用人才。太平公主企图陷害太子，因他与姚崇奏请公主出居东都，被贬为楚州刺史。玄宗开元四年(716年)，继姚崇为相，主张限制女宠，疏远谄臣，精简刑法，减轻苛政，严格控制边将轻动干戈，深得玄宗信任，曾委以京兆留守之职。与姚崇同为开元名相，史称“姚宋”。开元二十五年(737年)卒于洛阳，封广平公，谥文贞。次年归葬沙河祖茔。宋璟墓为土冢。现仅存神道碑一通，高4.2米，宽1.5米，为唐大历五年(770年)颜真卿据吏部员外郎卢馔行状撰写碑文，于大历七年(772年)刻成，并立于其墓地。碑文字体端重，气势豪宕，为颜真卿晚年书法艺术日臻成熟时期的代表作。

★宋璟墓神道碑

直，于是仍让他兼任谏议大夫、内供奉，以言朝廷得失。不久，又拜为黄门侍郎。当时，武三思恃宠执权，曾有事请托于宋璟，宋璟严厉地对他说：“如今皇帝圣明，你应该在家安安分分当你的王爷，哪能随便干预朝政！”不久，京兆人韦月将上书告发武三思与宫中人私通。武三思指使有司奏韦月将大逆不道。昏庸的唐中宗听信武三思等人的诬告，命令杀掉韦月将。宋璟得知此事后，拿着诬告韦月将的奏章，请求详细审查其罪状，然后申明朝廷典宪，终使韦月将免遭极刑，改判流配岭南。

★为纪念宋璟而建的梅花亭

唐中宗死，睿宗即位，宋璟升任吏部侍郎、同中书门下三品(相当于宰相)。唐玄宗李隆基为太子时，宋璟又兼任太子右庶子。当时外戚和诸公主干预朝政，请讬之风甚盛，而执政者又多受权门挟制，所以政风极坏。宋璟出任宰相，遂与侍郎李义、卢从愿等合力，大革前弊。当时太平公主权势极重，并图谋废掉太子李隆基，她公开在光范门散布不利于李隆基的言论，众皆失色，但无人敢来制止。宋璟上前理直气壮地说：“太子有大功于天下，他才是真正的宗庙社稷之主，哪能有什么异议！”他和姚崇一起奏请让太平公主到洛阳去。李隆基怕祸及己身，于是上表请加罪于宋璟等人，宋璟被贬为楚州刺史。

唐玄宗开元初年，拜宋璟为刑部尚书。开元四年(716年)，升任吏部尚书，多次直谏玄宗，玄宗多有称赞和赏赐。后宋璟授开府仪同三司，又任京兆留守等职，又多次向玄宗进谏，极言得失。玄宗不但给予赏赐，而且亲自写下“所进之言，书之座右，出入观省，以诫终身”的制文，足见其对宋璟的信任和敬重。

宋璟不仅直言敢谏，秉公执法，而且也十分注重抑制边将黩武邀功之举。开元初年，国势强盛，唐王朝不断向外进行扩张战争，边将中多有贪功求赏之人。当时突厥屡次寇边，天武军牙将郝灵筌出使回鹘，引特勒回鹘部落袭击突厥，斩其默啜(首领)首级，自谓有不世之功，专等重赏高升。当时宋璟做宰相，他认为玄宗皇帝年轻好武，如果重赏开边有功的武将，怕其他人也仿效贪功，以至走上穷兵黩武的道路，所以他下决心压制一下郝灵筌等人，一年之后，才授给郝灵筌一个小小的郎将，郝灵筌气恼万分，恸哭一场，呕血而死。难怪大诗人白居易在其反对穷兵黩武的名作《新丰折臂翁》中说：“君不见开元宰相宋开府，不赏边功防黩武。”不但高度赞扬了宋璟，并且还亲自为诗加注，详记上述事件。

宋璟历事武则天、唐中宗、唐睿宗和唐玄宗四朝。在半个世纪的仕途生涯中，他都身居要职。在统治集团最上层激烈的权力之争中，他始终以国家社稷为重，讽谏皇帝，怒斥权奸，忠正刚直，大义凛然，为唐王朝的巩固和发展做出了自己的贡献，不愧为一位杰出的政治家。

武则天任用酷吏

WU ZE TIAN REN YONG KU LI

683年，中宗李显即位。次年，改元嗣圣，武则天以太后临朝称制。不久，又废中宗李显，立豫王李旦即位，是为睿宗，武太后则掌握全部权力。武则天的这些举措，很快遭到皇族李氏和许多士族官僚的反对。柳州刺史徐敬业，召十数万兵马率先于扬州发难，名噪于世的《讨武曌檄》，遍撒城中。宗室琅琊王李冲在博州、越王李贞在豫州也相继反武，举兵讨伐。但武则天对此毫不手软，命大将军李孝逸统兵镇压，对反叛者进行大肆捕杀。在她的直接指挥下，这些叛乱很快平息，徐敬业、李冲、李贞等主要发难者或死于战场，或被捕杀，无一幸免。

武则天在平定徐敬业叛乱之后，决心除掉那些反对她的势力，对唐朝宗室和与己疏远的朝臣大加杀戮。可是，身在明处的反对势力可以征讨、捕杀，而暗中的反对势力却使她一时无从下手。她挖空心思，最后采纳了侍御史鱼承晔的儿子鱼保家的建议，在朝堂上设铜匦，接受全国的告密信，并由此掀起了全国告密的声浪。此期，不论大小官吏，普通百姓，只要发现有人谋反，都可以直接向她告密。地方官吏遇到有人告密，不许自己查问，一定要替告密的人备好车马，供给上等伙食，派人护送到太后行宫，由武则天亲自召见。如果告密的材料属实，告密人可以马上做官。如果与实不符，也不追究其责任。

★石人·唐

此诏一下，那些别有用心的人便纷纷登场亮相，第一个告状的便是武则天手下第一酷吏索元礼，他承旨上书告密，颇得武则天的赏识，擢升他为游击将军。此后，还命他在洛州设置机构，审理“谋反者”。索元礼是一个极端残忍的家伙，他问案从不管有无证据，先用刑具逼犯人供出同谋。犯人受不住刑，就胡乱招了一些假口供。这样，他审问一个人就会牵连到几十个甚至几百个人。株连越广，案情就越大，索元礼便会越受武则天的重用。

如此翻手为云覆手为雨的差事，使那些极尽阿谀权势和拼命向上爬的官吏纷纷效仿。他们东觅西寻，闻风打听，希望找到一些较有价值的线索，并以告密的形式求得赏赐，得到重用。其中周兴和来俊臣就是照着索元礼的样子一点点得到武则天擢拔的。在当时，周兴和来俊臣每人手下养了几百个流氓，专门干告密的勾当。只要他们认为谁有谋反嫌疑，就派人同时在几个地方告密，捏造了许多证据。更奇怪的是，来俊臣还专门编了一本《罗织经》，用来教他们的门徒如何编造罪状、安排情节、描绘细节，用以陷害无辜的人。

★仕女俑·唐

周兴、来俊臣问案，比索元礼还要残忍，他们想出各种各样惨无人道的刑罚，名目繁多，花样百出。他们抓到人，先把各种刑具摆在“犯人”面前，如不招认，便一样一样地施以酷刑，“犯人”大多都无法忍受这种折磨，最终被屈打成招。周兴和索元礼前前后后一共杀了几千人，来俊臣毁了一千多家，他们的名字在当时就像毒蛇猛兽一样让人惊悚，连孩子哭闹时一听到有人提及他们三人的名字，就会吓得立刻止住哭声。

有个正直的大臣对太后说：“现在下面告发的谋反案件，多数是冤案、假案，也许有人阴谋离间

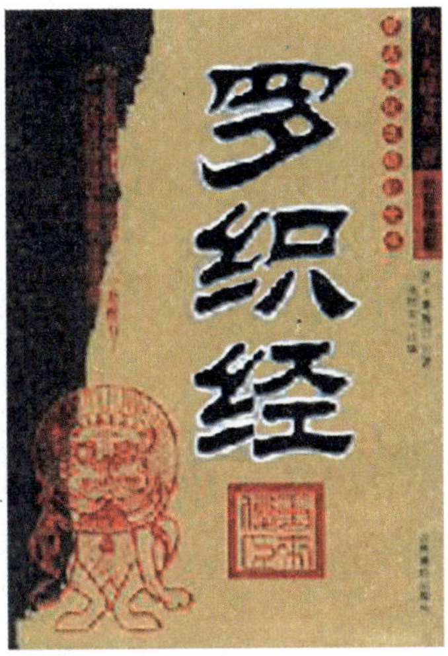

★吉林摄影出版社出版的《罗织经》封面

陛下和大臣之间的关系，陛下可不能不慎重啊！”可是，武则天不愿听这种劝告，告密的风气越来越盛，连她的亲信、掌管禁军的大将军丘神勣，也被人告发谋反，被武则天下令杀了。

有一天，太后接到告密信，说周兴同已经被处死的丘神勣同谋。武则天大怒，责令来俊臣严查此事。来俊臣心里直犯嘀咕，他想：周兴是个狡猾奸诈之徒，仅凭一封告密信，是无法让他说实话的。可万一查不出结果，太后怪罪下来，我来俊臣也担待不起呀！这可怎么办呢？经过苦苦思索，他终于想出一条妙计。这天晚上，他准备了一桌丰盛的酒席，把周兴请到自己家里，与他边喝酒，边谈论审理案件的体会和苦恼。只见来俊臣叹口气说：“不瞒周兄，愚弟近日碰到一个棘手的案件，案犯至今死不认罪，不知老兄有何办法？”

周兴捻着胡须，微微笑着说：“这还不容易！我最近就想出一个新办法，拿一个大瓮放在炭火上。谁不肯招认，就把他放在大瓮里烤。还怕他不招？”

来俊臣听了，连连称赞说：“好办法，好办法！”随即，他命人抬来一口大瓮，按周兴说的那样，在四周点上炭火，然后回头对周兴说：“宫里有人密告你谋反，上边命我严查。对不起，现在就请老兄自己钻进瓮里吧。”周兴一听，吓得魂飞天外。来俊臣的手段，他是最清楚的，连忙跪在地上，像捣蒜一样磕响头求饶，表示愿意招认。来俊臣根据周兴的口供，定了他死罪，上报太后。

此时，武则天有些疑虑，为什么他们审案一审便准，难道他们审结的案子果真都是谋反吗？一连串的问号使她对周兴谋反产生了怀疑，最后她赦免了周兴的死罪，把他革职流放到岭南（在今广东、广西一带）。但由于周兴干的坏事太多，仇家在半路上结果了他的性命。后来，武则天发现大臣很少言语，也不讨论政事，知道是告密使得他们人人自危，便找借口平除民愤，将索元礼逮捕杀掉，让他做了自己的替罪羊。

到此时，所有的风吹草动都没有波及到来俊臣，因而来俊臣对自己能站稳脚跟十分得意，想想同僚索元礼、周兴都已作古，自己没有了竞争的对手，来俊臣便对自己的处境更加看好，胆子也就越来越大了起来。他先是诬告宰相狄仁杰谋反，把他关进大牢。接着又染指武则天的侄儿武三思和武则天女儿太平公主的势力范围，企图独掌朝廷大权。不过，玩火者必自焚，由于武则天的侄儿武三思和女儿太平公主势力大，他们以来俊臣的诬告为导火索，最终使其引火烧身。

697 年，武氏集团及太平公主先发制人，把来俊臣平时诬陷好人、滥施刑罚的老底全都揭了出来，并且把来俊臣判了死罪。武则天还想庇护他，一看来俊臣已犯众怒，只好批准把他处死。来俊臣被处死那天，百姓人人拍手称快，就连大家互相祝贺时都说：“这下可好了，夜里可以安心睡觉了。”

来俊臣

来俊臣（651—697 年），唐朝武则天时的酷吏。雍州万年（今陕西西安）人。历任侍御史、左御史中丞。小时好逸恶劳，不事生产。因告密得武则天信任，成为武则天在政争中的鹰犬。来俊臣和羽党共撰《罗织经》，作为告密的典范，网罗无辜，捏造罪状。然后逼其招供，再抄没其家财。遇有赦令的时候，则遣狱卒先杀对他不利的案犯，然后才宣布赦令。来俊臣每讯问案犯时，不论轻重，都先用醋灌鼻；或将案犯置于瓮中，用火环绕烧烤；或以铁圈套在头上，然后加楔，以至脑裂髓出。种种酷刑，备极苦毒，凡落入来俊臣手中，百不存一。当时，朝臣人人自危，相见时不敢打招呼。官员入朝，都先与家人作别：“不知道还能不能回来？”来俊臣前后共迫害千余家，冤死者不计其数。696 年，来俊臣迁升洛阳令、司农少卿。次年，因得罪武氏诸王及太平公主被诛杀。

★来俊臣塑像

狄仁杰桃李满门

DI REN JIE TAO LI MAN MEN

武则天执政后，始终怀疑臣民中有不忠于自己的人，于是任用索元礼、周兴及来俊臣等酷吏，广事罗织，严酷逼供，奖励告密。此举虽然消灭了一些政敌，但也滥杀了很多无辜，使不少文臣武将蒙受不白之冤，就连宰相狄仁杰也未能幸免。

狄仁杰出生于一个官宦之家。祖父狄孝绪，任贞观朝尚书左丞，父亲狄知逊，任夔州长史。狄仁杰通过明经科考试及第，出任汴州判佐。当时，工部尚书阎立本为河南道黜陟使(唐朝官名)。有一次，狄仁杰被诬告，阎立本负责受理讯问，他不仅弄清了事情的真相，而且发现狄仁杰是一个德才兼备的难得人物，谓之“河曲之明珠，东南之遗宝”，推荐狄仁杰作了并州都督府法曹(官名)。

676 年，狄仁杰升任大理丞，他刚正廉明，执法不阿，兢兢业业，一年中判决了大量的积压案件，涉及到 1.7 万人，没有出现冤案和漏判，一时名声大振，成为朝野推崇的断案如神、摘奸除恶的清官。

★狄仁杰塑像

后来，狄仁杰的才干与名望，又逐渐得到武则天的赞赏和信任。691 年 9 月，狄仁杰第一次入朝为相。身居要职的狄仁杰谨慎自持，从严律己。一天，武则天召见他，告诉他说：“听说你在豫州的时候，名声很好，但是也有人在我面前揭你的短。你想知道他们是谁吗？”狄仁杰说：“别人说我不好，如果确实是我的过错，我应该改正；如果陛下弄清楚不是我的过错，这是我的幸运。至于谁在背后说我的不是，我并不想知道。”武则天听了，觉得狄仁杰器量大，更加赏识他。

不过，在来俊臣得势的时候，狄仁杰被他诬告谋反。来俊臣逼他招供，还诱骗他说：“只要你招认了，就可以免你死罪。”狄仁杰坦然说：“如今太后建立周朝，什么事都重新开始，像我这种唐朝旧臣理当被杀，我招认就是了。”

来俊臣的另一个门徒偷偷告诉狄仁杰说：“你如果供出别人来，还可以从宽。”狄仁杰听了十分生气，他声色俱厉地说：“上有天，下有地，叫我无中生有，搬弄是非，我狄仁杰可干不出来！”说着，他用头猛撞牢狱内的柱子，以表明宁可死，也不冤枉无辜。看到狄仁杰撞得血流满面，狱吏害怕起来，连忙把他劝住了。来俊臣根据逼供的材料，胡乱定了狄仁杰的案，对他的防范也放松了许多。

★舞马衔杯纹银壶·唐

狄仁杰遭此不白之冤，知道难以昭雪，但他不情愿就这样成为来俊臣这种邪恶势力的牺牲品。他趁狱卒不防备，偷偷地扯碎了被子，用碎帛写了封申诉状，又把它缝在棉衣里。时值春季，狄仁杰对狱官说：“天气暖了，这套棉衣我也用不上，请通知我家里人把它拿回去吧。”狱吏未加怀疑，就让前来探监的狄家人把棉衣带回家去。狄仁杰的儿子拆开棉衣，发现父亲写的申诉状，便辗转送到了武则天的面前。

武则天看了狄仁杰的申诉状，便把狄仁杰放了出来，并亲自召见了他。武则天问狄仁杰说：“你既然申诉冤枉，为什么当初要招供呢？”狄仁杰说：“臣要是不招，就会被他们拷打致死。”武则天免了狄仁杰死罪，但是把他宰相职务撤了，降职到外地做县令，直到来俊臣被处死以后，才又把他调回来做宰相。

武则天一面对于反对她掌权的人进行无情镇压，一面又注意选贤任能，她经常派人到各地去物色

狄仁杰

狄仁杰（630—700 年），字怀英，唐朝并州太原（今山西太原市西南）人。武则天时期宰相，杰出的封建政治家。狄仁杰应试明经科（唐代科举制度中科目之一），从而步入仕途。从政后，经历了唐高宗与武则天两个时代。初任并州都督府法曹，转大理丞，改任侍御，后历任宁州、豫州刺史，地官侍郎等职。狄仁杰为官，如老子所言"圣人无常心，以百姓心为心"。为了拯救无辜，他敢于拂逆君主之意，始终保持体恤百姓、不畏权势的本色，始终是居庙堂之上，以民为忧，后人称之为"唐室砥柱"。他任掌管刑法的大理丞，到任一年便处理了前任遗留下来的 17000 多件案子，其中没有一人再上诉伸冤，其处事公正可见一斑。狄仁杰每任一职，都心系民生，政绩卓著，后人据此编出了许多有关他的传奇故事。

★狄仁杰像

★天文铜镜·唐

★玉云形杯·唐

人才。只要发现谁有才能，就不计较门第出身、资格深浅而破格提拔，大胆任用。所以，在她的手下，涌现出一批有才能的大臣。有一天，武则天问狄仁杰说："我想物色一个人才，你看谁行？"狄仁杰说："不知陛下要的是什么样的人才？"武则天说："我想要找个能当宰相的。"

狄仁杰早就知道荆州地方有个官员叫张柬之，年纪虽然老了一些，但办事干练，是个宰相的人选，就向武则天推荐了。武则天听了狄仁杰的推荐，提拔张柬之担任洛州（今河南洛阳）司马。过了几天，狄仁杰上朝，武则天又向他提起推荐人才的事。狄仁杰说："上次我推荐的张柬之，陛下还没用呢！"武则天说："我不是已经把他任用了吗？"狄仁杰说："我向陛下推荐的是一个宰相的人选，不是让他当司马的啊！"武则天这才把张柬之提拔为侍郎。接着，又任命他为宰相。

狄仁杰还先后举荐了桓彦范、敬晖、窦怀贞、姚崇等数十位忠贞廉洁、精明干练的官员，他们被武则天委以重任之后，政风为之一变，朝中出现了一种刚正之气。而且，以后他们都成了唐代中兴名臣。对于少数民族将领，狄仁杰也能举贤荐能。契丹猛将李楷固曾经屡次率兵打败武周军队，后兵败来降，有人主张将其杀掉。狄仁杰认为李楷固有骁将之才，若恕其死罪，必能感恩效节，于是奏请授其官爵，命其征讨边塞未服部众，武则天接受了他的建议。果然，李楷固等率军讨伐契丹余众，凯旋而归，武则天设宴庆功，举杯对狄仁杰说："这是您的功劳啊！"在当时，凡被狄仁杰举荐过的大臣，都十分感佩狄仁杰，把狄仁杰看作他们的老前辈。有人对狄仁杰说："天下桃李，都出在狄公的门下了。"狄仁杰谦逊地说："这算得上什么，推荐人才是为了国家，不是为了我个人的私利啊！"

武则天很敬重狄仁杰，把他称作"国老"。狄仁杰多次要求告老，武则天总是不准。他死后，武则天常常叹息说："老天为什么这样早就夺走我的国老啊！"

★狄仁杰墓

李隆基的“开元之治”

LI LONG JI DE KAI YUAN ZHI ZHI

武周后期，武则天宠幸张昌宗、张易之二人，这两人恃宠放纵，恣意骄横，专权乱政，连武氏兄弟也要巴结他们。705年正月，宰相张柬之经过周密部署，趁武则天病重，发动了兵变，把张氏兄弟杀死，迫使病中的武则天让位，由中宗复位，重建唐朝。

唐中宗复位以后，让韦皇后掌握政权，重用武三思，把朝政弄得混乱不堪。710年，中宗死后，唐睿宗的儿子李隆基起兵杀了韦后，拥戴睿宗复位。过了两年，睿宗把皇位让给李隆基，是为唐玄宗。

唐玄宗李隆基是唐睿宗的第三子。692年11月，李隆基的母亲因遭人诬陷被武则天突然杀害，年幼的李隆基也因而被幽闭于深宫，不得外出。李隆基表面采取“不问政治”的策略，暗中却习文练武，涉猎各种技艺，随时准备夺回李氏江山。

703年，年迈的武则天已经放松了对李隆基的戒备，让他担任右卫郎将，跟随她的左右。当时，武则天正为立嗣问题大伤脑筋，武氏家族的武承嗣、武三思也在积极谋划，试图得到太子之位。由于狄仁杰的力劝，武则天最后立三子李显为太子，但她却并未有禅位之意，而继续听任武氏集团和她宠信的张易之、张昌宗等人胡作非为，祸乱朝纲。704年年末，武则天病倒在床上，几个月也不召见宰相，只有张氏兄弟俩侍奉左右，并左右着朝政大事，这使大臣们六神无主。次年正月，武则天已病得卧床不起，

★三彩牵马俑·唐

★唐玄宗李隆基书写的石台孝经碑

★唐玄宗李隆基像

唐玄宗

唐玄宗李隆基(685-762年)，又称唐明皇。善骑射，通音律、历象之学，多才多艺。神龙元年(705年)，中宗李显即位，恢复了唐国号，但政柄却旁落在皇后韦氏手中。中宗去世后，韦后立温王李重茂为帝，是为少帝。李隆基与其姑母太平公主发动政变，诛杀韦后。少帝被迫逊位，相王李旦即位，是为睿宗。

李隆基以除韦氏有功，被立为太子。延和元年(712年)八月，睿宗传位太子，退为太上皇。李隆基即位，是为玄宗。不久，太平公主又欲发动宫廷政变以废玄宗，李隆基乃与郭元振、王毛仲、高力士等人于先天二年(713年)先发制人，赐太平公主死，尽诛其党，改元开元。

开元年间，社会安定，政治清明，经济空前繁荣，唐朝进入鼎盛时期，后人称这一时期为开元盛世。唐玄宗后期，他贪图享乐，宠信并重用李林甫等奸臣，终于导致安史之乱发生，唐朝开始衰落。

★香囊·唐

宰相张柬之等人认为时机已经成熟，发动了“五王政变”。张柬之率众首先杀了祸首张易之、张昌宗及其党羽，然后逼武则天禅位于中宗李显。李隆基在这次政变中，亲闻亲历了整个过程，使他对政治斗争有了更清醒的认识和了解。

710年，中宗软弱，无才无德，韦后和其女儿安乐公主便暗中积蓄力量，妄图由韦后效法武则天称帝。李隆基早有觉察，他凭借手中已得的兵权准备伺机而动。当他得知中宗被毒死后，迅速带兵联合他的姑母太平公主铲除了韦氏一党。不仅恢复了父亲李旦的皇位，自己也因而被立为太子，继而摄理国政。

然而，李隆基的成功却使得他的同党太平公主怏怏不乐，因为太平公主原想趁机夺位，只是她低估了李隆基这个政治对手。713年，太平公主与掌握羽林军的常元楷和李慈密谋暗害李隆基，但被李隆基预先侦知，他抢先下手，消灭了太平公主的势力，赐死了姑母，然后改元登基，是为唐玄宗。

唐玄宗即位之初，经济凋弊，吏治混乱，困难重重。面对百废待兴的局面，玄宗裁汰冗官，减少赋税，垦荒扩田，不求边功，远佞近贤，采忠纳谏。不过，正在玄宗励精图治的时候，河南一带发生了一次特大的蝗灾。中原的广阔土地上，到处出现成群的飞蝗。蝗群扑向哪里，哪里的庄稼就被啃食一空。

那时候，人们非常迷信，把蝗虫称作“天虫”，出现蝗灾后，愚昧的百姓不是积极去救治，而是烧香膜拜，以致蝗虫对庄稼的毁坏越来越严重，受灾的面积也越来越大。朝廷接到地方告急后，时任宰相的姚崇立即向玄宗上了一道奏章。他认为蝗虫不过是一种害虫，没有不能治的，只要各地官民齐心协力驱蝗，蝗灾定可扑灭。

唐玄宗十分信任姚崇，立刻批准了姚崇的奏章。于是姚崇下了一道命令，让百姓夜间在田头点起火堆，等飞蝗看到火光飞来，就集中扑杀，同时在田边掘个大坑，边打边烧。

★象牙密梳·唐

★三彩犬·唐

姚崇

姚崇（650—721年），本名元崇，字元之。陕州峡石（今河南三门峡东南）人。武则天时逐渐升迁为夏官（兵部）郎中。唐代开元初名相。

698年，姚崇为同凤阁鸾台平章事。在一次奏对中，表示愿以身家担保现任内外官吏无反逆者，武则天大为赞赏。中宗复位后，姚崇出为亳州、常州刺史。睿宗即位，再次入相，但因奏请太平公主出居东都洛阳，被贬为申州刺史，移任徐、潞、扬、同等州，为政深得民心。713年，玄宗召其为相，他向玄宗建议十事，即：以仁义治天下；不求边功；宦官不得干政；皇亲国戚不得任台省官；停止破格滥用人；以法制规范佞臣，做到有法同依；公卿、方镇、戚里不得贡献求媚；不再增建寺观宫殿；开言路纳谏诤；杜绝外戚干政。这些建议基本都为玄宗所采纳。另外，姚崇还反对度人为僧，取缔伪滥僧徒，勒令还俗。开元年间，山东遭遇蝗害，朝臣及地方官以为蝗是天灾，不能捕。姚崇坚持捕杀，颇见功效。716年，以幕僚受贿一事请求避位，荐宋璟自代。但仍受到优礼，玄宗还时常以国事咨询。

★姚崇像

★唐玄宗泰陵碑，立于满清乾隆四十年(1775年)，“玄”为避满清玄烨名讳而改为“元”。

★姚崇石像

这个命令一下去，汴州(今河南开封)刺史倪若水拒不执行。他也写了一道奏章说：“蝗虫是天灾，人力是没法抗拒的，要消除蝗灾，只有积德修行。”姚崇看到倪若水的奏章，十分恼火，专门发了一封信责备倪若水，并且严厉警告他说，如果眼看蝗灾流行，不采取救灾灭蝗措施，将来造成饥荒，要他负责。

倪若水看宰相态度强硬，不敢不依。他发动各地官民，用姚崇规定的办法灭蝗，结果只汴州一个地方就扑灭了蝗虫14万担，灾情立刻缓和了下来。

唐玄宗在他即位以后的前20多年里，除了姚崇以外，还任用过好几个有名的贤相，像宋璟、张说、韩休、张九龄等。他还比较肯接受宰相和大臣们的正确意见，采取了一些有利于经济发展的措施。

这一时期，唐玄宗除了选贤任能外，还定于每年的10月，考评所属的官员，然后决定迁降。同时，下大力发展农业生产，兴修水利，增加土地的灌溉面积；鼓励开荒屯田，调整占田不均的现象。另外，针对武则天后期佛教势力膨胀的现象，下令裁汰僧尼，禁止新建寺庙。当时，全国僧尼人数多达数千万，严重占用了生产劳动力，且寺庙多占用耕地，造成农民土地不足。唐玄宗对僧尼强令还俗12000余人，并规定，不准建新佛寺，民间不得铸佛像，退还寺庙以外占用的土地。在此基础上，唐玄宗还在兵役制度、科举制度、国家财政管理等方面也进行了相应的改革和调整。

由于采取了以上措施，社会安定，政治清明，经济繁荣，人口剧增，比唐太宗时期的人口增加了4倍。据说，当时各州县的仓库里都堆满了粮食布帛，长安和洛阳的米和帛都跌了价。在此期间，唐朝与国外的经济交往、文化交流都达到了鼎盛时期，历史上把这一时期称为“开元之治”。

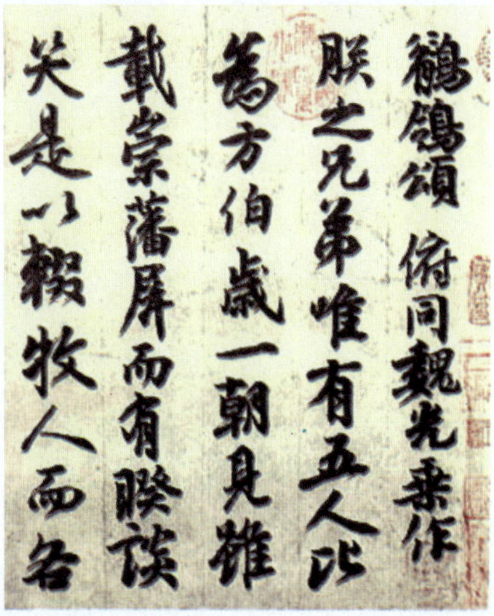
鶺鴒頌 俯同魏光乘作
朕之兄弟唯有五人比
為方伯歲一朝見雖
載崇藩屏而有睽談
笑是以輟牧人而各

★唐玄宗李隆基手迹

★唐玄宗李隆基泰陵神道翼马

口蜜腹剑的李林甫

KOU MI FU JIAN DE LI LIN FU

唐玄宗开创了盛世之后，自以为从此天下太平，便安于现状，满足于歌舞升平，逐渐沉溺于享乐之中。宰相张九龄看到玄宗没有了以往励精图治的精神，也没有改革时的节俭之风，心里十分着急，他常常给玄宗提意见，但玄宗认为国泰民安，累世英主也不及于己，便志骄意惰，躺在自己的功劳簿上，再也不愿前行一步了。因而，对于宰相张九龄善意的提醒，他置之不理，而对于李林甫等佞臣的谄媚之词却如食糖饮蜜，得意之情溢于言表。

李林甫是唐高祖李渊的堂弟李叔良的曾孙，因此也是皇族出身。他的舅父姜皎为玄宗皇帝的秘书监，由于皇族的出身和舅父的喜爱，最初他作了千牛直长(禁军中低级官职)。后不断升迁，做了国子监司业。李林甫并不满足，他拿出自己善于巴结逢迎的本领，最后做了吏部侍郎。吏部是一个实权部门，掌管官吏的选拔、任免、迁转。大权在握的李林甫开始用手中权力进行政治交易，勾结权贵。

一次，朝中要遴选官员，玄宗的哥哥宁王李宪暗自去见李林甫，给他写有 10 个人的名单，要他优先给以升迁，李林甫看到这是一个巴结权贵的好机会，当即答应。在决定官吏任免时，李林甫故意将宁王所举的 9 个人按宁王的要求任官，将另外一个“放集”(留冬选再议)，并当众宣布此人四处托情，贿赂吏部官员，不给升迁。李林甫此举可谓既讨好了宁王，又为自己立了公正廉洁之名，起到了一箭双雕的功效。

李林甫此后不满足吏部侍郎的职位，他看中的是百官之冠——宰相。但他自知自己无才无德，又无特殊功劳，要想升为宰相，不是件容易的事。在当时，宰相必须由皇帝直接决定，而李林甫再走托请钻营和攀结权贵的老路已经达不到目的。于是，他和宫内的宦官、妃子勾结，探听宫内的动静。唐玄宗在宫里说些什么，想些什么，他都先摸了底。等到唐玄宗找他商量什么事，他对答如流，简直跟唐玄宗想的一样。

唐玄宗每当听了李林甫的话都觉得十分舒服，对此他认为李林甫比别人能谋善断，又听话好使，比用张九龄还要得心应手，便想把李林甫提为宰相。有一天，他命人找来张九龄，同他商量说：“李林甫勤于政事，善驭官属，可堪重任。”张九龄知道玄宗的“重任”指的是宰相之位，但李林甫不是正路人，

★李林甫口蜜腹剑

★李林甫像

就直截了当地说：“宰相的地位，关系到国家的安危。陛下如果拜李林甫为相，只怕将来国家要遭受灾难。”但玄宗没有听从张九龄的提醒，以后照样提拔了李林甫。

不过，张九龄提醒玄宗的这些话却传到李林甫那里，李林甫把张九龄恨得咬牙切齿，一心要把张九龄排挤掉，自己独揽相权。鉴于此，李林甫便四处寻找机会。当时，朔方(今宁夏灵武)将领牛仙客目不识丁，但是在理财方面，很有点办法。唐玄宗想提拔牛仙客，张九龄没有同意。李林甫便在唐玄宗面前说：“像牛仙客这样的人，才是宰相的人选。张九龄是个书呆子，不识大体。”

736 年 10 月，玄宗巡游洛阳，

李林甫

李林甫(?-752年),唐玄宗李隆基时有名的奸相。初为千牛直长(宫廷侍卫)。开元初,迁太子中允,历官御史中丞,刑部、吏部侍郎。因媚附于玄宗宠妃武惠妃,擢升为黄门侍郎。开元二十二年(734年)拜礼部尚书。此间,他收买嫔妃宦官,探得玄宗动静,迎合意旨,因而获得信任,掌握大权。

李林甫为人忌刻阴险,对于才名高和受到玄宗重视的官员,必设法排斥,表面上甜言蜜语相结,背后却阴谋暗害,时人称他"口有蜜,腹有剑"。同时为相的张九龄、裴耀卿、李适之等皆被他排挤罢相。为了专权固位,他竭力杜塞言路,补阙杜进上书言事,被他贬为下邦令。朝臣受其威胁,从此谏诤路绝。他极力支持玄宗废太子李瑛,劝立武惠妃子寿王李瑁,玄宗却立了忠王李亨(即肃宗)。他怕太子即位后于己不利,屡兴大狱,以动摇太子。他唆使杨国忠诛杀太子亲戚和不附己的臣僚,株连数百家。他久居相位,自张九龄罢相后,独揽朝政,同列宰相牛仙客、陈希烈都怕他而不敢问事。

749年,咸宁太守赵奉璋拟揭发李林甫罪状20余条,被他指使御史台以妖言逮捕杖杀。752年,李林甫病死。此前,他已和杨国忠有隙。死后,杨国忠唆使安禄山诬告李林甫与蕃将阿布思谋反,玄宗追削李林甫的官爵,籍没其家产,子婿遭流配。

欲回长安,张九龄、裴耀卿二相提醒说:"现在正是秋收大忙季节,请陛下还是等到入冬以后吧!"因为两个人当时考虑玄宗出行,必劳师动众而影响秋收,所以劝止。而李林甫当时装作脚疼,落在后面,待二相离去,便凑上前对玄宗说:"臣非脚疼,是因有事要奏知陛下。陛下贵为天子,洛阳、长安是陛下的东西二都,往来行幸,何待农时?就算是影响秋收,将所过之处的租税减免一些,也就可以了。"玄宗认为李林甫会体味自己的心意,便立即西回长安。此后,玄宗开始疏远了张九龄。

后来,唐玄宗再一次找张九龄商量提拔牛仙客的事,张九龄坚持自己的意见,还是不同意重用牛仙客。唐玄宗大为恼火,他厉声说:"难道什么事都得由你做主吗!"唐玄宗对张九龄的厌烦,加上听信李林甫的诽谤,促使玄宗借这个机会,撤了张九龄的职,让李林甫当了宰相。

★张九龄墓

李林甫一当上宰相,第一件事就是要把唐玄宗和百官隔绝,不许大家在玄宗面前提意见。有一次,他把谏官召集起来,公开宣布说:"现在皇上圣明,做臣下的只要按皇上意旨办事,用不着大家七嘴八舌。你们没看到立仗马(一种在皇宫前作仪仗用的马)吗?它们吃的饲料相当于三品官的待遇,但是哪一匹马要是叫了一声,就被拉出去不用,后悔也来不及了。"由于李林甫故意阻塞言路,致使朝臣都不敢向玄宗递送奏折。

李林甫知道自己在朝廷中的名声不好,凡是大臣中能力比他强的,他就千方百计地把他们排挤掉。他要排挤一个人,表面上不动声色,笑脸相待,却在背地里暗箭伤人。有一次,唐玄宗在勤政楼上隔着帘子眺望,兵部侍郎卢绚骑马经过楼下,唐玄宗看到卢绚风度很好,随口赞赏几句。第二天,李林甫得知这件事,就把卢绚降职为华州刺史。卢绚到任不久,又被诬说他身体不好,不称职,再一次降了职。

有一个叫严挺之的官员被李林甫排挤在外地当刺史。后来,唐玄宗想起他,对李林甫说:"严挺之还在吗?这个人很有才能,还可以用呢。"李林甫说:"陛下既然想念他,我去打听一下。"退了朝,李林甫连忙把严挺之的弟弟找来说:"你哥哥不是很想回京城见皇上吗,我倒有一个办法。"严挺之的弟弟见李林甫这样关心他哥哥,当然很感激,连忙请教该怎么办。李林甫说:"只要叫你哥哥上一道奏章,就说他得了病,请求回京城来看病。"严挺之接到他弟弟的信,真的上了一道奏章,请求回京城看病。李林甫却拿着奏章去见玄宗说:"真太可惜了,严挺之现在得了重病,不能干大事了。"唐玄宗惋惜地叹了口气,也就搁过一边。

李林甫当了19年宰相,一个个有才能的正直的大臣全都遭到排斥,一批批钻营拍马的小人都受到重用提拔。他为人阴险,残暴毒辣,但外表丝毫不显现出来,反而使人觉得一团和气,因而人们称他为"口蜜腹剑"。而就在这个时期,唐朝的政治从兴旺转向衰败,"开元之治"演变成了"天宝之乱"。

孟浩然吟诗遭遣归

MENG HAO RAN YIN SHI ZAO QIAN GUI

孟浩然是盛唐时期山水田园诗派的代表作家。“岩扉松径常寂寥，惟有幽人夜来去。”(《夜归鹿门歌》)“野旷天低树，江清月近人。”

★孟浩然像

(《宿建德江》)“卧闻海潮至，起视江月斜。”(《宿永嘉江寄山阴崔国辅少府》)“荷风送香气，竹露滴清响。”(《夏日南亭怀辛大》)读着他这些清幽自然的诗句，人们往往认为他是一位不干仕途的山林隐士。其实，纵观孟浩然一生，并非真的是一位浑身静穆的隐士。

孟浩然，襄阳(今湖北省襄樊市)人。自幼居于田园之中，后到鹿门山隐居。在鹿门山，他“以诗自适”。“昼夜常自强，词赋颇亦工。”(《书怀贻京贻同好》)他在努力读书、写作，以求词赋工丽。与此同时，他也曾到各地漫游，与地方官往来应酬。看来，他的隐居，也并非真隐，而是积极为出仕准备条件。隐居著文，交接名流，扩大声望，以期名人引荐，朝廷征召，出去做一番事业，这是唐代一部分读书人梦寐以求的“终南捷径”。孟浩然青壮年时期，也是一个胸怀壮志、希望积极用世、报效国家的人物，但他迟迟不去参加科举考试，说明他确实有意于走“终南捷径”。但他时运不佳，一直未遇知音。

唐玄宗开元十六年(728 年)，四十岁的孟浩然终于耐不得隐居生活的寂寞和壮志难酬的苦恼，于这年冬天，破门而出，登程赴京。开元十七年(729 年)春天，他在长安参加了一次进士考试，结果是名落孙山。这实在是他自己始料不及的。孟浩然经过多年的准备，加上他在诗坛上已有一定名气，所以他对自己应试是颇有信心的。这次落第不能不说是其仕途中的一次重大挫折，他对此十分愤懑不平。在他滞留京城期间，常与在京的著名文人张九龄、王维等往来，他们也常于太学和秘书省联句、赋诗。孟浩然的“微云淡河汉，疏雨滴梧桐”诗句，曾使满坐叹服，张九龄、王维也极为称道。

当时，王维在翰林院供职。王维虽比孟浩然小十多岁，但两人关

★二十八宿铜镜·唐

孟浩然的山水田园诗

孟浩然，盛唐时期山水田园诗派的代表人物。他共留下二百六十多首诗，其中有不少是描写山水田园风光的诗篇。他的诗能从初唐盛行的咏物、应制等狭窄的题材中解放出来，表现生活，表现那个时代的士大夫的欢乐与哀愁，形成了一种独特的清淡风格，为百花齐放的唐代诗坛增添了别有韵致的奇葩。孟浩然的诗，思想境界不高，但艺术成就及其在诗歌史上的地位却是不容忽视的。因此，我们在评价孟诗时，既要充分认识到它的艺术成就，也要看到它较为低沉的思想境界。

★越窑青瓷四足水盂·唐

★玛瑙杯·唐

★鹿门山——孟浩然隐居处

系极好。有一天，王维待诏金銮殿，私自邀孟浩然入内，一起谈论诗歌。二人正谈得兴浓，忽然有人报说，唐玄宗临幸。这下王、孟都慌了手脚。孟浩然是个白衣无官之人，被王维私自带入宫中，这显然是不合适的，若被皇帝知道，怪罪下来，一定吃罪不起。还是王维急中生智，将孟浩然藏到床下，以期应付一下唐玄宗。但是，当唐玄宗来到之后，王维又觉得不该将此事隐瞒起来，于是，他如实向唐玄宗汇报了私自带孟浩然来的事情。唐玄宗本人颇有文学修养，诗也写得不错，而他本人更是喜欢诗人、礼遇诗人的。一听说是著名诗人孟浩然，他十分高兴，对王维说："我早就听说过这个人，而未见过他。"于是唐玄宗就让孟浩然出来相见，孟浩然当很高兴，也顾不得不好意思，急忙从床底下爬出来拜见皇帝。孟浩然行完拜见礼，唐玄宗问他："你带诗作来了吗？"孟浩然回答说："来得仓促，未带诗来。"唐玄宗即命孟浩然背诵一下自己新近有什么作品。

★舞俑·唐

孟浩然科场失意之后，写了一些抒发牢骚不平的诗，《岁暮归南山》便是其中著名的一首："北阙休上书，南山归弊庐。不才明主弃，多病故人疏。白发催年老，青阳逼岁除。永怀愁不寐，松月夜窗虚。"孟浩然大概认为这首诗最能表达自己的思想，于是他就给唐玄宗背诵了这首诗。当他背到"不才明主弃，多病故人疏"时，唐玄宗马上变了脸色，对孟浩然说："是你自己不求官，而我从来不曾抛弃你，你怎么竟然诬说我抛弃了你？"唐玄宗这一怒不要紧，孟浩然却失去了一次千载难逢的做官机会。假若这次诗背诵得能让唐玄宗高兴，很可能立即会赏给他一个官，而孟浩然没有把握住这个机会。

对孟浩然遇唐玄宗一事，虽《新唐书》有记载，但后人则有信有疑，众说纷纭。我们无从确认事实是否如此，但有一点是可以肯定的：孟浩然科场失败后又在长安滞留了一段时间，仍没有在政治上找到出路。后人对孟浩然这首《岁暮归南山》诗也评说不一，有人认为"全章浅率"，"殊违雅致，无足录也。后人翻缘勿遇之故，不忍遗弃，亦襄阳不幸中之幸矣"。也有人评价析高，认为"不才"二句，是孟浩然"一生失意之诗，千古得意之句"。

孟浩然的长安之行，以失意而告终。也就在这年冬天，他在百无聊赖中，怀着惆怅的心绪，离开长安回襄阳。开元十八年(730年)，他又经洛阳转赴吴，越漫游。他在离开洛阳之际，写了一首《自洛之越》的诗，诗曰："遑遑三十载，书剑两无成。山水寻吴越，风尘厌洛京。扁舟泛湖海，长揖谢公卿。且乐杯中酒，谁论世上名。"这首五律是后人了解孟浩然的重要作品。他在慨

★鸿雁折枝花纹银杯·唐

★铜铺首·唐

★宽城鹿纹菱花形银盘·唐

★孟浩然石像

叹自己奋斗30年而文不成、武不就的同时，倒真有点要游山玩水、淡于功名的想法了。此诗虽不免带有几分牢骚，但它确实标志着孟浩然人生道路上的一次大转折。如果说他以前的隐居、漫游是为了入仕的话，那么，从此时起，他倒是在政治上失意之后不得不到山水中去寻找人生的乐趣了。

孟浩然在吴越等地漫游达三年之久，入仕无门的悲愤之情稍趋平静。当然，这一时期，孟浩然并未能真正做到忘情于世事，他曾不止一次在诗中表明“未能忘魏阙”的思想。游越归来，渐入晚年，他除作过短期入蜀漫游外，绝大部分时间都隐居于襄阳，仕进热情大减，心情趋于恬淡。这时，采访使韩朝宗曾约孟浩然赴京，准备把他推荐给朝廷。正准备动身，有老朋友到来，二人痛饮甚欢，忘了出发时间，有人提醒他说：“你不是与韩君约好动身时间了吗？”孟浩然发火道：既然已经喝上了，哪还顾得了别的。饮酒如故，而没有去赴约。韩朝宗怒，一个人走了，而孟浩然对此一点也不后悔。

开元二十五年(737年)，张九龄罢相，贬为荆州长史，署孟浩然为从事。他曾跟随张九龄到各地巡视、祭礼或游览行猎，同时也诗酒唱和。时间约有一年，孟浩然便又辞职归隐。开元二十八年(740年)，他的好朋友王昌龄来到襄阳，当时孟浩然疾疹发背，将要痊癒。老朋友到来，二人饮酒甚欢，由于吃了鲜鱼，旧病发作，孟浩然一病不起，死时年五十二岁。

★越窑青釉瓜棱壶·唐

孟浩然一生希望能有所作为，但终生白衣。他一生与隐居、漫游结下了不解之缘，他的诗作也大多产生于这样的生活环境中，所以山水田园诗就成为他诗歌创作中数量最多、最有特色的一部分，他也就毫无愧色地成为盛唐山水田园诗派的代表人物之一。

★斗牛图·唐

孟浩然一生不仕，但广交文人名士，王维、王昌龄、张九龄、李白、杜甫等均与孟浩然交往。杜甫曾不止一次称赞孟浩然的诗作：“吾怜孟浩然，短褐即长夜。赋诗何必多，往往凌鲍谢。”(《遣兴五首》之五)“复忆襄阳孟浩然，清诗句句尽堪传。”(《解闷十二首》之六)李白与孟浩然情谊更深，他那首《黄鹤楼送孟浩然之广陵》早已家传户诵：“故人西辞黄鹤楼，烟花三月下扬州。孤帆远景碧空尽，惟见长江天际流。”而他的《赠孟浩然》一诗，更见他对孟浩然人品的推崇：“吾爱孟夫子，风流天下闻。红颜弃轩冕，白首卧松云。醉月频中圣，迷花不事君。高山安可仰，徒此揖清芬。”孟浩然一生失意，但他的为人，他的诗歌，却的的确确是“风流天下闻”了。

李白蔑视权贵

LI BAI MIE SHI QUAN GUI

唐天宝初年，玄宗宠爱杨玉环，封其为贵妃。从此唐玄宗把政事交给了李林甫，每日留在宫里寻欢作乐，过起了“春宵苦短日高起，从此君王不早朝”的日子。杨贵妃想要什么，他就想方设法给她办到。杨贵妃爱吃新鲜的荔枝，玄宗为了讨杨贵妃的欢心，专门下令命岭南官员派人骑着快马拼着命赶送，仅运送荔枝的人手就有几百人之多。

唐玄宗和杨贵妃每天饮酒作乐，少不了叫人奏奏音乐，唱唱歌曲，但是宫里原来的一些老歌词都听腻了，他想找人来给他填点新歌词。这时，大诗人贺知章在唐玄宗面前说，长安新来了一位奇才，名叫李白，长于诗文，工于词赋。唐玄宗也早就听到过李白的名声，加之贺知章的交口称赞，就吩咐贺知章赶快通知李白进宫。

李白早在735年第一次来长安时就结识了贺知章。有一次，李白去紫极宫，不料竟在那里遇见了他所崇拜的贺知章。这次相遇，使李白激动不已，他立刻上前拜见，并呈上袖中的诗本。贺知章颇为欣赏《蜀道难》和《乌栖曲》，兴奋地解下衣带上的金龟叫人出去换酒与李白共饮。李白瑰丽的诗歌和潇洒出尘的风采令贺知章惊异万分，竟问：“你是不是太白金星下凡到了人间啊？”

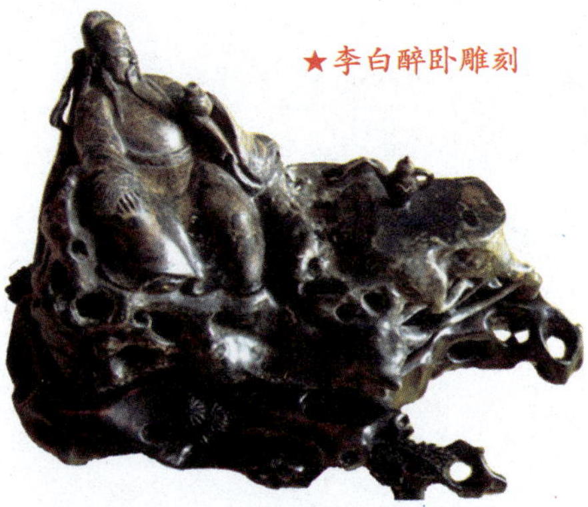

★李白醉卧雕刻

742年，玄宗看了李白的诗赋，对其十分仰慕，便召李白进宫。李白进宫朝见那天，玄宗降辇步迎，“以七宝床赐食于前，亲手调羹”。玄宗问到一些当世事务，李白凭半生饱学及长期对社会的观察而对答如流。玄宗大为赞赏，随即令李白供奉翰林，职务是草拟文告，陪侍皇帝左右。此后，玄宗每有宴请或郊游，必命李白侍从，利用他敏捷的诗才，赋诗纪实。虽非记功，也将其文字流传后世，以盛况向后人夸示。李白受到玄宗如此的宠信，同僚不胜艳羡，但也有人因此而产生了嫉恨之心。

李白是个有政治抱负的人，他生性高傲，对当时官场上的腐朽风气很不满意，希望得到朝廷任用，让他有机会施展政治上的才干。因而，李白除了供奉翰林、陪侍君王之外，还经常在长安市上行走。期间，他发现国家在繁荣的景象中，正蕴藏着深重的危机。这种危机便是来自于那些容易接近皇帝的专横的宦官和骄纵的外戚。他们如乌云一般笼罩着长安，给李白以强烈的压抑感，因而他常常以酒当歌。

李白喝酒非喝到酩酊大醉才觉得痛快，自进翰林院之后，每有闲空，便找一些诗友到长安酒店里去饮酒赋诗。有一次，唐玄宗叫乐工写了一支新曲，还没填上歌词，就命令太监去找李白。可翰林院和李白家都没有李白的人影儿，只好到长安街上东寻西找，终于他们在酒馆里找到李白。原来李白喝醉了酒，正躺在那里鼾睡。太监们推叫不醒，只得七手八脚把李白拉进轿子，抬到宫里。

★李白半身雕像

李白进了内宫，抬头一看是唐玄宗，想行朝拜礼，身子却不听使唤。太监们见他醉得厉害，叫人拿了一盆凉水，洒在李白脸上，李白这才清醒了许多。唐玄宗爱他的才学，也未加责怪他，只是命他马上把歌词写出来。

太监们忙着在他面前的几案上放好笔砚绢帛，李白席地坐了下来，忽然觉得脚上还穿着靴子，很不舒服。他一眼看见身边有个年老的宦官，就伸长了腿，朝着那位宦官说：“请您帮我把靴子脱下来！”

那个老宦官原来是唐玄宗宠信的宦官头子高力士，平时他很受皇帝的倚重，连皇上和皇族都敬他三分，现在一个小小的翰林居然命令他脱靴，简直气昏了。但是唐玄宗在旁边等着李白写歌词，如果得罪了李白，让唐玄宗扫了兴，自己也担当不起。于是他忍住气，装出满不在乎的样子，笑着说："唉！真是喝醉了酒，拿他没办法。"说着，他跪在地上给李白脱了靴子。

李白脱了靴子，一不道谢，二不拿正眼看高力士，而是全神贯注地作起词来，他文思泉涌，走笔如龙，没用多久，就写好了三首《清平调》的歌词交给唐玄宗。唐玄宗看了觉得文词秀丽，节奏铿锵，确实是好词，马上叫乐工演唱起来。

唐玄宗十分赞赏李白，但是那个给李白脱过靴子的高力士却记恨在心。有一次，高力士陪伴杨贵妃在御花园里赏玩景色，杨贵妃很高兴地唱起李白的诗来。高力士装作惊讶地说："哎呀，李白这小子在这些诗里侮辱了贵妃，您还不知道吗？"杨贵妃奇怪地问怎么回事，高力士就添枝加叶地造了一些谣言，说李白写的诗里有一句话，把杨贵妃比作汉朝一个行为放荡的皇后赵飞燕，是有心讽刺她。杨贵妃听信了高力士的话，生气地在唐玄宗面前使了一次性子，令唐玄宗不得不对李白改变了看法。

李白终于看出在唐玄宗周围都是一些像李林甫、高力士那样的趋炎附势的小人，他留在唐玄宗身边，不过帮他解闷散心，要想政治上有所作为是不可能的。而与此同时，李白放浪形骸的行为又被翰林学士张坦所诽谤，两人之间产生了一些嫌隙。

★高力士脱靴

宦官和外戚的受宠，使李白"大济苍生"的热情骤然冷了下来，自己虽在长安，但也没有施展自己管仲、晏婴之术的机会。朝政的腐败，同僚的诋毁，使李白不胜感慨，他写了一首《翰林读书言怀呈集贤诸学士》，表示有意归乡。第二年春天，李白上了一道奏章，请求辞官还家，唐玄宗顺水推舟批准了他的要求，为了表示他爱才，还赐给李白一笔钱，送他回家。

★李白墓

李白离开长安以后，重新过着诗人自由自在的生活，有的时候隐居读书，有的时候周游各地。在这些日子里，他写下了许多讴歌祖国壮丽山河的诗篇。

李白

李白(701-762年)，字太白，号青莲居士，唐代伟大的浪漫主义诗人。李白祖籍陇西成纪(今甘肃省天水县)，隋朝末年，迁徙到中亚碎叶城(在今吉尔吉斯斯坦境内)，李白即诞生于此。五岁时，其家迁入绵州彰明县(今四川江油县)。二十岁时只身出川，开始了广泛漫游，南到洞庭湘江，东至吴、越，寓居在安陆(今湖北省安陆县)。他到处游历、结交朋友、拜谒名流，期冀得到引荐，去实现政治理想和抱负。但十年漫游，却一事无成。他又继续北上太原、长安，东到齐、鲁各地，并寓居山东任城(今山东济宁)。这时他已结交了不少名流，创作了大量优秀诗篇，诗名满天下。天宝初年(742年)，唐玄宗召其进京，命他供奉翰林。不久，因权贵的谗毁，被排挤出京。此后，他在江淮一带盘桓，思想极度烦闷。744年的夏天，李白到了东都洛阳，在这里，他遇到了被时人誉为"诗圣"的杜甫，两人结下了深厚的友谊。

"安史之乱"期间，李白正隐居庐山，适逢永王李璘的大军东下，邀李白下山入幕府。后来李璘反叛肃宗被消灭，李白因受牵连，被判处流放夜郎(今贵州省境内)，中途遇赦放还，往来于浔阳(今江西九江)、宣城(今安徽宣城)等地。代宗宝应元年(762年)，李白病死于安徽当涂县。李白生活在唐代极盛时期，具有"济苍生"、"安黎元"的进步理想。它的大量诗篇，既反映了那个时代的繁荣气象，也揭露和批判了统治集团的荒淫和腐败，表现出蔑视权贵，反抗传统束缚，追求自由和理想的精神。在艺术上，他的诗想象新奇，感情强烈，意境奇伟瑰丽，语言清新明快，形成豪迈的艺术风格，达到了我国古代积极浪漫主义诗歌艺术的高峰。

★李白像

安史之乱

AN SHI ZHI LUAN

唐玄宗后期，因安于现状，疏理政事，玄宗李隆基由一世英主，蜕变成意满志惰、淫逸骄奢的昏君。他每天与贵妃杨玉环饮酒作乐，沉湎于声色犬马，对日益加深和暴露出的社会矛盾熟视无睹，终于使显赫一时的大唐江山盛极而衰。

740年10月，年已55岁的唐玄宗夺了寿王（玄宗的儿子李瑁）妃杨玉环，并封其为贵妃。玄宗被杨贵妃的姿色和才智折服，对其百般垂爱，以致当年励精图治的皇帝，现在整日沉于声色，不理政事。玄宗不仅日夜淫乐，还喜欢舞马、斗鸡，宫中有专人为他驯马驯鸡。李林甫为百官之首，对此他不仅不劝皇帝，还对皇帝的行为极吹热捧，帮助皇帝搜刮民财，满足玄宗的挥霍。

此间，李林甫想尽一切办法专权固位，他排挤掉张九龄等朝中重臣后，仍怕有才干的边帅入朝为相。那时，为了加强边境的防御，在重要的边境地区设立了十个军镇（也叫做藩镇），军镇的长官叫节度使。节度使带领军队，还兼管行政和财政，权力很大，地位很重要。按照当时的惯例，节度使立了功，就可能被调到朝廷当宰相。

★杨贵妃上马图

鉴于此，李林甫向玄宗建议重用“蕃将”，以少数民族将领为节度使。李林甫认为“蕃将”目不识丁，自然不能入朝为相，自己也就不存在威胁了。玄宗素来也怕边帅结成朋党，威胁国家，非常赞同李林甫的建议。

★贵妃晓妆图

在这些胡族的节度使中，唐玄宗、李林甫特别看中平卢（今辽宁朝阳）节度使安禄山。安禄山年轻时在平卢军里当过将官，因为不遵守军令，打了败仗，边境守将把他解送到长安，请朝廷处分。当时的宰相张九龄为了严肃军纪，把安禄山判了死刑。唐玄宗听说安禄山骁勇，下令把安禄山释放。张九龄对唐玄宗说：“安禄山违反军令，损兵折将，按军法不能不杀。而且据我观察，安禄山不是个善良人，不杀恐怕后患无穷。”

唐玄宗不听张九龄劝谏，还是赦免了安禄山。后来，张九龄被撤了职，安禄山却靠他奉承拍马的手段，一步一步地升官，当上了平卢节度使。三年后，他又被任命为范阳节度使。安禄山此后又利用入朝觐见的机会，阿谀逢迎玄宗，又称杨贵妃为母，获得玄宗异常宠爱。唐玄宗也常常召安禄山到长安朝见，安禄山抓住这个机会，使出狡猾的手段，尽量讨取玄宗的喜欢。

安禄山长得特别肥胖，凸肚子，矮个子，装出一副傻乎乎的样子，唐玄宗每见到他就忍俊不禁。有一次，唐玄宗指着他的肚子开玩笑说：“这么大的肚子，里面装的什么东西？”升迁迅速的安禄山深深懂得皇帝的信任和恩宠的重要，为了达到目的，他每每装出一副“愚忠”的样子，来博得玄宗的欢心，因而他不假思索地回答说：“没有别的，只有一颗赤诚的心。”

安禄山骗取了唐玄宗的信任后，就尽量搜罗奇禽异兽，珍珠宝贝，经常送到宫廷讨好唐玄宗。他知道唐玄宗喜欢边境将领报战功，

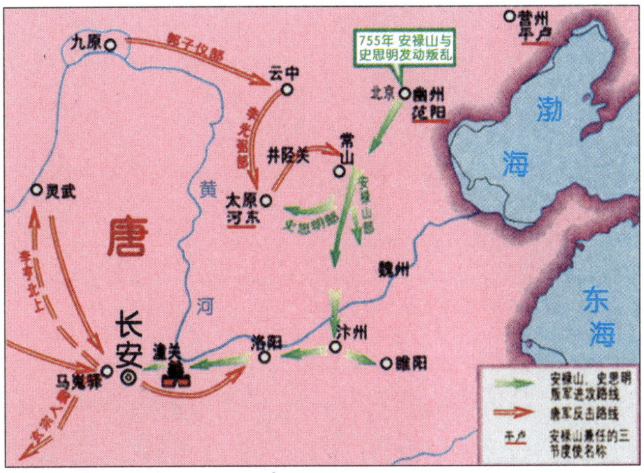

★安史之乱路线图

就采取阴谋手段，诱骗平卢附近的少数民族首领和将士参加宴会。然后在酒席上，用药酒灌醉他们，将他们统统杀掉，再把他们的首领割了头，献给朝廷报功。于是，除了范阳、平卢两镇外，玄宗又命安禄山兼了河东（今山西太原）节度使，控制了北方边境的大部地区。

此后，安禄山秘密扩充兵力，提拔了史思明、蔡希德等一批猛将，任用汉族士人高尚、严庄帮他出谋划策，又从边境各族的降兵中挑选了八千名壮士，组成一支精兵，囤积粮草，磨砺武器，待机发动叛乱。

没过多久，李林甫病死，杨贵妃的同族哥哥杨国忠凭着他的外戚地位，接任了宰相。杨国忠本来是个流氓，安禄山瞧不起他，他也看不惯安禄山，两个人时常闹出矛盾。杨国忠几次三番在唐玄宗面前说安禄山一定要谋反。但唐玄宗以安禄山忠君爱国，未有叛行而不肯相信。不过，随着时间的推移，安禄山的谋反迹象也渐渐暴露出来。

原来，安禄山怕军中汉将不与他一心，他向朝廷要求把范阳的 32 名汉将全部撤换，由他自己另外委派。还让大儿子安庆宗住在京师，把朝中发生的事秘密禀报给他。安禄山非同寻常的举动，引来了朝臣们的猜疑，连杨国忠也多次向玄宗进谏说："安禄山必反，陛下若不信，遣使召他进京，他必不敢再来。"唐玄宗亲手写诏书要安禄山到长安，出乎杨国忠的意料，狡猾的安禄山竟然来了，他跪在玄宗面前痛哭说："臣被右相杨国忠嫉妒，恐怕死期将至了！"玄宗安慰说："有朕作主，卿大可放心。"太子李亨根据自己的观察，也向父皇奏安禄山要谋反，玄宗仍然置若罔闻，使安禄山这次平安回到了范阳。行前，玄宗还亲自设宴饯行，又脱御衣为安禄山披上，以示恩宠。

天宝十四载（755 年），安禄山身兼平卢、范阳、河东三镇节度使，握有重兵 15 万人。他见玄宗昏庸，朝政日乱，武备空虚，保卫京师的军队整日游荡，不事操练，大唐王朝已危机四伏，便决意起兵。11 月，他和部将史思明以奉密旨讨伐杨国忠为名起兵叛乱，南下进攻关中。叛军所过州县，官兵手足无措，望风披靡。玄宗毫无防备，一时闻变大惊，但因武备不修，只好仓惶出逃。安禄山轻松地渡过了黄河，攻占了洛阳，并于次年称帝，国号大燕。然后，又挥师直逼长安。

★史思明墓出土的铜坐龙

★安禄山像

安禄山

安禄山（703–757 年），营州（今辽宁朝阳）人。父亲是胡人，母亲是突厥人，本名阿荦山。母亲阿史德氏为突厥族女巫，安禄山年幼时父亲死去，一直随母亲住在突厥族里。他母亲后来嫁给了突厥将军安波注的哥哥安延偃，安禄山也就冒姓安氏，名叫禄山。安禄山狡黠奸诈，唐玄宗时，因与奚、契丹战败，罪大当诛，因此被送往京师。宰相张九龄洞悉安禄山以后必会造反，请唐玄宗斩之，玄宗惜其才，未肯。安禄山貌似忠诚，但生性狡诈，常献奇禽异兽给玄宗，以讨其欢心，同时还交结玄宗的左右，左右多在皇帝面前为其美言。另外，安禄山还将心腹留驻京师，探听朝廷动静，因此对玄宗应对颇为投机，得到玄宗、杨贵妃的喜爱。又加权相李林甫为巩固相位，劝玄宗用寒微的蕃人为将，安禄山由此得到玄宗的倚重，赐爵东平郡王，后兼河东节度使。天宝元年（724 年）升任平卢节度使，三年后又兼范阳节度使。安禄山因握有重兵，便欲谋自立，755 年，他和史思明以"清君侧"为由发动叛乱，使强大的大唐帝国危如倒悬。

马嵬驿兵变

MA WEI YI BING BIAN

唐朝升平已久，内地兵少且缺乏训练，新招募来的士兵闻敌军鼓角声便魂飞魄散，根本没有战斗力，因而安禄山的叛军长驱直入，一路上几乎没有阻碍。仅一个月，东都洛阳失陷，安禄山叛乱的第二年六月，长安的屏障潼关失守。

潼关是京城长安的门户，那里形势险要，道路狭窄。唐玄宗派大将哥舒翰带领重兵把守。叛将崔乾祐在潼关外屯兵半年，无法打通关隘。潼关的守军每天晚上在烽火台烧起一把火，作为平安的信号。关里的烽火台接到信号，也一座接一座放“平安火”，一直传到长安，让长安百姓放心。

叛军一时攻不进潼关，而此期唐朝大将郭子仪、李光弼率领朔方军出师河北，屡获胜利，河北的民众武装也参加到郭、李军中，十余郡的百姓多杀叛军守将，重树唐帜，切断了安禄山军队前后方的联络，使家在范阳的叛军将士军心动摇，安禄山甚至想放弃洛阳逃回老巢。

此时的战场态势非常有利于唐军，并很有可能迅速平息这场叛乱。但是，此时的宰相杨国忠却猜忌驻防潼关的唐将哥舒翰。有人曾对杨国忠说：“现在重兵都在哥舒翰手里，如果哥舒翰打胜了，回到长安，你的宰相位子就保不住了。”于是，他拒不采纳哥舒翰据险坚守以待敌内变和由郭子仪、李光弼引兵北取范阳，覆敌巢穴的建议。还在唐玄宗面前危言耸听地说：“潼关外的叛军已经不堪一击，可哥舒翰守在潼关却按兵不动，这样会丧失歼灭叛军的有利时机。”昏庸的唐玄宗经不住杨国忠的怂恿，他接二连三派使者到潼关，促令哥舒翰出兵收复陕洛。

关外的叛将崔乾祐早已养精蓄锐，只等唐军出关。他派精兵埋伏在灵宝（在今河南省西部）西面的山谷里。哥舒翰的 20 万大军一出关，就中了埋伏，几乎被叛军打得全军覆没。潼关一失守，关内无险可守，从潼关到长安之间的一些地方官员和守兵都纷纷弃城而走。

★唐玄宗为杨贵妃沐浴建造的华清池原址

潼关陷落，“平安火”熄不复燃，长安万民惶恐，朝中百官纷乱。此时的唐玄宗才感到形势危急，不得不思考对策。杨国忠把文武百官召集起来商量，可是满朝文武都只是唉声叹气，一筹莫展，谁也想不出一个好主意来。杨国忠自知祸乱由己而起，长安城破自然死无葬身之地，便竭力劝玄宗逃往成都。

当天晚上，唐玄宗、杨国忠带着杨贵妃和一批皇子皇孙，在将军陈玄礼和禁卫军护送下，悄悄地打开宫门，逃出长安。行前，他们派个宦官先到沿路各地，要官员准备接待。哪知道才到咸阳，派出的宦官和县令都已自逃生路去了。唐玄宗一伙人走了半天，没有人给他们送饭，随行太监好容易找到当地百姓，向他们讨了点粮食，有几个百姓送上一点高粱饽饽。那些皇子皇孙平时养尊处优，哪里吃过这样的饭，但是实在饿得慌，也顾不得什么体面，没有碗筷，就用手捞着吃，一下子就吃得精光。

★杨贵妃雕像

唐玄宗勉强咽了几口饽饽，直流眼泪。此时，有个老人挤到车前，对玄宗说：“安禄山想造反，已经不是一天了。这么多年来，有人向朝廷告发，反而被关被杀。陛下周围的大臣，只会奉承拍马，外面的情况，陛下一概听不到。我们普通百姓早知道有这么一天，不过

杨贵妃

杨玉环（719—756年），原籍蒲州永乐（今山西永济）人，生于蜀郡（今四川成都），与西施、王昭君、貂蝉并称为中国古代四大美女。

杨玉环出身官门世家，天生丽质，性格婉顺，精通音律，善歌舞，并善弹琵琶。734年7月，唐玄宗的女儿咸宜公主在洛阳举行婚礼，杨玉环也应邀参加。咸阳公主的胞弟寿王李瑁对杨玉环一见钟情，唐玄宗在武惠妃的要求下，当年就下诏册立她为寿王妃。

737年12月，唐玄宗宠爱的武惠妃病逝，玄宗因此郁郁寡欢。在心腹宦官高力士的引荐下，唐玄宗把目光投向了与武惠妃相似的儿媳杨玉环身上。740年10月，与李瑁成亲已过五载的杨玉环离开寿王府，来到骊山。此时她才22岁，玄宗则55岁，玄宗先令她出家为女道士，为自己的母亲窦太后荐福，并赐道号“太真”。745年，唐玄宗把韦昭训的女儿册立为寿王妃后，遂册立杨玉环为贵妃，玄宗自废掉王皇后就再未立后，因此杨贵妃就相当于皇后。

杨玉环自入宫以来，遵循封建的宫廷体制，不过问朝廷政治，不插手权力之争，以自己的妩媚温顺及过人的音乐才华受到玄宗的百般宠爱，虽曾因妒而触怒玄宗，以致两次被送出宫，但玄宗对她难以割舍，又两次召回宫中。直至安史之乱，唐玄宗仅带杨贵妃西逃，在马嵬驿兵变时，杨贵妃被逼赐死，年方38岁。

★高力士雕像

朝廷宫门太深，百姓进不去。要不是到了今天这步田地，我们怎么能站在陛下面前说话呢！”唐玄宗垂头丧气地说：“这是我太糊涂，现在后悔也来不及了。”

这样走走停停，第三天到了马嵬驿（在今陕西兴平县西），随行的将士又饿又累，实在忍不住了，便口吐怨言，大骂杨国忠。正在这个时候，有几名吐蕃使者来京办事，路过这里遇到了杨国忠，他们站在驿外谈话。有个士兵发现后，便故意高喊：“杨国忠勾结吐蕃谋反啦！”其他士兵不辨真假，便一拥而上，杨国忠想要逃跑，被士兵拦下，不容分说，一阵枪挑刀劈，杨国忠变成了一堆肉泥。

兵士们杀了杨国忠，情绪激昂，他们接着又杀了韩国夫人和秦国夫人（杨贵妃的两个姐姐），然后把唐玄宗住的驿馆包围了起来。唐玄宗听到外面喧闹不止，问是怎么回事，陈玄礼回答说：“杨国忠谋反，现已被诛。只是贵妃不宜再事君，请陛下割爱。”玄宗说：“贵妃深居内宫，她哪里知道杨国忠谋反的事？”

此时，老太监高力士知道不杀杨贵妃，不能平息兵士的气愤，便对玄宗说：“贵妃自然没罪，可杨国忠已死，贵妃还留在陛下身边，将士们能放心吗？”又俯玄宗耳边说：“当前，只有让兵士们安静下来，陛下才能够平安。”玄宗皇帝无可奈何地对高力士说：“这件事由你去办吧！只是不要用刀剑。”

唐玄宗为了保自己的命，只好狠了狠心，叫高力士把杨贵妃带到别的地方，用白绫勒死。将士们听到杨贵妃已经被处死，总算消了口气，才撤围回营。

次日，马嵬驿民众遮道留玄宗，玄宗不从，命太子李亨留下抗敌。李亨接诏，即奔往朔方节度使所在的灵武（今宁夏灵武西南）去找郭子仪，组织力量抵抗叛军。同年七月，李亨即皇帝位于灵武，是为肃宗，遥尊已入蜀地的玄宗为太上皇。

★马嵬驿兵变

★杨贵妃墓

张巡草人借箭

ZHANG XUN CAO REN JIE JIAN

张巡

张巡(709–757 年)，唐代名将。张巡幼年聪明，才智过人。玄宗开元末年中进士第三名，唐至德二(757 年)正月，安史叛军 13 万，由尹子奇率领攻打睢阳城，当时的睢阳城是南北交通要塞，军事咽喉之地，叛军企图踏平睢阳，夺取江淮富庶之地。在这危急存亡的关键时刻，张巡挺身而出，率领仅有的 6800 名将士抵抗 13 万叛军，展开了一场惊天地、泣鬼神的睢阳保卫战。虽然由于众寡悬殊、粮尽援绝而失败，但它却有力地遏止了叛军南下，保住了大唐半壁江山和江淮丰厚的财源，为大唐王朝反攻赢得了宝贵的时间和物质保障。后人为纪念张巡，在睢阳、杞县、南阳等地为他建立祠庙，并把他与张衡、张仲景誉为“南阳三张”。

★张巡像

叛军攻破长安后，安禄山遣部将孙孝哲入长安，自己仍留洛阳。叛军按安禄山命令，在长安进行了惨无人道的屠杀，剖腹挖心，用铁棒揭脑，令人惨不忍睹。孙孝哲还下令在长安城大索三日，百姓家中财物被洗劫一空。面对叛军的淫威，百姓日夜盼望唐军的到来，还时常有组织地袭杀叛军官吏，与唐军遥相呼应，使叛军穷于应付，迟滞了向纵深发展。另外，叛军将领日夜纵酒，专以声色财贿为事，已无再进取之意。据此，唐军赢得了重整军备、调集重兵的机会。

在迟滞叛军的过程中，真源(今河南鹿邑)县令张巡组织的抵抗尤为壮烈。叛军进潼关之前，安禄山派唐朝的降将令狐潮去进攻雍丘(今河南杞县)。令狐潮本来是雍丘县令，安禄山占领洛阳的时候，令狐潮就已经投降。雍丘附近有个真源县，县令张巡却拒不投降，他在老子庙誓师讨贼，招募了千余名壮士，占领了雍丘。不久，令狐潮引叛军攻雍丘，张巡身先士卒，率军民猛冲敌阵，杀退了叛军，张巡也因而赢得了军民的信任。

令狐潮在初攻雍丘失败后，又引叛将李廷望率军 4 万攻城。由于与叛军众寡悬殊，城内军民一时人心震恐。但张巡沉着冷静，布置一些将士守城，其余分成几队，亲自率领向叛军发起突然攻击，叛军猝不及防，大败而逃。次日，叛军建造与城同高的木楼百余座从四面攻城。张巡命人在城上筑起栅栏加强防守，然后捆草灌注膏油向叛军木

★张巡祠内的张巡塑像

楼投掷，使叛军无法逼近。张巡又寻机进击叛军，致使叛军木楼攻城之策失败。之后，敌攻我守，为防疏漏，将士们每天都穿戴着盔甲吃饭，受伤的包扎好伤口再战，如此相持了 60 天，历大小数百战，令狐潮始终未能攻下雍丘。

正在与叛军相持不下的时候，长安失守的消息已传到了雍丘，令狐潮藉此举兵再至，他还派人送了一封信给张巡，劝张巡认清形势，开城投降。

长安失守的消息在雍丘城中的确引起了不小的震动，连雍丘城里指挥抗敌的六名将领，也都产生了动摇的心理。他们一起找张巡说：“现在双方力量相差太大，再说皇上是死是活也不知道，还不如投降吧。”当时张巡固守孤城，又无朝廷消息，所以张巡表面许诺，答应了他们的恳请。但到了第二天，张巡于府衙设皇帝画像，率全军将士朝拜，然后将劝降的六名将领绑

了，宣布他们犯了背叛朝廷、动摇军心之罪，将他们当场斩首。将士们看了，都很激动，表示坚决抵抗到底。

由于长期守城，雍丘存粮已经不多。正在这时，张巡得知令狐潮将从睢阳渠（沟通汴淮二河之渠）运米数百船经过雍丘城，于是派兵夜间出战。叛军猝不及防，纷纷逃命。张巡不仅缴获上千斛盐米，还追杀叛军无数。

★张巡祠

此后，叛军经常攻城，每次张巡都严阵以待，并用箭弩和滚木擂石反击，因而叛军每次都会丢下许多尸体，狼狈逃归。但是，时间一长，城里的箭弩不够用了。由于城中人手少，又一时缺少铸造箭的材料，自己铸制已不可能。正在张巡苦思无计的时候，张巡忽然想起了史书上诸葛亮草船借箭的故事，他心中一亮：草船能借箭，草人也未必不可。于是，他命将士绑扎了很多草人。

一天深夜，张巡命将士把绑束停当的草人慢慢往城下放，叛军看到雍丘城头上人影绰绰，又隐约见有成百上千的兵士，沿城墙溜下城来，赶快将这一情况报告给令狐潮。令狐潮当即断定是张巡趁夜劫营，便命令兵士以箭拒敌。谁知待天边放亮，才发现他们射杀的全是草人，而雍丘城上的守军正一个个地将草人拉到城上。一夜之间，张巡竟用草人借了数万支箭，解了燃眉之急。

过了一段时间，张巡用同样的办法将草人放到城下，令狐潮的兵士见城墙上又出现了“草人”，又好气，又好笑，知道张巡是故伎重演，又是来骗箭的，因而没人理会。趁此机，张巡命500名勇士夹于草人之间，顺城而下。这500名勇士乘叛军不防备，向令狐潮的大营发起了突然袭击。此时，几万叛军不及反抗，四下乱窜，互相践踏，死伤不计其数。令狐潮也来不及组织指挥，被裹进乱军之中，逃之夭夭。

此后，尽管叛军封锁、劝降，都没有丝毫动摇张巡和守城将士们的决心，如此双方对峙了一年时间。次年，睢阳（今河南商丘）太守许远派人向张巡送来告急文书，说叛军大将尹子奇带领13万大军要来进攻睢阳。睢阳地处睢阳渠要冲，位置非常重要。因此，张巡主动撤离雍丘，率兵赶往睢阳。

757年，尽管张巡率军打了无数次胜仗，但因遭到长期围困，救兵不至，城中无米为食，兵士无力守御。此时，叛军得知张巡请援无望，又加紧攻城，守城将士商议突围而去。但张巡、许远认为睢阳是江淮屏障，如果失守，叛军会大举南下，蹂躏江淮。再说守城士兵已饥惫不堪，弃城而逃，必无生理，所以最后仍决定坚守。直到当年10月，当叛军再次攻城时，守城士兵已无战斗能力，睢阳城终于被叛军攻破，张巡、睢阳太守许远以及雷万春、南霁云等36人同时被叛军杀害。

★张巡草人借箭

★张巡墓

李泌归山

LI BI GUI SHAN

马嵬驿兵变平息下来后，唐玄宗继续向西南逃难。百姓上路拦驾，请求玄宗留下来率领军民讨伐叛贼。玄宗无奈，只得分出 2000 人马留给太子李亨，让他主持军事，留下来平叛。朔方镇的留守官员借此劝李亨称帝，以便号令全国。756 年 7 月，李亨在灵武（今宁夏回族自治区灵武县）即位，是为唐肃宗。

唐肃宗刚在灵武即位的时候，当时半壁江山都在安禄山手里，而且贼焰正炽。肃宗对自己这个皇位能坐多久，实在心里没有底。此时，肃宗身边的文武官员还不满 30 人，面对空空的朝堂和岌岌可危的帝业，他真切地感受到了“国乱思良将”的焦灼之感。忽然有一天，肃宗想到了李泌，于是就派人把李泌从颍阳（在今河南省）接到灵武来。

李泌是肃宗当太子时的一个好朋友，原是长安人，小时候很聪明，读了不少书。当时的宰相张九龄看到他写的诗文，十分器重他，称赞他是个“神童”。肃宗当太子的时候，李泌已经长大了，他向玄宗上了奏章，对国家大事提了一些意见。唐玄宗看了很欣赏，想给他一个官职，但他推说自己年轻，不愿做官。玄宗无奈，命他和太子结交，帮助太子完成学业。以后，他经常到东宫去，太子也特别喜欢接近李泌，把他当作老师看待。后来，李泌看不惯杨国忠掌权，曾经写诗讽刺杨国忠，因此他被杨国忠排挤出长安。李泌看到政局混乱，索性跑到颍阳隐居起来。

这一回，唐肃宗来请他，他想到朝廷正逢危局，便去灵武扶助肃宗。唐肃宗看见李泌，真像得到宝贝一样高兴，要封他做宰相，但李泌坚决推辞。他说：“陛下待我像知心朋友一样，这就比当宰相的地位还尊贵，何必非要我挂个名不可呢？”肃宗见不能勉强，只得作罢。虽然如此，肃宗但凡国家大事都先咨询李泌，对他的恩宠也是无以复加。肃宗和他“寝则对榻，出则联镳”——睡觉时在一个屋里，外出时并马而行。因李泌当时没有官职，只穿一身白衣（唐代无官职的只可着白衣），故而李泌有“白衣山人”之称。有一次，李泌陪唐肃宗一起骑着马巡视军队，兵士们在后面指指点点说：“那个穿黄袍的是皇上，穿白袍的是山里来的隐士。”

★李泌出仕

★唐肃宗李亨像

唐肃宗听到兵士们的议论，觉得这样太显眼，就给李泌一件紫色的官服，硬要他穿上。李泌没办法，只好穿上。肃宗笑着说：“你既然穿上了官服，还能没有个官衔？”说着，从袖里拿出一份诏书，任命李泌为元帅府行军长史（相当于军师）。李泌还是不肯答应，唐肃宗说：“现在国家困难，只好暂时委屈你一下，等平定叛乱之后，任你来去自由。”

唐肃宗一心想收复长安，问李泌说：“敌人这样强大，我们怎么

★杭州相国井，因开井者李泌后来官至宰相所以叫相国井。

★唐肃宗李亨建陵鸵鸟石雕

办？”李泌说：“安禄山发动叛乱，真心帮他出力的是少数，其余都是被迫参加的。照我的估计，不出两年，就可以把他们消灭。”接着，他又给肃宗定了一个军事计划，暂缓收复长安，派郭子仪、李光弼分两路进军河北，攻打叛军老巢范阳，叫叛军进退两难，再发动各路官军围攻，把叛军消灭。他对肃宗说：“安禄山都于洛阳，但老巢却在范阳（今北京附近），山西等地此时都在唐朝军队手中。所以，安禄山所控制的地域南北狭长，活像一条长蛇。我们不要急于收复洛阳，而是一会儿猛攻贼人的范阳老窝，让叛军主力火速北上增援，一会儿又佯攻洛阳，叛军必然又要回救，叛军顾头难顾尾，范阳与洛阳之间长途奔袭，必然疲于奔命。唐军从中寻找战机，必操胜券。”肃宗听了大喜。

第二年春天，叛军发生内讧，安禄山的儿子安庆绪杀了安禄山，自己称帝。要消灭叛军，这本来是个好机会。但是肃宗这时却急于回长安，不听李泌的计划，把郭子仪的人马从河东调回，强攻长安，结果打了一个败仗。后来，郭子仪借回纥（我国古代北方民族之一）精兵，集中了15万人马，才把长安攻了下来。接着，又收复了洛阳，安庆绪逃到河北，史思明也被迫投降，平定了安史之乱。

安史之乱初平后，唐肃宗用骏马把李泌接到长安。宦官李辅国和权臣元载嫉恨李泌，开始在肃宗面前说坏话。李泌一看风头不对，就自请隐退。有一天晚上，唐肃宗请李泌喝酒，并且留他一起睡。李泌趁机会就对肃宗说：“我已经报答了陛下，请让我回家再做个闲人吧！”唐肃宗说：“哎，我和先生共患难多年了，现在正想跟您一起享受安乐，怎么您倒要走了呢？”李泌恳切地说：“我和陛下结交太早，陛下太重用我、信任我。就是因为这些缘故，我不能不走。”唐肃宗说：“今天先睡吧，明天再说。”李泌说：“今天我跟陛下坐在一个榻上谈话，你不答应我。将来到了公堂上面，就没有我说话的余地了。留下我非但不能安享富贵，却等于害了我。”

唐肃宗虽然不愿让李泌离开，但是经不住李泌一再请求，只好同意。李泌到了衡山（在今湖南省），在山上造个屋子，在那里不娶妻室，不食荤腥，静心修炼，又过起了隐居的生活。

★李泌隐居的地方——邺侯书院（原名端居室）

★少年李泌像

李泌

李泌（722—789年），字长源，是唐代中叶的大谋略家。李泌出身于官宦之家，书香门第，七岁能文，被称为奇童。他生活于唐玄宗、肃宗、代宗、德宗四朝，为平定安史之乱、讨伐李怀光、李希烈叛乱，以及联合回纥、云南、天竺等国抗击吐蕃入侵，在军事、政治、外交诸方面做出了卓越贡献，并在治理国家上也有颇多建树。

传说在李泌七岁的时候就被带入宫中，当时，玄宗与燕国公张说正在观棋。玄宗见到李泌，对张说说：“这新来的孩子长相清奇，观其仪表，将来必是国家栋梁。”遂以“方、圆、动、静”为题让李泌作诗。李泌一副胸有成竹的样子，把头稍稍一仰说：“请说一说要求。”张说用手在棋盘上比划着示范道：“方如棋局，圆如棋子。动如棋生，静如棋死。”李泌脱口吟道：“方如行义，圆如用智。动如逞才，静如遂意。”话音刚落，张说惊叹：“奇才！奇才！真是圣代吉祥的佳兆啊！”玄宗更是喜不自胜，把李泌抱到怀中，抚摸着他的头，令人端来水果糕点给他吃，还把他留在忠王院，让他与太子李亨交上了朋友。

李光弼大破史思明

LI GUANG BI DA PO SHI SI MING

唐王朝收复两京以后，安庆绪逃到河北，占领60座城，继续顽抗，唐肃宗决定派大军进剿安庆绪。公元758年9月，唐肃宗命郭子仪与河东节度使李光弼、关内节度使王思礼等九节度使率60万兵马围攻相州，讨伐安庆绪。皇帝因郭子仪、李光弼都是国家的元勋，难以相互统属，加之怕他们兵多难制，所以不设立元帅，只派了一个完全不懂打仗的宦官鱼朝恩作观军容宣慰使（监视出征将帅的军事长官），九个节度使都由他节制。

以九节度使的兵力本来可以一举消灭叛军，但因群龙无首，诸将各自为战，互不统属。鱼朝恩是监督和操纵九节度使的唯一大臣，却又根本不懂兵法，不知用兵。在邺城之战中，唐军损失严重，战马万匹，只剩3000，刀枪10万几乎全部丢掉。宦官鱼朝恩一向忌妒郭子仪，便把相州失利的责任推到郭子仪身上。唐肃宗不明是非，信以为真，便削了郭子仪的兵权，以李光弼代替郭子仪的职务。

这时候，叛军又发生内讧。史思明在邺城杀了安庆绪，自立为大燕皇帝，整顿人马，向洛阳方面进攻。

李光弼到了洛阳，洛阳的官员听到史思明的兵势甚猛，有些害怕，有人主张退到潼关。李光弼说："现在双方势均力敌，我们退了，敌人更加猖獗，不如把我军转移到河阳（今河南孟县），进可以攻，退可以守。"于是，李光弼下令把官员和百姓全部撤出洛阳，带兵到了河阳。等史思明进洛阳的时候，洛阳已成了一座空城。史思明要人没人，要粮没粮，又怕李光弼偷袭，只好带兵出城，在河阳南面筑好阵地，与李光弼的唐军对峙。

李光弼是个久经沙场的老将，他知道眼前的兵力不如叛军，只能智取，不好力攻。他听说史思明从河北带来1000多匹战马，每天放在河边沙洲洗澡吃草，就命令部下把母马集中起来，又把小马拴在马厩里，等叛军的战马一到沙洲，就把母马放出来和敌人的战马混在一起。过一段时间，母马想起小马，嘶叫着奔了回来，敌人的战马也跟

★李光弼像

着跑到唐军的营垒。

史思明几次三番派部将进攻河阳，都被李光弼用计打退。最后，史思明发了狠心，集中了强大兵力，派叛将周挚进攻河阳的北城，自己领了一支精兵攻打南城。

早上，李光弼带领部将一起登上北城观察敌军，只见敌军人头攒动，铺天盖地，正一队一队向北城逼近。唐军将领嘴上不说，可心里不免有些紧张。李光弼看出大伙儿的心情，镇静地说："别怕，叛军虽然多，但是队伍不整齐，看得出他们有点骄傲。你们放心，不到中午，便可击败他们！"接着，李光弼就命令将士分头出击。将士们虽然打得勇猛，但是敌人退了一阵，又来了后续部队。太阳已经到了头顶上，双方还不分胜败。

李光弼又重新组织兵力，拨出500名骑兵，派两名将领率领，分路攻打叛军攻击力强的西北角和东南角。

★潼关古城遗址

★瑞兽葵花镜·唐

★安史之乱后，为支付庞大的军费开支，肃宗于乾元元年(758年)秋七月丙戌，开铸当十的『乾元重宝』年号钱。

★史思明所铸“得壹元宝”

然后，他把留下的将士集中起来，严肃地对将士们说：“诸将要按照令旗行动。旗缓，可以机动行事；如急舞旗至第三次，就要立即拼死冲锋。”说到这里，他拿了一把短刀插在靴子里，然后说道：“男儿战死疆场是份内的事儿。我为臣将，固当其先，如若诸将在前边战死，我就自杀在这里。”

将士们听了李光弼一番激励的话，都勇气百倍地杀上阵去。没有多久，部将郝廷玉从阵前转身奔回来，李光弼立刻派兵士带着他的剑迎上前去，要把郝廷玉就地斩首。郝廷玉见传令的兵士要杀他，大声叫嚷起来：“我的马中了箭，并不是退却。”李光弼听后，立刻命令给郝廷玉换上战马，杀回本阵。

过了一段时间，李光弼见叛军气势稍微松懈，立即舞旗三下，诸将同时喊着杀声冲向叛军。叛军抵挡不住，立即溃败。叛军被俘斩1500余人，另有1000余人被淹死，攻北城的叛将周挚落荒而逃。此时，史思明正在继续进攻南城，李光弼命把北城俘虏来的叛军赶到河边，史思明知道周挚已经全军崩溃，不敢再战，连忙下令撤退，逃回洛阳。

李光弼在河阳牵制了叛军主力，使其不敢西进，从而保证了长安的安全。公元760年11月，李光弼乘胜收复怀州(今河南沁阳)。第二年，肃宗轻信鱼朝恩的话，催促李光弼进攻洛阳。李光弼奏称：“叛军兵锋尚锐，不可轻进。”肃宗不听。李光弼被迫进攻洛阳，在洛阳北面的邙山战败，退保闻喜（今山西闻喜东北）。至此，在河阳黄河两岸的相持局面不复存在，长安岌岌可危。

★史思明墓出土的墨玉山形嵌件

★李光弼像

李光弼

李光弼(708-764年)，营州柳城(今辽宁朝阳)人。唐中叶名将。父楷洛，本契丹酋长，于武则天时附唐。李光弼少时善骑射，历任朔方(今宁夏灵武西北)、河西(今甘肃武威)将校。755年，安禄山叛乱，郭子仪为朔方节度使。次年，李光弼被郭子仪荐为河东(今山西太原西南)节度使，又加河北采访使，领朔方兵5000出井陉(今河北井陉西北)，收常山(今河北正定)，会合郭子仪军大破史思明，河北十郡复归唐。李光弼欲攻安史巢穴范阳(今北京)，时值潼关(今陕西潼关东北)失守，长安陷落，于是返军据守太原。

757年，史思明、蔡希德以10余万众围攻太原。太原只有河东兵约万人，李光弼鼓励士卒，多方备御，史思明不能得逞。后安庆绪(安禄山子)杀父自立，史思明归范阳，留蔡希德继续攻城。李光弼乘其懈怠，出兵反击，大败叛军。761年，宦官鱼朝恩、大将仆固怀恩奏称叛军不难扫除，肃宗乃促李光弼速攻洛阳，李光弼被迫进军，战于北邙(今河南洛阳北)，唐军大败，河阳、怀州均陷。

唐代宗李豫即位后，信任宦官程元振、鱼朝恩，两人皆与李光弼不和，力图中伤。李光弼镇守临淮，接连几年不敢入朝，后于764年郁郁而终。

颜杲卿斥贼赴国难

YAN GAO QING CHI ZEI FU GUO NAN

颜杲卿，祖籍琅邪临沂（今山东省临沂县）人。五世祖颜之推仕北齐为黄门侍郎，齐亡入周，始移家关内，遂为长安人。曾伯祖颜师古，唐太宗贞观年间官秘书监。父颜元孙，历官长安尉、太子舍人等职。杲卿以门荫受官，性情刚直，有才干。唐玄宗开元中，曾任魏州录事参军，颇有政绩。天宝十四年（755 年），摄常山太守之职。

当时，安禄山为河北、河东采访使，而常山正是在安禄山管辖之下。安禄山曾表奏颜杲卿为光禄、太常二丞，并摄常山太守。同年十一月，安禄山起兵范阳，发动叛乱，率大军南下，于十二月十二日攻陷东都洛阳，然后发兵西进，直指潼关。颜杲卿担心安禄山会很快攻破潼关，并危及长安。这时，颜杲卿的堂弟颜真卿为平原太守，他得到安禄山叛乱消息后，就暗中收养义侠之士，招募豪门右族，积极准备御敌。及安禄山攻陷东京，颜真卿就派人告诉颜杲卿，同时起义军讨伐安禄山，使常山和平原两地的兵力形成犄角之势，互相配合，切断安禄山的退路，使安禄山感到有后顾之忧，从而减缓安史叛军西进的势头。颜杲卿接消息后，立即与长史袁履谦、前真定令贾深、前内丘丞张通幽等谋划，计划打开土门以与安禄山相抗。当时，安禄山派蒋钦凑、高邈率兵五千人守土门。颜杲卿打算杀蒋钦凑以开通土门之路。土门在常山郡，蒋钦凑的部队也隶属于常山郡，颜杲卿便派人去召蒋钦凑到郡里议事。十二月二十二日夜，蒋钦凑来副郡治，住在招待官吏的馆舍之中，当其饮酒酣醉之际，颜杲卿命令袁履谦和参军冯虔、县尉李栖默，以及武官翟万德等人杀了他。半夜，袁履谦带着蒋钦凑的头来见颜杲卿，二人激动得热泪横流，对事情办得顺手很感高兴。当时守土门的另一将领高邈正去幽州办事，这天夜里，稿城尉崔安石报告说高邈已从幽州回到了蒲城。颜杲卿即命令冯虔、翟万德与崔安石一起去处置高邈。第二天一早，高邈的随从数人来到稿城驿，崔安石等将他们全部杀死。不一会儿，高邈来到，崔安石对他说："太守准备了酒乐在驿馆等候。"高邈毫无准备，当他一下马，冯虔等人立即擒之。也在同一天，贼将何千年从洛阳来赵郡。冯虔、赵万德等在醴泉驿埋伏下军队，何千年一到，立即被擒获。当天，颜杲卿将高邈和何千年二人捆绑押回郡城。

颜杲卿派自己的儿子、安平县颜泉明和贾深、张通幽、翟万德等，将蒋钦凑的头和高邈、何千年二贼，一起押送京城长安。行至太原，太原节度使王承业把颜泉明、贾深等人留下，并且也将颜杲卿给朝廷的表状扣下，而他自己又向皇帝上表，称说这一切都是他的功劳。唐玄宗接到王承业的上表，不知内中详情，于是就提拔王承业做了大将军，王承业部下的人获赏者达数百人。但不久，唐玄宗就知道了杀死蒋钦凑，活捉贼将高邈、何千年，都是颜杲卿的功劳，于是加官为卫尉卿，兼御史大夫，并以袁履兼为常山太守，以贾深为司马。

★颜杲卿像

颜杲卿既斩贼将，受到朝廷嘉奖，紧接着就招兵习武，并传檄文遍告河北诸郡县，称朝廷以荣王为河北兵马大元帅，以哥舒翰为副元帅，统兵三十万，即将出土门进入河北。消息一传开，各郡县纷纷杀死守城的贼将，起兵响应官军，很快，河北十五郡都归朝廷所守。安禄山得此消息，十分恐慌，遂派使者带着被他杀害的洛阳守官李憕、卢奕的人头，徇示河北诸郡。贼使行至平原郡，颜真卿杀了贼使，将李憕等人的首级收藏起来。此时，清池尉贾载也杀了贼官景城守刘玄道，传其头于平原郡。饶阳郡守卢全城也据郡起兵，与颜真卿会合。这一来，常山、平原二郡兵威大振。当时，安禄山正亲领大军西进，已经到了陕州和虢州一带，听说河北情势的变化，立即回来，命令史思明、蔡希德等领兵渡过黄河到河北。

天宝十五载(756年)正月，史思明率大军攻打常山郡。常山城中兵力很少、寡不敌众。就在当月的八日，常山城被史思明攻破，颜杲卿、袁履谦等均被史思明军俘获，送到东都洛阳。史思明攻陷常山后，又攻打河北诸郡，邺郡、广平、钜鹿、上谷、博陵、文安、魏郡、信都等，相继又被贼军占领。

★颜杲卿抗击叛军的浮雕

颜杲卿等被送到洛阳，安禄山来见颜杲卿。当面责备颜杲卿说："过去你只是范阳郡的一个户曹，是我奏请你为判官，不久又得到了光禄、太常二丞，于是我又用你代理常山太守。我安禄山有什么事情对不起你，而你竟背叛了我？"颜杲卿听后，怒目圆睁，回答说："我们颜家世世代代为唐朝官员，信守忠义。纵然是你向上禀奏使我升了官，难道说我就该跟随你反叛朝廷吗！况且，你安禄山原本不过是营州的一个牧羊羯奴，靠玩手腕窃取了皇帝的恩宠，以致身兼三镇节度使。皇帝有什么事对不起你安禄山，而你安禄山竟然反叛朝廷？"安禄山无言以对，十分恼怒。命令手下人将颜杲卿绑在中桥南头西边第二根桥柱上，肢解其体。颜杲卿骂不绝口，直至气绝。同日，颜杲卿的幼子颜诞、侄儿颜诩和常山太守袁履谦，也都先后被截去手足。当时叛贼何千年的弟弟在旁边，袁履谦等人含血怒喷其面，因而遭到更加残酷的肢解，路人见之，皆痛哭流涕。同年二月，李光弼、郭子仪率军从土门东下，收复了常山郡。从狱中放出颜杲卿和袁履谦的妻儿等数百人，让他们为亲人穿丧服，并给予妥善的安排。

唐肃宗至德二载(757年)冬，唐王朝收复了两京，史思明也暂时投降了唐朝。这时，颜真卿做蒲州刺史，遂让侄儿颜泉明到河北一带求访幸存亲属。颜泉明花三万钱赎回了流落贼手的表妹，而自己的女儿也流落贼手却未能找回。颜泉明还将颜杲卿部下将吏们的妻子奴仆三百多人带回蒲州，由颜真卿赡养并予妥善安排。颜泉明又到洛阳寻找父亲尸体，从行刑者口中得知其父先被砍掉一只腿，和袁履谦同埋在一个坑里。颜泉明找到父亲和袁履谦的尸体，将他们各为一柩，护送至京城长安。开始，袁履谦的妻子怀疑自己丈夫的殓衣俭薄，等开棺一看，与颜杲卿的殓衣完全一样，她十分感动。

唐肃宗乾元元年（758年)五月，肃宗发布诏书，表彰颜杲卿"任彼专城，志枭狂虏；艰难之际，忠义在心。愤群凶而慷慨，临大节而奋发，遂擒元恶，成此茂勤。属胡虏凭陵，流毒方炽，孤城才屈，见陷寇仇，身殁名存，实彰忠烈。夫仁者有勇，验之于临难；臣之报国，义存于捐躯"。为"嘉其死节之诚"，追赠颜杲卿为太子太保。

颜师古

颜师古，名籀，以字行，谥戴。祖籍琅邪临沂(今山东临沂)，生于雍州万年(今陕西西安)。颜之推之孙，父颜思鲁亦为隋代名儒，从小好学，继承家传，博览群书，精通训诂，亦擅为文，为时人所重。隋文帝仁寿年间(601-604)，由尚书左丞李纲推荐，任为安养县尉。后因故免职，回长安，开办私学，课授生徒，长达10年有余。隋炀帝大业十三年(617)，李渊领兵入长安，受命为朝散大夫和敦煌公府文学。后升任中书舍人。贞观元年(627)太宗即位后，任为中书侍郎。受太宗之命考订"五经"，撰成《五经定本》，太宗十分重视此书，诏令颁行全国。应太子承乾之请对《汉书》作了详细的注疏，校刊原文，并针对《汉书》古字、古训多的特点，在审定音读、诠释字义方面用工最力，同时对《汉书》的《表》、《志》也进行了勘正。又对当时通行的童蒙教材进行了注释。工书法，自成一体。645年随太宗征辽东时，在途中病死，终年65岁。另著有《匡谬正俗》等，著作有《颜师古集》60卷。

★颜师古像

郭子仪平叛

GUO ZI YI PING PAN

安史之乱爆发后，唐玄宗提拔郭子仪为卫尉卿，兼灵武郡太守，充朔方节度使，命令他带领本军讨逆。756年4月，朔方军旗开得胜，一举收复重镇云中（今山西省大同），大败叛军薛忠义，坑其骑兵2000人。接着郭子仪又派别将公孙琼岩率2000骑兵攻击马邑（今山西省朔县东北），大获全胜。马邑的收复使东陉关得以重开，从而打通了朔方军与太原军的联系，使安禄山下太原、入永济、夹攻关中的军事行动无法实现，从而赢得了战略上的主动权。

★郭子仪石雕像

捷报传到京城长安，朝廷即命郭子仪回朔方补充兵员，然后从正面战场出击叛军，以图收复洛阳。郭子仪则认为，必须夺取河北各郡，切断洛阳与安禄山老窝范阳之间的联系，绝其后方供给线，才能有效地打击叛军前线的有生力量。依此策略，郭子仪分1万兵马给河东节度使李光弼，李光弼即由太原出井陉口，一连收复7座县城，直奔常山（今河北正定）。史思明闻讯，率5万大军从西包围李光弼于常山，双方展开激战，持续40多天。李光弼消耗很大，寡不敌众，被迫困守。郭子仪急率军东进，火速驰援常山，与李光弼会合，以10万官军，与史思明会战于九门城（今河北省藁城西北）南，大获全胜。

此后，郭子仪又将计就计，利用史思明求胜心切的心理，采取先疲后打的战略，用500精锐骑兵，交相掩护，牵着史思明的叛军疾速北进。待史思明已经人困马乏，郭子仪乘其疲惫不堪之机，返军掩杀，大败史思明于沙河，歼灭了他的5万人马。

安禄山忽闻败报，心惊胆寒，急忙从洛阳抽调2万兵马，派谢希德北上增援。又发范阳老巢的精兵万余人，令牛廷蚧南下助战，会合5万叛军准备卷土重来。郭子仪此时驻扎恒阳（今河北曲阳），他见贼兵兵锋甚锐，兵力大增，欲求决战，仍然实行疲敌战术，加紧修缮防御工事，深沟高垒，严阵以待。他告诫手下将领说："贼兵势大，我军宜贼来则守，贼去则追，昼扬其兵，夜袭其幕，方可取胜。"

史思明5万叛军欲战不能，欲退不可，大大挫伤了锐气。特别是郭子仪的扰敌战术，使叛军整日提心吊胆，不得安宁。当叛军被拖到相当疲劳的程度时，郭子仪对李光弼说："敌已疲惫，我们即可出战。"于是，两位大将在嘉山（今河北定县）摆开了战场。郭子仪指挥沉着，

郭子仪

郭子仪（697—781年），华州郑县（今陕西华县）人，祖籍山西汾阳。唐代著名的军事家。安史之乱时任朔方节度使，在河北打败史思明。后联合回纥收复洛阳、长安两京，功居平乱之首，晋为中书令，封汾阳郡王。代宗时，叛将仆固怀恩勾引吐蕃、回纥进犯关中地区，郭子仪正确地采取了结盟回纥，打击吐蕃的策略，保卫了国家的安宁。郭子仪戎马一生，屡建奇功，以84岁的高龄才告别沙场。天下因有他而获得安宁达20多年。他"权倾天下而朝不忌，功盖一代而主不疑"，举国上下，享有崇高的威望和声誉。

★郭子仪像

攻防得当，唐军将士个个奋勇争先，直杀得叛军四处溃逃。史思明见败局已定，吓得慌不择路，坠下战马，丢了头盔，连靴子都跑掉了，他光着两脚，拄着一条断枪，逃回博陵。

嘉山一战，叛军被斩杀4万多人，被生擒5000余人，损失战马5000余匹，一时声威大振。河北10多个郡的地方军民，自发集结武装，支援和响应官军，他们纷纷诛杀叛兵叛将，归迎唐朝。

安禄山丢失河北，则后方交通线被切断。叛军将士家在范阳者，都惶惶不安，忧虑后退无路。安禄

★郭子仪上寿浮雕

山也控制不住自己的恐慌，对他的军师高尚、严庄骂道："你们叫我反唐，说是万无一失。现在起兵已经几个月了，后路被郭子仪切断，只剩下汴、郑几州，进退两难，万无一失在哪里？"最后，他和谋士们不得已考虑出一个放弃洛阳，撤回范阳的计划。

郭子仪在河北的辉煌战绩，扭转了唐军仓卒应战的被动局面，改变了整个战争形势。这时郭子仪提出了坚守潼关，挥军北上，直捣范阳的方略。如果朝廷采纳这个方略，平定安史之乱已不需要很长的时间。但是，在这个至关紧要的时刻，昏庸的唐玄宗却听不进郭子仪的正确意见，而对杨国忠的瞎指挥却言听计从。结果造成潼关失守，哥舒翰兵败被杀，京城长安随之陷落。叛军从困境中得以解脱，使战局急剧恶化。

757年，安史出现内讧，安禄山被部下李猪儿杀死。此时，朝廷诏令郭子仪率军直趋京师，又从回纥那里借兵15万，准备趁此机大举进攻叛军。当年9月，广平王李豫率蕃汉军队进攻长安。郭子仪与贼将安守忠、李归仁在京西香积寺之北展开了激战，从午时至酉时，斩杀叛军6万多人。贼将张通儒放弃长安，逃到陕郡。第二天，广平王李豫进入京师，城中老幼百万人，夹道欢呼，他们流着泪说："没有想到今天又见到官军。"

郭子仪收复了都城长安后，又奉命率军乘胜东进，攻打洛阳。洛阳守将安庆绪听说唐军前来攻城，慌忙派大将严庄、张通儒带领15万大军前去迎战。叛军在新店（河南省郏县西）与唐军相遇，随即展开激战。由于叛军依山扎营，居高临下，形势对唐军非常不利。郭子仪决定趁叛军立足未稳之机，选派了2000名健壮的骑兵，向敌营冲杀过去，又派了1000名弓箭手埋伏山下，再令协助作战的回纥军从背后登山偷袭，自己则亲率主力与叛军正面交战。战斗打响之后，郭子仪佯装败退。叛军倾巢出动，从山上追赶下来。这时，突然杀声如雷，唐军埋伏的弓箭手像神兵天降，万箭齐发，无数的箭簇像雨点一样射向叛军。

郭子仪折回马头，率军又杀了个回马枪。这时，叛军的背后又传来高呼声："回纥兵来了，快投降吧！"叛军前后被围，左右遭打，在唐军和回纥军的夹击之下，被打得一败涂地。严庄逃回洛阳，同安庆绪一起弃城北走，官军一举收复洛阳。

长安与洛阳相继收复，肃宗欣喜万分，他激动地对入朝参贺的郭

★郭子仪墓

子仪说："虽然天下是祖上传袭给我的，但却如同将军再造的一样啊！"郭子仪谦逊地答道："臣奉旨尽责而已。"

758年9月，肃宗命郭子仪同九节度使攻打逃进相州的安庆绪。但由于九节度使互不统属，各路唐军均被叛军击败，负责监军的宦官鱼朝恩把责任都推给了郭子仪，肃宗未辨真伪，夺了郭子仪的兵权。此间，由于史思明曾在相州替安庆绪解了围，自认为立了大功，要和安庆绪平分兵权。安庆绪不肯答应，史思明便杀之而并其军，回到范阳，自称大燕皇帝。他听说郭子仪被夺去兵权后，于759年5月，从李光弼手中，夺取了洛阳，但占据洛阳不久，就被自己的儿子史朝义杀死。

762年，唐肃宗被李辅国惊吓而死，其子李豫即位，是为代宗。陷于内忧外患之中的唐代宗李豫，在危亡面前，不得不启用郭子仪，他任命雍王李适（即后来的德宗）为统兵元帅，郭子仪为副元帅，又向回纥借兵10万，攻打洛阳。史朝义败走莫州（今河北任丘北）。史朝义的部下田承嗣、李怀仙等见大势已去，遂率部向官军投降。763年正月，史朝义看到众叛亲离，走投无路，上吊自杀。至此，延续了7年零3个月的安史之乱才算完全平定。

杜甫写“诗史”

DU FU XIE SHI SHI

安史之乱的结束，使饱受战乱之苦的百姓终于停止了流徙而安定了下来，并为结束东躲西藏的日子而欢欣不已。当时在梓州（今四川三台）过着流亡生活的诗人杜甫，听到这个消息，更是欣喜若狂，他展纸研墨，用诗来记录他当时的喜悦心情：

“剑外忽传收蓟北，初闻涕泪满衣裳。却看妻子愁何在，漫卷诗书喜欲狂。白日放歌须纵酒，青春作伴好还乡。却从巴峡穿巫峡，便下襄阳向洛阳。”

★褐釉模印贴花双耳罐·唐

杜甫原是河南巩县人，生长在一个没落的官僚家庭，从小就下苦功读书，也游历了许多名山大川，写了不少优秀的诗歌。30 多岁的时候，他在洛阳遇见了李白。杜甫比李白小 11 岁，两个人性格不一样，但共同的志趣和爱好使他们成为密友。

杜甫在 35 岁时，曾赶往长安应试。那时候正是奸相李林甫掌权的时候，李林甫最忌恨读书人，怕这些来自下层的读书人当了官，针砭时弊，对他不利，于是勾结考官，欺骗玄宗说这次应考的人考得很糟，没有一个够格的。唐玄宗正在奇怪，李林甫又上了一道祝贺的奏章，说无人高中正说明皇帝圣明，有才能的人都已经得到任用，民间再没有遗留的贤才了。就此，杜甫便想当然地成了落第的秀才。

由于生活所迫，杜甫后来向皇帝献赋，向贵人投赠，过着“朝扣富儿门，暮随肥马尘，残杯与冷炙，到处潜悲辛”的生活，最后才得到一个微小的职位。这期间，他写了《兵车行》、《丽人行》等批评时政、讽刺权贵的诗篇，尤以“朱门酒肉臭，路有冻死骨”的不朽诗句无情地揭露了权贵的豪华奢侈和穷人受冻挨饿的凄惨情景，控诉了封建体制下不平等的社会现象。

★杜甫草堂

★杜甫像

杜甫

杜甫（712-770 年），字子美，自号少陵野老，由盛唐到中唐大诗人，被世人誉为“诗圣”。原籍湖北襄阳，生于河南巩县。初唐诗人杜审言之孙。唐肃宗时，官至左拾遗。后入蜀，友人严武推荐他做剑南节度府参谋，加检校工部员外郎。故后世又称他杜拾遗、杜工部。杜甫和李白齐名，世称“李杜”。他的思想核心是儒家的仁政思想。他有“致君尧舜上，再使风俗淳”的宏伟抱负。他热爱生活，热爱人民，热爱祖国的大好河山。他嫉恶如仇，对朝廷的腐败、社会生活中的黑暗现象都给予批评和揭露。他同情人民，有着“安得广厦千万间，大庇天下寒士俱欢颜”的博大胸怀。杜甫一生写诗 1400 多首，是中国伟大的现实主义诗人。

★杜甫塑像

杜甫在长安过了10年艰辛的生活，当他刚得到一个官职，生活稍有转机的时候，却爆发了安史之乱，他和家人不得不同长安一带的百姓离家逃难。杜甫一家历尽了千辛万苦，好容易找到一个乡村，把家安顿下来。正在这时候，他听到唐肃宗在灵武即位的消息，便离家投奔肃宗，不想在半路上碰到了叛军，又被抓回长安。

此时的长安城里已经一片焦土，叛军仍在到处烧杀抢掠，宫殿和民房在大火中熊熊燃烧。唐王朝的官员有的被杀，有的投降，有的还被押解去了叛军的都城洛阳。杜甫因族微官低，叛军未对其加害和过多的约束。次年，杜甫便寻机逃出了长安，于路找到了唐肃宗的凤翔（今陕西凤翔）行在（临时施政的地方）。当时，杜甫衣衫褴褛，鞋露足趾，唐肃宗对其长途跋涉投奔朝廷，大加赞赏，赐他一个左拾遗的官职（谏官）。

唐肃宗给杜甫这个官职只是想让他借以度日，并没有半点重用他的意思。但杜甫却严肃对待，办事一丝不苟。一次，宰相房琯被唐肃宗撤了，杜甫认为房琯很有才能，不该把他罢免，就上了奏章向肃宗进谏。气得肃宗要拿他一同办罪，有人言杜甫才学过人，唐肃宗这才收回成命。

唐军收复长安以后，杜甫也跟着许多官员一起回到长安。唐肃宗把他派到华州（今陕西华县）做个管理祭祀、学校工作的小官。杜甫带着失意的心情，来到华州。那时候，长安、洛阳虽然被官军收复了，但是叛军还没有完全消灭，战争依旧在进行。为了补充兵马，唐军到处拉壮丁，百姓无法安定地生活。有一天晚间，杜甫经过石壕村（在今河南陕县东南）时，向一个穷苦的农家去借宿。半夜时分，当他翻来覆去无法入眠的时候，忽然响起一阵急促的敲门声。杜甫在房里静静地听着，只听到隔壁那个老伯逾墙而走，老婆婆一面答应，一面去开门。

进屋的是官府派来抓壮丁的差役，他们厉声吆喝着问老婆婆说：“你家男人到哪里去了？”老婆婆带着哭声说：“我的三个孩子都上邺城打仗去了，前两天刚接到一个儿子捎来的口信，已有两兄弟死在战场上了，家里只有一个儿媳和吃奶的孙子。”

老婆婆讲了许多哀求的话，差役还是不肯罢休。老婆婆没有办法，只好自己跟着差役去军营里做苦役。天亮的时候，当杜甫辞别这家人时，送别的就只有老伯一个人了。

杜甫亲眼看到这种凄惨情景，心里很不平静，他把这件事写成诗歌《石壕吏》，刻画了当时的黎民百姓在沉重的兵役和徭役下的生活情景。以后，他又在华州写下了《潼关吏》、《新安吏》等诗，与《石壕吏》共称为“三吏”。另外，杜甫还写了“三别”（《新婚别》、《垂老别》、《无家别》），更进一步揭露了统治阶级对百姓的剥削和压迫。

由于杜甫的诗歌大多是写安史之乱中人民的苦难，反映了唐王朝从兴盛到衰落的过程，又以忠君忧国、伤时念乱为本旨，读其诗便可以知其世，因而人们把他的诗篇称作“诗史”。

第二年，杜甫辞去了华州的官职。接着，关中闹了一场大旱灾，杜甫在那里穷得过不下去，带了全家流亡到成都。依靠朋友的帮助，他在成都西郊的浣花溪边，造了一座草堂（即“杜甫草堂”），在那里过了将近四年的隐居生活。后来，因为他的朋友死去，他在成都没有了依靠，便带了全家向东流亡。770年，一代“诗圣”杜甫竟因贫困和疾病，死在湘江的一条小船上。

★花瓣形缠花纹镜·唐

★杜甫墓

李愬雪夜入蔡州

LI SU XUE YE RU CAI ZHOU

安史之乱以后，叛军降将大都被委以节度使之职，平叛有功的将领也有不少人升任节度使。节度使管辖的区域大小不一，小者三四个州，大者十几个州。一时间，藩镇林立，形成了大大小小的割据势力。自781年，承德节度使李宝臣之子李惟岳同魏博、淄青、山南东道节度使共发“四镇之乱”以来，此后便一波未平一波又起，各地节度使屡屡起兵作乱，各藩镇之间喜则联合抗上，怒则分庭抗礼、相互火并，全不顾及皇权的颜面。唐朝虽屡屡征讨，但屡讨屡败。

在各个藩镇中，淮西是个顽固的割据势力。814年，淮西节度使吴少阳死去，他的儿子吴元济隐匿其父死亡的消息，径自接掌军务，拥兵自立。唐宪宗发兵征讨淮西，但是他派去的统帅不是腐朽的官僚，就是自己另有企图。结果，花了整整三年工夫，费了大量财力，却都以失败告终。

★越窑秘色瓷八棱瓶·唐

朝廷官员有很多人认为不能再这样打下去，大臣裴度却认为淮西好比身上长的毒疮，不可不除。817年7月，唐宪宗任命主战呼声最高的裴度兼领彰义军节度使、淮西宣慰招讨使，赴前线督战。这年8月，裴度到达郾城后，上表说诸路讨伐军中都有宦官监阵，将士进退均取决于他们，胜则被其冒功，败则被其凌辱，将士谁也不愿出力奋战。宪宗准其所奏，撤回这些宦官，诸将这才有灵活指挥的权力，因而经常打一些胜仗。

817年冬，时任随、唐、邓州节度使的李愬抵达唐州（今河南泌阳）后，他采取了种种措施和行动，用以迷惑敌人，为奇袭强藩吴元济做准备。首先，他下车伊始，即亲自巡视慰问将士，存恤安抚伤病员，以稳定军心。同时，又有意示弱，故作柔懦懈惰，管理军队松散，以麻痹敌军。他还故意向官员宣布说：“我是个懦弱无能的人，朝廷派我来，是为了安顿地方秩序。至于打吴元济，不干我的事。”淮西的吴军因屡败西路唐军，见李愬名位卑微，行事又如此不堪，遂掉以轻心，对西路唐军不再严加防范。

★越窑青瓷褐彩如意云纹镂空狻猊足熏炉·唐

有一次，李愬的兵士在边界巡逻，碰到一小股淮西兵士，双方打了一阵，唐军把淮西兵士打散，还活捉了丁士良。丁士良是吴元济手下的一名勇将，经常带人侵犯唐州一带，唐军中很多人都吃过他的亏，非常恨他。这一回活捉了他，大伙都想把他杀了，为死亡的唐军兵士报仇。

★裴度像

将士们把丁士良押到李愬跟前，李愬却吩咐兵士给他松了绑，还好言好语问他为什么要跟随吴元济叛乱。丁士良本来不是淮西兵士，是被吴元济俘虏过去的，见李愬这样宽待他，便归降了李愬，李愬靠丁士良的帮助，打下了淮西的据点——文城栅和兴桥栅，先后收服了两个降将，一个叫李祐，一个叫李忠义。李愬知道这两人都是有勇有谋的人，就推心置腹地跟两人秘密讨论攻蔡州的计划，有时讨论到深更半夜。李愬手下的将领为了这件事都很不理解，军营里沸沸扬扬，都说李祐是敌人派来做内应的。有的还有凭有据地说，捉到的探子也供认李祐是奸细。

李愬怕这些闲话传到朝廷，若

是唐宪宗听信了这些话，自己要保李祐也保不住了，于是向大家宣布说：“既然大家认为李祐不可靠，我就把他送到长安去，请皇上去发落吧。”

他吩咐兵士把李祐套上镣铐，押送到长安，一面秘密派人送了一道奏章给朝廷，说他已经跟李祐一起定好攻取蔡州的计划，如果杀了李祐，攻蔡州的计划也将落空。

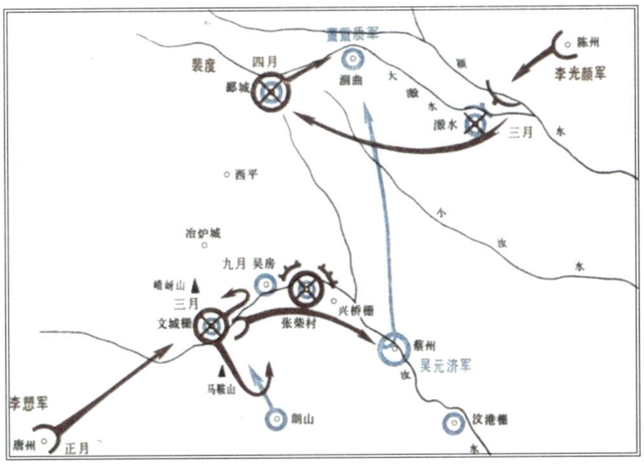

★李愬袭蔡州示意图

唐宪宗得到李愬的密奏，下令释放李祐，并且叫他仍旧回到唐州协助李愬。李祐回到唐州，李愬见了他，高兴极了，握着他的手说：“你能安全回来，真是国家的福分。”说着，立刻派他担任军职，让他携带兵器进出大营。李祐知道李愬千方百计保护他，曾感动得流泪。

李祐向李愬献计说：“吴元济的精兵都驻扎在洄曲（今河南商水西南）和四面边境上，守蔡州的不过是一些老弱残兵。我们抓住他的空隙，直攻蔡州，活捉吴元济是没问题的。”李愬把这个计划秘密派人告诉裴度，裴度支持他说：“打仗就是要出奇制胜，你们看着办吧。”

当年的农历十月初十，李愬利用风雪交加，敌军放松警戒，利于奇袭的天气，命史旻留镇文城，命李祐等率训练有素的敢死队3000人为前锋，自己率3000人为中军，命李进城率3000人殿后。军队的行动十分秘密，除个别将领外，全军上下均不知行军的目的。李愬只下令：“只管朝东前进！”

东行60里后，唐军在夜间抵达张柴村，乘守军不备，全歼包括负责烽燧报警士卒在内的守军。待全军稍事休整和进食后，李愬留

★李愬雪夜入蔡州

吴元济

吴元济（783–817年），唐宪宗时淮西藩镇的首领。沧州清池（今河北沧州东南）人。吴元济之父吴少阳为淮西节度使，治蔡州（今河南汝南）。唐代宗、德宗以来，淮西镇勾结河北诸镇，成为唐廷心腹大患。宪宗元和九年（814年），吴少阳死，元济密不发丧，伪造少阳奏表称病，请以元济继之。但朝廷未准。元济于是遣兵焚舞阳（今河南舞阳西北）、叶县（今河南叶县南），攻掠鲁山（今属河南）、襄城（今属河南）、阳翟（今河南禹州）。宪宗发兵讨伐，时河北藩镇中，成德（今河北正定）的王承宗、淄青（今山东益都）的李师道都暗中与吴元济勾结，出面为之请赦。因朝廷不许，李师道便遣人伪装盗贼，焚烧河阴（在今河南荥阳东北）粮食，企图破坏唐军的军需供应；又派刺客入京刺杀武元衡，砍伤裴度（时李吉甫已死），企图打击主战派。但宪宗不为动摇，以裴度继武元衡为宰相，主持讨伐事宜。元和十二年（817年）十月，唐、邓节度使李愬在降将李祐导引下，于雪夜奇袭蔡州成功，破城俘吴元济。十一月，吴元济被斩于长安。至此，唐朝统一的局面暂时有所加强。

★吴元济像

500 人守城栅，防备朗山方向之敌，另以 500 人切断通往洄曲和其他方向的桥梁，并下令全军立即开拔。诸将问军队开往何处，李愬这才宣布说："入蔡州直取吴元济。"

诸将闻听都大惊失色，但军令如山，众将只得率部向东南方向急进。此时夜深天寒，风雪大作，旌旗为之破裂，人马冻死者相望于道。张柴村以东的道路，唐军无人认识，人人自以为必死无疑，但众人都畏惧李愬，无人敢于违令。半夜时分，雪越下越大，唐军强行军 70 里，终于抵达蔡州。

当李愬的兵马接近蔡州城边时，正好城边有一个养鹅、鸭的池塘，鹅鸭的叫声，把人马发出的响声掩盖了过去。

李祐、李忠义吩咐兵士在城墙上挖了一个个坎儿，然后身先士卒，登上外城城头，杀死熟睡中的守门士卒，只留下巡夜者，让他们照常击柝报更，以免惊动敌人。接着，打开城门，让李愬大军进城。大军到了内城，也照这个办法顺利地进了城，内城里的淮西军一点也没有发觉。

鸡叫第二遍的时候，天渐渐发亮，雪已停止，而李愬已进至吴元济的外宅。这时，有人觉察情形有异，急告吴元济说："不好了！官军来了。"吴元济高卧未起，笑着回答说："是俘虏和囚犯们作乱，等天亮后杀尽这些家伙。"刚说完，又有人报告说："城已被官军占领了。"吴元济仍漫不经心地说："不会。这一定是洄曲守军的子弟向我索求寒衣来了。"及至吴元济起床后，他忽然听到唐军传令，回应的声音听起来能有近万人，这才知道官军已入了家门，吓得他忙率左右登上牙城抵抗。

★越窑青瓷油盒·唐

★银质化妆盒·唐

李愬对将士们说："吴元济敢于顽抗，是因为他在洄曲还有 1 万精兵，等待那边来援救。"但是，驻洄曲的淮西将领董重质人在洄曲，可家在蔡州。李愬早已派人慰抚董重质的家属，令董重质的儿子到洄曲劝降。董重质一看大势已去，就亲自赶到蔡州向李愬投降。

李愬命令将士继续攻打院墙，砸烂了外门，占领了军械库。吴元济还想凭着院墙顽抗。第二天，李愬又放火烧了院墙的南门。蔡州的百姓们受够吴元济的苦，都扛着柴草来帮助唐军，唐军兵士射到内院里的箭，像刺猬的皮毛一样密集。到太阳下山的时候，内院终于被攻破，吴元济没有办法，只好哀求投降。

李愬取得了全胜，一面用囚车把吴元济押送到长安，一面派人向宰相裴度报告战果。裴度、李愬平定淮西、活捉吴元济后，各藩镇都开始恐惧不安。横海节度使程权奏请入朝为官，幽州（今北京）镇刘总上表请归顺，成德镇亦上表求自新，王承宗病死后，其弟王承元上表归降。朝廷又挟平定淮西的声威，讨平了淄青李师道，收复了淄（今山东淄博南）、青（今山东青州）等 12 州，藩镇割据的局面因之暂告结束。

★李愬攻入蔡州城

★玉饮酒胡人纹带板·唐

段秀实挥笏击朱泚

DUAN XIU SHI HUI HU JI ZHU CI

段秀实，唐代名将。幼读经史，稍长卫武，言辞谦恭，朴实稳重。唐玄宗天宝四年(745年)，授安西府别将。天宝七年(748年)，授斥候府果毅。天宝十二年(753年)，改任绥德府折冲。唐肃宗即位后，段秀实因援助李嗣业，累立战功，充任朔方节度判官。后又任怀州长史等职。

白孝德初任邠宁节度使时，曾以段秀实为度支、营田副使。当时泾州节度使马璘的部将焦令谌强取民田，然后让农民耕种，收获后要交给他一半。这年天旱，野无杂草，农民将此情况告诉焦令谌，焦令谌蛮横地说："我只知道照数收粮，不知道天旱！"不但不予减免，反而追逼愈急。百姓被逼无奈，将此事告诉了段秀实。段秀实判百姓的状子，言辞非常谦恭，派人去劝说焦令谌。焦令谯大发雷霆，把告他的农民召来问："我害怕段某人吗？你们竟敢告我！"于是把段秀实的判状铺在农民背上，用大杖痛打二十，把农民打得半死，然后抬到段秀实衙门的庭院里。段秀实见此惨状，大哭说："是我害了你们！"于是亲自帮他们洗去血迹，撕下自己的衣服为他们包扎伤口，亲自为他们敷药，早晚照顾这些农民，又将自己的马卖掉，买回谷子替农民还上了欠焦令谌的债，并且不让焦令谌知道。暂时驻扎在泾州的淮西军帅尹少荣，是一个刚直之士。知道此事后，去见焦令谌，当面大骂道："你还算人吗？泾州旱情严重，一片赤土，人们都要饿死了，而你还追逼谷子，又用大棍子打那些无罪的农民。段秀实是个仁信君子，而你不知敬重他。段公只有一匹马，已

朱泚

朱泚(742—784年)，中国唐代德宗时叛将。幽州昌平(今北京昌平西南)人。初为幽州卢龙军节度使李怀仙部将。朱希彩取代李怀仙后，朱泚又得朱希彩的信任。唐代宗大历七年(772年)朱希彩为部下所杀，众推朱泚为留后，朝廷即授他为幽州卢龙节度使。大历九年(774年)，他入朝以示恭顺。朱泚赴京师，以其弟朱滔留管州务。不久，他察觉朱滔有自立野心，遂上表请留京师，代宗命他统领汴宋、淄青防秋兵以防吐蕃(吐蕃多乘秋高马肥的时候，出兵进扰唐朝边地，这时藩镇多遣兵助防，名防秋兵)。大历十一年(776年)，朱泚加同平章事，出屯奉天(今陕西乾县)。大历十二年(777年)，代李抱玉为陇右(今青海乐都)节度使。德宗建中元年(780年)，泾州(今甘肃泾川北)将刘文喜叛，唐以朱泚兼四镇北庭行营泾原节度使讨平之，以功加太尉。

建中三年(782年)，其弟朱滔谋反，朱泚因此被软禁在京城。时淮西(今河南汝南)节度使李希烈叛，攻襄城(今属河南)。建中四年(783年)十月，泾原军哗变。德宗仓皇逃往奉天，叛军迎朱泚为主，史称泾卒之变。朱泚自称大秦皇帝，改元应天。次年正月，又改国号为汉，改元天皇。朱泚亲率军队围攻奉天，未下，而唐将领李怀光、李晟等救援朝廷的军队已逼长安，朱泚被迫解围，退守长安。不久，李怀光亦叛，与朱泚联兵，乱事扩大，德宗复奔梁州(今陕西汉中)。直至兴元元年(784年)五月，李晟等军才攻克长安，朱泚逃往宁州彭原县(今甘肃庆阳西南)，六月，为部将所杀。

★彩绘天王木俑·唐

经贱卖买谷子交给了你，你又不知羞耻地收下了。你还有何面目活于天地之间？”焦令谌虽是横暴傲慢无理之人，听了这番话也大为惭愧，泪如雨下，食不下咽，说：“我实在没有脸见段公了。”终于懊恼悔恨而死。

唐代宗大历元年（766年），泾州节度使马璘军中有人犯盗窃罪，马璘打算免其罪，段秀实说：“将领有所私爱，法令不一，军队如何能治理好？”马璘接受了他的意见，杀掉了这个盗窃犯。马璘有什么事办得不合理，段秀实都要据理力争，直到马璘认错为止。

段秀实初为泾州刺史时，汾阳王郭子仪以副元帅之职居于蒲州（今山西省永济县）。其第三子郭晞官左常侍，代理郭子仪军营的总领，寄驻在邠州，放纵军中的无赖们干强横不法之事，邠州一些狡猾贪婪的人，多用行贿的手段混入军中，为非作歹，地方官也不敢过问。这些人成群结伙终日在市上勒索财物，如果得不到满足，动不动就打断人的手脚，砸坏店里的东西，然后扬长而去。对于这种情况，邠宁节度使白孝德碍于郭子仪的面子，非常忧虑，但是不敢明说。段秀实从泾州把这些情况写成材料禀告到邠宁节度使衙门，表示愿和白孝德一起商量对策。他对白孝德说：“天子把老百姓交给你来治理，你看到老百姓被害而听任事态发展，不久将会酿成大乱，你打算怎么办？”白孝德说：“我愿向你请教。”段秀实说：“我作泾州刺史，事情较少，比较安闲，我不忍心让老百姓在没有外敌入侵的情况遭不测之祸，坏了朝廷的边防大事。你如真能任命我做都虞侯，我能替你平息事态，使你的老百姓不再受害。”白孝德听后十分高兴，说：“太好了，就照你说的办。”

白孝德任命段秀实作了都虞

★白孝德像

候，权知奉天行营事。段秀实代理这个职务一个月，郭晞部下有十七个兵痞到集市上买酒，用刀刺杀了酒翁，还打坏了酒缸。段秀实依法逮捕了这十七个人，全部杀掉，并把人头插在长矛上，立在市门外示众。郭晞营中鼓噪闹事，全都披上铠甲，准备复仇。白孝德十分恐惧，请段秀实来，对他说：“这可怎么办呢？”段秀实从容答道：“没有关系。请允许我到郭晞军中去说说。”白孝德给他派了数十名随从，他都辞掉了，并且解去自己的佩刀，选了一名既老且瘸的士兵牵马，来到了郭晞的住所。郭晞部下的军队披甲而出。段秀实一边笑着一边往里走，对他们说：“杀一个老兵，还用披甲吗？我带着我的脑袋来了。”武装士兵见状，十分惊愕。段秀实对士兵们说：“行营节度使（郭晞）难道对不起你们吗？副元帅（郭子仪）难道对不起你们吗？你们为什么要扰乱社会来败坏郭家的名声？请你们替我转告郭晞，让他出来听话。”郭晞出来相见，段秀实对他说：“副元帅功勋充塞天地，应当始终保持他的功勋。如今你纵容士卒为暴，必将导致动乱。乱了皇帝的边防，那将归罪于谁呢？一定会牵连到副元帅。如今邠宁一带的恶少用行贿的方法混入你的部队中，杀害百

段秀实

段秀实（718—783年），字成公，姑臧（今甘肃武威）人，后移居陕西。他“性至孝”，长大后，“沉厚有断”。唐玄宗天宝四年（745年），段秀实随从安西节度使马灵察讨伐护密（今巴基斯坦北），因功授安西府别将。后高仙芝兵败怛罗斯（哈萨克斯坦塔拉兹），段秀实与都将李嗣业收合散卒，重振其军。回师后，李嗣业向高仙芝建议封段秀实为判官，授以斥候府果毅。天宝十二年（753年），封常清代替高仙芝任安西节度使。段秀实又随封常清讨伐大勃律（今巴基斯坦北），因功改绥德府折冲。安史之乱时，段秀实改任怀州长史，知军州，加节度留后。唐代宗大历年间，马璘镇守泾州（今甘肃泾川），段秀实为行军司马，兼都知兵马使，以后又拜段秀实为泾州刺史兼御史中丞。马璘死后，段秀实升为四镇北庭行军泾原郑颍节度使。在此期间，吐蕃不敢进犯。唐德宗即位之后，段秀实调到中央，任礼部尚书，封张掖郡王。建中四年（783年），朱泚叛唐，在长安称帝。朱泚想利用段秀实的威望，拉拢他。段秀实阳与连结，阴欲乘机杀掉朱泚。结果，事泄被害。

★段秀实像

★唐德宗像

姓，如不立即制止，还能有几天不出大乱子？乱虽出自你手，但人们一定都会说，你是依仗副元帅的声望，不加管束士兵。如果这样，那么你们郭氏的功名，还能保存多久？”话未说完，郭晞连连拜谢说：“幸亏您告诉我这个道理，您的恩德太大了，我愿带领全部军队跟随您。”马上环顾左右，叱责道：“赶快解除铠甲，解散队伍，回到军营中，谁敢喧哗闹事，立即处死。”段秀实又说：“我还没吃晚饭，希望代为备办点粗茶淡饭。”吃完饭后，段秀实又说：“我的老毛病犯了。希望今晚能住在你这儿。”接着，他把牵马的老兵也打发走，让他明早再来，自己一个人睡在郭晞军中。郭晞怕他出事，一夜未敢脱衣睡觉，并告诫卫兵巡夜打更、保卫段秀实。天亮后，段秀实和郭晞一起到白孝德处，郭晞谢罪，承认自己没有治军才能，请求给机会改过。从此，邠州一带平安无事。对于段秀实的才干，连唐代宗也称赞不已。

此后，吐蕃不断内侵，唐军屡败，马璘有病，于是请段秀实代理节度副使兼都知兵马使，主持防务工作。马璘病故，部将史廷干、崔珍、张景华乘机阴谋作乱，段秀实均及时作了适当处置。不久，段秀实拜四镇北庭行军泾原郑颍节度使。此后三四年间，社会安定，吐蕃不敢犯境。段秀实虽大权在握，但严于律己，清正廉洁，不是因公事，绝不听乐、饮酒。私室没有妓媵，家无余财。唐德宗即位，加检校礼部尚书，张掖郡王。

唐德宗建中元年(780年)，因与宰相杨炎意见不合，段秀实被召为司农卿，而以邠宁节度使李怀光兼任泾原节度使。段秀实在进京时，告诫其家里人：路过岐州(今陕西省凤翔县)，假如朱泚要馈赠财物，千万不能收纳。路过岐州之时，凤翔尹朱泚执意馈送大绫三百匹。段秀实的女婿韦晤坚决拒绝，朱泚则坚持要送，无法推辞，只好收下。到京后，段秀实得知此事，大为恼火，责备韦晤，韦晤说：“我地位低下，无法推辞。”段秀实说：“这些东西不能留在我们家里，于是让人将这三百匹大绫运到司农卿的办公大厅，放在了大梁上。

唐德宗建中四年(783年)十月，泾原节度使姚令言所属部队在长安哗变，拥立朱泚为主，朱泚盘踞长安，唐德宗被迫出逃奉天(今陕西省乾县)，朱泚称帝。朱泚认为，段秀实原来是泾原节度使，颇得人心，后被罢去兵权，一定会心怀愤恨，于是就召段秀实谋议佯迎德宗实行篡逆之事。段秀实开始假装顺从朱泚，而实际上秘密劝说大将刘海宾，岐灵岳等谋杀朱泚。朱泚派其将韩旻领兵三千追唐德宗，段秀实派人劝岐灵岳偷姚令言的大印，未遂。于是即用司农卿的印章签署兵符去追韩旻。韩旻在骆驿得到兵符，军中无人能辨其印文，只好惶惑回军。段秀实又具体安排了对付朱泚的办法，表示决不向叛贼朱泚称臣。

次日，朱泚召段秀实议事，叛将李源休、姚令言等均在坐。段秀实戎装，与朱泚并坐。当朱泚谈到僭位时，段秀实勃然大怒，起身奋力夺下李源休手中的笏板，跨步到朱泚面前，唾朱泚面而大骂：“你这个狂贼，我恨不能将你碎尸万段，我哪能跟你反叛朝廷！”举笏怒击朱泚，中其额角，血流满地，朱泚连滚带爬逃命。众凶徒见此情景，一时愕然，不知所措。而此时，事先约好的刘海宾没能按时赶到。凶徒群至，段秀实惨遭杀害。刘海宾、岐灵岳等也相继被杀。消息传到奉天，德宗惜其用人不善，伤心垂涕。段秀实遇难后，有人将段秀实不受贿事告朱泚，朱泚派取绫来看，他原来在包装外面打上的缄封字迹原样未动。

段秀实不只是一名功勋卓著的武将，而且是一位坚持正义、不畏强暴、爱民如子、清廉耿介、忠贞不二、大义凛然的官吏。唐德宗兴元元年(784年)，降诏表彰段秀实的忠烈，追赠太尉，谥号忠烈。长安收复，德宗还京，又降诏书，派人以礼葬祭，旌表其门。自德宗贞元元年(785年)之后，历朝褒奖忠烈，必以段秀实为首。

★唐朝马球运动

贪赃厚敛的宰相元载

TAN ZANG HOU LIAN DE ZAI XIANG YUAN ZAI

李清照在其《金石录后序》一文中曾慨叹道："呜呼！自王播、元载之祸，书画与胡椒无异。"李清照借此意在说明，人们收藏字画和屯积胡椒虽有雅俗之异，然一旦遇祸，同样难保。那么这胡椒和元载之祸究竟是怎么回事呢？

★蹙金绣半臂·唐

元载家本寒微，其父死后，元载母携载嫁景升。继父景升，任员外官，不理产业，常居岐州(今陕西凤翔西南)。景升曾为曹王李明(太宗第十四子)妃元氏主管扶风县(今属陕西)田地收租事务，有功，因请同姓于元妃，经同意，冒为元氏。故载也随姓元。元载自幼嗜学，擅长文章，智性敏捷，博览子史，尤学道书。天宝初，玄宗崇奉道教，下诏求明庄、老、文、列四子学者，元载策入高第，授邠州(今陕西彬县)新平尉。监察御史韦镒充使监选黔中(今贵州省)期间，引荐元载为判官，元载因此名声稍著，迁大理评事(掌平决刑狱)。稍后，东都留守苗晋卿又引荐元载为判官，迁大理司直(掌承旨出使推复，并参议疑狱)。

肃宗即位后，苏州刺史、江东采访使李希言举荐元载为自己的副手，拜祠部员外郎(掌礼制)，迁洪州(今江西南昌市)刺史。两京平，入为度支郎中(掌判天下租赋、物产、水陆道途等)。因元载智性敏悟，善于奏对，肃宗使其充使江淮，都领漕挽之任，不久又加御史中丞。数月后，迁户部侍郎、度支使并诸道转运使。

宝应元年(762年)，租庸使元载不顾上年江淮大饥、百姓易子而食的悲惨现实，不问兵荒，不问百姓有无，强行按籍追征江淮地区八年来的租庸[八年，指自天宝十三年(754年)至上元二年(761年)。安禄山反，战乱不止，民不聊生，所以欠下租庸]。元载收缴租庸的办法是，选择豪吏为县令督办，不管欠多少，或现存有多少，只要发现百姓家有粮食，就发兵包围。轻者，收其所有的一半；甚者，竟十夺八九。有不服从者，严刑威迫。百姓家中有谷十斛者，就整日提心吊胆。更有不堪官吏公开掠夺者，则逃往深山或相聚起义。时人视这种税外之税为强抢财物，称这种行径为"白著"，并有歌云："上元官吏务剥削，江淮之人多白著。"元载所以如此强行追征、聚敛，目的是为了在皇帝面前邀功请赏，以为晋阶的资本。

当时，李辅国权倾四海，举无违者。元载千方百计迎合李辅国，甚至和李辅国的妻子攀附亲戚，

元载赠函

大历五年(770年)，元载父执(父亲的朋友)为在京都求一职事，变卖全部家产，携带珍异物品，千里迢迢从宣州(今安徽宣城)来投元载。元载赠函一封，打发这位父执投奔河北节度使。元载父执行至幽州(今河北省境内)，想想自己倾卖家产，未得一职，深感沮丧。又一转念，信若写得恳切，河北节度使或许会给一美职。遂将信启封，却看到信纸上没写一句话，只有元载的署名，不禁极为恼火。心想，我把它交给节度使，看看他到底作何安排，于是来到河北节度使所在地。节度使判官听说有元载信，大惊，立即上报节度使。节度使将信拆阅，看过无字信后，竟诚惶诚恐地派遣大校以精致的信箱承接元载的信。又命令手下人将元载父执安排在上等的馆舍里。因未得元载明示，迟迟不敢安排任职。元载父执留住数月，怏怏辞去。

★鎏金神兽纹银盘·唐

★李辅国像

“辅国妻元氏，载之诸宗，因是相昵狎”。不久，朝廷选拔京尹，李辅国就举荐了元载。但是元载的胃口很大，对此并不满足，故意到李辅国处推辞不肯接受京兆尹一职，李辅国明白了元载的真实意图后，第二天，就拜元载为同中书门下平章事（宰相之一），并继续兼任度支转运使。

代宗即位后，李辅国的权势愈重，在代宗面前，数称元载有才。元载也善于窥伺代宗旨意，颇承恩遇。又迁为中书侍郎，同中书门下平章事，加集贤殿大学士，修国史。又加银青光禄大夫，封爵为许昌县子。李辅国死后，元载又兼领天下元帅行军司马，权势威赫。

元载擅权以后，为了固宠保位，又外结权贵，内交宦官。当时有宦官董秀颇得宠。元载委主书卓英倩暗中向董秀厚赂金帛财货，“刺取密旨”。得董秀潜助，不论代宗有什么意愿、举动，元载都能事先知道。朝廷议政时，元载都迎合代宗，承意探微，无不谐契。代宗越发对元载宠信不疑。

元载本性贪鄙，窃权以后，勾结中书省主书卓英倩、李待荣，利用权势，货卖官爵，招致贿赂。当时“天下官爵，大者出（元）载，小者自（卓英）倩、（李待）荣。四方赍金帛求官者，道路相属”，凡是赂遗丰厚者，都能获得满意的官秩，“各称遂而去”。

永泰元年（765 年）五月，剑南节度使严武卒。元载以郭英乂接替严武之职。郭英乂其人的丑史，元载一清二楚：初为东都留守时，驭兵无章法，放纵手下兵与朔方、回纥兵大掠洛阳城，延及郑、汝（今郑州、临汝等地）等州，烧杀抢掠，生灵涂炭，比屋荡尽。广德（763-764 年）以后，恃富而骄，于京城大兴甲第，穷极奢靡。但因与元载交结，元载则授以要职。郭英乂到成都任职后，因有元载做靠山，更加肆行不轨，无所忌惮，贪暴于地方。

陈少游受任为桂州刺史、桂管观察使，迟迟不肯赴任，认为岭外遐远，希求重新派遣到比较富庶而又路近的郡州任职。于是陈少游以重金交结两位权贵，一是董秀，二是元载。董秀答应帮助斡旋解决，但是要求陈少游每年“献钱五万贯”。陈少游拜谒元载时，元载让儿子元仲武接待，要求陈少游每年“献钱十万贯”。当时董秀、元载年俸只一千贯，而索贿竟五至十倍于一年的俸禄，足见贪婪狠毒。陈少游以贿得官，转而向下广聚厚敛，层层加码搜刮，按岁奉上，最后由广大劳动人民承受全部负担。

元载向节度使崔宁索贿的情况与陈少游相似。大历二年（767 年），元载授崔宁为西川（今四川西都）节度使。崔宁到任后，自恃西川地险人富，厚敛财货，让弟弟崔宽留在京师交结权贵。元载及其诸子无论有什么欲望，崔宽都阿谀供奉。不久，元载又骤擢崔宽为御史知杂事、御史中丞。而崔宁在蜀地十余年，肆侈穷欲，浊秽军民，将吏妻妾多为其所淫污。朝廷风闻，深以为患。由于有元载从中庇护，崔宁兄弟不但不受切责贬黜，反而继续升官。崔宁累加尚书左仆射，朝廷正直之士皆隐忍不得言。

元载之妻王氏，系开元间河西节度使王忠嗣之女，素以凶戾闻名，并且狠毒自专，而元载对这位泼妇言听计从。元载及其妻又纵子伯和四处作恶。当时内侍鱼朝恩也权势极重，他仗着皇帝宠幸，与元载不和，元载常怕他。大历四年（769 年）冬，元载乘机密奏鱼朝恩专权不轨，请皇帝除掉鱼朝恩。鱼朝恩这个大宦官头子当时骄横无比，不可一世，天下人无不怨恨。代宗也有所了解，又听到元载奏其图谋不轨，于是就设法除掉了鱼朝恩。度支使第五琦也因鱼朝恩党牵连被罢官，元载又兼判度支。元载炫耀自己除恶有功，并认为自己的文武才略，天下无比，气焰也更加嚣张。他不择手段聚敛财货，大肆挥霍。他先在长安城中建南北两所第一流的住宅，建筑宏丽，冠绝当

★侍女图·唐

时。接着又在近郊修建亭榭，帷帐器什，一应俱全，供其游乐。城南修建别墅，数十所连成一片，奴婢仆役数以百计。元载恣为不法，奢华无度，京城各要害部门以及江淮各地的官员多由元载任命。他引用贪官，排斥忠良。一些钻营之徒，多通过元载的子弟或僚属，公开行贿，卖官鬻爵，搞得乌烟瘴气。对于元载这些骄奢不法之举，唐代宗知道得一清二楚，但考虑到他执政多年，想成全君臣之分，所以未予明言，只是在单独召见他时，向他提出过劝诫，对此，元载置若罔闻。

元载舞权弄智，僭侈无度，隳坏法制，得到一大批谄附之徒追随吹捧。但也有一些正直之士反对，并上书论奏其短，攻击其私。元载则予以打击迫害。华原县（今西安市郊）县令顾繇上书揭露元载妻王氏狠戾自专，纵容儿子元伯和、元仲武等恃威使势，招收贿赂，肆掠民财。代宗非但没有制裁元载，反而将顾繇斥逐于锦州（今湖南麻阳）。这件事说明皇帝是贪官污吏的总后台。元载由此总结反面的政治经验，开始想法杜绝上书。

大历元年（766年）元载为防止大臣揭露其丑，上奏唐代宗，借口文武百官奏事过多，而且所奏内容多挟谗毁"谬舛"，因而建议建立新的制度，规定六品以下官、吏部、兵部等，凡欲论事，"不须检勘"，一律由宰相定可否，然后奏闻代宗。这显然是一个阴谋。大臣颜真卿闻讯，立即上疏揭露，劝谏代宗应当日闻谠言以广视听，痛斥元载钳口天下，致使道路以目。元载如此擅权，压制言论，比李林甫、杨国忠有过之而无不及。天宝以后，李林甫威权日盛，但对于群臣越过宰相直接上书的，也不敢明约百司禁止，只是托以他故中伤而已，还未达到像元载这样公然要求百官奏事须经他同意的程度。由于颜真卿触到了他的痛处，元载闻而恨之。因事诽谤颜真卿，贬颜真卿为峡州（今湖北宜昌）别驾、抚州（今江西抚州）、胡州（今浙江湖州）刺史。

★唐代宗像

元载年复一年、怙恶不悛，天下无不怨怒。大历十二年（777年）三月，代宗御延英殿，命左金吾大将军吴凑在政事堂逮捕了元载及其同伙王缙，同时将卓英倩、李待荣及元载的儿子仲武、季能一并收禁，命吏部尚书刘晏负责审讯。因元载党徒甚多，布于天下，刘晏怕一人断案出现偏差，于是请求与其他人一起审理此案。唐代宗命令御史大夫李涵、右散骑常侍萧昕、兵部侍郎袁修、礼部侍郎常衮、谏议大夫杜亚，同刘晏共审此案。经过认真审问和调查，元载、王缙对其罪行供认不讳。宦官左卫将军、知内侍省事董秀，是元载的帮凶，已先于元载杖杀禁中。代宗发布敕令，称元载"性颇奸回，迹非正直"，"挟邪之志，常以罔上面欺"。"纳受赃私，贸鬻官秩。凶妻忍害，暴子侵牟，曾不提防，恣其凌虐。行僻辞矫，心狠貌恭"。"曾无悔非，弥益凶戾"。为肃整朝纲，"宜赐自尽"。

元载事发被赐死，其长子、扬州兵曹参军伯和，次子、祠部员外郎仲武，幼子、秘书省校书郎季能，以及元载之妻王氏，一并赐死，其

★三彩骆驼·唐

★中书省之印·唐

女、资敬寺尼真一，被收入掖庭。朝廷又派宦官捣毁了元载的家庙，并挖了他祖上和父母的坟墓，也没收了他在大宁里和安仁里的两处豪华住宅。

元载为相多年，权倾四海，外方珍异，皆集其门，家中资财不可胜计，名姝、异乐，宫廷中没有的他家都有。伯和、仲武等人仗势肆意胡为，兄弟各蓄妓妾，倡优猥亵之戏，父子同观，略无愧耻。元载死后，从他家中抄出财物不计其数，仅胡椒就有八百石之多，钟乳五百两，其他物品可想而知。元载这个横行一时的大贪官，终于落了个身败名裂、遗臭万年的可耻下场。

心比脸更丑的宰相卢杞

XIN BI LIAN GENG CHOU DE ZAI XIANG LU QI

中唐时期社会动乱，一由各种社会矛盾尖锐，二由君昏臣佞。大文学家韩愈对此深有了解，曾尖锐指出当时是“有君无臣”的局面，要改变政局，关键“在得人”。韩愈当时不敢说“无君”，但他敢说“无臣”已是相当大胆的了。其实，中唐是“无君无臣”。我们只要看看唐德宗这个昏君如何宠信奸佞卢杞，对中唐的政局也就可以略知一二。

卢杞字子良，其父卢奕曾官东台御史中丞，安禄山攻破洛阳，卢奕守职而遇害，卢杞以门荫入仕，历任清道率府兵曹、朔方节度掌书记、监察御史、刑部员外郎、吏部郎中等职。

★唐德宗李适崇陵石刻翼马

卢杞面貌丑陋，面色如蓝，人皆视之若鬼。然此人颇有口才，能言善辩。唐德宗建中初年(780年)，卢杞为御史中丞。当时郭子仪尚在，因其卧病，百官皆来探问，郭子仪都不让姬妾和侍者回避；而卢杞来探视，郭子仪让姬妾和侍者全部退去，独自一人隐几以待。等卢杞走后，家人问郭子仪为什么这么做，郭子仪说：“卢杞面貌丑陋而内心凶险，你们看到他一定会发笑。将来如果此人掌握大权，那么我们全族都会被他杀光的。”

卢杞居御史中丞之职，掌纠弹、顾问之事，其论奏很能称德宗之意，不久，即升为御史大夫。又过了没几天，即拜为门下侍郎、同中书门下平章事。卢杞既居宰相高位，大权在握，于是忌贤妒能，暗害群臣，稍不附己，便要置人于死地，以此来树立自己的声望，巩固其权势，其手段之阴险毒辣，让人瞠目。宰相杨炎与卢杞同时为官，因其相貌丑陋，又无见识，所以颇不高兴。卢杞就向唐德宗说杨炎的坏话，遂使杨炎贬官崖州；唐德宗幸奉天(今陕西省乾县)，崔宁痛哭流涕，议论时政，卢杞讨厌他，于是就诬告崔宁和叛贼朱泚勾结，并有盟誓，唐德宗就杀了崔宁；颜真卿直言敢谏，卢杞也很讨厌他，于是就命令他奉使至藩镇李希烈处，结果李希烈将颜真卿杀害；当初，京兆尹严郢与杨炎有矛盾，卢杞就提拔严郢为御史大夫，以此来挖杨炎的墙脚。等到杨炎被贬官病死，卢杞又图谋害严郢。

原先，朱泚、朱滔兄弟不和，朱泚部下一名判官叫蔡廷玉，离间朱滔，朱滔上奏，蔡廷玉被贬官，殿中侍御史郑詹派人监送，路上蔡廷玉投水而死。卢杞急忙上奏，要求三司审察郑詹，又以郑詹是受命于御史大夫严郢为理由，要求审察严郢。郑詹和宰相张镒关系很好，而

★镂雕双凤踩莲玉佩·唐

张镒忠正有才，又得德宗信任，卢杞对张镒颇怀嫉妒。郑詹每逢卢杞昼时到张镒处，卢杞对此很清楚。有一天，卢杞假装熟睡，郑詹果然又到张镒处来，正要和张镒交谈，卢杞突然来到了张镒处，郑詹急忙躲了起来。卢杞则急急忙忙与张镒谈起了机密之事。张镒告诉他：“殿

★唐三彩驼和外城商贩·唐

★卧佛·中唐时期

★八府庄狮纹葵花形银盘·唐

中侍御史郑詹在这里。”意在提醒他别谈机密。卢杞佯装惊愕说:“刚才我和你所谈的均为机密,都是别的人不应该听的。”当时三司正在审察郑詹和严郢,尚未结案,卢杞即上奏杀了郑詹,而贬严郢为费州刺史。接着,张镒被迫罢相,出镇凤翔。卢杞一箭多雕,可谓阴险狡诈之至。对这样一个奸佞,人们无不扼腕切齿,然多敢怒而不敢言。

唐德宗即位初,用崔祐甫为宰相,道德宽大,所以建中初年政声蔼然。及至卢杞为相,劝德宗以刑名整肃天下,严刑苛法,吏民皆怨。当时河南李希烈叛,河北李惟岳与田悦结盟以抗拒王师,河北、河南兵连祸结,朝廷要讨平藩镇叛乱,花费极大。时杜佑任度支使,他估计军费每月要开支一百余万贯,而京师国库所存已不能支持多久,杜佑正谋划筹到五百万贯,可支持半年左右,这样就可以支持对藩镇用兵的需要。而正在这时,卢杞忌恨杜佑得唐德宗信任,于是就诬告杜佑,杜佑被贬为饶州刺史,卢杞则用户部侍郎赵赞为度支使。赵赞无计可施,于是就与其党徒韦都宾等人密谋向京城富商借钱。唐德宗同意,平息潘镇之乱后,钱由公家偿还。命令一下,京兆少尹韦祯等督责颇紧,官府派人到处搜人财货,稍不如意,就拷打逼迫,以至有人被迫自缢,京城嚣嚣,如被贼寇洗劫。就这样,才凑到八十八万贯。于是,又强行借人们积存钱粮的四分之一,闹得长安城为之罢市,成千上万的百姓在街上拦住宰相哭诉,卢杞开始时尚劝慰百姓,后来看到无法制止,随即驱车而归。德宗知民怨沸腾,遂令取消这个办法。然而前线军需,不可一日暂缺。于是赵赞又请求加收间架税(即房屋税)和算除陌(即市场交易税),有

★越窑鸡首执壶·唐

唐德宗李适

李适,唐朝皇帝。779-805年在位。代宗长子。初封奉节郡王,旋改封鲁王,又改封雍王,任天下兵马元帅,率兵讨伐叛将史朝义,平定河北等地。广德二年(764年)立为皇太子。大历十四年(779年)即位,改元建中。即位后,大权独揽,事无巨细均亲自决断。废租庸调制,颁两税法。对藩镇割据势力采取裁抑政策,企图加强中央集权,但无成效。建中四年(787年)泾原兵变,长安被朱泚占领,他一度逃往奉天(今陕西乾县)、梁州(今陕西汉中)。从此,他对藩镇姑息迁就。后用李泌为相,北和回纥,南连南诏,西结大食,以对付吐蕃,时局稍见稳定。但他信用宦官,为统帅和扩大禁军,勒索地方官进奉物资,在长安施行宫市,征收间架、茶叶等税,加紧对人民的盘剥,加深了人民的痛苦,使社会矛盾日益加重。死后葬崇陵。谥神武孝文皇帝,庙号德宗。

★唐德宗李适崇陵武臣石像

★唐德宗年间大佛像

隐瞒房产或交易额者重罚，揭发者有奖。这样搞的结果，不少官吏从中私盗，公家收，入不及一半，而怨谤之声满天下，人心悲愁，以至使泾州之师乘机作乱，朱泚近逼京师，德宗出狩奉天。这一切均由卢杞造成，天下人皆视之若仇。

德宗出逃奉天，朱泚率兵围攻，情势危急，大将李怀光领兵自魏县赴难。有人对赵赞等说："李怀光认为之所以造成今天的局面，全是宰相谋议错误，度支使赋敛繁重，京兆尹刻薄军粮造成的。如今李怀光功劳一大，朝廷一定信任，假如皇帝向他询问天下得失，我们岂不完了！"赵赞等将此话转告卢杞，卢杞十分惊恐。然而他诡计多端，向唐德宗从容不迫地进奏说："李怀光功劳很大，是国家的依靠，敌人闻风丧胆，无心守备，如果用其兵威，可以一举破贼；如果你现在允许要怀光朝见，那势必要赐宴留连，耽误时间，正好让叛军有可能占领京城，到那时可就难办了。不如让李怀光乘胜收复京城。"唐德宗听信了卢杞的意见，命令李怀光不要朝见，屯兵于便桥，明朝攻打长安。李怀光闻诏大怒，遂起异心。至此，唐德宗才知道这是卢杞捣的鬼。众人亦议论纷纷，都归罪于卢杞，于是卢杞被贬为新州司马。

不久，遇赦，卢杞迁吉州长史。卢杞依仗唐德宗的宠幸，在贬所对人说："我一定会再次入朝受重用。"果然，当天卢杞又被德宗任命为饶州刺史。当时给事中袁高正值班，负责起草任命卢杞的诏告，他很生气，拿着草诏去见宰相卢翰和刘从一，痛陈卢杞为相三年私结朋党，排斥忠良，背德乱常，弄得天下满目疮痍的罪过，并指出，朝廷没杀他，还有提升，已经很宽大了，如果再授大郡刺史，恐失天下人之望。这两位昏愦的宰相听后，对袁高表示不满，于是改换另外的人起草诏告。第二天，诏告一发布，袁高就拿着诏告上朝陈奏，说："卢杞为政，穷凶极恶，三军将校，愿食其肉；文武百官，嫉之如仇。"谏官赵需、裴佶、宇文炫、卢景亮、张荐等也纷纷上疏，奏说卢杞"外矫偷简，内藏奸邪"，擅权三年，乱国殄人。朝廷将他贬官，"忠良激励，内外欢欣"。如今又要重用他，"众情失望，皆谓非宜"。倘若朝廷"加巨奸之宠，必失万姓之心"，恳请德宗改诏。而唐德宗对此置之不理。谏官们又说："卢杞蒙蔽皇帝，毁乱朝纲，导致国家危败，可以说是国家最大的蛀虫了，早该抛弃。听说又要提拔重用，忠良痛骨，士庶寒心。昨天的论奏，至今未有回音，所以物议沸腾，人人惊叹，万望皇帝俯顺众望，永弃奸臣。"给事中袁高也一直坚持，不肯退让。德宗无奈，取消了原有任命，改授澧州司马。

次日，唐德宗在延英殿对宰相们说："我想授卢杞一个小州的刺史，可不可以？"宰相李勉对道："您要授给卢杞大郡刺史也可以，可您又如何对待亿万失望的老百姓呢？"昏愦透顶的唐德宗又说："人们都说卢杞这个人奸邪，我怎么就不知道呢？"李勉说："卢杞奸邪，天下人都知道，唯独陛下您不知道，这正是他成为奸邪之所在。"德宗听后，好长时间默默不语。散骑常侍李泌正要再说，唐德宗又说："卢杞之事，我已经准了给事中袁高所奏，这事办得怎么样？"李泌拜说："近来好多天，外边人都在私下议论，认为陛下同于汉代之桓帝和灵帝；我今天亲自聆听您的圣旨，才知道你是一个尧、舜也比不上的皇帝。"愚不可及的唐德宗没有听出李泌对他的尖刻讽刺，还误以为李泌在称颂他，所以他听了李泌的话，大为高兴。而卢杞改任澧州别驾，并且不久就死在了澧州。

★伎乐图·中唐

★唐朝官妓

韩愈反对迎佛骨

HAN YU FAN DUI YING FO GU

在裴度所率的征讨淮西吴元济的大军里，有一个行军司马叫韩愈，他虽然比不上横刀立马的李愬，但他的才学在当时却十分出名。

韩愈出生在一个官僚地主家庭和书香门第，他三岁时成为孤儿，由其伯兄抚养，12岁时其兄韩会病故，由其寡嫂养大成人。韩愈从幼年时期便饱尝寄人篱下之苦和长期颠沛流离的艰辛，经历兵荒马乱、动荡不安的岁月。

792年，韩愈考中进士，但按照唐律，考取进士以后还必须参加吏部博学鸿词科考试，韩愈又三次参加吏选，但都失败；三次给宰相上书，没有得一回复；三次登权者之门，被拒之门外。796年，29岁的韩愈受董晋推荐，出任宣武军节度使观察推官。韩愈在任观察推官三年中，一面指导李翱、张籍等青年学习；一面利用一切机会，极力宣传自己对散文革新的主张。

801年，韩愈被任命为国子监四门博士。在此期间，韩愈积极推荐文学青年，敢为人师，广授门徒，其门徒人称“韩门弟子”。两年后，韩愈晋升为监察御史，在任不过两个月，为了体恤民情，忠于职守，他入乡中暗访。当看到关中（今陕西省）百姓流亡，背井离乡，恶殍满地的时候，他对当地官府将灾情隐匿不报，或所报与事实不符的现象十分气愤。于是，他写了《论天旱人饥状》的奏折，将其报给了皇上，并请求皇上减免这一地区百姓的赋税。韩愈的奏章惹恼了当地的权贵，他们合伙欺骗皇上说：“韩愈言过其实，妖言惑众。”因当时的唐德宗宠信这些贪官佞臣，便将韩愈贬为阳山县令。

★韩愈像

韩愈任阳山令三年，深入民间，参加山民耕作和鱼猎活动。此间，一大批青年慕名投奔韩愈门下，他与青年学子吟诗论道，自己的诗文著作颇丰。

817年，韩愈被任命为行军司马，协助宰相裴度、李愬等平定淮西叛乱，因军功晋授刑部侍郎。当时的唐宪宗因为淮西叛乱得以平定，便决定立一个纪功碑，来纪念这一次大胜利。他早知韩愈擅长诗文，又曾跟随裴度到过淮西，便命令韩愈起草《平淮西碑》。

★法门寺迎取佛骨舍利的盛况（壁画）

819年，已近晚年的唐宪宗忽然迷信起佛法来。他打听到凤翔的法门寺里有一座宝塔，叫护国真身塔。塔里供奉着一根骨头，据说是释迦牟尼佛留下来的一节指骨，每30年开放一次，让人瞻仰礼拜。这样做，就能够求得风调雨顺，人人平安。于是，宪宗皇帝特地派了30人的队伍，到法门寺把佛骨隆重地迎接到长安。他先把佛骨放在皇宫里供奉，再送到寺里，让大家瞻仰。下面的一班王公大臣，一看皇帝这样认真，不论信或是不信，都要凑个趣。许多人千方百计想弄到瞻仰佛骨的机会。有钱的，捐了香火钱；没钱的，就用香火在头顶、手臂上烫几个香疤，也算表示对佛的虔

韩愈

韩愈(768-824年),字退之,河南河阳(今孟县)人,祖籍昌黎,世称韩昌黎,晚年任吏部侍郎,又称韩吏部。唐代文学家、哲学家。

韩愈3岁丧父,受兄韩会抚育,后随韩会贬官到广东。兄死后,随嫂郑氏北归河阳,后迁居宣城。7岁读书,13岁能文,20岁赴长安应进士试,三试不第。25岁登进士第,然后三试博学鸿词未入选,便先后赴汴州董晋、徐州张建封两节度使幕府任职,后至京师,官四门博士。36岁任监察御史,因上书《论天旱人饥状》,请减免徭役赋税,指斥朝政,被贬为阳山令。

韩愈思想渊源于儒家,但亦有离经叛道之言。他以儒家正统自居,反对佛教的清净寂灭、神权迷信。政治上反对藩镇割据,文学上力反六朝以来骈偶文风,提倡散体,与柳宗元同为古文运动的倡导者。其散文继承先秦、两汉古文传统,加以创新发展,气势雄健,人称为"唐宋八大家"之首。所作《原道》、《原性》,维护自尧舜至孔孟一脉相传的道统;又认为人性有上、中、下三品之分,上品之人天生为善,下品之人天生为恶,中品之人可引导至善或恶。但在《师说》中,又以为"人非生而知之者",并提出"弟子不必不如师,师不必贤于弟子"之合理见解。其诗力求新奇,以文入诗,有时流于险怪,对宋诗影响颇大。

诚,京城一时间掀起信佛狂潮。

韩愈听说后,毅然上书《论佛骨表》,痛斥佛之不可信,要求将佛骨"投诸水火,永绝根本,断天下之疑,绝后代之惑"。另外,他在奏章中劝谏宪宗不要干这种迷信的事。他说,佛法的事,中国古代是没有的,只有在汉明帝以来,才从西域传了进来。他又说,历史上凡是信佛的王朝,寿命都不长,可见佛是不可信的。

唐宪宗收到这个奏章,大发雷霆,立刻把宰相裴度叫了来,说韩愈诽谤朝廷,非把他处死不可。裴度连忙替韩愈求情,唐宪宗忿忿地说:"韩愈说我信佛过了头,我还可宽恕他。他竟说信佛的皇帝寿命都短,这不是在咒我吗?就凭这一点,我不能饶他。"

后来,替韩愈求情的人越来越多,唐宪宗也知道杀韩愈理屈,就把他降职到潮州去当刺史。从长安到潮州,路远迢迢,韩愈孤单一个人,被派到如此遥远的地方,一路

★韩愈纪念馆

上痛楚于心,艰辛倍至。

韩愈到了潮州,想到自己的不幸遭遇,也考虑到百姓的艰苦生活,他在任潮州刺史8个月的时间内,带领官民驱鳄鱼,为民除害;请教师,办乡校;计庸抵债,释放奴隶;率领百姓兴修水利,排涝灌溉,使当地的百姓都能安心生产,衣食丰足。

★韩愈墓

★韩愈手迹"昌黎经此"题刻

白居易言事贬江州

BAI JU YI YAN SHI BIAN JIANG ZHOU

白居易，字乐天，祖籍太原，自其曾祖父白温起移居渭南下邽（今陕西省渭南县东北）。其祖父白锽、父亲白季庚世敦儒业，均为明经出身。

白居易自幼聪慧过人。十一二岁就离家随父亲到南方任所。不久，淮西节度使李希烈叛乱，他又避难到越中（浙江），颠沛流离，使他对苦难的时代和苦难的人民有了初步的了解。年十七，携带自己的诗作来到长安，谒见了当时颇有名望的诗人顾况。顾况当时任著作郎，又有诗名，所以对后进之士的诗文很少有看上眼的。顾况一看来见他的是一个小青年，名字叫白居易，于是就开玩笑说：“长安百物皆贵，居大不易。”接着，他就翻阅白居易的诗作。至《赋得古原草送别》一诗：“离离原上草，一岁一枯荣。野火烧不尽，春风吹又生。”顾况惊叹不已，忙改口说：“有诗句如此，居天下亦不难，我老头子刚才说的话是开玩笑的。”白居易受到顾况赏识，顾况也为之延誉，但未能入仕。白居易又刻苦读书，“苦学力文”，“昼课赋，夜课书，间又课诗。”，以至“口舌成疮，手肘成胝”。至唐德宗贞元十六年（800年），他一举考中进士，“慈恩塔下题名处，十七人中最少年”。二十八岁的白居易一举成名，十分得意。贞元十九年（803年），他又参加拔萃科考试，入甲等，授秘书省校书郎。唐宪宗元和元年（806年），他与好友元稹又参加了才识兼茂、明于体用科考试。为准备应试，他与元稹“闭户累月，揣摩当代之事”，写成《策林》七十五篇，全面阐述了他们对时政的看法。这次考试结果，白居易入第四等，调为周至县尉。元和二年

★沈心海，甲午（1894年）作，白居易诗意，立轴

★白居易草堂和石雕像

白居易

白居易，出生于新郑，字乐天，唐代著名诗人。一生中，创作了大量的讽刺诗、叙事诗、抒情诗，为我们留下了宝贵的文学遗产。白居易早年丧父，往依长兄，在漂泊中度过了青年时代，这使他从小就对当时的社会生活和民间疾苦有较多的接触与了解。白居易在翰林学士、左拾遗位置上，不仅向唐宪宗提出了不少利于民众的诤谏，而且写出了大量揭露统治者骄奢淫逸的腐朽生活的诗篇。白居易后受排斥转任太子左赞善大夫，又因得罪宦官官僚集团而被贬官为江州司马。他的千古名篇《长恨歌》、《琵琶行》就是这时写成的。白居易晚年醉心佛道，隐居洛阳香山，自号“香山居士”。白居易与李白、杜甫并称为“唐代三大诗人”，后人称赞他为“一代之诗伯，万叶之文匠也。”

★白居易像

(807 年)十一月，召为翰林学士。元和三年(808 年)五月，拜左拾遗。白居易在《与元九书》中，曾不无自负地说：“十年之间，三登科第，名入众耳，迹升清贵。”

白居易以“兼济天下”为己任，所以他对左拾遗一职很感满意。他忠实地履行谏官的职责：“有阙必规，有违必谏。”别人每月领的谏纸都用不完，他领的谏纸都不够用，忙得他“食不甘味，寝不遑安”。上谏书之外，他还写下不少讽谕诗，来补察时政，针砭时弊。由于他的直率和大胆，因此得罪了不少人。如淄青节度使李师道进绢要为魏征的子孙赎回旧宅，白居易进谏反对，认为李师道有“掠美”之嫌；唐宪宗打算用王锷做宰相，白居易进谏称：王锷“诛剥民财，以市恩泽，不可使四方人谓陛下得王锷进奉，而与之宰相”。使唐宪宗停止了对王锷的任命。他写《宿紫阁村》、《卖炭翁》、《轻肥》等诗，揭露和讽刺宦官们的为非作歹，纵欲享乐；写《重

★白居易诞辰的纪念碑

★香山居士少时的名篇《赋得古原草送别》

赋》、《杜陵叟》等诗，揭露地方官贪赃枉法、掠夺百姓的罪恶，致使权贵们对他恨得咬牙切齿。他在《与元九书》中具体地谈到了这种情况：“权贵豪近者，相目而变色”，“执政柄者扼腕”，“握军要者切齿”。

★白居易像

白居易不仅敢于指斥时弊，讥讽权贵，而且还与皇帝争论。河北藩镇王承宗抗拒朝廷命令，唐宪宗命令神策军中尉吐突承璀为招讨使。对此事，不少谏官也上书劝阻，白居易则在朝廷“面论”，即与朝廷当面辩论，辞情恳切，论辩周密。接着他又请求停止对河北用兵，洋洋数千言，都是些别人不敢直说的话，唐宪宗对他的许多意见都采纳了，惟独对他直接和自己辩论吐突承璀的事，弄得自己下不了台，深感不快。唐宪宗曾对宰相李绛说：“白居易这小子，是我提拔他使他有了名位，而他对我实在无礼，我实在难以忍耐。”虽经李绛劝解，宪宗怨气稍消，但对白居易总是有点耿耿于怀。到元和五年(810 年)白居易任满改官时，唐宪宗对宰相崔群透露说：“其官可听自便奏来。”当然是不再用他作谏官了。白居易心里也明白，于是他奏请作京兆府判官，于是他被任命为京兆府户曹参军。这次改任，名义上是升了，但实际上等于剥夺了他谏官的发言权，这无疑是政治上的一次挫折。

元和五年(810 年)，白居易的好友元稹也因直谏，由监察御史被贬为江陵府士曹参军，对此，白居易也愤然不平。元和六年(811 年)四月，白居易之母陈夫人卒。按当时之礼，白居易要为其母守丧三年。于是，白居易又离开了官场，回到了渭南的下邽。在下邽生活了三年，他一方面接触了下层百姓，一

★金银丝结条茶笼子·唐

★黄釉盖罐·唐

方面反思了十年的仕途生活，“水暗波翻覆，山藏路险巇”。深感官场上政治风波之可怕，也深深体会到农村生活之闲适，火一样的政治热情开始冷却，他“身着居士服，手把南华篇”，受道家思想影响，他读书、垂钓，饱尝田园生活乐趣，曾写下《仿陶潜体》诗十六首。在《闲居》一诗中他写道：“心足即为富，身闲乃当贵。富贵在此中，何必居高位。”在《适意》一诗中他又写道：“作客诚已难，为臣尤不易。况予方且介，举动多忤累……胸中十年内，消尽浩然气。自从返田亩，顿觉无忧愧。”厌恶政治，追求独善其身的思想逐渐抬头。

元和九年(814 年)冬，白居易又入朝为官，授太子左赞善大夫。这是一个给太子帮闲的散官，无多少事情。他一方面对官场的斗争倾轧仍心有余悸，一方面对自己不受重用感到愤愤然。他曾写诗曰：“白花冷淡无人爱，亦占芳名近牡丹。应似东宫白赞善，被人还唤作朝官。”以白牡丹花自喻，伤叹政治上的失意。也就在此时，一个改变白居易命运的突然事件发生了。

安史之乱以后，藩镇割据的情况愈演愈烈，藩镇们不秉王命，割据叛乱，互相掠夺，搞得天下不宁。对待藩镇割据的问题，朝廷内部有两种不同的意见：一派主张姑息、怀柔，一派主张武力讨伐。当时的宰相武元衡和御史中丞裴度都是主战派。元和十年(815 年)，唐宪宗拟讨伐淮、蔡藩镇吴元济，并将机务全部交给武元衡。而河北藩镇王承宗遣使者奏请宪宗赦免吴元济。事情转到武元衡处，使者辞礼悖慢，武元衡严词叱之。王承宗对此十分恼火，上奏章诋毁武元衡，从此结下怨恨。不久，藩镇们收买嵩山中岳寺僧人在长安刺杀了宰相武元衡，同时把御史中丞裴度刺成重伤。

当朝宰相在堂堂京城被贼人刺杀，气氛非常恐怖，满朝文武，多慑于藩镇的淫威而不敢说话，而身居闲散官职的白居易却犯了职业病，第一个上疏，“急请捕贼以雪国耻”。白居易此举招来了很大是非，宰相认为白居易是宫官而不是谏官，不应当先于谏官言事，平白无故地给白居易加上了“越职言事”的罪名。紧接着，一些平时讨厌白居易的人纷纷起来捏造罪名，诽谤白居易，说白居易“浮华无行”。说什么白居易母亲是因看花堕井而死的，而白居易却不知避讳，还写《赏花》诗和《新井》诗，实在有伤名教。当权者正讨厌白居易言事，又加上这些莫须有的罪名，于是奏贬白居易为江州刺史。诏书刚出，中书舍人王涯立即上疏论之，说根据白居易所犯的罪状事迹，不适合担任一州之长，于是追诏授白居易为江州司马。

“是非不由己，祸患安可防。”白居易满怀凄楚离开了长安，成了“天涯沦落人”。被贬江州是白居易政治上的一大挫折，也是他生活和创作的一个根本的转折。从此，那个宁折不弯的白居易不见了，开始了他的亦官亦隐生活。

★周昉《挥扇仕女图卷》(局部)·唐

★白居易墓

甘露事件

GAN LU SHI JIAN

元和十五年(820年)正月二十七日,唐宪宗暴死,宦官梁守谦、王守澄等人立即拥立太子李恒即位,是为唐穆宗。穆宗即位以后,没有仿效太宗、玄宗的励精图治,而是纵情享乐,毫无节制。由于"宴乐过多,畋游无度",在他30岁的时候突然中风。中风以后,穆宗又乞望长生不老,同他的父皇宪宗一样迷恋上了金石之药。处士张皋曾经上疏,对穆宗服食金丹事提出过劝阻。不过,穆宗还没有等到丹药毒发就在长庆四年(824年)正月二十二日驾崩于他的寝殿,时年30岁。

唐穆宗死后,其长子李湛即位,是为敬宗。李湛的奢侈荒淫比自己的父亲有过之而无不及,他沉迷蹴踘(马球),喜欢半夜在宫中捉狐狸(打夜狐),终日不理朝政。此间,宦官王守澄把持朝政,勾结权臣李逢吉,排斥异己,败坏纲纪,导致官府工匠突起暴动攻入宫廷的事件。李湛即位仅三载,便被宦官刘克明、苏佐明等人杀害,年仅19岁。

826年,宦官王守澄等拥立唐穆宗第二子李昂即位,是为唐文宗。文宗在位期间的行为举止,与敬宗相比有天壤之别。他勤勉听政,每次上朝时间都很长,凡军国大事,从朝廷用人到国库储藏,从各地灾情到水利兴修,他无所不问,从大政方针到具体措施,他都详细地与宰相大臣讨论研究。文宗不仅倡导节俭,革除奢靡之风,他自己也身体力行。即位之初,就下令释放宫女3000多人,各地额外的进献和上供的奇珍异物基本上停止,五坊的鹞鹰玩物和游猎之事也都停废。他自己的饮食从不铺张,特别是遇到各地发生灾荒的时候,他更是主动减膳。就连自己生日时,文宗也不允许宰杀猪牛,只许食用瓜果蔬菜,他还特别诏令京兆尹暂停在城南的曲江池宴请百官和在宫中为他祝寿。

★唐文宗像

文宗博览群书,见识很是渊博。他不喜欢音乐、歌舞和游乐,不近女色,自己在听朝理政的闲暇时,都是用功读书。但是,尽管文宗能够勤勤勉勉,宵衣旰食,颇思图治,却由于文宗是宦官拥立,所以宦官的权势更是不断扩大,甚至连皇帝的命运都掌握在他们的手里。

唐文宗

唐文宗李昂(809-840年),唐穆宗第二子,唐敬宗之弟。敬宗宝历二年(826年),被宦官王守澄等拥立为帝。在位期间,颇思图治,出宫女3000多人,裁汰官员1200余人。文宗去奢从俭,勤于政务,期成名君,但既受制于宦官,又受制于朋党,又再受制于藩镇。同时,朝臣朋党相互倾轧,官员调动频繁,牛李党争达到高潮,连皇帝的废立生杀,均掌握在宦官手中。

李昂虽由宦官拥立,但深感宦官专权之害,遂起用李训、郑注等人,设计想除宦官,结果事泄,反受宦官挟持,后被软禁至死,史称"甘露之变"。从此,朝政大权进一步落入宦官手中。

★唐文宗墓

★已成为废墟的唐文宗陵寝

★唐文宗半身像

唐文宗李昂即位的第二年，各地推荐的举人到京都应试。其中有一个举人叫做刘蕡，在试卷里公开反对宦官掌权，认为要国家安定，应该排斥宦官，把政权交给宰相，把兵权交给将帅。

这份考卷落在几个考官手里，考官们传来传去地看，赞不绝口，觉得不但文采好，而且说理精辟，是篇难得的好文章。但是到了决定录取的时候，谁也不敢表示态度，因为录取了刘蕡，得罪了宦官，他们的位子也就保不住了。结果，跟刘蕡一起来投考的22人都中了，独刘蕡一人落第。刘蕡是大家公认的杰出人才，这次因为说了些正直话而落选，大家都觉得委屈了他。中选的举人说："刘蕡落选，我们倒中了榜，太叫人惭愧了。"

唐文宗在宦官操纵之下过日子，自己也很气恼，他一心一意想除掉宦官。830年，文宗任用宋申锡为宰相，要他秘密铲除宦官势力，但因时机不成熟，计谋败露。后来，文宗生了一场病，急于找医生。正好宦官头子王守澄手下有个官员叫做郑注，精通医道。王守澄把他推荐给唐文宗治病，文宗服了他的药，果然病一天天好了起来。唐文宗很高兴，召见郑注，发现郑注口齿伶俐，像个有才干的人，就把他提拔为御史大夫。

郑注有个朋友叫李训，原是个很不得志的小官员，听到郑注受到朝廷重用，就带了一些礼物求见郑注。郑注正好想找个帮手，便请王守澄把李训推荐给文宗，李训也得到文宗的信任，后来竟被提升为宰相。

文宗重用郑注、李训，便准备倚重二人翦除宦官。835年，郑注建议文宗剥夺王守澄的实权并将他毒死。两人打听到王守澄手下有个宦官仇士良，与王守澄有矛盾，奏请文宗封仇士良为左神策中尉，带领一部分禁卫军。接着，李训又解除了王守澄的兵权。王守澄失了兵权后，唐文宗给了他一杯毒酒，将其毒死。

★毒杀王守澄

接着，郑注和李训计划在下葬王守澄的时候，要求所有宦官都为王守澄送殡，然后以所率亲兵怀藏利斧将其全部砍杀。但李训求功心切，决定抢先下手。太和九年(835年)十一月二十一日，李训提前在宫中部署了兵力，等文宗上朝后，假称大明宫左金吾大厅之后的石榴树上夜降甘露(甘露是预示天下升平的祥瑞)，诱使神策军中尉仇士良等前往，想一举诛杀宦官。没想到，被仇士良看出破绽，他们立即返回大殿，挟持着文宗直往内宫夺路而逃。待缓过神来之后，又立即派兵关闭宫门，对宰相和朝廷官员下了毒手。李训乔装出宫，一路上假装疯癫，逃到终南山的寺院中，后被地方官抓获。他担心押送到宦官手中会遭

★胡人牵驼俑·唐

羞辱和酷刑，在到达京师附近时，便对押送的人说："现在禁军到处抓我，是因为能够得到重赏。等他们见到我，肯定会将我从你们手里抢去领功，不如你们把我杀了，拿着我的首级去领赏更直截了当。"结果，李训被杀。郑注和全家老幼被仇士良派人诛杀，与事变有关无关的朝廷官员也有上千人被杀。

唐文宗和李训、郑注策划的杀宦官的计谋彻底失败，在这次事变后受株连被杀的有1000多人。历史上把这个事件称为"甘露之变"。事后，文宗更被宦官钳制，慨叹自己受制于家奴，境遇不如周赧王、汉献帝，不禁凄然泪下。5年后，文宗病死。仇士良立文宗的弟弟李炎即位，是为唐武宗。从此，朝政大权进一步落入宦官之手。

牛李党争

NIU LI DANG ZHENG

李德裕

李德裕(787-850年),字文饶,真定赞皇(今河北赞皇)人,幼有壮志,苦心力学,尤精《汉书》、《左氏春秋》。穆宗时历任翰林学士、浙西观察使、西川节度使、兵部尚书、左仆射,并在唐代宗(838年)和武宗(840年)两度为相。主政期间,重视边防,力主削弱藩镇,巩固中央集权,使晚唐内忧外患的局面得到暂时的安定。因反对进士科举,主张"朝廷显官须是贵党子弟",从而与牛僧儒、李宗闵为首的牛派展开了长达40余年的"牛李党争"。党争失利,初贬荆南,次贬潮州。848年,再贬崖州(今琼山区大林乡附近)司户,次年正月抵达。850年正月卒于任内,终年63岁,逝后被封太尉,赠卫国公。李德裕在琼期间,著书立说,奖善嫉恶,备受海南人民敬仰。

★李德裕塑像

在宦官专权的日子里,朝廷官员中反对宦官的大都遭到排挤打击。一些依附宦官的朝臣,又分成两个派别:以牛僧孺为首领的称牛党,以李德裕为首领的称李党。这两派官员互相倾轧,争吵不休,从唐宪宗时期开始,到唐宣宗时期才结束,争吵了将近40年,历史上把这次朋党之争称为"牛李党争"。

★李德裕辨水图

元和三年(808年),朝廷以"贤良方正、能直言极谏科"选拔人才,举子牛僧儒、皇甫湜、李宗闵三人在对策中痛斥政治腐败、贪官污吏的种种罪行,确实触及到当时的社会弊端。他们的策文被主考官杨於陵、韦贯之评为上等,要求朝廷优先录用。

这件事被当时的宰相李吉甫知道了。李吉甫是个士族出身的官员,他认为"朝廷显贵,须是公卿子弟"。其理由是自幼漂染,"不教而自成",因而瞧不起科举出身的官员。现在出身低微的李宗闵、牛僧孺居然敢批评朝政,揭了他的短处,更加生气。他在唐宪宗面前说,这几个人被推荐,完全是因为跟考官有私人关系。唐宪宗听信了李吉甫的话,把主考的官员贬出朝廷,举子牛僧儒等三人不予录用。

朝野哗然,民情鼎沸,都为牛僧儒、李宗闵等鸣冤叫屈,谴责宰相李吉甫妒贤忌能,对朝廷构成一股强大的政治压力。唐宪宗为了平息风波,于当年把宰相李吉甫贬为淮南节度使,把先前贬出的翰林学士裴度召回担任宰相职务。

唐穆宗即位时,李吉甫已死,他的儿子李德裕做了翰林学士。那时候,李宗闵也在朝做官。李德裕对李宗闵批评他父亲这件事,仍旧记恨在心,寻机报复。恰逢穆宗又举行进士考试,牛党人物礼部侍郎钱徽主持进士考试,另一牛党人物右补阙杨汝士为主考官,此次录取进士14人。其中牛党李宗闵的女婿苏巢,主考官之弟杨殷士,牛党宰相裴度之子裴撰等均登甲第。前任宰相段文昌向穆宗检举此次进士录取不公正,有打通"关节"的舞弊行为。穆宗询问李德裕"舞弊"之说是否属实,李德裕表示肯定,元稹、李绅异口同声地责其不公。穆宗又另派官员复试,结果原榜录取14人之中,只有3人勉强合格。为此钱徽、李宗闵、杨汝士均遭贬逐。

牛李党争之始由进士考试而

★牛僧孺塑像

起，牛李二党结怨之深亦因进士考试而成。从此牛僧儒对李德裕怀恨甚深，牛李党争进入了斗争激烈阶段。

到了唐文宗即位以后，李宗闵走了宦官的门路，当上了宰相。李宗闵向文宗推荐牛僧孺，也把他提为宰相。此后，两个人合力打击李德裕，把李德裕调出京城，当西川（今四川成都）节度使。第二年，吐蕃将领悉怛谋将所统治的维州（今四川汶川西北）归附唐朝。李德裕当即派兵接管，入驻维州，并向朝廷奏陈用兵制敌，巩固边防事宜。时任宰相的牛僧儒，认为唐与吐蕃已结盟好，不宜违约开衅，制造不和。文宗听从牛僧儒的意见，诏命李德裕撤归驻维州之兵，降将悉怛送归吐蕃处置。本来以为开疆拓土会受到封赏的李德裕，到头来弄得两头不讨好，于是他深恨牛僧儒。后来，有人告诉唐文宗，说退出维州城是失策，并且说这件事是牛僧孺排挤李德裕的手段。据此，唐文宗逐渐疏远了牛僧孺。

840年，文宗驾崩，武宗即位。此间，牛、李两派为了争权夺利，都争先讨好宦官。李德裕做淮南节度使的时候，监军的宦官杨钦义被召回京城，大家传说杨钦义回去一定掌权。临走的时候，李德裕置办酒席请杨钦义，还送给他一份厚礼。杨钦义回去以后，唐武宗果然重用李德裕，牛党从此失势。

李德裕自淮南节度使入朝为相，开始了李党独掌朝政的时期。李德裕深得武宗信任，武宗对他的话都言听计从。李德裕从政以来，从未有过这种风虎云龙的际会时刻。是时，回鹘在北方受挫，整个部落向南迁徙，过着艰难的徙荡生活。武宗采纳李德裕对该部落的怀柔之策，一方面给他们发粮赈济，拯救艰危；另方面又明查暗察，防范有加。在处理唐朝与周边少数民族关系方面，这是一种正确的决策，当时受到好评。但是，尽管李德裕主张强化朝廷权威，维护国家统一，抑制藩镇势力，反对和边的姑息政策，加强吏治，扶植农桑等方面均有自己的建树，可他与牛党之争也从未间断。他竭力排斥牛僧孺、李宗闵，把他们都贬谪到了南方。而且他的独断专行和排斥异己的作风，不仅为牛党所恨，也为宦官所不容。

846年，唐武宗病死，宦官们立武宗的叔父李忱即位，是为唐宣宗。唐宣宗把武宗时期的大臣一概排斥，即位第一天，就撤了李德裕的宰相职务。过了一年，又把李德裕贬谪到崖州（今广东海南岛），不久病死。

闹了40年的朋党之争综合起来看，实质是对人不对事。哪怕是完全正确的事，只要是对方提出来的，也会不辨是非，不讲原则地坚决否定。因而这种党争完全是士大夫中不同利益集团之间毫无原则的义气之争。其结果是两党交替执政，相互攻伐，使腐败的朝廷更加混乱。

★筹边楼始建于唐文宗太和元年，是剑南西川节度使李德裕为加强武备、激励士气、筹措边事、重守边防而建。

★海南省海口市为纪念李德裕等名相而修建的五公祠

唐末农民起义

TANG MO NONG MIN QI YI

唐朝末期，经过了藩镇割据和宦官专权以及朋党之争引发的祸乱，唐朝的政治、经济都到了崩溃的边缘。尤其唐宣宗死后，先后接替皇位的唐懿宗李漼、僖宗李儇，一味寻欢作乐，追求奢侈糜烂的生活，使唐王朝更是腐朽到了极点。那一时期，全国的耕地几乎都掌握在大官僚贵族的手里，百姓没有了土地，只得到处流亡，而官府依然横征暴敛，自然灾害也时常肆虐，百姓已经到了生死攸关的时刻。

874年，也就是唐僖宗即位那一年，濮州（今河南范县）地方有个盐贩首领王仙芝，聚集了几千农民，在长垣（今属河南）发动起义。此前，由于当时盐税特别重，加上奸商抬高盐价，百姓买不起盐，只好淡食。有些贫苦农民，为了逃避官税，就靠贩私盐挣钱，但贩私盐是很危险的，要结伴而行，才有可能不被官府或匪盗劫掠。因而，他们便自觉结成一支支贩私盐的队伍，王仙芝便是在一支贩私盐的队伍中成长起来的首领。

★黄巢雕像

这次，王仙芝聚众起义，便是在官府和奸商的层层盘剥下发动起来的。王仙芝自称天补平均大将军，他发出文告，揭露朝廷官吏造成贫富不均的罪恶。这个号召很快得到贫苦农民的响应，反抗的烈火立即以燎原之势席卷了中原大地，成千上万的饥民汇集到那里。5月，起义军攻克曹州（今山东定陶西）、濮州。这时，曹州冤句（今山东曹县西北）人黄巢也组织贩私盐的队伍举行起义，并主动与王仙芝会合，形成了一支较大的起义力量。此后，义军东逼沂州（今山东临沂），西攻洛阳周围地区，声势越来越大。

朝廷见起义军来势迅猛，立即调集兵马，诏令淮南等五个节度使镇压起义军。由于王仙芝、黄巢在武装贩卖私盐生涯中都积累了丰富的斗争经验，因而他们在对官军作战中采取了避实就虚的流动战术，转战于山东、河南、湖北等地，使各地官吏闻风丧胆，唐王朝束手无策。

唐王朝见剿灭起义军无望，便采取招抚的办法，企图软硬兼施。876年10月，王、黄联军南走唐（今河南泌阳）、邓（今河南邓县）等州，继续活动于今河南、湖北、安徽等地。年底，蕲州（今湖北蕲春东北）刺史前来诱降，王仙芝动摇，准备降唐，接受左神策军押牙之职。

★黄巢起义地——仙霞关

黄巢得知这个消息，气愤至极。他带了一群起义将士，到王仙芝那里，狠狠地责备王仙芝说：“当初大家发誓：誓同生死，齐心协力，平定天下。现在你想去当官，叫我们弟兄往哪里去？”王仙芝还想搪塞，黄巢抡起拳头，朝王仙芝劈头盖脑地打了过去，打得王仙芝满脸是血。旁边起义将士也你一言，我一语骂王仙芝。王仙芝自己知道理亏，只好认错，把蕲州刺史赶走。

王仙芝因黄巢及起义将士的共同反对而降唐未遂，便决定与黄巢分兵作战。黄巢北去，王仙芝仍转战南方。不久，王仙芝率领的起义军在黄梅（在今湖北）被唐军打败，他本人也被官府杀害，余部只得投奔黄巢。

878年，起义军重新会合后，大家推举黄巢为王，又称冲天大将

黄巢

黄巢（？-884年），曹州冤句（今山东曹县西北）人。唐末农民起义领袖。黄巢通晓文墨，但屡试不第，后以贩私盐为业。家富于财，善击剑骑射。唐懿宗咸通（860-873年）末至僖宗乾符（874-879年）初，连岁凶荒，黄河以南尤其严重，农民起义纷纷爆发。乾符二年（875年）初，王仙芝、尚让等在长垣（今河南长垣东北）发动起义，唐末农民战争爆发。五月，黄巢与同族兄弟、子侄黄揆和黄恩邺等八人募众数千响应。接着王、黄两军会合，协同作战，东攻沂州（今山东临沂）不克，西向进攻洛阳周围地区。唐统治者急调大军夹击。王、黄乃于乾符三年（876年）十月间南趋唐州（今河南泌阳）、邓州（今河南邓县），以后又活动于今河南、湖北、安徽等地，反复冲击敌人。同年底，蕲州（今湖北蕲春东北）刺史裴偓对王仙芝进行诱降，王仙芝动摇，欲受唐官职，遭到黄巢斥责，并怒伤王仙芝。王仙芝畏众怒，不敢受唐命，遂与黄巢分兵作战。黄巢率军北上，攻克郓州（今山东东平北）、沂州等地。

★仙霞关的黄巢石像

军。黄巢再度北上，克沂、濮等州，然后沿黄河南岸西进，“欲窥东都（洛阳）”，唐朝急调军队增援东都。黄巢知攻东都无望，于是引兵南下，渡过长江，东趋下游。在越州（今浙江绍兴），遭到镇海（今江苏镇江）节度使高骈部将张璘、梁缵的阻击，起义军转由浙江南进，开山路700里，进入福建，攻克福州（今属福建）。黄巢在福州大力打击官僚地主，杀了顽固不化的“处士”周朴，后率大军沿海岸南进，攻占了岭南重镇广州。

★黄巢衣冠冢

起义军在广州休整以后，岭南地区发生瘟疫，黄巢决定带兵北上。唐王朝命令荆南节度使王铎、淮南节度使高骈集合大批官军沿路拦击，被黄巢起义军一个个击破，吓得高骈推说自己中风，躲进扬州城不敢应战。在黄巢挥师北上的时候，起义军已由原来的10多万人，发展到60多万人。

起义军渡过淮河，向官军将领发出檄文：“我们进攻京城，只向皇帝问罪，不干众人的事。你们各守各的地界，不要触犯我们的锋芒！”各地将领接到檄文，害怕起义军，都想保存实力，不愿为唐王朝卖命。消息传到长安，唐僖宗惶惶不可终日。

880年，黄巢带领60万大军，浩浩荡荡开进潼关。守潼关的官军还想顽抗，黄巢亲自到阵前督战，很快攻下了潼关。唐王朝接得潼关丢失的战报后惊慌失措，唐僖宗和宦官头子田令孜带着妃子，逃往成都，来不及逃走的唐朝官员全部出城投降。接着，黄巢坐着金色轿子，在将士的簇拥下，进入长安城。长安百姓扶老携幼，夹道欢迎。起义军大将尚让当场向百姓们宣布说：“黄王起兵，本来是为了百姓，不会像姓李的（指唐朝皇帝）那样虐待你们，你们可以安居乐业了。”在百姓的欢呼声中，黄巢即位称帝，国号大齐，年号金统。起义军经过七年的斗争，终于有了自己的政权。

起义军攻占长安后，由于各路义军普遍存在“歇脚”和“喘口气”的想法，没有乘胜追歼唐僖宗和征剿藩镇势力，也没有在作战期间创设起义军的根据地，使唐朝的残余势力有了较大的回旋空间和进行反扑的时机。881年，唐军联合诸多势力进攻起义军，而在此时，拥有重兵的朱温叛变降唐，起义军被迫撤离长安。884年，被一路追杀的起义军被迫转移到泰山的狼虎山，黄巢终因兵败而拔剑自刎。就此，长达10年的唐末农民大起义被封建的顽固势力所扼杀，但它给腐朽的封建统治也是致命的一击。

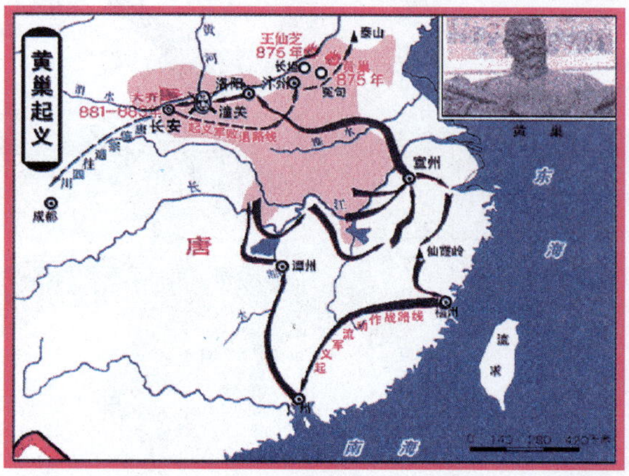

★黄巢起义军进军路线示意图

唐王朝的末日

TANG WANG CHAO DE MO RI

黄巢起义失败后，唐僖宗回到长安。僖宗任命朱温为蔡州四面行营都统，诸镇之师，皆受朱温节制。黄巢虽灭，但唐室益弱，诸道州兵不为王室所用。各地藩镇在镇压黄巢起义过程中，乘机扩大势力，争夺地盘，唐王朝已经名存实亡。

朱温出身贫苦家庭，从小游手好闲，他家兄弟三个，数他最凶恶奸诈。黄巢起义后，他参加了起义军，受到黄巢的重用。到了起义军危急的关头，他带兵叛变，投靠唐朝，为唐王朝帮了大忙。唐僖宗给他高官厚禄，还赏他一个名字叫“全忠”，派他镇压起义军。当黄巢从长安退到河南的时候，兵力还很强，有一次，黄巢军攻打汴州，朱温向河东节度使李克用求救。李克用打败了起义军，回到汴州。朱温假意殷勤招待，大摆酒宴，趁李克用喝得酩酊大醉的时候，派兵把驿馆团团围住，想把李克用害死。李克用靠几个亲兵拼命救出，才突围逃走。从此，李克用与朱温结下了冤仇，这两支割据力量一直互相攻打。在相互攻伐中，朱温的势力越来越大，李克用只能保住河东地区。

★唐昭宗与朱温

888年，唐昭宗李晔即位后，想依靠朝臣来反对宦官，但每次都遭致失败。一次，宦官把唐昭宗软禁了起来，谋立新皇帝，这给野心勃勃的朱温创造了一个好机会。朱温得知内情后，即派亲信偷偷溜进长安，同宰相崔胤秘密策划诛杀宦官。崔胤有了朱温的支持，便发兵杀了宦官头目刘季述，迎接唐昭宗复位。

此后，唐昭宗和崔胤还想杀掉所有宦官，这些宦官得到消息，抢先劫持了昭宗，并将其挟往另一个藩镇、凤翔节度使李茂贞那里。崔胤向朱温请兵，朱温带兵进攻凤翔，要李茂贞交出唐昭宗。李茂贞兵力敌不过朱温，连吃败仗。朱温大军把凤翔城围似铁桶，使城里断炊，加之天降大雪，兵士和百姓饿死、冻死者甚多。李茂贞被围在孤城里毫无出路，只好投降。

朱温攻下凤翔，把唐昭宗抢了过来，带回长安。从此唐王朝政权便从宦官手里转到朱温手里。朱温掌了大权，把宦官全部杀光，欲挟持唐昭宗迁都洛阳。此时，宰相崔胤觉察到了朱温有异志，便召募兵将，做应变的准备。他同京兆尹郑元规等整军备战，日夜操练兵马。朱温知其有所觉察，偷偷让自己的心腹以应征为名，打进崔胤之兵的内部，以备应变。朱温的侄子朱友伦，在京中典禁军，因击踘(一种球技)坠马而死。朱温借此遣侄子朱友谅带兵入都，胁昭宗迁都洛阳，并捕杀崔胤、郑元规等，使崔胤所募的六军兵士亡散并尽。

昭宗离开长安的时候，朱温派人把长安的宫室、官府和民屋全部

★弥勒佛像·唐

★鎏金摩羯纹银盘·唐

朱温

朱温(852—912年),宋州砀山(今属安徽)人。中国唐末黄巢起义军叛将,后梁王朝的开国皇帝,后梁太祖。朱温早年参加黄巢领导的农民起义军,官至同州(今陕西大荔)防御使。唐中和二年(882年)朱温降唐。僖宗赐名"全忠"。次年,任宣武军节度使(今河南开封),加东北面都招讨使。中和四年(884年),朱温与李克用等联兵镇压黄巢起义军。以后10余年间,朱温凭借汴州(今河南开封)优越的地理条件,逐步吞并割据中原和河北地区的藩镇。天复元年(901年)被封为梁王。同年,宦官劫唐昭宗到凤翔(今属陕西),依靠节度使李茂贞。朱温攻凤翔,李茂贞屡败。昭宗还长安后,朱温尽诛宦官,从此昭宗为朱温控制。

904年,朱温遣人杀昭宗,立其子李柷。后朱温废李柷称帝,改名晃,是为后梁太祖。都开封(后曾一度迁都洛阳),国号梁,史称后梁。朱温生性残暴,滥行诛戮。晚年,因皇位继承人未定,皇室内部矛盾尖锐。912年,为次子朱友珪所杀。

★朱温像

拆光,把材料运到洛阳,还逼迫长安的官吏、百姓一起搬到洛阳。长安百姓扶着老人,拖着孩子,在兵士的驱赶下迁徙洛阳。一路上,倒毙之人不绝于路,哭喊之声不绝于耳。

行间,朱温将昭宗禁卫全部除去,还将从昭宗东迁的诸王、内侍等200余人全部坑杀。朱温的谋士李振,绰号"猫头鹰",因考进士不成,十分痛恨朝臣。他对朱温说:"这些人平时自命清高,自称'清流',不如扔到浊流里去。"朱温便在一个深夜,把30多名朝臣扔到了黄河里,使朝臣为之一空。

唐昭宗到了洛阳,还想秘密召各地藩镇来救他。但是朱温在连年争战中积蓄了雄厚的力量,此时他已上挟朝廷,下制诸侯,废唐称帝是朝夕之间的事。因而,昭宗密召的藩镇之兵还未盼到,朱温已经动手杀了唐昭宗,并另立了一个13岁的孩子做傀儡,是为昭宣帝。907年,朱温废了唐昭宣帝,自立为帝,改国号为梁,建都汴京(今河南开封)。叛徒朱温成了梁太祖,统治了将近300年的唐朝基业就此坍塌。

朱温晚年因贪慕养子朱友文妻子的姿色,曾许愿立朱友文为太子。他的儿子朱友珪得知这一消息后,急忙易服悄悄进入左龙虎军,

★李克用与耶律阿保机雕像

见到统军韩珪,将朱温欲立朱友文的事告诉韩珪。韩珪见功臣宿将多以小过错被诛,自恐不保,遂与朱友珪合谋。韩珪以兵将埋伏于宫禁之中,夜里破门而入,到了寝殿,内侍宫女吓得四处逃散。朱温惊慌地问道:"反者是谁?"朱友珪冷笑说:"不是别人。"朱温怒骂道:"你杀父弑君,悖情逆理,天地岂能容你!"朱友珪也对骂:"你凶残成性,乱伦嗜杀,也早该碎尸万段了!"说完,朱友珪的仆夫冯廷谔持刀刺进朱温腹部,朱温血流满床而死。朱友珪即帝位,不久梁朝又被李克用之子李存勖所灭。

★朱温墓

李存勖建后唐

LI CUN XU JIAN HOU TANG

李存勖

李存勖（885—926 年），小名亚子，李克用长子。应州人。自幼喜欢骑马射箭，胆力过人，为李克用所宠爱。少年时随父作战，11 岁就与父亲到长安向唐廷报功，得到了唐昭宗的赏赐和夸奖。当时，军阀混战、占据河东的李克用常被控制河南的朱温牵制围困，兵力不足，地盘狭小，非常悲观。李存勖则劝其父说：“朱温恃其武力，吞灭四邻，想篡夺帝位，这是自取灭亡。我们千万不可灰心丧气，要积蓄力量，等待时机。”

李存勖成人后形貌俊伟，稍习《春秋》，略通文义，作战勇敢，尤喜音乐、歌舞、俳优之戏。他在灭后梁之后，心满志骄，贪图安逸，追求享乐，猜忌将臣，宠信优伶和宦官，使政治腐败，国力日衰，最终为优伶所误，国破身死。

★李存勖像

自朱温称帝建立后梁的 50 余年里，黄河流域先后建立了后梁、后唐、后晋、后汉、后周五个朝代，史称五代。与五代同期，南方各地也先后出现了吴越、南唐等九个割据政权，加上山西的北汉共 10 个国家，史称十国。五代十国时期，是中国再一次进入大分裂局面时期。那时政权更迭频繁，连续混战，使当时的社会经济遭到了严重破坏。朱温所建的后梁统治，仅存在 17 年，便被后唐所灭。

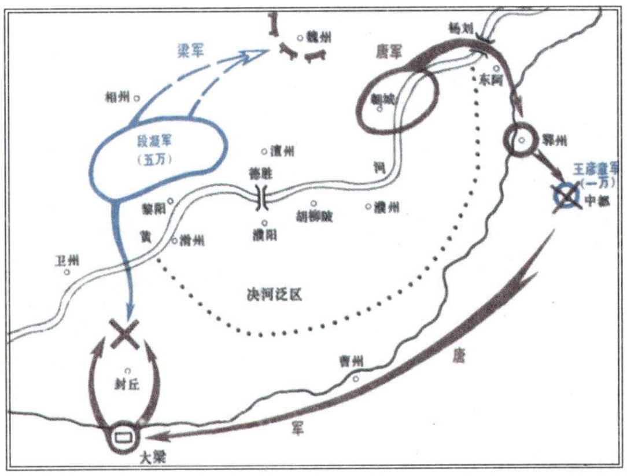

★后唐袭汴灭梁示意图

朱温建立梁朝的时候，在北方还有两个较大的割据势力。一个是幽州的刘仁恭，一个是河东的晋王李克用。这时候，北方的契丹族开始强大起来，它的首领耶律阿保机统一了契丹的各部，建立政权。907 年，阿保机带领 30 万人马，攻入云州（今山西大同），李克用想利用契丹兵力对付朱温，就同阿保机联络，双方在云州东城见了面，结为兄弟，还约定日子一起攻梁。但是，阿保机一回到契丹，看到朱温势大，便弃了李克用，反而与朱温结成了同盟。

李克用听到这个消息，一气之下，疾病发作，直到第二年春天也未能起床，他自知时日不多，便把儿子李存勖叫到床边，叮嘱说：“朱温是咱家的冤家，咱们与他有不共戴天之仇；刘仁恭是我保举上去的，后来反复无常，投靠朱温，与猪狗无异；契丹曾经跟我结为兄弟，结果撕毁盟约，翻脸成仇。这几口气没出，我死了也闭不上眼睛。”说着，他吩咐侍从去拿三支箭来，亲手交给李存勖说：“这三支箭留给你，你要记住这三个仇人，给咱家报仇。”李存勖跪在床边含泪把箭接过，并表示一定牢记父亲的嘱咐。

★李克用嘱托后事

李克用听后,才放心地闭上眼睛。

李克用死后,李存勖接替他父亲做了晋王。他用心训练兵士,整顿军纪,把散漫的沙陀族兵士训练成一支精锐善战的队伍。李存勖决心消灭仇人,把他父亲留给他的三支箭十分郑重地供奉在他的家庙里。每次出征的时候,他先派个官员到家庙里把箭取了出来,放在一个精致的丝套里,带到阵前,打了胜仗,再送回家庙。

911 年,李存勖在高邑(今河北高邑县)打败了朱温亲自统帅的 50 万大军。接着,攻破燕地,将刘仁恭活捉回太原。九年后,他又大破契丹兵,将耶律阿保机赶回北方。经过十多年的交战,李存勖基本上完成了父亲遗命,于 923 年攻灭后梁,统一了北方。同年 4 月,李存勖在魏州(今河北大名县西)称帝,国号为唐,不久迁都洛阳,史称后唐。

李存勖称帝后,他认为父仇已报,中原已定,便不再进取,开始享乐。他自幼喜欢看戏、演戏,与戏班里的伶人(旧时称以唱戏为业的人为伶人)混得挺熟。即位后,他常常面涂粉墨,穿上戏装,登台表演,不理朝政,并自取艺名为“李天下”。有一次上台演戏,他连喊两声“李天下”。一个伶人上去扇了他个耳光,周围人都吓得出了一身冷汗。李存勖问为什么打他,伶人阿谀地说:“李(理)天下的只有皇帝一人,你叫了两声,还有一人是谁呢?”李存勖听了不仅没有责怪,反而予以赏赐。

★李嗣源墓

伶人受到皇帝宠幸,可以自由出入宫中和皇帝打打闹闹,侮辱戏弄朝臣,群臣敢怒而不敢言。有的朝官和藩镇为了求他们在皇帝面前美言几句,还争着送礼巴结。

★盘口细颈贴塑淡黄色琉璃瓶·唐

李存勖还用伶人做耳目,去刺探群臣的言行,置身经百战的将士于不顾,而去封身无寸功的伶人当刺史。有个大臣劝阻他说:“现在新朝刚建立,跟陛下一起身经百战的将士,还没得到封赏,反倒让伶人当刺史,只怕大家不服。”李存勖根本不理这些话,照样让伶人当了官,一些将士见了,果然气得要命。

由于李存勖把伶人、宦官用为腹心,而那些有经天纬地之才的文臣武将反受到他们的监视、侮辱,因而朝廷纷乱迭出。926 年,李存勖听信宦官谗言,冤杀了大将郭崇韬,另一战功卓著的大将李嗣源也险遭杀害。是年三月,李嗣源在将士们的拥戴下,率军进入汴京,准备自立为帝。李存勖得讯后,忙拿出内府的金帛赏给洛阳的将士,逼他们开赴汴水。

★李存勖宠幸伶人

军到中牟县,听说李嗣源已进入汴京,李存勖所带的兵士立刻逃走了一半。李存勖急返洛阳,试图在洛阳组织抵抗。927 年 4 月,李嗣源先锋石敬瑭带兵逼进汜水关(今河南荥阳汜水镇),李存勖决定自己率军去扼守。一天,军队按照他的命令在洛阳城外等候出发,李存勖正用早餐。这时,被提升为直御指挥使的伶人郭从谦趁军队都调到城外候命之机发动兵变,带着叛乱的士兵乱杀乱砍,火烧兴教门,并趁火势杀入宫内,在混乱中射死了带领侍卫抵抗的李存勖。李嗣源攻入洛阳,派人从灰烬中找到了李存勖的一些零星尸骨,葬于雍陵。李嗣源做了后唐皇帝,是为唐明宗。

唐明宗与民休养生息

TANG MING ZONG YU MIN XIU YANG SHENG XI

926年，唐庄宗死于乱兵之中，李嗣源率兵入洛阳，宰相豆卢革率百官上表劝李嗣源称帝。当时天下并未平定，特别是李继岌率领的唐军主力还在关中，如果立即称帝，必然树大招风，导致多方联合攻击。谋士安重诲为李嗣源出谋划策，让他先暂缓称帝，等皇族之人都被杀尽了，除去了后顾之忧，再称帝不迟。于是李嗣源对朝中百官说："我本来是奉诏讨伐魏州叛兵，不幸部将反叛。我本想入朝表明自己清白，又被李绍荣所阻隔，以至于闹到这种地步。我没有要称帝的意思，还是等魏王(李继岌)回来再说吧，请你们不要再向我劝进了。"百官一再上表劝进，李嗣源坚辞不受。后来他接受了"监国"的称号，实际把持着朝中军政大权。过了一个多月，李继岌和逃散在外的皇族都被杀死，李嗣源这才在洛阳正式称帝，是为明宗，国号和都城不变。李嗣源出身于沙佗族平民，无姓氏，小名叫邈吉烈。他擅长骑射，为人忠厚，寡言少语，办事谨慎，后来被李克用收为养子，赐名李嗣源。

李嗣源在对梁作战中屡立战功。896年，梁兵围攻兖、郓二州，李克用派李存信率兵3万去解救，并任李嗣源为先锋。李存信在莘县(今山东莘县)被魏博节度使罗弘信击溃，只有李嗣源的500骑兵完整地撤回，李克用为嘉奖李嗣源指挥有方，赐其兵将"横冲都"名号。900年，晋将李嗣昭进攻邢、洺二州(今河北邢台、永年)的梁兵，但被梁兵打得大败，溃不成军，梁兵紧追不舍。这时李嗣源率援兵赶到，占据一处高地，布置好阵容，挡住了追击的梁兵。梁兵见晋兵阵容整齐，不敢贸然进攻。李嗣源单枪匹马冲入敌阵，李嗣昭收拾残兵杀回，梁兵败走。这一战，李嗣源身中四箭，李克用脱下自己的甲衣给他披上，并赐药慰问。从此，"李横冲"名号威震天下。后来在灭梁战争中，李嗣源作为先锋将首先攻入开封，为后唐的建立立下了汗马功劳，因为功高盖世，唐庄宗封他为蕃汉内外马步军总管，成为军队的主帅。

唐庄宗把他派往河北，重点防范契丹的进攻。由于李嗣源官高权大，逐渐受到唐庄宗的猜疑。特别是在魏州兵变中，李嗣源曾被叛兵所劫持，使得唐庄宗失去了对他的信任，促使了他的反叛。当时唐庄宗已失去人心，众叛亲离，李嗣源的反叛行为得到了各镇的拥护，使得他没费什么力气就夺取了帝位，李嗣源即后唐明宗。

唐明宗比唐庄宗有见识，而且性格也比较温和，他知道该怎样巩固自己的统治地位。他任监国时，针对唐庄宗时期腐败的朝政作了一些改革。

他首先下令以"奸佞侵刻，穷困军民"的罪名斩了贪赃枉法、人人痛恨的租庸使孔谦。凡是孔谦所立的苛捐杂税一律废除，取消租庸使之职，分为盐铁、户部、度支三司，直属于宰相领导，目的是防止财权过分集中而导致擅权谋私。其次，唐明宗有鉴于庄宗因宦官专权

聂夷中

聂夷中，字坦之，河东(今山西省永济县)人，一说河南(治所在今河南省洛阳市)人，唐懿宗咸通十二年(871年)进士，曾任华阳县尉。他出身贫寒，对唐末社会现状有较深的了解，因此他的诗多能揭露社会黑暗，同情人民疾苦，言近意远，感情真切，朴素浅显，明畅自然。《全唐诗》录其诗卷。他的诗作主题，一是讽刺豪族奢侈生活的，如《公子行》；一是同情农民疾苦的，如《伤田家》，可以和李绅的《悯农诗》并传千古。

★兽首釉面壶·唐

★鎏金玉佛·唐

而亡国的教训，废除了各镇以宦官充任的监军使，并下令各镇杀尽宦官。监军宦官一向自恃有皇帝撑腰而与节度使争权，诸镇极为愤恨，这一措施，自然得到了诸镇的拥护。

即位之后，唐明宗大力提倡节俭。他不近声色，很少外出游猎，下令禁止中外诸臣进献鹰犬奇珍异宝等物。宫内只留老成宫女100人，宦官30人，教坊（乐队）100人，鹰坊（养鹰供游猎）20人，御厨50人。宫廷组织如此简单，是以前任何帝王所没有的。唐明宗还精简朝政机构，裁减冗员，解除了一批办事不力、有名无实的官员。

为节约起见，唐明宗命各镇驻军就近解决粮食问题，以避免粮食运输中所造成的损失。还规定各镇节度使、防御使只能在元旦、冬至、端午和皇帝生日这四个节日才可贡奉礼物，而所贡之物不得转嫁于百姓，节度使以下的官吏不许贡奉。

唐明宗治吏比较严厉，一旦发现有贪污受贿的官吏，不问轻重，一律处死。

孙岳为官清廉，唐明宗晓谕天下，把他作为榜样。彰仪节度使李金全多次献马，想求得皇帝的欢心。唐明宗坚辞不受，并严肃地说："你把所在的藩镇治理得如何？不要整天只把献马当成大事。"李金全讨个没趣，只好作罢。经过一番整顿，革除了腐败的吏治，使为官之风有所好转。

宦官专权是威胁皇帝集权的一个毒瘤。唐庄宗死后，宫中数百名宦官有的藏匿山林，有的落发为僧。有70多人逃到了太原，唐明宗就命北都指挥使李从温将他们全部杀死，以杜绝后患。

唐明宗任人为贤，提拔颇有才干的任圜为宰相。任圜视公如家，选拔贤能之人，疏远抱有侥幸心理的庸碌之辈，兢兢业业地管理财政。一年之间"府库充实，军民皆足，朝纲粗立"，稳定了唐明宗的统治地位。

唐明宗不识文字，各地上报的奏章都要叫枢密使安重诲读给他听。当时通行四六文体，不仅听不懂，连安重诲也不能全明白所述之事。于是安重诲就向明宗建议说："尽管我对陛下忠心耿耿，还当上了枢密使，但我能力有限，对当今的事情尚粗通一些，而对比较久远的事情就不大懂了。我建议仿照前朝的制度，设立侍讲、侍读、直崇政院，挑选通晓文学的士人与陛下在一起议事，作为陛下的顾问。"唐明宗觉得这主意不错，就设置了端明殿学士，以翰林学士冯道、赵凤充任。

这样，唐明宗逐渐受到儒生的影响，不像以前沙佗皇帝那样粗暴凶恶，对待文人学士能够以礼相待，也能接受一些治国安民的道理，并且很注重自身修养。

唐明宗之子秦王李从荣喜欢作诗，每次喝酒都要叫手下的人赋诗，有不如意者就臭骂一通。有一次，他找来一帮附庸风雅的文人到府中，与他一唱一和，自己觉得洋洋得意。唐明宗知道后，叫来李从荣，教训他说："我虽然不识字，但喜欢听儒生讲解经书，很能开发心思。我曾见庄宗爱作诗，可那些大将们家中的子弟不学无术，缺乏教养，让别人暗中取笑，你不要学他们。"

唐明宗很关心五谷收成对农家的影响。有一次，他和冯道谈起连年丰收，天下太平无事。冯道说："我曾经在先皇（李克用）手下做事，有一回外出到中山（今河北定州），山路险峻，我怕马倒，很小心地拽着缰绳，幸而没有出事，可出了山川到平原，让马奔跑，就不再留意，结果从马上跌了下来。治天下也是这样，应该居安思危。"唐明宗连连点头，又问冯道："现在年景不错，百姓是否富足殷实了呢？"冯道答："农家遇荒年要饿死，遇丰年却苦于谷价太贱，无论丰荒都要受害，是农家的特点。记得进士聂夷中有首诗说：'二月卖新丝，五月粜新谷。医得眼下疮，剜却心头肉。我愿君王心，化作光明烛；不照绮罗庭，偏照逃亡屋。'描写农家情景，极为确切。农事是天下最勤苦的事情，皇上不可不知。"唐明宗听后深有感触，命人把诗写下来，经常念诵。

931年，下诏各地均平民间田税，又准许民间自铸农具和铁器，每田二亩，夏秋纳农具税一钱三文。唐明宗还每夜在宫中焚香祈祷上天说："我本是胡人，因变乱被众人推举为帅，愿上天早生圣人，为百姓作主。"唐明宗在位7年间，勤于政事，战争稀少，又遇连续丰年，民众获得了短暂的休养生息的机会，应该说唐明宗是个有所作为的皇帝。

石敬瑭建后晋

SHI JING TANG JIAN HOU JIN

933年，后唐明宗李嗣源死，李从厚继位，为后唐闵帝。当时凤翔节度使李从珂（李嗣源的养子）和河东节度使石敬瑭都拥兵自重，后唐闵帝对他俩不放心。为削弱他们的势力，遂下令二人对调。潞王李从珂不服，在凤翔起兵反叛。闵帝大败，仅率数骑出逃，路遇石敬瑭，石敬瑭杀其随从并囚他于卫州。不久，李从珂杀后唐闵帝，改元清泰，自立为皇帝，即后唐末帝。

★石敬瑭像

后唐末帝对石敬瑭猜疑颇大，石敬瑭亦疑心重重，二人矛盾日益尖锐。为试探后唐末帝，早有预谋的石敬瑭于936年4月，以身体羸弱，乞解兵权，调往他镇。后唐末帝不知石敬瑭是在投石问路，便顺水推舟，准了石敬瑭之请。群臣得知，相顾失色，均感乱之将至。石敬瑭从此事看出末帝果然猜疑自己，气愤地对手下人说："我不兴乱，朝廷却要对我下手，我们决不能束手就擒！"于是，他决意谋反。

石敬瑭首先上表，指责后唐末帝是明宗养子，不应继位，要求让位于许王（明宗四子）。后唐末帝读表大怒，即命建雄节度使张敬达为招讨使，率兵3万筑长围以攻太原。石敬瑭一面于朝廷内部明昭是非，鼓动策反；一面由桑维翰起草奏章，向契丹求援。并明确表示："请称臣，以父事契丹，在打退唐军之后，割雁门关以北的燕云十六州（又称幽云十六州，指幽州、云州等十六个州，都在今河北、山西两省北部）土地献给契丹。"

对这种认贼作父、卖国求荣的行径，连其亲信大将刘知远也表示反对说："称臣就可以了，行父子之礼太过分。我们多给一些钱物就可让契丹出兵帮助，而割让土地，恐怕将来会成为中原的一大祸患，到那时后悔也来不及了。"然而，石敬瑭对刘知远的建议听不进去，仍一意孤行。

当时，耶律阿保机已死，他的儿子耶律德光接替了契丹国主的位子。契丹主耶律德光得表后大喜，遂发兵5万救援，大败后唐张敬达。同年11月，耶律德光来到晋阳，石敬瑭亲自出城迎接，极尽卑躬屈膝。耶律德光经过一番观察，觉得石敬瑭的确是死心塌地投靠他，就对石敬瑭说："我奔波3000里，来救你们，总算有个收获。我看你的外貌和气度，堪为人主，我就封你做皇帝吧！"于是，契丹主作册书封石敬瑭为大晋皇帝，改元天福，国号晋（史称后晋），石敬瑭遂即位于柳林（今山西太原市东南）。

刘知远

刘知远（895–948年），沙陀族，太原（今山西省太原市南）人。初与石敬瑭一起为后唐明宗手下将领，后帮助石敬瑭在契丹扶持下建立后晋，被任为河东节度使、北京（今山西省太原市南）留守等职。石重贵继位后，封为北平王，拜中书令。后因他的官位高、功劳大、势力强，为石重贵所猜忌。晋辽交战期间，他守境不出，招募军士，壮大力量。辽军进入汴京时，他派部下以祝贺胜利为名，去汴京察看形势，知道辽军很不得人心。不久，他打出复兴后晋、迎石重贵来晋阳的旗帜，受到将士的拥戴。947年2月，他在晋阳称帝，改名为暠，建国号为汉。史称"后汉"。

★刘知远塑像

石敬瑭

石敬瑭(892-942年),太原人。西突厥别部沙陀族。早年随后唐明宗李嗣源征战,很得赏识,屡立战功,被李嗣源招为女婿,官至河东节度使,驻晋阳,防范契丹。

934年,潞王李从珂自立为后唐末帝,视石敬瑭为心腹之患,发兵讨伐。936年,后唐军抵晋阳城南与后晋军对垒,石敬瑭便以割长城沿线燕云十六州,年贡绢帛30万匹,钱30万,并认辽主耶律德光为父皇帝为条件,请求援兵。契丹主早想染指中原,于是便发兵5万杀奔晋阳,把5万后唐军歼灭于晋安寨。契丹主立石敬瑭为皇帝,建国号晋,迁都开封,史称后晋。石敬瑭进占洛阳,据有中原,大肆搜刮百姓,将士百姓无不愤慨。941年,河东节度使刘知远的亲将郭威招降游牧于雁门关以北吐谷浑部众。契丹主得知大怒,遣使向石敬瑭问罪,而他既不敢得罪刘知远,更不敢有违于契丹主,逼得无路可走,忧郁成疾而死。

★后晋天福元宝

石敬瑭称帝后,立刻按照原来答应的条件,把燕云十六州割让给契丹。接着,石敬瑭依靠契丹的支持,带兵南下攻打洛阳。唐末帝李从珂被契丹的声势吓破了胆,成天边喝酒边哭泣,未等石敬瑭的兵攻进来,他便在宫里烧起一把火,带着一家老少投火自焚。

石敬瑭做了中原的皇帝,感念契丹国主耶律德光的恩德,主动向契丹上奏章,把契丹国主称做"父皇帝",自己称"儿皇帝"。除了每年向契丹进贡钱帛各30万以外,逢年过节,还派使者向契丹国主、太后、贵族大臣送礼。

石敬瑭虽然对藩镇恩宠有加,但藩镇却不领情,他们均以臣事契丹为耻。大同节度使判官吴峦,闭城不受契丹命令;应州指挥使郭崇威,挺身南归;天雄节度使范廷光反于魏州,石敬瑭令东都巡检张从宾讨伐,但张从宾与之同反,继而渭州也发生兵变。由于抵抗契丹事件迭出,契丹派使者频频责问,弄得石敬瑭焦头烂额,并由此忧郁成疾。942年,石敬塘一命呜呼。

"儿皇帝"石敬瑭死后,他的侄儿石重贵即位,是为晋出帝。晋出帝向契丹国主上奏章的时候,自称孙儿,不称臣。耶律德光认为对他不敬,并以此为借口带兵进犯。从944年起,耶律德光多次入侵河北、河东各州县,所到之处玉石俱焚。次年,契丹军队攻掠邢(今河北邢台)、洺(河北永年县东南)、磁(今河北磁县)三州,到了安阳河。后晋为了抗击契丹,动员了全国兵力,阳城一战,契丹大败,耶律德光丢了车子,骑骆驼逃回幽州。

946年,后晋将领杜重威、李守贞、张彦泽等相继投降契丹,契丹大军在耶律德光统率下长驱直入中原腹地。第二年年初,契丹兵打进汴京,晋出帝当了俘虏,被押送到契丹。后晋仅存12年便被它的"父皇帝"灭亡。

947年,耶律德光进了汴京,自称大辽皇帝。京城百姓听到辽兵进城,纷纷逃难。辽主耶律德光登上城楼,派人用汉语宣布说:"大家别怕,我也是人嘛。我原本并不想来,是汉人引我们进来的,我一定会让你们的生活过得更好些。"

话虽然这样说,但他做的却又是另外一套。他纵容辽兵以牧马为名,到处抢劫财物,叫做"打草谷",闹得汴京、洛阳附近几百里地方成了没有人烟的"白地"。他又命令晋国官员搜刮钱帛,不论官员百姓,

★耶律德光雕像

都要献出钱帛"劳军"。

中原的百姓受不了辽兵的残杀抢掠,他们纷纷组织起来,奋勇抗击契丹统治者的骚扰,各地反抗辽兵的义军少的几千,多的达几万。他们攻打州县,杀死辽国派出的官员,使耶律德光害怕至极。他慨叹说:"我不知中国人(指中原汉人)难制如此。"不久,耶律德光在临城(今河北临城)得病,便决定北返。由于病情恶化很快,到了栾城(今河北栾城)的杀胡林便死了。几年战争得到的土地,包括幽云十六州也全部丧失,被新建的后周和北汉占据。

后汉、后周与北汉

HOU HAN HOU ZHOU YU BEI HAN

★后汉高祖刘知远像

★后周太祖郭威像

947 年，契丹灭亡后晋，中原呈现了“无主”的状态。后晋大将刘知远趁机在太原称帝，国号汉（史称后汉）。辽兵北返的时候，刘知远率领大军南下，一路上军纪严明，受到中原百姓的支持。各地辽将听到风声，慌忙逃走。刘知远很快收复了洛阳、汴京。当年 6 月，刘知远定都汴京，建立了后汉。

同年 12 月，刘知远所宠爱的太子、开封尹刘承训病死。刘知远也悲伤过度而病倒，一直不见恢复。948 年正月，他自知即将去世，召宰相苏逢吉、枢密使杨邠、郭威等进宫，委托他们扶立次子刘承祐即位，刘承祐即后汉隐帝。隐帝刘承祐即位后，重用苏逢吉、史弘肇等酷臣，残害百姓。是时，邺都留守兼枢密使郭威控有兵权，隐帝嫌手下将领权力太大，秘密派人到邺都杀害大将郭威，郭威闻讯即先发制人，以“清君侧，洗冤诬”为名，率兵南下，直逼汴京。951 年，隐帝为乱兵所杀，后汉立国 4 年而亡。

郭威推翻后汉，在汴京即位，国号周（史称后周），是为后周太祖。太祖出身贫苦，懂得民间疾苦，也读过一些史书，注意重用人才，改革政治。在他的治理下，五代时期的混乱局面开始好转。

后周建国的时候，刘知远的弟弟刘崇不服后周统治，占据太原，成为一个割据政权，历史上称为北汉（十国之一）。北汉地瘠民贫，国力微弱。刘崇结辽为援，奉辽帝为叔皇帝。北汉曾联合辽兵，两度进攻后周，但先败于晋州（今山西临汾），再败于高平（今属山西）。954 年，周太祖死去。他没有儿子，柴皇后有个侄儿柴荣，从小聪明能干，练得一身武艺，周太祖把他收作养子。周太祖死后，柴荣继承皇位，即周世宗。

周世宗新即位，北汉国主刘崇认为周朝局势不稳，进占中原的时机到来，他集中 3 万人马，又请求辽主派出 1 万骑兵，向潞州（今山西长治）进攻。

消息传到汴京，周世宗立刻召集大臣商量，他提出要亲自带兵抵抗。大臣们说：“陛下刚刚即位，人心容易动摇，不宜亲自出征，还是派个将军去吧！”周世宗说：“刘崇趁我有孝在身，又是刚刚即位，想借机吞并中原。他既能亲讨，我就能亲征。”大臣们看周世宗的态度坚决，便未加谏阻。

周世宗率军兼程速进，在高平（今山西省）南与北汉军遭遇，双方即排兵布阵。北汉刘崇看到周军人少，骄傲地说：“早知道这样，我何必借契丹兵呢。这一次，我不但要打败周军，还要让契丹人看看我的

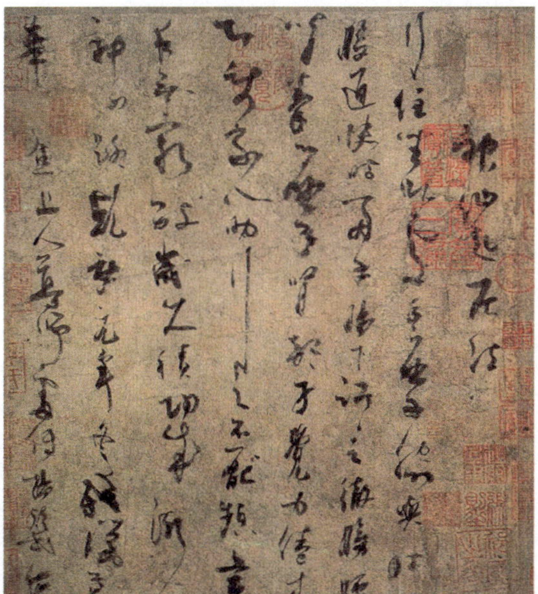

★《神仙起居法贴》，五代杨凝式于后汉乾祐元年（948 年）书。

周世宗

柴荣(921—959 年),邢州龙冈(今河北邢台)人。自小投奔嫁给郭威的姑妈,他性情谨厚,帮助郭威处理各种事务,深受郭威喜爱,被收为养子,改名郭荣。当时郭威家境并不富裕,柴荣为资助家用,外出经商,做茶货生意,往返江陵等地。期间学习骑射,练就一身武艺,又读了大量史书和黄老著作。姑妈辞世后,柴荣随郭威从军征战,屡立战功。后郭威称帝,封柴荣为晋王。

公元 954 年郭威病逝,柴荣继位为帝,是为周世宗。即位后,在军事上,他严明军纪,赏罚分明,裁汰老弱,选留精锐,又募天下壮士,选取优异。政治上,他严禁贪污,惩治失职官吏。经济上,停废敕额(朝廷给予寺名)外的寺院,禁私度僧尼,收购民间铜器佛像铸钱,招民开垦逃户荒田;颁《均田图》,均定河南等地 60 州租赋,废除曲阜孔氏的免税特权。此外,还扩建京城开封,恢复漕运,兴修水利,修订刑律和历法,考正雅乐,纠正科举弊端,为北宋统一全国奠定了基础。

★柴荣故里碑

厉害。”说完,刘崇指挥北汉军猛攻后周军,后周右军樊爱能、何徽部不战即溃。在这危险时刻,柴荣不畏矢石,冒死督战。不多时,北汉骁将张元徽被杀,刘崇军随即败退,后面的辽军看到北汉军失败,不敢跟后周军交锋,悄悄把兵撤走。北汉刘崇节节败退,前有追军,后无救兵,最后只剩下 100 多骑兵,狼狈逃回晋阳。此战巩固了柴荣的地位,他趁胜整饬军纪。樊爱能、何徽等 70 多名将士因临阵脱逃被悉数斩杀,同时对作战有功的李重进、赵匡胤等将士给予了重赏。

★五代十国的后汉疆域图

★海水龙纹莲瓣碗·五代

经过高平大战,周世宗的声望大大提高。同年农历五月,柴荣又乘胜追击,将北汉都城太原包围,但由于粮饷不继,未能拿下太原。农历六月,柴荣下诏班师。此期,刘崇病死,其子刘承钧(后改名刘钧)继立,奉辽帝为父皇帝。此后,后周频频向北汉进攻。北汉势穷,屡靠辽兵增援才得以幸存。

周世宗回到汴京后,开始割除弊政,惩治贪官,抑制藩镇;经济上鼓励开垦荒田,减轻赋税,兴修水利,裁减僧尼;军事上严肃军纪,裁减羸弱,减少军费,使他们的军队既整又精,并连续夺取了关中、江淮等大部地区和被辽兵占领的幽云十六州一部。但正当周世宗要实现统一全国愿望的时候,不想却在此期病倒。959 年,周世宗即位 6 年后死去,由年仅 7 岁的儿子柴宗训接替皇位,是为周恭帝。世宗死前,升赵匡胤为检校太傅、殿前都点检,以范质、王溥、魏仁浦并相,执掌朝政。

★后周世宗柴荣庆陵

周世宗整顿纲纪纾民困

ZHOU SHI ZONG ZHENG DUN GANG JI SHU MIN KUN

954年，周太祖死，其养子郭荣继位，是为周世宗，年号显德。

周世宗为人精明强干，志气弘大。即位后，继续革除弊端，改善政治。他任用李谷、王溥、范质等人为宰相，魏仁浦为枢密使。世宗自己则振奋精神，大权独揽，亲自裁决政事，执掌赏罚权。

他对众臣说："我决不因怒而加罪于人，因喜而赏赐于人。"周太祖曾迁就王峻、王殷，而造成他们骄横难制。周世宗吸取这个教训，群臣有功，不吝厚赏；有过失，当面斥责；等到知过改正，也就既往不咎，依旧任用。他用法严峻，群臣失职误事，往往处死刑，即使有才干名望，也很少宽容。

有一次，他发怒要杀翰林学士窦仪，宰相范质得知后急忙去见世宗，世宗知范质是为求情而来，就起身想躲避不见。范质赶忙跑上前去，伏地叩头苦谏说："窦仪罪不该死，我身为宰相，导致陛下枉杀近臣，是我的罪过。"范质苦劝好久，世宗才赦免了窦仪。

957年，世宗下令修永福殿，命宦官孙延希管理工程。世宗到工地视察，见有些工匠削木片当饭匙，用瓦盛饭，大怒，下令斩孙延希。世宗初即帝位时(954年)，左羽林军大将孟汉卿额外多收藁税，世宗令孟汉卿自杀。不少大臣认为量刑过重，世宗说："我也知道这一点，不过要用他来惩戒众官，不许扰民。"955年，令翰林学士、两省(门下省、中书省)负责荐举低级地方官，试用后如贪污犯罪，荐举官一并治罪。为整肃纪纲，改变贪贿之风，对百官施重刑，还是有一定意义的。后来官吏比较守法，他用刑也就宽了一些。

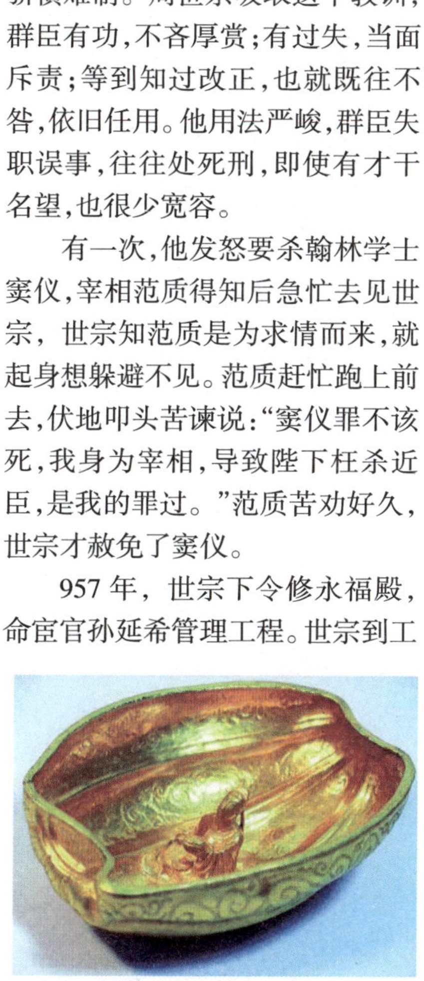

★五代银鎏金人物造像瓜形器，为五代十国时期后周世宗皇帝柴荣的皇室宝物。

五代相沿至后周，律令繁芜，积至156卷，文字难懂，条目又杂乱不一，贪官污吏得以从中作梗，坑害民众。周世宗令御史张湜等注释删节，王溥、范质等据文逐条评议，详定为刑统21卷。958年，颁布《大周刑统》，使全国遵守统一的法律。后来宋代也继续沿用《大周刑统》，它成为继《唐律》之后的一部重要律书。

周世宗大权独揽，但并不刚愎自用。他要求群臣尽言得失，说："你们说了我不用，是我的罪过，而我求言你们不说，该谁负责！"957年，设贤良方正直言极谏、经学优深可为师法、详闲吏理达于教化等机构，各类人等，不限资格，都可应试。他曾令朝臣们写出《为君难为臣不易论》、《开边策》各一篇，亲自阅览。他进行统一战争，用兵步骤就是采用王朴《开边策》的建议。

为了强兵，世宗改革了兵制。宿卫之兵本是朝廷最精锐的部队，

★周世宗柴荣像

王朴献《平边策》

后周显德二年(955年)，世宗北伐返汴，令朝廷文学之士二十余人，各撰《安边策》(又称《开边策》)一篇，陈述方略。比部郎中王朴献《平边策》，历陈(后)唐失吴、蜀，(后)晋失幽、并之由，指出统一天下、统一南北，首先在于选贤用能、恩信号令、赏功罚罪、轻徭薄赋，使仓廪实、器用备、人可用。具体方略是"先易后难"，先取南唐，再并后蜀，"吴、蜀平，幽可望风而至"。然后强兵攻并，统一南北。世宗览之，如获至宝，对王朴愈加器重。后来，周世宗南征北伐的用兵步骤便是按此而行的。至北宋初年，王朴之策则成为宋太祖统一南北的指导方针。

★天王·菩萨壁画·五代

但累朝相承，皇帝倚重于它，怕失去宿卫的保护就姑息迁就，不求精简。因此造成老弱之兵居多，战斗力下降，而且日益骄横，时常不从命。每遇大敌，不是逃走就是投降，成为亡国的根源之一。周世宗深知其弊，对大臣们说："凡兵在精不在多，现在100个农夫都供不起一名甲士，怎么能用民脂民膏来养活这些无用之物呢？而且这些兵强弱不分，还谈什么作战！"于是下令大规模精简各路士兵，精锐者升为上军，老弱者逐斥出宿卫军。世宗还招募各藩镇中所养的骁勇之士，选其优秀者组成精锐的"殿前诸班"，令赵匡胤统领，从此"士卒精强，近代无比，征伐四方，所向皆捷"。

周世宗同太祖一样，十分注意农事，减轻民困。他曾刻木为农夫桑妇，放在宫殿内，目的在于时刻想着为民众减轻痛苦。有一次，同将相们在殿上会餐时，他说："这两天很冷，我在宫中吃好饭，不觉得冷，无功于民而坐享天禄，实在惭愧。既不能耕田食力，只有亲临战场为民除害，心里也许觉得安稳些。"他用这些话来勉励大臣，要与民同苦乐。

黄河从杨刘（今山东东阿北）至博州（今山东聊城）一段120里，连年决口，河分两支，汇成大泽，漫延数百里。灌齐、棣、淄诸州（今山东济南、淄博、惠民一带），淹没农田房舍无数，民众流离失所，以采野菜、捕鱼为生，朝廷屡次派人去治理都未见效。954年，周世宗派宰相李谷去治理黄河。李谷沿澶、郓、齐州视察水情，发民工6万人，只用一个月就修好了河堤。开封城北的汴水自唐末溃决后，形成污泽。世宗令宁武节度使武行德发民夫加固河堤，疏通河道，一直延续到泗州（今江苏盱眙）。有的大臣认为工程浩大，难以完成，世宗说："数年之后，必获其利。"治理汴水一方面便利了百姓，另一方面为南下攻后唐创造了条件。

佛教在唐和五代非常盛行，周世宗为保证民众不受其弊，就限制佛教的发展。955年，令天下寺院非敕额（朝廷特许）者一律废除。禁止私自剃度为僧尼，只许在两京（开封、洛阳）、大名府（即魏州）、京兆府（即长安）、青州（今山东青州）五处设置戒坛，不得家长允许，不许受戒出家。一些蛊惑人的僧俗，如舍身、断手足、炼指、挂灯、带钳等恶俗，一概禁止。令两京及诸州每年将僧尼人数登记造册，有死亡、还俗者都随时销账。这一年，天下寺院存留2694所，僧4.2万余人，尼1.8万余人，寺院废除30336所，还俗僧尼数不详。减少寺院和僧尼，就是减少剥削者和坐食者，这对民众有利。

佛教盛行时，民间和寺院多销毁铜钱铸器皿及佛像，造成货币短缺，市面上流通的钱币越来越少。世宗下令，除县衙之物、军器及寺院钟磬钹铎之类铜器保留外，民间和寺院的铜器、铜佛限50天内交到官府，用作铸钱原料。过期隐匿不交者，五斤以上处死罪，不足五斤视轻重判徒罪。世宗对侍臣们说："你们不要疑惑，佛教讲究施利于众生，愿意舍自己的生命布施给别人，为什么舍不得铜像。如果施舍我的身体可以利民，我也不会吝惜。"

按历朝相沿的规定，每年不等民间收获纺织完毕，就征收谷帛，民众感到极不方便。956年，周世宗下诏，从这一年起，夏税到6月，秋税到10月，才开始征收，方便了民众。958年，依据唐代元稹《均田表》所说均平田租的办法，制成《均田图》，颁发给各道节度使、刺史各一面，作均田的准备。不久，派出朝官34人，分别去往各地，均定黄河以南60州田租，连历朝受优待免纳租税的曲阜孔家，也照平民例纳租，取消特权，可见这次均田赋是相当彻底的。

世宗又下诏各种课户和俸户（替官府放债收息提供俸给的富

★始铸于周世宗柴荣显德二年（955年）的"周元通宝"

户）编入州县民籍，所有州县官吏，由朝廷发给俸钱和口粮，不得再向民众摊派，扫除了唐初以来几百年的弊政，显示出周世宗改革积弊、惩治贪污的决心。959年，开封府奏称田税原有10.2万余顷，现查出隐税田4.2万余顷，周世宗令减为3.8万顷，即免收十分之一田税，抵销官府多报数，用心是较为持平的。

经过这一番治理，后周国力大盛，为周世宗进行统一战争创造了必要条件。

钱镠建吴越

QIAN LIU JIAN WU YUE

吴越王钱镠

钱镠（852—932年），字具美，小字婆留，杭州临安人。钱镠少年时曾为私盐贩，后投军，唐乾符年间为浙西镇将董昌的部校，后渐由偏将而掌一州之兵。他在翦除刘汉宏、薛朗、董昌等势力的过程中，占有了两浙之地。唐光启三年(887年)，董昌为越州观察使（今浙江绍兴），自杭州移镇浙东；唐以钱为杭州刺史，从此独据一方。景福二年(893年)，钱镠升任镇海军节度使，驻杭州。乾宁三年(896年）钱镠灭董昌，得越州。唐以钱镠为镇海、镇东两军节度使，治杭州。唐昭宗天复二年（902年），封其为越王。904年，改封吴王。及朱温建梁，始封其为吴越王。

★吴越王钱镠像

在北方政柄频频易手的同期，南方的局势却相对稳定，社会经济不断发展。这时的北方人民便开始南迁，南方的许多国家都采取了一些保境安民，劝课农桑等相应措施，使北方来的农民有地可种，从而使南方的经济获得了较大的发展。其中农业、手工业、商业等形成了较大的规模和整体优势，为经济重心的南移创造了时机和条件。在此期间，蜀绣、吴绫、越锦驰名全国；造纸业和印刷术都很发达；与南方周边各国的贸易往来频繁。经济的发达，使南方的人口急剧上升，繁华城市日益显现出来。

五代时期，在南方和巴蜀地方还有许多割据政权，有的称帝，有的称王，前后一共建立了9个国（前蜀、吴、闽、吴越、楚、南汉、南平、后蜀、南唐），加上在北方建立的北汉，一共是10国。吴越国由于地狭兵少，实力不足，因此吴越一直以效忠于中原王朝为主要策略。在唐亡之前，吴越主钱镠忠于唐朝。在朱温篡唐建梁以后，他又效忠于后梁，由是亦从后梁得到了吴越国王、诸道兵马都元帅的头衔。

吴越王钱镠原来出身贫穷，年青时候做过盐贩，后来到浙西镇将董昌手下当部将。黄巢起义军攻打浙东的时候，钱镠用小股兵力保住了临安（今浙江杭州）。唐王朝认为他有功，封他为都指挥使，后又提拔为节度使。

★钱镠雕像

钱镠当上节度使以后，热衷于逢迎，还摆起阔绰。在临安盖起豪华的住宅，出门的时候，坐车骑马都有兵士护送。他的父亲对他这样做，很不满意，每次听到钱镠要出门，都有意避开。

钱镠得知父亲回避他，心里不安。有一次，他不用车马，不带随从，步行到父亲的家里，问老人为

★钱王射潮雕像

★钱镠铁券

什么要回避他。老人说："我家世世代代都是靠打鱼种庄稼过活的，没有出过有财有势的人。现在你熬到这个地位，周围都是敌对势力，还要跟人家争城夺池。我怕我们钱家今后要遭难了。"钱镠听了，表示一定要记住父亲的嘱咐。从此以后，他小心翼翼，只求保住这块割据地区。当时，吴越是个小国，北方的吴国比吴越强大，吴越国常常受他们的威胁。

朱温即位不久，有人也劝钱镠和朱温断绝关系，登基称帝。但钱镠却笑了笑说："我怎么能再学孙权呢！"他不仅没有自立为帝，反而派人到汴京祝贺，表示愿意称臣。朱温十分高兴，马上封他做吴越王。凭此，吴越便有效地防御了周边割据势力对吴越国的侵扰。

钱镠长期生活在混乱动荡的环境里，自知吴越国力薄弱，称王之后从不敢高枕无忧，玩物丧志，总是想方设法频敲警钟，发奋图强。他自从跻身军旅之日起，夜间就很少更衣大睡，如果实在困倦，则先整理好衣甲，然后头枕圆木小憩，一旦睡熟圆木滚动，便会自觉醒来。他特别欣赏

★位于杭州的钱王祠，是为纪念吴越国的五位国君而建的。

自己的这种发明，特意将圆木称作"警枕"。他还在卧室里放了一个盛着面粉的盘子，夜里想起什么事，就立刻起来在粉盘上记下来，免得白天忘记。

为了防范侍卫夜间贪睡失职，钱镠还常向城墙之外发射弹丸，以提醒他们警惕。有一天晚上，值更的兵士坐在墙脚边打起盹来。忽然，隔墙飞来几颗铜弹子，正好掉在兵士身边，把兵士惊醒。兵士们后来知道这些铜弹子是钱镠从墙里打过来的，在值更的时候，都倍加警觉。还有一次，他微服出巡晚归，城门已闭。他先叩北门，守门吏拒不开门，并从门内厉声传话："奉吾王之命，无论何人，入夜概不放行。"钱镠没有办法，只好从别的城门回府，虽然他因此延误了入城的时间，但却对守门吏忠于职守大加赞许。翌日清晨，便召见北门的守门吏，给予丰厚的赏赐。钱镠靠他的谨慎小心，一直保持着他在吴越的统治地位。后唐灭梁以后，钱镠又向后唐上表称臣，不仅得到了吴越国王、天下兵马都元帅的头衔，而且还得到了玉册金印。钱镠巩固了他的统治，此后也过起了奢侈的生活来。他把临安城扩大了 30 里，大造亭台楼阁，把自己的王府造得像龙宫一样。

虽然如此，但钱镠礼贤下士，广罗人才；奖励垦荒，发展农桑；还征发民工修筑钱塘江的石堤和沿江的水闸，防止海水倒灌；又叫人凿平江里的大礁石，方便船只来往。由于战争较少，社会相对稳定，经济繁荣，百姓安居乐业。因而当时人们称其为"海龙王"。

★吴越国王钱镠的题刻

★吴越国王钱镠的墓地——钱王陵

五代不倒翁冯道

WU DAI BU DAO WENG FENG DAO

五代时期，军人专政，朝代更迭频繁。当政者都是武夫，大多贪婪残暴，昏庸无能，对于敢触怒他们的朝官，轻则逐斥，重则斩杀，使文官无不感到人人自危。因此，在这样危险复杂的恶劣环境中，文官们为求得自保，形成了圆滑处世、曲意奉上、见风使舵的风气，他们中的典型代表人物就是冯道。

冯道，字可道，河北瀛州人，好学能文。唐末投幽州节度使刘守光作参军，刘守光败死，又到太原投河东监军使张承业作巡官。张承业看出他有“德行”，文章写得也不错，就推荐给晋王李克用，任河东节度使府掌书记，起草各类文书，处理过往信件。唐庄宗李存勖占据河北后，将繁浩的文书之事全部委任给冯道，并任他为户部侍郎、翰林学士，冯道自此开始显贵。

史称冯道为人能“自刻苦而俭约”很会，笼络人心。晋梁在黄河沿岸交战时，冯道跟随在军中，不设床榻，只卧一束稻草而已，所得俸禄，与仆人一起享受。有的晋将掠得美女送给冯道，他推辞不过，就置于别室，找到主人再送还。有一年，他在家乡办父亲的丧事，正遇饥荒，他拿出自己的财物来接济灾民，并亲自耕地担柴。他看到有些人家无力耕地，就夜里去帮助耕地。所以冯道还未当上高官，名声就已经很响了。

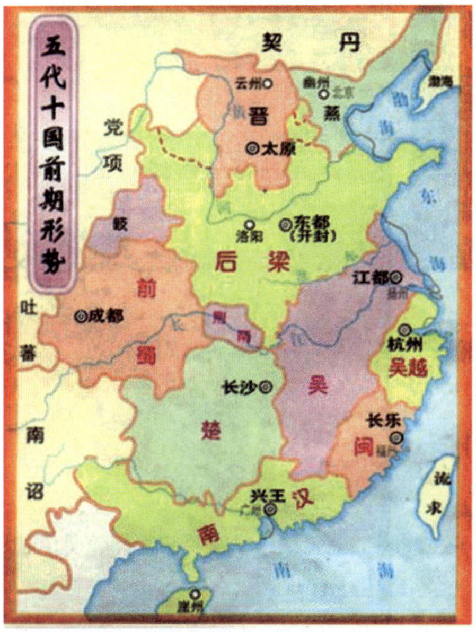

★五代十国前期形势图

唐明宗一即位，就寻找冯道，任他为端明殿学士、兵部侍郎，不久，又任为宰相、中书侍郎、同中书门下平章事。明宗死后，愍帝即位，冯道仍为宰相。潞王李从珂在凤翔起兵，杀奔洛阳，愍帝逃往卫州。冯道率百官准备出迎李从珂，催促书记官卢导起草劝进文书，卢导不肯，说：“天子还在河北，人臣（指李从珂）哪能轻率劝进。”冯道说：“事当务实。”所谓务实，就是看准了愍帝必死，李从珂必立。唐废帝李从珂即位后，任冯道为司空（三公之一），朝廷让他掌祭祀时扫地的职事，他说：“扫地我也干。”他并不在意职事是什么，只要官位高就行。

晋高祖石敬瑭入洛阳后，以冯道为文官之首，任他为宰相、司空、司徒，封鲁国公，又派他奉礼出使辽国，表示对父皇帝的尊敬。冯道毫不犹豫地说：“陛下受契丹的恩宠，我受陛下的恩惠，有何不可！”显示一付十足的奴才相。从辽国归来后，大受信任，

冯道脱契丹

五代时后晋宰相冯道出使契丹，契丹国王很高兴，暗中晓谕左右大臣要把冯道留在契丹。冯道知道后，不露声色，把所得到的赏赐全部拿去换炭。有人问他买那么多炭干什么，冯道说：“北方冬天寒冷，我年老体弱，怕忍受不了，所以预先储备木炭。”听这话，似乎要长期住下去。契丹国王被他的诚意所感动，消除了原先对他的敌意，于是让他回国。冯道接连三次上表请求留下，契丹国王还是要他回去，可冯道仍在馆舍中住了一个多月。动身以后，每到一个地方都要停留一些时日，走了两个多月才出契丹国境。随从人员问冯道说：“到了契丹还允许活着回国，恨不得插上翅膀，您为什么却走走停停呢？”，冯道说：“你要是急速行走，契丹看出我们的心思，派出骑兵，一个晚上就追到了，还能逃脱吗？我们缓慢行走，契丹就猜不到我们的意图了。”大家都非常叹服。

★五代十国南汉乾亨重宝

朝政都委任给冯道处理，“事无巨细，悉以归之”。有一次，晋高祖以兵事问冯道，冯道说：“征伐大事，在于陛下自己拿主意，我是一个书生，只知道恪守历代沿袭下来的规矩而已。我在（唐）明宗朝时，也曾以兵事问过我，我也是这样回答的。”这就是冯道赖以自保的护身符，只是守历代的规矩，而不承担任何有风险的事情。

晋高祖非常信任冯道，“当时宠遇，无与为比”。有一次，冯道上表要求引退，高祖连表都不看，派人去对冯道说：“明日你再不来，我就亲自去请你。”冯道当然不会引退，只是要一个小花招而已，他知道高祖离不开他。晋高祖临死时，召冯道一人受遗命，让幼子石重睿拜见冯道，又让宦官抱石重睿置于冯道怀中，意思是要冯道出力辅助。晋高祖死后，当权者景延广主张立年长者，即晋出帝石重贵，狡猾的冯道一句话也不说，若无其事，仍然做他的宰相。

冯道曾问手下的门客，朝臣们对他有何议论，门客答，毁誉参半。冯道不以为然地说：“孔子是圣人，还有人诋毁他，何况我这种浅薄之人呢。”依旧我行我素，不改其行。有人对晋出帝说：“冯道在平时做宰相还可以，到危难时刻就指望不上了，不能信任。”出帝听后就疏远了冯道，任冯道为同州节度使（驻冯翊，今陕西大荔），后又改任威胜节度使（驻邓州，今河南邓县）。

辽主率军入开封灭晋，冯道主动入朝，事奉辽主。辽主问他：“为什么来见我？”他说：“无城无兵，哪敢不来。”辽主讥讽说：“你是什么东西？”他答：“是个无才无德，又傻又顽的东西。”辽主喜欢他能辱骂自己，就任他为太傅（三师之一）。后来，辽主北归，冯道等跟随到栾城，辽主病死，冯道率百官又回到开封。当时，汉高祖刘知远已即位，他任冯道为太师，官位达到了顶点。

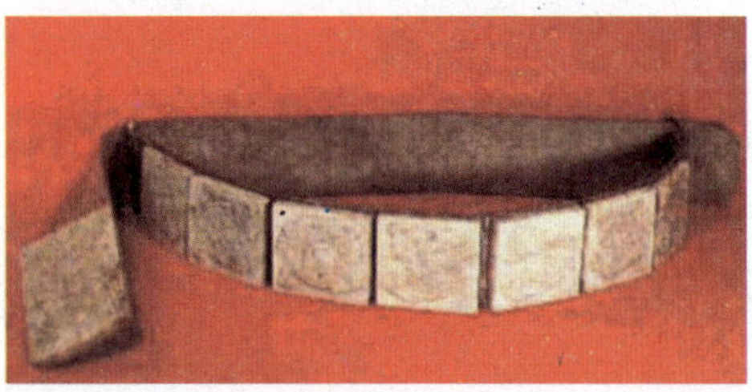

★盘龙纹玉带·五代

郭威举兵入开封，汉隐帝被杀。冯道率百官谒见，并且接受郭威的拜礼。他做得极为老练，因为此时郭威还未扫除称帝的障碍，正要设谋诱杀刘赟，如果冒昧劝进，必然会遭到郭威的斥责。

郭威派他去徐州奉迎刘赟，刘赟到宋州（今河南商丘）时被拘押。刘赟对冯道说：“我这次敢来，是因为你做了 30 年老宰相，所以不疑有诈，现在事情紧急，怎么办？”冯道默不作声，表现出一副痴顽相。有人要杀冯道，刘赟阻止说：“这件事不关冯老翁。”实际上，冯道虽然不是杀刘赟的同谋，但郭威的暗算，他心里是很清楚的。郭威也看出人们对冯道十分信任，不生疑心，所以才派冯道去迎刘赟。冯道为郭威立了这一功，回朝后仍任太师。

周世宗即位后要亲征北汉，从不劝谏的冯道一反常态，极力劝阻，居然和世宗顶撞起来。因为他算定周兵必败，不如此时力谏，以显示忠心耿耿。世宗十分恼怒，看不起他，亲征时不让他随从，调他去做山陵使，为周太祖造坟墓。冯道聪明一世，糊涂一时，第一次打错了算盘，不免烦恼，葬事办完了，他也在抑郁中死去。

冯道历任四朝，事奉四姓十君，三入中书门，在相位近 30 年，处乱世而长富贵，成为“不倒翁”，不能不说是个“奇迹”。他的处世手段就是揣度胜败，估量强弱，舍弃败弱，奉迎胜强，按照时机行事，不过早也不过迟，被弃舍者来不及怨恨，被

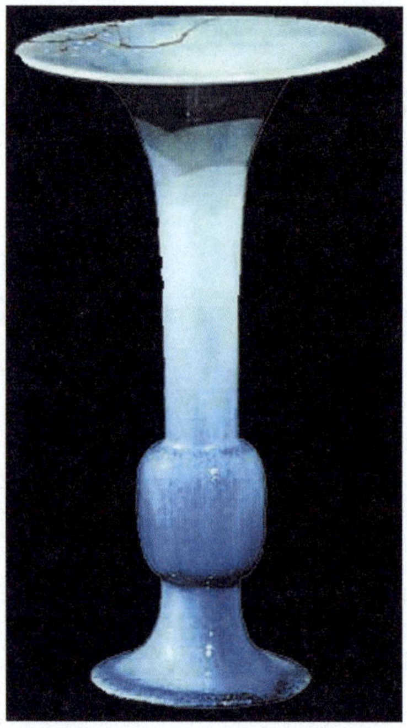

★柴窑青百合花瓶·五代

奉迎者正适合需要，他就这样避祸免灾，长享富贵。北宋司马光总括冯道的为人时，说他“清俭宽弘，人莫测其喜愠，滑稽多智，沉浮取容”；“依违两可，无所操决”。

冯道自称“长乐老”，作《长乐老自叙》一篇，叙述历事四朝及契丹所得到的阶勋官爵，并以此为荣，自谓孝于家、忠于国、做子、做弟、做人臣、做师长、做夫、做父，都毫无愧色。只有一点不足，就是“不能为大君致一统，定八方”。所谓大君，当然也包括辽主在内，他的心目中，只知事君谋贵，并无国朝之分。

冯道的处世哲学很受当时文人的推崇，因此他在五代、宋初有极高的声望。《新五代史》载冯道死后，“时人皆共称叹，以为与孔子共寿（73 岁），其喜为之称誉盖如此”。范质称冯道为“厚德稽古（同于古时圣贤），宏才伟量，虽朝代迁贸（改变），人无间言，屹若如山，不可转也”。《旧五代史》说“冯道之履行（行为），有古人之风；道之宇量（气量），深得大臣之体”。冯道的所作所为，代表了这一时期文人入仕做官的道德标准，也是五代时期的特定产物。

北宋·南宋

陈桥兵变

CHEN QIAO BING BIAN

★赵匡胤像

后周柴宗训即位时年仅7岁，由其母符太后垂帘听政，范质、王溥等主持军国大事。当时，兵权掌握在大将赵匡胤的手里，他曾跟随周世宗南征北战，立下不少战功，深得周世宗的信任。柴宗训在位期间，也特别倚重赵匡胤，这不仅因为赵匡胤是周世宗的爱将，更因为赵匡胤是禁军统帅，掌握着后周最精锐的军队。

赵匡胤是河北涿州人，生于927年2月26日，时值中国处于五代十国时期。经年不息的战乱，使他自幼爱好骑射和练武，并摔打出一身的好武艺。948年，21岁的赵匡胤拜别双亲和新婚妻子，投到后汉枢密使郭威幕下，此后他屡立战功。

951年，郭威称帝，赵匡胤亲历了兵变中众军士将撕裂的黄旗披在郭威身上的一幕。郭威死后，其养子周世宗柴荣即位，升赵匡胤为殿前都点检。在一次抵御北汉的进攻中，赵匡胤身先士卒，带伤指挥作战，打退了北汉军的强大攻势，被周世宗封为殿前都虞侯、严州刺史。并按周世宗的命令，亲自挑选了精壮优秀的兵士编入禁军，使这支禁军成了一支“所向无敌”的队伍，并完全在他的掌控之下。

赵匡胤凭着手中这支过硬的队伍，征战南唐，攻打契丹，立下了无数战功，身边的生死与共的士卒都对他心悦诚服，同时也聚集了一群有智谋韬略的精英。959年6月，周世宗柴荣病死，年仅7岁的柴宗训即位。此时赵匡胤左右着朝政，手下的人便开始暗中为他谋划登基。

960年春节，正当后周朝廷举行朝见大礼的时候，忽然镇、定二州报有兵讯，说北汉与契丹联合入侵。宰相范质和王溥等大臣不辨真伪，他们顾不得大礼未毕，急忙派赵匡胤点兵出征。赵匡胤领兵行走20余里，兵至陈桥驿，赵匡胤即令安营扎寨。大军刚行便令安营扎寨，这在以往征战中是绝无仅有的。因而，接到宿营命令的将士们忽然紧张起来，他们预感到将要有重大的事情发生。果然，大军宿营后，一些将士开始议论纷纷，其中有的人说：“主上年幼，未能亲政，我们这些人出生入死为国家打仗，他能知道吗？”“有道理，我们的点检为人仗义，英武盖世，不如先策点检为天子，然后再北征。”“对，咱们一块找点检去。”顿时，群情激昂，有人带头呼喊着，叫嚷着，围住了点检赵匡胤的大帐。

当时，天刚蒙蒙亮，赵匡胤被呼喊声吵醒，他披衣走出大帐，见一群将校个个手执兵器，列队于厅前，他们齐声喊道：“诸将无主，希望点检做我们的天子。”赵匡胤还

★宋太祖赵匡胤永昌陵残陵台

★宋太祖赵匡胤永昌陵瑞兽角端

宋太祖

宋太祖赵匡胤(927-976年),祖籍涿州(今属河北)。封建时代著名军事统帅、军事家。赵匡胤于后汉初从军,隶枢密使郭威帐下。郭威称帝建后周,为皇帝卫军东西班行首。954年,于高平之战中,在马军都指挥使樊爱能等畏战退却,后周世宗柴荣亲自闯阵之时,随殿前都指挥使张永德各率2000骑主动出击,致使战局转败为胜,以功升殿前都虞候。此后,因战攻升至殿前都点检。

陈桥驿(今河南开封东北陈桥镇)兵变后,建立宋朝。为巩固统治,逐步削夺禁军重将兵权,设枢密院掌兵籍和发兵之权,三衙(殿前司、侍卫马军司、侍卫步军司)统兵,二者互相制约;将各地精兵锐卒选调京师,编入禁军,以强干弱枝,削弱藩镇势力;对禁军颁行更戍法,分戍各地,定期轮换,使将不得专其兵,从而建立了一整套加强专制的中央集权制度。实行精兵政策,加强训练,革新兵器,严格纪律,军队作战能力不断提高。同时,开始致力于统一战争。以先南后北、先弱后强、各个击破的方略,选派得力将领驻守边境,防御辽和北汉,派遣主力南征。962年9月至975年5月,先后攻灭荆南、湖南、后蜀、南汉、南唐等政权,基本结束自唐"安史之乱"以后延续200多年的分裂割据局面。

★定窑白釉莲瓣纹碗·北宋

没来得及开口,已被簇拥到厅堂。这时,有人把一件早已预备好的黄袍罩在赵匡胤的身上,然后众人口呼"万岁",拜跪于地。赵匡胤还想再推辞,参与其谋的赵普上前说道:"主帅素来爱兵如子,此次拥立如不应允,这些将校兵士将会落个大逆不道的罪名,死无葬身之地,主帅还是应允了吧!""对!应允了吧!"全体将帅齐声呼喊着。见此情景,赵匡胤装得无可奈何地说:"你们立我为天子,必须听我的命令,否则我不应允!"将士们异口同声地说:"我们愿意听你的!""那好,现在我宣布两条纪律:第一,返回京城,不得抢掠和扰乱百姓;第二,少帝和太后都是我所侍奉的,公卿大臣都是我的平辈,你们不能伤害他们,以往改朝换代,都要大杀大抢,你们不能这样,如有违反,诛灭九族!"众军士见赵匡胤应允,无不欢天喜地,愉悦而返。

当天下午,赵匡胤率军返回汴梁。京城中早有人接应,文武百官,列于殿前,欢迎新皇帝登基。赵匡胤废黜柴宗训,降封为郑王。并颁旨优待柴宗训母子,保证柴氏子孙永享富贵,即使犯罪也不得加刑。然而,建隆三年(962年),柴宗训被迁往房陵(今湖北省房县)居住之后,时任房州太守的辛文悦为了讨好新君,于973年3月把当时只有16岁的柴宗训杀害。

因为赵匡胤所领的军队驻扎地为宋州,于是赵匡胤改国号为宋。大宋王朝建立后,宋太祖赵匡胤首先发兵击败了后周大将李筠、李重进的反抗,安定了国内形势。继而,消灭了南方各个小国,使唐末以来长期割据混战的国家得以统一,经过50多年混战的五代时期也由此宣告结束。

★陈桥驿旧址

★陈桥驿站内的影壁画

李后主亡国

LI HOU ZHU WANG GUO

五代时期，连年战乱不止，百姓饱受战争割据之苦，十分渴望国家统一，社会安定。赵匡胤当年跟随周世宗南征北战，亲眼看到周世宗每平息一个藩镇，当地的老百姓就携带酒肉，前来欢迎。有不少地方的百姓，因愤恨藩镇的苛政，多次向周世宗求救。因此，赵匡胤即位以后，决心把统一天下、稳定社会、发展经济作为自己治国安民的方略。

962 年 9 月，宋太祖利用“杯酒释兵权”和“强干弱枝”等策略稳定了内部统治。继而，他雄心勃勃，准备出兵统一全国。

此前，对于如何统一中原，宋太祖一直没有理出头绪。在一个风雪交加的夜里，太祖独自一人来到宰相赵普的家门，当时赵普正在家里烤火取暖，忽然听得门外一阵敲门声。赵普心里奇怪，这么寒冷的夜里，还有谁会来找他？他打开门一看，只见一个人披着斗篷，在雪地里站着。赵普定睛一看，大吃一惊，原来门外站着的竟是宋太祖。

★鎏开光莲花纹带盖金瓶·北宋

赵普连忙把宋太祖请进屋里，拨红了炭火，在炭火上炖上肉，叫家人拿出酒来招待。赵普问：“雪下得这么大，陛下为什么还要出来？”宋太祖说：“我睡不着啊！一榻之外，都是别人家的天下，所以特地来见见你。”赵普问：“陛下是否觉得自己的天下过于狭小？若想南征北伐，一统天下，现在是极好的时机，但不知陛下想从哪里入手。”宋太祖故意说：“我想先攻打北汉国都太原。”赵普沉默良久才说：“这我就不明白了。”赵匡胤问：“为什么？”赵普分析道：“北汉有契丹为后援，攻之有害无利，即使灭亡了北汉，又要独自承担契丹的强大压力，倒不如先保存北汉，作为阻隔契丹的屏蔽，集中力量翦灭南方各国，然后再专力北方。”听了赵普的话，宋太祖笑着说：“我们想到一起去了。”赵普先是一愣，然后大笑不止。

君臣“雪夜定策”确立了一条“先南后北”的统一路线。此后，宋太祖按照这一路线加紧了实施的步伐。从 962 年 9 月首次对外用兵起，至 965 年正月，在短短不到 3 年的时间里，宋太祖就平定了南平、荆南、湖南、后蜀 4 个割据政权，统一了南方大片领土。接着，又于 971 年 2 月攻取了南汉。南汉灭亡之后，南方剩下的最后 3 个割据政权个个自危，震恐异常。势力最强大的南唐皇帝李煜这时也不得不主动要求取消国号，放弃皇帝的称号，改称“江南国主”。另外两个割据政权吴越和漳泉早就上表称臣，接受宋朝的驱使。

★赵匡胤雪夜访问功臣赵普图

南唐是“十国”中最大的一个割据政权，那里土地肥沃，没有像中原那样遭到战争的破坏，所以经济繁荣，国家富裕。但是，南唐最后的一个国主李煜（史称南唐后主）只是个吟诗作赋的行家里手，他对诗词、音乐、书画十分精通，可就是不懂得处理国事。北宋建国后，李煜每年向北宋进贡大量金银财宝，想维持他的地位。后来，他看到宋太祖接连消灭了周围三个小国，他赶快派使者给宋太祖送去一封信，表示愿意取消南唐国号，自己改称“江南国主”。但是这一点小小的让步与宋太祖统一中国的意愿却相去甚远，因而他到底未能摆脱覆国的命运。

974 年 10 月，经过三年时间的准备，宋太祖令曹彬为统帅、潘美为都监，率水、步、骑兵在采石（今安徽马鞍山）一线强行渡江。此前，有人向宋军献计，如果用竹筏

★哥窑三足缸·北宋

和大船搭成浮桥，步兵就可以全部顺利过江。潘美采用了这个计策，马上赶造浮桥。这个消息传到南唐的国都金陵（今江苏南京），南唐君臣正在喝酒。李后主问周围大臣该怎么办？大臣说：“自古以来，没听就说过搭浮桥过江的，一定办不成！”李煜听了，哈哈大笑说：“我早说他们是小孩子闹着玩罢了。”不想，宋军的浮桥不仅建成，而且10万宋军如履平地一样很快过了江，并大败南唐水陆兵10余万于秦淮，直逼金陵城下。与此同时，钱俶率兵攻克了长州、江阴、润州，形成了对金陵的外线包围，金陵成了一座孤城。

这时候，李后主还在宫里与一批和尚道士诵经讲道，宋军到了城外，他才如梦初醒，于是赶紧派大臣徐铉到东京去求和。徐铉见了宋太祖说：“李煜待陛下，就像儿子待父亲一样孝顺，为什么还要讨伐他？”宋太祖反问说：“那么你倒说说，父亲和儿子能分成两家吗？”徐铉无话可说，回到金陵向李后主回报。过了一个月，宋军对金陵的包围圈越变越小，李后主又派徐铉去找宋太祖。徐铉苦苦恳求宋太祖不要进攻金陵，宋太祖听得不耐烦，一手按住利剑，怒气冲冲地说：“你不要多说了，李煜并没有什么罪。但是现在天下一家，我的床边，怎么容别人鼾睡呢！”

徐铉眼看再恳求也没用，只好再回到金陵。李后主听了回报，知道求和没有希望，连忙调动驻守上江的15万大军前来救援。然而，救兵刚到皖口，就遭到宋军两路夹攻，南唐军想火烧宋军却因为风回火转，反烧了自己，南唐军因此全军覆没。

宋将曹彬派人进城告诉李后主，劝他趁早投降，免得城里百姓的生命财产遭到毁灭。可李后主犹豫再三，不置可否。曹彬盛怒之下挥军攻城。次日城破，绝望的李后主叫人在宫里堆了柴草，准备自焚，但终因豪气尽丧，没有了自杀的勇气。

李后主连同那些南唐大臣被押到东京，宋太祖封他为违命侯。978年，由于李后主感伤国破家亡，终日以泪洗面，最后竟因写下了“问君能有几多愁，恰似一江春水向东流”的词句，被宋太宗命人毒死。

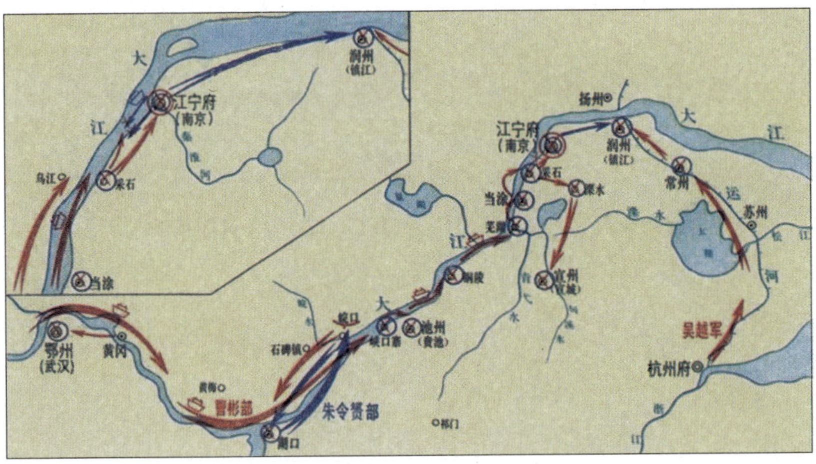

★宋灭南唐之战示意图

南唐后主

南唐后主李煜（937—978年），字重光，初名从嘉，号钟山隐士、莲峰居士，徐州（今江苏徐州）人，历史上称为南唐后主。

宋建隆二年（961年），李煜在金陵即位，时年25岁。即位后，对宋称臣纳贡，以求偏安一方，但生活上则穷奢极欲。975年，宋军破金陵，他肉袒出降，虽封作违命侯，实已沦为阶下囚。太平兴国三年（978年），宋太宗恨他有“故国不堪回首月明中”之词，命人将他毒死。追封吴王，葬洛阳邙山。

★李煜塑像

李煜从小多才多艺，文章出众，尤为擅长书法和绘画。从本质上看，李煜是一个文人，一个很有才华的词人，他很有情趣，也注重豪华的排场。作为皇帝他没有周世宗那样的豪气和统一天下的壮志，对于军事和安邦定国之术从来都不感兴趣。他把一生都付诸于良辰美景、落花流水的诗情画意之中，诗词的成就颇大。在父亲李璟以及当时浓郁的文化环境的熏陶下，李煜的词多愁善感、华美细腻，没有丝毫的雕琢痕迹。他将感情和艺术手法巧妙地融合到一起，达到了登峰造极的程度，在中国古代文学史上占据了很重要的地位。

抗辽英雄杨业

KANG LIAO YING XIONG YANG YE

宋太祖时期，由于专心致力于统一南方各割据政权，因而对北汉和辽国只采取守势，及至宋太祖灭了南方五国后，便又发兵攻打北汉都城太原。北汉为辽朝的属国，辽国当然要出兵援助，宋军因而吃了很多败仗。

976年，宋太祖病逝，他的弟弟赵光义即位，是为宋太宗。979年，宋太宗决心完成统一大业，他亲自率领四路大军围攻北汉都城太原。此时，辽军应北汉之请，出兵相救。宋太宗以围城打援的方法，阻断了援兵的要道，并置太原城于宋军的重重包围之中。北汉外无援兵，内无粮草，国主刘继元无计可施，只好投降。

此前，北汉名将杨业曾向刘继元提出了“奉国归宋”的建议，但遭到刘继元斥责，而当刘继元写下降书顺表的时候，杨业却仍在城南与宋军苦战。宋太宗早闻杨业是一员猛将，想收为己用，便派刘继元的亲信前去劝降。杨业因主降国丧，不得已归顺了宋朝。

宋太宗灭掉了辽国的属国北汉，然后挥师东进，打算一举收复燕云地区，但在围攻幽州城（今北京）时，被赶来增援的辽国名将耶律休哥、耶律斜轸左右夹击，将宋军打得溃不成军，宋太宗身中两箭，逃至涿州后，改乘驴车才得以幸免。从此，辽宋两国便经常刀兵相见。

宋太宗因杨业“老于边事，洞晓边情”，任命他为左领军卫大将军，知代州兼三交驻泊兵马部署，与河东三交口都部署潘美共同担负起了山西防御辽兵的重任。杨业不负宋太宗的重托，在辽兵出入的各个要道口，连续修建了6个兵寨。在驻守雁门关的8年中，辽兵始终不敢侵入一步。

980年3月，辽兵10万军马攻打雁门，当时杨业手下只有几千人马，兵力相差很大。杨业知道要想以少胜多只能智取，不能硬拼，便把大部分人马留在代州，自己带领几百名骑兵，悄悄地从小路绕到雁门关北面敌人后方。辽兵向南进军，一路上没遇到抵抗，正在得意的时候。忽然，后面响起一片喊杀声，只见烟尘滚滚，一支骑兵从背后杀来，像猛虎冲进羊群一样，乱砍猛杀。辽兵毫无防备，又弄不清后面来了多少人马，个个心惊胆战，阵容大乱，纷纷向北逃窜。就这样，杨业率部用堵截和奇袭的办法，大败契丹军，杀死了他们的两名主将。从此，敌兵一见“杨”字大旗，便吓得不战自退，称杨业为“杨无敌”。

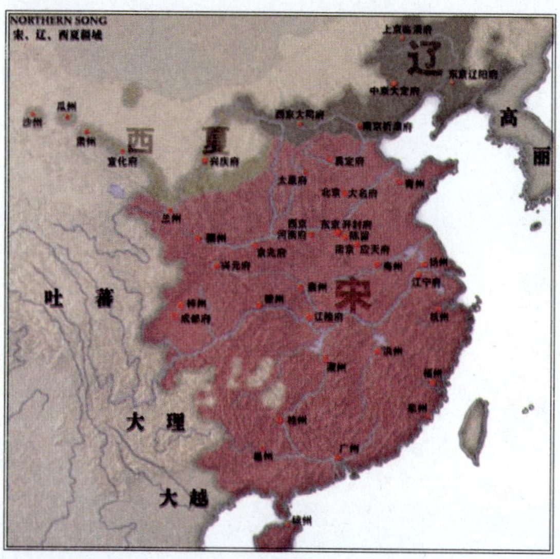

★宋、辽、西夏疆域图

986年，辽景宗耶律贤死去，即位的辽圣宗耶律隆绪才12岁，由他的母亲萧太后执政。宋太宗乘辽圣宗年幼，下诏分兵三路主动出击辽国，其西路军由潘美、杨业统率，西出雁门关，向朔（今山西朔县）进发。但作战时期，东、中两路争功冒进，破坏了作战计划，被辽军打得一败涂地。

此间，潘美、杨业的西路军出师仅两个月，便收复了朔、寰、云、应四州之地，兵锋直抵桑乾河。这时，打败东、中两路宋军的辽兵，调集10万精锐，全力向西路军占领的寰州压来。朝廷命令潘、杨率军护送四州城内百姓立即迁回代州。杨业经过周密思考，提出了一个切实可行的百姓安全内迁的方案。他建议派兵佯攻，吸引住辽军主力，并且派精兵埋伏在退路的要道，掩护军民撤退。

★刻花蓝玻璃瓶·北宋

杨业

杨业(?—986年)，本名重贵，麟州新秦(今陕西神木北)人，北宋名将。杨业出生将门，智勇兼备，号称“杨无敌”。初为北汉将领，屡立战功，官至建雄军节度使。太平兴国四年(979年)，北汉亡，归宋，授左领军卫大将军。杨业治军严明，针对边地及辽军作战特点，悉心钻研战法，亲临教场，严格督教。次年，辽军10万攻雁门关(今山西代县西北)，杨业率精骑迂回至关北，与宋军主力南北夹击，杀辽将萧咄李，俘都指挥使李重诲，大获全胜。雍熙三年(986年)，宋军分三路攻辽，任云应路行营副都部署，与都部署潘美、监军王侁率军出雁门关，连克寰(今朔州东)、朔、应、云(今应县、大同)等州。后因东路军在岐沟关（今河北涿州西南)溃败，辽军乘胜西进复占寰州，杨业奉命与潘美掩护四州民众南撤。他力主避敌锋锐，分兵诱其向东，设伏阻扼辽军南下，保障民众转移。潘美、王侁不纳其策，强令趋朔州迎战辽军。杨业知此战必败，临行前约潘美在陈家峪谷口(今山西宁武北)接应。然后挥军奋进，苦战终日，陷入重围。当退至陈家峪谷口时，潘美已违约撤军。因孤军无援，部众多战死，杨业身受重伤被俘，绝食而死。

★杨业像

★位于河南开封的天波杨府

但监军王侁反对杨业的意见，他说：“我们带了几万精兵，还怕他们？我们只管沿着雁门大路，大张旗鼓地行军，也好让敌人见了害怕。”杨业说：“现在敌强我弱，这样干一定要失败。”王侁带着嘲笑的口吻说：“杨将军不是号称无敌吗？现在在敌人面前畏缩不战，是不是另有打算？”这一句话把杨业激怒了。他说：“我并不是怕死，只是看到现在时机不利，怕让兵士们白白丧命。你们一定要打，我可以打头阵！”

杨业深知此战没有胜算，他流着眼泪恳请主帅潘美，请他们务必在陈家峪两翼布置强有力的弓箭手，以避免全军覆没。果然，杨业经过两场恶战，因寡不敌众，败退到陈家峪，可此时王侁、潘美却率军早已离开了谷口。杨业退至谷口，只见两边静悄悄的，连宋军的影子都没有。原来，自杨业走了以后，潘美也曾把人马带到陈家峪。等了一天，听不到杨业的消息，王侁认为一定是辽兵退了。他怕让杨业抢了头功，催促潘美把伏兵撤去，离开了陈家峪。等到他们听到杨业兵败，又沿另外一条小道溜之大吉。

★杨业大战陈家峪

杨业得不到接应，陷入重围，只好回兵再战，此时的辽兵如蜂似蚁，越聚越多，而杨业的兵士却越拼越少，最后只剩下百十号人。杨业含着泪，朝着他们高声喊道：“你们都有自己的父母家小，不要跟我一起死在这里，赶快突围出去，也好让朝廷得知我们的情况。”但兵士们没有一个人离开，都愿同老将军一起战死在这里。

兵士们一个个倒下了，杨业的儿子杨延玉和部将王贵也已战死沙场。此时，杨业身上受了十几处伤，他浑身是血，仍挥舞大刀继续砍杀辽兵。不料，一支箭正中他的战马，老将军坠马被俘。杨业被俘以后，辽将劝他投降。他抬起头叹了口气说：“我杨业杀敌建功，没想到遭人嫉害，以致落得个全军覆没。此刻生不如死，岂肯屈膝求活！”此后，他水米不进，在辽营里绝食而死。

杨业绝食而死的消息传到东京，朝廷上下都为他哀痛叹息。宋太宗丧失了一名勇将，自然也感到难过，他把潘美降职处分，王侁革职查办。从此，北宋一蹶不振，只是消极防御，再没人敢提收复幽云之事了。

寇准抗辽

KOU ZHUN KANG LIAO

宋太宗因征辽无功，且折失爱将杨业，从此不再言及扫北一事。不过，辽国却未就此善罢甘休。1004年，辽圣宗和萧太后派兵大举南下，短短时间便打到了位于黄河南北交通要冲的澶州城下。此时，宋太宗已死，太子赵恒即位，即宋真宗。真宗闻兵讯，一时手足无措，北宋朝内一片惊恐慌乱。大臣王钦若建议宋真宗逃往金陵，陈尧叟主张逃往成都，只有宰相寇准，审时度势，说服皇帝御驾亲征，并随同真宗来到前线，使北宋兵将士气大增。

寇准在宋太宗时期就担任过宰相等重要官职，他的正直敢谏是出了名的。有一次，寇准上朝奏事，触犯了宋太宗。宋太宗听不下去，怒气冲冲站起来想回到内宫去，寇准却拉住太宗的袍子不让走，一定请太宗坐下听完他的话。宋太宗拿他没有办法，后来还称赞他说："我有寇准，就像唐太宗有魏征一样。"

但是正因为他为人正直，得罪了一些权贵，后来被排挤出朝廷，到地方去做知州。这一回，辽兵犯境，形势危急，有人向宋真宗推荐寇准担任宰相，说寇准忠于国家，办事坚决。

宋真宗早就对寇准十分赏识，尤其对他的过人胆识和资深的才学以及对各种政事的应变能力都表示过由衷的赞佩。但是，他也深知寇准刚直不阿，执拗难驭，便对那位大臣说："听说寇准这个人好强任性，以前太宗见了他都头疼，如果他仍无改进，该如何是好？"这个大臣说："现在辽兵犯我中原，正需要像寇准这样的人来承担大事。"真宗权衡再三，感觉满朝上下绝无超过寇准能力的人，便决定把寇准召回京城。

寇准初回京城时，正值辽兵的前锋已经到了澶州（今河南濮阳），告急文书像雪片一样飞到朝廷。可就在此时，副宰相王钦若和另一个大臣陈尧叟却暗地里劝真宗逃跑。王钦若是江南人，主张迁都金陵（今江苏南京）；陈尧叟是蜀人，劝真宗逃到成都去。宋真宗听了这些意见，犹豫不决，最后召见新任宰相寇准，问以退逃之策。

★寇准像

这天，宋真宗问寇准说："有人劝我迁都金陵，有人劝我迁都成都，你看该怎么办才好？"寇准一听都是退逃之计，便有些怒气填胸，及至看到两边站着的王钦若和陈尧叟，心里便明白了几分。他声色俱厉地说道："这是谁出的好主意？出这种主意的，应该先斩他们的头！试想，如果放弃东京南逃，军民人心动摇，辽兵就会乘虚而入，江山就会不保。如此欺君误国之策，真该灭门当诛。"

宋真宗一听寇准答非所问，便接着问道："依你之见，该如何应对？"寇准斩钉截铁地说："臣恳请皇上御驾亲征。只要皇上肯亲赴战场，鼓我大宋士气，那么将士就一定能勇气倍增，也一定能打退辽兵。"群臣听了寇准的慷慨陈词，一时默不作声，那些言退的臣子更是

★山花墨兔图轴·北宋

★耀州窑青瓷女童·北宋

★寇准雕像

无言以对。宋真宗听了寇准一番话，既有几分欣慰，又生了几分胆量。于是，他诏令群臣，决定御驾亲征。同时，由寇准随同指挥。

宋真宗要御驾亲征的消息马上传遍了军中，前线的将士欢声雷动，士气大增。可是，当宋真宗和寇准率大队人马刚刚到韦城(今河南滑县东南)时，听到南下的辽兵来势迅猛，一些胆小的大臣便寻机劝真宗暂时退兵，避敌锋芒。宋真宗本来就有些后悔，听到这些建议，也马上动摇起来，他命人找来寇准，又开始旧事重提："寇爱卿，大家都说往南方跑好，你看呢？"寇准严肃地说："主张南逃的都是懦弱无知的人。现在敌人迫近，人心动荡，我们只能前进一尺，不可后退一寸。如果前进，河北各军士气百倍；如果后退，那么全军就会片刻溃散。到那时，辽兵紧紧追赶，陛下想到金陵也去不成了。"

宋真宗听寇准说得合情入理，字字珠玑，便放弃了南逃的打算。不过，他仍然没有完全把心思投进督兵抗敌上面。寇准走出行营，正好碰到殿前都指挥使高琼。寇准冲着高琼说："您食国家奉禄，该怎样回报国家呢？"高琼说："我愿以一死报国。"寇准听了激情洋溢，他带着高琼又进了行营，重新把自己的意见向宋真宗说了一遍，并且说："陛下如果认为我的话不对，请问问高琼。"高琼在旁边接着说："陛下，相国言之有理。禁军将士家属在东京，都不愿南逃。只要陛下亲征澶州，我们决心死战，击败辽兵不在话下。"宋真宗还没开口，寇准紧接着又逼了一句说："机不可失，请陛下立刻动身！"

在寇准、高琼和将士们的催促下，宋真宗才决定动身到澶州去。这时候，辽军已经三面围住了澶

★文同《墨竹图轴》·北宋

寇准

寇准（961-1023年），字平仲。华州下邽(今陕西渭南）人。北宋政治家、诗人。宋太宗太平兴国五年(980年)进士。授大理评事，知巴东县。宋真宗时，曾任同中书门下平章事。景德元年(1004年)，辽军大举侵宋，寇准力主抵抗，并促使真宗渡河亲征，与辽立"澶渊之盟"，起了稳定局势的作用。不久，被大臣王钦若排挤罢相。天禧三年(1019年)再度被起用。真宗病，刘皇后干预朝政，寇准密奏请太子监国，事泄，为丁谓排挤，罢相，封莱国公。后贬道州司马，再贬雷州司户参军。1023年卒于贬所，终年63岁。

寇准与宋初山林诗人潘阆、魏野、"九僧"等为友，诗风近似，也被列入晚唐派。其五律如《冬夜旅思》之类，情思凄婉，很有贾岛诗的风味。

★寇准朝服像

★宋真宗像

州。宋军在要害的地方设下弩箭，辽军主将萧挞凛带了几个骑兵视察地形，正好进入宋军伏弩阵地，弩箭齐发，萧挞凛中箭丧命。辽军主将一死，萧太后又痛惜又害怕。她又听说宋真宗亲自率兵抵抗，觉得宋朝急攻难下。不过，悄悄退兵也失了自己的面子，于是她决计以讲和来脱身。

萧太后派使者到了宋朝行营议和，要宋朝割让土地。宋真宗畏敌，在军事胜利的情况下，却以为抓到了求和砝码，待辽使谈了他们的条件后，他找来寇准商量说："割让土地是不行的。如果辽人要点金银财帛，我看可以答应他们。"寇准对辽国的议和条件很是反感，他气愤地说："他们要和，就让他们归还燕云失地，哪能再给他钱财。"

但是，宋真宗议和心切，他不顾寇准的反对，派使者曹利用到辽营谈判议和条件。曹利用临行前请示宋真宗。真宗对他说："逼不得已，100万也可。"曹利用得到了真宗的旨意后，便走出行宫，可刚走到宫门外准备上轿离去，却被一直守候在门外的寇准叫住。寇准叮嘱他说："虽然有圣上的旨意，但你去交涉，答应所给银绢不得超过30万。否则，我要砍你的头！"曹利用知道寇准的厉害，到了辽营，经过一番讨价还价，最后定下来，由宋朝每年给辽朝银绢30万。

曹利用回到行营，宋真宗正在吃饭，不能马上接见。真宗急着要知道谈判结果，便叫小太监出来问曹利用到底答应了多少。曹利用觉得这是机密，一定要面奏。太监要他说个大概，曹利用没法，只好伸出三个指头做了个手势。太监向真宗一回报，宋真宗以为曹利用答应的赔款数目是300万，不禁惊叫道："这么多！"但他略略想了一下，又故作轻松地说："能够相安无事，多一些也值了。"他吃完饭，让曹利用详细回禀。当曹利用说出答应的银绢数目是30万的时候，宋真宗高兴得简直要跳起来。在他看来，30万银绢只是微乎其微的小数目，可他从未想过，为了这30万银绢，天下的百姓需要用多少血汗才能换取。

宋真宗与辽邦订立了每年给辽银10万两、绢20万匹，双方以白沟河为界定下和约（史称"澶渊之盟"）后，便心满意足地回到了京城。而寇准却由于坚持抗辽，被主张逃跑的王钦若以"澶渊之役是以皇上为赌注，孤注一掷，凶险万分，几误天子"为由，在宋真宗的面前狠狠地参了一本。那个以求和为胜算的宋真宗，一时也想起了在澶州险象环生的情景，便归咎于寇准，将这位一心抗辽、忠心为国的宰相赶到了边远地区。

★寇准墓

澶渊之盟

1004年，辽圣宗和萧太后派兵大举南下，短短时间便打到了黄河南北交通要冲的澶州城下。宰相寇准说服皇帝御驾亲征，并随同来到前线，使北宋兵将士气大增。当时的战局态势是：辽萧太后已有退兵打算，只是苦于没有恰当的借口。而且，辽一猛将萧挞凛已被宋军强弩射杀。而北宋的真宗对抗辽却信心不足，因而接受了辽的和议请求。和议中规定：宋辽维持战前的旧疆界，宋每年给辽朝岁币10万两，绢20万匹；约为兄弟之国。史称"澶渊之盟"。

澶渊之盟对北宋王朝来说是妥协和屈辱的和议，但此次和议却使两国百年内无战事，人民生活相对稳定，增进了两国间的经济交往，符合两国人民的心愿，为促进人类社会发展有着积极的意义。

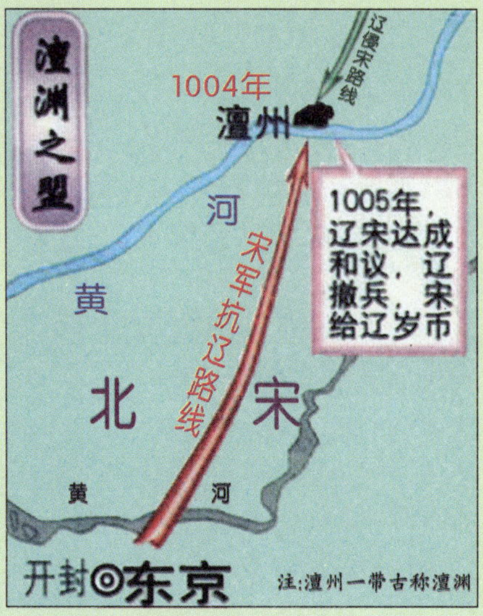

★宋军抗辽路线图

元昊建立西夏

YUAN HAO JIAN LI XI XIA

★元昊雕像

在北宋与辽国的战火经年不熄的时候，活动在陕西、甘肃、宁夏一带的党项族开始崛起。党项是羌族的一支，唐朝中期便生活在这一地区，主要过着游牧生活。9世纪末，党项族首领拓跋思恭曾出兵助唐，镇压黄巢起义，唐僖宗封他为定难军节度使，进爵夏国公，赐李姓（与皇帝同姓，称“国姓”）。

北宋建立后，党项族表面臣服于宋，背地却与辽有往来，并一直游离于宋辽之间。宋真宗即位后，对李继迁采取姑息忍让的政策，封其为夏州刺史、定难军节度使，西夏的势力日益雄厚。1002年，西夏国主李继迁集结重兵攻陷灵州（今宁夏灵武西南），杀灵州知州裴济。李继迁因其祖先世爵西平王，而他本人又受辽册封为西平王，便改灵州名为西平府。在胜利面前，李继迁变得傲慢轻敌，他扬言攻环（今甘肃环县）、庆二州，而暗中则移兵攻西凉，以声东击西的战术，袭破“畜牧甲天下”的西凉府。

1004年，归附宋朝的吐蕃族首领潘罗支向李继迁诈降，并乘其不备，秘密集结归附宋朝的吐蕃兵数万人，大败党项兵于三十九井，李继迁也中箭而死。弥留之际，李继迁为了保住已有的割据地盘，一面要他儿子李德明上表宋朝要求归附，麻痹宋朝，一面要求重臣尽心辅佐李德明，以保旧业。李德明即位后，宋真宗封其为西平王，每年给大批银绢，才平稳了30多年。

李德明是个小富即安的人，宋朝每年供给他大量的银绢，他便心满意足，从此不再搔扰边民和与宋朝作对。但是，李德明的儿子元昊是个雄心勃勃的人。他精通汉文和佛学，多次带兵打败吐蕃、回鹘等部落，扩大地盘。他劝说李德明不要再向宋朝称臣，李德明不愿跟宋朝决裂，对儿子说：“我们30年来，能够穿上锦衣，都是宋朝的赏赐，可不该背叛他们啊！”元昊却说：“穿皮毛，牧牛羊，这是我们党项的风俗。英雄好汉，应该创立自己的事业，哪能仰仗人家的鼻息过日子？”

★白釉褐花天鹅纹瓮·西夏

元昊

元昊（1003-1048年），即李元昊，西平王李德明之子。1028年领兵攻占甘州，破西凉府，被立为“太子”，1032年继王位。1033年战胜吐蕃，攻破牦牛城。1036年西攻回鹘，攻占瓜州、沙州、肃州，占领河西走廊。1038年在兴庆府（今银川）建立大夏国，筑台受册，继皇帝位。1040年在好水川（今宁夏隆德县境）大败宋军。1042年出击定川寨，俘获宋兵9400余人。1044年在贺兰山北大败辽军。大夏建国后，注重军事、农牧业和文化艺术的发展，下令整修水利，开凿“昊王渠”，疏通秦渠，国力逐渐强盛，形成与辽、宋相互对峙的局面。1048年，元昊在宫廷斗争中被刺身亡。

★元昊陵墓

★西夏武士的装束

可是李德明不肯接受他的意见，依旧对宋朝感恩戴德，而元昊却每时每刻都在准备与宋朝决裂。1031 年，李德明死去，元昊继承了西平王的爵位。从此，他按照自己的主张，设置官职，整顿军队，准备摆脱宋朝的控制，自立门户，与北宋王朝分庭抗礼。此时，西夏所控制的领土“东尽黄河，西界玉门，南接萧关，北控大漠”，“方二万余里”，事实上已形成了与宋、辽三足鼎立的局面。

元昊的叔父山遇劝元昊不要反宋，元昊不听，并把叔父看作他登基的障碍，他授意手下给山遇网罗罪名，以便将其除掉。山遇知道了元昊的险恶用心，逃奔宋朝，宋朝的延州官员怕得罪元昊，反把山遇抓起来送还元昊，元昊残忍地将其杀害。1038 年，元昊正式宣布即位称帝，国号大夏，建都兴庆（今银川市）。因为它位于宋都的西北，史称西夏。

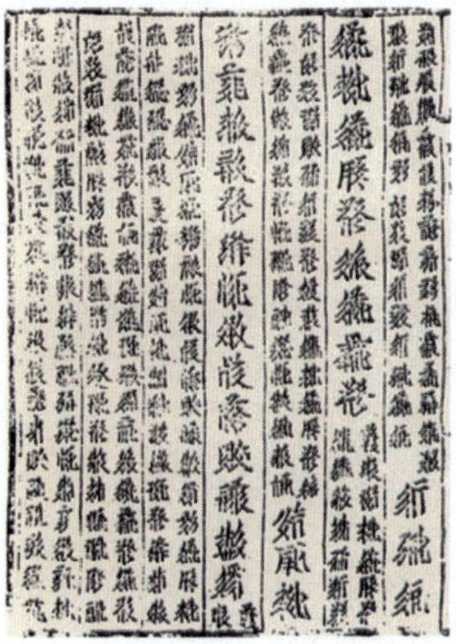

★西夏文刻《孙子兵法》

元昊建国后，依照唐宋时期的政治制度建立了中书省、枢密院等机构，并推行科举制度，同时命人仿照汉字创造了西夏文字。从 1040 年开始，西夏自视强大，不断对宋发动战争，并取得了一些局部性的胜利。

1040 年正月，元昊派牙校贺真等率部向宋金明寨部都监李士彬诈降，又令将士与李士彬相遇时不战而退，称李士彬为“铁壁相公”，并假意说：“我等闻铁壁相公之名，莫不坠胆。”用以促使李士彬越加骄傲，松懈防务。而后，元昊用突袭战术围攻金明寨，原来诈降的党项士卒为之内应，一夜之间便攻破寨城，俘虏李士彬。接着，元昊进围延州（今陕西延安），宋朝驻延州的长官范雍十分惊慌，立即牒令驻守庆州（今甘肃庆阳）的刘平和石元孙率军赴援。不想，正当刘、石二人的兵马人困马乏的时候，遭到元昊预设伏兵的袭击，宋军万余人被消灭殆尽，刘平和石元孙被俘。

1041 年 2 月，元昊又一次向宋发动进攻。元昊了解宋军将领任福求胜心切，设下引蛇出洞之计。先派小股部队入寇，遇任福大军后既佯输诈败，仓惶撤退。任福不知是计，即抛掉辎重，率数千轻骑追击，沿途夏军遗弃了不少马匹、骆驼，宋军见状更是穷追不舍。进入好水川口后，宋军发现路上摆着不少封闭的泥盒子，用手一拍，里面有跃动之声。任福命令士卒将盒砸开，装在里面的鸽子受惊腾起，直飞谷顶，这正是宋军进入埋伏的信号。夏军得到信号，10 万人马一起从山头出击，将宋军压在谷地。元昊在山头以二丈多长的大旗作为指挥的标志。宋军向西旗指向西，宋军向东旗指向东，任宋军左右冲杀，终不得脱险。此战，宋军死伤惨重，损失将校 10 余员，任福亦中箭为乱兵所杀。

元昊取得胜利后，又曾多次发动对宋战争，宋军连连损兵折将，宋仁宗不得不起用韩琦、范仲淹防守边境。两人同心协力，爱抚士卒，严肃军纪，西夏才不敢再向纵深发展。

西夏虽然屡打胜仗，但人马死亡较多，财力不支。而且，因宋朝封闭了沿边榷场（辽、宋、西夏、金政权各在接界地点设置的互市市场），采取清野固守政策，西夏人民迫切需要的茶和布匹都无法得到，因此西夏人民要求和平，开展互市贸易。同时，辽在辽、夏边境修筑城堡，调集军队对西夏有窥视和吞并之意。于是，元昊请和。1044 年，宋与西夏双方订立和议：元昊取消帝号，由北宋册封西夏国主，向宋称臣。宋每年送给西夏“岁币”，重开边境贸易。此后，两国之间基本维持着和平的局面，民族融和得到了加强。

★白釉黑花缠枝牡丹纹瓮·西夏

范仲淹实行新政

FAN ZHONG YAN SHI XING XIN ZHENG

从元昊叛宋起，宋军的边防开支便突然膨胀起来。朝廷和官府为了扩大收入，又不得不增加百姓负担。于是，包括京城附近在内，各地反抗朝廷的暴动与骚乱，纷然而起。

1043年，为了稳定政局，仁宗皇帝将西线的三名统帅——夏竦、韩琦和范仲淹，一同调回京师，分别任命为最高军事机关的正副长官——枢密使、枢密副使。随后又扩大言官编制，亲自任命四名谏官——欧阳修、余靖、王素和蔡襄，后来号称“四谏”。

范仲淹不但是个军事家，而且是宋代著名的政治家、文学家。他是苏州吴县人，幼时丧父，因为家里贫穷，母亲不得不带着他改嫁到一个姓朱的人家。范仲淹在十分艰苦的环境中成长，他住在一个庙宇里读书，穷得连一日三餐都吃不上，天天只得熬点薄粥充饥，但他仍旧刻苦自学。有时候，读书到深更半夜，实在疲倦得张不开眼睛，就用冷水泼在脸上，等倦意消失后继续攻读。这样苦读了五六年，终于成为一个很有学问的人。

★宋仁宗像

范仲淹原来在朝廷当谏官，因为看到宰相吕夷简滥用职权，任人唯亲，就向仁宗大胆揭发，由此招致吕夷简的忌恨。一次，吕夷简诬告范仲淹交结朋党，挑拨君臣关系。宋仁宗听信了吕夷简的话，把范仲淹贬谪到南方，直到西夏战争发生以后，才把他调到陕西去。

这一次，“四谏”官上朝言事，齐奏仁宗以正直干练，既有军事指挥才能，又有富国强兵之策的范仲淹取代副宰相王举正。范仲淹因在宋夏战争中立下了大功，宋仁宗也觉得他的确是个人才，经“四谏”官从中举荐，仁宗遂决定准奏。

当年9月，仁宗连日催促范仲淹等人拿出措施，改变局面。范仲淹、富弼和韩琦连夜起草改革方案，范仲淹还认真总结从政28年来酝酿已久的改革思想，很快呈上了著名的新政纲领《答手诏条陈十事》，提出了十项改革主张。

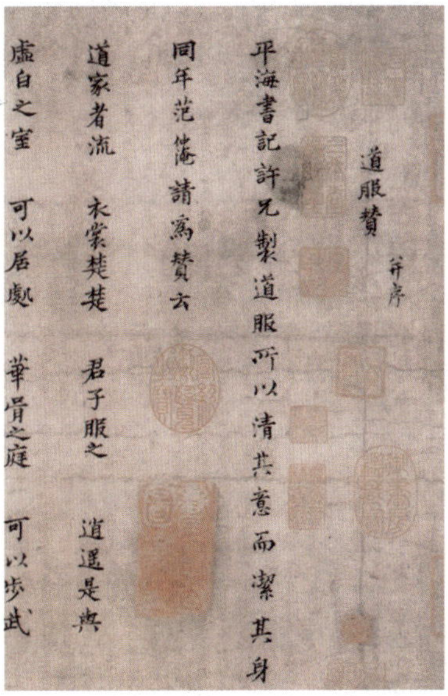

★范仲淹《道服赞》·宋

★范仲淹雕像

范仲淹的《条陈十事》主张建立严密的仕官制度，注意农桑，整顿武备，推行法制，减轻徭役。具体内容为：一是对官吏一定要定期考核，按他们的政绩好坏提拔或者降职；二是严格限制大臣子弟靠父亲的关系得官；三是改革科举制度；四是慎重选择任用地方长官；五是均公田；六是厚农桑，即重视农桑等生产事业；七是修武备，即整治军备；八是推恩信，即广泛落实朝廷的惠政和信义。主管部门若有人拖延或违反赦文的施行，要依法从重处置；九是重命令，即要严肃对待和慎重发布朝廷号令；十是减徭役。

《条陈十事》写成后，范仲淹立即呈送给宋仁宗。宋仁宗和朝廷其他官员商量，表示赞同，便逐渐以诏令形式颁发全国，史称“庆历新政”。庆历新政使范仲淹的改革思想得以付诸实施，在短短几个月间，政治局面已焕然一新；官僚机

★岳阳楼

构开始精简；以往凭家势做官的子弟，受到重重限制；昔日单凭资历晋升的官僚，增加了调查业绩品德等手续，有特殊才干的人员，得到破格提拔；科举考试中，突出了实用议论文的考核；全国普遍办起了学校。

范仲淹为了推行新政，及时撤换地方上不称职的官吏，他又派出许多按察使，分赴各地。按察的汇报一到，他就同韩琦、富弼等大臣予以审查。有一次，范仲淹在官署里审查一份监司的名单，发现有贪赃枉法行为的人员，就提起笔来把名字勾去，准备撤换。在他旁边的富弼看了心里不忍，对范仲淹说："范公啊，你这大笔一勾，可就有一家人要哭啦！"范仲淹回答说："一家人哭，总该比几个州县的百姓哭好些！"

范仲淹在推行新政期间，一些皇亲国戚，权贵大臣，贪官污吏，纷纷散布谣言，攻击新政。有些人暗中操纵，指挥其爪牙给参与改革的大臣罗织罪名，诬告谋反，使那些改革者遭受不白之冤。一些对改革措施阳奉阴违，游离于保守与改革之间的人也趁机落井下石，倒向保守派的一边。

此时，富弼为了避嫌，请求出使边地。范仲淹也自知无力阻滞逆流，带职去视察河东与陕西。而"四谏"官之一的欧阳修也早被他们明升暗降，出使到河东。宋仁宗看到反对革新的势力这么强大，开始动摇。此时，宋夏之间已正式议和，政治危机也大略消弭，因而仁宗对于改革的兴致便逐渐冷漠和淡释。1045 年初，曾慷慨激昂，想励精图治的宋仁宗终于完全退缩，他下诏废弃一切改革措施，范仲淹和富弼被撤去军政要职，实行仅一年有余的各项新政，也先后纷纷取缔。

范仲淹为了改革政治，受了很大打击，但是他并不因为个人的遭遇感到懊恼。次年，他的一位在岳州（今湖南岳阳）做官的老朋友滕宗谅，修建当地的名胜岳阳楼时，请范仲淹写篇纪念文章，范仲淹欣然写下了《岳阳楼记》。在那篇著名的文章里，范仲淹提到：一个有远大政治抱负的人，他的思想意识应该是"先天下之忧而忧，后天下之乐而乐"。这两句名言一直被后来的人传诵，它体现了范仲淹一生所追求的为人准则，是他忧国忧民思想的高度概括。

★河南伊川万安山范文正公之墓

范仲淹

范仲淹（989-1052 年），字希文。吴县（今属江苏）人。北宋名臣，与包拯同朝。少年时家贫，但勤奋好学，当秀才时就常以天下为己任，有敢言之名。曾多次上书批评当时的宰相，因而三次被贬。宋仁宗时官至参知政事，相当于副宰相。元昊反宋时，以龙图阁直学士与夏竦经略陕西，号令严明，夏人不敢再犯，羌人称其为龙图老子，夏人称为小范老子。宋仁宗庆历三年（1043 年）范仲淹对当时朝政的弊病极为痛心，提出"十事疏"，主张建立严密的仕官制度，注意农桑，整顿武备，推行法制，减轻徭役。宋仁宗采纳他的建议，陆续推行，史称"庆历新政"。可惜，不久因为保守派的反对而搁置，范仲淹也被贬至陕西四路宣抚使，后来在赴颍州途中病死。

范仲淹喜好弹琴，但平日只弹履霜一曲，故时人称之为范履霜。他工于诗词散文，所作的文章富政治内容，文辞秀美，气度豁达。他的《岳阳楼记》一文中的"先天下人之忧而忧，后天下人之乐而乐"两句，为千古佳句，也是他一生爱国的写照。

★范仲淹像

欧阳修改革文风

OU YANG XIU GAI GE WEN FENG

1043 年，范仲淹、韩琦、富弼等人推行庆历新政，欧阳修参与革新，提出了改革吏治、军事、贡举法等主张。1045 年，范、韩、富等相继被贬，欧阳修也因上书给仁宗，替范仲淹等人辩解，被贬为滁州（今安徽滁县）太守。

欧阳修是我国著名的文学家，庐陵（今江西永丰）人。他 4 岁的时候，父亲病死，母亲带着他到随州（今湖北随县）依靠他叔父生活。欧阳修的母亲是一位贤慧有志、颇有教养的人，她一心想让儿子读书成人，可是家里穷，买不起纸笔。她看

★欧阳修塑像

到屋前的池塘边长着荻草，就用荻草秆儿在泥地上写字，并教欧阳修认读。幼小的欧阳修边读边用荻草秆儿模仿母亲的字，久而久之，欧阳修竟用这种方法学会了很多字。而且，欧阳修还从此养成了一个勤奋好学的习惯。

欧阳修 10 岁的时候，经常到附近藏书多的人家去借书读，有时候还把借来的书抄录下来。一次，他在一家姓李的人家借书，从那家的一只废纸篓里发现一本旧书，他翻了一下，知道是唐代文学家韩愈的文集，就向主人借来，带回家里细细阅读。

宋朝初年的时候，社会上流行的文风讲求华丽，内容空洞。欧阳修读了韩愈的散文，觉得它文笔流畅，说理透彻，跟流行的文章完全不一样，他便认真琢磨，学习韩愈的文风，用心领会和掌握韩愈的写作技巧。功夫不负有心人，仁宗天圣八年（1030 年），欧阳修到东京参加进士考试，连考三场，都得了第一名，他因而高中进士。

欧阳修 20 多岁的时候，在文学方面已有很深的造诣。他官职不高，但是十分关心朝政，正直敢谏。当范仲淹得罪吕夷简被贬谪到南方去的时候，许多大臣都同情范仲淹，只有谏官高若讷认为范仲淹应该被贬。欧阳修十分气愤，写信责备高若讷说："作为一名谏官，同僚无辜获罪，不知诤言进谏，反而幸灾乐祸，似这等不知道人间有羞耻的人，怎还有脸出入朝中呢？"

欧阳修觉得指责一个谏官还不能解决实际问题，于是他又写了一篇题为《朋党论》的文章给宋仁宗，文章中说："自古以来，坏人陷害好人，总是说好人是朋党，诬蔑他们专权。范仲淹是国家有用的人才，为什么要把他罢免？如果听信坏人的话，把他们罢官，只会让坏人得意，敌人称快！"为了这件事，他被贬为夷陵（今湖北宜昌）县令。

★欧阳修像

这次，欧阳修被贬至滁州，虽在情理之外，而对于欧阳修来说又在预料之中。因而他并未因此长吁短叹，而是轻车简从，离京赴任。滁州四面环山，风景优美。欧阳修到滁州后，除了处理政事之外，常常游览山水。当地有个和尚在滁州琅琊山上造了一座亭子供游人休息。欧阳修登山游览的时候，常在这座亭上喝酒。他自称"醉翁"，给亭子

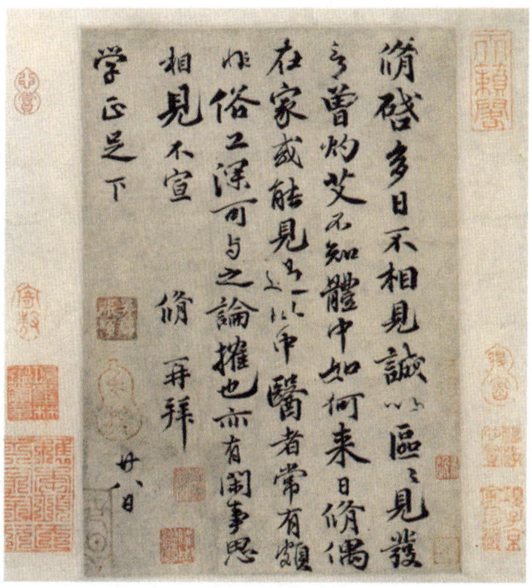

★欧阳修《灼艾帖》

★醉翁亭

★范仲淹雕像

起个名字叫醉翁亭。他写的散文《醉翁亭记》，成为人们传诵的杰作。据说他为了写好这篇文章，曾反复进行修改。如文章的开头，原来对滁州的东南西北方向的山都进行了叙述，占用了很大的篇幅。欧阳修觉得过于罗嗦，就反复精练，到最后成文时，这段文字仅剩下了“环滁皆山也”五个字。用于文章当中，既交待了景物，又做到了简练。

欧阳修当了十多年地方官，宋仁宗想起他的文才，才把他调回京城，担任翰林学士。由于他一贯反对浮华的学风，提倡文章要写得自然流畅，没有斧凿的痕迹，后来在他担任翰林学士以后，积极提倡改革文风。有一年，京城举行进士考试，朝廷派他担任主考官。他认为这正是他选拔人才、改革文风的好机会，在阅卷的时候，发现华而不实的文章，一概不录取。考试结束以后，有一批人落了选，对欧阳修十分不满。一天，欧阳修骑马出门，半路上被一群落选的人拦住，吵吵嚷嚷地辱骂他。后来，巡逻的兵士过来，才把这批人赶跑。

经过这场风波，欧阳修虽然受到了一些压力，但是考场的文风就此发生了变化，大家都学着写内容充实和朴素的文章了。欧阳修荐拔和指导了王安石、曾巩、苏洵、苏轼、苏辙等散文家，对他们的散文创作产生了很大的影响。其中，苏轼最出色地继承和发展了他所开创的一代文风。在文学史上，人们把欧阳修等六个人和唐代的韩愈、柳宗元合起来，称为“唐宋八大家”。

欧阳修在中国文学史上有重要的地位，他所大力倡导的诗文革新运动，改革了唐末到宋初的形式主义文风和诗风，欧阳修取韩愈“文从字顺”的精神，大力提倡简而有法和流畅自然的文风，反对浮靡雕琢和怪僻晦涩。他不仅能够从实际出发，提出平实的散文理论，而且自己又以造诣很高的创作实绩，起了示范作用，其平易的散文风格一直影响至深。

★欧阳修墓

欧阳修

欧阳修（1007-1072年），字永叔，号醉翁，晚号六一居士。吉州永丰（今属江西）人。北宋政治家、文学家，唐宋八大家之一。

欧阳修幼年丧父，在寡母抚育下读书。仁宗天圣八年（1030年）中进士。次年任西京（今河南洛阳）留守推官，与梅尧臣、尹洙结为至交，互相切磋诗文。景祐元年（1034年），召试学士院，授任宣德郎，充馆阁校勘。景祐三年（1037年），范仲淹因上章批评时政，被贬饶州，欧阳修为他辩护，被贬为夷陵（今湖北宜昌）县令。

1040年，欧阳修被召回京，复任馆阁校勘等职。庆历三年（1043年），范仲淹、韩琦、富弼等人推行“庆历新政”，欧阳修参与革新，两年后，因变法失败被贬为滁州（今安徽滁州）太守。以后，又知扬州、颍州（今安徽阜阳）、应天府（今河南商丘）。至和元年（1054年）8月，奉诏入京，与宋祁同修《新唐书》。

1057年2月，欧阳修以翰林学士身份主持进士考试，提倡平实的文风，录取了苏轼、苏辙、曾巩等人，对北宋文风的转变产生了影响。嘉祐五年（1060年），欧阳修拜枢密副使，次年任参知政事。以后，又相继任刑部尚书、兵部尚书等职。

神宗熙宁四年（1071年），欧阳修以太子少师的身份辞职。居颍州（今属安徽省）。神宗熙宁五年（1072年），欧阳修卒于家，谥文忠。

铁面无私的包拯

TIE MIAN WU SI DE BAO ZHENG

“庆历新政”由于权贵保守势力的反对和破坏，加之宋仁宗对革新的立场摇摆不定而失败。此后，北宋的朝政越来越腐败，王侯公卿更加花天酒地，醉生梦死。京师内外的达官贵人及其子弟，依旧歌舞喧天，过着纸醉金迷的生活。京城开封府（管理开封城区及周边各县行政、司法等事务的官署）和权贵大臣贪污受贿的风气十分严重，一些皇亲国戚更是肆无忌惮，不把国法放在眼里。

1056 年 12 月，朝廷任包拯为开封府尹，他前后在任只有一年多。但在这短短的一年多时间里，却把号称难治的开封府，治理得井井有条。他敢于惩治权贵们的不法行为，坚决抑制开封府吏的骄横之势，并能够及时惩办诬赖刁民。

包拯是庐州合肥人，早年做过天长县（今安徽天长）的县令。有一次，他的辖区里发生了一个案件，有个农民发现自家拴在牛棚里的牛不知什么原因躺倒在地上，嘴里还淌着血，掰开牛嘴一看，原来牛的舌头被人割掉了。当时正是耕种季节，没有了牛会影响春播，这个农民又气又心疼，赶到县衙告状，要求包拯为他查究割牛舌的人。

包拯稍加思索，便胸有成竹地对告状的农民说：“你先别声张，回去就把那头牛宰了，余下的事我自会料理。”按当时的法律，耕牛是不能私自屠宰的，但由于割掉了舌头的牛不能吃草和咀嚼，既使存活也不能耕作了。所以，尽管那个农民有些舍不得，也只得将耕牛宰杀。不过，那个农民刚刚杀完耕牛，天长县衙里就来了一位告发农民私宰耕牛的人。

包拯待来人讲明情况，突然将脸一沉，厉声喝道：“好一个大胆的家伙，你把人家的牛舌割了下来，反倒来告人私宰耕牛？”来人一听包拯将自己的诡计戳穿，吓得磕头如捣蒜，老老实实地把前因后果都招了出来。

原来，割牛舌的人跟那个农民有仇隙，所以他先割了牛舌，再去告发牛主人宰牛，以为这样能一石二鸟。谁知聪明反被聪明误，他的伎俩一眼便被包拯识破，害得自己坐牢。从此以后，包拯断案如神在当地传为美谈，也震慑了一些不法之徒。

包拯因政绩突出，以后又调任端州（今广东肇庆）知州，在那里他同样以断案准确、快捷而受到当地百姓的交口称赞。同时，他每到一个地方，都取消了一些苛捐杂税，清理了一些沉积的冤案。在端州时，那里出产饮誉全国的名贵特产——砚台。皇宫规定，端州官员每年要进贡一批端砚到内廷去，在端州做官的人往往借进贡的机会，向百姓大肆搜刮，私下贪污一批，用来讨好那些权贵大臣。自包拯到了端州，向民间征收端砚，除了进贡朝廷的以外，他连一块都不增加，离开端州时，也没有私自要过一块端砚。

★开封包公祠包拯塑像

★包拯像

由于为官清廉，包拯被调到京城做了谏官。为惩治贪官，他于 1044 年向仁宗上疏《乞不用赃吏》，认为清廉是人们的表率，而贪赃则是“民贼”。包拯七次上书弹劾江西转运使王逵，揭露他“心同蛇蝎”，残害百姓。1050 年，包拯曾三次弹劾外戚张尧佐，审清妖人冷青冒充皇子的特大诈骗案，震动了朝野。

这次，宋仁宗想整顿一下京城开封的秩序，考虑包拯铁面无私，

★建于端州的包公楼

具有威名，便把包拯调任开封府知府。开封府是皇亲国戚、豪门权贵集中的地方。以前，不管谁来当府尹，免不了跟权贵通关节，接受贿赂。而且，按照宋朝的规矩，谁要到衙门告状，先得托人写状子，还得通过衙门小吏传递给知府。一些讼师恶棍，便趁机敲榨勒索。包拯上任以后，决心把这种腐败的风气整顿一下。他规定：老百姓要诉冤告状，可以到府衙门前击鼓。鼓声一响，府衙门就大开正门，让百姓直接上堂控告。

有一年，开封发大水，那里一条惠民河河道阻塞，水排泄不出去。包拯经调查得知，河道阻塞的原因是有些宦官、权贵侵占了河道，在河道上修筑花园、亭台。包拯立刻下命令，要这些园主把侵占河道的建筑全部拆掉。有个权贵不肯拆除，还伪造了契约，硬说那块地是他的私有财产。包拯指出地契系伪造，并准备向仁宗揭发时，那个权贵怕仁宗追究，只得乖乖地把花园拆掉。

一些权贵得知包拯执法严明，都吓得不敢为非作歹。有个权贵想通关节，打算送点什么礼物给包拯，旁人提醒他说：“别浪费心思了，包拯的廉洁奉公是出了名的。”那个权贵听了，知道没有空子好钻，也只得作罢。后来，开封府的男女老少，没有人不知道包拯是个大清官，民间当时流传着两句歌谣：“关节不到，有阎罗包老。”

1061年，开封府在包拯的治理下，官吏谨行于事，权贵慎行于路，百姓安居乐业。因此，仁宗很器重包拯，提升他为枢密副使。不过，包拯做了高官，家里的生活照样十分朴素，与普通百姓一样。有的亲戚以为他做了高官，可以利用他做靠山，便每每求助于包拯，但包拯凡事必问个是非曲直，对于一些人的非分之想他从不答应。

1062年5月，一代清官包拯辞世。“京师吏民，莫不感伤，叹息之声，大街小巷都可听得到”。死前，他还留下了一份遗嘱说：“后代子孙做了官，如果犯了贪污罪，不许回老家；死了以后，也不许葬在咱包家的坟地上。”由于包拯在开封府执法严明，铁面无私，贵戚宦官也不得不有所收敛，听到包拯的名字就感到害怕。儿童妇孺们都知道包拯之名，亲切称呼他为“包待制”、“包龙图”，后世则称他“包青天”。

★包拯墓

★定窑刻花大盘·北宋

包拯

包拯（999—1062年），字希仁。庐州合肥（今属安徽）人。北宋仁宗时进士。曾任州、县官，后升任天章阁待制、龙图阁直学士、开封知府、御史中丞、枢密副使。其父包令仪是进士，任七品虞部员外。1027年，包拯29岁考中进士，初授大理监事、建昌知县。由于他的父母年事已高，包公便弃官在家奉养双亲。数年后父母相继去世，他把父母葬于城东，在墓旁守孝3年，居家长达10年之久。

1037年，包拯39岁重登仕途，出任扬州天长知县。包拯为官刚直不阿。他主张对外严修武备，精选将才，招募义勇，广储粮食，以抵御外侮；对内抑制宦戚特权，选用贤俊，广开言路，整饬吏治，轻徭薄赋，与民休息。强调立法必须既要对国家有利，又要对百姓无害；反对随意变更法令，主张务德慎刑，明正赏罚。他严格执法，铁面无私，敢于摧折权贵，为民伸冤。包拯在后世被广为称颂，民间誉为“包青天”，并编有许多颂扬其事迹的文艺作品。

王安石变法

WANG AN SHI BIAN FA

1067年正月，宋神宗即位，他立志革新，于熙宁元年（1068年）四月，召王安石入京，变法立制，富国强兵，改变积贫积弱的现状。此前，虽然宋仁宗也用过像范仲淹、包拯等一些正直的大臣，但是他在改革进程中摇摆不定，最终使改革前功尽弃，致使北宋王朝越来越衰弱。他没有儿子，死后由一个皇族子弟做他的继承人，这就是宋英宗。英宗即位仅4年便病死，太子赵顼即位，是为宋神宗。

宋神宗自幼勤奋好学，当太子时便时常得到大臣们的赞誉。他喜读《韩非子》，对法家“富国强兵”之术颇感兴趣。神宗即位时，北宋的统治面临一系列危机，军费开支庞大，官僚机构臃肿而政费繁多，加上每年赠送辽和西夏的大量岁币，使北宋财政年年亏空，至治平二年（1065年），亏空已达1570多万。广大百姓由于豪强兼并，高利贷盘剥和赋税徭役的加重，屡屡暴动反抗。值此内外忧患，财政困乏之际，神宗没有气馁，他力图“思除历世之弊，务振非常之功”，表现出“励精图治，将大有为”，“奋然将雪数世之耻”的政治气概。

神宗在即位之前已闻知王安石的政治抱负和才能，还读过王安石的《上仁宗皇帝言事书》，对王安石的理财治国思想非常赞赏，并“由是想见其人”。因此，即位数月，就让王安石出任江宁知府。几个月后，又召王安石为翰林学士兼侍讲，寄以治国安邦的厚望。

王安石才智过人，是宋朝著名的文学家和政治家，抚州临川（今江西抚州西）人。他年轻时候，文章写得十分出色，曾得到欧阳修的赞赏。王安石20岁中进士，做了几任地方官。他在鄞县（今浙江鄞县）当县令的时候，正逢那里灾情严重，百姓生活十分困难。王安石兴修水利，改善交通，把那里治理得井井有条。每逢青黄不接的季节，百姓无米为炊，他就打开官仓，把粮食借给农民，到秋收以后，让他们加上官定的利息偿还。这样做，农民可以不再受大地主豪强的重利盘剥，日子比较好过一些。

★王安石纪念馆

王安石做了20年地方官，名声越来越大。后来，宋仁宗调他到京城当管理财政的官员。1058年，38岁的王安石写就《上仁宗皇帝言事书》，虽未被采纳，但知名度大增。这次，他应宋神宗召请，便兴冲冲地赶往京城。王安石一到京城，宋神宗就叫他单独进宫谈话。神宗一见面就问他说：“你看要治理国家，该从哪儿着手？”王安石从容不迫地回答说：“先从改革旧的法度，建立新的法制开始。”

★王安石雕像

宋神宗命他回去写个详细的改革意见，王安石当天晚上便写了一份意见书，并于次日呈神宗申阅。宋神宗认为王安石提出的意见都切实可行，感到十分满意，便对王安石更加信任，对改革信心十足。1069年，宋神宗把王安石提升为副宰相，参知政事，主持变法。王安石择优汰劣，任用了一批年轻的官员，并且设立了一个专门制定新法的机构，很快便将新法颁布施行。

王安石的变法主要包括理财、整军、科举和学校等几个方面，其主要目的在于富国强兵。一是青苗法：规定在每年的二月、五月青黄不接时，按户以较低的利率贷款给农民，称为“青苗钱”，半年加息二分，随缴纳夏税、秋粮时一同还贷，以帮助农民度过生产、生活的难关。这样做既抑制了高利贷者的盘剥，又使官府得到了收入。二是农田水利法：规定农田水利工程由受益农户出料、出工修建，人力不足可按“青苗法”向官府借贷；提倡和鼓励个人修建水利工程。三是免役法：官府向应服役而不愿服役的人家，按贫富差异，收取免役钱，由官府雇人承担，这样便能减轻农民的

★宋神宗像

差役负担。四是均输法和市易法：这两种法主要用来调整供求关系，调节物价，防止因个人垄断而扰乱市场，同时增加了官府的收入。五是方田均税法：为防止隐瞒和漏报土地占有量，全国清查土地，并按核实后的土地占有量、土地贫瘠的程度，作为收取赋税的依据。

新法在整军方面也有较大的改革。一是将兵法：精简军队，淘汰老弱；设置将官，并选有作战经验和能力的人充任；固定各禁军的驻地，选派有经验的将领统率和训练，以提高禁军的战斗力。二是保甲法：一家有两个以上成年男子的，以一人为保丁，十家为一保，五保为一大保，十大保为一都保。农闲时保丁集中接受训练，平时负责维持保内的治安，战时可随时选入禁军参战。三是保马法：由官府给马或给钱自买，为国家养马，以备缓急之用。养马可免交部分赋税，减少了由国家养马的占地和费用。

另外，王安石还在科举和学校方面实施了改革。规定在科举考试时以经义、论、时务策为主。扩大太学的规模，增加学额，并把太学分为外舍、内舍、上舍三个等级，以便培养各类专门人才。

王安石的变法对巩固宋王朝的统治、增加国家收入，起了积极的作用。但变法触犯了保守派的利益，遭到保守派的反对。有一次，宋神宗把王安石找去，问他说：“外面人都在议论，说我们不怕天变，不听人们的舆论，不守祖宗的规矩，你看怎么办？”

王安石坦然回答说：“陛下认真处理政事，这就可说是防止天变了。陛下征询下面的意见，这就是照顾到舆论了。再说，人们的话也有错误的，只要我们做的合乎道理，又何必怕人议论。至于祖宗老规矩，本来就不是固定不变的。”

1074年，河北闹了一次大旱灾，一连十个月没下雨，农民断了粮食，到处逃荒。宋神宗闻报后愁眉不展。这时，有一个官员趁机画了一幅“流民图”献给宋神宗，说旱灾是王安石变法造成的，要求神宗把王安石撤职。宋神宗看了这幅流民图，只是长吁短叹，晚上睡不着觉。神宗的祖母曹太后和母亲高太后也在神宗面前哭哭啼啼，诉说天下被王安石搞乱了，逼神宗停止新法。

王安石眼看新法没法实行下去，气愤得上书辞职。宋神宗也只好让王安石暂时离开东京，到江宁府去休养。次年，宋神宗又把王安石召回京城当宰相。但王安石复相后得不到更多支持，不能把改革继续推行下去。加上变法派内部分裂，其子王雱的病故，王安石于1076年第二次辞去宰相职务，从此闲居江宁府。宋哲宗元祐元年（1086年），保守派得势，此前的新法都被废除，政局出现了逆转。

王安石

王安石（1021-1086年），字介甫，号半山，小字獾郎，封荆国公，世人又称王荆公。抚州临川人，北宋杰出的政治家、思想家、文学家。王安石出生在一个小官吏家庭。父亲曾为临江军判官，一生在南北各地做了几任州县官。王安石从小喜欢读书，受过良好的教育。庆历二年（1042年）登杨镇榜进士第四名，先后任淮南判官、鄞县知县、舒州通判、常州知州、提点江东刑狱等地方官吏。治平四年（1067年）神宗初即位，任王安石为江宁知府，随即召为翰林学士。熙宁二年（1069年）提为参知政事，从熙宁三年（1070年）起，两度任同中书门下平章事，推行新法。熙宁九年（1076年）罢相后隐居，病死于江宁（今江苏南京）钟山。

王安石从小随父宦游南北，对北宋中期隐伏的社会危机有所认识。在他进入仕途任地方官吏时，能够关心民生疾苦，多次上书建议兴利除弊，减轻人民负担。由于较长时期接触了解社会现实，“慨然有矫世变俗之志”。

王安石为“唐宋八大家”之一，他的散文，雄健简练，奇崛峭拔，大都是书、表、记、序等体式的论说文，阐述政治见解与主张，为变法革新服务。这些文章针对时政或社会问题，观点鲜明，分析深刻，长篇则横铺而不力单，短篇迂折而不味薄。

司马光与《资治通鉴》

SI MA GUANG YU ZI ZHI TONG JIAN

1085年，宋神宗病死，年仅10岁的太子赵煦即位，是为宋哲宗。哲宗年幼，由祖母高太后临朝。此时，反对新法最激烈的司马光得到了高太后的赏识，命其入京担任宰相。

司马光是陕州夏县(今山西夏县)人，他在7岁时就开始专心读书，而且不管炎热的盛夏，还是数九严冬，他总是手不释卷，吃饭时，他都不愿将书放下。司马光不仅能够熟练地背诵《左传》，而且还可以把200多年的历史梗概讲述得清清楚楚。他好读书，求甚解，又有选择，他不喜欢佛学和道学，但对历史有着十分浓厚的兴趣。司马光不但读书用功，而且人很机灵。一次，一个小伙伴儿在捉迷藏时掉进了院子里的一口大水缸，缸大水深，孩子头朝下浸在水里，小伙伴儿们见他拼命挣扎，吓得一面哭喊，一面找大人来救。司马光却急中生智，他捡起一块石头，猛地将缸砸破，缸里的水顿时流了出来，被淹在水里的孩子因而得救。

1038年，年仅20岁的司马光考中进士甲科，可谓功名早成。然而，他却不以此自满自傲，他常说："一个贤明的人活在世上，应当具礼义而怀仁德，微小的功名有什么可传扬的呢？"这些话反映出年轻的司马光不图虚名，立志以仁德建功立业，成圣称贤的心态。此后，他也一直朝着这个方向努力。

宋神宗在位的时候，司马光担任翰林学士，与王安石同朝为官。司马光和王安石本来是要好的朋友，后来王安石主张改革，司马光思想保守，两个人因此而疏远。王安石做了宰相以后，司马光坚持"祖宗之法不可变"的教条，竭力反对、阻挠王安石变法。当神宗准备任命他为枢密副使时，他坚持不受，并以废除新法为条件相要挟。他还以故交旧友的身份，三番五次给王安石写信，攻击其变法是"侵官、生事、征事、拒谏"，致使"天下怨谤"。王安石当仁不让，立即回信说："我受皇上的命令，改革法制，怎能说我侵犯别人职权；为国家办事，怎能说我惹是生非；为天下理财，怎能说是搜刮财富；驳斥错误的言论，怎能说拒绝意见。"

★司马光像

1070年，司马光看到新法已势在必行，便自请离京，专心于著书立说。司马光对历史很有研究，他认为治理国家的人，一定要通晓历史，从历史中吸取兴盛、衰亡的经验教训。于是，他很早就动手编

★司马光砸缸雕塑

★司马光墓前的神道

★司马光墓前的神道碑楼

写一本从战国到五代的史书。宋英宗在位的时候，他把一部分书稿献给朝廷，宋英宗看后十分赞赏，帮他组织人力，继续编写。

宋神宗虽然不赞同司马光的政治主张，但是对司马光编书却十分支持。他把自己的藏书 2400 卷都给了司马光，让他作为参考，还亲自将这本书命名为《资治通鉴》。

司马光罢官回到洛阳之后，便专心写《资治通鉴》，一共花了 19 年时间，才把这部著作完成。这部书按历史年代编写，从周威烈王二十三年（前 403 年）到后周世宗显德六年（959 年），记载了 1363 年的历史。

为了写这一部巨大篇幅的著作，司马光和他的助手们搜集和整理了大量资料，除了采用历代的正史之外，还参看各种历史著作 300 多种。《资治通鉴》的著述意义已远远超过了司马光著史治国的本意，它不仅为统治者提供借鉴，也为全社会提供了一笔知识财富。它同《史记》一样，被人们称为史学瑰宝。当然，《资治通鉴》的成书，是与司马光的呕心沥血分不开的。在洛阳的 15 年，他几乎耗尽了全部心血。在书编成后，他曾上表皇上说："臣现在骨瘦如柴，老眼昏花，牙齿也没几颗了，而且神经衰弱，刚刚做过的事情，转过身就忘记。臣的精力全都耗费在这部书里了！"司马光为编书经常废寝忘食，有时家里实在等不到他回来吃饭，便将饭送至书局，还要几次催促后才吃。他每天修改的稿子有一丈多长，而且上面没有一个草书，全是一丝不苟的楷书。书成之后，仅在洛阳存放的残稿就堆满了两间屋子，可见他为这本书付出了多么艰辛的劳动。由于他在史学方面作出了贡献，他被认为我国历史上著名的史学家。

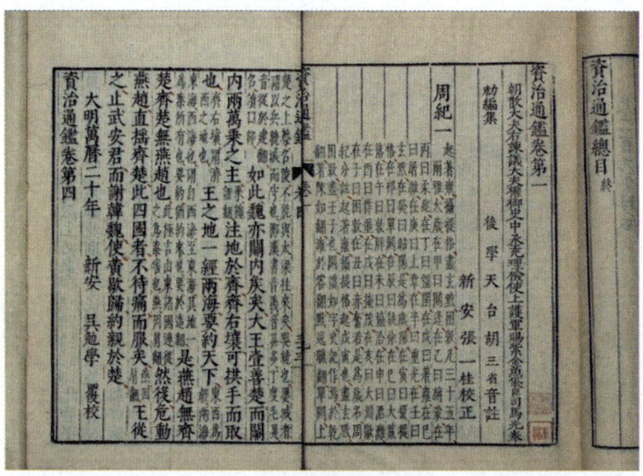

★《资治通鉴》书影

★陕西省运城市的司马光祠

司马光

司马光（1019—1086 年），字君实，世称涑水先生，北宋陕州（今山西夏县）人，是中国古代著名的历史学家。他经过 19 年的不懈努力，终于在 1084 年完成了《资治通鉴》的通史巨著，内容以总结历代统治者的正反两方面经验教训为主。

在政治上，司马光守旧，竭力反对神宗支持的王安石变法，长期辞官退居。宋神宗死后，他被召入京，主持国政，废除了王安石变法的新政。司马光政治保守，无可讳言，但他襟怀坦白，居官清廉，恭谦正直，不喜奢靡，就连他的政敌王安石也很钦佩他的品德。

司马光廉洁奉公，以节俭为乐。所受赏赐大都充作公费。他在洛阳任职时，曾买地修建了一所居住、读书、游览的"独乐园"，幽雅简朴，他非常满意。但当皇上的使臣到这所宅院来向他问政时，却为这低矮的瓦房、简单的陈设暗暗发笑，他不能相信名扬天下的"司马相公"会这样寒碜。司马光的妻子死后，没有钱办理丧事，儿子司马康和亲戚们主张借些钱，也该把丧事办得排场一点，司马光不同意，并且教训儿子处世立身应以节俭为可贵，不能动不动就借贷。最后还是把自己的一块地典当出去，才草草办了丧事。司马光从而又留下了"典地葬妻"的故事。

苏东坡游赤壁

SU DONG PO YOU CHI BI

★苏轼像

司马光与王安石就竭诚为国来说，二人是一致的，但在具体措施上各有偏向。王安石主要是围绕着当时财政、军事上存在的问题，通过大刀阔斧的经济、军事改革措施来解决燃眉之急。司马光则期望通过伦理纲常的整顿和灌输，把人们的思想束缚在原有制度之内，要求改革要稳妥，因为“重建房子，非得有良匠优材，而今二者都没有，要拆旧屋建新房的话，恐怕连个遮风挡雨的地方都没有了”。这句话从侧面证明司马光在政治上趋于稳健。

司马光执政后，首先废除了新法，然后把神宗贬谪的许多大臣都召回朝廷，重新加以任用。在这些被召回的大臣当中有两兄弟——苏轼、苏辙，他们都是宋朝著名的文学家。苏轼兄弟俩是眉州（今四川眉山）人，出生于书香门第。苏轼21岁那年，他的父亲苏洵带着他和苏辙到京城去考进士。主考官欧阳修非常注意从考生中物色有才华的人，第一场考试下来，他在阅卷的时候，看到一篇文章，高兴得拍案叫好。

考卷是密封的，上面没有考生的名字。欧阳修以为是他的门生曾巩所作，为了避嫌，他给这张卷评了个第二名，哪知张榜以后才知道，这篇精彩的文章是刚到京城的青年考生苏轼写的。当苏轼照例拜访主考老师欧阳修时，欧阳修更为他不俗的谈吐所折服，高兴得他连连对梅尧臣说：“像这样出众的人才太难得了，我真应该让他高出一头呢！”由此，苏轼的才学一时名满京城。

由于父子三人同考，人们对苏氏父子就显得格外关注，他们的行为过往也就成了街头巷尾的谈资。原来，苏洵在少年时期，没认真读书，到27岁那年，看到别人一个个都上进了，才发奋读书。过了一年，考进士没考中，回到家里，一气之下把他过去写的文章，一把火烧了，发誓从头学起，妻子程氏也给予他很大的鼓励和帮助，他的文章果然有了很大进步。不过尽管如此，父子三人中，兄弟两个都高中进士，父亲苏洵却再次落榜。

苏洵听说欧阳修是最重视文才的，就把他几年来写的20多篇文章托人送给欧阳修，请欧阳修指教。欧阳修看到苏洵的文章文笔老练，别具风格，便向宰相韩琦推荐，韩琦也大加赞赏。后来，他们破格把苏洵举荐为秘书省校书郎。这样，苏家父子三人在当时京城中都出了名。人们还把他们父子三人合起来称做“三苏”。

虽然父子三人因同考而名噪一时，但他们的命运却并不一帆风顺。1065年，苏轼在刚刚走上仕途的时候，妻子王氏不幸病逝，紧接着父亲苏洵又病逝于京城，连续两次的丧亲之痛，差点儿将苏轼击倒，而来自于仕途的失意，又让他痛不欲生。1069年，王安石推行新法，苏轼与王安石政见不一，几次上书神宗对改革提出不同意见，但神宗反应冷漠，不置可否。而此前，弟弟苏辙因为与王安石合不来，被降职到外地。于是，苏轼看朝中根本没有自己的立足之地，便主动要求外调。

1074年，苏轼为了靠近在济州任职的弟弟苏辙，请调到密州当了太守。在那里他带领百姓兴修水利，发展生产，为百姓减轻赋税，发放灾粮等，做了很多有益于百姓生活的事情。空闲时，他便用诗文打发孤寂的时光。在一个冬夜，他为

★“三苏”雕像

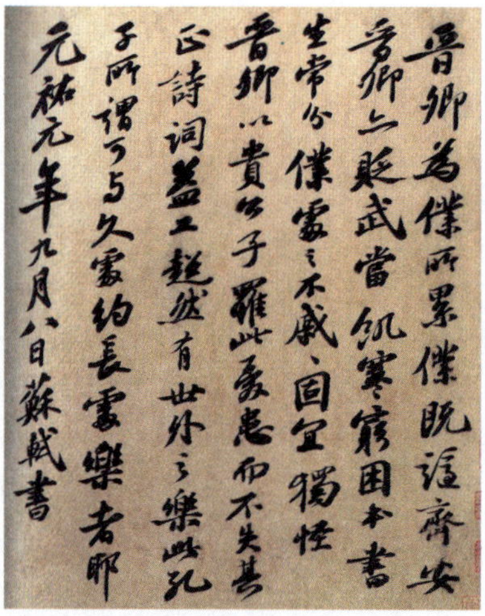

★苏轼书法作品

死去的妻子写下了著名的《江城子》:“十年生死两茫茫,不思量,自难忘。千里孤坟,无处话凄凉……”

1079 年,苏轼任湖州太守。苏轼在湖州看到了地方豪强官吏的横行霸道,很不满意,写了一些诗,讽刺这些事。没想到这些诗传到京城,几个反对苏轼的官僚从苏轼的诗文里摘出几句话,诬陷苏轼诽谤朝廷,大逆不道。他们撤了苏轼的职,把他押解到东京,关在大狱里,准备把他处死。这就是当时有名的“乌台诗案”。

苏轼在大牢里被逼供、诱供长达百日,受尽非人的折磨。后来,因为实在算不上什么大罪,加之弟弟苏辙四下活动,以及病中的高太后向神宗施加压力,这才将其释放,贬谪到黄州(今湖北黄冈)。苏轼到了黄州,挂了个副团练使的空衔,实际等同于流放,生活十分艰难。苏轼一家靠朋友的帮助,在这里开垦了几十亩土地,过起了自耕自足的日子。苏轼还把这块土地称做“东坡”,自己则称“东坡居士”。后来,人们也就习惯将苏轼叫做苏东坡。

经历了人生太多坎坷的苏轼从此再也无心仕途,在那些失意的日子里,他经常游览山水,写作诗歌,抒发他的心情。有一次,他听说长江边有个名胜古迹叫做赤壁,就在一个月光皎洁的夜里,约了几个朋友,乘着小船到赤壁去游览。在那里,他想起三国时期曹操和周瑜大战的情景,触景生情,十分感慨。回来以后,写了一篇《赤壁赋》。

苏轼不但是写散文和写诗的能手,而且在词的写作上也有很高的成就。他写的词,有一种与众不同的豪放风格。在游赤壁之后,他又写了一首《念奴娇》:

“大江东去,浪淘尽,千古风流人物。故垒西边,人道是,三国周郎赤壁。

“乱石穿空,惊涛拍岸,卷起千堆雪。江山如画,一时多少豪杰……”

苏轼是个博学多才的人,但是他在地理上却出了一个不小的差错,原来黄州的赤壁并不是周瑜火烧曹军的地方。三国的赤壁在现在武汉的上游,而黄州却在武汉下游。不过,黄州的赤壁却因为苏轼这一个差错出了名。后来人们为了纪念这位大文学家,称这里为“东坡赤壁”。

1084 年,始终没有忘记苏轼才情的宋神宗把苏轼调到了汝州(今河南中西部),几经沉浮的苏轼,请求恩准以团练副使的身份留居常州,神宗准其请。至此,苏轼便在常州住了下来,并于 1101 年病逝在那里。

★苏堤是苏轼在任杭州知州时,疏浚西湖,利用挖出的淤泥而建成的。

苏 轼

苏轼(1037–1101 年),字子瞻,又字和仲,号“东坡居士”,眉州(今四川眉山)人。北宋著名文学家、书画家。他与他的父亲苏洵、弟弟苏辙皆以文学著称于世,世称“三苏”,与汉末“三曹父子”(曹操、曹丕、曹植)齐名。作品有《东坡七集》、《东坡乐府》等。1056 年,21 岁的苏轼首次出川赴京,参加朝廷的科举考试。在翌年,他参加了礼部的考试,以一篇《刑赏忠厚之至论》获得主考官欧阳修的赏识,高中进士。

宋神宗在熙宁年间(1068–1077 年)重用王安石变法,变法失利后,又在元丰年间(1078–1085 年)从事改制。就在变法到改制的转折关头,有人给苏轼扣上“愚弄朝廷,妄自尊大”的帽子。苏轼被下狱,几遭杀头,史称“乌台诗案”。其实,“乌台诗案”是一起文字狱,御史中丞李定、舒亶等人摘取苏轼《湖州谢上表》中语句和此前所作诗句,以谤讪新政的罪名逮捕了苏轼,苏轼的诗歌确实有些讥刺时政,包括变法过程中的问题,但此事纯属政治迫害。

★苏轼雕像

方腊起义

FANG LA QI YI

宋哲宗虽然即位很早，但他却是个无能无为的短命皇帝。早年，朝政掌握在他的祖母高太后和保守派大臣司马光的手里，8年后亲政，却只在位6年，便撒手归西。而且，由于他摒弃原来的保守派，重新重用革新派，使朝政废立多变，因而他死后留下了一个内部纷争不休的乱摊子。

宋哲宗死后，他的弟弟赵佶即位，是为宋徽宗。宋徽宗对国事不闻不问，也不懂得怎样管理，却热衷于寻欢作乐，搜藏珍宝和接纳逢迎。由此，在他的身边当然少不了一些溜拍马和别有用心的人，宦官童贯和宰相蔡京就是众多奸佞人物的代表。那时，君臣沆瀣一气，打着变法的旗帜，把保守或是变法派的正直朝臣一律称作奸党，还在端礼门前立一块党人碑，把司马光、文彦博、苏轼、苏辙等120人称做元祐（宋哲宗前期的年号）奸党，已经死了的削去官衔，活着的一律降职流放。至于王安石制定的新法，到蔡京手里就完全变了样。如免役法本来可以减轻百姓的劳役负担，蔡京一伙却不断增加雇役的税收，变成敲榨百姓的手段。

宋徽宗尽情追求享乐腐朽的生活，童贯则替他在苏州、杭州两地征用几千名工匠，每天制作象牙、牛角、金银、竹藤的雕刻或织绣品，供他玩赏。蔡京、童贯为了讨好宋徽宗，还时常进献一些奇草怪石。他们网罗了一个心腹朱勔，在苏州办了一个“应奉局”，专门搜罗花石。这些人听说哪个老百姓家有

★方腊洞遗址

奇石花木，便由差官带领兵士强行夺来，稍有反抗，就以“大不敬”的罪名抓去坐牢。有的人家被征的花木高大，搬运起来不方便，兵士们就把房子拆掉。同时，那些差官、兵士乘机敲诈勒索，被征花石的人家，往往被闹得倾家荡产，有的人家卖儿卖女，到处逃难。

朱勔把搜刮来的花石，用大批船只运送到东京。运送的船只不够，就劫运粮的船和商船，把船上货物倒掉，装运花石。劫用大批船只自然还要征用大量民夫，于是船只在江河里穿梭似地来往，民夫们为运送花石日夜奔忙。这种运送的队伍被称作“花石纲”。

花石纲把东南一带闹得昏天黑地，出产花石多的地方，百姓遭殃也最重。睦州青溪（今浙江淳县）多产竹木漆，是应奉局重点酷取之地。这种沉重的负担都转嫁到农民身上，尤其是靠出卖劳动力度日的赤贫者身上。方腊身为佣工，深感

方腊

方腊（?-1121年），又名方十三，歙州（今安徽歙县）人，一说睦州青溪（今浙江杭州市淳安县）人，北宋末年农民起义领袖。相传其性情豪爽，深得人心，加上有较强的组织才能，自身又出身贫苦，所以能号召很多生活困苦的农民。他于1120年10月率众在歙县七贤村起义，建立了包括江苏、浙江、安徽、江西的六州52县在内的农民政权。在当时影响很大。1121年夏起义失败，方腊被俘，被朝廷处死。方腊被处死后，歙县和淳安的一些地方的百姓，为了纪念这位农民起义的领袖，以他的名字命名了许多地名，至今这些地方还有“方腊洞”、“方腊寨”等。

★方腊像

★方腊雕像

这种剥削压迫之苦，因而对宋王朝的反动统治怀有刻骨仇恨，遂起反抗之心。

1120 年 10 月，方腊在万年乡洞源里正方有常家做佣工，他积极联络四方百姓，准备起义。他们的秘密活动被方有常发觉，便派二子方熊向县衙告发。一天，方腊发现事泄，遂在洞源村杀里正方有常一家（其三子方庚越墙逃脱）而举义。方腊集合千余人，在洞源村东方有常家的漆园誓师。

在誓师会上，方腊慷慨陈词：“天下国家本同一理，如今我们老百姓整年劳苦耕织，得到一点粟帛，却被皇帝官老爷全部拿去挥霍掉。而且稍不如意，就要鞭打，甚至随便处死。你们能甘心忍受么？”大家齐声说：“不能！”方腊又接着说：“时下赋役繁重，官吏鲸吞，使我们衣食无着。连我们赖以生存的漆竹工艺品，也遭到他们的掠夺，我们没白天没黑夜地干活，却连自己的妻儿都养活不了，连一顿饱饭都吃不上，大家说怎么办？”大伙儿立刻高喊着说：“请您下命令吧！我们听您的。”

方腊受到农民的拥护，打起杀朱勔的旗号，发动起义。方腊担任起义军的统帅，自称“圣公”。将士们带着各色头巾，作为标志。愤怒的起义将士，杀死那里的官吏，焚烧他们的住宅，得到了青溪附近一带的百姓拥护，他们纷纷响应方腊起义军，没到十天，起义军就聚集了几万人马。

起义队伍打败了帮源一带地主武装的反抗，占领青溪县西北重镇——万年镇，随即向县城进发。这时，两浙路都监蔡遵、颜坦带领 5000 兵前来征讨。11 月 28 日，方腊将他们一举歼灭在息坑。这是方腊义军针对官军的旗开得胜的第一仗，给起义队伍以极大的鼓舞。次日，方腊打下青溪县城。12 月又打出青溪县，攻占了第一座州城——睦州，随后攻下睦州各县。12 月 20 日，方腊率主力部队西攻歙州，攻克后，又回师东线，向杭州进发。12 月 29 日，占领杭州。此间，起义力量壮大迅速，起义队伍所经之地，都有当地百姓揭竿而起，纷纷响应。

起义风暴刮到了东京，宋徽宗吓得魂不附体，慌忙派童贯带领 15 万官军到东南去镇压起义。童贯到了苏州，知道花石纲引起的民愤太大，立刻用宋徽宗的名义下了一道诏书，承认错误，并且撤销了专办花石纲的“应奉局”，把朱勔撤职。

东南的百姓看到朝廷取消了花石纲，罢免了朱勔，以为可以喘口气，但此时童贯却正在加紧部署宋军，进行大规模的反扑。1121 年 2 月，方腊起义军因城中缺粮，被迫撤出杭州城。此时，童贯指挥宋军紧追不舍，方腊则率起义军辗转到了帮源。4 月 24 日，宋军从东西两面包围帮源，方腊率军在帮源的严家溪滩与宋军展开了决战。在战斗中，方腊坐骑战死，战刀丢失，最后不得不带亲信，退往洞源村东北的石洞中躲藏。石洞分上中下三窟，极为隐蔽，官军无法寻找。统制官王禀下令搜山，裨将韩世忠由方庚作向导，收买叛徒方京，才寻得方腊躲藏的石洞。4 月 27 日，经过一番殊死搏斗，方腊和妻邵氏、子方亳、宰相方肥等 52 人被俘。宿将辛兴宗随后赶到，截洞掠俘，方七佛等人乘机

★舜子耕田砖雕·北宋

逃脱，实俘 39 人，被解往汴京。8 月 24 日，方腊在汴京英勇就义。

方腊起义的同时，在北方也爆发了大规模的起义，起义领袖宋江等 36 人从河北起兵，在青州、齐州、濮州（都在今山东省境内）流动作战，打得官军心惊胆颤，闻风而逃。与此同时，在山东梁山泊，也发生渔民起义。据说宋江的起义军也到过梁山泊。后来民间流传的“梁山泊好汉”“一百零八将”的故事，就是根据他们的事迹演化而来的。

★宋代主要农民起义图

阿骨打灭辽建金

A GU DA MIE LIAO JIAN JIN

方腊起义给了北宋统治集团一次沉重的打击,使本来已经腐朽没落的王朝更加摇摇欲坠。而此期,生活于黑龙江、松花江流域和长白山一带的女真族部落却一天天强大起来。

女真族是我国东北的少数民族之一,从10世纪辽国建立的时候,就一直受辽国的奴役和压迫。辽国为了便于他们的统治,还将一些比较强大的部落强行迁往辽阳以南地区,置于他们的视线之内。但是,随着辽朝统治集团内部矛盾的加剧和各族人民的不断反抗,辽朝由强渐弱。而栖息于黑龙江和乌苏里江流域的女真人完颜部落则趁机统一了该地区,并寻机加兵于辽,与之鼎力抗衡。

1112年的春天,辽天祚帝耶律延禧到东北春州(在今吉林省)巡游,兴致勃勃地在混同江(今松花江)捕鱼,并且命令当地的女真各部酋长都到春州朝见。按照当地风俗,在每年春季最早捉到的鱼,要先用来祭祀死去的祖先,并且摆酒宴庆祝。这一年,辽天祚帝在春州举行了头鱼宴,请酋长们喝酒。为了利用这个机会摆摆威风,辽天祚帝命各部落酋长给他跳舞。虽然都不情愿,但如果不照办,就会有身死族灭的危险。于是,这些人个个起身,跳起各自的民族舞蹈来。

替父朝见辽天祚帝的女真完颜部落的阿骨打,此时却一动不动,他两眼直瞪瞪地望着天祚帝,迸射出愤怒的光焰。辽天祚帝见阿骨打没动,便连连催他起身跳舞。一些酋长怕他得罪天祚帝,也从旁劝他。可是不管好说歹说,阿骨打说什么也不跳,辽天祚帝下不了台阶,可又不好当场发火,只得拂袖而去,头鱼宴也因此不欢而散。

散席之后,辽天祚帝对大臣萧奉先说:"阿骨打这小子这样跋扈,

★金太祖完颜阿骨打陵

金太祖

完颜阿骨打(1068—1123年),即金太祖,金国的创建者。他从小酷爱骑射,力大过人,且为人豁达大度,颇具组织和领导才能。1113年,他开始"力农积谷,练兵牧马",扩充军队,增强女真的军事实力。次年9月,阿骨打率部揭竿而起,开始反辽。不到一年时间,就占领了辽王朝在东北黑吉辽地区的许多重要城镇和据点。1115年正月初一,阿骨打在会宁(今黑龙江阿城南白城)称帝,国号大金。阿骨打建国后,主要施行兵农合一、军事与行政一体的制度,平时均生产劳动,战时都从征参战,因此国力迅速增强。

★金太祖完颜阿骨打像

★阿骨打灭辽

实在使人无法容忍。不如趁早杀了他，免得产生后患。”萧奉先认为阿骨打没有大的过失，杀了他怕引起其他酋长的不满，便劝慰说：“顽劣之徒，不懂得礼俗，别跟他计较。就算他有什么野心，小小一个部落，也成不了气候。”辽天祚帝也因他反迹未显，杀之无名，便也将此事搁过不提。

阿骨打却因庭上遭到喝斥而耿耿于怀，他性情刚烈，联想到多年来女真人一直受到辽朝贵族的欺侮，便决心与之分庭抗礼。时隔不久，阿骨打的父亲乌雅束病逝，阿骨打继任完颜部首领。从此，他便将自己的理想付诸于行动。他指挥女真部落建筑城堡，修理武器，训练人马，准备武装抗辽。

辽天祚帝得知阿骨打备战，一面派使者到阿骨打那里去责问，一面调动河北几路人马到东北威胁。阿骨打对部下说：“现在辽人知我们必反，肯定要对我们采取行动，我们要先发制人，不能束手待毙。”1114年9月，阿骨打集中女真各部骑兵2500人，亲自率领袭击辽朝。辽将没有准备，丢下城池，狼狈逃往内地。辽天祚帝得知消息，立刻派10万大军前去镇压。但由于辽朝的军队久未经战阵，根本不堪一击，因而在混同江边，被阿骨打的骑兵一击而溃。

阿骨打的进攻鼓舞了女真各部落，他们纷纷持械相随，同阿骨打继续追杀辽军。1115年，阿骨打在会宁（今黑龙江阿城南）正式称帝，国号大金，阿骨打是为金太祖。金太祖即位后，继续挥兵西进，去攻打辽朝东北重镇黄龙府（今吉林农安）。辽天祚帝派20多万马、步兵进行防守，但他们无法阻挡阿骨打的一万多铁骑，辽军接连失利，最后连兵马、粮草和武器都损失殆尽。此时，辽天祚帝茫然无措，想同阿骨打讲和，但金太祖坚决不应，他要求辽天祚帝必须写下降书顺表方可。辽天祚帝恼羞成怒，组织70万兵力，亲自率兵与阿骨打交战。不过，大军未及排兵布阵，辽朝便发生内乱，辽天祚帝只好撤兵。

金太祖见辽军不战而退，知其将士必急于归乡，他命女真将士全线出击，一举将辽国几十万大军击垮，辽天祚帝一口气奔逃了几百里，才算保住了性命。此时，宋朝屡屡得到金国大败辽军的奏报，有人便向宋徽宗提议：“辽朝快要灭亡，收复北方燕云失地，这可是个好机会。”宋徽宗也认为此时正可坐收渔人之利，便派人从山东渡海，前往金朝会见金太祖，表示愿意夹攻辽朝。双方约定灭掉辽朝之后，北宋收回后晋时期割让给辽朝的燕云十六州失地，北宋把每年送给辽朝的银、绢，如数转送给金朝，历史上把这件事称作“海上之盟”。

★完颜阿骨打雕像

金兵向南进攻，接连攻下了辽朝四座城池。还留下一个燕京，按照双方约定，应该由宋军攻打。童贯刚刚镇压了方腊起义军，气势正盛，以为燕京能唾手可得，便带领15万大军去攻打燕京。不想，辽兵虽然不比金兵强大，但对比宋军却略胜一筹。童贯一连打了两次败仗，不但燕京没有收复，而且损兵折将，把多年以来积存的粮草、武器全都丢光。

童贯为了逃避失败的责任，暗地派人请金军攻燕京。金军于1123年初，从大同进入居庸关，一举攻陷燕京。金军与宋军拿下燕京后，却不肯将燕京返还宋朝，而是据为己有。童贯自知打不过金兵，不敢采取强硬对策，只好答应把燕京的租税每年100万贯钱献给金朝，才把燕京赎了回来。

1125年，金太祖的弟弟金太宗完颜晟即位，他继续派兵攻杀辽天祚帝，并于当年春季将其俘获，辽国就此灭亡。

★油滴釉黑瓷盏·金

靖康之变

JING KANG ZHI BIAN

★宋徽宗像

★宋钦宗赵桓像

1125 年，金灭辽后，看到北宋统治腐朽，防备空虚，便在灭辽后伺机挥兵南下，大举进攻北宋，以图获取更多的物质资源和人力资源。10 月，金国借口宋朝收留了一名辽朝逃亡的将领，分兵两路进攻北宋。西路由宗翰（又名粘罕）率领，攻打太原；东路由宗望率领，攻打燕京。两路大军约定在东京会师。

金兵分路南下的同时，金太宗又派出使者到东京，胁迫北宋割地称臣。而宋军丢城失地的战报也接二连三地摆到了宋徽宗的面前。此时，昏庸无能的宋徽宗赵佶听到金兵来犯，又渐近京城汴梁，竟吓得六神无主，他一面心惊肉跳地下“罪己诏”，一面令各地宋军勤王，同时又匆忙将皇位禅让给自己的儿子赵桓，然后假借到镇江“烧香”为名，溜之大吉。

1126 年，畏敌如虎的宋钦宗赵桓在不得已的情况下，任命了主战派李纲为亲征行营使，部署京城的防御。但是，一心劝钦宗南逃的白时中、李邦彦等人却趁李纲一走，又偷偷劝钦宗逃跑。第二天一早，李纲上朝的时候，只见禁军列队在皇宫两边，车马仪仗都已经准备停当，只等钦宗上车出发。见此情景，李纲大为恼火，厉声问禁军将士们说：“你们到底愿意守卫京城，还是想逃跑？”将士们齐声回答说：“愿意保卫京城！”李纲便携禁军将领一齐进宫，李纲对宋钦宗说：“禁军将士的家眷都在东京，不愿离开。如果强迫他们走，万一半路上逃散，敌人追来，谁来保护皇上？”宋钦宗一听逃跑也有风险，只好打消了这个念头。

李纲稳住了宋钦宗，便积极准备防守，他在京城四面都布置好强大兵力，配备好各种防守的武器，还派出一支精兵到城外保护粮仓，防止敌人偷袭。

三天后，宗望率领的金兵已经到了东京城下。他们用几十条火船，从上游顺流而下，准备火攻宣泽门。李纲招募敢死队兵士 2000 人，在城下列队防守。金军火船一到，兵士们就用挠钩钩住敌船，使它无法接近城墙。李纲又派兵士从城上用大石块向火船投掷，石块像冰雹一样泻了下来，砸得金兵纷纷落水，火船接二连三地沉入水底。

金将完颜宗望见城池防守严密，急切难下，便施用“假谈真打”的伎俩。他一面派人通知北宋议和，一面加紧攻城。此时，李纲亲自登上城楼指挥作战。金兵用云梯攻城，李纲就命令弓箭手射箭，金兵

★宋徽宗听琴图

★李纲像

纷纷应弦倒下。然后，李纲又派几百名勇士沿着绳索滑到城下，烧毁了金军的云梯，杀死几十名金将，金兵被杀死的、落水淹死的不计其数。

可是，正当完颜宗望无计可施的时候，宋钦宗和李邦彦因听说金将许诺和谈，不禁喜出望外。他们不仅立刻全盘答应了割地、赔款等一切屈辱条件，还当即把持有反对意见的主战派李纲罢免了职务。

朝廷的这一举动使得东京一片哗然，百姓闻知骚动，太学里的学生，更是群情激昂。此前，由于东京被围，太学生陈东曾经带领太学生三次上书宋钦宗，要求钦宗处斩蔡京、童贯、朱勔等六名国贼，震动朝廷内外，逼得宋钦宗不得不把六贼惩办。

此次，陈东深知李纲坚决抗战，因而他再次组织了几百名太学生，拥到皇宫的宣德门外上书请愿，要求朝廷恢复李纲、种师道的原职，惩办李邦彦、白时中等奸贼。他们在请愿书中恳切地说："罢免李纲的命令一下，全城军民痛哭流涕，都说这样下去早晚要当亡国奴。这不是正中敌人的计吗？"

东京城内的军民听说太学生请愿，都自发前来声援，一下子就聚集了几万人。这时候，李邦彦正好从宫里退朝出来，百姓一见到奸贼，便指着李邦彦的鼻子痛骂，有的还从地上捡起瓦片、石头，向李邦彦劈头盖脑地扔去，吓得李邦彦抱头缩颈，逃回宫中。钦宗听说太学生又来请愿，连忙传旨："李纲用兵失败，朝廷不得已把他罢职，等金兵一退，马上让他复职。"

★宋徽宗《写生珍禽图》

太学生和百姓哪里肯依，他们纷嚷着涌向朝堂，一些人拼命敲打那里的"登闻鼓"（有急事上奏时候敲的鼓），连鼓面都被人们打破了。开封府知府赶来，威胁太学生说："你们怎么能够胁迫皇上呢？"太学生义正辞严地回答说："我们用忠义胁迫皇上，总比奸臣胁迫皇上卖国好吧。"一面说，一面又要把这个知府揪住，吓得他灰溜溜地逃开了。

★定窑三系壶·北宋

禁卫军将领一看事情闹大了没法收拾，进宫劝宋钦宗答应大家的要求。宋钦宗无奈，只好当众宣布，恢复李纲的职务，太学生请愿行动终于取得了胜利。李纲复职后，重新整顿队伍，下令凡是能够英勇杀敌的一律受重赏。宋军阵容整齐，士气高涨，完颜宗望了解到这种情况，也有点害怕，不等宋朝交足赔款，就匆忙北撤。

★玲珑银塔·北宋

金兵北撤后，昏庸的钦宗以为一劳永逸，便遣散了京城的防务和京师的驻军，再一次寻机罢免了李纲，宋徽宗也溜回了京城，继续过起了他骄奢淫逸的日子。但时隔几个月，金国再次挥兵南下，一举攻下太原。太原早在东路的宗望北撤时，就已遭到西路宗翰率领的金兵的围困。在遭到宗翰八个月围困的时间里，北宋朝廷却不思救援。太原守将王禀率领军民坚决抵抗，金兵用尽一切办法攻城，都被王禀打退。可是时间一长，城里断了粮，兵

★磁州窑系童子竹马刻花枕·北宋

宋徽宗

赵佶(1082-1135年),宋神宗第11子,宋哲宗的弟弟,宋朝第八位皇帝。哲宗病死后,太后立他为帝,在位25年,国亡被俘,受折磨而死,终年54岁,葬于永佑陵(今浙江省绍兴县东南35里处)。

徽宗在位期间,重用蔡京、童贯、高俅等奸臣主持朝政,大肆搜刮民财,穷奢极侈,荒淫无度。建立专门搜刮供皇室享用物品的"应奉局",四处搜刮奇花异石,用船运至开封,称为"花石纲",以营造延福宫和艮岳。他信奉道教,自称"教主道君皇帝",大建宫观,并设道官二十六阶,发给道士俸禄。在位期间,爆发方腊、宋江等领导的起义。宣和二年(1120年),遣使与金朝订立盟约,夹攻辽国。宣和七年(1125年),金军南下攻宋。他传位赵桓(钦宗),自称太上皇。靖康二年(1127年),与钦宗一同被掳。后被押往北边囚禁,死于五国城(今黑龙江依兰)。

士只好把牛、马、骡子杀了充饥。牛马吃完了,就把弓弩上的皮革煮来吃。老百姓天天吃野草、糠皮,虽然困苦不堪,但没有一个人投降。最后,太原城终于被金兵攻破。王禀带着饥饿的兵士与金兵巷战之后,自己跳到汾水里自溺。

太原失守之后,两路金兵继续南下。此时,在黄河南岸防守的宋军还有12万步兵和1万骑兵。宗翰的西路军到了黄河北岸,不敢强渡,到了夜里,他们虚张声势,派兵士打了一夜战鼓。南岸的宋军听到对岸鼓声,以为金兵要渡河进攻,纷纷丢了营寨逃命,13万宋军一下子逃得精光。宗翰没动一刀一枪,就顺利地渡过了黄河。宗望率领的东路,也攻下大名(今河北大名),渡河南下。

此前,由于钦宗一门心思求和,命令各路勤王的兵马退回原驻地,以示求和的诚意。哪知,金兵对此全不加理会,依旧向京城逼近,钦宗此时再想起用李纲已经来不及了,只得派出他的弟弟康王赵构到宗望那里去求和。

赵构经过磁州(今河北磁县),州官宗泽跟赵构说:"金朝要殿下去议和,这是骗人的把戏。他们已经兵临城下,求和又有什么用呢?"磁州的百姓也拦住赵构的马,不让

★宋钦宗赵桓之弟赵构像

他到金营去求和。赵构害怕被金朝扣留,就在相州(今河南安阳)留了下来。

没过多久,两路金军并力攻城,城内3万禁卫军不堪一击,各路将领因为朝廷下过命令,也不来援救东京,因而京城倾刻即破。宋钦宗眼看末日来到,痛哭了一场,只好亲自带着几个大臣到金营去求和。

宗翰见宋钦宗不思合力抗敌,却积极请降,知道他胆小怯懦,便胃口大开。他令钦宗把河东、河北土地全部割让给金朝,并且向金朝献金1000万锭,银2000万锭,绢帛1000万匹。宋钦宗虽为皇帝,但身在金营,实系俘虏,只得一一照办。

1127年正月,因极力求和而被羁押的钦宗和徽宗被金主下诏,废为庶人,另立与金相互勾结的原宋朝宰相张邦昌为"大楚"皇帝,北宋灭亡。同年4月,徽、钦二帝连同宫眷3000余人被虏往金邦,皇室的各种宝器也被洗劫一空。史称"靖康之变"。

★李安忠《鹑图页》·北宋

女词人李清照

NV CI REN LI QING ZHAO

1127年，“靖康之变”后，宋徽宗的第9个儿子康王赵构在应天府（今河南商丘）称帝，即宋高宗。自高宗登基后，金兵连续南下入侵，已被吓破胆的宋高宗便在1129年逃出了应天府，辗转到了扬州、临安、明州、温州等地，直到宋军打败了追至海上的金兵，高宗才于1132年在临安安顿下来，并于1138年正式在临安建都，从此偏安东南一隅。

与此同时，金兵却在中原横行无忌，大肆掳杀。1129年正月，金将宗翰带兵南下，接连攻下许多城池，沿路南宋官员降的降，逃的逃，金兵前锋很快渡过淮河，逼近扬州。当时，宋高宗正在扬州行宫寻欢作乐，过着纸醉金迷的生活，当听到金兵打来，立即骑马狂逃，并连夜渡江。金兵在扬州大肆烧杀抢掠，最后放火把扬州烧成一片焦土，然后满载掠夺到的财宝退回北方。

★李清照像

★李清照雕像

金兵南下的残暴掠夺，宋王朝的腐朽昏庸，给人民带来了说不尽的苦难，许多人家遭受了家破人亡的痛苦。北宋著名女词人李清照，也同百姓一样，有着同样的悲苦遭遇。

李清照是历城（今山东济南）人，我国著名女词人。她父亲李格非也是个文学家，在宋徽宗时期做过官，因为为人正直，又是苏轼的学生，受到奸臣宰相蔡京的打击。李清照从小受父亲的熏陶，十分爱好文学，喜欢吟诗作画，特别是作词方面，有很高的成就。她18岁那年与官家子弟赵明诚结婚，夫妻俩相敬如宾，除都能诗善文外，还共有收藏金石（古代铜器和石碑上镌刻的文字书画）的嗜好，因为他们觉得这些文物既是我国古代的精湛艺术，又有着丰富的史料价值。

那时，大相国寺是东京最大的佛寺，那里经常举行庙会，每次的庙会上大都摆满着各种各样的商品，也有书籍、古玩和碑帖字画。赵明诚在那里，看到中意的碑文字画，就买下来。回到家里，同李清照一起细细整理、欣赏。夫妻俩把这件事当作他们生活上的最大乐趣。不过他们并非富户，买古玩的钱大都是典当一些衣物才换得的。及至赵明诚步入仕途，他们才有了收藏那些金石图书的能力。此后，他们家收藏的金石书画越来越多，李清照还因此特意建立了书库大橱，编好目录，进行有序的摆放。每次发现这些物品有一点污损，都要进行细心整理。经过将近20年的努力，赵明诚完成了一部记载古代历史文物的著作——《金石录》。

但是，在战乱的年代，要想整理和保存这些文物何谈容易。当东京被金兵攻陷的时候，李清照和赵明诚还在淄州（在今山东省）。不久，金兵四处剽掠，李清照跟着赵明诚到了建康。他们把最名贵的金石图书，随身带走了15车。而随着金兵攻下青州，凝聚着李清照所有心血的家中十几间文物，竟被战火烧为灰烬。

★李清照《如梦令》赋词图

到了建康以后，赵明诚被派到湖州当知府。那时候，兵荒马乱，李清照未能随他上任。临走的时候，李清照问丈夫说：“万一金人再打过来，我该怎么办？”赵明诚坚定地说：“瞧着办吧。实在不行，你把家具衣被先放弃了；再不行，把书画古器丢了。但是有几件珍贵的古代礼器，你可一定得亲自保护好，要看作自己生命一样。”李清照神情凝重地点点头。然而，两人谁也未曾想到，赵明诚此一去，竟与李清照从此阴阳两隔。

伤亲之痛让李清照日渐憔悴，每想起死去的丈夫，李清照都会柔肠寸断。不过，她不会忘了丈夫临行时留下的话，悉心保存着那些珍贵的文物。但是，一场巨大的不幸却再一次向李清照悄悄逼近。当时，金兵南犯，李清照一孤寡妇人不得不四处逃难，她自己雇船、求人、投亲靠友，带着她和赵明诚一生搜集的书籍文物，就这样苦苦地支撑着。为了文物不致散失，为了完成丈夫生前的遗愿，她想尽快追上南移的朝廷，以捐献的方式，使这些文物得到保护，但是她始终没能追上宋高宗南逃的步子。李清照在当年11月流落到衢州，1130年3月又到了越州。这期间，她寄存在洪州的两万卷书，两千卷金石拓片又被南侵的金兵焚掠一空。而到越州时，随身带着的五大箱文物又被贼人破墙盗走。

国家山河的破碎，珍贵文物的散失，这对李清照的打击实在太大了。她把国破家亡的痛苦写成了许多诗词，并用诗的语言发泄了她对南逃统治者的不满。

“生当作人杰，死亦为鬼雄。至今思项羽，不肯过江东。”

这首振聋发聩的《绝句》，慷慨雄健、掷地有声，它对那些苟且偷生的南宋统治者们如同一记响亮的耳光，使他们在红颜薄粉前黯然失色，威风扫地。

★位于山东济南的李清照纪念堂

★山东济南李清照故居

李清照

李清照（1084—1155年），号易安居士，山东历城（今属济南）人。是诗、词、散文皆有成就的宋代女作家，以词著名，在中国文学史上享有崇高声誉。

李清照生于名宦之家，幼时过目不忘，出语惊人，博览群书，少女时代即名噪一时，崭露头角。李清照经历了宋朝南北分裂之乱，在南渡前后，她的词风变化很大。南渡前，李清照的词多描写少女、少妇的闺中生活，如《如梦令》、《怨王孙》两首词，于轻快活泼的画面中见作者开朗欢乐的心情和轻松悠闲的生活。《醉花阴》中含蓄地述说闺中的寂寞和对爱情的向往。南渡后，生活的苦难使她的词风趋于含蓄深沉，《菩萨蛮》、《念奴娇》、《声声慢》、《永遇乐》等词表现了词人长期流亡生活的感受。

李清照词风婉约，在艺术上她善于抒情造境，把强烈的感情熔铸在艺术形象里，造成一种情景交融的艺术境界。她还善于从描绘一段情节、一个思想曲折中，显示出感人的意境来。李词语言既浅显自然，又新奇瑰丽，富于表现力。她的词用典不多，却善于运用口语、市井俗语，使词写得音节和谐，流转如珠，富有音乐美，被尊为婉约宗主，是中华精神文明史上的一座丰碑。

★工笔仕女图——李清照小像（局部）

抗金爱国将领宗泽

KANG JIN AI GUO JIANG LING ZONG ZE

★宗泽像

北宋末，南宋初，由于朝廷的腐败，金国大兵进犯，使宋朝人民处于双重压迫之中，内有官府盘剥，外有金国侵略。就在这国难当头之际，涌现出不少抗金爱国将领，宗泽就是其中之一。

宗泽原来本是一位读书人，后来靠教书为业，喜欢谈论经术。当金兵南下，攻破宋朝汴梁时，他毅然跳出文人的生活领域，出任河北前线地方官，整军经武，组织当地的民兵顽强抗击金国侵略者，多次打退金军的进攻，形成中原抗击金军的一支主要力量。

靖康元年(1126 年)，金国军队已攻入太原，任命到两河做官的人因害怕金军，就找借口不去上任。宗泽不然，他说："吃皇家的饭而逃避艰难，贪生怕死，这是不可以的。"于是自己勇敢地单人独进。到任后，就修缮城墙，开通护城河，修造武器军械，招募义勇军，做坚守磁州的长远打算，并向朝廷上奏说，邢、洺、磁、赵、相五州各准备精兵二万人，敌人攻一郡则其他四郡都来救应，这样一郡的军队就常有十万人了。这表明他是一位很有军事思想的人才，因此得到钦宗的嘉奖，改任河北义兵都总管。

1127 年春，宗泽率领部队到达开德府，和金军交战十三次，都获得了胜利，朝廷对此很高兴，下令继续前进，打击敌人。宗泽率部队前进，很快到达了卫南(今河南滑县东)。考虑到自己的将士经过多次战斗，伤亡也很大，如果不深入敌军心脏，不可能取得胜利。这时先行部队来人报告，前面有金军营地。宗泽指挥部队，以最快的速度冲向金军营地，打他个措手不及，击败敌军。当转战东面的时候，敌人调集了精锐部队，多出宋军几倍的力量。宗泽下令说："今天，进和退都是死，不能不从死中求生。"士兵们知道生死在此一举，无不以一当百，杀死金军数千人，把金军打得大败而逃，金军一下子退到几十里地。对此，宗泽很奇怪，敌军兵力多出我十倍，尽管我英勇拼杀，也不应交锋一战就撤退呀！如果金军另有打算，那我军可要受大的损失。于是下令，停止追击，立刻转移。事情果然不出宗泽所料，当天夜里，金军调集精锐骑兵，趁夜深人静，直扑过来，没想到宗泽早已带领部队转移了，使敌人扑个空。从此他们害怕宗泽，不敢出来与宗泽交战。

宗泽非常重视人才的选拔和任用，一次秉义郎岳飞犯了法，将要受刑，宗泽知道后，感到很奇怪，认为肯定又是投降派恶伤忠良。于是，宗泽想方设法来救岳飞，他说："岳飞是大将之才，不能受刑，大敌当前，不如叫他将功赎罪。"结果岳飞没有受刑，带领宗泽交给他五百骑兵，前去与进犯汜水的金军交战，打得金兵大败而逃。回来后，宗泽又提升岳飞为统制。岳飞从此名扬朝野。

宗泽不仅有军事家的谋略，而且也很有政治眼光。当金人掳走宋

★赵佶《腊梅山禽图轴》·北宋

★白玉兽钮印·南宋

徽宗、宋钦宗之时，他就准备组织力量，夺回二帝，由于没人配合，此计划未能实现。二帝掳走，帝号也被金太祖废除，宗泽更是气愤，特别是张邦昌做了皇帝，他更是不能容忍，就积极四处奔走，促成宋徽宗第九子称帝，揭开了南宋王朝的序幕。赵构称帝后，他又多次上书，陈述兴国主张，有次他与李纲一同入朝见皇上，两人相见后纵谈国家大事，宗泽慷慨激昂，热泪盈眶，李纲对他十分佩服。事后，李纲积极推荐宗泽来朝廷做事，但由于黄潜善等人说："这是李纲在结党营私，培植自己的势力。"李纲不但没有推荐成宗泽，没过多久自己也被免了宰相职务。

南宋政权一开始就掌握在投降派手里，抗金派人物不可能受到重用，李纲虽是宰相，也是孤掌难鸣，最后被罢免。宗泽一直没被朝廷重用，始终做一个地方官。

宗泽每到一处，无论怎样混乱的局面，他都能扭转过来。宗泽进驻汴梁时，当地形势异常紧张。金军主力虽然北撤，但留守在黄河沿岸的金军仍在威胁着汴梁。而汴梁内部也是一团混乱，没有像样的城堡，没有住房，士兵和百姓杂居一起。那些乘乱打家劫舍的盗贼和想拿起武器的抗金人混在一起。宗泽到任后，先依靠老百姓搞清情况，抓住盗贼就杀，为民除害，决不手软，对抗金的人，主动联络，收编他们，发给武器。

当地有个草莽英雄王善，手下拥有七十万余人，一万余辆战车。金军北撤之后，他想乘机进驻汴梁，雄霸一方，称王称帝。宗泽了解到王善最初拉起队伍的目的是为了抵抗金军，保家卫国。于是他不顾个人安危，单骑独自去见王善，劝说他同官军合作。王善听宗泽讲得很有道理，对宗泽非常佩服，愿意服从宗泽的改编和指挥。接着，宗泽收编了几支地方势力，扩大了自己的部队，汴梁形势也很快安定了下来，逃难的百姓也陆续返回家园。

金太祖听说宗泽已经扭转了汴梁局势，有些怀疑，于是派人来开封府了解实际情况。宗泽知道后，当即把金使抓了起来，准备杀掉他们。宋高宗听说后，急忙下令给宗泽，要好好款待金国使者，不许怠慢，避免金国借以兴师问罪。宗泽接到命令，立即上奏："国家过了多年的太平日子，麻痹思想严重，结果导致靖康年间的奇耻大辱。如今金人又来探听我们的消息，这是欺人太甚，杀了他们就是为了警告金国，借此显示一下我们的国威。陛下的命令，我实在不能接受。"高宗看完奏书，生怕宗泽真

李纲守东京

宣和七年(1125年)十月，金兵即分两路南下：西路由粘罕率领，从云中(大同)攻太原；东路由斡离不率领，由平州(卢龙)攻燕京，对北宋开始了大规模的掠夺战争。西路金兵在太原城下受到河东人民的英勇抗击，相持九个月之久。东路金兵到达燕京时，守将郭药师投降，金兵得以长驱南下，后来顺利渡过黄河，包围了东京开封。开封被围后，在军民的强烈要求下，钦宗任命李纲为亲征行营使，负责开封防务。李纲是抗战派的主要人物之一。他先后做过兵部侍郎、尚书右丞、东京留守，这时受命匡危，立即组织军民修缮开封城的防御工事，在城周每面配备禁军12000人，铺以厢军和民兵若干。又组织马步军4万人，分为前、后、左、右、中五军，每天进行操练，规定各军的主要任务是：前军负责保护粮库，后军驻在城门外以防金兵靠近城壕，右、左、中三军作预备队，随时可以抽调出去策应。在李纲的主持组织下，开封城军民精神振奋，严密防守，勇于决战。当金军包围开封，派出战船顺汴河而下攻夺水门时，宋军敢死队用长钩将敌船拖到岸边砸烂；在金军集中兵力压过城壕，当先者爬云梯攻城时，宋军弓弩手发箭将爬上云梯的金兵射倒，用手炮、座炮、擂木将向城壕压过来的金兵击杀。金帅斡离不数次发动强攻都不达目的，士兵死伤又多，害怕北宋各地援军开到时想撤兵也来不及，就不等索取财物足数，于1126年2月撤围北返。李纲主持的开封保卫战取得了胜利。

★李纲雕像

的违反命令，杀了金国使者，于是又亲书一封，连夜派人送给宗泽，硬逼着宗泽释放金国使者。投降派宰相黄潜善扬言说："宗泽胆大妄为，私自捕捉金国使者，应该给予惩处。"尚书左丞许景衡为宗泽辩护说："宗泽做开封知府成绩显著，威信很高，希望朝廷能重用他，使他能为国家建立更大的功业。"不久许景衡被免职，赶出了朝廷。

宗泽和李纲一样，强烈反对高宗都城南迁，认为这是对金国的妥协和退让，和金国走议和之路是亡国之举。他反复上书说，妥协退让只能助长金人南下的野心，京师是天下的心腹，如果抛弃京师南逃，就好像抛弃心脏一样，这样做是不妥的，望陛下迅速回汴京，以安民心。但是这些忠言，都被黄潜善给压了下来，高宗根本见不到，其实见到了他也不会同意或采纳宗泽的意见，宗泽的一片忠言，只是加重朝廷对他的惩罚。

金太祖压根就没把宋高宗放在眼里，自他称帝之后，就一直在考虑什么时候攻打南宋。正当高宗迟迟不回汴梁之际，金国在黄河上架设浮桥，准备再次进攻汴京。宗泽得知消息，马上采取对策，派部将刘衍去滑州，刘达去郑州，与汴京结成夹击之势，以便相互策应。金军见宗泽准备极为严密，不但没有进攻，反而拆掉浮桥撤退了。过了一年，金兵夜间偷袭郑州，进军到白沙。宋军毫无准备，致使金军迅速逼近汴京。朝廷下令不许抵抗。汴京城内的居民一片混乱，意识到金军攻城，大难临头。不少军将纷纷向朝廷请战。由于都城不在汴京，所以朝廷根本不理此事。有的急忙请见驻在汴京的宗泽，宗泽当时正在和客人下棋。他听到军报后，微微一笑说："这有什么可大惊小怪的，我正等着他们呢！"说完又走了几步棋。棋结束了，才下令派几千精兵绕到金军背后，去策应刘衍。当金军和刘衍正拼杀得难解难分之时，突然又从背后杀出一支宋军，金军招架不及，夺路而走。后来人们才知道，金军攻进速度之快，一路顺利，都是宗泽有意安排的。

★开封铁塔

金军从郑州败退后，转向进攻滑州，想报郑州一败之仇。部将张撝请求去援救滑州。宗泽挑选五千名精兵交给他，令他不要轻易交战，以便等待援助。张撝进入滑州，迎面遇见比自己多十余倍的金军骑兵，两军相遇，杀作一团，因为彼此兵力悬殊，宋军伤亡惨重，直到宗泽又派部将王宣率五千援兵赶到时，方才打败金兵，这时才知道张撝已在两天前就战死在疆场上了。

★宗泽墓

宗泽久居汴京，屡战屡胜，威望名声越来越高，北方金国人听到他的名字，常常是既尊敬又害怕，背后称他为"宗爷爷"。

宗泽念念不忘高宗回汴京一事，前后上书二十多封，但都被黄潜善压下。无奈，又派儿子宗颖去求见宋高宗，说明回师汴京的重要性。但是宋高宗根本不见。儿子回来后说宋高宗不肯招见，宗泽一怒成疾，背上生疮，化脓溃烂。身边将领来问候他的疾病时，他气愤地说："我是因为徽、钦二帝被金人掳走，今朝廷不出兵攻金才成这样的。你们能够歼灭敌人，那我就死而无憾了。"将领们流着泪说："我们一定尽力！"等将领们走后，宗泽的病情愈加恶化，他不时背诵了杜甫赞诸葛亮的两句诗："出师未捷身先死，长使英雄泪满襟。"边背诵，边淌下伤感的泪水。第二天，风雨交加，宗泽一句话也说不出来了。只是连喊了三声："过河！过河！过河！"意思是叫人们不要忘记北伐攻金，恢复失地。

1128年，宗泽忧愤成疾，与世长辞。

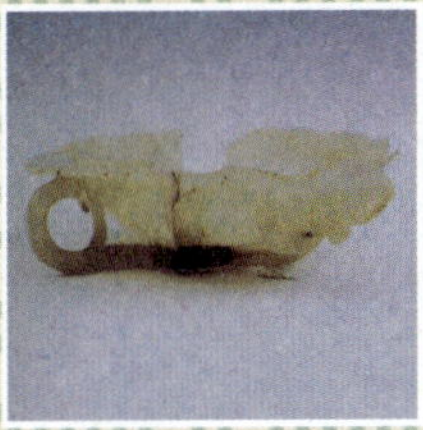

八字军英勇抗金

BA ZI JUN YING YONG KANG JIN

南宋皇帝赵构，面对虎狼般的金国，一直心惊胆颤，昼夜坐卧不安，对主张抗金的意见不予理睬，居然在投降派的簇拥之下南逃，抛下黄淮地区的大片领土和老百姓，听任金国军队的蹂躏与践踏。

黄淮两地的人民见皇帝和官军南撤，不甘心在金军的铁蹄下过屈辱的生活。在金军入侵的关键时刻，为了保家卫国，纷纷自动组织起义军，开展了轰轰烈烈的抗金斗争。

★玉壶春瓶·南宋

在义军中，有红巾军、五马山义军、梁山泊水军、八字军等。他们是由人民自发组成的，来自人民，依靠人民。他们分别在不同地区，利用不同地形，采取不同的作战方式与金军展开了全民战争，声势浩大。抗金高潮波及全国各地，致使金军左右挨打，处处难行。这众多的义军之中，人数最多、队伍最强、影响最大的，应首推八字军。

八字军首领名叫王彦，他在年轻时，就对兵法很有研究，从军之后也曾立过战功。在北宋进攻西夏时，他的才能在军队中就已显露了出来，但从未被朝廷重用。正当金军攻打汴京，王彦又手操兵器，投入了抗金斗争。当时，李纲尽管不被朝廷重用，但他的爱国之心，抗金之举从未平息，面对金军的侵犯，他不顾朝廷对自己如何，私下派人到各地联络义军，壮大武装，与金军进行战斗。张所被李纲派往河北联络义军，正与八字军相遇。张所看到王彦年青英俊，身材魁梧，为人正直，武艺超群。经过交谈，张所认为王彦有智有谋，是位难得的将才，于是任命王彦为都统制，让他负责一支几千人的队伍。由于王彦早就对李纲很佩服，知道张所是李纲派来的，又是积极抗金的将领，因此在公元1127年9月开始接受李纲、张所的领导。同年9月，王彦接受张所的命令，率张翼、白安民、岳飞等十几名大将和七千名士兵，主动渡河向金军发起攻势。金军毫无准备，王彦迅速攻克了卫州新乡。金军看形势不妙，又调集大批兵马，向新乡扑来，王彦见金军太多，为了保存实力，带领兄弟们杀出包围圈，向新乡以北地区退却。后又转入西山，联合那里的抗金义军，继续同金军作战。金国军队对王彦非常害怕，出了很高的赏金，活捉王彦，而王彦根本不在乎这些，他手下的将领为了表示拥护王彦，绝不背叛，个个在脸上刺了“赤心报国，誓杀金贼”八个大字，“八字军”故此得名。

八字军在王彦的率领下，时常向金军发动进攻，南征北战。他们战术也非常灵活，打得赢就打，打不赢就走。并且八字军的全体将士在战斗中，都是拼命杀敌，个个勇猛，打得金兵心惊胆寒，恨不得马上灭了八字军。有一次，金军元帅集中手下大将开会，商讨如何尽快抓住王彦，消灭“八字军”这心腹之患。大将们一听又要和王彦的八字军交战，袭击八字军的营寨，吓得脸都白了，一齐跪下说：“王彦的营寨像铁桶一样坚固，实在没有办法攻破，怎么能活捉王彦呢？您就饶了我们吧！”金军统帅见这些大将

★法常《竹鹤图轴》·南宋

五马山寨抗金失败

五马山在今河北赞皇县境内，靖康元年(1126年)冬，武翼大夫赵邦杰就在这里组织义军抗金。五马山寨的另一位首领是原保州路廉访使马扩，他曾在真定西的和尚洞组织义军，在一次战斗中被俘。建炎二年(1128年)二月逃到五马山寨后被推举共同领导山寨义军。这支抗金义军曾发展到十多万人，在两河地区产生了重大影响。这年三月，马扩受命前往宋高宗处，要求京军北伐，收复失地。但是，宋高宗并不真想出兵抗金，只“选数千乌合之兵”给马扩，以后又下诏“一人一骑不得渡河”，并要他“听诸路帅臣节制”，马扩因而被迫驻军黄河南岸的大名府境内，不能前进。五马山寨义军自马扩南行后，叛徒向真定的金军告秘，金军在这年秋天，大举发兵围攻五马山寨。这时马扩所率的军队正在馆陶县，由于宋高宗的通令而不能北上抗金，五马山寨义军在孤军无援的情况下，进行了英勇的抵抗。由于诸寨没有井，取水道又被金军切断，五马山寨终于被金军攻陷。

★五马山

★开封府，宋时天下第一首府。

如此胆怯，不得不改变攻打王彦的作战方案。

金军变强攻为侧攻，调动精锐的骑兵切断八字军的粮道，企图将八字军饿死在营寨之中。没想到金军的计划被王彦知道了，马上亲自率领一支精兵去拦击金军，杀得金军丢盔弃甲，王彦大获全胜，夺得了一批武器和战马。

当时，驻守汴京的抗金元帅宗泽，听说王彦领导的八字军抗金非常坚决，作战英勇，心里非常高兴，就对手下人说，国土收复有望。于是就派人与王彦联系，邀他来汴京商量对金作战的更大方案。王彦只要听说如何抗金就喜出望外，马上亲自率领一万余名将士来到汴京，详细向宗泽报告了八字军的战况和发展过程以及今后他对金作战的大致想法。宗泽听了连连点头，从心里佩服这年轻有为的义军将领。宗泽对王彦说：“我准备请你参加汴京的防卫工作。”王彦深知宗泽的为人和军事才能，也深知汴京对南宋王朝的兴衰至关重要，于是他当场接受了宗泽的邀请，将八字军全部调集汴京城外，准备随时抗击金兵来侵。宗泽还亲自写了一份奏章，请王彦带着去见宋高宗赵构，向宋高宗禀报八字军的战绩和黄河流域人民的心愿。再次请高宗尽快回到汴京，兴师北伐，满足人民的抗金要求。但是，当时，高宗早已派出使者宇文虚中去跟金人议和去了。根本就不召见宗泽介绍来的人，弄得王彦也非常痛心。可他们谁也不会意识到皇帝如此昏庸，只认为奸臣太坏。

八字军在王彦领导下，官兵一致，团结战斗，队伍不断扩大，特别是在坚守太行山地区时，很多当地的忠义民兵如孟德、刘泽、傅选等都先后主动参加了八字军的队伍。到此，八字军号称近二十万，在太行山不断地打击金军，致使金军无力大举南下，去进攻刚刚建立起来的南宋朝廷。后来，王彦又被防守四川、陕西一带的大将张浚推荐做了前军统制，于是他又带领部分八字军转战川陕地区，抗击金军。从此，八字军就分别在东西两个战场上抗击金国侵略者。

八字军英勇抗金，突出表现了人民的觉悟和力量。他们英勇不屈，不怕牺牲，保家卫国，与宋高宗对金议和退让、不顾人民利益而南逃形成了鲜明的对照。

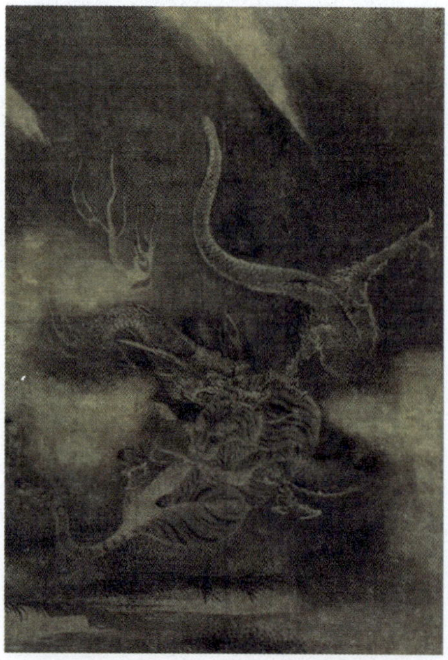

★陈容《龙腾虎跃图轴》·南宋

钟相、杨幺洞庭湖上举义旗

ZHONG XIANG YANG YAO DONG TING HU SHANG JU YI QI

★杨幺水寨

宋高宗称帝建立的南宋，将朝廷的腐败推向更深的境地，对金国侵略者妥协退让，对广大的劳动人民残酷剥削，致使农民起义的浪潮一浪高过一浪，特别是在南方的江西、福建一带，起义的浪潮汹涌澎湃。在这众多的农民起义大军中，影响最大、声势最强的当数钟相、杨幺领导的洞庭湖农民起义。

早在北宋末年，年轻的钟相就对朝廷极为不满，对金国侵略者恨之入骨。从那时起，他就开始了抗击金国侵略者，推翻朝廷的组织活动。

他和方腊一样，也借助宗教活动来组织农民，当时最流行的是明教，即追求光明的教会，也叫摩尼教。明教的宗旨，就是光明最终战胜黑暗，不信鬼神，只崇拜光明之神摩尼。广大农民因为身处黑暗社会，生活在死亡线上，所以对光明的追求具有强烈的欲望，当这种宗教从波斯（今伊朗）传进入中国，马上就被广大受压迫者所接受。而钟相就利用了这一宗教组织起了大批农民。

忠君思想在农民头脑中是很严重的，他们常把自己的命运寄托在君主身上。钟相也是如此，他曾派自己的儿子钟昂，率领三百多人去效忠皇帝，希望高宗能把南宋振兴起来，使国家和人民平安生活。但是他的这一梦想被高宗打的粉碎。当他儿子钟昂亲眼看到宋高宗的昏庸并汇报给父亲时，钟相毅然抛弃了这个梦想，决心为保卫自己的家乡而奋斗，组织农民起义，以反抗当地的反动统治。

1130 年春天，当地有个土匪出身的南宋军官孔彦舟，一直欺压百姓，无恶不作。当金兵大举进攻之时，他更是变本加厉，不去抵抗金兵，而是在洞庭湖西边的鼎州、澧州等地趁火打劫，大肆抢劫，弄得老百姓走投无路，纷纷投奔钟相领导的摩尼教会。钟相在教徒们的一致呼吁下，从反抗孔彦舟开始，在鼎州一带，点燃了农民起义的烈火。

钟相很有魄力，他一开始就以楚王自称，建立了大楚政权，定年号为“天载”。他在起义誓师大会上说：“当今朝廷的邪法，就是把人分成贫富贵贱，这是不对的，我们是要贫富均衡，贵贱平等。”顿时全场掌声雷鸣，经久不息。在这种“均贫富，等贵贱”的口号之下，起义军迅速发展壮大起来，远近各地的百姓，都来参加义军，接受钟相的领

陆耕水战

钟相牺牲后，杨幺改变了以往攻打州县的战略，把以龙阳为中心的广大农村作为根据地，利用河湖港汊纵横交错的地理环境，创立七十多所营寨。营寨成员既是生产的劳动者，又是作战的斗士。生产季节，依凭重湖之险，官军不能出兵，则耕种田地。秋冬时节，官军发动攻势，农民军收藏好粮食，四出打击敌人。官军陆袭则入湖，水攻则登岸，以己之长攻彼之短，陆耕水战促进了洞庭湖地区的经济建设，与宋统治区田地荒废无物食用形成鲜明对照。

★杨幺起义军所铸的报警器——飞来钟

导。起义军依照农民的传统习惯，称钟相为“老爷”，把参加起义叫做“拜爷”，凡是拜了爷的人，互相间称呼“爷儿”，表示地位不分高低，只服从一个领袖的意思。

起义大军在钟相的领导下，势如破竹，没过多久，他们就攻占了许多县城，凡到一处，焚烧官府，杀

★龙泉窑象罐·南宋

死官吏，把地主、官僚霸占去的土地分给农民自己耕种。孔彦舟被打得东躲西藏，不少部下都被钟相起义军杀死。皇帝高宗得知洞庭湖一带出现农民起义之事，心里也非常紧张，在外有金军南下攻打南宋江山，内有农民起义反抗南宋朝廷的形势下，急令孔彦舟不惜任何代价，迅速消灭这股农民起义军。孔彦舟接令，哪敢和钟相起义军正面接触，他躲还躲不及，但又要向皇帝交差，于是就使了一个计谋，派手下的一些官兵扮装破落农民，打入起义军内部，具体了解起义军的作战方案和战略部署。钟相对此没有提防，只是急于扩大武装，凡是自愿参加起义军，他都欢迎，并且到军中一律平等。结果没出一个月，孔彦舟内外夹击，打败了起义军，钟相父子带领起义军尽管拼命砍杀，最后还是被官军逼进山谷，壮烈牺牲。

钟相被官军消灭了，钟相手下的一员将领杨幺，躲过这场灾难，并没有被官军的气势汹汹所吓倒，他毅然接过钟相的起义大旗，沿着钟相的道路继续前进了。

杨幺年富力强，智勇双全，有极强的组织才能。当他接过起义大旗之后，立即投入到了组织溃散的兵力工作当中。在他和部下的积极配合下，很快组织起八千人马的队伍，根据起义军水性强的特点，与官军展开了频繁的斗争。

在洞庭湖上，起义军不断地向官军发起攻势，不断地战胜官军，缴获大量的武器和船只。不仅如此，起义军还开垦荒地、种粮种菜，除了供给起义军的食用外，还拿出一部分救济当地农民，他们真是来自农民，又养育着农民。

1133 年 4 月，杨幺拥立钟相的小儿子钟义为太子，恢复了起义军的政权。凡是杨幺控制的地区，农民都过着自食其力的生活。

昏庸的高宗皇帝别看对金国外来者表现得唯命是从，可对国内的起义军却大打出手，表现了极强的力量，不断地调集官军，接二连三地进攻杨幺起义军。当然杨幺领导的起义军决不畏惧官军，有来必打，致使官军谁也不愿去和杨幺交战。有一次，皇上派王燮去镇压义军。王燮企图采用前后夹击的战术，消灭义军。没料到，杨幺早得知消息做了充分准备，杨幺派起义军中的强壮士兵先隐藏在船舱里，让船随水飘向王燮的水营。官军见船上没有人，竟是些空船，都争先恐后地想把船拖走。义军等官军船只刚一靠近，船上顿时战鼓雷鸣，起义军踏动车轮，向官军船只前后冲撞，使得官军在船上站立不住，失去战斗力，这时有些义军跳下水搞翻官军的船只，英勇砍杀，不大工夫，官军船只全部沉没，官兵一个不留地都杀死了。朝廷官军在这次战斗中打了个败仗。杨幺根据官兵前后夹击的战斗部署，制定了东西两面作战方案。一部分在水上战斗，同时他又派一支部队袭击王燮的大本营。起义军突然出现在大本营时，官军以为是自己的兄弟部队凯旋而归，出帐一看，全是义军。官军急忙抵抗，起义军拼杀了一阵，连夜又撤退了，致使官军又伤亡了许多。

腐败的朝廷以消灭义军为目的，听说南方杨幺继续钟相道路，不断打败官兵，他们大为恼火，又一次发兵，动用朝廷主力，派当时掌握军政大权的右相张浚亲自督战，命岳飞为前锋，向杨幺起义军扑来。他们趁起义军忙于生产，没有充分的战斗准备之时，于公元 1135 年夏天，被岳飞率领的官军所镇压，杨幺也壮烈牺牲。

钟相、杨幺领导的起义尽管失败了，但他们提出的“等贵贱，均贫富”的口号，较之以前的农民起义口号又发展了一步。

★钟相、杨幺起义作战地图

黄天荡之战

HUANG TIAN DANG ZHI ZHAN

1129年秋，金兵在完颜宗弼(即金兀术)的带领下大举南下，直指扬州。宋军的刘光世部未到前线就溃散了，宋高宗只带了一部分文武大臣和侍卫匆忙渡过长江，逃往杭州，又辗转于绍兴、明州(今浙江宁波)、定海(今舟山市)等地。在逃往温州时，被金兵在海面上追行了300余里，但因遭风雨袭击，金兵不及而返。此后，金兵沿路大肆掠夺，因所掠辎重不能陆行，又取道秀州、平江、常州沿运河北还。

★韩世忠故里——蕲王庙

1130年3月，金兵行至镇江，被浙西制置使韩世忠拦截。韩世忠原来驻军于秀州青龙镇、江湾(今上海境内)一带，听说金兀术已去了平江，便果断率8000人到镇江待敌，屯兵于长江中的焦山，以扼其北撤。

金兀术到了江边，听说遭到了韩世忠的拦截，便派使者到宋营下战书，要求与宋军决战。韩世忠答应了他们，还与兀术约定了决战的日期。当时，金兵有10万人，但是韩世忠手下宋军总共才8000人，双方兵力相差悬殊。韩世忠明白，要打赢这个仗，只有依靠士气。他的妻子梁红玉是个很有见识、又懂武艺的女将，她要求一起参加战斗，借以提高士气和表明共赴国难的决心。

交战前，韩世忠召集部将商量说："这一带地势，要数金山(在镇江西北)上的龙王庙最险要，估计金人一定会到那儿去侦察。"他派出一名部将带领200兵士到龙王庙设下埋伏。果然未出韩世忠所料，第二天，就见有5名金军将士骑马上了金山，到龙王庙前察看宋军动静。埋伏在庙里的宋兵等到金人靠近，突然擂响战鼓，冲杀出来。几个金军将士一见中了宋军的埋伏，掉转马头就逃。宋兵紧追不舍，活捉了2名金兵。另外3名伏在马背上没命地逃奔，其中一个身穿红色战袍、系着玉腰带的金将，由于慌张从马上摔了下来，只是摔得不重，才又跳上马背逃走。宋军通过审问刚抓的俘虏，才知道那个穿红袍的，就是金军主帅金兀术。

金兀术逃回营寨，气极败坏，定要与韩世忠在战场上分个高低。决战之日，他将大军陈于江岸，大有一口吞下宋军的架式。韩世忠也早已披挂上阵，他的夫人梁红玉身穿戎装，在江心的一艘战船上擂响了战鼓。将士们见主帅夫人上阵助战，士气高涨，纷纷冲杀过去。金兵

韩世忠

韩世忠(1089—1151年)，字良臣，延安人(今陕西延安)，南宋名将，抗金英雄。韩世忠身材魁伟，勇猛过人，出身贫寒，18岁时应募从军。他英勇善战，胸怀韬略，在抵抗金兵南侵中建立了战功。韩世忠生性直爽，忠于朝廷和国事，为官正派，不肯依附丞相秦桧。岳飞陷冤狱，满朝文武官员无一人敢言，唯韩世忠仗义执言，为秦桧所恨于心。他持军严整，能与士卒同甘苦，知人善任。部下将校多成长为勇将。解兵罢政后归家十余年，安然自若。晚年喜释、老之学，自号"清凉居士"。

★韩世忠雕像

梁红玉

梁红玉(1102-1153年),宋朝著名抗金女英雄。淮安北辰坊人,因家贫战乱流离润州为妓,遭人虐待,为韩世忠所救。梁红玉感其恩义,以身相许。当时韩世忠因位卑而未敢应承,后来韩世忠升为将军后,才正式迎娶梁红玉为妻。

1130年,韩世忠与梁红玉奉命镇守京口,金兀术率兵数万渡江南侵,在金山、焦山一带与宋军会战。梁红玉身着戎装,登上橹楼,冒着流矢,亲自擂鼓,从半夜战到天明,大获全胜。金兵被围困于黄天荡,多次求和,均遭拒绝。梁红玉提请韩世忠乘胜追击,逼金兀术就范,韩世忠未予采纳。金兵被围48天,乘韩世忠不备,遁入长江。据记载,金兵败北以后,梁红玉不但不据功请赏,相反却上书弹劾丈夫韩世忠“失机纵敌”,请朝廷“加罪”。这一义举使得全国震惊,人人感佩,于是朝廷又加封她为“杨国夫人”。

★抗金女将梁红玉像

虽然人马多,但由于他们长途奔袭,将士疲惫,而韩世忠手下多精兵,且以逸待劳。因而此战金兵被杀死和溺死的不计其数,连兀术的女婿龙虎大王也被活捉。

金兀术领着10万金兵,与韩世忠交战十几个回合,均未打开水上通道。这时,长江北岸的金兵已探知兀术遭到阻击,便派船来接应。韩世忠命士兵用带着铁索的挠钩,将金兵的船逐一钩住,然后掀于江中。前阵失利,援兵又败,金兀术已无计可施,决定用掠来的物资贿赂韩世忠,但遭到了韩世忠的严词拒绝。

金兀术只得沿长江南岸西行,韩世忠沿北岸与之并行,且战且走,最后把金兵逼进了黄天荡(今江苏南京市东北)。黄天荡是条死水巷,只有原路退回才能走出这条水域。金兀术见不能通行,只得硬着头皮再回头与宋军接战,但终未能突围出去,这样打打停停,竟被宋军的8000兵围困了金兵的10万之众,且长达48日之久。

正在金兀术进退两难的时候,有人献计说:“这里原来有一条河道,可以直达建康,只是现在堵塞不通,如果叫兵士开凿出来,就可以逃过宋军的追击了。”金兀术闻听大喜,遂命金兵疏通河道,由于金兵人多,一夜之间凿通老鹳河故道30里,于4月12日,逃出了黄天荡。

逃出黄天荡后,金兵沿水道逃到建康,不料半路上又遇到宋将岳飞的堵击,只好退回到黄天荡。兀术十分焦急,请求韩世忠上阵对话,苦苦要求韩世忠让他们渡江。韩世忠说:“你们要过江不难,只要你们归还占领的地方,我就放你过江。”

金兀术回到营中,跟金将商量对付宋军的办法,他愁眉苦脸地说:“宋军行船好像我们骑马,来去像飞一样快,我们怎么渡得了江?”部下有人说:“现在形势紧急,只要悬赏叫人献计,也许还有希望。”

为寻破宋军之计,金兀术出榜招贤。有一姓王的福建人建议在战船内装土,上铺木板,两舷凿洞安置桨棹,待无风时出击,可用火箭射宋船篷帆。船内装土,可以增加船的稳定性,使之不易倾覆。然后铺上木板,使对方无处下钩。无风时出击,既可避免小船不耐风波的弱点,又可发挥小船机动灵活的优势,而宋船体积大,无风不能动,成了火攻的对象,金兀术采纳了这个建议。

★韩世忠墓

4月25日,天气晴朗,江上无风。金兵偷偷登上小船,分批渡江。韩世忠想用大船赶上去拦击,但是因为没有风,大船行驶慢,赶不上小船。正在着急的时候,金兵的火箭纷纷射来,射中了宋船的风帆。整个船只随风帆燃烧起来,船上的宋军纷纷落水。韩世忠只好放弃船只,乘小船退回镇江。

黄天荡之战,虽被金兀术逃过江北,但从此金兵再也不敢轻易渡江,京城临安(今浙江杭州)和南宋半壁江山得以保全,也极大地激发了南宋人民抗金救国的激情。

岳飞精忠报国

YUE FEI JING ZHONG BAO GUO

金兀术第一次逃出黄天荡的时候，退往建康，在那里再行抢劫掳掠，以充返兵给养之需。不料，此时宋将岳飞受命率兵攻打建康，两军遂于建康城南30里的清水亭展开激战。激战中，岳飞身先士卒，挺枪跃马，金军渐渐不敌，弃尸而逃。此役使金兵横尸15里，斩杀金将175人，活捉女真军、渤海军和汉儿签军45人。首战告捷极大地鼓舞了宋军，也调动了将士主动求战的积极性。5月初，岳飞到达清水亭以西12里的牛头山扎营。夜里，他令百人敢死队穿黑衣摸入金营中猛砍，金兵惊作一团，待清醒后持械厮杀，而敢死队已悄悄撤出战斗，金兵战至天明方知是在自相攻杀。5月10日，金兀术退到建康城西北15里的龙湾镇。岳飞以300名骑兵、2000步军驰至新城，再败金兀术。次日，金兀术从龙湾撤退到长江对岸的真州六合县宣化镇。岳飞率部追至龙湾镇，待金兵半渡，突然发起攻击，将未及逃至北岸的所有金军全部消灭。金兀术北逃往淮西，岳飞收复了建康。

★岳飞庙

岳飞是相州汤阴（今河南汤阴）人，出生那年，黄河决口，家乡闹了一场水灾，家里生活很困苦。岳飞从小刻苦读书，尤其爱读兵法。他力气大，十几岁的时候就能拉强弓硬弩。后来，岳飞听说同乡周侗武艺高强，就拜周侗为师，学得一手好箭，能左右开弓，百发百中。

1126年，金军大举南下，进攻汴京，朝廷风雨飘摇。次年，钦宗弟弟康王赵构以“天下兵马大元帅”名义招募义勇民兵，时年岳飞22岁，为报效国家，抗击金兵，他毅然拜别老母和家人，投到前军刘浩的帐下。有一次，岳飞奉命率100名骑士到滑州侦察，一直深入滑州南部近开封府的地界。当宋军回去时，忽然对面来了大股金兵，兵士们都吓呆了，岳飞却不慌不忙地说：“金兵虽然多，但他们不知道我们的兵力多少。我们可以趁他们没准备的时候击败他们。”说完，他带头冲向敌阵，斩了金军一名将领。兵士们受到岳飞的鼓励，也冲上去，果然把金军杀得七零八落。岳飞则因率百骑斩杀金军几千人升为“从八品秉义郎”。

1127年4月，金军攻入汴京，将徽、钦二帝及后妃、大臣等3000人和无数财宝掳走北归，康王赵构于南京应天府（今河南商丘）即位，是为宋高宗。高宗不敢与金国力战，时时不忘屈膝讲和。此时，岳飞已归入黄潜善军中，而接连几个月无仗可打，便上书赵构，力主抗金，斥责求和。黄潜善和汪伯彦看到岳飞的上书，批示“小臣越职，非所宜言”，并严厉惩罚岳飞，将他革掉官职，削除军籍。

★岳飞像

1128年1月，金军又南侵进犯孟州汜水关。再次投军于宗泽帐下的岳飞，受命率领500骑兵前往侦察。岳飞在汜水关一带击败金军，回东京开封府后，被宗泽升为统领，不久又提升为统制。此间，宗泽非常器重岳飞。有一次他对岳飞说：“像你这样智勇双全，即使古代名将也不过如此。但是只靠冲锋陷阵，毕竟不是常胜的办法。”他交给岳飞一份古代的战阵图说道：“你拿这个去好好研究一下。”岳飞接过战阵图，向宗泽施礼道谢，并说：“按照阵图作战，这是兵法的常规。至于灵活运用，随机应变，还得靠将领善于用心。”宗泽听了，连连点

岳飞

岳飞(1103-1141年)，字鹏举，相州汤阴(今属河南)人。南宋军事家，抗金英雄。岳飞自幼苦读诗书、兵法，兼学武艺，以忠义仁孝为人们所称道。岳飞父岳和、母姚氏，世代务农。岳飞青少年时先后向周侗、陈广学习射箭、枪技，成为全县武艺最高强的人，但因家境贫困，后到相州(今河南安阳)，"为韩魏公(琦)家庄客，耕种为生"。19岁时投军抗辽。不久因父丧，退伍还乡守孝。1126年金兵大举入侵中原，岳飞再次投军，开始了他抗击金军、保家卫国的戎马生涯。传说岳飞临走时，其母姚氏在他背上刺了"精忠报国"四个大字，这成为岳飞终生遵奉的信条。岳飞对待将士要求十分严格，又关爱备至。兵士生病，他常常亲自替他们调药；部下将领出征的时候，他就让妻子慰问他们的家属；将士在战争中阵亡，就抚育他们的子女；他将所受的赏赐，一概分配给将士，自己家里丝毫不留。有人问他说天下什么时候能够太平，岳飞回答说："文官不贪财，武将不怕死，天下才有太平的希望。"此语用以衡量岳飞，说他是文臣或武将都不为过。

★岳飞雕像

头，赞赏这个青年将领的见解。

宗泽一直念念不忘地请求赵构回銮开封，誓师北伐，他始终把抗金作为自己的职责。此前，宗泽以70高龄任东京留守，招聚义兵近200万，分署京郊16县，与金兵隔黄河对峙。1128年正月，金人大举入侵，宗泽以计破之，金兵溃不成军，尽弃辎重。自此宗泽威震天下，金兵都惧怕宗泽，称其为"宗爷爷"。宗泽从1127年7月起，一年内共上疏二十多次，一直力劝宋高宗还京，以图恢复北方失地，但均为奸佞所阻。据此，宗泽忧愤成疾，不久病死。

宗泽死后，岳飞归东京留守杜充指挥。金兵大举进攻时，杜充逃到建康；金兀术攻打建康时，杜充又可耻地向金军投降。相形之下，他的部将岳飞却作战神勇，指挥灵活，行动果敢，因而此次夺取建康，使金兀术一败再败，以至金兀术回到北方时"相持泣下，诉以过江艰危"。而高宗在欣喜之余，也诏见了岳飞，并对其擢官嘉许。

金兵北撤以后，宋高宗从温州回到临安。此后，宋高宗诏岳飞还守通州、泰州，岳飞以泰州无险可恃，退保柴墟，战于南霸桥，大败进攻的金军。这以后，岳飞才拥有了人马万余，并在此基础上创建了"岳家军"。岳家军归张浚所部，军号定名为"神武右副军"，岳飞为统制。由于岳飞号令严明，军纪整肃，

★岳飞塑像

他率领的岳家军作战勇敢，堪称一支抗金的劲旅，受到百姓的拥戴，而岳家军"冻死不拆屋，饿死不掳掠"也在当时传为美谈。

金兵在北返时，除了掳走徽、钦二帝，还在中原地区立了一个傀儡皇帝刘豫，国号大齐，充当金朝的帮凶，骚扰南宋地界。1136年正月，宋高宗命岳飞为荆湖北路、京西南路宣抚副使，征剿伪齐。此期，岳飞手下悍将牛皋、杨再兴等于路斩关夺隘，很快收复了大片失地。但由于后来转战于陕西附近的山区，后勤供应线过长，造成岳家军粮草不足，加之原岳飞上司王彦所率的"八字军"(每人脸上刺有"赤心报国，誓杀金贼"字样)不接受岳飞的统署，以致缺少必要的协调，岳飞只得班师。

岳飞在这次北伐中壮志未酬，于武昌写下了传诵千古的《满江红》：

怒发冲冠，凭栏处，潇潇雨歇。抬望眼，仰天长啸，壮怀激烈。

三十功名尘与土，八千里路云和月。莫等闲，白了少年头，空悲切。

靖康耻，犹未雪。臣子恨，何时灭！驾长车，踏破贺兰山缺。

★岳飞墓

壮志饥餐胡虏肉，笑谈渴饮匈奴血。待从头，收拾旧山河，朝天阙。

这首词抒发了岳飞抗金的壮志豪情，同时也流露出他收复山河的急迫心情。然而，苟安于南方的统治集团却安于现状，宋高宗以奸臣秦桧为相，积极推行求和政策。1138年，金使张通古至杭州。次年正月，南宋朝廷正式下诏宣布和议成立。和约规定：金以河南之地予宋，宋向金岁贡银绢共50万匹（两）。当时，主战派张浚在永州（今湖南零陵），他五次上疏，反对和议；岳飞在鄂州（今湖北武汉武昌），也认为和议“可危而不可安，可忧而不可贺”，并加紧练兵，整军备战。

★岳母刺字雕塑

1140年5月，金朝又撕毁和约，倾全国之兵，以金兀术为统帅，分四路大举进攻。不到一个月，根据和议还给南宋的土地，全被金军夺回，南宋王朝面临覆灭的危险。宋高宗这才不得不下诏书，要求各路宋军相机抵抗。岳飞奉令反击，仅用40余天，先后收复陈州（今河南淮阳）等重镇，并派兵从三面形成了对金兵的包围态势。7月初，岳飞大破金兀术素有“常胜军”之称的“铁浮图”、“拐子马”，指挥经过专门训练的步兵手持“麻扎刀”和大斧专砍马腿，使敌马翻人仰，不能前进。接着，在郾城附近连战连捷，使金军惊呼“撼山易，撼岳家军难”。

此后，在颖昌（今河南许昌），岳家军再次杀退金兀术的10万步兵和3万骑兵，金军至此全线崩溃，副帅毙命，金兀术败逃。随即，岳飞上书高宗：此乃“陛下中兴之机，金贼必亡之日”，并亲率岳家军追抵距汴京仅45里的朱仙镇，与义军相互配合，将金兀术围困在汴京。然而，高宗慑于岳飞震主之威，听信秦桧奏言，“令岳飞暂且班师”，下令各路大军一律撤回原驻地，并一天催发12道金牌。岳飞涕泪交流，痛心疾首，仰天长叹说：“所得州郡，一朝全休！社稷江山，难以中兴！乾坤世界，无由再复！”言毕，命全线撤军。

1141年，高宗为同金朝早日议和，摆脱主战派的谏议，一举剥夺韩世忠、张浚、岳飞的兵权，解散其军队。不久，岳飞便遭到秦桧及其爪牙的诬陷而罢官，接着又将岳飞及儿子岳云、部将张宪诬为谋反，把他们三人同时下狱。同年底，宋金议和。1142年1月，岳飞、岳云、张宪被以“莫须有”的罪名赐死，岳飞时年仅39岁。岳飞死后，全家被抄，五子中除岳霖被人收养，余者或充军岭南，或逃往湖广，甚至下属也被株连罢免或被处死。

岳飞一生俭朴，不置田产，不积私财，不为后代钻营利禄。打仗时他身先士卒，与士兵同甘共苦，从不居功自傲，赢得了历代人民的崇敬和同情。因而，当高宗退位，孝宗即位后，为鼓士气，平民愤，追复岳飞官职，并将其遗骸依礼迁葬于西湖栖霞岭下。

秦桧

秦桧（1090-1155年），字会之，江宁（今江苏南京）人。1115年，秦桧中进士，后官至御史中丞。曾主张抗金，反对割地求和。金军攻占开封后，欲立张邦昌为帝，秦桧进议状，主张另立宋宗室为帝，遂被金军驱掳北去，旋即降敌。

秦桧在金廷大倡和议，故于建炎四年（1130年）被放回南宋。秦桧得宋高宗信任，官至宰相，因提出“南人归南、北人归北”的主张，罢相闲居。绍兴七年（1137年），秦桧任枢密使，与宰相张浚劝说宋高宗收回由岳飞并统淮西等军的成命，招致淮西军的哗变投敌。绍兴八年（1138年），秦桧重新拜相，力主和议，代表宋高宗向金使跪接诏书。绍兴十年（1140年），金朝都元帅完颜宗弼（金兀术）领兵南侵，岳飞等军大举北伐，屡破金军，进逼开封。此时，秦桧却怂恿宋高宗迫令班师。绍兴十一年（1141年），宋高宗与秦桧解除岳飞、韩世忠等大将军权，诬构谋反罪状，杀害岳飞，与金朝再次签订屈辱的和约。

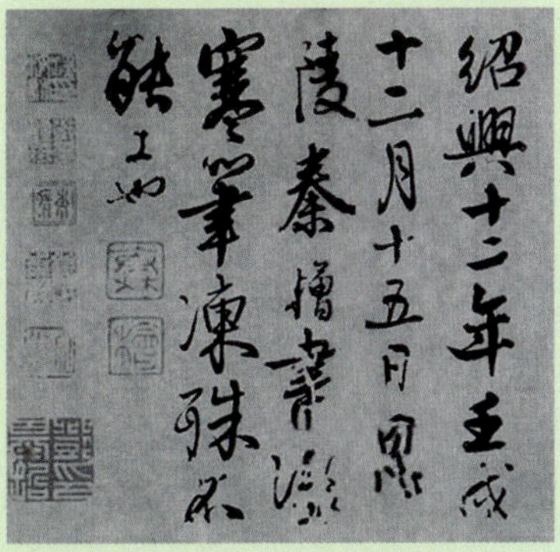

★秦桧手迹《深心帖》（局部）

两书生抗金

LIANG SHU SHENG KANG JIN

虞允文

虞允文(1110-1174年)字彬甫。仁寿(今属四川)人，南宋抗金名臣。绍兴三十一年(1161年)，金海陵王完颜亮统率金军主力越过淮河，迫近长江。两淮前线宋军溃败，金军如入无人之境。虞允文时任督视江淮军马府参谋军事，被派往采石（今属安徽马鞍山市）犒军，正值完颜亮大军准备由采石渡江。虞允文见形势危急，毅然把散处沿江无所统辖的军队，迅速组织起来，挫败金军渡江南侵的计划，赢得了采石大捷。

后完颜亮移兵扬州，虞允文又赶赴镇江府(今江苏镇江)阻截，迫使金军北撤，虞允文由此在南宋朝野上下获得极高声誉。

★虞允文雕像

绍兴和议以后，宋金双方有20年没有发生战争。宋高宗和一批投降派大臣对于这个偏安的局面十分满意，在临安修筑起豪华的宫殿府第，过着纸醉金迷的生活，把收复失地的事忘得一干二净。

在这段时间里，金朝统治集团发生内讧，贵族完颜亮杀死了金熙宗，自立为帝，历史上称为海陵王。完颜亮把金朝的京都从上京迁到燕京，一心想发动战争，消灭南宋。1161年9月，完颜亮发兵60万，再次进攻南宋，并扬言：“此次出征，多则一百天，少则一个月，一定能扫平南方。”

完颜亮的大军逼近淮河北岸，南宋一些守将病的病，逃的逃。宋高宗听说金兵已迫近江北，忙撤换下已逃跑的守江副帅王权，另派李显忠代替王权的职务，并且派宰相叶义问亲自去视察江淮守军。叶义问也是个胆小鬼，不敢亲自上前线，另派一个中书舍人(文官名)虞允文慰劳采石的宋军将士。

虞允文则利用此机将散兵游将聚集在一起，调集车船，排兵布阵，指挥宋军战船楔进几百艘金军大船之间，把敌船拦腰截断，敌船纷纷被撞沉。金兵一部被水淹死，一部被宋军砍杀，余下的纷纷逃归。完颜亮未料到有如此惨败，他气极败坏，杀了一些逃归的兵将，并利用夜暗，再次偷偷渡江。

此时，虞允文早已料到完颜亮不会甘心失败，当夜便指挥两队战船设伏，将敌300只大船困在江心和渡口，然后宋军放起一把火，把

★宋高宗像

敌船全部焚毁。完颜亮虽遭重创，但仍不甘心，率余部直奔扬州。虞允文紧跟着到扬州对岸的镇江布防。防守镇江的老将刘锜当时病重，他拉住来探望自己的虞允文，激动地说：“国家养兵30年，没有立过一点战功，想不到立大功的还是靠您这位书生，我们当将军的实在太惭愧了。”

完颜亮到达扬州后，马上命令渡江，但此时由于金兵屡遭败绩，无人敢战，一些兵将甚至要逃亡。完颜亮则严令金军：兵士逃亡的杀死将领，将领逃亡的杀死主将，畏缩不前的就地处死。金军将士对这个飞扬跋扈的统帅早已无法忍受，还没等完颜亮发出渡江命令，便把他杀死在军帐里。此间，金朝内部的一些大臣，也因不满完颜亮的统治，另外拥戴完颜雍为皇帝，是为金世宗，宋金之役就此弭兵罢战。

1161年，在完颜亮大举南下的时候，金兵一路烧杀抢掠，中原百姓纷纷组织义军予以抵抗，济南人耿京联络李铁枪等6人，转入东山(今山东昌邑东)，竖起了抗金大旗。起义军先后攻占了莱芜、泰安两座县城。当地百姓恨透了官府，

★完颜亮半身像

★辛弃疾像

踊跃参加起义军，使起义队伍很快就发展到了20余万人，成为各地起义军中最大的一支队伍。

在起义军中，有一位南宋时期杰出的文学家，他叫辛弃疾。辛弃疾出生在济南，当他刚降生时，家乡已经沦陷在金朝统治者的手里。祖父辛赞给一天天长大的辛弃疾讲述了很多金军灭亡北宋的惨痛历史，激发了他对金朝贵族的痛恨，立志要推翻金朝的统治，收复失地。

长大后的辛弃疾因文才出众，被官府推荐到燕京去赴试。虽两次均未考中，但于路却了解和掌握了金朝统治下百姓凄苦的现状和许多金朝内部相互倾轧的情况，并通过对统治集团矛盾的分析，理出了走联民暴动的路子。金主完颜亮发动南侵，进一步激化了金朝的内外矛盾，各地百姓纷纷揭竿而起。时年22岁的辛弃疾也聚众两千人，树起了抗金旗帜，随后加入了较有影响力的耿京起义军。

1062年，通过政变取得了金主位置的金世宗一面与南宋讲和，一面在北方对起义军剿抚并用，企图瓦解抗金武装。面对来自金朝的威胁，辛弃疾对耿京说："为了抗金，咱们一定要和朝廷取得联系，南北呼应，万一咱们在这里呆不住，也可以把人马拉到南边去。"耿京接受了辛弃疾的意见，派他同义军总提领贾瑞为代表，到建康去与宋军联络。

宋高宗听说山东义军派人来归附，十分高兴，亲自召见了辛弃疾和贾瑞二人，并表示接纳这支起义队伍。贾瑞和辛弃疾完成了任务，高高兴兴地离开建康。不料，在经过海州(今江苏连云港)的时候，却闻知耿京在他们离开起义队伍期间被张安国杀害。

金朝因为张安国杀起义军首领有功，把他封为济州(今山东巨野)的州官。义军却因失去了首领，又不甘心跟张安国投降金军，便开始互不统属，各自为战。辛弃疾因为张安国的可耻行径致使起义功败垂成，一时怒火填胸，并发誓要铲除这个叛徒。

辛弃疾带上50名勇士，迅速赶到济州官府。此时，叛徒张安国正在里面设宴请客，一听是辛弃疾来了，以为是前来投奔他的，便欢天喜地把他们迎进来。不想，辛弃疾不露声色，待走到张安国的近前，却突然命人将他捆绑起来，然后一溜烟儿地出了济州城。

张安国的兵将本来不愿随他投降金朝，见此情形都纷纷随辛弃疾同归义军。辛弃疾率义军把叛徒押到建康行营，南宋朝廷立刻将其处决。

辛弃疾回到南方后，被派到江阴做官。他不顾自己职位低微，好几次向朝廷提出抗金的主张，可惜都没有被采纳。后来，虽然做了几任地方官，还创建过一支"飞虎军"，但是始终没有能够实现他北伐中原的愿望。

辛弃疾在40岁的时候，就被排挤出官场，使其满腹的救国报负不能实现。他把正人君子受打击、狗苟蝇营的小人气焰嚣张的腐败官场看得很透，把官场说成是"掩鼻人间臭腐场"。这种形象的概括既是辛弃疾胸内积愤的发泄，又是对当时腐败政权的艺术再现。

在以后的岁月里，辛弃疾选择了依山临水，云烟飘渺，远离尘嚣，像世外桃源的地方闲居。他游山荡水，云来雾往，写下许多反映他的豪放性格和爱国热情的词，他的词在我国文学史上占有重要的地位。

辛弃疾

辛弃疾(1140-1207年)，字幼安，号稼轩，历城(今山东济南)人。南宋词人。辛弃疾出生时，山东已为金兵所占。

辛弃疾22岁参加抗金义军，不久归南宋，历任湖北、江西、湖南、福建、浙东安抚使等职。任职期间，采取积极措施，招集流亡，训练军队，奖励耕战，打击贪污豪强，注意安定民生。一生坚决主张抗金。在《美芹十论》、《九议》等奏疏中，具体分析当时的政治军事形势，对夸大金兵力量、鼓吹妥协投降的谬论，作了有力的驳斥；要求加强作战准备，鼓励士气，以恢复中原。他所提出的抗金建议，均未被采纳，并遭到主和派的打击，曾长期落职闲居江西上饶、铅山一带。晚年韩侂胄当政，一度起用，不久病卒。

辛弃疾的词大多抒发恢复国家统一的爱国热情，倾诉壮志难酬的悲愤，对南宋上层统治集团的屈辱投降进行揭露和批判，也有很多吟咏祖国河山的作品。艺术风格多样，而以豪放为主。

陆游临终留诗

LU YOU LIN ZHONG LIU SHI

1162年，宋高宗让位于赵昚，是为宋孝宗。孝宗登基后，立志光复中原，收复河山，遂恢复名将岳飞谥号“武穆”，追封岳飞为鄂国公，剥夺秦桧的官爵，吸纳陆游等一批有识之士入朝，联络中原抗金豪杰等，并且命令老将张浚北伐中原。

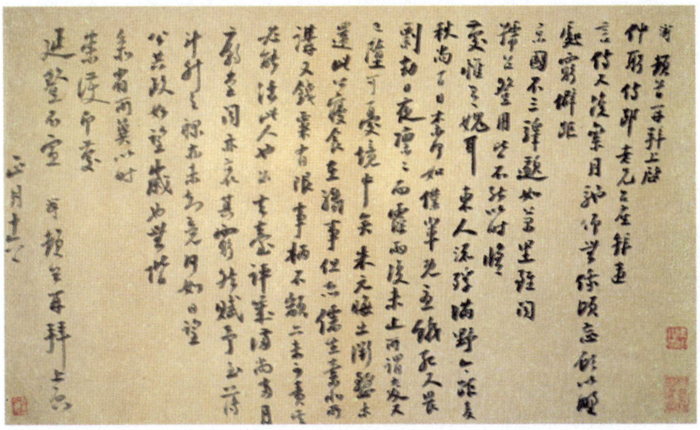

★陆游《致仲躬侍郎尺牍》

张浚在高宗时曾任枢密使，他坚持抗金，先后率军转战川陕、两淮等地，多有战功，在南宋朝野享有盛誉，金人对他也十分畏惧。秦桧当政时，张浚遭到排挤，被迫离开朝廷。宋孝宗久闻张浚的威名，内心早已非常仰慕，如今要恢复中原，主持大局的最佳人选非张浚莫属。新皇帝锐意进取，力图中兴，对自己又如此尊敬与信赖，令压抑已久的张浚兴奋不已。他建议孝宗亲赴建康，以招揽中原百姓之心；陈兵两淮，进军山东，声援西线川陕军队；发布诏书，号召中原人民奋起抗战，配合宋军收复失地。

当时，陆游任枢密院编修之职，由于文才出众，起草诏书的任务理所当然地落在陆游的身上。陆游是南宋诗人，生于1125年。陆游生活的时代，正是金朝频频向宋朝发动战争的时期，积贫积弱的宋朝丧失了大量国土，被迫不断向南迁移，人民始终生活在战乱和动荡之中，少年时代的陆游不得不时常随着家人逃难，饱尝流离失所的痛苦。

陆游从小受到父亲强烈爱国思想的熏陶，很早就养成了忧国忧民的意识。当他看到、听到江南军民抗击金兵的许多可歌可泣的事迹时，在他幼小的心灵里，又产生了效命疆场的渴望。为了实现自己报效国家的理想，他特别注意学习兵书。20岁时，他在一首诗中写道，“上马击狂胡，下马草军书”，希望自己有一天能亲临战场、杀敌报国。此次，他利用起草诏书的机会，热情赞颂北伐，深刻揭露金人的无耻行径，热切盼望南北人民共同行动起来，将金人驱出中原。陆游引经据典、旁征博引，叙事既陈铺工整，文词又精辟华丽，把十几年来对金人的恨，对恢复中原的渴望发挥得淋漓尽致。

北伐初期，宋军接连取得胜利，李显忠攻克灵璧、宿州，邵宏渊攻克虹县，金将蒲察徒穆、大周仁、萧琦等先后投降，北方人民也纷纷响应，归附者络绎不绝。然而，就在宋军节节胜利的时候，却出现了将领之间不和，宋军无法协调行动，无法统一指挥的现象，个别将领还出现了麻痹轻敌的心理。而金军却利用宋军主将失和、军心浮动的时候，大举反击。1163年5月，金军向宋军发动进攻。主帅李显忠通知副帅邵宏渊出兵，夹击金军，邵宏渊却按兵不动，李显忠只得独自率军出战。战斗间隙，邵宏渊装模作样地出城巡视，对士兵们说：“天气如此炎热，就是手不离扇尚不得凉爽，更何况要在烈日曝晒下穿着厚重的铠甲作战？”言外之意是宋军几乎没有获胜的机会。此语立即引发了其他将士的悲观情绪，使得宋军人无斗志，军心涣散。当晚，中军统制官周宏、邵宏渊之子邵世雄等将领各带所部弃城而遁，宋军即由此全线溃退。

北伐失败，给主和派留下了攻击主战派的口实，纷纷上书弹劾张浚，张浚被排挤出朝廷，陆游也因参与和支持北伐，被罢官回到山阴

★陆游塑像

老家。宋孝宗在金兵的威胁下，抗金决心也动摇起来。第二年又与金朝订立了屈辱的和约，从此以后，再也不敢提北伐之事。

1172 年，陆游入蜀，任夔州通判。两年后，入四川宣抚使王炎幕府，投身军旅生活。汉中接近抗金的前线，陆游认为到那里去也许有机会参加抗金战斗，为收复失地出一份力量，便很高兴地去了王炎在汉中所设的幕府。到了那里，他曾经骑马到大散关边，观察金人占领的地区。在王炎衙门里，也常常亲眼看见金军占领区的老百姓，冒着危险给宋军送来军事情报，这些情景使他对抗金前途充满了希望。

★陆游纪念馆

但是，当时临安的南宋朝廷并没有北伐的打算，川陕一带的将领又大多骄横腐败，不堪重用，加之王炎被调走，陆游满怀的期望再一次落空。

时隔不久，陆游也被调到成都，在安抚使范成大部下当参议官。范成大是他的旧友，两人不分官位，不拘礼数，常常喝酒写诗，来抒发自己的爱国情感和排泄胸中的郁闷，并从此自号“放翁”。

1190 年，宋孝宗禅位于年已 43 岁的光宗赵敦，光宗仅在位 5 年，因年老体弱而禅位于宋宁宗赵扩。此间，南宋王朝始终没有决心收复失地，陆游长期过着闲居的生活，他把满腔爱国热情都只好寄托在他的诗歌创作上。

1206 年，韩侂胄担任宰相，当他得知金朝正被北方新兴的蒙古诸部落连连击败时，便命京洛招抚使郭倪出奇兵突击金军，攻陷金朝边境重镇泗州（江苏盱眙北）。韩侂胄大喜，奏请皇帝赵扩昭告全国，宣布金帝国的罪状，下令北伐。北伐的消息使陆游兴奋不已，他以为宋军二三十年磨一剑，总该锋芒毕现，一削而平。但是韩侂胄的北伐，并没有充分准备，加上朝廷内部矛盾重重，四路宋军很快相继失败。而金军分九路渡过淮河追击，一连攻陷十余州，再度抵达长江北岸的真州（江苏仪征），扬言造舰渡江。

此时，宋国上下震恐。韩侂胄扬威于外的美梦破灭，急向金求和。金朝答复说，必须先交出祸首。韩侂胄大怒，欲再用兵，以社稷为赌注。但被礼部侍郎史弥远及皇后杨氏等所奏劾，并设计诱杀于玉津园侧。宋国派使者把韩侂胄的首级送到了金朝的中都（今北京），与金朝订立了屈辱的《嘉定和议》。

陆游一生渴望的收复失地、统一祖国的强烈愿望，始终没有实现。他只有用他的诗歌来表达他对祖国的热爱和对民族的忧虑。他一生辛勤创作，一共留下了 9300 多首诗。在我国历代诗人中，他的创作是最丰富的。1210 年，爱国诗人在临终前念念不忘恢复中原，并写下了他最后一首感人肺腑的诗——《示儿》：

死去元知万事空，
但悲不见九州同。
王师北定中原日，
家祭无忘告乃翁。

陆游

陆游（1125-1210 年），字务观，自号放翁，越州山阴（今浙江绍兴）人。南宋伟大的爱国诗人。陆游的父亲陆宰，是当时一位颇有民族气节的官员和学者。朝廷南渡后，他回乡著书，严教子弟。陆游自幼就受到爱国的家庭教育，立下了抗战复仇的壮志。29 岁参加进士考试，名在前列，因触犯奸臣秦桧而被除名。孝宗时，被赐予进士出身，历任夔州通判，提举江南西路常平茶盐公事，权知严州等地方官，还参赞王炎、范成大幕府军事，后来做过朝议大夫，礼部郎中。65 岁时罢官，即回老家山阴闲居。

陆游一生坚持抗金主张，虽多次遭受投降派的打击，但爱国之志始终不渝，死时还念念不忘国家的统一。陆游勤于创作，一生写诗 60 年，保存下来就有 9300 多首。诗的题材极为广泛，内容丰富，其中表现抗金报国的作品，最能反映那个时代的精神。诗的风格豪放，气魄雄浑，近似李白，故有“小太白”之称。

★陆游像

贾似道误国

JIA SI DAO WU GUO

成吉思汗死后，他的儿子窝阔台接替他做大汗。窝阔台按照成吉思汗的遗嘱，向南宋借路，包围金朝京城开封。1233 年，蒙古军攻破开封，金哀宗逃到蔡州（今河南汝南），蒙古又联合南宋围攻蔡州，金哀宗派使者向宋理宗（宋宁宗的继子，名叫赵昀）求和，声言："金被灭，下一个就是宋了。如果跟我们联合，对金、宋两国都有好处。"宋理宗深知金朝反复无常，因而未予理睬，金哀宗走投无路，只好自杀。公元 1234 年，金朝在蒙、宋两军夹攻下灭亡。

★元世祖忽必烈像

蒙古、南宋联合灭掉金朝以后，南宋乘机出兵，想收复开封、河南一带土地。窝阔台借口南宋破坏协议，进攻南宋。于是宋金的矛盾继而由宋蒙的矛盾所代替。

1258 年 2 月，新即位的蒙古大汗蒙哥调动三路大军全面侵宋。次年九月，蒙哥的弟弟忽必烈进围鄂州，并准备进攻南宋都城临安。宋理宗万分惊慌，即派贾似道以右丞相兼枢密使的身份前去支援鄂州。此时，蒙哥所率的军队进围合州，合州宋将王坚和全城军民奋起反抗，并用炮石击中蒙哥，不久身死。忽必烈缓争位，而急欲攻下鄂州。忽必烈围住鄂州城后，下令猛攻。贾似道眼看鄂州不保，便瞒着朝廷，偷偷地派个亲信到蒙古营去求和，表示只要蒙古退兵，宋朝就愿意称臣，进贡银绢。

忽必烈希望一举攻下鄂州，不愿议和。正在这时候，忽必烈接到他妻子从北方捎来的密信，通告他蒙古一些贵族正在准备立他弟弟阿里不哥做大汗。忽必烈急于回去争夺汗位，因而答应了贾似道的请求，订下了秘密协定。贾似道答应把江北土地割给蒙古，并且每年向蒙古进贡银、绢各 20 万。忽必烈得了贾似道的许诺后，匆匆北返。

★贾似道私下议和

贾似道回到临安，把私自订立和约的事瞒得严严实实，却抓了一些蒙古兵俘虏，吹嘘各路宋军取得大胜，不但赶跑了鄂州的蒙古兵，还把长江一带敌人势力全部肃清了。昏庸的宋理宗对前线战况一无所知，便轻而易举地听信了贾似道的弥天大谎，还专门下一道诏书，赞赏他保国安民，指挥有方，并给他加官进爵。

★贾似道塑像

忽必烈回到北方，得到大多数蒙古贵族的支持，即大汗位。他想起了在鄂州与贾似道订下的和议，便派郝经为使到南宋催办交割事宜。不想，贾似道一听郝经要到临安来，怕他的骗局露馅儿，赶快派人到真州把郝经扣了起来。此时，由于忽必烈在中原汉地自行集会称汗，并且推行汉法，违背了蒙古传统，引起了阿里不哥和蒙古保守派的强烈不满，忽必烈与阿里不哥随即展开了 4 年的内战。由于忽必烈为了全力对付阿里不哥，因而暂

★贾似道像

贾似道

贾似道（1213-1275年），字师宪，台州天台（今属浙江）人。其父贾涉曾任制置使，其姐贾贵妃为赵理宗所宠，因此屡蒙超擢，先后为沿江制置副使、京湖安抚制置大使、两淮制置大使、加参知政事及知枢密院事等要职，一时权倾朝野。

1259年，蒙古大举攻宋，鄂州（今湖北武汉市武昌）危急，贾似道即军中拜右丞相，奉命赴援。他擅自遣使诣忽必烈军前请和，许割江为界，岁奉银绢各20万。因蒙哥死于钓鱼城下，忽必烈急于北返争夺汗位，才达成和议。蒙古军退走之后，贾似道则隐瞒求和真相，以大捷报于朝廷。宋理宗遂以右丞相兼枢密使召之入朝，从此专制朝政近17年。贾似道身居高位，却不顾及国家安危，穷奢极欲，于西湖边葛岭起楼台亭榭，作半闲堂、建多宝阁，日夜淫乐其中，大小政事，均由人送及于此，俨如另外一个朝廷。贾似道不仅荒淫、好赌，还爱斗蟋蟀，后人痛恨地称其为“蟋蟀宰相”。

把受欺之怒隐而不发。

1264年，宋理宗病亡，宋度宗赵禥即位。1267年，度宗封贾似道为太师，拜魏国公。在此期间，忽必烈打败了阿里不哥，并于1271年称帝，改国号元，忽必烈是为元世祖。同年，忽必烈命元军围攻襄阳，以报前番受欺之仇。对此，贾似道却隐匿不报，也不派兵增援，以至襄樊被围攻了三年，形势十分危急。1273年正月，樊城被元军攻破，同年2月，襄阳守将吕文焕在粮尽援绝的情况下献城投降。

贾似道因忽必烈平定内乱无暇顾及南方而过了十几年的安稳日子。十几年中，他位高权重，许多政令多由己出，度宗还专门给他在西湖葛岭造了一座豪华的别墅，以供其玩乐。当元世祖借口南宋不执行和约，起大军南侵，并扬言灭宋时。贾似道则把前线的消息封锁起来，不让宋度宗知道。有一天，贾似道上朝的时候，宋度宗问他：“听说襄阳城已经被蒙古兵围了几年，怎么办？”贾似道故意装出惊讶的样子说：“蒙古兵早就给我们打退了，一定是有人图谋不轨，讹言生乱，乞陛下详查。”度宗听贾似道这样一说，也就不再加以理会了。不过，贾似道却没忘了追查此事，结果将一个曾透露消息的宫女杀了灭口。

就在蒙古兵围攻襄阳的时候，贾似道却每天躲在葛岭别墅里。他对战况不闻不问，既不报知皇上，又不派兵增援。有一次，有个亲信去找他，他正趴在地上跟他的几个侍女斗蟋蟀。那名亲信与他开玩笑说：“这也是相国的军国大事吗？”贾似道当时玩得兴起，对他的话一点儿也没在意，由此贾似道落了个“蟋蟀宰相”的称号。

★宋度宗像

1274年，元军自襄阳东下，鄂州、江州、安庆守将皆降。此间，宋度宗病死，贾似道拥立了一个4岁的幼儿赵㬎做皇帝。次年正月，贾似道亲出督师，但他胆小如鼠贪生怕死，根本不思抗击，只是一味请求议和。他给元丞相伯颜送上礼品，请求割地赔款，但伯颜责他不守信义，拒绝议和。二月，宋军至安庆鲁港，与元兵相遇，宋将夏贵先已决计降元，因而不战而去，且扬言前锋已败，摇动军心，致使宋军全军溃散，贾似道逃回扬州。

贾似道辗转回到临安，谢太后降旨罢免了他，但这不能平息怒众，大臣、太学生、平民都坚决要求处死贾似道。谢太后无奈，只得把他流放到循州（今广东惠州）。在流放循州的路上，贾似道被监送官郑虎臣擅杀于漳州。

★郑虎臣诛贾似道之处

南宋名相文天祥

NAN SONG MING XIANG WEN TIAN XIANG

尽管宋虎臣诛杀贾似道以快民意，但以其肮脏之躯却难以阻挡蒙古铁骑。1276 年，南宋京城临安终于被蒙古铁骑踏破，数万蒙古大军以泰山压顶之势扑向京城。当时宋恭帝赵㬎年仅 4 岁，不知世事，谢太后和新任宰相陈宜中惊慌失措，赶紧派了一名官员带着国玺和求降表到元军统帅伯颜的大营求和。可是，伯颜指定让南宋丞相亲自去谈判。而陈宜中害怕被扣留，不敢到元营去，逃往南方。谢太后没办法，只好宣布文天祥接替陈宜中做右丞相，让他到伯颜大营去谈判投降。

文天祥是我国历史上著名的民族英雄，吉州庐陵（今江西吉安）人。他从小爱读历史上忠臣烈士的传记，立志要做解危的良将、济世的重臣。文天祥 20 岁时，到临安参加进士考试，在试卷里他写下了自己的救国主张，受到主考官的赏识，高中状元。

文天祥走上仕途之后，发现贾似道和一批宦官都是些祸国殃民的奸臣。有一次，蒙古军攻打南宋，宦官董宋臣劝宋理宗放弃临安逃跑，文天祥马上上了一道奏章要求杀掉董宋臣，免得动摇民心。为了这件事，他反被撤了职。后来，他被召回，在朝中担任起草诏书的工作，期间又因为得罪贾似道，在他 37 岁那年被贬谪出宫，一直到了南宋王朝快要灭亡的危急时刻，他才被派到江西去担任赣州的州官。

1275 年正月，因元军大举进攻，宋军的长江防线全线崩溃，谢太后下诏，让各地组织兵马勤王。文天祥接到朝廷诏书，立刻招募了一万人马，准备赶到临安。有人劝他说：“现在元兵长驱直入，您带了这些临时招募起来的人马去抵抗，好比赶着羊群去跟猛虎斗，明摆着要失败，何苦呢？”文天祥泰然地说：“这个道理我何尝不知道，但是国家养兵多年，现在临安危急，却没有一兵一卒为国难出力，岂不叫人痛心。我明知道自己力量有限，宁愿以死殉国。但愿天下忠义的人，都闻风而起，人多势大，国家才有保全的希望。”

文天祥排除各种阻拦，率军开赴临安。南宋朝廷委任文天祥为平江知府，命令他发兵援救常州，旋即又命令他驰援独松关。由于元军攻势猛烈，江西义军虽英勇作战，但最终也未能挡住元军的兵锋。

此次，谢太后命文天祥以右丞相兼枢密使，出城与元军谈判议和。文天祥到了元军大营，却拒不答应他们提出的屈辱性条件，因而被元朝丞相伯颜扣留。随同文天祥到元营的吴坚、贾余庆回到临安，把文天祥拒绝投降的事回奏谢太后。谢太后一心投降，改任贾余庆做右丞相，再到元营。伯颜接受降表后，将文天祥带进营帐，告诉他朝廷已另外派人来投降议和，文天祥气得把贾余庆痛骂一顿，但已于事无

★文天祥像

★文天祥雕像

补。伯颜还想威逼利诱文天祥归顺元朝，文天祥则宁死不屈，决不做叛臣。伯颜无奈，只得准备将他同宋恭帝一同押往北方。

1276年，伯颜带兵进占临安。谢太后和赵㬎出宫投降，元军把宋恭帝赵㬎当作俘虏押送大都（今北京市），文天祥也在其列。一路上，文天祥一直在考虑怎样从敌人手里逃脱。路过镇江的时候，他和几个随从人员商量好，趁元军不备，逃出了元营，乘小船到了真州。

真州的守将苗再成听到文丞相到来，十分高兴，打开城门迎接。苗再成从文天祥那里知道临安已经陷落，表示愿意跟文天祥一起，集合淮河东西的兵力，打退元兵。文天祥正在高兴，哪知道守扬州的宋军主帅李庭芝听信谣言，认为文天祥已经投降，是元军派到真州去的内奸，命令苗再成将其杀死。苗再成不相信文天祥是这样的人，但是又不敢违抗李庭芝的命令，只好把文天祥骗出真州城外，把扬州的来文递给了他，并劝他赶快离开此地。

文天祥没有办法，只好带着随从连夜赶到扬州。当他得到张世杰和陈宜中在福州拥立新皇帝端宗赵昰即位的消息后，文天祥日行夜宿，历尽千难万险，终于从海口乘船到了温州，再辗转到了福州，被新即位的宋端宗任命为右丞相，与张世杰、陈宜中共同指挥抗元。但文天祥不满张世杰专制朝政，又与陈宜中意见往往相左，于是他离开朝廷，到南剑州（今福建南平），建立都督府，招募人马，直接指挥抗击元军。

1277年，文天祥率军由梅州出兵，进攻江西，一度收复了许多失地。而此时，另一路元军已经南下攻打福州，宋军节节败退。陈宜中眼看复国无望，独自乘船逃往海外。张世杰和陆秀夫等则保护赵昰逃上海船，往广东转移。不幸海上刮起一场飓风，差点把船打翻，年幼的赵昰受了惊，得病死了。张世杰和陆秀夫即于海上又拥立赵昺即位，把水军转移到厓山（在今广东新会南）。

1278年冬，元军大举进犯潮州，文天祥节节抵抗，但因敌我力量悬殊而被迫向海丰撤退，途中又遭遇到大批元军堵截，文天祥兵败被俘。随后，元军又集中水军开往

★黑色纻胎葵形漆奁盒·南宋

厓山。元将张弘范先派人向张世杰劝降。张世杰说："我知道投降元朝，不但可以活命，而且可以得到富贵。但是，我宁可丢脑袋，决不变节。"

文天祥被俘后，曾一度服毒自杀，但未能奏效，元将张弘范逼他写信招降张世杰和其率领的抗元力量。文天祥却用敌人的笔写下了一曲千古绝唱《过零丁洋》，其中"人生自古谁无死，留取丹心照汗青"这两句荡气回肠的呐喊，不仅表达了文天祥宁死不屈的心声，也给元军以极大的震慑，使他们也不由得对文天祥肃然起敬。

张弘范眼看劝降无望，就只好拼命攻打厓山。厓山在我国南面海

★文天祥纪念馆

湾里，背山面海，地势险要。张世杰在海上把1000多条战船排成一字阵，用绳索连接起来，船的四周还筑起城楼，决心跟元兵决一死战。元军则用小船满装了茅草，浇足了油，点着了火，乘着风势向宋军发起火攻。张世杰早已预料到元军的企图，他命军士在船上涂上厚厚的一层湿泥，还缚了一根根长木头，未等火船接近，便远远地将其顶住。

张弘范见火攻未奏效，便下令封锁海口，断绝了张世杰通往陆地的交通。宋兵将士无以为食，尤其缺少淡水，终被张弘范指挥的元军攻破防线。张世杰知道大势已去，急忙一面把精兵集中在中军，一面派人驾驶小船，准备把赵昺接过来，组织突围。但陆秀夫未辨真伪，怕小皇帝落在元军手中，而拒绝登上张世杰派来的船。他回过头对赵昺说：“国家到了这步田地，陛下也只好以身殉国了。”说完，背着赵昺一起跳进了大海。

张世杰没有接到赵昺，只好指挥战船，趁着夜色朦胧，突围撤退到海陵山。但因飓风突起，一阵巨浪将张世杰的船打翻，这位誓死抗元的英雄最终落水殉难。

南宋灭亡后，元世祖让降元的宋恭帝到文天祥那里劝降。文天祥北跪于地，痛哭流涕，并加以拒绝。元世祖忽必烈也来亲自劝降，但文天祥只求速死，决不做叛臣。元世祖恼怒之下，下令立即处死文天祥。1283年正月，文天祥引颈就刑，从容就义。

★法常《松猿图轴》·南宋

元世祖

★忽必烈蜡像

元世祖忽必烈(1215-1294年)是蒙古帝国的第五位汗王，生于1215年8月28日，是睿宗的第四个儿子，成吉思汗的孙子，也是中国历史上元朝的开国皇帝。忽必烈仁厚、英武、聪明，自小尊长礼贤，深得臣下的爱戴。同时，由于他的母亲庄圣太后怯烈氏受汉文化的影响较深，他在母亲的教育下，也接受了中原汉文化。青年时代，他已经认为治理汉地必须“附会汉法”。他在管理漠南汉地时，任用汉人参与管理，招抚流民发展农桑，屯田积谷，整修边备。并于1253年攻占了云南大理。1259年，宪宗驾崩，他得此消息后，并未急于争权夺位，而是发动了对南宋的进攻，一直迫使南宋求和才撤兵返回北方。1260年，在满朝文武的催促下，他不得已登上了汗位。4月初，忽必烈诏告天下，正式登基。5月，建元中统，蒙古至此有了年号。

忽必烈在治理国家时，注意吸取中原地区汉族历朝统治的经验，“遵用汉法”，完全采取了中原帝王统治形式，设中书省为最高行政机关，下辖吏、户、礼、兵、刑、工六部，各设尚书、侍郎，地方设行省、行台、宣慰司等，又设路、府、州、县四级机构。同时设立五卫军和各地驻军，统属于枢密院，直接听从他的命令，建立了大一统的封建王朝，成为统治整个中原大国的元朝帝王。他还十分注重农业生产的恢复和发展，任用科学家郭守敬管理和兴修水利，使战后的经济得以较快的恢复。马可·波罗曾评价忽必烈说：他是“自人类之祖阿聃以来，迄于今日世上从来未见广有人口、土地、财富的强大的君主。”但是，忽必烈并未始终注意与民休息，而是穷兵黩武。1283年正月初八，他下令出兵征伐缅甸；正月十八，他再次下令出兵征伐日本。连年征战使刚刚得以恢复的经济又随着外侵的战火被烧得支离破碎。

元·明·清

鸦片战争前

成吉思汗统一蒙古

CHENG JI SI HAN TONG YI MENG GU

辽及北宋时期，在蒙古高原上分布着几个强大的游牧部落，如蒙古、塔塔儿、篾儿乞等，其中最强盛的社会发展程度最高的部落集团，是漠北中部的克烈部和西部的乃蛮部。蒙古各部贵族为了抢夺草原、财产和奴隶，相互间展开了长期的激烈的部落战争。

大约在金及南宋初期，在蒙古诸部战争中，蒙古乞颜氏贵族组成了贵族联盟。合不勒汗被乞颜氏贵族推举为第一位汗，统辖了全部蒙古。合不勒汗及其继任者俺巴孩汗、忽图剌汗，都曾与东面的塔塔儿部、北面的篾儿乞部以及金朝进行过多年的战争。忽图剌汗死后，蒙古部落联盟分裂为泰亦赤兀惕和乞颜两大部落。蒙古乞颜氏的孛儿只斤氏贵族首领也速该把阿秃儿，被塔塔儿人用毒药害死，其子铁木真在克烈部首领王汗和札只剌惕部首领札木合的援助下，打败了前来袭击的篾儿乞人，夺回了众多部众，力量逐渐壮大。宋淳熙十六年（1189 年），铁木真被乞颜氏贵族推举为可汗，成为蒙古乞颜部的首领。铁木真从属民及奴仆中选拔自己的亲信组成“那可儿”（蒙古语，即护卫军），这支以“那可儿”为核心的队伍，成为铁木真统一蒙古高原军事力量的基础。铁木真部族的强大，危及札木合的霸主地位，于是他联合泰赤乌等部，合兵 3 万人，以札木合部人劫掠铁木真马群被射死为导火线，向铁木真发起进攻。铁木真将自己的部众 3 万人组成十三翼，应战于答兰版朱思（今克鲁伦河上游支流臣赫尔河附近）之野。铁木真战败，为保存实力退至斡难河的哲列捏山峡（今蒙古鄂嫩河上游一带），扼险而守。此战史称“十三翼之战”。札木合虽然取得胜利，但其所属部落首领益恶札木合横暴，而铁木真对部众多施仁义，关怀笼络，故归心于铁木真。于是术赤台、畏答儿、晃豁坛、速勒都思等族人纷纷来附。此后，铁木真力量进一步壮大。宋庆元二年（1196 年），从属于金王朝的塔塔儿部叛金，金遣丞相完颜襄率军征讨。铁木真联合克烈部脱里汗，以“为父亲报仇”的名义，率军在斡里匝河（今蒙古乌勒吉河）上游击溃了塔塔儿部，使塔塔儿部从此一蹶不振。战后，金王朝授铁木真紏军统领之职，使他可以用金王朝属官名义号令蒙古部众；封脱里汗为王（脱里汗从此称王汗）。宋庆元六年（1200 年），铁木真与王汗会于萨里川（今蒙古克鲁伦河上游之西），大败泰赤乌与蔑儿乞联军，首领塔儿忽台等被杀，沆忽阿忽等遁入巴儿忽真隘。宋嘉泰元年（1201 年），铁木真又在呼伦贝尔海剌尔河支流帖尼河（今海拉尔河支流莫尔根勒河）之野，击败以札木合为首的塔塔儿、弘吉剌、合答斤等十一部联军，史称“帖尼河之战”。宋嘉泰二年（1202 年），铁木真与王汗联军又在阔亦田（今呼伦贝尔哈拉哈河上源一带）最终击败了札木合同乃蛮、泰赤乌、塔塔儿、蔑儿乞等联军，取得了阔亦田之战的胜利。接着招降了呼伦贝尔一带的弘吉剌惕等部。至此，西起斡难河上游，东至大兴安岭以西的蒙古高原，都被铁木真控制了。从此，铁木真在争夺汗权之战中，他的领袖地位已成定局，少数不服从他的人如札木合，不能立足，只好带着少数部属，离开驻牧地，往依王汗。此后，成吉思汗统一蒙古各部之战，进入第二阶段。其主要之

★成吉思汗像

★成吉思汗庙

战有：宋嘉泰三年（1203年）的合兰真沙陀、折折运都山之战，宋嘉泰四年（1204年）的纳忽山、不黑都儿麻之战，最后平定蒙古高原，统一蒙古各部，成吉思汗最终成为全蒙古的可汗。

★成吉思汗陵

在第一阶段中，札木合势力的衰败，铁木真汗权地位的巩固，在蒙古草原上形成了蒙古部铁木真、克烈部王汗、乃蛮部太阳汗三足鼎立的局面。克烈部首领王汗在札木合的挑拨下，与铁木真的矛盾日益加深。嘉泰三年（1203年），王汗率大军与铁木真战于合兰真（今流入贝尔池之哈驻哈河），铁木真因寡不敌众而败，但败而不馁，不久，又重整军马，乘敌不备突袭包围王汗的窝鲁朵城（今蒙古鄂尔浑河上游，哈尔和林之北）营地。经过三天三夜的激战，终于攻灭了强大的克烈部。接着，铁木真消灭了四部塔塔儿，占领了呼伦贝尔高原。次年，大会于帖蔑延客额儿（今土拉河上游，肯特山之西）商议伐乃蛮。王汗的覆灭，使太阳罕震恐。他急忙纠集被铁木真击溃的札木合残部及泰赤乌、蔑儿乞等部残余势力，共同进攻铁木真。宋嘉泰四年（1204年）春，铁木真率大军西进，太阳罕亦领兵东进，两军决战于蒙古中部的杭海岭（今杭爱山）察乞儿马兀惕，太阳罕受伤被擒，不久死去，乃蛮联军大败。铁木真攻灭乃蛮南部太阳罕部，乘胜追击太阳罕子屈出律、札木合、蔑儿乞惕。残余的蒙古部贵族的势力和蔑儿乞三部之余众，相继被征服。一直与铁木真为敌的札木合，被随从缚送铁木真，被铁木真赐以自尽；漠南汪古部首领遣使献降，斡亦剌部首领忽都合别乞也向铁木真投降。开禧二年（1206年）春，又越阿勒台山（今阿尔泰山），进入乃蛮北部兀鲁黑塔黑地区（今蒙古科布多，巴彦乌列益等省）。不欲鲁汗正猎于豁黑兀孙河（即索果克河）上，不意兵至，被擒，乃蛮北部亦亡。屈出律无所依，与脱黑脱阿西逃入额尔的失河（今额尔齐斯河）。至此，铁木真完成了中国蒙古草原的统一。铁木真在斡难河源，召开贵族官长大会，建立了蒙古汗国，被尊称为成吉思汗（意为强盛伟大的君主）。

拖雷监国

拖雷（1193—1232年）是成吉思汗第四子。拖雷正妻唆鲁禾帖尼，生蒙哥、忽必烈、旭烈兀、阿里不哥四子。1213年，成吉思汗分兵伐金，拖雷从其父率领中路军，攻克宣德府，遂攻德兴府。拖雷与驸马赤驹先登，拔其城。即而挥师南下，拨涿洲、易州，残破河北、山东诸郡县。1219年，从成吉思汗西征，攻陷不花剌、撒麻耳干。1221年，分领一军进入呼罗珊境，陷马鲁、尼沙不儿，渡搠搠阑河，降也里。遂与成吉思汗合兵攻塔里寒寨。按照蒙古习俗，幼子继承父业，而年长诸子则分析外出，自谋生计。故成吉思汗生前分封诸子，拖雷留在父母身边，继承父亲所有在斡难和怯绿连的斡耳朵、牧地及军队。成吉思汗留下的军队共有12.9万人。其中1.1万由拖雷继承。1227年成吉思汗死后，拖雷监国。1229年，在选举大汗的忽里台上，推窝阔台即大汗位。1231年，与窝阔台分道伐金，拖雷总右军自凤翔渡渭水，过宝鸡，入大散关。11月，蒙古军假道南宋境，沿汉水而下，经兴元（今陕西汉中）、洋州（今陕西洋县），在均州（今湖北均县西北）、光化（今湖北光化北）一带，渡汉水，北上进入金境。1232年初与金军在均州（今河南禹县）遭遇。拖雷乘雪夜天寒大败金将完颜合达、移刺蒲阿、完颜斜烈于三峰山，尽歼金军精锐。此役毕，拖雷与自白坡渡河南下的窝阔台军会合。同年北返，病死途中。至元三年（1266年）谥号景襄皇帝，庙号睿宗。子蒙哥（宪宗）、忽必烈（世祖）相继称帝。

★成吉思汗雕像

元太宗窝阔台

YUAN TAI ZONG WO KUO TAI

窝阔台，大蒙古国第二代大汗，成吉思汗正妻孛儿台所生第三子，又译兀窟口、月古歹、月可台、月阔歹、斡歌歹等。

从青年时代起，窝阔台便跟随成吉思汗征服漠北诸部，在与克烈部王汗的战争中，力战负伤。1211年，从成吉思汗伐金，领兵分掠云内、东胜、武、朔诸州。1213年，蒙古军分三道南下，与术赤、察合台率右军，尽破太行山东西两侧诸州郡。成吉思汗分封诸子，窝阔台所得的封地在叶密立、霍博之地(今新疆额敏、和布克赛尔二县境)。1219年成吉思汗西征前，窝阔台被确立为大汗继承人。西征中，成吉思汗命窝阔台与术赤、察合台围困讹答剌城。城破后，他领军赴撒麻耳干，与成吉思汗会合。在进攻玉龙杰赤城的战役中，成吉思汗派他调协其兄术赤与察合台两军，统一指挥，终于取胜。然后他至塔里寒与成吉思汗合军，进击札阑丁至于申河（印度河）。1227年，随成吉思汗征西夏。

★窝阔台像

★蒙古弯刀

1229年，成吉思汗死后第三年，经蒙古诸王贵族的忽里台选举，窝阔台即大汗位。即位后，强化了国家机器，提高了大汗权威。始创朝仪，制定了皇族诸宗王见大汗时的跪拜礼节。再次颁行大札撒(法令)，确定牧民赋额。始置仓廪，确立驿站制。任契丹人耶律楚材掌领汉人赋税，牙老瓦赤掌领西域赋税。1230年，在汉地设置十路征收课税使，推行丁税、地税法。赋税制度的推行征收得大批金帛，使窝阔台开始信任耶律楚材等儒士大夫，采用汉地传统制度，以改进统治。1231年，窝阔台与弟拖雷分道伐金，由西京(今山西大同)下河中府(今山西永济)，从白坡渡河，与顺汉水下绕至均州(今河南禹县)的拖雷军会合。留兵围困汴京(今河南开封)，然后北返。1233年，任宣差勘事官阿同葛等清查、登记中原户口。同年，又在燕京创立国子学，选派蒙古子弟学习汉文。1234年灭金后，窝阔台召集诸王贵族大会，进一步申明条令，对参加大会、宫禁出入、行军纪律及有关窃盗等方面都增加新的规定。命失吉忽秃忽担任中州断事官，负责清查、登记中原汉地人户。1235年再次召集大会，分遣诸王拔都及皇子贵由、蒙哥大举西征；皇子阔端与阔出分道攻南宋；唐古

★元代錾花铜铠甲

征高丽。窝阔台则留居蒙古本土，纵情享乐，创建和林城，建造万安宫。1236年，完成中原汉地的户口清查、登记工作，窝阔台把其中的大部分人户分赐诸王、贵戚、斡鲁朵为封户。用耶律楚材建议，行“五户丝制”，规定受封的诸王投下在所分封的州郡设达鲁花赤，但收租则由政府设官吏负责，再颁赐封主，非奉诏不得擅征兵赋。1238年，考试中原诸儒生，中试者编入儒户籍，其中部分人被任为本贯州县议事官。同年，又在漠北筑图苏湖城，作迎驾殿。1240年，废除了

★窝阔台祭处

男女。在窝阔台统治的十三年中，除了在军事上继续进行扩张之外，在政权建设、增颁法令、确定赋税、建立驿站等方面都有新的发展。他开始在漠北建设城市，在缺水处凿井，都对草原社会经济的发展有积极的作用。他任命牙老瓦赤治理中亚地区，依靠耶律楚材等治理汉地，都收到了较好的效果。因此，《元史》说在他的统治下，“量时度力，举无过事，华夏富庶，羊马成群，旅不赍粮，时称治平”。但在他的晚年，任命一些回回人统治汉地，奥都剌合蛮为提领诸路课税所官，牙老瓦赤主管汉民公事，耶律楚材等渐遭排挤，统治又趋混乱。窝阔台性喜奢豪，挥霍无度，嗜酒。1241年十一月，暴死。后追上庙号为太宗。窝阔台有后妃多人，子七人。皇后脱列哥那，蔑里乞氏，在窝阔台死后称制，摄理国政。

失盗的官物责令当地人民代偿的规定。当时地方官府和人民因应付上司的征敛急需，多向回回富商告贷，每年利息便相当于本金，名为“羊羔息”。窝阔台接受汉人官僚的建议，以官物代偿陈债，并规定利息累增，至相等于本金为止，不许超过，又检查、登记诸王大臣所俘

★赵孟頫《滚尘马图》·元

脱列哥那摄政

1241年冬，窝阔台病死，察合台等请窝阔台后脱列哥那暂摄国政。不久，察合台也病死。脱列哥那原本是蔑儿乞部长的妻子，成吉思汗灭此部，把她俘掳，赐给窝阔台为妻。1236年，窝阔台最喜欢的第三子阔出，死于侵宋军中。阔出子失烈门，由窝阔台抚养，曾想让他继承汗位。但脱列哥那则主张传位给长子贵由。汗位的继承必须由诸王贵族举行忽里台大会选举。当时同辈诸王中，以术赤子拔都最长，并且总领西征军事，实力与威望最高。但拔都素来与贵由不和，拒不参加大会，选汗会议迟迟不能进行。脱列哥那执政达四年之久。

窝阔台晚年，重用以奥都剌合蛮为代表的推行“回回法”的官员。1240年，任用奥都剌合蛮为提领诸路课税所官。脱列哥那信用从波斯俘掳来的女巫师法迪马，全力支持奥都剌合蛮一派势力。脱列哥那甚至把印有御玺的空头文书交付奥都剌合蛮，由他随意填写发布。

脱列哥那对行汉法的耶律楚材一派官员，极力排挤，赞同此派的蒙古旧臣也不能幸免，右丞相镇海被罢免。主管汉民公事的花剌子模人牙老瓦赤和主管畏兀儿以西至河中地区公事的麻速忽(牙老瓦赤之子)也被罢免。牙老瓦赤逃依阔端(窝阔台第二子)求保护，麻速忽也逃往拔都处避难。波斯地区的长官阔里吉思被处死。

脱列哥那执政期间，还出现了铁木哥斡赤斤企图用武力夺取汗位事件。成吉思汗幼弟铁木哥斡赤斤带领一支军队进逼和林，窝阔台之子灭里斡兀立以兵相迎。脱列哥那遣使责问铁木哥斡赤斤起兵的缘故。铁木哥斡赤斤对自己的冒失行为颇为后悔，又闻贵由已回至叶密立，就引兵回自己分地去了。

1246年秋，脱列哥那召集诸王，举行大会。拔都派遣其弟别儿哥代他来参加。大会推选贵由继承汗位。这年冬季，脱列哥那病死。

★蒙古武士图·元

贵由的短暂统治

GUI YOU DE DUAN ZAN TONG ZHI

贵由(1206-1248年),窝阔台的长子,其母脱列哥那。窝阔台于1241年11月病死后,由脱列哥那称制4年。1246年,脱列哥那还政于贵由。贵由继窝阔台后为大蒙古帝国第三代大汗,1246-1248年在位,计3年。

贵由即位后不久,脱列哥那就病死。贵由就开始着手整饬朝政。首先他授命皇弟蒙哥(拖雷之子)和斡儿答(术赤之子)调查斡赤斤图谋汗位之事,并处死了斡赤斤及其一些官员。其次,贵由杀死了其母宠信的奥都剌合蛮,将女巫法提玛沉入水中,又开始起用被其母罢免的官员。

大蒙古帝国内部矛盾也日益尖锐突出,贵由登基后,便插手察合台家族内政,察合台原来被成吉思汗受封于中亚地区(察合台汗国),察合台临终时曾遗言封地由其长孙哈剌旭烈继承,亦得到过窝阔台的认可。可是察合台的儿子也速蒙哥因与贵由关系密切,便在贵由上台后迫使哈剌旭烈让位于也速蒙哥。这引起了哈剌旭烈的不满。同时,贵由与堂弟拔都早在西征中就不和,后来拔都又反对贵由继大汗之位,因而双方结下了冤仇。1247年秋,贵由任命野里知带为征西军统帅,率兵西进,统辖波斯地区,借机便与拔都相抗衡。第二年春,贵由以都城和林气候不好,叶密力的水土有利他养病为借口,亲率大军离开和林而西进。此时,拖雷之妻唆鲁和帖尼察觉贵由此举后,秘密通报拔都,拔都获悉后就整军待战。1248年3月,贵由在叶密力以东(今新疆青河东南)途中突然病死,从而避免了一场皇室内部的争战。

★贵由像

★蒙古骑兵及其装具

贵由与其父窝阔台一样,大肆赏赐,他下令打开府库,以金银财宝分赏诸王、贵戚、大臣等。仅一次就花费7万锭,以此挥霍,企图宣扬自己的名声超过其父。可是事实上,他的业绩远不及他父亲和祖父。

贵由即位后沉溺于酒色,从而使身体日益虚弱。他统治的二年中,就常因病而不能亲自料理政务,重大事情只得委付亲信林臣镇海、合答裁决。因此,当时一直未改变“法度不一,内外离心”的日益衰腐的局面。贵由有3个儿子,他生前曾与诸王、贵戚约定,死后其汗位应由他的子孙继承,但他死后,诸王、贵戚们并未按照他的话去做,相反却在拔都提议下,拖雷的儿子蒙哥登上了汗位。

贵由死后葬于起辇谷,庙号定宗,追谥为简平皇帝。

★窝阔台祭处

失盗的官物责令当地人民代偿的规定。当时地方官府和人民因应付上司的征敛急需，多向回回富商告贷，每年利息便相当于本金，名为“羊羔息”。窝阔台接受汉人官僚的建议，以官物代偿陈债，并规定利息累增，至相等于本金为止，不许超过，又检查、登记诸王大臣所俘男女。在窝阔台统治的十三年中，除了在军事上继续进行扩张之外，在政权建设、增颁法令、确定赋税、建立驿站等方面都有新的发展。他开始在漠北建设城市，在缺水处凿井，都对草原社会经济的发展有积极的作用。他任命牙老瓦赤治理中亚地区，依靠耶律楚材等治理汉地，都收到了较好的效果。因此，《元史》说在他的统治下，“量时度力，举无过事，华夏富庶，羊马成群，旅不赍粮，时称治平”。但在他的晚年，任命一些回回人统治汉地，奥都剌合蛮为提领诸路课税所官，牙老瓦赤主管汉民公事，耶律楚材等渐遭排挤，统治又趋混乱。窝阔台性喜奢豪，挥霍无度，嗜酒。1241年十一月，暴死。后追上庙号为太宗。窝阔台有后妃多人，子七人。皇后脱列哥那，蔑里乞氏，在窝阔台死后称制，摄理国政。

★赵孟頫《滚尘马图》·元

脱列哥那摄政

1241年冬，窝阔台病死，察合台等请窝阔台后脱列哥那暂摄国政。不久，察合台也病死。脱列哥那原本是蔑儿乞部长的妻子，成吉思汗灭此部，把她俘掳，赐给窝阔台为妻。1236年，窝阔台最喜欢的第三子阔出，死于侵宋军中。阔出子失烈门，由窝阔台抚养，曾想让他继承汗位。但脱列哥那则主张传位给长子贵由。汗位的继承必须由诸王贵族举行忽里台大会选举。当时同辈诸王中，以术赤子拔都最长，并且总领西征军事，实力与威望最高。但拔都素来与贵由不和，拒不参加大会，选汗会议迟迟不能进行。脱列哥那执政达四年之久。

窝阔台晚年，重用以奥都剌合蛮为代表的推行“回回法”的官员。1240年，任用奥都剌合蛮为提领诸路课税所官。脱列哥那信用从波斯俘掳来的女巫师法迪马，全力支持奥都剌合蛮一派势力。脱列哥那甚至把印有御玺的空头文书交付奥都剌合蛮，由他随意填写发布。

脱列哥那对行汉法的耶律楚材一派官员，极力排挤，赞同此派的蒙古旧臣也不能幸免，右丞相镇海被罢免。主管汉民公事的花剌子模人牙老瓦赤和主管畏兀儿以西至河中地区公事的麻速忽(牙老瓦赤之子)也被罢免。牙老瓦赤逃依阔端(窝阔台第二子)求保护，麻速忽也逃往拔都处避难。波斯地区的长官阔里吉思被处死。

脱列哥那执政期间，还出现了铁木哥斡赤斤企图用武力夺取汗位事件。成吉思汗幼弟铁木哥斡赤斤带领一支军队进逼和林，窝阔台之子灭里斡兀立以兵相迎。脱列哥那遣使责问铁木哥斡赤斤起兵的缘故。铁木哥斡赤斤对自己的冒失行为颇为后悔，又闻贵由已回至叶密立，就引兵回自己分地去了。

★蒙古武士图·元

1246年秋，脱列哥那召集诸王，举行大会。拔都派遣其弟别儿哥代他来参加。大会推选贵由继承汗位。这年冬季，脱列哥那病死。

贵由的短暂统治

GUI YOU DE DUAN ZAN TONG ZHI

★贵由像

贵由（1206–1248 年），窝阔台的长子，其母脱列哥那。窝阔台于 1241 年 11 月病死后，由脱列哥那称制 4 年。1246 年，脱列哥那还政于贵由。贵由继窝阔台后为大蒙古帝国第三代大汗，1246–1248 年在位，计 3 年。

贵由即位后不久，脱列哥那就病死。贵由就开始着手整饬朝政。首先他授命皇弟蒙哥（拖雷之子）和斡儿答（术赤之子）调查斡赤斤图谋汗位之事，并处死了斡赤斤及其一些官员。其次，贵由杀死了其母宠信的奥都剌合蛮，将女巫法提玛沉入水中，又开始起用被其母罢免的官员。

大蒙古帝国内部矛盾也日益尖锐突出，贵由登基后，便插手察合台家族内政，蔡合台原来被成吉思汗受封于中亚地区（察合台汗国），察合台临终时曾遗言封地由其长孙哈剌旭烈继承，亦得到过窝阔台的认可。可是察合台的儿子也速蒙哥因与贵由关系密切，便在贵由上台后迫使哈剌旭烈让位于也速蒙哥。这引起了哈剌旭烈的不满。同时，贵由与堂弟拔都早在西征中就不和，后来拔都又反对贵由继大汗之位，因而双方结下了冤仇。1247 年秋，贵由任命野里知带为征西军统帅，率兵西进，统辖波斯地区，借机便与拔都相抗衡。第二年春，贵由以都城和林气候不好，叶密力的水土有利他养病为借口，亲率大军离开和林而西进。此时，拖雷之妻唆鲁和帖尼察觉贵由此举后，秘密通报拔都，拔都获悉后就整军待战。1248 年 3 月，贵由在叶密力以东（今新疆青河东南）途中突然病死，从而避免了一场皇室内部的争战。

★蒙古骑兵及其装具

贵由与其父窝阔台一样，大肆赏赐，他下令打开府库，以金银财宝分赏诸王、贵戚、大臣等。仅一次就花费 7 万锭，以此挥霍，企图宣扬自己的名声超过其父。可是事实上，他的业绩远不及他父亲和祖父。

贵由即位后沉溺于酒色，从而使身体日益虚弱。他统治的二年中，就常因病而不能亲自料理政务，重大事情只得委付亲信林臣镇海、合答裁决。因此，当时一直未改变“法度不一，内外离心”的日益衰腐的局面。贵由有 3 个儿子，他生前曾与诸王、贵戚约定，死后其汗位应由他的子孙继承，但他死后，诸王、贵戚们并未按照他的话去做，相反却在拔都提议下，拖雷的儿子蒙哥登上了汗位。

贵由死后葬于起辇谷，庙号定宗，追谥为简平皇帝。

蒙哥汗对帝国的铁腕统治

MENG GE HAN DUI DI GUO DE TIE WAN TONG ZHI

1248年贵由汗去世后，蒙古黄金家族内部的矛盾趋向公开化。拔都决定让贵由之妻斡兀立海米史与众大臣共同治理朝政，因镇海一直总理要务，可继续任职，迄至新可汗继立。斡兀立海米史在拔都的支持下，于1249年开始摄政。由于朝廷内部的纷争，使汗国陷入了混乱之中。

面对此种局面，拔都决定在阿剌豁马黑（今新疆博尔塔拉蒙古族自治州）召开忽里台（大会），商议推举新可汗一事。1251年六月，拔都下令在库迭阿剌勒召开忽里台。经过一番激烈争论，最后决定拥立蒙哥为大汗。召开忽里勒台期间，失烈门勾结窝阔台系的宗王们，企图夺取汗位，事泄未遂。

蒙哥汗即位后的第一件大事就是消除异己，巩固其统治。许多旧臣被处死。蒙哥汗几乎杀尽了宗室中的反对派及朝中之旧臣，并遣使至河中、中原追查窝阔台系党羽，下令逮捕贵由派驻波斯的统帅额勒只带那颜，将其交给拔都处死。蒙哥汗铲除政敌后，又把窝阔台的封地分成数块，分给窝阔台的子孙。蒙哥汗分散窝阔台汗领地的目的，是众建诸侯而少其力也，使其子孙再无势力与大汗廷相抗衡。

贵由汗死后，成吉思汗《札撒》被废弃，诸王随意滥发札儿里黑（敕令），往各地派遣额勒赤，并随意征收赋税，造成蒙古帝国的法度不一，政出多门，财务混乱的局面。这种局面严重影响着蒙古的统一和汗权的巩固。因此，蒙哥大汗颁布一道圣旨：各宗王需在自己封地内追查已发出的玺书和牌符，凡是成吉思汗、窝阔台汗、贵由汗颁赐的玺书和牌符均全部收回；今后各宗王未经请示朝廷批准，不得擅自书写和颁发札儿里黑；凡朝廷颁发的诏书，须经合罕亲自过目。蒙哥汗治法严明，贵人犯法与民同罪。部队在行军途中如破坏百姓庄稼、因私怨陷害他人、盗窃、淫乱均要受到惩罚。

蒙哥汗即位后，禁止把牌符发给外国商人，不准他们擅自骑用驿马，须入当地户籍，承担应纳的课税，不享有任何特殊待遇。为了限制外国商人随意抬高物价，委派信仰伊斯兰教的书记官亦马答-木勒克、旧臣法黑剌-木勒克专理商务，负责给出售给官家的货物估价，鉴定币值。对汗国内部的各级那颜，蒙哥汗规定不得经商营利和营私舞弊，不准行贿受贿和放债。

1251年，蒙哥汗还下令停止继续修建哈剌和林。

蒙哥汗把成吉思汗颁布的《札撒》作为他统治蒙古汗国的法律准则，使群臣擅权，政出多门的混乱局面基本结束；宗王、贵戚和各级那颜经商营私、行贿受贿的腐败现象基本也被制止，恢复了帝国的正常统治秩序。

蒙哥汗对被占领地区，设置了燕京、别失八里（今新疆维吉尔萨尔护堡子）、阿姆河三个行尚书省。燕京行尚书省，委派牙老瓦赤为断事官，统辖中原汉地。牙老瓦赤遵循蒙哥汗的旨意，进行了户口调查工作，规定了税制：汉人每户征银四两，其中2两输银，2两折收丝

★蒙哥汗像

绢等物，此种税收定为国税。分有领地的诸王，从所属分户的4两包银中分半归己。别失八里行尚书省统辖畏兀儿和河中地区（察合台汗国），由马思忽惕统辖。经过10年左右的治理，两地恢复了原来的繁荣景象。阿姆河等处行尚书省辖治阿姆河以西的波斯、伊拉克、阿塞拜疆、格鲁吉亚等地区，由阿儿浑统辖。蒙哥大汗在波斯等地采取了一些减轻百姓负担的措施，使该地区的经济得以复苏和发展。

罗斯虽未包括在三大行政区范围内，但属帝国的统治范围（罗斯诸公国与金帐汗国为藩属关系）。1253年，蒙哥汗派遣书记官别儿哥到罗斯调查户口。1257年，以驸马剌真之子乞解为达鲁花赤，镇守斡罗思（俄罗斯）。

蒙哥汗一方面出于统治各民族的需要，实行宗教平等政策，但在另一方面决不允许各宗教干预帝国政务，甚至作为国教的萨满教也无权干预。

忽必烈建元

HU BI LIE JIAN YUAN

元世祖忽必烈，拖雷正妻唆鲁禾贴尼的第二子。忽必烈为藩王时，便热心于学习汉文化。1251年，长兄蒙哥即大汗位，忽必烈以皇弟之亲，受任总理漠南汉地军国庶事，南驻爪忽都之地。他先后任汉人儒士整饬邢州吏治，立经略司于汴梁，整顿河南军政，并屯田唐、邓，收到积极效果。1253年，受京兆（今陕西西安）封地，忽必烈又在这里任诸儒臣兴立屯田，兴复吏治，恢复农业，建立学校，进一步取得北方汉族地主阶级对他的拥护，为元王朝的建立提供了社会基础。同年，忽必烈受命与大将兀良合台远征云南，灭大理国。1258年蒙哥兴师伐南宋，授命忽必烈代总东路军。1259年9月，忽必烈率师抵淮河，蒙哥在合州前线病逝的消息传来，忽必烈仍挥军自阳逻堡渡长江，围鄂州（今湖北武汉），并以军接应从云南北上的兀良合台军。这时，得悉留守漠北的幼弟阿里不哥擅自征兵图谋汗位，忽必烈立即采纳汉人郝经的献计，与宋约和，轻骑北返燕京。

1260年3月，忽必烈在部分诸王的推戴下，即汗位于开平，建元中统。在中央设中书省，以王文统任平章政事，在各地分设10路宣抚司，任汉人儒士为使。同年五月，阿里不哥也在部分留居漠北的诸王拥戴下，称大汗于和林。忽必烈以汉地丰富的人力、物力为依托，出兵击败阿里不哥。在与阿里不哥鏖战的同时，中统三年（1262年）春，益都行省李璮乘机叛乱，被忽必烈迅速镇压。李璮的叛乱引起忽必烈对汉人的猜忌，于是采取了一系列措施，如废除汉人诸侯的世袭制度，削弱这些家族的军权，在地方上实行军民分治等等。一方面以加强中央集权，另一方面则可严密对汉人的防范 。此外，又在各级政权中引用色目人分掌事权，使其与汉人官僚相互牵制。中统五年（1264年）八月，忽必烈又改元为至元。经过从中统元年到至元初年的增改损益，新王朝的各种制度大体上确立下来。至元八年（1271年），取《易经》“大哉乾元”之义，建国号为大元。次年，确定以大都为首都。中央集权政治的重新确立，恢复了正常的统治秩序，对人民的赋役剥削限制在一定的数额之内，并采取了一些有利于农业和手工业生产的措施，如立司农司、垦荒屯田、兴修水利、限制抑良为奴等。但是，这个政权也保留了大量的蒙古落后旧制。这些制度在元代始终保留下来，严重地束缚了生产力的发展，使元代的社会矛盾愈益激化。同时，忽必烈又积极着手消灭南宋的战争，至元十一年（1274年），命伯颜大举伐宋。至元十三年（1276年），下临安 。至元十六年（1279年）最后消灭了流亡在崖山的南宋残余势力，完成了全国的大统一。元朝是中国历史上第一个少

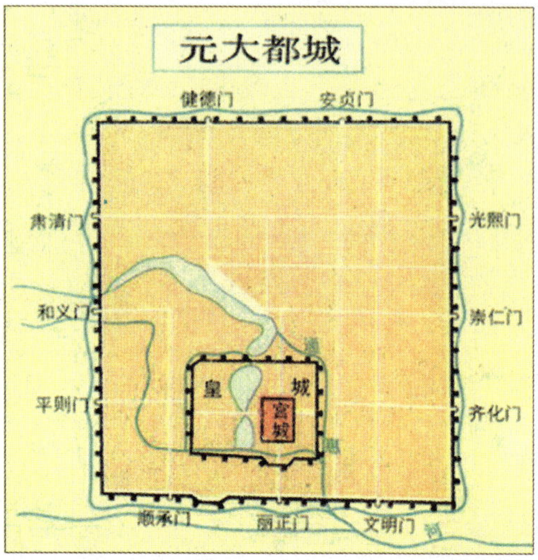

★元大都城平面图

★元世祖忽必烈出猎图

★忽必烈夏宫

数民族统治全国的王朝，它初步奠定了中国疆域的规模。

全国统一后，忽必烈的保守、嗜利和黩武等消极因素都有了发展。他重用回回人阿合马，阿合马从中统初便主管中央财政，多方搜刮，权势日重，后阿合马独擅朝政。至元十九年（1282年），大都发生了王著、高和尚刺杀阿合马事件。此后，忽必烈又先后任卢世荣、桑哥专理财政，都以失败而告终。同期，忽必烈接连派遣军队远征日本、安南、占城、缅甸与爪哇，都遭到失败。但抗击海都、笃哇等西北诸王的侵扰和平服东北诸王乃颜叛乱，具有一定的积极作用。至元三十一年（1294年），忽必烈卒。

海都

海都（1235–1301年），蒙古帝国窝阔台汗之孙，窝阔台汗国的实际创立者。自拖雷后裔蒙哥当选蒙古大汗始，窝阔台后裔渐失势，海都即于此时分封至蒙古以西的海押力。蒙哥汗死后，海都支持新汗阿里布哥与忽必烈争夺汗位，终告失败。但海都希冀大汗之位属于窝阔台后代，遂积蓄实力，联合钦察汗国，图谋与忽必烈争夺蒙古帝国大汗宝座。成吉思汗曾经说出，只要窝阔台有一个吃奶的后代，都比其他人优先继承，因此他不断反忽必烈。有鉴于此，忽必烈遂派察合台后嗣八剌返察合台汗国争夺汗位，企求引起西部诸王内乱，以便其集中精力灭南宋的战争。令忽必烈意外的是，海都虽然与八剌初亦激战，但旋即和好。至元六年（1268年），海都、八剌和钦察汗国君王在塔拉斯河会盟，公开反对忽必烈和伊儿汗国，并商议以海都为盟主。会盟各王指称忽必烈汗已经被汉族同化，言明要对忽必烈用兵以恢复蒙古人的游牧本性。次年，忽必烈以那木罕为将，在别失八里击败海都。至元十二年（1274年），忽必烈再遣安童辅佐那木罕西征。未料，那木罕部将昔里吉等于次年底发动兵变，将安童抓获后交予海都。不久，八剌死去，海都扶立笃哇任察合台汗国君王，两汗挥师东进蒙古本部。土土哈把他赶出漠北祖宗大帐。至元二十四年（1286年），海都等同东部乃颜联络，乘忽必烈率领元军主力东去平叛的机会，一度发兵占领和林，但不久即退出。元成宗大德五年（1301年），海都再度进兵蒙古，最后被元武宗海山击败，于归途中，伤重不治。

★元朝初年八思巴觐见忽必烈壁画

郭守敬修订历法

GUO SHOU JING XIU DING LI FA

蒙古大军吞金灭宋，最终建立了大一统的元帝国。此后，元世祖忽必烈以中都（今北京）为元大都，命汉人刘秉忠在金朝都城的基础上，重新设计、修筑宫殿，将其政治中心南移。同时，吸取中原地区汉族历朝统治的经验，“遵用汉法”，完全采取了中原帝王统治形式，设中书省为最高行政机关，下辖吏、户、礼、兵、刑、工六部，各设尚书、侍郎，地方设行省、行台、宣慰司等，又设路、府、州、县四级机构。同时设立五卫军和各地驻军，统属于枢密院，直接听从他的命令，建立了大一统的封建王朝，成为统治整个中原大国的元朝帝王。

忽必烈的母亲庄圣太后怯烈氏受汉文化的影响较深，忽必烈在母亲的教育下，也接受了中原汉文化。青年时代，他已经认为治理汉地必须“附会汉法”。他在管理漠南汉地时，任用汉人参与管理，招抚流民发展农桑，屯田积谷，整修边备。而此时在治理整个国家中，他仍十分注重农业生产的恢复和发展，任用科学家郭守敬管理和兴修水利，使战后的经济得以较快地恢复。

郭守敬是邢州（今河北邢台）人。他的祖父郭荣学识渊博，不但通晓经书，对数学、天文、水利等都有研究。郭守敬少年时，在祖父的影响下，对科学产生浓厚的兴趣。那时候，刘秉忠和他的朋友张文谦等正在邢州西南紫金山讲学，郭荣把郭守敬送到刘秉忠那里学习。郭守敬在那里认识了许多爱好科学的朋友，他在与这些朋友的学习和交流中掌握了很多知识。

忽必烈统一北方后，决定整治水利，张文谦把郭守敬推荐给忽必烈，忽必烈很快就在开平（今内蒙古正蓝旗东）召见郭守敬。郭守敬对北方水利情况十分熟悉，当时就提出六条整治水利的措施。忽必烈听了十分满意，还感慨地说：“让这样的人去办事，才不会是摆空架子吃闲饭的呢。”

郭守敬受领了经办河道水利的任务，被派往去西夏一带整治水利。那里经过多年战乱，河道淤塞，土地荒芜，生产遭到严重破坏。郭守敬到了西夏，经过详细勘察以后，发动民工疏浚了一批原有的渠道、水坝，还开挖了一些新河道。不出一年时间，这一带900多万亩农田灌溉畅达，粮食丰收，百姓的生活相继得到了改善。

★郭守敬纪念馆

★郭守敬铜像

为了加强大都到江南的交通运输，忽必烈又派郭守敬去勘测水路交通情况。经过郭守敬的勘测、设计，不但修通了原来的运河，还新开凿了一条从大都到通州的通惠河。因大都地势比通州高，郭守敬在通惠河上修筑了五道闸门，控制水位，使南来的大船才可直达大都内的积水潭。使当时的积水潭成为一个南北漕运的大港口，附近市场繁荣，盛况空前。

农业生产时刻离不开节气的推算，由于蒙古一直使用金朝颁布的历法，而这种历法误差很大。元朝征服江南以后，南方用的又是另一种历法，南北历法不同，更容易造成混乱。元世祖决定统一制订一个新历法。他下令成立了一个编订历法的机构，名叫太史局（后来叫

郭守敬

郭守敬（1231—1316年），字若思，顺德邢台（今河北邢台）人。中国元代的大天文学家、数学家、水利专家和仪器制造家。

郭守敬自幼承继祖父郭荣家学，攻研天文、算学、水利。1276年，元世祖忽必烈攻下南宋首都临安，在统一前夕，命令制订新历法，由张文谦等主持成立新的治历机构太史局。太史局由王恂负责，郭守敬辅助。在学术上则王恂主推算，郭守敬主制仪和观测。

至元十五年（1278年），太史局改称太史院，王恂任太史令，郭守敬为同知太史院事，建立天文台。当时，有杨恭懿等来参予共事。经过四年努力，终于在至元十七年（1280年）编出新历，经忽必烈定名为《授时历》。《授时历》一反传统，采取实事求是的简易办法，并以1280年冬至为推算各项天文数据的起点，这在我国历法上是一大进步。由于授时历所取朔望月和交点月的长度都很准确，加之它又在掌握了较准确的日月运动轨道的基础上，采用了缜密的计算方法，所以对日食和月食的预测十分准确。

★郭守敬像

★郭守敬纪念馆仿制的简仪

★郭守敬观星台

太史院），负责太史局的是郭守敬的同学王恂。郭守敬因为精通天文、历法，被调入太史局，和王恂一起主办改历工作。

修订历法工作一开始，郭守敬就提出：研究历法先要重视观测，而观测必须依靠仪表。原来从开封运来的一架观察天象的大型浑天仪，已经陈旧不堪，得不到可靠的数据。郭守敬设计了一套新的仪器。他觉得原来的浑天仪结构复杂，使用不方便，还创制了一种结构比较简单、刻度精密的简仪。简仪与浑仪的主要区别是取消了白道环和黄道环，并且把地平坐标（由地平圈和地平经圈组成）和赤道坐标（由赤道圈和赤经圈组成）分开安装，成为两个独立的装置——赤道装置和地平装置。因为每个装置都很简单，而且精确程度高，故称“简仪”。有了好的仪器，还要进行精确的实地观测。公元1279年，郭守敬在向元世祖报告的时候，提出在太史院里建造一座新的司天台，同时在全国范围进行大规模的天文测量的打算，这个大胆的计划马上得到了元世祖批准。

经过王恂、郭守敬等一起研究，在全国各地设立了27个测点，最北的测点是铁勒（在今西伯利亚的叶尼塞河流域），最南的测点在南海（在今西沙群岛上）。并且选派了14个监候官员分别到各地进行观测，郭守敬也亲自带人到几个重要的观测点去观测。各地的观测点把得到的数据全部汇总到太史局。

郭守敬根据大量数据，花了两年的时间，编出了一部新的历法，叫《授时历》。这种新历法，比旧历法精确得多。它规定一年有365.2425天，同地球绕太阳一周的时间，只相差26秒。这部历法同现在通行的格里历（即公历）一年的周期相同，但是郭守敬的《授时历》比欧洲人确立公历的时间要早300年。

★郭守敬碑

欧洲来客马可·波罗

OU ZHOU LAI KE MA KE BO LUO

★马可·波罗雕像

马可·波罗

马可·波罗，世界著名的旅行家、商人，1254年生于意大利威尼斯一个商人家庭。17岁时跟随父亲和叔叔，途经中东，历时四年多来到中国，在中国游历了17年。回国后整理出《马可·波罗游记》一书，详细记述了他在东方最富有的国家——中国的见闻，激起了欧洲人对东方的热烈向往，对以后新航路的开辟产生了巨大的影响。同时，西方地理学家还根据书中的描述，绘制了早期的"世界地图"。

元朝初期，由于蒙古帝国的势力曾扩展到了西亚地区，使得欧洲与中国的交往更加频繁，技术交流更加迅速。加之元朝的经济仍以农业经济为主，生产技术、垦田面积、粮食产量、水利兴修以及棉花种植等都超过了前代。又因漕运、海运的畅通及纸币的流行，商业在元朝也极度繁荣起来，使其成为当时世界上最富庶的国家之一。因而，这一时期的东西贸易往来畅通无阻，十分频繁。许多西方商人往来其间，有的不仅受到了元王朝的礼遇，而且还得到了不同的官职，成为元帝国的臣子，马可·波罗就是其中的一位。

★元世祖忽必烈把一面敕令金牌颁发给波罗兄弟

1269年，马可·波罗15岁。常年从事商业活动的父亲和叔叔带着香料、珠宝和元世祖忽必烈写给教皇的信，从东方的中国回到了故里威尼斯。他们把如何到了东方的中国，如何见到了中国的忽必烈大汗和中国绮丽的自然景观、浓郁的风土人情都讲给了马可·波罗。父亲和叔叔这段神奇的经历，让马可·波罗惊羡不已，同时也使他对神奇的东方产生了憧憬，并决心成为一名商人去游历东方世界。

★马可·波罗像

1271年，马可·波罗17岁时，父亲和叔叔拿着教皇的复信和礼品，带上马可·波罗与十几位旅伴开始了东方之旅。他们从威尼斯进入地中海，然后横渡黑海，经过两河流域来到中东古城巴格达，从这里到波斯湾的出海口霍尔木兹就可以乘船直驶中国了。然而，这时却发生了意外事件。当他们在一个镇上掏钱买东西时，被强盗盯上了，这伙强盗乘他们晚上睡觉时抓住了他们，并把他们分别关押起来。半夜里，马可·波罗和父亲逃了出来。当他们找来救兵时，强盗早已离开，除了叔叔之外，别的旅伴也不知去向。

马可·波罗和父亲、叔叔来到霍尔木兹，一直等了两个月，也没遇上去中国的船只，只好改走陆路。他们从霍尔木兹向东，越过荒凉恐怖的伊朗沙漠，跨过险峻寒冷的帕米尔高原，一路跋山涉水，克服了疾病、饥渴的困扰，躲开了强盗、猛兽的侵袭，终于来到了中国的新疆。

一到新疆，马可·波罗便被吸引了。美丽繁华的喀什、盛产美玉的和田，还有处处花香扑鼻的果园。为了达到此行的目的，马可·波罗一行继续向东，穿过塔克拉玛干沙漠，来到古城敦煌，瞻仰了举世闻名的佛像雕刻和壁画。接着，他们经玉门关见到了万里长城。最后穿过河西走廊，终于到达了上都(今内蒙古自治区多伦西北，为元朝的陪都)。这时已是1275年的夏天，距他们离开祖国已经四年了。

马可·波罗的父亲和叔叔向忽必烈大汗呈上了教皇的信件和礼物，并向大汗介绍了马可·波罗。大汗非常赏识年轻聪明的马可·波罗，特意请他们进宫讲述沿途的见闻，并携他们同返大都。后来，又留他们在元朝担任了官职。

★马可·波罗启程东来图

聪明的马可·波罗很快就学会了蒙古语和汉语，掌握了朝廷的礼仪。他借奉大汗之命巡视各地的机会，走遍了中国的山山水水，中国的辽阔与富有让他流连忘返。他先后到过新疆、甘肃、内蒙古、山西、陕西、四川、云南、山东、江苏、浙江、福建以及北京等地，还出使过越南、缅甸、苏门答腊等一些东南亚国家。他每到一处，总要详细地考察当地的风俗、地理、人情。在回到大都后，又详细地向忽必烈大汗进行汇报。

★马可·波罗接受大汗金《圣书》

1292年春天，马可·波罗和父亲、叔叔受忽必烈大汗委托，护送一位蒙古公主到波斯成婚，他们趁机向大汗提出回国的请求。大汗答应他们在完成使命后，可以转路回国。

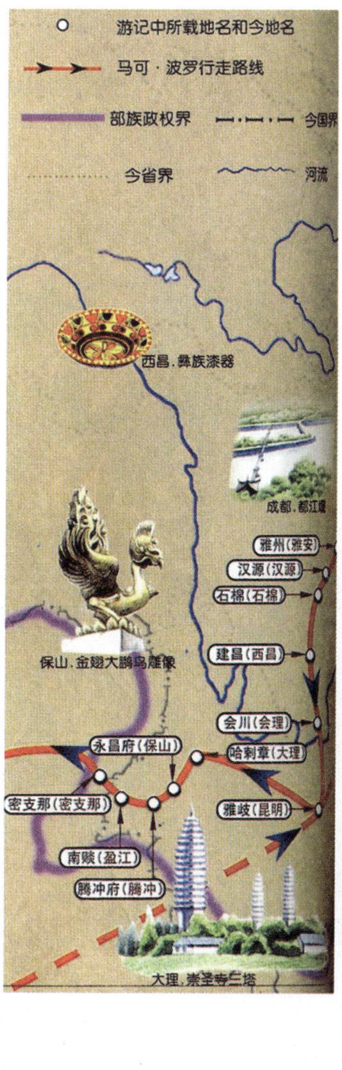

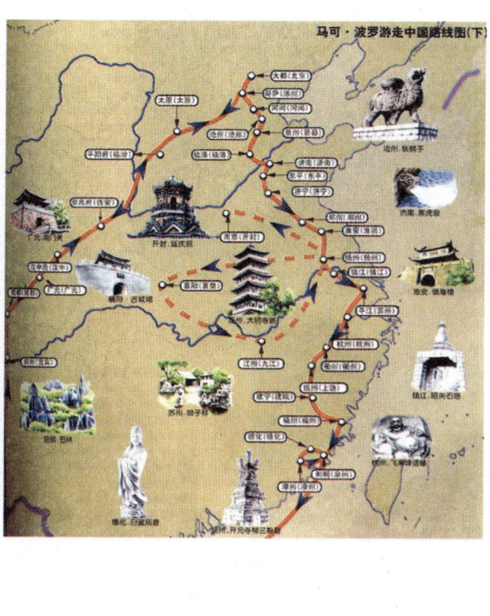

★马可·波罗行走中国路线图

1295年末，他们三人终于回到了阔别24载的亲人身边。他们从中国回来的消息迅速传遍了整个威尼斯，他们的见闻引起了人们的极大兴趣。他们从中国带回的无数奇珍异宝，一夜之间使他们成了威尼斯的巨富。

1298年，马可·波罗参加了威尼斯与热那亚的战争，9月7日不幸被俘。在狱中他遇到了作家鲁思梯谦，于是由马可·波罗口述，鲁思梯谦记录整理出《马可·波罗游记》一书。在《马可·波罗游记》中，他盛赞了中国的繁盛昌明：发达的工商业、繁华热闹的市集、华美廉价的丝绸锦缎、宏伟壮观的都城、完善方便的驿道交通、普遍流通的纸币等等。书中的内容，使每一个读过这本书的人都会产生无限神往。

《马可·波罗游记》一书在欧洲广泛流传后，激起了欧洲人对中国文明与财富的倾慕，最终引发了新航路的开辟和新大陆的发现，同时也使这位颇负盛名的旅行家获得了自由。

关汉卿创作《窦娥冤》

GUAN HAN QING CHUANG ZUO DOU E YUAN

关汉卿

关汉卿（约 1229—1241 年），号已斋叟，元大都（今北京）人，元代剧坛最杰出的代表之一，元曲四大家之首。

关汉卿编有杂剧 67 部，现存 18 部。其中《窦娥冤》、《救风尘》、《望江亭》、《拜月亭》、《单刀会》等，是他的代表作。关汉卿是一位杰出的语言艺术大师，他汲取大量民间生动的语言，熔铸精美的古典诗词，创造出一种生动流畅的语言风格。关剧的本色语言风格首先表现在人物语言的性格化上，曲白酷肖人物声口，符合人物身份。几百年来，剧本一直感染着不同时代不同阶层的欣赏者，被后人称为中国悲剧之最。

★青花釉里红镂雕盖罐·元

由于元初经济上的繁荣，极大地促动了地主官僚对社会产品占有欲的萌生，蒙古的王公贵族更加穷奢极欲，大肆搜刮，贪赃枉法，强取豪夺。历史同期，元王朝还实行民族压迫政策，把全国人民划分为四个等级：第一等是蒙古人；第二等叫色目人，即西域各族和西夏人；第三等叫汉人，即原来在金朝统治下的汉人、契丹、女真等族人；第四等叫南人，即原来在南宋地区的各族人民。四个等级的人政治地位和待遇不同，汉人和南人受到百般歧视。

元世祖死后，他的孙子铁穆耳即位，是为元成宗。元成宗即位后，官场腐败和贪赃枉法的情况越来越严重。致使贪吏充塞于府衙，酷吏草菅人命，冤狱横生。在残酷的阶级压迫和民族压迫下，各族劳动人民都过着悲惨的日子。当时，在

★釉里红荷莲鸳鸯纹梅瓶·元

★关汉卿像

大都流行着一种戏剧，叫杂剧。一些有正义感的读书人，因不满官府的黑暗统治，利用杂剧的形式来揭露官场的罪恶和社会的不平等现象。其中，关汉卿创作的《窦娥冤》便是当时的一部力作。

关汉卿从小喜爱音乐戏剧，会吹箫弹琴，还会唱歌跳舞。关汉卿在京城太医院当过官，可是他对医术不感兴趣，对编写剧本却特别热心。那时候，演戏的人社会地位很低，关汉卿却与他们混得很熟，有时候他自己也上场演出，扮个角色。因为他对音乐戏剧很有研究，所以编出的戏也就格外精彩。

★关汉卿银币

★石马·元

★元代官员画像

关汉卿的杂剧，热情歌颂被压迫人民的斗争，多方面揭露封建社会的黑暗和残酷，鼓舞人们向丑恶的势力进行不屈不挠的斗争。作家的这一进步思想，在其名著《窦娥冤》中得到最充分的体现。剧本通过窦娥含冤呼屈而终于牺牲的悲剧结局，以它“感天动地”的艺术魅力，深刻揭示了元代社会的黑暗和混乱，表达了被压迫人民对恶势力的英勇不屈的斗争。

《窦娥冤》讲的是流落在楚州的秀才窦天章，因无钱进京赶考，只得将7岁的独生女儿端云(后改名窦娥)卖给蔡婆婆作童养媳。

窦娥与蔡婆婆的儿子结婚不久就死了丈夫，婆媳二人相依为命。蔡婆婆一次外出讨债时，险被赛卢医所害，幸而被张驴儿父子救下。张氏父子本是当地流氓无赖，自恃救命之功，住进蔡家，并胁迫婆媳二人与他们父子成亲，但遭窦娥严辞坚拒。张驴儿想毒死蔡婆婆，逼窦娥允婚，不料反毒死其父。张驴儿再次以此逼窦娥就范，但窦娥宁死不从。于是，张驴儿反咬一口，诬告窦娥婆媳共谋杀人。

官府对婆媳二人重刑拷打，窦娥不忍婆婆遭此酷刑，自己担下杀人罪名，当即被判处立斩。窦娥被押上刑场，她有冤难诉，气愤得指天骂地：“地也，你不分好歹何为地？天也，你错勘贤愚枉为天！”随即她发下三桩誓愿：血不染尘，飞洒白练；六月降雪，掩盖其尸；楚州大旱三年，以示冤屈。时值盛夏，可行刑时却飞雪满天；刀落后，又见窦娥血溅白练；窦娥冤死，楚州果真大旱三年。窦娥的三桩誓言至此已桩桩应验。

多年寻找女儿的窦天章以提刑肃政廉访使的职务，来到楚州视察刑狱。当晚，窦娥的冤魂出现，向父亲控诉了冤情。父女共叙别后之苦，共诉思念之情，窦天章嘉许窦娥节烈，并决心铲除恶逆。次日升堂，窦天章将案情重新审结，让窦娥的冤情大白于天下，并将贪贿的县官和无赖张驴儿送上刑场。作者通过窦娥蒙受的千古奇冤，揭露了封建社会的黑暗和统治阶级的昏庸残暴，歌颂了窦娥的美好心灵和反抗精神。她的悲剧性格，具有深刻的社会意义和强烈的感染力量。

这个戏剧所写的未必是真人真事，六月飞雪，更是一种神话式的想象。但是它反映了在封建统治下，无数含冤受苦的百姓申冤报仇的强烈愿望。所以，千百年来，这出戏一直受到人们的喜爱赞赏，关汉卿也由此成为世代称颂的戏剧大师。

★关汉卿墓

元武宗耽酒滥赏乱国政

YUAN WU ZONG DAN JIU LAN SHANG LUAN GUO ZHENG

★元武宗像

元成宗死后，侄子怀宁王海山继承帝位，是为元武宗。武宗即位伊始，即遣使阙里，以大礼祭祀孔子，并加孔子尊号为："大成至圣文宣王"。还下令中书省印制《孝经》一书，赐给诸王大臣，命全国上下，自王公至庶人，都要遵循《孝经》行事。武宗看似尊重儒道，欲以教化治国，实际只是做如上姿态而已，所作所为则完全是另外一套。

他上台以后，效法成宗，对诸王、宗亲、勋臣大行赏赐，以换取这些人对他的支持，赏赐的标准，遵成宗即位时所赐之数。然而，当时的财政状况绝非武宗即位时可比，那时元世祖忽必烈府库充裕之后，成宗滥赏，尚可支撑。而武宗即位时，国库已不充裕，于是，几乎动用了两都的国库储备，依然不能满足赏赐的需要，例如按照成宗宣布的赏赐标准，需要用钞三百五十万锭，可实际上只给付了一百七十万锭，另一百八十万锭无论如何也无法兑现了。除此之外，武宗还大肆挥霍，在中都建城，在大都建寺，为诸贵人营建私第，还大量从西域商人手中购买宝货，这样一来，更加剧了财政困难。武宗即位的第二年，至大元年(1308年)，已是库藏空虚了。

武宗为摆脱财政困境，想起了忽必烈曾经采用过的老办法，设立尚书省专理财用。原来忽必烈制定官制，中书省为行政总枢，后起用阿合马、桑哥等人综理财政，恐中书省干涉其事，特为二人立尚书省，不受中书省辖制。至大二年(1309年)八月，在保八、乐实等人的策划下，武宗正式批准成立了尚书省，以乞台普济为右丞相，脱虎脱为左丞相，三宝奴、乐实为平章政事，保八为右丞，蒙哥铁木儿为左丞。尚书省名为理财，其实没什么高招，成立后的第一件事就是变更钞法，滥发纸币。九月，发行至大银钞，规定至大银钞一两，相当于原至元钞五贯，或白银一两、黄金一钱。原来，每二贯至元钞相当白银一两、黄金一钱。钞法如此一变，就使至元钞大为贬值，将财政负担向老百姓身上转嫁。尽管如此，财

★天青釉钧瓷双系罐·元

京杭大运河

元王朝每年都需要从东南地区向大都(今北京市)调运大量粮米与其他物资。以洛阳(今河南省洛阳市)为中心的旧有隋唐大运河，不仅航线曲折，而且水源不足，于是元世祖从至元二十年至二十九年(1283—1292年)，用将近10年的时间在今山东省境内开凿济州河、会通河，在通州(今北京通州区)与大都城之间开通惠河。三条新河道与在河北、江苏、浙江三省的原有运河相连，形成了现在仍然存在、近乎直线的京杭大运河，开始沿此线运送江南的粮米。开通后的京杭大运河和隋代大运河相比，缩短了六七百里的路程。它以杭州为起点，以北京的积水潭为终点，全长超过1790公里。经今北京、河北、天津、山东、江苏、浙江6省市，把海河、黄河、淮河、长江和钱塘江5个水系联系成一个统一的水运网，成为我国古代南北交通的主动脉。

★京杭大运河

★“大元通宝”蒙文折三型钱币，元朝武宗至大三年(公元 1310 年)始铸。

政赤字仍继续上升，创元朝建立以来的最高纪录。可是，武宗却认为主持尚书省的脱虎脱、三宝奴等人为国尽忠尽力，大加恩宠。加脱虎脱为太师，封义国公；三宝奴为太保，封楚国公；乐宴封齐国公。三宝奴等人则依仗武宗的信任，进而参与内政，竟然劝武宗废立太子，使皇太子爱育黎拔力八达对这些人恨之入骨。

武宗的滥赏不仅赏银，而且赏官，遍及宦官、僧侣，全无纲纪。例如宦官李邦宁，原是南宋宫内的小黄门，宋朝灭亡后，得入元宫，世祖忽必烈时始入内庭给事，这时已年迈体衰。由于此人历事三朝，熟悉宫廷大小政事，深得武宗喜爱。一日，武宗将李邦宁唤至面前，说：“你一生劳苦，给你个官做吧，任江浙平章，这是个肥缺，既得实惠，又可耀祖光宗。”李邦宁一听，心中一喜，可又不想离开宫廷，恨不能捞个京官做，于是说道：“我是个阉腐刑余之人，蒙先朝赦宥，得执役宫中，常惭愧不能胜任。今天陛下抬举我，让我治理一方，我怕担当不起。而且，以我的身份充任此职，天下后世岂不是要议论您吗？为了您着想，我不敢听从您的命令。”李邦宁如此一说，武宗更为高兴，嘉他谦让，说：“你德才兼备，做江浙平章有点屈才，应担当重任。”于是诏命授李邦宁为大司徒，兼左丞相，并领太医院事。李邦宁大喜过望，欣然受命。还有一名和尚叫瓦班，善于献媚，讨武宗的欢心，武宗一高兴，竟然任命他为翰林学士承旨。

元朝的皇帝，大都信奉佛教，武亲信佛尤甚，即位以来，大肆兴建佛寺，施舍西僧，开水陆大会，无一日休息。和尚则仗着有皇帝撑腰，恣意不法，为所欲为。一日，上都留守李璧入京，要求面见皇帝，武宗在大殿召见。李璧入殿后不由痛哭出声，武宗仔细一看，李璧还面带伤痕，忙问何以至此。原来是上都有一名和尚强买市民柴薪，市民不服，到李璧处告状。李璧升堂，正问事情原委，只听衙门外一阵大乱，原来那名和尚听说市民至官府告他，纠集了几名僧徒，手持梃杖，欲行报复。士卒拦阻不住，众僧竟然冲入署中，举杖向市民就打。李璧喝令众僧住手，众僧非但不听，反而向李璧奔去，将李璧掀翻在地，拳杖交加，一阵痛打。这还不算，最后竟将李璧与那名卖柴市民拽至佛寺，禁锢数日，方才放回。武宗听罢，也十分气愤，下令李璧即刻返回上都，严办为非僧徒。李璧得令而归，将罪僧逮捕下狱，正欲严办，岂料两天以后，驿马飞传圣旨，下令赦免罪僧。李璧不敢违命，只得照办，和尚得意而去。从此，和尚的气焰更加嚣张。不久，在大都又发生了一起僧徒行凶事件。

一次，诸王合儿八剌妃出行，途中遇僧徒龚柯等人，由于道路狭窄，必有一方相让才能通过。王妃派侍从与诸僧交涉，使其让路。龚柯等人非但不听，反迫使王妃让路。以王妃之身份自然不能屈尊，双方相持一段时间后，龚柯等人竟冲上前，强行将王妃拽至车下，并施以拳脚，众侍卫急忙保护，并警告说，擅打王妃应判重罪，不曾想龚柯却说：“别说区区王妃，就是皇帝老子，也要受我等戒敕，打你几下算得了什么？”说完，排开众人，

★龙泉窑青釉观音神龛·元

★昭关石塔(元武宗年间建造的过街石塔)

★钧窑香炉·元

扬长而去。这王妃受此屈辱，气愤填膺，遣使特此事上奏武宗。可是，过了几天，并无消息。王妃又派人到负责僧侣事务的宣政院去查询此事当如何处理。没想到宣政院方面告知说："前几天我们曾接到诏书，说僧侣的地位是至高无上的，谁若殴打西僧就将谁的手斩断，谁若辱骂西僧，就割下谁的舌头，要我们照此治王妃侍从之罪。幸亏皇太子入宫向皇帝说情，皇帝才又收回诏敕。你们算拣了个便宜。"王妃一听，差点气晕过去，但却无可奈何。武宗乱政由此可见一斑。

武宗于酒色二字上面也是十分了得。他以弘吉剌氏真哥为皇后，真哥妹速哥失里亦有姿色，也被立为皇后。还有二妃，亦乞烈氏和唐兀氏，也得武宗宠幸。此外，六宫嫔妃还有数百。武宗每日下朝之后，即将众嫔妃召集在一起，摆酒纵饮，长歌曼舞，彻夜图欢，不醉不休。

名士肖蚪，博学多才，淡视名利，世祖忽必烈多次征其入仕，均不应。武宗为笼络天下文人，执意征辟，拜为太子右谕德，让其辅助东宫，肖蚪坚辞不果，无奈扶病入京。他看到武宗耽于酒色，入觐之日，只献上所书《尚书·酒诰》一篇，以为劝戒。然武宗执迷不悟。不久，肖蚪坚请去职，有人问其何故，答曰："据礼而论，东宫东面，师傅西面，此礼今日还可行吗？朝廷名为尊孔，实则徒有虚名，我再呆何益！"

还有一位向武宗明谏的大臣叫阿沙不花。阿沙不花在协助诛灭伯牙吾后集团及弥合武宗母子、兄弟间关系中发挥过重大作用。武宗即位后，拜阿沙不花为中书平章政事，又加特进、太尉。他对武宗紊乱国政非常不满，一名近臣善于蹴鞠，武宗一高兴，下令出钞十五万贯作为奖赏。阿沙不花上言道："以蹴鞠而受如此奖赏，将使奇技淫巧之人受到鼓舞，贤明之人感到失望，此举严重损害国家利益。我宁死也不敢执行这一诏令。"武宗无奈而止。

有一次，武宗在五花殿设宴，丞相塔思不花、三宝奴、中丞伯颜等坐陪。阿沙不花见武宗容色日渐憔悴，乃上言道："陛下身居九重，关系天下安危。八珍之味不知节制，万金之身不知爱惜，是帝王之忌也。陛下整日沉溺于酒，亲近于色，这就犹如两把利斧砍伐一棵孤树，必致颠仆。天下，是祖宗之天下；帝位，是祖宗之帝位。近见陛下颜色，大不如前，陛下纵然不自爱，却如何面对祖宗之重托，天下之仰望？"要说武宗也真有雅量，如此激烈之言辞，并未使他生气，反高兴地说："不是爱卿谁能如此真正地关心我，你的话朕已记住，永远不会忘记。来人，向太尉进酒！"阿沙不花哭笑不得，顿首谢道："臣刚刚劝罢陛下节制饮酒，陛下反以酒劝臣，是陛下不信臣言，臣不敢奉诏。"这下，使武宗有点尴尬，左右忙上前齐声说道："陛下得此直臣，值得庆贺。"于是当即进阿沙不花为开府仪同三司、中书右丞相、行御史大夫。阿沙不花拜谢而出。阿沙不花刚走，左右又举杯向武宗劝酒，武宗说："你们为何又劝我饮酒？"左右回答道："今日得阿沙不花这样的直臣，难道不应该欢饮吗？陛下明日再节饮何妨！"此言正中武宗下怀，遂又开怀畅饮，大醉方休。到第二天，早把阿沙不花之言抛在脑后，照饮不误。于是武宗身体日衰，朝政日乱，几不可收拾。

★天王像·元

元仁宗即位尊儒术

YUAN REN ZONG JI WEI ZUN RU SHU

★元仁宗像

元仁宗爱育黎拔力八达，是武宗海山同母弟。当初，海山镇守和林，爱育黎拔力八达与母答己妃出居怀州。大德十一年（1307年），成宗病逝，成宗皇后伯牙吾氏欲垂帘听政，引安西王阿难答辅政。爱育黎拔力八达听到成宗驾崩的消息后，与母率先返京，在宰相哈剌哈孙等人协助下，诛杀阿难答及其党羽，夺取政权，遣使迎兄海山继皇帝位。海山既坐享其成，于是舍子立弟，以爱育黎拔力八达为皇太子，作为报答。

舍子立弟，有悖常理。故武宗在位期间，爱育黎拔力八达的皇位继承人地位，始终在未定之中，危机时起。至大三年（1310年），丞相三宝奴欲固位邀宠，劝武宗改立皇子为皇太子。当时右丞相康里脱脱正在柳林行猎，被遣使急召回京。三宝奴说：“立太子之事紧急，所以召你回京。”康里脱脱吃了一惊，问道：“出了什么事？”三宝奴说：“皇子日渐长大，应早日立为太子。”康里脱脱道：“当年太弟安定社稷，立有大功，已经正式立为储君，既然当初有兄弟叔侄，世世相承的约定，我们即当遵守。劝立皇子，我不赞成。”三宝奴虽不以为然，但康里脱脱不支持，也只好作罢。由此，爱育黎拔力八达对三宝奴恨之入骨。不久，宦官李邦宁又向武宗游说：“自古以来，只有父作子述，未闻有子立弟，这事陛下还要三思。”武宗为人虽然昏庸，但很讲究义气，很不高兴地说：“已经定下来的事情怎么能不算数呢？这事不要再提了。”爱育黎拔力八达总算保住了皇太子的地位。

武宗由于生活放纵，酒色过度，在位不足五年，于至大四年（1311年）正月病逝，爱育黎拔力八达继位，是为仁宗。

仁宗自幼受教于名儒李孟。李孟博学强记，贯通经史，善论古今治乱，经常为仁宗讲述“舜、尧之道”，灌输儒家思想，对仁宗有深刻影响。所以，仁宗在为太子期间，对武宗沉于酒色，紊乱国政，深为不满。但由于自己处境微妙，凡事不便多言，只得于局外静观。至大四年（1311年）正月十日，也就是武宗死后的第三天，仁宗印以皇太子身份入朝理政，反武宗之道而行之。第一件事，就是宣布罢去尚书省。尚书省是武宗为摆脱财政困境而专门设立的一个机构，然而，主持尚书省的脱虎脱、三宝奴等人，变更钞法，滥发纸币，不但未使财政状况好转，反而使财政赤字继续上升。仁宗下令将尚书省丞相脱虎脱、三宝奴，平章乐实，右丞保八，左丞忙哥铁木儿，参政王罴逮捕下狱，命中书右丞相塔思不花，知枢密院事铁木儿不花等负责审理此案。四天以后，脱虎脱、三宝奴、乐实、保八、王罴以变乱旧章，流毒百姓的罪名，被判处死刑；忙哥铁木儿犯罪较轻，被杖数百，流放海南。当时人刘埙曾做诗记述此事：“受尽君恩弄尽权，富倾御府贵熏天。奴才自许齐三宝，主寿谁能保万年。”

★宫乐图·元

仁宗所做第二件事是召世祖朝谙知政务、素有威望的老臣及当时的名儒入京，同议庶务。这些人有前平章程鹏飞、董士选，太子少傅李谦，少保张驴，右丞陈天祥、尚文、刘正，左丞郝天挺，中丞董士

★叠山书院·
元仁宗延祐五年(1318年),当地民众不顾官府的阻挠,建成这座书院,以纪念榭枋得的民族精神和气节。

珍,参政刘敏中、王思廉、韩从益,侍御赵君信,廉访使程钜夫,杭州路达鲁花赤阿合马。命各地给驿传,速送请人入京。同时重用李孟,任命为中书平章政事。

至三月十八日,仁宗在大明殿正式即皇帝位,并下诏大赦天下。仁宗即位后,先派人祭奠先师孔子,以示对儒术的重视。对李孟尤为信任,他曾对李孟说:“你是我的旧学,我若有失误的地方,全仗你尽心辅佐。”李孟亦深感仁宗知遇之恩,竭尽全力,以国事为己任,节制赏赐,裁汰冗官。利益受到损害的贵戚近臣,虽多言不便,但李孟出于公心,不授人以把柄,他们也无可奈何。

李孟又以元成宗大德以来,封拜繁多,释道二教,也都设官统治,权抗有司,挠乱政事,为害至深,上言奏请要赏罚得当,并罢免僧道官。李孟又针对风俗奢靡,车服僭拟,上下无章,尊卑无别,近臣恃恩,求请无厌的现象,请予以严加限制。凡李孟奏请,仁宗皆听从之。李孟对仁宗朝政事虽多所补益,但常感力所不能及,有一次他对仁宗说:“臣所学孔孟之道,幸而遭遇陛下,得被任用。陛下乃尧、舜之主也,我却不能使天下之人成尧、舜之民,上负陛下,下负所学。乞请解官让贤。”仁宗说道:“朕在位一日,卿亦宜在中书一日,朕必与卿相与始终。”表明了仁宗以儒术治国的决心。遂赐李孟爵秦国公,命画师图像,词臣加赞,入见必赐坐,与语称其字(道复)而不称名,以示尊敬。仁宗曾对近臣说:“道复以道德辅佐朕,致天下百姓受惠蒙泽。”

仁宗以儒术治国最重要的举动,是开科举选士。皇庆二年(1313年),仁宗多次与李孟讨论用人之方,李孟说:“人材所出,不止一途,

元大都

★元大都遗址公园

1267年,忽必烈开始在原中都建筑群的东北营建新城,称之为大都,即“伟大的都城”,也被称为“可汗之城”,《马可·波罗行游记》中称为“汗八里”。它成为蒙古君主们的冬季驻地,而上都府仍是他们的夏季驻地。宋度宗咸淳二年(1266年),蒙古国安肃公张柔与行工部尚书段天祐受命同行工部事,领导中都的建设工程。宋度宗咸淳八年(1272年),令改中都为大都。至元至元二十九年(1292年),全部竣工。它的布局基本上合乎我国古代关于帝王都城的理想设计方案。城有外廓城、皇城、宫城三层。大都城的外廓城周长28600米,南北略长,呈长方形,四面共有十一座城门:北面两座城门,东为安贞门,西为健德门;东面三座城门,自北而南依次为光熙门(相当于今光熙门)、崇仁门(相当于今东直门)、齐化门(相当于今朝阳门);西面三座城门,北至南为肃清门(今北京海淀区学院南路西端小西门)、和义门(相当于今西直门)、平则门(相当于今阜成门);南面三门,中者称丽正门(今正阳站北),东为文明门(今崇文门北),西为顺承门(今宣武门北)。元朝皇宫分三组列在琼华岛及其周围湖泊两侧,分别为太子、皇太后所居的隆福宫和兴圣宫在西侧,湖泊东岸的宫殿属于皇帝,也就是现在紫禁城的前身。三座宫殿的四周围墙,当时称萧墙,也就是皇城。皇城外的居民区,沿着整齐的纵横街道,划分为五十坊。大都城的建设根据《周礼·考工记》对都城“左祖右社、前朝后市”的要求,商业区分布在北部三处。定名大都的当月,朝廷的中书省署在大都建立,皇帝通过它把统治的势力伸向全国。大都城成为名副其实的全国政治、经济、文化的中心。

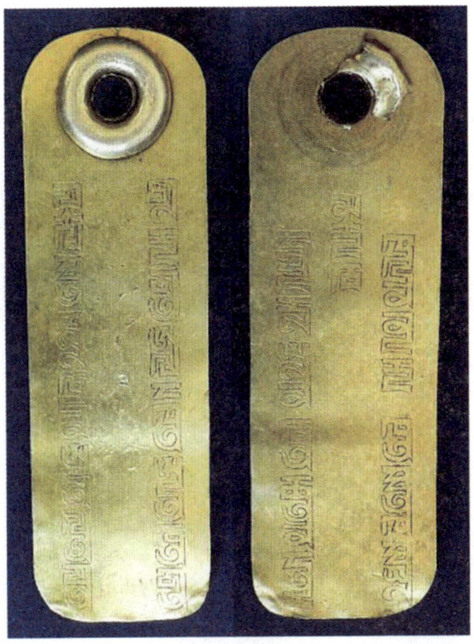

★圣旨金牌·元

★龙泉窑瓜棱形瓷碗·元

然而，汉、唐、宋、金之所以强盛，与靠科举得人不无关系，今欲兴贤举能，不如用科举取士，较之多门而进，似胜一筹。然欲得真才，必先重德行经术，次及文辞。”

蒙古自建国以来，曾多次议及实行科举制问题，由于种种原因，长期停废，元朝官员的来源主要靠由吏入仕。由吏出身的官员虽然精于簿书期会，理财聚敛，但素质较差，存在很多弊端，不利于教化民众与长治久安。于是，仁宗决意接受李孟的建议，实行科举制。

皇庆二年（1313 年）十一月，颁发《行科举诏》，规定了考试的内容及录取的标准，诏书中说：“举人应把德行放在首位，考试则应以经术为先，辞章则在其次，华而不实，我将不取。”仁宗还对侍臣说：“我的愿望就是使百姓生活安定，达到天下大治。然而，如果不用儒士，怎么能达到这个目的呢？设科取士，就是为了得到真儒实才。”

中书省颁布的科举条例规定，科举考试每三年举行一次，分为乡试、会试、殿试三道。乡试于八月举行，于诸色户内推举年二十五岁以上，有孝行可称、信义足述以及经明行修的士子，参加考试。各地如有徇私滥举，或应举不举、致失人才的现象，委监察御史及肃政廉访司严厉追究地方官的责任。考试蒙古人、色目人、汉人、南人分别进行。考试程式：蒙古、色目人试两场，第一场经问五条，在《大学》、《论语》、《孟子》、《中庸》内设问，用朱子章句集注；第二场策一道，以时务出题，限五百字以上。汉人、南人试三场，第一场明经二问，《大学》、《论语》、《孟子》、《中庸》内出题，用朱子章句集注；经义一道，各治一经，《诗经》采朱子注，《周易》主程、朱之说，《尚书》用朱熹门人蔡沈之说，以上三经，兼用古注疏；《春秋》许用三传，及胡氏传，《礼记》用古注疏。第二场古赋、诏诰，章表内科一道，古赋、诏诰用古体，章表用四六体，参用古体。第三场策问一道，经史时务内出题。全国共设十七处科场，从赴试者中选合格者三百名到大都会试。

会试于乡试次年二月举行，科目与乡试相同。会试从三百名赴试者中录取一百名，其中蒙古、色目、汉人、南人各二十五名，参加殿试。

殿试内容试策一道，目的是为排定名次。蒙古、色目人为一榜，汉人、南人为一榜。两榜各分三甲，第一甲各一人，赐进士及第，从六品；第二甲赐进士出身，正七品；第三甲同进士出身，正八品。如蒙古、色目人自愿参加汉人、南人考试，中选者加一等注授。

科举考试自延祐元年（1314年）八月正式举行，至延祐四年（1317 年）又举行一次，两次科举共得进士一百零六名。历史上将元仁宗时举行的这两次科举考试称为延祐科举。

除此之外，仁宗还将《贞观政要》、《大学衍义》及《四书集注》、《资治通鉴》、《农桑辑要》等书刊行，命天下学子学习。

有元一代，素轻儒术，而仁宗开科取士，尊师重儒，以文治国，可称得上是元代第一贤君了。

★男陶俑·元

★延祐元宝·元

★剔红花卉纹樽·元

急行改革元英宗遇弑

JI XING GAI GE YUAN YING ZONG YU SHI

元仁宗爱育黎拔力八达在位时期所遇到的一大政治问题，是皇太子的人选问题。其实，立仁宗之子为皇太子，乃顺理成章之事，为什么会成为问题呢？原来事出有因。

元武宗海山之所以能继承皇位，盖因其母弟爱育黎拔力八达在京师粉碎成宗皇后伯牙吾氏及安西王阿难答的篡权阴谋后，拱手将皇位相让。作为回报，海山继位后，打破常规，立弟爱育黎拔力八达为皇太子，在自己之后继承皇位。同时又约定，“兄终弟及”之后要“叔位相承”，就是说，仁宗之后，要把皇位还给武宗的儿子。舍子立弟，有悖常理。故爱育黎拔力八达的皇太子地位，几经风险，丞相三宝奴及宦官李邦宁等人多次劝武宗废爱育黎拔力八达，改立长子和世㻋为皇太子，幸武宗为人友悌、义气，未为所动，使仁宗最后得以继位。所以，仁宗即位之后，于延祐三年（1316 年）议立太子的时候，他囿于当年与武宗“兄终弟及，叔位相承”的约定，并感于其兄坚持立己不动摇的哥们儿义气，在这个问题上犯了踌躇。

就仁宗本意，当然是想立自己的儿子硕德八剌为皇太子。中书右丞相铁木迭儿，为人奸邪，屡遭罢斥，不被仁宗所信任，但其背后有答己皇太后撑腰，仁宗亦奈何他不得。此时，铁木迭儿为取信于仁宗，固位邀宠，便密奏道：“速立皇子为太子，是为上策。”仁宗说道：“朕承兄位，似宜立侄儿和世㻋为嗣，方能告慰先帝。”铁木迭儿进一步说道：“当年，宋太祖与宋太宗亦有‘兄终弟及，叔位相承’的约定，可是，后来宋太宗背了前盟，舍侄立子，后世并没有非议。自古以来，为争夺帝位，往往有豆箕相煎、骨肉相残之事，以父传子尚且如此，何论‘兄终弟及，叔位相承’。既使陛下让德，恐后代嗣君不能相安。为国家的长治久安考虑，立皇子为嗣最为稳妥。”铁木迭儿此举虽别有目的，但这一番话说得还是满有道理，仁宗听罢，幡然醒悟，说：“卿言极是，让我再考虑考虑。”此外，答己皇太后在这个问题上也发挥了很大作用。原来，答己一向偏爱少子，当年即曾欲舍弃海山而立爱育黎拔力八达未遂，现在仍然倾向于立仁宗之子。加之答己爱干预朝政，在她看来，和世㻋有一股英气，硕德八剌为人柔懦更易于控制，力赞立硕德八剌为太子。而仁宗本意也正是如此。于是，仁宗先将和世㻋封为周王，令其出镇云南，接着，

★钧窑红斑碗·元

★元代质孙服

★元代皇太子衮冕服

★剔红紫萼圆盘·元

正式立硕德八剌为皇太子。

延祐七年(1320年)正月,仁宗病死。两个月以后,硕德八剌即位,是为英宗。

仁宗年间,答己皇太后时常干预朝政,纵铁木迭儿等人为奸,仁宗对铁木迭儿甚为不满,几经罢斥,但每次都是过不多时,答己又从兴圣宫直接下旨,任命铁木迭儿,仁宗不敢违逆母意,亦无可奈何。最后罢去其中书右丞相之职,任其为太子太师。可是,在仁宗死后的第三天,答己又从兴圣宫直接下旨,重新任命铁木迭儿为中书右丞相。于是,铁木迭儿大权在握,乘英宗尚未正式即位之机,对曾经反对过自己的大臣肆意报复。先后诬杀中书平章肖拜住、御史中丞杨朵儿只和上都留守贺伯颜,排斥仁宗生前所亲信的李孟等大臣,同时,将与自己和答己关系密切的人从地方调至中央,并安排要职。

英宗硕德八剌为仁宗嫡子,仁宗乃有元一代最为尊重儒术、以文治国之君,故英宗从小就在汉族封建文化熏陶中成长,深受其父影响,亦是重儒之人。他年轻气盛,很想有一番作为,平素对答己太后及铁木迭儿等人的所作所为甚为不满。在仁宗死后,自己尚未即位这段时间,对答己太后及铁木迭儿弄权恣横不便干涉,只得听之任之,但对铁木迭儿的爪牙则毫不留情。例如参议中书省事乞失监,仗着铁木迭儿的权势公然卖官,被御史台官员弹劾,被判杖刑。于是,乞失监密求铁木迭儿到答己太后处说情,答已召见太子,命赦免乞失监杖刑,太子以为不可,太后又命减杖刑为笞刑,太子晓以大义:“法律为治天下之本,若因私情而改重从轻,何以正天下。”最终依法将乞失监杖刑了事。此事使答己非常不满。及硕德八剌即位,答己被尊为太皇太后,她也前来祝贺,但英宗见了她,面情严峻,话语也无特别尊重之意。答己回到兴圣宫后,暗自后悔,心想,当初真不该赞成立硕德八剌为太子,但为时已晚,由此变喜为忧,由忧成疾,大病不起了。

英宗深知,要想实行新政,必须铏除铁木迭儿势力。作为第一步,英宗先任命成吉思汗的开国元勋木华黎之后拜住为中书左丞相,以牵制铁木迭儿。接着,又以谋废立的罪名诛杀答己与铁木迭儿的党羽岭北行省平章政事阿散、中书平章政事黑驴、御史大夫脱忒哈及徽政使失列门等人,使答己之党在朝中的势力顿减。铁木迭儿虽然仍被保留着右丞相的职务,但由于拜

★黑漆嵌螺钿文会图印盒·元

《蒙古秘史》

★《蒙古秘史》书影

《蒙古秘史》是13世纪时,以畏吾儿体蒙古文书写,是记载蒙古族古代历史的珍贵文献史料,原名为《忙豁·仑·纽察·脱察安》(蒙古的秘史之意)。明洪武十五年(1382年)年始,译成汉文,改名为《元朝秘史》。今其畏吾儿体蒙古文原文早已佚失,流传下来的只有明代以汉字音写蒙古语的《元朝秘史》。《秘史》的内容极其广泛,涉及蒙古古代游牧社会生产、生活的各个方面,以时间上讲,从蒙古民族图腾、成吉思汗的远祖,一直写到成吉思汗的儿子——窝阔台汗在位时期。从地域角度,横跨蒙古高原。全书内容共分12章282节,大致从内容上分为三部分,一是成吉思汗先祖的谱系;二是成吉思汗本人一生的活动历史;三是窝阔台汗的活动历史。书中包含关于12、13世纪蒙古社会状况的丰富资料,是一部重要的蒙古史典籍。

★《蒙古秘史》编纂者之一薛赤兀儿像

住的抵制，始终不得行其奸。至治二年（1322年）八月和九月，铁木迭儿与答己太皇太后相继病死，为英宗实行新政减少了一大障碍。

由于答己长期干政和铁木迭儿掌权，致使朝政混乱，加之各种自然灾害遍及全国十余省的广大地区，导致民不聊生，民众起义时有爆发，更坚定了英宗进行改革的决心。

至治二年（1322年）十月，英宗任命有志于以儒道治天下的拜住为中书右丞相，将左丞相一职空缺，以示对拜住的信任。此外，广为搜访山林隐逸之士，任用仁宗朝著名儒臣张珪为平章政事，又起用吴元珪、王约、韩从益、吴澄等人，任为集贤院、翰林苑及中书省官员。在这些人的推动下，进行了一系列的改革，大致有以下几方面的内容：首先针对世祖以来机构重迭现象，大裁冗员，减罢崇祥院和福寿院下属的十三个机构，以及徽政院断事官和江淮财赋部门下属的六十多个机构。其次，针对农民劳役繁多，负担沉重的状况，英宗下诏，令行助役法，规定凡有土地一百亩者，划出三亩地入官，以其收益作为贫困农民负担劳役的补助，并申明豪家大姓一定要将好田入官。此法一行，使中下层农民负担得以缓解。此外，英宗为完善法制，命将仁宗时着手进行的法令编纂工作继续下去，令枢密副使完颜纳丹等人会同张珪等元老共同审定，最后定名《大元通制》，全书共八十八卷，凡二五三九条，乃元朝一大壮举。

★景德镇霁蓝釉白龙纹梅瓶·元

英宗任用儒臣和裁汰冗员，使大批蒙古、色目贵族不满，于是在朝廷内外渐渐形成一股反对英宗的潜在势力。另外，英宗在铁木迭儿死后，对其势力继续进行打击。铁木迭儿在世时，江浙人吴机将累代失业之田以低价卖给司徒刘夔，此田实际早已为他人之业。刘夔又将此田贿赂铁木迭儿子宣政院使八剌吉思，名义是献给诸寺，于是铁木迭儿矫诏出库钞六百五十万贯偿还田价，这些钱被铁木迭儿父子、刘夔及铁木迭儿义子铁失等人私分。至是，此事被揭发，刘夔、八剌吉思被诛杀，铁失被赦免。接着，铁木迭儿又有几件奸赃事被曝光，英宗下令追夺其官爵，并毁所立之碑。这样一来，使铁失等人坐立不安，唯恐大难临头。

至治三年（1323年）六月，英宗时在上都。一日，英宗忽觉心惊肉跳，夜间亦不能寐，次日命作佛事。拜住听说后，以国用不足说服英宗收回成命。铁失等人听说此事后，就派一和尚前去劝说英宗作佛事，普救罪囚，以攘灾祈福。拜住叱责这名和尚说：“你们这些人专借做佛事为名，谋得金帛，又想曲赦罪犯，纵庇一囚，贻害万人，朝廷宪典岂容你们这班僧徒败坏！”原来铁失等人派和尚游说英宗作佛事的目的，就是想借此赦己之罪，免遭谴戮，不想被拜住一口回绝，于是更加恐惧，遂密谋杀拜住及英宗以自保。

八月，英宗自上都南还。铁失与知枢密院事也先帖木儿、大司农失秃儿、前平章政事赤斤铁木儿、

★元代标准度量衡量器铁方升

★元代八思巴文金印

★生坑赵字押印·元

前云南行省平章政事完者、铁术迭儿子前治书侍御史锁南、铁失弟宣徽使锁南等，以及按梯不花等五个蒙古诸王，共十六人，决定在途中发动政变。英宗行三十多里到达南坡宿营。夜间，铁失命令自己统辖的阿速卫兵守住行幄外围，自己与赤斤铁木儿率数十精锐持刀而入，先奔拜住住处，手起刀落杀之。然后闯入帝寝，英宗时已就寝，铁失走至榻前，亲手弑英宗于卧所。新政亦随英宗被弑而告终。

红巾军起义

HONG JIN JUN QI YI

元朝后期，以蒙古贵族为主的统治阶级，对各族特别是汉族人民的掠夺和奴役十分残酷。他们疯狂兼并土地，把广阔的良田变为牧场，如大臣伯颜得赏赐土地就达2万顷。大地主“广占土地，驱役佃户”，农民失去土地而沦为奴婢。官府横征暴敛，苛捐杂税名目繁多，全国税额比元初增加20倍。

1351年，元朝政府强征15万农民挖黄河河道，河工们每天进行着繁重的劳动，可监督挖河道的官吏却克扣河工的口粮，河工们还时常要遭受监工的鞭打和责罚。河工们早已怒火中烧，他们在暗地里流传着“一日三遍打，不反待如何”的歌谣，愤怒的火焰呈一触即发之势。

与此同时，元顺帝却荒淫残暴，到处搜罗美女，每天海味珍禽，挥霍无度，使国家财政入不敷出。统治者还别出心裁，大造钱币，以满足他们的花销。社会上出现了“死尸塞路，生与鬼邻”的凄惨景象。在这种情况下，河工刘福通、韩山童组织所属的白莲教和穷苦的河工们决定利用这一时机发动起义。

★刘福通像

韩山童是河北人，他祖父是个教书先生，曾经利用传教的形式，暗地组织农民反抗元朝，后被官府发现，充军到永年（今河北邯郸东北）。韩山童长大以后，继续组织白莲教，聚集了不少受苦受难的农民。韩山童经常说：“现在天下大乱，佛祖将要派弥勒佛下凡，拯救百姓。”这个传说很快就传到河南和江淮一带，百姓们都盼望着有那么一天，弥勒佛真会下凡来。

★青花釉里红貔貅·元

★元代灰陶立人俑

此次，元王朝征发了汴梁（今河南开封）、大名等13路（“路”为元朝时期的地方建制）民工15万和兵士2万人，到黄陵冈（今山东曹县西南）开挖河道，疏通河水。韩山童预先派几百个会徒去做河工，并让他们在工地上传播“石人一只眼，挑动黄河天下反”的民谣。同时，预先刻制独眼石人，并刻下“石人一只眼，挑动黄河天下反”的字样，然后在待挖的地段埋好。

一天，几个河工忽然在积淤的泥沙中挖出一尊石人来，大家好奇地聚拢来一瞧，只见石人脸上只有一只眼睛，河工们不禁呆住了。这与前些日子传出的民谣，竟是惊人的一致，于是消息不胫而走，并很快在十几万河工中传开，河工们既感到惊讶，内心又好像有一种说不出的激动。大家都私下议论说：“既然民谣里的一只眼石人出现了，那么天下造反的日子也就不会太远了。”

刘福通、韩山童见预先的舆论已起了作用，起义的时机已经成熟，便组织3000人在颍州颍上县白鹿庄准备起义。但因举事前泄密，遭到敌人包围，韩山童牺牲，刘福通率众突围到颍州（今安徽阜

★元顺帝像

阳）。接着，刘福通迅速与当地的白莲教组织汇合，重整旗鼓，再展义旗。他把约定起义的农民召集起来，攻占了颍州等一些据点。原来在黄陵冈的河工们得到消息，也杀了河官，纷纷投奔刘福通的队伍。因为起义士兵头上裹着红巾，当时的百姓把他们称做“红军”，历史上将其称做“红巾军”。不到十天，红巾军已经发展到十多万人。

红巾军所到之处，杀贪官，烧官府，开仓散米，赈济贫穷，给统治者以极大的震动。元王朝听到刘福通声势浩大，连忙调动了6000名色目人组成的阿速军和几支汉军，镇压红巾军。阿速军本来是元王朝的一支精锐的队伍，但是那时候已经十分腐败，将领们只知道喝酒享乐，兵士们到处抢劫。一碰上红巾军，还没交锋，主将带头挥鞭策马而逃，兵士们一看主将临阵脱逃，也都四散逃窜。

1354年，元顺帝派丞相脱脱集中了诸王和各省人马，动用了西域、西番的兵力，号称百万，围攻占领高邮的张士诚起义军。高邮城被围得水泄不通。起义军正在危急的时候，元王朝突然发生内乱，元顺帝下令撤掉脱脱的官爵，使百万元军一时间没有了统帅而不战自乱。刘福通挥军乘势掩杀，元军无心恋战，全线溃败。1355年，刘福通迎立韩山童的儿子韩林儿为小明王，在亳州（今安徽亳县）建立了起义军政权，各地的红巾军统归小明王领导。

1357年，刘福通、韩林儿兵分三路北进伐元。西路军由李武、崔德率领，进攻陕西、甘肃、宁夏、四川；东路军由毛贵率领，从山东、河北，直逼元朝都城大都；中路军由关先生、破头潘等率领，从山西打到辽东，配合东路军攻打大都。其东路军已打到距元大都100里左右的蓟州，但由于红巾军兵力过于分散，而被元军分割包围，逐个吃掉。此时，被元军逼出汴梁的刘福通保护小明王逃到安丰（今安徽寿县）后，不想却受到已投降元朝的张士诚的袭击。1363年，刘福通在战斗中牺牲，北方起义军遭到镇压。

★刘福通雕像

白莲教

白莲教是北宋至近代流传的民间宗教，渊源于佛教的净土宗。相传净土宗始祖东晋释慧远（334-416年）在庐山东林寺与刘遗民等结白莲社共同念佛，后世信徒以为楷模。北宋时净土念佛结社盛行，多称白莲社或莲社，主持者既有僧侣，也有俗家信徒。南宋绍兴年间（1131-1162年），吴郡昆山（今江苏昆山）僧人茅子元（法名慈照）在流行的净土结社的基础上创建新教门，称白莲宗，即白莲教。

早期的白莲教崇奉阿弥陀佛，提倡念佛持戒（不杀生、不偷盗、不邪淫、不妄语、不饮酒，合称五戒）以求往生西方净土，教义与净土宗大致相同。茅子元采用天台宗教理，绘制《圆融四土三观选佛图》，用佛像、图形和比喻来解说佛土的高低；简化并统一前人制作的念佛修忏仪式，制定《白莲晨朝忏仪》。此前的净土结社，参加者之间只是松弛的社友关系，社与社互不相属，茅子元将其改为师徒传授、宗门相属。他在昆山淀山湖建白莲忏堂，自称导师，坐受众拜，又规定徒众以“普觉妙道”四字命名，从而建立了一个比较定型的教门。

★白莲教起义军群雕

朱元璋建立明朝

ZHU YUAN ZHANG JIAN LI MING CHAO

在北方刘福通所率的红巾军遭到元军疯狂镇压时，另一支由佃户出身的朱元璋率领的起义队伍却越战越强大。起义军稳扎稳打，步步为营，武装势力发展较快。1356年，起义军占领了集庆后改为应天府，并以此作为根据地，向元军采取了强大的攻势，一举攻占了元大都，把元朝统治者赶回到大漠以北的蒙古高原，元朝就此灭亡。

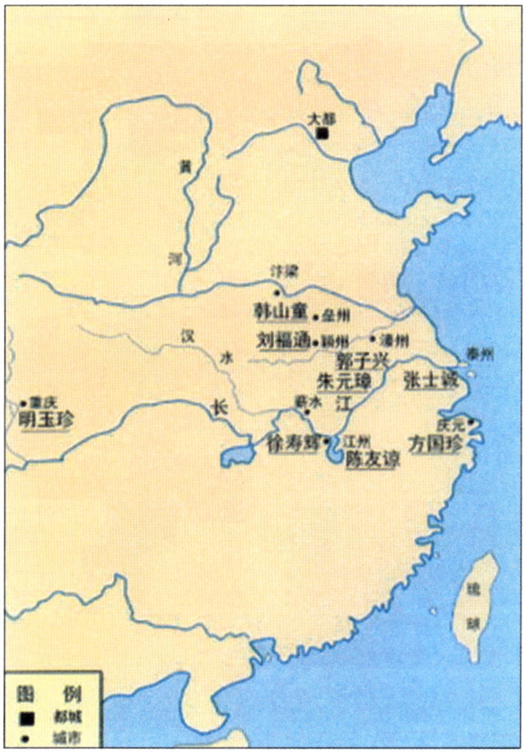

★元末农民起义示意图

朱元璋是安徽凤阳人。1328年，他出生于一个贫苦的农家。朱元璋从小因营养不良而体弱多病，迷信的父母便把他送到皇觉寺，期望他能靠佛祖的佑护存活下来。在老和尚高彬的帮助下，朱元璋一天比一天强壮。10岁那年，由于沉重的赋役，他不得不随家人搬到太平乡的孤庄。在生活的压力下，他被迫给刘姓的富户放牛，不仅经常被人打骂，还常常饿肚子。所幸的是，在他放牛期间，结识了徐达、汤和、周德兴等人，这些人后来都成了他的开国元勋。

★朱元璋雕像

1343年，朱元璋的家乡发生了严重的旱灾，次年又发生了蝗灾，不仅颗粒无收，人们还由此染上了瘟疫，半个月内，父母和兄长都先后故去。由于没钱置办棺木，朱元璋只好草草掩埋了亲人的尸骨，同大嫂、二哥和侄儿分路逃生。

朱元璋在走投无路的情况下，忽然想起了皇觉寺，便又投奔了高彬，做了和尚。但是，在兵荒马乱的年月，要在皇觉寺混口饭吃也不容

★明太祖像

明太祖

朱元璋（1328-1398年），幼名重八，又名兴宗，字国端。濠州钟离（今安徽凤阳东南）人。出身贫寒，少年时在皇觉寺为僧。元末，参加红巾军郭子兴部下反元，称吴国公、吴王，后来灭陈友谅、张士诚。出兵北伐元朝，攻下元朝大都，历15年而成帝业。1368年，朱元璋以应天府为都城，国号大明，年号洪武，建立了明朝。

朱元璋称帝后半年，北伐军攻克大都，元亡。统一全国后，朱元璋采取加强封建专制主义统治的措施。改革中央和地方的行政机构。废除丞相制，设立六部，直接由皇帝负责。调整军事机构，推行科举制度，加强法制，加强了皇权的统治。朱元璋称帝后，开始大肆诛杀有功之臣，并大兴文字狱，对明朝的文化思想起了严重的束缚作用。

★陈友谅雕像

★郭子兴像

易。原来，皇觉寺是靠收租米过日子的，这年灾情严重，皇觉寺收不到租米。朱元璋在寺里呆了才 50 天，眼看要断粮了，师父、师兄们一个个离开寺院去外面化缘。朱元璋也被打发出门，他带着木鱼到淮西一带流浪讨饭。朱元璋在外云游了 3 年，目睹了国是人非，百姓生活困苦的状况，他意识到将会有一个乱世出现，从此便发奋勤学，广交天下豪杰，为走出空门做准备。

1352 年，也就是刘福通起义的第二年，定远(今安徽定远)地方一个财主郭子兴结交八方豪杰，带着几千个年轻人，趁着黑夜，打进濠州城，杀了州官，并占领了濠州。也就是在这一年，朱元璋突然收到汤和的信，信里约他参加郭子兴的起义军。但还没容朱元璋多想，便有人将他出卖，朱元璋不得不溜之大吉。

朱元璋投军的那天晚上，濠州的红巾军正在城门边巡逻。忽然城外来了一个青年和尚，说要投奔红巾军。守门的红巾军兵士怀疑他是元军派来刺探军情的奸细，一面把他捆绑起来，一面派人报告郭子兴。郭子兴听说有人来投，便亲自骑马到城门口去察看，只见那个被捆绑起来的和尚，虽然衣服穿得破破烂烂，却长得身材魁梧，浓眉大眼。郭子兴一看，心里十分喜欢，马上命令兵士松了绑，把和尚带回元帅府。

朱元璋口齿伶俐，谈吐不俗，尤其对天下大势看得很清楚，深得郭子兴的赏识，遂将他留在身边。朱元璋在起义队伍里，由于聪明能干，记忆力好，又略通文墨，在红巾军中很快就成为一名头目。他作战勇敢，有谋略，也有政治远见，他率领的军队不仅战斗力强，纪律也特别严明。1355 年 6 月，朱元璋回乡募兵，少年时的伙伴徐达、周德兴、郭英等都来随军参战。从此，朱元璋逐渐扩大了自己的队伍，培植了亲信，有了属于自己的武装力量。

郭子兴病死后，朱元璋成为元帅，他采用了朱升的“高筑墙，广积粮，缓称王”的计策，首先设法击败陈友谅、张士诚两大割据势力，以此来壮大自己的力量。

陈友谅原是徐寿辉起义军的部将，后来他谋杀了徐寿辉，自立为王，国号汉。他占据江西、湖南和湖北一带，地广兵多，建立了一个强大的割据政权。1360 年，他率领强大的水军，从采石沿江东下，进攻应天府，一心想并吞朱元璋占领的地盘。

面对来势汹汹的汉军，朱元璋的部下有的说敌我力量悬殊，不如趁早投降；有的主张逃到钟山(在今南京)死守；也有人主张拼一死战，如果失败，再逃不晚。面对大家七嘴八舌的议论，朱元璋未置可否，他把目光投向了新来的谋士刘基的身上，然后十分虚心地问：“请问先生有什么办法打败敌人？”刘基回答说：“敌人远道来犯，我们以逸待劳，还怕不能取胜？您如果多用财物赏赐将士，再于敌进兵之路

★青花缠枝花纹瓜棱瓶·明

★洪武釉里红花鸟瓶·明

多设伏兵，要打败陈友谅就不会有多大风险。”朱元璋听了刘基的话，满心喜欢，于是单独留下他，共定破敌大计。

首先，朱元璋把部将康茂才找来，对康茂才说：“你与陈友谅是老相识，这次陈友谅来进攻，我要引他上钩，没有你的帮助是不行的。请你写封信给陈友谅，假装投降，答应做他的内应，再给他一点假情报，要他兵分三路攻打应天，以此分散他的兵力。这样，我们就能稳操胜算。”康茂才说：“我家守门的老仆过去给陈友谅当过差，派他送信不会引起怀疑。”朱元璋当即表示赞同。康茂才的老仆连夜持信去见陈友谅，陈友谅得书大喜，款待了老仆一些酒食，并与其约定了时日、地点和暗号。陈友谅还对老仆说：“你回去跟康公说，我马上就去江东桥，到了桥边，我叫几声‘老康’，请他马上接应。”

老仆将具体情况回报了康茂才和朱元璋，高兴得朱元璋连声叫好，并于当夜派人把江东的木桥拆掉，改成一座石桥。接着，让大将徐达、常遇春等分几路在沿江几个重要关口埋伏了人马。朱元璋亲自统率大军守在卢龙山（今南京狮子山），统一了进攻信号，只等陈友谅自投罗网。

★朱元璋登基的“宝座”

此时，陈友谅已亲自带领所有水军直驶江东桥。可是，他发现约定地点并没有木桥，只有石桥，而且一连喊了几声“老康”，也没人答应。他自知上当，急忙命令船队撤退。正在这时，岸上战鼓齐鸣，伏兵四起，隐蔽于水港里的水军也冲杀过来。陈友谅遭此突袭，来不及排开阵势，两万大军拥挤在一处，前进不得，又后退不得，只好任由敌人砍杀。不多时，陈友谅的两万兵士、一百多艘战船被朱元璋的将士俘获。陈友谅驾孤舟，只身逃命。

★明孝陵四方城内的“神功圣德碑”

★大明通行宝钞

陈友谅元气大伤，但他并不甘心。三年后，他又组织了 60 万大军，准备与朱元璋在鄱阳湖决一死战。朱元璋以 20 万大军迎敌，且战船要比陈友谅的战船小得多，因而朱军初战失利。此时，部将郭兴对朱元璋说：“双方的兵力相差太远，靠打硬仗不行，非用火攻不可。”朱元璋认为此计可行，他立刻命令用七条小船，装载着火药，每条船尾带着一条轻快的小船，然后派敢死队登船，一路顺风而行。待接近敌船，敢死队兵士乘风点火，霎时间，风急火烈，迅速燃遍了汉军的大船。汉军猝不及防，烧死、淹死者不计其数，战船损毁过半。陈友谅急忙组织未被烧死的将士和所剩战船向鄱阳湖口突围，但湖口早已被朱元璋堵住。双方一场混战后，汉军全军覆没，陈友谅也在此役中被朱军射杀。

朱元璋消灭了南方最大的割据势力陈友谅以后，自称吴王。此后，他礼贤下士，收罗了大批文才武将，并积极进行统一全国的征战。1368 年，前后经过了 16 年的苦战，朱元璋终于荡平群雄。正月，已到不惑之年的朱元璋于应天府（今南京）登基，建国号大明，改元洪武。4 月，明军占领开封，平定河南。8 月，明军攻克了元大都（今北京）。元顺帝北逃，统治中国 97 年的元王朝最终被推翻。

刘伯温料事如神

LIU BO WEN LIAO SHI RU SHEN

明太祖朱元璋在马背上争得了天下，建立了大明王朝。虽然他能征善战，得时应势，顺天应人，但最终离不开将士的英勇善战和谋略家的宏谋伟略。因而在他一统天下，建立基业的时候，他的谋臣刘伯温功不可没。

刘伯温（即刘基）原是元朝的官员，因为对元朝的政治腐败不满，常常写文章讽刺时事，后被解职回到他的家乡青田（在今浙江）。朱元璋闻刘伯温精通天文，足智多谋，胸有韬略，有“未卜先知”之名，便请其相助。在此后的征战中，刘伯温设计用谋果然名不虚传，深得明太祖的信任，把他比做西汉初年的张良。以后，在统一全国的战争中，朱元璋基本上都是按照刘伯温为他定下的战略战术行事的。

明太祖即位以后，刘伯温巧施善言，以天下存有冤狱而引起天旱为由，将全国案件彻查，平反了很多冤案。借此，他制定法律，严令官吏依法办事，防止错杀无辜的人。又趁一年天旱无雨，假以“战争中的死亡将士，他们的妻子需要抚恤；一些在筑城中死亡的工匠，尸骨还暴露在田野上，没人收埋”为由，促使明太祖抚恤阵亡将士妻子，掩埋了工匠的尸骨，并赢得了百姓的称道。

刘伯温帮助朱元璋谋划了江山，又影响朱元璋对百官和百姓施以仁政，宽严得法，以致明初政清民和，经济很快得以复苏。不过，刘伯温虽然有大功于明朝，但对于太祖对自己的恩宠却总是躲躲闪闪，推辞再三。一次，明太祖想请刘伯温任丞相一职。刘伯温却说：“我性子褊急，容不得坏人，做事恐怕适得其反，再说年纪大了，也担当不了这样重任。天下有的是人才，希望陛下重新物色。”随后，刘伯温要求告老，归隐故乡青田。

★锦衣卫木印

刘伯温的这一选择大出明太祖的意料，本来可以位极人臣，如日中天，却非要急流勇退。其实，这正是刘伯温“未卜先知”的第一反应。他自知为帮朱元璋扫清障碍，得罪过很多权臣，又深知“物极必反”和“伴君如伴虎”的道理。因而，他归乡后深居简出，生怕出尽风头而惹生祸乱。

★锦衣卫随驾

★刘伯温像

事实也果真像刘伯温想象的那样，当明太祖政通国安、四方安定的时候，却总不放心那些帮助他开国的功臣。于是，他大封亲族子侄为王，设置藩镇，以求屏藩王室。同时，他还设立“锦衣卫”，专门监视、侦察大臣的活动。大臣在外面或者家里有什么动静，他都打听得一清二楚。谁被发现有什么嫌疑，就会被打进牢狱甚至杀头。

1380 年，丞相胡维庸被告发叛国谋反，明太祖立刻把胡维庸满门抄斩，还追究他的同党。这一追究，竟株连文武官员 1.5 万多人，

★宋濂像

朱元璋把这些有胡党嫌疑的人全部杀害。

为人谨慎小心的宋濂在明朝开国初期同刘伯温一起受到过明太祖的重用，并当过太子的老师，但是明太祖对他同样不放心，连宋濂在家里请几个朋友喝酒的事情，明太祖都了解得一清二楚。宋濂68岁时告老回乡，但胡维庸案件发生后，宋濂的孙子宋慎也被揭发是胡党，于是株连到宋濂。明太祖派锦衣卫把宋濂从金华老家抓到京城，要把他处死。在马皇后的劝说下，明太祖虽保全了宋濂的命，但还是将宋濂充军茂州（今四川茂县），时年70多岁的宋濂，禁不起这场变故，再加上路上劳累，死于途中。

另一位开国功臣李善长，被人告发与胡维庸往来密切，且明知胡维庸谋反而不向皇上举报。明太祖竟不念李善长是与自己出生入死的开国功臣和儿女亲家，在李善长已经77岁的时候，将李善长和他的全家70余口全部处死。

胡维庸案件的发生，使明太祖隐隐地感到军政大权交给丞相十分危险，所以他决定取消丞相职位，由皇帝直接管辖吏部、户部、礼部、兵部、刑部、工部六个部的尚书；又把掌握军权的大都督府废了，改设左、右、中、前、后五个都督府，分别训练兵士，需要打仗的时候，由皇帝直接发布命令。这样一来，明朝皇帝的权力就大大集中了。

不过，这仍然不能清除明太祖的疑心，也无法遮掩明太祖善于捕捉特殊政治气氛的嗅觉。

三年后，当锦衣卫又告发大将蓝玉谋反时，明太祖不仅杀了蓝玉，追查出“同谋”1.5万多人，并再次大开杀戒。

这两件大案，几乎把开国功臣一扫而空，使在朝为官者人人自危，把朝出夕归都当做一大幸事。但因刘伯温很早跳出宫廷政治斗争的旋涡，因而全家竟安然得脱，尽管此前也曾受到过胡维庸的诬告而削了爵禄，但不久又被明太祖平反。所以，世人都认为刘伯温的确有先见之明。

★刘伯温墓

★刘伯温雕像

刘伯温

刘伯温(1311-1375年)，名刘基，字伯温。刘伯温自幼聪颖异常，天赋极高。在家庭的熏陶下，他从小就好学深思，喜欢读书，对儒家经典、诸子百家之书，都非常熟悉。尤其对天文、地理、兵法、术数之类更是潜心研究，颇有心得。他的记忆力非常好，读书一目十行，过目成诵。而且他文笔精彩，所写文章非同凡俗。他14岁时入处州郡学读《春秋》，17岁师从处州名士郑复初学习宋明理学，同时积极准备科举考试。天生的禀赋和后天的努力，使年轻的刘伯温很快在当地脱颖而出，成为江浙一带的大才子、大名士，开始受到世人的瞩目。

刘伯温料事如神，他深知自己平时疾恶如仇，得罪了许多同僚和权贵，同时也深知“伴君如伴虎”的道理。因此，他在帮朱元璋打下江山，功成名就之后，毅然选择激流勇退，于洪武四年(1371年)主动辞去一切职务，告老还乡，回青田隐居起来。

靖难之役

JING NAN ZHI YI

明成祖

朱棣(1360-1424年),明朝第三代皇帝。明太祖朱元璋第四子,生于应天(今江苏南京)。洪武三年(1370年),受封燕王。曾居凤阳,对民情颇有所知。洪武十三年(1380年)就藩北平(今北京),多次受命参预北方军事活动,两次率师北征,加强了他在北方军队中的影响。朱元璋晚年,太子朱标、秦王、晋王先后死去,朱棣不仅在军事实力上,而且在家族尊序上都成为诸王之首。朱元璋去世后,继位的建文帝朱允炆实行削藩,朱棣遂于建文元年(1399年)七月发动靖难之役。建文四年(1402年)六月攻入南京,夺取了皇位。次年改元永乐。

★明成祖像

明太祖朱元璋为了巩固自己的统治地位,把他的25个儿孙封为亲王,分驻全国的战略要地,想通过他们屏藩王室。但正是这一分封的举措为后来的皇位纷争埋下了隐患。

1398年,朱元璋去世,由于此时太子朱标已死,便由皇太孙朱允炆即位,是为建文帝。早在建文帝为皇太孙时就对诸藩王不满,即位后,便着手裁抑藩王,但刚削掉几个弱小的藩王,立刻招致实力最大的藩王朱棣的抵制。朱棣以“清君侧”为名起兵,指名要杀建议建文帝削藩的齐泰、黄子澄,并将自己的举动誉为“靖难”,为此,史称这次的皇位之争为“靖难之役”。

燕王朱棣是明太祖的第四个儿子,多次立过战功,被封为燕王,始终驻守北平(今北京)。朱棣在明太祖的儿子中是比较精明能干的。据说有一次,明太祖叫朱允炆对对子,出的上联是“风吹马尾千条线”,朱允炆对的下联是“雨打羊毛一片膻”。明太祖嫌他对的不好,马上沉下了脸。朱棣正好在旁边,他随口说道:“孩儿倒也想了一个下联。”明太祖叫他说来听听。朱棣说:“日照龙鳞万点金。”原来龙是皇帝的象征,朱棣的对语,无非是想讨明太祖的欢心。明太祖听了,连声夸奖朱棣对得好。朱棣在朱允炆面前露出得意之色,从此不把他这个皇太孙放在眼里。

明太祖死后,京城里谣言四起,盛传几位藩王正在互相串联,准备谋反。建文帝听了这消息害怕起来,召黄子澄、齐泰等大臣商量对策。齐泰认为诸王之中,燕王兵力最强,野心又大,应该首先削除燕王的权力。黄子澄不赞成这个做法,他认为燕王早就暗中练兵,准备谋反,只是还缺少发难的借口。不如先向燕王周围的藩王们下手,如果先将他们剪除掉,就好

★永乐大钟,是明成祖为“靖难之役”阵亡的将士及迁都北京和加强其统治而铸的。

★建文帝像

★天字款斗彩海水飞象纹罐·明

★重庆市文昌宫内的朱允炆铜像(左)

比砍掉燕王的翅膀,下一步再除掉燕王就不难了。建文帝对此计颇为赞同,于是君臣依计而行。几天后,建文帝找个借口将河南的周王押到京城,削去了王位,充军到云南。接着,又查出另外三个藩王有不法行为,把他们一个个削去王位。

朱棣意识到：如果马上发兵,会因建文帝并未对自己采取攻势,而给建文帝留下蓄谋已久的口实。如果不发兵,又可能使自己束手待毙。为慎重起见和麻痹建文帝,朱棣假装得了精神病，整日胡言乱语,有时候还躺在地上,几天不起来。建文帝派使臣去探病,那时候正是大热天,燕王却坐在火炉边烤火,嘴里还不停地叫冷。使臣一回报,建文帝也相信燕王真的病了。

但是齐泰、黄子澄却怀疑燕王装病,他们一面派人到北平把燕王的家属抓起来,一面又秘密命令北平都指挥使张信带兵逮捕燕王,还约定燕王府的一些官员当内应。不料张信向燕王告密。燕王得到消息,把王府里充当建文帝内应的官员全抓起来,并以此为借口,宣布起兵。

建文帝听说燕王起兵,心里十分害怕,为了避免这场争战,他撤了齐泰、黄子澄的职,并以此要求燕王退兵。但燕王的“清君侧”只不过是他的金字招牌,而真正的用意是夺君位。因而,燕王对此不依不饶。

1399 年，朱棣起兵不久便攻占了居庸关、怀来城、密云、遵化等地。当年 8 月,建文帝命老将耿炳文为大将军,率 13 万人讨伐朱棣,但被朱棣出其不意一举歼灭。建文帝继派李景隆率师攻打朱棣,但因李景隆系纨绔子弟，不知如何用兵，被朱棣用计诱至北平城下,然后与城内守军里外夹击,把李景隆打得一败涂地，只得弃帐逃往德州。而此时,建文帝还以为李景隆打了胜仗,不仅大加封赏,还汇集郭英、吴杰等部共 60 万人,继续进抵白沟河(今河北雄县北)去攻打朱棣。

朱棣看准时机先力挫敌军主将瞿能父子和前锋平安。同时,趁李景隆立足未稳，将其 10 余万人消灭，使李景隆再次逃往德州,继而龟缩至济南。

1401 年,朱棣总结了几年的作战经验,敏锐地意识到：敢打敢拼，一往无前,才能结束这种拉锯战。为此,当他接到京城空虚的秘信后,果断放弃所得的城池，挥兵南下,直指京城。1402 年,朱棣统兵进入山东,绕过守卫严密的济南,破袭了东阿、汶上、邹县等地,然后进入安徽境内抓住时机大败敌军,取得了一次有决定性意义的胜利。然后，又连续作战，率军渡过淮水,打下扬州等战略重镇。

此时,建文帝提出与朱棣划江而治,但遭到朱棣拒绝,朱棣一鼓作气,强渡长江,并攻占了京城南京,建文帝下落不明。至此,持续四年的靖难之役结束。

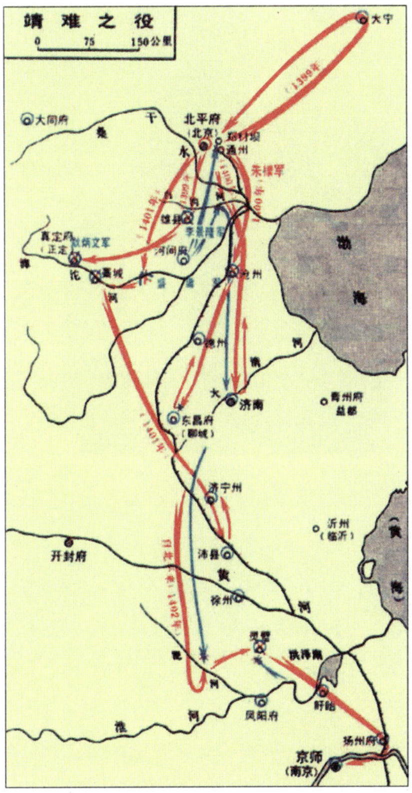

★靖难之役示意图

★朱棣发动靖难之役蜡像

朱棣灭方孝孺十族

ZHU DI MIE FANG XIAO RU SHI ZU

★方孝孺像

建文四年(1402 年)七月，率大军攻入南京城的燕王朱棣，即将举行登基大典。朱棣声势煊赫地驾临奉天殿，召集文武群臣，特意派锦衣卫去敦请翰林侍讲学士方孝孺。南京城破之后，朝廷内外议论纷纷，指责朱棣违背太祖遗训，发动叛乱战争，以臣弑君，以叔欺侄，篡夺皇位。因此，朱棣一心想劝服方孝孺这位众望所归的学者，借以转变国内的舆论和人心。

但是，镇抚将军伍云惊慌失措地跑上金殿，跪下奏道："启禀陛下，方孝孺他……他……""嗯，他来了吗？"朱棣皱着眉头问。"臣不敢奏闻……""快说！朕赦你无罪！""方孝孺披麻戴孝而来，一到午门就伏地大哭。"伍云战战兢兢地答道。"让他进来！"朱棣强按住怒气，沉声说。"遵旨！"伍云答道，立刻让人把方孝孺放进来。

朱棣见方孝孺身穿白色孝服，腰里扎着麻绳，满面泪痕，他的脸色不禁一沉。满朝文武无不吓得目瞪口呆，胆战心惊。朱棣勉强挤出一点笑容，说道："方卿何必如此！国家大乱初平，百废待举，正需上下一心，同舟共济。朕望你弃暗投明，与朕同心治国，共享富贵，方卿又何必执拗呢？""国家大乱，谁是罪魁祸首？百姓遭难，谁是肇事的元凶？"方孝孺怒视朱棣，两眼喷火，咄咄逼人地问。朱棣脸色一变，冷笑道："事已到此，你还敢冥顽不悟吗？""乱臣贼子，窃国篡权，不顾万世唾骂，这才是冥顽不悟！我堂堂忠臣，为君挂孝，宁死不屈，万古流芳，乃是大彻大悟，何惧之有？"方孝孺理直气壮地答道。"你愿就死，朕偏待你不死，何如？"朱棣说罢，命左右带方孝孺下狱。

原来朱棣从北平起兵时，留下他的心腹道衍和尚辅佐世子。道衍送朱棣出郊，跪着启禀道："殿下大军攻克南京之时，老僧有一事相托。"朱棣问是何事？道衍道："建文帝身边有一位文学博士方孝孺，素有学行，深重名节，城破之日，必不肯降。请殿下千万不要杀他。若杀了他，天下读书种子，从此断绝了。"朱棣闻言首肯，记在心里，所以预存了招降方孝孺的意思，不愿轻易下手杀他。方孝孺被关进监狱以后，朱棣命方孝孺的学生廖镛、廖铭，入狱劝他降顺。方孝孺声色俱厉地呵叱道："混帐东西！你们跟我学了这么些年，难道连仁义是非、忠奸大节都不知晓么？快给我滚出去！"廖镛、廖铭哑口无言，满面羞惭地离开监狱。

这时，朱棣急于举行登基大典，想找一位有才学有名望的儒臣为他草拟即位诏，文武百官几乎一致地举荐非方孝孺不可。朱棣踌躇数度，只好命人带方孝孺出狱。

朱棣在谨身殿召见方孝孺，方孝孺仍执拗地穿着孝服陛见，悲恸不已。朱棣命人给方孝孺设座，走到方孝孺面前，和颜悦色地说："先生不必过哀。朕此次入京，不过是要做辅佐成王的周公而已。""你来辅佐成王，成王何在？"方孝孺立刻反唇相讥。"唉！想不到他自焚于火。"朱棣假惺惺地叹了口气。"那么，为什么不立成王之子呢？"方孝孺步步紧逼。"国家大事，依赖年长的君主，怎么能交给一个幼小的孩子呢？""那为什么不立成王之弟？"方孝孺继续追问道。朱棣语塞，无可置词，勉强辩道："这是朕的家事，先生不必过问。"

★方孝孺半身铜像

方孝孺还想再说点什么，朱棣已命左右，递上纸笔，婉言对方孝

★方孝孺墓地

孺说："先生是一代儒宗，朕举行登基大典，草拟即位诏书，还要仰仗先生大笔，万望不要推辞。"方孝孺凝思片刻，操起毛笔，疾书四个大字："燕贼篡位。"掷给朱棣，道："这便是你的草诏。"朱棣不看犹可，一看怒火冲天，厉声道："你敢呼朕为贼么？"方孝孺指着朱棣骂道："你起兵叛乱，逼宫杀侄，窃国篡位，不是贼又是什么？"朱棣火冒三丈，喝令左右用刀把方孝孺的嘴割开，从嘴角一直割到耳朵。方孝孺满面鲜血淋漓，仍然骂声不止："奸贼！逆子！方孝孺不能挥戈杀贼，也要以死从君。"朱棣阴森森地讥讽道："即使你不怕死，你还不顾念九族吗？"方孝孺斩钉截铁地说："便灭我十族，我也不怕。""好，朕成全你。"朱棣杀气腾腾地说。

为了折磨方孝孺，朱棣下令把方孝孺的父兄妻子统统捉来，一个一个地押到方孝孺的面前，问他是否回心转意。行刑的那天，朱棣又下令先杀方孝孺的亲人，每杀一个再问一次，方孝孺心如刀绞，却始终不屈。方孝儒的两个女儿长得聪明伶俐，还都不到十六岁，随母亲住在浙江宁海老家。在被抓往南京的路上，她们唯恐父亲亲睹自己被杀而难过，便乘人不注意，挽着手跳入秦淮河里。为了震慑群臣与百姓，朱棣决定把方孝孺和其弟方孝友押到聚宝门外凌迟处死。临刑前，方孝孺深情痛心地对弟弟说："哥哥对不起你和全家啊！"说罢，泪如雨下。方孝友对着哥哥从容一笑，慷慨激昂地口占一诗，道："阿兄何必泪潸潸，取义成仁在此间。华表柱头千载后，旅魂依旧到家山。"方孝孺听罢，热血沸腾，大声吟咏道："天降乱离兮，孰知其由？奸臣得计兮，谋国用犹。忠臣发愤兮，血泪交流。以此殉君兮，抑又何求？呜呼哀哉！庶我不尤。"吟罢，二人慷慨就戮。腥风顿起，血雨飘零，四海泪飞，八域云沉。后人称扬方孝孺兄弟为难兄难弟。

朱棣为实现杀方孝孺十族的诺言，按封建宗法，诛杀了方孝孺自本身以上的父、祖、曾祖、高祖和以下的子、孙、曾孙、玄孙等九族之后，又把他的学生廖镛、林嘉道等人及其家属抓来，算作一族，统统杀掉。方孝孺一案被杀八百七十三人，被牵连入狱和充军流放的人多达数千。朱棣创造了封建专制史上最凶残的记录——屠戮十族。

建文帝

建文帝朱允炆，明太祖孙，朱标次子。朱允炆早慧、孝顺、正直，备受太祖喜爱。洪武二十五年(1392年)，太子朱标英年早逝，太祖坚持嫡长子继承制度，朱标的嫡妻所生的长子已在10年前死去，朱允炆便被立为皇太孙。尝受命省决章奏，改定洪武律畸重者七十三条。洪武三十一年(1398年)即帝位，次年改元建文。朱允炆即位之后，重用黄子澄、齐泰、方孝儒等文人，一反明太祖的做法，推行了一系列新政。首先是重德省刑，锐意文治，崇尚礼教，以致刑部的囚犯比往年减少了三分之二。同时又选派廷臣二十四人为采访使，分巡天下，观风俗，烛幽隐，兴办利民之事。其次是均免赋役，减免历年逋租和天下荒田租税。针对江浙赋役过重的情况，建文帝特下诏"江浙赋独重，宜悉与减免，亩不得过一斗"。对于佛道势力多占良田的情况加以限制。在朝廷内，建文帝对宦官管教甚严，同时又诏谕地方官，一旦发现宦官奉使横暴，虐害士民即擒送京师，加以严惩。这也引起了不法宦官的怨恨，在日后靖难之役中或投靠燕王朱棣，或是作为内应。 建文帝在官吏方面也进行了改革，重新更定官制，大力精简机构，革除冗员。在建文帝在位的四年间，撤消了九个州、三十九个县以及一大批冗官冗吏和税务机构，增加了中央财政收入，减轻了人民的负担。可以说建文帝的一系列措施，充分体现了他以仁义礼乐化民的治国思想，改革了洪武时期的不少弊政，给社会带来了一阵清风。创造了一个宽松的环境，缓和了社会矛盾，对社会的安定产生了积极作用，一时政通人和，所以后人有"四年宽政解严霜"之誉。

郑和七下西洋

ZHENG HE QI XIA XI YANG

★郑和雕像

明成祖朱棣即位后，首先对建文帝时的朝臣进行了疯狂的报复，杀了很多学识渊博的大臣，甚至后宫的宫女、太监也不能幸免。

1403年，明成祖准备迁都北京。他首先是想方设法使北京繁荣起来，下令向北京附近大规模地移民屯田，5年之内减免赋税。一些军士也被放归北京乡里从事农业生产。他还下令把流民组织起来，到北京一带去种田，并为这些人免费提供牛和农具、种子等，鼓励他们的生产积极性。这一措施使北京在短期内快速发展了农业和工商业，北京的街区也逐渐繁荣起来。以后，随着宫殿的兴建，北京越来越繁华。

1405年10月，明成祖朱棣为了扬名于海外，立威于四方，派宫内太监郑和带兵将、水手、采办、工匠、医生、翻译等27800多人，乘船从苏州刘家港出发，开始了七下“西洋”之旅。

郑和本姓马，云南南晋县人，回族。明太祖时入宫，随明成祖朱棣起兵后，因功被赐郑姓，时人又称其为“三保太监”。当时统治阶级把中国海域统分为东洋和西洋两个部分，西洋即指今天的南洋群岛和印度洋一带。船队出发时，有很多文官武将前来送行，浩浩荡荡的船队由62艘大船组成，每艘船长44丈、宽18丈。船内置满丝绸、瓷器、茶叶、纸张和金银珠宝。船队出洋引来众多百姓观看，因而当时的场面显得异常热闹。船队由苏州刘

★郑和下西洋海船复原模型

郑和

郑和（1371-1433年），本姓马，小字三保，云南昆阳（今昆明市晋宁县）人。

郑和是中国历史上伟大的航海家，世界文明交流的先行者。在1405年至1433年的28年间，郑和率领船队七下西洋，打通并拓展了中国与亚非30多个国家和地区的海上交通，为世界航海事业的发展和各国人民的交流做出了不可磨灭的贡献。郑和七下西洋，最多时率船200多只，人员达2.7万多人，主要航线多达40多条，总计航程16万海里，是世界古代航海史上人数最多、行动范围最广的远洋航行活动。郑和1405年首下西洋，比哥伦布发现美洲新大陆早87年，比达·伽马经过好望角早92年，比麦哲伦环球航行早114年，他无疑在人类文明史及世界航海史上写下了辉煌的一页。

★玉杯·明

家港出发，一路顺流直下，先到了越南南部，后抵爪哇，共经过了近10个国家。每到一地，郑和把所带的物品分发给国王和王室成员及臣属。两年后，船队回国时也满载了各国的特产如象牙、香料、珊瑚、珠宝等，随同而来的还有爪哇、满利加、阿鲁、苏门答腊、小葛兰、古里诸国的来访使节。

郑和这一次出使，一直到1408年9月才回到国内。在出使的路上，虽然遇到几次惊涛骇浪，但是船上有很多经验丰富的老水手，船队都能化险为夷。只是在船队经过旧港的时候，曾遭遇到海盗的袭击。旧港地方有一伙海盗，头

★位于江苏南京的郑和墓

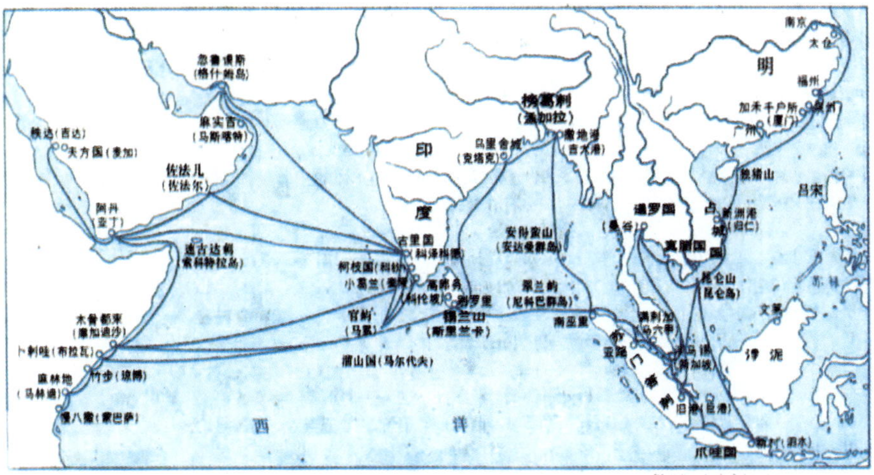

★郑和下西洋路线图

目名叫陈祖义。他占据了一个海岛，专门抢劫过往客商的财物。这次听到郑和船队带着大批宝物从此经过，分外眼红，便假意准备迎接，然后趁郑和不防，将财物据为己有。

这个计谋被当地人施进卿得知，他偷偷地派人到船队告诉了郑和。郑和决定将计就计，他命令把大船散开，在旧海港口停泊下来。命令船上的兵士准备好火药、刀枪，严阵以待。

夜深的时候，海面上风平浪静，陈祖义带领一群海盗乘着几十艘小船直驶港口，准备偷袭。只听到郑和乘坐的船上一声炮响，周围的大船都驶拢来，把陈祖义的海盗船围住。明军人多势众，且早有准备，把陈祖义杀得大败。大船上的兵士凭借船高的优势，将火把丢进海盗船上，海盗船立即燃烧起来，烧得海盗四处乱窜，陈祖义只好乖乖地当了俘虏。到了京城，郑和向明成祖献上了俘虏。各国的使者也会见了明成祖，送上大批珍贵的礼物。同时，这些使节也都受到了明帝国的热情接待。

有了第一次航海的成功，郑和便深得明成祖的赏识，在以后的六次航海中，郑和凭借自己的经验，和船上的航海图、指南针等先进的航海设备，都顺利地完成了航海任务。郑和先后的7次航海，历时30年，他们到过中南半岛、南洋群岛、孟加拉、印度、伊朗和阿拉伯等许多地方，最远到达了红海沿岸和非洲的东部海岸。访问了亚洲、非洲等30多个国家，并同他们都建立了邦交和贸易关系，促进明朝同这些地区国家的政治、文化和经济的交流。同时，也使中国人看到了南洋地区的发展前景。他们带去了先进技术和文化知识，使那里的侨民不断增多，也加快了那里资源开发的速度。

郑和七次下西洋，开辟了21条远洋航线，总计约7万海里，绘制了《郑和航海图》，图中详细标注了港口、暗礁、浅滩等分布情况。同时翻译马欢、费信、巩珍还分别撰写了《瀛崖用地览》、《星槎胜览》、《西洋番国志》等书，详细记录了所到之处的人文景观和风土人情，拉近了中国与上述各国之间的距离。

★明成祖接受郑和所率外国使节和所俘锡兰王朝拜蜡像

土木堡之变

TU MU BAO ZHI BIAN

明成祖朱棣鉴于建文帝因君弱臣强而失国的教训，采取了巩固皇权和进一步削藩的一系列措施，同时在他迁都北京以后，还在东安门外设立了一个专为他起眼线作用的特务组织——东厂，并开了宦官干预朝政的风气。东厂专门刺探大臣和百姓当中有没有谋反嫌疑的人。由于东厂提督大都是皇帝身边的亲信太监，与皇帝的关系密切，又身处皇宫大内，东厂便渐渐凌驾于锦衣卫之上。

★土木堡之变浮雕

到了明宣宗的时候，连皇帝批阅奏章，也交由宦官代笔，叫做司礼监。而此时的宦官则更是一呼百应，权倾朝野。致使开东厂之先河的明成祖对重用宦官所产生的恶果，也始料不及。

1435年，年仅37岁的明宣宗病死，时年9岁的朱祁镇即位，是为明英宗。大太监王振当上司礼监，帮助明英宗批阅奏章。王振在年轻的时候读过一点书，参加过几次科举考试，但都名落孙山，此后便在县里教书。后来因为犯罪被拿问，本该判为充军，当他听说皇宫招太监时，自愿受宫刑，入宫做了太监。王振因会舞文弄墨，受到其他太监的尊重，大家都叫他王先生。明宣宗在位时，派他教太子朱祁镇读书。朱祁镇年幼爱玩，王振想出各种各样的办法让他玩得痛快，因而朱祁镇把他比作知己至交。

明英宗因早已养成一味追求玩乐的恶习，加之年纪小，因而即位后，王振便趁机把朝廷军政大权抓在手里。朝廷大员谁敢得罪王振，不是被撤职，就是充军。连一些王公贵戚都讨好王振，称呼他“翁父”。

★明英宗像

1449年，瓦剌首领也先派3000名使者到北京，进贡马匹，要求赏金。王振发现也先谎报人数，削减了赏金和马价，十分生气。也先为他的儿子向明朝求婚，被王振拒绝。也先挟羞带愤，率瓦剌骑兵进攻大同。守大同的明将出兵抵抗，被瓦剌军打得大败。

边境的官员向朝廷告急，明英宗慌忙召集大臣商量对策。大同离王振家乡蔚州不远，王振在蔚州有大批田产，他怕蔚州被瓦剌军侵占，便不顾朝中大臣的反对，鼓动英宗御驾亲征，企图凭侥幸取胜。

英宗也为王振所惑，准备御驾亲征，兵部侍郎劝阻，但英宗不听。经过两天的仓促准备，英宗率50万大军由北京出发。8月间，英宗率军到大同，这时接连有前方战败的消息传来，军中一片恐慌，尤其夏季道路泥泞，常受狂风暴雨的袭击，将士饱受饥困之苦，便都产生厌战的心理。此时的英宗和王振也失去了到前方迎战的狂热，早就慌

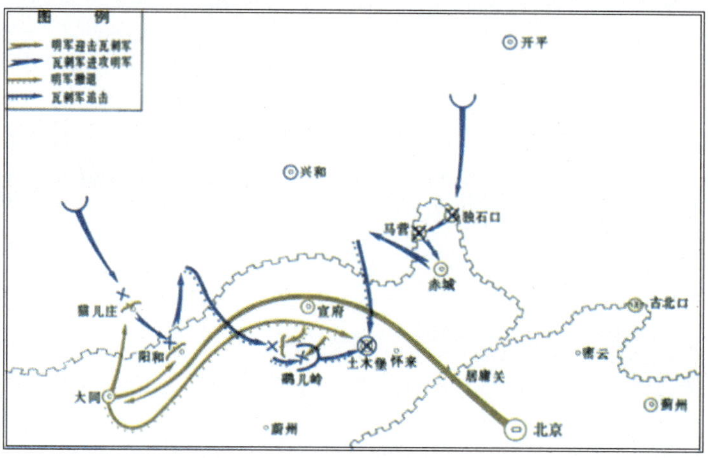

★土木堡之战进军路线示意图

★土木堡遗址

炎热与焦渴折磨着每位将士。离土木堡15里的地方有条河，但已经被瓦剌军控制。明军兵士们就地挖井，挖了两丈深，也没找到水。

了手脚。于是，君臣一拍即合，不战而退，即刻班师回朝。

回师途中，王振为了显示自己的权势，便邀请英宗驾临他的老家蔚州。然而，大军刚刚行了40里，王振就后悔失言，原因是几十万人的队伍充塞田庄，他怕毁了他家的庄稼。因而，他又用好言哄得英宗拨转了马头，大军原路返回。而这时的瓦剌军已发现了明军的行踪，并在土木堡一线设好了埋伏。

当英宗和王振带兵马退至离河北怀来县城20余里的土木堡时，被也先率军包围。明军一面抵抗，一面败退，一直退到土木堡（在今河北怀来东）。那时候，太阳刚刚下山，有人劝英宗趁天没黑，退进怀来城再休息。可是王振却因为装运他财产的几千辆车子还没到，硬要大军在土木堡停下来。土木堡一带没有水源，50万大军挤作一处，

★明英宗裕陵墓碑

也先见英宗君臣和军队一起陷入了绝境，便有意消磨时间，让酷热消蚀将士们的士气，他假意撤退，同时派人过来讲和。英宗和王振不知是计，急令大军移驻有水源的地方。正当50万大军觅水辟营的时候，也先的骑兵突然四面杀来，明军丢盔弃甲，自相践踏，死伤惨重。

此时，王振吓得浑身发软，战战兢兢，英宗也茫然无措，下马盘坐等死。禁军将领樊忠，早就恨透了祸国殃民的奸贼王振，他指着王振气愤地说："你恃宠骄纵，视征战为儿戏，以致今日惨败，我为天下百姓杀了你这个奸贼。"说完，抡起手里的铁锤，朝着王振脑门砸去，一锤结果了王振的性命。随后，樊忠冲向瓦剌军中，并以身殉国。明英宗眼看明军死的死，降的降，自知无法脱身，只得束手就擒。

东　厂

★东厂旧址

东厂，明朝官署名。东厂的发明者是明成祖朱棣。他在发动靖难之役夺取了侄子的皇位后，精神一直处在高度紧张中。一方面，建文帝未死的流言不断出现；另一方面，朝廷中的很多大臣对新政权并不十分支持。为了巩固政权，朱棣迫切需要一个强有力的专制机构，但他觉得设在宫外的锦衣卫使用起来并不是很方便，于是决定建立一个新的机构。在朱棣起兵的过程中，一些宦官和和尚出过很大力，所以在他心目中，还是觉得宦官比较可靠。

明成祖迁都北京之后，建立了一个由宦官掌领的侦缉机构，由于其地址位于东安门北侧（今王府井大街北部东厂胡同），因此被命名为东厂。东厂的职能是"访谋逆妖言大奸恶等，与锦衣卫均权势"。起初，东厂只负责侦缉、抓人，并没有审讯犯人的权利，抓住的嫌疑犯要交给锦衣卫北镇抚司审理，但到了明末，东厂也有了自己的监狱。

东厂的侦缉范围非常广，朝廷会审大案、锦衣卫北镇抚司拷问重犯，东厂都要派人听审；朝廷的各个衙门都有东厂人员坐班，监视官员们的一举一动；一些重要衙门的文件，如兵部的各种边报等，东厂都要派人查看；甚至连普通百姓的日常生活也在东厂的侦察范围之内。东厂获得的情报，可以直接向皇帝报告。东厂人员每天在京城大街小巷里面活动，并非完全为朝廷办事，更多的是为自己谋私利。他们常常罗织罪名，诬赖良民，之后就屈打成招，趁机敲诈勒索。到了明中后期，东厂的侦缉范围甚至扩大到了全国，连远州僻壤，也出现了"鲜衣怒马作京师语者"，搞的举国上下人人自危，民不聊生。

于谦保卫北京

YU QIAN BAO WEI BEI JING

土木堡之战，明军50万大军损失殆尽，将亡臣死，君命系于瓦剌首领也先手中。消息很快传到北京，朝中上下一片恐慌。太后和皇后急得哭哭啼啼，从宫里内库搜捡出大量金银珍宝、绫罗绸缎，派太监带着财宝去寻找瓦剌军，想把英宗赎回来。但瓦剌首领也先因俘获了英宗，更加骄横，不仅不依，还扬言要踏破京城。京城形如危卵，势如倒悬。

此时，戍守京城已成重中之重。为了安定人心，皇太后宣布：立英宗长子朱见深为太子，由英宗的弟弟郕王朱祁钰监国，以绝也先的奢望。同时，太后召集众臣，商量对付瓦剌的对策。大臣们七嘴八舌，不一而从。大臣徐有贞说：“瓦剌兵强，怎么也抵挡不住。我考察天象，京城将遭到大难，不如逃到南方去，暂时避一下，再作打算。”此言一出，当即遭到兵部侍郎于谦的斥责：“谁主张逃跑，就该砍谁的头。京城为国之根本，朝廷一旦撤出，民心即散，难道大家忘了南宋的教训吗？”

于谦的一番慷慨陈词，触动了很多大臣，一些摇摆不定的大臣也纷纷附和。于是，太后决定让于谦负责指挥军民守城。

于谦做过几任地方官，他严格执法，廉洁奉公，后来担任河南巡抚，奖励生产，救济灾荒，比较注意人民的疾苦。而王振专权的时候，贪污成风，地方官进京办事，总要先送白银贿赂上司，只有于谦从来不送礼品。有人劝他说：“您不肯送金银财宝，难道不能带点土特产去？”于谦甩动他的两只袖子，笑着说：“只有清风。”因为于谦刚正不阿，有一回得罪了王振，王振就指使同党诬告于谦，把于谦打入死牢。河南、山西的地方官员和百姓听到于谦被诬陷的消息，成千上万的人联名向明英宗请愿，要求释放于谦。王振一伙一看众怒难犯，又抓不住于谦什么把柄，只好释放了于谦，恢复了他的原职。后来，于谦又被调到北京担任兵部侍郎。

★于谦北京保卫战浮雕

此次，于谦临危受命，毅然担负起守城的重任。他一面加紧调兵遣将，加强京城和附近关口的防御兵力；一面整顿内部，逮捕了一批瓦剌军的奸细。有一天，监国的郕王朱祁钰上朝，大臣们纷纷要求宣布王振罪状。朱祁钰不敢作主，有个宦官马顺，是王振的同党，见大臣们不肯退朝，吆喝着想把大臣赶跑。这下激怒了大臣，有个大臣冲上去揪住马顺，大伙围上来，一阵拳打脚踢，把马顺当场打死。

★金玉珠翠发簪·明

朱祁钰见到朝堂大乱，想躲进内宫，于谦拦住他说：“王振是这次战争失败的罪魁祸首，不惩办不能平民愤。只要郕王宣布王振罪状，大臣们就心安了。”朱祁钰听了于谦的话，下令抄了王振的家，惩办了一些王振的同党，人心渐渐安定下来。

与此同时，瓦剌首领也先多次挟持明英宗侵边犯境，为了避免也先的要挟，于谦等大臣请太后正式宣布让朱祁钰即位，郕王一再害怕地推辞，于谦大声说：“我们完全是为国家考虑，不是为你个人打算。”郕王于是受命登基，是为代宗，尊明英宗为太上皇。朱祁钰登基后，也先知道手中的英宗已一钱不值，但他不甘心就这样放弃，便以送明英宗回朝为借口，大举进犯北京。

1449年10月，瓦剌军很快打到北京城下，在西直门外扎下营寨。于谦立刻召集将领商量对策。大将石亨认为明军兵力弱，主张把军队撤进城里，然后把各道城门关

★于谦祠

闭起来防守，日子一久，也许瓦剌会自动退兵。于谦说："敌人这样嚣张，如果我们向他们示弱，只会助长他们的气焰。我们一定要主动出兵，给他们一个迎头痛击。"接着，他分派将领带兵出城，在京城九门外摆开阵势。

于谦在城外把各路人马布置好后，他亲自率领一支人马驻守在德胜门外，叫城里的守将把城门全部关闭起来，表示有进无退的决心。并且下了一道军令：将领上阵，丢了队伍带头后退的，斩将领；兵士不听将领指挥，临阵脱逃的，由后队将士督斩。将士们被于谦勇敢坚定的精神感动了，士气振奋，斗志昂扬，下决心跟瓦剌军拼死一战，保卫北京。

此时，各地的明军接到朝廷的命令，也陆续开到北京支援。城外的明军增加到22万人。明军声势浩大，戒备森严，也先发动几次进攻，都遭到明军奋勇阻击。城外的百姓也配合明军，跳上屋顶墙头，用砖瓦投掷敌人。经过五天的激战，瓦剌军死伤惨重。也先遭到严重损失，又怕退路被明军截断，不敢再战，只得带着明英宗和残兵败将撤退。于谦等明英宗去远了，趁机用火炮轰击瓦剌兵，给敌造成了重大伤亡。至此，北京保卫战以明军胜利告终。

次年，也先知道扣住明英宗没有了丝毫意义，便把明英宗放回北京，以示修好。英宗则被代宗幽禁于南宫。而此时，在北京危急的日子里主张逃跑的徐有贞，还有被于谦责备过的大将石亨，都对于谦怀恨在心，他们在暗地里谋划英宗复辟，借以报复于谦。

1457年正月，代宗病重，不能临朝，徐有贞、石亨等见有机可乘，引军千余潜入长安门，急奔南宫，毁墙破门而入，扶英宗登辇，自东华门入宫，升奉天殿，并开宫门告知百官太上皇已复位（史称"夺门之变"）。

英宗复位后，下于谦、王文于狱。后又以谋逆罪杀于谦、王文等，迫害于谦所荐的文武官员。对石亨、徐有贞等人分别晋官加爵。二月，废代宗仍为郕王，迁于西内。

北京的百姓听到于谦受冤被害，不论男女老少，个个伤心痛哭。他们偷偷收殓了于谦的尸骨，运回他的家乡杭州安葬。

★于谦墓

于谦

于谦（1398-1457年），字廷益，号节庵。祖籍考城（今民权县），故里在今河南省民权县程庄乡于庄村。明代政治家、军事家。

于谦的曾祖于九思在元朝时离家到杭州做官，遂把家迁至钱塘太平里，故史载于谦为浙江钱塘人。于谦少年立志，12岁时便写下明志诗《石灰吟》。永乐十九年（1421年）中进士，任监察御史，为宣宗皇帝看中，升任兵部侍郎，巡抚河南、山西。在河南、山西近20年间，他平反冤狱，赈济灾荒，政绩卓著，深得民心。正统十四年（1449年）土木堡之变后，从兵部侍郎升任尚书，拥立代宗，反对南迁。他调集重兵，组织指挥了历史上有名的北京保卫战。于谦为官勤政、爱民、廉洁、刚直，深得代宗的信任，也因此获罪于一些朝中大臣。景泰八年（1457年），代宗病重，英宗发动"夺门之变"，于谦以谋逆罪被杀。天顺八年（1464年），英宗的儿子朱见深即皇帝位。不久，下令为于谦平反。

★于谦像

杨一清计除刘瑾

YANG YI QING JI CHU LIU JIN

1464年，英宗病逝，太子朱见深即位，是为宪宗。宪宗未吸取王振误国的教训，一味依赖宦官。他在东厂和锦衣卫之外，又设立了西厂，由宦官汪直直接统领。由于西厂是新皇帝亲自组建，它的职权范围同样凌驾于东厂和锦衣卫之上，对他们起到了监视和牵制的作用。西厂的建立可以佐证，明朝的每个皇帝都需要有一个由自己身边得力的人员组成的具有至高权力的机构，这个机构实际就是他们处理政务、作出决策，甚至开罪朝臣的拐棍。而皇帝对于专以取悦逢迎，诬灭谤诣，公报私仇，祸国乱政的流氓、政痞们的依赖，也就必然加剧朝政和社会的混乱。

★刘瑾像

1449年，明宪宗因所宠的万贵妃暴亡，悲不能止，痛不欲生，几个月后便撒手人寰。其子朱祐樘即位，是为明孝宗。1505年，明孝宗因伤寒加上太医误诊，错服药物，导致病重，最终鼻血不止而逝，朱厚照即位，是为明武宗。

朱厚照小时候很聪明，老师教他的东西总是能很快学会，而且为人仁厚善良，当时大臣们很多人都认为东宫太子朱厚照能成为一位明君圣主。但是，东宫的随侍太监中有以刘瑾为首的八个太监，号称“八虎”，他们为了巴结未来的皇帝，每天都进献一些奇特的玩艺，还经常组织各式各样的演出和各种赛事，当时的东宫被人们戏称为百戏场。年幼的朱厚照无法抵御这些东西的诱惑，于是沉溺于其中而不能自拔。

朱厚照即位后，依然经常打球骑马，击狐伐兔，他还在宫中模仿街市的样子建了许多店铺，让太监扮做老板，武宗和臣属则扮做富商，在其中取乐。由于荒废了政事，一些大臣向武宗劝谏，要求武宗铲除“八虎”。刘瑾等得到消息，在武宗面前涕泪横流，鸣冤诉苦。明武宗不但没有铲除“八虎”的意思，反而提升刘瑾为司礼监，又让刘瑾两个同党分别担任东厂、西厂提督。

刘瑾大权在手，下令召集大臣跪在金水桥前，宣布一大批正直的大臣是“奸党”，把他们排挤出朝廷。刘瑾每天给武宗安排许多寻欢作乐的事，等武宗玩得正起劲的时候，他把大臣的许多奏章送给武宗批阅，明武宗每次都一股脑推给刘瑾。此后，事无大小，刘瑾不再上奏，并假传明武宗的意旨，独断专行。刘瑾自己不通文墨，便把大臣的奏章全带回家里，让他的亲戚、同党处理。据此，民间流传着“京城里有两个皇帝：一个坐皇帝，一个

★明宪宗朱见深像

★彩绘陶俑·明

立皇帝；一个朱皇帝，一个刘皇帝”的说法。

刘瑾怕有人反对自己，派出东厂、西厂特务四出刺探，还在东厂、西厂之外设一个“内行厂”，由他直接掌管，连东厂、西厂的人也要受内行厂监视。被这些特务机构抓去的人，都受到残酷刑罚，被迫害致

杨一清

杨一清(1454—1530年),字应宁,号邃庵,化州城人(祖籍云南安宁)。杨一清自幼聪颖,以神童蜚声四乡。11岁时随父迁居巴陵,14岁乡试中解元,18岁中进士。杨一清历侍成化、弘治、正德、嘉靖四朝,官至兵部、户部、吏部尚书,武英殿、谨身殿、华盖殿大学士,太子太傅、太师等,两次入阁参与机务,后为首辅,官居一品,位极人臣。

杨一清在朝为官,多有建树。弘治年间督理陕西马政,力矫积弊。禁止不法商人垄断茶马交易,改由官方专管茶马贸易,确保军需民用,被百姓称为善政。他巡抚陕西,选卒练兵,加强边防。在陕8年,实地考察山川形势,悉心研究边防。向朝廷奏陈边防方略,建议在延绥、宁夏、甘肃三镇设一指挥机构,总制三镇军务,沿边筑城墙、墩台,设卫所,募守军。朝廷采其议,武宗正德元年(1506年)命杨一清总制三镇军务,建设边防。正德五年(1510年),安化王朱寘鐇反叛,杨一清总制军务,很快平定叛乱。平乱后,杨一清劝宦官、监军张永剪除大权奸刘瑾。张永从其计,乘献俘奏功之机,向武宗揭发刘瑾不法罪行。刘瑾因此被诛,朝野额手称庆。

死的有几千人。一时间忠良遭诌,冤狱横生。

1510年,安化王朱寘鐇以反对刘瑾为名,发兵反叛。明武宗派杨一清总督宁夏、延绥一带军事,讨伐朱寘鐇,并派宦官张永监军。

杨一清原是陕西一带的军事统帅,在训练士卒、加强边防方面立过功。因为他为人正直,不附和刘瑾,被刘瑾诬陷迫害,后来经大臣们营救,才被释放回乡。这回明武宗为了平定藩王叛乱,才重新起用他。而宦官张永原是“八虎”之一,刘瑾得势以后,张永同刘瑾因权利之争,产生了嫌隙。因而杨一清决计拉拢张永,除掉刘瑾。

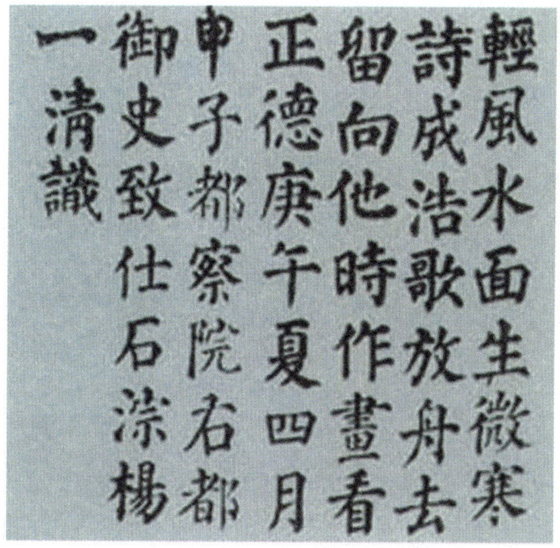

★杨一清楷书《焦山诗》

当二人率军赶到宁夏时,叛乱已经被杨一清原来的部将平定,朱寘鐇被俘。在押解朱寘鐇回京的路上,杨一清试探着对张永说:“这次靠您的大力,平定了叛乱,这是值得高兴的事。但铲除一个藩王容易,内患却不好解决,怎么办?”

张永故作惊异地说:“所指何人?”杨一清把身子靠近张永,用右手指在左掌心里写了一个“瑾”字。张永一看,皱起眉头说:“这个人每天在皇上身边,耳目众多,要铲除他可难啊!”杨一清说:“您也是皇上亲信。这次凯旋回京,皇上一定会召见您。趁这个机会您把朱寘鐇谋反的起因奏明皇上,皇上一定会杀刘瑾。如果大事成功,您就能名扬后世啦!”张永心里犹豫了一下说:“万一不成功,怎么办?”杨一清说:“如果皇上不信,您可以痛哭流涕,表明忠心,大事一定能成功。不过,这件事一定要动手得快,晚了怕泄漏事机。”杨一清的一番话,勾起了张永对刘瑾的仇恨,细一分析觉得趁此机下手最合时宜,于是他按杨一清的计策,于献俘的当夜在武宗面前揭发刘瑾谋反,明武宗即令张永带领禁军捉拿刘瑾。此时,刘瑾毫无防备,正躺在家里鼾睡,禁军没费任何周折便将刘瑾打入大牢,并抄没其家,抄出黄金24万锭,银元宝500万锭,珠玉宝器不计其数,还抄出了龙袍玉带,盔甲武器等。明武宗这才如梦方醒,命人将刘瑾斩首。

★杨一清像

明武宗杀了刘瑾之后,并没有从中引起反思。相反,他又宠信了一个名叫江彬的武官,在江彬的教唆下,他多次离开北京到宣府(今河北宣化)寻欢作乐。把朝政大权交给江彬,江彬又趁机贪污受贿,陷害忠良,使得明王朝的统治越来越腐败。

朱宸濠谋反丧命

ZHU CHEN HAO MOU FAN SANG MING

正德十四年(1519 年)六月,江南警报飞传北京,报告宁王朱宸濠起兵谋反,已攻克九江(今属江西)、南康(今江西星子县一带),一时朝廷上下为之震动。

宁王朱宸濠早就在南昌养兵蓄财,图谋不轨。他勾结朝廷中的嬖人钱宁和臧贤,以为内援。后来又私自招降巨盗杨清、李甫、王儒等百余人,入居宁王府,号为“把势”。朱宸濠听说举人刘养正读书知兵,请入府中,待若军师,呼为“刘先生”。朱宸濠和刘养正日夜筹划,觊觎帝位。江西按察司副使胡世宁察知宁府举动,发愤上疏,举

★王守仁像

发逆谋。武宗很是疑惧,派遣孙燧为巡抚江西右副都御史,前往详察虚实。朱宸濠闻信,心里着慌,连忙先下手为强,申奏朝廷,先将自己罪状洗刷一番,又奏胡世宁,妖言诽谤,请立刻逮问。钱宁、臧贤赶紧在明武宗耳边说朱宸濠的好话。武宗本来就很糊涂,偏听偏信,下旨逮捕胡世宁。幸赖孙燧奏报胡世宁无罪,胡世宁才免去死罪,发配辽东。

朱宸濠采纳刘养正的建议,暂时隐兵不发。因为武宗没有儿子,皇位继承人尚未确定,朱宸濠满心希望能够让自己的儿子嗣承帝位,自己好稳稳当当地做太上皇。所以朱宸濠就用重金贿赂钱宁,托他怂恿武宗下旨,召朱宸濠的儿子入京,司香太庙。钱宁又替朱宸濠面奏武宗,说朱宸濠如何如何勤而又孝,最好用异色龙笺加金报赐他。这异色龙笺,平时很少用,只有御赐监国书牍,才用这种笺。武宗不分青红皂白,依了钱宁的话,裁答下去。朱宸濠得书,大喜过望,连忙列仗受贺,大张旗鼓,唯恐他人不知。

接着,朱宸濠又想要扩建府第,仿造皇宫的规模。左布政使张嵿,因为南昌地面属自己管辖,不许随便侵占。朱宸濠就派人送他四种食品:干枣、鲜梨、生姜、芥菜。张嵿看见这四种食品,心里明白,朱宸濠是要他早离疆界。他笑着将原物退还,毫不胆怯。

巡抚孙燧察知朱宸濠谋反事迹,先后七次上疏奏闻,都被朱宸濠遣人中途拦截,不得上达京城。孙燧见左右都是朱宸濠的耳目,只有江西按察司副使许逵,可以嘱托大事。于是私下和许逵密谋,假称防御地方盗贼,在江西各地练兵整

★明武宗朱厚照像

备,加强兵防。这时,江彬和太监张忠,一直和钱宁、臧贤不和,就在武宗面前,多次说钱宁、臧贤私通朱宸濠,阴谋叛逆。大学士杨廷和乘机建议,削减宁藩的护卫。朱宸濠知道大事不好,连忙和军师刘养正、致仕都御史李士实密议,决计造反。

1519 年六月十三日,正是朱宸濠生辰。届时张灯演戏,所有镇守地方的官吏,都到宁府赴宴,欢

★龙泉青瓷三角花盆·明

★白玉鸳鸯·明

呼畅饮。第二天，巡抚、按察司、都御史和府县大小官吏，陆续前来谢宴。他们依次拜毕，忽然府中护卫群出，带甲携刀，将他们紧紧围住。朱宸濠昂然走上高台，大声说：“孝宗在时，误抱民间养子，即现在的皇帝朱厚照。我列祖列宗，不得血食，已是十四年。昨天奉太后密旨，令我起兵讨贼，尔等从命么？”众官闻言，面面相觑。唯独巡抚孙燧挺身而出，问道：“密旨何在？取来看看！”朱宸濠恼羞成怒，立刻命卫士将孙燧绑缚起来。孙燧不屈，连声骂道：“朱宸濠谋叛，苍天不容！我誓死不从反贼！”按察司副使许逵上前，斥责朱宸濠说：“孙都御史是朝廷大臣，你怎能擅杀他？”朱宸濠又命卫士捉住许逵，连同孙燧一起，牵出城门斩首。其他一些不从逆的官吏，如御史王金，主事马思聪、金山，右布政胡濂等十几人，统统拘系，关进狱中。朱宸濠授刘养正为右丞相，李士实为左丞相，改元顺德。然后大发军兵，攻陷南康、九江，大江南北皆震动。

这时，巡抚南赣都御史王守仁正奉命勘平福建叛军，行至丰城（今属江西），听说朱宸濠造反的消息，急忙易服改装，潜往临江（今江西新余县一带）。王守仁听说朱宸濠悬赏追捕他，就又转赴吉安，和知府伍文定征调兵食，整治兵器舟楫。一面遣人向各府州投递檄文，声言说：“朝廷早知朱宸濠谋反，已派遣都督许泰等率领四万边兵，刘晖等率领四万京兵，连同南赣王守仁、两湖都御史秦金、两广都御史杨旦各率部下，共十六万人，直捣南昌。大兵所过，沿途地方有司，应供军粮，不得因循误事，否则以军法论处。”檄文传出，朱宸濠侦知，信以为真，紧紧守住南昌，不敢妄动。

刘养正与李士实都劝朱宸濠，早早发兵攻南京，朱宸濠颇为心动。谁想到王守仁故意送了一封蜡书，给刘养正和李士实，内称：“两公诚心归国，甚是钦佩。现已调集各兵，驻守要害，望怂恿宁逆发兵东下，自投罗网。”这封蜡书被朱宸濠得到。明明是王守仁的反间计，朱宸濠却上了当，怀疑刘、李二人私通王守仁，不愿接受他们的建议。朱宸濠坚守南昌，过了十多天，不见有大兵到来，方知中了王守仁的诡计，追悔莫及。

于是，朱宸濠留下宜春王朱拱樤和内官万锐等，守卫南昌，自己率领刘养正、李士实等，带六万多精兵，蔽江而下，直攻安庆（今属安徽）。都督佥事杨锐、知府张文锦、

★王守仁故居——瑞云楼

武宗即位

弘治十八年（1505年）孝宗去世后，太子朱厚照即位，次年改元正德，是为明武宗。明武宗即位时，年仅十五，童心不改，一心贪玩，怠于政事，而热衷于骑射游猎，纵情声色。正德二年（1507年），明武宗于西华门筑别殿，造密室，选美人，供其淫乐，称之为“豹房”。宦官刘瑾等人为了巩固自己的地位，更是投其所好，日献鹰犬、歌伎，供其玩乐。武宗游嬉无度，对臣下一些忧国忧民的建议，置若罔闻。后来刘瑾不法被诛，但武宗的腐朽生活并不收敛，他扩建豹房，增修二百余间，浪费了大量资财。武宗还喜欢猛兽，曾因“狎虎被伤”，致使一个多月不能上朝。除此之后，武宗还常常微服巡游，“凡车驾所致，近侍先掠良家女以充幸御，至数十车”。在巡游途中，他还以英雄自居，经常戎服，乘马佩剑，踌躇满志。有一次，还亲率士兵与鞑靼作战，险些被俘，事后却让人“以捷闻于朝”，回朝后并大言不惭地说：“朕在榆河亲斩首虏一级，亦知之乎？”武宗长年出巡，不理政事，致民间怨声载道。在位期间，北直隶、江西、湖广、四川、陕西等地民变纷起，宗室相继反叛。

★铜鎏金护法孔雀·明

★青白玉爵杯·明

★铜鎏金仿汉四方辅兽炉·明

指挥崔文等，统领城内军民，坚守安庆。朱宸濠昼夜督众兵猛攻，却怎么也攻不下。朱宸濠狠狠地对手下人说：“一座安庆城，尚且攻不进去，还想什么金陵呢？”

王守仁借此良机，在吉安征集各兵，出发漳树镇。临江知府戴德孺、袁州知府徐琏、赣州知府邢珣等，各自率兵前来会集，共得八万人。大军进抵丰城，推举王守仁为统帅。王守仁召集众官讨论对策，有人提议救援安庆，王守仁不同意，深谋远虑地说：“现在九江、南康已经失陷，我军如果穿过南昌，救援安庆，就不能不和朱宸濠在江上相持。这时九江、南康的叛兵出我后面，绝我粮饷，我军不免腹背受敌。依我之见，不如直捣南昌。南昌叛兵守备空虚，我军新集气势正锐，必能攻破南昌。朱宸濠听说南昌城破，势必还兵自救，安庆之围，可以不援自解。而我军又可以乘胜追击，围剿朱宸濠。”众官都赞成王守仁的谋略。

王守仁领兵，在七月十九日出发，二十日黎明，开始猛攻南昌。霎时间鼓声大震，诸军奋勇争先，前仆后继，很快就攻入城中。宁王宫中烈焰腾腾，宫人大多被烧死，宜春王朱拱樤被擒。王守仁在南昌休整两天，派遣伍文定、邢珣、徐琏、戴德孺等各将精兵分道进发，又派瑞州通判胡尧元等设下埋伏。

朱宸濠听说南昌失陷，果然撤了安庆之围，回兵救援。两军在黄家渡相遇。吉安知府伍文定为前锋，和叛兵交战后，佯装失败，诱敌深入。邢珣依王守仁之计，绕到敌军先锋队后面，冲击过去，将敌军截为两段。伍文定回师夹攻，徐琏、戴德孺则从左右两翼夹击，胡尧元的伏兵也乘势杀出，一时杀声震天，把叛兵打得落花流水，溃不成军。朱宸濠率领残兵败将，仓皇逃生，退保八字脑。刘养正建议，发檄调来九江、南康两地兵马，与官军决一死战。朱宸濠尽出金宝，犒劳将士，激励士气。这一仗打得异常激烈。叛兵士气勇猛，以一当十，居然把官军杀得节节退却。伍文定掣出佩剑，把临阵退缩的兵士，砍死了五六名。官军又殊死恶战，终于把叛兵打败了。

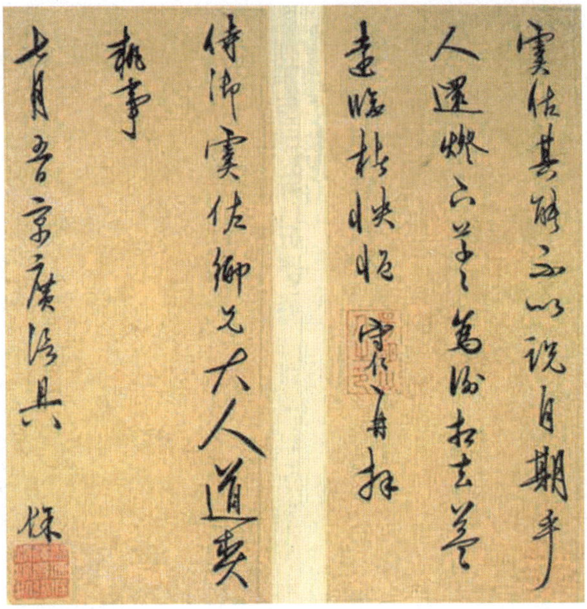

★王守仁《行草手札》

朱宸濠退保樵舍，把战船前后联结，组成方阵。王守仁查知敌情，命伍文定采用火攻。

第二天清晨，朱宸濠正在朝见群臣，忽然官军那里驰来许多小船，乘风纵火，焚烧船阵。江上秋风大作，火势猛起。朱宸濠的正妃娄氏率先投水而死，其他嫔妃也纷纷投水自尽。朱宸濠及刘养正、李士实等人都被生擒。朱宸濠谋反称乱，从1519年六月十三日到八月二十二日，历经六十九天，就失败了。

一年后，王守仁在南京向武宗献俘。这年十二月，在北京诛杀朱宸濠、朱拱樤等人。

★王守仁墓

江南第一风流才子唐伯虎

JIANG NAN DI YI FENG LIU CAI ZI TANG BO HU

成化六年（1470 年）二月四日，唐寅生于苏州阊门内皋桥南吴趋里一个市民家庭。因为他是寅年所生，属虎，所以名寅，字伯虎。唐寅十六岁那年，以第一名考入苏州府学。他天资聪明，相貌英俊，备受世人关注。

府学是举人进士的养成所，学子们在这里受到科举课程的系统训练，然后去应乡试、会试。当时，应付科举考试的八股文被称为“时文”，与此相对，古代的散文诗歌便被称作“古文辞”。唐寅在府学里历来不务正业，而醉心于古文辞的撰作。而且，唐寅年少气盛，还是一个无法无天的士子。他和一位叫张灵的同学，年龄相仿，气味相投，形同莫逆。两人经常在一起饮酒游玩，做出许多荒唐行径。

传说唐寅和张灵曾一丝不挂地跳入府学泮池中，站着以手击水相斗，说是在进行水战，围观者莫不惊诧谑笑。又传说唐寅曾和张灵、祝允明等一班狂生们，冒着鹅毛大雪，打扮成叫化子，敲着鼓唱乞儿歌《莲花落》，一路乞讨。得了钱，便买了酒菜，到野寺中痛饮。唐寅对众人得意地：“这种快乐，可惜无法让李白知道。”又传说，有一次张灵在豆棚下举杯自饮，怡然陶醉，有人去探访他，他自顾自地喝酒，不加理睬。那人怒气冲冲地找到唐寅，诉说张灵如何如何无礼。唐寅听了，却笑笑说：“你这不是在讥讽我吗？”

弘治十一年(1498 年)，唐寅二十九岁，以第一名乡试中试。虚荣心促使他对这种世俗的荣誉津津乐道。在他的印章当中，有一方叫“南京解元”，即使在他后来身败名裂时，也念念不忘打在画上。又有一方印章叫“江南第一风流才子”，更是他最得意的雅称。

第二年，正是会试之年，主考官程敏政、李东阳等人早已议论好，要让唐寅成为本科会元，为此科增光。唐寅踌躇满志地北上赴试。同行的江阴举人徐经，富甲江南，十分钦慕唐寅的才华和名声。到北京以后，两人来往更是密切。临近考试时，徐经仗着有钱，收买了程敏政的家人，得到了试题，他请唐寅代他起草。唐寅不以为意，就替他做了。可是，不谙世故的唐寅，居然在一次与朋友聊天时，把这事漏嘴说了出来。

说者无意，听者有心，唐寅的好友都穆把这事记在了心上。都穆比唐寅年长十一岁，这时和唐寅一起进京会试，本来心里就不是滋味。去年唐寅摘了解元桂冠，今年又风传要送他一个会元，都穆怎能不被嫉妒的毒蛇咬得心里痒痒的呢？所以，都穆就悄悄地把徐经买到考题、唐寅代为捉刀的事，透露给给事中华昶。

二场过后，华昶的揭发书已送到皇帝面前。皇帝勃然大怒，马上命令程敏政停止阅卷，又令锦衣卫逮捕徐经、唐寅等人。在锦衣卫狱中，唐寅尊严扫地，皮肉受苦，一下子从得意的高峰跌入失意的深渊。当道者怜悯唐寅，让他到浙江去做一个小吏，算是给出路。唐寅内心

★唐伯虎像

中一股傲气油然而生，表示“士也可杀，不能再辱”，断然予以拒绝。

唐寅并没有被不幸的命运所击倒，他愤然地说：“大丈夫虽不成名，亦当慷慨，奈何效禁囚！”他起先想像司马迁那样，发愤著书，立言垂世，但到底发现这并不符合自己的个性。所以他最终选择了“自适”、“适志”的生活方式。他说：“人生贵在适志，何必呕心沥血，以空虚无用的文章，来害苦自己呢！”于是他放弃了经史，专一以诗文书画谋生。他觉得，这种艺术家的生涯，既能给他带来人格的独立，又能使他得到创造的乐趣，何乐而不为呢？

他曾写了一首诗，自豪地宣称：“不炼金丹不坐禅，不为商贾不耕田。闲来写就青山卖，不使人间造业钱。”他凭借自己的才华，在诗文书画上赢得了空前的成功。四面八方的人们，无论贵贱富贫，都到苏州来，登门向他求索诗文书画。直到今天，唐寅的书帖画轴，仍然

是民族的艺术珍宝。

唐寅天性豪侠，又嗜好声色。现在既然已被功名仕途所抛弃，他就更加无所顾忌，采取豪宕不羁、风流放荡的生活态度了。在《漫兴》之二这首诗中，他坦率地写道："此生甘分老吴阊，万卷图书一草堂。龙虎榜中题姓氏，笙歌队里卖文章。跏趺说法蒲团软，鞋袜寻芳杏酪香。只此便为吾事了，孔明何必起南阳！"他把与妓女周旋，和僧徒结队，看作是自己的生涯，把"头插花枝手把杯，听罢歌童看舞女"看作是人生的幸福。

传说学士华鸿山携带家眷，乘船经过苏州，看见邻船上有一人，自己拎着一壶酒，一边酣饮，一边狂叫拍案。华鸿山看了许久，心想："这一定是名士。"华鸿山询问周围的人，听说就是大名鼎鼎的南京解元唐伯虎，就迫不及待地过船相见。两人一见如故，谈笑尽欢。当两人正在谈笑的时候，华家有位小丫环，隔着帘子，偷看窃笑，影影绰绰，风姿毕现。唐伯虎见景生情，当即写了《娇女篇》诗歌，华鸿山也作《中酒歌》相酬和。这件事不知怎么地，传来传去，就成了后来的"三笑"故事。说是唐伯虎看中一位富贵人家的丫环，不惜屈尊化装成书童，混入府中，最后娶走了这位丫环。这个故事流传很广，明代已有《三笑》弹词，冯梦龙《警世通言》有《唐解元一笑姻缘》小说，孟称舜有《花舫缘》杂剧等等。现在还有《三笑》评弹，《三笑》电影。这个故事纯属虚构，但却很能表现唐寅豪宕不羁、风流放荡的性格作风。

唐寅还在苏州阊门内的桃花坞，修建了一所桃花庵别业，在那里读书灌园。桃花庵中常常高朋满座，文征明、祝允明等好友更是常常来往，一起饮酒赋诗，半醒半醉。唐寅自称："酒醒只在花前坐，酒醉还来花下眠"，"但愿老死花酒间，不愿鞠躬车马前"。

★唐寅《看泉听风图》·明

就在这种风流放诞的生活中，唐寅迎来了自己的五十岁生日。他的《五十言怀》诗，对自己的一生做了总结："笑舞狂歌五十年，花中行乐月中眠。漫劳海内传名字，谁论腰间缺酒钱。诗赋自惭称作者，众人多道我神仙。些须做得工夫处，莫损心头一片天。"

正是要保存"心头一片天"的纯结真诚和自由，唐寅才这么过着"花中行乐月中眠"的生活，难怪人们要称羡他为"神仙"呢！

四年以后，即嘉靖二年（1524年）十二月二日，唐寅走完了他那风流放荡而又艰涩沉重的人生道路。

《秋风纨扇图》

《秋风纨扇图》为唐寅水墨人物画代表作。画中手执纨扇的仕女，高高地挽起发髻，美丽端庄，亭亭玉立，目凝远方，圆润的脸庞上流露出一丝怅然若失的轻愁和忧郁，显得无助和无奈。美人可能从手中夏挥秋藏的纨扇想到自身青春难驻、世情可畏。作者将世态的严酷和美人的悲惨境遇和盘托出，发人深省。画中的背景极其简明，仅绘坡石一角，上侧有疏疏落落的几根细竹，大面积空白给人以空旷萧瑟、冷寞寂寥的感受，突出"秋风见弃"、触目伤情的主题。冰清玉洁的美人与所露一角的这几块似野兽般狰狞峥嵘的顽石形成强烈的反差与对比，尽显了作者写意的才能。这幅画笔墨富于变化，含蓄有思致，画法兼工带写，人物的勾勒，湖石的渲染极其熟练，流利潇洒。作者以畅达自如的笔墨挥写人物形象，对画中女子衣纹的处理，一反前人沿用的细柔长线条，而是用略带方折而不失流畅的细线表现衣裙的沉沉下垂，直到脚边才略微飘拽，以显示出人物的端秀和凝思的情绪。全画纯用白描，以淡墨染衣带，衣带微微飘起，点出正是秋风已起的时候。丛竹双钩用得恰到好处，形成了生动的墨韵，显出了色泽的丰富。

★唐寅《秋风纨扇图》·明

嘉靖帝崇祀道教

JIA JING DI CHONG SI DAO JIAO

嘉靖二年(1523),夏季西北大旱,秋季南京大水,嘉靖帝十分忧惧。太监崔文,奏称修醮可以禳祸,这恰中嘉靖帝的下怀,于是就立即召见道士邵元节等入宫。

邵元节系贵溪(今属江西)人,幼年时得到异人范文泰赏识,传授他龙图龟范的真诠。后来他自称能呼风唤雨,驱鬼通仙。嘉靖帝闻知他的大名,立即征召入京,叩问仙术。邵元节只回答一个“静”字诀,此外便是“无为”二字。嘉靖帝很是称赏,敕封他为真人。过了不久,嘉靖帝命他祷雪。邵元节煞有介事地祈祷一番,果然天上浓云密布,瑞雪纷纷。嘉靖帝称叹他的灵异,当下加号致一真人,饬领金箓醮事,给玉金银象命各一枚。真个是敬礼交加,尊荣备至。

★青花红绿彩缠枝纹葫·明

现在要在宫中立醮坛,当然请来邵元节主坛。嘉靖帝特命宫中选年轻太监二十人,改服道装,学诵经忏。皇城之内,所有乾清宫、坤宁宫、西天厂、西番厂、汉经厂、五花宫、西暖阁、东次阁等,先后建醮,香花灯烛日夜燃烧,锣钹幢幡到处招扬。廷臣见嘉靖帝如此笃信道数,无不忧心如焚,纷纷上疏谏阻。嘉靖帝迫于众议,只得下令暂停斋祀。

嘉靖帝在位十年,尚无皇嗣,心里十分焦急。于是又在宫中设醮祈嗣,由邵元节真人登坛,主持坛事,白天诵经,晚上持咒,闹得宫中乌烟瘴气。嘉靖帝还命文武大臣轮班进香,他也时时亲至坛前,虔诚行礼。这样折腾了一两年,也没有起到什么作用。邵元节内心羞愧,只好暂乞还山。临行前还大言不惭地留下话来,说只要皇上心诚,不出一二年,定得皇嗣。说也奇怪,邵元节出京数十天,后宫的阎贵妃居然有娠了。眼见得十月怀胎,分娩在即,嘉靖帝想着还得祈祷生男呢,连忙遣人往召邵元节。邵元节入京后,又在宫中设坛。嘉靖帝以皇嗣事关重大,格外虔诚,沐浴斋戒,到坛前默默祈祷。过了三天,阎妃分娩,果然生男。群臣排班朝贺,嘉靖帝兴高采烈地说:“这都是致一真人的大功!”于是敕命以邵元节为礼部尚书,赐一品服俸。并在立极殿大修金箓醮,共七天七夜,作为酬神的典礼。阎妃既生皇嗣以后,宫中嫔妃又接连生子。嘉靖帝从此更加崇祀道教了,而四方道

★嘉靖帝像

★明世宗永陵明楼

流，便纷纷趋集都下。

江西龙虎山中的张天师，名叫张彦頨，闻讯也入都谒见。嘉靖帝和他谈论道法，他答以“清心寡欲”四字，很合嘉靖帝的心意。于是就加封张彦頨为正一嗣教真人，赐金冠玉带蟒衣银币，留居京城，令与邵元节分主坛事。张天师的道坛，铺设更为繁备，上下共分五层，气势煊赫。当张天师在坛上祈祷时，忽有一双白鹤，从彩云深处，回翔而下，绕坛三圈，然后翩跹飞去。嘉靖帝亲眼看见这般景象，更相信道术通仙了。

嘉靖十八年(1539)邵元节病死，临终遗言，推荐陶仲文可以继任。陶仲文原名典真，黄冈(今属湖北)人，曾在罗田(今属湖北)万玉山中练习符箓，颇有造诣。他是邵元节的好朋友。嘉靖中，由黄梅县吏升任辽东库大使。任满至北京，住在邵元节家。这时宫中正好兴妖作怪，邵元节年老，恐怕法术不灵了，就推荐陶仲文自代。陶仲文仗着道法，当即往宫中驱禳，以符水蘸剑，居然驱除了宫中的妖怪。

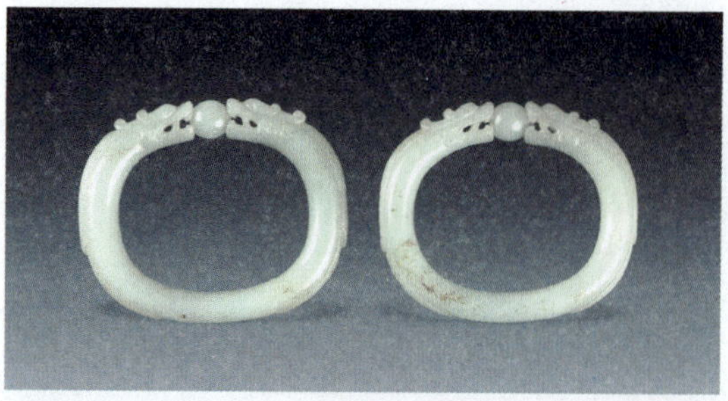

★白玉手环·明

★明代的“投龙”法器——金龙

嘉靖帝还记着这事，所以邵元节临终推荐，嘉靖帝就立刻召见陶仲文，让他随行，前往承天谒见显陵。途经卫辉，夜间有一股旋风从西北吹来，刮得驾前的节旄飒飒直响。嘉靖帝问陶仲文：“这股旋风主何征兆？”陶仲文跪奏道：“臣已推算过了，今夜防有火灾。”当天半夜，行宫后面果然火起，势甚凶猛。嘉靖帝因事先有所防备，得以无恙，随行吏从却烧死烧伤了好几百人。因为这事，嘉靖帝异常钦佩陶仲文，授他为神霄保国宣教高士。至还都后，陶仲文又进清净养心的道诀。嘉靖帝企慕长生不老，自然言听计从。

一天临朝，嘉靖帝谕廷臣道：“朕欲命太子监国，朕可专事静心摄养，以便康强身体。”群臣闻言，惊愕不已，面面相觑。唯有太仆卿杨最抗疏上奏，力言黄白之术、金丹之药，都足以伤元气，而不可相信。嘉靖帝览疏大怒，当即下令将杨最逮捕入狱，饬镇抚司拷讯。杨最不胜毒打，竟死于杖下。后来嘉靖帝生病，陶仲文设坛祈祷。过几天嘉靖帝病愈，感佩陶仲文的功劳，特授他少保礼部尚书，后又加授太傅。陶仲文日受深宠，请在京城建雷坛。过了几天，又请在他的家乡黄冈建坛，以祝圣寿。黄州同知郭显文，由于监工不力，被贬为典史。又遣工部郎中何成代为监工，搅得黄州一带鸡犬不宁。

还有方士段朝用，交结武定侯

庚戌之变

★俺答汗像

明朝初年，退居蒙古草原的元皇室残余势力同明朝对立。明太祖朱元璋和明成祖朱棣一再派兵北伐，逐步扩大北部的广大地区。为了加强对北方的控制，明成祖在长城以北蒙古部落集中的地区，设立卫所20多处。16世纪中叶，蒙古地方势力中鞑靼部首领俺答，成了明北部地区的主要对手。俺答曾向明廷要求给他封爵，允许每年进贡，在长城关口恢复互市贸易，但以嘉靖皇帝为首的明王朝拒绝了这些要求。俺答的真心求贡得不到批准，导致了双方军事冲突进一步扩大。嘉靖二十九年(1550年)六月，俺答集合10余万蒙古骑兵，准备大举南下，这时靠贿赂严嵩而官居大同总兵官的仇鸾，派人送重金贿赂俺答，请求勿攻大同，移攻他处。俺答遂引兵东去，自古北口入犯，长驱至通州，直抵北京城下。嘉靖皇帝催促诸将出城作战，而严嵩等投降派，却执行“饱将自去，惟坚壁为上”的失败主义方针，听任俺答兵在城四周滥肆掳掠，不敢出战。俺答兵围京城3天，在城外抢掠大量财物、牲畜及人口后，满载而归。因这年为农历“庚戌年”，故称“庚戌之变”。此后20余年，俺答连年南下掳掠，长城沿线的百姓深受其害。至1570年双方最终达成和议，明廷封俺答为顺义王，俺答服属中央朝廷，长城一带才开始得到安宁。

郭勋，自称能化器物为金银，将他所炼的金杯银盘等，进奉朝廷。嘉靖帝喜不自胜，封段朝用为紫府宣忠高士，并将所献金银器物，荐享太庙。不料段朝用纯系诈骗，化金不成，当场出丑。嘉靖帝一怒之下，将他关进诏狱，连郭勋也受了牵连，搞得家破人亡。

这时，由太子监国虽然行不通，但嘉靖帝却常常不出朝，天天忙于斋醮祀祷。朝内朝外的大臣，凡是敢于谏阻的，不是被抓到监狱，就是被削职为民。礼部尚书夏言兼任监醮使，得以升任武英殿大学士。导引官顾鼎臣，升任文渊阁大学士。他们两人最得嘉靖帝宠信，所有建醮时的荐告文，大多由两人主稿，专用青藤纸书写朱字，称为“青词”。他们还常常进献歌功颂德的诗章，如夏言进《修醮诗》，顾鼎臣献《步虚词》七章，都为嘉靖帝所欣赏。风气影响，朝廷内外的官吏纷纷效法，盛称祥瑞，歌颂太平。

嘉靖二十一年（1542 年）十月，宫女杨金英等人，由于不堪忍受虐待，乘嘉靖帝熟睡时，用锦带勒住他的脖子。不料误打死结，嘉靖帝死里逃生。这么一来，嘉靖帝干脆移居西宫，天天祈求长生不死，一切朝廷礼仪都不参加，连大学士们也见不到他了。唯独陶仲文得以时时谒见嘉靖帝。每次谒见，嘉靖帝都赐他坐下，不称他的名字，而称为师傅。

嘉靖二十五年（1546 年），大同兵乱被平，嘉靖帝归功于上帝，特加陶仲文为少师，仍兼少傅、少保，一身三任，在明朝独一无二。嘉靖帝专事斋醮，将政事都托付给权臣严嵩，不因为别的，就因为严嵩的青词写得特别好，而且大力支持嘉靖帝焚修静摄。

★青花万寿纹盘·明

★青瓷寿字大盘·明

到了嘉靖三十五年（1556 年），嘉靖帝特诏，上皇考道号为“三天金阙无上玉堂都仙法主玄元道德哲慧圣尊开真仁化大帝”，皇妣号为“三天金阙无上玉堂总仙法主玄元道德哲慧圣母天后”，自号“灵霄上清统雷元阳妙一飞玄真君”。后又加号为“九天弘教普济生灵掌阴阳功过大道恩仁紫极仙翁一阳真人玄虚圆应开化伏魔忠孝帝君”。嘉靖帝一生奉道不懈。他多次派人到各地搜求方书法秘，得数千册，天天赏玩不置，乐在其中。

嘉靖四十三年（1564 年），皇宫中常常出现妖孽。嘉靖帝年事已高，不免时常悒郁不乐。太监们想要讨好皇帝，故意做神做鬼，娱乐皇帝。一天晚上，嘉靖帝在庭院中散步，偶然拾到一颗硕大鲜美的桃子。太监们说，这是从天上掉下来的寿桃。嘉靖帝听说后，高兴得不得了，说：“这是上天赐我长寿的啊！”于是马上布置，修迎恩醮五天。第二天，皇帝又拾了一枚寿桃。而且当天晚上，宫中白兔连生二子，寿鹿也生二子。百官闻讯，纷纷争先恐后地上表称贺。可是，尽管嘉靖帝如此虔诚地修仙学道，却无法避免身体日渐一日地衰老。

嘉靖四十五年（1566 年）十一月，嘉靖帝病重，不信医，偏信道，服食了方士王金等人所献的丹药。没想到，嘉靖帝自从吃了丹药以后，病越发沉重了，十二月十四日病死于宫中。

★唐寅《事茗图》·明

李时珍撰《本草纲目》

LI SHI ZHEN ZHUAN BEN CAO GANG MU

在李时珍的家乡蕲州(今湖北省蕲春县),有个风光绮丽的雨湖。湖中出产各种鲜鱼,湖边不少人家以打鱼为生。渔民们有病,常来找李时珍的父亲李言闻治疗。李时珍开始行医后,也时常到那里去。

嘉靖二十一年(1542 年)的一天,李时珍到了雨湖,一位姓庞的渔民,焦急地把他请到家中,为妻子治病。李时珍见病人裹着破烂不堪的棉被,躺在床上,脸色苍白,奄奄一息。他连忙为病人切脉,觉得没有生命危险,这才放下心来。他一面安慰老庞,一面询问他用过什么药。老庞愁眉苦脸地说:“昨天妻子感到不舒服,恰好有个郎中路过这里,便请他开了张方子。不料服下药去,病反而沉重了。”李时珍取过方子,看了好几遍,认定这方子挺对症的,究竟毛病出在哪里呢?他又叫老庞把药渣取来。老庞拿过药罐来。李时珍对着方子,拨开药渣一味一味地核对。忽然,他发现其中有味虎掌,是方子上没有的;而方子上有的漏篮子,药渣里却没有。问题就出在这儿了!他对老庞说:“这虎掌有大毒,怎么可以代替漏篮子呢?难怪服下去出了乱子!”顿了一顿,他又说:“这也怪不得药铺里发药的伙计。药书上说过,漏篮子又名虎掌,药铺伙计以为这两种药可以互用,所以出了岔。幸亏发现得早,用些解毒的药就好了。”

★蓝釉刻麒麟纹执壶·明

回到家里,李时珍心里一直惦念着这件事。他想,凭现在的药书用药,的确会造成许多意外的事故。比如,齐梁时的名医陶弘景记载,巴豆是一种泻药,而李时珍在治疗实践中却发现,巴豆用量大,固然会引起腹泻,用量小却能止泻。又如,药书上把防葵和狼毒、黄精和钩吻这样大不相同的药等同起来,狼毒和钩吻都是毒药,要是用错了,岂不要害死人了吗?想到这里,李时珍立下一个宏愿:一定要重新整理和修订古代的药书,把其中错误的改过来,把没有提到的补进去。

他把自己的想法告诉父亲,李言闻惊奇地说:“你想重新修《本草》么?这可不是一件简单的事啊!”《本草》是古代流传下来的药典,历代都有人编修翻印,几乎是医家的案头必备之书。距李时珍时代最近,也最负盛名的,是北宋末年唐慎微主编的《证类本草》,其中收录的药物已增加到一千多种。不过那也是四百多年前的事了,这四百多年来,又出现了许多名医,发现了许多新药,出版了许多医书。可是,并没有人敢去重新编修《证类本草》。

★磁州窑褐彩兔纹壶·明

★李时珍雕像

二十五岁的李时珍可是初生牛犊不怕虎,他一本正经地问父亲:“唐慎微当时是怎样编修《本草》的呢?”李言闻回答道:“那是经朝廷批准的,不然,谁有力量去编修这种鸿篇巨制呀?”李时珍说:“我们也可以请求朝廷批准嘛!”李言闻苦笑着反问："朝廷能批准我们这样的民间医生来修《本草》么？"但是，李时珍毫不气馁。他自信自己还年轻，只要持之以恒，没有攻克不了的难关。

从此以后，李时珍就一面行医，一面广泛地阅读各种医书和药书，还涉猎了大量的经史子集。连跟随郑和下西洋的人所写的沿途经历和风俗材料，他也不放过，从中研究海外的药物。十年光阴转瞬即逝，李时珍已是三十五岁的中年人了。十年来，他阅读了大量的书籍，记下了好几柜子笔记。于是，他开始动笔重新编修《本草》。他给自己的著作取名为《本草纲目》。

这事说起来容易，做起来可真困难。尤其使他头痛的是，药物的形状和生长情况，旧书中虽有解释，但往往说不清楚，又很少有插图。这可怎么办呢？李时珍苦苦思索，寝食不安。还是李言闻最明白

★素三彩海蟾纹三足洗·明

儿子的心思了，他对李时珍说："你不是写过《白花蛇传》么？要不是你亲自去采访和观察，能将白花蛇的产地、形状、习性和药用价值，都写得那么详细准确么？"真是一语道破天机，李时珍恍然大悟。是啊！只是闭门造车，怎么能超越前人，对各种药物的记述有所发明和创新呢？

他下定决心，不畏艰难险阻，进行实地采访。出发前，他把要查访的药物详细地开列了名目，做好了充分的准备。他先就近在蕲州一带查访。他为人谦虚，不耻下问，无论是种田的、捕鱼的、砍柴的、打猎的，他都向他们请教。有许多人也十分热心地协助他，帮他寻找各种药物标本。许多《本草》书里提到"芸苔"，这究竟是什么呢？李时珍根据书中记载的特征，访问了种菜人，才知道它原来就是油菜，头年下种，次年开花，种子可以榨油。猎人告诉他，虎血可以壮神强志。一位专治毒蛇的能手，为他奉献出专治蛇毒的草药八十多种。有位药农带李时珍去山上挖取茯苓，跟他说，茯苓制成药，可以利尿。有位卖

★位于湖北省蕲春县的李时珍纪念馆

★李时珍纪念馆内药房

《本草纲目》

《本草纲目》共收录了中药1892种，共52卷。在药物解说方面，本草纲目包括八个部分：释名，罗列典籍中药物的异名，并解说诸名的由来；集解，集录诸家对该药产地、形态、栽培、采集等的论述；修治，介绍该药的炮制法和保存法；气味，介绍该药的药性；主治，列举该药所能治的主要病症；发明，阐明药理或记录前人和自己的心得体会；正误，纠正过去本草书中的错误；附方，介绍以药为主的各种验方及其主治。李时珍根据古籍的记载和自己的亲身实践，对各种药物的名称、产地、气味、形态、栽培、采集、炮制等作了详细的介绍，并通过严密的考证，纠正了前人的一些错误。他在书中介绍和考证了许多来自南亚的药物，并广征佛书，给其中许多药物注出了梵文译名，这是十分可贵的。《本草纲目》集中体现了中国古代医学所取得的最高成就，是取之不尽的中华医药学知识宝库，素享"医学之渊海"、"格物之通典"之美誉，成为历代医者和读书人孜孜以求的必修书。

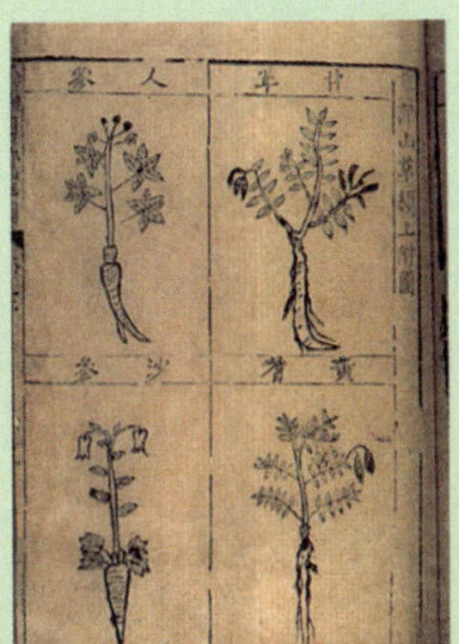

★《本草纲目》书影

药的，向他介绍了常山、麻黄、黄连、三七等药物的独特效用，李时珍经过验证，果如其言。所有这些，他都如获至宝地收集和记载下来。这次查访历时三年，李时珍收集了大量可供制药的动植物的标本和图画，院子里也种满了名目繁多的药草。

在他三十八岁那年，朝廷下令召集各地名医，集中到京城的太医院。李时珍为了能够有机会阅读太医院中的珍藏秘籍，也便于向各地名医请教，就应召前往。李时珍在太医院读了许多医书，看到了许多南方看不到的药物，还看到了外国送来的不少药材。但他不愿当医官，第二年就借口有病，辞职回家，全力以赴地编修《本草纲目》。

几年以后，他发现还有不少药名没有找到实物，就这么草草记述，未免太不负责任了。嘉靖四十四年（1565 年），他四十八岁，又第二次外出查访。这一次，他的足迹遍及今湖北、湖南、江西、安徽、广东、江苏等地。有一次，李时珍听说均州（今湖北均县）的太和山（今武当山）上，有一种叫榔梅的果子，人吃了可以长寿。他觉得耳听为虚，眼见是实，就亲自上太和山去采集。山上人都阻止他，说："这是被朝廷列为贡品的仙果，谁去私采，官

★青花荷塘游龙纹碗·明

府可是要问罪的！"李时珍偏要弄个明白。白天无法上山，他就深夜去，到底采到了几颗榔梅。经过验证，它是榆树的果实，仅能止渴生津，哪是什么仙果？

又有一次，李时珍想起陶弘景在一本书中说过，湖广一带河边有一种可以入药的动物穿山甲，最爱吃蚂蚁，他想查个明白。他在河边找了好久，才捉到一只穿山甲。剖开它的胃，果然发现里面有许多蚂蚁。就这样，李时珍又花费了四五年时间，查证和找到了许多药物，并搜集了不少民间单方和书籍文献，这才回家编修《本草纲目》。

为了修《本草纲目》，李时珍曾看了近千种著作，走了近万里路，访问了上千个人。他手头积累的札记有几百万字。李时珍动员了全家人，大家一齐动手，有的抄写，有的绘图，有的校对。经过三次修改，这部凝结着李时珍一生心血，汇集和总结了古今药典精华和广大劳动人民药物知识的巨著《本草纲目》，终于在万历六年（1578 年）完稿了。

这一年，李时珍已年过花甲。经过二十七年的辛勤劳动，他终于实现了自己的理想。

★李时珍墓

李时珍

李时珍（1518-1593 年），字东壁，晚年自号濒湖山人，湖北蕲州（今湖北省黄冈市蕲春县蕲州镇）人，汉族，生于明武宗正德十三年（1518 年），卒于神宗万历二十二年（1593 年）。其父李言闻是当地名医。李时珍继承家学，尤其重视本草，并富有实践精神，肯于向劳动人民学习。李时珍三十八岁时，被武昌的楚王召去任王府"奉祠正"，兼管良医所事务。三年后，又被推荐上京任太医院判。太医院是专为宫廷服务的医疗机构，当时被一些庸医弄得乌烟瘴气。李时珍在此只任职了一年，便辞职回乡。李时珍曾参考历代有关医药及其学术书籍八百余种，结合自身经验和调查研究，历时二十七年编成《本草纲目》一书，是我国明朝时代药物学的总结性巨著。在国内外均有很高的评价，已有几种文字的译本或节译本。《本草纲目》全书约有 200 万字，载药 1892 种，新增药物 374 种，载方 10000 多个，附图 1000 多幅，成了我国药物学的空前巨著。其中纠正前人错误甚多，在动植物分类学等许多方面有突出成就，并对其他有关的学科（生物学、化学、矿物学、地质学、天文学等）也做出贡献。达尔文称赞它是"中国古代的百科全书"。李时珍于 1593 年逝世，享年 75 岁，他逝世后遗体被安葬在湖北省蕲春县蕲州镇竹林湖村。李时珍一生著述颇丰，除代表作《本草纲目》外，还著有《奇经八脉考》、《濒湖脉学》、《五脏图论》等十种著作。这位伟大的科学家将永远被世界人民所怀念。

杨继盛冒死劾严嵩

YANG JI SHENG MAO SI HE YAN SONG

1520年9月，已即位15年的明武宗朱厚照在淮安清江浦上钓鱼泛舟，因站脚不稳跌入江中，此后一病不起，并于次年病亡，结束了他荒唐的一生。明武宗死后，他的堂弟朱厚熜继承皇位，是为明世宗。

★严嵩像

明世宗刚即位的时候，在政治上采取一些改良措施，如限制宦官权力、整顿税收等等。但是后来迷信道教，在宫内设坛求仙，渐渐不问朝政。凡是迎合他信道的，就得到重用，大学士严嵩，就是因为善于起草祭神的文书，逐步取得了内阁首辅（相当于宰相）的地位。

严嵩此前并不得志，只做过一些朝中小吏。后来，他从宦官的拍马逢迎中悟出了升官之道，于是他刻意模仿，曲意逢迎，讨得了世宗的欢心。他当上首辅后，和他儿子严世蕃一起，结党营私，贪赃枉法，为所欲为。当时一些没骨气的朝臣都投靠他，有30多个官员做了他的干儿子。有了这些爪牙，严嵩更加肆无忌惮，他可以在朝中颠倒黑白，指鹿为马，甚至可以生杀予夺。

★杨继盛像

朝政紊乱，纲纪腐败，使边备遭到废弛，也给边疆地区的一些部族提供了强化自身的契机。严嵩掌权的时候，北面鞑靼部（蒙古族的一支）强大起来，统一了蒙古各部，对明朝构成了很大的威胁。1550年，鞑靼部首领俺答率兵进犯大同。大同总兵仇鸾是严嵩的同党，曾因获罪下狱，后用重金贿赂严嵩才得以活命，此后又被加封官职。此次见俺答大军兵临大同，他诚惶诚恐，在幕僚们的策划下，以金银珠宝贿赂俺答，请其移师绕行，勿犯大同。俺答以为拿下京城，大同亦将不攻自破，于是答应了仇鸾的请求。然后，他率兵长驱直下，一直打到北京城郊。

明世宗闻兵至京城，急忙诏命各地兵马前来勤王。兵部尚书丁汝

严嵩

严嵩（1480—1567年），字惟中，号介溪，江西分宜人，弘治进士。嘉靖二十一年（1542年）任武英殿大学士，入阁参与机务，兼礼部尚书。他对明世宗一味谄媚，窃权夺利，诛杀异己。严嵩善于撰写一些祀神祭天的“青词”，从而受到皇帝的宠幸。他于嘉靖二十三年（1544年）八月，指使言官弹劾翟銮父子在考进士时作弊，使翟銮被削职为民。九月，严嵩升任首辅，独揽国政，被称为“青词宰相”。他年过花甲，整天在西苑值庐，未曾归家洗沐，明世宗被其勤奋感动，对其更为信任。严嵩以儿子严世蕃和义子赵文华为爪牙，拉拢锦衣卫都指挥陆炳，操纵朝政十多年，权倾朝野，收礼纳贿，为所欲为，弄得明王朝政治极为黑暗，边防松弛不堪。

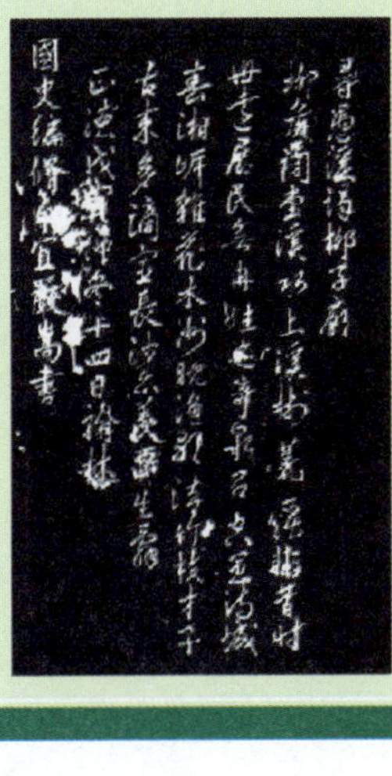

★严嵩书法拓片

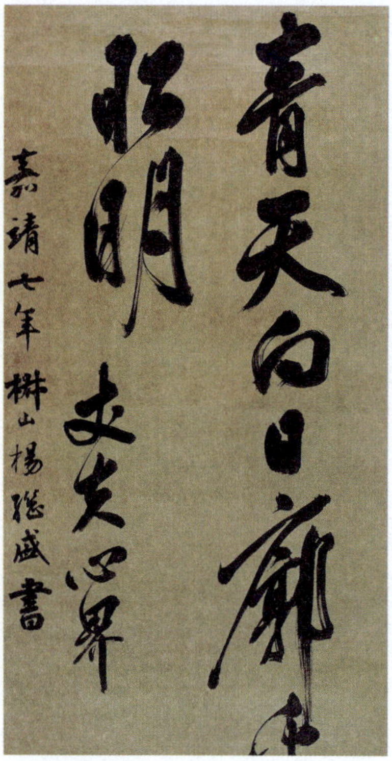

★杨继盛书法手迹

夔奏请迎敌，严嵩却说："在边疆战败可照样报功，可是在天子眼皮底下打仗，胜败一目了然，若战而不胜，难辞其咎。"丁汝夔倍解其意，于是以坚守城池为名，闭门不战。结果，鞑靼兵在北京附近纵横驰骋，掳掠了大批人口、牲畜和财物后，扬长而去。而京城附近十几万明军，竟一箭未发。

纵敌不战，国家蒙羞，丁汝夔为国人所指，明世宗闻此亦怒，查究闭门不战之过，丁汝夔为此入狱。严嵩怕丁汝夔将自己招出，在丁汝夔面前信誓旦旦，保证其免遭刑戮。不想明世宗杀心已决，丁汝夔不得不引颈受刑。刑前，他深知自己为奸臣所误，对街市的人大呼："严嵩误我！"尽管人们已心知肚明，但为时已晚，他只得替严嵩赔上一条性命。

严嵩、仇鸾一伙的丑恶行径已为世人所知，但很多人惧怕严嵩的权势，加之有明世宗的宠信，所以不敢上书弹劾，只有刚刚复职的兵部员外郎杨继盛敢于上书直谏。

杨继盛是保定容城人，出身贫苦。他 7 岁的时候，就失去了母亲，继母待他不好，让他去放牛。杨继盛放牛经过私塾，看到村里一些孩子们在读书，十分羡慕，向他哥哥请求让他读书。哥哥说："你年纪太小，读什么书？"杨继盛回答说："我能放牛，就不能读书？"他父亲见他有志气，就让他一面读书，一面放牛，果然进步很快。后来应科举考试，中了进士，在京城里受到不少大臣的赏识。

俺答率鞑靼兵东下的时候，杨继盛反对议和，希望朝廷发奋图强，选将练兵，抵抗鞑靼。明世宗看了奏章，也曾心有所动，但他经不住仇鸾一伙的蛊惑，反把杨继盛降职到狄道（今甘肃临洮）做典史。

狄道是少数民族聚居的地方，杨继盛到了狄道，他并未因此而心灰意冷。当地人不识字，杨继盛到了那里，挑选了 100 多个青少年，请来老师教他们念书。学生家里没有钱，杨继盛把自己的马和妻子的衣服变卖来帮助他们。当地百姓都爱戴杨继盛，称呼他"杨父"。

杨继盛被贬谪后，明朝和鞑靼讲和，互相通商。但是不久俺答就破坏和议，多次进攻边境。致使仇鸾的密谋暴露，吓得他发病而死。这时候，明世宗才想到杨继盛的意见是对的，把他调回京城。

1553 年，回京刚刚一个月的杨继盛向明世宗呈上奏章，大胆揭发严嵩十大罪状，条条都有真凭实据。他在奏章中还说，严嵩有十大罪，却可以蒙蔽皇上，因为还有"五奸"帮助他，这就是严嵩的间谍、爪牙、亲戚、奴才、心腹，都密布在世宗的左右。

这道奏章正中严嵩的要害，严嵩气急败坏，在明世宗面前诬陷杨继盛。明世宗大怒，把杨继盛打了 100 板廷杖，关进大牢。杨继盛被廷杖打得遍体鳞伤，皮开肉绽，连狱卒看了也心酸，杨继盛却态度泰然，像没事儿一样。亲友们听到杨继盛伤势重，通过狱卒送给他一只蛇胆当伤药，杨继盛推辞说："我自己有胆，用不着这个！"

杨继盛在监狱里被关了三年，实在审不出什么罪状，一些官员想营救他出狱，严嵩的同党对严嵩说："你不杀杨继盛，不是养虎为患吗？"严嵩也怕杨继盛再有出头之日，便对杨继盛下了毒手。

严嵩掌权 21 年，把他的党羽安插在朝廷重要职位，权力越来越大，明世宗也渐渐讨厌他。有一次，明世宗请道士蓝道行扶乩（一种迷信活动），蓝道行借乩仙的意旨，劝世宗除掉严嵩，明世宗当时未置可否。但这件事被御史邹应龙得知，他觉得应该利用这个机会来打击严嵩。经过周密考虑，邹应龙决定先从弹劾严世蕃下手，也好拔出萝卜带出泥，顺势将严嵩扳倒。

严世蕃平素依仗他父亲权势，作恶多端。邹应龙弹劾严世蕃的奏章一上去，明世宗果然下令把严世蕃办罪，充军到雷州，并且勒令严嵩退休。严世蕃和他的同党是一批亡命之徒，他们没去雷州，而是偷偷溜回老家，收容了一批江洋大盗，还勾结汉奸汪直和倭寇，准备逃亡到日本去。这个消息又被另一个御史林润掌握，并向世宗揭发。昏庸的明世宗看到这份奏章，也大为震惊，立刻下令把严世蕃和他的同党斩首示众，把严嵩革职为民。

★孔雀绿釉碗·明

海瑞刚正不阿

HAI RUI GANG ZHENG BU E

严嵩罢相，严世蕃受极刑，一时大快人心。然而，此时的明世宗朱厚熜仍不理朝政，深居在西苑，专心致志地设坛求福。总督、巡抚等封疆大吏都争着向皇帝贡献有祥瑞征兆的物品，礼官总是上表致贺。朝廷大臣没有人敢直言时政，更没人敢上书敦请。只有户部云南司主事海瑞，上书近万言，批评世宗迷信巫术、生活奢华、不理朝政等弊端。

明世宗读了海瑞的上疏，十分愤怒，把上疏扔在地上，对左右说："快把他逮起来，不要让他跑掉。"宦官黄锦在旁边说："这个人向来有傻名。听说他上疏时，自己知道冒犯该死，买了一个棺材，和妻子诀别，听候治罪，奴仆们也四处奔散没有留下来的，是不会逃跑的。"世宗听了默默无言。过了一会儿又去读海瑞的上疏，一天里反复读了多次，他时而暴怒，时而叹息，心里不名言状，矛盾至极。为了自己的颜面，他最终还是认为："这个人可和比干相比，但朕不是商纣王。"并把海瑞下了大狱。

★黄釉描金双耳罐·明

★海瑞雕像

海瑞是海南东琼山人，他从小死了父亲，靠母亲抚养长大，家里生活十分贫苦。20多岁时，海瑞中了举人，做过县里的学堂教谕，教育学生十分严格认真。不久，升调为浙江淳安知县。过去，淳安县里的官吏审理案件，大多是接受贿赂，胡乱定案的。海瑞到了淳安，认真审理积案。不管什么疑难案件，到了海瑞手里，都一件件调查得水落石出，从不冤枉好人，当地百姓都称他是"海青天"。

海瑞的顶头上司浙江总督胡宗宪，是严嵩的同党，仗着他有后台，到处敲诈勒索，谁敢不顺从他，就会遭致灾祸。有一次，胡宗宪的儿子带了一大批随从经过淳安，住在县里的馆驿。总督大人的公子来到淳安，正是巴结逢迎的好机会，可是海瑞却早立下一条规矩，不管高官贵戚，一律按普通客人招待。

胡宗宪的儿子平素养尊处优，

海瑞

海瑞（1514–1587年），字汝贤，自号刚峰。海南琼山（今海口）人，明代著名回族政治家。海瑞自幼攻读诗书经传，博学多才，嘉靖二十八年（1550年）中举。初任福建南平教谕，后升浙江淳安和江西兴国知县，推行清丈、平赋税，并屡平冤假错案，打击贪官污吏，深得民心。嘉靖四十五年（1566年）任户部云南司主事，上书批评世宗迷信巫术、生活奢华、不理朝政等弊端，遭迫害入狱，直至世宗死后获释。

隆庆三年（1569年）调升右佥都御史，他一如既往，惩治贪官，打击豪强，疏浚河道，修筑水利工程，并推行"一条鞭"法，强令贪官污吏退田还民，遂有"海青天"之誉。后被排济，革职闲居16年。万历十三年（1585年），重被起用，先后任南京吏部右侍郎、南京右佥都御史，力主严惩贪官污吏，禁止循私受贿，两年后病死于南京。

★海瑞像

★位于浙江省淳安县的海瑞祠

★位于海南省海口市琼山区府城镇金花村的海瑞故里

习惯吃山珍海味，看到驿吏送上来的饭菜，认为是有意怠慢他，气得掀了饭桌子，喝令随从，把驿吏捆绑起来，倒吊在梁上，吓得驿里的差役赶快报告海瑞。海瑞知道胡公子招摇过境，本来已经感到厌烦，现在竟吊打驿吏，便决计惩治他一番。

海瑞听完差役的报告，装作镇静地说："总督是个清廉的大臣，他早有吩咐，要各县招待过往官吏，不得铺张浪费。现在来的那个花花公子，排场阔绰，态度骄横，不会是胡大人的公子。一定是什么地方的坏人冒充公子，到本县来招摇撞骗的。"说着，他立刻带了一大批差役赶到驿馆，把胡宗宪儿子和他的随从统统抓了起来，带回县衙审讯。开始，胡公子仗着父亲位高权重，暴跳如雷，但海瑞一口咬定他是假冒公子，还说要把他重办，他才泄了气。海瑞又从他的行装里，搜出几千两银子，统统没收充公，还把他狠狠教训一顿，撵出县境。

等胡公子回到杭州向他父亲哭诉的时候，海瑞的报告也已经送到巡抚衙门，说有人冒充公子，非法吊打驿吏。胡宗宪明知道他儿子吃了大亏，但是海瑞信里没牵连到他，如果把这件事声张起来，反而失了自己的体面，就只好打落门牙往肚子里咽。

过了不久，又有一个京里派出的御史鄢懋卿被派到浙江视察。鄢懋卿是严嵩的干儿子，敲榨勒索的手段更狠。他到一个地方，地方官吏都要"孝敬"他一大笔钱。各地官吏听到鄢懋卿要来视察的消息，都犯了愁。但是鄢懋卿偏又要装出一副奉公守法的样子，他通知各地，说他向来喜欢简单朴素，不爱逢迎。

海瑞听说鄢懋卿要到淳安，给鄢懋卿送了一封信，信里说："我们接到通知，要我们招待从简。可是据我们得知，您每到一个地方都是大摆筵席，花天酒地。这就叫我们为难啦！要按通知办事，就怕怠慢了您；要是像别地方一样铺张，只怕违背您的意思。请问该怎么办才好。"鄢懋卿看到这封信揭了他的底，恨得咬牙切齿。但是他早听说海瑞是个铁面无私的硬汉，又知道胡宗宪的儿子刚在淳安吃过大亏，便惧而绕行，没敢进入淳安。

不过，因为这件事，鄢懋卿对海瑞怀恨在心，后来指使他的同党在明世宗面前狠狠告了海瑞一状，海瑞终于被撤了淳安知县的职务。严嵩倒台后，鄢懋卿也被充军到外地，海瑞才恢复了官职，后来又被调到京城。不过，这次调到京城时间不长，即因向世宗递奏章而下狱。时过两月，明世宗因病而死，明穆宗继位。海瑞因而获释出狱，并官复原职，不久又改任兵部，提拔为尚宝丞，调任大理。

此后，海瑞为官则兼顾天下，归田则独善其身，深得百姓的爱戴。穆宗向来器重海瑞名声，也相信海瑞的忠诚，在他 72 岁的时候仍招他入朝为官，尽管一些僚臣弹劾海瑞，但穆宗始终不为所惑，坚持任用海瑞，直至海瑞病死在任上。

海瑞膝下无子，他去世时，南京都察院佥都御史王用汲去料理后事。室内仅见用葛布制成的帏帐和破烂的竹器，有些是贫寒的文人也不愿使用的，王用汲禁不住哭起来，凑钱为海瑞办理丧事。海瑞的死讯传出，南京的百姓因此罢市。海瑞的灵柩用船运回家乡时，穿着白衣戴着白帽的人站满了两岸，祭奠哭拜的人百里不绝。

★海瑞墓

戚继光驱逐倭寇

QI JI GUANG QU ZHU WO KOU

明世宗时期，随着东南沿海一带商品经济的发展，官僚豪富下海经商的人日益增多，他们之中的一些人如汪直、徐海等与倭寇勾结，组成武装劫夺集团。历史上把这种海盗叫做“倭寇”。

嘉靖二十七年（1548 年），明朝派朱纨巡抚浙江，兼提督福建军务。朱纨到任后，封锁海面，击杀了通倭的李光头等 96 人。朱纨的海禁触犯了通倭的官僚、豪富的利益，他们指使在朝的官僚攻击朱纨擅杀，结果朱纨被迫自杀。从此，明朝廷罢巡视大臣不设，朝中朝外，不敢再提海禁之事。而来自日本的浪人、商人、武士纠合在一起，更加疯狂地侵扰我国东南沿海地区的人民，给沿海地区人民的生产、生活带来了极大的破坏和深重的灾难。

东南沿海人民面对穷凶极恶的倭寇，自发展开斗争。1552 年，倭寇入侵南汇县，闵电等募集千人予以抗击。同年，倭寇进犯松江，营州商人孙镗捐资助军饷，还派人回家乡动员子侄前来参加抗倭斗争。当时有“吴中倚镗若长城”的说法。1555 年，由苗、汉、壮、瑶等族人民组成的抗倭军队，在明朝爱国将领的领导下，于王江泾（嘉兴北）大破倭寇，斩敌 2000 人，这是嘉靖年间抗倭斗争中的一次巨大胜利，被称为“自有倭患以来，此为战功第一”。嘉靖三十七年（1558 年），倭寇进犯定海，城中居民誓死抵抗，倭寇转攻长乐，城墙崩坏几十米，居民数千人列栅拒战，拼死防守。同年，倭寇袭击扬州，各地来扬州经商的商人数百人参加守城作战，部姓商人射死倭寇首领，扬州城得以保全。

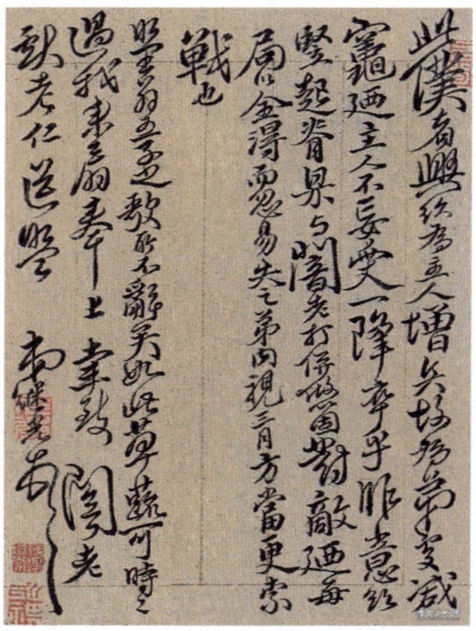

★戚继光真迹

在抗倭斗争中，涌现出了许多抗倭英雄和爱国将领，他们依靠百姓的群体力量，在抗倭斗争中屡建战功，终于取得了抗倭斗争的胜利。戚继光就是那些爱国将领中的代表，他的抗倭壮举感染着朝臣和百姓，并被后人誉为民族英雄，其事迹也因而传之于世。

戚继光出身将门，自幼喜读兵书，勤奋习武，立志疆场，曾挥笔写下“封侯非我意，但愿海波平”的名句。17 岁时袭父职任登州卫指挥佥事。25 岁时，实授都指挥佥事，领山东登州、文登、即墨三营 24 卫所兵马，操练水军，整顿军备，抗击入侵山东沿海的倭寇。

1555 年 7 月，戚继光调任浙江都指挥使司佥书，司理屯田。次年，以足智干练升都司参将，镇守

★戚继光像

宁波、绍兴、台州三府。在龙山（今属宁波）、缙云、桐岭与倭寇三战三捷。在一次乘胜追击逃跑的倭寇时遭遇埋伏，戚继光沉着应战，果断指挥，迫使倭寇逃往海上。

在实战中，戚继光观察到明军纪律松弛，素质不良，作战能力较低，难以获取大的抗倭胜利，于是多次上书请求训练新军。1559 年 3 月，在浙江按察使司副使谭纶节制下，领兵救援台州。5 月，歼灭入侵桃渚（今临海东）倭寇。9 月，往义乌招募农民、矿工 4000 名，编组训练成戚家军，成为抗倭主力。

1560 年，戚继光针对明军兵器装备种类繁多、沿海地形多沼泽、倭寇小股分散的特点，创立攻防兼宜的“鸳鸯阵”，以 12 人为 1 队，长短兵器迭用，刺卫兼顾，因敌因地变换阵形，屡败倭寇。利用作战训练间隙，撰成《纪效新书》，阐述选兵、编伍、操练、出征等理论和

★戚继光雕像

戚继光

戚继光(1527-1587年),字元敬,号南塘,又号孟渚。山东登州(今山东蓬莱)人,原籍河南卫辉(一说祖籍安徽定远,生于山东济宁)。明朝抗倭名将、军事家。戚继光小时喜欢读书,通经史大义。嘉靖二十三年(1544年)依例袭父职为登州卫指挥佥事,从此开始了他的戎马生涯。

后改守台州、金华、严州(今浙江建德东北)三府。当时浙江倭患严重,而旧军素质不良。戚继光招募农民和矿工,组成新军。严明纪律,赏罚必信,并配以精良战船和兵械,精心训练。他还针对南方多湖泽的地形和倭寇作战的特点,审情度势,创造了攻防兼宜的"鸳鸯阵"战术。戚继光曾于闽、浙、粤沿海诸地抗击来犯倭寇,历10余年,大小80余战,终于扫平倭寇之患。

★位于浙江省台州市椒江区东山西坡的戚继光庙

方法,并以此训练戚家军,使戚家军闻名于世。次年,在台州、仙居、桃渚等处大胜倭寇,九战皆捷。擒斩倭寇1400余人,焚死、溺死倭寇4000余人,史称"台州大捷",浙江倭患基本解除。

1562年,福建倭患日趋严重,戚继光奉调援闽。当时,从温州来的倭寇与福宁、连江的倭寇一起攻陷寿宁、政和、宁德,自广东南澳来的倭寇与福清、长乐等地的倭寇攻陷玄钟所,并延及龙延、松溪、大田、古田、莆田。倭寇在距宁德5公里的横屿,凭险固守,官军与倭寇相持一年多。新来的倭寇又在牛田、兴化筑营固守,互为声援,使福建频频告急。戚继光率军进入福建后,先攻下横屿,斩首2600人。接着,又乘胜攻下牛田,捣毁倭寇巢穴。倭寇纷纷逃向兴化,戚继光乘胜追击,连夜作战,连克60营,斩首无数。戚家军进入兴化城,受到人民的热烈欢迎。此后,戚继光又回师福清,歼灭登陆的倭寇200人。同时,明朝将领刘显也屡败倭寇,盘踞在福建境内的倭寇几乎被全部消灭。

戚继光返回浙江后,大量倭寇又侵扰福建,并包围兴化城,继而攻破该城。1563年,明朝廷命俞大猷、戚继光为福建正副总兵,率兵进剿,戚家军再次进入福建。明朝军队在平海与倭寇战斗,戚继光率军队率先登城,俞大猷、刘显相继杀敌2200人,并救出被掠人口3000人。

第二年,倭寇又纠集余党万余,围攻仙游,戚继光先败之于城下,继而又追击余寇,歼灭大量倭寇。其后,戚继光又在福宁大败倭寇,并与俞大猷一起最终扫清了福建境内的倭寇。

在福建境内的倭寇被平定后,广东倭患严重。俞大猷在任广东总兵前,就招收过漳州农民武装6000人,到广东之后,先后调汀、漳等地军队1.4万人到广东,其主要部分就是他在福建招收的那支队伍。到广东后,俞大猷又招募和组织农民武装力量,在抗击倭寇的战斗中获得很大成功。嘉靖四十三年(1564年),在海丰附近的战斗中,由花腰蜂领导的农民武装英勇杀敌,取得了战役胜利。至此,俞大猷领导广东军民歼灭了广东境内的倭寇,东南沿海的倭患被最后平定。

★戚继光墓

张居正辅政

ZHANG JU ZHENG FU ZHENG

张居正

张居正(1525-1584年)，字叔大，少名白圭，号太岳，湖广江陵(今属湖北)人，又称张江陵。明代政治家，改革家。

1547年，张居正中进士，由编修官至侍讲学士令翰林事。隆庆元年(1567年)任吏部左侍郎兼东阁大学士。隆庆时与高拱并为宰辅，为吏部尚书、建极殿大学士。万历初年，与宦官冯保合谋逐高拱，代为首辅。当时明神宗年幼，一切军政大事均由居正主持裁决，前后当国10年，实行了一系列改革措施，收到一定成效。他清查地主隐瞒的田地，推行“一条鞭法”，改变赋税制度，使明朝政府的财政状况有所改善；用名将戚继光、李成梁等练兵，加强北部边防，整饬边镇防务；用潘季驯主持浚治黄淮，亦颇具成效。

★青花开光花卉纹瓜棱罐·明

★张居正塑像

明王朝经过两百多年的风风雨雨，到了明世宗嘉靖年间已是百病丛生，危机四伏。那时，紫禁城里每日设坛修醮，青烟缭绕。幻想长生不死的明世宗对严嵩父子为非作歹、贪赃枉法的恶行放任纵容。在这样的时代背景下，平民出身的内阁首辅张居正被推上了历史的前台，他以其非凡的魄力和智慧，整饬朝纲，巩固国防，推行一条鞭法，使奄奄一息的明王朝重新获得勃勃生机。张居正也因其巨大的历史功绩而被后世誉为“宰相之杰”。

明穆宗在位的时候，大学士张居正因为才能出众，得到穆宗的信任。1567年，张居正以穆宗旧臣的身份，擢升为吏部左侍郎兼文渊阁大学士，进入内阁，参与朝政。同年四月，又改任礼部尚书、武英殿大学士。入阁以后的张居正深知明王朝已经积贫积弱，但要想放手改革，还会面临其他政治派的挤压。因而他还需强化自身的羽翼。

1572年，穆宗死去，年仅10岁的朱翊钧即位，是为明神宗。穆宗遗命张居正等三个大臣辅政。明神宗即位后不久，张居正成了首辅，从此独掌国家大权达10年之久。此间，张居正根据穆宗的嘱托，真的像老师教学生一样，辅导明神宗。他编了一本有图有文的历史故事书，叫做《帝鉴图说》，每天给神宗讲解。神宗看到这本书很高兴，兴致勃勃地听张居正讲解。有一次，张居正讲完汉文帝在细柳劳军的故事，就说：“陛下应当注意武备。现在太平日子长了，武备越来越松弛，不能不及时注意啊！”明神宗连忙点头称是。

又有一次，张居正讲完宋仁宗不喜欢用珠玉装饰的故事。明神宗就说：“对呀，做君王的应该把贤臣当作宝贝，珠玉有什么用呢？”张居正见神宗能说出这样的话，很高兴地说：“贤明的君主重视粮食，轻视珠玉。因为百姓靠粮食生活，珠玉这类东西饿了不能充饥，冷了不能御寒啊！”

张居正对神宗教育十分严格，神宗把张居正当作严师看待，既尊

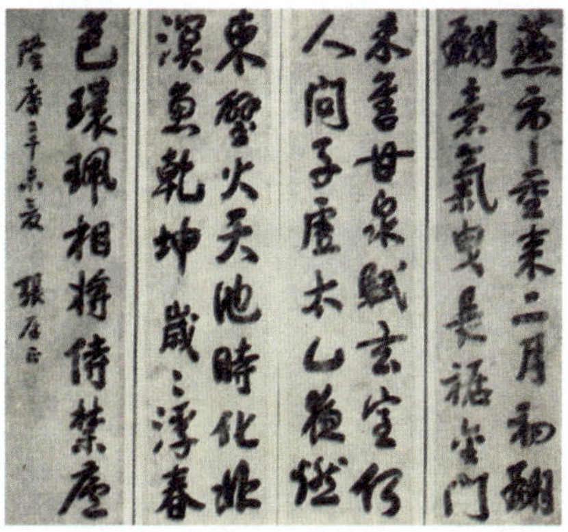

★张居正手迹

敬，又惧怕。再加上太后和宦官冯保的支持，朝政大事几乎全部由张居正做主。

张居正是明朝颇具头脑的政治家，他掌握实权以后，就大刀阔斧地在军事、政治、经济几方面着实作了一番整顿。

那个时候，沿海的倭寇虽然已经解决，但北方的鞑靼贵族还不时侵入内地，对明王朝造成很大威胁。张居正把抗倭名将戚继光调到北方，镇守蓟州（在今河北北部），戚继光在从山海关到居庸关的长城上修筑了3000多座堡垒。戚家军号令严明，武器精良，多次击败

★张居正故居

鞑靼的进攻。鞑靼首领俺答表示愿意和好，要求通商。张居正奏明朝廷，封俺答为顺义王，一面和鞑靼通商往来，一面在边境练兵屯田，加强防备。以后二三十年之间明朝和鞑靼之间没有发生过战争，边镇的百姓得以安心生产和生活。

当时，黄河年久失修，河水常常泛滥，大批农田被淹，影响农业和运输。张居正任命专治水利的潘季驯督修黄河水利工程。潘季驯修筑堤防，堵塞决口，使黄河不再泛滥，运输通畅，农业生产得到恢复和发展。

另外，此前由于朝政腐败，大地主兼并土地，逃避税收，一些豪强地主越来越富，国库却越来越穷。张居正下令丈量土地，经过清查，查出了一批被皇亲国戚、豪强地主隐瞒的土地，使一些豪强地主受到了抑制。在丈量土地之后，张居正又把当时各种名目的赋税和劳役合并起来，折合银两征收，称为“一条鞭法”。经过这种税收改革，防止了一些官吏的营私舞弊，既减轻一些百姓的负担，又增加了国家财政收入。

张居正还要求封建社会的最高统治者皇帝勒紧裤带，和大家一道过紧日子。他不仅多次向神宗提出“节用爱民”，“以保国本”，而且在皇室的奢侈性花费上，也是据理力争。1579年，神宗向户部索求10万金，以备光禄寺御膳之用。张居正上疏说：“户部收支已经入不敷用，目前支持已觉费力，若一旦有四方水旱之灾，疆场意外之变，用什么来应对？”同时，他还要求神宗节省“一切无益之费”。结果，不仅免除了这10万两银子的开支，连宫中的上元节灯火、花灯费也被废止。如此之举，使封建统治者的奢侈消费现象有所收敛。

经过张居正的大胆改革，使十分腐败的明朝政治有了转机，国家的粮仓存粮充足，足够支用10年。但是，这些改革自然触犯了一些豪门贵族的利益。他们表面不得不服从，背地里对张居正恨之入骨。就连已经长大的明神宗也对他转怕为恨。一次，神宗喝醉了酒，无缘无故把两个小太监打得半死。这件事让太后知道了，马上把明神宗找来，狠狠地责备一顿，还叫左右拿《汉书·霍光传》叫神宗读，并训斥他说：“西汉霍光辅政的时候，不是有个昌邑王刘贺即位后被太后和霍光废掉了皇位吗？现在的张居正的地位就像当年的霍光一样。”神

★明神宗像

宗听到这里，吓得浑身哆嗦，跪在地上向太后求饶。

后来，张居正做主，把一些引诱神宗胡闹的太监全部赶走，太后还让张居正代神宗起草了罪己诏（皇帝责备自己的诏书）。这件事使明神宗感受到了来自张居正的威胁和挟制，并由此对张居正产生了厌恶。

1582年，张居正病死。明神宗亲自执政，原来对张居正不满的大臣纷纷攻击张居正专横跋扈。第二年明神宗竟把张居正的官爵全部撤掉，之后又派人查抄了张居正的家。长子被拷打后自杀，其余张家子孙十几口人被关在屋子里活活饿死。张居正的改革措施被罢废，刚刚稳定的大明朝又开始在风雨中飘摇。

★张居正墓

请立储风波迭起

QING LI CHU FENG BO DIE QI

明神宗万历九年(1581 年)冬天的一天,万历帝退朝罢讲,闲步入慈宁宫。正值李太后不在宫中,万历帝正想退出宫门,偶然地遇见一位娇美秀丽的宫女,不禁顿生怜爱。这位宫女就是后来所称的孝靖王娘娘,万历帝称她为恭妃王氏。她在和万历帝发生关系后,就怀了身孕。起初,万历帝不敢让母后知道这件事,所以直到他在第二年三月,一日而娶九嫔的时候,王氏还不在其选。等到后来李太后发现了这件事,不仅没有发怒,反而因为有了抱孙子的机会,而大为高兴,所以王氏在这年七月被封为恭妃。到了八月,怀妊期满,临盆分娩,果然得一麟儿,这就是皇长子常洛。

当时宫廷内外喜气洋洋,诏告全国减税免刑,而且特派使节通知和本朝关系友好的朝鲜国王。这时万历帝已十八岁了。他早就把恭妃王氏丢在脑后,而热恋上九嫔之中的淑嫔郑氏,对这位十四岁的小女孩一往情深。郑氏之所以能赢得万历帝的欢心,主要不在于她有闭月羞花的美貌,而是由于她聪明机警,意志坚决,喜欢读书,所以符合皇帝感情上的需要。皇帝对她的热恋居然终生不渝。郑氏看透了万历帝的性格,知道他虽然贵为天子,富有四海,实质上却很柔弱,需要人给他以同情和保护。所以,郑氏对万历帝,不像别的妃嫔那样百依百顺,而是一方面毫无顾忌,敢于挑逗和嘲笑皇帝,一方而又饱含同情心地倾听皇帝的诉苦,鼓励他增强信心。据宦官们私下谈论,皇上和郑氏曾经俪影双双,在西内的寺院拜谒神佛。郑氏对皇上优柔寡断的性格感到不快,就用一种撒娇讥讽的态度对他说:“陛下,您真是一位老太太!”

★明神宗孝靖皇后王氏像

万历十四年(1586 年)正月,郑妃生下一子,取名常洵。二月,万历帝即进封郑妃为皇贵妃。大学士申时行等,认为皇长子常洛年已五岁,生母恭妃却不曾加封,而郑妃刚生皇子,即晋封册,将来不免有废长立幼的事,所以上疏请册立东宫。万历帝读了奏疏后,批示道:“皇长子尚年幼,稍待二三年,再册立未迟。”批旨发下,户科给事中姜应麟和吏部员外郎沈璟,分别抗疏,以为先立郑氏为贵妃,而不是先立王氏为贵妃,这是后来居上,本末颠倒。因此请皇上收回成命,册立皇长子为东宫。这疏一上,万历帝怒气大发,恨声道:“册封贵妃和立储是两码事,科臣怎能这样妄言诽谤朕躬呢!”当下降旨,贬姜应麟为广昌典史,谪沈璟为行人司司正。

★万历皇帝像

但是,朝廷诸臣对此事仍然议论纷纷。刑部主事孙如法,御史孙维城、杨绍程等,先后上疏,或请早日立储,或请并封恭妃。万历帝恼怒不已,将他们不是贬谪,就是夺俸。万历帝不耐其烦地召见大学士申时行,问道:“朕意并不想废长立幼,为什么奏议纷纷,一直来烦我

★万历皇帝的金丝皇冠

呢？”申时行想了想，建议万历帝下诏，命以后诸臣建言，止及所司职掌，让他们加以选择，然后上奏皇上，不得越俎，妄渎天听。万历帝这下才高兴了，命申时行当即拟旨颁发。为了这事，言官愈加激烈，你上一疏，我奏一本，不是指斥宫闱，就是攻击执政，万历帝统统置之不理。

郑贵妃既身膺殊宠，又生了一个麟儿，意中所望，当然是儿子可以立为太子，自己将来可做太后。有时宫闱侍宴，有时枕席言欢，免不得要求万历帝，请立常洵为太子。万历帝恩爱缠绵，又优柔寡断，既不敢忤逆贵妃，又不便违反公例，左右为难，只好将立储一事，暂行搁起。偏偏礼部都给事王三余，御史何倬、钟化民、王慎德，又接连奏请立储。李太后听了这些事，心里觉得实在不妥当。一天，正值万历帝侍膳，太后问道：“朝廷诸臣屡请立储，这也是应该办的事，你为什么不立皇长子呢？”万历帝回答说：“他是都人子，不便册立。”太后大怒，说：“你不也是都人子么？”说罢，投箸欲起。万历帝惶恐不安，慌忙跪伏在地，直到太后怒气渐平，方才起立。原来，当时内廷中呼宫人为都人，李太后当年也是由宫人得宠的，所以会这么说。

★宫女图·明

★《平番得胜图》(局部)，是描绘万历年间平定西北少数民族叛乱的历史画卷。

到了万历十八年(1590年)正月，皇长子年已九岁。万历帝亲御毓德宫，召见大学士申时行、许国、王锡爵、王家屏，商议立储事宜。申时行等自然奏称“立嫡以长”。万历帝的皇后王氏无子，长子就是常洛了。万历帝命内侍，宣皇子入宫，与申时行等见面。申时行等奏称皇长子龙姿风表，万历帝很是欢欣，牵着皇长子的手，抚摩叹息。

谁料这事被郑贵妃知道了，免不了对万历帝含嗔撒娇，弄得万历帝无可奈何，只好低声下气，求她息怒。郑贵妃乘机要挟，偕万历帝同到大高元殿，拜谒神明，设下密誓，约定将来必立常洵为太子。又由万历帝亲笔，写明誓言，缄封玉盒中，授与贵妃。

过了一年多，申时行等再疏请立东宫，得旨于万历二十年(1592年)春举行。到了万历十九年(1591年)冬季，工部主事张有德，奏请预备建储仪注。结果被万历帝斥退，夺俸示罚。这时申时行正因病乞假，大学士许国和王家屏商议道：“小臣尚且留心国本，力请立储，难道我辈身为大臣，能一句话也不说么？”他们就一道写了奏疏，将申时行的名字，列在前面。万历帝以有言在先，不便反悔。郑贵妃携着玉

★明神宗万历银钱

盒，在万历帝面前痛哭流涕，要他遵守神前密誓。可巧申时行上呈密揭，说：“臣正在假期，同官疏列臣名，臣实未知。”万历帝借机将许国免官。但朝中舆论纷纷指责申时行迎合上意，希图固宠。申时行不得已，只好求请解职。

到万历二十年，宫中仍无建储的消息，礼科给事中李献可上疏，特请豫教皇长子常洛。没想到他忙中有错，疏中误书弘治年号，被万历帝察出，批斥李献可违旨侮君，贬职外调。大学士王家屏封还御批，具揭申救。六科给事中孟养浩等，各上疏营救。万历帝命锦衣卫杖孟养浩一百下，削籍为民，此外一概黜退，贬斥谏官十一人。

万历二十一年(1593年)正月，王锡爵内召为大学士，仍密请建立东宫。万历帝降下手诏，说是要再等等，看王皇后是否能生嫡子，先将皇长子常洛和他的弟弟常浩、常洵并封为王。王锡爵建议，先让皇后抚育皇长子，以为权宜之

★定陵地宫中的万历皇帝宝座

计。万历帝不从，仍让王锡爵照手诏拟旨。圣旨传出，顿时举朝大哗，王锡爵也遭到群臣的指斥。万历帝万般无奈，勉强同意追还前诏。直到第二年二月，皇长子常洛才得以出阁讲学，由六位侍臣侍讲，就像东宫的礼仪一样。后来，刑部侍郎吕坤撰有《闺范图说》一书，太监陈矩买了一部，带入宫中。万历帝将这书赐给郑贵妃。郑贵妃的哥哥将这书重新增刻，开首就列汉明德马后，把郑贵妃的姓氏，也列入书中。郑贵妃还亲自为这本书撰写了序言。

到万历二十六年（1598 年）秋，郑国泰呈入《忧危竑议》一书，又名《闺范图说跋》。书中用问答体，托名朱东吉，驳斥吕坤原著。大意说《闺范图说》一书，首列马后，由宫人进位中宫，这是借此称扬郑贵妃。贵妃重刻此书，实在是预为夺嫡地步。经郑国泰推究，东吉是指东朝，而吕坤曾上过忧危的奏疏，所以借此讥讽。前不久，给事中戴士衡曾纠弹吕坤，全椒知县樊玉衡甚至胆敢纠弹贵妃，看来这书定出二人之手。万历帝一怒之下，立即将二人谪戍偏远地区，就此了案。

★定陵明神宗陵碑

万历二十九年（1601 年），皇长子常洛已经二十岁了。大学士沈一贯力陈册储和冠婚，事在必行。万历帝还在迟疑不决，郑贵妃找出玉盒来，请坚守旧约。万历帝取过玉盒，揭去封记，打开一看，吓了一大跳。原来早先书写的那封誓书，已被蠹虫蛀得七洞八穿，最让人吃惊的是，正巧把“常洵”二字，啮得一笔不留！万历帝禁不住悚然，说：“天命有归，朕也不能违天了。”这下才下定决心，立常洛为皇太子。万历二十九年十月，行立储礼。

这场立储风波，从万历十四年到万历二十九年，整整持续了十五年。

抗倭援朝

明朝万历年间，日本的国内形势发生重大变化，时任关白(丞相)的将军丰臣秀吉以武力统一了日本，结束了封建割据状态，封建经济得到恢复和发展。万历十九年(1591 年)，丰臣秀吉致书朝鲜国王，要求朝鲜做先导，和日本联合起来进攻明朝。朝鲜和明朝的关系一直很融洽，于是一面拒绝日本的无理要求，一面向明朝通报。万历二十年(1592 年)，恼羞成怒的丰臣秀吉下令进攻朝鲜，十五万日军从釜山登陆，接着就攻陷王京(今首尔)，占领开城、平壤，朝鲜国王逃到鸭绿江边的义州，并向明朝紧急求援。当年，明政府任命宋应昌为经略、李如松为东征将军，率兵入朝作战。在朝鲜军民的密切配合下，于次年收复平壤、开城，日军被迫放弃王京，退据釜山，并要求进行和平谈判。明军撤退回国。万历二十五年(1597 年)，丰臣秀吉再次调集十四万大军侵略朝鲜，明政府再派大军援救。在中朝两国军民的联合打击下，日军第二次退回釜山。次年，丰臣秀吉病亡，日本军心不稳，明军乘机发动攻势。老将邓子龙与朝鲜海军将领李舜臣率领海军在朝鲜海面与日军进行决战。战斗异常激烈，拥有 500 艘战船的日本海军全军覆没，邓子龙、李舜臣也在战斗中壮烈牺牲。日本陆军失去海军支援，只好逃回日本。至此，日本第二次侵略朝鲜以彻底失败而告终。这是中朝军民联合抗击日本侵略的伟大胜利，也是中朝友谊的历史见证。

★抗日援朝纳降图

矿税监害民激变

KUANG SHUI JIAN HAI MIN JI BIAN

从万历二十四年(1596年)开始，万历皇帝专门派出宫中的太监，负责管理开矿和征收赋税，作为皇帝自己的收入。这些派往各地的太监，称为矿使、税使，也称矿监、税监。一时间，矿、税两监遍布天下，横征暴敛，吸髓饮血，以供进奉，而使天下生灵涂炭。

矿监、税监中，最为暴虐强横的有陈增、马堂、陈奉、高淮、梁永、杨荣等人。陈增开采山东矿砂，兼征东昌赋税。他纵容手下程守训等人，大作奸弊。他们假称奉密旨搜求金宝，募人告密，诬陷大商巨室家私藏违禁物品，先后抄灭了一百多家，杀了许多人。直到万历三十三年(1605年)陈增死，肆毒山东达十年之久。

马堂任天津税监，兼辖临清。他刚到天津，地方上的流氓无赖就纷纷投靠他，聚集了几百人。这些人大白天手提镣铐，在城里城外横冲直撞，随便抓人，籍没百姓的财产。他们还定下了一个荒唐的规矩：凡是仆人告发主人的，就将主人的财产赏赐他三分之一。这样一来，天下大乱，稍稍有点家产的人家，都被折腾得家破人亡。天津城里的市民被激怒了，举行了大规模的罢市斗争。一万多名市民群众，纵火焚烧了马堂的公署，杀了他的党徒三十七人。这场事变报告到朝廷，万历帝诏令逮捕首恶，株连了很多人。有一位名叫王朝佐的市民，挺身而出，说：“我是带头的，要杀就杀我，不必牵连无辜！”结果，王朝佐被判处死刑，临刑时从容自如，神色不变。事后，知府李士登抚恤王朝佐的母亲和妻子，市民为他立了祠堂，表示纪念。

万历二十七年(1599年)，太监陈奉应命前往荆州(今湖北江陵市一带)，专征店税，兼采兴国州(今湖北阳新县一带)矿洞丹砂，还顺带着管理钱厂铸钱事宜。陈奉身兼数使，经常假托巡视地方，动不动就鞭笞官吏，抢劫行人，无恶不作，商人百姓对陈奉恨之入骨。一次，等他从武昌前往荆州时，百姓聚集了数千人，在途中拦住他，鼓噪斥骂，纷纷投掷瓦片石头打他。陈奉侥幸走脱，立即上奏襄阳、黄州、荆州等地的官府，煽动官员派兵抓捕百姓，结果有不少无辜的百姓被逮捕。

★明世宗父亲朱祐杬显陵

兴国州地痞漆有光，诬称居民徐鼎等人，私掘唐朝宰相李林甫妻子杨氏的坟墓，得黄金数以万计。腾骧卫百户仇世亨奏闻朝廷，万历帝立命陈奉收括进内库。陈奉立刻逮捕了徐鼎等人，严刑拷打，勒令交出万两黄金，他又乘机到处发掘古墓，搜刮钱财。巡按御使王立贤上疏，说：“徐鼎等人挖掘的是元人吕文德妻的坟墓，不是李林甫之妻的坟墓。奸人妄奏，语多不实，请停止责偿，更请停止随处开掘坟墓。”可是，万历帝对此毫不理睬，任凭陈奉肆行搜刮。陈奉到武昌以后，妄称“千岁”，恫吓官府百姓。他的党徒们经常随便闯入民家，奸淫妇女，甚至把妇女抓到税监署中，任意凌辱。

万历二十八年(1600年)十二月，有诸生的妻女被陈奉所辱。武昌百姓忍无可忍，有一万多人起来示威游行，不杀陈奉，誓不罢休！幸有抚按三司加以调解，民变才稍稍平息。接着，汉口、黄州、襄阳、宝庆、德安、湘潭等处，先后发生了十几起民变。陈奉仍旧仗着权势，为所欲为。在谷城开矿，得不到什么，就要挟知县捐献库金，被县民群起驱逐。兵备佥事冯应京劾奏陈奉，反而被降职。陈奉又开枣阳矿，知县王之翰阻止他。陈奉当即劾奏，京中派出缇骑，捉走王之翰，连冯应京也被捕入京。冯应京在武昌有惠政，成百上千的百姓号哭着护送他。陈奉又列冯应京的罪状，张榜于通衢大道，想借此威吓百姓。

万历二十九年(1601年)三月，引起武昌百姓公愤，百姓誓必杀陈奉，团团围住陈奉的公署。陈奉狼狈地逃到楚王府中，躲藏起

★被陈奉盗掘过的明世宗父亲朱祐杬显陵前尚存的明代石刻

来。百姓抓住陈奉的党徒耿文登等十六人，投进长江。又因为巡抚支可大袒护陈奉，放火烧了他的辕门。事情闹得这么大了，万历帝迫不得已，方才召陈奉回京。陈奉临走时，携带金宝财物数以万计。支可大担心途中被百姓劫掠，派了许多卫兵，一路护送他回京。

税监高淮前往辽东（今山东北部）采矿征税，搜刮士民财物数十万还不算，他还动不动就诬告士子和官吏，抓了几十名士子下狱，打死指挥张汝立，诬劾总兵马林等人。万历三十一年（1603年）夏，高淮率领家丁三百多人，打着飞虎旗，击鼓震天，声言要入京晋见皇帝，擅自住在广渠门外。吏部尚书李戴、刑部尚书萧大亨等人，都劾奏高淮擅离信地，挟兵扰乱京师，是数百年未有的事。高淮反而上疏自称，说是"镇守关务"。兵部奏明高淮妄言不实。万历帝却一味袒护高淮，居然撒谎说："这是朕的旨意。"高淮有恃无恐，召募了很多亡命之徒，时时出塞射猎，颁发黄票龙旗，耀武扬威。他还派人前往朝鲜，索取冠珠貂马。山海关内外，都受到他的毒害骚扰。

万历三十六年（1608年）四月，由于高淮肆意扣除军士月粮，前屯卫军束装鼓噪，发誓要生吃了高淮。六月，锦州、松山也发生兵变，高淮这下才害怕了，慌忙灰溜溜地逃回京城。

梁永为陕西税监，本来不管军务，却私自畜马五百匹，招致亡命之徒，组成卫队，出入边塞。富平知县王正志，因劾奏梁永的不法行为，反而被逮入诏狱，死于狱中。渭南知县徐斗中，因为不愿贿赂梁永，被迫自杀。万历帝命梁永和巡抚贾待问会勘，梁永恶人先告状，反而诬陷贾待问。梁永乘机奏请，兼镇守职衔，又请率兵巡视花马池、庆阳等地的盐池，征收盐税。这样一来，梁永就得以率领他的卫队，声势煊赫地巡行陕西。他们到处发掘历代陵墓，搜括金玉财宝，还到处抢劫掠夺，所到之处，官吏闻风而逃。梁永在各地征收的赋税，往往超过定额数倍。梁永又听信奸人胡奉的话，向咸阳县索取冰片五十斤、羊毛一万斤、麝香二十斤。咸阳知县宋时际抗拒梁永，咸宁知县满朝荐逮捕偷盗的税使吏。梁永反而诬陷他们抢动税银，宋时际被捕，满朝荐降职。后来因为引起秦地百姓的愤怒，纷纷图谋要杀梁永，万历帝才将梁永撤回。

云南税监杨荣的横行不法，比起上述诸人来，真是有过之而无不及。杨荣妄奏阿瓦猛密等少数民族部落愿意归附明朝，他们的辖地里有宝井，每年可开采金银数十万。他请皇帝赐敕书，让他统领开矿事宜，皇帝答应了。后来，杨荣开矿所得，不足原先奏称数目的十分之一，他就诬陷知府熊铎，说熊铎侵夺隐匿金银，把熊铎逮捕下狱。杨荣又上疏，请诏令丽江土知府木增献地，以便采矿。还诬劾各府州官，逮捕关押了许多官吏。百姓们对杨荣切齿痛恨，纵火烧了税厂，杀死税官张委民。杨荣恼羞成怒，抓了数千人，全部用酷刑拷打致死。又拷打指挥使樊高明，割断他的筋脉，枷榜示众，还扬言说，如果不老老实实听从他的命令，将把六卫官都抓起来，这下可激怒了云南军民。万历三十四年（1606年），指挥贺世勋等人，率领备受冤屈的百姓数万人，焚烧了杨荣的住宅。他们杀了杨荣，把他的尸体投进烈火中，烧化了以后，扬灰于金沙江。另外，杀死了杨荣的党徒二百多人。万历帝听说这事，大为震怒，竟然拒绝吃饭，宣称："杨荣算不了什么，我痛心的是乱民犯上作乱，把国家法律的尊严置于何地？"

此外，如江西矿监潘相，苏杭织造太监孙隆，福建税监高寀等等，无不荼毒百姓，激起民变。

万历三十年（1602年）正月，万历帝染病沉重，奄奄一息，忽然良心发现，后悔开矿收税，骚扰天下。万历帝特地召见了大学士沈一贯，对他说："朕因为宫殿没有筑成，才派出矿、税各监，大家都反对。现在可以停止了，派出的太监一律撤回，得罪诸臣，令复原官。请卿立即执行！"沈一贯叩首趋出，连忙拟旨进上。半夜时分，太监送出皇帝的谕旨。可是到了第二天，皇帝清醒过来，立刻派太监出宫，追取前谕，请速缴还。沈一贯最初还鼓起胆量拒绝，但太监连称奉旨追索，他只好缴回谕旨。直到万历帝归天，矿税监方才得以罢免。

★西方三圣像·明

努尔哈赤建金反明

NU ER HA CHI JIAN JIN FAN MING

努尔哈赤

努尔哈赤(1559-1626年),姓爱新觉罗,号淑勒贝勒,出生于建州左卫苏克素护部赫图阿拉城(辽宁省新宾县)的一个满族奴隶主的家庭。明万历十一年(1583年),努尔哈赤不屈奋起,以父、祖遗甲十三副起兵,"自中称王"。他率领八旗子弟转战于白山黑水之间,临大敌不惧,受重创不馁,以勇捍立威,受部众拥戴,历时30多年,统一女真各部,推动了女真社会的发展和满族共同体的形成。万历四十四年(1616年),在赫图阿拉建元称汗,国号大金(史称后金)。努尔哈赤兵势渐强,势力日增,万历四十六年(1618年)以"七大恨"祭天,誓师征明,开始了为清王朝的建立艰苦创业。1624年,与明将袁崇焕在宁远交战中,大败而回并受伤,于天命十一年(1626年)八月死去,葬于沈阳城东。

★努尔哈赤像

在明朝后期,建州女真首领努尔哈赤以赫图阿拉为据点,逐步统一了女真各部。1616年,努尔哈赤建立了后金。此后,他筑城池、定法律、设大臣、理诉讼、建立八旗制度。八旗制度不光是行政体制,同时也是生产组织、军队的编制,战时为军、平时为民,这种制度既促进女真的社会发展,同时也巩固了努尔哈赤的统治地位。

★努尔哈赤雕像

努尔哈赤系女真部落爱新觉罗氏,他自幼聪明非凡,尤其善于弓箭,鲜有对手。由于努尔哈赤母亲早逝,继母对他远不如亲母慈爱,所以努尔哈赤从小就养成了独立、自强的性格。自10岁起,他为了生活,时常与弟弟上山采集松子和人参,到汉人的市集去卖,因此逐渐受到汉文化的影向,学会说汉语、识汉字。

鉴于采集和销售山货不仅能锻炼体魄,增强意志,还能在与汉人交往中学到很多知识和智慧,因而努尔哈赤便经常出入于山林和抚顺、清河(今本溪北清河城)等地之间,边经商,边研读《三国演义》及《水浒传》,从中学习韬略兵法,也渐知辽东的山川地理和风土人情。十八九岁的时候,努尔哈赤投到明朝总兵李成梁的帐下,因屡立战功,很受器重。

1583年,明朝准备进攻努尔哈赤的远房亲戚。祖父觉昌安、父亲塔克世得到消息后,便前往建州,出面进行调解。不料,当众人进入城中商量对策的时候,叛徒尼堪外兰趁黑夜将明军引入城中,毫无防备的守军全军覆没,祖父觉昌安、父亲塔克世也未能幸免于难。

努尔哈赤质问明朝,明朝以误杀为名交还了祖父和父亲的遗体,并给予了赔偿,但努尔哈赤还要求明朝交出叛徒尼堪外兰,却未得到允许。

★努尔哈赤福陵

努尔哈赤将家仇归罪于图伦城城主尼堪外兰,他满腔悲愤回到家里,翻出了他父亲留下的13副盔甲,分发给他手下兵士,向图伦城进攻。努尔哈赤英勇善战,尼堪外兰抵敌不住,狼

★明朝骑兵

狈逃走。努尔哈赤攻克了图伦城，继续追击，趁机又征服了建州女真的一些部落。尼堪外兰东奔西窜，最后逃到了鄂勒珲（今齐齐哈尔附近），请求明军保护。努尔哈赤随后追到那里，向明军索要尼堪外兰，明军怕引起征战，不得已交出了尼堪外兰，努尔哈赤当即将其斩首。

1593 年，叶赫部联合了女真、蒙古等九个部落，结成联盟，合兵三万，分三路进攻建州女真。努尔哈赤听到九部联军来攻，事先做好迎战的准备。他在敌军来的路上，埋伏了精兵；在路旁山岭边，安放了滚木石块。一切安排妥当后，他安安稳稳地睡起觉来。他的妻子看了很着急，把他推醒，问道："九部兵来攻打，你怎么睡起觉来，难道你真的被吓糊涂了？"努尔哈赤笑着说："如果我害怕，就是想睡也睡不着。"

第二天，建州派出的探子回报敌兵人数众多，将士们听了也有点害怕。努尔哈赤向大家解释说："别害怕，现在我们占据险要地形，敌兵虽然多，不过是乌合之众，一定互相观望。如有哪一个领兵先攻，我们就杀他一二个头目，不怕他们不退。"

九部联军到了古勒山下，建州兵在山上严阵以待，先派出百余骑兵挑战。叶赫部一个头目冲来，马被木桩绊倒，建州兵上去把他杀了，另一头目看到这情景也吓昏过去。九部联军没有统一指挥，四散逃窜，努尔哈赤乘胜追击，击败了叶赫部。此后，努尔哈赤东征西讨，并在复仇中不断壮大了自己的队伍。

1595 年，明朝以努尔哈赤守边有功，封他为"龙虎将军"，他成为建州女真唯一受此殊荣的首领。不久，他统一女真各部，结束了长期分裂割据的局面。他在统一女真的同时，在牛录（一种编制，每牛录为 300 人）的基础上创建了"八旗"制度，以旗统人，以旗统兵，出则备战，入则务农。1613 年，他在赫图阿拉（今辽宁新宾附近）称汗，建立后金，号"天命"。

1618 年 3 月，他以建马厩为掩护，修造器械和攻城用具。4 月，颁布训练兵法，提出"用兵则以不劳己，不顿兵，智巧谋略为贵"的战争理论。发布斥责明军"害我祖、父"、"逞兵越界"等"七大恨"檄文，公开向明朝宣战。

努尔哈赤采取集中优势兵力打歼灭战的战略方针，首先突袭明辽东重镇抚顺，诱胁守将李永芳出降，班师途中全歼明总兵张承胤部近万人。7 月，攻克清河堡（今抚顺东南），杀守将邹储贤以及军民万余人，使明朝大为震骇。

1619 年 3 月初，在萨尔浒之战中，努尔哈赤采取"凭你几路来，我只一路去"之策，亲率八旗军迎战明军约 11 万人，先后大破明军杜松、马林等部，歼灭明军约 6 万人。萨尔浒一战的胜利，奠定了以后取胜的基础。随后，努尔哈赤破开原、取铁岭、迁都辽阳，最后把都城又迁到沈阳。1624 年正月，努尔哈赤率军约 6 万（号称 13 万），西渡辽河攻明，在宁远之战中被明将袁崇焕大炮击伤，他忿恨退还沈阳。1626 年 9 月 30 日，因受炮伤恶化，不治而亡。

★努尔哈赤的议政大殿

★八旗军军旗样式

萨尔浒之战

SA ER HU ZHI ZHAN

1618 年 4 月，后金主努尔哈赤趁明神宗不理朝政，边备废弛之即，以“七大恨”诏告天下，向明王朝公开宣战。旋即，便向驻辽东的明军发起了猛攻。抚顺守将李永芳见后金军势盛，未作抵抗便竖起了降旗。后金军俘获了人口、牲畜 30 万。明朝的辽东巡抚派兵救援抚顺，也被后金军在半路上打垮。努尔哈赤命令毁了抚顺城，带着大批战利品回到赫图阿拉。

随后，努尔哈赤又率兵攻占了东州、马根丹等城。两个月后，又接连攻占了抚安、鸦鹘关、清河诸城。明朝接得连连战报，一时惊慌无措。最后，明神宗派杨镐为经略率 10 万大军，分兵四路，迎战努尔哈赤军。

1619 年 2 月，山海关总兵杜松领兵 3 万人为西路军，经浑河两岸入苏子河谷进攻赫图阿拉；辽东总兵李如柏领兵 2.5 万人为南路军，由清河出鸦鹘关，从南面攻击赫图阿拉；辽阳总兵刘铤领兵 2.5 万人为东路军，以宽甸直接攻打赫图阿拉；开原总兵马林率 1.5 万人为北路军，从开原经三岔口，在北面进攻赫图阿拉。同时杨镐大造声势，号称 47 万大军。努尔哈赤则动员所有八旗子弟 6 万余人参战，同时采取“任你几路来，我只一路去”的作战原则，首先集中了优势兵力，将杜松及其所部的 3 万人消灭在今辽宁新宾西北一带。

★萨尔浒战役遗址

★赫图阿拉城的北城门，由土、石、木杂筑而成，也是努尔哈赤的阅兵台。

杜松是一员身经百战的名将。从抚顺出发的时候，天正下着大雪，杜松想抢头功，不管气候恶劣，急急忙忙冒雪行军。他先攻占了萨尔浒（今辽宁抚顺东）山口，接着分兵两路，把一半兵力留在萨尔浒扎营，自己带了另一部精兵攻打后金的界藩城（今新宾西北）。

努尔哈赤一看杜松分散兵力，心里暗暗高兴，他集中八旗的兵力，一口气攻下萨尔浒明军大营，截断了杜松的后路。接着，又急行军援救界藩。正在攻打界藩的明军，听到后路被抄，军心动摇。驻守在界藩的后金军见援兵赶来，猛地从山上扑向明军，把杜松军杀得七零八落。努尔哈赤率领大军赶到，把明军团团围住。杜松左右冲杀想要突围，突然一箭飞来，正射中他的面门，杜松落马而死，所率明军瞬间即溃。

★萨尔浒大战时使用的明军铁炮

★努尔哈赤天命元年(1616 年)所铸造的天命通宝

努尔哈赤借着这股锐气，又马不停蹄，于萨尔浒北 30 多里的尚间崖与明军的北

★赫图阿拉故城

路军马林所部展开了激战。马林早已得到杜松兵败的消息，他吓得急忙转攻为守，就地依山扎下营垒，挖了三层壕沟，准备防守。但最终还是被八旗的铁骑攻开了防线，仅他本人逃回了开原，所部1.5万人全部被歼。

东西两路大军的惨败已经使杨镐坐卧不安，近5万大军损失殆尽，又使杨镐对金军产生了惧怕的心理，于是他急令东路军刘铤不准与后金军接战，但为时已晚。此时，刘铤所部已被努尔哈赤用计诱至他的包围圈，尽管刘铤是一员猛将，但终没敌过由代鄯指挥的八旗劲族，刘铤于激战中被杀，东路军也全军覆没。

三路兵败，已由不得杨镐多想，他急召南路军李如柏速速撤军，这才脱离了全军覆灭的险境。历时5天的萨尔浒之战终以后金的胜利而告结束，后金也由此掌握了军事上的主动，为他们最后入主中原迈出了关键的一步。

萨尔浒之战后，明朝大伤元气，后金步步进逼，过了两年，努尔哈赤又率领八旗大军，接连攻占了辽东重要据点沈阳和辽阳。1625年3月，努尔哈赤把后金都城迁到沈阳，把沈阳称为盛京。

★普觉寺(原称关帝庙)，始建于明万历四十三年(1615)，是清代第一座关帝庙，是赫图阿拉城现存的主要古建筑群之一。它反映了满族人的宗教信仰与建筑艺术、绘画艺术、雕塑艺术特征与文化内涵，有较高的历史、科学、艺术价值。

萨尔浒之战的起因

在峰峦叠翠、烟波浩渺的辽宁大伙房水库的东南隅，有一座突起的山峰，其东与大道砬子、二道砬子相连，北隔浑河与铁背山、界藩山遥相呼应，这就是历史上的名山——萨尔浒山。萨尔浒为满语，其汉语意为木橱，即形容山上的森林十分繁茂。萨尔浒城因建在萨尔浒山上而得名。

明万历年间，建州女真族内部各部之间相互倾轧，浑河部图伦城主尼堪外兰，暗结明辽东总兵李成梁，袭杀了努尔哈赤的祖父觉昌安、父亲塔克世。努尔哈赤发誓为祖父、父亲报仇。1583年春，努尔哈赤与萨尔浒城主诺米纳等结盟，约定共同起兵讨伐尼堪外兰。到了5月，努尔哈赤按时起兵，但诺米纳却违背盟约，不仅没有出兵，还泄漏了起兵日期。努尔哈赤愤怒至极，一举杀死了诺米纳及其弟弟奈喀达，攻克了萨尔浒城。

1618年，努尔哈赤发布“七大恨”告天，先后攻下抚顺、东州、马根丹等城。并且兵骑横排百里，剽掠小堡、庄屯500余处，掳获人口、牲畜30万。抚顺失陷，损兵折将，明朝举朝震骇，他们慌忙调兵遣将，准备进攻赫图阿拉城。由此，发生了著名的萨尔浒大战。

★萨尔浒风光

迫害东林党的冤狱

PO HAI DONG LIN DANG DE YUAN YU

明神宗自张居正死后，竟28年不临朝听政，还大言不惭地说，天下无一时可忧之事。衙门内严重缺员，而候补的官员却又得不到提升，以至于终生候补。因此后人评论“明之亡，不亡于崇祯之失德，而亡于神宗之怠惰”。1620年，这位在历史上懒惰出名的皇帝病逝，传位于太子朱常洛。

朱常洛即位后，进行了一系列革除弊政的改革。他用皇室的财物犒劳边关将士，虽然杯水车薪，却也是万历朝难得一见的。他罢除了万历朝的矿税，这种税收曾一度使民不聊生，民变迭起。同时又拨乱反正，将由于进谏而得罪皇帝的言官全都释放，官复原职。面对万历中后期官员严重不足的情况，朱常洛重振纲纪，提拔了一批新的官吏，补足了缺额，使朝政有了些起色。但是，朱常洛却是个短命的皇帝，即位仅一个月便病逝。

此后，年仅16岁的朱由校即位，是为明熹宗，又称为天启皇帝。

★明熹宗朱由校像

★明毅宗朱由检像

明熹宗是个“木匠天才”，喜欢刀锯斧凿油漆的工作，“朝夕营造”，“每营造得意，即膳饮可忘，寒暑罔觉”。他曾亲自在庭院中造了一座小宫殿，形式仿乾清宫，高不过三四尺，却曲折微妙，巧夺天工。当“木匠皇帝”为自己的创造沾沾自喜的时候，一个出身于市井无赖，为赌债所逼而自阉入宫的太监魏忠贤却总是乘他做木工做得全神贯注之时，拿重要的奏章去请他批阅，熹宗时常随口而出：“朕已经知道了！你们拿主意就是了。”于是，魏忠贤得以专擅朝政，并趁此机会排挤东林党人，让自己的亲党逐渐掌握了内阁、六部。

★东林书院内景

宦官专权，倒行逆施，引起了东林党人的强烈不满。继而以清流自许的东林党人同以魏忠贤为代表的“阉党”进行了一系列的争斗。此前，东林党人左都御史杨涟、佥都御史左光斗曾不失时机地接近朱由校，以期朱由校侧重于东林党人，提高东林党人在朝中的地位，以便有所作为。但朱由校当时心无城府，倾向不明。而大太监魏忠贤却摸清了朱由校生活上依赖他的奶娘的习惯，并凭借与朱由校的奶娘易于接触的方便条件，而很快得到了皇帝的宠信，并掌握了东厂。

1624年，杨涟上书弹劾魏忠贤“二十四大罪”，企望这次能除掉阉贼，群臣中另有上书100起，抨击魏忠贤。但面对朝堂上大臣们的慷慨陈词，这个天启皇帝却无动于衷，毫不理会，使魏忠贤得以幸免。魏忠贤从此便大发淫威，寻机打死了弹劾他的朝臣万燝，并杖责首辅叶向高和御史林汝翥。同时，他们编造了《东林点将录》，将《水浒传》中起义将领们的绰号都加到东林党人的头上，进行大肆围捕，其中杨涟、左光斗、黄遵孝等大批东林党人被冤杀。杨涟死状极其惨烈，铁钉从耳部钉入，然后再用土袋压在身上，最后，仅用血衣裹置于棺中。

那一时期，魏忠贤一呼百应，呼风唤雨，只要有人议论他的奸恶，就会被东厂的人抓住处死，甚至剥皮割舌。魏忠贤等一班阉党的倒行逆施已到了令人发指的程度，而明熹宗却视而不见，充耳不闻，还听信魏忠贤的谗言，下令拆毁天下所有的书院，停止讲学，以压制舆论。

1627年，年仅23岁的糊涂皇帝朱由校一命归天，其弟朱由检即位，是为崇祯皇帝。崇祯皇帝早知魏忠贤奸邪，便不准魏忠贤辞职归乡，及至有人上书弹劾魏忠贤，他便连下谕旨，捉拿魏忠贤及其所有阉党，魏忠贤惧罪自杀，余党或斩或充军，迫害东林党的冤狱至此得以昭雪。

★白釉黑花缸·明

★杨涟雕像

★杨涟墓

东林党

东林党，明代晚期以江南士大夫为主的政治集团。万历三十二年(1604年)，被革职还乡的顾宪成在常州知府欧阳东凤、无锡知县林宰的资助下，修复宋代杨时讲学的东林书院，与高攀龙、钱一本、薛敷教、史孟麟、于孔兼及其弟于允成等人，讲学其中。在"讲习之余，他们往往讽议朝政，裁量人物"，其言论被称为清议。朝士慕其风者，多遥相应和。这种政治性讲学活动，形成了广泛的社会影响。"三吴士绅"、在朝在野的各种政治代表人物、东南城市势力、某些地方实力派等，一时都聚集在以东林书院为中心的东林派周围。时人称之为东林党。

明神宗朱翊钧统治后期，宦官擅权，倒行逆施，政治日益腐化，社会矛盾激化。针对这一现象，东林党人提出反对矿监税使掠夺、减轻赋役负担、发展东南地区经济等主张。他们还主张开放言路、实行改良等针砭时政的意见，得到当时社会的广泛支持，同时也遭到宦官及各种依附势力的强烈反对。

"风声雨声读书声声声入耳；家事国事天下事事事关心。"这是明朝东林书院在依庸堂题挂的一幅楹联。那时，东林党人言人议事，针砭时政，对明王朝政治日益腐化起到了一定的扼制作用，可以说这幅楹联是东林党人在当时的真实写照。

★铜瑞兽香熏·明

袁崇焕大战宁远

YUAN CHONG HUAN DA ZHAN NING YUAN

★袁崇焕像

当魏忠贤的阉党大肆迫害东林党人的时候，后金大汗努尔哈赤正连续不断地向辽东的明军采取攻势，萨尔浒战役的失败，已给明王朝文臣武将的心里留下了阴影，因而面对来势汹汹的后金铁骑，谁也不肯踏前一步。朝廷只得派了老将熊廷弼出关指挥辽东军事。

熊廷弼是一位很有才能的将领，可是担任广宁(今辽宁北镇)巡抚的王化贞却认为熊廷弼出关，影响了他的地位，于是不听节制，千方百计阻挠熊廷弼的指挥。1622年，努尔哈赤向广宁进攻，王化贞带头逃进关内。熊廷弼见自己孤军无法抵御，只好保护一些百姓也退到关内。

广宁失守，罪在王化贞，但明王朝不分青红皂白，把熊廷弼和王化贞一起打进大牢。魏忠贤趁机向熊廷弼敲诈勒索，要熊廷弼拿出四万两银子，才免他死罪。熊廷弼为人清正，无钱赎命，遂被阉党诬陷贪污军饷而处死。

此时，努尔哈赤的后金军已占据了辽东重镇沈阳，辽西部分军事要地也已被其分兵据之，而朝中竟不知何以为御。兵部主事袁崇焕主动请缨说："只要给我人马军饷，我能负责守住辽东。"一些朝廷大臣正被后金的攻势吓破了胆，听袁崇焕自告奋勇，也都赞成让袁崇焕去试一试。明熹宗批准给他20万饷银，要他负责督率关外的明军。

袁崇焕的青年时代，正值明王朝统治日趋腐朽之际，有感于国家的衰败，他自幼通读兵书，学习用兵救国之术。他中进士后授职福建邵武知县，但仍对东北边境的战况非常关心，常常同一些曾经卫戍辽东的退役将卒讨论辽境的地理和防御状况，向往有一天自己能投笔从戎。天启二年(1622年)正月，袁崇焕奉例入京朝觐，御史侯恂慧眼识英雄，荐袁崇焕为兵部职方主事，负责镇守山海关。

★金地缂丝孔雀羽龙袍·明

袁崇焕刚到任所，便深夜单骑出关了解地形，并就此提出了"若保关内，必保关外，若保关外，必保宁远(今辽宁兴城)"的主张，受到兵部尚书孙承宗的赞许。宁远是辽东通往关内的咽喉，山海关的屏障。袁崇焕马上组织人力修筑宁远城，他督率军民修缮边镇，第二年即告完工，宁远遂为关外重镇。关外汉人蜂拥来投，城内一时人口大增。此后，在兵部尚书孙承宗的大力支持下，袁崇焕恢复锦州、右屯等军事重镇，使明朝的边防从宁远

★宁远古城

向前推进了200里，基本上收复了天启初年的失地。袁崇焕还采取“以辽土养辽人、以辽人守辽土”的政策，鼓励百姓恢复生产，重建家园。同时，注意整肃军队，严明号令，大大提高了军队的战斗力。

★五彩葵口碗·明

1625年9月，孙承宗受阉党魏忠贤的攻击被撤职，由阉党高第经略辽东，致使军心动摇。10月，袁崇焕抵制辽东经略高第之命，拒绝将军队撤往关内，率部留守宁远。

1626年正月，努尔哈赤率后金大军13万，西渡辽河，相继攻陷明军城堡，直抵宁远城。袁崇焕身先士卒，中矢负伤却仍然力战，使将士为之感动，均奋力拼杀。努尔哈赤也亲自督战，但数次攻城都被打退，苦战三日，伤亡万余人，努尔哈赤也被红夷炮所伤，被迫撤回沈阳，至7月不治而亡。

宁远大捷后，袁崇焕改任右佥都御史、辽东巡抚兼兵部侍郎。此后，他又率军相继收复高第所弃的关外故土。

努尔哈赤死后，皇太极继位。

★袁崇焕墓

1627年5月，皇太极挥戈西进，直抵锦州，将锦州城四面合围。袁崇焕率明将赵率教、祖大寿、尤世禄浴血奋战，明军渐占上风。此时，皇太极分兵攻打宁远。袁崇焕派将驰援，并在战斗中大量杀伤敌人。皇太极见宁远不能攻克，又调转军队再次集中兵力攻打锦州，锦州军民奋力激战，将其击退，皇太极不得已撤军而去。袁崇焕再获“宁锦大捷”，因功升至辽东巡抚，但此后因受奸臣魏忠贤的排挤而被迫弃职。

1628年，崇祯即位后，袁崇焕被重新起用为兵部尚书，兼右副都御史，督师蓟辽、登莱、天津军务，镇守宁远。1629年，皇太极亲率大军避开袁崇焕的防区，攻下遵化，直逼北京城下。袁崇焕闻讯率部星夜驰援京师，获广渠门、左安门大捷，力解京师之危，以后皇太极未敢再犯京师。但昏庸的崇祯帝却听信阉党余孽的谗言，中了皇太极的反间计，反而认为皇太极兵临都城是袁崇焕与其内外勾结所致，并将袁崇焕逮捕下狱。

1630年，袁崇焕被施以磔刑（分裂肢体），屈死于北京西市。其部下佘义士深明大义，“夜窃督师尸”，葬于北京崇文门东花市斜街，即原广东义园，并为其世代守墓至今。1782年，即乾隆四十七年，清初设馆修《明史》时，清政府才为昔年强悍的对手披露出当年反间计的内幕，使袁崇焕一案的真相大白于天下，千古奇冤得以昭雪。此后，袁崇焕被誉为“明朝第一将军”。

袁崇焕

袁崇焕(1584-1630年)，字元素，号自如，广东东莞人，明朝杰出的军事家、政治家和文学家。

明朝万历四十七年(1619年)中进士，任福建邵武知县。1622年(天启二年)，任兵部职方司主事。同年单骑出关考察关外，还京后自请守卫辽东，筑古宁远城(今辽宁兴城)卫戍。1626年(天启六年)清太祖努尔哈赤攻宁远城，受炮伤而死，袁崇焕因功升至辽东巡抚，终因不附魏忠贤，被其党所劾去职。

熹宗死后，思宗即位，魏忠贤被诛，朝臣纷纷请召袁崇焕还朝。

崇祯元年(1628年)七月，思宗召见袁崇焕。袁崇焕慷慨陈词，计划以五年复辽，并疏陈方略，皇帝大喜，赐袁崇焕尚方宝剑，督率辽东明军。崇祯三年(1630年)八月，袁崇焕被冤杀。

★袁崇焕雕像

闯王李自成

CHUANG WANG LI ZI CHENG

1627年，由于明朝政治紊乱，“党争”激烈，苛税繁多，加上自然灾害频繁，加剧了城市工商业和手工业者的破产，加重了农民的负担，导致了民怨沸腾，各地的反官府反税吏的斗争此起彼复，农民起义也风起云涌。是年，饥民王二首先在陕北澄县举行了起义，接着高迎祥、张献忠所领导的农民大起义也轰轰烈烈地展开。这一年，由高迎祥等领导的农民起义军势如破竹，攻克了明朝的发祥地安徽凤阳，放火烧毁了朱元璋父母的陵寝，引起了朝廷的恐慌，派洪承畴调集兵马进行围剿。在陕西的一场恶战中，“闯王”高迎祥被俘牺牲，李自成被拥戴为新“闯王”，由他继续指挥战斗。

李自成于1629年加入到高迎祥领导的起义军行列，他作战勇敢，有胆有识，很快就成了高迎祥所器重的“闯将”。高迎祥牺牲后，李自成率起义军采取声东击西，避实击虚的战法，连下阶州（今甘肃武都）、陇州（今陕西陇县）、宁羌（今陕西宁强）。随即兵分三路入川，于昭化（今广元西南）、剑州（今四川剑阁）、绵州（今四川绵阳）屡败明军，击杀明总兵侯良柱。

★位于陕西省米脂县的李自成行宫

1637年冬，李自成率军围攻成都多日未克，后率军分道返陕。在移师潼关南原时，遭到明军的伏击，起义军被明军重重包围，伤亡惨重，李自成只带走了18名将士。而另一支由张献忠领导的起义队伍，在明军的围追堵截下，接受了朝廷的招安，起义军斗争的形势一下转入了低潮。

★明末农民起义示意图

1639年，中原地区大旱，饥民川流不断，饿死的人随处可见。张献忠重举义旗，冲破了明军的重重包围，打乱了明军的围剿计划，攻克了襄阳，杀了襄阳王朱翊铭。“闯王”李自成此时也已积蓄了力量，指挥人马冲出了商洛山，并打着“均田免粮”的口号，一路拼杀，攻克了洛阳，杀了福王朱常洵。

1643年10月，李自成先后攻克襄阳和西安，并建立了农民政权，国号为“大顺”。与此同时，张献忠攻武昌、克长沙、进四川，并建立了“大西”政权。

1644年2月，李自成所率的百万起义军开始北伐。在攻占了太原后，兵分两路，以偏师出河北，牵

★李自成墓

制南方的明军。“闯王”自带主力经太原、大同、宣府，直抵北京城下。3月19日，起义军攻克了北京城，崇祯皇帝绝望中杀死幼女、嫔妃数人，然后吊死在万寿山上（今北京景山，也称煤山）。

明朝灭亡后，李自成及其起义的将领被眼前的胜利冲昏了头脑，他们没有继续追剿明朝的残余势力，招抚散兵降将，也未觉察清军在关外蠢蠢欲动的态势，及至与明朝设在山海关的总兵吴三桂交锋时，被突然出现的清军打个措手不及，被迫放弃了已实现的政权，而再次使起义跌入低谷。

李自成在进入北京之前，曾命吴三桂的父亲作书劝吴三桂投降，吴三桂也已有所动作，但在降军回京的路上，吴三桂得知起义军将领刘宗敏夺了他的爱妾陈圆圆，便怒而复叛，挥军打败了前来驻防山海关的起义军，随后投降了清军。

1644年4月29日，李自成在明宫武英殿即皇帝位，次日便匆匆离开北京，引兵经陕西退至湖广。在南退的途中，由于听信牛金星的谗言，错杀了正直多谋的李岩，将士人心涣散，起义队伍的战斗力急转直下，并最终走向了失败。1645年5月，李自成于通山县（今属湖北）九宫山被地主武装杀害。

★黄花梨提盒式药箱·明

★闯王寨

★李自成塑像

李自成

李自成(1606-1645年)，本名鸿基，陕西米脂李继迁寨人。明末农民起义领袖。李自成出身农民家庭，童年时给地主牧羊，曾为银川驿卒。1629年起义，后为闯王高迎祥部下的闯将，作战勇猛，有胆有识。1635年，起义军在荥阳集会时，提出分兵定向、四路攻战的方案，受到各部首领的赞同，声望日高。次年高迎祥牺牲后，他继称“闯王”。1638年在潼关战败，仅率刘宗敏等十余人，隐伏商雒丛山中。次年出山再起。1640年又在巴西鱼腹山被困，以50余骑突围，进入河南。当时，中原灾荒严重，阶级矛盾极度尖锐。他用李岩等提出“均田免赋”等口号，获得广大人民的欢迎，时有“迎闯王，不纳粮”的歌谣。军队发展到百万之众，成为农民起义中的主力军。1945年5月，兵败被杀。

史可法死守扬州

SHI KE FA SI SHOU YANG ZHOU

史可法纪念馆

史可法纪念馆是纪念明朝末年抗清民族英雄史可法的著名历史遗迹，位于江苏省扬州市广储门外街24号，南临古城河。占地6000多平方米，现为省级文物保护单位，省级爱国主义教育基地。

清顺治二年(1645)，南明兵部尚书兼东阁大学士史可法在扬州就义，其义子史德威寻遗体不得，乃葬其衣冠于梅花岭下。清初曾建祠于大东门外，后毁圮。乾隆年间于墓西侧建祠，并谥“忠正”。咸丰间毁于兵燹，同治九年(1870年)重建。1935年和1948年两度维修。现存建筑除遗墨厅、梅花仙馆外，大部为晚清所建。1949年后曾多次修缮，现为“史可法纪念馆”。

★史可法雕像

1644年9月，刚刚即位的努尔哈赤的孙子顺治皇帝迁都北京，实现了努尔哈赤和皇太极梦寐以求的夙愿。然后，清军南下，继续剿杀各种反清势力。

★史可法纪念馆

清兵入关时，明朝的陪都南京陷入一片慌乱，南京诸臣仓卒议立新君。马士英内结宦官韩赞周、勋臣刘孔昭，外约总兵黄得功、刘良佐、高杰、刘泽清等，拥立福王朱由崧于南京成立了第一个南明政权。政柄握在马士英、阮大铖等人的手中。马士英任东阁大学士兼都察院右都御史，督领凤阳等处军务。他起用阉党阮大铖，压制东林党人，排斥史可法等人，卖官鬻爵，聚敛财富；引导福王尽情享乐，置军国大事于不顾。

南明政权的兵部尚书史可法，本来不赞成让朱由崧做皇帝，为了避免引起内部冲突，才勉强同意。弘光帝即位以后，东林党人均遭到排挤，史可法被迫离开南京到扬州督师。对于朝廷的排挤，史可法以大局为重，说服了为自己请命的数百名太学生。史可法忍辱负重的品行，使所有太学生为之感动。有人当面对他说：“您好比三国孔明，文武兼备，却又能屈能伸。”史可法淡然一笑说：“比于诸葛，我自愧不如，但愿能效其‘鞠躬尽瘁，死而后已’。”

史可法到了扬州，与将士同甘

★太平有象香薰·明

★青铜天官像·明

★铜麒麟·明

★牙雕镂空环纹墨床·明

共苦,深得将士们的爱戴。这年大年夜,史可法把将士都打发去休息,独自留在官府里批阅公文。到了深夜,他感到精神疲劳,叫来侍从,要点酒菜。侍从回报说:"按您的命令,今天厨房里的肉都分给将士过节了,下酒的菜一无所有了。"史可法说:"那就拿点盐和酱下酒吧。"侍从送上了酒,史可法靠着几案喝起酒来。史可法自来到扬州督师就戒了酒,因逢节日,又为了提提神,只想破例少喝。可一端起酒杯,马上联想到国难临头,朝廷腐败,心里就有说不出的愁闷,于是边喝酒边掉热泪,不知不觉多喝了几杯。随后,他带着几分醉意,伏在几案上睡着了。

第二天一清早,扬州文武官员依照惯例到督师衙门议事,只见大门还紧紧地关着。大家不禁奇怪,因为督师平常都是起得极早。后来,有个兵士出来,告诉大家说:"督师昨晚喝了酒,还没醒来。"扬州知府任民育说:"督师平日操劳过度,昨夜睡得这么好,真是难得的事。大家别去惊动他,让他再好好休息一会吧。"还把打更的人找来,要他重复打四更的鼓(打四更鼓,表示天还没亮)。

史可法一觉醒来,天已经大亮,侧耳一听,打更人还在打四更,不禁勃然大怒,把兵士叫了进来说:"是谁在那里乱打更鼓,违反我的军令。"兵士把扬州知府任民育看他连日劳累,故意吩咐更夫这样做的话说了一遍,史可法才压住火气。不过,史可法此后再也没喝过酒。

1645年,清军在清豫亲王多铎带领下,大举南下。史可法指挥四镇将领抵抗,打了一些胜仗。可是南明政权内部却起了内讧。左良玉率数10万兵力,由武汉举兵东下,要清君侧,"除马阮",马士英竟命史可法尽撤江防之兵以防左良玉,史可法只得兼程入援,致使淮防空虚。后来左良玉为黄得功所败,全军降清,史可法奉命北返,但此时盱眙降清,泗州城陷。史可法遂至扬州,继续抵抗清兵。1645年5月10日,多铎兵围扬州,史可法传檄诸镇发兵援救,刘泽清北遁淮安,仅刘肇基等少数兵至,防守力量更加薄弱。此时多尔衮劝降,史可法致《复多尔衮书》拒绝投降。24日,清军以红衣大炮攻城。入夜扬州城破,史可法想自刎而死,被将士阻拦,他大声呼喊:"我是史督

★史可法墓

师!"多铎闻听,便过来劝降,史可法则表示:"城亡我亡,即使碎尸万段,也心甘情愿,但扬州城百万生灵不可乱加杀戮!"多铎因为攻城的清军遭到很大伤亡,心里恼恨,不仅杀了史可法,还下令屠杀扬州百姓。大屠杀延续了10天,死亡80万人,史称"扬州十日"。史可法死后,其遗体不知下落,其养子史德威仅将史可法的衣冠葬于扬州城外的梅花岭。

扬州失守后,清军又攻破南京。南明政权的官员投降的投降,逃跑的逃跑,弘光政权灰飞烟灭。而另立于广东肇庆的永历帝朱由榔也被清兵追逼逃入缅甸,明朝从此寿终正寝。

★扬州史可法祠

郑成功收复台湾

ZHENG CHENG GONG SHOU FU TAI WAN

1624年，荷兰殖民者强占了我国的领土台湾。他们在台湾的西南海岸安平湾一带修建了赤嵌城和台湾城两个侵略据点。他们鱼肉我国百姓，强征重税，虏掠牲畜和人口，并将人口贩卖为奴。殖民者的种种暴行，激起了台湾人民的愤怒，他们奋起反抗，但由于缺乏必要的协调和指挥，以及相应的武器，终没能赶走这群侵略者。

1661年2月，为了建立根据地，也为长期抗击清军做准备，郑成功决定率水师收复台湾，并继续他的反清复明大业。

郑成功出生于日本平户，父亲郑芝龙曾在日本经过商，时为明福建总兵，母亲田川氏系日本人。1630年，6岁的郑成功从日本回到中国。他自小习文练武，渐知兵法。1645年（南明隆武元年，清顺治二年），受到明朝隆武帝朱聿键倚重，赐姓朱，改名成功，封忠孝伯，任御营中军都督，尊为“国姓爷”。后被永历帝封为延平郡王。1646年，清军进攻南明隆武政权，郑成功反对其父郑芝龙不战而降，在南澳（今属广东）起兵抗清，在福建沿海地区不断与清军作战。清王朝知道郑成功是个会统兵打仗的将才，几次三番派人诱降，都被郑成功拒绝。清将又派他弟弟带了郑芝龙的信劝他投降。他弟弟说：“你如果再不投降，只怕父亲的性命难保。”郑成功坚决不动摇，写了一封回信，跟郑芝龙断绝了父子关系。

1659年6月，为了牵制清军对明永历小朝廷的三路围攻，郑成功与张煌言配合，率领83营17万水陆大军经崇明人长江，破清军滚江龙（横江锁链）、木浮营（置兵设炮的江上木栅），克瓜洲、取镇江、进围南京。长江沿岸的人民对清军的民族压迫政策极度不满，他们的反剃发斗争被清军镇压后，但依旧心怀故国。郑成功大军一到，人们纷纷准备接应，一些已经降清的汉族官员也暗中准备降郑。清廷知悉，举朝皆惊。顺治帝惊恐异常，下令亲征，被谏阻后即命内大臣达素为安南将军，统兵增援江南。而此时郑成功却拒听张煌言、甘辉等将领急攻南京的建议，屯师城下20余日，静待清军献城投降。遭清军突然反击，折将14员，损兵数万，败退厦门。

★青花如意云纹罐·明

郑成功的仓促退兵，使张煌言处于孤立无援境地，加之清军集中优势兵力各个击破，张煌言兵败被捕，继而死于杭州，这场声势浩大的北伐终以失败而结束。

1660年，郑成功在福建海门港（今龙海东）歼灭清将达素所率水师4万余人，军威复振。1661年正月，郑成功在厦门组织召开军事会议，决计以台湾为根本之地，下令整修船只，调整部署，加紧复台准备。3月底，郑成功率军队2.5万人，战船数百艘，由原荷兰翻译何廷斌和熟悉航路的渔民引导，自金门料罗湾出发，横渡台湾海峡，次日抵达澎湖。4月初，郑成功先以4000余人抢占鹿耳门港（今台南安平港北）南侧之北线尾岛；自率主力万余人通过大海湾，直插赤嵌城（在今台南市内）北之禾寮港，迅

★郑成功纪念馆

★位于福建南安的郑成功墓

★郑成功台湾行乐图

即在台湾本岛登陆。

郑成功首先指挥将士包围了赤嵌城,并切断了赤嵌城与台湾城两处守军的联络。荷军总督揆一派100余名手持洋枪的荷军前往赤嵌城解围,但均被迅速消灭。荷军又派200名洋枪兵增援,但半路也遭到阻击,被杀伤过半逃了回去。

之后,揆一又派了四艘舰船从海上来增援,被郑成功的水军击沉一艘,击伤两艘,余者仓皇逃走。

荷军总督揆一黔驴技穷,他派出使者到郑成功的大营来议和,答应给郑成功大量犒军物资和白银,郑成功严词拒绝,并郑重重申:台湾自古以来是中国的领土,你们必须无条件归还中国,决不允许再讨价还价。1662年2月,在郑成功的多次围攻和对来增援的荷兰军沉重的打击下,荷兰军总督揆一顽抗待援的希望彻底破灭,被迫缴械,并在投降书上签了字。至此,被奴役了38年的台湾岛终于回到了祖国的怀抱。

此后,郑成功在台湾建立行政机构,改赤嵌为东都明京,设承天府和天兴、万年两县,改台湾城为安平镇。下屯垦令,组织部众垦荒屯粮,整顿法纪,促进了台湾当地政治与经济的发展。1662年6月23日,一代抗清义士、驱荷名将、收复台湾的民族英雄郑成功病卒。

★郑成功收复台湾

郑成功

郑成功(1624-1662年),原名福松、森,号大木,福建南安县石井村人。明末清初著名的民族英雄。其父郑芝龙,是南明隆武朝“建安伯”,曾组织向台湾移民,积极开发台湾岛。清顺治二年(1645年),21岁的郑成功在福州受到隆武帝朱聿键的召见,颇多赏识,被认为本家,赐他国姓(朱),改名成功,因此被尊称之为“国姓爷”。清顺治十年(1653年),南明永历帝(朱由榔)又封他为“延平郡王”。

★郑成功弈棋图(局部)

皇太极松锦鏖战

HUANG TAI JI SONG JIN AO ZHAN

1636年，皇太极登基，定国号为清以后，先是打着讲和的旗帜，统一了蒙古，征服了朝鲜。从1638年开始，清廷转变了战略方针，准备对明朝采取战伐了。当时，明镇守山海关的太监高起潜，派瞽者周元忠到盛京（今辽宁沈阳）议和。清方认为明朝的议和是诡计，对明使进行了恐吓和愚弄。皇太极一反过去对明廷逊顺其辞的态度，在《致明国皇帝书》中，他以咄咄逼人的口吻宣称：“自古天下，非一姓所常有。天运循环，几人帝，几人王。……岂有帝之裔常为帝，王之裔常为王哉！”

1638年九月，盛京流传崇祯已崩，幼主临朝，内戚专政，人民惊惶不安。所以，从9月至12月，清君臣就对明军事行动的主攻方向，展开了讨论。有人主张三路进兵，速取北京，皇太极不同意这一主张。因为问题很明白，清兵之所以不能肆意中原，是由于山海关未下；而山海关未下，是由于关外宁锦防线未破。因此皇太极决定，把战略重点放在宁锦一线。

1639年2月，皇太极率数万大军，意图一举攻下松山（今辽宁锦县西南）。因为在宁锦八城中，只有松山是旧城，不甚高厚，而且地理位置重要，清军想攻占松山，断宁锦咽喉，以摇撼八城。皇太极至松山城南黄土岭下营，指挥清军以四十多门红衣大炮猛轰，轰炸二日，昼夜不绝，城垛都被毁坏。明松山路副将金国凤死守，以炮还击，对被毁城垛及时以土木修复。清军死伤近千人，始终未能攻下松山，皇太极只得回军。

这年春天，明廷调洪承畴总督蓟辽军务，准备与清军决战。

1640年三月，皇太极命济尔哈朗、多铎率军修筑义州城（今辽宁义县），驻军屯种。清军常常出轻骑骚扰，使明山海关外宁锦一带不得耕种。4月29日，皇太极离盛京，亲临义州，巡视筑城屯种情况。然后离义州去锦州，率侍卫及亲兵绕城一圈，察看形势，直到天色已黑才回营。皇太极改变以往的强攻策略，决定对锦州采取长期围困的方针。他命令将城东、城北、城西的庄稼全部抢割完毕，扫荡锦州周围的明军台哨，彻底孤立城里的明军。这样，清兵由远而近逐步缩小包围圈，断绝明军的一切出入。他们实行轮班耕戍，以三个月为一期，避免将士疲劳，防止滋生懈怠之心。

1641年3月，皇太极又命在锦州城四面各设八营，绕营挖一圈深壕，沿壕筑垛口，在两营之间再挖长壕，近城一侧设置逻卒哨探。这样，锦州就处于清军的严密包围之中。锦州城由辽东名将祖大寿指挥守御，他部下的将士，一部分是辽人，一部分是蒙古人。蒙古将士驻守外城，看到清军阵营严整，都很吃惊。有的向清军逻卒喊道：“你们围困有何用处？我城中积粟可支持二三年，即使围困，岂可得锦州？”逻卒回答说：“不管二三年，即使你们有四年之粮，那么到五年后，你们还吃什么？”蒙古士兵听了

★皇太极像

这番话，知道清兵志在必得，甚为惊慌。于是，蒙古将领诺木齐、吴巴什等，密谋降清，并派人与济尔哈朗取得了联系，约定3月27日夜行动。

此事被祖大寿侦知。24日，他准备以计逮捕吴巴什等人。可是行事不密，吴巴什等迅速采取行动，抢先率众向明兵展开进攻，激战声震扬城外。济尔哈朗、多铎闻讯，立即赶到城下策应。蒙古兵从城上放下绳子，清军援城而上，与蒙古兵夹击。明兵败退内城，外城为清军占领。蒙古将士、家小共6200余人，全部投降。他们携带所有器械出城，暂到义州安置。捷报飞马传到盛京，皇太极兴奋异常，命八门鸣鼓吹角。诸王群臣急趋笃政殿，皇太极当众宣布来自锦州的喜讯。

这时，明援军已抵松山、杏山（今辽宁锦县西南）。5月3日，洪

承畴至松山北岗，济尔哈朗攻击明军失利，清军伤亡甚众。6月，皇太极命多尔衮、豪格代济尔哈朗等围锦州。洪承畴准备采取且战且守、以守为战的持久之策，步步立营，坚守对峙。但是，兵部尚书陈新甲认为拖延进兵，旷日持久，耗费粮饷，所以极力主张速战速决。崇祯接受陈新甲的意见，密敕洪承畴刻日进兵。洪承畴无法，只好率13万大军直逼锦州。久经战阵的洪承畴善于用兵，清军势不能当。多尔衮、豪格等屡战屡败，抵挡不住明军的攻势。多尔衮几乎被明军炮火击毙，清大将三人降，二人战死，损失惨重，围困锦州的清军处于危急之中。消息传到盛京，皇太极忧愤呕血，立即派出援军。

8月14日，皇太极决定亲自率军援锦，传集各路兵马，星集京师，并下令满洲、蒙古十五岁以上悉从军，空国以往，与明军决一死战。皇太极召集诸王贝勒大臣，共议攻围之策，他笑着说："朕但恐敌人闻朕亲至，将潜遁耳。倘蒙天眷佑，敌兵不逃，朕必令尔等破此敌，如纵犬逐兽，易如拾取，不致劳苦也。朕所定攻战机宜，尔等慎勿违误，勉力识之！"他的弟弟多罗武英

★爱新觉罗·皇太极雕像

郡王阿济格、多铎等，见他患鼻流血症，劝他不必急于动身，他们愿先走一步。皇太极说："行军制胜，利在神速，朕如有翼可飞，当即飞去，何可徐行也！"到14日，皇太极不顾身体未愈，下令起行。一出盛京，便纵马昼夜疾驰，每日奔行一百余里。途中，皇太极鼻血不止，承以碗，仍马不停蹄，三日后鼻血方止。

19日，皇太极抵达松山附近的戚家堡。他将大军安置在松山、杏山之间，自乌欣河南山至海边，横截大路，绵亘扎营。

8月20日，清军自锦州至南海角，掘三道大壕，各深八尺，宽丈余，把松山明军统统置于包围之中，并断绝了松山、杏山之间的通道，切断了明军的粮饷供应。明军进击清阵，清军追击，遇伏而还。明军另一支数千人，由山后突围奔杏山。阿济格追之不及，遂往攻明屯集军粮的"海仓"所在地笔架山，尽夺明军军粮。

21日，明军向清军镶红旗营地发起攻击，皇太极率数人，张开黄盖，往来指挥、布阵。明军望见，仓皇败退。皇太极指示诸将回营，说："今夜敌军必遁。"于是进行了周密的布置，凡明军退往杏山、塔山的道路，均派重兵拦截。果不出皇太极所料。明军丧失粮仓，退路又被截断，将士一片恐慌，人人都有逃跑之心。明军诸将有的主张明日战，有的主张今晚战，有的主张缓战。洪承畴极力要求诸将拼力一战。他说："虽粮尽被围，应明告吏卒，守亦死，不战亦死，如战或可死中求生。不佞决意孤注，明日望诸君悉力！"谁知会议刚开完，胆小如鼠的王朴乘天黑先自逃遁，而各将帅也跟着争相逃窜，沿海岸奔杏山。马步兵大乱，自相蹂践，弓甲遍野。早就严阵以待的清军从后面追击掩杀，事先埋伏在塔山、杏山等

★皇太极盔甲

地的清军又在前面迎头痛击。皇太极还派出数支清军分别到小凌河口西直抵海，绝其归路。当晚，明总兵曹变蛟一军无意中冲入皇太极大营。清军大营空虚，十分惊慌。曹变蛟在战斗中被伤，退回松山，皇太极才转危为安。

其余各路突围明军，除总兵吴三桂、王朴等得脱外，那些奔往杏山、塔山的，大都被清军截杀，死伤狼籍。沿海边突围的明军，则被驱逐入海，明军视死如归，很少有投降的。海中浮尸漂荡，多如雁鹜。因丧失了大半兵力，洪承畴收缩余众，坚守松山。崇祯下旨令洪承畴固守，祖大寿从锦州突围回宁远，共图大举。

皇太极仍采取围而不攻的策略，筑夹城掘壕以守，使松山有如釜中之鱼。清军每天以轻骑出掠，遇明人丁牛马无不掳掠，又时时以大炮轰击松山、杏山、塔山。果然，松山被围半年，城中粮尽，人相食，将不能保。

1642年2月，守松山副将夏承德密约降清，做内应，于十八日夜引清兵登城。松山城陷，洪承畴因马绊倒被捉。巡抚邱民仰、总兵曹变蛟及官兵三千余人尽被戮。

松山一破，锦州军心瓦解，朝廷无力救援。3月8日，祖大寿迫于无奈，献城投降。清军进城后，屠戮城中人民，各家财物被收取一空。接着，4月9日，清军用红衣炮轰开塔山，歼城内明军七千。21日，炮轰杏山城，明将开门降清，收降人口六千八百余。

这样，明朝关外四座重要城堡，已全部落入清军掌握之中。洪承畴和祖大寿被带到盛京。祖大寿诚心诚意地投降了清军，而说降洪承畴却费了不少口舌。洪承畴被囚在清宫内的三官庙，起初坚决不降。皇太极便派范文程劝降，洪承畴还骂不绝口。范文程善言安抚，并与他谈论古今事。谈话中，恰巧房梁有积尘落到洪承畴的襟袖上，他几次轻轻地将尘土拂去。范文程回去对皇太极说："洪承畴不会死的，他如此爱惜衣服，更何况对自己的生命呢！"后来，皇太极亲自去看望洪承畴，脱下自己身上的貂裘给他穿，慢慢说道："先生不会感到冷吧？"洪承畴茫然望着皇太极，看了许久，叹了一声："真命世之主也！"这才叩头请降。

★皇太极墓

又有人说，洪承畴初到盛京，绝食累日，自誓必死。皇太极令人百般劝解，终不肯降。皇太极从明朝人那里得知洪承畴好色，便派了几拨美女，前去勾引，可是没有效果。皇太极又派了自己美冠一时的爱妃博尔济吉特氏（即庄妃），暗带一小壶人参汤入侍。博氏见洪承畴闭目面壁哭泣不止，劝之不成，就说："先生即使绝食，难道不可以先喝口水，然后就义吗？"说时话音委婉，情感亲昵，而且她还把壶伸到洪承畴的嘴边。洪承畴情不自禁地喝了一口，觉得可口，又连喝不止。博氏又连日劝慰，迭进美馔。洪承畴渐渐地心回意转，终于吃喝照常，最后投降了。

洪承畴投降后，皇太极高兴得不得了，当天就赏赐他很多东西，在宫中陈百戏以示庆贺。诸将很不高兴，都觉得优待过分，说："洪承畴是被捉的一名囚犯，皇上为何待他这样优厚？""我们这些人栉风沐雨，究竟为了什么？"皇太极反问道。"当然是想得中原啊！"诸将异口同声地说。皇太极笑了，说："比如行人，你们都是瞎子，现在得到一个引路的，我怎么不快乐呢？"诸将听到这里，都心悦诚服。

皇太极建清

★皇太极陵

爱新觉罗·皇太极，是清太祖努尔哈赤第八子（其母叶赫纳拉氏），生于万历二十年（1592年）。1626年8月，努尔哈赤在宁远战败，不久病死，皇太极即后金汗位，皇太极初登汗位即用心着力地加强君权和中央集权，削弱八旗贝勒的势力，逐步改革努尔哈赤所定下的一些陈规陋习。努尔哈赤生前规定"八和硕贝勒，同心谋国"，共理国政，由四大贝勒按月轮值，执掌政务，这实际上还是带有奴隶制烙印的体制。1629年正月，皇太极以"三大贝勒，向因值月之故，一切机务，辄烦诸兄经理，多有未便"为由，改为三大贝勒以下诸贝勒"代理值月之事"，以削弱三大贝勒的权力。同时，又设"八大臣"、"十六大臣"，他们或与诸贝勒共同议政，或出兵驻防，从而又削弱八旗诸贝勒的权力。这些措施虽然使君权得以加强，但还未改变八旗旗主并立的局面。1631年7月，皇太极依据大臣建议，仿明制设立六部，以贝勒管部事，设承政、参政。皇太极还设置了文馆，掌出纳奏章，可上书言事。后又改文馆为内三院（内国史院、内秘书院、内宏文院），有如明之内阁。这就使后金政权在封建化过程中前进了一大步，行政效率也大大提高。1635年，皇太极控制了两黄、两蓝、两白六旗，并将势力渗入到镶红旗，结束了"八王共治"的局面，实现了皇权的集中和统一。1636年，皇太极被拥立为皇帝，定国号为"清"，改元"崇德"，完成了满人由奴隶社会向封建社会的转化。

孝庄后下嫁多尔衮

XIAO ZHUANG HOU XIA JIA DUO ER GUN

★多尔衮像

清崇德八年(1643 年)八月九日，清太宗皇太极突然病逝，一场激烈的争夺帝位的斗争便展开了。在爱新觉罗氏的亲王中间，当时力量最强的有三人：一是大贝勒代善，拥有两旗的兵力，又有较高的威望，但是早在努尔哈赤逝世时便放弃了对汗位继承的争夺，而今年已六十一岁，更无此志；二是多尔衮，他也拥有两旗的兵力，而且近期屡立战功，是皇太极晚年时的得力助手，而且年富力强，只有三十三岁；三是皇太极的大儿子豪格，也正壮年，三十六岁，并且拥有三个旗的兵力。因此争夺皇位的实际上是多尔衮与豪格两个人。当时的形势对豪格十分有利，他既是皇太极的长子，实力又最强，而且获得多数亲王的拥戴。当时只要多尔衮一点头，由他继承帝位是没有问题的。可问题恰恰就出在多尔衮身上，多尔衮不仅对豪格继承帝位不表示同意，而且在一些亲王的支持下也跃跃欲试。

“决战”的时刻到了，在皇太极逝世的第五天，即八月十四，召开诸工大臣会议，共推新帝。会议在崇政殿召开。这一天多尔衮来的较晚，他一进入会场就发现参加会议的除八和硕贝勒外，还有豪格两黄旗大臣，而且会场也被两黄旗包围，形势对多尔衮十分不利。会议一开始，多尔衮就先声夺人，他首先提出：太祖定制，由八和硕贝勒共推新君，因此请八和硕贝勒以外的人全都退出会场。豪格无奈，只好让两黄旗大臣退出会场。这样在声势上多尔衮取得了第一个回合的胜利。接着会议正式开始。多尔衮的同母兄弟多铎抢先第一个发言，他提议由多尔衮继承帝位，多尔衮没有吱声，而其他人也没有表态，实际上是对多铎的提议不同意。多铎急了，他说：“你们为什么不说话呀？如果不同意多尔衮，那么就由我来做皇帝，我的名字在太祖遗诏中也有啊！”多尔衮立即反驳说：“太祖遗诏是提到你，但并不是让你继承帝位呀，太祖遗诏中还提过肃亲王豪格的名字呢。”这里多尔衮以不同意多铎为帝的理由，实际上也否定了豪格继位的可能。多铎接过话头说：“既然这样，那我们就立我们兄弟中最年长的大贝勒代善为帝！”代善听多铎推选自己就急忙表态说：“我已年老体衰，力难胜任。”接着他提出了一个倾向性明显的建议：“如果睿亲王(指多尔衮)同意继位，那是国家的洪福。不然，肃亲王(指豪格)是太宗皇帝的长子，当承大统。”此时豪格犯了个错误，本来代善把他的名字提出来了，让其他人表态，他却急忙假惺惺地表示说：“我福小德薄，哪能担此重任。”他刚说完，多尔衮便立即接着他的话说：“我看新帝应该在太宗皇帝诸子中产生，既然肃亲王力辞不做，我看就

★孝庄文皇后塑像

由太宗皇帝的第九子福临继承帝位，由济尔哈朗和我共同辅政。”多尔衮这个建议是十分高明的。因为他十分清楚，如果他要答应继承帝位，必然要遭到豪格的上三旗的强烈反对，而代善与济尔哈朗均已暗中表示支持豪格，那时自己将十分孤立。而他这个建议，既用豪格的话否定了豪格继位的可能，又以新君当由太宗诸子中选赢得多数人的支持，自己虽然做不了皇帝，但却掌握了实权。果然不出他所料，济尔哈朗首先表示支持，因为多尔衮这一方案明显的对他有利。接着代善也表示同意，因为这个方案照顾了各方的利益，是矛盾最小的方案。在这种形势下豪格也只能表示同意。就这样，福临继承了帝位，其母博尔济吉特氏由妃晋升为孝庄文皇后，成为顺治朝的孝庄皇太后，而多尔衮则成为顺治朝掌握实权的摄政王。太后下嫁摄政王的故事也就由此开始。

孝庄文皇后是科尔沁蒙古寨桑贝勒的女儿，十三岁与皇太极成亲，被册封为永福宫庄妃。她和皇太极一共生了四个孩子，除福临外还有三个女儿。她做梦也没想到小叔子多尔衮竟推选她儿子、年仅六岁的福临做皇帝，而她一下子成为国母，成为和孝端皇太后并列的两太后之一，因此她打心眼里感谢多尔衮。同时她也深知：福临年纪尚小，自己又没有什么势力，而福临的大哥豪格一心准备做皇帝，这次却落了空，但他并不甘心，时刻还在觊觎帝位。福临帝位的取得是因为多尔衮的支持，福临帝位的巩固也离不开多尔衮的支持。她们母子的前途已系在多尔衮身上，命运把她母子俩和多尔衮紧紧拴在一起。

皇太极去世这年，孝庄后只有三十二岁，而多尔衮也才三十三岁。八月二十四日，当多尔衮、济尔哈朗两位辅政大臣进宫向两位太后——孝端皇太后与孝庄皇太后禀报次日新君登基典礼事宜时，多尔衮与孝庄皇太后相见了，真是心有灵犀一点通，两个人的目光一对，彼此就立即知道相互倾慕之意。多尔衮见孝庄皇太后虽已年过三十，但仍然好像二十来岁的样子，她虽处皇太极丧期，身着素服，但仍然掩不住她那青春的活力，她满面光辉，又庄严又俊美，一下子就被吸引住了。孝庄皇太后见多尔衮正当壮年，英俊潇洒，何况今后自己的命运还要依托于他，免不了就多看了多尔衮几眼。这几眼不打紧，已使多尔衮魂不附体，并暗下决心：不娶她为妻枉生今世！

由于辅政亲王和皇太后的关系，多尔衮与济尔哈朗经常往来于内宫，向两位太后请示、禀报事宜，何况多尔衮就是没有事，也要编个理由进宫，只图能见上孝庄皇太后一面。但由于两位皇太后同在，因此总也找不到一个机会单独和孝庄皇太后叙叙衷肠。而孝庄皇太后也经常赐宴给多尔衮与济尔哈朗，以慰他们佐君之劳。多尔衮对此事心里却是这样想：孝庄皇太后不便单独赐宴给我，济尔哈朗是借了我的光了。

★位于北京的普度寺，前身是多尔衮王府。

★孝庄太后像

顺治元年(1644 年)三月，农民军李自成攻占北京，推翻了明王朝，明将吴三桂降清，清廷决定由济尔哈朗守护盛京，协理朝政。多尔衮率大军入关，大败了农民军，攻占了明都北京。九月，多尔衮迎顺治皇帝入京。多尔衮趁自己统帅清兵入关之机，大肆扩张自己的势力，此时多尔衮和济尔哈朗在清廷中的“份量”已不同于入关前。如果说入关前是两个人同时辅政，就顺序而言济尔哈朗还要排在多尔衮之前，那么入关后，多尔衮已是大权独揽，根本就没有把济尔哈朗放在眼里。济尔哈朗的存在既妨碍多尔衮势力的发展，又妨碍多尔衮与孝庄皇太后的往来。在多尔衮看来，拔掉济尔哈朗已势在必行！

迁都北京后，十月，清廷大封功臣。多尔衮加号叔父摄政王，建碑立绩；济尔哈朗加号信义辅政叔王，赏给金银匹缎、俸禄。多尔衮为三万两，而济尔哈朗却只有一万五千两，一下就把两个人的距离拉开了。多尔衮还多方找济尔哈朗的茬和挑他的错。顺治四年(1647 年)以济尔哈朗营造王府擅立狮、鹤，占基又超过制度规定而交部议罪，罚银两千，杀了他的威风。顺治五年(1648 年)又借故把济尔哈朗降为多罗郡王、罚银五千两，并派他带兵打仗，从而把他撵出了京城。在赶走济尔哈朗的同时，多尔衮又借故把他最大的政敌豪格幽禁了起来，不久豪格死去。

在多尔衮权力日益增长的同时，他占有孝庄文太后的欲望也越来越强烈。他频繁地来往宫中，与孝庄太后的关系日益密切。终于有一天，在两人单独相处时，多尔衮向孝庄太后表白了自己的仰慕之情。孝庄太后此时心里也十分明白，要想保住儿子的帝位和自己的太后之位就必须依靠多尔衮，如不答应他的要求，恐怕连自己和儿子的性命都很难保住，何况她自己年轻守寡，对比自己只大一岁的小叔子早就有好感，因此也就依允了他。

两人结合之后，相互占有的欲望更加强烈。多尔衮已不满足与孝庄太后的暗中往来，他提出要名正言顺的娶她。孝庄太后是一个聪明的女子，对这件事她想得更远、更多，她既要与多尔衮结合，更要保住自己太后的地位，而后者正是她委身于多尔衮的目的，她不能因与多尔衮正式结婚而失去她太后的地位。因此就对多尔衮说："此事关系重大，你是否和老臣范文程商量一下找出一个妥善的办法。"多尔衮就把范文程找来，对范文程说自己要娶孝庄太后，想听听他的意见。范文程对此事并不感到突然，因为他对多尔衮与孝庄太后暗中往来早有耳闻，他略微思索了一下就说："摄政王与孝庄太后十分相配，摄政王要娶孝庄太后也符合满族的习俗。兄死弟娶嫂这本来没有什么问题，可是摄政王要娶的是皇太后，是皇上的母亲，此事就需慎重处理。依老臣的意见，亲王不把皇太后娶到亲王府，而亲王只能到宫内与皇太后成婚，在汉族说来叫'入赘'，民间俗称'倒插门'。这样皇太后的地位不变，而亲王的地位却可以提高，亲王既然成了皇上的'继父'，当然也就成为太上皇，岂不更好。"多尔衮点头称好。这样，在顺治六年(1649 年)二月，摄政王多尔衮与孝庄皇太后在宫中正式举行结婚大典，自此多尔衮便宿在宫中。诸王大臣对这桩特殊的婚事都送礼、写诗表示祝贺，福临皇帝也就加封自己的"继父"多尔衮为皇父摄政王。

然而好景不长，顺治七年(1650 年)十二月，皇父摄政王多尔衮就病死在边外喀喇士，时年只有三十八岁。多尔衮死后，被追封为"敬诚义皇帝"，庙号成宗，葬礼也完全依照帝礼。顺治八年(1651 年)二月，济尔哈朗等追论其罪，掘墓鞭尸，直至乾隆四十三年(1778 年)，弘历才为其昭雪。而孝庄皇太后的地位却从未动摇过。顺治皇帝死后，她又成了太皇太后，亲自培育孙儿玄烨处理国政的能力，深受康熙皇帝的爱戴。康熙二十六年（1687 年）十二月病死，死后葬于河北遵化的昭西陵。

★昭西陵

清军入关

大顺军攻入北京后，福王朱由崧在南京称帝，建立南明政权，控制着江南地区；山海关，明宁远总兵吴三桂手握重兵，威胁北京；同时，清调满、蒙、汉兵，几乎倾巢出动，由摄政王多尔衮率领南下。但以李自成为首的起义军，未提出明确的继续战斗目标，整日在京城享乐，对明朝旧臣拷掠追赃，造成了自身的孤立。当时身处要地的吴三桂在"归李"与"降清"之间摇摆。1644 年 5 月 25 日，李自成的主力到达山海关城郊，吴三桂乃决定接受多尔衮的条件。是日，多尔衮的队伍在距山海关约 1260 公里处的连山，吴三桂的传令兵赶到连山，将投降书交给了多尔衮。多尔衮立刻下令拔营，步骑同时急速南行。仅用了 24 小时，清军便推进了 100 公里。5 月 27 日拂晓，清兵已来到山海关门前。吴三桂亲自骑马出城迎接，正式向多尔衮投降，然后，命令其部下皆以白布系肩，以便使清军的满蒙汉军在战场上能将他们与起义军区别开来。1644 年 6 月 5 日，击败了李自成起义军的清军在吴三桂的指领下，由多尔衮率领下经东华门进入北京城。

★三果大盘·清

江阴城血流三尺

JIANG YIN CHENG XUE LIU SAN CHI

1644 年 5 月 28 日，吴三桂联络多尔衮率领的清军，击败了李自成军，进入山海关。当天，多尔衮就下令关内外兵民剃发。但是由于南方未定，出于策略考虑，清廷又暂时收回成命，答应“照旧束发，悉听自便”。

到了第二年六月间，清军已击败李自成军，占领了河北、山西、陕西、山东、河南等省，而且消灭了南明福王政权，控制了长江中下游地区。

据说，当时清廷中汉降臣与满大臣分两班，列于殿陛之间。有个名叫孙之獬的明朝进士，为了向满族主子表示亲近，主动剃了发，穿了满人的窄袖短衣，挤进满班，被满班清了出来。他只好讪讪地转入汉班，汉班也不容他入列。事后，孙之獬羞愤难忍，上疏清帝道：“陛下万事鼎新，而衣冠束发之制，独存汉旧，此乃陛下屈从汉人，非汉人服从陛下也！”因此，清政府重新下令，厉行剃发，宣布：“遵依者为我国之民，迟疑者同逆命之寇，若惜爱规避，巧言争辩，决不宽贷！”甚至上章为此事进谏者，也格杀勿赦。清廷下达的命令是：“留头不留发，留发不留头。”所谓剃发，即在额角两端取一直线，剃去直线外的头发，把剩下的头发编成辫子，盘在头顶或夆在背上。

★爱新觉罗·多铎像

朝廷派出许多剃头匠，挑了剃头担，逡巡于大街小巷。凡是见到没有剃发的，拉来便剃；稍一反抗，就砍了头，挂在特设于剃头担的竿子上。剃发令一下，使广大汉族人民感到人身受到侮辱，激起了强烈的反抗。

七月，清廷派方亨往江阴，下令三日之内必须剃发。江阴人民回答说：“头可断，发不可剃！”方亨叫骂不已，江阴人民遂在二十三日将他捉了，共推典史陈明遇为城主，宣布抗清。商人竞献钱财，五六十里以外的乡民也荷戈负粮入城备战。同时，靖江的夏起隆、泰兴的张九达也立刻响应。一时，江阴一带清兵不得安处。

八月二十一日，多铎命七、八、十王率步、骑十余万，分十六营，将江阴团团围住。江阴人民在城外激战三天，打死清将五人，撤入城中防守。二十五日夜，陈明遇派人缒城，特请前典史阎应元入城主守。阎应元是湖北通州人，武秀才出

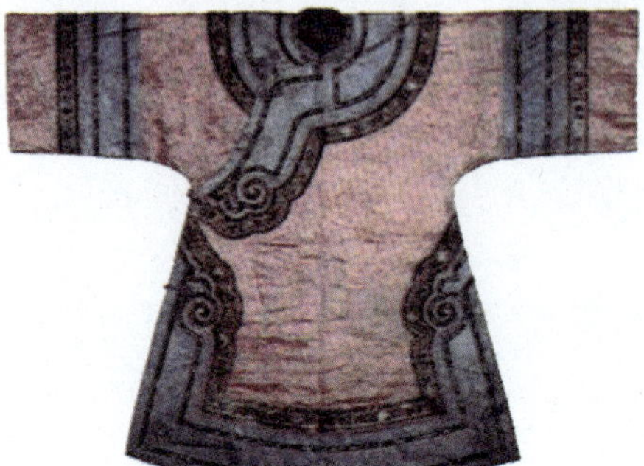

★镶边短袄·清

★粉彩九桃纹捧盒·清

身，调任广东英德县主簿，因母病缓行。后因道路不通，侨居江阴城东砂山。他又于二十九日应邀入城，积极巡防。巡城时，因他身材高大，双眉卓竖，目细而长曲，面赤有须，后跟一人持大刀相随，宛如关羽。清军望见，莫不以为天神。

阎应元、陈明遇命令，平时一人守一堞，战时二人守一堞；十人一小旗、一火铳；百人一大旗，一红衣大炮；每堞夜里悬灯一盏。

清将军克勒德浑遣明降将刘良佐攻城，城上守兵用火铳、大炮猛击，清兵多烧得焦头烂额。刘良佐想了一个办法，用牛皮帐遮蔽兵

★仙鹤纹刺绣·清

士，前往攻城。不想城上掷下巨石，牛皮洞穿。刘良佐又将牛皮帐作三层，用九梁八柱架将起来，挡住巨石。城上又用烧滚的桐油，泼将下去，把帐篷烧破。刘良佐束手无策，清军将领李成栋率生力军援助，猛攻一阵，也被守兵击退。

三十日，清兵被打死打伤九个将领。七王大怒，亲自登城。守卫者刘耐用枪刺之，七王竟咬住扎枪继续上，被另一守城者刺中咽喉，坠下城去。进攻不成，清军又将刘良佐推到城下，叫他跪下劝降。

阎应元大声斥道：“有降将军，无降典史！”言毕，一声梆响，火箭齐发，慌得刘良佐抱头而逃。

九月八日，清朝的十王，在十方庵垒了高台，亲坐台上指挥大炮和狼烟喷筒往城中射击，守军连眼睛也睁不开。阎应元见势不妙，立刻匍匐前进，叫汤三老扛了炮，对准十王，亲自点燃引线。只听一声巨响，十王、四员清将以及二百四十名清军，立时从高空摔下地来，一命乌乎。至此，清军的三王、十八将都被打死了。

十月九日，清平南大将军克勒德浑亲自赶来，指挥二百多门大炮猛轰江阴城的东北角，又令士兵借烟雾掩护，潜渡护城河。

十日，江阴城破，清军从祥符寺后城攻入。阎应元闻讯，在江阴城楼东门题绝笔一联，道：“八十日带发效忠，表太祖十七朝人物。十万人同心杀贼，留大明三百里江山。”随后，阎应元率千人上马与清兵格斗，背中三箭，回头对从者说：“替我向老乡们道歉，我不能继续报国了！”说完，拔刀刺胸，投入湖中。未死，清兵追至，将阎应元拽出。阎应元骂不绝口，当天晚上遇害于栖霞庵内。陈明遇下马搏敌，身负重伤，最后手持大刀，靠着墙壁，死而不仆。江阴人民抗清八十一日，杀死清军三王十八将，七万五千多人。

清军攻入江阴后，大肆屠杀，江阴人民战死、投水自尽以及被杀者，共计十七万二千多人，但是无一人投降。有个女子自尽前，题诗壁上说：“寄与行人休掩鼻，活人不及死人香！”这诗句，表达了江阴人民视死如归，蔑视降将的英雄气概。反压迫、反剃发的斗争，还席卷了嘉定、松江、吴江、崇明、昆山、嘉兴、宜兴、长兴、新城、常熟、太仓、太湖、绩溪、徽州、宁口、余姚、泰和、会稽、漳州等地，尤其是在嘉定，先后有十几万人揭竿而起，反抗清军。结果，清军攻下嘉定后，前后大屠三日，杀了两万多人，血流成河，尸积如山，连儿童都未能幸免。

★漆雕开窗人物花瓶·清

《大清律》

清朝统治者在加强军事统治的同时，还制定了严密的刑律，进行法制统治。清军入关前，法律制度尚不完善，“皆因时立制，不尽垂诸久远。”清太宗时，始有成文法令，到顺治四年（1647 年）三月，“大清律成，命颁行中外”。康熙时，又命满、汉大臣编修条例，自成一书，称为《现行则例》，康熙二十八年（1689 年）正式附入《大清律》颁行。《大清律》是在《明律》的基础上编修而成的，内容上基本沿用明律，分为“五刑”（笞、杖、徒、流、死）、“十恶”（谋反、谋大逆、谋叛、恶逆、不道、大不敬、不孝、不睦、不义、内乱）、“八议”（议亲、议故、议功、议贤、议能、议勤、议贵、议宾）。禁止一切有碍封建统治的言行，明文维护封建等级制度，保护地主阶级对农民的剥削特权。在量刑时，满人还可以依律减等或换刑，汉人则不能；对蒙、回、维等少数民族另有特定的律文。《大清律》中充满了民族差别和阶级压迫，主要代表了满族大贵族阶级的利益。

★《大清律例》书影

董鄂妃玉殒顺治欲出家

DONG E FEI YU YUN SHUN ZHI YU CHU JIA

顺治十年(1653 年)深秋，一队长长的马车驰至皇宫神武门前，每辆车上有不同颜色和标识的两盏灯，表示着车内候选秀女的家庭地位和身份。

巳时(上午九至十一时)，户部官员清点人数后，引导应选的姑娘们步入神武门，来到顺贞门外，等候决定命运的最后时刻。有位董鄂氏，为满洲世族，其部落位于今辽宁省桓仁县附近。董鄂氏的父亲鄂硕，隶正白旗。她很幸运地被选中，而且很快地被指配给顺治皇帝的同父异母弟襄昭亲王博穆博果尔为妻。大约在第二年，他们成婚，董鄂氏时年十六岁，比丈夫大两岁。亲王经常率军出征，而且性情古怪，所以这对夫妻的生活并不美满。

清制，朝中凡有吉凶礼典，在京达官贵人的命妇皆得入朝。顺治初年，更有各宗室及亲郡王命妇轮番入侍后妃的定制，所以，董鄂氏得以经常出入宫禁。她自幼颖慧过人，知书达礼，雍容适度，颇有大家闺范。不知从哪一天起，董鄂氏的脱俗不凡，引起了顺治皇帝的注意。这时，顺治帝正为与新娶皇后博尔济吉特氏性情不和，而郁郁寡欢，董鄂氏也为少情的丈夫而痛苦，所以俩人一见钟情地热恋上了。他们很快就难舍难分了。顺治十一年(1654 年)四月，孝庄皇太后察觉到这一异常情况，赶紧下令停止命妇入侍后妃之例，声称为了“严上下之体，杜绝嫌疑”。但事情已发展到不可收拾的地步了。博穆博果尔为此申斥董鄂氏，顺治听说后，竟打了弟弟一记极其怪异的大耳光。

★顺治皇帝像

顺治十三年(1656 年)七月，博穆博果尔因怨恨而死，或许是自杀而死。顺治毫无引咎自责的意思，反而只让董鄂氏为丈夫守了二十七天丧，即匆匆忙忙地将这位如花似玉的“未亡人”接入宫中，立为“贤妃”。为了此事，朝廷内外非议汹汹，顺治为平息朝议，举行了两次颇为滑稽的仪礼。七月下旬，他先是在册立董鄂氏为贤妃的同一天，遣官祭襄亲王。八月下旬，他在拟封董鄂妃为皇贵妃的前三天，再次遣官祭奠胞弟。同年十二月，董鄂妃正式册立为皇贵妃，而且按照册封皇后的大礼，颁诏天下。这种异乎寻常的礼典，是顺治帝对母后的第一次宣战，他准备要再度废后而改立董鄂妃。

★清代皇后朝袍

1657 年元月六日，董鄂妃的册封大典告成。十九天后，顺治帝公然下令：“太庙牌匾停书蒙古字，只书满汉字。”

自从清太宗连娶了五宫蒙古博尔济吉特氏后妃以后，朝廷虽称满族权贵柄政，而后宫却是由蒙古血统的贵妇人执牛耳。而现在，顺治帝的矛头所向，直指以孝庄皇太后为首的蒙族姻党，攻势咄咄逼人。

在错综复杂、明枪暗剑的宫廷争斗中，承受最大的重负和打击的是柔弱的董鄂妃。她既有端庄秀美的天生丽质，又熟谙宫中各种繁杂礼数，进止有度，言行得体，使孝庄皇太后难以挑剔。平时，她事皇太后奉养甚至，左右趋走，无异侍女。有时连皇太后都感到吃惊，说：“董鄂妃事我有什么异常吗？”

有一次，孝惠皇后因憔悴忧念，大病一场，几乎丧命。董鄂妃亲临病榻扶持，五昼夜目不交睫，伺奉汤药，照顾备至。皇后病愈后，她仍是晨夕伺候，照料饮食，无微不至。虽然“三千宠爱在一身”，但她却宽仁待人，毫无一点儿妒嫉。专说他人的好话，从不说他人的坏话。宫闱眷属，无不倾心交好，蔼然相视。而且，董鄂妃平时衣饰绝去华彩，自然朴素，即使是簪珥之类的首饰，也不用金玉，而用骨角。

就是这样，董鄂妃在与宫廷中各种势力的斡旋和斗争中，保护和巩固着她和顺治帝的爱情。他们在后宫形影不离，相濡以沫。每次顺治帝下朝休息，董鄂妃总是亲自安排饮食，斟酒劝饭，问寒问暖，忙个不停。顺治帝过意不去，让她一同进餐，她推辞道：“陛下厚念，贱妾幸甚。但是，您不如与诸大臣共食，使得奉上色笑，以沾宠惠乎？”

顺治十三年后，顺治帝与诸大臣共食的次数多起来，这实在是董鄂妃在樽俎言笑间的妙劝发生了作用。如遇有庆典大礼，顺治帝常饮酒过量，董鄂妃更是整夜服侍，连炕床寒暖等小事也一一过问。

顺治帝既得知心，这时期格外勤政，往往批阅奏章至夜分。每逢此时，董鄂妃总是毫无例外地亲伺书案旁，为其展卷研墨，伺奉汤茶。

有时，见顺治因心绪烦乱而草率处理文件，她便轻声劝道：“这难道不重要，陛下为何轻易处置呢？”“不用管它，无非老一套。”顺治漫不经心地答道。董鄂妃又劝道：“这虽是奉行成法，只是安知不会由于时过境迁而需要更张，或者有别的原因应当审察的，陛下怎么能忽视呢？”顺治有时提出让她同阅奏章，她连忙起身敬谢不敏，说：“妾闻妇无外事，岂敢以女子干国政，惟陛下鉴察。”

★顺治皇帝的养心殿

有一次，顺治帝连夜审阅一批报斩罪犯的案卷，握笔犹豫难决。董鄂妃起身问道：“这份奏章说什么，让陛下如此劳心？”“这是报请秋天正法的奏章，待朕批准，十余人即置法矣。”董鄂妃闻言，泫然泪下，劝道：“这些罪犯皆愚昧无知，而且不是陛下亲自审理的。妾度陛下之心，即使是亲审的，还恐怕不得情实，何况有司审讯，岂尽无冤？陛下请敬之慎之，求可原谅全活者，以称好生之仁。”顺治对此深表赞赏，称她：“以宽大谏朕如朕心。”此后，每遇有刑部案卷，董鄂妃总劝他一审再审，说：“民命至重，死不可复生，陛下幸留意审理。不然，他们还能依靠谁呢？”

顺治帝在冗繁的政务之余，还得听日讲，主要内容是四书五经，也兼及历史、文学等。他每次听讲回来，董鄂妃便要他复述课业。答对了则高兴，偶然有遗忘答不出的，她就像训一位顽皮的小弟弟似的，生气地说：“妾闻圣贤之道，备于载籍，陛下服膺默识之，始有裨政治，否则讲习有什么用呢？”顺治

★景德镇窑白釉凸素胎双龙戏珠纹圆印盒·清

顺治严处科场案

清朝顺治十四年(1657 年)，江南省举行乡试。考生对考试多有非议，发榜那日，考生们聚在孔庙大哭，并传出歌谣，批评考场舞弊。这一年的题目是“子曰贫而无谄”。有一考生作了一首题为《黄莺儿》的词嘲讽说“：命意在题中，轻贫儒，重富翁，诗云子曰全无用。切磋欠工，往来穷通，其斯之谓方能中。告诸公，方人子贡，原是货殖家风。”顺治帝看了之后，非常生气。逮捕主考两人，房考十八人。主考被押往西市斩首，房考被处以绞刑。从此江南科场风气为之一新，舞弊现象得以消除。

★青花花鸟纹盖罐·清

帝不但从不生气，反而洗耳恭听。除了孝庄皇太后之外，普天之下，大概只有董鄂妃，敢用这种口气对皇帝说话。

顺治十四年(1657年)十月七日，承乾宫内传出一阵婴儿的啼哭声，董鄂妃喜生麟儿，排辈为皇四子(康熙帝是皇三子)。顺治帝满心喜悦，他一心想将董鄂妃扶立为正宫，于名于情，两全其美。朝内外舆论也一致认为，皇帝要将新皇子定为皇太子。然而，老谋深算的孝庄皇太后却决不容许这种事情的发生。要将博尔济吉特氏一脉挤出后宫，谈何容易。

就在这年的冬天，太后故意移

★顺治孝陵隆恩殿

住京郊南苑。董鄂妃产后不久，南苑传来皇太后身体违和的消息，并谕后宫嫔妃及亲王大臣等前往省视问安。令人费解的是，产后不久的董鄂妃也被宣召前往南苑，而且被留在太后榻前，朝夕奉侍茶药饮食，衣不解带，劳心熬神。董鄂妃遭此致命的打击，从此一蹶不振，容瘁身癯，形销骨立。而在同时，皇后却安居暖宫，从未往南苑问视，也未遣使问候。显然，她是深知其中奥妙的。内中真情，顺治帝当然如鱼饮水，冷暖自知。

十二月二十九日，皇太后“贵恙”刚愈，颁诏大赦天下。顺治压抑不住心头怒火，对皇后大兴问罪之师。他以废后为例，指责皇后在太后病时“礼节疏阙，有违孝道”，下令停进皇后的中宫笺表，并谕议政王大臣等议罪。孝庄皇太后对此置之不理。当董鄂妃得知消息后，她立刻长跪顿首，哭劝顺治帝说：“陛下之责皇后，是也。然妾度皇后，斯何时，有不憔悴忧念者耶？特以一时未及思，故失询问耳。陛下若遽废皇后，妾必不敢生。陛下幸垂察皇后心，俾妾仍视息世间，即万无废皇后也。”

三个月后，新生的皇四子不明不白地死去。同时，孝庄皇太后降谕：“对皇后如旧制封进。”在宫廷的残酷争斗中，董鄂妃失掉了爱子和半条生命，挣扎着又活了三年。她本不信佛，但这时她也逐渐崇敬三宝，栖心禅学。当她自知不久于人世时，她无法理解积善为何不得善报，总是参究“一口气不来，向何处安身立命”。她经常询问顺治皇帝，直到临终前还茫然不解，自己为什么受到如此严酷的惩罚。顺治十七年（1660年）八月十九日，董鄂妃在承乾宫内薨逝。据说，她死时言动不乱，端坐呼佛号，嘘气而化，颜貌安整，俨如平时。

★豇豆红釉菊瓣瓶·清

董鄂妃初丧的几天中，顺治帝陡为哀痛所攻，竟致寻死觅活，不顾一切，人们不得不昼夜看守他，使他不得自杀。哀痛稍定，顺治帝亲自组织指挥了一场清代历史上罕见的奇特丧礼。他首先下令追封亡妻为“端敬皇后”，并命臣下拟定谥号，拟撰《端敬后祭文》，还亲撰《端敬皇后行状》。他又下令全国服丧，官吏一月，百姓三日。丧祭典礼，耗费巨资，甚至命三十名太监和宫中女官殉葬。为此，他已经心灰意冷了。十月，他命和尚为其削发，决心出家，并起了“行痴”的法名。但他出家未成，终日郁郁寡欢。在顺治十八年(1661年)正月初七夜间，他因患天花死于养心殿。

★顺治帝宠妃董鄂妃生前居住之所——承乾宫

心怀天下的大学者顾炎武

XIN HUAI TIAN XIA DE DA XUE ZHE GU YAN WU

顾炎武是江苏昆山人，原名绛。1644年清兵入关，他由于感慨国事，志在恢复，就改名炎武，字宁人，借以表示爱国志节。

这年，顾炎武奉嫡母王氏迁居于常熟，自己则应昆山县令杨永言的推荐，出任兵部司务，前往南京。可是不久，清兵攻破南京，直下江南，明朝守城官吏纷纷降敌，苏、杭等城，清兵不战而定。顾炎武就从军至苏州，参与湖上王永祚所领导的义军。

六月，昆山县令杨永言闭城拒守。顾炎武又回乡，和同乡归庄等人举义兵，进谋恢复。不料清兵直攻昆山，义军虽奋勇固守，无奈寡不敌众，兵败城破。顾炎武的生母何氏，被清游骑斫折右臂，家室被抢劫一空。而顾炎武这时正在常熟，幸免于难。七月十五日，清军攻陷常熟。顾炎武的嫡母王氏在悲愤之余，情愿绝食而死。她临终时，言词恳切地对顾炎武说："我虽然是妇人，但身受国家的大恩，和国家共亡，这是义。你千万别做异国臣子，那样我就可以瞑目于九泉之下了。"顾炎武亲眼看着慈母为国捐躯，国忧家难，集于一身，这更坚定了他终生抗节不屈的志向。他写了一首题为《精卫》的诗篇："万事有不平，尔何空自苦？长将一寸身，衔木到终古。我愿平东海，身沉心不改！大海无平期，我心无绝时。呜呼！君不见，西山衔木众鸟多，鹊来燕去自成窠？"这首诗以精卫填海的神话故事，暗喻自己为了复仇兴国而永远守志的宏愿，并且辛辣地讽刺了如鹊燕般谋求私利的变节事敌者。在《病起与蓟门当事书》中，顾炎武还明确地认识到："天生豪杰，必有所任。……今日者，拯斯人于涂炭，为万世开太平，此吾辈之任，死而后已。"这是当时广大爱国志士的共同认识。

★顾炎武故居

顾炎武高于他人一筹的地方，在于他对"国"（即封建王朝）和"天下"（即民族百姓），作出了明确的区别。他在《日知录》卷十三《正始》中说："有亡国，有亡天下。"所谓"亡国"，指的是"易姓改号"，即改朝换代；所谓"亡天下"，指的是"仁义充塞，而至于率兽食人，人将相食"，即民族的沦亡，百姓的灾难。因此，顾炎武鲜明地指出："保国者，其君其臣肉食者谋之。保天下者，匹夫之贱，与有责焉耳矣。"这一鲜明的政治观点，从社会思想方面突破了一朝一姓的古代君臣观念，浸染了近代的民主主义精神。

★顾炎武像

1648年前后，南北各地反清的义军蜂起，人民群众四处响应。西北至甘陇，东南至五岭，到处揭起抗清的义旗。太湖一带由吴日生、陈子龙等领导的义军，出没湖上，进据宜兴、海盐，屡败清军。顾炎武奔走其间，襄赞军事，不辞劳苦。湖上义军失败后，清廷防治极严，对无辜百姓，动不动就加以"通海"的罪名。

这时候，有仇家要陷害顾炎武，顾炎武被迫变换衣冠，易名蒋山佣，潜迹北游，漂泊无家。但他仍然时时刻刻观察时事，图谋匡复。可巧山东农民军丁可泽、谢迁攻克淄川，俘虏了降清官吏孙之獬，因

★顾炎武纪念馆

痛恨他首倡剃发，便缝了他的嘴，把他肢解了。顾炎武闻讯欣喜不已，写了一首《淄川行》的诗："鼓逢逢，旗猎猎，淄川城下围三匝。围三匝，开城门，取汝一头谢元元。"后来听说郑成功起兵海上，顾炎武高兴地作《海上》诗，道："长看白日下芜城，又见孤云海上生"，寄托着无限的希望。

顾炎武同乡的豪绅叶方恒，对顾炎武早就衔恨在心。1658年，他买通顾的仆人陆恩，让陆诬告顾炎武"通海"，图谋不轨。他们以千金贿赂松江太守，逼令顾炎武自裁。事情急迫，有一位朋友为顾炎武向降清大官僚钱谦益求救。钱谦益要顾炎武自称门下，然后才答应救他。朋友知道顾炎武不会答应，恐失事机，就私下假托顾的名义，给钱谦益写了回信。顾炎武听说后，急忙派人去追回书信。追不回来，他就在通衢大道张贴揭文，表明自己决不做钱谦益的什么"门生"。钱谦益恨恨地说："顾宁人怎么这么急躁？"

幸有挚友归庄为顾炎武奔走呼救，又有友人路泽溥认识清兵备使，为顾诉冤，这件冤案才算不了了之。

叶方恒仍不善罢甘休。他探听得顾炎武前往南京，就遣刺客在南京太平门外杀顾。顾头部受伤，遇救免死。因此，顾炎武只好变卖家产，舍弃故乡，只身北行，奔走道路，飘泊无家。但他始终桀傲不屈，我行我素。

清代科举制度一仍明制，以八股文取士，但扩充了名额，还颁布了捐纳制度，所以很受当时一班文人的爱戴。为了进一步笼络文人，康熙十七年（1678年）诏修《明史》，特开博学鸿词科，专门征召海内名士，取录者都授以翰林院的官职。顾炎武的学术品节，尤为当时所注目。所以，这年大学士熊赐履主修《明史》，写信给顾炎武，请他出山相助。顾炎武回信，斩钉截铁地回答道："愿以一死谢公！"

这时顾炎武的同乡叶方霭等人想要推荐他应博学鸿词科，顾炎武写信与叶，坚决推辞道："先妣临终遗命，有'毋事异代'之言，载于志状，故人人可出，而炎武必不可出矣。七十老翁何所求，止欠一死。若必相逼，则以身殉之。一死而先

★顾炎武雕像

清代考据学

考据是一种治学方法。这种治学方法一方面是搜集、整理古代文化史料，一方面是对这些古代文化史料进行考证分析，以便去伪存真，说明史料的价值。

这种治学方法到清代发展成一种学风，形成了考据学。明末清初杰出的思想家、历史学家顾炎武就是考据学的开山祖。他非常重视史学，认为史学的作用在于"引古筹今"、"鉴往训今"。这是"经世致用"理论在史学上的具体应用。他认为"读九经自考文始，考文自知音始"，这样他从研究小学开始来寻求训诂名物的真意，开创了朴实无华的考据学风。但是，从乾隆以后，考据学者逐渐抛弃了顾炎武开创的"经世致用"的考据学的精神实质，而一味地钻进故旧纸堆里进行章句的训诂、文义的铨释、名物的考据，使考据学走上远离社会现实、无涉国计民生、为考据而考据的轨道。这种考据学逐渐形成占压倒优势的正宗学派，名噪一时。清代很多学者为此付出了毕生的心血与精力，甚至做出了重大牺牲，他们的治学精神也是应予肯定的。但值得提出的是乾嘉时期的考据学从形式到内容都与顾炎武的考据学貌合神离了，它禁锢了人们的思想，束缚了科学的进步，阻碍了社会的发展。

★天蓝釉兽面纹螭耳尊·清

妣之大节愈彰于天下，使不类之子，得附以成名，此亦人生难得之遭逢也。”

有人对顾炎武说：“先生还不如听人一荐，荐而不出，名节就更高了。”顾炎武笑着说：“这不是沽名钓誉吗？例如妇人丧夫，从一而终，之死靡它，其心岂欲见之于人呢？如果说，一定要等别人强娶时，以力拒之，然后可以明节，那我还没有听说过呢！”他不仅这样说，还写信给人说：“弹琵琶侑酒，这是娼妇的行径。如果要请良家女子这么做，一定愤然拒绝。我现在的情况也是如此。”

顾炎武立身行事有两条原则，即“博学于文”，“行己有耻”。他的“行己有耻”，在消极方面是洁身自好，有所不为；在积极方面则是要对人类事业有着强烈的责任心。他的“博学于文”的“文”，不是一般文人的文。在《日知录》中，他这样的解释：“自身而至于家国天下，制之为度数，发之为音容，莫非文也。”可见他的“博学于文”就是穷究天下利病、探讨古今变革、经世致用的学问。顾炎武不仅是一位爱国志士，而且是开清代经世致用学风的著名学者，人们尊称他为“亭林先生”。他在学术研究中，把对社会现实的反思和批判，同对经学史书的辨析和发明结合起来，共同指向经世致用的目标。处身于历史动荡的非常时期，顾炎武深深地认识到改变现状的迫切性和必要性。他认为，君主专制制度的弊病已到了积重难返的地步，变革是势所必行的。而要进行变革，首先必须深入细致地考察现实。

顾炎武从二十七岁起，就历览二十一史，以及天下郡县志书、一代名人文集和朝廷章奏文册之类的书籍，参照自己遍历山川要塞时的所见所闻，旁推互证，有得即录，历时二十多年，编写成《肇域志》和《天下郡国利病书》两部著作。书中主要探讨明代的兵防、赋役和水利，希望找出一些挽衰救亡、调整改革的社会方案来。他的另一部著作《日知录》中有关“治道”的大量篇章，也大多着重于反思二千年的历史，以观照当代的现实。

在经学史书的研究上，他极力标举“实事求是”的精神，这对当代和后代的学界文坛也产生了不可估量的深远影响。他高高地树起重经验、贵实践的旗帜，以日常习见的道理，还原理学的心性之说。在他看来，所谓“致知”，无非是知道守持人伦大节；所谓“格物”，不过是探求现实当急之务；所谓“天命”，那只是动作、礼义、威仪的准则；所谓“心学”，并不是什么玄渺的真传、心传，而是参透众理并足以应付万事的一种思维能力；如此等等。这样一来，顾炎武借实击虚，粉碎了宋明理学家人为设置的重重玄学迷障。

★顾炎武墓

在治学方法上，顾炎武反对宋明理学家攘窃古书、臆造新说的做法，注意搜集和辨析现实中的和书本中的实际资料，广求博证，去伪存真。他善于疏通源流，审辨名实，作立体的、综合的、系统的学术研究。他提倡对具体问题作具体分析，分别不同地域、不同时代的情况研究社会问题。

顾炎武的一生广泛地涉足于经学、史学、音韵文字、今石考古和方志舆地等学术领域，著作众多。他无论研究哪一门学术，其目的都是要经世致用。在《与潘次耕札》中，顾炎武说：“君子之为学也，非利己而已也。有明道淑人之心，有拨乱反正之事，知天下之事何以流极而至于此，则思起而有以救之。”这种拳拳于引古筹今、鉴往知来的治学宗旨，体现了顾炎武忧国忧民的襟怀。他以崇实致用的学风和锲而不舍的实践，宣告了晚明空疏学风的终结，开启了早清一代的实学思潮。

1682年正月初九，年届古稀的顾炎武抱着壮志未成的遗恨，在山西曲沃与世长辞了。临终时，他赠送好友李因笃一首古诗，有一句说“四海竟沦胥”。这是用《诗·大雅·抑》中“沦胥以亡”的典故，翻作白话，就是一切全完了。

康熙帝智擒鳌拜

KANG XI DI ZHI QIN AO BAI

1661年2月5日，年仅24岁的顺治帝病死，由他的儿子玄烨即位，是为清圣祖，也叫康熙帝。康熙帝即位的时候，年纪才8岁。按照顺治帝的遗诏，由四个满族大臣辅政。其中一位辅政大臣鳌拜，仗着自己掌握兵权，又欺负康熙帝年幼，独断专横。大臣和他意见不合，就遭到排挤打击。

清王朝进关时，用强制手段圈了农民大片土地，分给八旗贵族。鳌拜掌权以后，仗势扩大占地，还用较为贫瘠的土地去换肥沃的田地，遭到地方官的反对。鳌拜利用手中的权势，把反对他较为强烈的3名地方官诬以罪名处死。

康熙帝满14岁的时候，亲自执政。这时候，另一个辅政大臣苏克萨哈和鳌拜发生争执。鳌拜怀恨在心，勾结同党诬告苏克萨哈犯了大罪，奏请康熙帝把苏克萨哈处死。康熙帝不肯批准，鳌拜在朝堂上与康熙帝争执得不可开交，鳌拜甚至挥舞着拳头，大吵大嚷。康熙帝非常想借此机会杀了他，但因朝中有很多他的亲信死党，怕反被他们借机生事，因而隐忍未发，并按鳌拜的意见，杀了苏克萨哈。

通过与鳌拜的这场争执，康熙帝意识到：不除掉鳌拜，他迟早会毁国乱政。康熙明着无法遍树亲党，便暗地里物色了一批贵族子弟担任侍卫，这些少年个个长得健壮有力，康熙帝把他们留在身边，天天练摔跤，预备有朝一日擒杀鳌拜。鳌拜每次进宫，只当是这群少年摔跤嬉闹，丝毫没放在心上。

有一天，康熙帝令鳌拜单独进宫商量国事，鳌拜像平常一样大模大样地走进宫去，刚跨进内宫的门槛，忽然一群少年拥了上来，围住了鳌拜，有的拧胳膊，有的拖大腿。鳌拜虽然是武将出身，力气非凡大。可是这些少年都像粘在他身上一样，宁死也不撒手，最终他被五花大绑起来，任凭他怎么嚎叫，也没有人来搭救。

鳌拜被抓进大牢，康熙帝数其罪状，将其削职为民。一些原来比较骄横的大臣见康熙帝胆大有为，都恭顺了许多。此后，康熙帝放手整顿朝政，奖励生产，惩办贪吏，使新建立的清王朝渐渐强盛起来。

★康熙帝像

鳌　拜

★鳌拜像

鳌拜(?-1669年)，瓜尔佳氏，满洲镶黄旗人，以战功封公爵。清崇德二年(1637年)，鳌拜为先锋攻明皮岛，勇冠三军。此后屡败明军，又率兵镇压李自成和张献忠的农民军。顺治帝亲政后，授议政大臣，封二等公，擢领侍卫内大臣等职。康熙帝即位，鳌拜与索尼、苏克萨哈、遏必隆同受顾命辅政。

多尔衮当政时，将应划给镶黄旗的地分拨给正白旗，而镶黄旗的庄屯尽设在正白旗应得之地。鳌拜以八旗自定有秩，执意将两旗分地互换。苏克萨哈为正白旗人，极力反对；户部尚书苏纳海等奏言圈地不便，旗民交困，请停止。鳌拜大怒，将苏纳海等人处死。从此，鳌拜越发跋扈。鳌拜受顾命，名列遏必隆之后，自索尼死后，班行章奏，皆列首位。他与苏克萨哈论事多有不睦，积怨成仇。苏克萨哈遂乞请守护世祖福临陵寝，以保全余生。康熙六年(1667年)，鳌拜以阴有异志等为口实，罗织24大罪状，诛苏克萨哈。康熙八年(1669年)，康熙帝亲政后，智擒鳌拜，宣布其十条罪状，从宽革职，籍没拘禁。鳌拜终死禁所。

康熙平定三藩

KANG XI PING DING SAN FAN

★康熙帝写字像

康熙帝整顿内政，发展生产，使当时社会趋于稳定。但此时，一些手握重兵的藩王却露出了反叛的端倪。

在清兵入关的过程中，有三个藩王曾为清王朝定鼎中原出过力，他们分别吴三桂、尚可喜、耿仲明。因为他们帮助清朝消灭南明，镇压农民军，清王朝便封吴三桂为平西王，驻防云南、贵州；尚可喜为平南王，驻防广东；耿仲明为靖南王，驻防福建。三藩之中，又以吴三桂最强。吴三桂当上藩王之后，十分骄横，不但掌握地方兵权，还控制财政，自派官吏，不把清朝廷放在眼里。

此外，三藩各据一方，形同独立王国，其势力已严重威胁到清朝的政权。而且，三藩的存在，每年要使朝廷消耗2000余万两的军饷，使清廷背上沉重的包袱。因此，康熙帝为了减缓政治和经济上的压力，遂决意撤藩。虽然撤藩有着诸多的好处，但三藩对朝廷早有戒心，稍有不慎他们就会拥兵反叛。

1673年，平南王尚可喜奏请归辽东老家养老，留儿子尚之信继续镇守广东。康熙帝借此裁撤三藩，他批准尚可喜告老，但不让他儿子尚之信接替平南王爵位。如此一来，触动了吴三桂、耿精忠(耿仲明的孙子)，他们都想试探一下康熙帝的态度，便假惺惺地主动提出撤除藩王爵位。

这些奏章送到朝廷，康熙帝召集朝臣商议。许多大臣认为吴三桂他们要求撤藩是假的，如果批准他们的请求，一定会造反。康熙帝果断地说："吴三桂早有野心。撤藩，他要反；不撤，他迟早也要反。不如来个先发制人。"于是，他下诏答复吴三桂，同意他撤藩。

★位于云南昆明东北郊山上的金殿，是康熙十年(1671年)吴三桂主持重建的。

吴三桂

吴三桂(1612-1678年)，字长伯。明辽东人，祖籍江苏高邮。武举出身，锦州总兵吴襄之子，以战功及父荫授都指挥。崇祯四年(1631年)八月，皇太极发动"大凌河之役"，吴襄在赴援时逃亡，导致全军覆灭。吴襄被下狱后，明朝廷擢用吴三桂为辽东总兵，镇守山海关。崇祯十七年(1644年)3月初，李自成破大同、真定，逼近北京，崇祯帝飞檄加封他为平西伯，令其放弃宁远(今辽宁兴城)入卫京师，起用吴襄提督京营。吴三桂奉旨入援京师，16日抵山海关，一路上"迁延不急行，简阅步骑"，20日抵达河北丰润时，李自成领导的农民起义军已进入北京，崇祯自缢于景山，北京失陷，吴三桂撤兵退保山海关。李自成曾多次招他归降，吴三桂再三犹豫，因其妾陈圆圆被李自成部将掠去，遂上书清睿亲王多尔衮，请清兵入关讨李。李自成害怕清兵入关，决定"灭吴保关"。4月13日，发兵20余万由李自成亲率大军，奔赴山海关攻讨吴三桂。22日山海关之战，吴军初败，吴三桂求救于多尔衮，引清兵入关，吴三桂与清军在一片石战役中联合大败李自成。

诏令一下，吴三桂立刻杀了云南巡抚朱国治，自称周王、总统天下水陆大元帅、兴明讨虏大将军。然后蓄发、易帜，发布檄文，并联合平南王之子尚之信、靖南王耿精忠及广西将军孙延龄、陕西提督王辅臣等以反清复明为号召起兵反清。

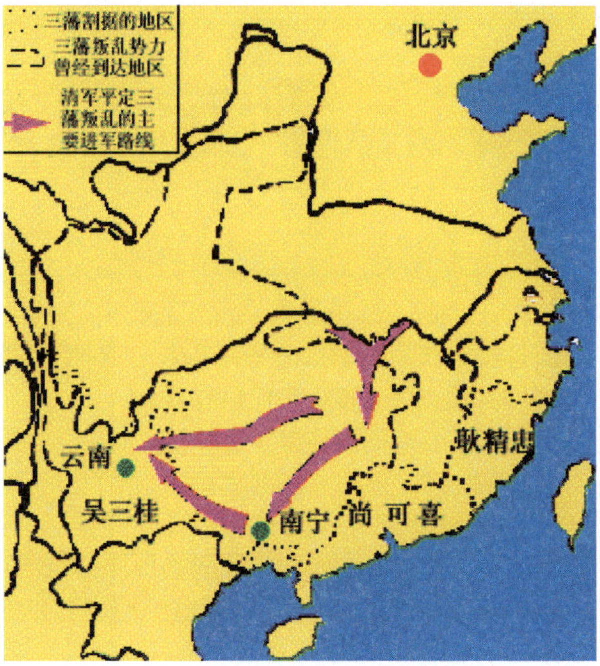

★清军平定三藩进军路线图

当年11月，吴三桂为了笼络民心，他脱下清朝王爵的穿戴，换上明朝将军的盔甲，在被他杀害的永历帝的墓前假惺惺地痛哭一番，发誓要替明王朝报仇雪恨。其实，吴三桂把清兵引进中原，最后又杀死永历帝这段历史早已妇孺皆知，他虽然打着恢复明朝的旗号，但收效甚微。

吴三桂祭罢永历帝，即挥军入桂、川、湘、闽、粤诸省。此时，19岁的康熙帝处世不惊，临危不乱，他从容运筹，调兵遣将，重点攻打吴三桂的叛军，对另外二藩和各地叛将则采取剿抚并用的手段，孤立吴三桂。康熙还于当年处死了吴三桂留质于京的长子、长孙，绝了吴三桂裂土分国，划江而治的野心。10月，福建的耿精忠不敌清兵的攻打，被迫降清。不久，尚之信亦降。

1678年，为了补充已经大伤的军队元气，吴三桂在衡川称帝，拜相封侯，百官朝贺。然而，仅仅几个月，吴三桂因暴病竟一命呜呼。当年，其孙子吴世璠袭位，但到1680年便被清军逼到了昆明，进而服毒自杀。历时8年的“三藩之乱”终于得到了平息，地方的割据势力被彻底根除。

★粉彩描金《福寿》蕃莲纹葫芦瓶·清

★吴三桂像

尚可喜

尚可喜（1604年—1676年），字符吉，号震阳，祖籍山西，后至辽东。清兵入关前降清，与吴三桂、耿精忠形成三藩割据势力。尚可喜少年随父从军，19岁领兵作战，多有功绩。后因遭陷害，于1634年（明崇祯七年）弃明投金。崇德元年（1636年），清封尚可喜为智顺王，属汉军镶蓝旗，随清兵入关。顺治六年（1649年），改封平南王，率部与耿仲明进军广东，击破广东地区明军，遂留镇广东。尚可喜在广东令其部属私充盐商，又私市私税。时广州为对外通商口岸，“每岁所获银两不下数百万”。尚可喜对清廷比较效忠，但年老多病，便将其兵事交其子尚之信。尚之信素性桀骜，横暴日甚，官民怨恨，又酗酒嗜杀，常在尚可喜面前不听训教，为所欲为。康熙十二年（1673年），尚可喜奏请归老辽东，留尚之信继续镇守广东。朝廷认为尚之信跋扈难制，遂诏令尽撤三藩。吴三桂、耿精忠起兵叛乱，尚之信响应，尚可喜忧急而死。

★尚可喜像

雅克萨的胜利

YA KE SA DE SHENG LI

1643年，沙俄侵略者趁清军忙于入关，开始入侵我国的黑龙江流域，侵略者烧杀淫掠，无恶不作，犯下了滔天罪行。处于黑龙江上游桂古达尔城居住的达斡尔族的千余居民，除了15人死里逃生，360名妇女和儿童被掠走，余者全遭毒手。

★雅克萨之战纪念碑

黑龙江、乌苏里江流域自古以来就是中国领土，秦汉以后各朝均在此设官统辖。清朝建立之后，继续对这一地区行使管辖权，加强统治。除设盛京将军（驻今辽宁沈阳）、宁古塔将军（驻今黑龙江宁安）和黑龙江将军(驻今黑龙江爱珲)外，还把当地居民编为八旗。与此同时，还加强了吉林、黑龙江将军所辖的各镇，在沿江重要地区建立船厂，设置仓屯，陆上开辟台站驿道，发展水陆交通运输，进一步加强了边境地区与内地的政治、经济和文化联系。

1650年，沙俄军队在强占了尼布楚后，又一次把贪婪的目光瞄准了雅克萨城，并在那里修筑工事，抢夺粮食和牲口。经过边疆人民的奋起反抗，也曾多次赶走侵略者，但这些侵略者趁防御稍有松弛就卷土重来。清政府也曾多次就边界问题照会俄方进行谈判，但沙俄政府始终置之不理。

★雅克萨抗俄之战时的清军火炮

★雅克萨之战中清兵使用的盔甲和战服

在谈判无望的情况下，清军于1865年和1866年，连续两次围攻盘距于雅克萨的俄军。1685年正月，为了彻底消除沙俄侵略，康熙命都统彭春赴爱珲，负责收复雅克萨。4月，清军约3000人在彭春统率下，携战舰、火炮和刀矛、盾牌等兵器，从爱珲出发，分水陆两路向雅克萨开进。5月22日抵达雅克萨城下，当即向侵略军头目托尔布津发出通牒。托尔布津恃巢穴坚固，有兵450人，炮3门，鸟枪300支，拒不从命。清军于5月23日分水陆两军同时攻击。25日黎明，清军发炮轰击，侵略军伤亡甚重，势不能支。托尔布津乞降，遣使要求在保留武装的条件下撤离雅克萨。

★《尼布楚条约》签订场景

★雅克萨之战示意图

★人物盘·清

经彭春同意后，俄军撤至尼布楚(今涅尔琴斯克)。然而，清军刚一班师回朝，他们就又窜回来，继续重建据点。

1685 年秋，莫斯科派兵 600 人增援尼布楚。当获知清军撤走时，侵略军头目托尔布津率大批沙俄侵略军再次窜到雅克萨。俄军这一背信弃义的行为引起清政府的极大愤慨。次年初，康熙接到奏报，即下令反击。7 月 24 日，清军 2000 多人进抵雅克萨城下，将城围困起来，勒令沙俄侵略军投降，托尔布津置之不理。8 月，清军开始攻城，托尔布津中弹身亡，改由杯敦代行指挥，继续顽抗。8 月 25 日，清军考虑到沙俄侵略者死守雅克萨，必待援兵，且考虑隆冬冰合后，舰船行动、马匹粮秣等补给不便，于是在雅克萨城的南、北、东三面掘壕围困，在城西河上派战舰巡逻，切断守俄军外援。

侵略军被围困将近一年，战死病死很多，826 名侵略军，最后只剩 66 人。雅克萨城旦夕可下，沙皇急忙向清请求撤围，遣使议定边界。清答应所请，准许侵略军残部撤往尼布楚。雅克萨反击战结束后，双方于康熙二十八年（1689 年）7 月 24 日缔结了《尼布楚条约》。

《尼布楚条约》

1689 年，中俄双方进行谈判。清朝代表是领侍卫内大臣索额图，沙俄代表戈罗文·费要多罗。在中国政府作出让步的情况下，经平等协商，中俄双方正式签订了《尼布楚条约》。条约规定：外兴安岭以南、格尔必齐河和额尔古纳河以东至海的整个黑龙江流域，乌苏里江流域的土地，全部属于中国；外兴安岭与乌第河之间的地区，暂行存放，留待以后再议；凡一二人越界捕猎或盗窃，立即送回本国处罚，凡数十人结伙，持械越界、杀人掠夺者，捕拿送回本国，处以死刑；两国人民持有护照者，可以过界往来互市；订约以前的逃人不必遣返，订约以后，两国不收逃犯。俄国人在雅克萨所建城障，应立即拆除，在此居住的俄国人，应全部迁回本土。《尼布楚条约》的内容，曾用满文、汉文、蒙文、俄文和拉丁文五种文字刻成了界碑。这个条约明确划分了中俄两国的东西边界，从法律上肯定了黑龙江和乌苏里江流域包括库页岛在内的广大地区都是中国的领土。沙俄同意把入侵雅克萨的军队撤回，清朝同意把贝加尔湖以东原属中国的尼布楚土地让给俄国。《尼布楚条约》是中俄双方在平等基础上签订的一个平等条约。

★《尼布楚条约》(满文和俄文本)

三征噶尔丹

SAN ZHENG GA ER DAN

1689年，沙俄政府在雅克萨失败以后,不敢明目张胆地施展扩张的策略,便假手厄鲁特蒙古准噶尔部首领噶尔丹对漠北和漠南的蒙古族部落进行侵伐,以期达到扰政乱边的目的。清朝的时候,蒙古族分为漠南蒙古、漠北蒙古和漠西蒙古三个部分。除了漠南蒙古早已归属清朝外,其他两部也相继臣服了清朝。准噶尔是漠西蒙古的一支，本来在伊犁一带过游牧生活。自从噶尔丹统治准噶尔部以后,他野心勃勃,先兼并了漠西蒙古的其他部落,又向东进攻漠北蒙古。漠北蒙古无力抵抗,几十万的漠北蒙古人逃到漠南,请求清朝政府的保护。康熙帝派使者到噶尔丹那里,叫他把侵占的地方还给漠北蒙古。噶尔丹自以为有沙俄撑腰,十分骄横,不但不肯退兵,还以追击漠北蒙古为名,直抵距北京700里的乌兰布通(今内蒙古昭乌达盟克什克腾旗),威逼北京。

★平噶尔丹的乌兰布通之战彩绘

为确保边疆安定，康熙帝决计亲征。1690年,康熙帝兵分两路:左路由抚远大将军福全率领,出古北口;右路由安北大将军常宁率领,出喜峰口。康熙帝亲自带兵在后面指挥。

右路清军先接触噶尔丹军,打了败仗。噶尔丹得意洋洋，派使者向清军要求交出他们的仇人。噶尔丹同时还把几万骑兵集中在大红山下，后面以树林为掩护,前面以河流为依托。另外将上万只骆驼,捆住四蹄放倒在地上,驼背上加上箱子,用湿毡毯裹住,摆成长长的一个驼城。他们躲在箱垛中间射箭放枪,阻止清军进攻。

清军用火炮火枪对准驼城的一段,集中进行轰击,打开了一个缺口。随后清军的步兵和骑兵鱼贯而入,杀声四起。福全又派兵绕出山后夹击，把叛军杀得七零八落,纷纷丢了营寨逃走。

★康熙戎装像

噶尔丹一看形势不利,赶快派个喇嘛到清营求和。福全一面停止追击,一面派人向康熙帝请示。康熙帝下令说:“快进军追击!别中了贼人的诡计。”果然,噶尔丹求和只是缓兵之计,等清军再想追击的时候,噶尔丹已经带着残兵逃到了漠北。

★福全出征噶尔丹图

噶尔丹回到漠北,表面向清朝政府表示屈服,暗地里重新招兵买马。1694年，康熙帝约噶尔丹会见,订立盟约。噶尔丹不但不来,还暗地派人到漠南煽动叛乱,扬言他们已经向沙俄政府借到鸟枪兵6万,将大举进攻清廷,内蒙古各部亲王纷纷向康熙帝告发。

1696年,康熙帝决定除恶务尽，开始第二次亲征。此次,清军兵分三路:黑龙江将军萨布素从东路进兵；大将军费扬古从西路出兵，截击噶尔丹的后路;康熙帝亲自带中路军,从独石口出发。三路大军约定日期,进行三面夹攻。

康熙帝的中路军到了科图，遇到了敌军的前锋，但东西两路还没有到达指定地域。这时候，传言沙俄将要出兵帮助噶尔丹。随行的一些大臣有些害怕，劝康熙帝班师回北京。康熙帝气愤地说："此次出征，没有见到叛贼就退兵，怎么向天下人交代！再说，我中路一退，叛军全力对付西路，西路不是危险了吗？"当下，康熙帝决定继续进兵克鲁伦河，并且派使者去见噶尔丹，告诉他康熙帝亲征的消息。

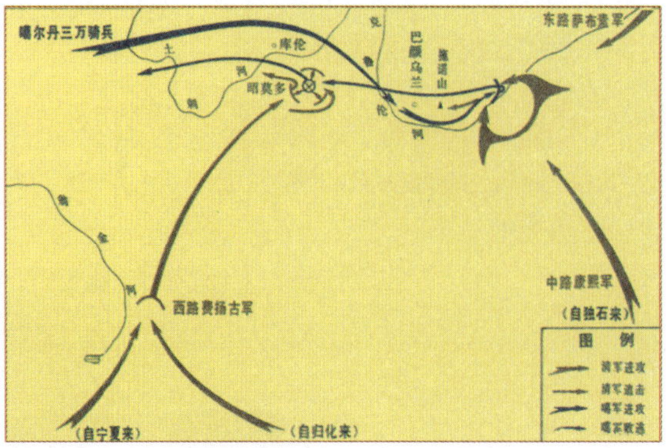

★昭莫多之战作战经过示意图

噶尔丹毕竟做贼心虚，他听了使者的话，早早就到了康熙的来路上去探看究竟。这一天，只见康熙帝的中军黄旗飘扬，军容整齐，正朝他的营地开来，他吓得连夜拔营撤退。康熙帝一面派兵追击，一面赶快通知西路军大将费扬古，要他们在半路上截击。

噶尔丹带兵奔走了五天五夜，到了昭莫多（在今蒙古人民共和国乌兰巴托东南）正好遇到费扬古军。昭莫多原是一座大树林，前面有一个开阔地带，历来是漠北的战场。费扬古按照康熙帝的部署，将兵马隐蔽于树林茂密的地方，先派400人诱战，把叛军引到设有伏兵的地方。诱战的清军且战且退，叛军不知是计，欺清军兵少，大着胆子向山顶扑来，埋伏的清军突然枪箭齐发，将叛军打得立即溃散。此时，费扬古已另派了一支人马在山下袭击叛军辎重，随后迎向溃败下来的叛军。叛军遭清军前后夹击，忙于乱窜，无心应战，最后死的死，降的降，噶尔丹只带了几十名骑兵脱逃。

经过两次大战，噶尔丹叛乱集团土崩瓦解，康熙帝命噶尔丹投降，但是噶尔丹继续顽抗。

一年后，康熙帝再次带兵渡过黄河亲征。这时候，噶尔丹原来的根据地伊犁已经被他侄儿策妄阿那布坦占领。他的左右亲信听说清军来到，也纷纷投降，愿意做清军的向导。噶尔丹走投无路，只好服毒自杀。

至此，清政府重新控制了阿尔泰山以东的漠北蒙古，给当地蒙古贵族各种封号和官职。清政府又在乌里雅苏台设立将军，统辖漠北蒙古。

后来，噶尔丹的侄儿策妄阿那布坦攻占西藏。1720年，康熙帝又派兵远征西藏，驱逐了策妄阿那布坦，护送达赖喇嘛六世进藏。

以后，清政府又在拉萨设置驻藏大臣，代表中央政府同达赖、班禅共同管理西藏。

★康熙平定噶尔丹纪功碑

噶尔丹

噶尔丹(1644—1697年)，巴图尔珲台吉第六子，清代厄鲁特蒙古准噶尔部首领。噶尔丹早年赴西藏当喇嘛。康熙九年(1670年)，其兄僧格在准噶尔贵族内讧中被杀。次年，噶尔丹自西藏返回，击败政敌，夺得准噶尔部统治权。康熙十五年(1676年)，噶尔丹俘获其叔父楚琥布乌巴什，次年击败和硕特部首领鄂齐尔图汗，实力大增。随后又占据南疆，势力扩至天山南北。康熙二十七年(1678年)，在沙俄的怂恿和支持下，进攻喀尔喀蒙古土谢图汗部，继而进军内蒙古乌朱穆秦地区，威逼北京。为确保边疆安定，康熙帝曾三次亲征。康熙二十九年(1680年)乌兰布通(今内蒙古克什克腾南)之战，噶尔丹败退至科布多。康熙三十五年(1696年)昭莫多(今内蒙古肯特山南)之战，噶尔丹主力军被清军击溃，部众叛离。次年三月，自杀于科布多(位于今蒙古人民共和国境内)。

★噶尔丹像

江南科场舞弊案

JIANG NAN KE CHANG WU BI AN

康熙五十年（1711年）的深秋。紫禁城落叶飘零，残花满径。已是深夜子时三刻了，但弘德殿暖阁内还闪烁着摇曳不定的烛光。康熙皇帝在这里批阅奏折，已经整整三个时辰了。他忽而埋头阅疏，忽而起身踱步，两只炯炯有神的眼睛里，流露出一股怒气。因为他刚刚阅罢江南巡抚张伯行的奏折，报称江南本届乡试出现舞弊大案，副主考官赵晋受贿十万两纹银，出卖举人功名。阅卷官王曰俞、方名通伙作弊，正考官左必蕃知情不举，有违国法。为此江南士子大哗，舆论纷纷，民愤难平。请求从速查清弊端，严办贿官，以定民心。

阅罢奏折，康熙帝震惊不已。在江南这样的礼仪之乡，怎么会出现这种劣迹呢？

接着，他在密奏卷里又读到苏州织造李煦的奏折，也讲述了江南科场舞弊，民情鼎沸的情况。奏折中说，举子们出于义愤，把考场匾额上的“贡院”两字，涂写成了“卖完”。还有一群考生竟将财神庙里的财神泥像，抬到孔夫子庙里。江宁城内万人空巷，观看财神爷游街。李煦还抄录了一副揭贴对联：“左丘明双目无珠，赵子龙一身是胆。”这分明是指斥左必蕃对舞弊视若无睹，赵晋贪污受贿胆大妄为。审阅至此康熙帝怒火冲天，将手中的龙泉窑青花茶杯狠狠地掷到地上，摔得粉碎。随后，他立即手书一道御旨，任命户部尚书张鹏翮、漕运总督赫寿为钦差大臣，火速奔赴江南，务将科场案彻底查清。

张鹏翮和赫寿马不停蹄地赶到扬州，在扬州钦差行辕举行了第一次会审。两江总督噶礼和江苏巡抚张伯行，奉旨陪审。副主考官赵晋当堂供认受贿黄金三百两，阅卷官王曰俞、方名也供认徇私舞弊，将在卷子中作了暗记的程光奎、吴泌等点了举人。罪状属实，三个考官当场革去功名，收监看管。

接着，程光奎、吴泌等被带上大堂。张鹏翮先试一试他们的学识，结果吴泌连两句《三字经》都背不顺溜，程光奎更拙劣，默写《百家姓》“赵、钱、孙、李”四个字，就写错了三个。张鹏翮见状，一拍惊堂木，厉声问道：“尔等到底行贿多少，来买举人功名？”“大人息怒！”程光奎战战兢兢地说：“小人实出了黄金十五锭，每锭二十两。”吴泌也跟着供认自己行贿数额与程光奎相同。吴泌刚刚招完，只见巡抚张伯行拍案而起，追问道：“主考官赵晋说是只收到十五锭金，另外十五锭哪里去了？”程、吴二人支支吾吾，推说不知。“你二人的贿金，可是亲手交给赵晋的吗？”张伯行又问。吴泌答道：“是小人托前任巡抚的家人李奇代送的。”张伯行立即抽出一根火签，传令速拿李奇到案。“且慢！”总督噶礼起身阻止道。“李奇乃前任叶抚院的亲信，大人轻信供词，缉拿于他，恐怕叶抚院面上不好交代。”张伯行正色答道：“王子犯法，与庶民同罪。李奇与御案有牵，焉能不问？”

二位钦差早就怀疑受贿者决不止赵晋一人，应当查个明白。于是李奇很快就被缉拿到大堂上。张鹏翮劈头就问：“李奇，你代吴泌等

★蒲城清代考院，是陕西省惟一一座保存完好的清代科举考试场馆。

★江南贡院

人行贿考官，赃银交给谁了？”“交给赵大人了。”“赵主考只收了十五锭金，余下十五锭，想是你私吞了？”赫寿厉声驳斥道。“小人不敢！”李奇哆哆嗦嗦地招供说：“赵主考收了十五锭金，还有十五锭让我交给泾县知县陈天立，听说是留给总督大人的。”一语道罢，全场愕然。这真是事出意外。只见噶礼先是面色铁青，随之暴跳如雷，吼道：“大胆刁民，竟敢诬陷封疆大吏！来人，拖下去乱棍打死！”“且慢！”张伯行急忙站起身来，对噶礼拱拱手说：“犯人口供尚未录完，岂能轻易棒杀？请再审明！”督、抚二人，一个要审，一个要打，闹得不可开交。二位钦差只好将李奇重镣收监，严加看管，暂且退堂。

当晚，二位钦差特地拜访张伯行，劝他大事化小，小事化了，“得让人处且让人”，免得引火烧身。但张伯行偏不愿就此罢休，他冷冷地说：“伯行为国为君，惩察不法，天经地义，虽死不辞！”于是，张伯行连夜又写了一道言词恳切的奏折，发往京城。

十二月二十七日，康熙帝同时接到了张伯行和噶礼的奏折。噶礼劾奏张伯行七大罪状，仅其中私刻书籍、诽谤朝政一条，就足够灭门之罪。康熙帝考虑再三，决定暂将张伯行和噶礼都解任，减少干扰，又严令张鹏翮和赫寿二人迅速审清此案。过了几天，康熙帝收到李煦的密札，报称李奇与泾县知县陈天立对质后，陈天立供认的确收到十五锭黄金。但问到黄金的下落时，陈天立却吞吞吐吐不肯说。就在那天晚上，陈天立在狱中自缢身死，造成死无对证的局面。康熙帝十分精明，他已猜出噶礼受贿必属实情，张鹏翮坐视要犯自杀，实在是失职。于是就发下两道圣谕，一道命张鹏翮等火速将勘察结果上报，一道密令安徽巡抚暗察陈天立的死因。

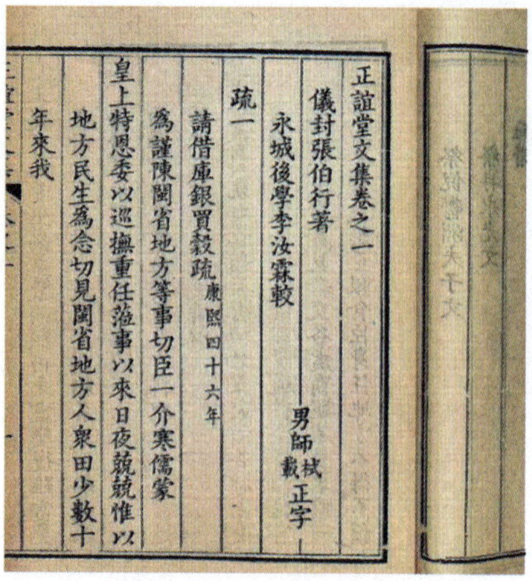
正誼堂文集卷之一
儀封張伯行著
永城後學李汝霖較　男師栻 師載 正字
疏一
請借庫銀買穀疏 康熙四十六年
爲謹陳閩省地方等事切臣一介寒儒蒙
皇上特恩委以巡撫重任蒞事以來日夜兢兢惟以
地方民生爲念切見閩省地方人衆田少數十
年來我

★张伯行《正谊堂文集》书影

张鹏翮与赫寿再三商议，决定对督、抚互劾各打五十大板，并拟就一道奏折，称：“噶礼参劾张伯行指使证人，诬陷大臣，及私刻书籍、诽谤朝政，皆查无实据。张伯行参劾噶礼受贿之事，也属虚妄。但张伯行无端生事，造成督抚互劾，江南大哗，照例应予革职。”张伯行风闻钦差这道奏折，心如火焚。他决心拼着发配充军，也要替江南百姓说几句话。于是又写了一道措辞激烈的奏折，恳请康熙帝再审此案，以彰国法。

这时，康熙帝已接到安徽巡抚梁世勋的密札，报称江南刑狱官员

康熙南巡

康熙帝为了视察治河工程、确保漕运畅通，考察东南风俗民情，笼络南方上层人物，同时也为了游山玩水，先后六次巡幸江南。康熙二十三年(1684 年)第一次南巡，九月出发；十月，视察黄河北岸诸险工，令靳辅增修堤防。然后由扬州至京口，乘沙船抵苏州。十一月，至江宁，亲祭明太祖陵，北返，途中巡阅高家堰堤工，经泗水东境，幸曲阜，拜谒孔陵。十二月，返回京师。康熙二十八年(1689 年)第二次南巡，正月出发，二月至杭州，渡钱塘江，亲谒禹陵。三月，自江宁返回京师。康熙三十八年(1699 年)，奉皇太后南巡，二月出发；三月渡河，相地高下，指示方略，谕河道总督于成龙测量水土，绘图以进。车驾至杭州而还；五月，回到京师。此次南巡后，帝尝谓江浙生计不及十年以前，关键在于吏治不良。康熙四十二年(1703 年)第四次南巡，正月出发；二月，视察河工，遍阅高家堰、徐家湾、翟家坝等处堤工，至苏、杭而后北返。三月，抵京师。康熙四十四年(1705 年)复南巡，二月出发，至济宁；四月，至杭州，北返还至京师。康熙四十六年(1707 年)第六次南巡，正月出发；二月，视察河工，斥责一些官员安居衙门，不常巡视河堤之习气。三月，继续南下，前后驻跸于江宁、苏州、松江。四月，至杭州北返。五月，回到京师。

★康熙南巡图(局部)

★仿木纹凤把多穆壶·清

★三秋笔筒·清

几乎都是噶礼亲信，消息封闭甚紧，难以确定陈天立系自杀还是他杀。康熙帝思索良久，决定暂将张鹏翮的奏折留中，另派户部尚书穆和伦、工部尚书张廷枢为钦差，重新审理此案。

这时已是第二年的盛夏了，扬州城里树繁花艳，景色绚丽。可是二位钦差却无暇游山玩水，他们一到扬州，就一头扎进案卷堆中。他们都是老于世故、八面玲珑的京官，心里早就有了小算盘：到扬州来，不是为了审清案件，而是设法补上原卷的破绽，开脱噶礼，也保住前任钦差张鹏翮的面子，所以在私下已悄悄地跟噶礼通了气。一切安排就绪，二位钦差公开升堂审案。

结果，左必藩被革职查办，赵晋、王曰俞、方名被判斩立决，程光奎、吴泌等分别拟绞或枷责。总督噶礼与舞弊无关，只受到切责。巡抚张伯行诬劾朝廷重臣，以革职处分。

但是天不怕地不怕的张伯行，死也不肯接受这样的裁决。他又给康熙帝上了一道奏疏，指出：“科场舞弊案只惩从犯，不惩首恶，难抚江南人心。朝廷王法不治封疆大吏，此风若长，大清刑律将名存实亡。”这话打动了康熙帝，他便把穆和伦的结案折也扣下不发，下令把此案全部案卷、奏章调来，直送乾清宫，由自己御览后定夺。

乾清宫西暖阁的烛光又整整亮了三个通宵。康熙帝把所有人犯、佐证的口供详细看过后，很快发现了问题。陈天立死因不明，李奇于半年前充军新疆，途中病死，这里面显然有蹊跷，其余口供也多有不能自圆其说之处。于是他立刻诏令六部九卿会审。这样，在科场舞弊案被揭发一周年时，会审开始了。由于主审官员早就琢磨出一个八面玲珑的办法，既不得罪皇帝，又可以开脱钦差和总督，所以，会审的结果是：江南督抚互相弹劾，理应一齐革职；其余案犯，依钦差原议。

康熙帝接到呈折，气不打一处来。他知道，事到如今，这案件只有自己出面裁决了，否则，官官相护，还不知会再弄出什么荒唐事来，他当即传旨，在乾清门前以御门听政的方式，颁布审理结果。满朝文武都被传到乾清门前。站殿将军、铁甲卫士把乾清门前的广场把得严严实实。没有钟鼓，没有旗幡，乾清门前一派紧张气氛。康熙帝在一大群内侍、护卫的簇拥下步出殿门。只见他满面怒容，走到宫门正中的宝座前，却没有坐下。他怒气冲冲地把六部九卿的奏折掷了下来，厉声问：“这就是你们断的案吗？”众官面面相觑，连大气都不敢出。

“江南科场案纷纷纭纭审了一年，结果是越审越乱，越审越荒唐。”康熙帝接着说，“台阁重臣害怕贪官污吏，六部言官庇护钦差大臣，弄得黑白颠倒，是非混淆！”他用锐利的眼光扫了一遍下面的群臣，高声宣布：“今天朕来主持公道！科场舞弊人员一律依法处斩，不得宽贷。噶礼受贿，纵容舞弊，着即革职听参。张伯行忠贞秉正，一心为国，应即留任原职，日后再行升赏。朕之决断，着刑部立即行文，晓谕天下，以正视听！”

康熙帝的圣谕传到江南，人们喜笑颜开，奔走相告。一场扑朔迷离的科场舞弊案，总算有了圆满的结局。

★春风亭，此亭为纪念清代“天下第一清官”张伯行而建。

太子胤礽两次被废

TAI ZI YIN RENG LIANG CI BEI FEI

清太祖努尔哈赤在位时，曾两次试立储君，但均告失败，因而清太宗和清世祖都是由八贝勒共推而继位。清圣祖康熙则是由其父顺治皇帝在征得孝庄太后同意，在其遗诏中指定而继位。康熙亲政后，深感这两种皇位继承制度的弊端：祖父、父亲时期，皇位的争夺几乎造成清朝统治的崩溃，自己也是好不容易才把帝权收回。同时他也看到：明朝虽亡，但各地的抗清经常以拥立“朱三太子”为号召，聚集力量，甚至连吴三桂也打起“朱三太子”的旗号反清。他认识到预立储君对保证君主权力的延续和国家的安定是至关重要的。加上他自己自幼就受汉文化的影响很深，因此康熙皇帝决定改变祖先的不立储君的制度，效仿汉族选立太子。

康熙十四年(1675 年)，刚刚才二十二岁的年轻的康熙皇帝就急不可待地要选立太子。当时他还只有两个儿子：长子胤禔三岁，其母为惠妃纳喇氏；二子胤礽刚满周岁，其母为皇后赫舍里氏。按汉族嫡长子继承制的原则，康熙皇帝决定立二子胤礽为皇太子。这年十二月十四日他诏告天下：“立胤礽为皇太子，正位东宫，以重万年之统，以系四海之心。”同时决定设立专门为太子服务的詹事府衙门。

★胤礽像

康熙皇帝十分关心太子的成长，对太子的教育他倾注了心血。从太子懂事起，他就亲自为太子讲授四书五经。太子六岁拜师入学，老师都是他亲自挑了又挑、选了又选的名儒大家，如张英、李光地、熊赐履、汤斌等。在教太子习文的同时，康熙皇帝又教太子练武。经过严格地培育与训练，太子成长很快，身体雄壮，天资聪颖。他通晓满汉两种文字，八岁即能背诵四书，骑射技术娴熟，能左右开弓。太子稍长，康熙皇帝就教他创业、治国之道，并经常带他外出视察。康熙三十五年(1696 年)，康熙皇帝亲征噶尔丹，就命太子留京以锻炼他独立处理朝政的能力。次年，玄烨又出兵宁夏，仍令太子留守京城，反映了康熙皇帝对太子的关心与信任。

随着太子的成长，朝臣中逐渐形成为拥立太子与反对太子的两股势力，而且这两股势力的矛盾日益尖锐。拥定太子的势力是以大学士领侍卫内大臣索额图为首。索额图是皇后的叔叔，太子的叔外公。反对太子的势力是以大学士明珠为首。明珠是惠妃的哥哥，皇长子

★康熙晚年像

胤禔的亲娘舅，他们反对立胤礽为太子，而拥戴胤禔。康熙皇帝及时发现了这两股势力的斗争，他果断地在康熙二十七年（1688 年）二月，借故把明珠撤职，严重地打击了反太子的势力，维护了太子的地位。

随着时间的推移，康熙皇帝逐渐发现太子身上存在着一些弱点。康熙二十九年(1690 年)七月，玄烨出塞，途中突然生病，他命太子及皇三子前往迎接。玄烨发现太子对自己生病竟毫不关心，他很伤心，没成想自己亲手培育起来的太子对自己竟毫无感情。接着他又接到平郡王讷尔泰、贝勒海善等人检举太子某些行为不端，如任意凌虐鞭打士兵；放纵属下敲诈勒索；不经皇上允许，擅自截留蒙古王公进贡的驼马；在南巡江宁时，因知府陈鹏年按例接待，认为是对他的不恭，竟要处死陈鹏年等。玄烨很生气，严厉地申斥了太子，而太子不仅没有接受教训，竟在事后动手殴

南海诸岛

南海诸岛位于我国浩渺的南海中，由二百多个岛礁沙滩组成，大体可分成东沙群岛、西沙群岛、中沙群岛和南沙群岛等四个群体。它们自古以来就是中国的领土。清朝建立后，南海诸岛与祖国大陆的关系空前密切，中国人民到这里来的很多，有关南海诸岛的地图和记载大量出现，有的地图，例如施世骠的《东洋南洋海道图》等，对于南海诸底的各个岛群，标绘得相当明确。清政府对这里的管辖也进一步加强了。据乾隆《泉州府志》，公元1710—1712年之间，广东副将曾经到南海诸岛"躬自巡视"。公元1755年(乾隆二十年)绘制的官方舆图《皇清各直省分图》及1817年(嘉庆二十三年)绘制的官方舆图《大清一统天下图》，都绘有南海诸岛。十九世纪三十年代专门论述海防的《洋防辑要》一书，也把南海诸岛标绘在《直省海洋总图》之中，并且把表示西沙群岛的"九乳螺洲'和"双帆石"，明确标绘在《广东洋图》之中，列为中国的海防区域。

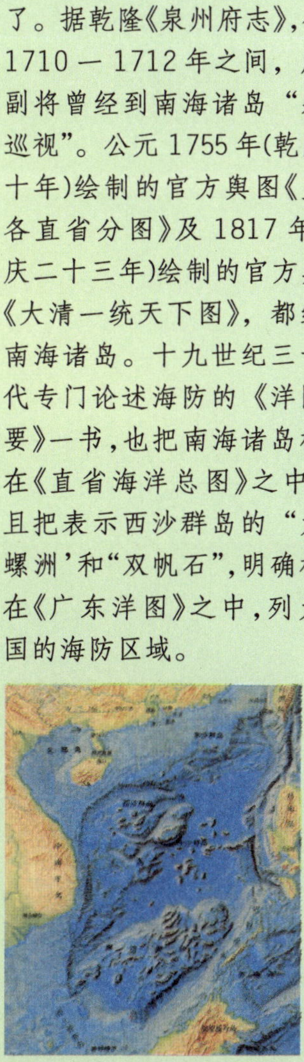

★南海诸岛卫星图

打检举他的讷尔泰、海善等人。这既与康熙皇帝一贯主张的"宽和仁慈"相忤，更与一个未来的君主的品德不相容，有伤"国家大体"。

由于太子已长大成人，玄烨又命他代理过朝政，加上玄烨年事渐高，一些朝臣从自己的"长远利益"考虑，就聚集在太子周围，使太子党势力大增。太子党又处处抬高太子地位，甚至把他抬到和皇帝并列的程度。例如：太子的服舆一律用黄色，仪仗也几乎和皇帝相同。康熙三十三年(1694年)三月，礼部在拟奏祭祀奉先殿仪注时，竟将太子的拜褥和皇帝的拜褥同样放在槛内。玄烨审查时令礼部尚书沙穆哈，把太子拜褥放在槛外以示与皇帝的区别。但沙穆哈竟然害怕太子怪罪下来自己负不了责任而请旨记档。玄烨十分生气，就将沙穆哈革职。康熙三十六年(1697年)九月，玄烨又发现内务府所属的膳房、茶房竟有人私自给太子送饭、送茶巴结太子。玄烨下令把这些擅自给太子送饭、送茶的人一律处斩。玄烨发现，由于太子党势力的增长，朝中已形成皇帝和太子两个中心，太子党的势力已严重地威胁到皇帝的权威。玄烨是绝对不能允许这种情况存在的，他决定要削弱和打击太子党的势力，并准备拿太子党的首领索额图开刀。老奸巨猾的索额图发现了皇上要除掉自己的意向。为了躲避玄烨的惩罚，康熙四十年(1701年)他主动以老乞休，康熙皇帝立即批准。索额图虽然休致家中，但他仍然左右、指挥着太子党的活动。

★大阿哥胤禔像

康熙四十一年(1702年)九月，玄烨巡视南河，命皇太子、皇四子和皇十三子随行。十月，太子胤礽病倒在山东德州。玄烨有意识地把索额图召来侍候太子，而他继续南巡。索额图奉召来到山东，由于皇帝已离开德州，他对自己的行动就放松了检点。首先，他骑马行至太子住处的中门才下马，他以为太子是自己的亲外甥，对自己绝不会挑礼。其次，在德州侍候太子养病期间，他多次和太子密谈，告诉太子

★康熙南巡图(局部)

★清代皇帝冬朝冠

★清康熙皇帝祈谷穿用的夏朝服

今后要处处小心，因为皇上已对太子不满。还说他所以乞休就是因为皇上要除掉他等等。十一月，太子病愈回京。索额图没有想到，他在德州这一个来月的言行，早已有人密报玄烨。康熙四十二年（1703年）五月，康熙皇帝以索额图“议论国事，结党妄行”的罪名令宗人府把他拘禁起来，接着玄烨对群臣宣布了索额图的罪行：妄自尊大，没把太子放在眼里，骑马行至太子中门才下马；背后对皇上发怨言，说皇上要除掉他；骄纵太子，使太子染上许多恶习；结党妄行，是本朝的第一大罪人。玄烨宣布的是索额图的罪行，但明眼人不难发现，这些罪行，几乎每条都和太子有关。索额图被拘禁不久，便死在幽所。在下令拘禁索额图的同时，玄烨又下令把索额图的几个儿子也全部拘禁起来，把党附索额图的大臣麻尔图、额库礼、温代、邵甘、佟宝以及他们在部院的子孙也一律夺官、禁锢。玄烨的这一措施，无疑是对太子党的致命打击，但是直到这时玄烨还没有下定决心废掉太子。

又过了六年，太子与皇上的矛盾不仅没有解决，反而日益加深。玄烨怀疑胤礽在寻找机会为索额图报仇而谋害自己。这样，废掉太子已成定局。康熙四十七年（1708年）五月，玄烨巡视塞外，命皇太子、皇长子、皇十三子、皇十四子、皇十五子、皇十六子、皇十七子、皇十八子随行。九月，在返京途中，玄烨安然当众宣布，废掉已确立三十三年之久的太子。这次废掉太子的引发事件有三：一是在巡视途中，十八子突然生病，医生百般医治不见好转。诸皇子及随行人员都焦急不安，唯独太子胤礽无动于衷，成天仍然是花天酒地。玄烨见状十分气恼，不由得想起十八年前自己生病时太子的表现，使他更清楚地看到了太子的冷漠无情，不孝、不仁、不义。玄烨心想：“今日他尚且如此，他日皇权在手又该如何呢？”玄烨当众责备了胤礽：“你身为长兄，对弟弟病重到这般程度，你竟毫无仁爱之心，你的心肝长到哪里去了？”二是在巡视途中，太子和诸小皇子恣意侮辱、鞭打臣属、侍卫。玄烨得报后责备太子说：“十八年前，朕曾斥责过你的暴戾行为，至今你不仅不改，又带坏了弟弟，为弟弟们树立了一个坏榜样。既使侍从们有错，你应该禀告朕，由朕来处置。而今你竟敢背着朕随意处置侍从，是谁给了你这种权力？今后此风断不可长！”三是太子经过玄烨的两次训斥，行为不仅没有收敛，反而行动更加诡秘异常。玄烨发现，每当夜晚，太子总是在自己的帐篷周围转游，还常常从篷隙处向里窥视。一次、两次玄烨还不以为然，但是次数多了，玄烨终于对太子这种诡秘异常行为产生了怀疑，他怀疑太子是在寻找机会试图谋害自己。这种想法一产生，就促使他下定决心废掉太子。

九月四日，玄烨在布尔哈苏台，召集随行的诸王、大臣、侍卫至行宫前，令胤礽跪在地上，垂泪宣布了胤礽的罪状：“专擅威权，肆恶虐众，恣取国帑，截留贡品，纠集党羽，图谋不轨，窥视朕躬，图谋报仇。如果让其掌权，必致败坏国家，残害百姓，因此朕决定废除这个不孝、不仁之人为太子。”说完老泪横流，痛哭扑地。废除太子，使玄烨心力交瘁，他痛苦、愤恨、失望、惋惜、怜爱等多种心情交织在一起。一连六天，他寐不成眠。为了彻底消灭太子党势力，玄烨在宣布废掉太子的同时，又把太子党的骨干苏尔特、哈代泰、杜默臣、阿进泰等人处死的处死，遣送边疆的遣送边疆。九月十六日，玄烨回到北京，即将废掉太子之事告祭天地，诏告天下，并将胤礽幽禁在咸安宫中。

在宣布废掉太子的同时，为避免原反对太子党趁机死灰复燃，玄

★铜胎珐琅观音·清

★三阿哥胤祉像

烨又宣布:“皇长子胤禔秉性暴躁,又好搬弄是非。朕废掉胤礽为太子,绝无立胤禔为太子之意。”回京后,玄烨又面谕诸皇子:“此后,如果你们当中有人邀结人心,树党相倾,朕发现之后,断不宽容。”尽管玄烨三令五申,但是权势的吸引,使诸皇子不顾玄烨的警戒,争夺皇位继承的斗争日甚一日。十月,皇三子胤祉揭发胤禔企图加害胤礽,其母惠妃也说胤禔不孝,建议将其正法。玄烨不忍杀掉亲生骨肉,下令革去爵位,也把他幽禁起来。胤礽、胤禔先后被幽禁,使皇八子胤禩势力大增。由于胤禩精明能干,廷臣们多认为太子之位非他莫属,因而一些投机取巧之人又齐集胤禩门下。而此时胤禩也错估了形势,他到处活动,拉拢廷臣,并将皇帝的恩泽归功自己。玄烨对胤禩的野心早有觉察,他感到又出现了一个“皇太子”,于是下令锁拿胤禩,革去贝勒爵,也把他幽禁起来。

玄烨认识到,太子位缺使皇子间争夺皇位的斗争日趋尖锐,这样继续下去将不利于皇权的巩固。为了尽快解决这个问题,他比较了一下诸皇子,仍然满意于胤礽,可是胤礽刚刚被废,自己不便提出。十一月十四日,玄烨在畅春园召集满汉文武大臣开会,令大臣们在诸皇子中间推选一名太子,他特意指出皇长子胤禔除外,这等于告诉大臣们:胤礽仍然可以当选。可是玄烨的这一精心安排却被皇八子党的势力所打乱。在这次会上,皇八子胤禩的舅舅佟国维和大学士马齐串通大臣们共同推选胤禩为皇太子。玄烨及时发现了这一阴谋,他怒斥佟国维等:“胤禩庸劣无能,你们推选他,因为你们可以掌握他。”这次推选失败,玄烨只好亲自出马。十一月十五日玄烨当众宣读诏令,大意是过去废掉太子没有听取群臣意见,所宣布的胤礽罪状,有些经察证不实。胤礽被废掉太子后,对朕毫无怨言,认真听取朕对他的教诲。虽然现在朕还不打算立即就重立胤礽为太子,但是要把朕关于过去废太子的看法明确的告诉大家。这道诏令,实际上等于为胤礽平反,并告诉诸臣他最终还是要立胤礽为太子的。康熙四十八年(1707 年)三月初九日,也就是胤礽被废掉太子后的十个月,玄烨复立胤礽为皇太子,同时册封皇三子胤祉、皇四子胤禛、皇五子胤祺为亲王,皇七子胤祐、皇十一子胤禌为郡王,皇九子胤禟、皇十二子胤祹、皇十四子胤禵为贝子,恢复皇八子胤禩的贝勒爵位。玄烨企图以此消除皇子们对太子的争夺和促进诸皇子之间的团结。

但是,事与愿违,玄烨此举不仅没有解决太子与皇子间的矛盾,反而使太子与皇帝间的矛盾再度尖锐。由于诸皇子过去都形成了自己的势力,胤礽要保住太子地位,也不得不发展自己的势力。特别是胤礽复立为太子后,不甘心长期居于太子地位。他经常抱怨说:“自古至今有哪一个人做过四十年太子而尚未继位的?”言外之意,他要继承皇位,但是玄烨却并不想退位,这是一个不可调解的矛盾。复立太子三年之后,“两个中心”再度出现,皇太子与皇帝之间的矛盾再度尖锐。康熙五十年(1711 年)十月二十七日,玄烨以“结党妄为”的罪名逮捕了太子党的骨干都统鄂善、兵部尚书耿额、刑部尚书齐世武和副都统悟礼,严重地打击了太子党的势力。康熙五十一年(1712 年)九月三十日,玄烨向诸皇子宣布:“胤礽复立为太子之后,旧病未改,大失人心,祖宗的弘业断不能托付这样的人。朕已奏闻皇太后,废掉皇太子,仍将其拘禁。”次日,玄烨又向群臣宣布了再废太子的决定。

两废太子之后,玄烨对立太子已无兴趣,因为他认识到,现在诸皇子都已长大成人,无论立哪个皇子为太子,都要和自己争夺权势。玄烨决定不再议立太子,他要采取父皇顺治皇帝的办法,用遗诏指定皇位继承人。

★剔彩万寿无疆圆盖盒·清

★青花寿山福海纹花口瓶·清

胤禛矫诏夺嗣君

YIN ZHEN JIAO ZHAO DUO SI JUN

康熙六十一年（1722年），岁次壬寅，康熙皇帝年近古稀，已有六十九岁高龄。新年第一天，天气晴和，弘德殿内外一片热闹。殿外广场上，红灯高悬，彩旗飘动。数百名服饰艳丽的宫女，随着典雅的鼓乐声，翩翩起舞，迎接一个个用暖轿抬进来的耄耋老人。殿内挂满宫灯，布满彩绸。百十桌筵席，摆满佳肴。正中一座香案上方，悬挂着黄金制成的巨大的“寿”字。这是康熙皇帝召来一千名京城内外六十五岁以上的满汉臣僚和王公贝勒，在弘德殿共进千叟宴。席间洋溢着一派乐融融、喜洋洋的气氛。

康熙帝一生功绩昭著，数十年来，他平定三藩，统一台湾，扫清漠北，稳定西藏，治理黄河，轻徭薄赋，励精图治，可谓事事圆满顺心。可是，他却有一块无法消释的心病，这就是嗣君之事。

康熙帝原立胤礽为太子，后来在康熙四十七年（1708年）九月，以“不法祖德，不遵祖训，惟肆恶虐众，暴戾淫乱”的罪名，将胤礽废黜，并加监禁。为了此事，他痛哭扑地，六昼夜未尝安寝，大病一场。后来，为了平息诸皇子争夺储位，他迫不得已地复立胤礽。但胤礽骄宠如故，胡作非为，他只好在康熙五十一年（1712年）又将胤礽永远废黜，幽禁宫内。

★胤禛朗吟阁读书像

★胤禛读书像

康熙五十二年（1713年）七月，左都御史赵申乔以太子为国本，请求册立。康熙帝对此十分慎重，宣谕群臣，说：“建储大事，朕岂忘怀？但关系甚重，有未可轻立者。立太子必能以朕心为心者，方可立之。”

那么究竟立哪一位皇子呢？康熙帝始终未能作出决断，因而数年之内，极其郁闷。而诸皇子各结党羽，希冀储位，兄弟阋于墙的可怕征兆，更使他忧心忡忡。康熙五十

★《胤禛行乐图》（局部）

雍正荐举小役吏

清朝雍正年间，有一年过元宵节，内阁同僚大多回家过节去了，役吏蓝某独自在阁内饮酒。忽然一位身材魁伟的男子走进来，衣帽很是富丽，蓝某以为是宫廷值宿官，举起酒杯向他祝酒。那人欣然坐下，问道：“您身居什么官职？”蓝某答道：“我不是官员，是收发文书的小吏。”又问：“同僚多少人？”答道：“四十人。”又问：“良宵佳节，怎么一人独处？”答道：“朝廷公事重要，万一有事，谁来负责？”又问：“您希望将来得到什么样的官职？”答道：“要是运气好，能得到广东河泊所长官一职就行了，因为该所近海，舟楫往来，收入丰厚。”那人笑着点头，又饮了几杯酒离去。第二天，雍正上朝下诏说：“广东河泊所长官，如有空缺，即着内阁雇佣蓝某补授。”群臣皆惊。

★雍正道装像

六年(1717年)冬至次年初，康熙又患重病，十分憔悴，心情也更加沮丧。他手书谕旨，以代遗诏，并颁布天下。但仍然没有涉及到嗣君的问题。他曾对大臣说："朕万年后，必择一坚固之人与尔等作主，必令尔等倾心悦服，断不至赔累尔诸臣也。"

也许，在诸皇子中，康熙已有了意中人，或比较满意的人，以备他日为太子。但他究竟选中了谁，却从来没有透露过。不过有两个人的可能性最大，即四皇子胤禛和十四皇子胤禵。

康熙五十七年（1718年）十月，康熙帝特任命胤禵为抚远大将军，代他率兵西征准噶尔。次年，在与漠南、漠北及青海各部蒙古王公会盟时，康熙亲自对罗卜藏丹津等人说："大将军王是我皇子，确系良将，带领大军，深知有带兵才能，故令掌生杀重任。尔等或军务，或巨细事项，均应谨遵大将军王之指示。如能诚意奋勉，即与我当面训示无异。"可见康熙帝对胤禵十分赞赏，高度信任，授予大权，提高威信。也许，康熙是想让胤禵建立军功，以便成为新的皇太子。当时，清廷的部分王公大臣，也已将胤禵视为皇太子了。

同时，胤禛也受到康熙的重视，晚年多次派他代行大祭。胤禛总以迎合康熙的意志为宗旨，在紧张的储位斗争中，他外弛而内张，善于玩弄两面手法。

胤禛把自己打扮成为"天下第一闲人"，把赏心悦目的文字辑录成《悦心集》，还写了一些适志逍遥的诗歌，俨然像一个怡情自适、与世无争的皇子。可是在暗地里，他却处心积虑地结党谋位。在他的小集团中，最重要的有两个人物，一个是隆科多，一个是年羹尧。隆科多是康熙生母孝康章皇后的侄子，康熙孝懿仁皇后的弟弟，胤禛的亲母舅。他谈吐奏对，应付自如，深得康熙帝的信任，为理藩院尚书，兼管步兵统领事，统辖八旗约二万名官兵，掌管京城内九门管钥。年羹尧是汉军旗人，他的妹妹为胤禛侧福晋。他统兵西南，平定青海，威震宇内，现任川陕总督，也为康熙所信任。

在"天下第一闲人"的伪装下，趁胤禵远在边陲之机，胤禛不动声色地进行着夺嗣活动。

康熙六十一年(1722年)新年刚过，康熙帝到热河行宫安居半年，九月返京。十月二十一日，他为显示自己老当益壮，便率领一群王公大臣，前往南苑行猎。不料初冬早晚的气候，冷暖变化无常，没几天，他竟犯起病来。于是，十一月初七，御驾立即停止围猎，撤出南苑，直驱西山畅春园宫殿。初八那天，康熙帝传旨："偶冒风寒，本日即透汗。自初十至十五日，静养斋戒，一应奏章，不必启奏。"初九，康熙帝特命胤禛代行十五日南郊冬至祭天大礼。胤禛则以圣躬违和，恳求侍奉左右。在这千金一刻的关键时刻，他怎么愿意离开父皇呢？而康熙帝却偏偏强调："南郊大典，应于斋所虔诚斋戒。"胤禛事出无奈，只好遵旨赴天坛斋所致斋。临行，将父皇身边的大事郑重地托付给母舅隆科多。初十至十二日，胤禛还每天派遣护卫、太监至畅春园问安，康熙帝都传谕："朕体稍愈。"

在康熙帝"静养斋戒"期间，诸

★青花龙纹天球瓶·清

★热河行宫

皇子都不在他的身旁，满汉文武大臣更不敢前去打扰，他一时处于与外界隔绝的状态。唯一可以和康熙帝接近，并控制畅春园地区的官员，就是负责拱卫京师的步兵统领隆科多。而隆科多早与胤禛有了密谋了。

十二日晚，在康熙帝的一些内侍的协助下，隆科多在药品或是食物中投放了致命性的毒药。药性发作后，康熙帝虽未立即死亡，但已处于严重昏迷状态。十三日凌晨寅刻(三至五时)，隆科多矫诏将皇子们急召到畅春园。他告诉他们皇上病危，让他们参与照料和抢救，实际上是把他们变相软禁起来。又过了将近六个小时，巳刻(九至十一时)，胤禛才不慌不忙地赶到畅春园。这天，康熙帝一直昏迷不醒，完全失去知觉。戌刻(十九至二十一时)，康熙帝魂归西天，享年六十九岁。诸皇子哀痛号呼，众妃嫔悲不欲生。

隆科多站到榻旁，朗声向诸皇子道："诸阿哥且暂收泪，听读遗诏！"诸皇子顿时愕然：哪儿来的遗诏？隆科多环视四周，肃然开读道："皇四子人品贵重，深肖朕躬，必能克承大统，著继朕登基，即皇帝位。"诸皇子闻诏，事出意外，犹如晴天霹雳。他们有的怒不可遏，恨不得以死相拼；有的惊讶得目瞪口呆，不知所措。胤禛闻诏，惊恸异常，昏扑于地。谁也不知道他这时是悲是喜。而北京城郊内外这时候已是铁骑四出，戒备森严，如临大敌，胤禛夺位的局势再也不可能逆转了。虽然人们不免疑窦丛生，但是胤禛嗣位已是既成事实，人们也只能敢怒而不敢言了。

★十四爷胤禵与福晋

当天夜里，用銮舆载运康熙帝遗体，像是皇帝日常出行一样，扶回大内乾清宫。胤禛在隆科多保护下，先回大内迎接。次日传出大行皇帝命胤禛嗣位的遗言，胤禛任命总理事务大臣，封胤禩、胤祥为亲王，召胤禵回京奔丧，一切军务由年羹羹接续办理。同时，下令"诸皇子非旨令不得进大内"，并关闭京城九门六天。

十六日颁发的遗诏，实际上就是康熙五十六年(1717年)冬天的"手书谕旨"及所谓口头传位遗诏捏合而成的。

十九日，胤禛以登极遣官告祭天地、太庙、社稷坛，京城开禁。二十日，便在太和殿登极，受百官朝贺，因丧中免宣庆贺表，仅颁布即位诏书，宣称"皇考升遐之日，诏朕缵承大统。"宣布继承乃父法规，不作政治变更；呼吁宗室内部团结。并改年号为雍正，自明年开始实行。

胤禛夺位成功，大权在握以后，就竭力掩饰"大位授受之际"的真相，以便保全他生前死后的威信和名声。

雍正元年(1723年)八月十七日，胤禛在宣布采取秘密建嗣制度时，对在场的全体王公大臣说："我圣祖仁皇帝为宗社臣民计，慎选于诸子之中，命朕缵承统绪，于去年十一月三日，仓猝之间，一言而定大计……圣祖之精神力量，默运于事先，贯注于事后，神圣睿哲，高出

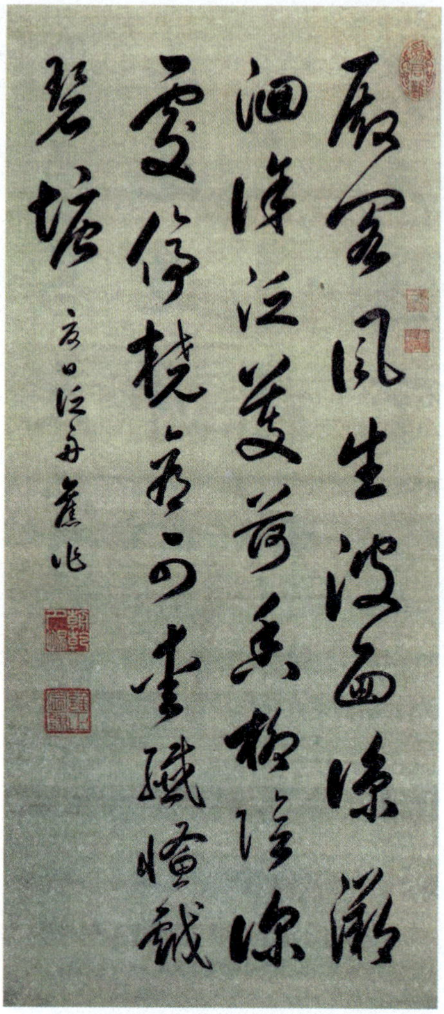

★雍正《行书夏日泛舟轴》

于千古帝王之上，自能主持，若朕则岂能及此也。"这话说明了他的继承皇位，既是康熙临终仓猝而定，又是经康熙慎选和深思熟虑的。这显然是难以自圆其说的。

雍正二年(1724年)，胤禛在一道上谕中指出："朕向者不特无意于大位，心实苦之。前岁十一月十三日，皇考始下旨意，朕竟不知。朕若知之，自别有道理。皇考宾天之后，方宣旨于朕。"这样一来，胤禛在大位授受之际，显得十分清白，当然更谈不上矫诏夺位了。第二年，他又进一步抛出七皇子与隆科多一起听到康熙遗诏的神话。

雍正七年(1729年)，胤禛编纂了《大义觉迷录》一书，对继位前后的事实又作了一番文饰，并义愤填膺地斥责关于他篡位的种种传说。

雍正宠信田文镜

YONG ZHENG CHONG XIN TIAN WEN JING

田文镜，字抑光，汉军正蓝旗人，后因功抬入黄旗。他原居奉天广宁(今辽宁北镇)。康熙二十二年(1683年)以监生任福建长乐县县丞，从此开始了他的政治生涯。他在康熙年间，整整干了四十年，官职虽有升迁，先后任过知县、知州、吏部员外郎、刑部郎中、监察御史、内阁侍读等，但是总是不得志，没有充分发挥自己的才干。只是到了雍正朝，在一次偶然的机会，他的才能被雍正皇帝所赏识，受到重用。此时田文镜已经是一位年过花甲的老人，但是却是他真正施展才能的开始。到他逝世，这中间只有短短的八年。在这八年当中，他虽然没有做出什么惊天动地的大事业，但却使他从一个默默无闻的一般臣僚而成为一个朝野闻名的第一权臣，成为一个使自己的政敌和某些人心惊胆战的铁面人物。

★粉彩百子纹双耳瓶·清

雍正元年(1723年)，山西遇大旱，又遭蝗灾，是年荒歉。这一年田文镜奉命往祭华岳，路过山西。一路上他看到的是人们在田野里挖野菜充饥，有些地方树皮都被剥得净光，百姓们成群结队，扶老携幼向外地逃荒。路旁不时地发现饿死的尸体。田文镜的心被震撼了，百姓们如此惨状，地方官不仅不设法救济，山西巡抚德音竟然隐匿灾情不报，他愤笔疾书，把一路上所见到的灾情写成疏章，如实地向朝廷报告。他怕耽搁，就派家人先行赶回京城呈报。田文镜的奏章很快地转到胤禛手里，胤禛阅读后，他愤怒了，如此严重的灾情，德音竟敢匿情不报，他下令把德音撤职查办。当田文镜返回京城后，胤禛立即召见了他，向他详细询问了灾情，对他直言不讳的报告进行了鼓励。通过与田文镜交谈，雍正皇帝喜欢上了这位年过六十的老年官员。谈话中，雍正皇帝被田文镜那敏锐的观察能力，对百姓的关心、对朝廷的忠诚，四十年官场所炼就的政治才干以及直言不讳的作风所吸引。他当即任命田文镜为钦差大臣，前往山西赈济灾民。田文镜有些受宠若惊了，他感谢皇上对自己的知遇之恩。救灾如救火。田文镜不顾旅途的疲劳，于到京后的次日即押解救灾物资前往山西赈济。每到一地，他都教育州县官员要体察民情，要“爱民如子”，并宣扬皇恩浩荡。他的所言所行，一举一动都被雍正皇帝派去的随行亲信及时报告给皇上。由于这次赈济及

★雍正半身西服像

时，获救饥民达七八十万之多。雍正皇帝对田文镜在这次赈济中的表现十分满意，就将他留在山西，任命他为山西布政使。

雍正二年(1724年)，河南又发生灾情，雍正皇帝立刻就想到了田文镜，就下令把他由山西调往河南，仍然担任布政使，不久就晋升他为河南巡抚。自此直到雍正十年(1732年)去世，田文镜一直留住河南。田文镜到河南遇到的第一件大事，倒不是救灾问题，而是如何使河南农业获得丰收的问题。田文镜走访老农得知：河南土地需要充足的雨水。雨水稍少，农业就歉收，只有雨水充足，农业才会获得好收成。可是近年来，无论雨水多少，农业总是减产：雨水少，因旱而歉收；雨水充足，黄河水溢造成涝灾，农业也是歉收。要想在雨水充足之年农业获得丰收，必须保证黄河大堤不决口，而问题恰恰就出在这里。过去黄河长堤是由农民出工修筑，康熙年间改由政府雇工修筑。这本

雍正整顿吏治

康熙晚年，身患中风，标榜宽仁，吏治松弛，贪污腐败，已然成风。雍正在长年皇子生活中，对皇父晚年弊政，看得较为清楚。雍正元年(1723年)正月，他大刀阔斧、雷厉风行地连续颁布11道谕旨，训谕各级文武官员：不许暗通贿赂，私受请托；不许库钱亏空，私纳苞苴；不许虚名冒饷，侵渔贪婪；不许纳贿财货，戕人之罪；不许克扣运费，馈遗纳贿；不许多方勒索，病官病民；不许恣意枉法，恃才多事等。严诫：如因循不改，必定重罪严惩。二月，命将亏空钱粮各官即行革职追赃，不得留任。三月，命各省督、抚将幕客姓名报部。禁止出差官员纵容属下需索地方。后以户部库存亏空银250余万两，令历任堂司官员赔补。同年设立会考府，进行审计，整顿收支。这一年，被革职抄家的各级官吏就达数十人，其中有很多是三品以上大员。与曹雪芹家是亲戚的苏州织造李煦，也因为经济亏空而被革职抄家。史家评论说：雍正"澄清吏治，裁革陋规，整饬官方，惩治贪墨，实为千载一时。彼时居官，大法小廉，殆成风俗，贪冒之徒，莫不望风革面"。说明雍正整顿吏治的成效。

★清雍正柠檬黄地粉彩仙桃纹大碗

来是一项减轻农民负担的改革措施，但执行起来却出现了新问题：当遇到黄河决口险情急需人工抢修时却一时雇不到夫役；乡民则认为反正修堤责任在政府，因而平时对修堤也就都不理会，因而造成黄河长堤连年失修，水灾经常发生，就使河南无论雨水是否充足都要减产。为了解决这一矛盾，田文镜决定：工银仍然由政府拨给，但役夫由各州县派遣。派遣的原则是：每一百五十亩或二百亩土地出人工一名，无论乡民、缙绅都不例外，均一体当差。这下子可触犯了缙绅的利益，因为按惯例，缙绅享有免役的特权，而现在却让他们出工役，这还了得，岂不是在太岁头上动土，他们如何忍受得了。首先跳出来反对的是开封府邱县的缙绅们，他们派人向河南巡抚衙门呈文，反对绅民一体当差，坚决要求维护缙绅免役的特权。接着该县参加童试的童生们，又到学臣衙门递交匿名信，并发动童生罢考，结果该省参加考试的童生只有二十三人。

田文镜对邱县缙绅上告和邱县童生罢考事件十分重视。他立即呈文向胤禛作了报告，胤禛闻后大怒，他指示田文镜等要出其不意把为首者一二人拘禁省城，等侯钦差大臣处理。田文镜接到上谕后，他一方面下令逮捕了首犯王逊，另一方面他又亲自到邱县召开该县缙绅和考生家长代表会议，田文镜向他们严肃指出："绅民一体派工抢修黄河长堤这是皇上批准的决策，这是保证河南获得丰收的决策。农业丰收了，首先获利的是你们，因为你们每家都拥有数百亩乃至数千亩土地。为了使你们获得丰收，让你们出几名工役参加抢修大堤，工钱还是由国家付给，这

★郎窑红胆瓶·清

对你们来说有什么损失呢？你们坚持说你们有免役的特权，可是这不是派无报酬的徭役，这是派工。你们不出工却让那些无地或少地的人出工去维护你们的利益，难道就合理吗？大水是无情的，一旦堤决水发，大水是不管你们是不是有免役的特权，在水灾面前损失最大的是你们。你们是要那个特权还是要生命财产呢？"由于田文镜的说服和在原则问题上的不退让精神，与会缙绅表示坚决按朝廷的决定办，一定按时派工。田文镜一看主要矛盾解决了，罢考只不过是反对出工的一种反应。田文镜向考生家长代表指出：罢考是错误的，为首者将受到严惩。参加这次罢考的多数童生是受蒙蔽，因此决定再给罢考者一次补考机会。结果罢考者都参加了补考。胤禛派阿尔松阿到河南审理罢考案，首犯王逊供认不讳，被处斩刑。邱县这一年应该派工的缙绅也按时派了工，使抢修黄河长堤的工程得以顺利进行。雍正皇帝十分欣赏田文镜在处理这次事件中所表现的果断和干练。这件事刚处理结束，就将他由布政使晋升为河南巡抚。

雍正三年（1725年)、四年

(1726年) 发生了年羹尧和隆科多事件。这是一次君主与权臣之间的权力之争。年羹尧和隆科多都是雍正皇帝即位初期的功臣，权势发展很快，并已威胁到君权。胤禛为了加强与巩固君权，就必须打击年羹尧和隆科多势力，这是这两个事件发生的主要原因。对待这两个事件的态度，是当时衡量大臣们对皇帝忠实程度的试金石。田文镜是胤禛一手提拔起来的，他对皇上是感恩不尽，因此在这两次事件中充分表现了他对皇上的无限忠诚，更进一步赢得了胤禛的信任。在年羹尧事件中，田文镜负责调查年羹尧在各处藏匿的财物。调查中，田文镜充分发挥了他办事认真的精神，使年羹尧藏匿在各处的财物无一疏漏。据说隆科多事件就是由田文镜劾奏隆科多结党营私、揽权专断而引发，此说虽然依据不足，但有两点却看得清楚：一是田文镜不得欢于隆科多；二是在隆科多事件中，田文镜完全站在胤禛一边，表现了对皇上的忠实，这恐怕也是田文镜得宠的重要原因。

田文镜积极参加雍正皇帝发动的反朋党的斗争，并巧妙地利用反朋党斗争，为自己的行为辩护，使自己在同李绂这场关键性的斗争中取得皇上的支持，由劣势转为优势，最后获得胜利。田文镜和李绂这场斗争还得从田文镜从严说起。田文镜不仅对自己从政要求严格，而且对自己的属下也严格要求，一旦他发现属下有什么劣迹，定要严惩不贷。仅仅四年时间，他就弹劾罢免了所属官员二十多名。恰恰就是这一点却被人利用。雍正三年(1725年)，田文镜根据署理知州张球的揭发，题参了自己属下信阳知州黄振国贪污勒索等不法劣迹，受到雍正皇帝的支持和鼓励。雍正四年(1726年)正月，他又题参了自己属员汝宁知府张玢、息县知县邵言纶、固始县知县汪諴等人的不法行为。二月间河南地区流传着一种社会舆论："田文镜偏听偏信张球，诬陷士子，并企图杀死黄振国以灭口。"而恰逢此时，贵州巡抚李绂受诏升任直隶总督，路过开封府。田文镜接待了李绂，李绂当面指责田文镜为了自己升官有意蹂躏士子。李绂到达北京以后，又立即密折题参田文镜，说他偏信市井无赖张球，诬陷贤官黄振国等，并说田文镜为了灭口竟加害黄振国于狱中。胤禛对李绂的奏折很重视，他派人调查，张球确有不法行为，但因田文镜的题参也多属事实，并非李绂密折所奏是有意打击士子，显然是偏信了张球。

胤禛将李绂的密折去掉首尾发给田文镜，听取他对密折的意见，田文镜一看密折内容知道是李绂所为。折中所参有关张球部分确属事实。面对这种对自己不利的情况，有着丰富政治经验的老谋深算的田文镜并未惊慌失措。他在回奏中首先承认自己对张球没有进行深入了解，对张球的某些劣迹自己并不清楚，他主张对张球要革职查办，自己也有失察之责，请求对自己处分。胤禛对田文镜勇于承认错误的态度深表满意，对他的过失表示谅解。接着田文镜在回奏中就打出了他的杀手锏，他奏称：据他推测(其实他已确知)写密折之人必定是进士出身，其辩护的邵言纶、汪諴都是乙丑年进士，写折人完全可能是他们的同年。他们彼此照应，徇私舞弊，为了达到为他们翻案的目的，竟然不惜捏造事实，硬说田文镜杀死黄振国以灭口，可是黄振国如今仍然活在狱中。当胤禛看到田文镜回奏的这部分内容时，激起了他对朋党的憎恶，同时也赞赏田文镜看问题的敏锐和推测的准确，因为李绂确实与邵言纶、汪諴同年，而黄振国又的确没有死。胤禛完全同意田文镜的分析，认为李绂等人在朋比为奸，结果黄振国、汪诚诚处死，邵言纶戍边。田文镜在这场斗争中，抓住了政敌的要害，变被动为主动，反败为胜，并赢得了雍正皇帝对自己的更加信任。这年十二月，浙江道御史谢济世弹劾田文镜营私负国、施虐不法等十大罪状。雍正皇帝一见就明确指出：谢济世的疏劾是出于朋党倾轧，背后肯定有人指使。他对田文镜毫不怀疑，认为"田文镜秉公持正，实心办事，在各省督抚中实属少见"，指出谢济世的疏劾是诬告，结果被革职发往阿尔泰军前效力。对谢济世疏劾的处理，充分反映了雍正皇帝对田文镜的信任。

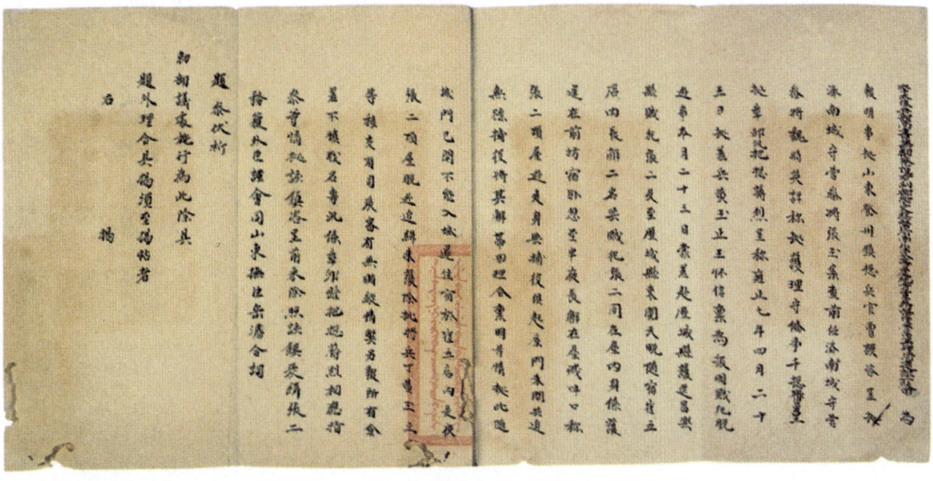

田文镜撰书

雍正赐杀年羹尧

YONG ZHENG CI SHA NIAN GENG YAO

★隆科多像

隆科多

隆科多，满洲镶黄旗人，清圣祖皇后之弟。康熙帝授以步军统领之职，令其掌握宿卫京师的兵权。康熙末，诸皇子争立，隆科多在这场争夺中具有举足轻重之地位。康熙六十一年(1722 年)，康熙病危，隆科多被召至御榻前亲受顾命。及康熙帝死，隆科多遂口传遗诏，命雍正帝继承皇位。故雍正帝继位初，对他加官晋爵，尊宠备至，甚至尊称之为“舅舅隆科多”。雍正三年(1725 年)，隆科多突然失宠，被解除步军统领之职。五年(1727 年)，又以“大不敬”等罪名遭到禁锢。次年，死于禁所。隆科多获罪之由．向为历史疑案。或云，隆科多口传之遗诏，实非康熙密之原意，故雍正帝必欲除之以灭口。

雍正帝继位以后不久，就任命他的心腹大臣年羹尧为抚远大将军，后来又封他为一等公。这时，年羹尧威镇西北，兼预云南政事，俨然是没有封王的西北王。

雍正帝跟年羹尧的私交甚厚，给予他特殊的甚至是人臣所绝无的荣宠。雍正帝曾传谕诸王大臣说：对年羹尧这样为国出力的人，“不但朕心倚眷嘉奖，朕世世子孙及天下臣民，当共倾心感悦。若稍有负心，便非朕之子孙；稍有异心，便非我朝臣民也”。

他对年羹尧及其家属关怀备至。年羹尧的手腕、臂膀受伤及妻子得病，雍正帝都加以垂询。对他的父亲年遐龄在京的情况、他的妹妹年贵妃及她生的皇子福惠的身体状况，雍正帝也时时谕知。

雍正帝对年羹尧的赏赐极多。他把元年(1723 年)春天查抄原苏州织造李煦在京的房屋赏给了年羹尧，家奴任他挑选。有一次，雍正帝赐鲜荔枝给年羹尧，通过从京师到西安的六天驿程的驿站传送，争取保存鲜美。这简直可以和唐明皇向杨贵妃送荔枝比美了。

★清雍正画珐琅蟠龙瓶

★雍正朝服像

年羹尧自恃功劳大，皇帝宠信，行事不知检点，渐渐做出种种越权枉法的事来。他全凭己意，任用属员，连巡抚、布政使、按察使、提督、总兵官等地方大员的任免，也出于他的意志。吏、兵二部给年羹尧特殊待遇，凡他的报功请封名单，一律准行，称为“年选”。他还接受贿赂，开奔竞之门。被年羹尧参奏过的葛继孔，两次向年羹尧打点，送去铜器、磁器、玉器、字画等物，年羹尧就答应对其留心照看。被年羹尧密奏罢官的赵之垣，也向他赠送价值十万两银子的珠宝，他就保举赵可以起用。他妄自尊大，违法乱纪，不守臣道。他给将军、督抚的函件，竟用令谕，把同官视为下属。雍正帝发往陕西的侍卫，因系皇帝身边的人，理应优礼相待，可是他竟用他们作仪仗队，前引后随，充下人厮役。

他还在雍正帝的亲信间闹不团结，特别是对怡亲王允祥，常怀妒忌，结果把自己置于孤立地位。他对兵隶仆役非常严峻，稍一违忤，立即斩首。

在西宁时，他见蒙古贝勒七信的女儿，姿色可人，遂不由分说，着兵役抬回取乐，一面令提督吹角守夜。提督以为他得了娇娃，无暇巡察了，就差了一个参将，权代守夜。谁知年大将军精神甚好，过一会儿就起身出营巡逻。他见守夜的是参将，并不是提督，就立即回营，把提督、参将，一起传到，喝令斩首示众。他这般无法无天，雍正帝对他就不能不渐渐存有戒心了。

雍正二年(1724 年)十一月，年羹尧进京，雍正帝还对他非常热情，要九卿给他优叙加恩。年羹尧到京时，黄缰紫骝，郊迎的王公以下官员跪接，他安坐而过，看都不看一眼。王公下马问候他，他也只是点点头。他在京的短暂日子里，与总理事务大臣马齐、隆科多等，一起担任宣传上谕的使命，雍正帝对他还显得十分器重。

★大清雍正赐平西将军年羹尧青花书法纹缸

不久，雍正帝赏军，都中传言这是接受了年羹尧的请求；又说整治阿灵阿等人，也是听了他的话。这似乎是说恩威不自上出，不免大大刺伤了雍正帝的自尊心。十一月十五日，雍正帝对诸王大臣说：“朕岂冲幼之君，必待年羹尧为之指点，又岂年羹尧强为陈奏，而有是举乎？”他还说，讲这些话的人，是设计陷害年羹尧。这明是责难造言者，实际含有告诫年羹尧不要盈满骄恣，而要防微杜渐。

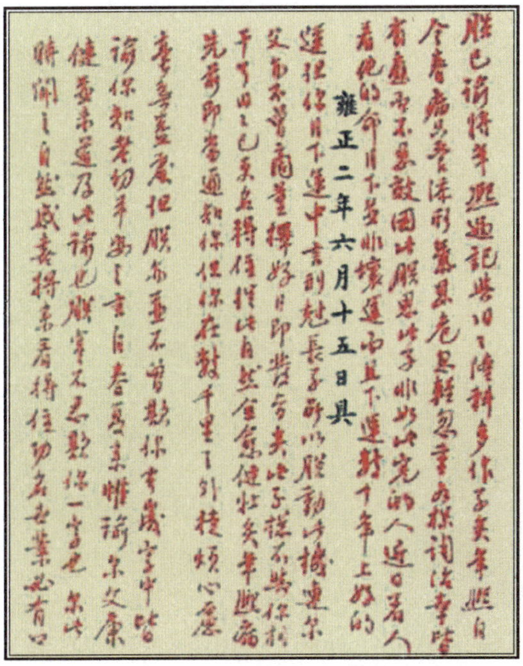

★雍正朱批

这时候，密参帷幄的禅僧文觉向雍正帝建议，不要放年羹尧回陕西，以便留京控制。但雍正帝认为时机未到，还是让他先回去。而年羹尧对此并不知晓，完全蒙在鼓里，仍然耀武扬威地回任了。

这年冬天至第二年春天，雍正帝多次向有关人员打招呼，让他们揭发或警惕年羹尧的活动。在李维均二年十一月十三日的奏折上，雍正帝批道：“近日年羹尧陈奏数事，朕甚疑其居心不纯，大有舞智弄巧，潜蓄揽权之意，宜与其逐渐疏远。”

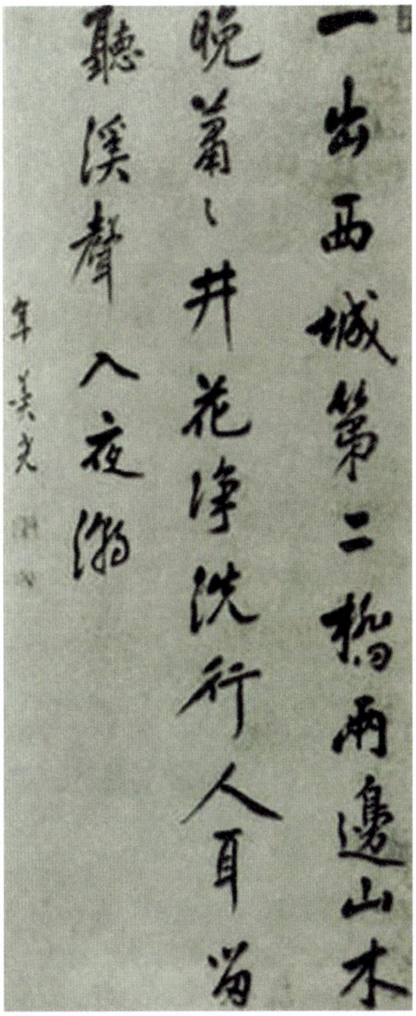

★年羹尧手迹

川抚王景灏同月初二的奏折，得到的朱批是：“年羹尧今来陛见，甚觉乖张，朕有许多不取处。不知其精神颓败所致，抑或功高自满而然。”安徽巡抚李成龙与年羹尧有通家之谊，雍正帝在他的三年正月十一日奏折中知会道：“近日年羹尧擅作威福，逞奸纳贿，朕甚恶之。”二年十二月十一日，雍正帝在批回年羹尧的奏折时，也警告他说：“凡人臣图功易，成功难；成功易，守功难；守功易，终功难。为君者施恩易，当恩难；当恩易，保恩难；保恩易，全恩难。若倚功造过，必至返恩为仇，此从来人情常有者。”三年(1725 年)正月，年羹尧回陕西后，命胡期恒劾奏陕西驿道金南瑛。雍正帝说这是年、胡在搞朋党，因为金南瑛是怡亲王允祥保荐的，不准奏。

★胤禵像（原名爱新觉罗·胤祯，康熙帝的第十四子。）

二月，有所谓“日月合璧，五星联珠”的嘉瑞，内外臣工均上贺表。年羹尧的表章，颂扬皇帝朝乾夕惕，励精图治，但不知怎么地，把“朝乾夕惕”误书为“夕阳朝乾”。雍正帝立刻抓住这个把柄，大作文章，在三月间发出上谕，说：这件事可以看出，“年羹尧自恃己功，显露其不敬之意，其谬误之处断非无心”。责其回奏，这就正式揭开了讨伐年羹尧的战幕。接着，雍正帝一面不停地责备年羹尧；一面调换川陕官员，去掉年羹尧的亲信，使其不能在任所作乱；一面又甄别、整饬年羹尧的属吏，清除其逆党私人。当时雍正帝近臣中，有人因皇帝屡次降旨严责年羹尧，怕他会在陕西称兵作乱，劝雍正帝不可过严。雍正帝自信地回答说：“洞观远近之情形，深悉年羹尧之伎俩，而知其无能为也。”经过如此部署，便可以对年羹尧本人采取组织处理了。

四月，雍正帝命年羹尧交出抚远大将军印，调任杭州将军。年羹尧虽然满肚子委屈，但已到这地步也只有具折谢恩了。雍正帝在谢恩折上批道：“朕闻得早有谣言云‘帝出三江口，嘉湖作战场’之语。朕今用你此任，况你亦奏过浙省观象之论，朕想你若自称帝号，乃天定数也；若你自不肯为，有你统朕此数千兵，你断不容三江口令人称帝也。……上苍在上，朕若负你，天诛地灭；你若负朕，不知上苍如何发落你也？”年羹尧一声也不敢吭，老老实实地解任赴浙，成为雍正帝的釜中之肉，任其烹调了。

诸多官员借机参劾年羹尧，说他作威作福，招权纳贿，党同伐异，冒滥军功，侵吞国帑，杀戮无辜，残害良民，简直是无恶不作。雍正帝就把这些奏疏一一发示年羹尧，令其回奏。

六月，雍正帝下令严惩年羹尧的子弟和亲信。年羹尧的儿子年富、年兴、年逾等，都被削籍夺官。南赣总兵黄起宪、四川按察使刘世奇、鸿胪寺少卿葛继孔等人，或被捕，或削籍，或罚修河工。

七月，大学士九卿请将年羹尧正法。雍正帝命革其将军职，以闲散章京安置杭州。

但是，雍正帝仍不善罢干休。他下令地方大员各抒己见，进一步动员舆论。封疆大吏自然看皇帝脸色行事，于是便争相上疏，要求对年羹尧严惩不贷。雍正帝以听从群臣所请为名，于九月下令逮捕年羹尧。十一月，年羹尧被捕至京。十二月，议政大臣罗列年羹尧九十二大罪，请求立正典刑。雍正帝说，这九十二大罪中，应服极刑及立斩的，就有三十多条。但仍表示开恩，勒令年羹尧自裁。他的父亲年遐龄、

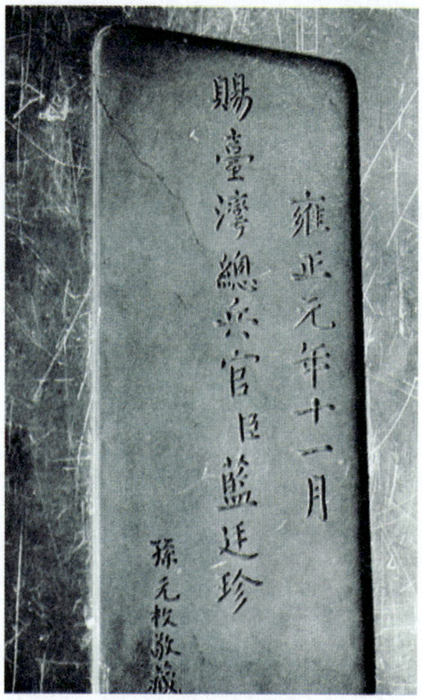

★雍正元年的御赐古砚

兄年希尧革职，年富斩立决，其余十五岁以上之子发遣广西、云南、贵州极边烟瘴之地充军，嫡亲子孙将来长至十五岁者，皆次第照例发遣，永不赦回，亦不许为官。年羹尧及其子所有家产，俱抄没入官。年羹尧案内朋党，各处以不同刑法。

雍正帝在给年羹尧的最后谕令上说：“尔自尽后，稍有含怨之意，则佛书所谓永堕地狱者，虽万劫亦不能消汝罪孽也。”可是，年羹尧却不能那么心悦诚服，死而无怨。他接到自裁令，迟延不肯下手，总在幻想雍正帝会下旨赦免他。监刑的蔡珽严加催促，年羹尧绝望地自缢身亡。叱咤一世的年大将军，死也没想到会落得这样的下场！

★清雍正珐琅彩蓝料山水把壶

★清雍正珐琅彩红地花卉纹杯

吕留良文字狱案

LV LIU LIANG WEN ZI YU AN

雍正六年(1728年),湖南秀才曾静上书川陕总督岳钟琪,策动他反清。雍正帝就此大作文章,严加审讯,广肆株连,引出后世赫赫有名的吕留良文字狱。

岳钟琪是汉人,籍贯四川成都,在平定罗卜藏丹津的叛乱中立有大功,受封三等公。年羹尧出事后,他接任川陕总督。自康熙十九年定例,川陕总督是八旗人员的专缺。岳钟琪是破例得任这个职务,表明他深得雍正帝的宠信,为此他招来不少人的忌妒。在曾静投书以前,向雍正帝密参他的"谤书",就有一箧之多。当岳钟琪受命总督之际,朝廷间更是议论纷纷,使他惶惧不安,不知如何是好。

当时倒岳的言论,一个重要内容,是说他为岳飞后人,要替汉人报仇,反对清朝才是。这不仅是社会上层的看法,下层也是这样。雍正五年(1727年)六月,平民卢宗汉在成都街道上大叫:"岳公爷带川陕兵丁造反了!"当时,社会上不明真相的人们传说,岳钟琪已遭谴责,他的长子岳浚业已捉拿问罪。

★岳钟琪像

★青花缠枝花卉纹花觚·清

这事经四川提督黄廷桂等审问,卢宗汉是精神病患者,处死了事。但岳钟琪却益发不安,立即疏请解退总督职务。雍正帝却对他大加安抚,说:"此系蔡珽、程如丝等鬼魅之所为。望卿继续供职,愈加鼓励精神,协赞朕躬,利益社稷苍生,措天下于泰山之安,理大清于磐石之固,造无穷之福以遗子孙也。"然而,岳钟琪与朝廷不和的谣言,却在民间广泛流传。四川、湖南人传说:"岳钟琪上一谏本,说些不知忌讳的话,劝皇上修德行仁。"如此等等,有鼻子有眼的。

曾静是湖南郴州永兴人,中年

乾隆下达毁书令

乾隆三十八年(1773年),清廷开设四库全书馆,访求民间遗书以备采摘。次年即令:明末野史甚多,"必有抵触本朝之语,正当及此一番查办,尽行销毁"。此后,多次严令各省督抚切实查办违禁书籍,送缴北京。禁书的范围亦渐扩大,不但明末野史笔记、文集、奏议中触犯忌讳者俱被列为禁书,就连宋明人论辽、金、元事的著述,其"议论偏谬"者亦不免于查禁。各省查获的违禁书以及四库全书馆从采进本中查出的"悖谬"之书,俱由翰林院逐部详加审查,标明其中违碍字句,然后进呈皇帝,分别处理。有全部销毁者,有部分销毁者,有加以篡改者,亦有禁止刊行者。其中全毁之书不下三千余种、六七万卷,其数量与四库全书所收录者几乎相等。乾隆毁书之令遂成为中国文化的一场浩劫。

★清乾隆皇帝一式冬朝服

★岳钟琪墓

弃举业，教授生徒，人称“蒲潭先生”。他相信岳钟琪能实现他反满兴汉、拯救百姓的政治目标，就派遣门人张熙，带着他的书信和《生员应诏书》，赴陕策动岳钟琪造反。

雍正六年(1728年)九月，张熙在西安向岳钟琪递交了书信。信中称岳钟琪为“天吏元帅”。说岳钟琪是宋朝岳飞后代，岳飞抗金，他的遗胤不应该侍奉女真人的后人。希望岳钟琪利用手中兵力，反对清朝，为祖宗报仇，替汉人雪耻。岳钟琪当即邀请陕西巡抚、满人西琳，同审张熙。西琳有事未到，由按察使、满人硕色于暗室同听。

岳钟琪厉声问张熙：“你的师父是谁？快快从实招来！”张熙不回答。岳钟琪命以毒刑拷打，张熙昏厥过去，仍然坚不吐口，稍稍苏醒，就大声嚷道：“我们的势力散布湖广、江西、广东、广西、云南、贵州六省，这些地方传檄可定！”岳钟琪见动刑无效，心生一计，改设骗局。他悄悄地把张熙请到别室，以礼相待，假意表示说：“我早想造反，希望令师可出山辅佐。”说着，还赌咒发誓，痛哭流涕，以示诚意。张熙信以为真，说了实情。岳钟琪得到曾静书信后，即行奏报。雍正帝极力抚慰他，夸奖他的忠诚，还说自己朝夕焚香，对天祖叩首，祝愿他“多福多寿多男子”。雍正帝还表白道：“朕之谕旨，皆出自真心，少有口心相异处，天祖必殛之！”

稳定住岳钟琪后，雍正帝全力以赴地处理曾静案子。他派遣刑部侍郎杭奕禄、正白旗副都统觉罗海南，会同湘抚王国栋，审理曾静一干人犯。曾静供出，他的思想受浙江吕留良的影响，张熙见过吕的弟子严鸿逵和再传弟子沈再宽。

因此案涉及的人数多、地域广，为加速审理进度，雍正帝命将案中人犯，统统调至北京审讯。他还在六年十月十七日岳钟琪的奏折上批道：“朕览逆书，惊讶堕泪。览之，梦中亦未料天下有人如此论朕也，亦未料其逆情如此之大也。……卿可将冤抑处，伊从何处听闻，随便再与言之，看伊如何论议。”

原来，曾静在他的著作《知新录》和被捕审问口供中，首先强烈谴责雍正帝是一个失德的暴君。他认为雍正帝有十大罪状，即：“谋父”、“逼母”、“弑兄”、“屠弟”、“贪财”、“酗酒”、“淫色”、“怀疑诛忠”、“好谀认佞”。这些罪状并非曾静的发明，而是雍正帝即位后朝野私下的议论。雍正帝原先对此不便挑明，公开论战，只好隐忍不发。现在曾静出来了，固然把他骂得狗血喷头，但有人承认了这些言论，正好顺藤摸瓜，清其源而塞其流。所以他说：“天道昭彰，令其自首。静言思之，翻足感庆，借此表明于天下后世，不使白璧蒙污，莫非上苍笃佑乎！”

他的宠臣、云贵广西总督鄂尔泰，对此心领神会，上疏说：“曾静诬谤朕躬，所以能如此，得如此者，臣以为其事有渐，其来有因。若非由内而外，由满而汉，谁能以影响全无之言，据为可信？此阿其那、塞思黑等之本意。为逆贼曾静之本说也。”这一分析说到了雍正帝的心坎上，所以他称赞道：“恳挚详明，深诛逆贼之心。”

承审官员秉命追问曾静。曾静供认，关于朝廷隐私，系听安仁县生员何立忠、永兴县医生陈象侯所说。何、陈供认，他们是闻听于茶陵州堪舆陈帝西。陈帝西则供称，他在衡州路上，碰见四个说官话，穿马褂，像是旗人的人，互相说：“岳老爷上了谏本，不知避讳，恐怕不便。”这样辗转审问，雍正帝断定是发配南方边疆的犯人传说的，命沿途各省长吏查究。

各省巡抚应命相继报告，不管有没有实据，都声称是允禩等人的奴仆、太监，在发往戍地时，沿途称冤，逢人讪谤，布散流言，诽谤雍正帝。雍正帝正好借此将曾静谋反和

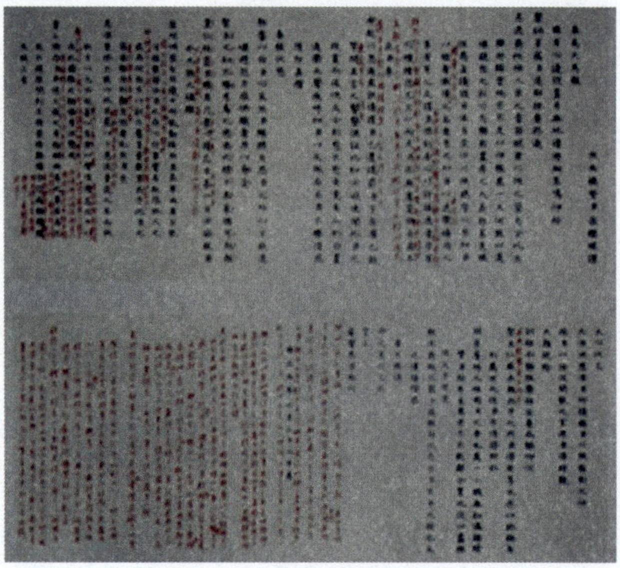

★岳钟琪表忠心的折子

允禩集团挂上勾，并就曾静所说他的罪状，发了很多上谕，逐条加以辨析。

另一方面，雍正帝在曾静与吕留良的关系上，更是大作文章。

岳钟琪诱骗张熙时，张就明白表示，他们最崇敬的是吕留良。张熙说："我去过吕家，见到吕的诗文。"说着，把随身带着的吕留良诗册，取出让岳钟琪观看。岳钟琪看不出吕诗有什么反清观点，张熙就为他一一指明。张熙的见解来自曾静。曾静读吕留良的评选时文，认为吕是"近世名儒"。后来读他的诗，反复推敲，得其旨意，于是以"华夷之见横介于中心"，立志反清。曾静甚至认为，吕留良应该做皇帝。

吕留良（1629–1683 年），号晚村，浙江石门人。顺治十年中秀才，后思想大变，悔恨猎取清朝功名。他在著述中，强调区分华夷的不同，教人站稳华夏的民族立场，不承认清朝政府。他拒绝为清朝服务，干脆削发为僧，一时名播海内。吕留良虽死，但后继有人。他的弟子严鸿逵继承了他的思想，拒不承认清朝。再传弟子沈再宽也多次作诗，希望恢复汉人的神州。雍正帝严厉地指斥吕留良："凶顽梗化，肆为诬谤，极尽悖逆。"他特别驳难所谓华夷之辨，主张不分地域，以德为王，坚持多民族国家的统一。

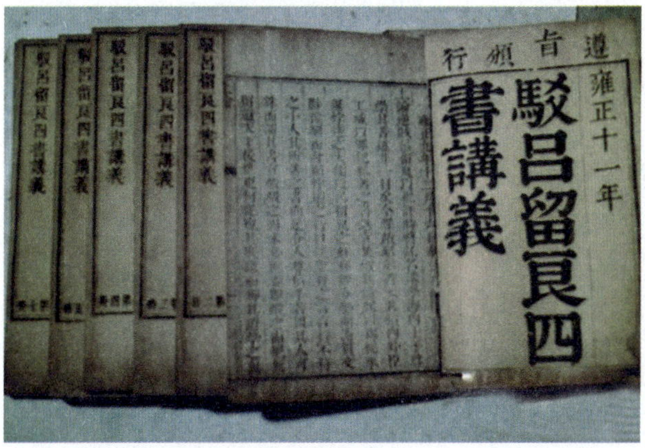

★《驳吕留良四书讲义》书影

雍正七年（1729 年）九月，雍正帝下令，将论述曾静案子的上谕编辑在一起，附上曾静的口供和忏悔的《归仁录》，集成《大义觉迷录》一书，加以刊刻，颁于全国各府州县学，使读书士子观览知悉。如果不知此书，一经发现，就将该省学政、该州县教官，从重治罪。同年十月，雍正帝又命将曾静、张熙免罪释放，并宣布："即朕之子孙，将来亦不得以其诋毁朕躬，而追究诛戮之。"

雍正帝是想用他们现身说法，宣传《大义觉迷录》。他命杭奕禄带领曾静，到江南江宁、苏州、浙江、杭州等地，随处宣讲。然后秘密押送到湖南，在此观风整俗，使衙门听用。张熙则由吏部尚书史贻直带往陕西，在各地宣讲完毕，送回原籍，在家候旨，以便随传随到。

雍正八年（1730 年）十二月，刑部提出对吕留良一干人等的结案意见。雍正帝命交各省学政，遍询各学生监的意见。因为要焚禁吕留良的著作，怕有人私藏，故以此为名，多做宣传工作。雍正帝还命大学士朱轼等，批驳吕留良的四书讲义、语录。到雍正九年（1731 年）十二月书成，也刊刻颁发学宫。又过了一年，才正式定案，将吕留良，他的儿子、已故进士吕葆中和他的弟子严鸿逵，戮尸枭示；另一个儿子吕毅中，严的弟子及沈在宽，斩立决；吕和严的孙辈，人数众多，俱发遣宁古塔，给披甲人为奴，倘有顶替隐匿等弊，一经发现，将浙省办理此案的官员与该犯一体治罪。吕家财产没官，充浙江工程费用。

案中牵连的人众多，都受到不同程度的处置。而为吕留良著作刻书印刷的人车鼎臣、车鼎贲，以及于吕留良交往的人，收藏吕留良书籍的人，均被处死。吕留良的门人有的被革去举人、监生、秀才功名，有的妻子被流放千里之外，吕留良学生的学生，吕留良的同乡也丢官的丢官，丧命的丧命。当时引发此案的曾静、张熙二人一直在家候旨，还幻想着洗清罪名，被雍正重用，结果都被处死。

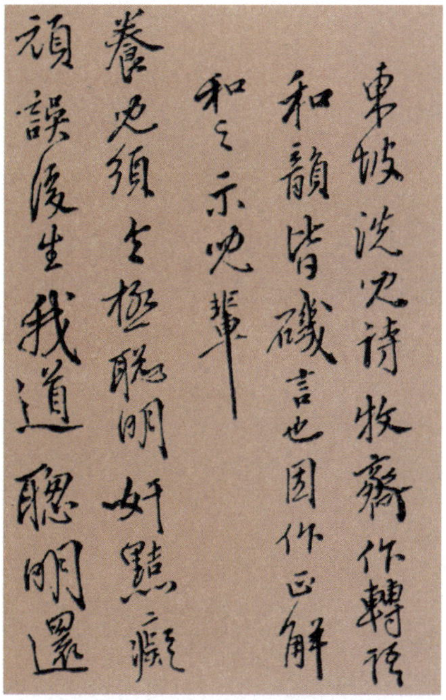

★吕留良书法

★郎窑红釉观音尊·清

土尔扈特部回归

TU ER HU TE BU HUI GUI

1628 年，由于厄鲁特蒙古四部的内部纷争已到了剑拔弩张的时刻，土尔扈特部的首领和鄂尔勒克被迫率部西迁。

土尔扈特部以游牧的方式，历经两年多的跋涉，来到了当时人烟稀少的伏尔加河下游地带定居下来。但时间不长，在他们北边的沙皇俄国逐渐向南扩张势力，威胁土尔扈特部顺从俄国的统治。沙俄强迫他们当兵打仗，强迫他们改信东正教，不许他们皈依佛门，还限制他们在那里放牧。但土尔扈特人不畏强暴，一直与他们周旋、抗争，在一次沙俄实施武力镇压时，首领和鄂尔勒克牺牲，由此更激起了土尔扈特人的民族仇恨，同时也增添了他们怀念祖国和回归祖国的意愿。他们边与沙俄政府反抗，边与厄鲁特的准噶尔部、和硕特部和杜尔伯特部保持联络，又一方面派出使者向清政府表明他们热爱祖国，决心回归的立场。土尔扈特人的爱国热情感动了当时的康熙皇帝，并于 1714 年派使者图理琛一行远赴土尔扈特部表示慰问。

★土尔扈特行营

1768 年，土尔扈特部第七代首领渥巴锡连同二万蒙古兵被征往沙俄与土尔其的战场，这场战争夺去了土尔扈特部大批青壮人员的生命。为了摆脱这种民族的压迫，1771 年初，渥巴锡正式发动起义，他们高喊着：“我们的子孙永远不当奴隶，让我们到太阳升起的祖国去。”并分三路踏上了回归祖国的万里征途。

★戴耳环的清代妇女

★土尔扈特人东归路线图

按渥巴锡计划，其起义时间原待伏尔加河结冰后进行，这样可和分居于河北的万余土尔扈特人共同举事东返。但由于这年冬天气温较高，伏尔加河未能早日结冰，河南虽已准备就绪，无法与河北汇合，而东返消息又被泄漏，俄国政府有所觉察。形势的发展迫使渥巴锡不能久待河北人口，遂杀俄罗斯匠役千人及贸易人等，提前举行起义。1771 年 1 月 16 日，土尔扈特人民竖起了反抗沙皇俄国政府武装起义的旗帜。清晨，首先由宰桑桑杰策凌率领的一支精锐部队袭击了俄国驻渥巴锡牙帐的杜丁大尉兵营。接着又分兵袭击了阻碍他们东归的维特利亚宁斯克、米京斯基、尼古拉耶夫卡等地的一些村镇。起义队伍把所有不能带走的锅灶、粮食、铜钱等全部遗弃，渥巴锡亲手点燃了自己的木制宫殿。

与此同时，成千上万的妇女、儿童和老人，乘上了早已准备就绪的马车、骆驼和雪橇，在跃马横刀的骑士们护卫下，一队接着一队，陆续出发，离开了他们生活将近一个半世纪的异国他乡。他们一边战斗，一边前进，在缺粮挨饿、疾病流行的折磨下，又击溃了紧跟在后面的沙俄追兵。直到6月底，土尔扈特部历时半年，行程1万多里，历尽千难万险，损失了全部牲口，付出了人员减半的巨大牺牲，终于回到了祖国的怀抱。

乾隆皇帝在热河避暑山庄接见了渥巴锡等人，并把他们安置在新疆准噶尔一带，继续从事他们的游牧生活。在今天的承德避暑山庄东北的普陀宗乘之庙有座碑亭，亭中三块巨大的石碑刻满了土尔扈特部自远离祖国、流落异邦140多年的生活，以及不堪忍受沙俄政府的欺凌，冒死万里东归的所有文字。

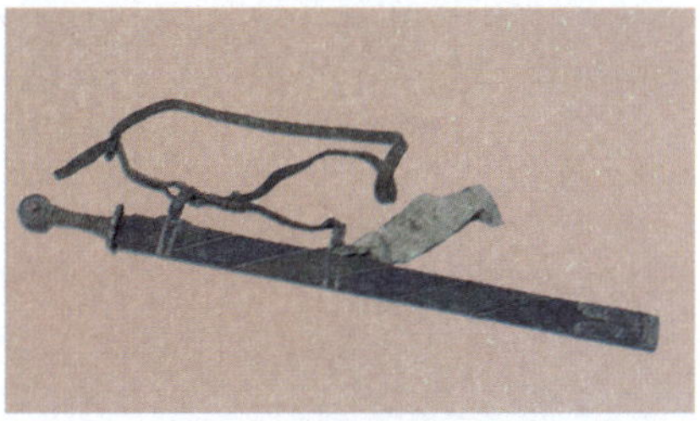

★土尔扈特腰刀

★为纪念土尔扈特部东归而建的“东归塔”

★土尔扈特部回归祖国三百周年纪念碑

土尔扈特部

土尔扈特部是清代厄鲁特蒙古四部之一。元臣翁罕后裔。原游牧于塔尔巴哈台附近的雅尔地区。17世纪30年代，其部首领和鄂尔勒克因与准噶尔部首领巴图尔浑台吉不合，遂率其所部及部分杜尔伯特部、和硕特部牧民西迁至额济勒河（伏尔加河）下游，自成独立游牧部落，但仍不断与厄鲁特各部联系，并多次遣使向清朝政府进表贡。康熙五十一年（1712年），康熙帝派出图理琛使团，两年后至伏尔加河下游，探望土尔扈特部。乾隆二十一年（1756年）土尔扈特汗敦罗布喇什遣使吹扎布，历时三载，到达北京，向乾隆帝呈献贡品、方物、弓箭袋等。

乾隆三十六年（1771年），土尔扈特部首领渥巴锡为摆脱沙俄压迫，维护民族独立，率领部众发动了武装起义，并冲破沙俄重重截击，历经千辛万苦，胜利返回祖国。清廷对土尔扈特部返归祖国的爱国正义行动十分重视。乾隆帝在热河木兰围场的伊绵峪和避暑山庄多次接见、宴请渥巴锡等首领，对其部众也给以牛羊粮食、衣裘庐帐，并亲撰《土尔扈特全部归顺记》、《优恤土尔扈特部众记》碑文两篇，立碑于承德普陀宗乘之庙内。同时，对渥巴锡及土尔扈特部众作了妥善的安排。

★清乾隆二式皇后缂丝龙袍

康乾盛世

KANG QIAN SHENG SHI

清王朝统一中国后，经过康熙、雍正两朝的经营，经济有了很大发展。到雍正帝儿子清高宗弘历（乾隆帝）在位的时候，国力强盛，财政富裕。清朝初期的文治武功，在这个时期都达到了鼎盛，使当时成为中国古代史上的最后一个治世——康乾盛世。

康乾盛世是指清朝前期的康熙、雍正、乾隆三代王朝，它从公元1661年起到1796年止，历史跨度长达130余年。形成这一盛世的原因主要在于明末的农民战争迫使腐朽黑暗的明王朝退出了历史舞台，同时也使得当时的社会动荡，战火连绵，人们都希望出现一个和平的环境；其次是康熙、雍正、乾隆三代帝王注重个人修为，强化自身的文治武功，善于吸取历史教训，调整了统治政策；再次，与民休息的政策，激发了人民的生产劳动积极性，生产水平不断提高，改善了物质结构；最后是和平统一局面的出现，巩固了他们的统治地位和经济基础。

★清乾隆珐琅熏炉

康乾盛世的主要特征：一是康熙年间鼓励垦荒，发展农业生产，实现了经济的复苏；平息了三藩之乱，平定了噶尔丹的叛乱，收复了台湾，抗击了沙皇俄国的东侵，册封了班禅，奠定了统一的多民族国家的疆域。二是雍正年间实行“摊丁入亩”，废除了汉唐以来的人头税，增加了财政的收入，均衡了人民劳动与所得的比例。设置了驻藏大臣，实现了国家对西藏地区的有效管理。三是乾隆年间制服了今四川西北部的大小金川的反抗，粉碎了新疆地区大小和卓木的叛乱，打败了廓尔喀对西藏的侵犯，遏止了西方殖民者的侵略，使我国统一的多民族国家得到了进一步巩固。

康乾盛世的出现，把我国的封建经济推到了最高峰，经济的繁荣是国力增强的基础。在这一时期，社会经济发展非常快，首先是耕地面积猛增，到雍正朝已达9亿多亩，超过以前的所有朝代，而且在相当长的安定环境里，人们得以安心生产，单位面积的产量得以提高，全国粮食的总产量也较以前的朝代有大幅度提高。与此同时，商品经济也有较大的发展，手工业、工商业出现了向多元化方向发展的势头，在各地区都出现了许多新兴城镇，使饱受战火摧残的资本主义萌芽又有了发展的空间。康乾盛世无论在政治上、经济上、军事上都处于历代的鼎盛时期，也使清朝在当时成世界上最强大的帝国之一。

康熙帝

爱新觉罗·玄烨（1654-1722年），顺治皇帝第三子，中国历史上在位时间最长的皇帝，执政长达61年。

1661年，顺治帝病逝，年仅8岁的玄烨即位，改年号为“康熙”。玄烨即位后每日读书，16岁时，他以智慧和勇气设计铲除了专权跋扈的辅臣鳌拜，将皇权把握在自己手中。在康熙统治期间，裁撤了吴三桂等三藩的王位，平定了三藩之乱。攻占台湾，阻止了沙俄向南扩张的企图，与之签订《尼布楚条约》。同时，康熙又出征蒙藏，平定准噶尔部蒙古分裂势力的动乱，建立会盟制度和避暑山庄外藩朝觐制等，加强了多民族国家的稳定。另外，康熙还采取了一系列有利于国计民生的政策：积极鼓励垦荒，废止圈地令，实施更名田；整修黄河、淮河、运河的水利工程。尤其是在康熙五十一年（1712年）决定“永不加赋”，取消新增人口的人头税，并最终演变成“摊丁入亩”制度。增加了税收，促进了农业经济的发展，奠定了“康乾盛世”的基础。

皇后之死引起轩然大波

HUANG HOU ZHI SI YIN QI XUAN RAN DA BO

乾隆十三年(1748 年)三月十一日，从济南到德州的路上，皇帝东巡的仪仗、扈从，马不停蹄，匆匆北上。风舆中的皇后富察氏，正病得奄奄一息。乾隆帝心情焦灼，巴不得早一刻赶回京城。到了德州水次，皇后被抬上运河中的御舟。船未起行，皇后即于深夜亥刻晏驾。这一偶然的事件，犹如平地风波，使皇族和官僚们措手不及，蒙受了突然的灾难。

乾隆帝对结发妻子的感情极为深厚。夫妻恩爱，伉俪情深，一旦永诀，十分哀痛。他虽然身为万乘之君，也无法改变命运之神的残酷安排。为了皇后之死，乾隆帝写了一篇《述悲赋》，其中说：“纵糟糠之未历，实同甘而共辛”，“影与形兮难去一，居忽忽兮如有失”，“信人生之如梦兮，了万事之皆虚。呜呼！悲莫悲兮生别离，失内佐兮孰与随”。他还写了《悼皇后》的诗：“廿载同心成逝水，两眶血泪洒东风。”可见皇帝的哀思是深沉而真挚的。他虽为君主，也是有血有肉，有着爱恨悲欢的普通人。

★八憩祖石鼓墨·清

这次，皇后跟随皇太后和皇帝到山东巡幸，谒孔庙，登泰山，旅途劳顿。到济南感染风寒，休息几天，病情略有好转，又过分匆忙地赶路回京，途中病情复发，遂至不起，酿成乾隆帝的终生遗憾。此后，乾隆帝多次南巡，路过济南，怕触景生情，引起悲怀，就永不进济南城。

乾隆三十年（1765 年)，皇后已死去十七年，乾隆帝第四次南巡，路过济南，仍然绕城而行，还写诗道：“济南四度不入城，恐防一入百悲生。春三月昔分偏剧，十七年过恨未平。”乾隆帝对孝贤皇后的感情，的确是深挚而持久的。孝贤皇后之死，给乾隆帝的精神造成难以弥合的创伤。

而且祸不单行。在这之前，皇后所生的两个儿子都先于他们母亲去世。这两个儿子都很聪明，深得乾隆帝的钟爱。当雍正帝还在位的时候，就很喜欢皇次子永琏，隐然示以承宗器之意。乾隆帝登基后，将永琏名字密藏于乾清宫“正大光明”匾之后，以他为皇太子。不料，乾隆三年(1738 年)十月十二日，永琏猝犯寒疾，当即死亡。后来，孝贤皇后又生了皇七子永琮，可是只长到两周岁，在乾隆十二年除夕，出痘死亡。孝贤皇后之死，仅仅在永琮死后七十天。丧失爱子的悲痛，恐怕是她更为重要的致病原因。

★清乾隆帝御宝题诗太上皇帝白玉圆玺

★年青时的乾隆像

因为丧后而陷入极度悲痛的乾隆帝，性情变得暴躁易怒，待人处事，一反常态。第一个碰钉子的是皇长子永璜。他年轻不懂事，由于死去的不是自己的生身母亲，没有做出哀伤的表示。乾隆帝严厉地责备他：“遇此大事，大阿哥竟茫然无措，于孝道礼仪，未克尽处甚多。”

永璜被公开训斥，他的师傅、俺达分别受到处分，其中和亲王弘昼、大学士来保、侍郎鄂容安各罚俸三年，其他人各罚俸一年。一个

★孝贤皇后秋季御用朝褂

★乾隆战衣

月以后，乾隆帝发现皇后的册封文书，译为满文，误将“皇妣”译为“先太后”，便勃然大怒，指责翰林院大不敬，特别谴责管理翰林院的刑部尚书阿克敦“心怀怨望”，送交刑部治罪。其他刑部官员见皇帝盛怒，加重处分，将阿克敦拟绞监候。

不料，暴怒的乾隆帝尚不满意，责备刑部“党同徇庇”，故意宽纵，将刑部全堂问罪，革职留任。而阿克敦则照“大不敬”议罪，斩监候，秋后处决（后得赦）。这样严厉的处分，不免使朝廷官僚们胆战心惊。此后，大批官僚都被卷进因皇后丧葬引起的政治漩涡中。

五月间，工部因办理皇后册宝不敬，“制造甚属粗陋”，全堂问罪，侍郎索柱降三级，涂逢震降四级，其他人从宽留任。同时，光禄寺因置备皇后祭礼所用的饽饽、桌帐，“俱不洁净鲜明”，寺卿增寿保、沈起元，少卿德尔弼、窦启瑛，俱降级调用。而礼部因册谥皇后，议礼舛误，“诸凡事务，每办理糊涂”，尚书海望、王安国降二级留任，其他堂官也分别受到处分。

因皇后丧葬而引起的贬革之风，也刮到了外省。皇后之死，有些外省官员具折奏请赴京叩谒梓宫。这本来是表面文章，因为外省官员各有职守，没有可能也不必要一齐来京服丧行礼。想不到乾隆帝对那些没有奏请来京的官员，横加挑剔，特别对满人更加不满。他说：“盖旗员地分亲近，沐恩尤为深重。一遇皇后大事，义当号痛奔赴，以尽其哀慕难已之忱。即或以外廷不敢预宫闱之事，而思及朕躬当此事故，亦应奏请来京请安，庶君臣之谊，不致漠不相关也。”因此，各省满族的督抚、将军、提督、都统、总兵，凡是没有奏请赴京的，各降二级，或销去军功记录。先后处分了五十三名满族文武大员。

接着，风暴又袭人宫廷。大阿哥永璜和三阿哥永璋，仍是由于没有表露哀伤的感情，而遭到斥责。乾隆帝说：“伊等俱系朕所生之子，似此不识大体，朕当深引愧而已，尚有何说！”并且斩钉截铁地宣称：“此二人断不可承续大统！”此时永璜、永璋年龄尚小，毫无争夺嗣位的举动，乾隆帝却对他们深恶痛嫉，骂得狗血喷头，实在也太过分了。

百日丧满以后，风潮还在发展，这就是查究丧期内擅自剃发的案件。按满族旧习，帝后之丧，为表示哀思，官员在百日内不得剃发。但律例会典中并无明文记载，汉官甚至满员对此也不甚清楚。十多年前，雍正帝去世，许多官员在丧期内剃发，朝廷并没有追究过问。可这次乾隆帝却要追究了。

七月间，有人发现，山东沂州营都司姜兴汉、奉天锦州府知府金文淳，居然在百日丧期内剃头。乾隆帝闻报，大发雷霆，声言丧期内剃头，祖制立即处斩，就像初进关时汉人不剃头者就斩头一样。姜兴汉和金文淳差点被杀掉。幸而后来发现违制剃头的大有人在，如盛京、宁夏、京口、凉州、四川的驻防满州兵丁，很多剃了头。这才饶赦了姜、金的性命。

不久，乾隆帝又发现江南总河

★清东陵裕陵内葬乾隆皇帝和孝贤纯皇后富察氏

★清乾隆粉彩福寿纹双耳瓶

周学健和他所属的文武官员，都在百日内剃发。乾隆帝震怒，大骂周学健："丧心悖逆，不惟一己敢于犯法，并所属官弁同时效尤，弃常蔑礼，上下成风，深可骇异！"还有许多大官僚丧期内并未剃发，却也受到牵连。如两江总督尹继善"知情不举"，被斥为"好名无耻之徒"。刑部尚书汪由敦与金文淳"谊属同乡，辈称前后"，因照顾过金，就被革职留任。江西巡抚开泰查抄周学健家产，乾隆帝警告他："若稍有回护袒庇之意，断不能保其首领！"更倒霉的是刑部尚书盛安，他未判金文淳斩立决，而判为斩监候，乾隆帝认为是有意包庇，竟将盛安也判为斩监候。至于周学健，则因发现他还有贪污行为，于这年十一月赐令自尽。

其实，违制剃头的大官僚何止周学健一人。湖广总督塞楞额、湖南巡抚杨锡绂、湖北巡抚彭树葵，也于百日内剃过头。他们听说乾隆帝严究此事，吓得战战兢兢。杨锡绂准备自行检举，以求减轻罪愆。塞楞额因是旗人，恐怕加重治罪，阻止杨锡绂自首。没想到事情败露，乾隆帝的怒气更是高涨，大骂塞楞额："丧心病狂，实非意想所及！"令他自尽，杨锡绂、彭树葵革职。

这年冬至，翰林院撰拟皇后祭文，用了"泉台"二字。乾隆帝又吹毛求疵，认为这两字用于常人则可，"岂可加之皇后之尊？"他谴责大学士张廷玉，以及阿克敦、德通、文保、程景伊等人，"全不留心检点，草率塞责，殊失敬礼之义"，俱罚俸一年。

在因孝贤皇后的丧葬而引起的轩然大波中，先后处分的大臣有一百多员，或被斥，或降革，或罚俸，或赐死，一时震动朝野。

皇后之死这一偶然事件，和乾隆帝的恶劣情绪，在平静的宦海中，竟搅起如此巨大的波澜，导致如此深重的灾难！

★清乾隆掐丝珐琅牺尊

★清乾隆粉彩开光花鸟双连瓶

富察氏

富察氏出身名门，她的曾祖父哈什屯在顺治朝任议政大臣，祖父米思翰康熙时任内务府总管、户部尚书、议政大臣，父亲李荣保任察哈尔总管，兄马启任兵部尚书、左都御史、议政大臣、武英殿大学士，兄马武任内务府总管、镶白旗蒙古都统、领侍卫内大臣，弟傅恒任户部尚书、军机大臣、保和殿大学士，赐第在东安门内。可以说是一门显贵。富察氏，性格贤淑，崇尚节俭，反对奢华，在平时生活中常以通草、绒花作为饰物，而不用珠宝、翡翠，每逢年节均以鹿羔制成的荷包呈现给乾隆，这是仿照祖辈在关外的遗制，表示不忘本，受到乾隆的尊敬。这虽然与乾隆时期奢华的风气有点不太适应，但还是能够得到乾隆的钟爱。富察氏对待皇太后非常孝顺，深得老太后的欢心。她也深爱自己的丈夫乾隆皇帝。可是这样一位皇后却很不幸运，乾隆十三年三月十一日，皇后富察氏死于返京的途中，葬于裕陵。

★富察氏像

乾隆帝六次巡幸江南

QIAN LONG DI LIU CI XUN XING JIANG NAN

乾隆帝六次巡幸江南是清代中期的一件盛事。乾隆帝登位后，事事效法康熙帝，政事不论巨细，均亲加过问，日夜勤劳。他巡幸江南，也是以康熙为榜样，为了了解治政的得失，总结统治的经验，促进满汉的联合，当然也为了赏悦江南的秀丽景色和丰盛文物。

乾隆十六年（1751年）正月十三日至五月初四日，乾隆的第一次南巡。同行的王公大人、侍卫官员、兵丁仆役等，共二千多人，船只一千多艘。乾隆帝下令，将沿途的直隶、山东、江苏、浙江四省所经州县当年应征额赋，蠲免十分之三，其中受灾地区蠲免十分之五。江宁（今南京）、苏州、杭州是皇帝驻跸之地，则全部蠲免。

乾隆帝到达江苏的清口（今清江市）后，渡黄河，详细阅视了河工。他谕令河道总督高斌："朕经过淮安，见城北一带内外皆水，虽有土堤为之防御，而人烟凑集之区，设经异涨，其何以堪？甚觉怵然。亟应改建石工，以资保障。"在巡行南方的归途中，乾隆帝又视察了当年康熙多次视察过的天然坝、蒋家坝，亲自筹定洪泽湖的五坝水志。天然坝位于洪泽湖的尾部，夏秋水涨，开坝泄流，居民常受其灾；冬天雨少，黄河浊流往往经坝倒灌入湖。当地居民以开坝为患，而河臣往往不顾民意，将开坝作为防险的法宝。

★乾隆下江南时的御码头，在今江苏扬州。

乾隆帝亲临高家堰视察后，谕令："天然坝断不可开！夫设堤为卫民也，设堤而民仍被其灾，设之何用？天然坝当立石永禁开放！"高家堰原有三座坝，洪泽湖赖以蓄泄。乾隆帝接受了高斌的意见，新添筑两座坝，五坝分别命名为仁、义、礼、智、信。乾隆帝又谕令："高堰石堤至南滚坝以南，旧用土工石堤，有首无尾，形势不称。应自新建信坝北雁翅以北，一律改建石工，南雁翅以南至蒋家闸，水势益平，则石基砖砌。如此方首尾完固，屹如金汤，永为淮扬利赖。"

乾隆帝非常重视植树以固堤蓄材，他特别谕令高斌："沿堤柳株稀少，著于堤面堤坡宽空之处，多为栽种，该管官员加意培植，俾之畅茂，庶堤工既资巩固，而工料亦得有备。"在苏、杭两地，乾隆还特地谕令内阁，对上献诗文者进行考试，选拔真才。所选拔的文人，皆赐举人，授为内阁中书学习行走，令与科举考试人员一体补用。这很有效地优容和团结了江南的文人学士，成为历次南巡的定例。

第二次南巡，从乾隆二十二年（1757年）正月十一日至四月二十六日。到苏州时，乾隆帝谕令内阁："三吴两浙，民多俊秀，加以百年教泽，比户书声，应试之人日多，而入学则有定数。……其将江苏、安徽、浙江三省本年岁试文童，照乾隆十六年例，府学及州县大学增取五名，中学增取四名，小学增取三名，以乐育人才。"到杭州，乾隆帝检阅了水师操练。接驾的汉族绿营兵丁，演奏箫管细乐。乾隆帝很不满意，申斥道："身隶行伍，当以骑射勇力为重。若吹竹弹丝，技近优伶，岂挽强行重之夫所宜相效？嗣后行伍中但许用钲鼓铜角，其箫管细乐，概行禁之。"在途中，乾隆帝看到外省驻防将军及绿营的提镇，外出都坐轿子，便传谕以后一律骑马，不许坐轿，否则以违制例治罪。

第三次南巡，从乾隆二十七年（1762年）正月十二日至五月初四日。乾隆帝尽量优容、团结、宠用汉族文人学者。左都御史梅珏成曾与康熙帝研讨过数学，以年迈按原品在籍致休。这次梅珏成来清江浦接驾，乾隆帝亲自写诗："推恩缘念旧，皇祖内廷臣"相赠。江浙著名文人沈德潜、钱陈群至常州接驾，乾隆亲笔题诗，以示慰勉，云："二老浙江之大老，新从九老会中回。身体康强自逢吉，芝兰气味还相陪。迎堤恭遇以为喜，出诗命和群应推。更与殷勤订请约，期颐定复登金台。"

★乾隆帝抚琴图（乾隆帝在皇宫里穿汉人的衣服，梳汉人的发式。）

乾隆帝到海宁，住在康熙朝大学士陈元龙的别业隅园中，巡视、筹划和决定浙江省的海塘工程。他特地为进献诗文者出了《海塘得失策》的考试题目。浙江省仁和进士孙士毅提出“治塘必以桩先”，建议修筑柴塘，获得第一名。他在阅视海塘时，亲试排桩。但因沙滩松软，不甚成功。他再三考虑之后，认为“惟有力缮柴塘，得补偏救弊之一策”。于是下令地方官，“岁修以固塘根，增坦水石篓以资拥护”。

第四次南巡，从乾隆三十年(1765年)正月十六日至四月二十一日。

乾隆帝至苏州时，沿运河至浙江石门县乘马度城，泛舟至海宁，又驻跸于陈氏隅园，阅视绕城石塘，观看了著名的钱塘江大潮。根据亲临视察的结果，乾隆帝就海宁的海塘工程再次谕令内阁：“著一例普筑三层石坦，则于护城保塘尤资裨益。”他特别要求地方督抚等官员“务期工坚料足，无滥无浮，以收实济”。

南巡回銮时，乾隆帝还面谕东南诸大吏：“圣母春秋高，而江浙经途数千里，顿置烦数，非所以适颐养也。”命勿再吁请南巡。

这四次南巡，乾隆帝都带了皇太后、皇后和妃嫔多人。

第五次南巡已是十五年以后了，从乾隆四十五年(1780年)正月十五日至五月初九日。当时乾隆帝已是七十老人，但他在渡黄河后，仍阅视清口东坝堤工，在浙江乘舟至海宁观潮，对海门石塘堤工又发出一系列指令。

归程北上渡黄河后，他至武家墩最后一次阅视高家堰堤工。当御舟将过镇江时，十余里外耸立一个巨桃，红翠可爱。突然烟火大发，光焰四射，砉然开裂，从桃内现出一个剧场，几百名优伶演出寿山福海之事。盐商揣知皇帝好悟禅理，四雇和尚，还花重金雇人剃了头来充数。

路过无锡附近，在西北角的石塘湾和东南角的望亭设了黄布城，共占地六百多亩。黄布城的对岸，还筑了一道差不多二里长的“照墙”，用木、竹加芦苇做成，里外数重。纤路一色朱木钉桩，占田更以千亩计。黄布城中，店肆门垣，墨油涂泽如新，每户悬一二灯，上书“颂圣联”，设高香案，造火桌、盆架等，耗费不赀。

第六次南巡，从乾隆四十九年(1784年)正月二十一日至四月二十三日。这次南巡，所带王公大臣、章京侍卫、兵丁士卒等，多达二千五百余人。

乾隆帝到山东时，至岱庙行礼，谒少昊陵祭酒，祭祀周公庙，临孔庙瞻礼，去孔林祭酒。渡黄河后，乾隆帝沿运河南下，至浙江石门县，乘马度城后，乘轻舟最后一次去海宁阅视海塘，又至尖山观潮。当时《四库全书》已经编纂完成，乾隆帝以江浙为人文渊薮，命将缮写的六部《四库全书》中的三部，分别藏于扬州大观堂的文汇阁、镇江金山寺的文宗阁、杭州西湖孤山的文澜阁，以嘉惠士林。他还特别告诫地方官员：对《四库全书》不必过于珍护，使读书稽古之士“无由得窥美富”，“千箱万帙徒为插架之供，无裨观摩之实”。他还规定：“如有愿读中秘书者，许其陆续领出，广为传写。”

乾隆帝在结束最后一次巡行回程北上时，在杭州非常感慨地对诸皇子和军机大臣说：“我皇祖(康熙帝)临御六十一年，六巡江浙，深仁厚泽，浃髓沦肌，臣民爱戴思慕，出于至诚。朕缵绪以来，敬绍前谟，亦六度南巡，凡筹办河工海塘事宜，无一不仰承彝训。”

历次南巡，乾隆帝还都规定，对沿途所经三十里以内地区的历代帝王、名人祠、墓以及著名神庙，遣官读文致祭或焚香，有时还亲自前往祭奠。如周代的太伯，吴国的季扎、子游，晋代的卞壶，宋代的曹彬、宗泽、范仲淹、韩世忠，明代的太祖陵、徐达、常遇春、李文忠、方孝孺，清代已故大臣张玉书、赵申乔、陈鹏年、汤斌、张伯行、傅腊塔、于成龙等。

初次南巡时，乾隆帝一再谕令官员，要“力戒纷饰增华”，“所有行营供顿，悉出内帑，丝毫不以扰民。

★木渎一景(清代乾隆南巡六下江南，六次驻跸木渎)

★乾隆南巡图(局部)

道路桥梁，原正开销正供，且更特赐公项，俾通融协济，不许苛索于民"，"凡属虚文浮费，概宜尽力摒除"。第二次南巡时，乾隆帝又再三要求："朕时巡江浙，已屡降旨，令该督抚等毋事浮靡，务从简朴，并饬禁一切商捐陋习。"话虽这么说，但乾隆帝带头奢华，随从和地方官员也就不免铺张浪费了。

每次南巡，从北京到杭州，途中一共兴建行宫三十处；没有建行宫的地方，各搭黄布城和蒙古包帐房；所经道路，都要洒水清尘；所经石桥石道，则用黄土铺垫；水路码头，还要统统铺上棕毯。御舟行驶，前有御前大臣等官兵及御马的乘船开道，后有军机处等官员及銮仪卫等的船只随行，岸上还有骑马的官兵沿河行走，以备随时差遣。所经三十里以内，地方官员一律朝服接驾，耆民老妇、绅衿生监排列跪伏，八十岁以上的老翁、老妇则穿黄布或黄绢外褂，手执高香跪候。在扬州、苏州、杭州等城市，更用彩绸、彩布搭建彩棚、点景，设立香案，河道设龙舟灯舫，造成"巷舞衢歌"的喜庆气氛。

两淮盐务为了迎驾时热闹，平时就雇下了花、雅两部戏班子，御驾光临，就纷奏杂鸣。各处行宫，不是陈列着官员们借来的书籍、字画、端砚、挂屏等，就是陈放着每件费工千百的象牙雕、紫檀花梨屏座等。淮阳道有个官员，叫辛攀桂，主管行宫陈设，还用镂银丝给造了痰盂。

有一次，乾隆帝在扬州游览大虹园，到一处景色优美的地方，就说："此处甚似南海'琼岛春荫'，惜缺一喇嘛塔。"陪同接驾的扬州盐商领袖江某，出钱买通了乾隆帝的左右，索得喇嘛塔图样，立即纠集工役材料，连夜筑成了白石塔，以博得乾隆帝的好感。

乾隆帝每到一地，还要对嫔妃、臣僚赐宴、行赏。从执事官兵到亲王大臣，每人赏银一二两至五六百两。因此，乾隆帝南巡所费，竟差不多等于康熙帝南巡所费的十倍。

《四库全书》

★纪昀半身塑像

清政府为了加强思想文化统治，曾进行大规模的图书整理和编纂工作。乾隆三十八年(1773年)二月，《四库全书》正式开始编修，以纪昀、陆锡熊、孙士毅为总纂官，陆费墀为总校官，下设纂修官、分校官及监造官等400余人。名人学士，如戴震(汉学大师)、邵晋涵(史学大师)及姚鼐、朱筠等亦参与进来。同时，征募了抄写人员近4000人，鸿才硕学荟萃一堂，艺林翰海，盛况空前。历时10载，至乾隆四十七年(1782年)，编纂初成。乾隆五十八年(1793年)7部全部完成。《四库全书》的编纂过程共分四步：第一步是征集图书；第二步是整理图书；第三步是抄写底本；第四步是校订。《四库全书》是中国历史上规模最大的一套图书集成。共收书3503种，79337卷，36304册，近230万页，约8亿字。整套书收录了从先秦到清乾隆前大部的重要古籍，涵盖了古代中国的几乎所有学术领域。整套书分为经、史、子、集四部，44类。《四库全书》为了美观与便于识别，采用分色装潢，经部绿色，史部红色，子部月白色(或浅蓝色)，集部灰黑色。四部颜色的确定，依春夏秋冬四季而定。《四库全书总目》因为是全书纲领，采用代表中央的黄色。乾隆四十七年(1782年)四套书陆续完成，全书共抄7部，分别贮于北京紫禁城皇宫文渊阁、京郊圆明园文源阁、奉天故宫(今沈阳)文溯阁、承德避暑山庄文津阁，合称"内廷四阁"(或称"北四阁")。又在镇江金山寺建文宗阁、扬州大观堂建文汇阁、杭州西湖行宫孤山圣因寺建文澜阁，即"江浙三阁"(或称"南三阁")，各藏抄本一部。副本存于京师翰林院。其中文渊阁本最早完成，校勘更精、字体也更工整。乾隆编修此书的初衷虽是"寓禁于征"，但客观上整理、保存了一大批重要典籍，开创了中国书目学，确立了汉学在社会文化中的主导地位，具有无与伦比的文献价值、史料价值、文物价值与版本价值。

巩固西北平准部

GONG GU XI BEI PING ZHUN BU

乾隆二十一年（1756年），理藩院奏称准噶尔台吉达瓦齐遣使入贡。乾隆帝问军机大臣道："准部长噶尔丹策凌，数年前身死，嗣后立了次子那木扎尔，又立了长子达尔扎，扰乱数年。朕因他子孙相袭，道途又远，所以不去细问。怎么今日，换了个达瓦齐？"军机大臣回答道："那木扎尔昏庸无道，所以被达尔扎所杀。达尔扎讨伐大策零敦多布的孙儿达瓦齐和辉特部首领阿睦尔撒纳，反被所杀。达瓦齐就夺了汗位。"乾隆帝说："照这般说，达瓦齐系准噶尔汗部将，胆敢篡位，实是可恨！朕拟兴师问罪，免他轻视天朝。"正商议间，又接边臣奏折，内称："辉特部台吉阿睦尔撒纳，为达瓦齐所败，愿率众内附。"乾隆帝即命阿睦尔撒纳来京陛见，并却还达瓦齐贡使。

★格登山记功碑

阿睦尔撒纳奉了上谕，当即到京求见，由理藩院尚书带入。他上殿叩首毕，乾隆帝问："你如何与达瓦齐开战？"阿睦尔撒纳道："达瓦齐篡了准部，还想蚕食他方，无端侵入臣境。臣与他战了一场，被他杀败，因此叩关内附。仰乞大皇帝俯赐矜全！"乾隆帝见他身材魁伟，言语爽畅，不觉喜悦，便道："朕正想发兵讨伐达瓦齐呢。""大皇帝果发义师，臣愿作前导！"阿睦尔撒纳道。"你肯为朕尽忠，朕却不惜重赏！"乾隆帝欣喜地说。阿睦尔撒纳谢恩而出。

乾隆帝即召集王公大臣，会议发兵计划。军机大臣舒赫德奏道："臣看阿睦尔撒纳相貌狰狞，必非善类，请圣上不要信他。"乾隆帝厉声道："阿睦尔撒纳生长彼地，地理人情，都应熟悉，朕若不用他，难道用你不成？"舒赫德素性刚直，接口道："上要用阿睦尔撒纳，请将他部下余众，徙入关内，免生后患。"乾隆帝怒道："用人不疑，疑人不用。你这般胆小，如何好做军机大臣？"说罢，叱侍卫逐出舒赫德。舒赫德叹息而去。傅恒见乾隆帝发怒，忙上前道："圣上明烛万里，此时正好出征准部，勘定西陲。"于是下旨令八旗将士先行操练，并封阿睦尔撒纳为亲王。不久，准部小策零属下部将萨拉尔、达瓦齐属下部将玛木特，又先后降清。阿睦尔撒纳乘机又促请出师。

乾隆二十二年（1757年）春，命尚书班定为定北将军，从乌里雅苏台出征，由阿睦尔撒纳以定边左副将军的身份为先锋；陕甘总督永常为定西将军，从巴里坤出征，由萨拉尔以定边右副将军的身份为先锋。清军所到之处，人们望风归服，络绎道路。

达瓦齐自知不敌，当年夏天急带亲兵万人，向西北出逃，走入至伊犁一百八十里的格登山区。清军长驱追击，至格登山扎营。当天晚上，天色乌黑，清将阿玉锡贪功心切，乘敌营不备，率探路程的二十二骑喊杀着冲入敌营。达瓦齐及其部众从睡梦中惊醒，以为大批清军杀到，不及细辨，便四散逃奔，万余军队即刻瓦解。阿玉锡俘获了七千余人，只有达瓦齐带领余众二千余人仓皇爬过天山，奔至南疆，企图投靠乌什城主霍吉斯。霍吉斯将达瓦齐迎入城中，把他灌醉后捆绑起来，送给了清军。两支清军攻进伊犁，又把三十年前逃至准部的罗卜藏丹津擒住，与达瓦齐一起装进囚车，押送往北京。

★大学士一等忠勇公傅恒像

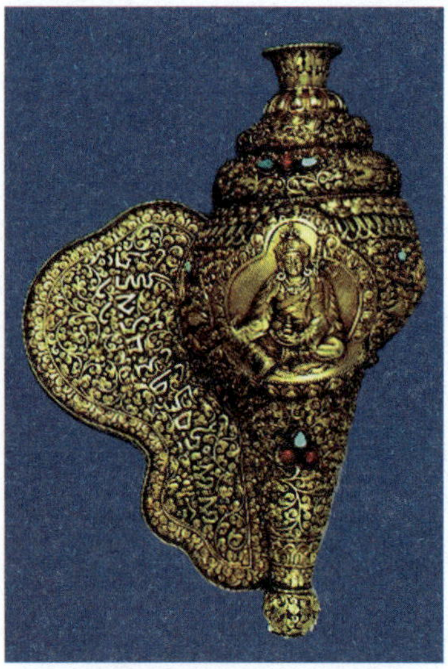

★清朝时期宫中供奉的『镂金嵌宝石金螺』

清军凯旋而归,乾隆帝亲御午门,行献俘礼。达瓦齐和罗卜藏丹津匍匐于地,请求赦罪。乾隆帝遂传旨赦其死罪。一面大封功臣。阿睦尔撒纳也封为双亲王,食亲王双俸。鉴于准部一再叛乱,势力难制,乾隆帝恢复厄鲁特四部旧封:噶尔藏为准噶尔汗,巴雅特为辉特汗,沙克都为和硕特汗,阿睦尔撒纳为杜尔伯特汗。谁知阿睦尔撒纳野心勃勃,竟想雄长四部,脱离中国。他曾暗派代表到彼得堡,奴颜卑膝地表示愿意投降沙俄,要沙俄立他为汗。

清军凯旋而归时,只留班第、鄂容安两人,带随兵五百名,暂驻伊犁。阿睦尔撒纳被封为杜尔伯特汗以后,在蒙古各部中四布流言,说乾隆帝命他统领满汉蒙古兵来平此地。他生杀自专,隐以总汗自处,擅自调兵。班第、鄂容安见阿睦尔撒纳谋反形迹已很明显,遂遣使密报乾隆帝。

乾隆帝命令阿睦尔撒纳九月到承德觐见受封,他推诿不行,而班第等一再催促他动身。阿睦尔撒纳不得已,由喀尔喀亲王额林沁多尔济伴同,起程赴京,但一路还在观望犹豫。

乾隆帝又密令班第:"阿睦尔撒纳逆形已著,宜乘其未发,诛之;如已入朝,可追及。"班第等奉旨准备追击时,阿睦尔撒纳已率部众从额尔齐斯河小道往北驰去,并派爪牙去各部煽动叛乱。当时,班第、鄂容安手下只有五百人,归路又为叛军切断,势孤不敌。他们败走两百里,被叛军包围,不屈自杀。这时,定西将军永常已奉朝旨出驻木垒,闻道准部兵大至,立即退兵巴里坤,移粮哈密。

★阿玉锡像

★兆惠像

★清乾隆开光彩瓷赏瓶

阿睦尔撒纳与俄国勾结

阿睦尔撒纳每次战败,均以哈萨克为逋逃之薮,而背后还有俄国支持,当俄国奥连堡当局知道他因反叛清廷,作战失败,逃入哈萨克后,即派卡斯金诺夫,携带政府信函,前往哈萨克,秘密会见阿睦尔撒纳,表示愿意帮助,并邀请阿睦尔撒纳前往俄国。由于当时哈萨克阿布赉汗慑于清廷的兵威,态度游移,他们的会见甚至也瞒过了阿布赉汗。阿睦尔撒纳很高兴俄国肯帮助自己,要卡斯金诺夫向奥连堡当局转达感谢之意,并先派代表达瓦宰桑前往彼得堡,向俄国乞求援助。他的使者达瓦宰桑于乾隆二十一年(1756 年)末启程,彼得堡路途遥远,达瓦宰桑在路上走了半年,到达彼得堡,与俄国进行谈判。而国内政局瞬息变化,青滚杂卜与阿睦尔撒纳相继战败。乾隆二十二年(1757 年)夏,叛乱势力全部被击溃,俄国政府和他们之间的阴谋勾结,也没有得逞。

★郎世宁为阿玉锡画的《持矛荡寇图》

★清乾隆蓝地珐琅彩紫砂茶壶

★清乾隆官窑黄地绿龙纹小碗

乾隆帝下令逮捕永常，命策楞为大将，玉保、富德、达尔党阿为参赞，从巴里坤出发进剿。玉保领军为先锋，忽有准兵来报，阿睦尔撒纳已由其部下诺尔布擒献。玉保不加调查，信以为真，立即向策楞报告。策楞也不辨真伪，飞章奏闻。谁知停军驻扎了数日，毫无影响。玉保、策楞等才知道中了阿睦尔撒纳的缓兵之计，急忙发军追至伊犁。阿睦尔撒纳早已远逃到哈萨克了。

乾隆帝闻讯大怒，革除了玉保、策楞的职务，任达尔党阿为将军，飞速追剿。又命巴里坤办事大臣兆惠为定边右副将军，出军支援。谁知达尔党阿和策楞一样不通军务。他率军追到哈萨克边界，忽有哈萨克人报称：哈萨克汗愿擒献阿睦尔撒纳，请清军暂候。达尔党阿往返驰使，久无结果，却仍耐心等待迁延了近两个月。阿睦尔撒纳乘机溜回伊犁，大会诸部，杀害了策楞、玉保，准备袭击清军。只有兆惠颇具胆略，率军一千五百人赶至伊犁，探知厄鲁特各部已叛变，急忙领兵驰回。一路上，叛军处处拦截，清军奋勇拼杀，边战边退，斩敌数千，冲出一条血路。当他们退回乌鲁木齐时，已牺牲大半，弹尽粮绝。那时风雪交加，清军士兵只得杀马、驼来充饥。忽闻叛兵把乌鲁木齐围得铁桶似的，兆惠对众军士说："事已至此，我辈不能束手就擒。狠狠冲杀一场，死了也是值得的！"

军士们齐声道："大帅吩咐，安敢不从！宁可为国捐躯，也不投降叛军！"

正当兆惠准备冲出敌围时，远处号鼓喊杀声震天。兆惠登城眺望，却是清侍卫图伦楚率援军杀到。叛军见清军势大，纷纷解围而去。清军便回到巴里坤。

乾隆帝命逮达尔党阿回京，授超勇亲王策凌之子成衮扎布为定边左将军，出北路；仍令兆惠出西路往剿。兆惠惩鉴前辙，挑选精骑，备足粮草，誓师进发。

这时候，准噶尔部内讧，明争暗斗，阿睦尔撒纳不能控制，清军一路上势如破竹，节节胜利。清军攻至伊犁，阿睦尔撒纳又一次逃入哈萨克境内。兆惠便率军追至哈萨克边境。哈萨克汗阿布赉遣使至军，愿擒献阿睦尔撒纳。这事却为阿睦尔撒纳发觉，急带八人徒步逃走，窜入俄罗斯境内。俄罗斯头目玛玉尔告称：阿睦尔撒纳已溺死水中。

兆惠等据实奏告乾隆帝。乾隆帝立即指示这是子虚乌有之说，于是命理藩院致文俄罗斯，索交阿睦尔撒纳。俄方一再推诿拒交。直到当年九月，阿睦尔撒纳患天花而死，俄方才把他的尸体送交清吏。乾隆帝命令兆惠等，率军继续追剿阿睦尔撒纳余党。从乾隆二十二年至二十五年（1757 –1760 年）间，清军彻底搜查了厄鲁特各地区的穷山深谷，才将厄鲁特遗民一网打尽。

准部既平，清廷乃划疆分土，设官筑城，特简任伊犁将军，节制南北路，巩固了西北边疆的统一。

★清乾隆铜胎掐丝珐琅葫芦形花卉莲蝠纹灯罩

★兆惠墓的螭首龟趺碑

清宫逸事话香妃

QING GONG YI SHI HUA XIANG FEI

乾隆皇帝是一个风流君主，有关他和后妃们的风流韵事传说很多，其中最具浪漫色彩和传奇色彩的，莫如关于香妃的传说。

传说一：乾隆二十三年(1758年)，回部大小和卓木反叛清廷。乾隆皇帝命定边大将军兆惠前往征讨。兆惠出发之前，弘历叮嘱兆惠说："听说小和卓木霍集占的王妃，身上有异香，林浴之后，其水都有香味，人称之为香妃。有人说香妃甚美，赛过中原人。朕对此奇女子甚有兴趣。将军要设法将她俘获，千万不要伤了她。"此役，兆惠将军果然俘获香妃，他立即派人赶往京城向皇上密报。乾隆皇帝立即下令将香妃送来京师，沿途要加以保护，既不要使其发生意外，又不要使她容颜有何损伤，"朕要一个完完整整的香妃"。

★香妃洋装像

香妃送至京师，乾隆皇帝将她接到宫内。宫女们闻说都来争看香妃，其美貌一下子就传遍清宫，见过她的人没有不夸她娇嫩、艳丽，美赛仙女。但同时人们也在议论：看香妃那无忧无虑的样子，好像她不知道其国已亡了似的，她一定是一个杨花女子。这天晚上，乾隆皇帝吩咐摆驾香妃宫中。弘历一见香妃，已魂不附体，恨不得立即占有香妃。然而此时的香妃好像换了一个人似的，一脸正气，一副不可侵犯的样子。任凭弘历如何甜言蜜语，香妃就是不发一言，弘历无奈，扫兴而归。乾隆皇帝就命有经验的宫女前去好言相劝，令其归顺皇上。谁知香妃从袖中抽出一把利刃，告诉宫女们说："国破家亡，我死志早已立定，岂肯再作那苟且偷生的儿女勾当。我当一死，报我故主。如果皇上再要逼我，我就立即死在他的面前。"众宫女害怕发生意外，就上前企图夺下利刃，香妃冷笑了一声："我告诉你们，这样的刀子，我身上还有数把，你们能夺得去吗？如果你们胆敢来夺，我就死给你们看！"众宫女没有办法，只好把情况报告皇上。弘历也无计可施，只好寄希望于天长日久，她会回心转意，她的仇意会消，感情会发生变化。乾隆皇帝命令宫女要昼夜守护，不能发生任何意外。弘历每隔几天就到香妃那里坐坐，香妃也不理他，他坐一阵子，只好离开。

谁能想到这样一个美若天仙的弱女子，竟是一个软硬不吃、誓死报主的奇女子。乾隆皇帝爱她、恨她，又舍不得抛弃她，如此数年。弘历之母、孝圣太后听说这件事，就多次劝说乾隆皇帝："这是一个讲义气的女子，其志必不可屈。你或者是把她杀掉以全其志，或者是把她放归故里。"弘历答道："太后，儿臣也如道她宁死不从，但是她长的实在太美，儿臣总是舍不得。"太后见皇上如此痴情，而香妃又如此绝情，长此下去有损圣誉，看来只好亲自解决这个问题了。一天，太后得知乾隆皇帝去圜丘祭天，待皇上一出宫，就立即派人把香妃召至慈宁宫。待香妃一入宫，太后就下令把宫门紧闭，不许任何人出入，就是皇上前来也不准开门。太后仔细打量了一下香妃，心想：此女果然长得美丽，难怪皇上舍不得。太后就问香妃："香妃，皇上要纳你为妃，你始终不从，那么你打算怎么办呢？"香妃答道："一死而已！"太后说："好！我今天就成全你，赐你一死。"香妃听说立即给太后叩头不已，并对太后说："小女活至今日

★清乾隆铜镂空梅花球式熏炉

绝非贪生，我是试图寻找机会为主报仇，今日看来，此愿已不能实现，只求一死。谢谢太后肯让小女遂志。”说罢泪如雨下。太后命人把香妃引入另室缢死。再说乾隆皇帝回宫后，得知太后派人将香妃召去，知道大事不好，就急忙来到慈宁宫，但此时宫门紧闭，急得在宫门外痛哭。待宫门打开，进去一看，香妃已死，因是太后所命，也无可奈何，只好命人将香妃以妃礼葬之。

关于香妃的另一传说：当清军平定回部大小和卓木叛乱之后，小和卓木霍集占及其王妃一同被俘，押解至京师。乾隆皇帝早就耳闻霍集占的王妃生得如花似玉，体有异香，使人陶醉，就想领略一下这域外女子的风骚。一天夜里，牢房的值班提牢员刚要入睡，忽听说内廷有朱谕到，提牢员起身迎接，只见两名太监进来，手捧谕旨：提犯妇霍集占之妻入宫。提牢员心想：过去从未听说过皇上亲提犯人，何况现在已是深夜，他害怕其中有诈，出了事这个责任自己担当不起，因此就对两位太监说：“此事事关重大，小官不敢做主。”两位太监大吼：“你真是胆大包天，连圣旨都敢违抗。”提牢员忙说：“不敢，不敢！请二位太监稍候片刻。”说罢，他出得牢门翻身上马去向刑部尚书鄂弥达请示。经鄂弥达验证，此朱谕确实是皇上所书，就命人开锁，将霍集占之妻交太监提去。第二天，乾隆皇帝召集诸臣开会，弘历见鄂弥达站在那里有话要说，他心中清楚，鄂弥达要说什么。不等鄂弥达开口，弘历就说：“霍集占作恶多端，又屡抗我军，真是罪大恶极，昨天晚上我已把他的老婆糟蹋了，以示惩处。”说毕哈哈大笑，接着又宣布：“霍集占之妻已顺从于朕，朕特封她为妃。”此即香妃。

这两个有关香妃的传说有一个共同点，都说香妃原为霍集占的王妃，乾隆皇帝企图占有她。不同的是一个说香妃宁死不从；一个说香妃当即应允，成为乾隆皇帝之皇妃。其实这两个传说都不是事实。乾隆皇帝的后妃中确实有一个香妃，但香妃并非霍集占之王妃，她与乾隆皇帝的关系也并非如上述两个传说那样。乾隆皇帝与香妃的真实故事是：

香妃，和卓氏，回部阿里和卓台吉的女儿。乾隆二十二年（1757年），回部大小和卓木起兵反清时，阿里和卓没有从叛，而是归附清朝，举家从叶尔羌迁至伊犁，并随清军参加了二十三年（1758年）、二十四年（1759年）平定大小和卓木叛乱的斗争。在这场斗争中，阿里和卓一家立有战功，其五弟额色尹被封为辅国公，侄子玛木特授为扎萨克一等台吉，儿子图尔都也都授为一等台吉。乾隆二十四年，阿里和卓等入京觐见皇上。为了加强清廷与回部的联系，乾隆皇帝决定纳一回部女子入宫。阿里和卓决定把自己女儿献给皇上。乾隆二十五年（1760年），香妃

★香妃墓

★乾隆皇后褂

在其六叔帕尔萨和侄子巴巴等人陪同下从伊犁来到京师。六月，乾隆皇帝召见香妃于宫中，见她长得艳丽多姿，当晚就把她留在自己宫内，封她为“和贵人”，并在瀛台南岸修筑宝月楼令其居住。入宫这年香妃已二十七岁，但她美貌绝伦，身有异香。据说她穿过的衣服洗涤后，水皆芬芳扑鼻，此即“香妃”之来历。香妃不仅貌美，而且性情温柔，既获乾隆皇帝的宠爱，又讨得孝圣太后的喜欢。乾隆二十七年（1763年），乾隆皇帝又册封和卓氏为“容嫔”。乾隆三十三年（1768年），再次册封和卓氏为“容妃”。

香妃远离家乡，常常因想家而郁郁不乐。乾隆皇帝于是命人在香妃居住的宝月楼的内壁上都贴上耶稣会士们所绘制的回疆风景图。宝月楼临长安街，乾隆皇帝命令在北京城居住的归附的回民，全都移居到西长安街，并在宝月楼的对面修建起一座清真寺，因而当时人称西长安街一带为“回子营”。这样就使香妃虽然深居皇宫，但只要登楼远眺，即可看见“回子营”，并且让香妃日常身着回服，如同身居回部一样。乾隆皇帝还经常赏赐香妃一些地方贡来的果品，如蜜荔枝、哈密瓜、绿葡萄干、白葡萄干等。

乾隆皇帝外出时，经常携带香妃同行。他带她巡视江南，东临泰

★乾隆地字一号“出云”剑

山、曲阜，北至盛京拜谒祖庙。出游时，乾隆皇帝总是按着回民的风俗习惯，赏赐给她一些羊肚片、羊他他士、酒炖羊肉等回民糕点。乾隆三十三年（1768年）册封她为“容妃”时，乾隆皇帝命人特意为她赶制了天鹅绒朝冠、染貂朝冠、吉服袍褂、金线绣九龙袍等。三十八年（1773年）香妃四十寿辰时，乾隆皇帝特赐她无量寿佛、玉如意、青玉寿星、玛瑙灵芝杯等物。乾隆四十八年（1783年），香妃五十寿辰时，乾隆皇帝又赐她如意一台，古玩九件，锦缎九匹，银元宝九个。可见乾隆皇帝对香妃的宠爱程度了。

乾隆五十三年（1788年）四月十九日，香妃因病去世，时年五十五岁。在她临终之前，她把自己全部衣物和珍贵首饰都分别赠与和她朝夕相处的嫔妃和本宫宫女，以及她娘家的叔叔、婶母、哥嫂、姐妹留作纪念。乾隆皇帝对这位和他一起生活了二十八个春秋的妃子的去世，十分悲痛。他辍朝三日，并命亲王以下、二品官以上，公主、福晋以下，一品夫人以上齐集举哀，三日内一律身着素服，不得祭祀神灵。乾隆皇帝下令，香妃的葬礼要隆重举行。其丧葬仪式既要按照宫内定例，又要照顾到回民的风俗。在其棺木的正面与侧面都书有阿拉伯金字，译成汉文就是古兰经上的一句话，即“以真主的名义”。这是和其他后妃棺木不同之处。在初祭时就用金银七万，楮钱七万，画缎千端，楮帛九千，可见祭礼之重。香妃葬于东陵，其园寝后人称其为“香妃冢”。园寝内藏香妃大小画像两幅。小幅画像每遇祭祀即挂出，大幅画像则于每年四月十九日挂出。

★清代各地字号官、民银锭

平定大小和卓叛乱

和卓是波斯语的译音，本是穆斯林对伊斯兰教始祖穆罕默德后裔和伊斯兰教学者的尊称。新疆伊斯兰教封建上层人物也自称“和卓”。乾隆二十二年（1757年），大小和卓诱杀清朝将领，小和卓自立为巴图尔汗，发动了反对清朝中央政府的叛乱。大小和卓指天山南路维吾尔族封建主玛罕木特的两个儿子布那敦和霍集占。他们号召各城起兵反清，一时协从的有几十万人，叛军控制了天山南路的大部分地方。乾隆二十三年（1758年），乾隆帝派清军进入南疆（天山南路）平叛。起初，清军出师不利。但由于大小和卓残酷地压迫维吾尔族人民，“兵饷、徭役繁兴，供给稍迟，家立破；及出亡，又尽其赀以行，民脂殆竭”。人民不堪其苦，纷纷逃亡，小和卓亲自屠杀逃亡的士卒，也不能禁。清军攻克库车后，叛军逃到阿克苏，守城维吾尔族人闭门不纳，小和卓只得逃到乌什，同样为乌什维族人所拒，又逃到喀什噶尔。大小和卓相约各守一城，大和卓守喀什噶尔，小和卓守叶尔羌。第二年，清军两路会师猛攻叶尔羌，大小和卓兵败西逃。他们的部众树起大旗呐喊呼降，“降者蔽山而下，声如奔雷”。霍集占兄弟带着妻奴和残兵三四百人败奔巴达克山区（今阿富汗东部）。清军派人与巴达克当地部族交涉，不久，当地部族将他们杀死，尸首送归清朝。在南疆人民的支持下，清军终于粉碎了这次叛乱，清朝重新统一了新疆地区。不久，清政府设置伊犁将，管辖包括巴尔喀什湖在内的整个新疆地区，巩固了对西北地区的统治。

★清朝名将吐鲁番郡王额敏和卓雕像，他在平定大小和卓叛乱活动中，屡立战功。

重国祚弘历育子孙

ZHONG GUO ZUO HONG LI YU ZI SUN

★清乾隆金银珠云龙纹甲胄

清代的皇位继承不同于他朝，太宗与世祖是由诸贝勒共推而继位，圣祖与世宗则是由先皇的遗诏而登基，雍正皇帝又创立一种秘密立储制，即把他关于皇位的继承意见写出放在匣内，藏于皇殿之“正大光明”匾后，保证皇位顺利地交到乾隆皇帝手中。这五代的皇位继承虽然保证了爱新觉罗家族的统治得以延续下去，但是却发生了几次诸皇子争夺皇位的斗争，兄弟相残，几乎危及国祚。乾隆皇帝继位之后，鉴于父祖的经验教训，他既注意关于皇位继承制度的改革，更注意对皇子皇孙的教育。

身受汉文化熏陶的乾隆皇帝，一方面强调要“敬天法祖”；另一方面，又不墨守成规。他重视中国封建王朝多数实行的“嫡长子继承制”。他认为这一制度使皇位继承人较早的确立，使众望所归，有利于封建秩序的稳定。但他又认为太子不能确立过早，因为过早的确立太子，当太子势力发展时往往会威胁到君权，康熙朝就有过这方面的教训。为此他企图把嫡长制和秘密建储两种制度结合起来，即在嫡长子中先秘密建储，等待适当时机再公开太子。可惜的是他在这方面的实验都遭到了失败，两次立嫡均未成功。

乾隆皇帝第一次立嫡是在乾隆元年(1736年)七月七日。这一天他在乾清宫的暖阁召见总理事务大臣和九卿，向诸臣宣布说：“立太子关系重大，父皇实行秘密立储制度，使朕顺利的继承了皇位。朕决定继续实行秘密立储制度，朕已将皇位继承意见写好装于宝匣内。现在就请诸位大臣监督，让太监将宝匣放在乾清官的‘正大光明’匾额后。待以后时机成熟朕将向全国公布太子的名字。”那么这次乾隆皇帝确立的太于是谁呢？他就是皇次子永琏。乾隆皇帝立永琏为太子是因为：一、永琏系孝贤皇后所生，为嫡子；二、永琏自幼聪明过人，器宇不凡；三、父皇胤禛十分喜欢永琏，连他的名字都是父皇所赐，意思已含有要他继承皇位，使皇权永传不断。永琏生于雍正八年(1730年)，立他为储时已七岁，刚入书房学习。自秘密立永琏为太子之后，乾隆皇帝十分关心对他的教育，有时亲自给他讲解诗文，手把手地教他射箭。但是乾隆三年(1738年)，九岁的永琏却得了重病，而且久治不愈。乾隆皇帝十分焦急，曾与皇后一起前往探视，没成想就在他们探视的当日永琏病逝。乾隆皇帝悲痛万分，辍朝五日。他向诸臣公布说：“朕于元年秘密立储，就是立永琏为皇太子，现在他已故去，可将宝匣取下。”永琏的丧葬仪式按

★清朝宫中的“百鸟朝凤”寿帐

★乾隆御制《大阅第三图·阅阵》手卷(局部)

太子进行，赐其谥号为端慧皇太子，并决定皇帝素服七日，全国停止嫁娶作乐二十日。

乾隆十一年(1746 年)，孝贤皇后又生一子，即皇七子永琮。永琮生后，乾隆皇帝十分高兴，“老天爷又为朕送一嫡子，朕当立此子为皇太子。”并亲自取名永琮，名字中已含有自己将传位给他的意思。谁知还未秘密立他为储，永琮就在两岁时因患天花而夭折。这又是一次对乾隆皇帝的打击，乾隆皇帝痛苦地向诸臣说：“朕虽未正式确立永琮为太子，但朕内心早已默定。永琮又是嫡子，其丧葬仪式可视皇子从优。”

两次立嫡失败，对乾隆皇帝打击甚大。他心想：“看来朕立嫡的决定是错误的，不然为什么遭此连失两位太子之难，这是皇祖对朕不遵祖制的惩诫，今后朕绝不再立嫡了。”其实，此后乾隆皇帝就是想立嫡也没有嫡子可立了。孝贤皇后所生二子永琏、永琮均已去世，她也于乾隆十三年(1748 年)去世。乾隆十六年(1751 年)册立的皇后乌拉纳喇氏，因违背乾隆皇帝旨意，乾隆三十一年(1766 年)去世时，乾隆皇帝下令按贵妃礼仪葬之，说明乾隆皇帝已不视其为后。此后乾隆皇帝再也没有立后，当然也就没有中宫皇后所生嫡子了。乾隆皇帝遵循祖训，在诸皇子中间择优立储。经过多年的考察，于乾隆三十八年(1773 年)密定皇十五子颙琰为皇太子，并于乾隆六十年(1795 年)九月初三宣布由颙琰继承皇位，改明年为嘉庆元年(1796 年)。

★黄马褂·清

★双眼花翎(冬帽)·清

乾隆皇帝有皇子十七人，皇孙、皇曾孙、皇元孙上百人，乾隆皇帝十分重视皇子皇孙的教育。他严格执行皇子、皇孙年至六岁就到上书房学习的规定。乾隆朝的上书房有两处，一处在乾清宫左边，一处在圆明园勤政殿东。每日卯时，凡年过六岁的皇子皇孙都必须按时到上书房学习。乾隆皇帝亲自选择学识渊博的内阁学士、翰林为师傅教授皇子、皇孙四书五经和诗赋时文，同时又选派武艺精湛又通满语的武官进宫教导皇子皇孙们习武。对皇子皇孙中在文武两方面取得优异成绩者都给予鼓励和表扬。乾隆五十六年(1791 年)夏，年已八旬的乾隆皇帝率皇子皇孙五代人在避暑山庄避暑。八月十二日，乾隆皇帝在山庄宫门观看儿孙们射箭，年仅十三岁的皇孙绵庆和年仅八岁的皇元孙载锡都中三矢。乾隆皇帝十分高兴，当即赐绵庆黄褂和三眼花翎，赐载锡黄褂和双眼花翎。

八月二十二日，乾隆皇帝和儿孙们一起行围打猎，年仅十岁的旻宁即后来的道光皇帝竟用小弓射倒一只小鹿。乾隆皇帝见状大喜，下马走到旻宁的身边，爱抚地摸着旻宁的头说：“旻宁，如果再连发三矢都射中那只小鹿，爷爷就赏你一件黄马褂穿。”旻宁点头称是。他重新挽弓，连发三矢，结果箭箭命中。旻宁跪在爷爷面前请赏。乾隆皇帝问道：“你想要什么？”旻宁也不吱声，眼睛却看着爷爷。乾隆皇帝突然想起自己的诺言，忙派人取来黄马褂给旻宁穿上，并赐他双眼花翎。旻宁这才谢恩站起。此情此景，使乾隆皇帝不禁想起自己十二岁时，曾随祖父康熙皇帝狩猎射熊的情景，不由得诗兴大作，当即赋诗一首：“尧年避暑奉慈宁，桦室安居聪敬听。老我策聪尚武服，幼孙射鹿赐花翎。是宜志事成七律，所喜争先早二龄。家法永尊绵奕叶，承天恩祝慎仪刑。”

乾隆皇帝一方面教育儿孙要虚心向师傅学习、请教，同时又教育他们不要沾染上文人的习气。乾

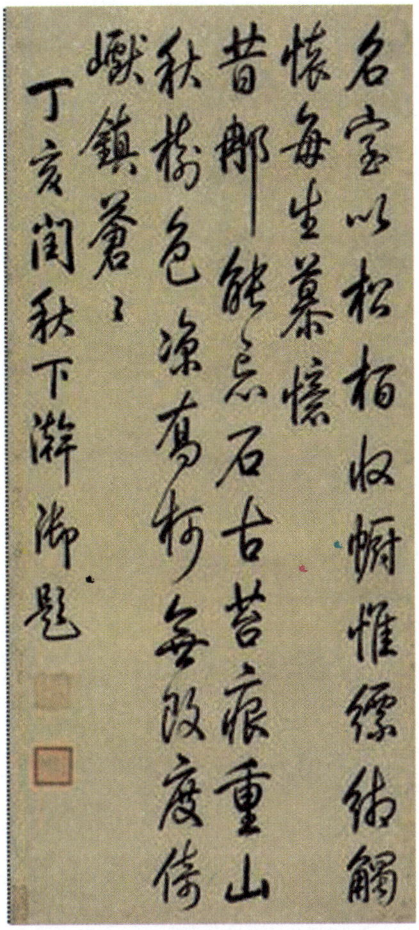

★乾隆书法

隆三十一年(1766)五月，乾隆皇帝召见皇十五子颙琰时，见他手里拿着一把扇子。乾隆皇帝要过来打开扇子一看，上面题了一首小诗，落款为兄镜泉。乾隆见诗意不错，字写的也工整清秀，就问颙琰：“此诗是谁所写？”颙琰答道：“皇兄永瑆所题。”当乾隆皇帝得知该诗是十一子永瑆所题之后，他一方面为永瑆小小年纪就能作此好诗，书此秀字感到高兴；另一方面他又感到永瑆今年才刚刚十四岁，就吟诗题字，染上了文人习气，令人担忧。第二天，乾隆皇帝召见诸皇子，他语重心长地对诸皇子说：“你们都尚未成年，让你们读书，是要求你们理解书中所阐述的道理。你们现在应该做的是深入钻研所读诗书。昨天我看到十一阿哥给十五阿哥所题写的扇面，这不是十一阿哥现在应该做的事情，因为你未到为人吟诗题字的时候。下面还落款‘镜泉’更不应该。朕二十二岁那年，你们的皇祖雍正皇帝问朕有字否？朕回答没有。雍正皇帝才赐朕号‘长春居士’、和亲王号‘旭日居士’。我们所以有号，均为你们皇祖所赐，而朕从来未以号落款。我们爱新觉罗家族，世敦淳朴，所重者国书与骑射。你们要继承这一好的传统，绝不能沾染上汉人的文人习气和其他恶习。你们千万不要小视这个问题，这可是保证我们祖业千秋永继的大事啊！”

乾隆皇帝鉴于康熙朝的经验教训，那时皇子多参与政事，他们结党营私，激烈地争夺皇位，甚至危及皇权。为避免这类情况再度出现，他要求皇子皇孙一律必须到上书房读书，有事不能到上书房时必须请假。同时他还规定皇子皇孙不能随意外出宫门，更不能结交官吏，形成朋党。乾隆皇帝也经常携带儿孙门外出巡视、狩猎和分配他们做一些临时性的工作，但事完之后，必须回上书房读书。关于这一点乾隆皇帝要求是十分严格的。乾隆三十五年(1770年)五月，当乾隆皇帝得知皇八子永璇未经奏闻，也没有转告师傅，因为私事擅离上书房进城，十分生气。第二天，乾隆皇帝召见诸皇子，当众严厉地痛责了八阿哥“不知自重，不识大体的行为”。他指出：“朕要求你们在上书房读书，一可以增长知识，二可以检束身心。你们外出必须派散秩大臣、侍卫等护行，以防万一。此次八阿哥私自进城，只带几名护卫，出了意外怎么办？”乾隆皇帝不但当众斥责了永璇，而且由于永璇的老师观保、汤先甲没有劝阻永璇，便将他们一律革职。

正是在乾隆皇帝严格教育培养下，在他的诸多儿孙中出现了一批有才华的人才，并使皇位传递正常，没有再出现如康熙朝、雍正朝那样激烈的皇位争夺斗争。

八旗通志

《八旗通志》是详细记述清八旗制度的书籍，先后纂有《八旗通志初集》和《钦定八旗通志》(又名《八旗通志二集》)两部。《初集》250卷，目录2卷，凡例及纂修职名1卷。《二集》356卷。《初集》于雍正五年(1727年)奉敕纂修，乾隆四年(1739年)成书。所收事迄于雍正朝。分旗分、土田、营建、兵制、职官、学校、典礼、艺文八志；封爵、世职、八旗大臣、宗人、内阁大臣、部院大臣、直省大臣、选举八表；宗室王公、名臣、勋臣、忠烈、循吏、儒林、孝义、烈女等列传，颇具史料价值。乾隆三十七年(1772年)福隆安等奉敕纂修《八旗通志》续书，嘉庆元年(1796年)书成，命名为《钦定八旗通志》，在体例上略加调整：改列传为人物志、选举表为选举志，增氏族志，共十一志；增内大臣年表，仍为八表；并附以八旗大臣(督、抚、提、镇)题名；至于细目，也有改动。《二集》除续修乾隆一朝有关八旗记事之外，也收入《初集》所载，并作了某些删订和增补。此外，还增加了相当数量的按语和夹注。《八旗通志初集》和《钦定八旗通志》二书，均为研究八旗制度和满族历史的重要资料。

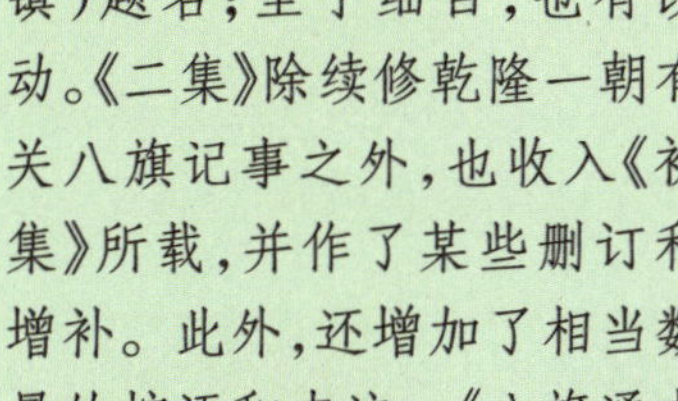

★清乾隆黄料葵口碗

三绝怪杰郑板桥

SAN JUE GUAI JIE ZHENG BAN QIAO

扬州有一位文士李啸村，曾经送给郑板桥一副对联，写的是："三绝诗书画，一官归去来。"寥寥十字，概括了郑板桥的一生。

郑板桥，名燮，字克柔，号板桥，生于康熙三十二年(1693 年)，卒于乾隆三十年(1765 年)。他以画家著称，但还是书法家、篆刻家，又是诗人、词家。

郑板桥少年时，在家里受父亲郑之本的启蒙教育。十七八岁时，离开江苏兴化老家，到真州(今江苏仪征)的毛家桥去读书，结交了许多诗朋画友。

为了谋生，郑板桥在二十六岁时，开始在真州的江村设塾授课，招收生徒。他在做官后追忆教书生活时写道："教馆本来是下流，傍人门户渡春秋。半饥半饱清闲客，无锁无枷自在囚。课少父兄嫌懒惰，功多子弟结冤仇。而今幸得青云步，遮却当年一半羞。"

郑板桥家境困难，自幼丧母，三十岁丧父，继而又失去叔父、妻子，所以他于教书之外，常以写字作画谋生。他起初并不以写字作画为雅事，更不愿以字画为安身立命之业。他说："少而无业，长而无成，老而穷窘，不得已亦借此笔墨为糊口觅食之资，其实可羞可贱。"

他的前半生十分落拓寂寥，有诗道："乞食山僧庙，缝衣歌妓家。年年江上客，只是为看花。"

但是，郑板桥不愿意一辈子做个"锦绣才子"，他说："凡所谓锦绣才子者，皆天下之废物也，而况未必锦绣者乎？"他多次对朋友表白道："读书作文者，岂仅文之云尔哉？将以开心明理，内有养而外有济也。得志则加之于民，不得志则独善其身。"

郑板桥年轻时曾多次赴考，均名落孙山。他一度心灰意冷，形迹散漫。四十岁那年，郑板桥又赴南京乡试，中了举人。后来他在镇江的焦山上借宿苦读，四年后，赴京应试，中了进士。这时他踌躇满志，春风得意，画了一副《秋葵石笋图》，题诗道："牡丹富贵号花王，芍药调和宰相祥。我亦终葵称进士，相随丹桂状元郎。"

★郑板桥像

然而，郑板桥生性不愿趋炎附势，所以一拖四五年，未得到什么官职。直到乾隆六年(1741 年)，郑板桥四十九岁，才被选为七品县令，去山东范县就任。范县地处黄河北岸，郑板桥初来乍到，衙门颇为清静。他无所事事，作画看花，饮酒解闷，不免引吭高歌。传到门外，引起衙役议论，被呼作"狂官"。年长日久，郑板桥对范县渐渐有了感情。他关心民

★郑板桥《南山松寿图》

间疾苦，痛恨贪官污吏，往往形之于诗歌。

一次，郑板桥赴省城济南，他的上司请他去趵突泉赴宴，观赏天下第一泉，并要郑板桥即席赋诗。这位上司昏庸贪婪，郑板桥赋诗嘲讽他浑浊不堪，道：“原原有本岂徒然，静里观澜感逝川。流到海边浑是卤，更难人辨识清泉。”结果，闹得大家不欢而散。

郑板桥渐渐体会到，官场并不是为民谋利的所在，却是个是非之地。所以，他给从弟郑墨写信，已谈到弃官回乡的想法。

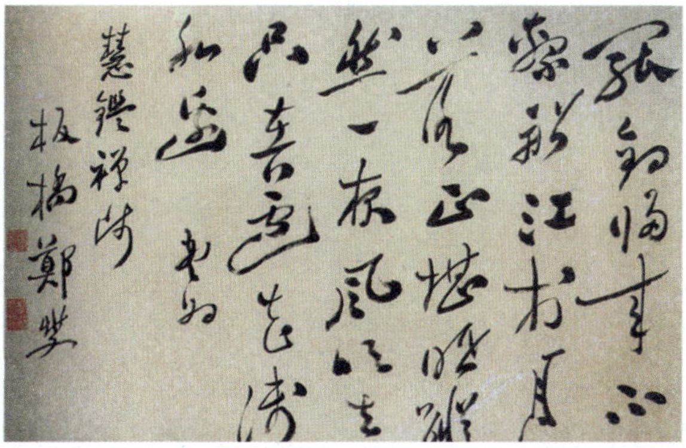

★郑板桥草书

乾隆十一年（1746年），郑板桥已五十四岁，离开范县，调到潍县当县令，连任七年。他刚上任，就赶上全县大旱，民不聊生，四出逃荒。于是他当机立断，开仓赈贷，救济灾民。同时，又大兴工役，修城凿池，招收远近饥民做工就食，并令城内大户开厂煮粥，救活不少难民。没想到因为这事得罪了上峰大吏和豪商富贾，朝廷以贪污中饱之嫌，罢去郑板桥的官职。郑板桥与潍县父老已结下深厚的情谊，离去时，百姓痛哭遮留，家家画像以祀。郑板桥的心情也十分沉重，他分别画了竹、菊，同潍县的官绅士民告别。在画竹的题辞中，他写道：“乌纱掷去不为官，囊橐萧萧两袖寒。写取一枝清瘦竹，秋风江上作渔竿。”三头驴子送着郑板桥南返。一头郑板桥骑着，装着简单的行李；一头驮着两夹板书，加一把乐器；一头则是皂隶骑着，在前面引路。

★郑板桥《柱石图》

郑板桥曾写了《宦况》一词，调寄《青玉案》，概括了自己十多年枯燥无味的官场生涯，说：“十年盖破黄绸被，尽历遍，官滋味。雨过槐厅天似水，正宜泼茗，正宜开酿，又是文书累。坐曹一片吆呼碎，衙子催人妆傀儡。束吏平情然也未？酒阑烛跋，漏寒风起，多少雄心退。”他终于在乾隆十八年（1753年），与官场告别，归回兴化，重操旧业，靠画竹卖文谋生。

数十年前，郑板桥就在屋前栽竹，爱竹如命，不仅自己赏竹，还挥毫画竹。当时他穷愁潦倒，无路可走，只好靠卖画糊口。他说：“日卖

★郑板桥故居

郑板桥索银润笔

清朝书画大师郑板桥给人写字作画，也索报酬，他曾写一启事，标明各种规格书画的价格，内容大致是说大幅六两银子，小幅二两银子，条幅对联一两银子，扇子五钱。凡送礼物食物总不如白银为好，因为所送的东西未必是他所喜欢的。要是送给现银，心中高兴，那么书画也就作得好。最后写道：“礼物既属纠缠，赊欠尤恐赖账……画竹多于买竹钱，纸高六尺价三千。任渠话旧论交接，只当秋风过耳边。”

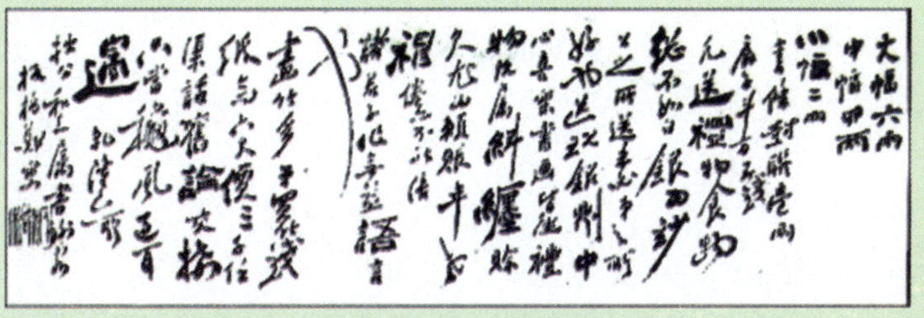

★郑板桥的润格横幅

★郑板桥塑像

百钱,以代耕稼。实救困贫,托名风雅。免谒当途,乞求官舍。座有清风,门无车马。”如今,郑板桥在官场的激流中抽身退步,重返扬州卖画,名气已经很大了。远近官绅士民,都向郑板桥索画,使得他应接不暇。

为了谋生,郑板桥不能不收酬金,而且毫不含糊,不让那些想占便宜者得逞。晚年,郑板桥年老体倦,更不愿在卖画酬金上与人纠缠,干脆标定价格。他赋诗一首,以诗谢客:“画竹多于买竹钱,纸高六尺价三千。任渠话旧论交接,只当秋风过耳边。”但是,郑板桥却不是见钱眼开,有求必应的。他说:“索我画,偏不画;不索我画,偏要画。”有不少豪门富商,为了卖弄风雅,点缀厅堂,求画于郑板桥,郑板桥却置之不理。有些富商,为了求画,竟几费周折,迂回周旋,用计赚骗,才得上手。

郑板桥所画,多为兰、竹。他说:“四时花草最无穷,时到芬芳过便空。唯有山中兰与竹,经春历夏又秋冬。”兰、竹不怕暴风骤雨、天寒地冻,这样的本性最适合表现郑板桥那种不为俗屈的凌云豪气。他画竹,有时寥寥数笔,只画一枝竹十五片叶;有时却是密密一丛,满

★郑板桥《兰竹石大中堂图》

幅皆竹。有时立竿于山坡崖壁,傲然挺拔;有时画竹于狂风暴雨之中,不肯低头。有时以兰、竹置中心,或以石为背景,或以石为前景,相互烘托,前后呼应,变化多端,各尽其妙。他总结自己画竹的经历说:“始余画竹,能少而不能多;既而能多矣,又不能少:此层功力,最为难也。近六十外,始知减枝减叶之法。苏季子曰:简炼以为揣摩。文章绘事,岂有二道?”其实,这也是所有艺术创造的普遍法则。

郑板桥的书法,在清代也自成一家,不落窠臼,别有风格。他以真、草、隶、篆四体相参,创造出一种新体。郑板桥自谦,把它称为“六分半书”,意即此体比古代的八分书体,尚欠一分半。他的书法,雄浑清劲,书法中还渗入画法,因而生气勃发,甚得气韵生动之致。

郑板桥的诗歌,取道性情,有感而发,言之有物,意境深远。他讨厌拾古人之余唾,力主直抒血性为文章,笔墨之外有主张,不做奴才文章,只做主子文章。有人评郑板桥的诗歌:“空山雨雪,高人独立。秋林烟散,石骨自青,差足肖之。”

晚年,郑板桥和“扬州八怪”两画家李鱓、李方膺过从甚密。他们以书画诗文会友,相互协作、鼓励、琢磨。在郑板桥回扬州的第三年,三人一起作了《岁寒三友图》,郑板桥题诗道:“复堂奇笔画老松,晴江干墨插梅兄。郑板桥学写风来竹,图成三友祝何翁。”郑板桥和“扬州八怪”中另一著名画家金农友情也很深。金农是浙江杭州人,当郑板桥还在潍县时,误闻金农病死的消息,痛哭流涕,为之设灵。后来知道金农病重未死,郑板桥转悲为喜,立即致书问候。金农极为感动,自画一像,写诗寄奉郑板桥。

乾隆三十年(1765年),年逾古稀的郑板桥已经体倦力弱,但还往来郡城。在客中,他画竹并题诗:“宦海归来两袖空,逢人卖竹画清风。还愁口说无凭据,暗里赃私遍鲁东。”在诗的后面,他还特地写上:“郑板桥老人郑燮自赞又自嘲也。”就在这年冬天,郑板桥与世长辞,葬于兴化城东管阮庄。

后人称道郑板桥说:“板桥有三绝:曰画,曰诗,曰书。三绝之中又有三真:曰真气,曰真意,曰真趣。”

★郑板桥墓

乾嘉学术大师戴震

QIAN JIA XUE SHU DA SHI DAI ZHENG

戴震，字东原，又字慎修，安徽休宁隆阜（今属屯溪市）人，生于清雍正元年（1724年）。他从小聪明过人，十六七岁时，已能熟练地阅读《十三经注疏》。后来因为家贫，在福建邵武一边教书，一边读书。四十岁那年，戴震中举。五十一岁时，他以举人的身份，特诏入四库全书馆任纂修官。乾隆四十二年（1777年），戴震在其力作《孟子字义疏证》定稿后不久，病死于北京崇文门外西苑氏颖园。对戴震其人其文，当时的人们就毁誉抑扬，各趋极端。戴震的同时代人章学诚在《文史通义·与史余村》里记述道：乾隆间的人们对戴震的学说，“皆视为光怪陆离，而莫能名其为何等学”。

这并不奇怪，戴震本来就是一位思想文化的探索者。在给友人的信中，他一再宣称，自己是“不随时俗”的。他说：“志存闻道，必空所依傍。”他立志要独立思考，实事求是地去探索真理。

戴震所立志要追求的“道”，指的是实体实事，人伦日用。在《孟子字义疏证》里，戴震解释说：“人道，人伦日用身之所行皆是也。在天地，则气流化行，生生不息，是谓道；在人物，则凡生生所有事，亦如气化之不可已，是谓道。”在他看来，“道”不是凌驾于事物之上的绝对精神，而是实体实事的运动形式，是一种客观的物质存在。因此，“志存闻道”的首要之举就是掌握渊博的自然科学知识。

★安徽省黄山市屯溪戴震纪念馆

清代初年，梅文鼎（1633–1721年）传授西学，著有《梅氏历算全书》。后来江永（1681–1762年）私淑梅文鼎，自学成家，著有《数学》一书，对音韵之学和先秦名物的研究尤其卓著。戴震年轻时曾经一度从学于江永，深受梅、江的影响，开始涉猎自然科学。他二十岁时，就根据西人龙尾车法作《自转车记》。二十二岁著《策算》一书。三十岁左右著《考工图注》、《屈原赋注》、《勾股割圜记》。此后，在天文、地理、数学、水利、工程等方面，他都有精湛的研究和著述。由于在自然科学上的高超造诣，戴震名扬京师。乾隆三十八年（1773年），他被召入四库全书馆任纂修官，主要负责校勘编辑天文、算法、地理、水经、小学、方言等方面的书籍。经过他校勘过的书籍，都以精要著称。戴震以渊博的自然科学知识为基础，以自然科学的思想和方法为前提，强烈地反对程朱理学，创建了一整套独成体系的哲学思想。这是他“志存闻道”的核心部分。

★安徽省黄山市屯溪的戴震公园

清代统治者一直不遗余力地提倡程朱理学，比明代统治者有过之而无不及。康熙皇帝玄烨和雍正皇帝胤禛，就曾经被人们称为“理学天子”。乾隆初年，弘历更是对程朱理学推崇备至。据王先谦《东华录》记载，弘历曾说程朱“得孔孟之心传，而于理欲、公私、义利之界辨之至明”；说理学是“为国家者由之则治，失之则乱，实有裨于化民成俗、修己正人之要”。因此，弘历要求诸臣“研精宋儒之书，以上溯六经之阃奥”，从而倡明“治统原于道统”的道理。同时，清廷还采取了一系列表彰程朱、强化理学的方针政策，箍紧了纲常名教的精神枷锁。

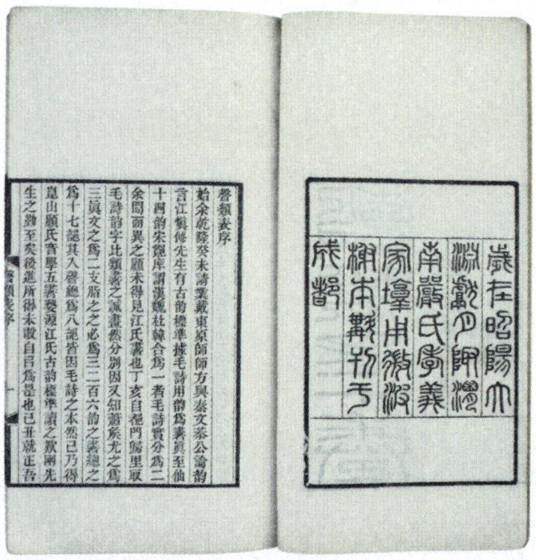

★戴震《声类表》书影

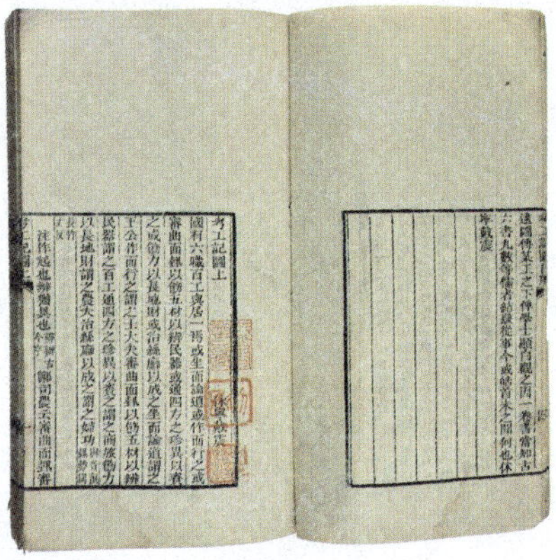

★戴震《考工记图》书影

一时间，理学笼罩天下，弥漫寰宇。

雍正、乾隆年间，清廷的高压恐怖政策也比清初更为严酷。文字狱愈演愈烈，如查嗣庭、吕留良、胡中藻、王锡侯、徐述夔等狱案，接踵而至。

乾隆二十年（1755 年）三月，清廷制造了湖南学政胡中藻《坚磨生诗钞》的文字狱案，戴震也受到了牵连。他从来不甘居社会下流，这已经常常得罪家乡的豪强。他的大量著作又时时触犯忌讳，显贵们也把他视为眼中钉。他们相互勾结，起初先侵占戴家祖坟，凌辱戴震。到乾隆二十年秋天，他们又想要借胡中藻案加罪于戴震。这使他面临杀身灭族的灾难，只好离乡逃难，在北京、扬州等地过了十年颠沛流离的生活。这时黑暗的社会现实和切身的生活经历，使他对理学的政治功用和虚伪本质有了入木三分的认识。他呕心沥血地撰著了《孟子字义疏证》一书，向程朱理学提出了强烈的挑战。

他解释这部著作的创作意图说：“仆生平著述，最大者为《孟子字义疏证》一书。此正人心之要。今人无论正邪，尽以意见误名之日理，而祸斯民，故《疏证》不得不作。”显然，他是以“孟子字义”的“经言”作为护身符，来疏解证明他自己的“光怪陆离”的思想。人们说他是“六经为我注脚”，说他是“依托经言，以隐其迹”，这是很有见地的。他在《疏证》中指出，当今的统治者根本无视什么体察民情、通达民欲，而是一味地死抱住“理”不放。“尊者以理责卑，长者以理责幼，贵者以理责贱，虽失，谓之顺；卑者、幼者、贱者以理争之，虽得，谓之逆。”以上下论顺逆，“理”岂不就成为封建等级制度的强权工具了么？

又在给一位友人的信中，戴震写道：“酷吏以法杀人，后儒以理杀人。浸浸乎舍法而论理，死矣，更无可救矣！”这种对“以理杀人”的强烈控诉，隐然把矛头指向动辄以理学代替法律的最高统治者，显示了戴震过人的见识和非凡的胆略！

为什么理学会沦为杀人的工具呢？戴震在《疏证》中分析道：理学家倡言存天理、灭人欲，把人的饥寒愁怨、饮食男女、常情隐曲这些正常的感情，统统说成是必须革除干净的人欲，这不是要人们舍弃生养之道，灭绝情欲之感吗？所以，理学家顽固强调的“理欲之辨”，就不能不成为残忍杀戮的工具了。和理学家的观点针锋相对，戴震在《疏证》中则认为，“人道本于性，而性原于天”。因而人性是善的，而人欲出于性，也是合理的，是善的，是人类赖以生存繁衍的本性。正当的人欲就是天理，天理寓于人欲之中。只有从人欲出发去谈天理，才能杜绝借理祸民或者纵欲任性的罪恶行径。

戴震的“志存闻道”，在治学途径上提倡考据之学，也与程朱理学背道而驰。他认为，只要弄通六经，恢复六经及孔孟之书的本义，就可以得“道”；而要弄通六经，必须在字、词上下工夫，因为“道”是由词来表达的，词是由字组成的。所以，在《与是仲明论学书》中，他总结出治学的基本方法，这就是：“由字以通其词，由词以通其道。”

戴震三十多岁时，便以考据之学享有盛名，被南北学者所推重。人们称誉他是汉代以来仅见的经

★位于安徽省黄山市休宁县商山乡东北的戴震墓

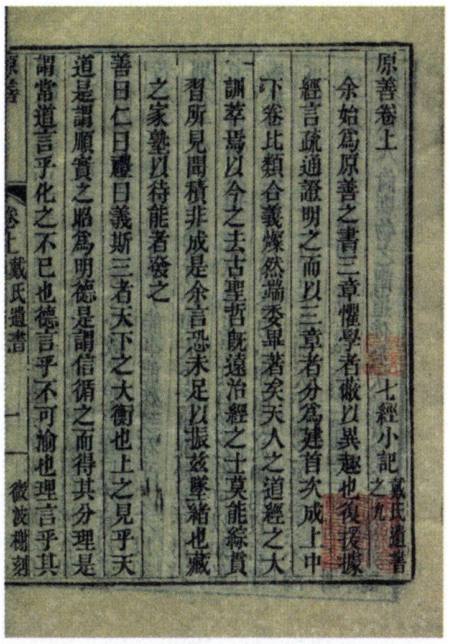
原善卷上　七經小記之九　戴氏遺書
余始為原善之書三章懼學者蔽以異趣也復援據
經言疏通證明之而以三章者分為建首次成上中
下卷比類合義燦然端委畢著矣天人之道經之大
訓萃焉以今之去古聖哲既遠治經之士莫能綜貫
習所見聞積非成是余言恐未足以振兹墜緒也藏
之家塾以待能者發之
善曰仁曰禮曰義斯三者天下之大衡也上之見乎天
道是謂順實之昭為明德是謂信循之而得其分理是
謂常道言乎化之不已也德言乎不可踰也理言乎其
原善　卷上　戴氏遺書　一　微波榭刻

★戴震《原善》书影

学大师，他成为乾嘉汉学的大旗。

在中国经学史上，历来就有义理之学和考据之学（或称训诂之学）的对立。在清代，义理之学称宋学，考据之学称汉学。清代统治者从开国之初就大力提倡宋明理学，到了雍正、乾隆年间，形成“宁道孔孟误，讳言程朱非”的理学一统局面，因此宋学理所当然地成为经学正统。

但是在明末清初，思想界以顾炎武、黄宗羲、王夫之为代表，出现了反理学的思潮。与此大致平行发展，经学研究中也兴起了考据之风，成为汉学的先声。这种考据之风，首先表现为以疑古精神对古书的辨伪，如阎若璩的《古文尚书疏证》、毛奇龄的《四书改错》、胡渭的《易图明辨》等。到了乾隆中叶，汉学声势浩大，成为显学，甚至有凌驾于宋学之上的气势。这种学术文化现象不能不引起统治者的重视。

乾隆三十七年（1772 年），弘历亲自下谕，既重申了理学的正统地位，也肯定了汉学的辅弼功能。他规定了这样的学术政策：“崇宋学之性道，而以汉儒之经义实之。”于是朝野汉学家们欢欣鼓舞，有的打出“六经尊服郑，百行法程朱”的旗帜，来和朝廷政策相应和。

乾嘉汉学有两大学派：以惠士奇、惠栋为代表的吴派，和以戴震为代表的皖派。两派在背弃宋学、标举汉学这一点上是相同的，但是在世界观和方法论上却迥然不同。在世界观上，吴派的学者要么尊奉理学，要么不谈义理；皖派学者却强烈地反对理学。在方法论上，吴派主张“信而好古”，坚持墨守汉儒的陈说旧解；皖派强调“实事求是，不主一家”，要求对经书古籍有所发明。

乾隆三十八年（1773 年），清廷专门开馆修《四库全书》，特诏征召了一批著名的汉学家，戴震也在其中。戴震本心是不愿意赴召的，但迫于形势，不得不委屈求全。他在北京给他的学生段玉裁写信，说：“自立于无过之地，然求全之毁犹不能免。是以内刚外柔，谨慎谦逊，以与为委蛇可耳。”可以看出，他在京师虽然受到尊敬，但内心却是很矛盾，很痛苦的。他一再对段玉裁表示：“归山之志早定”，“乞假南旋，实不复出”。

为什么戴震心心念念地想要辞职归乡呢？主要的原因，恐怕是他越来越觉得自己的学术思想同统治阶级的政治需要格格不入。据段玉裁《戴东原先生年谱》记载，戴震四十一岁左右时曾经说：“天下有义理之源，有考证之源，有文章之源，吾于三者皆庶得其源。”过了几年，大约在戴震四十七岁写完《孟子字义疏证·绪言》以后，他深有所悟地说：“义理即考核、文章二者之源也，义理又何源哉？吾前言过矣。”戴震所说的“义理”，不是程朱理学那一套呓语，而是空所依傍，出于自得的哲学思想。他认为，训诂考据只是手段，“闻道”、“明道”、“明理义”，才是治学的目的，也就是“实事求是”所求的“是”。所以他临终时不无遗憾地说：“生平读书，绝不复记。到此方知义理之学可以养心！”

戴震既已明道，他是多么希望无拘无束地去昌明此道啊！所以他不愿意再待在四库全书馆中埋头故纸堆，期望跳出牢笼，展开双翅，在自由的学术天地里翱翔。可是“出师未捷身先死”，戴震因劳成疾，南归未成，不幸在乾隆四十二年（1777 年）病逝于北京。

戴震问倒塾师

戴震 10 岁才会说话，从师受学，读书过目能诵。塾师教他《大学章句》中“右经一章”，戴问塾师：“怎么知道这是孔子说的话，而为曾子所叙述的？又怎么知道是曾子表达的意思，而为其门人记录下来的？”塾师说：“这是朱熹说的。”戴又问：“朱熹是何时人？”塾师说：“南宋。”戴又问：“曾子是何时人？”塾师说：“东周。”戴又问：“东周至南宋相隔大约多久？”塾师说：“大约 2000 年。”戴于是质问说：“那么朱熹怎么知道事情是这样的呢？”塾师回答不出来。

★戴震像

曹雪芹写《红楼梦》

CAO XUE QIN XIE HONG LOU MENG

虽然康乾盛世使当时的社会稳定，催发了资本主义萌芽，但由于封建专制的统治，阻碍了科技的发展，闭关锁国更使统治者安于现状，不思进取，尤其是“文字狱”的盛行，严重摧残了文化艺术的社会效能，使康乾盛世的繁花蜕变成外强中干的皮囊，严重迟滞了中国社会和文化的发展进程。

但是，尽管文苑激荡着秋风，艺苑百花萧杀，而一部《红楼梦》却如出水的芙蓉，给充满欲望与铜臭的世界沁入了新香。其作者曹雪芹的名字也随着《红楼梦》这部宏篇巨制而家喻户晓。

曹雪芹原来是一个贵族家庭的子弟。他的曾祖曹玺曾经得到康熙帝的宠信，被派到南方当江宁织造。江宁是南方富裕的地方，织造是专替皇族办服装的官差，也是个肥差。曹玺死后，曹雪芹的祖父曹寅、父亲曹頫接替了这个差使，一家三代前后做了六七十年织造，成了远近闻名的富豪。

雍正初年，由于封建统治阶级内部斗争的牵连，曹家遭受多次打击，家产抄没，举家迁回北京，家道从此日渐衰微。经历了生活中的重大转折，曹雪芹深感世态炎凉，对封建社会有了更清醒、更深刻的认识。他蔑视权贵，远离官场，过着贫困如洗的艰难日子。晚年，曹雪芹移居北京西郊。生活更加穷苦，“满径蓬蒿”，“举家食粥”。他以坚韧不拔的毅力，专心于《红楼梦》的写作和修订。

曹雪芹在《红楼梦》里，写了一个贵族大家庭贾家从兴盛到衰落的故事。在那个贵族家庭里，大多是一些挥霍享受、专讲吃喝玩乐、放债收租的寄生虫。有些人表面上道貌岸然，内心肮脏刻薄。小说的主人公，贾家的公子贾宝玉和他的表妹林黛玉是一对嫌恶贵族习气、反对封建礼教的青年。在那个环境里，他们离经叛道，幻想不媚世流俗，走出一条不受任何羁绊的自由之路。然而结果却适得其反：林黛玉受尽歧视，害病死去；贾宝玉离家出走；而那个贵族大家庭，在享尽荣华富贵之后，也像腐朽的大厦一样，顷刻间便坍塌了。

★曹雪芹像

★位于江苏南京的曹雪芹纪念馆

曹雪芹用十分深切同情的笔调写了这一对青年男女和一些受压迫凌辱的婢女，又满怀气愤揭露了封建统治阶级的腐朽和罪恶。在《红楼梦》里，有一段“护官符”的故事，就是专门揭露这些官僚和豪门怎样勾结起来欺压百姓的。

小说里的贾府有一门亲戚薛家。薛家的公子薛蟠，因为跟别人争夺一个婢女，行凶打死了人。被害人的仆人告到应天府，知府贾雨

★《红楼梦》插画

★《红楼梦》印刷体"祖本"《红楼梦一百二十回》，即"程甲本"《红楼梦》。

村正想派公差到薛家去捉拿凶犯，他的随身仆人暗示他别这样做。退堂以后，贾雨村把仆人留下，问他为什么阻止他捉拿凶犯。那仆人从袋里拿出一张纸，上面抄着民间流传很广的一首叫做《护官符》的歌谣：

贾不假，白玉为堂金作马。

阿房宫，三百里，住不下金陵一个史。

东海缺少白玉床，龙王来请金陵王。

丰年好大雪，珍珠如土金如铁。

贾雨村看不懂，经仆人一解说才知道，在金陵，有四家豪门大族：贾家是皇亲国戚；史家和王家都是金陵（今南京）的大官僚；"雪"和"薛"同音，指当地一家富商薛家。这四家结成亲戚，互相勾结，势力大得没法说。当官的要想护住自己的官职，就不能得罪这四家豪门。仆人提醒贾雨村说，这次杀人的凶犯正是薛家公子，要是触犯了他们，不但要丢掉官职，只怕性命难保。

贾雨村听了仆人的话，吓了一大跳，马上打消了捉拿凶犯的念头，还按照仆人献的计，把被打死的人说成是因急病而死。一桩人命案，就这样稀里糊涂地了结。

曹雪芹花了 10 年时间，在北京西郊写这部小说，辛劳和疾病把他折磨得十分衰弱。当他写完 80 回的时候，他的一个心爱的孩子得病夭折。曹雪芹受不了这个打击，终于放下了他没有完成的著作，离开了人世。

《红楼梦》全书 120 回，前 80 回是曹雪芹所作，后 40 回据说由高鹗续写。

《红楼梦》问世后，以其深远的思想意蕴与精湛的艺术魅力，震撼着一代代读者的心灵，产生了跨越时空的巨大影响，在学术研究领域形成了声势浩大的"红学"。在经历了 200 多年风风雨雨之后，"红学"不但没有衰微，反而更为兴盛，这足以说明《红楼梦》所具备的艺术价值。可以说，《红楼梦》是一部我国封建社会后期社会生活的百科全书。

★曹雪芹故居

★曹雪芹石像

曹雪芹

曹雪芹（1724—1764 年），名霑，字梦阮，号雪芹，又号芹溪、芹圃，生于南京。祖籍河北省丰润县。清代著名小说家。

曹雪芹生活在一个"百年望族"的大官僚地主家庭，从曾祖父起三代世袭江宁织造达 60 年之久。祖父曹寅当过康熙的"侍读"，曾祖母又是康熙的乳母，曹家与皇室的关系非常密切。少年时代，他"锦衣纨绔"、"饫甘餍肥"，过了一段豪门公子的奢侈生活。雍正五年（1727 年），他父亲曹頫因事受到株连，被革职抄家。从此，家族的权势和财产都丧失殆尽。他的家庭居处屡迁，生活极不安定，有时甚至不得不投亲靠友，以维持生活，还常常受到歧视和凌辱。经历了由锦衣玉食到"举家食粥"的贫民百姓的沧桑之变，使他对封建统治阶级的没落命运有了切身感受，对社会上的黑暗和罪恶有了全面而深刻的认识。此后，他以坚韧不拔的毅力，历经十年创作了《红楼梦》。

大贪官和珅

DA TAN GUAN HE SHEN

由于内无政忧，外无兵患，乾隆帝有些飘飘然，开始志满意得，骄傲奢侈起来。他曾六次巡游江南，搞得十分铺张浪费。而下面的官吏则借机敲诈，中饱私囊。一时间贪污势盛，浪费成风。

乾隆帝还有个夜郎自大的毛病，他在做60年皇帝后，把自己称做“十全老人”。朝臣们见他越来越喜欢听颂扬的话，便争相使出浑身解数，尽量满足圣听。在这些朝臣中，和珅表现得尤为突出。

乾隆认识和珅是出于偶然。有一次，乾隆帝准备出外巡视，叫侍从官员准备仪仗。官员一下子找不到仪仗用的黄盖，急得不知怎么才好。乾隆帝十分恼火地问：“这是谁干的好事？”官员们听到皇帝责问，吓得张口结舌。有一个青年校尉在旁从容不迫地说：“管事的人不能推卸责任。”乾隆帝侧过脸一看，那个校尉眉目清秀，态度镇静，乾隆帝心里高兴，遂与他攀谈起来。对于乾隆的问话，和珅言无不尽，对答如流。由此，和珅得到了乾隆帝的赞赏，当即命他总管仪仗，并时常擢升，从御前侍卫一直提升到内阁大学士。

★和珅塑像

和珅确是个非常伶俐的人，他摸透了也迎合了乾隆晚年志得意满、好大喜功、爱听谀言、文过饰非、自诩明君的心理，按其旨意办事，又善于敛财以供皇上享用。日子一久，乾隆帝把和珅当作腹心，最后还与他做了儿女亲家，将和孝公主嫁给了他的儿子，和珅也由此得到了朝廷的权柄。

和珅有了皇上的宠信和庇护，从此身兼多职，位极人臣，基本上掌握了用人、理财、施刑、“抚夷”等方面大权。从此，和珅便肆无忌惮地揽权索贿，乱政祸国。他不但接受贿赂，而且公开勒索；不但暗中贪污，而且明里掠夺。地方官员献给皇帝的贡品，都要经过和珅的手。和珅先挑最精致希罕的留给自己，挑剩下来再送到宫里去。好在乾隆帝不查问，别人也不敢告发，他的贪心便越来越大。

★嘉庆帝像

★北京恭王府府邸的和珅书房

和珅聚敛财富的主要方式是任用官员索取贿银。从朝廷内的九卿，到地方的督抚司道，不向和珅纳银献宝，不是和珅亲友，是很难当上官的，从而形成了“和珅掌权后，补官缺的人都以资财获得擢升”，“所有政事都变成了权钱交易”。乾隆时期，每年朝廷要出巨资修筑河堤，以防水患。但自和珅秉政后，虽河银年年增

★和珅像

加，但河防日见懈怠。究其原因是：主管修筑河堤的人选都由和珅亲拟，每一个都出于自己的门下。这些主事的人每次都把巨资纳入和珅的账下，然后以次充好，只用一些数字敷衍塞责。致使河堤年年修，水患年年有，且危害程度较以往有过之而无不及。

和珅在当政的短短 25 年里，就聚敛了无数的钱财，真可谓富可敌国。不过，和珅贪鄙成性、怙势营私、狂妄专擅、贪婪专权，最终也为此付出了生命的代价。

1799 年正月，乾隆帝病死，已即位 4 年的嘉庆帝开始亲政。嘉庆帝早在做太子时就知道和珅贪赃枉法的情况，只是太上皇健在，和珅仍恃宠弄权，嘉庆帝故而隐忍未发。此时，太上皇一死，嘉庆帝马上把和珅逮捕起来，命他自裁，并且派官员查抄和珅的家产。

和珅的豪富，本来是出了名的，但是抄家的结果，还是让大家大吃一惊。长长的一张抄家清单里，记载着金银财宝、绫罗绸缎、稀奇古董，多得数都数不清，粗粗估算一下，大约值白银 8 亿两之多，抵得上朝廷 10 年的收入。民间传说那些查抄出来的大批财宝，都让嘉庆帝派人运进了宫里，有人借此编了两句顺口溜讽刺说：“和珅跌倒，嘉庆吃饱。”

★和珅的藏宝楼

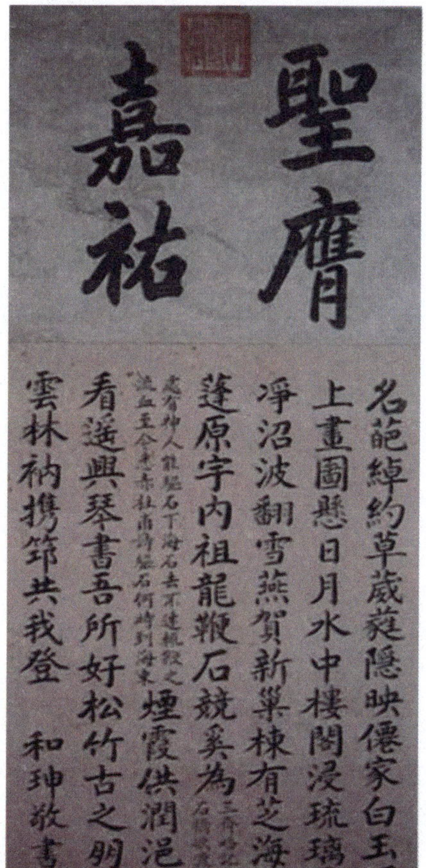

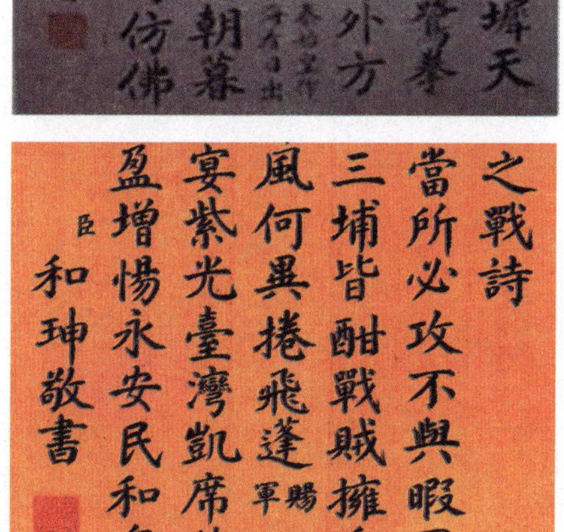

★和珅书法

和 珅

和珅（1750–1799 年），钮祜禄氏，字致斋。乾隆时期的权臣。满洲正红旗人。和珅少年家贫，为文生员，乾隆三十四年（1769 年），袭三等轻车都尉世职，因机灵善辩，仪表俊伟，受清高宗乾隆的赏识，历任显官，后升任军机大臣，居此要职 24 年。还兼任多种文武官职，累封至一等公。他精明敏捷、办事干练，高宗倚为心腹。乾隆后期，权势最大，又贪得无厌。政令传宣多由其手书口传，令各省奏折皆用副折送其先阅，各地进贡珍品也多入其家。他广收贿赂，致府库空虚，吏治败坏。其秉政揽权，历来被认为是清代中衰的一个重要原因。

★原为和珅府邸的恭王府

白莲教起义

BAI LIAN JIAO QI YI

自清兵入关时，白莲教徒便以“反清复明”为己任，开展抗清斗争。多次被镇压后，白莲教一度处于劣势。到贪官和珅掌权的时候，清王朝日益腐败，地方官吏贪污横行，百姓怨声载道。此时，安徽人刘松到河南传教，利用给百姓治病的机会，劝人入教，后来被官府发现，流放到甘肃。刘松的徒弟刘之协和宋之清逃到湖北，继续传教。他们宣传说，清朝快要灭亡，将来会出现新的世界，入教的人都可以分到土地。当地的贫苦农民受够了地主的剥削，渴望得到土地，听了这个宣传，纷纷参加了白莲教。

乾隆六十年（1795年）百姓纷纷入教的消息为清政府侦知，乾隆便以邪教为名大量抓捕教民，一时各地地方官以查拿邪教为名，行敲诈勒索之实。“不论习教不习教，但论给钱不给钱”，“不遂所欲，即诬以邪教治罪”。如此倒行逆施，更进一步激起了教众的反抗。嘉庆元年正月初七（1796年2月15日），湖北枝江、宜都的白莲教首领聂杰人、张正谟等以“官逼民反”为口号，率先在荆州地区举行起义。长阳、来凤、当阳、竹山等县的白莲教民也接踵而起。

★白莲教遗址——鱼木寨

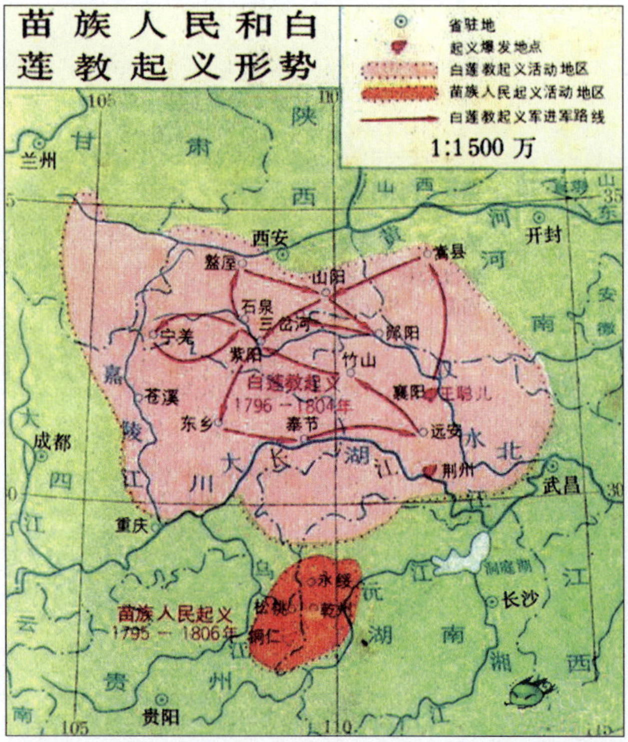

★苗族人民和白莲教起义形势图

接着，襄阳的白莲教首领王聪儿、姚之富等人以及四川达州的首领徐天德也都分别发动起义。王聪儿是襄阳白莲教首领齐林的妻子，齐林组织教众原定在元宵灯节起义，不料走漏了消息，遭到官府的袭击，齐林和100多个同伴被杀害。而王聪儿从小在江湖上卖艺，练得一身武艺。她决心给丈夫和起义的同伴们报仇，便与齐林的徒弟姚之富一起，重新整顿起义队伍，不出一个月，就组成了一支几万人的起义队伍。

由于当时各路起义军缺乏统一指挥，起义军据山守寨，各自为战和盲目接敌，因而，起义之初多被清军围堵或打散。只有王聪儿和姚之富领导的起义军采取了流动作战的策略，力量迅速壮大，成了当时起义军的主力。

王聪儿、姚之富领导的起义军转战湖北、四川、河南、陕西等地区，凭借山势险要、森林郁闭等有利条件，他们声东击西，或分或聚，行动敏捷，避实就虚，使清军处处挨打，疲于奔命。1797年7月，四川起义军遭清军围困。得此消息后，王聪儿率领起义军跳出清军的设伏，经河南、陕西进入四川，解除了清军对四川的围困，两路起义军会师。经各部的首领共同推举，由王聪儿出任起义军的领袖，并用青、黄、蓝、白来区分起义部队的建制，便于指挥作战。

★清嘉庆青花粉彩人物故事鼻烟壶

1798年，王聪儿率领的“黄号”起义军挥师东进，一路连连告捷。但在攻打西安时，却遭到了清军的顽固抵抗，因而久攻不克，从客观上改变了起义军流动作战，速战速决的打法，延误了相机而动的时间。

与此同时，清军在各地组织武装民团，修筑碉堡。起义军一来，就把百姓赶到碉堡里去，使起义军得不到百姓帮助，得不到粮草供应。清军所采取的“坚壁清野”，使起义军的活动受限，生活和战斗补给越来越困难。

王聪儿决定再打回湖北，但在起义军回师的途中，于湖北郧西县被清军包围。王聪儿率军拼死抵抗，在相持三个月的时间后，终因敌众我寡，起义军突围者寥寥无几，起义军领袖王聪儿和姚之富均跳崖牺牲。

王聪儿牺牲后，另外几支起义军由于失去了统一指挥，又进入了各自为战的无序状态，终被清军各个击破。历时9年的清末农民大起义就此结束。

经过起义军的打击，此时的清王朝已经一蹶不振，苟延残喘。待嘉庆帝病死，道光帝旻宁即位时，已隐约可以听到西方资本主义国家侵华的隆隆炮声，民族危机已日趋严重。1840年，也就是道光帝即位的第20年，鸦片战争爆发。从此以后，中国从封建社会一步步变为半殖民地半封建社会，中国历史进入了一个新的时期——近代史时期。

★清嘉庆胭脂紫地珐琅彩花卉小碗

王聪儿

王聪儿(1777—1798年)，襄阳黄龙镇人。清朝白莲教女首领。有勇有谋，武艺高强。王聪儿从小行走于江湖，以卖艺为生。16岁后，与丈夫齐林在农民中发展白莲教组织，进行反清活动。嘉庆元年(1796年)，齐林筹划起义事泄被杀，白莲教徒发动起义，王聪儿被推为首领。提出“兴汉灭满”的口号，率众四五万人进逼孝感，威胁武昌。次年，义军转战河南、陕西。随后进入川东与徐天德、王三槐等起义军会合。为了方便指挥，起义军以黄、青、蓝、白四色为号，分成八路大军，年仅20岁的王聪儿被推为各路义军总指挥。

嘉庆三年(1798年)四月，由陕西转战湖北，在郧西卸花坡被清兵包围，跳崖牺牲。

★王聪儿像

读行天下

中华上下五千年

ZHONG HUA SHANG XIA WU QIAN NIAN

秦－南北朝

中华民族生生不息，中华文化源远流长。滔滔黄河养育着华夏子孙，滚滚长江孕育了中华文明，勤劳勇敢的先民们在广袤深厚的土地上，以坚忍不拔的毅力，开疆拓土的壮志，非凡的智慧和勤劳的汗水，创造了博大精深、灿烂辉煌的文明。

旅游教育出版社

·北京·

责任编辑：潘丽杰

图书在版编目（CIP）数据

中华上下五千年 / 袁宏宾主编. — 北京：旅游教育出版社， 2012.3
（读行天下）
ISBN 978-7-5637-2384-3
Ⅰ．①中… Ⅱ．①袁… Ⅲ．①中国历史— 少儿读物 Ⅳ．①K209
中国版本图书馆CIP数据核字（2012）第030842号

读行天下 ▶▶

中华上下五千年

ZHONG HUA SHANG XIA WU QIAN NIAN 秦–南北朝

袁宏宾 主编

出版单位	旅游教育出版社
地　　址	北京市朝阳区定福庄南里1号
邮　　编	100024
发行电话	（010）65778403 65728372 65767462（传真）
本社网址	www.tepcb.com
E-mail	tepfx@163.com
印刷单位	北京新华印刷有限公司
经销单位	新华书店
开　　本	889mm×1194mm 1/16
印　　张	84
字　　数	520千字
版　　次	2012年7月第1版
印　　次	2012年7月第1次印刷
定　　价	168.00元（全套四册）

（图书如有装订差错请与发行部联系）

前言

QIAN YAN

中华民族是一个勤劳、勇敢和富有创造精神的伟大民族，在几千年的发展史中以其灿烂的文化著称于世。五千年的悠悠岁月之中，世事沧桑，朝代更替，从远古传说到夏、商、周；从春秋战国到秦、汉、魏、晋；从十六国至南北朝；从隋、唐、五代到宋、元、明、清……在历史的长河中，中华民族生生不息，拼搏不止，传承至今。

了解历史，传承文明。滔滔黄河养育着华夏子孙，滚滚长江孕育了中华文明。勤劳勇敢的先民们在广袤深厚的中华大地上，以坚忍不拔的毅力，开疆拓土的壮志，非凡的智慧和勤劳的汗水，创造了博大精深、灿烂辉煌的文明。远古燧人氏取火，碰撞出了人类最初的光明；有巢氏构木为巢，开启了改造自然的历程；穿过春秋战国的烽火硝烟，听着巧舌如簧者们的纵横联盟，感受到的是一场剧烈的社会变革悄然而至；仰视秦皇汉武的雄才大略，从中评论君王的得失功过；从大泽乡起义的揭竿而起，听到了发自劳苦大众的第一声怒吼；鸿门宴的暗藏杀机，唐宗宋祖的辉煌鼎盛，马嵬坡下的荡气回肠，岳飞精忠报国的赤胆忠心，林则徐虎门销烟的铮铮誓词……一段段历史记录了历代王朝的兴衰更替。圣君明主的文治武功，圣人先贤的深度哲思，政治舞台的暗藏玄机，军事角斗的计谋韬晦，所有的一切都启迪着后人去领悟王朝更迭的规律、成败的原因和兴国富民的道路。

读史以明鉴，察古以知今。了解祖国的过去，才能更加热爱祖国的现在和将来。在中华民族漫长的历史进程中，发生过许多惊天动地的事件，涌现出许多风云人物，把这些历史事件和人物介绍给青少年读者，可以开阔他们的眼界，启发他们的智慧，培养他们的民族自尊心和爱国热情。为此，我们精心编选了这套丛书。全书共分四册，编者以时间为经，以事件和人物为纬，穿针引线，纵横交织，从盘古开天辟地的传说开始，将中华上下五千年历史文化的精髓一一展现，为读者提供了了解历史的捷径。翔实的历史片断，弥足珍贵的图片，加之细腻的笔法，简洁的语言和亲切的文风，清晰地勾勒出历史事件的来龙去脉和历史人物的真伪善恶，也使得此书成为名副其实的通俗易懂的历史读物。

谨以此书献给所有热爱中国文化的广大青少年读者们！

编 者

目录

MU LU

秦·汉

三国·晋·南北朝

目录

MU LU

秦·汉

千古一帝秦始皇

QIAN GU YI DI QIN SHI HUANG

★秦始皇像

秦灭六国后，于公元前221年建立起中国历史上第一个高度统一、封建专制的中央集权国家——秦朝，结束了长期以来诸侯割据的局面。秦王嬴政自认为“德兼三皇，功过五帝”，单用“王”的称号已经与自己的功绩和地位不相匹配，应该用一个更加尊贵的称号才行，便决定采用“皇帝”的称号，自称始皇帝。秦始皇在建国伊始，就幻想千秋万代永远行使他的权力，因而宣布子孙称二世、三世，以至万世，代代承袭。

秦朝的统一，从根本上结束了列国之间的纷争，使百姓脱离了战乱的苦海，有利于人民生活安定和社会生产的发展，符合当时各个民族的共同愿望。因此，秦始皇鉴于周王室大搞分封导致君弱臣强的历史教训，改变了过去的分封制度，把所有权力都归集于自己，然后下设丞相、御史大夫、太尉等官职，并在全国范围内推行郡县制度，把全国划分为36个郡(后增至40个)，郡下设县，郡守和县令都由他直接任免。这种封建专制的做法在很大程度上避免了因分封而带来的内部纷争，巩固了封建国家的统一。

秦朝建立之初，丞相王绾等对秦始皇说：“现在诸侯刚刚消灭，特别是燕、楚、齐三国离咸阳很远，不在那里封几个王不行，请皇上把几位皇子封到那里去。”秦始皇要大臣议论一下，许多大臣都赞成王绾的意见，只有李斯反对。他说：“周武王建立周朝的时候，封了不少诸侯。到后来，这些诸侯像冤家一样互相残杀，周天子都力不能制。可见分封的办法不好，不如在全国设立郡县。”李斯的意见正合秦始皇的心意。于是，他决定废除分封制，采用郡县制。

在此之后，秦始皇在经济方面实行土地私有制，按田亩纳税；统一度量衡；统一货币；统一车轨；修驰道；在文化上统一了文字(小篆即是秦朝时期创立的)。全国形成了“车同轨”、“书同文”的局面，极大地方便了全国各地的经济和文化的交流。

正当秦始皇从事国内的改革治理的时候，游牧于北方的匈奴逐渐发展壮大。匈奴本来是我国北部一个古老的少数民族。战国后期，匈奴贵族趁北方的燕国、赵国衰落，便一步步向南侵犯，侵占了黄河河套一带大片土地。

秦始皇统一中原以后，派大将蒙恬带领30万大军去打击匈奴，把河套一带地区都收了回来，在那里设置了44个县。此后，他继续征服外邦，开发岭南地区，添设了3个郡。使秦国的疆域扩展到西起今甘肃、四川，东到大海，北起长城一

★阳陵铜虎符，此符是秦始皇调动军队的凭证。用青铜铸成卧虎状，可中分为二。右半存皇帝处，左半存驻扎阳陵的统兵将领处。调动军队时，由使臣持右半符验合，方能生效。

★三空布钱·秦

★内蒙古固阳秦长城遗址

带，南至云南、广西，形成了一个多民族的大一统帝国。

为了防御匈奴的侵犯，秦始皇又征召百姓服徭役，把原来燕、赵、秦三国北方的城墙连接起来。这样，从西面的临洮（今甘肃岷县）到东面的辽东（今辽宁辽阳西北），连成了一条万里长城。长城逶迤万里，雄伟壮丽，体现了中华民族的伟大创造力和昂扬的精神，并成为中华民族古老悠久的文明象征。

为了巩固所拓展的疆域，防止内患的出现，秦始皇下令把六国的兵器全部销毁，强迫原六国贵族迁到秦的首都咸阳附近居住。公元前213年，秦始皇因为开辟了国土，在咸阳宫里举行了一个庆祝宴会。欢宴间，大臣周青臣大放颂词，赞美始皇帝一统天下，威加海内，德布乾坤。还说设立郡县，此后便无战争之患。而另一大臣淳于越自恃才智过人，起身相驳，认为商周社稷长久，全赖分封了众多诸侯，使诸侯平时对封疆能分而治之，战时又能合兵一处，共攘夷患。而实行郡县，王族子弟形同布衣，即无寸土之封，又无御敌的兵甲。一旦有兵祸临国，只能袖手旁观，或无力自保。丞相李斯当即批驳淳于越的迂腐论调，并认为儒生颂古非今，

★陕西榆林秦长城遗址

逞口舌之能，只能扰政乱国，惑乱百姓，建议始皇帝把诗、书、子、集等扬百家思想的书籍全部焚毁，只留国家的史书、医药、农业、卜筮等方面的书籍。

秦始皇采用了李斯的主张，立刻下了一道命令：除了医药、种树等书籍以外，凡有私藏《诗》、《书》及百家言论的书籍，一概交出来烧掉；谁要是再私下谈论这类书，当即处死；谁要是拿古代的制度来批评时政者，满门抄斩。一时间，各国的大部分藏书都付之一炬，无数的文化典籍瞬间成为灰烬。

由于“焚书”事件的发生，儒家正确的政治主张和良好的道德思想统统得到了禁锢。对此，各种学派的继承者都颇有微词，认为秦始皇的做法是残暴至极。在焚书开始的第二年，即公元前212年，又发生了“坑儒”事件。秦始皇统一全国后，就异想天开地寻求长生不老之术。一些方士投其所好，为秦始皇寻找仙人和不死之药。然不死之药终不可得，为秦始皇寻找长生不老之药的术士侯生、卢生寻药未果而出逃，秦始皇大怒，下令拷问咸阳术士。事后，将相关460名术士在咸阳坑杀。

秦始皇虽为千古一帝，却不懂得仁政爱民。他不惜重金建郦山陵，在渭水之滨建立阿房宫（后被项羽焚毁），当时动用的工匠有70多万，它的规模之巨大，装饰之豪华，在历史上都很少见。由于大兴土木，导致当时大片田地荒芜，农业经济遭到了重挫。秦始皇还到处巡游，到泰山去封禅（中国古代帝王为祭拜天地而举行的活动），在

★琅琊台秦始皇与徐福雕塑

★当代人依据想象建立的阿房宫

★徐福画像

大山上刻石记功，在泰山上设立了祭坛，立下了石碑。据说，秦始皇在封禅那天临下山时，天突然下起了大雨，他躲到一棵大松树下避雨，后来还把这棵树命名为“五大夫”松。

为了追求不朽，秦始皇派人到处去找长生不老药。他说：“我是非常羡慕‘真人’生活的，从今以后，我就不称‘朕’了，就称‘真人’吧。”

由于他偏信江湖术士的话，大肆挥霍宫中的财物，许多江湖术士便以此为诱饵，从他那里骗得钱物、爵位等。民间传说的徐福，就是以给秦始皇寻找长生不老药而带500对童男童女东渡扶桑(今日本)的。

由于秦始皇的穷奢极欲，耗费了巨大的财力和人力，加重了人民的徭役负担。最终因其刑法苛虐，横征暴敛，致使刚刚发展起来的国家经济又受到了严重的影响，百姓苦不堪言，社会上出现了“赭衣塞路，囹圄成市”和“男子力耕不足粮赋，女子纺绩不足衣服”的悲惨局面。

★位于陕西临潼的秦坑儒谷遗址

秦始皇陵

秦始皇陵位于陕西省西安市以东30公里的骊山北麓。它南依骊山的层峦叠嶂之中，山林葱郁；北邻逶迤曲转、似银蛇横卧的渭水之滨。高大的封冢在巍巍峰峦环抱之中，与骊山浑然一体，景色优美，环境独秀。陵墓规模宏大，气势雄伟。陵园总面积为56.25平方公里。陵上封土原高约115米，现仍高达76米，陵园内有内外两重城垣，内城周长3840米，外城周长6210米。内外城廓有高8–10米的城墙，今尚残留遗址。墓葬区在南，寝殿和便殿建筑群在北。秦始皇嬴政即位的次年即开始修陵园，到公元前208年完工，历时39年。

另在秦始皇陵三华里的地方发现了举世瞩目的陶制兵马俑。面积约14860平方米，在这个范围内发现形体高大的陶质武士俑、陶马等数千余件，还有铜兵器及金、铜、石等装饰品7000余件。武士俑的身高与真人一样，达180厘米左右。领队身穿铠甲，兵卒穿战袍、束带、扎绑腿、挟弓挎箭。雄骏的陶马形体也与真马大小相似，高约150厘米。陶马四匹一组，后拖战车一辆，排列整齐。这种雄伟的军阵场面，再现了秦军兵强马壮、千里驰骋、统一中国的真实图景。

★秦始皇陵封土

秦始皇病死沙丘

QIN SHI HUANG BING SI SHA QIU

秦始皇焚书坑儒，清除了思想文化上对他的不利因素；修建万里长城，有效地防御了匈奴的侵扰；建宫室陵寝，达到了满足个人私欲的目的。按理说，此时的秦始皇应该可以集中精力安心治国了。可是，刚进入中年的秦始皇，却始终想着如何能够长生不老的问题。为此，在公元前210年，秦始皇开始了他人生中的第五次巡游，这也是他的最后一次巡游。

公元前210年，秦始皇到东南一带去巡视。随他一起去的有丞相李斯、宦官赵高和他的小儿子胡亥。秦始皇平时对小儿子胡亥百般宠爱，因而不管去哪里，都喜欢将他带在身边。

当年的十一月，秦始皇一行巡游到云梦九疑山（即九嶷山，又名苍梧山，在今湖南宁远南）遥祭虞舜，再乘船顺长江而下，观览籍柯（为《史记》载，地名），渡过海渚（今安徽当涂西北），经过丹阳，到达钱塘，登上会稽山，祭祀了大禹。又遥望南海，并刻石立碑。

返回时，途经吴地，从江乘（今江苏句容北）渡江，沿海岸北上，到达琅邪（今山东胶南县）。从冬季出发，一直到夏季才回来。回来的路上，由于旅途劳顿，秦始皇深感疲惫，加之高温，在行至平原津（今山东平原县南）时，秦始皇病倒了。随行的郎中给他看病、进药，都未见效。随行的赵高、李斯和胡亥等人知道秦始皇时日不多，但因为秦始皇忌讳说“死”字，所以没有人敢向他问身后的国事如何安排。

★秦始皇雕像

当秦始皇一行赶至沙丘（今河北广宗县西）时，病势已越来越重。秦始皇情知生死难料，便吩咐赵高请李斯来草诏。李斯慌忙赶来，秦始皇挣扎着说：“命扶苏接诏后，速回咸阳，主丧继位。”诏书写好后，放在任中车府令的赵高那里，还没来得及交给使者送出，秦始皇已经一命归西。扶苏是秦始皇的长子，他曾劝谏过秦始皇说：“天下初定，远处的民心还未归附，士人都在推崇儒家的主张。父皇这样用严酷法律治理天下，儿臣担心会令天下不稳。希望父皇能改弦更张，以安天下。”对于扶苏的忠谏秦始皇非但不听，反而将扶苏派到北面边境的军队里做监军，和大将蒙恬一起抵御匈奴。

这次，为了防止秦始皇的儿子们争夺皇位而导致天下大乱，李斯和赵高封锁了消息，他们把秦始皇的尸体安放在车里，关上车门，放

赵高

赵高（？—公元前207年），秦朝宦官、权臣。原为赵国宗族远支。其母在秦国服刑，故兄弟数人皆生隐宫。赵高为内官厮役，因精明强干，通晓法律，被秦王政提拔为中车府令。他私事公子胡亥，教以法律。后因犯罪，秦王命蒙毅审理，被蒙毅依法判以死罪。秦王惜其才干，下令赦免，并恢复原来官爵。后以中车府令兼行符玺事。秦始皇三十七年（公元前210年），赵高和胡亥随从秦始皇出游会稽。并于此间趁秦始皇病死沙丘，助胡亥矫诏篡位。由于策划沙丘之谋有功，赵高便开始专权擅政。秦二世三年（公元前207年）八月，刘邦攻下武关后，赵高恐诛罚及身，与其婿阎乐等人密谋，乘二世在望夷宫斋戒之机，诈诏发兵围宫，逼令二世自杀。赵高企图篡位自立，但因左右百官不从，只好立二世的侄儿子婴为秦王。九月，赵高被子婴用计杀于斋宫，夷灭三族。

★赵高指鹿为马雕像

下窗帷。随从的人除了胡亥、李斯、赵高和几个内侍外，别的大臣仍不知秦始皇已经死去多时。车队照常向咸阳进发，为防随行官吏胡乱猜测，李斯和赵高还时而假意到车外奏事。但是，由于天气酷热，尸体很快开始腐烂，为了掩盖尸体散发出的臭气，李斯让每辆车上都装一石鲍鱼，用鱼臭掩盖尸体的腐臭。

★铠甲武士俑
秦兵马俑众多的俑像神态各异，栩栩如生，显示了当时高超的铸塑技术。

按秦始皇的遗诏，李斯叫赵高赶快派人把诏书送出去，以便公子扶苏先赶回咸阳做准备。可赵高是胡亥的心腹，与蒙恬一家有冤仇。他偷偷地跟胡亥商量，准备假传秦始皇的遗嘱，杀害扶苏，让胡亥继承皇位。胡亥当然求之不得，两人一拍即合，只是中间碍着李斯。

赵高知道要干这样的事，非跟李斯商量不可，他径直找到李斯，有恃无恐地对他坦言：“皇帝驾崩一事，外人无从知道，给大公子扶苏的诏书及符玺也在我那里，谁能主丧继位，全在丞相与我一句话，丞相看着办吧！”李斯吃惊地问道：“您怎么说出这种亡国的话来？这可不是我们做臣子该议论的事啊！”赵高说：“您别急。我先问您，您的才能比得上蒙恬吗？您的功劳比得上蒙恬吗？您跟扶苏的关系比得上蒙恬吗？”李斯犹豫了一会儿说道：“我比不上他。”

赵高说：“要是扶苏做了皇帝，他一定拜蒙恬做丞相。到那个时候，您能得善终吗？”原来，赵高知道李斯历来把名利看得很重，不会舍弃手中的权力。另外，赵高从小入宫为宦官，深得秦始皇宠信，因为他精通狱法，被任命为中车府令。秦始皇还让他教胡亥如何断案，因此他是胡亥的师傅。赵高曾经犯过法，蒙恬之弟蒙毅依法判了他死罪，虽被秦始皇赦免，但赵高内心却对蒙氏兄弟恨入骨髓。所以，他巴不得有机会除掉他们。

经过赵高连哄带吓，李斯也怕扶苏继承皇位以后，自己真的保不住丞相位置，便对赵高、胡亥的合谋听之任之。当下，赵高同胡亥伪造了一份诏书。诏书责备扶苏在外不能立功，反而对父皇衔恨，进而同蒙恬图谋篡逆，现诏令自裁，把兵权交给副将王离。

★秦陵铜车马

扶苏接到这封假诏书，想立即自杀，以报父皇。蒙恬却怀疑这封诏书是伪造的，劝扶苏向秦始皇申诉。扶苏仁孝敦厚，他哭泣着说：“君让臣死，臣不得不死。既然父皇要我死，哪里还会听我的申诉？”说完便愤然自杀。蒙恬不肯自杀，但后来也被下狱，最后服毒而死。

李斯和赵高、胡亥他们一行人浩浩荡荡回到了咸阳，安顿已毕，这才发丧，公告天下。接着由胡亥主丧，为秦始皇举行了隆重的葬礼。然后，假传秦始皇的遗诏，由胡亥继承皇位，是为秦二世。赵高为郎中令，李斯仍为丞相，但相对而言，已屈于赵高之下。

★李斯像

秦二世和赵高葬了秦始皇以后，他们做贼心虚，生怕篡夺皇位的事泄露出来。赵高连哄带吓，让胡亥杀掉自己的兄弟和大臣，胡亥果真把 12 个王子和 10 个公主都定了死罪，受株连的大臣更是不计其数。过了一年，赵高又用诡计唆使秦二世把与他们同谋的李斯也逮捕起来杀了。赵高自己当了丞相，独掌大权。从此以后，这对暴君奸臣便在一起制造出了一幕又一幕令人发指的惨剧。貌似强大的秦王朝，也由此分崩离析。

大泽乡起义

DA ZE XIANG QI YI

自从秦始皇统一中国后，他年年征发苦役。修建长城时，他发兵 30 万，征集到民夫有几十万之多；开发南方时，迁徙军民 30 余万人。此后，又用 70 万苦役，兴建一座巨大豪华的阿房宫。另一个宏大的工程是修建秦始皇自己的陵墓，每年也用工 70 多万人。加上其他的用工，如修弛道，常年的兵役征发，致使秦朝每年服役的人达 300 万之多。男子征发不足使用，有时还要征发女子服劳役。秦朝因为实行法治，反对儒家思想，没有像后来那样限制妇女从事公众活动，因而当时的妇女未能幸免于劳役。儒家主张和长辈同住，以便尽孝，秦朝则要求成家的男子和父母分居，这样国家可以按照户数多收赋税。不过，长城和秦始皇陵两处工程都未竣工，秦始皇便撒手人寰。

★当百布钱·秦

秦二世即位后，他从各地征调了几十万苦役，继续在骊山大规模修造秦始皇的陵墓。秦始皇陵建得非常豪华，因为墓室很深，有泉水渗进，为了阻止泉水，便用铜汁浇铸。墓顶则用无数珠宝镶嵌，做成日月星辰的样子；底部用水银做成江河湖海，仿如天成；墓室里还有文武百官排列两边，一切都仿照在世时的样子。为了防止偷盗破坏，墓中遍设机关，如有人进入，弓箭会自动发射。皇陵完工后，秦二世竟残酷地把所有的工匠全都埋在墓道里，无一幸免。

★陈胜、吴广起义示意图

如此繁重的苦役，没完没了的工程，耗费了不知多少人力财力，使当时的百姓苦不堪言。那时候，全国人口不过 2000 万，前前后后被征发去筑长城、守岭南、修阿房宫、造陵墓和其他劳役，合起来竟达二三百万人。苦难与压迫已使当时民怨沸腾，百姓

陈胜

陈胜（？—公元前 208 年），即陈涉。阳城（今河南省登封市告成镇东南）人。早年为人佣耕。陈胜年轻时就是个有志气的人。他出身雇农，从小就给地主做长工，深受压迫和剥削，心里“怅恨久之”，逐渐产生了反抗压迫、变革现实的思想。秦二世元年（公元前 209 年）七月，在 900 名戍卒生死存亡的危急关头，陈胜毅然决定谋划起义，并建立了“张楚”政权。但由于秦王朝的猖狂进攻，起义各部缺乏作战经验，当年 12 月，陈胜亲率农民军将士与秦军展开激战，虽奋力拼搏，终究未能挽回败局，被迫退至下城父（今安徽蒙城西北），准备重新聚集力量，再做反秦的努力。但没想到，竟被跟随自己数月的车夫庄贾杀害。

★陈胜墓

积蓄在心中的怒火也已经到了一触即发之势。

公元前209年，阳城（今河南登封东南）的地方官派了两个军尉，押着900名壮丁到渔阳（今北京市密云西南）去戍守。陈胜和吴广被指定为这伙壮丁中的屯长（负责管理的小头目）。

陈胜年轻的时候，是个有志气的人。有一次，他同长工们一块儿给当地的富户种田。在田边休息的时候，他对伙伴儿们说："将来谁富贵了，可别忘了这些一起种田的弟兄啊！"大伙儿听了感到好笑，问他说："一个给人家种田的人如何能富贵？"陈胜仰望着天空，见一行鸿雁从天边飞过，便自言自语地说："唉，燕雀怎么能知道鸿鹄的志向呢！"

★秦末陈胜、吴广大泽乡起义旧址

这次，陈胜被强征去戍守渔阳，并于此间结识了吴广，两个人虽同为贫苦百姓，却又同时都具有不甘于陷入封建樊篱的理想。于是，他们结成了说话投机、做事配合默契的朋友。一路上，他们一同怜惜弱小，照顾因病行走缓慢的弟兄，尽可能不使一人掉队。

★陈胜种田时便心怀鸿鹄之志

当队伍行进到大泽乡（今安徽宿县东南）时，却赶上了连天大雨，水淹了路，没法通行，陈胜和吴广等900名戍卒被困在了这里。按秦朝的法令，他们如果误了指定的期限，就会被杀头。大伙儿看看雨下个不停，急得真像热锅上的蚂蚁，都担心会引来杀身之祸。但是，大泽乡距离渔阳还有很远的路程，既使不被阻在这里，还需要日夜兼程，如再耽搁几日，就会有杀头的危险。

面对900弟兄生死攸关的问题，陈胜偷偷找吴广商量："距离指定的期限越来越近，可我们还有很远的路程，加上被雨水阻隔，恐怕很难按时赶到渔阳了。怎么办？难道咱们就这样白白地去送死吗？"吴广说："决不能让弟兄们白白去送死！依我之见，咱们开小差逃吧。"陈胜说："开小差被抓回来是死，起来造反也是死，一样是死，不如起来造反，就是死也死个轰轰烈烈！""对！大丈夫死了也要顶天立地。"吴广激动地说。

征得了吴广的同意，陈胜便开始仔细地谋划。他说："听说扶苏是秦始皇的长子，该由他继位，但被胡亥假传遗诏逼死，老百姓都为扶苏鸣不平，但并不知道他已死。另外，楚国大将军项燕威名远播，有人曾说他至今逃亡在外。我们就借着扶苏和项燕的名义，号召天下，楚地的人一定会来响应我们的。"接着，两个人又仔细地商讨了行动的步骤。

陈胜和吴广经过仔细商讨后，首先利用当时人大多迷信鬼神的心理，先把写有"陈胜王"的绢帛藏进鱼腹，使大家发现后都以为是得到了神的暗示；又在晚间派最亲密的人到祠堂附近点上火把，并发出"大楚兴，陈胜王"的狐鸣声，使900名弟兄都感到既惊惧又振奋。

第二天，大伙儿看到陈胜，都在背后指指点点，议论着刚刚发生过的怪事，加上陈胜平日待人和

★铁钳和铁柽
秦始皇三十五年（公元前212年）征调刑徒70余万人修阿房宫和秦始皇皇陵。铁钳和铁柽正是打制石料的刑徒所戴的刑具。

★秦代瓦当

★铜箭镞·秦

气，对陈胜更有了一种亲近感。陈胜和吴广意识到已经收到了预想的效果，便决定采取下一个行动。有一天，外面的雨依然下个不停，弟兄们已经断粮，可负责押解他们的两个军尉却不管不顾地坐在屋里喝酒。吴广故意跑进去说："弟兄们已经无米为炊，你们却有酒有肉，根本不管我们的死活。照这样下去，没等到渔阳，人就都饿死了！"两名军尉听到吴广的指责，立刻大怒，其中一个操起竹棍劈头盖脸地打来。吴广不仅不求饶，反而大声喊道："反正已经误了期，不如大家各自逃生，或许还能有条生路！"那个军尉听他这样一说，立刻怒道："好呀！你想造反。"说着，抽出佩剑就要刺吴广。这时，吴广冷不防将剑夺下，挥剑将其砍死。陈胜等人也奋力将另一个军尉杀死。

陈胜和吴广提剑在手，然后跳上一个土台，召集 900 名弟兄说："弟兄们！咱们遇上了汛期，一时很难到达渔阳，如果我们还要去那里，就是白白去送死。男子汉大丈夫死也要死得轰轰烈烈，王侯将相难道天生就都命中注定的吗？"大伙儿一齐高喊说："不是！我们跟着您反了！"

经过一番鼓动，900 名弟兄当即自寻木棒、竹竿当作武器，随着陈胜、吴广杀向大泽乡及各地的官衙。临近的百姓听到这个消息，都拿出粮食来慰劳他们，年轻人也纷纷拿着锄头铁耙来投军。就这样，陈胜、吴广建立了历史上第一支农民起义军。

后来，起义军打下了陈县（今河南淮阳），建立了中国历史上第一个农民政权——张楚。

★青铜鹅·秦

吴广

吴广（？—公元前 208 年），字叔，阳夏（今河南太康）人。秦二世元年（公元前 209 年）七月，朝廷征发闾左屯戍渔阳，陈胜、吴广为屯长。与陈胜策划起义后，指挥起义军迅速攻下蕲县（今安徽宿州南）。当义军进据陈县（今河南淮阳）时，已拥有步兵数万。陈胜自立为王，任命吴广为假王，率军西击荥阳，命武臣、张耳、陈余北攻赵地，邓宗南征九江，周市夺取魏地。但因张耳、陈余不听指挥，割据自立，致使原六国贵族相继割地称王，起义队伍分裂。不久，围攻荥阳的吴广被部将阴谋杀害。

★陈胜、吴广起义浮雕

★跽坐陶俑·秦

西楚霸王项羽

XI CHU BA WANG XIANG YU

★项羽像

中国历史上第一次农民大起义，得到了各地百姓的积极响应，农民起义的风暴很快席卷了大半个中国。但是，随着第一个农民政权——张楚的建立，原六国贵族不甘于屈从起义政权的领导和指挥，他们纷纷自立为王，企图恢复旧有的势力。因此，起义队伍不断被分化，起义的旗帜也逐渐易色。

由于缺乏统一的指挥和必要的协同支援，陈胜和吴广所领导的起义军渐渐处于孤势。他们所派出的周文领导的起义军主力，在把咸阳作为主要攻击目标而向西发展的进攻中，很快成了一支孤军，并被秦将章邯所率的被罚做苦役的囚犯、奴隶组成的秦军所击败。吴广和陈胜也先后被叛徒杀害。

虽然陈胜、吴广所领导的起义队伍遭到了重创，但全国各地的起义仍在如火如荼地展开。尤以在南方会稽郡（治所在今江苏苏州）由项梁和他的侄儿项羽所率领的起义队伍最为强大，起义的烽火已成燎原之势。

项梁是楚国大将项燕的儿子。楚国被秦国大将王翦攻灭的时候，项燕兵败自杀。为此，项梁把恢复楚国的封疆、为父报仇作为己任，潜心研究战争韬略，广结人心，准备待机而动。项梁本是下相（今江苏宿迁西南）人，因为与人结了冤仇，避到会稽郡吴中来。吴中的年轻人见他能文能武，都很佩服他，把他当老大哥看待。项梁也教他们学兵法、练本领。同时，他也时常教导侄儿项羽多积累知识，为领兵作战和设计用谋打下坚实的基础。不过，项羽虽然身材魁梧，头脑聪明，却对文字和剑法不感兴趣。为此，项梁对他很失望。而项羽对此却满不在乎地说："念书识字有什么用处？学会了，不过记记自己的名字；剑学好了，也只能跟几个人对杀，没什么了不起。要学，就要学打大仗的本领。"

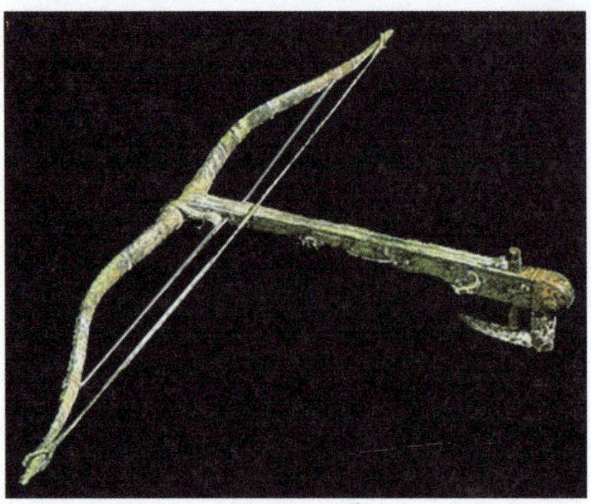

★秦代劲弩

★江苏徐州戏马台项羽塑像

项梁听他志在领兵打仗，一颗悬着的心总算落了下来。他高兴地把祖传的兵书拿出来，逐字逐句地讲给他听。项羽悉心受教，一听就会。不过，时间长了，他觉得尽管书上说的头头是道，倒不如到战场上排兵布阵，一试高低。因而，他对后来所学的东西只是略知其意，而未肯钻研。

陈胜和吴广起义，为项梁、项羽叔侄创造了一个千载难逢的机会。项梁经过周密计划，影响和带动了自己周围的人，大家决心随项梁起兵，摧毁实施残暴统治的秦廷。于是，在项梁的指挥下，周围的贫苦百姓包围了会稽郡，杀了会稽郡守。仅几天的时间，便组织起了一支 8000 人的队伍。因为这支队伍的将士大都由当地的青年组成，所以称为“子弟兵”。

项梁杀了会稽郡守后,自为郡守,项羽为副将。待江东初定,便率8000人渡江西进,直接进攻秦廷。他们很快打下了广陵(郡名,治所在今江苏扬州市),接着又渡过淮河,继续进军。此间,为了便于号召和指挥各路兵马,项梁组织在薛城召开了会议,决心把起义军整顿一下。项梁听取了谋士范增的意见,找到了流落在民间的楚怀王的孙子,将他立为楚王。因为当年楚怀王受骗死在秦国,楚国人一直为他抱不平,因而大家把他的孙子仍称作楚怀王。

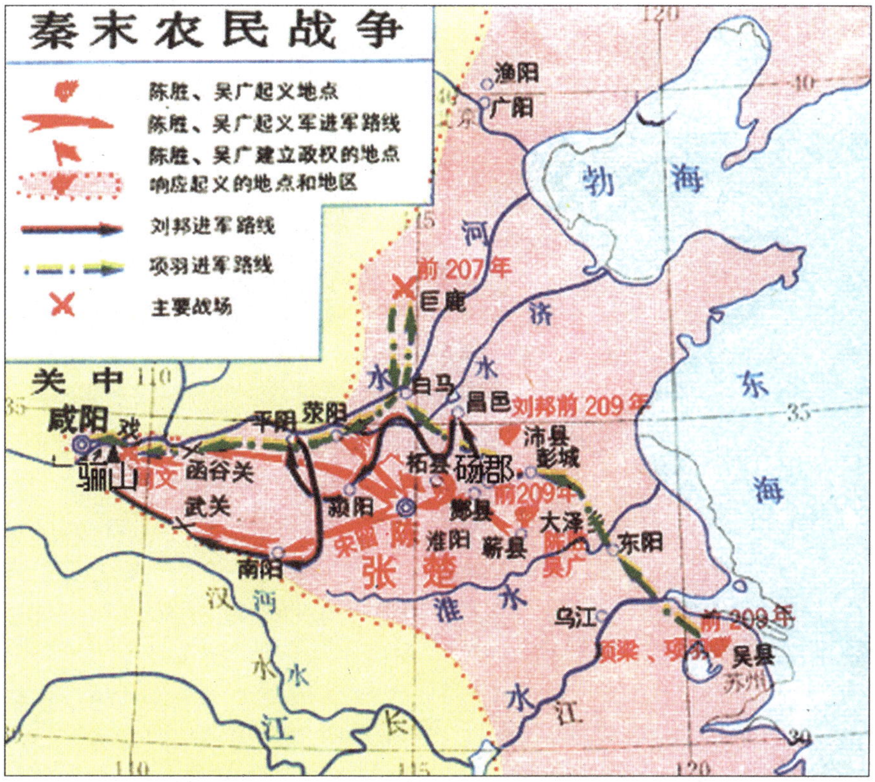

★秦末农民战争形势图

由于项梁率义军在和秦军战斗中接连取胜,他产生了骄傲轻敌思想。公元前208年7月,项梁率楚军击秦,在东阿(今山东阳谷东北阿城镇)、濮阳(今河南濮阳西南)东、定陶、城阳(今山东鄄城北老城镇东南)、雍丘(今河南杞县)连破秦军。数胜之后,项梁低估秦军力量,放松了警惕。8月,章邯得到秦二世的兵力支援,即率部进攻项梁,大破楚军于定陶,项梁也在此战中战死。

定陶之战后,秦军北渡黄河,攻打起义抗秦的赵王歇和张耳,将赵军围困于巨鹿(今河北平乡)。章邯打败项梁,认为楚军大伤元气,暂时撇开了黄河以南地区,带领秦军北上进攻赵国,并很快攻下了赵国都城邯郸,赵王歇逃到巨鹿。

章邯派秦将王离把巨鹿包围起来,自己带领大军驻扎在巨鹿南面的棘原,在棘原和巨鹿之间修筑了一条粮道,给王离军运送粮草。

赵王歇无力突围,便几次三番派人向楚怀王求救。当时,楚怀王正想派人往西进攻咸阳。项羽急于想为叔父报仇,要求带兵进关。于是,楚怀王任命宋义为上将,项羽为次将,率兵救援。宋义率军到达安阳(今山东曹县东南),便畏缩不前,屯兵46天。当时,阴雨连绵,起义军缺衣少粮,处于困境之中。项羽耐不住性子,去见宋义说:“秦军包围了巨鹿,形势这样紧急,咱们赶快渡过河去,与赵军里外夹击,一定能够打败秦军。”可宋义想等到秦赵两败俱伤再出击,便冷冷地说道:“等秦军和赵军决战以后再说。”接着又对项羽说:“上阵跟敌人交锋,我比不上你;要说坐在帐篷里出个计策,你就比不上我了。”他接着下了一道命令:“将士中如有不服从指挥的,按军法砍头!”项羽不受威胁,依然耐着性子说:“现在已经是11月的天气,北方天冷,又时逢大雨,营里军粮接济不上,兵士们受冻挨饿,情绪低落。如果这样不顾国家,不体谅兵士,如何让他们去厮杀,又如何取胜?”面对项羽的责问宋义依旧饮酒,丝毫没有理会。

★青铜鸿雁·秦

项羽忿忿而出,待至第二天宋义升帐的时候,他挥剑将宋义的头砍了下来,然后对将士们说:“宋义背叛大王(指楚怀王),我奉大王的命令,已经把他处死了。”将士们大多是项梁的老部下,且宋义在将士中素无威望。所以,他们都表示愿意听项羽的指挥。接着,项羽先派部将英布、蒲将军率领两万人做先锋,渡过漳水,切断秦军的粮道,把章邯和王离的军队分割开来。然

★破釜沉舟

后，项羽率领主力渡河。

渡河后，项羽命令将士，每人带三天的干粮，把军队里做饭的锅全部砸坏，再把渡河的船只全部凿沉。然后对将士说："咱们这次打仗，有进无退，三天之内，一定要把秦兵打退。"

项羽的决心和勇气，对将士起了很大的鼓舞作用。楚军把王离的军队包围起来，个个士气振奋，越打越勇，以一当十。经过九次激烈战斗，活捉了王离，杀死秦副将苏角，迫使秦副将涉间自杀，解了巨鹿之围。

在项羽军与秦军激战时，各路诸侯援军却止步不前，不敢参战。当听到楚军震天动地的喊杀声，都挤在壁垒上观看。他们瞧见楚军横冲直撞杀进秦营的情景，吓得伸着舌头，屏住呼吸。战斗结束后，项羽召集援军将领，他们这才如梦方醒，"入辕门，皆膝行而前，莫敢仰视"。此后，项羽成了诸侯军的统帅。

★彩绘陶云雷纹鬲·秦

巨鹿之战

公元前207年，秦将章邯在定陶消灭项梁之后，又率秦军北上渡河，大败赵军，随后命秦将王离、涉间包围赵国的巨鹿。章邯屯兵于南，修筑甬道为围城的秦军输送粮草。为此，楚怀王分兵两路，一支军队前往巨鹿解赵国之围，以宋义为主帅，项羽为副帅；另一支军队进攻关中，以刘邦为主帅，并许诺说谁先攻下关中，就封谁为关中王。

宋义率领楚军行至安阳（古地名，在现在山东曹县东南），便按兵不动，滞留达46天。项羽急欲攻打秦军，为阵亡的叔父项梁报仇雪恨，便催促宋义发兵，宋义不听，反讥项羽有勇无谋，还传下命令，言战者格杀勿论。

项羽怒斩宋义，然后率军渡河，并下令将炊具打破，将船只凿沉，每人只带三天的干粮，以表明拼死一战的决心。项羽军队十分勇猛，九战九捷，秦将苏角阵亡，王离被俘，涉间拒不投降，跳到火堆里自焚而死。

此前，虽已有十几路诸侯军抵达巨鹿前来救援，但都慑于秦军威力，不敢出战。当楚军进攻秦军的时候，各路诸侯军仍闭门不出，各个将领只是从营垒上观望，及至看到楚军大破秦军，各路诸侯军才无不感到敬服，纷纷归顺项羽。

★巨鹿之战示意图

刘邦斩白蛇起义

LIU BANG ZHAN BAI SHE QI YI

刘邦约法三章

公元前206年，刘邦进入咸阳后，就宣布自己应为关中王。为了赢得民心，他改变了贪财好色的作风，并接受了群臣的建议，封闭秦朝府库，还军霸上，召集各地的地主代表，约法三章，规定："杀人者死，伤人及盗抵罪，余悉除去秦法，诸吏人皆案堵如故。"即禁止农民军镇压地主官僚，保护地主的土地所有权和私有财产，对秦朝原有的下级官吏继续留职。约法三章，标志着刘邦已从农民起义领袖转化为地主阶级的政治代表。刘邦的谋士萧何，也把秦朝的法令图籍、文书档案接收过来，掌握了全国的户口赋税情况，为恢复封建秩序作了充分准备。

★刘邦雕像

公元前209年，大泽乡起义的烈火燃遍了全国，这个消息使刘邦兴奋不已，他将自己的反秦队伍，以斩杀白蛇为盟誓，也举起了义旗。

★汉高祖斩蛇碑

刘邦出生于沛丰邑（今江苏沛县）中阳里，做过亭长（秦朝十里为一亭，亭长是管理十里以内百姓的官吏）。一次，刘邦奉命押送一批刑徒到郦山去服劳役，路上已经逃走了一些人。刘邦知道，按照秦朝的律法，他到郦山后会被处死。当走到丰邑的时候，他喝了些酒，并趁黑夜，解开了刑徒们的绳索，让他们各自逃命。

刑徒们感激得直流眼泪，他们跪在刘邦的面前说："您把我们放了，可您怎么办呢？"刘邦说："反正我也不能回去，只能远避他乡，逃到哪儿是哪儿吧。刑徒们当即四处逃散，但有十多个人却非要和刘邦一起走，要求他领着大伙儿一起逃亡。刘邦无奈，只好带着十几个弟兄钻进了芒砀山（今安徽砀山南）的密林。

由于刘邦在乡里处处行侠仗义，结交甚广。此后，刘邦秘密联系了旧友萧何、曹参、樊哙等当时的名士，刘邦的妻子吕雉也辗转找到了刘邦，并带来了山外的一些情况。由于刘邦啸聚山林，一时之间各地倍受官吏压榨的乡民和各地豪杰纷纷来投，很快聚集了100多人。

当听说陈胜的起义队伍打下了陈县，萧何和沛县城里的百姓杀了县官，派人到芒砀山把刘邦接了回来，请他当沛县的首领，组织反秦队伍。此后，大家称刘邦为沛公。

刘邦在沛县起兵以后，又召集了两三千人，攻占了自己的家乡丰乡。接着，他带了一部分队伍继续攻打其他县城。不料，留守在丰乡

★刘邦斩白蛇塑像

★刘邦像

的部下叛变。刘邦得到这个消息，有心回去攻打丰乡，可是自己的兵力不足，只好往别处去借兵。他到了留城（今江苏沛县东南），正好张良也带着100多人想投奔起义军。两人遇在一起，既言语投机，又志同道合。他们经过商量，认为附近的起义队伍中，只有项梁声势最大，决定去投奔项梁。项梁见刘邦具有一定的指挥能力，便拨给他部分人马，帮助他收回丰乡。从此，刘邦、张良都成了项梁的部下。

项梁在薛城整顿了军队以后，接连打了几个胜仗，打败了秦朝大将章邯。项羽、刘邦所带领另一支队伍也攻无不克，杀了秦将李由。由此，项梁骄傲起来，认为秦军没有什么了不起，便放松了警惕。而章邯却重新补充了兵力，趁项梁不备，发动了猛烈的反扑。项梁战死，项羽、刘邦也只好退守彭城。

章邯打败项梁，认为楚军大伤元气，便暂时撇开黄河以南地区，带领秦军北上进攻赵国（此期赵国不是战国时代的赵国，而是新建立起来的一个政权），很快就攻下了赵国都城邯郸，赵王歇逃到巨鹿（今河北平乡西南）。章邯派秦将王离把巨鹿包围起来，自己带领大军驻扎在巨鹿南面的棘原，并于两地之间修筑粮道，以便给王离军运送给养。

当时，楚怀王正想派人向西进攻咸阳，项羽却急于想为叔父报仇，要求带兵进关。楚怀王身边有几个老臣暗地对楚怀王说："项羽性子太暴躁，杀人太多。刘邦倒是个忠厚人，不如派他去。"于是，楚怀王把军队作了一番调整，派宋义、项羽救赵，遣刘邦率军向西进攻关中。

救赵的项羽大败章邯后，乘胜追击，秦军节节败退，军心涣散。章邯见大势已去，率20万秦军投降了项羽。不过，项羽却在西进途中，在新安城（今河南渑池东）下令将这20万降卒全部坑杀。而此时，进攻关中的刘邦乘秦军主力被项羽牵制在巨鹿，关中空虚，便挥兵占领了咸阳。

公元前206年，刘邦的人马攻破了武关（今陕西丹凤县东南），离咸阳近在咫尺。秦二世手足无措，心惊胆寒，连忙派人叫赵高发兵去抵抗。赵高却在此时逼死秦二世，谋划自立。由于群臣反对，赵高只好立秦二世的侄儿子婴为帝。不料，子婴却用计将赵高除掉。

子婴杀了赵高，派了五万兵马守住峣关（今陕西商县西北）。刘邦用张良的计策，派兵在峣关左右的山头插上无数的旗子，作为疑兵；另派将军周勃带领全部人马绕过峣关正面，从东南侧面打进去，杀死守将，消灭了这支秦军。

刘邦的军队进了峣关，进驻灞上（今陕西西安市东）。此时，秦王子婴肉袒请罪（即光着上身，背或挂着投降的饰物）。手里拿着皇帝的玉玺、兵符和节杖，伏在路旁。

刘邦手下的将军主张把子婴杀了，但刘邦说："楚怀王派我攻咸阳，就因为相信我能待人宽厚。再说，人家已经投降，再杀他不好。"说完，他收了玉玺，把子婴交给将士看管起来。这样，秦始皇建立起来的强大的王朝，仅仅维持了15年，就被农民起义的浪潮湮灭。

★玉人·秦

★秦半两钱

★乐舞纹梳·秦

张良运筹帷幄

ZHANG LIANG YUN CHOU WEI WO

在世界上，中国人的聪明是闻名的。聪明人崇尚智慧，也总是佩服智囊人物，而军师或者谋士在战争中的斗智活动，往往使浴血奋战的疆场上开出艺术的火花，并得到长期传颂。汉初的张良和三国时期的诸葛亮，都以在战场上具有超人的智慧而受到赞扬，前后辉映。刘邦就说过："要论运筹帷幄之中，决胜千里之外，我还不及子房哩。"子房就是张良的字。

张良的祖先是韩国的望族，祖父和父亲曾五世相韩。受此影响，张良从小就深爱韩国。他将家里世代积累下的财产全部变卖，用重金来收买刺客，以图刺杀秦始皇，为韩国复仇。后来当他到河南淮阳向仓海君学礼时，求得一个大力士，铸就一个百斤大锤，探知秦始皇东游路过河南原阳县东南的博浪沙，便专程前往埋伏道旁伺机狙击。这次暗杀活动没能成功，大力士把铁锤抡出，不料击中了副车。秦始皇侥幸活命，却也吓得够呛，惊魂甫定，勃然大怒，立即命令严加缉拿。张良不得已逃到下邳（在今江苏睢宁县西北）藏身，改名换姓自称"张良"，本来的名姓反不为外人知晓。

一天，张良漫步来到下邳附近一座桥上，迎面缓缓走来一个白发红颜老翁。在两人贴肩走过时，老翁刚巧把鞋子掉到了桥下，就对张良说："孩儿，下桥把我鞋子捡上来！"张良心头一震："莫名其妙！"本想揍那老翁，又见他实在经不起拳脚，便到桥下把鞋子捡了上来。老翁伸脚道："给我穿上！"张良迟

★张良像

疑片刻，忍辱屈膝给老翁穿上鞋子。老翁毫不客气，扬长而去，弄得张良越发"丈二和尚摸不着头脑"了。就这样，张良呆愣着出神，忽一抬头，却发现老翁又回到了桥上，且微笑道："你这孩子可以教诲。过五天，黎明时分，来此会我。"张良心感怪诞，却还是像着了魔一样，不由自主地跪地答道："是！"

第五天黎明，张良匆匆赶到桥头，见老翁已先一步到了。老翁怒呵道："和长者约会，反而迟到，岂有此理！过五天再来。"说罢径自走了。过了五天，张良听到鸡叫头遍便慌忙赶到桥上，不料老翁又已先到。老翁训斥一顿，告诫张良再过五天一定早来，又掉头走了。五天后，张良干脆也不睡了，半夜上桥恭候老翁。老翁转眼间也来了，面露悦色说："嗯，本该这样。我送你一卷家传古书，学通了，就可以成为王师帝傅。我的预言必在十年后兑现，那是你出头的日子。十三年

《太公兵法》

《太公兵法》又称《六韬》，为历代军事家和文人雅士所尊崇，有人称之为治国、治军、安身立命的六大秘本。旧题周初太公望（即姜子牙）所著，普遍认为是后人依托，作者已不可考。现在一般认为此书成于战国时代。全书采用太公与周文王、武王对话的形式。现有六卷六十篇，共二万字，是七书中最长的一部，可以说是对先秦兵法的一次系统的总结。《六韬》也可以说是六套密计。《文韬》、《武韬》主要论述治国治军的根本主张。《文韬》着重讲战前准备，《武韬》着重讲战时策略。其余四韬都是讲在各种情况下的具体作战原则。《龙韬》着重讲军事上的指挥和部署，《虎韬》着重讲宽阔地带作战问题，《豹韬》着重讲狭隘地带作战问题，《犬韬》着重讲步、车、骑兵的协同问题。

★釿布钱·秦

后，你将在济北见到我，谷城山（今山东平阴西南）下的黄石便是我了。”老翁别无他话，旋即翩然离开了。次日清晨，张良急忙翻阅这位“黄石公”赠书，原来是《太公兵法》。“太公”，即周初佐助武王开国的太师姜子牙。《太公兵法》精妙玄奥，张良爱不释手，熟诵默记，认真体会，自此才智陡增，聪慧异常。

自张良在桥上得黄石公赠书，十年间他大抵闯荡于下邳一带，过着侠客生活。项羽叔父项伯因杀人犯法，也逃到此间隐匿，得到张良多方关照，两人过往甚密。十年后，陈胜起义反秦，张良也聚众百余呼应，不久与刘邦义军在留城（今江苏沛县东南）偶然相遇，便放弃了投楚的打算，改投刘邦麾下做了掌管马匹的厩将。张良常对别人称道《太公兵法》，无奈曲高和寡知音稀，大家总不理会。这时适逢战事纷纭，他不免又要如此这般地向刘邦灌输许多，刘邦如获至宝，总是连连称善，用于战场，真的打了不少胜仗。张良由此感慨道：“沛公英明大概是神授的吧！”两人遂成难得的知己。

张良留城归刘邦，是在公元前208年正月，半年后项梁得知陈胜已故，在薛地主持召集部分起义领

★张良与黄石公雕像

袖议事，刘邦及张良应邀前往。议事会上范增引用“楚虽三户、亡秦必楚”的古传预言，建议立楚怀王后裔以为号召，张良也建议立韩公子成作韩王，以广接应，二人的主意都被项梁采纳。于是张良被拜为韩王成的司徒，就韩赴任，别了刘邦。十个月后，即公元前207年四月，刘邦西向进军关中途经河南禹县，张良重新率军跟随刘邦征战，韩王成留守。该年九月，刘邦二万大军兵抵峣关准备进击，张良道：“秦兵尚强，不可轻敌，我听说守关秦将是卖肉出身的，商贩贪财，应动之以利。请沛公莫急，派人先在阵前假造五万人的伙食，并在各山

★张良雕像

头多竖旗帜，广布疑兵，虚张声势。再令郦生用重宝前去贿赂秦将，晓以利害，诱其投降。”刘邦如计行事，果然奏效，心想这下可以不战而胜平安入关了。张良连忙劝阻道：“这无非是秦将一人想降，恐怕他部下不服；倘若不服，我们贸然进关就等于白白送死。我看不如趁其松懈突袭！”刘邦下令突袭，大获全胜；乘胜前进，兵临咸阳，不久招降了秦王子婴。

当刘邦初入秦宫时，他不禁动了享受荣华富贵的念头，樊哙力谏他也听不进，恰好张良进门要劝刘邦早早还军灞上。张良当场责备刘邦说：“沛公您所以能有今日，无非是由于暴秦无道，被民众唾弃；您若真想为民请愿称雄天下，就应该有点卧薪尝胆的志气，哪能小有功业就沉溺于声色犬马之中呢？再说忠言逆耳利于行，良药苦口利于病。您还是听樊哙一言吧！”终于使刘邦醒悟，还军灞上。不久，项羽引军入关屯兵鸿门，项强刘弱，大战在即。十万火急之际跑来一个与张良早有交情的项伯，才平息了一场恶斗。

公元前206年二月，项羽分封

★张良庙

十八路诸侯，刘邦起初仅分到巴、蜀二郡，心里又急又恨。这时张良将刘邦赐给自己的百溢黄金及玉珠二斗悉数转赠给项伯，托项伯说服项羽追分刘邦汉中地，此事顺利办妥，刘邦才得为“汉王”。刘邦就国一路烧绝栈道，也是计出张良。

张良辞汉归韩，韩王成却被项羽挟持到了楚都，理由是韩王成曾放纵张良追随刘邦。项羽这一招适得其反，不但没能使张良与汉脱离关系，反倒逼得张良一心一意念着重新归汉效力。项羽分封刚过半年，刘邦就采纳韩信计策，明修栈道暗渡陈仓，一举还定三秦。张良此时身在韩而心在汉，为了给刘邦赢得宝贵的喘息时间和出关战机，他一方面向项羽通信谎称“汉王欲得关中，如约即止”，用来麻痹项羽，使他放松对刘邦的警惕；一方面又将齐王田荣反楚的密件转给项羽，用来欺骗项羽使其统率楚军主力东进，结果项羽真的被张良左右了。项羽不久干脆杀了韩王成，这样张良反而没有牵挂，日夜兼程投奔刘邦，与刘邦一同攻下了楚都彭城。

公元前204年初，楚汉双方在荥阳、成皋反复割据，项羽是步步紧逼，刘邦是忧心忡忡。这时，郦生前来向刘邦进计道：“过去商汤伐桀，曾封桀后以承夏祀。周武王伐纣，曾封纣后以继商社。秦灭六国，更行郡县，终于导致了迅速灭亡。这样看来，陛下若能复兴六国，立其后嗣，那么各方君臣定会对陛下感恩戴德，向风慕义。德义既行，陛下可以南面称霸，项羽必得跪拜称臣！”郦生一番议论本是迂腐透顶的，但刘邦当时是病急乱投医，竟连忙赞许说：“好好，太好啦！快去催刻印信。先生准备启程周游列国吧！”吩咐已毕，刘邦便放心进餐。幸好张良来谒，刘邦便把这番主意说了一遍，神情颇为得意。张良听罢立即严词反对，说：“这完全是馊主意！陛下要完啦！”刘邦见状大惊失色道：“啊？”张良说：“请让我就拿这些筷子当筹策给您演示一下。昔日汤伐桀而封其后，已考虑过能够致桀于死地，今陛下能致项羽于死地吗？”“还不能。”张良接着说：“这是第一不可行。武王伐纣而封其后，是考虑过能够取了纣头，今陛下能取项羽头吗？”刘邦答：“还不能。”张良又说：“这是第二不可行。武王入殷后能抚慰表彰其圣人、贤者、智士，您能吗？”刘邦又答：“还不能。”张良说：“这是第三不可行。”张良一共列举了八项不可行的理由，又说：“楚虽略有削弱，也还足以降服六国。到那时，陛下您可如何收拾局面啊！所以我敢断言，假使用了这种坏主意，陛下难免灭亡。”张良的中心意思就是：古今不同，形势各异，复立六国，足以削弱自己，加强敌人。刘邦专心致志地听着张良的分析，饭也顾不上吃，最后不禁拍案叫绝，大骂郦生“腐儒”，急令销毁正在赶制的六国印信。

★张良墓

★张良庙之草庐

公元前203年初，张良劝刘邦立韩信为齐王，稳住了韩信。该年八月楚汉言和，项羽东归之后，张良又同陈平一起劝说刘邦乘机追击。到公元前202年初刘邦兵败固陵，张良又劝刘邦为韩信、彭越划定分地，促其引兵会战，形成对项羽的最后包围。

公元前200年正月，刘邦分封功臣，张良并无征战的功勋，刘邦却要他自己选定齐地三万户为侯。张良不肯，谦让说：“最初起事时，我与陛下是在留地相遇的，您要封就封我到留这个小地方吧。我决不去当三万户侯。”刘邦便封张良为留侯。张良功成名就而急流勇退，而后来“居功自傲”的韩信、彭越、黥布等全被刘邦收拾了，对比之下，可知张良的见识确实高人一筹。

鸿门宴项庄舞剑

HONG MEN YAN XIANG ZHUANG WU JIAN

刘邦的军队进了咸阳的消息，使项羽气愤不已，自己舍生忘死，拼来的却是别人的嫁衣，因而当巨鹿战局已定，他便率军直逼函谷关。

当时，入住咸阳的刘邦的将士被秦宫的华丽迷惑，他们纷纷争着去府库寻找值钱的东西。刘邦也不例外，当他在将士陪同下，来到了豪华的阿房宫，看见宫殿如此壮观富丽，还有许许多多的美丽的宫女在他的眼前出出进进，他开始有些陶醉，并意乱神迷地要入住宫中。只有萧何不为金银美色所动，他先跑到秦朝的丞相府，把有关户口、地图等文书档案都收在一起，来献给刘邦。

此时，刘邦的部将樊哙正粗声大气地劝谏刘邦。他说："沛公要打天下，还是要当个富翁呀？这些奢侈华丽的东西使秦朝亡了，您还要这些干什么？还是赶快回到军营里去吧！"刘邦争辩道："我只是想歇歇脚，有何不妥？"恰巧张良也走了进来，他接话道："俗话说：忠言逆耳利于行，良药苦口利于病。樊哙的话说得很对呀，希望您听从他的劝告。"

刘邦一向很信任张良的，听了他的话，马上醒悟过来，吩咐将士封了仓库，带着将士仍旧回到灞上。接着，刘邦召集了咸阳附近各县的父老，向他们提出废除秦朝苛政，并约法三章：杀人的偿命；打伤人的办罪；偷盗的视情节轻重办罪。刘邦的约法三章，使百姓看到了希望，他们争先恐后地拿着牛肉、羊肉、酒和粮食来慰劳刘邦的将士，刘邦也因而受到关中百姓的拥护。

项羽的大军到了函谷关，被刘邦的兵将所阻。项羽十分气恼，率军破关而入，进驻鸿门（今陕西临潼东北）。当时项羽军40万，刘邦军不足10万，而且驻扎在灞上，双方相隔只有40余里。由于双方力量悬殊，刘邦自知力量不敌项羽，便采纳张良计策，拉拢项羽叔父项伯，亲自到鸿门请罪。

此前，刘邦手下有个将官曹无伤，他想投靠项羽，便偷偷地派人到项羽那儿去告密说："这次沛公进入咸阳，是想在关中做王。"项羽听了，气得瞪着眼直骂刘邦得寸进尺。项羽的谋士范增也提醒项羽说："刘邦这次进咸阳，不贪图财货和美女，他的野心可不小哩！现在不消灭他，将来后患无穷。"

鸿门宴遗址

鸿门宴遗址位于陕西省临潼县新丰镇鸿门堡村，在秦兵马俑博物馆向东2.5公里处。这里横亘着1公里长的峭塬，中间如刀劈一样断为两半，南北洞开，犹如城门，"鸿门"因此得名。走进门内有一平台，台中就是当年项羽为争夺天下在此宴请对手刘邦的著名鸿门宴遗址。目前，宴址用青砖砌成，10米高的旗杆上飘扬着杏黄色虎帅旗，台北新建一座像蒙古包似的军帐，帐门口挂着"楚高军旗"，帐内为模拟的宴会场面。军帐用玻璃钢制成，内径10米，里面塑有"项庄舞剑"、"樊哙闯帐"、"沛公逃席"、"范曾长叹"等蜡像造型。这些造型将鸿门宴的紧张气氛表现得淋漓尽致，令人有身临其境之感。并使当年"项庄舞剑，意在沛公"这场惊心动魄的斗争场面一览无余地再现出来。

★鸿门宴遗址

经过一番思考，项羽打定了主意，他要把刘邦的兵力消灭在灞上。由于兵力悬殊，刘邦的处境十分危险。刘邦也已经意识到项羽的真正意图，但苦无良策。这时，与张良交好的项羽的叔父项伯知道了项羽的计划，因念起张良曾经救过自己，怕两军火并，伤及张良，便连夜骑着快马到灞上去找张良，劝张良逃走。张良借口说，危难时弃人而逃是不义的，遂将此事告诉了刘邦。

刘邦感到自己力量不敌，决定软化双方的对抗，遂把项伯选定为逢凶化吉的突破口。他对项伯极恭敬地约见、祝酒，结为亲家，又以充分的理由，诚恳地解释了产生误会的原因，表明了他对项王的忠诚之心。项伯完全相信了刘邦的忠诚，甘愿充当刘邦的说客，并且叮嘱刘邦亲自到项羽那里去赔礼。

第二天清早，刘邦带着张良、樊哙和100多个随从，来到鸿门，拜见了项羽。刘邦说：“我与将军同心协力攻打秦国，将军在河北，我在河南，我自己也没有想到能够先进了关。今天在这儿和将军相见，真是件令人高兴的事，不过有人在您面前挑拨，惹您生了气，这实在是我的过错。”项羽见刘邦低声下气向他说话，满肚子气都消了。他老老实实地说：“这都是你的部下曹无伤来说的。要不然，我也不会这样。”

★鸿门宴图

当天，项羽留刘邦在军营喝酒，还请范增、项伯、张良作陪。酒席上，范增一再向项羽使眼色，并且举起他身上佩带的玉玦（古代一种随身佩带的玉器），示意项羽趁机把刘邦杀掉。可项羽因在事前已被项伯说服，认定刘邦为忠诚有功之将，因而对范增的暗示默然不应。

范增看项羽不忍心下手，就找个借口走出营门，他找到项羽的堂兄弟项庄说：“咱们大王（指项羽）心肠太软，你进去给他们敬酒，瞧个方便，把刘邦杀了算了。”项庄会意，便入帐向刘邦敬酒。接着项庄说：“军营里没有什么娱乐，请让我舞剑助助兴吧。”说着，他拔出剑挥舞起来，舞着舞着，慢慢舞到刘邦面前。项伯已知其意，立即拔剑对舞，故意用身体遮护刘邦，使项庄一直难于下手。

张良一看形势十分紧张，向项羽请辞一会儿，离开了宴席，并快步走到营门外找到了将军樊哙。樊哙见张良出帐，连忙上前问道：“怎么样了？”张良说：“情况十分危急，现在项庄正在舞剑，实际是想趁机杀掉沛公啊！”樊哙跳了起来说：“来不及了，我得进去看看！”他右手提着剑，左手抱着盾牌，直往帐门冲去。卫士们想拦住他，樊哙力大，拿盾牌一顶，就把卫士撞倒在地上。他拉开帐幕，闯了进去，气呼呼地望着项羽，头发倒竖，眼睛瞪得大大的，连眼角都要裂开了。

项羽十分吃惊，按着剑问：“这是什么人，到这儿干什么？”

★表现鸿门宴情景的蜡像

张良已经跟了进来，替他回答说：“这是替沛公驾车的樊哙。”项羽说：“好一个壮士！”接着，他吩咐侍从的兵士赏他一杯酒，一只猪腿。樊哙一边喝酒，一边气愤地说：“当初，楚怀王跟将士们约定，谁先进关，谁就封王。现在沛公进了关，可并没有做王。他封了库房，关了宫室，把军队驻在灞上，天天等将军来。像这样劳苦功高，没受到什么赏赐，将军反倒想杀害他。这是在走秦王的老路呀，我倒替将军担心。”

项羽听了，一时无言以对，只好客气地说：“壮士请坐，只管吃喝，这里有的是酒肉。”樊哙闻命，紧挨着张良坐下。过了一会儿，刘邦起身说要出去方便，张良和樊哙也随后跟了出来。刘邦留下一些礼物，交给张良说：“从这条路到我军营不过20里罢了。请你估计我到了军营，你再进去。”说完，自己带着樊哙从小道跑回了灞上。刘邦走了好一会儿，张良才进去向项羽说：“沛公酒量小，刚才喝醉了酒先回去了。叫我奉上白璧一双，献给将军；玉斗一对，送给亚父（亚父，原是项羽对范增的尊称）。”

项羽接过白璧，放在座席上。范增却非常生气，他把玉斗摔在地上，拔出剑来，狠狠地砸下去，还边砸边说：“唉！真是没用的小子，没法替你出主意，将来夺取天下的，一定是刘邦，我们等着做俘虏就是了。”

萧何月下追韩信

XIAO HE YUE XIA ZHUI HAN XIN

项羽依靠强大兵力，使刘邦暂时屈从，然后堂而皇之入驻咸阳。楚兵进入咸阳后，大肆抢掠，无所不为。项羽也滥发淫威，他“杀秦降王子婴，烧秦宫室，火三月不灭，收其货宝、妇女而东”。项羽挟其军事上的余威，以诸侯上将军自居，发号施令。当时，名义上的首领还是楚怀王，项羽把他改称为义帝，表面上承认他是帝，实际上只让义帝顶个虚名，一切分封的事，都得听他主张。他把六国旧贵族和有功的将领一共封了 18 个王，自称为西楚霸王，取梁、楚之地九郡（今江苏、安徽、山东、河南部分地区），定都彭城（今江苏徐州）。封刘邦为汉王，封地为汉中、巴蜀，企图限制刘邦势力的发展，使其不得东进。

最初，汉王刘邦对他的封地很不满意，但是自己兵力弱小，无法同项羽较量，只好带着人马到封国的都城南郑（今陕西汉中东）。汉王到了南郑，拜萧何为丞相，曹参、樊哙、周勃等为将军，养精蓄锐，准备再和项羽争夺天下。但是，他手下的兵士们却都想回老家，差不多每天有人开小差逃走，急得汉王连饭也吃不下。有一天，忽然有人来报告：“丞相逃走了。”汉王急坏了，对丞相的突然离去百思不得其解。更让人意想不到的是，在第三天早晨，萧何又回来了。汉王见了他，既高兴又生气，他责问萧何说：“你怎么也逃走了？”萧何说：“我怎么会逃走呢？我是去追逃走的人呀！”汉王不解，又问道：“你去追谁？”萧何说：“韩信。”

★萧何像

★“汉相国萧何追韩信至此”碑

萧何所说的韩信，本来是淮阴人。项梁起兵以后，路过淮阴，韩信此时带着宝剑投奔了项梁，项梁将他留在军中，但韩信位卑言微，无法施展雄才大略，因而始终默默无闻。项梁败死后，他又归属项羽，项羽命他做郎中。此间，韩信多次给项羽献计，但项羽不予采纳。刘邦入蜀后，韩信离楚归汉，做管理仓库的小官，依然不被人所知。后来韩信因受部下牵连，犯法当斩，同案的 13 人都已处斩，就要轮到韩信的时候，韩信举目仰视，看到了滕公夏侯婴，他大声对夏侯婴说：“汉王难道不想取天下了吗？为什么要斩壮士！”夏侯婴觉得此人话语不同凡响，看他相貌威武，便放了他。在此后的交谈中，才知韩信文韬武略，无不通晓。于是夏侯婴便向汉王进言，汉王将信将疑，只是封韩信一个管理粮饷的官职，丝毫未加重用。

后来，丞相萧何见到了韩信，跟他谈了许多国家治理和军事策略，认为韩信很有才学，非常器重他，还几次三番劝汉王对韩信加以重用，但汉王总是不听。韩信知道汉王不肯重用他，便趁着将士纷纷开小差的时候，也找个机会走了。萧何得到韩信逃走的消息，急得直跺脚，立即亲自骑上快马追赶上去，追了两天，才把韩信找了回来。

汉王听说萧何追的是韩信，生气地骂萧何说：“逃走的将军有十几个，没听说你追过谁，单单去追韩信，你在说谎？”萧何说：“一般的将军有的是，像韩信那样的人才，简直是举世无双。大王要是准备在汉中呆一辈子，那就用不到韩信；要是准备打天下，就非用他不可。大王到底准备怎么样？”刘邦表示自己也想向东发展，绝非甘居汉中，定要夺取天下。萧何说：“大王一定要争天下，就赶快重用韩信。不重用他，韩信早晚还是要走的。”刘邦看在萧何的情面上同意拜韩信为将，但萧何坚持要再加以重用，刘邦表示可以让他作为大将试试，如无所长再行撤换。随即他命人去叫韩信，准备当即任命。谁知萧何却不依不饶地说：“大王平日不大注意礼貌。拜大将可是件大事，不能像对小孩儿一样呼来唤去。大王决心拜他为大将，要择个好日子，还得隆重地举行拜将的仪式才好。”汉王说：“好，我都依你。”

★韩信祠

汉营里传出消息，汉王要择日拜大将。几个跟随汉王多年的将军个个兴奋得睡不着觉，认为这次自己一定能当上大将。可到了拜大将的日子，所拜的大将竟是平日被他们瞧不起的韩信，所有的人都出乎意料。

汉王举行拜将仪式以后，再次召见韩信说：“丞相多次推荐将军，将军一定有定国安邦的良策，请将军赐教。”韩信反问刘邦：“请问大王，论兵力的英勇、强悍、精良，您同项羽比谁高谁下？”刘邦沉默良久，认为不如项王。韩信说：“臣亦认为如此。可是我曾经侍奉过项王，臣以为此人目光短浅，有勇无谋，乱逞匹夫之勇，滥施妇人之仁。项王虽然独霸天下而使诸侯称臣，可是却不居关中而都彭城，又擅杀义帝，违背盟约，使自己成为不忠不义之人。同时，他怂恿兵士祸乱百姓，致使民心丧尽，天怒人怨。如若大王您反其道而行之，定可取天下民心，民心既得，取天下何难？再者，三秦的封王章邯、董翳、司马欣本为秦将，率领秦国弟子已有数年，战死和逃亡的人不计其数，他们欺骗自己的部下和将领投降了项羽。可到了新安，项羽用欺诈的手段坑杀秦降卒20余万人，唯独章邯、董翳、司马欣得脱，秦人对这三人恨之入骨。时下项羽以武力强封这三人为王，秦国百姓却不拥戴他们。您入关时，秋毫不犯，废除秦苛酷刑法，与秦民约法三章，秦国百姓无不想拥戴您在关中为王。现在大王起兵向东，攻三秦的属地，只要号令一声即可收服。”

汉王越听越高兴，后悔没早点重用这个人才。此后，刘邦把军权交给了韩信，一切军中事务都由韩信亲自料理。

★位于陕西汉中的拜将台，是当年刘邦驻汉台拜韩信为汉大将军，举行隆重的授印仪式时所筑。

韩信

韩信（？—公元前196年），淮阴（今江苏淮安）人。汉初著名军事家。少时家贫，曾受“漂母之恩”，亦曾受“跨下之辱”，但终不肯放弃读书。陈胜、吴广起义后，韩信始投项梁，继随项羽，后从刘邦。汉高祖元年（公元前206年），经丞相萧何力荐，始为大将，协助刘邦制定了还定三秦以夺天下的方略。

楚汉战争期间，韩信率兵数万，开辟北方战场。破魏之战，针对魏军部署，佯作正面渡河之势，暗从侧后偷渡，攻其不备，俘获魏王豹。井陉之战，背水为阵，使将士死地求生，人自为战，大破赵军。淮水之战，借助河水，分割楚军，将齐、楚联军各个击灭，并由此被封为齐王。后又参与指挥垓下（今安徽灵璧南）决战，击灭楚军。韩信熟谙兵法，战功卓著，为汉王朝的创建作出了重要贡献。其用兵之道，为后世兵家所推崇。刘邦虽用韩信而心存疑忌，故在项羽败亡后，即夺其兵权，徙为楚王，继又黜为淮阴侯。吕后知刘邦疑忌韩信，与萧何定计，诱韩信至长乐宫，以谋反罪名将其杀害。

★韩信雕像

楚汉相争

CHU HAN XIANG ZHENG

项羽原是楚国的贵族，趁着农民起义的机会，参加了反秦战争。灭了秦朝以后，他自称霸王，然后把挂名为义帝的楚怀王杀掉。这就等于把自己擢升到帝王的位置，天下诸侯完全可以由他一人摆布。不过，由于项羽分封不公，引起诸侯和功臣不满。先是田荣据齐反楚，项羽急忙率军讨伐，刘邦则于公元前206年，“明修栈道，暗渡陈仓”，乘隙大举东进，楚汉战争由此爆发。

公元前206年8月，汉王刘邦乘项羽进攻齐地（今山东大部）田荣之机，决计出南郑（汉都，今陕西汉中市东）袭占关中（指函谷关以西地区），东向与项羽争天下。刘邦拜韩信为大将，以曹参、樊哙为先锋，率军东进。利用已被汉军烧毁的秦岭栈道（又名“阁道”、“栈阁”，古代在今川、陕、甘、滇诸省境内峭岩陡壁上凿孔架桥连阁而成的一种道路，是当时西南地区的重要交通要道），乘三秦王（章邯、司马欣、董翳）松懈麻痹之机，派樊哙、周勃率军万余，大张声势地抢修栈道，吸引三秦王的注意力。自己则亲率军队潜出故道，翻越秦岭，袭击陈仓（项羽所封雍王章邯属地）。章邯从废丘（雍都，今陕西兴平东南）仓促率军驰援陈仓，被汉军击败，汉军分路追击，在壤东（今陕西武功东南）、好峙两地再败雍军，进围章邯残部于废丘。关中的百姓对“约法三章”的汉王本来有好感，汉军一到，大多不愿抵抗。而汉军连续作战，分兵略地，迅速占领了关中大部，平定三秦之地，取得对楚的初战胜利。

如此战局使西楚霸王项羽如坐针毡，他有心发兵往西攻打刘邦，可是东边齐国的田荣轰走了项羽所封的齐王，自立为王，情况比西边还要严重，项羽只好先去对付齐国。汉王刘邦则趁项羽和齐国相持不下的时候，一直向东打过来，攻下了西楚霸王的都城彭城。

此时，刘邦仗恃兵多将广，麻痹轻敌。项羽军则收复失地心切，斗志旺盛。3万楚军在项羽率领下，出山东经胡陵（今山东鱼台东南）、趋萧（今安徽箫县西北），直抵彭城汉军侧背。战斗从拂晓开始，楚军勇猛顽强，边打边冲。到了午时，已将汉军打得大败。楚军追到彭城东北的泗水，汉军纷纷落水，死者10余万。汉军向南方山地溃逃，楚军追击至灵璧（在今安徽省）以东的睢水上，又歼灭数10万余人。汉高祖只率数十骑逃出重围，连妻子吕雉和父亲都作了项羽的俘虏。

刘邦遭此败绩，原来归附他的武装纷纷叛汉降楚，或与楚媾和，使刘邦处于极端孤立的状态。公元前205年8月，刘邦任命韩信为左丞相率兵击魏。魏王把重兵布守在蒲坂，封锁河关（黄河渡口临晋关后改名蒲津关）。韩信故意多设疑兵，陈列船只假意要渡河关，而伏兵却从夏阳以木盆、木桶代船渡河，袭击魏都安邑。魏王豹大惊，引兵迎击韩信，韩信大胜，虏魏王豹，平定了魏国。接着，刘邦采纳韩信“北举燕、赵，东击齐，南绝楚之粮道，西与大王会于荥阳”，进而对楚实施战略包围的建议。刘邦在坚持对楚正面作战的同时，给韩信增兵3万，命其率军东进，开辟北方战场。

韩信虽然攻城掠地，连连取胜，但刘邦所率的汉军却承受着巨大的军事压力。项羽的谋士范增劝

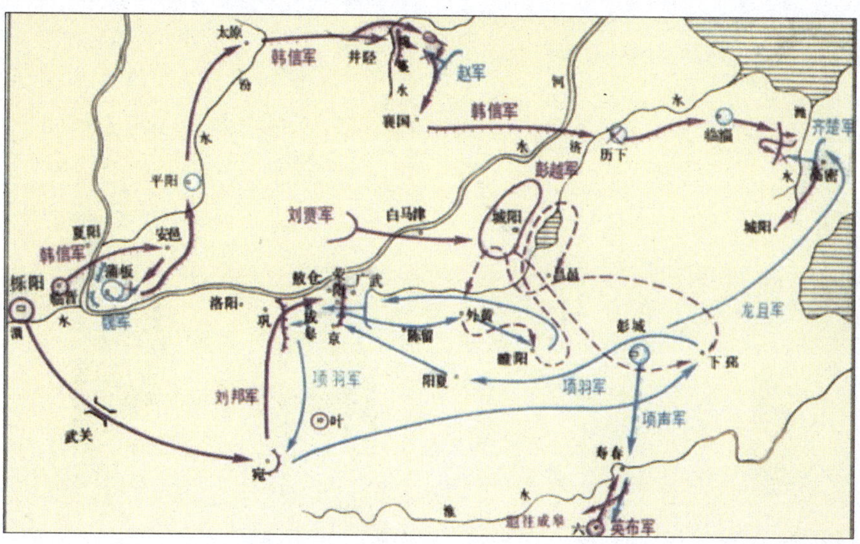

★彭城之战示意图

★位于陕西省汉中市的古汉台，是刘邦进驻汉中后夯土建成的高台宫廷建筑。

项羽把荥阳迅速攻下来。刘邦得知消息，十分着急，但此时韩信却远在齐国境内，无法实施增援。刘邦的谋士陈平原来是从项羽那边投奔过来的，他知道只有除去范增才能解除来自楚军的威胁。于是，他向刘邦献了一条计策：离间项羽和范增的关系。

项羽是个猜忌心很重的人，中了陈平的反间计，真的对范增怀疑起来。范增十分气愤，对项羽说："天下的大事已经定了，大王好自为之吧。我年老体衰，该回老家了。"范增离开荥阳，一路上又气又伤心，没等回到彭城，就病死在路上。

范增一死，楚营里再没人替霸王出谋划策，汉军受的压力就此减轻。汉王刘邦用少数兵力在荥阳、成皋一带牵制项羽的兵力，让韩信继续攻取北部和东部地区，又命将军彭越在楚军后方截断楚军的运粮道，使项羽的军队不得不来回作战。

公元前203年，项羽自己去攻打彭越，令手下将军曹咎留下来守成皋，并再三嘱咐他千万不要跟汉军交战。刘邦见项羽一走，立即向曹咎挑战。一开始，曹咎拒不出战。汉王便命兵士整天隔着汜水（流经荥阳西）朝着楚营辱骂。一连骂了几天，曹咎实在忍无可忍，决定渡过汜水，和汉军拼一死战。

楚军兵多船少，只好分批渡河。汉军趁楚兵刚渡过一半的时候，把楚军的前军打败，后军乱了阵脚，自相践踏，一溃千里。曹咎觉得没有脸再见项羽，在汜水边横剑自刎。

项羽在东边正打了胜仗，听到成皋有失，又赶忙驰援成皋。在广武（今河南荥阳县东北）地方，楚汉两军又对峙起来。项羽一心要与刘邦决一雌雄，可刘邦因兵力不足，不敢应战。日子一久，楚军的粮食接应不上。项羽无计可施，把汉王的父亲刘太公绑了起来，放在宰猪的案几上，派人大声吆喝："刘邦还不快投降，就把你父亲宰了。"刘邦知道项羽在恐吓他，他大声回答说："我跟你曾经结为兄弟，我的父亲也就是你的父亲。你要是把父亲杀了煮成肉羹，请分给我一碗尝尝。"项羽被刘邦的话气得咬牙切齿，恨不得真的把太公杀掉，然而项伯劝住了他。

此时，韩信在齐地大败楚军，楚军的运粮道又被彭越截断，粮草越来越少。刘邦趁项羽左右为难的时候，派人与项羽讲和，要求把太公、吕后放回来，并且建议楚汉双方以鸿沟（在荥阳东南）为界，鸿沟以东归楚，鸿沟以西归汉。项羽认为按照"楚河汉界"的划分，双方都可以相安无事，于是放回了刘太公、吕后，接着把自己的人马带回彭城。

其实，刘邦主动讲和只是一个缓兵之计，他用了张良、陈平的计策，不出两个月，便组织了韩信、彭越、英布三路人马一齐会合，由韩信统领，追击项羽。

公元前202年，韩信布置十面埋伏，把项羽围困在垓下（今安徽灵璧县东南）。项羽的人马少，粮食也快完了。他想带领一支人马冲杀出去，但是汉军和诸侯的人马把楚军围得像只铁桶，风雨不透。项羽率兵左突右冲，始终未能杀出重围。夜里，刘邦营中传出阵阵楚兵所熟悉的歌声，项羽营中的楚兵各个屏气静听，从歌声中，他们判断家乡已经被汉军占领，那些会唱楚歌的人，一定是被汉军俘虏来的。于是，他们更加思念家乡，更无心打仗了。夜深人静的时候，这些楚兵都悄悄地溜出了楚营，楚营中只剩下了项羽的八百子弟兵。

天色将明，项羽知道自己已经成了强弩之末，只能杀回江东，重整旗鼓。于是，他匆匆别过虞姬，跨上乌骓马，带了八百个子弟兵冲过汉营，又马不停蹄地往前跑去。到了天蒙蒙亮，汉军才发现项羽已经突围，连忙派了5000骑兵紧紧追赶。项羽一行渡过淮河，这时他的

★鸿沟遗址

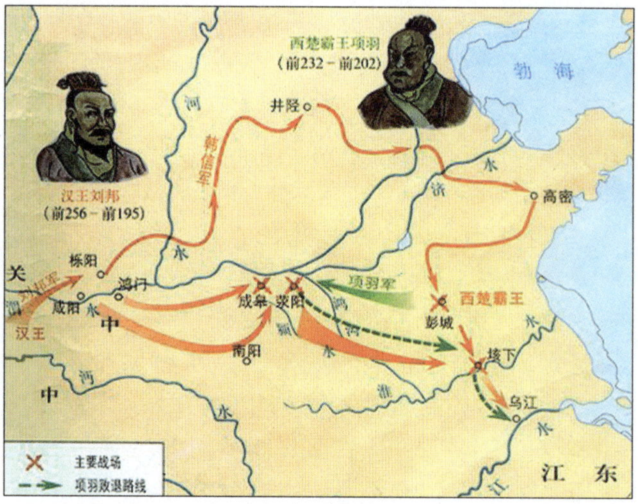

★楚汉战争路线图

身边只剩下100多人了。又经一阵打打停停，等到了东城（今安徽定远县东南）时，原来的100多人只剩下了28人。项羽回过身看了看浑身是血的28名汉子，不禁悲从中来，他强忍住泪水对他们说：“我自起兵到现在已经八年，经历过七十多次战斗，从来没打过一次败仗，才当上了天下霸王。今天在这里被围，这是天叫我灭亡，并不是我打不过他们啊！”随后，他把仅有的28人分为四队，对他们说：“看我先斩他们一员大将，你们可以分四路跑开，大家在东山下集合。”这时，汉军已像蝼蚁一样围了上来。项羽猛喝一声，向汉军冲去。汉兵抵挡不住，纷纷散开，当场被项羽杀死了一名汉将，余下的汉兵像没头的苍蝇一样到处乱窜。项羽冲杀到了东山下，所剩的四队人马也陆续赶来。又经过一阵厮杀，项羽斩杀了汉军一名都尉和几百名兵士，自己的楚兵只阵亡两人。最后，他带着26人杀出汉兵的包围，一直往南跑，到了乌江（在今安徽和县东北）。此时，乌江的亭长已备一条小船停在那里。亭长劝项羽马上渡江，并安慰项羽说：“江东虽然小，可还有一千多里土地，几十万人口。大王过了江，还可以在那边称王。”项羽苦笑了一下，说：“我在会稽郡起兵后，带了八千子弟渡江。到今天他们没有一个能回去，只有我一个人回到江东。即使江东父老同情我，立我为王，我还有什么脸再见他们呢？”

他把乌骓马送给了亭长，26个兵士也都跳下马，个个手持短刀，同追上来的汉兵展开了肉搏。他们杀了几百名汉兵，但楚兵也在此间一个个倒下，项羽的身上也有十几处伤。他浑身是血，站在江边，最后朝江东方向望了望，然后又毅然回转身，怒视着汉兵，挥剑自刎。至此，楚汉战争以刘邦的胜利告终。

★金兽·西汉

霸王别姬

★霸王别姬雕像

公元前202年，刘邦背信弃义，带兵追击东归的项羽。项羽回击，大败汉军。其后诸侯军队皆至，项羽孤军陷于重围，败至垓下，兵少食尽。韩信、彭越诸军，合围愈急。为动摇楚军心，张良和韩信让汉军夜唱楚歌，项羽闻楚歌，惊惶之中感到大势已去，夜间与爱妾虞姬在军帐中饮酒，面对美人和名骓，项羽慷慨悲歌：“力拔山兮力盖世，时不利兮骓不逝。骓不逝兮可奈何，虞兮虞兮奈若何！”虞姬和唱道：“汉兵已略地，四方楚歌声。大王意气尽，贱妾何聊生！”唱罢，虞姬拔剑自刎。项羽草草埋葬了虞姬，带仅存的八百壮士，杀入汉军重围。

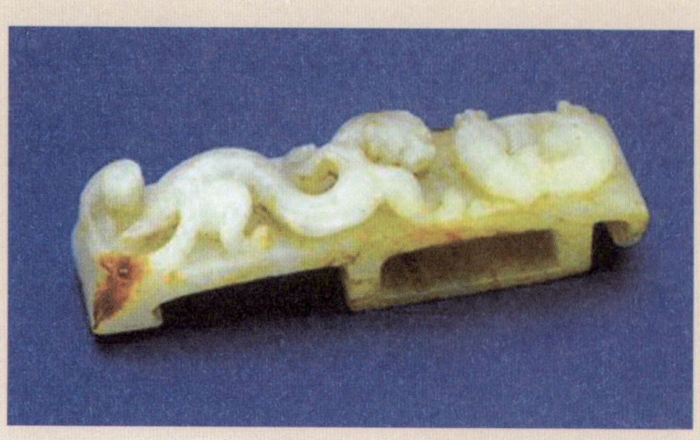

★玉浮雕螭纹璲·西汉

汉高祖杀马立誓

HAN GAO ZU SHA MA LI SHI

★汉高祖刘邦雕像

楚汉战争，以西楚霸王项羽自刎于乌江而告结束。公元前 202 年，刘邦以胜利者的姿态在定陶（今山东定陶西北）泛水北即皇帝位，是为汉高祖（西汉纪年从公元前 206 年刘邦称汉王时算起）。汉高祖建都洛阳，后来迁都到长安（今陕西西安）。从那时候开始的 210 年，汉朝的都城一直在长安。历史上把这个时期称为“西汉”。

汉高祖刘邦在打天下的时候，曾经分封了 7 个异姓诸侯王：韩王信、赵王张耳、齐王韩信（后改为楚王）、梁王彭越、淮南王黥布（即英布）和燕王臧荼、燕王卢绾。

汉高祖即位不久，在洛阳南宫开了一个庆功宴会。他对大臣们说：“咱们今天欢聚在一起，大家说话不用顾忌。你们说说，我是怎么得天下的，项羽又是怎样失天下的，”

大臣王陵说：“皇上派将士打下城池，有封有赏，所以大家肯为皇上效劳；项羽对有功的和有才能的人猜疑、妒忌，打了胜仗，不记人家的功劳，所以失去了天下。”

汉高祖笑了笑说：“你们只知其一，不知其二。要知道成功失败，全在用人。运筹帷幄之中，决胜千里之外，这一点我不如张良；治理国家，安抚百姓，给前方运送军粮，这一点我比不上萧何；统领百万大军，战无不胜，攻无不克，这一点我赶不上韩信。这三个人都是当代的豪杰。我能够重用他们，这就是我得天下的原因。而项羽连一个谋臣范增都不能用，所以被我灭了。”大家都佩服汉高祖说得有道理。后来，人们就把萧何、张良、韩信称做“汉初三杰”。

不过，刘邦封王只是为了拉拢人心。他深知像韩信、彭越这些人能文能武，有才干、有实力，当了王

★汉高祖长陵出土的陶俑

★汉中拜将坛中的萧何塑像

萧何

萧何（？—公元前 193 年），秦朝时沛县（今江苏省沛县）丰邑人。西汉初年政治家。萧何早年任秦沛县狱吏。秦末佐刘邦起义。攻克咸阳后，他收取了秦丞相、御史府所藏的律令、图书，掌握了全国的山川险要、郡县户口，并详知民间疾苦，对日后制定政策和取得楚汉战争胜利起了重要作用。刘邦为汉王，以萧何为丞相，萧何推荐韩信为大将军。楚汉战争时，他留守关中，同太子守国。期间，他勤于政事，精于治理，使关中成为汉军的巩固后方，不断地输送士卒粮饷支援作战，对刘邦战胜项羽，建立汉朝起了重要作用。汉朝建立后，以他的功劳最高而封侯。他依据秦法，重新制定律令制度，协助高祖消灭韩信、英布等异姓诸侯王，被拜为相国。

★玉兽首衔璧饰·西汉

★彩绘漆龙鸟纹圆盘·西汉

之后自己也有了军队，有了地盘，万一势力强大起来，发兵造反易如反掌。所以刘邦自打封了王以后，他食不甘味，卧不安席，隐隐约约感到身边潜在的威胁。于是，他天天在心里盘算着怎样除掉这几个心头大患。

在诸侯王中，韩信的功劳最大，本领也最大，而且韩信的王号还是当年刘邦被项羽围困时从他的手里要挟来的。所以，韩信很自然地成了刘邦最大的心病。而韩信这个人自从立了大功，便骄傲起来，目空一切，说话也不注意分寸。有一次，刘邦跟韩信谈到带兵打仗的问题，刘邦问韩信："像我这样的才能，你看能带多少兵？"韩信说："陛下顶多能带 10 万兵。"刘邦又问："像你这样能带多少兵呢？"韩信说："我带兵当然是多多益善！"刘邦一听，心里很不是滋味，他瞪着韩信，冷冷地说："你的本事那么大，为什么又服从了我呢？"韩信觉得自己的话有些欠考虑，赶紧补充说："您善于统帅将领，所以我得服从您了。"刘邦这才转怒为喜。不过，他对韩信前边的话多少有些不快，这也是他急于先铲除韩信的原因之一。一天，有人报告刘邦说韩信收留了项羽的大将钟离昧，对于刘邦来说，这可是个难得的借口。他本来想派兵讨伐韩信，但他自认为实力远非韩信的对手。于是，他采用了陈平的计策，假装要到楚国的名胜云梦泽，带着自己的亲信部队来到韩信的封地，准备找机会下手。

韩信自认为自己对刘邦一片忠心，又是汉朝的开国功臣，刘邦不至于绝情无义，因而他始终下不了反叛的决心。这时，有人对韩信提建议说："皇帝是为钟离昧来的，如果你杀了钟离昧，把他的头交上去，皇帝一定会高兴的。"韩信也料到如此，便找到钟离昧说明了自己的处境。钟离昧听了勃然大怒，指着韩信骂道："你这个家伙太自作聪明！刘邦不敢派兵进攻你，就是因为我在这里，如果你杀了我去请功，我今天死，你明天必定灭亡。"说完，他拔剑自刎。

韩信拿着钟离昧的头去拜见汉高祖，刘邦则不由分说，命武士把韩信捆绑起来，装进囚车。韩信不无讥讽地对刘邦说："我走到今天这个地步，真正应了'飞鸟尽，良弓藏；狡兔死，走狗烹；敌国灭，谋臣亡'的那句话了。"刘邦听后不觉脸红心跳，他自知韩信的功劳很大，而且未露反形，于是又放了他，并把他降为淮阴侯。

时隔几年，陈豨勾结匈奴，起兵反叛。他自称代王，很快就占领了 20 多座城。刘邦想让淮阴侯韩信和梁王彭越一起讨伐陈豨，可是两个人都推说有病，不肯出兵，刘邦只好亲自领兵出征。

汉高祖带兵离开长安后，有人向吕后告发，说韩信和陈豨是同谋，他们还想里应外合，发动叛乱。丞相萧何给吕后出了一个计策，故意传出消息，说陈豨已经被高祖抓到，要大臣们进宫祝贺。韩信不知是计，前去朝贺，但一进宫门，就被预先埋伏好的武士拿住，并被吕后残忍地杀害。同时，吕后又命兵士将韩信的父族、母族、妻族全部斩草除根。历史曾评价韩信"成败一萧何，生死两妇人（韩信曾受漂母赠食而活命）"。

韩信死了以后，汉高祖灭了陈豨，回到洛阳，又有彭越的手下人

★汉高祖原庙（乐沛殿）

★韩信受漂母赠食(壁画)

告发彭越谋反。汉高祖听到这个消息,派人把彭越下了大狱。后来因为没有查到彭越谋反的真凭实据,便把他流放到蜀中。彭越在去蜀中的路上遇到吕后,他向吕后哭诉,表白自己的心迹,并苦求吕后在刘邦面前替他说句好话,让他回自己的老家。吕后当时一口答应,把彭越带回洛阳。但她见到刘邦时却说:“彭越是个壮士,把他送到蜀中,这不是放虎归山吗?”刘邦一听,也认为自己一时疏忽,便决计将彭越处死。

汉高祖刘邦接连铲除异姓王,引起了淮南王英布的恐慌。英布原来是楚霸王项羽手下的一员猛将,他曾经跟着项羽北上救赵,在巨鹿大战中以少胜多,立下了大功。后来,项羽把他分封为九江王。楚汉之争时,刘邦派了一个能说会道的随从将英布拉拢到刘邦的旗,加速了项羽的败亡。此时,韩信和彭越的死使英布意识到了刘邦的真正意图。他认为,如果不先发制人,必后制于人。于是,他当机立断,举兵造反。

公元前 196 年,英布竖起了反叛的旗帜,并接连打了几个胜仗,占领了荆楚一带。刘邦听说英布造反,亲自率领大军去讨伐。当两军对阵的时候,刘邦看到英布的阵势同项羽相似,他的心里不禁有些恐慌。他责问英布说:“我已经封你为王,你为什么还要造反?”英布破口大骂,骂刘邦滥杀功臣,凶狠歹毒,不仁不义。刘邦被英布揭了短处,不由得恼羞成怒,立即下令发动进攻。此一役,英布兵败被杀,而刘邦也在进攻中被飞箭射伤,从此一病不起。

从公元前 202 年起,到公元前 195 年止,刘邦先后把分封出去的七个异姓王全部消灭,然后将空出来的王位,分派给自己的兄弟子侄。公元前 195 年,刘邦自知就要不久于人世,但他不放心自己创下的刘氏基业,决定要杀马立誓。这天,他召集了所有的文武大臣们到太庙里,然后命下人牵来一匹白马,亲自主持了杀马宣誓的仪式。他端起血酒,率先盟誓说:“从今以后,凡不是刘姓的人,一概不许封王;凡是没有立大功的人,一律不许封侯。谁要是违反这个盟约,天下人就共同讨伐他!”说完,他把马血酒半杯倒在地上,剩余的半杯一口气喝了下去。在场的所有人也都照他的样子,每人喝了马血酒,发誓一定要永远遵守这个盟约。刘邦杀马立誓,是为了防止异姓王造反,保住刘家的天下。他以为这是一条长久之计,但他万万没有料到,首先违背盟约的竟是他自己的妻子吕后和吕氏子弟们。

★虎纹瓦当·西汉

★刘邦征战雕塑

田横宁死不受辱

TIAN HENG NING SI BU SHOU RU

田横是汉代千乘郡狄县人，战国时齐王田氏的后代。他堂哥叫田儋，哥哥叫田荣，田荣比田儋年纪小些。他们弟兄三人都是秦末的英雄豪杰，宗族强大，能团结人。

陈胜作楚王时，派周市平定魏地，到达狄县。但是狄县的城墙被秦兵把守住了。按规定，凡主人杀自己的奴婢都要告官，田儋假装要杀自己的家奴，让年轻人跟着，到了县衙，扬言要向县令请示，趁机杀了县令，自立为齐王。转而赶跑了周市的队伍，占领了齐地。

后来秦将章邯晚上偷袭齐军，杀了田儋。他的叔伯弟弟田荣收拾残部，跑到东边的东阿。齐国人听说田儋死了，就立六国时齐王建的弟弟田假做齐王，田角做国相，田间做将军，以抵抗诸侯。

田荣跑到东阿后，章邯继续围剿他。项梁听说田荣战事不利，就率军在东阿打败了章邯。项梁穷追不舍，往西追击章邯残部。田荣有了喘息的机会，得以处理齐国国内的事情。他赶跑了齐王田假，立田儋的儿子田市做齐王，自己做国相，让他弟弟田横做将军，平定了齐地。

★田横五百壮士壁雕

后来项梁跟章邯战事吃紧，请赵国、齐国派兵联合作战。田荣要楚国杀掉在那儿避难的田假，要赵国杀掉在那儿避难的田角、田间，齐国才肯出兵。楚国、赵国都不答应，齐国也就不去救援。结果章邯杀了项梁，渡过黄河包围了赵国。项梁的侄子项羽前去援助赵国，他恨齐国不肯出兵，害得楚军大败，自己叔叔连命也搭上了，这样跟田荣结了仇。

项羽保住了赵国，并且让章邯投了降，于是迁齐王田市做胶东王，治所在即墨。齐将田都因为帮忙援助赵国，项羽就让他做齐王，治所在临淄。六国时齐王田建的孙子田安也有功，就让他做济北王，治所在博阳。田荣也因此丢了官，不能封王，他跟另一个丢官的人陈余都憎恨项羽。

★田横府

项羽回到楚国做西楚霸王，新分封的诸侯也各就各位。这时候田荣就派人帮助陈余，让他夺了赵国；田荣自己也派兵打跑了田都。他留下齐王田市，叫他不要去做胶东王，田市害怕项羽找麻烦，跑到自己的封国。田荣发怒了，赶到即墨杀田市，回头又杀了济北王田安。随后，他自立齐王，把项羽分封的胶东、齐、济北三国都并为齐国。

项羽听就此事，恼羞成怒，于是率军伐齐，齐王田荣败走平原，平原人把田荣杀了。项羽派人把齐国的都城毁了，在齐地见人就杀，所以齐国人联合起来背叛他。田荣的弟弟田横，收集残兵，又拉起了几万人的队伍，回过头来在城阳与项羽交战。这时项羽后院起火，原来刘邦联合诸侯占了项羽的国都彭城。项羽只好放下齐国，想抢回大本营。这样田横就能缓过气来收复齐国，让田荣的儿子田广做齐王，他自己做国相，专揽齐政，国家的政事，不管大小，都由他说了算。

三年过后，汉王刘邦派读书人郦食其劝齐国投降，田横认为只能这样子了，准备投降，军队因而失去了戒备。没想到汉王的属下韩信带兵杀过来了。起先，齐国派华无伤、田解把住历下以防备势如破竹的汉军。这时齐国已决定投降汉国了，守卫部队正饮酒作乐，疏于防备，何况国家已派使臣到汉国去商谈议和的细节了。韩信采用了蒯通的计策，士兵情绪高涨，很快就把历下偷袭得手，进入了临淄。田广、田横觉得郦食其出卖了他们，就把他烹煮了。于是田广跑到高密，田横跑到博阳，守相田光跑到城阳，将军田既在胶东屯兵。楚国这时又帮助齐国对付汉国，田广的军队在高密和楚将龙且的军队会合。汉国韩信和曹参杀了龙且，逮到了田广，灌婴逮到了田光。田横到博阳后，听说田广死了，就自立为齐王，与灌婴交战。结果败走梁国，投奔彭越。彭越对楚汉两国都不得罪。韩信接着让曹参在胶东战杀了田既，让灌婴在千乘战杀了齐将田吸。这样，韩信平定了齐国，派使臣让汉王刘邦封自己为代理齐王。刘邦这时正要用人，特别是韩信这样的人，只好让他做了齐王。

一年多以后，刘邦消灭了楚国，登基当了皇帝，让彭越做梁王。田横害怕刘邦要杀自己，又担心彭越靠不住，就带着自己的旧部五百多人跑到海上，在一个海岛上住了

★田横古栈道——丹崖溅血

下来。刘邦听了这件事儿后，认为齐国本来是田横他们弟兄几个平定的，齐国有能耐的人大多依附他，如果让他守在一个海岛上不收编，日后恐怕要发动暴乱，就派遣使臣宣布田横无罪，要招回大陆封一官半职。田横告罪说："我先前烹了陛下的使臣郦先生，现在听说他弟弟郦商做了汉朝的将领，很有才干，我很害怕，不敢接受诏书，请允许我做个平民百姓，留在海岛。"使臣回报，刘邦就给卫尉郦商下诏书："齐王田横如果回来了，他的随从人马谁敢碰一下，就要杀他整个家族。"于是使臣拿着符节，把皇上给郦商下诏书的情况都告诉田横，并传话说："如果回来，从大的方面讲可以封个国王；从小的方面讲，可以封个侯。如果不来，就要派兵诛杀。"田横只得跟着两个门客坐专车到洛阳。

离洛阳还有三十里地时，田横向使臣赔不是说："臣子拜见天子应当洗头洁身。"于是就停了下来。他对门客说："我起先跟汉王刘邦都面朝着南方做侯王，现在汉王做了天子，可是我却成了逃犯面对着北方侍奉他，这种耻辱本来已经够大的了。再说我把人家的哥哥烹煮了，现在又要跟他弟弟肩并着肩去

★田儋雕像

★田荣雕像

★田广雕像

★齐王田横雕像

侍奉主人，他纵使害怕天子的诏书不敢拿我怎么样，但是我内心难道不羞愧吗？况且陛下之所以想见见我，只不过想看看我长得什么样子罢了。目前陛下正在洛阳，现在把我的脑袋砍下来，骑快马跑三十里的路程，我的相貌还不会一下子变形，仍然可以看。”于是自杀，让门客捧着脑袋，跟着使臣骑着快马面见高祖。高祖说：“哎，他有顾虑啊！想来他从普通百姓发家，兄弟三个轮流当上了齐王，难道不是很有才干吗？”随后，高祖让他的两个门客做了都尉，派遣士兵两千人，按照国王的礼节隆重安葬了田横。田横的门客为他创作了《薤露》、《蒿里》两首挽歌，替他伤心。

田横下葬后，那两位门客在他墓冢旁边挖了两个坑，接着都自杀了，为他殉葬。刘邦听后，十分惊讶，认为田横的门客都有贤德，并且说：“我听说他剩下还有五百人在海中。”打发使臣去把他们招回。等使臣到了海岛上，才知道，原来那些留住海上的人听说田横死了，也都自杀了，于是世人知道田横三弟兄能够网罗贤才。

★韩愈祭田横墓文

油画《田横五百士》

徐悲鸿的油画《田横五百士》，长 349 厘米，宽 197 厘米。画中的田横衣着绯红衣袍，位于众人之右，作拱手诀别状。他昂首挺胸，表情严肃，眼望苍天，在那双炯炯的眼睛里没有凄惋、悲伤，而是闪着凝重、坚毅、自信的光芒，显示出凛然不屈、高风亮节的气度。众壮士则满怀悲愤、群情激昂。有人沉默，有人忧伤，那个瘸腿的人面带急情，似乎是要向前阻止田横去洛阳。人群右下角有一老妪和少妇拥着幼小的女孩仰视田横，眼神满含哀婉凄凉。一匹白马站在一旁，不安地扭动着头颈，远处的白云好像也被这一幕感染，沉郁地低垂着。作品场面宏大，人物众多，情绪表现深刻，极具戏剧性。画中人物伸展的手臂、踮起的脚尖、阴森锋利的长剑都寓动于静，透出一种英雄主义气概。横贯画幅三分之二的人物组群，则以密集的阵形传达出群众的合力。画中，作者用红、黄、蓝三色突出了田横与众壮士之间的对答交流。田横身穿红袍与众壮士身穿黄袍也形成了鲜明的对比。同时，众壮士与蓝天、白云、大海也形成了对比，加强了画面的情感色调。

★徐悲鸿油画《田横五百士》

叔孙通制礼作乐

SHU SUN TONG ZHI LI ZUO YUE

★叔孙通（最下方）石刻像

叔孙通是秦末汉初薛县人，他通晓儒家学说，是秦朝的待诏博士。

秦二世即位不久，陈胜、吴广等就在大泽乡揭竿而起，各地纷纷响应，地方官吏把农民起义的情况报告朝廷，秦二世问博士儒生们：“听说从楚地征调去边疆驻防的役卒们攻打蕲县，进入陈县，诸位有何高见？”三十多个博士儒生上前发表意见说：“作为天子的臣民不能聚众暴乱，带领群众犯上作乱，就是罪大恶极，不能宽容，希望陛下赶快发兵去镇压！”儒生们本来想拍马屁，结果反而惹恼了秦二世，他气得连脸色都变了。叔孙通便上前说：“各位儒生说的都不对，现在天下早就统一了，废除了封建割据的城堡，销毁了所有武器，表示天下已经太平无事，不再打仗了。而且现在上面有英明的君主领导，下面有完备的法律条令，让每个人都要规规矩矩奉公守法，四面八方都要拥护中央政府，哪里还有人敢起来造反呢？陈胜这帮人只不过是一群偷鸡摸狗的小小盗贼，不值得去争论。现在让郡守派出追捕盗贼的官员去捉拿定罪就是了，何必用这种小事来干扰皇上呢？”秦二世夸奖叔孙通说得好。秦二世还要让在场的儒生们都表态。随后秦二世又让御史去对照每个人说过的话，把那些说陈胜是造反的人，交给法官去治罪，因为秦二世认为他们说的完全不合自己的心愿，对那些说陈胜等人是盗贼的通通不与追究，最后还特别奖赏叔孙通二十匹绸缎、一套衣服，正式任命他为博士。

退朝后叔孙通急忙回到宿舍，儒生们问道：“先生为什么尽说一些讨好的话？”叔孙通说：“你们不知道，我差点没有逃脱虎口呢！”于是叔孙通就偷偷地溜出咸阳，逃回老家薛县。这时薛县已经投降楚军了，项梁进入薛县，叔孙通就跟随了项梁。当项梁在定陶兵败身亡之后，他又去跟随了楚怀王。后来项羽把楚怀王称为义帝赶往长沙时，叔孙通又投靠了项羽。刘邦率兵攻入彭城，叔孙通又投降了刘邦。当项羽把刘邦赶出彭城，杀得大败而逃的时候，这一回孙叔通倒死心塌地跟随刘邦了。

叔孙通喜欢儒生式的穿着打扮，穿一件长袍，因为刘邦讨厌，就脱掉长袍，改穿楚地最时兴的短

★画家刘俊所画《汉殿论功图》，汉高祖刘邦取得天下之后，各路功臣争功，致拔剑砍殿柱。叔孙通乃说高祖召鲁地诸生，规定朝仪。高祖大喜，以为如此知皇帝之尊。

★彩绘陶仪卫俑·西汉

衣。刘邦看到他能跟上潮流，对他很有好感。

叔孙通投降刘邦的时候，还带有一百多儒生一起归顺了刘邦，然而他没有向刘邦推荐这些人，却专门推荐那些经常出入山林沼泽的老奸巨滑和不要命的强盗。儒生们都在背后发牢骚说：“我们跟着先生好几年了，好容易才到了汉王这里，他不为我们说好话，而专门举荐那些不要命的家伙！”叔孙通听说后，便对儒生们说：“汉王正在冒着飞矢流石的危险去争夺天下，难道各位能到战场上去冲锋陷阵为汉王帮忙吗？所以先推荐那些冲入敌阵斩将拔旗的好汉，诸位暂且耐心等等，一有机会我不会忘记你们的。”后来刘邦任命叔孙通为博士，号为“稷嗣君”。

刘邦打败项羽之后，各路诸侯就在山东的定陶尊称他为皇帝。于是由叔孙通拟订朝廷的礼仪和各种名号。刘邦废除了秦朝那些苛刻的法律和繁琐的礼仪规则，改为简便易行的条款。当时武将们为了争功，借酒发疯，狂呼大叫，拔剑击柱，闹得刘邦头昏脑胀。叔孙通知道刘邦非常讨厌这种情况，便对刘邦说：“那些儒生们一般说来，在驰骋江场争夺天下的时候，他们帮不了什么大忙，但在治理天下时，却能发挥他们的作用。请允许我去把鲁地的儒生找来，加上我的学生，共同制定朝廷规则和礼仪制度。”刘邦说：“实行起来，不会太麻烦吧？”叔孙通说：“从前五帝的音乐并不都一样，三王的礼仪也各不相同。所谓礼仪，就是要根据时代和人们思想感情的变化，给人们的言论和行为制订一些共同遵守的规范。因此，夏朝、殷朝和周朝的礼仪，都是参考前代的礼仪，有的照搬，有的删掉，有的增加，可以让人们知道它们的变化，说明古代的礼仪不是互相重复的。我准备采用一些古代礼仪，再揉进秦朝的规则，重新制订汉朝的规矩。”刘邦说：“您可以去试试看，要简单明了，容易实行，估计我能够办得到的才去制定它。”

叔孙通便奉命到鲁地征调三十余名儒生，其中有两个儒生不肯参加，还讥笑叔孙通说：“阁下追随投靠的主子先后换了十来个吧？你靠奴颜卑膝、吹牛拍马得到主子的喜欢，获得尊贵的地位。现在天下刚刚安定，战死者还未掩埋干净，受伤者还没有痊愈，你就想去为他们歌功颂德，制礼作乐。一个朝代礼乐的产生，必须积累百年的功德，然后才能兴起，我不忍心参加阁下干的那些骗人勾当。阁下的那一套不符合古道，我坚决不去。阁下赶快走吧，别在这里侮辱我的人格。”叔孙通只好笑着说：“你真是个孤陋寡闻的书呆子，不懂得顺应时代的变化。”于是叔孙通带着三十个儒生回到京城，再加上他的学生和皇帝周围一些有文化的人，凑集到一百多人。然后在野外平整一块场地，划道拉绳进行排练。大约训练一个多月之后，叔孙通对刘邦说：“皇上可以去试试看。”刘邦去到排演场，观看仪仗队进行排演，随后刘邦说：“这个我能做到。”于是命令群臣进行演习，准备在十月举行盛大朝会。

★长乐未央博局纹镜·西汉

汉高祖七年（公元前 200 年），长乐宫落成，众位大臣来到长乐宫中参加朝会。朝会的程序大致是这样的：天刚开始亮时，主持朝会的人，在前面引导所有参加朝拜的人按秩序进入殿门。宫廷中陈列着车马步卒保卫着宫殿，还陈设着许多兵器、帷帐、旗帜等等。然后传令进宫的人快步向前致敬，大殿的台阶两旁站列了几百个郎中。功臣列侯、将军和军官们按照次序，排列在大殿的西侧，面向东站着；文官和丞相以下的官员排列在东侧，面向西站着。大行官安排了九个傧相，从上到下吆喝传话。这时皇帝乘着龙车从寝宫里出来，随从官员们拿着旗帜在前面清道，然后带领诸侯王以下到年俸为六百石的官员，按先后次序朝拜皇帝。从诸侯王以下都毕恭毕敬非常严肃，静得连气都不敢出。跪拜问安完毕之

★彩绘步兵·西汉

★汉惠帝安陵

后，再摆设酒宴。那些陪侍皇帝坐在殿上的人，全都俯伏在地，低着脑袋，依官位高低的次序起来向皇帝敬酒。斟酒九巡之后，主持典礼的人宣布："酒宴到此结束！"在朝拜的过程中，旁边有御史在那里监察每个人的行动是否符合要求，如果不按规定动作做，立即把他拉出去。因此在朝会过程中，直到喝酒罢宴，没有一个人敢大声喧哗违反规矩的。刘邦感慨说："今天我才感到做皇帝的尊贵呢！"于是拜叔孙通为太常官，赏给他黄金五百斤。

这时叔孙通趁机对刘邦说："我的徒弟和儒生们跟随我很久了，他们同我一道制定朝廷礼仪，希望陛下也能封他们官职。"刘邦都给了他们一个郎官的头衔。叔孙通退出宫殿后，把他得的五百斤黄金全分给跟随他的儒生和徒弟们。于是儒生们都说："叔孙通先生真是大圣人啊！他懂得当今什么是最重要的事情。"

汉高祖九年（公元前198年）刘邦调叔孙通当太子的老师。到了十二年（公元前195年），刘邦想废太子。叔孙通劝刘邦说："从前晋献公因为宠爱骊姬而废掉太子申生，改立奚齐，后来晋国混乱了几十年，被天下人耻笑。秦始皇不及早确定扶苏为太子，使得赵高能够假传圣旨立胡亥为帝，结果使自己断根绝种，这是您亲眼看到的。今天太子仁爱孝顺是天下闻名的，何况陛下和吕后同生死共患难，您难道忍心背弃她吗？如果您要废掉长子而立小儿子的话，我现在就死在您面前，让我的鲜血溅污这地面。"刘邦说："先生别提啦，我是开个玩笑罢了。"叔孙通则一本正经地说："太子是国家的根本，根本一动摇，国家就会发生动乱！您怎么能把国家的大事当儿戏呢？"刘邦说："我听您的。"刘邦死后，汉惠帝即位，惠帝对叔孙通说："祭祀先帝陵园祠堂的礼仪，大臣们都不熟悉，还是请先生指点。"于是调叔孙通做太常，负责制定祭祀宗庙等规章制度。后来逐步制定形成汉朝的各种礼仪规则，这些原则都是在叔孙通担任太常时，就明确论述过的。

叔孙通教汉惠帝

汉惠帝住在西边的未央宫，经常到东边的长乐宫向太后请安，每次往来，都要吆喝清道，烦扰百姓，于是命令修建天桥，正好修在国家武器库的南边。叔孙通借向惠帝报告工作的机会神密地对惠帝说："您怎能让他们在高庙南边修筑天桥呢？"于是讲了不能这么办的一大堆道理，把惠帝吓坏了，便说："那赶快把它拆毁掉！"叔孙通道："皇帝是不能做错事的，现在已经修好了，百姓都知道修了天桥，现在把它毁了，不是表明您做错了吗？希望您在渭河北岸再建一座高庙，扩大宗庙的建设，这才是大孝的根本。"于是惠帝下令在渭河北岸修筑宗庙。还有一次惠帝到离宫游玩，正是樱花盛开的季节，叔孙通对惠帝说："古时候春天有品尝鲜果的礼仪，现在正是樱桃成熟的季节，可以用来敬献宗庙，希望您出去游玩时，多带些樱桃回来敬献祖先。"惠帝也答应这么办了。于是敬献各种鲜果的仪式就从此兴起了。

★银漏斗形器·西汉

医疗器具，共一对，形制相同，侈口，口沿平折，深腹渐收为尖底作漏，漏口扁圆形，略向一侧偏歪，器腹饰宽带凸弦纹一周，制作规整，漏斗形器与长流银盒相配合，作抢救危急病人时的灌药器。高5.2厘米，重66克，口径3.8厘米。1968年河北满城陵山中山靖王刘胜墓出土，现藏河北省博物馆。

汉高祖白登被围

HAN GAO ZU BAI DENG BEI WEI

还是在楚汉相争阶段，原来蜇伏于漠北的匈奴看到中原地区忙于征战兼并，便大起胆子搔扰南部边镇。但楚汉双方都无暇顾及，于是匈奴的铁骑便踏进了相对富庶的南部地区。

西汉王朝建立后，匈奴的冒顿单于（单于即匈奴对其首领的称谓）带领了40万人马包围了韩王信(原韩国贵族，被刘邦封为韩王)的封地马邑(今山西朔县)。韩王信抵挡不住，向冒顿求和。汉高祖得到这个消息，派使者责备韩王信。韩王信害怕汉高祖降罪，便干脆投降了匈奴。

冒顿轻松占领了马邑，于是胃口大开，接着围住了晋阳。一直担心“后院起火”的汉高祖没想到匈奴会在他的侧翼烧起了一把火。他怒火中烧，决定要御驾亲征。

公元前200年冬天，刘邦率兵赶到晋阳城外，与继续南下的匈奴对峙。当时，天降大雪，天气十分寒冷，中原的将士不习惯这样的天气，没多久就冻坏了很多人，丧失了一部分战斗力。但是，汉朝的军队和匈奴兵刚一接触，匈奴兵便连连败退。汉军一连打赢了几阵，士气大增，便朝着匈奴逃跑的路线追了下去，并将冒顿单于赶进了代谷(今山西代县西北)。

汉高祖进了晋阳城，他命人分批前往匈奴营地侦察，回来的人都向刘邦禀报说：“冒顿的部下全是一些老弱残兵，连他们的马都瘦弱不堪，如果趁势打过去，准能取胜。”

刘邦怕冒顿单于是在故意示弱，以引诱汉军，便又派刘敬到匈奴营地去刺探。刘敬回来说：“我们看到的匈奴人马的确都是些老弱残兵，但我认为冒顿一定是把精兵埋伏起来，陛下千万不能上这个当。”谁知刘邦一听，以为刘敬与匈奴有勾结，便怒道：“所谓眼见为实，你既已看到匈奴情形，却又故意乱我军心，难道是他们让你做说客吗？”说完，命武士将刘敬先关押起来，待击溃匈奴再议罪诛杀。

★冒顿像

刘邦一心要速战速决，所以催军快行。可队伍刚行进到平城(今山西大同市东北)，突然从四面涌出无数匈奴兵来，这些兵个个膀阔腰圆，哪里是什么老弱残兵，分明是凶神恶煞。刘邦情知中计，但后悔无及，便拼命杀出一条血路，退到平城东面的白登山。

此时，匈奴的40万精兵马上合拢，把白登山团团围住，并连续围困了七天。刘邦既无法脱身，又无法联系外围的汉军来救援，一时手足无措。这时，谋士陈平献计，将中原的奇珍异宝送与匈奴的王后，求其帮助和解。刘邦此时也因无计可施，只得同意。他们打发了一个使者带着黄金、珠宝去见冒顿的阏氏(即指匈奴的王后)，请她在单于

★西汉武士服饰图

★彩绘陶女舞俑·西汉

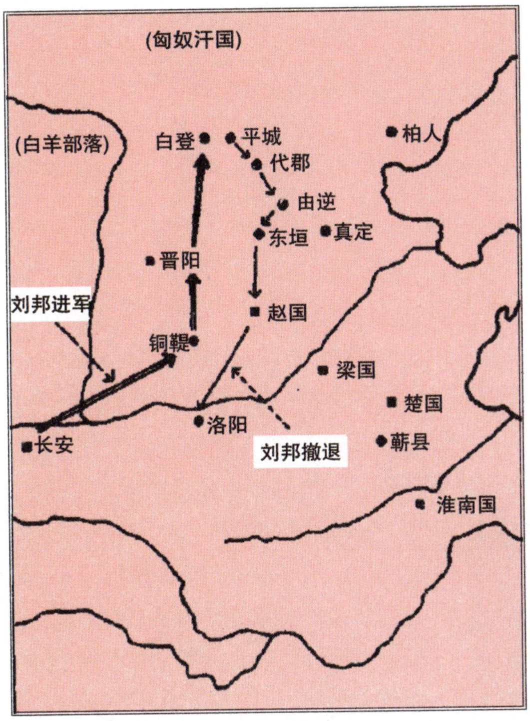

★白登之围示意图

面前说些好话。

阏氏没见过中原的宝物，见有人送来如此之多的礼物，当即就应承下来。晚上，阏氏对冒顿说："我们占领了汉朝的城池，但无法广有其地，还不如将所有的俘获带走，留下个空城给他们。再说，你围住白登山，也一时拿不到汉朝的皇帝，时间一长，汉军人马从后面围上来，那时他们里应外合，吃亏的还是我们。不如趁他们援兵未到，早点撤围，放他们出山，还等于送了个人情给他们。"

冒顿听了阏氏的话，决定第二天清晨打开包围圈，放汉兵出去。第二天天刚放亮，刘邦率兵将趁浓雾未散，赶紧下山。当他意识到已经离开了匈奴的包围圈后，快马加鞭，一口气逃到广武。稍作喘息，便把刘敬放出来，并对刘敬说："因为没听你的话，害得我在白登被围，差点儿丢了性命，贻笑外邦，真是惭愧之至啊！"

撤出白登的汉兵已经所剩无几，刘邦自认为就手中的兵力已无力对付匈奴，便决定撤兵回京。此后，匈奴更加肆无忌惮，他们经常深入汉朝内地虏掠，北方从此再无宁日。

征剿的失败，已让刘邦不敢再提出攻打匈奴，但边境不宁又搅得他头疼不已。一天，他问刘敬应该怎么办？刘敬说："最好采用'和亲'的办法，大家讲和，结为亲戚，彼此可以相安无事。"

刘敬的建议使刘邦很受启发，他知道目前采用安抚的办法，可以在一段时间内一劳永逸。于是，他派刘敬到匈奴去说亲，冒顿同意了亲事。汉高祖便挑了一个宫女所生的女儿，称作大公主，送给匈奴，冒顿把她立为阏氏。此后，汉朝开始采取"和亲"的政策，使汉朝和匈奴的关系暂时缓和了下来。

匈奴

匈奴是中国古代北方游牧民族。其族属尚无定论，主要有突厥、蒙古等说。无文字。战国末，常扰掠秦、赵、燕北边，三国相继筑长城以拒之。冒顿单于在位（公元前 209—前 174 年）时，统一各部，建立国家，统有大漠南北广大地区。老上单于（约公元前 174—前 160 年）时，匈奴势力东至辽河，西越葱岭，北抵贝加尔湖，南达长城，成为历史上第一个草原游牧帝国。汉初，匈奴不断南下侵掠。公元前 200 年，围汉高祖刘邦于白登山（今山西大同东北），遂迫汉朝实行和亲，且岁奉贡物，并开关市与之交易。然而，匈奴仍屡屡背约南侵，成为汉朝一大边患。汉武帝时国力强盛，曾 3 次（公元前 127 年、公元前 121 年、公元前 119 年）大举出兵反击匈奴，匈奴势力渐衰。汉代，匈奴由于天灾、人祸及汉军的打击，发生过两次分裂：一次是公元前 57 年左右出现的五单于并立局面。结果是公元前 53 年呼韩邪单于归汉，引众南徙阴山附近。公元前 36 年，汉西域副校尉陈汤发西域各国兵远征康居，击杀与汉为敌的郅支单于，消灭了匈奴在西域的势力。公元前 33 年，汉元帝以宫人王嫱（昭君）嫁呼韩邪单于，恢复了和亲。另一次是王莽篡汉后，匈奴的势力有所发展。但到东汉光武帝建武二十四年（公元 48 年），匈奴日逐王比被南边八部拥立为南单于，袭用其祖父呼韩邪单于的称号，请求内附，得到东汉允许。匈奴又一次分裂，成为南北二部。南下附汉的称为南匈奴，留居漠北的称为北匈奴。

★匈奴呼韩邪单于和王昭君铜像

萧规曹随

XIAO GUI CAO SUI

萧何是沛人，与刘邦同乡，他为人温文尔雅，思维敏捷，被委任为沛县主吏的文官。在刘邦做泗水亭长时，萧何屡次以职务之便袒护过他。刘邦押送徒役到咸阳去，同僚都送他三百钱作盘缠，唯独萧何慷慨地送他五百钱。刘邦匿迹芒砀山间为寇，也主要是萧何设计出力，才使他入主沛县，成了“沛公”。

刘邦进入咸阳城后，羡慕秦廷美女珍宝，连手下将领也相互争夺贵重财物，只有萧何与众不同，他不要别的，单去查找秦廷丞相御史府库封存的历年律令法规文献及各种史册图录，精心研究，珍贵收藏，眼光比其他人不知长远多少倍！后来楚汉战争爆发，刘邦所以能够明晰四方道路要塞、全国户口分布、诸侯强弱形势及民心所恨所向等，没有不是从萧何提供的这些图籍资料中得到的。

项羽分封十八路诸侯王，把刘邦支使到偏远的汉中，周勃、灌婴、樊哙诸将因痛恨项羽违约，急着鼓动刘邦反攻，也是萧何力排众议才稳住了局面。当时如果真打起来，楚军正在势头上，楚众汉寡，强弱悬殊，汉军无疑会是以卵击石，招致败亡。刘邦入主关中后，视萧何为左右手，拜他为丞相。当时韩信就是萧何极力向刘邦保荐的。

在长达四五年的楚汉战争期间，关中大本营的巩固建设，几乎全靠萧何撑着，刘邦在前线屡遭战败，但靠着这牢固的大后方在人力、物力上的支援，使他都重整旗鼓，迅速崛起，最终赢得战争的胜

★萧何雕像

利。具体地说，萧何在关中栎阳（在今陕西临潼东北）一面颁行临时法规，建立宗庙社稷，调护太子刘盈，如同经营新都一般；一面不停顿地一批批大规模送军输粮到刘邦前线，他的才能和智慧得到了淋漓尽致的发挥。刘邦因为手下的谋士、将军在战争中有人叛变，故对萧何也生疑心，而萧何为了给刘邦吃“定心丸”，立即将自己兄弟子孙中能打仗的亲人全部送到战场。

刘邦开国后对功臣们论功行赏，因大家你争我夺各不相让，竟拖了一年多。刘邦认为，萧何功居第一，应得头筹，就先把他封为酂侯，食邑八千户。这下可捅了马蜂窝，战将们不依，吵吵道：“我辈出生入死身经百战，好不容易活了下来。萧何单靠舞文弄墨，了无汗马之劳，怎能让他居于我们之上？”刘邦本想训他们一顿，稍停，反问道：“诸君懂得狩猎吗？”众将回答：“当然懂得。”“知道猎狗吗？”“知道！”“那么好啦。狩猎，追杀禽兽靠的是狗，指挥猎狗的是人。现在诸君譬如猎狗，只要拼命追杀就行了。萧何就像指挥调动的猎人，两者能相提并论吗？再说，诸君亲人从我征战的最多两三个，而丞相宗族数十人随我闯荡，大小轻重显而易见。各位还有什么说的吗？”听到这里，众将只有低头称是。

功臣依次受封后，还要排定勋位爵级。群臣同声奏道：“平阳侯曹参遍体伤创七十余处，破城杀敌不计其数，应置首位。”刘邦仍想把萧何列在首位，见此情景，也只好暂时放下。有一位关内侯鄂君与众人见解不同，他向刘邦进言道：“群臣奏议都不可取。虽说曹参战功卓著，但那不过是一时之功。至于萧何，楚汉战争四五年间输军送粮使不乏匮，保全关中以待陛下，存亡之际，危难之处，没有萧何，便没有今日，他所建立的才是万世之功。萧何第一，曹参其次。”刘邦大悦道：“正合朕意！”于是即定萧何第一，可以佩剑上殿，入朝不趋（朝仪，臣见上要碎步小跑，即所谓“趋”）。并向群臣宣布道：“我听说荐贤举能当受上赏。萧何功高不没，全凭鄂君讲明，今加封关内侯，鄂君为安平侯，食邑增至二千户。”

后来陈豨反汉，刘邦率军征讨，行至邯郸时，听说韩信也在关中谋反，被吕后捕杀了，心中大为震惊，忙派使者还都，拜萧丞相为

萧相国(相国位尊于丞相),加封五千户食邑,专设一都尉率五百兵拱卫相国宅第。萧何晋爵加封,赢得一片道贺声,独有一个名叫召平的人向他吊丧说:“相国从此完啦!”萧何忙问其详,召平告诉他,皇上明里是示宠,暗里是怀疑,派兵侍卫,不过是为了监视。萧何心想:“可不吗?我虽为吕后出主意除了韩信,可韩信拜将也是我推荐的呀!”于是他让封不受,并出资佐军,才得到刘邦暂时的信任。

半年后黥布反汉,刘邦再次亲征,还频频遣使返都慰问萧何。萧何知道刘邦仍对自己不放心,便按着以前的办法:款待来使,出资佐军。这时又有人告诫他说:“相国就要遭殃了,怎么还蒙在鼓里?皇上是忌讳您功高位显,又得民心,怕您趁他在外倾动关中。您怎么还一个劲儿的大张旗鼓做好事呢?”萧何闻言失色,赶紧想出了个玷污自己形象的办法,强买民田,故意引起百姓怨骂。这下好了,刘邦以为萧何原来斤斤计较于薄财小利,没有什么大野心,还引起了民愤,于是不加责备,倒暗自高兴得很。

俗话说:“伴君如伴虎”。萧何为了取悦刘邦,顾全大局,可谓用尽心机,披肝沥胆,但万没想到,自己差点因此惹下大祸。刘邦回到长安后,萧何向他提出建议,说:“长安地少人多,上林苑囿空旷,与其闲置,不如放宽禁令,让百姓去耕种,谷物收成令其自取,禾秆稼穰限其交公。这样,百姓的食粮和官家马匹的饲料就全解决了。”刘邦一听,勃然大怒,说:“萧相国你好大胆!强买民田不退,还接受奸商富贾的贿赂,来逼我开放禁苑!”不由分说,便下令卫兵拿下萧何,关进监狱,准备治罪。几天后,有一个给刘邦当班的王卫尉犯颜直谏道:“皇上这样对待萧相国不公道吧!他向来忠心耿耿,呕心沥血,现在犯了哪条大罪啊?”刘邦说:“我听说,秦相李斯凡遇好事归功其主,凡遇坏事自认其咎。现在萧何假借开放我的禁苑来笼络人心,该罚不该?”王卫尉恳切地说:“为民请愿本属相国职内之事,怎能怀疑他受贿呢?陛下试想,楚汉相争历年,陈豨、黥布反叛时陛下也不在都,那时他独揽大权,赤胆忠心,否则,他真要在关中跺下脚,也会震得天摇地颤哩。往日他不图利,今日他何苦受贿呢?再者说,秦朝之所以灭亡,正在于下情不能上达,李斯知错不纠,有什么好效法的?”刘邦被问得无言以对。沉默良久,刘邦只好传令赦免萧何,请他来见。萧何从狱中出来,急着上殿谢恩,慌张中竟连鞋子也没穿。刘邦见状自嘲道:“相国真行啊!您为民请愿我没答应,我算那夏桀殷纣之类暴君,你属那千古少见的贤相。我是故意整您下狱的,好叫天下百姓都知道他们有一个孬主。这回您满意了吧。”萧何听了,又气又急,不知说什么,只好忍辱告退。

★鎏金铜牛·西汉

公元前193年夏,萧何临终,惠帝亲往探视,问他:“相国百年后,谁可继位?”萧何谨慎地说:“皇上最清楚。”惠帝说:“曹参怎样?”萧何眼睛一亮,忙说:“皇上圣明,一语中的。如此,我死也瞑目了!”萧何与曹参共事数十年,本是患难之交,只是到刘邦论功行赏时,由于名位分出高下,两人生了龃龉,断绝了往来。现在萧何出自公心尽弃前嫌,尤见其胸襟的宽阔!萧何一生十分清廉,做相国后仍住旧房子,临终前嘱咐家人说:“儿孙贤,效法我俭朴;儿孙不贤,这处陈宅陋室,也不要被那班豪富抢了去。”

★汉惠帝像

曹参与萧何是沛县同乡,又是老相识。随刘邦起事后,曹参是战场上一员猛将,冲锋陷阵,所向无敌,一路过关斩将,直至秦都咸阳。其后汉军还定三秦,兵出关东,曹参追随大将军韩信,更是横刀立马,剽悍无匹,而所部雄师野战略地,无往不克。汉初的功劳簿上记载着:曹参在反秦、灭楚的战争中,先后攻战二国、一百二十二县,斩获敌王二人、相三人、将军五人、郡守之流五人,其余小胜难以尽计。因为功高,刘邦任命他为齐相国,封平阳侯。陈豨、黥布反汉时,曹参都跟着刘邦前往讨伐。

★曹参像

刘邦派曹参相齐，是因为齐国在战略上地位重要，被称为“东方秦国”，需要由会打仗的人坐镇。曹参貌似粗鲁，实则心细，颇懂“以武取之，以文守之”的道理，为人又外刚内柔、绵里藏针，不仅有将能，还有相才。他走马上任后，第一件事就是招集当地故老长辈，询问安民理政的意见，对精通黄老之术的盖公的意见特别感兴趣，不但派人携带重礼登门邀请他来住，还腾出正堂安排他长期下榻，以便随时咨议。盖公见曹参屈尊求教，不厌其烦，便毫无保留地把道家“君清民静”、“无为而治”的主张讲了出来。曹参大喜，就以此作为他治理齐国的指导思想。齐国久经战乱，人心思定，无为而治的方针顺应了时代潮流，收到了极好效果，可谓财源亨通、人丁兴旺，百姓都夸曹参是大贤相。

公元前193年萧何死，曹参立即对随从说：“快快准备行装，我就要进京接任汉相国了。”果然，没多久就来使者传旨，敦聘曹参进都接任新相国。曹参离齐时对他的后任说：“齐国的典狱、集市都托付给你了，不要轻易变动。”这位继任疑惑地问：“您要交待的就这些？”曹参说：“差不多吧。如果集市与典狱扰动了，必然会导致奸邪妄生。其他事务你看着办吧。”

曹参刚刚入朝，就感到大家噤若寒蝉、儆如临敌，知道这是因为他与萧何曾有隔阂，怕他借机报复，撤换班子，力反前政。他也不多说，上任之后，只管把那些木讷诚实的老好先生与谨慎忠厚的耄耋长者罗致幕下，而把那些尖嘴利舌及平日喜欢搬弄是非的僚官属吏甄别出来、剔除出去，然后就闲来饮酒、睏来高卧，对杂务琐事一概不去过问，听凭部下按萧何旧有的章程各自办理。这样一来，大家交口赞誉曹参有大度、能释嫌，雅具萧何遗风。当然，时不时总有几个人好管闲事，以为相国本该忙忙碌碌，不该这般逍遥。每当此时，曹参总是毫不客气地斟酒劝饮，直到把对方灌得酩酊大醉，没法再开口炫耀己见。曹参任相国大智若愚，表面上好像不理政事，实际上却有一定之规。当时，不但有的官员不理解，连汉惠帝也摸不清他的心思。惠帝因为自己年轻，不好意思向相国直说，就间接让曹参的儿子曹窋回家劝他少喝些酒，振作精神，多多操心政事。起初曹参不明底细，以为儿子竟敢教训老子，就勃然大怒，操起戒尺，呵笞二百，骂道：“天下大事哪用你小子多嘴！滚！”曹窋无缘受苦，回头诉于惠帝。惠帝甚为不满，翌日逢朝责参道：“朕使窋谏君，君何苦笞窋？”曹参慌忙免冠跪拜谢罪，既而缓言问道：“陛下与高帝相比，试想，哪个圣武？”惠帝道：“先帝乃一代开国英主，我岂敢望其项背！”曹参又问：“依陛下看法，我与萧何相比，哪个贤明？”惠帝思索了一会儿，回答道：“好像也差一些。”曹参说：“陛下所言极是。既然高帝与萧相国开创大业，法明章显，您我继于其后，出于其下，何不遵行勿改，守成勿失？”惠帝彻悟道：“相国识见果然高明，我心领神会了。”由于曹参治国依萧何旧规，清静无为，与民休息，保证了汉初社会医治好战争创伤，生产得到恢复和发展。

★汉惠帝与曹参

曹参宽容

西汉曹参官居宰相，为笼络人心，对属吏的小过失往往不加追究，有时还替他们掩饰。相府后园靠近一般官吏的住处，官吏们每日饮酒高呼，非常吵闹。曹参的随从对此很反感，但又无可奈何。于是他们请曹参到后园一游，希望曹参听到后加以禁止。可是曹参反而命人取酒设坐痛饮欢歌，与园外官吏相应。

吕后临朝称制

LV HOU LIN CHAO CHENG ZHI

★吕后像

吕后，即吕雉。在高祖刘邦流落芒砀山之前，就已由其父吕公许给了刘邦。以后，在刘邦的沛县举兵、楚汉之争、铲除异性王等政治和军事角逐中，为刘邦设计用谋，为刘氏的基业付出了很多心血，也深得刘邦的信赖。

吕后与刘邦生子刘盈，在刘邦称帝时便立为太子。虽然双亲都是齐家治国平天下的旷世奇才，但刘盈却未承袭到他们出类拔萃的性格特征。他为人忠厚，心地善良。不过，这种性格却与一个充满血腥的时代格格不入，而就因刘盈缺少父母亲的雄才大略，所以他并不被双亲看中。

汉高祖刘邦在晚年的时候，宠爱了一个戚夫人。戚夫人生子如意，被封为赵王。高祖总认为太子刘盈生性软弱，怕他将来干不了大事，倒是如意说话做事很像自己。因此，他曾流露改立如意为太子的想法。

他曾经为这件事跟大臣们商量过，但大臣们都反对，连他一向敬重的张良也帮着吕后。请了当时很有名望的四个隐士叫"商山四皓"(即白发老者)，来辅佐太子刘盈。汉高祖知道没法废掉太子，便打消了这个念头。

公元前195年，高祖刘邦由于在讨伐英布的时留下箭伤，此时箭伤不仅未愈，反而越来越重，已经病不能起。他意识到自己来日无多，便挣扎着要杀马立誓，与大臣们歃血为盟。而后召集吕后，嘱咐后事。

吕后问他："陛下百年之后，要是萧相国死了。谁可以接替他？" 高祖说："可以让曹参接替。"吕后又问："曹参以后呢？" 高祖说："王陵可以接替。不过王陵有点戆直，可以叫陈平帮助他。陈平有足够的智谋，但是不能独当一面。周勃为人厚道，办事慎重，只是不大懂得文墨。但是将来安定刘家天下的，还是靠周勃。"吕后再想问下去，刘邦已经摇头不能言语了。

公元前195年，汉高祖刘邦死驾崩。太子刘盈主丧即位，是为汉惠帝。当年，刘盈只有17岁，一是少不更事，加之性情柔弱，一切听他母亲吕太后作主。吕太后大权在手，生杀予夺，任意而行。一时间，未央宫(汉皇宫)处处都充满了血腥的味道。

吕太后最痛恨的是戚夫人和赵王如意。她先把戚夫人罚做奴隶，又派人把赵王如意从封地

吕 后

吕雉（公元前241—前180年），汉高祖的皇后。单父(山东单县)人。早年其父吕公为避仇迁居沛县，在一次宴会上欣赏刘邦非凡的气度，把女儿许配给他。公元前205年，刘邦为项羽所败，吕雉和刘邦的父母被俘，做了两年的人质，公元前203年秋，吕雉归汉后，留守关中。刘邦称帝时，吕雉被立为皇后，子刘盈为太子。

吕后为人有谋略，汉初时曾助刘邦杀韩信、彭越等异姓王，消灭分裂势力，巩固统一的局面。公元前195年，刘邦死，惠帝立，尊吕后为皇太后，惠帝仁弱，实际由吕后掌政。公元前188年，惠帝崩，立少帝，临朝称制八年，少帝因其生母为吕后所杀，曾口出怨言，吕后逐杀少帝，立常山王刘义为帝。但政令皆出自太后，吕后先后掌权达16年，是中国历史上三大女性统治者（吕后、武则天、慈禧太后)的第一个。

★朱雀灯·西汉

召回长安。汉惠帝知道太后要害死弟弟如意，亲自把如意接到宫里，连吃饭睡觉都和他在一起，使吕太后没法下手。

有一天清晨，汉惠帝起床出外练习射箭，他想叫如意一起去，如意年轻贪睡，汉惠帝见他睡得很香，不忍叫醒他。可是，等惠帝回宫，如意已经死在床上。惠帝悔恨无及，情知是母亲所为，但也无法向别人言述，只好抱着如意的尸体大哭了一场。

★西汉皇后之玺

玺面阴刻篆文"皇后之玺"四字，四侧阴刻云纹，顶雕螭虎为钮，在汉高祖长陵附近发现，此玺为吕后生前所用的唯一遗物。

毒死如意后，吕太后还残酷地把戚夫人的手脚统统砍去。挖出她的两眼，逼她吃了哑药，把她扔在猪圈里。汉惠帝看见戚夫人被自己的母亲折磨成这个样子，不禁失声痛哭，并由此吓出了一场大病。

他派人对太后说："这种事不是人干得出来的。我是太后的儿子，没有能力治理天下。"从此以后，汉惠帝不愿再过问朝廷的政事。他终日以饮酒为乐事，浑浑噩噩地当了 7 年的傀儡皇帝。公元前 188 年 8 月，刘盈病逝于未央宫，时年 24 岁。

汉惠帝死后，吕太后便立太子刘恭为帝，史称"少帝"。吕后自己则以太皇太后的身份正式"临朝称制"。

公元前 187 年，吕太后为了巩固自己的权力，要立吕家的人为王。她假意问大臣们可不可以。右丞相王陵直截了当地说："高皇帝宰白马立下盟约，不是姓刘的不应该封王。"吕太后听了很不高兴，又问左丞相陈平和太尉周勃。陈平、周勃说："高祖平定天下，分封自己的子弟为王，这当然无话可说。现在太后临朝，封自己的子弟为王，也没有什么不可以。"吕太后这才高兴地点点头。

此后，吕太后大封吕氏家族，她完全背弃了与刘邦共同订立的"非刘氏而王，天下共击之的盟誓"。一时间，她的侄子吕台、吕产、吕禄等不仅封王，还统领南军、北军的权柄，掌握了卫戍京师的军权。同时，她借故排挤刘氏势力，先后杀掉了刘邦的两个儿子(赵王刘友、梁王刘恢)，还将吕氏宗族的女子嫁给刘氏王侯为妻，借以对刘氏宗族实施控制。

公元前 184 年，"少帝"刘恭突然得知自己不是张皇后的儿子，而亲生母亲已被吕太后杀害的真相，他又惊又气，发誓要为母亲报仇。不想，他的话传到了吕太后那里，她先将刘恭囚禁起来，然后将其杀掉。随后立常山王刘义为帝，改名刘弘。刘弘年幼，朝政仍由吕太后把持，并继续排斥刘氏宗族、提高吕氏权利地位。

公元前 180 年，吕太后在执政长达 16 年后，撒手归西。死前，她怕吕氏地位会遭到威胁，便任命侄子吕产为相国，统领北军；吕禄为上将军，统领南军；立吕禄之女为皇后。还叮嘱他们说："现在吕氏掌权，大臣们都不服。我死了以后，你们一定要带领军队保卫宫廷，不要出去送殡，免得被人暗算。"

此间，由于朝臣看到吕太后余日不多，也都暗中积蓄力量，待时而动。朱虚侯刘章(汉高祖的孙子)从妻子(吕禄之女)那里知道了吕家要发动叛乱的阴谋，就派人去告诉他哥哥齐王刘襄，约他从外面发兵打进长安来。

吕产得到齐王刘襄向西进兵的消息，立刻派将军灌婴带领兵马去迎击。灌婴一到荥阳，就跟部将们商量说："吕氏统率大军，想夺取刘家天下。如果我们向齐王进攻，岂不是帮助吕氏叛乱吗？"于是，灌婴暗地里通知齐王，相约按兵不动，见机行事。

当吕太后刚刚一命乌呼，太尉周勃、丞相陈平便派郦寄(吕禄的朋友)去劝说吕禄，郦寄说："太后死了，皇帝年纪又小，您身为赵王，却留在长安带兵，大臣诸侯都怀疑您，对您不利。如果您能把兵权交给太尉，回到自己封地，齐国的兵就会撤退，大臣们也心安了。"

吕禄相信了郦寄的话，把北军交给太尉周勃掌管。周勃拿了将军的大印，迅速跑到北军军营中，向将士下了一道命令："现在吕氏想夺刘家的天下，大家想怎么办？谁想帮助吕家的袒露右臂，帮助刘家的袒露左臂。"

北军中的将士本来都是向着刘家的。命令一传下去，一下子全脱下左衣袖，露出左臂来。周勃顺利地接管了北军，然后联合刘氏诸王诛杀吕产、吕禄及吕后所立少帝刘弘，恢复了刘氏的基业。然后迎立刘恒为帝，是为汉文帝。

★五凤熏炉·西汉

汉文帝择善而从

HAN WEN DI ZE SHAN ER CONG

★汉文帝刘恒像

公元前180年，汉文帝刘恒即位。由于他与母亲薄太后出身低微，在汉高祖在世的时候是个不得宠的妃子。她怕住在宫里受吕后的陷害，就请求跟着儿子住在代郡，因而对处于下层百姓的疾苦了解的比较多，也较深刻地体会到百姓的所思所想。所以，在恒帝即位之初，即采取休养生息的政策。

汉文帝的基本政策是，以农业为主，轻徭薄赋。为了减轻百姓的负担，鼓励农民种粮，减免赋税。为了减少徭役，他规定王侯都回到自己的封国，以免差役有道路奔波之苦。对待匈奴的政策仍以和亲为主，以避免发生战事。

汉文帝还注意现身说法，每到春耕播种的时候，他便组织文武百官到都城的郊外去耕地、播种。还令宫中的后妃们在宫中的园地里种桑养蚕，要求她们凡事自己动手，亲力亲为，以减轻百姓的负担。

汉文帝还注意以民为本，不仅在政策上倾向于民，在行为上也堪称楷模。他平时极注意节俭，穿粗布衣裳，并规定皇后也不准穿有彩饰的衣裳。生活用品用具都用先帝留下的，不再重新置办。对待百姓更有他的过人之处，他曾作出规定：年过八旬的老人由国家供养，每月发给米、肉、酒；年过九旬的老人，除上述照顾外，另增发丝棉、麻布、绸缎等，以便添置衣物。为了让百姓都能安心生产，他在即位之初，就召集文武百官，商议有关律法方面的问题。他对大臣们说：“一个人犯了法，定了罪也就是了。为什么要把他的父母妻儿也一起逮捕办罪呢？我不相信这种法令有什么好处，请你们商议一下改变的办法。”

经过一番权衡，负责司法方面的臣子们重订了一些法律条文，并按照汉文帝的意见，废除了“一人犯法全家连坐”（连坐，就是被牵连一同办罪）的法令。同时，还根据民间反映上来的意见和建议，废除了肉刑。

公元前167年，临淄地方有一位叫淳于意的读书人，因为喜欢医

★龙凤纹重环玉佩·西汉

汉文帝

刘恒（公元前202—前157年），汉高祖刘邦之子。8岁时被立为代王，高后八年（公元前180年），吕后去世，太尉周勃和丞相陈平、朱虚侯刘章、颍阴侯灌婴等人联合起来诛灭了诸吕，迎立代王即皇帝位。从此这位边地的诸侯王改变身份，成为封建国家的最高统治者。

汉文帝在位期间（公元前179—前157年），是汉朝从国家初定走向繁荣昌盛的过渡时期。他继续执行汉初轻徭薄赋、奖励生产、与民休息的政策，促进了西汉社会经济的迅速发展，出现了“吏安其官，民乐其业，积蓄岁增，户口增殖”的局面，为汉朝跨入全盛时期创造了条件。千百年来，汉文帝作为守成型皇帝的杰出代表，被后世史家将其与景帝统治时期并称为我国封建社会的第一个太平盛世——“文景之治”。

★汉文帝刘恒的霸陵

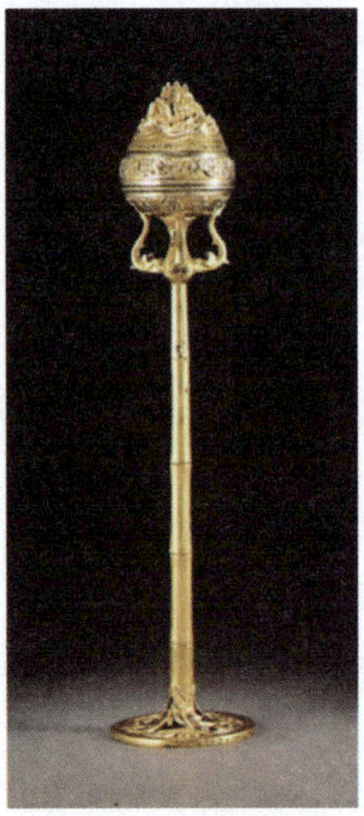

★鎏金银竹节铜熏炉·西汉

★『文帝行玺』金印·西汉

学，经常给人治病。后来他做了太仓令，但他看不惯官场的黑暗，情愿去做一个医生，便辞了官，为人治病行医。有一次，有个大商人的妻子生了病，请淳于意医治。那个病人吃了药，病非但没见好转，没过几天反而死了。大商人仗势向官府告了淳于意一状，说他是错治了病，当地的官吏判他"肉刑"（当时的肉刑有脸上刺字，割去鼻子，砍去左足或右足等），要把他押解到长安去受刑。

淳于意没有儿子，五个女儿知道父亲要去受刑，整天哭泣。淳于意被解往长安前，曾无奈地说："唉，可惜我没有男孩，遇到急难，一个有用的也没有。"这句话被小女儿缇萦听到，她的心仿佛像针扎一样难受。为了安慰父亲失落的心，她决定陪父亲一起到长安去。路上，她精心照料父亲，使父亲的心理得到了许多慰藉。

到长安后，缇萦托人写了一封奏章，到宫门口递给守门的人。汉文帝接到奏章，只见奏章上写着："我叫缇萦，是太仓令淳于意的小女儿。我父亲做官的时候，齐地的人都说他是个清官。这次他犯了罪，被判处肉刑，我不但为父亲难过，也为所有受肉刑的人伤心。一个人砍去脚就成了残废，割去了鼻子，不能再安上去，以后就是想改过自新，也没有办法了。我情愿给官府没收为奴婢，替父亲赎罪，好让他有个改过自新的机会。"

汉文帝读罢奏章，十分同情这个小姑娘，又觉得她说的很有道理，便召集群臣，对他们说："犯了罪该受罚，这是没有话说的。可是受了罚，也该让他重新做人才是。现在惩办一个犯人，在他脸上刺字或者毁坏他的肢体，这样的刑罚怎么能劝人为善呢？你们商量一个代替肉刑的办法吧！"

大臣们经过商议，拟定了一个办法，把肉刑改作打板子。接着，汉文帝正式下令废除了肉刑。这样，缇萦不仅救了自己的父亲，也使很多刑徒免受肉刑之苦。

汉文帝善待百姓不只是表现在政策法规上，他还注意生活上的点点滴滴。有一次，文帝出行，当车驾行驶到长安街中渭桥时，忽然从桥中央窜出一个人来，此人一见是皇帝的车驾，一时不知如何躲避，竟直朝车驾跑过来，惊得驾车的马匹扬起前蹄，并迅速飞奔。一时间，中渭桥上人喊马嘶，人倒旗落，乱成了一锅粥。卫士们费了好大劲才制服了那匹受惊的马。文帝又惊又怕，命将那个冲撞车驾的人治罪。

负责将那个人治罪的廷尉张释之细心审理了此案。审结后，他将结果禀报给文帝。文帝一见张释之便急切地问道："审理的结果如何？"张释之马上回答说："陛下，臣已审过此案，从他的供词分析来看，此人不过是一时慌乱，惊了圣驾，并非有行刺之谋。为此，按律令，属犯了惊动圣驾之罪，应处四两罚金。"

汉文帝听后，气得哭笑不得，他腾地从龙椅上站起来，大声训斥张释之说："这个人惊吓了我的马，幸亏卫士及时将其拉住，否则我非死即伤，如此罪责理应杀头才是，可你却只处以四两罚金。你说，你是不是有意袒护他？"张释之见皇帝动怒，连连磕头说："圣上息怒，臣以为，法律是天下通用的，处以罚金四两也在条理之中。假若您当时把他杀了也没人会指责您，既然您把他交给臣审理，臣必得引据条文才可定罪。如果因您一时之气而加重其罪责，那么百姓就会认为这个法是有弹性的，人们也就不再相信它了。皇上圣明，您觉得臣说的是不是有道理？"

汉文帝思忖了半天，然后似有所悟地说道："你做得很对，朕差点儿失信于民。"

★文帝为母亲尝汤药

文帝尺书服赵佗

WEN DI CHI SHU FU ZHAO TUO

在秦末农民大起义的时期，秦南海郡尉赵佗起兵，占据了南海、桂林、象三个郡，自称南越王。汉高祖十一年（公元前196年），陆贾奉旨出使南越，封赵佗为南越王。赵佗接受封号，自称汉臣。从此镇守南方，促进了汉和南方各少数民族的融合，起到了保境安民的积极作用。

当时在五岭以南的今广东、广西和珠江流域一带，居住着很多少数民族，统称南越，它的北部边界与长沙王和吴国的封地相接，由于地方偏僻，经济、文化还比较落后。秦始皇征服南越后，在那里设三个郡时从内地迁移50万人去戍守，把中原先进的文化和铁器农耕技术带到岭南，促进了这一地区经济文化的发展。

西汉建立，赵佗受封南越王以后，依靠汉、越贵族地主，采用汉朝政治制度，改变了当地一些陈规陋习，使生产得到发展，人口渐渐增加，社会治理得也还很有条理。

吕后临朝称制的第四年，有个昏庸的官吏上书，莫名其妙地请求禁止把铁器卖给南越，吕后也荒唐地同意了。于是汉在长沙通往南越的地界上设立了关卡，对货物严格检查，不准禁运物品通过。南越因为得不到中原的铁器，生产和生活都受到了很大影响。后来，禁运物品的种类越来越多，人民感到生活很不方便，纷纷向赵佗报告。赵佗本是汉人，老家在真定（今河北正定）。虽然做了南越王，但是个外臣，不完全受朝廷节制。他一直倾心于汉朝，如今忽然受到这样不公正的待遇，非常恼火。于是，他三次派人到京城去上奏章，要求撤消关禁。可是三个使者都被扣住了，没有一个放回来。赵佗便在一气之下，于公元前183年，改号称帝（南越武帝），与汉朝对立起来。

★赵佗公园赵王台雕塑——赵佗归汉

赵佗称帝后，首先发兵攻打长沙边界，先后夺占了好几个县城，抢去很多的生产、生活用品。赵佗一直认为，吕后之所以下令禁止铁器等物品输往南越，完全是长沙王吴回搞的鬼，所以决定对吴回进行报复，给他点颜色看看。吴回的边界遭到侵袭，赶快向吕后报告，请求朝廷发兵支援。第二年，吕后拜周灶为将军，前去讨伐南越。

周灶带兵走了好几个月，才到达南方，正赶上暑天，阴雨连绵，潮湿异常。中原兵士都是北方人，受不了南方的潮湿和炎热，有些人中暑而死，有些人染上瘟疫。仗还没有打，将士已损失了很多，而且赵佗派兵把守住了条条山路的要道，汉朝的大军根本无法通过，只好就地驻扎。就这样僵持了一年多时间，直到吕后死去，周灶才撤兵回朝。

汉兵一退走，赵佗就更无所顾忌了。他在与长沙交界的地方驻扎了军队，防止中原的兵马突然袭击；又派重兵屯驻西瓯、闽越边界，形成大兵压境之势；另派使者带着很多财物送给闽越和西瓯的统治者，在兵威和利诱之下，迫使两国臣服自己。这样一来，赵佗统治地区大大扩展，成为一个东西万余里的大国国君。他出入乘坐用黄色绸缎制成的车马，左边还飘扬着一面大旗，俨然是汉朝天子的威仪。

吕后死后，太尉周勃、丞相陈平联合朝廷的旧臣，平定诸吕叛乱，迎立代王刘恒为皇帝，即汉文帝。

文帝继位后，励精图治，推行休养生息的政策，使生产逐步得到恢复。四方的少数民族见文帝宽大仁慈，爱护百姓，都纷纷依附。只有

★汉文帝刘恒塑像

赵佗置之不理，仍然在那里自称皇帝。文帝治理好朝政，安抚完四夷，便开始着手处理和南越的关系了。他根据赵佗的要求，撤销了长沙边界的戍兵，允许人民自由贸易；命令赵佗老家河北真定县的官吏，修建赵家祖坟，并设置了专门管理坟墓的机构，一年四季按照习俗举行祭祀。另外，又重赏了赵佗的亲属，赐给他的兄弟官位。此后，文帝便和丞相陈平等人商量派人出使南越。

陈平知道陆贾口才好，有谋略。上次受高祖派遣，出使南越，凭他自己的伶牙俐齿，让赵佗俯首称臣。在吕后称制，诸吕专权的时候，他又曾说服陈平去主动团结周勃，自己暗地里联络反吕势力，最后终于灭了诸吕，稳定了西汉天下。这次文帝要派使者出使南越，就立即推荐陆贾，说陆贾前番出使，不辱君命，现在驾轻就熟，一定会马到成功。文帝就召陆贾入朝，仍任命他为大中大夫，让他带着皇帝的书信，出使南越。

赵佗虽然在南越称帝，但仍然心恋故土。听说汉使来到，而且是熟客，心里非常高兴，马上派人迎接。陆贾取出皇帝御书，交给赵佗。赵佗随即展开阅视。信是这样写的：

“我是高皇帝偏房的儿子，受命分封在北方的代地，因为离这儿路途遥远，又加我见识不广，性情老实，天资愚钝，所以从来没有和您通过信。高皇帝离开人世，孝惠皇帝不久也驾崩了。高皇后亲自临朝治理国家。不幸她生了病，一天比一天厉害，吕氏一族的人便乘机作乱。后来，依靠功臣们的力量把他们惩办了。各位列王、诸侯和官吏把我从代地迎来，扶我做皇帝，我再三推辞不下，只好即位。

“我听说您曾经送给将军隆虑侯一封信，要求寻找自己的兄弟，请求朝廷罢免进攻南越的两个长沙将军。我根据你信上的意思已免了将军博阳候的职，您在真定的哥哥、弟弟，我都派人慰问了，并且修治了您的祖坟。

“前一个时期，听说大王派兵进攻边境，经常进行骚扰，当时长沙王吴回很头疼，边境地区老百姓更痛苦。这样做，大王的国家难道能够得到好处吗？如果一定要杀死很多士兵，伤害将官，使很多人的妻子成为寡妇，孩子变成孤儿，父母失去儿子，那么，得到的东西只有一种，而失去的却有十种。这种事，我是不忍心去做的。本来，我也想把长沙和南越之间犬牙交错的地界重新划分一下，但我把这个想法告诉给大臣们以后，大臣们说：‘那是高皇帝给长沙王划定的边界。’所以，我是不能随意改变的。现在得到大王您的土地，汉朝的疆域也不会增大多少，得到大王您的财物，汉朝也富不了多少。因此，五岭以南就请您自己去治理吧。不过，您已经称为皇帝，我们两个皇帝并立，如果没有一个使者在中间传递消息，这就不免要起争端。起了争端而不相让，有仁德的人是不会去做的。今天，我愿意和大王分别都抛弃以前的不愉快，从今以后，和从前一样互通使者。因此派陆贾前去，把我的意思转达给您。”

赵佗看完文帝的信，大受感动。信中辞恳意切，弄得赵佗不知道怎么办才好。他拉着陆贾的手，十分诚恳地说：“皇帝真是一位忠厚仁慈的君主，我愿意遵从他的教诲，永为汉臣。”接着，赵佗下令取消帝王称号，并盛情款待陆贾。

隔了几天，陆贾要回朝复命了。临走前，赵佗随即写了封信，让陆贾带给文帝。信中这样写道：

“野蛮人的头领汉臣赵佗，冒着死罪两次叩拜，写信给皇帝陛下。老夫本来是南越的一个小官吏，有幸受到高皇帝的恩赐，封我做了南越王。孝惠皇帝即位，从道

★赵佗故城一景

★陆贾与赵佗铜像

义上不忍心抛弃我，给我优厚的待遇。高皇后治理朝政，对蛮夷六国另眼看待，发出命令说：‘不要把耕田的铜铁器具给南越，马牛羊只卖给他们公的，不卖给他们母的。’我们住的地方很偏僻，马牛羊已经老了，自己认为祭奠祖宗的三牲不齐全，犯了死罪，就三次派人上奏章承认过错，但三次的使者都没有返回来。又风言风语听说我父母的坟墓给破坏了，兄弟和同族的人全都定了死罪。我下面的大臣们议论说：‘现在大王在朝廷里没有地位，对外又没有什么特别突出的地方。’所以我更改了名号，自称为皇帝，其实也不过在自己封国内这么称呼一下罢了，并不敢危害朝廷。谁知高皇后听说后很生气，削掉了南越的国籍，断绝了与南越的往来。我私下里怀疑长沙王说了我的坏话，所以派兵攻打他的边界。南方低下潮湿，少数民族中，西边有西瓯国，人多瘦弱，他们的头领南面称王；东边有闽越国，不过有几千人，也称为王；西北边是长沙，有一半是少数民族，也称作王。这么弱小的地方都称王，我亲自平定的地方有几百处，兵士有100多万，因此我才敢狂妄地自称皇帝。不过，这也只是自己开开心罢了。

“老夫我在南越住了49年了，现在已经抱上了孙子，然而我睡觉不香，吃饭不甜，眼睛不愿意看鲜艳的色彩，耳朵不愿意听任何音乐。其原因就是因为不能做汉朝臣子以报效国家。现在有幸受到陛下的同情爱护，恢复我原来的称号，能像以前一样有使者来往，即使我死也瞑目了。我马上改变名号，不敢再称皇帝了。我冒着死罪再次叩拜，把自己的意思上书给皇帝陛下。”

赵佗写完信，又拿了很多土特产，交给陆贾，作为贡品。另外赠给陆贾很多礼物。陆贾回朝，给文帝汇报了出使情况，文帝非常高兴，从此，赵佗再也没有背叛汉朝。

汉平南越

★南越三主后樛氏

元鼎五年(公元前112年)，历任三世南越丞相的吕嘉，反对南越王及太后亲附汉朝，及闻武帝遣韩千秋率军2000至越，遂反，与其弟(南越国大将)杀南越王赵兴、王太后樛氏(汉人)及汉朝使臣。联络苍梧(今广西梧州市)秦王赵光及各郡县官吏，另立术阳侯赵建德为王，击灭韩千秋等。是年秋，武帝遣伏波将军路博德率部出桂阳(今广东连县)沿汇水(今广东连江、北江)进发；楼船将军杨仆自豫章(今江西南昌市)沿湖汉水、豫章水(今江西赣江)、浈水(今广东翁江)南下，任命南越降将归义侯严为戈船将军，率部从零陵(今广西全州西南)沿离水(今广西漓江上游)进发；南越降将甲为下濑将军，率部进攻苍梧。各路军卒由东越人及江淮以南地区水军组成，兵众10万。另遣南越降将驰义侯遗率巴蜀地区的罪人及征调的夜郎等国军队沿牂牁江(今贵州盘江)南下五路大军会师南越国都番禺。元鼎六年(公元前111年)冬，楼船将军杨仆率军数万进抵南越国，首先攻破寻陿(今广东清远东)、石门(今广州市西北)，重创南越军。随后，与伏波将军路博德会合，两军齐进，直赴番禺。南越王赵建德、丞相吕嘉等据城垣坚守。杨仆屯兵城东南，路博德屯兵城西北。黄昏时，杨仆军攻破南越防线，放火烧城；路博德则设下营垒，派人招降南越官兵。杨仆力攻烧敌，将南越军驱赶到路博德营中。黎明时，城内南越军皆降路博德。赵建德、吕嘉乘夜逃至海上。路博德遣兵追击，将二人生擒。苍梧王赵光闻汉军至，随即出降。桂林监居翁亦降，并谕告骆越，降者40余万人。驰义侯所率的人马尚未赶到，南越已平。汉军班师回朝，武帝大行封赏。汉在南越设立南海、苍梧、郁林、合浦、交趾、九真、日南、珠崖、儋耳9郡，长期处于割据状态的南越地区，实现了中央集权统治。

吴楚七国之乱

WU CHU QI GUO ZHI LUAN

汉高祖刘邦因顾忌异姓王拥兵反叛，便在建汉之初就大杀开国功臣，并把夺回来的王位，重新分给了自己的亲族子侄。但到了汉景帝即位的时候，这些刘姓王的封国已占据了天下之大半，严重地威胁着汉王朝的集权统治。公元前157年，汉文帝因病去世，皇太子刘启即位，是为汉景帝。汉景帝也像文帝一样，采用休养生息的政策，决心把国家治理好。景帝当太子的时候，有个官员叫晁错，才高智广，人称“智囊”。汉景帝即位以后，把他提升为御史大夫。此时，御使大夫晁错便建议汉景帝“削藩”，减少诸侯王的封地，缩小他们的势力范围。景帝认为晁错的建议很合时宜，便采纳了他的建议，在同姓王之中推行“削藩”政策，但刘姓众诸侯王的反应却令景帝和晁错始料不及。

当时，汉朝共有22个封国。这些封国的诸侯势力很大，土地又多，像齐国有70多座城，吴国有50座城，楚国有40多座城。有些诸侯认为朝廷鞭长莫及，不受朝廷的约束，特别是吴王刘濞，更是骄横。他的封国靠海，还有铜矿，自己煮盐采铜，跟汉皇帝一样富有。他自己从来不到长安朝见皇帝，简直使吴国成为一个独立王国。

★周亚夫像

晁错眼看这样下去，对巩固中央集权不利，就对汉景帝说：“吴王一直不来朝见，按理早该把他办罪。先帝（指文帝）在世时对他很宽容，他反倒越来越狂妄自大。他还私自开铜山铸钱，煮海水产盐，招兵买马，准备叛乱。不如趁早削减他们的封地。”景帝觉得晁错的话很有道理，便决心削减诸侯的封地。他先从几个比较小的诸侯国下手，把楚国的一个郡、赵国的一个郡和胶西国的6个县，收归汉廷直接管辖。

★吴王刘濞石刻像

此时，吴王刘濞看到汉景帝已经削了三个诸侯国的封地，很快就要触及到自己的王国，便决定找借口与朝廷抗衡。公元前154年，以吴王刘濞为首的吴、楚等七个诸侯国，共集兵力20余万人，打着“清君侧，杀晁错”的幌子进逼汉廷，实则是想武力反叛，进而达到夺取江山的目的。

吴、楚七国动作之快，让景帝和晁错始料不及，叛军浩大的声势使汉景帝一时手足无措。朝臣们也都人人自危，纷纷指责晁错，认为七国发兵完全是晁错引起的。他们劝汉景帝说：“只要答应七国的要求，杀了晁错，免了诸侯起兵的罪，恢复他们原来的封地，他们就会撤兵回去。”

汉景帝情知晁错无辜，但叛军以晁错建议“削藩”为口实，而且朝中军力不抵七国之众。要想稳住势态，就不得不丢车保帅。于是，汉景帝忍痛杀了晁错。

汉景帝杀了晁错后，派人下诏书要七国退兵。这时候吴王濞已经打了几个胜仗，夺得了不少地盘。他听说要他拜受汉景帝的诏书，冷笑说：“为了今日之战，我已经准备了几十年了，想让我收手，已经来不及了。”

景帝听说七国拒不退兵，知道吴王醉翁之意不在酒，而是以削地为由发兵叛乱，意欲取而代之。可是，晁错已诛，朝中诸臣均思自保，无处问计，正在景帝一筹莫展的时候，他突然想起父亲文帝在临终时的嘱咐：“我死后，如果国家有什么紧急事情发生，可派周亚夫统帅汉军，平定祸乱。”

于是，景帝立刻拜善于治军的周亚夫为太尉，统率三十六名将军去讨伐叛军。临危受命的周亚夫率军来到淮阳，他查明军情后，向景帝呈上了一份紧急奏报：“吴、楚的军队轻装简从，行动极其神速，无法与他们正面交战。望陛下行欲擒故纵之计，暂时放弃保卫梁地，待叛军长驱直入后，迅速断其粮道，以合围姿势将其聚歼。”景帝同意了周亚夫的作战策略。

据此，周亚夫率兵云集荥阳。当时吴国叛军正加紧攻打梁国，梁国吃紧，屡屡向周亚夫求援。周亚夫则置之不理，还亲率汉军向东北，驻扎于昌邑城，在那里深沟固垒，坚壁不战。

梁国诸侯梁孝王是汉景帝的同母弟弟，他见周亚夫的汉军坚守不战，也不来驰援自己，心里十分生气，但因军情所致，又不得不天天向周亚夫要救兵。而周亚夫每次听完梁孝王那里的战况，都只是一笑置之，绝不谈救援之事。梁孝王无奈，只得上奏景帝。

景帝接到奏报，知道梁国危在旦夕，对周亚夫拒不发兵也颇感不解，便发出圣旨，到周亚夫的营中诏令：速发兵救梁。可周亚夫却不冷不热地对使者说：“将在外，君命有所不受。若未能铲除叛军，周某一人之责！”于是，他仍固守壁垒，拒不出兵。使者无奈，只得悻悻而回。

不过，暗地里，周亚夫已经派出精壮的骑兵，悄悄断了吴楚叛军的粮道。叛军军中乏粮，吴王心慌，便加紧向汉军挑战，以期达到速战速决的目的。但汉军不论叛军如何叫骂，概不出阵，置叛军于进退维谷的境地。

吴王刘濞自知不能再拖，只得围住昌邑城，准备破城一举歼灭汉军。一天，叛军几乎倾全部之兵进逼城墙东南角。周亚夫冷静分析，认为刘濞在声东击西，便将计就计，他悄悄将精兵埋伏在城西北，然后虚张声势准备在东南角抗敌。稍过片刻，果见叛军沿城西北角攀援而上。周亚夫指挥汉军，突然出现在城墙上，一阵滚木箭矢，便把叛军击溃，刘濞带着败兵落荒而逃。此时，周亚夫意识到吴楚叛军已到了强弩之末，于是他命大开城门，乘胜追击。刘濞见汉兵已冲出城门，吓得甩开大队人马，只带少数亲随，夺路而走。与其一同出战的楚王刘戊见刘濞自顾逃生，气得破口大骂，他想截住逃跑的叛军组织反击，可那些饿得头眼昏花的士兵对他根本不理不睬。无奈，他只好挥剑自杀。而吴王刘濞在逃往吴越之地后，很快又被那里的臣民割下脑袋，献给了朝廷。

吴、楚两国是带头叛乱的大国，两国一败，其余五个小国也很快不战自乱。不到三个月的时间，震惊一时的七国叛乱被平定了下来。

汉景帝平定了七国叛乱后，虽然仍旧封了七国的后代继承王位，但规定诸王只能在自己的封地征收租税，不许干预地方的行政，大大削弱了诸侯王的权力，防止形成较大的割据势力，使社会得到了安定，经济和文化得到了发展，并逐渐出现了“文景之治”的鼎盛局面。

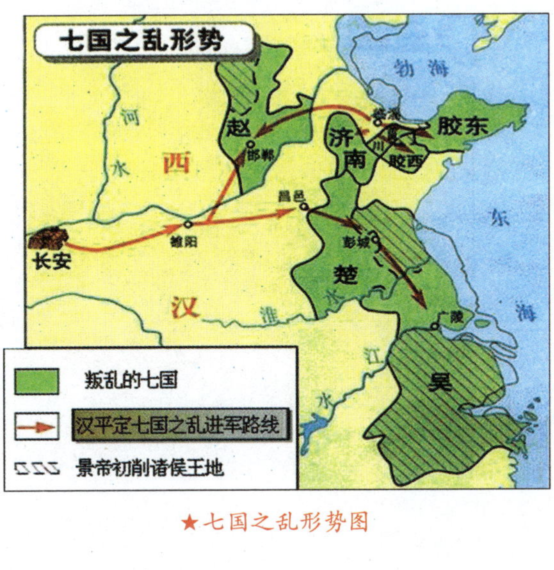

★七国之乱形势图

★汉景帝刘启像

汉景帝

汉景帝刘启（公元前188—前141年），汉文帝长子。公元前157—前141年在位，是中国历史上比较开明的君主之一。汉景帝继续推行文帝发展农业生产的政策。他继位后，节俭爱民，与民休养生息，人民负担减轻。针对地方各诸侯割据势力越来越大而直接威胁到中央权力，景帝采用晁错之策，着手削藩，削弱各诸侯王的权力，结果引起以吴王刘濞为首的以“请诛晁错，以清君侧”为名的七国之乱。景帝为平息叛乱而杀晁错，向七国“谢罪”，但七国仍然进攻不止。于是，景帝派遣周亚夫率军抵抗，于公元前154年平定叛乱。之后，他下令把诸侯王任免官吏的权力收归中央，打击了割据势力，巩固了中央集权。景帝还大力加强军事力量，反击匈奴的侵袭和骚扰。同时，他又采取和亲政策，将公主嫁给匈奴单于。汉景帝在位期间，采取比较开明宽松的政策，社会经济呈现繁荣景象，百姓安居乐业，政治上相对稳定，统治得到加强，国家十分殷实富足。历史上把这一段时期和汉文帝时期并称为“文景之治”。

吉星高照胶东王

JI XING GAO ZHAO JIAO DONG WANG

公元前157年4月，太子刘启御幸过的美人王娡发觉自己怀孕了，这王娡是个极有心机、富怀远见的女人。她自抛夫入太子宫之后，很快就征服了太子刘启，得到了宠爱。她知道老皇帝刘恒近年来

★汉景帝皇后王娡像

百病在身，冥台已为程不远，太子刘启登上皇位的日子指日可待，到那个时侯，自己怎么也能闹个夫人，如果此番怀的是儿子，说不定还有皇后的福分。想到这里，她觉得要达到日后的目的，必须从现在开始就作努力，王娡知道太子很相信梦，于是就在梦上作起文章。一日，太子刘启又专房御幸她，第二天早上，王娡依偎在太子怀中说："妾夜来做了一梦。"太子刘启见王娡如此说，急忙追问所做何梦，王娡闪动了一下眼睛说："我梦见日入怀中。"太子刘启一听，大喜，说："这是好征兆，你将要得贵人，我从今日起暂不与你同房，以验此梦。"王娡一听，知道自己编造的话太子信了，心中暗暗高兴。此后太子刘启果真便没再到王娡房中。一个多月后，刘启来问王娡是否有了身孕，王娡便悄悄告诉刘启，说她果真有了身孕。刘启连忙向上天叩头不已，从此便把这事放在心上，时时思及。不久，刘启也作了一梦。梦见汉高祖从天上飘然而至，到了刘启面前，对刘启说："王美人将得子，可把他的名字叫作彘"。从此，刘启更对王娡另眼相看了。

汉文帝驾崩，太子刘启承登大宝，是为汉景帝。三个月后，便封王娡为夫人。公元前156年七月七日，王娡在猗兰殿临盆，果然生下一个男婴。景帝思及高祖托梦，立即给这个男婴起名叫彘。景帝十分喜欢这个婴儿，令人精心护养。刘彘就这样在景帝身边一天天成长起来，出落得机灵乖巧。三岁时，景帝把他抱在膝上，抚摸着他的头说："吾儿愿意当天子吗？"刘彘用稚嫩的声音回答说："当天子由天不由儿。儿愿每日在宫中父皇前玩耍，但不能失作子之道。"景帝听此，大为惊讶。三岁顽童，竟能出此之言，此儿确非凡人可比。此后，景帝更注重对他的训导了。公元前153年，刘彘四岁，由于刘彘生时有许多瑞兆相应，又聪颖过人，议立太子时，景帝很想立他为太子。碍于他不是长子，只好把太子之位给了栗姬所生的刘荣，而封他为胶东王。

王娡见儿子没有当上太子，只封了个王，心中很不是滋味，但是，表面上却装得若无其事一样，谁也看不出她的不满。她心中暗想：皇上路程尚长，情况千变万化，儿子现今虽封为王，不一定日后就没有当太子的希望，关键是机遇和努力。王娡想得很对，这种机遇不久就逐渐来临了。

汉景帝有位胞姐馆陶长公主嫖，嫁给堂邑侯陈午为妻，生有一女，名叫阿娇。在那个年月里，谁有女儿不想让她成凤？长公主嫖就更想了。她见胞弟景帝立了栗姬所生的儿子刘荣为太子，便去巴结栗姬，想把女儿嫁给太子。当长公主嫖向栗姬提出此事时，没想到栗姬却一口拒绝，这把长公主嫖气得要死。但是当时又不能把栗姬怎么

★彩绘雁鱼铜灯·西汉

★汉代陶羊圈

样，她虽然还不是皇后，但母以子贵，未来的皇太后很可能就是她，得罪了她那还了得，因此，长公主嫖暗暗把满腔怨愤压在心底。王夫人知道这件事后，便去讨好长公主嫖，表现出极为同情的样子，长公主嫖于是对王夫人大有好感，她想起当年刘彘说过的："若得阿娇为妻，当以金屋贮之"的话来，觉得女儿既然嫁不成太子，嫁个王也不错，而且，她本喜欢刘彘，王夫人又很贤惠，于是就向王夫人提出此事。王夫人听后，满口答应。长公主嫖便去请求景帝同意，景帝无法，便答应了这门亲事。从此，王夫人便攀上了长公主嫖，二人过从甚密，同亲姐妹一般。

有一次，王姑领着刘彘去拜会长公主嫖，长公主嫖设宴款待这位亲家母，王姑趁长公主嫖酒熟耳热之机，别有用心地说道："我见阿娇近日出落得更加漂亮了，她那个样子，本该是做太子妃的，可惜嫁了个亲王。"长公主嫖一听，立即想起向栗姬求亲碰了一鼻子灰的情景，恨恨地说道："我的女儿理该嫁太子，你那儿子今是亲王，难道不可以成太子吗？"王姑见长公主嫖说出此话，心中甚喜，便又拿话激她说."太子今已确立，栗姬今又得宠，长公主有何能可使吾儿做太子，你我也就是想想罢了。"长公主嫖立即说道："你不如此说，倒还罢了，今听你如此说，我倒要试试想想的事能不能成为现实，且看我的。"从此以后，长公主嫖便开始了一场阴谋活动。

长公主嫖仗着姐姐的身份，经常去景帝那里，夸奖刘彘的聪颖慧悟，说："那孩子可真聪明呢！读书能过目成诵。"景帝本喜刘彘，听如此说，倒要亲自试试，便召来刘彘，问他说："吾儿近日所习何书？能为朕诵读一遍吗？"刘彘闻听，立即给景帝诵伏羲以来群圣所录阴阳诊候及龙图龟策数万言，无一字遗落，景帝大喜，知长公主所言不是虚话，对刘彘更加喜欢。自此以后，长公主嫖经常出入宫闱，向景帝扇风说："栗姬为人太忌妒，听说她常使用巫术，诅咒其他妃嫔，这样的人恐怕不能母仪天下吧！"景帝因为很宠爱栗姬，长公主这番话并没太听进去。有一天，景帝临幸栗姬，栗姬不从，景帝说："朕已立你儿子当了太子，可知朕多么喜欢你，今你与朕不合，是什么道理？"栗姬说："吾儿虽成太子，其母尚在为姬，我问你，这是什么道理？"景帝说："莫忙，你儿子既已当了太子，你当皇后的日子还远吗？"说完景帝又对栗姬海誓山盟，说肯定要立她做皇后，这样栗姬才高兴起来。

不觉又许多天过去了，栗姬见立皇后事仍无消息，便在枕上催景帝快发诏令。偏巧景帝躺在栗姬身旁想起了长公主嫖说栗姬善妒的话来，很想试探一下，便说："我近年来身体不好，怕难久于人世，立你为后，没有问题，但我有一事相托，就是我死后，你要好好地照看我的众妃嫔和诸皇子们。"栗姬见景帝这个放不下、那个挂在心，于是妒意大发，说："我管不了那么多事。我听人讲鱼与熊掌不可兼得，专爱必弃其他，今皇上帝专爱于我，却又对她们牵肠挂肚，是何道理？"景帝见她不应，心中已是老大不高兴，又见她出言不逊地反问，于是产生了一种憎恶之心。那栗姬毫不知趣，又催逼景帝赶快立她为后。景帝在这种情况下，根本不可能答应，便生气地说道："你等着吧。"栗姬见景帝拿这话搪塞她，便大骂景帝是老狗。景帝一气之下，披衣出房，到其他妃嫔那去了。从此栗姬便失了宠。

这一切，王夫人都看在眼里，她知道栗姬失宠主要是因为多次催逼景帝立后，弄得景帝厌烦，决

★馆陶长公主刘嫖像

定趁此机会火上浇油，便暗中指使人挑唆接待宾客的官吏大行去向景帝建议册立栗姬为后。大行也觉得薄皇后被废之后，天下无后，此位不宜长久空缺，自己掌宾客之礼，应责无旁贷地奏请景帝赶快立栗姬为后，于是便去奏请景帝，说："子以母贵，母以子贵，今太子母宜号为皇后。"景帝此时正在气头上，对栗姬毫无好感，忽听大行又来扯这个问题，便认为是栗姬指使的，顿时大怒，吼道："什么母以子贵，我让你子不贵。"说完下令杀了大行，并在公元前150年春正月宣布废掉刘荣的太子之位，贬为临江王。刘嫖、王娡二人听到诏令，乐得手舞足蹈。可怜那栗姬非但没捞上皇后，还因自己砸了儿子的太子之位，赔了夫人又折兵，最终怨恨而死。

★汉阳陵（汉景帝刘启及其皇后王氏同茔异穴的合葬陵园）

储位重新出现真空，长公主嫖和王娡为刘彘夺储的途程重新升起了希望之光。刘嫖与王娡二人很快发现，景帝的同母小弟梁孝王刘武正依靠其母窦太后的宠爱，朝太子之位蠢蠢欲动，这个竞争对手必须干掉。于是长公主嫖便四下活动，大造兄终弟及有违祖制的舆论，并在大臣中串联，反对梁王承继大统。

★汉武帝刘彻蜡像

不久，窦太后正式向景帝提出立刘武为储君，景帝召集诸大臣合议此事。众大臣引经据典据理反对，退养大臣袁盎还专程从安陵赶到长安进言反对，结果此议作罢。到了这时，刘彘面前才真正出现了一条光明大道，长公主嫖立即趁热打铁，加紧为刘彘活动，频繁出入宫闱，与景帝重提王夫人梦日之事，夸奖王夫人如何贤惠。景帝本有过立刘彘为太子的打算，今经长公主嫖几年后一提醒，立刘彘之意遂决，于是便发布诏令，宣布立王夫人为皇后，十二天之后，立刘彘为皇太子，景帝因他"圣彻过人"，将他改名为刘彻。中元二年（公元前148年），废太子违法自杀。中元六年（公元前144年），梁王失宠郁郁而死。到了公元前141年正月，汉景帝崩于未央宫，当天，太子刘彻即位，从此开始了他辉煌壮阔的一生。

平刘兴居

★山东长清双乳山西汉济北王陵

刘兴居系朱虚侯刘章之弟。文帝即位后，得知他兄弟二人在平诸吕过程中欲拥立齐王刘襄为帝，有意贬抑二人之功，未履行诸大臣许诺封刘章为赵王、刘兴居为梁王的诺言，仅从齐国原辖区内划出两个郡，分立刘章为城阳王（都莒县，今属山东）、刘兴居为济北王。刘兴居因此愤愤不平。汉文帝三年（公元前177年）五月，匈奴袭掠汉边。汉文帝遣丞相灌婴率军反击，自己亦亲临甘泉（今陕西彬县东南）。匈奴退兵，文帝北至太原郡（郡治晋阳，今山西太原市西南古城营村）。刘兴居遂乘机举兵叛汉。文帝诏令丞相灌婴等率击匈奴的军队返回长安（今陕西西安市西北）。任命棘蒲侯柴武为大将军，率四位将军统10万大军征伐刘兴居，任命祁侯缯贺为将军，率部驻守荥阳（今河南荥阳东北古荥镇），堵塞济北军西入长安之路。七月，文帝返抵长安，再下诏济北吏民，凡在汉大军未到之前归顺朝廷和率军献城邑迎降的，一律给以宽赦，且恢复其原有官职爵位；随刘兴居参与反叛者，只要归降朝廷，也可赦免其罪。八月，汉军击破济北军，刘兴居自杀。

窦太主与董偃

DOU TAI ZHU YU DONG YAN

董偃原是卖珠小儿，随母走街串巷叫卖，为了多赚钱，也上王府侯门倒卖各类珍珠。有一次，他随母到武帝姑母窦太主府上，因他长得眉清目秀，又聪明伶俐，恭谨顺从，引起窦太主的注意，后来竟收他做了养子。卖珠小儿，时来运转，一下成为皇亲成员。

董偃进了窦太主府中，犹如进了天堂。身份变了，众人也另眼相看。董偃也知趣，对各类人物都恭顺有礼，因而上下左右都说窦太主收养的孩子，将来定有出息。太主府内有一位老管家，精通书算，理家管财，精明能干，窦太主指派他专门教授董偃记账和算术之技。董偃随母买卖过珠子，加上天生的聪明，没有多久就把老管家的本领学得大略通晓。窦太主看这孩子如此聪明，又派人教他骑马、驾车和射箭。董偃外秀内慧，用心琢磨，很快就心领神会，技能日增。董偃内心清楚，自己能有今天，完全仰仗窦太主。因此，他侍奉窦太主，特别小心谨慎，平时看风使舵，曲意奉承。窦太主对他也倍加疼爱。

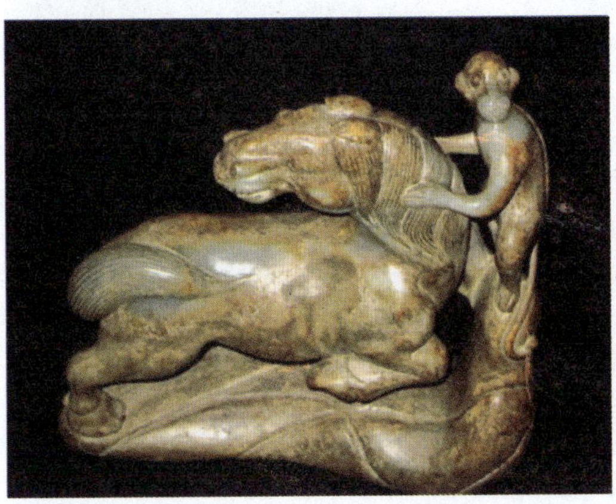

★和田白玉玉雕——立马封侯·西汉

★豹衔鼠銎戈·西汉

光阴似箭，几年后，董偃在窦太主府内已混得很熟。对府内各种复杂关系已了如指掌。他利用各种关系处处为自己服务，同时偷偷打击争宠的对手。

窦太主还特别喜欢小随从锡福。小童锡福手脚勤快，嘴甜心巧，因此被窦太主收在身边做了端饭端茶的小侍从。锡福原是太主府中一个马车夫的儿子，几年前其父死于惊车之祸，窦太主丈夫堂邑侯陈午念其父给自己赶车多年的情分，就收留了他。董偃看到小锡福在太主面前很受宠，本能的妒忌之心就萌发了，他决定设法使小锡福失宠。有一天小锡福给太主夫妇送午膳，董偃偷偷把一只死苍蝇放在烧熊掌盘内，小锡福没有注意。堂邑侯一见熊掌，正要品尝，突然，他甩了筷子，一把抓过小锡福，几个重重的耳光掴了过去，边打

东方朔割肉

汉武帝曾下诏赐给侍从官员一些肉，负责分肉的官员直到太阳落山还没来，群臣等得不耐烦。东方朔拔出剑来，割下一块肉，对其他官员说："我先接受恩赐，你们还是等等吧。"把肉揣在怀里径自走了。第二天上朝，武帝责备他说："昨天为什么私自割肉？"东方朔摘下帽子，叩头谢罪说："东方朔，东方朔，你受天子赏赐，却又私自割肉，多没礼节；割得不多，多么廉洁；立即送给妻子多么仁爱！"武帝笑道："你倒赞颂起自己来了。"

★东方朔塑像

★汉朝的服饰

边骂："你这畜生，瞎了狗眼！熊掌上有一只死苍蝇也没有看见！"小锡福吓得六神无主，哪里还敢吭气。窦太主也气得火冒三丈，当即把厨师狠狠打了几十大板。此后，小锡福被赶到马厩喂马去了，厨师也被赶出了府门。董偃却暗自欢天喜地。

又过了几年，窦太主的丈夫堂邑侯陈午因病去世。太主看董偃已长大成人，府中情况又很熟悉，于是把丧事完全交给董偃料理。董偃借此机会，大显身手，整个殡葬过程，井井有条。窦太主看在眼里，喜在心内，对董偃由爱生情。后来，太主让董偃全面掌管府中事务，穿房入室，不避嫌隙。从此董偃可自由出入太主卧室。太主本来对董偃由爱生情，又由情生欲，最后太主与董偃同床共枕，卿卿我我，比新婚夫妇还亲热。为了使董偃安心侍奉自己，太主对董偃有求必应。

董偃二十岁生日那天，窦太主不惜破费万钱，给董偃举行冠礼。一帮趋炎附势的官僚借机巴结讨好皇家，争相前往祝贺。董偃这个卖珠小儿，顿时身价倍增。后来窦太主担心董偃受众人非议，又让董偃广交宾客，笼络人心。所需用的钱财，太主慷慨解囊。董偃每日挥金如土，窦太主却从不痛惜。那些朝中权贵、名公巨卿看到董偃如此豪爽，又有皇家做后台，都主动跟董偃往来，并尊称他为董君。从此董偃名声一日大似一日。那帮得到董偃好处的人，生怕董偃这棵摇钱树倒了，因此处处维护他，并替他出谋划策。董偃办事左右逢源。

有一天，安陵人袁叔与董偃一起饮酒，袁叔对董偃说："足下与皇上姑母私通，这是犯罪的。要想长久享受这般生活，还得想一个万全之策。"董偃将身子靠近袁叔说："你有什么高见？"袁叔压低嗓音说："顾城庙是当今皇上祖父的祠堂，皇上每年都要到这里来祭祀，苦于周围没有行宫休息。窦太主的长门园与顾城庙相距很近，足下如果让太主把这长门园献给皇上，皇上一定高兴。如果皇上知道献园的主意是你出的，必然会记住你的功劳，日后有人告发你，皇上就会赦免你。此事办妥，你就可以高枕无忧了。"董偃听后，欢欢喜喜，后来便把这谋划说与太主。窦太主对这位少壮情夫之话，哪有不依之理。第二天，就让董偃写了一封请奏，将长门园献给皇上。汉武帝龙颜大开，马上将园改宫，专供祭祀休息之用。

董偃感激袁叔，取了一百斤金赠送袁叔，袁叔也更死心塌地为董偃效力。

过了几天，汉武帝亲临窦太主家中。窦太主听到武帝到来，赶忙脱去身上的华贵衣服，换上家仆穿的旧衣，下身还系一条旧短围裙，仿佛一个厨房烧火的女婢，站立门口等候武帝。武帝来时，她又屈身迎入。武帝见太主这身打扮，一眼窥透太主的用心，就笑着对太主说："愿意拜谒家中主人公。"太主听着，满脸绯红，当即下堂跪倒，脱去鞋子叩头说："我行为不检点，辜负皇上厚恩，罪该万死。如今皇上如此宽恕，叩头谢罪。"武帝又微笑着说"太主不必多礼，把你的主人公请出来吧，我自有话说。"窦太主这才起身，引领董偃来见武帝。董偃头戴墨绿头巾，双臂戴着黑色袖套，也是一副厨房佣人打扮。董偃见了武帝，随即匍匐跪在堂下，连半句话也说不出来。窦太主厚着脸皮代董偃说道："馆陶公主庖人罪臣董偃，昧死拜谒皇上。"（窦太主是汉武帝父亲的亲姐姐，当姑娘时是馆陶公主）武帝当时哈哈大笑，叫人给董偃搬来椅子，坐在他的身旁，又嘱咐左右赏赐董偃衣服帽子，董偃拜谢。这时，窦太主吩咐摆酒开席，武

★汉代木板画

★东方朔像

帝与太主同席共饮，董偃给武帝敬酒，武帝毫不推辞，一饮而尽。武帝命令侍从斟酒，回敬董偃，同时让窦太主与董偃按夫妻礼节坐在一起侍饮。窦太主格外讨好，武帝好生欢喜。董偃虽诚惶诚恐，内心也十分得意。大家都开怀畅饮，直至太阳西沉。武帝起驾之时，太主又献出许多金银绸缎，请武帝颁赏将军列侯从官，武帝连声称善，命令随从都搬进宫去。

第二天，武帝传诏分赐，众人得了财帛，都感激窦太主的恩情，从此人人都向着太主和董偃。太主这次收买人心，效果显著，外界舆论再也无人非议董偃。可见，无论什么样人物，只要慷慨好施，自然人人捧场，争相趋附。董偃凭借太主钱财，改变了身价和身份，一时贵宠，连天子都叫他主人公，何等荣耀，还有何人再敢小看？这个消息，远近闻风，人们争相投靠董偃门下。从此，董偃座上交接有权贵，席间谈笑有巨卿。

自武帝恩准董偃与太主关系之后，太主与董偃双进双出。太主时常还带领董偃进宫入朝，满朝文武、皇亲国戚也争相奉承。武帝爱怜董偃伶俐，下了一道命令，恩准董偃自由出入宫禁，亲近天颜。武帝游猎，董偃随从；武帝游戏，董偃同伴。董偃与武帝一起玩狗踢球，不分彼此。有时武帝大邀皇亲家眷一起娱乐，董偃还是重要角色。

一日，武帝为窦太主在宣室大摆酒宴，又特命人去召董偃同至。这宣室本禁中重地，景帝所置，非合法度之政，不得在此中举行。武帝在宣室摆好酒席之后，等太主与董偃光临。当时东方朔正在殿下，这东方朔本武帝幸臣，常以滑稽掌故感悟武帝之失，武帝很看重他。东方朔此时眼望董偃满身珠光宝气地朝宣室走来，立即去进见武帝。他对武帝说：“董偃今犯有斩罪三，怎么能让他进宣室来？”武帝说：“你胡说些什么？不要扫了朕的兴。”东方朔说：“这是先帝所置的宣室，乃施政布教之所。今那董偃，以人臣而私侍太主，大罪一也；败男女之化，乱婚姻之礼，伤王制，大罪二也；今陛下春秋正盛，想以儒学施教天下，行唐虞之政，折节三代，董偃不遵经劝学，反引陛下行颓靡之道，实为淫首，大罪三也。有此三罪，足当斩首，而陛下待为高宾，引为高朋，何以对天下之人？”武帝见东方朔所言句句在理，沉思良久，说道：“今既已设了此宴，权暂如此，后日必改。”东方朔只好愤愤走了。

后董偃年至三十，忽得一急病死去。窦太主思念董偃，忧伤成疾，临终之时，上书武帝，请求死后与董偃合葬。窦太主本堂邑侯陈午的夫人，今死却要与董偃合葬，岂不荒唐至极，按礼武帝是不该准许的，可是武帝却拿起大笔批道：“可！”结果，窦太主便与奸夫董偃合葬于霸陵，弄得后人啼笑皆非。

★吊人铜矛·西汉

★窦太主与董偃

★东方朔墓

汉武帝独尊儒术

HAN WU DI DU ZUN RU SHU

★汉武帝像

★董仲舒雕像

公元前141年春，汉景帝病逝，太子刘彻即位，是为汉武帝。武帝从公元前150年被立为太子。在做太子的9年中，他聪颖过人，深得其父汉景帝的宠爱。他一方面帮助景帝处理政务；另一方面博览群书，并对琴棋书画、诗词歌赋等进行了广泛的涉猎，为他登上帝王的宝座夯实了基础。

公元前140年，才即位一年的汉武帝便做出了对各方举荐的贤才进行考试的举动，亲自命题为“治国之道”，并从众多学子中发现了颇具治国之才的董仲舒。

董仲舒提出以儒家的学说作为治理国家的思想准则，即“罢黜百家，独尊儒术”。汉武帝采纳了这一建议，从此儒家思想在西汉盛行，而且这一施政准则对后来也产生了深远的影响，历代帝王都把儒家思想奉为统治思想，长达2000年之久。

武帝即位之前，其祖母窦太后崇信“黄老学说”（黄老学派的代表作是《老子》，学说的核心是无为而治、与民休息），极力主张清心寡欲，无为而治。但汉武帝刘彻是个雄心勃勃的皇帝，他不安于守业，立志要做一位能开疆拓土，威加海内，恩泽四方的一代帝王。不过，这与祖母窦太后崇尚“黄老学说”的思想却格格不入。

由于武帝即位不久，便四处搜罗人才，并流露出一改“黄老学说”的端倪，使他的窦太后大为不满，进而加紧了对朝政的控制。她还提醒武帝，朝中之事，无论大小，都要

★董仲舒像

董仲舒

董仲舒（公元前179—前104年），中国汉代思想家、政治家。汉武帝元光元年（公元前134年），董仲舒在著名的《举贤良对策》中，提出他的哲学体系的基本要点，并建议“罢黜百家，独尊儒术”，为汉武帝所采纳。其后，任江都易王刘非的国相10年；元朔四年（公元前125年），任胶西王刘端的国相，4年后辞职回家。此后，居家著书，朝廷每有大议，令使者及廷尉就其家而问之，仍受武帝尊重。董仲舒以《公羊春秋》为依据，将周代以来的宗教天道观和阴阳、五行学说结合起来，吸收法家、道家、阴阳家思想，建立了一个新的思想体系，成为汉代的官方统治哲学，对当时社会所提出的一系列哲学、政治、社会、历史问题，给予了较为系统的回答。

★汉武帝茂陵

茂陵是西汉武帝刘彻的陵墓。位于西安市西北40公里的兴平市(原兴平县)南位乡茂陵村。现为全国重点文物保护单位。公元前139年开始修建,至公元前87年建成。它是汉代帝王陵墓中规模最大、修造时间最长、陪葬品最丰富的一座,被称为"中国的金字塔"。

向她禀明。武帝知道,自己的所为已被窦太后所掌握,为了不加深矛盾,他让董仲舒去做江都相,任窦婴为相、田蚡为太尉,封赵绾为御使大夫。

由于好"黄老学说"的窦太后处处作梗,使武帝罢黜百家的策略无法实施,加之鼓吹儒学的御史大夫赵绾和郎中令王臧被窦太后下狱,继而自杀,还罢免了丞相窦婴和太尉田蚡,使儒家势力遭受了一次毁灭性打击。武帝眼睁睁地看着身边的大臣遭到贬斥和杀戮,心里隐隐作痛,却又无计可施。

建元六年(公元前135年)窦太后死,汉武帝开始独立处理政事,他先后把窦太后安排的丞相和御使大夫等相继罢免,起用了喜好儒术的田蚡为相。田蚡把不治儒家五经的太常博士一律罢黜,排斥黄老、刑名、百家之言等于官学之外,并且优礼延揽儒生数百人。这样一来,学习儒家的经书便成了做官的主要途径。而领先儒家学术做了官的人,自然会按董仲舒的那一套理论,来帮助武帝治理天下,用儒家的学说教育后代。因而从那时起,中央集权的思想成了中国社会的正统思想,儒家的学说几乎完全统治了中国封建社会的整个思想文化领域,这就是武帝时期有名的"罢黜百家,独尊儒术"。

独尊儒术以后,官吏主要出自儒生,儒家逐步发展,成为此后2000年间统治人民的封建正统思想。这种情况对于学术文化的发展是非常不利的,但在封建社会的条件下,则有利于专制制度的加强和国家的统一。

★乳钉纹壶·西汉

★彩绘鸟云纹圆盒·西汉

★铜贮贝器·西汉

友好使臣下西南

YOU HAO SHI CHEN XIA XI NAN

西汉初年，东南和南部沿海一带，居住着一些越人部族。从高祖到文帝，先后封立了三个藩王，向东向南分别为东越、闽越、南越。武帝时候，越人之间发生了几次战争，朝廷也曾派兵镇压，但没有彻底解决问题。由于山高路险，不便征伐，武帝便采用唐蒙的建议，想

★夜郎国人民手制的陶瓶

从西南开发一条水路，到达南越，把越地收归朝廷。于是开始了联合西南夷的举动。

南越王赵胡（赵佗的孙子），曾派他儿子婴齐到京城守卫皇宫，住了几年。赵胡死后，婴齐回到南越，做了南越王。武帝接到婴齐即位的上书以后，也就答应了，但是让他要经常进京朝拜皇帝。婴齐怕被皇上留住，就不肯从命，只派儿子进京。因此，汉武帝很不满意，就在这时候，正巧有个叫唐蒙的给武帝上书，大意是说：南越王乘坐金黄色的车马，左边还飘着一面大旗，模仿皇上的威仪。他的国土东西有一万多里，面积很大，名义上是个外臣，实际上独霸一方。现在如果从长沙的豫章出兵，跋山涉水，道路很难走。我听说西南有个夜郎国，兵精粮足，牂牁江从那里发源，穿过南越入海。如果能多用些财物，打开夜郎的通道，从牂牁江发兵，船运到南越，这样，制服南越就很容易了。

这唐蒙怎么知道夜郎的事情呢？原来唐蒙曾经跟将军王恢出兵攻打闽越，战争结束后，唐蒙受命去慰问南越。吃饭的时候，唐蒙见到一种枸酱，品尝了一下很好吃，就问是哪里出产的。南越人说是牂牁江运来的。回到长安以后，唐蒙就向蜀地商人打听枸酱的来历。商人告诉他说："枸酱产自蜀地，当地百姓想弄点钱，就拿到夜郎去卖。夜郎是黔中的小国，在牂牁江边上，与南越通过水路交往，所以枸酱能到南越。南越经常送财物给夜郎，叫他臣服自己，夜郎国一直没答应。"唐蒙了解了其中的关系之后，就给武帝上书，提议通夜郎，攻南越。武帝接到上书，认为这个想法不错，可以试试，立即批准了这个计划，并提拔唐蒙为中郎将，让他出使夜郎。唐蒙带了1000多士兵和大批物品，翻山越岭，披荆斩棘，经历了重重困难和险阻，才到达夜郎。

夜郎国在西南黔中一带，地方很偏僻，当时，名为南夷。它的北面和汉朝的巴蜀相接，往东经牂牁江可达南越。当地盛产竹子，所以国

东越归附

东越分为闽越和东瓯两国。东瓯以今浙南的瓯江流域为活动中心，闽越则以今福建的闽江流域为活动中心。秦朝末年，东瓯和闽越也积极参加反秦斗争，并接受了汉朝的封号。汉景帝时，吴、楚等七个同姓封国反叛中央王朝，东瓯和闽越均暗中给予支持。七国之乱被平定后，东瓯王杀吴王刘濞，得免死归国，但从此中央王朝已失去了对两王的信任。汉武帝初年，闽越发兵围东瓯，又出兵击南越。东瓯粮尽，遂向汉王朝求援。武帝于是派兵从海路救东瓯，解了东瓯之围。东瓯为免于被闽越吞并，请举国内迁。汉武帝同意将东瓯人民安置在江淮之间，东瓯王国从此消失。公元前111年冬，南越平定后，汉兵分四路大举进攻闽越。第二年冬，各路大军一举攻进闽越国境，闽越国亡。为免除后患，汉武帝命令将闽越人迁居江淮间。

★武夷山闽越王城遗址

王就以竹为姓，叫竹多同。在夜郎国周围，还有十几个部落，但都不如夜郎地广人多。百姓们依山而居，自种自吃，很少与外界接触，根本不了解山外的情况。于是，夜郎国人就有了一种自我优越感，认为夜郎国是天下最大的国家了。南越王也曾派人送东西给夜郎，叫他臣服自己。夜郎王认为自己的国家这么大，怎么能臣服他人呢？就一口回绝了。“夜郎自大”的故事，就是指这件事。

★司马相如像

唐蒙一行人到了夜郎，拿出随身带来的大批物品，这使夜郎王竹多同大开眼界。他看看汉朝人的穿戴，看看唐蒙拿来的绫罗绸缎，再看看自己，的确相形见绌。那唐蒙口才极好，就把汉朝如何强大、如何富饶，滔滔不绝地述说了一番。夜郎王从没听说过这些事，今听唐蒙一讲，才知道自己的渺小。唐蒙把汉朝皇帝的意思告诉竹多同，让他归顺汉朝，封为列侯，儿子做县令。竹多同满口答应，并把附近的部落首领叫来，和唐蒙一一相见。唐蒙送给他们每人一份礼物，并告诉他们，只要归顺汉朝，绸缎布帛有的是。这些首领们都很乐意，先后和唐蒙订立了盟约。

★铜虎（夜郎民族崇拜的图腾和权力的象征）

唐蒙这次出使，虽然旅途艰苦，但是收获颇丰，回到京城，他把情况原原本本告诉了武帝。武帝大喜，就把夜郎和那附近的地方改为犍为郡，封竹多同为王，赐与王印，另外从朝廷派官员去管理。

为了从牂牁江发兵攻打南越，汉武帝又派唐蒙前往巴蜀，去负责筑一条可以直到江边的车马大道。唐蒙领命，从蜀郡征调了大量兵士和民夫，日夜赶修。西南地区本来山高水险，在当时生产力极其低下的情况下，要修一条大路是很不容易的。开工没有多久，就死伤了不少人，一些民夫见修路艰苦，便偷偷地开了小差。

唐蒙君命在身，只得严加监督，对逃跑者抓住就杀头。人手不够，又在当地抓了一些壮丁。老百姓叫苦不迭，怨声载道。一时间谣言四起，不少人逃离当地，流落他乡。地方官吏也上书指责唐蒙。

汉武帝听到这个消息以后，恐有其他变故，就派司马相如到蜀地安抚百姓。司马相如受命前往，一边传达皇帝意旨，责备唐蒙，让他改变方法，不要用刑太重，另外又和当地的上层人物交涉，讲明修路的重要性，随后写了一篇文告，说皇帝十分关心民众疾苦，现在修路使百姓遭受侵害，不是皇帝的意思，一定让修路的大臣改过等等。通过这一番活动，蜀地的百姓很快平定下来，谣言很快消失了。

司马相如在蜀地逗留了几天，准备回京复命，正赶上蜀郡西边十几个部落的少数民族首领前来归附。他们听说南郡夜郎一带的部落归顺了汉朝，给了很多财物，还封了官，就想仿照他们归顺。蜀中的官吏当时就写好奏章，上报朝廷。

★夜郎王竹多同像

汉武帝接到奏章，准备派人前往调查，正好司马相如回京复命，武帝就向他打听那里的情况，司马相如说：“西夷的邛笮、冉駹，都是很大的部落，离蜀郡很近，交通也方便，秦朝的时候，曾在那里设置过官吏。如果现在收归汉朝，设立郡县，比南夷还有利。”武帝听了很高兴，就拜司马相如为中郎将持节出使，带着很多人马财物，安抚西夷部族，大大加强了汉与西南夷的关系。从那以后，西南夷的很多部落陆续都归附了汉朝。武帝派人到那里依山开路，遇水架桥，修了几条大道，往西通到沫水和若水，往南通到牂牁江。汉朝在那里设了一个都尉和十几个县，统归蜀郡管理。从此，祖国的多民族大家庭里，又增加了一些新的成员，他们为我国西南地区经济文化的发展和疆域的进一步开发，都做出了积极的贡献。

汉武帝欲挫匈奴

HAN WU DI YU CUO XIONG NU

武帝刚即位的时候，由于“文景之治”为他提供了一定的政治和经济基础，使他在解决朝政问题和外交事务上敢于采取强硬政策，尤其采用董仲舒的“独尊儒术”，中央集权得到了巩固，坚定了他发展、图强的信念，为重振大汉雄风做了必要的铺垫。

早年的文、景两帝都采取休养生息的政策，六十多年内，除了短时期的吴、楚等七国之乱，没有发生过大的战争。因此，社会的经济得到恢复和发展。据说，到了景帝的后期，国家仓库里的钱不知道积了多少万，串钱的绳子都烂断了；粮仓里的粮食多得吃不完，有时只好露天存放。

但是，强盛的汉朝却常常受到北方匈奴的威胁。从汉高祖在白登被围以后，汉朝对匈奴一直采取“和亲”政策。这种“和亲”，实际上是一种妥协，不但要把汉朝皇室的女儿嫁给匈奴单于，每年还得送给匈奴许多财物。即使这样做，匈奴贵族还是经常侵犯中原，杀害百姓，掠夺粮食和牛羊，使北方地区不得安宁。景帝死后，年轻的汉武帝刘彻决意要改变这种屈辱的地位。

公元前 133 年，汉武帝采用诱兵之计，欲将匈奴的军臣单于一举擒获，但狡猾的军臣单于识破了汉朝的用意，未到达预定地域便迅速逃离，使汉军的擒贼计划功亏一篑。由于几遭暗算，军臣单于开始变本加厉地对汉朝边境地区实施侵扰和抢掠。一时间，边报像雪片一样飞向长安，使武帝和文武百官应接不暇。

公元前 129 年，匈奴又派兵进犯上谷（今河北怀来东南）。汉武帝派卫青、公孙敖、公孙贺、李广四名将军带领人马分头出击。

将军李广是一员老将，早在汉文帝时候就做了将军。汉景帝的时候，他同周亚夫一起平定过七国之乱，立过大功。后来，汉景帝又派他去做上郡（今陕西榆林东南）太守。

★匈奴骑马图

有一次，匈奴进了上郡，李广带着百余骑兵去追赶三个匈奴射手，追了几十里才追上。他射死了其中的两个，又活捉了一个。正当他们准备回营时，远远望见有几千名匈奴骑兵赶了上来。李广镇定自若，他对手下的兵士们说：“大家不要慌，听我说！我们离开大营有几十里。如果现在往回跑，匈奴兵肯定要将我们追上，我们必死无疑。我们干脆就在这里等他们，匈奴兵以为咱们是来引诱他们的，一定不敢来攻击。”说完，李广下令前进，在离开匈奴阵地仅仅两里的地方停了下来，命令兵士一齐下马，把马鞍全卸下来，就地休息。兵士们都急着说：“匈奴兵马这么多，又这么近，要是他们冲杀过来，怎么办？”李广说：“我们这样做，表示不走，使敌人相信我们是诱骗他们的。”匈奴的将领看到李广这样布置，真的有点害怕。他们远远地观察汉军动静，不敢靠前。

★铜鎏金马·西汉

这时候，匈奴阵地上有一个骑白马的将军，走出来巡视队伍。李广突然带着十几名骑兵翻身上马，飞驰过去，一箭把他射死。然后再回到自己队伍，继续躺在地上休息。匈奴兵越看越觉得汉军一定设有伏兵，因怕遭到夜袭，便在当夜都逃了回去。

此次，汉武帝派了四路人马去

抵抗匈奴。匈奴的军臣单于探明了汉兵的情况，知道四名将军中最难对付的是李广，就把大部分兵力集中在雁门，沿路布置好埋伏，命令部下活捉李广。匈奴兵多势盛，经过一番激烈的战斗，李广的军队不敌匈奴的主力，他的人马被打散，其本人也因受伤被俘。匈奴兵在返营时，将李广放在用绳子结成的吊床里，用两匹马驮着，准备到单于的大营去领赏。

大约走了十几里地，躺在吊床上的李广瞅准了旁边匈奴兵骑的一匹好马，他使劲挣扎着跃起，稳稳地跳上了马背，在夺下弓箭的同时，将那个匈奴兵推下马，然后调过马头，向南飞奔。当初匈奴兵看李广躺在那里动也不动，都以为他死了。等看到他腾空而起，又策马驰去，一时愣在那里，见李广已经骑马跑远，才想起追赶。

李广回头看见有追兵，他边催马快跑，边回转身来，拈弓搭箭，一连射死了几个追在前面的匈奴兵。匈奴兵想继续追赶，可都怕李广的神箭，只好看着李广逃回了汉营。就此，匈奴人都称李广为"飞将军"。

此役未捷，虽然汉武帝心中有些遗憾，但并未使其丧失征服匈奴的决心，相反，他从这次失败的教训中，了解了匈奴聚散不定，能于沙漠中自由驰骋和各自为战的长处，便命令汉将有针对性地训练汉军，努力使匈奴由强势变为劣势。

不过，李广虽然脱了险，但是因为他损兵折将，被判了死罪。汉朝有一条规定，罪人可以拿钱赎罪。李广缴了一笔钱，总算赎了罪，回家做了平民。过了不久，匈奴又在边境骚扰，汉武帝重新起用李广，担任右北平(今辽宁凌源西南)太守。匈奴人害怕飞将军，很长时间未敢进犯。

★李广墓

李广墓位于甘肃天水市城南石马坪，这座李广墓是衣冠冢墓，墓地有高达6米的碑塔一座，塔前有祭亭三间。墓地中央是一高约10米，周长25米左右的半球形坟堆，四周砌以青砖，青草盖顶，庄严肃穆。墓前竖立清乾隆已未年间重建"汉将军李广墓"和蒋中正题"汉将军李广之墓"两块石碑。

李广

李广（?—公元前119年），西汉名将，陇西成纪今甘肃天水人。其先祖李信为秦国名将，曾率秦军追逐燕太子丹直到辽东。公元前166年，匈奴大举入侵边关，李广少年从军，抗击匈奴。他作战英勇，杀敌颇众，使汉文帝大为赞赏。汉景帝即位后，李广升为骑郎将，成为景帝身边的禁卫骑兵将军。吴王、楚王叛乱时，李广以骁骑都尉官职跟随太尉周亚夫出征平叛，在昌邑城下夺得叛军军旗，立下显赫战功。诸王叛乱平定后，李广调往上谷、上郡、陇西、雁门、代郡、云中等西北边陲做太守，抗击匈奴的入侵。

公元前140年，汉武帝即位，调李广为未央宫卫尉。四年后，李广率军出雁门关，被成倍的匈奴大军包围。匈奴单于久仰李广威名，令部下务必生擒。李广终因寡不敌众而受伤被俘。押解途中，他飞身夺得敌兵马匹，射杀追骑无数，终于回到了汉营。从此，李广在匈奴军中赢得了"汉之飞将军"称号。

★李广像

卫青和霍去病抗击匈奴

WEI QING HE HUO QU BING KANG JI XIONG NU

公元前139年春,卫青的姐姐卫子夫被汉武帝选入宫中,卫青也被召到建章宫当差。卫青出身低微,他的父亲是平阳侯曹寿家里当差的。卫青长大以后,在平阳侯家当了一名骑奴。卫子夫入宫不久,就有了身孕,这引起了陈皇后的嫉妒,想加害她,却又怕触怒武帝,便把心中的积怨发泄在卫青的身上,她找了一个借口,准备将卫青处死。汉武帝得知后,大为愤怒,索性召见卫青,任命他为建章宫监、侍中。不久,汉武帝封卫子夫为夫人,提升卫青为太中大夫。

公元前129年,匈奴又一次兴兵南下,前锋直指上谷(今河北省怀来县)。汉武帝果断地任命卫青为车骑将军,迎击匈奴。他让卫青直出上谷,另派公孙敖、公孙贺、李广各征战一方。卫青首次出征,但他英勇善战,直捣龙城(匈奴祭扫天地祖先的地方),斩首700人,取得胜利。另外三路,两路失败,一路无功而还。汉武帝看到只有卫青胜利凯旋,非常赏识,加封关内侯。

公元前124年,卫青率领骑兵3万,追击匈奴到长城外。匈奴右贤王以为汉军还离得很远,一点儿也未加防备,在兵营里饮酒作乐,喝得酩酊大醉。卫青在夜色的掩护下,急行六七百里,包围了右贤王。汉兵从四面八方冲进匈奴营地,打得匈奴军队四面逃窜,乱成一团。右贤王的酒劲刚过,要抵抗已来不及了,只好带着他的几百个亲信脱身逃走。这一仗,卫青的人马一共俘获了1.5万名俘虏,其中匈奴的小王10多人。卫青由此被武帝封为大将军。

虽经过汉朝的几次打击,匈奴依然猖獗。他们入代地、攻雁门、劫掠定襄(今内蒙古和林格尔)、上郡(今陕西绥德县东南)。公元前123年2月,汉武帝命卫青主动出击匈奴。卫青指挥六路大军,从定襄出发,北进数百里,歼灭匈奴数千人。在这次战役中,卫青的外甥霍去病率800精骑首次参战,他们按计划向北追剿,但莽莽草原,人迹全无。他们不知不觉走了好几百里,将近黄昏,忽然发现前方远处有一片黑点。霍去病判断那便是匈奴的营帐,当即命部下衔枚而行,以迅雷不及掩耳之势杀了过去。匈奴兵根本没想到汉军会这么远杀过来,顿时一片混乱。

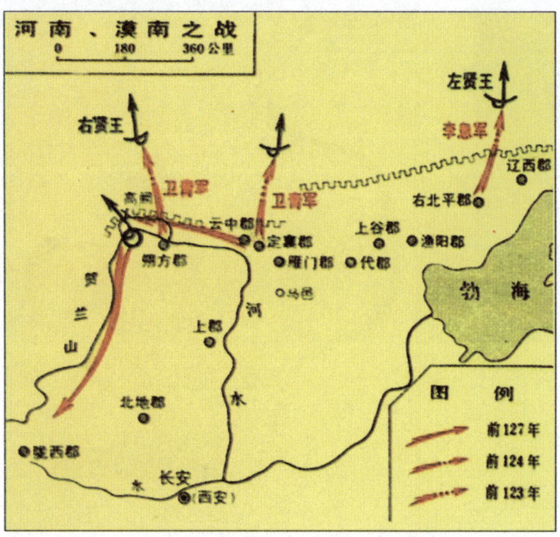

★汉与匈奴河南、漠南之战示意图

卫　青

卫青(?—公元前106年)字仲卿,河东平阳(今山西临汾西南)人,西汉时期著名将领。少时为平阳侯曹寿家奴,善骑射,有勇力。因其姐卫子夫受汉武帝宠爱,被召入朝,任建章监、侍中。元光五年(公元前130年)受任车骑将军。元朔二年(公元前127年)春,率军击败匈奴娄烦王、白羊王两部,歼数千人,攻占河南地(今内蒙古伊克昭盟一带),受封长平侯。元朔五年(公元前124年)春,率军奔袭匈奴右贤王部,乘夜突然袭击,歼1.5万人,升任大将军。接着,两次率军出击漠南(今蒙古高原大沙漠以南)单于本部,歼近2万人,迫使单于远徙漠北(今蒙古高原大沙漠以北)。元狩四年(公元前119年)夏,与霍去病各率5万骑越过大漠(今蒙古高原大沙漠)进击匈奴。他以正面钳制,两翼包围的战法,歼匈奴近2万人,追至寘颜山赵信城(在今蒙古国杭爱山南)而还。后升任大司马。

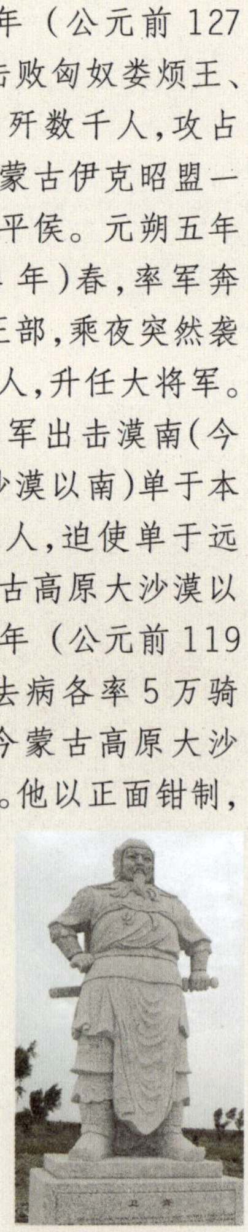

★卫青雕像

★霍去病墓

霍去病身先士卒，首先闯入匈奴营帐，一刀杀了一个匈奴将领，匈奴兵被突入的汉军吓得四处奔逃。正当卫青在大营等得焦急的时候，只见霍去病提了一个人头回来，后面的兵士还押了两个俘虏。经过审问，才知道这两个俘虏，一个是单于的叔叔，一个是单于的相国，那个被霍去病杀死的是匈奴的一个王爷。

第一次作战就建立奇功，汉武帝对霍去病大加赞赏，他说："剽姚校尉霍去病，以800骁骑斩杀匈奴兵两千多人，并杀死匈奴单于的祖父籍若侯产及相国、当户等将官多人，生擒单于的叔父罗姑比，出奇制胜，勇冠全军。以2500户封霍去病为冠军侯。"

公元前121年，汉武帝又封霍去病为骠骑将军，率领1万骑兵，从陇西出发，进攻匈奴。霍去病的兵马与匈奴接连打了6天，匈奴兵抵挡不住，向后败退。霍去病和他的骑兵越过了焉支山（在今甘肃永昌县西），追击了1000多里。俘虏了浑邪王的王子和相国，把休屠王祭天的金人（一种铜像）也带了回来。汉军大获全胜。汉武帝非常高兴，下令增封霍去病食邑2000户，还要替他盖一座住宅。霍去病推辞说："匈奴未灭，何以家为！"武帝对他赞叹不已。

这年夏天，汉武帝决定乘势全部扫除匈奴在河西地区的势力，打通进入西域之路，于是发动了第二次河西战役。战役中，以霍去病、公孙敖率领的几万骑兵为主力，从北地郡（在今甘肃环县）出发，另派李广、张骞率1万多人从右北平出发，攻击匈奴左贤王，策应西征的主力。霍去病与公孙敖出塞后，分兵前进，公孙敖由于中途迷失方向，而未能参加战斗。霍去病与公孙敖联系不上，只好孤军深入，越过居延海（今内蒙古额济纳旗北），穿过小月氏部落，抵达祁连山。匈奴被他神妙莫测的战术搞得晕头转向，并遭到了惨败。此役，总计接受匈奴单桓王、酋涂王及相国、都尉等2500人投降，俘虏了王母、单于阏氏、王子、相国、将军、当户、都尉等120多人，歼灭匈奴兵3万余人。在河西战役期间，汉武帝特地从京城送来一坛美酒，霍去病没有独自享用，而是将酒倒入泉水中，让全军将士饮用，后来，此泉就称为酒泉，当地也就以泉命名。

公元前119年春，汉武帝决定由大将军卫青、骠骑将军霍去病各率精锐骑兵5万人，分作东西两路，远征漠北。以飞将军李广为前将军，公孙贺为左将军，赵食其为右将军，曹襄为后将军。大军北行1000多里，跨过大沙漠，与匈奴军打起了遭遇战。战斗异常惨烈，双方都有较大伤亡。黄昏时分，卫青派出两支军，悄悄从两翼迂回到单于背后，包围了单于的大营。伊稚斜单于发现后，慌忙突围，并率先向西北方向飞奔而去。匈奴兵顿时军心大乱，四散逃命。卫青率大军乘夜挺进，追击200多里，斩杀并俘虏匈奴官兵1.9万多人。卫青大军也从追剿中获得了匈奴屯积的粮草，解决了汉军的给养，并当下凯旋。

这次战役，彻底击溃了匈奴的主力，大伤匈奴的元气。此后，匈奴逐渐向西北迁徙，出现了"漠南无王庭"的局面，从根本上解除了匈奴对汉朝的军事威胁。汉武帝为表彰卫青、霍去病的大功，特加封他们为大司马。

霍去病

霍去病（公元前140—前117年），河东平阳（今山西临汾）人，为大将军卫青之甥，西汉时期著名将领。一生四次领兵出击匈奴，均大获全胜而回，歼灭匈奴11万多人，降服匈奴4万余众，开河西、酒泉之地，消除了匈奴对汉王朝的威胁。他作战勇猛，是一位军事天才，他用兵灵活，注重方略，不拘古法，勇猛果敢，每战皆胜，深得武帝信任。汉武帝曾劝他学习孙吴兵法，他回答说："为将须随时运谋，不至学古兵法。"汉武帝为奖励他的军功给他建造了豪华的宅第，他却说："匈奴未灭，无以家为也。"后升任大司马，与卫青同掌兵权。

★霍去病雕像

司马相如与卓文君

SI MA XIANG RU YU ZHUO WEN JUN

司马相如字长卿，是四川成都人，西汉时期的大辞赋家。司马相如从小就喜欢读书击剑，非常聪明，模样长得也很秀气，因此他父母亲非常娇惯他，亲切地称他为“犬子”，也就是猫儿、狗儿一类的称呼吧。相如稍大以后，读书越来越多，他非常佩服战国时期赵国蔺相如的为人，所以自己改名为“相如”。那时候可以用钱买官做，他们家花钱为他买了个郎官，到京都长安侍奉汉景帝，做武骑常侍。但他最喜欢舞文弄墨，弹琴赋诗，而汉景帝又不喜爱那一套。这期间碰上梁孝王到京都长安来朝拜皇帝，身边还带着一帮游说辩士，像齐国人邹阳、淮阴人枚乘、吴县人庄忌等。相如一见到这些人，好比久别重逢的老友，谈得非常投机。相如很喜欢同他们在一起长长见识，于是借口有病，辞去郎官，到梁孝王身边去了。梁孝王热情地欢迎他，安排他同邹阳等一群儒生住在一起。

★卓文君雕像

梁孝王死后，他周围的那帮说客们四处分散，相如也只好回到成都的老家。这时他家里穷得无法维持生活。他从前的好朋友王吉，现在是临邛的县令。王吉曾经对相如说：“长卿您外出求官，如果有什么不如意时，您可以到临邛来找我。”他既然没法生活，只好去找王吉，王吉把他安排在城外的一个客舍里居住。这位临邛县令装着毕恭毕敬的样子，天天前呼后拥地去拜会相如，目的是为了抬高他的身份。开始时相如还客客气气地接待王吉，后来声称有病，让随从当众谢绝王吉，不同王吉见面。而王吉却表现得更加殷勤和更有礼貌。

临邛城里的富豪人家很多，比如卓王孙一家就有奴仆八百多人，程郑一家的奴仆也有好几百人。卓王孙和程郑碰在一起就互相提议说：“听说王县令有个贵客住在城外客店里，我们何不准备几桌酒菜，请他也来家里坐坐。”于是两人分头进行准备，到了约定时间，他们先把王县令请到卓家，那里已经坐满了数以百计的客人。快到中午，卓家派专人去接司马长卿赴宴，长卿装病进行推脱，王县令和客人们都等着相如到来才敢动筷子。王吉见卓家派人去请不来，他亲自登门去接。相如还装着勉为其难的样子，总算同王县令去到卓家。相如一踏进卓家客厅，在座的客人都被相如的风采所倾倒。等到大家喝得兴奋时，王县令亲自拿着一把琴走到相如面前说：“长卿！我听说您喜欢弹琴，请自弹一曲高兴高兴吧！”

★“马踏匈奴”石刻·西汉

相如本欲推辞，忽然看见门缝中有一双乌溜溜水灵灵的大眼睛，正朝自己张望，心中一动，早已猜出了那是谁。就假装与县令相敬重，说了句“恭敬不如从命”，便一往情深地弹了起来。那只曲子的大意是：“凤啊凤啊归故乡，遨游四海啊求其凰。一直没有机会啊心惆怅，何意今日啊登此堂。有位美人在身旁，我却难表爱意心忧伤。何时能同你入锦帐，相亲相爱做鸳鸯？”众人听了，也不解其意，但觉琴韵幽扬，似小桥流水，缀满残红，又似孤鹤夜唳，令人哀怨。大家愣了一会，遂一齐鼓起掌来。而门内的那女子听得芳心摇曳，如痴如醉。

原来，这位女子不是别人，正是卓王孙的女儿卓文君。她刚刚死了丈夫。王县令和相如串通一气，相如借重王县令的深厚交情，想用弦外之音去挑逗文君的芳心。相如一到临邛，王吉就给他安排了侍从和车马，整天让他招摇过市，侍从车骑前呼后拥。他的举止显得那么从容大方，态度是那样的文静高雅，身材长得十分标致，容貌是那样的俊秀，简直是个仪表堂堂的美男子。等他到卓王孙家饮酒弹琴，文君隔着窗纱偷瞧，心里说不出有多喜欢。及至听了相如弹的琴，她明白了司马相如的心意。酒宴一结束，相如就托人去贿赂文君的侍女，请她代为传达相如对文君的一片心意。文君一听迫不及待，当夜就逃出家门，同相如一起私奔了。

★司马相如弹琴之处——琴台

卓文君随司马相如到成都后，见司马相如家徒四壁，卓文君也并不在意，但她毕竟是富家女子，自小娇生惯养，锦衣玉食，如今贫苦度日，也多亏她能够忍受。于是，她便开始将自己出走时随身携带的细软变卖，以维持生计。日子久了，卓文君身上佩戴的金银珠宝首饰眼看变卖得差不多了，便不觉心生焦灼，盘算起来如何继续维持下去。司马相如也是只会吟诗作赋，弹琴鼓瑟，哪晓得度日艰难！担子全落在卓文君一人身上。只见她整日愁苦不堪，形容憔悴，身子渐渐消瘦下来，但她却一直无怨无悔。司马相如见了十分难过，却又无法改变现状。

★文君听琴图

一日，卓文君把自己近日来深思熟虑过的一个主意讲出来与司马相如商量，司马相如虽不大愿意，却也只好答应了。原来卓文君是要变卖手头所剩无几的一点金银首饰，回到临邛去开一家小酒店。卓文君对司马相如解释说，到临邛开酒店，她所熟识的父亲的商客会照顾她的生意的。

不几天，他们便在临邛县城热闹的大街上开了一家小酒店。卓文君每日是酒家老板娘打扮，在店门口照应，接待顾客。她怕司马相如拉不开面子，放不下架子，便让他躲在后堂当下

★《汉赋通论》书影

汉 赋

汉赋在我国文学发展史中占有重要地位。赋作为一种文体，早在战国后期就已出现。汉初的"骚体赋"模仿楚辞，虽尚铺陈，但篇幅较短，句式整齐，通篇用韵，以"兮"字为调，与楚辞相近，二者难以显著地加以区分。汉初骚体赋的作者和代表作，有贾谊的《吊屈原赋》、《鵩鸟赋》等，以及淮南王刘安的宾客小山的《招隐士》等。汉武帝时期，国家空前统一强大，加之汉武帝好大喜功，颂声不绝，促使赋的创作呈现空前兴盛局面。擅长作赋的司马相如，因所作《子虚赋》受到汉武帝赏识，也被召到朝廷，拜为郎官，专门为汉武帝作了一篇《上林赋》，供其欣赏，成为散体大赋盛极一时的代表作。西汉中期，兴起了抒情言志之类的小赋。如董仲舒的《士不遇赋》、司马迁的《悲士不遇赋》、司马相如的《长门赋》、扬雄的《逐贫赋》等，皆为抒发自己际遇和世道不公之作，渐渐成赋体的主流。

手，洗碗摘菜，做些杂事。卓王孙的女儿卓文君“当垆卖酒”的消息不胫而走，一时轰动了全城。起初几天，围观者每日不下数百人，当然，吃酒的顾客也不少。果不出卓文君所料，她父亲的客商也纷纷来照顾她的生意。同时，也是为了一睹她的芳容，一时间顾客盈门，应接不暇。卓文君心中自然是十分高兴。司马相如也因不再愁生活，渐渐的也能拉得开面子，放得下架子了。有时，卓文君忙不过来，他也敢由后堂走到前厅帮助照应。自此，夫妇二人，从早忙到晚，倒也其乐融融。

再说卓文君的父亲卓王孙，自打女儿私奔之后，视为府中的奇耻大辱，气恨交加。他盛怒之下便断绝了与女儿的一切往来。女儿与丈夫到临邛开酒店，更使他觉得把他卓家的脸面丢尽了。于是他自觉无脸见人，干脆闭门不出，连来洽谈生意的客商也一概谢绝不见。后来，卓王孙的许多朋友和商客都来劝说。他们一是说司马相如配卓文君，可谓郎才女貌，十分般配。眼下司马相如只不过是文人落魄，终将会有发迹的一天的。二是说，卓文君的个性，做父亲的卓王孙应该知道，她不是没有眼光和没有主见的女子。三是说，卓文君寡居在家时，帮卓王孙料理生意上的事务，没有功劳有苦劳，现在她再嫁，做父亲的却不给女儿一些嫁妆财物，眼看女儿受苦受累，于情于理都不合等等。众人劝说再三，卓王孙迫不得已才分给了卓文君家僮百人，钱百万。卓文君与司马相如到父亲面前拜谢，然后关闭了店铺，打点行装又回到了成都。回到成都后，卓文君便派遣童仆，置办田宅，成为富家，安居度日。因为有了财产，卓文君又让司马相如出去游历，写作他所酷爱的词赋。

★文君井，位于四川省邛崃市内里仁街。

汉武帝即位后，因为喜好辞赋，便召司马相如进宫。司马相如先后写作了《子虚赋》、《上林赋》，武帝阅过大喜，任司马相如为侍郎，常侍左右。司马相如因此名声大噪，一时文冠天下。

司马相如成名之后，渐渐的变得有些不思进取，成日沉醉于声色犬马之中。卓文君劝阻多回，也不见有什么功效，心中不免十分忧虑，渐渐的憔悴难当。卓文君一次次地规劝，司马相如非但不听，反倒生出一些厌弃之心，后来竟想聘茂陵某人家的少女为妾。卓文君得知后，一时悲愤难忍，便作了一首《白头吟》的诗，表示要与负心人司马相如决绝。诗里说，过去他们的爱情纯洁忠贞，“皑如山上雪，皎若云间月”，如今被司马相如玷污了，所以“闻君有两意，故来相决绝”。见卓文君如此钟情，又如此坚决，司马相如惭愧不已。由于良心的发现，便断了纳妾的念头。从此，他们夫妇二人又恩爱如初。而且，有了这一次感情的风波与曲折，可以说，他们更懂得了忠贞爱情的可贵从而倍加珍惜，爱得也更深了。直到公元前117年，即汉武帝元狩元年，司马相如死于糖尿病，时已六十余岁，此后，卓文君孤独地生活了几年后离开人间。

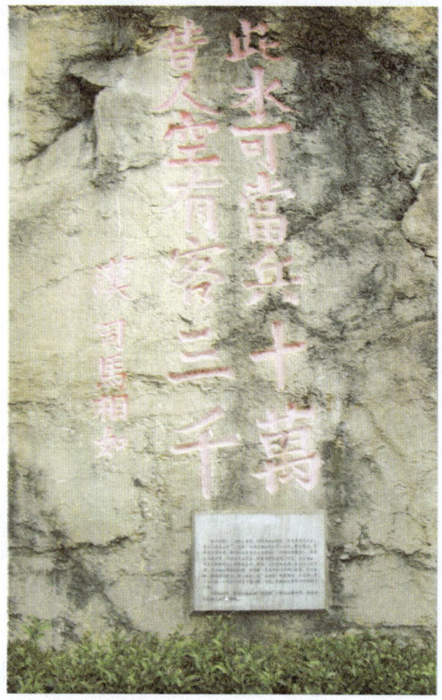
★司马相如题词

★司马相如弹奏凤求凰的石刻说明

咫尺长门锁阿娇

ZHI CHI CHANG MEN SUO A JIAO

★长信宫灯·西汉

《长门赋》

《长门赋》是司马相如的抒情短赋代表作。赋前有小序，是后人解释本赋写作缘起的一段说明。从小序中我们知道，《长门赋》是作者奉陈皇后之请而作。作者模拟女主人公口吻，如诉如泣，诉说了封建宫廷妇女在失意时的愁闷抑郁心情以及希望再度得宠的强烈愿望。全赋抒写了陈皇后被废后的深刻苦闷，揭示出女性在封建社会中，即使是贵为皇后，也不能掌握自己，一旦被纵欲无度的君王所抛弃，就陷入苦痛的深渊而不能自拔的命运。作者对女主人公的心理状态刻画得极其深刻细腻，特别善于借景抒情，使本文成为汉赋中最早的抒情名篇，对后代抒情小赋及宫怨闺情诗词的发展都有很大影响。

在陕西长安县东北，两千多年以前曾矗立过一座辉煌壮丽的离宫，这就是西汉武帝时的长门宫。那时在宫内曾住着一位女主人，每当清晨黄昏，总要习惯凭栏向北仰望一阵武帝宫，然后才饱含酸辛地踱入牢狱一般的内寝。光阴飞快地流逝而去，女主人拈指思来，不觉在这里已四度寒暑了，那百般的愁肠，摧枯了昔日如花似玉的美貌，下世的光景开始笼罩她而来。她感到一切都无法挽回了，只能每日以泪洗面。一日，武帝宫中传出隐隐的古筝声，她问侍女："帝宫中又在作什么？"侍女告诉她："司马相如上《上林赋》，帝命人度曲演唱，听说热闹非凡呢。"她不晓得司马相如是个什么人，她在帝宫中时也没听说过这么一个人，便问侍女。侍女告诉她，这位司马相如是当今皇帝垂青的文人，以善作赋而名闻天下，如果皇后请他把您的悲苦写成赋献给皇帝，事或有转。她听从了侍女的好言相告，奉黄金百斤，使人去求司马相如。

★舞蹈壁画·西汉

★汉武帝皇后陈阿娇像

司马相如听了来使的一番述说，不禁发了悲悯之心，于是一展才思，草成《长门赋》献给武帝。一日武帝于月下酒酣之时展卷读之，不觉潸然泪下，好一位被谪居的佳人，"形枯槁而独居"，这不是我的陈皇后吗？他不禁回想起遥远的往事，想起那个小字称作阿娇的小姑娘。她聪明美丽，多情善感，又那么富有教养，她是自己姑姑长公主嫖的掌上明珠。她曾与自己同居深宫，游乐与共，耳鬓厮磨。他想到他四岁时，被姑姑抱着，当姑姑提起把自己的女儿阿娇许他为妻时，他喜形于色地对姑姑说："若得阿娇为妇，当为金屋藏之。"而如今，则将阿娇打入深宫，内心不觉深为歉疚。

幽居长门的陈阿娇，自从托司马相如作赋献武帝后，转眼又过了许多时光，并没有看到武帝召她回宫的任何迹象。夜长人不寐之时，她回想起如烟往事,咀嚼着失宠之由。作为一个女人,她没有生育子嗣的能力,而封建帝王无一不把子嗣看得极为重要,因此无子使武帝对她产生了不满,当新婚的柔情蜜意随着时光的飘流而渐次消失之后,武帝便常常夜不归宿了,这不能不使她极为痛苦。不久,武帝从平阳公主家领来了卫子夫,论青春美貌,卫子夫远胜她一筹。后来,这卫子夫竟使武帝"春从春游夜专夜",生女又生儿。陈阿娇见此,妒火中烧,她曾几次与武帝大吵大闹,还一次次作出要自杀的荒唐之举,搞得满城风雨,外间传闻纷纷,武帝对她更失去了好感。因此陈阿娇虽居深宫,却只身孤影,饱尝无郎君为伴的苦恼。

当时京中盛行巫蛊之风,陈阿娇有病乱投医,便令侍女偷偷领来女巫楚服,把自己想通过巫蛊使武帝回转心意、重宠于她的愿望说给了楚服,楚服闻听,发下狂言,说道:"皇后放心,只要臣妾作法,皇后目的一定能够达到。"陈阿娇听后,喜形于色,立即赐楚服黄金百斤,令楚服从速作法。一日,武帝突来皇后之宫,见楚服正坐在陈阿娇身旁,吃了一惊,他立即问陈阿娇:"此是何人?"陈阿娇本对武帝不满,又曾与武帝幼时青梅竹马,并不很惧怕武帝,说道:"这是我请来的女巫楚服。"武帝道:"请女巫作什么?"陈阿娇也不示弱,说道:"令你回心转意。"武帝听后,龙颜大怒,立命将楚服拿下,恶刑审讯,楚服一一道出真情,武帝直气得七窍生烟,立即令卫士将楚服活钉棺中,然后用火焚烧。可怜那楚服,登时灰飞烟灭。武帝处理了楚服之后,又大令搜捕后宫,连杀三百余人。陈阿娇见状不妙,立即跑到太后那里,求太后救命。太后一听心便软了下来,她想到武帝即位,多亏阿娇之母从中帮忙,于是便主动去武帝面前求情。武帝碍于母命,免陈阿娇一死,赐其策曰:"皇后失序,惑于巫蛊,不可以承天命,其上玺绶,罢退居长门宫。"从此,陈阿娇告离皇后寝宫,来到这长街永巷。

陈阿娇想到这里,百感交集。"每忆椒房宠,那堪永巷阴","经年不见君王面","金屋无人见泪痕",悲苦愁绝。

武帝自上次看了司马相如的《长门赋》后,不知哪来的一股劲头,近日整天想着陈阿娇。一日,武帝朝散,驱车去长门宫,时值海棠春深之时,乱纷纷落花如雨,急煞煞子规唤人。武帝下得车来,从海棠树下信步走去,不觉早落得满身花片,武帝轻轻用手拂去,感念人生易老,红颜薄命。不觉来到长门宫门前,此时那对花伤神的陈阿娇一眼瞥见武帝驾到,大吃一惊,连忙出迎,双膝跪倒,说道:"臣妾不知君王今日驾到,还望恕罪。"说罢连连叩头。武帝命她速起,二人一同进了长门宫。武帝在宫中瞻视良久,看到这里的确凄清,因说道:"朕今日接你回宫,你意如何?"陈阿娇初以为自己听错了,没敢言语。武帝便又说道:"朕来接你回宫,你难道不愿意吗?"陈阿娇到了此时,才转悟过来,连忙跪下叩头不已,说道:"既蒙君王不弃,实为臣妾之福,臣妾敢不从命?"于是,武帝便命陈阿娇上车回宫去了。

陈阿娇重又回到皇后的宝座,暗思必是司马相如之功,便立即托人转赠司马相如金千斤。

陈阿娇回宫之后,武帝对她宠幸如初。可是陈阿娇作梦也没有想到,她的此番回转,实际上又不知不觉的堕入醋海之中。那位卫子夫,觊觎皇后之位已很久了。建元六年(公元前135年),窦太后驾崩。武帝亲政,卫子夫伺机诬告陈阿娇重操旧业,暗中行巫蛊之术蛊害她。此时卫子夫因生有儿子,很得宠武帝,卫子夫之言很容易进入武帝耳中。武帝本恨巫蛊,他立即派人到陈阿娇宫中去挖,果然在宫中挖出了木偶,陈阿娇根本不知哪来的木偶。吓得几乎昏死过去,她在武帝面前力述自己无辜,武帝此时哪里还能再听进陈阿娇之言,于是诏命将陈阿娇的皇后封号正式废掉,重新把她赶进长门宫。陈阿娇旧地重游,悲愤万端。没过多久,她就郁郁死在那里了。

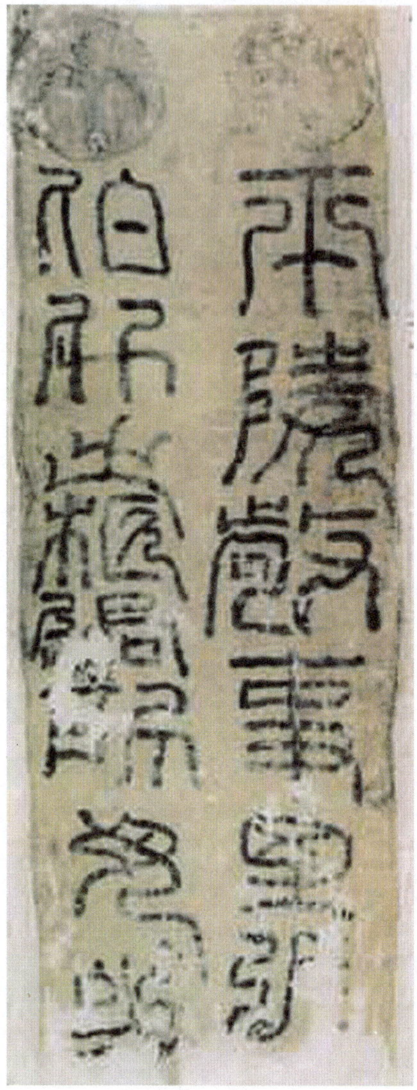

★武威张伯升柩铭·西汉

草根皇后卫子夫

CAO GEN HUANG HOU WEI ZI FU

★人物石刻·西汉

小人作梗谗太子

太子刘据有次觐见卫后，多待了些时间，武帝身旁的宦官苏文即向武帝进谗言说道：“太子终日在皇后宫里，与宫人嬉戏！”武帝不听，反而增加太子东宫侍女二百人。太子知道为苏文所谗，心里对其不满。苏文又与小宦官常融、王弼等，经常伺机寻找太子的过失，一旦寻到就添油加醋向武帝报告。卫后对此也是非常痛恨，让太子禀报武帝杀了这些人。太子心地善良，说：“第勿为过，何畏文等！上聪明，不信邪佞，不足忧也。”不想让武帝烦扰。武帝有次生病，派常融去召太子，常融回报说，太子得知武帝生病，脸上有喜色。武帝听了，心中暗暗不乐。等到太子入见，武帝看到太子面带泪痕，但是强装笑脸。武帝调查清楚情况，知道常融从中作梗，就把常融杀了。

出身卑微，以一介歌女身份，一朝跻身于皇后之列，这个传奇女子就是汉武帝的第二位皇后卫子夫。卫子夫的经历不仅改变了自己的命运，同时也改变了自己一家人的命运，其弟卫青、外甥霍去病都是汉代历史上著名的抗击匈奴的英雄。因为卫子夫从歌女到皇后、一门贵幸的传奇，当时的民间就流传着这样的歌谣：生男无喜，生女无怒，独不见卫子夫霸天下。

汉武帝的卫皇后字子夫，出身卑微，母亲卫媪是平阳侯家的婢女。卫媪生有三个女儿，长女卫君孺，次女卫少儿，三女就是卫子夫；三个儿子：卫长君、卫步广、卫青。

汉代奴婢生女也是奴婢，所以卫媪的子女在身份上讲，都是奴婢。卫子夫其实是汉景帝的女儿、汉武帝的姐姐平阳公主家的一个唱歌的奴婢。卫子夫的母亲卫媪虽然是奴婢，但是所生的三个女儿，其中一个最后成了皇后(卫子夫)，一个做了丞相夫人(卫君孺)；儿子卫青则是大将军，还娶了公主为妻。这不得不说是一件非常令世人惊异的事情。卫子夫一门的贵幸，离不开一个人，那就是平阳公主。汉武帝的母亲王皇后入宫后生了三个女儿，大女儿就是平阳公主，平阳公主原为阳信长公主，后因为下嫁给平阳侯曹寿为妻，所以称为平阳公主，曹寿即汉初名臣曹参的曾孙。武帝即位初的几年里，后宫后妃没有生子，武帝的姐姐平阳公主便搜求身家清白的女子十几人，安置蓄养在自己家里。建元二年(公元前 139 年)三月上巳，汉武帝去霸上祓祭，回宫路上路过平阳公主家。平阳公主就向汉武帝献上所选的美人，但是武帝没有什么表示，没有看上姐姐专门为他准备的美女。等到饮酒的时候，平阳公主家的歌女进来献歌，武帝独独最喜欢其中年轻漂亮的歌女卫子夫。武帝起身更衣，卫子夫侍候武帝，在轩车中为武帝所幸。武帝回座后，十分高兴，赏赐平阳公主金千斤。平阳公主就向武帝禀奏进献卫子夫入宫服侍武帝。卫子夫上车时，平阳公主拍着她的后背说：“行矣，强饭，勉之！即贵，无相忘。”勉励卫子夫进宫以后多多保重，如果富贵了，一定不要忘记平阳公主的恩德。

光阴似箭，转眼就是一年过去，卫子夫自从在平阳公主家见过汉武帝一次后，就再也无缘相见。她看着那些和自己年龄相仿的少

★卫子夫入宫群塑

女们望穿秋水，孤灯对长夜，空抛美好年华，想着自己如果这样继续待在这里，结局也只能如此，便有了想要离去的心思。一日武帝忽然传下令来，令有司清查后宫中不可用的宫女，将其遣回原籍。卫子夫在这个时候才得一睹武帝，谁知武帝早已忘了她的名姓。她跪在武帝前，哀哀欲绝，请求准她离宫。卫子夫仅来宫一年多些时光，青春尚未老去，仍然是如花似玉般的佳人，此时虽泪珠洒面，却又恰似带雨梨花，美中更别具丰韵。武帝怎肯让眼前这位美人走掉，他在龙位上传旨道："美人平身，朕问你姓甚名谁，家住何方？何时入宫，可得朕幸？"卫子夫见问，立即跪下答道："贱妾卫子夫，原平阳公主家的歌女，去岁皇帝去平阳公主家，于时得幸。"武帝闻听此言，大为震惊，我怎么如此轻抛美人，因生无限感慨，说道："朕今老矣，记忆如此之差，你不要离宫，我昨日梦见长得像你的一位宫女庭中生出梓树数棵，这大概是上天指示我去御幸于你吧，朕今日即令你侍寝，何如？"其实卫子夫也不是非想离宫，只是觉得有些无望才只好出此下策，今日见事有转机，何乐不为，于是转悲为喜，奏道："贱妾敢不从命？"于是武帝又宠幸了卫子夫，不久卫子夫就有了身孕，当时武帝没有子嗣，所以此后卫子夫的尊宠日隆。卫子夫先后生三女，元朔元年(公元前128年)卫子夫生了一个男孩，起名刘据。于是武帝遂立卫子夫为皇后，这一年，汉武帝才29岁。

★卜千秋墓壁画·西汉

卫子夫当上皇后后，她抱着小心谨慎的态度，在后宫复杂的环境中，做了三十八年的皇后。卫子夫的儿子刘据，是汉武帝的长子，元朔元年(公元前128年)被立为皇太子，后来又被称为戾太子。汉武帝29岁才有儿子，一开始非常喜欢刘据，但是等到刘据长大以后，汉武帝因为嫌太子性格太过仁恕温谨，能力一般，不像自己，所以不太喜欢刘据。武帝在位期间，四处征伐，而太子刘据经常劝谏汉武帝。汉武帝就笑着说："吾当其劳，以逸遗汝，不亦可乎！"加上卫子夫当初受武帝宠幸是因为色相，后来卫后年老色衰，武帝又先后宠幸赵之王夫人、中山李夫人、尹婕妤、钩弋夫人。除了太子刘据以外，后来武帝后宫嫔妃又为武帝生了几个儿子，如王夫人的儿子刘闳，李姬之子刘旦、刘胥。武帝晚年最喜欢的儿子还是钩弋夫人所生之子刘弗陵，也就是后来的汉昭帝。刘弗陵于太始三年(公元前94年)出生，据说其母钩弋夫人怀胎十四个月才生下了他。汉武帝说："闻昔尧十四月而生，今钩弋亦然。"于是命名其所生之地为尧母门。当时卫后和太子都在，武帝命名尧母门，对卫后和太子来讲，无疑是一件很难堪的事情。

所以在武帝晚年，卫后、太子因为武帝的宠幸日少，他们常常感到不安。卫后的弟弟卫青还在世的时候，汉武帝知道卫后和太子的担忧，就对卫青说："汉家庶

★汉代妇女曲裾

事草创，加四夷侵陵中国，朕不变更制度，后世无法；不出师征伐，天下不安；为此者不得不劳民。若后世又如朕所为，是袭亡秦之迹也。太子敦重好静，必能安天下，不使朕忧。欲求守文之主，安有贤于太子者乎！闻皇后与太子有不安之意，岂有之邪？可以意晓之。"汉武帝说这番话的目的，是想通过卫青转告卫后和太子，让卫后和太子安心。卫后知道后，脱去头上的簪饰去向武帝请罪，表现得非常谦恭。

卫后虽然后来并不受宠，但还是受到武帝礼遇，独尊皇后之位。这和卫后在宫中懂得避嫌，处事谨慎以及谦让有关。卫后对卫氏子弟也是严加管教。如卫青的四子都不成器，卫后就向武帝涕泣，请求武帝削夺卫氏子弟的封赏。武帝就说："吾自知之，不令皇后忧也。"卫青的少子最后因为犯罪被杀，武帝一并削夺其他儿子的封爵，为此武帝还遣人向卫后通报道歉。太子刘据对武帝时期酷吏的作法，不以为然，多有违反。卫后担心这样做会违背武帝的意思，得罪武帝，经常劝诫太子应该留心揣摩武帝的意思，不应该擅自平反冤狱。武帝听说后，认为太子的做法正确，卫后不对，但是卫后谦虚谨慎的态度可见一斑。

巫蛊之祸

WU GU ZHI HUO

汉武帝冀求长生不死，极度迷信鬼神，为此一再上神仙方士的当，却毫不觉悟。尤其是对从齐国来的方士栾大，竟拜他为五利将军，封为乐通侯，赐奴婢二千人，食邑二千户，车马器物无数，甚至把亲生的卫长公主嫁给他，用黄金万斤作嫁妆。一时间栾大成了京城皇亲国戚、高官显要争相高攀的尊贵人物。他装神弄鬼的骗术一旦得逞，竟可以享受到荣华富贵，这就大大助长了迷信的妖风，自称会神仙方术的人相望于道，奔走在长安街头，都想施展骗术大捞钱财。京城还有众多女巫，出入宫中，有的女巫教宫中美人把木偶埋在地下，用诅咒的办法加害于所仇恨的人。由此酿成了西汉皇宫中多次灾祸，被史家称做“巫蛊之祸”。

征和元年（公元前92年），武帝已届晚年，时常有病，总是怀疑周围的人用巫蛊害他，成了他的一大心病，只要涉及巫蛊诅咒，他便下令穷治，不惜杀许多人。因此，左右常怕惹怒他，也不敢报告真情。有一天，武帝白昼睡觉做噩梦，梦见有数千木偶人举着棍棒围着追打他，醒来像是害了大病，精神恍惚。武帝身边有个叫江充的，此人由告发别人而升官，又善于揣测武帝的心事，所以被武帝任命为直指绣衣使者，负责处理皇帝指派的特殊事务，有诛杀大权，也就是专门检举皇族成员和高官贵人的。江充以前曾同太子刘据有点私怨，如今他见武帝时常生病，将不久于人世，担心以后如果太子继位，自己将要倒大霉，便存心陷害太子刘据。江充对武帝说：“陛下的病必定是出于巫蛊，近来宫中每间屋里都埋有木偶，天一黑就纷纷念咒语，不知是不是对着陛下来的。待陛下的病好，这一次非来个大搜查大治罪不可！”武帝允许他这样去做。于是江充带领西域来的巫师，在宫中到处挖地下埋的木偶，抓人拷问半夜诅咒的事，搞得天翻地覆，人人心惊胆战。江充实行大搜捕，用烧红的烙铁逼供，让宫里宫外辗转互相告发，凡是涉及“巫蛊”的便以死罪论处。从京师、三辅至各郡国，被牵连处死的前后有几万人。

★马王堆出土的西汉书简

江充的目的是要置太子于死地。一天他领着西域巫师进到武帝批阅文件的禁省，搬掉御座，掘开地面寻找有无埋下木偶。又到后宫，在那些不受宠的嫔妃屋里大肆搜查。最后闯到卫皇后和卫太子的住处，纵横开沟，掘地三尺，使皇后和太子连打床的地方都找不到，存心将事情闹大。江充扬言说：“在太子宫中掘得木偶最多，还有在帛上写字，都是针对皇帝的，我要立即向皇帝报告！”太子十分害怕，问老师怎么办才好，老师回答说：“巫蛊现在是最厉害的罪名。江充一伙人在你宫中掘得有木偶，究竟是江充一伙栽赃呢，还是真有其事呢？这件事根本无法辩个明白。我看不如假称皇帝诏令，把江充抓起来治罪。况且皇帝现在住在甘泉宫，皇后和皇宫的官吏派人去问安，都没有回音，皇帝究竟还在不在尚不清楚，你难道不担心有人会乘机把你废掉吗？”太子本想亲自到甘泉宫找皇帝，可是江充根本不允许，一时想不出计策，只好按照老师讲的去做。于是，太子刘据让手下人假装是皇帝使者，闯入江充住处抓了

★金饼·西汉

★金腰带扣·西汉

他。太子亲自监督把他斩头，咬牙切齿骂道："你这个坏蛋！以前你陷害赵国太子，今天又来挑拨我们父子互相残杀吗？"又把西域巫师拉到上林烧死。

然后太子派人乘夜告知卫皇后，调集宫中军车和射箭手，打开武器库，集合长乐宫的卫卒，整队待发。这时长安城一片混乱，都传说"太子造反了"。太监苏文以前同太子有私怨，他急忙跑到甘泉宫向武帝报告太子造反。起初武帝还不大相信，说："太子是害怕被指控犯巫蛊之罪，又恨江充，所以才发兵。"便派使者召太子。使者不敢入城见太子，回来谎报说："太子确实造反了，他不管我是皇帝使者也要杀我，亏我逃得快才回来。"武帝这下怒不可遏。丞相刘屈氂也是从长安逃出来的，武帝当即给他下了一道命令："把造反的都杀头，朝廷自有重赏。注意不要误杀士兵和平民。先将长安城门统统锁起来，别让造反的罪人逃出去！"这时武帝也不顾有病，亲自赶到长安城西的建章宫，下令火速召集三辅士兵及二千石以下官吏，让丞相统一指挥。太子在城中也派人假借皇帝命令，把狱中囚犯放出来，又派人去召集驻扎在长水及宣曲的胡人骑兵，不料被侍郎马通截住，马通就把骑兵带到长安，又召集到水师中划船的水手，供皇帝调用。太子手下的人用红色符节为标志，而朝廷临时征集的士卒则在红色符节上另加黄旄为标志，以相区别。

太子刘据想调动长安城的北军，他驾车来到北军南门，召见护北军使者任安，出示符节，命令任安发兵。任安敬礼接受符节，转身回去后却闭门不出。太子只好离开北军，把城中四市的百姓轰出来壮大队伍，集中了几万乌合之众，开到长乐宫西边，同丞相带领的兵卒遭遇。双方大战五日，死的有几万人，大街上血流成河。城中百姓都说"太子造反"了，因此跟太子的人越来越少，而跟随丞相的兵众却越来越多。太子刘据兵败后，直奔长安城南覆盎城门，想赶快逃出城外。丞相属官田仁正负责守卫城门，士卒来报告"太子要出城门"，田仁想到太子和皇帝到底是亲骨肉，不想眼看他走投无路，就让士卒把紧闭的城门开了一条缝，太子不由分说赶快逃了出去。丞相刘屈氂得知此事大怒，要马上杀田仁。御史大夫暴胜之对丞相说："田仁是二千石官员，不能由你一句话就定罪杀头，要先报告皇帝。"武帝闻知后大发雷霆，让属吏带话严词谴责暴胜之："田仁胆敢把造反的人放跑了，丞相要将他斩首，

★西汉车马件

真假卫太子

昭帝继位第五年，有个外地人姓成，住在湖县，以占卜为业。有个过去当卫太子属官的人跟他学占卜，对他说："您长得像卫太子。"姓成的一听，觉得可借此撞骗一番。因为当时传说卫太子还流落民间，并没有死。有一天，这个姓成的坐着牛车来长安城北阙，上书自称卫太子回来了。此事立即轰动宫内外。朝廷命令所有公卿将军二千石要员前去分辨究竟，长安吏民聚观者数万人。右将军勒兵守卫皇宫，以防发生大乱。丞相和御史呆立街头，不知如何处置。当时的京兆尹隽不疑是个挺有主见的官员，他稍后赶到，立即命令手下将此人绑起来。有人劝阻隽不疑说，现在真假太子未知分晓，不要错抓了人闯下大祸。隽不疑依据经书教导说："怕什么！是真太子他也有罪。"这下才把混乱局面镇住。经过审问，才知是个骗子。昭帝和大将军霍光受了一场虚惊之后定下神来，连连称赞隽不疑精通经书，能断大事。没想到江充煽起的这场灾祸，整整十年之后还引出这样的轩然大波。

★偏将军印章·西汉

正合法律；你作为御史大夫，为何擅自阻止他？”暴胜之见皇帝问罪，因害怕而自杀了。武帝又命令宗正刘长拿着符策前去收缴卫皇后的印绶，卫皇后当即自杀。武帝又对任安问罪，说他在紧急时刻不攻打太子，反而将北军南门紧闭不出，是脚踩两只船，想坐观成败然后投机，也犯了死罪，同田仁一起处以腰斩。武帝认为马通会临机应变，集合军队同太子对抗，封他为重合侯。凡是太子的宾客进过宫门的，都处死；跟随太子发动兵变的，灭全族；被太子挟迫加入造反队伍的，一律充军敦煌。因太子已逃出城外，便命令长安各城门严密把守，实行戒严。

此时武帝依然盛怒未减，群臣人人恐惧，不知如何是好。壶关三老令狐茂向武帝上书，说：“江充是奸诈之徒，是他谗害太子，人人皆知。太子在危急之中见不到皇帝，无法辨明，因愤恨惶急杀了江充，又因害怕而出逃，太子盗用皇父的军队，是他错了，但我看他没有邪心。现在的情况是人人不敢对陛下说出这番真话。我看陛下不要再大事追究，请解除戒严，别让太子长期逃亡在外了。”武帝看了这位老者劝告的章奏，心中醒悟过来，却又一下子难以改口，没能立即宣布赦免太子。

且说太子逃亡，向东到了湖县，藏匿在一个穷人家中。这家人很贫苦，对待太子很好，靠卖鞋供他吃饭。太子原来有个熟人住在湖县，听说此人很有钱，便派人去找他。这下太子的踪迹便暴露了，立即有官兵来围捕。太子明白这下再也跑不掉，进到屋里上吊死了。这家主人跟官军搏斗被杀，太子的两个儿子也遇害。武帝得知事情的经过，心中也为太子的受冤惨死而伤心，但事已至此，无可挽回，只好将当时为太子解下尸体的县令封为邗侯，表示一下对太子的怜悯之情。

★金日磾像

长安的这场兵战，以死亡数万、逼死皇后和太子的巫蛊惨祸而结束了。但是余波并未平息。太子死后，武帝越想越恨江充的诬陷之罪，要追究他的同党，斩尽杀绝。谁知截住太子兵符的马通和他的哥哥马罗，正是江充的同党，到了这时也怕查究出来。马罗当时任侍中仆射，是宫中侍候皇帝日常起居的一个小官，只不过资格老一点罢了，他可以出入皇宫，兄弟二人便于阴谋作乱。负责宫中守卫的金日磾是武帝的近臣，连日观察到马罗神色可疑，就暗中提防他，使马罗兄弟久久找不到机会。有一天，武帝到林光宫小住，金日磾随同前往，当时因有点小病，他躺在殿中休息，马罗兄弟以为时机来到，假称皇帝命令，半夜出宫，集合了一队士卒。天蒙蒙亮，武帝还未睡醒，马罗已经进宫。金日磾正闹肚子，一早就上厕所，心里突然一阵紧跳，仿佛有点预感，便从厕所出来，坐在窗下观察动静。正好马罗袖里藏着匕首，从东厢房进入，突然见金日磾坐在那里，大惊失色。他想快步跑进武帝卧室，不料慌张中撞到一座大乐器上，跌倒在地上。金日磾赶忙冲过去一把抱住他，大喊：“马罗造反了！”武帝闻声惊醒，出来看发生什么事。这时武帝的卫士要拿剑刺马罗，武帝怕伤了金日磾，忙叫卫士停手。金日磾从地上爬起来，抱起马罗一下子将他扔到殿下，卫士将他五花大绑押走了。武帝派人穷追马罗兄弟及同伙，统统治罪。这是巫蛊之祸的余波，武帝还差一点丧了命。

★戴长冠、穿深衣的侍者（湖南长沙马王堆汉墓出土彩绘木俑）

★西汉壁画（反映了当时的农业生产活动）

倾国倾城的李夫人

QING GUO QING CHENG DE LI FU REN

汉武帝私人生活除酷喜美女外，还有一个特点是极喜舞乐，最爱于酒酣之时令歌人演唱，以助其兴。在他的歌人中，有一位叫李延年的人，善制新曲新歌，深讨武帝欢心。一次李延年侍酒，武帝酒酣，声乐大作，李延年翩翩起舞，婉转歌喉，唱道："北方有一位佳人，天生丽质旷绝世人，她要是偶然一回首，足可使城倾，若再一回首，就会使国倾呀，即便是她倾了城又倾了国，我还是爱她，因为那美妙佳人可难再得。"武帝本喜仙道，此时正值酒酣，飘飘欲仙，又听着如此丽音艳词，不觉对这倾城倾国的佳人大动了心思，暗自想到，真有如此佳人，只要一亲芳泽，即便她倾了城倾了国又有何憾，可是如此佳人哪里去得呢？想到此，他高声说道："李延年，你歌中唱到的这位佳人却也真动了朕的心，朕欲往北方作一次无名之寻，你看如何？"

此时他的姐姐平阳公主在场，他的这位姐姐曾给他荐过卫皇后，此时又开言说道："皇上何须劳此大驾，李延年的一位妹妹就是如此佳人呀。她聪明伶俐，天姿艳丽，是个倾国倾城的大美人；而且自幼受家庭氛围的影响和熏陶，能歌善舞，她表演的舞蹈更是炉火纯青，令人叫绝。"武帝听罢，二话不说，便慌忙火急地召其进宫。待她进得宫来，武帝定睛审视，果然名不虚传，发现她确实"妙丽善舞"，异常欢喜，不久封为夫人，号李夫人。从此，武帝与李夫人形影不离，不久李夫人便生下一男，这就是后来的昌邑王。

俗话说，一人得道，鸡犬升天。随着李夫人的皇恩泽被，李延年也因此倍爱宠爱和垂青，日渐显贵。他能歌善舞，善变新声，武帝就令他担任协律都尉，主管乐府工作，收集民间音乐，创作、填写歌词，改编曲调，编配乐器，进行演奏，以满足宫廷的需要。并按当时官制规定，"佩二千石印绶"。此时的李延年，春风得意，甚至与皇上同起同卧，隆贵得幸，无与伦比。

谁知喜荣华正好，恨无常又到，李夫人偏偏命短，生下一男后不久便染疾。武帝穷遍天下名医为其诊治，却不见好转。不久传言武帝，说李夫人病情恶化，将离人世。武帝听此言，不觉吓得三魂出窍，泪眼潸然。他立即打算前往探视，谁知这李夫人却拒而不见，以被蒙头谢道："妾染疾日久，形容枯槁，不可以见皇帝，愿以王及吾兄弟拜托，请帝关照。"武帝说："夫人今日病笃，怕不久于人世，请朕再亲见夫人一面，何如？"李夫人说："妇人貌不修不得见君父，想必皇上已知，妾身今日憔悴如此，可以见皇上吗？请皇上回宫吧。"武帝说："朕一生专情于你，务请夫人准朕再见最后一面，朕将赐夫人千金，封你兄弟高官。"李夫人说："加封官爵在皇上一言，不在一见。"武帝见说不行，便伸手去扯李夫人蒙在头上的被子，说："朕必要一见，方可回宫。"李夫人无奈，便转身向壁，哭泣不已，说："妾今以一帕给君，见帕如见人，妾芳泽染此，君去吧。"武帝万般无奈，只得收帕离去。

原来这李夫人拒不见武帝，是因为她想，自己得武帝宠爱，只是由于自己生就一副美色。一旦色衰，武帝之爱也就无了。今日久卧病榻，其色已衰，若让武帝得见，武帝爱心便当永绝，岂会有心去关照自己的儿子、兄弟？如拒而不见，会使武帝心中常存芳容，思念不已。

★西汉《丞相御史律令》册书简

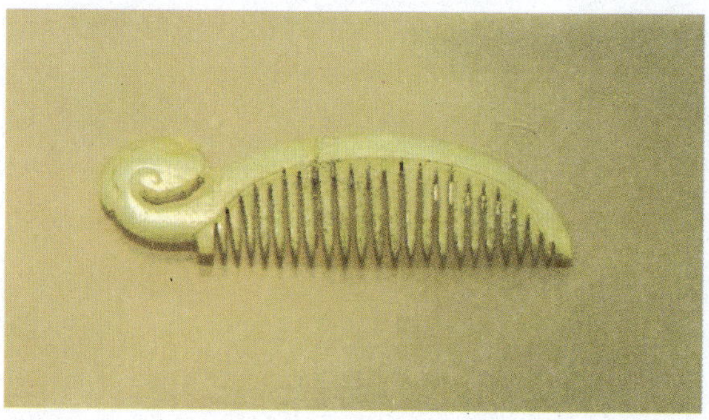

★玉梳·西汉

★汉武帝醉心于成仙升天，在黄帝陵前修筑的九转祈仙台。

只要武帝思念不已，就会对自己的儿子和兄弟格外关照。

武帝走后不久，李夫人便魂归离恨天了。消息传来，武帝极为悲恸，命以皇后之礼把她葬在长安近郊处，坟修成三角形，高七尺左右，称为"英陵"。此后，武帝痛感冥台悠悠，仙山海市，芳魂难觅。他心中总是装着李夫人如花似玉的美貌，无数次地把观李夫人之帕，老泪纵横。时值春深，阑花嫣红，檐药姹紫，武帝又洗杯酌饮，望着眼前美景，想着美人已逝，更频添了许多惆怅，遂从此不思茶饭。到了这一年秋天，武帝眷思李夫人之心日切，遂在长安凿一昆灵之池，在池中泛翔禽之舟。正值秋夜凉风，皎月生辉之时，耐不住寂寥孤苦，武帝便在舟中自造歌曲，令女伶演唱，女伶哀展歌喉，以迎合武帝之心。武帝闻声感泣，即于舟中赋落叶哀蝉之曲："衣襟啊静静无声，玉阶啊暗暗尘生，你走后留下的空房凄清寂寞，又怎知片片落叶积于门前数层，望我那情人啊！你可知我心中的不宁。"赋罢，复命女伶演唱，武帝闻之更为所动，心中闷闷不能自持。于是便令点起龙灯，照亮舟内。侍者借龙灯之光得见武帝容色愁绝，便进洪梁之酒给武帝，武帝饮了三杯，心中方始转悦。

酒罢武帝休息于延凉室，不觉昏然睡去。遥见李夫人姗姗而来，说道："妾离君王久矣，今不知君王止息于此，接驾来迟，乞望原谅，妾知君王日夜思念贱妾，然奈人鬼两隔，终不能重荐枕席，今以蘅芜之香奉送君王，望君王谨纳，以为来世夫妻之证。"武帝久不见李夫人，今既得见，三魂惊起，原来是南柯一梦，还望室内，环堵凄然，万籁俱寂，一阵秋风吹入室内，隐隐一股奇香，想梦中之景，觉人死魂魄实在，如以有术之士召其魂魄，或可于光天化日之下重会，岂不妙哉？于是他想到一个叫少君的方士，这个人专长招魂之术，武帝召见他说："朕日夜思念李夫人，你有招魂之术，可让朕能再一睹芳颜吗？"少君说："下臣为君王，可入刀山火海，今区区小事，何可不为？不过臣招得其魂，皇上只可遥见，不得同于鸳帐。"武帝应允，于是少君作法。他先把李夫人生前睡的纱帐放下，然后点燃室内所有灯火，又点起数炷香，吩咐武帝禁绝一切人行动及其他声响，务使造成一个超脱凡俗的万物寂灭之境，武帝听后，立即传旨照办。

这时，少君开始作法，遥见远处隐隐走来一位佳人，武帝屏息观看，果然是李夫人，只觅夫人越走越近，但虽是走动不止，却不入帐中，武帝问少君说："朕可以接近她吗？"少君说："不可，此臣作法于物，夫人之灵凭物而来，然臣所作法之物，均有巨毒，君只可远望而思之，不可近玩啊。"谁知武帝为情所迷，那里听少君之言，径至前往，正欲拥抱李夫人，只听轰然一声巨响，李夫人突然消逝，连那少君也无影无踪了。待到武帝定睛四望时，唯见空中秋月白而已。武帝当夜回宫后，寝不安床，便于龙灯下拈笔作诗一首云："是耶，非耶？立而望之，偏何姗姗其来迟。"

几年以后，武帝又命上等画工画了李夫人之像，悬挂在甘泉宫，以便时睹芳形。但是，武帝毕竟到了耄耋之年，经不起如此忧伤，不久便绝离人世，与李夫人会于九泉了。他生前所依重的大臣霍光没有辜负武帝厚望，为这位年轻夭亡的李夫人上尊号为"孝武皇后"，了却了汉武帝生前一桩没讲出的心愿。

李延年擅长作曲

李延年擅长于作曲，《史记·乐书》和《汉书·礼乐志》都有李延年"作十九章"的记载，这就是有名的《郊祀歌》十九章，即为武帝祭祀天地而制作的歌曲乐章。然而更令人钦佩的是李延年善于吸收外来音乐的宝贵养料而进行音乐创作活动。《晋书·乐志》载："张博望入西域……惟得《摩珂兜勒》一曲，李延年因胡曲更造新声二十八解，乘舆以为武乐。"用一支胡曲为素材，改编出二十八首新颖的乐曲，充分显示出李延年高度的作曲技巧和敏捷的艺术才思。

★西汉五铢铜子范

武帝和刚直大臣汲黯

WU DI HE GANG ZHI DA CHEN JI AN

★汲黯石刻像

汲黯，字长孺，濮阳人，是西汉名臣。他好学多才，性情豪爽，好任侠，尚气节，重内修。但其性情倨傲，为人狷介率直，缺少与人交往常有的礼貌，并且爱憎分明，与自己志趣兴味相合的，他便对其非常友善；反之，则连见面都不愿意。

汲黯因其父在西汉王朝做官，所以在景帝时，便已担任太子洗马官一职。因其庄重严肃而颇受人敬畏。景帝死后，太子即位，是为汉武帝。汲黯此时为谒者官，专给皇帝当使者。汉武帝是一个骄傲而好大喜功的人，对大臣的态度也很傲慢。丞相公孙弘去见他，他不戴帽子，不整衣服；大将军卫青去求见他，他蹲在厕所里召见，这都是极不礼貌的。唯独对汲黯十分尊重。有一次，汉武帝正在练武坊练功，没有戴帽子，恰巧汲黯来求见。汉武帝远远望见他来了，便马上避进帏幕，命郎官传达意见，表示特别礼貌。

汉武帝为了开拓疆土，耗费了不少财力。然而为了点缀升平，他又招揽了一些文学儒生，高谈施行教化，提倡仁政，大臣们对此唯唯诺诺。汲黯这时是主爵都尉，他看透了汉武帝的用意，就当面提出：“陛下，您表面上要施行仁义道德，可内心里的欲望却很多很多，这样怎么能学到古代圣明君主的政治呢？”这种直来直去的批评，一般人都接受不了，何况作为一国之主的皇帝。当时汉武帝大为震怒，拂袖而起，退朝进宫去了。满朝文武都很紧张，都为汲黯捏一把冷汗，汲黯却处之坦然，神色不变。有人埋怨他太过分了，他说：“天子叫我们当大臣，是要阿谀奉承的吗？我们为官受禄，要是搞烂了国家，败坏了朝廷，那说得过去吗？”大家听后，无不暗暗地佩服他。

有一年，东越一带的部落互相攻打，汉武帝便派汲黯前去视察。东越就是现在的浙江、福建一带的山区，那里住着当时的少数民族，文化不够发达，生产也很落后，为了一些集团之间的纠纷，时常发生争斗。皇帝想了解一下情况后再作处理。汲黯只走到吴县，也就是今天的江苏苏州一带，就转回长安去了。他报告说：“越人互相厮打，是由他们好勇善斗的风习所致，没有什么了不起，过几天就会自然平息的，不必去过问。”汲黯是老庄思想的信徒，主张对百姓实行宽容政策，非原则问题少去计较。结果没过多久，东越就平安无事了。

有一次，河内郡守来报，说河内城中失火，烧了一千多户人家，汉武帝又派汲黯去视察。汲黯视察后回报说：“老百姓家里不慎失火，火趁风威，没法抢救，结果烧了几条街，并不值得忧虑。那里社会秩序比较安定，城内百姓也还富裕，

★汲黯像

★汉武帝与汲黯

自己可以安排，朝廷不必去管。”说完这件事，汲黯停了一会儿，继续说道：“陛下，小臣经过河内乡下的时候，看到那里穷人很多，有一万多户遭了水旱之灾，衣食无着，据说有的人家父子相食。我当时经过考虑，就以天子的名义命令地方官吏打开河内的粮仓，赈济贫民百姓，这才安定下来。现在，我把符节交还朝廷，向您请罪。”汉武帝听了，认为汲黯爱护百姓，能够从大局出发，处理国事，用心忠直，就赦免了他“假传圣旨”的罪过。

汉武帝认为汲黯刚正过人，遂迁荥阳令，又召为中大夫，迁东海太守。汲黯体弱多病，喜爱黄老清静无为的学说，居官只求大旨，不拘小节。就这样，做了一年多东海太守，就治理得很好。后来，武帝力主征伐匈奴，而汲黯力主和亲，有一段时间，两人关系真是紧张得不得了。张汤因为更定律令条文作了廷尉，公孙弘因为精通儒术作了丞相，可见武帝用人一斑。汲黯不以为然，曾当着武帝面指斥张汤：“公为正卿，徒以更改高祖成例为能事，罪该万死！断子绝孙！”张汤与汲黯争吵起来，汲黯愤怒大骂：“大家都说刀笔吏是孬种，一点也不假。像这张汤，十足让天下人戳脊梁骨罢了！”汲黯还向武帝指斥公孙弘，说他表面正人君子，实则奸诈小人。公孙弘的辩词是：“弘确实假装正经，只会阿谀，只想钓誉，就像汲黯所言。汲黯忠诚，不然陛下哪知这些！”于是武帝夸公孙弘谦谦君子，更觉得汲黯讨人嫌。公孙弘又对武帝进言说：“右内史职下多贵戚，难以驾驭，汲黯威严，或可镇之。”武帝采纳了。其实，公孙弘是为了让汲黯离开武帝身边，免得总揭他的短处。汲黯呢，也没被整倒，他还真把一班难弄的贵戚制服了，几年中官务办得既快且好。

淮南王刘安谋反时，就对汲黯怕得要命。对公孙弘的评价，则说他专会媚上，像武帝的贴身丫鬟。当汲黯位列九卿时，公孙弘与张汤还不过是小吏，现在二人反压他一头，汲黯心中有气。他曾向武帝发牢骚道：“陛下用人就像堆柴禾一样——后来居上。”武帝嫌他俚俗，也不答话。等他走后才说道：“人呀，的确不能不读书。看那汲黯，怎么越来越粗野了呢？”

元狩二年（公元前121年），匈奴浑邪王率众四万降汉，武帝令发车两万乘往迎，因国库没钱，只好向民间征用马匹以充门面。老百姓视马如命，许多人把马藏起来。武帝大怒，想杀长安令解气。汲黯谏道：“长安令无罪，要杀就杀我吧！匈奴来降，沿途招待就是了，何必骚扰百姓？”武帝哑口无言。后来浑邪王至长安，长安商贩因与匈奴人交易兵器等禁售品，被官府杀了五百多人。汲黯又进谏道：“匈奴历年犯边，汉军常年征讨，也不知战死多少人，也不知耗废多少钱。可是这次浑邪王带数万人来降，朝廷又大摆阔气，倾府库赏之，发良民养之，实在不应该。再者，长安百姓昧于法令而与匈奴人交易禁物，岂能仅凭那么几个字就杀五百号人呀！”武帝又一次大为不满，说：“我好久不闻汲黯之言……今天又听他胡说八道啦。”不久，汲黯便因小过失被论罪。又适逢大赦，免官隐居田园数年。

元狩五年（公元前118年），由于国家罢三铢钱，实行用五铢钱，在百姓中间便有人偷着铸造假的五铢钱，在楚国这个地方尤其厉害。汉武帝决定召拜汲黯为淮阳太

★汉武帝赤仄五铢

★西汉三铢钱

守。汲黯在家里得到诏书后，叩头谢恩，伏在地上不肯接受淮阳太守的大印。汉武帝又几次下诏，强迫汲黯接受了淮阳太守的大印，然后奉诏进京。汉武帝在大殿上召见了汲黯。汲黯流着眼泪，抽泣地说：“为臣自从被免官回家乡隐居后，便以为会老死于家乡，尸首将抛在山野之中，拿去填沟壑，再也见不到陛下了。出乎意料的是陛下复又起用收留我。臣是卑贱之人，身体有病，如同狗马有病一样，不值得陛下看重。因为有病，力气不加，不能胜任淮阳郡太守的事务。但臣下我还是愿意为陛下效劳效忠的，但愿陛下能给我一个郎中的官职，让我能出入宫中，进些谏言，补过捡遗，这就是臣下我的愿望。”皇上说：“先生该不是嫌淮阳太守官太小了吧？这次是我特意召见你。我是顾及到淮阳地方吏民关系紧张，郡治混乱，所以想借重先生到那里去帮助我将它治理好。先生身体有病，就‘卧而治之’，多躺着休息。用当年先生在东海任太守时的‘清静无为’的治术去治理吧！”

汲黯无奈，于是只得辞别汉武帝赴淮阳就任。途中经过大行官李息的官邸，对李息说道：“我被谪贬到淮阳郡，不能够参与朝廷的政议了。然而我看出御史大夫张汤不是一名贤良的臣子，他的才智全用在拒绝谏言上了。他精于以乖巧奸佞的话和诡辩的言辞，专门去阿谀皇上，而不肯正正当当地为百姓讲话。皇上不愿意做的事，他连忙去诋毁它；皇上高兴做的事，他马上去称誉它。对内，他怀着一颗欺诈之心想要驾驭主上；对外，他挟持奸佞的官吏来为自己壮大声威。将军您官位列在九卿，您要是不早向皇上进谏，让皇上有所警觉，到头来您将要受他的害了。”但李息为人谨小慎微，他自景帝到武帝，三度为将军皆无功，后常为大行。大行官掌大宾之礼大客之礼，负责国家朝廷礼宾事宜，位高而无实权。所以李息始终没有敢对汉武帝讲出汲黯对他讲的这番话。公元前115年，御史大夫张汤的阴事被告发，张汤自杀。汉武帝得知汲黯曾对大行李息讲过张汤的事，李息知而不报，所以也一起被问罪。汲黯到了淮阳，便用当初治理东海郡的方法治理淮阳，不过两年，淮阳便治理好了，政治清明，百姓安居乐业。汲黯在淮阳任太守七年，最后病死于任上。

★人面纹羊角钮铜钟·西汉

★青铜贮贝器·西汉

社稷之臣

汲黯多病，生病的时间将要超过三个月，皇上多次特许给假，但汲黯的病还是没有痊愈。最后一次发病时，庄助替汲黯来请假。皇上问庄助说：“汲黯这个人怎样？”庄助说：“让汲黯任职做官，没有什么比别人强的。然而要是让他辅助少主，坚守城池，那他一定会做到招之不来、麾之不去，即使有人自称有孟贲、夏育那样的勇士，也无法改变他的意志。”皇上说：“你说得对。古人说有社稷之臣，至于汲黯，近似他们了。”

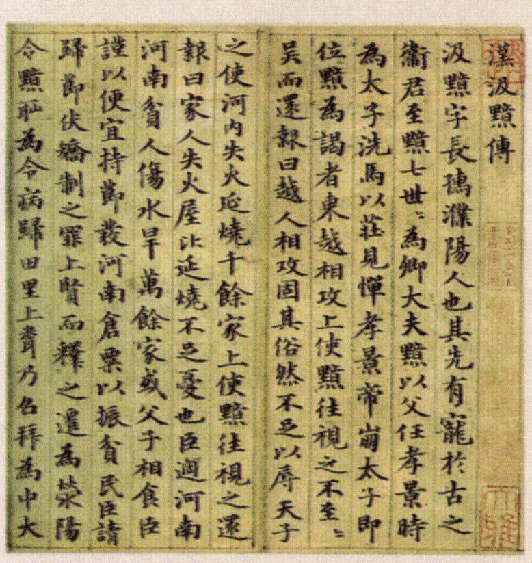

漢汲黯傳
汲黯字長孺濮陽人也其先有寵於古之
衛君至黯七世世為卿大夫黯以父任孝景時
為太子洗馬以莊見憚孝景帝崩太子即
位黯為謁者東越相攻上使黯往視之不至至
吳而還報曰越人相攻固其俗然不足以辱天子
之使河內失火延燒千餘家上使黯往視之還
報曰家人失火屋比延燒不足憂也臣過河南
河南貧人傷水旱萬餘家或父子相食臣
謹以便宜持節發河南倉粟以振貧民臣請
歸節伏矯制之罪上賢而釋之遷為滎陽
令黯恥為令病歸田里上聞乃召拜為中大

★元代赵孟頫的小楷书法作品《汲黯传》

★牛形灯·西汉

醉酒骂座客灌夫得罪

ZUI JIU MA ZUO KE GUAN FU DE ZUI

田蚡是王太后同母异父的兄弟，从亲属关系上讲，他还是汉武帝的舅舅。起初，田蚡只是个郎官，在丞相窦婴手下为官。他有时常常跑到窦婴家里，服侍他喝酒饮茶，就像儿子孝顺老子一样，十分殷勤。汉武帝即位之后，王太后母以子贵，就命汉武帝拜田蚡为丞相。田蚡靠太后的势力做了丞相，趁着汉武帝还年轻，便大权独揽。任命官吏，本属汉武帝的权力，可田蚡全抓在自己手中，把自己的亲信安插到各地做官，把持了从中央到地方的行政大权。汉武帝很生气，曾经不满地对田蚡说："丞相是不是把官吏都任命完了，我也想让几个人做大官。"但田蚡有太后作靠山，根本不理汉武帝这一套。他除了抓权之外，就只知道过花天酒地、骄奢淫逸的生活，他掠夺最好的田地，营造最漂亮的第宅，收罗各种珍器玩好，后堂美女以百数。他还违反当时的规定，在前堂排列钟鼓，竖起曲柄大旗，仪仗甚至超过了皇宫的规格。田蚡权倾一时，巴结他、拜访他的人络绎不绝，门前车水马龙，宾客盈门。而老丞相窦婴家里却是门前冷落，杂草丛生，从前的宾客都渐渐各自退避，态度也越来越懈怠傲慢起来了。只有将军灌夫不因窦婴失势而改变原来的态度，反而与窦婴交往越来越多，二人颇感相知恨晚。

田蚡的住宅豪华广阔，但总觉得不够气派，千方百计盘算着扩充他的田产。他相中了窦婴在城南的一块土地，非要他卖给自己。窦婴闻听大怒，对传话的门客说："这真是欺人太甚！将军身为贵戚，难道可以以势压人吗？当初景帝酒后失言，说要把帝位传给窦太后的儿子梁王，我直言切谏，得罪了窦太后，都不在乎。难道今天还怕你田丞相吗？"在窦婴家作客的灌夫听了，也为窦婴鸣不平，把田蚡的门客狠狠教训了一通。

田蚡听说窦婴不答应他的要求，很生气地说："窦婴的儿子杀了人，要不是我鼎力相救，早就魂归西天了。他的要求，我件件应承，事事答应。现在向他要几顷破地，却这么吝啬。这个不识时务的老家伙。灌夫这小子，我向窦婴要地，与他何干。敢在太岁爷头上动土，看我不教训教训他。"于是，他给汉武帝上了一个奏章，说："灌夫终日无所事事，专门结交豪强恶霸。在颍川霸占民田，欺压百姓，横行霸道。老百姓都编了歌谣诅咒他说：'颍水清，灌氏宁；颍水浊，灌氏族'。盼望朝廷将他绳之以法。对灌夫这种人，陛下应当查办。"汉武帝冷淡地说："这本是丞相分内之事，何必来问我。"田蚡以为得到了汉武帝的允许，就兴师动众，打算逮捕灌夫和他的家族。

灌夫听到这个消息，也探听到了田蚡的隐私，并派人给田蚡送去口信，扬言如果田蚡将他治罪，他就揭露丞相灞上受贿的事。原来当年淮南王刘安来朝见汉武帝的时候，田蚡到灞上迎接他。田蚡巴结淮南王刘安说："皇上没有儿子，您是高祖的长孙，道德仁义，名闻天下，一旦皇上晏驾，皇位非您莫属。"淮南王刘安听了，非常高兴，对田蚡大加赏赐。田蚡没想到被灌夫抓到了这个把柄，不免心虚，只好托人找灌夫和解。但心中的怨气越来越盛，总想对灌夫伺机报复。

不久，田蚡又讨了个年轻漂亮

★窦婴与田蚡饮酒图

★朱雀衔玉环踏虎双联杯·西汉

的美人，立为夫人。为扩张自己的势力，就请王太后下诏，利用这个机会，请诸侯、宗室、大臣都到丞相府去贺喜。窦婴接到请帖，就约灌夫一同前往。灌夫说：“我多次得罪丞相，丞相很忌恨我，还是不去为好。”窦婴劝道：“事情不是已经过去了吗，况且是太后下诏，还是一起去吧！”灌夫碍着窦婴的面子，也来到丞相府，为田蚡贺喜。

酒席宴上，田蚡向来宾依次敬酒，在座的客人都匍匐在地，表示不敢当。等到老丞相窦婴敬酒时，只有几个旧日相识的人起身离席，其余的人都没有离席，只用一膝跪在席上，敷衍了事。灌夫看到这些人趋炎附势的样子，心中很不高兴。于是，站起身来，提起酒壶，为众人倒满酒，轮到田蚡的时候，田蚡坐在席上，冷淡地说：“我不能喝满杯酒。”灌夫听了更不高兴，但又不好发作，只好嘻笑着说：“丞相是当今贵人，哪能不喝满杯酒呢？”硬劝田蚡干杯。田蚡仍不答应，只勉强抿了一小口。灌夫心里有火，却无处发作，便愈是愤怒。等到给他的晚辈灌贤倒酒时，灌贤正与程不识凑着耳朵说话，连动也没动一下。灌夫正没处发泄怒气，便拿灌贤出气，骂道：“你平日尽说程不识的坏话，说他一钱不值，今天长辈给你敬酒，你理也不理，却像个娘们儿唠唠叨叨地巴结起别人没完。真是个混蛋！”

灌贤还没说话，田蚡首先发作起来，挑拨说：“程将军是李将军的部下，你在大庭广众之下破口大骂程将军，难道不给李将军留些面子吗？”灌夫喝了酒，又遇着不顺心的事，听了这话，就犯了性子，大喊道：“今天就是砍了我的脑袋，挖了我的心肝，我也不怕，管他什么程将军、李将军！”窦婴见到这情景，生怕事情闹大，不好收拾，连忙拉着灌夫，打算离席而去。座上客们也纷纷起身离席，打算赶忙离开这是非之地。田蚡见喜事被搅得乱作一团，大怒，说：“这是我平日里纵容灌夫，以致他这样骄横，得罪了众人。”说完，吩咐武士扣留灌夫。有人出来劝解，让灌夫向田蚡赔不是，灌夫哪里肯听。大家摁着他的脖子，叫他低头谢罪，灌夫更是不依。田蚡就命武士把灌夫绑了，关押在居室里。同时上奏皇上，说：“我奉太后诏书宴请宾客，灌夫当时骂座，明明是不服太后。应当彻底清查他以前的不法行为。”他不等武帝允许，立即派人四下捉拿灌夫的亲属，一同关在监狱之中。灌夫被关在狱中，想要告发田蚡受贿、谋反之事，可内外音信断绝，自身难保，怎么去告状呢？

窦婴回到家中，深感后悔，心想要不是他硬劝灌夫去祝贺，灌夫也许不会遭此大祸。他替灌夫出钱托宾客去说情，请求田蚡谅解，可田蚡哪里肯听呐！窦婴更是气愤，当即写下奏章，要上告武帝。他的夫人阻拦他说：“灌将军得罪了丞相，就是和太后做对，你怎么救得了呀！”窦婴回答：“我也知道触犯太后很危险，可总不能眼看着灌夫惨遭毒手，而我却苟且偷生，见死不救。”于是瞒着家人，冒险上书。

汉武帝看了奏章，马上召见窦婴，询问事情经过。窦婴说：“灌夫喝醉了酒，得罪了丞相，确实不好，但并没有犯死罪。”汉武帝认为他说得对，还请他吃饭，对他说：“明天到东朝廷去分辩吧！”

第二天，汉武帝召集群臣到东朝廷审理此案。窦婴替灌夫辩解说：“灌夫酒后失态，确有不对之处，但不致死罪。何况灌夫平定吴楚叛乱有功。曾独闯吴军阵营，身受重伤七十余处，名冠三军，这样

★“楚永苍丞”铜印·西汉

★淮南王刘安塑像

★角形玉杯·西汉

★女坐俑·西汉

的壮士，只是酒宴上争酒失言，怎么可以随便杀戮呢？”田蚡闻听，竭力诋毁灌夫，说他在颍川横行霸道，对太后不敬，更是大逆不道。他还诬蔑窦婴与灌夫招纳豪强恶霸，暗中诽谤朝廷，图谋不轨。

武帝听后，请群臣评理。大臣们议论纷纷，大多畏忌丞相和太后，认为田蚡说得对。内史郑最初认为窦婴说得对，还替灌夫辩护，但一看见田蚡对他怒目而视，心里害怕，连忙说田蚡的话也是对的。

汉武帝震怒，说：“内史郑前言不搭后语，反反复复，首鼠两端。我真想把你们斩了！”吓得内史郑直打哆嗦，别的大臣都不敢吱声。汉武帝很生气，拂袖而去。

王太后早派人暗中偷听，知道汉武帝不想办灌夫的罪，闷闷不乐，饭也不吃，怒气冲冲地对汉武帝说：“现在我还活着，就有人敢欺负我兄弟；要是我死了，还不得把他们剁成肉泥。你难道是个石头人，只知附和大臣的意见，没有一点自己的主见。”汉武帝见太后发怒，连忙赔不是，于是被迫下令御史大夫逮捕窦婴，弹劾他在上书中所言灌夫之事，与事实多有出入，指责他犯有欺君之罪，关押在监狱之中。

窦婴被关押在狱中，有口难辩。他想到汉景帝临死前，曾颁诏书给他，说：“遇有紧急情况，你可不按规定，破格上奏。”听到灌夫已定死罪，很快就会诛灭全族，更是心急如焚。于是请家中上书皇上，请求汉武帝根据景帝遗诏，召见他，让他倾诉冤情。不巧的是，宫藏档案之中没有景帝的遗诏，诏书仅在窦婴家存有一份，窦婴的家臣又把它加封盖印。田蚡便派人告诉武帝，诬告窦婴伪造先帝遗诏，应当斩首。公元前131年，灌夫及其亲属几十人被斩首闹市，窦婴听说后，又是悲伤，又是愤恨，一怒之下，竟得了重病，打算绝食而死。汉武帝见他已经到了这种境地，便想赦免他。田蚡听说后，就散布流言蜚语，诬告窦婴在狱中谩骂皇上。汉武帝信以为真，就将窦婴斩首处死。

灌夫、窦婴都死了，田蚡除掉了两个仇人，本该更加威风。可不知为什么，田蚡不久就得了一种怪病，常常缩在墙角，抖成一团，嘴中不停在叫喊：“饶命！饶命！我服罪，我服罪。”家人请来巫师，巫师看后说：“是灌夫和窦婴两个屈死的鬼魂要杀死丞相。”实际上是田蚡害死灌夫、窦婴之后，心中恐惧，惊吓所致。果然，没过几天，田蚡便一命呜呼了。

田蚡死后不久，淮南王刘安谋反事泄，田蚡收受刘安贿赂一事也暴露天下。汉武帝听说后，愤愤地说：“假如田蚡还活着，早就该被灭族了。”

★龙纹鋬·西汉

灌夫名闻天下

灌夫将军是颍阴(今河南许昌市)人，父亲叫灌孟。吴、楚等七国反叛时，颍阴侯灌何担任将军，推荐灌孟担任校尉。灌孟战死后，灌夫慷慨激昂地说：“我希望砍下吴王或将军的首级来为父亲报仇！”说罢，披上甲衣，拿起长戟，带着十多个骑兵飞马冲进吴军，直冲到吴军将领的指挥旗下，杀死对方数十人，才飞马退回汉军营垒，他带去的人只有一个骑兵和他生还，其他人全被杀死了。灌夫身受创伤十多处，恰好有名贵的药，才没有死掉。等他伤口稍微好些，又请求出战。吴军被击垮后，灌夫名闻天下。

廉洁的酷吏张汤

LIAN JIE DE KU LI ZHANG TANG

张汤是杜县人，从小就喜欢做审案的游戏。张汤的父亲是长安县丞，一次外出让张汤看家。回来时，发现老鼠把家里的肉偷走了，一气之下便抽了张汤几鞭子。谁知这就激怒了张汤，他立即刨开鼠洞，捉住偷肉的老鼠，取出吃剩的肉，设立了审问老鼠的法庭。从提审到宣判，张汤完全模仿法庭程序，有条不紊，最后判处老鼠裂尸的罪行，把老鼠分尸。他父亲从旁观察，发现他判决老鼠的文辞，跟老法官的口吻一模一样，感到又惊又喜，于是就送他去学习断案。父亲死后，张汤在长安县做了很长一段时期的小官。

张汤在长安县做官期间，曾竭尽全力帮助过关在长安县牢里的田胜，田胜是汉武帝的舅舅，后来被封为周阳侯，就把张汤向当朝的达官贵人们作了介绍。不久张汤便当上了内史，是宁成的下属。宁成发现张汤很有本事，就将他推荐给丞相府。张汤被调去做茂陵尉，负责陵墓修建方面的工作。

★铜酒筩·西汉

田胜的哥哥武安侯田蚡担任丞相后，调张汤担任内史，做秘书工作。田蚡认为张汤的能耐大，经常在汉武帝面前夸奖他。不久武帝便任命张汤担任御史，直接帮助皇帝处理一些重要事情。武帝曾派张汤去处理陈皇后埋木人诅咒武帝的案件。在追查过程中，张汤穷追到底，不放过与此案有关的人和事。武帝认为张汤很能干，又提升他当中大夫，并让张汤和赵禹两人共同起草法律条文。他们特别细致和周密，条文中对在职官吏的限制更加严格。后来赵禹迁升为中尉和调任少府，张汤当廷尉。张汤和赵禹两人的关系很好，张汤对赵禹像弟弟待哥哥那样亲热。赵禹做官，清正廉洁，为人孤僻高傲。自他当官之后，就不和任何人拉拉扯扯，当朝的达官贵人经常到他家拜访，他从来不做任何答谢。他谢绝亲朋好友的一切请托，不受任何干扰坚持秉公执法。赵禹还特别注意追究下属官吏的营私舞弊行为。张汤为人却非常狡诈，喜欢玩弄阴谋诡计整人。张汤当小官时，结交的是长安县的大富商田甲和鱼翁叔等人。爬到九卿高位后，又结交一些天下的名士大夫。权位比他高的人，哪怕他内心里十分反感，但表面上他却装出一副恭恭敬敬的面孔。

★小铜黄牛·西汉

当时，汉武帝注重儒家学说，因此张汤在办理大案时，总要附会古代的政治原则。于是他就去任用一些研究《尚书》、《春秋》的博士担任廷尉史，让他们去判断一些疑难案件。在汇报疑难案件时，张汤预先给武帝说明案情的前因后果，凡得到武帝肯定的，他记录下来，作为依法判决的重要案例，列入廷尉必须遵照的条文，同时大肆颂扬武帝如何英明。当他的汇报受到指责时，张汤便马上承认错误，顺着武帝的意向，一定要夸奖他下属的官员，说那些官吏本来向他建议，像皇帝说的一样，就怪自己愚笨和顽固，没有采纳。武帝听了总是不怪罪他。有时武帝表扬他呈递的奏章写得好，他又说自己本来不知道，是他手下的官员告诉他的等等。张汤要推举某人做官，只说那个人的长处，帮助掩盖他的短处。他办理案件，要先看皇帝的脸色。如果皇帝有意加罪的，就把案件交给执法严酷无情的官吏去判决；如果是皇帝有意袒护的，就指使手下的官吏从轻发落。如果审判的对象是豪门权贵之家，他一定要舞文弄墨罗织罪名；如果是一些无权无势的人，他只在口头上轻描淡写地向皇帝汇报，还说什么此人虽然触犯了法律，还应从宽，请皇上裁决之类的话，武帝也就赦免了张汤有意袒护的人。

张汤虽然做了大官，但在私人生活方面很严肃。他也有送往迎来的应酬，对于老朋友的孩子或他家族的贫穷的子弟们，凡在他手下办事的，都受到特别的关照。至于他对那些三公们的问候，表现就更为殷勤了，寒来暑住从不间断。由于张汤上上下下的关系都处理很周到。虽然他刻薄无情，内心忌妒，不能秉公执法，但仍获得一定的好名声。替他办案的狠毒官吏，多数出身于儒学之士，因此丞相公孙弘常常称赞张汤的品格。后来由他审理淮南王、衡山王、江都王反叛朝廷的案件，他也穷根问底，严加追查。对于严助和伍被两人，武帝喜欢他俩的才华，本想宽恕他们。张汤却争辩说：伍被是反叛的主要策划人，严助经常出入皇宫，是皇帝的心腹爪牙，他竟敢同诸侯暗中勾结反叛朝廷，像他们这样的人都不杀掉，以后类似的情况就不好处理了。武帝也只得同意他的主张，杀了伍被和严助。张汤利用办案打击大臣为自己争功的手段，多数属于这一类。武帝认为张汤对朝廷忠心耿耿，提拔他为御史大夫。

这时，匈奴浑邪王等人来向汉朝投降，汉朝大举进攻匈奴，山东又发生水涝旱灾，人们四处逃荒要饭，完全依靠官府救济食物，一下子造成了国库空虚。张汤秉承武帝的旨意，请求铸造银币和五铢铜钱，由朝廷垄断全国盐铁的专卖权，打击豪强恶霸和富商大贾屯积居奇偷税漏税的行为，颁布了鼓励检举揭发的告缗令，张汤利用法律条文来施行残酷的刑罚。张汤向武帝汇报国家的财政收支情况时，一谈起来就没完没了，武帝也听得津津有味，往往把皇帝吃饭的时间也给耽搁了。这时丞相只是占着位置充数罢了，整个国家大事都由张汤决定。由于老百姓饱受灾荒和战乱之苦，没有一天安身的日子，逼得走投无路，就起来骚乱。而官府兴办的事业，不仅不能给百姓带来好处，反倒给贪官污吏们提供了方便。于是张汤就主张动用严酷的刑法进行制裁。这样一来，无论大小官员或平民百姓，都怨恨张汤。但武帝对张汤则更加宠爱了，一次张汤生病，武帝还亲自到他家里去探望。可见张汤贵宠到了何种地步。

★“永受嘉福”瓦当·西汉

★羽纹铜凤灯·西汉

有一次匈奴来向汉朝请求和亲，武帝召集大臣们商议对策。博士狄山冒冒失失地抢先发表看法，他说“和亲好”。武帝问他好在什么地方，狄山说打仗要死人，不能轻易发动战争。还说汉高帝曾打算讨伐匈奴，被围困在平城（今山西大同市东），最后只能结为亲戚。说什么孝惠帝时由于没有战争，天下安居乐业。又举出文帝向匈奴开战，北方边境兵荒马乱，人民不得安宁的例子。又说汉景帝时吴、楚七国造反，景帝整天提心吊胆。吴、楚七国的叛乱平定后，景帝始终不敢再提打仗的事了，所以国家才富强起来。他还当面批评汉武帝，说什么自从陛下兴兵讨伐匈奴以来，国内空虚，边境更加遭殃。他说了一大通“和亲好”的理由。武帝听完之后，问张汤的看法。张汤说：“这是愚蠢儒生的迂腐见解，他不了解形势已经发生了变化。”狄山不服气地说：“我是愚忠，但御史大夫却是诈忠。”还指责张汤办理淮南王等谋反案件时，离间皇帝的至亲骨肉，使刘姓侯王都胆战心惊。于是武帝脸色一变说：“我让你去镇守一个边郡，你能让匈奴不进来骚扰吗？”狄山说不能。武帝说镇守

★『河间王玺』封泥·西汉

★茱萸纹绣绢·西汉

一个县呢？狄山又说不能够。武帝还追问说，镇守一个边塞城堡呢？狄山暗想：再说不能就要大祸临头，只得硬着头皮说："能！"于是武帝便派狄山去守一个边塞，不到一个月，狄山的脑袋就被匈奴砍掉了。从此以后，大臣们被吓得再也不敢提"和亲"的事了。

张汤的客人田甲，虽然是个商人，但还有贤士的节操。当张汤还是小官的时候，他们之间是金钱朋友。等张汤当了大官，田甲不畏他的权势，竟敢当面指责张汤的过失，真有点豪侠义士的作风。

张汤做了七年御史大夫，由于他树敌太多，最后被他的仇敌置于死地。

有个河东（今山西境内东部地区）人叫李文，原来他和张汤有仇，后来当了御史中丞。他多次从宫廷的文书案卷中专门寻找可以用来攻击张汤的内容，每当抓住一点毛病时，巴不得把张汤置于死地。张汤有个心腹叫鲁谒居，知道张汤心中恨李文，就暗中指使人告发李文，这个案件正好交给张汤审理，张汤就判决处死李文。张汤心里非常清楚，告发李文是鲁谒居操纵干的。但当武帝问他这个案件是谁人告发时，张汤假装怀疑是李文的老朋友们告发的。后来鲁谒居生病时，住在一个房东家里，张汤亲自去探望，并为鲁谒居按摩腿脚。这件事情被赵王知道了，就向皇帝告发。原来赵国人以冶铁铸造为职业，赵王每次为设置铁官的事到朝廷打官司，张汤经常打击赵王。鲁谒居也曾检举过赵王，赵王对他两人怀恨在心。因此就告状说："张汤是朝廷的大臣，他的下属鲁谒居有病，他亲自为鲁谒居按摩腿脚。这两个人一定互相勾结，干了见不得人的大坏事，应当追查。"武帝把这件事交给廷尉去审查。正在追查时，鲁谒居病死了，案件牵连到鲁谒居的弟弟。鲁谒居的弟弟被关入大牢，正巧张汤也到牢中审问有关囚犯，看见鲁谒居的弟弟，就想暗中帮助他，但表面上却装着没有看见的样子。

鲁谒居的弟弟误解了张汤的用意，怨恨张汤不讲义气。因而就让人去揭发张汤同鲁谒居密谋陷害李文的事。武帝命令减宣负责调查。冤家又遇着对头，减宣同张汤也有仇恨，想趁这次办案的机会，彻底同张汤算帐。还没有等他向皇帝汇报审查结果，又发生了有人偷挖汉文帝坟墓里的殉葬钱。丞相庄青翟约张汤一同上朝谢罪，张汤开始答应了。但到了武帝面前，张汤想到只有丞相才有责任四季去巡查陵园，应当由丞相一人谢罪，与我没有干系。因而当丞相谢完罪后，张汤根本没有表示。武帝又命令张汤去审理这桩案情，张汤就要以知情故纵的罪名处置庄青翟，庄青翟非常害怕。这时丞相庄青翟手下的三个长史就串通起来陷害张汤。

长史朱买臣是会稽人，原来他研究《春秋》，由于得到严助的推荐，他凭借熟悉《楚辞》受到武帝的重用，被任命为太中大夫。那时张汤只是一个小吏，经常在朱买臣面前点头哈腰，听候差遣。后来张汤当廷尉，审理淮南王谋反案件时，把严助置于死地，朱买臣心里怨恨张汤。等到张汤做了御史大夫，朱买臣从会稽郡守调任主爵都尉，爬上了九卿的高位。但好景不长，几年后因犯法免了官，做了个代理长史。这时轮到朱买臣去拜会张汤了，张汤故意怠慢他。为此，朱买臣恨透了张汤。还有个内史王朝，是齐地人，再一个就是边通。这三人的职位，原来都在张汤之上。后来丢了官，还要在张汤面前行跪拜礼。

张汤代理丞相处理公务时，常常当众训斥和压制他们。于是朱买臣、王朝、边通三个人就趁机怂恿庄青翟，说什么张汤开始同丞相约定向皇上谢罪，后来他出卖了您，现在还要利用这桩案件来惩办您，

★金缕玉衣·西汉

难道这不想取代您的位置吗？我们知道张汤的许多秘密勾当。这样庄青翟下令逮捕与张汤有牵连的田信等人进行审询。他们编造假话，说张汤每次向皇帝汇报的情况，事先偷偷地告诉田信，而田信屯积物品，投机倒把，牟取的暴利跟张汤平分等等，并有意把这些情况传到武帝的耳朵里。武帝就向张汤说：“我要采取的措施，商人们为什么会事先知道？是不是有人把我的计划告诉了他们。”张汤先说不知道，接着又说：“大概有人把消息透露出去。”这时减宣又向武帝报告张汤同鲁谒居陷害李文的事。因此，武帝果然以为张汤在他面前撒了谎，所以多次派人对张汤的问题进行查对，张汤竭力为自己辩护，拒不认罪。最后武帝派赵禹去责问张汤。赵禹对张汤说：“你怎么还不知本分呢？经你办案诛灭九族的有多少人？今天人家揭发你的问题都有证据，皇帝很不愿意送你入狱受刑，想让你自己考虑，你再强辩对质又有什么用呢？”事到如今张汤只得认罪说：“我张汤没有多少功劳，出身于一个文书小吏，承蒙皇上恩典，使我位列三公，然而我却名不副实，但给我捏造罪名陷害我的是三个长史。”酷吏张汤便自杀了。

张汤死后，家里的财产不超过五百斤黄金，都是他平常得到的俸禄和赏赐，除此没有别的产业。兄弟子侄们要为张汤举行隆重的葬礼，张汤的母亲说：“张汤作为天子的大臣，平白无辜地被人陷害而死，怎么能隆重安葬呢？”因此把尸体装在一个木匣子里，连外椁也没有，用牛车拉着去埋了。汉武帝听说后，感叹道：“没有这样的母亲，就不能生出这样的儿子？”随后又杀掉三个长史，丞相庄青翟自杀。

★张汤墓发掘纪念碑 该墓是在西安市长安区郭杜一带西北政法大学南校区的基建工地被发现的。墓为长斜坡墓道土洞式，坐东朝西，平面大致呈『甲』字形，墓道后连接甬道、墓室。

张汤始兴“腹诽之法”

汉武帝时，连年对匈奴用兵，国库空虚，人民贫困，民间私铸钱币之风盛行，导致币制紊乱。汉廷于是实行币制改革，于元狩四年（公元前119）发行两种新货币，一种是“白金”（银与锡的合金），一种是“皮币”（制造皮币的原料是皇家上林苑中白鹿之皮，一张皮币规定值钱四十万）。白金用于流通，发行一两年就废止了。皮币面值过大，不适于流通，实际上成为王侯宗室使用的一种礼币。皮币造好后，武帝向大农令颜异征求意见。颜异认为朝贺的苍璧才值数千钱，而垫在底下的皮币反而值四十万，本末颠倒，太不相称。他实际上是反对制造这种脱离价值规则的空头货币。皮币是武帝和他的宠臣张汤设计制造的，武帝本希望得到颜异的支持，如今却遭到反对，于是怀恨在心。恰逢有人因别的事控告颜异，武帝便派张汤受理此案。张汤本来就与颜异有隙，他秉承武帝旨意，一心要置颜异于死地。调查得知，颜异曾与客人交谈，客人说起朝廷政令多有不便，颜异“微反唇”，即嘴唇略微动了动。张汤据此上奏，说颜异身列九卿，见政令不便不向朝廷报告，而私下“腹诽”（心中诽谤），于是处以死刑。

★彩绘漆云凤纹大圆盘·西汉

张骞通使西域

ZHANG QIAN TONG SHI XI YU

汉武帝初年的时候，匈奴中有人投降了汉朝。汉武帝从他们的谈话中知道了一些西域(今新疆和新疆以西一带)的情况。有人对武帝说，原来在河西走廊西部张掖至敦煌一带有一个大月氏国，公元前174年，为匈奴所破，遂西迁至伊犁河流域及伊塞克湖附近。公元前162年，大月氏国再度被匈奴攻击。当时，冒顿单于的儿子老上单于杀掉了大月氏的国王，败亡的大月氏唯有再往西迁，他们来到粟特(中亚古国名)。在这里，大月氏征服了大夏(今阿富汗北部)，并在当地立国。

★敦煌莫高窟初唐壁画《张骞出使西域》

听到了这个情况，汉武帝想，月氏既然在匈奴西边。汉朝如果能跟月氏联合起来，切断匈奴与西域各国的联系，这不是等于切断了匈奴的右臂吗？于是，他下了一道诏书，招募能人到月氏去联络。当时，谁也不知道月氏国在哪儿，也不知道有多远，因而都心存疑虑。有个年青的郎中张骞，觉得这是一件有意义的事，首先应征。张骞应召给别人起了带头作用，当下就有100余人报了名。有个在长安的匈奴族人叫堂邑父，也愿意跟张骞一块儿去找月氏国。

★朱雀屏风铜顶饰·西汉

公元前139年，张骞受命于汉武帝，率100余人前往西域寻找和联络被匈奴赶走的大月氏国，合力进攻匈奴。张骞一行从长安起程，经陇西向西行进，一路上环境恶劣，险象环生。他们为了不辱使命，仍冒险西行。但当他们行至河西走廊以后，被那里的匈奴骑兵发现，并被押解到匈奴的大单于那里。

★谷纹玉璧·西汉

匈奴人没有杀他们，让他们充当仆役，给他们放马牧羊，并进行严密的看管。张骞始终没有忘记自己的使命，一直寻找机会脱身。匈奴人为了消磨他的意志，给他娶了妻子，想用妻子和孩子拴住他的心。张骞表面恭顺，使匈奴人渐渐放松了警惕。一天，张骞跟堂邑父商量了脱身之计，他们趁匈奴人不备，骑上两匹快马逃出了匈奴营地。他们一直向西跑了几十天，吃尽苦头，最终逃出了匈奴地界。然而，他们没找到大月氏国，却闯进了大宛(在今中亚细亚)。

大宛和匈奴是近邻，当地人懂得匈奴话。张骞和堂邑父都能说匈奴话，交谈起来很方便。他们见了大宛王，大宛王早就听说汉朝是个富饶强盛的大国，此时听说汉朝的使者到了，很热情地接待了他们，并且派人护送他们到康居(约在今巴尔喀什湖和咸海之间)，再由康居到了月氏。

这时的月氏国已经在阿姆河的上游安居乐业，不愿再东进与匈奴为敌。张骞未能完成与大月氏国结盟的使命，而且他们在东归返回

★张骞雕像

的途中，不幸再一次被匈奴抓住。一年之后，两个人趁匈奴发生了内乱，再次逃出匈奴地域，回到了长安。

张骞此次出使西域，共用了13年的时间，行前100余人，但回来的仅有他和堂邑父两人，且衣衫褴褛，形容枯瘦，使汉武帝和文武朝臣都大为感动。此次出行，张骞虽未完成使命，但于路的人文地理、生态物产和异域的风情都一一对武帝作了详述，进一步激发了汉武帝征服匈奴，开疆拓土的雄心。

到了卫青、霍去病消灭了匈奴兵主力，匈奴逃往大沙漠北面以后，西域一带许多国家看到匈奴失势，都不愿意再向匈奴进贡纳税，汉武帝趁这个机会派张骞再去通西域。公元前119年，张骞持汉朝的旌节，带着300个勇士，每人2匹马，还带着1万多头牛羊和黄金、钱币、绸缎、布帛等礼物去结交西域。此次出行共联络了乌孙国和康居、大宛、大月氏、大夏、安息（今伊朗）、身毒（今印度）等36个国家，虽未达到与乌孙国结盟抗击匈奴的目的，但与上述诸国都建立了友好往来。

此后，汉武帝每年都派使节去访问西域各国，汉朝和西域各国建立了友好交往，西域派来的使节和商人也络绎不绝。中国的丝和丝织品，经过西域运到西亚，再转运到欧洲，很快使中国闻名于世。后来，人们把张骞出使西域开辟的这条路线称作“丝绸之路”。

★张骞墓

丝绸之路

丝绸之路，指西汉时，由张骞出使西域开辟的以长安（今西安）为起点，经甘肃、新疆，到中亚、西亚，并连接地中海各国的陆上通道（这条道路也被称为“西北丝绸之路”以区别日后另外两条冠以“丝绸之路”名称的交通路线）。因为由这条路西运的货物中以丝绸制品的影响最大，故得此名。其基本走向定于两汉时期，包括南道、中道、北道三条路线。

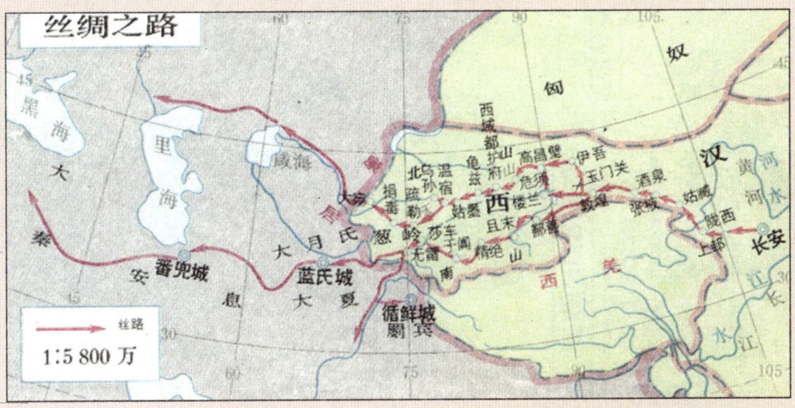

★丝绸之路路线图

广义的丝绸之路指从上古开始陆续形成的，遍及欧亚大陆甚至包括北非和东非在内的长途商业贸易和文化交流线路的总称。除了上述的路线之外，还包括在南北朝时期形成，在明末发挥巨大作用的海上丝绸之路；与西北丝绸之路同时出现，在元末取代西北丝绸之路，成为陆上交流通道的南方丝绸之路。

李贰师宛城得马

LI ER SHI WAN CHENG DE MA

西汉武帝时期，西域有个大宛国（今中亚细亚），盛产宝马。据说，这种马体魄雄壮，日行千里。汉武帝早先就听第一次出使西域的张骞说起此事。为换取这种宝马，汉武帝派人给大宛国王送去一匹金铸的马，外加黄金一千斤。谁知大宛国王舍不得换，汉使一再恳商，他却执意不肯，气得汉使当场把金马捣碎了。汉使返回路过宛国属地郁成时，又被劫杀，携带的金子全被夺走。汉武帝宝马没有得到，还落得个人财两空。

汉武帝听到消息后，勃然大怒，立即决定出师讨伐。然而，该派谁率师出征好呢？武帝听人说，大宛国虽然距离汉朝遥远，但国小兵弱，派几千人就能荡平。这样一个容易建功的机会当然要留给自己宠信的皇亲国戚，名将霍去病、卫青虽是外戚，但此时已相继病逝。武帝想起了已故李夫人的哥哥李广利。

★云纹玉觥·西汉

★汉武帝雕像

说起这位倾国倾城的李夫人，原本出身在一个歌舞世家，天姿艳丽，体态轻盈，能歌善舞。她入宫以后，深受汉武帝宠爱。只可惜红颜薄命，正当青春妙龄之时，却突然一病不起。据说，这位李夫人很有心计，在她病重期间，汉武帝亲自去看她，她推说没有梳妆打扮，不愿相见。待武帝走后，身边的姐妹说她逆忤君心，不近人情。她却对她们说：“女人靠美色受宠。我已是快死的人了，形体容貌自然今非昔比。若让皇上看到我现在这副模样，必然嫌弃，日后就不会再追念我了，也就更不会照顾我的兄弟姐妹了。”

汉武帝果然没有忘怀李夫人，把伐宛建功的机会给了李广利。因大宛宝马以属地贰师所出的最优，

汉使答单于

征和四年（公元前89年），单于遣使给汉朝廷写了一封信，里面说道：“南有大汉，北有强胡。胡，乃是天之骄子，从不为一些小恩小惠而自寻烦恼。现在打算同你们大汉开通关卡，聘娶汉女为妻，每年给我们蘖酒万石，稷米五千斛，杂缯万匹。其他则一如所约，那么保证今后边境不再骚扰，平平安安。”汉遣使者回复时，单于令左右故意为难汉使，道：“汉朝乃是个礼义之邦。贰师李广利曾说过先前太子发兵反叛的事，这是怎么回事呢？”汉使道：“是有这么回事。这是丞相私下与太子争权夺位，太子发兵意欲诛杀丞相，丞相造谣生事，因而被诛杀。这家伙班弄父亲手里的兵权，论罪当加鞭苔，不过是个小小的过错而已。怎么能和冒顿单于亲杀其父，代立为王，常以后母为妻的禽兽蛮行相比呢？”单于扣留使者，三年才得以返还。

★彩绘漆云龙纹圆盘·西汉

而伐宛的目的也就是要获取宝马，所以拜李广利为贰师将军，率六千铁骑，以及郡国无赖少年数万人，进兵大宛。

大军出玉门关后，经过盐水（今新疆罗布泊），进入一望无际的戈壁沙漠。沿途无水可饮，各小国又坚壁固守，不肯供给粮食，所以到了郁成城时，部队仅剩下几千人，自备的干粮也都吃光了。李广利率领这群疲惫不堪而又饥饿难忍的士兵攻打郁成城，谁知郁成城自上次杀死汉使之后，怕汉军会来报复，早就加修城池，积极防备了。双方一交战，汉军不利，损失人马过半，李广利只好收兵退回敦煌。

李广利在敦煌上书汉武帝，汇报了这次出师的经过，并请求暂时罢兵，理由是汉与大宛相距太远，一路缺粮缺水，行军艰难，军队会不战自溃。汉武帝看了上书后，见李广利丧师还言罢兵，非常恼火，立即传谕军前：敢入玉门关者，一律斩首。李广利无可奈何，只好屯兵敦煌，静待命令。

汉武帝太初三年（公元前 102 年），经过一年多的准备后，汉武帝决定再次兴师讨伐大宛。碰巧，此时汉军刚与匈奴打了个败仗，将军赵破奴属部二万余人全军覆灭。朝中百官都主张罢伐宛之兵，集中力量讨伐匈奴。汉武帝则认为，汉军不能征服大宛这样一个区区小国，西域各国就会轻视汉朝，匈奴也会因此而更加骄横，因而决计要发兵攻宛。

★四神温酒炉·西汉

武帝大赦罪犯，又征发各地无赖少年，加上边境骑兵，组成了一支有骑兵六万、步卒七万的伐宛增援军，让他们备足粮饷和武器，开赴敦煌，由李广利统一指挥。这次武帝决心踏平大宛，大军出发时，他还专门派两位精通马道的都尉官担任执马官和驱马官，让他们在攻宛成功后，负责挑选宝马牵回来。

这一次汉兵人多势众，军威颇壮。西域各国都很害怕，主动送粮食，献车骑，不敢怠慢，态度与前次迥然不同。只有一个轮台城坚闭城门，结果被汉军攻陷，惨遭屠城。

★马与驭手·西汉

大军到达郁成时，李广利想到先前汉使被杀，自己又兵败而返，本准备猛烈攻击一番，以泄心中怒气，又怕耽误时间，让宛城准备充分，不利于攻城。"小不忍则乱大谋"，李广利还算明智，竟率军绕过郁成，直抵宛城。

★敦煌市以西 80 公里的玉门关故址

宛城城内没有水源，居民饮水全靠城外流水。李广利得知这个情况后，便先前派人将河水改道，断绝宛城水源，接着集中全部人马围攻。宛城虽然城坚兵勇，毕竟抵挡不住汉军的猛烈攻势。四十多天后，外城被攻破，宛城危在旦夕。城里已是人心惶惶，一部分达官贵人私下谋划说："我们国王藏匿宝马，又杀死汉朝使节，致使汉将李广利率大兵来攻。眼下宛城已危在旦夕，不如杀死国王，献出宝马，与汉人讲和。万一汉人不愿，我们再背城一战也不迟。"大家都表示赞同，便一起杀了国王。

他们派使献上国王的首级，并对李广利软中带硬地说道："大宛人从来不敢轻视汉人，这次事情都是国王一人所为。只要将军不再攻城，我们可以送出城中所有的宝马，任你们挑选，还愿意供给你们粮食。如果将军不答应，我们就只好尽杀宝马，与汉军决一死战了。而且康居国的援兵也快要到了，到时来个里应外合，胜负也很难说，请将军权衡定夺吧！"李广利觉得宛使说得有理，便答应了他的请求，停止攻城。

宛人依约送出城中宝马，还送了不少粮食。李广利叫负责选马的两个都尉官从中挑选了几十匹最好的宝马，又挑了三千余匹中等以下的马，然后班师回朝。

回师途中，李广利终于踏平郁成，擒杀郁成王，总算给自己出了口气，替先前死去的汉使报了仇。

李广利回到长安后，因为不虚此行，总算给汉武帝弄回了宝马，遂受封为海西侯，食邑八千户。属官各有升迁和赏赐。

早先张骞从西域回来时，乌孙国王曾派人随他一同到长安，献上几十匹乌孙产的高头大马。这次李广利从大宛带回来的宝马比乌孙马还要雄壮，武帝自然非常高兴，遂改称乌孙马叫“西极马”，而把宛马称作“天马”。

宛城得马以后，李广利曾两度北伐匈奴，因才智平平，都没有建功。

汉武帝征和三年（公元前90年），李广利再次受命率骑兵七万，出五原郡，北击匈奴。正当双方厮杀拚战，碧血黄沙之时，李广利闻知家里因“巫蛊”之罪而遭灭族，很是忧惧。为避罪而从军的部下胡亚夫便从旁怂勇道：“您现在妻室家人都已经被官府关押，如果返回，稍不称意，便同样会被关到大牢里去，永无出头之日。到那时候，您就是想投降匈奴，也是不可能的呀。”李广利听罢，虽有些犹豫不决，但尚想深入敌人腹地以邀功请罪，便率部向北渡郅居水（今蒙古色楞格河）。这时，敌兵已逃得无影无踪。李广利遣护军率领二万骑渡过郅居水。

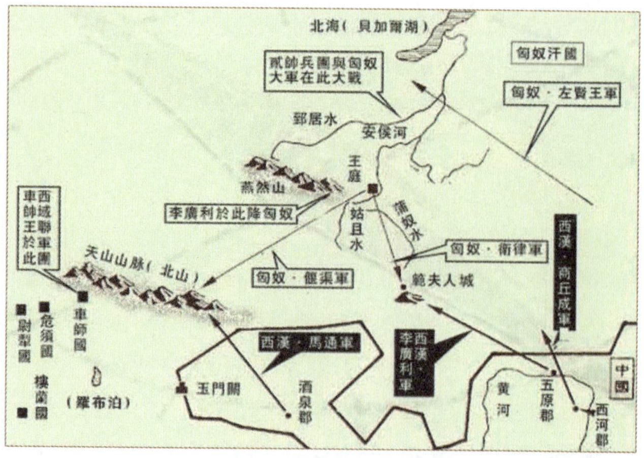

★李广利溃败降匈奴示意图

★马俑·西汉

一天，正值匈奴左贤王左大将率二万骑与汉兵鏖战整日，汉军杀死左大将，匈奴死伤者颇多。汉军长史与决眭都尉煇渠侯谋划道：“将军李广利心怀叵测，意欲危害大家以邀取功名，不能让他的阴谋得逞！”决定一齐要挟贰师将军。李广利听罢，斩杀长史，率领队伍退至速邪乌燕然山（今蒙古杭爱山）。狐鹿姑单于了解汉军劳累疲惫的状况，遂亲自率领五万骑拦截攻打贰师。一时短兵相接，互相厮杀，双方伤亡都很大。最后匈奴想出一条计谋，深夜挖一条深达数尺的壕沟，直通到汉军大本营前，从背后猛击，汉军阵势大乱，李广利投降。

单于为拢络李广利，将女儿许配给他。谁知，有个先前投降匈奴的汉使名叫卫律的，嫉妒李广利受宠，趁单于病重时进言说：“广利屡次入侵，得罪了匈奴的社稷之神，才使单于染疾。应该用他去祭社，单于的病体才会康复。”单于果然听信谗言，要杀李广利祭神。李广利还以为是单于无情，临死前怒骂道：“我死以后，匈奴必灭！”说来也巧，此后数月，匈奴雨雪不止，牲畜大量死亡，五谷不生，瘟疫流行。单于很害怕，以为是冤枉而死的李广利在作祟，便给他立了个祠。

★西域高昌古城遗址

★“维天降灵”瓦当·西汉

苏武北海牧羊

SU WU BEI HAI MU YANG

★苏武像

汉朝名将卫青、霍去病消灭了盘踞于河西走廊和漠北的匈奴，开通了举世闻名的“丝绸之路”，为西域各国与中原地区的经济贸易和文化交流起到了无法估量的作用。不过，匈奴虽然口头上表示要跟汉朝和好，双方也休战多年，但匈奴并没有放弃进攻中原的想法，他们只是暗中积蓄力量而已。

匈奴的单于一次次派使者来求和，可是汉朝的使者到匈奴去回访，有的却被他们扣为人质。面对反复无常的匈奴，汉武帝决定对其给予军事上的打击。公元前100年，汉武帝正想出兵攻打匈奴，匈奴却又派使者来求和，还把汉朝的使者都放了回来。汉武帝为了答复匈奴的善意表示，派中郎将苏武拿着旌节，带着副手张胜和随员常惠出使匈奴。

苏武一行风餐露宿，长途跋涉，终于到达了匈奴单于居住的地方。谁知单于是个口是心非的家伙，他见苏武送礼上门，以为汉朝软弱，所以对苏武及使臣们傲慢无礼，态度专横。苏武忍辱负重，完成了使命，正当他们准备返回长安时，却发生了一件意想不到的事情。

原来，汉朝使者卫律在几年前出使匈奴时投降了匈奴，并被单于封为王。卫律原来的副使虞常对卫律卖身投靠匈奴心存不满。此次，新来的副使张胜是他的老朋友，他便和张胜暗中商量，想乘单于出外打猎时，劫持单于的母亲，杀了卫律。然而，正当他们70多人准备起事时，有人告了密。单于逮捕了虞常，并想趁机逼迫苏武投降。

苏武本来不知道这件事，到了这时候，张胜怕受到牵连，才告诉苏武。苏武说：“事情已经到这个地步，一定会牵连到我。如果让人家审问以后再死，不是更给朝廷丢脸吗？”说罢，就拔出刀来要自杀。但被张胜和常惠将刀夺下，并劝慰了一番。

卫律奉令威逼苏武投降，遭到严辞拒绝。苏武说：“我是汉朝使者，如果丧失了气节，使国家受到侮辱，活下去还有什么意思？”说着便拔出宝剑，向自己身上猛刺，卫律慌忙抱住苏武，夺下剑来，然后找人给他疗伤。单于听说苏武宁死不降，对苏武的爱国气节产生了敬意，但他又不甘心让这样的人才再回到汉朝，便又施展了一些手段。

首先，他让卫律当着苏武的面审问虞常和张胜。卫律把苏武叫来，先把虞常一刀砍死，吓得张胜当场表示投降。卫律乘机要挟苏武说：“你的副使都认罪投降了，你作为正使也要治罪。”苏武义正言辞地回答：“我奉命来与匈奴结好，和张胜既非同谋，又非亲属，凭什么治我的罪？”卫律理屈词穷，挥刀要杀苏武。苏武引颈待刑，毫不畏惧。卫律见硬的不行，就用高官厚禄来劝降，谁知苏武一听勃然大怒，破口痛骂道：“你背叛了君主和父母亲戚，不知廉耻，还有什么脸跟我说话？”

卫律碰了一鼻子灰，只得回去向单于报告。单于决定把苏武关在地窖里，不给他吃的喝的，想用长

★马王堆一号墓T型帛画·西汉

★跪坐俑·西汉

期折磨的办法，逼他屈服。当时正是入冬天气，外面下着鹅毛大雪。苏武忍饥挨饿，渴了就捧了一把雪止渴；饿了扯了一些皮带、羊皮片啃着充饥。几天过去了，他居然没有饿死。

单于见苏武软硬不吃，又生一计，想用艰苦的生活环境来消磨苏武的爱国意志，诱使他最终投降。他下令把苏武放逐到北海（今俄罗斯西伯利亚贝加尔湖）去放羊。临行前，单于对苏武说："等公羊生了小羊，才放你回去。"

北海荒无人烟，一年到头白雪皑皑，连鸟兽也很难见到。有时苏武饿得没有办法，就掘开野鼠洞，掏洞里的草料来充饥。每天，他一面放羊，一面抚弄"节杖"，希望总有那么一天，能够拿着节杖，重返祖国。天长日久，节杖上的绒毛脱光了，成了一根光秃秃的棍子，但苏武仍视为生命的支柱，连睡觉的时候，都紧紧地抱在胸前。

公元前 85 年，匈奴的单于死了，匈奴发生内乱，分成了三个国家。新单于没有力量再跟汉朝打仗，又打发使者来求和。那时候，汉武帝已死去，他的儿子汉昭帝即位。汉昭帝派使者到匈奴去，要求单于放回苏武，匈奴谎说苏武已经死了，使者当时信以为真。但是，当汉使者第二次到匈奴来时，苏武的随从常惠买通匈奴人，与汉使者暗中相见，把苏武在北海牧羊的情况告诉了他。使者见了单于，严厉责备他说："大汉皇帝在御花园射下一只大雁，雁脚上拴着一条绸子，上面写着苏武还活着，可你却说他已经死了，你这是真心与汉朝和好吗？"

单于听了，吓了一大跳。他还以为真的是苏武的忠义感动了飞鸟，连大雁也替他送消息，便向使者道歉说："苏武确实是活着，我们把他放回去就是了。"

公元前 81 年，汉朝与匈奴几经交涉，匈奴才把苏武及其随员共 9 人放回长安。长安的老百姓听说苏武回来了，都出来迎接。他们看到满头白发的苏武，手里还紧紧握着那根光秃秃的"节杖"，无不感动得热泪盈眶。

★苏武墓

★彩绘漆云凤纹樽·西汉

苏 武

苏武（公元前 140—前 60 年），字子卿，杜陵（今陕西西安西南）人，代郡太守苏建之子。年轻时凭着父亲的职位，兄弟三人都做了皇帝的侍从，并逐渐被提升为掌管皇帝鞍马鹰犬等射猎工具的官。天汉元年（公元前 100 年），拜中郎将。当时，中原地区的汉朝和西北匈奴的关系时好时坏。公元前 100 年，匈奴新单于即位，汉武帝为了表示友好，派遣苏武率领 100 多人，带了许多财物，出使匈奴。不料，就在苏武完成了出使任务，准备返回自己的国家时，匈奴上层发生了内乱，苏武一行受到牵连，被扣留下来。由于不肯背叛汉朝，被逼在北海牧羊 19 年。

★苏武雕像

司马迁忍辱写《史记》

SI MA QIAN REN RU XIE SHI JI

司马迁生于史官世家，其祖自周代起就任王室太史，掌管着当时的文史星卜。其父司马谈是汉朝太史令(掌管起草文书、编写史料，兼管国家典籍、天文历法的官职)。司马迁10岁的时候，就跟随父亲到了长安。这个时候，正是汉王朝国势强大，经济繁荣，文化处于兴盛时期。期间的张骞奉使通西域，卫青、霍去病大破匈奴，汉武帝设立乐府等，更增长了司马迁的见闻，开阔了他的眼界。司马迁从20岁开始，就游历各地。他到过浙江会稽，看了传说中大禹召集部落首领开会的地方；到过长沙，在汨罗江边凭吊爱国诗人屈原；到过曲阜，考察孔子讲学的遗址；到过汉高祖的故乡，听取沛县父老讲述刘邦起兵的情况……这种游览和考察，使司马迁获得了大量的知识，他注意从民间语言中汲取丰富的养料，给后来的写作打下了重要的基础。

以后，司马迁当了汉武帝的侍从官，又跟随皇帝巡行各地，还奉命到巴、蜀、昆明一带视察。元封三年(公元前108年)，司马迁继承父职，任太史令，得以阅览“石室金匮”之书。他博览皇家珍藏的大量图书、档案和文献，为撰写《史记》开始正式搜集文字史料。太初元年(公元前104年)，他参与制订的《太初历》颁行。他认为这是历史的一个新纪元，便开始撰写《史记》。

★司马迁像

公元前99年，即苏武出使匈奴的第二年，汉武帝派贰师将军李广利带兵3万，攻打匈奴，打了个大败仗，几乎全军覆没，李广利逃了回来。老将军李广的孙子李陵当时担任骑都尉，带着5000名步兵跟匈奴作战。匈奴单于亲自率领3万骑兵把李陵的步兵团团围住。尽管李陵的箭法十分好，兵士也十分勇敢，斩杀了五六千名匈奴骑兵，但匈奴兵越来越多，汉军寡不敌众，后面

★刻花干栏式釉陶屋·西汉

《史记》

《史记》约成书于公元前104年至前91年。此书记事始于传说中的黄帝，下限到汉武帝时期，前后跨越3000多年历史。全书共130篇，有12本纪、10表、8书、30世家、70列传，近53万字。“本纪”是全书提纲，按年月记述帝王的言行政绩。“表”用表格来简列世系、人物和史事。“书”则记述制度发展，涉及礼乐制度、天文兵律、社会经济、河渠地理等诸方面内容。“世家”记述子孙世袭的王侯封国史迹。“列传”是重要人物传记。其中的本纪和列传是主体。按司马迁所说，编写的宗旨是“究天人之际，通古今之变，成一家之言”。“究天人之际”是探究天道和人事的关系，作者批判了原来的“神意天命论”，提出了“帝王中心论”。“通古今之变”，即探究历史的发展实况及其规律。近代梁启超称赞这部巨著是“千古之绝作”。鲁迅曾誉之为“史家之绝唱，无韵之《离骚》”。

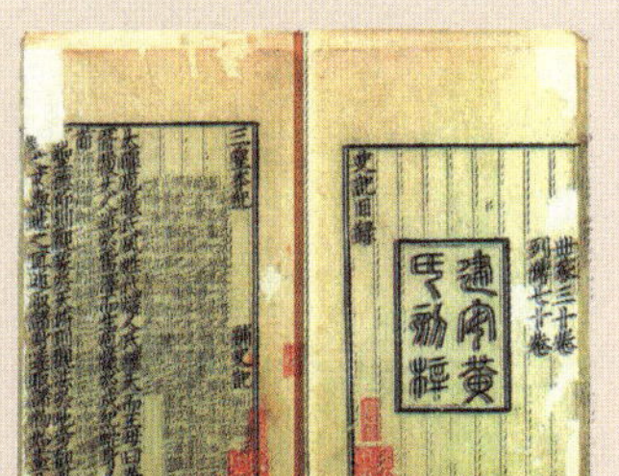

★《史记》书影

★司马迁雕像

★司马迁祠

又没救兵，最后只剩了400多汉兵突围出来。李陵寡不敌众，投降了匈奴。

李陵投降匈奴的消息震动了朝廷。汉武帝把李陵的母亲和妻儿都关进监狱，并且召集大臣，让他们议一议李陵的罪行。大臣们都谴责李陵不该贪生怕死，向匈奴投降。汉武帝问太史令司马迁，想听听他的意见。

司马迁说：“李陵带去的步兵不满5000人，他深入到敌人的腹地，打击了几万敌人。他虽然打了败仗，可是杀了这么多的敌人，也可以向天下人交代了。李陵不肯马上去死，准有他的主意，他一定还想将功赎罪来报答皇上。”

汉武帝听了，认为司马迁这样为李陵辩护，是有意贬低李广利（李广利是汉武帝宠妃的哥哥），勃然怒斥道：“你这样替投降敌人的人强辩，不是存心反对朝廷吗？”随即，他命人将司马迁关进了监狱。

第二年，汉武帝杀了李陵全家，处司马迁以宫刑。宫刑是个大辱，污及先人，见笑亲邻。司马迁在狱中，又备受凌辱，几乎断送了性命。但他为了完成《史记》的写作，忍辱负重，苟且偷生。此间，每到自己情绪波动的时候，他便提醒自己回忆一下周文王被关在羑里，怎样写成了一部《周易》；孔子在周游列国的路上被困于陈蔡，怎样编出了一部《春秋》；屈原遭到放逐，写了《离骚》；左丘明眼睛失明，写了《国语》；孙膑被剜掉膝盖骨，写了《孙膑兵法》。他知道，这些千古名篇大都是古人在心情忧愤的情况下写成的，自己恰逢逆境，正可利用这个时间完成这部史书。

于是，他从传说中的黄帝时代开始，一直到汉武帝太始二年（公元前95年）为止的这段时期的历史，编写成130篇、52万字的巨著——《史记》。他在《史记》中，对古代一些著名人物的事迹都作了详细的叙述；对于农民起义的领袖陈胜、吴广，也给予高度的评价；对被压迫的下层人物往往表示出同情的态度。他还把古代文献中过于艰深的文字改写成当时比较浅近的文字，对于人物描写和情节描述，均形象鲜明、语言生动活泼。因此，《史记》既是一部伟大的历史著作，又是一部杰出的文学著作。

司马迁出狱以后，担任中书令（掌管宫廷机要文件）。但因受过腐刑，他始终不能释怀，最终郁郁不乐地死去。虽然他的死曾令熟知他的人惋惜，但他的《史记》却在我国的史学史、文学史上都享有很高的地位。这不仅因为人们可以从《史记》中获得我国古代较为系统的历史知识，从《史记》中获得美妙的艺术感受，还因为这部伟大的著作是司马迁用一生心血乃至生命写成的。

★龙纹璜形玉佩·西汉

★司马迁墓

汉武帝赐死赵钩弋

HAN WU DI CI SI ZHAO GOU YI

到了太始元年（公元前 96 年），汉武帝人生旅程已走过六十一个年头。按着当时的风俗，六十一岁已近垂老之年，留给武帝今后的只是为程不远的坟墓，花花绿绿的生活都已成为过去，人生最可悲哀的日子已经到来。可是在武帝的心中情况完全不是如此，他从来也没有想到衰老。在他所幸过的女人随着色衰而被他淘汰之后，他宠爱上了年轻美貌的赵婕妤。赵婕妤生于河间，又号拳夫人，后居钩弋宫，因又称钩弋夫人、赵钩弋。赵钩弋的确是个美女。她生就一双丹凤眼，两弯柳叶眉，粉面含春，丹唇皓齿，肤如凝脂，眸如秋水，身材长短适中，且又极苗条，走起路来如弱柳扶风。总之，在武帝眼中，赵钩弋是个祥和多情而又极漂亮的青年女子。因此，武帝把宠爱都集于赵钩弋一身。

一日，赵钩弋对武帝说道："臣妾今已怀子在身，不敢不启奏皇帝。"武帝闻听大喜，从此更爱赵钩弋。赵钩弋虽得武帝宠极，可是她心里明白，伴君如伴虎，她想着她以前的武帝后妃，没有几个有好下场，她当然不希望自己色衰之时被一脚踢开，因此，便将未来寄托在腹中的孩子身上。为了试探武帝对自己未来的打算，她不止一次地伺机拿自己的前途去问武帝，武帝总是宽慰她说："你会有个善终，就让那太阳作证吧。"赵钩弋听到武帝这样说，自然也就心满意足了。

转眼间，赵钩弋怀子已十三个月，仍然不见腹中婴儿问世，朝中上上下下都以为异。武帝也几次命太医诊看，但结果是钩弋夫人的确怀的是孩子，让武帝耐心等待。就这样，到了十四个月时，也就是太始三年（公元前 94 年），在赵钩弋宫中，一个男婴呱呱落地。消息传来，武帝欣喜过望，因为他听说尧母怀尧也是十四个月而生，现在赵钩弋所怀子也恰十四个月而生，他觉得这是一个极好的兆头。三天之后传命群臣举行隆重庆典。

这次庆典设在未央宫。未央宫中张灯结彩，气氛庄严而热烈。赵钩弋望着这一切，内心充满深深的幸福荣耀之感，因此憧憬起日后的美梦来：登基大典开始了，她的儿子走上天子宝座，接受群臣山呼朝贺，然后她被封为皇太后，然后，她又成了太皇太后。一声庆典开始的喊声，才把她从迷梦中带回现实，典礼程序全依古礼进行。经卜选的朝内小臣抱负钩弋之子，在肃穆的鼓乐声中，射人用桑木弓和蓬矢射天地四方，然后保母将钩弋子接过来，向抱负者行醴礼，并且赐以布帛，又当场卜选士妻为婴儿作乳娘。最后，武帝赐名为"弗陵"，并诰命群臣说："我听说尧母怀胎十四个月而生尧，现在赵婕妤怀胎十四个月而生'弗陵'，天命之意是不言而喻的。今宣布将赵婕妤所在的钩弋宫门改名为'尧母门'。"群臣山呼万岁，庆典宣告结束。

★钩弋夫人画像

★错金银云纹铜犀尊·西汉

这一切卫皇后都看在眼中，内心产生无限恐慌。她知道为刘弗陵举行这场庆典之礼是遵依太子之礼进行的，武帝又说什么"天命之意不言而喻"，还把钩弋宫门改为"尧母门"，难道是他认为天命在弗陵，要改换太子不成？可是她的儿子刘据已立为太子多年，武帝又不止一次地向她晓喻太子贤德，足可作他身后的守成之君。可是看今日

★灰釉动物纹双耳瓶·西汉

★原始青瓷双系瓶·西汉

这个场面，事情大概要有变化。这次庆典，太子刘据也置身其中，他望着眼前发生的一切，内心也产生了莫名的疑虑和妒意。但是他又想到，自父皇立他为太子之后，待他不薄，恩宠有加，凡父皇出巡，均以后事相托。此次为刘弗陵举行庆典虽依太子之礼，可父皇未必有改立太子之意，且父皇老矣，而弗陵才生，几年后父皇故去，婴儿何能守刘家大业，因此不会废立太子，父皇此次行为，不过是宠赵钩弋。这样想来，便把心安了许多。

有道是当局者迷，旁观者清，武帝此举其他人看得很清楚。当时武帝有一位宠臣水衡都尉江充，他就猜中了武帝的用意，于是开始发动一场阴谋。结果太子被冤死，卫皇后也自杀身亡。

到了这个时候，真是雨过天晴，一轮光明的太阳照耀着钩弋宫，赵钩弋在宫中喜不自胜，太子消失了，皇后也不复存在了，而她今日正受宠无比，弗陵又是皇上心肝宝贝，下一个皇后自然非她莫属，于是乎欣欣然真以尧母自居，便对还不晓事的刘弗陵说："吾儿，天命在你，儿履天子位指日可待，那时可不要忘了母亲啊！"刘弗陵不知什么天命、天子之类的词，两只童贞的大眼睛忽闪几下说道："什么叫天子啊？"赵钩弋说："就像你父皇那样，唯我独尊，天下第一人。"刘弗陵说："我可不要做呢，父皇作天子，那么多人要害他，多没趣啊。"赵钩弋立即用手捂住他的嘴，说："吾儿勿妄言，要杀头呢。"这一天，赵钩弋比以往任何时候都快活，她盼望幸运之神立即到来。

太子刘据出人意外地败死。可是不久武帝就查明真相，太子实为冤死，储君之位虚空，而武帝已届晚年，后悔已无用处，置立太子承续大统不容他不抓紧，他在病中将自己的几个儿子盘思再三，觉得只能立刘弗陵了。可是弗陵也只还是个孩童，这承续大统的重任如何能担当得起。想到这里，他又想到了钩弋宫，那位被他宠着的脂香粉气的赵钩弋太年轻了，这顿时又使武帝心事重重起来。

一日，武帝召来霍光。霍光是

★玉兽面纹珌·西汉

昭宣中兴

昭帝于公元前86–前74年在位。即位时，昭帝年仅8岁，大司马、大将军霍光受遗诏辅昭帝，掌握朝中大权。由于汉武帝穷兵黩武，使国库虚耗，户口减半。昭帝即位后，多次下诏，实行轻徭薄赋、与民休息政策，积极发展生产。始元、元凤年间(公元前86–前76年)多次派兵北击匈奴，暂时消除了匈奴的侵扰。始元六年(公元前81年)召开了著名的盐铁会议，与会者对汉武帝时所实行的内外政策进行全面检讨，一部分被昭帝所采纳，社会生产得以恢复和发展。公元前74年，昭帝死，宣帝即位，继续奉行与民休息政策，慎择地方官吏，平理刑狱，假民公田，多次因灾疫下诏免除百姓租赋。重用法吏，赏罚分明。因而连年丰收，粮食充裕，手工业在此时也大有发展。宣帝也常派兵袭击匈奴，匈奴大败，呼韩邪单于归顺汉朝。汉朝声威震于海内，出现了武帝以后的"中兴"时期。

★圆雕跽坐玉人·西汉

★钩弋夫人墓

霍去病之弟，十几岁入宫为郎，出则奉车，入侍左右，小心谨慎，厚重沉稳，深得武帝信任。即在朝廷众臣中，也极富威望。霍光进见之后，武帝命黄门侍郎画了一张周公辅成王以接受诸侯朝拜的画赐给霍光。霍光被赐画的消息传遍朝廷上下，在群臣中立刻引起轰动，未来的太子肯定是少子刘弗陵了，顾命大臣就是霍光。赵钩弋在宫中也很快知道了这个消息，乐得不觉手之舞之，足之蹈之。

一日，武帝下诏命赵钩弋来甘泉宫见他。赵钩弋接到诏书，立即打点来甘泉宫。在赵钩弋心中，她是在想武帝此时召见一定是有后话留给她，或是立她为皇后，因此，行路匆匆，恨不得立即来到甘泉宫。来到甘泉宫后，武帝正躺在病榻上，形容苍老衰颓，病容萦身。赵钩弋见武帝后，立即双膝跪下，说道：“臣妾奉命前来叩见皇帝。”武帝见赵钩弋已到，便厉声说道：“朕今日病体缠身，而你却打扮得如此艳丽，毫无念朕之意，是你我情份已薄。”赵钩弋连忙叩头说：“妇人貌不修饰，不敢拜见君父，今来见君王，敢不打扮吗？望皇上宽罪臣妾。”武帝又说道：“我久离钩弋宫，太子刘据在时，曾风传你与江充行为不检点，此事当真？”赵钩弋做梦也没有想到，此番来甘泉宫接受的竟是皇上的一番审讯，真是晴天霹雳。她立刻泪眼双垂，回禀道：“臣妾断无与江充有私，请皇上明察。”武帝说道：“朕今已查明，是你指使江充谋害太子，你有何辩？”实际上武帝只是一句诈语，而赵钩弋毕竟年轻，经不起如此之诈。连忙脱卸簪珥叩起头来，不敢分辩其无。只是说道：“臣妾侍寝有年，纵有过错，也望皇上怜恕。”说罢哀哭不已。谁知武帝毫不为动，立即传命：“将赵钩弋拿下。”于是立即上来二名侍卫拉赵钩弋起身出宫。赵钩弋边走边回头求饶，悲悲哀哀。武帝厉声喝道：“快走，你不得活。”就这样赵钩弋被关进掖庭狱。

在狱中，赵钩弋提笔给武帝写了一封信，内容大体是叙及往事，剖白自己无辜，希望武帝念顾旧情及看在刘弗陵面上免她一死，即贬她为庶人也无怨言。武帝接书后，展卷细读，历历往事，尽在眼前，不觉泪如雨下，他长叹一声，说道：“不是朕令你死，而是天意令你不得生。为了刘家大业千秋，不使吕后故事重演，你先走吧。”于是便草拟一诏，派人送给赵钩弋。

赵钩弋自送给武帝信后第二天，便被移出迁居云阳宫，软禁起来。钩弋夫人往日那种威风已荡然无存，她至此只求一生，别无他念。早饭过后，忽听一声喝令：“赵夫人接旨！”赵钩弋闻听，大喜过望，立即双膝跪下听命。那传旨官吏念道：“赵婕妤不遵妇德，有违圣意，赐死。”赵钩弋哪里会想到，武帝给她的只是这么几个可怕的字。至此赵钩弋完全绝望，她无论如何都不能理解武帝为何这样薄情。君令臣死，臣不得不死，赵钩弋立起身来，简单地整理了一下衣衫容颜，又朝刘弗陵所在的宫里望了最后一眼，便引绳而亡了。可怜赵钩弋，因为生了将当太子承继大统的儿子，非但没有母以子贵，却致杀身之祸。

武帝除去赵钩弋后，后元二年（公元前 87 年）正月，正式立刘弗陵为太子，弗陵其时才八岁，哭着找他的妈妈。武帝此时也痛苦至极，杀赵钩弋，实在是从国家社稷着想，是不得已而为之。令人带走刘弗陵之后，武帝于病榻宣布了以霍光为首的顾命大臣集团，完成了托孤的最后部属。第二天便溘然而逝。

★青玉双龙形玉璜·西汉

★甘泉宫遗址

霍光尽心辅政

HUO GUANG JIN XIN FU ZHENG

★霍光像

霍光是一位大政治家,武帝临终时,嘱托他辅佐昭帝,他接受了这一重任,以后还解决了昭帝卒后的皇位继承问题,迎立了宣帝,直至他去世,执掌了朝廷军政大权达二十多年,保证了西汉中期政治形势的安定,出现了“昭宣中兴”的局面。在历史上他是一位很有贡献的人物。

霍光是骠骑将军霍去病的同父异母弟。他的父亲霍中孺是河东平阳人,原在本县当小吏,又被派到平阳侯家干差事,他在那里与侍女平阳侯家的卫少儿私通,生下霍去病。霍中孺当差完毕回家,娶了妻室,生下霍光,就与霍去病母子很长时间不通讯息了。后来,卫少儿的妹妹卫子夫受到汉武帝的宠爱,立为皇后,霍去病便成了皇后的外甥,也是尊贵人物了。随着年龄的增长,霍去病晓得他的生父是霍中孺,但没有机会去寻找。恰好不久,霍去病被拜为骠骑将军攻打匈奴,大军取道河东郡,郡守走出城门,到郊外隆重迎接,还背着弓箭为霍去病的队伍开路。霍去病在平阳县官舍停下来,便派属吏去接父亲霍中孺。霍中孺恭敬地快步进入拜谒,霍去病下跪说:“我原先不知大人您是我的亲生父亲。”霍中孺忙弯腰叩头,说:“老夫如今得托命于将军,全靠老天保佑!”霍去病为霍中孺购置大量田地住宅,买了许多奴婢,就行军上前线了。出征归来,又到平阳停留,便把弟弟霍光带到长安城。这时霍光还是个十几岁的少年,被授为郎官,后来提升为皇帝左右的侍从。霍去病死后,武帝又任命霍光为奉车都尉,负责皇帝出门的车马,平时便在皇帝身边侍候。他出入宫廷二十多年,一向小心谨慎,不曾有错,得到了武帝的信任。

汉武帝晚年,曾为身后统治权力的过渡苦心筹划过。在他的儿子中,卫太子已死于巫蛊之祸,燕王旦和广陵王胥都不成器。他晚年宠爱的钩弋夫人生的弗陵是最小的儿子,武帝喜欢他,但他只有八岁,武帝决定由弗陵嗣位,便需托付给大臣辅佐。他又细心观察各位大臣,比较来比较去,认为还是霍光最稳重谨慎,便决定由他辅政。后元二年(公元前 87 年),武帝临终之前,任命霍光为大司马大将军,并召侍中金日磾、左将军上官桀、御史大夫桑弘羊,四人跪在五柞宫武帝病榻之前,接受遗诏辅佐少主。武帝卒,年幼的昭帝举行过登

霍光被灭族

宣帝初立时,便册立在民间生活时的妻子许氏为皇后。霍光的妻子钟爱小女成君,想让她成为宣帝皇后,便密派乳医淳于衍趁许皇后生孩子之际,下毒药于食物中毒杀许皇后,并劝霍光设法让宣帝娶其女成君立为皇后,霍光依计而行。后来,有人告发许皇后是被人毒死的,朝廷下令逮捕所有许后身边侍疾医生,霍光的妻子怕真情暴露,将事情原委告诉了霍光,要他不予追究,“其后奏上,(光)署衍勿论’,将案情敷衍过去。霍光死后,这事渐渐被揭发出来,宣帝听到消息后,十分愤怒,但因未察虚实,没有立即下令追究,却采取了一系列削夺霍氏亲族成员军事实权的措施。霍氏亲族密谋发动政变,最终在公元前 65 年被灭族。

★上海老城隍庙原为霍光祠堂

★汉昭帝刘弗陵像

位大礼，实际上政事全握在霍光手中。

封建时代，人们以为皇帝是天命所归，皇帝的话是“圣旨”，所以心甘情愿地匍匐在地、诚惶诚恐地绝对服从。而如今皇帝是个小孩子，决策大权全由霍光掌握，人们对他的畏惮自然远不及皇帝了，因此出现了不安定因素。可是霍光是政治家，他对一切事端都能慎重恰当的处理。当时有个卫尉的儿子王忽，也是皇宫中的侍从，他扬言说：“武帝死时，我大部分时间在他跟前，哪里有遗诏托付给大臣的事？这些话只不过是拿出来骗人、抬高自己罢了！”霍光得知后，找到他的父亲训斥了一顿，后来王忽就被卫尉毒死了。

有一回，宫中大殿上半夜闹鬼怪，搞得群臣惊恐不安。霍光怕发生意外事件，便召来掌管皇帝符玺的郎官，要他交出符玺。郎官坚决不给，霍光就想硬夺，郎官手握剑柄，神色凛然地说：“我的头可以砍了，国玺你绝对得不到！”霍光马上停手，觉得郎官做得对。第二天，霍光以皇帝的名义，下诏给这位郎官增加二级秩禄。群臣和百姓闻知这件事，都认为霍光有肚量，奖赏维护国家利益的人做得对，霍光的威望更高了。

昭帝始元六年（公元前81年），朝廷下诏各郡国举荐贤良、文学进京师，向他们询问民间疾苦，召开盐铁会议。贤良、文学主张停止国家官办铸铁、煮盐及酒的专卖，不与天下争利，以节约民力。这些主张，有利于霍光执行恢复民力的政策。当年秋天，宣布停止酒的专卖，罢关东的盐铁官。

元凤元年（公元前80年），发生了上官桀与燕王刘旦等相勾结的谋反事件。他们的阴谋首先针对霍光，霍光却得到了幼年昭帝的保护，这成了西汉中期政治生活中具有特殊意义的事件。

当时上官桀任左将军，是一个有权力的人物。他同霍光是亲家，霍光的大女儿嫁给他的儿子上官安为妻，生有一个女儿。在汉昭帝登位时，这个小女孩刚五岁。上官安为了获得更高的政治权力，动了个主意，想把这个五岁女孩嫁给汉昭帝当皇后。霍光起初并不理会，他想，小女孩虽是自己的外孙女，但毕竟是个乳臭未干的小黄毛丫头，让她嫁入宫中当皇后，未免滑稽可笑。上官安又费尽心机，走了个关系很硬的后门。原来，昭帝的姐姐盖长公主同丁外人暗中来往。上官安平时与丁外人混得很熟，便对丁外人说：“我女儿虽小，可长得很漂亮，如果能得到盖长公主帮忙，立为皇后，那我们父子在朝中就会握有更大的权力。头一件事就要回报盖长公主和您的大功，奏封您为列侯，按汉家规矩您就可以和公主名正言顺地互相攀配了。如果事情顺利，对我们都有绝大好处，成与不成，就全看您的了。”丁外人一听大乐，赶快报告盖长公主。公主也觉得是好主意，便施加了自己的影响，果然以皇帝的名义下诏，立上官安五岁的女儿为婕妤，几个月后又立为皇后。这当然是封建专制制度下通过联婚以巩固和扩大权力而出现的荒唐婚姻。上官安成为皇后的父亲，升官为骠骑将军，封为桑乐侯。

左将军上官桀本来与霍光是亲家，现在又成了皇后的祖父，更加炙手可热。当霍光休假时，上官桀便进宫代替他决定大事。上官桀父子的目的达到以后，有了更大的权势，他们感激盖长公主的恩德，为了报答她，首先提出封丁外人为列侯，不料遭到霍光拒绝。又提出封他为光禄大夫，以帮助丁外人取得与盖长公主公开往来的身份，却又遭霍光拒绝。因此，盖长公主恨透了霍光。上官桀、上官安屡次为丁外人求封官爵，都被霍光驳回，他们心中也怨恨霍光。上官桀原在

★漆画枋·西汉

★玉镂雕螭纹韘·西汉

★桑弘羊像

武帝时就位列九卿，地位在霍光之上，现在父子两人都是将军，上官安还是皇后的父亲，他们不甘心让霍光独掌朝政大权，于是处心积虑要从霍光手里把大权夺走。

与他们结成阴谋集团的还有燕王刘旦和桑弘羊。燕王刘旦认为自己是皇帝的兄长，却不得继帝位，早就积怨很深。御史大夫桑弘羊认为自己一手操办国家盐铁和酒的专营，功劳很大，可是为子弟求官职，一再落空，为此也仇视霍光。于是，盖长公主、上官桀父子、桑弘羊都同燕王旦串通一气，想诬陷霍光，搞宫廷政变。他们策划了一个骗局，即安排一个人伪装成燕王刘旦的使者，从燕国赶来向朝廷上书，说："霍光曾出长安城外去检阅羽林军，演习武备，一路上竟敢盗用皇帝出行派人先头敬卫、让人回避的礼节，还派宫中御厨先行准备饭食，显然是想当皇帝。他还安插党羽，苏武出使匈奴，扣留了二十年才回来，霍光还让他当典属国，管辖边境少数民族。杨敞无功劳，霍光也任命他当搜粟都尉，管理军粮。他还调了一名校尉到大将军府中。霍光一贯专权独断，狂妄至极，加上近来这些举动，肯定是要干危害社稷的事。我愿缴回燕王的玺印，不留在燕国了，要回长安负责宫廷宿卫，挫败奸臣的诡计。"上官桀一伙事先探明霍光告假休息的日子，就把这份奏书递交上去。他们以为奏书递上之后，正是霍光不在场的时候，可以由上官桀决定将奏书发下去讨论，然后再由桑弘羊带头，鼓动群臣一起反对霍光，夺他的职。不料奏书送上后，昭帝偏偏不往下发。

次日天亮时霍光上朝，突然听说这件事，他没有走进皇帝上朝的正殿，在外厅群臣议事的"谋划室"里停下来。昭帝在正殿上问："大将军来了没有？"上官桀抢先回答："因为燕王告发他有罪，在外厅不敢进来。"昭帝下诏，让臣下召霍光上殿。霍光进殿，脱下帽子，低头向昭帝谢罪。昭帝见他这个样子，忙用他清脆的童音宣布："将军您请把帽子戴上。朕明白昨天递交的是一份伪造的奏书，将军您并没有罪。"霍光听到皇帝这样说，知道皇帝看穿了上官桀一伙人对他的陷害，在这性命攸关的时刻，仍然相信他，并在朝廷上当着大臣们宣布，使他感动得喉头发硬，用哽咽的声调说："陛下是怎么知道的？"昭帝仍然声音清脆地说："将军您休假去广明亭，是去对属下的郎官训示，没有什么羽林兵演习的事。况且大将军府调集校尉到今天还没有十天，哪有消息传这么快，从长安传到燕国，又由燕王发来这份奏书，所以这份奏书绝对不是燕王发的。况且大将军掌握军政大权，若要干不光明正大的事，用不着费事再调什么校尉。"

群臣一听，都惊愕地瞪大了眼睛，再仔细看着眼前这位满脸稚气的少年皇帝，他虚岁才十四岁，却有这样锐敏的判断能力和果断的处事能力，心里赞叹佩服，上官桀一伙则惊慌失色。当下，递交燕王奏书的人闻讯仓皇逃跑，朝廷下令从速将他缉拿归案。

再说上官桀父子及其同伙眼看阴谋将被查出，都害怕得胆战心惊。上官桀设法私下里劝昭帝说："这是小事情，陛下可以不用追究。"昭帝却不理会。于是，他们又找别的人对昭帝说霍光的坏话，昭帝一听大发脾气，斥责说："大将军是个忠臣，先帝临终前嘱托他辅佐我，如果有人胆敢再陷害他，首先要对诬告者严办！"上官桀一伙再也不敢胡说了。

他们不甘心失败，又策划更毒的一手，安排盖长公主设宴邀请霍光，埋伏好士兵将他杀了，然后废掉昭帝，迎燕王刘旦为皇帝。燕王旦也与他的近臣暗中计议，要发兵攻入长安。可是，就在这时，上官安又布置了新的阴谋，就是将燕王引来长安后杀掉，废掉昭帝，立上官桀为帝。这时有人说："若废掉昭帝，咱们上官家的女儿就再也当不成皇后了，怎么办？"上官安说："这简直糊涂到极点，打猎时猎狗要扑向肥鹿，还顾小兔子干什么！当皇后的祖父、父亲，固然尊贵，一旦皇帝废了她另立新皇后，我们就连仆人也比不上了。这是生死攸关的事，不要再犹疑了！"

恰好，有个常在盖长公主家行走的人听到了消息，告知上司杨敞。杨敞任大司农，是主管租税钱谷盐铁和国家财政收支的重要官员之一，官位虽属九卿，却一向胆小怕事，不敢上告皇帝，假装有病

★"广汉大将军章"银印·西汉

★彩绘漆鱼纹耳杯·西汉

不上朝，却偷偷告诉谏大夫杜延年，杜延年才报告了皇帝。这一年九月，昭帝下诏丞相逮捕上官桀父子、桑弘羊、丁外人，连宗族一律处死。盖长公主为此自杀了。燕王刘旦本想发兵，臣下劝他阴谋已全部败露，发兵无益，于是他也自杀了。皇后因为年纪小，没有参与阴谋，又是霍光的外孙女，因而保住了“皇后”的称号。

上官桀一伙的诛灭，使霍光的威信更高，声震海内。昭帝在位期间，霍光始终掌握军政大权，使国力得到恢复，史书上称赞的“百姓充实，四夷宾服”，就是指他辅政的时代。

公元前74年，年方二十岁的昭帝去世。霍光与群臣计议，决定迎立武帝的孙子、昌邑王刘贺当皇帝。刘贺入宫才二十多日，淫乱无度，宫廷内外都感到无法忍耐。身为首席辅政大臣的霍光更是忧虑万分，他首先找过去的老部下、现任大司农田延年商议，问他该怎么办。田延年说：“将军您是国家柱石，您确实观察出此人不能当皇帝，为什么不禀告太后，另外选个贤才立为皇帝？”霍光说：“是想要这么做，但不知历史上有没有先例？”田延年说：“有。殷朝的贤相伊尹，废掉淫乱的太甲，安定了国家，受到后世的称赞。将军您若能这样做，您也是汉朝的伊尹。”霍光拿定主意，又找车骑将军张安世商议，然后召集丞相、御史、将军等所有大臣，到未央宫开会。霍光以严肃的目光扫视全场每个大臣，郑重其事地说：“昌邑王进皇宫以来，搞得昏乱不堪，社稷处在危险之中，诸位说该怎么办？”

大臣们一听，大惊失色，没有一个人敢明确表态，只是“嗯嗯”、“啊啊”地敷衍。这时，田延年离开座位，走到众臣面前，手握佩剑的剑柄，高声说：“先帝嘱托大将军辅佐幼主，把天下命运寄托在大将军手里，就因为大将军忠诚贤明，能安刘氏天下。现在局面混乱，人心惶惶，国家处在危险之中。历朝皇帝被尊称为‘孝文’、‘孝景’、‘孝武’，就是要一代一代继承下去。现在汉家眼看要绝祀了，大将军死了也无面目见先帝于地下！今日商议的是国家安危的紧急大事，必须立即做出决定，一刻也不能拖延。大臣们如果不立即表态，我就不客气地斩下他的脑袋！”

霍光立即表示他承担责任，说：“大司农身为九卿重臣，他责备我责备得对。现在京城内外局面动荡，确实我有责任，必须马上解决！”于是大臣都叩头表示同意，说：“亿万百姓的生命都掌握在大将军手里，就请您下命令吧！”

霍光当即同大臣们一起去见皇太后，禀明昌邑王的罪状。皇太后即时乘车来到未央宫承明殿，命令各个殿门不准昌邑王的手下人进入。昌邑王进宫，先拜见皇太后，便准备回便殿，有两个太监一人把守着一扇门，昌邑王一踏入门坎，马上就把殿门紧紧关上了，昌邑王的属员都被关在殿外。昌邑王觉得有点不对头，便问：“这是干什么？”大将军霍光跪着回答：“奉皇太后诏旨，您的部下都不让进来。”

★汉昭帝平陵

昌邑王说：“慢点关不行吗，干嘛这么慌张，怪吓人的！”

这时，霍光派人把昌邑王的部下都赶到金马门外。车骑将军带羽林骑兵逮捕了昌邑王部下二百多人，统统送进监狱。霍光又命令以前昭帝的随从太监紧紧守着昌邑王，说：“你们负责保护好，千万别让他自杀了，免得让我背杀主的罪名，洗刷不清。”这时，昌邑王还不知道他要被废掉，对左右说：“我的下属都犯了什么罪，大将军都把他们抓起来了吗？”没有人理睬他。过了一会儿，从正殿传出皇太后的命令：“昌邑王进殿！”昌邑王这时才害怕了，忙问：“我有什么罪，为什么皇太后召我？”皇太后带着凤冠，穿着缀满珍珠的绣衣绣裙，端庄地坐在武帐之中，宫廷卫兵几百人手握枪戟，陈列在殿下。大臣们按职位高低依次上殿，气氛紧张严肃，皇太后命令昌邑王低头聆听尚书令朗读大臣们联名上的奏书，列举他的罪状。

昌邑王一听大臣们要废掉他，他要了点小聪明，说：“古书上不是说，天子有诤臣七人，做了坏事也不至于失天下吗？”霍光当即驳他：“皇太后已经下诏废掉你，你还有什么资格称天子？”

废掉昌邑王，霍光又与群臣计议，立了长期生活在民间、知道民生疾苦的刘询为帝，是为汉宣帝。宣帝时期继续恢复生产、与民休息，使汉朝的强盛局面又保持了几十年。

丙吉关照落难皇孙

BING JI GUAN ZHAO LUO NAN HUANG SUN

在巫蛊之祸中，卫皇后、卫太子、太子的两个儿子都因蒙受冤枉而丧命，这曾引起当时许多人的同情。不料他们还留下了一根血脉，在这场灾祸中一下子从温柔富贵之乡抛到了人间最苦难凄凉的角落，成了落难皇孙，幸而遇到几位善良人的怜悯关照，使他异乎寻常地成长为一个有知识、懂道理的青年人，获得人们的好感，后逢机遇，被拥立为皇帝。这段戏剧性的故事，包含着多少悲欢曲折，又包含着多少世态炎凉，使人关切，令人感慨。

这个落难皇孙，就是后来的中兴君主——汉宣帝刘询。宣帝小名病已，当巫蛊之祸时，他刚出生几个月，在襁褓之中，他的骨肉亲人就死的死，逃的逃了，宫内宫外一时间乱得像个疯狂世界，这个用小被子包着的婴儿竟也受到株连，被送进长安的郡邸狱中。幸好，遇到一个富有同情心的狱官，此人叫丙吉。他是鲁国人，原先是当地狱吏，因累积功劳，提升为廷尉右曹，成了中央掌管刑狱部门的属官，后来丙吉因事失职。到征和元年(公元前92年)发生这场巫蛊之祸，武帝为了大规模查究巫蛊案件，向地方征用刑狱官吏，丙吉又被召进京。他奉武帝诏令，专门负责审理查办因巫蛊案件关进长安郡邸狱的犯人。丙吉到狱中巡视，见到角落里睡着个用小被子包着的婴儿，一问是卫太子的孙子病已，心里不禁感到可怜，为这个小婴儿捏着一把汗。丙吉为人宽厚，富有办事经验和生活阅历，他心中明白卫太子的事纯属冤枉，想到这个小生命已失去所有亲人，出生几个月就同犯人一起关进监狱，真是人间少有的祸难。他心生怜悯，就在狱中找了个性情谨慎厚道的女犯，让她抚养病已，又特别在狱中找了一处比较安静干燥的地方，把小病已放在那里。丙吉审理巫蛊案件，从不乱判罪，所以连续查办了几年还未结果，病已也长大了几岁。这期间，病已多灾多难，好几回生病差点死掉，全靠丙吉为他找医找药，救他活命。也还有好心的妇人给他喂奶喂饭，就这样在狱中长达五年多，竟奇迹般地活了下来。

★丙吉像

时间长了，狱中关着小皇孙的事就传了出去。长安城中也有一种传言，说长安狱中有天子气。当时武帝正经常生病，他总是疑神疑鬼，听到有人报告，便作出一个冷酷无情的决定：命令官吏到长安狱中，按照关押名单查拿，凡是关系巫蛊案件的，不管案情轻重一律处死。有个小官吏叫郭穰，连夜来敲监狱大门，气势汹汹地叫嚷着要交出卫太子的孙子。丙吉当即披衣起床，亲自对付这个凶恶官吏，任凭郭穰如何叫骂，丙吉紧锁大门，坚决不开。他大声回答说："皇帝的曾孙确实在这里！他还是个小娃娃，有什么罪？我绝对不能交给你！普通老百姓无罪的尚且不能随便被人冤枉，更何况是皇帝的亲骨肉，能无辜受害吗？你休想抓走他！"隔着监狱大门，外面是恶狼般地叫嚣，里面是气势凛然的回答，一直闹腾到天亮。郭穰铁青着脸，喊干了喉咙，什么也没得到，气急败坏地走了。回到宫里，慌忙向武帝禀报，恶狠狠地告了丙吉一状。武帝问明了丙吉辩白的原话，昏昏沉沉的脑袋好像也有些醒悟，觉得要把这样的小孩儿抓去处死真是太无人道了。于是下令不要再到狱中抓人，并宣布赦免所有犯人。长安郡邸狱中这些因"巫蛊"抓来而又侥幸活命的"犯人"，幸得依赖丙吉得救获释，无不感激涕零，歌颂丙吉是"恩及四海"的大清官。

六岁的病已也被放出来，他没有直系亲人，无家可归，又因是卫太子之孙，人们都怕受到连累，所以没人敢收留他。官府只好让小病已住在宫人居住的宿舍里，作为无家可归的孤儿收留，身份是庶人，不承认他是皇族的成员。

病已就在掖廷宿舍中艰难地度过了好几个春秋，有几个好心的老宫人，觉得孩子实在可怜，有时

★镂空龙螭纹玉环·西汉

悄悄送给他半旧的衣物，或拿来些吃的东西。这期间，病已又遇到一个好心人叫许广汉，当时谁也没有想到他后来会成为皇帝的老岳父。这个许广汉是昌邑人，青年时任昌邑王手下的郎官，后来又到长安宫中任郎官。有一回他跟随武帝到甘泉宫，一时疏忽错拿别人的马鞍放在自己的马上用，被人发觉，要按跟随皇帝胆敢偷盗处死，但皇帝下诏说如本人愿意就宫刑，阉了以后留在宫中当太监也可以。许广汉便当了太监，工作尽职尽力，还当了个小头目。不料到昭帝时他再一次倒霉，是因为上官桀等人谋反的事。那时上官桀是朝廷握有重权的大臣，又是外戚，在宫里有专用的房子，谁知他在房里暗中准备着几千根数尺长的绳子，准备谋反时捆绑人用的，绳子被一箱一箱装着，箱上贴着封条，许广汉恰巧奉诏负责搜查这间房子，他什么也没有发现。接着又来了个机灵的官吏，发现了这些伪装巧妙的绳子。这一来许广汉又犯了大罪，罚他到掖廷中干重活。因为他干活肯卖力气，后来又让他到掖廷的织染间干差事，给了个暴室啬夫的小官职。掖廷中住的都是宫女，少有男人，这样许广汉便同落难皇孙病已同住在一间屋里。许广汉一生两次被治罪，成了阉人，也是遭遇坎坷悲苦的，因而对落难皇孙产生了深深的同情。

那时管掖廷的官吏叫张贺，原是卫太子的家吏。他是因卫太子案牵连被处宫刑，后来才当上"掖廷令"的。此时此地，张贺遇到老主人仅有的遗孤，自然处处关心照顾。光阴荏苒，又过了几年，病已长到十六七岁，成了个体格健壮的小伙子，张贺有心让他成家，想使这个出生不久便孤苦无亲的皇曾孙，得到一点人间的温暖、家庭的幸福，就打算把孙女许配给他。张贺有个弟弟张安世，是朝廷的右将军，正同大将军霍光一起辅佐汉昭帝。他听说哥哥要把孙女嫁给皇曾孙，不禁大怒，骂他："你想找死呀！皇曾孙是卫太子的后代，卫太子本是先帝太子，当今皇帝是少子，如果有卫太子在，哪有现今皇帝的位置。病已能活下来，视为庶人由公家供给衣食住处，就够好了，现在没有人找他的事，今后难说，你可要小心，别再和他拉扯，今后也别提把孙女嫁给他的事了！"张安世拿出右将军的威风，一番斥责，吓得张贺不敢作声。

说来也巧，许广汉当时有个女儿叫平君，年方十四五岁，按古代风习，已到了寻找婆家的年龄。其实，平君早已择配给欧侯氏当儿媳，没想到，临近出嫁了，欧侯氏的儿子死了。许家碰上这件晦气事，感到运气太坏，就找人给平君算卦，看看以后能不能时来运转。卜相先生算完卦，故意用十分惊异的口气对许广汉妻子说："你女儿的八字好得不得了，将来必当大富大贵，我恭贺你！"许氏一听，不禁转忧为喜，乐得心花怒放。

再说张贺，虽然被弟弟安世训斥了一顿，但心里依然念着给病已成家的事。张贺和许广汉同在掖廷干差事，天天见面，广汉的女儿原先许配的男子已死的事他自然知道，于是心想，兴许可以试一试给许广汉提亲。为了事情办得有把握，张贺郑重其事，花钱办了酒席，请许广汉喝酒，酒酣耳热，张贺凑近身子对许广汉说："皇曾孙眼下虽然地位低贱，但他毕竟是先帝留下的骨肉，总也是皇族里头的人，您是否可以考虑把女儿嫁给他。"许广汉本来对待病已就不错，现经张贺这么一说，当场就答应了。次日，许广汉将这件事原原本本告知老伴，老伴一听老头子要把千金下嫁给一个无依无靠的孤儿，气得不得了。许广汉无法说服她，便采用迂回战术，托人上门说媒，说媒者不免讲这样的话："算卦的不是说你千金将来要大富大贵吗，莫非指的就是这件事哩！皇曾孙到底是先帝传下的骨肉，以后说不定比谁都阔气！"果然将许氏说动了心，答应下来。于是就把平君嫁给皇曾孙，一年之后还生了个儿子。

事隔数月，竟出现了皇曾孙一生道路的巨大转折点。这是公元前74年，汉昭帝弗陵病卒，大将军霍光和其他辅政大臣、宗室要员商议，又禀太后同意，迎立昌邑王为皇帝。不想昌邑王淫乱成性，进皇宫才二十多天，便闹得乌烟瘴气，大臣们简直把他视为瘟疫，只好将他废掉。汉昭帝没有子嗣，该立谁当皇帝呢？大臣们费尽心思，慎重计议。丙吉这时已经由大将军长史升为光禄大夫给事中，成为朝廷的重要官员了，与掌握军政大权的大

★鸟篆纹铜壶·西汉

★“一刀平五千”错金钱·西汉

将军霍光关系密切。在此关键时刻，丙吉郑重其事地向霍光提出书面建议，说：“大将军您受先帝重托，辅佐昭帝，建立了大功勋。现在昭帝竟过早去世，又无子嗣，天下人心忧虑至极。昌邑王无道，您和大臣们从国家大义出发将他废掉，官员、百姓人人心服。现在正处于关键时刻，社稷命运操纵在大将军手里，全依赖您作出英明决策。我经过长时间的观察和多方面的询问，如今皇族的人位在封侯、授有官职的，竟找不出一个在老百姓中享有威信的，只有经武帝诏允许养在民间的皇曾孙病已是个人物，现在掖廷居住。以前我管理巫蛊之狱时他很幼小，如今已到十八九岁的青春年华，他好读书，有智识，通经术，有才能，品行端正，举止稳重，平易近人。愿大将军仔细了解他的人品才能，同大臣们计议，再用龟卦作参考，看看他是否配得上享有尊显的地位。如配得上，就先让他入宫服侍太后，恢复他皇孙的正式身份，让天下人知道他是武帝后代的真实来历，然后再决定让他继承帝位，若能如此，则是天下百姓的大幸！”丙吉的建议得到霍光的充分重视，又经过计议，便决定尊立皇曾孙，派宗正刘德与丙吉到掖廷宿舍迎接到大殿上。刘询通过隆重重的礼仪登位，即封赐有功劳的臣下，丙吉受赐为关内侯。

丙吉是个深沉的人，他从不夸耀自己的功劳，就连在狱中照顾、保护皇曾孙事，由于他不对人宣扬，所以朝廷中也无人知道。地节三年（公元前67年），丙吉升任御史大夫，在汉时这地位仅次于丞相了。这时宣帝位居至尊，就有人想来攀附。有个名叫则的掖廷宫婢托家里人上书，说她早先曾好好照顾过宣帝，目的是要获得赏赐。当局责成审查确实情况，则对答说丙吉知道实情可以说明。掖廷令将则带到丙吉面前让他辨认，丙吉认识这个人，但他明白确凿地说：“你没有什么功劳，当时你曾因为对皇曾孙照顾不好受过罚。渭城的胡组、淮阳的郭徵卿这二人才是对皇曾孙有功呢！”丙吉就向宣帝上奏胡、郭二人当日功劳的详情，宣帝下诏寻找这两个昔日的恩人，但都不在人世了，便赏赐他们的子孙。宣帝又念则当日总算照顾过，便下诏放出宫中恢复庶民身份，赏她十万钱。宣帝亲自接见丙吉询问，才知道丙吉当日对自己是有大恩的人，但丙吉本人仍然不愿意说出来。宣帝根据丙吉有大功而长年有意隐住真情，深知他品德高尚过常人，便下诏表示感念旧恩，封他当博阳侯。丙吉上书一再辞谢。以后，丙吉由御史大夫升任丞相。

丙吉当丞相，处理事情很有自己的风格。有一次，他坐车出门，他的车夫因喝酒过多呕吐在他车上，主管的官吏要把这人除名，丙吉不许，说是小过失，把车子弄干净就行了。这个车夫家在边郡，熟知边境报警一类事情。有一次，他在街上遇见边境的驿骑来京城报警，他从驿骑的特殊标志辨认出来，便尾随到上报的衙门，打听到是匈奴进入云中、代郡的消息，车夫为了报丙吉之恩，急忙回府向他报告，并且提醒他：“查一查边境郡守中有无年老生病不适合打仗的，您可先有预备。”不多时，皇帝召集朝臣商量对付匈奴的事，并让大臣报告边境郡守的情况，丙吉一一回答，宣帝很是满意。丙吉于是说：“手下人各有各的长处，应该容得下他们。如果不是车夫事先告诉我，我哪能在皇帝面前回答清楚？”属下官吏由此对他更有好感。

当丙吉最后病重时，宣帝亲临病榻问他哪些人可以继任为丞相。丙吉见皇帝问得恳切，便举了杜延年、于定国、陈延年三人。后来这三人都受重用，也相当称职，当时人都认为丙吉很有眼力。

丙吉问牛不问人

有一次，丙吉出门，碰到路旁有一群人在打群架，受伤的躺在路上，丙吉坐车子走过去，并不过问。再向前走，遇到有个农民赶牛走路，牛吐着舌头喘气，丙吉立即让车停下来，令属官问农民赶牛走了几里路了。跟随的官员觉得前后两件事都处理得不合适，就说了这个意思。丙吉告诉他们：“城里的治安，有京兆尹、长安县令管着，有事由他们处理，我当丞相的责任，不是管街上打架这类小事，只管年终时考查郡守、县令尽职不尽职。遇见赶牛喘气，这同时令有关，现在节气未到暑热，如果赶牛并没有走远路却吐着舌头喘气，那说明今年时令不同往常，我就得考虑对全国农事的影响，所以这是大事，我当丞相的必须过问。”属官一听，人人心中佩服。

傅介子扬威西域

FU JIE ZI YANG WEI XI YU

傅介子，西汉北地郡义渠（今甘肃省宁县）人，是一位生长于北国的壮士。他的家邻近大漠，这里民风尚武，百姓乐于从军，傅介子从小在马背上摔打，练就一副强健的体魄和敏捷的身手。长大后投身于汉朝军队，他作战勇敢，西征北战，屡建功勋，逐渐由一个普通兵士上升为职业军官。不久因一个偶然机会，他由边地奉调入京，任骏马监，专门管理宫廷骏马。这位从小熟悉马性的年轻人，对此职务非常胜任，只是觉得这太平静安逸。听惯了战场的嘶杀，没有血雨腥风的刺激，他感到乏味、无聊。因此，他常以酒浇愁。

★傅介子塑像

当一个人全力捕捉机会的话，机会总是有的。傅介子虽然常醉，但醉非本意，心依然清醒，他关注着一切可能与己有关的时机。一天汉昭帝招募出使大宛的使者，因为去西域路途险远，一般重臣贵戚都视之畏途，招募可以使那些资历不够，但有献身精神的人自荐而出。傅介子一听到这消息，即刻报名，并马上中选。许多人都说他走火入魔，放着清闲官不做，要去那戈壁荒漠。傅介于对于这些议论，一笑置之，所谓鸿鹄不与燕雀言志。

傅介子受命后，整天东奔西走，办理各种文书，领取各种物品。几天过去了，终于有了眉目。傅介子回到家中，准备与家人辞行。家里摆出了丰盛的晚宴，妻子给他斟满了酒，父母替他夹上了菜，傅介子高兴地为他的小儿子唱起了《西极天马歌》。这次出使傅介子负担了特别使命，主政的大将军霍光要他沿途注意西域各小国的动向，特别是对楼兰、龟兹二国要提高警惕。它们与匈奴暗中往来，攻劫汉使，前两次出使的使者，均无一生还。因此傅介子去大宛时，可先顺道击楼兰、龟兹二国，对他们的背汉私通匈奴事要予以严责，倘其悔悟，仍以好言笼络；如果他们执迷不悟，可杀而戮之，一切由傅介子相机行事。但布德扬威是傅介子此次出行的主旨。

傅介子一行从长安出发，途经玉门关，守关都尉豪爽仗义，他是傅介子的同乡，为傅介子提供了很多西行的情况。出了玉门关，愈走愈荒凉，大漠戈壁中除了死人的枯骨和偶尔见到几队商旅外，寂无人烟。傅介子一行历尽千辛万苦，到达了楼兰国。楼兰王安归刚刚送走匈奴使者，又见汉使突然来到，心里恐慌，希图敷衍过去，傅介子直言斥责，楼兰王赶忙认错，请求宽恕。傅介子见他如此，警告一通，就离开了楼兰。到了龟兹，龟兹国王自知来者不善，赶忙负荆请罪，傅介子责备他几句，也就好言笼络，在此休整了几天，往大宛而去。

不久，傅介子率领汉朝使团由西向东而来，他们完成了出使大宛的使命，准备返回中原，又一次来到了龟兹。龟兹王正与匈奴使者送来的女人推杯换盏，听说傅介子来到，异常恐慌，就要大臣转告，说国王出避在外，不在城中。并派人立即报告匈奴使者，让他们速来消灭汉使。

龟兹王的企图被傅介子识破，他们跟踪至匈奴使节驻地，先下手为强，将二百余名匈奴使者全部消灭。龟兹王以为汉使已死于匈奴人之手，正高兴地与匈奴女人调情，不料从门口滚进一颗血淋淋的人头来，定睛一看，愿来是匈奴使者的首级。龟兹王吓得魂飞魄散，忽然听见几声冷笑，一抬头，发现身材魁梧的傅介子已按剑站在他的榻边，龟兹王赶紧求饶，并表示要

★傅介子碑

★青釉鼎·西汉

★玉熊·西汉

奉献几万头牲畜赎罪。傅介子谅他再也不敢胡为，饶了他的性命。傅介子勇斩匈奴使者，制服怀有二心的龟兹王、楼兰王的消息迅速传遍西域三十六国，他们对傅介子谈虎色变。

傅介子万里西行，带回大宛、龟兹等国贡献的汗血马等，并安靖西域，汉昭帝和霍光将军对他格外看重，拜为中郎官。过了一年，龟兹、楼兰国王又有些小动作，汉朝很不放心。几天后，傅介子向大将军霍光献策道："楼兰、龟兹反复无常，应当诛杀，以示惩戒。我上次到龟兹，感到龟兹王容易接近，我愿前往刺杀他，借此威慑其他小城国。"霍光说："龟兹路远，不如楼兰近，你不如暂且先去刺杀楼兰王。"傅介子领命，前往楼兰。

傅介子招募壮士百人，携带大量金帛，扬言要赐予各小城国，奉命西行。来到楼兰，楼兰王安归不愿接见汉使一行人。傅介子假装离去，前往他国。当到了楼兰西部边境，傅介子对翻译说："我奉汉皇之命，带着大批黄金、锦绣准备分赐各国，如今大王不愿见我们，看来不想接受赐予，我只好往西到他国去了。"说着，令人将金帛展示给翻译。翻译见此，急忙返报安归。安归贪恋汉使财物，立即前往边境会见傅介子，并设酒席，与傅介子一同畅饮。席间，傅介子让人拿出财物示以安归，安归更是贪恋不已。及至二人喝到已有醉意时，傅介子对安归说："天子让我秘密诏以大王。"说着，安归起身随傅介子进入帐篷内，屏去其他人，独二人私语。此时，帐内早已埋伏了杀手。安归刚刚进帐，二位杀手突然窜出，两把利剑从背后刺入安归体内，安归立时一命呜呼。在帐外的安归近臣听到响声，吓得四处逃散。傅介子向他们大声道："你们国王有负汉室，天子派我来诛杀他，将立现在汉朝的王弟尉屠耆当新国王，现正由汉兵将他送回，你等不得乱动，否则就有灭国之罪。"

之后，傅介子持安归首级，返回汉廷奏功，众公卿将军纷纷议论傅介子英勇，该嘉其功。汉昭帝下诏："楼兰王安归经常受匈奴离间，屡杀汉使，曾发兵击杀了卫司马安乐、光禄大夫忠、期门郎遂成等人，以及安息、大宛的使者，还盗取他们献给汉朝的贡物，违反天理，傅介子持节斩杀安归，将其头颅悬在北阙，这是以正直惩罚忤逆，未烦劳军队，解了西患。特封介子为义阳侯，食邑七百户。凡参与杀安归的从吏都升为侍郎官。"

于是立尉屠耆为新任国王，将楼兰改为鄯善国，为其刻治印章，并赐宫女为夫人，配备了车辆、战马、辎重，由丞相、将军率文武百官进出城门。临行时，尉屠耆向汉天子请求："我在汉多年，如今西归，势单力薄，前任国王的儿子还在，恐怕为其所杀，国中有一个伊循城，那里土地肥美，乞愿汉皇派一位将军在此屯田积粮，使我得以能依其威重。"于是汉廷派司马一人，吏士四十人，前往伊循城屯田，以此镇抚鄯善。此后又设置了都尉，伊循城官职自此始设。

楼兰反复无常

楼兰是西域三十六国之一，王都扜泥城(今新疆若羌县治卡克里克)。人口一万四千一百人，军队三千人。境内土质不好，农业很不发达。可是，楼兰却盛产黄玉，而且畜牧业相当发达，有驴、马、骆驼等。汉自张骞通西域之后，每年有几十批东西方使团来往于"丝绸之路"。楼兰地处丝路咽喉，无论走南道还是走北道都要经过这里。楼兰王是个贪婪之徒，常常劫杀使臣，谋财害命。当西汉使臣王恢路过这里时，楼兰王勾结匈奴人把他抢劫一空。汉武帝为了保障丝路畅通无阻，就派遣从票侯赵破奴和王恢一起兴师问罪。楼兰王当了俘虏被带到长安。汉武帝当面责问他："你为什么反复无常?"楼兰王回答说："我楼兰乃是一个小国，介于汉朝和匈奴两个大国之间，只投靠一方是无法生存的，因此，我们只好审时度势，一阵子亲汉，一阵子亲匈奴了。如果陛下允许我们迁徙到汉朝境内，我保证一心归顺汉朝。"武帝觉得他说得在理，又派人把他送回楼兰。从那以后，楼兰王又疏远了匈奴。可没过多久，楼兰老国王死了，由于匈奴人的反间之计，新继位的楼兰王又多次劫杀汉使。

★楼兰三间房和佛塔遗址

赵充国安抚西羌

ZHAO CHONG GUO AN FU XI QIANG

羌人是我国古老民族之一。在汉代，羌人主要居住在今青海省东部和甘肃省中部、北部一带。汉武帝以后，匈奴屡次联络西羌骚扰陇西，拦阻汉与西域的交通。因此对待羌人的政策成功与否，关系着西部地区的安宁和汉与西域的关系，是西汉宣帝时期的重大事情。

宣帝时期对西羌实行安抚政策的名将是赵充国，他在羌人中享有极高的威信。赵充国是陇西人，为人沉着、勇敢，有远大的谋略，从小学习兵法，具有良将的作风，还通晓匈奴、羌人、西域等少数民族的事务。早在汉武帝时，赵充国即建有奇功。他曾跟随贰师将军李广利进击匈奴，不料全军陷入匈奴的重围。汉军连续几天断了食粮，死伤甚多，赵充国就与百余名勇士冲破重围，杀出一条血路，贰师将军跟在后面冲出来，才解除了包围。在这一仗中，赵充国身受二十余处伤，贰师将军上报了他的战功，武帝下诏要接见他。武帝亲自看了他身上的创伤，赞叹了一番，拜他为中郎。到昭帝时，赵充国又连续立战功，几次晋升，当上后将军，兼水衡都尉，掌管上林苑，兼管皇室财物及铸钱事务。宣帝登帝位，赵充国是辅佐重臣之一，被封为侯。有一次，匈奴十万军队来到长城脚下，准备攻入内地。汉朝廷获得情报后，派赵充国率领四万骑兵沿边境九郡驻扎，匈奴得知后退走。

★赵充国塑像

武帝至昭帝时，河西走廊的湟水沿岸是汉朝通往西域的必经之地，也是羌人的活动区域，汉与匈奴都想取得这里的控制权。因此，对羌人的政策是否得当，直接影响自陇西至西域这一广袤地区谁占据主动地位的问题。武帝开设河西四郡（武威、张掖、酒泉、敦煌），隔绝了匈奴与羌的联系，强令羌人迁出湟水流域。至宣帝初年，命令光禄大夫义渠安国到羌人居住区巡视。羌人的先零部酋长提出："希望让我们渡过湟水，到北岸未开辟的草地上放牧。"义渠安国先予允诺，回来报告皇帝。赵充国很清楚这一问题将引起一系列严重后果，当即劾奏义渠安国奉使严重失职。嗣后，羌人借口有言在先，强行渡过湟水，当地郡县官无法禁止。

★玉镂空龙凤纹饰·西汉

接着，羌人聚集的各个小部族酋长二百多人，捐释旧仇，对天盟誓。宣帝得知，便让赵充国发表意见，赵充国说："羌族的酋长们聚集一起盟誓，对汉朝绝对不利。武帝元鼎年间，羌族不就是先聚集盟誓，后来就进攻河西地区吗？长时间以来，匈奴一再引诱羌人重新攻占河西张掖、酒泉地区，就是为对付汉朝。前几年匈奴在西域被乌孙打败，他们想在西域重新得势，所以我很怀疑这次又是匈奴派使者去挑拨羌人。估计事态还会扩大，需事先作好准备。"过了一个多月，河西果然送来情报说：羌族的大酋长派使者向匈奴借兵，要联合起来攻下鄯善、敦煌，断绝汉与西域的通道。于是赵充国进一步分析说："羌族派使者来回报，一定是匈奴先派使者联络羌人，在背后策划，让羌族酋长解仇盟誓。汉朝必须挫败匈奴的计谋，加强边境战备，并到羌人中安抚，不然到秋高马肥之时，将发生重大事变！"根据赵充国这番建议，丞相府、御史府联合委派义渠安国再度前往巡视。

宣帝神爵元年（公元前61年），义渠安国到羌人区域，采取武力压服的政策，造成无法收拾的局

★辛武贤雕像

面。他召集羌人先零部三十多名酋长，找出他所认为最不顺从的人杀头，还纵兵攻打羌人，斩首千余级。这使羌族人心生怨恨，把原来归顺的羌族首领杨玉也激怒了，于是羌人大部族首领胁迫小部族，一起在陇西攻城邑、杀官吏。义渠安国派了二千骑兵接战，吃了败仗，损失武器、辎重很多。他本人也退到令居，别无办法，只好向朝廷上报。

当时赵充国已经七十三岁。汉宣帝接到报告，很是忧虑，顾念赵充国太老了，已不能带兵打仗了，便派丞相丙吉问他可以派谁当主将，赵充国回答说：“再没有比我带兵去更合适了！”宣帝闻知，又是惊讶又是高兴，忙把赵充国请来，先慰问一番，然后问他：“将军您估摸着这羌人有多难对付？需要派多少万兵力？”赵充国回答说：“百闻不如一见。战场的形势，离得远很难准确估计。我愿火速赶到金城郡（今甘肃兰州市西北），画好地形图，提出计策，一并上报陛下。羌人不至于闹出大乱子，边境将会安宁，陛下不必担忧！”宣帝高兴地称赞说：“好，等您的捷报！”便派遣大军到金城郡，任命赵充国为主将，对付羌人。

赵充国进军陇西，首先要使自己立于不败之地。他部署三个分队的骑兵作为先头部队，乘夜衔枚渡河，以防被羌人发觉，过河之后立即布成营阵，大队人马才依次而渡，到天明时全部渡过黄河。这时羌人派来近百名骑兵，到阵前试探，赵充国命令说：“我军远道行军刚刚来到，人马困乏，羌人骑兵骁勇，绝对不能出击。况且可能是羌人诱兵之计，不能贪图眼前小利而犯大错！”接着派人四处侦察，赵充国发现最险要的四望峡，羌人没有派兵扼守，这使他格外高兴，连夜带着部将们登上高处，指着这险要的地形说：“看看这里有多险要！羌人不占据是犯了错误，如果他们精通兵法，派几千人扼守，我们还能从这里穿过去吗？”

赵充国有丰富的指挥经验，时时侦察敌情，行军中随时准备战斗，驻扎下来也严密防守，作战之前必定周密计划。他爱惜士卒，让军士吃得饱，使将士们都心甘情愿地跟他冲锋陷阵。羌人多次挑战，他坚守不出。为了解羌人实情，他抓来一个羌人，得知羌族听说赵充国来，内部已经发生严重分歧，酋长互相埋怨说：“我警告过你们不要反，如今天子派赵将军来。他一辈子领兵打仗，最善指挥。现在你们想同他拼命决一死战，他理你们吗？”赵充国还了解到：起初，罕、幵的酋长靡当儿派弟弟雕库来告知汉军都尉说：“先零准备反叛朝廷。”几天之后先零果然起兵。雕库的部族有的跟先零杂居一处，都尉竟把雕库扣起来作人质。其实雕库无罪，赵充国决定遣送，让他给酋长们带话，说：“朝廷派大兵来，只是讨伐有罪者，无罪的人不会受伤害，如果能检举或杀死带头反叛者，还可以论功行赏。”赵充国的策略，是要把多数羌人争取过来。

当时汉军在河西已有六万兵力。如何对待羌人，出现了两种不同的策略。酒泉太守辛武贤上书宣帝，他主张：“这里天气苦寒，汉军难以持久。不如在七月初出兵，让骑兵每人带三十日的口粮，先追击罕、幵两部分羌人。即使不能消灭，也可夺他们的畜产、财物。收兵之后，到冬季再进击，羌人就全垮了。”朝廷将这封奏书发给赵充国，让他发表意见。赵充国逐项指出辛武贤主张的错误，认为：“一匹马带三十日口粮，还有衣装、兵器，就难以追逐。羌人骑兵会灵活进退，只要他们稍稍退入山林，再扼守险要地形，断绝我军粮道，我军将被困在塞外，铸成大错，贻笑千载！还谈什么夺其畜产、财物！况且先零先反，罕、幵等部落是胁从。正确的办法是争取罕、幵归顺，惩治先零带头反叛者的罪过，然后赦免跟从的部众，选派了解羌人习俗的好官员，实行安抚政策。这才是全师保胜安边之良策！”

两种相反的主张，怎么办？宣帝让大臣计议，公卿们都认为：“先零兵强，又倚仗罕、幵的帮助，不先

★砖画上林苑斗兽图·西汉

破罕、开，先零更难对付。”于是拜辛武贤、许延寿二人为将军决定进攻，下诏书称赞辛武贤的计策。宣帝另给赵充国诏书，责备他：“大军远征，后方转运艰难，七月不急攻，是坐失良机，中原将士哪能熬过严冬！您不顾惜国家劳费，只希望拖时间胜敌，哪个将军不认为这样对自己有利呀！”命令赵充国配合出兵，不得有疑！

皇帝责备，公卿反对，这对于赵充国是难以抗拒的压力。但他认为自己是为国家利益着想，便顶住重压，坚持自己的主张。他立即再给宣帝上奏，首先报告最新情况：原先朝廷下达的诏令中讲过要争取罕人，已经责成雕库回去告知，罕人都感激天子的大德。然后又着重分析说：“罕人并未进犯反叛，先零酋长才是起兵反叛，现在先攻打罕人，是开释有罪、诛杀无辜。再者，先零本来担心罕、开两个部落会先归顺朝廷。现在先打罕、开，恰恰会促使先零、罕、开和其他羌人部落统统联合起来反抗，那么羌人的兵势将大大增强，而朝廷要对付他们则需增派几倍兵力。我担心国家的忧虑烦劳，将要拖上十年，而不是三四年光景。若先对付先零，则罕、开不用武力就会自行归顺，这才是正确的计策。”赵充国在巨大压力下再次上书，终于以他高度的忠诚、远大的目光和切中要害的分析，获得了宣帝的支持，朝廷又下了诏书，赞同他的计策。

于是，赵充国率兵进逼先零部。先零因屯聚时间太久，斗志松懈，望见大军，立即丢下辎重，渡湟河逃走。而道路狭窄险要，赵充国指挥汉军放慢速度在后面追赶。部下有人说：“追赶要快，走得太慢了！”赵充国说：“穷寇不可紧追。慢点追赶，他们更慌张，逼得太紧，他们要回头拼命！”部将们都齐声称是。果然，先零部渡河溺死数百人，投降及被杀的有五百多人，汉军获得马、牛、羊十几万头。大兵来到罕人居住区，赵充国下令：“不准烧村落，不准到田地里刈草放牧！”罕人听说了，不禁大喜，说：“汉军果然不攻打我们！”酋长靡忘派人来报告：“愿意回到原来地方居住放牧。”赵充国一面将酋长的请求上报朝廷，一面安抚羌人，靡忘亲自来归顺，赵充国好好款待他，让他回去对部众讲明应该归顺的道理。有的部将反对说：“这是反叛的酋长，抓到了有功，不能放走！”赵充国回答说：“你们只图私利，都不考虑国家的利益！”正说话间，朝廷诏书已经送到，准予靡忘的请求，让他弥补以前的过错。

就这样，罕、开的羌人，根本不用打仗就归顺了。河西地区的纷扰初步平息下来，赵充国不愧是有超人谋略、能识大体、懂得对少数民族实行辑睦安抚政策的重要性的杰出军事家！

★赵充国陵园

设护羌校尉

羌是氐羌族系中重要的一支，远古以来一直活跃在汉族的西方，约相当于今陕西西部至甘肃和青海的河湟流域一带。为了削弱匈奴的势力，西汉王朝开始积极经营羌人之地。汉景帝时，居住在湟水流域的研种羌豪留何率领部民请求入守陇西塞，获得汉朝政府同意。这是汉王朝第一次有组织地迁羌入塞。汉武帝时，霍去病出陇西击败匈奴，打通通往西域的河西走廊，阻断了匈奴与羌人的联系。但几年之后，河湟羌人反汉，并与匈奴沟通。汉朝派李息等征讨羌人，一举攻入河湟地区，迫使部分羌人西徙西海的盐池一带。公元前11年，汉朝在青海设护羌校尉，河湟地区从此置于中央王朝的统治之下。汉宣帝时期，先零羌等部落重返湟水一带游牧，并与汉朝势力发生冲突。汉将赵充国击败先零羌，并将大量降羌安置于今青海的乐都、平安、湟中和湟源一带。接着，汉王朝在这里设置郡县，大兴屯田，中央王朝对河湟地区的统治进一步巩固，汉族移民也开始进驻今青海地区。

★剔花褐陶豆·西汉

王昭君出塞

WANG ZHAO JUN CHU SAI

汉武帝去世的时候，汉昭帝刚刚 8 岁，由大将军霍光来辅政。霍光掌握了朝廷大权后，采取休养生息的政策，减轻税收，减少劳役，国家的经济得以复苏，吏治较武帝晚期有了明显好转。但好景不长，昭帝在二十岁的时候便因病去世，因膝下无子，霍光听了别人的意见，把汉武帝的一个孙子、昌邑王刘贺立为皇帝。刘贺原是个浪荡子，只知吃喝玩乐，他从昌邑（今山东巨野东南）带来了 200 多个亲信，天天为所欲为，把朝政视为儿戏，即位仅 27 天，就把皇宫闹得乌烟瘴气。霍光无奈，同大臣们联名上书，请皇太后下诏，废了刘贺，另立汉武帝的曾孙刘询继位，是为汉宣帝。

由于宣帝长期在民间生活，深知民间疾苦，所以他在位时期，勤俭治国，进一步确定儒家地位，而且不禁锢人民的思想，对大臣要求严格，特别是宣帝亲政以后，汉朝的政治更加清明，社会经济更加繁荣。

★陶瓮·西汉

但此前，匈奴始终朝降暮叛，汉匈之间打打和和，战事迭起。公元前 51 年，由于匈奴内部发生分裂，五个单于分立，互相攻打不休。其中的呼韩邪单于被其兄郅支单于打败，呼韩邪单于亲至五原塞上请求入朝称臣，成了汉朝的藩属。借此，宣帝又得以完成武帝倾全国之力用兵而未竟的功业，汉朝也由此出现了中兴的局面。

呼韩邪是第一个到中原来朝见的匈奴单于，汉宣帝像招待贵宾一样招待他，亲自到长安郊外去迎

★昭君出塞图

接他，为他举行了盛大的宴会。他在长安住了一个多月后，要求汉宣帝帮助他回到塞外。汉宣帝答应了他的请求，派了两个将军带领 1 万名骑兵护送他到漠南。同时还给他们带去了 3.4 万斛（古时候十斗为一斛）粮食。西域各国听到匈奴和汉朝和好后，也都争先恐后地同汉朝交往。由此，汉匈之间出现了前所未有的和平局面。

公元前 49 年，汉宣帝病逝，他的儿子刘奭即位，是为汉元帝。此间，匈奴的郅支单于侵犯西域各国，还杀了汉朝派去的使者。汉朝派兵打到康居，打败了郅支单于，恢复了呼韩邪单于的统治地位。公元前 33 年，当他第三次来到汉朝长安的时候，为了感激汉朝对他的帮助，把汉匈之间的友谊世代发展下去，他恳请元帝，愿意娶汉朝的女子为妻。

元帝当即答应了他的肯求，决

★昭君和亲蜡像

王昭君

王嫱（公元前52年—前19年），南郡秭归（今湖北省兴山县）人。与西施、貂蝉、杨玉环并称为中国古代四大美女，后入匈奴为呼韩邪单于阏氏。昭君是汉元帝时以“良家子”入选掖庭的。但宫女进宫后，一般都不直接面见皇帝，而是由画工画了像，送到皇帝那里去听候挑选。传说当时有个画工名叫毛延寿，给宫女画像的时候，宫女们送点礼物给他，他就画得美一点。王昭君不愿意送礼物，所以毛延寿没有把王昭君的美貌如实地画出来。

元帝将昭君许给匈奴呼韩邪单于后，在临辞大会上，昭君丰容靓饰，元帝见后大惊，不知后宫竟有如此美貌之人，意欲留之，而难于失信。汉元帝送走昭君后，回到内宫，他越想越懊恼，命人从宫女的画像中拿出昭君的像来看，画中的模样虽有点像，但完全没有昭君本人那样可爱。汉元帝一气之下，把毛延寿杀了。

★马王堆鎏金嵌玉铜卮·西汉

定挑个宫女给他，他吩咐人到后宫去传话：“谁愿意到匈奴去，皇上就把她当公主看待。”

后宫的宫女都是从民间选来的，她们一进了皇宫，就像鸟儿被关进笼里一样，都巴望有一天能把她们放出宫去。但听说要离开本国到匈奴去，却都难离故土。有个宫女叫王嫱（即王昭君），因容貌姣好，自小被选入宫。但因不肯贿赂画师，而经年未被元帝召见册封。当闻元帝选宫女嫁给匈奴呼韩邪单于时，她便表示愿意远嫁外邦。

元帝听说有位宫女肯到匈奴那里去和亲，十分高兴，当即命选个良辰吉日，让呼韩邪单于和王昭君在长安成亲。昭君仪态万方，姿容娇美，且通情达理，处处都透出典雅高贵的气质，因而深得呼韩邪单于的钟爱。

昭君离开长安时，满朝文武百官都一直送到十里长亭，她怀抱琵琶，回眸凝望，表现出对故土的无限依恋之情，然后又回身策马，往茫茫戈壁迤逦而去，开始了她的大漠生活。

★呼韩邪单于与王昭君（石刻）

★昭君墓

昭君到达呼韩邪单于的部落时，整个部落沸腾了，这些强悍的匈奴人为迎来一位汉家姑娘而欢欣鼓舞，因此使单于对昭君倍加青睐。两年后，他们生了一个儿子，名字叫伊屠智牙师，单于封她为宁胡阏氏，即王后的意思。昭君与匈奴上下关系相处得都很好，人们都喜欢她。昭君在与他们交往的同时也把汉族的文明礼仪、农业知识传授给了他们。自昭君在匈奴生活以后的60余年里，匈汉之间无一次争端，两族人民始终友好和睦地生活着。

★玉五瓣花纹剑首·西汉

★玉浮雕螭虎纹饰·西汉

王莽复古改制

WANG MANG FU GU GAI ZHI

公元前33年，即昭君出塞的当年，汉元帝驾崩，他的儿子刘骜即位，是为汉成帝。汉成帝是个荒淫的皇帝，即位以后，除每天于宫中淫乐外，还时常到宫外寻求刺激，并将当时的绝色赵飞燕引入宫中。致使朝廷的大权逐渐落在外戚（太后或者皇后的母族）手里。成帝的母亲、皇太后王政君有八个兄弟，除了一个早亡外，其他七个都被封为侯。其中最大的王凤还被封为大司马、大将军。公元前7年，酒色浸骨的汉成帝暴死，其养子刘欣即位，是为汉哀帝。

★汉成帝刘骜像

★汉哀帝刘欣像

汉哀帝20岁继位，因自幼好读“诗”、“书”，尚节约，即位之初，很想有番作为，他采用师丹的“限田议”，限制土地兼并。任用了一批有识之士，采纳诤言，改除弊政。但哀帝有治国之志却无治国之才，他宠信一位男宠董贤，而董贤除贪婪、善媚外一无所长，却位居大司马、大将军三公之职。哀帝在位时天灾频频，百姓苦不堪言，连汉武帝的陵寝都被烧毁。

公元前1年，汉哀帝驾崩，当时哀帝无后，皇族缺少能够主持丧事的人。于是，王莽的姑母太皇太后王政君就把礼贤下士、清廉俭朴的侄儿王莽宣进朝来，让他主持丧事，并任命他为大司马兼尚书一职。两职加于一身，王莽顿时威名显赫，成为朝野上下举足轻重的人物。

王莽貌丑，早年因父亲早死未能封侯而不被重视。期间，哥哥又早早亡故，所以王莽便与母亲相依为命，过着十分清寒的生活。年轻的王莽与他那些飞扬跋扈的堂兄弟们截然不同：他对内孝敬寡居的母亲，照顾兄长的遗孀，耐心教育顽皮的侄子；对外结交一些贤士，又拜当时著名的学者陈参为师，攻读经书孜孜不倦，待人接物恭敬有礼，尤其是侍奉执掌大权的伯父、叔父们，更是小心翼翼。在儒家思想的熏陶下，王莽从不跟堂兄弟们去寻欢作乐，而是洁身自好，表现得谦恭谨俭、温文尔雅，处处表现出一个年轻儒者的风范，由此得到了人们的广泛赞誉。

赵飞燕

赵飞燕（公元前45—前1年）原名宜主，长安（今陕西西安）人，汉代的著名舞人。原为阳阿公主家的婢女，她聪明伶俐、身材窈窕，学习歌舞时精心、刻苦。因能歌善舞，体态纤美，轻盈如燕，相传其能在掌中起舞，故称“飞燕”。后被汉成帝看中，召入宫中，封为“婕妤”，数年后立为皇后。

关于赵飞燕的舞蹈艺术，《赵飞燕别传》中有这样的描述：“赵后腰骨尤纤细，善踽步行，若人手执花枝颤颤然，他人莫可学也。”“踽步”是赵飞燕独创的技巧，最早见于史料，可见其舞蹈功底深厚。赵飞燕“善行气术”，传说她“身轻若燕，能作掌上舞”，且轻盈飘逸，挥洒自如，可见其舞蹈的功力。

★赵飞燕画像

★王莽像

公元前22年，执掌朝廷大权的伯父王凤病倒了，王莽在床前尽心竭力地侍奉伯父，几个月如一日，衣不解带，最后累得蓬头垢面，疲惫不堪。王凤大受感动，临死时拜托皇太后王政君和外甥汉成帝，让他们关照一下王莽。随后，王莽有了第一个职务——黄门郎。在24岁的时候，王莽开始了他的政治生涯。

这次，王莽处理完哀帝丧事后，提议让年仅9岁的刘衎为皇帝，是为汉平帝。不过，实际权力却由王莽一人操纵。此间，他表面极为谦恭和善，矫情伪饰，用钱财和土地收买民心，又广纳名士、广交朝臣，由此而得到朝野的拥戴。

公元1年，王莽假意推辞再三之后，接受了“安汉公”的爵位，并将所得封赏给了普通百姓，由此他又贤名大收。公元2年，中原发生了旱灾和蝗灾。由于多少年来贵族、豪强不断兼并土地，剥削农民，逢到灾荒，老百姓没法活下去，都骚动起来。为了缓和老百姓对朝廷和官吏的愤恨，王莽建议官员节约粮食和布帛。他自己先拿出100万钱、30顷地，当作救济灾民的费用。由于他的带头，有些贵族、大臣也只好拿出一些土地和钱来。公元3年，王莽将其女儿送给平帝做了皇后，表面以结其心，实则起到完全控制皇帝的作用。对此，平帝颇有微词。不过，平帝所言却给自己引来了杀身之祸。公元5年，大臣们给平帝上寿，王莽亲自献上一杯酒，平帝喝下后，第二天便得了“重病”。没几天，14岁的汉平帝便死去。由于年少无子，王莽又从平帝的亲族中找出仅两岁多的刘婴做皇帝，自己则作了“摄皇帝”。未几，王莽迫使刘婴禅让帝位，又从太皇太后那里讨来了玉玺，自己最终堂而皇之地登上帝位，改国号为新，改长安为常安，从此西汉灭亡。

王莽篡位后，为了不使当时的社会矛盾进一步激化，他打着复古改制的幌子，下令变法。第一，把全国土地改为“王田”，不准买卖；第二，把奴婢称为“私属”，不准买卖；第三，评定物价，改革币制。这些改革，听起来都是好事情，可是没有一件事情办得得民心，顺民意。土地改制和奴婢私属问题在贵族、豪强的反对下，一开始就没法实行；评定物价的权力掌握在贵族官僚手里，他们正好利用职权投机倒把、贪污勒索，反倒增加了人民的痛苦。币制改了好几次，钱越改越小，价越做越大，无形之中又加重了对老百姓的财富掠夺。

由于王莽屡次改变币制，更改官制与官名（史称“王莽改制”），削夺了一些刘氏贵族的权利，引发了豪强的不满。又由于他看不起边疆藩属，削王为侯，不断挑起对匈奴和东北、西南各族的战争，而使当时赋役繁重，刑政苛暴，迫使百姓到处流亡，民怨沸腾。

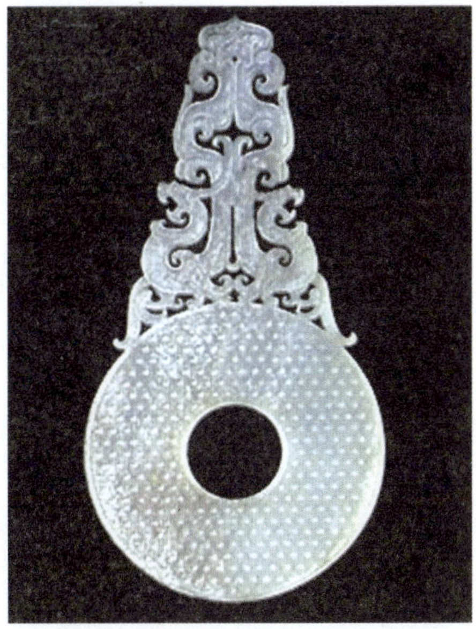

★玉镂雕双螭龙纹榖璧·西汉

★王莽封禅玉版

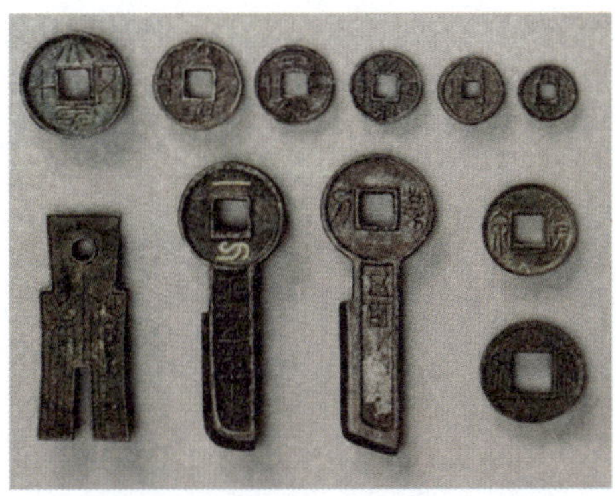

★王莽建立新朝之后铸造的新币

绿林赤眉起义

LU LIN CHI MEI QI YI

★绿林军聚集地——湖北大洪山

绿林军

王莽天凤年间，荆州一带遇到连年的大饥荒，农民相率到野泽中掘草根为食。新市（今湖北京山境）人王匡、王凤替人家排难解纷，被推为首领。他们人数越聚越多，形成一支武装力量，不时攻击附近的地方官府。他们隐蔽在绿林山中（今湖北当阳境内），因此被称作“绿林军”。几个月后，绿林军发展到七八千人。地皇二年（公元 21 年），王莽的荆州牧发兵进攻绿林军，绿林军出山迎击获胜，部众增至数万人，战斗意志高涨起来。地皇三年（公元 22 年），绿林山中疾疫流行，绿林军出山，一支由王常、成丹等率领，西入南郡（今湖北江陵），称下江兵；另一支由王匡、王凤、马武等率领，北上南阳，称新市兵。新市兵攻随县时，平林人陈牧、廖湛率众响应，于是绿林军中又增添了一支平林兵。西汉宗室刘玄，此时也投身于平林兵中。

王莽篡位，建立了新朝。虽然江山得手，但王莽自觉名不正、言不顺，亦怕社会出现祸乱，他托言变法，以便转嫁危机。但是，他的变法却不符合实际，既触怒了统治阶层的利益，又加重了平民百姓的负担，王莽在两头都留下了骂名。再者，他又无端发动对东北、西南少数民族的战争，希望用战争的胜利换取自身的威信，以便巩固自己的统治地位。但是原本已经饥寒交迫的农民，无力供给动辄十万、几十万大军的各种支出和粮食供应，他们就只好背井离乡，流亡到内地。此期，内地因沉重的赋税、残酷的刑法、战争的骚扰和腐败的吏治，百姓生活已不堪重负，加上天降灾祸，粮价暴涨，百姓的怨愤已达到了极限。

★彩绘陶鱼鸟纹盆·西汉

公元 17 年，南方荆州闹饥荒，老百姓不得不到沼泽地区挖野荸荠充饥。人多野荸荠少，引起了争夺。新市（今湖北京山东北）有两个有名望的人，一个叫王匡，一个叫王凤，出来给农民调解，受到农民的拥护，被大家公推为首领。

★王莽塑像

王匡、王凤（与王莽的伯父重名）把这批饥民组织起来起义，一下子就聚集了好几百人，还有一些逃亡的犯人也来投奔他们。

王匡他们将所占领的绿林山（今湖北大洪山）作为根据地，攻占附近的乡村。不到几个月功夫，这支起义军发展到七八千人。他们攻打豪族，夺庄园，分发他们的粮食、财物给饥民，引起各处饥民的纷纷响应，使这支起义力量很快成了王莽政权的心腹之患。

公元 18 年，山东琅琊人樊崇在今山东莒县举行起义，并由起义时的 100 多人，很快发展到了几万人，为了区别于官府的军队，他们还把眉毛涂成红色，因而被称作赤眉军。

赤眉军转战于河南、山东一带，一路纪律严明，秋毫无犯，很受当地百姓的支持爱戴，并都积极踊跃加入其中。

公元 22 年，王莽派 10 万大军去镇压樊崇起义军。樊崇作好准备，与官兵大战。结果，官兵打了败仗，逃散了一大半。太师王匡(与起义军中的王匡重名)的大腿被樊崇扎了一枪，逃了回去；将军廉丹在乱军之中被杀。赤眉军越打越强，发展到了 10 多万人。

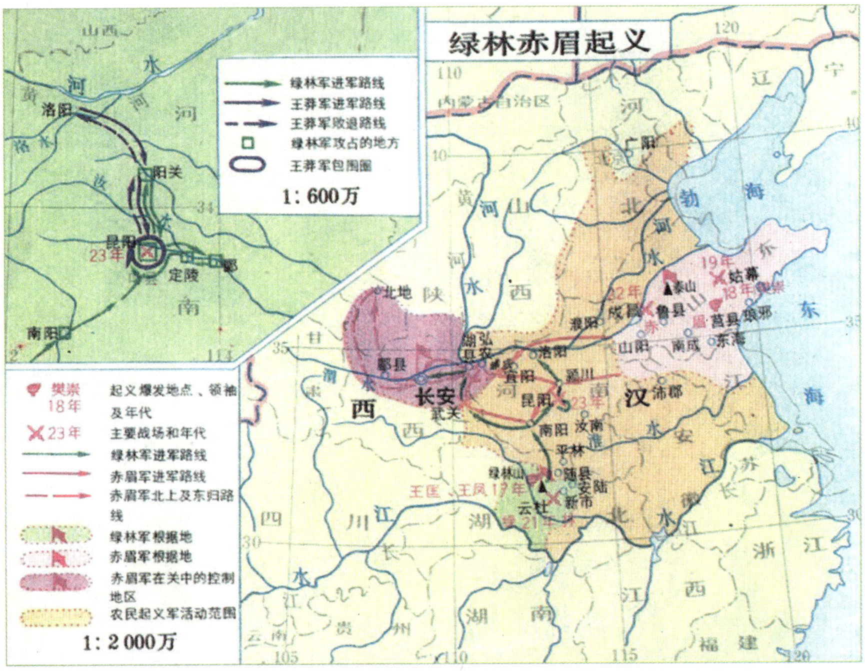

★绿林赤眉起义示意图

几乎是一夜之间发展起来的起义队伍，已对王莽的新政权形成了严重的威胁。为了不至于惨败，公元 23 年，王莽征发了 42 万精兵，首先镇压绿林军，并把绿林军据守的昆阳城团团围住。在起义军中，南阳郡春陵(今湖南宁远北)乡的豪强刘縯、刘秀兄弟两人，因为王莽废除汉朝宗室的封号，不许刘姓人做官，心里怨恨，发动族人和宾客七八千人在春陵乡起兵。这次昆阳被围，刘秀只带十几骑杀出重围，搬请来救兵，与城里的守军里应外合，打败了王莽军队，使王莽的军队元气耗尽。

★西汉竹简

昆阳大捷的消息，鼓舞了各地百姓，他们纷纷起来响应起义军，并随同起义队伍乘胜进攻长安。王莽惊慌失措，把关在监狱里的囚犯都放出来，拼凑一支军队，企图负隅顽抗。但是，王莽所组织的队伍还未及阵前，就已逃亡了大半，余下的也都不战而降。因而，起义军很快进入了长安城，还放火烧掉未央宫的大门。

此时，王莽走投无路，他带了少数将士逃进了宫里的一座渐台。那座渐台，四面是水，火烧不到那里。起义军见王莽拒不投降，把渐台一层层围起来，待渐台上的王莽军把箭都射完后，起义军勇猛地扑上渐台，结果了王莽的性命。

王莽的政权被推翻后，绿林军拥立了与汉室有血缘关系的刘玄做了皇帝，恢复汉朝国号，年号“更始”，所以刘玄又称更始帝。更始帝拜王匡、王凤为上公，刘縯为大司徒，刘秀为太常偏将军，其他将领也各有封号。从此以后，绿林军又称为汉军。

无盐大捷

赤眉军领袖樊崇为暂避官府镇压，转辗山东半岛，然后进入泰山山区。他们利用这里的山险地势，修栈道、设望哨、开校场、筑房宅，建立根据地，扩充壮大队伍。王莽于地皇三年(公元 22 年)派太师王匡(与起义军王匡重名)和更始将军廉丹率兵十几万，东征赤眉，在今日东平县之东的无盐进行会战，官兵大败，廉丹死于乱军之中，王匡落荒而逃，20 余名著名将领被杀，一万余人被歼灭，这就是著名的“无盐大捷”。赤眉军由此发展到几十万人，于更始二年(公元 24 年)兵分两路直扑长安。

★鎏金铜釜·西汉

刘秀重建汉王朝

LIU XIU CHONG JIAN HAN WANG CHAO

阴丽华

阴丽华(公元 4—64 年),汉光武帝刘秀的结发妻,公元 41 年被立为皇后。阴丽华出生于南阳新野,是当地有名的美女。在南阳,阴家先世是辅佐齐桓公"九合诸侯,一匡天下"的管仲一脉,传到第七代管修,以医术传名于世,后来从齐国迁居楚国,被封为阴大夫,以后便以"阴"为姓。

阴丽华一生谦德可风,相夫教子,主理后宫,不曾干预朝政,更能约束家人,使刘秀无后顾之忧,专心国事,才出现了与"文景之治"并称的"光武中兴"时代。公元 57 年,刘秀死后,阴丽华的儿子即位,是为汉明帝,尊阴丽华为皇太后。公元 64 年,阴丽华病死,享年 60 岁,合葬在刘秀的原陵。刘秀与阴丽华和谐的婚姻曾令后人羡慕,这固然是由于刘秀的宽仁厚德,惜念旧情,而阴丽华的貌美德高与安分守己,也是重要的因素。

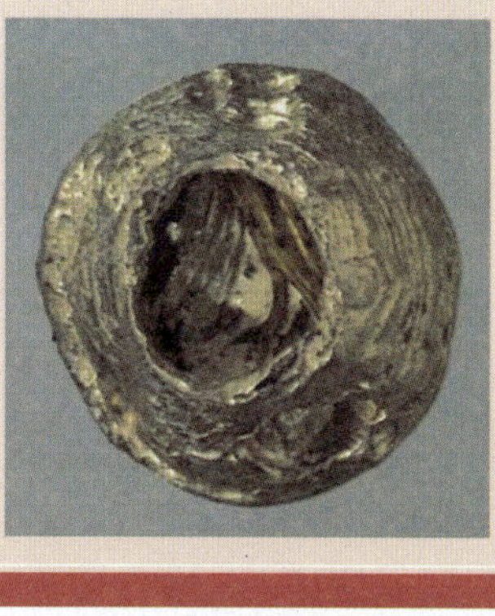

★马蹄金·西汉

绿林军和赤眉军的起义,推翻了一个腐朽没落的王朝,但起义军队伍本身的不纯洁,注定了被地主贵族所利用的厄运。因而绿林军、赤眉军起义的成果最终被代表着新兴地主阶级利益的刘秀所撷取,一个封建的统治王朝代替了另一个封建王朝,其意义就在于他们只为自身谋求利益,它的历史作用也只在于完成了新与老的更替。

"做官要做执金吾,娶妻当娶阴丽华。"这是西汉末年处于青年时代的刘秀说过的一句话,也是他在那一时期的最美好的理想和愿望。

公元前 6 年,刘秀出生于济阳县一个豪强地主家庭。少年时期的刘秀性情谦逊,待人和善,但也胸无大志,以求足衣足食为人生之乐事。当时,外戚王莽篡夺了汉室江山,改汉为新朝,所有刘氏宗族都

★玉镂空佩·西汉

★刘秀像

心有不平,唯有他无动于衷。公元 22 年,刘秀为躲避哥哥刘縯引发的一场官司,躲避到家住新野的姐姐家里,在与朋友谈及将来的理想时,他认为在皇帝出巡时手执金吾(一种礼器)在前面给皇帝开道很威风,也十分向往新野第一美女阴丽华的美色,所以便有感而发。

王莽篡位后,因其施政不得民心,加之刘氏皇族不甘心于江山拱手他人,各地便纷纷打着匡扶汉室的旗号举行起义。公元 22 年 10 月,刘秀经不住哥哥刘縯、刘仲和李通等人的劝导,也随之起事。在义军里,刘秀处理事情干练,让人信服,很快就显露出了他的组织才能。但义军由于盲目攻取城池,仓促应战,因而便时而得手,时而也被迫逃散。在进攻宛县时,义军在城南 30 多里的地方同王莽的军队不期而遇,经过苦战,二哥刘仲战死,刘秀单骑突围。路上又遇见自己的妹妹,便把她也带在马上,谁知又碰上了逃命中的姐姐和她的

三个女儿。刘秀下马固执地让她们先走，可姐姐深明大义，哭劝刘秀尽早脱身，早成大业。在姐姐的苦苦相劝下，他才不得不挥泪策马驰离，结果姐姐和她的三个孩子都死于追兵的手上。

当年冬，刘秀从义军失利和亲人被害的悲痛中挣脱出来，他死守棘阳，利用破袭战法，偷袭了王莽军粮草和辎重大营，并趁他们惊慌之际，适时追杀，消灭了王莽军2万余人，有利地鼓舞了义军的士气，其他各路义军闻讯也都相约来投。在几年的征战中，刘秀凭借他的仁厚和大智大勇在义军中成了举足轻重的人物。尤其在昆阳大战中，他率10余人冲出敌人的重围去搬取救兵；为了减缓城内被围义军的压力，他率千人先入敌阵，迫使敌人拔营后撤；最后又率3000人组成的敢死队左突右杀，很快把王莽军的指挥打乱，义军则趁乱将王莽军主力一口口吃掉。昆阳一战，不仅使王莽军损失殆尽，同时

★彩绘陶鼎·西汉

★彩绘漆勺云纹盂·西汉

★错金银铜镇·西汉

昆阳之战

王莽地皇四年(公元23年)初，绿林军乘王莽主力向东攻击赤眉军的时机，在比水(今河南泌阳境内)击灭王莽军的部分军队，势力发展到10余万人。建立了以汉室后裔刘玄为帝的更始政权。为阻止王莽军南下，保障主力夺取战略要地宛城(今河南南阳)，刘玄派上公(官职名)王凤、大将王常、偏将刘秀等率约2万人攻下昆阳(今河南省叶县)、定陵(今河南郾城西)、郾县(今河南郾城南)。王莽派大司空(官职名)王邑火速赶赴洛阳，与大司徒(官职名)王寻调集各州郡兵40余万南进，企图一举扑灭汉军。

王莽军队进发到颍川(今河南禹县)，迫使刘秀的部队撤回昆阳。当时，昆阳汉军仅八九千人，一些将领见王莽军声势浩大，欲弃城退守荆州故地。刘秀以“合兵尚能取胜、分散势难保全”的道理，说服各位将领固守昆阳。此时王莽军已逼近城北，汉军无路可走，乃决定由王凤、王常等率众守城，刘秀率13名骑兵赴定陵、郾县调集援兵。

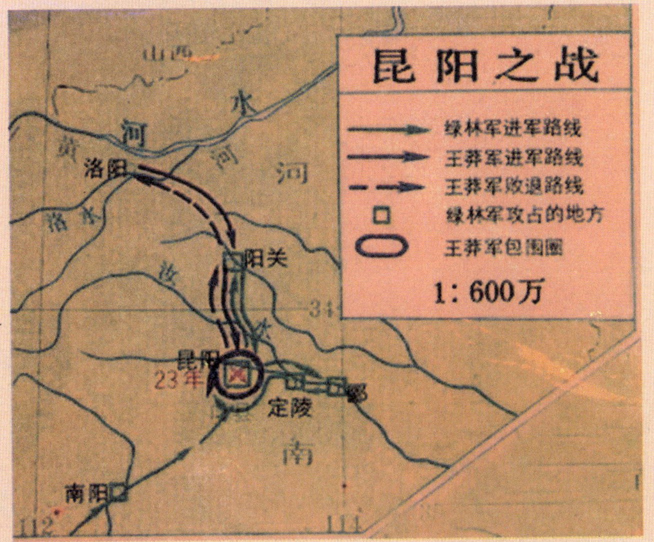

★昆阳之战示意图

刘秀等抵定陵、郾县后，说服不愿出兵的守将，率步兵骑兵1万多人驰援昆阳。此时王莽军久战疲惫，锐气大减。刘秀亲率千余精锐为前锋，反复猛冲，斩杀王莽军千余人，汉军士气大振。昆阳守军见城外汉军取胜，乘势出击，内外夹攻，王莽军大乱，纷纷夺路逃命，互相践踏，死伤惨重。此时雷雨骤至，王莽军万余人被淹死。昆阳之战，刘秀等汉军将领以昆阳守军钳制强敌，用精干援军捣敌要害，大破王莽军主力，为汉军进军洛阳、长安，推翻新莽政权创造了条件，成为中国古代战争史上以少胜多、以弱胜强的著名战例。

★汉光武帝陵前石兽

也展示了刘秀智勇双全的军事才能，并奠定了刘秀在军中的领导地位。

公元23年10月，刘秀奉令渡过黄河，抵达河北。由此躲过了来自义军政权内部对他的猜疑和迫害。此前，他的哥哥刘縯被更始帝借口违抗命令而杀害。刘秀听到哥哥被杀后，心如刀割，他知道自己的力量敌不过更始帝，就立刻赶到宛城（今河南南阳市），向更始帝赔不是。有人问起他昆阳大战的情形，他也不居功自傲，说全凭将士们用命而取胜。他也不敢给哥哥戴孝，照常吃饭喝酒，有说有笑，一点也未流露出悲伤的神情。更始帝以为他真的不记仇，到了洛阳后，拨给了刘秀部分兵马，让他到河北去招抚河北郡县。

早已对更始政权失去了信心的刘秀，终于找到了另立旗帜，与之分庭抗礼的机会。他一面消灭了一些割据势力，一面镇压河北各路农民起义军。在很短的时间内，几乎占领了整个河北。而此期，更始帝已迁都长安。他到了长安以后，认为自己的江山已稳，便开始滥封官爵，不理政事，整天在后宫里饮酒作乐。赤眉军的首领樊崇眼看更始帝已脱胎换骨，无可救药，便率领20万人进攻长安。更始帝派兵抵抗，接连打了几个败仗，朝政形势岌岌可危。绿林军中有些将领劝更始帝离开长安，反而遭到更始帝的猜疑和杀害，迫使一些起义将领只好投奔了赤眉军。更始帝众叛亲离，无法组织有效的反击，因而赤眉军很快便进逼到长安。更始帝逃到城外，樊崇派使者限令更始帝在20天内投降。更始帝无计可施，只好带着玉玺跪迎赤眉军。

赤眉军进了长安，声势浩大。可是几十万将士的口粮发生了困难，富商和地主趁机屯积粮食，长安天天有人饿死。如此一来，长安的局势出现了混乱，樊崇不得不带着队伍离开长安向西流亡。而在河北地区，刘秀对所经过的郡县都一一恢复了汉朝制度，使百姓人心归附；对诉讼刑狱加以公正审理，得到了军民的拥护和爱戴。

公元25年6月22日，立足于河北的刘秀，带着重振大汉雄风的信念开始称帝。改年号为建武，史称光武帝。同年10月，刘秀发兵攻克洛阳，在那里建立了都城。并于公元40年重新统一了全国，史称“东汉”。

★错金银铜质俳优·西汉

★汉光武帝陵

汉光武帝陵，古谓原陵，是东汉开国皇帝刘秀的陵墓，位于河南省孟津县白河乡铁榭村。当时亦称“汉陵”，俗称“刘秀坟”。始建于公元50年，由神道、陵园和祠院组成。南倚邙山，北邻黄河，近山傍水，蓊蔚肃穆。阙门巍峨，气势壮观，神道宽阔，直达陵前，两侧石刻林立，碑碣参差。陵园呈长方形，占地6.6万平方米，墓冢位于陵园正中，为夯土丘状，高17.83米，周长487米。

阴氏兄弟谦恭自全

YIN SHI XIONG DI QIAN GONG ZI QUAN

新野(今河南省新野县)阴家，在东汉出过两个皇后，又是东汉开国功臣之家，其地位的优势、权势的显赫自不必说。但是，阴家的弟兄们能严格以礼约束自己与家人，凡事谦恭礼让，所以在复杂的统治阶级内部斗争中，能得以自全。

阴家有个姑娘叫丽华，长得非常漂亮，远近闻名。刘秀在年轻时到过新野，听人传说阴丽华特别漂亮，心中十分爱慕。后来，刘秀到长安读书，仍念念不忘阴丽华，常对同学们说："娶妻当娶阴丽华。"

刘秀兄弟起兵反对王莽时，阴丽华的哥哥阴识也参加了，阴识对刘秀弟兄很佩服。更始元年(23年)阴丽华十九岁时，嫁给刘秀。刘秀当皇帝后，阴丽华被封为贵妃，虽然没当上皇后，但刘秀对她仍十分宠爱。阴氏兄弟一则是开国功臣，立有军功；再则是宠妃之兄弟，所以都身任要职。阴识官至骑都尉、阴乡侯，其弟阴兴为黄门侍郎、关内侯。阴兴的弟弟和儿子也都封为侯爵，阴家有四人封侯。

阴家本来是比较微贱的，阴氏兄弟姐妹发迹之后，并不以新贵骄人，对待周围的世家大族保持着谦恭的态度，无论在朝廷之上或深宫之中，从不争权夺势，凡事逊让，因此博得人们的器重。按道理，阴丽华应该是皇后，因为她是刘秀的原配。但是，在册封皇后时，阴丽华却退让了，皇后的宝座被郭贵妃抢了去。郭妃名叫圣通，是真定藁县(今河北省正定)人。郭家是真定地方的世家大族，郭父在同异母弟弟分家时，把数百万家财、房屋、土地全让给了弟弟，因此声名大著，深受舆论的好评。更始二年(24年)春天，刘秀率领军队攻打王郎，到了真定，娶了郭圣通。刘秀当皇帝后，郭圣通与阴丽华都被封为贵妃。建武元年(25年)郭妃生了个儿子，取名刘疆。在建武二年(26年)立皇后时，阴丽华考虑自己一没有生育，二出身微贱，因此，表示自己不配当皇后；郭妃有儿子，又是世家大族出身，有资格当皇后。阴丽华的这番表示，正符合刘秀的心意。本来，刘秀还曾担心在立皇后时引起纷争，如今，阴丽华心甘情愿地退让了，刘秀自然欣喜非常。因此，对外戚阴家格外高看一眼。刘秀在封完皇后之后，立即大封阴家之人，对已死的进行追封，追封阴丽华已死的父亲为宣恩哀侯，已死的弟弟阴䜣为宣义恭侯；对立有军功现又在朝为官的则加官晋爵，封阴识为关都尉，坐镇函谷关，不久又升为侍中。本来刘秀还要增加阴识的食邑，可是阴识坚执不肯，他请求刘秀道："现在天下初定，有功的将帅大有人在。我是外戚，如果先封我，影响不好，还是先封其他功臣吧！"他边说边叩头不止，刘秀终于让他说服了。阴丽华弟阴兴对于晋升之事也采取了婉言推辞的态度。阴兴力气特别大，武艺高强，一直负责刘秀的警卫。刘秀每到一地，阴兴都先去查看住所，随身总携带一把大伞，一遇风雨，他就打伞给刘秀遮风挡雨，所以很得刘秀的宠信。阴兴在建武九年(33年)被升为侍中、关内侯。后来，刘秀还要给他加官晋爵，把官印都刻好了，放在阴兴面前，可是阴兴执意不肯接受，他说："我没有冲锋陷阵的军

★阴丽华画像

★蓝白染花棉布·东汉

★君车出行图·东汉

功，可是一家数人都封了侯，这已经让天下的人们注意了。我借陛下和贵妃的光已经不少了，现在富贵到了极点，我从心里往外不敢再接受封赏了！”刘秀拗不过他，只得收回成命。事后，阴丽华问弟弟：“你怎么执意拒绝封赏呢？”阴兴对姐姐说：“贵妃您没有读过《易经》吗？上面写得明明白白‘亢龙有悔’。像咱们这样的外戚人家，最成问题的就是不知道谦逊退让，有个女儿就想嫁给侯王，有了儿子就想娶个公主，对这种打算我是深感不安。富贵有极限，为人要知足。比阔气、争权势、图富贵，这可要为舆论所不容啊！”阴丽华听了弟弟这番话，深感有道理。自此以后，再也不为娘家人向皇帝讨官职了。

阴丽华还有个弟弟，叫阴就，被封为新阳侯。阴就很有口才，能言善辩，朝臣没有一个比得上他的。阴就尽管性情暴躁，但是也很注重礼贤下士。比如，阴就推重冯衍就是一例。冯衍在刘秀起兵之时曾同他对过垒，兵败后很长时间又不归附刘秀。因此，刘秀尽管也知道冯衍有才华，但是一直不重用他。阴就并不以刘秀不重用冯衍就唾弃他，相反，与冯衍来往密切，很推重冯衍。后来，冯衍因事丢官，下狱，阴就仍照样器重他，并为之疏通。因此，冯衍始终对阴就怀有知己之感。再如，阴就在同僚之间是以词锋锐利出名的，可是他在寒士面前，却能以礼待人，表现出非凡的器量。比如，有个太学生叫朱晖，自幼就有胆识，在十三岁那年，王莽垮台，天下大乱，散兵游勇到处抢劫。朱晖跟外祖父一家逃难，途中碰上了一伙强盗。这伙强盗用刀逼住妇女们，欲行非礼。和朱晖一起逃难的人吓得都趴在地上，一动不敢动，听凭强盗为所欲为。朱晖却不然，他刷的一声抽出佩剑，冲到强盗们面前，厉声说：“你们拿东西可以，不许碰妇女们的衣服！今天，我朱晖豁出去这条命了。”强盗们被朱晖震住了，不敢小瞧他，笑着对他说：“小弟弟，快把宝剑收起来吧。”说罢，什么东西也没碰就离开了。从此，朱晖的名气可就大了。刘秀当皇帝后，封朱晖为郎官，不久，他因病辞去官职，闭门读书。当时的大儒们都很敬佩他的学问和人格。刘秀死后，阴就便急忙替外甥汉明帝物色贤才，就去拜访朱晖。可是，朱晖不愿同显贵打交道，避而不见。阴就虽然碰了个软钉子，吃了闭门羹，他并不在意。第二天又派管家拿着厚礼送上门去，朱晖却拒绝接受。对此，阴就非但一点也没动气，反而极力称赞朱晖是个有志气的人，并吩咐手下官吏：“朱先生是个志士，对他不要来半点勉强！”

后来，朱晖被东平王刘苍请去当幕僚。大年初一那天，按规定，刘苍应该进宫给皇帝拜年，入宫前要

★画像石臼·东汉

光武郭皇后

★郭圣通画像

光武郭皇后是东汉光武帝刘秀的第一位皇后，名叫郭圣通。她于更始二年（24年）嫁给刘秀，刘秀建国称帝后，她便由贵人立为皇后，所生之子刘强也被立为太子。但是到建武十七年（41年），她又被废为中山王太后。刘秀又改立著名的美人阴丽华为皇后。关于废立皇后一事，本传中称：“后以宠稍衰，数怀怨怼。”很明显是刘秀情有所移了。这时候郭圣通与阴丽华都是三十七八岁的样子，年龄相仿，但刘秀移情于阴丽华，可能主要还是由于郭圣通色衰的缘故。所幸的是，郭圣通虽然被废，但刘秀对于她和郭氏家族却恩礼有加，这在历史上也是不大多见的。

到少府衙门领一块璧玉，献给皇帝。刘苍派人到少府衙门取璧时，少府衙门的官吏，仗势阴就是本衙门主官，对刘苍的人百般刁难，拒不给璧。刘苍只好空着手上了朝。刘苍坐在朝房中，眼睁睁朝拜皇帝的时刻就要到了，可是璧还没领来，急得如同热锅上的蚂蚁一般，不时地对身旁的侍卫说：“都这个时候了，璧还没领来，可怎么办哟！”正好，朱晖陪刘苍在朝房里，他一眼看见阴就的下属给阴就送璧来了。朱晖急忙走过去，对那人说：“我常听人们说璧，可是我却从没见过璧，请拿来给我看看开开眼吧！”阴就的下属便把这块璧递给了朱晖。朱晖拿到璧以后，就回过头把刘苍的侍卫叫过来，叫他把璧给刘苍送去。这一来，把阴就的下属可吓坏了，急忙跪到阴就面前去报告。这时，朝房中的空气立刻紧张了起来，来朝见皇帝的官僚们无不感到事态严重，都为朱晖捏了一把汗。阴就听完下属的报告，笑了笑，说：“朱先生是位义士，不要同他争执。”说完，命令下属立即回少府衙门再给自己取一块璧来。众朝臣眼看着一场风暴就这样平息了，无不深深吐了一口气。

★辎车画像砖·东汉

建武末年，阴就向刘秀的五个儿子引见贤人井丹一事，也被时人传为美谈。井丹字大春，青年时在太学读书，精通五经，能占善辩，京城的人们无不称誉他学问渊博。井丹为人清高，不愿与人交往，尤其不愿同贵族、达官交游。刘秀的儿子沛王刘辅兄弟五人，特别喜欢交友，广结天下贤人，渴望同井丹见面，派人数次邀请，井丹就是不面见。刘辅弟兄们对此深以为憾。一天，阴就对刘辅等人说，只要送给他一千万钱，他一定能把井丹给请来。阴就本来是一句玩笑话，可是刘辅弟兄却当了真，当下就拿出一千万钱，缠着阴就去请井丹。阴就见事已至此，明知井丹请不来，也只得起身去请。阴就离开王府，一路上苦苦思索如何才能把井丹请来。突然，他想出一条妙计派手下人在井丹家门口埋伏好，只要井丹一出门，便冲上去，不由分说把他劫到宫中。

★夔凤玉卮·东汉

当井丹被劫到宫中后，阴就先同井丹开了个小小的玩笑，命令手下人设宴款待，可是端上桌来的不是山珍海味，而是一碗粗米饭，一碟大葱叶。井丹瞟了一眼饭菜，用手推到一边，不动声色地说：“我以为大人能请我吃上等酒席，所以才专程来拜访，怎么把这样的饭菜端上来了呢？”阴就没料到井丹对这个场面应付得这么自然，本想给他个难堪，结果自己反而闹被动了，于是叫人重新摆上一桌丰盛的酒菜，恭恭敬敬地款待井丹。酒足饭饱之后，阴就吩咐仆人备辇。一会儿功夫，仆人把辇推了过来，阴就站起身要上辇。这时，一直坐着的井丹缓缓开口说道：“我听说过夏朝的昏君桀用人拉车，难道就是这个玩艺儿吗？”井丹边说边用手指着阴就的辇。在场的人，就连刘辅弟兄也都为井丹捏了一把汗，担心阴就发火，井丹担待不起。没想到，阴就不仅没发火，反而微笑着吩咐仆人把辇推走，自己徒步离开了。

外戚阴家到了汉和帝时，又出了一位皇后。和帝的阴皇后是阴识的曾孙女。这位皇后因为受不了和帝的冷落，于永元十四年(102 年)同外祖母一道，请巫婆诅咒和帝及宠妃邓氏，结果阴谋败露，不仅丢了皇后宝座，而且还贻祸父兄，父亲阴纲被迫自杀，弟弟阴辅受刑不过，死在监狱中，弟弟阴轶、阴敞连同家属被流放到日南郡(今越南广治省)，两个舅舅邓奉、邓毅也死于狱中。

阴识、阴就弟兄不以富贵骄人，谦恭自守，生前得以免祸自全。可是，在他们死后，阴家这个自东汉开国以来便是功臣、外戚的大族世家，到底也没有逃脱衰落的命运，到了第五代人，便落了个抄家发配的下场。

寇恂、贾复二虎相和

KOU XUN JIA FU ER HU XIANG HE

在刘秀手下众多的将领中，寇恂和贾复称得上是两员猛将。

寇恂，字子翼，是上谷昌平（在今北京市昌平县）人。他早年做上谷郡的功曹，很受太守耿况器重。刘玄称帝之后，派使者巡行郡国，宣布：“先归降的恢复其爵位。”寇恂跟随耿况到上谷郡界迎接更始帝刘玄的使者。耿况献上太守印，使者收藏起来，到了第二天还没有归还的意思。寇恂就带兵去见使者，请求归还印绶。使者不给，反而说：“你一个小小功曹，想劫持天子的使者吗？”寇恂说：“我不是想劫持你，而是痛惜你考虑不周。现在天下初定，国家恩信未施，你身为使君，言而无信，使归顺者痛心，怎样号令他方？耿太守在上谷，深受吏民拥戴，我为你考虑，不如把印还给他，以安百姓之心。”使者不听，寇恂就喝令他的随从以使者的名义把耿况召来，夺过印绶给耿况佩带上。使者不得已，只得以更始名义任耿况为上谷太守。

不久王郎起兵，派将领巡行上谷，逼耿况发兵帮助他。寇恂力劝耿况归附刘秀。耿况同意了，就派他到渔阳联合彭宠。寇恂从渔阳回来，袭杀了王郎的使者，夺取了他的兵众，然后和耿况的儿子耿弇一起去投奔刘秀，帮他平定河北。刘秀拜寇恂为偏将军，封承义侯。

★寇恂像

刘秀转战河北，想物色一位能人镇守河南后方，听说寇恂文武全能，有统驭众人之才，就拜他为河内太守，兼大将军。

寇恂在河内，下令所属郡县操练部队，砍伐淇园的竹子，造了百余万支箭，又养马两千匹，收租四百万斛，保障了前方的军需。更始帝的将军朱鲔率重兵守洛阳，见河内兵少，就派部将苏茂、贾强率三万大军进犯温县。寇恂得到消息，立即传令属县发兵，在温县会合。手下人都劝他说：“敌众我寡，一定要等各县兵马到齐再出击。”寇恂说：“温县是全郡的屏障，屏障一失，全郡难守。”就带着先到的人马冲向敌阵。从早上整整打了一天，恰好偏将军冯异及各县兵马赶到，士卒云集，旌旗蔽野。寇恂让手下人登上城墙大呼：“刘公兵到！”敌军以为是刘秀的主力来了，立刻乱了阵势。寇恂乘势掩杀，敌人溃不成军，追到洛阳城下，斩贾强，生擒一万多人，敌人投河而死者不计其数。从此朱鲔军闻风丧胆，洛阳城门白天也不敢打开。刘秀在河北，传闻朱鲔攻破河内，急得寝食不安，忽然接到寇恂的捷报，高兴地拍着手说：“我早就知道寇子翼堪当重任！”

★寇恂墓碑

建武二年（公元 26 年），颍川发生骚乱，刘秀就派寇恂担任颍川太守，数月间，平定了骚乱。这时，贾复也到了颍川。

贾复，字君文，是南阳冠军（在今河南邓县西北）人。绿林军起兵时，他聚集了数百人在羽山，自称将军。更始称帝后，他率众归附了汉中王刘嘉。后来听说刘秀贤能，就带着刘嘉的信到河北投奔刘秀。刘秀一见贾复，觉得他英武不凡，邓禹也称赞他有将帅风度。于是刘秀任命他为破虏将军属员。刘秀见贾复的马瘦，就从自己车上卸下一匹好马给他。

贾复性格刚强暴躁，好凌辱同辈。刘秀设置下属官员，贾复和段孝坐在一起。段孝说：“您是将军的部下，我分属大司马管辖，咱们不能坐在一起。”贾复瞪着眼说：“都是刘公的下属，分什么高低贵贱！”主管官员见贾复出言不逊，想改派他任鄗县尉。刘秀说：“贾君文有退敌千里的威风，刚刚任职，不要随

★击鼓说唱陶俑·东汉

便改派。"到了信都，就任他为偏将军，攻克邯郸后，又升为都护将军。

后来贾复跟刘秀到射犬去出击青犊军，大战到中午，还冲不破敌军的阵营。刘秀传令贾复说："将士们都饿了，先吃完饭再打吧。"贾复把眼一瞪，说："先击破敌军，然后再吃饭！"说着就扛起大旗，率先冲了上去。敌人望风披靡，惊惶溃逃。众将都佩服他的勇猛。他又曾在真定大破五校军，受了重伤。刘秀闻讯大惊，拍着大腿叫道："我所以不愿让贾复单独领兵，就是因为他轻敌，险些折了我一员猛将。听说他妻子怀孕了，生了女孩，我儿子娶她作媳妇；生了男孩，我把女儿嫁给他，不让他为家事担忧。"不久贾复伤愈，到蓟城赶上了刘秀。刘秀大喜，派他当先锋，攻打邺城，又打了大胜仗。

刘秀继位后，拜贾复为执金吾，封冠军侯。他率部到洛阳攻打朱鲔，收降了白虎公陈侨。建武二年（公元26年），更始帝封的郾王尹尊及其他将领在南方很猖獗，刘秀想派兵进剿。他把众将召到面前，沉吟了很久，突然用军檄敲打着地面，说："郾敌最强，宛敌稍弱些，谁愿去击败他们？"话音未落，贾复从后面跳了出来，瞪着眼睛说："我去打郾城。"过了一个多月，贾复就扫平了郾地，收降了尹尊。

贾复驻扎在汝南（在今河南邓县西北），他的部将在颍川杀了人，被太守寇恂抓住关了起来。当时刘秀的队伍刚刚草创，军中犯了法，一般都交还各营从轻处理，寇恂却把杀人者斩首示众。贾复引以为耻，愤愤不平。回军路过颍川时，他对手下人说："我和寇恂同为将帅，这家伙如此不义，大丈夫岂有被人欺负而不报仇之理？我见到寇恂，一定亲手砍了他！"寇恂知道了他的打算，不想和他见面。部将谷崇说："没关系，等你们相见的时候，我带剑站在旁边，如有不测，就跟他们拼了。"寇恂说："不然。当年蔺相如不怕秦王而避让廉颇，是为国家利益考虑，我为什么不能像他那样呢？"于是传令属县，多多准备佳肴美酒，贾复的大军一到，每个人都供给双份酒饭。寇恂出迎于路旁，慰劳了几句就借口有病回府了。贾复带了人马要追，部下都喝得东倒西歪，他只好带部队离开颍川。

寇恂派谷崇向刘秀汇报了情况，刘秀就召见寇恂。寇恂一到，见贾复已经坐在那儿。贾复想站起身躲避，被刘秀一把拉住，说："天下未定，两虎怎能私斗？今天我为你们说和。"于是两人一起坐下喝酒，又同乘一辆车出来，结为生死之交。

后来寇恂奉命征讨隗嚣的部将高峻，寇恂要高峻投降，高峻派军师皇甫文谈判，态度强硬。寇恂大怒，让人把皇甫文绑起来，要杀他。众人急忙谏阻说："两军交战，不斩来使，你杀了他，高峻更不会投降了。"寇恂不听，执意把他杀了，让副使回去报信说："皇甫文已被杀，要降，就快降；不降，就固守。"高峻当天就出城投降。众人一边祝贺，一边问："杀掉来使敌人反而投降，这是什么道理？"寇恂说："皇甫文是高峻的主心骨，高峻对他言听计从。他态度强硬，一定没心投降。留着他，高峻有恃无恐；杀了他，高峻丧魂落魄，就投降了。"众人大为叹服。

贾复后来又屡建战功。他跟随刘秀出征，从未打过败仗，多次和诸将破围解急，身上受过十二处伤。刘秀喜爱他的将才，很想派他远征，但又觉得他勇猛，更愿留在身边，因此贾复很少有独当一面的功劳。众将每每论功自夸，贾复从不表功，但刘秀说："贾君的功劳，我自己知道。"

隗嚣攻占陇西

新莽地皇四年（汉更始元年，23年）七月，成纪人隗崔、隗义，上邽（今甘肃天水市）人杨广、冀县（今甘肃天水市西北）人周宗聚众起兵，响应更始军反王莽。诸部联合攻平襄（今甘肃通谓西北），击杀王莽镇戎大尹李育，随后，共推隗崔兄之子隗嚣为上将军，并移檄告各郡、各封国声讨王莽。隗嚣随即率10万人击杀王莽雍州牧陈庆及安定（今宁夏固原）大尹王向。随后又遣将分兵略地，占领了陇西、武都（今甘肃西和西南）、金城（今青海民和下川口附近）、武威（今甘肃武威市）、张掖（今甘肃张掖市西北）、酒泉（今甘肃酒泉市）、敦煌（今甘肃敦煌市西）七郡，控制了京城长安西北部的广大地区，使王莽政权愈加孤立。

★双羊纹金饰牌·东汉

安车蒲轮访子陵

AN CHE PU LUN FANG ZI LING

★邓禹雕像

刘秀称帝的时候，国内还是一片混乱，先后自立为皇帝的就有六七个，称王的有四个，自称将军的有两个，而且都独霸一方，互不相属。

刘秀是一位比较有远见的地主阶级政治家，他能够礼贤下士，重用人才，在他周围，有一批精明强悍的文臣武将，帮助他南征北战，争夺天下。像大司徒邓禹，年纪虽轻，但谋略过人，当初曾帮助刘秀制订夺取天下的规划，刘秀把他当作张良看待。将军冯异、孟津都是能征惯战的良将。河内太守寇恂，办事认真，能力过人，他镇守后方，筹集粮草，布置供应军需，事情做得井井有条，从没耽误前方的作战，人称“赛萧何”。

由于刘秀重用人才，能够制订一些符合人们心理的政策，所以势力发展很快。他运用收降和进攻两种办法，逐渐消灭其他割据势力，建武九年（公元 33 年）打败隗嚣，建武十二年（公元 36 年）他派兵进攻巴蜀，杀了蜀中皇帝公孙述，基本上统一了中国。

刘秀在南征北战利用武力平定天下的时候，或者是在巩固政权、治理天下的时候，都十分重视那些隐居山林，不肯为王莽做事的知名人士，他想利用那些人的名望来提高自己政权的知名度，并为自己服务。从光武五年（公元 29 年）起，刘秀就曾访求知名人士，得到了王良、周党等人，王良后来官至大司徒司直。周党不愿做官，光武帝就遂其心愿，赐给他四十匹帛，让他回去隐居了。卓茂在西汉平帝时当过高密令，王莽篡汉以后，他不肯为王莽做事，就回家隐居起来，光武帝认为他情操高尚，就征他做了太傅。

刘秀征召严子陵的故事，当时也很有名，并一直流传下来。

严子陵是会稽郡余姚县人，少年时曾和光武帝在一起读过书。两人感情很好。严子陵少年有才，学习很好，刘秀很看重他，后来刘秀因生活困难，回家务农经商去了，从此两人断绝了往来。刘秀称帝后，一直很想念他，希望严子陵能出来帮助自己管理国家，他让会稽太守去找，结果谁也不知道严子陵到哪里去了。

光武帝找不到严子陵，从心里更加敬重他。他认为自己做了皇帝，很多人都来攀龙附凤，想弄个一官半职，而严子陵却与此相反，偏偏隐居起来，这就证明他品德高尚，不同俗流，越是找不到，光武帝越想得到他。

光武帝想了个办法，他找来画师，让他根据自己的叙述画出严子陵的肖像，然后让人送到各郡县，让地方官按画上的模样去找。

这个办法还真奏效，事隔不久，就有人向光武帝报告，说齐国有一个人身上披着羊皮，经常在河边钓鱼，长得跟画像差不多。光武帝了解严子陵孤傲的性格，料到一定是老同学，心里非常高兴，就让臣下备好车，带着礼物到齐国去聘请。

没想到那严子陵见了朝廷的官员，不仅不感恩戴德，反而说他们认错了人，就是不肯上车。几位大臣和兵士因君命在身，哪里肯听他解释，生拉硬扯把他拥到车上，立即送到当时的京城。

光武帝听说严子陵到了，就赶快派人把他安置好，送吃送喝，盛情款待。大司徒侯霸和严子陵是旧时好友，就派部下侯子道带着自己的信去见他。侯子道见了严子陵，递上书信。严子陵看完，过了一会

★龙形金饰片·东汉

★光武帝亲自拜访严子陵

问道："我和侯霸很长时间没见面了，他原来蠢头蠢脑的，现在位至三公，比以前好点了吗？"侯子道很不高兴地回答说："他现在当了大司徒，位高权重，怎么会蠢头蠢脑的呢？他听说您来了，本想立即过来看望，只因有事离不开，让我先来问候，他有空就会亲自来拜访。"严子陵笑道："你说他不蠢，我看他还蠢得很。天子派人去请我，我都不愿意来，我连天子都不想见，怎么能先见他呢？"

侯子道不便再多说，就催严子陵写封回信，自己好去交差。严子陵推托自己的手不能写字，就让他代个口信回去。于是口授道："君房（侯霸的字）先生，您现在做了高官，很好。要满怀正义，辅助皇帝多做些有益的事，让天下老百姓高兴，不要做一个只会阿谀奉承的应声虫。"严子陵说完，就不再开口。侯子道见严子陵脾气古怪，自己再说也没用，就告辞回去，将严子陵的话写下来，交给侯霸。侯霸又交给光武帝。

光武帝看了信，笑着骂道："这家伙本来就狂妄，不要和他计较。"说完，光武帝就命令准备车马，亲自去拜访严子陵。

严子陵听说光武帝来访，并不起身迎驾，他躺在床上，假装睡着。光武帝也不让人惊动他，亲自走到床边，见子陵光着膀子，就用手摸着他的肚子说："严子陵啊严子陵，你为什么不肯帮帮我的忙呢？"严子陵仍然不起身，隔了好一会，才慢慢睁开眼睛，仔细打量着光武帝。他也不行君臣之礼，也不说道谢的话，仍旧不卑不亢地说："从前唐尧虞舜做帝王的时候，大家都知道他们贤明，但也有人不愿俯首称臣，读书人各有各的志向，你为什么要这样逼我呢？"光武帝叹口气说："子陵，我真的收服不了你吗？"严子陵一听，干脆又闭上眼睛，一句话也不说了。

光武帝无奈，只好起驾回宫。接着，又让侯霸把严子陵请进宫中，和他共同叙述友情，畅谈旧事。严子陵这才放下架子，和光武帝很随便地谈起来。光武帝问道，"你看我现在比从前怎么样？"严子陵回答说："你比从前强多了。"光武帝鼓掌大笑，留严子陵吃完饭，就和他住在一个床上。夜里，严子陵故意用腿压在光武帝身上，假装睡得很沉，打起呼噜，隔了好一会才拿开。

第二天起来，光武帝就当面拜严子陵为谏议大夫。严子陵既不谢恩，也不辞行，他站起身就走。光武帝实在没办法了，只好放他回去。

严子陵已经露了面，就不需要隐姓埋名了，也不便再逃居他乡。他就回到桐庐，住在富春山上，仍旧耕地种田，春种秋收，自给自足，闲来无事，就在富春江边上钓鱼。时人和后人仰慕严子陵这种不图名利的精神，就把严子陵当年经常坐在江边上钓鱼的那块大石头称做"严子陵钓鱼台"，把严子陵居住的富春山改为"子陵山"。

光武帝刘秀虽然没有留住严子陵，但他恭谦下士、重用贤能的名望也由此越来越高。在统一中国的过程中，光武帝借助周围人才的帮助，顺利完成了统一大业。全国统一后，刘秀采用"退功臣，进文吏"的措施，使东汉初期的经济有了显著的恢复。刘秀是封建统治者中比较优秀的人物，历史上的"光武中兴"也为后人所津津乐道。

严子陵钓台

★严子陵钓台

严子陵钓台位于浙江省桐庐县城西南15公里的富春山上。富春山又名严陵山，海拔312米，似屏风般立于富春江北岸。临江东西对峙矗立着两大石台，高约百米。东台是严子陵垂钓台。严子陵为东汉高士，会稽余姚人，少与东汉光武帝刘秀同学，刘秀即位，召严至洛阳授谏议大夫，严不受，归隐富春江，耕钓以终。古人以为这是他的高风亮节，后人在此建祠纪念。宋范仲淹在《严先生祠堂记》中赞扬他"云山苍苍，江水泱泱，先生之风，山高水长"。

硬脖子的洛阳令

YING BO ZI DE LUO YANG LING

公元 27 年 1 月，樊崇在接连遭到地主豪强的打击后，带着剩下的赤眉军向宜阳（今河南宜阳县）方向转移。东汉大将冯异火速派人报告汉光武帝。汉光武帝亲自率领预先布置好的两路人马截击，把赤眉军围困起来。樊崇见敌我力量悬殊，只好派人向汉光武帝求和。在镇压了绿林、赤眉两支最大的起义军后，汉光武帝又接着派兵消灭了割据陇右和蜀地的两个割据政权，统一了中国。

汉光武帝是从马背上夺得天下的帝王，历经了无数的南征北讨、东打西杀，深知江山来得不易。因而在政权建立之初便加紧了对土地兼并的控制，同时采取休养生息的政策。例如减轻一些捐税，释放奴婢，减少官差，还不止一次的大赦天下，使东汉初年的经济很快得到了恢复和发展。

★龙嬉朱雀玉佩·东汉

但是，居住在京城洛阳的皇亲国戚，骄奢淫逸，专横跋扈，他们的家奴也狗仗人势，胡作非为，京城百姓怨声载道。其中汉光武帝的姐姐湖阳公主就是一个依仗自己是皇亲国戚，而要凌驾于法律之上的人。自刘秀登基做了皇帝，湖阳公主便开始日益骄横，认为天下已属刘氏，百姓皆可驱使。所以，不但她自己为所欲为，连她的奴仆也不把朝廷的法令放在眼里。

当时，任洛阳令的董宣是一个正直的臣子，他不畏权势，秉公执法。他认为皇亲国戚犯了法，应该同样办罪。一次，湖阳公主的心腹恶奴在光天化日之下行凶杀人后，躲藏在公主府中。董宣闻讯，即派衙役在公主府第附近秘密监视，伺机捉拿杀人恶奴。

终于有一天，湖阳公主乘车外出，杀人恶奴依然洋洋自得地陪乘。董宣立刻率领衙役守候在公主必经之地夏门亭。当湖阳公主的车马驶近时，早已"恭候"此处的董宣拔刀挡住公主的去路，厉声斥责公主不该目无国法，窝藏、庇护杀人恶奴。同时喝令恶奴滚下车来，并

★冯异像

就地将其正法。湖阳公主何曾受过这等委屈，随即掉转车头，直奔皇宫，向光武帝哭诉。光武帝听了姐姐的一面之词，勃然大怒，发誓要把董宣乱棒打死，为姐姐出气。

董宣很快被召进宫来，光武帝即吩咐内侍当着湖阳公主的面，责打董宣，想替公主消气。董宣说："先别打我，让我说完了话，我情愿死。"汉光武帝怒气冲冲地说："你还有什么话可说的。"董宣说："陛下是一个中兴的皇帝，应该注重法令。现在陛下让公主放纵奴仆杀人，这样下去，还怎么治理天下？不劳别人动手，我自杀就是了。"说

★原始青瓷双系罐·东汉

★乐伎画像砖·东汉

★"内黄令印"铜印·东汉

罢,他一头就向柱子撞去,顿时血流满面。

光武帝见状,即令左右上前将董宣搀扶起来。其实,光武帝听了董宣的慷慨陈词之后,知道董宣说得有理,也觉得不该责打他。但是为了顾全湖阳公主的面子,他最后要董宣给公主磕头赔罪。按理,这是光武帝给董宣找一个台阶下,可董宣宁愿把自己的头砍下来,怎么也不肯磕这个头。内侍把他的脑袋往地下摁,可是董宣用两手使劲撑住地,硬挺着脖子,宁死也不肯认错。内侍知道光武帝并不想把董宣治罪,就假意禀报说:"回陛下的话,董宣的脖子太硬,摁不下去。"汉光武帝也只好笑了笑,下命令说:"把这个硬脖子撵出去!"

事后,汉光武帝不但没办董宣的罪,还赏给他30万钱,奖励他执法严明。董宣回到官府,把这笔钱全分给了他手下的官员。以后,京城那些整日目无国法的豪门贵族一听到董宣的名字就会吓得发抖,社会风气有了明显好转。百姓们都敬称董宣为"卧虎"(意思是"躺着的老虎"),并有歌谣唱称:"袍鼓不鸣董少平"(意思是,有了董宣这样的好官,民间再没有什么事情需要击鼓鸣冤了)。

在当时,敢于执法的官员除了董宣以外,还有一个管洛阳城门的小官,名叫郅恽。有一次,汉光武帝带了一批人,到洛阳郊外去打猎,回城的时候,已经天黑。皇帝的车驾到了上东门,城门早已关闭。随从打猎的侍从叫管城门的人开门,却被郅恽拒绝。

光武帝亲自来到城下,吩咐郅恽开门。不料郅恽说:"夜里看不清楚,不能随便开门。"汉光武帝碰了个钉子,只好绕道到东中门进城。

第二天,汉光武帝正想找郅恽责问,不想郅恽的奏章已经送上来了。奏章上说:"陛下跑到遥远的山林里去打猎,白天还不够,直到深夜才回来。这样下去,国家大事怎么办?"汉光武帝看了奏章,赏给了郅恽100匹布,还把那个管东中门的官员降了职。

★炼真宫(东汉湖阳公主修真之所)

光武中兴

光武帝刘秀建立东汉王朝,削平群雄,统一了中国。在位期间,以"柔道"治天下,采取一系列措施,恢复、发展社会生产,缓和西汉末年以来的社会危机。建武二年至十四年(公元26—38年)颁布6道释放奴婢诏令,规定战争期间被卖为奴婢者免为庶人,未释放的官私奴婢必须有基本的人身保障。后又连下三次诏令,规定杀奴婢者不得减罪;炙灼奴婢者依法治罪;免被炙灼的奴婢为庶人;废除奴婢射伤人处极刑的法律。恢复西汉较轻的田税制,实行三十税一。遣散地方军队,废除更役制度,组织军队屯垦。简政减吏,裁并400多县。放免刑徒为庶民,用于边郡屯田。建武十五年(公元39年),下令度田、检查户口,加强封建国家对土地和劳动力的控制。加强中央集权,对功臣赐优厚的爵禄,但禁止他们干政;排斥三公,加重原在皇帝左右掌管文书的尚书之权,全国政务经尚书台总揽于皇帝。在地方上废除掌握军队的都尉。种种措施,使东汉初年出现了社会安定、经济恢复、人口增长的局面,因此史称刘秀统治时期为"光武中兴"。

★汉光武帝渡河图

老当益壮的将军

LAO DANG YI ZHUANG DE JIANG JUN

★马援半身塑像

东汉王朝建立后，一些地方割据势力或加强兵备以自保，或纷纷归顺东汉政权。当时陇西隗嚣，自称西州上将军，是当时一股较大的割据势力。他占据着陇西、武都、金城、武威、张掖、酒泉、敦煌等各郡。他的手下还有一员大将，名叫马援，颇受他的赏识。

马援在王莽统治的时候，做过扶风郡（治所在今陕西兴平东南）的督邮。有一次，郡太守派他送犯人到长安。半路上，他看犯人哭得非常伤心，他动了恻隐之心，便把他们放走了，自己由此丢了官，逃亡到北地郡。后来他在北地郡发展起畜牧业和农业，不到几年工夫，马援成了一个大地主，有了牛羊几千头，还积蓄了几万斛粮食。但是，他并不想一直留在那里过富裕生活。他说："男子汉大丈夫，应该有远大志向。越穷越坚强，越老越健壮。做一辈子守财奴，太没有出息了。"此后，他把自己的财产分送给他的兄弟朋友。然后，他身穿羊皮缝制的衣服，脚穿皮革缝制的鞋，一个人上了路。

后来，他在王莽政权里任汉中太守。王莽失败后，马援听说凉州的隗嚣谦恭爱士，便投到了他的帐下。隗嚣对他十分器重，任命他为大将军，参与军中的决策。此时，公孙述在蜀称帝，隗嚣为决定去从，派马援去探听虚实。

马援与公孙述本为同乡，而且过去多有交往。马援以为这次见面定会握手言欢，没想到公孙述却摆起皇帝架子来，他装尽模样，做尽姿态，还表示要封马援为侯爵，并授予他大将军的官位。马援的随从宾客都很高兴，以为受到了礼遇，都愿意留下来。可马援却说："天下雄雌未定，公孙述不礼贤下士，这样的天下能长久吗？"于是，率众而归。马援回来后，对隗嚣说："公孙述乃井底之蛙，且妄自尊大，不如归顺汉朝。"

公元28年冬，隗嚣让马援带信到洛阳去见光武帝刘秀，刘秀在宣德殿接见了他，表示欢迎。马援归后，言于隗嚣说："光武帝有汉高祖遗风，是一代明君圣主。"据此，隗嚣决定投归东汉，并派儿子隗恂入汉为质，马援也带领家属一起到了洛阳。可是，后来隗嚣听信了部将王元的挑拨，想占据陇西，称王称霸，因而对东汉存有二心，处事狐疑。马援见状，多次写信，好意相劝。隗嚣却怨恨马援，认为他背离自己，见到信后愈发恼火，后来竟起兵抗拒汉朝。

光武帝即召见马援，马援详细地说出了自己设计的对付隗嚣的办法。光武帝便派马援率领5000骑兵来往于陇陕之间，游说羌族的豪长和隗嚣手下的将领高峻、任禹等人，向他们陈述祸福利害，做分化工作，但结果不甚理想。

公元32年，光武帝亲自统军讨伐隗嚣。军队到了漆县（今陕西彬县），不少将领认为前途情况不明，胜负难卜，不宜深入险阻，光武帝也犹豫不定，难下决心。正好马援奉命赶来，光武帝大喜，连夜接见，并将将领们的意见原原本本地告诉马援，征询他的意见。马援认为隗嚣的将领已有分崩离析之势，如果乘机进攻，定获全胜。说着，他命人取些米来，当下在光武帝面前用米堆成山谷沟壑等地形地物，然后指点山川形势，标示各路部队进退往来的道路，其中曲折深隐，无

★马援墓

★马援雕像

不毕现，对战局的分析也透彻明白。光武帝特别高兴，并定下进军决心。第二天，仅几个回合，隗嚣军主力便死的死，降的降，基本上被汉军消灭。而马援“堆米为山”成了战争史上的一个创举，并受到了光武帝的封赏。

马援关心国事，遇乱必平，见事必管，所奏之事又都出于公心，因而光武帝常常迁升他的官职，直到伏波将军。

公元 44 年秋天，马援从外面打仗回来，有人劝他说：“您已经够辛苦的了，还是在家里安心养老吧。”马援豪迈地说：“还不到时候，现在匈奴和乌桓还在骚乱，我正要向皇上请求保卫北方。男子汉大丈夫，应该效命疆场，马革裹尸，怎么能老呆在家里安享天伦呢？”

不久，匈奴和乌桓果然接连侵犯北方。汉光武帝派他去守襄国（今河北邢台西南）。匈奴和乌桓与马援刚一交手，便溃败而走，北方之乱很快被平定下来。可是，过不多久，南边五溪（在今湖南、贵州交界的地方）有一个部族，打到了临沅县，汉光武帝两次派兵征讨，都被五溪部族打败。为此，光武帝一筹莫展。这时，已经 62 岁的马援请缨上阵。光武帝瞧了瞧马援，见他的胡子已经花白，劝慰说：“将军老了，还是别去吧！”一听皇上说他老，马援说：“臣还能穿着铠甲上马，怎能言老呢？”光武帝让他试试，马援披甲持刀，飞身上马，手扶马鞍，四方顾盼，一时须发飘飘，神采飞扬，真可谓烈士暮年，老当益壮。光武帝见马援豪气不除，雄心未已，很受感动，笑着说：“好硬朗的老人家啊！”于是派马援带领中郎将马武、耿舒、刘匡、孙永等人率 4 万人远征武溪。马援的军队到了五溪，因为不适应南方的气候，有好些兵士中暑死去，马援自己也得了病。有人向汉光武帝挑拨是非，说是马援指挥错误。汉光武帝就派中郎将梁松去责问马援，并且去监督马援的军队。

梁松是汉光武帝的女婿，一向骄横自大。梁松的父亲原来是马援的朋友，马援看不惯梁松那股骄横劲儿，曾经批评过他，梁松从此记恨于心。这次，他来到五溪时，马援已经病死。但是梁松还不肯罢休，向汉光武帝告了一状，说马援不但指挥作战犯了错误，而且上次在南方的时候，私下里搜刮了大批珍珠。随马援一起出征的马武也跟着一起诬陷，说马援回家时确实装了整整一车珍珠。光武帝信以为真，下令革了马援的爵位，还要追查马援的罪。当时，正赶上马援的棺材运到家里，可马夫人不敢报丧，偷偷地把棺材埋在城外，连以前跟马援要好的朋友和宾客也不敢上马家吊丧。

为了洗刷马援的冤屈，马夫人亲自到宫里向汉光武帝去请罪，汉光武帝怒气冲冲地把梁松的奏章扔给她。马夫人一看到奏章，才知道丈夫受到了天大的冤枉。原来，马援在南方的时候，害了风湿症。有人告诉他，当地出产的薏苡（又叫米仁）可以治风湿。马援吃了一点，果然见效，回家的时候，叫人买了一批颗粒大的薏苡，用车装了回来。梁松、马武偷看过这些东西，便捕风捉影，把薏苡说成珍珠，告了马援一状，害得马援革了爵位，坏了名誉。马夫人一连六次向汉光武帝上奏章申诉，还有一个名叫朱勃的人，听到马援的冤屈，也给光武帝上了一道很长的奏章，奏章中历数了马援的赫赫战功，替马援申冤。汉光武帝看了马夫人和朱勃的奏章，才准许马家把马援安葬，也不再追查马援的罪。直到公元 78 年，肃宗派五官中郎将持节追封马援，谥忠成侯。

马援

马援（公元前 14 年—公元 49 年），字文渊，扶风茂陵（今陕西兴平东北）人，东汉著名的军事家。因功官至伏波将军，封新息侯。马援的祖先是战国时赵国名将赵奢，赵奢曾在阏与之战中大败秦军，功勋卓著，被赵惠文王赐号为“马服君”，自此，赵奢的后人便以马为姓。汉武帝时，马家从邯郸移居茂陵。马援的曾祖父马通，曾因功被汉武帝封为重合侯，但因为他的兄长马何罗谋反，马通受到牵累被杀。所以马援的祖父、父亲这两代家境势微，地位不显。马援有三个哥哥，他们是马况、马余、马员，都很有才能。

聪明豁达马皇后

CONG MING HUO DA MA HUANG HOU

东汉明德马皇后，生于建武十五年（公元 39 年），是伏波将军马援的小女儿。马皇后身材修长，婷婷玉立，袅袅花姿，面容姣美，眉清目秀，一头乌亮的长发，常梳成大髻，高盘在头顶，显得非常端庄秀美。马皇后不但容貌美，还善良贤惠，为后人称道。

马皇后虽是伏波将军的女儿，但在朝廷内争权夺宠的斗争中，她的家不得安宁，10 岁时父亲、哥哥、母亲相继去世，她忍着悲痛，和年迈的祖母一道支撑着这个不幸的家庭。马皇后聪慧勤劳，只是身体孱弱，常常生病。一次祖母请了一个算卦的人给马皇后算命，那算卦的人端详了马皇后一阵子，又要了她的生辰八字，然后说：“这个小姑娘虽常生小病，但没有什么事，日后必定会大福大贵。”她的祖母半信半疑，信的是她的孙女确实聪颖过人，容貌可人，颇具贵人相；疑的是，她的家现在连维持生活都难，连遭不幸，怎么敢想日后大福大贵呢？她的祖母很快又找了相士来给马皇后相面。那相士庄重地审视了马皇后一遍，然后就把目光停在了马皇后的脸上，说：“这个小姑娘富贵非同一般，他日后肯定会做国母。不过她也许不能生育，如果收养了别人的孩子，要比亲生的还亲呢！”马皇后祖母虽然心里大喜，但因命运多舛，还是不敢相信。

★玉夔纹韘形佩·东汉

★伏波将军马援像

马皇后的堂兄听说堂妹有贵人相，加之马家失势，常受权贵们的欺凌，便上书光武帝刘秀，请求让其妹入后宫。建武二十七年（公元 51 年）光武帝刘秀派人到马家为太子刘庄选宫女，一眼便选中了马皇后，这年马皇后只有 13 岁。

马皇后进宫后，做事小心谨慎，举止大方得体。对太子的母亲、光武帝阴皇后恭敬有礼，伺候殷勤，因此得到阴皇后的特别宠爱。中元二年（公元 57 年），光武帝刘秀去世，太子刘庄即帝位，称汉明帝，封马皇后为贵人。这时马贵人快 20 了，出落得越发漂亮，宛若出水芙蓉，且性格豁达，不妒不悍，汉明帝刘庄更加恩宠她了。但马贵人

张仲景著《伤寒杂病论》

张仲景，名机，南阳人，东汉末年著名的医学家。当时，战乱频繁，瘟疫流行，张仲景一家二百余人有三分之二死于瘟疫。张仲景抱着以医救世的信念，潜心钻研医学，终于写成了《伤寒杂病论》这一医学巨著，并附有医方，后人把它整理为《伤寒论》和《金匮要略》两部书，被人们称为医经，张仲景本人则被后人称为医圣。张仲景在医学上，不为前人的医书所束缚，敢于创新，他在长期的医学实践中，总结了汉以前人们在诊断和医治方面的经验，提出了望色、闻声、问症、切脉等四种诊断方法。在此基础上，张仲景又分析病状，辨阴阳、表里、虚实、寒热，初步形成了中医诊断学上的“八纲”理论，为中医临床医治奠定了理论基础，推动了医学科学的发展。

★张仲景像

★汉明帝刘庄像

还未曾生育，这时她姨姊妹贾氏也选入后宫，为明帝生了一个男孩，名叫炟，马贵人非常喜欢炟，没事便去逗他玩，明帝看到马贵人如此喜欢炟，就让马贵人收养他，说：“不一定亲生的儿子才亲，抱养的孩子，你只要爱他，还担心他将来对你不亲吗？”马贵人听后，心里非常高兴，明帝没有因她不生育而嫌弃她，还让她收养炟，她更感到了明帝对她的爱和器重。因此，她把全部的爱都倾注到炟身上，无微不至地照料炟，并教他识书达理，两人真比亲母子还亲。

马贵人进宫十多年，宫廷上下一片赞扬声，永平三年（公元60年），大臣们联名上奏，请立马贵人为皇后。阴太后对她也很赏识，就对明帝说：“马贵人温良恭俭，德冠后宫，我看她是最合适的皇后人选。”明帝本来就有此意，于是就下诏，立马贵人为皇后。

马皇后虽然获得了那个时代妇女所能得到的最高权力和荣誉，但她仍保持着克勤克俭的生活习惯，服饰不奢华。一次，后宫宫女见马皇后穿的长袍布料粗疏，疑是什么特殊的布料，都凑上前去仔细观看，才知道是极为平常的粗帛，禁不住互相笑了起来，马皇后解释说：“这种料容易染色，又较便宜，所以我用它来做长袍。”宫女们听了皇后的话，都肃然起敬。马皇后平时喜欢读书，闲来无事，手不释卷，能诵《周易》，好读《春秋》、《楚辞》，尤其喜欢董仲舒的著作。马皇后天资聪颖，才思敏捷，明帝常把大臣们的奏牍拿来让马皇后裁阅，马皇后每次都认真审阅，然后提出自己的意见，一切从社稷考虑，从不藏有私心，使明帝非常满意。

马皇后自己一直没有生育，这在当时对一个女人来说是莫大的遗憾，甚至是罪过，为此马皇后一直很内疚，感到对不起明帝的恩宠。每当她看到后宫中有漂亮聪慧贤静的宫女，就想办法引荐给明帝，明帝因此很感动。每遇明帝出去游玩，马皇后常常以身体不舒服加以推辞。一次明帝去游濯龙园，六宫妃嫔大多都去陪伴，唯独不见马皇后，妃嫔们因平时受马皇后的厚爱，也都惦着她，就请求明帝等候马皇后一同去，明帝笑着说：“皇后不喜欢玩乐，这是从小就养成的习惯，让她来她也不会开心的，不如由着她吧！”

马皇后不但贤惠俭朴，而且对朝廷的政治问题很有主见，分析透彻。永平十三年（公元70年），发生了楚王刘英之狱。刘英死后，明帝又命追查余党，大搞逼供，互相株连，嫌疑重者处死，嫌疑轻者罢官，案件一直追查了好几年也没有完结，受连累的人不知其数，一时朝野上下人心惶惶。见此情景，马皇后深为不安。一天晚上，明帝在马皇后宫中就寝，她就趁机规劝明帝：“陛下，朝中的事情我本不该议论，但楚王刘英之狱我想说几句。楚王英喜欢交游，他的朋友很多，但这些人不一定知道他想谋反，陛下现在抓了这么多人，里面有多少是确有其罪的，大家都搞得恐慌不安，朝廷如此，陛下又如何去治理国家呢？”马皇后娓娓道来，说得明帝连连点头，认为马皇后说得很有道理，而自己的行为是偏狭的，于是下诏命令重新审理楚王刘英之狱，使一些无辜的人得到平反昭雪。朝野上下对马皇后也更加敬重了。

马皇后公平无私，从不为娘家的人谋私利。永平十八年（公元75年），皇太子刘炟即位，称为章帝，年号建初。马皇后被尊为马太后。为了报答太后的养育之恩，章帝想加封太后的弟兄们为侯，被太后阻止了。第二年夏天，全国大部分地区发生了严重的旱灾，一些别有用心的官员为讨好马太后联名上书说：“天久旱不雨，是由于陛下不封外戚引起阴阳失调。请陛下依宗法，加封帝舅们为侯。”马太后听说后，非常气愤，下诏说：“这些上书的人都想献媚于我以谋求高升，他们讲的毫无道理。西京成帝时王太

★后汉明德马太后常教授诸小王《论语》经书，叙述平生，雍和终日。（《历朝贤后故事图册》，清，焦秉贞绘）

★白马寺(建于东汉明帝年间)

★铜弩机·东汉

后的5个弟弟同日封侯，当天黄尘漫天，一滴雨也没下；武帝时外戚窦婴、田蚡位宠身贵，横行不法，倾覆之祸，为世所传。我作为天下主母，不过身穿大练之服，吃饭也不求甘美，左右伺侯的随从只穿布衣，不用香薰花饰，这样俭朴，是为了给天下的人做个榜样。我的娘家人见了，并不理解我，反说我太寒酸。不久前经过濯龙园门口，遇见娘家的人，他们车水马龙，好不气派，连下面赶车的仆人都穿着绿色的绸缎，领、袖边镶着装饰。我当时并没有指责他们，不过我回来后就断绝了对他们的接济，希望他们能认识错误，悔过自新。但他们并不以为然，依然故我，不以国家大事为重，一味讲求享受。知臣莫若君，况且他们又是我的兄弟。我怎能上负先帝的旨意，下愧我马氏先人之德，重蹈西京败亡之覆辙呢！”太后仍不许封其兄弟们爵位。

章帝本想为帝舅们封侯的，那些大臣们也是领会他的旨意才上书的，不料太后不领情，章帝想亲自出面，说服太后。一次，他在太后面前长叹了几口气，太后问他：“你有什么心事吗？”章帝回答：“自汉朝建立，封舅氏为侯和封皇子为王一样，是天经地义的事。太后您总是谦逊，却让我愧对舅舅们。”太后笑了笑说：“这事我也考虑再三，如此决定是从你和你舅舅两方面的利益考虑的，怎么能说我为谦让的美名而让你蒙受有愧外戚的指责呢？景帝时，窦太后要封王皇后的哥哥，丞相周亚夫坚决不同意，因为高祖有誓言在先，无军功者，非刘氏不得封侯。现在我的兄弟们对于国家没有建立什么功绩，怎么能与中兴时阴、郭皇后的亲戚比呢？我常想那些富贵人家，本已高官厚禄，还图加爵封土，这就好比再次结果的树木一样，必然伤筋动根。现在我娘家祭祀用四方之珍品，衣食由朝廷供给，有什么不足还非要加封呢？我已考虑再三，主意已定，不会更改了。最孝顺的儿子，就应让父母放心。如今气候反常，农业歉收，粮价飞涨，人民衣食艰难，又加上匈奴不断搔扰，真是内忧外患，而你却把加封帝舅们当作大事，这样本末倒置岂不是让母亲伤心吗？等收成看好，年景好转，边境靖安时，你爱封他们就封吧！到那时，我再也不操心政事，带着孙子享清福了。”语重心长的一席话，听得章帝哑口无言，封帝舅的事暂停了。

为了倡导生产，马太后还在宫中设置纺织室，在濯龙园中植桑养蚕。建初四年(公元79年)由于政府励精图治和人民的努力，加上风调雨顺，全国农业取得了好收成，天下太平，章帝如约，又提起封帝舅的事，虽然马太后依旧推辞，但章帝决心已定。受封前，马太后将她的三个兄弟召到跟前，深情地说：“我年轻的时候，常常提醒自己，居不求安，食不贪饱，兢兢业业，希望以身作则，协助皇上把国家治理好，不辜负先帝的遗愿。也希望以此来影响你们兄弟，共承此志，使归天之日，死而无憾。”三个帝舅受封后就退去官俸回家闲居了。就在这一年，马太后因病逝世。

★汉明帝显节陵

楚王刘英之狱

CHU WANG LIU YING ZHI YU

倡导儒学

刘秀在王莽天凤年间，曾在长安向中大夫许子威学习《尚书》，略通大意。“及光武中兴，爱好经术，未及下车而先访儒雅。”“宫室未饰，干戈未休”，而先修太学，立五经博士十四家。刘秀还亲自参加学术活动，“每旦视朝，日仄乃罢，数引公卿郎将讲论经理，夜分乃寝”。刘秀倡导儒学，使东汉王朝初期朝野上下讲经诘义蔚然成风。刘秀之后的明、章两帝也颇崇儒学，明帝“十岁能通春秋”，章帝更是“少宽容，好儒术”，建初四年(79年)在洛阳北宫白虎观大集儒生，“讲论五经异同”，并由班固将会议记录整理成书，名为《白虎通德论》，或简称《白虎通义》、《白虎通》，儒学正式成为王朝钦定的正统思想。

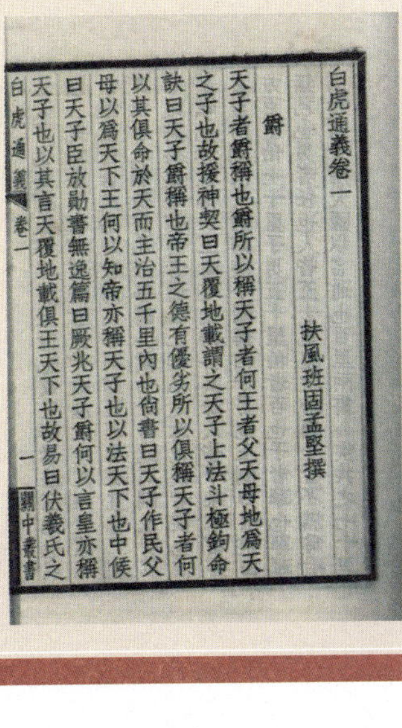

白虎通義卷一

扶風班固孟堅撰

爵

天子者爵稱也爵所以稱天子者何王者父天母地爲天之子也故援神契曰天覆地載謂之天子上法斗極鉤命訣曰天子爵稱也帝王之德有優劣所以俱稱天子者何以其俱命於天而主治五千里內也尚書曰天子作民父母以爲天下王何以知帝亦稱天子也以法天下也中侯曰天子臣放勛書無逸篇曰厥兆天子爵何以言皇亦稱天子也以其言天覆地載俱王天下也故易曰伏羲氏之

白虎通義　卷一　一　關中叢書

★《白虎通义》书影

刘英是光武帝刘秀的三儿子，生母是许美人。按照东汉的制度，天子后宫有皇后、贵人二等，此外设有美人、宫人、采女，这三等都没有爵位品秩，地位很低。刘秀另外十个儿子分别是郭皇后(后来被废)、阴皇后所生，这样，刘英在兄弟之中地位最低。后来，刘庄被立为太子，其他兄弟均不服气，唯独刘英主动结交他，因此深得太子喜欢，二人关系密切。刘庄即位后，封刘英舅舅的儿子为龙舒侯，还常常赏赐刘英。

★墓室壁画《乐舞百戏图》·东汉

早在建武十七年（公元41年)，刘秀就封刘英为楚王，建都于彭城(今江苏徐州)，封地八个县，人口四十二万，在十兄弟中封国规模是比较小的，但比沛王、任城王的封地大，况且这里是当年西楚霸王项羽的故都，也是汉高祖刘邦之弟刘交做楚王的地方，经济文化都比较发达。刘秀晚年时，又把邻近地区的两个县加封给楚国，这使刘英在兄弟十王中，实力也不算太差。

★玉螭龙纹柄洗·东汉

刘英年轻时行侠仗义，广交人才，后来爱好黄老之学，又信奉佛教。当时，佛教传入中国不久，刘英算得上历史上王公贵族中最早的佛教信徒了。

永平八年(公元65年)，汉明帝刘庄下令：全国的死刑犯均可用丝绸赎罪。刘英想试探明帝对自己宗教活动的态度，就派郎中令带三十匹黄白绸绢去见朝廷派来的楚国相，说自己被封在外地，有过多罪过，特送绸绢以赎罪，请国相转达他对皇帝恩德的感激。国相禀报明帝后，明帝下诏：“楚王诵黄老微妙之言，崇尚佛教的仁慈，斋食三月，与神为誓，何罪之有？”又把绢还给了楚王，以助事佛之用。明帝特将此事昭示各国，表彰刘英对朝廷的忠诚。

从此，刘英就有恃无恐地大交方术之士，培植自己的羽翼，还私下让人制作了金龟玉鹤，上面刻有谶语文字，再伪饰成上天降给自己的吉祥符瑞之物，利用社会上的迷信心理来蛊惑民众。

永平十三年（公元70年），有一个叫燕广的人到洛阳上告，说刘英与河北的王平、颜忠等人私自伪造谶语，有叛逆的阴谋活动。明帝派官员前往调查，结果情况属实。官员上奏道："楚王英招聚奸猾之徒，造作谶语，擅自封官定秩，设置诸侯王、公、二千石等官职，实属大逆不道，请诛之。"明帝以为与刘英本是兄弟，不忍处死，就废掉刘英楚王封号，迁往丹阳泾县（今安徽泾县），赐给五百户租税收入以维持生活。

刘英被迁至丹阳，失去了昔日王者的排场和威风，又处处受到朝廷的监督限制，哪里忍受得了？第二年便自杀身亡了。

刘英死后，明帝派光禄大夫代表朝廷前去吊唁，按烈侯礼节就地埋葬，同时封燕广为折奸侯，对刘英党羽严加追查惩治。这一案件折腾了一两年。因为被审讯者口供的涉及，从皇帝在京师的外戚、王侯到地方州郡豪杰，甚至还有办案子的官员，都被牵连进去，处死或流放了数千人，关在狱中的有几千人之多。

刘英生前交际广泛，还暗地里把他所知道的天下名士编了一部姓名录，他死后，这姓名录便落到

★东汉的铜轺车模型

了明帝手里，明帝便按名册逐一捉捕。名册上有吴郡太守尹兴的名字，结果不仅尹兴倒了霉，他手下的属官曹吏五百余人也都遭了殃，全都被抓到廷尉府里拷打审问。属官们受不了酷刑折磨，死了三百多人，只有负责文书的主簿梁宏等三人，受尽五毒之刑的折磨，皮肉都烂了，却咬牙不乱说。

刘英的同党颜忠、王平受不了严刑拷打，就胡招乱供了隧乡侯耿建、朗陵侯臧信、濩泽侯邓鲤、曲成侯刘建，这四人连呼冤枉，说生平连颜忠、王平的面都没见过。办案的侍御史寒朗心里怀疑，就让颜、王二人说出那四人的模样，结果说得全然不对。寒朗已知其中有诈，就不顾身家性命毅然向明帝报告此事，并指出案件所涉及的大多是这样被冤枉的人。明帝心中不快，反问道："既然如此，颜、忠二人为何把他们供出？"寒朗说："颜忠、王平自知罪不可赦，就故意诬陷他人，以求立功减罪。"明帝又质问道："既然如此，你为何不早奏？"寒朗答道："臣担心海内会另有人揭发这四人的奸情，所以等了数日，看看他们是否真清白。"明帝一听勃然大怒，说："你这人真滑头，说起话来两头堵！"说罢便喝令侍卫将寒朗拉下去打板子。

寒朗毫不畏惧冒死进谏："现在是拷一连十，拷十连百，越审犯人越多。公卿大臣在您面前都说犯人该杀，可回到家中却仰天叹息，没有不知他们是蒙受奇冤的，可谁也不敢冒灭族的危险来提醒陛下！"明帝有所醒悟，就命令让寒朗退廷。

退朝之后，马皇后也向明帝进言，楚王案件中无辜蒙冤的太多。这时明帝开始意识到诛除异己的做法太过分，他夜不能寐，披衣在殿中来回徘徊，一直到天明。

两天后，明帝亲自到洛阳监狱核审案犯，查出蒙冤者竟有一千多人。当时天大旱已有数月，忽然间大雨从天而降，仿佛上天也赞成皇帝的明智之举。

这时，又有楚郡太守袁安上奏，楚郡狱内犯人多属查无实据，明帝于是立刻下诏，将四百多家无辜之人释放出来。至此，楚王刘英之狱才算结束。

★斗牛画像石·东汉

班超投笔从军

BAN CHAO TOU BI CONG JUN

★班超像

公元 73 年，北方的匈奴又渐渐强大起来，他们打败了西域的一些国家，又对中原的汉朝虎视眈眈。为了打击匈奴的嚣张气焰，汉明帝派窦固率兵攻打匈奴，班超也在从征之列。作战时，他表现得非常勇敢，并具有一定的指挥才能，深得窦固的赏识，便派他和郭恂带 36 人去出使西域，联合那些被匈奴欺侮的国家。

班超是东汉大学问家班彪的儿子。东汉建立之初，汉光武帝命班彪整理西汉的历史，班超便同兄长班固、妹妹班昭，边向父亲学习文史知识，边帮父亲整理文史资料。班彪去世以后，汉明帝叫班固做兰台令史，继续完成他父亲所编写的历史书籍——《汉书》。班超跟着他哥哥做抄写工作，哥儿俩都很有学问，可是性情却不一样，班固喜欢研究百家学说，专心致志写他的《汉书》。班超觉得老伏在案头写东西，虚度了光阴。当他听到匈奴不断侵扰边疆，掠夺汉民和牲口，便扔了笔，气愤地说："大丈夫应当像张骞那样扬名塞外，怎么能把时间都泡进笔墨里呢？"此后，他决意从军，要用上战场的方式来报效国家。

这次，受窦固之命联络西域弱小国家，满足了班超扬名塞外的抱负。他们一行 36 人很快就到了鄯善国(在今新疆境内)。鄯善原来是匈奴的属国，由于匈奴逼他们纳税进贡，勒索财物，鄯善王对此十分不满。但是，几十年来，汉朝顾不到西域那一边，他只好勉强听命于匈奴，这次看到汉朝派了使者来，他便殷勤地接待，经常陪着他们谈天论地和发泄对匈奴的不满。

但没过几天，鄯善王又冷淡了下来，不仅没有以前那么热情，而且还很少与他们打照面。班超觉得奇怪，他预测到匈奴肯定有人来到了鄯善。这天，鄯善王的仆人送酒食来。班超装出早就知道的样子问："匈奴的使者来了几天啦？住在什么地方？"鄯善王和匈奴使者打交道，本来是瞒着汉朝使者的。那个仆人被班超一诈，以为汉使早就知道此事，只好老实回答说："来了三天了，他们住的地方离这儿 30 里。"

通过证实，果然未出班超所料。于是，班超把那个仆人扣留起来，立刻召集随从人员，对他们说："大家跟我一起来到西域，无非是想立功报国。现在匈奴使者才到几天，鄯善王的态度就变了。要是他把我们抓起来送给匈奴人，我们的尸骨也不能回乡了。你们看怎么办？"大家异口同声地说："您料事能中，我们听您的！"于是，班超便叫大家做准备，他说："不入虎穴，焉得虎子？现在只有一个办法，趁着黑夜，到匈奴的帐篷周围，一面放火，一面进攻。他们不知道咱们有多少人马，一定惊慌。只要杀了匈奴的使者，事情就好办了。"

于是，当天夜里，班超带属下悄悄来到匈奴使者的帐外，借着夜黑风高，吩咐 10 个壮士拿着鼓躲在匈奴的帐篷后面，20 个壮士埋伏在帐篷前面，自己同其余 6 个人

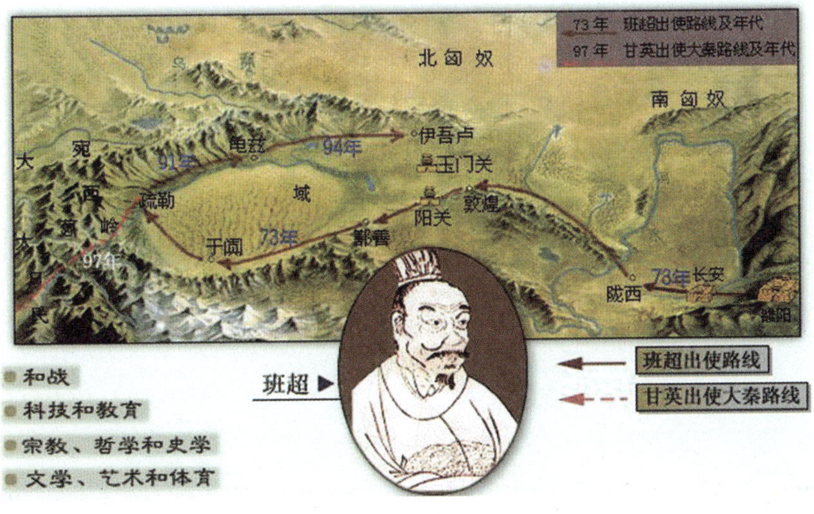

★班超出使西域路线图

★百戏俑·东汉

顺风放起火来。待火势渐起，10个人同时擂鼓、呐喊，其余20个人挥刀杀进帐篷。匈奴人一时惊起，也不知来了多少汉兵，晕头转向，找到门的被班固他们杀死，没挤出来的都葬身火海。鄯善王看到汉朝使者这样英勇机智，打消了原来惧怕匈奴的顾忌，承诺与汉朝交好，归附大汉。

窦固听了出使回来的班超讲述完全部经过后，他大喜过望，马上向汉明帝作了汇报，明帝也十分欣赏班超，便又命他和所属的人作为汉使继续出访西域其它各国。这次班超他们先到了于阗，但于阗国早已有匈奴的使者在监视，班超无论怎样晓之以理，动之以情，都未能说服于阗王。原来，于阗王见班超带的人少，对汉朝的能力产生了几分怀疑。所以，在接见班超他们的时候，他表示出不屑一顾的神态，并对班超提出脱离匈奴、与汉朝交好的要求以求得神示为借口进行推委。于阗王果真请来了巫师，那个巫师本来反对于阗王同汉朝友好，所以他装神弄鬼，煞有介事地对于阗王说："汉朝使者那匹浅黑色的马还不错，可以拿来祭神，这样神就可以给你指出一条明路。"于阗王派国相向班超去讨马。班超说："可以，叫巫师自己来牵吧。"巫师以为班超他们以被"神"震慑，便得意洋洋地到班超那儿来牵马。班超见巫师趾高气扬地进来，也未跟他搭话，猛然拔出刀来，将他砍为两段。接着，班超提了巫师的头去见于阗王，责备说："你要再迟疑不定，勾结匈奴，这巫师就是你的榜样。"于阗王这才杀了匈奴的监督使臣，归附了汉朝。

当时，由于匈奴的介入，西域各国都感觉到朝不保夕，加上匈奴人处处乱人国政，擅行废立。班超就此抑强扶弱，把匈奴人扶持的国主挤下台，恢复各国之间的正常秩序，同时也使这些国家都对班超感恩戴德，并表示愿臣服于汉朝。

公元76年，汉明帝死去，他的儿子刘炟即位，是为汉章帝。汉章帝即位后，召班超回国，但西域各国不愿他离去，都苦苦挽留，迫于各国的盛情，加上班超对异域的眷恋，他上书回复了汉章帝，表示继续留在西域，调理好各国之间和与汉朝之间的关系。经过了30年的不懈努力，西域有50个小国与汉朝通好和往来，班超也为这条丝绸之路得以维持和发展贡献了一生的精力。

鄯 善

鄯善，西域古国名。国都扜泥城(今中国新疆若羌附近)。东通敦煌，西通且末、精绝、拘弥、于阗，东北通车师，西北通焉耆，扼丝绸之路的要冲。产马、驴、驼等。鄯善本名楼兰国，旧都在楼兰城(遗址在今新疆罗布泊西北岸)。汉昭帝元凤四年(公元前77年)，汉遣傅介子刺杀其王安归，另立王弟尉屠耆，改国名为鄯善，始迁都于扜泥城。东汉光武帝建武十四年(公元38年)，鄯善王安遣使入朝贡献。上书请置都护，光武帝不允，鄯善只好向匈奴称臣。后来鄯善兼并了小宛、精绝、且末等小国，南道诸国唯鄯善、于阗最大。明帝永平十六年(公元73年)，汉明帝遣班超出使鄯善，恰好匈奴使者也尚在，鄯善王不知所从。班超杀匈奴使者，鄯善王遂降汉。

于 阗

于阗，古代西域王国，至唐代时为安西四镇之一。于阗地处塔里木盆地南沿，东通且末、鄯善，西通莎车、疏勒，盛时领地包括今和田、皮山、墨玉、洛浦、策勒、于田、民丰等县市，都西城(今和田约特干遗址)。东汉初，为莎车所吞并。汉明帝永平四年(公元61年)，贵族广德立为王，灭莎车，服从于阗。汉明帝永平十六年(73年)，汉军司马班超至于阗，广德杀匈奴使者降汉，班超以此为根据地，北攻姑墨，西破莎车、疏勒，于阗都出兵相助。

★刻花底部残片·东汉

窦宪骄横无度

DOU XIAN JIAO HENG WU DU

汉章帝章和二年（88年），章帝去世不久，有一天，在东汉京城洛阳发生了一起震惊朝野的暗杀事件，都乡侯刘畅竟然在光天化日之下被人刺死在宿卫军军营之中，凶手扬长而去，不见踪影。临朝主政的窦太后听说之后，急忙命令侍中窦宪调查此事，并叮嘱他一定要严拿凶手。窦宪经过一番调查，回报太后说："都乡侯的弟弟利侯刘刚一向跟他哥哥不和，这一次暗杀是他派人干的。"于是，太后下令把刘刚逮捕治罪。

对于此案的调查和处理，朝中官员甚至三公大人一开始都袖手旁观，不发议论。独有一个名叫韩棱的尚书胆大敢言，偏说刺客就在京师，与远在青州的刘刚没有关系。韩棱此议一出，立刻有人响应，太尉属官何敞要求亲自去调查此案。果然不出韩棱所料，何敞没费太大的功夫，就在京城捉拿到了凶手。经过一番拷问，凶手供出了幕后指使人，原来竟是侍中窦宪本人。窦太后知道事情真相后，一怒之下，下令将窦宪禁闭起来，交朝臣论罪。

★《石门颂》摩崖石刻·东汉

侍中窦宪为何要指使人暗杀刘畅，等待窦宪的又将是一个怎样的命运呢？

窦宪，字伯度，扶风平陵（今陕西咸阳市西北）人。据说窦宪家是个外戚世家，窦宪七世祖窦广国就以外戚身份被封侯；祖父窦穆、堂祖父窦固、父亲窦勋两代三人皆娶公主为妻。窦氏家族一时间气焰万丈，炙手可热。然而，泰极否来，祖父窦穆因作恶太多，被人告发，被捕后死于狱中。一损俱损，父亲连坐，被诛杀，窦宪兄妹突然间成了孤儿。在过了十几年平民生活之后，一个意外的喜事又改变了窦宪的命运。汉章帝建初二年（77年），窦宪的两个妹妹皆以才色而被选入宫中，大妹妹不但丰姿嫣然，举止优娴，而且工于心计，能曲承帝意，深得章帝宠爱，第二年就被立为皇后，她就是历史上有名的窦太后。一荣俱荣，窦宪因妹妹贵为皇后，自己也就平步青云，顷刻间由一般平民而担任皇帝的侍从郎官，再迅速升迁侍中、虎贲中郎将。大弟弟窦笃也被任命为黄门侍郎，兄弟俩人同掌宫廷卫队禁卫军的大权。

官居要职的窦宪，把祖父辈血的教训丢诸脑后，一味追求权势与享受，飞扬跋扈。当时，京城中的一些老外戚如阴、马诸家，甚至连诸王子、公主都让他三分。

★汉章帝刘炟画像

有一次，他居然欺侮到章帝的亲姐姐沁水公主头上。原来沁水公主有块田园被窦宪看中了，他强迫沁水公主把这块地贱价卖给他，公主只好忍气吞声地答应了。谁知，有人把这件事报告了章帝，章帝大怒，把窦宪痛骂一顿，说："国家抛弃你窦宪，就像甩掉一只小鸡和一只死老鼠一样！"并要治他的罪。窦皇后知道后，哭得像带雨梨花一般，穿着罪犯的服装，跪在章帝面前，苦苦哀求。章帝心里一软，才放过了窦宪。经过这次教训，窦宪才稍加收敛。

汉章帝章和二年（88年），章帝去世。即位的和帝只有十岁，由他母亲、年轻的窦太后临朝主政。窦宪以侍中的身份，参与机密决策，宣布皇帝诰命，权势之盛，几乎是一手遮天了。然而，天有不测风

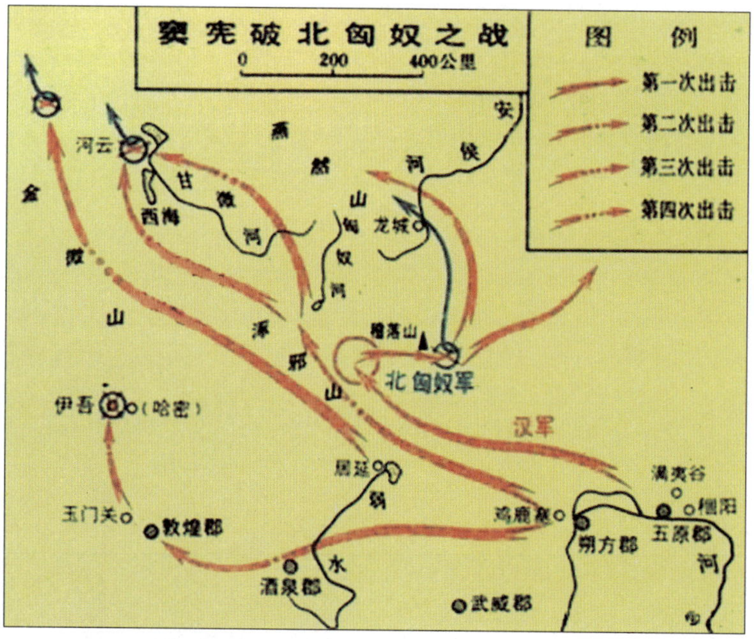

★东汉窦宪破北匈奴之战路线图

云，就在窦宪踌躇满志、春风得意之时，一个意想不到人物的出现，几乎断送了他的前程，此人便是齐武王刘演的孙子都乡侯刘畅。原来在章帝去世时，各地王侯都来京城吊丧，刘畅趁此机会，有意托人结识了窦太后。此人仪表堂堂，又能曲意奉承，很快使得到了寡居的窦太后的宠爱。刘畅受宠，成了窦宪的一大心病，他害怕刘畅分了他的权势，就萌生了暗杀的念头。于是，便出现了本篇开头的一幕。

★鲜于璜石碑·东汉

身遭禁闭的窦宪，知道自己劣迹甚多，不孚众望，一旦交由朝臣论罪，必死无疑，就多次恳求太后让他率兵北伐匈奴，希望通过立功来赎免自己的死罪。窦太后虽然深恨哥哥心狠手辣，杀了自己的情人，但人死不能复生，况且自己以太后身份临朝主政，毕竟有许多不便之处，也需要哥哥这样的亲人来出头露面，处理朝政事务。于是，便同意了窦宪的请求，任命他为车骑将军，统帅军队北征匈奴，戴罪立功。

孰不知，窦太后的这一决定，不仅使窦宪得以绝处逢生，还为他获取燕然勒碑奇功提供了一个机会。

汉和帝永元元年（89 年）三月，窦宪正式率师出塞北征。大军翻过涿邪山后，窦宪派出精兵一万余骑，先头出击稽落山（今蒙古国西南部）北匈奴骑兵，北匈奴单于依仗人多势众，毫不示弱，带着人马掩杀过来。一时间，稽落山上尘土飞扬，杀声震天。双方从中午一

郑众封侯

郑众少年进入官门，当时汉明帝刘庄在位。皇帝见这个小宦官聪明伶俐，办事勤快，便令他去侍奉太子刘炟。郑众年幼入官，身为皇室奴隶，举目无亲，虽有悲哀孤独之感，但他也看到了希望，那就是好好地侍奉主子，取得荣华富贵。于是，他便将太子刘炟当成自己依靠的亲人。他日夜伴在太子身边，出入进退不离左右，凡太子欢喜之事，都尽力为之，很快就被太子依为心腹。永元十八年（公元 75 年）八月，汉明帝刘庄患病死去，太子刘炟即位，是为汉章帝。其时窦太后主持朝政，太后的哥哥大将军窦宪等人篡取了权力，满朝大臣都去依附他们。只有郑众一心忠于王室，不阿谀奉承他们，和帝很宠信他。及至窦宪兄弟图谋不轨，郑众就带头谋划，诛杀了他们。因为这功劳，郑众升任大长秋，功绩记入了史册。皇帝的赏赐，他每每是推辞的多，接受的少。因此皇帝常和他商议国家大事，宦官掌权就是从郑众开始的。永元十四年（102 年），皇帝念及郑众的大功，封他为剿乡侯，食邑一千五百户。

★三段区段式神兽镜·东汉

★陶船·东汉

直战到夜幕降临，汉军斗志旺盛，越战越勇，北匈奴的骑兵终于乱了阵脚。单于身经百战，还从未遇到过如此拚死力战的军队，眼看大势已去，便带着少数贴身亲兵，趁着夜幕夺路北逃。北匈奴兵失去主将，也都各自逃命去了。

窦宪得到前锋部队取得稽落山大捷的消息之后，便亲率大军追击单于及各部匈奴兵，一直追到漠北私渠比鞮海(今蒙古国杭爱山南部)，斩杀北匈奴小王以下一万三千余人，掳获马、牛、羊、骆驼等牲畜一百多万头，迫使北匈奴前后共八十一部落二十余万人归顺东汉王朝，取得了北征匈奴的辉煌胜利。

战役结束后，窦宪登上高高的燕然山(即杭爱山)，眺望无垠的原野，心情难以平静。昔日单于龙庭之地，今日终于被他窦宪指挥的大军所踏平，他为自己这次得以获取不世之功、威声大振漠北而由衷地感到高兴。为纪念这次出塞三千余里胜利北征的旷古功业，窦宪当即命令属官在山上刻石颂功，碑文由他的好友、当时任北征军中护军、著名史学家班固来撰写，这便是留传千古的《封燕然山铭》。班固在铭文中以磅礴的笔势叙述了窦宪率军北征建立奇功的经过，热情赞颂此次北伐消弭了匈奴长期侵扰之患，使北部边塞重获安宁的丰功伟绩。

燕然勒碑之后，窦宪班师回朝。军队刚到五原郡，就接到了朝廷的文书，窦宪被升为大将军，封武阳侯，食邑二万户。窦宪不知是为了沽名钓誉，还是自觉此奇功自己是以待罪之身获取的，不便接受过多的封赐，他只接受大将军之职，却坚决辞去武阳侯之封。随同北征的各位属官也都得到升迁。

两年之后，又是一个风和草长的阳春三月，窦宪经窦太后批准，再次率师北征。东汉大军星夜兼程，出塞几千里，迅速包围了单于王庭所在地金微山(今阿尔泰山)。单于没想到窦宪的大军会追踪到此地，由于猝不及防，汉军一冲击，匈奴军队就溃不成军了。单于慌忙中被流箭所伤，硬是咬牙忍痛逃命，最后死在西逃的途中。北匈奴从此被赶出了蒙古高原。

燕然勒碑和金微山奇袭，两次赫赫战功使窦宪威名大盛，势倾朝野。他自以为自己根基已经稳固，忘记了以前的教训，又开始肆无忌惮地作威作福起来。他让三个弟弟都进位公卿，并在朝廷内外广布心腹，公卿百官都惧怕他的威势，不敢不依附于他。窦家的奴仆，也狗仗人势，在京师一带杀人越货，掠人妻女，横行不法。

就在窦宪势力发展到极盛时，不想有个不怕死的尚书仆射名叫乐恢的，竟上书弹劾窦家，其言大意是说："现在陛下已长大成人，可以掌管朝政了，四个皇舅不应该再干涉过多，免得天下人说闲话。如果四个皇舅能自谦引退的话，便能永保自己的爵位和封地，皇太后也无愧于刘家的宗庙。"然而，窦宪见了乐恢的上书，并未受到任何触动，反而叫太后下一道命令，让他缴印归里了。

当窦宪沉溺在自己权势的威福之中，他的外甥和帝已一天天长大了。和帝对自己舅舅的专权跋扈越来越难以容忍。据说有一次，和帝召见窦宪。窦宪进朝堂时，群臣居然对他下拜，口称万岁。和帝见此情景，十分震惊，心想如此下去，刘家天下就要变成窦家的了，于是决心要铲除窦宪。

汉和帝永元四年(92 年)四月的一天，趁窦宪班师回京师之际，和帝利用宦官郑众掌握的一部分禁卫军发起袭击，将窦宪一党一网打尽。窦宪先是被革职，接着被迫自杀。曾经不可一世的窦宪及其家族势力从此被消灭了。

★『宜子孙』金饰·东汉

★马踏飞燕·东汉

张衡和地动仪

ZHANG HENG HE DI DONG YI

★张衡像

汉章帝在位期间，国家兴盛，政局稳定，社会安宁，两度派班超出使西域，使得西域地区重新称藩于汉，与汉明帝共称“明章盛世”。但由于过分抬高儒教，致使一些官员求虚丢实，开始腐败。且章帝过于放纵外戚，导致汉和帝时期外戚专权。汉章帝死时，继承皇位的汉和帝才10岁，窦太后临朝称制，让他的哥哥窦宪掌握了朝政大权，东汉王朝的开明政治从此结束，转而进入腐败和黑暗，汉家天下也从此由盛世走向衰退。

但是，无论宫廷的政治斗争如何激烈，此期的农业生产和科技领域并未因此受到太大波及。在这个时期，出现了我国四大发明之一的造纸术，也出现了发明地动仪的科学家张衡。

张衡是南阳人。十七岁那年，他离开家乡，先后到了长安和洛阳，在太学里用功读书。当时洛阳和长安都是很繁华的城市，城里的王公贵族过的是骄奢淫逸的生活。张衡对这些都看不惯。他写了两篇文学作品《西京赋》和《东京赋》（西京指长安，东京指洛阳），讽刺这种现象。但是张衡的特长还不是文学，他特别爱好数学和天文研究。朝廷听说张衡是个有学问的人，召他到京里做官，先是在宫里做郎中，后来担任了太史令，叫他负责观察天文，这个工作正好符合他研究的兴趣。

在当时，人们对一些自然现象还没有正确的认识，因而常为一件现在看来很小的事情发生争论。比如，当时的人们有的认为天圆地方，说天是一张伞盖，上面有日月星辰，罩在大地上。但张衡经过观察研究，他断定地球是圆的，月亮是借太阳的照射才反射出光来。他指出：整个天就像一个鸡蛋，形状跟蛋壳一样圆；地好比是蛋黄，位于天的中间，就像蛋壳裹着蛋黄那样，被天包围着；而整个天和地，都是气支撑着浮在水面上的；南极和北极整整相差半个圆周，天的旋转正像滚动的车轮一样，不会停止。

张衡还认为宇宙是无边无际的，天体每天绕地旋转一周。张衡的这种浑天说表达了古人时空无限的观念。为了使自己的浑天说得到人们的认可，张衡还制作了演示浑天学说的仪器——水运浑象仪，上面刻着日月星辰等天文的现象。他设法利用水力来转动这种仪器。据说什么星从东方升起来，什么星向西方落下去，都能在浑天仪上看得清清楚楚，对传播浑天说起到了重要作用。

另外，在我国古代，一些地区经常发生地震，给人畜造成伤亡，房屋建筑造成程度不同的损毁。尽管人们焚香祷告，但仍无济于事。而对于这一自然现象，又没有合理的解释。所以，一有地震的发生，便使人们处于极度惶恐之中。作为太史令的张衡，不能不对之予以高度重视。张衡经过六年的努力，终于创制了世界上第一架测定地震方位的仪器——候风地动仪。

古籍上记载说：“地动仪以精铜制成，圆径八尺，合盖隆起，形似酒樽。”下有圈足，上覆隆起的圆

★候风地动仪

★张衡博物馆正门

入下方铜蛤蟆口中，相击发出声响，从而作出某一方向发生地震的报告。

盖，直径约1.94米，高约2.72米。仪体周围，铸有尾上头下的八条龙，按东、南、西、北、东北、东南、西北、西南八个方向排列。龙嘴衔一铜球，龙头下方，坐着一只向上张口的铜铸三足蛤蟆。仪体外部表面铸有山、龟、鸟、兽等饰物，刻有八卦篆文。仪体内部中央，立一根铜制的"都柱"，围绕都柱有八条滑道即"八道"。八道中装有八组可以受都柱推动的杠杆"牙机"，穿过仪体，连接龙头的上颌。

都柱是关键部位，它是近代地震仪中倒立式震摆的祖型，二者的原理完全一致。地震发生时，地震波从震中传来，如果其强度足以使都柱倾倒，直立在仪体中的都柱由于惯性作用，可能倒向震中方向或与之相背的方向。都柱倾倒后，落入滑道，推动牙机杠杆，使仪体外的龙头张开上颌，所衔铜球，落

公元138年2月3日这一天，安放在京都洛阳的地动仪，西面一条龙嘴里的铜球"当啷"一声掉在了蛤蟆口中。这一现象告诉人们：西方某地发生了地震。但是，住在洛阳的人当时并没有什么震感。于是人们议论纷纷，怀疑地动仪测定的准确性。可是过了几天，陇西地方（今甘肃临洮县）传来报告，就在地动仪龙口吐球的那天，陇西发生了地震。陇西西距洛阳有几千里之遥，京都人士无不惊叹地动仪的准确。这是有史以来人类第一次测定的地震记录。

东汉封建统治者为了加强他们的统治地位，把谶纬神学作为正统思想，强迫人们信奉。"谶纬"是以封建迷信来解释经书典籍，是穿凿附会、用来预卜吉凶的一种学说。它的基本思想是宣扬"王权神授"、"天人感应"等唯心思想。这些腐朽的唯心主义思想理所当然地受到了当时一些进步的思想家如扬雄、桓谭、王充、张衡等人的抵制和反对。因而，张衡也常遭到排挤和打击。公元139年，张衡请求告老还乡不准，又被调到朝中做尚书，但只任职一年便辞世，终年61岁。

★张衡墓

张衡

张衡（公元78—139年），字平子，东汉时期伟大的天文学家。诞生于南阳郡西鄂县石桥镇（今河南省南阳市城北五十里）一个破落的官僚家庭。祖父张堪是地方官吏，曾任蜀郡太守和渔阳（今河北省蓟县一带）太守。张衡幼年时候，家境已经衰落，有时还要靠亲友的接济。贫困的生活使张衡学习更加刻苦努力，也培养了他坚毅的性格。当时的南阳是经济和文化都很发达的地区，有"南都"之称。张衡在这样的环境熏陶下，加上他自幼好学不倦，在青少年时代就已经为后来从事文学和科学事业打下了良好的基础。

由于家中的经卷典籍慢慢地不能满足张衡的求知欲望，于是从16岁开始，他便离乡游学，广结学者名流。他曾到汉朝故都长安一带，游览了当地的名胜古迹，考察了周围的山川形势、物产风俗、世态人情。后来他又到了当时的都城洛阳，就读于最高学府——太学，并由此成为学识渊博的学者。

★张衡铜像

梁鸿携妻隐深山

LIANG HONG XIE QI YIN SHEN SHAN

梁鸿，字伯鸾，生于官宦之家。父亲梁让在新莽政权建立以前被封以修远伯的高爵。王莽新朝短命，几年后，天下大乱，梁让举家逃难，途中他得病死去。梁让一死，昔日的官僚家庭就此衰落，成了一个赤贫户。梁鸿的母亲在无可奈何的情况下，丢下了年幼的梁鸿和尚未掩埋的丈夫的尸体，独自离开了梁家。少小的梁鸿，顿时陷入了举目无亲的状况，只得用一张破席草草地埋葬了父亲。战乱与家庭的变故给小梁鸿的心灵以极大的震撼。世态炎凉，人情冷暖，深深地刺痛了梁鸿的心，这对他成年后淡泊名利性格的形成有很大的影响。

为了能自力更生，梁鸿不得不离开北地到当时的京师长安谋生和求学。作为西汉帝国和新莽政权政治、经济中心的长安，也是全国的文化中心。当时，全国的最高学府——太学，就设在这里。梁鸿到达长安后，无依无靠，不免踯躅街头。尚幸他父亲昔日的几位故吏见此情景，向他伸出了援助之手，既给他解决了衣食困难，还通过关系将他送入了太学学习。在太学读书的太学生，几乎全是贵族官僚和富家子弟，个个穿戴阔绰，一掷千金。唯有梁鸿衣着破旧，经常为温饱发愁。这样，不免招来了那些纨绔子弟的嘲笑和欺凌。这给梁鸿的心灵又带来极大的创伤，看透了荣华富贵的虚幻性，使他萌发了逃避尘世的念头。

★梁鸿与孟光塑像

梁鸿结束在太学的学业后，就在长安郊区的皇家林苑——上林苑中牧猪为生。一次失火，烧坏了邻居的房舍，梁鸿把自己养的猪全部送给了邻居作为赔偿。邻居不满意，认为抵不了损失，梁鸿诚恳地说："家里再没值钱的东西了，让我给你做佣工偿还损失吧。"邻居答应了，梁鸿于是起早摸黑，劳作不辍。乡邻们见梁鸿如此卖力，想必不是一般人，于是纷纷责备他的主人。主人不得已，把猪还给梁鸿，梁鸿辞而不受，回家去了。

梁鸿回到家乡后，耕种自给，读书养性，并无什么惊人之举。天长日久，他的学问、人品还是显露了出来。特别是他在上林苑中牧猪及失火为人作佣的一段逸事不胫而走，传入扶风，使得很多人慕其高洁，见他已届而立之年，都遣人来提亲，争抢这位隐士为婿。梁鸿岂能看中那些庸俗脂粉，他一概加以拒绝。

★神兽纹玉樽·东汉

扶风县有一户姓孟的人家，虽不是高门贵族家庭，然却靠经商，聚积了不少钱财，算得上是当地数一数二的富家。孟家有一女儿，粗眉大眼，身材矮小壮实，肤色黧黑，可谓姿色俱无。这副容颜本来就使她的婚姻成为困难，但她偏又自视甚高，说了几个都没有成。

孟女几次拒婚以后，再也没有人敢登门求亲了，及至三十岁时，仍是待字闺中。父母终于失去了耐心，问她："女儿，你到底要嫁个什么样的夫婿？"女儿不假思索地应声而答："我要嫁个像梁伯鸾（梁鸿，字伯鸾）一样的贤士！"父母以为自己听错了，请她又说了一遍，又以为是女儿灰心之极说的气话，但女儿神色安详，哪像是在生气

★彩绘陶仓楼·东汉

呢！父母都认为女儿的这个念头荒唐之极，绝无实现的可能。

万万没想到，梁鸿听到这个消息后，竟请人来下聘礼。孟家人喜出望外，满口答应，又唯恐梁鸿反悔，很快议定了嫁娶之期。孟家女儿知道后，当然也高兴，但并没有像她父母那样乐昏了头，而是有条不紊地准备陪嫁的物品。

待到成婚之日，孟女被人打扮得花枝招展，头上珠宝金银，身上丝织衣服闪闪发光，脚穿青丝鞋。一路吹奏弹唱，好不热闹。然而，婚后一连七日，梁鸿一言不发。第八天早上，孟家女来到梁鸿面前，恭恭敬敬地行过礼，然后对他说："妾早闻夫君贤名，立誓非您莫嫁。夫君也拒绝了许多家的提亲，最后选定了妾为发妻。妾深感荣幸！婚后，夫君默默无语，使妾诚惶诚恐。想必是妾犯了重大过失，如此，请夫君治罪。"梁鸿听罢，带着一种不满的神情说："我一直希望自己的妻子是位能穿麻、葛制作衣服的人，并且能与我同甘苦，能够与我一起隐居到深山大泽之中。而现在你却穿着名贵的丝织品缝制的衣服，涂脂抹粉、梳妆打扮，一副贵夫人模样，这哪里是我理想中的妻子呢？"

孟女听了，不但不恼，反而欣然作喜，对梁鸿说："我这些日子的穿着打扮，并不是我的初衷，我只是想验证一下，夫君是否真是我理想中的贤士。其实妾早就备妥了劳作的服装与用品。"说完之后，便将头发卷起来，穿上麻布衣服，架起织机，动手织布。梁鸿见此，又惊又喜，连忙走过去，笑容满面地对妻子说："你是我梁鸿真正的妻子！"他怀着尊敬的心情，为妻子取名为孟光，字德曜，意思是她的仁德如同光芒般闪耀。

自从梁鸿妻子换上麻布衣服，亲自纺纱织布以后，夫妇互敬互爱，男耕女织，在家乡度过了一段平静的日子。一天晚饭后，当梁鸿像平时一样拿起书本时，孟光拉住了他的手，用深情的目光注视了他好久好久，弄得梁鸿疑惑不解。这时，孟光用低沉的声音对梁鸿说："妾早就知道夫君要遁世归隐，避开尘世的烦恼。但为何我们至今还不走？难道夫君还要向世俗低头，委屈自己去入仕吗？"梁鸿猛然惊悟，忙说："贤妻说得好，此处无甚可留恋的，我们即刻归隐吧。"于是就在当天晚上，夫妻二人忙碌了一个通宵，收拾行装，将必须的生活用品打包装点，第二天天刚亮，夫妻二人背着包袱，踏着未尽的月色，悄悄地进到了霸陵(今西安市东北)山中，过起了与世隔绝的隐居生活。

在霸陵山深处，他们就着岩石，用枯树枝和茅草搭起了能遮风避雨的草棚，在山谷中开垦出了一片土地，种上了小麦等作物。白天，他们共同劳动；夜晚，梁鸿就着火边或诵读经书，或赋诗作文，或弹

梁鸿诗

梁鸿诗今存3首，俱载《后汉书》本传。《五噫歌》仅五句，每句后有一"噫"字感叹，为楚歌变体，写登北芒山望京城宫殿豪华，感慨"人之劬劳兮，噫！辽辽未央兮，噫"，讽刺章帝劳民伤财，患害不尽，表现出对国家人民的深切关心和忧伤，是一首大胆批判现实的优秀作品。诗中很特别地连用五个感叹词"噫"句，表现了强烈的愤慨。《适吴诗》是骚体，作于南逃途中。诗中抒写志业蹉跎的孤愤，尖锐指责谗言得用，是非颠倒。《思友诗》则是在吴思念旧友的短歌，也是骚体诗。

★梁鸿读书

琴自娱。孟光则或缝衣纳鞋，或夫弹妻唱，抒发他们对前代高士的仰慕之情和不为利禄所染的高洁品格。

霸陵山山势并不幽深、险峻，更不是无人涉足之地。梁鸿夫妻隐居于此山的生活终于被外人知道了，昔日平静、恬然的日子再也无法保持，经常有人慕名前往寻找他们。有人是去向梁鸿请教经书中的疑难问题，有人是去询问为人处世的哲理，有人则是去请梁鸿出来为官主政，有人更是怀着好奇的心理去观看他们的生活情况……看来霸陵山已不是梁鸿夫妻生活隐居的世外桃园了。因此，夫妻二人决定从地处人口稠密的关中搬往人烟稀少的关东地区继续隐居。

他们东出潼关，取道京师洛阳。看到洛阳城中巍峨、富丽的宫殿群，想到沿途所见老百姓生活的艰难，不禁对刚刚建立不久的东汉统治者有些不满与失望，梁鸿作了一首《五噫之歌》，讽刺统治者追求享乐，浪费民力。当时在位的是东汉王朝第三代皇帝章帝刘炟。章帝得知这首歌后，龙颜大怒，传令各地捉拿梁鸿夫妻二人。好在梁鸿夫妻有意隐藏自己的行踪，终于没有落入官府之手。尽管如此，梁鸿也不得不改名换姓，与孟光跋涉千里，在远离洛阳的齐鲁地区找到了一片属于他们的乐土，继续过着他们理想中的生活。

★鸿隐堂（原是梁鸿故宅）

★鸿山三墓之梁鸿孟光墓

但是，齐鲁也并非梁鸿所希望的净土。过了几年，他们隐居的行踪又被世人发现，并最终传到了朝廷。由于时光的推移，虽冲淡了章帝的雷霆之怒，但章帝并没有完全忘记这个曾经不与自己合作，却还攻击朝政的逸民。他向地方官吏传下圣旨，表示只要梁鸿愿意到朝中任职，以往的言行均不予追究。梁鸿深知一首《五噫之歌》给章帝的阴影始终不会抹去，即使自己能得到皇帝的垂青，至多也不过是拿自己来为封建统治者装点门面，欺骗世人而已，自己的志愿是万万不可能实现的了。因此，当征召

★青釉刻花陶壶·东汉

他入京的官吏正在寻找他时，他已偕妻离开了齐鲁，南下到了吴地（今江苏境内），像当时许多劳动者一样，成了依附于世家豪族的徒附。梁鸿一家住在当地大族皋伯通家宅的廊下小屋中，靠为人舂米过活。皋伯通开始倒未留意这个舂米人是何等人物。一天，他偶然看见梁鸿妻子孟光给梁鸿送饭，只见妻子恭恭敬敬地走到丈夫面前，低头不敢仰视，把装饭的盘子高举齐眉，请丈夫进食。皋伯通大吃一惊，心想：一个雇工能让他的妻子如此守礼，那此人一定是个隐逸的高人。他立即把梁鸿全家迁进他的家宅中居住，并供给他们衣食。

梁鸿已上了年纪，干体力活渐渐力不从心了，皋伯通热情款待他一家，又非常知趣，没盘根问底，梁鸿也就安心在皋家住下了。他晚年利用这段衣食不愁的宝贵时光，潜心著述。他在写作过程中，为自己定下了两条原则：一是不是前代高士的著作不作评定注释；二是不涉及抒发自己志向的内容不写成文字。因此，他的作品，均是发前人所未发的独具匠心之作。

蔡伦造纸

CAI LUN ZAO ZHI

汉安帝

刘祜（公元94—125年），清河王刘庆之子，汉章帝之孙。公元106年，仅过百天便被立为皇帝的汉殇帝夭折，邓太后征立刘祜嗣皇帝位。刘祜遂入京即位，是为汉安帝，时年13岁。即位之初，邓太后总揽政权。公元121年2月，邓太后去世，安帝开始亲政，时年已28岁。

安帝掌权后，其乳母王圣、亲信宦官李闰，遂与邓氏争权，诬告邓太后的哥哥、大将军邓骘和宦官蔡伦等图谋废立，安帝遂下诏查办，邓氏遭灭门之灾，蔡伦自杀。邓氏既败，宦官李闰、江京及安帝乳母王圣等，遂即参与朝政，皇后阎氏的兄弟亦封侯拜将，参与朝政。于是，自汉安帝开始，宦官、外戚共掌朝政。

★汉安帝像

★蔡伦像

在纸张出现以前，人们都用缣帛或竹、木简写字。“缣贵而简重，不便于人”。至西汉时，出现一种原始纸，人们在漂洗丝絮时，经常在篾席上揭出一层薄絮，可以书写，人称絮纸；漂麻时，也有类似发现，称为麻纸。这种原始纸张，既不常用，数量也少，而且块片小，不方正，使用时易折断。

东汉时期的蔡伦发现这种纸后，认为这种纸比竹片、木简要轻便很多，完全可以替代原来的书写用具，便十分留心解决这种纸脆、易断裂的难题。后来，经过学习、请教和反复试验，最终造出了服务于人类的纸张——蔡侯纸。

蔡伦虽然对人类文明的发展有所贡献，但后世对他的评价却是毁誉参半。本来对学问渊博且对科技制造方面有独到之处的蔡伦来说，成为一名科学家完全可以让他受益终生。但由于他一直处在宫廷政治斗争的漩涡中，又因自己处在宦官的位置而受人驱使，因此也就铸就了他悲剧的命运。

蔡伦原是桂阳郡宋阳（今湖南宋阳）人，出身于普通农民家庭的蔡伦，从小随父辈种田，但他聪明伶俐，很会讨人喜欢。汉明帝永平十八年（公元75年）蔡伦被选入洛阳宫内为太监，当时他约15岁。他读书识字，成绩优异，于建初元年（公元76年）任小黄门（宦官中的

★蔡侯纸残片

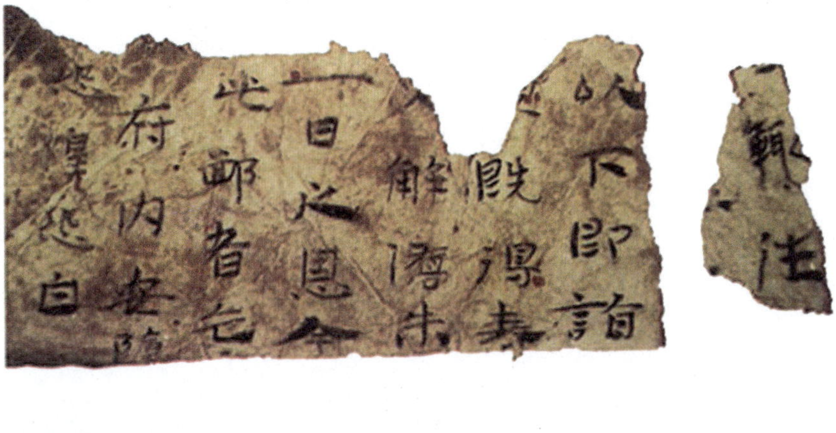

★蔡伦墓

一种较低职务）。此后作黄门侍郎，并被窦太后看中，收为心腹。当时正宫窦太后无子，为了达到永不失宠的目的，她指使蔡伦诬陷章帝妃宋贵人“挟邪媚道”，逼令她自杀。宋贵人所生太子刘庆被贬为清河王。窦后又指使人投“飞书”（匿名信）诬陷章帝妃梁贵人，强夺其子刘肇为养子并立为太子。章帝于公元 88 年病死，10 岁的刘肇登基，为和帝，由窦太后听政。蔡伦因功被提拔为中常侍，随侍幼帝左右，参与国家机密大事，地位与九卿等同。东汉时期宦官干预朝政，也正由此开始。

公元 97 年，临朝称制的窦太后死去，汉和帝亲政。和帝立邓绥为皇后，蔡伦立即投靠邓皇后。邓绥喜欢舞文弄墨，蔡伦为投其所好，甘心屈尊兼任尚方令（主管宫内御用器物和宫廷御用手工作坊），在此期间，每有空闲，他就闭门谢客，亲自到作坊进行技术调查，学习和总结工匠们多年积累的造纸经验，改进造纸工艺，利用树皮、碎布（麻布）、麻头、鱼网等原料精制出优质纸张。蔡伦高兴地奏报朝廷，邓皇后十分欣喜，她很清楚这种纸的价值，命令蔡伦扩大造纸作坊，推广造纸，这种新的造纸工艺很快流传开来，而所造出的纸也得到了广泛的应用。

公元 105 年，和帝夭折，邓后所生百日婴儿继位，不到二年又卒。邓后再立 13 岁皇侄刘祜嗣位，是为汉安帝。刘祜是清河王刘庆之子，但由于他即位初期仍由邓太后把持朝政，蔡伦继续受到重用，被封为“龙亭侯”（封地在今陕西洋县），从此进入贵族行列。

公元 121 年，正当蔡伦权位处于顶峰之际，邓太后一命归天，百官奉安帝亲政。蔡伦则因为当初受窦后指使参与迫害安帝皇祖母宋贵人致死、剥夺皇父刘庆的皇位继承权而被审讯查办。蔡伦自知死罪难免，于是自尽而亡。

蔡伦一生在内廷为官，先后侍奉 4 个幼帝，投靠两个皇后，节节上升，身居列侯，位尊九卿，却以惨死告终。但他在主管尚方期间，经常亲临现场做技术调查，他又极富创新精神，对发展当时的金属冶炼及加工、机械制造工艺等方面起了很大的推动作用，被称为东汉时期的科学家而留名后世，并得到了史学家的首肯。

★东汉制纸工艺流程图

杨震之死

YANG ZHEN ZHI SI

汉和帝虽然比不上汉光武帝、汉明帝和汉章帝，但毕竟还能够体察民情、励精图治，也算得上是一个开明的君主。到汉和帝末年，全国人口增加到五千三百多万，已经接近了西汉时期的最高水平。这样，在汉和帝做皇帝的时候，东汉政权已经发展到全盛时代的顶点，从而推动中国封建社会前进了一大步。

元兴元年(公元105年)，汉和帝因病去世。他十岁即位，在位十七年，仅仅活到二十七岁。皇后邓氏跟大臣们商议，拥立汉和帝的儿子刘隆即位，就是汉殇帝。汉殇帝是嫔妃生的，并不是邓皇后的亲生儿子。他即位的时候，只有一百天，还是个婴儿。于是，大臣们便尊邓皇后为皇太后，请她临朝执政。谁知到第二年八月，汉殇帝也夭折了。邓太后跟她哥哥车骑将军邓骘商量，又立清河王刘庆的儿子刘祜为皇帝，就是汉安帝。当时，汉安帝只有十三岁，大臣们只好请邓太后继续临朝执政。

这位邓太后，是汉光武帝的功臣、大司徒邓禹的孙女。她自幼饱读诗书，很有学问，跟从前的马太后差不多。她临朝以后，注重教化，提倡节俭，并多次下诏减免赋税徭役，把国家的公田转交给少地无地的贫民、流民耕种，既改善了广大农民的生产条件和生活条件，又增加了国家的收入，安定了社会秩序。为了治理好国家，她还极力网罗人才，对各地推荐的有真才实学的人委任要职。有一个叫杨震的名士，就这样被选拔到朝廷上来了。

杨震，字伯起，弘农华阴县(今陕西省华阴县)人。他的八世祖杨喜，曾跟随汉高祖平定天下，被封为赤泉侯。他的高祖父杨敞，在汉宣帝时期做过丞相。他的父亲杨宝，喜欢研究学问，一辈子没有做过官。杨震受他父亲的影响，自幼聪明好学，博览群书，后来终于成为当时著名的儒学大师，号称“关西孔子杨伯起。”

★杨震像

★“三鳝学堂”里杨震与书童的塑像

邓骘听说杨震很有才能，先推荐他做荆州刺史，后来又调他到东莱(今山东掖县)当太守。杨震去东莱上任的时候，正好路过昌邑县。当地的县令王密，恰巧是杨震任荆州刺史时推荐做官的。大概是为了向杨震表示感谢，王密就在半夜里去拜见他，还献上了十斤黄金。杨震很生气，对他说：“我了解你是怎么一个人，你怎么不了解我呢？”王密悄悄地说：“深更半夜的，也没有人知道，请您收下吧！”杨震不由得板起面孔，责备王密说：“天知，地知，你知，我知，怎么能说没有人知道呢？”王密听了很羞愧，只好把黄金带回去。杨震做了几年太守，从来没有接受过别人的贿赂，更不用说贪污自肥了。有人劝告杨震做官应该替子孙着想，为他们置买下丰厚的产业。杨震却笑着说：“让后人称他们是清白官吏的子孙，给他们留下一个好名声，这份财产还不够丰厚吗？”

汉安帝元初四年(公元117年)，杨震被调到京师，先担任太仆，不久又升任太常。后来，邓太后见杨震为人正派，为官清廉，就拜他为司徒。那时候，汉安帝已经二十六岁了，可邓太后仍然不肯把朝政大权交给他。原来，汉安帝小的时候很聪明，长大了却只知道吃喝玩乐。邓太后眼瞧着汉安帝靠不

邓太后

邓太后名绥，是太傅邓禹的孙女。其父邓训，任护羌校尉；母亲阴氏，是光烈皇后阴丽华的堂侄女。邓绥于章帝建初六年(公元81年)生于洛阳。永元七年(公元95年)，十五岁的邓绥被选入宫中，她身高七尺二寸，容貌秀丽，深受和帝的宠幸。次年冬被立为贵人，永元十四年(公元102年)，邓绥被立为皇后。

和帝在世时未立皇太子，原因是长子平原王有重病，而前前后后有十几个皇子很早就死了，于是后来生的皇子就悄悄地隐藏起来，在民间抚养。元兴元年(公元105年)十二月，和帝去世。邓皇后就把刚出生一百天的少子刘隆接回立为皇帝，是为殇帝。朝廷尊邓皇后为皇太后，临朝称制。

自光武帝以来，不少人以妖法罪关进监狱，窦氏家族不少人也因为窦宪之罪被关押。邓太后临朝之初，就下诏将这些人免罪。她还规定除了供奉陵寝家庙之外，稻米、粟米都不得精舂细择，每天早晚间只吃一顿有肉的饭，过去掌管膳食的太官和掌管酿酒的汤官每年花费二万万钱，此后每年才用数千万钱。邓太后认为，上林苑中驯养的大批鹰犬为奢糜无用之物，下令将其全部卖掉。同时，还下令宫中裁撤三十九种画工，停止金银器、珠玉器等珍奇玩物的制造。

当时，皇宫中宫女甚多，不少人年老体弱不能胜任使役。邓太后让人登记其姓名，亲自到北宫增喜观看她们，告诉她们愿留者可在宫中安度晚年，不愿留者则赐其钱帛，遣送出宫，遂有宫女近百人根据自愿的原则被遣送。

汉殇帝继位八个月后卒，邓太后定策迎立清河王子刘祜嗣位，是为汉安帝，邓太后仍临朝称制。由于接连有大丧，百姓苦于劳役，邓太后命令将殇帝的康陵规模减小了十分之九。

1 邓太后为了防止其家族依仗权势不守法度，给司隶校尉暨河南尹下诏，让他严查外戚宾客挟势恣横、欺压黎民者，不准袒护，加以严惩。

邓太后临朝称制时期，可谓内忧外患。从延平元年（公元106年)开始的十余年内，全国发生了大范围的水旱灾害。邓太后下诏减免赋税，赈济灾民，将皇家苑囿及公田分给灾民，让其耕种，减少百官及州郡县官吏俸禄。这一时期，边裔也很不安定。在西部，诸郡羌人暴乱，攻入关中、汉中、益州，并进入赵、魏；在北部，南匈奴、鲜卑、乌桓诸族暴乱，攻入代郡(今山西大同东)、上谷(今河北北部)、涿郡(今河北涿县)；在东部，张伯路起事，攻滨海九郡；在西南，永昌、益州、蜀郡夷起事，烧城夷地。邓太后以铁的手腕平定了这些叛乱。

同时，邓太后也很重视文化建设，将一批博学通儒封为博士，诏谒者刘珍及五经博士校定东观五经、诸子传记，整理脱误，订正文字。

永宁二年(公元121年)二月，邓太后患病，一个月后去世，与和帝合葬于顺陵。

住，就把河间王刘开的儿子刘翼封为平原王，让他留在京城里。汉安帝的奶妈王圣，宦官李闰、江京，认为邓太后要改立平原王刘翼做皇帝，于是经常在汉安帝面前说邓太后的坏话。这么一来，朝廷上就分成了帝、后两派。杨震是邓太后提拔上来的，自然站在邓太后一边，反对跟汉安帝亲近的那一帮人。

建光元年(公元121年)，邓太后去世了，汉安帝亲自执掌了朝政大权。王圣、李闰、江京，还有从前受过邓太后惩罚的人，纷纷向汉安帝进谗言，诬告邓太后曾经跟她的兄弟叶侯邓悝、西平侯邓弘、西华侯邓阊等人阴谋废黜汉安帝，改立平原王刘翼做皇帝。汉安帝便以此为借口，罢免了邓悝等人的职务，让他们去做平民。他们查不出邓骘有什么过错，但仍然罢免了他的官职，打发他回自己的封邑去。邓骘非常气愤，跟他的儿子邓凤一块儿绝食自杀了。邓悝的儿子邓广宗、邓阊的儿子邓忠，还有邓骘的叔伯兄弟河南尹邓豹、度辽将军邓遵、将作大匠邓畅，也全都自杀了。平原王刘翼吓得回到河间，把自己关在家里，谢绝会见宾客，才没有被处死。

汉安帝灭了邓家这门外戚，马上把阎皇后的兄弟阎显、阎景等人提拔上来，让他们掌管禁卫军。他还拜江京、李闰为中常侍，封他们为列侯。樊丰、刘安、陈述等宦官，跟江京、李闰是同党，也都请来参与朝政。汉安帝的奶妈王圣和她的

★绿釉陶狗·东汉

女儿伯荣，也随便出入皇宫，为所欲为。杨震给汉安帝上书，劝他亲近君子，远离小人，跟王圣、伯荣断绝来往，让她们搬到皇宫外面去居住。汉安帝不但不听杨震的话，反而把杨震的信拿给王圣她们看。这么一来，王圣等人就跟杨震结下了冤仇。

王圣母女俩有汉安帝撑腰，胆子越来越大。没过多久，伯荣又跟一个叫刘环的皇族子弟私通，后来又做了刘环的妻子。汉安帝为了讨王圣母女俩喜欢，就拜刘环为侍中，封他为朝阳侯。杨震对此极为不满，又向汉安帝上书说："从前高皇帝跟大臣们订立过盟约，没有功劳的不能封侯。如今刘环没有任何功劳，仅仅因为娶了阿母（指王圣）的女儿，既做了官又封了侯，这实在是不符合汉朝的制度。请陛下鉴镜既往，莫失体统。"汉安帝不但把杨震的话当作耳旁风，反而对他更加厌恶了。

延光二年（公元 123 年），杨震被免了司徒，担任了太尉。汉安帝的舅父大鸿胪耿宝向杨震说情，为李闰的哥哥求官，被杨震当场拒绝了。后来，阎皇后的哥哥执金吾阎显为他的亲戚要官，也被杨震拒绝了。这么一来，那些宦官和外戚就更加痛恨杨震了。

汉安帝跟他的奶妈王圣越来越亲热，还封王圣为野王君，给她在洛阳城里兴建了一座豪华的住宅。樊丰、周广、谢恽等宦官也乘机上下其手，把朝政搞得乱七八糟。杨震没有办法，只好再次向汉安帝上书。他说："如今天灾流行，百姓空虚，国库匮乏，怎么能花费那么多的钱财为阿母兴建府第呢？樊丰、周广、谢恽招揽贪赃枉法的小人，跟他们分威共权，倾动朝野，这不是黑白混淆、清浊不分吗？究竟应该怎么办，请陛下好好想一想吧！"汉安帝仍然不听杨震的劝告。

★杨震墓冢

第二年（公元 124 年）春天，樊丰、周广、谢恽甚至还假传诏书，调用国库的钱粮木材，建住宅、修花园。杨震了解真实情况后，赶紧写好奏章，准备向汉安帝告发。樊丰等人听到信儿，急忙跑到汉安帝那儿去诬告杨震。他们说："杨震从前是邓太后的心腹，一贯对陛下有怨恨之心。"汉安帝本来对杨震不满，即刻以此为借口，罢免了杨震的职务，收缴了他的太尉印绶。杨震只好把自己关在家里，谢绝宾客。樊丰等人仍然不肯罢休，又撺掇已经升任大将军的耿宝去劝说汉安帝，要求把杨震赶出京城。汉安帝言听计从，当真下了诏书，打发杨震回老家华阴去。

杨震带着家小，动身走上回华阴的路。他的门生们听说了，纷纷为他送行。杨震走到洛阳西门外的夕阳亭，十分感慨地对门生们说："有生必有死，死又何足惜？只是我身为三公，却不能诛灭奸臣，替天下除害，还有什么脸面再见百姓呢？我死了以后，求你们给我做一个杂木棺材，用块布盖住我的形体，把我埋葬了就行了。"说完，杨震喝毒药自杀了。送行的门生和过路的人，都悲痛得放声大哭。

杨震之死，是东汉政权转向黑暗腐朽的标志。从此以后，外戚与宦官交替掌权，把皇帝当作任意摆布的傀儡，东汉的统治就更加一天不如一天了。

汉殇帝

★汉殇帝像

元兴元年（105 年）正月的一天夜里，东汉朝廷正在进行着一场令人啼笑皆非的即位典礼。一个出生满 100 多天的婴儿被母亲抱着，坐上了龙椅帝位。这个小皇帝就是和帝的小儿子刘隆。刘隆登基时候刚刚好出生满 100 天，是为汉殇帝，改元"延平"。朝政由外戚邓氏掌权。可怜一个婴儿皇帝汉殇帝，只做了 8 个月的皇帝。当延平元年（106 年）八月辛亥日，汉殇帝得了场大病就死在襁褓之中了。死后葬于康陵。汉殇帝是中国帝王中即位年龄最小、寿命最短的皇帝。

宦官十九侯

HUAN GUAN SHI JIU HOU

杨震死后不久，江京、樊丰等宦官又串通阎皇后，把太子刘保废除了。

原来，阎皇后虽然长得漂亮，甚得汉安帝宠爱，但就是没有生儿子。后宫里有一个李妃，却偏偏生了一个男孩，就是刘保。阎皇后心里非常嫉妒，在刘保出生不久就把李妃害死了。但是，汉安帝没有别的儿子，后来也只好立刘保为太子，把他交给一个姓王的奶妈抚养。野王君王圣害怕王奶妈将来夺去自己的地位，指使江京、樊丰把她暗杀。太子刘保思念奶妈，背地里时常流眼泪。江京、樊丰担心遭到报复，就跟阎皇后捏造了种种罪名，要求汉安帝废除太子。汉安帝听信谗言，果然下了一道诏书，把太子刘保废为济阴王。

太仆来历得到这个消息，急忙联合宗正刘玮、将作大匠薛皓等十几个大臣，一块儿去上朝，请求汉安帝收回成命。汉安帝大发雷霆，马上让樊丰向来历等人传达诏书，威胁他们说："朕不顾父子的恩爱，废太子为济阴王，完全是为了国家。你们不识大局，聚众闹事，表面上好像是忠于朝廷，实际上却是贪图日后能得到富贵，这难道符合臣下侍奉君主的道德吗？朝廷广开言路，才免了你们的罪过。谁要是再固执己见，迷途不返，就绳之以法，决不轻饶！"

这一下，可把大臣们给吓坏了。薛皓首先打了退堂鼓，对其他大臣说："咱们还是按皇上说的办吧。"来历很气愤，不由得板起面孔，斥责薛皓说："我们事先约定好了，一块儿来劝谏皇上，怎么能随便改变主意呢？我们这些做大臣的，坐的是朝廷的公车，管的是国家的大事，难道能这样反复无常吗？"可是，薛皓等人害怕受连累，还是悄悄地溜走了。最后，只剩下来历一个人，仍然坐在皇宫的大门外面，不肯离去。汉安帝很生气，马上下令罢免了来历的官职。

★鸟兽铭文带规矩镜·东汉

第二年(公元 125 年)春天，汉安帝刚废除太子刘保不久，就带着年轻漂亮的阎皇后，还有他的大舅子阎显和樊丰、江京等宦官，一块儿离开洛阳，到南方出游玩。谁知他乐极生悲，刚走到南阳一带，就突然害病死了。当时，他只有三十二岁。

汉安帝一死，阎皇后和阎显、樊丰、江京等人全都吓慌了手脚。他们在一块儿悄悄地商议道："如今皇上在半路上晏驾，而济阴王还在京城里，要是让大臣们知道了，抢先立了济阴王，咱们回去可就要遭殃了。"于是，他们就压住汉安帝死亡的消息，匆匆忙忙地返回洛阳。阎皇后打算自己临朝，便挑选

熹平石经

东汉初就设有太学和州郡学，到汉顺帝时扩大京师太学，此后太学生增至三万余人。汉灵帝又在京师鸿都门内设学校，称"鸿都门学"，凡会辞赋绘画书法的人都召来入学。皇帝还勒令三公、州郡辟用他们，有的人一出仕就被任为高官，封赐勋爵。嘉平四年(公元 175 年)汉灵帝命令"正定六经文字"，让蔡邕用古、隶、篆三种书法，书写《尚书》、《周易》、《诗》、《仪礼》、《春秋公羊传》和《论语》等书，刻碑立于太学门外，称"熹平石经"碑，作为学生学习的标准课本。碑立之初，每天来参观和摹写的人拥挤不堪，车辆多达一千余辆。经过东汉统治者的提倡，儒家思想的统治地位进一步巩固了。

★熹平石经残石拓本

★汉顺帝刘保像

汉章帝的孙子、济北王刘寿的小儿子北乡侯刘懿做皇帝。她自己被尊为皇太后。

阎太后掌握了朝政大权，马上任命她哥哥阎显为车骑将军，让他辅助朝政。那时候，汉安帝的舅父耿宝，早已升任大将军，在朝廷上占有举足轻重的地位。阎太后、阎显嫌耿宝碍事，就唆使别的大臣弹劾耿宝跟中常侍樊丰、周广、谢恽和野王君王圣结党营私、大逆不道。耿宝被罢免了官职，不久自杀了。王圣和她的女儿伯荣被充军到雁门。樊丰、周广、谢恽这几个宦官，被关进监狱里活活地拷打死了。于是，阎太后就提拔阎显的弟弟阎景为卫尉、阎耀为城门校尉、阎晏为执金吾。这么一来，朝廷上又都换成阎家的人了。

可惜好景不长，北乡侯刘刚刚即位二百来天，突然害了一场大病，眼看就要活不成了。有一个叫孙程的宦官，跑到济阴王刘保的心腹长兴渠那儿，悄悄地对他说：“济阴王本来是先帝的嫡长子，并没有犯什么过失，只因为先帝听信谗言，才把他的太子废了。要是北乡侯好不了，咱们先把江京、阎显他们抓起来，再立济阴王做皇帝，肯定会成功的。”他们两个商量好了。孙程又串通了王康、王国等十八个宦官，一块儿对天发誓，决心翦灭阎家的势力，拥立济阴王刘保做皇帝。

没过几天，北乡侯果然死了。阎显、江京等人奏明阎太后，打算再从济北王或者河间王的儿子中间找一个小孩儿做皇帝。趁他们还没有准备好的时候，孙程等十九个宦官却抢先发动政变，率领人马占领了皇宫。当时，江京、李闰和他们的同伙刘安、陈达等人正坐在皇宫外面，听候阎太后、阎显的安排。孙程、王康带领卫兵冲过去，当场把江京、刘安、陈述等人杀死了。他们知道李闰在朝廷上还有一定的威信，可以利用他带个头，就把刀架在李闰的脖子上，威胁他说：“如今我们要拥立济阴王即位，请你替大家作主，决不允许动摇！”李闰吓得趴在地下直磕头，哪里还敢不答应？于是，李闰就按照孙程等十九个宦官的吩咐，召集文武百官上朝，共同拥立济阴王刘保即位，就是汉顺帝。当时，汉顺帝只有十一岁，也是一个小皇帝。

那时候，阎太后和阎显、阎景还被围困在后宫里，吓得不知怎么办才好。有个叫樊登的宦官，给阎显出主意说：“事到如今，只有请太后下诏书，把外面的军队调进来，兴许还有点儿希望。”阎显听了樊登的话，赶紧挑选了一个可靠的心腹，让他偷偷地溜出去，把一个叫做冯诗的将军骗进宫来。阎显对冯诗说：“孙程他们立济阴王，并没有得到太后的同意。如今皇上的玉玺还在太后手里，只要您肯替太后效劳，就封您做列侯。”阎太后还拿出印信来，对冯诗说：“谁能捉住济阴王，就封谁做万户侯；谁要是能捉住李闰，就封谁做五千户侯。”冯诗假装答应，请求放他出去，让他好多带一些人马来。阎显信以为真，立即打发樊登跟随冯诗到外面去调集军队。可是，冯诗刚走出大门，就喝令手下的人把樊登捆绑起来，把他活活地打死了。

阎显的弟弟卫尉阎景，冒险逃回卫尉府，赶紧带领人马来搭救阎显、阎太后。有个叫郭镇的尚书，是掌管皇帝符节的。他眼看着有危险，急忙率领禁卫军截住阎景的人马，向阎景大声喝斥道：“不许造反！我这里有皇帝的诏书！”阎景好像发了疯似的，恶声恶气地反问道：“你有什么诏书？”说完，他举起手中的大刀，向郭镇的头上砍去。郭镇闪开身子，一剑击中了阎景。左右连忙冲过去，把阎景捆绑起来。当天晚上，阎景就被送到监狱处死。

最后，孙程等人捉住了阎显和他的弟弟阎晏、阎耀，把他们一律判了死刑。他们还让汉顺帝下诏书，派人收缴了阎太后手中的玉玺，把她软禁在别的宫殿里。汉顺帝感恩图报，把孙程、王康、王国等十九个宦官全都封了侯，这就是“宦官十九侯”。

★杜安居玉印·东汉

★右牧官印·东汉

跋扈将军梁冀

BA HU JIANG JUN LIANG JI

汉桓帝

刘志（公元132—167年），章帝曾孙。公元146—167年在位。父蠡吾侯刘翼，刘翼死后，袭爵为侯。本初元年（公元146年），质帝崩，梁太后命其兄大将军梁冀迎刘志入南宫即位，是为汉桓帝。梁太后临朝听政，外戚梁冀掌握大权。延熹二年（公元159年），桓帝依靠宦官单超等诛大将军梁冀，并翦除其党羽。以功封单超、徐璜、左悺、唐衡、具瑗为列侯。自此，朝政转入宦官之手。由于宦官肆虐，残害百姓，激起官僚士大夫的不满。公元166年，世家豪族与太学生联合反对宦官，结果李膺等200余人被捕，形成第一次党锢之祸。由于国家财政匮乏，遂公开卖官鬻爵，政治愈加腐败。桓帝本人爱好佛事，荒淫游乐无度，宫女多达五六千人。

★汉桓帝像

★汉和帝像

★汉质帝刘缵像

汉章帝对外戚过于宽容，他一改光武帝和明帝严格禁止外戚和宦官参预朝政的政策，宠爱皇后窦氏，重用窦后之兄窦宪，又优待宦官，使外戚和宦官这两股腐朽势力从此登上东汉王朝的政治舞台，引起了宫廷内部的斗争。公元88年，汉章帝病逝，立10岁的刘肇为帝，是为汉和帝，由母后窦太后执政。窦太后排斥异己，让弟弟窦宪掌权，只要窦家有人犯法，窦太后就会出面庇护。窦氏的专横跋扈，引起汉和帝的不满。公元92年8月间，汉和帝联合宦官郑众将窦氏一网打尽，但从此进入了宦官专权时期。

东汉王朝进入中期，皇帝大都早死，自汉和帝起，几乎都是幼主登基，继而是太后临朝听政。但限于当时封建礼教和皇室的礼俗，年轻的太后不便于接触朝中大臣，加之对政事不甚明了，只好借助于娘家的父兄来协助处理政务。这些外戚自恃亲贵，骄横跋扈，无视幼主，朝中大臣也大都趋炎附势，唯命是听。幼主长大后，又不甘外戚擅权，但朝中百官无依托之人，只得接纳身边的宦官，这些宦官帮助皇上夺回政权，诛杀外戚，自然受到皇帝的器重，因而也就演变为宦官专权。如汉和帝时的窦太后临朝和汉质帝时的梁皇后临朝，都是由外戚和宦官轮流把持朝政。

公元125年，东汉第七个皇帝汉顺帝即位，外戚梁家掌了权。梁皇后的父亲梁商、兄弟梁冀先后做了大将军。梁冀十分骄横，他胡作非为，公开勒索，完全不把皇帝放在眼里。公元144年，汉顺帝去世。梁冀先立了一个两岁的冲帝刘炳，但只过半年就死了。他又立了质帝刘缵，汉质帝当时八岁，他看梁冀独断专行，把谁都不放在眼里，很气愤，有一天在朝堂上，他当着文武百官面，指着梁冀说："大将军是个跋扈将军。"

★梁冀像

梁冀听后，恼怒不已，他想：这么小就敢指责我，大了恐怕很难摆弄。于是，他嘱咐内侍把毒药放在饼子里端给汉质帝。汉质帝吃后便觉得难受，召太尉李固来问："吃了饼子，肚子闷，口干喝点儿水还能活吗？"梁冀抢着说："不能喝，喝了恐怕要吐。"梁冀结结巴巴地还没说完，汉质帝就疼得倒在地上翻滚起来，痛苦的哭叫声逐渐微弱，不一会儿就咽了气。可怜的质帝，在位仅仅1年时间便夭折了。

梁冀害死了质帝，又从皇族里挑了一个15岁的刘志继皇帝位，是为汉桓帝。汉桓帝即位后，梁皇后成了梁太后，朝政全落在梁冀手里，梁冀更加飞扬跋扈。他为了自己享受，大兴土木，造了很多亭台楼阁，把洛阳近郊的民田都霸占下来，建造梁家的私人花园。梁冀还有一个嗜好，就是爱养兔子。他在河南城西造了一个兔苑，命令各地交纳兔子，还把从各地征来的兔子都烙上记号，谁要是伤害梁家兔苑里的兔子，就得被处死。期间，有个从西域来洛阳经商的人不知道这个禁令，打死了一只兔子。为了这只兔子，梁冀竟诛杀了10多个人。

梁冀还利用手中的权力强取豪夺。他命令手下抓来几千个良家子女给他充当奴婢，让手下人明查暗访有钱的人家，一经查到就把这个富人抓来，随意栽赃陷害，然后再命他们拿钱赎罪。当时，有个叫孙奋的人，家中很殷实。梁冀知道后，开始敲诈孙奋。他送给孙奋一匹马，接着向他借钱5000万。孙奋被他逼得没办法，给了他3000万。谁知梁冀过于贪婪，3000万根本满足不了他的胃口。他吩咐官府把孙奋抓起来，诬说孙奋的母亲是他们家逃出来的奴婢，偷去大量珍珠、金子，他要追讨。孙奋不肯承认，被梁冀指使恶奴活活打死，财产也全部被没收。

梁冀位高权重，虽然臭名昭著，但朝臣们只是敢怒不敢言，百姓更是把他比做活阎王，既恨又怕。由此，他翻手为云，覆手为雨，每天兴风作浪，使百姓在血雨腥风中熬过了20余年。梁冀由于大权在握，也根本不把桓帝放在眼里，桓帝对他的所为虽有耳闻，但上上下下都有他的耳目，无法对他下手，也只得睁一只眼闭一只眼。但是，此时梁冀却把黑手伸向了桓帝所亲近的人。一次，梁冀派人暗杀桓帝宠爱的梁贵人的母亲，但刺客被捉，供出了实情。汉桓帝知道后，忍无可忍，便密召单超等五个与梁冀有怨仇的宦官，趁梁冀不防备，发动羽林军1000多人，突然包围了梁冀的住宅。

这时的梁冀像丧家犬一样威风扫地，他知道此劫难逃，只好服毒自杀。而梁氏一族也由此遭到了灭顶之灾。有的被处死刑，有的遭流放。朝廷上下，梁冀的爪牙、心腹300多人全被撤了职，朝堂几乎为之一空。

汉桓帝没收了梁冀家的家产，一共值钱30多亿，这笔钱相当于当时全国一年租税的半数。被梁家占用的花园、兔苑的民田，还给农民耕种。汉桓帝论功行赏，把单超等5个宦官都封为侯，称做"五侯"。从那时起，东汉政权又从外戚手里转到宦官手里。

★绿釉陶俑·东汉

★四神图案"徐尊"铜印·东汉

★绿釉陶猪圈·东汉

★梯形圆角形陶灶·东汉

党锢之祸

DANG GU ZHI HUO

★李膺像

李膺

李膺（公元110—169年），字元礼，颍川襄城人，出身于东汉时的官僚地主家庭。他个性孤傲，不爱随意与人交往，惟独与同郡人荀淑、陈定为师友。由于他学问高，为人正直，在社会上的名气很大，一般人都以能与他交往为荣。李膺饱读诗书，满腹经纶，能传授学业，能带兵打仗，曾为司徒胡广所看中，历任青州刺史和渔阳太守等职。公元169年，第二次党锢之祸时，有人劝李膺逃走。李膺回答说："临事不怕危难，有罪不避刑罚，这是做臣子的气节。我年已60，死生听从命运，往哪里逃呢？"他自动赴狱，被拷打而死。妻子徙往边远地区，他的父兄、门生、故吏均受牵连下狱。

桓帝时，由于"五侯"把持朝政，他们以铲除梁冀为不世之功，便开始欺上瞒下，为所欲为，甚至卖官卖爵。一时间，从朝廷到全国郡县，都有他们的亲信。这种"子弟亲戚，并荷荣任"的现象，严重阻碍了儒生的仕途，两者之间的矛盾日益加深。另外，那些世代为官的官僚势族也有着众多门生故吏，他们以"清流"自许，以封建纲常的卫道士自居，他们对依靠宦官得势的臣子或不屑一顾，或嗤之以鼻。因而又形成了宦官与官僚士族的矛盾。三者之间的矛盾，实际是儒生、官僚与宦官的对立。那些以儒学为正宗，凭着举孝廉、征辟、策对等正经渠道做官的官僚士大夫便会利用各种机会、各种场合去议论时政、品评公卿，或相互标榜、激扬名声。这种"清议"对当时的政治腐败多少起到了一些激浊扬清的作用。不过，他们的所为也被专权的宦官所不容。由此，两种势力相互影射，相互攻击，进而形成了党争。

清议的中心是太学，太学诸生内，倍受推崇的是李膺。公元165年，陈蕃做了太尉，李膺做了司隶校尉，这两个人都是不满宦官的。太学生都拥护他们，把他们看作是典范人物。

李膺当了司隶校尉后，有人告发宦官张让的兄弟、野王（今河南沁阳县）县令张朔贪污勒索。李膺要查办张朔，张朔逃到洛阳，躲进他哥哥家里。李膺亲自带领公差到张让家搜查，在张家的夹墙里搜出张朔，把他逮走。张让赶快托人去求情，李膺已经把案子审理清楚，把张朔杀了。张让怒气难平，向汉桓帝哭诉，想加罪李膺。但桓帝知道张朔罪不容赦，也没有难为李膺。由此，李膺因斗败宦官而名气大噪，一些读书人都希望能见见李膺，如果受到李膺的接见，就被看作极光彩的事，称做"登龙门"。

李膺的所为加剧了宦官与儒生和官僚之间的矛盾，宦官们把儒生与官僚称作"党人"，伺机采取报复。公元166年，有一个和宦官来往密切的方士（搞迷信活动的人）张成，从宦官侯览那里得知朝廷马上要颁布大赦令，就纵容他的儿子

★陈蕃雕像

★铜釜甑·东汉

★蟠螭纹玉璧·东汉

杀人。李膺了解案情后,马上派人将张成的儿子抓起来,并准备依律斩首。可是,还未行刑,桓帝颁布了大赦令。张成得意地对众人说:“诏书下来了,不怕司隶校尉不把我儿子放出来。”

这话传到李膺耳朵里,李膺更加恼火。他说:“张成预先知道大赦,故意教子杀人,大赦就不该轮到他儿子身上。”说完,他下令把张成的儿子绑赴刑场,依律正法。

张成没有想到李膺真会杀了自己的儿子,马上找宦官侯览、张让替他报仇。经过一番密谋,他们让张成的弟子牢修向桓帝写了一道密奏,诬告李膺和太学生、名士结成一党,诽谤朝廷,败坏风俗。汉桓帝接到牢修的控告,便下命令逮捕党人。除了李膺之外,还有杜密、陈寔和范滂等200多人,都被他们写进党人的黑名单。

杜密像李膺一样,也是敢于跟掌权的宦官作对的官员。两个人的名望差不多,人们把他们联在一起,称为“李杜”,因而李膺和杜密便被双双下狱。陈寔本来是个太学生,因为有名望,也被划到党人名单里去。有人劝他逃走,可陈寔却说:“我逃了,别人怎么办?我进了狱,也可以壮壮别人的胆。”说完便去了京城,自请入狱。范滂也同陈寔一样不避风险,辞别了老母亲和儿子,自己投到当地府衙。

捉拿党人的诏书到了各郡,各郡的官员都把与党人有牵连的人报上去。没有查到党人的地方官吏为了公报私仇,也要报上几个平日与自己有仇隙的人来凑数。有的竟多达几百个。只有青州平原相史弼没有上报党人,朝廷的诏书接连下来催逼他,青州还派了一个官员亲自到平原去查问。那个来督办的官员把史弼找去,责问他为什么不报党人的名单。史弼说:“我们这里没有党人,叫我报什么?”那官员把脸一沉说:“青州下面有六个郡,五个郡都有党人,怎么平原偏偏会没有?”史弼回答说:“各地的水土风俗不一样。别的地方有党人,为什么平原就一定也有党人呢?总不能让我诬良为盗吧!”那位官员被他反驳得张口结舌,说不出话来。史弼接着又说:“你若是一定让我冤枉好人,那么平原家家户户都有党人。要我报党人,我可一个也说不上来。”那位官员拿他没有办法,就胡乱把平原的官员们收在监狱里,然后回报朝廷。

被捕的党人都被集中在京城的监狱里,宦官对他们进行残酷的折磨。他们的头、颈、手、脚都戴被上了刑具,叫做“三木”,然后被蒙住头进行拷打,有的因熬不住便被折磨致死,或设法自杀。第二年,有一个颍川人贾彪,自告奋勇到洛阳替党人申冤。汉桓帝的皇后窦氏的父亲窦武也上书要求释放党人。李膺在狱中则采取以攻为守的办法,他故意招出了好些宦官的子弟,说他们也是党人。宦官这才害怕了,对汉桓帝说:“现在天时不正常,应当大赦天下了。”

此时的汉桓帝就像是一具玩偶,他对宦官唯命是从,百依百顺。在宦官们的操纵下,200多名党人全部获释。不过,这批党人虽然获释,宦官却不许他们留在京城,打发他们一律回老家,并且把他们的名字通报各地使他们一辈子不得做官。

党锢之祸以此为开端,此后还多次发生过。公元169年,宦官侯览指使人诬告打击过宦官势力的张俭“共为部党,图危社稷”,李膺、杜密、范滂等100余人,再次入狱,并都惨死狱中。在此之后的172年和176年又发生过两次党锢之祸,受到株连迫害的多达千人以上。

★东汉太学讲学画像砖

★盘角羊纹包金带钩·东汉

范滂辞母

FAN PANG CI MU

汉末的“党人”中有许多一身正气、大义凛然的人物，汝南的范滂就是其中的一个。

范滂，字孟博，早年就以清高的气节闻名，为当地人所钦佩。后来被推举做官。当时冀州闹饥荒，官吏豪绅压榨百姓，民不聊生，纷纷铤而走险。朝廷任命范滂为清诏使，派他案查当地官吏。范滂登车揽辔，慨然有澄清天下之志。刚到冀州边界，那些贪官污吏就吓得扔下官印，望风而逃。他所纠察弹劾的人，都能让众人心服。后来他升为光禄勋主事，当时的光禄勋是陈蕃。范滂去拜见他，施以下属见上司之礼，陈蕃接受了。范滂觉得陈蕃没把他当名士看，气得扔下笏板，弃官而去。郭泰听说此事，批评陈蕃说：“对范滂这样的名士，怎能用官府的礼仪约束他呢？你这样做，反倒成就了他的美名，给自己招致了怠慢贤士之讥。”陈蕃于是亲自去登门道歉。

★越窑褐釉香熏·东汉

后来范滂又被太尉黄琼辟为下属。皇帝下诏让有关官吏采集反映民情的歌谣谚语，上奏朝廷，范滂上奏最多，涉及到高官显贵及其亲信二十多人。尚书责备范滂弹劾太多，怀疑他与这些人有私怨。范滂回答说：“我所纠弹的，都是深为民害的巨奸大猾，因为时间紧迫，先奏上这些，其他未及上奏者，正在一一查实。我听说农夫除去恶草，嘉谷才能丰茂，忠臣铲除奸佞，王道才能清明。假如我弹劾的有差错，甘受重戮。”官吏无言以对。范滂见朝政实在昏暗，自己无力挽回，便辞职而去。

汝南太守宗资是南阳人，久闻范滂大名，请他担任功曹，把政事都委任给他。范滂在职，除奸惩恶，雷厉风行。凡是行为有违孝悌，不遵仁义者，都一概斥逐，不与他们同坐。又举荐贤良，提拔隐士。他的外甥李颂，品行不端，被乡里人厌恶，但与宦官关系密切。宦官唐衡出面向宗资请托，让李颂当了郡守的属员。范滂认为他不合格，压下名单，不予召见。宗资大怒，但又不愿得罪范滂，就杖责主管文书的小吏朱零。朱零一边挨打，一边回答说：“范滂清正严厉，如同用快刀砍朽物。今天我宁肯受刑而死，也不愿违背他。”宗资闻言，长叹一声，只好作罢。汝南人都把范滂当成真正的郡守，相互传言说：“汝南太守范孟博，南阳宗资主画诺。”那些受到惩治的人，深怀怨忿，把范滂起用的人称为“范党”。

★“安徽”玉印·东汉

后来牢脩上书诬陷李膺等结为“钩党”，范滂也被牵连，逮捕入狱。狱吏对他说：“入狱的犯人都要先祭拜皋陶。”范滂答道：“皋陶是古代的直臣，贤明公正，知道我无罪，必定向上天诉冤；假如有罪，拜他也没用！”于是众人都像范滂学习，不再祭拜。狱吏要拷问犯人，范滂见同犯中有不少人患病，就要求先受审问，和同郡的袁忠争着受拷打。桓帝派宦官王甫逐个审问犯人。范滂等人遍体鳞伤，一身脓血，手、脚和脖子上都戴着沉重的刑具，头也被紧紧罩住，挤在台阶下面。其他人在前面，按照顺序接受审讯。范滂和袁忠挤上前去，要抢着回答。王甫问道：“你身为臣子，不思报效国家，反而结为部党，自相褒举，谤讪朝廷，生造事端，意欲何为？”范滂站在阶下，昂起头，大声答道：“孔子说过，见到善人，惟恐赶不上他；见到恶人，惟恐躲不开他。是说善与善同清，恶与恶同污。我认为这是王政所需要的，不懂得什么叫‘部党’。”王甫说：“你们互相提拔，结为唇齿，有不合者，便加排斥，是想干什么？”范滂仰天大笑，慷慨激昂地说：“古人做善事，是为了求福，今人做善事，反遭刑戮。我身死之日，愿意埋在首阳山旁，上不辜负皇天，下不愧对伯夷、叔齐。”伯夷、叔齐是古代有名的贤人，他们对世道不满，宁肯饿死也不愿放弃原则，于是逃到首阳山中，采薇而食，双双饿死。司马迁专门为他们写了一篇传记，在其中质问：像伯夷、叔齐这样恪守仁义道德的人，竟被饿死；而专干坏事、罪恶滔天的恶人却富贵长寿。所谓天道，为何如此不公？

王甫听到这里，也心中恻然，不禁为之动容，命人给范滂解开了刑具。由于霍諝、窦武的营救，“党人”被释放。范滂由洛阳回汝南，汝南、南阳的士大夫出动数千辆车迎接他。一起入狱的同乡殷陶、黄穆同时南归，侍卫在范滂身边，应对宾客。范滂对他俩说：“如今你们跟着我，是加重我的罪过啊！”于是一个人偷偷回到了乡里。

尚书霍諝为援救范滂出了力，后来范滂见到霍諝，一句感谢的话也没说。有人责怪他。范滂说：“春秋时晋国叔向获罪，祁奚为了给国家保护人才，出面救他，后来没听说叔向向他谢恩，祁奚也并不以恩人自居。”最终他也没去感谢霍諝。

★歌舞百戏石刻·东汉

建宁二年（169 年），又一次大规模地捕杀“党人”，朝廷下诏书急切捉拿范滂。督邮吴导到了县里，关上驿舍大门，趴在床上大哭。范滂听到消息，就说：“一定是为我来的。”当即到狱中自首。县令郭揖大惊，急忙出来解下印绶，要领着范滂一起逃走，劝他说：“天下如此之大，您何必守在这儿呢？”范滂轻轻一笑，坦然地说：“我死则祸止，怎敢连累您，又让老母流离失所呢！”范母听说儿子投狱，匆忙从家中赶来和他决别。范滂跪在地上，仰头看着母亲的白发，泪珠一串串落下来，过了许久，慢慢地说：“二弟仲博为人孝敬，足以供养大人，我到黄泉去跟随父亲，存亡各得其所。请大人割慈忍爱，不要为我悲伤。”母亲把手放在范滂头上，久久凝视着儿子的脸，一滴眼泪也没有。一会儿，老人抬起头，望着前方，一字一句地说：“你如今能与李膺、杜密齐名，死又有何遗憾！既有美名，又想长寿，哪能兼而有之？”范滂跪在那里接受教诲，反复叩拜，诀别了老母，又回过头来对尚未成人的儿子说：“我想让你干坏事，坏事不能做；想让你做好事，可我就是榜样！”周围的人听了，无不垂头落泪。

范滂入狱后，惨死狱中。

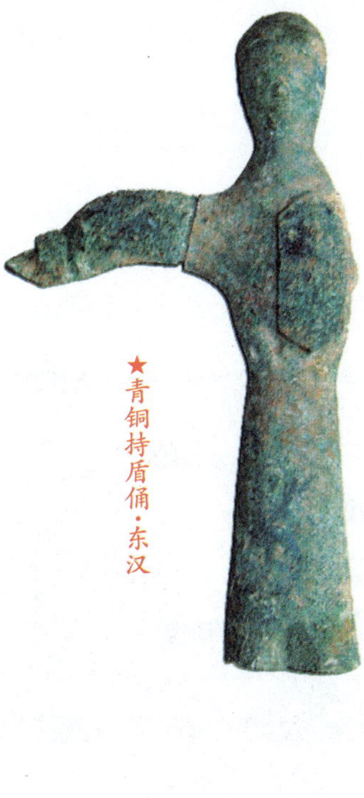

★青铜持盾俑·东汉

望门投止

“望门投止”这个成语出自《后汉书·张俭传》。张俭是东汉山阳高平（今山东邹县西南）人，因为上书汉桓帝，告发侯览的罪行，而被朝廷通缉。张俭不肯束手就擒，只好匆匆逃之，看到谁家可以避难，就投在谁家门下，暂时安身。张俭与孔褒有旧交，前去投奔，正值孔褒不在家，只有孔褒年仅十六的弟弟孔融在家。张俭见孔融年少，不肯向他吐露真情。孔融见张俭面有难色，便自作主张收留了张俭。不久，事情泄露。地方官员派人到孔家捉拿张俭，张俭走脱，孔氏兄弟被捕。孔融表示，窝藏张俭的是自己，哥哥并不知道，应该由自己坐罪。孔褒却说，张俭是来投奔他的，并不是弟弟的过错，应当自己坐罪。官吏问他们的母亲如何办，孔母说，家中发生了事情，责任在家长，与儿子无关，应该由自己坐罪。三人争着承担罪名，地方官不能决断，便上报朝廷。结果，朝廷诏命孔褒坐罪。由于大家全力保护，官府始终没有抓住张俭。直到 184 年爆发了黄巾起义，汉灵帝下令解除“党锢”，这时张俭才结束了逃亡生活。

大将军窦武谋诛宦官

DA JIANG JUN DOU WU MOU ZHU HUAN GUAN

窦武，字游平，东汉桓帝窦皇后的父亲。扶风平陵（今陕西咸阳市东北）人。生年不详，卒于建宁元年（168年）。窦武出身于官僚世家，是西汉文帝窦皇后弟窦广国之后裔。五世祖窦融为东汉光武帝时开国功臣，因功受封安丰代侯，官至大司空。父亲窦奉官至定襄太守。窦武自少就以通晓经书而著称。他满腹经纶，不问政事，“常教授于大泽中”，并有不少学子相随。在关西一带以儒学名显，颇有名望。

桓帝延熹八年（165年），窦武的长女被选入宫，立为贵人，随即窦武被拜为郎中。这一偶然的机遇，使窦武迈入了东汉政治舞台。同年冬，桓帝欲立采女田圣为皇后，大臣们极力反对，认为田氏出身微贱，不足以为天下之母。太尉陈蕃力主册立世家旧戚名门出身的窦贵人为皇后。众议难违，桓帝无可奈何，只得依从群臣之意，立窦皇后。从此，窦武随女显贵，又迁为越骑校尉，并受封槐里侯，食邑五千户。次年冬，窦武又因功升迁为城门校尉。

窦武在位“多辟名士，清身疾恶，礼略不通，妻子衣食裁充足而已”。他为官多年，不贪荣禄，不好权势，平素喜欢广交地方名士及太学生。生活上素来洁身自好，从不私下收受贿赂，为家只求妻儿吃饱穿暖为足，始终保持了士大夫的遗风。他不仅自家能举家克俭，还能体恤百姓之疾苦。当时西部边境，羌人强悍，不服节制，经常侵扰东汉边关，使得西北边境极不安宁。加之又遇灾荒，百姓饥穷流亡，苦不堪言。而窦武得到的则是两宫丰厚的赏赐。他见到太学生们衣食无温饱，便把赏赐分送给他们。当他看到百姓遇灾，纷纷逃亡的惨状，他又把家中的粮食或其他食物，装载满车，置于道旁，施舍救济无家可归的贫民百姓。

东汉宦官专政自和帝时起迄于灵帝，长达近百年。党锢之祸殃及朝野，绵延二十余载，对东汉后期的政治影响极大。太尉陈蕃、外戚窦武都接连上疏为“党人”辩白。

陈蕃，字仲举，汝南平舆（今河南平舆县北）人。他方峻不阿，曾多次上疏桓帝，言朝廷侈泰，吏治腐败。与李膺等反对宦官专权，犯颜极谏，为士大夫所推崇，时称“不畏强御的陈仲举”。李膺被捕后，他上疏桓帝极谏道：“伏见前司隶校尉李膺、太仆杜密、太尉掾范滂等，正身无玷，死心社稷。以忠忤旨，横加考案，或禁锢闭隔，或死徙非所。杜塞天下之口，聋盲一世之人，与秦焚书坑儒，何以为异？”桓帝览奏疏后大为恼怒，竟借故将陈蕃免官。

又过了一年党人尚未赦免。窦武身为桓帝岳父，不忍坐视，为营救党人，上疏桓帝直言相谏说：“陛下初即位，天下都期待国家中兴，你自即位以来，未见善政。梁冀、邓万代诸恶虽被诛灭，而宦官之祸又续浸延，他们欺罔陛下，玩耍诡诈伎俩，自设制度，胡乱封官许愿，可谓朝政日衰，奸势日盛。昔日西京曾放纵王氏，佞臣执掌朝政，终于丧失天下。今不吸取前人过失，仍循覆车之轨，我怕秦二世之灾难亦要降临，赵高政变，或早或晚，亦会发生。近日奸臣牢修，制造党议冤案，把前司隶校尉李膺、太仆杜密、御史中丞陈翔、太尉掾范滂等逮捕入狱，牵连数百人。自去年关押至

★猎虎画像砖·东汉

★汉桓帝陵

今，仍无证据。像李膺等忠心耿耿为国忧虑的人，就像历史上辅佐君王的良臣，他们都受到奸臣贼子的诬枉，使天下寒心，海内失望。请陛下留神澄省，即时明白事理，明辨是非。"在奏疏中，窦武还规劝桓帝说："臣闻古之名君，必须以贤臣辅佐朝政，才能使国家兴旺，今朝内近臣尚书令陈蕃，仆射胡广，尚书朱寓、荀绲、刘祐、魏朗、尹勋等，皆是国家的忠贞之士，朝廷的贤良辅佐。尚书郎张陵、妫皓、苑康、扬乔、边韶、戴恢等人，文质彬彬，通晓国家典章。可谓京城内外，群才并列。而陛下却重用那些贪婪小人，并委任他们为朝内心腹和州郡官员。这些人应贬斥罢黜，并立案追究，还应剥夺宦官们骗取的封号，追查他们无端诬谄他人之罪，平反冤狱，信任忠良，大树正气，制裁邪恶，使忠奸各得其所。"窦武将疏奏上后，又托病交出印绶，自愿辞官，桓帝不许。由于窦武力谏，桓帝不得已才下令释放"党人"，遣归田里，但仍然将李膺、杜密等禁锢终身，不得为官。

窦武身为外戚，在营救"党人"的过程中，起了关键性的作用，因此，在士大夫中享有极高的声誉。人们为了盛赞那些不畏强暴的正直官僚士大夫的崇高气节，分别为之加上三君、八俊、八顾、八及、八厨等美称。窦武、陈蕃、刘淑被誉为三君。窦武为三君之首。从此，他的声望在社会上愈来愈高。

永康元年（167 年）冬，桓帝死，无嗣继位。东汉自和帝时，就连续三代无嗣，安帝以肃宗之孙入立。冲帝、质帝皆为短命皇帝。桓帝为肃宗曾孙。桓帝在位二十年，曾三次立皇后，最后一位为窦皇后，三后竟无一嫡嗣。此外贵人数十，宫女百千，亦无一子。桓帝去世后，国中无主，窦皇后性急失措，只好与父亲窦武商议立嗣大事。窦武急召侍御史刘儵，探询宗室诸王中哪位最贤，刘儵回答："肃宗玄孙解渎亭侯刘宏"。这正隐合窦皇后之意。窦皇后当即下诏令，派刘儵持节偕同中常侍曹节与中黄门、虎贲、羽林兵千人，星夜驰往河间迎刘宏进宫，立为灵帝。灵帝此时年仅十二，窦太后临朝，以其父窦武为大将军，前太尉陈蕃为太傅，两人与司徒胡广共录尚书事，掌理朝政。

窦武、陈蕃同心辅政，志在除奸。但他们执政不久，权势远不如宦官集团，宦官势力在宫内盘根错节，根基极深。他们利用皇帝幼弱，左右朝政。宦官本是为后宫生活服务的人，在秦汉之前，不曾干预政事。自西汉中期，武帝以中书宦官处理政务，从此开始了宦官参与政事的先例。西汉元帝时的宦官弘恭、石显倍受皇上宠信，参与朝政，馋害忠直大臣。到东汉"中兴之初，

郭泰

郭泰，字林宗，博学广识，门下生徒甚多。但由于出身寒门，少与士人交往，所以当其被州里推荐到太学时，知道他的人很少。不久，他在朋友的推荐下结识了正在洛阳做官的李膺。交谈之下，李膺爱其才服其德，引为同道，经常邀他谈今说古。一时之间，默默无闻的郭泰的名字迅速传遍太学，受到太学生们的普遍尊敬。后来，看不惯官场污浊的郭泰不愿再在太学候选求职，毅然回家。李膺专程前去送行。消息传出，城内儒生都加入了送行队伍，马车达千乘之多。黄河渡口，两人依依不舍，李膺登舟相送。岸上儒生们眼见舟中，二人素衣青巾，执手惜别，不禁心弛神往，"皆以二人为神仙"。自此以后，郭泰虽身辞太学而被太学生们目为领袖。事实证明，李膺确实有识人之能，郭泰不负众望，对士林学风颇有影响。

★郭泰像

宦官悉用阉人，不复杂调他士”，出现了中常侍、小黄门等负责传宣旨意的宦官职位，从此进一步扩大了宦官参政的范围。东汉后期宦官逐渐形成了足以左右朝政的集团。窦太后虽临朝，但日常生活一刻也离不开宦官。中常侍曹节精通宫内事务，素善逢迎，探得太后宠信，被封为长安乡侯。灵帝有乳母赵娆，曾随帝入宫，宫中号为赵夫人，她性情狡黠，善揣人意，整日里侍奉太后，语长论短，也赢得了太后欢心。还有宫内一班女尚书，也颇受赵娆笼络，受宠于窦太后。她们有所请求，窦太后无不允许，因此屡出内旨，封拜多人。渐渐窦太后有事也不与窦武、陈蕃商量，便即授命。大宦官曹节、王甫等趁机与赵娆暗地串通一气，朋比为奸，日夕营私，迷惑太后，控制年幼无知的小皇帝。

★玉佩·东汉

★波斯绿釉陶瓶·东汉

他们暗中积蓄力量，向朝廷内外伸出一个个触角，上勾下连，在宫内形成了一股邪恶的政治势力。

为了翦除宦官势力、振兴朝政，窦武与陈蕃竭诚合作，他们“常有诛翦宦官之意，太傅陈蕃亦素有谋。”一次在朝堂上，陈蕃对窦武私语说：“中常侍曹节、王甫等，自先帝时操弄国权，浊乱海内，百姓匈匈，归咎于此。……今不诛节等，后必难图。”窦武颇为赞同，陈蕃当即以手推席而起，决心与窦武携手铲除宦官集团。他们征辟天下名人及党人李膺、杜密、尹勋、刘瑜等人列于朝廷，与之“共定计策”。以窦武、陈蕃为首的新兴政治集团，迅速崛起，使“天下之士，莫不延颈，想望太平”。一场重大的政治较量，在窦武与陈蕃的积极筹划下，日益临近。

建宁元年（168 年）五月，出现日食。陈蕃借此机会对窦武说：“过去萧望之亡于宦官石显一人之手，近来李固、杜乔又遭族灭之祸，眼下宦官势力比起石显那时何止几十倍呢？我已八十岁高龄，愿为朝廷除害，佐将军立功。今有日食出现，可据此罢斥宦官，以应天象。今灵帝乳母赵夫人及其后宫女官，与宦官曹节、王甫等互相勾结，应迅速除掉他们，请将军定夺。”窦武立即进宫向太后进言说：“过去宦官只限于在宫内听差，看守门户，主管近署财物，而今他们参预朝政，握有重权，党羽子弟遍布州郡，专为贪暴，无恶不作，天下人已是怨声载道，原因在此。应当将这些人一概废诛，以清朝廷。”窦太后不同

★窦武与陈蕃

意全部废诛，仅同意诛杀挟权专恣的中常侍管霸、苏康。杀了管霸、苏康，“是时天地清明，人鬼欢喜”。窦武趁此再向太后请求，诛杀首恶的大宦官曹节、王甫。太后一听要杀她的贴身宦官，坚决不同意。陈蕃认为应当机立断，不能怠慢，便亲自催促太后并上书说：“曹节、侯览、公乘昕、王甫、郑飒等与赵夫人诸尚书，并乱天下，凡是附会者得升迁，凡忤逆者受中伤，方今一朝群臣，就像河里的木头，不知漂向何处？恐遭他们迫害。陛下刚即位，顺从天意，诛杀了苏康、管霸。但不久，宦官又气焰嚣张，若不迅速诛杀，必危及社稷，其祸乱难以料想。我的奏章愿让天下人所知，也让天下诸奸，知道我嫉恶如仇，而不敢为非作歹。”陈蕃这番肺腑之言，其可谓痛心疾首，满望太后能感念旧恩，如言施行，谁知太后固执己见，故此事因太后迟疑不忍割爱，而拖延下来。

建宁元年 168 年八月，太白金星在西方出现，这对笃信谶纬迷信的汉代人来说，是一种十分险恶的天象。侍中刘瑜善观天象，他暗思星象凶险必危及将相，立即上书太后称“太白星侵入房左，上将星进入太微，其征兆为宫门应当关闭，对将相不利，奸人在主上之侧，应急防范。”另外又致书大将军窦武

与太傅陈蕃“以星辰错缪，不利大臣，宜速断大计。”窦武与陈蕃阅信后，也认为天意不容邪恶，便筹定计议，准备最后剪除宦官集团。他们以朱寓为司隶校尉，刘祐为河南尹，虞祁为洛阳令。然后又奏免黄门令魏彪，用较亲近的小黄门山冰代任。计议已定，速遣山冰通报太后，先把平素狡猾狂妄的长乐尚书郑飒抓入北寺狱审讯，郑飒在供词中牵连到曹节、王甫等人。窦武决定擒贼擒王，将宦官一网打尽。于是命人写好奏章，派刘瑜报告太后。此时，正值九月，窦武踌躇满志，信心十足，遂放心出宫，归府待信。

殊不料形势急转，刘瑜入宫呈送奏章后，随即退出。长乐宫五官史朱瑀私自盗阅奏章，阅后怒气冲天地骂道：“宦官中放纵不法之人，自可诛灭，我们有什么罪呢？倒要被灭族抄斩。”这一叫，把宦官的仇恨之火都煽动起来了。接着又恶意地大声呼道：“陈蕃、窦武上奏给太后要废掉皇上，他们要谋反了！”顿时整个皇宫都骚动起来，他们连夜召来健壮心腹宦官共普、张亮等十七人，饮血盟誓，定要诛杀窦武、陈蕃等人。在一片喧嚣声中，以曹节为首的宦官事先发难，他们首先劫持了十三岁的灵帝，立即控制了整个内宫，关闭了各个宫门。转而又以武力劫胁太后，夺取玺绶，守住了南宫，并断绝内外通道。接着，他们又持刀威逼尚书省官属起草诏令，尚书省官吏个个吓得丧魂落魄，只好依言缮写。以曹节为首的宦官集团，在混乱中篡取权柄，矫诏君命，托称帝意而发动政变。

以曹节为首的宦官首先矫诏收捕窦武等人。窦武拒不奉诏，和侄子步兵校尉窦绍，急驰奔入兵营，率北军五校士数千人屯于都亭。在这紧急的关头，窦武鼓励将士们同心协力，共立功业。这时，少府周靖和护匈奴中郎将张奂，接到皇帝符节，受命率五营士兵讨伐窦武。夜漏尽，天将明，王甫又召集虎贲、羽林诸将士一千余人，屯兵朱雀掖门与张奂会合，夹击窦武军。陈蕃闻讯后速召集官属诸生八十余人，带着武器冲进承明门，攘臂大声疾呼：“大将军忠心卫国，黄门胆敢叛逆，为何反诬窦氏。”不巧，被王甫兵截住，这位八十高龄的忠贞老臣面对宦官的包围，仍不屈服，并迅速拔剑怒叱王甫一伙，词色愈厉，吓得王甫兵不敢前去。王甫悍然不顾，命军士将陈蕃团团围住，并押送北寺狱。在狱中陈蕃又遭宦官们奋掌伸足，相率殴蹋，致使当夜死于狱中。王甫杀害了陈蕃，又立即率兵会合了张奂。第二日黎明，两军对垒，王甫与张奂兵共数千人，兵威极盛，王甫派军士向窦武军大喊：“窦武谋反了，你们都是保卫皇帝的禁军，为何跟着窦武造反！谁先投降有重赏。”在宦官的胁迫下，这些禁军平素都害怕他们，一听这呼喊，更是胆寒，便纷纷弃甲倒戈，投降宦官，到吃早饭的时光，窦武的军士已溃散殆尽。窦武见大势已去，只好与侄子窦绍骑马奔逃，张奂催兵急迫，到洛阳都亭将窦武层层围住。窦武与窦绍自思无路可走，两人先后拔剑自刎，以死报国。待王甫军赶来将二人枭首悬于洛阳都亭，示众三日。接着，王甫又还兵收捕窦武宗族、宾客、姻属尽数诛杀。将窦武的家属流放日南（今越南境内）。窦太后也被迁到云台（南宫）软禁。接着，侍中刘瑜、屯骑校尉冯述皆被夷其族，虎贲中郎将刘淑、故尚书令魏朗等人也被陷害与窦武通谋的罪名，遭到杀害。

以曹节、王甫为首的宦官集团，变本加厉的残害忠良之士后，便乘机独霸朝政。曹节因功迁官长安卫尉，被封为育阳侯。王甫升为中常侍。朱瑀、共普、张亮等六人皆为列侯，十一人封关内侯。于是，“群小得志，士大夫皆丧气”。

★抚琴俑、萧俑·东汉

★听琴陶俑·东汉

★木轺车·东汉

昏庸无能的汉灵帝

HUN YONG WU NENG DE HAN LING DI

★汉灵帝刘宏泥人像

★汉灵帝像

按照古代的谥法,“灵”的意思是放纵任性,不能任贤思治,致使祸乱流行。汉灵帝刘宏可谓无愧于这一称号。刘宏的曾祖是河间孝王刘开,祖父被封为解渎亭侯,父亲和他先后承袭了这个爵位。桓帝死后无子,窦太后和窦武派人把他接到京城,继承了皇位。刘宏继位不久,窦武、陈蕃因谋诛宦官被杀,宦官们大肆逮捕和杀害“党人”,后来又借机发难,逮捕了一千多名太学生。汉代的历史进入了最黑暗的时期,宦官们猖獗一时,肆无忌惮。

灵帝和桓帝一样,对宦官极为宠爱。宦官王甫、曹节等十二人都被封为列侯,权势熏天。当初渤海王刘悝被贬为廮陶侯,曾通过王甫请求复国,许给他谢钱五千万。后来桓帝留下遗诏,让刘悝恢复王位。刘悝知道这不是王甫的功劳,不肯给他谢钱。王甫便诬陷刘悝勾结郑飒、董腾等人,图谋篡逆。灵帝下诏将刘悝入狱,逼迫自杀。其妃妾十一人、子女七十人、歌伎二十四人都死于狱中,傅、相等下属官员全部被杀。灵帝的宋皇后是刘悝的王妃宋氏的侄女,王甫怕她怨恨自己,就勾结后宫宠幸,诬谄宋皇后用巫术诅咒灵帝。灵帝深信不疑,收回了宋皇后的玺绶。宋皇后进入关押有罪后妃的“暴室”,忧忿而死。她的父亲不其乡侯宋邦和兄弟都被诛灭。

宠幸奸佞,必定要残害贤良。熹平五年(公元 176 年),永昌太守曹鸾上书,请求赦免“党人”。灵帝大怒,下令用槛车把曹鸾押送入狱,活活打死,将尸体抛弃在闹市。又下令各州郡再一次清查“党人”的门生故吏和父兄子弟,凡在位者一律免官禁锢。等到黄巾起义的大火熊熊燃烧起来,灵帝才采纳了臣下的意见,下诏赦免“党人”,利用他们去镇压农民起义。

但灵帝并未因此改弦易辙。当时王甫、曹节已死,宦官赵忠、张让、夏恽、段珪、宋典等贵宠无比,都封为列侯。灵帝多次当着公卿百官的面说:“张常侍(张让)就是我的父亲,赵常侍(赵忠)就是我的母亲。”宦官们有了这个孝顺儿子,更加无所忌惮,竟相搜掠民财,盖起豪华的宅第,富丽堂皇,如同宫殿。灵帝有一次想登上永安台玩玩,宦官们怕他看见自己的宅院,连忙劝谏说:“天子不能登高,登高则百姓虚散。”灵帝只好作罢。

宦官吕强为人忠直,多次劝谏灵帝赦免“党人”,罢斥奸佞。赵忠、夏恽就共同诬陷他,说他和“党人”一起议论朝廷,有废立之心。灵帝派人去收捕他,吕强愤怒地说:“我死后,大乱就要起来了。大丈夫尽忠国家,哪能受狱吏审问。”于是慨然自杀。赵忠等又唆使灵帝收捕了他的宗族亲属,没收了他的家财。

侍中向栩曾劝说灵帝疏远宦官,张让听说了,就诬陷他勾结黄巾军,想做内应。灵帝让人把他送到洛阳北狱,害死在狱中。

郎中张钧向灵帝上书说:“张角之所以能兴兵作乱,皆因张让等十常侍及其亲属宾朋侵掠百姓,搜

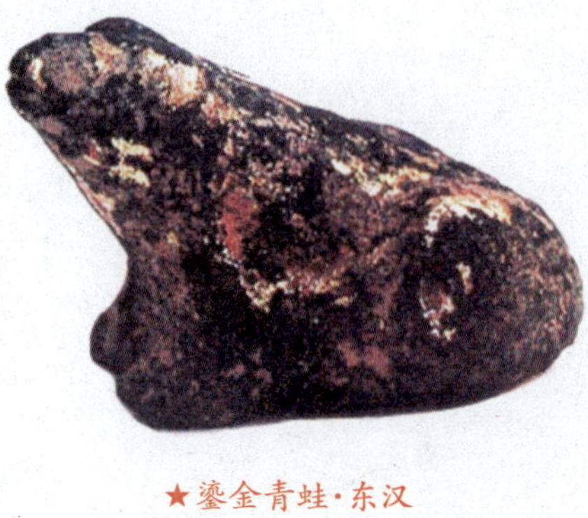

★鎏金青蛙·东汉

★朱提造洗·东汉

求财货。百姓有冤无处诉，故铤而走险。宜斩十常侍之头，悬挂南郊，以谢百姓，遣使者布告天下。不须师旅而盗贼自消。”灵帝把奏章拿给宦官们看，他们都一个个脱去帽子，光着脚，不住叩头谢罪，请求自己到洛阳监狱中去，又拿出家财赞助军费。灵帝下诏，让他们全都官复原职，又对张钧发怒说：“你真是个狂妄家伙，十常侍中就没有一个好人吗？”御史禀承他的旨意，诬奏张钧学黄巾道，把他在狱中活活打死。后来刘陶、陈耽也因为反对宦官，被先后害死。

灵帝又极为贪婪奢侈。他早年不过是个解渎亭侯，住在僻远的河间，一旦成为天子，恨不得享尽世上一切荣华富贵，为此不择手段地聚敛钱财。他听信张让、赵忠的话，下令全国，每亩田地交纳十钱，以便他修整宫室，铸造铜人。乐安太守陆康上疏劝谏，认为这是聚夺民物，自蹈前代亡国之君的覆辙。灵帝要以大不敬之罪处死他。幸亏侍御史刘岱极力劝解，才免除死罪，罢官归乡。灵帝又下诏征发各郡的材木、美石，限期运往京师。主事的宦官故意挑剔，说运来的材料不合标准，强迫折价贱卖，卖价不及原来的十分之一。然后再令各地重新上缴，运到之后，又故意迟迟不验收，致使大量木材堆积腐朽，宫室连年不成。各地的太守、刺史乘机加派捐税，百姓怨声载道。

灵帝还想尽一切办法捞钱。为了捞钱，他公开卖官鬻爵，明码标价，从关内侯、虎贲中郎将、羽林校尉到各级官吏都卖，价格不等。俸禄二千石的官职，卖二千万钱，四百石的官职卖四百万钱，如果是地方上推荐的贤才，则折价出售，以示优待。连朝廷的最高职位公卿，也被标价出卖。在这件事上，灵帝心想：自己手里有权，别人手里有钱，用权换钱，这是个无本万利的生意，何乐而不为？既要弄钱，还讲什么面子？因此他卖得十分坦然。那些富商大贾、浮浪子弟既然钱来得容易，也乐于用这些不义之财换个官做，反正一旦大权到手，就可尽情搜刮，用不了多久，便可本利俱收。这样，上面以权换钱，下面以钱买权，各得所欲，其乐陶陶。苦就苦了既没钱又没权的普通百姓。

除了卖官鬻爵，每逢新官上任，朝廷还要勒索上一大笔钱，什么助军费、修宫钱，名目繁多，五花八门。大郡要缴上两三千万，小郡递减。该去赴任的新官，先要去西园定好价钱，到任后按期缴清。这些钱当然都从老百姓身上搜刮。有些清廉的官员为此请求不去赴任，朝廷就逼迫他们去。钜鹿太守司马直新接受任命，由于他一贯廉洁，灵帝大加恩典，只让他交纳三百万钱。司马直接过诏书，怅然长叹道：“为民父母，却割剥百姓以迎合上意，我不忍这样做。”于是称病辞官。灵帝不准。他走到孟津，上书极力指陈时弊，随即服毒而死。灵帝看了奏书，暂时停止了修宫钱的征收。

在封建时代，皇帝被当作国家的代表，“普天之下，莫非王土”，因而他也不必再有什么个人的私产，其一切费用全由国库支出。但灵帝觉得这还不足以满足他的金钱欲，又千方百计地攒起私房钱。他让人在西园盖了一座万金堂，凡卖官鬻爵得来的钱都放在里面。他还嫌不够，又从大司农那里拨来大量金钱、缯帛堆放在堂中。这样还觉得不保险，于是便把钱悄悄存在宦官家，一家就存了数千万。还让人到河间老家去置办田产，修建宅第。

灵帝还特别爱玩，而且会出新花样，他让人在后宫西园中盖了一条商业街，各种店铺鳞次栉比，宫女们扮成店主，贩卖货物。他自己穿上商贾的服装，每到一处，宫女们献上酒食，他与众人同坐一处，像在民间的酒肆饭堂那样，吆五喝六，劝酒行令，以此为乐。他又让行商的宫女互相盗窃争斗，自己在一旁取乐。他酷爱玩狗，在西园建起了华丽的狗舍，里面装满各种名贵的狗。他的玩法也与众不同，每只狗都戴上文官戴的进贤冠，佩上绶带，俨然一副公卿气派。群狗在园内列队而行，如同百官朝见皇帝。一天，一只不守规矩的狗窜出了行列，冲出大门，闯入大司徒府中。街上的人见了，莫不惊慌逃窜，以为来了什么怪物。闹了半个多时辰，市面上才平静下来。玩狗还嫌不过瘾，汉灵帝又迷上了驴。他让人找

★河伯出行画像石·东汉

★市集画像砖·东汉

来一群白驴，放养在园中，每次用四匹白驴驾车，自己坐在车上，亲自执辔，驰驱周旋，笑得前仰后合。有时，御驴们停下脚步，撑开四蹄，伸长脖子，昂首长鸣，一驴叫，众驴和，其声如雷灌耳。每当这时，灵帝也不由自主地放开喉咙，跟着叫上几声。日复一日，西园中是一片驴鸣声、狗吠声、叫卖声、嘻闹声，甚嚣尘上。皇帝做出榜样，公卿贵戚们竞相效仿。一时间，京城的大街小巷到处是驴拉的平顶小车，文武百官竟有人骑着驴上朝。驴市上的价格一日三涨，一头中等驴的价钱比得上一匹良马。有人为弄到一头好驴，不惜巧取豪夺，甚至大打出手。

过了一段时间，灵帝又玩腻了，于是又改玩军事游戏。他在西园设置了八名校尉，全由宦官蹇硕统领，又调集了四方军队，在平乐观下演习操练。观下筑起一座大坛，上面竖起十二重华盖，高十丈。大坛东北又筑起一座小坛，竖起九重华盖，高九丈。灵帝让步骑兵在坛下排列成阵，亲自出来检阅大军。他登上大坛，站在大华盖下，让大将军何进站在小华盖下，自己朝着下面频频招手，好不威风。接着又走下坛来，身披铠甲，跨上战马，自称“无上将军”，围着军阵绕了三圈，然后把大军交给何进统领。灵帝余兴未尽，回过头来问身旁的讨虏将军盖勋：“像我这样习武，够气派吧？”盖勋轻轻一笑，说：“我听说‘先王曜德不观兵’，如今盗贼在远方而设阵于近处，不足以显示坚毅果敢，只是黩武而已。”灵帝正在兴头上，不仅没有发怒，反而笑着说：“说得好，真是相见恨晚，当初群臣都没说过这样的话。”

灵帝一天天奢纵，祸乱一天天逼近，他自己的寿数也快到头了。这天夜里，他刚刚睡着，就梦见桓帝向他发怒说：“宋皇后有何罪过，你听信邪孽，把她害死？刘悝无罪，为何将他诛灭？如今宋氏和刘悝自诉于天，天帝震怒，罪在难救。”灵帝从梦中惊醒，出了一身冷汗，觉得头昏沉沉的，整天心惊肉跳。羽林左监许永劝他重新安葬宋氏和刘悝，慰藉冤魂，以消灾殃，他知道无济于事，没有听从。过了不几天，就病得不行了。

公元189年是多灾多难的一年。荒奢无道的汉灵帝一命归西，他死后留下了无穷的祸患，中国历史上长期动乱的局面开始了。

★灰陶井·东汉

十常侍

十常侍是东汉时期品级最高、权势最大的宦官，其官俸为秩比二千石，“掌侍左右，从入内宫，赞导内众事，顾问应对给事”，只有资格深厚，且又为皇帝十分信任的宦官才能担任。这里所说的十常侍，是指东汉灵帝时期的十二名宦官：张让、赵忠、夏恽、郭胜、孙璋、毕岚、栗嵩、张恭、段珪、高望、守典、韩悝，当时人举其大致，称之为十常侍。十常侍在灵帝时期把持朝政，贵盛无比。他们相济以恶，为非作歹，不光在政治上实行黑暗的高压统治，而且还贪得无厌，“苟营私门，多蓄财货”，使尽各种手段去敛财聚宝，满足其贪婪之欲。十常侍敛财，常常是广派父兄、子弟、姻亲、宾客、心腹到全国各州郡县为官。这些人多数都是些贪残刻薄的不义之徒，上任之后，全然不以安邦恤民为念，而是一门心思地搴権财利，侵掠百姓，搜刮民财，结果一个个都很快成为田多宅众、财大气粗的富豪。十常侍则随之分肥共利，广种多收，私囊大饱。

★玉镂雕谷纹“长乐”璧·东汉

黄巾军起义

HUANG JIN JUN QI YI

东汉末期，由于宦官专权，引发了一连串的党锢之祸，使当时的政治、经济都十分混乱，社会矛盾日益突出。趁此机会，地主豪强专事土地的兼并和权力角逐，不顾人民的死活。到汉灵帝时，吏治更加腐败，竟公开出现了卖官的现象，他们在鸿都门外张贴榜文，标出了买官的价格，买个郡太守定价2000万，买个县令定价400万，一时付不出钱的可以暂时赊欠，等他上任以后加倍付款。这些买官的人上任以后，便开始加紧搜刮民脂民膏，而此期自然灾害连连，人们食不裹腹，流离失所，最终促成了官逼民反的势头。

公元174年，吴郡(今苏州)一带农民起来攻打县城，杀了官吏。会稽人许生在句章（今浙江慈溪）起兵，没有几天工夫，聚集了1万多人。汉灵帝下令叫扬州刺史和丹阳太守发兵围剿，但都被起义的农民打败。许生的声势越来越大，还自称“阳明皇帝”。后来，吴郡司马招募人马，联合州郡官兵打败了许生。吴郡的起义军虽然被镇压下去，但是更大的武装起义却正在酝酿着。

巨鹿郡(今河北宁晋县)有弟兄三人，老大名叫张角，老二叫张宝，老三叫张梁。灵帝熹平年间(公元172—178年)，张角在大量招收学生、培养弟子、吸收徒众的基础上，创立了太平道。太平道为我国道教的早期教派之一，以推翻腐朽没落的东汉王朝、建立太平社会为己任。其主要特征是以《太平经》为主要经典，弟兄三个利用给平民看病的时机传教布道，他们懂得医道，且给穷人治病从来不要钱，所以穷苦百姓都拥护他。几年间，张氏兄弟便统领教民30余万人。

当时，郡县的官吏以为太平道只是劝人向善、给人治病的教门，

★黄巾军起义概况图

张角

张角(？—公元184年)，巨鹿(今河北宁晋)人，黄巾起义军首领，太平道创始人。

张角早年信奉黄老学说，对在汉代十分流行的谶纬(流行于中国两汉时期的，将自然界的偶然现象神秘化，并被视为社会安定的决定因素)之学也深入研究，对民间医术、巫术也很熟悉。建宁年间（公元168—172年），他带着两个弟弟，首先在灾情特别严重的翼州一带开始传教活动。

灵帝熹平年间（公元172—178年），他在大量招收学生、培养弟子、吸收徒众的基础上，创立了太平道。

太平道主要特征是以《太平经》为主要经典，以“中黄太一”为其奉祀之至尊天神。太平道的纲领、目标、教义、称号、教区组织、口号、宗教仪式、活动内容、传教方式等，都根据《太平经》而来。

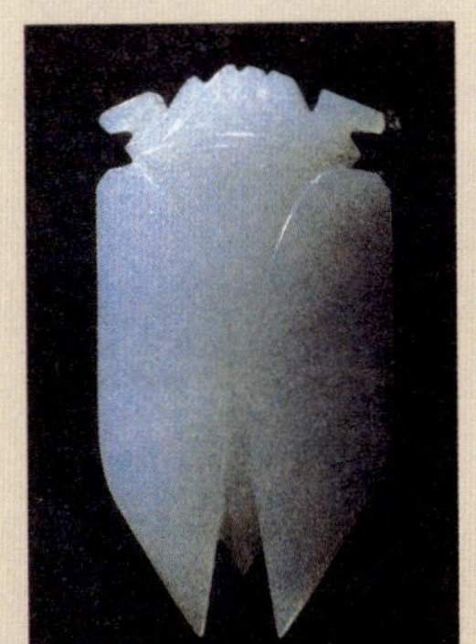

★玉蝉·东汉

谁也没有认真过问。朝廷里有一两个大臣看出苗头，奏请灵帝下令禁止太平道。汉灵帝正忙着建造他的林园，也没把太平道放在心里，因而太平道在形成和发展过程中一直都很顺利。

为了便于统领，张氏兄弟把教民分为36方，大方一万多人，小方六七千人，并分设首领，形成了组织严密的起义队伍。起义军打出了“苍天已死，黄天当立，岁在甲子，天下大吉”的口号（“苍天”指东汉王朝；“黄天”指太平道；“甲子”指起义发起的时间），准备于3月间各方同时举行起义。但由于太平道的一个信徒、济南人唐周上书官府告发起义之事。东汉朝廷闻讯，立刻在洛阳进行搜查。在洛阳做联络工作的马元义不幸被捕牺牲，与太平道有联系的百姓1000多人也遭到杀害，官府又通知冀州捕捉张角及其家人，致使起义被迫提前。

公元184年2月，张角称“天公将军”，其弟张宝称“地公将军”，张梁称“人公将军”，统帅36方民众，头裹黄巾，集结在冀州、颍川、南阳三个地区，进攻的矛头直指朝廷。

起义军一路拼杀，攻郡县、烧官府、开仓放粮、惩治官吏和豪强，仅十几天，便打开了通往洛阳的官府所设的屏障，对都城洛阳很快形成了包围之势。此时，百姓对起义积极响应，或入伍为信徒，或送粮送衣，起义军发展很快。起义军攻克城镇后，往往烧毁官府，杀贪赃官吏，将其财产分给百姓。贪官污吏平时作威作福，闻听起义军到来，便吓破了胆，如同丧家之犬，早早逃之夭夭。旬日之间，天下震动，京师震动。各地起义军从四面八方向洛阳涌来，各郡县的告急文书像雪片一样飞向京都洛阳。

东汉统治者心恐不已，汉灵帝慌忙召集大臣商议对策，拜外戚何进为大将军，同时派出大批人马，由皇甫嵩、朱俊、卢植率领，分两路去镇压黄巾军。但是，各地起义军像决堤的洪水，迅猛无阻，官府无力抵抗。大将军何进不得不叫汉灵帝下了一道诏书，吩咐各州郡自己招募人马，对付黄巾军。如此一来，各地的宗室贵族、州郡长官、地主豪强，都借着打黄巾军的名义，趁机抢夺地盘，扩张势力，把整个国家闹得四分五裂。同时，他们还解除了党禁，赦免了党人，调兵遣将，疯狂扑杀起义力量。各地主豪强势力，因惧怕起义的烈火席卷他们的庄园淫窟，也迫不及待组织武装，大肆反扑。在诸多因素的影响下，起义队伍逐渐由优势处于劣势。最后，除张角病故外，其弟张宝、张梁二人均随起义军几十万将士拼死战场。

★细线纹博山炉·东汉

★青釉陶虎形座博山炉·东汉

★黄巾军寨是太平道的发源地，黄巾军起义的大本营。东汉末年，邢台巨鹿人张角在灵霄山创立“太平道”，聚义四方英雄豪杰，招募平民百姓，惩治贪官污吏，沉重打击了腐朽的东汉地主阶级统治。山上至今还遗有当年黄巾军的点将台、练兵场、石梯、寨子门、寨墙、水牢、营址、地道、民进洞、八角亭等，尤其是“水牢”保存完好，是当年张角惩治贪官污吏、豪强劣绅的地方。

何进开门揖盗

HE JIN KAI MEN YI DAO

黄巾大起义是以宗教的形式组织起来的,是利用宗教活动将分散的平民进行理念上的灌输,然后再有组织、有计划、有准备的全国规模的大起义。起义虽遭失败,但前后持续30余年的农民起义,从根本上动摇了东汉王朝的腐朽没落的统治。

公元189年,汉灵帝病危,何皇后马上找来自己的哥哥——大将军何进,同他商量扶立太子刘辩及灵帝的后事。而此时,汉灵帝的母亲董太后却因宠爱陈留王刘协而找来心腹宦官蹇硕密谋废掉太子,立刘协为帝。蹇硕对董太后说:“要想立刘协为帝,必得先除掉何进,只有这样才无后顾之忧。”董太后决定依计而行。于是,蹇硕在宫门内布置了禁军,然后以商议大事为名,召何进进宫。

何进应召进宫,心理上未加防备,就在他刚要跨宫门时,司马潘隐从宫里走出来,他一把拦住何进说:“将军不能进去,蹇硕要杀你!”

何进听司马潘隐说有人要暗算他,吃惊不小,他立即回转身,快步走回家中,找来自己的心腹商量对策。还未商量出结果,外面却传出圣旨,传何进进宫商议大事。何进预料到此时灵帝已死,蹇硕是在假传圣旨好召他进宫,以便除掉自己。何进明知进宫定出危险,可又不能抗旨,便问自己的部下说:“谁敢同我一起去杀奸贼,扶助太子继位?”何进的话音刚一落,马上有人应道:“我愿带五千精兵随将军进宫,扶助太子,安定天下!”何进细看,原来是司徒袁逢的儿子袁绍,现为司隶校尉。

★何进像

何进听了十分高兴,他马上点齐五千御林军,袁绍也披挂整齐,随何进一同来到宫中。入宫后,他们先于灵帝的柩前,扶太子刘辩即位,然后便操起兵刃去追杀蹇硕。蹇硕见何进带了兵将,早已六神无主,及见何进等人提刀奔向自己,吓得掉头就跑,但最终没能跑过御林军,就在他逃进御花园后,被御林军乱刀砍死,而他布置的宫门守卫也就此投降了袁绍。

袁绍还要乘胜追剿宦官,但被何进制止住。何进说:“算了!都是蹇硕一个人的罪恶,何必多杀无辜。”可是,袁绍的用意却十分简单,就是要把宦官统统杀净,斩草除根。他劝何进说:“以前窦武想消灭宦官,结果泄露了机密,被宦官害死,现在将军掌握兵权,正该为天下人除害,您可千万别错过了机会。”但何进不敢做主,他要同太后商量,何太后听说要除去宦官,她始终不同意。何进无奈,便密召董卓带兵围宫,决计用武力胁迫太后同意。可是,何进万没想到西凉刺史董卓不仅霸道专横,还有偷天换日的野心,因而何进的所为不啻为开门揖盗。而董卓一接到何进让他进京杀宦官的密信,便以为千载难逢之机,立即带领谋臣武将,杀奔长安。

何进的主簿(管理文书、办理事务的官员)陈琳听了,连忙阻拦说:“将军手里有的是兵马,要消灭几个宦官,还不是像炉火上烧几根毛发那样容易?如果召外兵进京城,这好比拿把刀子交给别人,不仅不能制其人,却反而受制于人。”何进不听陈琳的劝告,仍然我行我素。

此时,宦官张让等闻知何进请兵入京,急忙商量对策。商量的结果是:“不能束手待毙,先下手为

★螭纹玉琨·东汉

★董卓像

强。”于是，他们就在皇宫里埋伏了几十个武士，假传太后的命令，召何进进宫。待何进一进宫门，两边刀斧手齐出，将何进当场砍死。随何进入宫的袁绍在宫门外等了一段时间，见何进还未出来，心下慌乱，急急地喊了几声：“请将军上车！”可是喊了几声却不见何进的出来。袁绍情知不妙，他冲着手下喊道：“一定是这帮阉狗害了将军，愿意除掉他们的，跟我往前冲！”接着，他带领御林军撞开宫门，杀入内宫。他们逢人便砍，见人就杀，只要是没有胡须的一并诛之。

宦官张让、段圭等人早有防范，听到喊杀声，便挟持少帝和陈留王从后门溜了。袁绍带兵四下寻找少帝和陈留王，最后在一所破房子里找到了二人。巧的是，刚刚搜出两人，董卓的兵马也正好赶到那里。于是，两路兵马簇拥着少帝和陈留王回到了宫中。

经过这场火并，外戚和宦官两败俱伤。何进召来的董卓却兵不血刃进了京城洛阳。董卓进了洛阳，以勤王护驾之功想大权独揽，可忌惮袁绍和京城的官兵会起来反对，便耍起了计谋。他自知兵马太少，便在夜深人静的时候，把自己的人马悄悄地开到城外去。到了第二天白天，再让这支人马大张旗鼓地开进城来。这样一连几次进出，京城里的人都弄不清董卓到底调来了多少兵马。原来属何进手下的将士看到董卓势力大，也纷纷投靠了董卓，洛阳的兵权由此落到了董卓的手里。

为了独揽大权，董卓决定废掉汉少帝，另立少帝的弟弟陈留王刘协，然后再以扶立之功，独擅朝政。一天中午，董卓召集文武百官举行酒宴。百官都知董卓的为人，不敢不来。董卓也知道洛阳城里的士族官员，数袁家的势力大，便主动请袁绍来参加。

酒宴间，董卓手按剑柄，突然说道：“当今的皇上软弱无能，我看陈留王比现在的皇帝强，我打算立他为帝。谁要持反对意见，我就杀了谁！”大臣们见董卓凶神恶煞，谁都不敢吱声。袁绍听了怒气填胸，他站起身说：“皇上年纪轻，刚刚即位，也没有听到有什么过失。您要废他，只怕天下的人不服。”

董卓碰了个钉子，气得瞪圆双眼，把手按着剑柄，威胁着说：“大权在我手里。我要这样做，谁敢反对？难道你以为我董卓的刀不够快吗？”

袁绍也气红了脸，说：“天下的好汉难道只有你姓董的一个人！”一面说，一面拔出佩刀。董卓的谋臣李儒一看势头不好，便上前几步劝董卓道：“大事未定，不能乱杀人。”董卓这才不情愿地收回了剑。袁绍也觉得凭自己之力也很难胜过董卓，便辞了官职，带着自己的兵马，匆忙奔回冀州（约当今河北中、南部，山东西北端和河南北端）。袁绍的弟弟袁术听到哥哥与董卓闹翻，也逃出洛阳，出奔南阳（在今河南省）。

袁绍兄弟走了以后，董卓召集文武百官，宣布废立的决定。刘协登上皇位，即汉献帝。董卓自己当了相国，不久又毒死了少帝与其母何太后。董卓对待京城百姓也极其残忍，他担任相国之后，不去护境安民，却纵容兵士残杀无辜的百姓。有一次，洛阳附近的阳城（今河南登封东南）举行庙会，百姓齐集在那里赶集。董卓派兵到那里，竟把集上的男子都杀死，还把掳掠到的妇女和财物，用百姓的牛车装载着，耀武扬威地回到洛阳。一路上呼天喊地，京城百姓以为他们真的打了大胜仗，后来才知道他们屠杀的竟是一些无辜的百姓。

董卓的倒行逆施，造成洛阳城一片混乱。一些有见识的官员纷纷离开洛阳，其中包括洛阳的典军校尉曹操。曹操逃到了陈留，在那里招兵买马，并联合各州郡的刺史，共同举兵，讨伐董卓，一场群雄逐鹿就此拉开帷幕。

董卓

董卓（？—192年），凉州陇西临洮（今甘肃临洮）人。官至太师、郿侯。

早年为汉将，在西方平定少数民族叛乱，后来又参加讨伐黄巾起义，数次兵败，却依然升为前将军，掌管重兵。董卓拥兵自重，驻兵于河东，不肯接受朝廷的征召而放弃兵权，后逢京都大乱，何进被杀，董卓趁机进京，控制了中央政权。之后，董卓废汉少帝，立汉献帝，关东诸侯联盟讨伐董卓，董卓放弃洛阳，移都长安。董卓生性残虐，当权后横征暴敛，激起了民愤，最后被王允和吕布联手除掉。

王允计除董卓

WANG YUN JI CHU DONG ZHUO

各地起兵的消息传到洛阳，董卓有点害怕起来。他不顾大臣们反对，决定把汉献帝和上百万人口迁到长安，自己留在洛阳附近对付联军。汉献帝被迫离开洛阳的时候，董卓放了一把火，把宫室、官府、民房，全部烧掉，以绝百姓们的返乡之念。当时，洛阳周围200多里以内被烧得鸡犬不留，百姓被迫离开家园，哭声震天，路上有饿死的，被踩死的，打死的，倒在路边的尸体不计其数。

此时，由袁绍主盟的各州郡联军，共几十万兵马，正浩浩荡荡杀奔京城。但闻繁华的古都已变成一片瓦砾，董卓已挟献帝逃往长安，诸路兵马便停歇了下来。曹操赶来，见各路兵马按兵不动，便焦急地说："大家起兵，为的是讨伐董卓。现在董卓劫走天子，烧毁宫室，全国人心惶惶，正是消灭逆贼的好时机，为什么还要犹豫不决呢？"

尽管曹操说得慷慨激昂，但大家都无动于衷，连盟主袁绍都未加理会，众人便趁势以兵困马乏来推拖。曹操看出他们只想保存实力，不想打董卓，心里很生气，于是单独带着5000人马，向成皋（今河南荥阳汜水镇）进兵。

★东汉石刻

董卓听到曹操向成皋进兵，早已派大军在汴水（在今河南荥阳西南）边布好阵势。曹操的人马刚刚到了汴水，就遇到董卓部将徐荣的拦击。徐荣兵多，曹操兵少，经双方交战，曹操的人马很快损伤了大半，自己也中箭受伤。

而此时，联军将领仍按兵不动，继续饮酒作乐，把讨伐董卓的事情都抛到了九霄云外。败归的曹操见此情景，怒气勃发，他跑到袁绍摆酒宴的地方，指责他们说："你们以勤王讨贼为名，却在这里犹豫观望，让天下百姓失望。我真替你们害臊啊！"说完，他带领本家兵马去了扬州，在那里招募兵马，准备重整旗鼓。而其他各路兵马把粮草消耗殆尽，便作鸟兽散了。

★袁绍像　★王允像

因诸路兵马未协力破敌，致使董卓走脱。到了长安后，董卓自称太师，让汉献帝尊称他"尚父"，他出入宫掖用天子的仪仗，而且赞拜不名，入朝不趋，剑履上殿，旁若无人。他还把他的弟弟、侄儿都封为将军、校尉，手里都握着兵权。为了寻欢作乐，他在离长安200多里的地方，建筑了一个城堡，称作郿坞。他把城墙修得高大坚固，把从百姓那里搜刮得来的金银财宝和粮食都贮藏在那里，光粮食就足够30年吃的。

董卓在洛阳的时候，就滥施淫威，杀了一批朝臣。到了长安以后，

★东汉调琴器

他更加专横跋扈，文武官员说话一不小心，就会触怒了他，轻则责打，重则丢掉脑袋。一些大臣对他恨得咬牙切齿，更恨自己没有除掉奸贼的能力。

老司徒王允看到董卓专权，汉室江山早晚要被这个奸贼吞下，便决心要除掉董卓。他知道，要除掉董卓必先拉拢董卓身边的吕布。吕布原是并州刺史丁原的部下，董卓进洛阳的时候，丁原正带兵驻守洛阳。董卓派人用大批财物和赤兔马去拉拢吕布，让吕布杀死丁原。吕布为钱财所动，背叛了丁原，投靠董卓。由于吕布的武艺十分高强，董卓把吕布收为义子，叫吕布随身保护他。无论董卓走到哪儿，都要求吕布跟到哪儿，因为他知道自己罪孽深重，怕有人谋害他。

吕布虽与董卓形影相随，但董卓却残刻寡恩，性格暴躁，稍不如他的意，就向吕布发火。有一次，吕布说话顶撞了他，董卓竟将身边的戟扔了过去。幸亏吕布眼疾手快，把身子一侧，躲过了飞来的戟。后来，吕布向董卓赔了礼，董卓也表示自己过于焦躁。不过，这件事在吕布的心里已经蒙上了一层阴影。

王允知道了董卓与吕布存在的过节，便常常请吕布到他家里喝酒聊天。有一次，两人喝得高兴，王允一边盛赞吕布有万夫不挡之勇，一边传下话去，让他的歌姬貂蝉出来歌舞助兴。吕布本是个好色之徒，见了如花似玉的貂蝉，眼睛竟鬼使神差似的随着貂蝉乱转。王允见吕布被貂蝉的美貌所吸引，便对吕布说道：“貂蝉为我的义女，我有意将其许配给将军，不知将军意下如何？”吕布一听，连忙伏地就拜，口中不忘叨念：“感谢岳父大人，感谢岳父大人。”说完便要带貂蝉与他一同回府。王充连忙拦住说：“将军别急，待我选一良辰吉日，再把小女送到府上。”吕布一听，便欢天喜地地走了。

★墓室石刻——神鸟·东汉

时隔几日，王允找了个借口，把董卓请到了家中，然后召出貂蝉，故伎重演，喜得董卓唯恐王允变卦，当夜便将貂蝉载回府中。

吕布此时外出归来，听说自己日思夜想的貂蝉已进了丞相府，便来找王允理论。王允假意唉声叹气，对吕布讲述了“实情”。他说：“昨天在朝堂上，董太师向我提及小女许给将军之事，我告诉他确有此事。太师说：‘既为我义子的妻室，能否让我先瞧瞧。’我一时无法推托，只好点头，谁知那老贼今天看过小女之后，竟自己载回相府，也怪我儿命苦啊，实指望嫁给将军也称得上是郎才女貌，却不想被太师坏了一桩姻缘。”说完，王允还洒了几滴眼泪。吕布越听越气，不由得怒火中烧，狠狠地骂道：“老贼，夺妻之恨不共戴天！”王允见时机成熟，连忙添油加醋地说道：“董卓欺子霸媳，没有人伦，将军何不将他除掉，以雪你我之恨！”吕布听到真要杀董卓，倒有点犹豫起来，说：“我是他的义子，义子怎么能去杀义父呢？”王允摇摇头说：“唉，将军真糊涂，您姓吕，他姓董，本来不是骨肉至亲，再说，他向您掷戟的时候，念过父子之情吗？”吕布听了王允的话，越发觉得董卓可恶，便恶声恶气地说道：“此贼不除，枉生一世。请老司徒快拿出计策来吧！”王允见吕布已被说服，便与他定下了除掉董卓的计策。

★陶楼·东汉

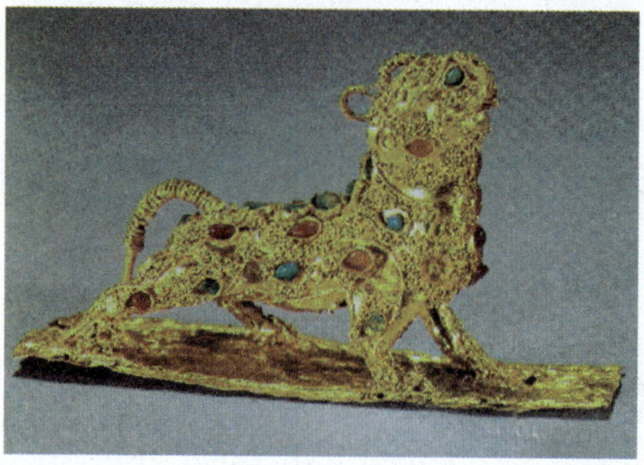

★金掐丝辟邪·东汉

公元192年，汉献帝生了一场病刚刚痊愈，在未央宫会见大臣。

★貂蝉塑像

讨伐贼臣董卓！”董卓见他的义子背叛了他，恶声骂道：“狗奴才，你敢……”他的话还没说完，吕布已经举起长戟，一下子戳穿了董卓的喉咙，兵士们一拥而上，把董卓的头砍了下来。吕布从怀里拿出诏书

董卓从郿坞赶到长安，为了提防别人暗算，他在朝服里面穿上铁甲，在乘车进宫的大路两旁，派卫兵密密麻麻排成一条夹道，令吕布带着方天画戟紧随其后。经过这样安排，他自认为万无一失。可吕布却早约了几个心腹勇士扮作卫士混在队伍里，专门在宫门口守着。董卓的车驾一进宫门，就有人拿起戟向董卓的胸口刺去，但兵士的戟扎在董卓胸前铁甲上，刺不进去。董卓用胳膊一挡，被戟刺伤了手臂。他忍着痛跳下车，叫道：“吕布在哪儿？”吕布从车后站出来，高声宣布说：“奉皇上诏书，

向大家宣布：“皇上有令，只杀董卓，别的人一概不予追究。”董卓带的将士们听了，都高兴得直呼万岁。

长安的百姓受尽了董卓的残害，听到除了奸贼，成群结队跑到大街上唱着，跳着，许多人还把自己家里的衣服、首饰变卖了，换了酒肉带回家大吃一顿，以示庆祝。

恶贯满盈的董卓被消灭了，但是百姓的灾难并没有因此走到尽头。没过多久，董卓的部将李榷、郭汜打进长安，杀死王允，赶跑了吕布，长安百姓又一次遭到烧杀抢掠。

★李傕、郭汜兵犯长安

貂蝉

貂蝉，东汉末年司徒王允的歌女，国色天香，有倾国倾城之貌，是中国古代四大美女之一。貂蝉见东汉王朝被奸臣董卓所操纵，于月下焚香祷告上天，愿为主人分忧。王允见此情景，心生一计，准备以美色惑乱董卓与吕布父子，貂蝉欣然允诺。王允便先把貂蝉暗地里许给吕布，再明把貂蝉献给董卓。吕布英雄年少，董卓老奸巨猾。董卓为了拉拢吕布，收吕布为义子，但二人都属好色之人。从此以后，貂蝉周旋于此二人之间，送吕布于秋波，报董卓于妩媚，把二人弄得神魂颠倒。

吕布自董卓收貂蝉入府为姬之后，心怀不满。一日，吕布乘董卓上朝时，入董卓府探貂蝉，并邀凤仪亭相会，貂蝉见吕布，假意哭诉被董卓霸占之苦，吕布愤怒至极。这时董卓回府撞见，怒而抢过吕布的方天画戟，直刺吕布，吕布飞身逃走，从此两人互相猜忌。而王允借此说服了吕布，最终铲除了董卓。

★貂蝉像

下邳城曹操杀吕布

XIA PI CHENG CAO CAO SHA LV BU

吕布被李傕打败，从长安逃到南阳。袁术见吕布带来了董卓的人头，大喜，对他非常热情。吕布自以为对袁氏有功，放纵士兵大肆劫掠，袁术深感忧虑，便与谋士们商议对策，对吕布也渐渐冷淡了。吕布有所察觉，担心袁术袭击自己，便跑到河内投奔张杨。这时李傕正在悬赏捉拿吕布，张杨的部下暗中商议杀掉吕布，向李傕请赏。吕布深为恐惧，对张杨说："咱们俩有同乡之谊，如果我被人杀死，对你也没多大好处。你不如把我交给李傕，可以得到他的封赏，我也算为你做件好事。"张杨也觉得有道理，不准部下伤害吕布。不久，吕布看准机会，逃离了张杨大营，去投奔袁绍。

袁绍带领吕布去攻伐常山(在今河北省元氏县)张燕，张燕有万余精兵，数千匹马。吕布骑着一匹宝马，名叫"赤兔"，这马能日行千里，奔驰起来像一阵轻烟，飞过壕堑，跨越城墙，如履平地。吕布和部将成廉、魏越等数十人，骑马突击敌阵，一天常往返三四回，每次都斩首而归，如入无人之境。接连十余天，张燕便被击败。吕布自恃有功，请求袁绍给他增兵，袁绍不同意。吕布的部下骄奢横暴，袁绍引以为患。吕布深感不安，请求回洛阳。袁绍同意了，并以朝廷名义让他兼任司隶校尉，派壮士送他回去，暗中告诉他们在路上袭杀吕布。

★石雕俳优俑·东汉

一天晚上，吕布等人在路上宿营，到了半夜，壮士们手持武器，偷偷摸到吕布帐外。帐内闪烁着烛光，传出阵阵筝声。壮士们大呼而入，举刀要砍，突然都愣住了：弹筝的是吕布的侍女，而吕布早已不知跑到哪儿去了。原来吕布已发现袁绍居心不良，因而作出这样的安排。袁绍闻讯，马上派勇士去追杀，但勇士们都害怕吕布，没人敢逼近他。吕布一直向洛阳奔去。

途经陈留，太守张邈派人把吕布迎进郡城，盛情款待，临别时手拉着手相约为誓，依依难舍。

曹操派部将陈宫守东郡(在今河南濮阳县南)，陈宫私下劝说张邈："当今天下分崩，群雄并起。您统帅十万之众，据有要害之地，抚剑顾眄，也足以称为豪杰，而反受制于他人，难道不惭愧吗？现在曹操率军东征，后方空虚，吕布是个壮士，所向无敌，如果把他迎来共据兖州，以待天下之变，不难成就大业。"张邈就派其弟张超和陈宫等人迎来吕布，让他当兖州牧，占据濮阳(今河南濮阳市)，所属郡县一齐响应。

★三枝铜俑灯·东汉

曹操听说吕布占了兖州，带兵来征讨，双方相持百余天，连续交战。当时兖州发生旱蝗灾害，粮食奇缺，百姓饿得人吃人，吕布只好转移到山阳。两年之内，曹操逐渐收复了兖州各郡县，在钜野大破吕布。吕布逃到徐州去投奔刘备。张邈到袁术那儿求救，让张超带着家属屯驻雍丘。曹操把雍丘围了好几个月，抓住张超，灭了他的三族。张邈还没到寿春，就被部下杀死在路上。

当时刘备任徐州牧，驻军下邳(在今江苏省宿迁县)，与袁术在淮河上对峙。袁术想拉拢吕布打刘备，便给他送去二十万斛军粮，请他发兵。吕布大喜，立即率兵袭取下邳，俘获了刘备的妻子儿女。刘备逃到海西县（在今江苏东海县南)，走投无路，派人向吕布请降。吕布正为袁术不继续给他送粮感到恼恨，便答应了刘备，派车马把他接回来，任为豫州刺史，让他驻军小沛(在今江苏沛县北)。吕布自称为徐州牧。袁术怕吕布与自己为敌，成为祸害，就主动提出和他结

★石象·东汉

解纷。"说着就让士兵把一支大戟立在营门，自己拿过弓箭，回过头来对刘、纪等人说："请诸位看我射戟，如果正中小支，双方就该罢兵；如果不中，任凭二位决斗。"说话间，叉开双腿，屏住呼吸，将弓用力拉满，

亲，聘吕布之女做儿媳，吕布又欣然同意。

袁术既与吕布修好，便派将军纪灵率三万大军攻刘备，刘备向吕布求救。诸将都劝吕布说："将军平日总想杀刘备，现在正好假手于袁术除掉他。"吕布说："不然。刘备虽然可恶，但袁术假如击破他，其势力便北连泰山，我们就处在他的包围之中，所以，不能不救刘备。"于是亲率步、骑兵千余名，驰赴小沛。纪灵听说吕布兵到，马上收兵回营，不敢出战。吕布扎下大营，派人把刘备请来，又叫人去请纪灵。纪灵到营，见吕布和刘备一起坐在席上，以为要杀自己，转身就跑。刘备也大惊失色，起身想走。吕布一手揪住纪灵，一手拉着刘备，把他们按到席上，一起饮酒，然后从容地说："玄德(刘备的字)是我兄弟，被诸位所困，所以我来救他。但我平日不爱看人争斗，而喜欢给人排难

★铜牛灯·东汉

只听嗖的一声，箭不偏不斜，正射在大戟的小支上。纪灵和刘备看得目瞪口呆，过了好一会儿，才喃喃地说："将军天威，听凭将军安排。"第二天，双方又到吕布营中饮酒欢会，然后各自罢兵。

这时袁术已在淮南称帝，派韩胤来向吕布通报，并顺便为儿子迎亲，吕布就让韩胤把女儿带去。沛国相陈珪担心袁术和吕布结亲之后勾结在一起，祸乱天下，便去劝说吕布："曹公奉迎天子，辅佐国政，将军应当与他齐心协谋，共图大计。如与袁术结亲，必受不义之名，将有累卵之危。"吕布也一向怨恨袁术，但女儿已经上路，他立即率人追回，并把韩胤抓起来送到许都，曹操把他杀了。

陈珪又想让儿子陈登去面见曹操，吕布坚决不同意。适逢许都的使者来到徐州，拜吕布为左将军，吕布大喜，便让陈登赴许都，给朝廷上表谢恩。

陈登见了曹操，便向他陈说吕布有勇无谋，办事草率鲁莽，反复无常，应该早日消灭。曹操说："吕布狼子野心，确实难以久留，谢谢你的指教。"于是拜陈登为广陵太守，给陈珪的官品升到中二千石。临别时，曹操拉着陈登的手说："东方之事，我就托付给你了。"让他暗中纠合亲信，给自己作内应。

陈登回到徐州，吕布大怒，拔出手戟砍坏书案，吼道："你老子劝我交结曹操，和袁术绝婚。我让你向朝廷请求，正式拜我为徐州牧，你没做到，而你们父子却都受到封赏，我让你们俩给出卖了！"

陈登面不改色，只是微微一笑，从容答道："我见到曹公，对他说养将军譬如养虎，应当让他吃饱肉，否则就会吃人。曹公却说：'不是这样，譬如养鹰，饥则为人所用，吃饱就会飞走。'他所以不给将军封赏，是要将军为他搏击。"吕布听了这话，怒气渐渐消了。

袁术听说吕布不肯嫁女，又把韩胤献给了曹操，恨得咬牙切齿，派大将张勋、桥蕤等和韩暹、杨奉连兵，带领数万人马，前后七路进攻吕布。吕布当时只有三千人马，担心寡不敌众，对陈珪说："都是你的主意，把袁术的兵马招来了！现在该如何是好？"陈珪说："韩暹、杨奉与袁术只是临时凑合到一起的，并不齐心协力，就像把鸡连在一起，势必飞不上鸡架。这些人立即就能离间。"吕布听了陈珪的计策，就给杨、韩二人写信说："二将军护驾有功，我吕布诛杀董卓，都是青史留名之事。如今袁术大逆不道，应当共同诛讨，为何反与逆贼一起来攻吕布？如今应同力破贼，为国除害，建功天下，机不可失。"又许诺攻破袁兵之后，把缴获的军资全赏给他们。二将大喜，一起到下邳偷袭张勋等人，活捉了桥蕤，其部下仓皇逃窜，几乎全被杀死、淹死，所剩无几。

建安三年198年，吕布又重新

★"征羌国丞"铜印·东汉

★边塞军情木简·东汉

归附了袁术，派部将高顺到小沛击刘备，刘备大败。曹操派夏侯惇率兵来救，又被击败。他便亲统大军征伐吕布，驻扎到下邳城下。曹操先给吕布写信，分析形势，陈说利害，劝他归降。吕布想开城出降，陈宫等人曾背叛过曹操，怕他追究，便力劝吕布不要投降。陈宫说："曹兵远道而来，不能持久。将军若率兵屯驻城外，我率余众闭城坚守，曹操攻将军，我领兵攻其后；曹操攻城，将军则救于外。不出一月，曹军粮尽，我军乘势掩杀，不难击破他们。"吕布表示赞同。吕布的妻子听说后，便劝他说："当初曹操待陈宫如亲生子女，他仍背叛曹操归顺将军；如今将军不如曹操待陈宫好，怎能放心把城郭妻子都交给他而孤军远出呢？若一旦有变，我岂能还是你妻子呢！"吕布于是放弃了原来的打算，派人向袁术求救。他怕袁术不救，便把女儿用布层层缠裹起来，放到马上，亲自送到城外，打算杀透重围，让人给袁术送去。不料曹兵太多，无法溃围，只好退回城内。袁术也不来救他。

曹军挖掘了深壕把下邳围住，引来沂、泗二河之水灌城。相持到三月，城中上下离心。吕布的将领侯成被人盗走一匹名马，后来追了回来。诸将凑集礼物为他祝贺，侯成安排酒肉款待众人，先去向吕布禀报："末将蒙将军威灵，追回所失名马，诸将齐贺，不敢先尝美味，特来献给将军。"吕布大怒，骂道："我明令禁酒，你们却聚众狂饮，是不是想把我灌醉然后开城投降？"侯成又气又怕，便与诸将拘捕了陈宫、高顺，率领部下投降了。吕布和下属登上白门楼，向城外一望，曹兵漫山遍野，把下邳城围得水泄不通。吕布回头对身边的人说："诸位跟随我多年，没受过什么好处，事已至此，你们把我的头割下来请赏去吧！"众人不忍下手，吕布就令人打开城门投降了。

吕布见到曹操，大声说道："从今以后，天下就算安定了。"曹操问："这话怎么讲？"吕布大笑，说："您最害怕的就是我吕布，如今已经归降。从今以后，你让我统帅骑兵，自己统帅步兵，还愁天下不定吗？"又回过头来对刘备说："玄德，如今你是坐上客，我是阶下囚，绳子捆得我好疼，你怎么不为我说句话呢？"曹操听了，笑着说："缚虎不得不紧。"命人给吕布松绑。刘备看了吕布一眼，急忙制止曹操说："且慢！您忘了吕布对待丁原和董卓的事吗？"曹操一听，用手握住胡须，连连点头。吕布狠狠瞪着刘备，骂道："大耳贼，你最不讲信用！"刘备两耳极大，自己能看见耳朵，所以吕布这样骂他。

曹操又对陈宫说："你平生自以为智谋过人，如今怎样？"陈宫指着吕布说："这家伙不听我的忠言，才到了这步田地，否则，前途无量。"曹操又问："你现在这样，让老母怎么办？"陈宫说："老母的命运取决于你，不由我作主。但我听说用孝治天下的人，不加害别人的双亲。" 曹操问："那你的妻子儿女呢？"陈宫答道："我听说实现霸业和王道的君主，不使别人断绝后嗣。"坚决要求就刑。武士们把他带出去，他连头也不回。曹操见状，不禁为之落泪。

吕布、陈宫和高顺都被缢死，头颅送到许都示众。

★彩绘抚琴俑·东汉

人中吕布，马中赤兔

赤兔马是一匹宝马，在三国时代确实存在，而且很有名。《三国志·魏书·吕布传》中记载说："布有良马曰赤兔。"三国时代勇将的冲锋陷阵，很大程度要依靠坐骑，所以他们的坐骑都不会太差，都应该属于宝马这一级别，但是一部《三国志》独独在这里郑重其事地记了赤兔马这一笔，可见它的不同凡响。裴松之在这句话旁注引《曹瞒传》说，在当时，就已流传说"人中有吕布，马中有赤兔"，这也就是后来《三国演义》里"人中吕布，马中赤兔"的由来，不过，《三国志》中只字未提关云长骑过赤兔马。

★神兽图案铜印·东汉

挟天子以令诸侯

XIE TIAN ZI YI LING ZHU HOU

公元192年，董卓被除，东汉王朝也名存实亡，对各地州郡失去了控制。各地官僚、豪强趁机争夺地盘，形成了大大小小的割据势力。势力比较大的有冀州的袁绍、南阳的袁术、荆州(约今湖北、湖南两省和河南、贵州、广东、广西的一部)的刘表、徐州(今江苏长江以北和山东东南部)的陶谦、吕布等，这些割据势力喜则合兵一处，怒则分庭抗礼。而成千上万的百姓在混战中遭到屠杀，许多地方出现了没有人烟的荒凉景象。

★汉献帝像

★曹操塑像

同年，青州黄巾军攻入兖州，杀了刺史刘岱，州吏拥曹操领兖州牧(兖州的最高行政长官)，曹操从此有了自己的根据地。他率兵打败了黄巾军30余万人，收其精锐为部下，号青州兵。在此后的群雄角逐中，曹操招纳贤士，一时"猛将如云，谋士如雨"。

★青铜摇钱树·东汉

曹操，字孟德，沛国谯县(今安徽亳州)人。曹操出身于官宦家庭，少年时代就显示出过人的智慧。20岁时被举为孝廉，当上了洛阳北部尉，从此步入了仕途。在他刚到任没多久，他就叫人做了20根五色大棒，专门惩治不法的官宦子弟，改变了那里的治安状况，一时轰动了洛阳。

没多久，颍川爆发了黄巾军起义，曹操被派去参与镇压那里的黄巾军，当上了典军校尉。在镇压起义军时，他崭露头角，击败了该地黄巾军主力，显示出了他的指挥才能。公元189年，董卓专权，曹操因不愿归附董卓门下，便离开洛阳，逃至陈留(今河南开封东南)，在那里，他散家财，招兵买马，聚草屯粮，等待天时之变。

公元195年，长安的李傕和郭汜发生火并，外戚董承和一批大臣带着献帝逃出长安，回到洛阳。洛阳的宫殿，早已被董卓烧光，到处是碎砖破瓦，荆棘野草。汉献帝到了洛阳，没有宫殿，住在一个官员的破旧房屋里。一些文武官员，没有地方住，只好在断墙残壁旁边搭个草棚，遮避风雨。当时最大的难处是粮食没有着落，汉献帝派人到处奔走，要求各地官员给朝廷输送粮食。但是豪族正在忙着抢地盘，根本不把皇帝放在眼里，谁也不肯护驾勤王。

朝廷大臣没有办法，尚书郎以下的官员，都只好自己去挖野菜。这些平时养尊处优的官员，哪里受得了这个苦，有的吃了几顿野菜，就因肠胃不适，生病而死。

正当汉献帝及其诸臣山穷水尽的时候，忽报有人来朝见献帝，并馈赠酒食，还请献帝君臣前往就宿。献帝受宠若惊，仔细打听，才知是早年京城里敢打官宦子弟的曹操。

此时的曹操正驻兵在许县（今河南许昌东），听到献帝困于洛阳的消息，就召集部下的谋士商量，要不要把汉献帝迎过来。谋士荀彧说："从前晋文公发兵把周襄王送回洛邑（今洛阳），成为霸主；汉高祖为义帝发丧，天下人都向着他。这样的例子历史上是不少的。现在皇上到了洛阳，困苦不堪。将军如果能把皇上迎来，这正是顺天应人的好事。要是现在不及时去接，一旦让别人抢先迎去。我们就错过机会了。"曹操听了，觉得很有道理，立刻派出曹洪带领一支人马到洛阳去迎接汉献帝。

建安元年（公元 196 年），曹操根据毛玠、荀彧谋划，欲"挟天子以令诸侯"，将处于困境的汉献帝从洛阳迎到自己势力范围内的许县，并迁都于许。从此，曹操在政治上取得了主动，号召力增强。另外，他采纳枣祗的建议，募民屯田许下，收获谷物百万斛，从物质供应上保证了战争的胜利。同时，他"挟天子以令诸侯"，先后打败袁术，攻破陶谦，平定张邈，消灭吕布，逐渐壮大成一支与袁绍相对抗的力量。

★泥质灰陶羊·东汉

★兽首陶魁·东汉

★绿釉弦纹熊足陶仓·东汉

曹操

★曹操像

曹操（公元 155—220 年），字孟德。东汉末年政治家、军事家、文学家。沛国谯县（今安徽亳州）人。父曹嵩，宦官曹腾养子。曹操参与镇压颍川黄巾起义军，被命为西园八校尉之一的典军校尉。中平六年（公元 189 年），因董卓专权，逃离洛阳，至陈留（今河南开封东南），散家财，聚兵 5000 人，与袁绍为首的东关州郡军一起讨伐董卓。当时诸军畏卓，莫敢先进，唯操出战，董卓西逃，袁绍表操为东郡太守。在随后几年的兼并战争中，表现出杰出才能，打败袁术，攻破陶谦，平定张邈，消灭吕布，逐渐壮大成一支与袁绍相对抗的力量。建安五年（公元 200 年）官渡之战，曹操以少胜多，打败袁绍 10 万大军，并陆续攻占原属袁绍的冀、青、幽、并四州。公元 207 年，又消灭曾收留袁绍二子、以辽西柳城（今辽宁朝阳西南）为根据地的乌桓势力，基本统一北方。

曹操精通《孙子兵法》，著有兵书 10 万余言。善于运用古代军事学说和战略战术。他多次下令求贤，要求唯才是举。曹操受先秦法家思想影响很大，不官不功之臣，不赏不战之士。在此思想指导下，他残酷镇压农民反抗，同时对豪强大族的不法行为也往往给予严厉打击。曹操诗歌造诣极高，所作《薤露行》、《蒿里行》、《步出夏门行》等，皆悲凉雄浑，气势磅礴。在他奖掖、提携下，周围聚集了一批优秀文人，出现了"建安文学"。

衣带里的密诏

YI DAI LI DE MI ZHAO

曹操迎汉献帝到了许都，自封为大将军、武平侯，手下谋臣武将各有封赏，一时君安臣喜。自此，朝政大权都握在了曹操的手中，朝中大小事务都得先报曹操，然后才禀明献帝。一天，曹操虑及屯兵于徐州的刘备，对身边的谋士们说："刘备自领徐州牧，又收留了吕布，屯兵于小沛，如果他们一起来攻打我们，我们恐怕难以匹敌，大家有什么破解的办法没有？"谋士荀彧献计说："刘备自领徐州牧，并未得到皇上的诏命，如果禀明皇上，遣使诏命刘备为徐州牧，然后再命他袭杀吕布，势必会出现两虎相斗的局势。这样就可以翦除其一，而保我许都无忧。"曹操听了大喜，向刘备发出了信使。但刘备识破了曹操的计谋，不肯杀掉吕布。荀彧便再献一计，命刘备与曹操共同讨伐袁术。刘备无奈，只得驱兵前往，而在袁术和吕布的共同夹击下，刘备便失了徐州。

★越窑青瓷锺·东汉

刘备是河北涿郡（今河北涿县）人，原来是西汉皇室的后代。他从小死了父亲，家境很贫苦，平日里与母亲一起靠贩鞋织席过日子。后来，靠同族人的帮助，才拜老师读了一点书。可是他不大爱读书，却喜欢结交豪杰。黄巾军起义爆发后，朝廷征募勇士，刘备亦想前往，恰在此间结识了关羽和张飞，三人因志趣相投，结为生死，又因刘备原为汉室宗亲，便积极为匡扶汉室做准备。此间，有两个贩马的大商人经过涿郡，很器重刘备，愿出钱和马匹帮他整军备战，刘备自此有了自己的队伍。

这次，刘备城池失陷于见利忘义的吕布，只得投奔曹操。曹操以礼相待，并会同刘备一起去攻打吕布，消灭了吕布这股割据势力。回到许都，曹操请汉献帝封刘备为左将军，并且非常尊重刘备，进进出出，都要刘备陪他在一起。刘备见曹操这样尊重他，心里反倒不安，因为他有自己的雄心大志，生怕遭到曹操的猜疑。而曹操表面上看重刘备，暗地里也在防备他。他时常派人去看看刘备在家里干什么，去的人回来说："刘备在种菜浇水。"自此，曹操以为刘备胸无大志，渐渐放松了防备。

此后，曹操自以为朝权在握，天下唾手可得，便不把皇上放在眼里，动辄要挟献帝要如何如何，弄得献帝无所适从，整日提心吊胆。随着年龄的增长，汉献帝越来越觉

刘 备

刘备（公元161—223年），字玄德。河北涿县人，汉景帝之子中山靖王刘胜的后代，为三国蜀汉开国君王。东汉灵帝末年，与关羽、张飞一道讨黄巾军有功，遂为安喜县尉。密诛曹操不成，潜逃。三顾茅庐始得诸葛亮辅佐。后与孙权联合大败曹操于赤壁，取得益州与汉中，自立为汉中王。刘备知人善任，有名将关羽、张飞为左右手；自得诸葛亮，信任专一，言听计从，措施得宜，故能在地狭民少的蜀地开创与魏、吴鼎立局面。公元221年，于成都即位称帝，国号汉，史称蜀汉。刘备称帝后，因不听诸葛亮等人劝阻，致使伐东吴兵败，损失惨重，退回白帝城，因病崩逝，享年62岁，谥号昭烈帝。

★刘备塑像

★画像石拓片"设教"·东汉

得受人摆布不是个滋味儿，而曹操的专横也让他忍无可忍。于是，他咬破手指，写了一道血诏缝在衣带里，然后把这条衣带送给外戚董承，要他设法除掉曹操。

董承接到密诏，秘密约了他的几个亲信，商量怎样除掉曹操。他们觉得自己力量不够，认为刘备是皇室的后代，一定会帮助他们，便秘密找刘备商量。刘备也认为曹操迟早会生代汉之意，同时也是自己争霸天下的障碍，便同意听命圣意，铲除曹操。

曹操虽然在表面上松懈了对刘备的防范，但心里多少还是有些不放心，便寻找机会要试探一下。一天，曹操忽然派人请刘备去喝酒。两个人一面喝酒，一面有说有笑，谈得很融洽。他们谈着谈着，很自然地谈到了天下大事。曹操拿起酒杯，问刘备说："您看现在那么多人在争夺天下，有几个算得上英雄呢？"刘备假意东拉西扯，把袁术、袁绍、刘表、孙策等都罗列了出来。谁知曹操面露笑容，从容地对刘备说："依我看，当代的天下英雄，只有将军和我曹操两个人。"

刘备因为与董承同谋的事，心里正在七上八下，听到曹操这句话，大吃一惊，身子打了一个寒战，连手里的筷子也掉了下来。恰在此时，天边出现一道闪电，接着"咔嚓"响起了一声炸雷。刘备一面低下身子拾筷子，一面说："这个雷好响啊！连筷子都震落了。"就这样，他总算把惊慌的神情掩饰过去，没让曹操看出破绽。曹操看到刘备被雷声吓成那个样子，越来越觉得他谨小慎微了，从此不把他放在眼里。

喝完酒出来，刘备再三捉摸曹操的话，觉得曹操把他看作唯一的敌手，将来不会轻易放过他。从此以后，他一面和董承他们联络，共同设法除掉曹操；一面找机会离开许都。一天，曹操得到消息，袁绍派他儿子到青州去接应袁术，要通过徐州。曹操认为刘备熟悉那一带的情况，便派他去截击袁术。刘备巴不得趁早离开，一接到曹操的命令，就飞快地和关羽、张飞带着人马走了。

曹操的谋士郭嘉等听到曹操放走刘备，赶快去找曹操，略带责备地说道："刘备有野心，您怎么能放虎归山呢！此一去，刘备必不会回来了。"经郭嘉一提醒，曹操也有些后悔，马上派人去追，可刘备早已率军离了许都。果然，刘备打败了袁术，夺回了徐州，决定不再回许都。而徐州本来是刘备做过州牧的地方，附近的郡县听说刘备重回徐州，都纷纷逐出曹操的官员，重新听刘备的指挥。

曹操一听到刘备背叛他，气得要命。到了第二年春天，有人向曹操告发了董承和刘备在许都密谋除曹的事，曹操把董承和他的三个心腹全部处死，并且决心亲自发兵征讨刘备。但当时，袁绍已经兼并了幽州（在今河北北部，辽宁大部分）拥有几十万人马，扬言要进攻许都。曹操部下的将领劝阻他说："现在跟您争天下的主要是袁绍。听说袁绍正想打过来，您却往东打刘备。万一袁绍从北面打过来，我们怎么办？"曹操说："刘备能力非凡，现在不趁早消灭，将来后患无穷。"谋士郭嘉分析道："刘备刚刚恢复元气，归附他的人不多，立刻打过去，一定能把他打败。而袁绍的性子犹豫多疑，即使要来进攻，也没有那么快。"于是，曹操决定派一部分精兵守住官渡（在今河南中牟东北），防备袁绍进攻，他自己则亲率大军进攻徐州。

曹操进兵的消息传到了徐州，刘备自知力不能抵，派人向袁绍求救，袁绍手下的谋士田丰劝袁绍乘许都兵力空虚的时候偷袭曹操，以期达到"围魏救赵"的效果，但袁绍没有同意，致使进攻徐州的曹军十分顺利。刘备兵少，抵挡不住曹操的进攻，只好放弃徐州往冀州投奔袁绍。

★绿釉陶水榭·东汉

公孙瓒之死

GONG SUN ZAN ZHI SI

公孙瓒是辽西人，字伯珪，为人勇武刚烈。他早年任辽东属国长史，曾带领几十名骑兵巡行塞外，突然遇到几百名鲜卑骑兵。他让部下退入一座空亭，厉声说道："敌众我寡，不以死相拼，就没有活路。"说完，飞身上马，率先冲向敌阵，士兵们紧紧跟在后面。公孙瓒手持两刃长矛，左右突刺，杀死十几名敌人。乌桓兵纷纷后退，公孙瓒等得以脱险，其部下伤亡过半。

后来因他平寇有功，被拜为降虏校尉，封都亭侯，统领军马，镇守北方边塞。每当听到报警，他便愤颜厉色，纵马驰骋，如赴仇敌。有时夜以继日地连续作战。敌人一听到他的声音，便狼奔鼠窜，不敢交锋。他常带着几十名射箭好手，全都骑上白马，张开左右两翼，出塞巡行，自称"白马义从"。乌桓中到处流传他的大名，每当出门之前都要事先祷告，千万别碰上白马长史。乌桓士兵把箭靶刻成公孙瓒的人形，练习骑射，射中之后便高呼万岁。从此之后，敌人远逃塞外，不敢进犯。

公孙瓒志在扫灭乌桓，而大司马刘虞兼任幽州刺史，主张以恩信感化招降他们，二人意见相左，渐渐结下怨隙。各州郡起兵讨董卓的时候，袁绍等想立刘虞为天子。刘虞不从，派部下田畴、鲜于银去长安朝见献帝，献帝大喜。刘虞的儿子刘和在朝廷任侍中，献帝派他偷偷出关约刘虞率兵西进，迎接他东归，摆脱董卓。刘和途经南阳，被袁术扣留作人质。袁术派使者要求刘虞发兵，和他一起西征董卓。公孙瓒对刘虞说："袁术居心叵测，不可听信。"劝他不要派兵。刘虞不听，派了数千骑兵到刘和那里，袁术把他们全都留下，仍不放还刘和。

这时，公孙瓒刚刚镇压了黄巾军的余部三十万人，缴获大量财物辎重，威名大震，被拜为奋武将军，封蓟侯。他怕袁术知道自己曾反对刘虞发兵，产生怨恨，就派堂弟公孙越率千余名骑兵去帮助袁术，和他修好。袁术派公孙越跟随孙坚，一起去攻打袁绍的部将周昕，公孙越被流箭射中身亡。公孙瓒大怒，立即调集军马，出兵盘河，准备向袁绍报仇。他先上疏朝廷，历数袁绍十大罪状，然后率领大军，杀向冀州，冀州郡县久闻公孙瓒威名，纷纷开城投降。

★公孙瓒像

★彩釉砖·东汉

袁绍大惧，赶紧把自己所佩的勃海太守的印绶交给公孙瓒的堂弟公孙范，派他到郡任职，想以此和公孙瓒和解。公孙范到郡之后，马上背叛了袁绍，率领勃海的兵马与公孙瓒会合，向南猛攻。公孙瓒任命自己的部下为青、冀、兖三州的刺史，又全部设置了郡守县令，准备接收三州之地。袁绍无奈，只好领兵迎战。双方遭遇于广宗。公孙瓒将三万大军列为方阵，又分出一万精锐骑兵，摆在左右两翼，排山倒海般地向袁军压来。袁绍派麴义作前锋，率领八百精兵，带着千张硬弩，建起一道防线。公孙瓒轻视麴义人少，率骑兵猛扑过来，恨不得把袁军踏成肉酱。麴义让士兵伏在盾牌后面，等公孙军靠近，千弩齐发，箭像急雨一样射向公孙军，公孙军纷纷落马，溃不成军。麴义乘势发起反攻，八百名壮士同时上马，齐声呐喊，朝着公孙军猛冲。公孙军兵败如山倒，四散逃命，互相拥挤践踏，死伤无数。麴义的士兵如入无人之境，见人就砍。公孙瓒的冀州刺史严纲当场被杀，一千多名士兵身首异处。麴义乘胜追击，一直追到界桥. 公孙瓒聚集了一万多名败兵，在桥上发起了反冲锋。输红了眼的公孙瓒将麴义团团围住，麴义全然不顾，带领士卒左冲右杀。双方短兵相接，只见刀光闪烁，血肉横飞。袁军越战越勇，挥舞战刀，如砍瓜切菜一般，公孙军的人头纷纷落地。公孙瓒从来没见过这么勇猛的战将，实在无法抵挡，带着百余名贴身卫士向西北逃去。其部下也望风披靡，只顾狂奔逃命，跑得慢的都成了刀下之鬼。麴义继续猛追，冲入公孙瓒大营，拔掉了门旗，营中的将士来不及逃走，都被砍下了头颅。

袁绍听说公孙瓒已败，长长出了一口气，解下马鞍，稍事休息。这时，他离大军有十来里远，身边只有百余名士兵，数十张硬弩。突然，公孙瓒的两千多名骑兵呼啸而来，把他们围了好几十层，箭像飞蝗一样射了过来，几名士兵被射倒在地。田丰忙把袁绍搀到一堵破墙后面。袁绍摘下头盔，使劲儿扔到地上，大声吼道："大丈夫应当勇往直前，战斗而死，怎能在破墙下偷生！"说着，命部下强弩齐发，射翻了几十名骑兵。公孙军不知是袁绍，慢慢朝后退去。适逢麴义赶到，杀退公孙军，袁绍才脱离危险。

★"九九乘法口诀"刻文陶砖·东汉

公孙瓒一口气逃回蓟城(在今北京市)，不敢出来。袁绍又派大将崔巨业率兵数万围攻故安（在今河北易县)，久攻不下，崔巨业撤军南回。公孙瓒派三万骑兵追到巨马河，双方混战一场，袁军大败，被杀死七八千人。公孙瓒乘胜南下，连连攻克郡县，一直打到青州平原县，然后任命田楷为青州刺史，占有了齐地。袁绍也派儿子袁谭为青州刺史，赶走了田楷。公孙瓒还派兵到龙凑挑战，也被袁绍击退。双方相持了两年，公孙瓒渐渐衰弱。

刘虞之子刘和从袁术那里逃回，又被袁绍留下。公孙瓒被袁绍打败，仍屡屡出兵，刘虞反复阻挠无效，故意少拨给他军需品。公孙瓒大怒，不听刘虞号令，又多次劫掠百姓。刘虞对他无法控制，便上奏朝廷，陈述他的罪状。公孙瓒也给朝廷上书，说刘虞克扣他的军粮。朝廷此时自顾不暇，哪里还管得了他们这些事。两个人越闹越凶，公孙瓒在蓟城修筑城堡，防备刘虞。刘虞也准备进攻公孙瓒。

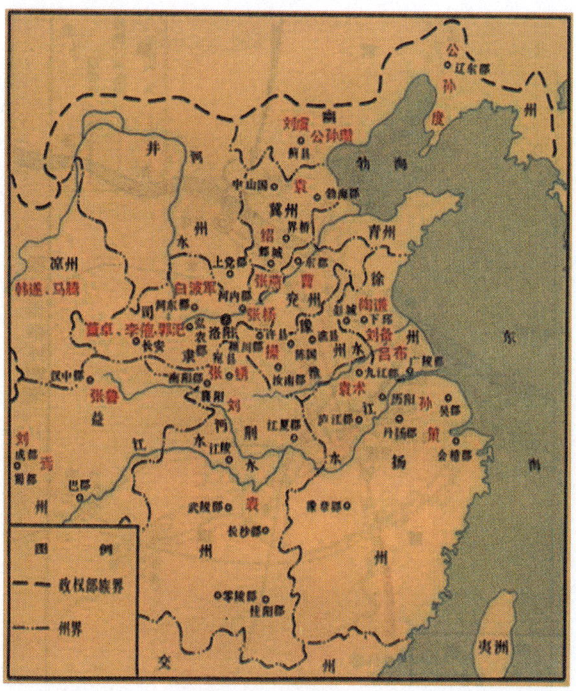

★东汉末年群雄割据图

初平四年（公元193年)冬天，刘虞率十万大军进攻公孙瓒，部下程绪劝他不要轻易兴兵，被他斩首示众。军中有个叫公孙纪的，和公孙瓒是同乡，偷偷跑到他那儿，泄露了机密。公孙瓒的主力都在外征伐，他听到报告，急得如热锅上的蚂蚁，十分绝望，打算乘着夜间逃走。刘虞兵卒虽多，但不善作战，又不忍焚烧房舍，因而久攻不下。公孙瓒在城中招募了数百名勇士，乘着夜色悄悄溜出城去，在刘虞的大营外面顺风放火，然后乘势猛冲。刘虞大败，带着残兵逃到居庸县(在今北京市西北)，公孙瓒追到城下，猛攻了三天，打进城去，活捉了刘虞。

刘虞被杀，公孙瓒占有了整个幽州，十分得意。在这之前，幽州流传着几句童谣："燕南陲，赵北际，中央不合大如砺，唯有此中可避世。"公孙瓒想，燕赵相接的地方正是易县(今河北易县)。他觉得这个地方不错，便迁到那里，大修营垒楼观，当成自己的京城。

刘虞虽死，他的部下鲜于辅等人又聚集起人马，要为他报仇。他们联合了乌桓的首领，一起进攻公孙瓒的渔阳太守邹丹，在潞北将他斩首，杀死四千多人。鲜于辅又到袁绍那里迎来刘和，与麴义合兵，汇成十万大军，杀向公孙瓒的大营。兴平二年(公元195年)，联军在鲍丘与公孙瓒大战，斩杀二万多人，公孙瓒逃回易县固守。相持了一年多，麴义的军粮吃尽，只好撤军，公孙瓒乘势追击，缴获了大量辎重。麴义回师之后，自恃有功，骄纵不轨，被袁绍杀了。

这时北方连遭旱蝗灾害，谷价昂贵，百姓没有吃的，很多地方易子而食。公孙瓒自恃其才力，不体恤百姓，专爱记人小过，有一点儿

★陶细颈瓶·东汉

小怨也要狠狠报复，当地有名望的贤士都被他找借口杀掉了。他所宠爱的，尽是些奸佞之徒，这些人横行不法，侵凌百姓，人们怨声载道。于是代郡、广阳、上谷、右北平等地纷纷起兵，杀了公孙瓒设置的地方官吏，与鲜于辅、刘和合兵。

公孙瓒日益孤立，怕有非常之变，便退入易县的营垒，把铁门紧紧关闭。周围的侍从都被他斥退，七岁以上的男人不准入城，身边只留下一些侍婢姬妾。凡公文帐簿一律都用绳索吊上城去，又让妇人学会高声喊话，声音传出百步之外，以传达命令。往日的贤士宾客一概疏远，谋臣猛将也渐渐离去。从此之后，很少再出外攻战。他对人说："兵法上说'百楼不攻'，如今我的营垒楼台不计其数，存粮三百万斛，在这里足以等待天下之变了。"

但袁绍并不允许他等待天下之变。建安三年（公元 198 年），袁绍又发动大规模的进攻，一举包围了易县。公孙瓒早已今非昔比，无法抵御袁绍的兵马。他只好派儿子公孙续到黑山向张燕求援，并打算自己率精兵突围，弃城而走。部下关靖劝他说："如今将军的将士，各有离散之心，所以在此坚守，是由于顾恋妻儿老小，再加上将军在这里做主。据城坚守，旷日持久，袁氏必然疲敝，自会撤军。若舍城而出，无以凭恃，危亡将难以避免。"公孙瓒觉得有理，便坚守不出，等待救兵。袁绍每天奋力攻城，几次险些入城。到了第二年开春，张燕带领十万救兵，和公孙续一起来救易城。大军还没开到，公孙瓒听到了消息，喜出望外，连忙给公孙续写了密信，派人送到城外。送信的人刚刚出城，就被袁绍的部下抓获，搜出了密信。袁绍打开一看，原来上面和公孙续约定，让他在城北洼地中伏下五千骑兵，举火为号，公孙瓒乘机从城中杀出，里应外合，击败袁军。袁绍大喜，让人按期在城北举火。公孙瓒看到火光，以为是救兵来了，带人从城内冲出来。袁绍的伏兵一起杀出，公孙瓒猝不及防，队伍被冲散，只带领少数亲兵逃进城中，钻进营垒据守。袁军乘势攻进易城，火光冲天，杀声四起。公孙瓒见大势已去，跑上一座高台，亲手勒死了妻子和姐妹，然后点火自焚。火刚刚点着，袁绍的士兵就冲了上来，一刀剁下了他的头颅。关靖见公孙瓒被杀，仰天长叹，说道："当初若不是我劝将军守城，或许不至如此。将军遭难，我岂能独生！"于是单枪匹马冲入袁军，力战而死。

★仙骑画像镜·东汉

袁术

袁术，字公路，汝南汝阳(今河南商水西南)人，其家东汉时四世为三公，门第显赫，东汉末拜后将军。关东州郡起兵时，袁术聚众屯鲁阳(今河南鲁山)。不久，孙坚杀南阳太守，与袁术合兵，由是术得据有南阳。袁术为袁绍同父异母弟，素不和，二人各结党以相图谋，袁术远交幽州公孙瓒以抗绍，袁绍南连荆州刘表以牵制术。初平四年(公元 193 年)初，袁术为刘表所逼，引兵屯封丘。继之曹操又破袁术，袁术后逃到淮南。建安二年(公元 197 年)，袁术以汉室衰微，天命归己，不顾部下的劝阻称帝于寿春。他遣使至徐州联结吕布，欲与联姻，遭到拒绝；他派兵伐吕布，反为所败。为解决军粮问题，袁术又带兵入陈(今河南淮阳)。同年九月，曹操率军征袁术，术弃军逃跑，在新县(今安徽宿县)为曹军所败。当时天旱岁荒，而袁术后宫极度浪费，至资实空尽，不能自立。建安四年(公元 199 年)，袁术焚毁宫室，率众往潜山(在今安徽霍山县境内)欲依其部曲陈简、雷薄，简等拒不纳，术大窘，士卒多散走。他又遣使归帝号于袁绍，欲往青州依绍子袁谭，结果未能通过。袁术返回寿春，在途中呕血而死。

★袁术像

官渡之战

GUAN DU ZHI ZHAN

公元199年，中国北方大致形成了曹操与袁绍两大军事集团。曹操占据着黄河以南的兖、豫、徐等州郡，并把持着汉献帝，可“挟天子以令诸侯”；袁绍占据着黄河以北的幽、冀、青、并州郡等大部地区，处于进可攻退可守的态势，同时他拥兵10万，超于曹操的几倍。因而自恃兵多将广，要与曹操一争高低。公元200年，袁绍倾巢而出，10万兵马直指曹操的据点——许昌。

此时，原来劝袁绍偷袭许都的田丰，这时候却不赞成马上进攻许都。他说：“现在许都已经不是空虚的了，怎么还能去袭击呢！曹操兵马虽然少，但是他善于用兵，变化多端，可不能小看他，我看还是作长期的打算。”袁绍不听田丰的话，田丰则一再劝谏，而袁绍反认为他扰乱军心，把他下了监狱，同时向各州郡发出文书，共讨曹操。

当年二月，袁绍派沮授为监军，从邺城出发进兵黎阳（今河南浚县）。他先派大将颜良渡过黄河，进攻白马（今河南滑县）。此时，曹操早已率领兵马回到官渡，听到白马被围，准备亲自去救。他的谋士荀攸劝他说：“敌人兵多，我们人少，不能跟他硬拼。不如分一部分人马往西在延津（在今河南延津西北）一带假装渡河，把袁军主力引到西边，我们则派一支轻骑兵到白马，打他个措手不及。”曹操采纳了荀攸的意见，来个声东击西。袁绍听说曹操要在延津渡河，果然派大军来堵截。哪儿知道曹操已经亲自带领一支轻骑兵袭击白马。包围白马的袁军大将颜良仓促应战，被曹军杀得大败。颜良也被刘备手下的大将关羽所杀，白马之围遂解。

★冯异龙背飞虎青石砚·东汉

★铜腕饰·东汉

袁绍听到曹操救了白马，气得直跳脚。监军沮授劝袁绍把主力留在延津南面，分一部分兵力出击，但袁绍心急火燎，不听沮授劝告，下令全军渡河追击曹军，并且派大将文丑率领五六千骑兵打先锋。这时候，曹操从白马向官渡撤退。听说袁军来追，便按荀攸之计，把600名骑兵埋伏在延津南坡，叫兵士解下马鞍，让马在山坡下吃草，把粮草辎重丢弃于道路之间，造成曹军落荒而逃的假像。文丑率骑兵赶到南坡，看到眼前的情形，以为曹军已经逃远了，叫兵士收拾曹军丢在地上的武器和帐篷等随军物品。此时，埋伏起来的曹军一跃而

★官渡之战（壁画）

起，一齐挥刀冲杀过来。袁军来不及抵抗，被杀得七零八落，文丑也被关羽所杀。

袁绍连折了两员爱将，他捶胸顿足，不顾将疲兵困，下令要继续攻击曹军，发誓要捉拿曹操。监军沮授劝他说：“我们人尽管多，可没像曹军那么勇猛；曹军虽然勇猛，但是粮食没有我们多。所以我们还是坚守在这里，等曹军粮草用完了，他们自然会退兵。”袁绍不肯听沮授的劝告，他挥兵一直赶到官渡，才依沙堆立营，东西绵延数十里。曹操也分营拒守，与袁军成对峙状态。

袁绍看到曹军守住营垒，吩咐兵士在曹营外面堆起土山，筑起高台，让兵士们在高台上居高临下向曹营射箭。只要发现曹兵出营，立刻就会箭如雨下，曹军只得用盾牌遮住身子才能在军营里走动。

曹操一时想不出万全的办法，只好向谋士们讨计，谋士刘晔设计出了一种霹雳车。这种车上安装着机纽，兵士们扳动机纽，就可把十几斤重的石头发射出去。袁军见这种武器威力很大，都不敢持箭射击，曹军便趁机用霹雳车砸塌了袁军的高台，许多袁军兵士也被打得头破血流。

这时，谋士审配向袁绍献计，命兵士在深夜里偷偷地挖地道，打算从地道里钻到曹营去偷袭。但是他们的行动早被曹军发现，曹操已吩咐兵士在兵营前挖了一条又长又深的壕沟，并往沟里面注水，只要袁军一挖通，水就立刻涌进洞内，使袁军无法出入。如此，双方在官渡相持了一个多月。日子一久，曹军粮食越来越少，兵士疲劳不堪。曹操也有点支持不住，写信到许都告诉荀彧，准备退兵。荀彧回信说：“我军虽少，但扼其咽喉，使其不能动，如果我军后撤，必被其趁势所图，如出奇兵可制胜，万望搜捕战机，便可一战而定天下。”曹操览信，顿开茅塞，便命军士深沟固垒，坚守备战。

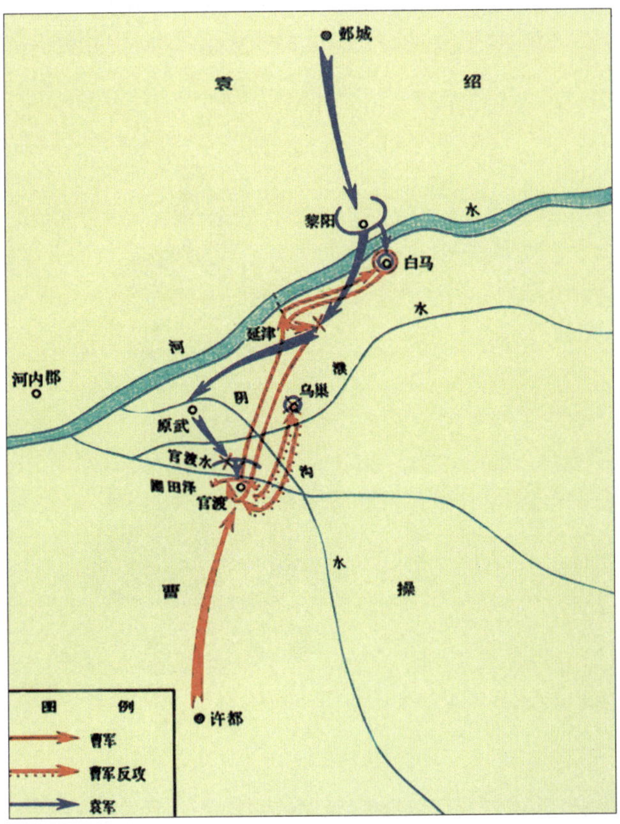

★官渡之战示意图

曹军一直坚持到十月，忽闻袁军有大批粮草运来，并把大批军粮囤积在离官渡 40 里的乌巢。而曹营却因乏粮，使曹操愁眉不展。袁绍的谋士许攸探听到曹操缺粮的情报，向袁绍献计，劝袁绍派出一小支人马，绕过官渡，偷袭许都。袁绍很冷淡地说：“不行，我要先打败曹操。”许攸还想劝他，这时有人从邺城送给袁绍一封信，信中说许攸家里的人犯法，已经被当地官员抓了起

★釉陶三足长颈瓶·东汉

★黑釉熊形灯盏·东汉

★陶三足釜·东汉

★官渡古战场

来。袁绍看了信，把许攸狠狠地责骂了一通。

许攸挟羞带愤，连夜逃出袁营，投奔了曹操。当时曹操在大营里刚脱下靴子想睡觉，听说许攸来投奔他，高兴得来不及穿靴子，光着脚跑出来，见到许攸他高兴地说："好啊！您来了，一定会给我带来破袁的计策。"许攸见曹操对自己如此热情，很受感动，他坐下来问："现在营中还有多少粮食？"曹操说："还可以支持一年。"许攸冷冷一笑说："没有那么多吧！"曹操改口说："对，只能支持半年。"许攸装出生气的样子说："您难道不想打败袁绍吗？为什么在老朋友面前还要说假话呢！"曹操只好实说："军营里的粮食，只能维持一个月，您看怎么办？"

许攸见曹操已对自己深信不疑，便献计说："现在袁绍有1万多车粮食、军械，全都放在乌巢，守将淳于琼的防备很松。您只要带一支轻骑兵去袭击，把他的粮草全部烧光，不出三天，他就不战自败。"许攸的计谋正符合曹操寻找机会、出奇制胜的心态，便留曹洪、荀攸守官渡大营，自带5000精兵，连夜出发，并一路伪装成袁军。到达乌巢后，只说是被派来增援乌巢的兵马，骗开了营门，然后每人点燃一束火把，围住粮草放起火来。一会儿的功夫，就把1万车粮草烧得个一干二净。乌巢的守将淳于琼匆忙出战，也被曹将乐进所杀。

袁绍及众将闻听粮草被烧，顿时大乱。曹操乘势回军掩杀袁军，袁军即时溃败，损兵折将7万余人，袁绍只带领儿子和800名骑兵逃回了河北。官渡之战是战争史上著名的以少胜多的战例，此战对曹操消灭敌对势力和统一北方地区都具有极其重大的意义。经过这场决战，袁绍的主力被消灭殆尽，袁绍连吓带气，一病不起。两年后，袁绍病死。曹操陆续攻占原属袁绍的冀、青、幽、并四州。公元207年，又消灭了袁绍的两个儿子在辽西柳城（今辽宁朝阳西南）为根据地的乌桓势力，基本统一了北方，曹操从此在北方站稳了脚跟。

袁绍

袁绍（公元153—202年），字本初。因为祖上为四世三公，故在诸侯中很有影响。在董卓独霸京师洛阳时，袁绍和董卓发生了正面冲突，他离开洛阳回到渤海。后18路诸侯共伐董卓，袁绍被推为盟主。由于孙坚的突出表现，诸侯联军攻进了洛阳。诸侯解散后，董卓被吕布、王允诛杀。谋士献计让袁绍将献帝迎到邺城，但袁绍怕以后事事要请奏，太过麻烦，没有采纳。后来，曹操将献帝迎到许昌，袁绍听说后，又后悔不迭。公元198年，曹操正在攻打徐州的吕布，田丰献计让袁绍攻打空虚的许昌。但袁绍竟以他的小儿子有病拒绝出战，失去了一个绝好的机会。后来，刘备杀了袁术，袁绍反而和刘备结了盟。最终刘备被曹操击溃，袁绍又收留了刘备。然后袁绍发了讨伐曹操的檄文，并起兵白马，但先锋颜良被寄居在曹营的关羽斩杀。袁绍又起兵延津，但先锋文丑中了曹操之计，又被斩杀。此后，袁绍又亲率大军出战官渡，以多于曹操的兵马，却一时攻不下来。第二年，曹操成功袭击了袁绍的粮仓乌巢，然后大败袁绍。袁绍只带几百骑逃回邺城。此后袁绍起兵仓亭，要雪官渡之恨。结果又被曹操打败，致使袁绍回邺城后一病不起。次年，袁绍长子袁谭起兵攻打曹操，结果又一次大败。袁绍 闻讯后，吐血身亡。

★袁绍像

孙策占据江东

SUN CE ZHAN JU JIANG DONG

★孙权像

曹操在北方站稳了脚跟，但暂时还无暇顾及南方。此间，南方的孙策、孙权兄弟所割据的江东（今长江下游的江南地区）逐渐强盛起来，并虎视着北方。

孙策的父亲是长沙太守孙坚。公元189年，汉灵帝驾崩，董卓专权，在京城横行跋扈，恣意妄为。各路英雄纷纷起兵，讨伐董卓。孙坚闻知，亦率军出征。公元191年，董卓闻孙坚来攻，先以汉相的名义对其进行封赏，但遭孙坚严辞拒绝。董卓无奈，亲自引兵与孙坚交战，遭到孙坚重创，他留下吕布掩护，自己转守渑池和陕城。孙坚挥兵进攻洛阳，与吕布接战，吕布败走，孙坚进入洛阳。当时洛阳空虚，数百里内没有烟火。孙坚见此惨状，忙命将士们清扫汉廷宫室和宗庙。

当时，讨伐董卓的各路兵马虽由袁绍主盟，但都各怀心事，不肯合力出战。他们为了扩大势力地盘，不择手段地进行兼并。袁绍、袁术虽为兄弟，可互相也尔虞我诈，勾心斗角。袁术派孙坚去攻打董卓时，袁绍却改派周昂为豫州刺史，率兵袭取孙坚势力范围的阳城。

孙坚得此消息，十分感慨地说："我们同举义兵，目的是为了挽救汉室江山。可就在逆贼将要被扫灭的时候，他们却要同室操戈，我跟谁戮力同心，回天转日呢？"说完，他仰天长叹，泪如雨下。事到如此，孙坚只好挥师攻打周昂，周昂溃败遁逃。

同年，袁术派孙坚征讨荆州，攻打刘表。刘表派黄祖在樊城、邓县之间迎战。孙坚击败黄祖，乘胜追击，渡过汉水，包围襄阳。刘表闭门不战，派黄祖乘夜出城调集兵士。黄祖带兵归来，孙坚复与之大战，黄祖败走，逃到岘山之中，孙坚追击，黄祖部将从竹林间发射暗箭，孙坚中箭而死。

孙坚死后，孙策带兵投靠袁术。袁术看他少年英俊，很喜欢他，对别人说："要是我能有像孙郎那样的儿子，我死了也安心。"可袁术话虽这样说，但并不重用孙策。孙策想当一个郡的太守，袁术没有答应他。孙策的舅父吴景在江东丹阳（今安徽宣城）当太守，被扬州刺史刘繇逼走。孙策向袁术提出让他到江东去帮舅父打刘繇，袁术因与刘繇也有矛盾，这才拨了1000人马给孙策。

孙策向南进兵，一路上有许多人前来投奔他。到了历阳（今安徽和县），兵力已扩充到五六千人。孙策有个从小就很亲密的朋友周瑜，也带了人马来会合，孙策的力量由

★孙坚雕像

★孙策雕像

★灰陶狗·东汉

★累丝镶嵌金羊·东汉

此壮大了起来。

孙策作战骁勇，再加上他的军队纪律严明，得到百姓的支持。因此，很快渡过了江，不但打败了刘繇的人马，夺回丹阳，还攻下了吴郡和会稽郡。这样，江东6个郡的大片土地，都被孙策占领。孙策占据了江东，雄心勃勃地想进一步向北发展，打算趁曹操和袁绍在官渡相持不下的时候，准备偷袭许都，把汉献帝抓在自己手里。但正当他调兵遣将，准备粮草的时候，孙策却遭到了仇家的暗算，被吴郡太守许贡的门客用暗箭射中。

孙策临死前，召张昭等谋士和武将周瑜等面谕后事。他说："我弟孙权，年已19岁，希望你们像辅助我一样，好好辅助他。"然后，又把孙权召至病床前说："咱们兄弟俩，要论上阵打仗的本领，你不如我；至于选拔人才，任用贤人，我比不上你。希望以后你好好保住江东这份基业。"

孙权牢记哥哥的教诲，他招贤纳士，剖辨贤佞，选贤任能，使江东没有因孙策的死而遭受打击。那时候，江东6郡虽说都被孙策占了，但还有不少偏僻的地方不服他们指挥，有一些人还要见风使舵。张昭、周瑜两人一文一武都有安邦定国之才，他们同心协力辅佐孙权，使那些别有用心的人都不敢小视江东。

孙权还派人请来了江东的名士鲁肃，请他帮助分析天下大势。他十分诚恳地对鲁肃说："现在汉室衰落，天下扰乱。我想继承父兄的事业，像齐桓公、晋文公一样，来扶助天子，建立霸业，您看怎么样？"鲁肃说："我仔细研究过天下大势，汉室已经不能再兴盛起来了。曹操势力已经强大，也除不了他。我替将军打算，还是保住江东这块地方，等待时机。曹操现在正忙着对付北方，顾不到我们这一头。我们可以趁这个机会，讨伐刘表，占领荆州，然后再来平定天下。"

孙权听了这番话，心里豁然开朗。此后，孙权更加重用人才，使江东文臣武将，英才辈出，出现了较以往更加兴旺景象。曹操听到孙权接替孙策的地位继续占据江东，为了笼络孙权，他以朝廷的名义，封孙权为征虏将军，兼会稽太守。从此以后，孙权实际上成了江东的霸主。

★孙权雕像

孙权

孙权（公元182—252年），字仲谋。三国时吴国的建立者。吴郡富春县(今浙江富阳)人。父孙坚，自称为春秋时大军事家孙武之后。曾任长沙太守，封破虏将军。兄孙策，为讨逆将军，封吴侯。孙权幼年跟随长兄孙策平定江东，孙权15岁被举为孝廉、秀才，任阳羡(今宜兴)长，代行奉义校尉。公元200年，孙策早逝，临死前对孙权说"内事不决问张昭，外事不决问周瑜"。孙权继位为江东之主后，于公元208年起兵西进，收复甘宁，剿灭了黄祖。同年，曹操南下，刘备大败。曹操占了荆襄后给孙权写信，执意要取下东吴。东吴内部分为主战和主和两派，主战派以黄盖为首，主和派以张昭为首。张昭在当时是很有说服力的，但孙权却有意一战。此时，鲁肃从江夏带来诸葛亮，表明刘备联吴抗曹的决心。周瑜及时返回，分析曹军存在的种种弊端，说明战而有望获胜。孙权果断决定，以周瑜为主帅，出兵三江口，与曹操在赤壁展开了决战。此战，孙、刘获胜，并奠定了魏、蜀、吴三国鼎立的局面。

★孙权墓

刘备三顾茅庐

LIU BEI SAN GU MAO LU

官渡大战以后，袁绍退居河北，两年后患疾而终，两子袁谭、袁尚又被曹操追至辽东，被辽东太守公孙康擒而杀之。而依附于袁绍的刘备也不得不逃到荆州，投奔荆州刘表。刘表也是汉室苗裔，与刘备同一辈份，他拨给刘备一些人马，让他屯驻于新野(今河南新野县)。

刘备在新野招兵买马，遍访贤才。他知道，自己虽然南征北战，东打西杀，为世人所仰慕，但始终无立锥之地，难以实现匡扶汉室，定鼎中原的宏图伟业。据此，他多方打听，希望能找到一位能帮他筹划未来、胸有奇谋的贤士。

一天，他访察到襄阳有位号为水镜先生的名士司马徽，便急忙前去拜访。司马徽知道了他的来意后，很客气地接待了他。刘备说："不瞒先生说，我是专程来向您请教天下大势的。"司马徽听了，呵呵大笑说："我已形同枯木，无力为先生指点，这一带有卧龙、凤雏，乃当今名士，您能请到其中一位，就可以平定天下了。"刘备急问："卧龙、凤雏是谁？如何请到他们？"司马徽告诉他说："卧龙名叫诸葛亮，字孔明；凤雏名叫庞统，字士元。两人都住在襄阳附近。"刘备万分感激地向司马徽道了谢，然后匆匆赶回新野，一路盘算着如何能请到这两位奇士。

回到新野，有人报知有一个读书人前来见他。刘备一看此人举止大方，以为他不是卧龙，就是凤雏，便十分热情地接待了他。经过一番寒暄，刘备才知道这个人名叫徐庶，因为听到刘备正在招请人才，特地来投奔他。刘备曾从司马徽口中了解过此人，知道他与卧龙、凤雏齐名，心下高兴，便把徐庶留在部下当谋士。

此后，徐庶几次用兵，使曹军连连损兵折将。对此，刘备心里有说不出的喜悦。可曹操却心下狐疑，他说："刘备军中定有高人谋

★司马徽雕像

划，但不知此人是谁？"有人告诉他说："是一个叫徐庶的人，此人至仁至孝，家有老母在堂，若将其母亲骗到许都，徐庶必自己来归。"曹操听罢大喜，忙命人去找徐母。徐母被骗至许都，曹操的谋臣们骗得徐

★舞俑·东汉

★汉巴蜀镇墓俑

★庖厨俑·东汉

★三顾茅庐

母的笔迹，仿照老人家的笔体给徐庶写了一封信。徐庶接到母亲的信后，知道是曹操用计，但他是个孝子，母亲有危难他不能不去。所以，他不得不与刘备挥泪而别。不过，徐庶此去曹营未给曹操设一谋，他一心奉养老母。至今我国民间还留下了“徐庶进曹营，一言不发”的典故。

徐庶走后，刘备哭得昏天黑地，人们劝他说：“徐庶走了，不是还有卧龙和凤雏吗？何不请他们出山？”听了这话，刘备也忽然想起徐庶走时，也曾向他推荐过卧龙，他马上止住哽咽，按照水镜先生和徐庶所指的地方去找卧龙。

卧龙，复姓诸葛，名亮，字孔明。诸葛亮不是本地人，他的老家在琅琊郡阳都县（今山东沂水县南）。他少年的时候，父亲去世。他的叔父诸葛玄与刘表是朋友，叔叔便带着他来到荆州。不久，孔明的叔父也病死了，孔明就在隆中（今湖北襄阳西）定居下来。在山野间，孔明搭了个茅屋，他一面耕种，一面读书。那时，他年纪只有27岁，但学问渊博，见识丰富，朋友们都很钦佩他，他也常常把自己比作古时齐国的贤相管仲和燕国的名将乐毅。但是，他看到天下纷乱，当地的刘表也不是明君良主，所以他宁愿隐居在隆中，过着恬淡的生活。

刘备带着关羽、张飞一起去了隆中，诸葛亮得知刘备要来拜访他，却故意躲开。刘备到了那里扑了个空，只得悻悻而回。第二次依然如此，刘备的结义弟兄关羽、张飞都感到不耐烦，张飞还扬言要把诸葛亮绑来，当然遭到了求贤若渴的刘备的一顿怒骂。第三次去请诸葛亮时，刘、关、张听说诸葛亮在睡觉，便拱手立于门外，候卧龙先生醒来。诸葛亮终于被刘备的诚意所感动，将兄弟三人请进屋中，并在自己的草庐内向刘备精僻地分析了当时天下大势。诸葛亮独到的见

★玉雕熊·东汉

桃园三结义

东汉末年，宦官当道，群雄并起，政令迭出。一天，一张勤兵勤王的榜文发到涿县，靠织席卖履为生的刘备路经那里，他看了看榜文不禁长叹一声。身后的张飞却大吼道：“大丈夫不与国家出力，何故长叹？”刘备见他形貌异常，便与他攀谈。得知张飞家住涿郡，靠杀猪卖酒生活，好结交天下豪杰。刘备也热诚地告诉他：“我叫刘备，闻知天下大乱，有志想破贼安民，可人少力孤啊！”张飞接着说：“这好办，我有些资财，咱们招募乡勇，共举大事。”刘备闻言，喜出望外，便与他同入店中饮酒。正饮间，关羽闪身进来，刘备看他一表人才，便邀他同坐，叙话间得知他怒杀豪强，逃难在此，也想应招破贼。张飞见三人义气、志趣相投，提议与刘备、关羽共结生死。二人慨然应允，便同到张飞家的桃园，他们焚香祝拜，共同发誓：“不求同年同月同日生，但求同年同月同日死。”由此留下了“桃园三结义”的一段佳话。

★桃园三结义

★三顾堂(三顾堂是刘备三顾茅庐,诸葛亮隆中对策的纪念堂)

★三顾茅庐雕塑

解也由此被称作“隆中对”。

刘备坦率地对诸葛亮说:“如今汉室衰落,大权落在奸臣手里。我自己知道能力差,却很想挽回这个局面,只是想不出好办法。所以特地来请先生指点。”诸葛亮看到刘备这样虚心请教,便推心置腹地跟刘备谈了自己的主张。他说:“现在曹操已经战胜袁绍,拥有百万兵力,而且他又挟持天子发号施令。这就不能光凭武力和他争胜负了。孙权占据江东一带,已经三代。江东地势险要,现在百姓归附他,还有一批有才能的人为他效力。看来,也只能和他联合,不能打他的主意。”接着,诸葛亮分析了荆州和益州(今四川、云南和陕西、甘肃、湖北、贵州的一带)的形势。

诸葛亮认为:“荆州是一个军事要地,可是刘表能力不足,却谨慎有余,终非能守住这块地方。益州土地肥沃广阔,向来称为‘天府之国’,可是那里的主人刘璋也是个懦弱无能的人,大家都对他不满意。而刘将军是皇室的后代,天下闻名,如能占领荆、益两州的地方,对外联合孙权,对内整顿内政,一旦有机会,就可以从荆州、益州两路进军,攻击曹操。到那时,有谁不端酒持肉欢迎将军呢?能够这样,则功业可成,汉室可兴了。”

诸葛亮未出茅庐便已知三分天下,使刘备不禁打心眼里钦佩眼前这个青年人,他拱着手说:“先生的话真是开了我的心窍,感谢您帮我指点迷津,我一定依先生之言,联孙抗曹,立足荆襄。现在就请先生随我一起下山吧!”诸葛亮看到刘备这样热情诚恳,也就高高兴兴跟着刘备到新野去了。后来,人们把这件事称作“三顾茅庐”。

★博望坡遗址

刘备得诸葛亮如鱼得水,他把孔明当老师对待,食同桌、睡同眠,整日谈天论地,说古道今。诸葛亮也把刘备当作自己的主人,凡事必详细交待、倍细指点,两人越来越亲密。关羽和张飞看在眼里,心里很不高兴,背后直嘀咕。他们认为诸葛亮年纪轻轻,不过是一个山野村夫,未必有多大能耐,怪刘备把他看得太高了。但在博望坡迎击曹军时,诸葛亮设计用谋,从容调度,招招见效,大败了曹军,关羽、张飞这才没了话说。

★鎏金镶嵌兽形盒铜砚·东汉

★玉座屏·东汉

火烧赤壁

HUO SHAO CHI BI

公元208年，曹操统一北方后，决意领兵南下，企图一举消灭占据南方的刘备、孙权等割据势力，统一全国。当年7月，他亲率大军10万，欲先夺取荆州，再顺江而下，击败东吴的孙权。此时，荆州的刘表病故，其子刘琮请降，因而荆州不战而下，且降兵众多，使曹军一时又实力大增。

依附于刘表的刘备，却没有了容身之地，他不得以退出樊城（今湖北襄樊市），把人马连同荆州的百姓带往江陵（今湖北江陵）。曹操驱兵赶到襄阳，听说刘备向江陵撤退，又打听到刘表在江陵积了大批军粮，怕被刘备占去，亲自率领5000轻骑兵追赶刘备。刘备的人马带了兵器、装备，还有十几万百姓跟着他，每天只能行军十几里。曹操的骑兵一天一夜就赶了300多里，很快就在当阳长坂坡（今湖北当阳县东北）追上了刘备。

刘备的人马被曹操的骑兵冲杀得七零八落，亏得赵云几次杀入重围，救得刘备之子刘禅（乳名阿斗）；张飞在长坂坡立马横枪吓退了曹兵，刘备、诸葛亮才带着少数人马摆脱追兵。但是，通往江陵的路已经被曹军截断，刘备只好改道退至夏口（在今湖北武汉市）。

曹操继续南下，不仅使刘备疲于奔命，也给占据江东的孙权带来了严重的威胁，迫于形势的需要，孙、刘两家决定联合抗曹。刘备派诸葛亮到江东会见孙权，共谋破曹大计。

诸葛亮来到柴桑（今江西九江西南）对孙权说："现在曹操攻下了荆州，马上就要进攻东吴。将军如果决心抵抗，就趁早同曹操断绝关系，与我们一起抵抗；要不然，干脆向他们投降。如果再犹豫不决，祸到临头就来不及了。"孙权反问说："那么，刘将军为什么不投降曹操呢？"诸葛亮严肃地说："刘将军是皇室后代，才能盖世，怎么肯低三下四去投降曹操呢？"孙权听诸葛亮这么一说，也激动地说："我也不能把江东土地和10万人马白白地送人。不过，刘将军刚打了败仗，用什么来抵抗曹军呢？"诸葛亮说："您放心，刘将军虽然败了一阵，但是还有水军2万。曹操兵马虽然多，远道追来，兵士也已经精疲力尽。再说，北方人不习惯水战，荆州的人对他们不服。只要我们协力同心，一定能够打败曹军。"

★双耳青铜釜·东汉

孙权听了诸葛亮的一番分析，心里十分高兴，当即召集部下将领，讨论抵抗曹操的办法。可在这时，曹操派兵士来下战书，他声称："奉大汉皇帝令，领兵80万南征，命孙权及早投降。"孙权把这封信递给部下看，一时间言战言降者各持己见，不一而从。孙权见一时无法决定，便依鲁肃之言，把正在鄱阳的大将周瑜召回来商量。

周瑜一到柴桑，孙权又召集文武官员讨论。周瑜在会上慷慨激昂地说："曹操名为汉朝丞相，其实是汉室奸贼。这次他自己来送死，哪有投降他的道理。"孙权听了周瑜的话，胆子壮了起来。他站起身，拔出宝

★赤壁之战

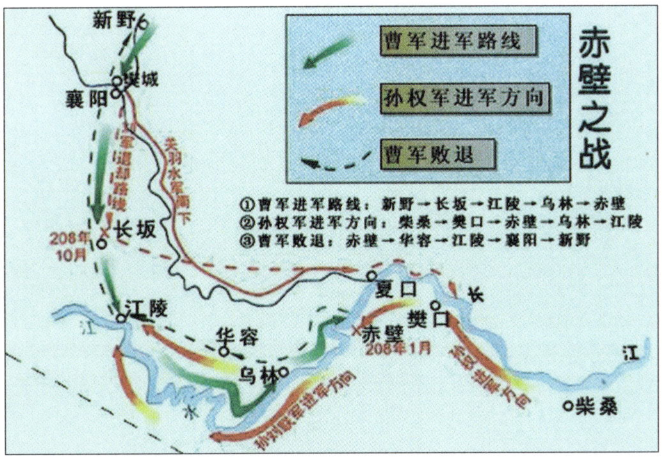

★赤壁之战示意图

剑，“豁”的一声，砍掉案几的一角，并严厉地说道：“谁若再敢言降，就跟这案几一样！”接着，他命周瑜为大都督、鲁肃为赞军校尉，率水师3万，进驻夏口，与刘备的1万余人组成联军，并与水陆并进的曹操在赤壁形成对峙。

此时的曹操凭借兵多将广，骄纵轻敌，对谋士的建议也全不加理会。而曹军号称80万，实则只有20万左右，且大多为北方人，水土不服，疾病流行，加之战船颠簸，士兵因呕吐而不习惯于水战。为减轻风浪造成的颠簸，曹操下令用木板和铁索将战船相互连结，宛如城堡，以利步骑驰骋其上。

周瑜的部将黄盖看出了这种连环战船的弱点，建议用火攻破曹军，进而写信给曹操实施诈降。周瑜依计而行，在对黄盖假施责打之后，纵之归曹，而黄盖却于船中备好引燃战船的柴草，遍插旗帜加以伪装，另备速度快的小船，系于大船之后，以备大船引燃后乘其转移。

★羊首虎子·东汉

★青铜带饰·东汉

隆冬的十一月，天气突然回暖，刮起了东南风。黄盖的乘船驶在最前面，整个船队共11艘，每只船都扯起了风帆，像箭一样驶向江北。此时，迎接黄盖归降的曹操及兵将正在引颈观望。不想，眼前众船火起，瞬即与自家的战船撞接到一块儿，熊熊火势已无法将船分离，曹操等赶紧弃船登岸，眼睁睁地看着连环战船烧红江面，烧红了赤壁。

周瑜一看北岸起火，马上带领精兵渡江进攻。他们把战鼓擂得震天响，北岸的曹军不知道后面有多少人马，吓得全部崩溃。曹操拖着残兵败将向华容（今湖北潜江县西南）的小路上逃跑。孙、刘联军分水陆两路紧紧追赶，一直追到南郡（今湖北江陵），曹操的几十万大军战死的加上得疫病死的，损失了一大半。曹操只好派部将曹仁、徐晃、乐进分别留守江陵和襄阳，自己带兵回到北方去了。

赤壁之战后，曹操因无力再战而放弃了对南方的控制，刘备、孙权便乘机各自发展势力，扩大地盘，兼并弱小，为三国鼎立局面的形成创造了条件。

赤壁

赤壁位于湖北省蒲圻市西北36公里的长江南岸，隔江与乌林相望。赤壁是著名的古战场，东汉建安十三年（公元208年），刘备与孙权联合，大破曹操于此，这就是历史上有名的赤壁之战。由蒲圻市出发，乘汽车可直达赤壁遗址。赤壁遗址是由3座小山组成，即赤壁山、南屏山和金鸾山。这3座小山起伏相连，苍翠如海，再加上亭台楼阁错落地隐现于其间，景色益显秀美。其主要景点有赤壁摩崖、拜风台、凤雏庵和翼江亭等。这些景点相距不远，且有小径相连。

赤壁山的西南临江处，岩石斜亘300余米，怪石嶙峋，汹涌的江水直扑断崖，卷浪似雪，声如巨雷。文人骚客来此凭吊者，自古不绝，故留下众多文墨。据说赤壁之战时，周瑜站在矶头指挥，忽见冲天火光把断崖照耀得彤红一片，不觉豪兴大发，当场写下“赤壁”两个楷书大字，令人刻石纪念。此传说虽不可靠，但它揭示了“赤壁”命名的由来。“赤壁”二字的近旁，还有诸葛亮、刘备、关羽和张飞的画像石刻，它们与书法石相映成趣，亦可谓书画并茂，交相辉映。

★火烧赤壁旧址

曹操取关中之战

CAO CAO QU GUAN ZHONG ZHI ZHAN

★夏侯渊雕像

自古以来，关中就是成就霸业的地方。关中平原有潼关保护，易守难攻，物产丰富。当年秦占关中，六国抗秦，一次也没有越过涵谷关到达秦国本土，这也说明关中除了拥有无以伦比的经济给养力，还有得天独厚的地理优势。

董卓逃跑时，想的也是占关中当皇帝，只可惜没能实现。董卓死后，关中大乱，诸侯数量比关东还要多。这些诸侯相互殴斗，既消耗了关中内部的实力，也让关中没有能够成为一个整体。曹操平河北后，关中依然是诸侯割据的局面。不过西北诸侯向来能争善斗，外加曹操特别想平定刘备，于是对关中的进攻才一拖再拖。

赤壁大战后，曹操损失了大部分的水军和部分精锐陆军。接着在公元 209 年底又丢失了南方重镇江陵，这使得曹操的南进计划受到了巨大的打击。公元 209 年三月，曹操曾率大军进驻谯郡，制作轻型战船并训练水军，准备继续向南方进兵。七月，曹军自涡水、淮水出肥水，到达合肥，但是考虑到连年征战，士兵劳苦，且疫气流行，而没有继续南进，于十二月大军返回了谯郡一带。

公元 210 年，魏军进行休整。由于南进的困难，于是曹操将其下一步的进军目标选在了西方的关中、凉州和巴蜀地区，而要平定西北、西南诸地，首先要攻下的就是诸侯割据的关中。

当时，占据关中的几股势力主要是凉州的马超和韩遂集团，除他们之外，关中还有 10 个小军阀，这些人组成的松散联合体，总兵力大约 10 万人左右，战斗力良莠不齐。而且他们之间并没有什么紧密的统属关系。平时，他们分散割据于自己的地盘，在发生利益相关的情况时，才会集中在一起，共同对敌。就总体而言，关中联军的实力并不比东吴强多少。因此，曹操决定一举夺取关中。

★张超墓

但是关中自古便是易守难攻之地，四面八方都是大山。南面有秦岭，东面有潼关和黄河，西面是陇山与六盘山，北面是陕北高原上的子午岭、黄龙山。曹操要想从中原进入关中，当时只有三条路线可走。第一路线是出河东，自蒲坂津

马超

马超是三国时蜀国将领，字孟起，右扶风茂陵（今陕西兴平东北）人。东汉末，随父马腾起兵，后为偏将军，封都亭侯。建安十六年（公元 211 年）率兵攻曹操，在潼关被击败，还据凉州，又被杨阜追逐，遂率部依附张鲁。继归刘备，任平西将军。刘备为汉中王，拜为左将军。章武元年（公元 222 年），迁骠骑将军，领凉州牧。率后追谥威侯。

★张超像

西渡黄河进入；第二条路线是沿大路，经潼关进入；第三条路线则是从宛城，绕道武关、蓝田迂回进入。战国时，关中就有“百二秦关”的说法，意思就是说以关中的险要地形，用二万兵就可以抵抗百万大军的进攻。因此，曹操要想消灭占据关中险要、兵力强大、战力强悍的马韩集团，必须智取，不可强攻。

公元211年三月，曹操命令司隶校尉钟繇准备讨伐汉中的张鲁，又命夏侯渊出河东准备进入关中与钟繇会合。马超以为曹操是想袭击自己，于是联合韩遂和关中另外十个诸侯一起造反，关中联军的主力云集潼关。曹操没想到自己明明要打汉中，却意外的惹上了关中联军的麻烦，于是曹操马上更改了命令，让曹仁率部队先到潼关抗击关中联军，并要求曹仁坚守勿战，以待大部队及时赶到。

同年七月，曹操起兵，率军赶往潼关前线。八月，曹操到达潼关，与马超等夹关相持。关中联军占据潼关天险，以高打低，优势明显，曹操便秘密地让徐晃和朱灵率4000精锐北上，从蒲坂津西渡黄河，进入关中，在河西扎下营垒。马超得到曹军偷渡黄河的消息，赶紧派人进行反击，结果被击退。曹军在河西站住了脚，曹军主力也开始北渡黄河向蒲坂前进。如果让曹军全部过河，后果必然不堪设想，于是马超率军在曹军渡河时进行攻击，曹军被打了个措手不及，曹操也惊慌逃窜，最后在许褚的保护下才乘船渡河而走。马超派人向河中猛射弓箭，情况危急之下，还在河西的校尉丁斐及时放出大量的牛马引诱马超兵抢夺，曹操才趁机渡河而去。

★潼关西门遗址

经此一败，曹操变得十分谨慎小心，渡河过去的曹军都依靠在河西，凭借徐晃营垒的掩护，才顺利从蒲坂渡过黄河，进入关中。曹军沿河修筑甬道，逐步向南到达渭河岸边。马超得知消息后惟恐后路被断，不敢再守潼关，便率部退守渭河河口，阻击曹军南渡渭河。

★玉镂雕双兽璞·东汉

在渡渭河的过程中，曹军又遭受了重大打击。由于关中联军的防备谨慎，曹军每次渡河就遭到南岸联军骑兵的突击，由于渭河南岸都是沙子，很难建营垒，曹军每次过河后就会被冲得七零八落，连续突击了几次，结果总是失败。后来，由于天气原因曹军获得转机。在当年闰八月底，关中突然遭受了很大的的寒流。曹操绝对是这场寒流的最大收益者，曹军乘寒流的机会布置疑兵，利用夜晚偷渡过了河，并且连夜立即用沙土筑垒，再以水浇淋

★徐晃、朱灵率军西渡黄河，进入关中。

韩遂

韩遂（？—公元215年），字文约，金城（治今甘肃永靖西北）人。东汉末年割据西凉一带的军阀。最初被羌胡起义军劫持并推举为首领，自此拥兵割据一方长达数十年。此后韩遂联合马腾，并与马腾结为异姓兄弟，同镇西凉，逐渐成为关中军阀中势力最强大的两支。袁、曹相争之际，马腾、韩遂被钟繇说服，归顺于曹操。后马腾、韩遂不和，相互攻打，曹操派人劝和，于是马腾入京，留其子马超统领部队，屯于原处。公元211年，马超联合韩遂起兵反叛曹操，被曹操以离间计挫败，韩遂逃往凉州。公元215年，韩遂被部下杀害，年七十余岁。

★绿釉陶六博俑·东汉

★三羊铜盒·东汉

土垒，水泼出去后很快凝结，并成为了坚固的冰垒。第二天，马超率骑兵来冲突，由于有冰垒作依托，加上伏兵的反击，终于击退了马超的攻击。

曹操在渭河南岸立足后，马超预感胜算不大，无奈之下，只好请求割地请和，曹操觉得应该乘胜追击，一举消灭关中联军，便一口拒绝。八月初，曹军全部渡过了渭河。马超率军进行挑战，企图决一死战。曹操没有出战，选择坚守不出。马超不想再拖，只得再次请求割地、送人质以请和。曹操接受了贾栩假装同意的计策，并利用离间计，让马超和韩遂相互怀疑。其实马超和韩遂也一向瞧对方不顺眼，在离间之下，两人果然中计，马超开始怀疑韩遂，对韩遂也逐渐不满起来，而韩遂则更干脆，在最后的决战时，他根本没有全力进行作战。直接导致了后来的总决战马超军被曹操两翼夹击，马超损失了李堪、成宜等将领。曹军大胜，马超和韩遂只好逃回凉州，而关中的小诸侯们则投降的投降，逃跑的逃跑，关中联军顺势解体。

同年十月，曹操继续进兵，围攻安定，关中最大的诸侯杨秋投降。此后，曹操完全控制了关中地区，重创了马超、韩遂部，关中联军彻底瓦解。其后，曹操又攻占凉州，韩遂投降，马超逃跑，北方自董卓之乱后完成统一。

★马超兵败

马腾

马腾（？—公元 211 年）字寿成，扶风茂陵(今陕西兴平)人。后汉伏波将军马援的后代，三国蜀汉名将马超的父亲。马腾于汉灵帝末年参军，由于身长力大、性格宽和、待人诚恳而因功升至军司马。但之后由于当时的朝廷黑暗，民变频频，韩遂先后杀死当时想要乘乱起义的少数民族首领北宫伯玉和李文侯。之后，韩遂又用计杀死了凉州刺史耿鄙和汉阳太守傅燮。当时在耿鄙手下担任军司马的马腾见势投靠韩遂并与之结为异姓兄弟，割据一方。当时各路军阀受命勤王，董卓在率军前往洛阳前，任命马腾与韩遂驻防长安。后马腾被任命为征西将军，屯于郿城。不久后，董卓兵败，马腾的手下与韩遂的手下发生摩擦，导致两家失和，率兵相互攻打，先是马腾将韩遂打败，韩遂又纠集了一些人马攻打马腾，杀了马腾的妻子。于是两家成为仇敌。后两家在钟繇等人的调解和劝说下，又重归于好。曹、袁相争之际，曹操以汉帝的名义急调马腾助战，马腾于是派长子马超协助钟繇击败郭援、高干等人。马腾转拜前将军。封为槐里侯。长居槐里十数年。马腾在槐里十余年间“北备胡寇，东备白骑，待贤进士，衿救民命”，使三辅一带在战乱中免受了一段时间的战争骚扰，得到了十年的安定。三辅一带的人民对马腾相当爱戴。后来，马腾“自见年老，引入宿卫”。曹操在发动南征之前，将西部有威胁的马腾招入京做官。官封卫尉，应该是掌管京城(当时的许昌)的官门的职务，但是全家却被曹操移到了邺城去。马腾入朝为官，把部队交予儿子马超管理。马超统众，与韩遂合从，及杨秋、李堪、成宜等相结，进军至潼关，导致马腾被杀。

智勇双全的张辽

ZHI YONG SHUANG QUAN DE ZHANG LIAO

曹操军事集团中有一位英勇善战的猛将，名叫张辽。张辽跟曹操征战数十年，每次战役他身先士卒，奋勇杀敌，为曹操打败对手，立下了汗马功劳。曹操为奖励他的辉煌战功，对他多次封官进爵。他是曹操手下不可多得的智勇双全的武将。

张辽，字文远，雁门马邑（今山西朔州市朔城区大夫庄）人。少年曾任郡吏。

东汉末年，并州刺史丁原因为张辽武力超人，把他召来，让他在手下做些力所能及的事情。以后又跟随董卓，董卓被杀后，跟随吕布，是吕布手下的一名有智谋的将领，很快被吕布提升为骑都尉。吕布被李榷打败，张辽跟随吕布东奔徐州，任鲁相。

曹操打败吕布后，张辽投降曹操，曹操任命他为中郎将，赐爵关内侯。因为数次战役有功，又被升为裨将军。

官渡之战，袁绍被打败以后，曹操又派遣张辽去平定鲁国诸县。他和夏侯渊率兵在东海包围昌豨。一连几个月，张辽的部队都没有攻下昌豨，这时军中粮食已供应不上，士气渐渐低落，夏侯渊便和他商量撤军问题。张辽对夏侯渊说：“连续几天以来，每次围攻昌豨，他就站在高处远远注视我，射箭还击时，箭矢总是稀稀落落的，这一定是他犹豫不定，所以不用力奋战。如果我和他谈谈，是否可以引诱他投降？”夏侯渊就派遣使者前往昌豨军中，对昌豨说：“曹公有命令，让张辽传达。”昌豨果然下来和张辽对话。张辽对他说：“曹公神明，又有武力，他正在用高尚品德征服四方，先归顺他的人一定受到曹公重赏。”昌豨听了张辽的一番话，就相信了，便同意投降。

张辽为了争取昌豨坚决投靠曹操，决定亲自到昌豨家，作耐心细致的说服。昌豨万万没想到张辽会来访，十分高兴。张辽又反复

★张辽雕像

★盘龙石砚·东汉

唯才是举

曹操很注意延揽人才。他多次发布《求贤令》，提出“唯才是举”的方针，强调用人不能求全责备，只要有治国用兵的才能，可以不拘微贱，不拘品行，即使名声不好，沾有“不仁不孝”之讥的人，也可以选用。他在军队里选拔出于禁、乐进，在降将中引用了张辽、徐晃。他们后来都成为“佐命”的名将。其他从小地位选拔出来而升任为州、郡官的人，不可胜数。曹操的谋士荀彧，三代布衣，妻子是宦官的女儿，初投曹操时只是一个县令，曹操赏识他的才干，引为心腹，出征时常把行政大权交他掌管。其他如荀攸、郭嘉等人，也都才智出众，谋略过人。在曹操的幕下，猛将、谋臣，可说是风云聚会。他们在曹操的统一战争中，发挥了巨大作用。

★抚琴石俑·东汉

进行劝说，希望他能早日归顺曹操。昌豨想了一想便决定跟他下山去见曹操。

不久，张辽带着昌豨来见曹操。张辽向曹操说了事情的经过，曹操默不作声，先让昌豨返回。昌豨回去以后，曹操责备张辽说："你这种做法不是大将所为。"张辽立即谢罪说："因为您的威望和信誉名扬四海之内，我去访昌豨，他也没敢把我怎样。"曹操听后，默不作声了。

曹操打败袁绍后，乘胜追击，彻底消灭了袁氏残余势力。张辽跟随曹操远征北上，扫荡乌桓，统一北方。他身先士卒，英勇奋战，先后打败袁谭、袁尚率领的军队，并把帮助袁氏兄弟俩抵抗曹军的乌桓单于蹋顿，斩首于柳城。张辽因为在扫荡乌桓、消灭袁氏残余势力上，功劳卓著，曹操提拔他为荡寇将军，封都亭侯。

赤壁大战之后，曹操一面加强对占领区的防守，一面攻占和扩大未占领的地区。这时的荆州还处于割据状态。公元 208 年，曹操便派遣张辽屯兵长社。

临出发前，张辽军中出现了阴谋反叛。半夜里，军中突然着起火来，顿时浓烟滚滚，火焰腾腾，将士们在睡梦中被惊醒，惊慌忙乱，不知是怎么回事。这时张辽赶到将士们中间，镇定地对大家说："不要乱动！这是极少数人捣乱，故意制造事端扰乱军心。"于是他沉着地命令没有参与反叛的人安静地坐下不要动。接着，张辽带着十几名亲兵，站在他们中间，仔细察看每个人的神态，不一会儿，他就辨认出叛乱的首领，立即把他拉出去斩首。

曹操攻下荆州后，又和孙权争夺淮南。这时淮南庐江一带发生了陈兰、梅成领导的农民起义，波及六个郡县。曹操便派张辽率兵前去镇压，杀死陈兰等人，胜利返回。

曹操即将出发和孙权争夺淮南时，派遣张辽、乐进、李典率领七千多人留守合肥。孙权率十万大军将合肥围住，在兵力悬殊的情况下，张辽连夜组织起八百勇士的敢死队，和孙权军展开顽强战斗。他全身披挂，手持大戟，率先冲入敌阵，杀死数百余人，又连斩孙权两名大将，接着高呼着自己的名字，勇敢地冲入孙权军营。孙权万分惊恐，急忙命令将士将张辽包围，张辽向左右前后勇猛拼杀，率领十多个人冲出包围，剩下的没突围出来的士兵高喊："将军丢下我们不管吗？"张辽再次冲进去，救出这些士兵。张辽势不可挡，杀得敌人纷纷败逃，他们被张辽的英勇气概所吓倒，不敢再出去和张辽拼杀。孙权军队把合肥城包围十多天都没攻下来，只好带兵撤退。张辽率将士乘胜追击，差点儿活捉了孙权。

张辽率领留守合肥的将士，英勇无畏地打退了兵力众多的孙权，固守住了合肥。当曹操得知这一胜利消息，便任命张辽为征东将军。

★张辽墓

公元 216 年，曹操又率兵征讨孙权，正巧路过张辽曾与孙权作战的地方，曹操特意看了张辽打败孙权的战场，无限感叹，叹息良久，赞扬张辽的机智勇敢。

★曹丕塑像

★陶仓·东汉

到了第二年，即公元 217 年，曹操进军到居巢。不久，进攻孙权的重要防地濡须，将孙权打败。孙权派使者求和。

公元 219 年，爆发了襄、樊战役。这是刘备挑起的，他虽已占据荆州七个郡中的两个半郡，但还想把荆州相邻的襄城、樊城从曹操手里夺过来，因此驻守在荆州的关羽，便按照刘备的旨意，对襄、樊两城发动进攻，也为他们向北征战创造条件。

曹操为确保襄、樊的安全，特

地派镇南将军曹仁在那里坚守。

这时，关羽已调动人马在襄城围住曹仁，曹操急忙调集张辽等前去增援曹仁。张辽的部队还未到达樊城，徐晃已率领部队攻破关羽，替曹仁解了围。

孙权为了争夺荆州土地，和刘备产生了矛盾，因此在关羽围困樊城时，他派使者表示愿意对曹操称臣。但孙权立刻又反叛曹操，曹操对他很不放心，便派张辽驻扎合肥，严加防守。

黄初二年(221年)，张辽被召进洛阳宫，魏文帝曹丕在建始殿接见他，亲自询问打败孙权时的情景，张辽详细述说了一番，文帝听后向左右大臣感叹道：“这才是古时候的召虎啊。”接着文帝又把张辽的八百名敢死队员称誉为虎贲。

张辽接受文帝的命令，率兵驻扎在雍丘，不久得了重病。文帝得知这一消息，派侍中刘晔请太医去为张辽治病，这时张辽的虎贲队员们也前来看望他，十分挂念他们的将领。文帝对张辽的病情放心不下，亲自乘车前往张辽驻地慰问，文帝握住他的手，安慰他好好养病，希望他早日恢复健康，又赐给他御衣，并派太医每天送去皇帝的饭食。张辽感恩万分，不知怎样报答皇上的恩情，他的病还没有痊愈，便返回屯兵驻地，亲临防守阵地，坚守自己的指挥岗位。

孙权为了与曹魏继续争夺荆州的寸土之地，又反叛了曹魏，文帝便派张辽乘战船和曹仁到了海陵（今江苏泰县），临江指挥战斗。孙权听说张辽督战，害怕得厉害，命令军中将士说：“张辽虽然重病在身，但英勇善战不可阻挡，你们要万万小心。”这一年，张辽和其他将士一起，战败了孙权的大将吕范，而张辽的病更严重了，很快病逝于江都。文帝为之悲痛伤心，痛哭流涕。

六年以后，文帝追思和怀念张辽、李典在合肥的战功，下诏说：“合肥战役，张辽、李典率领步兵八百人，打破孙权十万军队，这是自古率兵打仗以来，前所未有的。张辽的英雄气概，使得孙权至今胆战心惊，锐气衰弱，他真可以称得上是国家的栋梁。”

★魏文帝与张辽

★螭龙玉剑璏·东汉

★双凤纹砖·东汉

★长乐宜子孙镂空出廓璧·东汉

★陶提筒·东汉

盖世奇才荀攸

GAI SHI QI CAI XUN YOU

荀攸是曹操军事集团中的一名重要谋士。他深谋远虑，替曹操出谋划策，运筹帷幄，在辅佐曹操战胜对手，统一中原的征战中作出了重要贡献。

★荀攸像

荀攸字公达，是荀彧的亲侄子。父亲荀彝在州里当一般官吏，祖父荀昙任广陵太守。荀攸出生在当时较有影响的地主知识分子家庭，他的祖父辈们是有名望的人士，是那时公认的俊杰奇才。良好的家庭环境，为荀攸的成长奠定了一定的基础。

荀攸很小就失去了父亲。当他祖父荀昙死时，荀昙过去的一名旧吏张权要求为荀昙守坟，荀攸怀疑地偷偷观察张权，便对叔父荀衢说：“这个人气色不正，一定将有祸事。”荀衢恍然大悟，一追问才知张权果然杀人逃命。荀衢为了这事，觉得荀攸很奇怪。

★龙衔环纹青玉璧·东汉

东汉末年，外戚何进当政时，征招海内名士荀攸等二十多人。荀攸来到朝廷，何进任命他为黄门侍郎。董卓篡夺朝政大权后，肆虐无道，残暴不仁，激起全国上下的公愤。于是各地割据势力联合起来，组成关东大军起兵征讨董卓，董卓挟制着汉献帝从洛阳迁都长安。荀攸便和他周围的官吏郑泰、何颙、种辑、伍琼等密谋说：“董卓不施仁道，比桀纣还厉害，现在天下人都憎恨他，他手里虽然有强兵强将，实际上只不过是一名匹夫罢了。现在我们杀了他来安抚受苦受难的百

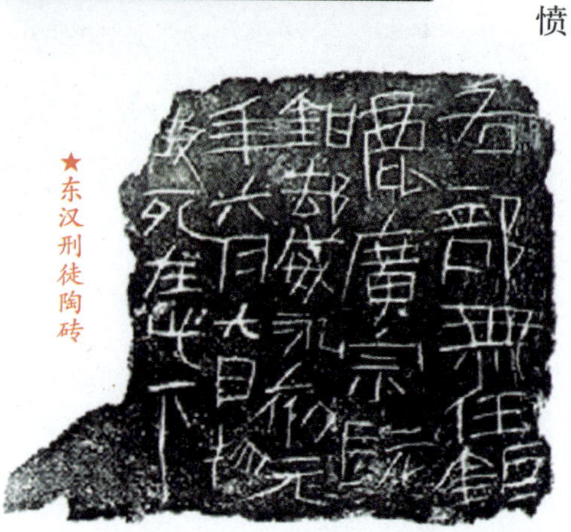

★东汉刑徒陶砖

许褚

许褚是曹操身边的忠实警卫，他在随曹操东征西战中，始终不渝以保卫曹操的生命安全为己任，为曹操赢得魏国统一作出了不可磨灭的贡献，在中国历史上也是一名很有名的卫士。一次，曹操与韩遂、马超等单独会晤，其他人不能参加跟从，曹操只留下许褚在身边。马超曾听说过曹操有一位警卫，名叫许褚，勇力超人，眼前这个人是不是许褚，他弄不清楚，便上前问曹操：“听说您有虎侯，他现在在哪儿？”曹操指指许褚，许褚正瞪大眼睛盯着马超，马超吓得不敢妄动。几天后曹军与马超作战，马超军被打败，许褚连连斩了他很多将士，立了大功，因此曹操便提升许褚为武卫中郎将。“武卫”的称号便开始叫起来了。

★许褚塑像

★钟繇像

姓，再占据殽、函这两个地方，辅助汉王，借助汉王的名义发号施令于天下，这是很了不起的举动，万万不可错过机会啊！”但是没过多久，事情败露，被董卓发现了，于是便把何颙、荀攸投下监狱。何颙在狱中忧郁害怕，自杀而死。荀攸却谈吐自若，吃饭睡觉跟平常一样，就像没有这回事似的，镇定得很。等到董卓被吕布杀死以后，荀攸便被释放出狱，弃官回家。

几年以后，曹操又把汉献帝移到许昌，为了发展自己的势力，壮大队伍，曹操到处招贤纳士，思贤心切，知道荀攸便给他写了封信，说：“现在天下大乱，正是有志之士发挥作用、施展才能的时候，你想在蜀汉看天下的变化，时间不是太久了吗？”荀攸接到曹操的来信，思考良久，最后同意曹操任命他为汝南太守，不久到了许昌，很快又调到朝廷任尚书。

曹操很早就听到过荀攸的大名，知道他是位奇才，因此在荀攸入宫不久，便经常和他谈论天下大事，发现荀攸对当今天下大事评论得精辟入理，曹操惊叹不已，非常赞同和佩服荀攸的政治见解，认为荀攸确实是一位有智有谋的俊杰。

曹操身边有了这样一位有本事的人才，非常高兴，逢人便提起荀攸，有一次他对荀彧、钟繇说：“公达是位非常了不起的人物，我能和他共同谋划大事，治理天下，还有什么可忧虑的呢？”随后便拜荀攸为他的军师。

建安三年（198年），荀攸跟曹操征讨张绣，他对曹操说：“张绣和刘表相互依靠，势力强盛，不可侵犯。但是张绣的军队靠着刘表供应给养，如果刘表不能满足张绣的供养，他一定会离开。现在我们不如缓一缓，暂时不去进攻张绣。这样可以诱惑他们，如果把他们攻急了，他们一定会联合起来互相救援。”

曹操没听荀攸的建议，率领部队进入穰城（今河南省邓县），和张绣军作战。张绣向刘表告急，刘表果然派兵援救他。战斗形势对曹操很不利，曹操对荀攸说：“这是因为没听您的意见所造成的后果。”随后曹操又派出骑兵骁将与张绣拼杀，终于打败了他们。

这一年，曹操降服了张绣又要东征讨伐吕布。曹操召集将领会议，听取他们的意见。许多将领认为，刘表、张绣还在自己的后方，又要远征吕布，定会危险。荀攸不同意这种意见，他说：“刘表、张绣刚受到打击，还没有得到喘息机会，不一定敢轻举妄动。吕布骁猛，又有袁术支援，如果让他横行于淮水、泗水之间，一些豪杰必然会响应他。如今趁他刚刚反叛，众心不齐的时候，前去进攻一定可以取

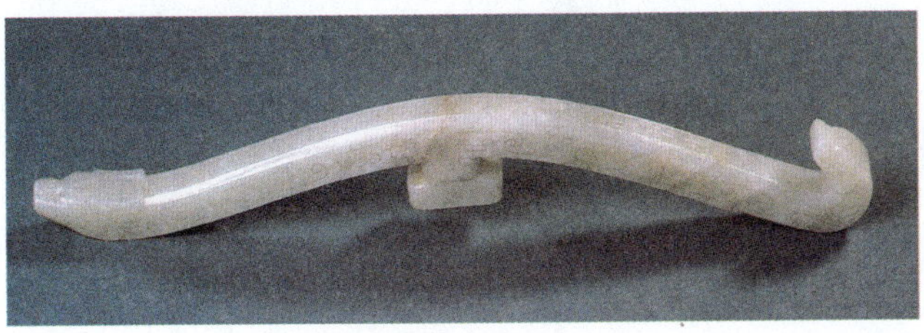

★玉带钩·东汉

★陶俑·东汉

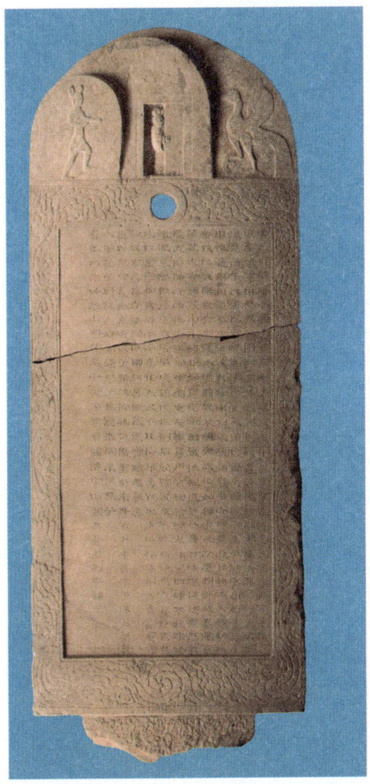

★景云碑·东汉

★生殖女神陶俑·东汉

★陶猪·东汉

★陶镇墓兽·东汉

★三足玉爵·东汉

胜。”曹操说：“这个主意好！”于是率将士东征。

曹操从宛城开始攻打吕布，吕布退却到下邳城，关闭城门，固守不出。曹操围攻了很久，都未能攻破。战士们已疲惫不堪，曹操正想领兵撤退时，荀攸和郭嘉劝阻说：“吕布这个人有勇无谋，现在连打三仗都没有捞到便宜，他的锐气一定衰弱了。军队以将为主，将的锐气衰弱了，部队就没有战斗力了。陈宫这个人有智谋却反应慢，现在趁吕布的锐气没有恢复，陈宫又拿不定主意的时候，赶紧进攻，吕布一定可以被打败。”

于是他们从城墙边挖掘了一条长长的河道，引来沂水、泗水，灌进下邳城，城墙一下子被水冲垮，倒塌下来，吕布军四处溃逃，吕布被活擒，不久被曹操下令斩首。

公元202年，荀攸跟随曹操征讨屯兵黎阳的袁谭、袁尚。第二年，曹操南下进攻刘表，当部队刚到西平(今河南西平县西)时，便接到袁谭、袁尚互相攻伐的消息。袁谭便派遣辛评的弟弟辛毗去向曹操求救，辛毗向曹操说明了来意，曹操便和将领们商量此事。很多将领认为刘表现在非常强大，应该先平定荆州，袁谭、袁尚不值得担忧。又是荀攸与他们的意见不同，他向曹操建议说：“国家正在发生大事，刘表却坐保汉、江之间，说明他没有征伐四方的大志。袁绍占据四州的广大地区，领兵十万，还以宽厚待人，争取百姓，假使袁绍的两个儿子能和睦相处，守住袁氏大业，天下就不能安宁，随时都有危难。现在他们兄弟俩不团结，势不两立，我们应该趁他们内乱，力量不能集中的时机，袭击四州之地，天下就可以平定。这样有利的时机不可失去啊！”曹操认为这个主意不错，就答应了袁谭求救的请求，与他和好，出兵帮助袁谭打败了袁尚。

当曹操出兵围攻袁氏老巢邺城时，袁谭又反叛曹操，趁机占据了河北不少地方，曹操攻占邺城后，挥戈向北，攻打袁谭，袁谭逃到南皮（今河北南皮北)进行顽固抵抗。曹操亲自率兵攻下了南皮，杀死了袁谭。于是冀州被曹操占领。曹操表彰荀攸说：“军师荀攸，自从开始辅佐我，每次出征都紧紧相随，由于将士们齐心协力，英勇奋战，前后打败了不少敌对势力，这都是荀攸的计谋啊！”接着又封荀攸为陵树亭侯。

公元207年，曹操下令论功行封，诸将一致认为荀攸功劳显著，就给荀攸增封四百户，这样在他管辖的人口总共七百户了。

公元214年前后，荀攸又跟曹操征讨孙权，不幸途中病死了。曹操痛哭流涕，悲伤万分，他深深怀念荀攸跟他从征的艰难岁月，伤心地说：“我和荀公达周游二十多年，没有任何可以指责的地方，他实在是个贤人。”又说：“荀公达(荀攸，字公达)是真正的贤人，用温文尔雅、谦恭勤俭来评论他最合适。过去孔子说晏平仲善于和人交际相处，令人长久敬慕，公达就是这样的人。”

荀攸在辅佐曹操时，曾有十二条奇策，这奇策只有荀攸的好朋友钟繇知道。钟繇为了把荀攸的奇谋大策传给后人就准备整理撰集，但荀攸死后十六年，他也死了，未能完成这件大事，令人遗憾。荀攸的奇谋良计虽然未能留传后世，但他所建立的功勋却永远载入史册。

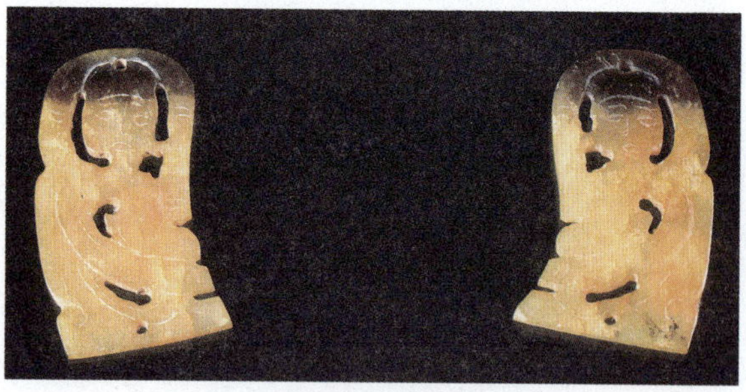

★玉舞人·东汉

★玉枕·东汉

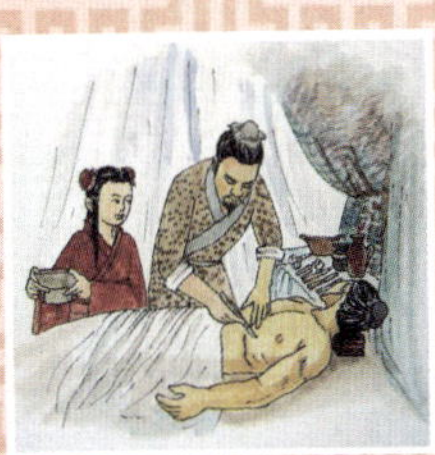

东汉神医华佗

DONG HAN SHEN YI HUA TUO

东汉末年，军阀混战，水旱成灾，疫病流行，百姓处于水深火热之中。面对“出门无所见，白骨蔽平原”的凄惨景象，“手捏金箍铃，在疾苦的民间奔走，行医于客旅之中”的华佗，心中充满了忧伤，更对封建的地主豪强产生了无比的痛恨。

华佗是当时的汉丞相曹操的同乡，他自小熟读经书，尤其精通医学。不管什么疑难杂症，到他手里，大都药到病除。当地官员和朝廷太尉知道华佗的名声，征召他做官，但华佗心系贫苦百姓，不愿给那些当官的做侍医。

华佗诊病极其准确。一次，有两个官员闹头疼发热，先后找华佗看病。经华佗问明病情，给一个开了泻药，另一个开了发汗药。有人在旁边看华佗开药方，问他为什么病情相同，用药却不一样。华佗说：“这种病表面看来一样，其实不同。前一个病在内部，该服泻药；后一个只是受点外感，所以让他发发汗就好了。”这两人回去服药后，果然药到病除。

华佗一生游历了不少地方，他到处采集草药，向百姓寻问医病的偏方。他在民间找药的同时，还从民间搜集了不少单方，经常用这些单方来治病。有一次，华佗在路上遇见一位患咽喉阻塞的病人，吃不下东西，正乘车去医治。病人呻吟着十分痛苦。华佗走上前去仔细诊视了病人，然后对他说：“你向路旁卖饼人家要三两萍齑，加半碗酸醋，调好后吃下去，病自然会好。”病人按他的话，吃了萍齑和醋，立即吐出一条长长的寄生虫，而且病马上就好了。病人把虫挂在车边去找华佗道谢，华佗的孩子恰好在门前玩耍，一眼看见，便说：“那一定是父亲治好的病人。”那位病人走进华佗家里，见墙上挂着几十条同类的虫，他发现华佗用这个方子，早已治好了不少病人。

★华佗纪念馆

★华佗塑像

★华佗像

华 佗

华佗（约公元 145—208 年），字元化。沛国谯（今安徽亳州市谯城区）人。汉末医学家。华佗不求名利，不慕富贵，把精力完全用于救死扶伤和医药的研究上。《后汉书·华佗传》说他“兼通数经，晓养性之术”，尤其“精于方药”。人们称他为“神医”。他曾把自己丰富的医疗经验整理成一部医学著作——《青囊经》，可惜没能流传下来。后人对曹操杀华佗的原因有过很多猜测。其中之一为：华佗认为曹操头痛是因中风引起的，病根在脑袋中，不是服些汤药就能治好的，需要先饮“麻沸散”（华佗发明的一种麻醉剂），然后用利斧砍开脑袋，取出“风涎”，才可能去掉病根。多疑的曹操以为华佗是要借机杀他，为刚刚死去的关羽报仇，于是命令左右将华佗收监拷问，致使一代神医屈死在狱中。

还有一次，一个太守生了病，他日不思饮食，夜不能寐，请了许多医生诊治都没治好。华佗给太守诊过脉以后，认为是胸中淤血所致，这种病只有让病人发怒，才能治好。于是，他故意向病人索取很贵的诊费，却拖拖拉拉不认真给他开方抓药，过了几天，竟不告而别，还留下一封信骂太守得了病是自作自受。太守果然大怒，立刻派人追捕华佗。太守的儿子知道华佗的用意，暗暗叮嘱家人不要去抓华佗。太守听说抓不到华佗，更加怒气冲天，一气之下，呕出几口黑血。不想这一呕，顿觉神清气爽，不一会儿便向家人索要酒食，有滋有味地吃喝起来。

华佗不仅能治一些疑难杂症，还善于做开刀手术。他配制一种麻醉剂叫麻沸散。有个病人患肚痛病，痛得厉害，经过十多天，胡须眉毛全脱落下来。华佗诊断后说："这是脾脏溃烂了，得赶快开腹治疗。"华佗让病人服了麻沸散，打开腹腔，把坏死的脾脏切除，再缝好创口，敷上药膏。过了四五天，创口愈合，一个月内便康复了。

★华佗墓

★华佗五禽戏图

当时，曹操一直患头风病。一遇到事务缠身，头风病就会发作，痛得受不了。他听说华佗的医术高明，就把华佗请来，华佗给他扎了几针，头痛就止住了。曹操不肯放他，把他留下来做了随从医官，以便随时给他治病。华佗虽然乐于帮助人，热心给人们治病，但他却不愿一直呆在曹操身边，给他一个人管药箱。有一次，他借口回家探亲，顺便去取点药，曹操没有怀疑，准了华佗的假。

华佗回到家里，托人给曹操捎了一封信，信中说他妻子病得厉害，一时回不了许都。曹操一再催促，华佗还是拖着不走。曹操又命令郡县官吏去催，也碰了软钉子。华佗拒归惹恼了曹操。曹操派个使者到谯县去调查，行前他告诉使者，如果华佗的妻子确实有病，就送他 40 斛（古代以 10 斗为 1 斛）小豆，并听任华佗推迟假期；要是华佗谎言搪塞，就把华佗抓来。最终，华佗被抓到了许都。曹操认为华佗故意违抗他的命令，是大逆不道的行为，下令把华佗处死。谋士荀彧认为这个处刑太重了，劝曹操说："华佗医术高明，他一死，牵涉到许多人的生命，希望丞相从宽发落。"

曹操本来也是个爱惜人才的人，自从他打败了袁绍后，有点骄傲起来。再说，连皇上都要让他几分，哪里肯屈服于一个民间医生。于是，他不听荀彧的劝阻，决意把华佗杀掉。

华佗被带往许都时，随身还带着一部医书，这是他根据多少年来积累的经验写成的。他知道自己的命已经无人可保，但必须要把身上的医书保留下来。临刑前一天，他把狱吏请来，对他说："请您把这部书好好保存，将来可以靠它救病人。"不想，那个狱吏胆子小，怕因为此书而受到牵连，他说什么也不肯替华佗保管。华佗十分失望，他叹了口气，向狱吏要了火种，在监狱里把宝贵的医书一把火烧成了灰烬。华佗的丰富医学经验，就这样付之一炬，令人扼腕叹惜。

自从华佗死后，曹操的头风病就再没有找到合适的医生给他治疗。但是曹操并不肯承认自己做错了事，他常煞有介事地说："华佗这小子是有心不肯根治我的病，即使我不杀他，也不见得会治好我的病。"直到他的小儿子曹冲病死，他才懊丧万分地说："要是华佗在，孩子就不会死了。"

蔡文姬归汉

CAI WEN JI GUI HAN

公元208年，曹操已基本扫平北方群雄，并于邺城建玄武池，训练水师，意欲大举南下。一日，曹操忽然想起旧交蔡邕，为他死于乱世而惋惜。同时，他又得知蔡邕之女蔡文姬现流落于南匈奴。为告慰亡友，曹操决定立即派周近做使者，携带黄金千两，白璧一双，到南匈奴去赎蔡文姬归来。

蔡邕是东汉时期的大文学家，也是大书法家，此外，蔡邕还精于天文数理，妙解音律，在洛阳俨然是文坛的领袖。就连文武兼备的曹操都经常出入蔡府，成为蔡邕的挚友。蔡文姬生在这样的家庭，自小耳濡目染，既博学能文，又善诗赋，兼长辩才与音律。

★蔡邕像

蔡文姬16岁时嫁给卫仲道，卫家当时是河东世族，卫仲道更是出色的大学子，夫妇两人恩爱非常。可惜好景不长，不到一年，卫仲道便因咯血而死。蔡文姬不曾生下一儿半女，卫家的人又嫌她克死了丈夫，致使才高气傲的蔡文姬不顾父亲的反对，毅然回到娘家。

东汉末年，朝政腐败，地方起义四起，这一社会形势促使以豪强地主为代表的地方势力迅速扩大。董卓进军洛阳，把持朝政，他为巩固自己的统治，刻意笼络名满京华的蔡邕，将他一日连升三级。董卓在朝中的逆行，引起各地方势力的联合反对，后来董卓被杀，蔡邕想起董卓待他不错，叹了口气，不料这一声叹息却惹恼了司徒王允，认为他是董卓一党的人，把他抓了起来。尽管朝廷里有许多大臣都替蔡邕说情，王允还是不赦其罪，结果蔡邕屈死狱中。

★蔡文姬归汉

蔡邕死后，关中地区又发生李榷、郭汜的混战，长安一带百姓到处逃难，蔡文姬也随着

★蔡文姬雕像

《胡笳十八拍》

《胡笳十八拍》是一篇长达1297字的骚体叙事诗，原载于宋郭茂倩《乐府诗集》卷五十九及朱熹《楚辞后语》卷三，两本文字小有出入。《胡笳十八拍》是感人肺腑的千古绝唱。作品叙述了汉末大乱，连年烽火，蔡文姬在逃难中被匈奴所掳，流落塞外，后来与左贤王结成夫妻，生了两个儿子。在塞外她度过了12个春秋，但她无时无刻不在思念故乡。

曹操平定了中原，与匈奴修好，派使节用重金赎回蔡文姬，于是她写下了著名长诗《胡笳十八拍》，叙述了自己一生不幸的遭遇。

★蔡文姬纪念馆大门

★蔡文姬纪念馆走廊

难民到处流亡。那时候，匈奴兵趁火打劫，掳掠百姓。有一天，蔡文姬碰上了匈奴兵，结果他与许多流难的妇女被掳，并被一起带到南匈奴，这年她23岁。匈奴兵见她年轻美貌，就把她献给了匈奴的左贤王。从此以后，蔡文姬成了左贤王的夫人，她为左贤王生下了两个儿子，大的叫阿迪拐，小的叫阿眉拐。她还学会了吹奏“胡笳”，学会了一些匈奴的语言。她在南匈奴一住就是12年，虽然过惯了匈奴的生活，但还是十分想念故国。

这次，曹操遣使赎蔡文姬归汉，使她能回到日夜想念的故国，蔡文姬当然心花怒放。但是，每想到要离开自己的孩子，又觉得凄苦和悲伤。一边是故国，一边是至亲骨肉，对于蔡文姬来说，这两边都令她难以割舍。临行的那天，蔡文姬分不清是悲是喜，只觉得柔肠寸断，泪如雨下。在汉使的催促下，她在恍惚中登车而去，在车轮辚辚的转动中，12年的大漠生活，点点滴滴注入心头，从而留下了动人心魄的《胡笳十八拍》。

蔡文姬到了邺城，曹操看她一个人孤苦伶仃，又把她再嫁给一个屯田都尉（官名）董祀。蔡文姬嫁给董祀，起初的夫妻生活并不十分和谐。蔡文姬饱经离乱忧伤，又因为思念儿子，时常神思恍惚。而董祀正值鼎盛年华，生得一表人才，通书史，谙音律，自视甚高，认为蔡文姬与自己有不相匹配之感，然而迫于丞相的美意，只好接纳了她。在婚后第二年，董祀犯罪当死，蔡文姬顾不得嫌隙，蓬头跣足来到曹操的丞相府求情。

当时，曹操正在举行宴会。朝廷里的一些公卿大臣、名流学士，都聚集在魏王府里。侍从把蔡文姬求见的情况报告曹操。曹操知道在座的大臣名士中不少人都跟蔡邕相识，就对大家说：“蔡邕的女儿在外流落了多年，这次回来了。今天让她来跟大家见见面，怎么样？”

大伙儿当然都表示愿意相见，曹操命令侍从把蔡文姬带进来。蔡文姬披散头发，赤着双脚，一进来就跪在曹操面前，替她丈夫请罪。她的嗓音清脆，话又说得十分伤心，座上有好些人原来是蔡邕的朋友，看到蔡文姬的伤心劲儿，不禁想起蔡邕，也都伤感得泪流不止。

曹操听完了她的申诉，对蔡文姬说：“你说的情形的确值得同情，但是判罪的文书已经发出去了，有什么办法呢？”蔡文姬苦苦哀求说：“丞相的马房里有宝马千匹，手下的武士多如树林，只要您舍得一个武士、一匹快马，就可把文书追回，董祀也就有救了。”

曹操听她言词哀婉，就亲自签了赦令，派出了一名武士，宣布赦免了董祀的死罪。

从此以后，董祀感念妻子救命之恩，对蔡文姬重新审视，并自感愧对妻子，便对其百般依顺。夫妻双双也同时看透了世事，相携溯洛水而上，定居于风景秀丽、林木繁茂的山麓。若干年以后，曹操狩猎经过这里，还曾前去探视。蔡文姬和董祀生有一儿一女，女儿嫁给了司马懿的儿子司马师为妻。

相传，当蔡文姬为董祀求情时，正是数九寒天。曹操见她穿得单薄，就送给她一顶头巾和一双鞋袜，叫她穿戴起来后，曹操便问她：“听说夫人家有不少书籍文稿，现在还保存着吗？”蔡文姬感慨地说：“我父亲生前给我4000多卷书，但是经过大乱，散失得一卷都没留下来。不过我还能背出400多篇。”曹操听她还能背出那么多，就说：“我想派10个人到夫人家，让他们把你背出来的文章记下，你看怎样？”蔡文姬说：“只要丞相赏我一些纸笔，我回家就将其写下来。”后来，蔡文姬果然把她记住的几百篇文章都默写下来，送给曹操。曹操迎蔡文姬归汉，不仅流露出他惜才爱士的本性，同时也为后世保存了古代文化遗产。

★蔡文姬墓

天下奇才——庞统

TIAN XIA QI CAI PANG TONG

司马徽偷锄园中草

东汉末年刘表的儿子刘琮去探访司马徽，他让仆人先去探问一下司马徽在不在家。仆人到来时，恰遇司马徽在园中锄草，于是上前大声问道:“司马君在吗?”司马徽说:“我就是。”仆人见他相貌平平，穿着朴素，骂道:“你这死佣工，我问的是司马君。你怎敢冒充?”骂完，转身离去。司马徽知道有人来访，于是回到家里，除去头巾，穿戴整齐，出去与刘琮相见。仆人发现这人就是那个锄草的老头，心里惶恐，于是告诉刘琮事情的经过，请求责罚。刘琮笑笑，代仆人向司马徽连声致歉，司马徽却说:“不必如此，是我羞愧啊！我在园中锄草，却被你们知道了。”

★三国名士司马徽栖隐之地——湖北省襄樊南漳县水镜庄

庞统是刘备军事集团中的重要谋士。他有理想，有抱负，才智超人，是当时不可多得的人才。他在辅佐刘备夺取益州的过程中，替刘备出谋划策，立下了汗马功劳。

庞统，字士元，号凤雏，荆州襄阳(今湖南襄樊)人。他朴实忠厚，少年时候没什么名气。颍川有个叫司马徽的人，有知识，有见地，善于识别人。庞统十七八岁的时候去拜访他，司马徽正在树上采桑，庞统就坐在树下，俩人一起谈论天下大事，从白天一直谈到黑夜，无话不说，无所不谈。庞统对现实社会问题有自己独到见解，司马徽惊讶不已，对庞统的聪明才智连连赞叹，认为他是天下奇才，是当今南郡地区读书人中最杰出的人才。从此以后，庞统渐渐在南郡有了名气，后来郡守委任他为功曹。

庞统非常善于估量和评论人，他对一个人的肯定和赞扬，往往超过那个人的真实才能。因此有些人感到很奇怪，问他为什么要这样做，庞统回答说:“现在天下大乱，正风正气衰微，好人少而恶人多。要想兴起好的社会风气，增强道德观念，不把那些值得赞扬的人说得更好一点，那他的名声就不会被人们所仰慕，人们不向走正道、有道德的人学习，那么做好事的人就会越来越少了。现在如果提拔十个人才，即使有五个都不合适，还能得到一半合适的，通过这些人促进社会向好的方面转化，使做好事的人得到鼓励，这不是很好吗?”

庞统的聪明才智引起当时一些名人志士的注意。吴将周瑜辅助刘备夺取荆州后，做了南郡太守，那时候就要重用庞统。周瑜死后，庞统送丧到东吴，东吴很多人久闻庞统的大名，等到他要返回的时候，东吴的陆勣、顾劭、全琮都去看他。庞统对他们说:“陆子虽说像驽马却有余力，顾子可以说是驽牛却能驮重而走远路。”又对全琮说:“你乐于施舍，喜欢名声，就好像汝南的樊子昭，虽然智力不多，但也是一时代中比较突出的。”陆勣、顾劭对庞统说:“为了使天下太平，我

★水镜庄内的司马徽雕像

★位于四川省罗江县的庞统祠

★诸葛亮与庞统

们应当与你共同估量、评定四海人士。”他们深深佩服庞统的非凡眼力，于是他们与庞统结为好友，跟着一起返回。

不久，有人把庞统推荐给孙权，孙权看他相貌不太顺眼，没有留用他，他便回南郡去了。接着又有人把他推荐给刘备，刘备当时已占领荆州，刘备也和孙权一样，看他相貌不济，没有重用他，只让他到耒阳，做了个县令。

庞统上任后，觉得刘备看不起他，才让他做个小县令，有点大才小用，心里不太愉快。因此，他对县里的事不闻不问，也不太尽心尽力。刘备不久听说庞统的情况便派人进行调查，结果情况属实，就下令把他免职了。吴国大将鲁肃了解庞统的脾气性格，也知道庞统此时的情绪，就给刘备写了封信，信中大意是：庞统不是治理百里之地的一般人才，如果让他做个谋士或辅助您做些重要的大事，才能发挥他的优势。刘备见信后还不大相信，决定亲自召见他，了解庞统的实际本事。刘备见到庞统便和他一起闲谈，发现他很善于交谈，不是一般的人才，就决定重用他。刘备这时回想起司马徽所称赞的卧龙、凤雏两个人，于是拜他为军师中郎将，让他跟随自己左右，地位仅次于诸葛亮。

刘备夺取荆州后，庞统对刘备进谏说：“荆州因为连年战争，土地荒凉，人烟稀少，东有孙权，北有曹操，您在荆州要想与其形成鼎足之势，恐怕难以成功。现在益州国富民强，人口达上百万，土地肥沃，物产丰富，不依靠外援，自给自足，今天就可以凭借这块地方，完成您的大业，为什么不去夺取呢？”刘备说：“现在与我水火不相容的是曹操，他以急躁出名，我就用宽容去对待他的急躁；曹操以残暴出名，我就用仁爱去对待他的残暴；曹操以欺诈狡猾出名，我就用忠诚厚道去对待他。我总是与曹操相反，我就能成功。今天如果用小事而失信义于天下人，这是我所不能吸取的。”庞统又说：“在动荡时期，不是一条规矩就可以成功的。夺取是违反传统常理，但治理的时候顺乎民心就可以了。等我们事成之后，再把好地方给刘璋，怎能说是对不起人家呢？您现在不去夺取益州，不把好地方拿到手，最后被曹操拿去，这样只会对刘璋不利。”刘备听了庞统的劝说，非常高兴，立即接受了他的建议，决定去夺取益州。

庞统随刘备进入益州后，益州牧刘璋在涪城会见刘备。庞统立即向刘备献计说：“我们应趁这个机会捉住刘璋，如果能够这样，您就不必劳师动众而稳拿益州了。”刘备回绝说：“咱们刚到人家国家，威望还没有建立起来，这样做是不行的。”

刘备在益州呆了一段时间后，刘璋便送给刘备很多物资、军粮和一部分军队，让刘备去替他攻打张鲁，刘备便答应下来，然后刘璋回到成都。庞统认为机会又来了，再

★落凤坡石碑，落凤坡位于四川省德阳市罗江县白马关乡庞统祠旁约2公里处，是当年庞统战死沙场的地方。

★庞统祠碑林

★涪城会(富乐山原名东山,汉建安十六年,即公元211年,刘备入蜀,刘璋延至此山,饮酒乐甚,刘备叹道:“富哉!今日之乐乎!”故名富乐山。这幅在富乐山一个亭子内的壁画生动地反映了当时的情景。)

★凤雏庵

一次劝说刘备,他说:“现在您面前有三种选择:暗中挑选精兵强将,日夜兼程去袭击成都。刘璋既不懂军事,又没有任何准备,大军突然进去,马到成功,这是上策。杨怀、高沛是刘璋的名将,他们依仗着强大的装备,坚守着白水关。听说他们多次写信给刘璋,要让刘璋打发你回荆州。我们可以找个借口,就说荆州危险,准备回去援救,要大家整理行装,表面上是要回去的样子,派人向他们辞行,让他们既佩服你,又高兴你离去。他们一定会出来送行,就趁这个机会逮捕他们,然后收编他们的部队,再向成都进军,这是中策。我们还可以把部队退到白帝城,跟荆州接连起来,合成一片,再慢慢作别的打算,这是下策。如果犹豫不决,将来一定招来大灾,不能再拖延了。”刘备认为上策太急,下策太慢,中策还行。于是他采用庞统的中策,斩了杨怀、高沛,转向成都,大军所到之处,无往不胜。顷刻间,刘备大军取得了决定性的胜利。

刘备大军取得大捷,在涪城大会师,刘备设宴庆祝胜利。宴会上刘备对庞统说:“今日的宴会,可以说是欢乐极了。”庞统说:“攻克别人的国家引以为荣,这是不仁不义之师啊!”这时刘备喝得酩酊大醉,听了这话,脸色突变,勃然大怒说:“从前武王讨伐商纣,取得胜利后,老百姓跳舞唱歌,这难道是不义之师吗?你简直是胡说八道,赶快给我滚出去。”庞统一看,事情不妙,就不敢再多说了,急忙退出宴席。刘备马上又后悔起来,立即派人把庞统请回来,让他坐回原来的位置,吃喝照常进行。刘备问他道:“刚才咱们谈论的,是谁的过错?”庞统说:“君臣都有错。”说完,刘备大笑起来,宴会的气氛又像开始那样和谐愉快。后来庞统在攻打雒城战斗中,因为急于获胜,他便亲自率兵出阵攻城,没料到刘璋守城的部队在城头上放出箭来,箭就像下雨似的射下来,庞统突然中箭,受了重伤,回到军中就死了。那时他年仅三十六岁。刘备十分痛惜,伤心地痛哭流泪。

以后刘备一提起庞统,就泪流不止,他对别人说,他失去了庞统,好像短了一只胳膊。为了奖励庞统的功劳,追封他为关内侯,还赐予“靖侯”的谥号。

★庞统之墓

刘备东吴招亲

LIU BEI DONG WU ZHAO QIN

赤壁之战以后，诸葛亮乘东吴的周瑜和曹将曹仁双方往来厮杀，损兵折将之际，他略施小计，兵不血刃地夺得了南郡、荆州和襄阳。虽然鲁肃曾专门去刘备那里索取荆州等地，但刘备与诸葛亮表面答应奉还，却迟迟找借口推拖。

一次，周瑜设计，对孙权说："刘备新近丧偶，您的妹妹孙尚香待字闺中，我们以联姻抗曹的名义，将刘备骗至南徐（今江苏镇江），逼他的属下拿荆州来换。您看如何？"孙权听后，认为此计可行，即派人去荆州招亲。

刘备很明白东吴在给他设圈套，便连连摆手拒绝。可诸葛亮却笑着说："自有好事登门，哪有不应之理。"刘备没想到诸葛亮会是这般态度，他大惑不解，直到诸葛亮偷偷告诉他说："您只管去东吴，赵云陪您同去，一切我自有安排，包您得了夫人又不失去荆州。"说得刘备频频点头。临行，诸葛亮给赵云面授机宜，他将三条计策分装于三个锦囊，并告诉了开启的时间。

招亲的船只顺江而下，很快到了南徐。赵云打开了诸葛亮的第一计，并依计命士兵分别到集市上去采办结婚用品，还叫他们到处宣扬说："刘备要与孙权的妹妹结亲。"同时，赵云督促刘备去拜会与吴国太是亲家的乔国老，言明此番招亲一事。乔国老因未曾听人说起，十分惊讶，便向吴国太打听详细。哪知吴国太和孙尚香也被蒙在鼓里，吴国太怒骂孙权说："你妹妹结亲，我这个做母亲的却不知道，你搞的什么鬼？"孙权被骂得吱吱唔唔，回答不上来。吴国太接着说："现在东吴对刘备招亲一事已经妇孺皆知，明天甘露寺相亲，相好了什么事没有，要是相不好，我看你如何交待！"孙权本想说这只是计谋，可又不能当着母亲的面说用妹妹的终身来当诱饵，只好任其发展，将错就错。结果，吴国太与孙尚香看好了刘备，决定择日成亲。孙权哭笑不得，只好将实情告诉了周瑜，弄得周瑜也叫苦不迭。

★刘备甘露寺相亲

就这样，刘备与孙尚香顺理成章地成婚了。刘备与孙尚香新婚燕尔，乐不思归，急坏了赵云，他怕时间长了孙权会想出新的诡计，便急急打开了第二个锦囊。按此计，赵云神色慌张地向刘备报告说："曹操兴兵 50 万，要报赤壁之仇，荆州危在

★刘备招亲（木雕）

★刘备招亲（邮票）

旦夕，军师请您速归。”刘备听后大惊，将情况如实向孙尚香说了一遍，孙尚香立刻答应随他同归。刘备不安地问：“你哥哥不允许怎么办？”孙尚香略一思考，随后答道：“就说明日到江边祭祖。”次日，刘备夫妻借口到江边祭祖，趁机离开了东吴，乘船驶往荆州。

孙权听说刘备带着妹妹逃归，急忙派人追赶，在柴桑地界，被周瑜的部下拦截。赵云见情势危急，打开了第三个锦囊。不过，这一计却要由刘备来实施。刘备看后，心领神会，他在孙尚香面前痛哭流涕，告诉她孙权与周瑜如何想用美人计诱杀自己的实情。孙尚香大怒，斥退了追赶的吴兵，并坚定了她与刘备同归荆州的决心。

刘备一行就要到荆州地界的时候，后面的追兵又至。正当赵云不知用何计的时候，忽见诸葛亮已派关羽、黄忠、魏延等领兵前来接应。三支伏兵将周瑜的兵将赶回到船上，并对着吴兵高喊：“周郎妙计安天下，赔了夫人又折兵”。周瑜听了，气得往后便倒，刘备携孙尚香则安然回到了荆州。

周瑜

周瑜（公元 175—210 年），字公瑾。庐江舒县（今安徽庐江西南）人。三国形成时期军事家。周瑜出身士族，少时与孙策友好。东汉兴平二年（公元 195 年），起兵助孙策占据江东。建安三年（公元 198 年），任建威中郎将，随从孙策转战江淮，为开拓东吴疆域建立了战功。孙策死后，周瑜以中护军职辅佐孙权。公元 202 年，曹操责令孙权送子为质称臣。孙权众臣犹豫不决，唯周瑜力主拒曹，并建议孙权占据江南，拥兵观变。公元 208 年秋，曹操率军号称 80 万南下，并致书迫孙权投降。周瑜等分析局势，坚定了孙权与刘备结盟抗曹的决心，又自请为将，与刘备联军，大败曹军于赤壁，奠定了三分天下的基础。周瑜文武兼备，有雄才大略，赤壁战后积极筹划进图中原。公元 210 年，卒于巴丘（今湖南岳阳）。

★周瑜雕像

★赵云像

赵云

赵云（?—公元 229 年），字子龙，常山真定（今河北正定南）人，三国时期蜀汉名将。赵云初从公孙瓒，后归刘备。赵云为国，不被天姿国色所迷；为民，不为良田豪宅所动，时人与后人皆敬其德。赵云戎马一生，骁勇善战，胆略过人，他曾以数十骑拒曹操大军，被刘备誉为“一身都是胆”，军士呼其虎威将军。曹操取荆州，刘备败于当阳长阪，他力战救护甘夫人和刘备子刘禅。赵云见识卓远，清楚认识到吴蜀关系为唇齿相依，力主维护孙刘联盟；为人刚毅谨细，刘备军曾俘获夏侯惇部下夏侯兰，兰乃赵云同乡，云知其明于律法，推荐他为军正，但不安排为自己属下，其慎虑如此。刘备得益州，任为翊军将军，从攻汉中。建兴六年（公元 228 年），从诸葛亮攻关中，分兵拒曹真主力，终寡不敌众，退回汉中。次年卒，追谥为顺平侯。

刘备汉中称王

LIU BEI HAN ZHONG CHENG WANG

刘备不但未归还荆州，还以此为依托向汉中发展势力。由此在民间留下了“刘备借荆州——有借无还”的典故。荆州本来是刘表的地盘，刘备与刘表都是汉室宗亲，因而刘备认为荆州本来就是刘家的。不过，东吴的孙权却认为，荆州是靠东吴的力量打下来的，是周瑜捏软了的柿子，却被刘备一口吞下，所以应该归东吴所有。于是，为荆州的归属问题，双方进行了多次较量。最后，刘备借口南进，待有立足之地后将荆州退还东吴，两家这才息兵罢战。

★张松献地图

公元 211 年，刘备在取得荆州的基础上，即开始实施诸葛亮《隆中对》中提出的西取益州方略。此时，益州的刘璋却派人请刘备入川。原来，益州牧刘璋手下有两个谋士，一个叫法正，一个叫张松，两个人是好朋友，都是很有才干的人。他们认为刘璋庸碌无能，益州迟早要拱手他人。当初，曹操打下荆州的时候，刘璋曾经派张松到曹操那里去联络。那时候，曹操刚打了胜仗，轻臣慢士，说话骄狂，再加上派去的张松个子矮小，相貌平平，曹操根本不把他放在眼里。张松因曹操冷淡，便赌气而走。他回到成都（益州的治所）后，对刘璋说：“曹操野心很大，恐怕想并吞益州。”刘璋着急起来，张松则趁机劝他说：“刘备是主公的本家，又是曹操的对头，跟他结交，就可以对付曹操。”刘璋听信了张松的话，因而派法正到荆州去联络。

★刘备墓的石像

法正到了荆州见到刘备。刘备很殷勤地接待他，同他一起谈天下形势，谈得十分融洽。法正一回到益州，便同张松秘密商议，想迎刘备做益州的主人。没过多久，曹操打算向汉中（今陕西汉中市东）进

汉中

汉中位于陕西省西南部，北倚秦岭、南屏巴山，中部是美丽富饶的汉中盆地。汉中是国家历史文化名城，两汉三国文化底蕴厚重。三国时期，汉中是魏蜀两国兵戎相见的主战场，老将黄忠在汉中定军山下刀劈夏侯渊；骁将赵云汉水之滨大败曹军；刘备自立为汉中王；一代名相诸葛亮在汉中屯兵 8 年，度过了他一生最为呕心沥血的岁月，六出祁山，北伐曹魏，鞠躬尽瘁，最终归葬定军山下，其安息地武侯祠，被称为“天下第一武侯祠”。这里是丝绸之路开拓者张骞的故里、“四大发明”造纸术发明家蔡伦的封地和葬地。曹操、诸葛亮、韩信等帝王将相曾在这里建功立业，李白、杜甫、陆游、苏轼等伟大诗人曾探访、辗转或生活在这片土地上，并留下了瑰丽的墨迹诗章。

★汉中褒斜栈道

兵，益州受到了威胁，张松便趁机劝刘璋把刘备请来守汉中。刘璋又派法正带了4000人马到荆州去迎接刘备。法正到了荆州，直截了当地告诉刘备说：“益州是十分富庶的地方，像将军这样英明，又有张松做您的内应，取得益州，真是再容易也没有的事。”但刘备还有点犹豫不决。当时，庞统已经当了刘备的军师。他坚决主张刘备到益州去求得生存和发展。他说：“荆州土地荒凉，而且东有孙权，北有曹操，不容易得志，要建立大业，就应该拿下益州做基础。”

公元211年，刘备留诸葛亮、关羽等守荆州，亲自率兵数万，向益州进发。益州牧刘璋率部3万，前往涪县（今四川绵阳东）迎接，举荐刘备为大司马兼司隶校尉，刘备尊刘璋为镇西大将军、益州牧。刘璋资助刘备大批军械粮草，增兵3万，令其北上讨伐张鲁。刘备进至葭萌（今四川广元西南）按兵不动。次年12月，刘备以曹操攻孙权需回救荆州为由，要求刘璋增兵1万，而刘璋只答应支援4000人。刘备借此激怒部众，诱杀川将杨怀、高沛，兼并其兵，占据涪县城。刘璋大怒，急于反击刘备，从事（官名）郑度劝刘璋实行坚壁清野，坚守避战，然后待机反击。刘璋不听，派部将刘璝、冷苞、张任、邓贤、吴懿等率兵出击，全被刘备击败，溃退至绵竹（今四川德阳北），吴懿率部投降。刘璋派护军李严、费观往绵竹督战，他们却借此投降了刘备。刘璝、张任与刘璋之子刘循退守雒城（今四川广汉）。刘备进围雒城，川将张任领兵出城在雁桥迎战，兵败被杀。刘备围攻雒城一年未克，军师庞统被流矢射死。刘备让法正写信劝降刘璋，刘璋则置之不理。公元213年，诸葛亮留关羽守荆州，与张飞、赵云率军溯江入蜀，增援刘备。克巴东（今四川奉节东）至江州（今重庆），俘巴郡太守严颜。尔后兵分两路：赵云在左，连下江阳（今四川泸州）、犍为（今四川彭山东）；张飞在右，攻占巴西（今四川阆中）、德阳（今四川遂宁东南）。此时，刘备已攻克雒城，诸葛亮、张飞、赵云等与刘备军会合，包围成都（益州治所，今四川成都）。刘备派督邮李恢招降张鲁部将马超，令引西凉精兵进抵成都北郊，城中吏民皆震恐，又派从事郎中简雍劝刘璋投降。当时，成都城内有精兵3万，粮秣可维持一年。刘璋不欲久战伤民，遂率部出降。

★汉中武侯祠，是祭祀三国时期著名的政治家、军事家诸葛亮的祠堂。

★荆州古城墙

公元214年，刘备进了成都，自称益州牧。他论功行赏，认为这次进益州，法正功劳最大，把他封为蜀郡太守。不光成都归他管，还把他当作谋士中的主要人物。然而，法正这个人心地狭窄，他有了权便想报个人恩怨。过去与他交往密切的人，他遂一回礼；谁与他有过节，他便寻机报复。为了报个人的

★重庆云阳县张飞庙

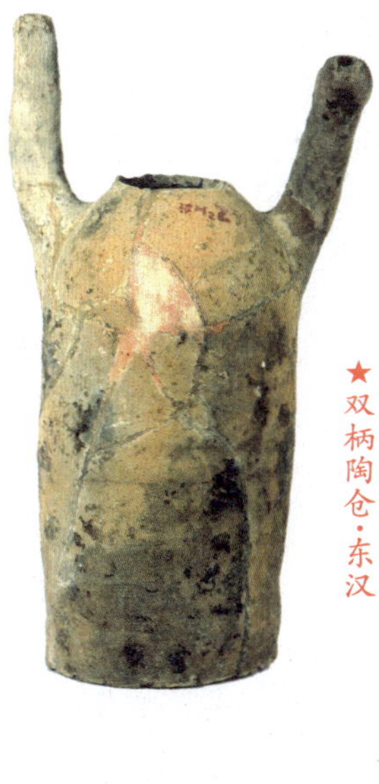
★双柄陶仓·东汉

★芒砀山西峰，当地群众称之为张飞寨，西峰内外两道寨墙，都是利用自然山形，用青石垒砌而成。外寨墙南残高0.5—1米，墙宽约1米，南北长约250米，周长900米；内寨墙南北长约40米，东西宽25米，周长130米。外寨西墙有张飞"饮马泉"，相传是张飞取水和饮马的地方，泉圆形，直径4.5米。

恩怨，他甚至杀了好几个人。

诸葛亮却与法正大相径庭，他帮助刘备治理益州，执法严明，不讲私情。当地有些豪门大族都口出怨言，认为诸葛亮法度严苛。

法正劝告诸葛亮说："从前汉高祖进关，只有约法三章，百姓都拥护他。现在您刚到这儿，似乎也应该宽容些，才合大家心意。"

诸葛亮说："您只知其一，不知其二。秦朝刑法严酷，百姓怨恨。高祖废除秦法，制定约法三章，正是顺了民心。现在的情况完全不同，刘璋庸碌软弱，法令松弛；蜀地的官吏横行不法，弄得政令不通，百姓离知己。现在我要是不注重法令，地方怎么能安定下来啊。"法正听了诸葛亮的话，打心底里佩服诸葛亮，并从此对自己的所为有所收敛。

刘备进入成都后，开办官市，稳定物价，恢复生产，很快巩固了在益州的统治地位。此时，东吴孙权派人向他讨还荆州，刘备不同意，双方为了荆州几乎闹翻。后来听说曹操要进攻汉中，益州也受到威胁。刘备和孙权双方都感到曹操是他们强大的敌手，并就此言和。他们把荆州分为两部分，以湘水为界，湘水以西归刘备，湘水以东归东吴。

随后，刘备就专心对付曹操，他请诸葛亮坐镇成都，亲自率领大军向汉中进兵，叫法正当随军谋士。

曹操听到刘备出兵，马上组织兵力，抗击刘备。他也亲自到长安去指挥汉中战事，双方相持了一年。到了第二年，在阳平关一次战役中，蜀军大胜，魏军的主将夏侯渊被杀，曹操不得不退出汉中，把魏军撤退到长安。公元216年，曹操被晋爵"魏王"，他名义上虽仍为汉臣，但权倾朝野，实际上已具备皇帝的权力和威势。

刘备由于曹操退出汉中，他在益州的地位更加巩固了。公元219年，刘备在他手下一批文武官员拥戴下，在汉中称王。

公元220年，曹丕代汉称帝。孙权因濡须口之战与曹魏结盟，而宣称东吴是魏国的附庸，曹丕授予孙权九赐，孙权据此自称吴王。

★张飞塑像

★刘备设坛称汉中王处

关羽败走麦城

GUAN YU BAI ZOU MAI CHENG

刘备占领益州后，又出兵对付曹操的军队，把曹兵赶到了长安。由此，刘备在益州的地位得到了巩固，便自立为汉中王。接着，刘备又派关羽攻打樊城，恰好这时汉水暴涨，关羽利用大水淹没了曹军大将于禁的七支大军，乘胜包围了曹军占据的樊城。

曹操为解樊城之围，想出了一个一箭双雕的主意。他写信给孙权，劝说孙权乘现在荆州后防空虚，攻取被刘备夺去的荆州。这样，当关羽听说荆州被夺，定会撤军回救，樊城之围自然就会解除。

当时，孙权已对关羽怀恨在心。此前，孙权曾经派人去向关羽求亲，希望关羽把女儿嫁给自己的儿子。关羽不但不答应，反而把使者辱骂了一顿。孙权觉得关羽狂妄自大，出口伤人，使自己丢尽了颜面，应该借此整治关羽。另外，新任的大将军吕蒙认为关羽有兼并东吴的野心，向孙权上书要求出兵对付关羽。两方面的原因，促使孙权采纳了曹操的建议，派大将吕蒙攻取荆州。

吕蒙是东吴名将，他从小就练得一身好武艺，年青时便立了不少战功，受到孙权的器重。他还听了孙权的劝告，一有空就认真读兵书战策。鲁肃刚代替周瑜当大将的时候，有一回经过吕蒙的驻地，顺便看望吕蒙。鲁肃以为吕蒙不过是一员武将，没有什么雄才大略。这次，他和吕蒙谈话以后，听到吕蒙议论问题有理有据，见解精辟，十分佩服地说："你现在的才能胆识，跟当年吴下（即吴中）阿蒙可大不一样了。"吕蒙自豪地说："士隔三日，当刮目相看，您可不能用老眼光看人哪！"

吕蒙受领袭取荆州的任务后，首先从密探口中得知关羽的部署情况，实地考察江防。他发现沿江到处都是烽火台，防备也不见有松懈的迹象，便和孙权商量，他对外假称生病回去休养，以此来麻痹关羽，孙权依计另派年轻的陆逊接替吕蒙。

★关羽坐像

陆逊故意派人送信给关羽，对他水淹于禁七军大大称赞了一番，表达了自己对他的万分仰慕之情。关羽看信后，认为陆逊初出茅庐，比吕蒙好对付多了，就放松了警惕，陆续把防守荆州的人马调拨到樊城。

陆逊把关羽人马调动的情况，随时报告给了孙权和吕蒙。这时候，关羽在樊城接受了于禁的降兵十几万人，粮草供应发生了困难。于是，他把东吴贮藏在湘关的粮食强占过去。孙权得知湘关的米被抢，派吕蒙为大都督，命令他迅速袭击关羽的后方。

吕蒙到了寻阳（今湖北黄梅西南），把所有的战船都改装作商

★关羽水淹七军

★关羽擒将图

★常平关帝庙是关羽的家庙，又称关帝祖祠，位于山西省运城市西南20余公里的常平乡常平村内。

船，选了一批精锐的兵士躲在船舱里。船上摇橹的兵士扮作商人，一律穿上商人穿的白色衣服。就这样，一列又一列商船向北岸进发。吕蒙骗过烽火台上的防守士兵，把船靠了岸。到了半夜，躲在船舱里的士兵一拥而出，出其不意地杀死了防守的士兵，占领了荆州。

吕蒙趁热打铁，派人劝说江陵（今湖北荆州一带）、公安（今湖北公安）的守军投降，那些将领原本对关羽就有意见，经吴国兵将的劝说，都投靠了东吴。而吕蒙进入江陵后，释放了被关羽俘获关押的于禁，又派人抚慰蜀军将士和家属。这些举措，使蜀军军心涣散，斗志瓦解，许多将士半路而逃。关羽恨得咬牙切齿，大叫："我生不能杀吕蒙，死了也要杀了他！"

关羽得知荆州、江陵等长江要塞相继失守，非常震惊。到这个时候，关羽才知道对东吴的防备太过大意，可是已经悔之无及，他只好带了人马逃进了麦城（今湖北当阳东南）。孙权步步紧逼，挥军攻打麦城，另派诸葛瑾多次劝说关羽投降。一次，关羽假装投降，在城头上竖起白旗，暗地里带了十几个骑兵弃城往西而逃。

孙权闻关羽逃出了麦城，派兵阻断了关羽的必经之路。吴兵埋伏在草丛中，用绊马索绊倒关羽等人，活捉了关羽。此次，孙权亲自出马，来劝关羽投降，表示不计前嫌。未料，关羽怒目圆睁，破口大骂："我和刘皇叔一起共谋大业，怎会和你这样的叛贼共事。要杀便杀，要剐便剐，何必废话！"孙权怕留下后患，杀了关羽，并把关羽的头送往曹操那里报捷。

★关林位于河南省洛阳城南，相传是埋葬三国蜀将关羽首级的墓冢，故又称关帝冢。因在冢前建庙，亦称关帝庙。关林是通称。其含意，不仅说明这里有古柏翠松，绿树葱茏，而且是效仿中国文化圣人孔子的墓为"孔林"的规制。

关羽

关羽，字云长，后世称关公。关羽生于东汉桓帝延熹年间，河东解良人（今山西运城市）。三国时期蜀汉著名将领。死后受民间推崇，又经历代朝廷褒封，被人奉为关圣帝君。后来的统治者又将其称为"武圣"，与号为"文圣"的孔子齐名。

关羽一生策马横刀，驰骋疆场，征战群雄，辅佐刘备完成鼎立三分大业，谱写出一曲荡气回肠的人生壮歌。

作为三国名将的关羽，可以说在中国古代思想史上并无建树。但是，关羽充满英雄传奇的一生，却被后人推举为"忠"、"信"、"义"、"勇"集于一身的道德楷模，并成了中国封建社会后期上至帝王将相，下至士农工商广泛顶礼膜拜的神圣偶像。

★关羽塑像

三国·晋·南北朝

陆逊火烧连营

LU XUN HUO SHAO LIAN YING

★赵云塑像

关羽被害的消息传到刘备耳中，刘备昏倒在地，醒来后不吃不喝，任诸葛亮等臣子百般劝慰，依旧痛哭不止，还每每告诉诸臣说：“我与关、张桃园结义，誓同生死，今天云长已亡，我怎能活在世上独享富贵呢？”言外之意，大有轻生的念头。亏得诸葛亮岔开话题，对刘备说：“听说，曹操已用侯礼将云长厚葬，此是东吴移祸曹操之计，而曹操用厚礼葬云长，也是为了让我等归仇于东吴。”刘备听到东吴二字，立刻咬牙切齿，要发兵报仇。诸葛亮则劝慰说：“目前最紧要的是先给云长发丧，然后等东吴与曹魏有了嫌隙再乘机讨伐。经过诸葛亮等人的劝说，刘备这才开始吃些东西，恢复常态，并令营中将士全部为关羽挂孝。

时隔不久，曹操病逝、曹丕称帝的消息相继传到蜀汉，一时传说纷纷，说汉献帝已经被曹丕杀了，汉中王刘备还真的为汉献帝举行了丧礼。大臣们认为既然汉献帝已经死去，刘备是汉家皇室后代，理应接替皇位。公元221年，汉中王刘备正式在成都即皇位，是为汉昭烈帝。因为他统治的地区在蜀（今四川、云南大部，贵州全部，陕西、甘肃一部分），历史上称为蜀汉或者蜀。

刘备对东吴占领荆州，关羽被杀这件事，一直是十分痛心的。他即位之后，第一件要紧的事就是进攻东吴，报仇雪耻。大将赵云说：“篡夺皇位的是曹丕，不是孙权。如果能灭掉曹魏，东吴自然就会屈服，不该放了曹魏去打东吴。”诸葛亮也表奏刘备说：“迁汉鼎者乃是曹魏，不能舍魏而伐东吴。”但刘备报仇心切，谁的话也听不进去。他把诸葛亮留在成都辅佐太子刘禅，亲自率领大军去征伐东吴。刘备一面准备出兵，一面通知张飞到江州

★陆逊拜将台

★陆逊像

陆 逊

陆逊（公元183—245年），字伯言，本名陆议。吴郡吴县华亭（今上海松江）人，孙策之婿，三国时期吴国大臣，著名的军事家和政治家。

陆逊出生于世宦之家，他的祖父陆纡官至城门校尉，父亲陆骏，任九江都尉。陆逊年十岁丧父，十五六岁时就肩负起家庭生活的重担。公元204年，被孙权征召为掾属，历任东西曹令史，后出为海昌县屯田都尉，并代理县令职务。后又因讨伐山越暴动、讨平鄱阳地区尤突等人的暴乱，被授予定威校尉。公元219年，受吕蒙举荐为荆州督。因成功夺取荆州，升为右护军、镇西将军，封娄侯。公元221年，刘备称帝后，发动了夷陵之战。孙权拜陆逊为大都督，率兵5万西击刘备。次年六月，陆逊用火攻计击败刘备，孙权加拜陆逊为辅国将军，领荆州牧，改封为江陵侯。

(今重庆)会师。还没有等刘备出兵，张飞的部将范疆、张达因遭张飞鞭打而叛变，他们乘张飞酒醉，便杀了张飞，然后提了首级投奔东吴。

★吴王城遗址，吴王城是三国东吴都城。公元221年，孙权自公安来鄂，不久，接受魏文帝曹丕的封吴王称号，同年阴历八月开始营建吴王城。孙权又取“以武而昌”之意，把鄂县改名“武昌”，故名武昌城。

刘备听说失了三弟，又是哭得死去活来。一些臣将一时也乱了方寸，不知如何是好。而刘备恨两弟之死都与东吴有关，因而更坚定了他先灭东吴的决心。以致于东吴派使者来求和，刘备也未答应，孙权只得遣使求助于曹魏。此时的魏文帝曹丕不从尚书刘晔秘伐东吴的谏议，封孙权为王，但他并不派兵助战，只想坐观成败，然后坐收渔翁之利。

未过多久，蜀汉人马已经攻下巫县(今四川巫中县北)，一直打到秭归(在今湖北省西部)。孙权知道讲和无望，乞兵无期，便派陆逊为大都督，带领5万人马去抵抗蜀兵。

刘备出兵没几个月，就攻占了东吴的土地五六百里。他从秭归出发，急于向东继续进军。随军官员黄权劝谏说：“东吴人打仗向来很勇猛，千万别小看他们。我们水军顺流而下，前进容易，要退兵可就难了。还是让我当先锋，在前面开路，陛下在后面接应，这样比较稳妥。”刘备因进攻顺利，以为东吴不日可破，报仇之心更加急切。所以，他根本听不进黄权的话，而是让黄权守在江北，防备魏兵，自己率主力沿着长江南岸，翻山越岭一直进军到了猇亭(在今湖北宜昌境内)。

★雪峰山上有一高9尺，被劈成两半的岩石，相传这是当年陆逊的试剑石。刘备借荆州后，借去不还，多次催讨，总是搪塞，孙权决心以武力索还，于是拜陆逊为将，伺机夺取荆州。陆逊临出发前，对着石头暗暗向上苍祈祷：“我若能夺回荆州，剑下石裂。”说罢一剑砍下，一声巨响，巨石顿时一分为二。后陆逊果然顺利地夺回了荆州。

东吴将士看到蜀军得寸进尺，步步紧追，都摩拳擦掌，想和蜀军大战一场。可是大都督陆逊却不同意。陆逊说：“这次刘备带领大军东征，士气旺盛。再说他们处于上游，占领险要地方，易守难攻，如果与他们硬拼，万一失利，丢了人马，这是非同小可的事。我们还是积蓄力量，考虑战略。等日子一久，他们疲劳懈怠，我们再寻机会出战。”

陆逊部下的将军，有的还是孙策手下的老将，有的是孙氏的贵族，对本为一介书生的陆逊当都督很不服气。现在听到陆逊不同意他们出战，认为陆逊胆小怕打仗，都不好好守备城隘。陆逊发现后，将他们召集到帐下说：“我已传下将令，务使各位守住隘口，如有闪失，定斩不饶！”众将本欲同蜀兵大杀一场，但陆逊却高悬免战，还动辄就用尚方宝剑来压制他们，所以大家心里都愤愤不平。

★陆逊火烧连营，致使刘备军大败。

蜀军从巫县到彝陵(今湖北宜昌东)沿路扎下了几十个大营，又用树木编成栅栏，把大营连成一片，前前后后长达700里地。刘备以为这样好比布下天罗地网，只等东吴人来攻，就能把他们消灭。但是，陆逊一直按兵不动，从公元222年1月一直到当年6月，双方

★陆逊营寨

相持了半年。

刘备有些急不可待，派将军吴班带了几千人从山上下来，在平地上扎营，向吴兵挑战。东吴的将军耐不住性子，要求马上出击。陆逊笑笑说："我察看过地形，蜀兵在平地里扎营的兵士虽然少，可是周围山谷一定有伏兵。他们大声嚷嚷引我们打，我们可不能上他们的当。我们坚守不出，他们求战不得，时间一长，他们肯定会移兵于山林之间，到那时我们再用奇计破他。"将士们嘴里不说，可心里还是听不进陆逊的话。

过了几天，刘备看见东吴兵不肯交战，知道陆逊识破他的计策，就把原来埋伏的8000蜀兵陆续从山谷中撤出来。这时，蜀将报刘备说："现在天气炎热，平地无遮蔽之物，军中取水不便，可否将大营移于山林之间？"刘备即令蜀军都将营帐撤于林间空地，等到秋冷再一起进兵，还将新的营址画成了图形，报给了诸葛亮。

陆逊知道蜀兵退进了山林，心中大喜，对诸将士说："刘备移营，先以老弱诱我出战，他隐于山谷准备截杀，我们没有上当。现在他们已经都进了林地，半月之内，我们必将破蜀。"说完，他派了一小部分兵力先去攻击蜀军的一个营，刚刚靠近蜀营的木栅栏，蜀兵从左右两旁冲出来厮杀。接着，附近的几个连营里的兵士也出来增援。东吴兵抵挡不住，赶快后退，已经损失不少人马。将军们抱怨陆逊，陆逊说："这是我试探一下他们的虚实。现在我已经有了破蜀营的办法了。"

当天晚上，陆逊命令将士每人各带一束茅草和火种，预先埋伏在南岸的密林里，只等三更时候，就直奔江边，火烧连营。到了三更，东吴四员大将率领几万兵士，冲近蜀营，用茅草点起火把，点燃了蜀兵的营帐。那天晚上，风刮得很大，蜀军的营寨都是连在一起的，他们隔一个点一个，未点的营帐也就随之一起燃烧起来。转眼之间，刘备的几十个大营葬身于火海之中。等到刘备发现火起，已经无法抵抗。在蜀兵将士的保护下，刘备总算冲出了火网，逃上了马鞍山。

陆逊命令各路吴军，围住马鞍山发起猛攻，留在马鞍山上的上万名蜀军一下子全部溃散，死伤不计其数。一直战斗到夜里，刘备才带着残兵败将，突围逃走。吴军发现后，紧紧在后面追赶。亏得沿途的驿站，把丢下的辎重、盔甲堵塞在山口要道上，阻挡住了东吴的追兵，刘备才逃到了白帝城(在今四川奉节白帝山上)。

这一场大战，蜀军几乎全军覆没，船只、器械等军用物资全部被吴军缴获，历史上把这场战争称作"猇亭之战"，也叫"彝陵之战"。正当刘备喘歇的时候，去见诸葛丞相的马良回来了，他见大军已败，十分懊恼地告诉刘备说："丞相早已看出连营必败，命我火速赶回，可还是晚来了一步。"刘备也又悔又恨地说："早听丞相之言，也不致于遭到今天的惨败，我还有什么面目去见成都群臣啊！"说完便一阵哽咽。然后又命将白帝城的馆驿改为永安宫，以后就长住在这里。不过刘备从此之后心情沉郁，不久就得了重病。

★高足玉杯·三国

★猇亭古战场位于湖北省宜昌市境内，濒临长江，与枝城市荆门山隔江相望，地势险要，为历代兵家必争之地。三国猇亭之战就发生在这里。

诸葛亮七擒孟获

ZHU GE LIANG QI QIN MENG HUO

东吴陆逊破蜀兵70余万，一时间君臣将士对其交口称赞，孙权也始知陆逊之才不下于周瑜，便生吞没西蜀之志。可在这时，魏国曹丕却有意统一天下，他把进攻的目标首选在东吴。尚书刘晔劝谏说："陆逊多才，恐兵未至，而其早做防范，要想取胜很难啊！"曹丕不解地说："以前你劝我伐吴，现在却又来阻止，这是为什么？"刘晔回答说："此一时，彼一时，以前东吴经常败于蜀下，我们可以乘机而图。现在，东吴正逢强盛之时，所以伐而未必取胜。"曹丕不耐烦地说："这件事我已经决定了，不用再说了。"于是，他带领御林军亲自去了阵前。结果，陆逊闻魏国兵至，他早做安排，先后击败了曹丕的三路大军，加上时值盛夏，病疫流行，曹军死伤过半，曹丕只得率败兵回到了洛阳。

此时，刘备在白帝城病势一天比一天加重，他知道自己已经时日不多，便把诸葛亮从成都召到白帝城，嘱咐后事。他对诸葛亮说："因为不纳丞相之言，自取其败，现悔恨成疾，死在旦夕，刘禅弱小，不得不以大事相托。"诸葛亮见刘备将要气竭血枯，心里也是一阵伤感，一时泪流满面。刘备接着嘱咐说："丞相的才能比曹丕高出十倍，一定能够把国家治理好。阿斗（太子刘禅的乳名）就交给您了，您认为可以辅助，就辅助他；如果不行，您就自己来做一国之主吧。"诸葛亮流着眼泪，哽咽着说："我怎敢不尽心竭力，以报答陛下知遇之恩！"

刘备把小儿子刘永和刘理叫到身边，叮嘱他说："我死之后，你

★诸葛亮坐像

★白帝城托孤堂内景

孟获

孟获（生卒年不详），三国时期南中少数民族首领。系东汉末益州建宁郡（今云南晋宁东）人。官至御史中丞。

刘备病逝白帝城后，蜀国南边相继发生叛乱。建兴三年（公元225年），诸葛亮经过充分准备后，亲率大军南渡泸水（金沙江），迅速平定了云、贵地区的叛乱，巩固了蜀国的后方。在这次具有重大意义的南征中，诸葛亮为了达到"攻心为上"的目的，七次抓住孟获，又七次放走了他。如今，云南许多地方还保留着"七擒七纵"的地点。但有关学者指出，历史上孟获确有其人，不过七擒七纵的事可能不完全属实。

★孟获像

★白帝城中的白帝庙大门

★重庆奉节白帝城观星亭，传说是诸葛亮夜观星象的地方。

们兄弟要像对待父亲一样尊敬丞相。”随后他又逐个与其他臣子们交待了后事，言毕气绝而死。刘备死后，诸葛亮回到成都，扶助刘禅即了帝位，历史上称其为蜀汉后主。

刘禅即位后，朝廷上的事不论大小，都由诸葛亮来决定。诸葛亮兢兢业业，治理得法，又遇连年风调雨顺，粮食丰产，百姓夜不闭户，路不拾遗。至此，府库充盈，所用军需之物无不毕齐，蜀国大治。

公元225年，正当百姓安居乐业，蜀国兵精粮足之时，忽然益州来报：“蛮王孟获，大起蛮兵10万，侵边犯境。”原来，益州郡有个豪强雍闿，听说刘备死去，就杀死了益州太守，发动叛乱。他一面投靠东吴，一面又拉拢了南中地区一个少数民族首领孟获，叫他去联络西南一些部族起来反抗蜀汉。经过雍闿的煽动，牂柯（今贵州遵义一带）太守朱褒、越巂（今四川西昌县东南）部族酋长高定，也都响应雍闿。这样一来，蜀汉差不多丢了一半土地。

诸葛亮闻报，来见后主刘禅说：“依臣之见，不平定蛮兵之乱，必会成为我蜀国的后患，我准备自领大军前去平乱。”刘禅胆怯地说：“东有孙权、北有曹丕，丞相一走，我可怎么办呢？”诸葛亮安慰他说：“我已与东吴讲和，曹丕刚败在东吴手下，暂时不能远征西蜀。你就放心吧！”

当年3月，诸葛亮率领大军出发。诸葛亮好友马良的弟弟、参军马谡送诸葛亮出城，一直送了几十里地。临别的时候，诸葛亮握住马谡的手，诚恳地说：“我们相处好几年了。今天临别，您有什么好主意告诉我吗？”马谡说：“南中（相当于现今四川省大渡河以南的云南、贵州两省，三国蜀汉以巴蜀为根据地，南中在巴蜀之南，故称南中）的人依仗地形险要，离都城又远，早就不服管辖。即使我们用大军把他们征服了，以后还是要闹事的。我听说用兵的办法，主要在于攻心，攻城是次要的。丞相这次南征，一定要叫南人心服，才可一劳永逸。”诸葛亮听后，不禁连连点头说：“正合我意，多谢你的提醒，我定当照此去做。”

诸葛亮率领蜀军向南进军，节节胜利。大军还在半路上，越巂酋长高定和雍闿已经发生火并。高定的部下杀了雍闿。蜀军打进越巂，又把高定杀了。诸葛亮派李恢、马忠两员大将分两路进攻，不到半个月，马忠又攻破牂柯，消灭了那里的叛军。四个郡的叛乱很快被平定。但是，南中酋长孟获收集了雍闿的散兵，继续反抗蜀兵。诸葛亮通过了解，知道孟获不但打仗骁勇，而且在南中地区各族百姓中很有威望。诸葛亮想起马谡临别的话，决心把孟获争取过来。他下了一道命令，只许活捉孟获，不能伤

★灰陶绵羊·三国蜀

★诸葛亮与孟获·浮雕

害他。

好在诸葛亮善于用计谋，蜀军和孟获军队交锋的时候，蜀军故意败退下来。孟获仗着他人多，打算一鼓作气消灭蜀军，不想却中了蜀兵的埋伏。南兵被打得四处逃散，孟获本人也被活捉。孟获被押到大营，心知必死无疑。没想到进了大营，诸葛亮立刻叫人给他松了绑，好言好语劝说他归降。但是孟获不服气地说："我自己不小心，中了你的计，怎么能叫人心服？"说完，他把头一扬，不再理诸葛亮。

诸葛亮也不勉强他，陪着他一起骑着马在大营外兜了一圈，看看蜀军的营垒和阵容。然后又问孟获："您看我们的人马怎么样？"孟获傲慢地说："以前我没弄清楚你们的虚实，所以败了。今天承蒙您给我看了你们的阵势，我看也不过如此。像这样的阵势，要打赢你们也不难。"诸葛亮爽朗地笑了起来，然后说："既然这样，就请回去好好准备一下再打吧！"

★诸葛亮智擒孟获

孟获被释放以后，回到自己的部落，他重整旗鼓，又一次进攻蜀军。但是他本是一个有勇无谋的人，哪里是诸葛亮的对手，第二次又乖乖地被活捉了。诸葛亮劝他别再以蜀国为敌，可孟获还是不服。这次，诸葛亮又放了他。并且像这样捉了又放，放了又捉，一共有七次。

★四川省凉山州雷波县马湖金龟岛上海龙寺中的塑像，中为孟获，左为孟优，右为摩铁。

★刘禅像

当孟获第七次被活捉的时候，诸葛亮还要放走他，孟获已心悦诚服流着眼泪说："丞相七擒七纵，待我可说是仁至义尽了，我打心底里敬服。从今以后，不敢再反了。"

孟获回去以后，还说服各部落全部投降，南中地区又重新恢复原来的社会秩序。诸葛亮平定南中后，命令孟获和各部落的首领照旧管理他们原来的地区。有人对诸葛亮说："我们好不容易征服了南中，为什么不派官吏来，反倒仍旧让这些头领管呢？"

★四川省凉山州雷波县马湖金龟岛海龙寺孟获殿

诸葛亮说："我们派官吏来，没有好处，只有不方便。因为派官吏，就得留兵。留下大批兵士，粮食接济不上，叫他们吃什么。再说，刚刚打过仗，难免死伤了一些人，如果我们留下官吏统治，一定会发生祸患。现在我们不派官吏，既不要留军队，又不需要运军粮。让各部落自己管理，汉人和各部落相安无事，岂不更好？"大家听了诸葛亮这番话，都钦佩他想得周到，具有别人所不具备的战略眼光。

诸葛亮率领大军回到成都，后主刘禅和朝臣都到郊外去迎接，大家都为平定南中而感到高兴。从此以后，诸葛亮一面积蓄财富，一面训练人马，一心一意准备大举北伐。

曹植七步成诗

CAO ZHI QI BU CHENG SHI

自从汉献帝迁都许都以来，朝廷大权和兵权全掌握在曹操手里，献帝反倒要看曹操的脸色过日子。尤其“衣带诏”事泄，伏皇后被曹操逼死，献帝更觉自己朝不保夕。不过，曹操却不敢直接取代他而自立为皇帝，他知道汉室虽然衰落，还有个正统的名义，怕自己做了皇帝，还有人心里不服，引起天下大乱。所以，他从未言及自立的事情。

时下，孙权占据了荆州，杀了关羽，他怕刘备报复，就派使者给曹操送了封信，表示愿意归顺曹操，以期得到曹操的军事援助。同时，为了讨好曹操，他劝曹操顺应天命，早即帝位。曹操接到这封信，就随手递给他的心腹大臣看。他微笑着说：“孙权这小子，是想把我放在炉火上烤哩！”此后，即帝位之事再不言及，很多知道曹操秉性的大臣都知道曹操有意做周文王，而他所建功业也完全是为自己的儿子暗造阶梯。

公元 220 年，曹操旧病发作，请医服药都未见效，终于死在洛阳。曹操去世后，他的儿子曹丕认为自己在北方的地位已经足够稳固，于是逼迫刘协禅让帝位给他，创建了魏国。献帝刘协被封为山阳公。此间，有人向曹丕告发他的弟弟、临淄侯曹植经常喝酒骂人，还把他派去的使者扣押起来。曹丕立即派人赶到临淄，把曹植押回邺城审问。

原来，曹丕和曹植都是曹操的妻子卞氏生的，两个人都曾为承袭父职而处心积虑，百般表现。曹植从小聪明非凡，十几岁的时候，就能写很出色的文章。有一次，曹操看了曹植的文章，有点怀疑，问曹植说：“这是你请人代写的吗？”曹植跪下来说：“儿出口成文，下笔成章。怎么会叫人代写呢？父亲不相信，可以面试。”曹操试了曹植几次，觉得他果然才华出众，因此对他特别宠爱，多次想把他立为太子。不过，曹植虽然才华横溢，但他行为放任，屡犯法禁，曾引起曹操的震怒。而他的兄长曹丕则颇能矫情伪饰，终于在立储斗争中渐占上风。

★曹植赋诗图

时年，曹丕怕自己地位不稳，想方设法讨曹操欢喜。有一次，曹操出外打仗，曹丕、曹植都去送行。临别的时候，曹植当场念了一段颂扬曹操功德的文章，大家听了十分赞赏。

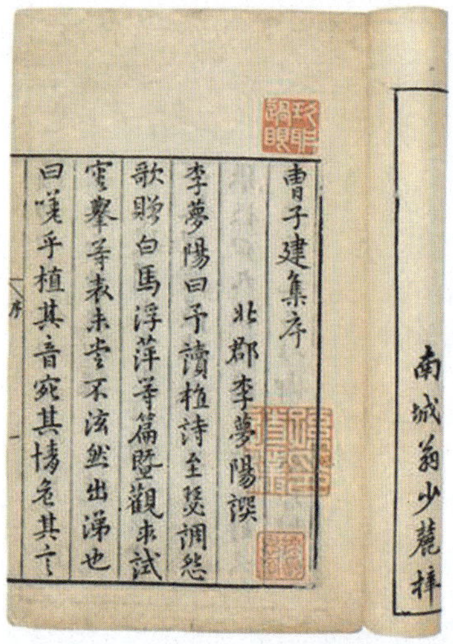

★《曹子建集》魏·曹植撰，明·李东阳订正

这时，有人在曹丕耳边小声说：“魏王要离开了，你只要表示伤心就是了。”曹丕果然抹着眼泪向曹操告别，曹操很受感动，也掉下了泪。这件事使曹操觉得曹丕文才虽然不如曹植，但是心地老实，对他有感情。再加上左右侍从替曹丕说好话的人很多，曹操宠爱曹植的心渐渐变了。

曹植的行为放荡不羁，不善于伪饰，不注意小节。有一次，曹操派曹植带兵出征。曹丕得到了消息，他意识到，带兵出征即意味着掌握兵权，有了兵权也就是有了政权的基础，这是父亲有意培养曹植的征兆。但自己无法去正面阻止，又不想让弟弟成其好事。于是，他带着酒食来到曹植的府中，假意说要为弟弟饯行。饮酒间，曹丕殷勤劝酒，使曹植喝得酩酊大醉。恰在此时，曹操派人催曹植去领命，连催几次，曹植都没有醒来，曹操只好把派曹植出征的事取消了。从此以后，曹操就打消了把曹植立为太子

★公元220年时的三国地图

的念头。

曹操死后，曹丕承继父业，做了魏王，他不像父亲那样畏首畏尾。就在这一年秋天，由他的亲信联名上书，劝汉献帝让位给魏王。

汉献帝做了30多年的挂名皇帝，接到大臣上书，便宣布让位。曹丕的亲信大臣还隆重举行一个“推位让国”的禅让仪式，表示汉朝的皇权是献帝自愿推让的。

公元220年10月，汉献帝告祭祖庙，使张音奏玺绶诏册，禅位于曹丕。曹丕在繁阳亭登上受禅坛，接受玉玺，即皇帝位。随即改建康元年为黄初元年，国号为魏，追尊曹操为武皇帝。封废献帝为山阳公，曹皇后为山阳公夫人，勒令搬出宫去。汉献帝做了大半辈子的傀儡，到最后也没有摆脱被取代的命运。至此，东汉王朝正式结束。

曹丕做了魏王以后，曹植便成了遭受打击的对象，他屡遭贬爵和改换封地。这次有人告发曹植，正是曹丕欲置其于死地而后快的机会，于是他命人将曹植抓起来，要将曹植处死。母亲卞氏知道曹丕在借题发挥，连忙去给曹植求情，要他宽恕曹植。曹丕不能不听母亲的话，他心里也明白，曹植并没有招兵买马和出现阴谋反叛的迹象，只是打骂和扣押使者，这算不上犯罪，杀之怕众人不服，就只把曹植的临淄侯爵位撤了，降为一个比较低的爵位。

据说，曹丕把曹植召来以后，为了要惩罚他一下，要他在走完七步的时间里做出一首诗。如果做得出，就免他一死。曹植略略思索一下，就迈开步子，走一步，念一句，随口吟出了一首诗：

煮豆持作羹，漉菽以为汁。
其在釜下燃，豆在釜中泣。
本自同根生，相煎何太急。

曹丕听后，面露惭色，心里愧疚不已，从此打消了杀曹植的念头。

★曹植墓

曹 植

曹植（公元192—232年），字子建。三国时魏国诗人。曹植是曹操之妻卞氏所生第三子。曹植自幼颖慧，年10岁余便诵读诗、文、辞、赋数十万言，出言为论，下笔成章，深得曹操的宠信。曹操曾经认为曹植在诸子中“最可定大事”，几次想要立他为太子。后有朝臣反对，曹操便搁置未提。

公元220年，曹操病逝，曹丕继魏王位，不久又称帝。曹植的生活从此发生了根本性的改变。他从一个过着优游宴乐生活的贵公子，变成处处受限制和打击的对象。在曹丕登极的最初两年内，对他的打击尤为酷烈。曹丕通过“监国使者”和一些地方官，两次制造口实，给他以贬爵削邑的处分。此后，他一直在受迫害的阴影下生活。公元226年，曹丕病逝，曹叡即位，是为魏明帝。曹叡对他仍严加防范和限制，处境并没有根本好转。曹植曾多次上书，要求得到任用，希望为国家效力，但曹叡只是“优文答报”，略无采纳之意。曹植在文、明二世的12年中，曾被迁封过多次，最后的封地在陈郡，故后人称之为“陈王”或“陈思王”。

★曹植像

诸葛亮挥泪斩马谡

ZHU GE LIANG HUI LEI ZHAN MA SU

公元226年，曹丕病故，其子曹叡即位，是为魏明帝。诸葛亮利用曹叡新立，便施反间计，使曹叡削了辅政大臣司马懿的官职，然后给后主刘禅上了一道《出师表》。在《出师表》里，诸葛亮主要陈述了自己如何受到先主刘备的知遇之恩，表示如何要不负所托，北定中原，复兴汉室。同时，他要后主不要满足现状，妄自菲薄；要亲近贤臣，疏远小人等。

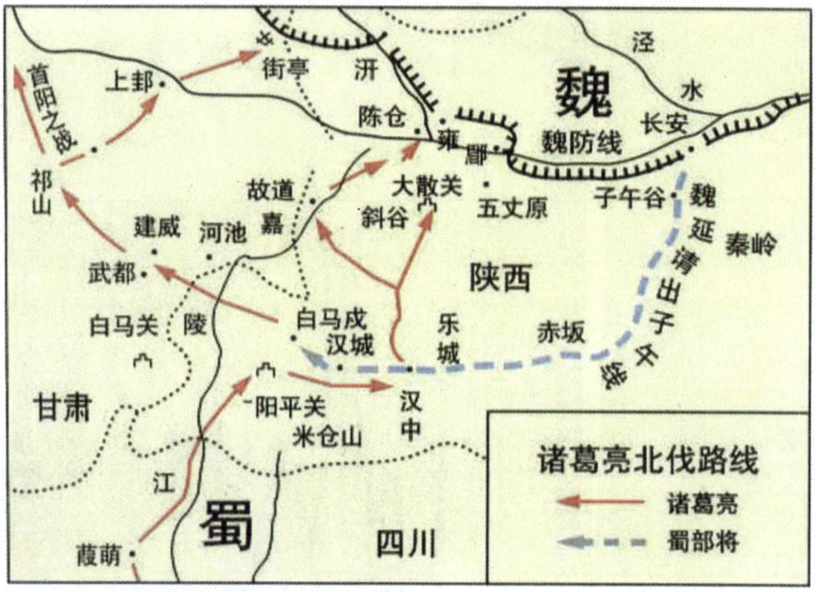

★诸葛亮北伐路线图

刘禅看完《出师表》说："相父南征刚回，坐未安席；今天又要北伐，太过劳累了。"诸葛亮说："南方已经平定，东吴也与我们联合，这时北伐，正应天时。"刘禅知道诸葛亮已定下决心，便由他分拨差遣，不再插言。

公元228年春，诸葛亮留好国中守臣，选好出征兵将，浩浩荡荡出了成都。消息传到了洛阳，曹叡大惊，忙择兵选将，去阵前迎敌。此时，诸葛亮采用声东击西的办法，他传出消息，要攻打郿城（今陕西眉县），并且派大将赵云带领一支人马，进驻箕谷（今陕西褒城北），装出要攻打郿城的样子。魏军得到情报，果然把主要兵力去守郿城。诸葛亮趁魏军不防备，亲自率领大军，突然从西路扑向祁山（今甘肃礼县东）。

★持簸箕陶俑·三国蜀

★青瓷灶台·三国

蜀军经过诸葛亮几年严格训练，阵容整齐，号令严明，士气十分旺盛。自从刘备死后，蜀汉多年没有动静，魏国毫无防备，这次蜀军突然袭击祁山，守在祁山的魏军抵挡不住，纷纷败退。蜀军乘胜进军，祁山北面天水、南安、安定三个郡的守将都背叛魏国，派人向诸葛亮求降。

魏国朝廷文武官员听到蜀汉大军一路攻城掠地，都惊慌失措。曹叡问何人能去御敌，一时无人敢应。这时，太傅钟繇提醒说："以前，诸葛亮想兴兵犯境，因怕司马懿而始终未敢轻举妄动，如果召回司马懿，诸葛亮必然会退兵。"曹叡也深悔中了诸葛亮的反间计，经一提醒，忙下诏复司马懿之职，并命张郃为先锋，带领5万人马赶到祁山与司马懿会合，自己也亲自到长安去督战。

诸葛亮到了祁山，闻司马懿被

★街亭遗址

★马谡像

重新起用，心里大惊，他十分了解司马懿的用兵方法，断定司马懿此来必先占领街亭（今甘肃庄浪东南），断了蜀军的咽喉通道，便决定立即派出一支人马去占领街亭。参军马谡闻知丞相欲派兵守街亭，愿以身家性命担保去街亭防守，诸葛亮不放心，马谡则与其立下了军令状。可是，诸葛亮知道街亭失守就意味着前功尽弃，而且还有全军覆没的危险。于是，另外又派了几路兵马在街亭以外布防，以备街亭一旦有失，可立即驰援或进行战略退却。

马谡这个人确是读了不少兵书，平时很喜欢谈论军事。诸葛亮找他商量起打仗的事来，他就谈个没完，也出过一些好主意，因此诸葛亮很信任他。但刘备在世的时候，却看出马谡不踏实。他在生前曾特地叮嘱诸葛亮说：“马谡这个人言过其实，不能派他干大事，还得好好考察一下。”但是，诸葛亮没有把这番话放在心上。此次，他派马谡当先锋，王平做副将。

★持盾武士俑·三国

马谡和王平带领人马到了街亭，看了看地势。马谡笑着说：“丞相太过小心了，这是个易守难攻的地方，魏兵怎么敢来呢？”王平见马谡未把街亭当作一回事，便说道：“虽然他们不敢来，我们也要在路口建营，以防魏兵偷过。”马谡不屑一顾地说道：“兵法说‘凭高视下，势如破竹’。街亭旁边有座山，正好在山上扎营，布置埋伏。”王平提醒他说：“丞相临走的时候嘱咐过，要坚守城池，稳扎营垒。在山上扎营，若魏兵断我水道，我军将不战自乱。”马谡则说：“如果是这样，正可让将士们‘置之死地而后生’。那时他们可以以一当十，你不要再说了。”马谡自以为熟读兵书，根本不听王平的劝告，坚持要在山上扎营。王平一再劝马谡没有用，只好求马谡拨给他1000人马，让他在山下临近的地方驻扎，并将设营概况画于图上，命人送与丞相。

司马懿派出前哨，探知蜀兵已据守街亭，他心下暗暗佩服诸葛亮用兵缜密。但当听说驻守街亭的马

诸葛亮的发明

为适应山地的运粮需要，诸葛亮总结劳动人民的经验，创制出一种新式的运粮车，叫做“木牛流马”，以代替原来的人力独轮小车。此外他又发明一种发射力很强的新式连弩，名叫“元戎”。弩箭长八寸，一次能发出十支，提高了军队的战斗力。诸葛亮很重视对军队的训练和教育，行军扎营均有一定的条例，秩序井然。他还根据实战需要，发明了一种新的行军阵法，叫八阵图，为后人所称道。

★“诸葛亮制木牛流马处”遗址，位于陕西省汉中市勉县城东15公里，黄沙镇街东头，汉江大桥北端，黄沙河入汉江三角洲处。元置铎水县治，明设黄沙驿于此。为古“连云栈道出险就平之地”。现为市级重点文物保护单位。

★诸葛亮挥泪斩马谡

谡屯兵山上，他大喜过望，马上吩咐张郃率领人马，在山下筑好营垒，把马谡扎营的那座山围困起来。

马谡几次命令兵士冲下山去，但是由于张郃坚守住营垒，蜀军没法攻破，反而被魏军乱箭射死了不少人。接着，魏军切断了山上的水源。蜀军在山上断了水，连饭都做不成，时间一长，有的径直开门出降。张郃看准时机，发起总攻。蜀军兵士纷纷逃散，马谡想禁也禁不住，最后，只好自己杀出重围，往西逃跑。

王平带领1000人马，稳守营盘。他得知马谡失败，就叫兵士拼命打鼓，装出进攻的样子。张郃怀疑蜀军有埋伏，不敢逼近他们。王平整理好队伍，不慌不忙地向后撤退，不但自己的人马一个也没损失，还收容了不少马谡手下的散兵。

诸葛亮接到王平差人送来的图本时，他倒吸了一口冷气，拍案怒喝："马谡无知，占山为寨，街亭必失。"于是，他马上密传号令，预做撤退的准备，待接到街亭失守的战报后，便令打点行装，全军而返。

诸葛亮回到汉中，召王平问明了缘由，知街亭失守全是马谡一人之过，便按军法，杀了马谡。

马谡死前就已知道自己免不了一死，他跪在诸葛亮的面前说："丞相平日待我像待自己的儿子一样，我也把丞相当作自己的父亲。这次我死罪难免，希望我死以后，丞相能够像舜杀了鲧还用禹那样对待我的儿子，我死了也没牵挂了。"诸葛亮安慰说："你我义同兄弟，你的孩子就是我的孩子，放心吧，我会照顾好他们的。"

诸葛亮杀了马谡，想起他和马谡平时的情谊，心里十分难过。他哭着对将士们说："这次出兵失败，固然是因为马谡违反军令。可是我用人不当，也应该负责。"于是，他上了一道奏章给刘禅，请求把他的官职降低三级。另外，诸葛亮认为王平在街亭曾经劝阻过马谡，在退兵的时候，又用计保全了人马，应该受到奖励，便把王平提拔为参军，让他统率五部兵马。

由于诸葛亮赏罚分明，以身作则，蜀军将士都很感动。大家把这次失败当作教训，士气更加旺盛。这年秋天，魏将曹休引兵袭吴，被吴将陆逊所破，兵败而死。诸葛亮闻报后，即刻上表刘禅，欲再次起兵。刘禅看后，即命出师。公元228年冬，诸葛亮起兵30万，出散关（陕西宝鸡西南），围陈仓（今宝鸡东），后因粮尽而退还汉中。魏将王双来追，被蜀兵击败，王双被杀。第二年春天，诸葛亮又出兵收复武都（今甘肃成县）、阴平（今甘肃文易西北）两个郡。后主刘禅认为诸葛亮立了功，下了一道诏书，恢复诸葛亮的丞相职位。

★陶院落·三国吴

★青瓷羊尊·三国吴

★熊灯·三国

诸葛亮病死五丈原

ZHU GE LIANG BING SI WU ZHANG YUAN

公元229年4月，吴王孙权正式即位称帝。蜀汉大臣大多数认为孙权称帝是僭号，要求与东吴断绝盟好关系。诸葛亮却认为，蜀汉眼前的主要对手是魏国。他坚持和东吴保持联盟，继续准备北伐。

公元231年2月，诸葛亮第四次北伐，兵出祁山。魏国派大将司马懿引兵出征，司马懿命张郃为先锋，率领人马赶往祁山。前哨来报："孔明率大军望祁山进发，前部先锋王平、张嶷，径出陈仓，过剑阁，出散关，望斜谷而来。"司马懿对张郃说："今天孔明长驱大进，必将割陇西小麦，来补充军粮。你安营于祁山，我与郭淮巡看诸郡，以防蜀兵割麦。"诸葛亮率兵到祁山后，对身边的诸将说："几次催促粮草，却一直没有消息，我猜陇上的麦子已熟，我们派兵割些回来，权作军粮。"说完，他密遣兵士，装神弄鬼，把司马懿和那些守麦的魏兵吓得龟缩在城里不敢出来。待几万名蜀兵把上邽(甘肃省天水县)的麦子收割一空时，司马懿才知道是诸葛亮用计欺骗了他们。

★越窑弦纹两耳带盖尊·三国

不过，尽管诸葛亮得了很多麦子，但自知终非长久之计。而此时，后方的粮草始终未到，诸葛亮又接得督粮将李严告急，说东吴联魏，欲兴兵犯川。诸葛亮只好对诸将说："如果东吴举兵犯蜀，后果不堪设想，不如及早撤兵。"于是传令，命祁山的王平等人马先撤入西川。

此前，司马懿知道诸葛亮的战略。他认为诸葛亮孤军深入，带的军粮不多，所以在险要的地方筑好营垒，叫将士只守不战。此番蜀军自退，司马懿料是粮草不济，他问手下说："孔明已退兵，谁敢追杀他们？"先锋张郃说："我去！"司马懿却说："你性子太急，不能去！况且孔明此番退兵必有埋伏，你去凶多吉少。"张郃满不在乎地说："我为先锋，如若不胜，虽死无恨。"司马懿无奈，只好命张郃出击蜀军。结果正如司马懿所料，蜀兵将张郃引进了木门一带的山谷地段，被诸葛亮预先布置好的伏兵用乱箭射杀。后续魏兵见沟谷狼烟四起，知是张郃中计，便退兵回报司马懿去了。

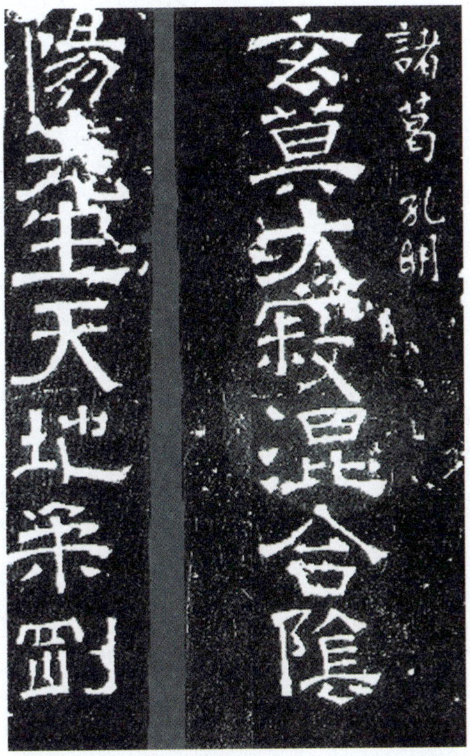

★诸葛亮《玄莫帖》

诸葛亮退回汉中，李严却到后主刘禅那里说："我已备好粮草，就要运到军前，不想丞相却无故退兵。"刘禅听罢即命人责问，诸葛亮此时才明白是李严因粮草未齐，故而将其骗回。诸葛亮怒斥李严说："匹夫以一己之故，却废了国家大事。"说完要杀掉李严，后经蒋琬说情，才由后主刘禅贬其为庶人。

★诸葛亮铜像

连续几次出兵，却都因为粮食供应不上而功败垂成。诸葛亮接受这个教训，他命李严之子李丰督粮运草，还设计了两种运输工具，叫做

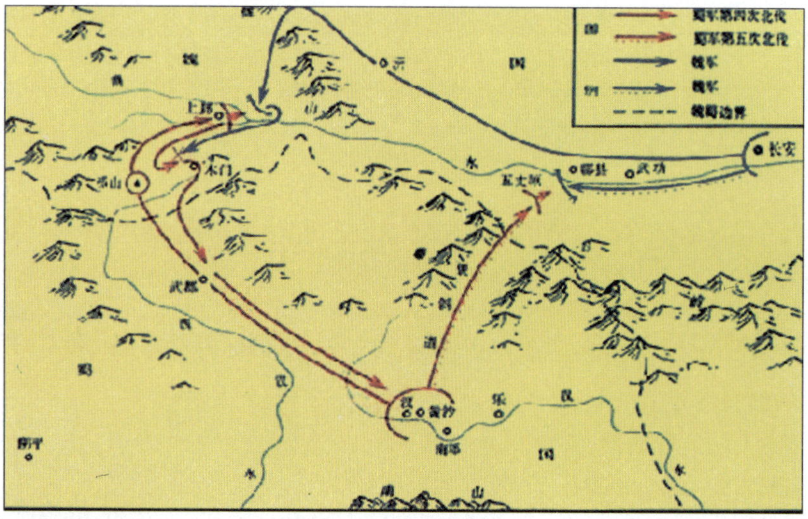

★诸葛亮第四、五次北伐路线图

★诸葛亮墓

"木牛"、"流马"（两种经过改革的小车），用它们把粮食运到斜谷口（在今陕西眉县西南）囤积在那里。

公元 234 年，经过三年的时间，诸葛亮已作好充分的准备。当年 2 月，他发动 10 万大军，再一次进行北伐，并对刘禅发誓说："若此次不能恢复中原，誓不见陛下。"虽经刘禅苦留，但诸葛亮必要成就自己的恢复中原之志，鞠躬尽瘁，死而后已。他派出使者到东吴，约孙权同时发起攻势，南北策应，使魏国两面受敌。孙权接到诸葛亮的信，马上三路出兵进攻魏国。

诸葛亮大军出了斜谷口，到了渭水南岸的五丈原。为了作长期打算，他派一部分兵士构筑营垒，准备作战；另派一部分兵士在五丈原屯田，同当地老百姓夹杂在一起耕种。蜀军纪律严明，百姓和兵士相处融洽，因而军民积谷的热情十分高涨。

魏明帝派司马懿率领魏军渡过渭水，也筑起营垒防守，并通知司马懿在五丈原坚持，只守不战。因而两军形成了对峙的态势。诸葛亮寻机想与魏军决战，但司马懿始终稳守营垒，诸葛亮几次三番向他挑战都未起作用。有一次，诸葛亮想利用当时轻视妇女的风俗来激怒司马懿。他派人给司马懿送去一套妇女的服饰。意思就是说：司马懿这样胆小怕战，就像一个裹脚不前的女人。

魏军将士看到主将受到嘲弄，气得嚷着要跟蜀军拼命。司马懿知道这是诸葛亮的激将法，他不愠不火，耐心地安慰将士说："别急，待我向皇上上个奏章，请求准许我们跟蜀军决战一场。"可过了几天，魏明帝派了一个大臣赶到魏营，传达命令，不许出战。魏将听到这个消息，感到十分失望。

诸葛亮非常懂得司马懿的用意，他对自己的部将们说："司马懿上奏章请求打仗，这是做给他的将士们看的。要不然，大将率领军队在外，哪有千里迢迢去请战的道理。"于是，诸葛亮便分兵屯田，做长久屯驻的准备。此间，司马懿也在探听诸葛亮的情况。有一次，诸葛亮派使者到魏营去挑战，司马懿挺有礼貌地接待了使者，他同使者聊天时问："你们丞相公事一定很忙吧。近来身体可好？胃口怎么样？"使者觉得司马懿问的都是些客套话，也就如实地回答说："丞相日理万机，事无巨细，军中大小事情都要亲自过问。他起得早，睡得很晚。只是近来胃口不好，吃得很少。"虽是褒奖诸葛亮的话，却无形中泄露了军机。

蜀国使者走了以后，司马懿就对左右将士说："你们看，诸葛孔明吃得少，事务又那么繁重，能支撑得长久吗？"不出司马懿所料，诸葛亮由于过度辛劳，终于病倒。后主刘禅得到诸葛亮生病的消息，赶快派大臣李福到五丈原来慰问丞相。当时，诸葛亮虽疲劳过度，但头脑清醒，他与李福谈了很多军国大事。李福见丞相体质虽弱，但头脑清晰，愉快地回成都向刘禅汇报。可过了几天，李福又返了回来。原来他把病榻论相的事给忘得一干二净，而且等他再看到诸葛亮时，

★蒋琬铜像

★青瓷宅院·三国

只见丞相已经处于昏迷状态。他急得大哭起来，诸葛亮这时睁开眼睛，对李福说："我知道您回来想问些什么。您所要问的人，我看就是蒋琬吧。"

李福说："丞相说的是。皇上正要我问丞相万一身子不好，由谁来继相位。那么请问蒋琬之后，谁可以继任呢？"诸葛亮说："可以由费祎接替。"李福还想再问下去，可诸葛亮已经闭上了眼睛，而且再也没有睁开。

将星陨落，凄风呜咽，年仅 54 岁的诸葛孔明带着出师未捷身先死的遗憾，在五丈原走完了他人生的最后一个驿站。

按照诸葛亮生前的嘱咐，蜀军将领没有把他去世的消息透露出去。他们把诸葛亮的遗体裹着放在车里，布置各路人马有秩序地撤退。魏营的探子听到诸葛亮病死的风声，报告司马懿。司马懿立刻带领魏军追赶上去，刚过五丈原，忽然蜀军的旗帜转了方向，一阵战鼓响，兵士们转身掩杀过来。司马懿大吃一惊，赶快拨转马头，下令撤退。蜀军将领等魏军离得远了，不慌不忙地把全部人马安全撤出五丈原。

这件事传到老百姓耳朵里，百姓编个歌谣嘲笑司马懿说："死诸葛吓走了活仲达（仲达是司马懿的字）！"司马懿听了也不生气，他自我解嘲说："我只能料到活的诸葛，怎么能料到死的呢！"后来，他又亲自跑到蜀军原来扎营的地方，观察了诸葛亮布置的阵势，赞叹说："诸葛孔明真是天下奇才啊！"

诸葛亮想统一中原的愿望并没有实现，但是他的智慧和品格，一直被后人赞扬。他的"鞠躬尽瘁，死而后已"的人生追求一直被后人传颂，他的宏韬伟略，多谋善断，也成了智慧的化身。

★牛拉撬铜鼓·三国

★五丈原遗址

五丈原

五丈原位于八百里秦川西端，太白山北麓的宝鸡岐山县五丈原镇，是三国时代诸葛亮屯兵用武、劳竭命陨的古战场，胜迹累累，远近闻名。

五丈原为何名为"五丈"，其说法有三：一说此原前阔后狭，最狭处仅五丈；二说秦二世西巡至此时，原头曾刮起五丈尘柱大风；三说原高五十余丈，原称五十丈原，口口相传，简成了五丈原。

五丈原东距西安 130 公里，西距宝鸡 56 公里，北距岐山县城 25 公里。高 20 余米，面积约 12 平方公里，五丈原南依棋盘山，北临渭河，东西两面为河流冲的深沟，形势险要。三国时期，诸葛亮屯兵五丈原与司马懿对阵，后因积劳成疾病死五丈原，五丈原由此闻名于世。

★五丈原景区

天下名巧马钧

TIAN XIA MING QIAO MA JUN

诸葛亮去世的那一年,也就是公元 234 年,在魏国京都洛阳城里,发生了一场激烈的争论。

争论主要是关于我国古代到底有没有指南车的问题。有的说,黄帝和蚩尤作战,遇到了大雾,军队迷失了方向,黄帝制作了指南车,辨明了方向,终于战胜了蚩尤。有的说,在周朝初年,南方的越裳氏派来的使臣,迷失了回去的道路,周公制作了指南车,派人送他回去。在场的散骑常侍高堂隆说:“关于指南车,文献不足,这些传说只不过是一种虚言罢了,也不足为凭。”骁骑将军秦朗附和道:“说得有理,传说本来就不可信,何况说的是黄帝时候的事!”担任给事中的马钧,坚信古代发明过指南车,他插嘴说:“指南车是有的,问题是我们后人没有去钻研罢了。”高堂隆和秦朗很不以为然,嘲笑马钧说:“是啊!马先生名叫钧,字德衡。这个名字多么好啊!‘钧’是器具的模型,‘衡’可以称出物体的轻重,又是模子,又能定轻重。要是轻重定不准,模子也就未必精确啊!”马钧听到这些嘲笑他的话,并不生气,只是严肃地对他们说:“光说空话有什么用!只有脚踏实地去实行,才能知道到底有没有指南车。”于是,他们一起去见魏明帝曹叡。魏明帝知道马钧是一个能工巧匠,就命令马钧制造指南车。

★“武猛校尉”印·三国

★“立义行事”印·三国

★《东武侯王基碑》·三国

马钧年幼的时候家里很穷,生活困难。他读不起书,就注意多看多问,留心观察事物,刻苦钻研。他很关心劳动人民的疾苦。在关于指南车的辩论发生以前,他看到当时的织绫机非常笨重,操作起来很费劲,工作效率也很低,就动脑筋想办法,改进了织绫机,提高了工作效率。

在接受了魏明帝制造指南车的命令以后,马钧日夜钻研,苦心思考,一边设计,一边制作,在实践中不断修改和补充设计方案。经过一段时间的摸索,总结经验教训,终于把指南车制造出来了。制作指南车取得成功,不仅使高堂隆、秦朗这些空谈家哑口无言,也使得满朝大臣对他的绝世技巧以及实干精神,佩服得五体投地。

马钧也是个水利专家,他发明了引水灌溉的新工具——翻车。原来,在马钧的住房旁边,有一块比较高的荒坡地没有开垦。马钧想利用这块荒坡地种点蔬菜,可是没法把水引到坡地上去灌溉。为了解决这个难题,马钧进行了实地考察,他仔细研究了附近的水源,总结了前人的经验,设计了一种新的提水工具,叫做“翻车”,也就是后来的龙骨水车。这种翻车比较轻便,用起来比较省力,功效却很高。天旱的时候,可以用翻车把低处河塘里的水引上高坡,灌溉田地;涝的时候,也可以用翻车排涝。翻车的创

★裴秀雕像

造和推广应用，对当时农业的发展起了很大作用。当时在世界上，翻车也称得上是一种最先进的农业生产工具。

魏明帝知道马钧心灵手巧，知识渊博，经验丰富，常常依靠他解决一些疑难问题。有一次，有人向魏明帝进献木偶百戏。这些木偶制作精巧，造型美观，是精美的手工艺品。但是，魏明帝看了仍然感到美中不足，他嫌木偶不能自己活动，就把马钧找来问道："你能够使这些木偶自己活动吗？"马钧仔细地看了木偶，沉思了片刻，回答说："能！"魏明帝听了非常高兴，叫马钧把木偶带回家去研究改制。

经过反复研究和精心设计，马钧用木料做了一个戏台，在台上陈设着各种不同装束的木偶，布置了跟木偶身份相适应的景物；在台下装了木料做的原动轮，和台上的木偶相联系。表演的时候，只要用水冲击原动轮，就能把台上的木偶带动起来，做出各种各样的动作。有的木偶打鼓吹箫，有的木偶随着音乐翩翩起舞，有的木偶在山涧跳跃，有的木偶在草地上斗鸡、推磨、舞剑，有的木偶倚墙倒立。只见戏台上木偶进进出出，变化多端，非常热闹。魏明帝看了很是高兴，召集文武百官都来观赏木偶戏。人们给这一套活动木偶取了个名字，叫做"水转百戏"。这在我国古代的木偶戏剧艺术中，是一个卓越的创造。

当时的人们都很佩服马钧的智慧和实干精神，常常称赞他巧思绝世，送给他一个"天下名巧"的称号。但是，马钧很谦虚，从不向别人炫耀自己，他为人朴实极了。当时有个年轻的地理学家裴秀，恃才骄傲，看不起马钧的发明创造，总想在马钧面前显示一下自己的才能。裴秀扬言说，只要看到马钧，就要和马钧辩论，见个高低。马钧知道了这件事，就常常躲着裴秀。这样一来，裴秀更是趾高气扬，以胜利者自居，得意忘形起来。裴秀这种傲慢的态度，被一个叫傅玄的文学家知道了。傅玄替马钧打抱不平，对裴秀说："你的特长是能说会道，马钧的特长是技巧。你用自己的长处攻击别人的短处，当然能占上风，要是你用自己的短处去和人家的长处较量，就未必能占上风了！要知道马钧非常谦虚，并不是因为没有本领，而是不愿和你纠缠，所以一直避开你，你还不知道吗？"裴秀听了傅玄这一席话，才认识到自己的错误，没有话说了。

★吴大权五百·三国

《九章算术》

《九章算术》是中国古代数学专著，承先秦数学发展的源流，进入汉朝后又经许多学者的删补才最后成书，这大约是公元 1 世纪的下半叶。它的出现，标志着中国古代数学体系的形成。该书内容十分丰富，共收有 246 个数学问题，分为九章：方田、粟米、衰分、少广、商功、均输、盈不足、方程、勾股，系统总结了战国、秦、汉时期的数学成就。同时，《九章算术》在数学上还有其独到的成就，不仅最早提到分数问题，也首先记录了盈不足等问题，"方程"章还在世界数学史上首次阐述了负数及其加减运算法则。

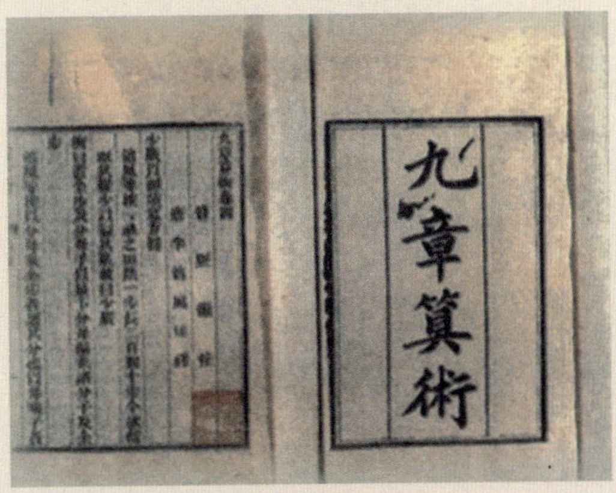

★《九章算术》书影

司马懿装病

SI MA YI ZHUANG BING

公元 234 年，诸葛亮病死军中，蜀军无功而返。与诸葛亮多次周旋的魏将司马懿以优势兵力采取防御战略，最终不战而退蜀军，取得了最后的胜利。司马懿因功迁升太尉。

司马懿出身大士族地主。曹操刚刚掌权的时候，曾经征召司马懿出来听用。那时候，司马懿嫌曹操出身低微，不愿意应召，但是又不敢得罪曹操，就假装得了风瘫病。曹操怀疑司马懿有意推托，派了一个刺客深夜闯进司马懿的卧室去察看，果然看到司马懿直挺挺地躺在床上。刺客还不相信，拔出佩刀，架在司马懿的身上，装出要劈下去的样子。他以为司马懿要不是风瘫，一定会吓得跳起来。司马懿却让刺客大出意料，只见他瞪着眼望了望刺客，身体纹丝不动。刺客这才不得不相信司马懿果真风瘫，于是收起刀向曹操回报去了。

司马懿知道曹操不肯放过他。

★大泉当千·三国

过了一段时期，他让人传出消息，说风瘫病已经好了。公元 208 年，曹操为丞相后，强征司马懿为文学掾（管理授学、教化的官职）。曹操对使者说："要是再推托不来，就把他收监。"此次，司马懿只得就职，后历任黄门侍郎、议郎、丞相主簿等职。司马懿在曹操手下任职，小心谨慎，勤勤恳恳，使曹操对其逐渐由猜疑转向信任。

曹操晋升为魏王后，司马懿常帮其谋划国事，多出奇策。不久，司马懿转为丞相军司马。公元 220

★司马懿像

年，曹操病逝，朝野危惧，司马懿管理丧葬诸事，一切井井有条，内外肃然。同年，曹丕继魏王，司马懿受封河津亭侯，转丞相长史。

司马懿先后在曹操和魏文帝曹丕手下担任了重要职位，到了魏明帝即位，司马懿已经是魏国的元老。由于他长期带兵在关中跟蜀国打仗，魏国兵权大部分落在他手里。后来，辽东太守公孙渊勾结鲜卑贵族，反叛魏国。魏明帝又调司马懿去对付辽东的叛乱。

司马懿采用声东击西之计，先在南线多张旗帜，佯攻围堑（敌军依水而建的壁垒），吸引敌军主力，进而以主力隐蔽渡过辽水，进逼敌营。接着，他不攻敌营，却挥军直逼襄平（今辽阳），迫使敌军放弃围堑而回援襄平。司马懿督军回首山（辽阳西南），迎战敌援军，三战三捷，然后乘胜进围襄平。

司马懿平定了辽东，正要回朝的时候，洛阳派人送来紧急诏书，要他迅速赶回洛阳。司马懿到了洛

★司马懿装风瘫病

★『魏公卿将军上尊号奏』碑·三国

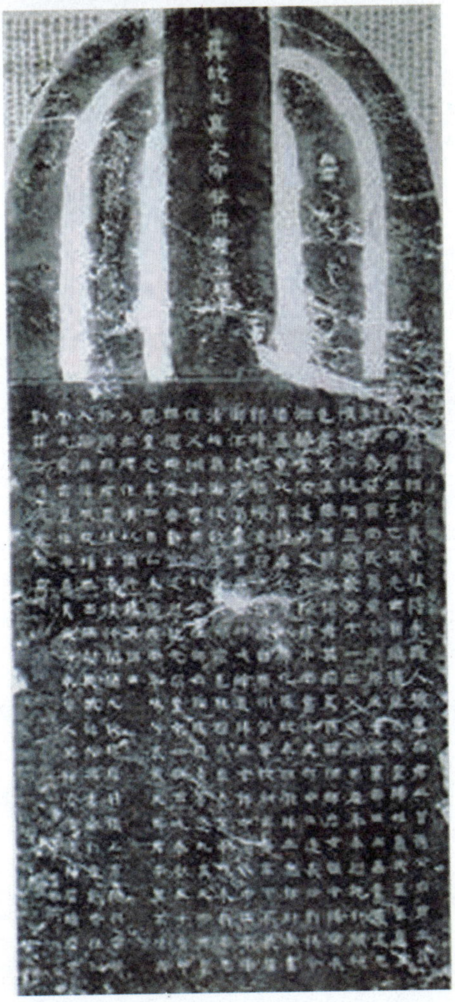

★《谷朗碑》·三国

阳，魏明帝已经进入弥留状态。明帝把司马懿和皇族大臣曹爽叫到床边，嘱咐他们共同辅助太子曹芳。

魏明帝死后，太子曹芳即位，是为魏少帝。曹爽当了大将军，司马懿当了太尉。两人各领兵 3000 人，轮流在皇宫值班。曹爽虽然说是皇族，但论能力、资格都与司马懿相差甚远。开始的时候，他不得不尊重司马懿，有事总听听司马懿的意见。后来，曹爽的心腹提醒曹爽说："大权不能分给外人啊！"他们替曹爽出了一个主意，用魏少帝的名义提升司马懿为太傅，实际上是夺去他的兵权。

公元 247 年，曹爽用心腹何晏、邓扬等人之谋，把太后迁到永宁宫，一时曹爽兄弟"专擅朝政，兄弟共掌禁兵，多树亲党，屡改制度"，来排挤司马氏的势力，司马懿不能禁止，从此与曹爽矛盾日深。当年 5 月，司马懿装病，不问政事。

曹爽听说司马懿生病，便加紧了他的篡权步伐。但是他毕竟对司马懿有点不放心，还想知道司马懿是真病还是假病。有一次，有个曹爽亲信官员李胜，被派为荆州刺史。李胜临走的时候，到司马懿家去告别，曹爽要他顺便探探情况。

李胜到了司马懿的卧室，只见司马懿躺在床上，旁边两个侍者伺候他吃粥。他没用手接碗，只把嘴凑到碗边喝。没喝上几口，粥就沿着嘴角流了下来，流得胸前衣襟全是米汤饭粒。李胜在一边看了，觉得司马懿病得实在可怜。他对司马懿说："这次蒙皇上恩典，派我担任荆州刺史，特地来向太傅告辞。"

司马懿喘着气说："哦，这真委屈您啦，并州在北方，接近胡人，您要好好防备啊。我病成这样，只怕以后见不到您啦！"李胜说："太傅听错了，我是回荆州去，不是到并州。"司马懿还是听不清，李胜又大声说了一遍，司马懿总算有点搞清楚了，他略带喘息地说："我实在年纪老，耳朵聋，听不清您的话。您做荆州刺史，这太好啦。"

李胜告辞出来，回报曹爽说："太傅只差一口气了，您就用不着担心了。"曹爽听了，心

★司马懿假装病重

★司马懿计败曹爽

里十分高兴，以为谋登帝位已指日可待。

公元249年新年，魏少帝曹芳到城外去祭扫祖先的陵墓，曹爽和他的兄弟、亲信大臣全部随行，司马懿因病而未列其中。等曹爽一伙人一出皇城，太傅司马懿的病一下子全好了。他披戴起盔甲，抖擞精神，带着他两个儿子司马师、司马昭，率领兵马迅速占领了城门和兵库，并且假传皇太后的诏令，把曹爽的大将军职务撤了。

曹爽和他的兄弟在城外得知消息，急得乱成一团。有人给他献计，要他挟持少帝退到许都，收集人马，对抗司马懿。但是曹爽和他的兄弟都是只知道吃喝玩乐的人，哪儿有这个胆量。司马懿派人去劝他投降，说是只要交出兵权，决不为难他们。曹爽的谋臣劝了他一天一夜，说："交出兵权等于授刀于人。"可曹爽怎么也听不进去。他还说："我交了兵权，也不失爵禄，还是个富家翁。"说完，便乖乖地投降了。

过了几天，有人告发曹爽一伙谋反，司马懿便派人把曹爽一伙人全下了监狱处死。由此，魏国的政权名义上还是曹氏的，实际上已经转到司马氏手里。

司马懿

★司马懿故里的司马懿塑像

司马懿（公元179—251年），字仲达。河内温县（今河南温县西）人。三国时期魏国权臣。司马懿出身世族。初被用为曹操丞相府文学掾，屡转至丞相主簿。孙权遣使敦劝曹操代汉自立，懿亦从中怂恿。曹操封魏王，曹丕为魏国太子，司马懿迁魏王太子中庶子，每参大议，常有奇策异谋，为曹丕所信重。曹丕代汉建魏后，累迁尚书右仆射、抚军大将军。文帝出征或巡游，往往留其镇许昌。明帝立，受遗诏与曹真、陈群一起辅政。督率诸军击败孙权的进攻，迁骠骑将军，加督荆、豫二州诸军事，率所部镇宛（今河南南阳）。新城（今湖北房县）太守原蜀降将孟达谋叛，太和元年（公元227年），司马懿得讯，率军倍道兼行至新城，破城斩孟达。蜀丞相诸葛亮北伐攻魏，期间魏明帝调司马懿都督雍、凉二州诸军事，西镇长安，指挥对蜀汉的战争。诸葛亮多次挑战，司马懿随机应变，坚壁拒守，以逸待劳，不与决战。诸葛亮于魏青龙二年（公元234年）病死军中后，蜀军无功而退。司马懿功迁太尉。景初二年（公元238年）率步骑4万大破叛魏的辽东公孙渊，进袭襄平（今辽宁辽阳），合围成功，公孙渊兵败被斩，辽东四郡重归统一。景初三年（公元239年），受明帝遗诏，司马懿与曹爽一起辅太子曹芳。爽、懿争权夺利，矛盾日益尖锐。司马懿老谋深算，佯称病重，暗中周密布置，于嘉平元年（公元249年），乘曹芳、大将军曹爽出洛阳城谒魏明帝曹叡墓高平陵之机，关闭各城门发动政变，并假皇太后令，免曹爽兄弟全部官职，计诱他们放弃抵抗，束手归洛阳。随即诬以谋反，将曹爽兄弟及其党羽全部处死，独揽朝廷大权。公元251年，拥魏势力都督扬州诸军事王凌起兵反抗，被司马懿迅速击败。司马氏代魏的基础从此基本奠定。公元265年，司马懿之子司马炎代魏建晋，是为晋武帝，追谥其父司马懿为晋宣帝。

司马昭之心

SI MA ZHAO ZHI XIN

公元 251 年，司马懿病故，魏国大权先落入他两个儿子司马师和司马昭兄弟手中。为巩固司马家族对魏国大权的独霸，司马师先逼魏皇太后废魏少帝曹芳，另立魏文帝孙子曹髦为“傀儡”皇帝，又排斥异己，一举铲除了扬州刺史文钦、镇东将军毌丘俭。之后，司马师病死，魏国朝政大权由司马昭一人总揽，司马昭做了魏国大将军。

★司马师像

司马昭同父亲、哥哥一样，工于心计，谋略过人。刚刚坐上大将军的宝座时，忠于曹魏的最后一支力量镇东大将军诸葛诞谋反，司马昭率兵讨伐，一举将其歼灭。至此，司马昭更是目无国君，有恃无恐。司马昭为人奸诈，他又自认为魏国完全是依靠司马家族才得以有了今天，因此他进进出出都有 3000 名手执武器的护卫前呼后拥，所有的事情也不禀报朝廷，而直接由他决断。

魏帝曹髦见曹氏的皇权日渐衰微，司马昭又越来越专横，内心非常气愤，于是写了一首题为《潜龙诗》。诗的大意是：受伤被困的龙不能跃出深渊，自由自在地上天入地。就好比龙蟠居在井底，看着泥鳅、鳝鱼在面前手舞足蹈，只能藏起牙齿伏住爪甲。真可恶，我处于同样的境地！

★司马昭像

司马昭见到这首诗，勃然大怒，竟公然在殿上大声斥责曹髦说：“我司马氏对魏有大功，你为何把我们比作泥鳅、鳝鱼？”曹髦听了，吓得浑身发抖。司马昭见他不敢作答，冷笑一声离去。

曹髦回到后宫，觉得司马昭有篡夺帝位之心，所以敢于当众侮辱他，这样的日子无论如何过不下去了，必须除掉司马昭。于是召集侍中王沈、尚书王经、散骑常侍王业等大臣密谋对策。他愤怒地对他们说：“司马昭企图篡夺帝位的野心，连过路的人都知道（即“司马昭之

司马昭

司马昭（公元 211—265 年），字子上，即晋文帝，晋武帝司马炎之父，司马懿之次子。河内温人（今河南温县）。司马昭随父抗蜀，多有军识。景初二年（公元 238 年），封新城乡侯。正始元年（公元 240 年），迁洛阳典农中郎将。曹髦时，继兄司马师为大将军，专揽国政，阴谋代魏。甘露五年（公元 260 年），杀魏帝曹髦，另立曹奂为帝。景元四年（公元 263 年），分兵遣钟会、邓艾、诸葛绪三路伐蜀，俘蜀后主刘禅，蜀灭。此后称晋公，后又称晋王。咸熙二年（公元 265 年），中风而死。司马昭死数月，其子司马炎代魏称帝，建晋朝。追尊司马昭为晋文帝。

★司马昭（右）和司马伷

心,路人皆知")。我不能坐着受废黜的侮辱,今天要与你们一起去讨伐他。"

听了这话,三位大臣呆若木鸡,半晌才回过神来。尚书王经跪在地上,一边叩头一边劝阻道:"陛下,这可万万使不得啊!从前鲁昭公不能容忍季氏专权,结果是失败亡国,被天下人耻笑!现在司马昭专权并非一天两天的事,朝廷中他的爪牙也不是一个两个,而宫中肯听命于您的,实在是太少了!您赤手空拳,伐之无益啊!如果不成功的话,恐怕祸患更大。还请陛下慎重考虑,从长计议!"

★贾充像

★曹奂像

曹髦把早已写好的讨伐司马昭的诏书抛在地上,激动地说:"我已经下了决心,即使死,也没有什么可怕,何况也不一定死!"说完,他进内宫去禀报太后。

侍中王沈和散骑常侍王业清楚地知道曹髦根本不是司马昭的对手,肯定必死无疑,他们生怕祸及自身,立刻溜出大殿,直奔司马昭府中告密去了。此时,曹髦已很快集合了宫内的禁卫军和侍从太监共同300多人,吵吵嚷嚷地从宫里杀了出来。曹髦手执宝剑,站在车上,出了宫门,向司马昭的府第进发。途中,与司马昭的亲信贾充相遇。当时,贾充正带了数千卫兵迎面开来。曹髦以为他们是来杀自己的,便冲到前面高声喊道:"我是天子,你们想弑君吗?"卫兵不敢阻止,也不知应采取什么行动,便向后退却。这时,贾充手下的成济问贾充说:"您看怎么办?"贾充厉声说:"司马公平时养着你们是干什么的!还用问吗?"成济听贾充这么一说,胆子便大了起来,他拿起长矛就往曹髦身上直刺。曹髦来不及招架,被成济刺穿了胸膛,跌下车来一命呜呼。

★魏帝曹髦写《潜龙诗》

消息传到司马昭那里,他没想到曹髦真的被手下人杀死,有些心慌,更有些心虚。他急忙入宫,马上把大臣们召集起来,装出非常伤心的样子,挤出几滴眼泪,假惺惺地说:"这到底是怎么一回事?"大臣们心中都明白,却谁也不敢吱声。

司马昭又问老臣陈泰:"发生了这样的事,天下人会怎样看我呢?"陈泰想了想说:"只有杀了贾充,才可以向世人谢罪。"司马昭很为难地说:"还有没有其他办法,您再想想。"陈泰说:"依我说,只有比这更重的办法,没有再轻的了。"

司马昭一听不是滋味儿,他没再吱声,而是在心里暗暗地盘算如何处置这件事。既要做到杀帝有名,又要保全自己的得力爪牙。为了达此目的,司马昭用太后的名义下了一道诏书,给曹髦加上许多罪状,把他废作平民,试图把曹髦被杀的事轻轻掩盖过去。

但是,宫廷内外还是颇有微词,怪司马昭不办凶手的罪,司马昭没法拖下去,他硬着头皮把杀害皇帝的罪责一古脑儿推给了成济,给成济定了一个大逆不道的罪,然后满门抄斩。

接着,司马昭立15岁的曹奂为帝,即魏元帝(后被废为陈留王)。曹奂完全听命于司马昭,只是一个傀儡皇帝。

嵇康死绝《广陵散》

JI KANG SI JUE GUANG LING SAN

鲁迅在《魏晋风度及文章与药及酒之关系》一文中写道："魏晋时所谓崇奉礼教，是用以自利……不过将这个名义，加罪于反对自己的人罢了。"竹林名士嵇康，就是被司马昭假借礼教的名义杀害的。

嵇康，字叔夜。在讲究姿仪风度的魏晋时代，他是人们公认的风

★嵇康像

姿特秀的名士。据说他身长七尺八寸，美词气，有风仪，却不加修饰，人称他"龙章凤姿，天质自然"。又形容他的气质"肃肃如松下风，高而徐引"。山涛也称赏他"岩岩若孤松之独立，其醉也，傀俄若玉山之将崩"。

当时的人们非常倾慕嵇康的风度。例如出身兵家的赵至，14岁到洛阳参观太学时，正遇见嵇康在写石经古文。他凝神观望，留恋不舍，便上前请教嵇康的姓名。嵇康说："你小小年纪，问这个干什么呀？"赵至答道："我看您风度不凡，所以才问。"赵至16岁时又离家出走，追随嵇康到了山阳，向他求教。

嵇康娶曹魏宗室长乐亭公主为妻，拜中散大夫。作为与曹魏宗室有姻亲的名士，嵇康是很容易招来司马氏的猜忌的。他也觉得在当时的政治环境中，"动者多累，静者鲜患"，于是就"思丘中之隐士，乐川上之执竿"，很早就选择了隐居的生活道路，在山阳一住就是20年。

嵇康爱好《老子》、《庄子》，崇尚自然，鄙弃礼教。他在山阳闲居，每天抱琴行吟，弋钓草泽，游赏山水，充满了与大自然相亲近的欢欣情感。

他有点迷信神仙，以为服食养生，可以延寿。他曾经和高士王烈一同到山中采药，王烈采到一种石髓，也就是没有凝固的钟乳，看上去像饴糖那样稀软，自己服了一半，又留下一半送给嵇康。可等到嵇康要服的时候，石髓已凝结成石头了。王烈连声感叹："嵇康志趣非常，却不遇此事，这是命吧！"

嵇康还结识了隐士孙登。此人在山中造土窟居住，夏天编草为衣，冬天披发覆体，好读《易》，善抚琴。嵇康与他交往长达3年，可是多次向他请教问题，他都不予回答。嵇康时常为此叹息。临别时，嵇康忍不住又问："先生竟然没有话说吗？"孙登这才慢慢说："你了解火吗？火生来有光。但要得到薪柴，才能保持光焰。人生而有才，也要靠了解时务，才能保全天年。你有才能，却少远识，要在当今之世免除灾难是很难的。你不要多言。"

★青瓷兔形水注·三国

嵇康虽然隐居山阳，名声还是远播在外的。阮籍、山涛、向秀、刘伶、阮咸、王戎等人，先后来山阳与他结交，这就有了竹林之游。

他有时还和向秀一道种菜灌园，或者打铁。一天他正和向秀在门前的大柳树下打铁，一人扶砧，一人抡锤，干得十分热闹。忽然来了一位不速之客，就是贵公子钟

★钟繇书法作品·三国

★山涛像

★嵇康弹《广陵散》

会，他的父亲钟繇是有名的书法家。钟会也善书法，喜清谈，他曾经写过《四本论》，讨论才、性的同异合离问题。他写成后想请嵇康为他扬名，又不敢面呈嵇康，便跑到嵇康的住地，远远掷给嵇康，又急忙转身躲开。

这时钟会任司隶校尉，是司马昭的亲信。他大模大样地带着一群人前来拜访嵇康，想不到嵇康只顾打铁，对他不予理睬。钟会等了好一阵，不见嵇康招呼自己，觉得没趣，转身要走。

嵇康这才停下手里的活儿，漫不经心地问道："何所闻而来？何所见而去？"

钟会话里有话地回答："闻所闻而来，见所见而去。"从此对嵇康衔恨在心。

嵇康的性格就是这样孤傲耿介。他也想学阮籍口不论人过，喜愠不露于色，却总是做不到。就是对好朋友，他也不客气。景元二年（公元 261 年），山涛在司马昭名下，任尚书吏部郎，想推荐嵇康代替自己。山涛深知嵇康名大，如果不出仕，难免遭到司马昭的猜忌，便想为朋友安排一条退路，增加一层保护网。这本是好意，却引起嵇康毅然作书，与山涛绝交。他举出官场奉迎、庸俗交际、繁琐事务等七件事，说明这都是为自己的性情所不堪忍受的。还公然宣称自己经常非议汤武、鄙薄周孔，这是当时名教所不容的。加上自己刚肠疾恶、轻肆直言，遇事便忍不住，有这两条是绝对不可以做官的。所以他责备山涛不了解朋友的天性，却强人所难。表示宁愿贫守陋巷，教养子孙，饮酒弹琴，也决不出来做官。

这封《绝交书》，不只是针对山涛个人的，实际上也是一篇拒绝与司马昭合作的宣言书，并以此杜绝别人的推荐。嵇康平时的文章，也都是笔锋犀利，不苟同旧说陈见的。如他作《管蔡论》，替被周公、孔子视为大逆不道的管叔、蔡叔翻案；作《难自然好学论》，大胆抨击儒家六经，声言不学六经"未必为长夜"，"六经未必为太阳"。这些言论对于借礼教以利己的司马昭来说，都是十分刺耳的，使他不能不感到震怒。

刚巧这时发生了吕安事件。吕安是嵇康的好友，被哥哥吕巽污陷为不孝，被逮捕入狱。嵇康曾为他们兄弟调解，结果也受到牵连。钟会便抓住这个机会，大作文章了。

钟会对司马昭说："嵇康、吕安等人言论放荡，非毁经典，应该清除他们。"司马昭听了钟会的话，就将嵇康一同逮捕了。嵇康是当时有名望的人物，他入狱的消息惊动了太学。数千名太学生前来请愿，这对司马昭造成了一定压力。钟会又来向司马昭诬告说："嵇康是卧龙，不能起用。他曾想帮助毌丘俭谋反，留下他会有后患的。"司马昭听

★青釉魂瓶·三国

★天发神谶碑·三国

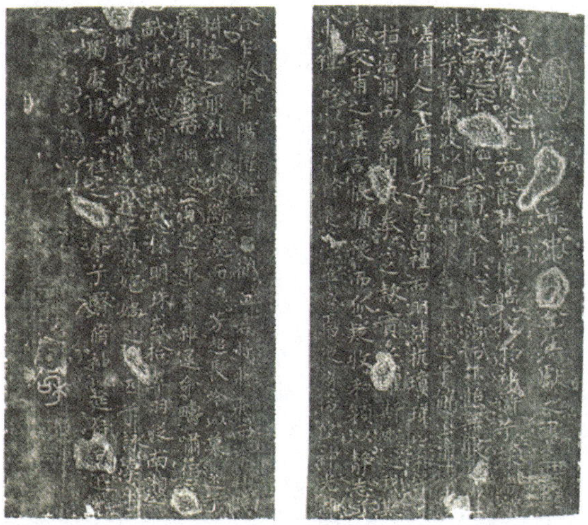

★王献之《洛神赋十三行》·三国

★青瓷穿山甲·三国

信了这些毫无根据的话，决定要杀害嵇康。

嵇康在狱中想起了隐士孙登说过的话，不禁十分愧悔。他写了一首《幽愤诗》，为遭人诽谤愤愤不平。他还幻想着将来出狱后隐居山中，养生长寿呢！

等待嵇康的却是杀头之祸。嵇康被带到了洛阳城东，建春门外的马市刑场。

临刑前他镇定自若，仰视太阳，要来五弦琴，弹奏了一曲悲壮的《广陵散》，并叹息道："《广陵散》于今绝矣！"据说《广陵散》是嵇康向神人学来的，从未传授给别人。一曲终了，嵇康就被杀害了。

向秀是嵇康的好友，他爱好老庄之学，曾经注释《庄子》，发明奇趣，大畅玄风，还和嵇康相互辩难养生的道理。嵇康被杀后，向秀心怀畏惧，不得不到洛阳，应征为官。司马昭见了向秀，有意问道："听说你有许由隐居箕山的志向，怎么会在这里呢？"向秀只好巧言作答："巢父、许由，都是狷介之士，不理解尧帝的用心，不足羡慕。"司马昭听了这话觉得顺耳了。

竹林之游

魏晋之际，随着曹氏、司马氏斗争的加剧，社会极不稳定，文人名士也难以自保。正始以后的一段时间内，以嵇康为中心的一批文人名士更是潜心玄谈，逃避现实。他们经常相会于嵇康所寓居的山阳县(今河南修武县西北)，游乐宴集于竹林，或玄谈，或宴饮，或锻铸灌园，超然脱俗，逃避政治斗争，世人称之为"竹林之游"。这批人中，除嵇康外，又有阮籍、山涛、向秀、阮咸、王戎、刘伶，共七人，故又称"竹林七贤"。但随着司马氏权力的加强，政治格局的变化，竹林七贤很快便出现了分化，各自升沉异路，分道扬镳。他们有的采取了激烈的反抗名教行动，有的转向，有的消沉。其中嵇康、阮籍激烈地反对名教，主张达生任性，把自然与名教对立起来；嵇康更是公开地表示对司马氏的反对与攻击，为毌丘俭、诸葛诞等被司马氏诛锄的人鸣冤，拒绝出仕，提出越名教而任自然，抨击仁义礼让、六经、礼律这一套名教，终于在景元三年(公元 262 年)为司马昭所杀。

★竹林七贤图(局部)

魏师灭蜀

WEI SHI MIE SHU

公元 263 年，司马昭铲除异己，荡平了朝中的反对势力，然后又大举进攻蜀汉。派将军邓艾、诸葛绪各带兵 3 万，钟会带兵 10 余万分三路进攻蜀汉。

当时，接替诸葛亮的大臣蒋琬、费祎都已辞世，蜀汉担任大将军的是姜维。姜维向后主刘禅表奏说："闻钟会治兵关中，欲窥进取，宜并遣张翼、廖化督军分护阳安关口、阴平桥头，以防未然。"但是，在这紧要关头，巧谄弄权的宦官黄皓不听人言，却迷信鬼神，他相信巫者的预言，认为敌人不会到来，禀告后主，把姜维的表章压下，不予理睬。同年 8 月，魏伐蜀的征西将军邓艾率兵 3 万余人，由狄道（今甘肃临洮）进军，以牵制蜀大将军姜维驻守沓中（今甘肃舟曲西北）的主力；雍州刺史诸葛绪率 3 万余人，进攻武都（今甘肃成县西北），以切断姜维退路；钟会率主力 10 余万人，欲乘虚取汉中，然后直趋成都。

★位于甘肃甘谷的姜公祠

★孔羡碑·三国

直到魏将钟会将要进入骆谷、邓艾将要进入沓中时，黄皓这才派右车骑将军廖化率军去沓中援助姜维，派左车骑将军张翼、辅国大将军董厥等率兵去阳安关中（今陕西沔县西），作为各个营寨的外援。邓艾命天水太守王颀直攻姜维营地，姜维灵活用兵，暂时摆脱了被动局面。此后，姜维合兵退守剑阁（今四川剑阁县），阻止钟会深入蜀地。

★姜维墓

邓艾看到蜀军主力守在剑阁，带精兵偷偷绕道到剑阁西面的一条羊肠小道上向南进军。这一带本来是人迹罕见的地方。邓艾带领这支精兵，逢山开路，遇河架桥，走了 700 里路，也没有被蜀军发现。最后，他们来到一条绝路上，山高谷深，无法前进。而此时，邓艾的兵士随身带的粮草已经快用完了，将士们的情绪都有些波动。邓艾当机立断，用毡毯裹着身子，从悬崖峭壁上滑了下去。将士们见邓艾一带头，也跟着往下滑。一些灵巧的兵士另辟蹊径，他们攀着树木，一个接一个慢慢地爬下了山。邓艾率军终于越过了这条绝路，一直赶到江油（今四川江油县）。

驻守江油的蜀军没想到邓艾会从背后杀出来，突然见到魏兵出现在城下，已来不及组织抵抗，蜀军守将马邈率军投降。邓艾继续向绵竹（今四川绵阳西南）进攻。守绵竹的是诸葛亮的儿子诸葛瞻。邓艾派人送信劝说他投降，信中说："如果你肯投降，就推荐你为琅琊王。"诸葛瞻听说要他投降，气得火冒三丈，当即杀了邓艾派来劝降的使者。他摆开阵势，决心和邓艾拼个

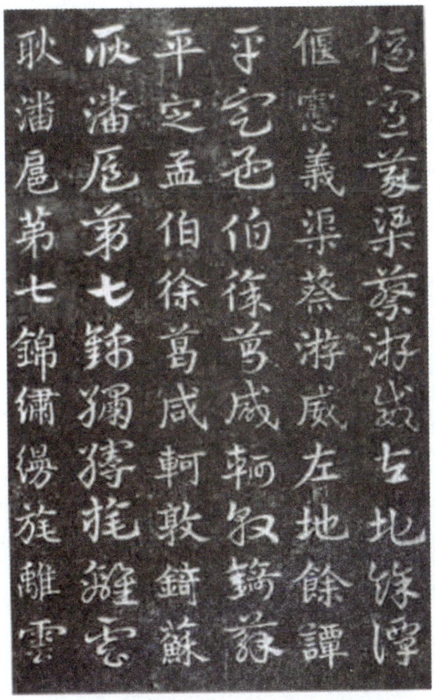

★皇象《急就章》·三国

死活。但是毕竟敌不过邓艾所率的魏军，诸葛瞻和他的儿子诸葛尚一同战死。

邓艾拿下绵竹，直奔蜀汉都城成都。成都的百姓做梦也没想到魏兵来得那么快，一听邓艾兵临城下，纷纷到山上树林里去避难。蜀汉朝廷更是乱成一团，有人主张往南逃，有的主张投靠东吴，有人认为现在魏国大军压境，不如趁早投降。而后主刘禅见邓艾兵临城下，顿时慌了手脚，准备逃往南夷。黄皓拼命劝刘禅投降，刘禅既六神无主又无可奈何，只好答应投降。北地王刘谌得知后主欲投降，怒闯宫中，找到黄皓，斥责道："国家到了危急存亡的关键时刻，理应君臣背城与敌决战，为什么劝陛下投降？"黄皓吓得不敢吭声，支支吾吾地躲到刘禅背后。刘禅摆摆手，垂头丧气地对刘谌说道："事已至此，不要再吵了，朕决定投降。"

次日，刘禅穿上丧服，让黄皓把自己双手反绑在背后，乘着装有棺材的马车，带着太子刘璿和儿子刘瑶、刘琮、刘瓒、刘恂、刘虔出了成都城，来到邓艾军营投降。刘谌阻拦不住，领着妻子、儿子来到昭烈庙中，向刘备哭拜一番，然后全家自杀身亡。

正在剑阁同钟会对抗的蜀将姜维，得到邓艾袭击成都的消息，想退守成都，不想却接到后主的命令，让他向魏军投降。蜀军将士接到这个命令，又气愤又伤心。有的兵士恨得拔出刀来，在大石头上乱砍。姜维倒是十分冷静，他在心中暗筹复国大计。

姜维主动向钟会投降，因为他知道钟会手握重兵，心存异志。所以姜维想让钟会先构成祸乱，然后

★甘肃甘谷姜家庄的姜维故里碑

★姜维塑像

姜维

姜维（公元 202—264 年），字伯约。三国时蜀汉后期主将。天水郡冀县（今甘肃省甘谷县东南）人。因郡望是天水郡，故史书多称天水姜维。姜维文武全才，初仕魏，任天水参军。蜀汉建兴六年（公元 228 年），诸葛亮第一次北伐时归蜀。深受诸葛亮器重，称赞他"忠勤时事，思虑精密"。诸葛亮病逝后，姜维总领蜀军，协助大将军蒋琬、费祎共理朝政。延熙十九年（公元 256 年），进位大将军，独力支撑岌岌可危的蜀国。为实现诸葛亮兴复汉室的愿望，九次北伐，七出陇右，连年转战于陇蜀之间，显示了高超的军事才能。其征战武城山、落门、段谷、上圭等地均战绩颇丰，武山县民间至今有姜维大战铁笼山的传说。景耀六年（公元 263 年），魏大举伐蜀，姜维据守剑阁阻击钟会，使之寸步难行，而后主刘禅率先投降邓艾，蜀国亡。姜维迫于形势，伪降钟会。次年，怂恿钟会叛乱，试图借机恢复蜀汉，但因事泄被杀。

乘机杀会复汉。姜维骗取钟会的信任后，劝钟会向司马昭告黑状，让司马昭用谋反的罪名杀掉邓艾。接着，姜维又劝钟会反叛魏国，在成都自立为王。但司马昭对钟会早有戒备，已遣中护军贾充率 1 万步骑入蜀进占乐城，随即亲率 10 万大军进驻长安，使钟会措手不及。

钟会知道司马昭已经看破自己的意图，遂扣押魏军所有将领，并出示废黜司马昭的所谓太后遗诏。姜维见时机已到，便怂恿钟会诛杀被扣将领，预谋趁机杀掉钟会，恢复蜀汉。并密书与刘禅道："请陛下再忍受几天委屈，臣一定把国家恢复过来，让昏暗的日月重现光明。"但此时钟会迟疑不决，而消息走露，魏军将士蜂拥杀入蜀宫，被拘宫内的魏将们也冲出与其部众会合。双方在宫城内外展开激战，姜维、钟会及部众数百人被杀。复汉失败。

★彩绘贵族生活图漆盘·三国

★定平一百·三国

★青瓷鐎斗、火盆·三国

乐不思蜀

蜀后主刘禅全家被贾充押到洛阳，汉国大臣中只有谷正和刘通两个人陪同。司马昭摆下酒筵招待刘禅，让他当安乐县(今北京顺义)公，让他的儿孙当奉车都尉，对此刘禅非常满足。有一次，司马昭在酒宴间，逼迫从成都抓来的宫女跳舞唱歌。随同来的蜀汉臣子看了这些歌舞，想起了亡国的痛苦，伤心得差点儿掉下眼泪。只有刘禅咧开嘴看得起劲儿，就像在他自己的宫里一样。司马昭见状，不无揶揄地问道："安乐公想念成都吗？"刘禅眼睛不离宫女，满不在乎地答道："臣在这里挺快活的，想成都干什么。"谷正在旁边偷偷地捅了捅刘禅，小声告诉他说道："陛下应当说想念成都的惠陵，说不定司马昭会放陛下回去。"刘禅听罢，傻里傻气地扭头向司马昭说道："臣刚才说错了，其实臣非常想念成都，那里有臣父的坟墓。"司马昭疑惑地问："刚才还说不想成都，一会儿就变了，是不是谷正教你说的？"刘禅老实地承认道："猜对了。"司马昭不由得笑了，左右侍从也忍不住笑出声来。接着，司马昭感慨地对魏国众大臣说道："安乐公真是个没心肺的废物，即使诸葛亮活到现在，也难保汉国不亡，姜维要复兴汉国，纯粹是白费心机。"刘禅这才明白司马昭的用意，羞愧地低下了头。司马昭已看清楚刘禅的确是个糊涂人，不会对自己造成威胁，便存其性命，没有杀害他。

★乐不思蜀

忠心邓艾遭陷害

ZHONG XIN DENG AI ZAO XIAN HAI

邓艾是司马氏军事集团中的重要将领，他足智多谋，善于策划。他设计的治国良策，经常为司马懿、司马昭采纳，为司马氏集团打败蜀汉和东吴作出了贡献。不仅如此，邓艾领兵征战英勇顽强，不畏艰险，不顾个人安危，首当其冲，立下了一个又一个战功。他功名卓著，是司马氏集团不可多得的出色人才。

邓艾是义阳郡棘阳县（今湖北襄阳）人，他从小丧父，是个可怜的孤儿。他以替农民放牛为生，十二岁随母亲迁移到颍川郡。他家境贫困，同郡有一个官吏，见他们母子

★越窑鸳鸯灯·三国

★"正始二年造"铜弩机·三国

俩饥寒交迫，贫苦不堪，慷慨相助，给了他们很多财物，邓艾开始也不说感谢。

后来经别人介绍，当了一个管理农事的小官，负责统计郡中的户口、垦田、钱谷出入等工作。有一回，邓艾上京城去交统计簿，正巧见到太尉司马懿，司马懿看他不像是一般人，就收下他，任他做太尉府掾，以后又升为尚书郎。

邓艾上任后，就奉命到陈县、项县以及东面的寿春进行巡视，考察那里的农垦情况，为屯田军粮作准备。他看到这一带土地很好，但缺水，不能够发挥作用，应该开掘河渠，引水灌溉。这样一来，可以耕种良田，储备大量的军粮，为消灭敌人作好充分的准备，又可以使运送粮食的水道畅通无阻。邓艾视察之后，把自己的收获所得写成一篇文章，题为《济河论》，以便进一步系统地阐述自己的见解。他又认为，过去打败黄巾军，就是因为广开屯田，在许都积蓄了许多粮食才控制了四方。而今天东、西、北三面已平定，只有淮南还在作战，每次大军征战，要运送一半的兵力，人力物力消耗很大，这是很繁重的劳役。许昌东南一带，地势低下，田地良好。许昌附近如果可以不种稻田，那么就能加大河水流量，以便从颍水、汝水，运粮东下。在淮河西岸，可以实行边种田、边防守的方针，把驻守在淮北的两万兵力和驻守在淮南的三万兵力统筹安排，轮流休息。这样将有四五万人一面种田，一面防守。如果风调雨顺，水量

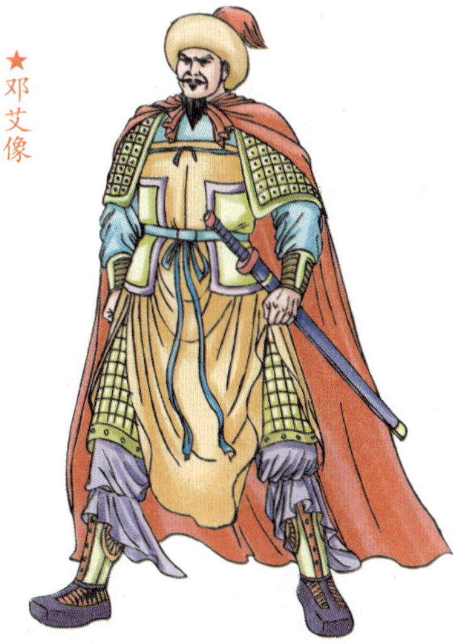

★邓艾像

充足的话，可以收获多于许昌附近三倍的粮食，除去各种费用，一年可以获军粮五百万斛。六七年之间，可以在淮河两岸积蓄三千万斛粮食，足可以供十万军队五年吃的口粮，如果依靠这个充足的物质基础，就可以战胜吴国，就能所向披靡，无坚不克，战无不胜。司马懿非常佩服邓艾的政治远见，他接受了邓艾的建议和措施。不久以后，司马懿实施了邓艾的建议，深挖运粮的河道，为战争作准备。一旦东南方面有战争，魏军就走水道，舟船顺流而下，一直到达长江、淮河边。从此后，魏军的军用物资和粮食有了些储备，为打败敌对势力奠定了一定的物质基础。

邓艾从战争现实中深刻地认识到，屯田积粮，富国强民乃是一条治国的根本大计，因此他不管辅佐谁掌握政权，不管被派到任何一个地方去工作，都不忘种田积粮。

当邓艾辅助司马师掌权时，皇上任命他为兖州刺史，加封振威将军的称号。邓艾给皇上上奏章说："国家目前当务之急的事，农业生产和战争，国家富足则士兵强壮，士兵强壮则战争才能取胜。然而重视农业生产，是胜利的根本。孔子说'使粮食充足，使军备充分'。把粮食放在军备前面。朝廷应设立专门爵位，奖励那些积粮有贡献的人。如果没有这些鼓励措施，那么就没有人积极参与和从事这项专门工作，也不会创造出积蓄粮食的可喜成绩来。当今考核一个官吏的政绩，给予奖赏，重点应放在能否积蓄粮食，使百姓生活富足的上面。如果朝廷能这样做，积极奖励为积粮做出贡献、做出成绩的人，那么结交权贵、阿谀奉承的路就行不通，华而不实、浮夸成性的社会风气就会慢慢纠正，最后整个社会便能杜绝。"

邓艾就是这样三番五次地提出自己的储备积粮的良策，为曹魏的国富民强、完成统一大业起到了很好的推动作用，显示出他对曹魏政权的一片忠心。

邓艾的忠心耿耿不仅表现于此，还在率兵作战中充分表现出来。

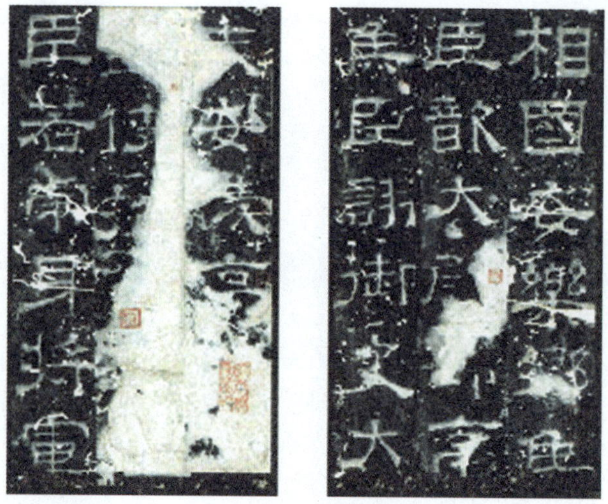

★隶书碑刻·三国魏

公元 262 年，司马昭清除了政敌，准备取代曹氏全面掌握朝廷大权。他私下盘算，想在正式登上皇帝宝位之前，多一些机会显示自己的能力，因此决定这一年征伐蜀汉，最后灭掉蜀汉。于是司马昭命令邓艾、钟会率兵灭蜀。邓艾领兵直奔阴平小道。阴平这个地方是氐族、羌族等少数民族居住的地方。那里山高路险，道路难行，地处偏辟，很少有人经过此地。过去汉武帝征服西南，曾率兵开凿出这条小道，没有多少人注意，时间一长，慢慢地被人遗忘了。蜀军万万不会想到魏军能选择这条小道来袭击他们，因此蜀军根本没有设防，魏军便趁虚而入。

邓艾率军探险开路，在七百多里荒无人烟的地段行进，当遇到山高路陡的危险地方，邓艾率先通过险境，他把毛毡裹在身上，从山上滚下，然后命将士沿着崖边，攀缘着树木，一个挨一个地前进。邓艾军终于通过阴平险地，直驱江油。江油被攻下，邓艾又进军涪城、绵竹，最后直捣蜀汉老巢成都。一路上邓艾军节节胜利，打得蜀军步步败退，不战而降。最后蜀汉后主刘禅只好投降，他率领太子、诸王以及群臣几十人到邓艾军归投，邓艾接纳了他们。

★邓艾毛毡裹身滚下山崖通过险境

邓艾为消灭蜀汉做出了突出贡献。他不畏艰难险阻，不被任何困难所吓倒，表现出坚韧刚强的性格，反映出他对曹魏政权的一片忠心。

蜀汉灭亡以后，邓艾经常流露出骄傲自满情绪，居功自夸，引起周围人的不满，但他丝毫没感觉。这时邓艾出于对曹魏政权的高度责任心，他积极建议司马昭借着平定蜀国的声势，乘胜战胜吴国，以完成统一天下的大业。他说："灭蜀大战之后，将士疲劳，不可继续打仗，但从长计议，在蜀留陇右兵力二万人，蜀军降兵二万人，可以让他们搞点生产，如金属冶炼和烹煮等，这是军事和农业上的大事。同时，再制作舟船，为顺流而下征服吴国作准备，等到准备就绪以后，再派遣使者到吴国，告以利害，吴国看到我们势力强大，一定会归顺投降，到那时我们不用征战就能够平定吴国。"司马昭听从邓艾的意见，联想到他灭蜀之后的骄傲自恃，擅自处理军政大事，专断独行，已引起钟会、胡烈等不满。于是，司

★邓艾父子墓

避罪责。”

邓艾虽没有古人的节操，终究不为避嫌疑而让国家受到损失。钟会出于对邓艾才能和战功的嫉妒，串联了卫瓘、胡烈、司马师纂等人，密告邓艾有违抗命令的行为，有谋反迹象。于是司马昭下诏书，用槛车把邓艾押送回京。

邓艾父子被押送回洛阳的路上，被卫瓘杀死，邓艾其他的儿子在洛阳也被杀死，邓艾的妻子和孙子被迁移到西域。邓艾心怀忠诚，反而得到个谋反的罪名；他为灭蜀汉战功显赫，却落得父子被杀的下场。这真是天大的冤枉！邓艾性情急躁，平时不注意而得罪了一些人，另外他灭蜀以后，居功自夸，无意中又得罪了一些人，他未能正确处理好上下左右人们的关系，因此当他落难时，无人为他申辩，任凭小人的阴谋谗言得逞。

公元265年，晋武帝登上皇位，大赦天下，皇帝下昭书让邓艾的家属从西域回到京城。三年以后，议郎段灼上书为邓艾申辩，替他正名，邓艾的冤屈才逐渐大白于天下。

马昭派监军卫瓘告诉邓艾说：“所有的建议都必须上报批准，不能擅自行事。”邓艾出自对曹魏的忠心，又再三说：“目前吴国没有归服，势必要和蜀国某些人勾结起来，进行反扑，到那时情况就严重了。因此，我们不应该拘守常规而失去机会。常言说：进不是为了个人的好求功名，退也不是为了个人逃

★陶耳杯·三国

期期艾艾

三国时期，魏国将领邓艾，曾为镇西将军，统帅陇右各军，屡次攻蜀有功，封为邓侯，最后攻破成都，逼蜀后主投降，立下赫赫战功。邓艾有口吃的毛病，自称“艾”时，往往重复说“艾艾”。晋文帝曾经和他开玩笑，问道：“你老说‘艾艾’，究竟有几个艾？”邓艾回答得很巧妙：“凤兮凤兮，还不是只有一凤！”“凤兮凤兮，何德之衰！”是春被时楚人陆通唱给孔子听的歌词之一句。邓艾借其解嘲，恰好又自比为凤，语带双关。“艾艾”一语，也从此流传。汉初时，有个将军，名叫周昌，他性急言直，但不善辞令，说起话来非常口吃，尤其是发怒时，更说不明白话了。汉高祖刘邦不喜欢吕氏所生的太子盈，想废掉他的太子称号。周昌急冲冲地向刘邦劝谏，怒气冲冲地说：“臣口不能言，然臣期期知其不可，陛下一定要换太子，臣期期不奉诏！”“期”就是“綦”，作“极”字解，本不需叠用，因为周昌口吃，所以说成了“期期”。后人将“期期”和“艾艾”合起来，形成一句成语，以形容结结巴巴、说话不流利。

★晋文帝与邓艾

晋师破东吴

JIN SHI PO DONG WU

公元 265 年，司马昭刚刚灭了蜀汉，便因中风死去。其子司马炎继位为新的晋公。司马炎即位后，立即召贾充等商议代魏称帝的事。贾充说："晋公可进宫质问魏主，若其相允，可避免一场争斗。"司马炎从其言，带铁甲 1000 进入宫殿。曹奂见司马炎如此到来，早已明白其来意，立即站起来道："晋公不必多说，朕退位便是。"至此，仅立国 54 年的曹魏天下便江山易主，被司马氏所取代。

★黑釉楼阁佛像陶魂瓶·三国吴

司马炎在洛阳代魏称帝，成立了晋王朝。司马炎是为晋武帝，他追封其祖父司马懿为晋宣帝，其伯父司马师为晋景帝，其父司马昭为晋文帝，魏主曹奂被封为陈留王。从公元 265 年到 316 年，晋朝的国都在洛阳，历史上把这个朝代称为西晋。

西晋建立的时候，三国中唯一留下来的东吴早已衰落了。东吴最后一个皇帝孙皓是残暴出了名的。他大修宫殿，尽情享乐不算，还用剥脸皮、挖眼睛等惨无人道的刑罚镇压百姓，上上下下都把他恨入骨髓。

公元 279 年，晋朝一些大臣认为时机成熟，劝说晋武帝消灭东吴。晋武帝决定发兵 20 万，分 5 路沿长江北岸，向吴军齐头并发。其中一路晋军由巴东、益州出发，沿江东下，直捣吴军都城建业（今江苏南京市）。

当时，龙骧将军王浚是个很有心计的将军。他早就作了伐吴的准备，在益州督造大批战船。这种战船很大，能容纳 2000 多人。船上还造了城墙城楼，人站在上面，可以四面瞭望，所以也称作楼船。造船时，为了不让东吴发觉，都在隐蔽的环境里秘密加工制造。但是日子一久，难免有许多削下的碎木片掉在江面，顺流

★长沙走马楼三国吴简

★孙皓像

孙皓

孙皓（公元 242—284 年），字元宗，东吴的第四代君主（264 年—280 年在位）。他是孙权被废去皇太子地位的第三子孙和的长子，也是东吴的最后一位皇帝。虽然他的前任吴主孙休已经有儿子，但孙休去世时，儿子十分年幼。群臣鉴于蜀汉之亡，认为主少国危，想立一个较年长的君主，所以先太子孙和的长子孙皓便被拥立继位。孙皓即位后，追谥父亲为文皇帝。

据《三国志》记载，孙皓初立时，下令抚恤人民，又开仓赈济、减省宫女和放生宫内多余的珍禽异兽，一时被誉为明主贤君。但时间不长，孙皓变得粗暴骄奢、喜好酒色，致使民心丧尽。另外，他也把拥立自己的家臣杀掉，又无故迁都至武昌（今鄂州），大兴土木，弄得民不聊生。以致西晋攻吴时，将士皆不用命，最终成亡国之虏。

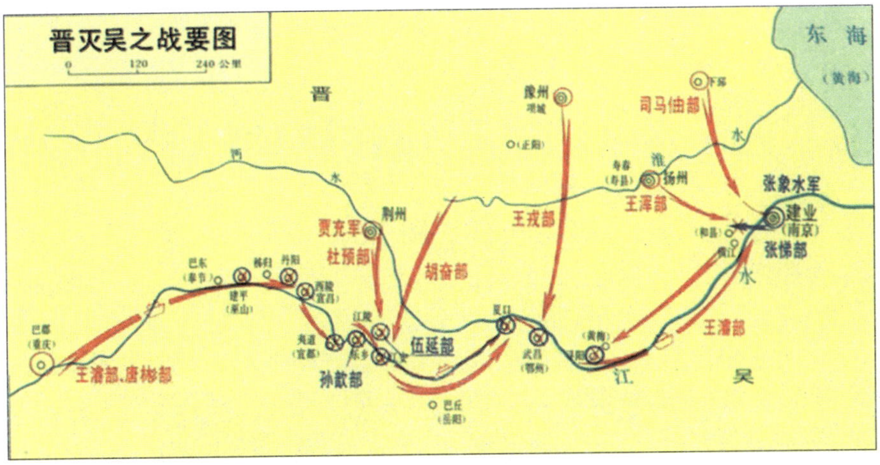

★晋灭吴之战要图

而下。当木片漂到东吴的地境时，太守吾彦发现了这件事，连忙向吴主孙皓禀报说："这些木片一定是晋军造船时劈下来的。晋军在上游造船，看来是要进攻我们，陛下可要早作准备呀！"孙皓却不屑一顾地说："怕什么！我不去打他们，他们还敢来侵犯我！"

吾彦没有办法，只得自行设防，他命江边的守军在江面险要的地方打了不少大木桩，钉上大铁链，把大江拦腰截住，又把一丈多高的铁锥安在水面下，好像无数的暗礁，使晋国水军没法通过。

此期，中路军杜预和打东路的王浑两路人马都节节胜利，兵威大振，几路人马很快汇集到一起。经过讨论，诸将认为水陆并进，可一鼓作气攻取建业。因而决定各路兵马一齐展开，各逞英雄。

可是，龙骧将军王浚的水军，

★两系弦纹尊·三国

刚到了秭归，因为楼船被铁链和铁锥阻拦，不能前进。兵士报知王浚，王浚听后大笑说："此为雕虫小技，不足为虑。"随即，他吩咐晋兵造了几十只很大的木筏，每个木筏上面放着一些草人，披上盔甲，手拿刀枪。他又派几个水性好的兵士带领这一队木筏随流而下。吴兵看见木筏上人头攒动，以为都是晋兵，未待接近便望风而逃。而这些木筏碰到铁锥，铁锥的尖头就扎在木筏底下，有的被直接扫掉，有的被木筏顺势推倒。然后，晋军兵士又在木筏上架起一个个很大的火炬。这些火炬都灌足了麻油，一点即燃。他让这些装着大火炬的木筏驶在战船前面，遇到铁链，就烧起熊熊大火，将铁链铁锁逐一烧断。

王浚的水军扫除了水底下的铁锥和江面上的铁链，大队楼船顺流东下，声势浩大。吴主孙皓闻报慌乱不已，他派将军张象带领水军1万人去抵抗。而当张象的将士看到满江都是王浚的战船，无数旌旗迎风飘扬，遮天蔽日，吓得早早竖起了降旗。

吴主孙皓知道吴军不能力战，大惊失色，不知如何是好。这时，水军将领陶浚对孙皓说："我所率的水军船只都小，陛下若给我2万水军和大船，我自有妙计攻破晋军。"孙皓马上封他为大将，把御林军也都用上，叫他指挥水军迎敌。第二天，陶浚率水军行在江面上，忽然北风乍起，昏天黑地，战船上的旗帜都被吹落到江里。陶浚的水军一时军心散乱，四处逃散，王浚即命降将张象为前驱，直扑建业。

王浚的水军几乎没有遇到抵抗，一帆风顺到了建业。建业附近100里江面，全是晋军的战船，王浚率领水军将士8万人上岸，由张象叫开城门，进了建业城。

孙皓听说晋兵进城，吓得六神无主，经中书令胡冲的提醒，也学起了蜀汉后主刘禅那样，脱下上衣，让人反绑了双手，带领一批东吴大臣，到王浚的军营前投降。这样，从曹丕称帝（公元220年）开始的三国分立时期宣告结束，全国又进入了统一的时代。

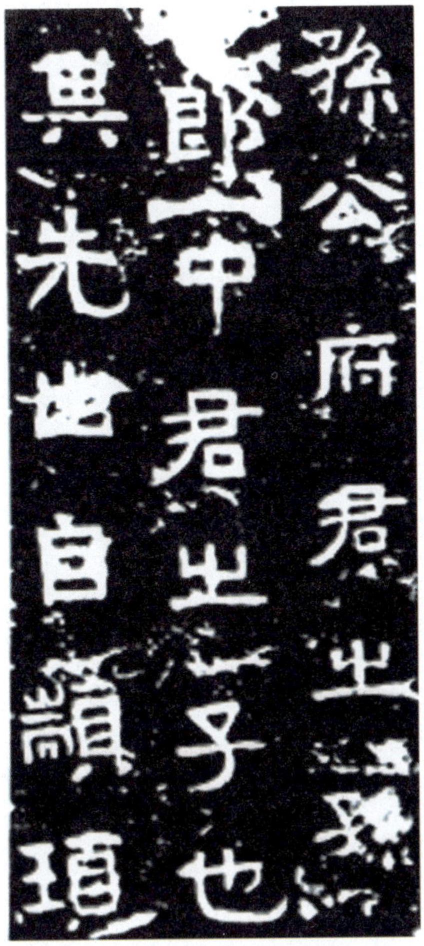
★吴九真太守谷朗碑·三国

石崇、王恺比富

SHI CHONG WANG KAI BI FU

公元280年3月，吴主孙皓投降，东吴灭亡，自从黄巾之乱以来的分裂局势暂时获得统一。晋武帝司马炎在统一全国后，以为天下无事，便将州郡的守卫兵士撤除，同时实施占田法与课田法，企图与民生息。但是，司马炎却是好色之徒，曾经于公元273年禁止全国婚姻，以便挑选宫女。在灭亡孙吴之后，又将孙皓后宫的5000名宫女纳入后宫。此后，晋武帝志骄意满，开始了荒淫无度的生活。

★褐釉『孝子送葬』陶魂瓶·三国

在他荒淫奢侈的影响下，朝臣们也都在家里招姬纳妾，在外面摆阔显贵，每日沉湎于声色犬马。当时，在京都洛阳，有两个出名的大富豪：一个是晋武帝的舅父、后将军王恺，另一个是散骑常侍石崇。

★褐釉鸟摆件·三国

王恺是外戚，他的权势比石崇大得多，但是在财富方面却比不上石崇。石崇的钱到底有多少，不一而论。这么多钱是哪儿来的呢？原来石崇当过几年荆州刺史，在此期间，他除了加紧搜刮民脂民膏之外，还干过肮脏的抢劫勾当。有些外国的使臣或商人经过荆州，石崇就派部下敲榨勒索，甚至像江洋大盗一样，公开杀人劫货。这样，他就掠夺了无数的钱财、珠宝，成了当时最大的富豪。据说，当时有一位叫刘实的人拜访石崇时，因为一时内急，便走进了石崇家的厕所。走进去一看，只见里面十分宽敞，有绛纱床，床上铺着十分考究的席子，还有两个漂亮的婢女持香囊站在那里。刘实心里一惊，赶紧朝外退了几步，并弯下腰，歉意地说："对不起，我误入卧室了。"石崇哈哈大笑说："没错，那就是厕所。" 刘实一脸慌张地说："没事了，我已经不想如厕了。"其实，他是被刚才的阵势给吓忘了。

★石崇塑像

石崇到了洛阳后，听有人说起王恺如何富有，他心里很不是滋

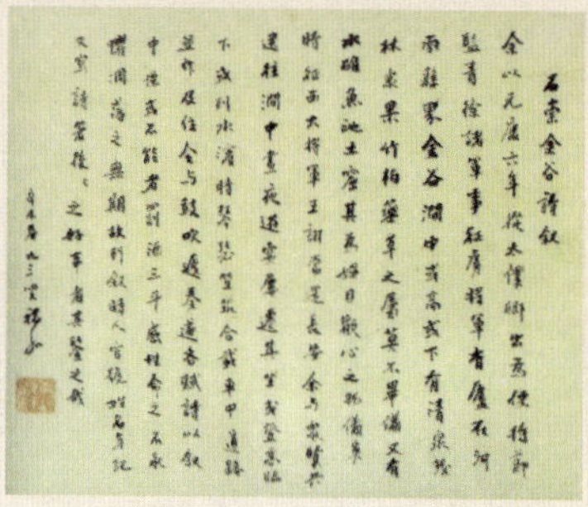

★石崇《金谷诗叙》书法作品

石崇

石崇（公元246—300年），季伦，小名齐奴。渤海南皮（今属河北）人。西晋文学家。石崇为石苞幼子，生于青州。少时敏慧，勇而有谋。20岁的时候已名声大噪，初仕为武修令，后擢升散骑郎、城阳太守。因伐吴有功，封安阳乡侯。后累迁散骑常侍、侍中。元康初，石崇出任南中郎将、荆州刺史。在荆州劫掠客商，遂致巨富，生活奢豪。后拜为太仆，出为征虏将军，监徐州诸军事，镇下邳。官至卫尉卿。石崇极力讨好贵戚贾谧（皇后贾南风的外甥），又与贵戚王恺、羊之徒以奢靡相尚。及贾谧免官，石崇亦罢职。石崇今存诗8首。其中乐府诗对王昭君远嫁匈奴深表同情。诗中以第一人称口吻叙述了王昭君"殊类非所安，虽贵非所荣，父子见凌辱，对之惭且惊"的痛苦遭遇及对故土的眷念之情，感人至深。

★范式碑·三国

味，便有心跟他比一比。他听说王恺家里洗锅用饴糖水，就命令他家厨房用蜡烛当柴烧。这件事一传开，有人说石崇家比王恺家阔气。石崇听到议论后，心里才有几分满足感。

王恺被石崇抢占了上风，心下不服，为了炫富，他在家门前的大路两旁，用紫丝编成40里屏障。王恺的这一举动立刻轰动了洛阳城。石崇更不甘落后，他用比紫丝贵重的彩缎，铺设了50里屏障，比王恺的屏障更长，更豪华。

王恺已经感觉到石崇确有实力，但他又不甘心就这样败于阵下。于是，他向自己的外甥晋武帝请求帮忙。晋武帝觉得这样的比赛挺有趣，就把宫里收藏的一株两尺多高的珊瑚树赐给王恺，以便王恺在众人面前夸耀一番。

有了皇帝帮忙，王恺比阔气的劲头更大了。他特地请石崇和一批官员到他家吃饭。宴席上，王恺得意地对大家说："我家有一件罕见的珊瑚，请大家观赏一番怎么样？"大家当然都想看一看。王恺命人把珊瑚树捧了出来。

大家一见到枝条匀称、色泽粉红鲜艳的珊瑚树，都赞不绝口。可石崇却装作心不在焉地用一支铁如意，将珊瑚树敲得粉碎。周围的官员们都大惊失色，连王恺也都气得满脸通红，他气急败坏地责问石崇："你这是干什么！"石崇漫不经心地说："您用不着生气，我还您就是了。"说完，他立刻命随从们回家，把他家比较大的珊瑚树搬来几棵。

很快，随从们搬来了几棵珊瑚树。这些珊瑚都比王恺的珊瑚树高出一倍，而且株株条干挺秀，光彩夺目，把周围的人都看呆了。王恺这才知道石崇家的财富要比自家多出很多倍，他不得不甘拜下风。

石崇的豪富的确在洛阳出了名。可是，一些正直的贤臣却反以为耻，他们纷纷上书给晋武帝，希望制止这种严重的奢侈浪费，多为天下的百姓着想。但晋武帝看了奏章，根本不当回事。此后，西晋时期的腐败现象越来越严重，一些官员纷纷效仿石崇、王恺，他们一面加紧搜刮民财，一面穷奢极侈，使西晋王朝私欲的膨胀达到了一个极盛时期。

★广武将军章·三国

★神兽纹铜镜·三国吴

★石崇与王恺比富

羊祜仁声远播

YANG HU REN SHENG YUAN BO

羊祜，字叔子，泰山郡（今山东省泰安）南城人。他的姐姐羊徽瑜是晋景帝司马师的妻子，晋武帝司马炎的伯母。晋武帝篡夺曹魏政权，建立西晋王朝，羊徽瑜被封为弘训太后，羊祜以外戚之亲，官至中军将军，南城侯。

羊祜的父亲是东汉上党太守，为人清正；母亲是大文学家蔡邕的女儿，很有才学。羊祜在父母的熏陶下，幼年时便很注重道德的修养，勤奋学习。长大后，博学多才，写得一手好文章，人品出众，善于言谈，很有风度。一些官吏纷纷保举他，但是，他都一一婉言谢绝了。一次，大将军曹爽请羊祜和他的朋友王沈到自己的衙门中当官，王沈高高兴兴地上任了，同时，还劝羊祜应聘出任，羊祜说："在人家手下听使唤，哪里是件容易的事呢。"没有应承。后来，曹爽被杀，王沈因为是曹爽的部下也受到株连，被撤了职。王沈见到羊祜后，赞叹地说道："老兄真有先见之明，我一定把你的那句话永远铭记在心中。"羊祜谦逊地回道："最初我也没想到曹爽会摊上事啊。"其实，羊祜是看准了司马懿与曹爽势不两立的形势，而且曹爽非失败不可，所以才没有应聘到曹爽的部下当官。可是，在他的预见被证实后，却毫不炫耀自己的先见之明。他的这种作风，深深得到人们的钦敬。

★西晋辟雍碑

魏将夏侯霸是羊祜的岳父，因兵败投降了西蜀。夏侯家的亲戚们纷纷与夏侯家断绝往来，唯恐受株连。羊祜尽管不以夏侯霸降蜀为然，但他仍照常同夏侯家往来，不趋利避害，以亲谊为重。这点，也为常人所不及。人们都称誉他是个恂恂儒者。

晋武帝建立西晋王朝之后，羊祜很受重用，但是，他仍一如既往地谦恭谨慎，勤于任事。晋武帝要吞并东吴，派羊祜率军驻扎荆州。羊祜到任之后，首先大办学校，倡导仁义，关心百姓疾苦，发展农业生产，开垦荒地八百余顷，大大减轻了人民的负担。羊祜刚到任时，军队的粮食只够吃三个月的，不到一年工夫，军队便储备了十年的口粮。因为羊祜政绩卓著，晋武帝下令长江中、上游的军队全归他统率。羊祜素有儒者之风，在军队中也不改常态，照样轻衣缓带，不穿铠甲，身边的卫士不过十几个人。

羊祜有个嗜好，他特别喜欢打猎，有时夜里外出，甚至影响公事。一天夜里，羊祜又要外出打猎，把

★羊祜像

守军营大门的军士徐胤端着枪，挡住大门，对羊祜说："将军管辖的地方足有一万里地，怎么可以随随便便离开军营呢？将军的安危就是国家的安危。除非我死在这里，否则，今天晚上，营门是不会开的！"羊祜听后，立即向徐胤表示谢意，转身回去了。从此之后，羊祜一改旧习，再也不轻易离营狩猎了。羊祜这种虚己纳谏的精神，一时间在军中传为美谈。

东吴的西陵守将步阐要率领部下投降晋朝，被东吴的大都督陆抗发觉，挥军攻打步阐。晋武帝命令羊祜派兵支援步阐。羊祜率领五万大军出动，并令荆州刺史杨肇攻打陆抗，结果，杨肇吃了败仗，步阐也被陆抗活捉。羊祜因救援无功被降为平南将军，杨肇被罢了官。经过这一番挫折，羊祜并不气馁，仍然兢兢业业为伐吴做准备。

首先，羊祜采取步步进逼的战略，把石城以西的地方全置于自己管辖，东吴的势力被限制在石城以东。其次，羊祜在与东吴交战中，特

别注意攻心。比如，每次打仗都事先约好时间，不搞突然袭击，也不设埋伏，东吴兵撤退时也不追击。部下将领有的献上奇袭的妙计，羊祜不等他说完，便强令该将领猛喝美酒，直到烂醉如泥方休。这样做的结果，既杜绝了奇计又不伤将领们的积极性，从而保证了攻心战略顺利进行。还如，羊祜对俘虏兵予以优待，对于想回家者一律发放银两，听其自便。一次，部下抓来东吴两个小孩，羊祜知道后，立刻派人将两个孩子护送归家。结果，深深感动了孩子的父母，率领部属投降了羊祜。吴将邓香率军被俘，羊祜以礼相待，放他回去。邓香感恩，回去后率领部下投降了羊祜。对于东吴阵亡的将士，羊祜派人用上等棺材殡敛，并通知死者家属前来认领尸首。对前来认尸的敌军家属，热情款待，临行时还赠送银钱，以示哀悼。羊祜的军队攻打吴地时，抢收东吴的庄稼以充军粮。撤兵时，羊祜命人认真清查，以丝绸抵粮价，公平合理地送给田地的主人。每逢军队进行狩猎训练时，从不越过边境。如果从吴国那边逃窜过来的受伤野兽，被晋兵得到，一定将野兽送回吴地。羊祜的这一系列攻心战，收到了良好的成效，吴人都很爱戴他，甚至不肯直呼其名，而称之为“羊公”。

羊祜的攻心战，一直“打“到了东吴最高统帅陆抗的身边。一次，陆抗患病了。羊祜闻讯后，特意派使者给陆抗送去良药。陆抗的谋士们纷纷劝说陆抗，不能服用羊祜送来的药，以免上当中毒。陆抗笑着对大家说：“羊公哪里是那号人呢！”说罢，便放心大胆地将药吃了。结果，病很快痊愈了。陆抗深知羊祜攻心战的厉害，经常警告部下：“敌人故意以仁义攻心，想收到不战而胜的效果。我国的政治比较残暴，敌人是很容易得手的，你们千万不要轻易出兵，只要保住边界就行了。可不要因小失大！”东吴的国君孙皓派使臣追问陆抗为什么同羊祜保持和平？陆抗答道：“羊祜以仁义攻心，这招十分厉害。我如果以刀兵对仁义，岂不是衬出了羊祜的仁义吗？那不是把我们东吴搞被动了吗？”

★羊祜死后，襄阳百姓在岘山建了一座羊祜庙，立了块石碑，前来祭祀的人络绎不绝。人们望着石碑，无不痛苦流涕，接任镇守襄阳的杜预看到襄阳百姓如此怀念羊祜，便给这块石碑取名为“堕泪碑”。

羊祜对自己和亲人们要求得十分严格，从不徇私。一天，他外甥王衍来商量公事。王衍年轻气盛，夸夸其谈，自视甚高。羊祜当着众人的面指出王衍这一毛病。王衍很不高兴，起身就走了。羊祜对在座的人说：“王衍名气大，地位高，却如此放荡，这对社会不利！”在援救降将步阐时，王衍的堂兄大将王戎作战不利，险些被羊祜按军法砍头示众。王戎、王衍兄弟对羊祜很不满，经常散布流言，中伤羊祜，但羊祜仍泰然处之。时人对此愤愤不平，编了顺口溜：“二王当国，羊公无德”，到处流传。

★处士石定墓志·西晋

羊祜数次谢绝晋武帝的封赏，不以个人名利地位为重。他每次给晋武帝上奏章，都不留底稿。凡是经他向皇帝推荐而获重用的人，从不知道是他推荐的结果。对此，有的人说他谨慎谦逊得太过分了，就连他的女婿也不理解，对他说：“您向皇帝推荐的人得到重用，应该叫他们知道，他们肯定会感激您的，这不是一件大好事吗？”羊祜对此深不以为然，连句答话也没有。女婿无趣，灰溜溜地走了。羊祜对儿子们说：“刚才他说的这话真是只知其一，不知其二呀！当臣的培植私党这是最成问题的。对于拜爵公朝，谢恩私门，我是最反对的，你们要牢牢记住这点！”

羊祜还经常给弟弟羊琇写信，表示自己功成身退的意思，并劝戒羊琇要注意“满招损”。羊祜这番话也是有针对性的。羊琇与晋武帝在少年时代是最要好的同学，两人经常在一起游玩、读书。羊琇曾私下对晋武帝说："将来你要是当了皇帝，可得让我当十年领军将军，再当十年护车将军。"晋武帝笑着表示同意。当时，晋武帝的父亲司马昭是曹魏的大将军，操纵了朝廷大权，随时可以取代曹魏政权。司马昭钟爱二儿子司马攸，想让二儿子作自己的继承人，将来当皇帝。这样一来，晋武帝的处境就比较困难了。羊琇就给他出主意，凡是司马昭喜欢的，晋武帝就要流露出感兴趣的样子。同时，羊琇还仔细研究了司马昭处理政事的方法，让晋武帝学着按父亲的方法办事。这一招儿，真奏了效。在司马昭与大儿子晋武帝谈论政事时，晋武帝的回答特别符合司马昭的心意。这样一来，司马昭才没有把太子的位子给二儿子。可以说，晋武帝所以能当上皇帝，羊琇是起了决定性作用的。因此，在晋武帝当政时，羊琇官运亨通。羊琇生活极端奢侈，经常同王恺、石崇斗富。他别出心裁，用炭粉做成野兽的形状，用以温酒。

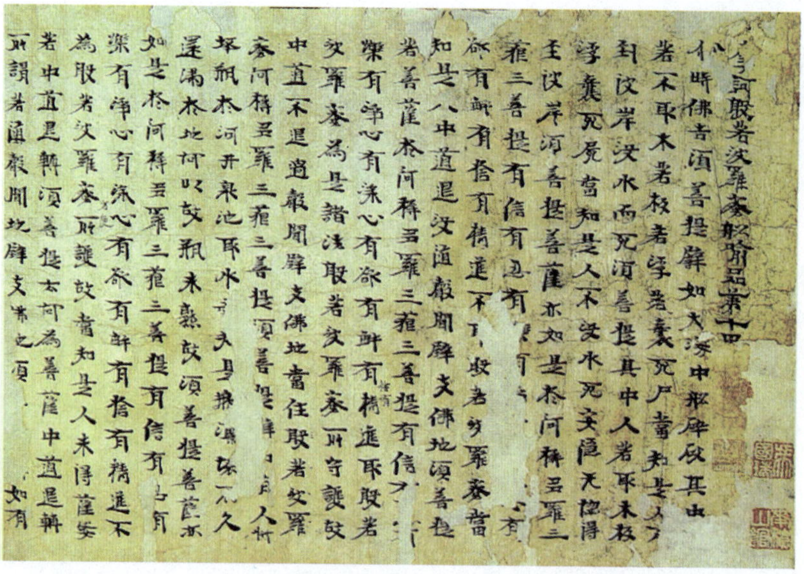

★《摩诃般若波罗蜜经》·西晋

京城的达官贵人纷纷仿效。羊琇在任命官佐时，不管资历，只要他喜欢就授以高位。羊琇还仗着自己同晋武帝的特殊关系，蔑视法纪。羊祜正是针对弟弟这些毛病，劝戒他不要骄傲，要牢记"满招损"这一有益的格言。

羊祜在五十八岁那年，病死于京城洛阳。病重时，他还给晋武帝出谋献策：只有练好水军，从长江上游直捣南京，才能扫平东吴。临死前，他推荐杜预接替自己的职务。

羊祜死后，晋武帝痛感失去了一条臂膀，在给他送丧时，晋武帝哭得成了个泪人，时值冬天，泪珠都冻成了冰，挂在胡须上，武昌一带的百姓听到噩耗后，莫不痛哭失声，以停市来表示哀悼。就连东吴守卫边境的将士们听说羊祜死了，也都伤心得掉下了眼泪。

戴逵

魏晋以来，雕塑艺术得到较大的发展，最著名的雕塑家是东晋戴逵。戴逵，字安道，工于书画。所画人物山水，情韵绵密，风趣巧拔。戴逵尤擅长佛像雕塑。孝武帝时，戴逵在会稽山阴(今浙江绍兴)的灵宝寺，做木雕无量寿佛一尊、两侧做菩萨两尊。戴逵做完后，躲在帷幔后面，听取观游人的意见，反复加以修改，精益求精。他核准度于毫芒，审光色于浓淡，其和墨点采，刻形绥法，都极端严格，前后花费了三年时间，方才完工，在雕塑艺术上妙绝当时。

★戴逵的雕塑作品

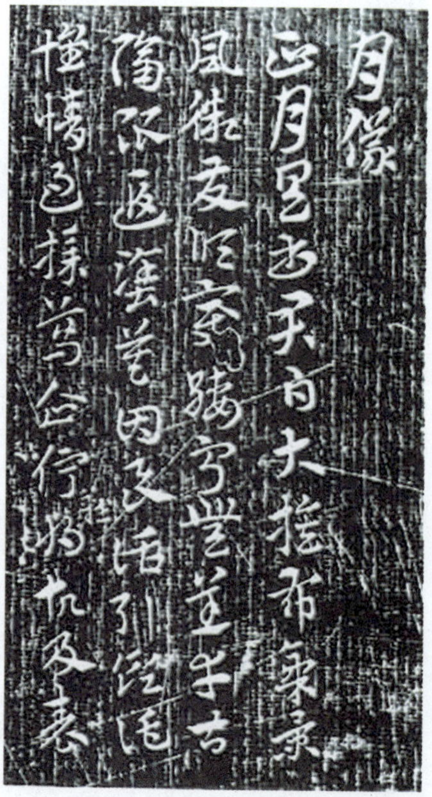

★索靖《月仪帖》·西晋

西晋八王之乱

XI JIN BA WANG ZHI LUAN

★德清窑黑釉鸡首壶·西晋

西晋初年，晋武帝为了收买人心，大封功臣，许多大家族都被封为公侯。短短几年时间，晋武帝共封了57个王，500多个公侯。其中，晋武帝为了防止皇权孤立而被外族篡弑，把同姓子弟27人分封为王。这些诸侯王可以自选官吏，设置军队，以形成子弟封国对皇朝的拱卫之势。在诸王称霸一方的同时，还让他们担负朝中的军国大任。这样，宗室诸王既能左右朝政，又可以割据一方，直接导致了诸王势力的膨胀和相互间的争斗。

公元290年，晋武帝死，司马衷即位，由于他是个白痴，朝政掌握在外戚杨骏的手中。杨骏用阴谋手段，排挤了汝南王司马亮，取得单独辅政的地位。此后，他统领百官，遍树亲党，疏远宗室，执政严酷，又不听劝谏。杨骏的所为遭来了人们的忌恨，而同姓诸侯王也对其恨入骨髓，于是他们要寻机除掉杨骏。

晋惠帝是低能儿，但是皇后贾南风却是一个心狠手辣的人。她同样不愿让杨骏操纵政权，秘密派人跟汝南王司马亮和楚王司马玮联络，要他们带兵进京，讨伐杨骏。公元291年3月，楚王玮从荆州带兵进了洛阳，贾后有了楚王玮做后盾，认为时机已经成熟，便宣布杨骏谋反，派兵围了杨氏的家，把杨骏、杨珧、杨济（时称三杨）及家人全部问罪诛杀。

杨骏被杀之后，汝南王司马亮进洛阳辅政。司马亮为削弱诸王的权势，实现大权独揽，力主“遣诸王还藩”，太保卫瓘也完全赞成。如此举措，引起了楚王司马玮对汝南王司马亮和卫瓘的极大不满。由于兵权在楚王司马玮手里，加之贾后嫌汝南王司马亮干预过多，又与卫瓘积有宿怨，所以她假传晋惠帝的密令，派楚王司马玮把汝南王司马亮除掉。

楚王司马玮本来是贾后的同党，但是贾后怕他连杀两王之后，权力太大。当天晚上，又宣布楚王司马玮假造皇帝诏书，擅自杀害汝南王，把楚王司马玮办了死罪。楚王司马玮因上了贾后的当，白白搭了性命。

至此，贾后大权独揽，将朝廷完全置于自己的控制之下，遂大肆委用亲信、党羽，派他们担任重要官职。此后，朝廷上没有辅政的大臣，名义上是晋惠帝做皇帝，实际上是贾后专权。此间，贾后骄横跋扈，胡作非为。

太子司马遹，不是贾后所生。贾后怕他长大登基后，自己的地位不保，便千方百计要除掉太子。她先是诈称有孕，久不出门，暗地里将妹妹的儿子收养，并阴谋代立太子。公元299年，贾后事先叫人起草一封用太子口气写的信，内容是逼晋惠帝退位，贾后再把太子请来喝酒，把他灌得烂醉，趁太子昏昏沉沉的时候，骗他把那封信抄了一遍。次日，贾后叫晋惠帝召集大臣，她把太子写的信交给大家传看，然后宣布太子谋反，废了司马遹的太子之位。

贾后的“暴戾”和“专制天下”

★八王之乱

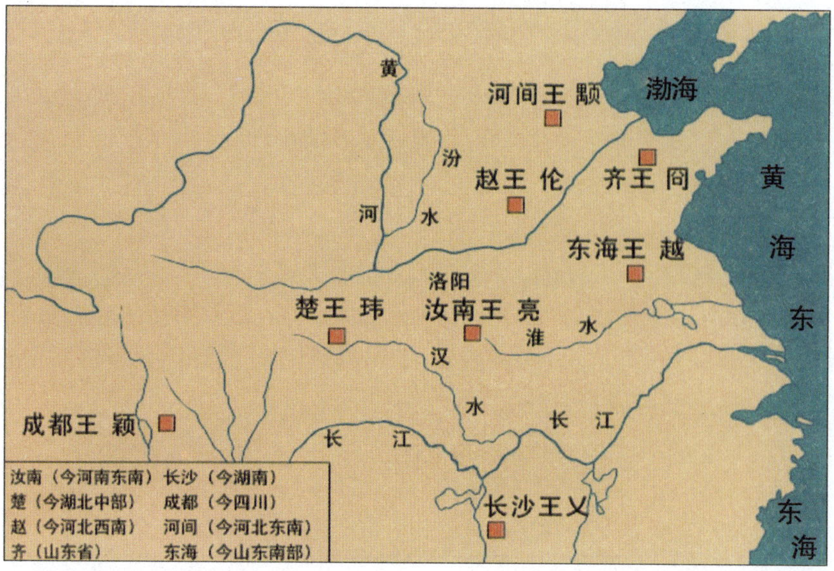

★八王封国略图

及废黜太子等奸谋，终于引起司马氏宗室诸王的强烈不满和反对。掌握禁军的赵王司马伦打着拥护太子的旗号，要废掉贾南风。贾后看出了苗头，她一不做二不休，干脆派人杀了太子。原以为用这种办法可"以绝众望"。但适得其反，贾后此举恰好被赵王司马伦抓住了把柄，他以"擅杀太子"之罪派禁军校尉、齐王司马冏带兵进宫逮捕了贾后。

公元 300 年 4 月，专门玩弄阴谋的贾后，被齐王冏带兵杀进宫中，斩杀了她的亲信党羽数十人，废她为庶人。贾后大叫大闹，指望惠帝来救她，但她忘了惠帝是个白痴皇帝。几天后，赵王司马伦便把她杀了。

赵王司马伦掌握了政权，野心更大，他不满足相国的位置。一年后，司马伦把晋惠帝软禁起来，自己称帝。司马伦刚一即位，就把他的同党，不论文官武将，或是侍从兵士，都封了大大小小的官职。那时候，朝廷官员戴的官帽上面都用貂的尾巴做装饰。赵王司马伦封的官实在太多，官库里收藏的貂尾不够用，只好找些狗尾巴来凑数。所以，民间就有人编了歌谣来讽刺他们，叫做"貂不足，狗尾续"。

赵王司马伦自立为帝的消息传出后，当即遭到了诸王的联合讨伐，一时宫廷内外烽烟四起，皇位更迭十分频繁。诸王有的朝占朝堂，日暮便已人头落地。参加这场混战的赵王司马伦、齐王司马冏、成都王司马颖、河间王司马颙、长沙王司马乂、东海王司马越，加上已经被杀的汝南王司马亮、楚王司马玮，一共有八个诸侯王，史称"八王之乱"。

八王之乱前后延续了 16 年，八王在这场内乱中死了七个。直到公元 306 年，剩下的最后一个东海王司马越，毒死了晋惠帝，另立了惠帝的弟弟司马炽（晋怀帝），才结束了这场动乱。此期，社会经济受到了严重的破坏，而朝廷内的奢侈攀比之风仍在盛行，百姓长期处在水深火热之中。因而，民族矛盾和阶级矛盾异常尖锐，各地掀起了反抗和斗争，把历史又一次推向了封建割据的混乱时代。

★角纹三足水盂·西晋

贾南风

贾南风（公元 256—300 年），平阳襄陵（今山西襄汾）人，是西晋开国元勋贾充之女，西晋惠帝司马衷之妻，又称惠贾皇后。贾南风其貌不扬，晋武帝称她"丑而短黑"。但贾南风的父亲是西晋的开国元勋贾充，曾帮助晋武帝在宫外截杀了当时的皇帝曹髦，这便是贾南风能够与皇太子联姻的主要原因。做太子妃时，贾南风曾表现出残酷的一面，她曾亲手杀过人。对此，晋武帝十分愤慨，一度曾想将她废掉，但因外戚杨珧提醒他："陛下忘贾公闾耶？"遂使废妃之事不了了之。可见，贾充在西晋政权中地位牢固，权势显赫。贾南风虽是女人，但她善于钻营，精于权术，史称"妒忌多权诈"，使得司马衷既害怕她，又受她的诱惑，喜欢她。晋武帝和朝臣们对太子司马衷的才识和能力是很了解的，认为他"纯质"，"不能亲政事"。晋武帝与大臣们曾一起给太子出了几个题目，让其笔答。贾南风怕暴露出丈夫的无能，即让人替太子作答案，因而蒙混过关，不仅保住了太子位，还顺利取得了皇位。

★瓷女俑、瓷男俑·西晋

二陆兵败被杀

ER LU BING BAI BEI SHA

《世说新语》中记载了这样一段对话：吴国君主孙皓问丞相陆凯："卿一家在朝中有几人？"陆凯答："二相、五侯，将军十余人。"孙皓感叹："真兴盛啊！"陆机（字士衡）和陆云（字士龙）兄弟就是东吴这个兴盛世家大族的子弟。他们的祖父陆逊是东吴的丞相，父亲陆抗是大司马，叔父陆凯是左丞相，都是东吴的重臣名将。陆机和陆云少年时就有才华，能作文章。陆抗病逝后，14岁的陆机与哥哥陆晏、陆景、陆玄和弟弟陆云，分领父兵，为牙门将。陆机20岁时，东吴灭亡，他的两个哥哥战死。他和陆云退居旧里华亭（今上海市松江县西平原村），闭门苦读，长达10年。

陆机才高气盛，善作长篇大论。他有感于国破家亡的悲哀，作《述先赋》、《祖德赋》，叙述祖、父的功德，激励自己建功立业、光宗耀祖。他还摹仿贾谊《过秦论》，写了《辩亡论》，分析孙权所以得江表（长江以南地区）、孙皓所以失江表的原因，并追述其祖、父的功业，叹息"邦家颠覆，宗庙为墟"的现实。

★青釉印纹双系壶·西晋

经过10年苦学，陆机、陆云都以能文著名，人称"二陆"。两人的性情却不大相同，陆机身长七尺，发声如钟，言多慷慨。陆云则文弱潇洒，还很爱笑。一次他穿着孝服上船，看见水中自己的影子，就忍不住大笑起来，以致落入水中，幸亏被人救起。

晋武帝太康十年（公元289年），在叔父陆喜早已被诏仕晋的情况下，陆机和陆云也携手来到洛阳。陆机先去拜访了当时很有名望和地位的张华。张华向来爱重"二陆"的名声，与他一见如故，大为感叹："伐吴之役，获得二位俊才！"张华又问："陆云怎么没来？"陆机解释说："陆云有爱笑的毛病，不敢前来拜见。"张华这人很讲究姿仪，喜欢用布绳缠住胡须。等到陆云前来拜见张华时，他一见张华的神态，就忍不住大笑起来了。

在张华的引荐下，陆机兄弟结识了不少当朝的显贵名流，也显露出他们文思机敏、谈吐自如的才能。一次陆云在张华那里见到了荀隐（字鸣鹤）。张华请两人自我介绍，又说："今日相遇，不许用寻常语言。"陆云拱手自称："云间陆士龙。"荀隐心想日在云之上，就对答道："日下荀鸣鹤。"陆云逗趣说："既然开青云，睹白雉，为什么不张弓而射呢？"荀隐也不示弱："原以为是云龙，其实是野鹿，兽微弩强，所以迟发。"张华听了拍掌大笑起来。

★张华雕像

一次陆机拜访侍中王济，王济指着羊酪问："你们吴中何物可以敌此？"陆机脱口答道："千里莼羹，未下盐豉。"人们都称这是有名的对句。

二陆是吴国遗臣子弟，初入洛阳，也遭到一些人的轻视。他们拜访刘道真时，此人无话可说，只问一句："东吴有长柄葫芦，你们种过吗？"两人大为失望。卢志曾当众问陆机："陆逊、陆抗和你的关系远近？"陆机毫不客气地直呼其祖、其父名说："就像你和卢毓、卢珽。"说得卢志默然不语。陆云却神色紧张起来，事后他才对哥哥说："何至于这样呢？姑且宽容他不知道嘛！"陆机却愤愤地说："我父祖名播四海，怎么能不知？卢志竟敢如此！"

陆机出身名门贵族，又富有才华，他对功名的渴望自然是很强烈的。公元290年，太傅杨骏辅政，他

★陆机和陆云半身铜像

被辟为祭酒。不幸的是，陆机初入仕途，就遇到了晋室一连串的祸乱。先是外戚杨氏与贾氏争权，结果杨骏被诛，贾后专权，此后又是诸王相残。这期间同是来自吴地的顾荣、戴若思等人都劝陆机返回吴地。陆机自负有才望，立志匡救世难，不肯回吴地。这就不可避免地卷入了祸乱的漩涡，最终招致了杀头之祸。

贾后专朝时，陆机与陆云、潘岳、左思、刘琨等，参预贾谧二十四友之游。永康元年（公元 300 年），赵王司马伦诛贾后、贾谧。陆机因参预诛贾谧有功，赐爵关中侯，先后任相国参军和中书郎。永宁元年（公元 301 年），司马伦被诛。齐王司马冏怀疑为司马伦篡位所写的《九锡文》及禅诏有陆机的参预，就收捕了陆机。由于成都王司马颖的解救，陆机才免死刑，被徙边，后来遇赦。

齐王司马冏自矜有功，受爵不让。陆机对此人非常厌恶，写了《豪士赋》予以讽刺。其中写道：“身危由于势过，而不知去势以求安。祸积起于宠盛，而不知辞宠以招福。”实际上预测了司马冏必遭惨祸。事实正是如此。

司马颖表面推功不居，谦恭下士。陆机既感激司马颖的救命之恩，又希望司马颖能康复晋室，便委身于他。司马颖命陆机参大将军军事、平原内史。

太安二年（公元 303 年）八月，司马颙和司马颖举兵讨伐司马乂。陆机被任命为前将军、前锋都督，总领 20 余万军队，南向洛阳。由于陆机来自吴国，却深得司马颖重用，他所率领的几位将军都不服气。有人劝陆机推辞都督之职，陆机却说：“人们会以为我首鼠两端，这才会招祸呢！”司马颖对陆机说：“如果功成事定，必当进爵郡公、进位台司，请将军努力。”陆机自负地说：“当年齐桓公任用管仲，所以建立九合之功；燕惠怀疑乐毅，以致失去垂成之业。今天的事在于公而不在陆机呀！”陆机率众出师了。军队从朝歌（今河南淇县）排列到河桥，鼓声传到数百里外，气势十分雄壮。陆机为此还写了一篇《南征赋》。

不料鹿苑一战，陆机的军队大败，死伤惨重。孟玖、卢志等人借机谗毁陆机有二心于司马乂。司马颖大怒，马上命牵秀前去收捕陆机。陆机得知此事后脱掉戎装，戴上白帽来见牵秀，神色自若地说：“成都王委我以重任，无法推辞。今日受诛，岂不是命！”于是留下书信给司马颖，言词十分凄恻。临刑前，他忽然想起了家乡华亭的鹤唳之声，不禁长叹道：“华亭鹤唳，岂可复闻乎！”陆机在军中被杀，年仅 43 岁。起初孟玖想任用自己的父亲为邯郸令，陆云不许。孟玖记恨在心，这时就催促司马颖同时杀死陆云。陆云也屈枉被害。

★越窑青釉点彩钵·西晋

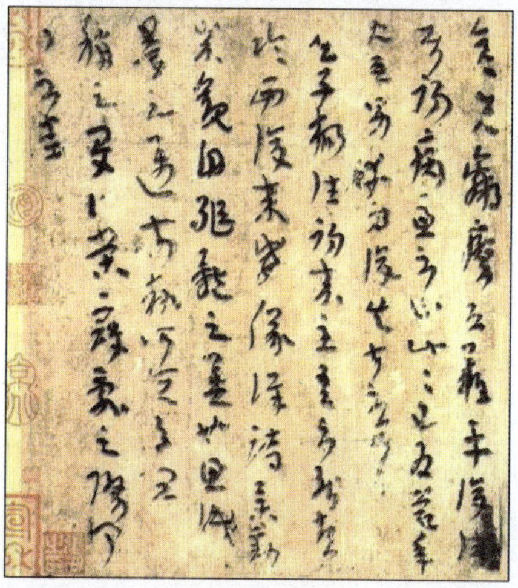

★西晋陆机的《平复帖》

陆机遇盗

戴若思有风度，性格安闲爽朗，年轻时欣羡游侠，不拘小节，曾在江淮一带当强盗。陆机兄弟赴京都洛阳，船上装了许多东西，戴若思见了便与同伙上去抢劫。戴若思上了岸，坐在交椅上，指挥同伙，事事得当。陆机细加观察，认为不是常人。于是登上舱房顶，远远地对他说：“你有这样的本事，为何要做强盗呢？”戴若思一听幡然觉悟，感动得流下眼泪，丢下刀剑，向陆机走去。陆机与他交谈后，非常赏识，便与他结为好友。后来戴若思果然成了国家的栋梁之材。

李特起义据巴蜀

LI TE QI YI JU BA SHU

★晋惠帝司马衷像

晋惠帝永宁元年（公元301年），在巴蜀地区爆发了李特领导的流民起义。

李特是氐族人。他的祖先原居巴西宕渠(今四川渠县东北)，东汉末年迁居汉中杨车坂。曹操占领汉中时，李特的祖父率领500多家氐人归附曹操，再迁于略阳(今甘肃秦安县东北)北土，北方人称他们为“巴氐”。李特的父亲李慕，生辅、特、庠、流、骧兄弟五人，都骁勇强悍。

惠帝元康八年(公元298年)，由于连年兵乱和饥荒，居住在天水、略阳等六郡的汉、氐、羌等族的豪强和百姓数万家、十多万人被迫流入汉中求食，并准备进入巴蜀(四川)一带。李特兄弟也随流人同行，途中经常救济疾病穷困的人，深得民心。李特身材高大，雄武善骑射，沉毅有大志。走到剑阁(今四川剑阁县北)的时候，李特环顾险峻的栈道，连声叹息：“刘禅据有如此险峻的地形却向人投降，岂不是庸才吗？”同行的人听了这话，都觉得李特非同一般。

最初流民行至汉中时，曾上书朝廷，请求到巴蜀寄食。朝廷下诏不准流民入剑阁，并派侍御史李苾前往慰劳和监视。李苾来到汉中，接受了流民的贿赂，反而上书说：“流民十万余口，不是汉中一郡所能赈济。蜀有仓储，粮食丰稔，宜令就食。”得到了朝廷准许。于是十多万流民散布到蜀中各地，人流如潮，无法禁止。

六郡流民入蜀时，晋室八王之乱尚未结束。赵王司马伦与其他诸侯王正在酣战，中原大乱。益州刺史赵廞想乘此机会割据益州(四川成都)。因而永康元年（公元300年)十一月，当朝廷召他入朝为大长秋，派耿滕继任时，他拒不从命。李特等流民都是巴西人，与赵廞同郡，又都十分壮勇。赵廞就利用李特、李痒等氐人作为自己的势力，又开仓赈济流民，以收买众心。耿滕秘密上表朝廷，使流民返归本土，以免祸乱。赵廞听说后十分厌

★越窑鸟钮四系盖盂·西晋

范长生

范长生（公元218－318年)，涪陵丹兴(今四川黔江)人，其先人为当地大族。蜀汉后主时，涪陵豪强徐巨谋反，被讨平后，迁当地豪族徐、蔺、谢、范五千家于蜀郡，范长生率千余家移居青城山，以修炼传教为事。晋元康初年，李特、李流、李雄领导流民起义遭饥困，向范长生求援，范长生慨然资助草粮，流民军威复振。公元304年，李雄攻下成都，自称成都王。公元306年，李雄即帝位，国号“大成”，以范长生为丞相，加“四时八节天地太师”，尊称“范贤”。范长生卒于东晋大兴元年(公元318年)，据说享年百余岁。自晋、成汉至南北朝，范氏在蜀中民众中一直有着十分尊崇的地位。青城山亦因范长生而更为显赫。

★越窑两系两足扁方壶·西晋

恶他。这天耿滕率众进入益州治所，赵廞派兵抗拒耿滕，在西门交战。结果耿滕战败而死。赵廞自称大都督、大将军、益州牧。

李特的弟弟李庠性任侠，好救人急难，深得流民拥戴。赵廞见李庠通晓兵法，治军有方，曾称许他是“一时之关羽、张飞”，并委派李庠为威寇将军，率领六郡壮勇之士万余人，驻守益州北道的绵竹。但赵廞又担心李庠是氐人，握有强兵，会有异心，便图谋杀害李庠。刚巧这天李庠来见赵廞，对赵廞说：“当今中原大乱，晋室不可复兴了。”希望赵廞借此时机，平定天下，拯救百姓于涂炭。赵廞却大怒道：“这岂是人臣所应该说的！”于是假以“大逆不道”的罪名，杀害了李庠及其子侄三十多人。

当时李特、李流等都率兵在外，赵廞派人慰抚他们说：“李庠所言大逆不道，有罪应死。但兄弟间不牵连。”他还任命李特、李流为督将。李特、李流十分怨恨赵廞，就引兵回到了绵竹。

永宁元年(公元 301 年)正月，李特秘密聚集了 7000 多人，夜袭赵廞部将费远等在绵竹石亭的一万多驻兵，放火烧毁了费远的兵营。接着攻克了成都，赵廞的部下四散而逃，赵廞被杀。这时，晋惠帝诏梁州刺史罗尚为平西将军、领护西夷校尉、益州刺史。命罗尚及广汉太守辛冉等率 7000 多人入蜀。李特十分恐惧，连忙派李骧、李流去奉迎和慰劳罗尚。罗尚很高兴。辛冉却劝罗尚说：“李特等专为盗贼，应该斩杀，不然，必为后患。”辛冉原来就认识李特，他又对李特话里有话地说：“故人相逢，不吉必凶。”李特因此有了戒备之心。朝廷下诏，命令六郡流民离开巴蜀，返回原郡，派遣御史张昌等来监督。这时李特的哥哥李辅从家乡赶到巴蜀说：“中原正在大乱，不必返回了。”李特就产生了雄据巴蜀的打算。

罗尚、辛冉都是贪暴凶残的家伙，他们强令流民在当年（公元 301 年)7 月上路返乡，还派人催促，在各要塞关口搜索流民的财物。当时流民散布在梁、益各地做雇工，听说州郡逼遣，人人愁怨，不知所措。加上雨水成灾，年谷未熟，没有回乡的路资。李特等人多次请求延期到秋收以后，这使流民十分感动，纷纷归依了李特。李特就在绵州结营，收留流民，请求辛冉从宽对待。辛冉大怒，派人到处张榜，以重赏购募李特兄弟。李特与弟弟李骧把辛冉的榜文取下，又改写成：“能送六郡之豪李、任、阎、赵、杨、上官及氐、叟侯王一首，赏百匹。”这就激起了六郡流民对罗尚、辛冉的仇恨。流民纷纷归依李特，很快就聚集了二万多人。李特便将流民分为两营，自己掌管北营，李流掌管东营。

★青瓷鼎式炉·西晋

★越窑波浪纹两系罐·西晋

李特再次派部下阎式去请求延期。罗尚假意对阎式说：“你把我的意思告诉流民，我宽限他们。”阎式说：“明公迷惑于奸说，恐怕不会真的宽限流民。百姓虽弱却不可轻视，现在无理驱赶他们，众怒难犯，恐怕大祸将临了。”罗尚又说：“好吧！我不欺骗你，你走吧！”阎式来到绵州，告诉李特说：“罗尚虽说宽限，但不可信。辛冉等人各拥强兵，罗尚也无法控制。应该严兵戒备。”

果然不出所料，辛冉等人认为罗尚“贪而无断”，独自派兵 3 万袭击李特在绵竹的流民营地。李特早有准备，伏兵不动。等到多数来兵进入营地时，李特的伏兵群起反

★李特夜袭费远兵营

击，首战告捷。于是，六郡流民推举李特为行镇北大将军，李流为行镇东大将军，李骧为骁骑将军，李辅为骠骑将军，统帅流民队伍。李特等乘胜进攻广汉太守辛冉，攻克了广汉，又进兵攻打成都的益州刺史罗尚。

★李特战败

李特入益州，与蜀人约法三章：赈济贫困、礼贤任才、军纪严明。由于罗尚贪暴残忍，为害百姓，所以蜀地传出民谣说：“李特尚可，罗尚杀我。”表达了百姓对李特起义军的拥护。

罗尚据守成都，向朝廷请援。河间王司马颙、南夷校尉李尉、梁州刺史许雄等都派兵援助罗尚，全被李特的起义军打败。晋惠帝太安

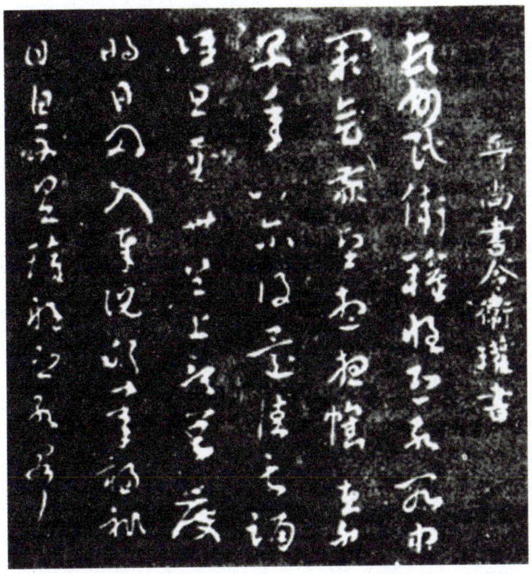
★卫瓘《顿首州民帖》·西晋

元年（公元 302 年）五月，李特在接连胜利的情况下，自称大将军、益州牧，都督梁、益二州军事，改年号为建初。

太安二年（公元 303 年）正月，李特攻入成都的少城，罗尚退保太城。朝廷派 3 万水军入蜀救援罗尚。罗尚见援兵将到，就派人假意向李特投降，又秘密串通成都外的坞堡，准备对起义军内外夹攻。当时李特以为大事已定，对降敌失去警惕，由于军中缺粮，就分散兵力到坞堡就食。李流对李特说：“纳降如受敌，不可轻心。应该聚兵自守，以防不测。”李特不听。二月，罗尚乘李特不备，突然出动大军袭击李特的营地。成都外的坞堡同时响应。李特连战二日，转战 30 余里，终因寡不敌众而战败。李特及李辅等人都被杀害了。

李特死后，李流与李特的儿子李荡、李雄收罗余兵，继续作战。不久李荡中箭战死，李流也病死。李雄继续领导起义军。永兴元年（公元 304 年），李雄攻克成都，自称成都王，改年号为建兴。两年后（公元 306 年），李雄即帝位，国号大成，年号晏平。李雄性情宽厚，简刑约法，很有名望。当时中原大乱，只有蜀地无事，百姓事少役轻，生活富裕。中原百姓纷纷来投靠李雄，一些少数民族也来降服。大成国因而“夷夏安之，威震西土”。

李雄在议论太子时，曾经感慨：“起兵之初，举手捍头，本没有指望建立帝王之业。当时天下大乱，群情义愤，志济涂炭，众人便催逼为主了。”他为了纪念战死的哥哥李荡，便决定立李荡的儿子李班为太子。李骧认为此事不妥，流着眼泪感叹道：“内乱自此而起！”李雄死后，李班继位。不到一年（公元 334 年），李雄的儿子李期杀李班而自立为帝。这个由流民起义而建立的政权也开始争权夺利、相互残杀起来了。咸康四年（公元 338 年）李特弟李骧之子李寿，又杀李期而自立，改国号汉兴。

李寿死后，其子李势继位，荒淫骄吝，不理国事。晋穆帝永和三年（公元 347 年），东晋桓温率兵入蜀，李势投降，成汉灭亡。从李特起兵到李势降东晋，前后共 46 年。

★晋惠帝司马衷泥像

西晋灭亡

XI JIN MIE WANG

在“八王之乱”的同时，长期累积的民族矛盾也呈一触即发之势。那时候，在西晋的西部和北部边境，居住着匈奴、鲜卑、羯、氐、羌等族人，他们在东汉时期陆续内迁或与汉族人杂居，或组成一部，由其内部贵族任首领，朝廷派官吏监视。至西晋初年，这些区域内的少数民族共达几十万人，仅氐族和羌族就有50多万人。西晋对内迁各族除了要他们纳税，还强迫他们当兵，内迁各族遭到了严酷的剥削，因而也激发了民族矛盾，各地都纷纷暴动。

自从西汉末年起，有一部分匈奴人分散居住在北方边远郡县，他们和汉族人相处久了，接受了汉族的文化。匈奴贵族认为上代多次跟汉朝和亲，是汉朝皇室的亲戚，后来便改为刘姓。曹操统一北方后，把匈奴诸多部落分为5个部，每个部都设部帅，匈奴贵族刘豹是其中一部的部帅。

★青瓷扁壶·西晋

★玉带钩·西晋

刘渊是刘豹的儿子，从小读了许多汉族人的书，力气大，武艺高，能拉硬弓强弩。刘豹死后，刘渊继承他父亲的职位。公元304年，成都王司马颖执政镇邺，任刘渊为宁朔将军，监五部军事。当时由于中原战乱，并州境内的汉族居民大都流徙江南，在并州胡汉势力的分布和力量对比发生了重大变化，匈奴刘氏贵族见有机可乘，开始策划“兴邦复业”，起兵反晋。

匈奴贵族们派出使者到邺城，对刘渊说：“我们匈奴从汉朝开始跟汉人结为兄弟。经过魏、晋两个朝代，匈奴单于后代虽然有封号，却没有自己的尺寸土地，同一般百姓没有什么两样。现在晋朝发生内乱，司马氏家族自相残杀。这正是我们匈奴人恢复地位的好时机啊！”

刘渊听了使者的话，心里很高兴，便欣然允诺。当时，并州刺史司马腾与安北将军王浚正联合进攻司马颖。司马颖想以匈奴为外援，遂拜刘渊为北单于、参丞相事。刘渊托称要回并州招募五部匈奴，于是

★瓯窑堆塑罐·西晋

返回左国城（今山西离石县）。

公元304年，刘渊回到左国城，诸部匈奴拥戴他做了大单于。他集中了5万人马，亲自率领南下，帮助晋军攻打鲜卑兵。有人问他，为什么不趁这个机会把晋朝灭掉，反倒去帮助晋军呢？刘渊说：“要灭掉晋朝，还不是像摧枯拉朽一样容易，但是晋朝的百姓未必会向着我们。我看汉朝立国的年代最长，在百姓中影响大。我们的上代又是汉朝皇室的兄弟。现在汉朝亡了，我们用继承汉朝的名义，也许可以得民心。”大家听了，立刻表示赞同。于是，刘渊自称汉王。然后设置百官，以从祖父刘宣为丞相，经师崔游为御史大夫，宗室刘宏为太尉，建立汉国。

刘渊称汉王后，很快攻下了上党、太原、河东、平原等几个郡，势力越来越大。此后，又攻克了蒲阪（今山西永济县）、平阳（今山西临

★青瓷鸡首壶·西晋

★青瓷羊插座·西晋

汾市)据有河东全境。这时,中原起义的汲桑、王弥、石勒及鲜卑陆逐延等都纷纷归降刘渊,迅速在并州形成了各族人民共同反晋的巨大浪潮。

公元 308 年，刘渊正式称帝，迁都平阳(今山西临汾西南),国号汉。当年冬,刘渊派刘聪、刘曜、刘景率 5 万精骑进攻洛阳,西晋东海王司马越派参军孙询、将军丘光率兵拒阻。洛阳的老百姓虽然恨透腐朽的西晋王朝,但是也不愿受匈奴贵族的统治。所以刘渊两次进攻，都遭到洛阳军民的猛烈反击,只得无功而返。

公元 310 年，刘渊因病死去，他的儿子刘聪继位。派大将刘曜、石勒进攻洛阳。而此时,八王中最后的一个王——东海王司马越还在和一批大臣互相仇杀,晋朝留下的一点点兵力也差不多消耗殆尽。虽经洛阳的军民奋勇抵抗,但是毕竟寡不敌众。公元 311 年,洛阳城终于被攻陷,晋怀帝做了俘虏。一次,刘聪举行宴会,让晋怀帝穿着奴仆穿的青衣给大家斟酒,一些晋朝的遗臣看了，禁不住失声痛哭。刘聪为了“绝臣民之念”,便杀了怀帝。

晋怀帝死后,在长安的晋国官员拥立怀帝的侄儿司马邺即位,是为晋愍帝。公元 316 年,刘聪派兵攻下了长安。晋愍帝也遭到了怀帝同样的命运，在受尽侮辱后被杀。西晋王朝在勉强维持了 52 年后，终于灭亡。

西晋灭亡之后,北方的各族人民(主要是匈奴、鲜卑、羯、氐、羌五个少数民族,史称“五胡”)纷纷起义，他们中间的上层分子乘机起兵,雄霸一方,与刘汉分庭抗礼,前前后后一共出现十六个割据政权,历史上称为“十六国”(即“五胡十六国”)。

★青釉印花三兽足洗·西晋

★刘渊泥像

五胡十六国

五胡十六国亦称十六国(公元 304—439 年)，自西晋永兴元年(公元 304 年)成汉建立起至公元 439 年北魏灭北凉结束;南至今淮河,北至阴山,西至葱岭,东至海,东北至鸭绿江下游以北,西南至澜沧江以东,相继建立了多于十六个割据政权。入主中原的五个主要民族称为五胡,史称这一时期除中原主王朝以外的各个主要政权为“五胡十六国”。十六国时,国家分裂,连年战乱，给人民带来巨大痛苦。这个时期,由于中国北方地区战火纷飞,大大摧残了经济，同时影响了中国的民族、文化、政治、军事等发展走向——史称“五胡乱华”。但大批少数民族内徙又促成中国历史上民族大融合的出现,在中国作为多民族国家的发展过程中具有重要意义。五胡指匈奴、鲜卑、羯、氐、羌。十六国指前凉、后凉、南凉、西凉、北凉、前赵、后赵、前秦、后秦、西秦、前燕、后燕、南燕、北燕、夏、成汉。此外在十六国之外，还有代国、冉魏、西燕、吐谷浑等。共有 20 国。

★五胡十六国形势图

石勒读汉书

SHI LE DU HAN SHU

西晋灭亡后，镇守在建康（原名建业，今江苏南京市）的琅琊王司马睿，悉心听从南方士族王导的安排，拉拢了江南的一大批大家士族，又吸收了北方的人才，巩固了自己的地位。公元 317 年，司马睿被王导、王敦和北方流亡过来的旧官员拥立为晋皇帝，是为晋元帝。为了区别司马炎建立的晋朝，历史上把司马睿的统治时期称作东晋。

★晋元帝像

东晋建立的第二年，北方由匈奴建立的汉国国主刘聪病死，汉国内部同时发生分裂。刘聪的侄儿刘曜接替了国主的地位。他觉得用汉朝的名义并不能欺骗人民，在公元 319 年，改国号为赵，史称前赵。同年，汉国大将石勒在反晋战争中扩大了兵力，不愿再受刘曜的统治，也自称赵王，定都襄国（今河北邢台），史称后赵。

★鹦鹉螺杯·东晋

★青釉褐彩羊·东晋

石勒是羯族人，他家世代是羯族部落的小头目。年轻的时候，并州地方闹饥荒，他和部落失散了，曾经给人家做过奴隶、佣人。有一次，石勒被乱兵捉住，关在囚车里，正好他的囚车旁边有一群鹿跑过，乱兵纷纷去追捕鹿群，石勒才趁机逃走。

石勒受尽苦难，没有出路，就招集一群流亡的农民，组成了一支强悍的队伍。刘渊起兵以后，石勒投降汉国，在刘渊部下当了一员大将。

羯族人的文化比匈奴人要低。石勒从小没有像刘渊那样受过汉族文化教育，不识字。他担任大将以后，渐渐懂得要成大事业，光靠武力不行，还需文略。于是就依靠一个汉族士人张宾，颁制了许多政治措施。他还收留了一批北方汉族

石 勒

石勒（公元 174—333 年），幼时起名訇勒，后得字世龙。上党武乡（今山西榆社北）人。石勒祖先是匈奴族中羌渠部的后裔，在西晋初年归属武帝，与晋人杂居。他的父祖都是部落小帅，祖名耶奕于，父名乞翼加，又名周曷朱。石勒少年时有大志，14 岁时曾随本邑商人到洛阳贩卖物品，王衍惊异于他的声貌，认为此“胡雏”有奇志。他曾给郭敬、宁驱做佣工，但颇受高待，主仆交情甚好。起兵赵魏后，汲桑令他更姓为石，始名石勒。此后，石勒由羯族的部落小帅之子沦为汉族地主的耕奴，继而为将军，以至成为十六国时期后赵的皇帝。石勒称帝的经历和治国措施对封建社会的帝王，特别是少数民族建立的王朝产生过不小的影响。

★石勒塑像

★褐色点彩盘口壶·东晋

★杨府君神道柱·东晋

★青釉褐彩鸡首壶·东晋

中的贫苦的读书人，组织了一个“君子营”。

由于石勒骁勇善战，加上有了张宾一批谋士帮他出谋划策，石勒的势力日渐强大。公元329年，石勒在洛阳一战中消灭了前赵主力，第二年入关灭前赵，“秦陇悉平”。到此时，除辽东慕容氏，河西张氏以外，石勒统一了中国北部。以淮水为界，形成了与东晋南北对峙的形势。公元330年，石勒在襄国自称皇帝，仍定国号为赵。

石勒是受汉文化影响较深的杰出的少数民族帝王。他以汉族贤明皇帝为楷模，重视汉文化的继承和发扬。石勒自己没有文化，但是却十分重视读书人。他做了后赵皇帝后，命令部下，凡捉到读书人，不许杀死，一定要送到襄国来，让他自己处理。他听从张宾的意见，设立学校，要他部下将领的子弟进学校读书。他还建立了保举和考试的制度。凡是各地保举上来的人经过评定合格，就选用他们做官。

石勒喜欢读书人，还喜欢读书，但他自己认的字不多，就找一些读书人把书讲给他听，一边听，一边还随时发表自己的见解。有一次，他让人给他读《汉书》，听到有人劝汉高祖封旧六国贵族后代的历史，他就说：“唉！刘邦采取这样错误做法，还怎么能够得天下呢？”讲书的人马上给他解释：“后来由于张良的劝阻，汉高祖并没有这样做。”石勒点头说：“这才对啦。”

★石勒墓

石勒十分重视民族关系，他在征战中对汉士族礼贤下士。称王后，仍重用汉士族，令汉族士人张宾为大执法，总揽朝政。石勒还严禁部下提到“胡”字、“羯”字。一次，石勒的姐夫张越因戏言忤待他，他就令人把他杀了，虽贵为至亲也不肯饶恕。

但对臣下只要不是有意挑起和制造民族纠纷的却都能区别对待。有一天，汉族官员樊坦进宫朝见石勒的时候，穿了一身破破烂烂的衣服。石勒吃惊地问他：“你怎么穷到这步田地？”樊坦忘记了禁令，回答说：“刚刚碰到一批羯贼，把我的家当都抢了，家里连一件像样的衣服都没有了。”石勒知道他吃了亏，就安慰他说：“羯贼是因为你们当初太残暴，现在是来报复你们的。别当回事，我来替他们赔偿吧！”樊坦忽然想起了触犯了“讳胡”令，吓得浑身发抖，连忙向石勒请罪。石勒笑着说：“我这个禁令，是对付一般百姓的。你们这些老书生，我不怪你们。”说着，真的赔给樊坦一些衣服钱财，还赏给他一辆车，一匹马。

石勒虽有“讳胡”令，可是对忠于职守而犯令者不但不怪罪，反而奖赏，甚至能以帝王的尊严代同族承认过错。如此难得的品质正可以说明胡汉人民，特别是汉士族拥戴石勒的原因。另外，由于石勒重用人才，在政治上比较开明，得到了胡汉人民的共同拥戴，也使后赵初期出现了繁荣兴盛的景象。

祖逖中流击楫

ZU TI ZHONG LIU JI JI

自从西晋王朝灭亡，北方的黄河流域便成为各少数民族的逐鹿之地。此间，北方的许多士族和百姓避难逃往南方。公元 311 年 6 月，祖逖也被迫带着亲族宗党几百家南下淮泗(今江苏徐淮地区)。一路上大家风餐露宿，历尽艰辛，祖逖主动把车马让给老弱病残，又把粮食、衣物和药品分给别人。他和大家同甘共苦，还常常想办法，解疑释难。大家既感激他，又敬佩他，一致推举他担任流亡队伍的“行主”(首领)。

到了泗口（今江苏清江市北）时，祖逖手下已经聚集了一批壮士，他们都是背井离乡的北方人，希望祖逖带领他们早日恢复中原。当时，司马睿还没有即皇帝位。祖逖渡江到建康，劝琅琊王司马睿说：“晋朝大乱，主要是由于皇室内部自相残杀，使胡人乘机攻进了中原。现在中原的百姓遭到胡人残酷迫害，人人都想要起来反抗。只要大王下令出兵，派我们去收复失地，那么北方各地的百姓一定会群起响应。”

司马睿并没有恢复中原的打算，但是听祖逖说得有道理，也不好推辞，勉强答应他的请求，派他做豫州（在今河南东部和安徽北部)刺史，拨给千余人吃的粮食和 3000 匹布，由其自募将士，自造兵器。

祖逖带着随同他一起来的几百乡亲，组成一支队伍，横渡长江。船到江心的时候，祖逖拿着船桨，在船舷边拍打(即“中流击楫”)，并向大家发誓说：“我祖逖如果不能扫平占领中原的胡人，决不再过这条大江。”他的激昂的声调和豪壮的气概，使随行的壮士个个感动，人人激奋。

★中流击楫

★祖逖雕像

到了淮阴，他们停下来一面制造兵器，一面招兵买马，招募流散的西晋兵将，聚集了两千多人，然后进驻雍丘(今河南杞县)。当时，河南地方有很多零散的武装，他们或相互攻击，或依附于石勒和晋朝之间。祖逖利用他们摇摆不定，无所适从的时机，派人招抚，共同抵抗石勒，攻克了谯城(今安徽亳州)。陈留地方的豪强地主陈川组织的一个比较大的地方武装，经常率众大掠豫州诸郡，被祖逖设伏击溃，将被其所掠子女财物各归原主，祖逖和他的队伍由此深得百姓的拥护。

公元 319 年，陈川投降后赵国主石勒，祖逖决定发兵进攻陈川。石勒派兵 5 万援救，被祖逖打得大败。接着，后赵的将领桃豹和祖逖的部下韩潜又争夺蓬陂(在河南开封市附近)城。战斗了 40 天，双方相持不下，而彼此的军粮也都发生了困难。

有一天，祖逖命 1000 多名兵士扛着装满了泥土的布袋子，运到了晋营，装作运粮的样子。最后又派了几个兵士扛着几袋米，运到半路上，故意停下来休息。桃豹在赵营内看到晋兵运来那么多的米，自然眼红，就趁晋兵休息的时候，派了大批兵士来抢。晋兵丢下米袋就逃。赵营里早已断了粮，抢到了一

★双体舫船·东晋（据顾恺之《洛神赋图》复原）

点米，也仅能维持几天，但是大家看到晋营里军粮那么充足，军心马上开始动摇，见此情景，桃豹赶快派人向石勒求救。过了几天，石勒派人赶着1000头驴子装运了粮食来接济桃豹，但祖逖早就得到情报，他在路上设下伏兵，把接济的粮食全部截夺下来。桃豹的兵将再也无法坚持，连夜放弃了阵地。

祖逖领导晋兵艰苦斗争，收复了黄河以南的全部领土，后赵的兵士陆续向祖逖投降。晋元帝即位后，因为祖逖功劳大，封他为镇西将军。

祖逖军纪严明，自奉俭约，不畜资产，劝督农桑，发展生产，深得百姓爱戴。同时，他礼贤下士，即使是跟自己关系疏远和地位低下的人，他也同样热情地对待。有一次，祖逖举行宴会招待当地父老，人们高兴得又是唱歌，又是跳舞。有些老人流着眼泪说："我们都老了，今天能够在活着的日子里看到亲人，死了也可以闭上眼睛了。"由此可以看出当地百姓对他的爱戴和敬仰。

祖逖一面操练士兵，一面扩大兵马，预备继续北伐，收复黄河以北的国土。正当他营缮虎牢（今河南荥阳汜水镇）关，秣马厉兵，积蓄力量，准备向北岸推进时，东晋王朝内部矛盾激化，王敦擅政，元帝猜疑。公元321年，晋元帝司马睿怕祖逖势力太大了不好控制，派戴渊来当征西将军，统管北方六州的军事，叫祖逖归他指挥。祖逖忧虑王敦和东晋政权对立，内乱爆发，北伐难成，当年9月，祖逖含恨离开了人世，他收复的土地又被石勒攻占。豫州的男女老少听到祖逖去世的消息，像死了自己的亲人一样伤心。

祖逖领导的北伐虽然没有完全取得胜利，但打击了胡人气焰，使东晋王朝统治得以巩固。他为国献身的精神，长留青史，他那中流击楫的英雄气概千百年来一直受到人们的赞美和传诵。

★亲赵侯印·东晋

闻鸡起舞

祖逖（公元266—321年），字士稚，晋代范阳遒县（今河北省涞水县）人，他从小死了父亲，依靠哥哥抚养长大。由于性格豪放，不受拘束，到十四五岁时还不肯好好读书。后来，祖逖感到自己这样下去没有什么出息，就检点行为，认真读书。几年里，他不但博览群书，而且经常到京城洛阳去寻师访友，探讨学问，增长了许多知识和才能，渐渐受到人们的称赞。

过了几年，祖逖移居阳平（今山东莘县），后来和名士刘琨一起到州里去做主簿。两人志趣相投，白天同赴州府办公，晚上合盖一条被子睡觉，关系十分亲密。每到深夜，一听见喔喔的鸡啼声，两人就起来舞剑，一直舞到东方发白。从此，"闻鸡起舞"就成了他们每天必修的功课。功夫不负有心人，经过长期的刻苦学习和训练，他们最终成了文武全才的东晋将领。

★闻鸡起舞

王羲之写字换鹅

WANG XI ZHI XIE ZI HUAN E

东晋时期，由于士族王导、王敦帮司马睿登上了帝位，从此晋元帝司马睿便把王氏兄弟奉若神明，王家的子弟亲族，也都谋得了大小的职位。不过，那些靠王导和王敦而谋求的官员，靠的是投机钻营，大多都庸庸碌碌，只有他们的侄子王羲之才堪称是光耀门庭的人物。

王羲之从小喜爱写字。7 岁那年，拜女书法家卫铄为师学习书法。王羲之临摹卫书一直到 12 岁，虽已不错，但自己却总是觉得不满意。为了练好书法，他每到一个地方，总是跋山涉水四下拓历代碑刻，积累了大量的书法资料。他在书房内、院子里、大门边，甚至厕所的外面，都摆着凳子，安放好笔、墨、纸、砚，每想到一个结构好的字，就马上写到纸上。他在练字时，凝眉苦思，以至废寝忘食。经过勤学苦练，王羲之的书法达到了很高的水平。

因为王羲之出身于士族，加上他的才华出众，朝廷中的公卿大臣都推荐他做官。他做过刺史，也当过右军将军(人们也称他王右军)。后来又在会稽郡做官。他不爱住在繁华的京城，见到会稽风景秀丽，非常喜爱，一有空闲便和他的朋友们一起游览山水。公元 353 年农历三月初三，王羲之和其好友谢安等 12 人在山阴(今浙江绍兴)兰亭举行“祓禊”之会，饮酒赋诗，各抒情怀，汇为《禊帖》。王羲之满怀激情，笔走龙蛇，为本诗集写了序文，这就是光照千古的《兰亭序》。此帖表现了王羲之书

★王羲之洗砚池

★王羲之故居

★王羲之像

王羲之

王羲之（公元 303—361 年），字逸少，号澹斋，原籍琅琊临沂(今属山东)，后迁居山阴(今浙江绍兴)。东晋伟大的书法家，被后人尊为“书圣”。他的家族是晋代屈指可数的豪门大士族。祖父王正为尚书郎，父亲王旷为淮南太守，曾倡议晋室渡江，于江左称制，建立东晋王朝。王羲之的伯父王导更是名闻于世，是东晋的丞相，而他的另一位伯父王敦是东晋的军事统帅。琅琊王氏在东晋可谓权倾一时，炽盛隆贵。

王羲之因为这样的出身，一出仕便为秘书郎，后为庾亮的参军，再迁宁远将军、江州刺史，最后做到右军将军、会稽内史，所以人们又称他为“王右军”。他的儿子王献之书法也很好，人们称他们父子为“二王”。

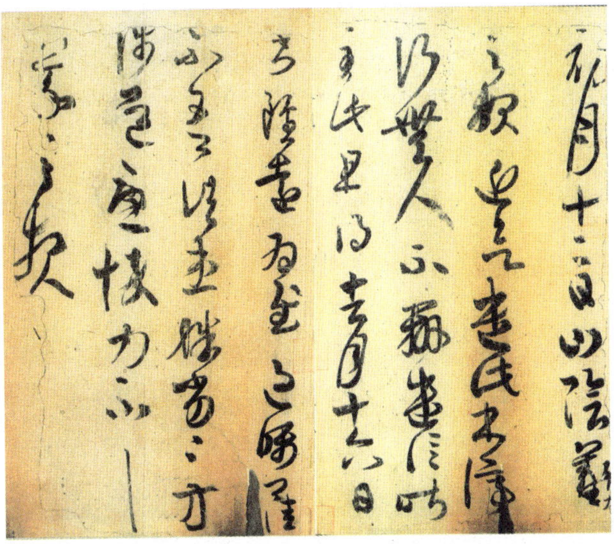

★王羲之《初月帖》

法艺术的最高境界。在用笔上有藏有露，侧笔取势，遒媚劲健，自然精妙。结体上变化多姿，匠心独运，文中20多“之”字，7个“不”字，虽重复出现，却无雷同。章法上则疏密斜正，大小参差，敛放揖让，承接呼应，均极为奇谲。古人称王羲之的行草如“清风出袖，明月入怀”，堪称绝妙的比喻。可惜这件书林瑰宝，被唐太宗作为殉葬品，埋入昭陵，从此真迹永绝于世。

王羲之的书法越来越有名。当时的人都把他写的字当宝贝看待。有一次，王羲之到一个村子里去。有个老婆婆拎了一篮子六角形的竹扇在集上叫卖。那种竹扇很简陋，没有什么装饰，引不起过路人的兴趣，看样子卖不出去了，老婆婆十分着急。

王羲之看到这情形，很同情那位老婆婆，就上前跟她说：“你这竹扇上没画没字，当然卖不出去。我给你题上字，怎么样？”老婆婆不认识王羲之，见他这样热心，也就把竹扇交给了他。王羲之提起笔来，在每把扇面上龙飞凤舞地写了五个字，还给了老婆婆。

老婆婆不识字，觉得他写得很潦草，很不高兴。王羲之安慰她说：“别急，你只告诉买扇的人，说上面是王右军写的字，就能将扇子卖掉，说不定还能卖个好价钱哩！”王羲之一离开，老婆婆便照他的话向过路的人招揽生意，还故意抬高声音说：“快来看呀！这扇子上有王右军题的字。”集市上有人认识是王羲之的笔迹，便都争抢着来买。一会儿的功夫，一篮竹扇就卖光了。

★王羲之半身塑像

许多艺术家都有各自的爱好，有的爱种花，有的爱养鸟。但是王羲之却有他特殊的癖好，不管哪里有好鹅，他都有兴趣去看，或者把它买回来玩赏。他认为养鹅不仅可以陶冶情操，还能从鹅的某些体态姿势上领悟到书法执笔、运笔的道理。有一天清早，王羲之带着儿子王献之乘一叶扁舟游历绍兴山水风光，船到县禳村附近，只见岸边有一群白鹅，摇摇摆摆的模样，特别招人喜爱。王羲之看得出神，不觉对这群白鹅动了爱慕之情，便想把它们买回家去。养鹅的是一位道士，他笑着说：“既然王公这样喜爱，就用不着破费，我把这群鹅全部送您好了。不过我有一个要求，就是请您替我写一卷经。”

王羲之听道士只有这一个要求，便毫不犹豫地答应了他，于是父子俩兴高采烈地将那群鹅带回了家。

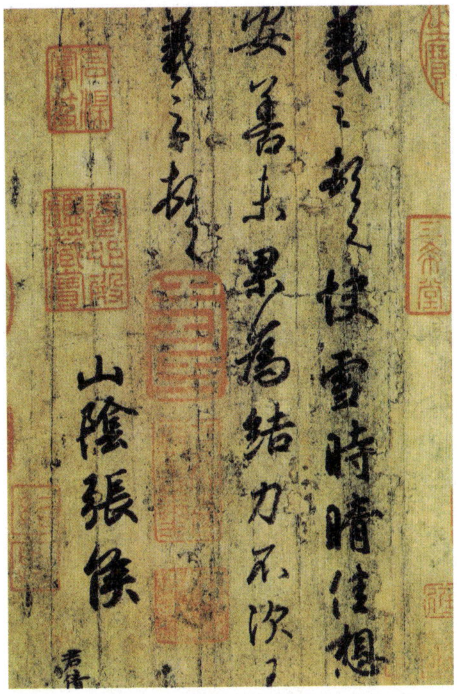

★王羲之《快雪时晴帖》

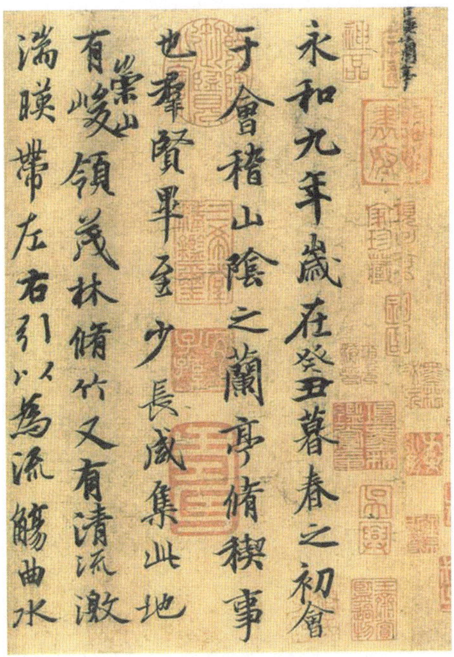

★王羲之《兰亭序》

王猛扪虱谈天下

WANG MENG MEN SHI TAN TIAN XIA

东晋初年，南方在东晋的统治下相对安宁，而北方却十分混乱，那时在北方的分别有匈奴、羯、氐、羌、鲜卑5个少数民族与汉族先后割据称王，与东晋分庭抗礼，形成了中国有史以来最大的分裂。东晋政权为了统一北方各地，曾先后派祖逖、桓温组织了两次北伐。不过，由于东晋政权内部有一部分大臣对北伐有抵触情绪，北伐时的军队、武器、粮草都没有很好地得到协调，使这两次北伐均无功而返。

★王猛斥责樊世

自公元349年，后赵国主石虎(石勒之子)死之后，后赵内部发生了大乱，后赵大将冉闵称帝，建立了魏国，历史上称为冉魏；鲜卑族贵族慕容皝建立的前燕又灭了冉魏。公元352年，氐族贵族苻健也乘机占领了关中，建立了前秦。公元355年，前秦的皇帝苻健病死，他的儿子苻生是一个十分残暴的人，很快就被他的堂兄弟苻坚推翻。

苻坚是前秦王朝中一个有作为的皇帝。他在即位以前，就广罗贤士，搜聚人才，接纳了贤士王猛。

王猛是个穷书生，从小家里很贫困，靠卖畚箕过活，但他喜欢读书，学问渊博。当时关中士族嫌他出身低微，瞧不起他，他毫不在乎。有人曾经请他在前秦的官府里做小官吏，他不肯去，索性在华阴山隐居了下来。

桓温北伐时曾打进关中，特地在灞上招见王猛。王猛与之“扪虱而谈”(边谈话边用手捉虱子)。王猛把南北双方的政治军事形势分析得一清二楚，见解十分精辟，说话条理明晰，而且触及问题时一针见血，当时即指出桓温为保存实力而不主动去攻打长安城的心疾。对此，桓温不得不暗暗佩服，并再三邀请王猛一起南下，还封他一个比较高的官职。王猛知道东晋王朝的内部矛盾很大，拒绝了桓温的邀请，仍旧回到他的华阴山隐居。

★青釉八系盘口壶·东晋

★青釉褐斑鸡首壶·东晋

这次，苻坚派人来请王猛，两个人一见如故，谈起历史上兴亡大事，见解完全吻合。因而王猛欣然出山，苻坚高兴得像刘备请到了诸葛亮一样。

苻坚即位后，自称大秦天王。王猛成为他最亲信的大臣，一年里被提升五次，一时权倾朝野。当时，王猛只有36岁，年纪轻，又是汉人，前秦的氐族老臣见到苻坚这样信任王猛，都有几分忌恨。有个氐族大臣樊世，是跟着苻健一起打下关中的。有一次，他见到王猛，很生气地骂他：“我们与先帝共兴大业，共创江山，却没有得到像你这样大的权力，你没立尺寸之功，为什么占据高位？我们耕种好土地，你倒来吃白饭！”

王猛也顶了他一句说：“你们不但要耕种，还要给我做饭吃呢！”樊世听了，立刻火冒三丈，他指着王猛说：“我不把你的头割下来挂在长安城头上，我誓不为人。”隔了几天，樊世和王猛在苻坚面前又争论起来，樊世当着苻坚的面，想打王猛。苻坚觉得樊世闹得有些过分，生气地对臣属说：“必须杀了他，才能消除一些臣子的傲气！”于是，下令把樊世处死。从此以后，氐族官员再不敢在苻坚面前说王猛的坏话了。

王猛受苻坚的信任，帮助苻坚镇压豪强，整顿朝政。由于执法严格，惹怒了氐族豪强，他们纷纷联名弹劾王猛。苻坚暗地提醒王猛说：“上任时间不长，就杀了很多人，是不是过于严酷了？”王猛说：“国宁应以礼治，国乱应以法治。现在不狠杀几个奸滑的人，等到以后，他们的影响力越来越大，就难以控制了。”苻坚觉得他说得非常有道理，便放手让王猛独自处理朝政。

起初，王猛在兼任京兆尹之前，便得知太后的弟弟、光禄大夫强德酗酒闹事，强抢人家财物和妇女。王猛一到任，就逮捕了强德。太后派人求苻坚赦免，等到苻坚派人来宣布赦免强德时，王猛早已把强德处决了。并在任后的几十天里，长安的权门豪强，皇亲国戚，被处死、判刑、免官的十多人。朝廷官员大为震惊，豪强贵族再也不敢胡作非为，一时京城秩序大变，施政通畅了起来。

经过王猛十余年尽心竭力的治理，前秦的国力越来越强大，先后灭掉了前燕、代国和前凉三个小国，统一了黄河流域地区。

公元375年，王猛得了重病，苻坚去探望他。王猛恳切地对苻坚说：“东晋虽然远在江南，但是它继承晋朝正统，而且现在朝廷内部相安无事。我死之后，陛下千万不要去进攻晋国。我们的敌手是鲜卑人和羌人，留着他们总是后患。一定要把他们除掉，才能保障秦国的安全。”言毕遂终。苻坚十分痛心，又因感念王猛的才华和功绩，他下令按西汉时期安葬霍光的礼仪隆重安葬了王猛。

★东晋和十六国形势图

王猛

★王猛像

王猛（公元325—375年），字景略，晋北海（今山东省寿光县东南）人。王猛英俊魁伟，雄姿英发，为人谨严庄重，深沉刚毅，气度弘远，对琐细之事略不关心，更不屑于与俗人打交道，因而时常遭到浅薄浮华子弟的轻视和耻笑。王猛却悠然自得，从不计较。徐统在后赵为官时曾召他为史，他避而不应，隐居在华阴山，静观时势而后动。

公元354年，东晋桓温北伐，击败了前秦苻健以后，驻军灞上（今陕西西安东），关中父老争相携酒犒劳，男女夹路聚观。王猛也身穿麻布短衣，前往大营求见。在大庭广众面前，王猛一面扪捉虱子，一面与桓温纵论天下大事，旁若无人。桓温暗暗称奇，问道：“我奉天子之命，率10万精兵讨伐逆贼，为百姓除害，可是关中豪杰却无人前来效劳，这是为甚么？”王猛答道：“阁下不远千里深入寇境，长安已近在咫尺，却不渡过灞水，大家都摸不透阁下的心思，所以无人前来。”一句话触到了桓温的心病，一时竟无言以对。沉默了好久，桓温才说道：“江东没有一个人比得上您的才干。”不久，桓温决定退兵。临行前，他向王猛赠送了华贵的车马，又授予高官，邀请王猛一起南下，被王猛拒绝了。后被前秦王苻坚重用，辅前秦灭前燕、代国和前凉，一统黄河流域，立奇功，位居前秦丞相。

秦晋淝水之战

QIN JIN FEI SHUI ZHI ZHAN

王猛死后没几年，苻坚便忘记了王猛临死留下的忠告，不仅对鲜卑人、羌人和从前燕投奔来的鲜卑贵族慕容垂和羌族贵族姚苌十分依赖和信任，还把东晋当作唯一的敌人，试图将东晋灭掉。

公元378年，苻坚派他的儿子苻丕和慕容垂、姚苌等带了10余万大军，分兵几路进攻东晋的襄阳，遭到了襄阳守军朱序的坚决抵抗。前秦兵花了将近一年的时间，才把襄阳攻了下来，损失了很多将士。

接着，苻坚又派兵十几万从襄阳向东进攻淮南。东晋守将谢石、谢玄率领水陆两路抗击，秦兵被打得一败涂地。

公元382年10月，经过几年的准备，苻坚认为时机成熟，决心要报上次进攻淮南的败军之仇，再度发兵攻晋。他在太极殿召集大臣时说："我继承王位到现在已快三十年，各地的势力差不多都平定了，只有盘踞在东南的晋国，还不肯降服。现在，我们有87万精兵，我打算亲率兵马去讨伐晋国，你们认为怎么样？"大臣权舆说："晋国虽然弱小，但是他们的国主还没犯什么大错，手下还有像谢安、桓冲那样的文臣武将，加之有长江作为天然屏障，咱们要大举攻晋，恐怕没有多少胜算。"

★陶牛车·东晋

苻坚听了权舆的话，不屑地说："哼，长江天险有什么了不起！我们的军队那么多，'投鞭于江，足断其流'，他们还能拿什么来做屏障。"大臣们见苻坚态度坚决，没人敢再进言。这时，苻坚的弟弟苻融凑近苻坚说："我看攻打晋国的确有许多困难。再说，我军连年打仗，兵士们也已经精疲力乏，不想再打。今天这些反对出兵的，都是陛下的忠臣。希望陛下采纳他们的意见。"

苻坚没料到苻融也会反对他，马上沉下脸说："连你也会说出这种丧气的话来，真叫人失望。我有精兵百万，兵器、粮草堆积如山，要打下晋国这样残余敌人，哪有不胜的道理。"苻融见苻坚要一意孤行，苦苦劝谏说："现在要打晋国，不但没有必胜的希望，而且京城里还有许许多多鲜卑人、羌人、羯人。陛下离开长安远征，要是他们起来叛乱，后悔可就来不及了。陛下不要忘记王猛临终前讲的一番话啊！"

★秦晋淝水之战

苻融的话确实让苻坚沉静了下来，终究没有立即攻晋。可没过多长时间，京兆尹慕容垂进宫求见，苻坚要慕容垂谈谈他的看法。慕容垂说："强国吃掉弱国，大国并吞小国，这是自然的道理。像陛下这样英明的君王，手下有雄师百万，满朝是良将谋士，要灭掉小小晋国不在话下。陛下只要自己拿定主意就是，何必去征求许多人的意见呢。"

经过慕容垂的怂恿，苻坚决意起兵。他的妃子张夫人知道这件事后，劝他不要偏听偏信，要听大多数臣子的意见。他最宠爱的小儿子苻铣也劝苻坚说："皇叔（指苻融）是最忠于陛下的，陛下为什么不听他的话？"苻坚却冷淡地说："打仗的事，不是小孩子该管的事情，以后不要多言！"

苻坚拒绝了大臣和亲人的劝说，决心孤注一掷。公元383年8

★淝水古战场石碑

月，苻坚以苻融、慕容垂为先锋，封姚苌为龙骧将军，并亲自带领 87 万大军，浩浩荡荡开出了长安。一个月后，苻坚主力到达项城（今河南项城），益州的水军也沿江顺流东下，黄河北边来的人马也到了彭城（今江苏徐州市），形成了从东到西 1 万多里长的战线。

百万前秦大军压境，主持东晋朝政的谢安却临危不乱，处置有序。他命尚书仆射谢石为征虏将军、征讨大都督，徐、兖二州刺吏谢玄为前锋都督，率军 8 万抵御秦军。

谢安派出的将领胡彬，率领水军沿着淮河向寿阳进发。在路上，他得知寿阳已经被前秦的前锋苻融攻破，胡彬只好退到硖石（今安徽凤台西南）扎营，等待谢石、谢玄的大军会合。

苻融占领寿阳以后，又派部将梁成率领 5 万人马进攻洛涧（在今安徽淮南东），截断了胡彬水军的后路。晋军被围困起来，军粮一天天少下去，情况十分危急。胡彬派出兵士偷偷送信给谢石告急，说："现在敌人来势很猛，我军粮食不多，恐怕没法跟大军会合了。"

送信的晋兵偷越秦军阵地的时候被秦兵俘获，这封告急信落在苻融手里，苻融立刻派快马到项城去告诉苻坚。苻坚得到秦军前锋一连的捷报，更加骄傲起来，他把大军留在项城，亲自率领 8000 名骑兵赶到寿阳。

为了赶在先秦军主力到达之前消灭苻坚、苻融和其前锋，晋军前锋谢玄派将军刘牢之率精兵 5000 于当年 11 月间攻击先秦军梁成部。晋军奋力渡河，激战中，斩梁成及其弟梁云，又切断先秦军退路。先秦军争相溃逃，被砍杀和溺水死亡共计 1.5 万人。处于兵力劣势的晋军因首战告捷而士气大振，便一鼓作气，径逼淝水（今淝河，在安徽寿县南）东岸，把人马驻扎在八公山边，和驻扎寿阳的先秦军隔岸对峙。

苻坚、苻融登上寿阳城，见对岸晋军排列有序、整退不乱，又望见八公山的草木动摇，以为全是晋兵，便面有惧色。其实，八公山上并没有晋兵，不过是苻坚心虚眼花，把八公山上的草木都看作是晋兵了（即"草木皆兵"）。苻坚心虚地对苻融说："这确实是强大的敌人啊！怎么能说他们弱呢？传命严加防守，无令勿战！"

谢玄知道先秦军是在等待主力，怕如此拖延下去，会对晋军不利，于是便想出一个办法。他派人给苻坚送去一封信，信中说："你们带了大军深入晋国的阵地，现在却在淝水边摆下阵势，按兵不动，这难道是想打仗吗？如果你们能把阵地稍稍往后撤一点，腾出一块地方，让我军渡过淝水，双方就在战场上比一比输赢，这才算有胆量呢！"先秦将领认为自家兵多，应扼其渡水，阻其登岸。但苻坚、苻融却以为这是绝好的战机，计划等晋兵在渡过一半时，用骑兵截杀晋军。

谢石、谢玄得到苻坚同意后撤的回应，迅速整顿好人马，准备渡河进攻。与此同时，苻坚一声令下，秦军开始后撤。按原计划，他们本来是想撤出一个阵地就回过头来总攻。没料到许多秦兵一半由于厌恶战争，一半由于害怕晋军，一听到后撤的命令，撒腿就跑，再也不想停下来了。先秦军一溃千里，晋军降将朱序趁机大喊："秦兵败了，秦兵败了！"先秦军只当是真，便都争相逃命。谢玄率领 8000 多骑兵，趁势飞快渡过淝水，向秦军猛攻。

苻融催马进入本部军阵，欲阻止秦兵的盲目退却，却因马倒被杀。苻坚被裹在乱军之中，他气急败坏地挥舞着剑，想阻止士兵撤退，但秦兵像潮水般地往后涌退，已经按压不住。苻坚看到情况不

★八公山景区

★草木皆兵

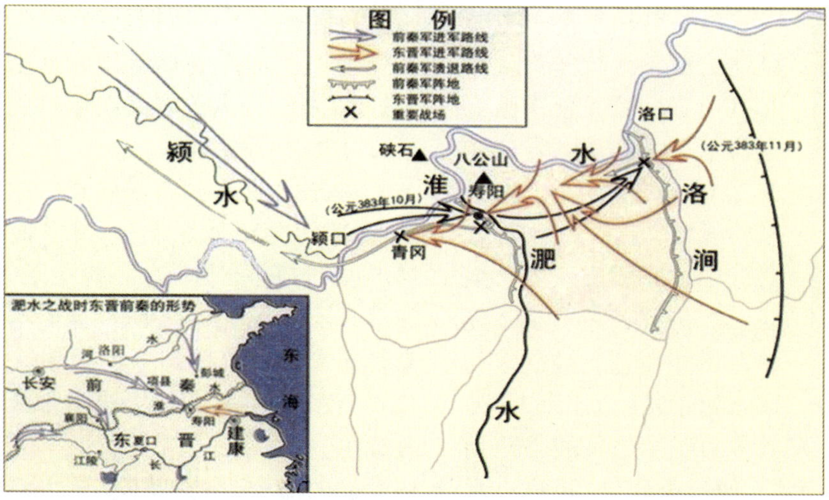

★淝水之战进军路线图

妙，只好骑上一匹马拼命逃走。不料，一支流箭飞来，正好射中他的肩膀。苻坚顾不得疼痛，继续催马狂奔。晋军乘胜追击，秦兵没命地溃逃，被挤倒的、踩死的兵士满山遍野。那些逃脱的兵士，一路上听到风声和空中的鹤鸣声(即“风声鹤唳”)，也当作东晋追兵的喊杀声，吓得不敢停下来。及至苻坚逃回洛阳时，所带的兵将仅剩 10 余万人。

谢石、谢玄收复了寿阳，派飞马往建康送捷报。这一天，谢安正跟一个客人在家里下棋。他看完了谢石送来的捷报，不露声色，随手把捷报放在床上，照样下棋。

客人知道是前方送来的战报，忍不住问谢安说：“敢问老丞相，战况如何？”谢安平心静气地告诉他说：“孩子们到底把秦人打败了。”客人听了，顾不得礼数，当即起身，孩子般地跑出谢府，还一路高喊：“寿阳大捷！寿阳大捷啦！”谢安送出客人后，兴奋心情再也按捺不住，他踉踉跄跄跨过门槛，连脚上的木屐都踢坏了。

淝水之战，晋军以少胜多，保住了自己的半壁江山，为江南地区社会经济的恢复和发展提供了必要的契机，也让一时强大的前秦大丧元气，苻坚的精兵强将几乎损失殆尽。不过，表面归顺前秦的慕容垂的兵力却丝毫没受到损失。不出王猛所料，在苻坚进攻东晋战败后不久，鲜卑族的慕容垂和羌族的姚苌就背叛了前秦，于公元 384 年各自建立了新的国家——后燕和后秦，苻坚本人也被姚苌所杀。

★苻坚墓

谢 安

谢安（公元 320—385 年），字安石。是陈郡阳夏（今河南太康）人，出身士族，年青的时候，跟王羲之是好朋友，经常在会稽东山游览山水，吟诗谈文。他在当时的士大夫阶层中名望很大，大家都认为他是个挺有才干的人。但是他宁愿隐居在东山，不愿做官。有人推举他做官，他上任一个多月，就借故卸任。当时在士大夫中间流传着一句话：“谢安不出来做官，叫百姓怎么办？”公元 360 年，谢安担任东晋司马一职。公元 373 年，他以自己的沉着冷静阻止了大将桓温篡权的阴谋。公元 383 年，苻坚率领百万大军，意图吞灭东晋，谢安以征讨大都督的身份负责军事，最终淝水一战击败苻坚，并由此诞生了“小儿辈遂已破贼”与“不觉屐齿之折”的故事。

由于谢安到了 40 多岁的时候才重新出来做官，又因为谢安长期隐居在东山，所以后来把他重新出来做官这件事称为“东山再起”。

★谢安墓

孙恩、卢循起义

SUN EN LU XUN QI YI

东汉人张陵创立符箓道教，因为入道的人必须交纳五斗米，所以又叫五斗米道。他奉老子为教主，依据《太平经》造作道书，假借鬼神符箓以聚徒惑众，以符水为人治病。这种道教一直在民间流传着，到魏晋时期，又在世族人士中流行起来。琅邪、吴郡、会稽等滨海地区，就是五斗米道的根据地。晋安帝隆安三年(公元399年)，三吴八郡地区爆发的孙恩、卢循起义，就是利用五斗米道聚众而起的。

★瓯窑虎形灯座·东晋

西晋末年，琅邪孙氏南渡，孙恩的叔父孙泰曾经拜钱塘人杜子恭为师。据说杜子恭有秘术，一次他向人借了一把瓜刀，主人去讨还这把刀时，杜子恭说："自然会马上送还的。"主人乘船离去，走到嘉兴时，忽然有一条鱼跃入船中。等回家剖开鱼腹准备烹食时，却发现鱼腹中藏着自己那把瓜刀，他认为这一定是杜子恭的秘术。这个事情一传开，杜子恭就更加被神化了。杜子恭死后，孙泰成为教主。此人狡黠浮滑，经常依靠所谓秘术诓诱百姓，那些愚迷的信徒为了求得福庆，纷纷竭尽财产，进奉教主，甚至把女儿贡献给这位神人。连会稽王司马道子的儿子司马元显也受其迷惑，多次向他求问秘术。

★女陶俑·东晋

隆安二年(公元398年)，王恭起兵时，孙泰认为东晋王朝已经衰微，便借机煽动百姓，私聚徒众，迅速在三吴地区发展自己的势力。朝廷惧怕孙泰作乱，便下令杀死了孙泰及其子孙，只有孙泰哥哥的儿子孙恩逃入了海岛。信徒们都传说孙泰蝉蜕登仙了，时常接济孙恩食物。孙恩纠集了100多名信徒，准备伺机报复。

隆安三年(公元399年)，执政的司马元显想建立一支由他亲自掌握的军队，下令征调江南诸郡以奴隶身份放免而来的佃客，即号为"乐属"的人们，移置京师建康，充当兵役。这件事引起了这一带民心骚动，人情怨怒。这就成了孙恩聚

北府兵之建

宁康元年(公元373年)，谢安继桓温执掌东晋朝政后，"镇以和靖，御以长算"，深得朝野拥护，又以不大干涉下游事权的桓冲为荆州都督，执掌上游大权，使东晋内部相对安定。为了加强中央的军事力量以抗衡上游，也为了对付国力强盛并且时刻企图南下消灭东晋的前秦，谢安于太安二年(公元377年)用兄子谢玄为兖州刺史、领广陵相，监江北诸军事，让他组建一支新军。谢玄上任后，积极招募新兵，当时集中在京口(今江苏镇江)一带的北方侨户纷纷应募入伍。这支新军驻在京口，当时称京口为北府，因而称北府兵。这支不过十万人的军队，由于士兵来源于北方侨民，他们渴望收复中原，经过一段时期的严格训练，很快就成为一支骁勇善战的精锐军队。北府兵在东晋对外战争中，发挥了重大的作用。

★黑釉敞口槽流壶·东晋

众而起的导火线。孙恩利用了民众的怨怒情绪，率党徒从海岛登陆，杀死了上虞令，接着攻入会稽(今浙江绍兴)，杀死了会稽内史王凝之，于是吴、吴兴、义兴、临海、永嘉、东阳、新安连同会稽共八郡的民众同时起兵，杀死地方官，响应孙恩，使居住在东土的世族势力受到了严重打击。此外，建康附近不少的民众也相继起兵。不到一个月时间，孙恩已聚众数十万。这下朝廷震惊了，急忙内外戒严，并派遣卫将军谢琰和镇北将军刘牢之前往讨伐。

★孙恩脱逃

起初孙恩占据会稽，自称征东将军，号其党徒为“长生人”。他看到八郡同时响应，很得意地对部下说：“天下不再有事了，我应该和诸位穿上朝服，到建康去！”不久，听说刘牢之已接近了长江，孙恩又说：“我割据浙江以东，还不失作越王勾践。”等到刘牢之引兵渡江了，孙恩沉不住气了，想起了曹操被周瑜所败时说的一句话：“孤不羞走。”连忙驱赶男女20多万口东走，沿途丢弃了许多宝物和子女。有的妇女背着孩子行走不便，他就命令她们将婴孩装入囊簏（竹箱）中，投入水里，口中念念有词：“祝贺你先登仙堂，我随后就来寻你。”刘牢之的军队追来时，看到遍地宝物，灿丽耀目，就竞相收敛，顾不上追击了。孙恩这才脱身，再次逃入海岛。

★孙恩领导的起义

孙恩逃入海岛后，东晋用谢琰为会稽内史、都督会稽五郡军事，率徐州部众镇守东土。谢琰是北府兵的名将，在淝水之战中打过胜仗，所以十分自负，根本不把孙恩放在眼里，也不设武力防备。诸位将领都来劝谏：“孙贼在海浦，伺机而动，应该有所防备。”谢琰不以为然，大言不惭地说：“苻坚有百万之众，还在淮南送死呢！孙恩小贼，败死入海，怎能复出？如果他真的出来，就是老天要灭他了！”隆安四年(公元400年)五月，孙恩果然从浃口(今浙江甬江)登陆，入余姚(今浙江余姚)，破上虞，到达会稽。谢琰得知消息时还没吃早饭呢，他坦然地说：“应当先灭此贼，然后再吃饭。”说罢亲自骑马出战。不料他的士兵毫无准备，一战即溃，谢琰也被帐下都督张猛杀死了。消息传入建康，朝廷大为震惊，连忙派出几员大将出战，又将孙恩赶入了海岛。接着派北府兵的另一名将刘牢之继谢琰为都督会稽五郡军事，屯上虞。刘牢之命令参军刘裕戍守句章(今浙江宁波)，吴国内史袁山松在沪渎(今上海一带)筑垒，在沿海地区防御孙恩的攻击。这样北府兵的大权就全部落入了刘牢之、刘裕等寒族出身的将领手中。王、谢大族的权力从此大为衰落了。

隆安五年(公元401年)春天，孙恩又率兵从浃口登陆，先是攻打句章，被刘牢之打败。孙恩又北趋海盐(今浙江海盐)，攻打刘裕。刘裕在海盐修筑城堡，抵御孙恩。当时城中兵少，孙恩势众，不易久战，刘裕便想出一条计策。到了夜间，刘裕命人收起城上的战旗，在城门两旁潜伏精锐士兵。第二天早晨打开城门，嘱咐几个老弱残兵在城上晃动。孙恩探知城中空虚，就驱兵攻城。兵临城下，见到城门大开，孙恩十分诧异，向城上厉声问道：“刘裕在哪里？”城上的残兵回答：“昨夜已经带兵出走了！”孙恩信以为真，当即命令士兵入城。士兵情绪高昂，争相入城。忽然听到一声战鼓，城门左右杀出两路伏兵，横竖砍杀，孙恩的人马损失大半。孙恩知道中了圈套，连忙撤兵，转向沪渎，刘裕也弃城追击而去。刘裕一路上边打边走，伤亡也很多。孙恩的人马忽然兜头杀来，刘裕见此情形，索性跳下马来，命令部下去脱死人的衣服，故意做出闲暇无事的样子。起义军逼到近前，见到这种情形，反而迟疑了半刻，停马不前。刘裕猛然上马大呼，率兵杀来，这才击退了孙恩的军队，从容返回了海盐。

五月，孙恩攻陷沪渎，杀死了吴国内史袁山松，接着溯江而上，直至丹徒（今江苏丹徒），战士10余万，楼船千余艘，势不可挡。建康城内大为惊恐。刘牢之急命刘裕驰往京口（今江苏镇江）拦截起义军。刘裕飞奔而去，与孙恩在京口大战一场。孙恩战败后，返回战船，又整顿余众，直趋建康。这时建康的防卫已经加强。孙恩因为楼船高大，逆江而上，遇到风浪行驶很慢，原想趁晋军集中前迅速攻袭建康，听说刘牢之已赶到京口后，便放弃了攻袭建康的计划，回军攻下了广陵等地。八月，东晋命刘裕为下邳太守，率军追讨孙恩。孙恩连遭失败，损失惨重，再次退回海岛。

元兴元年（公元402年）三月，孙恩又登陆，进攻临海（今浙江临海），被临海太守击败。这时孙恩所率领的三吴男女，大部分已经战死。孙恩恐怕被官军捕获，在走投无路的情况下，跳海自杀了。他的党徒和姬妾上百人，还以为孙恩变成了“水仙”，也纷纷相随赴海。孙恩赴海自杀后，起义军的余众还有数千人。他们推举孙恩的妹夫卢循为首领，继续领导起义军。这时桓玄已经进入建康，掌握了东晋的军政大权。桓玄为了安抚东土，任命卢循为永嘉太守。卢循表面上答应受命，实际上继续领导起义军四处作战。

元兴二年（公元403年），卢循派他的妹夫徐道覆进攻东阳，后来又攻打永嘉，都被刘裕打败了。卢循渡海南向广州。第二年十月，卢循的起义军攻入广州，便自称平南将军，并遣使入朝。这时东晋刚刚平定桓玄之乱，无暇顾及广州，就在义熙元年（公元405年）四月，任命卢循为征虏将军、广州刺史，任命徐道覆为始兴（今广东韶关市）相。有趣的是卢循偏偏给刘裕送去了一种名叫“益智粽”的食物，刘裕也有意回报了一种名叫“续命汤”的食物，两人都有言外之意。

转眼卢循占据广州已经5年了。义熙五年（公元409年），刘裕率兵北伐南燕，建康兵力虚弱，徐道覆就来劝卢循乘虚而入。他说：“朝廷一直把你看作心腹之病。现在刘裕远行，不知何日返回，我们可以乘此机会攻克建康，就是刘裕回来，也无能为力了。今日之机，万不可失。”卢循犹豫不决。徐道覆又说：“你如果不肯同行，我就率领始兴众人，直指寻阳（今江西九江）了。”卢循无法拒绝，只得同意。徐道覆是个很有谋略的人。他在劝说卢循之前，已经做了出兵的准备，为了制造战舰，他派人到山中伐木，假称将运往都城出卖。等伐来木材后，他又推说无力运往外地，就在当地削价出卖了。居民都争相购买，储存了大量木材，这时徐道覆要起兵了，就按照卖券征集木材，不过十几天时间，就修造了许多艘船，以供军用。

★双螭纹佩·东晋

★青瓷兽环洗（古越瓷）·东晋

义熙六年（公元410年），卢循和徐道覆从广州起兵，分两路进发：一路由卢循率领，自广州北向，攻长沙，直指江陵；一路由徐道覆率领，由始兴向南康、庐陵、豫章诸郡进攻。徐道覆攻打豫章（今江西南昌）时，镇南将军何无忌由于冒险轻进，兵败阵亡。起义军乘胜前进。朝廷得知豫章失守，急忙派豫章刺史、北府兵名将刘毅率兵在寻阳堵截。卢循一路在长沙击败了荆州刺史后，进兵巴陵（今湖南岳阳）。徐道覆知道刘毅大军来到，就派人飞驰而去，报告卢循说：“刘毅兵重，成败在此一战，我们应当合

★孙恩投海

★卢循战败

力抗拒刘毅。”于是卢循引兵从巴陵出发，与徐道覆汇合，连旗而下。

朝廷已经派人紧急召回北伐的刘裕。刘裕率兵到达下邳，用船装载辎重，自己率精锐兵士步行速归。走到山阳（今江苏清江）时，刘裕听说了何无忌败死的消息，很担心京都失守，连忙带领数十人赶着渡江，回到了建康。刘裕又派人送信给刘毅说：“我过去和妖贼作战，了解他的变化动态。现在妖贼气盛，锋不可挡。我正在整修船械，即将完工，定当前往与老弟共举。平贼以后，上流事自然全都委任于你。”刘毅看了刘裕的信，大怒，说：“我不过以一时的功勋推重刘裕，难道我真的不如他吗？”说完将信扔到地上。刘毅马上派兵2万从姑孰（今安徽当涂）乘船出发，迎战卢循、徐道覆。刘毅到达桑落洲时，正遇上卢、徐合兵而来，舟船高大，不可阻挡。双方交战后，刘毅大败，弃船而逃，损失惨重。卢、徐的起义军接连打败了北府兵的两员大将，声威大振，戎卒10万，舳舻上千，乘胜向建康进发。

建康城中已一片混乱，所有兵力不过数千，刘裕的兵士也疲惫不堪。刘裕急忙募民为兵，修固石头城，准备据守。孟昶当初赞同刘裕北伐，这时见卢循乘虚而来，内心惶恐，就主张奉送安帝过江。刘裕大怒道：“现在重镇外倾，强寇内逼，人情惶恐，没有固守之志。一旦迁动，必然瓦解。现在兵虽少，还可以一战，如果打不胜，我当以身殉国，难道可以窜伏草间，偷生苟活吗？”孟昶不能说服刘裕，就写下了这样的遗书，大意说：刘裕北伐，臣表示赞同，今天强贼乘虚进逼，自愧失策，愿一死谢罪。随后竟然服毒自杀了。

卢循、徐道覆已经抵达建康附近的江宁（今南京市江宁县）。卢循得知刘裕已经到达建康，怕难以取胜，主张退还寻阳，进军江陵，然后据守二州抗拒朝廷。徐道覆则主张趁刘裕疲惫的机会，决一死战，但他没能说服卢循，只好独自叹息：“我必为卢公所误，事情必然无成。如果让我独力驰驱，得为英雄，取天下易如反掌。”刘裕正好利用了卢循犹豫不决的时机，加紧布置兵力，修筑壁垒和栅栏。卢循却坐失良机，与刘裕相持不下，攻打石头栅失利，船舰被风暴所漂没，转攻南岸，进击京口诸县，也都没有什么战果。这时已经到了七月中旬，义军兵力疲惫，不能不撤退了。卢循对徐道覆说：“军队作战久了，不能再振作，我们可以据守寻阳，并力攻荆州，再慢慢与京都抗衡。”于是他们南撤到了寻阳。此后徐、卢又率兵攻打江陵等地，都遭失败。十二月，刘裕以轻舟强弩攻击义军，又顺风纵火，烧毁了义军的战船，迫使徐道覆退回始兴，卢循退往广州。

义熙七年（公元411年）二月，刘裕派人攻破始兴城，徐道覆战败阵亡。四月，卢循攻打广州不成，逃奔交州（今越南境内），又遭到火攻，战船烧毁，兵士溃败。卢循无路可走，在毒死了妻子等10余人后，自己也投水自杀了。

自隆安三年（公元399年）孙恩起义到义熙七年（公元411年）卢循败死，长达12年的起义彻底失败了。

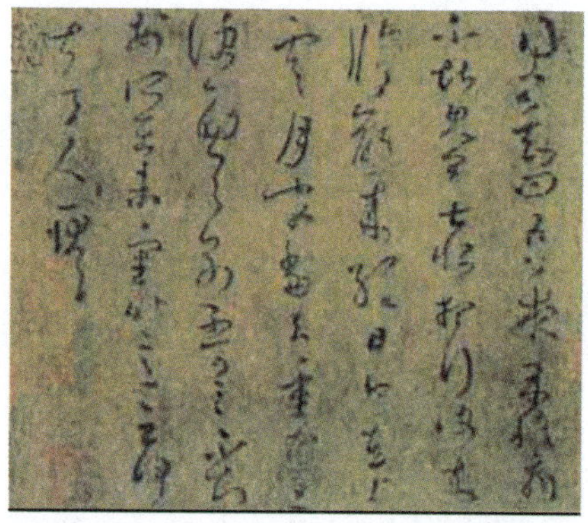

★上虞帖卷（局部）·东晋

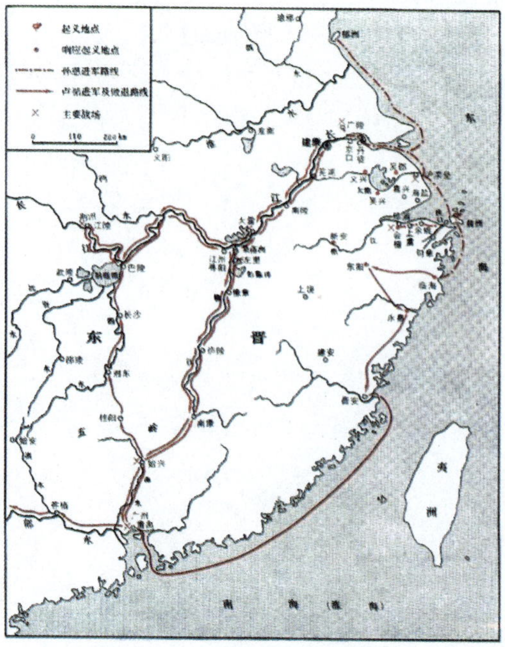

★孙恩、卢循起义示意图

有"三绝"之称的顾恺之

YOU SAN JUE ZHI CHENG DE GU KAI ZHI

东晋有位人称"三绝"的著名画家，他的名字叫顾恺之，小字虎头。他的三绝是才绝、画绝、痴绝。

顾恺之十分博学，能作文辞，善于吟咏。他写过一篇《筝赋》，自以为辞意新奇，可以和嵇康的《琴赋》比美。他有时和朋友在明月之下，吟咏诗句，通宵达旦，不知疲倦。

他和大司马桓温的关系很亲密。桓温曾经修治江陵城，规模壮丽，命宾僚远望此城，以文辞形容。顾恺之马上站起身来说："遥望层城，丹楼如霞。"得到了桓温的重赏。后来他担任过桓温的参军。桓温死后，他去拜桓温的墓，当即赋诗表达自己的心情说："山崩溟海竭，鱼鸟将何依！"有人问："卿如此倚重桓公，用什么话来形容你的痛哭呢？"他脱口成章："声如震雷破山，泪如倾河注海。"

顾恺之文思敏捷，谈吐诙谐，很招人喜爱。殷仲堪任荆州刺史时，他也担任过参军。一次，他请假回家。殷仲堪破例借给他布帆。他的船走到一个名叫破冢（州名，在今湖北省华容县）的地方时，忽然遇到大风，把布帆吹坏了。事后他写信给殷仲堪逗趣说："地名破冢，真的破冢而出。行人安稳，布帆无恙。"殷仲堪看了此信，大笑起来。

不久，顾恺之返回荆州，人们问他："会稽的山川景象如何呀？"顾恺之又是出口成章，辞采飞扬："千岩竞秀，万壑争流。草木蒙笼，若云兴霞蔚。"

顾恺之最有名的要属画绝了。他擅长画人物、佛像、山水、鸟兽，而人物画更是妙绝一时。谢安曾称赞说："顾恺之的画，是有苍生以来所没有的。"他画人物特别注重传神二字，也就是表现出人物特有的风姿神韵。有时画好人物后，他好几年都不轻易画上眼睛。别人问他为什么，他回答说："四体妍蚩（丑），本无关妙处。传神写照，正在阿堵（这个）中。"意思是说人的身体外形画得美丑本来不十分要紧，真正能够传达人的精神气质的，关键就在这眼睛了。

顾恺之很喜欢嵇康的四言诗。他根据想象画了嵇康的肖像，还借用嵇康《赠秀才入军》中"目送归鸿，手挥五弦"两句诗，来形容画人物的体会说："手挥五弦易，目送归鸿难。"

他画人物除了注重点睛传神外，还善于借助细节来传神。例如，西晋的名士裴楷风神高迈，容仪俊爽，当时人称他为"玉人"。顾恺之画裴楷的肖像时，最后在脸颊上添加了三根毫毛。他觉得这样画更能表现裴楷精明有识见的神态。他在画谢鲲的肖像时，特意画了石岩作为背景。这是因为谢鲲说过他自己和庾亮相比，"一丘一壑，自谓过之"，也就是有隐逸山林的高情远致，所以顾恺之说"此子宜置丘壑中"，更能传达谢鲲的神韵。

顾恺之想为殷仲堪作画，殷仲堪的眼睛有毛病，怕画出来难看，不肯答应。顾恺之说："你是因为眼睛有毛病吧。如果明点瞳子，飞白拂上，使如轻云之蔽日，难道不美吗？"所谓"飞白"，是汉字书体的一种，笔画露白，好像枯笔所写。顾恺之用"飞白拂瞳"的方法来画眼睛有毛病的殷仲堪，既能传其神，又不失其美。

还有这样一个故事：晋哀帝兴宁二年（公元 364 年），建康的瓦官寺（佛寺）的住持僧向京城士大夫募捐修寺。当时认捐的人没有超过十万钱的。年轻的顾恺之却慷慨地认捐一百万钱。人们都为他这异乎寻常的举动感到惊讶。顾恺之让寺僧把寺内北小殿的一面墙壁粉刷洁白，闭门一个多月，在那墙壁上画了一幅维摩诘居士的像。当这幅

★《列女仁智图》（局部）

★《洛神赋图》

画基本完成，只剩下点睛时，他让寺僧打开寺门，请人参观，规定第一天来观看的人捐钱十万，第二天来观看的人捐钱五万，第三天来观看的人随意捐助。第一天，他当众为维摩诘居士像点睛，顿时使人物光彩耀目，满寺生辉。前来观看的人络绎不绝，寺僧很快就收集了一百万的捐款。这幅画到唐代还完整地保存下来，大诗人杜甫游瓦官寺时还亲眼看到，写诗赞叹："虎头舍粟影，神妙独难忘。"

顾恺之还写有《论画》、《魏晋胜流(名臣)画赞》、《画云台山记》，这些是我国绘画史上最早出现的绘画理论著作。他提出的"以形写神"、"传神写照"的理论，对后代绘画理论和作品有深远影响。可惜他的绘画作品都已失传。今天我们能看到的只有后人摹本的《洛神赋图》和《女史箴图》了。

人言他有"痴绝"，并不是说他愚钝，而是指艺术家特有的率性而为、怡然自得的风度。比如，他吃甘蔗时，总是先从尾部吃起，然后再吃中间部分。人们以为奇怪，他说这是"渐入佳境"。

他与桓玄的交往也很有趣。他曾经将自己十分珍爱的画装在一个橱子里，橱门锁好后又用纸封糊，这才寄存在桓玄那里。桓玄性好奇异，又很贪鄙。他后来受封楚王时，看到人家有好书好画，都想办法夺为己有。这时桓玄见了顾恺之的画也很喜欢，就撬开橱子背面，偷偷取走了全部画作，然后再将橱子钉好。等顾恺之来取橱子时，桓玄就说从没打开过橱子。顾恺之看到橱门的封题完好如初，却没有了画，就自言自语地说："妙画通灵，变化而去，就像人之登仙了。"脸上丝毫没有露出猜疑的神情。

桓玄曾经送给顾恺之一片柳叶说："这是蝉用来遮盖的叶子。你拿去遮盖自己，别人就看不见了。"顾恺之真的拿起这片叶子遮住眼睛，桓玄假装看不见了。顾恺之本来就迷信天师道，还以为桓玄真有什么秘术，就把这片叶子珍藏起来了。

顾恺之在桓温幕府时，桓温就说过："顾恺之体中痴黠各半，合而论之，正好平衡。"顾恺之就是这样一个既执着痴迷，又机智诙谐的艺术家。

《女史箴图》

顾恺之的画迹，见于文献记载的不下六七十件，道释、人物、山水、禽鸟无所不包。流传至今的《女史箴图》、《洛神赋图》、《列女仁智图》虽为唐、宋人的摹本，但从中亦可见出顾恺之艺术的风格和神韵。《女史箴图》现存有两种摹本，一存英国伦敦大英博物馆，传为唐人摹本；一藏故宫博物院，为南宋人所摹。这两种摹本，流传有绪，历来为世人所珍视。《女史箴图》原是依西晋文学家张华的《女史箴》所作，据说文章本意是借古往贤淑列女事迹，讥刺放荡暴戾的皇后贾氏，训导宫廷妇女遵守封建道德规范的箴言。顾恺之的《女史箴图》似为这篇箴文的图例。现存画卷从"班婕有辞，割欢同辇"起，至"女史司箴，敢告庶姬"止，共有九段，每段各由特定的故事情节构成，有冯婕妤挺身驱熊的豪情，有班婕妤辞辇的端庄，有宫女梳妆的妩媚。画中的人物"笔彩生动，髭发秀润"，衣带迎风飘举，仪容典雅自然，表现出画家娴熟的绘画技巧和艺术风格。

★《女史箴图》(局部)

两晋治史成风气

LIANG JIN ZHI SHI CHENG FENG QI

两晋时期，史学兴盛。研究和著述史书的学者辈出，史学著作丰富。这里介绍对后世影响较大的几位学者。

西晋武帝时代，有一位自称“有《左传》癖”的大将，他就是在灭吴战役中建立卓越功勋的杜预。杜预说过这样的话：“立德不可以企及，而立功、立言可以努力。”他在立功之后，就集中精力阅读经籍，努力著书立言。他将《春秋》和《左氏春秋》两书合编在一起，以《春秋》为经，以《左氏春秋》为解释经的传，并汇集了前人的注解作注，完成了《春秋左氏经传集解》30卷。他还针对《左传》中对同一个人有时称名、有时称号的情况，作了《名号归一图》；又根据春秋各国纪年不同的情况，作了《春秋长历》，即年表。他总结了孔子作《春秋》的五种笔法，即：微而显，志而晦，婉而成章，尽而不污，惩恶而劝善。这些著述自成一家之学，至今是学者研究《左传》的重要参考书。

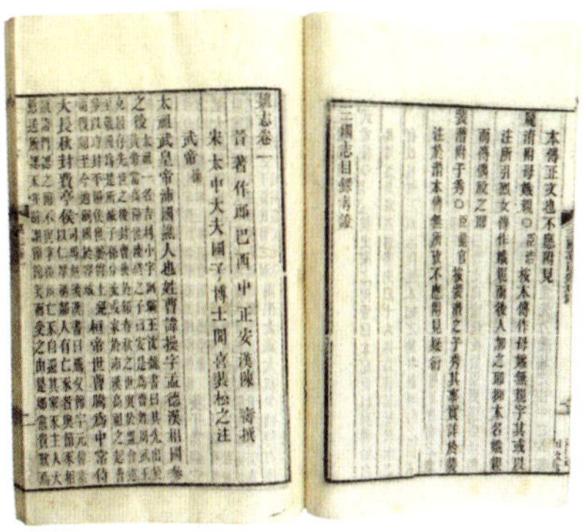

★《三国志》书影

★陈寿年轻时读书的地方——万卷楼

西晋著名的史学著作是陈寿的《三国志》，也就是《魏蜀吴三国志》。

陈寿（公元232—297年），字承祚，少年时从师于蜀汉学者谯周，攻治经史。谯周认为陈寿“必以才学成名”。陈寿在蜀汉时曾任观阁令史，因不肯阿附权贵，屡被谴黜。蜀汉平定后，西晋的司空张华欣赏陈寿的才华，推荐他任佐著作郎，出补阳平令。陈寿编成了《蜀相诸葛亮集》，上奏朝廷，后来又著述了《魏蜀吴三国志》。当时人称赞他善于叙事，有良史之才。夏侯湛当时也在写作《魏书》，看到陈寿的《三国志》后，自愧不如，就废书不作了。张华读了《三国志》，也赞赏说：“应当把修撰《晋书》的事托付给陈寿。”于是推举陈寿为中郎。但陈寿因遭人疾恨，被迁为长广太守，此事未成。后来得到杜预的推荐，陈寿才被任为治书侍御史，专门治史书。

陈寿的《三国志》，包括《魏志》（也称《魏书》）三十卷，《蜀志》十五卷，《吴志》二十卷，是一部纪传体的分国史，同时也是一部著名的历史散文，以叙事精审、文辞优美著称。

陈寿病逝后，尚书郎范頵等上表说：“故治书侍御史陈寿作《三国志》，辞多劝诫，明乎得失，有益风化，虽文艳不如司马相如，而质直过之，愿垂采录。”于是朝廷下诏命人到陈寿家专门抄写了一部《三国志》，存入朝中。

★陈寿塑像

陈寿还著有《古国志》50篇，《益都耆旧传》10篇。《益都耆旧传》是一部有名的方域史。后来曾在蜀汉任职的常璩，参考陈寿的《益都耆旧传》，编写了内容更加丰富的方域史《华阳国志》。此书专写巴、蜀、汉中、南中一带的历史，从远古到晋代，如叙蜀即从蚕丛称王写起，很有价值，流传至今。

东晋初建时，没有设置史官。王导上疏请求“建立国史，撰集帝纪”，推荐佐著作郎干宝为史官。干宝奉命修撰了《晋纪》二十卷，记载了从晋宣帝到晋愍帝53年的历史。《晋纪》体例简略，文辞直而能婉，总结了西晋灭亡的历史教训，

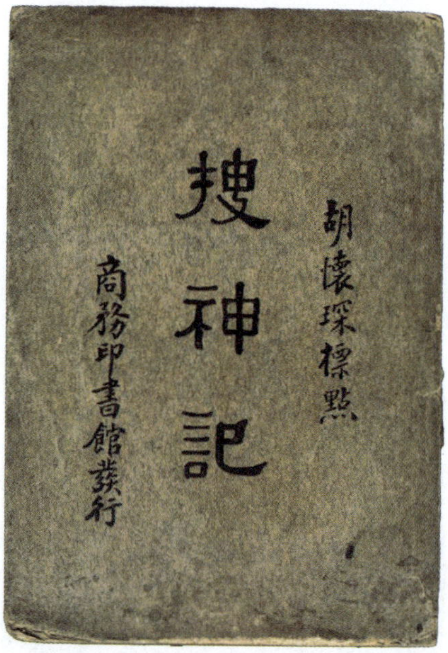

★《搜神记》书影

成为当时人公认的“良史”。干宝还撰《春秋左氏义外传》，注《周易》、《周官》等。

此外，干宝爱好阴阳术数，迷信鬼神之事。他搜集古今神祇灵异人物变化的故事，编成《搜神记》，以“明神道之不诬”，所以人们称他为“鬼之董狐”。《搜神记》是中国志怪小说的代表作，其中记载了一些民间故事，如《干将莫邪》、《韩凭夫妇》、《紫玉》、《董永》等，都是流传千古的名篇。《干将莫邪》被鲁迅改为历史小说《铸剑》，《董永》为今天黄梅戏《天仙配》的最早蓝本。

关于晋朝的断代编年史，还有多家著述。其中孙盛所著《晋阳秋》，词直理正，不加隐讳。桓温见到书中关于枋头一战的记载，很生气地对孙盛的儿子说：“枋头一战确实失利，但何至于如尊君所言。如果此史行世，可是有关君家门户的事！”孙盛的儿子十分恐惧，连忙号泣请罪，还悄悄修改了父亲的这段记载。孙盛听后大怒，自己抄写了两本，寄存在前燕慕容儁那里，表现出直笔作史的精神。

当桓温企图篡夺晋室时，习凿齿著述了《汉晋春秋》，借史事裁正桓温。全书记事起于汉光武帝，终于晋愍帝，共五十四卷。叙三国事，以蜀宗室为正统，曹魏为篡逆。至司马昭平蜀，才称汉亡晋兴，意思是晋越魏而继汉。当时学者对《史记》和后汉史也有研究和著述。蜀汉学者谯周认为司马迁《史记》中关于周、秦以前的部分记载，有的采集俗语百家之言，不专据正经，就写作了《古史考》25 篇，全部依据旧典籍，以纠正《史记》错误。

西晋太康年间，汲郡人不准，盗掘了魏襄王冢，从中发现了竹简小篆古书十余万言，数十车，这些古书竹简被收入朝廷秘府，经和峤、束晰等人整理，发现了书籍 16 种，75 篇。这为研究中国古代史提供了宝贵的文物资料。西晋学者司马彪根据其中的《汲冢纪年》，又对谯周的《古史考》作了考证纠误的工作，其著述也流行于世。司马彪还编写了《续汉书》，有纪、志、传八十卷，记载了从汉世祖到孝献帝 200 年间的历史，以详实著称。

此后，东晋学者袁宏又以编年体的形式撰写了简明的《后汉记》，共三十卷，记载汉光武帝刘秀到献帝刘协共 198 年的后汉史。这是完整保存至今的一部史书要籍。

袁宏在当时以文章绝美著称。他还著有《三国名臣颂》、《竹林名士传》三卷、《东征赋》等文章。他写作的《东征赋》，附带列举称赞了过江的诸位名贤人物，这还引来了不少麻烦。桓温见赋中没有他的父亲桓彝，很不高兴。有一次他游山归来，特意叫袁宏与他同乘一车，当时人们都替袁宏担心。桓温问：“闻君作《东征赋》，多称先贤，为何不称赞家君呢？”袁宏回答说：“尊公的称谓不是下官敢独自作的。”桓温还不相信，又问：“君欲作何辞？”袁宏答道：“风鉴散朗，或搜或引。身虽可亡，道不可陨。宣城之节，信义为允。”桓温这才满意了。

《东征赋》中也没有提到陶侃。陶侃的儿子胡奴竟然抽刀逼问袁宏：“家君勋绩如此，君赋为何不提？”袁宏在窘迫之际，脱口成章：“我已盛述尊公说：‘精金百汰，在割能断，功以济时，职思静乱，长沙之勋，为史所赞。’怎么能说不提呢？”胡奴这才罢休。

袁宏的《东征赋》也有述史的性质，为此引出麻烦，这也说明当时人们重视借袁宏文笔以扬名的情形，以及秉笔直书的不易。

苏蕙《回文诗》

苏蕙是位有名气的女诗人。她的丈夫窦滔在苻坚的手下任秦州刺史，因罪被徙流沙。苏蕙十分思念丈夫，就在织锦上织出了《回文诗》(也称璇玑图)，赠给远方的丈夫。据说全诗共 841 字，文辞凄婉，纵横反复诵读，都成诗句，后人推求其意得诗 7958 首。苏蕙也因为这首绝妙的回文诗扬名后世。

★苏蕙像

魏晋名士多谈玄

WEI JIN MING SHI DUO TAN XUAN

玄学是魏晋时期流行的社会思潮。玄学以《老子》、《庄子》和《周易》为经典，主要探讨有无、本末、动静、言意以及自然与名教关系等理论问题。玄学的创始人是何晏、王弼。何晏(公元190—249年)，字平叔，是曹操的养子，著作有《论语集释》、《道德论》、《无名论》等。王弼(公元226—249年)，字辅嗣，著作有《周易注》、《周易略例》、《老子注》、《老子指略》等。他们都认为“天地万物皆以无为本。无也者，开物成务，无德而不存者也”(《晋书·王衍传》)，最早提出了“贵无”的主张。他们所谓“无”，就是“道”，是不具有任何物质属性的观念形态，是先于物质世界而存在的宇宙本源。而天地间的具体万物都是从“无”产生的。这是一种客观唯心主义的学说。何晏、王弼还试图援老入儒，把儒家的“名教”与道家的“自然”结合起来，主张名教出于自然，宣传“以寡治众”、“君主无为”的政治主张。

玄学“贵无论”的提出，有着深刻的社会政治背景。魏末正始年间，封建王朝内部不同政治集团之间相互倾轧、争夺权力的斗争相当激烈。不少名士都产生了畏惧祸患的心理。何晏就有诗感叹“常畏大网罗，忧祸一旦并”。何晏、王弼试图通过注解《老子》、《周易》等著作的形式，为曹魏王室提供一种以“自然”为基础的治平之道，同时也为保全自身性命和人格找到理论依据。

★瓯窑牛形灯盏·东晋

正始末年，司马氏政治集团假借“名教”，为其篡夺朝政服务。一些虚伪儒士也谨守名教，排斥异己。于是，竹林名士阮籍和嵇康有感于现实，公然宣称“名教”与“自然”是相对立的，“自然”高出于“名教”。嵇康主张“越名教而任自然”。阮籍则在日常生活行为中表现出毁弃礼法、纯任自然的精神。

另一位竹林名士向秀(约公元227—272年)通过《庄子注》，发明新义，大畅玄风。他主张自然与名教合一，万物自生自化，各任其性，即是逍遥。向秀还有《秋水》、《至乐》两篇没有注解就去世了。郭象(？—312年)也是一位好老庄，能清谈的人物。他将向秀的注释稍加整理，补注了《秋水》、《至乐》两篇，又变易了《马蹄》一篇，合成了标名郭象的《庄子注》。当时人推崇他是“王弼之亚”。郭象宣扬万物皆“块然自生”，而无所待，否定“无能生有”；还主张“名教即自然”，君臣上下之分也是“天理自然”的体现。这就抛弃了阮籍、嵇康抨击“名教”的立场，而把玄学变成了为“名教”辩护的工具。

玄学理论的发展大体经过了

★褐色点彩青瓷牛车·东晋

以上三个阶段，从何晏、王弼到阮籍、嵇康，再到向秀、郭象。

玄学理论的盛行，对于西晋、东晋的名士风度以及社会风气都产生了深刻影响。清谈玄理成为名士交往的重要话题，谈吐玄虚简约也成为受人推崇的风度。例如阮咸的儿子阮瞻，因为发言简约，就被推荐做了官。一次，司徒王戎问阮瞻：“圣人贵名教，老庄明自然，其旨同异？”阮瞻不加思索，口出三字“将无同”，意思是说“莫非相同”。王戎听后觉得有理，叹赏了许久，当即决定辟他为司马掾，人们称之为“三语掾”。

东晋的朝臣也都崇尚玄虚之言。会稽王司马昱即后来的简文帝，在太和元年(公元366年)任丞相后，就把善于清谈的人物王濛、刘惔待为座上宾。孙盛写作了一篇《易象妙于见形论》，拿来给司马昱读。司马昱马上请来殷浩攻难此文。殷浩一时无法驳倒孙盛。司马昱就很有把握地说：“请刘惔来，自能制伏他。”果然，刘恢与孙盛相互抗答一番后，孙盛被驳得理屈辞穷了。在坐的人都佩服司马昱的预见，拍手大笑起来。

刘惔也以能清谈而自负不凡。桓温曾经问他：“会稽王清谈有长进吗？”刘惔答道：“虽然有很大长进，还属于第二流”。桓温又问：“谁是第一流？”刘惔大言不惭：“故在我辈。”刘惔死后，孙绰为他作诔文，竟然称赞他“居官无官官之事，处事无事事之心”。

清谈时必备的一种工具叫麈尾。许曾作《白麈尾铭》，称这种麈尾“君子运之，探玄理微”。所以人们也称清谈为“麈谈”。名士们对于麈尾是十分爱惜，随手不离的。

一天，殷浩与孙盛相聚。俩人一边吃饭，一边清谈。孙盛每说到激动之处就情不自禁地使劲儿甩动麈尾。结果麈尾的毛抖落到了饭菜里，俩人只顾口吐玄虚之言，竟然忘记了吃饭。王濛39岁时得了重病，他在灯下转动着手中的麈尾，看了又看，不禁叹息一声：“如此人竟活不到四十。”他死后刘惔就把麈尾放置到了他的棺材里随葬。

西晋末、东晋初还出现了“八达”一类人物。他们并不理解竹林名士阮籍、刘伶在特定历史背景下的痛苦心情，只是摹仿他们表面的

★刘伶像

任诞放达、不拘礼法的行为。例如，谢鲲见到邻居家有位美貌女子，就去挑逗人家，那女子气得扔过梭子来，打落了他的两颗牙。人们嘲笑说：“任达不已，谢鲲折齿。”他却傲然长啸一声，说：“犹不废我啸歌。”胡毋辅之嗜酒狂放，人称为“达伯”。他的儿子受其熏染，也不讲礼节，喝醉了酒就直呼他的名字，他也不介意。可见当时的纲常关系已经十分松弛。

西晋、东晋时期，也有一些人士对当时的玄虚之风、放达之行提出了批评。西晋的裴頠博学多闻，被人赞为“若武库，五兵（五种兵器）纵横，一时之杰也”。他也善于论辩，辞论丰博，享有“言谈之林薮”的美誉。他对于魏晋以来何晏、阮籍等口谈玄虚、不遵礼法的风气深以为患；对于王衍之徒声誉太高，却崇尚放荡，不务世事十分不满，就写作了一篇《崇有论》，反对“贵无”说。他主张世界的本源是“有”而不是“无”，万物生于“有”，而非生于“无”。也就是说天地万物都是自生的，并没有一个精神本体使它产生。他还指出了“贱有”对社会秩序的危害极大：“薄综世之务，贱功烈之用，高浮游之业，埤经实之贤”，“是以立言藉于虚无，谓之玄妙；处官不亲所司，谓之雅远；奉身散其廉操，谓之旷达”。裴頠试图复兴儒教，整顿朝政。这篇文章写成后，王衍之徒写了不少攻难文章，双方都不能说服。

东晋时期，一些人士鉴于西晋灭亡的教训，对虚浮放达的风气提出了更为严厉的批评。虞预曾作文论阮籍的裸袒，就像周代伊川的披发，这种风气致使胡虏遍于中国，朝政衰微。卞壶曾在朝中厉声斥责当时的放达风气“悖礼伤教，罪莫大于此。中朝倾覆，实由于此”。他准备上奏皇帝惩处这类人物，使当时的贵游子弟大为震恐。桓温北伐时，也曾感叹：“竟然使神州陆沉，百年丘墟，王夷甫（王衍）诸人不得不负责任。”王坦之也作《废庄论》，指出“庄生作而风俗颓”，批评东晋“时俗放荡，不敦儒教”。范宁认为当时“以虚浮相扇”的风气，“其源始于王弼、何晏，二人之罪深于桀、纣”，斥责“王、何蔑弃典文，不遵礼度，游辞浮说，波荡后生”，“遂令仁义幽沦，儒雅蒙尘，礼坏乐崩，中原倾覆”。干宝著《晋纪》，也总结了西晋“学者以老庄为宗而黜六经，谈者以虚荡为辩而贱名检”的历史教训。李充则著有《学箴》，批评虚浮之士“越礼弃学而希无为之风”，试图说明老庄与儒教“本末之涂殊而为教一也”。

严宪

杜有道的妻子严宪，是位很有眼光的妇女。她13岁时嫁给杜有道，18岁时寡居，独自养育两个孩子。后来傅玄请求严宪再嫁给他，严宪同意了。当时傅玄与何晏、邓扬不和，何晏等总想害傅玄，所以没有人敢和傅玄结婚。严宪同意嫁给傅玄，人们都很忧惧。有人劝她说：“何、邓执掌政权，必然害傅玄，这就像排山压卵，以汤沃雪，何必与他结亲呢？”严宪却说：“你们只知其一，不知其二。何晏等骄侈，必然自败。司马太傅是假装睡觉的老虎，待机行事呢！”严宪终于与傅玄结婚了。而何晏等人不久就被司马懿所杀。

陶渊明不为五斗米折腰

TAO YUAN MING BU WEI WU DOU MI ZHE YAO

东晋王朝由于谢安处事不惊，临危不乱，谢玄、谢石英勇果敢，能征善战，淝水之战打败了狂妄自大的前秦王苻坚，挽救了晋朝的倾颓之势。此后又趁前秦崩溃之机，由谢玄收复了黄河流域的大片失地。

但晋孝武帝此时不尽心于收复国土，却热衷于朝权政柄的再分配，他竭力排挤谢安、谢玄等谢家势力，重用他的弟弟会稽王司马道子。谢安因无法再施展自己的才能，不久便抑郁而死。谢安死后，东晋政权落在昏庸的司马道子手里，东晋的朝政从此每况愈下，日趋腐败。

公元399年，晋安帝在位的时候，会稽郡一带爆发了孙恩领导的农民起义，过了两年，起义军十几万逼近建康，东晋王朝出动北府兵，才把起义镇压下去。接着，东晋的统治集团内部又乱了起来。公元403年12月，桓温的儿子桓玄占领了长江上游，带兵攻进建康，废了晋安帝，自立为帝。过了三四个月，晋军将领刘裕打败了桓玄，迎晋安帝复位。此后，刘裕便独揽大权，政由己出，晋安帝只能拱手唯唯，做了傀儡，东晋王朝至此名存实亡。

★陶公祠

★陶渊明墓

★陶渊明塑像

在这个动荡不安的年代里，在柴桑地方，却出了一个有名的诗人，名叫陶潜，又叫陶渊明。因为他看不惯当时政治腐败，在家乡隐居。陶渊明的曾祖父是东晋名将陶侃，虽然做过大官，但不是士族大地主，到了陶渊明一代，家境已经很贫寒了。陶渊明从小喜欢读书，不想求官，家里穷得常常揭不开锅，但他还是照样读书作诗，自得其乐。他的家门前有五株柳树，他给自己起个别号，叫五柳先生。

后来，陶渊明越来越穷了，靠自己耕种田地，也养不活一家老少，亲戚朋友劝他出去谋一官半职，以求养活家小。就这样，陶渊明在家境贫困到入不敷出的情况下，于公元405年秋天，来到离家乡不远的彭泽(在今江西省)当县令。

当时做个县令，官俸是不高的。陶渊明一不会搜刮，二不懂贪污，日子过得并不富裕，但是比起他在柴桑家里过的穷日子当然要好一些。再说，他觉得留在一个小县城里，没有什么官场应酬，也还比较自在。可是，这年冬天，郡里派了一名督邮到彭泽视察。这位官差是一个性贪而又傲慢的人，他一到彭泽县的地界，就派人叫县令来拜见他。陶渊明得到消息，虽然心里反感，但也只得马上动身。不料他手下的官差提醒他说："参见上边的官差，不但要有礼数，还得备一些见面的礼物。"陶渊明一听，立刻

陶渊明

陶渊明（公元 365—427年），字元亮，号“五柳先生”，晚年更名潜。东晋浔阳柴桑人（今九江市）人。陶渊明是中国文学史上有名的田园诗人。他幼年失去父亲，家道中落。由于社会动荡，早年一直没有出仕，后为贫穷所迫，陆续做过州祭酒、参军、县令等一些小官。为官期间，尔虞我诈的官场使他认识到社会现实的黑暗，不愿“为五斗米折腰”，终于从彭泽令任上弃官归田。陶渊明受时代思想和风气的影响，早年就有爱好自然的一面，所以在他政治理想破灭后，他选择了洁身守志、栖身田园的道路。陶渊明归隐后亲自参加了劳动，与下层人民有了较广泛的接触，同时对自然也更热爱了。在此基础上，他写出了大量赞美田园风光、赞美农村纯朴劳动生活的诗篇。由于他是田园诗的开创者，后世称他为“田园诗人”。其代表作有《桃花源记》、《归去来兮辞》等作品，这些文章质朴自然，有真情实感，言浅意深，深为后世推崇。

★陶渊明画像

★陶渊明纪念馆

喝道：“我宁肯饿死，也不能因为五斗米的官饷，向这位官差折腰（即‘不为五斗米折腰’）！”随即，他丢下了官印，写了辞书，离开了县衙。

陶渊明归隐后，过起了“采菊东篱下，悠然见南山”的田园生活，白天他精心劳作，夜晚秉烛作诗，他虽然日子清贫，但也苦中有乐。在这期间，他的作品都以田园风光为题材，尤其他的散文《桃花源记》更是让人们对其中的意境充满了遐想。

在《桃花源记》这篇文章里，陶渊明写了武陵地方一个渔夫沿着小溪划船打鱼，来到了一座繁花似锦、芳草鲜嫩的桃花林。渔夫被眼前的景色吸引住了，划着船再往前走，到了树林尽头，发现了一个小洞，他丢了船，顺着洞口摸进去，开始很狭窄，走了一段，前面豁然开朗。原来，洞里有一个很大的村子，那里土地肥沃，桑木成行，男女老幼，来来往往，勤恳劳动，过着无忧无虑的和平生活。

大家看到渔夫是个陌生客人，都热情地邀请他喝酒吃饭。渔夫通过与大家交谈，才知道那村子里的人的祖先还是秦朝末年避难到这儿来的。他们根本不知道秦以后还有汉朝，更不用说有什么魏、晋了。渔夫在那里住了几天，便告辞回家了。在回去的路上，做了好多标记，准备下一次再去访问。回到武陵，他报告了太守。太守也很感兴趣，派人跟着渔夫去找桃花村，但是无论如何也没有找到那个进入村子的洞口。

陶渊明虽栖身田园，却仍未忘怀现实，也未消沉颓废。在《桃花源记》里他所描述的那个世外桃源，在当时的社会里是不会存在的，但文章里描绘的那种人人劳动，个个过着富裕、安定生活的图景，反映了人民在当时黑暗动荡时代的一种美好愿望。

★《渊明醉归图》，明代张鹏绘，展现了陶渊明把菊饮酒的隐士风范。

东晋十六国

DONG JIN SHI LIU GUO

东晋大将刘裕平定了桓玄之乱后，晋安帝得以复位。由此，刘裕掌握了东晋大权。刘裕本来是个出身贫苦的小军官，在士族中没有什么地位。他为了提高自己的威望，决定出兵北伐。

公元409年，刘裕从建康出发，先出兵包围了南燕（十六国之一）的国都广固（今山东益都西北）。南燕的国主慕容超向后秦求援。后秦国主姚兴（姚苌之子）派使者到晋军大营去见刘裕，捎话说："燕国和我们秦国是友好邻国。我们已派出10万大军驻扎在洛阳。你们一定要逼燕国，我们是不会坐视不救的。"刘裕听了使者这番威胁的话，冷笑一声说："你回去告诉姚兴，我本来打算灭掉燕国之后，休整三年再来消灭你们，现在既然你们愿意送上门来，那就来吧！"

使者走了以后，有人对刘裕说："您这样回答他，只怕激怒了姚兴。如果秦兵真的来攻，我们怎么对付？"刘裕泰然说："你没弄明白其中的道理。俗话说：'兵贵神速。'他们如果真的要出兵，就会偷偷出兵，何必先派人来通知呢？这完全是姚兴虚张声势，吓唬我们。我看他自己都顾不过来，哪有什么能力救别人呢。"

★灰陶犀牛·东晋

★青釉龟形砚滴·东晋

★越窑凤首魁斗·东晋

其实，当时后秦因连年出征，国力日衰，且增收杂税，又引起了阶级矛盾日趋激化，加之姚兴诸子不和，太子姚泓懦弱，爱子姚弼骄横，遂使政局不稳，自顾不暇，更谈不上出兵救南燕。因而没用多久，刘裕就把南燕消灭了。

公元416年，姚兴病重，其子姚弼欲谋反篡位，但因姚兴病情突然好转，使其未能得逞。又因姚弼姑姑的口误，说姚兴已死，姚弼遂提兵作乱，后被姚兴斥责为叛逆而被杀。同年姚兴病死，皇太子姚泓继帝位。此间，刘裕平定了南方的割据力量，趁后秦丧乱之机，再一次北伐，进攻后秦。他派大将王镇恶、檀道济带领步兵，从淮河一带

★刘裕半身像

刘 裕

刘裕（公元363—422年），字德舆，小名寄奴。先祖是彭城人（今江苏徐州市），后来迁居到京口（江苏镇江市）。南北朝时期宋朝的建立者，史称宋武帝。中国历史上杰出的政治家、卓越的军事家。

刘裕出生时，其母即死，其父刘翘因家境贫寒，便想将刘裕抛弃。与刘裕同郡的刘怀敬之母，是刘裕的从母，当时生刘怀敬尚未满月，闻此事，便前去阻止了刘翘，"断怀敬乳而乳之"。刘裕长大后，"雄杰有大度，身长七尺六寸，风骨奇伟，不事廉隅小节"，对继母也孝谨称著（其继母生有二子，为刘道规、刘道怜），但仅识文字，以卖履为业。因为刘裕喜欢赌博，所以被邻居们看不起。就是这样一个人，后来竟当上了开国皇帝，所以有人将此称为"寒人掌权"。

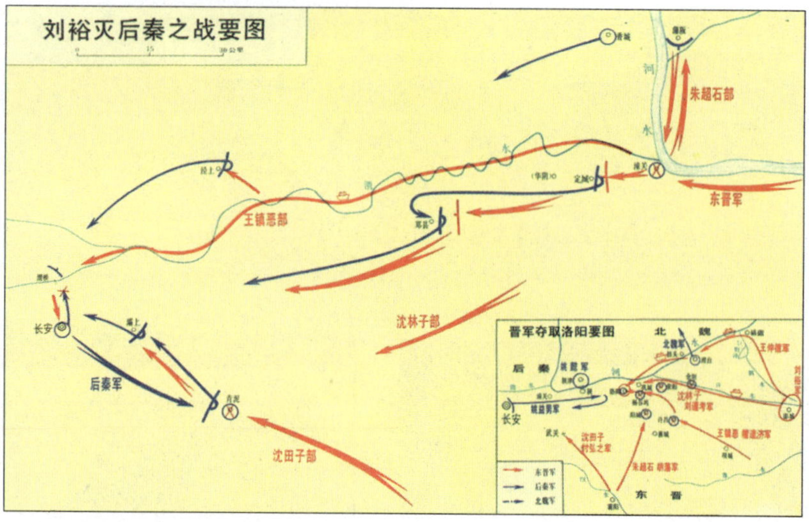

★刘裕灭后秦之战要图

出兵向洛阳方向进攻，自己亲自率领水军沿着黄河西进。

不过，北方鲜卑族建立的北魏在这一时期已经把势力发展到黄河北岸。他们在北岸集结了10万大军，威胁晋军。刘裕的水军沿着黄河前进，时而会受到魏兵的攻击。刘裕派水军上北岸去打魏军，魏兵就逃，等晋军回到船上，他们又在北岸骚扰，弄得晋军来回奔跑，疲于奔命。最后，刘裕派了一个将军带了700名兵士、百余辆兵车登上北岸，沿岸摆了一个半圆形的“却月阵”，用大弓和长矛赶走了魏兵，打开了黄河西进的通路。

这时的王镇恶和檀道济所带领的步兵，已经攻下洛阳，在潼关和刘裕水军会师。接着刘裕派王镇恶攻下长安，灭了后秦。

刘裕灭了后秦，把他一个12岁的儿子和王镇恶留在长安，自己带兵回南方。公元418年6月，刘裕受封为相国、宋公。12月，刘裕缢死晋安帝司马德宗，改立司马德宗的弟弟司马德文为帝。公元419年7月，刘裕受进爵之命，称宋王。公元420年6月，刘裕迫使司马德文禅位给自己，正式称帝，国号为宋，改元永初，定都建康，史称宋武帝。东晋王朝在南方统治了104年后，寿终正寝。

宋武帝刘裕在南方建立了宋朝后，公元439年，北魏太武帝拓跋焘灭了十六国中最后一个小国北凉，统一了北方。从东晋灭亡后的170年的时间里，我国历史上出现了南北两个政权对峙的局面。南朝先后换了宋、齐、梁、陈四个朝代；北朝的北魏，后来分裂为东魏、西魏；东魏、西魏又分别被北齐、北周代替。历史上把这段时期合起来称为南北朝。

★刘裕泥像

★越窑点彩太阳纹碗·东晋

常璩著《华阳国志》

常璩，字道将，蜀郡江原人。少好学，成汉李势时，任散骑常侍，掌著作，接触大量文献，进行了许多调查研究，写成《汉之书》10卷，记成汉历史，后改名《蜀李书》。晋穆帝永和三年（公元347年），桓温伐蜀，常璩等劝李势降，桓温以常璩为参军，随至建康。因不被重用，常璩遂把主要精力用于著书立传，于永和十年（公元352年），著成《华阳国记》，后更名《华阳国志》。《华阳国志》全书12卷，约11万字，所载内容肇自开辟，终于永和三年（公元347年），由三部分组成：1至4卷主要记载梁、益、宁三州的历史、地理，以地理为主；5至9卷，以编年体叙述公孙述、刘焉刘璋父子、蜀汉、成汉四个割据政权以及西晋统一时期的历史；10至12卷记载三州自西汉至东晋初年的贤士烈女。《华阳国志》在内容上，是历史、地理、人物三结合；从体裁来说，是地理志、编年史、人物传三结合。《华阳国志》是我国现存的最早的比较完整的地方志，是研究西南地方史和西南少数民族以及蜀汉、成汉政权的重要史料。

★《华阳国志》书影

南朝第一元勋刘穆之

NAN CHAO DI YI YUAN XUN LIU MU ZHI

刘裕作为一代开国君主,手下文臣武将众多,可谓人才济济,但最为刘裕所赏识的,当首推刘穆之。

刘穆之,字道和,小名道民,祖辈几代居住京口(今江苏镇江)。他年轻时,家中贫困,生活放荡不羁,很少讲究礼节,特别喜好吃喝,嗜酒如命。经常去妻兄家混饭吃,多次受到侮辱,也不以为耻。他的妻子江氏,非常通情识礼,经常阻止他去江家。一次,江家有喜庆之事,江氏叮嘱刘穆之不要去,等江氏一走,他还是去了。宴后,刘穆之向江氏兄弟索求槟榔,江氏兄弟嘲弄他说:"槟榔是消食的,你经常吃不上饭,要它有什么用呢?"为了使丈夫少受冷遇,江氏剪下自己的长发,拿到市场上卖掉,以兄弟的名义,请刘穆之吃宴。后来刘穆之任丹阳尹,准备宴请江氏兄弟,江氏哭着向刘穆之致谢。刘穆之说:"我和他们之间本来就不存在怨恨,也没有什么可忧虑的。"在宴席上,刘穆之和江氏兄弟你吃我喝,非常尽兴。酒足饭饱后,刘穆之命令厨人,把金子和槟榔搅拌在一起,盛在斛器里,送给江氏兄弟。

后来刘裕讨伐桓玄,进攻建康(今南京),请何无忌推荐一个人给自己做主簿。何无忌举荐刘穆之。刘裕说:"我认识他。"立即派人前去征召。刘穆之见到来使,只简单收拾一下行装,便来拜见刘裕。刘裕对刘穆之说:"我始举大义,讨伐叛臣,急需一名军吏,谁能担当这个职务?"刘穆之回答说:"没有比我更合适的。"刘裕笑着说:"你能屈身任职,我的事业就肯定能大功告成。"

刘穆之随同刘裕平定建邺(今江苏江宁县南),刘裕在建邺的各种安排,几乎都经刘穆之一手操办。刘裕每做一件事,都征求刘穆之的意见,刘穆之也竭尽全力,诚恳地提出自己的建议,并针对晋朝的弊端,结合实际情况,采取了不少切实可行的措施加以革除。令行禁止,不过几天时间,朝野风气便得到改观。刘穆之也因功迁尚书祠部郎,领堂邑太守。

★南朝宋武帝刘裕像

扬州刺史王谧死后,按惯例刘裕应入朝辅政。刘毅等人不想让刘裕入朝,派尚书右丞皮沈征求刘裕的意见。皮沈先把事情告诉了刘穆之,刘穆之假装上厕所,密告刘裕说:"皮沈的话不可听。"刘裕见到皮沈,叫他先

★琥珀异兽·南北朝

★玉蝉·南北朝

★龙凤形玉佩·南北朝

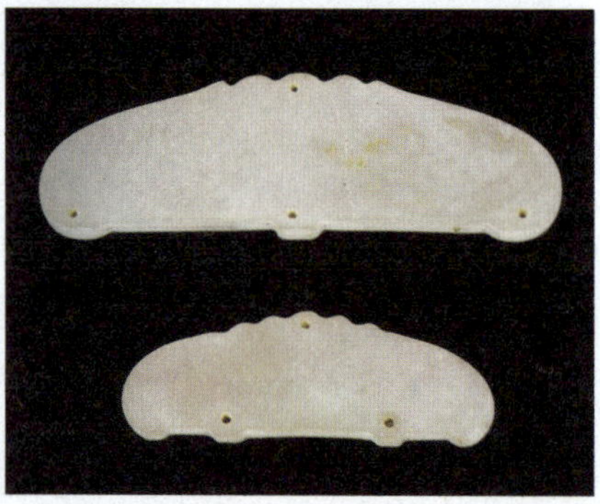

★玉珩·南北朝

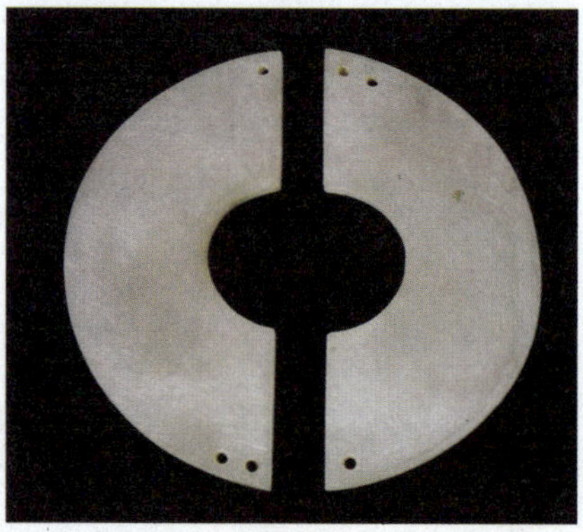

★玉璜·南北朝

★水晶球·南北朝

出去，让刘穆之进来。刘穆之对刘裕说："你现在岂能谦让，使自己成为一个只是守卫边藩的将领？刘毅等人与你一样，都是从布衣起家，征讨桓玄，推举你做盟主，不过是一时之事，并没有定下主臣的名分，你们之间势均力敌，最终要相互残杀，扬州是天下的根本，不能送给别人，以前授给王谧，那是当时的需要。现在若让他人镇守扬州，自己肯定会受制于人，你功高名著，不能再犹豫不定，应立即入朝，与他们争个高低。你到了京城，他们肯定不敢越过你而把扬州大权授给别人。"刘裕一听，非常赞同。从此开始入朝辅政。

刘裕镇压卢循起义，刘穆之经常给刘裕出谋划策。刘毅等人对此非常忌恨，经常在刘裕面前，说刘穆之权力太大，刘裕不但不听，反而更信任刘穆之。刘穆之在外边的所见所闻，不论大事小事，全都告诉刘裕。刘裕一得到隐密消息，便在众人面前说出来，借以显示自己无所不知。刘穆之喜欢与人结交，官府里常高朋满座，他把这些人作为耳目，探听各种信息，因而朝野中的事情，刘穆之没有不知道的，即使是亲朋好友的事，他也毫无隐匿地向刘裕报告。有人借此讥讽他，他说："刘裕对我有识人之恩，道义上我不能有所隐讳。"

刘裕日常的一举一动，刘穆之都给予适当的调理规范。刘裕文化低，字写得很差，刘穆之对刘裕说："写字虽然是小事，但关系到一个人的声誉。你书写的布告要传遍天下，希望还是能够注意一些。"刘裕既不愿下功夫练字，又无这方面的天分，因此过了很长一段时间，字也没有什么长进。刘穆之见此，又给刘裕出了一个主意，说："你只要纵笔写出大字，一字方圆一尺也可以，字大就会有特点，气势就会不同凡响。"刘裕觉得很在理，从此便把字写得很大，一张纸不过六七个字。

刘穆之平素不太喜欢举荐人，对别人的举荐，也从来不闻不问，顺其自然。他常对别人说："我虽然不如别人善于举荐人才，但也不会把坏人举荐上去。"刘穆之和朱龄石都以能写尺牍闻名于世。一次，他们二人一起坐在刘裕面前，根据刘裕的询问，笔述自己的见解。从早晨到中午，刘穆之写出一百函，朱龄石写出八十函。刘穆之见解精辟，几乎全部内容都为刘裕所采纳，而朱龄石则相差很远。

刘裕西讨刘毅，诸葛长民镇守后方。刘裕怀疑诸葛长民有二心，决定让刘穆之留下，名曰辅助，实际上是进行监视，并给刘穆之加官建威将军，增派将佐，配备军队。诸葛长民得知刘裕准备亲自率兵出征，确实有过借机发动政变的设想，可又犹豫不定。他知道刘裕最信任刘穆之，于是把刘穆之请到官府，让手下人全都出去，单独询问刘穆之。他说："现在有很多传言，都说刘裕对我不太满意，为什么会出现这种事情呢？"刘穆之为稳住诸葛长民，防止刘裕外出期间发生变故，回答说："宋公刘裕率军远征，把老母和年幼的孩子委托给你，如果他对你不信任，怎能这样做呢？"诸葛长民听了这番话，心情才稍微安稳一些。刘穆之也赶忙做好应急准备。后刘裕回到建康，诸葛长民立即被杀。

以后刘裕几次率兵征讨，刘穆之都负责留守后方。朝中政务，无论大小，全由他一人决定。刘穆之的官职也随着不断升迁，做到尚书左仆射、领监军中军二府军司。

★玉佩·南北朝

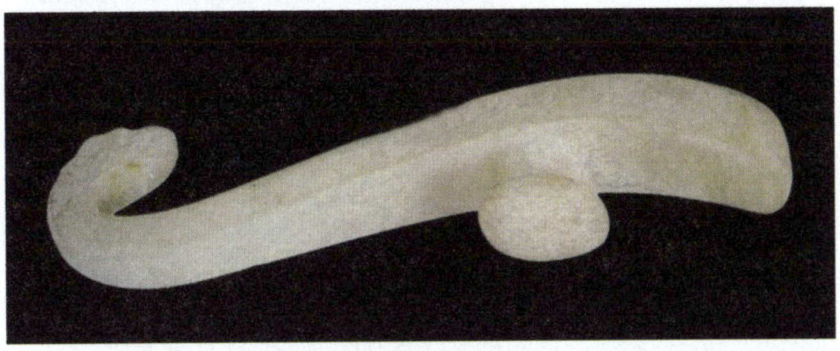

★玉带钩·南北朝

刘穆之勤奋刻苦，才华超人。对内总理朝政，对外供给军旅，处理各种事务干净利索，从不拖沓延误，而且条理清楚，处置恰当。他特别喜欢议论谈笑，有时谈得兴起，整日不知疲倦。平常一有空闲，便读书写字，校定经籍史策。他性格豪奢，每次吃饭必须用一丈见方的大饭桌，做十个人的饭，请十个人做陪，从不自己单独吃，手下人都习以为常。他曾对刘裕说："我出身贫苦，很多东西都没有吃过，成了你的下属之后，时时想约束自己，但都没有做到。早晚两餐，确实过于丰盛一些，除此之外，没有一点对不起你。"

公元417年，刘穆之突然病逝。当时刘裕正在率军北征，接连打了几个胜仗，攻克长安，关中、河南等地也指日可待。可他听到刘穆之的死讯，极为震动，几天哀伤不已，立即返回建康，唯恐朝中失去控制。

刘裕做上皇帝，朝政繁多，百废待兴，更使他经常想起刘穆之。

一天，刘裕对大臣们说："刘穆之不死，可以帮助我治理天下，正如《诗经》所说，其人一死，国家也就完了。"光禄大夫范泰回答道："现在皇上圣明，满朝文武大臣都是杰出的人才，刘穆之虽然功勋卓著，但他的死，也未必就关系到国家的兴衰。"刘裕笑着说："你没有听说过骥騄吗？它最让人佩服的地方在于日行千里。"然后又说："刘穆之一死，人们就会轻视我了。"短短一句话，足以看出刘穆之在刘裕心中的地位。

南朝"才子"何承天

何承天，东海郯(今属山东郯城)人，南朝宋科学家、史学家。何承天一生，博学而多才，在哲学、天文学、音韵学、史学上皆有出色的造诣。他曾支持僧人慧琳贬抑佛教的《黑白论》，著《达性论》，抨击佛教的迷信因果报应之说，指出"生必有死，形毙神散，犹春荣秋落"。他的看法，对无神论思想家范缜有所启发。何承天还利用舅父徐广研究天文40年所得，结合自己对天体40余年的不断观察所获，参阅上古的天文记录，加以比较和分析，经过严密的计算，得出岁差100年差1度的结论，比东晋天文学家虞喜所得的岁差数值更为准确。在此基础上，何承天创"定朔法"，于元嘉二十年(公元443年)制成《元嘉历》。何承天精通音律，他把用"三分损益律"计算管乐器各音后出现的差数，按长度平均分为十二分，累加到十二律管上，为明代大音乐家朱载堉发明"十二平均律"，奠下了很好的思想基础。何承天在任著作郎时，还参与编写《宋书》，撰成《武帝纪》、《天文志》、《律历志》等，以科学求实的态度，为后人留下有关南朝宋的天文、律历等史料与文献。此外，他还著有《春秋前传》、《春秋前杂传》，表现了研究领域的广泛，以及为学务求博通的精神。在南朝学者中，他以多才多艺而著名，负"才子"之誉。

★何承天像

范晔的悲剧

FAN YE DE BEI JU

宋文帝元嘉九年（公元 432 年），当时彭城王刘义康身兼宰相，独揽朝政。他的母亲彭城太妃病逝，在下葬的头天晚上，举行祭祀路神的宗教仪式，朝廷文武百官和刘义康的亲朋故旧，纷纷前来吊唁，云集东府。当时尚书吏部郎范晔和两个年轻朝官，对此不以为意，他们打开北窗，一边对杯酣饮，一边倾听挽歌，谈笑自若。刘义康听说大怒，将范晔贬为宣城（今安徽宣城县）太守。由于仕途不很得志，逼得范晔静下心来，开始收集以前各家的后汉史书，准备编纂成一家之言，借以寄托自己对屈伸荣辱的感慨。

范晔出身于官宦家庭。父亲范泰历仕晋、宋两朝，官至侍中、国子祭酒。范晔身材不高，又黑又胖，秃顶疏眉，相貌很不起眼，但他才华横溢，为人放荡不羁。

范晔特别善于弹奏琵琶，并能够自谱新曲。宋文帝想听他弹奏，又不好直接开口，几次婉转地向他暗示，他都装作不明白，始终不肯为宋文帝弹奏。一天宋文帝设宴，邀请范晔参加，宋文帝对范晔说："我想唱一首歌曲，你弹琵琶，为我伴奏。"范晔只好奉旨伴奏。宋文帝刚一唱完，范晔的琴声也随之而止，一个音节也不再多弹。

吏部尚书何尚之对宋文帝说："范晔志向异于常人，经常违反礼教，最好让他出任广州刺史，倘若在朝内造成事端，不得不处以极刑，对国家来说，也不是什么好事。"宋文帝答道："刚杀完刘湛，又要远迁范晔，人们将会说你们这些吏部官员容不下人才，还会说我听信谗言，只要你我都知道他的性格，他也就造不成什么危害。"

员外散骑侍郎孔熙先博学多识，才华横溢，文史星算，无所不通，很想在政治上一展宏图，但却长期无人重用，得不到升迁，心中非常怨愤。他父亲孔默之曾任广州

★酱釉贴莲瓣鸡首壶·南北朝

刺史，因为贪赃枉法被捕入狱，多亏刘义康出面救护，才无事释放。等到刘义康被罢官，贬黜出京，他便准备借机报恩，帮助刘义康东山再起，篡夺皇位。孔熙先见范晔对朝廷不满，想拉拢他一块干。可是范晔一直看不起他，无法直接接触。于是他就先倾心结交范晔的外甥谢综，通过谢综，孔熙先慢慢结识了范晔。

孔熙先家里特别有钱，他多次与范晔赌博，假装技巧不佳，输给范晔。范晔既贪图他的钱财，又喜欢他的文才技艺，二人逐渐成为好友。

一天，孔熙先严肃地对范晔说："大将军刘义康英明果断，得到天下的拥戴，现在被贬失职，流放到南方荒野不毛之地，对此，人人义愤填膺。如今这是一次极好的机会，如果能够顺应民心，广结英雄豪杰，里应外合，发动宫廷政变，诛

★范晔为宋文帝弹奏

★玉璧·南北朝

除异己，崇奉圣明之主，号令天下，谁敢不从！小人愿以七尺之躯，三寸之舌，建立万世之功，事成后功劳都归之于您，大人您认为怎么样？”范晔平常对宋文帝虽然不满，但也从来未想到谋反，因而乍然一听，十分惊愕。孔熙先又说：“古往今来都是忠臣遭殃。大人在朝官中深孚众望，可谗夫对您却侧目而视，弄不好就会身败名裂，不如你我共举大事，倘若成功，就会转危为安，名利双收。这种一举多得的事，岂可随便放弃！”范晔还是疑虑重重，不敢下最后的决断。孔熙先故意装出为难的样子说：“还有比这厉害的，小人不敢随便讲。”范晔说道：“请讲出来。”孔熙先说：“大人的节操像盛美的莲叶，冰清玉洁，但却不能和皇室联姻，人家把你看作猪狗，而大人却不感到羞耻，反倒想为之尽忠而死，让人实在感到迷惑。”范晔平素家风不正，男女不清，引起很多议论，所以孔熙先以此相激。范晔听后一言不发，心中却萌发了造反的念头。

范晔和沈演之一同受到宋文帝的赏识。范晔为左卫将军，沈演之为右卫将军。范晔先到宫门，一定会等待沈演之，二人一起进宫。可沈演之先到，经常还没有等他来，就被宋文帝单独召见。范晔对比觉得宋文帝对沈演之有所偏爱，因而心里颇为怨愤。

范晔的姐夫谢述和外甥谢综，都曾得到彭城王刘义康的重用。谢综为刘义康的记室参军，他的弟弟谢约是刘义康的女婿。刘义康被贬后，找到范晔，代表刘义康向他表示歉意，说他希望能够消除以前的隔阂，重归于好。

范晔既有谋反之意，想试探一下宋文帝的口风。于是他对宋文帝说：“臣览阅西汉史书，蕃王用巫术诅咒皇上，都按大逆之罪处以极刑。刘义康谋反之心已很明显，可以说远近皆知。但至今仍安然无恙，令人迷惑不解，况且大害不除，早晚会成为祸乱之端。”宋文帝听后没有接受他的意见。

丹阳尹徐湛之、道人法略、尼姑法静等人，以前都曾受到彭城王刘义康的恩宠，因而非常同情刘义康现在的处境，想寻找机会使他重掌朝政。他们听说孔熙先有谋反的意图，就都主动和他结交。法静的妹夫许耀在禁军中当队长，也被孔熙先拉拢过来，答应自己在宫里做内应。

孔熙先事先让范晔准备好了檄文，宣称：“叛臣纵兵杀死天子，太子也同时遇害，徐湛之、范晔等挥戈拼命死战，当时即将叛贼全部斩首，现派人奉献玺绶，迎接彭城王刘义康继承帝位。”孔熙先还认为要进行谋反大事，应该有刘义康的明确指示，不然，无法向文武大臣交待。于是，范晔又假造了一封刘义康给徐湛之的书信，命令徐湛之清除君侧。

元嘉二十二年（公元445年）九月，衡阳王刘义季和南平王刘铄出镇封国，宋文帝在建康城外武帐冈设宴饯行，范晔等人准备在这天发难。许耀侍卫在宋文帝身旁，用手扣击佩刀，眼睛盯着范晔，等待范晔的暗示。范晔临阵犹豫，不敢正视许耀，一会儿饯宴席散，竟因配合失误，未能下手。

徐湛之担心事情最终将会失败，于是暗中告发了这件事。宋文帝让他了解事情的前因后果，他很快搜集到檄文等一系列证据，上报朝廷。宋文帝下令逮捕范晔等人，彻底查清案情。当天夜里，范晔被宣召入宫待命，谢综、孔熙先被捕入狱。宋文帝派人追问范晔，范晔拒不承认，最后不得已才说：“这是孔熙先嫁祸于我。”孔熙先听说他不服罪，笑着说：“檄文、书信都是范晔所造，为什么还死不认帐？”宋文帝拿出范晔的手迹，让他自己看。范晔这才低头认罪，说出事情的来龙去脉。

谢综等人关押在范晔的隔壁，范晔隔着墙问谢综说：“你知道是谁告发的吗？”谢综答道：“不知道。”范晔叫着徐湛之的小名说：“是徐僮干的好事！”宋文帝有一把白色团扇非常精美，他知道范晔诗、书俱佳，派人拿给范晔，命令他题写诗句。范晔受旨，挥笔写道：“去白日之炤炤，袭长夜之悠悠。”宋文帝看后，倍感凄楚。

★范晔入狱

范晔原本认为入狱之后，很快就会被处死。谁知宋文帝对这个案件非常重视，非要查个水落石出不可，以至拖了20多天，还没有了结。范晔不了解实情，觉得有可能会得到宽恕。狱吏故意戏弄他说："外面传言，你们有可能被叛处长期监禁。"范晔听了又惊又喜。谢综、孔熙先讥笑范晔说："你以往谈论天下大事，无不挽袖怒目，慷慨激昂，自以为是一世英雄。而今却心绪不安，贪生怕死，即使皇上免你死罪，作为人臣，图谋害主，又有何脸面苟且偷生？"

★范晔与谢综被押刑场

在将要被押赴刑场时，范晔走在最前面。在监狱门口，范晔回头对谢综说："今天的次序，大概是按官位排列的。"谢综回答说："贼首应该在前面。"他们一路说说笑笑，一点不感到羞愧。到了刑场，范晔问谢综："行刑的时间快到了吧？"谢综答道："大概不会太久了。"范晔在刑场上吃完酒饭，劝谢综吃。谢综说："现在和病危一样，内心不想吃东西，不能强迫吃。"

范晔的家人全都来到刑场，想和他见最后一面。范晔的妻子首先抚摸儿子，然后回头大骂范晔："你不为百岁阿婆着想，不感激天子的恩遇，就是死了也不足以抵罪，但为什么让儿子也陪你白白送死。"范晔只好干笑着，口称罪大恶极。范晔的母亲哭着对他说："你不体念我年老体弱，犯上作乱，今天叫我怎么办呢？"说着打了他几个耳光。范晔的妻子在旁边劝道："他是罪人，阿婆不要惦念他，也不要再想他。"等到妹妹和妓妾们前来道别时，范晔这才忍不住泪水，呜咽悲泣起来。

谢综的母亲和亲属，从出事那天起，谁也没有来看视过谢综。范晔收住眼泪，对谢综说："姐姐今天不来，比别人聪明多啦。"范晔又连喝了几碗酒，开始有些醉意。范晔的儿子范蔼也有些醉，他抓起土块和果皮，狠狠地扔到范晔身上，连呼"别驾"不止。范晔问他说："你恼怒我吗？"范蔼恨恨地答道："今天还说什么恼怒不恼怒，只是父子同死，不能不悲伤罢了。"

范晔平素不信鬼神，常说人死了灵魂也随着消灭，打算写部《无鬼论》，但在这时，他却给徐湛之写了一封书信，说："一定要在阴间地府和你打官司。"

范晔死时，《后汉书》未能全部脱稿。范晔原计划全书包括十纪、十志、八十列传，合为百卷，与《汉书》相应。可惜刚完成九十卷，十志还未来得及动笔，他就被杀害了。现在《后汉书》里的律历、礼仪、祭祀、天文、五行、郡国、百官、舆服等八志，都是源自司马彪的《续汉书》，由后人抽出来补进去的。《后汉书》在体例、史料、叙述等方面有自己的特点，所以在它问世之后，各家的后汉史书逐渐被淘汰，只剩下它流传于世。《后汉书》与《史记》、《汉书》、《三国志》，被后人合称为"四史"，范晔也因此步入著名史学家的行列，名传千古。

元嘉之治

公元424年，刘义隆即位，改元元嘉。他继续实行刘裕的政策，如奖励农桑、兴复水利、减轻农民负担、放宽刑法、赈济灾荒等。这样，在刘宋初年，经过对内政的整顿，在相当程度上克服了东晋门阀的腐朽政治，劳动者处境也有相对改善，社会安定，南方社会经济出现了东晋以来少有的兴旺现象。当时"区宇宴安，方内无事，三十年间，氓庶藩息，奉上供徭，止于岁赋"；"民有所系，吏无苟得。家给人足，即事虽难，转死沟渠，于时可免"。被封建史家称之为"元嘉之治"。

★南北朝时期刘宋王朝铸造的货币

谢灵运之死

XIE LING YUN ZHI SI

★谢灵运像

提起南朝文学，人们可能会马上想到山水诗，想到扭转玄言诗风、开创山水诗派的第一个诗人谢灵运。自他之后，南朝的谢朓、何逊，唐朝的孟浩然、王维等许多山水诗人相继出现，他们以优美的山水诗篇丰富了诗歌的园地。

谢灵运出身于官宦世家，他的祖父谢玄在淝水之战中功名赫赫，官至车骑将军。父亲谢瑍天性迟钝，做过几年秘书郎，很早就已亡故。谢灵运自幼聪颖敏悟，谢玄对他非常喜爱，曾对亲友们说："我生下谢瑍，谢瑍的儿子为什么就不能和我一样呢。"

谢灵运从小就喜欢学习，博览群书，文章写得奔放俊美，被人们誉为江南第一。成年后袭封康乐公，人称谢康乐。出仕为琅邪王大司马行参军。他性格豪放，生活奢侈，出来进去，车马和衣饰都极其华美，经常别出心裁，制作一些新的服装样式，令人争相仿效。

宋武帝刘裕北伐后秦，攻下长安，谢灵运当时任黄门侍郎，奉朝廷的命令前往彭城慰问，他情绪激奋，挥笔写下《撰征赋》，热情颂扬将士们一往无前的英雄气概。刘宋立国后，被任命为太子左卫率。

谢灵运为人放荡不羁，经常违反礼教。朝廷因此只把他当作一个文人名士来对待，从不委以重任。但是，谢灵运却认为自己才华出众，应该参予朝廷大政。由于没有受到重用，经常怨愤不已，有时甚至诋毁朝政，不久，便被权要人物排挤出朝，调任永嘉（今浙江永嘉县）太守。

永嘉名胜山水很多，谢灵运平素特别喜爱山水，加上政治上很不得志，于是他开始倾心于自然风光，天天游山逛水，足迹踏遍永嘉郡的各个属县。有时一出去，就十天半个月不回来，郡府的各种事务，他一概不问，每到一处，只是写诗记胜，吟咏不止。他的山水诗就是从这时开始创作的。

在永嘉呆了一年以后，谢灵运上表朝廷，声称自己身体有病，要求离职，回到家乡会稽（今浙江绍兴）。谢灵运居住在一处依山傍水，清雅幽静的庄园里，生活得无拘无束，逍遥自在。有时他也约来几个朋友，一起海阔天空，饮酒作歌。这个时期，谢灵运的创作非常勤奋，他的诗作一传到京城，朝野内外都争相抄录，一夜之间，几乎人人皆知，诗名轰动了整个京师。

宋文帝即位，徐羡之等权臣被杀，朝廷任用了一批名人学士，谢灵运被征召为秘书监。到了建康，谢灵运负责整理皇家图书馆的藏书，拾遗补缺。宋文帝还让他编纂《晋书》，可是不知什么原因，他只是粗略地分立了一下条目，迟迟没有动笔。不久，他又被任命为侍中，受到宋文帝的优厚待遇。谢灵运的诗作和书法，在当时都是精绝于世的艺术佳品，他每作一诗一文，总是亲手抄写出来，呈送给宋文帝。宋文帝每次都认真鉴赏，赞叹不已，认为他的诗文和书法堪称人间"二宝"。

谢灵运这次入京，是怀着一展宏图的远大抱负而来的，他认为自己是当时最有名望的人物之一，应该参加朝政的决策，在政治上成为举足轻重的人物。谁知入朝之后，

★谢灵运雕像

朝廷还是以文士相待，每次陪侍宋文帝饮宴，不是问问书法，就是议论一下诗文，从不涉及国家大事。可王昙首、王华、殷景仁三人，名望和地位原本都比自己低，却受到宋文帝的重用，被委以要职。谢灵运对此很是愤慨不平，于是他经常称说有病，不再上朝处理公务，在居处修造池塘，整天种植竹木花草，自己的奴仆忙不过来，就动用官府的役吏，有时到城外游玩，竟出去一百六七十里，几天后才兴师动众地回来，事先既不上表请示，事后也不予以说明，弄得大臣们议论纷纷。

宋文帝一看这样也觉得有点不太象话，但又不想轻意伤害谢灵运，便派人委婉地告诉谢灵运，希望他能够自动辞职。谢灵运只好上奏声称有病，无法担任官职，宋文帝顺势赐予长假，让他回家养病。

谢灵运回到会稽后，立即叫来堂弟谢惠连和几个友人，谈诗论文，游览山川，又完完全全地过起名士生活来。

谢灵运对游山登岭的兴趣，几乎到了无以复加的地步。他专门寻找最险峻、最幽静的山峦，即使是悬崖峭壁，他也要亲自登临。他经常穿着木屐登山，上山时去掉木屐的前齿，下山时去掉木屐的后齿。一次，他带领数百人，从会稽的南山开始，一路砍伐树木，开辟道路，直到临海郡（今浙江临海县）的辖界，声势浩大。临海郡太守王琇听到报告后，大惊失色，以为是山贼打来，最后得知是谢灵运在游山，这才安下心来。谢灵运派人给王琇送去两句诗："邦君难地险，旅客易山行。"并邀请他一起来游山，王琇慌忙连连辞让。

★贵嫔出行图画像砖·南北朝

★高句丽歌舞·南北朝

会稽太守孟顗信奉佛教十分虔诚，但谢灵运却非常看不起他。他曾当面对孟顗说："成仙得道要有悟性，您老升天当在我谢灵运之前，成佛必在我谢灵运之后。"孟顗听了这句冷嘲热讽的言辞，心里十分不满。

★谢灵运墓

位于江西省万载县康乐街道里泉村境内，距县城约西公里。2004年6月24日发现并找到了谢灵运墓，该墓外形完好，坟墓不高无衬砌，墓碑无损刻有"嗣孙某某立，始祖谢公讳灵运字公义茔，光绪七年春月重修"，此地几座山头呈莲花状，墓位于东边山头的西向。

谢灵运有时喜欢故意做出惊人之举，以此来显示自己不受礼教束缚。有一次他和几个隐居名士，在会稽的千秋亭开怀畅饮，借着酒气，几个人脱得一丝不挂，手舞足蹈，狂呼大叫。孟顗作为太守，实在忍受不了，派人前去劝说，谢灵运一听大怒，反而吼道："我们自己大喊大叫，关你痴人什么事。"

会稽城东有回踵湖，谢灵运想占为己有，他上书宋文帝，请求准许他放水造田。宋文帝批转给郡府，令他们酌情处理。这片湖面由于离会稽城很近，水产又很丰富，老百姓们认为破坏了太可惜，孟顗据此坚决不同意。谢灵运一看不行，又请求将自己庄园附近的岯崲湖划归给他。孟顗还是表示反对，气得谢灵运十分恼火，他对人攻击孟顗说："孟顗这样做，决不是为了老百姓，他是怕决湖造田，使大批鱼虾无辜送命，自己由此犯了杀生之罪，死后不能成佛。"孟顗知道后，非常怨恨谢灵运，他上书朝廷，指控谢灵运图谋不轨，怀有造反之心。同时派兵设防，通告全郡，就如同真有其事一样。谢灵运被逼得无法，只得赶紧奔赴建康，上书宋文帝，陈述事情的前因后果。宋文帝知道他是被诬陷的，便不再追究。但又怕他回去重新挑起祸端，于是任命他为临川郡（今江西临川县）内史。

谢灵运到了临川，仍然和在永嘉一样，整天游山玩水，不理政务。

监察御史上书对他进行弹劾，司徒刘义恭立即派遣专使前去拘捕。谢灵运觉得自己受到侮辱，率众拒捕，从临川逃了出来，不知不觉起了反叛的意念。他在《临川被收》一诗中咏道：“韩亡子房奋，秦帝鲁连耻。本自江海人，忠义感君子。”但这只不过是一种感慨而已。他很快被抓获。他虽然犯有死罪，但宋文帝非常爱惜他的文才，想把他罢了官就算了，可是彭城王刘义康坚决要求按法律办事，认为这样的人不应宽恕。宋文帝无法，只好免去谢灵运的死罪，将他流放到广州。

过了一段时间，秦郡府将宋齐受出使涂口，路经桃墟村，看见七八个人聚在一起说话，他怀疑这些人不是普通百姓，马上报告了当地官府。官府得知，派兵将他们全部抓获，其中有一个叫赵钦的犯人说：“同村人薛道双早先与谢灵运一同共事。薛道双派人对我说，谢灵运犯罪流放广州，留下一笔钱财，让薛道双纠集一些壮士，购买兵器，在途中将谢灵运解救出来。但我们始终没有遇到被流放的谢灵运，只好回来，由于路费已经花完，只好一路抢劫。”此话传到朝廷后，宋文帝立即下令，将谢灵运在广州斩首示众。公元 433 年，谢灵运被处死。他在临死前，照样吟诗不止，表示自己对命运的慨叹。

★谢公亭，相传为谢灵运观海处，后人建亭纪念。

★支浦庙——谢灵运垂钓处

谢朓

谢朓，字玄晖。陈郡阳夏(今河南太康县)人。南朝齐著名诗人，出身世家大族。谢朓高祖谢据为谢安之兄，祖父谢述为吴兴太守，祖母是史学家范晔之姐。父亲谢纬是散骑侍郎，母亲为宋文帝之女长城公主。与谢灵运同族，有诗名，时与谢灵运对举，亦称“小谢”(另一说，“小谢”指谢惠连)。初任豫章王萧嶷的太尉行参军，后在随王萧子隆、竟陵王萧子良幕下任功曹、文学等职，颇得赏识，为“竟陵八友”之一。建武二年(公元 495 年)，出任宣城太守，故有“谢宣城”之称。因告发岳父王敬则谋反事受赏，举为尚书吏部郎，得齐明帝信任。后因不参与萧遥光谋反，被诬陷死于狱中。

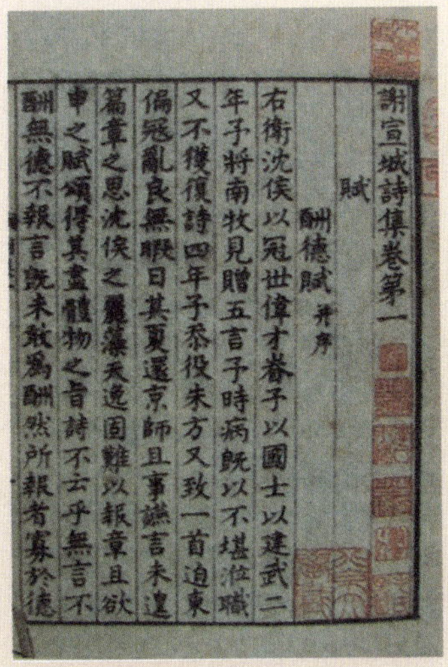
謝宣城詩集卷第一
賦
酬德賦 并序
右衛沈侯以冠世偉才眷予以國士以建武二
年予將南牧見贈五言予時病既以不堪莅職
又不獲復詩四年予忝役朱方又致一首迫東
偏寇亂良無暇日其夏還京師且事讌言未遑
篇章之思沈侯之麗藻天逸固難以報章且欲
申之賦頌得其盡體物之旨詩不云乎無言不
酬無德不報言既未敢為酬然所報者寡於德

★《谢宣城诗集》书影

颜延之一生狂放

YAN YAN ZHI YI SHENG KUANG FANG

在南朝初年的文坛上，颜延之是唯一与谢灵运齐名天下的一代诗人。但实际上，他的诗歌成就与谢灵运相差很远。他的名声远远高于实际成就，这大概是历史对他的偏爱吧。

颜延之，字延年，琅邪临沂（今山东临沂）人。祖父颜约官零陵太守，父亲颜颙做过护军司马。颜延之早年丧父，生活比较贫苦。但他特别喜欢读书，几乎到了嗜书如命的程度。他情性疏散狂放，嗜酒如命，不太在乎生活小节，到了 30 岁的时候还没有完婚。他的妹妹是刘穆之的儿媳妇，刘穆之听说颜延之才华出众，很想推荐他入朝为官，颜延之知道后，怎么也不肯去。

后来他踏上仕途，任中军行参军。宋武帝刘裕北伐，朝廷拜封刘裕为宋公，颜延之被任命为特使，前往洛阳宣召圣旨。到了洛阳，他寻找到往日宫殿的旧址，面对几经战乱，只剩下片片禾黍的残败景象，他慨叹万分，不禁凄楚地吟咏起《诗经》的《黍离》篇。在南返的路上，他挥笔作《北使洛》等诗，借以抒发自己对中原残破的感慨。当时以文才闻名于世的谢晦、傅亮看后也深表赞赏。

刘宋立国后，颜延之任太子舍人。当时宋武帝为了装点门面，显示国家的兴盛，四处征召人才，请文人入朝为官。隐居庐山的周续之，是当时屈指可数的儒学大师。刘裕也将他征召到建康，开馆授学。一次，刘裕亲自前往学馆，倾听周续之的讲授。朝中的文武大臣也都蜂拥而至。那时颜延之虽然官位低微，但由于平素以文才著称，因而也被请到上席。刘裕让大臣向周续之提了三个问题，周续之回答时言辞文雅，博闻善辩。但颜延之每次都以简要之言质询周续之，弄得周续之多次难以对答。回到朝廷后，刘裕让颜延之陈述佛家的要旨。颜延之言简意赅，文理通畅，大臣们无不叫好。随即，颜延之升迁为太子中舍人。尚书令傅亮自认为文才超群，没有人能比得上自己，因而对颜延之十分忌恨。颜延之也自负有才，不甘拜下风。庐陵王刘义真特别推崇颜延之。刘义真曾有谋取帝位的意图，司徒徐羡之见他们二人关系非同一般，怀疑颜延之从中推波助澜，心里对颜延之很是不满。

★桂林独秀峰下的延公读书岩

宋少帝刘义符即位后，颜延之被贬出任始安郡（今广西桂林）太守。领军将军谢晦对颜延之说："从前晋人阮咸才华横溢，遭到当权者的忌恨，被贬为始平郡太守，现在你又去做始安郡太守，你们二人可以称作'二始'啦。"黄门侍郎殷景仁也对他说："这正是平常所说的小人憎恨才俊，世俗诽谤文雅。"颜延之从建康到始安郡，路途要经过汨潭。当他来到湘州，徘徊在屈原投水自沉的地方时，心中异常激愤。湘州刺史张邵很理解颜延之的心情，劝他作一篇文章，颜延之提起笔来，凝思片刻，写下《祭屈原文》。

宋文帝元嘉三年（公元 426 年），司徒徐羡之等人被杀。朝廷征召颜延之为中书侍郎，领步兵校尉，受到宋文帝的奖赏和重视。但颜延之为人不拘礼法，狂放不羁，因而经常受到一些大臣的非议。颜延之见领军将军刘湛、尚书仆射殷景仁身居要职，在朝中说一不二，特别愤慨不平。他常对别人说："天下大事，岂能是一个人的智慧就可以处理得条条是道。"言辞激烈，矛头直接对准权要人物。颜延之早年曾在刘湛父亲手下做过主簿，于是他对刘湛说："我的官职一直升不上去，大概是曾经做过你们家小吏的缘故吧。"刘湛听后无言可答。刘湛恨透了颜延之，便通过彭城王刘义康，很快将颜延之排挤出朝，任永嘉太守。颜延之对刘湛的打击报复异常愤怒，当夜作出《五君咏》，借古讽今，发泄自己胸中的不平之气。刘湛和彭城王刘义康见到颜延之的《五君咏》后，勃然大怒，立即上书朝廷，指控颜延之出言不逊，攻击朝政，应罢官撤职，贬黜到边远的地方去。宋文帝还算宽厚，下达诏令说："可以让颜延之在家里反省思过，如果还不改悔，就立即流放到东方远地。从现在开始，他有什么不轨言行，都要如实记录下来。"颜延之由此退居家中，长达7年，不能参与朝政之事。

颜延之退居家中后，无所事事，便作《庭诰》之类的文章，训导子孙晚辈。一次，东晋恭思皇后死后下葬，作为前朝皇后，葬仪上需要一些人充当文武百官。于是当地言吏便给颜延之送去请贴，让颜延之充当侍中。颜延之当时正喝得大醉，他看过请贴后把请贴往地下一扔，大声吼道："颜延之连活人都不能侍奉，又怎能去侍奉死人。"

后来，宋文帝派人宣召颜延之，诏书传下几次，也不见颜延之人来。原来那天颜延之一早便去了酒店，喝得酩酊大醉。朝廷使者找到酒店，他正裸露着臂膀，高唱挽歌根本无法接旨。第二天酒醒之后才进宫拜见。宋文帝问颜延之："你的几个儿子才能如何？"颜延之回答说："颜竣深得臣下的笔法，颜测深得臣下文辞，颜㚟深得臣下的义理，颜躍深得臣下的酒德。"侍中何尚之在旁边嘲笑说："不知谁得到你的狂诞？"颜延之自负地说："我的狂诞没有人能够得去。"一次，何尚之在宫内值班，颜延之醉熏熏地前去找他，何尚之看到颜延之来了，便假装睡觉。颜延之掀开门帘，看了一会儿说道："朽木不可雕也。"何尚之等他走后，对左右侍从说："这家伙醉的时候也叫人感到可怕。"

刘湛谋反被杀，颜延之受到朝廷的起用，被任命为谘议参军、御史中丞。在任职期间，他逍遥自在，对朝中政事不闻不问。后来他被调任为国子祭酒、司徒左长史。不久因有人上奏朝廷，指责他以强凌弱，买下人家的田地，却又不给钱，被罢官免职。

佛门弟子释慧琳，凭着自己的才学，得到宋文帝的赏识。宋文帝在处理朝廷的各种事务时，经常和他一起商量。于是，朝廷内外对释慧琳都十分尊重。宋文帝召见释慧琳时，礼遇的规格特别高，经常让他坐在自己身边的榻椅上。对此颜延之极为恼火，认为自己的才学比释慧琳强得多，但却从来没有得到这么高的待遇。在一次朝宴上，颜延之借着酒气，对宋文帝说："榻椅本是文武大臣的座位，怎能容许僧人坐在上边。"宋文帝听后脸都变了颜色。

宋孝武帝初年，颜延之官拜金紫光禄大夫。一天，他和侍中何偃一起乘车去南郊，何偃平素为人轻率浮薄，颜延之对他很看不上眼。半路上，何偃冲着颜延之喊了一声颜公。颜延之随即讥讽他说："我一不是朝廷三公，二不是乡里田公，三不是你家阿公，为什么管我叫作公？"羞辱得何偃只好慢慢地驾车离去。

★玉马头·南北朝

颜延之的大儿子颜竣，由于拥立宋孝武帝有功，被任命为侍中、左卫将军，一时权倾朝野。但颜延之却很不以为然，颜竣给他送来财帛物品，他一概不要。身上穿的衣饰和日常使用的器具，一件也不更换。他出来进去照样使用以前的老牛破车，路上遇到颜竣的车马仪仗时，就主动退到路旁，先让颜竣过去。他曾对颜竣说："我平生不喜欢见权要人物，现在却不幸要天天见你。"颜延之见颜竣建起高宅大院，对他说："请你好自为之，不要让后人笑你太蠢了。"

一天早上，颜延之有事去找颜竣，他见客厅里已满是宾客，而颜竣却还没有起床，他愤怒地对颜竣说："吉祥源于恭敬谦逊，祸乱起于骄横傲慢。你刚成为权要人物，就狂傲得不可一世，你能维持得长久吗？"颜延之晚年特别宠爱一个小妾，没有她就吃不下饭，睡不着觉，小妾也仗着颜延之的宠幸，做起事来很随便。一次她竟将颜延之从床上推到地下，使颜延之受了重伤。颜竣一怒之下将小妾处死。颜延之婉惜得不得了，经常坐在她的灵位前哭泣着说："是权贵之人杀了你，不是我杀了你。"公元456年，颜延之病逝。

颜延之与谢灵运

颜延之与谢灵运都以能诗善赋受到人们的称誉，但他们在创作速度上却迥然不同。宋文帝曾下诏，让他们各自根据《乐府·北上篇》，创作一篇拟作。颜延之才思敏捷，一挥而就。谢灵运静思冥想，很长时间才将诗作完成。颜延之很想知道，自己与谢灵运两人的作品谁高谁低，他问南朝另一位大诗人鲍照，鲍照回答说："谢灵运的五言诗如初开的芙蓉，自然可爱。你的诗如铺开的锦绣，也是满眼雕绘。"鲍照虽然没有明说谁优谁劣，但字里行间已可以看出，他对谢灵运更为推崇些。颜延之当时心里大概也是比较明白的。

檀道济唱筹量沙

TAN DAO JI CHANG CHOU LIANG SHA

刘裕经过多年苦心经营，终于当上了皇帝，他深知帝位来之不易，所以即位后，采取了很多措施，用以专权固位。由于刘裕出自寒门，深知寒门学子谦恭自律，具备很多优点，所以用人主要擢自寒门。刘裕还关心百姓生活，曾多次下令减免税役，对于那些原来因战争需要被征发的奴隶也一律放还。

在吏治上，刘裕于永初二年(公元 421 年)三月，规定"荆州府置将不得过 2000 人，吏不得过万人；州置将不得过 500 人，吏不得过 5000 人。兵士不在此限。"如此举措使东晋末年置官滥乱，给人民带来沉重负担的现象得到了制止。

刘裕虽是行伍出身，识字不多，但非常重视教育。永初三年(公元 422 年)正月，他下诏："选备儒官，弘振国学。"不仅巩固了宋国的统治，同时也改善了社会风气。

★陶侍俑·南北朝

但是，正当宋武帝改革时弊、富国图强的时候，却因病而死。公元 424 年，武帝的儿子刘义隆即位，是为宋文帝。

同年 9 月，北魏明元帝拓跋嗣乘刘裕病亡之机，派兵伐宋。12 月，刘宋的黄河防线崩溃，泰山、高平、金乡等郡(均在今山东境内)均为北魏所得。此次，将军檀道济奉宋文帝之命，去抗击北魏。在二十几天里，宋军连打三十多仗，节节胜利，一路追击北魏军到历城(在今山东济南)。这时，檀道济有些急功冒进，而且防备也有点松懈。北魏军抓住机会，派骑兵绕到宋军后方，烧了檀道济的辎重粮草。

★刘裕称帝

宋军形势非常危急，檀道济明白，如果这时匆忙撤退，北魏军就会怀疑宋军已无粮草而大举反攻，宋军很可能全军覆没。因而，他认为目前最紧要的就是要让魏军相信宋军还有充足的粮草。

一天晚上，宋军军营里灯火通明，檀道济亲自带领一批管粮的士兵在一个营寨里查点粮食。士兵们一边用斗量米，一边拿着竹筹高唱着计数。北魏军有人偷偷地向宋营里望了望，只见一个个米袋里都是雪白的大米。许多宋军将士也以为是后方送来了军粮，军心大振。

北魏军的探子把这个消息告诉了主将，将士们信以为真。其实，檀道济在军营里量的并不是白米，而是一斗斗的沙土，只是在沙土上覆盖着少量白米罢了。

到了天色发白，檀道济命令将士戴盔披甲，自己穿着便服，乘着一辆马车，大模大样地沿着大路向南转移。北魏将士被檀道济打败过多次，本来对宋军有点害怕，再看到宋军从容不迫地撤退，吃不准他们在哪儿埋伏人马，不敢追赶。

檀道济靠他的镇静和智谋，保全了宋军，虽然没有拿下河南，但在北魏的围困下，全军而返，威名大振。以后，北魏再也没敢轻易进攻宋朝。

檀道济在宋武帝和宋文帝两代，都立过大功。但是由于他功劳大，威望高，而且他的儿子们也都很有才气，因此引起了宋朝统治者的猜疑。有一次，宋文帝生了一场

★唱筹量沙

病。宋文帝的兄弟刘义康趁机与心腹商量说：“如果皇上有什么三长两短，留了檀道济总是一个祸根。”

公元436年2月，文帝病危，正值北魏军南伐。刘义康便叫文帝宣檀道济进宫，然后刘义康盗用宋文帝的名义下了一道诏书，硬说檀道济早怀贰心，图谋不轨，把檀道济关进牢里，要予以加害。

檀道济被捕的时候，气得瞪圆了眼，愤怒的目光像要喷射出火焰来。他狠狠地把头巾拉下，摔在地上说：“你们这不是在毁坏自己的万里长城吗？”

檀道济最终被杀害，这个消息传到北魏。魏朝的将士都高兴地说：“檀道济一死，南方就没有咱们害怕的人啦！”从此以后，北魏便开始连年伐宋，大有饮马长江之势。在北魏的大军打到江北的瓜步（今江苏六合）时，宋文帝在建康的石头城上瞭望远处，感慨地说：“如果檀道济还活着的话，怎会让胡骑横行到这个地步。”

★释慧影造释迦牟尼佛漆金石像·南北朝

檀道济

★檀道济像

檀道济（？—公元436年），高平金乡（山东金乡）人。南朝宋名将。东晋元兴三年（公元404年），从刘裕起兵京口讨桓玄，又转战各地，所向披靡，为太尉参军。义熙十二年（公元416年）刘裕北伐，进攻后秦，檀道济为前锋，与龙骧将军王镇恶率步军进攻许昌，所至克捷，收复洛阳，释放应戮俘囚4000余人，一时归附者众多，为中原人士所称道。不久，进兵潼关，平长安。宋朝建立，檀道济以元勋之功被封为永修县公，后又出为镇北将军、南兖州刺史。元嘉七年（公元430年）宋文帝派右将军刘彦元率军北伐，与北魏交战。交战中，右将军刘彦元先胜后败，黄河以南土地尽失。檀道济遂任都督征讨诸军事，与魏军激战三十余次，多获胜利，至历城（今山东济南）粮尽，不敢进击，便设计阻延魏军追逼，全军而返，进位司空，还镇寻阳（今江西九江）。因檀道济功高，部下诸将身经百战，诸子又有才气，为宋朝所疑忌。公元436年，宋文帝患重病，彭城王刘义康执政。刘义康怕文帝一死，檀道济不听命，便假传喻旨将他召回京师。不久，檀道济与他7个儿子一起被杀于建康。

★北魏加彩陶俑（戴兜鍪、穿裲裆的武士）

萧道成登基

XIAO DAO CHENG DENG JI

齐高帝萧道成，字绍伯，东海兰陵（今山东峄城）人，出身于官宦家庭。父亲萧承之曾任汉中太守、龙骧将军、右军将军等。萧道成生于宋文帝元嘉四年（公元 427 年）。年轻时身材高大，仪表英俊。他从小跟随父亲南征北战，多次亲自参加战斗。入仕后初为左军中兵参军，后为建康令。

宋明帝即位，萧道成为右军将军。当时，四方同叛。会稽太守寻阳王刘子房也宣布起兵。他奉命东讨，进军晋陵（今江苏武进县），一天攻破叛军 12 座军垒，一举平定刘子房的叛乱，官拜骁骑将军。

由于战功卓著，宋明帝泰始三年（公元 467 年）萧道成被任命为征北司马行南徐州事，镇守淮阴（今江苏淮阴县），成为独霸一方的军政要员。他在淮阴招揽四方豪俊，收用各路人才，影响越来越大。

第二年，萧道成迁任南兖州刺史。过了一段时间，民间传出一种说法：“萧道成有异相，当为天子。”宋明帝知道后，开始疑忌萧道成，便征他为黄门侍郎、越骑校尉，命他入朝就职。萧道成很害怕，不想做朝官，但又没有办法能够留在任上。正愁之际手下一个参军给他出主意，让他派遣几十名骑兵，侵入北魏边境，设置标志，以引起魏方的注意。果然这招很灵，北魏派出数百名骑兵，加强边境上的军事活动。这样，萧道成立刻把情况上报朝廷。宋明帝没有办法，只好让他恢复原职。

★麦积山第 60 号龛左壁胁侍菩萨泥塑·南北朝

有人报告宋明帝，萧道成对朝廷有二心，与北魏暗中来往。宋明帝命封上一壶酒，派冠军将军吴喜送给萧道成。萧道成极为恐惧，打算叛逃。吴喜告诉他，壶里不是毒酒，于是自己先喝了一杯，萧道成这才安下心来，把酒喝下。吴喜回到朝中，保证萧道成忠于朝廷，没有二心。事情才算过去。

泰始七年（公元 471 年），宋明帝征召萧道成入朝。当时萧道成的亲信劝他说，朝廷正在诛杀大臣，最好不要应召入朝。萧道成说：“诸位真不明事。皇上认为太子年幼，正在想方设法杀害自己的几个弟弟，怕他们在自己死后寻机造反，与别人有什么关系？现在应迅速出发，犹豫耽搁，就会遭到猜疑。况且骨肉之间相互残杀，绝非长久之计，天下就要出现祸乱，所以正需要我们同心协力。”到了朝廷，果然萧道成被拜为散骑常侍、太子左卫率。

一年以后，宋明帝逝世，萧道成成为顾命大臣之一。桂阳王刘休范造反，他力挽狂澜，在平叛中起了决定性作用，开始参掌朝政。

★山西大同司马金龙墓石雕柱础·南北朝

皇帝刘昱年幼无知，日益骄狂凶暴，经常骚扰民间，以杀人为乐，对大臣也是胡乱猜忌，痛下杀手。一天，萧道成光着膀子正在午睡，刘昱闯进室内，在萧道成的肚子上一圈圈画成靶子，自己引箭拉弓，萧道成神色不变，板着脸说：“老臣无罪。”刘昱的侍从王天恩说：“领军将军（道成官名）肚子大，确实是一个好箭靶，但一箭就会射死，以后就不能再射了，不如用骲箭射。”骲箭是骨头做的，箭头较圆，不会射死人。于是刘昱换上骲箭，一箭正中肚脐眼，刘昱扔下弓，大笑说：“箭术怎么样？”

刘昱忌恨萧道成的声望，他曾亲自磨砺箭头说：“明天就杀萧道成。”他的生母陈太妃骂道：“萧道成对国家有功，如果害了他，今后谁还会为你尽力！”这样，刘昱才没有采取行动。萧道成对此非常忧虑，他暗中和袁粲、褚渊商量，准备废掉刘昱，另立他人。袁粲不同意这样做，说：“皇上年幼，有些小的过错，很容易改正。弄不好，咱们都会死无葬身之地。”褚渊什么话也没有说。领军功曹纪僧真对萧道成说："现在皇上猖狂无忌，人人感到自身难保，袁粲、褚渊已失去众望，您怎能不采取措施，坐以待毙。是生存还是灭亡，现在已到了最关键的时刻，希望能仔细考虑。"萧道成听后深表赞成。越骑校尉王敬则主动交结萧道成。夜里他穿上青色衣饰，在大道上爬行，观察刘昱的来往情况，偷听他说些什么话。萧道成则让王敬暗中拉拢刘昱的左右侍从。很快，侍人杨玉夫、杨万年和陈奉伯等 25 人都成为他的内应，在宫中察探动静，窥测时机。

★齐高帝萧道成像

元徽五年(公元 477 年)七月七日这天，刘昱乘坐一辆无篷的车子，与左右侍从来到台冈，相互打赌，看谁跳得远，跳得高。晚上，刘昱在新安寺偷出一条狗，拿到昙度道人那里，煮熟了下酒。喝醉之后，回到宫里，睡在仁寿殿，杨玉夫在旁侍候。杨玉夫平常很受刘昱的宠幸，但不知什么原因，最近几天刘昱一反常态，见到杨玉夫便咬牙切齿地说："明天就杀了你这小子，取出肝肺。"刘昱睡前，命令杨玉夫观察织女星，看它何时渡过银河，说："看见就赶紧叫我，否则就杀了你。"杨玉夫等到刘昱进入梦乡后，和杨万年抽出刘昱的防身刀，割下他的脑袋。他们让陈奉伯把刘昱的脑袋放在自己的衣袖里，依照往常的样子，宣称奉旨外出，送到王敬则家里。王敬则看后急忙来到萧道成的领军府，叩门大喊，萧道成开始害怕是刘昱骗他，不敢开门。后来王敬则把刘昱的脑袋扔进院里，萧道成洗去上面的血污，一看真是刘昱的人头，立即穿上戎装，乘马而出，王敬则等人跟在后面。他们来到皇宫的承明门，假称皇上外出回宫，王敬则害怕警卫从门孔看出破绽，用刀环堵住门孔，大声急叫，警卫一打开门，他们蜂拥而入。萧道成来到大殿，宫内恐怖万分，既而听说刘昱已死，全都高呼万岁。

第二天清晨，萧道成在大殿院子里的槐树下，以皇太后名义，召集袁粲、褚渊、刘秉入朝议事。萧道成对刘秉说："这是你们皇室的家事，你说怎么办？"刘秉还未回答，萧道成目光如同闪电，胡须和头发都张立起来。刘秉一见，只好说道："行政方面的杂事，我还可以处理，军旅大事，全凭领军裁决。"萧道成又让袁粲表态，袁粲也不敢说话。王敬则拔出佩刀在旁边跳跃着喊道："天下事都应包在萧公身上，敢有人说一句反对的话，就让他的血染红我王敬则的刀！"随手拿来皇帝戴的白纱帽，戴在萧道成的头上，让他登基即位，紧跟着又说："现在谁敢再动？事情须趁热打铁。"萧道成板着脸呵斥道："你什么都不懂！"袁粲这时想说话，王敬则对他一声怒喝，吓得袁粲赶紧又闭上了嘴。褚渊道："没有萧公就无法了结此事。"萧道成借机说道："交给你们，你们都不愿意办，我又怎么能够推辞。"于是做出决定，准备仪仗车辆，前往东城，迎立安成王刘准。当天皇太后下达命令，列举刘昱的罪状，说："我密令萧领军暗中运筹。安成王刘准，应君临万国。"随后刘准入朝即位。几天之后，萧道成被授司空、录尚书事、骠骑大将军，总领军政大权。他的心腹布满朝廷，朝政完全由他一人独掌。其后沈攸之、袁粲、刘秉等人谋乱，他们虽然声势很大，但实际上已回天乏力，无法改变当时的政治局势。日复一日，萧道成想荐举一些社会名流，帮着自己完成南面称帝的大业。一天夜里，他召见骠骑长史谢朏，并让侍从们都出去，单独与他交谈。谁知他谈了半天，谢朏一言不发，当时，只有两个侍童站在旁边举着蜡烛。萧道成以为谢朏对他们有所顾忌，于是亲自接过蜡烛，命令侍童退下，但是谢朏还是不说话。萧道成只好呼喊左右侍从，送客出门。

太尉右长史王俭很清楚萧道成的打算，他躲开旁人，独自对萧道成说："功劳太高，就无法赏赐，古今都是一样。以你现在的地位，想终身北面为臣，能够做得到吗？"萧道成表面斥责了几句，但神情上却表现出赞许的意思。王俭接着说："我承蒙恩公赏识，所以才敢说出不该说的话，你何必这样见外呢？宋朝威望已失，除了你，谁又能使它稳定下去。但人情菲薄，不能持久，恩公如果还犹豫推辞，就会失去人心。到时岂只大业无法实现，恐怕七尺之躯也不能自保。"萧道成这才道出真言："你说得不无道理。"王俭又说："恩公现在的名位，只是一般宰相，应享受特殊礼遇，显示一下变革，可以先让褚渊知道此事，我请求负责通知他。"萧道成听后说道："我应当自己去。"过了几天，萧道成亲自前往褚渊家中，二人亲密交谈，不知不觉扯了很长时间，萧道成把话题一转说："我做梦应该升官。"褚渊说："你现

★青铜蛇鸟带钩·南北朝

★齐高帝萧道成石刻像

在刚接受完太尉的任命，恐怕一二年不会再让升迁，再者说，好梦不一定应验在旦夕之间。”萧道成回来后，把情况告诉了王俭，王俭骂道：“褚渊真是不明事理！”

又过几日，王俭倡议给萧道成再加上太傅的官衔，享受假黄钺的待遇。他让中书舍人虞整草拟诏书，萧道成的亲信任遐说：“这是大事，应该报告褚公。”萧道成道：“褚渊要是不赞成怎么办？”任遐说：“褚渊惜命怕死，留恋妻室，并没有奇才异节，我一定能制服他。”褚渊听了任遐的话，果然没有表示异议。诏书递上之后，很快批转下来。萧道成官进假黄钺、都督中外诸军事、太傅，领扬州牧，可以带剑上殿，入朝不拜。

第二年(公元479年)三月，加封萧道成为相国、齐公。随后又进爵为王。四月，十三岁的宋顺帝刘准下达诏书，禅位于齐王萧道成。

在举行禅让仪式那天，宋顺帝刘准应坐车离开皇宫。谁知刘准怕被人杀死，藏在佛室的宝盖下面，不肯出来。王敬则率领禁兵，弄来一辆木板车，入宫迎接刘准。太后怕发生意外，亲自领着宦官，找到刘准。王敬则拉着刘准的手臂，让他出来上车。刘准停止哭泣，问王敬则说：“想杀我吗？”王敬则回答说：“出去住到别的宫里，你的祖宗夺取司马氏的天下时，也是如此。”刘准一边哭着，一边擦着眼泪说：“希望我的后代，世世代代不要生在帝王家！”宦官宫女们都放声大哭。刘准拍了一下王敬则的手说：“我如果能保住性命，一定赏给辅国将军(王敬则的官职)十万钱。”

当天，文武百官都来参加仪式。侍中谢朏正赶上值班，按照惯例应由侍中解下皇帝的玺绶。谢朏此时假装不懂，问道：“今天有什么公事？”传达诏旨的官员说：“解下玺绶，授给齐王。”谢朏回答道：“齐王应该有自己的侍中。”人们害怕惹祸，让他假装有病，想让别人代他办理这件事。谢朏大声吼道：“我没有病，为什么说有病。”然后穿着朝服，走出皇宫大殿，登车回家了。

朝廷临时任命王俭为侍中，解下宋顺帝刘准的玺绶。禅让仪式举行完毕后，刘准登上车，出宫来到新宅，他对左右侍从说：“今天怎么不奏鼓吹乐？”侍从们一言不发。司空兼太保褚渊等人捧着玺绶，率领文武百官来到齐王宫劝进。齐王萧道成装模作样表示推辞，不敢接受。隔了一天，萧道成正式登基即位，国号称齐，改元为建元。这样南朝的第二个朝代建立了。

★贵族士女俑·南北朝

萧子良开西邸

萧子良，字云英，齐武帝萧赜的次子。在皇位继承问题上，由于嫡长子文惠太子萧长懋先武帝病死，出现争议。

萧子良在历任会稽太守、丹阳尹、南徐州刺史、南兖州刺史、扬州刺史、司徒时，积累了统治经验，盛誉于当时。

王融有意谋立萧子良，武帝不许，将萧长懋子萧昭业立为皇太孙。武帝临终，遗令萧子良辅政，同时，以高帝次兄萧道生之子萧鸾总管尚书事，掌握实权。萧子良为避嫌疑，主动退让。永明二年(484年)萧子良为护军将军、兼司徒时，镇西州(今南京市朝天宫一带)，开西邸。永明五年，萧子良迁居鸡笼山，西邸自然也迁到鸡笼山。

萧子良少有清尚，礼才好士，倾意宾客，天下才学之士皆游集于此。他们经常备设瓜果，聚集在一起切磋诗句，创造了一种新的诗歌体裁——永明体，促进了诗歌由古体向近体的发展。萧子良还在西邸招集学士抄写五经、百家，依照《皇览》体例撰写了1000卷的《四部要略》。萧子良开西邸，延揽很多人才，促进了当时文化事业的发展，成为萧衍建立梁朝的智囊团。但萧子良崇信佛教，西邸也成为谈经论佛、宣扬佛教唯心论的场所，对齐梁时佛教的兴盛起了推波助澜的作用。杰出的唯物主义思想家范缜曾利用这个讲台，宣传无神论，与佛教信徒们进行了顽强的斗争。

山中宰相陶弘景

SHAN ZHONG ZAI XIANG TAO HONG JING

★陶弘景雕像

山峦起伏，溪水湍流，一座简易的三层楼阁，隐翳在一片苍松翠柏之中。在这座楼的三楼窗前，年近花甲的陶弘景，正注目凝神，倾听着阵阵松涛，心里有一股说不出来的舒畅。用这种方法修身养性，是他隐居多年后形成的一种嗜好。他为这个居所起名叫“松风阁”。

陶弘景，字通明，丹阳秣陵(今江苏江宁县)人。祖父做过王府的参军，父亲做过县令。陶弘景生于宋孝武帝孝建三年（公元456年）夏至那天。他自幼就有不同常人的操行，四五岁时，便经常用荻杆作笔，在土灰中练习写字。10岁那年，他得到一本葛洪写的《神仙传》，爱不释手，不分昼夜地刻苦研读。从此，立下了学习道家神仙养生之法的志向，他曾对别人说：“我仰视青云，面睹太阳，也不觉它们离自己很远。”

由于父亲是被小妾害死的，因此，陶弘景终身不娶妻妾。他长大以后，身高七尺七寸，仪表神俊清秀，眉目疏朗明亮，两个耳朵各有十多根黑毛，长出耳孔外面两寸多长，右膝有几十个黑子，排列成七星北斗的形状。陶弘景博览群书，精读过一万多卷书籍，阅读时哪怕只有一个问题不明白，他也要弄个水落石出，否则，他认为是一种莫大的耻辱。他擅长琴棋书画，尤其精于草书和隶书。齐高帝萧道成做丞相时，陶弘景还不到20岁，就被萧道成征召为侍读，指导宗室诸王的学习。朝廷仪礼有什么不太清楚的地方，也经常到他那儿去咨询。

齐武帝萧赜永明十年（公元492年），陶弘景脱下朝服，将它挂在宫城神武门上，递上书表，请求辞职。齐武帝下诏准许，赏赐给他一些布帛，命令当地官府，每月供给他五斤伏苓、二斤白蜜，作为炼丹服药的用料。临行时，文武大臣在建安城外为他饯行，筵席丰盛，人数众多，道路上车水马龙。很多人都感慨地说，这么壮观的场面，宋、齐以来还几乎没有过。

出了建安城，陶弘景来到句容茅山(今江苏江中境内)隐居。他常对别人说：“茅山是天下第八洞天福地，名为金坛华阳之天。汉代三茅君修仙得道后，曾在此山居住，所以被人称作茅山。”他在山中修建馆舍，自称华阳陶隐居，与友人们书信往来，并以隐居作为自己的名字。

陶弘景虽然定居在茅山，但他还是遍游名山大川，寻访仙药，搜罗符图经法。他身体轻便矫捷，生性又喜爱山水，所以一经过奇峻的山涧峡谷，就一定得停下来，有时席地而坐，有时躺在岩石上或草丛里，吟咏盘桓，经常耽搁很长时间也不想离开。他曾对自己的门徒说：“我看见官府的朱门大厦，虽然知道做官的奢华和乐趣，但就是没有一点儿想去干的心思。看见高山大川，虽然明白难以体会其中的奥妙，但还是经常想去置身于大自然

★青釉弦纹带托三足灯·南北朝

★透雕铜饰·南北朝

★彩绘骑马持物俑·南北朝

的怀抱之中。现在社会黑暗，动辄得咎，如若不然，我何必辞官隐居。我现在这样做，不只是自己长有仙相，也是形势逼迫的啊！”当时正在做东阳郡太守的沈约，特别崇尚陶弘景的节操，几次寄来书信，邀请他前去为官，他都坚持不去。

陶弘景为人随和，谦虚谨慎，无论是出仕还是退隐，都根据自己的心愿，心地犹如一块明镜，遇事旷达开通，一过即了。特别嗜好著述，崇尚世间奇诡怪诞之事。他爱惜光阴，愈到暮年，愈感到时间的宝贵。他对阴阳五行、星算医术、山川地理等方面都有深入的研究。他仰慕张良的为人，曾赞叹不已地说：“古代圣贤，没有一个能够和他相比。”

陶弘景早年在朝中，曾与梁武帝萧衍有过来往。萧衍发难起兵，讨伐荒淫无道的萧宝卷，陶弘景十分赞成。萧衍进军到建康城下，陶弘景派遣弟子送上书表，表示声援，等到听说朝廷议论禅位之事，他立即引用图谶，极力支持萧衍早日顺应天意，举行即位大典。南梁立国后，梁武帝萧衍对他非常尊重，礼遇更是有增无减，问候的书信往来不断，前去看他的官员也很多，道路上车马冠盖相望。

隐居后，陶弘景弄到制作神丹妙药的符录秘诀，但由于缺少几味重要的药材，迟迟不能成药。梁武帝得知，立即派人送去黄金、朱砂、曾青、雄黄等所缺物品。陶弘景炼成飞丹，颜色洁白如雪，人服用之后，身体变得大为轻捷。后来梁武帝亲自服用后，也感到灵丹颇有效益，于是对陶弘景更加敬重。他每次接到陶弘景的书信，都先洗手焚香，然后再虔诚地打开阅读。

为了征召陶弘景入朝为官，梁武帝亲自写下敕书，送去隐士用的鹿皮冠，但还是被他婉言谢绝。这次陶弘景没有给梁武帝回信，只是画了一幅画，画上有两头牛，一头在水草中间自由自在地活动，一头套上金笼头，有人牵着缰绳，用木杖驱赶着。梁武帝看后笑着对大臣们说：“陶弘景真是无所不为，他想像龟一样，拖着尾巴在泥塘里爬来爬去，以远害全身，这样的人怎么会来朝中做官呢？”从此以后，梁武帝再也不提让陶弘景出山的事了。但是，朝廷一有吉凶征讨的大事，就派人前去向他咨询，有时一月就去好几趟。当时人们都称他为“山中宰相”。

陶弘景平时专练气功，擅长道家的辟谷导引之法，隐居 40 多年，年龄超过 80 岁，但容貌看起来仍像个壮年人。梁武帝大同二年（公元 536 年），陶弘景虽然没有患病，但他知道自己就要离开人间。预先算好死期，他写下《告逝诗》后，便从从容地与世长辞了。死后尸体颜色不变，身体屈伸如同常人，香气几天不散。弟子们遵照他生前的安排，按照道家的仪式将他安葬。梁武帝下诏赠太中大夫，谥贞白先生。

南朝陵墓石雕

南朝陵墓前的石雕与汉代大体相同，多属于圆雕。各墓石雕内容题材也很相似，基本上有石柱、石碑、石兽等。其中以石兽为主要内容，代表了南朝陵墓石刻艺术的基本水平。石兽雕刻以麒麟、天禄为最多，它们都是驱恶辟邪的瑞兽。麒麟与天禄的造型大体相同，只是麒麟为独角，而天禄头上生双角，很似汉代同类神话动物形象，只是有所变化和发展，不仅体形更加庞大，而且神态更加凶猛。麒麟、天禄多出现在帝王陵前，是墓主地位极其尊贵的标志。南朝陵墓的石兽，基本上都是以整块巨石精工雕刻而成，姿态威武雄壮，气势宏大而稳健。其中以齐武帝萧赜景安陵的天禄、梁武帝萧衍修陵的天禄、梁南康简王萧绩墓的石狮、梁吴平忠侯萧景墓的石狮、陈文帝陈蒨永宁陵的麒麟为重要代表作品。这些石刻多精工细作，有细腻工整的作风，艺术上也达到很高的水平。萧绩墓前的石狮，仅头部就近 3 米之高，可见南朝陵墓石雕制作的难度、工程的浩大在历史上是空前的。

★南朝陵墓石雕

建新朝萧衍称帝

JIAN XIN CHAO XIAO YAN CHENG DI

★梁武帝萧衍像

齐朝末年，尽管天下烽火四起，将士们在前线浴血奋战，但东昏侯萧宝卷却认为没有什么了不起，照样穷奢极欲，大兴土木，在建造了几座宫殿之后，又开始兴建芳乐园。芳乐园内山石都涂以五彩，在修建芳乐园时，萧宝卷看到谁家有好树美竹，就派人拆屋毁墙，将其移栽到芳乐园内。当时正值暑天，花草竹木随迁随死，对此他根本不在乎，照样搜寻不止。

芳乐园修好后，萧宝卷又在芳乐园里设立交易市场，让宫女和宦官充当小商小贩，你卖我买，以潘贵妃为市令，自己为市吏录事，市吏录事稍有过失，潘贵妃可以用竹杖责罚。有时萧宝卷亲自坐在肉店里，杀猪卖肉。还在苑里开渠立堤，自己亲身背纤拖船，以此为乐。

萧宝卷喜好巫觋，侍从朱光尚便诈称有鬼。有一次萧宝卷骑马入苑，坐骑突然惊慌不已，萧宝卷问朱光尚是怎么回事。朱光尚答道："刚才看见先帝在责骂，不准陛下多次出去游乐。"萧宝卷一听大怒，拔刀和朱光尚一起寻找先帝，但怎么也找不到。愤恨之余，他将菰草绑缚成自己父亲齐明帝的模样，摆成面向北面，挥刀斩之，然后将草人首级挂在芳乐园门口。

新被任命的雍州刺史张欣泰和弟弟张欣时，秘密联络了军主胡松、前南谯太守王灵秀等人，准备一举杀尽萧宝卷的幸臣，然后废掉萧宝卷。

一次萧宝卷派遣中书舍人冯元嗣为监军，领兵救援郢城。幸臣茹法珍、梅虫儿、太子右率李居士、制局监杨明泰等人，在新亭中兴堂为他饯行。张欣泰听说后，派人混入中兴堂，在座位上一刀砍下冯元嗣的脑袋，脑袋正掉在果盘里。众人一见，吓得大吃一惊，立即四散奔逃。杨明泰被砍破肚子，梅虫儿多处受伤，手指被砍掉好几根。李居士、茹法珍等人逃回台城。

张欣泰听到事发后，骑马飞奔入宫，他本以为萧宝卷会把台城警卫大权交给自己，想利用这点来一个里应外合。但谁知茹法珍已逃回台城，正率领警卫守护着城门。此时张欣泰一点办法也没有。

王灵秀按照预定计划，前往石头城迎接建安王萧宝寅。他率领城中将士，叫人先去掉迎送车的车轮，让萧宝寅坐在上面，抬着他直奔台城而来，数百名文武官员前呼后拥，如同皇帝出巡一样。几千名士卒赤手空拳跟在后面，队伍浩浩荡荡前往台城。

等到王灵秀领人来到台城，已是傍晚时分。这时台城城门紧闭，只见城上箭雨如飞，众人慌忙呼喊着扔下萧宝寅，一轰而散。萧宝寅也吓得拔腿而逃。事后张欣泰和胡松等人，都被逮捕杀害。

这时郢州吃紧，萧宝卷派遣军主吴子阳等 13 支人马，火速救援郢州。吴子阳进军武昌时，萧衍已派出两支队伍，沿着长江两岸，安营扎寨，严阵以待。吴子阳又转而进军加湖(今湖北黄陂县东南)，傍山依水，筑造营垒自卫。加湖离郢城只有 30 余里，由于萧衍的军队占据了有利地形，从中阻拦，使吴子阳的人马无法解救郢城。双方都只能自保，不能相互援救。

★青釉碗·南北朝

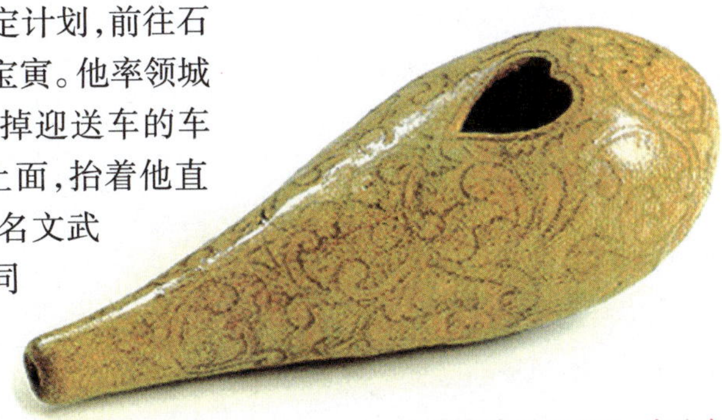

★青瓷棒槌形水注·南北朝

★萧宝卷贵妃潘玉儿像

加湖向南流入长江，水道又浅又窄，战船平日根本无法进入。萧衍派遣王茂等将领，乘着江水猛涨的机会，率领水军驾驶着战船，顺流进入加湖，直接进攻吴子阳的援军。吴子阳抵挡不住，大败而逃，几万将士被杀死、溺死，剩下的全成了俘虏。

郢城和鲁山两城，一见援军全军覆没，再也鼓不起斗志，相继出城投降，萧衍的军队大获全胜。

这时萧衍的将领们都想屯军夏口，好好休整一下，再挥兵东下。萧衍则认为应乘胜追击，直指建康。车骑谘议参军张弘策、宁远将军庾域都非常支持。于是萧衍立即下令，各路人马必须即日出发。

当初，萧宝卷派豫州刺史陈伯之镇守江州（今江西九江），作为吴子阳的后援。吴子阳一败，萧衍对将佐说："用兵不一定都需要实力，有时也可以凭借声威取胜，现在寻阳人心慌恐，可以传檄而定。"他让人在俘虏中，找出陈伯之的部将苏隆之，给予厚赏，让他去游说陈伯之，如果陈伯之答应投降，就任命他为安东将军、江州刺史。

苏隆之速去速回，复命说，陈伯之虽然同意归附，但又说："大军不要骤然进军。"萧衍听后冷笑一声，说道："陈伯之这句话，明摆着是首鼠两端。要趁他犹豫不定，马上进军寻阳，逼得他走投无路，不得不降。"于是他下令分成几路人马，直取寻阳。陈伯之闻后赶紧收集军队，退守湖口。选曹郎沈禹劝他迎接萧衍，陈伯之哭着说："几个儿子都在京都，不能不考虑他们的安全。"沈禹说："现在人心慌慌，都在考虑自己的前程，倘若不早下决断，到时就来不及啦。"陈伯之万般无奈，最终只能投降。

随后萧衍派遣部将曹景宗进驻江宁（今江苏江宁县）。当时，萧宝卷新任命的江州刺史李居士，带领1000精锐骑兵，也来到江宁，当他们见到曹景宗的军队，由于长期行军打仗，盔甲破烂不堪，很是看不起，便立即发起进攻。曹景宗率领将士奋起迎击，大败李居士，而后乘胜前进，一直打到皂荚桥。萧衍命令各路人马，占据建康周围的军事要地。

此时萧宝卷派出征虏将军王珍国，统帅精兵10多万人，在朱雀航南面列阵，准备与萧衍的军队决战，宦官王宝孙手持白虎幡督战。他们将朱雀航这座浮桥拆开，断绝军队的退路，逼迫将士们背水死战。

两军一交战，萧衍的军队便开始退却。萧衍的部将王茂一见，跳下战马，手持单刀，奋力向前。他的外甥韦欣庆高举铁矛，在一旁给予保护、助威，二人一前一后，冲击萧宝卷东军阵营。曹景宗领兵紧跟其后，将士们全都拼死血战，鼓声和喊杀声惊天动地。王珍国的队伍纷纷败退，王宝孙破口大骂，督促将领们出阵拼杀，但已无济于事。东军的士卒很快土崩瓦解，萧衍的军队长驱直入，一直打到宣阳门。

齐和帝萧宝融的尚书令萧颖胄，在江陵与萧宝卷的军队长期相持不下，忧愤成疾，很快病死。中领军夏侯详对此秘而不宣，让一个和萧颖胄笔法相似的人，代写告谕诏令，同时，秘密报告萧衍。夏侯详征召雍州援军，萧衍的弟弟萧憺率兵奔赴江陵。萧宝卷的将士听说建康已危在旦夕，大都惊恐溃散，剩下的也只好投降。夏侯详这才发布萧颖胄的死讯，操办丧事。从此众望所归，文武大臣开始听命于萧衍一人。

开始，萧宝卷和左右侍从议论，认为陈显达一战即败，崔慧景围城不胜而逃，萧衍也不过如此。等到朱雀航南一战大败，人心才慌恐起来。茹法珍等人害怕老百姓逃走，赶紧关闭城门，不再出兵，直到挖好壕沟，立起栅栏，才派兵出战，但屡战不胜。萧宝卷特别吝惜金钱，从不肯赏赐士兵。茹法珍叩头跪拜，请他出钱赏赐将士，他却说："叛贼来了就只要我的金钱吗？你们为什么单跟我要财物？"后堂里存放着数百块木料，将士们请求拿出用来修筑城防，在这种危急时刻萧宝卷竟说什么也不给，准备留着

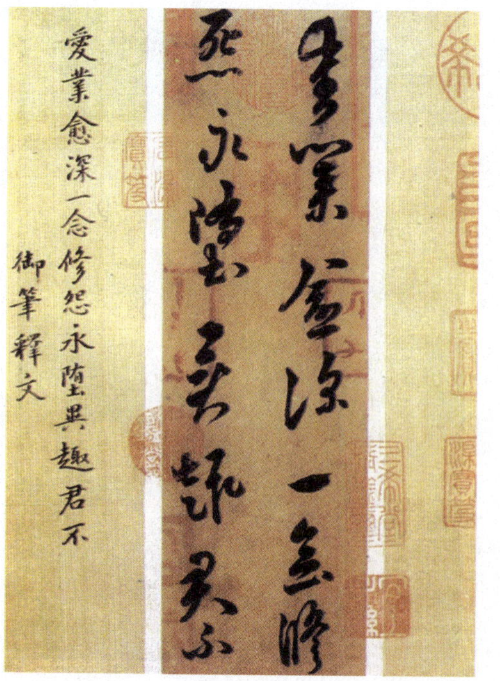

★萧衍书法

★青釉骆驼·南北朝

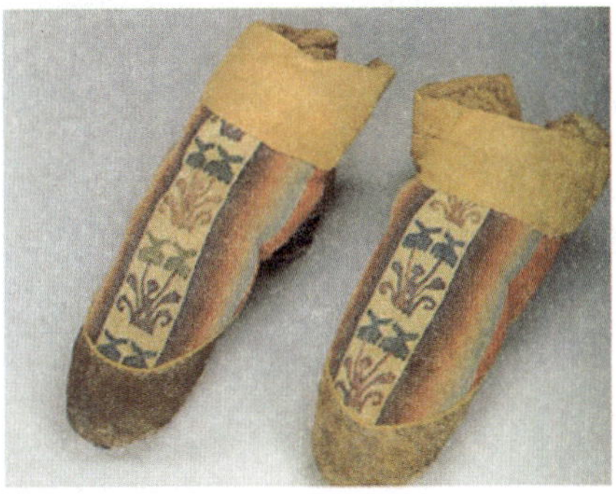

★靴子·南北朝

以后修造宫殿用。广大将士又是怨恨，又是愤怒，再也无人肯卖力守城。

茹法珍、梅虫儿对萧宝卷说：“由于大臣们玩忽职守，致使围兵长期不退，应追咎他们的罪责，就地正法。”主持守城军务的主帅王珍国、副帅张稷听后内心极为恐惧。王珍国便让亲信潜出城外，献给萧衍一块明镜，表示自己赤心可鉴。萧衍回报给王珍国一节被截断的金条，寓含“二人同心，其利断金”之意。兖州中兵参军张齐是张稷的心腹。王珍国通过张齐，与张稷密谋，伺机杀死萧宝卷。一天夜里，张齐带领王珍国来到张稷家里，张齐亲自举着蜡烛，三人促膝而谈，定下行动计划。

一天晚上，张齐首先联络了后阁舍人钱强，由他秘密打开云龙门，王珍国、张稷领兵进入大殿。萧宝卷的一个贴身警卫为内应，领着他们来到萧宝卷的住处。当晚萧宝卷在含德殿饮酒作乐，宫女们载歌载舞，一直折腾到半夜才收场。这时萧宝卷还未睡熟，忽听人声喧闹，知道发生兵变。他赶紧翻身起来，打算逃到后宫，但是门窗已被人关上。只见宦官黄素平挥刀砍来，他侧身一躲，被砍中大腿，立即趴在地上，

张齐从旁边赶来，一刀割下他的脑袋。张稷赶快派人叫来尚书右仆射王亮等文武大臣，让他们依次签名，然后用黄油浸过的绢帛，包上萧宝卷的首级，连同签名信，派国子博士范云等人，直接送到石头城，交给萧衍。

萧衍立即派遣张弘策领兵先进入皇宫，封存府库，清点书籍。当时宫内散乱，到处都是珍宝。张弘策令行禁止，他的部属秋毫无犯。潘贵妃和幸臣茹法珍、梅虫儿等41人，全部逮捕，关进监狱。

随即，以宣德太后的名义，任命萧衍为中书监、大司马、録尚书事、骠骑大将军、扬州刺史，封建安郡公。

由于潘贵妃相貌艳丽，倾城倾国，萧衍想把她留在身边，他征求领军将军王茂的意见，王茂劝说道：“齐王朝为她差一点灭亡，你要留下她，恐怕会遭到人们的议论。”萧衍听后，下令将潘贵妃在狱中缢死。茹法珍等人也同时被杀。

范云、沈约早年同萧衍是好友，这时他们也就成了萧衍的心腹大臣。范云被任命为大司马谘议参军，沈约为骠骑司马。

沈约看出萧衍心里有受禅的想法。在一次谈话中，沈约委婉地点到了这点，萧衍没有表态。过了几天，沈约对萧衍说：“现在无论男女老少，都知道齐朝已名存实亡。明公承继大业，条件已完全成熟，天心不可违，人心不可失。”萧衍回答说：“我正在考虑这件事。”沈约又说：“明公举起义旗之时，对此就应有所考虑，现在王业已成，还要考虑什么？倘若天子从江陵回到京城，定下君臣名分，到那时，谁还会同你一起作叛贼。”萧衍觉得沈约说得非常在理。

沈约走后，萧衍召见范云，把刚才的事告诉他。范云的看法与沈约的意见基本一样，萧衍高兴地说：“真是英雄所见略同，明天早上你和沈约一起来，再仔细商讨一

★兵马陶瓷俑·南北朝

★江苏丹阳南朝齐梁陵墓石刻

★骑兵和步兵战斗图·南北朝

下。”范云满口答应下来。

第二天早上，沈约提前来见萧衍。萧衍让他先做些准备工作，沈约从怀中掏出早已写好的禅让诏书和文武大臣的名单，递给萧衍。萧衍审阅完毕，提不出任何修改意见。这时范云也来到宫门口，由于萧衍正在和沈约商谈机密大事，任何人不准入内，范云只好在外面徘徊，连声长叹，惋惜自己晚来一步。不久，沈约从里面出来，范云问道：“怎么办？”沈约举手向左指了指，意思是说可以扶佐。范云笑着说：“没有辜负大家的期望。”萧衍又叫范云进来，当着范云的面，赞叹沈约才智纵横，说道：“我从起兵到现在已经三年，诸将都有很大的功劳，但帮助我成就帝业的，只是你和沈约两人。”

几天之后，诏令萧衍官进相国，总理朝政，封为梁公，享九锡之礼。又过一个月，进爵为梁王。齐和帝从江陵东归建康，刚走到姑熟（今安徽当涂县），便下诏禅位于梁王。宣德太后诏令说：“梁王明日可临宫登基。”于是萧衍在群臣的劝进簇拥下，稳稳当当地坐上皇帝的宝座，建立了梁朝。

★花树状金步摇·南北朝

沈约

沈约（公元441—513年），字休文，吴兴武康（今浙江德清）人，南朝史学家、文学家。出身于门阀士族家庭，历史上有所谓“江东之豪，莫强周、沈”的说法，家族社会地位显赫。祖父沈林子，宋征虏将军。父亲沈璞，宋淮南太守，于元嘉末年被诛。沈约孤贫流离，笃志好学，博通群籍，擅长诗文。在沈约的少年时代，他白天读的书，夜间一定要温习。母亲担心他的身体支持不了这样刻苦的学习，常常减少他的灯油，早早撤去供他取暖的火。青年时期的沈约，已经“博通群籍”，写得一手好文章。历仕宋、齐、梁三朝。在宋仕记室参军、尚书度支郎。在齐仕著作郎、尚书左丞、骠骑司马将军，为文惠太子萧长懋太子家令，“特被亲遇，每直入见，影斜方出”。竟陵王萧子良开西邸，招文学之士，沈约为“竟陵八友”之一，与谢朓交好。齐梁禅代之际，他帮助梁武帝萧衍谋划并夺取南齐，建立梁朝。曾为武帝连夜草就即位诏书。萧衍认为成就自己帝业的，是沈约和范云两个人。萧衍封他建昌县侯，官至尚书左仆射，后迁尚书令，领太子少傅。晚年与梁武帝产生嫌隙。天监十二年（513年），忧惧而卒，时年七十三。诏赠本官，赐钱五万，布百匹。有司谥请谥沈约为“文”，梁武帝道：“怀情不尽曰隐。”故改谥为“隐”。好学，聚书至二万卷。著有《晋书》一百一十卷，《宋书》一百卷，《齐纪》二十卷，《高祖纪》十四卷，《迩言》十卷，《谥例》十卷，《宋文章志》三十卷，文集一百卷，并撰《四声谱》。作品除《宋书》外，多已亡佚。明人由张溥在《汉魏六朝百三名家集》中辑有《沈隐侯集》。

★沈约雕像

昭明太子萧统

ZHAO MING TAI ZI XIAO TONG

齐和帝中兴元年（公元 501 年）九月，建康城外战火纷飞，讨伐东昏侯的义军，正在向建康发起猛烈的进攻。突然，义军大营里贺声四起，原来从襄阳传来喜讯，38 岁的义军统帅萧衍喜得一子，这个婴儿就是萧统。

第二年南梁建国，萧统被立为皇太子，由于萧统年龄太小，依旧留在内宫，和母亲生活在一起，住永福省。到了 6 岁，萧统才正式在东宫居住，但主要还是住在永福省，三五天才回东宫一次。

萧统生性聪慧，3 岁时由人传授《孝经》、《论语》。5 岁时已读完《五经》，并能全部背诵。9 岁时给别人讲授《孝经》，并已能通晓书中大意。

萧统 12 岁那年，一次，他看见几个狱官正在审理案卷，不知是怎么回事，便问左右侍从："那几个穿黑衣服的人是干什么的？"侍从们回答说："是负责判案的官员。"萧统把他们叫过来，接过案卷，看了看说："这上面写得很明白，我能够判吗？"官员们看他年纪很小，半开玩笑地说："当然可以。"谁知萧统却信以为真，真地判起来。按照法律，这几个犯案人，都应判比较严厉的刑罚，可他却不管三七二十一，一律判处各打五十棍子。官员们一看，不知如何是好，只得去请示梁武帝萧衍。梁武帝听后笑着吩咐照此办理。从那儿以后，萧统便经常去旁听审案，如果遇到可以减刑的案子，审判官就让萧统裁决。

★昭明太子萧统塑像

萧统相貌俊美，风度翩翩，读书能一目数行，而且过目不忘，作起诗来，几十韵一挥而就，文辞清丽精美。梁武帝笃信佛教，经常亲自讲解佛经教义。萧统从小受到梁武帝的影响，对佛教也是推崇备至，遍览佛教众经。当时的社会风气比较崇尚奢侈，萧统很想扭转这种不良风气，于是他就以身作则，提倡简朴，平素身穿布衣，饮食多是素菜。

★昭明太子读书台和增华阁

萧统很讲孝道，生母丁贵嫔患病，他回到永福省，亲自侍候母亲，无论早晚，他都守护在病床边，睡觉从来没有脱过衣服。母亲死后，他按照传统礼制守丧，几天滴水不进，经常哭得晕死过去。后梁武帝一再劝说，他才逐渐吃了一些稀饭，但绝不进一口菜蔬瓜果。丧礼过后，他的体重几乎减轻一半，本来很强壮的身体，变得瘦弱不堪，每次上朝，大臣们见了无不伤心落泪。

萧统 15 岁举行成年冠礼之后，梁武帝开始让他正式参加各种政务的管理。他上朝后朝廷内外百官前来奏事的很多，有的请示，有的汇报，经常人来人往。可他却都能应付自如。每当碰上奏件的错误，不管办事官吏是有意的，还是无意的，他总是当面给予指出，分析辨别，征求他们的意见，并命令他们今后加以改正，没有在梁武帝面前弹劾过一个人。在审理各种案件中，萧统公公正正，能够宽宥的一律放宽处理，久而久之，天下的人都称赞他宽厚仁义。

萧统特别喜爱山水，他在东宫

★昭明太子萧统避谗隐居处——昭明院

后园里建立一些楼台亭阁，经常邀请朝中文武大臣和名流学者，一边游园，一边谈论天下大事和文章诗赋。有一次，萧统和几个友人在后园池中划船，番禺侯萧轨几次提出游园应有歌伎演奏。萧统不好直接拒绝，顺口吟咏起左思《招隐诗》中的两句诗："何必丝与竹，山水有清音。"萧轨听了感到十分羞愧，再也不提奏乐之事。萧统作为太子，出居东宫20多年，从来没有用过歌伎、乐伎，东宫里也从不预备乐队。直到他死前不久，梁武帝赐给东宫女乐一部，东宫里才出现乐队。但他也不十分喜好，很少使用她们。

梁武帝普通年间，朝廷调遣大军北伐，需用大批军粮，顿时京城粮价暴涨。萧统便吩咐手下侍从，削减自己的日常费用，节衣缩食。一到阴雨不止或积雪不化的时节，萧统就派遣自己的左右心腹，巡视大街小巷，看到哪家生活困难，便暗中送去粮米。萧统每年还拿出宫中存放的布帛，让人做成3000件衣裤，等到冬天，送给那些无衣遮风挡寒的穷苦百姓，而且不让人知道是他给的。遇到哪家不幸出现丧事，无钱下土埋葬，他立即派人送去棺木，帮助办理丧事。

萧统为人仁义宽厚，他在宫中看到一些卫兵手里拿着荆木棍，问他们干什么用，卫兵们告诉他说，是为了清除道路，驱赶行人用的。他听后，立即让卫兵用小板代替荆木棍，能起到驱除行人的作用就行。

萧统进餐时，多次在食物中发现蝇虫之类的东西，他总是悄悄地放在饭盘旁边，恐怕厨师因此而受到责罚。一次，萧统在皇宫后门，看见一群小孩，正在玩一种叫"摊戏"的赌博式游戏，知道"摊戏"已非常普及。不久，朝廷制定了惩治"摊戏"的法令，并拿给萧统审查。按照拟定条文的规定，用"摊戏"赌博，士人判处流放，老百姓判处徒刑。萧统看后觉得这样处罚有些失当，他说："用自己的钱进行赌博，又没有侵犯公家财物，这种处罚太重了。"于是将法令改为：老百姓赌博最多判处三年徒刑，士人免去官职即可。

梁武帝大通三年（公元531年）三月的一天，萧统乘着小船，正在后园池塘里春游。这时宫女们把船划到芙蓉花前，萧统坐在船边采摘鲜花，不料一个受宠的妃子，一时兴起，使劲荡船为乐，想不到船被弄翻，萧统和船上的人全都落入水中，等人们把萧统从水里救出来，发现他的大腿骨受了重伤。事情发生后，他怕梁武帝知道了替自己担忧，一再告诫众人，不准透露实情，只说是偶然生病。梁武帝派人送来探问的手敕，他强忍住伤痛，亲手写了回信。过了几天，病情有些严重，左右侍从想要上报梁武帝，萧统还是不准许，他说："为什么要让至尊知道我病得这么严重呢。"说着禁不住呜咽起来。到了四月六日，萧统的病情突然恶化，侍从们赶紧上报梁武帝，等到梁武帝来到东宫时，萧统已离开人间，时年31岁。梁武帝望着死去的萧统，痛哭不止，下令用帝王的礼服殡敛，谥号昭明。从此，昭明太子便成为人们对萧统的一种爱称和敬称。

太子萧统的死讯传出，朝廷内外一片惊愕。尤其是建康城内的老百姓，不管男女老少，很多人都跑到皇宫门前表示哀悼，一路上到处都是哭声……

《昭明文选》

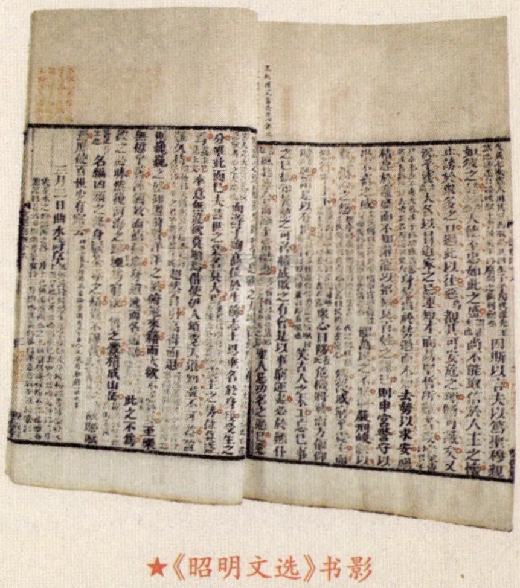

★《昭明文选》书影

萧统一生爱好文学，在文学创作上，特别是在诗歌上，很有成就。但是，他对中国文学的最大贡献，则是由他主持编纂的《文选》。《文选》又称《昭明文选》，它是我国现存最早的古代文章总集。它从先秦到齐梁，共选录130多个作家的700多篇作品。全书以文体为依据，共分37类。涉及诗、文、辞、赋等各个方面，所选录的文章略古详近，很重视南朝作品。对选入的多数作品，基本上是精挑细拣的佳作，因此，这部书不失为一部代表当时文学观点的文学选本。

大科学家祖冲之

DA KE XUE JIA ZU CHONG ZHI

★祖冲之雕像

公元450年，魏太武帝拓跋焘调动60万大军进攻江南，亲率大军克悬瓠（今河南汝南）、项城（今河南沈丘南），渡过淮河，直趋瓜步（今江苏六合东南），后在宋朝军民抵抗下撤退。江北遭魏军杀掠殆尽，宋朝国力从此削弱。公元453年，宋文帝为太子刘劭所杀。他的第三子武陵王刘骏，自江州起兵诛讨，刘劭兵败被杀。当年，刘骏即位，是为宋孝武帝。

由于内戕外乱，自宋孝武帝即位之后，刘宋王朝的国力很快衰弱。宋孝武帝一面忙于翦除宗室，整顿吏制；一面发展生产，劝课农桑。在这一时期，出了一个杰出的科学家祖冲之。

祖冲之的祖父名叫祖昌，在宋朝做了一个管理朝廷建筑的长官。祖冲之长在这样的家庭里，从小就读了不少书，人家都称赞他是个博学的青年。他特别爱好研究数学，也喜欢研究天文历法，经常观测太阳和星球运行的情况，并且做了详细记录。

宋孝武帝听到他的名气，派他到一个专门研究学术的官署“华林学省”工作。他对做官并没有兴趣，但是在那里，可以更加专心研究数学、天文了。

我国历代都有研究天文的官，并且根据研究天文的结果来制定历法。到了宋朝的时候，历法已经有很大进步，但是祖冲之认为还不够精确。他根据长期观察的结果，创制出一部新的历法，叫做“大明历”（“大明”是宋孝武帝的年号），开创了我国历法的新纪元。这种历法测定的每一回归年

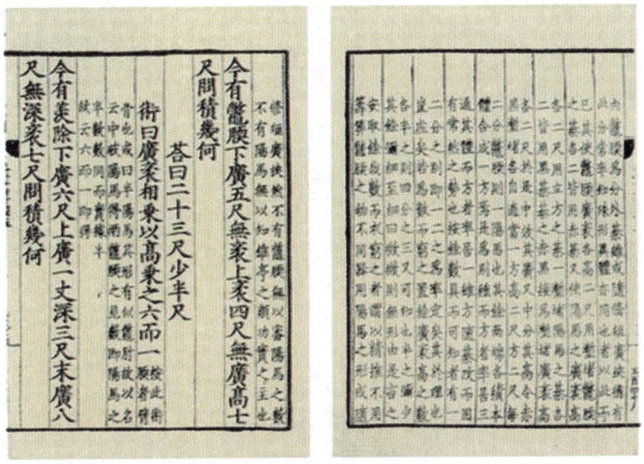

★《九章算术注》书影

祖冲之

祖冲之（公元429—500年），字文远。南北朝时期著名数学家、天文学家和机械制造家。祖冲之祖籍范阳郡遒县（今河北涞水），为避战乱，祖冲之的祖父祖昌由河北迁至江南。祖昌曾任刘宋的“大匠卿”，掌管土木工程；祖冲之的父亲也在朝中做官，学识渊博，受人敬重。

祖冲之公元429年生于建康（今江苏南京）。祖家历代都对天文历法素有研究，祖冲之从小就有机会接触天文、数学知识，在青年时代祖冲之就博得了博学多才的名声。公元461年，他在南徐州（今江苏镇江）刺史府里先后任南徐州从事史、公府参军。公元464年，他调至娄县（今江苏昆山东北）任县令。在此期间，他编制了《大明历》，计算了圆周率。

★祖冲之像

★陶风帽立俑·南北朝

（也就是两年冬至点之间的时间）的天数，跟现代科学测定的相差只有 50 秒；测定月亮环行 1 周的天数，与现代科学测定的结果相差不到 1 秒，其精确程度可想而知。

公元 462 年，祖冲之请求宋孝武帝颁布新历，孝武帝召集大臣商议。那时候，有一个皇帝宠幸的大臣戴法兴出来反对，认为祖冲之擅自改变古历，是离经叛道的行为。祖冲之当场用他研究的数据回驳了戴法兴。戴法兴依仗皇帝的宠幸，蛮横地说：“历法是古人制定的，后代的人不应该改动。”祖冲之一点也不害怕。他严肃地说：“你如果有事实根据，就只管拿出来辩论，不要拿空话吓唬人。”

宋孝武帝想帮助戴法兴，找了一些懂得历法的人同祖冲之辩论，但事实胜于雄辩，那些孝武帝请来的人，都一个个被祖冲之驳倒。不过，宋孝武帝仍不肯颁布新历，而是借口朝政事务繁冗，一直向后推托。直至祖冲之死了 10 年以后，他创制的大明历才得以颁行。

尽管当时社会十分动乱不安，但是祖冲之还是孜孜不倦地研究科学。他最大的成就是在数学方面。他曾经对古代数学著作《九章算术》作了注释，又编写一本《缀术》。他的最杰出贡献是求得相当精确的圆周率。经过长期的艰苦研究，他计算出圆周率在 3.1415926 和 3.1415927 之间，成为世界上最早把圆周率数值推算到 7 位数字以上的科学家。

祖冲之在科学发明上是个多面手，他造过一种指南车，随便车子怎样转弯，车上的铜人总是指着南方；他又造过“千里船”，在新亭江（在今南京市西南）上试航过，一天可以航行 100 多里；他还利用水力转动石磨，舂米碾谷子，叫做“水碓磨”。

祖冲之晚年的时候，掌握宋朝禁卫军的萧道成灭了宋朝。公元 479 年，萧道成称帝，建立南齐，是为齐高帝。此后，祖冲之花了较大精力来研究机械制造。公元 494 年到 498 年之间，他在南齐朝廷担任长水校尉一职。鉴于当时战火连绵，他写有《安边论》一文，建议朝廷开垦荒地，发展农业，安定民生，巩固国防。公元 500 年祖冲之去世，享年 72 岁。

★圭表（祖冲之发明的用圭表测量冬至前后若干天的正午太阳影长以定冬至时刻的方法）

★后人仿制的水碓磨

无神论者范缜

WU SHEN LUN ZHE FAN ZHEN

南北朝时代，佛教渐渐盛行起来。南齐的朝廷里，从皇帝到大臣，都提倡佛教。南齐的宰相——竟陵王萧子良就是一个笃信佛教的人。

萧子良在建康郊外的鸡笼山有一座别墅，他常常在那里招待名士文人，喝酒谈天。有时候，也请来一些和尚，到他那里讲解佛教的道理。萧子良还亲自给和尚备饭倒茶水，人家都认为他这样做有失宰相的体统，他却并不在乎。

经宰相一提倡，佛教的势力自然更大了。这些和尚宣传人死了以后，灵魂是不会死的。还说一个人的富贵或者贫贱，都是前世的因果报应，穷人受苦受罪，都是命里注定，没法抗拒的。当时，有一个大胆的读书人名叫范缜，起来揭露这一说法是一种迷信，让大家别信那一套。

范缜的父亲早逝，他从小依靠母亲，在家乡过着清苦的生活。大约在 18 岁那年，范缜辞别了母亲，到千里之外的沛郡相县（安徽宿县）去求学。当时在相县讲学的是一位颇有名望的学者刘献，跟他学习的人很多，其中有很多都是“大家子弟”。这些子弟“华车丽服，无视贫者”。范缜在这样的环境里，依旧布衣草鞋，徒行于路，在锦衣玉食的同学面前，毫无愧色。他以学问的追求为目的，勤奋用功，很快就“博通经术”，成为诸弟子中的佼佼者。老师对他也十分赞赏，还亲自为范缜束发加冠。

★ 鎏金铜造像·南北朝

萧子良听到穷书生范缜竟敢跟他唱对台戏，反对佛教，十分恼火。他命人把范缜找到他家来欲加教训。萧子良问范缜说：“你不相信因果报应，那么你倒说说，为什么有的人生下来富贵，有的人生下来就贫贱呢？”范缜不慌不忙地说：“这没有什么奇怪。打个比方，人生好比树上的花瓣。花经风一吹，花瓣随风飘落。有的掠过窗帘，落在座席上面；有的吹到篱笆外，落在茅坑里。”萧子良瞪着眼睛，一下子还听不懂范缜说的是什么意思。范缜接着说：“落在座席上就像您；落在茅坑里的，就像我。富贵、贫贱，就是这么一回事，哪里有什么因果报应呢？”

萧子良虽然笃信神灵，可对范缜的精辟论述无言以对，只能一任范缜由表及里，由浅至深地说个痛快淋漓，最后萧子良只好无奈地命管家送客。

★ 麦积山第 27 窟胁侍菩萨·南北朝

范缜的滔滔宏论，断定了人死以后不存在灵魂，当然也就不可能会有因果报应。他还常对人说：“形体是精神的本质，精神只是形体的作用。精神和形体的关系，好比一把刀和锋利的作用。没有刀，就不能起锋利的作用。没有形体，哪里有什么精神呢？”

范缜的言行，一时成了朝廷上上下下所议论纷纷的事情。一些萧子良的亲信、门生和新知故友，都认为范缜是有意为难丞相，借以抬高自己，应该狠狠地整治他一下。

一次，萧子良大宴宾客，宾客中除聚集了信佛的文人学士外，还有很多名僧。请这些人的目的就是为了要整治范缜，因而范缜也在被邀之列。宴谈间，高僧们讲起佛法口若悬河，高谈阔论。而范缜则对高僧所提出的“灵魂不灭”、“轮回转世”、“因果报应”之说给予了有力的回击。他与僧众唇枪舌剑，无论是僧侣还是达官显贵都不能屈

★范缜和众僧侣辩论

服他。有个佛教信徒王琰讽刺他说："唉，范先生啊！您不信神灵，那您就连祖先的神灵在哪里也不知道了。"范缜针锋相对地嘲笑王琰说："可惜呀，王先生。您既然知道您的祖先神灵在哪里，为什么不早点去找他们呢。"

萧子良怕范缜的影响太大，会动摇大家对佛教的信仰。隔了几天，他派了一个亲信王融去劝说范缜，这名亲信对范缜说："丞相是十分赏识有才能的人的。像您这样有才干的人，要做个中书郎，还不容易！何苦一定要去发这样违背潮流的议论呢？我真替您惋惜。"范缜听了，仰起头哈哈大笑道："我范缜如果放弃自己的观点去求官，那么要做更大的官也不难，何在乎您说的中书郎呢？"萧子良拿范缜没有办法，也只好由他去了。

此后，范缜出任宜都太守，他所辖的夷陵（今湖北宜昌）境内有许多神庙，范缜下令禁毁，不许奉祀。同时，他根据自己以往与他人的辩述撰写了《神灭论》。《神灭论》针对佛教的精神可以脱离形体而单独存在的观点，提出了"神即形也，形即神也，是以形存则神存，形谢则神灭"的形神相即的中心论点，肯定了人的精神和形体彼此统一，不得分离。并断言人死精神消灭，不可能成佛，从根本上驳斥了佛教的灵魂转世之说。同时还畅言：人的富贵贫贱并非天生命定，因果报应纯系无稽之谈等。《神灭论》批判了灵魂不灭、因果报应、贫富在天的宿命论观点，在中国古代思想发展史上是划时代的作品。范缜对形神关系的论证，把古代无神论思想提高到一个新的水平。

南齐王朝只经历了齐高帝、齐武帝两代，就发生内乱。雍州刺史萧衍起兵攻进建康，公元 502 年，萧衍灭了南齐，建立梁朝，是为梁武帝。梁武帝提倡佛教，大建寺院，曾三次舍身同泰寺。范缜因固持《神灭论》观点，而多次遭贬。公元 510 年，他在被贬于广州数年后调回京城，任中书郎、国子博士，约在公元 515 年辞世。

★高髻陶质俑·南北朝

范　缜

★范缜画像

范缜（约公元 450—515 年），字子真。南阳舞阴(今河南泌阳县西北)人。南朝齐、梁时思想家，无神论者。曾任宁蛮主簿、尚书殿中郎、宜都太守、晋安太守。他曾同佛教有神论者进行了两次公开的论战。范缜反对佛教因果报应说，认为人生好比同一棵树上的花朵，有的花瓣被吹到厅堂，也有些花瓣飘落进粪坑中，这完全是自然现象，毫无因果可言。对于形神之辩，他认为，形神相即，不得分离。精神离开形体，不能单独存在。

公元 507 年，任中书郎时正式发表《神灭论》。他断言：人死后精神消灭，不可能成佛，人的富贵贫贱并非天生命定，因果报应纯系无稽之谈。范缜的《神灭论》一出，"朝野喧哗"。统治者为了肃清它的影响，曾下了一道《答臣下神灭论》的敕书，用权势来压迫范缜。同时，又动员了王公、权贵、僧侣 60 多人，发表了 70 多篇文章来围攻范缜。竟陵王萧子良又施以危压引诱，范缜仍坚守己论，不肯屈从。

盱眙大战

XU YI DA ZHAN

魏太武帝拓跋焘统一了黄河流域，势力大增，便想往南边拓展，雄霸天下。早在公元422年，明元帝便趁宋武帝刘裕刚死，迅速派司空奚斤率师南伐，夺取了洛阳和其他一些地方。宋文帝刘义隆刚刚继位，忙于为宋武帝发丧，无暇顾及其他，只得忍气吞声。宋、魏就这样结下了大仇。宋文帝一直想收复失地，便大力整顿国内，注意发展生产。一晃二十年过去了，宋朝的政局稳定了，生产也发展了。宋文帝收复失地的心情更加急迫。

公元449年宋文帝召集大臣，提出北伐："朕想兴兵北伐，报仇雪恨，收复失地。"大臣们都纷纷赞成。彭城（今江苏徐州）太守王玄谟更是眉飞色舞："陛下想得太好了。现在天下太平，是该拓展疆域，收复故土。我国同仇敌忾，一定能把魏国消灭掉。"宋文帝心里舒服极了，说："王玄谟此言让人听了真舒服。我正应该大展宏图。"

★彩绘女俑·北魏

公元450年魏太武帝率十万人攻打宋国的悬瓠（今河南上蔡）。宋军顽强抵抗，魏军伤亡不小。

宋文帝派王玄谟进攻滑台（今河南滑县）。王玄谟能夸夸其谈，打仗却不行。滑台的守将是北魏的司马楚之、安颉，他们俩擒获了宋将朱修之、申谟等，活捉宋军一万多人。魏太武帝率军四十万南伐，渡过黄河，擂响战鼓，发起冲锋，吓得王玄谟惊慌失措，丢盔弃甲而逃。魏太武帝随即分派诸将四面出击，自己却率大军紧追宋军，一直追到彭城。太武帝击败宋将马文恭，活捉了蒯应。宋文帝派太尉刘义恭率军援救彭城。

太武帝登上彭城外高高的亚父冢观察彭城虚实，派人将蒯应送到城门下，又派李孝伯入城与宋军议和。刘义恭派长史张畅迎接李孝伯。李孝伯说明来意："我主命我将貂裘、骆驼、骡马赐给你们太尉与安北将军。"张畅申明自己奉太尉之命献皮袴褶、酒器给太武帝。李孝伯与张畅谈起两国近期交战的情况，李孝伯步步紧逼，张畅支离相对。李孝伯说："我主不想围这小小的彭城，将自率大军直抵瓜步（今江苏六合县）。如果我军此行成功，自不会攻此城；如果不顺利，也不想要这城。我主正想饮马长江。"张畅说："去留随你便。如果魏帝能

★飞天头像·北魏

饮马长江，那真是没天道了。"张畅准备回城复命，对李孝伯说："希望我们相见之日不远。如果你将来投奔我朝，今日便是相识之始。"李孝伯针锋相对："那我只好先在你们都城等你来相聚。只恐怕过不了多久，你与城里的二王一起面缚请罪于我主，那时你可就无地自容了。"李孝伯伶牙俐齿，应答如流，张畅只能甘拜下风。李孝伯复命，张畅入城。

太武帝再派李孝伯与彭城守将议和。议和成功，太武帝率军绕过彭城，继续南下，一直打到长江北岸。长江以北，广阔的土地被践踏，广大的民众被残害，许多房屋被焚烧。宋国人民奋起抗击外来侵略，可仍抵挡不住北魏铁骑的冲杀。

北魏大军一直打到了盱眙（今江苏盱眙县北）。驻守盱眙的是太守沈璞，他很有见识。当宋、魏两国

还只是在黄河南岸进行战斗时，他便开始作守城的准备。有人嘲笑他："咱们大军北伐，快打到魏国了，魏军怎能打过来？你何必多此一举，浪费民力物力呢。盱眙是个小城，守不守都无关紧要。"沈璞却固执已见："不错，盱眙是个小城，但它的位置很重要，说不定以后会有用处。我还是早作准备。"沈璞见北魏军队真的打过来了，便加紧了防御，他想："这正是报效国家之时。"

大将臧质跟北魏打了一仗，只剩了七百人，退到盱眙，请求沈璞放他入城。有人劝沈璞："魏军来攻，城内容纳不了这许多人；魏军不来攻，我们用不着这许多人。如果城池得到保全，他们在这儿，一定要夺去我们的功劳；如果城池万一失守，我们要从水路撤退，人多了，船不够，将造成混乱。最好不让臧质入城。"沈璞斥责他们："见死不救，非为勇，更何况臧将军是为了国家才落到这地步，来投奔我们。难道我们能眼睁睁看着他们被魏军消灭，这于理说得过去吗？不就七百人吗，城里有粮，让他们进来，我们与臧将军携手合作，共同抗击敌人。"他便开城门迎臧质入城。

魏太武帝听说盱眙城有粮食，便派了几千人攻打盱眙，他自己却率领大军扫荡长江北岸城镇。太武帝站在瓜步城上，眺望对岸的建康城（今江苏南京），派人先造声势说："魏军将渡过长江，直取建康。"宋文帝下令沿江戒严，日夜巡逻江防要地，百姓们纷纷拿起武器，保家卫国，军民联合，长江南岸筑起了一道坚固的防线。

魏太武帝却并不急于渡江，他骑着高头大马，沿江视察，陷入了沉思："宋军防守如此严密，更有长江天险，而我军却不惯水战。我派去盱眙抢粮的几千人马也没有音讯，粮食眼看就要全部用完，还不如及早抽身，退回北方，硬拼是要吃亏的。"便下令撤军北还。

魏太武帝率军经过盱眙，原来派去抢粮的士兵禀告他，说："城内防守太严，我们无法攻进。"魏太武帝不相信小小的盱眙城竟能如此，便骑着马带着侍卫沿盱眙城巡视一番后说："这小小盱眙城，岂能挡住我几十万大军的进攻！且吓唬吓唬守将，让他们知道我的厉害。"便派了一名使者持信入城见臧质，让臧质赶紧送几瓶好酒来犒劳犒劳，

★骑马吹角俑·北魏

否则便将盱眙踏平。臧质看完信，连连冷笑几声说："这个人贪心不足。如果我们给了他酒，他还会要肉，要粮，给了他粮，他还要人，要我们的国家。我偏什么都不给。你拓跋焘不是想要酒吗？我灌一瓶尿让你尝尝！"便真的让人用瓶子装了尿，封上瓶口，送给魏太武帝。

魏太武帝打开酒瓶，一股尿臊味扑鼻而来，这下可把他给气坏了："我一定要踏平盱眙城，活捉臧质，将他碎尸万段。"便命令士兵围住盱眙，断绝了城里的水路。这一切办妥后，他写信给臧质："我决定攻城了。你不投降，就同我决战吧。我不怕打仗，我的士兵大多不是我的同族鲜卑人，而是丁零人、匈奴人、氐人、羌人。你杀了丁零人，我常山（河北正定县南）一带作乱的人就少了；你杀了匈奴人，我并州一带作乱的人也就少了；你杀了氐人、羌人，我关中一带作乱的人就少了。反正不管你杀哪些人，都只会对我的统治有好处。"

臧质回信说："你的坏心眼，我早已看透。你自己来送死，还想活着回去吗？这回决战，你如果被乱兵杀了，算你侥幸。不然的话，你被我逮住，我就让你坐毛驴到建康去示众。我并没什么可怕的，万一败在你手里，死了也值得，我是为国

★盱眙大战

北魏统一北方

拓跋珪重建代国后，大败窟咄，攻下南边的独孤部和北面的贺兰部，东破库莫奚和解如部，西破高车回纥部和柔然，又灭匈奴别部刘卫辰，统一了大漠诸部。后燕见拓跋氏势力日强，便于东晋太元二十年（公元395年）发兵攻打北魏，参合陂一战，后燕遭到重创。次年三月，慕容垂军大军攻入平城，因未发现拓跋部主力而撤兵，垂病死于归途。隆安元年（公元397年），拓跋珪攻取燕之信都、晋阳、真定等地，同年十月又攻取其都城中山（今河北定县），后又夺取邺城，占有黄河以北今山西、河北等地，隔河与东晋对峙。

公元409年拓跋珪死，其子拓跋嗣（魏明元帝）继位后，大力劝课农桑，多方拉拢汉族地主到平城做官，进一步加强了封建统治。公元422年，拓跋嗣派大军进攻南方的宋朝，占领了青州、兖州和豫州的一些地区，势力伸张到黄河以南。公元423年拓跋嗣死，其子拓跋焘（魏太武帝）继位后，用汉族大地主范阳卢玄、博陵崔绰、赵郡李灵等数百人担任要职，形成了拓跋贵族与汉族地主联合的封建统治集团。这时北魏的军事力量也更加强大，先后向北方的其他政权进攻，于公元431年灭夏，436年灭北燕，439年灭北凉，北方长期分裂割据的局面于是结束，复归于统一。

★青铜镀金释迦牟尼佛坐像·北魏

而死。你就放胆攻城吧，有本事有胆量你就别走。”他又写信散发给魏军将士，把魏太武帝借刀杀人的话都说出来：“你们这些人都是各族的老百姓，为什么要替他卖命？为什么不想转祸为福呢？谁要是杀了拓跋焘，我就请赏，封他为侯，赏布一万匹、绢一万匹。”

魏太武帝看完信，火冒三丈，咬牙切齿地说：“我拓跋焘身经百战，被柔然族包围了几十层，我都杀出来了，而且统一了北方。你臧质竟想挡住我的道！”他让人制了一架铁床，装上铁犁，说：“等我捉住臧质，非让他坐铁犁不可！”随即下令攻城。羌人、匈奴人、氐人、丁零人在前面开道厮杀，鲜卑人在后督战。

魏军先用钩车钩住城墙口，士兵如蚂蚁上树，黑压压地往上爬。宋军用箭射、枪刺、石头砸，硬把魏军击退了。魏军败下阵，钩车还挂在城墙上。宋军用粗绳子把钩车挂住，晚上，宋军士兵坐在木桶里，从城上吊下去，把钩车运进城去。第二天，魏军用冲车猛撞城墙，企图撞毁城墙，一时轰天动地，可城墙只掉了些土，并无多大损伤。

魏太武帝气不打一处来，不顾士兵的死活，强令他们光着脊梁往上爬。魏军倒下一批，又上来一批，如潮涨潮退，鲜血将城墙都染红了，尸体越堆越高。魏太武帝也黯然心伤：“真没想到，这小小盱眙城竟是我的克星。攻了三十多天，竟打不进去。我的军队向来战无不胜，如今吃了败仗，我如何去见父老。皇亲国戚都不会信任我。”城墙下的尸体腐烂，恶臭熏天，没多久，魏军中流行疾疫，病死了不少人。部将们纷纷来劝魏太武帝：“陛下，退兵吧！否则，我们的尸骨将扔在这儿了。”魏太武帝只得长叹一声：“撤吧，撤吧。”

盱眙城的宋军见魏军后撤，纷纷向太守沈璞请战。沈璞劝他们：“咱们兵将不多，能够守住城就非常不容易了。千万不可去追人家，如吃个败仗，可就前功尽弃了。”宋军终于松了一口气。魏太武帝引军退归魏国。

★洛阳城出土的北魏兽面砖、钉瓦和瓦当

崔浩功高被诛族

CUI HAO GONG GAO BEI ZHU ZU

公元378年，崔浩生于清河门阀、吏部尚书崔宏之家。少年崔浩，朱唇皓齿，面若桃花，身材窈窕，文质彬彬，恰若一美貌女子，人称“美妇人”。他少好书史，博览百家，玄象阴阳、科律制度及经术之学，无不精通，且有经邦治国之雄心，因而，他的言行举止，成了同龄人模仿的榜样。

公元386年，鲜卑族首领拓跋珪建立北魏。公元395年，17岁的崔浩被任命为秘书郎中。他废寝忘食，恭勤供职，常常深夜不归，为此，魏道武帝拓跋珪特赐御粥给他，并将其迁官著作郎。

魏明元帝拓跋嗣继位后，北魏政权面临的形势仍然相当严峻：夏国占领着河套与陕北高原，后秦控制着关中和洛阳地区，南燕在山东半岛，北燕在渤海北岸，而北方广漠的荒原上又活动着强悍的柔然等部，他们时时骚扰北魏。在南方，以正统自居的东晋政权，又不时发出北上的信号。处于这种四面受敌的境地，战略上的任何失误都可能严重影响全局。战乱之际，危难之间，崔浩帮助拓跋嗣制定了首伐柔然，然后各个击破的方针。他呕心沥血、斟酌筹划，因而魏军得每战必胜，所向无敌。公元416年，魏军进占中州，基本上奠定了北魏的规模，崔浩因功被赐子爵，职升博士祭酒。这时，拓跋嗣对他言听计从，宠信备至，甚至常用自己的马车接其入宫商讨大事，决断疑难。崔浩与皇帝并排坐在马车上，在武士的簇拥下，浩浩荡荡，穿街过巷，那华美的仪仗和雄伟的气势曾引起许多人的羡慕和夸耀。崔浩也开始成为朝中举足轻重的人物。

★崔浩像

但是，崔浩政治地位的真正巩固还在其提出由大臣辅政的建议之后。泰常五年(公元420年)后，灾异屡见，拓跋嗣偶感微疾，身体颇不适，想到霸业未成，诸子年幼，不觉潸然泪下，于是密诏崔浩，告以心事。浩曰：“陛下春秋富盛，圣业方融，德以除灾，这点小病何足介意？况今民殷国富，四境安宁，完生可以安居乐业。但为长远之计，应及早应嗣，以防后患。同时还应委托最信任的大臣，协助处理国事，陛下即可优游无为，贻养长寿，不为政务所累。”拓跋嗣称善。随后，崔浩又推荐德高望重的四世老臣孙嵩，足智多谋、能言善辩的奚斤，处事干练、通情达理的安同，顾全大局、执法如山的穆观等6人为辅臣，制理内政。拓跋嗣听其处理军要，果然是配合默契，井然有序，郁积在心头多年的忧虑顷刻化解。大臣辅政从此作为一种制度沿袭了下来。

永宁寺遗址

北魏崇奉佛法，在崇佛年代留下许多佛寺和石窟遗址，洛阳永宁寺便是当时著名的佛寺之一。据《洛阳伽蓝记》记载，北魏时代洛阳有佛寺1300余座，而以永宁寺规模最为宏大。永宁寺建于熙平元年(公元516年)，位于今洛阳市东15公里的汉魏洛阳城遗址内，在北魏宫城的西南侧，占地面积达9万平方米，是北魏后期的重要佛寺。1963年中国科学院考古研究所对该遗址进行勘察，并于1979～1981年和1994年先后6次进行发掘。永宁寺遗址的山门、佛塔及正殿均位于中轴线上。这种以塔为中心、殿在塔后的布局，是中国早期佛寺建筑的典型模式。遗址内出土了大量的彩塑及石雕、瓦、瓦当等。彩塑品中有飞天、菩萨比丘以及世俗供养人像。这些泥塑造型精致，是北朝雕塑中的精品。

★永宁寺遗址出土的石雕方砚

崔浩得宠，引起众官嫉妒，魏太武帝拓跋焘即位后，群臣联合上书弹劾。有的说："崔浩无缚鸡之力，全凭三寸不烂之舌，蛊惑圣上。"有的说："他经常深更半夜把块碳铜放在醋罐子里，弄神使鬼，名曰观天象，纯粹是胡弄人。"有的说："他经常说汉朝官员长得天庭饱满，有富贵相，这不是讽刺我们这些鲜卑旗人不能为政当官吗？"种种谄言使年轻的拓跋焘将信将疑，于是乃将崔浩放归乡里。此后，他从师道教大师寇谦之研究道教《神中录图新经》，论古今之乱，通治国大计，著文30余篇，上推太初，下尽秦汉，以图来日再展宏图。不久，崔浩再次被起用。他自恃才高智广，不但不接受教训，反而更加锋芒毕露。

在讨伐夏主赫连昌的战役中，天气骤变，飞沙走石，黑地昏天，宦官赵倪小心翼翼地进言魏主拓跋焘："天气怪异，必有灾难……"话没说完，崔浩立即批驳道："天时、地利不如人和，我主西征讨逆，乃应天命顺民意，风沙岂能阻挡？"赵倪只好怏怏而退。

公元429年，拓跋焘召集群臣讨论是否出击柔然问题，宰相刘絜坚持汉代人早已提出的观念："漠北荒寒，得其地不能耕而食，得其民不可臣而奴，其人轻捷无常，难得而耕，损国耗民，徒劳无益，而且千里行军，敌方将以逸待劳，万一南朝乘虚，则腹背受敌。"太史令张渊、徐辩也附会赞同。崔浩却坚持要出兵，并提出四条理由：一是刘宋兵力无暇北顾。二是柔然扰国骚民，是国家的巨大威胁，不能不除。三是本国人英勇善战，有百战百胜的历史和信心。四是柔然当前毫无战备，攻其不备，胜券在手。他驳斥刘絜一伙："陋矣哉，公卿也！"言辞激烈咄咄逼人，刘絜等人面红耳赤，威风扫地。刘絜向来骄横专利，哪受过这等责难，从此埋下嫉恨的种子。此后处处与浩为难，以至故意贻误战机，以证实崔浩计策之失误，不慎事发遭诛。

★礼佛图(局部)·北魏

依崔浩的布署，拓跋焘亲率大军，出平城度阴山，自溺水一直攻到涿邪山(今外蒙古西南境)。拓跋焘看到数十万篷帐，百余万家畜牲口的战利品堆满山旁水畔，称赞崔浩说："您真是才智渊博啊！今后，还请您多多帮助我、督促我，不能有什么顾忌。"并立即加封崔浩为侍中、抚军大将军等职。同时下令尚书省，今后凡军国大事，众议不能定时，可问崔浩，然后实行。大臣们表面遵旨，实际上心中不乐。

★骑马武士陶俑·北魏

公元431年，崔浩擢升为司徒，高贵的门第和显赫的地位，使崔氏家族满门生辉，为官者数以百计。势力越大，崔浩办事就越少顾忌。

崔浩外甥卢玄，通古博今，与崔浩交往甚密，崔浩曾经说："面对子真(玄字)使我思古之幽情更深。"崔浩打算严格执行九品中正评定的等级，辨明官员们的出身阶级和姓氏高低，卢玄阻止说："创立一个新的制度、改革一种即成的规章，必须把握适当的时机，目前欢迎这项变动的只是出身显贵但自己本事不大的极少数人，不可为少数得罪多数，况且当今政局未稳，宫中府中矛盾重重，此法一开必引起更多矛盾。"崔浩不听，一意孤行，结果遭到众多官员的谴责和反对。

崔浩敢于与众多的官员对抗，全仰仗皇帝对他的特别信任和宠爱。拓跋焘商讨国事、研究天文历法，甚至下棋对弈、占卜问卦，都愿找崔浩，还经常出入崔浩家，有时突然驾到，令崔浩迎接不暇，甚至连官服上的腰带都来不及系。崔浩入宫也很随便，有时甚至进入拓跋焘的寝殿，这在当时是决无第二人的。

崔浩与拓跋焘还有一点相同处，即他们都不信佛，这与当时盛行佛教的时尚是极不相宜的，拓跋焘说："佛教来自胡人，不是正统炎黄子孙可以信奉的东西，我们祖先是黄帝子昌意的后裔，决不受佛教蛊惑愚弄。"崔浩一向厌恶佛教，其妻信佛，趁他出门时偷看佛经，被他发现，夺过佛经当场烧掉，并将纸灰倒进厕所里。他对拓跋焘说："佛教不仅虚无怪诞，而且浪费大量的钱财盖寺院、雕佛像……真是误国害民。"

公元446年，拓跋焘率兵讨伐地方叛乱，抵达长安(今陕西西安)时，偶入佛寺，在和尚的禅房里，发现了许多武器，拓跋焘说："佛门静

★弥勒佛像·北魏

地，怎能有这等凶器，定是要造反。”遂逮捕寺内和尚，全部诛杀。在没收寺内财产时，又发现了酿酒用具以及地方长官和大富豪所委托寄存的财物，多达万计，还发现寺内有与贵室妇女淫乱的地下密室，崔浩乘机劝说拓跋焘灭佛。同年，拓跋焘下令诛杀长安城内和尚，焚烧佛经，捣毁佛寺。不久又下诏通令全国灭佛，凡佛寺、佛学皆摧毁、焚烧，僧人皆杀之。

北魏是中国历史上民族矛盾错综复杂的时期，阶级矛盾、汉官与鲜卑官员之间的矛盾、鲜卑贵族自身的矛盾等交织在一起。皇帝本人既难以逃避脱，崔浩自然也陷于这矛盾的旋涡之中。

导致崔浩遭难的导火线是修国书一事。北魏国书的编写，早在魏道武帝拓跋珪时就开始了。为了记载自己的光辉帝业，拓跋珪曾命尚书邓渊撰写《国记》十余卷，但没有完成，谁来继续这项工作呢？人们推荐崔浩，确实，要论学问、才识，无人超过崔浩。于是拓跋焘立即召见崔浩，很恳切地对他说：“我大魏国积德累仁，泽流苍生，将千秋功业永载史册，是万世不朽之功。你是我最信任的老臣，所以将此重任托付给你，望你不要推脱。”崔浩非常感动地说：“臣生来禀性弱劣，力不及健妇，也没有其他本领，只能学点知识报效国家，今蒙皇上厚爱，使我得以发挥才能，我一定效犬马之劳，只不知圣上有何指教？”焘指示说：“综理史务，述成史书，务存实录，至于褒贬损益、润色增删，由你审处。”年迈 70 的崔浩以为这是一项流芳千古的美职，便欣然从命了。

崔浩全然没去想修国史之艰难与危险，领命后，废寝忘食、通宵达旦编写，并一再地向参与编写工作的高允叮嘱，要体现皇上的“实录”原则。高允是个非常正直而又很谨慎的官员，他提醒崔浩说：“‘实录’是每个史官都应具备的品质，但修者应考虑到修史的目的，拓跋族虽是我东北一游牧部落，但建立本朝后，吸取中原文化，学习汉族政治，发展经济，实为前所未有，修史应将这些辉煌业绩记录下来传之后世，要以歌功颂德为主，至于以前的……”话未说完，就被崔浩打断：“高允兄过于小心了”。这一善意提醒被他忽略了。但是参与国史修撰的著作令史闵湛、郄林却是两个奸佞小人，以吹捧拍马、花言巧语的手段蒙蔽了崔浩，他们上疏给皇帝，说崔浩所注《五经》纠正了旧注疏的许多错误，请皇帝下令全国学习崔浩所注《五经》。崔浩得知后大为高兴，他们二人又趁机进言讨好崔浩，要求将他编写的《国书》刻于石碑，让国人共览。崔浩认为这真是件提高声望的好机会，便欣然同意了。于是，便在平城大建石碑，用工 300 万，在石碑上刻《国书》置于郊外，让人们自由浏览。高允听说此事，非常担心，对著作郎宋钦说：“闵湛三寸不烂之舌，恐怕会造成崔门万世之祸啊！”

果然，大祸临头了。《国书》刻碑之事引起了轩然大波，因为石碑《国书》中关于拓跋族如何从漠北崛起，鲜卑族留发辫、穿短衣、游牧为业、同族通婚等落后习俗成了汉人嘲笑鲜卑贵族的话柄，这自然引起了北魏统治者的“公愤”，他们认为这是汉官向鲜卑族的挑衅，是图谋不轨，纷纷上书要求严惩。拓跋焘，这个鲜卑后裔，虽有雄才大略，但性格暴躁，最不能容忍的就是别人对自己及祖先的轻蔑，因而立即下令逮捕了崔浩，囚于死牢。此时的崔浩已有口难辩，他只恨自己当初没有听高允的话。这时，刘时、赵倪、刘絜一伙及在“新九品中正”中受排挤、受压抑的一些官员纷纷上书弹劾崔浩，必欲将其置于死地而后快。只有高允冒死进谏，然而大局已难以挽回。结果崔浩及其一家被满门抄斩，崔浩的亲戚太原郭氏（妻族）、范阳卢氏（母族）以及河东柳氏等门阀大族也被灭族，被杀者达 2000 余人。

★崔浩被诛

北方三才

BEI FANG SAN CAI

北魏至北齐之际，出现了“三才”，他们是魏收、温子升、邢子才。

魏收小时候便机警，能写文章，跟他父亲到边境上去镇守，喜欢骑马射箭，想以武艺来捞取功名。有人嘲笑他：“魏郎你能弄戟吗？”魏收惭愧，无言以对，便折节读书。夏天，坐在树荫下的板床上，朗声吟诵，几年之后，床板被磨去不少，魏收的学识也增长了不少。

东魏派魏收、王昕出使梁国。王昕风流潇洒，能说会道；魏收辞藻宏逸。梁主和他的臣子都对魏收、王昕敬佩，梁主连声称赞：“过去李谐、卢元明来朝，已是盖世之才，王昕、魏收又是中兴之才，不知将来之人又该如何？”魏收住在宾馆里，有人买来婢女供他淫乐。梁朝宾馆的人都因此而获罪。魏收便被人叫做“惊蛱蝶”名声不好，官职也被罢了。魏收有一个堂叔叫魏季景，能写文章，也做官，论文章、官职，都在魏收之上，魏收却瞧不起这堂叔。

★北齐校书图(局部)

人称他俩为“二魏”，可魏收却说：“将他与我相提并论，简直就是拿蠢人同我相比。”

★河南洛阳龙门石窟北魏莲花洞的穹窿顶

★佛立像·北齐

魏收在家歇了几年，才被人推荐到高欢的幕府里，却仍没有得到重用，魏收本想以自己的文才脱颖而出，得到重用，可现在见这种愿望不可能实现，便请求修撰国史。崔暹便在丞相高澄面前推荐魏收：“修国史这是大事。您家人的霸王功业都须载入史册，如果没有魏收是不可能的。”高澄向孝静帝请求，魏收便担任了散骑常侍一职，撰修国史。孝静帝秋季大猎，令群臣赋诗。魏收诗中的两句“尺书征建业，折简召长安”，深获群臣的赞赏。丞相高澄说：“我朝有魏收，真是国家的大幸。他能通达纵横，雅俗兼工。我常让邢子才、温子升为文作词，但他们文章气魄比不上魏收。我有时忘记了什么，或说不尽，或没提及的，魏收草诏时，都能周全想到，这确实难得。”于是让魏收又担任了主客郎一职，迎接梁国使臣谢斑、徐陵。

高洋逼孝静帝退位，自己为帝，北齐代东魏。魏收被召为中书令与著作郎，撰写《魏史》。魏收专在史阁，不问余事，他向高洋请求：“我愿意撰修史书，早点把《魏史》写出来。”高洋说：“放心去写吧，你可以直笔纵横，我不会像魏太武帝那样杀史官。”魏收所引史官有房延祐、辛元植、刁柔、裴昂之、高孝于，可这些人大都不具备史才，魏收这样做是为了让他们烘托他。魏收常常借史来威胁人：“你们是什么东西？竟敢同我魏收作对！我手中的笔操纵着生杀大权，我想美言你几句，便能把你捧上天；我想贬损你，便能将你打入地狱。”魏收曾经得阳休之的帮助，可又无以报答，便说：“我无以报德于你，只能为你在我的史书上留下一篇好传记。”阳休之父亲阳固是北魏太守，因贪污酷虐被李平所弹劾，因而获罪，这事在《魏起居注》记载得明明白白。可魏收在史书中却美化了阳

★北齐文宣帝高洋泥像

★壁刻佛像·北魏

固，他这样写道："固为北平太守，有政绩，因公事被免官……李平对他很敬重。"尔朱荣本是北魏政敌，扰乱朝纲，可魏收得了尔朱荣之子的贿赂，便在史书中减尔朱荣之恶，虚增尔朱荣之善，并为尔朱荣作论："如论修德义之风，则古代名臣哪里能比得上尔朱荣。"

魏收所撰《魏史》共一百三十卷，书成之后，大家议论纷纷，都认为魏收持论不平，修史不实，许多人向朝廷投诉，一时间，人们把魏收所撰之史叫"秽史"。魏收修史，得罪了许多人。北齐灭亡那年，魏收的坟墓被人掘开，尸骨被抛于冢外。

邢子才 10 岁便能写小小文章，才思敏捷，博学强记，涉猎经史，一览无遗。年未二十，便已名动饱学之士。有一次，邢子才与阳固、裴伯茂、陆道晖等人到北海王元昕处宴饮作乐，赋诗颂文。众人你唱我和，吟了几十首，都放在元昕奴仆室中。第二天，奴仆外出，众人求诗无所得，邢子才便将昨日所吟的几十首诗背出来。陆道晖不认帐。待奴仆回来，众人翻开诗本一看，邢子才背得一字不误，众人便深深佩服。北魏孝明帝以后，文章鼎盛。邢子才雕文琢艺，独步当时。每一文出，京师为之纸贵，人们争相吟诵。魏与梁朝通和，邢子才、魏收、邢子明被征入朝，当时一般文人名声都在邢子才之下，但邢子才威仪不重，名声虽高，却不允许出境为使。

东魏孝静帝时，高澄辅政。邢子才因事与人不和，被孝静帝贬退。与邢子才齐名的温子升因事被高澄饿死。魏收本来名位都在邢子才、温子升之下。温死，邢退，于是魏收便得以独步一时。魏收与邢子才各引朋党，互相诋毁。魏收鄙视邢子才的文章，邢子才也看不起魏收。邢子才对人说："江南任昉，文体本疏，魏收不仅仅模拟任昉，而且常常抄袭。"魏收听邢子才这么说自己，不服气地指责邢子才："邢子才常抄袭沈约的文章，为什么说我抄袭任昉诗文。"名士颜之推问祖珽，"邢、魏谁优谁劣？"祖珽答："见邢子才、魏收的好坏，便知任昉、沈约的优劣。反过来也一样，知任昉、沈约的好坏，便知邢、魏的优劣。"一时人称祖珽回答得恰到好处。

温子升小时候便专心于学，夜以继日地读书，博览百家。可生不逢时，有才无处发挥，在广阳王元渊门下当了一名教书先生，每天就着几块豆腐和几棵蔬菜过日。有时也发发牢骚，形诸笔端。儒士常景读到温子升所写的文章，便到广阳王家，对广阳王称说温子升的才能。广阳王反问："你怎么知道这个人？"常景不慌不忙地说："我是通过读他的文章知道的，文如其人。他果真是个大才子，大王应该礼遇他。"于是温子升的处境稍有改观。

孝明帝即位，广召有才之士，选充御史。温子升应试，得中高第，被选为御史。没多久，葛荣起义。温子升被广阳王元渊召为郎中，委托他掌管军国文书，撰写布告。元渊被葛荣擒杀，温子升也被葛荣擒获。葛荣手下都督和洛兴与温子升相识，便暗地里来见温子升。"温兄乃大才，岂可埋没于此，宜作速逃离此地。""我今被擒，四处都是葛荣的人，我往哪里逃呢？""温兄不用发愁，小弟自有办法。"和洛兴派几十名士兵以拜访父母为名，暗中将温子升挟带其中，送到冀州。温子升好不容易逃到洛阳，死里逃生，长叹一口气："我温子升命蹇运乖如此，仕宦之途多艰险，还不如与清风流云碧水绿树为伴，也能够淡泊明志，宁静致远。"也就不去干谒，闭门读书，刻苦自励。

孝庄帝登位，温子升被征为主

★佛像·北齐

★《仪卫出行图》(局部)·北齐壁画

客郎中。有一天，他没有去当值，上党王天穆大怒，将责罚他，他便逃跑了。天穆更加恼怒，向孝庄帝请求另派人代替温子升。孝庄帝不答应，说："当世才子不过数人，怎能因他偶有小过便将他罢黜。"温子升仍当主客郎中。元颢借兵夺位，天穆请温子升同去抗拒叛军。温子升不敢答应，心想："我已得罪于你，你还想杀我，我怎能自投罗网。"天穆派人放出风来："我只想发挥温子升的才干，怎会因前事而耿耿于怀。如果他这次不听我的话，那他最好南逃梁国或北投匈奴，否则便脱不出我手心。"温子升害怕了，只得去见天穆。元颢攻入洛阳。天穆问温子升："你是想回到京都，还是跟我北渡黄河。"温子升劝道："皇上是因为虎牢关失守，才如此狼狈不堪，北渡黄河。现在元颢刚占领洛阳，人心不服，如果我们现在便讨伐他，那将不费什么劲就能取得成功。大王如果收复京都，迎回皇上，这功劳可不小。如果大王就此北渡，便失去了一个绝好的机会，只能惋惜后悔。"天穆却不听温子升的劝告，派他去洛阳。元颢任命温子升为中书舍人。元颢失败，孝庄帝又起用温子升为中书舍人。孝庄帝同大将军尔朱荣不谐，想除掉他，召温子升问王允除董卓的故事。温子升便大力陈说："陛下正应该除掉飞扬跋扈的尔朱荣。想东汉王允不过是个丞相却能不费什么劲便除掉董卓。陛下以万乘之众，更应该除掉尔朱荣这头恶狼。"孝庄帝伏兵杀死尔朱荣。尔朱荣侄儿尔朱兆率兵攻入洛阳，杀了孝庄帝。温子升怕尔朱兆追究尔朱荣被杀一事，便便衣轻装逃走了事。

北魏一分为二，东魏丞相高澄引温子升为大将军府咨议参军。高澄手下元仅、刘思逸、荀济等人谋刺高澄，失败。高澄怀疑温子升同元仅等人有联系，便将他关在晋阳狱中，并命令狱卒不许给温子升饭吃。温子升被饿得两眼发黑，茫然四顾，徒然四壁，只有铁窗铁门冷清清地放着暗光。他长叹一口气，只得扯下自己的破襦，咬碎了，咽在肚里，聊以充饥。破襦片无法消化，温子升肚胀而死。狱卒报知高澄。高澄一点也不怜惜，命令将他的尸体扔到郊外的路边去。

阴何

阴何是指南朝诗人阴铿和何逊。何逊是梁朝代表作家，阴铿是陈朝的著名诗人，二人诗风相近，后世并称"阴何"。

何逊诗抒情状物，颇有谢朓风致，如写离情别绪的《临行与故游夜别》、写山水景物的《慈姥矶》等。至于写景诗篇中名章迥句，更是俯拾皆是。如"薄云岩际出，初月波中上"(《入西塞示南府同僚》)，"游鱼乱水叶，轻叶逐风花"(《赠王左丞》)，"露湿寒塘草，月映清淮流"(《与胡兴安夜别》)等，都清新隽美。

阴铿诗的风格与何逊近似，亦以描写山水景物著称。二人都善写新体诗，在写诗时都注意工偶精对、审音炼字。何逊不少诗属对工切已具唐律规模，阴铿新体诗则尤近于唐人律诗，二人对近体诗的形成具有不可忽视的影响。唐代大诗人杜甫对他们就十分推崇，自云作诗"颇学阴何苦用心"(《解闷》)。

★石刻画像·北魏

北魏孝文帝改革

BEI WEI XIAO WEN DI GAI GE

★达摩塑像·北魏

★石雕观音·北魏

★铜鎏金童子葡萄纹高足杯·北魏

北魏自从太武帝死去后，政治腐败，鲜卑贵族和大商人压迫百姓，不断引起北方人民的反抗。公元471年，魏孝文帝拓跋宏即位，时年仅5岁，朝政由其祖母冯太后主持。冯太后为了缓解阶级和民族的矛盾，巩固当时的统治地位，先后进行了“俸禄制”、“均田制”和“三长制”的改革。这些改革对官吏俸银的筹取、平民田地的分拨和市井乡村的管理都做了详细的规定，使当时的社会一度趋于平稳。

公元490年，24岁的拓跋宏开始亲政，他在祖母改革的基础上，又进行了深化，内容涉及到政治、经济、文化等各个领域。他首先厘定官制，改变了政权机构胡汉掺杂的体制，即完全汉化。任选官吏“唯才是举”，打破民族、士庶的界限。职务的升降按政绩的优劣随时升降。健全户籍制度，防止隐报或冒领，均化赋役。实行“均田制”，把荒地分配给农民，让他们垦荒种地，另外还分给他们桑地。由此，百姓垦荒种田的面积得到了增加，粮食产量有了提高，百姓的生产和生活更趋稳定，北魏朝廷的收入也相应得到了提高。

魏孝文帝是一个政治上很有作为的人，他认为要巩固魏朝的统治，一定要吸收中原的文化，改革一些落后的风俗。为此，他决定把国都从平城（今山西大同市东北）迁到洛阳。

他怕大臣们反对迁都的主张，先提出要大规模进攻南齐。当他把这个打算提了出来的时候，当即遭

北魏孝文帝

北魏孝文帝拓跋宏（公元467—499年），是北魏献文帝拓跋弘的长子，北魏的第六位国君。年幼的拓跋宏由祖母抚养并代其摄政。公元490年，拓跋宏亲政后，便大刀阔斧地进行汉化改革。孝文帝当政后的第一件大事，就是力排众议，迁都洛阳。孝文帝迁都洛阳之后，决心开始进行“移风易俗”，接受汉族文化思想。他要求鲜卑人崇尚“儒学”，实行汉化，禁胡服、胡语，改变度量衡，推广教育，改变姓氏并禁止回归北方埋葬，鼓励与汉族通婚，提高了鲜卑人的文化水准。孝文帝的改革，加速了鲜卑和北方的封建化（即汉化）进程，促进了北方民族的大融合。改革在一定程度上缓和了阶级矛盾，使北魏政权得以巩固。

★北魏孝文帝像

★冯太后像

★北魏孝文帝拓跋宏泥像

到任城王拓跋澄的强烈反对。孝文帝怒喝道："朕即天下，你想阻挠我用兵吗？"拓跋澄反驳说："天下虽然是陛下的，但我是国家的大臣，明知用兵危险，怎么能不讲呢？"孝文帝一时语塞，便生气地宣布退朝。回宫后，他单独召见拓跋澄，和颜悦色地说："刚才我冲你发火，是为了吓唬大家。我觉得平城是个军事重镇，只适合运用于攻防战略，而不适宜改革政治。现在我要移风易俗，非得迁都不行。这回我出兵伐南齐，实际上是想借这个机会，带领文武官员迁都中原，你看怎么样？"拓跋澄恍然大悟，当即表示同意他的主张。

公元493年，魏孝文帝亲自率领步兵骑兵30多万南下，从平城出发，挺进洛阳。前进途中正好碰到秋雨连绵，足足下了一个月，道路泥泞，行军困难。但是孝文帝仍旧亲自戴盔披甲骑马出城，下令继续进军。

大臣们本来不想出兵伐齐，趁着这场大雨，又出来阻拦。孝文帝严肃地说："这次我们兴师动众，如果半途而废，岂不是给后代人笑话。如果不能南进，就把国都迁到这里。诸位认为怎么样？"大家听了，面面相觑，偷偷地议论说："即便迁都也比伐南齐强。"于是，有人当即表示说："只要陛下同意停止南伐，那么迁都洛阳，我们也愿意。"许多文武官员也都随声附和，表示愿意迁都。

孝文帝见达到了预期目的，心里的石头落了地。于是，他趁热打铁，当即派任城王拓跋澄回到平城去，向那里的王公贵族宣传迁都的好处。平城的贵族中反对的还不少，他们找出很多理由和借口来反对迁都。孝文帝便亲自回到平城，召集贵族老臣，讨论迁都的事。孝文帝一一驳倒了那些顽固贵族的所谓不迁都的好处和迁都的敝害。最后，他们又提出要借助卜筮吉凶来进行决断。

孝文帝当即否定此种作法。他说："卜卦是为了解决疑难不决的事。迁都的事情已经没有疑问，还卜什么。我们上代也迁过几次都，为什么我就不能迁呢？"贵族大臣被驳得哑口无言，迁都洛阳一事就这样决定了下来。

迁都洛阳后，孝文帝又作了改易风俗的决定。有一次，他跟大臣们一起议论朝政。他说："你们看是移风易俗好，还是因循守旧好？"咸阳王拓跋禧说："当然是移风易俗好。"孝文帝当即说："那么我要宣布改革，大家可不能违背。"

接着，孝文帝就宣布几条法令：一是禁胡服。即令本民族人，一律着汉族服装；二是断北语。即规定30岁以下的鲜卑族人，尤其官吏必须改说汉话，禁止说鲜卑话；三是改籍贯。为消除旧传统习俗的影响，将随都城迁往洛阳的鲜卑族人的籍贯一律改为河南郡，并且死后不准回归北方埋葬；四是定姓族。仿照汉族氏族门阀制度的传统，将本族的贵贱高低分别按汉人的姓氏进行排列；五是提倡胡汉通婚。通过联姻的方式形成鲜卑族同汉人的一种新的血缘关系，进而利用和凝聚汉人的力量维护他们的统治地位；六是尊孔崇儒。利用儒家的学说，兴复汉族传统的礼乐制度，用以教化于民。

孝文帝的这些改革，稳定和促进了当时社会经济的发展态势，融合了民族之间政治文化生活，使当时处于四分五裂的国家状态中，出现了超乎于那个时代的一方净土。

★北魏孝文帝陵，位于河南省洛阳市孟津县朝阳镇官庄村东。

北魏的分裂

BEI WEI DE FEN LIE

★北魏宣武帝灵皇后胡氏像

北魏孝文帝以南征为借口迁都，而迁都的目的之一就是为了更有效地发动南征。孝文帝晚年对南齐发动了数次战争，但未获大胜。公元499年，他在取得马圈城（今河南邓州北）一役的胜利后，病逝于北归途中。操劳过度的魏孝文帝，在33岁时便耗尽了一生的精力。

魏孝文帝死后，魏宣武帝元恪继位，即位初由大臣辅政，亲政后，宠用外戚高肇，翦除宗室。举国提倡佛教，境内共有寺院1.3万余座。吏部定价卖官，人称“市曹”。由于不事生产及朝政的腐败，又与南朝梁连年战争，北魏由此衰落。

到了魏孝明帝即位，因为年纪太小，即位初由高阳王元雍、任城王元澄辅政。后由他母亲胡太后临朝称制。胡太后是个专横奢侈的人，她相信佛教，认为佛法能减轻她的罪过。她在皇宫旁边造起一座气势宏伟的永宁寺，寺里供奉的佛像有用金子塑的，也有用白玉雕的，高的一座将近2丈。寺的旁边又建造了一座90丈高的9层宝塔，每到夜深人静的时候，风吹动塔上的铃，发出的声音10里以外都听得到。寺里设有1000间僧房，都用珠玉锦绣装饰，让人看了眼花缭乱。

北魏的统治者还动用大量人力物力，开凿石窟，建造佛像。在建都洛阳之前，他们花了30多年时间，于云冈（在今山西大同市武周山）开凿大批石窟，有大小佛像10万尊以上。从宣武帝到胡太后，又在洛阳伊阙的龙门山开凿石窟，建造佛龛。前前后后开凿了24年，花了80多万人工。这些石窟和佛像表现了我国古代人民高度的雕塑艺术水平，但它也大大加重了当时劳动人民的负担。

北魏的皇室贵族这样穷奢极侈，使得纲纪紊乱，义军四起。那时候，北魏在北方边境设立了六个镇，派了将士防守。公元523年，沃野镇（今内蒙古五原北）的匈奴人破六韩拔陵首先带领兵士杀死镇将，发动起义，其他五个镇的兵士也纷纷响应，反对北魏的起义势力越来越大。由于北魏勾结北方的柔然族人共同镇压，六镇兵士的起义以失败告终。

北魏为了防止六镇兵士的反抗，把起义失败的六镇兵士20多万人都押送到冀州、定州、瀛州。这些兵士不肯受官府的奴役，在冀州又燃烧起起义的火焰。鲜卑族的葛荣率领起义军进攻瀛州。北魏派章武王元融为大司马，广阳王元深为大都督，发动大军镇压。

那些只知吃喝玩乐的贵族根

★河南洛阳龙门石窟北魏古阳洞内的屋形龛

★敦煌壁画·鹿王本生·北魏

本不会打仗。葛荣起义军到了博野镇(今河北省蠡县),就派出一支轻骑兵偷袭元融的大营。元融没有防备,被起义军杀了。元深听到元融被杀,退到定州,也被葛荣的骑兵俘虏。葛荣把各路起义兵士都合在一起,号称百万,准备向洛阳进军。

此时,秀容(今山西省忻县)有个部落酋长尔朱荣,手下有8000强悍的骑兵,专门和农民军作对。北魏孝明帝就利用尔朱荣的兵力来对付葛荣。葛荣认为尔朱荣人马少,容易对付。他把兵士在几十里的阵地上散开,准备围捕尔朱荣。想不到尔朱荣把兵埋伏在山谷里,发动精兵突击,把葛荣的兵士冲散,再前后夹击。起义军遭到失败,葛荣本人也被杀害。

葛荣起义失败后,北魏内部也发生大乱。公元528年,孝明帝召尔朱荣入京,以制太后,胡太后却滥施淫威,竟然毒死孝明帝。事件发生后,尔朱荣一方面上表直言,要求杀掉胡太后宠臣郑俨、徐纥,以平天下之怨;另一方面从晋阳带兵直奔洛阳。4月13日,尔朱荣以祭天为名,召集百官于宫门外后,立即派兵将百官迅速包围。他怒责百官说:"天下丧乱,明帝惨死,都是尔等只知贪贿、摆阔,不知佐理朝政所致。"于是纵兵乱杀,王公大臣死者达2000多人。随后,他又把胡太后和她三岁的小儿子沉于河底,史称"河阴之变"。

尔朱荣的这一举动,使其势力更加强大,完全控制了北魏朝政。公元530年9月,孝庄帝为了翦此强翼,设伏兵于明光殿,声称皇子降生,派元徽向尔朱荣报告,尔朱荣跟元天穆一起入朝,随即被砍杀。时隔不久,尔朱兆攻入洛阳,又绞杀了孝庄帝。最后,北魏的实权落在两员大将高欢和宇文泰手里。公元532年,高欢废安定王元朗,立元修为孝武帝,高欢据晋阳遥控朝政。孝武帝密谋欲除掉高欢,重用贺拔胜,命其率军自洛阳去攻打高欢,高欢率兵南下,将其击败。公元534年,北魏孝武帝逃到长安投靠了宇文泰。

第二年,宇文泰杀了孝武帝,另立文帝;高欢另立魏孝静帝,迁都邺城(今河南安阳北)。从那时候起,北魏就分裂成两个朝廷。历史上把建都在长安的叫西魏,把建都在邺城的叫东魏。

★北周文帝宇文泰成陵

★洛阳龙门石窟浮雕的北魏建筑形象

西　魏

西魏(公元535—557年),南北朝时期的一个地方性政权,由鲜卑人宇文泰拥立北魏孝文帝的孙子为帝,与高欢所建的东魏对立,建都长安。至557年被宇文周取代,总共经历两代三帝,享国25年。在整个西魏统治时期,一直都由权臣宇文泰控制着政权,在他的努力下,北方经济逐渐恢复,人民安居乐业,而且屡败东魏。

东　魏

★孝静帝像

东魏(公元534—550年),南北朝时期的一个地方性政权,由鲜卑化汉人高欢拥立北魏孝文帝年仅11岁的曾孙元善见为孝静帝,并与宇文泰所建的西魏对立,建都邺城(今属河北省)。在整个东魏统治时期,一直都由权臣高欢控制着政权,高欢一味玩弄权术,积极筹备篡位,因此国内土地兼并问题严重,民族矛盾尖锐,而且屡败于西魏。公元550年,当27岁的孝静帝以为高欢已死,自己可以亲政时,却被高欢之子高洋所废,东魏亡。东魏只经历一帝,享国16年,此后东魏全境进入北齐的统治。

南朝侯景之乱

NAN CHAO HOU JING ZHI LUAN

★梁武帝纵恶

南朝的梁武帝乘北魏发生内乱之时，曾几次发兵北伐。但是梁武帝指挥无方，不但未能夺城掠地，反而死伤了无数军民，于是只得作罢。而北魏分裂后，一时也没有能力再进攻南方，梁朝至此有了一比较长的安定时期。

这一时期，梁武帝忽然意识到宋、齐两个朝代都是因为皇族之间互相残杀而发生内乱。因此，他刻意对自己的亲属表现得格外宽容。皇族中有人犯罪，他只好言好语教训一番，从不治罪。连查出六弟萧宏为造反篡位暗储的钱粮兵器等罪证后，他也只是哈哈一笑，还打趣说："阿六，你的日子过得不错嘛！"然后一走了事。

此后，贵族官僚有恃无恐，更加横行不法，有的甚至在大街上公开杀人。有个正直的官员贺琛上了一个奏章，对梁武帝提出四条意见，指出：现在各地州郡官吏搜刮残酷，百姓已不堪重负；官员穷奢极侈，浪费严重；奸臣当道，作威作福，陷害好人；大造官府，徭役繁多，百姓不得休息。

对这样的奏章，梁武帝非但一句也听不进去，还对写奏章的贺琛深加责备，认为这样评价时政，辱没了他圣主明君本色和朗朗清平的世界。此后，那些正直的朝臣只好缄口不言。

梁武帝是个笃信佛教的人，他在建康建造了一座规模宏大的同泰寺，每天早晚到寺里去烧香拜佛，讲解佛法，说这样做是为了替百姓消灾积德。到了晚年还要"舍身"（到寺里出家），以示虔诚。第一次"舍身"，梁武帝只做了 4 天和尚，便被宫里的人接了回来。可他回来后，忽然意识到没有向寺院"赎身"，于是他又重入寺院，再度当了和尚。

这一次，任凭大臣们怎么说，他就是不肯回来。最后，大臣们懂得他的意思，凑了一万万钱到同泰寺给这位"皇帝菩萨"赎身，他才回到宫里。此后，梁武帝又如法炮制，先后又当了两次和尚，当然每次还俗都少不得捐给寺院许多赎身钱。

尽管梁武帝一心向善，乞望善因换来善果，可是他万万没有料到，他这种愚昧的心理，被别有用心的侯景利用，他的期望也变成了一场空前的劫难。

就在梁武帝最后一次出家还

梁武帝

梁武帝萧衍（公元 464—549 年），字叔达，南兰陵（今江苏常州西北）人。南朝梁的建立者，公元 502—549 年在位。曾任齐雍州刺史，镇守襄阳。后乘齐内乱，起兵夺取帝位。他博学能文，勤政爱民。但因晚年信奉佛教，曾四次舍身同泰寺，致使全国百姓因他的重佛而付出沉重的代价，使百姓"肌肉略尽"，"骨髓俱磬"。大同二年（公元 547 年），梁武帝接受东魏大将侯景的归降，招至引狼入室。次年冬，侯景引兵渡江，攻破都城，梁武帝于围困中饥病而死。梁武帝通文彩，善作鼓吹儒佛、宣扬封建贵族腐朽生活的诗文，亦通乐律，兼能书法。

★太货六铢·南朝陈

俗不久，西魏的大将侯景派人来，说他同东魏、西魏都有冤仇，决心向南梁投降，还表示愿意把他控制的函谷关以东13个州都献给南梁。侯景本来是东魏丞相高欢手下的一员大将。高欢让他带兵10万，镇守黄河以南。高欢临死的时候，怕侯景靠不住，派人把侯景召回洛阳。侯景得到了高欢的死讯，不肯回到洛阳，带着人马投降了西魏。

西魏丞相宇文泰怕侯景出尔反尔，他表面上接纳侯景，暗地里却想把侯景招到长安，然后解除其兵权。侯景知道了宇文泰的动机，便转而向梁武帝乞和。

梁朝的大臣们怕是侯景转嫁危机，大多不同意接纳。但是，梁武帝却认为接纳了侯景可以乘机恢复中原，加之他笃信佛祖，曾四次"舍身"，自认为会换来佛祖的垂爱。于是，他不听大臣的劝阻，接受了侯景的投降。梁武帝不仅分封他为大将军、河南王，还异想天开，想凭借侯景之力进攻中原，为他开疆拓土、攻城掠地。但是，反复无常的侯景却利用手里的重兵和镇守河南之便，打起了梁朝的主意。

★侯景投降梁武帝

公元548年，梁武帝发觉自己引狼入室后，急命平北将军萧正德沿江布防，而此时公开叛梁的侯景率兵已直逼长江。两军对峙期间，侯景派人诱骗萧正德说，只要他肯做内应，在推翻梁武帝之后，就拥戴他做皇帝。萧正德权迷心窍，秘密派了几十艘大船，帮助侯景的叛军渡过长江，还亲自带领叛军渡过秦淮河。侯景顺利地进入建康，把梁武帝居住的内城——台城包围起来。

侯景用尽办法攻台城，台城里的军民坚决抵抗。叛军放火烧城，城里的军民用水浇灭。叛军用木驴(一种攻城用具)掩护攻城，城上的人丢大石块，把叛军逼回去。叛军又在城东城西堆起两座土山，想从土山上攻进城去，城里的人也筑土山防御。

这样，双方相持了130多天。台城刚被围的时候，城内还有百姓十几万人，兵士二万多。到了后来，有的在打仗中死去，有的病死饿死，剩下的不满4千人。城里到处是尸体，人们都无心掩埋，君臣和百姓都巴望着南梁各州的诸侯王能早点驱兵驰援。

当时，梁朝的诸王也已汇合京城，所带兵将约数十万人，如果诸王都能勤王保驾，侯景亦不敢肆无忌惮。但诸王或驻足观望，或拥兵自保，无人死命相抵。临时被推为大都督的柳仲礼，每天只顾躲在自己家里喝酒玩乐。

梁武帝心急如焚，可手下又无兵可派。求助佛祖，也未见灵验。有一天，梁武帝问一位大臣，有什么办法可以打退侯景。这个大臣流着泪回答说："陛下的王公

★陈霸先雕像

大臣，平时都骄纵坏了，现在都成了一些不忠不孝的人，怎么能对付叛贼呢？"没过几天，台城果然被攻陷。梁武帝时年已86岁，两眼昏花，步履蹒跚，早无恢复梁朝的希望，但残忍的侯景还是把他丢在文德殿活活饿死。

侯景占据朝堂后，先立了萧正德为帝，不久又缢杀了他，而改立萧纲为帝。公元551年，侯景又废掉了萧纲，改立了萧栋为帝，并用装满土的口袋把萧纲压死。一连串的废立，朝中文武都视而不见，充耳不闻。最终，那个傀儡的皇帝萧栋还是被废掉，侯景登上了梦寐以求的皇帝宝座。

侯景反复无常的嘴脸和惨绝人寰的暴行，激起了正直的朝臣和各地人民的强烈反对。公元552年，这些人纷纷起兵，并连败侯景。在陈霸先和王僧辩的有力打击下，最终把侯景赶出了京城建康。公元557年，陈霸先在建康建立了陈朝，是为陈武帝。而侯景却在奔命的途中被部下杀死。侯景之乱给当时的经济造成了极大的破坏，生产力水平急剧下降，人民的生活更加艰难。

陈后主亡国

CHEN HOU ZHU WANG GUO

公元557年，陈霸先建立了南陈王朝。与此同时，西魏宇文泰的儿子宇文觉废西魏皇帝，建立了北周。而在此前，高欢的儿子高洋于公元550年废东魏皇帝，建立了北齐。

北周武帝时期，进行了一次政治经济改革。政治上加强中央集权；经济上严惩隐瞒田地、户口的官僚大族；释放奴婢；强制僧尼还俗，从事生产劳动。这些措施的实施，大大提高了当时的国力。公元577年，周武帝攻灭了北齐，统一了北方。但周武帝在第二年便死去，北周的大权落入了外戚杨坚的手中。公元581年，外戚杨坚逼迫年幼的周静帝退位，建立了隋朝，杨坚即隋文帝。

在北方朝政更迭频繁的时候，南陈王朝获得了一个暂时的安定局面，经济慚慚恢复起来，百姓日渐富庶。公元582年，陈宣帝死，太子陈叔宝即位。陈叔宝未经过战乱，不知道民间的疾苦，他"生于深宫之中，长于妇人之手"，即位之后便耽于诗酒，专喜声色。

他还大兴土木，造起了三座豪华的楼阁，让他的宠妃们住在里面。他手下的宰相江总、尚书孔范等都是一伙腐朽的文人。陈后主和宠妃经常在宫里举行酒宴，宴会的时候，大家通宵达旦地喝酒赋诗，你唱他和，还把他们的诗配上曲子，挑选了1000多个宫女，专门为他们演唱。

那些环侍陈后主左右的酸腐文人，由于后主的宠信便目空一切，对戍边御敌的将帅不屑一顾，认为他们不过是使枪练棒的匹夫，没有什么深谋远虑。那些带兵的将帅稍有一点过失，就被他们夺下兵权。致使边备松弛，文武懈怠，士庶离心。加之君臣生活穷奢极欲，国力便逐渐衰弱下来。

陈后主骄纵淫逸的消息传入长安，正值隋文帝开皇年间，隋文帝本有削平四海之志，于是隋之群臣争劝文帝伐陈。文帝下诏，数后主20大罪，誊写诏书20万张，遍谕江南。有人劝文帝说兵行宜密，不必如此张扬。文帝说："若他惧而改过，我便罢兵；如若不然，我为天下苍生而即行诛讨，又何必守密？"

★南陈兵望风而逃

陈后主

陈后主，名陈叔宝（公元553—604年），字元秀。吴兴长城（今浙江长兴东）人。南朝陈宣帝陈顼嫡长子。太建十四年（公元582年），宣帝死，太子叔宝即位。在位时大建宫室，生活奢侈，日与妃嫔、文臣游宴，制作艳词。隋兵南下时，恃长江天险，不以为意。又大建宫室，滥施刑罚，对于强大隋朝了无防备。祯明二年（公元588年），隋以杨广为元帅，率51万士兵南下。陈叔宝以为江防将士谎报冒功，未予理睬。翌年正月，隋军分道攻入建康，陈后主与张皇后、孔贵妃避入井中被俘，陈亡。隋仁寿四年（公元604年），陈后主在洛阳病死，隋文帝追封其为长城县公。

★鎏金铜佛像·北魏

★南唐后主被俘

于是，修建了许多战舰，命杨广、杨素等率兵 51 万分道直取江南。

杨素率领的水军从永安出发，乘几千艘黄龙大船沿着长江东下，满江都是旌旗，将士的盔甲在阳光下闪闪发光。南陈的江防守兵看到隋军的阵容，都惊慌失色，望风而逃。接着，其他几路隋军也都顺利地开到江边。北路贺若弼的人马到了京口，韩擒虎的人马到了姑苏，江边陈军守将告急的文书接连不断地送到建康。

当时，陈后主正跟宠妃、文人们醉得七颠八倒，他收到边报后，竟连拆都没有拆，还说：“东南是个福地，从前北齐来攻过三次，北周也来了两次，都失败了，这次隋兵来也是一样来送死！”宠臣孔范也附和着说：“陛下说得对。我们有长江天险，隋兵又不长翅膀，难道能飞得过来！一定是守江的官员想贪功，故意造出这个假情报来。”陈后主听后，深以为然，君臣上下依旧欢歌纵酒，赋诗如故。

公元 589 年正月，贺若弼的人马从广陵渡江，攻克京口；韩擒虎的人马从横江渡江到采石，两路隋军逼近建康。隋兵百万压境，陈后主这时才知道以前的边报都是实情。可他向来懦怯，不懂军事，手下的宠臣江总、孔范一伙更不懂得怎么去指挥。陈后主急得哭哭啼啼，手足无措。

隋军顺利地攻进建康城，陈军将士被俘的被俘，投降的投降。陈朝的大臣全部惊散。只有袁宪站着没走，他提醒后主说：“事已至此，陛下不如正衣冠，御正殿，待北兵至，从容应对。”后主慌张地说：“刀枪无眼，怎能儿戏。”说完掉头便走。

隋兵入宫，抓住内侍问后主藏到哪里去了，内侍指井说：“这里。”隋军兵士往井里一望，是口枯井，隐约看到井里有人，就高声呼喊，可井里没人答应。兵士们威吓着喊叫说：“再不回答，我们要扔石头了。”说着，真的拿起一块大石头放在井口，装出要扔的样子。

这时，里面传来求饶的声音。隋军兵士把绳索丢到井里，用绳子往上拉，却发现非常重，原以为后主体胖，等拉上来后才发现，原来后主与张贵妃、孔贵嫔三人捆在一起，引得隋兵大笑不止。据说三人被提上来时，张贵妃的胭脂蹭在井口，后人就把这口井叫“胭脂井”。

南朝的最后一个朝代陈朝随着陈后主的讨饶声而宣告灭亡，中国自从公元 316 年西晋灭亡起，经过 270 多年的分裂局面，又重新获得了统一。

★陈后主宠妃张丽华像

读行天下

中华上下五千年

ZHONG HUA
SHANG XIA
WU QIAN NIAN

先秦时期

中华民族生生不息，中华文化源远流长。滔滔黄河养育着华夏子孙，滚滚长江孕育了中华文明，勤劳勇敢的先民们在广袤深厚的土地上，以坚忍不拔的毅力，开疆拓土的壮志，非凡的智慧和勤劳的汗水，创造了博大精深、灿烂辉煌的文明。

旅游教育出版社
·北京·

责任编辑：潘丽杰

图书在版编目（CIP）数据

中华上下五千年 / 袁宏宾主编. — 北京：旅游教育出版社，2012.3
（读行天下）
ISBN 978-7-5637-2384-3
Ⅰ.①中… Ⅱ.①袁… Ⅲ.①中国历史— 少儿读物 Ⅳ.①K209
中国版本图书馆CIP数据核字（2012）第030842号

读行天下 ▸▸

中华上下五千年

ZHONG HUA SHANG XIA WU QIAN NIAN　　先秦时期

袁宏宾　主编

出版单位	旅游教育出版社
地　　址	北京市朝阳区定福庄南里1号
邮　　编	100024
发行电话	（010）65778403　65728372　65767462（传真）
本社网址	www.tepcb.com
E-mail	tepfx@163.com
印刷单位	北京新华印刷有限公司
经销单位	新华书店
开　　本	889mm×1194mm　1/16
印　　张	84
字　　数	520千字
版　　次	2012年7月第1版
印　　次	2012年7月第1次印刷
定　　价	168.00元（全套四册）

（图书如有装订差错请与发行部联系）

前言

QIAN YAN

中华民族是一个勤劳、勇敢和富有创造精神的伟大民族，在几千年的发展史中以其灿烂的文化著称于世。五千年的悠悠岁月之中，世事沧桑，朝代更替，从远古传说到夏、商、周；从春秋战国到秦、汉、魏、晋；从十六国至南北朝；从隋、唐、五代到宋、元、明、清……在历史的长河中，中华民族生生不息，拼搏不止，传承至今。

了解历史，传承文明。滔滔黄河养育着华夏子孙，滚滚长江孕育了中华文明。勤劳勇敢的先民们在广袤深厚的中华大地上，以坚忍不拔的毅力，开疆拓土的壮志，非凡的智慧和勤劳的汗水，创造了博大精深、灿烂辉煌的文明。远古燧人氏取火，碰撞出了人类最初的光明；有巢氏构木为巢，开启了改造自然的历程；穿过春秋战国的烽火硝烟，听着巧舌如簧者们的纵横联盟，感受到的是一场剧烈的社会变革悄然而至；仰视秦皇汉武的雄才大略，从中评论君王的得失功过；从大泽乡起义的揭竿而起，听到了发自劳苦大众的第一声怒吼；鸿门宴的暗藏杀机，唐宗宋祖的辉煌鼎盛，马嵬坡下的荡气回肠，岳飞精忠报国的赤胆忠心，林则徐虎门销烟的铮铮誓词……一段段历史记录了历代王朝的兴衰更替。圣君明主的文治武功，圣人先贤的深度哲思，政治舞台的暗藏玄机，军事角斗的计谋韬晦，所有的一切都启迪着后人去领悟王朝更迭的规律、成败的原因和兴国富民的道路。

读史以明鉴，察古以知今。了解祖国的过去，才能更加热爱祖国的现在和将来。在中华民族漫长的历史进程中，发生过许多惊天动地的事件，涌现出许多风云人物，把这些历史事件和人物介绍给青少年读者，可以开阔他们的眼界，启发他们的智慧，培养他们的民族自尊心和爱国热情。为此，我们精心编选了这套丛书。全书共分四册，编者以时间为经，以事件和人物为纬，穿针引线，纵横交织，从盘古开天辟地的传说开始，将中华上下五千年历史文化的精髓一一展现，为读者提供了了解历史的捷径。翔实的历史片断，弥足珍贵的图片，加之细腻的笔法，简洁的语言和亲切的文风，清晰地勾勒出历史事件的来龙去脉和历史人物的真伪善恶，也使得此书成为名副其实的通俗易懂的历史读物。

谨以此书献给所有热爱中国文化的广大青少年读者们！

编 者

目录

MU LU

史前人类

传说时代

夏·商·西周

春秋·战国

目录

MU LU

史前人类

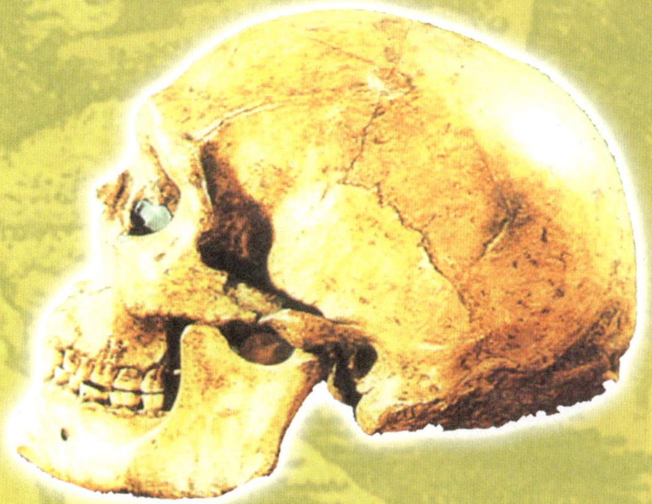

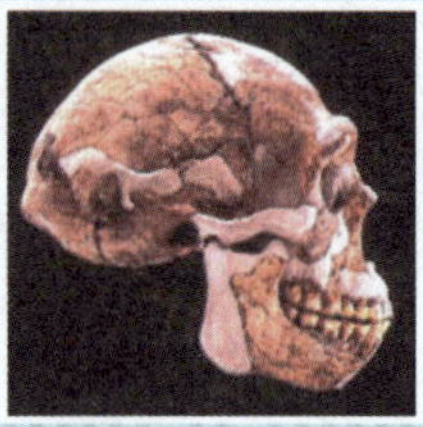

中国早期人类概述

ZHONG GUO ZAO QI REN LEI GAI SHU

巫山人

巫山人化石是我国迄今发现的最早的古人类化石。1985年,考古工作者在重庆巫山县庙宇镇龙坪村龙骨坡,发掘出一段带有2颗臼齿的残破直立人左侧下颌骨化石以及一些有人工加工痕迹的骨片。1986年又发掘出3枚门齿和一段带有2个牙齿的下牙床化石。此外,遗址中还出土了包括步氏巨猿、中国乳齿象、先东方剑齿象、剑齿虎、双角犀、小种大熊猫等116种早更新世初期的哺乳动物化石。

“巫山人”的婚姻还处于杂交阶段,不分父母子女、兄弟姐妹。他们时刻受到疾病和野兽的威胁,寿命很短。他们死后也没有安葬和悲伤的意识,尸体有可能就被野兽或者同类吃掉了。

★“巫山人”左侧下颌骨化石

早在200万年前,在我们广袤的中华大地上就有了人类生存的痕迹。只不过他们的体质形态才刚刚形成,心智还未得到开启,只能利用简单的工具进行采食和狩猎,过着茹毛饮血的生活。不过,人类也正是从这一时期实现了与动物的根本分界——直立行走,进入了“人猿相揖别”的发展阶段。这一时期,我国长江流域中下游一带森林茂密,植被丰厚,雨水充沛,常有象、牛、鹿、熊猫等大型食草动物在这里出没,而同时出现在这里的还有早期人类。他们每天以采摘野果和狩猎为生,如果捕获到大型动物,便用打制的简单石器将肉多的部位砍下来,带回洞内与老人和孩子共同分食。由于还不懂得用火,只能借着洞口的光亮,生食所获的猎物和采摘的植物根、茎、果实等。他们利用粗糙的石器割肉,再将骨头砸碎吸食骨髓(如四川巫山发掘出土的“巫山人”)。

★巫山人复原图

又经过了100多万年的进化,人类在漫长的旧石器时代不仅学会和掌握了石器的打制、自然火的利用,还掌握了人工取火。对自然火的利用是缘于他们尝到了自然火烧死的动物躯体,并通过味觉和消化系统使大脑产生乐于接受的信号。此后便把火种保存起来,加以控制(如北京周口店发掘出的“北京人”)。

★200万年前“巫山人”狩猎场景

★『北京人』头部复原像

北京人

1921 年发现于北京房山区周口店龙骨山，生存年代距今为 71—23 万年，经数次发掘，出土头盖骨 6 个、头骨碎片 14 块、下颌骨 15 块以及人体各部碎骨、牙齿等，分属于 40 个男女老幼不同的个体。北京人前额低平、眉骨粗大、颧骨很高、鼻子宽扁、嘴巴前伸、脑壳比现代人厚，脑容量大致为 915—1140 毫升。由于自然环境的艰苦和生理病害多，北京人大都很早就夭折，平均年龄不超过 30 岁。与北京人头骨化石同时发掘出的还有各种石器、石制品万余件和大量的禽兽遗骸，其中肿骨鹿化石就有 2000 多个个体。另外还发现了一处灰烬堆，并伴有北京人采集食用的朴树籽。这些特征说明当时的北京人主要靠采集和狩猎为生。

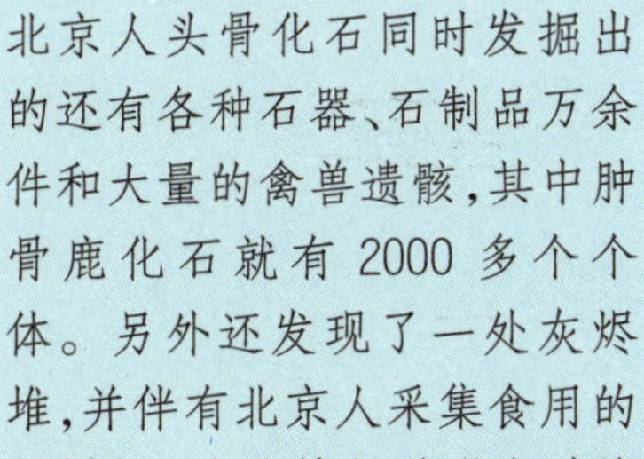

★“北京人”用火想象图

★“山顶洞人”的装饰物、骨针和复原衣物

掌握人工取火这一技能可能是出于偶然，由于当时需要时常更新打制石器，他们发现了能够相互擦出火花的石块（燧石）。从此，他们利用燧石可以随时随地燃起火堆，烧烤食物，或用火驱赶野兽。由于有了火，生活得到了改善，人的体质形态进一步得到了进化。人的心智也得到了开启，不仅学会了用兽皮制作衣物，还懂得了用贝壳作为装饰，同时也产生了埋葬死者的宗教习俗（如北京周口店发掘出的“山顶洞人”）。由此可以看出，火是人类文明的开始。火的使用和控制在早期人类的发展历程中，是一次改变他们生存方式的重大转折，而人工取火的出现则更极大地提高了人类征服自然的能力，并最终照耀着早期人类从旧石器时代走进了新石器时代。

新石器时代的来临以农耕

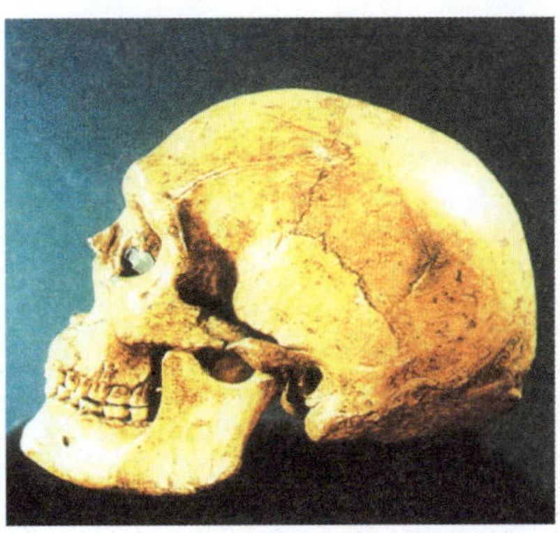

★“山顶洞人”头骨化石

山顶洞人

山顶洞人的化石在1933~1934年被发现于北京周口店龙骨山山顶的洞穴之中。在山顶洞中发现的人类化石包括 3 具完整的头骨、3 件头骨残片、4 件下颌骨及其残片，以及一些脊椎骨、枕骨、肩胛骨、膑骨等，还有数十颗牙齿。这些人类化石共代表 8~10 位男女老少不同的个体，其中 5 位是成年人，1 位是少年，1 位是 5 岁的儿童，1 位是婴儿。经碳 14 测定，山顶洞人生活的年代距今约为 1.8 万年。对这些人类化石的鉴定分析表明，山顶洞人的体质形态较北京猿人更为进步，已和现代人基本一致。其头骨最宽处在顶骨结节附近，牙齿较小，齿冠较高；下颌内曲明显，下颌突出。山顶洞人的脑容量已达 1300~1500 毫升。男性身高约为 1.74 米，女性约为 1.59 米。山顶洞人的总体特征属于蒙古人种的特征，并与中国人、爱斯基摩人、美洲印第安人十分接近，有可能是这三个现代种族的直系祖先。

在山顶洞中发现的脊椎动物化石有 54 种，其中哺乳动物有 48 种，除洞熊、鸵鸟、斑鬣狗外，其余动物今天仍出没于华北和东北地区，由此证明山顶洞人生活的自然环境与今天的周口店一带很相似，山上有茂密的森林，山下有广阔的草原。山顶洞遗址中发现的鲩鱼等鱼类化石，说明山顶洞人已会捕捉水生动物，标志着人类生产劳动的范围进一步扩大。山顶洞人以采集和渔猎劳动为生，在洞穴中过着群居生活。在生产劳动中，他们认识和利用自然的能力不断提高。

★磁山文化时期古人类生活场景再现

和畜牧作为这一历史阶段的主要标志。在新石器时代的进化过程中，粗糙的打制石器已逐渐被精细的磨制石器所代替，并增强了石器的功能性和耐用性。而早期的农业和畜牧业的出现是从采集和狩猎演化过来的。在长期采集过程中，人们逐渐发现了一些可食性植物籽粒在落地后可自行生长，并再次结实，便按照它们的生长规律进行人工种植和栽植。如稻和粟便是我国古人类最早的农耕项目（如河北省武安县的磁山遗址）。

经考古证实，最早出现于我国的水稻种植时间为公元前 1 万年以前。我国早期人类的畜牧业是通过对狩猎时的剩余猎物的暂时豢养发展而来的。当他们狩猎回来，便将活的暂不食用的动物看管起来，久而久之，这些被豢养的动物对人有了依赖性，并能自行繁殖，引起了人们的兴趣，进而被当作一种储备食物的方式沿袭了下来。农耕和畜牧的出现是早期人类发展过程中改变他们生活方式的第二大转折，并由此导致了人类社会由攫取型向生产型的转变。这一时期，出现了以母系为血亲的母系氏族群体和固定的原始居落，从而使人类进入了征服自然和改造自然的一个新的时代（如西安的半坡遗址和浙江余姚的河姆渡遗址）。

★半坡半穴式房屋结构图

★磁山文化·骨器

★磁山文化·灰陶深腹双耳罐

罐直口，深腹，下腹内收，平底。腹中部有对称的圆形饰物，器身有麻布纹。磁山文化陶器以红陶为主，也有少量泛灰色的器物，有泥质与夹砂两种。灰陶多出现于新石器时代中期，至新石器时代晚期已成为陶器中的主流产品，夏商周时期更是大量烧造。灰陶的形成是因为陶器在弱还原气氛中烧造，陶土中的氧化铁不能被充分氧化，因而呈现出氧化亚铁的颜色。

★磁山文化·石磨盘与石磨棒

★磁山文化·刻弯曲纹陶盂带三陶支脚（7000年前的煮食器）

磁山文化遗址

磁山文化遗址，位于河北省南部武安市磁山村东约 1 公里处的南洺河北岸台地上，东北依鼓山，距武安城 17 公里，是我国新石器时代早期文化遗址，其年代为公元前 6000~前 5600 年。农业是当时的主要生产方式。在遗址中发现的房基，都是半地穴式建筑。发现的窖穴多为长方形竖穴土坑，最深者可达 7 米之多。窖穴中发现大量炭化的粟灰。发现的组合物坑中，器物组合为：石斧、石刀、石镰、石铲和加工粮食的石磨盘、石磨棒，陶器有盂、支架等。发现的鸡、猪、狗的骨骼，证明已经出现动物驯养。此外，还有较多的渔猎工具。以上发现，说明当时是以农业为主、渔猎兼营的社会经济结构。

磁山遗址的陶器以夹砂红陶为主，火候较低，质地粗糙，器表多素面。陶器多采用泥条盘筑法，器形不规整。陶器表面纹饰有绳纹、编织纹、篦纹、乳钉纹等。器形有椭圆形陶壶、靴形支架、盂、钵等。

磁山遗址文化堆积丰富，地方特色明确。磁山文化遗址的丰富内涵，为研究和探索我国新石器时代早期文化提供了新的重要的链环。

半坡遗址

1953年春发现于陕西西安市东郊约六公里的半坡遗址，距今约6700—5600年之间。在半坡遗址里，陶窖摆满了各种陶土制作的陶制品，陶器上还绘有人面、鱼、鹿、鸟和几何图形等有色图案。该遗址共发掘墓葬250座，成人和小孩是分开的。成人的墓葬相对较集中、密集，其葬品多为陶器，多则17件，少则1件。比较特别的是一个小女孩的墓葬，这个墓葬是按成人的葬法埋葬的，且随葬品中除其它墓中常见陶器外，还有玉坠等贵重器物，可见其地位有些特殊。另在姜寨墓葬中发现了部分多人二次葬的现象，这种合葬制的发生与此前厚葬女性的发现，说明了当时的血缘纽带关系的紧密，印证了母系氏族存在于当时的可能性。

★半坡遗址出土的鱼形纹陶盆

★西安半坡遗址出土的彩陶叶纹钵

★河姆渡人建造“干栏”式房屋情形再现

河姆渡遗址

河姆渡遗址位于长江流域的浙江余姚。该遗址农耕现象的出现与半坡出现的时间大致相同，但二者种植的作物却不相同。半坡种植的粮食作物是粟，而河姆渡种植的是稻。不过，两者在畜牧上却有着相同之处，在他们驯化的动物中都有猪、狗、牛、羊等。在河姆渡遗址中出现了黑陶，烧制的方法和陶器的制作也都十分考究。农业和畜牧业的出现，使游猎型的原始人群逐步适应一些固定的区域，从而建造了固定的居落。半坡和河姆渡遗址都发现了母系氏族时期的固定居落，但房子的样式有所不同。半坡的房子建于地面以下，称穴式房屋。河姆渡的房屋则相反，它是把一根根木头钉入地下，而后在这些桩子上架设房屋，整个房屋在地面以上，被称作“干拦”式房屋。

★河姆渡遗址出土的猪纹方钵

在新石器时代后期，由于劳动工具已拓展到多样化和细致化，石器骨器的磨制、陶器的产生、农耕现象的出现和畜牧业的形成都给男性增加了繁重的体力劳动。男性劳动地位的改变，使他们逐步取代了妇女在生产和生活中的支配地位，早期人类的族外对偶婚姻过渡到了一夫一妻制，并渐渐开始按照父亲的血统重新确立亲属关系。这一时期，男子除继续从事体力劳动外，在氏族的管理中起主导作用。而以男性为中心的新的血缘体也开始增多，形成了人类社会最基本的细胞——家庭(如山东大汶口遗址)。

大汶口遗址

1959年发现于山东省泰安县大汶口，据今为6300—4500年。发掘的生产工具以石器、骨器为主，如石耜27件、石斧10件和鹿角鹤嘴锄、镰、锛、凿等；狩猎和渔猎工具有鱼镖、枪头、网坠、弹丸和镞头。这些工具表明了这一时期的生产劳动已向农业、渔猎等多元化方向发展。此期畜牧业、渔猎、狩猎均占有重要位置，尤其家猪的饲养占有相当大的比重。大汶口文化的墓葬仍以单人一次葬为主，但以男女两性合葬墓逐步增多，有关学者认为，当时的社会已经出现了一夫一妻制的婚姻现象。另外在发掘中出现的普遍现象是：在120座墓中，凡是妇女均随葬纺轮；凡是男子均随葬石铲、石斧等农具，说明了当时男耕女织的生产活动已形成了一种固定的模式，同时也印证了处在这一时期的大汶口人已经迈进了父系氏族的发展阶段。

★兴隆洼遗址出土的骨镖

★兴隆洼遗址出土骨柄石刃刀

★龙山文化·小玉人

家庭的出现，使氏族与个体家庭形成了“金字塔”式的排列格局。在这一时期，人们都以家庭为生产单位，生产自由度比较大，有充分的空间可供人们施展聪明才智。因而这一时期出现了改变人们饮食习惯的陶器，继而又出现了铜器，使人类进入了铜石并用的时代。农业生产则出现了耒耜和犁。而犁的出现也大大提高了生产能力，出现了剩余产品，并为阶级分化打下了物质基础。由于生产力水平的提高，随之而来的生产、生活与土地、山林、水等资源的矛盾也渐渐浮出了水面，并导致了部落与部落之间的以掠夺他人财产和资源为目的的战争，继而出现了国家的雏形——部落联盟（如兴隆洼遗址和龙山文化）。

兴隆洼遗址

1982年发现于内蒙古赤峰市敖汉旗的兴隆洼遗址，生成年代为公元前6210—前5420年，主要遗存为打制、压制、磨制、琢制四种类型的石器。有方型石铲、石磨、石磨棒、石斧、石锄；有骨制的倒刺骨镖、骨凿、骨锥和骨匕等；陶器有陶罐、陶钵、之字纹平底筒型罐，均为夹砂陶，采用泥圈套接和包模贴筑两种方法。这一时期，兴隆洼还出现了布局严整、规模较大的居落，居落面积为2万平方米，约有房12排，每排10座房屋，已经具有街区规模，居落外围有环状沟防护，直径约为160—180米。防护沟宽2米、深1米。

龙山文化

在黄河中游一带存在着属于中原龙山文化的6处古城遗址，分别为淮阳平粮台、登封王城岗、郾城郝家台、安阳后岗、辉县孟庄和新密古城寨。主要特点是均有较大的古城墙和护城河设施以及大型集会、祭祀的场所和祭坛。在一些古城址发掘中，还发现过几处乱葬坑，坑中大多都掩埋十几或几十具尸骨，这些尸骨或身首异处，或身带箭头，或作挣扎状，表明了当时战事频多和战争的惨烈状态。这一现象的存在，反映了部落与部落之间的激烈冲突，冲突的双方要么被对方吞并，要么能通过外部力量来扩充自身的实力与之抗衡，而外部力量便源于与其他部落的联盟。

★龙山文化·祭祀神像首

以上所述，是考古学家在各个时期发掘和考证得来的结果，由于当时还没有出现文字，只能到出土的人和动物的骨化石、石器、洞穴等文化遗存中寻找蛛丝马迹，并用科学的检测手段加以证实。因此，这里所述的内容都是人类进化史上的重要环节，不可或缺。然而，这些改变人类命运的发现和发明创造者是谁呢？由于当时没有留下只字片语，后人不得而知，只能利用人们的想象，按照人类生存和发展的需求作一种幻化的解释。于是，传说便得以形成，并由后来人口耳相传，一直延续到今天。尽管传说与史实会有这样和那样的出入，但这种崇尚美好，热爱生活，珍视生命的思想艺术，因融入了民族的情感，最终具有了顽强的生命力。

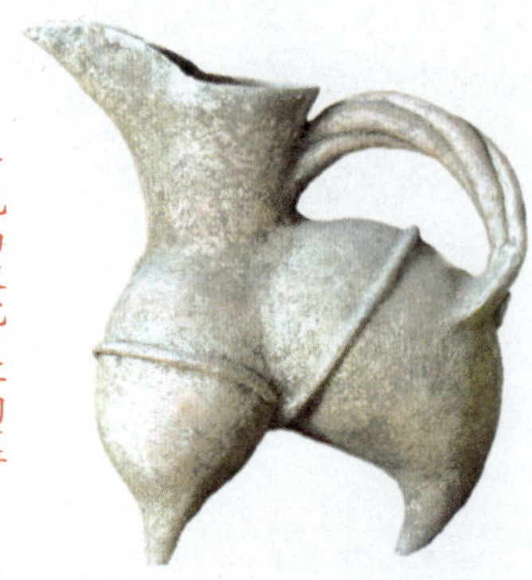

★龙山文化·红陶鬶

传说时代

盘古化育生万物

PAN GU HUA YU SHENG WAN WU

在邦国林立的时代，各部落的首领便是这一氏族心目中的英雄，他们大多都有一些技术发明，为人类的生存和进化起到了十分重要的作用。如有巢氏构木为巢；燧人氏击燧取火；伏羲氏张网渔猎；神农氏播五谷、植果蔬等。人们拥护和爱戴他们，并对他们寄予了巨大的期望，对他们不断地加以粉饰，最终使他们成为神的化身，并由此产生了这样和那样的神话与传说。流传于我国的盘古开天辟地和女娲造人的传说就是其中的例子。

★盘古庙全景

传说上古时代，在宇宙初始之际，天地混沌，浑为一体，状似一枚鸡蛋。

一万八千年后，盘古化育成人，他挣破蛋壳，使阳洁之物上升为天，阴浊之物下落为地，而盘古就是人类的始祖。他随着天一起长高，天高一尺他便长一尺，天长一丈，他增高一丈。这样又过了一万八千年，盘古因元气耗尽，倒地死去了。

★盘古开天辟地图

盘古死后，他的气化成风云，声音变成雷霆，左眼为日，右眼为月，四肢五体变成四极五岳，血液为江河，筋脉为地理，肌肉为田土，发为星辰，毛为草木，齿为金石，精髓为金玉，汗流为雨泽，身上的寄生物因启阴感阳而化生为芸芸众生。

人类就是在他的躯体上创造着生活，繁衍着后代的。

★盘古山一景

盘古山

泌阳盘古山，位于河南省泌阳县南30里。传说此山就是当年盘古开天辟地、繁衍人类、造化万物的地方。山势巍峨挺拔，高耸入云。山石嶙峋并立，林木苍郁，古庙幽静，景色宜人，乳白色的云雾丝丝层层飘荡在山峦间，如牡丹仙子玉袖轻舒，一层层薄纱覆盖着一个个悠远的神话传说。盘古山更因有盘古庙及盘古庙会而闻名四方。在山周围31.5平方公里内，还广泛分布着与盘古有关的诸多人文历史景观，自古以来灵迹甚多，是人们忘俗却忧之地。

★盘古庙一角

女娲抟黄泥造人

NV WA TUAN HUANG NI ZAO REN

传说女娲也是人类的始祖，民间有些地区现在仍称她为祖姑娘，并经常去祭拜。

相传很早以前，天地之间只有女娲一个人。白天她面对山川锦绣、鲜花竞开的迷人景致自娱自乐，飘然于名山秀水和万花丛中。可到了黑天，她却双眉紧锁，感受着孤独和寂寞。“要是能再多几个人，哪怕是一个人该多好啊！”她每到天黑都会这样想。

有一天，她来到小溪边用黄土和水捏起了泥人，打算到了晚上跟它说说话，好打发孤寂难眠的时光。可令她惊奇的是泥人刚被捏完放到身边，便向她深施一礼，然后围着她欢蹦乱跳起来。她既惊又喜，赶紧又捏了第二个，谁想这第二个泥人也同第一个一样欢跳起来，并不时地喊着她“妈妈！妈妈……”女娲被这喊声陶醉了，她抹了一把脸上的汗水，欣慰地看着眼前的情景，一种成功的喜悦使她又升发了无穷的力量，她赶紧埋下头又捏了第三个、第四个……

时光不觉到了黄昏。女娲不知道已经捏了多少泥人，她已气喘吁吁，没有力气再捏下去了。忽然，一个新的想法又掠过她的心头，她起身折了一根柳枝，沾满了泥浆，然后轻轻一甩，那些泥点儿又立刻变成了小人儿，她又重新沾了沾泥浆，然后再甩出去……

天快黑下来了，女娲已经筋疲力尽，她看了看自己周围，又看了看山坡上、溪水边都已站满了人。她朝大家挥了挥手，然后她把肩宽和肌肉健硕的人分作一片，把他们叫做男人；把臀和胸比较丰腴的人也分作一片，把她们称作女人。并规定他们可以自由嫁娶，生儿育女，人类就这样一代一代繁衍了下来。

★位于河南周口市的女娲城

女娲

有人通过考证，认为女娲是一个真实存在过的历史人物，是伏羲氏族风姓部落一位首领的女儿，于公元前7759年出生在凤州。她16岁时，伏羲以一双精致的狐皮为聘礼向她求婚，二人结成了夫妻。此后，女娲与伏羲相依相守。后来，伏羲去世，女娲被氏族联盟推举为帝，建都于汝阳。传说女娲在位执政55年，于公元前7653年病逝。她的陵寝位于山西洪洞县赵城镇东的侯村。女娲陵同黄帝陵一样，也是中国古代皇帝祭奠的庙宇。当地在每年农历三月初十前后，均举行长达7天的大型庙会和祭祀活动。

★女娲造人图

女娲炼五彩石补天

NV WA LIAN WU CAI SHI BU TIAN

自从有了勤劳智慧的人类以后，大地在人类的主宰和装点下，一天比一天美丽，一天比一天富有生机。

不幸的是，终于有一天，天地间爆发了一场大灾难。水神共工和火神祝融为了争夺天地间的霸主地位，展开了一场你死我活的恶战。这一仗打得非常激烈。结果，火神祝融的计谋略胜一筹。他假装抵挡不住，将共工的人马引到岸上，然后突然放火猛攻。共工损兵折将，一败涂地。

一向目空一切的水神共工遭到这样的惨败，又羞又恼。他发了疯似的横冲直撞，最后竟然一头向不周山碰去。他这一撞没把自己撞死，却闯出了天大的祸事。原来，不周山是矗立在西北方的一根支撑天的柱子。天本来是靠四根擎天柱支撑着的，四根柱子少了一根，西北方的天空顿时崩塌下来，天上露出一个大窟窿。地面也被震裂了，形成了许多大裂缝。洪水从地心里喷涌出来，江河横溢，波浪滔天，大地上汪洋一片。同时，由于山石横飞，撞出火花，山林里到处燃起了熊熊大火。这火让各种恶禽猛兽无法在森林里藏身，它们纷纷跑了出来，到处逃窜，残害人类。

这是一种多么可怕的景象啊！整个世界处在一片混乱和恐怖中，人类简直都无法生存下去了。女娲看到这种情景，痛心极了。她决心把这残破的天地重新修补起来，让她的人类子孙们和平幸福地生存下去。

可用什么材料来补呢？女娲先用泥巴补，可天河的水哗哗地流下来，泥巴一下子全给冲走了。女娲用木头补天，可天上出现闪电时，木头被烧成了灰烬。女娲用石头补

★女娲城全景

★女娲补天图

天，石头一块块地砌上去，水也不怕，火也不怕，可打雷的时候雷声一震，石头纷纷掉落下来。聪明的女娲最后决定将五彩石子烧成泥浆来补天。

五彩石子埋藏在地下、水中、悬崖峭壁间。因为是宝石，都有鬼神、蛟龙、凶禽守护着。女娲带着人们，战胜了鬼神，杀死了凶禽，取来了足够多的五彩石子。女娲让人们砍来了成捆成捆的芦柴，燃起熊熊大火，对五彩石子进行烧炼。大火整整烧了九天九夜，五彩石子被熔成了沸腾的由红、黄、蓝、白、黑五种颜色混合的石浆。女娲让人离得远远的，自己却拿着个长柄勺子，冒着烈焰，舀起石浆，向天空的窟窿里灌去。石浆灌进天的窟窿里，很快就冷却凝固了，天又恢复了原来的模样。天补好了，它不但和原来一样美丽、坚固，而且还有五彩石浆冒出的气在天空中飘浮，使蓝蓝的天空变得丰富多彩，生机盎然。

女娲怕补好的天空再坍塌，便杀了一只巨大的乌龟，斩下它的四只脚，竖立在大地的四方代替擎天柱。这四根擎天柱把人类头顶上的天空像帐篷似的撑起来。柱子很结实，天空再没有崩塌的危险了。

她又把河边的芦苇烧成灰，将喷涌洪水的地缝一一填实，阻住了洪水的源头，滔天的洪水也平息下去了。女娲还奋力杀死了一条在中原一带兴风作浪的水怪黑龙。那些逃窜出来的恶禽猛兽看到这种情形，再也不敢到处作恶，纷纷回到山林里去了。

从此，天地又恢复了平静。可是，由于这一次震动，天从此朝西北方向倾斜，所以天上日月星辰都往那个方向下落；而地面则变得西北高耸，东南低沉，因此地上的江河总是向东南方向流去。

大地上又有了欣欣向荣的气象。春、夏、秋、冬四个季节，周而复始，该热就热，该冷就冷，一点也不出乱子。恶禽猛兽死的死了，不死的也变得驯善多了，许多还和人类做了朋友。人类又一次获得了新生，人们世世代代缅怀着仁慈万能的母亲——女娲。

★女娲雕像

共工和浮游

古代神话里的水神共工是一个人面蛇身朱发的巨汉，他统治着西北大荒之中的北国风沙之地，共工在神话里是一个叛逆的英雄，他反抗黑帝颛顼，反抗火神祝融，都失败了，可是他的叛逆精神却影响了他的子孙，使得后来西北大荒之中，产生了无数的叛逆英雄。追逐太阳而死的夸父，在神话的系谱上，就是共工的子孙。共工有一个叫做浮游的儿子是淮河的水神，曾经追随共工南征北战，在共工和颛顼的战争中，浮游因为战败而自沉于淮水，死后变成了可怕的厉鬼，经常跑到岸上来危害人类。可是这个不怕神电、不怕天地的共工之子，却只怕一件东西，就是红豆，因为他自杀的那天正是冬至，所以后来人类每年到了冬至的时候，就煮红豆粥投到水中去祭浮游，为的是不让他再回到岸上来危害人。

★水神共工浮雕

后羿射日解民难

HOU YI SHE RI JIE MIN NAN

自古以来，人们就伴随着太阳的东升西没，日出而作，日入而息，天天如此，年年如此。

可是神话中传说，很久很久之前，天上曾出现过 10 个太阳，他们都是天帝和女神羲和的儿子，一起住在东方叫做旸谷的大海里。旸谷里长着一棵高达万丈的扶桑树，这些太阳就像鸟一样栖息在扶桑树枝上，每天有一个太阳值班。在扶桑树的顶上终年站着一只玉鸡，每当黑夜应该结束，黎明应该到来的时候，玉鸡就喔喔地叫起来，人间的鸡也跟着叫起来。这时值班的太阳就要出发了，他登上母亲羲和驾着的由 6 条玉龙拉着的金车，开始在天穹的太阳金车大道上行驶。当太阳偏西时，他就下了金车，自己向西边的禺谷走去，而母亲羲和则驾车返回扶桑，准备明天再送一个儿子值班。

这样日复一日，年复一年，不知过了多少年以后，有一个奸诈的天神跑去煽动太阳们，说他们的工作太乏味了，应当自由自在地到天空去玩一玩。于是太阳们偷偷地商量，明天要瞒着母亲出去戏耍一番。

第二天，玉鸡刚刚啼叫，羲和还在准备龙车，10 个太阳便一齐跑了出来，谁也不听母亲的呼唤，径自向天空四散跑去，尽情玩耍。羲和驾着金车追赶他们，但追上了这个，那个又跑了，急得没有办法。

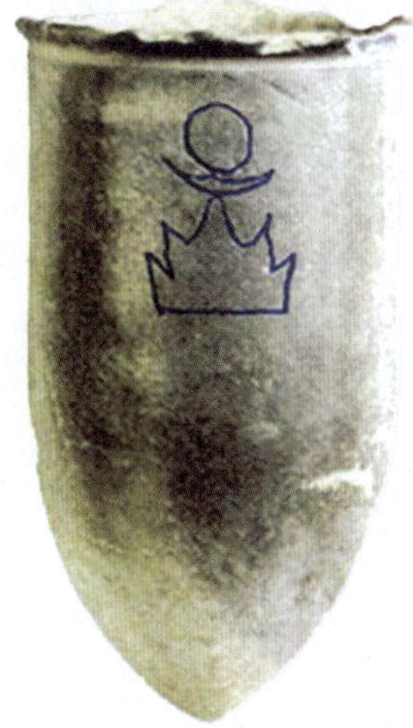

★山东日照地区出土的五千年前的『日火山』陶文，与天台山旸谷之上的太阳神石为《山海经》所记载的『羲和旸谷浴日』提供了直接证据。

太阳们玩得真开心，可是大地上的人们可遭了殃，大地被 10 个太阳晒得滚烫，禾苗枯死，万木凋零，各种禽兽也被晒死、烤干。人们真的成了热锅上的蚂蚁，只好钻进深井和山洞中去躲避这种炎热，人类面临着灭绝的危险。

可是人们对那些横行无忌的太阳能有什么办法呢！于是只好纷纷向着天空祷告，请求天帝管束一下自己的儿子，救救无辜的人民大众。但人们哪里知道，此时的九重天上却是和风细雨，玉露甘霖，琼浆玉液，仙桃佳肴，仙乐阵阵，舞女飘飘，天帝感受不到太阳的炙烤，听不到人间的祈祷，也就不能去过问这件事。

天神中有一个叫后羿的，他的箭法极好，百发百中，无人能及；他还有一个正直勇敢、为民请命的性格。他知道了 10 个太阳给人间带来的苦难后，就去找天帝请命，并借来彤弓和素缯。天帝则要后羿见

★后羿射日蜡染画

★后羿射日图

机行事，处理不好就不要回天宫来了。

后羿带着彤弓、素缯来到人间，彤弓是一张红色的宝弓，素缯则是一袋神箭。人们听说后羿来到人间为民除害，纷纷从山洞里、枯井里走出来，欢呼着。后羿看到已被折磨得不成人样的百姓，心中非常难过，更加强了他为民除害的决心。

这时，10 个太阳正在狂暴地喷吐着火焰，向人们示威。后羿热血沸腾，双眼射出愤怒的火光，他取下彤弓，抽出一支素缯神箭，拉满了弓，瞄准了最近的一个太阳。而这个太阳好像正要扑下来，用强烈的光刺着后羿的双眼，用灼热的火焰烧焦了后羿的眉睫，但后羿一动不动，“嗖”一支神箭射上天空，一个太阳迸裂了，摔在地上，原来是一只 3 条腿的乌鸦，像一座小山一样。人们欢呼着，后羿眼看着太阳们有些慌乱，但还没有退下去的意思，便接着又抽出第二支神箭，向中间的一个太阳射去，又一只乌鸦跌落下来，其余 8 个太阳开始向四方逃跑。百姓愤怒地高喊：“不要让他们跑掉！”这时后羿早已忘了自己，他深深地被痛苦的人民情绪感染着。他接着又连续地把神箭一支支地射上天空，仓惶的太阳一个个地落下来，最后，只剩下一个太阳脸色苍白地逃向天边。从此，这个太阳就按部就班地在天上值班，用他的光和热照耀着大地，大地又恢复了往日的生机。可是由于后羿射死了天帝的儿子而被贬到人间，永远也回不到天上去了。

★后羿射日雕像

帝俊

羲和的丈夫是帝俊。帝俊是宇宙的统治者，日月都是他的儿女。他是万神之父，其子孙颇多发明创造，如后稷发明百谷，叔均发明牛耕，番禺发明造船术，吉光发明造车术，晏龙发明琴瑟，义均发明规矩准绳，尚有子八人发明歌舞。他的子孙封国，遍及八荒。如东有中容，司幽、白民、黑齿等国，南有三身，西有西周之国等。如果说黄帝是部落战争频繁时期的上帝，那么帝俊则是和平时期的天皇。黄帝时代笼罩着野蛮的风云，而帝俊则开始了文明的创造。车、舟、牛耕、规矩的发明，不仅标志着社会的文明，也反映了这个时代生产力的显著发展。同时这个神话还反映了我国远古民族，对于大团结、大统一的向往和酷爱。华夏与四夷部落，在共同的祖先帝俊崇拜的旗帜下，逐渐走到一起，为中华民族的统一奠定了基础。

★羲和驾日雕塑

嫦娥奔月

CHANG E BEN YUE

月亮是地球的天然卫星，它绕着地球旋转，它的圆缺变化给人们留下深刻印象，月亮本身的亮暗轮廓使人们产生许多遐想，从而也有许多优美的传说。“寂寞嫦娥舒广袖……”就是说月宫里住着一位女神嫦娥。

神话中嫦娥是后羿的妻子。由于后羿射死了9个太阳，惹怒了天帝，于是天帝把后羿贬到下界，不能回天宫去。后羿无奈，带着妻子嫦娥来到人间，他们没有到比较繁华的中原地区，生怕讨扰百姓，而是悄悄地隐居在山间。下界的百姓以为后羿回到天上去了，只有每天对后羿歌功颂德，没有去打听后羿的下落。

★后羿雕像

后羿由于为民除害而受到天帝的贬罚，他心中深感上天的不公平，但由于他是为民除害、解救人类，所以想起来心中是坦然的。他每天骑着马，拿着弓箭去山里打猎，用自己的猎物来维持温饱，生活比起天堂来是相当艰苦的，但他又想，人间的百姓不是都过着这样的生活吗！这样的清贫反而很愉快。

★嫦娥奔月

但是后羿的妻子嫦娥却对这种寂寞和艰苦忍受不了。她本来在天上是受人尊敬的女神，吃的是玉液琼浆，穿的云锦天衣，而且总有许多仙女陪伴自己游玩戏耍，每天逍遥自在。可是现在，丈夫后羿要每天出去打猎，她要自己动手去把丈夫打回来的猎物剥皮、烧烤，每天只是吃这些东西，很是乏味，而且周围一个伙伴也没有，非常寂寞。时间一久，她开始埋怨丈夫，认为当初嫁给后羿是因为后羿是个英雄，早知有这样的下场，还不如找个平庸的天神好了。

后羿听了妻子的埋怨，很难过，也觉得是自己连累了妻子，但也想不出用什么话来安慰妻子。后来还是嫦娥说话了，她对后羿说：“你回天上去，向天帝求情，求他让我们回天上去吧！”可是后羿却说：“不，我不能向他低头，我为民除害没有错，我没必要去求情！”“但你也要为将来想想啊，我们都成了凡人，以后会死的，死了就要到地下的阴曹地府，和那些鬼魂在一起，受些窝囊气，那时可怎么过呀！”嫦娥又对丈夫说。后羿听了，感到嫦娥的话有一定道理，自己也不愿到阴曹地府去，但也不愿到天帝那儿去求情，怎么办呢？要想不死，只有去找长生不老药了。

后羿决定去找长生不老药。他知道，在昆仑山不远的地方有个瑶池，那里住着西王母。当年能够过火山、渡弱水、登上昆仑山的神就只有西王母一个，所以她有时从昆仑山的不死树上摘下一些果子，拿回来炼些长生不老药。

于是后羿历经千辛万苦到昆仑山的瑶池找到西王母。西王母很敬重后羿这个英雄，也很同情他，就取出仅剩的一点药交给后羿说："药只剩下这些了，你们夫妇吃了可以长生不老，要是一个人吃了，就可以升天为神了，一定保存好，下一炉药要五百年之后才能炼出来呢！"

后羿拜谢了西王母，回到家里，把药交给嫦娥，自己感到非常劳累，就想明天和嫦娥一起吃药吧！接着就呼呼地睡着了。

可是嫦娥却另有打算，她想，自己原是天上的女神，现在被贬，全是受丈夫连累，自己应该利用这个机会恢复成女神才是。于是她背着丈夫把一包药全吃了。顿时，嫦娥感到轻飘飘地，不由自主地飘到屋外，抬头看到万里晴空，一轮明月向大地洒着皎美的光华。嫦娥在空中飘着，天宫越来越近了，她猛然想起自己背离丈夫去天宫，伙伴们一定会耻笑自己。她后悔了，想回到地上去，但已经身不由己了，于是她决定不回天宫，返身向月宫飘去，她想月宫里也有琼楼玉宇，一派仙境，到那里是可以安身的。嫦娥来到了月宫，却看到一片冷清，漂亮的玉宇琼楼空空荡荡，没有一点生气，她找遍月宫，只有一只小白兔可以和她作伴。她后悔极了，悔恨自己不该背叛后羿，但有什么用呢？她再也无法离开月宫了，每天只能抱着玉兔，含泪凝望着充满生气的下界。

再说后羿一觉醒来，发现妻子不见了，又看到仙药也没有了，他马上明白了，心里很难过，他奔到窗口，抬头看见一个人影向月宫飞去，他既失望又愤怒，便想用神箭射她，可又一想，既然她受不了苦，就由她去吧。这样，嫦娥就住在了月宫，而后羿还是下界的一个平民。

★诸仙为西王母拜寿图

西王母

西王母是中国古代神话中的女神。《山海经》说"其状如人，豹尾虎齿，善啸，蓬发戴胜"，是形象丑陋，职掌瘟疫、刑罚的怪神。在《墉城集仙录》中，西王母又成为掌管女仙名籍的神仙领袖，说她是西华至妙之气（西方金气）所化生，与东华至真之气化生的东王公共理二气。天上地下，三界十方，女子之登仙得道者，全属于她管辖。世人得道成仙，要先拜东王公，后谒西王母，然后才能升九天，入三清，拜太上老君，觐元始天尊。并说《山海经》中所说的那个蓬发虎齿者，乃西王母的使者，西方白虎之神。中国民间传说，每当3000年一次蟠桃成熟时，西王母要大开蟠桃寿宴，诸仙都来为她拜寿。《淮南子》、《搜神记》等又有"拜请不死之药于西王母，姮娥窃以奔月"的故事，故民间又把西王母当作长生不死的象征。葛洪《枕中书》载，她是盘古真人与太元圣母通气构精而生，又传说她与扶桑大帝结为夫妻，生有七个女儿，其中最小的七仙女私自下凡嫁给穷人董永，玉帝与王母硬逼她返回了天廷。这个故事在汉代至晋代时即已出现，后越传越广。

★玉皇大帝塑像

仓颉造字鬼神惊

CANG JIE ZAO ZI GUI SHEN JING

仓颉姓候冈，名颉，陕西陈仓人（现陕西白水县），故称为“仓颉”。相传他是黄帝时代的史官。

仓颉生下来就不同凡响，其长相奇特，有一张宽大的龙脸，竟然长了四只眼睛，眼睛里放出灵光。长大之后，在黄帝手下做事。开始，他的工作是管理牲口、食物的数目。据说，当时黄帝和炎帝对立，经常有战争，因此牲口和食物时有增加、减少。仓颉依靠头脑聪明，拼命死记。后来从腰带上打结得到启示，便以绳打结记数、记事。

有一次黄帝和炎帝谈判，要仓颉把炎帝历次犯境抢劫杀人和掠夺牲口、粮食的数字告诉他，仓颉面对记事房成堆的绳结，根本无法弄清哪是记事的，哪是记数的。因此受到黄帝的责备。仓颉决心要创造一些符号，能分别记录事情和各种物品数目，也可用来传递消息。但他苦思冥想了很久，都没有办法。

有一天，仓颉到野外打猎，走到一个三岔路口时，看到几个老人为往哪条路走争辩起来。一个老人坚持要往东，说那边有羚羊；一个老人要往北，说前面不远可以追到鹿群；一个老人偏要往西，说有两只老虎，不及时捕猎，就会错过了机会。仓颉很奇怪，他们怎么知道这些？老人对他说，他们是看着地上野兽的脚印才认定这些猎物踪迹的。受到这件事的启发，仓颉心中豁然开朗：既然每种野兽的蹄印各不相同，那么用不同的符号不就能表示不同的东西了？

于是，他周游四方，跋山涉水，看到什么都要仔细地观察和思考，将他们的特征记下来，风花雪月、飞禽走兽、日月星辰都成为他的灵感来源。他将这些灵感中美丽动人的地方整理出来，成为最早的象形字。

★仓颉雕像

“字”创造多了，光靠脑袋记不住，他就躲到一个无人住的山沟里，挖山洞，再用尖石、树枝之类把造的字刻划在洞壁上。划满了，再打一个山洞。为了不让人打扰，他规定他的妻子送饭时，只准呆在山沟外，没造完字之前对任何人都保密。仓颉就这样在一个个山洞里“纵横布置成奇字，恍惚龟文鸟迹书”的造字，他的行为感动了天帝。天帝把满山的石头变成石人、石羊、石猪，对仓颉说：“天下没有字，万古长混沌，你不用打山洞了，我让他们给你造一座高楼，能装下你所有的字，你就尽量的造字吧。”但仓颉的妻子一天送饭时听见山沟里好热闹，便违反仓颉的规定，悄悄进了山沟，看见无数石人、石马、石羊在驮石头造楼，很是辛苦，不禁喊了声：“歇会儿吧！”话音未落，那些石人、石马、石羊一见生人，全部还原成了石头，再也动不了了。

★仓颉造字台

石楼没造成，仓颉的字没有地

方放，就想把已造出来的这些字先教给乡亲们。听说仓颉造出字来，天地鬼神都被惊动了。上天降下了雨点似的粟米，鬼却因为害怕人们今后可以用文字来弹劾声讨它们，害怕得哭起来。人们习惯了无字的生活，开始都不愿学字，因此仓颉跑遍天下，先教那些好学的人，足迹几乎遍及全国。到现在，陕西、山东、河北、河南以及江苏等地据说还可收集到仓颉造字、教字的民间传说故事。据说当年仓颉造的字有三石六斗油菜籽那么多，谁也学不完。孔夫子只学了两石油菜籽那么多的字，就成了圣人，还教出了三千弟子、七十二贤人。仓颉创的字，后经西域传播出去，使异国他邦也有了文字。

★仓颉造字浮雕

★仓圣鸟迹书碑

仓颉誉满天下后，他曾在长安的张宫村设帐教徒（类似现代的识字班），有弟子数千人。回到故乡，又为故乡培养了不少识字的人。黄帝则因此提拔仓颉作史官。因此，在仓颉的故乡——白水县的一个村庄还被称作“史官村”。

★仓颉庙

仓颉墓

仓颉死后，后人在其墓上种柏一棵，这棵柏树枝干四出，据说每年轮流荣枯，称为“转枝柏”，为世所罕见。墓前有后人修建的仓颉庙，在东汉年间就已有相当的规模。历代历朝以至民国年间都曾重修重建。至今有前殿、正殿、后殿、献殿、钟鼓楼等建筑，庙院占地 1.2 公顷。后殿供奉四只眼睛的仓颉神像，据说神像下有隧道可通到殿后的仓颉墓中。后殿和正殿两旁陈列着历代碑刻，其中有一块为“苍圣鸟迹书碑”，据说是仓颉所造的“鸟迹字”。东汉年间，后人重修仓颉庙时，立了一块“仓颉庙碑”，现在已移至西安的“碑林”。

燧人氏击燧取火

SUI REN SHI JI SUI QU HUO

能够证实已掌握人工取火技能的是北京周口店的山顶洞人。山顶洞人生活在距今1.8万年前，处于我国早期人类的血缘家族阶段。那时男子共同外出渔猎，女子一同外出采集，洞穴里只留下老弱病残和孩子。待采集狩猎的人归来，他们便借着火光，共同烧烤和分食所获的食物，人们过着平均、共享、甘苦与共的生活。山顶洞人是一个有着几十号人的大家庭，也许传说里的燧人氏就是其中的一员。我们可以想象出，燧人氏在他发明了人工取火的时候，可能还是一个毛头小子，只是在不经意间，完成了这一伟大的创举。由此，我们推想出一个可能并不完全吻合的故事……

秋天，野果都开始熟透，植物的籽粒也开始饱满，用不着愁吃的东西。这个时期的男人都很勤劳，每天都有不同的收获，鱼、海龟、虾蟹、蚶蚌，还有猪、狗、牛、羊、鹿等动物。女人们的手也都很灵巧，植物的籽粒，成熟的果子，连一些树籽都能抖落出来。一时间，洞里洞外到处都是吃的东西。不过，有一天，却发生了一个意外：与男人们一同去狩猎的燧人氏走失了。燧人氏当时只是十四五岁的孩子，身体并不十分强壮。可他一个人能到哪里去呢？原来，在男人们围捕一头野猪的时候，这头已被扎伤的家伙竟窜出了他们的包围圈。所有的人都放弃了对野猪的追捕，可燧人氏发现了地上的血迹，他便顺着血迹追赶。血迹开始是清晰的，可是不

★燧人氏取火地——河南商丘

★古人击燧生火想象图

知道追出了多远，地上的血迹不见了，他怎么也找不到野猪藏在哪里。眼前是一片沼泽地，又饥又渴的他赶紧跑过去先猛喝了几口清水。正当他想转身追赶人群的时候，忽听到沼泽边传来断断续续的“咕噜”声。燧人氏好奇地走过去，只见一股浑水的上面露着野猪的屁股和尾巴。原来这家伙慌不择路，陷进了沼泽里。他兴奋地跑过去，听听野猪再也没有了动静，便抓住它的尾巴，使出浑身的力气把它拖了出来。

这头野猪是个又大又笨的家伙，由于沾满了黑黑的泥浆，它就像烧熟了的土豆一样。燧人氏想把它背回去，可他没有那么大的力气，几次挣扎又几次跌倒。刚才的喜悦眨眼之间就消失了，他发愁地看了看这头野猪。怎么办呢？去喊人已经来不及了，先割下一块肉带回去，可手里只有一根木棒，没有带切割的工具。无奈，燧人氏只好去寻找石头，自己动手打造工具了。离开沼泽，太阳已经落山了，他匆忙爬上离沼泽最近的山坡。幸好，山坡上有些裸露的石块儿。他挑了又挑，选了又选，终于他看好了两块闪着光亮的石头。打造石刀不能用太大的劲儿，否则整个石头都会碎的。劲儿也不能太小，太小就打不出锋利的刀刃来。他跪在地上先小心地试了试，“咔！咔！咔！”奇怪的是他每次把石头碰击一下，立即就会有一股火花儿直扑他的眼睛，使眼前一阵阵发黑。他吓得把石头丢在地上，可火花闪过之后，眼前依旧还是那两块石头，根本没有什么可怕的东西。他又迟疑地拾起石头，然后又轻轻地相互碰撞了一下，“哗啦！”又是一道火光飞来。不过，他不害怕了，因为他知道这是自己用两块石头碰击的结果。忽然，他突发奇想，把两块石头对准柔软的枯草使劲儿碰撞起来。“咔！咔！咔！”一会儿，枯草冒起了青烟，接着又升出一团火来。这个发现让燧人氏激动不已，他拾起这两块石头，然后欣喜地跑下山。到了山下，他像拾到宝贝一样把石头捂在胸前，那头野猪他竟抛到了九霄云外，径直朝着自己的洞穴跑去……

★位于河南商丘的燧人氏陵

燧人氏

燧人氏是中国上古神话中火的发明者，是中国传说中的上古时代的三皇之一。

战国时期的《韩非子·五蠹》记载说：“上古之世，人民少而禽兽众，人民不胜禽兽虫蛇……民食果蓏蚌蛤，腥臊恶臭而伤害腹胃，民多疾病。有圣人作，钻燧取火，以化腥臊，而民说(悦)之，使王天下，号之曰燧人氏。”人工取火的发明结束了人类茹毛饮血的时代，开创了人类文明的新纪元。所以，燧人氏一直受到人们的敬重和崇拜，并尊他为三皇之首，奉为“火祖”。

★燧人氏雕像

有巢氏构木为巢

YOU CHAO SHI GOU MU WEI CHAO

★有巢氏构木为巢

有巢氏构木为巢的经历与燧人氏有些不尽相同，他是通过很多的自然现象得到的启发，并按照鸟儿筑巢的样子在树上建造房子的。有巢氏的确切时代和地域已不可考证，早期人类遗存也因树木容易腐烂而未能保存。但是，我们的祖先不可能会因此而蒸发，而南方湿重的空气、洪水的肆虐、猛兽的侵袭，就不得不把我们的祖先搁置在树上。由此，也引出了一段构木为巢的传说……

一万多年前的一个秋天，狩猎的男人天天都有新的收获，有温顺的羊、凶猛的虎、大大的象和小小的兔子。女人则把成熟的植物籽粒捋回家，经过晾晒，再集中进山洞里。一时间，洞里洞外都是食物。肉类挂满了洞壁，野果和粮食都按品种分开，占据了大半个洞的空间，洞口还堆了一些刚采摘回来的核果类食物，有榛子、栗子、山核桃等。有了足够的食物当然令人高兴，可是这些食物却挤占了他们住的地方。原来能睡 30 左右人的山洞，却因堆满了食物而只能住几个人了。没有办法，人们夜里只好在洞外简单地铺些柴草，三三两两地挤在一块儿。秋天的早晨都会有凉凉的露水，晚间也会时时有冷风吹来，人们睡在外面很容易生病，一些人开始发起烧来。况且，由于他们经常吃肉，一些凶猛的野兽也会顺着烧烤肉的气味儿找到这里，对睡在外面的人进行偷袭。怎么办呢？开始，人们在所有睡在外面人的周围多点燃几堆火，这样野兽就不敢靠前了。可秋天山风很大，当人们睡着了，风就把火吹到人们的身上或山上。有几次，就因为大家都睡着了，结果一阵大风吹散了火堆，火不仅烧伤了人们，还烧光了方圆几十里的山。人们既舍不得丢掉食物，对此又无可奈何。

秋天的中午还是非常热的，人们休息的时候都会找一些有阴凉的地方。一天中午，有巢氏在吃过食物后，又爬到树上去采摘野果，他骑坐在粗大的枝干上，边吃边东张西望。这时，一阵轻风吹来，在枝叶细密的地方，一只鸟巢时隐时现。有巢氏发现有两只鸟儿正叨着草棍儿在鸟巢里进进出出，不知在忙碌什么。开始，他非常认真地盯着看，可过了很长时间，他的眼皮好像在打架，便顺势躺在树上，很快就睡着了。两只鸟儿仍在叨着草棍筑巢，可男孩儿已经呼呼大睡，睡梦中，他好像躺进了那个柔软鸟巢，随着风在树上摇摇荡荡，舒服极了。这时，一只鸟儿正将新叨来的草棍啄来啄去，它不知道应该把草棍儿放在什么位置最合适。可

★有巢氏受鸟儿的启发构木为巢

★仿古巢式建筑

是，鸟儿一不小心，竟把草棍儿啄到了巢外。草棍飘摇而落，正掉在有巢氏的鼻孔下。有巢氏的鼻子痒痒的，他随手一抓，然后打了一个大大的喷嚏，鸟儿立刻扑楞一下翅膀吓飞了。有巢氏捏着手里的草棍儿，再望望头上的鸟巢却发起呆来。他想：一根柔软的草棍儿不可能躺下一只鸟儿，可鸟儿把好多草棍儿集中起来搭在树杈间，就能躺下两只鸟儿和它们的孩子。同样，一根木棒不能躺下一个人，可把很多木棒排在一起搭在树杈间，就能躺下好多人。有巢氏为自己的想法感到非常的满意，他高兴地从树上滑了下来。

树下有很多人被他惊醒。只见他风风火火地跑回山洞，找出砍树用的石斧。然后，他钻进树林，左一根，右一根，一会儿的功夫，就砍了很多胳膊粗细的木棒。他把木棒扛到树下，又爬到树上，选好了一处枝杈平缓的地方，再让树下的人一根根把木棒递到他的手上。按照木棒的长短和树杈空隙的大小，有巢氏认真仔细地摆弄起来，虽然摆得很平整，可木棒有时滚动。有巢氏只好又滑到树下，他找出兽皮，拿来石刀，先将兽皮割成窄条。然后，他拿着这些皮条又回到树上，并用力将木棒和树干捆扎在一起。按照这种方法，他将其它几面也都用兽皮绑牢，只留一个进出口。顶上也是用同样的办法绑牢，只是在木棒的上面又加了一层厚厚的蒿草，以防止雨水的渗漏。然后，他再次招呼大家抱来很多柔软的草，也像鸟儿筑巢那样，把草仔仔细细地铺在下面。仅半天的时间，一个小木屋造好了，虽然只能挤下三四个人，可这毕竟是咱们的祖先造出的第一个房子。

★神话中，有巢氏教会了先民在树上筑巢居住，躲避野兽的攻击。而现在南方少数民族地区也有不少悬空的吊脚楼建筑。

有巢氏

有巢氏，中国古代神话中发明巢居的英雄。最初，人民穴居野外，受野兽侵害，有巢氏教民构木为巢，以避野兽，从此人类才由穴居转变到巢居。《庄子·盗跖》中说："古者禽兽多而人民少，于是民皆巢居以避之。昼拾橡栗，暮栖木上，故命之曰有巢氏之民。"《韩非子·五蠹》记载说："上古之世，人民少而禽兽众，人民不胜禽兽虫蛇。有圣人作，构木为巢，以避群害，而民说(悦)之，使王天下，号之曰'有巢氏'。"有巢氏构木为巢的神话虽然出自后人虚拟，但也表明了我国早期人类自觉同自然斗争，进而改造自然的进化历程。

★有巢氏雕像

神农氏播种五谷

SHEN NONG SHI BO ZHONG WU GU

★神农氏像

★神农氏像(汉画像石拓片)

大概距离现在一万年左右的时候，因为燧人氏发明了人工取火，有巢氏在树上造出了房子，所以，我们的祖先度过了许多个温暖的冬天。而且，当时人们的体质越来越好，寿命越来越长，他们的后代也越来越多，和现代人的长相也越来越一样了。不过，人越多，吃的东西反而就越少。因为当时的人们只会采集和狩猎，还不会种庄稼，所以，只好走出几十里山路，到海边去渔猎。

太阳西下，如血的残阳照着山洞。洞外，一群人正吃着鲜嫩的鱼肉，各个都显得非常开心，孩子们更是边吃边嬉戏，在残阳的余晖中越发显得活泼。

一天的劳累和快乐把人们早早揉进了梦乡。夜深了，天竟淅淅沥沥下起了春雨。“沙！沙！”的雨声使男人们的鼾声也带有了节奏。这时，有一个爱哭的男孩儿却辗转反侧没有入睡。这并不是因为白天他没能捕到鱼而受到了大家的嘲笑，而是因为他心里有一个装了几年的秘密。

原来，男孩儿每次同大家采集植物籽实的时候，都会因为不小心将很多被他们称作粟(谷子)的籽粒碰落在地上。可他发现，每年春雨过后，掉落在地上的籽粒都会奇迹般地长出小苗儿来。随着季节的变化、阳光的照射和雨水的滋润，那些原来很弱小的粟苗，一天天长高，并且结出新的籽实。这个发现他没有告诉任何人，而且在他的心里也生出了很多的想法，有几次他都在梦中见到了自己种出的粟来。冬天的时候，他偷偷藏起了很多粟的籽实，准备在春天的时候亲手撒进地里。

一场春雨终于给男孩儿带来了机会，他因此紧张和激动得一时难以入睡。第二天，他早早翻出了藏在山洞缝隙里的粟籽，并把籽粒用手都揉搓了下来，用兽皮兜着，然后，提一把石铲，走到一片比较平坦的草地。他先拔掉枯草，再一边用石铲翻开土层，一边将籽粒轻轻撒进地里，最后又轻轻地覆上一层土。人们都发现了他的举动，可不知道他在做些什么，大家都奇怪地盯着他的一举一动。男孩没有注意这些人，他只是专注地把每一粒籽都撒到了地里，然后，又回过头看了几遍刚种过的这块土地，这才满意地离去。

几天以后，一片绿莹莹的小苗儿拱破了土层，钻到了地面，两片细小的叶儿就像小兔子的耳朵，毛绒绒的在微风中抖动。人们这时才惊奇地发现，那个爱哭的男孩儿有着与众不同的心智，因而更觉得他可爱起来。男孩儿也因为粟苗出

★神农尝百草图

★神农氏植粟

土，而对这块地更加偏爱，每次他与大伙儿渔猎回来，都要蹲在地里拔除野草，给粟苗松土。在他的精心侍弄下，小苗越长越高，越长越壮实，比野外生长的粟要高出一头。春花秋实，在秋天的阳光里，男孩儿种的粟结出了长长的籽实，并在微风中抖动着金灿灿的籽粒。相反，那些自己生长出来的粟却十分矮小，让人们不屑一顾。

收获的时节到了，望着满地金黄的粟，男孩儿手脚麻利地采摘着。他小心地将摘下的籽实放入皮囊里，尽可能不掉下一颗籽粒。他要将这些粟留做种子，希望明年长出更多的粟来。人们从男孩儿的成功中看到了生存期望，他们纷纷跪拜在男孩儿的面前，称他为神农氏，并奉他为王。此后，神农氏不仅教会了大伙儿种庄稼，还发明了一种叫做耒耜的农具，方便了大伙种田。他还尝遍了百草，分辨哪些能吃，哪些不能吃。因为时常会尝到有毒的植物，他有几次曾经昏死过去。但是，他最终还是活了下来，并教会了人们种稻，种白菜、萝卜、芥菜，还有很多当时没有名字的粮食和蔬菜。

神农氏

神农氏是传说中的农业和医药的发明者。据《白虎通义》记载："古之人民皆食兽禽肉，至于神农，人民众多，禽兽不足，于是神农因天之时，分地之利，制耒耜，教民劳作，神而化之，使民易之，故谓神农也。"这说明，神农氏所处的时代，人口已生育繁多，维持生计的是猎物和植物的果实。可是，天上的飞禽越打越少，地上的走兽越打越稀，所得食物难以裹腹。于是，神农受植物籽粒落地后可再生结实的启发，发明制作木耒、木耜，教民农业生产。民间还盛传他为发现可食性植物遍尝百草，不仅发现了很多可食性植物和果蔬，还发现了能为人类治病的药材。

★湖北神农架的神农祭坛

5000多年前，炎帝神农为疗民疾遍尝百草，率众寻到了一座高山上。但见这儿山势陡峭，森林遍野，认定必有奇药密藏，他教民架木为梯，采得了良药400余种，著就了《神农本草经》。后人为纪念炎帝神农的功绩，便将此地命名为神农架。20世纪末，神农架新建了一座神农祭坛，现已成为海内外炎黄子孙寻根祭祖的一处胜地。

伏羲氏结网渔猎

FU XI SHI JIE WANG YU LIE

神农氏发明了种植业，使大伙儿都产生了浓厚的兴趣，大家很快就学会了所有的种植方法。春天，他们用火烧出一块荒地，然后用耒耜翻土，再撒上种子。从那时起，我们的祖先就过起了刀耕火种的日子。

可是，长时间不吃肉，人们都馋得慌，有人便又想起渔猎。农闲的时候，他们都三五成群地到山上或去海边渔猎，把捕获到的东西作为一种辅助性食物，用来改善大家的生活。他们每天都能捕到一些动物，有凶猛的豹、大大的牛、温顺的羊、笨笨的猪和灵巧的鸡等。有时捕获到的猎物两三天都吃不完，甚至因为气温高，使一些肉变味儿而不能食用。

★伏羲画卦台

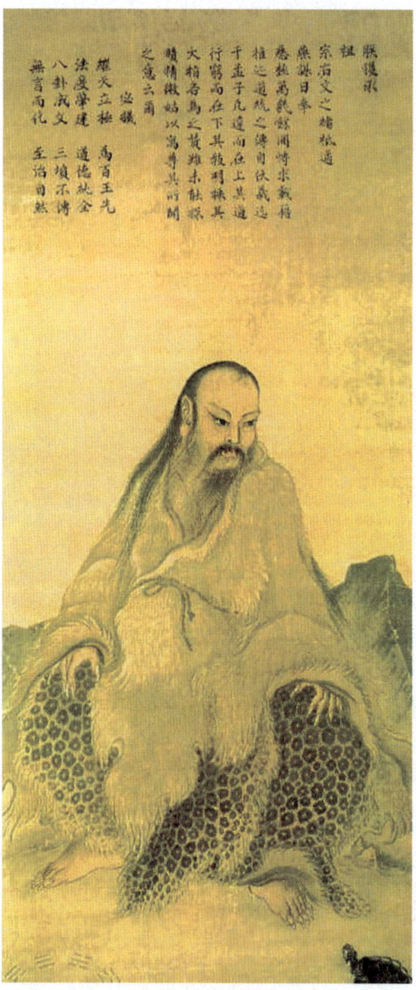

★伏羲氏像

一天，他们又捕获了一些动物。一个男孩儿还牵回了一条胖胖的没受伤的狗。这条狗憨态十足，由于走的路远，加上天热，它正吐着长长的舌头，蹲坐在一棵树下，嘴里发出“呼哧，呼哧”的声音。因为已经有了足够的肉吃，大人们没有弄死它，想等到没有肉的时候再吃它。一个男孩儿便把它拴了起来，还给了它几块人们吃剩的骨头。狗饿极了，它很快把骨头咬碎咽了下去，眼睛盯着男孩儿，还摇起了长长的尾巴。男孩儿又取来一块大一点儿的骨头，朝狗扔去，只见这条狗迅速跃起身，用嘴准确地把骨头叨住，然后便趴在地上啃了起来。男孩儿觉得这条狗十分有趣儿，以后便经常给它送一些人们吃剩的食物。时间长了，这只狗见到男孩儿就要欢儿、摇尾巴，还用它的舌头舔男孩儿的手，表示亲近。

人们见到狗与这个男孩儿形影不离，就把狗当成了这个家族里的一名成员，没有人再想吃它的肉了。狗也很会表现，一有什么动静，它都会“汪汪”地叫，引起人们的注意。遇到有猛兽它还主动去攻击，好让人们避开危险。狗成了这个家族里所有人的朋友。以后，那个男孩儿还慢慢养起了猪、鸡、羊、牛等动物。他发现猪贪吃贪睡，长得快，还爱吃粮食，就尽可能多给些粮食吃。发现羊和牛爱吃草，就经常给它们添些粟秸或山草。慢慢地，这些动物都一点点长大，有的还产下了它们自己的后代。有活泼的羊羔、爱动的猪崽儿，有只鸡还孵出了一群整天“唧唧”叫的小鸡。

人们发现养殖可以作为一种很好的储备食物的形式，便同每次有了新发现一样，把那个男孩儿奉若神明，称呼他为伏羲氏，并纷纷听他传授养殖的方法和道理。

夏天是农闲的季节，地里的庄稼已经长高，但还需要抽穗、扬花儿才能慢慢成熟。大人们每天都聚在树阴下纳凉，孩子们也都泡在溪水里躲避酷热。可伏羲氏却带着狗钻在树丛中，寻找着一种表皮柔软却又结实的植物。他已经累得气喘吁吁，浑身淌着汗水。终于，他找到了一种后来被

★伏羲庙内景

叫做亚麻的植物。他用石刀将亚麻砍下，再仔细地撕扯下亚麻的表皮，用了一个上午的时间。然后，他把撕下的亚麻捆好，扛下山去。经过一个中午的晾晒，亚麻已经失去了水分。他用两只手各攥一端，用力抻了抻，他发现经过晾晒的麻丝比他原先想象的更结实。他兴奋地躲在一棵树下，认认真真地搓起绳来。一根，两根，三根……

伏羲氏搓了很多很多的细绳。然后，他又把这些细绳相互交叉打起结来，只留很小很小的孔。晚上，一条长长的绳网结成了，伏羲氏非常满意地把它折叠起来。第二天，天还没亮，很多人都迫不及待地起身了，他们都想早点儿让大海和鱼来验证伏羲氏的话。

伏羲氏和所有人走在去海边的路上。低沉的雾霭徘徊于林间、山谷，给远行的人们披上了一层神秘。伏羲氏走在最前面，刚临近海边，他突然对众人做了个手势。众人都站在那里，一时不知所措。只见伏羲氏从人群中选出一个体格最棒的人，由他拿着网绳的一端，站在水边。伏羲氏拉紧网绳的另一端，轻手轻脚地朝海水深处走去。网绳已经被绷紧。这时，伏羲氏折过身朝另一个方向走去，他尽可能把网绳压在水中，不让网绳浮起来。然后，他又折身朝岸边走来，动作十分缓慢，整个拉网的过程就像在地上面划着半圆的弧线。慢慢地，伏羲氏快要到了岸边。这时，只见鱼网和岸边之间出现了很多水花儿，有的鱼也开始慌乱地游动。伏羲氏离岸边更近了，人们已经看到很多鱼在网内腾跃。大家已经明白这些鱼无法再逃出网了，不等伏羲氏招呼，便一哄而起，用力把网拖上岸来。

霎时，鱼、海龟、海蟹、海虾全被拖到了岸边，几乎捕到了水族里所有的种类。蟹在沙滩上横行乱窜，鱼在阳光下剧烈地翻动。人群也立刻沸腾起来，大家没等把这些海物都收拢好，便抬起伏羲氏，把他反复抛向空中。

伏羲氏

伏羲氏是中国文献记载中的最早的智者之一，是神话中华夏民族的始祖。又称宓羲、包牺、伏戏、牺皇、皇羲等。相传他是古代东夷部落的杰出首领，都于陈仓，在位15年。一说伏羲即太昊，本姓风。传说他有圣德，像日月之明，故称太昊。史籍中曾记载他教民结网，带领人们从事渔猎畜牧。民间盛传他根据天地间阴阳变化之理，创制八卦，并能以八种简单却寓义深刻的符号来概括天地之间的万事万物。今河南淮阳蔡河之滨，有“太昊伏羲氏之陵”，高约20米，上圆下方，据传此陵在春秋时期已有。陵区周围古柏参天，碑刻林立，为公认的伏羲墓地。

★伏羲氏雕像

★伏羲陵

太昊伏羲氏是我国远古神话传说中的一个圣明帝王，他“为百王先”，居三皇之一，列五帝之首。传说伏羲氏在位114年，死后葬于陈。后人为纪念祖先功德，很早以前，就在宛丘（今河南淮阳）筑陵、建庙。据记载，春秋时这里已建伏羲陵墓。今存陵园占地500余亩，是河南省名胜古迹之一。

炎黄二帝战蚩尤

YAN HUANG ER DI ZHAN CHI YOU

★炎黄二帝雕像

由于生产力水平的提高，部落与部落之间的土地资源、水资源和林地资源的矛盾也便显现出来，并由一般的争斗升级为战争。一些部族出于防范，在自己的居落筑起了高高大大的城墙，并环城挖了护城河。但是，那些没有筑起城墙的部落却成了一些强族掳掠的对象。当时，由于南方九黎族在掳掠中尝到了甜头，养成了尚武好战的习惯。他们自视强大，不仅征服了方圆几百里内的所有部族，还把目光盯上了非常富庶的炎帝部族。由此，两族之间拉开了战端。

按惯例，每到春耕之前，炎帝部族的人们都要到集市上用自己多余的生产资料换回自己种地所必需的东西，像牛、犁、种子等。今年春雨来得较早，虽然杏花只开了一半，可春雨却下得酣透，人们便早早都拥到集市上，等待着交换手中的产品，以便在墒情适当的时候播种。可是，没有人想到，在蜂拥而至的人群中，不知何时混进了几个九黎族的人。他们看到满街的摊位和丰富的物品，就像刘姥姥走进了大观园，既觉得新奇，又十分眼馋。于是，这些人趁大家只顾着相互交换，没人防备的时候，分头据守了城门。其中一个人还向早已埋伏在城外的本族人发出了信号。立刻，城外的九黎族人向蝼蚁一样涌进城来，他们逢人便抢，遇东西就夺，一会儿的功夫便把集市洗劫一空。然后，为首的人一声忽哨，这群人又风卷残云般地走了。由于长时间没有战事，炎帝部族的人对于外侵的九黎族根本没有防备。当九黎族人突然而至的时候，人们不禁都惊慌失色，因而九黎族没有遇到任何反抗。等到炎帝组织好队伍开来的时候，九黎族人早已无影无踪。

炎帝是神农氏的后代，因为生在烈山石室，所以称烈山氏，又因为他把门前的大河称为姜水，以后就把自己的部族改称姓姜。炎帝从小就特别聪明，传说他三天能说话，五天就能走路，三岁的时候就通晓了农耕方面的事情。等他继有牛氏掌管这个部落的时候，他不仅教会了人们怎么种稻、怎样辨别药理，还亲手制作了五弦琴，教人们识音律、知礼仪，整个部落都十分敬重他。人们都愿奉他为王，其他一些小部族也都愿意臣服于他。可是，尽管他为百姓办过许多好事，但在如何防范外族入侵方面却不尽人意。城墙不修、甲兵不足，等到有战事的时候只能临时聚集。所以，当炎帝领着众民赶到集市的时候，他看到的是满地狼籍，听到的是大家的哭诉……

九黎族的第一次得手，使他们庆幸不已。炎帝部落的种子饱满、耕牛肥壮、犁铧先进，用他们的东西来耕种自己的土地，可以说是无本万利，这样的好事何乐而不为？乐战好杀的九黎族人意识到这是一块肥肉，此后便时常来偷袭。有了第一次教训，炎帝部落的人们就

★炎黄二帝战蚩尤图

不得不时时提防九黎族的侵扰。不过，因为很多农田都在城外，眼下正是农忙季节，因而整个部落的人都魂不守舍。人们每天一边耕种，一边四下环顾，一有风吹草动，就会不顾一切地逃回城内，然后紧闭城门，登城持械，准备与攻城的人进行拼杀。然而，过惯了安逸日子的炎帝部落岂是骁勇善战的九黎族的对手？只要九黎族人来攻，未经几个回合，就会惨败，然后任由他们一路抢掠。如此往复几次，炎帝部落的人一听到九黎族人来攻城便都肝胆俱裂，腿脚快的都纷纷逃避起来，慢的则被杀死或被掠走，去充当九黎族人的奴隶。炎帝看到自己的部落城破人散，心里悲愤不已，他想组织一支抵抗力量，但这时的人们已经畏敌如虎，很多人离开了自己的家园，逃亡到很远的地方，剩下的老老幼幼根本不堪一击。炎帝没有想到延续了多少年的家族会衰落在自己的手里，居住了几千年的城堡会因无力抵抗外侵而被迫丢弃。

炎帝

炎帝，传说是上古时期姜姓部落的首领，又称赤帝、烈山氏。炎帝生于烈山石室，长于姜水，有圣德，以火德王，故号炎帝。姜氏族为西戎族一支，原为游牧民族，很早期便由西方进入中原。而当时在今陕西与河南交界处，居住着以蚩尤为首的九黎族，双方因部落发展而发生长期冲突，炎帝不敌而退至今河北省一带。在沿黄河向东发展的过程中，曾与黄帝族发生冲突。在阪泉之战中，炎帝被黄帝战败，炎帝部落与黄帝部落合并，组成华夏族，所以今日中国人自称为“炎黄子孙”。

★炎帝雕像

当时，在黄河的下游还有一支比较强大的部落——有熊氏部落。有熊氏部落首领是黄帝，因为他生在轩辕之丘，所以称轩辕氏。据说他出生才几十天就会说话，小的时候思维敏捷，长大后敦厚能干。他成为部落的首领之后，把整个部落治理得井井有条。黄帝也同炎帝一样有过很多发明创造，像造舟车、做衣冠、制音乐、铸钱币、命史官仓颉创文字等。有熊氏部落在黄帝的治理下，不仅百姓富庶，而且勤于武备，兵甲强壮，加之黄帝倡导文明之风，痛恨相互仇杀，所以听了迁徙而来的炎帝的哭诉后，他气得咬牙切齿，当即表示与炎帝共同铲除九黎族这股残暴势力。

九黎族的首领名叫蚩尤，他长得身形怪异，像兽却能说人话。因

★传说中的蚩尤形象

力大无比，便恃强凌弱。当他看到炎帝部落虽然精于农耕，但疏于武备，便大举进犯，打算以武力将整个部落强占过来。

这天，蚩尤族又集结了所属的81个支族，仗着人多势众、武器优良，向炎帝族发起攻击。不想，被黄帝联合炎帝和各部落兵马，阻在了涿鹿的田野上，两军随即排开了阵势。黄帝先派大将应龙出战。据说应龙能飞，会从口中喷水，它一上阵，就飞上天空，居高临下地向蚩尤阵中喷水。刹那间，大水汹涌，波涛直向蚩尤冲去。蚩尤忙命风伯和雨师上阵。风伯和雨师一个刮起满天狂风，一个把应龙喷的水收集起来，反过来又刮风下雨，把狂风暴雨泼向黄帝阵中。黄帝更不甘示弱，请天女帮助驱散风雨。只见天

★炎黄二帝战蚩尤图

黄帝

黄帝是中华民族的始祖，传说中远古时代华夏民族的共主，五帝之首。相传黄帝姓公孙，出生于轩辕之丘，故号轩辕氏，在姬水生长成人，所以又以姬为姓，后来在有熊建立国家，故又称有熊氏。黄帝在位时间很久，国势强盛，政治安定，文化进步，有许多发明和制作，如文字、音乐、历数、宫室、舟车、衣裳和指南车等。相传尧、舜、禹、汤等均是他的后裔，因此黄帝被奉为中华民族的共同始祖。

★黄帝像

★炎黄二帝结盟图

女玉袖轻舒，随便向空中连舞几下，转瞬就风止雨停，晴空万里。黄帝趁机率兵冲入蚩尤阵中，他一马当先，横劈竖砍，可是蚩尤的头跟铜铸的一样硬，他平时以铁石为饭，还能在空中飞行，在悬崖峭壁上如履平地，而他手下的兵将也都身体剽悍、骁勇善战。黄帝见蚩尤确实不好对付，就亲自擂响了战鼓。战鼓用一种怪兽的肋骨来敲打，响声惊天动地。黄帝的兵听到鼓声勇气倍增，而蚩尤的兵听见鼓声却丧魂落魄，纷纷败逃。这时，蚩尤又用妖术制造了一场大雾，使黄帝的将士迷失了方向。黄帝忙命将士们推出“指南车”来指路，并带领兵士，依着蚩尤逃跑的方向追击。黄帝率军紧紧追杀，直杀得蚩尤兵将尸横原野，血流成渠。蚩尤、风伯和雨师见大势已去，不得不各自逃生。黄帝率军紧追不舍，追到冀州中部时，黄帝见一时难以捉到蚩尤，就亲自把战鼓连擂了九下。鼓声一响，蚩尤顿时吓破了胆，无法行走，只得束手就擒。黄帝命人给蚩尤戴上枷梏，然后把他杀了。因怕他死后还会作怪，便把他的身体和头埋在了两个地方。蚩尤死后，他身上的枷梏才被取下来抛掷在荒山上，变成了一片枫树林。传说枫林的每一片枫叶，都因沾上了蚩尤枷梏上的血而慢慢变成了红色。

后来，各部落看到黄帝打败了蚩尤，都非常振奋。他们纷纷前往黄帝部落来朝会，不仅为他歌功颂德，还表示愿意归顺他。由此，黄帝受到了许多部落的拥护和爱戴。

按说，黄帝率军打败了蚩尤，为炎帝他们出了一口恶气，炎帝应该高兴才是。可是，连日来炎帝看到人们都围在黄帝左右，自己却

蚩尤

蚩尤是汉民族三大种族群华夏、东夷、苗蛮之东夷部落的首领，率部族长期生活在淮河流域（主要在今山东一带）。蚩尤禀性刚烈，骁勇善战，且知天时，得民心，通天道，文治武功兼备，在当时他的声望、地位和影响力与炎黄二帝并驾齐驱。由于在氏族社会晚期，私有制的出现导致了阶级分化，氏族部落之间常常为了掠夺财富和自然资源而不断发生战争。在涿鹿之战中，蚩尤被黄帝所败。

★蚩尤雕像

★陕西西安黄帝陵

★位于湖南株洲炎陵县的炎帝陵

孤身一人。加之黄帝时常对自己发号施令，他心里有一种说不出的滋味。想想自己以前也是前呼后拥的人物，可如今却是这般冷清，于是便产生了要离开黄帝的想法。

一天，炎帝部落的将士遭到黄帝部下的羞辱，说他们只会耕田放牧，连自己的家都守不住。炎帝手下的将士也不示弱，称有熊氏原是炎帝部落的家奴。两下你言我语，最后恼羞成怒，互相厮打起来。结果，黄帝部落的人挂了彩。这下可捅了马蜂窝，黄帝营中一些不知详情的人认为炎帝手下的人不知感恩戴德，却恩将仇报，都操起兵器，赶来参战。两个部落的兵将就在阪泉之野厮杀起来。

炎帝闻听后，急忙披挂上阵，恰在这时黄帝也赶来阵前。炎帝便以为黄帝是为剿灭自己的部落而来，更是怒气冲冲。他指着黄帝的厉声问道："你身为各部共主，不知息兵罢战，抚众安民，却在这里纵兵生乱，想要剿灭夕日的盟友，难道这是圣主明君所为吗？"

黄帝被问得丈二和尚摸不着头脑，知道炎帝误会了自己，忙施礼答道："你我两家约为兄弟，共灭强敌，现在天下初定，更等我们共同去治理，轩辕氏怎敢生此不义之念。刚才得报说两个军士因口角发生火并，特来平乱，想必是您误会了。"

炎帝一听，脸立刻涨红起来。想想黄帝指挥有方，才保天下太平，而自己因一点小事生疑，实在是小家子气。想到这儿，他忙伏地向黄帝赔礼道："刚才无礼冒犯，万望恕罪。"黄帝连忙将炎帝扶起，然后说道："天有万民以成天，地有万民以成地。没有了万民，有天地何用？民，国之根本。望你我共统华夏，与民同乐，剪强扶弱，以保天下苍生。"炎帝听后，十分感动。

从此，炎黄两个部落合二为一，共称华夏族。两个人成了中原地区各部落的联盟首领。他们带领百姓开垦农田，定居中原，奠定了华夏民族的根基。

★阪泉之战图

嫘祖

嫘祖，约生于4600多年以前，相传是上古时代西陵氏之女、黄帝之妻。《史记·五帝》记载："黄帝居轩辕之丘，而娶西陵之女是为嫘祖，嫘祖为黄帝正妃。"西陵即现在夏县西阴一带。远古时期，西阴一带是一片桑林。那时候的人们还不会织布、做衣服。夏天穿的是树叶，冬天穿的是兽皮。嫘祖看到人们穿着简陋，既不遮阳，也难挡寒，就琢磨着织布做衣服。开始用草、用树皮，但都捻不成线。后来嫘祖偶然发现桑蚕吐丝，并结成丝片（既现在所说的懒蚕），受到启发后，她把蚕茧煮熟，用手撕着捻线，又模仿蜘蛛结网，从而织成了丝绸。

★嫘祖故里

尧舜禅让

YAO SHUN SHAN RANG

历史上关于五帝的传说很多，其中炎帝和黄帝是后世人所公认的。但后三帝所指却众说纷纭，莫衷一是，有的以黄帝、炎帝、太昊、少昊、颛顼为五帝；有的以黄帝、颛顼、帝喾、尧、舜为五帝；有的以黄帝、炎帝、尧、舜、禹为五帝。根据人类学家考证，五帝的时代是邦国林立，部落与部落互有侵伐的时代，每个部落的核心人物都是本部落人们心中的英雄。因而传说也就各有所指，各有千秋，也使得后人无法判断和界定孰是孰非。但比较经典的部分却是后人公允的，因而流传至今。

传说尧是黄帝的六世孙，姓伊祁，名放勋，号陶唐氏，故称唐尧。尧16岁掌管自己的部落，并治理得井井有条。据说我国的历法就是他制订的，他把一年分成春夏秋冬四个季节，共366天，使当时的农业、牧业、渔业都能按季节进行生产，使整个部落物阜民安。尧年过八旬的时候，准备退位。

为了物色一个有能力治理本部落的人才，他四下打听，并让手下人举荐。当时，有个名叫放齐的人说："你的儿子丹朱是个开明的人，继承你的位子很合适。"尧严肃地说："不行，这小子品德不好，专爱跟人争吵。"另一个叫讙兜的说："管水利的共工，工作倒做得挺不错。"尧摇摇头说："共工能说会道，却表里不一，阳奉阴违。用这样的人，我不放心。"

由于一时没有合适的人选，这次讨论只好作罢。但尧始终没有放弃物色一个出色继承人的想法。有一次，他又把四方部落首领找来商量，要大家推荐。到会的人一致推荐舜。尧点点头说："你们对舜都交口称赞，谁能说说他的德行如何？"

★尧帝求贤图

★山西临汾尧庙

尧

尧是父系氏族社会后期的部落联盟领袖。据《尧典》记载，尧登位时，正值年富力强，16岁由唐侯升为天子，在位70年，禅位后8年而终，尧的年龄在百岁上下。《帝王世纪》里说："尧始封于唐，今中山唐县是也，在今定州。后徙晋阳。"

★尧帝像

★舜两次绝地逃生图

听尧对舜有兴趣，大家便七嘴八舌，如数家珍。

原来，舜的父亲是个糊涂透顶的人，人们叫他瞽叟。舜的生母早死了，后母很坏。后母生的弟弟名叫象，对舜傲慢无礼，瞽叟却很宠他，使象更加有恃无恐。有一回，瞽叟叫舜修补粮仓的顶部。当舜用梯子爬上仓顶的时候，象就偷偷搬走梯子，而瞽叟在下面放起火来。舜在仓顶上一见起火，而且梯子已经不知去向。他灵机一动，双手擎着随身带的两顶遮太阳用的斗笠，像鸟儿张开翅膀一样跳下来，没有受一点伤。瞽叟和象并不甘心，他们又叫舜去挖井。当舜向下挖了很深以后，瞽叟和象就在上面填下土块，并用石板盖上了井口。没想到舜情知不妙，朝其它方向掘了过去，最后延伸到地面，神不知鬼不觉地溜回了家。

象不知道舜早已脱险，等他想去搬走哥哥的家产时，却看见舜正端坐在自己的屋里。象心里暗暗吃惊，又慌忙掩饰说："啊！我真想您了，所以过来看看。"舜也装作若无其事地说："你来得正好，我的事情多，正需要你帮助我来料理呢。"以后，舜还是像过去一样和和气气对待他的父母和弟弟，瞽叟和象也不敢再暗害舜了。

尧听了有关舜的事迹，心里十分高兴，决定把自己两个女儿娥皇、女英嫁给舜，并把首领的位子让给了他。舜即位后，依旧勤劳俭朴，跟老百姓一样劳动，得到了大家的信任和爱戴。

★尧舜禅让图

舜

舜，传说中的我国民族社会后期部落联盟领袖，五帝之一。姓姚，名重华，冀州诸冯（今山西永济市张营乡一带）人，舜以孝悌父、母、弟而闻名天下。30岁时，受到尧帝的赏识，被选为继承人，并将其女娥皇、女英许配给舜。尧帝死后，舜即位，为有虞氏，定都于蒲坂(今永济市蒲州)。执政期间，他咨询"四岳"(禹、皋陶、契、后稷)，聘用贤人，设立"九官"。同时，他还立诽谤之木，设进谏之鼓，听取人们谏言。尤其是命禹治水，平息了水患，民生得到保障，四海之内，无不感戴帝舜的功德。舜在位39年，死后葬于鸣条岗。

★舜雕像

大禹治水

DA YU ZHI SHUI

舜接受了帝位后，果真不负众望，他内修政令，外抚百姓，凡事亲力亲为，使当时的社会较尧在位时更加稳定。到舜年老的时候，他也到处求才访贤，也让手下人举荐能人，当时人们都夸治水有功的禹是治世之才。

原来，尧在位的时候，曾经派禹的父亲鲧去治理黄河的水患，鲧用了 9 年的时间，不但没有堵住水，反而因一味拦河筑坝，使河面升高了很多，一遇暴雨便堤毁人亡，庄稼和房屋荡然无存，百姓只得流离失所。这时接替尧的部落首领舜因他治水不力，便杀了他，然后又派他的儿子禹前去治理。

禹受领治水任务时才刚刚成婚几天，为了根除水患，他不得不抛下妻子，披起蓑衣、戴上斗笠、挽起裤腿，消失在茫茫雨夜。大禹一反父亲一味筑坝拦水的方式，而是先跋山涉水到各个出现过水患的地方去实地考察。他发现河道淤积的泥沙过厚，便让人们首先清淤，使河水与河岸形成大的高低差。在河道的窄段，他组织人开山裂石，另置渠道，以备洪水来时从渠道顺畅通过。经过这样堵疏结合的方法治理，河水果然没再泛滥，无论汛期长短，都乖乖流向了大海。

传说在大禹治水的 13 年之间，他曾三次经过家门，但因水患未除，他都没有进去。有一次，他妻子涂山氏生下了儿子启，婴儿正在哇哇地哭，禹在门外经过，听见哭声，狠下心没进去探望。这件事千

★大禹像

百年一直被当作佳话在人们中间口耳相传。后人都称颂禹治水的功绩，尊称他是大禹。而经他治理的黄河，也一改暴戾的脾气，像温柔

★三过家门而不入雕塑

★大禹治水画像石

这幅大禹治水画像石记载了大禹治水的事迹：画中手执耒锸者为大禹；其背后的房屋里有一女子手抱婴孩，所描绘的正是大禹为了治水三过家门而不入的故事；图中下方左右分别有水工在干活，描写了大禹带领人们疏通九川的故事。

的母亲，成为中华文明的摇篮。

舜年老的时候，也像尧一样物色继承人。因为禹治水有功，大家都推选禹。舜死后，禹就继任了部落联盟首领。禹在位的前期也是四方安定，百姓安居乐业，人们的生活都很富裕。

不过，这一时期已经到了父系氏族公社后期，当农业生产出现了牛耕技术，生产力水平有了较大的发展，出现了剩余产品的时候，以掠夺他人财产和社会资源为目的的战争便接踵而来，战胜方成了拥有统治地位的奴隶主，战败方便沦为奴隶。这样，就渐渐形成奴隶和奴隶主两个阶级，氏族公社开始逐渐瓦解。

传说禹年老的时候，曾经到东方视察，并且在会稽山（在今浙江绍兴一带）召集许多部落的首领。去朝见禹的人手里都拿着玉帛，仪式十分隆重。有一个叫做防风氏的部落首领，到会最晚，禹认为怠慢了他的命令，于是把防风氏杀了。这说明，那时候的禹已经从部落联盟首领变成名符其实的君主。

禹年老的时候，也想找个能干而贤达的人来接替自己的位置，他看中了与他一同治水的伯益。但这时禹的儿子启见国泰民安，可以无为而治，便想待禹年老把首领的位置弄到手，过他的安逸日子。于是，在禹死后，启强行夺得了首领的位置。从此以后，公天下变成了家天下，禅让制变成了世袭制，一个奴隶制国家就样形成了。

★大禹治水图

禹

禹，相传古代部落联盟的首领，姓姒，名文命，亦称禹或夏禹，为鲧之子。古史相传：尧时，洪水泛滥成灾，人民到处漂泊，无法生活。尧命禹父鲧治理洪水，鲧一味堵截，不但未能成功，相反堤破水决，人民受灾更大。舜成为部落联盟的首领后，把鲧治以死罪，杀死在羽山。舜即位时，命禹承父职，继续治水。由于禹注意堵疏结合，此后再无水患。因而得到人民的信任，并选为舜的继承人。舜死后，禹继任，建都安邑（今山西夏县境内），并将全国划为九州。接着禹又发动了讨伐“三苗”的战争（“三苗”是黄帝至尧舜禹时代的古族名，又叫“苗民”、“有苗”。主要分布在洞庭湖和鄱阳湖之间，即长江中游以南一带）。经过长期激烈的战斗，最后战胜“三苗”，把俘虏转化为奴隶。同时将都城迁至阳城（今河南登封），后迁都于阳翟（今河南禹县）。

★大禹雕像

瑶姬神女助大禹

YAO JI SHEN NV ZHU DA YU

治水有功的禹，人们又称他为“大禹”。

有一次，大禹治理洪水，驻在巫山脚下，正领导着人们在那里紧张地施工：有的凿石头，有的砍大树，忙个不停。正忙碌间，猛然刮起了大风。这风真是暴烈无比，吹得天昏地暗，山崖震动，木石横飞，江浪像山峰一样地矗立起来。大禹虽然也有些神通本领，但是对于这样突然发作起来的大风，还是想不出制止它的办法。

在这最困难的时刻，他幸而遇见了瑶姬。

瑶姬是炎帝的女儿，据说又是西王母的女儿。她从小在一个仙人那里学道，学就了一身玄妙的道法，能够随心所欲，变化出各种不同的东西，因此在天上居于显要的神仙职位。

有一年秋天，她带着侍女和侍臣，从东海遨游回来，驾着彩云轻飘飘地到了长江的上游，从巫山经过，被巫山的景色迷住了：它的峰峦是多么秀丽、挺拔呀！它的林壑又是多么的幽美呀！兼之在山林间还发现一块巨大而平整的崖石，好像人工修造的土坛。这真是可以修身养性、长远居住的地方。她不禁从云端降落下来，站在山崖上，仔细观赏巫山的风景，流连徘徊，舍不得马上就离开。

★巫山神女瑶姬像

★巫山十二峰

就在这时，大禹无意中遇见了倦游归来、路过巫山的瑶姬。大禹知道她是天上的神女，赶紧向她致敬，求她帮助止住大风。瑶姬哀怜受洪水灾害的人民，敬佩大禹治水的精神，便毫不犹豫地答应了。她叫侍女们传授给大禹驱神役鬼的法术。大禹使用了这些法术，马上便止住了狂暴的妖风。瑶姬又派遣侍臣狂章、虞余、黄魔、大翳、庚辰、童律等去帮助大禹凿通巫山。这些天上的神人，神通广大，他们或用闪电轰，或拿巨雷劈，不久就将巫山打开了一条孔道。

大禹感念瑶姬的功德，亲自跑上山去向她致谢，谢她帮助治水、派遣神人凿通巫山的恩德。瑶姬逊谢未了，大禹又向她请教今后继续治理洪水的方法。瑶姬便命侍女陵容华拿出一只红玉小箱，打开小箱，取出一卷天书交给大禹，叫大禹按照天书所载去平治洪水。还怕他一个人不能成功，又派遣侍臣庚辰、虞余去帮助他。

大禹既得天书的指导，又得神人的帮助，再加上众人的支援，因而他治理洪水，前后经过十三年，足迹走遍全中国，终于得到了成功。

神女瑶姬，因为留恋巫山的美景，并且由于帮助大禹治水，和当地人民也结下了深厚的感情，从此她就在巫山留住下来，不再离开。

她天天站在高崖上凝目眺望，注视着往来在峡谷中的行船，见它们在许多险滩上挣扎，不时被凶涛恶浪吞没了去。她关心船只和旅客的命运，特派遣几百只神鸦，叫它们飞翔在峡谷的上空，担任迎船送船的工作，让这些行船跟随着神鸟的引导，平安地渡过三峡。

因为长久地站在高崖眺望，不知不觉地，瑶姬化身为许多峰峦中的一座峰峦了，就是现在的神女峰；陪伴她的侍女们，一个个也都变化做了大大小小的峰峦，就是现在的巫山十二峰。这些峰峦真是秀丽峭拔呀，至今行船过三峡的人，望见它们，还可以想象女仙们当年超尘绝俗的身影；特别是望见神女峰，都会油然感念瑶姬帮助大禹治水、凿通巫峡的业绩。

夏·商·西周

太康失国

TAI KANG SHI GUO

公元前 21 世纪，大禹的儿子——启在其父亲死后，破坏了推举部落联盟首领的制度，杀了曾被禹指定为继承人的伯益，并自立为王，把部落联盟变成了家国。为了使自己用卑劣手段夺得的王位在表面上合法化，他组织力量，打败了起兵反对他的有扈氏部落，并把这个部落的人都沦为奴隶。启的做法，对当时的一些部落起到了震慑作用，一些部落首领纷纷到阳翟去朝会，表示愿意臣服于启，夏王朝的统治便被完全确立。

掌握王权后，启便在管理国家的方面积极筹划，他制定了刑法，修筑了城墙、监狱，设置了军队，建立了各种职能机构。这些具有国家特征的职能机构不仅极大地维护了奴隶主阶级对奴隶的镇压和统治，同时在建立奴隶制度上开了先河，为结束邦国林立的时代并最终确立一个庞大的奴隶制国家起到了极为重要的作用。

夏朝存在的时间约在公元前 21 世纪至公元前 17 世纪，统治的区域主要分布于今河南嵩山至伊水、洛水流域一带，它的最东部边界在河南的东部与河北、山东两省的交界处，晋南也是夏人活动的主要地区。

★启母石——传说启母生启于此

夏启死后，他的儿子太康继承了王位，太康不修政事，骄纵淫逸，致使他的五个兄弟起来与他争夺王位。内讧的信息被东方有穷氏部落首领后羿掌握，他趁机带领本部落赶跑了太康，夺得了夏王朝的统治权力。

后羿是一个著名的弓箭手，能百发百中。曾有“后羿射日”的神话流传至今。因此，后羿最初也深受黎民百姓的爱戴。可是，当他夺了夏朝的王位后，却仗着力大善射，也骄纵淫逸起来。他和太康一样，凭着自己善射的本领，几乎天天出门射猎，还把身边最得力的大臣武罗、伯困等摒弃不用，而任用奸佞的寒浞为相。寒浞在后羿面前百般献媚，极力逢迎。在外，他厚施于民，在内广赂于吏，使人人都能得到他的好处，以备生乱所需。在一次后羿又外出打猎的时候，寒浞占据了朝堂，并命精壮的兵士伏于路间，等后羿射猎归来，趁其不备，群起而杀之。

★夏启像

★夏启的祭台，江苏省连云港市新浦区南郊的孔望山的山顶东南最高处。

寒浞杀了后羿，夺了王位后，怕夏族再跟他争夺王位，一定要将夏室斩草除根。此时，掌管夏族的首领是太康的弟弟仲康的儿子——相。相曾暗地结交豪杰，笼络四方百姓，以便寻机夺回政权，但由于力量相对薄弱，时机还未成熟，始终未敢轻举妄动。不料，寒浞却先发制人，派兵追杀，相只得连忙出逃。相逃到哪儿，寒浞就追到哪儿。后来，相终于被寒浞派兵围住，并在混战中被杀死，寒浞从此过上了高枕无忧的日子。

少康中兴

SHAO KANG ZHONG XING

相被杀后，相的妻子缗正怀有身孕，缗是从墙洞里钻出才得以偷生的，并在母族有仍氏部落那里生下了相的遗腹子少康。少康从小聪明，并通过母亲知道了祖上蒙羞和家族的惨祸，他立志要发愤图强，复兴夏室，以雪前耻。

★少康

为复兴夏朝，他学习各种本领，做着复兴基业的准备。最初，他在外祖父那里管理畜牧业，同时也抓紧时间学习带兵打仗的本领。不料，一年夏天，少康是相的遗腹子的消息传到寒浞那里，使其大为震惊，他本以为夏氏后人已被灭绝了。听到这个消息，寒浞顿时心神不安，他认为如果不除掉少康，以后就有可能成为心腹大患。于是，寒浞立即派儿子浇，带领一班人马，前来捕杀少康。

少康预先得到消息，赶紧逃到虞舜的部落有虞氏那里，躲过了浇的追捕。当时，有虞氏的首领叫思，一向对后羿、寒浞的暴政不满，又见少康气度不凡，大有夏人先祖的遗风，就让他在部落里担任庖正（管理膳食的官），学习管理财物的本领。这样，少康就变成了一个文武双全的人。后来，虞思看到少康为人忠实可靠，办事精明强干，就把自己的女儿嫁给了他，并把一块叫做“纶”的地方交给他管理。

纶地方圆 10 里左右，地方虽小却土地肥沃，气候适宜，人口稠密。因而，少康把这片土地作为报仇雪耻、复兴夏室的基地。他广施德义，广招贤人智士，广纳被寒浞的统治逼得走投无路的百姓。夏朝遗臣伯靡曾在后羿手下任职，后羿死后逃到有鬲氏（今山东德州东南）处，积聚力量，并和少康取得联系，准备配合攻打寒浞。少康和伯靡乘寒浞频繁用兵，内部矛盾加剧之机，终于发起复国之战。少康采取先除其羽翼，后击其首的方略，先率有虞氏大军突然扑向过地，去攻打浇的军队，一举灭了浇。又命其子季杼领兵于戈地击败豷军，杀死了豷。寒浞两翼被剪，伯靡即率有鬲氏军大举进攻寒浞的巢穴，大败寒浞的有穷氏军。

由于寒浞篡权后，对臣子和百姓从未布恩施德，且滥施酷刑，朝野上下无不义愤填膺。那些原来帮助后羿灭夏的人和被寒浞灭掉的斟寻、斟灌的旧部，这时都集中起来，帮助少康打击寒浞，最终灭掉了寒浞父子，重新夺回了夏家王朝。

少康即位后，注意吸取太康失国的教训，对内实施德政，与民共苦，与民同乐。对外妥善解决与周围其它部族的关系，使四方安定，国内祥和，就连过去与夏处于敌对状态的一些部族也都前来朝贺和表示臣服。从而使得政权稳定，国势强盛，这就是史书上所记载的“少康中兴”。

★少康祭祀图

寒浞

寒浞，生卒年月不详，在位 40 年。寒浞是夏代东夷首领后羿之臣。后羿代夏后，自恃善射，耽于游乐，不理政事，把国政交给了自己的亲信寒浞。相传寒浞是寒国国君伯明的儿子。史载寒浞卑鄙谗狡，被其父逐出了国门家门。无奈之下，寒浞投靠了后羿，取得了后羿的信任。后弈代夏后，任命寒浞为相国。寒浞任相国后，个人势力和私欲膨胀，夺取了后羿的政权称帝，继承了后羿的王权和家室。寒浞继后羿代夏后，荒淫暴虐，得不到人民的支持，被少康所灭。寒浞死后葬于山东潍坊市寒亭区寒亭街道冢子后村南，其坟冢目前保存基本完好。

★寒浞冢

孔甲畜龙乱夏

KONG JIA XU LONG LUAN XIA

夏朝第 16 任国王不降晚年，因为儿子孔甲性情怪僻，担心他继位后不会关心人民，治理不好国家，对于他身后王位继承问题忧虑重重。左思右想，不能把王位传给孔甲，便决定传给自己的弟弟扃。然而他又担心，一旦自己身亡，孔甲一定不会甘心，大臣们也未必遵从自己的遗愿，扃的王位难以继承。思来想去，不如趁自己还健在的时候把王位禅让给扃，先让扃做上国王，孔甲和大臣们都无可奈何。于是，他把这件事告知扃，择日举行了禅让大典。这种将王位主动传给自己一家的方式，史称“内禅”。事情过后，由于不降还在世，孔甲和大臣不敢违抗，局势还比较平稳。过了 11 年，不降病死，扃的王位已得到巩固。之后，扃病死传位于子廑（又名胤甲），孔甲可就忍耐不下去了，百般图谋，终于在廑死后，把王位弄到手。

孔甲继位时，已近 60 岁了，秉性仍然没改，认为自己得到王位是神的帮助，非常迷信，一心只知祭祀鬼神，不理国家大事。每当祭祀的时候，为了表示虔诚，要供奉许多牛羊酒食，完毕便同大臣饱食痛饮。每当祭祀之日或遇事祈祷，都要举行各种各样的祭礼，祭礼连续不断，浪费了大量的财物。他还肆意淫乱，沉湎于酒色。宫中美女成群，经常同这些人一起听乐工的演奏，看舞女的舞蹈，边看边饮酒，左拥右抱，酩酊大醉时，得意忘形，无所不为，令人难以容忍。日久天长，失去了威信，诸侯不服，渐渐不来朝贡，对此他却满不在乎，只是陶醉于自己的嗜好中。

★孔甲肆意淫乱，沉湎于酒色。

孔甲还有一项癖好，就是游猎。一天，到河滨田猎，带领许多武士正在追逐鸟兽时，忽然河里跃起两个从未见过的动物，突凸的眼睛好像四盏明灯，粗硬的胡须，庞大的身躯，向空中喷着腥雨，张大血口向岸边游来，身后巨浪翻腾，吓得人们纷纷后退。孔甲心里也很惊慌，但有武士护卫，不想躲避，一心想捕获这两个怪物。便问左右：“谁知是什么动物？”

一个小臣奏道：“此乃是两条龙，一公一雌，这是世上少见的稀有之物。”

孔甲听了大喜，说：“既然是难得之物，那一定是天上赐予我的。你们可设法为我擒来，只要活的，别伤害于它们。”于是不管武士死活，让他们到河边捕捉。不多时，两龙窜上岸，武士鼓起勇气拼命向前，团团把两条龙围了起来，有靠近者被龙尾一扫而落到河里。围攻多时，尽管伤了许多人，由于人多势众，终于把两条龙打伤活捉。

孔甲见龙已被捕获，心中大喜，便说：“我听说黄帝曾经乘坐龙车，舜也有过养龙的事，我很羡慕。从前天子乘坐龙车，没想到天帝也赐给我两条龙，我应把龙养好，为我驾车。你们查访有谁会养龙，我多给他赏赐，让他驯养这两条神龙。”

★河南省临汝县煤山出土的夏朝刻划符号陶片

★灰白陶人头形三乳足壶·夏

★刘累铜像

孔甲只顾到养龙乘龙车的事，捉龙死伤的勇士他一概不闻不问，许多武士非常不满。然而这时有个小臣，迎合孔甲的心意，上前献媚地说："大王，近来听说汉水也出现过一双神龙，这大概也是上帝赐给您的。"孔甲果然喜出望外，吩咐勇士赶快去汉水捕捉。孔甲心想："把汉水龙擒来，正好两对，才好为我驾车。"

正在这时，有个叫刘累的人，求赏心切，前来朝见。自荐说："臣曾在豢龙氏那里学得饲养龙的方法。豢龙氏的祖先，在舜的时候为舜养龙，世传养龙秘法，知道龙的性情嗜好，臣请为大王养龙。"

孔甲正苦于无人会养龙，有刘累自荐，自然高兴，便封刘累为御龙氏，给予重赏。实际刘累根本不懂养龙方法，两龙在捕捉时又受重伤，刘累医治不了，过了几天，雄龙渐渐伤好康复，而雌龙伤势日益加重，不到一月便死了。刘累很怕被追究罪责，无法交待，想来想去，想出一法，他把死去的龙皮剥去，把龙肉割下，加入香料，精细加工，制作成一鼎香喷喷的肉羹献给孔甲。孔甲品尝觉得味道极好，同平常所食用牛羊、山珍野味比较，别有风味。他很高兴，把刘累叫来，问是什么肉？刘累见事已至此，不得不实说："因为雌龙伤势过重死去，都说龙肉不比寻常，故为大王做羹献上。"孔甲听到并不动怒，反而夸奖刘累忠心可嘉，可是事情过去后，孔甲想到失去了雌龙，那条雄龙也得病怏怏，便大发雷霆，让刘累必须去再捉两条龙来。刘累一听大吃一惊，他到哪里去捉龙呢？但他只好诺诺退下，回到家里越想越怕，悔恨当初贪图赏赐出风头，惹下这般大祸。同家人商议好，第二天向孔甲禀告说外出觅龙，便领全家逃跑了。

过了些日子，孔甲又去黄山田猎，忽然狂风大作，天昏地暗，无法行走，只好找个人家暂避。在荒野山地，人烟稀少，好不容易找到一家。这家房矮屋小，臣下请孔甲下车进屋。户主听见夏王大驾光临，赶忙出来迎接。孔甲本来住惯了自己宽敞明亮的宫殿，感到这小房子实在难进。可是外面风沙太大，不得已勉强走进了小屋。刚刚坐定，就听到里屋有许多妇女在吵吵嚷嚷，不知何事，便问主人。户主奏称："臣妻正在分娩，家无多室，使大王不得安宁，请宽赦不敬之罪。"孔甲不得已，只好暂坐休息。不多时，只听"呱呱"叫声，孩子已降生，产妇生下一男孩，众妇人纷纷向主人贺喜。这时不禁有人窃窃私语："今天国王来到家里，一定给孩子带来福气，大福大贵呀！""国王是最尊贵的人，这小门小户的孩子哪能担得起，一定有祸。"孔甲听道人们的议论，心想："我偏叫这个孩子得福。"便对户主等人说："你们不必害怕，既然今天我赶上孩子出生，他的福气一定不小。我把他认作义子，领回宫去，还会有什么祸会伤害他呢！"就在风停天朗回城时，孔甲不管主人是否愿意，便咐吩手下人把孩子带走。主人忍痛叩谢，就这样把孩子带回宫中抚养。过了几年，这孩子长大了，在宫中跑来跑去玩耍。宫中一窗台上放着一把利斧，一日孩子走过，不小心碰到这把斧子，结果斧子掉下来把孩子劈死。孩子惨死后，孔甲不以为然，只是叹息说："这真是命该如此！"

孔甲只是寻欢作乐，大失民心，国家日益衰落。那时东部的商族日益强大，北部的昆吾、豕韦也

★孔甲在荒野山地、人烟稀少的黄山打猎，忽然狂风大作。

逐渐兴盛起来，已对夏构成严重危胁，但孔甲仍执迷不悟。

刘累觅龙多日杳无音讯，孔甲无可奈何，他又下令觅得一个名叫师门的养龙人。这个人懂龙性，是个养龙的高手。师门把那条雄龙的病进行调治，又精心喂养。不久，这条雄龙病情好转，饲料对口，逐渐健壮起来。孔甲见到龙精神抖擞，神采焕发，非常高兴，夸奖了师门，并给予奖励。孔甲经常对人们大讲如何养龙，他本来一无所知，讲起来不免出现一些笑话。师门是个秉性耿直的人，他对孔甲不懂装懂非常反感，常常反驳孔甲，指出他讲的不对的地方。终于，惹得孔甲恼羞成怒，一气之下，把师门杀了，将其尸体埋在城外远郊旷野。可是刚杀了人又后悔，认为师门是被自己冤杀。

孔甲一向崇信鬼神，遇到意外的大事小情，都要想到鬼神，认为是鬼神作祟。不久，天降大雨，刮起大风，风停雨止之后，城外山林里又燃烧起来，火势汹汹。孔甲心想这是什么鬼神呢？想来想去想到了埋在荒郊野外的师门，认定是师门的冤魂作祟。他恐怕师门找上门来索命，只得择日乘车到郊外祈祷。来到师门墓前，摆上祭品，叫人念了祈祷文书，便登车回城。可是心里疑虑并没有完全消除。由于年事已高，坐在车上迷迷糊糊。走在半路上，忽觉师门在车后嘶喊，一会又见师门在车前拦路，师门左右不离车，向他索命。他吓得大叫一声，一命呜呼，猝死在车上。

夏朝的天文历法

由于农业和畜牧业的需要，促使人们进一步去观察日月星辰的运行、四时的变幻和风雨阴阳的交替等自然现象及其变化规律，所以天文历法就成为古代最早发展起来的一门科学。古书常讲夏历、夏时、夏正，对夏代的历法相当推崇。《伪古文尚书》的《胤征篇》和《左传》昭公十七年引《夏书》，记夏朝中康发生于房宿位置上的一次日食，描写了人们鸣鼓奔走的惊惶情景。这是世界上最早的日食纪录。今存的《夏小正》(见于《大戴礼记》)，经过后人整理，是春秋战国时代相传授的夏朝历书，其中包含有夏朝已经积累起来的天象和物候方面的科学知识。

★陶鬶·夏

夏朝的文字

文字的发明及其应用于文献记录，是由原始社会过渡到文明时代的重要标志之一。夏朝的文字尚在探索之中，但由原始社会晚期各地遗址中普遍发现记事性质的刻画符号，以及殷商已有较成熟的甲骨文字和金文来推测，夏代可能已有文字和文献记载。我国古代的文献记录有专职的史职人员汇集成典册，先秦学者经常引证的《夏书》、《夏训》，说明当时还保存着的有关夏朝的典册。这表明夏朝确有文献记录存在，已经进入有文字可考的历史时期。夏朝的存在和发展为我国 4000 多年来的文明发展奠定了基础。

★夏朝文字

暴虐的夏桀

BAO NVE DE XIA JIE

少康的中兴之举奠定了夏室近三百年的统治秩序，开创了国富民安的局面。但在夏王发即位以后，夏王室内政不修，外患不断，各方诸侯离心离德，许多诸侯经年不来朝贺，王室日趋衰微。到桀即位时，延续了400多年的夏朝，更是德政衰败，民不聊生，危机四伏。

夏桀对饮食十分讲究：喝的酒必须醇，不得有半点杂质；吃的蔬菜、鱼肉以及调味品必须是特定地区生产的。伺候他的人稍有不慎，就要掉脑袋。为了他的饮食，有成百上千的人为其奔忙。他还有个恶习，就是酒醉后，要拿人当马骑，有的大臣由于累得爬不动向他告饶，就会被他随意杀掉。到了晚年，桀更加荒淫无度，竟命人造了一个大酒池，称为夜宫，据说酒池修造得很大，可以航船，醉而溺死的事情时常发生，荒唐无稽之事，常使他的宠妃妹喜欢笑不已。百姓的生活则十分困苦，他们每年的收成难得温饱，更无兼年之食，每遇天灾则妻离子散。夏代臣民指着太阳咒骂夏桀说：“你这太阳啊！你几时灭亡，我情愿与你一起灭亡。”

由于桀每日带着一大群男女杂处在酒池内，终日不理朝政。太史令终古哭着进谏，桀反而很不耐烦，斥责终古多管闲事，终古知夏桀已不可救药，就投奔了商汤。夏桀手下有个叫关龙逄的臣子，听到老百姓的愤恨之声，便对桀进谏说：“天子谦恭而讲究信义，节俭又爱护贤才，天下才能安定，王朝才能稳固。如今陛下奢侈无度，嗜杀成性，弄得百姓都盼望你早些灭亡。陛下已经失去了民心，只有赶快改正过错，才能挽回人心啊！”桀听了不仅怒骂关龙逄，还残忍地将他处死。从此正直忠贞之士再也不敢进谏良言了，而夏桀的耳朵里听到的全是些小臣子的谄媚谗言，使夏王朝的统治处于风雨飘摇之中。

★黑陶象鼻盉·夏

★铜爵·夏

★夏桀妃妹喜像

★夏桀和妹喜过着纸醉金迷、放荡荒淫的生活

★三足陶鼎·夏

夏桀

桀，又名癸、履癸。桀是夏朝第16代君主发之子，在位52年(公元前1818年—公元前1766年)。履癸文武双全，赤手可以把铁钩拉直，但他荒淫无度，暴虐无道，是历史上著名的暴君。夏桀即位后，凭他的聪明才智，完全可以成为一代明君圣主，但他却不思改革，骄奢自恣。桀不仅对内不修德政，对外也不加抚恤，并滥施淫威。在他即位的第33年，发兵征伐有施氏，有施氏抵挡不住，进贡给他一个美女，名叫妹喜。桀十分宠爱妹喜，特地为她造了富丽堂皇的琼室、象廊、瑶台和玉床，这一切的负担都落在百姓的身上，人民痛苦异常，敢怒而不敢言。桀重用佞臣，排斥忠良，有个名叫赵梁的小人，专门投桀所好，教桀如何享乐，如何勒索，残害百姓，得到了桀的宠信。桀还从各地搜寻美女，藏于后宫，日夜与妹喜及宫女饮酒作乐。

★夏桀把人当马骑

★彩绘卷云纹陶罐·夏

关龙逄

关龙逄，陕县人，夏朝末年大臣。因直谏被杀，史称正义大夫。夏桀弑父即位后，施行暴政，残杀忠臣良将，蹂躏黎民百姓，天怒人怨，朝政日衰。大夫关龙逄为了减轻人民负担，常常直言进谏，劝夏桀收敛自己的行为，体恤百姓的苦难。时间一长，便引起了好大喜功的桀的厌恶和反感。后来，夏桀得到美女妹喜，为了讨得妹喜欢心，桀下令大兴土木，修建豪华宫殿，以供自己昼夜淫乐。当时，天下大旱，百姓流离。关龙逄看到这种情况，痛心疾首，闯入宫中晋见夏桀，并向夏桀谏道："我看君头上悬着危石，脚下踏着春冰，头顶危石无不被石覆压，脚踏春冰无不下陷。"桀闻听大怒，命人将他杀掉。百姓感念他为天下人而赴死，将他葬在都城附近(今河南省灵宝市孟村附近)。

★关龙逄像

商汤灭夏

SHANG TANG MIE XIA

★商汤像

正当夏桀的统治江河日下的时候，黄河下游的商部落在汤的领导下日益兴旺了起来。传说商的祖先契在尧舜时期，跟禹一起治过洪水，是个有功的人。桀即位后的第37年，汤将一个德才兼备的贤人伊尹引见给桀。伊尹以尧、舜的仁政来劝说桀，希望桀体谅百姓的疾苦，用心治理天下。桀听不进去，伊尹只得离去。

商汤看到夏桀十分腐败，决心消灭夏朝。他表面上对桀服从，暗地里不断扩大自己的势力。桀担心商汤会危及自己，就借故将他囚禁在夏台（今河南省禹县境内）。不久，汤设计使桀释放了自己。汤在富国强兵的同时，还非常注意自己的言行举止以笼络民心，显示自己的贤明仁义。成语典故“网开一面”叙述的就是汤的一个故事。有一次，汤到城郊巡查，看见一人站在大树底下，四面张网捕鸟，从四面八方飞来的鸟都投入他的网中。汤看到后，就对那人说：“你这不是赶尽杀绝吗？太残忍了吧？你应撤掉三面网，留一面网就可以了。”那人为难地说：“这一面网怎能捕着鸟呢？”于是汤借机发表了一番感慨：“自由翱翔的鸟儿，你想往左飞，就往左边飞，你想往右飞，就往右边飞，只有那些活够了、不听话的鸟儿，才自投罗网。”汤的这番感慨，迅速在黎民百姓中流传开了，人们纷纷说：“商汤对鸟兽都这样仁慈，可谓心地善良，是个仁义之君，我们应衷心拥护他。”一些受夏桀欺凌的小国见汤如此仁义，都纷纷前来投奔，前前后后有近40个。

★乳钉斝·夏

在此同时，商汤还对于那些小国恩威并用，剿抚共举。那时候，部落的贵族都是迷信鬼神的，他们都把祭祀天地祖宗看作最要紧的事。商部落附近有一个部落叫葛，那儿的首领葛伯不按时祭祀，汤派人去责问葛伯。葛伯回答说：“我们这儿穷，没有牲口作祭品。”汤送了一批牛羊给葛伯作祭品。结果葛伯把牛羊杀掉吃了，仍不祭祀。汤又派人去责问，葛伯说：“我没有粮食，拿什么来祭呢？”汤又派人帮助葛伯耕田，还派一些老弱的人给耕作的人送酒送饭，不料在半路上，葛伯把那些酒饭都抢走，还杀了一个送饭的小孩。葛伯这样做，激起了大家的公愤。汤抓住这件事，立刻出兵，先在阵前数其不仁不义，然后将其消灭。由此商汤立德于内，扬威于外，很快确立了在商部落中的威信。

商汤见时机已经成熟，就决心召集将士，由汤亲自作了一篇《汤誓》向大家誓师。汤说：“我是不敢犯上作乱的，但夏桀实在是恶贯满盈，老天派我惩罚他，我不敢违背天命啊！希望大家同我一道去。”汤借上天的意旨来动员将士，将士们无不踊跃参战，勇猛无比。商、夏两军在鸣条展开决战，由于桀平时作恶多端，夏军都不肯为其卖命，因而大败。商军毫不费力地攻克了夏的都城，桀仓皇出逃，最后逃到南巢。汤紧追不舍，把桀困在南巢，不久桀就死在那里。

★商汤劝诫网开一面

★商代的服装

商汤求雨

古时候，商的部落首领汤非常仁爱，因其勤政爱民，也深得老百姓的拥护。有一年夏季，汝河沿岸大旱，为了向苍天祈雨，成群的百姓光着脊梁，头顶香炉，伏在旷野，不少人被晒得中暑而死。汤看到这幅惨景，伤感地落下泪来。他向苍天祷告说："苍天啊，你发发慈悲，拯救万民吧！如果是我得罪了上苍，我情愿去死，请不要为难人间的百姓。"说完，他让随从在一个高台四周堆满干柴，自己坐在台上，又向苍天发誓说："如果上天仍不降雨，就是我得罪了上苍。那么，我就用我的生命，为百姓换来一场雨。"说完，他便让随从点火。可是，火刚刚燃起来，平地却刮起一阵大风，接着乌云密布，电闪雷鸣，一场大雨从天而降，片刻功夫便将火浇灭。百姓们喜得甘霖，都激动得或欢呼雀跃，或跪在泥水里向汤叩拜，感激汤的圣人之德。

★商汤求雨图

★商朝铜鼎上的人面纹

★青铜人面虎身盆·商

神道设教

商代采用神权思想进行统治。商人信鬼尊神，从其起源即有玄鸟生始祖之说，后来有成汤祷雨于桑林，大戊朝廷生长桑谷之灾异，祖庚彤祭高宗时有雉鸣鼎耳之凶象。由甲骨文记载可知，商代确立了上帝最高神威，上帝可以制断人间包括统治者的万事万物的吉凶生死。统治阶级藉此蒙惑臣民，贯彻自己的统治意志。从而设置庞大的占卜巫术集团，用大量的龟甲兽骨进行占卜。又以为自然界和祖先有灵，能体现上帝的旨意，于是穷年累月地举行各种祭祀，用大批的祭牲包括人牲来媚神求福，甚至不惜以人间最珍贵的物质财富包括大批活人随葬，埋入地下，进而形成一种观念，商王可代表上帝统治人间，以"我王"、"余一人"、"帝子"自称，由他们向上帝迎来臣民的生命，以上帝和祖神之命令告诫臣民，祖先神灵能配上帝，沟通神人之间的意志，从而构成上帝一祖先一商王三位一体的神道系统。此为奴隶制时代特有的最典型的神道意识形态。随着社会生产力的发展，到商代末期，才出现神道思想逐渐动摇的迹象。

太甲复位

TAI JIA FU WEI

★太甲雕像

汤即位后，对百姓比较宽厚，他鼓励发展生产，减少赋税，因而商王朝的初期是繁荣强盛的。汤在位二十九年而逝，本来应传位于太子太丁，但太丁先于汤而逝，便传位于次子外丙，而外丙仅在位三年也撒手人寰。再由外丙的弟弟中壬即位，可中壬也是短命的帝王，他仅在位四年，便将王位遗给了太丁的长子太甲。

约公元前1541年，商汤的嫡长孙太甲在商朝老臣伊尹的帮助下继位。太甲即位之初，还能恪守祖训，勤政爱民。可三年后，他便放浪形骸，一改原来的勤勉之风，并日渐暴虐，寡情薄义。他的乖张举动，激怒了朝中重臣伊尹，伊尹多次规劝他，让他勤政爱民，可是他并不听取伊尹的劝告，依然我行我素。太甲三年，在苦劝无果的情况下，伊尹将太甲关闭在王都郊外的桐宫(今河南偃师)。历时三年，每日让他悔思反过。而这三年的朝政即由伊尹代理，后人把这件事称为“伊尹放太甲”。太甲遭流放后，住在桐宫，见祖父身为开国君王，坟墓却十分简陋，又从守墓老人那里了解到祖父的许多艰苦创业，仁厚省俭的旧事，对照自己的所作所为，感到确实不像话，便暗暗内疚，决心痛改前非，开始在桐宫关心孤老，遵守法制，与人为善。伊尹看到太甲能痛改前非，心里十分高兴，立即迎回太甲，并把权力一一交回。

★位于太甲山下的太甲亭

★伊尹像

太甲复位后，在伊尹的耐心开导下，悔过反省，回心向善，施行仁义。对诸侯以诚相待，使当时的政治和生产渐渐地进入了鼎盛时期。此后，伊尹还作了《太甲训》三篇，歌颂太甲的功德，尊太甲为太宗。

伊尹

伊尹，名挚，是有莘氏在桑树林拾到的弃儿，因其养母住在伊水边上，所以以水为氏。虽然伊尹身材短小，貌不出众，但足智多谋，聪明异常，志向远大。当时，夏王桀暴虐残忍，滥用民力，鱼肉百姓，田地荒芜，民不聊生。伊尹看出夏朝气数已尽，于是用自己高超的烹调手艺，接近商汤，劝他高举义旗，取夏桀之位而代之。商汤和伊尹相谈后，顿觉相见恨晚，当即命伊尹为“阿衡”(宰相)。在商汤和伊尹的经营下，商汤的力量开始壮大，并想进攻夏桀。伊尹建议商汤停止向夏桀进贡，看夏桀如何动作，以探测夏桀的实力。夏桀果然非常愤怒，征调九夷的兵力，要来伐商。伊尹当即劝商汤说：“夏桀还能调动兵力，我们伐他的时机还未成熟。”于是，商汤又向夏桀进贡。当伊尹看到时机成熟时，又一次停止向夏桀进贡，但因为夏桀的暴虐无道，这次未能调动军队，伊尹于是向商汤建议起兵。商汤依计而行，很快打败了夏桀的军队，把夏桀流放到南巢，夏王朝从此灭亡。

盘庚迁都

PAN GENG QIAN DU

★盘庚像

商汤建立商朝的时候，国都最早定于亳(今河南商丘),后由于内乱不已,加上自然灾害迭生,便先后搬了五次家。

盘庚即位以后，为了转嫁危机，缓和一下朝中政治派系的矛盾，减少自然灾害侵袭所造成的损失,便决定将都城从奄(今山东曲阜)迁至殷(今河南安阳),但遭到了当时很多贵族和商民的反对。为了能顺利实施这一经过深思熟虑的迁都计划，他首先找到那些财满府库、积粟充盈却又养尊处优、贪图安逸而不愿搬迁的贵族，痛斥他们煽动平民起来反对搬迁,不顾成汤江山、不为天下百姓着想的卑鄙嘴脸。之后,又到黎民百姓中间讲了很多迁都好处,深得百姓的拥护。对于冥顽不化的人则以鬼谕神示等宗教手段来诱导他们，使这些人都乖乖上路。

由于盘庚坚持了自己的正确主张，终于挫败了来自各方势力的阻挠，带着他的子民渡过了黄河,搬迁到了殷地(今河南安阳小屯村),据此商朝又被称作殷商或是殷朝。盘庚完成了迁都计划,便又着手整顿政治,发展生产,使当时的社会稳定，经济和文化出现了繁荣的景象。在以后200余年的商统治时期里，商朝没有再次迁都,以至于周武王克商后,这里沦为了一片废墟，直到三千年后才被发现。历史上把这一遗址也称作“殷墟”。

殷墟被发掘后，出土了很多有研究价值的文化遗存：如甲骨文、青铜器、兵器等。其中,甲骨文经过考证，属于那一时期人们的占卜用具，说明那一时期商朝人无论有什么大的动作，都要通过占卜来预测事情的成败和吉凶，然后把结果刻到甲骨上，这种甲骨上证事的方法,最终为汉字的生成和发展起了决定性作用。

★殷墟博物馆内的甲骨文碑林

司母戊鼎

司母戊鼎是商后期的青铜铸品,1939年3月出土于河南安阳侯家庄武官村。此鼎形制雄伟,重达875千克,高133厘米、口长110厘米、口宽79厘米,是迄今为止出土的最大最重的青铜器。司母戊鼎初为乡人私自挖掘，出土后因过大过重不易搬迁,私掘者又将其重新掩埋。司母戊鼎在1946年6月重新出土。新中国成立后,于1959年入藏中国历史博物馆。

此鼎器形庞大浑厚,其腹部铸有“司母戊”3字,亦有人释作“后母戊”,是商王祖庚或祖甲为祭祀其母所铸。司母戊鼎的鼎身和鼎足为整体铸成,鼎耳是在鼎身铸好后再装范浇铸的。铸造这样高大的铜器,所需金属料应在1000千克以上,且必须有较大的熔炉。经测定，司母戊鼎含铜84.77%、锡11.64%、铅2.79%,其他0.8%。与古文献记载制鼎的铜锡比例基本相符。司母戊鼎充分显示出商代青铜铸造业的生产规模和技术水平。

★司母戊鼎

武丁中兴

WU DING ZHONG XING

★武丁像

盘庚迁都以后，殷商的权贵们因为迁都涉及到他们大批的奴隶、庄园、财物的迁徙和安置，暂时将朝中的勾心斗角都抛之于脑后，因而政治稳定，经济开始发展，文化也十分活跃，新的都城越显繁华起来。

盘庚死后，先后由小辛、小乙继位，但时间都很短暂，且无建树。后来，王位传到了武丁手中，由于武丁年轻时代被父亲小乙派到民间劳动体验生活，得以了解民间疾苦和劳作的艰辛。即位以后，他励精图治，力求巩固统治，增强国力，使商王朝得以大治。同时，他任用民间一个筑墙的奴隶为宰相，这个人就是历史上鼎鼎有名的傅说。武丁在傅说和甘盘等贤臣的辅助下，开始形成了一个庞大的官僚机构，完善了分封制度，并组成了一支相对固定而庞大的军队。

武丁即位中期，经济的繁荣和国势的强盛，使武丁意识到这正是恩泽四方，威加诸侯的时候。于是，他首先把征伐的矛头指向经常骚扰商民的鬼方部落，并亲自出征，很快将其灭亡。在殷商的北方还有一支游牧民族称作工方，在盘庚迁都之前，工方经常来掠夺殷人的财物和一些自然资源。由于迁都前，王室内乱频仍，无暇顾及工方的侵

★龙壶尊·商

傅说

傅说，殷商贤相。大约生于公元前1350年。傅说出身低微，从政之前，身为奴隶，在傅岩做苦役。那里是虞、虢两地交界之处，又是交通要道，因山涧的流水常常冲坏道路，奴隶们就在这里版筑护路。傅说性格倔强，抱负远大，是奴隶中的佼佼者。特别是他在治理水患，保护农田过程中发明了“版筑法”，这种用两块木板相夹，中间填满泥土，以杵夯实，筑成一堵堵厚实的土墙的方法，成了生产技术上一个了不起的突破。武丁继承王位之后，对国势日渐衰败，贵族互相倾轧，王室奢靡现象甚为不满。于是，他励精图治，广泛寻求有用人才。在微服私访中，他发现傅说能力非凡，但出身卑微，为了拜傅说为相，他以“梦征”为由，假托神示，来排除种种干扰。傅说当了宰相后，便提出他的政治主张，即要“建邦设都，政事要醇，治乱罚恶”，“辅治开化，畏天保民，成始成终”，还作《说命三篇》来教化臣民，使当时政治上有所改善，阶级矛盾有所缓和，殷商因而成为商代后期的极盛时期。史称“殷国大治”、“殷道复兴”。

★傅说雕像

★妇好墓文化遗存

扰，工方便以为商朝软弱可欺，深入到都城附近掳掠，以实现其扩充实力进而灭亡殷商的梦想。工方的得寸进尺，已对商朝构成了威胁。于是，武丁便命武将禽和甘盘率师讨伐工方，经过几年的苦战，终于使工方臣服。在工方肆虐的同期，另有一支部族称土方，也与工方遥相呼应，经常你来我往，而且屡屡得手，使商民叫苦不迭。武丁平定工方后，立即采取新的措施，仅用两三年的时间也把土方的人口和土地纳入商的户口和版图。经过多年的征战，商的疆域在不断地扩大，人口也大有增加，四海臣服，争相朝贡。国内臣子侍位，民众安于生产，达到了商以来的最强盛时期，史称“武丁中兴”。

在目前殷墟所发现的商代甲骨文和青铜器中，相当大部分是来自武丁时代，“青铜器之冠”司母戊鼎就是武丁时代的杰作。在这些古物中，一位传奇女性——妇好所占的分量也不小。她是武丁的第一个王后，多次亲自带兵出征，征服了 20 多个小国，是武丁时代开疆拓土的第一功臣。

★殷墟甲骨文

★记载月食的甲骨

鼎文化

鼎为中国古代炊食器。中国鼎文化的起源可以一直追溯到原始社会新石器时代，早在 7000 多年前就出现了陶制的鼎。而其真正的发展最高峰则出现在商朝和西周时期，尤其是商代以鼎为代表的祭祀用容器的制作，盛行于商周时期，延续到汉代。在奴隶制鼎盛时代，被用作“别上下，明贵贱”，是一种标明身份等级的重要礼器。青铜鼎的前身是原始社会的陶鼎，本来是日用的饮食容器，后来发展成祭祀天帝和祖先的“神器”，并被笼罩上一层神秘而威严的色彩。在古代，鼎是贵族身份的代表。典籍载有天子九鼎、诸侯七鼎、大夫五鼎、元士三鼎或一鼎的用鼎制度。此外，鼎也是国家政权的象征，《左传》有载：“桀有昏德，鼎迁于商；商纣暴虐，鼎迁于周”。鼎大多为三足圆形，但也有四足的方鼎，司母戊鼎便是最负盛名的四足大方鼎。

妇好

妇好是商王武丁众多妻子中的一位，生活于公元前 12 世纪前半叶武丁重整商王朝时期，是我国最早的女政治家和军事家。据甲骨卜辞记载，妇好曾多次主持各种类型和名目的祭祀和占卜活动，利用神权为商王朝统治服务。此外，妇好还多次受武丁派遣带兵打仗，北讨土方族，东南攻伐夷国，西南打败巴军，为商王朝拓展疆土立下汗马功劳。武丁对她十分宠爱，授与她独立的封邑，并经常向鬼神祈祷她健康长寿。然而，妇好还是先于武丁辞世。武丁十分痛心，把她葬在今河南安阳小屯村西北约 100 米处。墓葬在 1976 年发掘于河南省安阳市小屯村西北，保存完好。其中所出玉器共 755 件，是商代玉器出土最多、最集中的墓，另有 63 件石器，47 件宝石器。

★妇好雕像

武丁听信谗言屈孝子

WU DING TING XIN CHAN YAN QU XIAO ZI

武丁时期，经过多年的战争，征服了四周许许多多方国，商朝的势力不断向南、向西、向北发展，扩展了疆土。各地诸侯和方国年年进贡，岁岁来朝。武丁为庆贺来之不

★商晚期兽骨甲骨文

易的盛世，举行了隆重的祭祖大典。把祖庙打扫干净，重新修理，装饰一新。用青铜制成的各种祭器，摆上各种祭品，乐队立于阶下，庙堂里站满了前来助祭的诸侯和贡献祭品的周边民族。武丁服饰整洁，毕恭毕敬地走进殿堂，跪倒在地，音乐悠扬而起，祝史颂诵《玄鸟》歌词。正在庄严的祭典之时，突然，不知从哪里飞进一只鸡，落在祭器上，引颈长鸣。武丁等人无不吃惊，他们认为是神灵所示的征兆，是凶是吉？人们心中不安。但祭祀是一件严肃的事情，秩序不能混乱，祭礼只好照旧进行。祭礼完毕，武丁请祖己（与武丁子重名的臣子）分析缘由。祖己劝告武丁，今后办事要注意明察事理，兼听则明，偏信则暗，不暗于事，方可消灾免祸。

事无尽善，人无完人。武丁虽然聪明一世，但也有糊涂一时之事。他的先前王后所生长子祖己，从小贤孝，敬重父母。在他的母后得重病时，亲自煮药侍候，在母亲病逝后，对父王更是孝顺，深受武丁喜爱，视为自己最好的继承人。后来武丁续立一后，生下祖庚。该王后命也不长，武丁又继立第三位王后，也生下一子名叫祖甲。武丁对这位王后非常宠爱，问题就发生这里，宠爱过度，往往偏听偏信。这位王后阴险狠毒，她考虑到武丁已年迈，盘算如何才能使自己的儿子得继王位。她想先头两个王后各生一子，祖己最长，已立为太子，祖己不除掉，孩儿难以继立。于是，她经常向武丁进谗言陷害祖己。

一次，武丁患病卧倒在床，王后只让自生的儿子祖甲在武丁身旁侍候，不准祖己在侧。祖己每次前来探视，王后都给拦挡回去，祖己对父王的病情十分忧虑。时间长了，武丁问道：“祖己怎么不来看我？”王后装着不好说出口的样子，在武丁的一再追问下，她才说：“太子来是来过，侍女告诉他，王今天病情还较重，他流露出高兴的样子，没有进来就走了。”武丁听了不免有些生气，想到儿子是不是盼父早死，好接继王位？便吩咐人去叫祖己。当祖己听召急忙赶来时，王后在外边拦住说：“你见父王要加些小心，王在病里，性情急燥。刚才我忧虑流了眼泪，王向我发火，说我不知忌讳，这是诅咒王，对病情不吉利。太子当心，不要有愁眉苦脸的样子，以防王动怒。”祖己听了后母嘱咐，信以为真。他因父王患病本来精神不好，饭咽不下，夜不能眠，他不得不勉强打起精神去见父王。武丁见了祖己脸无愁容的样子走了进来，大发雷霆，对祖己说：“你看我病成这个样子，希望我早死啊？”祖己错为自己愁容在脸，惹怒了父王，急忙陪笑脸说：“臣儿怎能有此心？”武丁又看儿子露出笑容，火上浇油，更加动怒，不容分说，泼口大骂：“不孝之子，快给我出去！”祖己不敢停留，只好退出。自此武丁相信了王后的话，记恨在心。

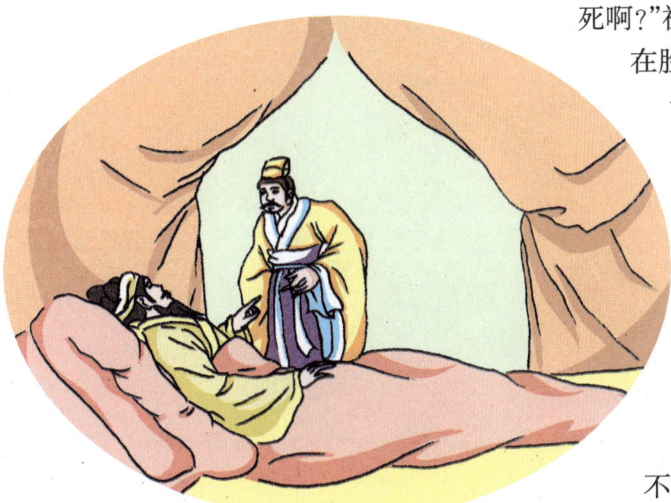

★武丁患病卧倒在床，王后只让自生的儿子祖甲在武丁身旁侍候。

祖己退去还是担忧父王的病，他叫人占卜，卜人说是先后作祟。于是他对自己的母亲进行了祭祀，恳求母亲保祐父王身体康复。那时祭祀所用的肉叫"胙肉"，胙肉给人吃了可以消灾免难。所以祖己祭完后，把胙肉给父王送去。王后让侍女接过说等热热再吃，就端了出去。武丁见儿子今天的样子，不再有气，祖己毕恭毕敬地站在一旁。过了些时候，侍女把胙肉热好端来。古代帝王所食用前饭菜，不能拿来就吃，必须先让侍从人员先吃一点，试其是否有人投毒，叫作"尝食"。王后接过，先让身边一位侍女吃了一块胙肉。顿时这侍女肚疼难忍，王后装作吃惊的样子。不一会，侍女倒地而死。武丁大惊，王后就此大吵大嚷起来，说什么："太子为早继位，要害死国王，有如此之狠心，我母子性命也难保。"祖己早已呆若木鸡，明知母后陷害自己所为，但有苦难言。这时，武丁从床上奋起，咬牙切齿对祖己说："自今以后，父子之情已绝，我不忍杀你，你滚吧！"

祖己从父亲那里退了出来，恍恍惚惚走着，不知所向。他痛心地流着冤屈的泪水，走出了宫殿，走出了京城，向野外而去。祖己由太子骤然变成个流浪儿，在旷野之中，餐风露宿。他有时痛苦哀号，喊天叫地。他怀着忧郁的心情，不愿向任何人投靠。就这样他长期在野外游来游去，衣食不周，心情苦闷，面容渐渐憔悴，身体瘦弱，没过几年，就病死在旷野之中。

祖己出走以后，王后一再为自己的儿子祖甲谋取太子之位，武丁虽然有意，但祖甲还有二哥祖庚，也是王后所生，有立位太子资格，一时难以决策。祖庚看到长兄祖己因当了太子被继母所陷害，拿定主意不当太子。老三祖甲人品很好。他看到母亲为自己谋取王位陷害了大哥，如自己不离开，母亲还会陷害二哥，于是他决定只有一走了事。祖甲向母亲告别，劝母亲要像对待亲生子那样慈爱祖庚，自己要出远门，不准备再回来。王后明白了儿子的心意，她向祖甲保证决不再害祖庚，苦苦恳求祖甲不要走。然而，祖甲还是偷偷地逃走了。祖甲走后，武丁似乎察觉一向孝顺的祖己是不会干出下毒害父的事来，但事已至此，后悔莫及。

后来武丁病逝，祖庚只好继承王位。过了很久，祖甲才从外地归来。祖庚在位33年，死后祖甲即位。

★祖己由太子骤然变成个流浪儿，在旷野之中，餐风露宿。

★西北冈祭祀坑中的人骨

人牲人祭之滥用

用人为牺牲祭祀鬼神之野蛮残酷做法，商代最为严重，被用作牺牲者为战俘或奴隶。其源为原始社会末期屠杀战俘之遗风。进入阶级社会，贵族阶级更用以媚神求福，史称"殷人尊神，率民以事神"。商代用仆、羌、臣、妾、奚等奴隶和战俘祭祀祖先甚为频繁，动辄用几人、十人不等，多者30、50、100，最高达500。据粗略统计，甲骨卜辞记载共用人牲数达1.4万多。考古发掘多处商代遗址，都有用人牲的遗迹，尤其是今河南安阳的商代后期都城殷墟，在其王陵区的西北冈，先后发掘人牲祭祀坑，在数万平方米范围内，有成百上千排列有序的坑穴，每坑埋10人、8人不等，有的人体被残，有的则身首异处：一坑全埋人头，一坑则全埋无头人身，惨不忍睹，均为商王室若干次祭祀其祖先所用人牲的遗存。此外，还有用人祭奠、祭社等，亦属于人祭人牲之类。此种恶习充分暴露奴隶社会的本质，两周时代亦未绝迹。

商纣王暴虐无道

SHANG ZHOU WANG BAO NVE WU DAO

★纣王与妲己

盘庚死后又传了十一个王，最后一个王叫做纣。纣原来是一个相当聪敏，又有勇力的人。他早年曾经亲自带兵和东夷进行了一场长期的战争。他很有军事才能，在作战中百战百胜，最后平定了东夷，把商朝的文化传播到淮水和长江流域一带。在这件事上，商纣王起了一定作用。但是纣王从此以为自己功高盖世，在人臣面前开始骄横起来。他变得越来越刚愎自用，巧言饰非，听不进谏言，傲慢臣属，以为天下没有人能高过自己，甚至对大臣说话，也渐声高气粗，装腔作势，连叔叔比干的话也当做耳旁风。随着自己志骄意满，他对生活的要求也逐渐高了起来，雕花的筷子换成了象牙的，杯子也换成了犀玉的。穿衣要锦衣九重，住房要广厦高台。而且他还要求梁要雕，楝要画，窗要镂，墙要文。他不满足摘星楼的华美，又在他的别都朝歌（今河南淇县）造了一个富丽堂皇的“鹿台”，把搜刮得来的金银珍宝都贮藏在里面。原配姜氏，年老色衰，他便让诸侯献美女。妲己妖冶献媚，他对妲己倍加恩宠，唯妲己之言是从。为取悦妲己，纣王还命乐师创淫声浪词，在宫内传唱，还引进粗俗下流的“北里之舞”与妲己共同欣赏。同时，他把搜求来的狗马宠物，充满宫室，杂耍百戏，俱置苑中。扩大

★酒池肉林

★比干像

比干

比干（公元前1092—前1029年），子姓，沫邑人（今卫辉市北）。为殷商贵族商王太丁之子。一生忠君爱国，倡导“民本清议，士志于道”。比干幼年聪慧，勤奋好学，20岁就以太师高位辅佐帝乙，又受托孤重辅帝辛。比干从政40多年，主张减轻赋税徭役，鼓励发展农牧业生产，提倡冶炼铸造，富国强兵。商末帝辛纣王暴虐荒淫，横征暴敛，比干叹气说：“主过不谏非忠也，畏死不言非勇也，过则谏不用则死，忠之至也。”遂至摘星楼强谏三日不去。纣问何以自恃，比干说：“恃善行仁义所以自恃。”纣怒道：“吾闻圣人心有七窍信有诸乎？”遂杀比干，剖视其心，终年63岁。

★纣王墓在河南省淇县城东8公里河口村北，淇河口大桥北侧淇河大堤内。

沙丘苑台，广建离宫别馆，多置飞禽走兽，供己享乐。闲来宫中无事，便逐狗斗鸡，饮酒作乐。凿池储酒，悬肉如林。每到秋高气爽，纣王便陪着妲己到西山一带去打猎，有时到更远的辉县一带，甚至十天半月也不回来。由于生活日益奢侈，百姓的赋税加重，而鹿台的府库，钜桥的粮仓，却装得满满的。

纣和夏桀一样，只知道自己享乐，根本不管人民的死活。每有朝臣劝谏，他轻则申斥，重则处死。为了阻止谏言，他干脆制造"炮烙"，有强言直谏者，他便命恶奴将其绑在烧红铜柱上，将其活活烙死。他的叔叔比干为人忠耿正直，见纣王荒淫失政，暴虐无道，十分着急，常常直言劝谏。在一次劝谏时，纣王大怒说："我听说圣人的心有七窍！今天我倒要看看你的心是不是七窍！"说完命人将比干的心挖了出来。比干死后，更无谏臣，而纣王越发骄纵淫欲，穷凶极恶，并最终众叛亲离，自我毁灭。

四羊方尊

四羊方尊，商朝晚期偏早青铜器。属于礼器，祭祀用品。是中国现存商代青铜方尊中最大的一件，高58.3厘米，重近34.5千克，1938年出土于湖南宁乡县黄村月山铺转耳仑的山腰上。现藏于中国国家博物馆。四羊方尊的四肩、腹部及圈足设计成四个大卷角羊，增加了变化，在宁静中突出威严的感觉。方尊的边角及每一面的中心线的合范处都是长棱脊，其作用是以此来掩盖合范时可能产生的对合不正的纹饰。同时也用以改善器物边角的单调感，增强了造型的气势。羊角是事先铸成后配置在羊头的陶范内，再合范浇铸的，因为技艺高明，使全器有浑然一体的感觉。在中国古代的青铜器中，有不少器物以其独特的造型而引人注目，四羊方尊便是其中一例。它的造型动静结合，寓雄奇于秀美之间，可谓巧夺天工。

★四羊方尊

★妲己像

苏妲己

妲己，有苏氏的女儿。商纣王的宠妃，有美色。商纣王征服有苏氏（今河南省武陟东），有苏氏献出美女妲己。纣王迷于妲己的美色，对她言听计从。妲己喜欢歌舞，纣王令乐师创作靡靡的音乐，下流的舞蹈，在宫中朝夕欢歌。妲己伴着"靡靡之音"起舞，妖艳迷人。于是纣王荒理朝政，日夜宴游。纣王还在卫州（今河南省淇县）设"酒池"，悬肉于树为"肉林"，每宴饮者多至三千人，令男女裸体追逐其间，不堪入目。九侯（封地在今河北省临漳）有一位女儿长得十分美丽，应召入宫，因看不惯妲己的淫荡被杀，九侯也遭"醢刑"，被剁成肉酱分给诸侯。妲己喜观"炮烙之刑"，将铜柱涂油，燃以火炭，令犯人行其上，跌落火红的炭中，脚板被烧伤，不时发出惨叫声。妲己听到犯人的惨叫，就像听到刺激感官的音乐一样发笑。纣王为了博得妲己一笑，滥用重刑，由此激起人民的反抗。周武王乘机发动诸侯伐纣，在牧野（今河南省淇县南）之战大胜，一举灭商，纣王逃到鹿台自焚，妲己也自缢而死。

“龙骨”文字的历史

LONG GU WEN ZI DE LI SHI

说起甲骨文，应该是无人不知，无人不晓，它是我们祖先留给世界文化的一笔宝贵遗产。但说起“龙骨”文字，会不会有人知道呢？其实，“龙骨”文字就是甲骨文的另外一种叫法。

在我国的医学宝库里，有一味能够治疗虚弱和破伤风的药材，叫做“龙骨”，所谓“龙骨”，并不是龙的骨头，而是古代的一些动物的化石。很久以来，我国农民就有从地下挖龙骨卖给中药店来赚钱补贴家用的习惯。

清朝光绪年间，河南省安阳西北部小屯村的农民在耕地犁田时翻出了不少龟甲、牛骨来，上面刻有各种不同的线条。当时的小屯村是个比较落后的地方，在地主的残酷剥削下，农民们过的是衣不蔽体、食不果腹的生活，更别说读书识字了。他们当然不知道这些线条便是文字，只以为挖出来的都是龙骨，把它们都论斤作两地想办法卖了出去。

那时候，安阳地区每年春秋二季都要举办一次庙会，各地的农民都要来赶庙会，同时捎带着卖些农副产品，“龙骨”多少是能卖些钱补贴家用的，贫困的小屯村人就将龟甲、牛骨捣成沫当成“刀尖药”在庙会上卖。买的人还真不少呢。一些中药店听说安阳产龙骨，也纷纷派人前来采购。收购龙骨的人只知赚钱，对龙骨上的刻画可是没有兴趣，于是农民们只有按他们的要求把龙骨上的线条刮干净了。这样的龙骨非常便宜，一斤才几个铜钱。

小屯村有个聪明的农民叫李成，他上有老下有小，一年到头辛辛苦苦，还经常揭不开锅，看见挖龙骨卖能赚钱，便弃农专门挖起龙骨来。他不仅挖出了不少龙骨，还挖到了好多古钱、古镜、青铜器等等。李成本以为除了龙骨外，其他东西用处都不大，但闻讯赶来的古董商们却偏偏用高价买走了那些古钱、古镜、青铜器，特别是上面有文字的，价钱高出好几倍呢。李成脑子一转，索性把刻有线条的龙骨也拿出来给古董商人们看，古董商们也不是立刻就知道那些线条便是文字，只是隐隐约约觉得会有价

★月蚀甲骨文。这是商王武丁时期记载月蚀的甲骨拓片。

值的，便也用比中药店老板高的价钱买下了李成挖的龟甲和牛骨。

这些被古董商买下的龙骨辗转到了北京、天津等地，开始引起了一些收藏古物的人的注意。当时的国子监祭酒王懿荣对古文字造诣颇深，他偶尔见到“龙骨”一下子就认出上面的刻画是一种古体文字，不惜重金收购了一批“龙骨”。从此这种所谓的“龙骨”引起了人们的重视，开始竞相搜集。

大量的考证研究之后，人们称这些刻在龙骨和兽骨上的文字为“龟甲文”、“龟版文”、“殷契”、“契

★殷墟甲骨堆层

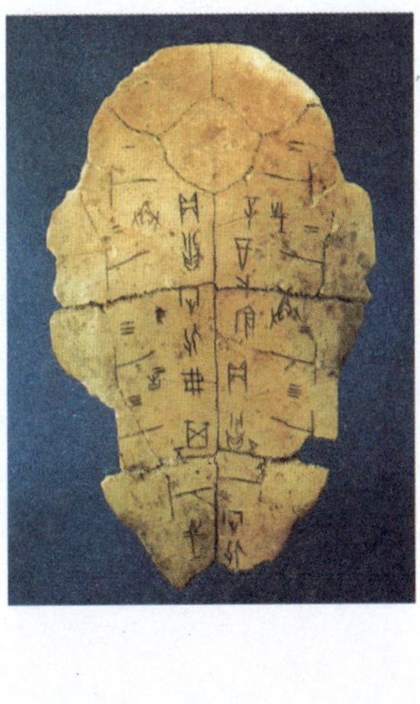

★记载商王武丁征讨卜辞的甲骨文

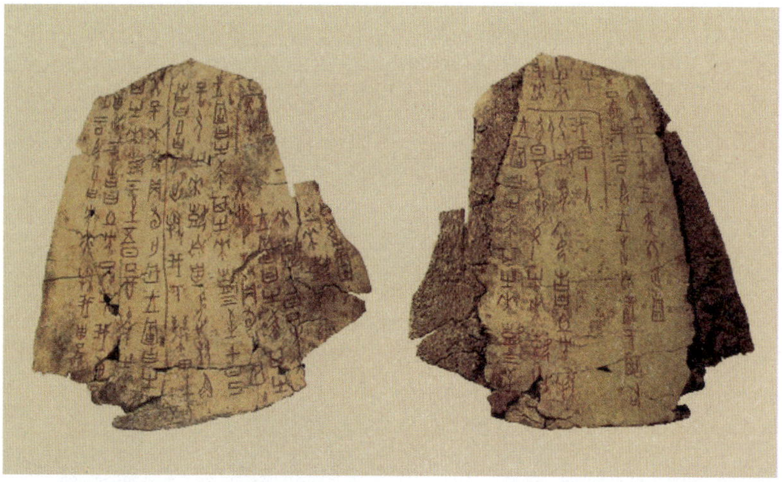

★甲骨文·商

文”、“龟刻文”、“甲骨刻文”、“甲骨刻辞”、“殷墟书契”、“殷墟文字”、“贞卜文”等等。后来，又称为“龟甲兽骨文字”，最后约定俗成，大家就叫它们为“甲骨文字”，简称“甲骨文”。甲骨指乌龟的甲壳，用来刻字的大多是龟腹甲，少数是背甲；骨是牛的肩胛骨，个别有肋骨和其它兽骨。如鹿头骨、牛头骨，还有人头骨等等。

为什么安阳殷墟会有这么多的甲骨？甲骨文记载的又是些什么呢？要了解这些问题，得从商代的占卜说起。

商朝的贵族包括商王都极为迷信，办什么事都要预先占卜。那时候，负责占卜的官叫做巫史，他们的权力很大，可以决定一个人甚至国家的命运。现在，我们来看一看他们是如何决定人家的命运的吧！

这是一个晴朗的日子，商王心血来潮，想去打猎，可这一天适不适合打猎呢？这得取决于巫史占卜的结果。巫史首先找来一些龟甲或牛肩胛骨，在上面凿上几个小洞，接着把这天的日期、天气和国王想要打猎这件事用商文字刻在上面。最后，巫史生起一盆火，把龟甲或牛肩胛骨扔进去烧烤，龟甲、牛肩胛骨在火堆里发出“噼哩啪啦”的响声。火灭了，巫史把龟甲、牛肩胛骨拿出来一看，嗯，那些预先凿好的小洞旁出现了不少裂纹。巫史仔细地研究起这些裂纹的长短、粗细和走向，国王在一旁也心急如焚，却毫无办法，只有耐心等待。过了一会，巫史庄重地宣布：“今天不适宜外出打猎，国王请回宫。”国王正欲发火，巫史却早已又回到龟甲边，把结果刻在龟甲、牛肩胛骨上了，国王只有悻悻而回了。

甲骨文记录的差不多都是这样的占卜过程，别看它是迷信的产物，它却是我们详细了解古人的生活的第一手材料。人们通过对它的研究，还可以探讨出我国文字的发展史。

从被人们当作中药看待的“龙骨”到举世闻名的甲骨文，这中间走过了多少迂回曲折的道路。如今，世界各地的考古学家都对甲骨文有着浓厚的兴趣，纷纷认为这在当时是件了不起的发明。

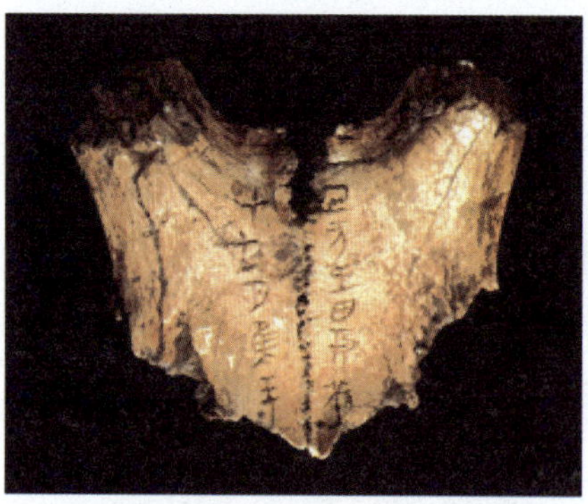

★殷墟出土的甲骨文

甲骨文著录

目前出土的甲骨有15万片之多，它们大部分都刻有文字，部分尚未书写刻画，还有少量写完未刻，专家们已从中整理出单字五千多个，能够确认的字两千个左右。这些甲骨文字，多为从图形文字中演变而成的象形文字，许多字的笔画繁杂，近似于图形，而且异体字较多。我国最大的甲骨文著录是《甲骨文合集》。全书共13分册，1979年出版，共收入近5万片甲骨文，包括80多年来国内外出版的甲骨文著录书和分散在国内外甲骨实物的拓片、摄影或摹本。每一时期的甲骨文，按内容分为阶级和国家、社会生活、思想文化、其他等4大项和20个小类。我国第一部甲骨文字典是《铁云藏龟》，清末刘鹗编，光绪二十九年（公元1903年）抱残守缺斋石印本，编者为最早的甲骨收藏者之一，本书是从作者收藏的5000余片甲骨中选出1058片编辑而成的。

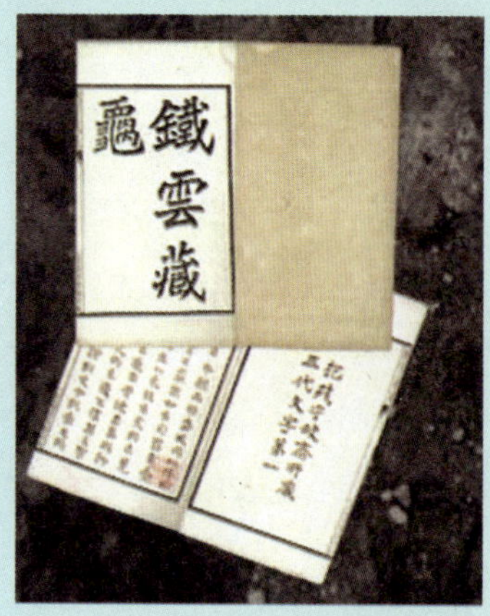

★《铁云藏龟》书影

周文王求贤

ZHOU WEN WANG QIU XIAN

就在商纣王倒行逆施，天怒人怨的时候，在渭水流域的周部落却一步一步走向强大。周部落本是一个古老的部落。夏朝末年，这个部落在现在陕西、甘肃一带活动。后来，因为遭到戎、狄等游牧部落的侵扰，周部落的首领古公亶父率领周人迁移到岐山（今陕西岐山县东北）下的平原定居下来。到了古公亶父的孙子姬昌（后来称为周文王）即位的时候，周部落已经非常强大了。

★周文王像

周文王的政策以宽和为主，无论在政治上、法律上和经济上，也无论是对贵族、农民和商人，他都能以宽和的态度协调好与他们的关系，从而使整个社会秩序相对稳定，社会经济及文化事业亦得到较快的发展。后人赞美文王施恩惠及于鳏寡孤独，使天下所有贫穷无告之人都能得到存抚，百姓安居乐业，社会风气纯朴，人心稳定。周文王一贯禁止喝酒，不准贵族打猎，糟蹋庄稼。他鼓励人民多养牛羊，多种粮食。他还虚心接待一些有才能的人，因此，一些有才能的人都来投奔他。周部落强大起来，对商朝是个很大的威胁。有个大臣崇侯虎在纣王面前说周文王的坏话，说周文王的影响太大了，这样下去，对商朝不利。纣王下了一道命令，把周文王抓进宫里，然后命人将其关在羑里（在今河南汤阴县一带）。

周族人为营救文王出狱，搜求美女、宝马、珠玉献给纣王和他身边的宠臣。纣王见了大喜：“仅此一物（指美女）就足够了，何况宝物如此之多！”于是下令赦免文王出狱，并赏给他弓、矢、斧、钺，授权他讨伐不听命的诸侯。

周文王见纣王昏庸残暴，丧失民心，就决定讨伐商朝。可是他身边缺少一个有军事才能的人来帮助他指挥作战，他便暗暗想办法物色这种人才。有一天，周文王坐着车，带着他儿子和兵士到渭水北岸去打猎。在渭水边，他看见一位气宇不凡的白发老者在钓鱼。大队人马轰然而过，可那个老头儿只当没看见，还是安安静静钓他的鱼，更让人想象不到的是老者的鱼钩居然是直的。文王很奇怪，他下了车，与这位老者攀谈起来。老者告诉他说：“本人钓鱼历来是愿者上钩。”文王觉得他出口不凡，定非常人。于是，他与这位老者探讨起了安邦定国的大事，果然这位老者既精通兵法，对治国之道又颇有精辟的见解。文王大喜过望，他非常高兴地说：“我祖父在世时曾经对我说过，将来会有个了不起的能人帮助你把周族兴盛起来，您正是这样的

★铜贝·商

★文王被囚处——羑里城

★周文王求贤(陶塑)

★姜子牙塑像

人。我的祖父盼望您已经很久啦！”说罢，就把老者请上车，一同回到都城。

老者姓姜名尚（又叫吕尚，“吕”是他祖先的封地)，字子牙。因为姜尚是文王的祖父所盼望的人，所以后来叫他太公望，民间习惯称其为姜太公。太公望是周文王的好帮手，他一面提倡生产，一面训练兵马，周族的势力一天比一天强大。

为了加速灭商的准备，巩固自己的后方，剪灭商王朝的羽翼，文王首先把打击的目标对准了犬戎。犬戎是周族的近邻，是一个长期与周族敌对的部族。文王即位之初，为集中精力治理内政，周对犬戎暂时采取忍让态度，为了解除这个长期的肘腋之患，文王晚年发动了征伐犬戎的战争，战争使犬戎受到了重创，从此一蹶不振。

在征伐犬戎的第二年，文王和姜子牙又挥师剪灭掉了密须。在征伐密须之前，文王问太公望：“我要征伐暴君，您看咱们应当先去征伐哪一国？”太公望说：“先去征伐密须。”有人反对说：“密须国君厉害得很，恐怕打不过他。”太公望说：“密须国君虐待老百姓，早已失去民心，他就是再厉害十倍，也不用怕。”果然，周文王发兵到了密须，还没开战，密须的百姓首先暴动，他们绑着密须的国君归附了文王。

在犬戎、密须等周族邻近的敌对势力被肃清后，文王的兵锋指向了东方和西南方。向商朝西部最大的属国崇国（在今陕西省沣水县）发起了进攻，进而剪灭了崇国。文王在扫清了西土这一系列障碍后，将国都由岐邑迁到丰(今陕西长安沣河以西)，在那里筑起城墙，建立了都城，以便大规模地向东方经营。此后，周族逐渐占领了大部分商朝统治的地区，归附文王的部落也越来越多了。但是，就在迁丰的第二年，文王去世，伐商的未竟事业，只好留给了周武王。

★饕餮纹铜钺·商

★金臂钏·商

姜尚

姜尚，俗称姜子牙。相传姜子牙的先祖本是个贵族，在舜帝时做过官，而且屡立战功，被舜封在吕地(今河南南阳)，所以姜子牙又称吕尚。但到了姜子牙出世以后，家境已经败落了，成了普通的贫民。因而，姜子牙年轻的时候干过宰牛卖肉的屠夫，也开过酒店卖过酒，聊补无米之炊。不过，姜子牙人穷志不短，无论宰牛也好，还是做生意也好，始终勤奋刻苦地学习天文地理、军事谋略，研究治国安邦之道，期望能有一天为国家施展才华。后遇明主周文王，并拜为军师，始成为中国古代的一位影响久远的韬略家、军事家与政治家。

★姜太公像

武王伐纣

WU WANG FA ZHOU

★周武王像

公元前11世纪中期，周文王死后，他的儿子姬发即位，是为周武王。武王秉承父志，继续为征伐无道的商纣作最后的准备。这时候，商朝的统治已极其黑暗，一些商朝的老臣见纣王已无法挽救，便纷纷投到武王的军前。

公元前1046年，武王听到探子的报告，知道纣王已经到了众叛亲离的地步，认为时机已经成熟，便同姜尚率兵车300辆、虎贲3000人，甲士45000人，渡过黄河东进。到了孟津，同前来助战的诸侯会师在一起，联军合计兵力达30多万。周武王在孟津举行一次誓师大会，宣布了纣王残害百姓的罪状，鼓励大家同心伐纣。周武王的讨纣大军士气旺盛，一路上势如破竹，很快就打到离朝歌仅仅70里的牧野（今河南淇县西南）。

纣王听到这个消息，一时无计可施。因为此时有才智的人都已弃他而去，身边仅有几个只会一味逢迎的无用之人。急切之中，纣王想起牢狱中的大批奴隶，他立刻给他们分发了武器，拼凑了70万人马，由他亲自率领，到牧野迎战。可是，他的70万商军有一大半是临时武装起来的奴隶和从东夷抓来的俘虏。他们平日受尽纣王的压迫和虐待，早就对纣王恨透了，谁也不想为纣卖命。在牧野战场上，当周军勇猛进攻的时候，他们就掉转矛头，纷纷倒戈，大批奴隶配合周军一起攻打商军，纣王的军队在瞬间土崩瓦解。太公望指挥周军，趁势追击，一直追到商都朝歌。纣王逃回朝歌，眼看大势已去，当夜，他躲进鹿台，放了一把火，然后投火自焚。立国600多年的殷商帝国，也随着殷纣王的这把火，立刻化为乌有。

★武王伐纣图

因为灭亡了商纣的暴虐统治，所以当时四方归附，都拥戴武王登天子之位。武王遂于当年把国都从丰迁到镐京（今陕西西安市西），然后祭天告庙，建立了周朝。为了巩固周朝的统治，周武王把自己的亲属和功臣分封各地，建立诸侯国。其中，太公望被封在齐国，他的弟弟周公旦被封在鲁国，召公奭被封在燕国。据说从武王到他的儿子成王，一共封了70多个诸侯国。

商朝虽然灭亡了，但是它留下的贵族和奴隶主在社会上还有一部分势力。为了安抚这些人，为加强对殷民的控制，巩固西周在中原地区的统治，武王封商王纣之子武庚于商都，并将商的王畿分为卫、鄘、邶三个封区，又派自己的三个兄弟管叔、蔡叔和霍叔去帮助武庚。名义上是帮助，实际上是监视，历史称武王这一举措为“三监”。

召公奭

召公，名姬奭，又作“邵公”、“召康公”、“太保召公”，是周文王的儿子，武王的弟弟。曾辅助周武王灭商，被封于燕（今河南北部），是后来燕国的始祖，因最初采邑在召（今陕西岐山西南），故称召公或召伯。周成王时，他出任太保，与周公旦分陕而治，陕以东的地方归周公旦管理，陕以西的地方归他管理。他支持周公旦摄政当国，支持周公平定叛乱。当政期间，召公将其辖区治理得政通人和，贵族和平民都各得其所，因此倍受辖区及周境内百姓的爱戴。传说他曾在一棵甘棠树下处理政务，后人为了纪念他，舍不得砍伐此树。《诗经》中的《甘棠》诗就是为此而作的。

周公辅政

ZHOU GONG FU ZHENG

周武王建立了周王朝以后，由于日夜操劳，不久便病逝了。去世前，他曾因自己的儿子年幼不能主政而动过让自己弟弟周公旦即位的念头，但周公旦德才过人，为了不致生乱，为了大周的基业，他宁肯辅佐幼帝，也不面南称王。同时，他还设表文为武王求寿，希望代替哥哥先死。知道周公如此侠肝义胆，光明磊落，武王无憾而终。

★周公像

武王死后，他的儿子姬诵继承王位，是为周成王。但因当时周成王才13岁，而刚建立的周王朝还不大稳固。于是暂由周公旦辅助成王掌管国家大事，实际上是代理天子的职权。历史上通常不称周公旦的名字，只叫他周公。周公摄理朝政兢兢业业，事无巨细，日理万机，尽心尽意辅助成王，可是他的弟弟管叔、蔡叔却在外面造谣，说周公有野心，想要篡夺王位。一时间，满城风雨，各种猜测顿生，既迷惑了百姓，也蒙蔽了同他共同辅政的召公和太公，甚至连刚刚即位的成王也对他起了戒心。为了不授人以柄和引起人们的猜疑，他首先向太公和召公表明心迹说："我之所以未避嫌而摄政，全因天下并未太平，且天子弱小，尚无法主事，如果此间被小人利用，就可能江山尽失。没想到我这样做反而使奸人藉以口实，所以我决定远避楚国，以使谣言不攻自破。"然后，他又叮嘱召公和太公谨防奸佞，便望楚国而去。

纣王的儿子武庚虽然被封为殷侯，但是受到周朝的监视，觉得很不自由，巴不得周朝发生内乱，好借机重新恢复他的殷商的王位。

★周成王像

★周公辅成王（石刻）

★周公庙一角

而由于武庚和管叔、蔡叔等人制造的谣言，闹得镐京沸沸扬扬，周公出走。此时，武庚便主动和管叔、蔡叔串通一气，联络了一批殷商的旧贵族，还煽动东夷几个部落，闹起叛乱来。东方的几个部落像淮夷、徐戎等，都配合武庚，蠢蠢欲动。召公和太公明白了是有人故意想挤走周公，然后趁乱取而代之，便立即派人迎回周公主政。周公下命令给太公望，授权给他，各国诸侯，有不服周朝的，可由太公望自行征讨。这样，由太公望控制了东方，他自己组织兵马则全力对付武庚。

三年后，周公终于平定了武庚的叛乱，将武庚斩首。管叔一看武庚失败，自己觉得没有面目见他的哥哥和侄儿，也自缢而死。蔡叔被俘后，被革职充军。在周公东征的过程中，一大批商朝的贵族成了俘虏。因为他们反抗周朝，所以当时把他们称作“顽民”。周公觉得让这批人留在原来的地方不大放心，同时又觉得镐京在西边，要控制东部的广大中原地区很不方便，就在东面新建一座都城，叫做洛邑(今河南洛阳市)，把殷朝的“顽民”都迁到那里，派兵监视他们。自此，周朝就有了两座都城：西部是镐京，又叫宗周；东部是洛邑，又叫成周。

周公辅助成王执政了 7 年，总算把周王朝的统治巩固下来，他还制订了一套典章制度。到周成王满 20 岁的时候，周公把政权交给成王管理。从周成王到他的儿子康王两代，前后约 50 多年，是周朝强盛和统一的时期，历史上叫做“成康之治”。

★周康王像

★周公测景台

测景台是我国古代测量日影，验证四时，计年的仪器，就是三千多年前的周公姬旦在这里研究天文的圭和表。据《旧唐书》记载：唐玄宗开元十一年(公元 723 年)，命太史监南宫说仿周公土圭旧制，换以石圭、石表。现在石表上刻有“周公测景台”五个字。

周公旦

周公旦，西周时期的政治家。周公姓姬，名旦，也称叔旦。周文王的第四子，周武王的同母弟。因采邑在周，称为周公。传说周公每次洗头发的时候，一碰到急事，就马上停止洗发，把头发握在手里去办事；每次吃饭的时候，听说有人求见，他就把来不及咽下的饭菜吐出来，去接见那些求见的人。可他这样做，还怕天下的人才不肯到他这里。一些贤能之士知道周公如此礼贤下士，都纷纷来归。后人总结出“周公吐哺，天下归心。”用以称颂周公具臣子之礼，行圣人之事。

★周公雕像

昭王伐楚一命丧

ZHAO WANG FA CHU YI MING SANG

长江流域的楚国，又称荆楚，是我国南方强大的地方势力。西周初年，成王将熊绎封于楚，定都丹阳（今湖北枝江），其周围还有巴（四川重庆）、蜀（四川成都）、微、卢、彭、濮等国。周王又在其周围封了一些姬姓小国。那时，楚国对周王臣服，按时贡纳一种叫做“包茅”的植物，周天子祭祀时用它来滤酒。周王自恃强大，总是把他们当作蛮夷，很看不起他们。但实际上楚国越来越强大，成为周王朝不可忽视的一支力量。

康王死后，其子姬瑕即位，即周昭王。当时八方献贡、万国来朝，昭王就目空一切，盛气凌人起来。对于一些稍有不服的小国动不动用武，有时还御驾亲征。他接连讨平了26国，更加不可一世，就强迫各国贡纳奇珍异宝。不服从者，或缴纳而他不满意者，动不动就兴师问罪。不久，远方的国家献来两个能歌善舞的女子，一个叫延娟，一个叫延娱，昭王对他们十分宠爱，于是沉湎酒色，渐渐把政务交给周、召二公去办理。有一次大型聚会的时候，楚国熊绎因故没能准时到会，周王就罚他看火堆，使他心中十分窝火。周王为了控制楚国，在其国封了许多姬姓国家。如息（河南息县）、随（湖北随县）、郧（湖北安陆）等。他们自恃周王之后，也看不起楚国。楚国对周天子自然也离心离德，经常借故不按时向周王进贡。昭王哪能容得下楚国如此不敬，便下令讨伐楚国。

★周昭王像

周公、召公听到周王伐楚的消息后，马上进行劝阻。他们说：“楚国路远民贫，所贡不过一点土产，没什么用途，不值得跋山涉水用兵攻打。只给他们捎个信，叫他来认个错就行了。”但是昭王却认为这并不是一点点贡纳的问题，而是涉及周王在邦中的威信问题。他认为虽然用武力制服了南方一些小国，但楚国最大，只有把他制服，才能真正制服南方诸国，才能大显周王威风。于是昭王便带着祭公、辛伯和一些文武大臣，选定吉期，向南进军，征伐楚国。三军将士顶盔挂甲，金鼓震天，戈戟如林，浩浩荡荡地离开镐京南下。因为昭王御驾亲征，所到之处，均恭谨迎送。昭王真是好不威风，好不得意！

昭王亲率的征楚大军，跋山涉水来到汉水附近。邻近的小国诸侯赶忙前去朝拜，送上礼品，备好大军所需粮草及各种食用品等。当昭王向他们询问南方的情况时，异口同声地说南方种族复杂，民性强悍，各地都有许多不同的风俗习惯，外族人到此便会陷入他们包围之中。他们惯于登山涉水，熟悉地形，外地人对其作战，容易吃亏。当具体谈到楚国时，都说这个国家越来越强大，附近各族均不敢惹他。最近竟目无天子，称起王来。昭王听罢，一面生气，一面嗤笑。气的是小小楚国也敢称王，笑的是楚国君主竟敢擅名尊号与周天子对抗。此次前来，非把他打败、制服不可。

★羽扇始于周昭王时，有孟夏取鹊翅为扇之说，则羽毛扇已经有三千年的历史了。

那时汉水一带还十分荒凉，荆棘遍地，荒草丛生。既无道路，又无合适的地方宿营。周军只好在水边砍木扎营，搭起帐蓬。到了夜里，猿啼虎啸狼嗥，野兽出没不绝，还有大量叫北方人惊恐的蟒蛇。有时遇见野兽横冲直撞，军队简直不能立足。此时有人来报：楚子已经认罪，贡品不日送上。昭王见队伍待不下去，只好借梯子下楼，同意了楚子的要求，急忙率军班师回朝。

昭王按理说应就此罢休，但他一贯趾高气扬，总觉这次南征丢了面子，耿耿于怀。过了两年，不听周、召二公的劝谏，便无道理的发起第二次伐楚战争。

二次出征，找到人带路，不多久便到了汉水之滨。周军渡过以后，昭王令人把船一律凿沉，表示征楚决心。楚王以退为进，再次卑辞厚礼，前去请罪。先送上许多鹿角、象牙、珍珠、玳瑁，又亲至昭王军中磕头认罪，并愿作昭王的前导，到南方去巡狩，以赎前罪。昭王见争回了面子，心中大喜，便带着楚子、随侯等人，一起到云梦泽中去狩猎，痛痛快快地玩了一番。

昭王要班师返回镐了，各诸侯送别的人马也都离去。周军又北行到了汉水之滨，来到一看，到处无人，一片静谧，一只渡船也没有。原来上次昭王令人将所有船只都毁掉后，再也没有船只敢来。回头向楚国要，也来不及。祭公便派人找来一些当地贫民，令他们备船。贫民说船只都叫他们毁了，无船可献。祭公勃然大怒，训斥道："你们都是周王的臣民，应不讲任何条件为周王效劳。你们不是没有船，是故意藏起船来与周王作对。限你们三天，速速凑集渡江船只。胆敢违命，定斩不赦。"

在昭王及祭公的淫威下，众百姓敢怒不敢言，只好回去准备。过了三天，果然将船只备好开来。昭王、祭公十分高兴，令全体官员、军士马上登船渡江。昭王仰视一轮皓月，俯视滔滔汉水，欣赏着美妙的音乐，听着延娟、延娱娇声细语的劝酒，心中十分高兴。只见装载他们的船只，首尾相连，旌旗闪闪，人影绰绰，声势浩大。正自高兴之时，忽然有人大叫"船漏水了"。话犹未落，各船均发出"漏水"的呼声。船中的人只见船体慢慢散开，裂纹越来越大，昭王乘坐的大船也不例外。不大一会，"哗"地一声，船内涌进大量江水，转眼间船体裂开，所有船只均慢慢下沉。昭王所带的兵士多不会游泳，在一片呼救声中，昭王和他随身的近臣、祭公等大臣及众多士卒都一个个先后沉入江中，丧身鱼腹了。

原来昭王南征不义，楚地人民痛恨昭王、祭公一行南下时毁了他们的船，回来后又对他们无理训斥，于是机智地对这伙强权者进行报复。他们把打好的船用胶粘了起来，而不加任何卯榫。船体看来完好，但一入水中，胶化板解，便将昭王一班人活活淹死水中。

昭王南征失败是周王朝走向衰落的开始。从此，各诸侯国频频向周朝中央发难，周王朝逐渐失去了对各地诸侯特别是南方各地的控制。楚国力量日趋强大，逐步吞并了周围许多小国，成为南方最大的诸侯国。

★昭王十九年，昭王南巡荆楚不返，死于汉水之中。死因史书隐讳不言，传说昭王所坐船为胶船，行至水中胶解，溺死。

★卷体夔纹罍·西周

分封制

周王朝建立之后，推行了一系列巩固新兴政权的措施，其中最重要的措施之一就是在整个王朝推行分封制度。分封，简单的说就是周王将土地和人民分给诸侯，由他们在各地建立隶属于王朝的地方政权，协助周王统治整个王朝。由分封而奠定的周王与诸侯之间的关系，实际上就是周时期国家结构的基本内容。这样的国家结构，将整个王朝分成由周王直接统治的王畿和由诸侯统治的畿外两大组成部分，周王对畿外的统治在很大程度上要假手于各地诸侯。分封制度在诸侯对于周王的臣属关系上作了明确的规定：诸侯必须定期朝觐周王，向周王交纳一定的贡赋；诸侯的军队要捍卫周王室的安全，周王出征，诸侯要率军协助；诸侯征讨夷狄获胜，要向周王举行"献俘"仪式，表示胜利的果实属于周王。同时周王对于诸侯有很大的予夺权力。

周穆王西游会王母

ZHOU MU WANG XI YOU HUI WANG MU

周穆王姬满即位时已50多岁，子承父志，他仍然要用各种方式开拓国家的疆土，体现天子的威风。穆王任命君牙为大司徒，伯冏做太仆正，令他们处理好内政，自己亲自主持对外的活动。那时北唐（今山西太原）进贡来一匹名马，日行千里。当时坐骑十分重要，穆王得到这匹马后，十分高兴。又令臣下继续到各处搜寻名马，不久，又得到八匹天下最好的马，取名八骏。它们的名称分别为：绝地、翻羽、奔霄、超影、逾辉、超光、腾雾、挟翼。臣下将这八匹马驯服，驾起车子，穆王坐上以后，车行如飞，登山涉水，如履平地。好马好车再配上个好御手，这个御手叫做造父，是纣臣蜚廉的六世孙。他生来勇力过人，专会驯马，穆王得到此人驯马驾车，到处游历，更是如虎添翼。

★造父雕像

穆王即位后，急于要建一番功业，也想到处玩乐一番，于是决定到全国各地巡游。通过巡幸天下，一来可与各地加强联络，加强周王朝的力量和影响；二来可满足自己游乐的愿望。有八骏驾车，群臣保驾，便开始了他的远行。周灭商后，在东方得到很大一片领土，为使王室居于中心，便决计向西发展。他们先打败了犬戎和征服了东方的徐国，接着便开始了中国古代历史上有名的西征。

穆王出行时，八骏驾着车，造父为御，带着七萃之士（七个英勇过人的武士），装载着许多金银财宝，预备沿途赏赐之用。他们从周都镐京出发，渡过漳水，北向先到了毓山（太行山）。此山自南至北，蜿蜒不断，奇峰险壑，嵯峨雄伟。他们边走边行猎，不但得到一些可口的野味，还意外地发现一条通向西面的山谷，这便是后来人们称作井陉的地方。他们一行人穿过井陉，又依着滹沱河向西北走去，不久到了太原一带，受到犬戎国王的盛情接待。在此稍事休息、整顿以后，又继续西行。西出西隅（山西雁门关），到了河套地方。在临近黄河的燕然山召集附近各国，举行朝会典礼，穆王亲祭河神。这些仪式团结了西方一些小国。又西行，经过一些崇山峻岭，到了青海的积石山。黄河发源于这一带，这里冷气袭人，贵为天子的周穆王来到此地，也要忍受风寒之苦。但他为了开拓疆土，还要再向西走。他们向西又走了一段时间，到达了昆仑山。

★西王母塑像

昆仑山是我国西部最大的山脉之一。不但山势高耸，而且这里还有许多神话传说。据说黄帝、大

★八骏雕塑

周穆王的八骏其实比喻着他的属下人才济济，才华卓越，本领非凡，各自用特殊的能力在共同辅助周天子的天下大业。

★周穆王西游会王母浮雕

《穆天子传》中详细记载了周穆王从洛阳出发，沿着晋、陕、甘、青进入新疆，到西王母之邦，与西王母相见的情景。

禹及许多古代帝王都到过这里。此山几乎全是大石块累成的，树木很少，却有着晶莹的冰雪和冰川留下的遗迹。它又好像是一座玉山，附近有一个珠泽，盛产各种美丽的宝石，令人目不暇接，惊异不已。又前行到了春山，就是现在的葱岭。这里有许多奇花异草，千鸟百兽。穆王到此大开眼界，据传穆王到此还刻字留念。

由春山又西行，走了三天，到了一个名叫赤乌的地方，穆王一行受到赤乌首领的欢迎。穆王令祭公谋父与他交谈，赤乌首领说当年古公亶父曾把女儿嫁给他们，生下今日的后代。原来赤乌与周族有亲戚关系，这样一来，更显得亲密无间。他们在这里还发现了当地盛产的禾麦，这种作物在西方应属罕见，穆王十分高兴，希望他们种植禾麦，发展生产，令手下人在这里奏起乐、跳起舞。据说赤乌就是今日新疆的和阗，那里不但盛产玉石，还有美丽的蚕丝和丰硕的五谷。

穆王又率队西行，到了黑水（今新疆的叶尔羌河），又西行，远远望见一座高山，就到了久已向往的群玉山。山上堆满了各种各样的玉石，五彩缤纷，照得人们眼花缭乱，据说这就是新疆的密尔岱山。穆王为了联络西方各国，也为了满足自己的好奇心，决定再向西行。他们又向西走过出铁的铁山、出麦的腴地、广大的玄池，以及西方少见的绿水。穆王把玄池改为乐池，又向前走去，一直走到他日夜倾慕的西王母国。

西王母长的像人，但有着老虎一样的牙齿，蓬头散发，头上戴着特殊的饰物，说起话来如虎啸，震动山岳。她住在高高的山上，山上有个美丽的水池，叫做瑶池。传说这里不但盛产宝玉，还出产一种不死之药，人吃了以后可以长寿。穆王来到这个神话般的地方，不以天子自居，而是以远方宾客的身份，让手下人拿着礼物，很礼貌地拜望了西王母。西王母对穆王也以礼相待，摆上一些当地的特产欢迎东方来的贵宾，并在瑶池举行了大型的宴会。他们相互作歌欢庆，快活异常。宴会时互赠礼品，互相演奏各自的乐器和跳起舞来，进行文化交流。周穆王和西王母珍重话别之后，又经过千山万水，才回到镐京。

穆王这次西行往返行程达三万五千里，几乎走遍了我国西部的山山水水，不仅带回了西域各族人民赠送的各种珍贵礼物，更难得的是带回了中亚和西域广大地区人民的深情厚谊，为后来中央政府对西域的统治打下了良好的感情基础。穆王也因此成为我国历史上有名的“旅行王君”，流芳千古。

★周穆王像

《穆天子传》

《穆天子传》是我国第一部游记体地理著作，反映了周代与西北少数民族交往情况和有关地理的著作，为周代史料。《穆天子传》共6卷，用古文写成，大约成书于战国时期，作者已不可考。西晋咸宁五年（279年）出土于汲冢。前5卷记周穆王（西周第五代王穆王满）西游故事，皆有月、日可寻，并详记所行里数，其中保存有若干古代中西交通史料。最后一卷记周穆王妃盛姬之死及其丧仪，虽不属地理著述，却是难得的古代优美神话，具有鲜明的人物性格，颇有文学价值。晋郭璞作注，称本书为“周王游行记”，并谓其体例与起注同，故《隋书·经籍志》、《旧唐书·经籍志》、《新唐书·艺文志》均将本书列于史部起居注类。清陈逢衡作《穆天子传补正》，对郭注多有订正。

★周穆王陵封土

国人暴动

GUO REN BAO DONG

★周厉王像

在成王、康王统治的时期，周朝政局比较安定。后来，由于奴隶主贵族加重剥削，加上不断发动战争，平民和奴隶的不满情绪也随着增长。周朝的统治者为了镇压人民，采用十分严酷的刑罚。周穆王的时候，制订了三千条刑法，犯法的人受的刑罚有五种，叫做“五刑”，像额上刺字、割鼻、砍脚等等。但是，刑罚再严，也阻止不了人民的反抗。

公元前 878 年，周朝第十个王——周厉王即位后，旱涝无常，农业生产遭受了很大的损失，饥民到处都有，但官府却无人出来赈济，他们依旧花天酒地，歌舞升平。周厉王为了聚敛财富，以备享用，命虢公长父和荣夷公遍告天下：将山林川泽统归王室所有，不准百姓樵采和渔猎。厉公的做法不仅给平民生活造成了极大的困难，连一些中下层的贵族也都蒙受了损失，一时间人们各执己见，议论纷纷。

王命遍谕全国后，厉王便命荣夷公和虢公长父到处查看施行情况，发现拒不执行的轻者杖责，重者杀头。于是，平民之间的议论就变成了怨言和咒骂。为了能堵住众人的嘴，厉王派人从卫国请来了巫师，让他用巫术去人群里寻找曾私议朝政和咒骂厉王的人。卫巫倚仗厉王的权势，开始肆意陷害，随意栽赃，很多无辜的人死于非命。迫于卫巫和厉王的淫威，人们在公开的场合不敢说话，在路上碰到熟人也不敢打招呼，只能用眼神示意，一时间人们都行色匆匆，不敢在有人的地方驻足。

厉王满以为用这个方法已经压制住了人们心中的怒气，杜绝了人们口中的怨言，便更加悠然自得。大臣召穆公觐见厉王说：“防民之口，甚于防川。”提醒厉王应该广开言路，择良言用于政事，弃秽语于沟渠，厉王却根本就听不进去，一意孤行。三年后，又逢灾害，百姓借此举行大规模暴动，周厉王无法抵御，被迫出逃。史称这次暴动为“国人暴动”。

暴动时，周太子静躲进了召穆公家中，被人知道后，哀愤已极的百姓围住了召穆公的家，召穆公见当时已无法劝解众人，只得把自己的儿子充作太子交给了他们，使太子得以脱险。厉王逃到了彘地，并老死于彘。朝中就由召穆公和周定公共同主持朝政，号为“共和”。

★国人暴动

★周宣王像

共和行政

共和，指周厉王之后、周宣王之前十四年间（公元前 841—前 828 年）的周政权。有两种说法：一为召穆公、周定公共同执政；一为诸侯推共伯和代摄天子政事。周厉王暴虐侈傲，宠信虢公长父、荣夷公等佞臣。大夫芮良夫曾加劝谏，指出荣夷公好“专利”（霸占土地山川的产物），会酿成大难。厉王不听，终以荣夷公为卿士，执政用事。芮良夫又告诫执政诸臣，不可“专利作威”，否则国人将“为王之患”，也未得结果。厉王的暴政致使发生“国人暴动”。共和元年即公元前 841 年。14 年后，太子静已年长，周、召二公拱手让权于太子，太子静于公元前 829 年即位，是为宣王。共和时代结束。

中兴之主杀功臣

ZHONG XING ZHI ZHU SHA GONG CHEN

公元前 828 年，厉王病死于彘，太子静已年长，本应立即继位，但周公、召公担心太子突然出面继位，民心不服，再滋生祸端。恰在这时，发生旱灾，百姓叫苦连天。周公、召公商议乘此机会扶太子继位。他们通过占卜，向外谎称：“这次大旱是厉王作祟。他已在彘 14 年，足以抵消罪过。他要求让太子继位，使周的先王仍能受到祭祀。”此般谎言传到朝野，百姓知道后，只盼早日解除旱情，以保收成，并无什么反对的动向。这时周公、召公方才把太子静由召公家接到宫中，登基即位，做大周天子，即周宣王。

周宣王即位后，回忆当年情景历历在目，历经艰险，不是召公舍子相保，哪有今天？他认识到人民的力量不可轻视，国家不可不精心治理。他从他父亲厉王那里吸取了教训，爱护、安抚人民，与民休养生息，发展社会经济，希图恢复国力，再振大周雄风，立志做一个中兴的名君。除周公、召公协助处理国政外，又任命方叔、召虎、尹吉甫、申伯、仲山甫等贤臣，复修文、武、成、康之政。经过多年的努力，政治较前清明，中原政局稳定，大多数诸侯进贡朝见。接着又西伐西戎，北击狁狁，南征荆蛮，东服徐夷。然后在东都洛邑大会天下诸侯，校阅兵马，宣示武力，琢石鼓十面，记载盛典。这一切为当时的统治者带来一线希望，周室赫然中兴！

★申伯塑像
申伯的女儿是厉王的妃子，太子姬静为她所生，厉王死后，姬静继位，即宣王。

★尹吉甫像
宰相尹吉甫是中国文化中一个重要人物，是西周奴隶制王朝的一代宰相、军事家、诗人、哲学家。

宣王经过多年的努力，认为升平盛世到来，就不那么勤政了。一年春天，春官宗伯向宣王请示藉田之事，宣王以年老体弱推辞。原来“藉田”之礼是古代帝王重视农业生产、勤政的一种表示方法。相传天子藉田千亩，诸侯百亩，每年春耕之时，天子按规定时间，亲自率领公卿、诸侯、大夫，带着农具，到南郊藉田上三推或者一拨，就算是天子亲自耕田。礼毕，再征用民力耕种这千亩良田，所产粮食为祭祀宗庙之用。就连这种形式上的事，宣王也不想干了。懒惰积习，只贪图安逸、享乐，宣王甚至连早朝都不想上。中国古代帝王有着一个勤政、亲政的成规，每天早晨五更，天色初明，京城里重要官员要进宫上朝觐见帝王，奏事议政。而宣王这时，往往贪睡迟到，这既有损帝王尊严，又影响朝政。

宣王晏朝的事，使王后姜氏心事重重。姜后向来端庄贤淑，经常规劝宣王勤政、爱民，是宣王的贤内助。姜后为谏劝宣王，特换去王后服饰，到王宫中幽禁宫人的永巷待罪。这时姜后身边管事的老妇人来向宣王报告，这妇人叩头奏道：“王后差遣妾前来向大王传达：王后因无才无德，整肃后宫无方，致使君王贪恋酒色，晏朝失礼。此是王后管束宫人不力所致。大王若如此下去，必然贪图安逸，喜欢奢侈，这是导致祸患的根源，现在王后在永巷等待君王旨意定罪。”

宣王听完，不觉有几分惭愧。忙吩咐老妇人说：“这是寡人失德，而不是王后的过错，速去请王后回宫，今后寡人注意改正就是了。”在姜后的规劝下，宣王不得不检点些。

一次，大祭时住在斋宫，周宣王夜间梦见一美女自西冉冉而来，走入太庙之中，大笑三声，大哭三声，然后将太庙神主的灵牌，捆作一束拿走，往东而去（预示周都东迁）。宣王起身追去，忽然惊醒，乃是一场惊梦。宣王召见太史伯阳父，述说梦中所见。伯阳父分析说：

“王今有此梦，主有女祸。”伯阳父这么一说，宣王下决心搜杀妖女，以除祸根。他命令大夫杜伯负责查访妖女，但很久没有消息，不禁对杜伯产生不满情绪。

一日朝见，责问杜伯：“命你查妖女之事，如何至今无结果？”杜伯说：“臣查妖女并无踪影，如搜索不休，势盛惊动国人，故此中止。”宣王大怒，对杜伯说：“既然如此，为何不早日明奏？你不听朕命，怠误大事，如此不忠，要你何用？”令武士将杜伯押出斩首示众。

文武百官受到震惊，大夫左儒是杜伯的好友，岂能见死不救？他急忙跪倒在地，向宣王求情，他说：“臣闻尧有九年的水灾，不失为帝；汤有七年之旱，不影响他为主。天变尚且不妨，人妖怎能信呢？我王若杀杜伯，臣恐百姓得知，将妖言传播日盛；诸侯得知，轻慢朝廷；夷邦得知，必起贼心。乞大王宽恕杜伯，饶他不死。”

宣王看左儒为朋友辩护，指责左儒说：“你为朋友而逆朕命，是重友而轻君！”

左儒解释说：“不然。君是友非，当听君命；友是君非，则当逆君而顺友。杜伯无可杀之罪，无罪而诛，天下人必以为王不明；臣若不谏止，人们必以臣为不忠。我王若杀杜伯，臣请与杜伯同死。”

★杜伯像

杜伯又名恒，为周大夫。宣王听信谣言，说女人要夺他的江山，命杜伯访查“妖女”，杜伯恐引起滥杀无辜，拒不执行王命，被宣王杀害。

宣王不同当年，早已把往事忘却，自谓是中兴之主，刚愎自用，再也听不进别人意见，还是把杜伯杀了。左儒回到家中，自刎而死。

宣王由于一时气愤，杀了杜伯，又听到左儒自杀的消息，不免有些懊悔。一连串的事情，使他忧伤，渐渐精神恍惚，得了忧郁症。

公元前782年初秋，病情稍好，想要出郊游猎。卜得吉日，率领公卿武士，来到郊外射猎。那日天气晴朗，万里无云，旷野风光格外迷人。文臣武将为博得宣王欢心，各个精神抖擞，争先恐后追逐野兽，刀枪、弓箭挥舞，毛血横飞，飞禽落地，走兽挣扎。时过半午，猎获许多飞禽走兽，宣王欢心，下令撤回。

宣王体弱，由于劳神，回去的路上坐在车里眯着眼睛，随着车轮颠簸，恍恍惚惚进入梦乡。忽然觉得前面有辆小车迎面而来，他睁开眼睛，看见车上有两个人，再定神细看，是杜伯和左儒。他大吃一惊，转眼之间，再看人车俱无。惊魂未定，又见两人驾车在前，二人气势汹汹，高喊：“无道昏君，还我命来！”只见杜伯张弓搭箭射来，宣王自觉射中自己的心窝，大叫一声，便昏倒在御辇之上。官员、武士高兴而来，扫兴而归。他们簇拥宣王赶忙回宫，姜后迎来，把宣王抬进宫中床上，唤御医诊治，服用几付药也不见好转。宣王觉得不好，召尹吉甫、召虎托孤，二位床前顾命。是夜宣王驾崩，归西天。

周宣王时童谣

周宣王继位后，民间传出了一个童谣：“桑弧箕服，实亡周国。”这首童谣虽只有短短的两句，却很有名气。一是它被认为是我国历史上最早载之于文字的童谣之一。二是关于它，还有着一些神奇而荒诞的传说。据说，在夏朝的末年，褒这个地方的神化为两条龙，降于夏王庭，说：“我是褒的二君。”夏后卜卦，先是卜得杀、去、留，都不吉利，后来再卜，得到“神示”：如果求到龙的唾沫而加以珍藏，就大吉大利。结果夏后照卜卦行事，请得龙涎用柜子收藏起来。经过殷周数百年的时间，宫中没有人敢去动这个柜子。到了周厉王的晚年，忍不住去打开来看了。这下可闯了祸：龙涎破柜而出，流淌到王庭之中，怎么也没法除掉。厉王让宫中的妇女们裸体呼叫鼓噪，龙涎却又化为玄鼋，爬到王宫里去了。宫中有一个六七岁的小姑娘，不小心碰到了它，等长到16岁时，未婚而有孕。到周宣王时，生下一个小女孩。姑娘因为害怕，将小女孩丢弃在路边。这时，恰巧有一对无儿无女的卖弓箭的夫妇经过，听到孩子的哭声，觉得可怜，便收养了她。为了远祸，后来又带着小女孩逃到褒这个地方住下来，并取名为褒姒。后来，褒姒成为周幽王的妃子。周幽王为了讨她的欢心而烽火戏诸侯，最终国破人亡，西周也宣告灭亡。

幽王烽火戏诸侯

YOU WANG FENG HUO XI ZHU HOU

宣王死后，太子宫涅即位，是为周幽王。幽王和宣王父子有别，却同其祖父厉王一脉相承。有个大臣褒珦劝谏幽王，幽王不但不听，反把褒珦关进了监狱。褒珦在监狱里被关了三年。褒家的人为了把褒珦救出来，在乡下买了一个非常美丽的姑娘，叫褒姒。褒家人教会她唱歌跳舞后，把她打扮起来，献给幽王，替褒珦赎罪。幽王得了褒姒后，就把褒珦释放了，并对褒姒恩宠有加，从此不思朝政。由于幽王日事淫乐，又十分宠任“善谀好利”的虢石父为卿士，引起了朝中上下的不满。又因宠爱褒姒而废掉王后和太子宜臼，改立褒姒为后，褒姒的儿子伯服为太子，进一步激化了宫廷内部的矛盾。加上幽王昏庸无道，怠于政事，最终引发了社会的动荡。

★周幽王像

幽王在位期间，周国的边境有个犬戎部落，时常到周的境内抢掠财物，有时甚至到京郊杀人越货。那时为了能及时报知战事，曾于郦山及周的境内置烟墩数个，也称之为“烽火台”。白天遇有敌情以烟为号，夜间则以火为号，各诸侯国见有信号，便知有敌情，就能快速组织兵将驰援镐京。时下，犬戎时常掳掠京郊辎重、妇女，但幽王却置之不理，依然与褒姒日出饮至日暮。褒姒虽然生得国色天香，但有个不爱笑的毛病，幽王为博褒姒一笑，以悦其心，他大出赏赐，凡能引王后一笑的人均重赏千金。虢石父立即找到幽王献媚，幽王便按虢石父的点子，首先以游玩为借口，带褒姒到郦山暂住，候到黑夜，命随行军士点燃烽火，霎时间火光映天，各烽火台也都相继举火，连成一线。幽王与褒姒登台观望，远远就能看到各地火把相接，战马嘶鸣，战车成片，一路朝郦山驰来，待得知无敌情战事时，又都车马回辕、旌旗漫卷，匆匆迤逦下山。褒姒见诸侯们受到如此嘲弄，果真纵声大笑。

幽王以虢石父有功，给了他很多赏赐，但诸侯却在遭此戏弄后，不再以烽火为信，幽王十一年（公元前771年），原太子宜臼的外祖父申侯，为铲除暴君，替女儿申后报仇，帮太子复位，引着犬戎等军队杀进镐京，因再举烽火而诸侯不见，幽王势孤，被犬戎兵将杀死车中，同车的太子伯服亦被砍杀，褒姒被虏，犬戎劫走许多周家宝器。

★幽王烽火戏诸侯

“烽火戏诸侯”原本是幽王同诸侯开了个不大不小的玩笑，可历史却跟他开了一个巨大的玩笑，原来的千金买一笑，成了一笑卖江山。

★周幽王与褒姒

褒姒

褒姒原是一名弃婴，被一对做小买卖的夫妻收养，在褒国(今陕西省汉中西北)长大。公元前779年(周幽王三年)，周幽王征伐褒国，褒人献出美女褒姒乞降，幽王爱如掌上明珠，立为妃。翌年，褒姒生子伯服，幽王对她更加宠爱，竟废去王后申氏和太子宜臼，册立褒姒为王后，立伯服为太子，引起申侯联合缯侯和犬戎反叛，幽王被犬戎杀死，褒姒被掠走。

古蜀国与杜宇

GU SHU GUO YU DU YU

号称天府之国的四川，其早期历史有许多神秘的不解之谜。李白在《蜀道难》诗中，开首就惊呼道："噫吁嚱，危乎高哉！蜀道之难，难于上青天！蚕丛及鱼凫，开国何茫然。尔来四万八千岁，不与秦塞通人烟。"在极言蜀道之难、蜀国历史之悠远的同时，更平添了几多神秘气氛。而这些又多与传说中的神秘人物蜀王杜宇联系在一起。

四川古称巴蜀，是上古巴国和蜀国的合称。今成都平原往南至云南、贵州二省北部，往北至今陕西、甘肃二省南部地区，都是古蜀国的疆域。其活动中心，早期在川西北的岷山地区，后期在川西平原。传说中的蚕丛、柏灌、鱼凫、杜宇、开明等古蜀国君主，都是以川西为活动中心的。关于蜀人的族属，一般认为是古代氐羌的一支。但既已长期居此，有的学者就主张，在蜀地之人可称为蜀人，蜀人所属之族均可称为蜀族，蜀族之王均可称为蜀王。无论如何，蜀地先民不属于传统中所说的古代华夏族系。

★金沙遗址出土的玉戈

蜀人的历史十分悠久。最早的君长是蚕丛、柏灌、鱼凫，他们在蜀地的建设中贡献很大，所以留下了名字。其所历时间有数百上千年，是蜀民由原始向文明过渡时期的著名君长，大概相当于中原的五帝至夏商时代。传说，蚕丛氏"目纵"，即眼角向上斜，死后以石棺、石椁埋葬，其活动中心大体在今四川茂汶一带及其南北。之所以称为蚕丛，研究者认为是因其发明了养蚕，川西考古中发现的许多原蚕和蚕茧是其证明。柏灌氏的事迹，文献无证，学者多持怀疑的态度。他之所以被后人记载，当是因其率族人由山区向平原地区迁徙，他的部族大体活动于今四川都江堰市为中心的地区。传说鱼凫氏称王于湔山（今四川彭县北部的茶坪山），此处临水，大约其部民以打鱼为生，故而人们称他为鱼凫。鱼凫，学名鸬鹚，俗称鱼鹰，是一种善于捕鱼的水鸟。许多学者认为，鱼凫氏很可能是从长江中游的江汉平原溯江而上，逐步进入这一地区的，与蚕丛氏不是同一部族。

★望丛祠中的蜀王望帝、丛帝像

杜宇是在鱼凫之后最著名的一位蜀王，大约生活在公元前7世纪前后。传说他是从天上下到人间的。同时有一位从江源（今四川崇庆县一带）地井中生出的女子，名利。杜宇娶利为妻，北南两支族系相结合，在利的帮助下，杜宇自立为蜀王，并认为自己的功德高于诸王，而号称望帝，以郫邑（今四川郫县北）为都城，同时又以瞿上（今四川双流县与新津县交界的牧马山）为陪都。

杜宇教民开垦成都平原，耕种收获，从此进入农业社会。他开掘朱提（今云南昭通）的银矿，发展矿冶业；在南中开发林业资源；又在汶山（今松潘草原）开辟牧场，加强传统的畜牧业。以这三种产业结合，使蜀民逐渐富裕起来，蜀国也变得前所未有的强大。此时的蜀国疆域，北到位于今陕西汉中的褒斜谷口，西到熊耳、灵关（今四川青神到宝兴、芦山一线），南到南中（今云南、贵州北部），东边大体以涪江与巴人为界。

蜀国在周围地区的影响日益增大，于是杜宇不仅在本国任用贤

★金沙遗址出土的文物
金沙遗址就是公元前12世纪至公元前7世纪古代蜀国都城的废墟。金沙遗址位于成都市西郊青羊区金沙遗址路。金沙遗址是中国进入21世纪第一项重大考古发现，2006年被评为全国重点文物保护单位。

能，还有意向境外招徕贤人。楚国鳖邑（今贵州遵义）县令开明，与杜宇秘密联络，被楚君发现，决定将其捕捉处死。开明毅然率族人投奔蜀国，杜宇见其贤能，任命为国相。在开明的辅佐下，蜀国国力更盛。

杜宇时期还进行了一项重要的水利工程——玉垒山的开凿。水利是农业丰收的保证，杜宇教民耕种，开始了蜀国的农业生产。但成都平原地势低洼，常闹水灾，使农业产量和人民的生命财产都没有保障。据古地质学研究，成都平原本为四川白垩纪内海的最后遗迹，在四川盆地西北的邛崃山、九顶山和盆地中的龙泉山之间，本是由江、湔、雒、绵诸水蓄积成的内湖，后来内湖干涸，成为东北至西南走向的低洼平原。在岷江出山口的都江堰市西南，有一座玉垒山（九顶山），山虽不大，却阻隔着江水东流。每当暖年，冰山雪融，大水骤下，一泻千里，毁坏大量的民宅和农田，造成巨大危害。在一次大洪水之后，杜宇决心治水，在国相开明的规划和率领下，蜀民凿开玉垒山，在沿途筑堤修坝挖沟掏渠。经过多年努力，终于治水成功，既防止了水患，又保证了下游农田的灌溉，使蜀地成为旱涝保收的天府之国。

传说，由于开明治水之功甚大，受到蜀民的爱戴。年老的杜宇于是效法尧舜，实行禅让，国相开明取代杜宇，成为蜀国国王，开启了历十二世、数百年的开明王朝。直到公元前316年（秦惠文王更元八年）与巴国一起被秦国所并。杜宇禅位后，避居于川西山中，依其山居之本族度过余生。杜宇提倡农耕，蜀民十分怀念他。传说，杜宇死后其魂魄变成了子规鸟（又名杜鹃），每到春二月，就到农田上空“布谷——布谷”地鸣叫，呼唤人们收麦播谷，不误农时。由于呼唤“布谷”过于劳累，子规鸟啼血而亡，鸟血洒在山间，化成了一丛丛红色的杜鹃花。四川的百姓世代不忘杜宇的恩德，奉杜宇为农神，称为“土主”，在各地修建了许多土主庙，四时祭祀。

也有记载说，杜宇并非禅位，而是被开明篡夺了政权，被赶至深山度过余生。他变成子规鸟，还在哭泣其王位的丧失，直至啼血而死。诗人胡曾《成都》诗中称：“杜宇曾为蜀帝王，化禽飞去旧城荒。年年来叫桃花月，似向春风诉国亡。”李白诗中也说：“蜀中曾闻子规鸟，宣城还见杜鹃花。一叫一回一肠断，三春三月忆三巴。”对杜宇的不幸寄于深切的同情。

★杜宇陵

★三星堆博物馆

三星堆遗址

三星堆遗址是中国西南地区的青铜时代遗址，位于四川广汉南兴镇。1980年起发掘，在遗址中发现城址1座，其建造年代约为商代早期。东城墙长1100米，南墙180米，西墙600米，为人工夯筑而成。清理出房屋基址、灰坑、墓葬、祭祀坑等。房基有圆形、方形、长方形3种，多为地面木构建筑。自1931年以后在这里曾多次发现祭祀坑，坑内大多埋放玉石器和青铜器。1986年发现的两座大型祭祀坑，出土有大量青铜器、玉石器、象牙、贝、陶器和金器等。三星堆文明上承古蜀宝墩文化，下启金沙文化、古巴国，前后历时约2000年，是我国长江流域早期文明的代表，也是迄今为止我国信史中已知的最早的文明。不能否认，三星堆文化的确是中华文明最古老的源流之一。

★三星堆纵目人

楚开国人物——鬻熊

CHU KAI GUO REN WU YU XIONG

鬻熊，荆蛮人，生卒年不详。根据历史考证，鬻熊约生活在公元前11世纪时期，是古代楚国杰出的政治家、思想家，是道家哲学的鼻祖。

《左传》僖公十六年记载："鬻熊，祝融十二世孙。"祝融，即黄帝的孙子颛顼高阳的曾孙，又叫重黎。他"为帝喾高辛居火正，甚有功，能光融天下，帝喾命曰祝融"。据《国语·郑语》及《史记·楚世家》记载：商代，殷人称分布在其南部的祝融部落为荆蛮，祝融是南方少数民族的代表和象征。祝融后人分为巳、量、彭、曹、斟等八姓，季连是芈姓的先辈，芈姓即是后来的楚人。楚人世代都隆重祭祀祝融和季连，以示怀念。鬻熊为祝融之后的说法，在《元和姓纂》里也有记载，说："鬻氏，祝融之后，周文王师鬻熊，受封于楚，著书称《鬻子》，鬻拳其后。"《通志·氏族略》也曰："鬻氏，芈姓，祝融之后。"

鬻熊事周文王，时在商纣王时期。这一时期，纣王统治下的商朝人心涣散，国政危在旦夕。而处于渭水流域、臣服于商的周族，势力日益强大，其君西伯昌(周文王)广纳贤才，争取各诸侯国的支持。鬻熊投奔周文王之事，在《史记·周本纪》中写道："西伯曰文王，遵后稷、公刘之业，则古公、公季之法，笃仁，敬老，慈少。礼下贤者，日中不暇食以待士，士以此多归之。伯夷、叔齐在孤竹，闻西伯善养老，盍往归之。太颠、闳夭、散宜生、鬻子、辛甲大夫之徒皆往归之。"

鬻子，即"鬻熊子"的省称。鬻熊就是在这时投于周文王旗下的。关于鬻熊坐镇周文王幕府还有一则轶闻。唐人逢行珪编的《鬻子·序》里说，当时鬻子投奔周文王时已年届九十，文王见他白发苍苍的模样，便笑曰："老矣！"鬻熊答道："使臣捕兽逐麋，已老矣；使臣坐策国事，尚少也。"文王当即封鬻熊以"师"的官职，让他坐策国事。

鬻熊带领楚族蛮人投靠西周后，利用商末周初社会动乱、各诸侯国无暇南顾的机遇发展自己，开始了"筚路蓝缕，以启山林"的艰苦创业过程。在与北方中原汉民族及南方土著氏族的交往和冲突中，他始终努力吸取北方先进文化，同时不断地融合南蛮诸族土著文化，势力逐步扩大，实力逐步增强，成为一支独立的政治力量登上了中国的历史舞台。传到鬻熊的曾孙熊绎继位时，熊绎因功被周成王封于荆楚，立都丹阳，建立了自己的国家，政治影响日益显著，从而开创了楚国八百年的基业。熊绎的五代孙熊渠更是一位极有开拓精神的国君，他勇武善射，远交近攻，吞并周边蛮夷小国，逐步占领江汉平原一带的楚蛮之地，为后来楚成王、楚庄王争霸中原打下了坚实的国力基础。楚国曾一度成为春秋时代地域最广、人口最多、资源最丰富的强大诸侯国，并创造出光辉灿烂具有独特色彩的楚文化。

★鬻熊雕像

★叶德辉

《鬻子》

鬻熊不仅是楚开国人物，也是楚文化的奠基人，这主要体现在他为楚人留下的哲学思想中。据《汉书·艺文志》记载，鬻熊留有《鬻子》十九篇。鬻熊的言论像儒家的《论语》一样，原只是凭口流传下来，后人又据口传的意思整理成当时的文字才得以传世。现存的《鬻子》，最早是唐永徽年间(650-655年)逄行珪所献本，最晚是清末叶德辉(1864-1927年)校辑本。叶辑本正文只有十四章，大约一千五百字，其中"道"字出现了十五次。

春秋·战国

周平王东迁

ZHOU PING WANG DONG QIAN

公元前770年，太子宜臼即位，是为周平王。由于申侯约请犬戎进京攻杀幽王，迎立故太子宜臼即天子之位，故而犬戎自以为杀幽王、斩伯服立了不世之功。他们在镐京休兵多日，不肯离去，并怂恿兵将大肆劫掠，乃至众诸侯兵到，驱之返兵，却又烧毁宫室，并把周室府库洗劫一空。随后，又经常侵扰周疆，占领岐丰之地，渐渐逼进镐京。

★周平王塑像

平王登城眺望，见宫室残破，城内满目狼籍，而府库已空，无力建造宫室，又怕犬戎兵早晚杀回来，心下便有弃城东迁之意。待至第二天，众大臣已站满朝堂，平王便说出了自己的打算。群臣意见不一，大多言迁者，都想避开犬戎的威胁，且新都早建，可不必修缮。持不同意见的人则言镐京是阻隔犬戎向中原发展势力的屏障，弃之就等于拱手相让，且新都洛邑方圆不过600余里，比不上诸侯国，人口少，兵源不足，日后对诸侯难以控制。平王见众臣争执不下，只得以王命遍告诸臣及都城百姓，择期东迁。然而，平王东迁，并没有迁徙丰、镐二京的百姓，因此在洛邑建国的时候，只能依靠诸侯的力量，王室从此落入了诸侯的掌控之中。

公元前770年，周平王迁都洛邑。因为镐京在西边，洛邑在东边，所以历史上把周朝在镐京做国都的时期，称为西周；迁都洛邑以后，称为东周。而东迁之后的周王朝很快就像众臣所预料的那样，势力范围已远远小于镐京，更在多数诸侯国之下。从此，诸侯不听王命，甚至以兵力相要挟的现象时有发生。周天子名义上是各国共同的君主，实际上他的地位只相当于一个中等国的诸侯。此期，一些比较强大的诸侯国家用武力兼并小国，大国之间也互相争夺土地，经常打仗。而犬戎的骚扰更肆无忌惮，远在洛邑的周平王既鞭长莫及，又缺兵少将，无力还击，国势便愈加衰微。与此同时，周王朝的礼乐制度、法典和文化制度也随之崩溃，君之不君，臣之不臣，政治矛盾加剧，社会矛盾增加，以诸侯为单位的割据势力开始形成，并开始了互相侵伐。总之，平王东迁，既是分化和瓦解周王朝统治的加速器，又是生发各种文化思想，改变封建礼制，产生地域性变革和经济繁荣的动力源。因而东周从一开始，便成了春秋时期的代名词。

★平王东迁后的历史遗迹——洛阳“天子驾六”车马坑

犬戎

犬戎是中国古代的一个民族，即猃狁，也称西戎，活动于今陕、甘一带，猃、岐之间。西周中期以来，随着周王朝实力的削弱，而西北地区的戎狄逐渐兴盛。特别是猃狁，进一步加强对周朝的压力，不时入侵。宣王时期，经过一段时间的积蓄力量，宣王命尹吉甫、南仲等出军征伐犬戎，取得很大胜利。但是，到了周宣王晚年，周王朝又开始出现衰落。犬戎便因此大肆骚扰虏掠。平王东迁后，犬戎愈于忌惮，占领了大片周域疆土，但平王鞭长莫及，力不能制。

郑庄公掘地见母

ZHENG ZHUANG GONG JUE DI JIAN MU

平王东迁后，车驾来到洛阳，他见市井稠密，宫阙壮丽，与镐京无异，心中大喜。京都既定，四方诸侯都来到新都，纳贡朝贺。平王以郑武公和卫武公同为周朝卿士，佐理朝政。平王十三年（公元前758年），卫武公因年老病死，郑武公独秉周政，因为当时郑与洛阳邻近，所以郑武公大多时间都在周朝理政。不过，每到郑武公从周朝回到郑国的时候，其夫人姜氏却总要在武公面前提立次子段为嗣之事。武公始终以长幼有序为由加以劝阻。不过姜氏却丝毫不肯放弃，常言：“段长得一表人才，且多力善射，武艺高强，若袭位为君，岂不胜寤生十倍？”寤生即姜氏的长子，因是姜氏夫人难产而生下了他，所以取名寤生。姜氏对如此分娩心中不快，便迁怒于长子，而偏爱次子段。因此，屡次向其夫武公称道次子之贤，宜立为嗣。武公却说：“寤生无过，岂可废长而立幼？”于是让寤生继嗣，只把很小的共城给了次子段，时人称其为共叔。

★共叔段像

郑武公死后，寤生即位，是为郑庄公，仍代父为周卿士。姜氏夫人见共叔无权，心中更是不快，她对庄公说：“你承父位，享地数百里，而你的同胞之弟，只能在共城容身，你就这样忍心吗？以我之意，不如把京城（今荥阳）分封给他。”庄公一时不知如何回答。姜氏生气道：“如果你不答应，只有让他到别国谋生去了。”庄公无奈，只得于次日与众臣商议。大夫祭足听了庄公的话，赶紧制止道：“那怎么能行。天无二日，民无二君。谁不知道夫人喜欢段，若将此地封给他，那么他恃夫人之宠，日后必然生乱。”但庄公不敢拒绝母命，只好把京城封给段。

京城既得，姜氏便有意为段谋国。一天，她偷偷对段说：“你到京城，要私下招兵买马，聚积粮草，如果有机会可乘，我为内应，你可取代寤生之位，这样我也就死而无憾了！”段欣然领命，从此，段以射猎为名，天天出城训练士卒，并袭取了鄢（今河南省鄢陵县北）及廪延（开封西北）两地。庄公得到奏报，却微笑不语。上卿公子吕气得高声叫道：“段内挟母后之宠，外恃京城之固，日夜训兵讲武，其志不篡夺不已。主公假臣偏师，直造京城，缚段而归，方绝后患。”庄公说：“段乃是母亲的爱子，我之爱弟。寡人宁可失地，岂可伤了兄弟之情？”

公子吕又上前一步说道：“臣非虑失地，实虑失国啊！现在段势大力强，人心惶惶，各个观望，不久都城之民，都将怀有贰心。您今日能容段，恐他日段容不下您啊！”

★郑氏三公雕像（桓公、武公、庄公）

庄公制止说：“你不要乱加猜疑，我自会考虑此事。”此时，正卿祭足悄悄对公子吕说：“我主才智过人，此事他绝非坐视不理，只因大庭广众，耳目甚多，你若私下求见，必得其计。”公子吕依其言，待散朝后再叩宫门，庄公迎见，对公子吕说：“我认为，段虽无道，尚未显然叛逆，我若把他杀了，母亲必从中阻挠，还得说我对母不孝，对弟不亲。我今置之度外，任其所为，彼恃宠得志，肆无忌惮。待其露出反形，那时明正其罪，则天下人没人敢帮他，而母亲也就无话可说了。”公子吕听其言，忙向庄公献上一计说：“您很长时间没去周室，不如以去周辅政为借口出行，段必以为国内空虚，兴兵叛逆。臣预先引兵伏于京城近处，乘其出城，入而据之。主公则半路杀回，段可束手待擒。”庄公从其计，君臣两人便分头行事。

次日早朝，庄公假传一令，命大夫祭足监国，自己往周朝面君辅政。姜氏闻知此信，遂写密信一封，遣心腹送到京城，约段五月初旬，兴兵袭郑。可是，公子吕预先差人

★颍考叔祠内的颍考叔塑像

伏于要路，杀了信使，得了姜氏手书。庄公看完密信，重派自己心腹将此信送去，并骗得段的手书，并密加准备。

到了与母亲相约之日，段托言奉兄之命，前往郑监国，率所借的卫军和自家兵将一齐杀来。不想，公子吕早已按计预遣兵车甲士，扮作商贾模样，潜入京城，并在城楼放起火来，继而公子吕不费吹灰之力便得了京城。段被打了个措手不及，他仓皇逃至鄢陵，又被庄公追杀而被迫逃到共城(今河南辉县)。可共城为区区小邑，怎挡得两路大军？只一会儿的功夫，共城即被攻破，段只得自刎而亡。

接着，庄公将姜氏所作书信连同段的回书让祭足呈与姜氏，即命将姜氏送去颍地（今登封颍阳)安置，并留下誓言说："不及黄泉，永不相见！"姜氏见了两封书信，羞惭不已，自觉无颜与庄公相见，即时离了宫门，出居颍地。

风波已过，庄公忽然有一天想起了自己对母亲发过的毒誓，不觉后悔口无遮拦，以致自己进退不能。当时，颍地的官员颍考叔为人正直无私，素有孝友之誉。他见庄公与母亲不睦，便有心帮助和解他们的母子关系。有一天，他捕获鸮鸟数只，以献野味为名来见庄公。庄公问："这是什么鸟儿？"颍考叔回答说："此鸟名鸮，昼不见泰山，夜能察秋毫，明于细而暗于大。小时其母哺喂，长大后却啄食其母，此乃不孝之鸟，所以人们都捕而食之。"庄公听后，沉默不语。不一会儿，侍者端上蒸羊，庄公将一只羊腿赐给考叔。只见考叔撕下好肉，用纸包裹，藏之袖内。庄公不解其意，考叔解释说："小臣家贫，并有老母在堂，老人家从未尝此美味，想起老母，我怎能自己下咽呢？所以想带一些回去，让老母尝尝。"庄公听了凄然长叹，说："你真是个孝子啊！你有母奉养，得尽人子之心。我贵为诸侯，反不如你。"考叔假装不知详情，庄公便将姜氏与段共谋袭郑，及置母于颍邑和设下黄泉之誓，细述了一遍，并流露出追悔莫及的表情。考叔闻言，对庄公说："臣有一计，可以解君之疑。您可命人掘地见泉，然后建一地室，先迎姜夫人在内居住，告以主公想念之情，然后您在地室中相见，这样既未违背誓言，又行了孝道，可谓一举两得。"庄公大喜，遂命考叔领壮士 500 人，掘地筑室。然后由考叔去见姜氏，述庄公欲行孝道之意。姜氏悲喜交集，按考叔安排与庄公与室中相见，母子抱头大哭，至此母慈子孝，郑国百姓争相传颂。

★郑庄公掘地见母

★郑庄公塑像

郑庄公

郑庄公（公元前 757—前 701 年)，名寤生，今郑州市新郑人，春秋初年的郑国国君。公元前 743 年至公元前 701 年在位。庄公继武公之后，为周平王的卿士。后来，周平王为了削弱郑的力量，分政于虢，任虢公忌父为右卿士，由郑庄公为左卿士，于是周、郑之间发生了矛盾，双方互派人质。不久，周平王死去，继位的周桓王打算让虢公单独执政，结果双方发生争执。公元前 707 年，周桓王罢了郑庄公左卿士之职，郑庄公进行报复，不去朝见周王。于是桓王率领蔡、卫、陈三国之师伐郑，战于葛，被郑军打得大败。到了公元前 701 年，郑庄公居然召齐、卫、宋会盟于恶曹(今河南延津西南)，讨伐周室，并射伤周王。据此，时称郑国为春秋小霸。

叔隗纵欲乱国

SHU KUI ZONG YU LUAN GUO

叔隗是东周时西北少数民族翟国国君的女儿，她生得如花似玉，艳丽动人。翟国人称赞她的美貌是“如珠如玉生光辉”。周襄王时，翟国出兵帮助周天子打败了郑国，周襄王为了表示感谢之意，又正赶上襄王的王后新丧，听说叔隗貌美出众，就派人向翟君求婚。翟国国君就派人把叔隗送到了东周的都城。周襄王大喜，立叔隗为正宫王后。

叔隗在本国时，喜好骑马射箭，翟国国君每次出去打猎的时候，她都要跟随前去，整日与将士们奔驰追逐在原野之上。加上翟国是少数民族，没有中原那么多的礼仪约束，所以叔隗就养成了任性而为、不受拘束、喜玩好动的性格。现在嫁给了周襄王，虽然贵为王后，但居住在深宫之中，行动不便，束缚太多，宛如笼中的小鸟，很不自在。再说，叔隗正当青春妙龄，情欲正盛，而周襄王已是五十多岁的人了，精力衰败，又加上后妃众多，襄王经常在别的宫中过夜，叔隗感到很不满足，寂寞难耐。

★周襄王与叔隗

一天，叔隗请求周襄王带她出去打猎，让她散散心。周襄王为了哄叔隗高兴，就答应了，命令太史官选择了吉祥的日子，率领着大队人马到北邙山狩猎。周襄王传令：到中午为期限，能射得三十只野兽的，赏车三辆；得二十只的，赏车两辆；得十只的，赏车一辆；十只以下的无赏。结果，到日中时，只有一个人献上的野兽超过了三十只。这人便是周襄王的弟弟姬带，封为甘公，国人称他叫太叔。周襄王大喜，厚赏了姬带。

★周襄王

坐在襄王旁边的叔隗，举目观看姬带，见他是身材魁梧，仪表堂堂，真是一表人才；再加上姬带又射艺出众，得了头功，心中十分爱慕这位年少俊伟的王弟。叔隗便向周襄王请求让自己也亲自去打一围。襄王应允，叔隗便脱下绣袍，露出里边的窄袖短衫，黄金锁子甲，脚步轻捷地跨上战马。这种装束，更显出叔隗的飒爽英姿，英武风采。襄王命侍婢陪骑，又命姬带保驾。这正是叔隗所向往的。叔隗和姬带都要在对方面前显示自己的才能。叔隗连在马背狠抽几鞭，那马飞一般奔驰而去，姬带也纵马前驱，如腾云般赶来，把几名侍婢远远落在后面。正当二马并驾而行之时，叔隗面带微笑夸奖姬带说：“我早就仰慕王子才貌过人，今天才有幸相见！”姬带忙在马上欠身施礼回答说：“我只不过是刚学骑马射箭，不及王后的万分之一！”叔隗面带神秘的笑意吩咐说：“太叔您明天早上到太后宫中问安，我有话和您说。”没等姬带答话，侍女们已骑马赶了上来。叔隗用眼睛向姬带示意，二目含情脉脉，姬带轻轻点头，表示已领会了她的心意。

第二天，姬带入朝中谢周襄王的赏赐，然后到他母亲惠太后宫中问安。这时，叔隗早已来到了惠太后的房中。姬带和叔隗相见，眉来眼去，秋波传情，两人心里都已明白对方的爱慕之意。于是两人推托说有事，起身向太后告辞，一起来到叔隗宫中的密室当中。由于叔隗已事先贿赂了宫中侍卫，所以两人可通行无阻，为所欲为。于是两人便在密室中你欢我爱，发生了关系。叔隗在姬带身上得到了从未有过的满足，临别之时眷恋难舍，嘱咐姬带经常来宫中幽会。姬带说怕襄王生疑发觉，叔隗说：“我自会安

★东周男子服饰

王城，先到冷宫，放出叔隗。然后假传惠太后的遗命，自立为周王，封叔隗为王后。但又怕国人不服，恐怕发生变故，就与叔隗移到温地居住。新造了许多宫殿，日夜在宫中享乐，不问国内政事。

半年后，周襄王派简师父到晋国求救，晋文公亲率大军来帮助周襄王。先收复王城，迎襄王复位，然后包围姬带所居的温地。姬带见大势已去，连忙携带着叔隗登车逃跑，被晋国大将魏犨追上。魏犨一刀将姬带斩于车上。兵士将叔隗抓住，扭送到魏犨面前。魏犨狠狠地说："这是个淫妇，留着她有什么用？"就命众兵士以乱箭射之，于是叔隗死于万箭之下。魏犨命人将姬带与叔隗的尸体埋葬在神农涧的旁边。

排好的，你不必多虑！"

从此以后，姬带经常来宫中与叔隗相会，并且胆子越来越大，竟然常在叔隗宫中过夜，明目张胆，不避人言。叔隗和姬带又给宫中侍卫、婢女以丰厚的礼物，所以宫中之人反而给他们做耳目。惠太后也有所察觉，但也听之任之，反而吩咐宫人少说闲话，只是瞒着周襄王一个人。一天，姬带在宫中喝醉了酒，按住一个叫小东的婢女求欢。小东惧怕叔隗，脱身跑开。姬带大怒，竟然拔剑追赶，欲杀小东。小东无奈，一直跑到周襄王的别宫，向周襄王哭诉了叔隗与姬带的所作所为。周襄王听了怒不可遏，命人抓来宫中侍婢，拷问出了叔隗与姬带通奸的全部情况。于是，周襄王便把叔隗贬入冷宫，封锁了宫门，不许人出入。只在宫墙上挖一个洞穴，用来递送饮食。姬带知道事情已经败露，就逃到翟国去了。

姬带到了翟国后，谎称宫女诽谤，周王无情无义，把叔隗贬入冷宫，把弟弟逐出国外，却掩盖了他与叔隗私通的事实。他请求翟国国君借兵给他去救叔隗。翟国国君信了他的话，借给姬带五千骑兵。姬带率领翟国兵攻打东周的王城，打败了周襄王的军队。周襄王跑到郑国去避难，姬带进入

★魏犨像

魏犨又称魏武子，春秋时晋国人，追随公子重耳出亡19年。后晋文公逃亡回晋国当上国君后，便封其为大夫。

★周襄王像

周襄王

周襄王姬郑，执政时间为公元前651-619年。在襄王时期，诸侯争霸日益激烈，诸侯为夺王权各显其能，使用各种手段，抓住一切可以扩张自己实力的机会。在大国争霸、小国林立的时代，称霸于诸侯、被后人称为春秋五霸的齐桓公、晋文公、秦穆公、宋襄公、楚庄王，在周襄王时地位已凌驾于周王及各诸侯国之上。周襄王于公元前619年崩，其子顷王壬臣立为王。

★东周青铜簋

鲁桓公醉中丧命

LU HUAN GONG ZUI ZHONG SANG MING

东周庄王年间，齐襄公向周天子求婚，周天子允婚，答应将王姬嫁给襄公，并要鲁桓公主婚。鲁桓公为此决定亲自赴齐，面商此事。没想到这一去齐国，竟丧了命。

原来鲁桓公夫人文姜，是齐襄公的胞妹。这文姜生得神如秋水，面似芙蓉，又举止轻佻，有一股天然的风骚。齐襄公大文姜两岁，自幼兄妹在一起玩耍，及至成长，竟也携手并肩，有时眉来眼去，打情骂俏，最终文姜即与其兄齐襄公私通。婚后，文姜也不思悔过，每每寻机行欢。

齐襄公听说鲁桓公将来齐，即先派遣使者至鲁，迎接桓公夫妇。大夫申繻谏曰："'女有室，男有家'，此乃古人制度，凡礼不可相违，有违则必有乱。按古制，女子出嫁后，如有父母健在，则每年可省亲一次。今夫人父母俱亡，不宜归省，况且，也无以妹探兄的道理。鲁以秉礼为国，岂可行此非礼之事？"但桓公溺爱其妻，不敢阻其一同前去，遂不听申繻的谏劝，与文姜一起前往齐国。

★文姜像

鲁桓公向齐襄公传达了周天子的旨意，将婚事商妥。襄公大喜，设下盛大宴会，款待鲁桓公夫妇。然后，借口说文姜要与过去的嫔妃相见，将其迎入宫中。齐襄公也是淫乱之辈，早已造下密室，另设私宴，兄妹饮酒叙情。饮酒中间，四目相视，你贪我爱，不顾天伦，遂成苟且之事。两下迷恋不舍，文姜遂留宿宫中，日上三竿，尚未起床，撇下鲁桓公在外冷冷清清。

★鲁桓公逼问夫人文姜

鲁桓公心中疑虑，遂使人至宫门细细探访，得知内情，心中恼怒。见了文姜逼问道："夜来在宫中与谁饮酒？"答曰："同连妃。"又问："几时散席？"答："久别话长，直到粉墙月上，将近半夜矣。"又问："你兄可曾前来陪饮？"答："不曾来。"鲁桓公笑而问道："难道兄妹之情，不来相陪？"答："饮至中间，曾来相劝一杯，即时便去。"鲁桓公气极，连珠炮似地追问："你席散后为何不出宫？你在何处安身？你为何今日起得这么晚？夜里睡觉谁与你相伴？"那文姜不觉面红耳赤，口中虽是含糊抵赖，心中毕竟有些发虚。鲁桓公身在齐国，无可奈何，心中虽然愤怒，却也敢怒而不敢言，即派人向齐襄公告辞，准备归国。

且说齐襄公自文姜出宫后，放心不下，便遣心腹力士跟随，打听鲁桓公夫妇相见时的情况。力士回复道："鲁侯与夫人发生口角。"齐襄公大惊，不一会儿，又见鲁使者前来辞行，知事已败露，于是，齐襄公恶向胆边生，遂起了谋杀鲁桓公之心。他邀请桓公于牛山一行，作为饯行。鲁桓公经不住连逼带请，只得命驾出郊，前去牛山。

是日，牛山大宴，盛陈歌舞，齐齐襄公十分殷勤。鲁桓公低头不语。襄公指使诸大夫轮流把盏，又叫宫娥内侍，捧樽跪劝。鲁桓公心中愤郁，也想借酒消愁，一杯又一杯，不觉酩酊大醉，以至于临别时不能成礼。齐襄公使公子彭生将鲁桓公抱上车，彭生遂与之同车而归。为什么偏要公子彭生送鲁桓公回城呢？原来其中隐藏着玄机，齐

★嵌红铜狩猎纹豆·春秋

★龙凤纹绣绢衾·东周

襄公早准备在牛山宴会散后，回城的路上杀了鲁桓公，彭生力大无穷，又与鲁桓公有一箭之仇，遂被襄公选为杀手。

车离国门还有二里多路时，彭生见鲁桓公熟睡，下手时机已到，乃挺臂以拉鲁桓公两肋，可怜瘦弱的鲁桓公，哪经得起彭生铁一般臂膀的撕拉，双肋被生生拉断，大叫一声，血流满车而死。彭生对众人说："鲁桓公醉后中恶，速驰入城，报知公主，"众人虽觉得有些蹊跷，但又谁敢多言！只好眼瞅着由齐人摆布。

齐襄公听说鲁桓公暴死，佯装啼哭，即命人厚殓入棺，使人报鲁国迎丧。鲁桓公从人回国后，备言鲁桓公车中被杀之事，群情激愤。但鲁国君臣惧怕齐国强大，又怕这种暧昧之事张扬出去，有损以秉持礼仪出名的鲁国的形象，只好请齐人杀公子彭生，以向列国解释。齐襄公见鲁人国书，知其没有责己之意，仅要求诛杀彭生，心中大宽，即遣人召彭生入朝。彭生自谓有功，昂然而入。齐襄公责怪他侍候鲁桓公不力，致使身亡，有罪当斩，喝令左右缚之，斩于市曹。彭生大呼曰："淫其妹而杀其夫，皆出你无道昏君所为，今日又委罪于我！死而有知，必为妖孽，以取你命！"齐襄公急忙以双手掩耳，左右皆笑。

杀了彭生，齐襄公又派人护送鲁桓公丧车回国。文姜仍留在齐国不回去。鲁世子姬同迎丧即位，是为鲁庄公。鲁庄公按礼居丧，由大夫们主持国政。

到了公主下嫁的日子，鲁大夫颛孙生代国君送公主到齐国完婚。同时，奉国君之命迎文姜回国。文

★春秋墓葬及陪葬品

安徽省蚌埠双墩一号春秋墓出土文物中有许多惊喜的发现，考古专家在一个陪葬铜器铭文上发现，这些文字是刻画上去的。另外，考古人员还在一个陪葬物品中发现远古时期的创伤药残留。据考古专家介绍，在出土的器物上发现的"钟离君柏"的铭文意义重大，目前蚌埠市政府正积极筹建墓葬遗址博物馆，加强对墓葬原址保护。

桓公弑兄即位

鲁桓公是惠公正室夫人仲子所生，所以被立为太子，又因惠公去世时尚且年幼，由其兄姬息(鲁隐公)即位摄政。当时鲁国宗室有一位公子翚，字羽父，此人一向恣意专行。隐公四年(公元前 719 年)，宋国联合卫、陈、蔡三国伐郑，也请求鲁国出兵，被鲁隐公拒绝，公子翚却坚持请求，率兵参加了战争。隐公十一年(公元前 712 年)公子翚出于个人野心，又向鲁隐公提出：为隐公杀掉桓公，而让他出任太宰的官职。隐公说："因为弟弟年幼，我才代为摄政，现在他已经长大了，我打算把君位交给他。我已经让人在菟裘(今山东泗水北)修建房屋，准备在那里养老了。"当即回绝了公子翚。这时公子翚又怕鲁桓公即位后知道此事，对自己不利，于是又跑到鲁桓公那里，诬陷隐公想除掉桓公而久居君位，并请求替桓公杀了隐公。桓公竟信以为真，同意他的请求。

鲁隐公还是公子的时候，曾与郑国人作战被俘，被囚禁在郑大夫尹氏那里。鲁隐公贿赂尹氏，并在尹氏主祭的钟巫神之前祷告，于是就和尹氏一起回国，而在鲁国立了钟巫的神主。十一月，鲁隐公将要祭祀钟巫，公子翚便乘机使人刺杀了隐公，而立桓公为国君。事后，桓公也没有按国君的规格为隐公举行丧礼。

★齐襄公与文姜私会

姜心中矛盾，但没有理由不回去。车走到齐鲁交界的齐地禚镇，落脚休息。文姜见这里行馆整洁，环境清静，心想，这个地方不齐不鲁，又齐又鲁，不正适合我这样的人居住吗？于是吩咐从人回报鲁庄公："未亡人性贪闲适，不乐回宫。要吾回归，除非死后。"便硬住下不走了。鲁庄公听了回报，知道她无脸再见鲁国臣民，也不再勉强她。又命人在近处鲁地一侧的祝丘为她建了新馆，由她自由地在禚镇与祝丘之间往来居停，只一年四时派人馈赠问候。

齐襄公婚后，见公主的美貌不亚于文姜，而高雅、端庄更是文姜所不及，再说作天子的女婿，也抬高了自己的身价，所以开始还挺喜欢她。可是公主生性贞静，言动有度，和齐襄公这种狂淫之徒格格不入。婚后几个月来，陆续听到他们兄妹乱伦的一些秽闻，公主不由得黯然伤神，慨叹自己命运乖舛，嫁了这么个衣冠禽兽，忧郁成疾，不到一年便病逝了。公主一死，齐襄公如释重负，明目张胆地经常打着出猎的幌子派人去祝丘接文姜到禚地幽会。《诗经》中的《载驱》就是讽刺文姜坐着红漆猪皮作围厢的、铺着竹席的车子，带着众多的仆从，赶去会齐侯。

★郭店楚墓东周竹简（局部）

郭店楚墓竹简于1993年冬出土于湖北省荆门市郭店一号楚墓。历年的考古资料证明，这里是一处东周时期楚国的贵族墓地。郭店楚简的形制不尽一致。就长度而论，可以分作三类：一类长度在23.5厘米左右；另一类长26.5～30.6厘米；第三类长15～17.5厘米。竹简的形状也有两类。一类竹简的两头平齐，另一类的两头修削成梯形。

桓公违礼

鲁桓公在位期间，国内政局比较稳定，国势还能保持强盛，但鲁桓公却有不少违礼的举动。鲁桓公二年（公元前710年），宋国的太宰华督杀了宋殇公和司马孔父嘉，另立了宋庄公。为了求得各国支持，便向鲁、齐、陈、郑等国行贿，送给鲁国的是宋灭郜国时得到的重器——郜大鼎。鲁桓公把它放置在鲁国的太庙里。因此鼎乃华督乱国之赂器，置于太庙不合于礼，大夫臧哀伯极力劝阻，说："作为国君，要发扬道德而阻塞邪恶，以监视百官，还怕有所遗漏，所以发扬美德以示范于子孙。现在消除道德而树立邪恶，把人家贿赂的器物放在太庙里，以此向百官做出坏榜样。百官也跟着如此，又能惩罚谁呢？国家的衰败，是由于官吏的邪恶。官吏的失德，是由于受宠而贿赂公行。郜鼎放在太庙里，还有比这更明显的贿赂吗？周武王灭商，把九鼎迁到洛邑，义士还有认为不对的，更何况把表明邪恶叛乱的器物放在太庙里，这又该怎么办？"但鲁桓公却对臧哀伯的劝谏置若罔闻。

★青铜斛·东周

庆父死，鲁难已

QING FU SI LU NAN YI

鲁桓公和妻子文姜，一共生了四个男孩，长子后来立为庄公，庄公以下有三个弟弟，大的叫庆父，二的叫叔牙，最小的叫季友。

鲁庄公的妻子叫哀姜，是一位齐国姑娘，有的史书说就是庄公母亲文姜的侄女。哀姜一直没有生男育女，其娣叔姜（哀姜之妹，作为媵妻与哀姜一同嫁与庄公）生子启方。在这之前，庄公还娶了本国党氏的女儿孟任。当时孟任并不愿意嫁给庄公，庄公答应让她做正夫人，并割破手臂与她盟誓才成了亲。孟任生有儿子名子般。不知什么原因，后来孟任没有成为正夫人。因此，实际上庄公没有嫡嗣。就庄公本人来讲最喜爱孟任，所以有心立子般为继承人。

★鲁庄公像

鲁庄公三十二年（公元前662年），也就是庄公四十四岁时，他突然感到身体不适，预感大限来临。他首先找到二弟叔牙，说："我恐怕为寿无几了，我一旦无常，你看谁可以继立为君？"叔牙毫不迟疑地说："上一代是父死子继，下一代是兄终弟及，两种办法轮流交替，是我们鲁国的规矩。您的大弟弟庆父健在，他理所当然地继你为君，你有什么为难的？"庄公又召来三弟季友，给他提出了相同的问题。季友深知庄公心事，就说："我誓死也立公子般。"庄公说："无奈庆父和叔牙串通一气，要立庆父为君了。"季友说："我自有主张。"季友离开内寝就以庄公的名义传令，叫叔牙到大夫鍼季家去待命，然后命令鍼季用毒酒药死叔牙，对叔牙说："喝这杯毒酒，你的家族可以在鲁国永久存在下去，子子孙孙福泽绵长；不喝，不仅你杀身之祸就在眼前，而且你全家老小也将一起被斩草除根。"叔牙一看，到底没较量过季友，阴谋败露，遭了杀身之祸。事已至此，挣扎也无用，接过毒酒一饮而尽，急忙上车往家里奔，结果死在路上，发丧的名义是叔牙得了暴疾。鲁庄公以国君的名义，立其子为叔孙氏。

叔牙死后一个月，庄公也死了，季友支持公子般成为国君。但是，季友虽逼杀了叔牙，却没有除掉庆父，留下了祸根。庆父为了自己能成为鲁国的国君，派人杀了公子般。季友听到政变的消息，知道眼前的局势很危险，于是出逃到陈国。庆父恐怕在杀掉公子般之后就

★庆父像

粉墨登场，太容易暴露了自己的丑恶嘴脸，于是捧出了哀姜的妹妹叔姜的八岁儿子启方继统，这就是鲁闵公。

为了稳定局势，庆父挟持着闵公，加强了同齐国的联盟，并以两国国君的名义从陈国请回了季友，似乎从前的混乱局面至此告终。但洞察鲁国内情的人都知道，在平静的后面正预伏着一触即发的危机。齐国大夫仲孙湫到鲁国做使臣，回去对齐侯就说："不去庆父，鲁难未已。"清清楚楚看到祸根就在庆父身上。

闵公二年（公元前660年），动乱又发生了。从前，闵公的监护人曾经夺过一位叫卜齮的大夫家中的田产，闵公没有禁止，卜齮对闵公遂耿耿于怀。有这样怨主，庆父觉得有机可乘，于是暗地里挑唆卜齮杀害闵公。对于一个孩子施暴是再简单不过的了，卜齮遇闵公于路寝的旁门，飞起一剑就削下了半颗头。季友见又发生了宫廷政变，

★嵌赤铜鸟兽纹铜壶·春秋

1923 年山西省浑源县李峪村出土，高 32 厘米，此器器盖及器颈各有两个带环铜耳，壶颈用赤铜嵌出两行鸟形花纹；壶的上腹亦用赤铜嵌饰两行兽形图案。

载着闵公的幼弟公子申逃向邾国；庆父也装模作样地跑到莒国去避难，好像这场动乱他全然不知。

鲁国人平定了卜齮之乱，接着就从邾迎回了季友和公子申，并立公子申为鲁公，即鲁僖公。僖公即位，声讨杀害闵公的罪人，花了大钱买通莒国执政，坚决要把庆父引渡回来。莒人押解庆父到曲阜近郊的密乡，庆父要求就在当地停下来待命。他还存着一线希望，以为无论如何季友是他亲弟弟，不至于过分绝情。于是他恳请同他感情密切的公子鱼去为他求情。不料季友十分坚决，他说庆父有连弑二君之罪，本人是个大大的野心家，有他在鲁国不可能安宁。公子鱼遭到回绝只好向庆父复命。庆父坐在屋里还傻等着好消息，忽听门外一个男人边走边哭，十分悲痛，他听出是公子鱼的声音，对自己说："完了，彻底完了！"于是解下腰带自缢身亡。参与庆父之乱的哀姜，也逃到邾国，后被齐国召回而处死。至此，一场几至于倾覆社稷的国难才得以平息。

鲁国三桓

鲁国的政体是在家族宗法组织基础之上建立起来宗法贵族政体，统治集团中除了鲁君，还有许多历代鲁君派生出来的姬姓大家族，鲁君左右的卿大夫都是由各大家族的族长担任。这些大家族的族长虽然都是鲁君的下属，但他们都有自己的封邑和家族武装，有参与决定国政甚至决定国君废立的权力。春秋时期，由于周王室的地位衰落，以周天子为大宗的宗法制遭到破坏，天子失去对诸侯国的控制。各诸侯国为了应付日益复杂而激烈的战争，不得不加强本国卿大夫的权势，从而使一些卿大夫的势力日益膨胀，逐渐形成了卿大夫凌驾于诸侯之上的局面。鲁国的三桓专政就是在这种情况下出现的。

三桓指孟孙氏、叔孙氏、季孙氏，因其祖都是鲁桓公之子，故称三桓。孟孙氏的始祖即桓公之子庆父。僖公即位后，庆父因连弑二君，罪不可恕，自缢而死。鲁国立其子公孙敖为其后。此后世为鲁司空，封邑于成(今山东宁阳北)。其子孙后又分出子服氏、南宫氏等几支。叔孙氏的始祖是桓公之子叔牙。庄公死前，叔牙因欲立庆父为君位继承人，被季友逼迫服毒自尽。死后，季友遵守诺言，立其子公孙兹为其继承人。此后，叔孙氏世为鲁司马，封邑在郈(今山东东平东南)。其别支有叔仲氏，也世为鲁大夫。季孙氏的始祖便是桓公的少子季友。季友因有功于鲁国，僖公时出任执政之卿，并被封在费(今山东费县西北)。其后则世为鲁司徒，长期执掌鲁政，是三桓中势力最强大的一家。其分支有公鉏、公甫、季公等氏。

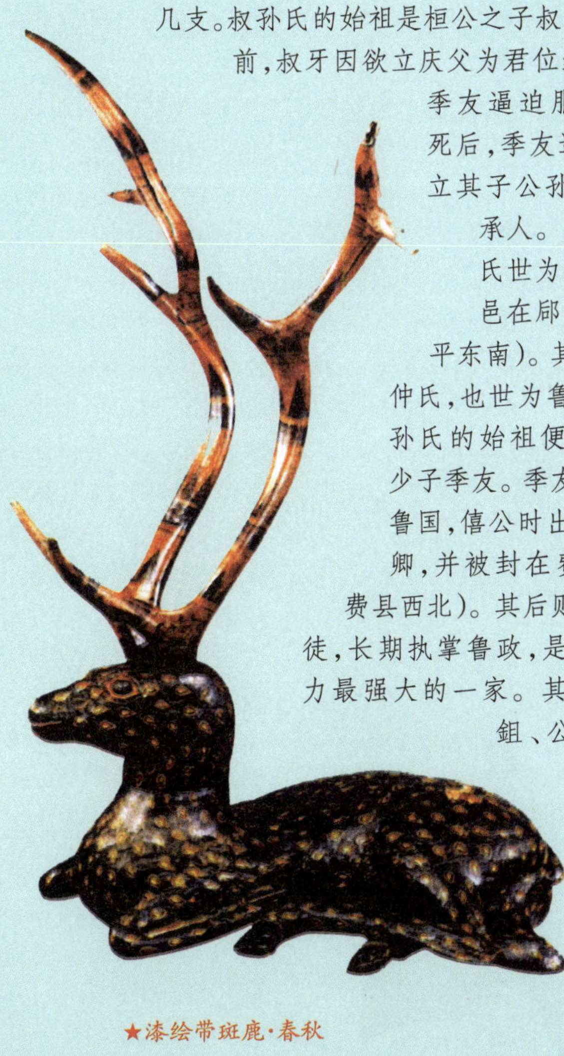

★漆绘带斑鹿·春秋

齐襄公之死

QI XIANG GONG ZHI SI

公元前698年，齐僖公病故，世子姜诸儿主丧即位，是为齐襄公。

僖公临终时，召来胞弟夷仲年的儿子无知，令他礼拜世子诸儿，然后嘱托诸儿道："我的亲弟弟就这么一点骨血，我平常待他像你一样地疼爱。我死了之后，你要好好地对待他，服饰礼仪各方面的待遇，要和我在的时候一样啊！"诸儿恭敬地答应下来。诸儿即位后，相当长一段时间对无知很好，后来因一件不大的事，削减了他的供奉，感情上也疏远了他，使得无知怨恨不满。

襄公十一年（公元前687年），因为同卫国关系紧张，齐襄公就派遣连称和管至父两位大夫领兵驻守葵丘。那是齐国的边境，既危险又艰苦，大夫们都认做苦差事。襄公为了叫两位大夫顺利出师，当时应许他们"瓜时而往，及瓜而代。"意思是说：今年瓜熟时候你们去屯戍，明年瓜熟，一定派员接替你们。二人本不情愿，见国君立下了约言，只好勉强去了。好容易熬到了第二年瓜熟，二人以为可以换防了，天天盼望接替人到来，望眼欲穿。可是襄公早把这档子事忘了，尽管有人提醒，襄公也不在意。连称、管至父二人本来对襄公的荒唐淫乱就不满意，如今见襄公对自己又是这么轻慢，非常愤怒，下决心除掉齐襄公出这口恶气。恰好公孙无知到葵丘来巡视领地，三人见面，几句话就触动了心腹事，谈得分外投机。连称告诉无知，他的一个妹妹做襄公的侍妾，很不得意，但她可以打探消息，帮助掌握时机，大事成了就做无知的夫人。

★头盔·春秋

四人密谋已成，齐襄公还蒙在鼓里。公元前686年十二月，天降了一场中雪，襄公突发奇想，要外出射猎。于是带着侍从，架着鹰犬，一路吆吆喝喝，径奔狩猎场贝丘。到时天色已晚，一抹霞光已从林梢渐渐淡了下去，襄公命军士到远近林莽砍些柴草，准备燃起篝火夜猎。就在襄公单车徘徊在路边的时候，突然从丛林深处窜出一头六尺长短的野猪，直奔襄公的车乘。襄公赶忙挽弓一箭射去，正中野猪的前蹄，野猪疼得怪叫一声，而且把两条前腿拱了起来，用两条后腿像人一般地站立，准备再度反扑。这却把驾车的驭手吓得魂飞魄散，精神恍惚。原来昨夜他梦见了公子彭生被斩的场面，彭生被割断了咽喉却未立刻断气，也是这么拱着双手站了好一阵才扑倒下去。他觉得这野猪就是那冤死的彭生，不由得大叫一声"彭生老爷饶命"，就晕了过去。襄公听他这么一叫，也六神无主，当即跌倒在车上。车就在无人操纵的情况下向前跑了足足半里路，直到撞到一棵歪脖榆树上。

★铜盨·春秋

襄公伤了脚、丢了鞋，慌慌张张逃回临淄。进了宫门，襄公胆子壮了，发觉鞋子不见，于是找来照顾饮食起居的小臣费，大发雷霆。小臣费分辩几句，襄公更加怒不可遏，下令打他二十皮鞭，直到血透单衫。这时候，连称、管至父等人的徒众已经赶到了宫门之外，小臣费刚一露面，就被对方捕获。小臣费连忙辩解，说自己刚刚被打了皮鞭，不是襄公的党羽出来抵抗的。人们见他背上的血痕，相信了。小臣费主动要求加入政变者的行列，说他与襄公仇深似海，必欲手刃之于心始甘；政变者们也乐于让他先行，因为他熟悉宫中的路径。不料小臣费是个死心塌地的奴才，他几步奔入宫中，就把外面的严重局势告诉了襄公，襄公吓得像一滩泥颓然坐在床上。恰好侍臣石之纷如和弄臣孟阳在侧，小臣费把孟阳一手按倒床上，用被子连头盖住，告诉他："篡逆者不会杀掉你，只要你不离开。"然后同石之纷如一道找一件武器冲出门来，便同政变者厮杀来。小臣费被杀死在宫门旁，石之纷如且战且退死于阶下。

政变者冲进卧室，见有人蒙头卧在床上，以为非襄公无疑，一剑刺进，鲜血奔流，揭开被一看却是

★齐襄公之死

个无须的少年，不由得惊呼："这不像是襄公！"人们继续紧张地搜寻。有人发现门后有两只脚，把门一拉，那人应声倒地，蜷曲着像一条狗。连称一把抓住那人的头髻向上一提，大家见到这正是留着五绺长髯的齐襄公。连称上前一把拖出襄公，提到院里，掷到地下，指着他数骂说："无道昏君！你连年用兵，黩武殃民，这是不仁；违背父命，疏远无知公子，这是不孝；明目张胆地兄妹宣淫，这是无礼；不顾惜戍卒，到期不轮换，这是无信。仁、孝、礼、信这四大德你都丧失了，还做的什么人！今天，我就要替鲁桓公报仇！"不容分说，挥剑把齐襄公砍作数段，命人用床上被褥把他和孟阳的尸体就地掩埋了。

连称、管至父二人集合戍卒，直奔临淄城。公孙无知预先把私人家甲集中了起来，一听到襄公的凶信，便派人打开城门。连称和管至父托言"曾受先君僖公遗命，奉无知公子即位"，硬扶持无知即了君位。无知立连妃为君夫人，连称为上卿，管至父为亚卿。老大臣们对这几个新贵颇不服气，有的称病不出朝，有的勉强排班，"出朝不出力"——持不合作态度，无知也奈何他们不得。过了不到一个月，无知便被老派大臣刺杀了。

吞并纪国

纪是齐国的东邻，亦是姜姓，与齐同姓。西周夷王时，纪侯曾在夷王面前说齐国的坏话，周夷王烹杀了齐哀公，从此两国结下仇隙。但齐国威逼纪国更重要的原因是，纪是齐国的东邻，齐国欲向东方发展，独得东部大海的鱼盐之利，必须占领纪国，才能打开东至大海的通路。春秋时期，齐国逐渐发展强大，威逼攻伐纪国成为齐国的既定方针。齐僖公为了攻伐纪国，竭力拉拢郑国。公元前712年，齐僖公帮助郑国攻伐郑的邻国许。许庄公奔卫。同样，郑亦是齐国攻伐纪的同盟。公元前707年夏，齐僖公、郑庄公要去纪国朝聘，准备乘机袭击之。齐、郑两个大诸侯国联袂朝见一个小国，其不良用心可知。纪国看透了齐、郑的阴谋，拒绝这次朝聘，使齐国的阴谋没有得逞。

★立人柄曲刃剑·春秋

齐僖公死去，齐襄公即位。齐僖公的死，使纪侯又燃起一丝希望，希望能与齐国讲知。于是鲁桓公出面，为齐、纪讲和。然而，齐僖公的死，并没有给纪侯带来和平的希望。齐国也根本不看鲁国面子。齐襄公继续把灭纪作为国策。齐国为了灭纪，强行迁走纪国的郱、鄑等地的人民，占领了这些城邑。在齐国强大的压力下，纪国也出现了分裂。纪侯的弟弟纪季以他自己的封邑酅邑入于齐。纪国一分为二。纪国的力量大大削弱，内部混乱不堪，史书记载："纪侯大去其国。"纪侯率领自己的宗族，弃国逃跑，向别处迁徙。纪国之疆土全部归于齐。齐国得到纪国的土地，疆域大大扩展，成为山东半岛上的泱泱大国。

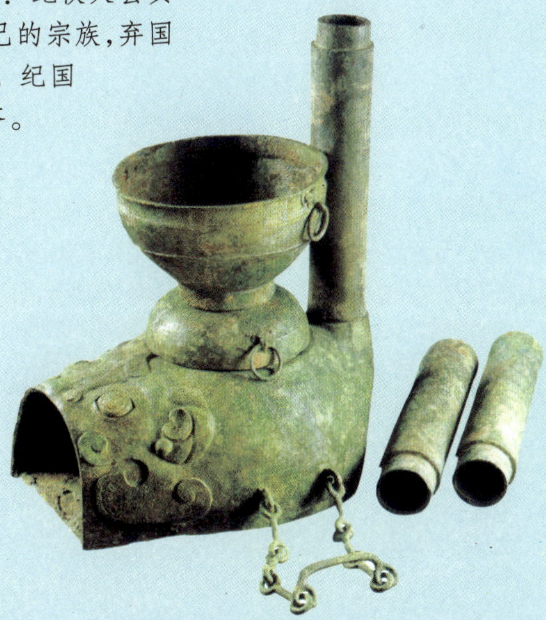

★虎形灶·春秋
行军作战用的炊具

齐桓公图霸

QI HUAN GONG TU BA

春秋时期，一些比较强大的诸侯国家自视强大，经常使用武力兼并小国，大国之间也互相争夺土地，大打出手。战胜的大国诸侯称为霸主，可以号令其他诸侯。春秋时期共出现过五个霸主，第一个取得霸主地位的是齐国（都城临淄，在今山东淄博）。

★齐桓公雕像

齐国是周武王的大功臣太公望的封国，本来是个大国，再加上它利用沿海的资源，生产比较发达，国力比较强盛。公元前686年，齐国发生了一次内乱。国君齐襄公被乱臣连称和管至父所杀。襄公有两个兄弟，一个叫公子纠，当时在鲁国(今山东曲阜)；一个叫公子小白，当时在莒国(今山东莒县)。两个人身边都有个师傅，公子纠的师傅叫管仲，公子小白的师傅叫鲍叔牙。两个公子听到齐襄公被杀的消息，都急着要回齐国争夺君位。

鲁国国君鲁庄公是公子纠的舅舅，他决定亲自护送公子纠回齐国。管仲对鲁庄公说："公子小白在莒国，离齐国很近。万一让他先回齐国，然后以兵相拒，事情就麻烦了。让我先带一支人马去截住他。"不出管仲所料，公子小白在莒国的护送下也正赶往齐国。管仲拦住了他们的去路，一边假意寒暄，与他们周旋；一边暗中拈弓搭箭，偷偷对准小白射去。只见小白大叫一声，口吐鲜血，摔倒在地上。管仲以为小白已死，策马回报。公子纠得知对手已除，便放慢了行进的速度。可回到了都城，却听说小白已祭天告庙，继承君位。原来，管仲射中的不过是公子小白衣带的钩子，公子小白怕他再射一箭，便咬破舌尖诈死，待管仲走远，同鲍叔牙策马疾驰，抢先赶回了齐国。

公子纠见已无法进城，便忿恨而去。齐桓公则招贤纳士，大加封赏。不久，又把他的仇人管仲从鲁国槛押回来。不过，这只是假相，因为他已从鲍叔牙那里知道了管仲贤而有才，他怕鲁国知道后留用不遣或将其杀害，便扬言要亲自杀了管仲，以报当初的一箭之仇。桓公果然如愿，管仲被押回来那天，他亲自到郊外迎接管仲，并与之同车回宫，百姓们惊讶不已，都为桓公礼贤下士，不计前嫌而喝彩。由于鲍叔牙的推荐，管仲被桓公拜为丞相，让他管理国政。管仲深深感激桓公的知遇之恩，竭尽全力整顿齐国内政，开发富源，大开铁矿，多制农具，提高耕种技术，又大规模拿海水煮盐，鼓励老百姓入海捕鱼。离海比较远的诸侯国不得不依靠齐国供应食盐和海产，齐国的经济很快得以提高。

★管仲像

齐桓公是一个一心想有所作为的人，他并不满足于一国之君，而是想当诸侯的霸主。他对管仲说："想做一方霸主，可用何策？"管仲说："抑强扶弱，共尊周室。"齐桓公说："你说得对，可是怎么着手呢？"管仲说："办法倒有一个。这回新天子(指周釐王)才即位。主公可

★管鲍之交

★攻敔王铜剑及其铭文·春秋
春秋时期地位显赫的君主或武官，都有专用武器。诸侯多用错金字在兵器上署名。

以派个使者向天子朝贺，顺便帮他出个主意，说宋国（都城在今商丘南）现在正发生内乱，宋国君位不稳，国内很不安定。请天子下命令，明确宣布宋国国君的地位。主公拿到天子的命令，就可以用天子的命令来召集诸侯了。这样做，谁也不能反对。"齐桓公认为很有道理，便依计而行。此期的周天子早已位同虚设，因为列国诸侯只知道抢夺地盘，兼并土地，根本没人再来朝见天子，而天子兵微将寡，无力讨伐，也只得隐隐不发。这次，周釐王刚刚即位，居然有齐国这样一个大国打发使臣来朝贺，让他大喜过望。于是，他请齐桓公为使，去宣布宋国的君位。

公元前681年，齐桓公奉了周釐王的命令，去平定宋国南宫长万之乱。齐桓公便以帮助宋国安定政局为由，通知各国诸侯到齐国西南边境上北杏（今山东东阿县北）会盟。这便是齐桓公九合诸侯的其中之一。虽然仅有宋、陈、蔡、邾四个国家，但齐桓公毕竟尝到了"挟天子以令诸侯"的甜头。

弭兵之会

弭兵之会是春秋中晚期由霸主国晋、楚主持的止息战争的盟会。晋、楚争霸，直接受到祸害的是处于中间地带的宋、郑等中小国家。这些国家的统治者与广大臣民一样，也渴望和平，停止战争。在这样的形势下，宋国的向戌多方奔走，约合晋楚两国，并会同各诸侯召开了盛大的弭兵之会。公元前546年，弭兵之会在宋国举行。晋、楚、齐、秦、宋、鲁等14国参加了会议。会议决议，除齐、秦两大国和滕等属国外，原来晋的属国和楚的属国，现在变成楚晋双方共同的归附国，对两国尽同样的义务。弭兵之会的结果是晋楚两国平分霸权。它为争霸各国提供了喘息和备战的时机，并没有也不可能真正除去战祸。但是，弭兵之会在一定程度上带来了比较安宁的社会环境，中原地区战争减少了，使社会经济和文化渐渐发展和繁荣起来。

★铜车饰·春秋

管仲

管仲（约公元前725—前645年），字仲，名夷吾。周王同族姬姓之后，生于颍上（颍水之滨）。春秋时杰出的政治家、著名的军事家、军事改革家，以其卓越的谋略辅佐齐桓公成为春秋时期第一个霸主。管仲的言论见《国语·齐语》。另有《管子》一书传世。

管仲家贫，自幼刻苦自学，通"诗"、"书"，懂礼仪，知识丰富，武艺高强。他和挚友鲍叔牙分别做公子纠和公子小白的师傅。两个人在年轻的时候，经常合伙做买卖，但在分利的时候，管仲却每次都比鲍叔牙拿的多，鲍叔牙的伙计们都有怨言，鲍叔牙却说："管仲并不是非要贪这点小钱，是因为家里太贫穷，我故意让着他的。"打仗的时候，每次往前冲，管仲都尾随在队伍后面，班师的时候却又跑在队伍前面，很多人都笑话管仲胆子太小，鲍叔牙却说："管仲还有一个老母亲健在，还得由他去照料，可不是因为胆小。"以后，两个人一起共事，又时常意见不合。鲍叔牙又说："人有怀才不遇的时候，要是管仲有用武之地，必定能做到万无一失。"听了鲍叔牙的话，管仲感慨地说："生我的人是父母，真正了解我的人是鲍叔牙啊！"以后，两个人不仅共同辅佐齐桓公成就了霸业，还留下了"管鲍之交"的佳话。

齐鲁长勺之战

QI LU CHANG SHAO ZHI ZHAN

管仲任齐国相国后，尽心辅佐齐桓公的霸业，对齐的政治、经济、军事都作了相应的改革，很快使当时的齐国进入了民知礼、政可信、甲兵足的社会状态。物质上的繁荣，国力的增强，使齐桓公成就霸业之心有些急不可待，便不听管仲的劝阻，寻衅加兵鲁国。

公元前684年春，齐桓公派兵进攻鲁国，准备将鲁国一举攻破。鲁庄公认为齐国一再欺负他们，忍无可忍，决心跟齐国拼一死战。齐兵来犯，也激起鲁国人民的愤慨，深具谋略的鲁国士人曹刿自告奋勇，请随庄公出战。有人劝曹刿说：“国家大事，有当大官的操心，您何必去插手呢？”曹刿说：“当大官的目光短浅，未必有好办法。眼看国家危急，哪能不管呢？”鲁庄公听说曹刿求见，连忙把他请进来。曹刿见了鲁庄公问道：“请问主公凭什么去抵抗齐军？有几分胜算？”鲁庄公说：“平时有什么好吃好穿的，我没敢独占，总是分给大家一起享用。凭这一点，我想大家会支持我。”曹刿听了直摇头，说：“这种小恩小惠，得到好处的人不多，百姓不会为这个支持您。”鲁庄公辩解说：“我在祭祀的时候，倒是挺虔诚的，也许会得到上苍的帮助。”曹刿笑笑说：“未能厚施于民，光对神虔诚也未必会得到神的帮助。”鲁庄公想了一下又说：“遇到百姓吃官司的时候，我虽然不能一件件查得很清楚，但是尽可能处理得合情合理。”曹刿这才点头说：“这倒是件得民心的事，我看凭这一点可以和齐国打上一仗。”

于是，鲁庄公带着曹刿一同率军迎击齐军。曹刿根据齐强鲁弱的形势，在长勺(今山东莱芜东北，一说曲阜北)摆下阵势。时间不长，齐军兵到，如蚁似蝗，铺天盖地。齐桓公仗着齐国人多，以为能很快即可踏平长勺。所以，他令军中击鼓，先以势夺人。一通鼓过后，进攻开始。此时，鲁庄公准备下令反击，曹刿连忙阻止说：“且慢，还不到时候呢！”当齐军擂响第二通战鼓的时候，曹刿还是叫鲁庄公按兵不动。鲁军将士看到齐军张牙舞爪的样子，气得摩拳擦掌，但是没有主帅的命令，只好憋着气等待。齐

★长勺之战浮雕

★莲鹤方壶·春秋

1923年河南新郑李家园出土，壶通高117厘米，口长30.5厘米、口宽24.9厘米。壶上有冠盖，器身长颈、垂腹、圈足。

★蟠虺纹镈·春秋

此镈通高108厘米，宽93.5厘米，重13.9千克，深腔平口，截面为椭圆形。透空蟠虺纹钮，层层相错，华丽且工整。“舞”、“篆”、“隧”等处均饰蟠虺纹，有36个乳丁“枚”。

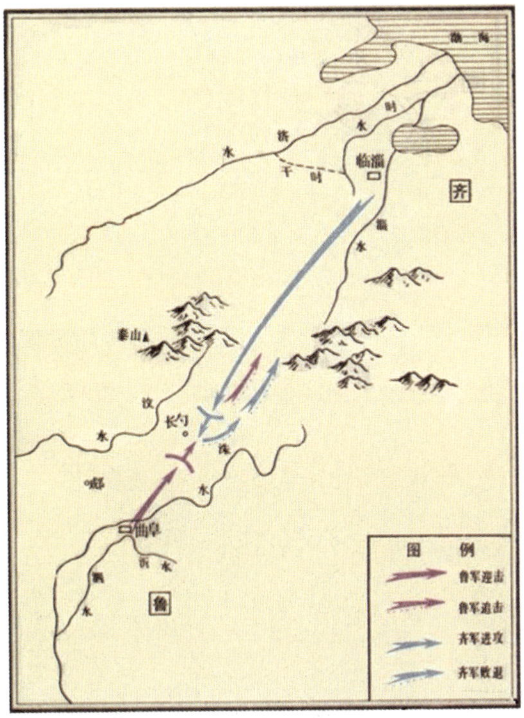

★齐鲁长勺之战作战经过示意图

军主帅看鲁军毫无动静，又下令打第三通鼓。齐军兵士以为鲁军胆怯怕战，耀武扬威地杀过来。曹刿这才对鲁庄公说："现在可以下令反攻了。"霎时间，鲁军阵上战鼓齐鸣，听到了反击号角的鲁军将士，胆气倍增，个个像脱缰的战马，拼命杀向敌阵。齐军原以为鲁军只不过是做做样子，未必敢刀兵相对，谁料鲁兵却像猛虎下山般扑了过来，齐军将士一时无法招架，只得人回身，马回辕，败下阵来。鲁庄公看到齐军败退，立即要下令追击，曹刿忙阻止道："主公别急！待我观察一下。"说着，他跳下战车，低下头观察齐军战车留下的车辙。接着，又上车爬到车杆子上，望了望敌方撤退的队形，然后才说："请主公下令追击吧！"鲁军兵士听到追击的命令，个个奋勇当先，乘胜追击，一鼓作气，把齐军赶出鲁境。

鲁军以少胜多，不仅鲁国君臣大出意料，连鲁国百姓也都大喜过望，他们纷纷端着酒肉，前来犒军。庆功宴上，鲁庄公问曹刿："头两回齐军击鼓，你为什么不让我反击？"曹刿说："打仗这件事，全凭士气。对方擂第一通鼓的时候，士气最足；第二通鼓，气就松了一些；到第三通鼓，气已经泄了。对方泄气的时候，我们的兵士却鼓足士气，哪有打不赢的道理？"鲁庄公接着又问为什么不立刻追击。曹刿说："齐军虽然败退，但它是个大国，兵力强大，说不定他们假装败退，在什么地方设下埋伏，我们不能不防着点儿。后来我看到他们的旗帜东倒西歪，车辙也乱七八糟，才相信他们阵势全乱了，所以才请您下令追击。"鲁庄公这才恍然大悟。长勺之战，鲁军将士一鼓作气击溃齐军，使齐桓公暂时放弃了荡平鲁国的图霸策略。

★春秋大墓出土的精美鸟尊，是国内已发掘的造型最别致的鸟尊。

★春秋时期青铜盘

鲁国

鲁国都曲阜，在泰山以南，今山东省南部，兼涉河南、江苏、安徽三省之一隅。鲁国也是孔子的故乡。鲁的第一代国君伯禽是周公旦的儿子。伯禽下传九代到武公九年（公元前 816 年）时，鲁国发生变故，直到后来周宣王立鲁孝公为止。孝公下传两代到隐公、桓公时，鲁国再次发生政变。桓公之后到鲁庄公时期，鲁国多次与齐国发生战争。庄公儿子愍公、釐公时期，鲁发生庆父之乱。釐公下传两代到宣公时，襄仲杀嫡立庶，从此三桓强盛。宣公下传三代到昭公时期，三桓发兵攻击鲁君，鲁国公室从此名存实亡。昭公之后的定公、哀公都是被三桓逼到国外流亡死去的。鲁悼公以后，鲁国渐渐衰落。到第 33 位国君顷公二十四年（公元前 249 年），鲁国被楚国灭亡。

★鲁国故城

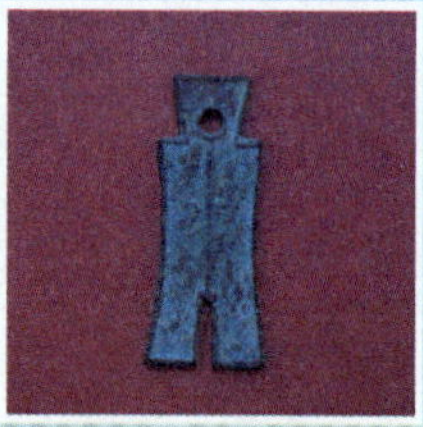

鲁班的鬼斧神工

LU BAN DE GUI FU SHEN GONG

在中华民族数千年的文明史中，涌现出许许多多能人志士、发明创造者。在他们中间有一位深受劳动人民爱戴、集勤劳智慧于一身的能工巧匠，他就是鲁班。鲁班生活在春秋、战国交替的时代，姓公输，名般。由于"般""班"同音，又因为他是鲁国人，所以人们叫他鲁班。鲁班生在一个世代工匠之家，耳濡目染从小就学会了多种手艺。他最精通的是木工，木工、泥瓦工尊他为祖师爷。

鲁班一生把自己的聪明才智用在发明、制造与劳动人民的生产和生活息息相关的生活用具、劳动工具上，据说锯子和刨子就是他发明的。

★鲁班像

一次鲁班奉命建筑一座宫殿，工期短，误了工期有杀头之罪。他带领徒弟们起早摸黑伐木料，然而用斧子砍树，又累进度又慢。工期紧迫，鲁班心急如焚。一天，他到山顶去伐木材，在陡峭的岩壁上他手抓住茅草吃力地向上攀登。突然，一阵剧疼，手指被茅草拉了一道口子，鲜血直流。鲁班想：看上去蓬松、柔软的茅草怎会如此锋利？他顾不得伤口的疼痛，拿起一根茅草仔细观察、琢磨起来。原来，乍看上去平直、整齐的草叶边缘竟是又密又锋利的细齿排列而成的！鲁班试着用那些小齿在手上又划了一下，又是一道血口子。鲁班想到，如果制成边缘有锋利细齿的铁片用来拉树一定会提高工效。于是锯子就这样产生了。用锯子伐树又省工又省力，就连今天机械化木场用的电锯，也没离开这个最基本的原理。在没有发明刨子时，木头劈开后，人们用刀来回地刮使它平滑，这既费力又不易刮平。鲁班根据刀刮斧砍的原理，把一块形如斧而刃如刀的铁片安在一块底面平直的长方形木块中间，两边装上把柄，利用把柄的推、压力把木板表面"刮"光，这就是刨子的雏形。

★鲁班庙外景

坐落在天津城北蓟县县城。占地800平方米，由山门、大殿和东西配殿组成。中国民间奉鲁班为木工祖师，各地祭祀鲁班，往往于某寺庙一隅设位，而天津蓟县单独建鲁班庙，属全国罕见。

鲁班的发明创造还有很多，在史籍《事物绀珠》、《物原》、《古史考》等书中记载，木工使用的很多工具器械都是他发明的，如钻、曲尺(矩)、墨斗和檃栝等。钻和曲尺(矩)是人们最熟悉的木工工具，没有它们，再巧的木匠也做不出高质量的木制器具。而檃栝，在《说文解字》中解释是"矫制衺曲之器"，即使弯曲变形的木材得以挺直的工具。鲁班发明的木工工具使当时的木匠们从原始、繁重的劳动中解放出来，极大地提高了劳动效率，后人为了纪念他，把他称为土木工匠的鼻祖。后来还有了"班门弄斧"这样的成语，意思是，在鲁班面前要斧子，岂不是不自量力，缺乏自知

★铜戈·春秋

★班门弄斧

之明。在《世本·作篇》中记载，石磨、碾子也是鲁班发明的。磨用石料制成，由两块比较坚硬的扁圆柱形石头组成，这两块石料称作磨扇，它的中心有一相应的圆孔，两扇相合后，上扇可绕下扇短轴转动，从上扇的磨眼中加入米、麦、豆等，用人力或畜力加以转动，就把谷物磨成粉了。碾，是加工粮食的石制器具，碾过的米，质量更好了，可惜的是鲁班发明的碾的真实情况已经无从查考了。

鲁班生活在春秋末年。这一时期，战争频繁，楚、越都想争霸。这两个国家，一处长江中游，一居长江下游。楚国顺流而进易，逆流而退难；越国逆流而进难，顺流而退易。越国凭着易退的优势屡次打败楚国。鲁班到楚国后，帮助楚国创造了一种“钩拒”的舟战武器。据《墨子·鲁问篇》中记载，这种武器能“退者钩之，进者拒之”，即想退的船，就有“钩拒”将它钩住，使之无法退；想进的船，就用“钩拒”将它顶住，阻挡它前进。楚国有了这种武器后，在水战中掌握了主动权，最后击败并灭掉了越国。除“钩拒”外，鲁班还创造了用于攻城的器械“云梯”。这种武器，可自由升降，配有梯阶钩具，攻城士兵可以援梯攀阶而上，攻入城内。在战争中发挥了比较大的威力。后来在墨子的影响下，鲁班不再制作战争工具，而是专门从事生产和生活需要的工具的发明创造，为民谋利。

在《墨子·鲁问篇》中还记载，“公输子削竹木以为鹊，成而飞之，三日不下”，即鲁班用竹木制作的鹊鸟，能乘风力飞上天空，三天不落；鲁班制造的锁，机关设在里面，外面没有痕迹，只有相配的钥匙才能打开。王充在《论衡》中记载，鲁班曾造过一套“机关具备”的木车马，车马上有木制的御者，这辆木马在木御者的驾驭下自动行走。在《礼记·檀弓》中还记载，鲁班发明“机封”——一种用于棺葬的机械。古时下葬的棺木用人力，顺着长长的墓道缓缓倒退，十分吃力。鲁班用杠杆滑轮原理发明“机封”，是一种“机关转动之器”，用巧技代替笨重的人力搬运。在《术异记》中记载，鲁班刻制过石质九州地图。最能体现鲁班高超技艺和顽强刻苦精神的是他雕刻凤凰的故事。在《列子·新论·知人篇》中记载，鲁班想雕刻一只凤凰，但第一次没有成功，受到一些人的讥讽和挖苦，但他不怕讥笑，更加刻苦地钻研，终于雕出神态逼真、展翅欲飞的凤凰。

凡是木匠都知道：“班母”和“班妻”的来历。“班母”是木匠划线时，固定在案头上的小钩子；“班妻”是木匠推刨时，将木料顶在一端的卡口。

鲁班在家里干活时，他母亲总是他的好帮手。当他用墨斗放线时，母亲就拉着墨线的另一端。有一次，墨线卡在木缝里，母亲灵机一动：如果用一个钩固定墨线的一端，自己不就可以腾出手来，帮他干更多的活吗？母亲将想法告诉鲁班，鲁班很快做好一个钩子，固定在木案的一端，从此母亲就不用帮着拉墨线了。为了纪念鲁班的母亲，人们将这个钩称“班母”。

鲁班的妻子云化也是一个出色的工匠，是鲁班得力的助手。鲁班刨木料时总是云化帮着扶木料，这样费时费力。云化开动脑筋，在

★位于湖南湘潭的鲁班殿

★铜车軎·春秋

木案的一端钉上一个坚硬的铁卡，将要刨的木料紧紧地卡在卡口里，这样一来，木料不再移动，云化不再用手去扶，既省力又安全。据《王屑》记载，由于鲁班常年在外，为了工作，常被风吹日晒雨淋，云氏心痛丈夫，就决心为丈夫做一个能拆能装、能遮日避雨的活动房子，她终于发明了伞，让鲁班出门做工时带上，可以遮日避雨。

鲁班的全部发明和制造，反映了中国古代劳动者的勤劳和智慧，也倾注着像鲁班母亲和妻子似的中国古代劳动妇女的心血和汗水。

两千多年来，为了表达对鲁班的热爱和敬仰，人们传颂着鲁班带传说性质和神奇色彩的故事，这些故事浓缩着我国劳动人民的集体创造和发明，是古代劳动者勤劳智慧和创造力的化身。

★春秋时期楚国宫殿建筑铜构件

神化鲁班

鲁班在历史上是实有其人的，他是我国春秋末期鲁国一位著名工匠。到唐代时，关于鲁班的传说大量出现并流传于大江南北，增加了许多十分神异的内容，他由一个木工成为整个建筑行业的能工巧匠，几乎无所不能，而且创造出了许多奇迹。“今人每睹栋宇巧丽，必强谓鲁班奇工也，至两都寺中，亦往往托为鲁班所造，其不稽古如此”（唐·段成式《酉阳杂俎续集》）。比如我国的桥梁杰作赵州桥，在传说中，就是鲁班所造。还有各地的建筑精品，如北京的白塔寺白塔、太原双塔、庐山千佛塔、西安大雁塔，在传说中都归功于鲁班。唐宋以来，行会风行，许多手工业如木作、砖瓦作、石作、竹柳作，都有自己的行会组织。到明、清时，行会转化为行帮，每一行都供奉自己的行业神，于是木、石、泥瓦行便以鲁班为祖师爷。《鲁班经》载，明初北京的木工已建庙祭祀鲁班，其他地区，比如湖南湘潭，“立有鲁班庙，以为祈也”（《嘉庆湘潭县志》）。至今湘潭城中，犹留有鲁班庙的旧址，门墙依旧，特别是门楣上及两侧的砖雕十分生动，但里面已没有鲁班的神像了，而成为一个区文化馆的办公场所。鲁班庙中，供奉鲁班神像的鲁班殿，又称之为祖师殿，在过去凡行会议事，订行规、工价，乃至师傅收徒，都在此举行。每年农历的六月十六日，香港的木工行、泥水行、搭棚行的工人，都要热热闹闹地过“鲁班节”，这一天，全体同仁休业，白天到西环青莲台的鲁班古庙去敬香朝拜，隆重祭祀；夜里则大摆酒席，开怀畅饮，与神同乐。他们认为喝了祖师爷的诞辰酒，不但业务兴旺，而且一年中平安吉祥。

★玉勾云纹盾形系臂饰·春秋晚期

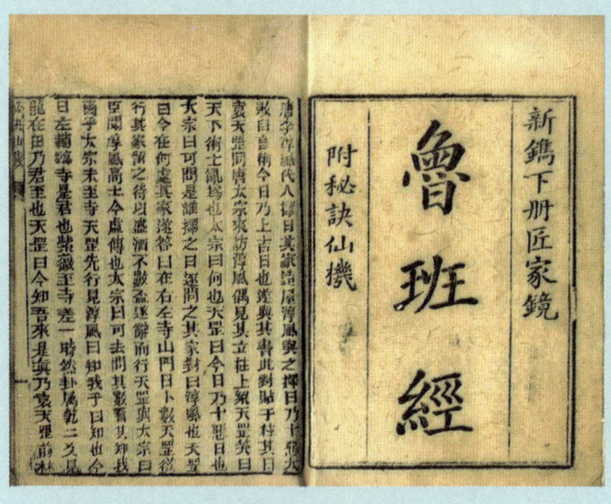

★《鲁班经》书影

曹沫手剑劫齐侯

CAO MO SHOU JIAN JIE QI HOU

长勺之战以后，齐国元气并未大伤。齐桓公在管仲的谋划下，经过几年，发展生产，人民安居乐业，国力也渐渐强大起来。这时的齐桓公一心想当诸侯的霸主。

公元前 681 年，齐桓公奉了周釐王的命令，通知宋、鲁、陈、蔡、卫、郑、邾诸国，约定在农历三月一日，到齐国西南边境上北杏（今山东东阿县北）开会。

★战国时期齐国『安阳之法化』背卜五字刀

当时，齐桓公的威望还不高。快到了指定的日期，宋桓公御说先到，与齐桓公相见，感谢齐桓公定位的事情。第二天，陈宣公杵臼、邾子克二位诸侯主先后到来；蔡哀侯献舞，也来赴会。四个诸侯主见齐桓公以诚相待，心中也打消了疑虑。还有几个诸侯国，像鲁、卫、曹、郑等国，想要瞧瞧风头，没有来。

这时，齐桓公对管仲说："诸侯没有集齐，是不是改日再会盟，怎么样？"管仲说："古人说：'三人成众。'现在来了四个国家，不能说不多啊！如果改换日期，是不守信用的表现啊！等待他们，他们没有来，是辱王使命。第一次集合诸侯，落了个不守信诺的话柄，辱王使命，将来凭借什么图谋霸业呢？"

三月初一这一天，天气晴朗，五个诸侯国，共同汇聚。齐桓公拱手对诸侯说："周王朝政权衰微，叛乱频繁。我奉了周天子的命令，会合诸位来匡扶周王朝。今天的事情，必须推举一人为盟主，然后向天下传达天子的政令。"在北杏会议上，各诸侯纷纷议论：想推举齐桓公，但宋国爵位高；想推举宋国，但宋君新立，不敢自尊。正处在两难之间，陈宣公杵臼起来说："周天子发布纠合诸侯的命令，专门嘱咐齐公，谁敢代替他？应该推举齐公为盟主。"诸侯都说："不是齐公不能担当这个大任。"齐桓公再三推让，然后顺从了大家的意愿。齐桓公当上春秋时代第一个霸主，开始了他的霸主生涯。

★长勺之战

★曹沫像

北杏五国会盟刚刚结束，管仲上台说："鲁、卫、郑、曹，故意违抗天子命令，不来赴会，不能不征讨他们。"齐桓公向四个诸侯君主说："我国兵车不足，希望各位共同举事！"这时，陈、蔡、邾三个君主齐声附和说："愿从盟主。"只有宋桓公默不作声。当天晚上，宋桓公回到住处，与谋士们商议，在五更天时登车离去。

齐桓公听到宋桓公违背会盟之言逃回去，非常愤怒，想派遣军队追杀他。管仲说："追他不合道义，我们可凭借周天子的名义讨伐

★云纹铜禁·春秋

他，师出才有名，然而，宋国离齐国远，鲁国邻近齐国，不先让鲁国屈服，凭借什么使宋国屈服呢？”齐桓公说：“征讨鲁国从哪入手呢？”管仲回答说：“济水东北有遂国，它是鲁国的附属国，国家小而弱。如果重兵压境，可不战而胜。攻下了遂国，鲁国必然畏惧。然后派遣使者，责问鲁国为何不参加盟会。再派人通知鲁夫人，鲁夫人与主公有亲戚关系，自然极力怂恿鲁庄公。鲁庄公在内迫于母亲的压力，在外惧怕齐国兵威，一定会承认我们做霸主。鲁国臣服以后，加兵于宋国，宋能不屈服吗？”齐桓公说：“好。”

于是，齐桓公亲自率领军队一举攻下了遂国，把军队开到济水驻扎下。鲁庄公果然害怕，召集群臣商议。公子庆父说：“齐国军队两次到达我国，未得到一点好处，我愿意率领军队迎击。”群臣中一人出来说：“不可这么干，不可这么干！”鲁庄公一看，是施伯。鲁庄公说：“你说怎么办？”施伯说：“我曾经说过，管仲是天下奇才，现在辅佐桓公，行军作战很有节制；北杏盟会，以奉天子的命令尊王为名，现在责问我国违抗周王命令，理屈在我国。为了当今考虑，不如与齐国修好，订立盟约，齐国可以不用作战而退去。”曹刿说：“我的意见也一样。”

正在议论之间，忽然齐桓公有书信给鲁庄公。鲁庄公拆开信看，大意是说：我和你一块事奉周室，情同兄弟。北杏盟会，你没有参加。请问是怎么回事？

齐桓公也给文姜写了一封信，文姜召来鲁庄公，对他说：“齐国和鲁国，为舅甥关系，两国修好，和平相处，多好啊！”鲁庄公一言不发，只好听从。于是让施伯回信说：“我近来身体不舒服。你以大义责问我，我深知有罪，然你兵临城下，迫使我们订立盟约，我实在认为是耻辱。如果你退兵回齐国，我敢不遵从吗？”齐桓公得到鲁庄公的书信，甚是高兴，传令军队退到柯这个地方。

鲁庄公将要去齐国会见齐桓公，问：“群臣中谁能跟从我呢？”这时将军曹沫请求一块去。庄公说：“你多次被齐国打败，不怕齐国人笑话你吗？”曹沫说：“正因此，所以愿同你一块去，将雪此耻辱。”鲁庄公说：“怎样雪耻呢？”曹沫回答说：“你当你的君，我做我的臣。”鲁庄公说：“我去齐国订立盟约，好像再次失败。如果能够雪耻，我听你的。”于是与曹沫同去，到达柯地。齐桓公修筑土坛等待。鲁庄公先让人向齐桓公谢罪并请求订立盟约。齐桓公派人通知鲁庄公盟会日期。

这天，齐桓公布列雄兵于坛下，甚为壮观威武；文武群臣，各司其职，气象十分森严。齐桓公传令：“鲁庄公如果到来，只允许一君一臣登上土坛，其余人在坛下等候。”

曹沫身穿铠甲，手拿利剑，紧跟着鲁庄公。鲁庄公看到这场面，走起路来都吓得战战兢兢，曹沫却全然不害怕，将上台阶时，齐国赞礼的人东郭牙上前说：“今天两国国君会盟，怎能拿着凶器呢？请去掉剑！”曹沫怒目看他，吓得东郭牙倒退几步，不敢近前。鲁庄公君臣登台阶走上土坛。两位君主相见，互相叙说有通好的意思。然后，立

★鲁庄公与齐桓公会盟

香案行礼节。这时，掌管祭祀的齐官隰朋把玉盂准备好，里面盛着血，准备歃血为盟。曹沫突然右手拿着剑，左手握住齐桓公的袖子，愤怒的神态表现出来。管仲急忙用身子遮挡住齐桓公，问曹沫：“你这是为什么？”曹沫说：“鲁国多次受齐国侵略，国家将要灭亡了。你以助弱扶倾作为会盟宗旨，为什么不为鲁国考虑呢？”管仲说：“那么，你有什么要求呢？”曹沫说：“齐国依仗强大欺侮弱小，夺走我汶阳的土地，今日请求归还，我国国君就订盟约。”管仲回头看齐桓公：“主公可答应他！”齐桓公说：“大夫，你别这样。我答应你。”曹沫于是放下剑，代隰朋拿着玉盂而上前，两国君主歃血盟誓完毕。之后，曹沫与齐桓公立誓。齐桓公指天发誓，把所夺鲁国土地，还给鲁国。

会盟事情完了之后，齐国一些大臣，都愤愤不平，想劫持鲁庄公，以报曹沫劫持齐桓公的耻辱。齐桓公说：“我已答应曹沫了。匹夫之间立誓，尚且守信用。何况君子呢！”齐国君臣才不计较这件事。第二天，齐桓公又设宴和鲁庄公欢饮道别。

诸侯国听到齐鲁柯地盟约的事情后，都佩服齐桓公守信义。于是卫国、曹国二国，都派遣使臣谢罪，和齐国订立盟约。齐桓公约定伐宋国之后，再商量订约日期，就再派遣使者到周天子处，告诉周天子宋桓公不遵从天子命令，不来赴会，请天子下令，派军队同去问罪。

★石编磬·春秋

为春秋时期吴国贵族所用的乐器，磬与编钟一样，是乐器中的重要礼器。

★玉饰纹卧虎·春秋

玉饰纹卧虎，春秋中期，长7.7厘米，宽2.2厘米，厚0.3厘米。玉虎用青白色玉料，片状，有因埋藏而产生的褐色色变。虎伏状，整体呈“弓”字形，头部刻画精细，张口，上唇上卷与鼻相连，前后足皆呈卧状，尾大而上卷，虎身饰“人”字形阴线虎皮纹，四肢饰勾云纹。

★彩绘陶双耳壶·春秋

齐国

齐国是周朝诸侯国之一，是为春秋五霸、战国七雄之一。姜姓，吕氏，侯爵。田氏代齐后，史称“田齐”，妫姓，田氏。在今山东省东北部，面临大海，是周王朝开国功臣吕尚（齐太公）的封国。初封于营丘（今山东昌乐东南）后迁至临淄（今山东省淄博市临淄区）。疆域最初只在今山东北部，东与纪、莱，西南与鲁，北与燕、卫为临。周公旦摄政时，三监作乱，淮夷叛周，周公命令齐太公曰：“东至海，西至河，南至穆陵，北至无棣，五侯九伯，实得征之。”齐由此有了征伐权，成为周王朝东方大国。春秋末年，齐衰落，卿大夫相互兼并。公元前672年，陈完入齐，事齐桓公。陈完传五世至陈桓子，陈氏开始强大。以后陈氏逐渐兼并齐国的栾、高（齐惠公之后）和国、高（齐文公之后）以及鲍、阚等族，专齐政。

齐桓公称霸诸侯

QI HUAN GONG CHENG BA ZHU HOU

公元前680年春天，周釐王派单蔑率军队会同齐国征讨宋国。谍报传来，陈国、曹国率领本国军队充当前部先锋。齐桓公让管仲先率领一支部队，前往会同陈、曹二国军队，自己统领大军向商丘进发。

齐桓公率领军队到宋国边界时，陈宣公杵臼、曹公射姑已先到达。随后单蔑率兵也赶来。相见后，商量攻打宋国的计划。宁戚回答说："主公遵奉周天子的命令，纠合诸侯，凭借威力征服，不如凭借仁德征服好。按照我的见解，暂且不要加兵宋国。我虽然没有才能，愿凭三寸不烂之舌，前去游说宋桓公。"齐桓公听后很高兴，传令军队驻扎在边界上，派宁戚到宋国。

宁戚乘着一辆小车，领着几个人，到达睢阳，要求见宋桓公。宋桓公向戴叔皮打听宁戚是什么人。叔皮说："我听说宁戚是个放牛的农夫，齐桓公派他游说来了。"宋桓公问："怎样接待他呢？"叔皮说："主公让他来，不要用礼对待他，见机行事。如果宁戚说的不恰当，我拉腰间的大带为号令，让武士擒住他拘禁起来，那么，齐桓公的诡计就完了。"宋桓公点头答应，让武士在身边听从命令。

宁戚昂首阔步走到宋桓公面前，向宋桓公长拜。宋桓公端坐位子上一动不动，不应答一句话。宁戚向着天长叹一声，说："危险啊，宋国！"宋桓公听宁戚这么一说，惊讶异常，说："我身为上公，为诸侯的首领，危险从何说起呢？"宁戚说："宋公与周公相比谁贤能呢？周公在周朝强盛时，天下太平，四方宾服，尚且吐哺握发，招纳天下的贤士。你凭借将要灭亡的国家的余威，处在群雄争夺之时，怠慢宾客，虽然有忠厚的言论，怎么能够传到你的耳际呢？不危险才怪哩！"宋桓公听后惊讶起来，离开座位对宁戚说："我继位时间不长，没有听到先生你的教诲，先生不要怪罪。"戴叔皮在旁边，见宋桓公被宁戚说的心动了，连连暗示。宋桓公全然不顾，对宁戚说："你这次来，用什么来教导我？"宁戚说："周天子失去权力，诸侯如鸟兽散离，君臣不分等级，弑君杀父天天有所闻。齐桓公仁至义尽，不忍看见天下大乱，接受周王命令，立盟集会。你列名参加会议，却背弃盟约，天子震怒，特派遣军队，率领诸侯，向宋国问罪。你既背叛王命，又抗拒天子的征讨，不等交战，我已知胜负了。依我的见解，不如与齐国会盟，不动兵甲，宋国必安如泰山。"宋桓公说："我一时失计，造成今天的局面。现在齐国兵临城下，怎能和他谈呢？"宁戚说："齐桓公宽宏大量，不计人过，不念旧恶。像鲁国没有赴会，在柯地会盟，把侵占鲁国的地方全部归还。况且你也是与会的人，怎有不接纳的道理。"宋桓公心里很高兴，派使者随宁戚到齐军中拜见齐桓公。

宋国使者见了齐桓公，谢罪请求加盟，献上白玉、黄金之类的物品。齐桓公说："周天子有命令，我哪里敢独断专行。一定麻烦王臣向天子转奏才行。"齐桓公把宋国所献金玉，转交给单蔑，让他转告宋国加盟之事，然后再制定会期，单蔑告辞回周国都，齐国与陈、曹二

★齐桓公塑像

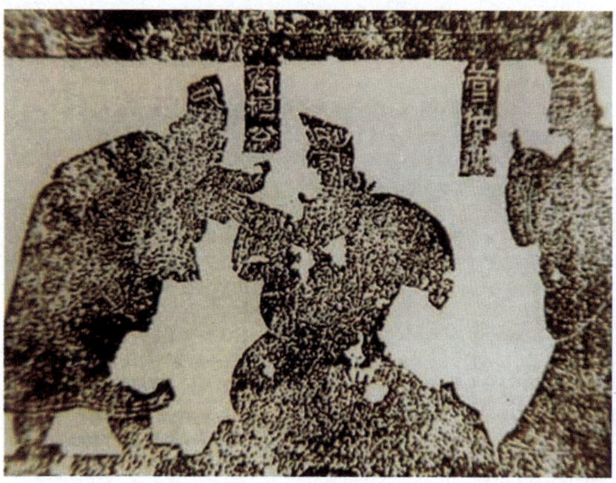

★齐桓公与管仲画像砖

★位于山东省青岛市的宁戚冢

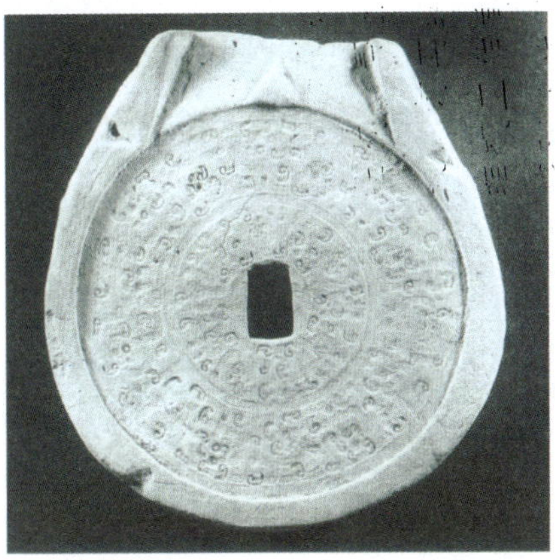

★东周镜范

君主各回各国。

齐桓公率领军队回到齐国以后，管仲上奏说："周平王东迁以来，诸侯中没有比郑国更强的了，郑国灭掉了东虢并定都那儿，前据嵩山，背靠黄河，左临济水，右有洛水，天然的好地方，有虎牢之险峻，在天下闻名。所以，过去郑庄公依赖它，攻取宋国，吞并了许国，抗拒周天子的军队。现在，郑国又和楚国勾结。楚国地域广阔，兵强马壮，吞掉了附近一些国家，和周王朝为敌。主公如果要除去周天子的大患称霸诸侯，非除掉楚国不可；若想除掉楚国，一定要先灭掉郑国。"齐桓公说："我知道郑国处在中原的中心地带，好长时间以来想收拾它，可恨的是没有办法啊！"宁戚进言说："郑公子突做了多年君主，祭足驱赶了他而让子忽当君主。现在公子突在栎，每天都图谋着袭击郑国，况且祭足已经死了，郑国没有合适的人选当国君。主公可任命一将领到栎去，送公子突到郑国，那么公子突一定会感恩主公，面向北向齐国朝拜称臣呢。"

形势的发展果如宁戚预料的那样，郑公子突当上了郑国国君，即郑厉公。于是，齐桓公想再次集合诸侯，约定会盟。管仲说："主公刚刚成就霸业，一定要简便处事。陈、蔡、邾自北杏会盟之后，对齐国忠贞不二。曹国虽然没有来开会，但讨伐宋国时加入了我们的同盟。这四个国家不用费心了。只有宋国、卫国没有参加盟会，主公应当见一见他们。等到各诸侯国齐心，才可举行盟会。"正说着话，忽然有人报告消息："周王派遣单蔑向诸侯通报宋国派使节问候周王之事，现已到了卫国。"管仲说："宋国可成功啦。卫国处在往来的中间，主公应当亲自去卫国会见，亲近诸侯。"于是，齐桓公就让宋、卫、郑三国在卫国的鄄地会盟，连同周王使者单蔑共五人，订立盟约。各个诸侯国很是高兴。会上齐桓公主盟为诸侯长，这才是齐桓公称霸的开始。

公元前 679 年冬天，齐桓公知道人心大部分已归向自己了，就大会宋、鲁、陈、卫、郑、许各诸侯国，在宋国的幽地，歃血结盟，这次会上，才定齐桓公为盟主。

然而，虽说在鄄地郑国参加了盟会，郑厉公有点不甘心。这时，郑厉公对齐桓公的霸主地位，正在进行着挑战。郑国和宋国结怨已久了，郑厉公复位以后，更是不肯善罢甘休。就在郑厉公复位的次年（公元前 679 年），齐国和邾国帮助宋国讨伐郳国时，郑国却乘机进攻宋国。公元前 678 年齐国、宋国、卫国三国联合进攻郑国，由于楚国在这时北上，责问郑厉公离开栎地时为什么不向楚国打招呼，于是楚国兴兵攻打郑国。郑厉公当时迫于齐、楚两国夹击，向楚国谢罪，楚王才不计较。

郑厉公服齐是万不得已的，他学着父亲郑庄公的作法，拉周天子这面大旗作虎皮。在公元前 676 年周惠王即位，他与虢公、晋君一起，派天王大臣原庄公到陈国替周惠王迎立后妃，显示出他打算联合西方诸侯而挟天子的意图。郑国虽在

★『素命』铜镈·春秋

★周惠王像

幽地盟会上服了齐，却并不去朝见，齐国因此囚禁了郑国的执政大臣詹。这时，齐国在遂国的驻军也被遂人消灭。鲁国见郑国对齐不专一，也反叛了齐国。公元前674年，郑厉公诛杀了王子颓，把周惠王送回王都，抢走了安定王室的功劳。这一连串的大动作大有动摇齐桓公霸业之势，只因不久郑厉公死去，才少掉了这个对手。

先前，鲁庄公母亲文姜，自齐襄公被杀后，日夜悲痛想念，于是得了严重的咳嗽病。临死前，把鲁庄公叫到跟前说：“你应当娶齐国女为妻，使两国和好，我死了也就可以瞑目了。”又说：“齐国刚刚开始称霸，你要谨慎处理好关系。”鲁庄公没办法，尽管有些大臣反对与齐国通婚，但还是遵从了母亲的遗愿。自鲁庄公娶齐女之后，齐国鲁国关系越来越好。

不久，齐桓公又同鲁庄公联合起来攻打徐国，征讨戎国，徐、戎两国都对齐国称臣。

郑厉公死后，郑国大臣尊奉长子捷让其即位，这就是郑文公。郑文公见齐国势力越来越强大，惟恐齐桓公率领军队侵略征伐，派遣使者请求入盟。公元前667年，齐、鲁、宋、陈、郑第二次在宋国的幽地结盟。这年冬天，周惠王派召伯廖到齐国，正式赐命齐桓公为诸侯之长，并命他讨伐卫国。齐桓公的霸主地位才算完全确立。

★诸侯会盟塑像

春秋战国时期，各国经常通过“会盟”来缔结合约，加强交流，也是勾心斗角的时机。公元前500年左右，齐国和鲁国在夹石会盟，当时主持鲁国国政的孔丘，在会盟上以礼法挫败齐国，赢得了外交的胜利，确立齐桓公霸主地位，五人中间为齐桓公。

★波纹豆·春秋

齐桓公不以小恶亡大美

春秋时有个士人叫宁戚，穷困潦倒，无法谋生，希望能得到齐桓公的任用，于是替商贩运货到齐国去，夜宿于城外。齐桓公出城，经过宁戚的货车旁，宁戚敲响牛角唱起来。桓公驻足而听，说：“这不是一般的人。”于是叫人把他带来，给他换上新衣新帽，以礼相待，宁戚纵谈治国方略，桓公很高兴，准备任用他。大夫们谏阻桓公说：“宁戚是卫国人，请先派人去卫国了解一下是不是贤人。”齐桓公听后，忙说：“不能这样，如果查访他，知道他有小毛病，我们就会心怀不满。因为一点点的小毛病，而否定他的大德，这是君主失去人才的原因啊！凡是听一个人的话，一定要验证他的话的正确与否。我听了宁戚的话，之所以不再去查访他的为人，是因为他的话符合必然的道理。况且，没有人能够十全十美。作为君主，只要能把握臣下的长处就可以了。对于其他方面的瑕疵，可以不用太过追究。用人之道，和天地之道一样，都需要有包容天下万物的气魄和心境。”最终任用了宁戚。

齐桓公救燕击山戎

QI HUAN GONG JIU YAN JI SHAN RONG

葵丘会盟虽然使中原各国逐渐承认了齐国的盟主地位，但居住在边远地区的某些少数民族部落却不认这一套。山戎是北戎的一支，国名叫令支，也称离支。它的西边是燕国，东南边是齐国、鲁国。令支处于三个国家的中心地带，仗恃地险兵强，不称臣，不纳贡，多次进犯中原各国。先前曾经侵略到齐国边界，被郑国打败。此时，听说齐桓公图谋霸主地位，于是统领戎国兵马一万多人，侵犯燕国，想断绝燕国通往齐国的道路。燕庄公抵挡不住，赶忙派人抄小路向齐桓公告急。齐桓公向管仲讨教，管仲回答说：“现在这时的祸患，南面有楚国，北面有山戎，西面有狄人，它们都是我国的心腹大患。燕国求救，不得不救啊！”

公元前 663 年，齐桓公率领军队救燕国。军队过了济河，鲁庄公迎齐桓公于济河边。齐桓公告诉鲁庄公讨伐山戎的事情。身为盟国的鲁国，也有意跟随齐桓公讨伐。但齐桓公对鲁庄公的好意表示心领，没有让鲁庄公出兵随从，告别了鲁庄公，齐国军队向燕国进发。

山戎国国君名叫密卢，蹂躏燕国已经两个多月了，掳掠财物人民，不可胜计。听到齐桓公率领大军到达燕国，赶紧逃回山戎去了。

★葵丘会盟旧址
会盟台旧址在山东省菏泽市鄄城县旧城镇葵丘堌堆村西。据《濮州志·会台别业记》载：濮州故城（今旧城）南五里有高大土台一个，占地二百余亩，上可容纳万人。此台前面略尖，后呈方形，因春秋时期诸侯多次在此台之上会盟而称为会盟台。

齐桓公军队到了蓟门关，燕庄公出来迎接，感谢齐桓公远道而来解救燕国。管仲说：“山戎得志而去，没有遭到打击，我国如果退兵，山戎军队一定又会来掠夺。不如趁这时候征讨山戎，可以解除一方的祸患。”齐桓公说：“好。”燕庄公请求率领燕国的部队为前锋。齐桓公对燕庄公的意思很理解，说：“燕国军队刚刚经过困苦争斗，我怎能忍心让其再冲锋陷阵呢？你暂且让燕军作为后军，为我制造声势就可以了。”燕庄公说：“离这儿东边十几里地，有个无终国，虽然系北戎种族，但不依附山戎，可以将其联合过来，让他们做向导。”齐桓公就用金银财物，让公孙隰朋带上招降。无终国派遣大将虎儿斑，率领二千兵马，前来助战。齐桓公又赏赐虎儿斑兵马，让他做前锋。行了大约二百里路，齐桓公见山路崎岖、险峻，向燕伯询问。燕伯回答说：“这个地方名叫葵兹，是北戎出入的主要地方。”齐桓公和管仲商议，将辎重粮食，分成一半，屯聚在葵兹。让士兵伐木筑土为关隘，留鲍叔牙把守，让他转运粮草。让士兵休息三天，留下疲乏有病的兵士，让精壮士兵日夜兼程前进。

令支王密卢听说齐桓公率领大军来征讨，急召将领速买商议。速买说：“齐兵远来困乏，乘着它们安营未定，突然袭击，可获全胜。”密卢给了速买三千兵马。速买传下号令，让兵马散开在山谷中埋伏，等到齐兵来了行事。虎儿斑前队先到，速买只领百十来个人迎敌，虎儿斑手持长柄铁瓜锤兵器往速买当头便打。略斗了几个回合，速买假装败走，把虎儿斑兵马引入林中。一声呼哨，山谷皆应，虎儿斑兵马被截为两段。虎儿斑死战，战马又被敌人所伤，情势危急。恰巧这时，齐桓公率领大军赶到，王子成父大显神威，杀散了速买兵马，救出了虎儿斑，速买大败而去。之后，齐桓公率领大军向东前进三十里，

★四蛇饰甗·春秋

到达伏龙山，和燕庄公在山上安营扎寨。

第二天，令支王密卢亲自与速买率领一万多名骑兵，前来阵前讨战，一连冲突了几次，都被车城阻挡住，不能进入。中午过后，管仲在山头望见戎兵逐渐稀少，下马躺在地上口中不停叫骂。管仲抚摸着虎儿斑的背说：“将军今日可以雪耻了！”虎儿斑应诺。城门开处，虎儿斑带领兵马杀出来。隰朋说：“恐怕中敌人的奸计。”管仲说：“我早已料定。”立即命令王子成父率军从左边杀出，宾须无率军从右边冲来，两军左右夹击，专门追杀埋伏的敌军。原来，山戎惯于使用伏兵之计，见到齐军按兵不动，就在山谷中埋伏，故意下马谩骂齐军，来引诱齐军上当。虎儿斑军队所到之处，山戎军队都弃马而逃奔，一声呼哨，引来谷中人马。却被王子成父和宾须无两路兵马，杀得七零八落，山戎大败而回，白白损失了许多马匹。这时，速买献计，说：“齐桓公想进军，一定经由黄台山谷口进入。伏龙山二十里没有水泉，齐军一定向濡水取水。如果将濡流坝弄断，齐桓公军中没有水喝，一定会大乱，乱了就必然溃败。我乘齐军溃败而攻打它，一定会取胜的。然后，再派人向孤竹国寻求援军，借兵助战，这才是万全的策略。”密卢大为高兴，照着执行。

管仲见山戎兵退却以后，一连几天不见动静，心里产生怀疑，忙派探子打听情况。探子回报：“去黄台山的道路已被塞断了。”管仲召来虎儿斑问：“还有别的道路能进入黄台山吗？”虎儿斑说：“这儿到黄台山不过十五里地，便可以直捣山戎国。如果要寻找别的路径，须从西南方向绕个大转弯，由芝麻岭抄出青山口，又向东走几里，才是令支的巢穴。但由于山高路险，车马行动不方便。”正商议之间，将领连挚报告说：“山戎断绝了我取水的道路，军中没有水用怎么办呢？”虎儿斑说：“芝麻岭一带都是山路，没有几天不能到达。如果行军打仗没有水，很难行动啊！”齐桓公于是下命令，让军士凿山取水，谁先取得水者重重奖赏。公孙隰朋进言：“我听说蚂蚁随潮湿地方筑穴，应当看蚂蚁巢穴处挖。蚂蚁冬天筑巢向着太阳常照处，夏天则相反，在山上筑巢在北面。现在是冬天，一定在山的南边，不要乱挖水。”军士照办，果然在半山腰挖出甘甜清冽的水。

密卢打听到齐军不缺水，大惊失色，认为齐军有神助。速买说：“齐军虽然有水，然远道而来，粮食一定接不上。我们坚守城池不和他交战，那么，齐军粮食用完自然退兵。”密卢听从了速买的建议。这时，管仲让宾须无假装从葵兹取粮，让虎儿斑率军领路，让一部分部队向芝麻岭进发，以六日为期限。让将领连挚，每天到黄台山挑战，以便拖住密卢，使他不产生怀疑。一连六天，山戎并不应战。管仲说：“从时间上看，宾将军已经到达目的地了。山戎既然不应战，我们不能等待。”就让士兵每人背上一

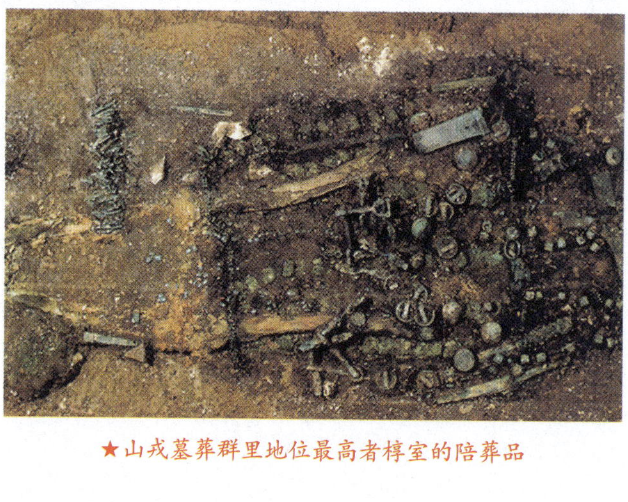

★山戎墓葬群里地位最高者椁室的陪葬品

★鲍叔牙像

鲍叔牙

鲍叔牙（？—公元前644年），亦称“鲍叔”、“鲍子”。春秋时齐国大夫，以善于知人著称。相传为姒姓之后，鲍敬叔之子。鲍敬叔仕齐，采邑于鲍（今历城鲍同山一带），故为鲍氏。鲍叔牙少年时与管仲友善，曾一同在南阳一带经商，相互十分了解。齐襄公时，叔牙辅佐襄公弟公子小白。后因襄公为政无道，叔牙知齐国将乱，即随公子小白逃奔莒国；管仲则随公子纠逃奔到鲁国。襄公被杀，公子纠和公子小白争夺君位，小白得胜即位，即齐桓公。桓公任命叔牙为相，叔牙辞谢，保举管仲。后来齐国经管仲的改革，日渐富强，称霸诸侯。管仲曾言：“生我者父母，知我者鲍子也。”鲍叔牙遂以能知人为世人所称道。故后世言人之相知，誉称“管鲍”。相传鲍叔牙死后葬于今历城鲍山下。

大袋土，先让人在前探路，遇到坑壕地方，用土袋填上。大军直到谷口。密卢自以为没有后患，每天和速买饮酒为乐。忽然听到齐军杀来，急忙跨上战马迎敌。还没有交战，戎兵又报告：“西面又有敌军杀到！”速买已知小路有失，无心恋战，保着密卢向东南逃走。宾须无追赶了几里路，山戎军队驰马逃跑，马匹物品、牛羊帐幕等，丢弃无数，都成了齐军的战利品。救得燕国子女，不计其数。山戎令的人民，从未见过这样威武的军队，都提着食品水果等欢迎齐军。齐桓公对山戎国人，实行安抚政策，吩咐军士不许杀戮。

★山戎文化陈列馆的墓葬

山戎墓葬陈列馆

山戎墓葬陈列馆位于北京市延庆县靳家堡乡玉皇庙村东北500米，军都山大寨峰南麓向阳坡地上，南临妫水河冲积平川，为国内第一座以古代少数部族文化命名的古墓群考古博物馆。该馆外形采用简洁的大板块拼接设计形式，显得别致、庄重、新颖。展厅高敞明亮，面积400平方米，厅内原地、原状保留了经考古工作者科学发掘的春秋时期山戎文化墓葬10座。厅内特设悬梯式回廊，可供参观者从不同角度观赏这些墓葬的埋葬习俗；在展厅周边走廊间，陈列有玉皇庙、葫芦沟和西梁垙3处墓地出土的部分山戎文物，并配有图片和文字说明，简明扼要地介绍了北京市文物研究所山戎考古队近年来在军都山地带开展山戎文化遗址调查与有计划地进行考古发掘，所取得的具有突破意义的重大考古成果。陈列馆内保存的这10座墓葬，从一个局部展示了山戎部族独具特色的埋葬习俗及其等级差别与男女分工。如这些墓葬、墓坑皆为东西向的长方形竖穴土坑墓，实行单人仰身直肢葬，头东足西；不论男女，皆戴耳环和项链，多以联缀铜扣的麻布为覆面。祭牲皆以肢解后的马、牛、羊、狗的头和腿为代表，而不采用全牲形式，均摆在墓室东端的上层填土中；所殉畜头的吻部，一律朝东。男性多随葬青铜短剑、铜镞等兵器和铜锛、铜凿等生产工具，颈下佩戴动物形金、铜饰牌，腰间还配有铜带钩和动物形的铜带饰等；女性则不具备这些东西，而多为小件装饰品及铜锥、铜针等缝补工具。里面的两座规模较大的墓，墓主人皆属男性，而小型墓多属女性。这些情况，都是山戎社会进入军事奴隶制的反映。

★山戎墓葬陈列馆

齐桓公讨伐孤竹国

QI HUAN GONG TAO FA GU ZHU GUO

山戎国国君密卢大败以后，逃往孤竹国去了。齐桓公召来降卒问孤竹国之强弱和路途的远近，降卒说："孤竹是东南一个大国，从商朝开始就有城郭。从这儿去大约一百多里路，有条卑耳河，过了河就是孤竹国界，但山路险峻难于成行。"齐桓公说："孤竹、山戎狼狈为奸，既然近在眼前，应该征讨。"恰巧鲍叔牙派将领高黑运来粮草五十车，齐桓公把人马留住，补充候用，然后让士兵休整几天，起程伐孤竹。

齐桓公率领大军起程不到十里，望见山脉蜿蜒，怪石嵯峨，草木繁茂，竹箐塞路，挡住去路。管仲让兵士取引火之物，撒入草树之中，放起火来。烧得火光透天，五日不绝。火熄以后，命令军士凿山开路，以便行进。走了几个山岭，到了卑耳河边。卑耳河河水深，水流湍急，原来有竹木筏可以摆渡，现在被戎主全部收了去。燕庄公说："过了河向东，先是团子山，后是马鞭山，又后是双子山，三个山脉相连，大约30里。过了三座山，行走大约25里左右，便是无棣城，即是孤竹国君的首都。"虎儿斑请求率领本部兵马先渡河。管仲说："军队行进在一个地方，万一遇到敌人，进退两难，须分两路军马渡河。"就命令军士砍伐竹子，用绳索绑住，做成竹筏，不长时间，做了几百个。留下车辆，来载筏子，让军士牵引到河边，将军马分成二队。王子成父同高黑领着一支人马从右边乘竹筏渡河作为正面部队，公子开方、竖貂随着齐桓公亲自接应；宾须无同虎儿斑领着一支人马，从河左边渡河作为奇兵，管仲和连挚随着燕庄公接应，相约在团子山下汇合。

★孤竹国时期的文物

孤竹国主答里呵在无棣城中，不知道齐军已来的消息，差遣士兵到河边了解，见河中全是竹筏，兵马纷纷渡河，慌忙报告。答里呵大为震惊，立即命令黄花元帅领兵五千前去迎敌。密卢说："我在这儿没立尺寸战功，愿领速买兵马作前部先锋。"黄花元帅说："多次败北的人，难与你共同处事。"跨上战马而去。答里呵对密卢说："西北团子山，是从东南来的重要地方，麻烦你们君臣把守，以便接应，我随后就到。"密卢嘴上虽然应诺，但心里却怪黄花元帅轻薄他，颇为不满。

★管仲雕像

黄花元帅率领军队还没有到达河边，便遇到了高黑前队，两军接战厮杀起来。高黑战黄花元帅不下，却待要走，王子成父率军赶来，与黄花元帅交战起来。大战多时，不分胜负。后面齐桓公率领大部队来了，公子开方在右，竖貂在左，一齐朝孤竹军队掩杀。黄花元帅一下慌了，放弃军马逃走了。五千人马，被齐兵掩杀大半，其余都投降齐军。黄花元帅独自一人逃跑，快到团子山时，见兵马林立，都打着齐、燕、无终三国旗号，原来是宾须无等渡河之后，先占据了团子山。黄花元帅不敢过山，弃了战马，装扮成打柴之人，从小路逃脱。齐桓公军队大胜，在团子山与左路兵马汇合安营扎寨。

密卢领兵刚到马鞭山，前哨报道："团子山已被齐桓公率兵攻破。"黄花元帅逃命至马鞭山，认做自己兵马，投入营中，却是密卢，被密卢羞辱一番，愤恨异常，索要了一匹劣等战马，回到无棣城中，见到答里呵，请求再给兵马报仇。黄花说："齐桓公所痛恨的人是密卢。今日之计，只有斩杀密卢君臣，和

★齐长城

齐长城是春秋战国时期齐国修筑的军事防线。始建于齐桓公元年(公元前685年)，经齐灵公、齐威王不断增修，至齐宣王时基本完成。后来齐王又加整修，先后历经400余年。

他讲和，可使齐桓公不战而退兵。”答里呵说：“密卢穷途末路投奔我国，我怎能忍心出卖他呢？”宰相兀律古进言：“我有一计，可以反败为功。我国北面有个地方叫旱海，人们又叫它迷谷，是沙石土碛之地，一望无际，里面没水没草。从来国人死者，都放在那儿，白骨相望，白天黑夜常常闹鬼。又经常有大冷风，冷风经过之处，人马都不能站立，常常使人死亡。如果一旦风沙被刮起来，咫尺之间人马分辨不清。如果误入迷谷，各路弯弯曲曲难以辨认，出不了迷谷，里面还有毒蛇猛兽。现得一个人诈降，引诱齐桓公入谷，不用我国厮杀，定让齐军死亡大半。然后我国整顿军马，坐等齐国军队死亡，难道不是一条妙计吗？”答里呵说：“齐桓公怎么才能进入迷谷之中呢？”兀律古说：“主公和家属等人暂且埋伏到阳山，让城中老百姓，全往山谷避难，留下一座空城。然后让投降的人告诉齐桓公，只说‘我主公逃往砂碛借兵’，齐桓公一定来追赶，就中了我们的计了。”黄花元帅欣然愿去，率领骑兵一千余，依计而行。

黄花元帅在路上寻思：“不斩了密卢的头，齐桓公怎能信任我？如果成功，主公也不怪罪我杀害密卢。”于是到马鞭山来见密卢。当时密卢正和齐桓公军队相持，认为黄花元帅率领增援人马人来了，出来迎接。黄花元帅出其不意，立即在马上斩了密卢的头颅。速买大怒，绰刀上马来斗黄花。两家军兵，各助其主，自相格斗，互有杀伤。速买料定斗不过黄花元帅，单独一人骑上战马，投奔到虎儿斑营中投降。虎儿斑不信，让军士缚绑斩了。令支国君臣，只因侵掠中原，都死于非命。至此，山戎国灭。

黄花元帅吞并了密卢部队，直奔齐桓公军队而来，献上密卢首级，说：“我们国主想逃往砂碛，企图到外国借兵报仇。我劝国主投降，他不听。今天我亲自杀了密卢，投奔到你的帐下，愿作一名小卒，率领本部兵马作向导，追赶国主，以效微劳。”齐桓公见了密卢头颅，不由得不相信，就用黄花作前部，领大军出发，直达无棣城，果然城空无人，更加相信黄花说的一点不假。齐桓公担心答里呵走得太远，赶不上，只留燕庄公兵一部分守城，其余的全部出发，连夜追袭。

黄花请求先行探路，齐桓公让高黑跟从，大军跟在后面。到了砂碛，齐桓公催促部队快速行进。走

管仲妙喻选材

有一天，齐桓公在管仲的陪同下，来到马棚视察养马的情况。他见到养马人就关心地询问：“马棚里的大小诸事，你觉得哪件事最难？”养马人一时觉得难以回答，其实，养马人心中是十分清楚的：一年365天，打草备料，饮马遛马，调鞍理样，接驹打掌，除了清栏，哪一件都不是轻松的事！可是在君王面前，一个养马人又怎好随意叫苦呢？管仲在一旁见养马人尚在犹豫，便代为答道：“从前我也当过马夫，依我之见，编排用于拴马的栅栏这件事最难，为什么呢？因为编栅栏时所用的木料往往曲直复杂，若想让所选的木料用起来顺手，使编排的栅栏整齐美观结实耐用，开始的选料就显得极其重要，如果你在下第一根桩时用了弯曲的木料，随后就得顺着将弯曲的木料用到底。像这样曲木之后再加曲木，笔直的木料就难以启用，反之，如果一开始就选用笔直的木料，继之必然是直木，曲木也就用不上了。”齐桓公听后，若有所思地点了点头。

★管仲塑像

了很长时间，不见黄花消息。看看天色将要黑了，只见白茫茫一片平沙，黑黝黝千重惨雾，冷凄凄数群啼鬼，乱飒飒几阵悲风，寒气逼人，让人毛骨悚然。狂风刮地，人马皆惊。当时齐桓公和管仲并马同行，管仲对齐桓公说："我以前听说北方有旱海，是极恐怖的地方，恐怕这儿就是吧，不可以再向前行军了。"齐桓公急忙传令停止前进，然而，此时前后两军已失去联系。管仲保护着齐桓公，连忙掉转马头急走。随行的军士都敲金击鼓，一是为了驱散阴气，二是为了使各队兵马听到声音来汇集。但见天昏地暗，东西南北方向全然不辨。不知走了多少路，才发现风停雾散，天空出现了半轮月亮。众将听到金鼓声音，追随而来，屯扎在一处。等到天亮，计点众将，却不见隰朋。幸亏在严寒的冬天，毒蛇猛兽冬眠，不曾出来，不然军士不死即伤。

管仲见山谷险恶，绝对没有人出没，急忙让人寻找道路出谷。怎奈东撞西冲，弯弯曲曲，全没有出路，齐桓公心里一下慌了。正在为难之际，管仲说："我听说老马不管走多远的路，都能找到归途，现在可以挑选几匹老马走在前面，回去的道路就能找到了。"齐桓公认为管仲说得有道理，便下令行事。结果军士跟在老马的后面，顺利地走出旱海。

却说黄花元帅带领齐将高黑先行，直走阳山道。高黑不见齐军大队人马跟来，心中起疑，连忙让黄花停止，等待齐军大队一同出发。黄花元帅只顾催马前行，不去理会。高黑勒马不行，被黄花拿住绑了，来见孤竹主答里呵，黄花瞒过杀密卢的经过，只说："密卢在马鞭山兵败被杀，我用诈降之计，诱骗齐桓公大部人马，陷到旱海里去了。又擒住齐将高黑在此，听凭主公发落。"答里呵对高黑说："你如果投降，我会重用你。"高黑瞪大眼睛大骂："我世代受齐国厚禄，怎么肯投降你们狗羊的国家。"又骂黄花元帅："你诱骗我到这儿，我死了并不可惜，我主公率大军到达的时候，就是你们君臣死期之日。教你们后悔也来不及！"黄花元帅大怒，拨剑亲自杀了高黑。答里呵重整兵马，来夺取无棣城。燕庄公因城中空虚，兵将也少，守城不住，便派人四面放火，乘乱杀出，退回团子山安营。

齐桓公率领大军走出迷谷，行了不到十里，遇见一支军马，派人了解，才知是隰朋的部队。于是合兵一处，直接奔无棣城来。一路上看见老百姓扶老携幼，纷纷逃难。管仲派人寻问老百姓，老百姓回答说："孤竹主驱逐了燕兵，已回到城中，我们向来在山中避难，现在只好回去。"管仲说："我有计谋攻破孤竹主了。"于是让虎儿斑挑选心腹军士数人，扮成城中老百姓，随着众人混入城中，只等待半夜举火为号，作为内应。虎儿斑依计而去后，管仲吩咐竖貂攻打南门，连挚攻打西门，公子开方攻打东门，只留北门作出路，却让王子成父和隰朋分作二路，在北门外埋伏，只等待答里呵出城，截住擒杀。齐桓公和管仲等离城十里下寨。

当时，答里呵救灭城中火后，招回老百姓，黄花元帅重新整顿军马，准备与齐兵厮杀。当晚天刚黑，忽然炮声四起，有人说："齐桓公大军已到，将城门围起来了。"黄花元帅没有料到齐桓公大军这么快就到了，大吃一惊，急忙让军队和老百姓登城守候。这时，城里四五处火起，黄花让人捉拿放火的人。虎儿斑率领十多个人，直到南门，将城门砍开，放竖貂军马进来。黄花元帅知道城守不住了，赶紧扶答里呵上马，寻路奔跑，听到北路没有齐兵，就开了北门逃走。行了不到二里。只见火光四起，鼓声震天，王子成父和隰朋两路军马杀来。公子开方、竖貂、虎儿斑得了城池，也各率领兵马追击。黄花元帅死战好长

★春秋时期贝币

★齐军在老马的带领下走出迷谷

时间，力尽被杀。答里呵被王子成父生获，兀律古死在乱兵之中。到了天明，迎接齐桓公入城。

齐桓公罗列答里呵作恶的罪状，亲自砍下了他的头，并悬挂在北门之上，以警告戎夷，安抚老百姓。戎人说了高黑不屈被杀的事情，齐桓公十分悲叹。

燕庄公听说齐桓公大军胜利入城，也从团子山飞马来会。齐桓公对燕庄公说：“我因你国危机，跋涉千里，侥幸获得成功。会支、孤竹被消灭，开疆土五百里地，但我不能跨越占有，请你管理。”燕庄公说：“我托你的福，保全了祖先留给我的基业，哪敢奢望要这些地方呢？希望你重新封侯管理。”齐桓公说：“这个地方离中原比较远，如果立夷人，一定会重新叛乱，希望你不要推辞。道路已通，你可继承先君的功业，经营这个地方，向周王朝献礼，我也感到十分荣幸。”燕庄王不敢推辞。齐桓公在无棣城犒劳三军将士，因无终国有帮助出兵的功劳，把小泉山下的土地赏赐给他们，虎儿斑拜谢先回无终国去了。

齐桓公让军队休整五天，然后向回走，再次渡过卑耳河，缓缓行走，看见令支一带荒芜，不觉惨然，

★春秋时期的原始瓷簋

对燕庄公说：“戎主无道，祸及草木，不可不引以为戒。”鲍叔牙自葵兹关来相迎，齐桓公说：“粮草供应得及时不绝，都是你的大功。”又吩咐燕庄王派兵把守葵兹关，将齐兵换回。燕庄公送齐桓公出燕地，仍然恋恋不舍，不知不觉到了齐国，出离燕国五十里地。齐桓公说：“自古以来，诸侯相送，不出境外，我不能对你不礼貌。”于是把燕王所送齐桓公处的地方送给燕国。燕庄公推辞不掉只得接受。然后在此筑城池，叫燕留，意思是留齐桓公的大德在燕国。燕国因此在西北增地500里，东边增地50里，开始成为北方的一个大国。其他诸侯由于齐桓公救燕国，又不贪占燕国的土地，没有不畏惧齐桓公的威名，感戴齐桓公的德行的。

★夷齐故里（孤竹国古都城遗址）

“夷齐故里，魅力滦州”，文化底蕴丰厚，春秋战国时期“夷齐让国”、“老马识途”等典故都发生在这里。

齐桓公救郑

齐桓公的霸主地位完全确立以后，南面的楚国国力如日中天，日益强大起来，北上中原欲与齐国一比高下，同齐国的争霸就必不可免了。这时的楚国离齐国的同盟国郑国近，于是军队浩浩荡荡向郑国杀奔而来。郑文公得知楚国军队前来，急忙召集百官商议。堵叔说：“楚国军队人多势众，气势汹汹，我们战不过楚国，不如请求和解。”听了堵叔的话，师叔连忙说：“我国刚和齐国结盟，齐桓公一定会来救我国。应该坚壁对待楚国。”郑文公长子华凭借年轻气盛，请求背城决战。这时的郑文公显得六神无主，只有叔詹成竹在胸，使用了空城计，等待援军到来。当郑危如累卵之际，楚国谍报人员探得齐桓公同宋、鲁两国诸侯，率领数万军马，赶来救郑。楚国将领恐腹背受敌，损兵折将，悄悄撤军跑了。齐桓公解了郑国之围，郑文公连忙派遣使者到齐国表示感谢。从此以后，郑国感恩戴德，对齐国忠贞不二。

★青黄玉鼓钉纹勒子·春秋

纠集七国威服楚国

JIU JI QI GUO WEI FU CHU GUO

楚国在中国南部，向来不和中原诸侯来往，那个时候，中原诸侯把楚国当做“蛮子”看待。齐桓公时，楚成王熊恽，任用贤臣令尹子文改革内政，修明国政，有志争霸。当时，齐桓公救邢存卫，大大提高了威望，楚成王心里十分不快，对子文说：“齐桓公沽名钓誉，人心归向。我国处在汉水以东，德不足以使人归附，威不足以慑住众人，当今这个时候，有齐没有楚，我深以为耻辱。”子文回答说：“齐桓公经营霸业几乎三十年了。他以尊奉周天子为名，诸侯乐于归顺，不可以和他相比。但郑国处在南北要冲位置，是中原的门户，为今之计，大王若想图谋中原，非得到郑国不可。”楚王采纳了子文的意见，派将领率车二百乘，长驱到郑。

★楚成王雕像

郑国与齐国结盟以后，日夜提防楚兵，探知楚国发兵攻打，郑国国君大惊，派人星夜向齐桓公告急。齐桓公传檄文，会合诸侯，将谋划救郑。楚国将领知道郑国有准备，又听到齐国救援军队将到，恐怕战不过，到了边界返回。之后楚军来了个回马枪，拘囚了郑国的大夫聃伯。

★令尹子文像

郑国国君听说聃伯被囚，又派人向齐桓公请求援救。管仲进言说：“主公数年以来，救燕存鲁，城邢封卫，恩德施于百姓，大义广布诸侯，如果使用诸侯的军队，这正是好时机。主公若要救郑，就得攻打楚国，征讨楚国一定要大合诸侯之兵。”齐桓公说：“大合诸侯，楚国肯定有准备，能确保胜利吗？”管仲回答说：“蔡人得罪过主公，主公想讨伐的念头由来已久了。楚、蔡接壤，我们以征讨蔡国为名，顺便伐楚国，这就是兵法说的出其不意的意思啊！”

先前，蔡穆公把他的妹妹嫁给齐桓公作为第三夫人，一天，齐桓公和蔡姬在园子里坐船游览，蔡姬故意摇动游船，使齐桓公摇来荡去，船晃个不停。齐桓公害怕，脸色都变了，让蔡姬别摇，蔡姬就是不听。齐桓公很生气，把她送回了蔡国，但并不是断绝婚姻关系。蔡穆公也很生气，说：“已经嫁给你了，又送回来。这是断绝关系哩。”竟将他妹妹嫁给楚国，当了楚成王夫人。齐桓公因此而深恨蔡穆公。

齐桓公对管仲说：“江、黄二国，忍受不了楚国对他们的统治，派使者交纳贡品，我想和他们会盟，征讨楚国的时候，以之作为内应，怎么样？”管仲对江、黄二国归附没有表示赞同，但齐桓公为了自己的威名，与江、黄二国秘密签订了讨伐楚国的协议。

当时楚兵再次到达郑国，郑文公请求和解，以免生灵涂炭。大夫孔叔说：“不行，齐国对楚国刚刚有行动，是由于我国的原因。别人对于我国有恩，背弃他不祥，应该坚壁待守。”于是再派使者向齐桓公告急。齐桓公对使者说了一番话，让使者回去说齐国救兵将要到达，让郑国坚守不出，等齐军一到，约定日期，郑军就到上蔡集合，协力攻打楚国。于是齐桓公遍约宋、鲁、陈、卫、曹、许国国君，都要按期起兵，名义上征讨蔡国，实际上攻打楚国。

公元前656年正月，齐桓公任命管仲为大将，率领隰朋、宾须无、鲍叔牙、公子开方、竖貂等人，出车三百乘，甲兵万余人，分队出发。竖貂请求先率领军队，偷偷袭击蔡国。齐桓公答应。蔡国依恃楚国，全不设防，直到齐国兵到了的时候，才急忙聚兵设防。竖貂在城下耀武扬威，下令攻城，到了晚上才退。蔡穆公认得是竖貂，知道是宵小之人，就在当天深夜，派人秘密送给竖貂金帛一车，请求缓兵。竖貂接受了蔡侯的贿赂，于是私自将齐桓公纠集七国诸侯，先伐蔡，后打楚的军机，全部泄漏给蔡侯，并附上秘信一封，说：“不日各国兵到，将蔡城夷为平地，蔡侯你不如早早逃跑为上策。”使者回来报告，蔡侯大时间，力尽被杀。答里呵被王子成父生获，兀律古死在乱兵之中。到了天明，迎接齐桓公入城。

齐桓公罗列答里呵作恶的罪状，亲自砍下了他的头，并悬挂在北门之上，以警告戎夷，安抚老百姓。戎人说了高黑不屈被杀的事情，齐桓公十分悲叹。

燕庄公听说齐桓公大军胜利入城，也从团子山飞马来会。齐桓公对燕庄公说："我因你国危机，跋涉千里，侥幸获得成功。会支、孤竹被消灭，开疆土五百里地，但我不能跨越占有，请你管理。"燕庄公说："我托你的福，保全了祖先留给我的基业，哪敢奢望要这些地方呢？希望你重新封侯管理。"齐桓公说："这个地方离中原比较远，如果立夷人，一定会重新叛乱，希望你不要推辞。道路已通，你可继承先君的功业，经营这个地方，向周王朝献礼，我也感到十分荣幸。"燕庄王不敢推辞。齐桓公在无棣城犒劳三军将士，因无终国有帮助出兵的功劳，把小泉山下的土地赏赐给他们，虎儿斑拜谢先回无终国去了。

齐桓公让军队休整五天，然后向回走，再次渡过卑耳河，缓缓行走，看见令支一带荒芜，不觉惨然，对燕庄公说："戎主无道，祸及草木，不可不引以为戒。"鲍叔牙自葵兹关来相迎，齐桓公说："粮草供应得及时不绝，都是你的大功。"又吩咐燕庄王派兵把守葵兹关，将齐兵换回。燕庄公送齐桓公出燕地，仍然恋恋不舍，不知不觉到了齐国，出离燕国五十里地。齐桓公说："自古以来，诸侯相送，不出境外，我不能对你不礼貌。"于是把燕王所送齐桓公处的地方送给燕国。燕庄公推辞不掉只得接受。然后在此筑城池，叫燕留，意思是留齐桓公的大德在燕国。燕国因此在西北增地500里，东边增地50里，开始成为北方的一个大国。其他诸侯由于齐桓公救燕国，又不贪占燕国的土地，没有不畏惧齐桓公的威名，感戴齐桓公的德行的。

★春秋时期的原始瓷簋

★夷齐故里（孤竹国古都城遗址）

"夷齐故里，魅力滦州"，文化底蕴丰厚，春秋战国时期"夷齐让国"、"老马识途"等典故都发生在这里。

齐桓公救郑

齐桓公的霸主地位完全确立以后，南面的楚国国力如日中天，日益强大起来，北上中原欲与齐国一比高下，同齐国的争霸就必不可免了。这时的楚国离齐国的同盟国郑国近，于是军队浩浩荡荡向郑国杀奔而来。郑文公得知楚国军队前来，急忙召集百官商议。堵叔说："楚国军队人多势众，气势汹汹，我们战不过楚国，不如请求和解。"听了堵叔的话，师叔连忙说："我国刚和齐国结盟，齐桓公一定会来救我国。应该坚壁对待楚国。"郑文公长子华凭借年轻气盛，请求背城决战。这时的郑文公显得六神无主，只有叔詹成竹在胸，使用了空城计，等待援军到来。当郑危如累卵之际，楚国谍报人员探得齐桓公同宋、鲁两国诸侯，率领数万军马，赶来救郑。楚国将领恐腹背受敌，损兵折将，悄悄撤军跑了。齐桓公解了郑国之围，郑文公连忙派遣使者到齐国表示感谢。从此以后，郑国感恩戴德，对齐国忠贞不二。

★青黄玉鼓钉纹勒子·春秋

纠集七国威服楚国

JIU JI QI GUO WEI FU CHU GUO

楚国在中国南部，向来不和中原诸侯来往，那个时候，中原诸侯把楚国当做“蛮子”看待。齐桓公时，楚成王熊恽，任用贤臣令尹子文改革内政，修明国政，有志争霸。当时，齐桓公救邢存卫，大大提高了威望，楚成王心里十分不快，对子文说：“齐桓公沽名钓誉，人心归向。我国处在汉水以东，德不足以使人归附，威不足以慑住众人，当今这个时候，有齐没有楚，我深以为耻辱。”子文回答说：“齐桓公经营霸业几乎三十年了。他以尊奉周天子为名，诸侯乐于归顺，不可以和他相比。但郑国处在南北要冲位置，是中原的门户，为今之计，大王若想图谋中原，非得到郑国不可。”楚王采纳了子文的意见，派将领率车二百乘，长驱到郑。

★楚成王雕像

郑国与齐国结盟以后，日夜提防楚兵，探知楚国发兵攻打，郑国国君大惊，派人星夜向齐桓公告急。齐桓公传檄文，会合诸侯，将谋划救郑。楚国将领知道郑国有准备，又听到齐国救援军队将到，恐怕战不过，到了边界返回。之后楚军来了个回马枪，拘囚了郑国的大夫聃伯。

★令尹子文像

郑国国君听说聃伯被囚，又派人向齐桓公请求援救。管仲进言说：“主公数年以来，救燕存鲁，城邢封卫，恩德施于百姓，大义广布诸侯，如果使用诸侯的军队，这正是好时机。主公若要救郑，就得攻打楚国，征讨楚国一定要大合诸侯之兵。”齐桓公说：“大合诸侯，楚国肯定有准备，能确保胜利吗？”管仲回答说：“蔡人得罪过主公，主公想讨伐的念头由来已久了。楚、蔡接壤，我们以征讨蔡国为名，顺便伐楚国，这就是兵法说的出其不意的意思啊！”

先前，蔡穆公把他的妹妹嫁给齐桓公作为第三夫人，一天，齐桓公和蔡姬在园子里坐船游览，蔡姬故意摇动游船，使齐桓公摇来荡去，船晃个不停。齐桓公害怕，脸色都变了，让蔡姬别摇，蔡姬就是不听。齐桓公很生气，把她送回了蔡国，但并不是断绝婚姻关系。蔡穆公也很生气，说：“已经嫁给你了，又送回来。这是断绝关系哩。”竟将他妹妹嫁给楚国，当了楚成王夫人。齐桓公因此而深恨蔡穆公。

齐桓公对管仲说：“江、黄二国，忍受不了楚国对他们的统治，派使者交纳贡品，我想和他们会盟，征讨楚国的时候，以之作为内应，怎么样？”管仲对江、黄二国归附没有表示赞同，但齐桓公为了自己的威名，与江、黄二国秘密签订了讨伐楚国的协议。

当时楚兵再次到达郑国，郑文公请求和解，以免生灵涂炭。大夫孔叔说：“不行，齐国对楚国刚刚有行动，是由于我国的原因。别人对于我国有恩，背弃他不祥，应该坚壁待守。”于是再派使者向齐桓公告急。齐桓公对使者说了一番话，让使者回去说齐国救兵将要到达，让郑国坚守不出，等齐军一到，约定日期，郑军就到上蔡集合，协力攻打楚国。于是齐桓公遍约宋、鲁、陈、卫、曹、许国国君，都要按期起兵，名义上征讨蔡国，实际上攻打楚国。

公元前656年正月，齐桓公任命管仲为大将，率领隰朋、宾须无、鲍叔牙、公子开方、竖貂等人，出车三百乘，甲兵万余人，分队出发。竖貂请求先率领军队，偷偷袭击蔡国。齐桓公答应。蔡国依恃楚国，全不设防，直到齐国兵到了的时候，才急忙聚兵设防。竖貂在城下耀武扬威，下令攻城，到了晚上才退。蔡穆公认得是竖貂，知道是宵小之人，就在当天深夜，派人秘密送给竖貂金帛一车，请求缓兵。竖貂接受了蔡侯的贿赂，于是私自将齐桓公纠集七国诸侯，先伐蔡，后打楚的军机，全部泄漏给蔡侯，并附上秘信一封，说：“不日各国兵到，将蔡城夷为平地，蔡侯你不如早早逃跑为上策。”使者回来报告，蔡侯大惊，当天晚上率领家眷，开门逃奔楚国。老百姓看到城里没有君主了，当即溃散跑了，竖貂自以为有功，飞快地把消息告诉了齐桓公。

蔡穆公逃到楚国，见了楚成王，详细向成王告诉了竖貂说的一番话。楚成王才省悟过来，急忙传令检阅兵车，准备战守，一面撤回讨伐郑国的军队。几天以后，齐桓公率领军队抵达上蔡。七国诸侯陆陆续续率兵赶到，前来助战，军威甚是壮大。

到了楚国边境上，没想到早有一个人衣帽整洁，把车停在路边，向前对齐桓公说："来者可是齐桓公？楚国使臣等候好长时间了。"那个人是楚国大夫，名叫屈完。齐桓公说："楚国怎么预先知道我军的到达呢？"管仲说："这一定有人泄漏消息。既然楚国派遣使者，一定要陈说他们的事由。我应当凭借大义之事责问他，使楚国自觉惭愧理屈，可不用打仗使楚国投降。"管仲也乘车出来，和屈完在车上互致礼节。屈完说："我国国君听说齐国军队车马以踏上敝国领土为辱，派我前来问候。齐国住在北方，我国居于南方，风马牛不相及，没有想到君王竟不顾路远来到我国的土地上，这是什么缘故呢？"管仲回答说："以前召康公命令我们的先君太公说：'五侯九伯，你都可以征伐他们，以便辅助王室。'赐给我们的先君征伐的范围，东边到大海，西边到黄河，南边到穆陵，北边到无棣。你国不向周王进贡包茅，使天子的祭祀缺乏应有的物品，我为此而来问罪。昭王南征到楚国而没回去，我为此而来责问。"屈完回答说："贡品没有送来，这的确是我君的罪过，今后岂敢不供给？至于昭王没有回去，君王还是问水边上的人吧！"屈完说完，指挥车辆退回。

管仲告诉齐桓公说："楚国人倔强得很，不可以凭借口舌之争让

★屈完见齐桓公

它屈服，应该进兵逼迫它。"于是传令八军同时出发，直抵陉山。离汉水不远处，管仲下命令："就在这儿屯兵扎营，不能再向前进发。"诸侯都说："军队已经深入，为什么不渡过汉水，和楚国一决死战，却逗留在这儿呢？"管仲回答说："楚国既然派遣使臣，必然有准备，一旦打起来，不能够马上解决问题。现在我们屯兵这儿，大张军势，使楚国

★齐长城遗址

春秋战国时期，齐国为防御鲁楚的进攻，在南部边境建筑了绵延千里的军事屏障——齐国长城。

害怕我们人多势众，楚国将第二次派遣使者，我们就可以取得成功了。由于讨伐楚国而师出，也因使楚国屈服而撤军，不也是可以的吗？"各诸侯不相信管仲的话，议论纷纷。

此时，楚成王已任命子文为大将，驻扎在汉水以南，专等联军渡过汉水，便来厮杀。谍报回来说："齐国的军队，在陉地驻扎。"子文进言："管仲深知用兵之道，没有万全之策不发兵渡河。现在凭借联军的军队，逗留不进，这一定有阴谋。应当派使者再去探听虚实和意图，或战或和，再定不迟。"子文说："屈完既然和管仲已交锋一次，应再派他去。"屈完回奏："主公如果请求和诸侯结盟，我当尽力；如果要和齐国开战，你另外派遣人吧。"楚成王说："或战或盟，由你视情况而定。"屈完就第二次到了齐营中。

屈完到了齐军营中，请求面见齐桓公。管仲说："楚国使者又来，定是来请求加入同盟订约。主公你要以礼对待他。"屈完见了齐桓公拜谢，齐桓公也礼待，问屈完来意，屈完说："我国由于不向周王朝贡，招致征讨，我主已知罪。你如果肯

★矢镞·春秋

撤退军队三十里，我主敢不听从你的命令？”齐桓公说：“你能辅佐楚王，使楚王重被天子任命，我又有什么要求呢？”屈完感谢齐桓公，回到楚国。

屈完回到楚国，把事情经过告诉了楚王，对楚王说：“齐桓公已答应我撤退三十里，我也答应向周王朝贡，主公你可不能失信。”一会儿功夫，探子探报：“齐国联军拔营离开。”楚王再让人探听情况，回报说：“退后三十里，军队驻扎在召陵。”楚王说：“齐桓公率军队退走，一定是害怕我们。”想反悔朝贡的事情。子文说：“各诸侯国的君主，尚且对老百姓不失信，主公你却想让老百姓对国君失信吗？”楚王命令屈完带金帛八车，再次去召陵犒劳齐国军队，又准备包茅一车，在齐军面前呈样过目，然后上表，向周王朝进贡。

齐桓公听到屈完第三次来到军营中，吩咐诸侯：“将各国车辆兵马，列成七队，分列七个方向，齐国的军队，屯列在南方。等待齐军鸣鼓，七路兵马一齐鸣鼓，器械盔甲，一定要十分整齐，以壮军威。”屈完进入，齐桓公说：“你可曾看过中原威武雄壮的军队吗？”屈完说：“我僻居南方，没有见过，愿意一睹为快。”齐桓公和屈完坐在一辆战车上检阅队伍，远远看见各国军队，各占一个方位，连绵数十里。齐军中一声鼓起，七路诸侯国也鼓声相应，如雷鸣震天，惊天骇地。齐桓公喜形于色，对屈完说道：“我们出兵，难道是为了我一个人吗？为的是继续先君建立的友好关系。我们两国共同友好怎么样？”屈完回答说：“君王惠临我国，安抚我君，这正是我君主的愿望。”齐桓公说：“我有这些出众的军队来作战，谁能够抵御他们？用这样的军队来攻城，哪个城池不会被攻破。”屈完回答说：“君主你之所以在中原当了盟主，是因为你为周天子宣布德意，抚恤百姓。君主你如果用德行安抚诸侯，谁敢不屈服呢？君主如果使用武力，楚国虽然偏小，但有方城山作为城墙，有汉水作为护城河。虽然有百万的军队，也是没有什么用处的。”齐桓公听了屈完的话后，脸上有惭愧之色，对屈完说：“你真是楚国的贤臣。我愿意同你国修复关系，怎么样？”屈完同意。当天晚上留屈完在军营中款待。

第二天，屈完和各诸侯订立了盟约。管仲下命令班师。半路上，鲍叔牙问管仲：“楚国的罪过，在于不服周王管制。我们以不贡包茅为辞伐楚国，现在退兵，我还是不理解。”管仲说：“楚国冒用帝王的封号已经三代了，我们应安抚它。倘若责问它冒充王的封号，楚国肯低头听我们吗？如果它不听，势必要打仗，仗只要一打，互相报复，没完没了，从此就会战乱不停。我们假托不贡包茅，使它容易和我们合作。如果楚国有屈服谢罪的名分，我国也足以在诸侯中夸耀，回去后报告天子，没有加兵，不正合时宜吗？”鲍叔牙赞叹不止。

齐桓公在召陵与楚国结盟以后，两个国家友好相处，楚国事实上承认了齐桓公在中原的霸主地位。

齐桓公五顾布衣士

春秋时齐桓公曾去拜访一个士人，一连去了三次都没见到。左右侍臣说：“不过是一个低贱的小民，您去了三次都没见到，不要再去了！”桓公说：“这是什么话！我听说，布衣之士不求富贵，可以不屈身于万乘之君；万乘之君不好仁义，可以不屈身于布衣之士。布衣之士可以不求富贵，但万乘之君不能不好仁义！”后来又去了两次才得以见到那位士人。天下诸侯听说后都说：“桓公对一个布衣之士尚且如此谦恭尊敬，何况对我们呢？”于是纷纷投奔齐桓公。齐桓公由此会盟诸侯，称霸天下。

★管仲与鲍叔牙班师回营的路上

★召陵故城遗址

齐桓公匡扶周襄王

QI HUAN GONG KUANG FU ZHOU XIANG WANG

齐桓公使楚国屈服，便派隰朋到周王室去报喜。隰朋请求见世子郑，周惠王心里很不高兴，就让次子带和世子郑一同会见。隰朋觉察

★隰朋像

周惠王似乎有难言之隐。隰朋回去后，对齐桓公说，周朝将要发生大乱。因为周王大儿子郑，是先王后姜氏所生，姜氏又是齐国的女儿。姜后死了以后，妃子陈妫（即是郑厉公等派人到陈国接来的陈女）立为王后，生了个儿子叫带。因带善于迎合别人，周惠王宠爱异常，称他为太叔。周惠王想废世子郑而立次子带。齐国作为郑的外家，不可不给世子郑图谋。齐桓公和管仲商量了计谋，给周惠王上了一奏折，说诸侯愿意见世子郑。实际上给郑撑腰。周惠王本来不想让郑出去会见，因为齐桓公势力强大，不敢说不让见。

第二年夏天，齐桓公率领八国诸侯，会聚在首止，长子郑也来了，之后留郑在军营中。周惠王见长子郑久去不回，知是齐桓公在包庇拥戴，心里很不高兴。平常惠后和次子带早晚在周惠王身旁，言语中对郑及齐桓公多有诋毁。周惠王说：“齐桓公虽然名义上伐楚，其实对楚国也奈何不了。现在楚人已归附王室，没有发现楚比不上齐。齐桓公又率领诸侯拥戴世子郑，不知打的什么主意，把我放在什么位置。我想派人带上我的密信给郑文公，让郑文公背叛齐国追从楚国。”周惠王修书一封派人送给郑文公，郑文公很高兴。郑文公在首止会上，托言国中有事，没有告辞就离开了。齐桓公听后大怒，想兴兵讨伐郑国，管仲陈说厉害，才不计较。不久，齐桓公率诸侯送世子郑回周王室。

楚成王听到郑文公在首止会上走掉，欣喜若狂，派人和郑国通好。郑文公于是归附了楚国。这一下激怒了齐桓公，率领同盟诸侯攻打郑国，包围了郑国新密。郑国向楚国求援，楚文王出兵救援，使郑国解围。第二年，齐桓公第二次率领军队讨伐郑国。当时陈国大夫辕涛涂，在齐桓公伐楚回国时，和郑国申侯有过节，就写了一封信给郑国孔叔，孔叔把信给了郑文公。郑文公后悔以前脱离盟会，从而招致齐桓公二次加兵，心中愧疚，便把这一切归罪到申侯身上。郑文公责问申侯：“你说只有楚国能和齐国抗衡，现在齐国兵来，楚国救兵在哪里呢？”没等申侯争辩，让武士推出杀了头。郑文公杀了申侯，让孔叔献给齐桓公，说：“我主公以前误听申侯的话，以致造成今天的局面。现在申侯已诛杀，派我向你请罪，希望你宽恕。”齐桓公一向知道孔叔是个贤臣，答应了孔叔，不再加兵郑国。不久，郑文公感戴齐桓公，再让孔叔到齐桓公处致谢，请求接受入盟。

公元前652年冬天，周惠王病重，世子郑恐怕皇后有变，先派他的心腹王子虎，向齐桓公告诉这件事。不长时间，周惠王死去。长子郑和周公孔、召伯廖商议，暂且不让发讣告，连夜派人秘密告诉王子虎。王子虎向齐桓公通报了这事，于是齐桓公就在洮召开诸侯会议。这时，郑文公也亲自来接受会盟，齐、鲁、宋、卫、陈、曹、郑、许，八国诸侯都上表，派大夫到周王室。八国大夫假借向周王问安，聚集在周王城以外。王子虎先去报信。长子郑让召伯廖问候八国大夫，然后发丧，说周惠王去世。尽管惠后想废掉长子郑而立王子带，但终因没有势力，未能实行。惠王死后，长子郑继位，这就是周襄王，惠后等暗暗叫苦不迭，不敢有异志。

公元前651年，齐桓公召集

★周惠王时期遗址

★玉虺纹韘·春秋

鲁、宋、卫、郑、许、曹等国在葵丘会盟，重申盟约。

葵丘之会，周襄王特地把祭祀祖先的祭肉分送给齐桓公。按照当时的礼制规定，天子祭祀祖先的祭肉只分给同姓兄弟之国，以表示他们之间的血亲关系。齐是姜姓，按规定是没有享受祭肉的权利，周襄王分给他祭祖先的祭肉，表示对桓公的特别尊敬。诸侯接受天子赐给的礼物时有一定的规定，为了表示敬重，受礼者要下堂跪拜。齐桓公在接受宰孔送来的祭肉时，正要下堂行跪拜礼，宰孔又传周襄王的话道："天子还说：'伯舅(天子对异姓诸侯的尊称)年纪大了，加赐爵位一级，不要下拜。"齐桓公为了显示他对天子的尊敬，恭敬地说："威严的天就在眼前，我小白怎敢贪享天子的优待不下拜呢？这样恐怕会缩短我的寿命，岂不辜负了天子对我的恩惠了吗？"于是就下堂行了跪拜礼，然后登上台阶去接受祭肉。

当时，周天子已没有什么实际权力，齐桓公这一番虔诚的表演，当然是醉翁之意不在酒，各诸侯都敬重齐桓公有礼。

这年秋天，齐桓公与诸侯又在葵丘结盟，盟辞中声言说："凡是参加我同盟的各国，结盟之后要同归于好，不能再互相攻击。"齐桓公又特地在会上宣布了周襄王的禁令：各国间不要堵塞河流；不要囤积粮食；不要废嫡立庶，以妾为妻；不要让妇人参与国事。

然而，周襄王继位不久，却发生了一场变乱。原来在河南的伊水和洛水之间分布着一支戎人，称为扬拒、泉皋、伊洛之戎(因驻地而得名)。他们居住地离洛邑不远。周襄王即位，使王子带失宠，他常心怀不满，伺机报复。公元前649年，王子带贿赂伊洛的戎人，让戎人侵犯京城，自己从中做内应。戎人于是进犯洛邑，包围了都城。周公孔和召伯廖全力固守京城，王子带不敢出去会合戎人军队。周襄王派遣使者向各路诸侯国告急。这时，秦穆公、晋惠公都想和周王交好，各人率领本国军队讨伐戎人解救周襄王。戎人知道诸侯军队将要到达就焚烧了东门离开。当时，齐桓公也派遣管仲率军救周襄王，听到围已解，就派人责问戎主。戎主害怕齐国兵强马壮，派人谢罪说："我戎人怎么敢侵犯京城，是王子带召我来罢了。"周襄王于是驱赶了王子带。王子带逃奔到齐国，齐桓公又派管仲去调解戎人和王室的关系，可是没有效果，戎人还是常常进攻，齐桓公只得派诸侯军队戍守京城，保卫周王室的安全，并把被戎人破坏了的城墙修复。

★兽形玉佩·春秋

★犀牛璜佩·春秋

★晋献公像

宰孔避逅献公

齐桓公约集诸侯会盟葵丘，晋献公前往赴会，结果因病误期，路上遇到周朝的太宰姬孔。姬孔说道："贵君可不必赴会。齐君喜炫耀自己，感趣于施予诸侯恩德和致力于创立功业，而不是集中心力在国内推行德政，因此对诸侯的朝贡索礼菲薄，但重礼送归，使得拥戴入盟者受到鼓励，叛离不顺者倾心仰慕。以法典性律条安抚诸侯，结盟誓神仪简礼轻，却对诸侯厚施恩德，借以显示自己的诚信。多次会盟诸侯，救邢存卫安鲁，使三国得免于亡，借以显示自己对诸侯的赐予。因此又北伐山戎，南讨刑楚，西组织这次会盟。这如同建造房屋，业已压砌好房脊，再上还能安加什么呢？据我所知，恩惠难以遍施，施惠于人难得答报，既然如此，终究会导致怨仇。齐君施惠于诸侯，这将同放债一样，不可能如愿以偿，无力再去匡正晋国。下一次会盟，将会在东方举行。这次没有来得及赴会，国君不必对此惊惧，将有机会使您勤身前往。"献公于是中途返回。

管仲病榻论相

GUAN ZHONG BING TA LUN XIANG

到了齐桓公晚年，由于长期对外战争，齐国国力日渐削弱。南方的楚国继续向中原推进，东南的淮夷也相继侵扰中原，齐桓公已无力对付这些挑战了。

公元前645年，管仲病重，齐桓公亲自去管仲处问候探望。在病榻旁，齐桓公握着他的手说：“如果你万一不起，在众群臣中哪一个人能接替你的职位？”管仲说：“了解

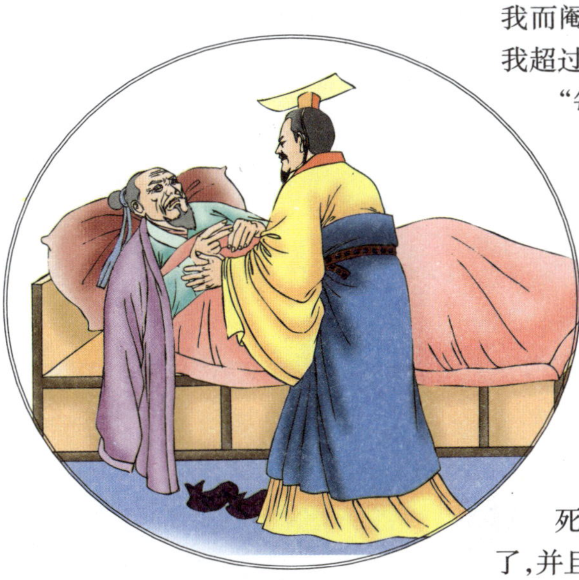

★管仲病榻论相

臣的人莫过于君了，我相信你是能慎重选择的。”齐桓公说：“你看易牙怎么样？我觉得他非常忠于我、爱护我，我曾经对他开过一次玩笑，说：‘我所有的鸟兽虫鱼都吃过，就是不知道人肉是什么味。’第二天，他回去把自己三岁的儿子杀了，做了一盘肉给我尝。”管仲说：“哪个人不爱自己的儿子呢？这是人之常情。他为了让你尝人肉而忍心把自己的儿子杀了，这样的人又能够真正爱护你吗？”齐桓公又提一个人：“那开方怎么样呢？他本来是卫国的公子，为了辅佐我，他宁愿抛弃一国之尊的荣华富贵。父母死了，也不回去参加葬礼，这说明他爱我胜过爱他的父母。”管仲说：“父母有养育之恩，人最亲近最爱戴的莫过于父母，他远离父母事齐，父母死了也不报丧，从他对父母的态度看，这样的人是不能和他亲近的。”齐桓公又提一个人：“竖貂怎么样呢？他为了到内宫来侍奉我而阉割了自己的身体，他爱护我超过爱护他自己了。”管仲说：“每个人都会爱护自己的身体，他为了达到亲近你的目的而忍心阉割自己，那将来对你又会怎样呢？这样的人不能信任。”管仲又说：“这三个人，主公你不问我，我也会对你说的。”管仲为了防止将来可能发生的事变，在死之前，把这三人都撤职了，并且做出决定，不许入朝。

齐桓公又说：“我想任用鲍叔牙，怎么样？”管仲说：“鲍叔牙，是个真正的君子。但他不能管理朝政。他对善恶过于分明。喜好善还可以，厌恶邪恶太厉害，谁能忍受得了呢？鲍叔牙发现一个人有点坏处，就终生不忘，这是他的缺点啊！”齐桓公又问：“隰朋这人怎样？”管仲说：“隰朋是我的舌头，我身死了，舌头怎能单独存在呢？”齐桓公听了管仲的话，认为讲得有道理。过了没有几天，管仲就死了。齐桓公让公孙隰朋主持朝政，不到一个月，隰朋病死。于是，齐桓公让鲍叔牙代替隰朋主政，鲍叔牙主政以后，按照管仲生前制定的政策，齐国在诸侯中的声望依然不减。

易牙、竖貂、开方三人平时围绕在齐桓公周围，曲意奉承，投其所好，成为齐桓公日常生活起居的一部分，他们被驱逐以后，齐桓公觉得生活中少了什么似的，一直郁郁不乐，吃饭也觉得没味。宫内一些善于察言观色的人便对齐桓公说：“易牙他们被撤职以后，国家也并没有昌盛，而你的容颜和精神显然不如以前了。现在侍奉你的人，都不能像他们那样体贴入微，不能顺你的心意，你为什么不把他们召回来呢？”齐桓公认为确实是这样，便召他们回宫复职。当时朝廷中有大臣劝阻说：“你忘记管仲的临终遗言了吗？为什么又让他们复职呢？”齐桓公说：“这三个人对我有益，对国家无害，管仲的话太过分

★管仲纪念馆

★管仲墓

了。”

齐桓公的妻妾很多，最宠爱的有六个，她们各有一个儿子，为了争夺嗣君之位，相互之间明争暗斗，拉帮结派。管仲在世时，就已觉察到，建议齐桓公立比较贤明的昭为太子。葵丘会盟的时候，齐桓公和管仲将太子昭介绍给各诸侯，并拜托宋襄公，希望他将来在太子昭有困难的时候，能够给予帮助和支持。管仲认为这样精心的安排，王位继承问题算是稳妥周全地解决了。但管仲死后，齐桓公受竖貂等人的欺骗和蒙蔽，又改立另一个儿子无诡为太子，但并没有正式宣布。其他几个公子看到太子既可以更立，于是都利用自己的势力积极活动。在这种情况下，齐桓公态度不明，含糊其辞，终于被小人所利用。

公元前643年，齐桓公病重，朝廷内争权夺利更为激烈。竖貂、易牙等人乘机揽权，他们假传一道齐桓公的命令，说齐桓公养病需要安静，不许群臣和家属入宫探望，并派武装人员守卫宫门，又把齐桓公的侍卫全部赶走，把门堵住，在齐桓公寝室寿宫周围构筑一道高墙，内外隔离，风雨不透。齐桓公病重卧床，起身不便，呼唤左右，无一人应答，心中疑惑，不知是什么原因。不久，一个宫娥冒死从高处爬进来看望。齐桓公让宫娥给他稀粥吃，宫娥无力帮助，又让弄杯热水，宫娥也无可奈何。此时此刻，齐桓公绝望了，深有感触地说：“管仲多么有远见啊！我没有听他的话，落得今天的惨局，假如死者黄泉有知，我有什么面目见他呢？”于是用衣袖把脸蒙住，长叹数声而死。死时身边连一个人也没有，死了多日也没人发现，直到尸体腐烂，臭味流散时，才有人找到了他的尸体。

从公元前685年到公元前643年，前后43年，齐桓公逐渐把黄河中下游的诸侯联合起来，援助弱小国家，抵御北方游牧民族戎狄的侵扰，这在当时对保卫中原先进文明起了一定的进步作用。由于齐桓公霸主的出现，各诸侯国之间修盟结好，减少了彼此间的战争，推动了社会的发展。

★桓公台建筑遗址石碑

★桓公台俗称“梳妆台”、“点将台”，现高14米，南北长86米，东西宽70米。

★东郭牙劝齐桓公

东郭牙劝齐桓公

齐桓公对管仲极为信任，有一天，他在朝堂上对大臣们说：“寡人想要立管仲做我的仲父，不知你们有什么意见。同意我立管仲为仲父的人进门以后往左走，不同意的人进门以后往右走。”他说完以后，群臣各分左右，入门后站定，惟有东郭牙既不往左走，也不往右走，竟然站在门的正当中。桓公看到东郭牙这样的反应，感到很奇怪，就问他为什么立在中间不动呢？东郭牙不紧不慢地问道：“请问大王，以管仲的才能可以谋定天下大事吗？”齐桓公说：“当然能。”东郭牙又问：“以管仲的决断能力能干成大事吗？”齐桓公说：“当然能。”东郭牙说：“如果他用自己的智谋才能，凭借着您的威势，来治理齐国，请问，您的政权能不危险吗？”齐桓公听后悚然而惊，对东郭牙说：“您的意见很有道理。”于是，齐桓公就不再立管仲为仲父，也不把所有的大权交给他，而是让自己的曾孙隰朋治理内政，让管仲治理外交，使他们分权并立。

神医扁鹊治病救人

SHEN YI BIAN QUE ZHI BING JIU REN

扁鹊，姓秦，名越人，战国初年齐国渤海郡郑（今河北任丘县北）人。他年轻时，曾在旅店里工作。当时有个叫长桑君的名医，常到他的旅店住宿。两人情投意合，成为好朋友。扁鹊虚心向长桑君学习医术，由于他刻苦认真，执着钻研，并注意吸取和总结民间看病用医的经验，经过丰富的医疗实践，终于掌握了精湛的医疗技术。

扁鹊热心为民治病，足迹遍布当时中国境内的许多小国，如现在的河南、河北、山东、陕西等地。他深受人民的欢迎和爱戴，成为当时驰名各国的良医。

扁鹊有很高明的医术，他在总结前人经验的基础上，摸索出一套比较科学的诊断方法。他给人看病时，注意观察病人形色，闻听病人发出的各种声音，认真询问病人的各种感受，同时仔细切脉，作出准确的诊断，现在中医的四大诊法：望、闻、问、切在二千多年前，扁鹊已初步加以系统化了，《战国策》中称他是脉学的倡导者。

★扁鹊塑像

有一次，扁鹊带弟子到虢国行医，只见虢国举国哀伤，一问才知虢国的太子刚死了，宫中正在筹办丧事，扁鹊忙到宫门前向人打听太子患病及死后的情形。宫人回答说太子是得暴病而死，刚死半天，现在还没入殓。

★扁鹊行医

扁鹊又详细了解太子的病情，他估计太子可能没死，要求入宫救治。扁鹊入宫后，给太子仔细把脉，发现太子还有微弱的脉膊跳动和缓慢的呼吸，身体还有余温，他断定太子患的是一种“尸蹶症”（类似现在的休克），并没有真的死去。他忙叫弟子在太子头部“百会”穴扎了一针，不一会儿，太子竟然慢慢地苏醒了。扁鹊又让弟子在太子的两腋下交替用熨贴法治疗，不多久，太子慢慢地可以坐起来了。又经过二十多天的汤药调理，太子逐渐恢复了健康。

扁鹊救活太子的消息不胫而走，人们纷纷称赞扁鹊能把死人救活，但扁鹊谦虚地向人解释，他并不能使人死而复生，只是挽救垂危的病人罢了。从中可见扁鹊高尚的人品和高超的医术。

扁鹊给病人看病时，从望、闻、问、切入手而后行针刺、熨贴、动手术、服药等各种疗法，疗效颇佳。他的望诊已达到炉火纯青的境界。有一次，扁鹊到齐国行医，拜见了齐桓公。交谈之中，扁鹊仔细观察他的脸色后说：“看您的样子，似乎染病在身，不过现在病还在皮肤上，不算什么，但要及早治疗，否则病情会加重的。”齐桓公不以为然地说道：“我感觉好极了，怎么会有病？”过了几日，扁鹊又求见齐桓公，认真地说：“您的病已进入血液了，需要赶快医治，否则病情会加重。”齐桓公仍不理会，不肯医治。又过几日，扁鹊再次见到齐桓公，他严肃地说：“您的病现在肠胃间，如果不医治，病情就会更严重了。”齐桓公很不高兴，觉得扁鹊是在没事找事，还觉得他是想骗取钱财，巧取声名。

大约又过了十几日，扁鹊又碰见齐桓公。这次，他一言不发，转身就走。齐桓公觉得很奇怪，便派人去问扁鹊缘由。扁鹊说道：“桓公的病开始只在皮肤，可以用熨贴法治疗；后来病在血液，用针灸可以医治；病入肠胃时，还可以用药酒，汤剂救治；现在他的病已侵入骨髓了，无药可救了。所以我见到他还

★扁鹊见齐桓公

能说什么？”几天之后，齐桓公的病终于发作起来，疼痛难忍，他急忙派人去请扁鹊。扁鹊预知齐桓公会找他，早就离开齐国了。齐桓公讳疾忌医，耽误了病情，终于丧命。

由于技术文化的落后，扁鹊生活的年代巫术十分盛行，而医术却成为附庸。扁鹊一生都不相信巫术，他通过认真钻研医术，总结医学经验，用自己的丰富的医学知识、高超医术和显著疗效不断地揭露巫术迷信的危害性。他一生为民着想，为民排忧。他每到一个地方，都了解当地的风俗习惯和常见病，然后开始治疗。当他到赵国都城邯郸时，发现妇科病人较多，他就做妇科医生；当到秦国咸阳时，发现小儿发病率高，他就着重治疗儿科疾病；当到周朝都城雒阳（河南洛阳），发现老年人患病多时，他就认真治疗老年人常见病。他为民着想，不求名利，不慕荣华的“随俗为医”的治病风俗，深为人民称道，也丰富了他的医学知识，使他不仅精通内科，而且精通于妇科、小儿科、五官科等。

扁鹊医术高明，关心民众疾苦，使他深受百姓爱戴，但他享有的声誉却使一些庸医、巫医对他怀恨在心。晚年扁鹊在秦国行医时，秦武王久闻扁鹊的声名，想请他治病，但太医李醯对扁鹊极其嫉恨，他大进谗言，极力阻挠扁鹊为秦武王治病。又怕扁鹊一旦为秦武王治好病，自己声名地位受影响，于是暗中派人下毒手，把一代名医刺杀了。

扁鹊死后，千百年来，人民一直怀念他，他们传颂着有关他的神奇故事，而且在他行过医的地方建墓立碑，修建庙宇纪念他，现在河南的开封、洛阳，河北的任丘，山东的长清、曹县，陕西的咸阳等地都有纪念扁鹊的墓碑庙宇。

史书记载，扁鹊行医之余，还带了众多的弟子，其中在史书上名字可考的就有近十人，据传他有著作《扁鹊内经》等书，但可惜失存，现在的《难经》一书，是后人托他的名而作的著作。

扁鹊斥秦武王

扁鹊拜见秦武王，武王把自己的病情告诉给扁鹊，请求扁鹊予以治疗。秦武王的近臣说：“大王的病在耳朵和眼睛之间，即使治疗也未必能治好。如果处理不当，还可能把耳朵搞聋，把眼睛搞瞎。”秦武王把近臣的话告诉给扁鹊，扁鹊听了，大发脾气，把石针丢在地上，气愤地说：“君王既然跟懂得医理的人商量治病，却又听不懂医理的人胡言乱语，这怎么能治好您的病呢？如果用这种法则来管理秦国的政事，那么您只要在一次重大的举动上迟疑不决，秦国很快就会灭亡啊！”

★扁鹊拜见秦武王

扁鹊墓

扁鹊墓有两座：一座位于河南省汤阴县城东南 7.5 公里伏道村南岗上，东毗火龙岗，南邻岗阳村。墓冢高 2 米，周长 16 米，附近有元、明、清各代重修墓、祠堂碑数通，是研究扁鹊的重要实物资料。墓前建有祠堂，坐北朝南，为面阔三间硬山式建筑。该祠堂始建年代无考。金贞祐年间毁于兵乱。现存建筑是清末所修；另一扁鹊墓位于陕西临潼骊山北麓南陈村。现已扩建为扁鹊陵园。在陵园内，新塑有扁鹊全身青铜像，高 2.65 米，右臂内夹拐杖，左侧挂药葫芦，风尘仆仆，似乎正走在民间行医途中。铜像后不远处便是扁鹊墓。

★扁鹊墓

石碏大义灭亲

SHI QUE DA YI MIE QIN

卫庄公娶夫人于齐，系齐庄公之女、太子得臣之妹，称庄姜。庄姜漂亮而贤淑，然而事无兼美，庄姜结婚数年却不生育。嫡夫人而无子，这在当时不仅被认为是本人的不幸，在某种意义上也是国家之不

★石碏像

幸，于是朝歌城里人为之作歌，祝愿她早生贵子，这就是如今保留在《诗经·卫风》中的那首《硕人》。庄公无奈又娶夫人于陈，名叫厉妫，生下儿子孝伯就死了；她的陪嫁的妹妹戴妫，生子名完（即后来的卫桓公），庄姜无后，便收归己养，以抬高他的身份。庄公还有个宠妾，生子名叫州吁。

州吁从小就喜欢舞刀弄枪，庄姜十分讨厌，但其母得宠，也就没人敢于管束。州吁长大成人，是一条强壮的汉子。庄公爱他勇武，再加上其母不断怂恿，就打算让他做个领兵的将军。朝中有个老臣叫石碏，忠直敢谏，批评卫庄公说："老臣听说，疼爱儿子，就要教育他走正道，不走邪道，骄横、奢侈、淫乱、放荡是走邪道的表现。这些问题的发生，全由宠爱过甚。您如果立州吁为太子，他也许会收敛一点，不然祸乱就会接踵而至了。"庄公不听。不久庄公死而桓公立，州吁越来越不成体统，偏偏石碏的儿子石厚也和州吁搅在一起，管教不听。到卫桓公当国君时，石碏就告老还乡了。

卫桓公即位的第二年（公元前733年），州吁更加肆无忌惮，横行乡里，白昼杀人，国人敢怒而不敢言。桓公把州吁召来教训了一通，然后派人严加看管，其实无非引其向善，并无恶意。无奈生来养尊处优、一向骄奢淫逸的州吁，早已养成了暴戾的性格，他受不了这种规范，与石厚两人密谋联合起来篡夺君权。当时正当周天子周平王去世，卫桓公要前去吊丧，石厚向州吁献计，让他在城西门行馆设下酒宴，为桓公饯行，于酒宴上杀死卫桓公，自己在行馆里外埋伏五百壮士，伺机而动。州吁采纳了石厚的计谋。

到了这一天，在饯行的酒筵上，酒至半巡，州吁假装失手，酒杯坠地，桓公命取杯再斟，州吁乘此机会，闪到桓公背后，抽出利剑，刺死桓公。事后，州吁和石厚宣布桓公暴病而死，州吁取代为君，拜石厚为上大夫。

州吁弑君篡位，卫国人民心中不服。一天，州吁问石厚说："国人至今还不与我们合作，怎么办呢？"石厚说："臣的父亲石碏，过去位居上卿，素来为国人所敬服。主公若能请他入朝，参与国政，你的王位就稳定了。"于是州吁派了使者，带了一份贵重的礼品问候石碏，请他入朝议事。

石碏托病坚辞不受。石厚只好亲自回家，见了父亲，传达了新君对他的敬慕之意。石碏问道："新君召我，想要我做什么呢？"石厚说："只为人心不平，恐君位不稳，想求父亲决一良策。"石碏说："诸侯即位，按正当手续必须上奏周天子。新主若能亲见周天子，得到赏赐的冠冕舆服，奉命为君，国人还能说什么闲话呢？"石厚说："这么说很有道理，可是诸侯不能无故入朝，必定先有人与周天子沟通一下才好。"石碏说："现今陈桓公忠顺周王，周王很赞许和宠爱他。我们卫国与陈国一向又互相亲睦，若新主亲自到陈国去，央求陈桓公与周王先通个情，然后入朝拜见，那有什么难的呢？"

石厚将石碏所说的一一告诉了州吁，州吁大喜，于是备下贵重礼物，指令上大夫石厚护驾，亲自拜会陈桓公。

★州吁像

石碏与陈国大夫子鍼具有深厚的友情。他割破手指，写下一封血书，派遣自己的心腹，秘密送到子鍼手中，托他呈给陈桓公。血书上写道："外臣石碏百拜致书陈贤侯殿下：卫国褊小，天降重殃，不幸有弑君之祸。此虽卫公逆弟州吁所为，实际是臣的逆子石厚贪位助桀。二逆不诛，乱臣贼子，行将接踵于天下也！老朽耄耋之年，力不能制，负罪先公。今二逆联车去朝拜上国，这是出于我的计谋，希望上国把逆贼拘执正罪，以正臣纲。这不独是我们国家的幸运，实在是天下的幸运啊！"陈桓公看了血书，便与子鍼定计除掉这两个逆贼。

过了几天，州吁和石厚一君一臣果然来到陈国。陈桓公远迎近接，礼数周到，格外殷勤，并在太庙设下香火举行迎宾仪式。陈桓公立于主位，左臣右相，排列得庄重整齐。石厚先到，见太庙门首，立着一块白牌，上面写道："为臣不忠，为子不孝者，不许入庙？"石厚见牌大吃一惊，问大夫子鍼道："立这个牌子是什么用意呢？"子鍼说："这是我们先君之训。我们的君侯不敢忘记，随时都这样写着的。"石厚听了这话，心里消除了疑虑。不一会儿，州吁的车驾来到，傧相启请入庙。入庙后，宾主分左右排列站定，正欲行礼，子鍼大声喝道："周天子有命，只捉拿弑君贼州吁、石厚二人，其余随从等一应俱免。"话音未落，两边卫士先将州吁擒下，石厚急忙拔剑格斗，也被四下里的伏兵绑缚起来。这时子鍼将石碏的血书宣读了，众人方知原由。

把州吁、石厚捉住后，陈桓公急忙通报卫国。石碏亲自上朝，会集百官，同议州吁、石厚弑君之罪。石碏说："二逆罪恶都是不可宽恕的，要明正典刑，以谢先君在天之灵。谁肯去执行这件事呢？"右宰丑说："乱臣贼子，人人得而诛之！丑当前往。"各位大夫异口同声说："右宰完全可以办好这件事。但首恶州吁既已正法，石厚是从逆，可从轻定罪。"

石碏一听，勃然大怒说："州吁之恶，都是逆子教唆所致。各位请求减轻处罚，岂不等于说我有舐犊之情，庇护之私吗？老夫当亲自一行，亲手杀死此贼。不然我没脸面见先人之庙！"石碏的家丁獳羊肩说："国老不必发怒，我当代您前往。"

右宰丑和獳羊肩来到陈国，将州吁、石厚押赴市曹。丑宣称："卫国先有臣弑君的，我今天就是效法他的做法！"州吁俯首就刑，獳羊肩也将石厚处斩。行刑前，石厚说："死是我罪有应得，但愿上囚车回国，见老父一面，然后就死。"獳羊肩说："我奉你父之命，来诛杀逆贼。你如果怀念父亲，我就携着你的头颅去相见吧！"说罢，拔剑将石厚斩首。

★诛石厚图

★娥皇、女英像

陈国

陈，中国历史上春秋战国时代的一个诸侯国，国君本妫姓，妫姓出自姬姓，黄帝后代。帝舜是帝颛顼的后代，传至子孙帝舜娶到帝尧二女娥皇、女英，女英生子商均。商均后代妫满娶周武王长女太姬，太姬生陈申公、陈相公。建国君主陈胡公本舜后裔，陈胡公本名妫满，根据胙土命氏的规定，称陈氏，遂为陈满。谥胡公，王莽称帝追封为陈胡王。公元前 1045 年受封于陈，建都宛丘(今河南淮阳附近)，辖地大致为现在的河南东部和安徽一部分。公元前 478 年，楚国灭陈。

★陈胡公像

夏姬"三为王后"

XIA JI SAN WEI WANG HOU

春秋时期，郑穆公生个如花似玉的女儿，因其嫁给陈国大夫夏御叔，故称夏姬。她娥眉凤眼，杏脸桃腮，杨柳细腰，体态柔美，是个美貌绝伦的女子。但她淫乱一生，因其先后与陈灵公、楚庄王、晋景公都有过不正当的关系，故有"三代王后"之称，此外还有"七为夫人"之隐私。

据说在她15岁的时候，曾梦见一位雄伟的男人，自称上界天神，与她交合，又教以采阳补阴之术，即吸取男人的精气补充自己的精力，可使自己返老还童，永葆青春。她还学得内视之法，使自己永为处女之身，以邀男人之宠。她淫乱成性，凡与她私通的男人，无不屡遭毒害，往往死于她的采战之术。既使如此，公侯大夫无不为之倾倒，争相罗致。她曾9次守寡，实为天下之恶妇。

夏姬在出嫁前，就在家中与庶兄公子蛮私通，事经两年，公子蛮精力衰竭，夭折而亡。之后她正式嫁给陈大夫夏御叔，不久生下男儿，名叫夏征舒。在其子12岁时，御叔形貌如枯槁，精力竭尽而死，这是死在她手中的第二个男人。丈夫逝世以后，她把儿子征舒留在城中拜师学业，自己迁居丈夫的封地株林（河南西华西南）。由于她以色名噪世人，陈国的君臣相继旋踪而来。

★春秋早期青铜车饰

陈大夫孔宁、仪行父曾与夏御叔班列同朝，闻知夏姬美色。夏御叔死后，首先是孔宁企图染指。为此他经常同夏姬之子夏征舒一起同游狩猎，常借故到夏征舒家，极欲一观夏姬芳泽。果然一见夏姬神魂倾倒，通过夏姬侍女荷花向夏姬通达盼顾之情，于是留宿宅内，与夏姬雨露承欢。几度合欢之后，孔宁偷了一件夏姬的亵衣，穿在身上向仪行父夸示。仪行父羡慕万分，于是设法，请荷花穿针引线，与夏姬勾结上。夏姬见仪行父身材高大，相貌端正，情投意合，成交合欢。仪行父招架不住，广求壮阳之药，赢得夏姬的欢心。他向夏姬请求给一件亵衣，说："你赐给孔大夫一件，也应给我一件，以留纪念。"

夏姬笑了笑说："孔大夫所持亵衣是他自窃，非妾所赠。今已与你同床，岂能亏了你？"乃将一件碧罗襦赠给仪行父。仪行父如获至宝，四处炫耀。孔宁见状有吃醋之意，很不高兴，遂生一计，拟推出陈灵公取代仪行父。

陈灵公性贪淫乐，久闻夏姬美色，垂涎三尺而不可得。孔宁在陈灵公面前引逗，述说夏姬如何之美，与之承欢，非同寻常，相当销魂。陈灵公求孔宁帮忙，在孔宁的安排之下，到株林巡幸，夏姬事先得到孔宁的消息，做好了一切准备。当陈灵公来到时，夏姬出迎，陈灵公见到夏姬，心里叫绝，认为宫里嫔妃，无任何人能与之伦比。经过拜见之礼，寒暄过后，要夏姬陪游园林。夏姬脱下礼服，淡装素裹，格外妖娆，讨得灵公已醉半分。游至宴客馆，轩雅之堂已备酒肉佳肴，宾主入座，夏姬执盏劝酒。饮宴之间，酒意推波助澜，夏姬媚态横生，流波送盼。灵公痴情凝目。宴饮从午至晚，灵公昏昏欲睡。孔宁叮咛夏姬，不要怠慢主公，夏姬心领神会，微笑不语。夏姬把灵公安排在床上睡去，留荷花身边侍候。

★夏姬陪灵公游园林

陈灵公一觉醒来，不忘来意，婉言托荷花成全其美，荷花不多言，引导去夏姬宅室。夏姬正独坐灯下，等待召幸，灵公入内室，一语不发，如同饿狼扑食，拥抱夏姬入帷，解衣共寝。相欢之后，灵公甚觉其如处女，奇怪地问夏姬原由。夏姬说："妾通晓内视之法，即使生育之后，至多三日，即可如初。"因灵公身有狐臭，夏姬不太欢心，只是有碍于君侯之面，不得不以笑脸相陪。直至天亮，灵公恋恋不舍，夏姬又以亵衣赠给灵公，并说："主公见此衫，如见贱妾。"

早宴过后，孔宁为灵公驾车回朝。百官正在等待上朝，灵公传旨："今日免朝。"自回宫中。仪行父拉住孔宁，问主公夜宿何处？孔宁如实以告，仪行父知此事是孔宁从中做美，后悔已极，便向孔宁说："此等大好人情，让你独占了。"孔宁说："下次你做人情便是了。"二人哈哈大笑。

一日，陈灵公褒奖孔宁荐举夏姬之功后，召仪行父责问："此等好事不早奏明寡人，你二人先占便宜，是何道理？"孔宁、仪行父不承认有其事。灵公说："夏姬亲口所言，卿何必隐瞒？"孔宁嘴巧，他说："这好比一新鲜佳肴，必臣先尝之，如确味美再进献于君，无味岂敢献君？"君臣三人谈笑风生，灵公掀起外袍示于二人说："此乃夏姬所赠，你二人有否？"孔宁、仪行父也各自撩起身服出示亵衣给夏公看，灵公顿觉失意说："又叫你二人占了上风！"君臣不忌讳其丑，把各自的隐私完全公开，从此君臣在夏姬事上相约如兄弟，每隔三日一轮，至期务赴株林与夏姬取欢。

就在君臣三人肆无忌惮以淫乐为快时，朝中大夫泄冶看不过眼，认为有伤国风。他向陈灵公进忠言之谏："臣闻'君臣主敬，男女主别'，今国中有失节淫妇，而君臣以淫乐相互标榜，廉耻之心尽丧，君臣尊卑俱失，此乃是亡国之道，希王改之。"

泄冶把灵公说得面红耳赤，灵公表示已有后悔之意。泄冶又对孔宁、仪行父进行了劝告，该二人也表示感谢指教。可是事后，孔宁，仪行父去见灵公，三人合为一处，都不愿断绝同夏姬的关系，相互磋商如何制止泄冶多舌之嘴？孔宁等主张除掉泄冶，灵公默言许之。不久，泄冶果被刺客所杀，一代忠臣惨遭毒手。

夏姬虽孀居株林，却有三夫同欢。其子夏征舒渐渐长大，对其母淫乱，羞耻之情如刀刺心。每当这三人来时，往往回避而去。及年到18岁，夏征舒袭父故爵，并任司马之职，握有兵权，遂萌生伺机杀灵公之念。

一日，陈灵公同孔宁、仪行父一起来到株林，夏征舒为答谢陈灵公准其嗣爵之恩，设盛宴招待。君臣宴饮，夏姬不便出面。他们开怀畅饮，酒过半酣，灵公同孔宁、仪行父秽言乱语，极其难听。夏征舒厌恶退于屏后，只听君臣三人出语伤人，相互推说征舒"像你"或说"像他"，终说夏征舒是个"杂种"。夏征舒闻言勃然大怒，遂起杀机。他把母亲夏姬反锁于内室，溜出门外，手持弓箭伏于马厩，待灵公酒足饭饱兴致勃勃走出室外，夏征舒一箭射去，箭穿胸部，当场毙命。当灵公出来时，孔宁、仪行父紧随其后，见灵公倒地身亡，猛然酒醒，急忙从狗洞逃出，然后潜逃到楚国。 夏征舒杀了陈灵公，拥兵入城，只说陈灵公暴病而死，立嗣子午继位，是为陈成公。

★夏征舒宴请陈灵公、孔宁、仪行父

★鸟纽铜盖鼎·春秋

孔宁、仪行父逃到楚国，瞒过实情，只说夏征舒杀君作乱。楚庄王企图借机伐陈，尤其大夫屈巫，是个贪淫好色之徒，久闻夏姬貌美且有特色，意想乘机把夏姬掠获到手，极力谏楚庄王兴师讨陈。

公元前598年，楚庄王率兵，带领公子婴齐、公子侧及屈巫等大将向陈攻来。陈本小国，楚师所向披靡，陈国人开城门迎接楚军，很顺利地占领了陈国。

楚庄王闻知夏征舒在株林，便引兵而至，围困株林。夏征舒正在整理家财，欲携其母投奔郑国，但为时已迟。楚兵将夏征舒捉拿囚在车上，然后搜其家院，将夏姬获俘。夏姬来见楚王，楚王被夏姬之美色诱惑，自想："我后宫众多美女中，没有及夏姬之美者。"夏姬以姿色迷住了楚庄王，就地将夏姬纳入陈的后宫，供己淫乐。

大夫屈巫见庄王纳了夏姬好不痛快，便力劝庄王不可纳夏姬，以夏姬是"不祥之物"为由，慷慨陈辞说："大王切不可纳夏姬！大王召诸侯之兵是为讨伐弑君之罪，今纳夏姬是贪其色。讨罪为义，贪色为淫，以义始而以淫终，恐见笑于诸侯。霸主之举，不当如此。"

楚庄王正处于争霸心盛之时，认为屈巫之言甚为至理，打消收纳夏姬之意，这时公子侧贪夏姬之美色，向庄王请求说："臣中年无妻，请王赐臣为妻室。" 屈巫又奏道："王不可轻许。"公子侧生气地说："不容我要夏姬是何道理？"屈巫振振有辞，说道："此妇乃天地间不祥之物，此妇夭杀子蛮，虐御叔，弑灵公，戮夏南，亡陈国，迫孔宁、仪行父出逃，其不祥如此之大。天下多美妇人，何必取此淫物。万一因此遭到不测，楚国会受到不可弥补的损失？"庄王说："屈大夫所言有理，寡人也畏怕啊！"庄王为息事宁人，乃将夏姬赐给连尹襄老，屈巫暗自庆幸，心想："只要不落到你们王室手中就好办，襄老这个老头子，相信他一年半载就会魂归西天，那时我再接纳，为时不晚。"所以他不再说话了。

楚连尹襄老娶了夏姬，襄老出兵于邲，其子黑要与夏姬私通。襄老战死后，黑要被夏姬迷恋，不为父求尸埋葬，国人议论纷纷。夏姬认为是耻辱，想要借迎尸为名，谋划能回到郑国去。屈巫听说后，传语给夏姬说："我十分爱慕你，夫人归郑后，我迟早要去聘娶你。"与此同时派人去郑，对郑襄公说："夏姬想要回宗国，何不去迎接！"郑襄公果然派使臣来陈接夏姬。夏姬向楚庄王辞行，泪流满面地说："妾若不得尸，誓不返楚！"庄王可怜她，许她回郑。

夏姬刚回到娘家，屈巫立即致书给郑襄公，求聘夏姬为夫人。郑襄公不如内情，为了与楚以婚姻结好，乃接受屈巫的聘约。

后来楚庄王死，共王继位，要派人出使齐国，联齐伐卫、鲁，并途经郑国时，约郑同时出兵，屈巫乘机要求出使。屈巫将家中资财收拾装车，先行运出，然后以使者的身份到了郑国。

屈巫到郑，与夏姬在馆舍成亲，夏姬问："此事你可曾奏知楚王？"屈巫说："我为你费尽了心机，楚王与公子侧要纳你之时，均被我诈服，今日与你如鱼得水，平生足愿。我不敢回国了，将与你别寻安身之处，以享天年。"至此，夏姬才了解到屈巫为她所付出的良苦用心，两人共同议定，到晋定居。他们到了晋国，晋新近兵败于楚，对楚臣来投，以礼接待，即拜屈巫为大夫，赐邢地（河北邢台）为食邑。并改屈姓为巫姓，名臣。巫臣从此在晋定居，夏姬被称为邢夫人。数年之后，巫臣也架不了夏姬的采阳补阴之术，体衰而亡。

夏姬在晋，曾与晋景公私通。故此青史留恶名，"三为王后，七为夫人，九为寡妇"。

★夏姬与屈巫

★《诗经》封面

《株林》

在《诗经·陈风》中有一首诗叫《株林》，这首诗是《诗经》产生年代最晚的，大约作于鲁宣公十年（公元前599年）之前。其内容如下："胡为乎株林？从夏南兮？匪适株林，从夏南兮！驾我乘马，说于株野。乘我乘驹，朝食于株。"翻译过来是："他们为什么要兴冲冲地赶往株邑城外的邦野呢？只因为急着去见夏南。他们不是去株邑邦野吗？他们要去找夏南。驾着大车赶起四匹马，停车在株邑的郊外。驾起轻车赶着四匹马驹，抵达株邑歇息吃早饭。"这首诗讽刺作为一国之君的陈灵公荒于朝事，与臣子之妻夏姬私通的淫乱。诗以设问方式故意提出疑问，暗中影射陈灵公并不是去寻找夏南，而去寻找夏南的母亲，意在言外，耐人寻味。

卫懿公好鹤亡国

WEI YI GONG HAO HE WANG GUO

公元前660年，狄人侵犯邢国，接着又移兵向卫。卫国是春秋时中原北部的一个大国，都城是朝歌（今河南淇县）。朝歌曾经是商朝的都城，商纣王死后，周天子把商朝的遗民迁去了宋国，把朝歌封给了卫国。

★卫懿公像

周惠王九年（公元前668年），卫懿公即位后，不恤臣民，不理政事，他最爱羽族中一物——鹤。鹤这种鸟确实是讨人喜欢，姿态优雅，能鸣善舞，因而卫懿公便与鹤为友，以鹤为伴。在当时，卫懿公爱鹤很快在国中出了名，而且凡是给他献鹤的人都有重赏，于是卫国内以及周边国家那些趋炎附势的人就纷纷向卫懿公献鹤，弄得整个王宫内到处是鹤。卫懿公还给所养的这些鹤分了三六九等，根据等级给它们相应的品位俸禄，最好的鹤被封为大夫，次一些的也给予士的俸禄。只要懿公出游，便把鹤载于车前，并美其名曰“鹤将军”。

卫国一下子多了这么多吃俸禄的“鹤大夫”，连专门给懿公养鹤的人也都食很高的俸禄，所以百姓的赋税也就越来越高。而百姓中有冻饿贫穷的，卫懿公却一概不管。

卫国的大夫石祁子、宁速都是贤臣，二人屡次向卫懿公进谏，卫懿公依旧我行我素。卫国的公子毁知道这样下去，卫国早晚要亡国，为了不致国破身死，他干脆找个理由去了齐国。齐桓公从王族中找了个女子嫁给公子毁，公子毁就此留在了齐国。

卫懿公在位的第九年，懿公正带着他的“鹤将军”出游，北狄大举入侵邢国，残破其国后，又移师向卫。懿公听到狄兵将至的消息后，他大吃一惊，赶忙回到都城准备作战。可等到卫懿公下令集合军队的时候，城里的百姓却拒不参加征战，他们纷纷逃到城外的山野之地，谁也不愿替他卖命。

懿公发现城里很多的百姓都跑到城外的山里去了，心里很想不通。他命兵士将逃走的百姓捉来一些，想了解一下这些人为什么逃跑。兵士们抓来了百十个人回来，卫懿公问他们为什么逃跑，这些人回答：“您用您的‘鹤将军’出马就一定能打败北狄，何必要我们？”懿公一听大怒道：“荒唐！鹤怎么能打仗？”百姓们这时你一言我一语地说：“鹤既不能打仗，那就是没用的东西了，您平时那么爱惜它们，却不爱惜我们这些穷苦百姓，而今狄寇来侵犯了，您这又想起了我们。您说这公平吗？”懿公哑口无言，长叹一声说：“唉！是寡人错了！”回头向石祁子说：“把所有的鹤都放了，寡人从此再不养这没用的东西了。”

石祁子、宁速两位大夫赶忙跑到大街上，向百姓说卫懿公已经悔过，将所有的鹤都放了，百姓这才稍稍聚集，做抵御狄人的准备。此时，狄兵已杀至荥泽。石祁子向懿公奏报说：“狄兵骁勇，我们不能轻敌，臣去齐国求救吧！”懿公说：“上次齐国发兵解卫围，我们未曾致谢，这次再去求人家，他们还肯来帮我们吗？不如我们自己与他们一决高下。”看懿公态度坚决，宁速向

★懿公携鹤出行

★卫懿公好鹤亡国(瓷画)

懿公请命率军抵抗,懿公却说:“寡人不亲自挂帅抗敌,军士们能力战吗?”说完他解下身上所佩玉饰,交给石祁子说:“卿替寡人暂理国政。”又抽出一支箭,交给宁速说:“宁卿负责守城。国中大事,全靠二位了,寡人率兵前去,如不胜狄兵就不能回来了!”随后懿公下令,大夫渠孔为将军,于伯为副将,黄夷为先锋,孔婴齐为后队,大军立即迎击北狄。

懿公虽然亲率卫军迎战,可卫军平时就疏于操练,军心涣散,被狄兵截作三段,致使首尾不能相顾。懿公指挥的卫军也被一击即溃,很多人都丢掉武器逃跑,懿公也被狄兵团团包围起来。渠孔说:“事情紧急!主公可微服下车,混在士兵中脱身!”懿公长叹道:“寡人今日只有一死向国中百姓谢罪了!”

又过了一会儿,卫军已经所剩无几,黄夷战死,孔婴齐自刎而亡,于伯中箭身亡,懿公和渠孔被狄军砍作肉泥,卫军全军覆没,卫国也被狄人占领。后虽经齐桓公率军来救,但卫懿公好鹤亡国则已成了千古遗恨。

★现建于河南淇县的朝歌城楼

卫国

周武王灭商后,封其弟(文王幼子)于康邑,世称康叔。后周公(武王之弟)又将原来商都周围地区和殷民七族封给康叔,建立了卫国,定都朝歌。

康叔下传七代到卫顷侯,顷侯用重金贿赂周夷王,卫国成为侯爵。顷侯下传两代到卫武公。公元前771年,卫国帮助周室东迁有功,升为公爵。武公时期卫国比较强盛,政治也很清明。武公在位55年去世,儿子庄公即位。卫庄公在位23年去世,儿子卫桓公继位。桓公溺爱弟弟州吁,导致他在位第16年(前717年)被州吁杀死。之后,弟弟宣公杀州吁继位,19年后去世。

卫宣公时卫国诸公子争夺君位,导致继承宣公的卫惠公刚登基3年就被赶走。8年后惠公复国,曾结集燕国攻打周天子惠王。惠公在位31年去世,儿子卫懿公接替君位。懿公穷奢极欲,喜好仙鹤,不理朝政,在位第9年北狄侵犯卫国,懿公被杀。

民溃

春秋战国时的统抬者任意耗费民力,庶民不堪忍受,就一起溃逃。公元前644年冬,齐国征调各国的庶民筑城,这些人无衣无食,痛苦难忍。于是,一天夜里,有人登高大呼:“齐国有乱!”于是来服役的人一哄而散,筑城的事只好作罢。梁国的统治者,拼命修筑防御工事。有一次在宫墙外挖壕沟,为了恐吓服役的庶人,以加快进度,扬言“秦将袭我”!役人乘机逃散,在混乱之中,秦国果然灭了梁国。后来沈国、莒国都发生过民溃的事。卫国役使手工业奴隶,使他们不得休息,激起了工匠的反抗斗争。公元前478年,起义的奴隶们攻入宫内,卫庄公带了两个儿子逃跑,卫都附近的“戎州人”,也闻讯赶来,卫庄公和他的两个儿子先后被杀。

★ 龙凤纹盉·春秋早期

制呈椭方形扁体。小口有盖,盖为四坡式屋形,顶设鸠形捉手,高冠、弯喙、圆眼,体躯两侧有双翼;腹部前有曲管状兽首流,后置龙首瑜,高圈足外撇。

濮水上的琴声

PU SHUI SHANG DE QIN SHENG

卫灵公刚刚登上王位，就接到了晋平公的邀请。为了建立和各诸侯国的友好关系，卫灵公决定亲自到晋国去，参加晋平公新建宫殿的落成典礼。

★晋平公塑像

卫灵公带着一批侍从人员，走到濮水旁边，天色已经渐渐地黑下来，就在临河的旅舍中过夜。

这是初夏的天气，卫灵公躺在床上，直到深夜还翻来复去的怎么也睡不着。他说不出来的烦躁，觉得房间里又闷又热，就披起衣裳，穿上拖鞋，起来把临河的窗户统统打开。他探出头去，深深地吸了一口新鲜凉爽的空气，心情立刻安静下来了。

这时候，月亮正挂在头顶上，散发出皎洁的光辉，两岸垂柳，长长的枝条轻轻地拂着水面，河水静静地流着，映着月光，闪闪发亮，就像是一匹蓝宝石光彩的锦缎。

卫灵公正在欣赏这美好的夜景，忽然听见水面上传来叮叮咚咚的琴声，声音非常细微，但是节拍鲜明，听得清清楚楚。灵公素来爱好音乐，但是从来没有听见宫中的乐师演奏过这支曲子。他倚在窗上，注意地听着，不知不觉整个身心都摇摇荡荡的被这迷人的声音融化了，连觉也不想去睡。

房外的侍从们听见灵公半夜起床，不知道有什么事，悄悄地推开房门，伸进头来探望。

灵公招招手，说："来来来，你们听，这是谁弹的琴？声音多美啊！"

侍从们走近窗前，侧着耳朵听了好大一会儿，看见灵公那种专心听琴的样子，都惊奇得你望望我，我望望你，不约而同地说："哪儿有琴声？我们没有听见啊？"

灵公也惊奇得张大眼睛，不相信地说："咦！琴声明明还在响着，你们怎么会听不见呢？"

他想了想又说："对了，大概是你们不懂音乐，耳朵不灵，还是快把涓乐师请来吧，他准能听得见。"

涓乐师是卫国最有名的乐师，弹得一手好琴，还会创作描述四季景色的优美而新颖的曲子。灵公特别喜欢他，不论到什么地方，总要让他跟着，随时给自己演奏。

涓乐师正睡得又香又甜，听说灵公喊他，急急忙忙穿好衣服，来到灵公房中。

这时候，那奇怪的琴声还在叮叮咚咚地响着。

灵公把涓乐师喊到窗前，他害怕这奇怪的琴声会突然中断，带着满脸神秘的样子，压低了声音，说："你听，这是什么曲子？"他紧紧盯着涓乐师的眼睛，看出他已经听到琴声了，才缓了一口气。

涓乐师两手撑着窗台，上身探出窗外，凝神地听着。月亮转到西边，东边天空由深蓝渐渐变成灰白，回荡在水面上的琴声消失了。涓乐师又等了一会儿，才回转身，满意地笑着："我已经大概地记住这曲子了，只要再听一次，就能把它弹下来。"

于是卫灵公决定在濮水边再待一天。

★濮水之曲

春秋时期有两个大乐师，一个是师涓，另一个是师旷。

★有钩矛·春秋

第二天吃过晚饭，涓乐师洗干净了手、脸，把条桌放在窗前，燃起一炉香，调好七弦琴，坐在桌旁默默地等着。夜深了，四周安安静静，连一根针掉到地上的声音都能够听得见。忽然间，水面上又叮叮咚咚地响起那迷人的琴声。涓乐师一边听，一边弹，等到那奇怪的琴声停住的时候，他已经把全部曲子都记下来了。他挥动手指，重复弹了一遍，节奏、情调和水面上的声音一模一样。

灵公听完，连声叫好，拍拍涓乐师的肩头，夸奖道：“你真不愧是个全能的乐师啊！”

卫灵公到了晋国的曲沃，晋平公在新建的宫殿里摆下了丰盛的筵席，热情地招待他。

酒吃到半醉的时候，平公眯缝着眼睛，对灵公说：“我爱听琴，尤其爱听新颖美妙的曲子。我国旷乐师琴虽然弹得很好，可惜年纪太大了，作的新曲不多。听说贵国涓乐师会作新曲，不知道他这次可来了？”

灵公抬起身子，谦逊地说：“旷乐师的名声，我早就听说了。可惜一直没有机会听他的琴。涓乐师现在台下。比起旷乐师来，他还很不够呢！”

平公给灵公斟上一杯酒，又说：“您太客气了。等会儿可以让旷乐师给您弹一支曲子助助兴。涓乐师有什么新作吗？我很想听听呢！”

灵公说：“前几天我在路上听到一支新颖美妙的曲子，涓乐师已经记下来了。如果您有兴致，可以叫他给您演奏。”

平公很高兴，立刻叫人把旷乐师和涓乐师请上台来，把桐木制的七弦琴放在涓乐师面前。

涓乐师调好琴弦，熟练地挥动着手指，叮叮咚咚地弹起来。琴声忽而高，忽而低，忽而缓慢，忽而急促，像绵绵不断的低声细语，又像是令人心碎的哀哀哭泣。平公本来已经有几分醉了，听到这只曲子，更是神魂摇荡，不能克制，他连声称赞说：“真是美妙的声音啊，我还从来没有听过呢！”

旷乐师虽然已是个八十多岁的老年人，头发、眉毛、胡须全都白得像雪一样，但是满脸焕发着红光，精神非常饱满。他坐在涓乐师旁边，捋着胡须，面带微笑，微微地眯着眼睛，用心地听着。听着，听着，脸上的笑容渐渐消失了，眼睛惊讶地睁开，神色越来越严肃。曲子弹到一半，再也忍不住了，猛地站起身来，捺住涓乐师的手，略带颤抖地说：“快停住，这是亡国的声音啊!千万弹不得。”

卫灵公原本是来给晋平公祝贺的，听旷乐师这么一说，吃惊得楞住了。

涓乐师更吓得脸色惨白，呆呆地望着灵公，不知该怎么办才好。

晋平公不相信地问道：“这首曲子很好听，你怎么说它是亡国的声音呢？”

旷乐师说：“这只曲子流行在商朝末年。商纣王生活腐化，性情残暴。他用皮鞭、棍棒强迫人民给他修建一座座豪华富丽的宫殿，把人民赶进深山密林，给他捕捉珍贵的飞禽和凶猛的野兽，养在园子里玩赏。他整天跟贵族们吃喝玩乐，把粮食堆在仓库里，让其发霉腐烂，根本不想人民的死活。繁重的苛捐杂税像千斤重的大石头压在人民的肩上。人民生活不下去了，就四处逃亡。国内人民越来越少，生产一天比一天下降。为了掠夺奴隶来给他做苦工，纣王曾几次发动侵略战争。在征伐东方夷族的时候，他把一群大象赶上了战场，无数夷族的士兵被大象冲倒了，踩死了。许多在战争中掳来的奴隶，都

★涓乐师弹奏

深深地仇恨着纣王。他们唱道：'纣王啊，纣王！你就是虎豹豺狼，但愿你像天上的日头，天一黑就把你埋葬。'

纣王一方面用残酷的镇压来维持他的统治，一方面又用大量充满着颓废情感的歌曲来腐蚀人民的反抗意志。他自己最不爱听庄重优美的音乐，专爱听这些萎萎靡靡的声音。他有一个宠爱的乐师，名字叫延，是作这种靡靡之音的能手。刚才涓乐师弹的曲子，正是延乐师给纣王作的。纣王整天沉醉在这哀伤的、迷人的声音里，喝得醉醺醺的，生活越来越腐化。人民对纣王的仇恨越积越深，再也抑制不住了。当周武王带兵讨伐纣王的时候，国内被压迫的人民就大规模地起义，和武王联合起来，推翻了这个暴虐的昏君。延乐师看到商朝已经灭亡，纣王自杀，他害怕人民要处罚他，就抱着七弦琴，跳进濮水淹死了。据传说，每当有爱好音乐的人路过濮水的时候，水面上就响起这首迷人的乐曲。"旷乐师说到这里，转过脸去问涓乐师："你这只曲子是在濮水上听来的吧？"卫灵公和涓乐师惊奇地互相对看了一眼。卫灵公说："你说一点也不错，正是在濮水上听到的啊！"

晋平公很想把这首曲子听完，就又问道："这已经是前一个朝代的事了，我们现在演奏，又有什么妨碍呢？你还是让涓乐师弹下去吧！"

旷乐师摇摇头，用坚决的口气，严肃地说："健康、优美的音乐，可以培养我们高尚的道德和纯洁的情感，使我们身心振奋，努力向上。不健康的、萎萎靡靡的音乐会腐蚀我们的意志，毒害我们的身心，助长我们贪图享受的坏念头，使我们堕落。主公是一国之王，应该听那健康、优美的音乐，为什么要听这种充满颓废情感的声音呢？"

大家听了旷乐师的话，都觉得很对。卫灵公更是从心底里佩服他的见解，激动地说："旷乐师，你才是真正全能的乐师啊！"

★卫灵公墓

卫灵公墓位于山东淄博唐坊镇卫灵公村北，封土底部东西约 25 米，南北约 20 米，高约 5 米，为战国时期墓葬。春秋战国时，该地属齐国，距卫国都城(今河南濮阳)约 300 公里。卫灵公因何葬此，无历史记载。1978 年，卫灵公墓被确定为县级重点文物保护单位。

★师旷雕像

师旷劝学

春秋时代，晋国的国君平公对一个名叫师旷的著名乐师说："我已经 70 岁的人了，再想学习恐怕太晚了吧？"师旷是个聪明人，他故意问："晚了，那为什么不赶快把蜡烛点起来？"晋平公认为师旷很不礼貌，生气地说："我跟你讲正经事，你怎么能开玩笑？"师旷就认真地对他说："我听人家说过，少年时期就刻苦好学的人，好像早晨的太阳，前途无量；壮年时期开始刻苦学习的人好像是烈日当空，虽然只有半天，可是锐气正盛；老年时期才开始刻苦学习的人，好像是蜡烛的光，虽然远远比不上太阳，但是比在黑暗中瞎碰乱撞，可要好上多少倍呢！"晋平公听了，连连点头称是。

★师旷墓

宋襄公定齐欲称霸

SONG XIANG GONG DING QI YU CHENG BA

宋襄公在公元前651年继承了他的父亲宋桓公之位，当上了宋国国君。公元前643年，齐桓公立公子昭为太子并把他托付给宋襄公，让他以后帮助公子昭当齐国国君。但是，齐桓公死后，他的几个儿子互相争夺起来，太子昭却不能顺利地继承君位。原来齐桓公妻妾成群，子嗣甚多。但是，三个正夫人都没有生儿子。而妾生的儿子却很多，其中受宠幸的就有六人之多，如公子无亏、公子元、公子昭、公子潘、公子商人、公子雍。没有嫡子，这几个儿子都有资格继承君位。

齐桓公晚年忘记管仲临终遗嘱，任用佞臣易牙、竖貂、开方三人。在长卫姬和易牙的多次怂恿下，齐桓公违背自己订立的规程，立了公子昭为太子后，又答应立公子无亏为太子。齐桓公命归西天后，长卫姬与易牙、竖貂勾结宫中有权势的人作乱，杀死那些不同他们合作的人，立公子无亏为齐国国君。太子昭一看情况对自己十分不利，急急忙忙逃到宋国去了。

宋襄公见齐国乱了起来，便尊崇当年的承诺，要帮助公子昭继位。在公元前642年联合卫国、曹国、邾国等国讨伐齐国，屯兵在齐国京城郊外。当时，齐国雍巫当了中大夫，掌握兵权。公子无亏让雍巫率兵抵抗。这时，高虎对国懿仲说："立公子无亏做国君有违桓公的嘱托。刚好现在公子昭已经回来了，又有宋襄公的帮助，依形势看，公子昭顺天理，况且雍巫、竖貂等人残杀百官，扰乱朝政，是齐国的大祸患，不如趁机消灭了这些人，迎立昭当国君。那么其余的公子就不觊觎国君的位子，齐国就像泰山那样安定了。"二人商议妥当后，就让士兵埋伏在城楼上，假托有机密大事，召竖貂来商量大事。竖貂来到后，即被刀斧手斩了。随后，公子无亏也被杀掉。屯兵东关的雍巫听公子无亏被杀，军心已乱，连忙跑到鲁国去了。高虎安抚士卒，率领军队直到郊外，迎接太子昭，和宋襄公率领的四国诸侯讲和，四国兵退。高虎奉公子昭的命令，行到临

★宋襄公（彩塑）

淄城外，暂停在公馆里，让人向国懿仲报告，准备迎接公子昭复位。

其他公子听说公子无亏被杀，公子昭将要当国君，心中愤然不平，也都想继承君位，于是密谋准备杀掉公子昭，重选国君。由于公子无亏及其他公子在朝中势力强大，公子昭听从高虎建议，重新投奔宋襄公。

宋襄公刚刚班师到了宋国边境上，见到公子昭来到，十分惊讶，问明了来意，高虎一一告诉。宋襄公说："这是我班师太早的原因啊。公子请放心，有我宋襄公在，到临淄有什么发愁的呢？"宋襄公立即命令大将公孙固增加车马。上次出兵齐国有卫国、曹国、邾国协助，只用二百乘战车，今天单独由宋国出兵，便加兵马至四百乘。命公子荡做先锋，华御事殿后，宋襄公亲自率领中路军马，护送太子昭，再次进入齐国。当时因为有齐国高虎在前引路，把关的将士官吏，纷纷开门迎接，于是，大军直逼临淄城下安营扎寨。

★宋襄公拥立公子昭即位

宋襄公见齐国国门紧闭，吩咐三军将士准备好攻城器械。城内的各公子商议：宋国如果攻打城池，必然会惊动老百姓。我们率领四家的兵卒，趁着宋襄公军队安营不稳，齐心协力攻打他们。胜利了固然好，失败了，各奔东西避难。于是在当天晚上，每人领一路兵马来劫寨，由于四位公子没有探听宋营的虚实，劫了先锋公子荡的前营。公子荡措手不及，丢了寨子逃走。中军大将公孙固听到前寨失守，急忙率领大部兵马来救援，后军华御事同齐国大夫高虎，也率领部下来接应。两军混战到一起，直战斗到第二天天亮。四个公子党羽虽然众多，但因各为他们的主子，人心不齐，怎能抵挡宋襄公的部队，混战了一夜，四家人众被宋襄公杀得七零八落。各个公子看大势已去，纷纷出奔逃往他国去了。宋襄公入城拥立公子昭当了齐国的国君。

宋襄公自这次拥立齐太子昭即位以后，自以为立了旷世奇功，便想号令各诸侯国，充当霸主，尝一尝当霸主的滋味，但宋襄公也有点自知之明，他恐怕当时势力较强的大国如楚国、晋国等不服从，便在公元前641年先约曹国、滕国、邾国、鄫国这些小国，在曹国的南边地方会盟。曹国、邾国二位国君先到，滕国婴齐后到。宋襄公不让滕国婴齐参加盟会，却把他拘禁起来。鄫国国君迟到了两天，竟激怒了宋襄公，他问群臣：“一个小小的鄫国，胆敢如此怠慢，不重重地惩罚他，凭借什么树立威信呢！”当时，宋国大夫公子荡说：“先前齐桓公南征北讨，单单没有使东夷的人屈服。主公想威振中原，一定要征服东夷。想征服东夷，一定要杀掉鄫国国君。”上卿公子目夷苦苦劝谏，宋襄公不听，却让邾文公杀掉了鄫君，并用他祭祀睢水的水神。然后，宋襄公派人召东夷君长，让他们到睢水会见。东夷向来不熟悉宋国的政策，没有派人来。滕国婴齐担心迁怒于他，大惊失色，连忙派人用重金贿赂宋国，才得以获释。

曹国大夫僖负羁对曹共公说：“宋襄公浮躁而暴虐，做事一定不会成功，我们不如回去。”曹共公便托辞回去。宋襄公大怒，派人责问曹共公，说：“如今诸侯会面修好，正是在曹国地面，逗留不止一天。希望你考虑能尽地主之谊。”曹君没有听他的话。宋襄公大怒，下令对曹国征讨。公子目夷又劝谏说：“先前齐桓公厚来薄往，宽以待人，才能长期称霸。如今曹国缺乏礼节，对主公不能损失什么，何必加兵于它呢？”宋襄公不听，派公子荡率领兵车三百乘，攻打曹国，并包围了曹国国都。曹国不甘示弱，严阵以待，两国相持了三个月，宋国没有攻下曹国。这时，郑文公首先倒向楚国，约鲁国、齐国、陈国、蔡国四国君主，和楚成王在齐国会盟。宋襄公一听这事，大惊失色，就下令公子荡班师。曹共公也害怕宋襄公派军队再来，派人到宋国向襄公谢罪。从此，宋国、曹国和睦相处。

★滕国故城

★『弗敏父』鼎铭文

邾国都城遗址

邾国都城遗址位于山东邹县峄山镇纪王城村周围。北枕峄山，南依廓山，地势开阔，地貌呈南北高亢，中部略低状。源于峄山的金水河，自东北至西南穿过故城，汇入石墙河。故城构筑利用山间高地，具有战略防御特点。北以峄山为屏障，南以廓山为掩映，两侧城墙高大，极利于战略防守。故城内东北角，地形高低悬殊，多为黄土断崖，且多土冢。在金家堌堆等处曾发现古墓并出土过战国铜器。据此推测，邾国贵族的墓葬区可能在此。故城西南张家庄附近，发现多处陶窑、陶制工具和大量陶制残片，应是邾国制陶手工业中心。新中国成立以来，在故城出土了大批文物，重要的有秦陶量、春秋“弗敏父”铜鼎及各类铜器，尤其东周陶文出土数量达2000余件，居全国一地出土陶文数量之冠。

楚成王劫持宋襄公

CHU CHENG WANG JIE CHI SONG XIANG GONG

宋襄公一心想当霸主，见小国诸侯一个一个不屈服，大点的诸侯国反而倒向远处的楚国，心中愤懑焦急，慌忙和公子荡商量。公子荡进言："当今大国，不过是齐国和楚国。齐国虽然是继承霸主齐桓公的威业，但国内动乱刚刚平定，国势未张。楚国违礼称王，威逼中原，诸侯害怕。主公应该不惜重金，向楚国求援，楚国一定会答应，然后凭借楚国的力量，聚集诸侯，又凭借诸侯压制楚国，这是一条权宜之计。"公子目夷又苦谏说："楚国有诸侯称臣，怎能与我们合作，我们又利用各国压制楚国，楚国怎能甘心呢？我恐怕争端从此开始了。"宋襄公不以为然，当即命令公子荡携重金到楚国，求见楚成王。楚成王问明来意，答应到明年春天，在齐国的鹿上会盟。

★宋襄公像

公元前639年，宋襄公把齐孝公召来，先和楚国在鹿上商议，以取得齐国、楚国对他做霸主的支持。齐孝公是宋襄公立为君主的，勉强听从他的安排。而楚成王心中却大不高兴，勉勉强强答应宋襄公在宋国的盂地会盟各诸侯。

楚成王回到楚国后，把鹿上之会经过告诉给令尹子文。子文说："宋襄公太狂妄了，主公为什么答应他呢？"楚成王笑着说："我想主宰中原诸侯时间长了，只恨没有机会啊！现在宋襄公倡导诸侯盟会，我想顺势聚合诸侯，不也是正当其时吗？"大夫成得臣献计说："宋襄公喜欢虚名，不图实利，轻浮却少谋略，如果埋伏甲兵劫持他，他必然被俘虏的。"楚成王说："我也是这个意思。"子文说："答应他会盟却又劫持他，人们会说楚国不守信用，让各诸侯怎么服你呢？"成得臣说："宋襄公喜欢主持盟会，一定有傲视诸侯的心意，诸侯们大多不熟悉宋国的情况，没有谁和他同心，劫持他向各诸侯示威，然后再放他，以显示我国的仁德，诸侯以宋襄公的无能为耻辱。不归顺楚国，将归向谁呢？"于是楚成王命令成得臣做将领，挑选了几百名勇士，预定好劫持宋襄公的计划。

再说宋襄公自鹿上会盟以后，高兴得忘乎所以，对他的弟弟公子目夷说："楚国已经答应我会盟各诸侯。"公子目夷说："楚国是个不守诺言的国家，去时你还是带些军队吧，以防意外。"宋襄公不听弟弟的忠告，却说："我和楚成王已经约好了，都不要带军队，我自己提出的怎能不遵守呢？"

到了会盟的时间，楚国、陈国、许国、曹国、蔡国、郑国六个君主，如期赶到。齐鲁两国的君主却没有到会。会上，宋襄公说："今天我想继承齐桓公的事业，尊奉周王室，安定老百姓，各位认为怎么样？"各诸侯主还没有回答。楚成王站起来说："你说的话很好，但不知主持盟会的是谁？"宋襄公说："有功论功，无功论爵，这有什么多说的呢？"楚成王说："我们称王已久，宋国虽然被封为上公，难于排列在君王的前

★宋襄公轻车赴会

★宋襄公被捉

面，我理应排在最先了。”于是立在第一个位次上。

这时，公子目夷害怕宋襄公沉不住气，急忙拉了襄公的衣袖，想让他暂且忍耐一下，再作打算。可是，宋襄公怎能沉得住气呢？他怒气冲冲，大声对楚成王说：“我继承先辈的事业，名列上公之位，周天子也以宾客的礼节对待我。你假冒王位，超越礼节，凭借什么用假王来压制真正的上公呢？”楚成王说：“我的王位既然是假冒的，谁让你请我来这儿呢？”宋襄公说：“你到这儿来，也是我们在鹿上会盟时达成的协议，不是我随便约你的啊！”这时楚国的成得臣在旁边大声说：“今天的事情，我们只问各位诸侯主，是因为楚国来这儿呢，还是因为宋国？”陈、蔡等国，平常就怕楚国，见此情形，连忙回答说：“我们的确奉了楚王的命令，不敢不来这儿开会。”楚成王哈哈大笑说：“宋襄公，你还有什么可说的呢？”

宋襄公见不是个办法，想和楚成王讲理，但楚成王根本不理那一套，想趁早脱身。正在踌躇之际，只见楚国二员大将脱掉礼服，身穿铠甲，腰上插了一面小红旗，将小红旗往外一挥，跟随楚成王的上千个人，一个个都脱掉衣服露出铠甲，手中拿着武器，蜂拥而来，把会场团团包围了。各国诸侯吓得个个魂不附体。成得臣一下子把宋襄公给捉了，另一员楚将带领甲兵抢夺会上陈设的玉帛器皿值钱的东西。宋襄公见公子目夷跟随在他旁边，低声对他说：“后悔不听你的话，落得这个结果，请你马上回去守卫国家。”公子目夷料想跟随宋襄公也没什么益处，从会上逃回去了。

楚成王拿住了宋襄公，其他五位诸侯，个个担惊受怕，谁敢上前为宋襄公求情呢？这时，楚成王邀请各诸侯到会馆，当面罗列宋襄公的六大罪状，说：“你借齐桓公之死征伐齐国，擅自废立齐主；滕国主赴会稍有迟延，你便拘禁凌辱他；况且用活人祭祀河鬼；你恃强凌弱，派兵围攻曹国几个月；你无自知之明，还想称霸；诸侯盟会，妄自尊大，全无逊让的礼节。这六条罪状，你还能说什么。天意如此，让我赴会，我这次率领战车千乘，战将数千员，踏破宋国都城，给齐国、鄫国报仇。”各诸侯主只得唯唯诺诺。这时的宋襄公好像木雕泥塑一样，站在旁边抹着两行眼泪。不久，楚国大部人马都到齐了，号称千辆战车，实际上只有五百乘。楚成王奖励了士兵，带上宋襄公，拔营出发，杀向宋国都城睢阳。

★位于河南商丘的宋国故城遗址

宋国

宋国是春秋时期的一个诸侯国，国君子姓，位于现在河南商丘一带，都城睢阳。其疆域最大时包括河南东北部、江苏西北部、安徽北部、山东西南部。宋（河南商丘市）原是殷商故墟，殷人被征服以后，周武王为安抚殷商奴隶主贵族，将它封赐给纣王的儿子武庚。武庚后来叛乱被杀，周公旦便以成王名义改封纣王的异母兄微子启为宋公，对殷商遗民继续采取怀柔政策。宋国继承了殷商文化，在西周时期，与周、鲁并称为中原三个文化中心。但是殷民毕竟是被征服者，受到周围姬姓诸侯的密切监视，内乱频仍，在国际舞台上没有什么作为。公元前286年，齐湣王发兵灭宋，君偃死在魏国。宋立国761年，共26世，32君。

★兽鋬铜盉·春秋

宋楚泓水之战

SONG CHU HONG SHUI ZHI ZHAN

公子目夷从孟地逃回都城，向掌管军队的公孙固陈说宋襄公被劫持一事，楚国军队早晚将要到达，应立即调兵，严守都城。公孙固说：“国家不可一天没有君主，公子须暂且登上君位，然后号令天下，以防楚国。”依计行事。

宋国刚刚准备好，楚国大兵就到了。楚成王让大将斗勃出面大叫：“你们的君主已被我国抓了起来，要死要活就看你们的表现了，请你们早早献出国土投降，保全宋襄公性命。”公孙固在城楼上回答：“仰仗神灵保佑，我国已立新君了。你们不讲信用，以武力挟持襄公，天理难容。如果要决战，我们奉陪到底，情愿决一死战。”斗勃见公孙固语气强硬，向楚成王报告。楚成王大怒，喝令军队攻城。城上箭如雨发，楚国损失了不少人马。一连围了三天，讨不得一点便宜。楚成王想杀掉宋襄公，但成得臣对他说：“主公，现在杀掉他，是效法宋襄公。杀一个他好像杀只鸡那么容易，但不能征服宋国，却和宋国结冤，不如放了他。今天没有参加会盟的只有齐、鲁两国。齐国和我国友好，没有必要计较。鲁国是礼仪之邦，先前辅佐齐桓公称霸，眼中根本没有我们楚国。如果把宋襄公送给鲁国，请鲁公在亳都相会，鲁君见了宋襄公，一定害怕，必定到亳都来。再说鲁国、宋国都是葵丘同盟国家，况且鲁君比较贤明，趁机出面给宋襄公求情，我们落个顺水人情给鲁国，我国一举可得鲁国、宋国。”楚成王听了十分高兴，赞赏成得臣见识高明，就让军队退却，在亳都驻扎，派了个使者，押上夺的几车财物送给鲁君，并写上一封信。

★公孙固像

★公子目夷像

鲁君看信以后，大为惊讶。他知道楚成王这样做是在恐吓他。但鲁国弱小，楚国强大，如果不去参加会盟，楚国可能会加兵鲁国，那时后悔就来不及了。于是他厚待楚国使者，并给楚成王写了回信，如期前去赴会。

★郑文公像

鲁僖公到了亳都，会见了楚成王。当时，陈、蔡、郑、许、曹五国君主，都从孟地来赴会，连同鲁僖公共六位。郑文公在会上先发言，想让楚成王当盟主，但其余诸侯主吞吞吐吐没有响应。会上，鲁僖公说：“盟主一定要仁义布德四方，大家才能佩服。现在楚成王仰仗强大的军队，拘禁了宋襄公，有威无德，人们怀疑害怕。我们和宋国，有着同盟情谊，如果坐视不救宋襄公，一味听从楚国，恐怕会让天下英雄豪杰耻笑。楚成王如果能够放了宋襄公，永远盟好，我怎么敢不听从他的命令。”各诸侯主都认为鲁僖公说得对。六国君主商议的事传到楚成王那儿去了，楚成王也觉得各国诸侯的责怪是有道理的，于是在亳都郊外约会举行会议。约会的前一天，把宋襄公给放了，宋襄公见了各诸侯主，又羞愧又气愤，满肚子委屈，却又不得不向他们称谢。到了会期，郑文公拉各诸侯君，敦请楚成王当盟主。宋襄公敢怒却不敢言。然而，宋襄公并没有接受教训，反而责怪郑文公首先倡议，尊楚成王当盟主，因而非常气愤。

公元前638年三月，郑文公到楚国行朝拜礼，宋襄公听了大怒，就把全部宋国的军队开到郑国问罪。公子目夷规劝说：“楚国和郑国刚结盟，宋国如果讨伐郑国，楚国一定会救郑国。这次讨伐郑国恐怕不能取胜，不如等待时机。”兵马大将公孙固也规劝，宋襄公大怒说：“你们不愿意讨伐郑国，我一个人去。”公孙固不敢多说，只好出师伐郑。宋襄公征讨郑国的消息传到郑文公的耳朵里，郑文公大惊，急忙派人向楚国求救。楚成王说郑国对楚国忠心耿耿，应当救援。大臣成得臣说：“救郑国不如讨伐宋国。上次宋襄公被拘禁，宋国人已吓破了胆。现在宋襄公不自量力，出兵伐郑，他的国内一定空虚，我国乘虚直捣宋国都，宋国必定害怕。如果宋国军队撤回保卫国家，那时，军队也疲劳不堪，我们却以逸待劳，哪会不取胜呢？”楚成王采纳了成得臣的意见，当即命令成得臣为大将，斗勃辅佐他，兴兵讨伐宋国。

★泓水之战

宋襄公正和郑文公相持不下之时，得知楚国伐宋的消息，率领大军日夜兼程回国，在泓水南边（今河南拓城县北）安营扎寨。成得臣派人向宋襄公下了战书。大司马公孙固对宋襄公说：“楚国军队来，目的在于救郑国。我国已班师回来，楚军一定回去，不可以和楚军开战。”宋襄公说：“先前齐桓公兴兵讨伐楚国，现在楚国来讨伐我们却不和他交战，怎样继承齐桓公的霸业呢？”公孙固又说：“现在和齐桓公时不同了。我国的兵甲比不上楚国坚固锋利，军队没有楚国的强大，宋国人害怕楚国好像怕蛇蝎一样，主公凭借什么战胜楚国呢？”宋襄公说：“楚兵甲有余但仁义不足。我国兵甲不足但仁义有余。先前周武王伐纣只有三千余人，战胜了拥有亿万之众的商朝，靠的是仁义。”于是下战书约定十一月一日在泓水以南交战。又命令宋军在旗帜上写上“仁义”二字。

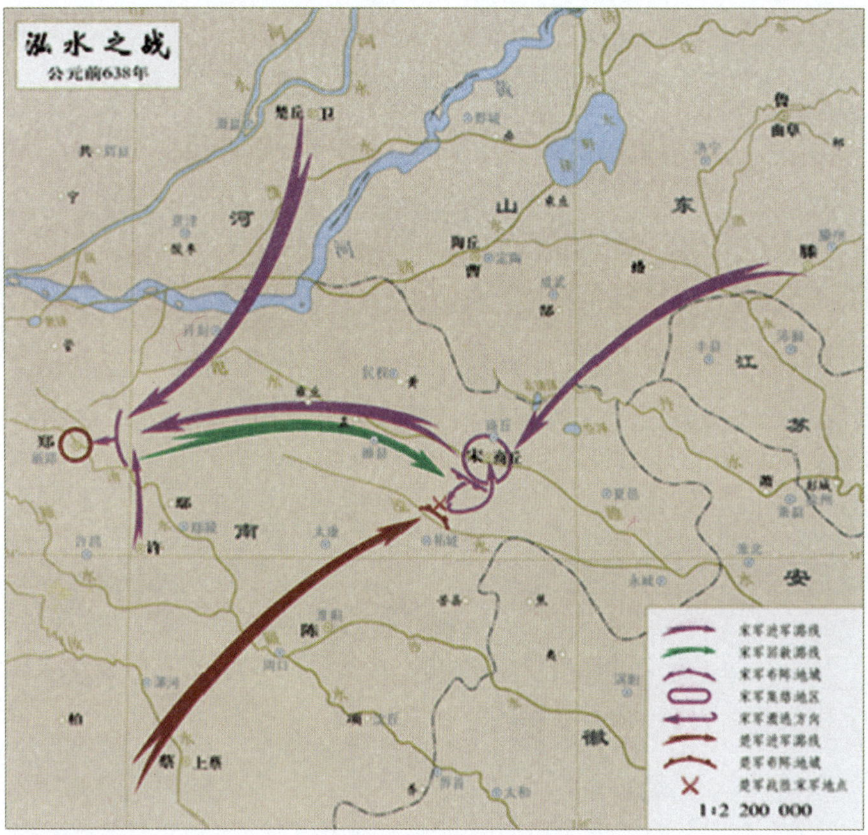

★泓水之战进军路线图

楚将成得臣屯兵在泓水以北。公孙固向宋襄公请战说：“大王，楚国军队的人数大大超过我军，不可与之硬拼。现在楚国军队正在渡河，机不可失，应该发起进攻，把敌人打个措手不及。请大王下令，让我带精锐部队向楚兵发动进攻。”不料宋襄公怒瞪双目，说：“你着什么急？没看见楚国士兵正在过河吗？我军乃仁义之师，岂能做出这等不仁不义之举？就是打赢了也不光彩。应该等楚国士兵渡过泓水之后再言战斗之事。”大司马公孙固不敢吭声。楚国将士见宋军阵容依然不动，没有丝毫进攻之意，都觉得蹊跷，惟恐有诈，急忙渡过泓水，并手握兵器，做好了战斗准备。奇怪的是，楚军全部过了河，仍然不见宋军进攻。宋国的公孙固再次建议襄公发起进攻。他说："我看见楚兵装备精良，士气高昂，不如趁现在楚军还没有摆好战阵，突然发起冲击，打乱敌人的阵脚，赢得战斗的胜利。如果贻误战机，我军将面临失败的命运。"可是，宋襄公坚持要等楚国军队布好阵容之后才可发动进攻。这时，站在战车上的楚成王突然发出哈哈大笑，说："这个宋襄公真是头蠢猪，哪里有这样打仗的？他在政治上野心勃勃，不曾料到他在军事上一窍不通。今天便是楚军胜利之日。赶快摆好战阵，立即发动进攻！"

直到楚军全部摆好阵势，宋襄公才下达战斗命令，但为时已晚。说时迟，那时快，楚国精锐之师在咚咚的战鼓声中，向宋国军队发起了猛烈的进攻。楚国军队的士兵数倍于宋国军队，他们以排山倒海之势冲破了宋军的防线。经过猛烈的厮杀，宋国军队被楚国军队打得丢盔弃甲、落荒而逃。宋襄公见状，只得狼狈逃窜。

宋国在泓水之战中，损失惨重，国力从此也一蹶不振，齐孝公也趁火打劫，起兵伐宋。不久宋襄公因脚受伤而去世，他的霸业也如朝露很快消失了。

★青铜鸟尊·春秋

★公孙固反驳宋襄公

公孙固反驳宋襄公

宋军吃了败仗，损失惨重，都埋怨宋襄公，他却教训道："君子不重伤(即不伤害在战场上受伤的对手)，不擒二毛(即不俘虏头上有白发的人。头上有黑白两种头发，故称二毛)。古时候带兵打仗的人是不用险阻的地势来杀伤敌人的。我要为后人树立一个榜样，决不攻击还没有排好阵势的敌人。"宋襄公话音刚落，站在一旁的公孙固挺身而出，反驳道："恕我直言，大王根本不懂得打仗。强大的楚国军队过河之后，集中于狭窄的河滩，一下子不可能摆开阵势，这正是上天帮助大王打胜仗啊！趁敌人处于不利的地势展开进攻，难道不是绝佳的战机吗？即使如此，我军也未必能够获得全胜。再说我们所面对的，是想杀死我们的敌人，即使他们上了年纪，白发苍苍，能够抓获就抓获，何况敌人多半是年轻的士兵，更应该擒杀之。大王，难道你忘了，平时我们教育士兵战败投降是可耻的，并设置刑法惩治那些懦弱怕死的士兵，其目的就在于为了激励士兵勇往直前、奋勇杀敌。敌人受伤了，但仍然是敌人，怎么可以停止进攻呢？倘若可怜那些受伤的人，就不要去伤害别人。倘若可怜敌军中的老人，就干脆投降吧，何必要与敌人打仗呢？"宋襄公低头不语。公孙固接着说："军队本来就是用来打仗的，锣鼓是用来指挥军队、鼓励士气的。既然军队存在的价值在于作战，那么我们的士兵就可以在形势险要之地阻击敌人；既然锣鼓是鼓舞士兵前进杀敌的工具，那么我们就应该趁敌人还没有排成战阵，击鼓前进，去消灭敌人。怎么可以贻误战机呢？"

俞伯牙和钟子期

YU BO YA HE ZHONG ZI QI

春秋战国时期有一个有名的音乐家，姓俞，名叫伯牙。他是一个弹琴能手，又是一个出色的作曲家。他弹的琴、作的曲子，能表达出丰富的情感，因此听起来非常动人，大家都尊称他“琴仙”。

起初，俞伯牙拜著名琴师成连为师。由于琴师的热心传授和伯牙的努力，一年之后，他已熟练地掌握了弹琴的各种技法。但是，比起老师还是差多了。一首很好的乐曲，在老师手里弹得生动感人，而到了他手里却平淡乏味，没有感情。他作的曲子也是这样。有一次，他在海边欣赏风光，忽然来了灵感，写了一首描写海上风光的乐曲并高兴地弹奏起来。可是平淡无奇，连自己也觉得味同嚼蜡。一气之下，他只好把乐谱烧掉了。为此，俞伯牙感到十分苦闷。

细心的老师成连看出了他的心思。有一天，成连对他说：“伯牙，我能教会你弹琴，却无法教会你用音乐去表达人的感情。不过，我的老师方子春学识渊博，经验丰富，他有办法把你教好。他现在住在东海蓬莱岛，如果你愿意的话，不妨我们一起去请教他吧！”伯牙听后，当然十分高兴。于是师徒两人带足干粮，又找来一只船，朝着东海进发。

到了蓬莱岛，成连把他带到一间空荡无人的茅草屋里，说：“我的老师现在不住这里了。我去找找他，也许要好几天的时间才能返回，你就在这草屋里暂时住下，等我回来再说。”成连说完，跳上那只小船，独自划向茫茫大海。俞伯牙站在海边，直到看不见船影了，才返回茅屋。

俞伯牙闲来无事时，就走出草屋，呼吸着清新爽人的空气，聆听着海浪的呼啸声。多年不出门的俞伯牙，望着那无边无际的大海，顿觉心胸舒展，眼界开阔，十分惬意。就这样，他高高兴兴地住了下来。可是，三天五天过去了，十几天过去了，还不见老师回来。在这段日子里，他每天可以观赏东海日出时霞光万道的壮丽景色，可以目睹海风呼啸、恶浪掀天的惊险场面，也可以享受风平浪静、海鸥翻飞的美丽时刻。时间长了，看得多了，体验也深了，不知不觉间，又一首描写大海的乐曲，就在他心中酝酿成熟。

又一天，俞伯牙照样去岸边遥望，老师的小船仍然没有踪影。他望着茫茫大海，回响在心中的乐曲使他无法平静。他取出琴，坐在海岸边弹了起来，并把这些日子耳闻目睹的一切，融入满怀的激情，化成了美妙而激越的琴声。他一边弹一边唱道：“大水浩浩呵流日夜，船儿一去呵不复还。我今身居呵蓬莱山，日盼夜盼呵仍不见还……”著名的琴曲《水仙操》，就这样问世了！

一曲弹罢，他心里激动不已。就在这时，背后飞来一串爽朗的笑声。俞伯牙沿着笑声回头望去，原来是老师成连回来了，可还是他一个人。俞伯牙不免有一些失望地凝视着老师。成连已看出他心里在想什么，便笑了笑说道：“好呵，伯牙，蓬莱山的老师，已经把你缺少的本领传授给你了！”说罢又哈哈大笑。俞伯牙这才恍然大悟，原来成连老

★俞伯牙鼓琴图

★古琴台

古琴台又名伯牙台，位于武汉市汉阳区龟山西麓，月湖东畔，相传俞伯牙曾在此鼓琴抒怀，现是湖北省武汉市重点文物保护单位之一。

师是让俞伯牙独自在大自然中寻求一种感受。他不好意思地笑了笑，望着老师说："谢谢老师指点迷津！""不，应该感谢这神奇瑰丽的大自然，感谢这丰富多彩的生活，是它们给了你灵感，给了你创作的源泉！"老师依然爽朗地笑着。

从此以后，俞伯牙不仅每天刻苦学习琴技，而且随时注意深入体察社会生活。因此，继《水仙操》之后，他又写出了《高山》、《流水》等著名的七弦琴曲。同时，他的琴越弹越好，有人称赞他说："伯牙的琴声，飞禽走兽都要被感动，何况人呢！"

俞伯牙学成之后漫游各地，寻找知音。有一年，他坐帆船路过汉阳的马鞍山时，天近晚，又遇上雷阵雨，只好在马鞍山旁边找个避风的汉口停下船。过了不大一会儿，风平了，浪静了，雨停了，乌云也散了。这一天正是农历八月十五，天空出现一轮玉盘似的明月。雨后的月光显得格外明亮，把江面照得如同白昼一样。优美的景色，引起了俞伯牙弹琴的兴致。他对身边的书童说："点一柱香，把琴拿来。我要弹琴。"书童点好香，把它插在香炉里，又把琴袋放在靠窗口的条桌上。

俞伯牙解开琴袋，调好琴弦，专心致志地弹起琴来。他猛抬头，发现岸上的岩石下面有个人影，一动不动地站着，他吃了一惊，"啪"地一声，一根琴弦断了。俞伯牙疑惑起来："这个人躲在岩石底下干什么呢？"他对书童说："你去问问船夫，这儿是什么地方？"船夫回答说："刚才躲避风雨，偶然停在山脚下，附近并没有人家。"

俞伯牙越发疑惑了，他想："附近如果有大的村庄、乡镇，说不定还有人能够听懂我弹的琴。如今这儿既没有人家，分明是座荒山，怎么会有听弹琴的人呢？……啊，莫不是仇人派来的刺客吧？再不然准是拦路抢劫的强盗，或者是小偷，等我们都睡了，上船来偷东西。"想到这儿，他禁不住颤抖抖地喊出来："岸上有贼！快上岸捉贼！"船上人听说有贼，急急忙忙搭起跳板，往岸上跳去。

岸上忽然有人大声说道："船上的先生请不要疑心，我不是贼，是樵夫。今天打柴下山晚了，正好碰上了狂风暴雨，就在岩石底下避一避。恰巧听见船上有人弹琴，弹得太好了，我舍不得走，想多听一会儿，所以就一直站在这儿。"俞伯牙镇静了一下，冷笑两声，说："我游历了多少年都找不出一个真正能听懂我弹琴的人。你，一个山中打柴的，也配听我弹琴？"岸上那人哈哈大笑，说道："先生，你错了。你以为荒山中一定没有能听懂弹琴的人么？那么请问：在这深更半夜里，为什么荒山脚下却有弹琴的人呢？"俞伯牙被这率直的驳斥问住了。他也觉得自己的话说得太不客气了，沉默了一下，走近仓口，提高声音问道："你既然是听弹琴的，那么，请说说看，我刚才弹的是什么曲子？"那人笑着回答说："这个我还能够说得出。你刚才弹的是孔夫子赞叹颜回那首歌的谱子。歌词是：'可惜颜回命早亡，教人思想鬓如霜。只因陋巷箪瓢乐……'你弹到这一句，琴弦忽然断了，没有再弹下去。我记得第四句是：'留得贤名万古扬。'"

俞伯牙听见这人的回答，十分

★俞伯牙与钟子期结为知音（蜡像）

★俞伯牙与钟子期雕像

欢喜，说："你果然懂得音乐，那就请上船来谈谈吧！"这人并不推辞，走上船来，果然是个樵夫。他头上戴着斗笠，身上披着蓑衣，挑着一担柴禾，腰间插着一把斧头，脚上穿着一双草鞋。上船以后，脱去斗笠，解下蓑衣，把斗笠、蓑衣、斧头、柴禾担整理好放在仓外，又脱下草鞋，抖掉泥土，重又穿上，然后不慌不忙走进仓去。

俞伯牙想不到在这荒山中竟然有听琴的人，感到特别高兴。他亲手剪去烛花，又吩咐书童再点上两支蜡烛，并沏了一壶茶，招呼那人在自己对面坐下。他想：这个樵夫到底能懂得多少音乐呢？让我再来试他一试。于是就问道："从前孔子在房间里弹琴，颜回从外面回来，听到琴声中低音幽沉，怀疑孔子有什么不乐意的事情，就好奇地向他提出。孔子说：'我弹琴的时候，看见一只猫在捉老鼠，我希望它能马上顺利地捉到，但又担心这就要到嘴的食物跑掉。手指虽在弹拨着琴弦，心却惦记在猫的身上。这种为猫而忧虑的感情不自觉地竟在琴声中流露出来了。'这个故事说明，同一支曲子，由于弹琴时的心情不同，效果也会不同，音乐是能够表达情感的。如果我弹琴的时候，心中也在想什么，你能听得出来吗？"樵夫说："你先弹一曲，我试着猜猜看。如果猜不对，请你不要见怪。"

俞伯牙接好断弦，重新调好音，沉思了一会儿。他回忆起高山的雄伟姿态，然后弹了一只曲子。樵夫微睁两眼，凝神地听着，脸上现出愉快的表情，仿佛整个身心都融化在庄严优美的旋律里面。一曲完了，他轻轻地拍着桌子，赞叹地说："气势多么磅礴啊！好像雄伟的泰山一样。"俞伯牙听了不动声色，既不点头，也不说话，继续沉思了一会儿。他回忆起浩浩荡荡的江河，接着又弹了一只曲子。琴声刚停，余音还袅袅不绝，樵夫高兴地站了起来，连声称赞道："好啊！好啊！如同烟波浩渺广宽无边的江河啊！"

俞伯牙万万想不到自己的心意竟完全被樵夫猜透了，真是惊喜万分。他连忙推开琴，站起身，紧紧握住樵夫的双手，激动地说："美玉原来是藏在石头中的啊！我怎么能凭地位、衣着来看人呢？太蠢了！太蠢了！"他缓了一口气，接着说："多少年来，我一直梦想着会有一个真正能听懂我的琴、了解我的志趣的人，在士大夫中，我没有碰到一个。今天我找到了！找到了！他就是你啊！"

这樵夫姓钟，名子期。从此，俞伯牙就和钟子期结成了知心的朋友。

《高山流水》

战国时已有关于《高山流水》的琴曲故事流传，因此，相传《高山流水》为俞伯牙所作。最早的《高山流水》乐谱载于明代《神奇秘谱》一书，其解题称："高山流水二曲本只一曲。初志在乎高山，言仁者乐山之意。后志在乎流水，言智者乐水之意。至唐分为两曲，不分段数。至宋分高山为四段，流水为八段。"随着明清以来琴的演奏艺术的发展，《高山》、《流水》有了很大变化，并形成多种演奏琴谱，其中以川派琴家张孔山改编的《流水》（又称《七十二滚拂流水》）最有特色。它以七十二滚拂描写流水奔腾向前、汹涌澎湃的气势。乐曲形象鲜明，情景交融，广为流传。

★俞伯牙与钟子期高山流水觅知音雕塑
这幅砖雕传神地表达出"俞伯牙钟子期高山流水觅知音"的动人情景

晋献公假道伐虢

JIN XIAN GONG JIA DAO FA GUO

晋国的南面有两个国家，一个叫虞(在今山西省平陆县东北)，一个叫虢(在山西省平陆县东南)。晋献公想吞并与晋国邻近的虞国和虢国，但这两个国家彼此相邻，他们的祖先又都姓姬，所以两国一直相处得很好。晋如袭虞，虢会出兵救援；晋若攻虢，虞也会出兵相助。晋献公苦于无计，不敢轻意用兵。

公元前655年的一天，晋献公问荀息大夫：“现在能讨伐虢国了吗?”荀息大夫说：“不能。因为虞国和虢国的关系很好，再说虢国戒备森严。依我看来，应该先给喜欢玩乐的虢公送些美女去，让他尽情地享乐，以此来消磨他的意志。”晋献公采纳了荀息大夫的建议。虢公有了很多晋国的美女，果然只顾玩乐而不理政事。这时，荀息大夫说：“现在可以攻打虢国了，不过，要想攻占这两个国家，必须要离间他们。听说虞国的国君喜欢宝马良璧，我们府库有屈产良马和垂棘之璧，正可以拿来投其所好。”其实，这两件宝物都是献公所喜爱的，听说要送给虞公，他心下不舍。荀息说：“大王放心，等灭了虞国，这两件宝物不又回到你的手上了吗？”献公只好依计而行。

虞公得到良马美璧后，高兴得合不拢嘴。此时，晋国有意在晋、虢边境制造事端，找到了伐虢的借口，大夫荀息便去虞国，要求虞国借道让晋国伐虢，并许诺说：“如果贵国借路给我们，打赢了，我们把所有的俘获都献给虞国。”喜得虞公满口应承。可虞国大夫宫之奇再三劝阻，讲了一大堆唇齿相依，唇亡齿寒的道理，无奈虞公得了晋国的好处，还是答应了晋国。晋军通过虞国道路，攻下了虢国，并把劫夺的虢国财产分给了虞公。虞公更是大喜过望。晋军班师时，晋军大将里克开始装病，称不能带兵回国，而暂时把军队驻扎在虞国京城附近，虞公未加怀疑。可没过几天，晋献公却又率大军约会虞公出城围猎。虞公勉强从行，但正围猎间，忽见虞国京城火起。待虞公赶到城外时，京城已被晋军里应外合强占了。就这样，晋国又轻而易举地灭了虞国。

★虞国借道让晋国伐虢，造成了唇亡齿寒的结果。

晋国

晋国是春秋时期的五霸之一。其国都为唐(今山西翼城)，晋献公迁都绛(今山西翼城东南)，别都为曲沃(今山西闻喜县东)。西周初，周成王封其弟叔虞于唐（今山西翼城西)，为当时重要封国之一。叔虞子改称晋，后曾迁都于曲沃、绛、新田(今山西侯马)等地。西周末年，晋文侯拥戴平王东迁洛邑，杀死在西周故地自立的携王，为东周的缔造立下大功，受到平王奖赏。公元前453年，重臣韩、赵、魏三家又共灭智氏，三分其地，然后三家共撑朝政，晋国实际上已被三家瓜分。公元前403年，周威烈王正式承认韩、赵、魏三家为诸侯。晋静公二年（公元前376年)，韩、赵、魏三国废静公，建立近700年的晋国灭亡。

★位于太原市的晋祠

骊姬毒计杀申生

LI JI DU JI SHA SHEN SHENG

晋献公还是太子的时候，娶贾姬为妃子，没有生儿子；又娶犬戎主的侄女狐姬，生了公子重耳；又娶小戎主允姓的女儿，生了公子夷吾。晋献公晚年，娶齐国姜氏为妾。姜氏生得美丽动人，晋献公很喜欢她。贾氏死后，他就把姜氏立为夫人，生了个儿子叫申生。当时重耳已经21岁了，夷吾也比申生大。因申生是夫人的儿子，立太子论亲生不论长幼，于是把申生立为太子，让大夫杜原款和里克给他当老师。

公元前672年，晋献公发动讨伐骊戎的战争。骊戎招架不住，请求臣服，并把他的两个女儿献给献公。大女儿叫骊姬，二女儿叫少姬。骊姬生得貌似仙女，善于献媚，深得献公欢心，便常常参与朝中大事，每每十言九中。过了几年，骊姬生了个儿子叫奚齐，不长时间，少姬也生了个儿子，名叫悼子。这时的晋献公，心神魂魄都被骊姬给勾走了，便忘记了和姜氏的恩情，想改立骊姬为夫人。当时，朝中一些大臣对这种做法表示不满，深为晋国以后的事情担忧起来。可是晋献公却想让奚齐当太子。一天，晋献公和骊姬商量想立奚齐为太子的事，骊姬当然很高兴。但申生已经立为太子，无缘无故废立太子，群臣中肯定有异议。再说重耳、夷吾和申生三人相处得很好。这把晋献公给难住了。

★晋献公和骊姬

★骊姬像

当时，晋献公宠幸梁五、东关五二人，这二人依仗受宠弄权，晋人叫“二五”。还有一个人叫优施，年轻英俊，能说会道，晋献公更加宠爱，出入宫廷，随随便便。骊姬便和优施私通，设计谋害三位公子，让“二五”在献公面前说出计谋。骊姬以边地需要防守为借口，将其他几位公子全部排挤出国都。于是太子申生被派到曲沃，重耳被派到蒲城（今山西隰县西北），夷吾被派到屈地（今山西吉县北），只有骊姬姐妹所生的奚齐、悼子在晋献公跟前。这样，分开三位公子，使他们力量分散，不能联合起来，然后打算一一除掉。朝中一些正直的大臣对骊姬的做法大为不满，但敢怒而不敢言。

不久，晋献公对外扩张，自己亲自率领上军，让太子申生率领下军，攻打耿国、霍国和魏国，很快灭掉了这三国，地盘渐大。太子申生也因作战有功更加引起骊姬的嫉恨，便想方设法必除太子而后快。于是，她和“二五”内外蛊惑晋献公，晋献公便对太子申生日益疏远，却更加溺爱奚齐。太子申生为人小心谨慎，虽然功绩卓著，却从不居功自傲。因而骊姬无机可乘。优施再施诡计，骊姬听得欢喜异常。

一天晚上，骊姬突然哭起来了，晋献公吃惊地问她哭什么，她就是不肯说。晋献公追问，她才回答说：“我即使给你说了，你一定不会相信的。我所以这样是怕不能长期陪伴在你的身旁。我听说太子申生为人，外表仁慈而内心险恶。他现在在曲沃，老百姓很爱戴他，都乐意给他卖命，他的这种做法是另有企图。太子申生常给人说，你受我迷惑，一定会使国家大乱。满朝的人都听说了，惟独你没有听到。你为什么不杀掉我，以成全太子，可以堵住他的口，免得让他作为借口起兵造反，从而让老百姓受害。”晋献公说：“申生对老百姓仁爱，对我难道反而无情了吗？”骊姬说：“我也常怀疑，平民百姓行仁义，与为官当君的不同。普通人的仁慈指亲爱亲人，当官的行仁义在于对国家有利。如果对国家有利，亲情又算得了什么呢？假如这样，你不如拱手让位，把国家交给他去治理，他的欲望得到了满足，你也可以尽享天年。先前曲沃武公吞并了哀侯，他们难道不是亲骨肉吗？太子申生的志向，同武公一样，你应让位给他。”晋献公听她这么煽动，便动了怒气。在旁的骊姬见风使舵，又说：“现在赤狄皋落氏多次进犯我国，你让他率兵攻打，如果他得胜了，说明他深得人心；如果战败了，怪罪起来也有理由。他依恃有功劳，定有阴谋，趁机收拾他，国人一定心服。”晋献公同意了她的意见。

于是传令让申生率领曲沃兵马，征讨皋落氏。朝中里克劝谏，晓以利害，晋献公不听。里克把申生出兵之事向狐突说了，狐突说：“公子危在旦夕！”狐突给申生写了封信，劝他不要去作战，不如逃走。申生得书无可奈何。与皋落大战，皋落大败。不久，骊姬在优施的策划下，又施诡计，让献公把太子申生从曲沃召回。申生听到命令，立即赶回国都，先去朝见晋献公，之后入宫拜会骊姬。骊姬拿出上好的饭菜招待，两人说得很投机。第二天，申生进入宫中感谢骊姬款待，骊姬又让太子留下来吃饭。到了晚上，骊姬向晋献公告太子的状，说太子对她无礼，假装醉酒调戏她。并说，祖父老了，父亲把祖母娶过来，当了我的母亲，今天父亲老了等等话语。你如果不相信，我召太子一起游花园，看他的举动。于是，骊姬预先在头发上涂了蜂蜜，蜂蝶纷纷盘旋在骊姬头上周围，她对太子说：“你给我驱赶一下蜂蝶。”申生从后面用手挥打蜂蝶。晋献公远处望见，便信以为真，心中大怒，便想立即杀了太子。这时，骊姬又装好人，说宫中暧昧的事情，外人不知道，传出去影响不好，晋献公听了才忍住愤怒，让太子申生回曲沃，派人暗中搜罗太子的罪过。

公元前656年，晋献公到翟桓打猎。骊姬听从优施的诡计，派人对太子申生说：“晋献公梦见你的母亲齐姜，让你前去祭祀。”齐姜的墓地在曲沃，申生就到曲沃祭祀，然后把祭肉送给献公吃。因送肉的时候晋献公打猎没回来，就由骊姬收下。过了几天，献公回来，骊姬在申生送来的肉中放进毒药后再送给献公。献公刚要拿起筷子准备吃时，她急忙制止道：“外面送进宫中的食物要查看是否有毒。”就拿了一块祭肉让狗吃，狗吃下去后立即死掉，为确保安全，又一让位下人吃了，也立即死掉。骊姬假装大惊，对献公流泪哭诉：“太子的心够毒的了，他的父亲尚且都敢谋害，何况他人呢？先前你想废掉太子，我坚决不让；花园中调戏我，你又想杀掉他，我坚决不肯，今天几乎害了你。我使你受害得太厉害了。”晋献公听她这假惺惺一哭，说：“我一定要杀了这个逆子贼人。”申生是个忠厚而懦弱的人，听到这件事后连忙逃回曲沃自杀了。

★蟠虺纹鼎·春秋

晋献公

晋献公，姓姬，名诡诸。曲沃武公之子。因其父活捉戎狄首领诡诸而得名。即位后用士蔿之计，尽灭曲沃桓公、庄伯子孙，巩固君位。奉行尊王政策，提高声望。攻灭骊戎、耿、霍、魏等国，击败狄戎，复采纳荀息假道伐虢之计，消灭强敌虞、虢，史称其“并国十七，服国三十八”。公元前652年，齐桓公在葵丘主持盛大盟会，晋献公因为重病缠身，没有赴会。晚年宠爱骊姬，杀其子申生，逼走重耳、夷吾，立骊姬子奚齐为太子。公元前651年，献公病危，嘱托大夫荀息主政，辅助幼子奚齐继位，献公死后，诸公子争位，晋国大乱。奚齐被里克所杀。

★骊姬设计害申生

夷吾继位刺重耳

YI WU JI WEI CI CHONG ER

太子申生自杀后，骊姬及其心腹说，重耳和夷吾，同太子是一党，太子虽然死了，二位公子还在，他们一定会把太子之事归罪到我们头上的，不如一并治罪以绝后患。晋献公也被这伙奸人弄得是非不分，就派遣武士寺人勃鞮前往蒲城，缉拿公子重耳；贾华率人去屈地，刺杀公子夷吾。这时，老臣狐突急忙把他的二儿子狐偃唤来，对他说："重耳有当君主的命，相貌堂堂，人又贤能精明，以后一定能成大事。如今太子已死，你可立即去蒲城投奔重耳，帮助他出走，和你的哥哥狐毛，同心辅佐他，以图后事。"狐偃遵命，连夜到重耳住地。重耳大惊失色，和狐偃、狐毛商议出奔之事，不料寺人勃鞮率兵马已到，把重耳的住所包围了。情急之中，重耳他们从后门翻墙逃脱了，寺人勃鞮只砍下重耳的半块衣服袖子。公子夷吾也逃到梁国。其余公子也都被晋献公一一驱逐。

重耳逃脱以后，逃到他外祖父所在的翟国（犬戎），翟国君主见晋公子重耳来到，高兴地接纳了他。随后，有几辆小车陆续到达，让翟国守军快开城门。重耳怀疑是追兵，便教城上守军放箭。城下的人大叫："我们不是追兵，是愿意跟随公子的人。"重耳一看，认得是晋朝的大夫赵衰。重耳心花怒放，说："赵衰到达，我没有忧愁了。"立即命令放他们进来，此外，还有胥臣魏犨、狐射姑、颠颉、介子推、先轸，这些都是晋国的知名人士，其他愿意追随的人有几十个。重耳也纳闷："你们在朝廷不好好做官，到这儿跟我流亡为的是什么？"赵衰等人一同回答说："当今君主失去民心，被妖人迷惑，晋国迟早会发生大乱的。我们一向敬慕公子宽仁下士，所以愿意跟你流亡。"重耳感动地流泪说："各位君子能够齐心协力辅助我，我终生不敢忘记。"魏犨建议借戎人的军队，用蒲人做内应，杀入国都，铲除君主身边的坏人，让国家安定人民乐业。重耳没有采纳。

★春秋早期虎形玉佩

★春秋早期龙形玉佩（白玉）

晋献公捉拿重耳、夷吾一无所获，怀疑其他公子是二人的同党，以后必为奚齐的大患，于是下令把他们全部驱逐出都城，于是立奚齐做太子。朝廷中的大官员除"二五"及荀息以外，无不为之叹息，许多人都声称有病，告老还乡。

公元前651年秋，晋献公应齐桓公之约前往葵丘会盟，中途生了病，便回到国都，没有几天就死了。晋献公一死，里克、丕郑想要接纳重耳为国君，所以就发动三位公子的部属起来叛乱。

当初，晋献公临死之前曾把奚齐托付给荀息，荀息拥立奚齐继位。奚齐即位十多天，献公还没有下葬，就被朝中大臣里克所杀。荀息又立奚齐的弟弟悼子继位。不到一个月功夫，刚刚安葬好献公，里克等又把悼子给杀掉了。荀息也自杀了。里克召集百官在朝堂上议事说，现在余孽已经剪除，公子中只

★重耳与赵衰

吕饴甥、郤芮说：“你回去
主，要晋国粮食，除非用
取！”秦使者愤怒地退出。使者回去对秦穆公说：答应借粮不说，反想乘纠集梁国，共同征伐秦公一听勃然大怒，说：“人然如此。我先起兵灭梁，”百里奚在旁劝道：“梁晋君无道，如果我起兵，晋国，兵法说：先发制人。君主的贤能，各将士尽惠公背德之罪，一定能”于是秦穆公就率领三浩荡荡，杀奔晋国。秦军按捺不住怒火，一个个奋渡过黄河，三战三捷，晋挡不住，纷纷弃城逃跑。如入无人之境，直抵晋国于秦穆公的这次出兵，晋许多人认为错在晋惠公，得到秦的帮助，不但不思以怨报德，因而主张和一意孤行的晋惠公，调马迎战，在韩原，双方摆

战斗开始后打得很激中，晋惠公急于取胜，亲领部队直冲秦军指挥部，军猛烈的抵挡，不能取好率领部队转移。在转移时，不幸驾的车马陷入淤泥中，走不动了。秦穆公见此情景，认为是活捉晋惠公的好机会，就带了少许人马急奔而来。在这危难之际，晋国救兵到了。秦穆公不但没有捉到晋惠公，反而陷入晋军的包围之中。在这万分危机的情势下，突然在西边，出现了大约 300 多勇士，直冲晋军而去，大喊：“哪个有胆量的敢伤害我们的恩公！”秦穆公定睛一看，只见那些人脚穿草鞋，快步如飞，手举大刀，腰挎弓箭，遇到晋军就砍，勇猛异常，所向披靡，杀得晋军抱头鼠窜而逃。秦穆公趁此得以脱险。突围以后，马上组织反击，终于将晋惠公俘虏了。

战斗结束，秦穆公回到指挥部，那 300 多名勇士也来到营前。秦穆公问他们：“你们是什么人，为什么愿意帮助我？”他们说：“你还记得那一年你失掉良马的事情吗？我们就是那些吃掉你良马的人。”原来秦穆公有一次外出打猎，晚上失掉了几匹良马。第二天，派了几个人去调查。寻到岐山脚下，看见一群蓬头垢面的人正聚集在那里吃马肉，调查的人便没敢惊动他们，却回来报告给秦穆公，并说：“马上派军队去，可以全部抓获。”秦穆公想，马已经没有了，因为失马而再去杀人，那人民将会说我把牲畜看得比人还重要。他不但不去追究这件事，还派人送去一些酒给他们。并说：“吃马肉不喝酒，易于生病。”所以这伙人非常感激。这次，他们听到秦穆公要用兵晋国，就赶到韩原前来助战。当他们看到秦穆公被围困的时候，就奋勇当先，舍命救恩人，以报答食马赐酒的恩惠。

★押太子圉在秦国作人质

秦穆公大获全胜，班师回国。晋惠公像霜打了的茄子——蔫了，跟随秦军来到秦国，就在秦穆公捉住晋惠公准备杀晋惠公时，周天子连忙派人前来说情：“晋国是我的同姓宗族，看在我的情面上，请你赦免他吧！”加上穆姬求情，弄得秦穆公左右为难。思来想去，还是放他一马，但条件是两国签署协议，结为同盟国，把以前曾经答应给秦国的河西城池正式割让给秦国，把太子圉留在秦国作人质。从此，秦国的地盘扩展到黄河西岸。

秦晋之好

春秋战国时代，诸侯各国常相互征战，各国国君和百姓都饱受战乱之苦。秦国和晋国，是当时相邻的两个强国。两国统治者间勾心斗角，争夺霸权，矛盾异常尖锐，常相互出兵对阵，纷争不断。但是，在另一方面，他们为了自身利益和全局考虑，有时也相互联合起来，相互利用，共同争霸。为了彼此能相互牵制和利用，他们还世代通婚，结成关系密切的亲家。如春秋五霸之一的秦穆公，他的夫人是晋献公的女儿；晋献公的儿子晋文公，也是春秋五霸之一，他的夫人文嬴，便是秦穆公的女儿。由于秦、晋的彼此联姻，较弱的诸侯各国都惧怕它们联合起来的力量。

★里克召集百官在朝堂上议事

有重耳年纪最大而且贤能，应当拥立他当君王。各位大夫同意的，就在竹简上写上自己的名字。经过一阵磋商之后，决定派屠岸夷到翟国去接公子重耳回来继位。屠岸夷来到翟国对重耳说：“老百姓希望你回去安定局面，这是得到君位的最好机会。”重耳和他的一班随从们经过慎重研究，觉得不能只图眼前利益，而失去长远利益。国内连死三君，形势动荡不定，不利发展大业。

于是，重耳委婉地对屠岸夷说：“我得罪了父王而逃亡在外，这已经够不孝的了。父亲死了以后，我又没有立即回去奔丧，还有什么面目去继承君位呢？国内的公子们还多着哩，请朝中大臣另立新君主。”里克等人不得已，只好派人到梁国去接公子夷吾。后来，公子夷吾在秦穆公的帮助下顺利回国继位，这便是晋惠公。

在此以前，晋惠公听说里克等人愿意拥立重耳，重耳居然不愿意回国，便暗中高兴，心里却嫉恨重耳和里克等人。所以，晋惠公一即位，就杀了里克，又大杀重耳的余党。

公元前 646 年，秦晋交战，晋惠公被俘，秦穆公念他有旧情，几个月后放他回国。可是，他回国以后，不思强国大计，却时刻惦念着他的君位。

一天，他对郤芮说：“我在秦国呆了三个月，最忧虑的是重耳，深怕他回国夺了君位，现在才放心了。”郤芮说：“重耳一日不死，终究是个心腹大患，一定要除掉他，才能高枕无忧。”惠公问：“谁能给我除掉重耳，我一定重金赏他。”郤芮说：“寺人勃鞮前次攻打蒲地，捉拿重耳，曾经砍下了重耳的半截衣服袖子，他常常恐怕重耳回到国内，治他的罪。你想除掉重耳，除了他没有更合适的人选了。”于是晋惠公召见寺人勃鞮，秘密告诉他行刺重耳的事情，并让他限三天之内立即动身。狐突得知此事大惊，立即写了封密信派人连夜送到翟国。

这一天，重耳和翟君正在河边打猎。忽然有个人要见狐氏兄弟，说：“有老国舅的家信在这儿。”狐毛、狐偃说：“家父从来不写信，现在国中一定有大事。”打开信一看，只见信中写道：“晋惠公密谋刺杀重耳，已派遣寺人勃鞮，限他三天之内起程，你们兄弟俩禀告公子，立刻到别国去，不要拖延以免招祸。”狐氏兄弟大惊，把事情告诉给重耳。重耳在翟国呆了十二年，翟国国君讨伐咎如，获取二女子，把季隗嫁给重耳，把叔隗嫁给赵衰，并且都生了孩子。重耳说：“我还有妻子孩子在这儿，这里是我的家，想到哪里去呢？”这时的重耳重妻室轻事业。狐偃气愤地说：“我们到这儿，不是经营家业，将要图谋君位。为长远之计，应该到大国去，勃鞮到来，这是天意催促你离开啊！”重耳又问：“到哪个国家去好呢？”狐偃说：“齐桓公虽然老了，但霸主地位未变，任用贤能的人。现在管仲、隰朋刚死，齐国没有贤能的人辅佐，公子如果到齐国，齐桓公必然以礼相待。假如晋国有变故，又可以凭借齐国的力量，回到晋国。”重耳认为有道理，于是回去对他的妻子季隗说：“晋惠公要派人刺杀我，我恐怕遭他的毒手，将要远行，到大的诸侯国去，连结秦、楚以图将来回国。你要尽心抚养我们的孩子，如果我二十五年不来接你，你那时就改嫁他人。”妻子哭着说：“好男儿志在四方，我不敢留你。然而我今年已经 25 岁了，再过 25 年，我都老死了，还能嫁人吗？你走后，我会善待孩子，你不要挂念忧虑。”

第二天早晨，重耳命令壶叔整理行李，准备好马车。正吩咐的时候，只见狐氏兄弟二人仓皇而来说：“父亲大人听说勃鞮已经出发

★狐氏兄弟二人来见重耳

了,害怕公子没有走,来不及写信,又派人星夜赶来,催促公子快速离开,不要耽误时间。"重耳听后,吃惊地说:"勃鞮来得太快了。"来不及装束,就和二狐来到城外。壶叔见重耳已经走了,只准备了一辆牛车追赶上来,让重耳坐上。赵衰等人陆陆续续赶来,都是步行。重耳问:"头须怎么没来?"有人说:"头须把行李中的值钱东西全拿走了,不知去向了。"重耳这一走,连盘缠都没有,确实也够寒碜的了。

再说晋献公原限寺人勃鞮三天内动身,那勃鞮是个专好献殷勤的人。前次献公让他刺杀重耳,没有成功,今次又奉惠公的命令,如果能够杀掉重耳,既给惠公除患,又为自己除怨,所以纠集了几个大力士,提前动身,只想尽快结果了重耳性命。谁知狐突二次送信,重耳已经开溜了。翟君为了重耳的缘故,吩咐关隘守军之士,凡过往行人,严加盘问。因此,勃鞮过不得翟国,只好快快而回晋国。

★侯马盟书
1965年山西侯马晋国遗址出土了大量盟誓辞文玉石片,称为"侯马盟书",又称"载书",共有5000余件,每件玉片大小不一,磨琢精致,用毛笔书写,字迹与春秋晚期的铜器铭文相似。

介子推

介子推,一作介之推(介推),亦称介子,周代晋国大臣,今山西省灵石县旌介村人。曾追随晋公子重耳流亡在外19年,于途中"割股啖君",立下大功。重耳返国即位(即晋文公),对有功之臣大加封赏,唯独漏掉了介子推。介子推不动声色,回到家中后,就和他的母亲一起收拾行装,悄悄离开国都,隐居在绵山(今山西介休县南介山)的深山密林之中。晋文公深悔自己的失误,下令将绵山封为介子推的"采邑",并亲自带领众多公卿前往绵山,请其出山入仕,介子推隐遁深山,绝然不见。晋文公无奈,命人举火烧山,希望借此迫介子推下山受封。介子推毫不妥协,他与母亲一起抱木而立,葬身于熊熊的火海之中。晋文公大哭一场。为了尊敬介子推的品德,晋文公把他们母子安葬在绵山,立庙纪念。改绵山为介山,并下令以后每年到介子推烧死的这一天,全国禁止烟火,寒食三日。这便是寒食节的由来。

★介子推塑像

★介子推庙

介子推庙

介子推庙,位于山西省晋中灵石县境内的张嵩村,称英毅圣王庙。介庙所建处,原有母子柏、母子碑。传说母子柏所生之处是介子推母子相抱被焚死之地。介庙周围原来环境清幽,浓荫十里,风景秀丽,气候温凉。也由于这个原因,这里也被人称为"神林"。可惜1942年日本侵略者侵华时,这里的山林庙宇均被火焚毁。现仅存寺庙的偏院一处,院内还存有原庙基的石墩和五通石碑。

秦晋韩原之

QIN JIN HAN YUAN ZHI Z

晋惠公夷吾在外流亡时,曾经答应秦穆公:"如果凭借秦国之外力,能够顺利即位,我愿把黄河以西东达虢地,南及华山,内以解梁为界的五座城池,送给秦国。用来报答秦的大恩。"于是,秦穆公派公孙枝出车二百乘,接纳夷吾回晋国。晋惠公即位以后,并未兑现以前的诺言,没有把五座城池割让给秦国。

晋惠公自即位以后,连年遭受天灾,收成一年不如一年。公元前647年,又遇严重的旱灾,仓库几乎没有存粮了,老百姓断粮几个月了,晋惠公想向别的国家求救。当时只有秦国离晋国最近,况且两国世通婚姻,但又想起自己即位前曾答应给秦国的五座城池,至今没有兑现,口开不了,便想到别国求救。大臣郤芮进言:"我国不是背约负秦,只不过想延缓一段时间罢了。如果向秦国借粮食他们不给,理屈在秦,那我国辜负承诺就有名了。"晋惠公同意了,就派大夫庆郑,拿着珍宝到秦国去借粮。秦穆公召集大臣商议此事,说:"晋国答应割五城给我国,至今没有兑现诺言,现在因闹饥荒向我国借粮,借不借请各位给我出个主意。"蹇叔、百里奚说:"天灾人祸,哪个国家没有发生过。救灾抚恤邻国,是常理,依照天理做事,上天一定保佑帮助我国的。"秦穆公说:"晋国接受秦的恩惠太多了。"公孙枝说:"如果你给人恩惠而图报答,对秦国又有什么呢?假若晋国不报答,理亏的是晋国,到一定时候,老百姓痛恨朝廷,谁还和我国为敌呢?君主一定要借给晋国粮食。"丕豹想起父亲被晋惠公所杀,对秦穆公说:"晋惠公无道,上天降下灾难给晋国。不如乘着这个机会讨伐,可以灭掉晋国,机会不能失去。"繇余说:"我听说有仁德的人不乘着别人危机而邀功取利,有智识的人不凭侥幸而获取功名。借给晋国粮食吧。"秦穆公说:"辜负我的人是晋惠公。遭受饥荒的人是晋国的老百姓。我不忍心因晋惠公的原因,而让晋国的老百姓受罪。"于是借给晋国几十万斗粮食,从渭水直达黄河、汾水,许多船只互相连接,晋国人内心很高兴,打心底里感激秦穆公。

过了两年,秦国却发生了饥荒,粮食收成锐减,晋国收成却相当好。秦穆公对蹇叔、百里奚说:"我今天想起二位的话,丰年歉年互相有,如果我往年不借给晋国粮食,今天秦国闹饥荒,也难于向晋国开口了。"丕豹在旁插话说:"晋惠公贪婪而不守信用,求他借给粮食,他一定不会答应的。"秦穆公始终不相信丕豹的话,也派使者拿上宝物向晋国借粮。晋惠公本想借给秦国粮食,但大臣郤芮却坚决反对说:"你给秦国粮食,也把上次答应给人家的土地给了吧!如果因为秦国曾借粮给我们报答秦国的恩德,那么以前秦帮你当晋君,恩德更大。你这是舍弃大德而报效小德,那是何苦呢?"庆郑在旁听了,觉得太不像话了,说:"我去年奉你的命令向秦国借粮,秦穆公根本没有推辞。现在人家有困难,我们却袖手旁观,秦国就会埋怨我国的。"吕饴甥说:"秦借粮给晋,不是喜欢晋

国 秦 秦 要 灾 没 能 年 收 国 国 不 国 它 采 说 失 百 能 "我 土 难

好复命。"
告诉你君
军队来强
秦国
"晋惠公不
人之危,
国。"秦穆
的无道,竟
然后伐晋
国不足虑
必然震惊
现在凭借
力,征讨
够取胜的
军将士,浩
将士早已
勇当先,一
军守将抵
秦国军队
韩原。对
国大臣中
惠公三次
报答,反而
平谈判。
集全国兵
开了阵势,
烈。在混战
自带了一
但遇到秦
胜。于是只

秦晋韩原之战

QIN JIN HAN YUAN ZHI ZHAN

晋惠公夷吾在外流亡时，曾经答应秦穆公："如果凭借秦国之外力，能够顺利即位，我愿把黄河以西东达虢地，南及华山，内以解梁为界的五座城池，送给秦国。用来报答秦的大恩。"于是，秦穆公派公孙枝出车二百乘，接纳夷吾回晋国。晋惠公即位以后，并未兑现以前的诺言，没有把五座城池割让给秦国。

晋惠公自即位以后，连年遭受天灾，收成一年不如一年。公元前647年，又遇严重的旱灾，仓库几乎没有存粮了，老百姓断粮几个月了，晋惠公想向别的国家求救。当时只有秦国离晋国最近，况且两国世通婚姻，但又想起自己即位前曾答应给秦国的五座城池，至今没有兑现，口开不了，便想到别国求救。大臣郤芮进言："我国不是背约负秦，只不过想延缓一段时间罢了。如果向秦国借粮食他们不给，理屈在秦，那我国辜负承诺就有名了。"晋惠公同意了，就派大夫庆郑，拿着珍宝到秦国去借粮。秦穆公召集大臣商议此事，说："晋国答应割五城给我国，至今没有兑现诺言，现在因闹饥荒向我国借粮，借不借请各位给我出个主意。"蹇叔、百里奚说："天灾人祸，哪个国家没有发生过。救灾抚恤邻国，是常理，依照天理做事，上天一定保佑帮助我国的。"秦穆公说："晋国接受秦的恩惠太多了。"公孙枝说："如果你给人恩惠而图报答，对秦国又有什么呢？假若晋国不报答，理亏的是晋国，到一定时候，老百姓痛恨朝廷，谁还和我国为敌呢？君主一定要借给晋国粮食。"丕豹想起父亲被晋惠公所杀，对秦穆公说："晋惠公无道，上天降下灾难给晋国。不如乘着这个机会讨伐，可以灭掉晋国，机会不能失去。"繇余说："我听说有仁德的人不乘着别人危机而邀功取利，有智识的人不凭侥幸而获取功名。借给晋国粮食吧。"秦穆公说："辜负我的人是晋惠公。遭受饥荒的人是晋国的老百姓。我不忍心因晋惠公的原因，而让晋国的老百姓受罪。"于是借给晋国几十万斗粮食，从渭水直达黄河、汾水，许多船只互相连接，晋国人内心很高兴，打心底里感激秦穆公。

过了两年，秦国却发生了饥荒，粮食收成锐减，晋国收成却相当好。秦穆公对蹇叔、百里奚说："我今天想起二位的话，丰年歉年互相有，如果我往年不借给晋国粮食，今天秦国闹饥荒，也难于向晋国开口了。"丕豹在旁插话说："晋惠公贪婪而不守信用，求他借给粮食，他一定不会答应的。"秦穆公始终不相信丕豹的话，也派使者拿上宝物向晋国借粮。晋惠公本想借给秦国粮食，但大臣郤芮却坚决反对说："你给秦国粮食，也把上次答应给人家的土地给了吧！如果因为秦国曾借粮给我们报答秦国的恩德，那么以前秦帮你当晋君，恩德更大。你这是舍弃大德而报效小德，那是何苦呢？"庆郑在旁听了，觉得太不像话了，说："我去年奉你的命令向秦国借粮，秦穆公根本没有推辞。现在人家有困难，我们却袖手旁观，秦国就会埋怨我国的。"吕饴甥说："秦借粮给晋，不是喜欢晋

★秦穆公像

国，是为了土地罢了。不借给粮食，秦国怨恨；借给粮食又不给土地，秦国也怨恨，为什么要答应秦国的要求呢？"庆郑越听越气愤，说："幸灾乐祸，不仁慈；背弃别人的恩赐，没有义气。不仁慈不义气，凭什么能够保有国家呢？"虢射却说："去年上天使晋国遭遇饥荒而使秦丰收，秦国太愚蠢了，把粮食借给我国；今天上天使秦国闹饥荒而让晋国丰收，晋国为什么要违背天意而不取秦国呢？以我之见，不如和梁国一起，趁着秦国天灾伐它，分了它的土地，这才是上等策略啊。"

晋惠公听了，利令智昏，终于采纳了虢射的意见，对秦国使者说："我国连年遭受天灾，百姓流离失所，今年收成稍强一点，流亡的百姓渐归故里，仅能自给自足，不能给予贵国资助了。"使者回答说："我主念两国联姻的情谊，不责求土地，去年晋闹饥荒，我主慷慨救难，现在却不借给我们，我回去不

好复命。”吕饴甥、郤芮说：“你回去告诉你君主，要晋国粮食，除非用军队来强取！”秦使者愤怒地退出。

秦国使者回去对秦穆公说：“晋惠公不答应借粮不说，反想乘人之危，纠集梁国，共同征伐秦国。”秦穆公一听勃然大怒，说：“人的无道，竟然如此。我先起兵灭梁，然后伐晋。”百里奚在旁劝道：“梁国不足虑。晋君无道，如果我起兵，必然震惊晋国，兵法说：先发制人。现在凭借君主的贤能，各将士尽力，征讨晋惠公背德之罪，一定能够取胜的。”于是秦穆公就率领三军将士，浩浩荡荡，杀奔晋国。秦军将士早已按捺不住怒火，一个个奋勇当先，一渡过黄河，三战三捷，晋军守将抵挡不住，纷纷弃城逃跑。秦国军队如入无人之境，直抵晋国韩原。对于秦穆公的这次出兵，晋国大臣中许多人认为错在晋惠公，惠公三次得到秦的帮助，不但不思报答，反而以怨报德，因而主张和平谈判。但一意孤行的晋惠公，调集全国兵马迎战，在韩原，双方摆开了阵势，战斗开始后打得很激烈。在混战中，晋惠公急于取胜，亲自带了一支部队直冲秦军指挥部，但遇到秦军猛烈的抵挡，不能取胜。于是只好率领部队转移。在转移时，不幸驾的车马陷入淤泥中，走不动了。秦穆公见此情景，认为是活捉晋惠公的好机会，就带了少许人马急奔而来。在这危难之际，晋国救兵到了。秦穆公不但没有捉到晋惠公，反而陷入晋军的包围之中。在这万分危机的情势下，突然在西边，出现了大约300多勇士，直冲晋军而去，大喊：“哪个有胆量的敢伤害我们的恩公！”秦穆公定睛一看，只见那些人脚穿草鞋，快步如飞，手举大刀，腰挎弓箭，遇到晋军就砍，勇猛异常，所向披靡，杀得晋军抱头鼠窜而逃。秦穆公趁此得以脱险。突围以后，马上组织反击，终于将晋惠公俘虏了。

战斗结束，秦穆公回到指挥部，那300多名勇士也来到营前。秦穆公问他们：“你们是什么人，为什么愿意帮助我？”他们说：“你还记得那一年你失掉良马的事情吗？我们就是那些吃掉你良马的人。”原来秦穆公有一次外出打猎，晚上失掉了几匹良马。第二天，派了几个人去调查。寻到岐山脚下，看见一群蓬头垢面的人正聚集在那里吃马肉，调查的人便没敢惊动他们，却回来报告给秦穆公，并说：“马上派军队去，可以全部抓获。”秦穆公想，马已经没有了，因为失马而再去杀人，那人民将会说我把牲畜看得比人还重要。他不但不去追究这件事，还派人送去一些酒给他们。并说：“吃马肉不喝酒，易于生病。”所以这伙人非常感激。这次，他们听到秦穆公要用兵晋国，就赶到韩原前来助战。当他们看到秦穆公被围困的时候，就奋勇当先，舍命救恩人，以报答食马赐酒的恩惠。

★押太子圉在秦国作人质

秦穆公大获全胜，班师回国。晋惠公像霜打了的茄子——蔫了，跟随秦军来到秦国，就在秦穆公捉住晋惠公准备杀晋惠公时，周天子连忙派人前来说情：“晋国是我的同姓宗族，看在我的情面上，请你赦免他吧！”加上穆姬求情，弄得秦穆公左右为难。思来想去，还是放他一马，但条件是两国签署协议，结为同盟国，把以前曾经答应给秦国的河西城池正式割让给秦国，把太子圉留在秦国作人质。从此，秦国的地盘扩展到黄河西岸。

秦晋之好

春秋战国时代，诸侯各国常相互征战，各国国君和百姓都饱受战乱之苦。秦国和晋国，是当时相邻的两个强国。两国统治者间勾心斗角，争夺霸权，矛盾异常尖锐，常相互出兵对阵，纷争不断。但是，在另一方面，他们为了自身利益和全局考虑，有时也相互联合起来，相互利用，共同争霸。为了彼此能相互牵制和利用，他们还世代通婚，结成关系密切的亲家。如春秋五霸之一的秦穆公，他的夫人是晋献公的女儿；晋献公的儿子晋文公，也是春秋五霸之一，他的夫人文嬴，便是秦穆公的女儿。由于秦、晋的彼此联姻，较弱的诸侯各国都惧怕它们联合起来的力量。

晋公子重耳流亡

JIN GONG ZI CHONG ER LIU WANG

重耳离开翟国后，一路上急急如漏网之鱼，忙忙如丧家之犬，穷困饥饿难以言状。几天后到达卫国边界，卫国守边将士叩问来历。赵衰连忙解释：“我主晋公子重耳，在外流亡避难，现在想到齐国去。向贵国借路通行。”守关官吏，飞报卫侯。卫侯文公也是个势利小人，觉得重耳在外流亡了十二年，年纪又大了，以后还能有什么作为呢？又觉得自己当国君，晋国没有帮半点忙。卫晋两国虽然同姓，但没有盟好。如果迎接他，一定要破费不少，还得赠礼物，太费事了，不如驱逐他，就吩咐不许进城。这真是人情冷暖，世态炎凉，但又有什么办法呢？重耳他们只好绕城而过。当天，重耳君臣一行几人，还没有吃早饭，忍受着饥饿行进。到了中午，他们走到五鹿(今河北濮阳东)，饿得实在受不了了，又没有盘缠可以购买食物。正在无可奈何之际，看到田地里几个农夫在休息吃饭，只好放下架子向他们去乞食。那些农民看看这些人，虽然风尘仆仆，衣冠不整，形容憔悴，但堂堂正正，穿着也不同于一般老百姓，就笑着说：“堂堂男子汉大丈夫，沦落到这田地，我们不吃饱拿不起锄头干活，没有多余的给你们，要泥巴倒有。”于是盛了一碗土块给他们。重耳觉得太欺侮人了，火冒三丈，准备用鞭子抽打他们。赵衰忙上前阻止，认为是吉祥兆头，他说：“土，是国家的根本，得到一顿饭容易，得到一寸土难。上天假借农夫之手，把土地赐予你，公子可接受它。”重耳果然听了赵衰的话，下车接受。农夫对重耳这种做法大为不解，都笑重耳是个痴人。

★晋文公重耳流亡

重耳再走了约十几里路，就在树下休息起来。重耳既饥且困，枕到狐毛的膝盖上睡着了。狐毛说：“子余还背着一点干粮，走在后面，我们等他。”魏犨说：“虽然他背着干粮，但不够一个人吃。”众人便争着采集野菜煮着吃，重耳好东西吃惯了，却吃不下去。正在这时，忽然介子推捧着一盆肉汤来了，重耳一吃觉得非常好，吃完后，重耳问：“你这个肉从哪儿来的？”介子推说：“这是我的大腿上的肉啊！我听说，孝子杀身以事其亲，忠臣杀身以事其君。现在你没有吃的，所以我这么做了。”重耳听后流着泪说：“我连累你了，以后用什么报答啊！”介子推说：“但愿公子早日回到晋国去成就大事，我们左右辅助的人，也就心满意足了！”

重耳君臣饥一顿饱一餐，经过千辛万苦，终于到达齐国。齐桓公早就听说重耳贤能，一听重耳到达齐国，立即派使者前往郊外，将重耳迎入公馆，热情款待。宴席中，齐桓公问：“公子有没有带家眷？”重耳回答说：“逃亡之人自身难保，怎能带家眷。”齐桓公便把自己宗族中的漂亮女子选了一个给重耳，又赠了二十乘马，从此，跟随重耳的一班人都有马车可坐。齐桓公热情招待，始终如一。重耳非常高兴，感叹道：“先前听说齐桓公礼贤下士，现在我才相信，他能成就霸业，不也是应该的吗？”

★齐桓公赠送重耳车马

两年以后，齐桓公死去，齐国宫廷内争夺权位矛盾非常激烈，政局一直动荡不稳，但是，重耳因是贵宾，并没参与内部争斗，所以，生活得一直很不错，不知不觉就过了七年有余。重耳流亡多年，吃尽了苦头，好不容易有了娇妻华车，有吃有穿，所以，很少提起回国的事。

赵衰等人看在眼里，急在心头。

一天，他们私下议论说："我们来齐国，想借齐霸主的力量回晋国。现在齐的霸主地位动摇，各诸侯国背叛齐国，不如到别的国家去，再作图谋。"就去见重耳，但重耳处在温柔乡中，早晚厮守姜氏，不问别的事情，把回晋国的事忘到九霄云外了。赵衰等人等了十多天，都见不到重耳的人影。狐偃便召集众人到东门外桑阴地方商议，决定劫持重耳。他们的计划，正好被在树上采桑叶的女仆听见了。女仆回到宫里，把计划全部告诉了姜氏。姜氏一听，脸色一沉说："哪有这等事，不许你乱说一通。"立即把采桑的女仆杀掉灭口。姜氏回到房里劝说重耳，希望他早日作好离开齐国的打算，不料重耳却说："人只图安乐，何必还要奔波劳碌呢？"姜氏说："你是晋国的公子，由于被逼得走投无路来到这里。从你出走时起，晋国从来没有安宁过。夷吾无道，兵败身辱，国内老百姓不高兴，邻国不亲。你的门客和一些大臣一直把你当作晋国和他们的希望，虽然历尽千辛万苦却毫无一点怨言，你不想方设法回去争夺君位以酬谢他们的苦心，却贪恋妻室，留恋儿女之情，我内心深处为有你这样的夫君感到羞耻。你不抓住这个机会，以后还有什么机会能够使你回国呢？而且目前齐国政局不稳，对你不利的情况，时时刻刻都有可能发生。为了你自身的安全，你也应该马上离开这里。"姜氏入情入理诚挚真切的话语，对这时的重耳来说如同对牛弹琴，重耳若无其事，仍然无动于衷。

★姜氏与女仆

第二天一大早，赵衰、狐偃、魏犨等人，站在宫门外，让人传话，说："请公子到郊外去打猎。"这时，重耳还没起床，派人对赵衰等人说："公子今天身体不太舒服，改天再说。"姜氏一听，急忙派人单独让狐偃到宫中来。姜氏屏退左右的人，问他来意。狐偃说："让公子到郊外打猎去。在翟国时，打猎是公子的爱好。现在在齐国，好长时间没有打猎了，恐怕公子四肢懈怠生疏，所以来请公子，没有别的意思。"姜氏不慌不忙地说："这次出去打猎，不是宋国，就是秦国或楚国。"狐偃大惊，但又故作镇定说："你把话说到哪儿去了，打猎怎能跑得那么远？"姜氏说："你们的计划我全知道了，也不必瞒我。我昨天晚上曾苦苦相劝公子，怎奈他简直无药可救了，任凭怎样讲，他就是不听。今天晚上，我设法把他灌醉，你们准备好行李物品车辆在后门等着。到时，把他抬到车上连夜出城，事情就成功了。"狐偃连忙感谢说："夫人成全公子的名望，割舍亲情之爱，贤德千古少有。"心中那块石头才落了地。

当天晚上，姜氏设宴置酒，和重耳把盏。按计划进行，东方开始发白，重耳迷迷糊糊，身体晃动觉得很奇怪，醒来一看，怎么像睡在摇篮里似的。定睛一看，我的天哪，我怎么躺在车子里，车子正急速地赶路。重耳一下子明白过来，知道被狐偃他们给算计了，大骂赵衰："你们想干什么？"狐偃也气愤地说："想把晋国奉送给你啊！"重耳说："没有得到晋国，却先失去了齐国，我不愿意离开。"狐偃说："离开齐都已有百里路了。齐公知道你逃走，一定派兵来追赶，回不去了。"重耳怪罪狐偃带他离开齐国，怒气冲冲，顺手夺了把刀来刺狐偃。狐偃急忙跳下车躲开，重耳也跳下车来追赶。赵衰等人一齐下车劝解，狐偃说："杀掉我能成全你，我死了胜过活着。"重耳余怒未息说："这次离开，事业成功就不和你计较了，如果不成，我要吃了你的肉。"狐偃嬉皮笑脸地说："我的肉又腥又臊，怎么能吃呢？"重耳拿他没办法，气得把刀往地下一扔，只好跟随他们一起走了。

一行人辗转来到了楚国，楚成王用相当于诸侯的礼节接待他，重耳辞谢不敢领受。赵衰说："您在外流离辛苦几十年，小国轻视您，何

★楚成王用相当于诸侯的礼节接待重耳

况大国？现在楚国是大国，用厚礼相待，这是你命运发达的标志，不必谦让。”重耳便以客礼会见楚成王。席间，酒酣耳热之时，楚成王说：“如果您回国了，用什么报答我？”重耳深知这话的份量，委婉地说：“珍禽异兽、珠玉绸绢这一类东西，君王有多余的，我还真不知用什么来报答您呢。”楚成王紧紧追问：“话虽然这样说，你终究还得感谢我吧？”重耳沉思片刻，果敢地说：“如果不得已的话，跟君主在平原潮沼地带兵戎相见，请退避君王三舍。”话音刚落，一旁早恼了楚国大将子发，他双目圆睁，按剑在手，怒喝道：“大王待你丰厚，你却不知好歹，如此狂妄，我现在就送你归西天！”楚成王忙喝令住手，说：“晋公子贤能，随从的人都是治国的人才。目前虽然困顿一时，终将兴盛晋邦，这是天意，不可造次。”

重耳在楚国住了几个月，晋国太子圉从秦国逃走了，秦国很生气，听说重耳在楚，就邀请他。成王说：“秦晋接界，你就从秦国回晋吧，多多保重。”并送了很多礼物给重耳。

重耳到达秦国，穆公把同宗的女儿5人嫁给重耳，为了争取秦国支持自己回国，重耳接受了，果然使得秦穆公大为高兴。晋惠公十四年(公元前637年)十二月，晋国大夫栾枝等人听说重耳在秦国，都暗地里劝重耳回国。秦穆公见机会已经成熟，就援兵给重耳，支援他回晋国。第二年（公元前636年）二月，在秦军和国内大臣们的支持下，重耳登位做了晋君，这就是晋文公。从他流亡那年算起，已有十九个年头了。

重耳受飧返璧

重耳流亡时，来到曹国，曹共公听说重耳的肋骨相连成一块，想仔细看看是什么样子，就留重耳住下来，探听到他洗澡的时间，就偷偷地躲在帘外观看。曹国大夫僖负羁的妻子对丈夫说：“我看晋公子是贤德的人，跟从他的那几个人也都有相国之才，由这几个人辅佐重耳，肯定能得到晋国。重耳回国后讨伐无礼的国家，曹国将是第一个被讨伐的。你何不早做别的打算？”僖负羁赠给重耳肴馔，把美玉放在底下。重耳接受了肴馔，退回了美玉。

★晋文公复国图

★垂鳞纹方彝·春秋

垂鳞纹方彝，春秋早期，盛酒器，1970年湖北随州熊家老湾出土，通高32厘米，口长28.4厘米，湖北省博物馆藏。

郑文公怠慢重耳

重耳将到郑国时，早有人把消息告诉给郑文公。郑文公对臣子说：“重耳背叛父命流亡他国，各国都不接纳，每每忍饥挨饿，这等不肖之人，没有必要礼遇他。”大夫叔詹觉得不妥，对郑文公说：“重耳享有很高威望，他的那班随从都是英雄豪杰，具有将相才能。晋和郑都是同姓诸侯国，同一祖先。现在他们被迫流亡经过我国，应该客客气气地对待他。”郑文公说：“重耳老了还流亡在外，将来还能有什么出息？各国流亡的公子经过我国的很多，每人都一一接待，那怎么能行呢？”叔詹说：“你如果不愿意接待他，那么请你杀掉他，以免他将来得势后报今日怠慢之仇。”郑文公打心眼里就瞧不起重耳，所以也就没有采纳叔詹的意见，只是下命令不要接纳重耳。

晋文公平定内乱

JIN WEN GONG PING DING NEI LUAN

晋文公重耳即位之初，政局并不十分稳固。大将吕省、郤芮曾经拥立过重耳，但重耳当了国君后，并没有重用他们，而且二人曾是惠公的得力干将，并多次加害过重耳，他们因此时时提防重耳进行报复，最终产生阴谋叛乱的念头，想率家兵造反，焚烧宫殿，杀掉重耳，另立新君。想过来想过去，朝廷中没有人能够与之同谋。某一天，终于想到一个人，那就是寺人勃鞮，这人是重耳最大的仇人，曾两次追杀重耳。吕省和郤芮派人把寺人勃鞮叫来，把想法如实相告，勃鞮欣然接受。三人也立下誓言，约定某天深夜行动。

但是此时的勃鞮，有另外的想法。以前他曾两次刺杀重耳，那是受君之命，此时，他认为晋国不能再乱下去了，就想戴罪立功。他决定约见晋文公，但自己是个有罪之人，不能直接去宫中，便去见狐偃，说："我有秘密事情汇报，想救一国人的性命，只有见到国君，才能讲出来。"

★晋文公像

狐偃见他郑重其事，便答应带他入宫。他领着勃鞮到宫门前，先进去，见到文公，说起勃鞮要亲见之事。晋文公一听勃鞮要见，气就上来了，说："他有什么事，能救一国人的性命？这一定是托言求见，借你的面子讨饶罢了。"狐偃说："主公新立，正应捐弃前嫌，广纳忠言，不可拒绝他。"晋文公气还没消，就派人传话责备说："当年你两次刺杀我，斩我衣袖，那件衣服还在，我一见它就寒心。你又到翟国行刺，惠公限你三天内起身，你第二天就走，幸好天意不让我遭不测。今天我已回国，你有什么脸面见我？可马上逃走，不然把你绑起来处你极刑。"勃鞮听后并不在意，反而大笑说："主公在外19年了，人情世故还没有弄明白吧！那时我是奉命行事，各为其主，怎么知道有你呢？先前管仲射杀齐桓公，齐桓公并未责怪，并加以重用，从而称霸天下。主公不见我，也没有什么，恐怕我走以后，主公的灾难就降临了。"狐偃上奏说，勃鞮来了，肯定有要事，主公还是见一下为好。

晋文公听了勃鞮所讲，认为很在理，同时觉得他话中有话，于是马上改变了态度。勃鞮见了晋文公，并没有谢罪，而是把吕省、郤芮的阴谋计划一五一十地说了。晋文公一听，深感不安，怎么办呢？想马上召见吕省、郤芮二人，将他们逮捕，但担心他们在朝中死党太多，会偷鸡不成反蚀把米。公开讨伐二人吧，又显得力不从心，城内基本上还让二人给控制着。

晋文公听从了勃鞮的建议，没有过多考虑，三十六计，走为上计。文公也叮嘱勃鞮小心从事。他立即换上一般人穿的衣服，带了身边几个随从，和狐偃秘密乘车出城离开，跑到秦国求救兵去了。晋文公的这次行动，除了少数几个亲信以外，无人知晓。天亮以后，百官们朝见，不见晋文公临朝，百官来宫中询问，只见宫中大门紧闭，守门的人说："君王昨晚上偶然得了寒疾，不能够下床，只能等到三月初一以后临朝，才能接见各位。"赵衰说："君王刚执政，百废待兴，忽然生病，正是'天有不测风云，人有旦夕祸福。'"，众人信以为真，都叹息着走了。吕省、郤芮二人听到晋文公得病，直到三月初一以后上朝，心中暗暗高兴，说："这是上天让我们杀重耳。"

晋文公、狐偃秘密离开晋国到达秦国，派人给秦穆公送信，相约在王城（今陕西大荔县朝邑镇西南）相会。秦穆公听到晋文公隐蔽身份而来，心知晋国内部一定有变故，就假托出去打猎，当即奔往王城，来见晋文公。二人见面，谈了一下晋国的国内情况。

再说勃鞮也是个粗中有细的人，自向重耳告密时起，恐吕省、郤芮二人怀疑，便搬到郤芮家中去住，假作商量放火之事。二月末的一天晚上，二人的家丁各带兵器火种，分头埋伏在宫廷周围。大约三更时候，在宫门边放起火来。火势凶猛，宫人在梦中被惊醒，顿时宫内乱作一团。吕省拿着剑直奔晋文

★晋文公喝令武士拿下吕省、郤芮二人斩首

公卧室，来找文公，并没有文公的踪影。四处搜寻，仍然不见晋文公。这时，宫中卫队及赵衰等众大夫看见宫中火起，急忙去救火，并与叛军展开厮杀，人越来越多，二人慌了神，他们内心虚得很，再呆下去，天一亮，事情会败露的，于是吕、郤二人带领党羽退到城外，准备逃到别国。二人屯兵城外，打听到晋文公并没有死，对自己的去向也决定不了。勃鞮说：“晋国废立君主，都要以秦国作主。况且二位和穆公是老相识，现在假说宫中失火，重耳被烧死，迎立公子雍。重耳虽然不死，也再难为国君了。”吕省说：“秦君和我有过王城的盟约，今日只应投奔他，但不知秦肯不肯容纳？”勃鞮要求先去秦国打听情况。

勃鞮到了秦国黄河口，见到了秦将公孙枝，俩人商议将计就计，让人带上信让吕、郤来秦商议大事。吕、郤二人看信后，很高兴地来到秦河西军中，公孙枝出来迎接。二人居然不怀疑。公孙枝安排好二人后，就派人报告给秦穆公。根据秦穆公的指示，公孙枝领二人去王城。勃鞮和公孙枝先入城见到秦穆公，再派丕豹迎接吕、郤二人。秦穆公让晋文公藏在屏风后面。吕、郤二人来到，谈起迎立新君的事情，穆公说：“新君就在这儿，可出来一见。”只见屏风后面出来一人，不慌不忙，二人一看，登时吓得魂不附体，连连说：“该死！”晋文公喝令武士拿下二人斩首，一面招抚二人同党，一面将好消息报回国内。

宫廷之乱已经平息，晋文公再次感谢秦穆公，准备回国。秦穆公吸取这次教训，派了3000精兵作为卫队护送晋文公。从此，晋文公的政权才逐渐巩固下来。回到晋都，晋文公恨透了吕、郤二人，想把二人同党赶尽杀绝。赵衰劝谏说：“前二位君主因严刑峻法而失人心，主公应宽大为怀，赦免其他人。”晋文公听从了，就宣布大赦二人同党。但二人同党很多，见了赦文，心中仍然不安，当时谣言四起，晋文公深感忧虑。一天早晨，小官吏头须要求见晋文公。晋文公一听头须要见，怒火中烧，说：“这人偷了我的东西，以致使我流亡时没有盘缠，乞食曹、卫，今天竟敢来见我。”就让人赶走头须。头须坚持要见，并说他有使晋国安定的策略，主公如果不见，他从此就逃走了。看门的人把意思说给晋文公听，晋文公深深自责，便让头须来见。头须一见文公，先叩头谢罪，并说：“吕、郤二党，势力强大，王公虽然发布赦免令，但同党之人还怀疑主公的诚意。先前我偷了主公的财物，让你挨饿。我的罪过，全国都知道。如果主公出游让我给你驾御马车，让全国的人听到见到，都知你不念旧恶，便可以使二人同党释却疑虑。”文公听头须一说觉得不失为一个好办法，便说：“亏你想得出来，就这样吧。”于是照着执行。吕、郤同党见了后，私下都说，头须偷了主公的财物，仍然被任用，何况他人。自此以后，谣言平息，晋国也安定了。

重耳发誓

公元前636年春，秦穆公派军队渡过黄河护送公子重耳返国。到黄河岸上，重耳下令：流亡中所用食宿用具一概扔掉，面孔黄黑、手足起老茧的人跟在队伍后面。狐偃见到这种情形不禁哭泣起来，马上把刚才秦君送的一双白璧奉上，对重耳说自己愿留在秦国，不跟着回去了。重耳说：“舅父随我流浪多年，今日返国，您不是高兴而是哭泣，难道您不希望我复国吗？”狐偃说：“那些破旧用具是用来吃饭的，您却把它们扔掉了；面孔黄黑、手足起老茧的都是劳苦功高的人，你却让他们跟在队伍的最后，看来我是非跟在后面不可了，所以我哭泣。况且，为了你有复国这一天，我干了一堆欺天害理的勾当，连我自己回想起来都感到恶心，何况是你？我的罪过太多了，让我们就在这里分手吧！”重耳听到这一番教训，觉得自己做错了事情，急忙解下左边的骖马，捧着狐偃送回的白璧，面对黄河河神发誓，说：“我重耳如果不与舅父狐偃一条心，一定不得好报，黄河之神可为见证！”

★玉龙纹璜·春秋

李离舍身护法

LI LI SHE SHEN HU FA

李离，春秋时晋国人。晋文公重耳刚即位不久，任用他掌管刑法和监狱，为当时最高司法官员。李离由于一贯忠于职守，执法严谨，很受晋文公的赏识。

晋文公是我国春秋时代的“五霸”之一。执政后，整肃朝政，强化军队，选贤任能，发展生产，使晋国很快强盛起来，登上了霸主地位。李离为晋国的强大，特别是在恢复社会秩序、以法治国、平反冤假错案、保证社会安定方面作出了贡献。

晋文公刚即位时，全国社会秩序十分混乱。法令败坏，吏治废驰，贪官污吏到处横行，冤假错案堆积如山，人心浮动，怨声载道。李离目睹这一情况，焦急万分，他决心要用法律武器去治理国家，改变目前这种混乱状况。他把这种想法报告了晋文公，得到了支持，让他带领一些人到各地去巡视，了解情况，处理积压案件，宣传晋文公治国的政治主张。李离奉命率领部属深入下去，在几个月的时间里，对所到之地的重大案件重新审理，凡是冤假错案一律平反昭雪，凡是处理不当的都要作出实事求是的结论，既不冤枉一个好人，也不放过一个坏人。经李离一人亲自处理过的案子多达数百件，平反的冤假错案达几十起。由于李离工作认真，一丝不苟，执法严明，公正合理，使坏人受到惩罚，为好人申张了正义。尤其是对那些横行乡里、敲诈勒索、作恶多端的贪官污吏，严加制裁，毫不留情。先后处决的赃官就有五六十个，老百姓对李离不畏强暴、秉公执法的行为赞口不绝，他的名声也由此传遍整个晋国。昔日那种有法不依，违法不究，好人受气，坏人得势的局面得到了改变。

★李离处理积压案件

李离身为最高司法官员，执法严，律己也严。他认为，法律是一杆秤，只能公平，不能倾斜。在这杆秤前，不论官职大小，出身贵贱，都应当接受它的权衡，丝毫不能特殊。只有这样，国才能强，民才能富，社会才能安定。

★晋文公雕像

有一次，李离由于轻信了自己属下一个官吏不真实的报告，在审理一个刑事案件中，以此作依据，处决了一个人。后来，案件的事实真相暴露出来了。原来这个人是无辜的。李离得知这一情况后，痛心疾首，追悔莫及。他感到身为司法官员，犯了这样的罪过，实在无法自容。便立即命令卫士将自己绑起来，带上枷子，手里提着一把短剑，去见晋文公，请求对自己依法治罪。晋文公一见李离这副打扮，大吃一惊，感到莫名其妙，急忙询问这究竟是怎么回事。李离便把事情的原委细说了一遍，晋文公才长出一口气，急忙吩咐两边的侍从赶快为他松绑。然后不以为然地说：“这算得了什么事，何必这样小题大作？你没听人说过吗，自古人有贵贱之分，刑有轻重之别，大臣错杀了一个平民，不是什么了不起的事，还用得着自己前来请罪？再说，这个案子是下边给弄错的，并不是你故意杀的。算了，你快快回去吧，一大堆事情还等着你呢！”

可是李离的心情并不像晋文公那样轻松，他认为自己无论如何也是犯了死罪，便对晋文公说：“按照国家的刑律规定，杀人是要定罪的，并没有错杀和故意杀人之分。按照这一条，我身为执法官员，岂敢犯了法而不来请罪的呢？”晋文公说：“好了！如果你一定要坚持处理这一案件，就先把你部下搞错案的当事人治罪，不就行了？你最多也就是承担一个上司的领导责任罢了，此事就这样了结了。”这时，李离长跪在地，沉痛不已地说：“您说得不对！我的官职比下边的大，可从来也没有把自己的权力交给部属一点；我的俸禄享受得如此高，也从来没有分给部属一点。如今错杀无辜，却把责任推给人家，这能说是公道吗？”晋文公听了李离的话，半真半假地说：“要是照你这个道理推而论之，凡是部下出错，上司都有罪。那么我这个最高的上级，什么不好的事都应当负责了？这件事，难道我也有罪了？”李离并没因为晋文公这几句话而推卸责任，仍然认真严肃地说：“话不能这样说。您与我不同。您是国君，国君的责任是用人。您认为我这个人能听微决疑，体察民情，所以才让我掌管全国的刑罚和监狱。可是我未能做到体察民情，释疑辩诬，犯了罪，辜负了国君对我的信任，我还有什么资格再去做法官呢？”

★伎乐铜屋·春秋

尽管李离再三请求晋文公治罪，以死护法，但晋文公哪里舍得让自己的治国重臣死掉呢？他坚决不同意李离的请求，可一时又拿不出更好的办法使他服气。正当晋文公考虑如何说服他时，不幸的事情发生了：李离趁晋文公不备，从卫士手中夺过短剑，放在脖子上猛地一拉，便立即倒在了血泊中。晋文公听到人们惊叫不已，猛一抬头，李离已经停止了呼吸。

李离公正执法、严于责己，不惜以身护法，自刎而死。这在当时的晋国传为佳话，对历代的司法官吏产生了很大的影响。

★李离把自己绑起来请晋文公治罪

侯马故城

东周时期晋国晚期都城侯马故城，位于山西省侯马市西北郊，在汾河和浍河之间。故城由6座城址组成，这6座城址为白店、台神、牛村、平望、呈王和马庄，其中白店古城年代较早，为南北长1公里、东西稍窄的长方形，时代约属春秋早期，可能是晋国迁都之前的新田故城。其他5座约属春秋中、晚期，其中牛村故城一直沿用到战国早期。在平望城和牛村城的中部都发现有大型夯土建筑基址。马庄和呈王城的面积较小，似为都城近郊的宗庙或其他建筑基址。这些古城以南的浍河岸边，发现有分布很广的铸铜、制陶、制骨等手工业作坊遗址，突出地反映了晋国手工业的发达情况。浍河以南的上马一带，还发现有面积达50万平方米的东周时期墓地。古城东南郊发掘出几批祭祀、盟誓、殉人等遗址，出土数千片盟书，更是研究晋国历史难得的第一手文字资料。

★侯马晋国故都博物馆展出的战车

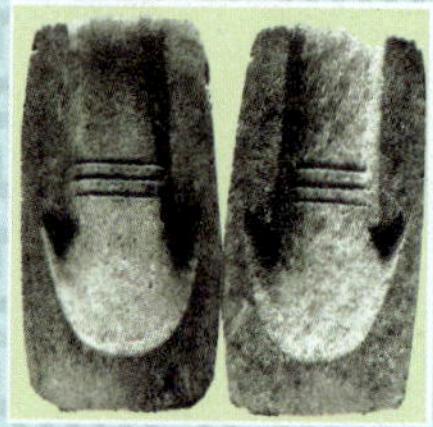

晋文公践土主盟

JIN WEN GONG JIAN TU ZHU MENG

晋文公即位不久，周朝的天子周襄王的母兄弟太叔带在宫中生乱，联合了一些大臣，向狄国借兵，夺了周襄王的王位。周襄王带着几十个随从逃到郑国避乱，他向各诸侯国发出了勤王的命令，要求各国诸侯派兵帮他夺回王位。列国诸侯有派人去慰问天子的，也有送食物去的，可就是没有人敢发兵平乱。有人对周襄王说："现在诸侯当中，只有秦、晋两国有力量能打退狄人，其他小国自顾不暇，即使来了也难以取胜。"于是，襄王打发使者去请晋文公护送他回朝。

由于晋文公注意整顿内政，发展生产，在很短时间内就把晋国治理得渐渐强盛起来。而且他也像齐桓公那样，胸怀大志，早有称霸中原的念头。此时接到征讨的命令，正是他崭露头角、一试锋芒的机会。于是，晋文公马上发兵入周平乱，并很快把狄人打败，并杀了太叔带，护送周襄王回到京城。一时间，晋文公声名大振。两年后，楚国派大将成得臣率领楚、陈、蔡、郑、许五国兵马攻打宋国，宋襄公的儿子宋成公前来晋国讨救兵。大臣们都说："楚国经常欺负弱小，又有问鼎中原之志，这次宋国求救，正是我们剪强济弱，建立霸业的时候。"晋文公也意识到楚国是目前的强国，要想当上中原霸主，就必须打败楚国。可在当年逃难到楚国时，楚王曾以礼相待，并曾言及日后交兵自己当退避三舍（一舍为30里），如今因为救宋而与楚反目，自己于情于理都有些说不过去。晋文公犹豫再三，拿不定主意，便问谋臣狐偃说："我想解宋国之患，必与楚刀兵相见，可楚国对我有恩，这该如何是好？"狐偃说："楚国刚刚与曹、卫两国结交，而曹、卫都是你的仇人，咱们攻打楚国的属国，楚国必派援兵。那时，两军相对，既解了宋国之围，而我们也不再理屈了。"文公听后，十分高兴，便马上扩充队伍，建立了三个军，浩浩荡荡去攻打曹、卫。

★这一组壁画描绘的是春秋时期的故事，画中人物有晋文公重耳、介子推等。

公元前632年，晋军打下了归附楚国的两个小国——曹国和卫国，把两国国君都俘虏了。楚成王本来并不想同晋文公交战，听到晋国出兵，立刻派人下命令叫成得臣退兵。可是成得臣以为宋国迟早可以拿下来，不肯半途而废。成得臣先派人通知晋军，要他们释放卫、曹两国国君。晋文公却暗地通知这两国国君，答应恢复他们的君位，但是要他们先跟楚国断交。曹、卫两国按晋文公的意思作书，断绝同楚国的交往。成得臣本想救这两个属国，不料他们主动提出要跟楚国绝交，知道是受了文公的胁迫，气得他双脚直跳，并立即下令，向晋军全线进攻。楚军兵锋将至，晋文公立刻命令后退三舍，以践当初在楚王面前立下的誓约。晋兵一直到了城濮（今山东鄄城西南），才停下来排兵布阵。此时，楚将成得臣马不停蹄，一步步逼近城濮，跟晋军遥遥相对。成得臣还派人向晋文公下战书，措词十分傲慢。晋文公也派人回答说："贵国的恩惠，我们从

★晋文公急命晋军退避三舍

来都不敢忘记，所以退让到这儿。现在既然你们不肯谅解，那么只好在战场上刀兵相见。”由于成得臣一向骄傲自大，不把晋兵放在眼里，所以刚刚开战不久，楚军便中了晋军的埋伏。晋军的中军精锐，猛冲过来，把成得臣的军队拦腰切断，而此前假装败退的晋军也回过头来，前后夹击，把楚军杀得七零八落。楚将成得臣因兵败，觉得没法向楚成王交代，在归途中自杀。

晋国打败楚国的消息传到周都洛邑，周襄王和大臣都认为晋文公立了大功。周襄王还亲自到践土(今河南原阳西南)慰劳晋军。晋文公趁此机会，在践土给天子造了一座新宫，还约了各国诸侯前来赴会，订盟立誓。这样，晋文公因主盟而当上了中原的霸主。

★双耳陶罐·春秋

云南省德纳县出土陶罐为灰褐色夹砂陶质，敛口，双耳，鼓腹，素面，高 12.9 厘米、口径 6.6 厘米、底径 6.2 厘米。

楚国

楚国，西周初年，荆人的残部，主要是季连的芈姓后人，已西迁至丹水与淅水之间。鬻熊为首领时，审时度势，率楚民背弃商纣王，西行投奔周文王，并受到周文王的器重。周武王即位后，有图南之意，楚人觉察后，在鬻熊之子熊丽的率领下，举部南迁至睢山与荆山之间，暂时避栖于荒野之地。周成王时，周公避祸于楚，楚人敬之如上宾，周公大感其德，回朝后诉说此事，感动了周成王，于是周成王封熊丽之孙熊绎为楚君。荆楚开始跻身于诸侯之列。从西周初年算起，持续了大约 700 年之久。

★楚国升鼎

★錞于·春秋

齐晋鞌之战

鞌之战是公元前 589 年发生在齐、晋两国之间的一场重要战争。继齐桓公之后，晋国成了北方诸侯国的盟主。鲁宣公十二年（公元前 597 年)，在著名的邲之战中晋国被楚国打败，导致郑、宋等国叛晋附楚，严重动摇了晋国的霸主地位。与此同时，齐国与楚国建立同盟，并于鲁成公二年(公元前 589 年)春攻打晋的盟国鲁、卫，企图乘机恢复昔日的霸主地位。为了重振霸业，晋国应鲁、卫之请出兵伐齐，鞌之战就是在这种背景下发生的。由于晋军将帅具有高度的使命感、责任感和团结战斗不怕牺牲的精神，故最终打败齐军，迫使齐国立下了城下之盟。鞌之战，晋国大获全胜，齐侯几乎成为晋国的阶下囚，齐国在诸侯中的地位大为削弱，而晋国的霸主地位得到巩固和加强。

百里奚饲牛拜相

BAI LI XI SI NIU BAI XIANG

公元前655年，晋国假途伐虢时，虞国大夫百里奚深知虞君昏庸无能，很难纳谏，便缄默不语，结果同虞君一起被俘。后来，晋献公把女儿嫁给秦穆公，百里奚被当作陪嫁小臣送到了秦国。他以此为耻，寻隙从秦国逃到宛（今河南南阳），被楚国边境的人抓获，并被迫给楚人喂牛牧马。秦穆公听说百里奚贤智，想用高价赎回他，又怕楚人不许，就派人对楚国人说："百里奚是晋国陪嫁来秦国的侍臣，现逃往贵国，我们打算用五张羊皮赎回治罪。"这样，百里奚被带回秦国。

秦穆公一见百里奚，忙亲自为他打开囚锁，向他询问国家大事。百里奚推辞说："亡国之臣，不配言政。"秦穆公说："虞君不能重用你，所以亡国，那不是你的罪过。"百里奚听穆公这样评价自己，心中如释重负，便与穆公倾心交谈数日，并深得穆公赏识，被授以相位。因为百里奚是用五张羊皮换回来的，所以号称"五羖大夫"。百里奚相秦期间，内修国政，教化天下，恩泽施于民众。作为诸侯国的大臣，百里奚劳作不乘车马，暑热不张伞盖，在都城里行走不用车马随从，不用甲兵护卫。这种平易朴素的品行，不仅为百官树立了榜样，也感动了秦国的百姓。百里奚还有举贤荐能的德行。他早年周游各地，曾结识贤人蹇叔，得到过蹇叔的帮助。而蹇叔的大智大贤也深得百里奚的敬重，因而积极向穆公推荐，被秦穆公拜为上大夫，共议国事，为秦国的富强与成就霸业，起了很大的作用。

秦国要发展，首当其冲的是其东邻晋国。在百里奚和蹇叔的辅佐下，秦穆公主动与晋结好。虽然两置晋君时，晋惠公父子出尔反尔，对秦国以怨报德，但在公元前648年晋国旱灾时，百里奚仍敦请秦穆公给晋运了大量粟米，时称"泛舟之役"。而在公元前646年，秦国发生饥荒，晋国不仅不给秦国粮食救灾，反而乘机出兵，于次年攻秦。双方在韩原大战，秦军最终生俘晋惠公，并借此以晋惠公交换晋国河西（黄河以西）五城，把疆域扩充到黄河西岸。最后又三置晋君重耳，为两国百姓创造了一个和平发展的环境。在百里奚和蹇叔的辅佐下，秦国开地千里，称霸西戎，尤其是百里奚"谋无不当，举必有功"。

★百里奚相秦

百里奚任秦穆公相国期间，政事无不参预。其中"三置晋君"、"泛舟之役"，安抚境内各族，戎狄亲附，成就秦穆公称霸西戎的大业，大都由百里奚设计用谋，秦人无不口碑载道，传颂不绝。百里奚作为杰出的政治家，在晚年取得了辉煌的业绩，使僻处一隅的秦国逐渐强大起来，为秦国取得霸主地位，起了不可低估的作用。

秦国

秦国是春秋战国时期"五霸"和"七雄"之一。秦人是华夏族的一支，传说周武王因秦的祖先善养马，因此将他们封在秦。公元前770年，秦襄公护送周平王东迁有功，被封为诸侯，秦始建国。从公元前677年起，秦国在雍建都近300年。秦最初的领地在今天的陕西省，在当时属于中国的边缘部分。一直到战国初期，秦一直是一个比较弱的国家，因为地处偏僻，因此它一直没有受到其他国家的重视。公元前361年，商鞅变法使秦国开始不断强大。公元前325年，秦惠文王称王。公元前316年秦灭蜀，从此秦正式成为一个大国。公元前247年嬴政登基，开始了他对六国的征服。从公元前230年秦灭韩国起，到公元前221年秦灭齐国，统一了中国。中国历史正式进入封建社会，秦国成为了中国历史上第一个多民族的统一的中央集权制国家。

弦高智退秦军

XIAN GAO ZHI TUI QIN JUN

晋文公打败了楚国，会合诸侯，连一向归附楚国的陈、蔡、郑三国的国君也来赴会。不过，郑国虽然跟晋国订了盟约，但是因为害怕楚国，暗地里又跟楚国结了盟。晋文公知道这件事后，与大臣们商议说："郑国朝晋暮楚，我想合诸侯之兵，一同伐郑，不知大家意下如何？"大臣先轸说："会合诸侯已经好几次了，兵马劳顿，恐怕各国疲于奔命。现在我们兵精粮足，将士用命，对付一个区区郑国，足可以让他们出城来降，还是我们自己动手吧。"晋文公说："我与秦穆公以前曾有过盟约，不论秦晋哪国用兵，都要通知对方，相互配合，那就先通知秦国吧。"先轸反对说："郑国处在中原腹地，乃是'咽喉九州'之地，战略地位十分重要，如果两国合兵一处，攻下的城池秦国肯定要争，不如我们用本国之兵，而郑国独为我晋国所有。"晋文公一笑说："郑国与晋为临，却远离秦国，秦国争郑地有什么用？"于是不听先轸的劝说，派人通知了秦穆公。

秦穆公正想向东扩张势力，接到晋文公的兵信，心下欢喜，便亲自带着兵马赶往郑国。晋国的兵马驻扎在西边，秦国的兵马驻扎在东边，声势十分浩大。郑国的国君慌了神，派了能说会道的烛之武去劝说秦穆公退兵。秦穆公知道烛之武此来的用意，不容他相见，烛之武就在秦营外高声痛哭，惹得穆公心烦，派兵将他牵进大帐问道："为什么哭？"烛之武说："我哭郑国亡在旦夕。"穆公接着问："郑国将亡，你到我秦国营帐外哭什么？"烛之武哭着说："我哭郑亡，也是在哭秦。郑国亡了微不足道，可从中获利的是晋国，而秦国劳师费财，能得到什么呢？况且，郑在晋的东边，秦在晋的西边，你能越晋而拥有郑国吗？所以，郑国亡了，秦国得不到一寸土地。再者，晋国今天东移夺郑，明天就有可能西进攻秦。你是个明白人，为什么不想想这个道理？"

听了烛之武的一番话，秦穆公沉默了很久，百里奚提醒穆公说："烛之武是个舌辩之士，他是在离间我们秦晋两国，千万别被迷惑。"烛之武看穆公有些心动，忙上前一步说："假如秦国和我们讲和，以后你们有什么使者来往，经过郑国，就拿我们当做您自家的外府，您何乐而不为呢？"秦穆公听完烛之武的话，觉得处处占理，于是不听百里奚的劝阻，背着晋文公与郑国讲和，还留下几员大将和许多秦兵帮助郑国戍守，并偷偷班师还秦。

晋文公听说秦军不辞而别，心中气恼，有人提议尾随秦军进行偷袭，如果将秦军打败，郑国也就不攻自破。晋文公连忙制止说："秦国对我们有恩，我们怎能恩将仇报，连楚兵来了我都能退避三舍，何况我们两国还有姻亲。再者，难道没有秦国就拿不下郑国了吗？"说完，命攻城如故。

郑国见秦兵已撤，可晋兵仍然在猛烈攻城，看看城门将破，又只好派人到晋营中请降。晋文公见郑国乞和，且把与晋文公交好的郑公子兰立为太子，便怒气顿消，带兵返国。如此虽解了郑国之危，却气坏了留在郑国的三个秦国将军，他们听到郑国又投靠了晋国，气得吹胡子瞪眼，连忙派人向秦穆公报告，要求再讨伐郑国。秦穆公得到消息，虽然很不痛快，但是他不愿跟晋文公撕破脸，只好暂时忍着。

公元前 628 年，晋文公病死，他的儿子襄公即位。此时，秦国有人劝说秦穆公讨伐郑国。这些人

★烛之武劝说穆公还秦

★弦高智退秦师

说："晋国国君重耳刚死去，还没举行丧礼。趁这个机会攻打郑国，晋国决不会插手。"留在郑国的将军也送信给秦穆公说："郑国北门的防守掌握在我们手里，要是秘密派兵来偷袭，必定成功。"说得秦穆公心动，便召集大臣们商量怎样攻打郑国。穆公身边的两个老臣蹇叔和百里奚都反对。蹇叔说："调动大军想偷袭这么远的国家，我们赶得精疲力乏，对方早就有了准备，怎么能够取胜？而且行军路线这样长，还能瞒得了谁？"秦穆公不听，派百里奚的儿子孟明视为大将，蹇叔的两个儿子西乞术、白乙丙为副将，率领三百辆兵车，偷偷地去打郑国。

次年二月，偷袭郑国的秦军进入滑国地界(在今河南省)。忽然有人拦住去路，说是郑国派来的使臣，求见秦国主将。孟明视大吃一惊，亲自接见那个自称使臣的人，并问他前来干什么。使臣说："我叫弦高。我们的国君听到三位将军要到郑国来，特地派我送上一份微薄的礼物，慰劳贵军将士，表示我们一点心意。"接着，他献上四张熟牛皮和十二头肥牛。孟明视原来打算在郑国毫无准备的时候，进行突然袭击。现在郑国使臣老远地跑来犒劳军队，这说明郑国早已有了准备，要偷袭就不可能了。他收下了弦高送的礼物，对弦高说："我们并不是到贵国去的，你们何必这么费心？你请回吧。"弦高走了以后，孟明视对他手下的将军说："郑国有了准备，偷袭没有成功的希望，我们还是回国吧。"说罢，他们怕无功而返，便顺手牵羊，灭掉滑国，然后才唱凯而归。

其实，弦高并非是什么使臣，他只是个贩牛的商人。当时他赶着牛要到洛邑去贩卖，路上听说秦军要偷袭郑国，心里十分焦急。他明白，如果秦军偷袭得手，那么自己国家的百姓就会遭殃。可是，回去报告已经来不及了，他急中生智，冒充郑国使臣骗了孟明视，同时派人连夜赶回郑国向国君报告。郑国的国君接到弦高的信，急忙叫人到北门去观察戍守在那里的秦军动静，果然发现秦军把刀枪磨擦得雪亮，马匹喂得饱饱的，正在作打仗的准备。于是再派烛之武到秦营说："各位将士在这里呆了很久了，由于兵连祸结，一些犒军的物资都已用尽，现在看到你们整束待发，是不是也有了去意？即然这样，我们也就不留你们了，目前秦军正在攻打滑国，你们去那里找他们去吧。"听了烛之武的话，戍守北门的秦军知道机密已泄，只得各自逃散。郑国至此安定了下来。

郑国

郑国是春秋战国时期重要诸侯国。公元前806年(周宣王二十二年)，周宣王封周厉王幼子友于郑，史称郑桓公。公元前774年(郑桓公三十三年)迁徙到东虢，号称新郑(今河南省新郑一带)。公元前771年，桓公被西戎人杀害，其子武公即位。武公在位27年去世，儿子庄公登基。庄公时代郑国内部肃清了反对势力，外部灭了许国，败了宋国，还射中了周天子桓王的肩膀，是当时最强盛的国家，史称"郑庄公小霸"。庄公在位43年去世。儿子厉公驱逐太子自立为君。厉公在位28年间，郑国大乱，从此郑国日益衰落。公元前375年，韩哀侯率军再次攻占郑国，郑国灭亡，国土并入韩国。立国432年，历21君。

★蝉纹铜盖鼎·春秋
1974年安徽省六安县孙家岗出土。通高27厘米、口径24厘米。圆口厚唇，双耳外侈。鼓腹，圜底。平盖，中央置半环形纽。盖面饰兽首纹一周(有作波纹)。腹上部饰蟠虺纹，下部饰蝉纹，并隔以扉棱。

秦晋崤山大战

QIN JIN XIAO SHAN DA ZHAN

秦军袭郑未果，便顺手牵羊，把滑国灭了。可滑国虽为小国，却是晋国的属国。秦军的举动惹恼了晋国君臣，晋国的大将先轸认为这是打击秦国的好机会，劝说新即位的晋襄公说：“我估计秦兵将在近日经过渑池。渑池是秦晋之界，西边有崤山两座（今河南洛宁县北），东崤山和西崤山相距 35 里左右，这里是秦兵的必经之路。且树高林密，杂草丛生，山石嶙峋，山势险峻。有些地段必须下马才能行走，我们如果在那里设下伏兵，等他们一到，两面夹攻，必获全胜。”襄公听后，认为可行。于是，先轸安排各路兵马，预先砍下树木堵塞路径，再派兵埋伏于崤山左右。

孟明视、西乞术、白乙丙三员秦将因怕无功而返，便灭滑以充军功。当他们虏掠一番，满载而归时，不想却被晋军阻在了崤山。三员大将拼死抵抗，但那里人马无法排开，没有回旋的余地，就算是他们有再好的本领也难以施展。而晋军依据山险，处于守势，以逸待劳，因而稳操胜券。经过一番周旋，秦兵东游西窜，像没头的苍蝇，最后都钻进了晋兵的包围圈，被晋军杀得血流成河，尸积如山，连孟明视、西乞术、白乙丙三员大将也被活捉。

晋襄公得胜回朝，他的母亲文嬴原是秦国人，不愿同秦国结仇，对襄公说：“秦国和晋国原是亲戚，一向彼此帮助。孟明视这帮武人为了自己要争功，闹得两国伤了和气。要是把这三个人杀了，恐怕两国的冤仇越结越深，不如把他们放了，让秦君自己去惩罚他们。”晋襄公说：“三军用命才抓获他们，如果把他们放了，一是众将心里不平，二是他们将来还可能贻害晋国。”文嬴说：“兵败者死是古人留下的规距，但是，当年晋惠公被秦军俘获的时候，秦穆公以礼放还，他们对一国之君都能放还，我们对区区几个败将却非要杀了不可，这不显得我们太小家子气了么？”襄公听母亲说得有道理，就把孟明视等三个俘虏释放了。

★崤山之战

大将先轸正在家里吃饭，听说襄公放跑了秦将，立刻去见晋襄公，顾不得君臣之礼，将口水吐在襄公的脸上，厉声说：“将士们拼死拼活，好容易把他们捉住，你却听信妇人闲言，放虎归山，将来必定悔之无及！”襄公一边擦脸一边后悔地连声说道：“我错了，我错了。”然后又起身问道：“谁能追回三名秦将？”将军阳处父应声：“愿往！”便带领一队人马飞快地追上去。

★白乙丙像

孟明视三人被释放之后，怕晋国反悔，便不敢驻足，没命地西逃。到了黄河边，发现后面已经有晋兵追上来。在这紧急的关头，幸好有一只小船停在河边，他们赶紧跳上了船。等阳处父赶到，船已经离了岸。阳处父在岸边大声喊叫：“请你们回来！我们主公忘了给你们准备车马，特地叫我赶来送几匹好马，请你们收下！”孟明视哪里肯上这个当，他站在船头大声回话道：“承蒙晋君宽恕了我们，已经万分感激，哪里还敢再收受礼物。要是我们回去还能保全性命，三年之后，我们再来报恩吧！”阳处父还想说什么，可这时的船已经越划越远了。阳处父回去向晋襄公回报了孟

★秦穆公城外迎接三将

明视的话，晋襄公懊悔不及，但也无可奈何。

孟明视等三个人连惊带怕回到了秦国。秦穆公早知他们被俘，原以为他们谁也回不来了，所以每天长吁短叹，寝食难安。当听说孟明视等三将都被放了回来，立刻喜形于色，并亲自穿了素服，到城外去迎接。孟明视等三个人跪在地上请罪。秦穆公说："这是我的错，没有听你们父亲的劝告，害得你们打了败仗，哪儿能怪你们呢？再说，我也不能因为一个人犯了一点小过失，就抹杀他的大功啊。"此后，穆公仍用他们三人领兵。而三人由于穆公格外开恩，更加认真操练兵马，一心一意要为秦国报仇。

公元前625年，孟明视要求秦穆公发兵去报崤山的仇，秦穆公答应了。孟明视等三员大将率领四百辆兵车打到晋国。没想到晋襄公早有防备，孟明视又打了败仗。秦穆公仍旧没有治他的罪，这使孟明视更加寝食难安，为了报国雪耻，他把自己的财产和俸禄全拿出来，送给在战争中死亡将士的家属，并与兵士一块儿过苦日子，兵士吃粗粮，他也吃粗粮；兵士啃菜根，他也啃菜根，天天苦练兵马，期望报崤山之仇。

★崤山山脉

这年冬天，晋国联合了宋、陈、郑三国打到秦国的边界。孟明视嘱咐将士守住城，不准随便跟晋国人交战，结果又让晋国夺去了两座城。如此一来，秦国就有人说孟明视的坏话，说他胆小如鼠，不堪为将。附近的小国和西戎看到秦国一连打了三次败仗，纷纷脱离秦国，不再做秦国的附庸。公元前624年，也就是崤山交战以后第三年夏天。孟明视作好一切准备，挑选了国内精兵，发兵车五百辆。秦穆公还拿出大量的粮食和财帛，把将士的家属安顿好。将士的斗志旺盛，整装出发，誓与晋国一争高下。

大军渡黄河的时候，孟明视对将士说："咱们这回出来，可是有进没退，我想把船烧了，大家看怎么样？"大伙说："烧吧！打胜了还怕没有船吗？打败了，也别回来了。"孟明视的兵士们憋了几年的闷气和仇恨，全在这时候迸发出来。没有几天工夫，就一举夺回了上次丢了的两座城，接着又攻下晋国的几座大城。晋国这才感到秦国攻势的厉害，上上下下都着了慌。可中军元帅先轸已死，晋襄公只得跟大臣商量以后下了严令：只许深沟固垒，不许跟秦国人交战。秦国的大军在晋国的城下耀武扬威，来回挑战，晋军就是闭门不出。有人对秦穆公说："晋国已经认输了，他们不敢出来交战。主公不如埋了崤山的尸骨回去，也可以洗刷以前的耻辱了。"秦穆公也认为双方如此僵持无益，便率领大军赶往崤山，把三年前作战死亡将士的尸骨收拾起来，埋在山坡里。秦穆公带领孟明视等将士，祭奠了一番，才班师回国。西部小国和西戎部落，一听到秦国打败了中原的霸主晋国，争先恐后地向秦国进贡。秦国从此拓地千里，招抚了西戎各国，成了中原的实际霸主。

秦穆公

秦穆公（？—公元前621年），春秋时代秦国国君。嬴姓，名任好。在位39年。在部分史料中被认定为春秋五霸之一。秦穆公是秦国历史上一位有作为的君主。他在位期间，内修国政，外图霸业，统一了今甘肃、宁夏等地，开始了秦国的崛起。秦穆公非常重视人才，他在任内获得了百里奚、蹇叔、丕豹、公孙枝等贤臣的辅佐，曾协助晋文公回到晋国夺取王位。周襄王时出兵攻打蜀国和其他位于函谷关以西的国家，开地千里，因而周襄王任命他为西方诸侯之伯，称霸西戎。

晋灵公失德丧命

JIN LING GONG SHI DE SANG MING

晋国自被秦国孟明视率兵残破诸城后，无力与秦抗衡，而且那些能谋善战的文臣武将先后去世，所以此时晋国对自己的属国既不能解危于倒悬，又不能与大国争锋，因而霸业尽失。

时隔不久，晋襄公也病逝了。临终前，他嘱咐中军元帅赵盾，要立太子夷皋为君。赵盾当面应承，但他以为夷皋年幼，况且晋国处在多事之秋，应该立年长的公子为君。于是，他派人去秦国迎接公子雍回国主政。可是，自从襄公的丧事办完后，襄公夫人每天都抱着太子夷皋到朝外大哭，弄得朝臣都动了恻隐之心。襄公夫人还当面指责赵盾说："先君尸骨未寒，当时的嘱托言犹在耳，你却这么快就抛之脑后，让我们母子有何面目活在世上！"赵盾此时也觉得自己失策，然后谋于众臣，又派人前往秦国阻拦公子雍，而于国中立夷皋为君，是为晋灵公。灵公当时才刚刚7岁。

★赵盾背秦

正当群臣于殿内朝拜的时候，有人报知赵盾，说秦军护送公子雍已离城不远。赵盾自知理亏，但又无可奈何，只得硬着头皮率兵往迎。秦军得报说有晋军赶来，还以为是迎接新君公子雍的人，根本未做准备。可晋国内新君已立，赵盾自知已树秦为敌，所以要趁秦兵无备，将他们就地消灭。果然，秦兵被杀得手足无措，只有几人逃归秦国，连公子雍也死于乱军之中。晋国虽然此战得手，却与秦国结下了仇怨。

★晋襄公临终遗言

赵盾自立灵公之后，尽心辅佐，整肃朝纲，先后平定了五将之乱。他每日兢兢业业，食不甘味，寝不安枕。有人曾把他的父亲赵衰比喻为冬日之日，人们可以得到他的温暖，而把他比喻为夏日之日，人们都惧怕他的炎热。尽管赵盾事必躬亲，日理万机，可他所立的晋君却是个庸庸碌碌的人。

由于灵公从小就养成骄纵的习气，当他亲自主政的时候，没有把心思放在国事上，而是每天琢磨怎样去享乐。为了讲究排场，他派人到全国各地去搜刮民脂民膏，搬来最好的丝锦，运来最好的石料，砍来名贵的树木，然后在桃园建了一座豪华的宫殿。当有臣子向他报告说哪里遭灾、哪里有人饿死时，他竟说那些臣子谎报灾情，欲生祸乱，图谋不轨。他还有一个恶习，就是经常用弹弓打人取乐。只要稍有闲心，就跑到宫殿的高台上，用弹弓瞄向过路行人，看到过路的人纷纷躲避，他便惬意；看到行人被他的飞弹打得鲜血淋漓，他便高声叫嚷，或哈哈大笑。此后，再也没有人敢在临近宫殿的那条路上走动了。

随着年龄的增长，灵公还渐渐养成了冷酷残忍的性格，身边的人只要稍不如意，他便仗剑杀人。一次，因为他急着要吃熊掌，御厨心知熊掌还没熟透，但灵公催得紧，若不端上去，他必死无疑，若端上

★晋灵公冷酷残忍，杀人成性。

去，灵公发现没有熟透也是死路一条，但总还会有一线希望。于是，御厨便将熊掌端到灵公的面前。哪知灵公刚咬上一口，发现不熟，不由分说，挥剑砍倒了御厨，还命卫士把他砍作几段，然后装在竹篓里，抬出宫外。这件事恰巧被赵盾和老臣士会知道，士会不顾生命危险，急匆匆入宫进谏。灵公碍于士会是位老臣，表面没有发作，并发誓说以后再也不这样做了。可士会前脚刚走，他身边的一个宦官便悄悄告诉他说，士会进谏是受了赵盾的指使。

灵公年幼时曾惧赵盾几分，不过现在已经长大，对赵盾的话已经听不进半句，而且他很不愿看到赵盾每日在他的面前指指点点。听了宦官的话，灵公觉得赵盾更加可恶，心中便产生了杀他的念头。可赵盾是顾命老臣，明目张胆地杀了赵盾，恐怕人心不服。于是，他秘密派了一个壮士，潜进赵盾的家，夜里行刺。不过，那个壮士看到赵盾坐在书案前，孜孜不倦地处理着公务，于是不忍下手，可又怕难于交差，自己便触树而死。

灵公的期望破灭，又心生了第二计，他假意请赵盾喝酒，却先在赵盾的归路设下埋伏。不想，此计被一个壮士识破，暗中通知赵盾，使赵盾再次得脱。灵公听说赵盾从后门逃走，放出恶狗追赶，眼看就要扑到赵盾的身上，却被那个壮士一把抓住，并将恶狗的脖子扭断。而那个壮士也死于灵公恶奴们的乱剑之下。

赵盾终于从魔掌中逃了出来，他不敢回家，只好逃奔他国。途中却遇到了弟弟赵穿。赵穿听了哥哥的诉说，忿恨道："这种昏君如若留在世上，不知要坑害多少人。你也不用走了，就在这里等我，待我杀了这昏君，派人来接你。"说完，赵穿径直回到京城，他假意以罪人亲属的身份向灵公请罪，骗取了灵公的信任。然后，赵穿投其所好，哄得灵公十分开心，便让赵穿组建一个卫队，时时跟随他的左右。赵穿暗中将自己的心腹都选了进来，然后让大家以向灵公讨赏为由，接近灵公的身边，并乘势杀死了这个恶贯满盈的家伙。赵穿等人杀死灵公后，将哥哥赵盾接回来主持国政，同时又派人迎立公子黑臀为君，是为晋成公。

★赵盾墓碑

赵盾

赵盾，即赵宣子，晋国公卿赵衰之子。赵盾处的时代正是中国历史上从奴隶制到封建制过渡的大变革时期，赵盾能够适应这一发展趋势，在执政期间，从政、军、法等多方面革新，对晋而言确实起了巩固霸业的作用。但是，他所辅佐的晋灵公荒淫无道，三番五次要置其于死地。赵盾的弟弟赵穿出于无奈，只得用计杀死晋灵公，并另立新君。但太史董狐却把谋弑灵公的罪责加在赵盾身上，称其："出亡未曾越境，返国又不讨贼，谓此事非子主谋，谁其信之？"并声言："宁死不改。"使赵盾此后在新君面前，更尽臣子之礼，成为一代忠臣贤相。

★赵盾像

程婴匿孤

CHENG YING NI GU

晋成公死后，他的儿子晋景公即位。公元前586年，齐国和郑国都已依附晋国，晋景公喜形于色，以为不世之功，此后便轻臣慢士，日日声色犬马，饮酒游猎，并宠用巧言善媚的屠岸贾，如同桃园被弑的灵公一样怠政失德。忽然有一天，屠岸贾以“刑罚不当，招致天祸”为由，要求景公查赵盾弑灵公于桃园之事。景公早已对赵盾的后人赵同、赵括等不满，借此正可出胸中之气，便向大臣韩厥问起了此事。韩厥回答说：“桃园之事，与赵盾有什么关系？况且赵氏世有大功于晋国，您为什么要听佞臣屑小之言，而怀疑功臣名将之后呢？”景公虽听韩厥如是说，但心中依然不想放过赵氏，便又问于栾书等其他大臣，怎奈这些大臣事先受屠岸贾之嘱，他们或装作不知，或含糊其词，没人肯替赵氏分辨。如此，景公便吩咐屠岸贾，拟定赵盾之罪，然后对其后人下手。

韩厥得知景公与屠岸贾之谋，夜里驱车赶往赵氏所居的下宫，报知赵朔，让他赶紧逃生。可赵朔却说：“贼人奉有君命，罪祸已成，躲避也无益于事。不过我的妻子现有身孕，不日将要临产，此次生个女儿也就不必说了，若要生个男孩儿，尚可延续赵氏的香火。这一点骨血，望韩将军能设法保全，我就死而无憾了！”韩厥哭着说：“我与你的父亲恩同父子，今天自愧势单力薄，不能使你们躲过灾难。所命之事，一定照办。不过，屠岸贾蓄愤已久，一时发难，必欲斩尽杀绝而后快。咱们何不将公主（赵朔妻为晋成公之姊）潜送宫中，以求脱过此难？将来公子长大，也就有报仇之日了。”赵朔拭一下泪水说：“多谢韩将军提醒！”当下，赵朔疾步来到妻子庄姬的身边，将韩厥所述之事告诉了庄姬。

庄姬是晋景公的姑姑，进出宫中不避礼法，因而赵朔请其快入宫中暂避。夫妻二人相泣而别，赵朔说：“公主此番若生女就叫她赵文，若生男就叫他赵武，日后为我赵氏报仇！”言罢，命门客程婴护送庄姬悄悄入宫。

次日，天色渐明，屠岸贾自率甲士围了下宫，将景公所书赵氏之罪悬于大门，声言奉命讨逆，将赵朔、赵同等全家男女老幼，尽行诛戮。直杀得尸横堂户，血浸庭阶。不过，在检点尸体的时候，却没有发现庄姬的影子。屠岸贾暗想：“公主不打紧，但闻他已临近产期，万一生男，必生后患！”想到这儿，他急入宫中，向景公禀报说：“逆臣一门，俱已诛绝，只有公主走避，臣以为公主必避入宫中，请您拿个主意吧！”景公说：“如若姑母生男，异日长大，必然报仇，你们待时而动，若生男便将孩子除掉。”于是，屠岸贾派人日夜刺探庄姬生产的消息。

数日后，庄姬果然生下一男婴，其母成夫人吩咐宫中假说生女，屠岸贾不信，派人入宫验看，庄姬惊慌，推说所生女已死。但屠岸贾不肯相信，他亲率女仆遍索宫中，吓得庄姬将孤儿置于所穿的衣裙之下。所幸的是，无论女仆在宫中如何搜寻，孤儿始终没有哭叫一声。屠岸贾搜寻不出孩子，怀疑已被人送出宫门，便悬赏说：“有人首告孤儿实情，给千金之赏！知情不言，与窝藏反贼一同处斩。”

此时，护送庄姬出宫的心腹门客程婴也在一直探听消息，他暗中通信于庄姬，庄姬知程婴忠义，密书一“武”字递出，程婴高兴异常，找到要与赵氏一同赴难的公孙杵臼说：“公主果生男孩儿，赵氏报仇有望了！”杵臼得此消息也欢天喜地。程婴接着说：“孤儿在宫中只可瞒过一时，万一事泄，屠贼又将登门搜索，我们应该用计偷出宫门，藏于远地，方保无虞。”杵臼思考了半天，他问程婴道：“存孤与赴死，哪个比较难？”程婴不假思索地说：“死容易，存孤难。”杵臼接着问：“难事由你来做，怎么样？”程婴不解其意，疑惑地看着他。杵臼接着

★屠岸贾搜孤

道："我们另寻个婴儿诈称赵氏孤儿，我把他抱往首阳山（位于河南偃师东）中，你便去屠贼那里告密，说出我们的藏身之处，屠贼抓到我们以为真得到了赵氏孤儿，此后赵氏孤儿便可以安然于世。"听了杵臼的话，程婴甚感稳妥，当夜他把自己的新生儿子交给了杵臼，又求韩厥在他向屠贼告密时从宫中抱出赵氏孤儿。

一切安排好后，程婴便于众人面前扬言说："如果给我千两黄金，我就告发孤儿的去向。"屠岸贾的门客闻听此言立刻将其带到屠岸贾那里。屠岸贾问："赵孤在何处？"程婴告诉他说："在首阳山深处，早点去还能抓到他们，晚了就有可能逃往秦国。"屠岸贾说："那好，你随我一同前往，实则重赏，虚则死罪。"程婴未置可否，只是催促他们立即起程。

程婴领着屠岸贾及兵丁千余人径往首阳山深处，见临溪有草庄数间，柴门双掩，程婴指给屠岸贾说："这里就是杵臼和孤儿的住处。"接着程婴喊出杵臼。杵臼见甲士环立于门外，故作逃跑之状，程婴喊道："别走，屠司寇已知孤儿在此，亲自来取，速速献出！"甲士缚杵臼来见屠岸贾，屠岸贾问："孤儿何在？"杵臼抵赖说："没有。"屠岸贾命搜其家，见壁室有锁，命人打开，并随军士进了暗室。此时，竹床之上有小儿惊啼之声，便命将其抱出。杵臼一见，即指着程婴大骂："程婴，你这个小人，当初下宫有难，我约你同死，你说'公主有孕，若死，谁作保孤之人，今公主将孤儿付我二人，匿于此山，你与我同谋做事，却又贪那千金之赏，私行出首，我死不足惜，何以报赵宣孟之恩乎？"程婴羞惭满面，便立刻对屠岸贾说："快杀了他！"屠岸贾喝令："将公孙杵臼斩首！"又亲自举起孤儿掷之于地，孤儿只一声啼哭，便立刻化为肉饼。

屠岸贾既已除掉了赵氏孤儿，便以为高枕无忧了。谁知在程婴回去后，他未受赏金，而是从韩厥手里接过赵氏孤儿，潜入盂山藏匿起来。十五年后，赵武长大成人，在韩厥的安排下，回家承嗣，并最终杀死了屠岸贾，为赵氏满门报了仇。

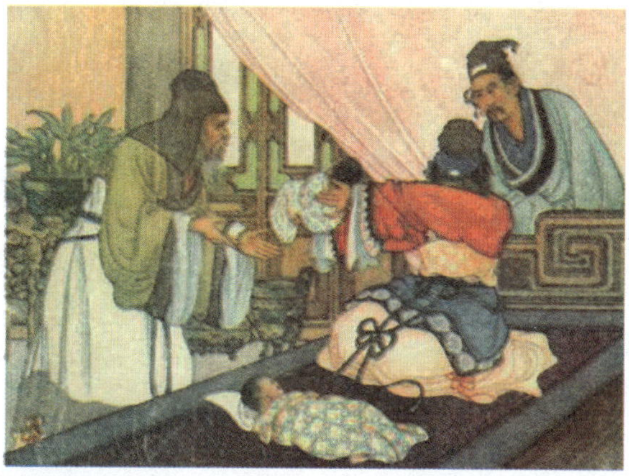

★杵臼定计

★程婴匿孤

★赵武像

赵武

赵武（公元前 597—前 541 年），又称赵孟，春秋时代晋国的执政大夫。赵氏为晋国世族，其曾祖赵衰为晋文公时大夫，曾辅佐文公成就霸业。其祖父赵盾，作为晋国的执政大臣，历事襄公、灵公、成公三朝。其父赵朔在晋景公时，继任大夫之职。晋景公三年（公元前 597 年），担任司寇的晋国大夫屠岸贾，图谋作乱以控制晋国政权，决计首先消灭赵氏势力。于是就借口赵穿（赵盾的族弟）曾刺杀晋灵公，其责任在于赵盾，便背着晋景公擅自发兵攻打赵氏于下宫，诛杀了赵朔、赵同、赵括、赵婴齐等，灭了赵氏全族。后由于赵盾的门客程婴和公孙杵臼两人导演了一出"搜孤救孤"的双簧，使赵氏遗孤赵武得以长大成人，并在老臣韩厥的帮助下，赵氏的冤屈得以昭雪。公元前 546 年，赵武担任晋国正卿，主持国政，他一贯坚持偃武修文的政策，主张减轻各诸侯国对霸主的贡纳，加强礼仪方面的要求，各国都循礼行事，在一段时期内维持了一个和平的局面。

戎部外交家驹支

RONG BU WAI JIAO JIA JU ZHI

驹支，春秋时代晋国南边姜戎氏部族的首领，史籍称他为“戎子”。驹支活动在鲁襄公时代(公元前572–前542)。当时，姜戎部族和晋国关系密切，成为藩属性质。

据《左传·襄公十三年》载，东周灵王十二年(公元前560年)，吴国进攻楚国。当时楚国国丧，吴国想利用这一点，以为楚国全国举哀，失去警惕，不会戒备。谁知楚国军队的统帅早就估计到了这点，布置了三处伏兵。当吴军侵入楚地后，楚国当即给予反击，结果吴军大败，损兵折将，连统帅也被俘虏了。当时吴、晋联盟。《左传·襄公十四年》吴国将被楚国战败一事向晋国作了通报。随后，鲁、晋、齐、宋、卫、郑、曹、莒、邾、薛、杞、小邾等国的诸侯或使者一齐会集于吴国的“向”地(今安徽怀远县西)，共同谋划吴国伐楚的事。驹支作为姜戎部族的首领，也参加了这次集会。

会议开始，晋国大夫范宣子以盟主国的身份就吴国伐楚一事作了总结。他客观地批评了吴国，说它乘楚国国丧举哀，出兵侵楚，这件事本身是不道德的。他又说，吴国以其强大的兵力、周密的谋划，虽然采取突然袭击的手段，却又为什么打得大败呢？这恐怕与我们的盟友中暗藏着奸细有关，请大家认真思考，积极举报。会后，范宣子逮捕了莒国的公子务娄，原因是莒国和楚国曾有使者往来。并且还打算逮捕驹支。

★驹支反驳范宣子

范宣子亲自叫来驹支谈话。他说：“过来，姜戎氏！以往你的先祖吾离居住在瓜州（今甘肃敦煌），受秦国逼迫、追逐，无法安生，只得身披蓑衣、头戴草帽逃难。当他投奔到我们晋国，我国先君惠公收留了你的先君。当时，我国田土瘠薄，收益并不丰厚，却同情他们流离失所，无以为生，只得把极为有限的粮食，分出一些给他们吃，才使得你们先祖延续下来。现在，我们晋国国力逐渐衰微，作为盟主，一些诸侯奉侍我们国君就不像以前那么恭顺了。就比如这次吴国和楚国的战争吧，吴国之所以被打败，就是因为泄漏了军事机密。据有人举报，这件事情是由于你们姜戎所造成的。因此，明天早晨的会议，你就不要参加了。如果你硬要去，可以告诉你，你将会被逮住，到时候不要怪我没有跟你打过招呼！”

听了这一番指责，驹支慷慨陈词，据理反驳。他说：“以前，秦国仗着他们人多势众，国力强盛，专想扩充疆土，侵压弱小，驱逐我们各部戎人，使我们先祖流离失所。感谢晋惠公的大恩大德，同情先祖，说我们各部戎人都是天地育化的子孙，不应弃置虐杀，于是赐给我们南部边境的田地。那里是狐狸的巢穴，豺狼嚎叫，一片荒凉。我们各部戎人披荆斩棘，驱赶狐狸豺狼，建起了自己的家园。对于先君的恩德，我们戎人甘心充当不

★夔凤纹鉴·春秋
通高42.2厘米，口径70.6厘米。

★布纹杯·春秋

侵犯、不背叛的臣下。先祖这么一代代教导子孙,直到如今没有三心二意。从前,晋文公和秦国一起攻打郑国,可是秦国人偷偷地和郑国结盟修好,背叛晋国,放弃戍守的阵地,于是就有了崤地的战役。在这场战争中,晋国在前线抵御,戎人在下面积极抗击。秦国的军队丢弃阵地,不再防守,我们戎人接收过来,担当重任。我们戎人和晋国的主从关系,就好比捕捉一匹野鹿,你们晋国人抓住它的角,我们各部戎人拖住它的腿,晋国人和我们戎人合作,一起把这匹鹿逮住推倒。我们戎人何以要参加这次盟会?因为很早以来,只要晋国有战争,我们戎人没有哪一次不是积极投入,以跟随主公,就像当年崤地战役一样,哪里敢违拗啊!"

说到这里,驹支激动起来了。他继续说:"现在吴国的军队打了败仗,明明因为自己确有缺陷,以至如此,可是为了包庇诸侯,却把罪责转嫁于我们戎人。我们各部戎人的饮食、衣服与中原人不相同,货币财礼不相往来,说话也互不相通,我们又能做什么坏事呢?不要我们参加盟会,并没有什么值得发愁的。"

驹支说完以后,按照当时外交场合的习俗,吟诵了《诗·小雅·青

★铙·春秋

★铜勺·春秋

蝇》一诗而告结束。这首诗的第一章是:

营营青蝇,止于樊。

岂弟君子,无信谗言。

翻译成现代汉语,大意是:

飞来飞去的绿头苍蝇,一身污秽,落在篱笆。

平易近人的堂堂君子,不要听信小人的谗言。

驹支引述《诗经》,目的非常鲜明,他那一大篇申述,已把情况和理由讲透,引诗不过是按外交礼仪的习俗,作画龙点睛的一笔,使之论述更为有力而已。他的结论是,请范宣子"无信谗言"。

果然,范宣子听了,深感自己错怪了好人,主动向驹支赔礼道歉,请他还是参加次日的盟会,显示了自己平易近人、不听谗言的美德。

驹支对范宣子讲的那一通话,说得头头是道,有理有情,表现出了非凡的外交天才。他不但熟悉他的先祖姜戎氏和晋国交往的这一段历史,而且具有很高的文化素养,也懂得当时诸侯之间的外交习俗,能恰如其分地引述诗句明志,在慷慨辩论之后,劝诫对手不要听信谗言,误伤好人。

驹支不愧是古代少数民族中最早的一位出色的外交家。

春秋时的音乐

中国的音乐起源很早,大约在新石器时代就产生了。到了西周,人们便用青铜来制造编钟(一种乐器),并知道了音律的高低排列。《周礼·大司乐》记载有"十二律"和"五声"。"十二律"相当于今天的音阶,代表着十二个不同标准的高低音,"五声"相当于今天的乐调,指的是宫、商、角、徵、羽。从西周到春秋时代,民间音乐大量发展。统治者委派专职人员对民间音乐进行搜集整理,《诗经》就是被选择整理而成的民间歌谣集。《诗经》里的歌词变成为春秋时各诸侯国外交使节用的语言。他们在开展外交活动中,常用《诗经》来表达自己的意思,演唱《诗经》的乐曲也成为各国统治者共同欣赏的音乐。当时使用的乐器大约有 20 多种,如钟、鼓、箫、管等。《诗经》描写当时乐器合奏的盛况说:"钟鼓乐之","箫管备齐"。可见已经有较复杂的乐队了。比较贵重的金石乐器,在春秋时期不但大国有,小国也有。郑国给晋悼公送礼,在诸多礼品中,就有"歌钟二肆,及其鏄磬,女乐二八"。河南新郑郑伯墓曾出土过编钟,证明文献记载是可信的。安徽寿县蔡侯墓和山西侯马 13 号墓等处都曾有春秋编钟出土。

商臣弑父夺大权

SHANG CHEN SHI FU DUO DA QUAN

楚成王熊恽在位四十多年后，关于立嗣的问题还没拿定主意。一次他和大臣斗勃商议，想立长子熊商臣为世子。斗勃虽颇有战功，但知道这父子俩都不好惹，可又不能不为楚国的社稷着想，见成王问自己，便谨慎地选择着字眼说："按以往的经验，楚国立嗣君，适宜立年少的(成王就是少子)，不宜立年长的。再说公子商臣，从貌相上看，他眼睛像蜂子，声音像豺狼，这样的人性情残忍。大王如果现在喜欢他立了他，日后厌恶他了再废掉他，他可能会作乱的。"楚成王没有听他的意见，竟把商臣立为世子。

商臣虽当了世子，但知道了斗勃不愿意立自己，一直怀恨在心。一次晋国伐蔡，蔡国向楚求救，成王命令斗勃与成大心二人率兵救蔡。晋军见楚师来了，便解围去了，于是斗、成二将便班师而归。商臣在两位大将入朝复命之前，抓紧时机向成王进谗道："斗勃受了晋国的贿赂，故意磨蹭着不加速进军，使晋国来得及撤兵而不用承担失败的名声。可是我们楚国呢？吃过晋几次亏了，特别是城濮之役的耻辱。这次满可以打个胜仗，在列国间大树威信，而他，就这么悄无声息地回来了。"这些话都戳在了好胜的楚成王心上，他勃然大怒，命人给斗勃送去一把剑，责备他不战而回，并且不许他入朝分辩。斗勃无处剖白，只得伏剑自刎了。成大心闻讯，跑到成王面前，叩头大哭，详细说明了回师的情况，特别强调说："斗勃一向忠于大王，受贿的事绝对没有。如果只因回师治罪，臣和他是一样的。" 成王安慰他说："你不必责备自己了，寡人也后悔了。"

由这件事上，成王便对商臣产生了疑心，嫌他做事不光明。随后，又喜爱小儿子熊职，就产生了废长立幼的念头。但又怕羽翼已丰的商臣不服作乱，自己和熊职治不了他，便打算什么时候找他个错把他杀掉。这种情绪有时难免在宫中某些场合流露出来，时间长了，渐渐传入商臣的耳中。

★斗勃像　★楚成王像

商臣听到这种捕风捉影的议论，既不十分相信，又很害怕，便去请教太傅潘崇。潘崇分析说："如果你是个庸才，只废掉你就行；像你这样能力强，善征战，又不甘居于人下，主公要立熊职的话，便得除掉你。你认为父亲下决心了吗？要测试这一点很好办。你姑母从江国回来省亲，在宫中住的时间不短了，如果真有其事，她不能没有所闻，只须……"，商臣去拜见姑母芈江，说："姑母回家这么些日子了，小侄还没尽杯水之孝，明天侄儿想在东宫备几样菜，请姑母过去散散心，不知姑母可肯赏脸？""好！"芈江性格爽朗，成全了侄子的"孝心"。

第二天，芈江的车子到达东宫门口，商臣已经恭候在那里了，亲自搀扶姑母下车。芈江很高兴侄子的殷勤态度。酒宴非常丰盛，商臣按礼向姑母敬酒，并热情地让菜。可是献过三次酒以后，他的态度就越来越怠慢了，中间庖人上菜，他也不向姑姑礼让，只顾自己吃喝，有时还故意亲热地和行酒的宫女说悄悄话，还有两次，姑母向他问话，他竟失于及时应答。芈江本是个火爆性子的人，在那里越坐越窝火，脸上无光，最后忍无可忍了，一拍桌子站起来，指着商臣大骂道："不识抬举的小子，不是个好东西，无怪你父亲想杀掉你立你弟弟呢！"商臣听了心中一惊，但表面上假装什么也没听出来，一个劲地向姑姑赔礼道歉，请姑姑"再坐一会儿"。芈江气得连头也不回，一路骂着出来上车回去了。

商臣急忙去找潘崇问自保之计。潘崇问道："你能面朝北跪在地上事奉你弟弟职吗？" 商臣答道："我为什么要以年长的身分去事奉年少的呢？"潘崇又问："既不愿意低头事奉弟弟，可以出奔到别的国家去吧？"商臣答："有什么理由呢？

人家要是不好好地待我，不就没有出路了吗？”“除了这两条路，可就没有别的办法了。”潘崇说道。商臣一再地恳求他给出主意，潘崇叹了一口气说：“办法倒也有一个，也很简便，就怕你不忍心采用啊。”商臣发急道：“生死关头了，还有什么不忍心的？”潘崇一字一板地说：“只有行大事，才能转祸为福！”“我能行！”商臣下了决心。

半夜里，东宫的卫队包围了王宫。太傅潘崇仗剑带着几个力士径直冲到楚成王的面前。卫士侍从都吓得逃散了，胆子大一些的，也远远地观望，没有人敢上前阻挡。成王一见这阵势，心下就明白了一大半，呼救已经来不及了，只得壮着胆子问：“你们这是干什么？”潘崇冷冷地答道：“大王在位四十七年了，功成名就，大福享足，应该引退了。现在国人思得新王，就请传位给太子吧！”成王惶恐地说：“我可以马上让位，但是你们能不能让我活下去呢？”“一个国君死了，才能另立一个国君。一个国家哪能有两个国君？你怎么这么大年纪了连这个道理也没想通？”潘崇不耐烦地说。“你也是我的老臣了，就对我这么绝情？”潘崇答道：“不敢。大王叫我给世子作傅时曾嘱咐‘事世子如事寡人’，我现在就是在执行世子的命令。”成王语塞了，想了一下又说：“我刚叫厨师给我做熊掌了，让我等熊掌来了吃下去再死，也就没有遗憾了。”潘崇厉声道：“熊掌难熟。你休想拖延时间等待外援，请立即自便吧，不要等我来下手！”说罢解下自己腰间的束带扔给了成王。成王仰天大呼道：“斗勃呀，我不听你的忠告，到底自取杀身之祸了！死后倘有灵，我有什么脸见你啊！”说罢，拿起潘崇的腰带，缠到自己的脖子上。潘崇一挥手，两个卫士一人拽住一头一拉，楚成王登时气绝了。天亮后，商臣以成王“暴薨”宣告于宫中朝堂，潘崇扶持他主丧即位，是楚穆王。

芈江听说哥哥惨死的实情，恍然想起商臣对自己的宴请，悔恨极了，跑到成王棺前，伏棺痛哭道：“哥哥呀，是我害了你呀！都是商臣这个弑父弑君的畜牲呀！……”哭完后便回到自己的屋里自缢了。

令尹斗般等大臣，都知道了商臣弑父的真相，心中不满，却不敢说什么。司马斗越椒觊觎令尹的职位（这是“一人之下”的职务，一般诸侯国称“相国”，秦国称“丞相”，楚国称“令尹”），便向穆王进谗道：“斗般常扬言‘愧不能成先王之志’，他与斗勃的观点是一样的，想扶公子职为君，大王不可不防啊！”穆王本来就嫌斗般对自己的即位态度暧昧，听了斗越椒的话，深信不疑，便召斗般来进行“考验”：“公子职对寡人的即位不满，有谋逆之心。烦令尹前去处死他！”斗般回奏道：“大王以世子的身份即位，名正言顺，谁敢不服？公子职反迹未明，臣无法下手啊！如果将来……”穆王不等他把话说完，举起铜锤把他击杀了。接着任命斗越椒当令尹，派他去刺杀自己的弟弟公子职。

★潘崇持剑逼迫楚成王

公子职闻变大惊，仓皇带上几个亲信侍卫轻车出逃，想奔楚的敌国晋，可惜还没走出楚都的郊野，便被斗越椒率人追上刺杀了。

楚穆王熊商臣踏着父亲、姑母、弟弟三人的尸体，登上了王位，这事发生在公元前626年。他当世子的时候，还能当将军带兵打几场大仗，当了国王之后，就毫无建树了。不管军事还是政治，对内对外都没有什么成果和影响，平平庸庸地过了十三年养尊处优的“王瘾”，便寿终正寝了。

厥貉之会

春秋中期楚穆王约陈、蔡、郑三个从属国君主至厥貉（今河南项城西南）相会，三位君主临会争相取媚楚王，建议召宋君来参谒，若宋拒绝，则借故伐宋。时晋国南征之师刚退不久，宋昭公恐楚来伐，遂亲至厥貉迎谒楚王，且备田猎之具，供楚王狩猎。楚王率众诸侯出猎，命各从猎之车俱要带上引火的燧，以备薰兽之用。狩猎期间一群狐狸藏于深窟，楚王让宋君取燧薰之，车中竟未预备。楚司马申无畏提议惩罚宋君，楚王使左右将宋君御者鞭挞三百，以儆诸侯，宋昭公受辱离去。厥貉之会是楚国凭势力开始役使中原国家的反映，楚王借故惩罚一直积极随晋的宋国，是其对北方势力的一次借机报复，体现了楚国与诸侯国交往中的强硬态度。

三年不说话的息妫

SAN NIAN BU SHUO HUA DE XI GUI

息妫是春秋时陈国的公主。陈国国君有两个女儿，长女嫁给了蔡国国君蔡哀侯，次女妫氏许配给了息国国君，因此称她为息妫。息妫貌美惊人，犹如天女下凡一般，为世上罕有。这一年，息妫回陈国探望父母，途中经过蔡国，蔡哀侯在宫中设宴款待。席间，蔡哀侯为息妫的美貌所动，以言语挑逗，很不尊重她。息妫大怒，离席而去。息妫的夫君息侯得知其连襟蔡哀侯调戏他的妻子，恼羞成怒，想报此仇。于是息侯便与楚国联合，合兵打败了蔡国，楚兵俘获了蔡哀侯。楚国国君楚文王本是个好色之徒，他在释放蔡哀侯的时候，问他是否见过绝世美女。蔡哀侯为报息侯帮助楚文王打败自己之仇，便说："息妫是天下第一美人。"楚文王感叹地说："我若能见息妫一面，死也瞑目了！"

★息妫像

从此以后，楚文王心中总是在思念着息妫的美貌，决心将她搞到手。最后，楚文王终于想出了一条诡计。这一天，楚文王以巡视拜访为名，带着众多的甲兵来到了息国。息国是一个受楚国奴役、欺凌的小国，息侯闻知楚文王驾到，自然不敢怠慢，亲自到城外迎接，并亲自安排馆舍，设大宴隆重款待楚文王。席间息侯亲自把盏，毕恭毕敬地为楚文王祝酒。楚文王接过酒杯，脸上露出不怀好意的微笑说："先前我曾为您的夫人出力，打败了蔡侯。现在我到了这里，您夫人怎么不给我满一杯酒啊？"息侯惧怕楚文王的淫威，连忙答应，命宫人请息妫出来为楚文王敬酒。不一会儿，息妫轻移莲步，神色庄重地来到宴前拜见楚文王。楚文王一见，不禁神魂颠倒，真是名不虚传，是平生未曾见过的绝色美人。息妫从容不迫地为楚文王斟满一杯酒，递与宫女，转送楚文王。然后，不慌不忙地拜辞回宫了。

这一夜，楚文王因被息妫的美貌所倾倒，辗转反侧，不能成眠。这更促使他下定了夺取息妫的决心。第二天，楚文王也在馆舍中摆下酒宴答谢息侯，暗地里却埋伏下甲兵在四周。息侯不知这是"鸿门宴"，欣然前往。酒刚喝到一半，楚文王掷杯拍案而起，大声喝道："匹夫背义，左右快给我拿下！"伏兵突起，将息侯牢牢地捆绑起来。楚文王亲自带人直奔后宫，寻找息妫。息妫听到这个惊人的变故，仰头长叹道："引狼入室，这真是咎由自取啊！"于是就跑入后花园中，攀住井缘，想要投井寻死，以免受辱。正在这时，楚文王手下的将领斗丹飞步上前，扯住息妫的衣襟说："夫人不想保全息侯的生命吗？如果您投井死了，息侯也活不了。为什么夫妇要一起死呢？"息妫听了这话，长叹一声，默然无语。于是斗丹引着息妫去见楚文王。楚文王说了一大堆好话，用来安慰息妫。并且向息妫保证，只要息妫答应顺从他，他一定不杀息侯，还可以让息侯之子继承侯位，保留息国的宗庙社稷，不使断绝。于是楚文王就在军中立息妫为夫人。因为息妫面容艳丽，如一朵绽

★楚王好话安慰息妫

开的桃花，又称她为“桃花夫人”。然后，将息妫安置在后车上，载归楚国。楚文王将息侯安置在汝水这个地方，只封给他一个极小的领地，让他看守着息国的宗庙。息侯气愤至极又无可奈何，忧郁羞愤成疾而死。

息妫自从被楚文王立为夫人后，荣华有加，富贵无比。楚文王对她十分宠幸，言听计从，百般抚慰。但她内心十分矛盾和痛苦，又无可奈何，身不由己。在楚宫三年之间，为楚文王生下二子，却从来没同楚文王说过一句话。楚文王十分奇怪。有一天，楚文王问息妫；“你为什么三年来从不与我说话呢？”息妫两眼含泪，低头不语。楚文王不容，一定要息妫回答这个问题。息妫无奈，只得回答说：“我一个女子而事奉两个丈夫，既然不能为我的前夫守节而死，我又有什么脸面向人说话呢？”说完泪如雨下。楚文王说：“这都是蔡侯的缘故，我应当给夫人您报这个仇，夫人您不必忧虑。”于是楚文王便兴兵攻打蔡国。蔡哀侯脱光了上衣，跑在路旁负荆请罪，并且把蔡国国库中的珍宝全部拿出来献给楚文王，楚文王才率领军队撤回了楚国。

楚文王把罪责推给蔡哀侯，这显然是荒谬的委过于人，开脱自己。

★春秋早期青铜车饰

★蔡哀侯路旁负荆请罪，献珍宝。

《周礼》

《周礼》原名《周官》，也称《周官经》。西汉末年改称《周礼》。《周礼》包括《天官·冢宰》、《地官·司徒》、《夏官·司马》、《秋官·司寇》、《冬官·司空》。汉河间献王得到此书时，《冬官·司空》一篇已亡佚，当时补以《考工记》，称为《冬官·考工记》。《周礼》的体例是：每篇都是先列长官，次列副官，再列属官。各官都是先叙官名、爵等、员数，再叙其职掌，形成了一定的记史格式。《周礼》与《尚书》、《春秋》不同，仅记官制，记事范围虽窄，但容纳的单项内容则比较深广。这对后世史家撰述纪传体史书的书志部分，对后世典志体的撰述，都有一定的启迪作用。《周礼》六官，除《冬官·考工记》是战国时代的作品外，其他部分大致综合了从西周到春秋周王室与各诸侯国的官制。但也杂采了战国时期有关的社会政治、经济、学术思想、儒家大一统思想等。总的说来《周礼》反映了西周、春秋时期（也包括战国时期）的政治、经济、文化学术、典制制度、社会习俗等多方面的情况，具有重要的史料价值。

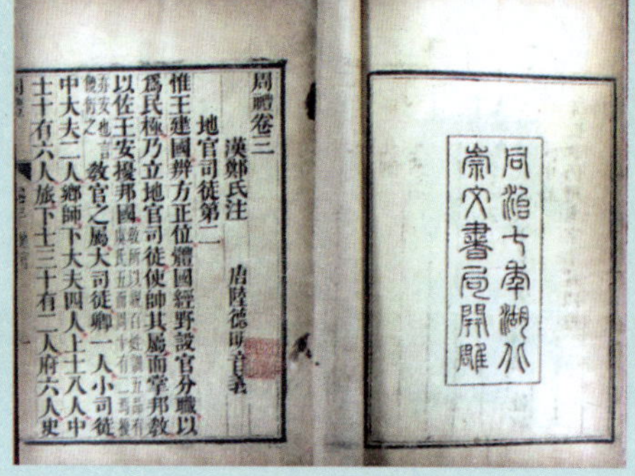
周禮卷三
漢鄭氏注　唐陸德明音義
地官司徒第二
惟王建國辨方正位體國經野設官分職以
為民極乃立地官司徒使帥其屬而掌邦教
以佐王安擾邦國
教官之屬大司徒卿一人小司徒
中大夫二人鄉師下大夫四人上士八人中
士十有六人旅下士三十有二人府六人史

★《周礼》书影

老莱子戏彩娱亲

LAO LAI ZI XI CAI YU QIN

春秋时期，楚国出了个有名的孝子，其姓其名已无从考证，只知道他的号叫老莱子。老莱子与大圣人孔子是同时代人，著有15篇专门阐述道家奥妙的文章，名气很大。名气归名气，人归人，老莱子在家里可是个老实本分的儿子，恭敬地侍奉父母双亲，要多孝顺有多孝顺。

老莱子一生没有做官，家境贫苦，生活艰难。他与妻子辛勤地种庄稼种蔬菜，日出而作，日没而息，靠劳动汗水勉强维持家人的生计。夜深人静之时，他才坐在灯下读书写作，去思索、探究世界和人生的真谛。

当时，世道衰微，诸侯争霸，战事频仍，灾异屡见。为使父母免遭兵荒马乱之苦，老莱子与妻子陪着老人，逃到蒙山(今山东中部)南麓定居，开荒种地，自食其力。初来乍到，人地生疏，定居的困难是可以想象的。好在他有一颗孝心和一双勤劳的手，什么样的困难也难不倒他。他砍来一些芦苇、莎草和蓬蒿，搭了两间小屋，权且避风驱寒；又用木头做成床，用蓍艾织成席，尽量让父母睡得舒服些。最困难的还是缺少吃的，没有粮食，没有蔬菜，怎么办呀？老莱子是个不怕苦不怕累的汉子，抓紧时间到山上砍柴，然后挑到集市去卖，用卖柴的钱买回米面、油盐、酱醋什么的，供父母享用。可是他能砍多少柴买多少粮啊？所以他让妻子精打细算，省吃俭用，把米面留着给父母吃，而他和妻子则经常吃野菜充饥。

老莱子夫妇在自家门前的山坡上开垦了一块荒地，种上庄稼，种上蔬菜，精心作务，精心管理，锄草、施肥、灌水。大地不负有心人，春去秋来，那地里的庄稼、蔬菜成熟了：黄灿灿的谷子，亮晶晶的玉米，愣头愣脑的大白菜……荒凉的山坡上凭空增添了盎然的生机。老莱子全家出动，抓紧收割，再不用为饿肚子发愁了。

日复一日，年复一年，转眼间老莱子已经70岁了。他的父母更是老态龙钟，满脸皱纹，满头白发，行动不怎么方便了。老莱子一腔赤诚，一片孝心，对父母体贴入微，关心备至，只希望二老长命百岁，安度晚年。他认为，儿子在父母跟前永远是个孩子，不能因为自己年老体迈而使父母伤心。为了让父母生活得快乐和开心，他想方设法引逗老人发笑，唤起老人对往事的美好回忆。一次，他在脸上涂满油彩，穿着一件五颜六色的花衣，像婴儿一样在地上爬，翻跟头，学狗叫，直把父母逗得笑出了眼泪。又一次，他弄来一面大鼓，边敲边唱，活像一个卖唱艺人。唱词都是孩提时代父母教给他的那些传说故事，什么女娲补天呀，大禹治水呀，武王伐纣呀，等等。演唱中，他并不完全根据史实，随心所欲，瞎编乱凑，有时还怪腔怪调，穿插进去一些莫名其妙的离奇情节，目的只有一个——让父母听了高兴。还有一次，他挑水进屋，故意跌倒，躺在地上学婴儿啼哭。父母上前搀扶他，他一跃而起，说：“我是跟二老耍哪！”父母老脸笑成了一朵花，说：“这孩子，老了老了还这么顽皮。”

老莱子避世躬耕、孝顺双亲的事迹远近传播，天下闻名。大学者孔子也听说了，感叹地说道：“对于父母双亲来说，儿子年迈并不算老；而让父母双亲伤心，才算是真正的老。像老莱子，这才可以说是不失孺子之心啊！”经孔子这么一说，老莱子的名声更大了，慕名而来拜谒求教者络绎不绝，寂寞的山谷顿时变得不安静了。

一天，蒙山脚下突然来了一队人马，旗帜鲜明，鼓乐喧天，衣着华丽的武士手执刀枪剑戟，高大的御车里端坐着一个头戴金冠、身穿龙袍、腰束玉带的大人物。他们是谁？来到这偏僻的山乡干什么？原来车里坐着的那个大人物竟是楚国的

★老莱子戏彩娱亲(石刻)

国王，他是专门来聘请老莱子到朝廷当官的。

春秋时期，各国国君都想富国强兵，称霸诸侯，号令天下，楚王当然也不例外。他听说蒙山有个老莱子，不求荣显，自甘淡泊，满腹经纶，事亲至孝，断定这必是个贤才能人。如能将这个人聘到朝廷做官，该会产生多大的影响力和号召力！因此，楚王不惜万乘之尊，屈驾来到穷乡僻壤，登门求贤来了。

老莱子正在家中陪父母说笑，不清楚山下发生的事情。当楚王的侍从敲门、通报、说明来意以后，老莱子勉强去见楚王，态度不亢不卑。楚王重申来意，诚恳地聘请老莱子出山辅政，建功立业，许诺他高官厚爵、荣华富贵。可是老莱子对此毫不动心，心中只想着一件事，就是父母双亲年事已高，自己要整天守在跟前，照料老人，侍奉老人，尽做儿子的孝道。他婉言拒绝了楚王的聘请，表示父母在世之时，自己绝不离开父母半步，恳请楚王体察自己的孝心，另聘高明。楚王见老莱子态度坚决，也就不再强人所难，带着随从而去。

楚王造访老莱子的消息传开，人们对老莱子更加好奇、更加敬重了，蒙山南麓一时熙熙攘攘，车水马龙，都以探望和结识老莱子为莫大的荣耀。老莱子考虑父母已近百岁，过惯了平静的生活，承受不起过多的纷扰，于是决定搬家。他征得父母的同意，把家搬到长江南岸一个山青水秀的地方，一切重头开始，建屋、垦荒、种庄稼。他仍像从前一样，常在父母面前翻跟头，学狗叫，说唱滑稽有趣的故事。他说："人生在世，不应有什么奢求。鸟兽身上掉下来的毛织成布就够我穿衣，鸟兽觅食遗落的粮粒就够我吃饭，还有什么不满足的？重要的是侍奉父母要至诚至孝，不忘养育之恩，克尽孝敬之心。"这就是他做人的原则，也是一个赤诚孝子崇高情怀的流露和铮铮心声的表白。

老莱子晚年的事迹史无记载。不过可以肯定，他一定是在把父母养老送终以后，继续安贫乐道，最终老死山林的。后世有人写诗颂扬他的孝行，说："古称纯孝老莱子，曾着斑衣效小儿。博得双亲欢喜甚，每多啼笑忘言时。"又说："戏舞学娇痴，春风动彩衣。双亲开口笑，喜色满庭闱。"

帛书本《老子》

帛书本《老子》是指1973年12月长沙马王堆三号汉墓出土的两种《老子》的帛书抄写本，分别称之为甲本和乙本。甲本字体介于篆隶之间，乙本字体为隶书。甲本不避汉高帝刘邦讳，乙本则避刘邦而又不避汉惠帝和文帝讳。该墓墓主为文帝时人，故而人们认为甲本必定抄于高帝以前（亦有人认为更早），乙本则在甲本以后，但与甲本相隔不远。这是目前所能见到的最早的《老子》的抄本。帛书甲本文字脱落较多、乙本则基本完整，且相当清晰。乙本上下篇末缀有篇题："德"和"道"，但不分章次。甲本虽无篇题，但篇次与乙本同。甲本以圆点符号分章，因残缺不全已无法复原。据学者们考证，帛书甲乙本的篇次和章节的顺序，较接近于《老子》的原文，因为韩非的《解老》也是《德篇》在前，《道篇》在后。武帝时人严遵的《道德指归论》的考证亦是如此。然而，就老子的思想来看，"道"则更为根本。所以，河上公本、王弼本、傅奕本均是《道篇》在前，《德篇》在后。不过，也有人认为这种排列，是后人对《老子》的误解所致。但也有另外的人认为，《道篇》、《德篇》的次序不同，说明《老子》有着不同的传本。而且，甲乙两本之间虽然在篇次、章次的顺序和文字上有较多相同的地方，如就文字方面讲，多用假借字，句末又常用"也"字；但两本文字亦有出入，这说明它们本是源于两种传本，而不是乙本抄自甲本。

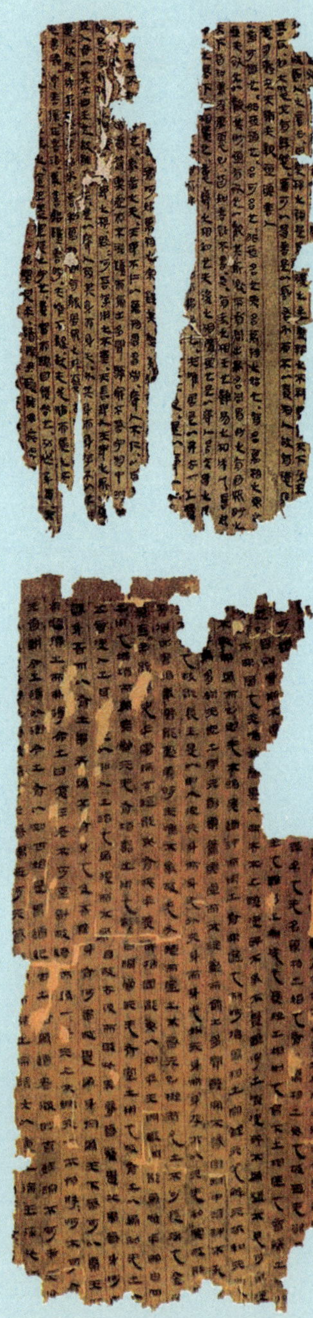

★马王堆三号汉墓出土的两种《老子》的帛书抄写本

郯子鹿乳奉亲

TAN ZI LU RU FENG QIN

春秋时期，中原大地诸侯割据，方国林立，据称当时共有一千多个国家。在今山东半岛一带，最大的国家首推鲁国。在鲁国周围，更有许多小国，郯国便是这许多小国中的一个，其位置大约在今山东省郯城县北不远的地方。

郯国的国君，其先祖可以追溯到上古时代的少皞。至于到了春秋末期，这个国君姓什么，叫什么，则无从考证，历史上通常称他为郯子。郯子很小的时候，非常孝顺父母，其孝名远近传播。后来，他的父母年迈，而且都患了眼病，于是便由他继承大位，当上了国君。

郯子当国君后的第一件事，照例是去朝见鲁国的国君。鲁国当时正值鲁襄公在位。《左传》记载："襄公七年（公元前 566 年），春，郯子来朝。"郯子为什么要朝见鲁襄公呢？因为郯国地小人少，鲁国地大人众，郯国需要鲁国的庇护。

鲁襄公设宴款待郯子，美味佳肴，应有尽有。可是郯子对这些不感兴趣，一心惦记着家中的父母。所以宴会一毕，他就急匆匆赶回家，想方设法治疗父母的眼病。

郯子请了最好的医生，给父母诊治。医生说，这种病关键是要去火，而去火的最佳办法是饮用鹿乳，并用鹿乳洗眼睛。并叮嘱说，时间一定要抓紧，否则老人家有双目失明的可能。

郯子听了医生的话，好生作难。要知道，鹿是野生动物，胆小怕人，极善奔跑，不用说取鹿乳，就是接近它也很困难。这鹿乳从哪儿才能弄到呢？

郯子为了治疗父母的眼病，带着几个侍从，整天钻深山、穿老林，渴望能寻着鹿群，并弄到鹿乳。可是鹿多机灵呀，不等他们靠近，早一溜烟儿跑得无影无踪。郯子等望鹿兴叹，干瞪眼没办法。一晃过去了好多天，连根鹿毛也没捞着。郯子心像火烧似的，这样下去，父母的双眼非瞎不可啊！

郯子吃不下饭，睡不着觉，苦思冥想弄到鹿乳的办法。突然，他眼睛一亮：何不把自己化装成鹿去接近鹿群，随后再相机行事呢？他把这个想法跟侍从们一说，侍从们直摇头，没有一个同意的。他们说："从古至今，没听说哪个国君装鹿的，再说，那样做多危险呀！万一有个好歹，怎么向郯国的民众交待？"郯子说："人生在世，最重要的事情莫过于孝顺父母。现在父母有病，非用鹿乳不可，我哪能顾虑许多呀？"侍从们见国君态度坚决，提议说："那好！装鹿取乳的事，就由我们去做吧。"郯子说："不！我的父母理应由我供奉，让你们代劳，我心不安。"

于是，郯子开始化装，找来一张鹿皮披在身上，并在头上安了假角，然后趴在地上左蹦右跳，远看还真像一头调皮的小鹿。接着，他独自进入深山老林，模仿鹿跑，模仿鹿叫，心里说："鹿啊！求求你们快来与我为伍吧！不然，我父母的眼睛就治不好啦！"

人装着鹿，不能站立行走，全靠在地上爬，还得跑，还得叫，那滋味可不好受啊！郯子想到孝子的义务和责任，硬是忍着撑着，不敢露出丝毫的破绽。两天下来，他的手烂了，脚胀了，口干舌燥，头晕眼花，浑身像散了架。可是一想到父母的眼病，他咬着牙，还是硬忍着硬撑着。有几次，他确实遇到了鹿群从身边经过，他摇头摆尾，"呦

★郯子鹿乳奉亲

★郯子鹿乳奉亲石刻

呦”啼叫，迎上前去与它们亲昵。鹿群当初以为他是自己的同类，也想前来与他热乎，可是靠近一看一嗅，发现不大对头，马上四蹄蹬开，飞也似的跑了。郯子急得眼红心跳，恨不得一把抓住一头母鹿，可是哪能呢？

多少天过去了，郯子还是没有弄到鹿乳。这一天，他又早早地进入了深山老林，焦急地等待着鹿群。从早上等到中午，从中午等到傍晚，连鹿群的影子也没有见到。他趴在地上左观右看，突然发现远处有一支箭正瞄着自己。他顿时意识到，那是猎人的箭，猎人把他当成一头小鹿，正欲射箭猎获。利箭在弦，千钧一发，郯子吓出一身冷汗。说时迟，那时快，他赶紧站起身来，迎着利箭大喊：“别射！别射！我是人！”

远处确实正隐伏着一个猎人，他正瞄准着小鹿，准备放箭，谁知“小鹿”却站立起来，对着自己喊话。他吓了一跳，这是怎么回事呀？这时，郯子已脱下鹿皮，愣愣地立在那里。猎人走上前，没好气地说：“你个大活人，装鹿干什么？找死呀！要不是造化大，早被我射死了！”

郯子抱歉而又恭敬地拱了拱手，向猎人表示谢意。接着，他表明了自己的身份，并把装鹿的缘由和苦衷叙说了一遍。猎人这才明白，眼前这个人竟是自己的国君，而且还是个孝子。郯子的孝心和孝行，使猎人很受感动。猎人朗声笑道：“不就是鹿乳嘛，你找我呀！”

郯子听了这话，喜出望外，忙道：“怎么，你有鹿乳？”

猎人告诉郯子说，自己是打猎的，猎得一头母鹿，很容易便得到鹿乳。接着，猎人把郯子带回家，赠送给他满满一桶鹿乳，还说：“以后需要，尽管来取。”

郯子对猎人千恩万谢，携带鹿乳，告别下山。回到家，他把鹿乳分成两半，一半给父母饮用，一半给父母洗眼。几天以后，他父母的眼病果然痊愈，而且眼睛比原先格外清亮。郯子非常高兴，自己的孝心总算有了回报。他几次亲自去向那个猎人表示感谢，猎人憨厚纯朴，说：“用不着谢，你只需把咱郯国治理好就行啦！”

此后，郯子牢记猎人的话，精心治理国家，安抚百姓，提倡孝敬，使小小的郯国变得昌盛富裕。大圣人孔子小时候曾拜郯子为老师，受到许多有益的教诲。鲁昭公十七年（公元前525年）秋天，郯子已当了40多年国君了，再次朝鲁，所受礼遇至为隆重。郯子死后，郯国在列国争霸称雄中又存在了半个多世纪，于战国初年被越国所灭。

春秋的建筑技术

春秋时期在建筑技术方面突出的发展是瓦屋的出现。瓦铺盖屋顶的最早文献记录，见于《春秋·隐公八年》的“盟于瓦屋”一句。大量的考古材料的发现，证明《春秋》的记载完全可信。陕西扶风召陈出土的瓦，种类很多，有背面或正面带有瓦钉或瓦环的板瓦、筒瓦，有背面饰有雷纹、制作精细的小筒瓦。北京琉璃河董家林和河南洛阳王湾都发现有大筒瓦。陕西沣西客省庄还发现了未经烧制的瓦坯。春秋时期建筑技术进步的另一个标志是使用铜质构件。陕西凤翔春秋秦都雍城，出土64件使用过的铜质建筑构件。据考证，这些构件系用于版筑承重墙上木质壁柱和壁带的交接节点上，起加固和装饰作用。正因为建筑技术的进步，所以春秋筑城风极盛。各国筑城总计不下70座，仅一个不太大的鲁国，筑城就有19座之多。考古发现属于春秋时期的古城址，有河南洛阳附近的周王城和山西侯马西北汾浍二水交汇处的晋国后期的都城。从这些遗址来看，当时一般均采用平夯和方夯两种夯土方法筑城。平夯是两面夹板，层层平筑，方块夯是分段夯筑。从文献的记载来看，当时人们确实对筑城已经积累了极为丰富的经验。

★金节约·春秋

1982年7月陕西省凤翔县马家庄春秋秦宗庙遗址出土，陕西省雍城考古工作队藏。

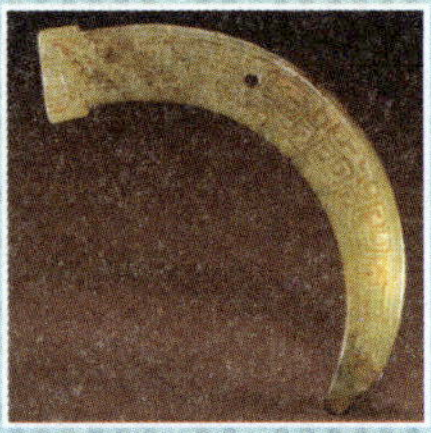

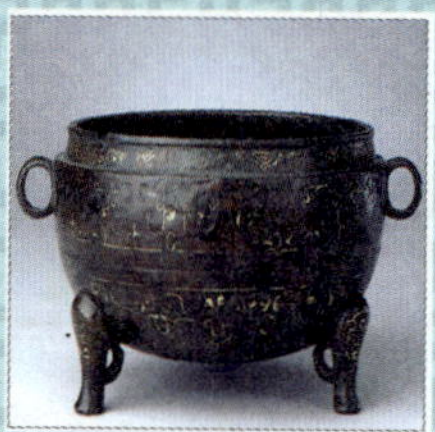

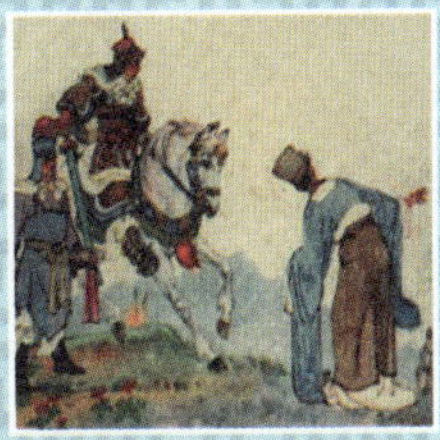

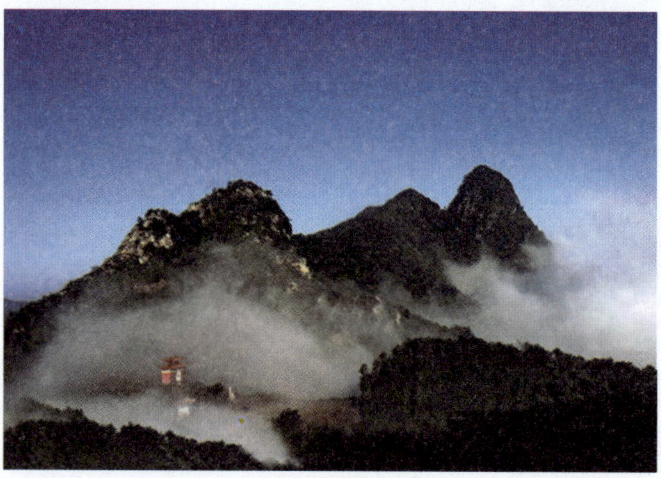

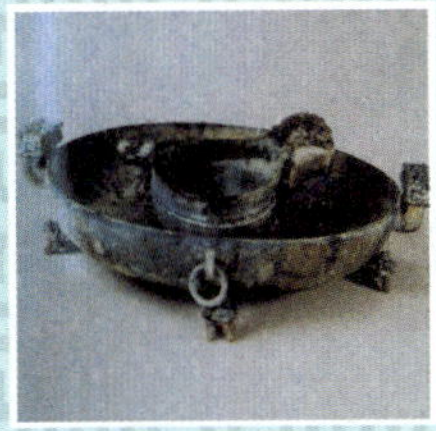

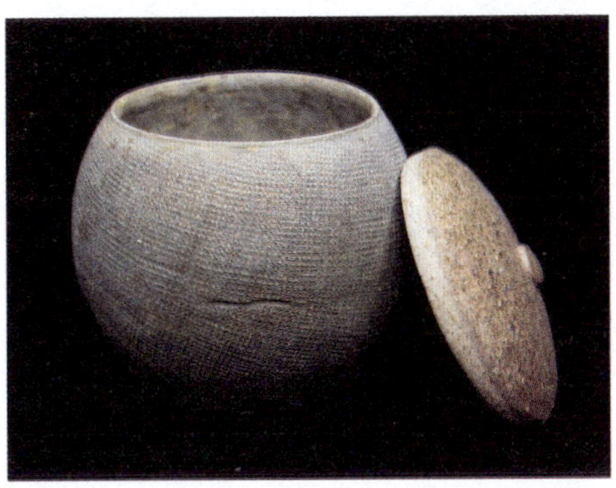

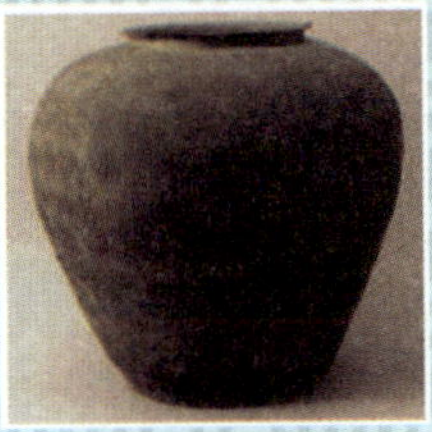

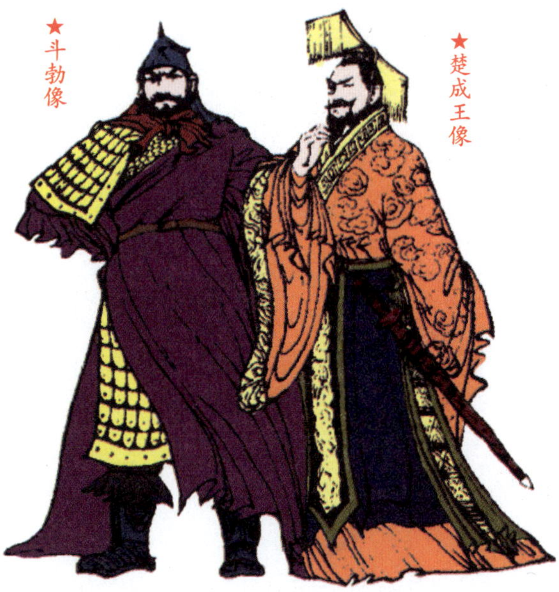

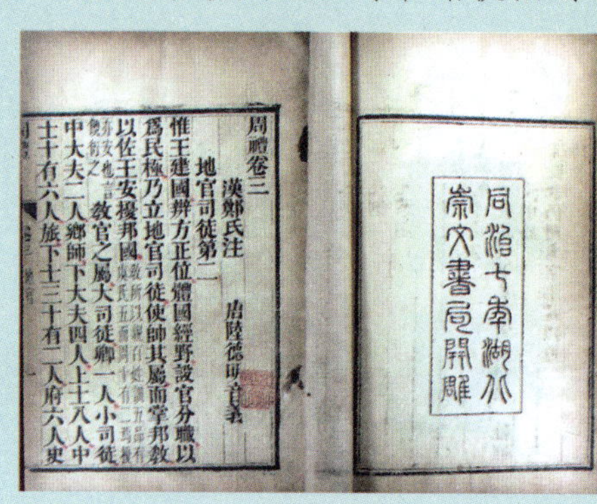

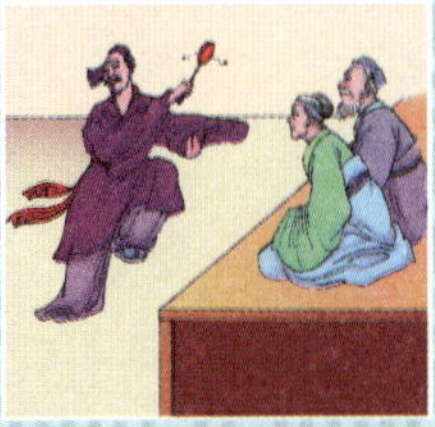

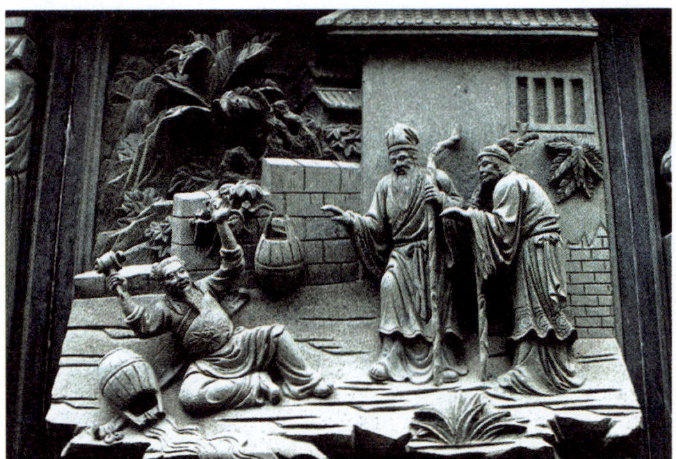

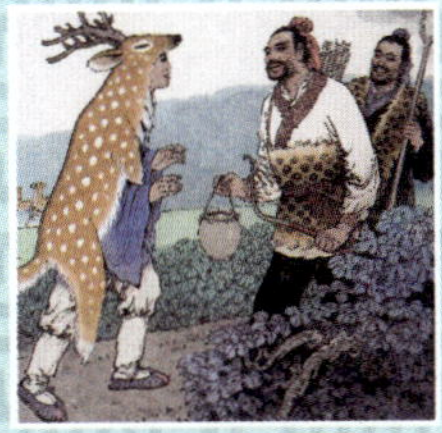

楚庄王一鸣惊人

CHU ZHUANG WANG YI MING JING REN

楚国位于江、汉流域，一向被视为南方的蛮夷，他们的祖先熊绎在西周初曾被成王封为子爵，但楚国对周室时服时叛，不肯永远归附。春秋初年，王权衰微，楚君熊通索性于公元前704年自立为王（即楚武王），欲与天子分庭抗礼、较一长短。不久其子文王定都于郢（今湖北江陵西北），国势进一步强大起来。

春秋初期，强楚实乃中原诸国的心腹大患，而霸政之“尊王攘夷”也往往以抑楚为其主要目标。齐桓公时楚被阻于召陵；晋文公时楚战败于城濮，使北进图谋一再受挫。期间，虽有楚穆王实施富国强兵策略，但还未等与晋国一分高下，这个弑父夺位的公子商臣便暴病身亡，使争霸中原成了泡影。

公元前613年，楚穆王商臣暴疾而亡，他的儿子楚庄王旅即位。晋国趁这个机会，把几个一向归附楚国的国家又拉了过去，订立盟约。楚国的大臣们很不服气，都向楚庄王提出出兵夺回属国，争霸中原。可楚庄王即位三年，未发过一个号令，他白天打猎，晚上喝酒、听音乐，国家大事全不放在心上。他知道大臣们对他的作为很不满意，还下了一道命令：谁要是敢劝谏，就判谁的死罪。大臣们虽然心急如火，可谁也不敢舍命劝谏。

★楚庄王像

★申无畏暗讽楚庄王

一天，大夫申无畏入见庄王，庄王拥姬而坐，问道：“大夫此来是想喝酒，还是想听音乐、看歌舞，或是有什么要说的？”申无畏回答说：“臣既不想喝酒，也不想听音乐。刚才，我在进宫之前，听到一些闲言碎语，可我不解其中的意思，想请大王给我明示一下。”庄王闻听申无畏的话不像是来劝谏的，就很感兴趣地问道：“都听了些什么，说来听听。”申无畏说：“人们说世上有这样一只大鸟，它色彩斑澜，站在高高的山坡上。可是，三年里没有人见它飞过，也没有人听到它叫过。请问大王这是什么鸟？”庄王听出申无畏是借喻来暗讽自己，便笑着说道：“我知道这是一种什么鸟。别看它三年不飞，可它飞必冲天；别看它三年不鸣，可它鸣必惊人。不信，你就等着瞧吧！”申无畏知道庄王已解其意，便不再说什么，躬身退了出去。可是，过了很多时日，庄王依旧日事淫乐，把自己说的话全抛之脑后。又一个大臣苏从再也忍不住了，他哭着去见庄王。庄王问道：“你为什么哭啊？”苏从说：“我一是哭自己就要死了，二是哭楚国将要亡了。”庄王不悦地问道：“你死与楚亡有什么关系？”苏从说：“大王你想，我想劝谏你，可你一定会杀了我。而我死后也就没有第二个劝谏的人了，那时一切都由着大王的性子，沉湎酒色，不理政事，楚国能不亡吗？”庄王发怒道：“你明知劝谏要死，何苦还要送上

★青釉印纹罐·春秋

门来找死？”苏从答道：“我不怕死，我死了会落一个忠臣的美名，可楚国亡了，你可就是亡国之君了！”说完伸长了脖子等着楚王来砍。楚王慌忙站起身来说道：“大夫之言，可谓忠言，我听你的。”

楚庄王是个言而有信的人，他此后近贤远佞，每天发号施令，把一批奉承拍马的人撤了职，把敢于进谏的贤臣提拔起来，帮助他处理国家大事；一面制造武器，操练兵马。当年，就收服了南方许多部落，然后又伐宋败晋，取得了赫赫战果。第八年，率军又打败了陆浑（在今河南嵩县东北）的戎族，一直打到周都洛邑附近。至此，楚国威日盛，庄王也产生了争霸中原之志。

他为了显示楚国的兵威，命楚军在洛邑的郊外举行一次大检阅。庄王如此举动，使周天子吃惊不小，忙命大臣王孙满到郊外去慰劳楚军。楚庄王趁机问王孙满道：“我听说大禹曾铸九鼎，世代相传，不知大小形状和轻重如何，您能否告诉我？”九鼎是象征周王室权威的礼器，按诸侯的身份是不可以打听国家重器的。而楚庄王敢问九鼎，他夺取周天子权力的野心是显而易见的。王孙满是个善于应付的人，他劝说楚庄王，国家的强盛，主

★九字系罐·春秋

要靠德行服人，不必去打听鼎的轻重。楚庄王知道当时还没有灭掉周朝的条件，便带兵回国。接着，他平定了斗氏之乱，然后息兵罢战，发展农工生产。以后，楚庄王又请了一位楚国有名的隐士孙叔敖当令尹（楚国的国相）。

孙叔敖当了令尹以后，开垦荒地，挖掘河道，奖励生产。为了免除水灾旱灾，他还组织楚国人开辟河道，能灌溉上百万亩的庄稼，每年多打了不少粮食。没几年工夫，楚国更加强大起来，先后平定了郑国和陈国的两次内乱。

从此以后，这个一鸣惊人的楚庄王成了当时的霸主。从齐桓公、晋文公、宋襄公、秦穆公到楚庄王，春秋时期总共出现了五个霸主。历史上通常称他们是“春秋五霸”。

★楚庄王在洛邑的郊外举行大检阅

楚庄王

楚庄王，芈姓，名旅。又称熊侣。在位期间（公元前613—前591年）非常重视选择人才，先后得到伍参、苏从、孙叔敖、子重等卓有才能的文臣武将的辅佐。庄王初年，楚国发生贵族暴乱，邻近的百姓也乘机骚扰。庄王平息乱事，在内政方面作了一些改革，赏罚分明，群臣和睦，百姓安居乐业，国力日益强盛，为取得霸业奠定了基础。楚庄王还被后世称为“仁义之君”，后世曾把“绝缨之会”传为美谈。“绝缨之会”说的是庄王在率军打了胜仗之后，大宴群臣。当喝得兴起的时候，庄王请出美姬为众人斟酒，而当美姬给一位大将斟酒时，忽然一阵风将蜡烛吹灭，这位大将趁机拽了一下美姬的衣袖。美姬却随手拉断了此人头盔上的冠缨，并马上告诉了庄王，要点亮蜡烛，找出那个拽她衣袖的人治罪。庄王听后，却命令侍从不许点亮蜡烛，然后说：“今天同各位将军难得坐在一起喝酒，大家要不把冠缨拉下来就不算喝得痛快！”于是，众将都去掉了冠缨，然后点起蜡烛，继续开怀畅饮。这下连美姬也不知道拉她衣袖的人是谁了。酒宴过后，庄王对美姬说，酒喝多了容易失礼，我不能因一点小过失就杀了自己的爱将，而伤了大家的心。后来，吴楚两国交战，有个人非常英勇，立下了战功，并告诉庄王，他就是那个拉美姬衣袖的人，因感激庄王没有加罪，所以才拼死报效庄王。

晋楚邲之战

JIN CHU BI ZHI ZHAN

公元前597年春，楚庄王率师围郑（今河南新郑一带），攻下郑都。六月，晋中军元帅荀林父率军救郑。楚军破郑以后，晋国的援军还未到达。当晋军来到黄河边时，得知楚、郑言和，达成了协议，主将荀林父就准备回军，其他一些将领也表示支持，中军副将先縠坚决不同意，他说，不和楚国作战会丢掉霸主的地位，这样做不如死了！先縠得到赵括、赵同的支持，便径自渡河，要去和楚国军队作战。先轸、赵括、赵同均是晋国名门之后，很有权势，竟敢不服从大将的调度，孤军深入。晋军执法司马韩厥见状对荀林父说：“先縠单独与楚国作战一定会失败的。你是大将，失败的罪责就会由你一人承担，不如全军渡过河去，虽然仗打输了，大家也好分担责任。”无奈之中荀林父下令晋军全部过了黄河。

再说楚庄王得知晋军已过黄河，就和各位将领商议对策，是撤呢，还是战，一时半会还拿不定主意，令尹孙叔敖主张撤军，伍参竭力主张开战，说：“郑国认为我国力量不行，所以归顺晋国；如果晋军开来我国避开，正是表明我国力量不行啊！况且晋国也知郑国已臣服楚国，一定要加兵郑国。晋国因为救郑而来，我国也因救郑而来，不战能行吗？”在这关键时刻庄王也拿不定主意。当晚，伍参又去求见庄王说：“大王为什么害怕晋国而把郑国拱手送给晋国呢？”楚庄王说：“我没有丢弃郑国啊！”伍参说：“楚军屯郑城下90多天，好不容易和郑订立盟约。现在晋国来了，楚国走了，使晋国又得到郑国，楚国从此不再拥有郑国了，不是丢弃郑国是什么呢？”楚庄王说：“孙叔敖说和晋军开战不一定能够打胜，所以应撤回。”伍参说：“我已料定了。晋军内部勾心斗角，军令不统一，元帅荀林父没有威望，士卒不知听谁的命令。晋军虽多，必败无疑。大王身为一国之主，而躲避晋国臣子，必定会让天下人耻笑。”楚庄王听后，怒将起来，当晚派人告诉孙叔敖，让他把大旗指向北方，军队驻扎在管地（今郑州市）等待晋军。

★玉饰·春秋

晋军渡河以后，驻扎在敖、鄗二山之间，郑襄公打探到晋军兵多将广，恐怕一旦战胜，会追究郑国归从楚国的罪过，就召集谋士们想办法。大夫皇戌说：“我请求主公允许我去晋军中，劝他们同楚国开战。晋胜就臣晋，楚胜就顺楚，选择强者事奉，有什么忧虑的呢？”郑襄公听从了。皇戌到了晋军，诉说郑公归楚是权宜之计，希望晋军尽快打败楚军，并说郑在楚军背后，如果晋楚交兵，郑军从楚军背后攻击，两军前后夹击，楚军必败无疑。先縠得意地说：“打败楚国降服郑国，在此一举了。”

与此同时，郑襄公又派使者到楚军中，劝说楚庄王和晋军交战。孙叔敖忧虑晋军强大，对楚庄王说：“晋人没有决战的意思，不如和它讲和，如果不讲和，然后交兵，那么理屈就在晋军了。”庄王就派使者蔡鸠居到晋军中请求免战讲和。荀林父高兴地说：“这是两国的福气啊！”这时，先縠却对蔡鸠居骂道：“你们夺我属国，请求讲和是缓兵之计，即便元帅肯和，我也决不答应，一定要杀得你们片甲不回。快回去报告楚庄王，让他早早逃走，免得死无葬身之地。”蔡鸠居被骂，匆忙离开，将出营门，又遇见赵括、赵同兄弟俩，他们以剑指着说道：“你如再来，先吃我一剑。”走了几步，又遇见晋将赵旃，弯弓对着说：“你是我箭头肉，少不得早晚被擒。麻烦你传话给楚庄王，让他小心一点。”

★孙叔敖雕像

蔡鸠居回到寨中，奏知楚庄王。庄王一听，怒从心头起，问各位将领：“谁敢去挑战？”大将乐伯应声而出，说：“我愿出去挑战。”乐伯乘着单车，直奔晋营。晋国十几个游兵从他们面前经过，乐伯不慌不忙，张弓搭箭，一箭射去，射倒一人，同车的摄叔跳下车，赤手空拳活捉晋兵一人，其他晋兵见状急急逃跑了。晋军知道楚将挑起战火，

★乐伯像

兵分三路追了过来：中路鲍癸，左路逢宁，右路逢盖。乐伯镇定自若地说："我左边射马，右边射人，射错了，就算我输。"果然，接二连三射倒三四匹马，晋军兵车因此不能前进。右路逢盖头上中了一箭，士兵中箭的人也很多。左右二路追兵前进不成。只有鲍癸中路军紧随其后追赶，眼看赶上了，乐伯发现箭筒里只剩下一支箭了，正准备射杀鲍癸，心下又想到：我这一箭如果射不中，一定会遭他擒获。正想之间，车跑马奔，把树林中一头小鹿赶出来了，从乐伯面前跑过。乐伯心一转念，一箭望鹿射去，直穿鹿心，然后让摄叔下车取鹿，把它献给鲍癸说："这鹿就献给将军，好好饱餐一顿，好自为之。"鲍癸见乐伯箭无虚发，心中正在害怕，于是假装叹息说："楚将以礼相待，我不能太过无礼了。"便指挥军队回去。乐伯也慢慢驶回楚营。

晋国将领魏锜知道了鲍癸放走乐伯，心中大怒说："楚军来挑战，晋军单单没有一人敢前去挑战，恐怕会被楚人耻笑。小将愿凭单车前去挑战，探明楚军强弱。"赵旃说："小将也愿随将军走一走。"荀林父说："楚国来求和，然后挑战。你如果到了楚军，也谈和议的事情，算是回答楚的礼节。"魏锜回答说："小将便去请求和谈。"上军元帅士会，听说赵、魏二将去楚营，慌慌忙忙求见荀林父，想阻止二人同行，不料到了中军，二将军已去了。士会私下对荀林父说："魏锜、赵旃，仰仗父辈对晋国有功，没有受到重用，常常怀怨恨之心。况二人血气方刚，刚愎自用，不知进退之由，这次去一定会触怒楚庄王。假使楚庄王率兵对我突然袭击，我军凭什么抵抗呢？"当时副将郤克也来说："楚国心怀叵测，不可不防备啊！"先縠大喊大叫说："早晚都要拼杀，为什么要准备呢？"荀林父听后也决策不下。士会退出，对郤克说："荀林父简直是个木偶人，大敌当前，不能决断，我们为自己考虑好了。"就让郤克联络上军大夫巩朔、韩穿，各人率领本部军兵，分成三处，在敖山之前埋伏下来，中军大夫赵婴齐也预先派人在黄河边准备好船具以备失败后渡河。

晋将魏锜因为对荀林父当元帅心存忌恨，想败坏他的名声，在荀林父面前只说请和不成，然而一到楚军中，竟然下了战书，闭口不提和谈。楚将潘党知道蔡鸠居出使晋营，百般受尽辱骂，正好魏锜到了，就要去报仇，赶快来到军中。然而，魏锜已离开楚营了，他就骑上快马追赶。魏锜走到大泽边，见后面追得很紧，刚做好应战准备，忽然发现前方有六头鹿，因而想起楚将献鹿的事情来，便弯弓搭箭，也射死一只鹿。派人献给潘党说："以前承蒙乐将军赏赐小鹿一只，今天特来回报。"潘党笑着说："他想让我学晋将，我如果追他，显得我楚将无礼了。"也命令从人不必追赶。魏锜回到晋营中，说："楚庄王态度很强硬，不让讲和，一定要二军开战，决个胜负才肯罢休。"荀林父问："赵旃在哪里？"魏锜说："我先走一步，他在后面，没有见啊！"荀林父说："楚庄王既然不肯讲和，赵将军一定会吃亏的。"就派人带上战车 20 乘，步兵 1500 人，去接应赵旃。

赵旃晚上到了楚营中，在军门以外布置好帐幔，在车中喝酒，又命令随从人员 20 多个，效法楚人言语，来回巡逻，又假冒楚军番号，混入军营中窃听情报。楚兵中有人觉得有假，盘问很急，终于露出马脚，晋兵杀伤楚兵，楚营中顿时喊声大起，点起火把搜捕，生获 10 多人，其他人忙扶起赵旃登上战车逃走。天一放亮，赵旃亲自赶车，但偏不凑巧，马饿得跑不动。楚庄王听到军营中有奸细逃走，亲自率兵追赶。赵旃也慌了，惟恐被赶上，连忙丢掉战车，逃到树林中，碰巧被楚将屈荡发现，下车追逐。赵旃将铠甲及衣裳悬挂到小松树上，金蝉脱壳，才得以脱逃。屈荡取下铠甲及衣裳、车马，献给楚庄王。刚要离开，远远望见一人驾着战车风驰电掣奔来，一看原来是潘党。潘党手指向北，只见尘土飞扬，他对楚庄王说："晋军来了。"楚庄王一听，吓得面如土色，几乎失魂。原来这些晋兵是荀林父派来接应赵旃的小部队，潘党误以为是晋大军。正在这时，忽然听到南面号角震天响，为首一员大臣，领着一队车马迅速赶到，这位大臣正是孙叔敖。楚庄王见了，心里一块石头落了地，问到："令尹怎么知道晋大军将来，而来救我？"孙叔敖回答说："我不知道啊！我恐怕大王轻进，误入晋军圈套，我先来救驾，随后三军一起来到。"楚庄王再向北看时，见尘土并不高，说："不是晋大军。"孙叔敖回答说："兵法上说过，宁可我去追敌，莫要让敌人追我。各路军马既然到齐了，大王可下命令，只顾向前追杀。如果挫败了晋国中军，其余二军就不战自破了。"

楚庄王听了，信心百倍，立即下达命令：让公子婴齐同副将蔡鸠居，用左路军攻晋国上军；公子侧与副将工尹齐，以右路军攻击晋国下军；楚庄王亲自率领中路军攻击晋国荀林父大本营。楚庄王亲自拿起鼓槌击鼓，以鼓舞士气。三军齐进，顿时声震原野，车奔马疾，步兵随在车马之后，浩浩荡荡杀奔过去。晋军根本没有做好应战的准备，荀林父听到鼓角齐鸣，刚要派人去探个究竟，楚军已漫山遍野，黑鸦鸦一片全压过来了，晋军匆忙应战，楚兵却如虎入羊群，人人耀武，个个扬威，排山倒海般猛冲晋军。晋兵好似大梦方醒，还不辨方位，怎能禁受得住楚军压来，一时之间，晋军鱼奔鸟散，被楚兵刀砍戟戳，杀得七零八落。

荀林父同大将韩厥，从后营登上战车，率领残军败将，在山右边沿河逃窜，丢弃军械不可胜计。先縠从后赶到，额头上也中了一箭，鲜血淋漓，忙扯战袍包扎好。荀林父一见指着说："敢作战的人像这样吗？"来到河口，赵括也赶到了，向荀林父状告其兄赵婴齐偷偷备好船只过河，不通知他。荀林父在这危机关头劝说："生死之际，哪有时间通知。我军不能再战了，眼前渡河是最急迫的事情。"就命令先縠往下游召集船舶。船舶四处安放，一时之间根本弄不到多少。正在犹豫的时候，沿河边无数人马来到。荀林父一看，是下军正副将领赵朔、栾书领着残兵来到。两军汇集一处，都要过河，船只更不够用。向南看，只见尘土冲天，楚军穷追不舍，荀林父传令说："先渡河的有奖赏！"于是，两路军士为过河争夺船只，自相争杀。船上人已满了，后面的人又争着抢着要上来，这样一来，又坏了三十多只船。先縠在船里喝令军士："只要发现有攀舷扯桨的，用刀砍其手。"各船都效法。一时之间，哭声震响，天昏地暗，日色无光。

这一战，只有晋国上军因为早有防备，所以当楚将公子婴齐来攻打时，士会一边抵挡一边退却。婴齐追到敖山下，忽听一声炮响，一路军马杀出来，正是晋将巩朔，公子婴齐吃了一惊。两人接着厮杀，斗了20余合，巩朔不敢恋战，保着士会，徐徐而逃。婴齐紧追不止，前面炮声又起，韩穿领兵来到。偏将蔡鸠居出车迎敌，刚要交战，山谷里炮声又响，旗帜如云，大将郤克领兵又到了。公子婴齐见晋军埋伏众多，恐怕中计，鸣金收兵。

这一路，晋军损失最小，于是凭借地势险要，结成七个小寨，互为犄角，楚军不敢进逼。直到楚军退完，才整顿军队往回走。兵马到了河口，荀林父大军还没渡完，幸亏赵婴齐派船来接应。当时天已黄昏，楚军已经到了邲城（今河南荥阳县北），伍参请求立即追击晋军。楚庄王却说："楚国自从城濮之战败在晋军之手，使国家蒙羞已久，这一战把以前的耻辱全雪了。晋国、楚国终究会讲和的，何必多杀人呢？"就下令安营扎寨。

这就是晋楚邲之战，它以晋的失败而告结束。从此，楚庄王饮马黄河，雄视北方。

★晋楚邲之战

楚庄王不夸武功

邲之战一结束，楚将潘党建议楚庄王修建一座高台把晋军的尸体堆积起来，来显示这次胜利。楚庄王没有同意，说："晋国不是有罪才讨伐的，我们虽然取得胜利，但乘人之危以显耀自己，老百姓是不会拥戴的。晋国士卒都是为他们的国君丧命的，为什么要对丧命的士卒这样残忍呢？"楚庄王还引述《周颂》的有关诗章阐述武功的意义在于禁暴（制止强暴）、戢兵（消弭战争）、保大（保持强大）、定功（巩固功业）、安民（安定百姓）、和众（调和各方）、丰财（丰富财物），让子孙后代永远记住他的丰功伟绩。楚庄王接着对比楚国的情况说，我们这次让两国的兵士暴骨于沙场，这是强暴；炫耀武力向诸侯示威，便不能制止战争；既强暴又不能制止战争，怎么能保持强大？晋国依然如故，哪能巩固功业？我们还有许多不符合百姓要求的地方，百姓何以能安居乐业？道义的力量不足而勉强去同诸侯相争，怎么去缓和各方？乘人之危以利己，乘人之乱以求安，怎么能够丰富财物？武功具有七种道德的功能，我们一样都没有，拿什么去昭示子孙后代呢？所以我的意见是，在这里修建一座先君的祖庙，祭告战争胜利就行了。

楚令尹子越椒之乱

CHU LING YIN ZI YUE JIAO ZHI LUAN

楚庄王随着年龄的增长，统治才能越来越强，他为了稳固自己的地位，把令尹子越椒的权力分出一部分，以免权力过重对自己不利。但是，自从分解了子越椒的权力以后，子越椒满心不高兴，对庄王仇恨在心，且又自恃才勇无双，加上先辈对楚有莫大功劳，心中产生了谋反叛乱的意图。庄王发现了子越椒有野心，便加强防备。在征伐陆浑的戎人时，考虑到子越椒有反叛之心，特地把心腹留在国内。子越椒一看庄王统兵出征，认为机会来了，就蓄谋作乱，于是率领本族叛众，偷袭杀害了庄王的心腹。子越椒把叛军驻扎在蒸野之地，想截断楚庄王的归路。

楚庄王闻知叛乱，日夜兼程率军往回赶。当到达漳澨时，子越椒率领叛军抗拒，两军对垒，叛军军威甚是雄壮。子越椒握弓挺戟，在自己阵营中往返奔驰，楚军老远看见，都有点害怕。楚庄王说："子越椒的祖辈世代有功，我宁可让他辜负我，我也不能辜负他们。"于是派遣大夫苏从，到子越椒军营中和他讲和，赦免他的罪，并且答应让太子做人质。子越椒却说："我以当令尹为耻辱，庄王能率军作战就来斗一斗。"苏从再三劝说不下。苏从走后，子越椒命令军队进攻。庄王只得应战。

★大夫苏从到子越椒军营中讲和

楚庄王为鼓舞士气，站在战车上，亲自擂鼓督战。子越椒从远处看见庄王，张弓搭箭，一箭射来，箭飞过庄王的车辕，射在鼓架上，吓得庄王连鼓槌都掉下来了。楚庄王急忙让避箭。子越椒又射来一枝箭，恰恰把刚刚用以避箭的左边大笠射透了。楚庄王下令，鸣金收兵。子越椒仗着神勇追赶，庄王的右军大将公子侧、左军大将公子婴齐拦住厮杀，把子越椒杀退回去。楚军退到皇浒下寨，拿出子越椒射的箭一看，见那箭比其它箭长出半倍，用豹子牙齿做成的箭头，锋利无比，军士左右观看了，无不心生畏惧。

★子越椒像

到了晚上，楚庄王自己出来巡视营地，听到营地中三三两两军士相聚起，说："令尹神箭太厉害了，庄王恐怕难以取胜。"庄王一听，军士害怕，军心将乱，就派人向众军人传言："先君文王的时候，听说戎人蛮夷制作的箭最锋利，派人去问，戎人就献给三枝箭的样品，名字叫透骨风，把它们藏到太庙里，被子越椒给偷去两枝。今天两枝箭已经射完了，大家不要忧虑了，明天一定破了他。"然后，楚庄王下令退到随国，以迷惑叛军，并定下了破敌的计谋。

第二天早上，子越椒探听庄王兵退，率领叛军追赶过来，庄王率军快速到达预定地方。子越椒率军一昼夜赶了200多里路，到了清河桥边。庄王军队在桥北埋锅准备做饭，看到追兵快到了，又把炊具等丢下逃走。子越椒一看马上就要拿住庄王了，忙下令："擒了庄王，再吃早饭。"叛军急行军一昼夜，又累又困，又饥又饿，勉勉强强前进，追上庄王后队潘尫的军队。潘尫立在车子中，对子越椒说："令尹志在捉住楚王，为什么不快点追他？"于是子越椒舍弃潘尫的军队，又赶了60里路，到达青山，碰到楚将熊负羁，问："庄王在哪里呢？"熊负羁说："庄王还没有到呀？"子越椒心

★公子婴齐像

中犯疑了，说："你只要和我合作，如果我当了王，和你同分楚国。"熊负羁马上附和说："我看你的军队又饥又困，不如让军队吃饱饭，才可作战。"子越椒认为说得对，下令停止前进，埋锅做饭，饭还没有煮熟，但听一声炮响，公子侧、公子婴齐两路军队杀到。叛军不能再战，只得向南逃跑。回到清河桥，桥已拆断了。原来楚庄王亲自率领军队，埋伏在桥的两边，等叛军一过桥，便将桥梁拆断，断绝叛军归路。子越椒一看，大吃一惊，吩咐人测量河水深浅，准备渡河，只见河对面一声炮响，楚军在河边大叫："乐伯将军在这儿，逆贼快速下马投降。"子越椒大怒，命令隔河放箭。

乐伯军中有一名小卒，箭射得非常精确，名叫养由基，军队中称他为神射手，他毛遂自荐，请求和子越椒比射箭。乐伯同意了。养由基立在河口大声说："河面如此宽，箭怎么能射过去呢？养由基听说令尹精于射箭，愿意在箭上比较高低，二人立在桥头上，各射三箭。生死由天决定。"子越椒哪里把养由基放在眼里。先由子越椒射箭。子越椒自视箭法高明，又仗有勇力，一箭朝养由基射来，养由基看箭射来了，用弓梢一拨，箭落入水中，第二箭射来，身子往下一蹲，躲过了，第三箭又到，养由基两脚站稳，不慌不忙，箭到的时候，张开大口，恰恰将箭头咬住。

子越椒三箭都射不中，心中虽已慌了，但还是强作镇静，让养由基回射三箭。养由基泰然自若地说："要三箭才射着你，便算是我初学了。我只须一箭，就可取了你的性命。"子越椒说："你口气太大了，好歹由你射吧。"心中又想："如果一箭射不中，我便喝住他。"谁知养由基的箭百发百中。当时养由基取箭在手，大叫一声："令尹看箭！"虚把弓拉一拉，却没有射出。子越椒听到弓弦响，认为箭来了，把身体向左侧一闪。养由基说："箭还在我的手上，还没有上弓，躲闪的，不算好汉，你怎么躲闪！"子越椒说："怕人躲闪的，就不算会射！"养由基又虚拉了一下弓，子越椒身子往右一闪。养由基趁他一闪时，把弓张好，射出一箭，子越椒不知箭已到，躲闪不及，箭直奔头额，贯穿而过。

叛军饥困交加，见主将中箭身亡，慌得四处奔走。楚将公子侧、公子婴齐，分路追杀，杀得尸骨堆积如山，血染红了河水。楚庄王大获全胜，班师回朝。

★神箭手养由基百发百中

★养由基像

养由基学射

楚国一位名叫养由基的人，擅长射箭。他站在离柳叶百步远的地方射柳叶，百发百中，在旁观看的人都为他连连称好。只有一个过路的人看了说："你射得不错，现在可以教你射箭的技术了。"养由基说："人人都说我箭射得真好，你却说可以教我射箭了，你为什么不来射一箭看看呢？"过路人说："我不能教你具体的射箭姿势，但我可以告诉你，射柳叶百发百中，而不会善于休息，射一会儿，弓就不正了，箭也会射偏。一箭射不中，就会前功尽弃。"养由基在感谢了这个路人之后，以后精心研究射箭策略。

楚国令尹孙叔敖

CHU GUO LING YIN SUN SHU AO

公元前599年，楚庄王拜孙叔敖为令尹。孙叔敖主张“施教于民”，“布政以道”。他极为重视民生经济，制定、实施有关政策法令，尽力使农、工、商各得其便。他在汉西利用沮水兴修水利，还在江陵境内修筑了大型平原水库“海子”。鼓励农民秋冬上山采矿，使青铜业大力发展。楚国出现了一个国富兵强，百姓安居乐业的鼎盛局面。

孙叔敖，蔿氏，名敖，字叔敖。约出生于公元前630年，卒于公元前593年。其祖父蔿吕臣曾官拜楚成王令尹(宰相)。父亲蔿贾，任楚国司马。孙叔敖出生于郢都(纪南城)北海子湖边白土里(又称孙家山，今雨台山附近)。

孙叔敖在少年时就勤奋好学，尊敬长辈，待人和善，孝敬母亲，深受邻里的喜爱。一天，孙叔敖遇到了一条长着两个头的蛇，当时楚国巫风盛行，普遍认为碰上两头蛇是不祥之兆。所以他想：反正我必死无疑，但我不能让别人也看见它，那样会死更多的人。于是，他打死了这条蛇，然后把蛇埋了起来。因为打死了双头蛇，回到家里，孙叔敖闷闷不乐，也没有心思吃饭，他一个人坐在角落里发呆。母亲看到孙叔敖这般模样，便关切地问：“孩子，你今天是怎么啦？是不是生病了？”经母亲这么一问，孙叔敖忍不住“哇”地一声大哭起来。随后他把事情的经过一五一十地告诉了母亲。“原来是这样。”情急的母亲听完孙叔敖的叙述后，长长地出了一口气，并高兴地安慰道：“你不会有事的，你的心眼儿这么好，上天会保佑你的。”

★孙叔敖击杀两头蛇

★孙叔敖率民修芍陂

过了很长时间，孙叔敖果然安然无恙。而他为使别人不受伤害打死两头蛇的故事，却成为美谈很快在当地传开了。后来，孙叔敖刻苦求学，成为楚国有名的才子。他在全家迁往期思（今河南固始北境）时，组织和发动民工排渍水，又在雩娄(河南固始东南)开挖渠道，利用史灌河兴办灌溉工程，建成了我国历史上第一个大型渠系水利工程——期思陂。

公元前597年，做了令尹后的孙叔敖更是一心为民，他继续推进楚国的水利建设，发动人民“于楚之境内，下膏泽，兴水利”，主持兴办了我国最早的蓄水灌溉工程——芍陂。芍陂建成后，使安丰一带每年都生产出大量的粮食，并很快成为楚国的经济要地。在积极发展水利的同时，孙叔敖还注意无论是大事还是小事，首先考虑老百姓的利益。有一次，庄王认为当时楚国的车子太小，便命令全国一律改造高大的车子。孙叔敖劝谏说：“若以命令行事，百姓一时无措，会招致百姓反感，不如把都市街巷两头的门限做高，低小的车过不去，人们就会慢慢地自觉改造高车了。”庄王以为这样做既能达到自己的目的，又不招致百姓的报怨，夸他想的周全。还有一次，庄王嫌原来通行的货币太小，改铸大币，强令通行。可是百姓在使用时因钱币大，携带不便，特别是商人们更是蒙受了巨大损失，这些人纷纷放弃商业经营，使得市场很快进入了极度萧条状态。更为严重的是，原来经商的人们都认为这样下去无法生存，便都向其他地区迁徙，使人口稠密的都城也变得冷清起来。

面对这种情况，孙叔敖以“便民为要”，劝说庄王恢复通行小货币，在得到庄王许可后，他马上采取措施，恢复了小钱币，使市场恢复了繁荣的局面。

在国富民强的同时，孙叔敖也为庄王谋求中原霸主献计献策。公元前597年，楚国与晋国大战于邲，他辅助庄王机智灵活地指挥了这场战斗，用楚军勇猛迅速的动作，将晋军赶往了黄河以北地区，使庄王一步登上中原霸主的盟坛。

孙叔敖多次拒绝了庄王对他的奖赏，为官多年，家中却没有积蓄。公元前593年，就在他临终的时候，却连棺椁也没有准备，堪称为官清正廉洁的典范。

楚灵王大合诸侯

CHU LING WANG DA HE ZHU HOU

在诸侯大国争夺霸权的斗争中，大国兼并小国，扩张了土地。可是大国的诸侯不得不把新得到的土地分封给立了功的大夫，大夫的势力因而也大了起来，大夫之间也由此经常发生斗争。随着大国国内的矛盾尖锐起来，他们都想把争夺霸权的战争暂时停止。公元前546年，宋国大夫向戌倡议“弭兵之会”，即各诸侯国与民休息，停止战争。当时齐、秦两个大国不与其他诸侯交往，因此不在倡议之列。余下两个大国晋、楚各带自己的属国参会，其中鲁、卫、郑从属于晋国，蔡、陈、许从属于楚国。会间规定：除齐、秦两个大国外，各小国都要向晋、楚两国同样朝贡。两国因在国力上势均力敌，在利益上又平分秋色，所以都心满意足而归。自此，会盟国都息兵罢战，而且在以后的50多年里，没发生大的战争。

★向戌倡议“弭兵之会”

诸侯之间的战争暂时没有了，但诸侯国内部的权力之争却是此起彼伏，接连不断。先是齐相国庆封专权、郑国公孙黑乱政，后有蔡灵公杀父、楚灵王弑君。致使列国虽有弭兵之约，但无处不是刀光血影。公元前541年，楚国以公子围为令尹，公子围是楚共王的儿子，年纪最大，但因为不是嫡子，而未能继位。但公子围为人桀骜不驯，恃才傲物，不甘于人下，所以常怀不臣之心。自他掌权以来，欺楚王软弱，凡事独断专行，又结党营私，常用国君的仪仗招摇过市。楚王因其势大，也只得睁一只眼闭一只眼。不过，公子围得寸进尺，他对楚王的位置垂涎日久，时时在寻找取而代之的机会。公元前541年，公子围出使郑国，途中听说楚王熊麇生病，便抛下公事，返回楚国。公子围假意进宫中探视，并说有密事相奏，遣开楚王身边的侍从，然后用丝带将楚王勒死，并持剑杀了楚王的两个儿子。为掩人耳目，他命以楚王病死讣告其他诸侯国，并授意自己的心腹伍举说：“共王的儿子公子围是长者，宜为楚君。”借此，公子围即位，是为灵王。

灵王即位后，更加骄狂。公元前538年，也就是楚灵王即位的第三年，他准备大会诸侯，派人去各国，请他们来楚国的申地会合。可是，灵王却并没有利用好这次会盟的机会，鲁国和卫国没来参加，宋国更是只派了一个代表。这使灵王很不愉快，尤其对于晋国没有参加，更使其恼怒不已。伍举说：“从前夏启有钧台宴飨，商汤有景亳诰命，周武王有盟津誓师，成王有岐阳会猎，康王有丰宫朝觐，穆王有涂山相会，齐桓公有召陵会师，晋文公有践土结盟，您打算使用哪种礼仪？”灵王说：“使用齐桓公的。”当时郑国的子产在场，而晋、宋、鲁、卫都未参与申之会。灵王与诸侯订立盟约后，面露骄色。伍举提醒说：“桀因有仍相会，有缗背叛他。纣王因黎山相会，东夷背叛他。幽王因太室盟约，戎、翟背叛他。您要慎重思虑结局呀！”可是，灵王没有把他的话放在心里，他在这次会盟中，处处表示出骄纵的习气，当场侮辱别国派来的使臣，杀死一些无辜的下属，并且对来到的各国君王毫无礼貌，结果为自己埋下了祸根。

当年七月，楚国率诸侯军讨伐吴国，包围了朱方。八月，攻下朱方，囚禁了庆封，杀尽庆封家族。楚国拿庆封示众说：“大家不要仿效齐国庆封杀死自己的国君，欺凌自己的幼君，挟制各位大夫与自己盟誓。”庆封反唇相讥说：“不要学习楚共王的庶出之子公子围，他杀死自己的哥哥和侄儿而夺君位！”于是灵王派人立即杀死了庆封。

公元前533年，陈国因诸党争立太子，逼死了陈哀公，伍举奏请灵王效法楚庄王出兵讨逆。刚开始陈国人都以为楚王来平乱是件好事。可是，当灵王平定陈乱之后，却把陈国并入了自己的国土，设立了陈县，使陈国人大失所望，深恨灵王贪婪。灵王灭亡了陈国后，又接受伍举的建议，要把弑父夺位的蔡侯骗来除掉。蔡侯知道灵王贪而无信，且只知责人，不知责己，不来怕灵公出兵讨伐，来了又怕有来无回。结果被蔡侯料中，当蔡侯见到灵王后，先是被其灌得烂醉。接着，连蔡侯共70人全部被捕杀，然后又将蔡国并入自己的版图。

慑于楚灵王的淫威，诸侯各国都来朝贺。一时间各国使臣不绝于道。公元前533年，楚灵王自以为天下唾手可得，想派使者去周要九鼎，大臣劝灵王说："目前，天子虽然怕我们几分，但齐、晋两国与我们势均力敌，吴、越两国还未臣服我们，如果我们逼得紧，恐怕他们要借题发挥，在我们的侧后生乱。"灵王一听，马上命令先伐徐，然后伐吴。时值冬月，天寒地冻，士兵们身着铁甲，手执兵器，暴露在风雪之中，寒冷难耐。灵王却身穿"腹陶裘"，外披"翠羽披"，头顶皮帽，足踏豹皮装饰的锦靴，站在中军帐前观看雪景，连声赞叹"好雪！"将士们听后，身冷心更寒。灵王驻扎在乾溪，他从冬到春，日日射猎，天天饮酒，还令百姓筑造宫室，只等伐徐成功的消息，丝毫没有返国之意。不过，他最终等来的却不是徐、吴的归附，而是二子被杀，郢都失守。原来，楚灵王的弟弟弃疾知道楚灵王是弑兄杀侄的乱臣贼子，且为人少恩寡义，便在国中生变，杀了他的两个儿子，拥立子比为王。然后命观从率领军队到乾溪，向楚国官兵宣布说："楚国已经拥立新王了。先返回国都的，恢复他们的爵、封邑、田地、房屋。后返回的一律流放！"楚国官兵闻听马上逃的逃、散的散，全不听灵王号令。

灵王听到太子禄被杀的消息，放声大哭，近臣劝他说："将士已无斗志，还是快想出路吧！"灵王擦一把眼泪说："人们都像我这样爱自己的儿子吗？"侍者说："还要超过您。"灵王说："我杀别人的儿子也太多了，别人杀了我的儿子，也算是冤冤相报了。"于是，他换下服装，随近臣一起逃难。近臣建议说："请您到国都郊外听从国人的处置吧。"灵王说："众人的怒气不可冒犯，去了如同送死。"近臣说："暂且到大县避一避，再向诸侯们请兵如何？"灵王说："诸侯们都要背叛我的，去也无益。"近臣又说："暂且逃到诸侯国听听大国国君的意见。"灵王说："大福不能再次降临，去那些国家只不过是自取侮辱罢了。"于是，灵王想乘船进入鄢城。近臣们估计灵王决不会听从他们的建议，担心与灵王一块被杀，便纷纷离开灵王逃跑了。

灵王一连三日没吃没喝，左右又没有一个随从，他独自在山中徘徊，百姓没有人敢收留他。正饿得力不能支、瘫倒在地的时候，忽然身边走过一个曾在宫里呆过的人。灵王恳求他说："你替我找口饭吃吧，我已经饿了三天了。"宫人说："新王刚刚下达诏令，有敢给您送饭并与您一起逃亡的诛灭三族，何况我也无处寻食。"灵王连累带饿，他头枕宫人大腿睡下。宫人偷偷用土块来代替，然后抽身逃走了。灵王醒后找不见宫人，饿得竟不能坐起。

★楚灵王众叛亲离

芋地地方官申无宇的儿子申亥说："我的父亲曾经两次触犯王法，灵王都赦免了他，恩德没有比这更大的了！"于是他到处寻找灵王，终于在厘泽找到饿昏的灵王，灵王到了申亥的家已经悲不能语，给他吃的他也不吃，让他睡觉他也不睡，只是长吁短叹，捱到五更，灵王自知再无力回天，便自缢而死。

楚灵王

楚灵王，本名芈围，是楚共王的次子，杀了大哥熊麇自立。楚灵王有个嗜好，偏爱细腰美女。不论男女，凡是腰围粗大者，都是他的眼中钉。楚灵王六年（公元前535年），他命造章华宫，选人美腰细者入住此宫。所以，又称细腰宫。宫里人为了在楚王面前争媚献宠，都节食忍饿，以求腰细，甚至有饿死而不悔者。后来，楚国人相袭成俗，都以腰粗为丑，不敢吃饱。百官上朝的时候，也都用带子勒紧腰部，生怕遭到楚王的憎恶。因而后世留下了"楚王好细腰，一国皆饿死"的诗句。

★楚灵王像

齐晏婴楚宫舌战

QI YAN YING CHU GONG SHE ZHAN

由于楚灵王挟诈灭了陈蔡两国，又以蔡的世子（继承人）作为祭祀用的牲畜宰杀，还用蔡洧的谀言，在陈蔡之地广筑城池，用以窥视中原。此后，灵王便自以为楚国强于天下诸侯，代周而为天子指日可待。

一些诸侯看到楚国君骄国盛，都纷纷遣使来朝贺，送礼纳贡者不绝于道。当时，齐景公也派上大夫晏婴来楚行朝贺之礼。灵王闻信对臣下说：“听说晏平仲（晏婴别名）身长不过五尺，但在列国之中颇有贤名，现在唯我楚国最强大，我想羞辱他一番，以增强我楚国之威。”说完，他派人先于郢城门边另凿了一个小门，刚刚五尺高。并吩咐城门卫士：“待晏婴来时，便让晏婴从小门通过。”晏婴来到楚国城下，见城门紧闭，便停在那里，城门卫士指着小门说：“大夫从此洞穿过还宽敞有余，何必非开大门？”晏婴笑着说：“这是狗出入的门，出使狗国的人可以从这里出入，出使人国的人还需从大门出入才是。”

灵王闻报，不无懊恼地说：“我本想戏弄他，却反遭他的戏弄！”于是便命令打开城门。晏婴进城前行没多远，忽见对面有两名高大的武士，手持长戟，乘车来迎。晏婴明白楚王是为了让自己相形见绌之意，便怒陈道：“我为两国修好而来，为何用武士来迎？”说完便将武士叱退，径直驶往宫内。此时，宫内文臣武将已列队相迎，晏婴心知是楚国的一班豪杰，便下车施礼，一一致意。这时楚臣中一人走出问晏婴说：“听说齐侯不亚于桓公，晏子可比于管仲，为何不思重振旧业，却主动来服事我们大国？”晏婴不亢不卑道：“识时务者为俊杰，通机变者为英豪，目前齐侯达知天命，正养兵练将，待时而动。况我来楚国只是两国的正常交往，怎能说是臣服于楚，难道以往楚使通齐也是卑屈于齐国？”晏婴反唇相讥，使问话的人面红耳赤，急退入班列。

★晏婴雕像

过了一会儿，又有一人从班列中走出说道：“你自称是通变之士，那么齐国崔杼、庆封为乱时，你家世为大夫，可你却上不能讨贼，下不避位，可见你只是贪慕荣华，徒有虚名。”晏婴不慌不忙地说：“抱大节者，不拘小谅；有远虑的人，岂肯只顾眼前的事情？我听说君死于国家社稷，臣子当慷慨赴死。但先君之死，非为社稷，而我不随死，是为了更立新君，以保国家安定，如果人人都去赴死，那么国家怎么办？况且齐之先君之变，哪国没有？试问你们这些位于臣列的人，都是些能讨贼或赴死的人吗？切不可但知责人，不知责己。”因为楚灵王本身就是杀兄夺位的人，所以这句话

★晏婴出使楚国

★晏婴智辩

问得楚臣们哑口无言。

正当晏婴还在与楚臣唇枪舌战的时候，楚灵王升殿，他一见到晏婴，马上就问："齐国是不是没有人才？为什么派你这样一个矮子来出使楚国？"晏婴答道："大王，齐国人多着呢！国都临淄人口百万，每人呼一口气，可以呼气为云；每人淌一滴汗，可以挥汗如雨。行人来往川流不息，摩肩接踵，又怎么能没有人才？只是敝国有一个规矩，贤明之人出使贤国，不肖之人出使不肖之国，大人出使大国，小人出使小国，而今我无才无德又最不肖，只好来楚国为使，希望大王原谅。"

灵王听罢，一时无言以对。恰在这时，有人端上一盘合欢橘，灵王赐晏婴一枚，只见晏婴连皮带瓤全部吃下。灵王见有机会嘲笑晏婴，便对诸臣说："大家看看吧！齐人连橘子都不会吃！"晏婴却不紧不慢地解释说："受君之物不洗不剖是做臣子的礼节，我身为齐使，见您就等于见我的国君，所以没有您的命令，岂敢剖食。"楚灵王闻听，不觉肃然起敬，便大声命令道："摆酒赐宴！"可是，正在饮宴间，忽见一对武士押一名犯人从殿前经过，楚王问道："这个人是哪国人？所犯何罪？"武士答："齐国人，犯的是盗窃罪。"灵王抓到了把柄，忙对晏婴说："齐国人有偷东西的毛病吗？"晏婴知道楚王是以此来取笑自己，报刚才之辱，于是从容不迫地回答说："小臣我听说：桔子种在淮水以南称为桔，甜美无比，而将其移至淮水以北，则变成了枳。枳小，且酸涩，苦不可食。之所以会有这两种截然相反的情况，实在是水土的缘故。现在这个齐国人出生在齐国，并非盗贼，可是为什么来到楚国，却变成了盗贼呢？这是楚国使他发生了这种变化，齐人之于楚国正如桔子之于淮北，这与齐国又有什么关系呢？"楚王默然良久，叹道："本来打算让您在今日受辱，哪里想到竟被您嘲笑了，这是寡人的过错。"于是楚王善待晏婴，晏婴圆满完成了使命，回到齐国。

晏婴

晏婴，字平仲，世称晏子。夷维（今山东高密）人，春秋时齐国大夫。公元前556年，其父晏弱死后，继任齐卿，历任灵公、庄公、景公三世，是春秋后期一位重要的政治家、思想家、外交家。晏子极富政治远见和外交才能，作风朴素闻名诸侯。他爱国忧民，敢于直谏，在诸侯和百姓中享有极高的声誉。他博闻强识，善于辞令，主张以礼治国，曾力谏齐景公轻赋省刑。汉代刘向《晏子春秋》叙录，曾把晏子和春秋初年的著名政治家管仲相提并论。传世有《晏子春秋》一书，是战国时人搜集有关他的言行编辑而成。齐景公在位期间，滥用刖刑（砍下犯人的脚或把膝盖骨削掉），无数人被割去了脚，使临淄城市场上出现了一种十分奇怪的现象，鞋子很便宜，都卖不出去，假脚很贵，却买不到，叫做"踊贵履贱"。晏婴借景公为他迁府之机，机智地向景公进谏，省去了刖刑。晏子身为三朝宰相，竟始终过着清贫生活，穿粗衣，吃粗粮，居陋室，骑劣马。景公给他新房，他拒绝搬迁；给他金银裘皮、好车好马，他坚辞不受；景公见他的妻子又老又丑，把女儿赐给他，晏婴更是婉言谢绝。由此晏子拒赐成为千古美谈。也许正是这样高尚的品格，才使后来的司马迁对其发出了由衷的赞叹："假如晏子还活着，我就是为他执鞭驭马，也心甘情愿啊！"

★晏婴像

晏婴二桃杀三士

YAN YING ER TAO SHA SAN SHI

齐景公对于晏婴谏言大都能采纳，因而他虽无大的建树，却也使当时的齐国相对稳定。但是，景公有个专宠勇士的嗜好，在他的身边有三个勇士，一个叫田开疆，一个叫公孙捷，另一个叫古冶子，号称“齐国三杰”。这三个人个个勇武异常，深受齐景公的宠爱，但他们却恃功自傲，简慢公卿。当时齐国的田氏势力越来越大，直接威胁着景公的统治，而景公却浑然不知。勇士之一的田开疆属于田氏宗族，相国晏婴担心“三杰”为田氏效力而危害国家，曾屡谏景公除掉“三杰”，然而在这件事上，景公却未能接受晏婴的忠谏。

为了避免“三杰”给齐国带来祸患，晏婴在景公对自己的谏言置之不理的情况下，决定寻机除之。适逢鲁昭公访问齐国，齐景公设宴款待。鲁昭公由叔孙诺陪同，齐景公由晏婴陪同，君臣四人坐在堂上，“三杰”佩剑立于堂下，态度十分傲慢。晏子心生一计，决定乘机除掉这三个心腹之患。

★齐景公塑像

★鲁昭公访问齐国

当两位君主酒至半酣时，晏子说：“园中的金桃已经熟了，摘几个请二位国君尝尝鲜吧？”齐景公大悦，传令派人去摘。晏婴忙说：“金桃很难得，还是臣亲自去摘吧。”一会儿的功夫，晏婴带着园吏，端着玉盘献上六个金桃。众人一见，只见盘子里的金桃个个硕大新鲜，桃红似火，香气扑鼻，令人垂涎。齐景公问：“就结这几个吗？”晏婴说：“还有几个没太熟，只摘了这六个。”说完恭恭敬敬地献给鲁昭公和齐景公一人一个桃子。鲁昭公边吃边夸奖桃味甘美。景公听了，心里甚为得意，他边吃边说：“这桃子实在难得，叔孙大夫天下闻名，应当吃一个。”叔孙诺谦让道：“我哪里赶得上晏相国呢？相国内修国政，外服诸侯，功劳最大，这个桃子应该他吃。”齐景公见二人争执不下，便说道：“既然二位谦让，那就每人饮酒一杯，食桃一个吧！”两位大臣谢过景公，饮酒食桃。

此时，盘中还剩有两个桃子。晏婴说：“盘中还有两颗桃子，请君王传令群臣，各述自己的功劳，谁的功劳大，谁就吃桃，以示表彰。”齐景公同意，于是传令下去。话音刚落，公孙捷率先走了过来，拍着胸膛说：“有一次我随国君打猎，突然从林中蹿出一头猛虎，是我冲上去，用尽平生之力将虎打死，救了国君。如此大功，还不应该吃个金桃吗？”晏婴说：“虎口救主，功劳甚大，可赐酒一杯，金桃一个。”公孙捷归到班列，然后饮酒食桃。

古冶子见状，厉声喝道：“打死一只老虎有什么稀奇！当年我送国君过黄河时，一只大鼋兴风作浪，咬住了国君的马腿，一下子把马拖到急流中去了。我跳进汹涌的河中，舍命杀死了大鼋，保住了国君的性命。像这样的功劳，该不该吃个桃子？”景公说：“当时黄河波涛

★田开疆挥剑自刎

★二桃杀三士

汹涌,要不是将军斩鼋除怪,我的命早就没了。这是盖世奇功,理应吃桃。”晏婴慌忙赐酒,并把剩下的一个桃子递给了古冶子。

这时的盘子已空,一旁的田开疆眼看桃子分完了,急得大喊大叫:“当年我奉命讨伐徐国,出生入死,斩其名将,俘虏徐兵5000余人,吓得徐国国君俯首称臣,就连邻近的郯国和莒国也望风归附,奉我君为盟主。如此大功,难道就不能吃个桃子吗?”晏婴忙说:“田将军的功劳当然高出公孙捷和古冶子二位,然而桃子已经没有了,先赐上一杯酒,等树上的桃子熟了,再请您尝吧。”田开疆手按剑把,气呼呼地说:“打虎、杀鼋有什么了不起。我南征北战,出生入死,反而吃不到桃子,在两位国君面前受到这样的羞辱,我还有什么面目站在朝廷之上呢?”说罢,竟挥剑自刎了。公孙捷大惊,也拔出剑来说道:“我因小功而吃桃,田将军功大倒吃不到。我还有什么脸面活在世上?”说罢也自杀了。此时,古冶子沉不住气了,大喊道:“我们三人结为兄弟,誓同生死,亲如骨肉,如今他俩人已死,而我独苟活于世,于心何安?”说完,挥剑而死。

鲁昭公目睹此景,目瞪口呆,半天才站起身来,说道:“我听说这三位将军都有万夫不当之勇,可惜为了一个桃子一朝俱尽。”齐景公长叹了一声,沉默不语。这时,晏婴不慌不忙地说:“他们都是有勇无谋的匹夫,智勇双全、足当将相之任的,我国就有数十人,这等只配牵马执鞭的武夫莽汉,那就更多了。少几个这样的人也没什么了不起,各位不必介意,请继续饮酒吧!”齐景公听了晏婴的话,心里这才明白晏婴的用意,并再次与鲁昭公欢饮起来。

齐国三杰

战国齐景公时,田开疆率师征服徐国,有拓疆开边强齐之功;古冶子有斩鼋救主之功;由田开疆推荐的公孙捷有打虎救主之功。三人结为兄弟,自号为“齐邦三杰”。齐景公为奖其功劳,嘉赐“五乘之宾”的荣誉。随着时间的推移,他们三人挟功恃勇,不仅简慢公卿,而且在景公面前也全无礼统,甚至内结党羽,逐渐成为国家安定的隐患。齐相晏婴深感忧虑,想除掉,又担心景公不允许,反结怨于三人。于是利用他们恃勇好胜、贪图虚名且有勇无谋的缺点,以“二桃杀三士”的手段将这三人除掉。

★二桃杀三士石刻(拓片)

★晏婴墓

山东淄博齐都镇永顺村东南约300米处,有一座高十余米,方圆近百米的古墓,这就是齐国名相晏婴之墓。墓前有明代万历年间立的石碑,上面刻着“齐相晏平仲之墓”。

田穰苴铁面诛监军

TIAN RANG JU TIE MIAN ZHU JIAN JUN

春秋时，晋国的军队占领了齐国的东阿和甄城等地。燕国的军队又从北面侵占了齐国黄河南岸的土地。齐国军队经常打败仗，使齐景公非常担忧。齐国大臣晏婴与田穰苴是好朋友。晏婴很赏识田穰苴的学识和军事才能，总想找机会推荐田穰苴。有一天，他们俩人在屋里下棋，忽然有人禀报说：“齐王召丞相有要事商议。”晏婴放下手中棋子，匆忙乘车赶往宫里。

晏婴到了宫中，齐景公正紧锁双眉，愁容不展地坐在殿上。待晏婴拜见后，齐景公二话没说，拿起一份紧急文书，递给晏婴看。这封紧急文书上报告燕国军队进犯齐国边邑河上的情况。晏婴看罢文书，生气地对景公说：“燕国屡犯我边关，蚕食我疆土，这次又派大军犯我边境。以臣之见，我们应调集军队前去抵抗，只有挫败敌人，才能保证国家的安全。”景公说：“寡人也是这样想，但现在是心有余而力不足呀！派谁去统兵抵抗呢？”晏婴沉思了一下，向景公说：“我有一个好朋友，叫田穰苴。他精通兵法，英勇无比。我认为，他可以担当此任。”齐景公听了连连点头说：“好，请你赶快把他召来。”

晏婴把田穰苴带进宫中，景公一见，非常高兴，询问田穰苴说：“听晏丞相介绍说，你精通兵法，勇敢过人。现在燕国又一次发兵进犯我边邑，此乃英雄用武之时。寡人想让你统帅三军，与敌作战，立功疆场，不知你意下如何？”田穰苴回答道：“大王过奖，臣没有那么大的才能。但抵御外患，保卫社稷，乃是臣民义不容辞的职责。我愿意为大王和社稷竭忠尽力。不过臣出身低微，现在大王把我从一般军官破格提拔到这么重要的位置上，恐怕军内官兵不会服气，老百姓也不会信任。况且过去从未担当过这么大的责任，恐怕一时难以统帅三军。”齐景公笑着说：“这个请你不必担心。我已经考虑好了，将派大将军庄贾作你的监军，让他辅佐你，我想不会有人敢不听从你的命令。你看如何？”

提起庄贾，田穰苴想起了前几年的一件事：有一天，田穰苴在临淄城外散步，忽然看见一队人马从城里出来，百姓立即左躲右闪。后来才知道军队侍卫着的那位耀武扬威的大人物就是齐国的大将军庄贾。庄贾有十几个城的封邑，门客很多，在齐国是一个显赫人物。如今让这样一个有权势的人作监军，还有什么话可说呢？于是田穰苴向齐景公说：“只要庄贾大将军作臣下的后盾，那我就没有什么可担心的了。”

田穰苴受命后，齐景公又传庄贾进宫，向他说明这次作战统兵的主帅及原因。庄贾看到站在旁边的晏婴和田穰苴，毫不在乎地说：“既然丞相保举田穰苴来统帅三军，说明他自有统兵之法，何必还要监军呢？”景公解释说：“寡人念你年高望重，久经沙场，老成练达。田穰苴是初次统兵，让你作他的监军，将士谁敢不听从指挥呢？”庄贾听了景公的话，大笑起来，得意地说：“既然这样，那我只好奉命前去！”这时，站在房边的田穰苴上前向庄贾施礼说：“有大人作监军，我心里就踏实了。调兵遣将，作战指挥，还望大人多多指教。”齐景公欣慰地对他们俩人说：“燕国的军队已经攻到我们的河上来了。事不宜迟，请你们回去准备，务必在明天正午时分率师出发。军令在身，不得有误。”随即拿出符节，交给田穰苴。

★田穰苴

田穰苴回到家里，告别了母亲和妻子，立刻去了军营。他一到营帐，首先把景公的敕令传达给全军官兵，让各路人马迅速作好一切准备。身负重任的田穰苴心里想，兵贵神速，时间对军队来说，是最重要不过的事情了。他唯恐军队不能按时出发，特意让人在营门之外装了一个测影的日晷，又安放了一座滴漏。用这两种方法观察时间，并以此来检查将领们是否遵守军令。待一切准备妥当后，他下令全军：“明日正午，准时出发！”田穰苴这一天忙得没合眼，直到天亮。

大将军庄贾平时骄横惯了，自从受命以后，回到家里根本没把这件事放在心上。他想，我是多年征战沙场的老将，这次又是监军，田穰苴的一切行动都要听我的。我想什么时候走，就得什么时候走，我

★田穰苴斩庄贾

不去，他就不敢出征。庄贾在齐国权势显赫，亲朋好友很多，这次他要去监军，许多人都纷纷来为他饯行。家里张灯结彩，灯红酒绿，又是歌舞，又是宴饮，通宵达旦，热闹非常。临走那天，为他送行的车络绎不绝，馈赠的东西名目繁多，琳琅满目。沉浸在欢乐之中的庄贾，把军机大事和军法命令，统统抛到九霄云外了，一直狂欢到中午时分宴席还未散。

第二天，田穰苴一直在营帐里等着庄贾。从天亮等到正中午，还不见庄贾的影子。穰苴心里又急又气。后来军吏来报："午时已到！"穰苴才断定庄贾是不会按时来了，只好让军吏把测日时的器具全部拆掉。尽管这样，穰苴还是压着气又等了一段时间，最后一直等到太阳偏西的时候，才见庄贾带着几个侍从姗姗而来。穰苴压着火上去问："大人为何现在才来？"庄贾毫不在乎，若无其事地说："当监军的人来迟了，还用得着责问吗？我什么时候来，你就什么时候走，这不就行了吗？再说，为我送行的卿大夫那么多，我总得花费时间呀！"

田穰苴听了这番话十分恼火。心想，作为统兵的将帅，不能严于律己，带头违犯军法，那还怎么指挥别人呢？要是下边的将领都学监军的样子，又怎么执行命令呢？于是，他严肃地向庄贾说："身为将帅的人，从接授命令之日起，就应该忘掉个人的一切；到了部署军事的时候，就应该忘记自己的父母、家属；到临阵作战的时候，就连自己的性命都应该忘掉。现在燕国的军队已经攻到了我们的河上，全国都不安，百姓的性命都在我们手里。在这样的时候，还讲什么送行？"田穰苴说完，立即招来执法官，问："届时不到，按军法该当何罪？"执法官回答说："当斩！"庄贾一听吓坏了，赶快告诉随从向齐景公求救。可是还没等到求救的人返回来，庄贾已被斩首了。官兵为此受到了极大的震动。

过了一会儿，齐景公派来救庄贾的使者拿着赦免令闯进了兵营。田穰苴说："可惜你来晚了。"接着说："即使你赶来得早也没有用，要知道将帅在作战期间，就是国君的敕令也可以不受。"他又转过身来问执法的军吏说："军营中能允许使者策马疾驰吗？"军吏回答说："不行！这是违备军法的！"田穰苴说："今天的这个使者策马扬鞭直闯军营，该当何罪？"军吏又答道："按军法当斩！"使者一听吓得匍匐在地，苦苦求饶。田穰苴看到使者脸吓得苍白，使用缓和的口气说："国君派来的使者是可以免去死罪的。为了严肃军纪，把他车上的左骖马斩了，传示全军。"田穰苴让使者回去向景公报告，然后整顿队伍，浩浩荡荡出发了。

行军途中，不管安营扎寨，还是军队的伙食、给养，田穰苴都亲自检查。自己同官兵同吃同住，毫不特殊。几天以后到了前线，当他重新整编队伍时，竟连老弱病残的士卒也请求上前线作战。燕国的军队得知这个情况后，未与齐军交战，就主动撤退了。齐军很快收复了所有失地。当田穰苴凯旋归来的时候。齐景公高兴地亲自到郊外远迎，尊称他为司马。

田穰苴善于治军，统兵作战，执法严明，日益远近闻名，成为春秋时期著名的军事家。他治理军队、指挥作战的言行和经验后来被编纂起来，成为司马穰苴兵法，在中国古代军事史上产生了广泛影响。

《司马法》

《司马法》是成书于战国中期的一部官修兵书，相传是姜子牙所写，但到了战国时已经散失。据《史记·司马穰苴传》记载："齐威王使大夫追论古者司马兵法，而附穰苴于其中，因号曰《司马穰苴兵法》。"据《汉书·艺文志》记载，当时《司马法》共一百五十五卷。东汉以后，马融、郑玄、曹操等人的著作中，都曾以《司马法》为重要文献资料而加以征引，据以考证西周和春秋时期的军制。《司马法》流传至今已两千多年，亡佚很多，现仅残存五篇。但就在这残存的五篇中，也还记载着从殷周到春秋战国时期的一些古代作战原则和方法，对我们研究那个时期的军事思想，提供了重要的资料。今本《司马法》共五篇，篇目为仁本、天子之义、定爵、严位、用众，其内容弥足珍贵，包含着丰富的军事思想。作为我国古代优秀兵学代表作之一，《司马法》在世界上产生了较大影响。随着中外文化交流的发展，该书已被陆续译成各国文字，蜚声海外，广为流传。

费无忌谗言乱楚

FEI WU JI CHAN YAN LUAN CHU

楚自康王末年，全国一直处于动荡不安之中。康王死，其长子立，是为郏敖；郏敖四年（公元前 541 年），子围杀之而自立，是为楚灵王；灵王十二年（公元前 529 年），灵王领兵围攻徐都，子比、子皙、弃疾发动了宫廷政变。围攻徐都的楚

★费无忌像

师撤离，众人按年龄长幼推子比为王，是为楚初王，子皙为令尹，弃疾为司马。但因灵王去向不明，郢都人心不稳，弃疾从中得到启发，决定利用这个动荡时机，置子比、子皙于死地。五月己卯之夜，弃疾派人绕城大呼，说是灵王驾到了，满城为之骚动，斗成然奉弃疾之命进宫，故作惊慌，对子比、子皙说：“灵王回来了，国人要来杀二位了，弃疾也快要进宫来了，二位要早作打算，以免受辱！”斗成然刚说完，又有人受弃疾指使跑进宫来说：“外面大队人马就要冲进来了！”子比和子皙以为已到了穷途末路，吓得抱头痛哭一场，然后双双自杀。两人死后，斗成然则指挥众人扫除宫室，率百官迎接弃疾入宫即位。百官中的大部分人原以为迎接灵王，及至弃疾到时，才醒悟原来是弃疾设的计。

公元前 529 年，弃疾即位，是为楚平王。他先以礼安葬了子比、子皙，然后录功用贤，上下欢宴。平王比灵王聪明，他能保持清晰的头脑，装扮成良好的形象，密切地注视着臣僚，对危险的征兆颇为敏感，既不能容忍骄横跋扈的权臣，也不能容忍才高望重的贤臣，一旦出现了，就必欲除之而后快。即位之初，除封赏功臣外，积极抚绥百姓、敦睦诸侯。他宣布从他即位起，让民众休养生息五年，才考虑用兵。并信守诺言，让蔡人和陈人复国。当初灵王灭蔡为县后，把许、胡、沈、道、房、申的公族迁到楚国的腹地，平王即位后，让他们各回故地。一时间，各国君臣上下欢声雷动，对平王都心生感激。自此，国内祥和，四境安谧。不过，这一时期，平王的身边出了个佞臣费无忌，他虽为太子少师，但平素总不离平王左右，并引导平王专事声色犬马。对此，太子建非常看不惯，便与他疏于往来，而与伍举的儿子伍奢（时为太子太师）交往过密。费无忌看在眼里，便暗自衔恨。公元前 527 年，太子建 15 岁时，费无忌建议平王给太子建成亲。平王遂为太子建聘秦国嬴氏为夫人，命费无忌到秦国去迎娶。但归途中，费无忌发现嬴氏貌美，当嬴氏到郢都后，便劝平王自娶。尔后从随嫁的侍女中挑了一个容貌姣好的女子充作太子夫人。平王看嬴氏果然如费无

★平王许陈、蔡复国

★费无忌献媚

★太子建出奔

忌所说，心中好不得意，便依费无忌暗中操持，把嬴氏娶到自己的宫里，并由此对费无忌格外宠信。

但是，没有不透风的墙。平王纳媳的事情最终还是被一些大臣知道，因此上上下下颇有微词。此时，费无忌怕太子建知道内情，而日后登基必会加害他，便暗示平王将太子建派往外地，远离宫廷。公元前523年，平王采纳费无忌的建议，派太子建去镇守城父。名义是派太子建管方城以外，由平王自己管方城以内，实际是为了阻隔信息，防止太子建知情生乱。但是，太子建刚到城父，就知道了此事，并对费无忌恨之入骨。

用侍女调包的计谋始终是费无忌的一块心病，他食不甘味，夜不安寝，最终又想出一条毒计。一天，他偷偷对平王说："我听人说太子建与伍奢有谋反之心，他们暗中派人到齐、晋两国联络，想要里应外合，您可要先发制人才行啊！"平王说："我知建儿素来孝顺，这只是谣言吧！"费无忌看平王不信，忙上前一步说："您忘了咱们调包的事了吗？现在太子已经知道此事，并日夜厉兵秣马，声言要杀奔城来，夺妻正位。您若不信就算了，可我得逃避他方，免得日后挨刀受刑。"几句话说得平王直冒冷汗，他稍作镇静，然后传命，要废掉太子。费无忌忙拦住道："太子握兵在外，您这样传命下去，就等于逼他铤而走险，不如先把伍奢传来，再暗中派人袭杀太子。"平王点头，依计而行。

伍奢回到宫中，被平王严加诘问。伍奢知道一定是费无忌挑拨离间，便规劝平王不要亲小臣而疏骨肉，听信谗言。可平王执迷不悟，他下令把伍奢关押起来，再派城父司马奋扬去杀太子建。奋扬情知太子建无辜，暗中派人先去向太子建告密，自己不慌不忙上路。太子建接到消息，携妻带子逃往宋国。奋扬让城父大夫把自己押送郢都去待罪，平王问奋扬："那个命令，出自寡人嘴里，进到你的耳里，是谁泄漏给太子建的？"奋扬坦然地说："是臣。不过，大王曾经嘱咐臣要像服侍大王一样服侍太子，臣虽不才，不敢三心二意。臣按大王先前的嘱咐执行，不忍心按大王后来的命令执行。臣把太子放跑，现在后悔莫及了。"平王问："那么，你怎么还敢来见寡人呢？"奋扬说："臣没有完成大王的使命，如果不来，就是再次违命了，臣不敢。而且，太子建从未有反叛的举动，臣杀之无名，因而宁可自己死，也不会伤及无辜。"平王无奈，对奋扬说："你虽然违命，但忠直可嘉，你还是回到城父去吧！"司马奋扬强辞得免。

★楚平王像

★王子午鼎·春秋

楚康王

楚康王，芈姓，熊氏，本名熊招，楚共王之子。公元前560年，东征西讨、南征北战数十年的楚共王去世，共王长子熊昭在文武百官的拥戴下，于公元前559年正式继任为王。后人称之为楚康王。楚康王在位十五年，面对的政治环境与父王楚共王颇为相似，不仅要北上中原，与晋国争霸，还得花很大气力应对吴国从东面对楚国的不断骚扰和侵袭。两面作战，广大将士疲于奔命，苦不堪言。严峻的形势促使楚康王不得不寻找和解之路，以尽快打破这种不利于楚国发展的僵局。此时，晋国更是内外交困，穷于应付，深感征战之累，也想与百年宿敌楚国和解。最后，经过宋国调解，楚晋两国与数个诸侯国在公元前546年订立了罢战息兵，平分霸权的盟约。楚康王不仅成功地解除了北方中原各国对自己的强大军事威胁，而且还凭借自身强大的实力，当仁不让地与晋国国君晋定公一起坐上了中原的霸主的宝座。公元前545年冬，康王卒。

白公胜复仇乱楚

BAI GONG SHENG FU CHOU LUAN CHU

白公胜是太子建的儿子。太子建遭费无忌迫害奔郑，后因与晋同谋袭郑，被郑人识破阴谋而诛死，白公胜与伍员一起奔吴。太子建死后，他的庶兄令尹子西哀怜其父子不幸，建议把白公胜召回楚国。叶公沈诸梁持相反意见，认为白公胜为人狡诈，回国后可能成为不安定因素。子西辩驳说："听人们讲，他为人讲信用而且勇敢，不做不利于人的事。召之回来，处在我国边界，对国家也多一处屏障。"叶公说："什么叫讲信用？那必同仁爱结合在一起。什么叫勇敢？那必同忠义结合在一起。我听到的情况是：他喜欢实践诺言，又结交亡命徒，大约是要干点什么不可告人的事。单纯地实践诺言不能叫讲信用，单纯地不怕死也不能称勇敢。这种人召回楚国，我想有朝一日你会后悔的。"子西不听劝告，召回了胜，让他居住在吴楚边境，人们称之为白公。

★白氏七贤像，居中者为白公胜。

胜被召回之后，念念不忘为父报仇，多次向子西申请伐郑。子西说："楚国至今尚没有正常秩序，不然我怎会忘记你的父亲、我的弟弟的仇恨呢？"后来又强烈要求，好容易子西同意了，正赶上晋起兵伐郑，郑人求救于楚，子西率师救郑，并和郑人再度缔结抗晋同盟。白公胜听到消息不禁大怒，说："我眼前这位就是郑的代理人（暗指子西），仇人不远了！"

★白公胜塑像

白公胜在家中磨砺宝剑，昭王兄子期之子王孙平去做客，看见了，就问他磨剑何用。白公胜说："人人都知道我这个人直率。这件事不告诉你，能称得上直率吗？我准备杀你老子！"原来令尹子西与公子期情好甚密，白公胜如果杀子西，那是非连带子期不可的。王孙平把白公胜的话告诉子西，子西不介意地笑了，说："胜好比一只鸡雏，是我两只翅膀把它孵大的。在楚国，我死之后，令尹、司马，这些重要职务，不都是他的吗？他有什么理由作乱？"白公胜听说，发着狠说："令尹未免太狂妄了，你还想得好死，你若得到好死我就不是人！"子西仍不觉悟，对白公胜信之不移，白公胜为杀死子西积极准备。白公胜对自己的心腹石乞说："我看王加上子西、子期，恐怕得有五百人才对付得了，人少了怕是没把握。"石乞说："我们上哪里找得到这么多人？"他忽而转念一想，拍手说："有了！城南有个姓熊名宜僚的武士，这个人专门用铁球杀人，如果能说服他入伙，足能抵得五百人。"石乞随白公胜一起去见熊宜僚。双方谈话，很是投机，但说到杀死令尹子西，宜僚却坚决不肯。白公胜拔出剑来直抵宜僚胸膛，威胁他非入伙不可，宜僚照旧全神贯注地把铁球扔得上下飞舞，一边淡淡地说："我不能随从你们作乱，但也决不泄漏你们的机密，咱们是两条路上的人，你们不必在我身上耗费精力了。"白公胜无可奈何地对石乞说："这种人，不受利诱，不怕威逼，还不用泄人机密去讨别人喜欢，你拿他什么办法都没有，我们还是走吧！"

白公胜终于找到了机会：吴国人进攻楚国的慎城，离白公胜的居所不远，白公胜率兵打败了吴国人，缴获了好些战利品，他要求亲自献给朝廷，子西高兴地答应了，这就造成了机会。白公胜借献俘杀子西、子期于朝堂，同时劫持了楚惠王。子西蒙面而死，他说自己将羞见叶公。子期是个勇武之士，他说："我是靠勇力服事君主的，不能不战斗到最后！"他的武器都损坏了，最终拔出庭院中的大树，用树打死几个人，才力尽而死。白公胜占领首都几个日夜，石乞劝他，应把府库打开，周济贫民，如果做不到这点，就不要给别人留下。一要烧掉府库，毁掉物资贮藏；二要杀死惠王，断绝楚人的希望。做不到这两点，非失败不可。白公胜却说："杀王不吉利，烧府库没有物资后盾，也就没有办法守住城。"石乞说："你太傻了！杀掉国王，你自立为国主，占有国家，治理民众，敬事鬼神，既可求得吉祥，又有物资后盾，怕什么？"白公胜不敢这么做，失掉了胜利的机遇。

此时叶公沈诸梁正在蔡城。楚国方城山以外的人们都劝叶公，可以发兵攻入国内了。叶公说："现在还不是时候。这种通过冒险而取胜的人，总是贪得无厌，有一天一定从内部分崩离析。"直到听说白公胜杀死了贤大夫管修——管仲的七世孙，叶公才率军攻进方城，直捣郢都。在白公胜占领下的都城内，人们正调整内部关系。白公胜请出了公子闾让他为王。楚昭王临死时，曾指令他为王，他辞让多次才肯接受，但昭王一死，他还是立了昭王子熊章。这次自然更加不肯，刀剑压着脖子也不答应。他反而从容地说："你若想安定楚国、整顿王室，这也是我的愿望，我一定听从。但如果只是为了你的私利而倾动王室，不顾念楚国存亡，我死也不服从。"白公一怒杀了子闾，又把惠王关押在一所仓库，让石乞把门。不料惠王的看马人公阳把仓库院墙打了个洞，背着惠王溜进了其母昭夫人的院落藏了起来。

叶公率军攻进了郢都北门。有人认出了他，就向他打招呼，又关切地问他："你为什么不戴上头盔？城里人盼你好像盼望父母，如果敌人的箭镞伤害了你，那不是叫人们大失所望吗？赶紧把头盔戴上。"叶公听从劝告，戴上头盔和面具前进。又碰到熟人，责难他："你为什么要戴头盔和面具？人们盼你像盼好年头一样，天天盼，日日想，如果看见你的面孔，他们就安心了。他们知道你还活着，人人有奋起之心。他们还将把你的大名写在旗帜上走遍全城。可是你却把脸面掩藏起来，叫百姓多么失望，你对自己的安全不是过分在意了吗？"叶公又听从了这一方面意见，摘掉头盔和面具前进。路上又遇上一伙将士，原来是箴尹固和他的亲兵，他们正匆匆走过，准备帮助白公胜抵抗叶公。叶公找见箴尹固，谴责他说："咱们楚国，当年同吴作战时，如果没有子西和子期，早就亡了。如今你不为两个有功将领复仇，却去帮助敌人，想一想，他们能够胜利吗？"箴尹固羞愧难当，于是率部转到叶公一边，和城里人一道攻击白公胜。白公胜支持不住，最后上吊自杀了，而他的尸体则被他的党徒隐藏了起来。人们俘获了石乞，问他白公胜尸体的下落。石乞说："我知道在哪里，但是白公胜不让我说出去。"人们把大鼎煮沸，威吓他："不说出就煮死你！"石乞说："事情就是这样：成功了，我就是卿相；失败了，我就将被煮死，势必如此，还有何说的？"人们便煮死了石乞。

★俘获石乞

★叶公塑像

叶公

叶公，原姓名为沈诸梁，字子高。是春秋时期著名的政治家、军事家、思想家。公元前 524 年沈诸梁受封于叶(今河南省平顶山市叶县)，史称叶公。叶公是全世界叶姓华人的始祖，也是中国历史上有文字记载以来的叶地第一任行政长官。叶公励精图治，兴水利，劝农桑，率民众修筑的东、西二陂，可灌溉农田数十万亩，是中国历史上最早的农田水利灌溉工程之一，对叶地的经济发展起到了巨大的推动作用。据《论语》及其它史料所载，公元前 489 年，孔子率众弟子周游列国时，专程到叶地拜访叶公，希望能得到叶公的重用。孔子在叶期间，多次和叶公谈论为政之道，并称赞叶公治叶经验为"近者悦，远者来"。

伍子胥微服过昭关

WU ZI XU WEI FU GUO ZHAO GUAN

太子建逃奔楚国后，平王立嬴氏所生的儿子珍为太子，升费无忌为太子太师。但太子建已逃，终是费无忌的心腹大患。况且伍奢被押，而他的儿子伍尚、伍子胥都是一时的豪杰，如果不一同斩除，他们必定会寻仇。因而，他再次向平王进言，打算让伍奢写家信召伍尚、伍子胥二人，诱捕后一同杀害。

★伍尚、伍子胥兄弟二人洒泪而别

平王按费无忌所言，命人带来伍奢，对他说："你教太子谋反，本应斩首，但念你祖上有大功于楚，不忍心杀你。你现在就给你的儿子写信，让他们来朝听封，然后可赦你回去。"伍奢对平王和费无忌这一套早就心知肚明，便对平王说："我的大儿子伍尚孝顺，见信肯定能来，但小儿子伍子胥从小习文练武，文能安邦，武能定国，你们这等计谋他一看便知，所以他肯定不会来。"平王说："你只按我的意思写，来与不来就不用管了。"伍奢只得依命作书。伍尚、伍子胥接到父亲写来的信后，伍尚喜不自胜，可伍子胥却说："我们并无建树，却要封官晋爵，这明明是诱我们一起去送死。我们兄弟在外面，他们不敢对父亲怎样，一旦去见父亲，定遭毒手，而且还要连累父亲。"伍尚说："可是，既见父亲家书，也不能不去呀！万一是真的呢？"伍子胥冷冷地说："如果你想去，咱们兄弟就此长别吧！"伍尚沉思片刻说："也好，我的能力不及你，我去见父亲，你投别国，我用命来尽孝，你用复仇来尽孝。"说完，兄弟二人洒泪而别。

过不多日，伍尚随父亲伍奢一起被楚平王杀害，平王还派了追兵袭杀伍子胥。伍子胥得知楚兵来追捕，草草埋葬了自缢的妻子，身穿白袍，脚穿芒鞋，贯弓佩剑，然后急急上路。他沿江而下，本想先到吴国，但路途遥远，便先赶往宋国，找到了太子建。不巧，这时的宋国发生内乱，伍子胥又带着太子建、公子胜逃到郑国，想请郑国帮他们报仇，可是郑国国君郑定公却拒绝了他们。而太子建报仇心切，竟勾结郑国的一些大臣想夺郑定公的权，被郑定公杀了。伍子胥只好带着公子胜逃出郑国，投奔吴国。

★伍子胥像

★楚平王下令通缉伍子胥

楚平王下令悬赏捉拿伍子胥，叫人画了伍子胥的像，挂在楚国各地的城门口，严令各地官吏盘查。伍子胥带着公子胜逃出郑国后，白天躲藏，晚上赶路，来到吴楚两国交界的昭关（在今安徽含山县北）。关上的官吏盘查得很紧，传说伍子胥在此期间一连几夜愁得睡不着觉，连头发也愁白了。幸亏他们遇到了一个好心人东皋公，他十分同情伍子胥，把他们接到自己家里。东皋公有个朋友，模样有点像伍子胥，东皋公便让他冒充伍子胥过关。守关的逮住了这个假伍子胥，而那个真伍子胥因为头发全白，面目全非，守关的认不出来，因而得以轻松过关。

★伍子胥辞别老渔人

伍子胥出了昭关，害怕后面有追兵，急忙往前跑，可前面有一条大江拦住了去路。伍子胥正在着急，江上有个打鱼的老者划着一只小船过来，他认出了伍子胥正是楚国的逃犯，也深知他的遭遇，因而毫不犹豫地把伍子胥渡过江去。过了大江，伍子胥感激万分，摘下身边的宝剑，交给老渔人说："这把宝剑是楚王赐给我祖父的，值一百两金子。现在送给你，好歹表表我的心意。"老渔人说："楚王为了追捕你，出了五万石粮食的赏金，还答应封告发人大夫爵位。我不贪图这个赏金、爵位，难道会要你这宝剑吗？"伍子胥连忙向老渔人赔礼，收了宝剑，辞别老渔人，带着公子胜走进了吴国的地界。

★胥王庙

胥王庙又名伍公祠，建于公元前484年，1966年被毁。2005年，苏州市胥口镇重建胥子庙，重建后的胥王庙分为墓区、祠区和园区三部分，是为纪念一代忠臣伍子胥的庙宇。

★伍子胥塑像

伍子胥

伍子胥，名员，字子胥。伍子胥出生于楚国贵族家庭，从小受到良好教育，史书称他"少好于文，长习于武"，有"文治邦国，武定天下"之才。公元前522年，伍子胥的父亲伍奢、兄伍尚被楚平王杀害。为了报仇雪恨，他逃奔于吴国。后结识吴公子光，并策划刺死吴王僚，帮助公子光夺得王位。阖闾任命他为"行人"，成为吴国重要谋臣。伍子胥虽然为吴国的强盛作出了极大的贡献，但终因直言敢谏，被吴王夫差逼死。吴地人十分怀念这位吴国的忠臣，并命名胥江、胥口、胥山等地名以示永久纪念，立祠庙祭祀。胥口镇就有胥王庙和伍子胥墓。

专诸刺杀吴王僚

ZHUAN ZHU CI SHA WU WANG LIAO

伍子胥带着公子胜忍饥挨饿，夜行晓宿，终于走到了吴国的都城。可是，在那里他们举目无亲，伍子胥只好靠吹萧乞讨度日。当时，吴国都城中有一个比较有名的相士，名叫被离。他看伍子胥相貌堂堂，谈吐高雅，气度不凡，料定不是一个普普通通的乞丐，一定有不为

★吴王僚像

人知的背景。因此，被离便主动接近他，通过交谈，被离得知了伍子胥的冤屈和想借吴国的力量消灭楚国的愿望，便将他引荐给了吴王僚。吴王僚看伍子胥一表人才，而且文武兼备，十分高兴，当即封其为大夫。第二天，伍子胥入宫道谢，顺便讲起了自己的冤情，他当着吴王和群臣的面痛哭流涕，边哭边向吴王请兵。吴王当即许诺，日后为他发兵灭楚。

吴国的公子光听说伍子胥来到了吴国，便盼望能早日结识他，以便成为自己的心腹。可又听说伍子胥先拜见了吴王僚，心里十分不快。因为公子光是先王诸樊之子，按理应由自己继承王位。但当时先王有命：兄终弟及。诸樊死后，传余祭。余祭死，传夷昧。夷昧死，当传给季札。可季札坚辞不受，隐匿而去。夷昧之子僚贪而不让，竟自立为吴王。王僚违背了兄位弟嗣、弟终长侄继位的祖规而接替父位。因而，本想继位的公子光心中不服，暗中伺机夺位。他四处网罗人才，密置心腹。因早听说伍子胥具有文韬武略，深恐被吴王重用，成为自己的强敌，所以他开始处心积虑地要离间吴王和伍子胥。这天，他来到吴王那里，向吴王问道：“大王是不是想替伍子胥复仇？”吴王说：“我看他可怜，已经答应了他。”公子光说：“大王用一国之力竟为一人复仇，是不是太过了。况且，吴楚常常交兵，未获大胜，今天为一个匹夫兴兵，打胜了他报仇雪恨，打败了却是吴国蒙羞。您想一想，这样做合适吗？”吴王听了公子光的话，觉得非常在理，于是就不再提兴兵伐楚的事了。

伍子胥一见吴王没有了派兵的音讯，情知是公子光所阻，便辞了大夫之职。吴王给了他很多田地，伍子胥和

★专诸塑像

公子胜便每天到田里耕作。可是，公子光虽然阻止了吴王替伍子胥兴兵，自己却私下来会伍子胥，并询问当地是否有才勇之士。伍子胥已看出公子光有不臣之志，为了依附外力报仇，他把目光锁定在公子光的身上，于是将自己认识的专诸推荐给他，公子光当即携伍子胥亲自到专诸家登门造访。

专诸是个杀猪的，因力大无比，常好打抱不平，又十分孝顺，所以深得伍子胥的敬重。公子光看专诸家贫，便时常接济，厚待专诸和他的母亲。专诸万分感激，便以死相许。公子光也道出了想让他刺杀

★专诸献鱼图

★专诸刺吴王(壁画)

吴王的实情，但专诸念老母在堂，对行刺之事犹豫不决。专诸的母亲是一位深明大义的人，当知道事情的原委后，为使专诸少生牵挂，便自缢而死。专诸葬母后，从此一心一意与公子光谋划刺僚之事，并献计说王僚爱吃“鱼炙”(烤鱼)，可藏利剑于鱼肚，伺机刺杀。为此，专诸特往太湖学烧鱼之术，三个月练得一手炙鱼的好手艺。

公子光见时机已成熟，便入见吴王说：“有个擅长烤鱼的人从太湖来，他所烤的鱼味道鲜美，大王能否到我家中品尝？”吴王僚欣然允诺，答应来日便去。公子光在归家途中却诈跌到车下，并声言把脚扭伤了。然后，连夜预伏甲士于地下密屋中，又命伍子胥暗约死士百人，在外接应。吴王僚虽答应，但恐公子光有阴谋，所以在去公子光家中时戒备森严，从王室到公子光家厅堂内外布满甲士，操长戟、带利刀，吴王僚也身穿三重铠甲，亲信更是不离左右。

酒过数巡，公子光托言脚痛难忍需要重新裹紧，便躲入地下密屋。过了一会儿，专诸进献烤鱼。吴王传入，武士们将专诸里里外外搜个遍，但一无所获，便由两名武士挟专诸膝地而行。专诸早将锋利的“鱼肠”剑暗藏于烧好的鱼肚之中，当行至王僚座前，忽地抽出匕首，猛地刺向王僚。因为“鱼肠”剑是有名的利剑，加上专诸力大，所以穿透吴王僚的三重铠甲。吴王僚大叫一声，当即气绝。这时，吴王僚的卫士一拥而上，刀戟齐下，把专诸也砍为肉酱。

公子光得知大功告成，即令伏兵齐出，将吴王僚卫士尽数剿灭。然后自立为吴王，并改名阖闾。为感念专诸，吴王阖闾加封专诸之子专毅为上卿。

★吴都苏州古城——胥门

吴国

吴国（约公元前 11 世纪—前 473 年）是周朝时的一个诸侯国，姬姓，其国境位于今苏皖两省长江以南部分，后扩张到除徽州地区以外的苏皖两省全境。据史料记载，吴国都城初期在无锡梅里，但据考古分析吴国初期国都可能在江阴市境内，后期吴国迁都苏州。春秋时期，吴国与中原的诸侯国的交往越来越密切，也开始与其他诸侯国争雄。吴王阖闾在今天的苏州建立都城，任用伍子胥和孙武攻破楚国都城，成为春秋五霸之一。阖闾的儿子夫差不顾国家连年征战，国库空虚，与齐国和晋国争霸，令伍子胥自杀，忽视了边界上的越国，被越王勾践趁虚而入。公元前 473 年，夫差兵败而逃，被围困在秦馀杭山(今苏州南阳山)，向勾践求和，勾践不准，夫差自杀，吴国灭亡。

★动物纹提梁铜卣·春秋

★三轮铜盘·春秋

要离毁家残身刺庆忌

YAO LI HUI JIA CAN SHEN CI QING JI

春秋时期吴国公子光，在伍子胥的引荐下结识了侠士专诸，利用专诸刺杀了吴王僚，自己即位，即吴王阖闾。但阖闾总有一个心病未了，那就是僚的儿子庆忌出逃在外。庆忌生有万夫不挡之勇，行走

★吴王阖闾塑像

时可以追及奔跑的马，伸手可以抓住飞掠过的燕子。而且他招纳死士，结联邻国，准备寻找机会伐吴报仇。

阖闾听说庆忌有此图谋，深以为忧，想派人去行刺，又一时找不到适当的人。伍子胥给他聘来了一位勇士，名叫要离。阖闾一见要离不满五尺，腰大貌丑，大失所望，很不高兴地问："你是伍大夫介绍的勇士要离吗？"要离答："臣细小无力，当风则伏，背风则倒，何勇之有？但如果大王有所差遣的话，必定尽我所能！"阖闾听了，更不高兴。伍子胥已知其意，便说："好马不在高大，只要能负重跑得远，就是良马。要离形貌虽丑，却非常机警能干，一定会顺利完成王命！"

阖闾见伍子胥力荐，便邀要离到后宫去密谈，要离便问："大王心中所患，要差遣小人的，是不是庆忌的事呢？我能够刺杀他！"阖闾笑着说："庆忌是个了不起的人，他走逾奔马，骄健如神，万夫莫当，恐怕你制伏不了他。"要离说："善杀人者，在智不在力，臣只要能接近庆忌，就可以把他杀了！"阖闾说："庆忌是聪明人，怎肯轻易接近人呢？""我有办法要他接近我。"要离充满信心地说，"他现在正要招收亡命之徒，图谋不轨，我正可诈是罪臣向他投奔。大王请斩我的右手，杀我的家人，这样，庆忌岂有不相信我之理？""你无罪，我怎可下此毒手？"阖闾蹙眉说。要离激动地说："臣闻安妻子之乐，不尽事君之意的，不能说是忠；贪恋家室，忘君之忧者，不是义士所为。我能全忠全

★要离塑像

义，就是毁了全家，亦是甘心的！"伍子胥从旁怂恿说："要离为国忘家，真是忠烈之士，成功之日，追封他的勋业，旌表他的妻子，使其扬名后代，这是一举两得的义举呢！"阖闾想了一会儿才答应这样做。

次日，伍子胥偕要离入朝，保荐要离为将军，率兵进攻楚国。阖闾闻奏，怒斥伍子胥："看要离身矮力微，杀鸡无胆，骑马无威，怎能做将军？真是胡说八道，岂有此理！"

★要离拜见吴王阖闾

要离跟着启奏："大王可谓忘恩到极点了，伍子胥为王安定了江山，王却不替他报楚王之仇……"阖闾拍案大怒道："这是国家大事，非你所知的，居然还当面责辱寡人？"立即下令把要离的右臂砍了，押他入狱，并拘留他的妻子。伍子胥叹息而出，群臣莫明其妙。过了几天，伍子胥暗叫狱官放松对要离的监视，要离趁机越狱跑了，阖闾下令把要离的妻子斩首，弃市示众。

要离跑到吴境，一路上逢人诉冤，访得庆忌在卫国，便跑到卫国去求见。庆忌疑他诡诈，不肯收容，要离便把衣服脱下来，庆忌见他已被斩了右臂，方才相信。一日，要离对庆忌说："吴王残酷无道，自己无罪反被诛灭全家，我熟悉国内情况，请王子率军进攻吴国，以雪家仇。"庆忌一直就想复国报仇，这次见要离来，听从了要离的献策，带着军队，乘船东下，去进攻吴国。

要离和庆忌合坐一条船，船到中流，二人正在船头观看江山形势，庆忌坐在下风处，要离手执短戟，侍立在上风处，忽然刮起一阵怪风，要离顺着风势，将手里的戟猛地刺向庆忌，庆忌猝不及防，正中胸口。庆忌用大手将要离抓起来，倒提着他的身子，将他的头溺于水中，溺了提起，又溺，一共溺了三次。然后将他抱在膝头上，笑着说："天下岂有这样的勇士，竟敢将刀子动在我的身上……"左右侍从纷纷举剑欲杀要离，庆忌摇手说："他也是天下一勇士，不能一天中杀掉两个勇士，放他回去吧，以旌表他的忠心。"说着将要离从膝头上推了下去，自己用手拔出胸口的短戟，顿时血流如注，倒地而死。

船到江陵，众人遵从故主的命令，释放要离，但要离不肯离船，众人问地："为何不走？"要离站起来说："我想我干了些什么蠢事啊！把妻儿杀掉以奉事君王，这是不仁；为了新君而杀故君的儿子，这是不义；想要实现他人意愿而弄得残身灭家，这叫做不智。人有三恶存于世间，我还有何面目见天下的侠士？"说完这番话，要离纵身跳入江中。船上的人手忙脚乱，把他捞了上来，要离睁开眼睛说："我怎能不死呢？"船上人说："你不要去死，等到回去领爵禄之赏呀。"要离惨笑："我连室家性命都不要，爵禄对我有什么用呢？"猛地夺过佩剑，先砍断自己的双足，然后伏剑而死。

★要离刺庆忌

★阖闾墓入口处石板

阖闾墓

阖闾墓位于江苏苏州市阊门外虎丘剑池。据《吴越春秋》和《越绝书》等古籍记载，吴王夫差葬其父阖闾于虎丘千人石北。为修建陵墓，当初征调10万民工，并用大象运输，穿土凿池，积壤为丘，历时3年方成。墓室在剑池之下，棺柩外套三重铜椁，池中灌注水银，以黄金珍玉陪葬。因阖闾爱剑，下葬时以"专诸"、"鱼肠"等宝剑3千秘藏于玄关深处。剑池呈长方形，深可达6.6米。相传吴之后，越王勾践、秦始皇、东吴孙权等曾先后来此凿石探宝求剑，均无所获。明正德六年冬（1512年春），苏州大旱，剑池水涸，唐寅、王鏊等苏州名士发现池北端有洞穴，估计是吴王墓门，便以土掩之。1955年夏为疏浚剑池，抽干池水，清除淤泥，池北露出上锐下宽的石穴，入内可容5人，穴北石壁以大青石板迭砌，为人工所作。此处与春秋战国洞室墓形制相像，可能即是墓门。因恐危及顶上虎丘古塔，未曾发掘。

伍子胥掘墓鞭尸

WU ZI XU JUE MU BIAN SHI

在专诸刺杀吴王僚之前，楚平王已知伍子胥被吴王所用。此时，费无忌向楚平王再进谗言说：“太子建的母亲现在郧地，若伍子胥带吴兵来攻，恐怕她会成为内应，不如早点杀了她。”平王未加犹豫，便派兵直奔郧地。太子建的母亲得到消息，忙向吴国求救。吴王僚派公子光前往救援。楚国闻吴兵将至，联络顿、许、蔡、胡、沈、陈六国之兵相拒。吴王僚亦加派兵力，并以弱军在前以诱敌来攻，以精兵在后以全歼七国之兵。胡、沈、陈三国之将不知是计，以为吴兵可欺，便倾三国之兵，全力来攻。不想公子光率精兵斜刺里杀出，三国之兵顿时大乱，被吴兵杀得尸横遍野，三将也被吴兵所杀。楚兵未及参战，却被逃回的乱军冲乱了阵脚，也随着败军一起奔逃，并有大半被吴军斩杀。公子光率兵驰入郧阳，救走了太子建的母亲。

楚平王闻听七国之兵大败而回，心里十分害怕，他命囊瓦为令尹，日夜操练兵马，以防吴兵再至。囊瓦先后筑纪南、郢和麦等三城，然后操练水师，并时常侵至吴国水域，耀武扬威。公子光听说楚兵来境上袭扰，率兵驰援，可刚一到，楚兵已经退回楚地。公子光认为，楚兵掳掠而还，对吴肯定不加防备。于是，他率兵尾随其后，然后出其不意接连攻下了楚国两座城池。

★楚平王一病不起

楚平王听说两城俱失，吓得一病不起，没多久就去世了。伍子胥听说平王已死，却捶胸顿足，号啕大哭，一连三天水米不进。公子光觉得奇怪，问他说：“楚平王是你的仇人，仇人死了应该高兴才是，你怎么反而大哭起来？”伍子胥说：“我不是哭楚王，我哭自己不能亲手杀了他，以报仇雪恨。”听了伍子胥的话，公子光想起了自己想除掉王僚，却始终没有下手的机会，便产生了同病相怜的感觉。于是，他长长地叹了一口气。伍子胥看出了他的心思，沉声问道：“公子欲行大事，还没找到机会吗？”公子光不无遗憾地说道：“昼思夜想，却始终理不出个头绪。”伍子胥正色说道：“楚王刚死，公子何不奏请吴王发兵伐楚？楚败，吴国便可图霸。”公子光不无担心地说：“吴王若派我领兵，我不还是没有机会吗？”伍子胥诡秘地说：“你先假装从车上掉下来，就说脚被摔伤，然后再进宫奏报吴王，吴王必派他的心腹掩余和烛庸领兵出征。那时，你不就可以行大事了吗？”听了伍子胥的点拨，公子光心里畅然通亮，他朝着伍子胥深施一礼，然后便开始依计行事。事情按照伍子胥设想的那样，一切都很隐蔽、顺利。当专诸的利剑刺进吴王僚胸膛的时候，他的爱将掩余和烛庸还在楚国那里厮杀。

掩余和烛庸两人闻听吴王僚被公子光杀害，掩面痛哭，自觉再与楚征战于己无益，两人便扮作士卒偷偷逃往别国。吴国士兵知主将已走，也都纷纷逃归吴国。此时，吴王阖闾即位，封伍子胥为大夫，帮助他处理国家大事。经伍子胥的推荐，吴王又起用了孙武。吴王依靠伍子胥和孙武这两个人，整顿兵

★陶鬲·春秋

★伍子胥掘墓鞭尸

马，先后兼并了临近几个小国。

公元前506年，吴王阖闾拜孙武为大将，伍子胥为副将，亲自率领大军，向楚国进攻，把楚国的军队打得一败涂地，吴军一直打到郢都。由于楚平王和陷害忠良的费无忌都已经死去，而他的儿子楚昭王也弃国而逃，伍子胥一时找不到可以发泄仇恨的地方，他忽然想到了平王的陵墓，便派人四下打听，终于从一个老人那里得到了平王的陵墓位置。他命令兵士将陵墓打开，只见楚平王面色如新，显然是用一些药物处理过。伍子胥一见仇人，怒火中烧，他提起铜鞭，朝着平王的尸骨狠命地打去，边打边怒斥说："你活着的时候有眼无珠，不辨忠佞，听信谗言，杀我父兄，既然你活着时没能亲手杀了你，死了也要让你死无葬身之地！"一阵鞭打，尸骨全烂，伍子胥命兵士将打碎的骸骨抛往荒郊，然后忿忿而归。

吴军占领了郢都后，楚国人申包胥逃到秦国，向秦国求救。秦哀公不打算出兵，申包胥则在秦国宫门外赖着不走，日日夜夜痛哭，竟哭了七天七夜。秦哀公终于被感动，他对申包胥说："楚国虽然暴虐无道，但是有你这样好的臣子，怎能眼看亡国！"于是，秦哀公派兵来救楚国。此时，吴国夫概在吴都生乱，吴王阖闾便下令撤兵。

孙武

孙武，字长卿，后人尊称其为孙子、孙武子。他出生于公元前535年左右的齐国乐安(今山东惠民)。约在公元前517年左右，孙武来到吴国。此后，他在吴都(今苏州市)郊外结识了从楚国而来的伍子胥。两人相谈十分投机，遂结为密友。这时吴国的局势也在动荡不安之中，两人便避隐深居，待机而发。在隐居期间，孙武一边灌园耕种，一边写作兵法，著成了一部饮誉中外的《孙子兵法》。

公元前512年，吴国国内稳定，仓廪充足，军队精悍，向西进兵征伐楚国的准备工作已经基本就绪。伍子胥向阖闾推荐了正在隐居的孙武。吴王看了孙武的《孙子兵法》，决定要用宫女来演练他的兵法，以试兵法是否实用。演练中，孙武执法如山，斩了两个不听指挥的吴王爱姬，使参演阵法的女眷个个听从号令，令行禁止。孙武由此被吴王拜为将军，掌管吴国的军队。在孙武的训练和指挥下，吴军作战能力明显提高。

公元前506年，楚国攻打已经归附吴国的小国——蔡国，给了吴军伐楚的借口。阖闾和伍子胥、孙武指挥训练有素的3万精兵，乘坐战船，溯淮而上，直趋蔡国与楚国的交战。楚军见吴军来势凶猛，不得不放弃对蔡国的围攻，收缩部队，调集主力，以汉水为界，加紧设防，抗击吴军的进攻。不料孙武突然改变了沿淮河进军的路线，放弃战船，改从陆路直插楚国的纵深。他在3万精兵中选择了强壮敏捷的3500人为前阵，身穿坚甲，手执利器，连连大败楚军，并攻入楚国的国都郢，使楚昭王带着妹妹仓皇出逃。

★兵圣孙武雕像

孙武一生事业就在吴国展开，死后亦葬在吴国，因此后人常把孙武称为"吴人"。

孔子周游列国

KONG ZI ZHOU YOU LIE GUO

吴国破了楚国都城郢都，各国诸侯听说后，个个胆寒，人人自危。虽有秦国出兵救楚，但因吴国有内乱而班师，并有孙武和伍子胥指挥若定，因而吴兵全军而返，秦国未能损及吴兵毫发。况且，吴王阖闾回国后，在伍子胥、孙武的帮助下，大造兵器，大练吴军，大有荡平中原之势，使中原一些大国都隐隐感受到了威胁。

齐国自从齐桓公死后，国内一直很不安定，后来到齐景公当了国君，用了一位有才能的大臣晏婴当相国，齐国才开始兴盛起来。公元前500年，齐景公和晏婴想拉拢鲁国和中原诸侯，重振当年齐桓公的霸业，约鲁定公在齐鲁交界的夹谷地方会盟，担任会盟的鲁国主事为时任司寇(掌管司法)的孔子。

孔子名叫孔丘，是鲁国陬邑(今山东曲阜东南)人。他父亲是个地位不高的武官。孔子3岁时，父亲叔梁纥战死，母亲带着他搬到曲阜住下来，把他抚养成人。孔子年青时候读书很用功，他十分崇拜周朝初年那位制礼作乐的周公，对古礼特别熟悉。当时读书人应当学的“六艺”，也就是礼节、音乐、射箭、驾车、书写、计算，他都比较精通。他办事认真，当过管理仓库的小吏，物资从来没有缺少过。后来又当管理牧业的小吏，由于饲喂精心，牛羊繁殖得很多。此后，名声渐渐大了起来。

孔子自二十多岁起，就想步入仕途，所以对天下大事非常关注，对治理国家的诸种问题经常进行思考，也常发表一些见解。有些人见他的确有学问，都愿意拜他做老师，他索性办了个私塾，收起学生来。鲁国的大夫孟僖子临死时，嘱咐他的两个儿子孟懿子和南宫敬叔到孔子那儿去学礼，孔子因而倍受推崇。此后靠南宫敬叔的推荐，鲁昭公还让孔子到周朝的都城洛邑去考察周朝的礼乐，孔子从中又多有长进。

鲁昭公二十五年(公元前517年)，孔子时年35岁，鲁国发生内乱，鲁昭公被迫逃往齐国，孔子也离开鲁国，到了齐国，受到齐景公的赏识和厚待，甚至曾准备把尼溪

★孔子像

一带的田地封给孔子，但被大夫晏婴阻止。当时，孔子还向齐景公谈了他的政治主张，齐景公很想用他。但是相国晏婴认为孔子的主张不切实际，结果孔子没得到重用。两年后，齐国的大夫想加害孔子，孔子听说后向齐景公求救，齐景公说：“我老了，用不上你了。”孔子只好逃归鲁国。当时的鲁国，政权实际掌握在大夫的家臣手中，被称为“陪臣执国政”，因此孔子虽有过两次从政机会，却都放弃了，他仍旧专心教书。令人欣慰的是，此期跟

★孔子周游列国雕塑

★孔子讲学图

随孔子学习的学生已越来越多。

鲁定公九年（公元前 501 年），孔子被任命为中都宰，此时孔子已 51 岁。孔子治理中都一年，卓有政绩，被升为小司空，不久又升为大司寇，摄相事，鲁国大治。这次，鲁定公把准备到夹谷跟齐国会盟的事告诉了孔子，孔子说："齐国屡次侵犯我边境，这次约我们会盟，我们也得有兵马防备，希望您把左右司马都带去。"鲁定公同意孔子的主张，又派了两员大将带了一些人马，随同他去了夹谷。在夹谷盟会上，由于孔子的相礼，鲁国取得了外交上的胜利。会后，齐景公欣然把从鲁国侵占过来的汶阳（今山东泰安西南）地方的三处土地还给了鲁国。

齐国的大夫黎鉏认为孔子留在鲁国做官对齐国不利，劝齐景公给鲁定公送一班女乐去。齐景公同意了，他命人挑选了 80 名歌女送到鲁国。鲁定公接受了这班女乐，君臣从此迷恋歌舞，多日不理朝政。孔子对此非常失望，他下决心离开鲁国，到别国去寻找出路，于是开始了周游列国的旅程，那一年孔子 55 岁。

孔子十分失望地离开了鲁国，他带着一批学生开始四处周游，宣讲他的"仁"的学说，希望找个机会实行他的政治主张。可是，那个时候，大国都忙于争霸的战争，小国都面临着被吞并的危险，整个社会正在发生变革。孔子宣传的一套恢复周朝初年礼乐制度的主张当然没有人接受。孔子带弟子先到了卫国，卫灵公开始很尊重孔子，按照鲁国的俸禄标准发给孔子俸粟 6 万，但并没给他什么官职，没让他参与政事。孔子在卫国住了约 10 个月，因有人在卫灵公面前进谗言，卫灵公对孔子起了疑心，派人公开监视孔子的行动，于是孔子带弟子离开卫国，打算去陈国。路过匡城时，因误会被人围困了 5 日，逃离匡城，到了蒲地，又碰上卫国贵族公叔氏发动叛乱，再次被围。逃脱后，孔子又返回了卫国，卫灵公听说孔子师徒从蒲地返回，非常高兴，亲自出城迎接。此后孔子几次离开卫国，又几次回到卫国，这一方面是由于卫灵公对孔子时好时坏，另一方面是孔子离开卫国后，没有去处，只好又返回。

孔子在 59 岁时离开卫国，经曹、宋、郑至陈国，在陈国住了三年。吴攻陈，兵荒马乱，孔子便带弟子离开。楚国人听说孔子到了陈、蔡交界处，派人去迎接孔子。陈、蔡的大夫怕孔子到了楚国，对他们不利，发兵在半路上把孔子截住。孔子被围困在那里，断了粮，几天都没吃上饭。后来，楚国派兵干涉，才给他解了围。孔子在列国奔波了七八年，碰了许多钉子。由于年老，他最后还是回到鲁国，把精力放到整理古代文化典籍和教育学生上面。

孔子在晚年还整理了几种重要的古代文化典籍，像《诗经》、《尚书》、《春秋》等。《诗经》是我国最早的一部诗歌总集，共收集西周、春秋时期的诗歌 305 篇，其中有不少是反映古代社会生活的民间歌谣，它在我国文学史上占有很重要的地位。《尚书》是一部我国上古历史文献的汇编。《春秋》是根据鲁国史料编成的一部历史书，它记载着公元前 722 年到公元前 481 年的大事。《春秋》把 242 年内的诸侯互相攻伐、歃血会盟、弑君篡位、祭祀礼俗、自然灾变等全部收录其中，且对乱臣贼子的劣形、部分君王的惰形，都毫不隐讳。《春秋》既是编年体史书，又可以从中发现孔子所寄托的政治上的思想和文化意识方面的主张，它同时又是一部史传散文作品。孔子所创造的这种新的文体体裁，为后来出现的"百家争鸣"的文化现象开了一代先河。

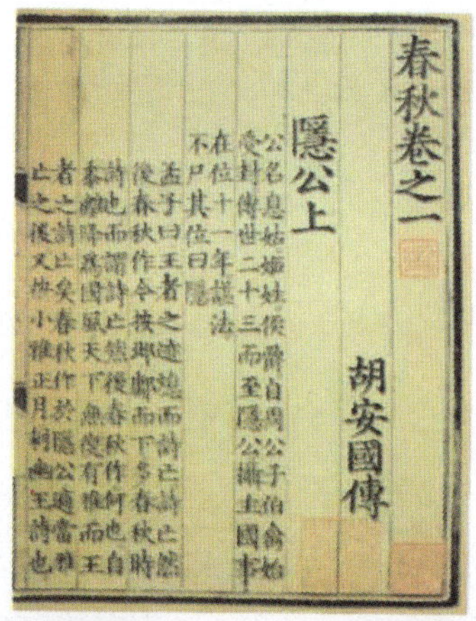

春秋卷之一

隱公上

胡安國傳

★《春秋》书影

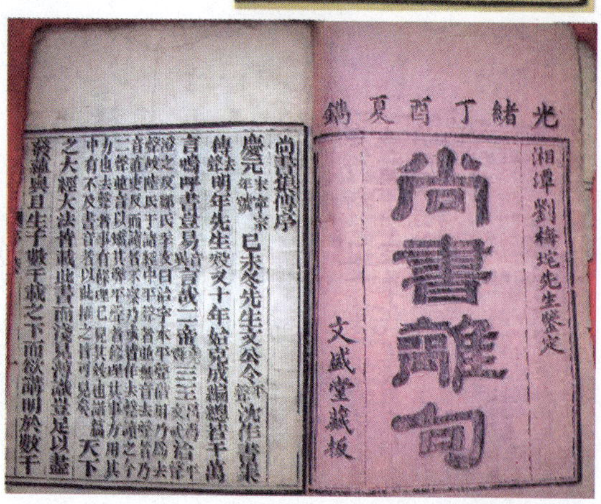

光緒丁酉夏鐫

湘潭劉梅坨先生鑒定

尚書離句

文盛堂藏板

★《尚书》书影

★孔庙大成殿孔子像

★孔子墓

孔子的学术思想在后世影响很大，他被公认为我国古代第一位大思想家、大教育家。他为人正直、乐观向上、积极进取，一生都在追求真、善、美，一生都在追求理想的社会。他的成功与失败，无不与他的品格相关。他品格中的优点与缺点，几千年来影响着中国人，特别是影响着中国的知识分子。公元前479年，孔子去世。他死后，他的弟子把他的言论编成《论语》，继续传授他的学说，形成了儒家学派，孔子成了儒家学派的创始人。后人把他称之为“圣人”。

老子

老子，姓李，名耳，字伯阳，又称老聃。楚国苦县(今河南鹿邑县)人。春秋时期思想家、哲学家、道家学派的创始人。与孔子处于同一个历史时期。

老子幼年牧牛耕读，聪颖勤快。年轻时曾做过周朝的守藏史官，深懂周朝的图书典籍，学问渊博。晚年见周王室衰微，弃官隐居故里，后赴秦讲学，所述教学之语被整理成《道德经》，为后世传习。《道德经》一书是一个唯物主义体系，并具有朴素辩证法思想。它宣扬自然无为的天道观和无神论。虽仅五千言，却包含着十分丰富深刻的哲学思想。“道”是老子思想体系的核心，他把宇宙看成一个自然产生、自然演变的过程，天地万物是依照自然规律发展变化的，而“道”是世界的本源。老子哲学的精髓是他的朴素辩证法思想，他认为天地万物都是相反相成的。“有无相生，难易相成，高下相倾，声音相和，前后相随”，矛盾双方相互依存，互为条件。他还提出对立面双方可以互相转化，所提出的“祸兮福之所倚，福兮祸所伏”，充满着辩证唯物思想。在物质上，他强调“知足”与“寡欲”，进一步在政治上提出“无为而治”的思想，指出人无私心时，处理事情就能做到“无为而无不为”，从而使人与人之间各尽其力而不争名利、和睦相处、共同发展。但他所主张的把自己放在弱者地位，认为“柔弱胜刚强”，这种观点在一定条件下有其合理性，可它忽视矛盾双方的斗争，把矛盾转化看成是无条件的循环往复。

在政治思想上，老子否认人的认识来源于感觉经验，反对启迪民智。他认为，“古之善为道者，非以明民，将以愚之。民之难治，以其智多”。因此，主张“常使民无知无欲”。同时也主张“邻国相望，鸡犬之声相闻，民至老死不相往来”。他向往结绳记事的原始社会，要求回到“小国寡民”的时代，表现出了他所具有的保守僵化和复古倒退的消极思想。

老子哲学在中国思想史上有着重要的地位，后代不少哲学家都在不同程度上受到它的影响。他不但创立了我国三大宗教之一的道教，而且他的思想可以说影响了后来整个中国哲学史的发展，深深地影响了整个封建社会的意识形态。总之，老子《道德经》的内容博大精深，开创了我国古代哲学思想的先河。他的哲学思想和由他创立的道家学派，不但对我国古代思想文化的发展作出了重要贡献，而且对我国两千多年来思想文化的发展，产生了深远的影响，同时对中国哲学史有不可或缺的作用。

★老子铜像

忠孝双全的闵损

ZHONG XIAO SHUANG QUAN DE MIN SUN

闵损，字子骞，春秋末年鲁国人。在孔门弟子中，其德行与颜回并称，尤其是以忠孝之德被人们所称颂。

闵损为人，沉默少语，所以历史上有关闵损言行的记载相对就比较少。但闵损对于问题一般有自己独到的见解。如在鲁国要役使民众翻修仓库时，闵损就明确表示：借着原来的用就行了，为什么一定要进行大翻修呢，这不是劳民伤财吗？孔子对闵损的评价是：别看老实人平时不多讲话，但是一开口，就一定说得很中肯。

★闵损雕像

闵损“鞭打芦花”的典故，作为“二十四孝”之一，曾在民间广为流传，可谓妇孺皆知，是人们公认的孝行典范。

原来闵损出世不久，母亲得病亡故，他便成了有父无母的孤儿。父亲含辛茹苦，既当爹又当娘，一把屎一把尿地照料他，盼着他快点长大。可是一个家庭没有女主人怎么行呢？经人介绍，他的父亲又娶了个妻子，闵损从此又有了个后娘。

闵损自幼丧母，从未享受过母爱。后娘进家，他拍着小手，乐得直跳，整天喊着：“娘！娘！”那充满稚气的童声，又脆又甜。然而后娘好像不喜欢他，时时瞪着眼睛板着脸，甩着手说：“叫什么？烦死人了！”每当这时，闵损总是立即住口，静静站立，心想：都是我不好，老惹娘生气。可是过不了一会儿，他又追着后娘，“娘！娘！”地叫个不停。一年以后，后娘生了个儿子。闵损见那小家伙白白的、胖胖的，真好玩。他想摸摸或亲亲小弟弟，谁知后娘狠狠地说：“不许碰他，碰他就砍断你的手！”吓得闵损赶忙缩回双手，睁着一对惊惶的眼睛，不明白是怎么回事。再一年以后，后娘又生了个儿子。还跟上年一样，后娘严词厉色，不许闵损碰她的心肝宝贝。

俗话说，有苗不愁长。眨眼间，闵损和两个弟弟长到十几岁了。闵损渐渐懂事，知道后娘偏心，疼爱她亲生的儿子，对自己则另眼相看。不过他并不忌恨，亲娘后娘都是娘，有后娘给父亲做饭、洗衣、照看弟弟，不也很好吗？他是个重孝道、讲实际的人，每天清晨，必到父母跟前请安；跟母亲说话，必先亲热地叫一声“娘”；大小事情，他都禀明父母，从不自作主张；对于弟弟，更是事事关心，处处谦让，好吃的给他们吃，好穿的给他们穿，即便和他们捉迷藏、玩游戏，也有意让着他们，不叫他们吃亏。

这是一个明和睦暗不谐的家庭。闵损的父亲忠厚老实，整天在地里干活，对于家事很少过问。闵损本人性格内向，能够忍辱负重，凡事讲究孝悌，从不说三道四。他的两个弟弟童心未泯，天真无邪，还不完全明白世理。唯独他的后娘，心地不纯，见识短浅，在三个儿子中间分亲论疏，甚至表现出凶狠的恶性，做出些不尽人情的事情。这使这个家庭潜伏着某种危机，随时都有爆发的可能。

这年冬天，乌云翻滚，树木凋零，预示着气候将特别寒冷。闵损的后娘缝制了三件棉衣，三个儿子一人一件，穿在身上特别好看。可是不知为什么，闵损穿了棉衣以后，就跟没穿衣服似的，冷风直往身上钻，冻得他浑身发抖，牙齿打战。而他的两个弟弟穿了棉衣，却从没感到冷。他曾试着摸过弟弟的棉衣，里边的棉花软绵绵的，很厚很厚；再摸摸自己的棉衣，发现里边装的不是棉花，好像是别的什么东西。他偷着拆开下摆，一看，眼泪“唰”地流了下来，原来狠心的后娘给自己棉衣里装的是芦花。

闵损真想放开喉咙，大哭一场。可是他的心肠太好，害怕这事让父亲知道。要是父亲知道了，同后娘吵起来，家丑外扬，那后娘还有什么脸面见人？所以，他强忍眼泪，一声不吭，装出若无其事的样子，冻得受不住了，就拼命干活，推磨、劈柴、担水，通过劳动来御寒。

一天夜里，北风呼号，大雪纷飞。天明时分，开门一瞧，冰天雪地，寒风刺骨，鸟不敢出巢，猪不敢离圈。闵损的父亲起来，呼唤闵损快套马车，拉一车柴到集市，准能卖个好价钱。闵损冻得直打哆嗦，手脚麻木，别说套马车，就连拴马的绳子也解不开。好不容易解开，又哆嗦着掉在了地上。父亲见闵损怕冷没出息，气不打一处来，朝着儿子就抽了一马鞭。这一马鞭下手太重，撕裂了闵损的棉衣，棉衣里飞出片片芦花。父亲感到莫名其妙，走近闵损一看一摸，方知儿子棉衣里装的全是芦花，又轻又薄。他一把把闵损搂在怀里，老泪纵横，难过地说："乖儿子，你为什么不早跟爹爹说啊！"

潜伏的危机终于爆发了。闵损的父亲怒气冲天，厉声叫来妻子，指着闵损棉衣里的芦花，斥问这是怎么回事。闵损的后娘愣着，嘴里支支吾吾，一句话也说不上来。闵损的父亲痛恨自己昏了头、瞎了眼，娶了这么个后妻，虐待闵损，凶狠无情。他感到内疚，既对不起前妻，又对不起闵损，当即决定把她赶出家门。

闵损见父亲要休掉后娘，吓得赶紧跪在地上苦苦哀求，说："不行啊！她虽说是我的后娘，但毕竟是娘啊！"又说："爹爹还要为两个弟弟着想啊！后娘在，只有我一个孩子受冻；后娘不在，我与弟弟三个孩子都得受冻啊！"说到痛处，闵损放声大哭，抱着父亲的双腿，声称父亲不答应自己的哀求，自己就一直跪着，永不站起。这时，闵损的两个弟弟也跪在地上，恳求父亲不要休掉他们的母亲。这是一个令人伤心落泪的场景，闵损父亲看着三个孝顺可爱的儿子，点头答应了他们的请求。他告诫妻子一定要仁慈宽厚，不分亲疏，做他们共有的好母亲。她还有什么说的呢？又羞又愧，点头应允。

精诚所至，金石为开。闵损尊父敬母的孝心和孝行，使后娘深受感动。从此，她完全改变了态度，一视同仁地对待三个儿子，让他们吃同样的饭，穿同样的衣，干同样的活。这一家人真正和睦了，生活中充满欢声笑语。

闵损后来当了孔子的弟子，品学兼优。孔子曾经夸奖说："孝哉闵子骞，人不间于父母昆弟之言。"意思是：闵子骞非常孝顺，他上事父母，下顺兄弟，动静尽善，别人很难对他说三道四的。闵损学有所成，但很清高，耻与达官权贵为伍，拒绝做官。鲁国季孙氏曾想聘他为家臣，他坚决回绝。

但在《孔子家语·执辔》中有关于闵损为"费宰"的记载，并且就如何"为政"的问题，向孔子提出请教，孔子给他讲了一大通"以德以法"的大道理。据说，闵损在费邑治理得还是相当有成效的，可谓人寿年丰。突然有一天，季氏的家臣阳虎来到闵损的官衙，要他向季氏交纳赋税。闵损说："身为费宰，我只知道这是鲁国的地方，我不知道这是私人的邑地呀？"阳虎却说："鲁定公以弟继兄位，也是不合理的，都是季氏拥戴的结果。如今大权掌握在季氏手里，这费邑难道不是季氏家的吗？"闵损闻听此言，心里很是气愤，设计把阳虎打发走了。闵损认为，自己为费宰，原本是要为鲁国尽力的，没想到却是为私人在卖命，于是愤然辞官。这就是孔子所以评价闵损："不仕大夫，不食污君之禄。"闵损的忠心是对于国家的，而不是针对于大夫私人的。这一点与孔子的"邦有道则仕、无道则隐"的宗旨是完全一致的。在闵损看来，大夫执国命是不符合周礼的，所以，辞官不做，体现了一种对现实政治不肯苟合的精神姿态。

★芦衣顺母石刻

后来，闵损怕季孙氏再来纠缠，便北渡汶水（今山东大汶河），到齐国去躲避。行前叮嘱家人说："若有人再来聘我，就告之我早就渡过汶水了。"公元前487年，闵损去世。

闵损的影响

后世著述中，论"德行"，往往是"颜、闵"同称，论"孝行"，往往是"曾、闵"并论。也许是闵损的孝行更迎合了广大民众的心理，所以，闵损之孝行在民间的影响很大。历代统治者都有发扬闵损的忠孝之德，闵子的地位也逐步被提高。从东汉开始，包括闵损在内的孔门弟子，就不断受到历代官府的祭祀。唐玄宗开元八年（720年）开始成为"十哲"之一，配享孔庙。唐玄宗开元二十七年（739年），追赠闵损为"费侯"，宋代大中祥符二年（1009年），追赠闵损为"琅琊公"，不久改为"费公"。

复圣颜回

FU SHENG YAN HUI

颜回(公元前 521–前 481 年)出生于兖州城南颜佃村，自幼家贫，五岁丧父，十岁随母亲流落到曲阜，客居穷人巷。靠母亲给人帮工，母子二人勉强在曲阜生存下来。由于操劳过度，颜母身体极度虚弱，为此，颜回常常暗自流泪。颜母被艰辛的生活磨炼着，艰难地支撑着这个家。恶劣的家庭经济环境，使颜回从小就产生了为报母恩、立志成才的志向。

一年春天，颜回来到一个场院内，这里松柏挺拔，杏林成荫。只见一排排书生席地而坐，讲坛上有位体态魁梧、仪表威严的老者在讲学，老者旁征博引，贯古通今，声若洪钟，气贯长虹。这个场面把颜回吸引住了，他听入了神，一连数日，像着了魔一样天天到此听讲。后来他才知道这里是杏坛书院，讲学的老者就是大名鼎鼎的孔老夫子。

★颜回像

其实，颜回第一次来就被孔子发现了。他在讲坛上细心观察弟子们的举动，见多数弟子都喜欢这个来听课的穷孩子，只有个别弟子流露出厌恶表情。一天，有个富家子弟问颜回交没交学费。颜回被问得张口结舌，富家弟子正准备把颜回赶出杏林，被孔子喝住："不得无礼！视贤才岂能以衣帽取人？他求智若渴却交不起学费，老夫可免费收下这个弟子。"颜回见孔子如此仁爱大度，感动得热泪盈眶。忙向孔子行罢大礼，说："弟子定会刻苦读书，不负恩师厚望。"从此之后，颜回白天听讲更加认真，晚上也常常是通宵达旦地学习。

有次孔子问颜回："你总是来这么早，吃的什么饭？"颜回说："一张饼，一碗汤。"其实，颜回吃的只是一碗野菜糊糊粥。原来，颜母每天外出帮工前，都先给颜回烧一碗野菜糊糊粥，用瓦罐煨在灶堂热灰里，等颜回放学回来食用。当颜回端出粥时，粥面上已凝固了厚厚一层皮子，颜回风趣地称之为"一张饼，一碗汤"。后来，师徒们都知道颜回家境贫困，称之为"一箪食，一瓢饮"，并称他母子住的穷人巷为"陋巷街"。

颜回生来天资聪颖，学习又肯用功，很快便成了孔子的得意门生。他对孔子的讲授领悟深透，并有自己的独到见解，很受孔子赏识。据记载，有一年的春天，孔子带着颜回、子路、子贡登上了景山。师徒一行来到山顶后，孔子就对弟子们说，谈谈你们的志向吧。性急的子路豪迈地说："我愿手执长剑，统帅三军，内平暴乱，外抵来犯之敌，救国民于患难之中。"孔子说："子路真可谓是一个勇士！"子贡说："两国结仇，双方马上就要开战。在这样的情况下，我能够用我的如簧巧舌，向两军陈述对两国的利害关系，让他们停止战争，同时，我还可以让两个国家化敌为友。"孔子点头道："子贡真是一位雄辩之士！"颜回始终一言不发，孔子鼓励道："颜回，也可以谈谈你的志向呀！"颜回说："我愿意到一个小小的国家去主持政事，劝那里的国王大臣用仁义道德来治理国家，对百姓也采取道德教化的统治方式。如果能够做到这一点，那么，君臣一心，上下和睦，衣食富足，百姓安居乐业。长此以往，四方各国都会来效仿，整个天下就会得到安宁，既没有战争，也没有饥饿与贫困。因此，在我所在的国家，既不需要子路的带兵打仗，也用不着子贡的巧言游说。"孔子听了颜回的话，非常高兴："颜回，你简直就是圣人啊！"子路说："如果将来我们三人果真能够执掌一方，你会跟谁在一起呢？"孔子说："我最情愿跟着颜回去做一个小礼相。"

孔颜师徒有一个共同的信念：用行舍藏。道不同不相为谋。当下没有识才之君，决不趋炎附势。就颜回日常的表现而言，常常是有若无，实若虚，其实他才是真正的大智若愚。他既有治国之大愿，也有治国之卓越才能，在当时也是被一些当权者所称道的。如楚国令尹子西就曾问楚昭王说："您的辅佐人才中，有像颜回这样的人吗？"楚昭王坦白地讲："没有。"楚国在当时属于南方的一个比较强大的国家，都没有一个能超过颜回的辅佐人才，可见，颜回在当时亦应相当有名气的，也从另一个角度证明了颜回有治理政事的才能。

为了实现远大的理想和抱负，颜回特别注重在自身的道德修养上下工夫。时时处处都以“仁”的标准来严格要求自己。孔子说颜回，即使在一顿饭的工夫间违背“仁”的现象也都不曾有过，只有颜回才能做到长时间里不违背仁德。

相传有孔子不饮盗泉之水，颜回不舍朝歌之馆的说法。孔子不饮盗泉之水，是因为以盗名泉，孔子认为喝了之后会玷污自己的清白之名；朝歌是殷纣王都城的名称，是殷纣王暴虐无度、施行残暴统治的地方，因此，颜回认为那里是不仁、不德之地，因而忌讳在那里住宿。可见其对仁德的注重程度。另外，有这样一件事情，也一直为后人所称道。孔子师徒一行在周游列国途中，在陈蔡间曾经绝粮七天。一日，子贡设法买来一点米，颜回就动手淘米做饭。饭煮熟了以后，颜回用一只大碗盛了满满一碗，放在灶台上。突然，子贡和子路看到颜回以最快的速度，抓起一把米饭放进了自己的嘴里。他们很不高兴，子贡就去问孔子：“难道说在饥饿面前，最有仁德的人也会改变节操吗？”孔子说：“改变节操的人，就不能算作仁德之人了。”子贡说：“那您说颜回是一个不能改变节操的人吗？”孔子说：“当然。”于是，子贡就把看到颜回偷吃米饭的事情告诉了孔子。孔子心想：“我经常夸赞你的仁德，但你今天却偷饭吃，让我太失望了。”于是把颜回叫到跟前对他说：“我夜里梦见了祖先，你把饭端来，我要先祭祀祖先才能用饭。”颜回急忙说：“这碗饭不能祭祀祖先了。”孔子忙问为什么。颜回说：“您说过，用手抓过的饭不洁净，不能祭祀祖先，这碗饭被我用手抓过了。”“那你为什么用手抓饭呢？”颜回说：“我做熟饭的时候，突然从屋顶上掉下一团灰尘，落进了饭里，我怕老师吃了不好，又觉得米丢了怪可惜，就自己抓起来吃了。”听了这番解释，子贡等人也觉得很释然。

在当时那样一种社会历史条件下，炙手可热的是强权政治、武力争夺，如何能够使国富兵强才是当政者最为关心的问题，孔子的道德救世的主张，往往被视为迂腐而不被诸侯国君看重。因而导致了孔门师徒周游列国的坎坷不平、险恶重重。在陈、蔡绝粮期间，曾七日不见食粮。如此穷困潦倒，而得不到一个国君的支持，于是有的弟子就对孔子思想能否在现实政治生活中得到推行，产生了怀疑，有的甚至发起了牢骚。但颜回却认为，孔子之道不能推行，是各国当政者对孔子之道不理解，并非孔子之道本身存在问题。相反，正是由于孔子思想的广大、深奥，当政者理解不了，所以孔子之道才不见容于天下。颜回此论，甚得孔子之心，当下感动得孔子笑逐颜开。

颜回天资聪慧，在孔门弟子当中也是比较突出的。在古代的许多典籍中对于颜回的聪明睿智，都有所记载。有说他有“高妙之才”、“亡忽古今”，也有说他“知微知彰”。有一年，子贡出使卫国，半年多过去了，还没有回来，孔子非常担心，恐怕子贡在外面发生什么不测，总是忧心忡忡。一日，孔子在屋里占卜，结论是一个“鼎”。孔子对弟子们说：“刚刚我占卜过，遇鼎折足，看来子贡是回不来了。”大家都非常担心，只有颜回在一旁掩口而笑，孔子不解：“颜回，你为何偷笑？”颜回说：“我倒觉得子贡现在肯定是在回来的路上了。”众人不解。颜回解释：“老师占卜遇鼎无足，说明子贡不是从陆上来，而是从水上乘船而来，所以根本无需用足。”几天后，子贡回来了，而且正如颜回所言，他是乘船回来的。

孔子教育他的弟子，学习知识来不得半点虚假，应“知道就是知道，不知道就是不知道”。颜回秉承师训，在求学的过程中，一直是精神贯注，始终没有丝毫懈怠。同时他也能够不断地向老师提出各种问题，不会就学，不懂就问，他的这种好学多问的学习态度，深得孔子赞赏。当鲁哀公问孔子“弟子孰为好学”时，孔子回答：“有颜回者好学。”后季康子也问这样的问题，孔子给出了相同的答案。在《论语》等典籍中，记载了颜回就道德修养等诸多问题向孔子求教，如：“颜渊问仁”、“颜回问君子”、“颜回问小人”、“颜回问成人之道”、“颜回问朋友之道”等等。颜回善问，孔子善答，在这一问一答当中，颜回对于一些问题的认识和掌握，都得到了提升。后来，颜回成为七十二贤人中的第一大贤才，被后人尊为“复圣”。

★颜庙，亦称“复圣祠”。

子贡游说变五国

ZI GONG YOU SHUI BIAN WU GUO

传说孔夫子有弟子三千，其中有七十余人是称得上高徒的贤人。高徒中评德行，以颜回为首；论政事，当季路居上；谈文学，推子游为最，而子贡则以能言善辩在诸弟子中独树一帜。司马迁在给子贡立传时，用“利口巧辞”四字来概括他的特点。子贡的善于察颜观色、因势利导，孔子也是非常清楚的，尽管他有时对这个嘴巴不饶人的学生也颇有些揶揄。比如有一次孔子故意把子贡与他最得意的门生颜回相比较，问子贡：“你和颜回比较起来，谁更强一些呢？”子贡立刻答道：“我怎么敢和颜回相提并论。颜回闻一以知十，我只不过闻一以知二。”这种回答说是谦逊，其实里面还含有“颜回虽然聪明，可我子贡也不笨”的意思。孔子本来想煞煞子贡的威风，可对子贡无懈可击的回答毫无办法。

然而，知人善任的孔子，并不因子贡的诡辩将其黜而不用，而是放手发挥其特长，使之在纷纭多变的历史舞台上导演了一场场惊心动魄的话剧。

★子贡像

公元前484年，齐国的右相陈恒企图操纵国政，但是觉得有国书、高无平等大臣在朝中，有些碍手碍脚。经过考虑，他心生一计：把国书等人派遣出去。于是，他向齐简公说：“鲁国作为我们的邻国，却勾结南方的吴国一道攻打我国，这个仇一定要报。”

齐简公问：“依你的意见，应当怎么办？”

陈恒回答：“依我看，不如派遣国书等几位大臣率领兵马讨伐鲁国，以报此仇。”

齐简公听从了他的意见，就派国书为大将，带着高无平等几位大臣，率领兵车千乘伐鲁。陈恒亲自送齐军来到汶水之滨扎营。

孔子听到这个消息，不禁大吃一惊，连忙问周围的学生：“鲁国是我们的父母之邦，现在有难，不可坐视不救。谁能替我到齐国去，制止齐军攻鲁？”子贡从座席上站起来说：“我不知能不能胜任？”孔子点点头说：“可以。”

子贡立即来到汶水求见陈恒。

陈恒板着脸问到：“先生是来为鲁国做说客的吧？”

子贡神色坦然地说：“我这次来，是为了齐国而不是为了鲁国。鲁国是个难于征伐的国家，相国为什么要征伐它？”

陈恒微露惊讶之色：“为什么说鲁国‘难于征伐’？”

子贡答道：“鲁国的城墙低而薄，护城河狭而浅，国君懦弱，大臣无能，军队不善打仗，所以说‘难于征伐’。其实，相国倒不如移兵击征伐吴国。吴国城墙高而厚，护城河宽而深，兵多将广，比较容易征伐。”

陈恒一听，不禁面露怒色：“你是在戏弄我吧？你所说的难和易，颠倒不清，这是怎么回事？”

子贡说：“请相国屏退左右，容我为您解释。”

陈恒命左右随从人员都退出大帐。

子贡说：“我听说有这样的话：‘忧患在外部的应当攻击弱国，忧患在内部的，应当攻击强国。’据我观察，相国和贵国的国书等各位大臣之间有些纠葛。现在，国书和高无平等大臣率军进攻衰弱的鲁国，毫无疑义将取得胜利，但是取胜的功劳属于各位大臣。这样，各位大臣的权势将不断增加，而相国您就将面临困难。如果相国能够移兵去进攻强盛的吴国，那么，进攻必将受到挫折。这样，国书等各位大臣将面临困境，而相国您就可以掌握齐国的大权。这对于相国来说，难道不是最好的计策吗？”

陈恒高兴地说：“先生的一番言论，使我茅塞顿开。然而现在齐军已经来到汶水，如果改变方向去征伐吴国，人们必将怀疑我的动机。你看怎么办？”

子贡说：“您只要先按兵不动，等我立即到吴国说服吴王搬兵来救鲁伐齐，这样，齐国就有攻吴的理由了。”

陈恒同意子贡的意见，就对国书说：“我听说吴国将进攻齐国，因此，我们的大军先驻扎在这里，暂

★子贡见吴王

不伐，等我派人探听吴国的消息，如吴国来犯，就先打败吴军，然后再伐鲁。”说罢，陈恒就离开汶水，回临淄去了。

子贡日夜兼程赶到吴国。他向吴王夫差说：“上次吴国和鲁国联合伐齐，齐国人恨之入骨。现在齐军屯兵于汶水之上，企图先伐鲁，后攻吴，以报昔日之仇。大王您何不先发制人，兴兵伐齐救鲁？以吴国的强大，定能打败齐国，并使鲁国听命于您；吴军乘胜，进而威逼晋国，就可以称霸诸侯。”

夫差说：“上次打败齐军后，齐国表示愿意服事吴国；现在齐国不来朝聘，我正要向它问罪。只是我听说南面的越国正在训练军队，有侵犯吴国的野心。为了消除后顾之忧，我准备先行讨伐越国，然后进兵齐国。”

子贡连忙说：“这样不妥！越国弱而齐国强。征伐越国，得到的利益小，而纵容齐国，引来的祸患大。您如果畏惧弱小的越国而避开强大的齐国，这是不勇；您如果追逐小利而忽视了大患，这是不智；而不智不勇，怎么能争霸天下呢？假使大王确实对越国有顾虑，我愿意为您去说服越王，让他亲自率领越军跟随您北伐齐国。”

夫差十分高兴，便命子贡去越国。

越王勾践听说子贡到来，亲自到都城郊外三十里处迎接。

子贡说：“我最近去见吴王，请他救鲁伐齐，而吴王怀疑越国将要进攻吴国，所以想先伐越国。如果您并没有为报仇而攻吴的想法，却被吴王所怀疑，这说明越国的做法很笨拙；如果您确有报仇伐吴的志向，却被吴王所发觉，那越国就危险了。”

勾践听后脸色发白，跪在地上问道：“请问先生有什么办法可以救我？”

子贡回答：“您亲自率领一支军队，跟随吴王伐齐，这样就可以消除他的后顾之忧，从而也消除了他对您的怀疑。吴、齐交战，假使吴军战败，吴国的力量从此消弱，您也就不必再怕它了；假使吴军战胜，吴王一定会进而和强大的晋国争霸，这样一来，吴国后方就出现空隙，越国就有隙可乘了。”

勾践再次拜谢说：“这是上天派遣先生来指教我，我怎敢不听从先生的教诲呢！”

子贡回到吴国，告诉吴王：“越国即将派遣使臣来吴。”

果然，过了几天，越王派大夫文种向吴王贡献宝剑、精甲等礼物，并表示越王勾践将亲率三千军士随吴王伐齐。

吴王非常高兴，把子贡召来，问他：“勾践此人果然有信义，愿意亲自率领军队随我伐齐，先生认为怎样？”

子贡答道：“让一国之君跟着奔波，似乎太过分了，不如准许越军参加伐齐而辞谢越王。”吴王表示同意。

于是，子贡离别吴国，又匆忙赶往晋国，对晋定公说：“我听说‘没有远虑的人，必定有近忧’。现在吴军正要伐齐，如果吴军取胜，吴王一定会来和您争霸，请您早作准备。”

晋定公说：“多谢指教。”

等子贡回到鲁国，吴军已打败齐军。不久，吴王果然又亲率大军北上伐晋。越王勾践乘吴国内空虚，攻占吴国都城。

子贡经过这番攻心游说，使鲁国既免遭齐军的攻伐，又免受吴国的挟制。

子贡盛赞老师

春秋时齐景公问子贡说：“你的老师是谁？”子贡说：“鲁国仲尼。”景公说：“仲尼是贤人吗？”子贡不高兴地说：“岂止是贤人，仲尼是圣人。”景公满不在乎地笑道：“他圣明在哪里呢？”子贡说：“不知道。”景公立刻变了脸色，说：“开始说他是圣人现在又说不知道，这是什么意思？”子贡说：“我终生头顶苍天，却不知天有多高；我终生脚踩大地，却不知地有多厚。我跟随仲尼，犹如渴了到江海边舀水解渴，肚子满了就离开，哪里知道江海有多深呢！”景公说：“赞誉仲尼也太过分了吧。”子贡说：“我赞仲尼，犹如两手捧土添在泰山上，泰山不会增高；我不赞仲尼，犹如两手扒去泰山上的土，泰山也不会降低，您难道不明白吗？”景公说：“说得好，说得好！”

宓子贱鸣琴治单父

MI ZI JIAN MING QIN ZHI SHAN FU

宓子贱，名不齐，春秋末期鲁国人，生于公元前 521 年，是孔子的高才弟子，曾做单父（今山东单县）宰。春秋时期，单父属于鲁国，孔子的两个学生巫马期和宓子贱在鲁定公、鲁哀公时先后任单父宰。宓子贱做单父宰时，任贤用能，实行仁政，提倡爱民，为政三年，单父大治，史书上称单父被他治理得“风淳、俗美、物阜、年丰”，路不拾遗，夜不闭户。《史记》中说：“子贱治单父，民不忍欺；西门豹治邺，民不敢欺。”

★宓子贱请教孔子

宓子贱是个很有才华的人。他跟孔子当学生时，学习刻苦，又很善于思考问题，深为孔子所赏识。还很年轻，他就颇有些名气。不久，国君任命他去做单父宰。当时在任的单父宰巫马期是个有名的实干家，勤政爱民，不辞辛劳，每天“戴星而出，戴星而入”，忠于职守，把单父治理得很好。如今宓子贱要接任巫马期，能否干好，许多人都为他担心。

★宓子贱像

宓子贱接受了鲁君的任命。上任前，他访贤问能，多方求教施政之道。他首先求教于孔子。孔子对他说：“当了官以后，不要随便迎合人和拒绝人，也不要随意责怪人和许诺人。轻易许诺就会丧失节操；一概拒绝，就会疏远众人，结果必然闭目塞听，好像处在高山深渊之中，仰望看不见山顶，想知道深渊又不能测量。”宓子贱点头称是，一一记在心里。

宓子贱又来到河边，找到一个叫阳昼的渔翁，恭恭敬敬地说：“我要到单父上任，今天特地来向您告别，您有什么话要说给我吗？”那阳昼沉思了一会，说道：“我是个穷打鱼的，哪里知道为官施政的道理。不过，我有两点钓鱼的体验，说给你听听吧。”宓子贱忙说：“好，好，有什么体验，您快说说吧！”阳昼很神秘地笑了笑，说：“河中有各种各样的鱼，凡是见到钓饵就咬、争相吞食的，准是那令人讨厌的阳桥，这种鱼肉薄味淡；凡是见到钓饵，像似看见了，又似没看见，不争不抢，想吃又不贪吃的，多是鲂鱼，这种鱼肉厚味美，令人喜爱。”宓子贱听了，豁然开朗，连声称道：“妙，真妙！”

这一天，宓子贱前往单父，走马上任。离单父城还有几十里路远，忽见前方尘土飞扬，车盖如云。

原来是单父的一些官吏大户、士绅名流闻讯争相出城迎接。宓子贱一看这帮子人跑这么远来迎接自己，油然想起渔翁的告诫。便催促车夫，说：“快把车赶过去，快把车赶过去，不必答理这帮人，阳昼说的‘阳桥’来了。”

宓子贱认为要治理好一个地方，一是要知人善任，不被那些趋炎附势、利欲熏心的小人所迷惑；二是要争取上头的支持，不被国君乱加干预。他认为，如果国君听信谗言，牵制自己施政，你纵然有远大的抱负和切实可行的办法，也会一事无成。所以，临来之前，他故意请求鲁君派两个亲信和他一起去单父。鲁君没有说对宓子贱很放心，不必再派人监督他的话，真的派了两个亲信随他去单父。宓子贱对此很反感。

宓子贱来到单父，刚进县衙门，地方官吏都来拜见。他一一与他们交谈，并叫随来的那两个鲁君的亲信作记录。当那两个亲信提笔时，宓子贱不断扯他们的臂肘，字写不好，宓子贱还当众怒斥他们。这两个亲信很恼火，当即要求辞职回去。宓子贱也不挽留，说："你们写的很不好，连这么一点小事也干不成，既然你们要求回去，那就赶快走吧！"

两个亲信憋着一肚子气回到国都，向鲁君报告说："宓子贱叫我们作记录，我们写字时他又扯肘。我们写不好，他还发火，当众给我们难看，连在座的地方官吏都笑话宓子贱的举动，我们无法呆在那里，就回来了，请国君明察。"

宓子贱是个文明而有教养的人，怎么会干出这样浅薄的糊涂事来？鲁君百思而不得其解，便去询问孔子。孔子笑道："宓子贱满腹经纶，雄才大略，即使辅佐国君治理天下也能胜任。君王您任命他做个单父宰还不放心，派人跟去盯着他，使他难以放开手脚施政。宓子贱扯肘，其用意大概是向您劝谏吧。"鲁君一听，恍然明白了，感慨地说："我妨碍宓子贱的正当行动，使他不能按自己的主张办事，一定有好多次了。这次他是用扯肘来向我劝谏啊！"

于是鲁君立即派人飞马到单父，向宓子贱转达旨意："从现在起，单父的事你放心大胆地处理好了。"

宓子贱扯肘劝谏，争得了治理单父的自主权，为他放手施政扫清了道路。

宓子贱任单父宰后，人们发现此人与他的前任巫马期虽然都是孔子的忠实门徒，实行仁政，主张爱民，可是在具体执政方法上却截然不同。宓子贱虽为单父的最高官吏，重任在肩，但他整天若无其事、悠然自得。他很爱弹琴，在城南筑了个琴台，经常在上面鸣琴唱和，既不披星戴月地劳作，也不忙忙碌碌地处理公务，把单父照样治理得很出色。人们称赞他能"身不下堂，鸣琴而治"。

表面上看，宓子贱是无为而治，实际上他采取了更为高明的办法。

首先，宓子贱特别重视道德教育。例如，有一次齐国军队攻打鲁国，要经过单父。当时小麦正待收割。眼看齐军就要来到，各家收各家的麦子已经来不及了。有人向宓子贱建议，放城里的人出去，不管谁家的麦子，谁收割了归谁所有。这样就能很快收完麦子，不让敌军得到一点军粮。下属官吏一连向宓子贱请示了三次，他都坚决不答应。没过两天，齐军来了，抢割了单父许多麦子。鲁国大夫季孙听到这件事很恼火，派人谴责宓子贱，说："老百姓辛辛苦苦种的麦子，你拦着不让放人收割，反倒留给齐军，这岂不太令人痛心了。如果敌军突至，你预先不知道，还有可原谅。可是，人们三次向你建议，你都不答应，难道这是为自家着想吗？"

宓子贱听了季孙的责备，笑了笑，意味深长地说："依我之见，今年的麦子被齐军割了，明年还可以再种。如果一来贼寇，就让那些不种田的人任意收割别人的庄稼，岂不助长了人们盼望贼寇的心理。况且单父一季的小麦，咱们收了，鲁国也不见得富强多少；丢了这些麦子，也弱不了哪去。如果这一次鼓励百姓不劳而获，去抢别人的劳动果实，那给人们心理上造成的坏影响，就不是三年五年所能消除的。"

听了宓子贱这一席话，季孙明白，自己只看到几斤麦子，宓子贱却考虑的是社会道德风范这件大事。他非常羞愧地说："还是宓子贱见识深，想的得远，我怎么有脸再见他的面呢？"

孔子听说他的学生在单父"鸣琴而治"，很高兴，便询问宓子贱："你是用什么方法治理单父的？"宓

★下属官吏向宓子贱请示

★孔子询问宓子贱

子贱回答说："学生像对待父亲一样尊敬百姓长辈，像疼爱自己的孩子一样，疼爱百姓的子女，抚恤孤儿，爱护百姓，和百姓同欢乐，共忧患。"孔子听了，沉思片刻，说："好，不过这是小节，要治理好一个地方还很不够。"宓子贱又说："学生团结了一批人，我就像对待父辈、兄长、知心朋友一样对待他们。"孔子点点头，说："可以教给他们仁义道德，这些人一定会拥护你。不过这是中节，还不足以治理好一个地方。"宓子贱又说："这里有五个比我贤能的人，我把他们当做老师，依靠他们，重用他们，他们教给了我许多施政的方法。"孔子一听，感慨地说："好，好！知人善任，重用人才，这才是治理好天下的关键呢！从前尧舜治天下，总是到处访贤能辅佐自己。选用贤才是最重要的事情。可惜你只管这么个小地方，既使治理一个大的国家也行啊！"

可见，宓子贱所以能"鸣琴而治"，与他重用选拔人才是紧密相关的。宓子贱自己总结他和巫马期治单父的经验时，说："我靠的是知人善任，他靠的是尽心尽力。任力的辛苦，任贤的轻松。"巫马期则说："还是因为我的才能比不上宓子贱。"

★子仲姜盘·春秋

这是一件春秋早期用于盥洗的青铜器。它形体较大，整器风格质朴浑厚。盘壁的两侧有一对宽厚的副耳高耸，其外侧饰有云纹。盘的前后各攀一条曲角形的龙，龙首耸出盘沿，作探视状；龙身躬背曲体似于跃入盘内水中。盘内底铸有浮雕的鱼、龟、蛙等水生动物，鱼为七条一周，龟、蛙为相间排列，此种饰法极具春秋早期的特色。盘的中心是一只带有头冠的雄性水鸟，边上为四条鱼，外圈为四只头上无冠的雌性水鸟，造型生动。

三失三得

宓子贱谦虚好学，切合实际，比起一般的官吏，确有突出的优点和长处。与他一块做官的还有孔子的侄儿孔蔑。有一次，孔子见到孔蔑，问他说："自从当了官，你认为有什么得失。"孔蔑满腹怨气，说："我当官毫无所得，损失却非常大：一是公事接连不断，原来学过的知识没时间复习，白白荒废了我的学业；二是薪俸少，连碗稀饭也不能照顾亲戚，弄得至亲与我疏远了；三是公事繁忙，连吊丧探病的空也没有，朋友之情也难以尽到，失去了许多朋友。"孔子听了很不高兴，训斥教育了他一番。接着，他到宓子贱那里，把问孔蔑的问题又问他一遍。宓子贱回答说："学生我自从做了官，没有失掉什么，却得到了三种东西：以前学过的知识，现在能实行了，因而学识更加长进了；薪俸虽然不多，也还能照顾一下亲邻，这样亲邻间关系更加密切了；公务虽然接连不断，但也能挤出些时间走亲看友、吊丧探病，朋友之间的情谊更深厚了。"孔子听了十分高兴，赞扬说："你真是个君子啊！"

★孔蔑塑像

子路受教于仲尼

ZI LU SHOU JIAO YU ZHONG NI

孔子收弟子不看身份,“有教无类”。这消息传遍鲁国,不仅曲阜城内百姓子弟争着前来求学,而且附近的人士也纷纷赶来求教。在离曲阜百里之遥的卞地,有一人叫仲由,字子路,性格爽直,为人勇武,信守诺言,武艺高强,比孔子仅小九岁,慕名前来拜师,孔子高兴地收他为弟子。

子路初次见孔子,身穿华丽的服装,神色傲慢高声地说:“弟子子路拜见先生!”

孔子见子路这副模样,心里真不是滋味,念在初次见面,不好直率批评,耐着性子说:“好啊!先生诚心欢迎你。初次见面,不知先生说你一句话你愿不愿听?”

子路说:“子路愿先生教训!”

孔子说:“你既为我的弟子,先生就直言相告了。你这样穿着华丽又表现出不凡的样子算得了什么呢?要知道那江水出自岷山,发源时水浅得连一只酒杯都浮不起来,可是到了下游成为江河就汇成汪汪水泽,不乘大船,不避大风,是不可以渡过的,要知道这浩荡的下游之水,是由那连酒杯都浮不起的水积聚而成的,人要积聚汪洋恣肆的知识,才能成为人上之人。”

★孔子雕像

子路不好意思地退出,过了一会他更换了练武的衣服又进来,并且拔剑在庭院中舞了起来,舞罢,就对孔子说:“先生,古时候有道德的人没有不佩剑以自卫的,子路曾听说先生的先父,生前是位虎将,至今鲁国人尚在称赞。先生应该学剑习武,继承先业。”

孔子听后回答说:“古代道德高尚的人都是以忠诚为本性,以仁德保护自身。见到不好的就拿忠恕教化,遇到强暴的就拿仁德感化,何必要用剑来自卫呢?我听说成汤伐桀、武王伐纣,既未亲自拔剑以自卫,又未单枪匹马去冲锋陷阵,而是以仁德统率千军万马,取得了胜利。”

子路严肃地站起来说:“子路今日听到先生如此教诲,犹如常坐暗室中忽然见到了明灯,请容弟子去更换衣服后再来受教!”说完就退出,更换了平常衣服,除去了佩剑,慢步走近孔子,恭敬地说:“请先生赐教!”

孔子说:“子路你听着,喜欢自夸的,华而不实;自认奋勇的,定称自己功绩;聪明显露在面上而又自夸其能的,便是德行很差的小人。我希望你做一个有道德的人,做一个平实的人,做一个有很高智慧的人。知之为知之,不知为不知,是知也——懂得就是懂得,不懂就是不懂,这就是最高的智慧。有这种智慧的人才是一个有道德的人,一个平实的人。”子路连忙说:“感谢先生教诲,子路过去不学,行为鄙俗,请先生原谅,今后严加教训!”

★子路像

孔子忽然长叹一声后接着说:“假若那铜堤伯华不死,天下就早已安定了啊!”子路忙问:“子路愿先生介绍此人生平德行!”孔子说:“此人幼年好学,壮年有勇,老年有贤德才能而能礼让于人。”子路说:“少年好学,壮年有勇,这是可以做到的,但是身具德才还肯礼让于人,则是难以做到的。”孔子说:“这要看修养如何。从前周公官居高位,执掌天下政权,为了选拔天下的贤良之士,尚且能以礼接待那些平民中的士人,甚至能一天接见一百七十人,而我们又有什么理由不学着这样做呢?”

子路说:“先生,您是说只有德行高尚的人才能仁爱天下所有的人吧?”孔子说:“你是个聪明的人啊!一点就明白了。你平日爱好的是什么呢？”“弟子最爱舞剑。”“我不是问你的武功，而是问当你有了才能是否还爱好学问？”“先生，既有才能，何必再有学问，学问究竟有什么益处呢？”子路又问。

孔子答道：“国君没有一个直言劝谏自己的臣子，就会失去尊位，一个学士没有一个诚心帮助自己的朋友，就听不到对自己有益的善言；再好的良马没有缰绳，便无法去控制它拉车。木有了匠人的墨线才能成直材，人有了学问才能办好事情。厌恶学问，就容易触犯刑律，所以要做一个道德高尚的人就不可以没有学问。”

子路说：“南山上面的竹子，不去扶它却能自己长直，砍来做成竹箭，就可以射穿那犀牛的皮革。以这个比喻来说，又何必学习呢？”

孔子说：“把那箭装上羽尾，又将它的头磨得更锋利，再射那犀牛皮革不是射得更深吗？这学和不学是大不一样的。”

子路听了这些道理后说：“先生，子路过去莽撞任性，就是因为没有学问，先生今日的教诲，子路将永记在心。”接着就从自己的衣兜里掏出一块竹片，用毛笔蘸了漆，在上面工整地写上了自己的名字，将它双手奉着举过头顶呈给孔夫子。这一仪式既表示自己正式投拜在孔夫子门下为徒，而且更是一种庄严的誓仪：已将自己的生命完全交给了对方，至死不渝！

后来，子路跟随孔子周游列国，有一次落在后面，遇见一位用木杖挑着除草工具的老人。子路问他：“看见我们的老师没有？”老人说：“是那个四体不勤、五谷不分的人吗？怎么能算是你的老师呢？”说着，就把木杖插在旁边锄起草来。尽管挨了抢白，子路还是礼貌地拱手立在一旁。老人见子路态度谦和，便留子路到他家里住宿，杀鸡、做小米饭给他吃，并让两个儿子见了子路。

第二天，子路赶上了孔子，把这件事告诉了他。孔子说：“这是一位隐士。”便派子路回去看看。子路到了那里，老人已经搬走了。子路对着那座空屋子说：“不做官是不义的行为，长幼之间的礼节是不可废弃的，君臣的名分又怎么能够废弃呢？你把儿子叫出来见我，可见你是懂得的。光想洁身自好却破坏了君臣之间根本的伦理关系。君子所以要出来做官，是为了实行君臣之义。”

孔子任鲁国司寇时，子路任季孙氏的宰，后任大夫孔俚的宰。卫庄公元年（公元前480年），孔悝作乱，子路当时不在国内，听到消息后，马上急奔回国。在城门恰好遇到子羔出城，子羔对子路说：“不要进去白白送死，跟我离开卫国吧。”子路神色忧伤而又坚决地说：“拿了卫国的俸禄，就不能逃避国难。”子羔只好一人离去。子路进城之后，要杀孔悝，结果被叛兵追杀，帽缨被割断。子路说：“君子不能免冠而死！”于是系好帽缨，从容就死。

★百里负米图 孔子的得意弟子，仲由，早年家中贫穷，自己常常采野菜做饭食，却从百里之外负米回家侍奉双亲。

★春秋早期勾连纹玉玦

子路试巫马期

子路砍柴回来，孔子问他：“子路，来，我问你，为什么你与巫马期同时出去，却先返回来了呢？”子路说：“刚才，我与巫马期在韫丘之下砍柴，陈国的富人有处师氏带着油光锃亮的百辆马车在韫丘之上饮酒作乐。我便对巫马期说：‘使你不忘记你的智慧，也不增加你现有的才能，而让你得到像有处师氏这样的富贵，你干不干呢？’巫马期喟然长叹，将镰刀甩到地上，说：‘我曾经听老师说过：勇士不忘宁愿丧失他的头颅，志士仁人不忘宁愿死在沟壑。你难道不了解我吗？你是想试探我的意向和志气吧？’我听到他这样说，心中惭愧，所以就先背着柴禾回来了。”

盗跖名声若日月

DAO ZHI MING SHENG RUO RI YUE

在我国奴隶社会末年，有一位与古罗马奴隶起义领袖斯巴达克相媲美的英雄——跖。他广泛地联合起当时社会中最底层的奴隶，发动了大规模的起义，震撼了整个奴隶社会。

跖是春秋末年鲁国柳下地区奴隶起义的领袖。跖指脚掌，是人身体中的最下部分，意思是当时社会中最下层的人。也有的把跖解释为跳跃，指这种人四处活动，到处造反。历代统治者都骂他为“盗”跖，这个名称便延续下来。

在奴隶制社会中，奴隶对奴隶主来说，只不过是“会说话的工具”。他们经受奴隶主的奴役、剥削、责打，甚至杀戮，有时还被当作人牲被奴隶主活活杀死殉葬。因此，他们便不停地怠工、逃亡，破坏工具，但最为有效的办法还是联合起来造反。据《庄子·盗跖篇》等古籍记载，跖曾率领九千人的奴隶起义大军造反。起义不久，把队伍拉到泰山脚下，一面休整，一面当作根据地，对奴隶主作战。泰山上的柳王间，据传就是跖起义的指挥部。他们广泛联络的奴隶起义队伍中，有男有女，有老有幼。他们到处没收奴隶主的财物，打乱了奴隶主的统治秩序。迫使大奴隶主紧紧守住自己的城池，小奴隶主吓得连城门都不敢开。跖和他的队伍不仅在鲁国四处活动，据记载，北面的齐国、西面的晋国，甚至最西面的秦国等地都曾经留下他们的足迹。当然，跖一个人很难到过这些地方，但是经他号召，到处起义的奴隶羡慕他的勇敢，钦佩他的名声，大家都用他的名字起义，以致各处都出现盗跖。战国末年大思想家荀子在他的著作里，称跖“名声若日月，与舜禹俱传而不息。”说出了当时人对他崇高的评价。

★柳下跖像

有一次，跖的门徒问他：“有人骂我们是强盗，我们盗也有道吗？”跖回答：“当然有。我们对一些事情都有我们自己的看法，谁要是事先了解到奴隶主室里藏着什么财物，那便是高出众人的‘圣’。当我们在向贵族冲锋时，谁跑的最快，谁就是‘勇’。撤退时，谁在后面保护别人，就是‘义’。在我们行动之前，事先能分析事物该干不该干，是‘智’。大家从贵族那里得到一些财物，分配时均匀，自己不贪多，这便是‘仁’。”跖对他的门徒的这一番解说，正道出了广大奴隶们的心愿，反映出当时奴隶和奴隶主两种截然不同的是非观。更主要的是用这些理论树立奴隶们起义的信心，调动起他们起义的积极性，更大限度地号召广大奴隶联合起来进行革命斗争。

《吕氏春秋》中还记载着这样一个故事：跖在起义失败，壮烈牺牲前，曾对自己的弟子们说：“我死了以后，你们在我身旁陪葬一个大铜锥。我死了以后也要和你们一起把历代统治我们的六王五霸的脑袋敲碎！”这种坚决斗争的精神，大大鼓舞了继续斗争的奴隶们。

还有人说跖是柳下惠的兄弟，孔子跟柳下惠说，你作为哥哥理当管一管。柳下惠说：“盗跖为人，顺他心的就高兴，违他意的就发火，容

★奴隶英雄柳下跖宣传画

易用话语侮辱人。他不听我的，我有什么办法呢？”孔子决定自己亲自去见盗跖。盗跖带着自己的部卒这时正在泰山的南边休息，把人的心肝炒熟了做下酒菜。听说孔丘来要见他，一下怒发冲冠，说：“不就是鲁国那个奸诈、会装扮自己的孔丘吗？传话给他：你摇唇鼓舌，假托周文、周武，戴着树枝样的帽子，围着牛皮腰带，四处胡言乱语，无事生非，迷惑天下君主，使读书人不学真本事。你成天不耕而食，不织而衣，还打着仁义的幌子，挂着孝悌的招牌，到处求官鬻爵。你罪大恶极，赶快回去，否则我便掏你心肝，做我的午餐！”

孔子再请通报，说自己是柳下惠的朋友，受托前来帐下拜见，盗跖这才答应让孔子进门。孔子为表示恭敬，用小碎步跑上前，不敢占有席位，退在一边站着向盗跖长揖。盗跖还是一副怒气冲冲的样子，叉着两脚，手握利剑，眼睛直瞪着孔子，声音就像老虎一般说：“你有什么话尽管说。不过，顺我心，你才能活；逆我意，你就只有死路一条。”

孔子说：“我听说，天下人有三种美德：生下长大，美好无双，无论什么人都喜欢他，这是上德；聪明智慧可包天容地，辨析一切，这是中德；勇武决断，聚众领兵，这是下德。凡能具备以上一种美德的就可称王。现在将军你兼备这三种美德，却被人叫做盗跖，我真心感到惋惜。假如将军有意听我意见，我愿请各国诸侯尊奉将军为诸侯，为你建造一座方圆几百里的大城，并拥有几十万户的采邑。从此停战休兵，怎么样？”

盗跖大怒说：“孔丘，你想用利禄来诱导，那只能对傻瓜起作用。喜欢当面称赞的人，必定喜欢背后毁谤人，我自己是什么样，我自己还能不知道！你想来劝说告诉我的，除了鬼的事我不知道，凡是人的事我比你清楚！先说历史。神农时代人们只知母亲，不知父亲，和麋鹿生活在一起，种田吃饭，织布穿衣，谁也不想害谁，这是道德极盛的时代。世上最推崇的帝王莫过黄帝，而黄帝的德行实际并不完备，他和蚩尤交战，血流百里。尧不慈爱，舜不孝顺，禹半身不遂，汤流放他的君主，周武王杀纣……他们都是为了利而迷失了本真，为了强力而违反了情性。汤武以来，强欺弱，众欺寡，所以他们都是祸害人民的可耻之徒。世上所谓的贤士，莫过伯夷叔齐，他们辞让君位，饿死首阳，尸体都没人埋；鲍焦行为高洁，抱树而死；申徒狄忠谏不被

★春秋早期束绢纹玉佩

采纳，背着石头，投河而死，尸体喂了鱼鳖；介子推对晋文公忠心耿耿，割大腿肉给晋文公吃，后来为了逃避封赐，在绵山抱着树木被大火烧死；尾生和女子相约在桥下会面，女子没到，洪水来了，为了信誉，抱着桥墩被淹死。这六个人跟被杀的狗、被甩到河里的猪、拿着碗乞讨的乞丐有什么两样？他们为了名而轻生，不懂得什么是根本。世上所谓的忠臣也是这样，比干剖心而死，伍子胥沉尸江中，只能成为明白人的笑料。你孔丘称扬的只是这些，并以此沽名钓誉，祸国殃民。天下最大的盗贼莫过于你，最大的坏人莫过于你，天下人怎么不叫你盗丘，而把我叫做盗跖呢？”

“我再告诉你人的本性。人长眼就是要看，长耳朵就是要听，长嘴巴就是要吃。人生上寿一百，中寿八十，下寿六十，除了疾病、死丧、忧患，能开口笑的有多少时间？以有限的生命寄托在无穷尽的天地之间，就像白驹过隙一样，凡不知适意、保命的，都不是通达道理的人。你想要说的，都是我所抛弃的。你给我赶快滚走，不要再啰嗦了！”

孔子拜了又拜，灰溜溜地跑了出来。上车后，手上的缰绳掉了三

★孔子见盗跖

次，头脑一片空白，脸色像死灰一样，低着头，喘不过气。

关于跖的传说，遍布全国。山东省曲阜的柳庄传说是跖的故乡。人们传说跖小时很穷，每天上山打柴，周王向百姓要粮要草，逼得很凶。他打死了催粮的官员，用许多办法组织起广大奴隶，拉队伍造了反，称了王。他常把得来的粮食分给百姓。有的说他在柳庄西南柳窝地方打了九十九眼井，喂了九十九匹马，供起义军使用，也给百姓浇地和拉东西。这样便团结联合了群众。兖州县城西有个村叫堌城，古称顾王城，是为了追念经常照顾百姓的“顾王”而起的名。这个“顾王”就是跖。顾王城座落在号称鸟儿洼一旁的高地上，类似圩寨，群众说是顾王领人修成的。村西800米处有个约百亩的大堌堆和小堌堆，传说是顾王的点将台。村西南700米处有五个土堌堆，传说是顾王当年与诸侯打仗时布下的迷魂阵。村东500米处有一条笔直的大道，人们说是顾王练习跑马射箭的地方。当你来到这里，当地群众多能绘声绘色地向你讲述跖的故事。泗水有个老鸦峪，当地称作咬牙峪。民间传说跖死后，其部下把他的头颅，用盘子托着葬到这里。具有强烈反抗精神的跖，死不瞑目。为了报仇，经常在夜里将牙咬的“咯吱吱”响，这与《吕氏春秋》的记载很相似。在泗水泉林一带还有跖联合百姓为民斩蛟除害的故事。他为民除了害，自己也受伤身亡。百姓怀念他，尊称他为“都大王”。他还领着百姓治理黄河，被尊为“河神大王”。济南以东的章邱有个东陵山，古书记跖死后葬于东陵之上，就是指这里。章邱城南十几里有座赭山，山上的石头是红的，传说是跖的鲜血染成。山上有个王坟项，又传说是跖的葬身之处。

河南古开州东南有跖的墓，河南濮阳还有柳下屯。山西省太原西南有柳子峪，辛村有盗跖宅。柳子峪上有三尺深的石臼，传说是跖当年的插旗石，甚至还传说山上的石头凹了下去，是当年跖的脚印等等。

全国到处有跖的传说、跖的足迹，说明全国各地人民都对跖的英雄事迹敬仰，说明跖团结奴隶，领导起义影响广泛，也说明跖英勇斗争的精神，教育了各地被压迫者。他的斗争精神和斗争事迹，团结与鼓舞着劳动人民，在历史上留下了不可磨灭的一页。

★庄蹻雕像

庄蹻

庄蹻，一作庄豪，与跖齐名，是战国时期楚国起义领袖。庄蹻领导的起义发生于公元前301年。是年，秦与齐、韩、魏共攻楚，杀楚将唐昧(即唐蔑)。起义队伍乘机攻下郢都(今湖北江陵北)。《荀子·议兵篇》称：“唐蔑死，庄蹻起。楚分而为三四。”后起义失败，向西南黔中郡（今湖南沅陵西)转移，经夜郎(今贵州西部)，进入滇池(今云南昆明附近)地区，庄蹻被推戴为王。

柳下惠

柳下惠(公元前720-前621)展氏，名获，字禽，春秋时期鲁国人，是鲁孝公的儿子公子展的后裔。“柳下”是他的食邑，“惠”则是他的谥号，所以后人称他“柳下惠”。他做过鲁国大夫，后来隐遁，成为“逸民”。柳下惠被认为是遵守中国传统道德的典范，他“坐怀不乱”的故事被中国历代广为传颂。有一天晚上，他遇到一个找不到宿处而冻倒在路旁的女子，就把她扶起，解开衣服，让她坐在怀里，把她偎暖。冻僵的女子，因此苏醒而得救。柳下惠不但没有趁机侮辱她，就连这样的想法都根本没有。这件事情，后来被人传开，人们都称赞柳下惠“坐怀不乱”。这件事情，虽然并没有第三者亲眼看到，可是谁都相信是真实的。这是因为柳下惠历来一贯不乱的正派作风所造就的崇高威信，所以《荀子·大略》评论道：柳下惠与投宿无门的女子同衣，而人们不怀疑他，“非一日之闻也”。

★柳下惠被孟子称为“和圣”

勾践卧薪尝胆

GOU JIAN WO XIN CHANG DAN

公元前 496 年，越王允常去世,他的儿子勾践即位。由于吴国攻楚时，越王允常不肯兴兵助吴，却又支持吴王阖闾的族弟夫概生乱,就此两国结下了怨仇。吴王阖闾闻知允常已死，越国必全国举哀，所以要趁越丧乱之际兴兵伐越。伍子胥劝谏说:“越国虽有袭吴之罪，但目前国有丧事，伐之不义。”但吴王不听,留下伍子胥和太孙(太子波已死,故立其子夫差为太孙)守国,自带精兵 3 万伐越。

越王勾践闻吴兵犯境,起兵抵抗。他令死罪囚徒组成敢死队,持刀走在阵前,他们都把刀架在自己的脖子上,口中振振有词。吴兵从来没有见过这种场面,一个个看得愣了神,正在吴兵不知如何应对的时候，忽然越国营中鼓声大振,越兵迅速挥刀砍向吴兵。吴兵被越兵突如其来的举动吓破了胆,还没进行招架,便纷纷夺路而逃。吴军阵前一乱,便冲散了后队,因而前后相撞,自相践踏,一下败退到了几十里以外。吴王也被乱军冲散,并被越将砍伤了一只脚,亏得专诸的儿子专毅率兵赶到，才杀散了越兵。不过,吴王因年老伤重,还未回到吴国,便死在了路上。

伍子胥奉太孙夫差主丧即位,葬阖闾于虎丘。夫差立誓,要在服孝满三年后,率兵伐越。他任命伯嚭为太宰,总理国家大事,伍子胥照样为国家的重要谋臣。为了让自己牢牢记住祖父的仇恨,他派了十个人,整天什么事都不做,就站在他的堂前，当夫差进进出出时,就高叫着夫差的名字说:“夫差,你忘了勾践杀了你的祖父吗？”夫差总是流着泪回答:“不!不敢忘!”就这样,夫差精心治理国家,训练军队,大量地网罗贤人，经过三年的努力,吴国的力量大增。伍子胥认为时机已成熟，就劝说吴王攻打越国。

公元前 494 年,夫差挑了精兵良将,去征讨越国,在夫椒这个地方大败越军。越王勾践带着五千残兵败将逃到会稽山上,夫差率领大队人马追赶上去,他在船头亲自击鼓为将士助威，吴兵士气高昂，快速向越兵冲去,团团包围了会稽山。这时，越王勾践觉得大事不好,急忙与谋臣范蠡和文种商量对策。勾践对范蠡说：“我后悔当初没有听从您的话，对吴国掉以轻心,才有今日之祸。”范蠡说:“现在说那样的话也救不了越国了，您只有带着礼物到吴国去认罪求和，如果他们不答应,那您只好给人家做奴隶，以求得人家的宽恕。”勾践知道事情已经到了这种地步,已经无可挽回，只好先派文种带着大量的礼物到吴国军中求和。

★越王殿内壁画

文种来到吴军阵中,跪在夫差面前,给夫差反复叩头，行臣子之礼，他说:“我奉亡国之君的命令来给大王请安，我冒昧地向您转达勾践的心愿，他愿意做您的臣子，他的妻子愿意做您的仆人，为大王日日夜夜服务。”夫差一听,捻着胡须,高兴极了，他早就盼望有一天越王对他俯首称臣,今日果然如愿,得意之间便有心答应越王的请求。伍子胥见夫差不言语,知道他在心里已经默许。伍子胥还知道吴王是个非常好虚荣的人，又缺乏远见,便来到了他面前,低声对他说:“寇不可养,敌不可纵,吴国的力量现在并不是很强，如果放弃了这个机会,日后一定会后悔的。况且勾践的为人十分阴险，他表面一套,实际上又是另一套，现在不除掉他,

★越王勾践剑

★吴王夫差(石刻)

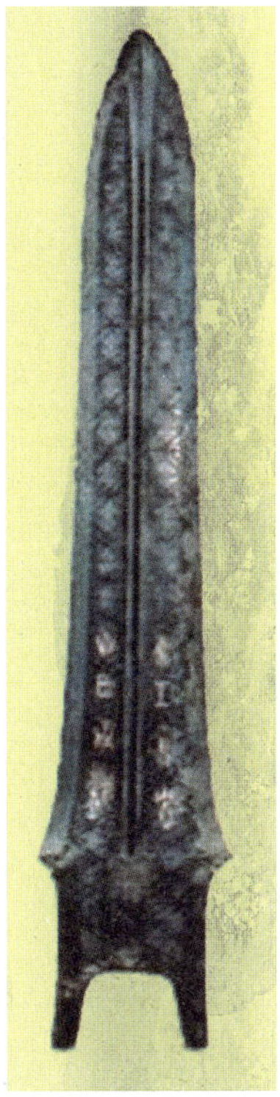

★吴王夫差矛

他一定会报这个仇的。”夫差听他这么一说,也只好作罢。

文种回到了越国,勾践急得像热锅上的蚂蚁,他将五千残兵败将集中起来,号召他们拼死突围。但是范蠡和文种坚决不同意，他们说,夫差好色,他的太宰伯嚭贪婪,不如送一些东西给伯嚭,让他在夫差面前给说说情,再给夫差一些美女,看他的态度是不是会改变。勾践认为现在也没有什么更好的办法,只好去试试。于是,文种偷偷地来到伯嚭的帐前，送给他许多东西。说明了自己的来意后,伯嚭果然心里很高兴,答应为他引见。伯嚭带着文种和美女来到了夫差的住处，文种首先向他献上许多美女，这些美女是经过精心挑选的，夫差一看就眉开眼笑。此时,伯嚭也在一旁趁机劝解说:“我看勾践这个人是有诚意的,如果允许他做我们吴国的臣子,这对我们吴国的霸业也是十分有利的。”实际上,夫差本来就是同意求和的,自上次文种走后,他还曾为这事懊恼,现在经他们这么一说，夫差自然同意了。不过,他要求勾践夫妇亲自到吴国去服侍自己。

文种回去向勾践禀报,勾践无奈，只得把国家大事托付给文种，自己带着夫人和范蠡到吴国去。勾践抵达吴都，夫差有意羞辱他,要他住在阖闾坟前的一个小石屋里守坟喂马，有时骑马出门还故意要他牵马在国人面前走过。勾践忍辱负重,小心伺候夫差,做到百依百顺,胜过夫差手下的仆役。时间过去了三年,由于勾践尽心服侍,再加上伯嚭不时接受文种派人所送之礼而在夫差前为勾践说好话,使夫差认为勾践已真心臣服,于是放勾践夫妇和范蠡回国。

勾践回到越国后,立志报仇雪耻。他唯恐眼前的安逸消磨了志气，在吃饭的地方挂上一个苦胆，每逢吃饭的时候，就先尝一尝苦味,还自己问:“你忘了会稽的耻辱吗?”睡前他还把席子撤去,用柴草当作褥子。这就是后来人传诵的“卧薪尝胆”。勾践决定要使越国富强起来,他亲自参加耕种,叫他的夫人自己织布来鼓励生产。他们亲自纺织,亲自种地,不吃肉食,不穿华丽的衣服,与百姓同甘共苦。他放下国王的架子,谦虚待人,热情接待四方宾客,所以在短短的几年时间里,就有大量有德行有智谋的人归顺越国。因为越国遭到亡国的灾难,人口大大减少,勾践就鼓励生育,凡生育子女多者,都将受到国家的奖赏。他叫文种管理国家大事,叫范蠡训练人马,自己虚心听从别人的意见，救济贫苦的百姓。就这样,经过了七年,越国的力量大增，越王勾践觉得时机已经成熟,决定向吴国报仇。大夫逢同说:“我看现在不能轻易和吴国相斗，我们只能胜,不能败。凶猛的鸟袭击目标时,一定要善于隐藏它的身体,对待吴国也是如此。现在许多国家都认为吴国霸气十足,而且吴国的野心很大,现已引起了楚、晋、齐三国的不满。如果这三个国家不听吴国的摆布,吴国一定会对其发动战争,我们让这三个国家先和吴交战,待他们军力消耗贻尽,到时我们再以逸待劳。”

勾践认为很有道理,便耐心等待。果然,吴国决定征讨齐国,伍子胥哭着进谏:“我听说勾践能和老百姓同甘共苦，这个人不除去,一定是我吴国的心头大患,大王您应该先去攻打越国。”但此时,傲慢无度的夫差已经听不进任何劝谏,他挥师攻齐,并侥幸得胜。当他从战场回来后,讽刺伍子胥说:“当初我要是听你的，怎会使齐国臣服,又如何有今天的胜利?”此后,吴王对伍子胥便不加信任,甚至产生了杀他的念头。一次，文种向越王说:

★卧薪尝胆铜像

★勾践卧薪尝胆

“我们可以试着向夫差借一些粮食,看他对越国的态度如何。”勾践认为他的办法不错,就派文种到吴国去,文种来到夫差的面前,以越国遭受粮荒为由,要求吴国借一点粮食给他们,夫差觉得这是小事,就准备答应。可是伍子胥却百般不同意,认为越国是处心积虑,蓄谋已久。夫差早就不把越国放在眼里,便不听劝阻,借给了越国很多粮食。伍子胥愤然地说:“这样下去,三年之后,吴国就会变为废墟。”不想,这话被伯嚭听到,他把伍子胥的话传到了夫差那里。夫差听后,气得七窍生烟。他既不相信伍子胥的话,又担心伍子胥会作乱,于是派他出使齐国。伍子胥感到自己一腔报国的愿望不能施展,预料到夫差一定会加害于他。果然,在他出使齐国后,夫差派人赐给他一把“属镂“剑,让他自己结束生命。

伍子胥拿着那把剑,知道自己所预料的事已成事实,他来到夫差面前,大笑不止,夫差被他吓得向后退了几步,颤抖着说:“你死到临头,还笑什么?”伍子胥道:“我笑你这个昏君不明真相,我帮助你祖父成就了霸业,又拥立你为王。你当初要把江山分一半给我,我没接受,可没过多久,你就听信谗言,要加害于我。我老了,死又何足惜?我为我们吴国的未来在心里痛哭。你这个昏君,吴国就毁在你的手中啦!”说完,伍子胥举起“属镂”剑,对旁边的下人说:“我死后,你们把我的眼睛挖下来,挂在都城的东门上,我要亲眼看看越国的将士是怎样踏破姑苏城的。”说罢,向着自己的胸膛猛刺一剑,随即躺在血泊之中。

伍子胥死后,勾践曾经想攻打吴国,范蠡认为时机没有成熟。又过了四年,由于勾践卧薪尝胆,励精图治,越国的力量足以和吴国抗衡了。公元前478年,吴国多年灾荒又遇大旱,仓廪空虚,百姓饥饿,勾践乘隙大举攻吴。越军以两翼佯动、中央突破、连续进攻的战法,大败吴军于笠泽(今苏州南)。夫差见大势已去,自杀而死。临死时他高叫:“我对不起伍子胥,我对不起伍子胥!”并嘱咐手下人把他的脸盖起来,说自己实在无颜去见伍子胥。勾践率得胜之师,北渡淮河,与齐、晋等国会于徐州(今山东滕县)。周元王也派使臣送来祭肉,封勾践为“侯伯”。自此,越军横行江淮一带,诸侯尽来朝贺,勾践完成了霸业。

★越国御苑遗址

越国

越国,姒姓。《吴越春秋》记载说,当年大禹巡行天下,回到大越,登上茅山朝见四方诸侯,封有功,爵有德,死后就葬在这里。至少康时,担心大禹后代香火断绝,便封其庶子于越,号曰:“无余”。无余便是越国的始祖,他建都会稽(今浙江绍兴)。春秋末年,越逐渐强大,其王勾践经常与吴国对抗,公元前494年,败于夫差,向吴臣服。但经过二十年的韬光养晦,重新崛起,于公元前473年,灭掉吴国。勾践灭吴后北上争雄,横行江淮,号称霸王。战国时,越国势力渐衰,公元前306年,为楚所灭。

★吴越古战场——会稽山

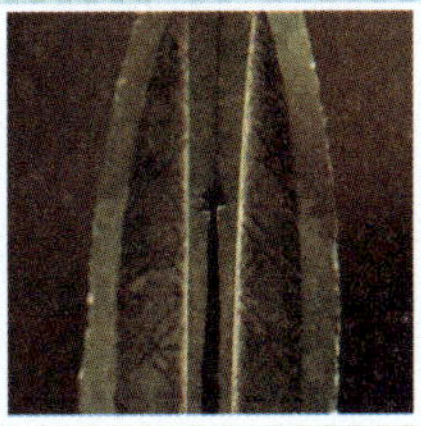

贤臣范蠡和文种

XIAN CHEN FAN LI HE WEN ZHONG

当初越王勾践入吴为奴时，身边仅带了夫人和谋臣范蠡。范蠡，字少伯，楚国宛（今河南南阳）人。他出身贫寒，但聪敏睿智、胸藏韬略，年轻时就学富五车，上知天文、下识地理，满腹经纶，无所不精。这次随越王入吴，是他自己提出的。他向越王自荐说："文种能够体察民情，安抚百姓，主公可留其守国，以便发展生产，增强国力，为将来兴师灭吴作准备。而侍奉危主，忍辱外邦，周旋于吴王左右，这是臣的强项。所以，臣愿随主公入吴。"于是，范蠡随驾入吴，而且一去三年。及至返国，越王看见自己的国土山川重秀，天地再清，知是文种带臣民辛劳所致，便对范蠡和文种倍加倚重。

越王归国后，君臣同心协力，整顿内政，努力生产，使国力渐渐强盛起来。而这时的吴王夫差因为当上了霸主，日益骄傲，一味贪图享乐。越王得到了这个消息，就和范蠡、文种两个大臣商议怎样讨伐吴国的事情。文种提议向吴王进贡美女，越王便派人专门物色最美的女子。结果在苎罗山（在今浙江诸暨南）上找到一个正在浣纱的美女，名叫西施。勾践派范蠡把西施精心打扮一番，教给她一些宫中礼仪，然后献给夫差。

夫差见西施容貌姣好，把她当作下凡的仙女，十分宠爱。西施也深明大义，准备为故国的百姓尽心尽力。有一次，越国派文种去跟吴王说："越国年成不好，闹了饥荒，向吴国借一万石粮食，并于次年归还。"当时吴王有西施在侧，夫差不好回绝，便讨好地说："看在西施的面子上，你们可自由搬取。"

到了第二年，越国的粮食丰收。文种如期把一万石粮亲自送还吴国。当时，正赶上吴国因灾害而闹粮荒，夫差见越国十分守信用，更加高兴。他把越国的粮食拿来一看，粒粒饱满，就对伯嚭说："越国的粮食颗粒比我们大，就把这一万石卖给老百姓做种子吧。"吴国人看到越国的米粒大、米质好，便都争相留作种子。到了春天，种子种下去了，等了十几天，还没有抽芽。百姓们以为越国的种子发芽迟，便耐心等待。他们哪里想到，这是文种和范蠡的计策。他们在还这批粮食前，已让越国的百姓事先把粮食蒸熟。因而当吴国的百姓再也等不下去的时候，纷纷扒开土壤，却发现播下的种子早就霉烂了。由此，吴国天怒人怨，水、旱等灾情不断，土地颗粒无收，百姓由此雪上加霜。

勾践听到吴国闹饥荒，就想趁机发兵。文种劝谏说："主公勿急。现在，吴国刚闹饥荒，国内并不空虚。再有，伍子胥尚在，他会识破我们的计谋。"勾践听后，只好作罢。此后，他继续操练兵马，扩大军队。公元前484年，吴王夫差要去打齐国，伍子胥因入宫直谏，惹恼了夫差。伍子胥说："我听说勾践卧薪尝胆，与百姓同甘共苦，看样子一定是想要报仇。不除掉他，总是个后患，希望大王先去灭了越国。"哪知夫差却认为伍子胥的话是危言耸听，同时也认为伍子胥老而无用。于是，便寻了一个借口让伍子胥自尽。

公元前482年，吴王夫差约鲁哀公、晋定公等在黄池（今河南封丘县西南）会盟，把精兵都带走了，只留了一些老弱残兵。这一情势给了越国君臣千载难逢的好机会，他们迅速整顿兵马，大举进攻吴国。等夫差从黄池得意洋洋地回来时，越王勾践已经率领大军攻进了吴国国都姑苏。夫差没办法，只好派伯嚭去向勾践求和。勾践和范蠡一商量，决定暂时答应讲和，退兵回去。

公元前475年，越王勾践厉兵秣马，再次率兵大举进攻吴国。笠泽一战，吴军全线崩溃，越军接着把吴都包围了两年，夫差被逼得走

★西施浣纱图

★范蠡像

投无路，深悔未听伍子胥的话，他绝望地说："我没有面目见伍子胥了。"说完，就用衣服遮住自己的脸，横剑自刎。

勾践灭了吴国，又带着大军渡过淮河，在徐州约会中原诸侯，周天子也派使臣送祭肉给勾践。从此以后，越国的兵马横行在江淮一带，诸侯都承认越王勾践是当时的霸主。不过，勾践的霸主地位既有赖于他忍辱负重，不忘国耻，坚忍不拔的精神，更有赖于文种、范蠡审时度势，设计用谋和忠君爱国的精神品质。然而，令人不解的是，在越王功成之际，与他一起入吴为奴的贤臣范蠡却舍弃官爵，漂然于五湖之间。临行还给同朝的重臣文种留下了"飞鸟尽，良弓藏；狡兔死，走狗烹"的警示，提醒文种激流勇退，免遭杀身之祸。只是文种没有认清越王"可与其共甘苦，不可与其同富贵"的本性，仅几年的功夫，越王便派人送给他一把剑，这位功高勋重的贤臣，最终死在自己的功劳簿上。

★越大夫文种墓

★西施像

西施

西施（生卒年不详），原名施夷光，春秋时期出生于浙江诸暨苎萝村。与王昭君、貂蝉、杨玉环并称为中国古代四大美女，其中西施居首，是美的化身和代名词。西施天生丽质，相传连皱眉抚胸的病态都十分娇美，并为邻女所仿，故有"东施效颦"的典故。当时，越国称臣于吴国，越王勾践卧薪尝胆，谋复越国。在国难当头之际，西施忍辱负重，以身许国，与郑旦一起由越王勾践献给吴王夫差，成为吴王最宠爱的妃子，把吴王迷惑得众叛亲离，无心于国事，为勾践的东山再起起了掩护作用，表现了一个爱国女子的高尚思想情操。后吴国终被勾践所灭。传说吴被灭后，西施与范蠡泛舟五湖，不知所终，一直受到后人的怀念。

东施效颦

春秋时期，越国有一位美女名叫西施，无论举手投足，还是音容笑貌，样样都惹人喜爱。西施略用淡妆，衣着朴素，走到哪里，哪里就有很多人向她行"注目礼"，没有人不惊叹她的美貌。

西施患有心口疼的毛病。有一天，她的病又犯了，只见她手捂胸口，双眉皱起，流露出一种娇媚柔弱的女性美。当她从乡间走过的时候，乡里人无不睁大眼睛注视。

同村有一个丑女子，名叫东施，相貌一般，没有修养。她平时动作粗俗，说话大声大气，却一天到晚做着当美女的梦。今天穿这样的衣服，明天梳那样的发式，却仍然没有一个人说她漂亮。

这一天，她看到西施捂着胸口、皱着双眉的样子竟博得这么多人的青睐，因此回去以后，她也学着西施的样子，手捂胸口，紧皱眉头，在村里走来走去。哪知这丑女的娇揉造作使她样子更难看了。结果，乡间的富人看见丑女的怪模样，马上把门紧紧关上；乡间的穷人看见丑女走过来，马上拉着妻子，带着孩子远远地躲开。人们见了这个怪模怪样模仿西施心口疼的丑女人，简直像见了瘟神一般。

这个丑女人只知道西施皱眉的样子很美，却不知道她为什么很美，而去简单模仿她的样子，结果反被人讥笑。每个人都要根据自己的特点，扬长避短，寻找适合自己的形象，盲目模仿别人的做法是愚蠢的。

三家分晋

SAN JIA FEN JIN

西周初年，为了对广大的疆域实施有效的统治，周武王采取了分封制。即把天子的子弟、功臣、亲戚以及古代先王圣贤的后代，分配到天子指定的区域，同时把当地的人民交由他统治，建立一个封国，这样的封国就是诸侯。诸侯到了自己的封国后，便是一国之君，掌握着本国的政治、经济和军事，可以修建城池、筑造宗庙、设置朝臣、组建军队，形成相对的独立政权。诸侯除对上参加王室的重大活动外，对下也要实施分封，即把本国的土地分给子弟亲族和朝臣等，是为卿大夫。卿大夫从诸侯那里得到的土地叫做“采邑”，这些封国和采邑可以世袭。所以，诸侯和卿大夫的封地往往越来越大，甚至超过天子或诸侯。有了这些土地，便是他们蚕食和肢解其他弱小的基础，同时也是他们争夺最高权力的资本。由此，以掠夺他人土地、角逐最高权力的争斗便随之愈演愈烈。

到了春秋末期，曾是五霸之一的晋国已经大权旁落，政权掌握在“六卿”的手中（智氏、赵氏、魏氏、韩氏、范氏、中行氏）。而“六卿”中又以智氏实力最大。智氏的大夫智伯瑶自视强大，不把其他五家放在眼里，他在家独断专行，在外欺上压下，并积极为取代晋主暗造阶梯。晋幽公对越来越强大的卿大夫力不能制，只能听之任之。

公元前458年，智伯瑶首先联合韩、赵、魏三家消灭了范氏、中行氏，为他吞食晋国迈出了第一步。接着，他以使晋国恢复霸业的名义向其他三家征用土地，以此来削弱三家的势力。他对三家大夫赵襄子、魏桓子、韩康子说：“晋国本来是中原霸主，后来被吴、越夺去了霸主地位。为了使晋国强大起来，我主张每家都拿出100里土地和户口来归给公家。”

三家大夫都知道智伯瑶假公济私，存心不良，想以公家的名义来压他们交出土地。可是三家心不齐，韩康子首先把土地和一万家户口割让给智家；魏桓子不愿得罪智伯瑶，也把土地、户口呈到智氏的门下。智伯瑶又向赵襄子要土地，只有赵襄子拒不交纳。赵襄子说：“土地是祖辈留下来的产业，寸尺之地都不能送人。”智伯瑶气得火冒三丈，马上命令韩、魏两家一起发兵攻打赵家。

公元前455年，智伯瑶自己率领中军，韩家的军队担任右路，魏家的军队担任左路，三队人马直奔赵家。赵襄子自认为三家兵盛，硬打肯定要吃大亏，便带着自家兵马退守晋阳（今山西太原市），希望凭借深沟固垒来消耗智、韩、魏三军。

没有多少日子，智伯瑶率领的三家人马已经把晋阳城团团围住，赵襄子吩咐将士们坚决守城，不许交战。逢到三家兵士攻城的时候，城头上箭好像飞蝗似的落下来，使三家人马没法前进一步。晋阳城凭着弓箭死守了两年多，三家兵马始终没能把它攻下来。

★水灌晋阳

有一天，智伯瑶到城外察看地形，看到晋阳城东北的那条晋水，忽然想出了一个主意：晋水绕过晋阳城往下流去，要是把晋水引到西南边来，晋阳城不就成了水城吗？他吩咐兵士在晋水旁边另外开沟挖河，使之一直通到晋阳，然后又在上游筑起堤坝，拦住上游的水。当雨季来临的时候，上游蓄满了洪水，智伯瑶命令兵士在水坝上开了个豁口。大水立即如脱缰的野马，咆哮而下，直冲晋阳而去，顷刻间，晋阳城便像茫茫大海中的孤舟。

城里的房子被水淹没，老百姓不得不跑到房顶上去避难，锅灶也被淹没在水里，人们不得不把锅挂起来做饭。可是，晋阳城的老百姓恨透了智伯瑶，宁可淹死，也不肯投降。

一天，智伯瑶约韩康子、魏桓子一起去察看水势。他指着晋阳城得意地对他们两人说：“你们看，晋阳不是很快就要完了吗？早先我还以为晋水像城墙一样能拦住敌人，

★智伯瑶被擒

现在才知道大水也能灭掉一个国家呢。"其实,韩康子和魏桓子出兵是智伯瑶胁迫来的,他们知道智伯瑶今天灭了赵氏,明天就有可能灭了他们自己。但以自己的实力很难与之抗衡,也只能从表面上顺从智氏。不过,听了智伯瑶的话,他们的心里便开始打鼓。因为魏家的封邑安邑(今山西夏县西北)、韩家的封邑平阳(今山西临汾县西南),两家旁边都各有一条河道。智伯瑶的话正好提醒了他们,晋水既能淹晋阳,说不定哪一天安邑和平阳也会遭到晋阳同样的命运。

晋阳被大水淹了之后,城里的人一天比一天难熬,先是无柴米为炊,再就是担心城墙被水泡塌。赵襄子非常着急,他找来门客张孟谈说:"民心固然没变,可要是水势再涨起来,全城也就保不住了。"张孟谈说:"我看韩家和魏家把土地割让给智伯瑶,是不会心甘情愿的,我们同病相怜,何不抱成一团将智氏灭掉?我连夜出城,暗中与他们两家联络,说服他们倒戈,这样不仅晋阳能保住,还可借此消灭智氏,保我三家太平。"

当天夜里,张孟谈偷偷地出城,先找到了韩康子,再找到魏桓子,说明了来意,并指出了智氏专横跋扈,意在谋晋,如果三家不联手抗智,早晚要被他一一吞食。韩、魏两家此时正在忧虑之中,被张孟谈挑到了心痛之处,便慨然应允。于是,张孟谈与二人歃血订誓,联兵抗智。

第二天夜里,过了三更,智伯瑶正在自己的营里鼾睡,猛然间听见一片喊杀的声音。他连忙从卧榻上爬起来,发现衣裳和被子全湿了,再定睛一看,兵营里全是水。他开始还以为大概是堤坝决口,大水灌到自己营里来了,赶紧叫兵士们去抢修。但是片刻之间大水便把兵营全淹了。原来,韩、魏两家兵马夜袭了守堤的智军兵士,然后在智伯营帐那一面决堤放水,反灌到智伯瑶的军中。智氏正在惊慌不定的时候,忽听四面八方响起了鼓声和厮杀声。赵、韩、魏三家的士兵驾着小船、木筏已经一起冲杀过来。片刻功夫,智家的兵士被砍死和淹死在水里的不计其数。智伯瑶身在水中,无法指挥,只得驾小舟登岸败走,不想却被赵襄子于路中截杀。

至此,智氏全军覆没。赵、韩、魏三家不但把智伯瑶侵占两家的土地收了回来,连智家的土地也平分了。以后,三家把持晋国朝政,各国通使都争与三家通好,而把晋君搁置一边。借此,三家各派使前往周天子处,求为诸侯。周天子惧三家之强,都一一准奏。于是,三家便把晋国留下的其他土地瓜分,然后遍告列国。公元前403年,韩(都城在今河南禹县,后迁至今河南新郑)、赵(都城在今山西太原东南,后迁至今河北邯郸)、魏(都城在今山西夏县西北,后迁至今河南开封)先后立国,此后又经多年征伐,国势愈强,可与当时秦、齐、楚、燕四个大国并立,历史便将上述七国称为"战国七雄"。

韩国

韩国是战国七雄之一。姬姓,出于晋公族。祖先韩武子名万,为晋曲沃桓叔之子,封于韩原(今陕西韩城东北),因以韩为氏。三分晋国后,韩的疆域最初在今山西东南部,后逐渐扩大到今河南中部。春秋晚期,韩的疆域大体在今山西临汾地区及其以东的沁河流域和沁河下游的河南温县一带。公元前375年,韩哀侯灭郑,将国都迁到郑(今河南新郑),重心遂移到今河南新郑一带和洛阳周围地区。韩所处地理位置是所谓"四战之地"的中原地区,东有魏,南有楚,西有秦,北有赵,因受各大国威胁,势力一直未能发展起来。公元前355年,韩昭侯任用申不害为相,实行政治改革,一时"国内以治,诸侯不来侵伐"。但申不害死后,韩仍不能摆脱困境,来自秦的威胁尤为严重。自公元前286至公元前263年,秦大败韩,并连续攻取韩的少曲、高平、陉城、南阳。公元前262年,又取韩的野王,切断上党通往韩都新郑的道路,韩上党郡守以郡降赵。次年,秦攻取韩的缑氏、纶。数年后,攻取阳城、负黍。公元前249年,秦灭东周,又取得韩的成皋、荥阳,后全部占领上党郡,并攻取韩的十三城。公元前233年,韩派韩非入秦,劝秦存韩伐赵,但不久韩非被迫自杀。公元前230年,秦派内史腾攻韩,虏韩王安,以韩地设颍川郡。韩国遂亡。

西门豹治邺

XI MEN BAO ZHI YE

战国初期，诸侯之间的相互侵伐，土地兼并呈愈演愈烈之势，为了不至于被动挨打和兼并其他的国家，魏文侯把强化本国的政治、经济和军事力量提升到重要位置，他让李悝依据国情进行相应的改革，派西门豹去管理邺地（今河北临漳县），以增强国力。

由于邺地位于上党和邯郸之间，与韩、赵为邻，因而战略位置十分重要。魏文侯认为必须有精明强干的人把守才行，他思来想去，决定派西门豹去那里任邺县令。

西门豹走在上任的路上，见地广人稀，城中萧条冷落，便心生疑窦。到了邺县后，他会集地方上年纪大的人，问当地百姓有何疾苦，这些人异口同声地说："苦于给河伯娶媳妇，因为这个缘故，本地民穷财尽。"西门豹听后不知所云，忙问："这到底是怎么回事？谁能给我仔细说说？"这些老人便你一言我一语地道出原委。

原来，邺县有一条河叫漳河，因为经常泛滥，淹没百姓的庄稼，冲毁百姓的房屋。可是，当地官府不是急着治理漳河，反倒以祭祀来祈望消灾降福。他们欺骗百姓说："河伯每年都要娶一个媳妇，才会不让漳河泛滥，雨水调和，五谷丰收。反之，就会发怒而殆害百姓。"所以，三老（古代掌教化的乡官）、廷掾（地方官吏）每年都要向老百姓征收赋税，搜刮钱财。收取的这笔钱有几百万之多，他们只用其中的二三十万为河伯娶媳妇，而和巫祝（指掌占卜祭祀的人）一同把剩余的钱私吞。到了为河伯娶媳妇的时候，巫祝到处巡查，看到小户人家的漂亮女子，便说："这女子适合做河伯的媳妇。"马上下聘礼娶去。在河边上给她做好供闲居斋戒用的房子，张挂起赤黄色和大红色的绸帐，这个女子就住在那里面，给她备办牛肉酒食，给她洗澡洗头，给她做新的丝绸花衣，让她独自居住并沐浴斋戒。这样经过十几天，大家又一起装饰点缀好那个像嫁女儿一样的床铺枕席，让这个女子坐在上面，然后把它浮到河中。起初那些女子都先在水面上漂浮着，漂了几十里便沉没了。那些有漂亮女子的人家，担心巫祝替河伯娶了自家的女儿，大多带着自己的女儿远避他乡。也就是因为这个缘故，城里才越来越显得凋敝萧条。

★西门豹像

★西门豹巧治女巫

听了老百姓的讲述，西门豹自知官府是在欺骗百姓，借给河伯娶妇为由，搜刮民脂，然后中饱私囊，便假意关切地说："既然河伯灵验，待给河伯娶媳妇的时候，希望三老、巫祝、父老（古时职掌管理乡里事务的年长者）都到河边去送新娘，到时麻烦你们来告诉我一声，我也要去送送这个女子。"

到了为河伯娶媳妇的日子，果然有人来告知西门豹，西门豹便亲往河边。来到河边，西门豹看到三老、官员、有钱有势的人、地方上的父老都会集在此，看热闹来的老百姓也有二三千人。不一会儿，三老领出巫祝。西门豹一看，那个巫祝是个老婆子，已有七十余岁。跟着来的女弟子有十几个人，都身穿丝绸的单衣，站在老巫婆的后面。西门豹说："叫河伯的媳妇过来，我看看她长得漂亮不漂亮。"人们马上扶着这个女子出了帷帐，走到西门豹面前。西门豹看了看这个女子，回头对三老、巫祝、父老们说："这个女子不漂亮，麻烦巫祝为我到河里去禀报河伯，需要重新找一个漂亮的女子，迟几天送她去。"说完一招手，差役们心领神会，一齐抱起那个巫婆，把她抛到河中。

西门豹静立在水边，看看巫祝已经沉入水底，便假装急不可待地说："巫婆为什么去这么久？叫她弟子去催催她！"说完又命把其中的一个弟子抛到河中。等了好一会儿，西门豹不耐烦地说："这个弟子怎么也去了这么久？再派一个人去催催她们！"又抛了一个弟子到河中。隔了一会儿，西门豹略显焦急地说道："巫祝、弟子，这些都是女人，不能把事情说清楚。请三老替我去说明情况。"又把三老抛到河中。这次，西门豹恭恭敬敬地站在河边，好像真的能等来什么。大约过了一个时辰，他直起身说道："三老年事已高，还得麻烦廷掾或者豪长到河里去催他们。"几个人一听，立刻吓得跪在地上，叩头如捣蒜，有的竟头破血流，脸色像死灰一样。西门豹说："好了，暂且留下来再等他们一会儿。"

过了一会儿，西门豹正色说道："河水滔滔，去而不返，哪里有什么河伯？你们枉杀民间女子，真该让你们都去偿命！不过，既然几个罪大恶极的人已死，你们的罪过也就免了。但是，以后再不准提河伯娶妻的事情。"随后，他责令那些贪没钱财的人退回赃款，发还给百姓。

此后，西门豹又带领老百姓开挖了十二条渠道，把水引来灌溉农田，既减轻了水患，又使田地都得到灌溉，粮食年年获得丰收。

★西门豹治邺期间亲自视察水患

★李悝像

李悝改革

公元前406年，魏文侯任用李悝为宰相，并由其实施改革。李悝在政治上的改革方法是"食有劳而禄有功"。即把过去爵禄世袭的制度，改为把爵禄和优厚的待遇授给对国家有功的人；经济方面的改革方法是"尽地力之教"。即打破旧有的阡陌封疆，鼓励自由拓荒生产，充分利用土地资源，发展封建的小农经济，并提倡五谷间作，提高粮食产量。同时，为了应变，对粮食的购销采用了"平籴法"，即在年成好，粮食多的时候，由国家按平价购进粮食储备，在年成差的时候，国家再按平价销给百姓，使粮价避免了忽高忽低的现象，从而大大限制了商贩投机粮食而给百姓造成的恐慌；在军事方面上，他创立了常备"武卒"制度，即改革军队建制，对士卒精挑细选，提高作战能力。对入选的士卒，国家免除其家庭的徭役，同时奖给田宅；在国家的管理方面，他编制了《法经》，把内容系统地分为盗、贼、囚、捕、杂、具六篇，较好地维护了当时的统治秩序，这部《法经》是我国历史上第一部比较系统的成文法典。经过李悝的这些改革措施的施行，魏国人心安定，生产踊跃，兵强粮足，成为当时发展最快的强盛的国家之一。

涂身吞炭豫让报主

TU SHEN TUN TAN YU RANG BAO ZHU

豫让，晋国人，是一位甘为知己者死的侠士。他曾经先后投到晋国颇有势力的公卿范氏、中行氏门下为食客，但两位主人，都对他瞧不上眼，丝毫没有重用他的意思。于是豫让知情而退，转而投奔晋国六公卿之一的晋伯，晋伯虽然贪婪不仁，却礼贤下士，他早听说过晋阳的豫让，只是无缘相见，这次豫让主动上门，真是求之不得。智伯对豫让钟爱有加，并摆酒宴，为豫让的到来而庆贺。从此，豫让跟随智伯左右。

智伯战亡后，豫让逃往山中悲叹说："古人云：'士为知己者死，女为悦己者容。'智伯是我的知己，我一定要为他报仇而死，用以报答他对我的知遇之恩，这样，我虽死去，魂魄也就安然无愧了！"于是豫让改名换姓，装扮成因罪被罚充当苦工的刑徒，到赵氏宫中整修厕所，在身上挟藏匕首，想要刺杀赵襄子。赵襄子果然要去厕所，忽然间感觉心跳加速，引起他的怀疑，怀疑厕所有异常情况，命卫士去厕所抓着刑徒询问，发现豫让身上藏有武器，问他为什么要装扮刑徒身藏武器潜伏厕所，他直言不讳地供认："准备刺杀赵襄子，为智伯报仇。"赵襄子身旁的官员主张把豫让立即诛杀，襄子说："豫让乃是义士，不忍诛杀，我注意躲避他就可以了。况且智伯死后没有子孙，他的臣下想要替他报仇，忠于故主，乃是天下的贤人。"于是下令释放豫让。

但是豫让不肯罢休，他设法改变自己的容貌，周身涂上漆，使头上身上长满了癞疤，又剃掉须发和眉毛，然后装扮成乞丐模样，到市上去行乞。他的妻子到市上去，经过他行乞的地方，完全不认识他了，只是听见他向人乞求的声音，感到奇怪，说："这个乞丐的相貌同我的丈夫不一样，为什么他说话的声音却毫无分别呢？"为了不露任何的破绽，豫让又吞食木炭，使他的声音变哑了。

变形变声以后，他去见一位知心朋友，以为这位友人不再认识他了，殊不知他的容貌声音虽然已经变化，但神情举止却不易改变，使这位对他很熟悉而又敏感的知心朋友隐隐约约地认出他来，见面后问道："你不是豫让吗？"豫让回答："我就是。"友人见他这种形状深受感动，为他的不幸感到悲哀，流泪劝他说："你为故主尽忠，其志可嘉，但是你所采取的办法太不明智了，不仅行之太难，不容易坚持下去，而且也不容易取得成功。莫如设法接近赵襄子，以你这样贤而多才的人，如果舍弃嫌怨，投靠赵氏

★豫让刺赵襄子图

智宣子立瑶灭宗

智宣子想立瑶为后，继承自己的爵秩家业，智果说道："立瑶为后不如立宵为后好。"宣子说道："宵啊，——狠毒。"智果说道："宵的狠毒仅仅在面孔，瑶的狠毒植根心中。心地狠毒必会毁败国家，面孔狠毒却没有什么危害。瑶胜过别人有五个方面，不及别人者仅仅一条。论鬓发美丽、身材高大，瑶胜过别人；论拉弓射箭，驾驭战车稳固有力，瑶胜过别人；论才艺兼具，瑶胜过他人；论巧于文辞、善于智辩，瑶胜过他人；论刚毅果敢，瑶胜过他人。身兼五美，却心地非常不仁。如果基于凶狠不仁之心，凭借五美欺凌他人，那谁能容忍？果真立瑶为后，智氏宗庙必被夷灭。"智宣子不以为然。智果往掌管卿大夫姓氏的晋太史处登记备案，另立辅氏一族，从智氏中分离出来。及至智氏被韩、赵、魏三家翦灭，智氏旧族中只有辅果在晋留存下来。

为臣，一定能够得到襄子的宠信，那时再寻找有利机会为故主报仇也不晚，而且容易取得成功，又何必残害自身自讨苦吃呢？”

豫让说：“如果我既已投降赵襄子为臣，定下君臣的名分，然后再把他杀掉，岂不是为旧君杀新君，对新君怀有二心，大乱君臣之义吗？目前我采取的复仇办法，虽然极其艰难，不易成功，然而我所以要坚决这样干下去，就是为了使现在和后世那些为臣不忠、对于主君怀有二心的人感到羞愧。”说罢，匆忙告辞而去。

过了一些时候，赵襄子从赵都晋阳（今山西太原市西南）出巡，视察赵氏管辖县邑。豫让探听到这个消息，在赵襄子出巡那一天，天刚破晓就预先埋伏在襄子必经的汾水桥下。不久，襄子和随从的官员、卫士等一行果然来到汾水桥，即将过桥的时候，襄子的坐骑忽然出现受到惊吓的样子，襄子说：“这匹骏马的视力和嗅觉灵敏异常，想必发现桥下有人埋伏，才受到惊吓，如果桥下有人，一定是豫让。”命扈从卫士前去搜索，果然搜捕到的人是豫让。

于是襄子责问豫让说：“你从前不是在范氏、中行氏手下当过臣子吗？智伯把他们全都灭掉了，你不仅不替他们报仇，反而投降智伯，在智伯手下为臣，为之效劳。如今智伯恶贯满盈，已经死去，为什么你却千方百计地要为他报仇呢？”豫让回答说：“从前，我在范氏、中行氏手下为臣的时候，他们都不了解我，把我当作一般庸碌无能的平常人看待，所以我也如同一般人那样对待他们，不肯为之报仇，另投他人，这是理所当然。至于智伯对待我与范氏、中行氏完全不同，他把我当作全国闻名的国士来看待，对我非常器重，所以我也应当如同国士必须忠于旧主那样报答他，为之报仇。”

赵襄子听后不觉凄然叹息说：“唉，豫子！你为智伯报仇，已经名扬全国了，寡人赦免你，也已经够了。寡人好意赦免了你，你却不肯罢休，所以如今寡人不能再释放你了，你自己考虑应该怎么办吧。”说罢，命令卫士把豫让包围起来。豫让向襄子请求说：“微臣听说：英明的主上能够成人之美，不掩盖臣下义举；忠君的忠臣应当不惜一死，去遵守君臣大义。前次主君宽宏大量赦免微臣，天下之人莫有不称赞主君贤德的。今天再次冒犯行刺，理应处死。但是微臣临死之前请求主君把身上穿着的一件衣服赐与我击斩一次，用以表示报仇之意，如蒙许可，虽死不恨。这是微臣分外的希望，谨向主君开诚布公提出请求。”襄子听后，对豫让的忠义大加叹赏，于是脱下衣服，命使者把衣服交给豫让。豫让接过衣服，拔出剑来，跳跃击斩三下说：“我可以为智伯报仇雪恨了！”然后伏剑自杀而死。

赵地的行侠仗义之士听到他的死讯，莫不痛哭流涕，表示对他的深切哀悼。

★豫让击斩赵襄子的衣服

赵简子立毋恤

赵襄子原名赵毋恤，为赵鞅（即赵简子）之子，因母是从妾，又是翟人之女，所以，他在诸子中名分最低，处于庶子的地位。在他小时候，甚至连赵鞅也看不上他。但是，毋恤从小就敏而好学，胆识过人，不似诸兄纨绔，久而久之，引起赵氏家臣姑布子卿的注意。子卿素以善相取信于赵鞅。有一天，赵鞅召诸子前来，请子卿看相，子卿趁机举荐了毋恤。赵鞅注重对儿子们的教育和培养，他曾将训诫之辞，书于若干竹板上，分授诸子，要求他们认真习读，领悟其要旨，并告诉他们三年之后要逐一考查。然而，在考查时，他的儿子们，甚至连太子伯鲁，也背诵不出，甚至连竹板也不知遗失何处。只有毋恤对竹板上的训诫背诵如流，而且始终将竹板携藏于身，经常检点自己。于是，赵鞅始信子卿所荐，认为毋恤贤。及至诸子长大成人，赵鞅又对他们进行更深的考察。有一天，他召见儿子们说：“我将一宝符藏于常山（在今河北曲阳西北）之上，你们去寻找吧，先得者有赏。”于是诸子乘骑前往，寻宝符于常山。然而，他们谁也没有找到宝符，只得空手而归。只有毋恤说：“我得到了宝符。”赵鞅闻听便让他将情况道来。毋恤说：“凭常山之险攻代，代国即可归赵所有。”赵鞅听罢高兴异常，顿觉只有毋恤明白自己的良苦用心，是赵氏大业难得的继承人。遂废掉太子赵伯鲁，破例立毋恤为太子。

墨子破云梯

MO ZI PO YUN TI

战国初年，楚惠王（原名熊章）想重新恢复楚国的霸权。惠王九年（公元前480年），他乘吴被越打败之机，率兵助越攻吴。楚惠王四十二年（公元前447年），他派兵灭了蔡国，两年后又灭了杞国（今山东安丘东北）。在诸侯争霸中，楚惠王尝到了甜头，便开始对征讨杀伐情有独钟。

★墨子像

公元前440年前后，楚惠王命鲁国人公输般造云梯，准备向宋国进攻。公输般将云梯造成的消息传出后，宋国上下一片恐慌，不知用何种办法抵御。时在齐国讲学的墨子听说了这件事，为了使宋国百姓免遭涂炭，他一面安排大弟子禽滑厘带领三百名精壮弟子，帮助宋国守城；一面从齐国起身，急急赶往楚国。他行走了十天十夜才赶到楚国的国都郢，又马不停蹄地去找公输般（鲁班）。

公输般问墨子说："您不远千里而来，对我有什么吩咐呢？"墨子说："北方有一个欺侮我的人，我想借助您的力量杀了他。"公输般认为墨子的话不可理喻，显露出不高兴的样子。墨子接着说："我愿意献给你十镒黄金。"公输般说："我奉行仁义，决不杀人。"墨子对公输般起身再拜，并说道："先生有如此仁义之心，我很钦佩。不过，我在北方听说你造云梯，将用它来攻打宋国。宋国有什么罪呢？楚国有多余的土地，人口却不足。现在牺牲不足的人口，掠夺有余的土地，不能认为是智慧。宋国没有罪却攻打它，不能说是仁。知道这些，不去争辩，不能称作忠。争辩却没有结果，不能算是强。你奉行仁义，不去杀我说的那个人，却去杀害众多的宋国百姓，不能说你是明智之人啊！"公输般听了墨子的一番话，心下十分佩服，便连连点头。

墨子见公输般似有悔悟之心，忙又接着问道："那么，您为什么不取消进攻宋国这件事呢？"公输般说："不行，我已经答应了楚王。"墨子说："不怕，您将我引见给楚王就行了。"公输般说："那好吧！"

公输般将墨子介绍给了楚王，墨子对楚王说："现在这里有一个人，舍弃他华丽的车，邻居有破车，却打算去偷；舍弃他华丽的丝织品，邻居有一件粗布的短衣，却打算去偷；舍弃他的美食佳肴，邻居只有糟糠，却打算去偷。这是怎么样的一个人呢？"楚王回答说："这人一定是个偷窃狂。"墨子说："楚国的地方，方圆五千里；宋国的地方，方圆五百里，这就像彩车与破车相比。楚国有云梦大泽，犀、兕、麋鹿充满其中，长江、汉水中的鱼、鳖、鼋、鼍富甲天下；宋国却连野鸡、兔子、狐狸都没有，这就像美食佳肴与糟糠相比。楚国有巨松、梓树、楠、樟等名贵木材；宋国连棵大树都没有，这就像华丽的丝织品与粗布短衣相比。从这三个方面的事情看，我认为楚国进攻宋国，与您说的偷窃狂属于同一种病症。我认为大王您如果这样做，一定会伤害了道义，却不能据有宋国。"楚王

★墨子与鲁班论战

说："说得不错！不过你说的再有理，可公输般已经造出了云梯，我总得试用一下，所以，我一定要攻取宋国。"

见楚王对自己的话无动于衷，墨子于是又叫来公输般。他解下了身上系着的皮带，在地下围着当做城墙，再拿几块小木板当做攻城的工具，叫公输般来演习一下，试一试用公输般的云梯是否能取胜。

公输般采用一种方法攻城，墨子就用一种方法守城。一个用云梯攻城，一个就用火箭烧云梯；一个用撞车撞城门，一个就用滚木擂石砸撞车；一个用地道，一个用烟熏。公输般用了九套攻法，把攻城的方法都使完了，可是墨子还有好些守城的高招没有使出来。

公输般受挫后，十分冷静而又神秘地说道："我知道用什么办法对付你了，但我不说。"墨子说："我知道你有什么方法对付我，但我也不说。"楚王不明就里，好奇地问其中的原因，墨子回答说："公输般的办法，不过是杀了我。他以为杀了我，宋国没有人能防守了。其实他打错了主意。我来到楚国之前，早已派了禽滑厘等三百个徒弟守住宋城，他们每一个人都学会了我的守城办法。即使把我杀了，楚国也是占不到便宜的。"

楚惠王听了墨子的一番话，又亲自看到了墨子守城的本领，知道要打胜宋国没有希望，便彻底放弃了攻打宋国的计划。这样，一场战争就被墨子阻止了。而止楚攻宋的故事也成了典故，并一直流传到今天。

墨子

墨子（约公元前468年—前376年），名翟。春秋末战国初鲁国（今山东滕州）人。中国古代思想家、教育家、学者、墨家学派创始人。墨子的祖先是宋人，后长期居住在鲁国。墨子因出身平民阶层，常常以"贱人"自称。他同情百姓的疾苦，思想倾向于下层的劳动人民。他曾学习儒术，因不满"礼"之烦琐，而另立新说，聚徒讲学，成为儒家的主要反对派。墨子的思想博大精深，他的政治、哲学思想以及在科学技术方面的见解，主要保留在《墨子》一书中。墨子主张"兼爱"、"非攻"，企图用"兼相爱，交相利"的原则来拯时济世，处理人与人、国与国之间的关系。"兼爱"即人人平等，没有亲疏贵贱之别，不论血缘远近，平等互助。他认为社会上出现强执弱、富侮贫、贵傲贱的现象，是因天下人不相爱所致；他极力反对国与国之间无休止的掠夺战争，认为战争破坏生产，给人民带来沉重的灾难。"非攻"是他的重要主张，这一主张也反映了当时的人民反对战争的意向。墨子曾带领他的弟子多次成功地制止了大国侵略小国的不义之战。

墨子把"尚同"、"尚贤"看得很重，以为是政事之本。墨子作为平民出身的政治家，更加关注从平民阶层选拔人才。他认为国家的贫穷和混乱都是由于贵族世袭、压制人才造成的。只有选拔重用德才兼备的贤人，才能达到治理国家、改变贫穷和混乱局面的目的。同时他认为"官无常贵，民无终贱"，"必使饥者得食，寒者得衣，劳者得息，乱则得治"，充分体现了墨子力求国家安定统一的良好愿望。在经济发展上，他主张"强本节用"。"强本"就是发展生产，促进经济繁荣，人民丰衣足食，并强调"赖其力者生，不赖其力者不生"。"节用"是墨家非常强调的一种观点。墨子提倡勤俭节约，减少一切浪费，他对统治阶级挥霍浪费的奢侈风气进行严厉斥责："节约则昌，淫逸则亡。"这是墨子从历史经验中总结出来的至理名言。他认为君主、贵族都应像古代大禹一样，过着极为俭朴的生活，尤其反对儒家看重的久丧厚葬之俗。墨子的弟子众多，他以"兴天下之利，除天下之害"为教育目的，要求弟子都要勤奋苦读，"以苦为义"，生活水平必须自觉接近下层劳动人民。

墨学在思想界的影响很大，与儒家并称"显学"。墨子不仅是古代伟大的思想家、政治家，也是一位杰出的科学家和教育家，在自然观、力学、数学、光学等方面的见解，与近代科学原理相比，几乎完全相同。他所创建的墨家学派，培养了一大批德才兼备的"贤士"，其教育思想和教育方法在今天仍闪耀着智慧的光芒，并由此被后世誉为"平民圣人"。

★墨子雕像

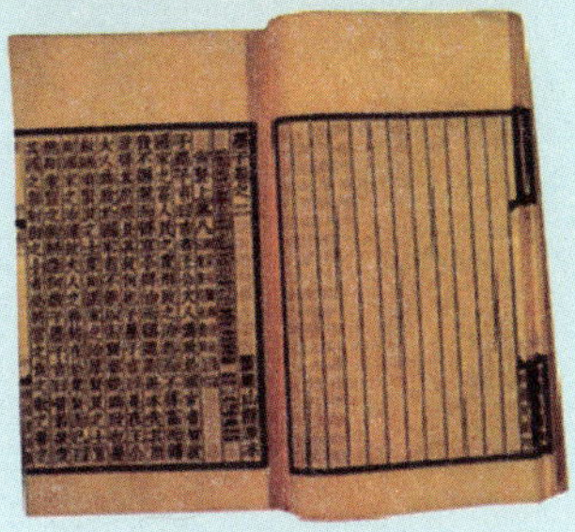

★《墨子》书影

《墨子》

墨家的著述今存《墨子》一书五十三篇。其中《尚贤》、《尚同》、《兼爱》、《非攻》、《节用》、《节葬》、《天志》、《明鬼》、《非乐》、《非命》、《非儒》十一个专题，据研究应为墨子当年讲解自己学说的记录，经弟子整理而成。原本应是每个专题各分上、中、下三篇，但今佚失九篇，仅存二十四篇。《耕柱》、《贵义》、《公孟》、《鲁问》、《公输》等五篇，是墨子的言行记录，亦为其弟子所整理，这些篇目是研究墨子及早期墨家思想的主要资料。其余各篇有的专讲守城方法与所用器具，说明墨家不但学文，而且钻研战术与军械；有的则是后期墨家的著述，向思辨的方向发展。由于墨家受到孟子的猛烈抨击，古代研习《墨子》者极少，至清代，有学者对《墨子》一书校勘整理，毕沅撰有《墨子注》专书，清后期孙诒让的《墨子间诂》一书，很有学术价值。近代以来，学者对墨家学说相当重视，且多采取不同程度的赞扬和肯定，如认为墨子思想代表社会下层，代表小生产者的利益，有朴素唯物主义与辩证法思想等等，当然也有些学者对墨子持批判的、否定的意见。

墨者集团

墨家弟子徒属为数甚众，组成一个民间的政治团体——墨者集团，集团的成员众多。《吕氏春秋》言墨子门徒“充满天下”，墨家后学“显荣于天下者众矣，不可胜数”，恐因墨家显赫于战国中后期，有意夸张。但墨子自称有“弟子禽滑厘等三百人”；《淮南子》称“墨子服役者百八十人”；《吕氏春秋》称孟胜以死殉阳城君时，“弟子死之者百八十三人”，当是事实。可见，墨家的人数自始至终有数百人。墨者集团的首领叫做“巨子”。巨子具有至高无上的权威，有权派遣弟子任职于各诸侯国，做官的弟子若背弃墨家理论，巨子可随时召之回来。例如墨子曾派耕柱子、高石子、公尚过、曹公子分别去楚、卫、越、宋等国做官。胜绰供职于齐国，随项子牛攻打鲁国，违背“兼爱”、“非攻”，被墨子召回。巨子传承，采用任命制，后一任巨子由前一任巨子指派。例如，田襄子的“巨子”之职，由孟胜任命。

墨者集团有人人遵守的法律：“墨者之法”。墨者之法超越于各诸侯国法律之上。墨者集团内部有初步的分工，分工的原则是各尽所能，扬长避短。例如，行义犹如筑墙，筑墙时，“能筑者筑，能实壤者实壤，能欣者欣”；行义时，墨家成员“能谈辩者谈辩，能说书者说书，能从事者从事”。墨者集团贯彻实施“兼爱”精神。墨家成员“有力相营，有道相教，有财相分”。出仕的墨家成员有义务缴纳部分薪奉给自己的集团。例如，耕柱子仕楚，一次捐献“十金”，并对墨子说：“后生不敢死，有十金于此，愿夫子之用也。”墨者集团的所有成员，生活清苦，劳作不休，崇拜“禹”。他们“以裘褐为衣，以跂蹻为服，日夜不休，以自苦为极”，认为“不能如此，非禹之道也，不足谓墨”。

★鸟盖瓠形铜壶·战国

乐羊子灭中山

YUE YANG ZI MIE ZHONG SHAN

晋国在晋昭公时，晋东的中山国（姬姓，子爵，是白狄族的一支，又称鲜虞）臣服于晋。但昭公死后，中山国便兵临时乞降，兵撤时复叛。等到三家分晋后，中山国就更肆无忌惮，断绝了对晋的岁贡朝拜。而且中山国国主姬窟，喜爱彻夜狂饮，常以昼为夜，以夜为昼。他疏远大臣，宠幸奸佞小人，致使百姓十分不满，国家动荡不安。

魏文侯想攻灭中山国，便召集群臣商议。有人提出："中山国离东面的赵国近，离南面的魏国远，我们即使派兵将它攻下，也不好据守。"文侯却认为，如果让赵国吞并了这个地方，那么他们的势力定会大增，反而使魏国受到威胁。因此，他决意自灭中山国。

此时，大臣翟璜保举乐羊挂帅出征。文侯问他说："何堪此任？"翟璜答道："乐羊曾在路上捡得别人丢失的重金，他将金子带回家，他的妻子训斥他说：'志士不饮盗泉之水，廉者不受嗟来之食，这金子不知来历，你怎能将它带回家，来玷污你的名声呢？'乐羊心中羞愧，将金子扔到荒野，然后他与妻子告别，到鲁、卫两国去游学。一年后乐羊归来，他的妻子正在织布，见他回来问道：'你学业已成了吗？'乐羊答：'还没有。'他的妻子取刀将未织完的布匹一刀割断，乐羊问他的妻子为何如此，他的妻子说：'你学成而归，就如布帛织成，可裁剪做衣服，如今你学业未成，半途而废，与这织机上被割断的布匹又有什么不同！'乐羊被妻子的话感动，再次出门求学，七年学成而归。现此人就在我国隐居，主公何不召来一用？"未等文侯下令，有人提醒说："乐羊的儿子乐舒现在在中山国做官，主公怎能任乐羊为将攻打中山？"翟璜分辩说："乐羊是个胸怀大志的人。他的儿子在中山国，曾为中山国国君召用乐羊，乐羊认为中山国君昏庸无能，不是个有作为的君主，所以拒不出仕。主公为一代明主，何愁乐羊不效命呢？"文侯微笑赞许。

★乐羊之妻割布教导乐羊

乐羊受诏入朝来拜见文侯，文侯试探着说："我本来想把攻灭中山国的重任委托给你，只可惜你的儿子在中山国做官。"乐羊回答说："大丈夫建功立业，各为其主，臣怎能因为父子私情而荒废国家大事？臣此去如不能将中山国灭掉，甘受军法处置！"文侯听后大喜，遂命乐羊为元帅，西门豹为先锋，率兵五万，进攻中山国。

可是，乐羊率魏军与中山国军队在楸山相持一个月，也未能分出胜负。乐羊自觉出兵多日，却寸功未建，心内便有些焦急。于是，他自思一计，找来西门豹说："我看楸山上树木繁茂，如果能有一个孤胆英雄，率一支人马深入敌军腹心，放火烧山，敌人必乱阵脚，我们乘乱进兵，定会大获全胜。"西门豹欣然愿往。

当时正是八月中秋，中山国主姬窟派人给楸山守军送来酒肉，将士在外日久，见有酒肉便戒备松懈，对月畅饮。哪知，三更时分，西门豹率兵将山林四下点燃。中山军放下酒器，纷纷带醉救火，无奈林

★魏文侯塑像

密火旺，无法扑救。而此时乐羊率大军也扑杀过来，中山兵因仓促应战，全无阵法，被魏兵打得弃关而逃。

乐羊夺关后，大军长驱直入，很快包围了中山国都，姬窟将群臣召来商议退敌之计，大夫公孙焦说：“乐羊是乐舒的父亲，乐舒在本国为官。主公可让乐舒到城上游说他的父亲，让乐羊撤军。”姬窟命召乐舒，并向乐舒陈述利害，可乐舒为难说：“臣的父亲先前不肯出仕中山国，如今做了魏军统帅，两军阵前，各为其主，臣怎能说得动他呢？”姬窟闻言色变，乐舒只得登上城楼，大声呼叫。乐羊披挂上阵，一见乐舒，不等他开口，就大声责备道：“君子不居住危难之国，不侍奉无道之君。你贪图荣华富贵，不知审时度势，我今日奉魏君之命讨伐中山国，你赶快劝你们国君投降，只有这样我们父子才能相见。”乐舒说：“投降不投降在于国君，并不是孩儿所能决定的，现在只求父亲暂缓攻城，让我们君臣慢慢商议一下。”乐羊说：“我姑且下令休兵一月，以成全我们的父子之情，你们君臣须尽早将此事商定，不要耽误我的大事。”乐羊果然下令魏军对中山国围而不攻。姬窟利用乐羊的

★位于河北唐县的中山国长城遗址

爱子之心，有意拖延时日，再三派乐舒去向乐羊求情，乐羊都应允了。转眼三个月过去，魏军先锋西门豹心中狐疑，向乐羊问道：“元帅将攻城之期一缓再缓，难道我们不想攻灭中山国了吗？”乐羊说：“中山国君不爱护百姓，我们这才兴兵讨伐，若强攻硬打，百姓士卒死伤必多，我再三同意延缓攻城，并不仅是因为父子之情，而是为了赢得民心。”西门豹听了心中十分佩服。

可是，乐羊如此用兵却招来了非议。一些文臣武将听说乐羊三次停兵攻城，便向文侯进谗言道：“我军屡战屡胜，势如破竹，乐羊却只因乐舒一句话，就停兵三月不攻，可见他是多么看重父子之情。主公若不将他召回，我国必会劳民伤财，徒劳无功。”文侯不置可否，私下却将翟璜召来询问。翟璜说：“乐羊智谋过人，他必有自己的破敌之计，请主公不要多疑。”此后，群臣纷纷上书，有的说中山国要将国土一半赠给乐羊，有的说乐羊与中山国合谋，准备反戈攻魏，魏文侯将群臣奏折收在箱中，却时常派出使者去乐羊军中犒劳慰问，并让人为乐羊在魏都修建府第，准备等候他率军凯旋。

乐羊听说文侯对自己如此厚爱，心中十分感激，待宽限之期已尽，便命将士急切攻城。但由于中山国都城城墙坚厚，储粮甚多，所以连攻几日，都未能攻下。乐羊大怒，与西门豹亲自冒着箭雨指挥攻城，将士见主帅亲冒矢石，勇气倍增。姬窟见都城朝不保夕，心中十分害怕。这时有人提议说：“乐舒三次游说其父，请求宽缓攻城，乐羊都一口答应，可见乐羊的爱子之心。现在我们可将乐舒绑在高竿上，威胁乐羊，说他若不退兵，我们就将他的儿子杀死，这样一来，乐羊必会下令停止攻城。”

★中山国《公乘得守丘刻石》

姬窟将信将疑，但时间紧迫，只得勉强一试。哪知乐羊见此情景，大骂乐舒：“不肖之子，你在中山国做官，却既不能为你的国君出谋划策，破敌取胜，又不能劝君审时度势，趁早归降，现在还敢像黄口小儿一样啼哭乞怜吗？”说着就要开弓将乐舒射死。乐舒吓得掉头就走，面见姬窟说：“我父已不顾父子之情，臣请求主公赐我一死，以谢不能退敌之罪。”此时，中山国君臣把被伐都归罪于乐舒身上，便赐乐舒一死。然后又将乐舒煮成羹汤派人给乐羊送去，并准备趁乐羊见子被烹，肝肠寸断的时候，一举将魏军击溃。姬窟还传下话说：“寡人因小将军不能退敌，已将他处死煮成羹汤，现在特派人献给乐元帅。小将军在城中还有妻儿，元帅如再下令进攻，寡人就将他们全部处死。”乐羊看到羹汤，再听到信使的话，气得大声骂道：“不肖之子，你不明大义，侍奉无道昏君，本就该有这样的结果。”当即端起羹汤，当着中山国使者的面吃下，然后对他说：“此番美意，我定当在城破之日向

你国君面谢！”使者吓得抱头而回。

姬窟见乐羊全无痛子之心，而且加紧攻城，心中慌乱。看看城门将破，怕被乐羊捉住也给煮了，便逃入后宫上吊而死。中山国将士们看国主已死，便开门出降。乐羊在城中安抚百姓，留下五千兵马居守，自己统率大军班师回魏。魏文侯闻听乐羊得胜凯旋，亲自率群臣到城外迎接，并在宫中高台上为乐羊设宴庆功，还亲手将一大杯酒赐给乐羊。乐羊接酒在手，脸上流露出高傲的神色。

酒席结束，文侯命左右将两个密封的箱子赐给乐羊。乐羊心想：“箱中一定是金玉财宝，主公怕群臣嫉妒，所以才将它密封。”可是，当乐羊回到家将箱子打开时，发现里面全是朝臣参他的奏折，乐羊大惊道：“原来朝中竟有人如此诽谤陷害我！如不是主公对我深信不疑，我怎么会有今日的成功？”第二天，乐羊上朝谢恩，文侯要对他封赏，他连忙辞谢说：“攻灭中山国，全赖主公在朝内主持，臣在外稍效犬马之劳，怎敢居功？”文侯说：“只有我能任用将军，也只有将军才能辅佐我完成这一功业，将军不必过谦。”文侯将灵寿赐给乐羊作封地，称他为灵寿君，同时解除了他的兵权。翟璜不解，问道：“主公既知乐羊才智过人，为何不让他领兵镇边反而让他闲居享乐呢？”文侯笑而不答。有人提醒翟璜说：“亲莫如父子，乐羊连自己的孩子都不爱，何况对别人呢？”翟璜这才恍然大悟。

★中山王国古墓出土的巨大王徽——山形器

★十五连盏灯·战国

灯的底座为透雕三只龙夔，在蟠曲飞腾中巧妙地将外圈与中间柱座连接在一起。下方以三只双身虎承托底座，虎口各衔一圆环。灯枝上为短尾长臂的猿猴形象。另雕一家奴于灯座连上，右手抛食，做戏猴的动作。

魏国

魏国是战国七雄之一。由魏文侯于公元前 403 年为周威烈王册封为侯至公元前 225 年为秦国所灭，一共立国 179 年。它的领土约包括现在的山西南部、河南北部和陕西、河北的部分地区。当时它西邻秦国，东有淮、颍与齐国和宋国相邻，西南与韩国、南面有鸿沟与楚国接壤，北面则有赵国。自魏惠王由安邑迁都到大梁(开封)后，魏国亦称梁国。由于魏文侯经常向孔子的弟子子夏以及再传弟子田子方、段干木等请教，又任用法家的李悝为相，以“食有劳而禄有功，使有能而赏必行，罚必当”为原则实行变法，魏国国势强盛。先后以乐羊为将攻灭中山国，以吴起为将攻取秦国西河(今黄河与洛水间)五城。以西门豹为邺令，以北门可为酸枣令，以翟璜为上卿，改革政治，兴修水利，成为战国初期的强国。

★开封古城墙与大梁门，开封城墙始于战国时期魏国都城——大梁城，与今城墙部分重合，稍偏西北。

吴起杀妻求将

WU QI SHA QI QIU JIANG

春秋战国时期，诸侯忙于争霸，士大夫忙于封官取邑。因此，这一时期，善谋者可人尽其才，能战者亦有用武之地，只是封侯拜相的渠道和手段各不相同。春秋时，有易牙煮食自己的儿子以适桓公之口；战国时期又有吴起杀妻求将。这些人虽以“忠君为国”而自居，但终为后人所不耻。

卫国人吴起，原是一个市井无赖，经常挥刀舞剑，横行乡里。为此，他经常被母亲责骂。有一天，在母亲骂他的时候，他猛咬自己的手臂，咬出鲜红的血来，还对母亲发誓说：“我从现在开始，就不再呆在母亲身边了。如果这辈子不能当上大官，我就绝不再踏入卫国半步，也绝对不再见您。”母亲哭着留他，吴起却转身离开，连头都没有回。

吴起来到了鲁国，在孔子的弟子曾参的门下学习，他白天研究，夜里背诵，非常刻苦。这时候，有一个曾经在齐国担任大夫的人叫田居，他非常赏识好学不倦的吴起，于是经常和他在一起讨论学问，吴起雄姿英发，高谈阔论，田居很喜欢他，于是把自己的的女儿嫁给了他。

吴起在曾参那儿整整学习了一年，曾参听人说他家中还有老母，于是问他：“你已经出来这么久了，为什么一直不去看望母亲？你这样能够安心吗？”吴起说：“我与母亲有誓约，不取高官厚禄，这辈子不入卫国。”曾参说：“在别人的面前可以发誓，在自己的母亲面前发誓有什么用？”于是心里对这个弟子产生了厌恶。

时隔不久，卫国有人捎信说吴起的母亲去世了。吴起闻听后，只是仰天大嚎了三声，然后立即擦干眼泪继续读书。见此情景，曾参大怒，他冲着吴起嚷道：“你母亲死了却不回去奔丧，可见你是个忘本之人。水没有源头就会枯竭，木头没有根就会折断。你这家伙连母亲都可以忘记，一定不会有好结果的！从现在开始，你就不是我曾参的弟子了！”说完，他命令众弟子把他赶出了门，从此不容相见。

★龙形璧·战国

吴起被中断学业，从此放弃儒学，开始学习兵法。三年后学有所成，他首先到鲁国去求仕。鲁相国公仪休经常跟他讨论兵法，发现他确实具有过人的本领，于是把他推荐给了鲁穆公，穆公任命他为大夫。吴起手里有了钱，便买了很多漂亮的奴婢，开始享受起来。不久，齐国派兵攻打鲁国。鲁国的相国公仪休又向鲁穆公推荐说：“您要想打退齐兵，非派吴起为将军不可。”穆公虽然口头上答应了，可他知道吴起的妻子是齐国的田氏之女，心里始终充满了疑虑。经公仪休再三催促，穆公才说：“我虽然知道吴起有能力打胜仗，但是他的妻子是齐国田氏的女儿。如今两家成了宿敌，我怎么敢用啊！再者，俗话说真爱莫如夫妻，你能保证他不会存在观望心理吗？”

公仪休一时也无法回答，便默

★吴起离别母亲

不作声地回了家。他刚回到相府，却发现吴起早已经等候在这里。见相国归来，吴起急急地问道："齐国已经打进来了，主公现在得到良将了吗？我不是夸口，如果请我为将，我一定会让齐兵有来无回。"公仪休说："我已经为你向主公说了很多次了，可是主公因为你的妻子是齐国人的缘故，所以一直不敢起用你。"

吴起坦然说："原来如此。这个问题太好办了。"他当即抽身回到家里，对妻子田氏说："男人为什么一定要找个好妻子？"田氏说："男主外女主内，才能让一个家像家的样子。找一个好妻子，就是为了成一个像样的家业。"吴起又问："如果你的丈夫当上了大官，享受荣华富贵，可以名垂青史，这样的家业就会很大很大，你会期望这样的结果吗？"田氏说："那是当然。"吴起说："我现在有一件事想求你，你要帮我！"田氏说："我是个妇人，怎么可能帮助你成就功名？"吴起说："现在齐国正在攻打鲁国，鲁侯想让我当将军，却因为我娶了你做妻子而怀疑我。所以，我只能用你的头来打消鲁侯的疑心。"田氏大惊，还以为他在开玩笑，刚刚准备开口说话，却被吴起拔剑一挥，把头割了下来。然后吴起提着血淋淋的人头去见穆公说："臣有报国的志向，而您却因为我的妻子是齐国人而怀疑我。今天我把她的脑袋割下来给您，来表明我是为了鲁国而不是为了齐国。"穆公脸色发青，惨然不乐。过后，他对公仪休说："吴起杀妻求将，心不可测啊！"

★吴起杀妻求将

公仪休回答说："吴起不喜欢他的妻子是因为他喜欢的是功名利禄，如果您不用他，他必然会反过去帮助齐国了。"

穆公虽然一百个不情愿，也不得不听从公仪休的话，任命吴起为大将，率兵二万抗齐。不久，吴起就杀得齐军尸横遍野而回。穆公大喜过望，封他为上卿。

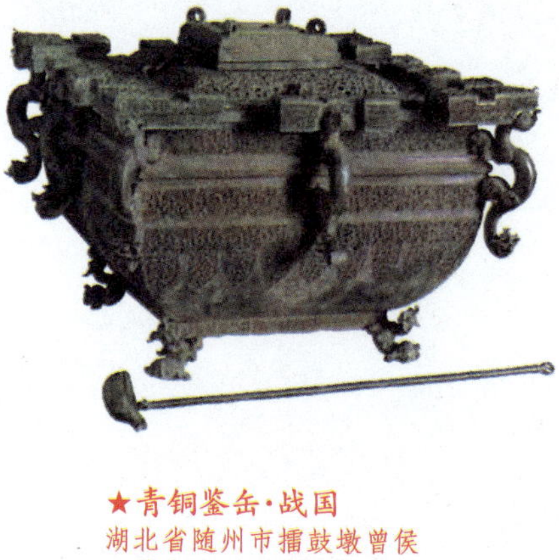

★青铜鉴缶·战国
湖北省随州市擂鼓墩曾侯乙墓出土，现存湖北省博物馆。缶的中央是盛酒的容器，缶的外壁和酒器之间放冰，是世界上最早的冰箱。

吴起

吴起（？—公元前381年），战国初期著名的政治改革家、军事家、军事理论家。卫国左氏（今山东省定陶）人。后世把他和孙子连称"孙吴"，著有《吴子》，《吴子》与《孙子》又合称《孙吴兵法》，在中国古代军事典籍中占有重要地位。

吴起因为杀妻求将，虽然为鲁国打了大胜仗，但鲁国君臣终因他残刻寡恩而对他摈弃不用。吴起离开鲁国后，又到了魏国。魏文侯听说吴起善于用兵，廉洁而公平，能得到士卒的拥护，就任命他为西河的守将，抗拒秦国和韩国。公元前409年，吴起率军攻取秦河西地区的临晋（今陕西大荔东）、元里（今澄城南），并增修此二城。次年，攻秦至郑（今华县），筑洛阴（今大荔南）、合阳（今合阳东南），尽占秦之河西之地（今黄河与北洛河南段之间），置西河郡，任西河郡守。这一时期他"曾与诸侯大战七十六，全胜六十四"，"辟土四面，拓地千里"。特别是公元前389年的阴晋之战，吴起以五万魏军，击败了十倍于己的秦军，成为中国战争史上以少胜多的著名战役，也由此使魏国成为战国初期强大的诸侯国。

★吴起雕像

吴起死报生仇

WU QI SI BAO SHENG CHOU

吴起的得势引起鲁国群臣的非议,一时流言四起。鲁国有些人在鲁王面前中伤吴起。鲁君对吴起不完全信任，听信了片面之词,辞谢吴起说:“将军高才,鲁国土地狭小，使高才不能得到充分发挥,请将军另择大国高就,以免屈才。”吴起见鲁国君臣相信谗言，不肯相容,听说魏文侯贤明,礼贤下士,发愤图强,乃离开鲁国西行,前往魏国。

吴起到了魏国,请求谒见魏文侯。魏文侯问大臣李克说:“吴起前来求见,他为人如何？”李克回答说:“吴起虽然贪图名利而且好色,但是他用兵如神,就是齐国名将田穰苴也比不过他。”魏文侯听说他善于用兵，于是任命吴起为将军,主持魏国军事。

吴起善于治军，长于用兵,号令严明,赏罚公平,特别是以廉洁奉公、与士卒同甘共苦著称于世。他在军中,同品级最低的士卒一起生活,同衣同食同住,睡卧不铺茵席,行军从不骑马,亲自背负粮食步行,与士卒分担劳苦。士卒中有患疮疾的,他亲身护理,为吮去脓血。士卒的母亲听说,放声大哭,有人对她说:“你的儿子,不过是一名士兵,将军不嫌污秽,为他吮脓舐血,恩德如此深厚,为什么你不知感恩,反而痛哭呢?”士卒的母亲回答说:“并不是我不知道感恩。往年,这孩子的父亲在吴将军部下当兵,固患毒疮,将军为他吮去脓血,以免疮毒蔓延，他感将军厚恩,临阵奋不顾身,死于敌阵。如今吴将军又为他的儿子吸吮疮毒,这孩子一定也会像他的父亲那样奋勇杀敌,战死沙场,不知死在何时何地呢!我就是因为这个痛哭的。”由此足见吴起的善于治军和部下将士们对他的爱戴了。由于吴起的训练有方，使魏军的力量由小而大,变弱为强，创建了一支军纪严明、战斗力很强的劲旅。吴起就是率领这支劲旅与邻国军队交战数十次,战无不胜,攻无不克,开疆辟土一千里，为魏国的强盛立下大功。周威烈王十七年(公元前409年)，吴起率领魏军攻占秦国的河西地区（今陕西东都黄河西岸的韩城、大荔、华阴一带)，设为西河郡，文侯任命吴起为西河守，防御秦国、韩国入侵。

★士卒的母亲怕儿子战死沙场而痛哭

文侯死后，其子武侯魏击继位。武侯同群臣乘舟从龙门（今陕西韩城北)沿西河(黄河)而下,游览作乐,武侯赞叹说:“河山是多么壮丽,多么险要,多么坚固啊!可称为魏国的一宝。”大夫王钟附和说:“这就是从前晋国之所以强大的原因。如果再加强武力,就具备称王称霸的条件了。”武侯回顾吴起对他说:“不知将军以为如何?”吴起回答说:“据臣愚见,国家兴衰存亡的关键,不在于地形是否险要，而在于国君是否有德,因为河山的险要不是国家安宁的可靠保证,更不是建立霸王之业的基础。从前,三苗氏统治的疆土,左面有洞庭湖，右面有彭蠡（今鄱阳湖)，却仗恃形势险要，不修德行义,终于被夏禹灭亡。夏桀统治的疆土,左有黄河、济水(今山东境内),右有泰山、华山,南有伊阙(今河南洛阳南),北有羊肠(今山西平顺东南),他也是仗恃险要,不行仁政,终于被商汤灭掉。殷纣统治的疆土，左有孟门（今河南焦作东北),右有太行山(今河南、河北、山西边境),北有常山(今河北、山西边境涞源一带,即恒山),南有大河(黄河),山川虽然险要,但是殷纣荒淫无道,终于被周武王诛杀。这

★吴起像

些事例足以说明国家的兴衰存亡的关键，在德不在险。如果主君仗恃山河险要而不积德，不仅有外患，而且将有内忧，就是现在舟中的群臣也会起来反对主君。”武侯听后深受感动地说：“将军的话很有道理，使我茅塞顿开，寡人生长深宫，不识大体，如今蒙将军指点，听到了古圣先贤的教诲。两河郡地处边陲，乃是军事要地，将军治理西河多年，成绩卓著，如今寡人继承先君基业，仍然如同既往，把治理西河的重任完全委托将军了。”于是仍旧任用吴起为西河守。

吴起在魏文侯、武侯在位时代先后任西河守二十余年，甚有声誉。当初文侯在位时，任用李悝为相，吴起为将，分别主持政治、经济和军事上的改革，很有成效，魏国大治，成为战国前期最强盛的诸侯国。魏武侯即位时，李悝死去，需要任用一位新相填补他的职位，在当时魏国群臣中，论功劳论才能论声誉没有超过吴起的，但是魏武侯竟然任用田文（此为另一田文，不是孟尝君田文）为相。吴起感到很失望，对田文说：“我不揣冒昧，请求同相国比一比功劳，不知是否可以？”田文说：“可以。”吴起说：“统率三军，使将士们舍生忘死，英勇战斗，战无不克，攻无不胜，为国家开疆辟土，你胜过我吗？”田文说：“我不如你。”吴起说：“管理百官，

★铜小口鼎·战国

治理百姓，使国家安宁；发展农业，奖励工商，使府库充实、国家富强，你胜过我吗？”田文说：“我也不如你。”吴起说：“镇守西河，秦兵不敢东向，韩、赵两国不敢轻举妄动，你胜过我吗？”田文说：“我也不如你。”吴起说：“既然你在这三方面都不如我，但你的官位却在我之上，是什么缘故呢？”田文回答说：“这是因为先君去世不久，主上年少，朝廷内部意见不一，上下的关系还需要调整，你虽然功劳很大，声誉很高，但是那些有权势的皇亲国戚同大臣们对你却不信服，这些人对主公是有影响的，在这种情况下，相位是属于你，还是属于我呢？”吴起听了，沉默不语，过了一阵才说：“当然是属于你的。”田文说：“这就是我的官位在你之上的缘故。”吴起才知道自己在人际关系上确实不如田文。

★韩公叔阴谋设计陷害吴起

平庸的魏武侯没有魄力摆脱达官贵人们的控制，所以知贤而不能用，田文死后，仍然没有用吴起而用韩公叔为相。田文虽然没有多大的才能，但为人宽厚，没有因为吴起言语上对他顶撞而加害于他。韩公叔就不同了，生性忌贤妒能，仗恃他是魏国公主的夫婿，阴谋设计陷害吴起，终日冥思苦想，苦无良策。他有个亲信的仆人，非常奸狡，知道他的心事，对他说：“要把吴起驱逐出魏国，并非难事。”韩公叔说：“你有何良策，事成之后，定有重赏。”仆人说：“吴起为人廉洁，有气节，爱惜自己的名誉。相国先对主公说：‘吴起是才德出众的贤人，但是魏国国土褊小，又与强秦为邻，臣担忧吴起没有长期留在魏国的意思。’如果主上问：‘怎样才能知道吴起有没有留在魏国的意思？’相国就对主上说：‘能不能试一试，请公主私下召见吴起，表示愿意同他结交，如果吴起有留在魏国的意思，一定会答应公主的要求；如果没有留在魏国的意思，就会拒绝公主的要求，同时向主公告辞，离开魏国，用这个办法，就可以看出吴起的心意来。’主公必定同意；然后相国召吴起到京城安邑（今山西夏县西北，魏惠王时徙都大梁）来，在公主接见后，就令公主发怒辱骂你轻视你，吴起见公主轻视你，他害怕卷入一场风波，影响他的声誉，一定会向主公辞职而去，那么相国就可以高枕无忧了。”

这是极其卑鄙恶毒的圈套。韩公叔拍手称妙，立即召吴起到安邑。吴起果然中了奸计，公主接见吴起十分殷勤，颇有爱慕之意，但是吴起不敢接受她的美意，对她毕恭毕敬，不失臣礼，公主越是纠缠，吴起越是恭敬。公主无可奈何，只得把满腔怒火发泄在韩公叔身上，对他倍加轻视，百般辱骂。韩公叔见他的阴谋得逞，心花怒放，任凭公主轻视辱骂，只是装呆卖傻。吴

起对他们夫妻俩的表演，看到眼里，记在心头，情知事情不妙，恐怕越陷越深，莫如一走了之，于是向魏武侯请求辞职归田。武侯见韩公叔的谗言被证实，怀疑吴起有离开魏国的意思。但为什么吴起要离开魏国呢？经过仔细的思索，他对韩公叔所说吴起不肯留在魏国的原因也发生了怀疑，因为吴起在魏国已经二十余年，为什么忽然认为魏国国小而且畏惧强秦想要离开呢？这是不可理解的，是不是还有别的原因呢？所以武侯对吴起不肯留魏还是半信半疑，没有主意，对于吴起辞职请求也没有明确的表态。吴起见武侯态度暧昧不明，知有疑心，也揣想到是谁在暗中陷害他，如不出走，将来必有大祸临头，于是匆忙离开魏都，前往楚国。

周安王十九年（公元前 383 年），吴起到达楚国国都郢城（今湖北江陵）。楚悼王有志改革图强，平素听说吴起是一位才能出众的贤臣，如今前来投奔，喜出望外，立即召见，任用为宛（今河南南阳）守。宛城是楚国北边重镇，也是战国时期著名的工商业中心和当时最大的都会之一。吴起初到楚国就命他镇守要地，这是悼王对他的重用和信任。吴起守宛一年，政令严明，成绩斐然。悼王是一位求贤若渴的贤明之主，见吴起才能确实非凡，便不顾贵族大臣们的反对，任命他为令尹，也就是楚相之职，掌管一切军政大权，主持改革变法。于是吴起在楚悼王的支持下，雷厉风行地进行改革。通过改革，既打击了旧贵族，加强了王权，又节省了大量开支，增加国家财政收入，用来“抚养战斗之士”，加强军事力量，使楚国迅速地由贫弱开始走向富强。然后出兵南平扬越（今浙江南部、江西南部）、苍梧（今广西东北部），北伐韩、魏，西征秦国，也相继取得胜利，诸侯恐惧，楚国国威大震。

但是楚国旧贵族对他们的失去权势爵禄是不甘心的，暗中勾结在一起阴谋寻找机会发动叛乱杀害吴起。周安王二十一年（公元前 381 年），楚悼王死去，旧贵族们便利用这个时机发动武装叛乱，率领叛军包围相府，吴起越墙逃走，叛军尾追不舍。吴起自知难逃大难，匆忙间想起一个为自己复仇的办法，便向王宫跑去。王宫卫士见令尹慌忙跑来，后面有大队人马追赶，一面放吴起进宫，一面拦阻叛军。吴起进宫后急忙走进灵堂，伏在悼王的尸体上。叛军们击倒拦阻的卫士蜂拥而入，转瞬间拥进灵堂，他们恐怕宫中卫队即将赶到难以逃生，也怕吴起趁宫中混乱时跑掉，立即拿起弓来发箭向吴起射去，不仅吴起身中数十箭立即死去，就是悼王尸首上也被射中。等到大队卫士赶来时，叛军们已纷纷逃散。楚悼王安葬后，太子楚肃王继位，下令治叛乱罪，凡是策划叛乱的旧贵族和参加射杀吴起并射中悼王尸体的叛乱分子，一律处以死刑，罪重的还把其宗族全部诛灭，总共被灭族的有七十多户人家。吴起终于为自己复仇了。

魏王赏赐吴起后裔

吴起出奔楚国时，由于情况紧急，来不及携妻带子，所以家属仍然留在魏国。魏惠王初年，魏国大将公叔痤率领魏军同韩、赵联军大战于浍水（今山西汾水支流）之滨，获得大胜，惠王大悦，赐田百万亩。公叔痤辞谢说：“在这次战争中，魏军之所以能够临阵不崩，勇往直前，不避强敌，终于克敌制胜，这都是吴起训练军队有方的功绩，不是微臣所能做到的。请求大王把赏给微臣的田地赏赐吴起的子孙。”魏惠王说：“卿家之言有理，吴起之功不可埋没。”于是魏王下令访求吴起的后裔，赏赐田地二十万亩。这时距离吴起死后已经二十余年了。可见吴起对魏国军事上的改革是很有成效的。

★楚肃王下令捉拿叛乱分子，一律处以死刑。

商鞅变法

SHANG YANG BIAN FA

战国初期，由于铁制农具加快了生产进度，大面积土地得到开发利用，经济得到大幅度增长。同时铁制兵器的出现也大大助长了人们崇战尚武的意识。贵族各阶层自身实力的快速膨胀，使统治者内部常存在摩擦和分歧，具有政治、军事、经济实力的贵族便会迫不急待地要在实力比拼中脱颖而出。公元前453年，赵魏韩三家分晋就是典型的例子。那一时期，强者寻开战端，弱者寻求变革，动荡与变革便开始交替进行，并形成定律，而变革的目的也是为扩张做准备。秦国的商鞅变法，使秦国一跃成为七国中最强大的国家，在吞并中始终处于主动进攻的位置。

★商鞅像

商鞅原是卫国人，出身于贵族之家，他从小就十分好学，对战国时期流行的刑名之学感兴趣，他看到卫国弱小，不足以施展才智，便委身于魏国。在魏国期间，由相国多次举荐，但魏惠王终不肯降以大任。

此时，秦国正在招募贤才，秦孝公声称，要是谁能使秦国富强起来，就封他为相。一时间，秦国人才济济。商鞅听到了这一消息，便离开了魏国。到了秦国后，商鞅通过他人引荐，他见到了秦孝公。秦孝公问以治国之道，商鞅便向他提出了很多治国的方略。可是，秦孝公对此不感兴趣，商鞅还没讲完，他便昏昏睡去。引荐的人埋怨商鞅对孝公尽讲一些迂阔的道理，商鞅说：“我希望秦君行帝道，但秦君不肯采纳。再给我引荐一次，我将劝秦君行王道。”等到秦孝公再次召见，商鞅对其又讲了一些夏禹如何画土定赋，商汤如何顺天应人的事情。引荐的人埋怨他说：“秦君思慕良才，需要的是得心应手，做事立竿见影的有用之才，你这些无用之谈他怎能听得进去？”商鞅辩解说：“我不知道秦君到底是怎么想的，所以先用帝王之术试探他，现在我明白了，下次见秦君，必得重用。”果然，这一次商鞅用“伯术”（即图霸）使秦孝公笑逐颜开，悉心受教，而商鞅也真的领受了左庶长（相当于丞相）之职。

此后，商鞅依据图霸策略，首先开始变法，以图富国强兵。经过一段时间的筹划，商鞅制定了一系列变法的法令。为了能使这些法令得以贯彻施行，商鞅决定先用简单的办法来取信于民。一天，他叫人在都城的南门竖了一根三丈高的木头，下命令说：“谁能把这根木头扛到北门，就赏十两金子。”当时，城南门聚集了很多人，可是大家议论纷纷，就是没人肯动。有的说：“这根木头谁都拿得动，哪儿用得着十两赏金？”还有的说：“这大概是官府要拿百姓开心吧。”商鞅见众人不肯相信这是真的，便把赏金提到五十两。可是赏金越高，却越引发了众人的猜疑。正在人们闹哄哄地指东道西的时候，人群中跑出一位年轻人，他高声嚷道：“我来试试。”说着，他真的把木头扛起来就走，一直搬到北门。商鞅立刻派人

★商鞅南门立木

赏给那个年轻人五十两黄澄澄的金子。这件事立即在全国引起了轰动，纷纷传颂说：“官府令出必行，言而有信。”

商鞅知道民心易于归附，但他也明白变法要触及到各种利益，凡是利益受损的人都会在变法时从中作梗，而弃旧立新才是变法的根本目的。因而他在变法条款中，首先触动的就是那些达官贵人。有许多大臣早就在孝公的面前进言，要他慎重对待，不要听信商鞅那一套。

秦孝公十分赞赏商鞅的变法图霸的策略，可真的施行起来，他也有畏难情绪。从道理上说，他认为商鞅的变法主张都是非常精彩的，他愿意实行；但是从感情上说，他又觉得这一变法得罪了这么多的大臣，国家也许就会出现不稳定。所以，他又不敢冒然实施。为了打消疑虑，秦孝公把大臣们召集到一起，讲了一些列国纷争，不进则退的道理。一个叫甘龙的大臣说道：“秦国现在的制度是祖先传下来的，祖宗的家法怎么能变呢？”大臣杜挚说：“变法肯定会带来国家的不稳定，老百姓乱了起来，那还了得！”实际上他们考虑的主要是自己的利益。商鞅却理直气壮地反驳道：“自古以来就没有一成不变的礼法，你们所关注的礼法能使秦国富强吗？只有适应时势的发展，秦国才能兴盛，才能成就霸业。”商鞅的话使得那些守旧的大臣无话可说，同时也坚定了秦孝公变法的信心，于是他宣布变法正式施行。

商鞅的变法主要包括几个部分。第一是“废井田，开阡陌”。秦国把这些宽阔的阡陌铲平，也种上庄稼，还把以前作为划分疆界用的土堆、荒地、树林、沟地等，也开垦出来。谁开垦荒地，就归谁所有，土地可以买卖。二是建立县制。即把市镇和乡村合并起来，组织成县，由国家派官吏直接管理。这样，中央政权的权力更集中了。三是迁都咸阳。为了便于向东发展，把国都从原来的雍城（今陕西凤翔县）迁移到渭河北面的咸阳（今陕西咸阳市东北）。同时，还实行了诸如“连坐法”：即把老百姓组织起来，几家为一个组，让他们互相监督，如果其中有一个人犯罪了，其他人也要跟着受惩罚；“本富法”：即鼓励男耕女织，发展生产，实行重农抑商制度；“劝战法”：即鼓励在军事上杀敌立功，军队中的官位大小，就是要看他立下的功绩有多大。

★废井田，开阡陌

新法颁行后，百姓议论颇多，有说新法好的，有说新法严苛的。而且执行起来出现了不少问题，执法不严，违法不究的现象很普遍。另外，新法还存在一个最大的难点就是“不问贵贱，一体遵行”，即是指大臣若是犯罪，也和普通老百姓一样论处。可是，这种法令在当时的封建体制下实行起来难度很大。

在施行迁都政令时，由于太子驷不赞同，还说了新法的种种不是，犯了私议新法的罪责。按说，太子犯了罪，也该杀头，可他是太子——国之储君，无论如何不能把太子处死。商鞅想了一个变通的办法，他面见孝公说：“执法不严会有损政令，但太子犯法，却要刑不加身，这样做也会有损新法的威严，不如查太师、太傅（太子的老师）之过，也好让百姓心服口服。”孝公于是就用太子的两位老师公子虔和公孙贾做替罪羊，割掉了公子虔的鼻子，公孙贾的脸上被刺了字。老百姓知道这事后，都私下议论说：“太子违令，连他的老师都要受到牵连，何况咱们这些百姓。”于是，新法得以顺利实施。

新法的颁行，使秦国的力量迅速大增，国力雄厚，人民安居乐业，前方将士英勇杀敌，所向披靡。秦孝公对商鞅也愈加器重，封他为大良造，这是朝廷中一种重要的官职，并让他领兵去攻打魏国。当时，魏国的力量已经很弱，秦军一到，魏兵不堪一击，秦军接连攻下敌人多个城池，最后一直打到魏国的都城，将都城攻下。商鞅凯旋而归，秦国的老百姓都自觉地到路边欢迎他，由于商鞅功勋卓著，秦孝公把商等 15 个城池封给了他。

商鞅推行变法使国家繁荣昌盛，但是也侵犯了不少人的利益，一些贵族早就对他恨之入骨。因而在几年后，当秦孝公去世时，商鞅

★商鞅反驳守旧大臣

★商鞅被擒

面临的打击便接踵而来。秦惠文王即位后，表面上仍然支持商鞅的变法，而且对他也很尊重，并且时常在公开场合称赞他对国家做出的贡献。可是在背地里，他对那些反对商鞅的人却明推暗纵，这些人在背后千方百计给商鞅捏造罪名。当时，商鞅的一些朋友已经看得很清楚，知道惠文王说不定哪天要对商鞅下毒手，私下里曾劝商鞅赶快离开秦国。而商鞅一方面为惠文王的假象所迷惑，另一方面又贪恋在秦国的荣华富贵而不愿离去。

太子的两位老师由于受了商鞅的奇耻大辱，于心不甘。此时，他们给惠文王出谋划策，并诬告商鞅功高盖主，意欲谋反。于是，惠文王下令逮捕商鞅。商鞅得到消息后，匆忙化装外逃，逃到边境，天色已晚，要找一个旅店投宿，他到了一个客店，老板向他要证件，商鞅说没有，老板说：“商鞅颁布的命令，留宿必须有证件，如果留宿没有证件的人，一旦查下来，我们就要连坐，和住店的人一起论罪。”

商鞅听了，心里暗暗叫苦：“我颁布的法令现在惩治起我了。”无奈，他趁着天色黑暗，混在人群中，逃到了魏国。由于魏国见秦国势大，便决意同秦国修好，而当得知商鞅在魏国时，便立即把他捉了起来，然后将其押送到秦国。在押往秦国的途中，商鞅寻机逃回了自己的封地。他招募义勇、家丁，组织了不少人马向北出击。惠文王得知这一消息，立即发兵攻打商鞅。商鞅兵败被捉，并在咸阳被惠文王五马分尸。商鞅死后，新法被废，许多旧习俗、旧势力又卷土重来，秦国历经近 20 年的变法最后以失败而告终。

★鸟柄灯·战国

★商鞅量

战国时期秦国的量器，青铜制。秦孝公十八年(公元前 344 年)商鞅变法时所造标准量器。有明确的铭文注明是商鞅变法时所制造。铭文三十二字，容积为 202.15 毫升。此物为一级文物，现藏于上海博物馆。

商鞅

商鞅，战国时秦国政治家。姓公孙。卫国贵族。又称卫鞅、公孙鞅。商鞅年轻时好刑名之学，在魏相公叔痤门下任中庶子。公叔痤临终前将其推荐给魏惠王，惠王不能用。商鞅闻秦孝公下令求贤，发奋图强，乃离魏去秦，以变法强国之术说孝公，孝公以商鞅为左庶长，下令变法。孝公二十年(公元前 342 年)，秦国富强。周天子和诸侯派人向秦祝贺。次年，秦乘魏在马陵之战中的失利而伐魏，魏公子卬率军拒之。商鞅用诈谋虏取卬而破其军，魏割河西(今陕西东部)向秦求和。商鞅以此战功受封於、商(今陕西商县、河南西峡一带)15 邑，号称商君。商鞅相秦期间，因执法较严引起秦贵族的怨恨。孝公卒后，太子惠王立。公子虔之徒为报夙怨，告商鞅有谋反企图，派官吏逮捕他。商鞅打算逃入魏国，魏人因公子卬曾中其计而丧师，故拒不接纳。商鞅不得已而归秦，乃与其徒属发邑兵攻郑(今陕西华县)，兵败被俘。惠王车裂商鞅，并灭其族。

★商鞅雕像

孟母三迁

MENG MU SAN QIAN

战国时期，是由封建领主制向封建地主制过渡的时期。这一时期诸侯侵伐不断，新生的政治力量往往又分裂和代替了旧的政治势力，因而新旧阶级之间的矛盾层出不穷，各阶级、阶层之间的斗争既复杂又激烈。此间，代表各阶级、各阶层、各派政治力量的学者或思想家，都企图按照本阶级(层)或本集团的利益和要求，对宇宙、对社会、对万事万物作出符合自己思想领域的解释，他们或提出自己的主张，或著书立说，广收门徒，高谈阔论，互相辩难，于是出现了一个思想领域里“百家争鸣”的局面。人们熟知的亚圣孟子，就是春秋战国时期的思想家、教育家，他的“仁政”思想便是在这一时代背景下应运而生的。

★孟子像

孟子名叫孟轲，他幼年淘气，后来刻苦求学，终于成为一名儒家学派的大学问家。晚年，他在《孟子题辞》中回忆自己的成长经历时说：“我的成人与‘幼被慈母三迁之教’关系极大。”

孟轲是邹国人，他的家境在他父亲那一代便已衰落，并且在他很小的时候，父亲一病未起。此后，母亲一边给人家洗衣服、纺线织布，一边抚养他成长。孟母是一个有知识、有教养的人，她对孟子的要求很高，期望他能成为一个有才学的人，因而尽管生活贫困，她始终省吃俭用，任劳任怨，以期给孟子的学业打下良好的物质基础。但是，由于她家住在一个村落的边上，附近有一片坟地。孟轲出于好奇，小时候常去墓地玩耍，看见人家埋葬死人，他就和一些小朋友学着那些人的样子，玩起了抬棺材、挖坑、哭号的游戏。见此情景，孟母十分担心，她认为这个地方对孩子成长不利，于是便带着孟轲搬离了那里。

这一次，孟母把家选在了一个闹市的附近。孟母原以为这里人多繁杂，可接触较多的事物，是孟子认识世界的好地方。可是，由于离市场太近，各种叫卖声、讨价还价声整天不绝于耳。尤其每到清早，屠户们便早早起来杀猪，而猪的嚎叫却引起了孟轲的好奇，白日里他便组织小朋友以杀猪为戏。无奈，孟母只得再次搬家。

孟母这次把住址选在了一个学馆旁边，在这里每天不仅能听到学馆里传出的琅琅读书声，还能看到那些老师、学生恭敬地作揖、礼貌地问好的样子。这一次，孟母心里十分踏实，她高兴地说：“这个地方很好，对于孩子的成长会有很大帮助。”从此便在那里定居下来。

孟轲住在这里，常到学馆旁看学生游戏、听老师讲课和学生朗读，对来往行人的礼貌动作也都加以模仿，孟母看了十分高兴。孟子在这种环境中长大，心里对那些学童好生羡慕，好容易到了上学的年龄，孟母便把省吃俭用积攒下来的钱交给了学馆，还给他缝制了书包。刚开始上学的一个时期，孟轲勤学用功，对老师教的东西都能记在心里。但随着从同学们那里学习了很多种游戏后，他便开始迷恋起做游戏来，上课不注意听讲，还经常旷课到野外去玩。

有一天，孟轲逃学的事情被母亲知道了，孟母不动声色地在家里等着他。傍晚时分，孟轲从外面归来，看到母亲一动不动地坐在织机旁，锅灶也是凉的，情知会发生什么事情，便轻手轻脚地绕过母亲，回到自己的屋子里。就在这时，母亲厉声喝道：“站住！”见孟轲怯懦地站在她面前，她捡起织机旁的剪刀，拢起织机上一排线，然后一下剪断。孟轲不解地问道：“母亲，您

★孟母三迁

这样做，一天的心血不是白费了吗？”孟母接着他的话说：“你读书就如同我织布一样，你经常逃学，就无法完成学业，将来一事无成。我剪断织线，无法完成一匹布，也同样是半途而废。你说，你这样逃学对吗？”

此时，孟轲总算理解了母亲的心情，他十分后悔地说：“母亲，您别生气了，我再也不逃学了，而且我一定要学有所成。”此后，孟轲果然改掉了自己的毛病，他发愤苦读，长大后又博览群书，集众家之所长，终于使自己成为一代大思想家、教育家。

★位于山东省邹城市的孟庙、孟府

孟子

孟子(公元前372—前289年)，名轲，字子舆。战国中期邹国(今山东邹城)人，鲁国公族孟孙氏后裔。战国时期伟大的思想家，是继承和发展由孔子创立的儒家学说的新儒家代表。

孟子的父亲早亡，母亲仉氏是一位极有见识又很会教育子女的人，历史上流传的“三迁教子”、“买肉啖子”、“断机教子”等故事成为后世教育子女的典范。孟子自幼受母亲三迁之教，到15岁左右，离家赴鲁求学，受业于子思(孔子的孙子)的弟子，学习儒家学说。他孜孜不倦，勤学苦读20余载，终成邹鲁一带的名儒。此后，他于家乡收徒讲学，设教育人，宣扬儒家的仁义学说。40岁以后，他率子弟数百人开始游说列国，企图推行自己的“仁政”主张。公元前329年，恰逢齐威王立稷下学宫纳贤。孟子慕名而来，本打算通过齐威王来实现自己的理想，主张以德服人，施行仁政，反对战争。而齐威王对孟子的主张并不感兴趣，一心想用武力统一天下，争霸中原。两者政见不同，所以孟子没有受到齐威王的重用。此后孟子又到过魏、宋、滕、鲁等国。当时几个大国都致力于富国强兵，争取通过暴力的手段实现其霸主地位，因而孟子的仁政学说被当作不现实的“迂阔”之谈，所到之国虽对他和子弟恩礼有加，但都同样没有施行他的政治主张。

孟子的思想来源于孔子，他继承和发展了孔子的德治思想，把孔子的“仁”发展为“仁政”的学说，成为其政治思想的核心。他把“亲亲”、“长长”的原则运用于政治，以缓和阶级矛盾，维护封建统治阶级的长远利益。他认为实行“仁政”，就必须“制民恒产”，让每家农户有百亩之田、五亩之宅，有起码的生产资料；“勿夺农时”，保证农民有劳动的时间；“省刑罚，薄税敛”，使人民有最低的物质生活条件；加强道德教育，使人民懂得“孝悌忠信”的道理。同“仁政”学说相联系，孟子还提出了“民贵君轻”的思想，他认为君主只有得到人民的拥护，才能取得和保持统治地位，因此他主张国君要与民“同乐”。同时，他又把伦理和政治紧密结合起来，强调道德修养是搞好政治的根本。他说：“天下之本在国，国之本在家，家之本在身。”后来《大学》提出的“修身、齐家、治国、平天下”就是根据孟子的这种思想发展而来的。孟子虽然有同情人民、谴责暴君的一面，但他的政治思想还是维护封建制度的，所以他又宣扬：“劳心者治人，劳力者治于人。治于人者食人，治人者食于人，天下之通义也。”这种观点长期以来成为替剥削制度作辩护的理论根据。

★孟子雕像

约公元前311年，孟子返回自己的故乡邹国。此后，他潜心著书立说，先后作《孟子》七篇，并流传于世。约公元前289年，孟子离开了人世，享年约84岁。孟子继承和发展了孔子的思想，提出一套完整的思想体系，对后世产生了极大的影响，被尊奉为仅次于孔子的“亚圣”。孔子思想与孟子思想结合而成的“孔孟之道”，便成了儒家文化乃至中华民族传统文化的核心。

孙膑庞涓斗智

SUN BIN PANG JUAN DOU ZHI

公元前354年，由于魏国迁都大梁（今河南开封），与向中原扩张领土的齐国形成了尖锐的矛盾和冲突。齐国为了拉拢赵国和削弱魏国的实力，便用计使魏与赵产生了嫌隙，进而触怒魏国。魏惠王派庞涓发兵8万攻打赵的国都邯郸。

此前，魏惠王也学秦孝公的样子，要找一个商鞅式的人才，他花了好些金钱招徕天下豪杰。当时有个叫庞涓的魏国人来求见，向魏惠王讲了些富国强兵的道理。魏惠王听了很高兴，就拜庞涓为大将。庞涓的确有些本领，他天天操练兵马，先从附近几个小国下手，一连打了几个胜仗。打那时候起，魏惠王更加信任庞涓。

一次，魏惠王在与庞涓的闲谈中提到了孙膑，他深知孙膑是吴国名将孙武的后代，对《孙子兵法》颇有研究，同时又为孙膑不能为己用而感到惋惜。庞涓知道了魏惠王的心事，心里十分不安，因为他早年与孙膑一同师学于鬼谷子先生，所学又都属排兵布阵等韬略之学。而孙膑因为学习勤奋，精心钻研，曾得到了鬼谷子先生的真传。庞涓自知才学不及孙膑，如果将他引荐到魏国，势必要使自己屈于人下。可如果不引荐，魏惠王这里又说不过去，于是他用计骗来孙膑。魏惠王见到孙膑不胜欢喜，孙膑对惠王也是有问必答，且头头是道，惠王由此对他倍加喜爱，重用之意溢于言表。魏惠王如此对待孙膑引起了庞涓的不快，便私下以奸计骗取孙膑的家信，并作以删改，然后告知魏王，说孙膑里通外国。魏惠王在不明真相的情况下相信了庞涓，并将孙膑处以膑刑（除去膝盖骨），还在脸上刺了字。

★桂陵之战示意图

受过膑刑的孙膑怕庞涓残害他的性命，便装疯卖傻。恰好被出使魏国的齐国使者发现，齐使知孙膑是有用之才，便设法带孙膑逃归齐国，被齐国大将田忌收留。在一次齐王与田忌的赛马中，孙膑略施一计便帮助田忌赢了齐王。孙膑

★孙膑塑像

才华初露，很得齐王赏识，便有意重用他。此次，赵国都城邯郸被围，开始先求救于楚国，但楚国欲坐观成败，而见机取利，便口头应允却按兵不动。于是，赵国使臣弃楚求救于齐。齐威王任田忌为将军，用孙膑为军师率军8万前往驰援。

将军田忌主张率齐军直赴赵地解围，孙膑审时度势，认为魏强齐弱，以弱击强，胜算不大。他提议趁魏的精兵在赵，魏都防务空虚，这样可以避实就虚，攻其必救，则赵围必解。田忌采纳了孙膑的计谋，率军直接攻打魏国。魏国将军庞涓闻听国都大梁被围，果然弃赵回奔救援。孙膑却于庞涓的归路设好了伏兵，当庞涓领兵长途奔袭而疲惫不堪的时候，齐兵突然四起，将魏军一举击溃，大将庞涓落荒而逃。此战的地点因位于桂陵，因而称作“桂陵之战”，这种料敌而谋，避实就虚，攻其必救，然后巧施截击的战法，又被后世称之为“围魏

★孙膑纪念馆

救赵”。

公元前 342 年，魏国又派兵攻打韩国，韩国也向齐国求救。那时候，齐威王已死，他的儿子齐宣王派田忌、孙膑带兵救韩。齐军依照孙膑的计策，待两国交战日久，兵力衰竭时，又一次猛捣魏都大梁。庞涓得到本国的告急文书，只好撤围回国，与国内太子申组织的兵马合力夹击齐军。一天，庞涓察看了一下齐军扎过营的地方，他发现齐军的营盘占了很大的地方。派人数了数做饭的炉灶，足够十万人吃饭用的，庞涓当时惊出了一身冷汗。第二天，庞涓带领大军赶到齐国军队第二次扎营的地方，又数了数炉灶，却只有能供五万人用的了，庞涓得知后一阵窃喜。

到了第三天，庞涓追到齐国军队第三次扎营的地方，仔细数了数炉灶，只剩了两万人用的。庞涓这才放了心，他笑着说：“我早知道齐军都是胆小鬼。十万大军到了魏国，才三天工夫，就逃散了一大半。”其实，这是孙膑在运用“退兵减灶”的方法诱敌。他命令齐兵将武器辎重沿路丢弃，并逐日减少军中做饭时堆制的锅灶，使庞涓产生错觉，误以为齐军兵士大部逃亡，已溃不成军。庞涓果然上当，他“弃其步军，与其轻锐倍日并行逐之”。

此时，孙膑在将庞涓诱到齐国境内马陵（今河南范县西南）时，他算好了魏兵到达此地的时间，然后命齐军利用有利地形，设下埋伏。庞涓率兵一直追到马陵，正是天快黑的时候。马陵道十分狭窄，路旁边都是障碍物，庞涓恨不得一步赶上齐国的军队，便吩咐大军摸黑往前追赶。忽然前面的兵士回来报告说：“前面有乱木塞路。”

庞涓上前一看，果然见道旁的树全被齐兵砍倒了，只留下一棵最大的没砍。这时，一个兵士看到树上刻了一行字，因为天色渐黑，庞涓便叫人举火辨认，只见上面写的是：“庞涓死于此树下。”庞涓大吃一惊，连忙吩咐将士撤退，可是已经太晚了。因为火光即为孙膑给齐军规定的放箭信号。顷刻，齐军万箭齐发，魏军死伤惨重，庞涓兵败自杀。

孙膑是继孙武之后的又一位军事奇才，他身残而智高，善于因势利导，避实击虚，能运筹于帷幄之中，决胜于千里之外，他所著述的《孙膑兵法》是一部在世界较有影响力的军事力著，并在以后两千多年的岁月里备受推崇。

鬼谷子

鬼谷子，姓王名诩。常入云梦山采药修道，因隐居清溪的鬼谷，故自称鬼谷先生。鬼谷子为纵横家的鼻祖，苏秦与张仪为其最杰出的两个弟子。另有孙膑与庞涓亦为其弟子之说。

纵横家所崇尚的是权谋策略及言谈辩论的技巧，其指导思想与儒家所推崇的仁义道德大相径庭。因此，历来学者对《鬼谷子》一书推崇者甚少，而讥诋者极多。其实外交战术的得益与否，关系国家的安危兴衰，而生意谈判与竞争的策略是否得当，则关系到经济上的成败得失。即使在日常生活中，言谈技巧也关系到一个人的处世为人是否得体。当年苏秦凭其三寸不烂之舌，合纵六国，配六国相印，统领六国共同抗秦，显赫一时。而张仪又凭其谋略与游说技巧，将六国合纵土崩瓦解，为秦国立下不朽功劳。所谓“智用于众人之所不能知，而能用于众人之所不能”。潜谋于无形，常胜于不争不费，此为《鬼谷子》的精髓所在。《孙子兵法》侧重于总体战略，而《鬼谷子》则专于具体技巧，两者可说是相辅相成。

鬼谷子的主要著作有《鬼谷子》、《本经阴符七术》。《鬼谷子》侧重于权谋策略及言谈辩论技巧，《本经阴符七术》则集中于养神蓄锐之道。

★鬼谷子雕像

宋康王残暴亡国

SONG KANG WANG CAN BAO WANG GUO

在春秋战国时期，宋国的历史上只有一位末代君主称王，他就是宋康王。因其无道类似夏桀，故被诸侯称之为“桀宋”。

宋康王在出生的时候，其母梦见徐偃王前来授生，所以取名偃。偃长大成人后，身高过人，头大脸宽，两眼似鸡卵，两手能把铁钩任意直过来弯过去。公元前329年，他把其兄宋公剔成赶走篡夺了君位。

偃即位第十一年，宋国有人掏雀巢，得了一窝正在蜕化的雀卵，其中一卵竟然蜕化出一只鹯。小雀的卵生出一只猛禽，人们感到怪异，就把它献给了偃。偃召太史占卜，太史奏道：“小而生大，是反弱为强，霸业崛起之象。”偃听了非常高兴，他说：“宋国一向过于软弱，我不来振兴，期待于何人？”于是，他举兴宋之策，从全国挑选身强力壮的青年，编成10万人的军队，亲自加以操练，成为一支战斗力很强的劲旅。他靠这只军队，大肆向外扩张：东边，打败了齐国，夺取5个城池；南边，打败了楚国，夺取了300里的土地；西边，攻取魏国2个城池，接着灭了滕国，吞食其领土。于是，骤然间宋国变成了强国，同西方大国秦通好，派使者与之友好往来。一时间，宋跻身于大国的行列，与齐、楚、韩、赵、魏相提并论，于是自称为王。

宋国刚刚强盛起来，康王便不可一世了，自谓天下英雄，认为霸业垂手可得。为了炫耀自己，制造舆论，大搞个人崇拜。每当朝会时，则令群臣高呼万岁，堂上呼喊，堂下呼应，门外侍卫接过呼声高起，震撼王宫内外。康王端坐殿上威风凛凛，好个气派。他又别出心裁搞起“射天”的把戏，命人制作许多皮囊，装满牛血高高地挂在空中，然后他挽弓搭箭，将囊袋一个个的射穿，牛血从空中喷污而降，让人们向外宣扬：“我王射天得胜。”他经常与群臣举行长夜之饮，在宴饮的过程中，他个人偷偷以水代酒，频频举杯令群臣连饮不辍。从晚上到深夜，把大臣们灌得酩酊大醉，个个昏昏悠悠，东倒西歪，而他独自清醒如故，哈哈大笑，说大臣们不胜酒力，并让人们宣传他：“君王酒量如海，饮千石不醉。”更有甚者，无耻之极，每夜召幸后宫女子几十人，大言不惭地令人向外传言：“大王精力充沛，一夜能幸妃妾百人，无有倦色。”他为观看采桑之女，在封父之墟筑青陵高台，看到美貌女子，往往派人抢进宫里。康王如此胡作非为，许多大臣为国忧虑，不忍宋国刚刚强盛即逝，多有向康王进谏者，康王十分厌恶。为制止进谏者，康王往往把弓箭放在身旁，凡有进谏则拉弓射杀，曾一日射杀三位大臣，从此再没有人劝谏了。

★玉瓶式佩·战国

这位孤家寡人，外结仇与诸侯，内伤群臣之心，还一再做伤天害理的事情。宋康王门下的舍人韩凭，娶了个妻子何氏。何氏长得十分美丽，宋康王就把她从韩凭手里夺过去占为己有。韩凭为此对宋康

★宋康王见韩凭妻子何氏

王产生了怨恨的情绪，宋康王就将他监禁起来，并定罪罚他做白天防御敌寇、晚上修筑城墙的苦役。韩凭的妻子秘密地送信给丈夫，信中用隐晦曲折的暗语写道，“雨越下越大，河水越来越深，太阳出来照着我的心。”不久，宋康王就得到了何氏写给韩凭的这封信，把它交给身边的人看，但他们都不能理解信中的意思。一个叫苏贺的大臣对宋康王说：“雨越下越大，是说她内心的愁苦和悲伤，就像雨一样绵绵不断；河水越来越深，是说他们夫妇被暴涨的河水所隔阻，再也不能相见了；太阳出来照着我的心，是说她对着太阳发誓，决心以自杀来殉情。”过了不多久，韩凭就自杀了。

★韩凭和何氏的坟墓边生出了两棵高大的梓木

韩凭的妻子何氏，背地里偷偷地腐烂自己的衣服。当宋康王和她一起登上高台去游玩时，她便纵身从高台上跳了下去，周围的侍从赶紧去拉她，但因她的衣服已经腐烂，经不住手拉，终于坠台而死。何氏死后，衣带里留有一封遗书，遗书中说：“大王活着有好处，而我还是死了有利，希望能把我的尸骨送到韩凭的墓地，同我丈夫合葬在一起。”

宋康王见到了何氏的遗书后，非常生气，根本不去理睬她的遗愿，而是命令何氏的街坊邻居把她埋葬了，使她的坟墓和韩凭的坟墓遥遥相对。宋康王说：“既然你们夫妻二人的相爱之情难以断绝，那么要是你们能使这两座坟墓合在一起，我也就不再进行阻拦了。”没过多久，韩凭和何氏的坟墓边就生出了两棵高大的梓木。十来天后，那两棵高大的梓木的躯干竟然有合抱那么粗了。它们的枝干弯曲着相互靠近，下面的树根交叉在一起，上面的枝叶交错在一块。有一对鸳鸯鸟，一只是雌的，一只是雄的，它们长久地栖息在大梓木上，不论白天还是黑夜都不离去。它们的头颈紧贴在一起，悲哀地鸣叫着，声音凄惨感人。宋国的人都为之伤情，把那梓木叫做“相思树”。 由于宋康王肆虐，残毁别人的夫妻恩爱之情，由此而演义成如今还脍炙人口的“在地愿为连理枝，在天愿为比翼鸟”的美丽传说。

宋康王的残暴统治，致使丧失了宋国的民心。公元前 286 年齐湣王约楚、魏共同伐宋，发表檄文，数其十大罪状：一，逐兄篡位，得国不正；二，灭滕兼地，恃强凌弱；三，好攻乐战，侵犯大国；四，革囊射天，得罪上帝；五，长夜酣饮，不恤国政；六，夺人妻女，淫荡无耻；七，射杀谏臣，忠良结舌；八，僭拟王号，妄自尊大；九，独媚强秦，结怨邻国；十，慢神虐民，全无君道。檄文所到之处，被宋所控地区的人民纷纷逐其官吏护城自守。尽管宋王身强力壮，勇敢善战，但由于不恤士卒，军心涣散，其匹夫之勇怎奈三国军队之众。结果屡战屡败，无处可逃，自投于神农涧中。不死，被追兵所杀，至此宋国亡，国土被齐国所占。

宋康王

宋康王，或称宋王偃，原名戴偃，宋剔成君之弟，史载戴偃仪表堂堂，“面有神光，力能屈伸铁钩”。剔成二十七年(公元前 329 年)，戴偃以武力取得宋国君主之位，宋剔成君逃至齐国。戴偃在第十一年时，自立为王。史记称“东伐齐，取五城。南败楚，拓地三百余里，西败魏军，取二城，灭滕(山东省滕州市)，有其地”，号称“五千乘之劲宋”。到了公元前 286 年，宋国发生内乱，齐举兵灭宋。宋王偃出逃，死在魏国的温邑(今河南省温县)。

★彩绘陶鸭·战国

无盐女劝谏齐宣王

WU YAN NV QUAN JIAN QI XUAN WANG

爱美之心人皆有之，更不消说帝王选取嫔妃如何网罗天下美女，然而以丑女为后妃者亦有之。黄帝妃中嫫女，其貌很丑，却得到黄帝的宠爱。齐国的宣王、湣王、襄王祖孙三代都以好丑女而闻名。别的不说，且说齐宣王，受丑女无盐之谏，册封她为后。

齐宣王（公元前 320–前 301 年在位）即位时，齐国已经取得“围魏救赵”、“伐魏救韩”两次战争的胜利。赵、韩国君感谢齐国救援之恩，亲自至齐朝贺；魏惠王恐怕再遭进攻，遣使通好，请朝于齐。于是齐宣王约韩、赵、魏之君会于博望城（今河南方城）。三晋国君朝齐，使齐大增国威。齐宣王恃其强，萌生争为霸主的念头。但他又骄矜自傲，沉湎于酒色，筑雪台以备宴乐，辟苑囿以备游猎，信面谀之臣，不务实事，贻误国政。

忽有一天，有一位形貌丑陋的中年女子求见齐王。这位女子丑得举世无双，石臼型的大脑瓜，深深的眼窝，撅鼻大嘴；粗粗的脖子，稀少的头发，长指大脚，肥胸偻腰，皮肤既黑又粗糙。宣王正在雪宫与群臣宴乐，武士拦住其问道：“你是何人？如此之丑陋敢见大王？”

★山东出土的壁画里描述的无盐女钟离春

那丑女说：“我是齐国无盐（今山东东平东）人，复姓钟离，名春。今年已四十多岁，挑选不到意中人至今未嫁。听说大王游宴离宫，仰慕大王的恩德，特来求见。请求大王收我为后宫打扫妇，我愿已足。”武士们不禁感到好笑，认为她是世上罕见的厚脸皮女人。

卫士只好向宣王通报，宣王召见。文武群臣见是位丑得出奇的妇女，无不含笑。宣王问道：“我的后宫姬妃已很多，你的丑陋面貌连乡村野人都不愿要你，还要到我后宫来，难道你有什么奇能吗？”

钟离春虽然被人讥笑，但不以为然，从容地对宣王答道：“妾无奇能，特备隐语之术以献大王。”

★无盐女钟离春

宣王说：“你试做隐语之术，让我猜猜看，若是你说不出道理，罪该当死。”

钟离春做隐语之术：她放眼远眺，又露示牙齿，接着一连四次挥举手势，然后拊着膝盖说：“危险啊，危险！”钟离春所谓的隐语之术，是用来劝谏齐王的，不但宣王不解其意，就连群臣也没有任何人明了其意。

宣王只好要钟离春解释。钟离春请求说：“大王赦妾死罪，妾才敢说。”

宣王说：“赦你无罪。”

钟离春说：“妾扬目眺望，是代替大王观察战火之变；露齿，是代替大王惩罚拒谏之口；挥手，是代替大王挥斥谗佞之臣；拊膝，是代替大王拆毁宴游之台。大王有此四失，岂不危险？”

宣王勃然大怒，斥责说：“寡人哪里有此四失？村野之妇信口胡言！”命令武士推出斩首。

钟离春神色镇定地说：“恳请大王，允许我说明大王的四失，然后再去就刑。妾闻秦用商鞅，国家因而富强起来，不久便出兵关外，与齐国争胜。齐是东方大国，必先受其患。大王内无良将，边无守备之防，因此我为您扬目而视之；妾闻‘君有诤臣，不亡其国；父有诤子，不亡其家’。大王内耽女色，外荒国政，忠谏之臣拒而不纳，所以我以露齿为大王受谏；当今王驩等人面谀君王，窃居要职，阻拦贤臣进位；邹衍迂腐阔论，虚而无实。大

★无盐女劝谏齐宣王

王任用这些人，恐怕他们有误于国家，所以举手为王挥之。大王筑宫修苑，劳民耗财，所以拊膝为王拆之。大王此四失，危如系卵，只是苟安于目前之欢乐，不顾他日之忧患。妾冒死上言，倘若能蒙受大王采纳，妾虽死无恨。”

齐宣王听了之后，甚觉切中时弊，他感叹地说：“此乃是金玉良言，若无钟离春之言，寡人乃不知己之过！”并宣布：从此罢去宴乐，要群众振奋，君臣共治国政。

齐宣王令左右奉钟离春进宫，选择吉日良辰，册立钟离春为王后。

钟离春推辞说：“大王不用妾言，安能用妾身？”于是齐宣王招贤纳士，疏远佞臣，任田婴为相，以孟轲为卿。

齐宣王立志图强，褒儒尊学，广招天下学士，扩建稷下学馆。田骈、慎到等76名饱学之士均赐以大宅，用上大夫之俸禄供养他们，使齐国学风达到极盛时期。

齐宣王想学习齐恒公、晋文公霸主之业，向孟子请教，孟子认为天下战乱已几百年，生灵涂炭，希望天下统一。他认为500年必有王者兴，王天下者应该出现。他寄希望于齐，故当齐宣王请教时，他耐心地向齐宣王说以保民而王的政治主张。然而与齐宣王政见相悖，无法实现。

公元前316年，燕王哙仿效尧舜禅让，钓名沽誉，将国政禅让给子之，将军市被与太子平谋叛，国内大乱。在孟子的劝说下，于公元前314年齐宣王命匡章率兵北伐，攻燕取胜。公元前301年齐联合韩、魏伐楚，大败楚军。

由于齐宣王接受了丑女无盐的劝谏，治国安民，使齐国在战国后期仍然保持较强的国势。

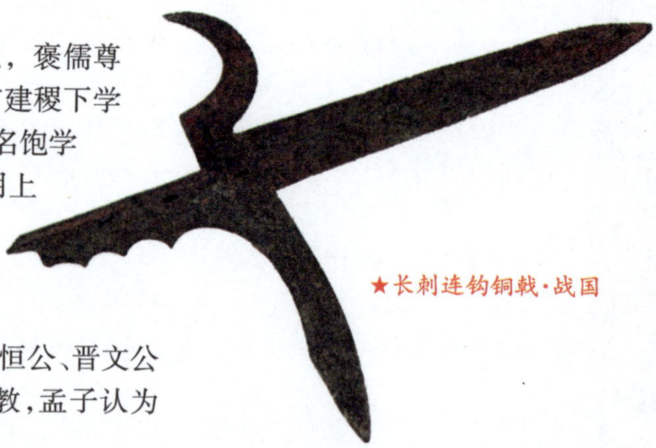

★长刺连钩铜戟·战国

宿瘤女

齐国除了无盐女外，还有一位以才德而倍受宠爱的丑女，名宿瘤。宿瘤世居临淄郊外，以采桑、养蚕、缫丝为生，因为颈项下长了一个大瘤子，所以大家就称她“宿瘤女”。

因为相貌丑陋，虽到结婚的年纪，却没有男子前来提亲，年轻男子都用异样的眼光来看待宿瘤，但她却不以为意，依然我行我素地生活在自己的世界里，对周围的一切不闻不问，甚至不屑一顾。

然而与齐愍王的偶遇，却改变了她的命运。那是在齐愍王的一次出游中，齐愍王前呼后拥，车骑威盛，男女老幼都聚集路旁，以欣羡的眼光观看这难得一见的热闹场面，宿瘤女却继续在路旁采桑，对齐愍王的出巡视若无睹。宿瘤女的矜持傲慢，大大刺伤了齐愍王的自尊心，特别是宿瘤女的解释更是出人意料：“妾承父母之命采桑，其他则不曾在意。”

一个乡野女子，不慕荣华富贵，使得齐愍王大感兴趣，认为是不可多得的贤淑女子，当即下令空出后面车辆，将她载回宫。入宫后，宿瘤成了齐愍王一个有力的贤内助。

一代儒学宗师荀子

YI DAI RU XUE ZONG SHI XUN ZI

荀子，名况，又名荀卿，或称孙卿，战国末期赵国人。荀子早年即确立了弘扬儒学的远大志向，因此，他的一切言行都力求符合儒家的理想与标准。他以孔子为榜样，以孔子提出的仁、义、礼、智、信为行为准则，要求自己非常严格，努力把自己培养成一个具有贤德的"贤人"、"君子"。经过多年的刻苦修炼，他终于将自己造就成了一个远近闻名的贤德之人，甚至有人将他比做古时候的圣明君主尧、舜。修己是荀子一生为学的重要内容之一。

为了实现弘扬儒学的理想，荀子自少年时代起，就刻苦攻读自古以来的各种思想文化典籍，潜心研究儒家的所有经典著作。《诗》、《书》、《礼》、《乐》、《易》、《春秋》等儒家经书，荀子无一不读，而且无一不精通。为把自己培养成博学多能之人，荀子特别讲究学习方法。他反复告诫自己，千里之行始于一步一步的积累，学习就如同远行，没有日积月累的长期刻苦修炼，是难以成为博学之人的。

无论是修身，还是治学，荀子都能严于律己，从不放过自己的任何一点过失。他要求自己一日"三省吾身"，直到发现真的没有过失了，才会心安理得。长期的严格要求，锻炼了他的意志，也增强了他追求真知的毅力。多少年内，他把自己关在一个近乎封闭的天地里，终日与各种各样的书籍为伴，从中认真地选择着真理性的思想学说，严肃地思考着自古以来各家各派学说的利弊得失。

荀子不仅精心研究儒家典籍，而且以传播儒家典籍为己任。荀子通晓儒家经典，因此传授内容也相当广泛。秦汉以来所流行的儒家经典以及对这些经典的解说，大都来自荀子，以至后人将其尊称为"传经大师"。劝人学习儒家诸经，是荀子劝学的重要内容，而荀子本人的亲身实践，为世人树立了学习的榜样。

稷下学宫位于齐国的都城临淄的稷门之外，是齐王招揽人才的一个学术文化中心。儒、道、法、阴阳、五行等重要学术流派的著名学者都曾汇聚于此。齐宣王时，稷下学宫招致天下贤士近千人。他们在此讨论学术问题，或各自著书立说，或为齐王提供治国安邦的建议，其中七十多人被尊为齐国的"上大夫"。荀子50岁时，第一次来到稷下学宫。由于他学识渊博，威望极高，因此被尊为学宫之长(古称"祭酒")。

★荀子墓

荀子在稷下学宫期间，主要从事学术研究与讲学活动。他积几十年的功力，钻研儒家经典，对儒家经典无所不通，因而成为当时公认的儒家学派的著名代表。荀子治学最重实际，他从不好高骛远，亦不夸夸其谈，几十年如一日，脚踏实地的研究学问，等到游学稷下时，他的学问功底已十分深厚，对儒家学说的理解和把握十分深刻和通透。同时，荀子治学还非常注重广博，他虽然是忠实的儒家信徒，但他从未因此限制自己的求知领域。多少年来，他广泛涉猎群书，钻研各家各派的学说，以至于对当时盛行于世的各派学说都有十分精辟与独到的见解。

★荀子像

正是这种既求精深且求广博的治学原则与治学态度，使荀子在当时获得了极高的声望。他在稷下学宫三次取得"祭酒"的地位，这是与他同时代的学者所无法企及的殊荣。在稷下学宫多年的研究、讲习，使荀子的学问更加趋于成熟。与当时许多著名学者的相互讨论、切磋，也使他对各派学说的理解更加深刻。他站在儒家的立场上，用儒家的标准和原则，认真地审视、评判当时盛行的各派学说，对各派学说的是非得失提出自己的分析与评判意见。荀子对先秦以来各大学派思想学说的分析批判大都一语中的，这一部分思想资料，通过他的巨著《荀子》，而保留下来。

荀子之所以能对先秦以来的各派学说作出比较客观的、中肯的批判，固然是因为他学问功底深厚，但更重要的还在于，他有着追求真理的坚定信念和追求真知的公正无私的胸怀。门户之见向来是求知路上的大敌，荀子能在最大程度上克服门户的局限，这充分表现了他的独到之处。

荀子在齐国住了很长时间，备受齐王赏识。齐王敬重他的为人与学识，因此常向他征求治理国家的意见，这很快便引起了一群势利小人的嫉恨，于是便有人向齐王进谗言，在这种情况下，荀子被迫离开齐国。

离开齐国以后，荀子来到楚国。在楚国，他受到了春申君的赏识，被任命为兰陵令。在任兰陵令期间，荀子充分展示了他的政治才能。他不仅把兰陵治理得井然有序，而且以其人格的力量起到了化民成俗的作用。荀子一生勤奋好学，因此兰陵子弟亦多好学，且兰陵人因崇拜荀子，多喜欢把荀子的名字“卿”作自己的名字，可见荀子影响之深、之大。

楚国的春申君死后，荀子被免去了兰陵县令之职。但他并未返回故乡赵国，而是从此客居兰陵，从事著述、讲学活动，直到离开人世。他培养了大批弟子，其中最著名的有李斯、韩非、浮丘伯等。

罢官居乡的荀子已近垂暮之年，然而弘扬儒学的神圣使命感激励着他，使他忘记了仕途的坎坷，忘记了老之将至。他毅然拿起那支锋利的笔，忘情地撰述着，勤奋地思索着，将几十年治学的思想成果，毫无保留地倾注于笔端，终于在有生之年完成了一部宏篇巨著——《荀子》。

透过《荀子》一书，我们可以窥见当时百家争鸣所涉及的几乎所有问题，以及荀子对这些问题的独到而深刻的见解。荀子学识渊博，思想严谨，才思敏捷，《荀子》书中每一篇章都有其明确的中心主题，围绕这一主题所进行的严密逻辑分析与推理、论证，充分展示了荀子治学的态度与风格。《荀子》一书，不仅是一部逻辑性强，说理透彻、精辟的哲学巨著，而且又是一部文风自由流畅、文笔优美、内容充实、极具文采的文学巨著。它的许多篇章，今天仍为人们竞相传诵，成为千古不朽之作。

★荀子公园

荀子文化公园位于山西省临汾市安泽县城东南角的山上，前临沁河。荀子文化园的主要建筑有：山门、大殿、荀子塑像、荀子文化广场、登山步道、盘山车道、动植物标本楼。

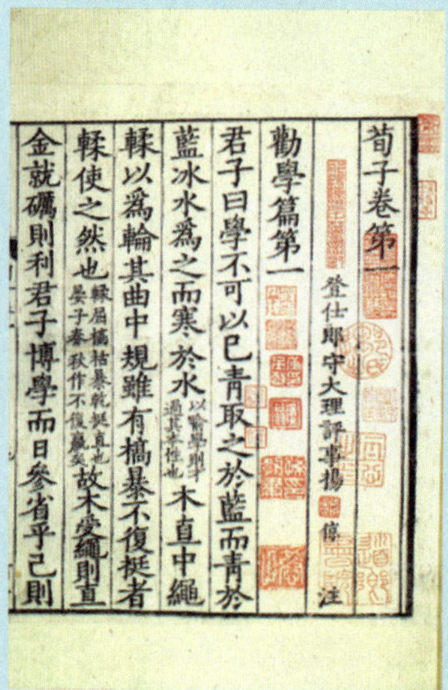

荀子卷第一

登仕郎守大理評事楊倞注

勸學篇第一

君子曰學不可以已青取之於藍而青於藍冰水為之而寒於水以喻學則才過其本性也木直中繩輮以爲輪其曲中規雖有槁暴不復挺者輮使之然也輮屈橋枯暴乾挺直也晏子春秋作不復嬴矣故木受繩則直金就礪則利君子博學而日參省乎己則

★《荀子》书影

《荀子》

在儒家典籍中，无论是记载孔子博大精深思想的《论语》，还是凝结孟子聪明睿智的《孟子》，都是门人弟子辑录而成的。唯独《荀子》一书，其绝大部分篇章都是荀子亲笔写成的。这部著作不仅是荀子一生治学的思想结晶，而且向人们展示了他治学以及为人之严谨认真的科学态度。与孟子一样，荀子从许多方面发挥、发展了孔子的学说，他所提出的“性恶论”与孟子的“性善论”虽然立论的角度不同，思考问题的方法不同，但在劝人向善方面却有异曲同工之效，因此，在人性论问题上，荀子做出了自己的贡献。另外，《荀子》一书所论述的唯物主义思想，则不仅是荀子对儒学的贡献，而且是中国思想史上的一份珍贵遗产，至今仍具有重要价值。

一代儒学宗师荀子

YI DAI RU XUE ZONG SHI XUN ZI

荀子，名况，又名荀卿，或称孙卿，战国末期赵国人。荀子早年即确立了弘扬儒学的远大志向，因此，他的一切言行都力求符合儒家的理想与标准。他以孔子为榜样，以孔子提出的仁、义、礼、智、信为行为准则，要求自己非常严格，努力把自己培养成一个具有贤德的“贤人”、“君子”。经过多年的刻苦修炼，他终于将自己造就成了一个远近闻名的贤德之人，甚至有人将他比做古时候的圣明君主尧、舜。修己是荀子一生为学的重要内容之一。

为了实现弘扬儒学的理想，荀子自少年时代起，就刻苦攻读自古以来的各种思想文化典籍，潜心研究儒家的所有经典著作。《诗》、《书》、《礼》、《乐》、《易》、《春秋》等儒家经书，荀子无一不读，而且无一不精通。为把自己培养成博学多能之人，荀子特别讲究学习方法。他反复告诫自己，千里之行始于一步一步的积累，学习就如同远行，没有日积月累的长期刻苦修炼，是难以成为博学之人的。

无论是修身，还是治学，荀子都能严于律己，从不放过自己的任何一点过失。他要求自己一日“三省吾身”，直到发现真的没有过失了，才会心安理得。长期的严格要求，锻炼了他的意志，也增强了他追求真知的毅力。多少年内，他把自己关在一个近乎封闭的天地里，终日与各种各样的书籍为伴，从中认真地选择着真理性的思想学说，严肃地思考着自古以来各家各派学说的利弊得失。

荀子不仅精心研究儒家典籍，而且以传播儒家典籍为己任。荀子通晓儒家经典，因此传授内容也相当广泛。秦汉以来所流行的儒家经典以及对这些经典的解说，大都来自荀子，以至后人将其尊称为“传经大师”。劝人学习儒家诸经，是荀子劝学的重要内容，而荀子本人的亲身实践，为世人树立了学习的榜样。

稷下学宫位于齐国的都城临淄的稷门之外，是齐王招揽人才的一个学术文化中心。儒、道、法、阴阳、五行等重要学术流派的著名学者都曾汇聚于此。齐宣王时，稷下学宫招致天下贤士近千人。他们在此讨论学术问题，或各自著书立说，或为齐王提供治国安邦的建议，其中七十多人被尊为齐国的“上大夫”。荀子50岁时，第一次来到稷下学宫。由于他学识渊博，威望极高，因此被尊为学宫之长（古称“祭酒”）。

★荀子墓

荀子在稷下学宫期间，主要从事

★荀子像

学术研究与讲学活动。他积几十年的功力，钻研儒家经典，对儒家经典无所不通，因而成为当时公认的儒家学派的著名代表。荀子治学最重实际，他从不好高骛远，亦不夸夸其谈，几十年如一日，脚踏实地的研究学问，等到游学稷下时，他的学问功底已十分深厚，对儒家学说的理解和把握十分深刻和通透。同时，荀子治学还非常注重广博，他虽然是忠实的儒家信徒，但他从未因此限制自己的求知领域。多少年来，他广泛涉猎群书，钻研各家各派的学说，以至于对当时盛行于世的各派学说都有十分精辟与独到的见解。

正是这种既求精深且求广博的治学原则与治学态度，使荀子在当时获得了极高的声望。他在稷下学宫三次取得“祭酒”的地位，这是与他同时代的学者所无法企及的殊荣。在稷下学宫多年的研究、讲习，使荀子的学问更加趋于成熟。与当时许多著名学者的相互讨论、切磋，也使他对各派学说的理解更加深刻。他站在儒家的立场上，用儒家的标准和原则，认真地审视、评判当时盛行的各派学说，对各派学说的是非得失提出自己的分析与评判意见。荀子对先秦以来各大学派思想学说的分析批判大都一语中的，这一部分思想资料，通过他的巨著《荀子》，而保留下来。

荀子之所以能对先秦以来的各派学说作出比较客观的、中肯的批判，固然是因为他学问功底深厚，但更重要的还在于，他有着追求真理的坚定信念和追求真知的公正无私的胸怀。门户之见向来是求知路上的大敌，荀子能在最大程度上克服门户的局限，这充分表现了他的独到之处。

荀子在齐国住了很长时间，备受齐王赏识。齐王敬重他的为人与学识，因此常向他征求治理国家的意见，这很快便引起了一群势利小人的嫉恨，于是便有人向齐王进谗言，在这种情况下，荀子被迫离开齐国。

离开齐国以后，荀子来到楚国。在楚国，他受到了春申君的赏识，被任命为兰陵令。在任兰陵令期间，荀子充分展示了他的政治才能。他不仅把兰陵治理得井然有序，而且以其人格的力量起到了化民成俗的作用。荀子一生勤奋好学，因此兰陵子弟亦多好学，且兰陵人因崇拜荀子，多喜欢把荀子的名字“卿”作自己的名字，可见荀子影响之深、之大。

楚国的春申君死后，荀子被免去了兰陵县令之职。但他并未返回故乡赵国，而是从此客居兰陵，从事著述、讲学活动，直到离开人世。他培养了大批弟子，其中最著名的有李斯、韩非、浮丘伯等。

罢官居乡的荀子已近垂暮之年，然而弘扬儒学的神圣使命感激励着他，使他忘记了仕途的坎坷，忘记了老之将至。他毅然拿起那支锋利的笔，忘情地撰述着，勤奋地思索着，将几十年治学的思想成果，毫无保留地倾注于笔端，终于在有生之年完成了一部宏篇巨著——《荀子》。

透过《荀子》一书，我们可以窥见当时百家争鸣所涉及的几乎所有问题，以及荀子对这些问题的独到而深刻的见解。荀子学识渊博，思想严谨，才思敏捷，《荀子》书中每一篇章都有其明确的中心主题，围绕这一主题所进行的严密逻辑分析与推理、论证，充分展示了荀子治学的态度与风格。《荀子》一书，不仅是一部逻辑性强，说理透彻、精辟的哲学巨著，而且又是一部文风自由流畅、文笔优美、内容充实、极具文采的文学巨著。它的许多篇章，今天仍为人们竞相传诵，成为千古不朽之作。

★荀子公园 荀子文化公园位于山西省临汾市安泽县城东南角的山上，前临沁河。荀子文化园的主要建筑有：山门、大殿、荀子塑像、荀子文化广场、登山步道、盘山车道、动植物标本楼。

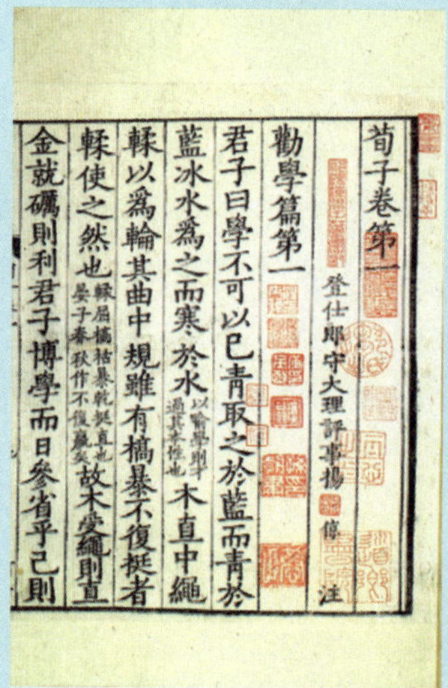
荀子卷第一
登仕郎守大理評事楊倞注
勸學篇第一
君子曰學不可以已青取之於藍而青於藍冰水爲之而寒於水木直中繩輮以爲輪其曲中規雖有槁暴不復挺者輮使之然也故木受繩則直金就礪則利君子博學而日參省乎己則

★《荀子》书影

《荀子》

在儒家典籍中，无论是记载孔子博大精深思想的《论语》，还是凝结孟子聪明睿智的《孟子》，都是门人弟子辑录而成的。唯独《荀子》一书，其绝大部分篇章都是荀子亲笔写成的。这部著作不仅是荀子一生治学的思想结晶，而且向人们展示了他治学以及为人之严谨认真的科学态度。与孟子一样，荀子从许多方面发挥、发展了孔子的学说，他所提出的“性恶论”与孟子的“性善论”虽然立论的角度不同，思考问题的方法不同，但在劝人向善方面却有异曲同工之效，因此，在人性论问题上，荀子做出了自己的贡献。另外，《荀子》一书所论述的唯物主义思想，则不仅是荀子对儒学的贡献，而且是中国思想史上的一份珍贵遗产，至今仍具有重要价值。

苏秦首倡“合纵”

SU QIN SHOU CHANG HE ZONG

战国时期，齐、楚、燕、韩、赵、魏、秦七国争雄，互为强弱，互有侵伐。秦国至秦惠文王时，由于此前的商鞅变法，使秦国强大。及至商鞅被车裂，惠文王西并巴蜀，便决定正式称王。他先派使臣遍告列国，要求各国用土地为贺礼敬献给秦国，并声言，如有违者，即发兵讨伐。列国都犹豫观望，只有楚威王因刚刚得了越国的疆土，自视强大，对秦使不予理睬。

★苏秦雕像

此间，师从于鬼谷子的苏秦正好下山回家，途中知道秦惠文王的用意后，便挟“兼并”之策，谒见秦王。

苏秦家住洛阳，自师从于鬼谷子学游说之术而离家多年。此次归家，他请父母变卖家财，作为去秦的盘费。嫂嫂和妻子不情愿地说：“一个男人家，不思力耕以求生计，却想着凭口舌之能搏取富贵。一旦失败，钱财尽失，后悔可就晚了！”两个弟弟也阻拦说：“你既然有这个能耐，周王近在咫尺，为何不去那里游说？”苏秦因全家反对，只好去见周显王，并说以自强之术。但周显王对此不感兴趣，而他身边的大臣也没人愿意保举苏秦，苏秦只得空手而回。此后，苏秦变卖家财，买车、置衣，体体面面地去了咸阳。

见到了秦惠文王，苏秦问道：“听说大王要求诸侯割地以自保，是不是想安坐天下？”秦惠文王答道：“对呀！”苏秦接着说：“大王想吞周室、并诸侯，如能依我之计，可易如反掌。”秦惠文王因为刚杀了商鞅，对游说之士十分反感，便冷冷地说：“我听说‘毛羽不成，不能高飞’。我虽有此心，但目前还不是时候，过些年再说吧！”苏秦只好退出宫来。回到馆舍，他熬了几天几夜，把“霸术”和“帝术”写成书，送给了秦惠文王，可秦惠文王虽然看了，也深知苏秦之才，可怎么也不想用他。苏秦找人引荐，可引荐的人忌妒他的才能，只是表面答应，却拒不引荐。一晃过去了一年多，此时的苏秦已经穷苦不堪，车马仆从都卖了，衣服也破烂不堪，只得自己担着行李回到洛阳。父母见儿子如此狼狈，骂不绝口，妻子听说他回来，竟不下织机相见。苏秦饿了想向嫂子讨口饭吃，嫂子却说没有柴烧。

苏秦倍感人情冷暖，不觉落泪

★苏秦受家人冷落

★苏秦锥刺股

★苏秦封相

自责。他认为此番的羞辱都因秦王不肯重用而起，因而，他迁怒于秦国，并把秦国作为他实现政治抱负的靶子。此后，他日夜温习所学之书，困的时候，就用锥子扎自己的大腿，如此一年，便把列国的形势分析得十分透彻。一天，苏秦把弟弟叫来，对他说：“当今天下，唯秦国最强，可以辅成帝业，但秦王将我拒于门外。现在我想说服列国，使列国同心协力，以孤秦势，请弟助我成行。”弟弟苏代、苏厉略有所悟，便给了他很多盘缠。于是，苏秦先入赵国，但未得赵国奉阳君的引荐。适逢燕昭王广召天下贤士，苏秦弃赵入燕，深得燕王赏识，委以重任。燕王还广出金帛，用高车驷马和很多壮士护送苏秦入赵，说以“合纵”之计。

苏秦入赵后，原来使他遭到冷遇的奉阳君已死，赵肃侯很热情地接见了他，苏秦对赵肃侯说：“保国莫如安民，安民莫如择交。秦国不敢伐赵，是因为有韩、魏两国作屏障，而韩、魏两国无名山大川可守，一旦秦兵来攻，便会将两国蚕食，两国尽失后，那么下一个就该是赵国了。”赵肃侯一听，立刻心惊肉跳，忙向苏秦讨计。苏秦接着说：“现在秦国要求列国必须割地，而无故割地与人是自破，如果列国合兵去破秦，那么列国均保太平，而秦国却从此自危。你看是自破好，还是合力破秦好呢？”赵肃侯忙说：“我即位时间短，且年纪轻，您的‘合纵’之策有固赵之理，我岂敢不从命。”

苏秦的一番“合纵”之计，的确令赵王心里释然。他给了苏秦很多赏赐，并封他为“纵约长”，让他去说服其他五国“合纵”以拒秦兵。从此苏秦便以他博闻强记，能言善辩，往来于各诸侯之间，并以口舌之能事，每到一地都说以“合六国”拒“一秦”的厉害关系，使各国君臣都言听计从，并拜为相国。一时间，苏秦挂六国相印，被命为“纵约长”，赵国又封他为武安君。秦国得此消息后，果然不敢加兵于诸侯，十五年未敢出函谷关。

★错银铜卧牛·战国

★苏秦封相荣归

苏秦

苏秦，字季子，洛阳（今河南省洛阳市）乘轩里人，战国时期著名纵横家。苏秦的准确生年，今已不可考。《史记》有《苏秦列传》记载其约死于公元前 321 年，长沙马王堆汉墓出土的帛书本《纵横家书》，其中有十一篇苏秦上燕王或赵王书，不见于《战国策》、《史记》等传世古籍，记载其死于公元前 284 年。苏秦出身寒门，却少有大志。据传他随鬼谷子学游说术，《史记》记载其“东事师于齐，而习之于鬼谷先生”。苏秦学成之后，曾先后游说周、秦、赵等国，然而均不为所用，遭受到很多困难、挫折，只得回家。此后，他发愤读书，得周书《阴符》而读之，领会出如何方能投人主之所好的奥秘。留下了“锥刺股”的千古佳话。苏秦学有所成，再次踏上了游说列国的征途。是时，齐秦二强心怀包宇天下、兼并六国之志。而弱国之间，彼此明争暗斗，不难被各个击破。苏秦力主“合纵”，即联合几个弱国共同对付强国，从而显示出了他的纵横家的才智。

★苏秦故里碑

张仪说秦“连横”

ZHANG YI SHUI QIN LIAN HENG

苏秦的“合纵”之术果真对秦国产生了效应，秦王虽有兼并六国的雄心，但迫于苏秦“合纵”的计策而无法施展，而要想独霸天下，就必须要将“合纵”这一联盟拆开，只是秦惠文王苦于无计。

在苏秦离师下山的时候，与他同出师门的还有一个叫张仪的人。苏秦回洛阳，而张仪回到了魏国。

★张仪筑城铜浮雕

张仪最初求仕于魏王，但魏王不肯接纳，张仪由于穷困潦倒，无以为生，便携妻带子去了楚国。楚国的令尹昭阳把他留在家里做门客。由于昭阳伐魏有功，楚王将“和氏璧”赏给了他。有一天，昭阳带宾客游于赤山，山下有一深潭，是传说中姜子牙垂钓的地方。众宾客中有人慕“和氏璧”之名，都想亲眼见识见识。昭阳兴致很好，加上也想炫耀一下，便命人取“和氏璧”给大家观看。正在传看之间，有人说有大鱼从水潭跃出，众人撇下“和氏璧”去看鱼，等看完鱼，那块价值连城的“和氏璧”却不见了。

昭阳回到府中郁闷不已。忽然，门客中有人说：“张仪家里最穷，必是他将‘和氏璧’盗走了。”昭阳听了也觉得很有可能，便派人将张仪带来，追问“和氏璧”的下落。张仪被人怀疑，直喊“冤枉”，可昭阳及门客不依不饶，一直把张仪打个半死，并被丢出门外。后来，张仪被一个好心人背到家里，他妻子抚摸着张仪满身伤痕，心疼地说：“你要是不读书，不出去谋官做，哪会受这样的委屈！”张仪张开嘴，问妻子说：“我的舌头还在吗？”妻子说：“当然还在。”张仪放心地说道：“舌头是我的本钱，只要舌头在，就不愁没有出路。”

张仪在家里休养了几日，便动身回了魏国。途中他听说苏秦被六国封为相国，十分羡慕，心想：他已得了六国相印，我去别国也是步了人家的后尘，不如去秦国游说，也好一试身手。于是，张仪又辗转去了秦国。张仪到了秦国，凭他的口才，果然得到秦惠文王的信任，当上了秦国的相国，并从此展开了他的“连横”策略。

★楚怀王铜像

掌握政柄后，张仪劝秦王用软硬兼施、恩威并用和远交近攻的手段。首先主动返还魏国的土地襄陵，魏王感激，把女儿许给秦国太子，这样两国迎来送往，诸国便知魏国已怀有二心。然后，秦国又借故攻打魏国，并再次返还侵地，让魏国知威却又感恩戴德，并听命于秦。而其它五国在此期间只是观望。魏归附于秦国后，张仪又分别游说于齐、楚，用献地之计，离间了两国的关系。使齐国怒楚，并甘愿为秦国出兵效力。

公元前314年，碌碌无为的燕王哙让国禅位于相国，致使燕国大乱，齐国乘乱夺了燕国许多城池。至此，齐国开始强大，并与楚国密切交往。由于两国都处于当时列国

★张仪欺楚

中的大国地位，因而便成了秦国东出函谷关的巨大障碍。张仪认为要实行“连横”，非把齐国和楚国的联盟拆散不可。他向秦惠文王献了一个欺楚的计策，然后赶往楚国。

张仪到了楚国，先拿贵重的礼物送给楚怀王手下的宠臣靳尚，然后求见楚怀王。楚怀王隆重地接待张仪，还向他讨教诸国形势。张仪说：“秦王特地派我来跟贵国交好，要是大王下决心跟齐国断交，秦王不但跟贵国永远和好，还愿意把商于（今河南淅川县西南）一带600里的土地献给贵国。这样一来，既削弱了齐国的势力，又得了秦国的信任，岂不是两全其美。”楚怀王一听虽然绝了齐交，但可以交下一个强秦，而且还能得到大片的土地，这可是一举两得的好事。于是欣然说道：“若如先生所说，楚国何乐而不为呢？”

楚国的一些大臣们一听说有这样的便宜事儿，都向楚怀王庆贺。只有陈轸急切摆手说：“此事不妥！依我看，张仪的话不可信。”怀王笑问道：“为什么说不可信？”陈轸说：“楚国有了齐国做自己的盟国，秦国才不敢来欺负咱们。要是大王跟齐国绝交，秦国不来欺负楚国才怪呢。如果我们绝了齐交，而张仪又欺骗了我们，不给我们土地，这时候不仅齐国要怪我们，他们还会同秦结盟来攻打楚国，那时的楚国就危险了。秦国如果真的愿意把商于的土地让给咱们，大王不妨打发人先去接收。等商于600里土地到手以后，再跟齐国绝交也不算晚。”靳尚却说：“咱们不断了齐交，人家怎么肯给你土地？”怀王点头说道：“咱们绝齐受地，这件事就这么定了。”于是，楚怀王一面派使通知与齐国绝交，一面派人跟着张仪到秦国去接收商于。

★楚秦交战

楚国同齐国绝交后，齐宣王马上打发使臣去见秦惠文王，约他一同进攻楚国。楚国的使者到咸阳去接收商于，张仪开始诈称坠车摔伤，对楚使者避而不见，时隔多日，见到楚使者又翻脸不认账。张仪说：“哪有这回事啊！大概是你们大王听错了吧。秦国的土地哪儿能轻易送人呢？我说的是6里，不是600里，而且是我自己的封地，不是秦国的土地。”

使者回来禀报，楚国君臣大呼上当。怀王更是忿忿不平，他命令发兵十万人攻打秦国。秦惠文王也发兵十万人迎战，同时还约了齐国助战，致使楚国一败涂地。此战，楚国十万人马只剩了两三万，不但商于600里地没到手，连汉中600里的土地也被秦国夺去。楚怀王只好忍气吞声地向秦国求和，楚国从此大伤元气。六国的“合纵”联盟终于被张仪拆散。

“合纵”与“连横”是苏秦和张仪这些舌辩之士在政治角逐中生存的一种手段，也迎合了当时七国相互依存和相互侵吞兼并的需要，因而“合纵连横”中尽管使用了市井无赖的手段，但其对当时的政治、经济、军事、文化等方面都有着无可替代的作用。

★楚怀王遭虏泥人彩塑

张仪

张仪（？—公元前310年），魏国贵族后裔，学纵横之术，是战国时期著名的政治家、外交家和谋略家。战国时，列国林立，诸侯争霸，割据战争频繁。各诸侯国在外交和军事上，纷纷采取“合纵连横”的策略。他们或“合纵”，即合众弱以攻一强，防止强国的兼并；或“连横”，即事一强以攻众弱，达到兼并土地的目的。张仪正是作为杰出的纵横家出现在战国的政治舞台上，对列国兼并战争形势的变化产生了较大的影响。

秦武王恃勇丧命

QIN WU WANG SHI YONG SANG MING

公元前311年秦惠王死，其子嬴荡继位，是为秦武王。秦武王生性倔强，力大好勇。他喜爱武勇之士，厌恶鼓舌弄腮的说客。即位之后他发誓，要在有生之年，东游洛邑，以窥周室。

秦武王即位之际，正是张仪游三晋、齐、燕，说“连横”，导东方诸国争先割地事秦。这时齐湣王已察觉上了张仪的当，使孟尝君写信给各国，揭穿张仪的阴谋，并约同各国合纵抗秦。齐湣王自为纵约长，向各国通报，有谁能捉获张仪赏城10座。

张仪游说各国结束后回到秦国。秦武王自太子时就厌恶张仪的为人，即位后，忌妒张仪的大臣乘机毁谤张仪。他们对秦武王说：“张仪为人不讲信用，反复无常地出卖了许多国家，以取得国君的宠信。倘若秦国一再用他，恐被天下人所耻笑。”当听到东方各国合纵拒秦的消息之后，秦国大臣们攻击说这是张仪引来的灾祸。此时齐也派来使者，责备秦国任用张仪。

张仪见事不妙，如再在秦国滞留恐有杀身之祸。他诡计多端，计上心来，向秦武王说：“臣有一计，请献于大王。”秦武王问：“先生有何妙计？”张仪说：“为秦国利益着想，必须促使东方各国相互攻伐，然后才能使秦国乘机兼得土地。现今齐国怨恨于我，只要我所在那国，齐必举兵攻伐。故此，我向大王请求，让我到魏国去，齐必伐魏。大王可乘齐、魏交战之时，率兵攻韩，进兵三川（今河南黄河以南），直逼周都，迫使周天子献鼎。大王便可以握有天下地图、户籍，统治天下，这是王之大业。”

★厌恶张仪的大臣乘机向秦武王毁谤张仪

秦武王认为这样也好，既可以使张仪离开秦国，又能促使东方战乱，秦可乘机捞取渔利。于是秦武王派人准备了30辆车，送张仪至魏。

张仪离开秦国后，秦武王任甘茂为左相，樗里疾为右相。秦武王喜爱勇猛的力士，乌获、任鄙力大无穷，善于举重，武王常与他们做比试武力的游戏，对他们都很宠信。齐国力士孟贲是当时天下有名的力士，水牛猛兽均不惧怕。一次在野外见两牛相角斗，一牛已把另一牛触倒在地，但还不放过，孟贲性起，上前制止，但那头牛竟然以角来顶他。孟贲一怒之下，一手按住牛头，另一手猛力把一角拔出，牛流血倒地而死，因而他以力闻名。当他听说秦武王招天下勇士时，便西渡黄河至秦。在渡河时，人们正在按次序登船，他后到，抢先登渡，引起公愤。撑船的人见他如此无理，用舟楫打其头部，激怒了孟贲，他怒目而视，大吼一声，其声如雷，船上的人被他这一吼，都吓得栽倒于水中。他乘机独自用足力一撑，船向河中驶去，很快过了黄河。到了咸阳，谒见秦武王，经试武力，秦武王大喜，任为官，同乌获、任鄙一样得到重用。

后来，秦武王想起张仪临别

★铜象灯·战国

时，问鼎周室之言，他对右相樗里疾说：“我僻居于西方之地，不曾见过中原盛景，如果能通过韩国的三川之地，游于洛邑一观周室，虽死无憾，谁能为我伐韩？”

樗里疾认为此举无济于国，他说：“大王要想攻伐韩国，必取宜阳（今河南宜阳）以通三川之路，宜阳路途险要而又遥远，此出兵不但劳师费财，而且如果魏、赵出兵救援，秦兵将陷困境，臣认为不可。”

秦武王一心想到洛邑示威，他又对左相甘茂说及伐韩之事。甘茂说：“臣请为大王出使魏国，约魏共同伐韩。”他并请向寿为副使同往。甘茂到魏游说，魏王答应出兵助秦。但是甘茂唯恐在此期间有人从中作梗，他先派副使向寿对秦武王报称：“魏虽已同意出兵伐韩，但我王不伐韩为好。”秦武王对甘茂的意图疑惑不解。当甘茂回归时，秦武王出迎于息壤。秦武王问道：“相国为我约魏攻韩，事成，又劝我不伐韩，不知何意？”

甘茂回答说：“韩地宜阳是个大县，上党与南阳两郡的积贮均在这里，虽是一县，实为一郡。现在大王要千里迢迢，过险越塞，攻打韩国要地，不是一件容易的事情，一旦遇到麻烦，会有人出来说三道四。从前曾参住在费城的时候，鲁国有一个与曾参同姓同名的人，他杀了人，而有人去告诉曾参的母亲曾参杀了人，她一点不相信，照旧在织布机上神情自若地织布。过了一会，又有人来告诉曾参的母亲曾参杀了人，她还是不相信。等着第三个人来告诉曾母时，曾母吓得立刻丢下织梭，越墙而逃。曾参以贤闻名，其母最了解儿子，但经过三个人说他杀人了，其母便相信而恐惧。现今我的贤能不及曾参，大王对臣的信任恐不及曾母，而诽谤臣杀人者恐怕不止三人。臣怕大王听了谗言如同曾母投梭啊！当初张仪西并巴蜀，北辟西河之外州郡，南占上庸，人们都不说张仪之功，而夸先王之政。魏文侯遣乐羊攻打中山，三年功成班师，魏文侯拿出一箱诽谤书给乐羊看，乐羊叩首拜说：‘此非臣之功，乃是君王的声威。’我使魏是旅居在外的人，樗里疾与公孙奭对攻韩之事与我意见相悖，大王必听从他们的意见。倘若如此，大王改变主意不欲攻韩，岂不欺骗了魏王？而我还要受到韩国君臣的责难。”

武王听了甘茂的一席话，方知甘茂担心自己被别人谗言所迷惑。为免除甘茂的疑虑，他表示决不听信别人之言，并立约为盟誓，誓书收藏于息壤之地。

★四川省青川县出土的秦武王二年的木牍

于是，公元前308年，秦武王派兵5万，任甘茂为大将，向寿为副将，秦兵东向进入韩地，围攻宜阳，历时5个月攻城不下。这时，果然有樗里疾等人向武王提出：“秦兵经久在外，业已疲惫，不撤回恐有他变。”武王担心起来，诏甘茂班师。甘茂并没有动摇，书写一信给武王。武王折函一看，书上唯有“息壤”二字。武王顿时醒悟，自语道：“甘茂有言在先，是寡人之过。”于是增兵5万，派乌获前往助战，秦10万大兵会攻宜阳，韩主派大将公孙婴率军急速救援，秦、韩大军激战于宜阳城下。乌获手持180斤重的铁戟攻入韩军，所向披靡，打乱了韩军的阵营，甘茂、向寿乘机领兵进击，韩兵大败，被斩杀6万余人。乌获跃起登城，手攀城堞，堞塌而坠于城下，落在石头上摔死。秦军奋起攻城，占领了宜阳。韩国兵败，韩王恐惧，派遣相国公仲多带着宝物到秦求和。武王大喜，与韩国讲和，诏甘茂班师，留向寿暂守宜阳。

★甘茂给秦武王讲曾母投梭的故事

秦和韩既已休战，三川道路打通，公元前307年，秦王派樗里疾

★安徽省六安县孙家岗出土的战国漆器
战国是我国漆器工艺的第一个繁荣期。漆器的色调以红、黑两色为主,其特点是"朱画其内,墨染其外"。器内涂朱红,明快热烈;外髹黑漆,沉寂凝重,红黑对比,衬托出漆器的典雅和富丽,呈现强烈的装饰效果,器物具有稳健端庄之美。

率兵为先导,随后带领一班人马起程,任鄙、孟贲等力士护从。兵过三川直达洛邑。一路上大车小辆,旌旗遮日,卫兵前呼后拥,浩浩荡荡,好不威风。

周赧王听说秦武王率军向洛邑开来,忐忑不安,急忙遣使迎于郊外。周赧王准备以宾主之礼相见,秦武王不敢以平等的身份见周天子,谨致谢意。又不以君臣之礼朝见周王,径直入周室太庙观赏周鼎。只见九鼎在太室排成一列,细察,各鼎各俱九州山川、田亩贡赋之数,足耳铸有龙纹,故又称"九龙神器"。夏、商、周三代相传,自周成王定鼎于洛邑,已有几百年。九鼎如同一座座小铁山,十分壮观。秦武王分别看到荆、梁、雍、豫、徐、扬、青、兖、冀九州鼎之后,来到"雍"字鼎的前面,手指着说:"此雍州,乃秦鼎,我当携至咸阳宫。"

武王好力,问周守鼎人员说:"此鼎曾有人能举动否?"守吏回答说:"自定鼎以来未曾移动。听人传说每鼎有千钧之重,谁人能举?"

武王问身边的力士任鄙、孟贲说:"你二人力大,能否举动此鼎?"任鄙知武王恃力好胜,不好妄言,说:"臣力只不胜百钧,此鼎十倍之重,臣不能举。"

孟贲闻任鄙推辞之语,不由好胜之心勃起。不等武王问他,他已活动双肢,走上前去,说道:"臣请试之,如果举不动,请大王不要怪罪。"然后用青丝做成粗大的绳索,牵系在鼎耳之上。孟贲紧束腰带,挽起双袖,用两臂擎起绳索,吸了一口气,大叫一声"起!"那鼎刚刚离开地面,仍就放下。孟贲由于用力过猛,眼珠几乎迸出,眼角流出血来。

秦武王自负其力,他笑着对孟贲说:"你太费力,既然你能举动,寡人难道不能?"

任鄙怕武王出现意外,上前劝止,说:"大王为一国之君,万乘之躯,不可轻试!"

秦武王听不进任鄙劝告,说:"你举不了,还忌妒于我吗?"任鄙不再说什么。秦武王脱下锦袍玉带,紧束腰带,走上前去,将双臂伸入绳索之中。他心想:"孟贲仅仅抬起,我偏将行走几步,方可称胜。"他尽平生之力,屏一口气,叫一声"起!"鼎已离开地面,正想转步,不想力竭鼎落,正压在武王右足上,将胫足压碎,秦武王惨叫一声,昏迷过去,不省人事。众人慌忙将秦武王抬入公馆,腿上流血不止,夜半气绝身亡。

秦武王曾发誓要到洛邑一观周鼎,他说过"得游风洛,虽死不恨",是故即位以来,急不可待攻三川,逼洛邑。秦武王死后,周赧王急备棺木,亲往视殓吊丧。樗里疾挟柩而归,到了咸阳操办丧事,扶武王之弟嬴稷即位(昭襄王)。后追究事故责任者,诛孟贲及其全家,甘茂逃往魏国,任鄙曾劝谏武王,不究其罪。

★玉虎形饰·战国

举重之王——秦武王

儒家理念在中国的流行,似乎给人一个误会,中国自古尚文轻武,对体育不重视。其实错了,在未开始科举考试取仕之前,中国古代一直提倡的是文武双全。有一副好武艺,好身板,比满腹经伦更实用。虽然没有"体育"这一词语,但并不影响中国古代重视体能的事实的存在。不只民间喜欢体育运动,不少帝王本身还是"运动健将",其中秦武王便是众所周知的举重之王。秦国后来能统一中国,要归功于秦武王在位时的努力。史载,秦武王身高体壮,勇力超人,重武好战,常以斗力为乐。这角力,就是举重,在古代也叫翘关、扛鼎。原来是中国古代军中最为流行的训练士兵体能的主要手段之一。秦武王不只自己重视体育,对民间大力士也格外看重。凡是力气超人一等者,都会得到他的重用,招致身边,经常与他们一起比试。乌获和任鄙以勇猛力大闻名,秦武王便破例提拔重用。这就是《史记·秦本纪》记载:"武王有力好戏,力士任鄙、乌获、孟说皆至大官。王与孟说举鼎,绝膑。"后来,秦武王虽然恃勇丧命,但仍不失为举重之王。

★首鹰提梁壶·战国

赵武灵王胡服骑射

ZHAO WU LING WANG HU FU QI SHE

自苏秦的“合纵”计败后，诸侯大国合合分分，一些小国朝秦暮楚，不知所从。而当楚怀王陷秦后，秦国日盛，楚国日衰。列国纷纷思谋变革以自保，其中赵国因苏秦用计而多年未遭兵火，国势逐渐强于其他各国。尤其赵武灵王即位后，大胆改革，使赵国较以往更有起色。

公元前 325 年，赵武灵王即位，他发愤图强，决心要改变赵国固有的习俗，打破原来的条条框框，为适应国家防御和外出征伐做准备。有一天，赵武灵王对他的臣子楼缓说：“咱们东边有齐国、中山（古国名），北边有燕国、东胡，西边有秦国、韩国和楼烦（古部落名）。我们要不发愤图强，随时会被人家消灭了。要发愤图强，就得进行一番改革。我觉得咱们穿的长袍大褂，干活打仗都十分不便，不如胡人（泛指北方的少数民族）短衣窄袖，脚穿皮靴那样灵活。我打算仿照胡人的风俗，把服装改一改，你们看怎么样？”楼缓听了十分赞成地说：“咱们仿照胡人的穿着，也能学习他们打仗的本领了，是不是？”赵武灵王说：“对啊！咱们打仗全靠步兵，或者用马拉车，但是不会骑马打仗。我打算学胡人的穿着，就是要学胡人那样骑马射箭，自由驰骋。”

原来，古代用兵大多以兵车为建制，以兵车的多少论国势的强弱。但在西周时期，诸侯兵车的多少都有严格的限制，而到周室衰微，诸侯都自比于天子，对原来的约束也就根本不当回事。不过，兵

★胡服骑射复原图

车的多少有时并不能决定战争的胜负，尤其兵车作战不利于机动，况且战争的环境有时也不利于兵车优势的发挥。如此，那些所谓的夷人或胡人便常常挑起边患，让人自顾不暇。然而，他们来去自由，机动灵活的战术在给列国带来祸患的同时，也倍受赵武灵王的青睐。

赵武灵王的设想一公开，首先得到了百姓们的拥护，因为这样一来，他们干活就十分的方便，也省去了很多衣料。可是，事情传到一些王公贵族那里，却引来了大家的反对。赵武灵王一时感到棘手难办，只好再去找大臣肥义商量：“我想用胡服骑射来改革咱们国家的风俗，可是大家反对，怎么办？”肥义说：“要办大事不能犹豫，犹豫就办不成大事。大王既然认为这样做对国家有利，何必怕大家讥笑？”赵武灵王听了很高兴地说：“我看讥笑我的是些愚蠢人，明理的人都会赞成我的。”

赵武灵王主意已定，便在第二天穿着胡人的服装上朝。大臣们见到他短衣窄袖的穿着，都十分惊讶，赵武灵王装作视而不见，把改胡服的事郑重其事地宣讲了一遍。可臣子中有一位是武灵王的叔叔，叫公子成，他认为穿胡服辱没了祖宗，怎么也不肯穿胡服。看到武灵王易服的态度很坚决，他干脆称病不朝。无奈，赵武灵王亲自登门，与叔叔促膝而谈，反复地讲穿胡服、学骑射的好处，使叔叔的看法有了转变。

朝臣们一见公子成也穿起了

★赵王陵2号陵出土的青铜马

胡服，都不再固执己见，而随着易服。而且，没过几日，赵国上下不分贫富贵贱，都穿起了胡服。赵武灵王接着又号令大家学习骑马射箭，军中废车乘马，天天驰骋射猎，不到一年，就训练出了一支铁骑。公元前 305 年，赵武灵王亲自率领骑兵打败临近的中山国，又收服了东胡和临近几个部落。到了实行胡服骑射的第七年，中山、林胡、楼烦都被收服，拓地数百里，武灵王因而产生了吞秦之志，他打算取路云中，然后从九原向南，直击咸阳。为了达到这一目的，公元前 299 年，武灵王把国事交给了太子，称赵惠文王，自己称主父（意思是国君的父亲），专事率兵打仗。

为了摸清秦国的军事要点和重要部署，赵主父乔装成赵国的使臣，到秦国去实地侦察，并且还到秦宫亲自偷偷了解秦昭襄王的为人。当时，赵主父以使臣的身份拜见秦昭襄王，还向他报告了赵武灵王传位的事情，秦昭襄王并未觉出他有什么可疑，只是觉得那个“使臣”的态度举止既大方，又威严，不像个普通人。过了几天，秦昭襄王又派人去请那个“使臣”，哪知那个瞒天过海的赵主父已经不告而别。秦昭襄王从随从那里知道了真相，他大吃一惊，当即叫大将白起率兵连夜追赶。可是，当白起追到函谷关时，赵主父已经出关三天了。

★兽面纹玉带钩·战国

兽面纹玉带钩，黄色，有浸痕，呈铲形，钩身饰兽面纹，双眼突出，长眉上卷，左右和脊背用阴线刻出卷曲纹、花形纹、卷云纹等。钩端作回首兽头状，背面圆形钮，并饰菱形纹、勾云纹等。形制特殊，雕镂精巧，长 8.3 厘米，宽 6.8 厘米。1977 年山东曲阜鲁国故城墓葬出土，现藏曲阜文物管理委员会。

★赵武灵王乔装入秦拜见秦昭襄王

★赵武灵王雕像

赵武灵王

赵武灵王（公元前 340 年—前 295 年），名雍。三家分晋后赵国的第六代国君，执政 27 年（公元前 325 年—前 299 年）。赵武灵王在位时，推行了“胡服骑射”政策，赵国因而得以强盛，灭中山国，败林胡、楼烦二族，辟云中、雁门、代三郡，并修筑了“赵长城”。周赧王十六年（公元前 299 年），赵武灵王将王位传给了次子赵何，即赵惠文王，自称“主父”，史家又称他为“赵主父”。

赵武灵王本人在公元前 296 年的沙丘之乱中被幽禁饿死，死后谥号为武灵王。赵君称王，自武灵王谥号始。他是我国封建社会初期一位雄才大略的政治家和军事家，他所推行的“胡服骑射”政策，对于当时和以后中国社会的发展都产生了积极的影响。

赵主父饿死沙丘宫

ZHAO ZHU FU E SI SHA QIU GONG

公元前 321 年，赵武灵王娶韩王的女儿为王后，生下长子赵章，立为太子，夫妻相爱，父子相亲，宫廷之中，甚为和睦。公元前 310 年，武灵王到大陵（今山西文水东北），梦见少女弹琴歌唱，容貌十分美丽，梦醒以后，念念不忘，在饮酒作乐时，多次向群臣述说梦境，只是不知梦中美女在何处，因此心中闷闷不乐。群臣中有一个名叫吴广的人觉得自己的女儿孟姚和赵武灵王所说的美女形象相似，于是把孟姚送进了宫，献给了赵武灵王。赵武灵王非常高兴，将其纳入后宫，特别宠爱，改名吴娃。英雄难过美人关，从此赵武灵王数年于宫中，深居简出，不像以前那样勤理国政了。韩后死后，赵武灵王立吴娃为后，吴娃生子赵何，因其母得宠，原世子赵章被废，立赵何为世子。后来，吴娃死了，赵武灵王又爱怜起赵章，为了不屈待赵章，异想天开，要在赵国实行一国两王的制度。被废的世子章，向来奢侈，一身傲气，自世子位被废后，对弟弟赵何仇恨在心，树立党羽，壮大势力，伺机而动。

★孟姚进宫

公元前 298 年，赵武灵王召集群臣于东宫，传位于世子，赵何出任为王（赵惠文王），掌握治国的大权。赵武灵王自称为“主父”，相当于太上皇。任命肥义为相国，李兑为太傅。他的目的是想为赵惠文王创造条件，早日得到锻炼，培养成为英勇盖世的国王，以继承光大他的事业。他对老臣肥义叮咛说：“你要一心一意辅佐新王，不要变更既定的政策，要很好地保护新王，一直到你去世。”肥义唯命是从。之后，赵武灵王趁自己身强力壮，去领兵打仗，开拓赵国的疆土。

公元前 295 年，赵主父联合齐、燕出兵灭掉了中山国。在大赏功臣将士时，又封长子赵章于代（今河北尉县），号安阳君，以田不礼为相。这样以来，赵章虽然未称王，实际上是赵国代地一君主，与赵惠文王分庭抗礼。田不礼这个人诡计多端，当时大臣李兑就看出了隐患，提醒肥义说：“安阳君势力强大，态度骄矜，欲望不小，田不礼阴险骄横，这两个人结合在一起，定会干出阴谋夺权的事来。”从此肥义小心翼翼地保护赵惠文王，无论谁要见君主，都得由他先出面，以防不测。

公元前 295 年的一天，主父和惠文王去沙丘宫游玩，安阳君章也跟随前往。沙丘有离宫两所，主父住了一所，惠文王住了一所，相距五六里远。安阳君的住处，就在这两个建筑群的中间位置。

晚上住下来，田不礼与安阳君谋划，打算假传主父的命令召惠文王，然后在半路把他截住杀了。半夜里，一个伪装成主父侍臣的人到惠文王宫外叫门，边敲边喊：“主父突然生了急病，一定要面见国王，请快些过去吧！”高信得知这一消息，急忙跑去报告相国肥义。肥义决定自己先去探路，待到没有什么危险，惠文王再动身。肥义又转头吩咐高信道：“我走后，你要紧闭宫门。弄不清情况时，千万不要轻易开门！”高信点头答应。

肥义带上几个侍从骑马出宫去探路，走至半道上，也就是安阳君下榻的附近，竟然窜出几个手执利刃的家伙，闪电般地把肥义一行人全杀了。田不礼走出来举着火一照看，知道事情泄露了，只能乘夜晚对王宫发动突然袭击了！于是，马上集中起全部军队簇拥着安阳君去围攻惠文王所住的离宫。

由于肥义的叮咛，高信已经作了准备。军士、侍臣们同心同德，相互关照，一直相持到天明。田不礼一看地势不利，怕拖下去更为不利，便想出了一个速战速决的办法：命人找来一块巨石，缚在长木上，由一部分人擎着盾牌抵挡掷下来的砖瓦，一部分人抱着大棍用拴石头的一端撞击宫门。咚咚……每撞一下，便荡起一声巨雷般的回响，吓得里面的惠文王胆战心惊，喃喃地说：“我命休矣！”“我王勿惊，臣等保驾来了！”这是司马公子成的喊声。“啊！”惠文王惊喜交集，一时激动得流下泪来。原来司马赵成与太博李兑这次没有随行，留在朝中主事。惠文王走后，李兑老是心神不宁，又知道安阳君也随行，更是放心不下。他去找司马赵成，说了自己的焦虑，赵成也对安阳君有所疑忌，二人便连夜率兵赶来了。

田不礼看大势已去，匆匆地对安阳君说：“我来力拒追兵，公子速奔主父宫中去求他庇护吧！”安阳君单骑跑了，田不礼聚集亲信卫士，拦路与李兑、赵成的军队交战，无奈众寡悬殊，战不几个回合，田不礼被李兑斩于马下，余众都竞相逃命。李兑、赵成二人认为安阳君只能奔主父离宫，便直追了去。

刚才安阳君来投主父，就哭诉弟弟“迫害”他，主父把他匿藏起来。这时追兵也来了，李兑让赵成先指挥军队把主父离宫团团围住，然后二人进去参见主父。礼毕，奏道：“安阳君反叛，国法不容，乞主父见赐！”主父反问：“是真的吗？他并没过来，你们到别处找去吧！”兑、成再次告求，主父就是不答应。李兑说：“事已至此，我们必须搜检一下，如果找不到，再向主父请罪。”于是召集起几百名亲兵，分头搜索，一会儿便有人从一个复壁中把安阳君捉了出来，押到了二人面前。李兑宝剑一挥，斩下了他的头。

李兑提着安阳君的头，率众往宫外走，听到了主父的哭声，又和赵成计议说：“主父匿藏他，就是怜悯他了。我们围住离宫把章搜出来杀了，不太伤主父的心吗？事情平息以后，如果主父以‘围宫’追治犯君之罪，我们就要灭族了！国王年幼无知，和他商量白搭，还得我们自己想法解脱呀！”

“那怎么办？大夫有什么好办法脱难，赶快说吧！”赵成是个直爽少谋的人，来“搜贼”时还义愤填膺，被李兑一提醒，顿觉后果严重了。

“当机立断！”李兑立即传令部队，不许解围，并假传惠文王的命令：“宫中人员，早出来的免死；不出来的就是贼党，要满门抄斩！”这样，宫内的官吏、士兵、内侍都争先恐后地跑了出来。

★赵主父饿死沙丘宫

主父沉浸在丧子的悲哀中，哭了一阵子，口渴了，呼人送水喝，没有人应声。他大些声音喊，只听到了自己的回音，这时他才感受到空前的寂静，出来转转看看，大门早已从外面上了锁。听听墙外，仍有军队包围着，他估计这时出去一定凶多吉少，便没敢呼喊。心想只好先憋在这里了，盼着时间长了，能有人来救援。他戎马一生，平时又养尊处优，根本不会做饭。宫中有水井，也有点存粮，但他不会做，也无心学，时时都盼着：说不定一会儿就有人来救驾。肚子饿了，找剩饭吃；剩饭吃光了，吃生粮食；生粮吃光了，挣扎着爬树掏鸟蛋吃，采树叶吃……艰难地忍受着饥饿的折磨。他在宫中挣扎了三个月，受尽了饥饿的苦痛，终于饿死在沙丘宫中。

★赵武灵王修建的丛台

★赵武灵王墓

孟尝君聚士营三窟

MENG CHANG JUN JU SHI YING SAN KU

战国时期，七国争雄。为了发展自己、战胜敌人，统治者重视聚集人才。不但国君聚才，有些国家的卿大夫也很热衷于聚才，于是养士之风大盛。

“士”是古代一个十分活跃的社会阶层，古时分文士、武士，他们分别从文、武等方面发挥特长，辅佐君主。到了战国时期，这种辅佐法便有两种表现：一种是舞文弄墨，坚持固有的观念，制造反对新事物的奇谈怪论；另一种是宣传或投身于变法，为新兴地主阶级的发展鸣锣开道。当时各国养士最有名的有“四公子”，即齐国的孟尝君、赵国的平原君、魏国的信陵君、楚国的春申君，其中以孟尝君最有名。

孟尝君姓田，名文，其父田婴

★孟尝君像

是齐宣王之弟。宣王时田婴为相，封于薛(今山东滕县)。后田文继承父业，称孟尝君。孟尝君为了扩大自己的势力，巩固自己的地位，想尽千方百计，培植亲信。不管是什么样的人，只要有一技之长，如会鸡鸣狗盗的人，他都收留下来。这些人叫做食客，平时吃住在他馆舍里，一旦需要时就能为他出力。

秦昭襄王羡慕孟尝君之贤，以质子为代价把他请到秦国来。孟尝君受齐王派遣，率宾客到秦后，为求秦王赏识，把一件价值千金的狐裘送给秦王，秦王十分高兴，不久任命孟尝君为相国。大臣樗里疾怕他夺去自己的大权，向秦王说了他许多坏话。秦王便要收回成命。樗里疾说：“他已经将秦国的山川形势、国家虚实了解透彻，他离开秦国后，将来会危害秦国，不如杀了他。”秦王觉得樗里疾说的很有道理，便决定杀了孟尝君。孟尝君得知消息后，十分害怕。有人建议孟尝君请秦王的宠姬燕姬帮忙说些好话，秦王可能会改变主意。于是孟尝君便送给燕姬两双白璧。燕姬却想要前几天送给秦王那样的狐裘。但是这种狐裘只有一件，到哪里再去找呢？没有狐裘燕姬又不肯帮忙。为难之际，孟尝君的宾客中一人自告奋勇，说自己有狗盗之能。于是便叫他从秦王库中把狐裘偷了出来，再送给燕姬。燕姬得到狐裘后，向秦王说了孟尝君许多好话，秦王才放他回国。孟尝君急速带着宾客东行。到了函谷关，没有印信过不去。幸亏食客中有人会造伪券，但伪证件做成后，要趁天刚破晓时混过关去，以免天亮检查证件时，可能被揭穿。而关门是在鸡叫时才开启的，时方半夜，怎么办呢？忽然一声鸡叫，四面的鸡也都跟着叫了起来。四处鸡鸣，守关人认为天要亮了，就在夜色朦胧中开了关门，草草检查了他们的证件，放他们出行了。会鸡鸣的食客，在关键时也派上了用场。

孟尝君一回到齐国，齐湣王便

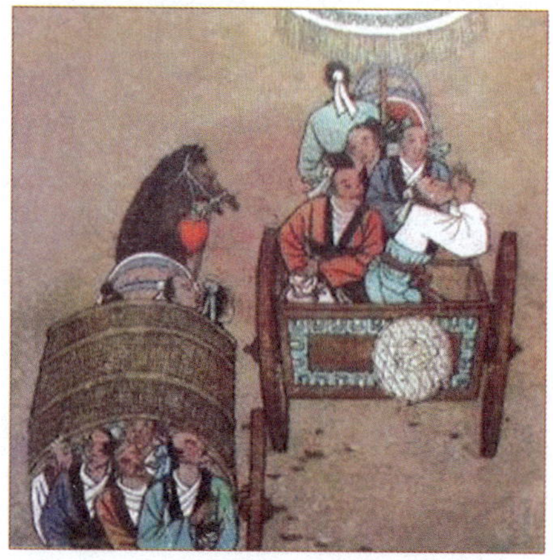

★孟尝君偷出函谷关

用他为相。此时宾客更多了，他根据宾客们的身份和才能，将其分为三等。上等住代舍，平时吃肉，出门乘车。中等居幸舍，有肉吃但不乘车。下等的居传舍，只吃一般的饮食，出入随便。养活这么多人，花钱很多，孟尝君便在自家的封地薛邑放债得利供养他们。有一天，来了个穷汉，自称冯谖。孟尝君问他有什么本事，他说不出来，便让他住在下等的传舍。十几天后，孟尝君问传舍长：“新来的客人干什么呢？”传舍长说：“冯先生什么也不干。他只有一把没有剑鞘的小剑，在腰间系着。他经常把小剑拿出来，边弹边唱：‘长铗归来兮，食无鱼。’”孟尝君领悟了，知他嫌待遇太低，便把他迁到幸舍。过了五天，孟尝君又问幸舍长：“新来的客人表现怎样？”回答说：“客人经常弹着剑唱道：‘长铗归来兮，出无车。’”孟尝君惊异地说：“他要当上客?此人必有特殊本领。”又把他升到代舍中去。过了几天，又问代舍长：“客人还有什么要求？”回答是常弹着剑唱：“长铗归来兮，无以为家。”孟尝君因此觉得冯谖贪得无厌，便不再去管他了。过了一年多，主事人告诉孟尝君：“钱粮只够支付一个月的了。”孟尝君查了一下，薛地欠债很多，便提出派人去薛地讨债。众食客们平时养尊处优，现在遇到这样一个既辛苦又难办的任务，个个缄口无言，不愿前往。当问到冯谖时，他表示愿意效劳，并不推辞。他在临行前还问孟尝君：“此次您叫我到薛地去买些什么回来呢？”孟尝君随口说：“我这里缺什么就买什么，您看着办吧。”

冯谖乘车到了薛邑，他坐在公府里，先叫有钱粮的债户交来些钱粮，又买了些酒肉，通知欠债人第二天都要拿着债券来验证合券。第二天，人们到齐以后，冯谖先叫大家饱餐一顿，然后拿出债券来验证。那时的契约是合同式的借据，债权人和债务人各持一张，合券就是拿来核对借据。一个个核对完了，冯谖让那些有能力偿还的，定下日后归还的时间。对于还不起的穷苦百姓，则让他们把债券如数交出，当众焚之。这一举动完全出乎人们预料之外，正在惊喜之际，又听冯谖说：“孟尝君很怜悯薛地的百姓。因为京城里开支大，能还的以后要还，还不起的一律不要，而且烧掉债券，以后永远也不要了。”薛城人民十分高兴，纷纷赞扬“恩人”孟尝君。

★薛地百姓扶老携幼夹道欢迎孟尝君

平时收债要很长时间，此次冯谖很快便回来了。回来前早有人把他在薛的举动报告给孟尝君。孟尝君见到冯谖，便气气呼呼地问他：“债都收完了吗?你买来什么东西呢？”冯谖不慌不忙地回答道：“我见到许多穷苦百姓根本还不起债，硬从他们那里逼出一点来，他们怎样生活？这样一年、两年都交不上，只有逃往外地。薛是您的食邑，您能让您的百姓都跑了吗？都跑了您又向谁收税呢？我设置酒饭，是为了他们都来。我焚烧债券，是为了他们对您感恩。您现在吃、穿、用具什么都不缺，只缺一个‘义’，今天我给您买来了。”孟尝君这时还体会不到冯谖有意给他收买民心、传播仁义、树立威信的良苦用心。只是认为债券已烧，不可挽回，觉得对冯谖再多责备也没有意义了。

★孟尝君派冯谖到薛地去讨债

一年后，齐湣公认为孟尝君权力太大，又加上有人进了一些谣言，便免了他的官。孟尝君手下的三千食客大都离开，只有冯谖等少数人还跟着他。不当官，没有权，又要受治于人，孟尝君在京城里呆不下去了，只得到自己的食邑去。当他们一行来到离薛地不远的地方时，见薛地百姓扶老携幼夹道欢迎他们。孟尝君看到这种动人的场面，十分感动地对冯谖说：“我今天才知道您给我买的‘义’，是如此珍贵啊！”

孟尝君在自己的食邑住了下来，暂时比较稳定。政治上的失意及众宾客纷纷散去，对他都是一次次打击，因此有些心灰意冷。冯谖这时又以“狡兔三窟”为例来劝他说：“一个机灵的兔子，至少有三个安稳的窝，才能居于主动。您现在只有薛一个地方是不行的，还应有两个地方才好。”于是他又奔波于秦国和齐国，为孟尝君活动。

冯谖到了秦国，对秦昭襄王说：“如今天下有两个大国，一秦一齐，一个大贤人孟尝君。现在齐君免了孟尝君的官，正好给秦国起用他提供了好机会。孟尝君对齐国的内情了如指掌，如果用了他，战胜齐国毫无问题。趁着他在齐国免官的好机会，赶快把他迎来。”于是秦昭襄王就派人拿着礼品到薛地去迎孟尝君。此时冯谖又对秦王说：“我先回去告诉孟尝君，叫他准备好来秦为相。”冯谖回到齐国后，却急忙去见齐湣公说：“秦王早要重用孟尝君，正好赶上您免他职的时机。他们要把孟尝君抢过去，秦国必然强盛，目标准对着齐国，这样对齐国太不利了。听说秦国正派人来迎孟尝君呢！”齐王派人一打听，果然是这样，马上下令恢复了孟尝君的职位。孟尝君的相位失而复得，更感谢冯谖的筹划了。

公元前286年，齐湣王见孟尝君的权力太大，怕危及自己和齐国，再次免了他的丞相官职，孟尝君又带着自己的门客到了魏国，当了相，直到公元前265年死去。

★孟尝君墓

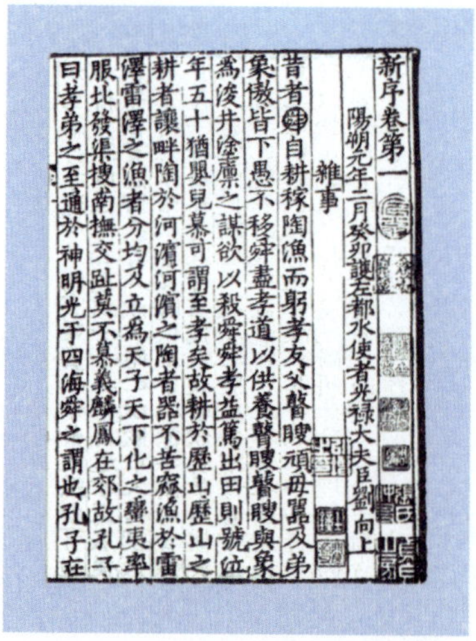

新序卷第一
陽朔元年二月癸卯護左都水使者光祿大夫臣劉向上
雜事
昔者舜自耕稼陶漁而躬孝友父瞽瞍頑母嚚及弟象傲皆下愚不移舜盡孝道以供養瞽瞍瞽瞍與象爲浚井塗廩之謀欲以殺舜舜孝益篤出田則號泣年五十猶嬰兒慕可謂至孝矣故耕於歷山歷山之耕者讓畔陶於河濱河濱之陶者器不苦窳漁於雷澤雷澤之漁者分均及立爲天子天下化之蠻夷率服北發渠搜南撫交趾莫不慕義麟鳳在郊故孔子曰孝弟之至通於神明光于四海舜之謂也孔子在

★《冯谖客孟尝君》书影

孟尝君宽厚免灾祸

战国时，齐国孟尝君的一个门客与孟尝君的妻妾私通，有人把这事告诉孟尝君，请求杀了那门客，孟尝君笑笑，说：“看见美貌的女子而生爱慕，是人之常情。以后不要再提这事了。”一年之后，孟尝君召见与他妻妾私通的那位门客，说：“你跟随我这么多年，大官没做上，小官不愿做。卫国国君和我是布衣之交，我已给你准备了车马，请你今后跟随卫君吧。”那人到了卫国，很受卫君器重。齐、卫两国后来关系恶化，卫君想约其他国家一起攻打齐国，那人对卫君说：“我听说齐、卫两国的先君宰杀羊马对天盟誓，告诫齐、卫两国后代永不互相攻伐，如有攻伐的，下场跟这羊马一样。我希望国君遵守先君的誓约，如果不听我的劝告，我就死在您的面前。”卫国国君这才作罢。齐国人听到这件事后，都赞叹说：“孟尝君真是善于处理事情，把坏事变成了好事。”

苏秦劝谏孟尝君

孟尝君想到秦国去，劝阻他的有上千人，但他就是不听。苏秦想劝阻他，未等开口，孟尝君就说：“大凡人事我都知道，只有鬼事我还没听过。”苏秦说：“我确实只想跟您说说鬼事。我今天到齐国来见您，从淄水边经过。有个土偶人和桃偶人说话，桃偶人对土偶人说：‘你不过是河岸边的泥土，把你捏成了人，到暴雨涨水时，淄水把你淹了，到时你就惨了。’土偶人说：‘你错了。我先是河岸边的泥土，水把我冲了，我还是河岸边的泥土。你呢，一根木头削成人，淄水冲来，你顺水而下，不知道要漂到哪里才是尽头。’现在秦国就像一只老虎，张开口专等人撞进去，您要是误入虎口，不知哪年才能出来呢。”此后，孟尝君再也没提去秦国的事了。

★孟尝君雕像

燕将乐毅败齐师

YAN JIANG YUE YI BAI QI SHI

公元前314年，燕王哙听信谗言，竟学起传说中尧舜让位的办法来，把王位让给了相国子之。燕国将军和太子平起兵夺位，由此，燕国发生大乱。此时，齐国借平定燕国内乱的名义，一路攻城掠地，燕国几乎被灭掉，齐国自此强大。后来，齐湣王又和楚、魏两国灭了宋国，齐王便骄气日盛，隐隐有窥周而自代之志。

燕国自太子平率军民把齐国军队赶出了国土后，太子平即位，是为燕昭王。燕昭王时刻不忘为燕国雪耻，他下榜招贤，四处网罗人才，立志使燕国强大起来。为了找到能安邦治国的人才，他礼贤下士，亲自到老臣郭隗家里登门拜访，求计问策。昭王对郭隗说："齐国趁我们燕国内乱侵伐我们，这个耻辱不应忘记。不过，我们燕国积贫积弱，很难力敌。国弱思良将啊！您能不能帮我推荐一个有经天纬地之才的人呢？"郭隗沉思了半晌说："我们燕国目前还没有这样的人才，不过您先听我讲个故事，然后再作决断。"于是郭隗给燕昭王讲了千金买骨的故事："古时候，有个国君，最爱千里马。他派人到处寻找，找了三年也没有找到。有个侍臣打听到远处某个地方有一匹名贵的千里马，就跟国君说，只要给他一千两金子，准能把千里马买回来。国君挺高兴，就派侍臣带了一千两金子去买。没料到侍臣到了那里，千里马已经病死了。侍臣想，空着双手回去不好交代，就把带去的金子拿出一半，把马骨买了回来。侍臣把马骨献给国君，国君大发雷霆，说：'我要你买的是活马，谁叫你花了钱把没用的马骨买回来？'侍臣不慌不忙地说：'大王，我用的是抛砖引玉的法儿，您想想，人家听说你肯花钱买死马，还怕没有人把活马送上门来吗？'国君听他这么一说，心里敞亮了许多，便没再责备侍臣。花钱买马骨的事情一传开，大家都认为那位国君确实酷爱千里马。未出一年，果然有人从四面八方送来了好几匹千里马。"

★燕昭王像

讲完了故事，郭隗又郑重地向昭王说道："大王一定要征求贤才，那就从我开始，先把我当马骨来试一试吧。您把我当贤人尊重，比我贤的人就会找您来了。"燕昭王听完故事大受启发，他立刻拜郭隗为师，还给他建了宫室叫金台，堂号为"尊贤堂"。各国有才干的人听到燕昭王这样真心实意招请人才，纷纷赶到燕国来求见，其中最出名的是赵国人乐毅。

★乐毅像

乐毅是中山灵寿（今河北平山县）人，其先祖是战国初期魏国的名将乐羊。公元前406年，乐羊曾统帅魏国大军攻灭中山国，因军功卓著而被封于灵寿。其后，灵寿被纳入赵国的版图，乐毅家族便成了赵国的臣民。乐毅少年聪颖，品行

★甘肃省张家川回族自治县马家塬战国墓地戎人豪华墓葬出土的车乘及动物骨骼

★甘肃省张家川回族自治县马家塬战国墓地戎人豪华墓葬出土车乘上的精美铜箔饰

端正，刻苦好学，嗜好兵法，从小就立下了为国保疆安民，征战沙场的抱负。公元前 299 年，赵国发生了沙丘之乱，赵武灵王因儿子争权夺位被饿死沙丘，赵国政局动荡，乐毅大失所望，遂决定辞赵赴魏，并在魏国担任大夫的官职。此期，乐毅恰巧替魏国出使燕国，燕昭王已听说他才高志大，便用客礼厚待乐毅。乐毅最终被燕昭王的诚意打动，答应在燕国建功立业。燕昭王拜乐毅为亚卿，请他整顿国政，训练兵马。从此，君臣恤民养兵，待时而动，国富民安，燕国果然一天天强大起来。

这时候，燕昭王看到齐滑王骄横自大，不得人心，就对乐毅说："现在齐王无道，正是我们雪耻的时候，我打算发动全国人马去打齐国，你看怎么样？"乐毅见昭王主意已决，便向燕昭王献"举天下而攻之"的伐齐方略。据此，燕昭王派他去赵、秦、楚和魏国进行联络。公元前 284 年，燕昭王拜乐毅为上将军，同时赵惠文王也把相印交给乐毅，乐毅率燕、赵、楚、韩、魏五国之兵兴师伐齐。齐滑王大败，逃回齐国都城临淄。乐毅率领燕军乘胜追击，齐滑王见都城临淄孤城难守，又逃往莒城(今山东省莒县)。乐毅用连续进攻、分路出击的战法，陷城夺地，半年内连下齐国七十余城。燕昭王大喜，亲自到济水前来

★乐毅像

★乐毅墓

犒赏士兵，为酬谢乐毅的功劳，将昌国(今山东省淄川县东南)城封给乐毅，号为昌国君。

齐国仅凭剩下的莒城、即墨进行顽强抵抗，燕军久攻不下。乐毅为了收复齐国人的心，使他们真心归顺燕国，便对这些城池采取了围而不打的策略，对已攻占的地区实行减赋税，废苛政，尊重当地风俗习惯，保护齐国的固有文化，优待地方名流等收服人心的政策，想从根本上瓦解齐国。

可是，燕昭王去世后，燕惠王即位，他听信了齐国施用的反间计，认为齐国仅剩的三个城池久攻不下，是乐毅别有所图，便用骑劫换下了乐毅。乐毅深知燕惠王听信谣言，要加罪于自己，便只身去了赵国。赵惠文王隆重地接待了他，并封他为望诸君。乐毅去赵国后，田单设谋在即墨城用火牛阵大破燕军，转而追歼燕军到黄河边上，收复齐国所失城邑。燕惠王后悔不迭，他借口乐毅未报先王知遇之恩来责难他，乐毅也慷慨地写下了著名的《报燕惠王书》来表明心迹，打消了燕惠王对乐毅的偏见。此后，乐毅居于赵、燕两国客卿的位置，使两国往来通好，乐毅最后老死于赵国。

★燕国都城遗址

燕国

燕国，战国七雄之一，姬姓。始封君为周王朝的开国功臣、周文王的庶子姬奭。周灭商前，他的封地在召(今陕西省岐山县西南)，故称召公奭。周灭商后，武王封姬奭于燕（今北京市房山区琉璃河镇北 1.5 公里处)，并同时封尧的后代于蓟（今北京市西城区广安门一带)。召公奭受封后，没有去就国，留下辅佐武王，任太保之职(与周公旦共掌朝廷军政大事)，让其子去燕就封。约公元前 7 世纪，燕国并蓟国，并以蓟城为都，故城在今北京市区西南部广安门一带。西周时期，燕国主要活动疆域在北京地区，周围分布着许多戎、狄和霍貊(分布在今辽宁至朝鲜江原道一带)部落，仅东南面与齐国相邻。公元前 226 年，秦攻占蓟城。公元前 222 年，秦灭燕。

★龟鱼方盘·战国

齐将田单布火牛阵

QI JIANG TIAN DAN BU HUO NIV ZHEN

齐国被乐毅的兵马一路追杀，最后只剩了莒城（今山东莒县）和即墨(今山东平度县东南)两个地方。接着齐湣王为叛臣所杀，他的儿子齐襄王即位。而燕国的昭王也在此间弃世，燕惠王即位。燕惠王在做太子时，曾与乐毅产生过嫌隙，即位后，对乐毅不加信任。尤其在受了齐国的反间计后，干脆用骑劫换下了乐毅。乐毅不敢回燕，只得逃往赵国。

骑劫当上了大将，接管了乐毅的军队。燕军的将士都不服气，可大伙儿敢怒而不敢言。骑劫下令围攻即墨，围了好几层。可是城里的田单，早已率领军士和百姓登城持械，在城头上迎敌，就是不出战。

田单是即墨人，也是齐王的远房亲戚，曾经带过兵。由于守城的大夫在燕军攻城时战死，大家就公推田单做将军，带领大家守城。田单跟兵士们同甘共苦，还把本族人和自己的家属都编在队伍里，抵抗燕兵。即墨人都很钦佩他，守城的士气十分旺盛。而且，田单还利用当时人们的迷信心理，向百姓说有神助他复齐。又立一个兵士为“神师”，事无巨细，都假意到“神师”处禀命，然后煞有介事地对百姓们说：“‘神师’有令：每天吃饭前都要在院中对自己的祖先进行祭拜，以求得到保佑。”于是，家家于庭前摆放祭品，如此一来，旋飞于空中的飞鸟，便纷纷落下来啄食，而且越聚越多，城中“唧唧喳喳”的鸟叫声此起彼伏，不绝于耳。城外的燕兵不知何故，而田单却放出耳目，尽言“城中有神来助”。使燕国兵将都信以为真，纷纷私下议论说：“齐国有天助，不能再打了，再打就违反天意。”因而都无心再战。

★即墨城的百姓在“神师”的授意下每天祭拜祖先

时隔几日，燕国兵将又听到附近老百姓在谈论。有的说：“即墨久攻不下，原因是以前的乐将军太好了，他们抓了俘虏还好好对待，城里人当然不用怕。要是燕国人把俘虏的鼻子都削了去，齐国人还敢打仗吗？”骑劫获知后，马上命令割掉齐国俘虏的鼻子。城里的百姓和兵士听说被燕人俘获要割鼻子，便加紧备战，生怕自己被燕人俘获。

★田单派人散布谣言

★田单雕像

而后，田单又派人扬言：“即墨城里百姓的祖坟都在城外，要是被燕国人给挖出来，让城里的百姓怎么去面对祖先？”骑劫听说后，马上命令兵士去挖掘城外的坟墓，然后将尸骨抛弃荒野，或就地焚毁。即墨人从城上望见，都痛哭流涕，恨得咬牙切齿，都争相请战，扬言要喝燕人的血，吃燕人的肉。

田单见兵士和百姓同仇敌忾，知道他们已具有同即墨城共存亡的决心，便精选5000精兵藏于城内，城头只放一些老弱和妇女守城，然后派人到燕国营中送金银珍宝，并嘱所受将士说：“城内粮食将尽，近日内即可出降，请在入城时保我一家老小。”燕国将士高兴不已，给这些人每人一面小旗，自插于家门，做为记

★火牛阵

号，以免遭兵祸。骑劫由此高兴得忘乎所以，全军将士也放松了戒备，以为即墨城旦暮可下。

而此时，田单却挑选了一千多头牛，把它们打扮起来。牛身上披着一块被子，上面画着大红大绿、稀奇古怪的花样。牛角上捆着两把尖刀，尾巴上系着一捆浸透了油的苇束。约定出降的头一天夜里，田单命令隐于城内的5000兵士吃饱了饭，然后以各种颜色涂面，手执利刃，紧跟在牛后。到了城墙下，田单令人凿开十几处城墙，把牛赶到城外，然后命兵士在牛尾巴上点上了火。顷刻，一千多头牛被烧得牛性子发作起来，朝着燕军兵营方向猛冲过去，齐军的5000名兵士也紧随其后，砍杀过来。

燕军原以为第二天可进城受降，所以当夜未加警戒，都安然入睡。忽然听到杂乱的声音，忙从梦中惊起，只见帐外火光熊熊，似有一个个火球朝他们滚动，还未等看仔细，却被牛角上的钢刀抵进了胸膛。燕兵纷纷躲避着火牛，可躲过了火牛却无法躲过那5000齐兵的利刃。只见燕兵被一个个砍翻在地，逃跑的便被火牛戳倒或踏翻在地。

此间，城里的百姓都知道田单在用火牛阵破燕，纷纷一起拥到城头，他们拿着各式各样的铜器，狠命地敲打，以壮军威。燕将骑劫驾着战车，想杀出一条血路，可是燕兵各个奔忙，人人逃命，互相拥挤践踏，使车马无法驰骋，结果被田单迎面赶来，一戟结果了性命。

齐军乘胜反攻，战无不克，那些被燕国占领地方的百姓，都纷纷起兵，杀了燕国的守将，迎接田单。田单的军队打到哪儿，哪儿的百姓便群起响应。不到几个月工夫就收复了被燕国和楚、赵、韩、魏四国占领的七十多座城。

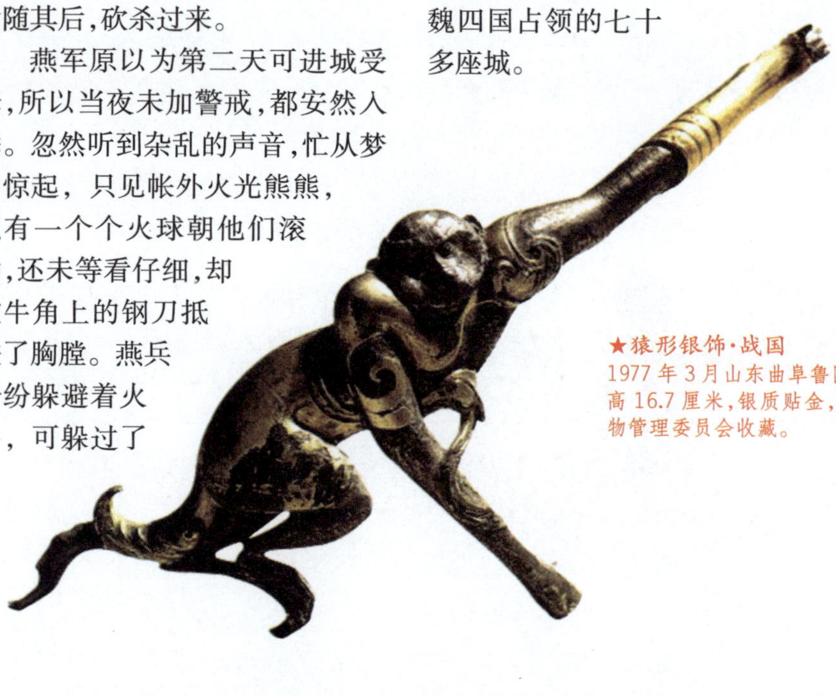

★猿形银饰·战国
1977年3月山东曲阜鲁国故城遗址出土，通高16.7厘米，银质贴金，现为山东省曲阜文物管理委员会收藏。

即墨

即墨，东濒黄海，南依崂山。即墨故城在今平度市古岘镇大朱毛村。在春秋战国时期即墨即为齐国第二大城。战国时期，即墨被称为“三齐名区”，文化发达、经济繁荣、商贾云集，与齐都临淄“并夸富饶”。历史上有名的“田单破燕”，大摆火牛阵即发生于此。秦统一中国后，即墨正式定为县，隶属于齐郡。汉初已成为胶东政治、经济、文化中心，西汉时为胶东国之都城，又因胶东国康王都于此，人称“康王城”。东汉，胶东与即墨分治。北齐天保七年（公元556年）裁撤即墨县，该城逐渐倾圮。隋朝即墨城迁至今址。

★即墨故城遗址

齐襄王杀谗臣以谢安平君

QI XIANG WANG SHA CHAN CHEN YI XIE AN PING JUN

齐得以复国，田单推为首功。因其安国平难，又曾保护安平(今山东益都西北)，故齐襄王以安平之地封赐给田单，号称安平君，拜为相国。齐襄王于今能得以做国王，对田单敬佩得五体投地，田单在齐国也享有很高的威望。可是，作为君王，大都是可共患难，不可共安乐，作为大臣往往是功高遭忌。

田单是王族的远支，出身于小吏，接近于社会下层，知民疾苦。一个冬天，他路过淄水，看见一位老人过河后冻僵在岸边，不能行走。田单脱下身上的皮衣让从人送给那位老人，这件事情被传开，民众称赞安平君有德于民。齐襄王听到后很不高兴，同左右近臣说："安平君施恩惠于民，恐赢得民心，拥他为王。不早图之，将有事变。"说完之后又怕被别人听见传出去，便命令左右看周围是否有人听到。恰好发现在殿檐下有个串珠的工匠，襄王令人把他叫进殿中，问道："你听见我所说的话了吗？"

工匠直言不讳地说："听见了。"

襄王又问："你认为我说的话如何？"

工匠说："在我看来，大王不如把安平君善良之事引为己有。大王可以嘉奖他，下令说：'我担忧百姓饥饿，安平君收养供食；我担心百姓受冻，安平君解衣裘给受冻人穿。我担忧的事，安平君也为之担忧，符合我的心意。'田单有善行之事，大王嘉奖，这样就可把他的善行变为大王的恩德。"

于是，齐襄王赐给田单牛和酒以示褒奖。过了几日，串珠的工匠又来见齐襄王说："大王在召集群臣时，可单独把安平君留下，表示慰问，并下令收容饥民，使他们得到赡养。"齐襄王照办。

★齐襄王与工匠

★貂勃像

过了些日子，齐襄王暗中派人到民间听取反映，听到各处都在议论说："安平君爱护百姓，原是大王教之。"齐王听到汇报之后很是得意，从而解除了对田单的猜忌。

齐襄王有九个宠臣，他们都很嫉妒田单，相互串通一气想要谗陷田单。他们寻找机会，当他们听到貂勃提升为官，是田单推荐的，就想从这件事上做文章。他们向齐襄王建议说："燕国攻打我国的时候，楚王曾派兵援助我们。如今国家政权恢复，社会安定，应派使者前往表示感谢。" 齐王问："谁出使为好？"他们共同提出貂勃可以出使。

貂勃出使到楚国，楚顷襄王想到当初救齐实是趁火打劫，感到过意不去。现在形势变了，齐得以复国，所以对齐使格外热情，亲自设宴招待，款留数月方送归齐国。

于是，齐国的九个宠臣得到了口实。他们向齐王进谗言说："貂勃出使楚国，受到大国的国王如此的礼遇，岂不是因为安平君权势之

★田单墓

大！而且，安平君与大王已无君臣上下之别。其心志不良，内抚百姓，外怀戒狄，礼贤下士，定别有企图。愿大王明察。”

齐襄王听了谗言，心里不安，对安平君产生了敌视情绪。一日，齐襄王带着怒气召见安平君，安平君对谗言早有耳闻，他进谏齐襄王时，脱下帽子，赤脚露背，向齐襄王请罪。因安平君无罪可言，见了之后又令退出。

齐襄王派人经过五天的访察，没有听到安平君有什么过错。他再一次召见田单，对他说：“你对我没有什么罪，只是今后你尽你臣子职责，我尽我君主之道就是了。”这实际是向田单提出了警告。

貂勃出使楚国回来之时，齐襄王设酒宴慰劳。正在宴饮之时，齐襄王对宫人说：“召相国田单进来。”貂勃发现齐襄王对安平君很不尊重，直呼其名。他离开座位跪在地上对齐王说：“大王同周文王相比，谁更英明？”

齐王答道：“我不如周文王。”

貂勃又问：“我也知大王不如周文王。那么同齐桓公相比呢？”

齐王说：“我不如。”

貂勃说：“是的。我也知大王不如齐桓公，但是周文王得吕尚称太公，齐桓公得管夷吾称仲父。现在大王得安平君这样的贤人，且直呼其名，怎能说出这样的亡国之话呢？自开天辟地有人以来，作为人臣，为国家立下功业者，有谁比安平君更大？大王身不能保卫自己的国土，燕兴兵攻伐齐国，大王逃到城阳（今山东莒县境内）之山中，安平君以岌岌可危的即墨三里之城，五里之廓，率疲卒七千人，擒杀燕国大将，收复齐国千里的江山，这是安平君之功！如果当时安平君自立为王，天下人有谁能反对？然而他道行于义节，归之以道德，所以他架栈道、建木阁，迎大王于城阳之山中，大王才得以即王位。当今国家安定了，大王把国难时的事都忘却，直呼安平君其名。我希望大王杀谗臣，以谢安平君！”

齐襄王听了貂勃的一席话，回忆以往，句句属实，猛然醒悟。他毅然下令将九名谗臣杀掉，驱逐其家属，并增封夜邑（今山东掖县）万户给安平君。

安平君是齐国晚期中兴之臣，有大功于齐。齐襄王杀谗臣以谢安平君是开明之举。

★齐襄王杀谗臣以谢安平君

★雁足灯·战国

齐襄王

齐襄王，本名田法章，齐湣王之子，田齐政权第七任国君。齐襄王在位19年，死于公元前265年。湣王死于淖齿之手，法章改变姓名到莒太史中做佣人，并私得太史之女所爱。公元前283年，莒人立法章为襄王，田单破燕军，收复齐地后，迎接襄王返回都城临淄。齐襄王虽个人能力平庸，但接受齐湣王的教训，与诸侯修好，复建稷下学宫，使齐国的国力有所恢复，但经过此次长达四年的战乱，国力大伤，因此始终无法强盛如昔。

★龙纹镜·战国

楚大夫屈原沉江

CHU DA FU QU YUAN CHEN JIANG

自张仪欺楚后，楚国未从秦国那里占得丝毫便宜，而且丢失了汉中大片土地，与齐国也撕破了脸皮。楚怀王深知是自己吞下了诱饵所致，于是他一面措词委婉，命大夫屈原携书致歉，意欲与齐重新修好；一面向秦国陪礼，并用两座城池换张仪的性命。屈原不辱使命，很好地处理了齐、楚两国的关系，并携盟约而归。可在他出使齐国未归的时候，楚怀王却受夫人郑袖和宠臣靳尚蒙蔽，放了张仪，而且还受到张仪的蛊惑，意欲全力事秦。及至屈原归楚，听到了此事，便面见怀王说：“以前大王被张仪欺骗，张仪来了，臣以为大王必喝他的血、吃他的肉，可大王却把张仪放了，又听信他的邪说，率先事秦。人世间连匹夫都知道恩怨分明，何况是一位大国之君。臣认为，楚国还没得到秦国的什么好处，便已遭到天下公愤，您这么做太欠思考了。”楚怀王一听，马上也后悔起来，可是张仪早已离开都城两天了。

秦昭襄王得知齐、楚又重新结盟，而且互相交换了人质，便派兵攻楚，打败了迎战的楚国军队，楚怀王心里十分害怕。正当他忐忑不安的时候，忽然接到了秦昭襄王的一封信，信中约请他到武关（今陕西丹凤县东南）相会，要与他当面订立盟约，言归于好。

怀王看完秦昭襄王的信，心里犯了嘀咕：不去呢，怕得罪秦国；去呢，又怕有危险。他转而跟大臣们商量。大夫屈原对楚怀王说：“秦国强暴得像豺狼一样，咱们受秦国的欺负不止一次了。大王一去，准上他们的圈套。”一些正直的臣子也附和着说：“屈大夫的话有理，大王不能去。我们应该发兵自守，以拒秦兵。”可这时靳尚却说：“不对，楚国因为敌不过秦国，所以才兵败将死，疆域日小。今天他们主动跟我们结好，若遭拒绝，秦王发怒，派兵伐楚，那时我们怎么办？”怀王的小儿子兰因娶的是秦王亲族子女，以为两国结有姻亲，秦国不会大动干戈，也向怀王劝道：“秦楚两家的儿女，互相嫁娶，至亲也莫过于此，他们本身带着兵来，却主动要和我们讲和，可见并非是有意来讨。您还是去的好。”楚怀王本来就惧怕秦国，加上靳尚和子兰的一番话，便答应前往武关赴会，并让靳尚随行。

★屈原怒斥张仪

听说楚王来秦，秦昭襄王命自己的弟弟泾阳君扮作秦王居守武关，命将军白起率一万秦兵，潜伏进关内。然后，派出使者前迎楚怀王。怀王见往来信使络绎不绝，便对秦昭襄王的美意深信不疑。来到武关城下，只见城门大开，秦使出迎说：“我王已在关内等您三天了。”说完把怀王引进城内，刚进城里面，就听一声炮响，城门迅速关闭。楚怀王立刻被秦国预先埋伏下的兵马截断了后路。此时泾阳君出来面见怀王说：“秦王有病，不能出远门，命我在此等候，请您随我一同去咸阳。”然后不容楚怀王推辞，便把楚怀王拥上车，往咸阳而去。楚怀王坐在车上，心知难以回返，不觉泪如泉涌，心里后悔没听屈原的话，被靳尚误入秦邦。想起靳尚，怀王看了看左右，却没有发现靳尚的影子，原来靳尚早已趁乱逃回了楚国。

★屈原雕像

到咸阳后，秦昭襄王逼迫楚怀王把黔中的土地割让给秦国，楚怀王没答应。秦昭襄王就把楚怀王软禁起来，要楚国大臣拿土地来赎才放他。楚国的大臣们听到国君被押，便把太子从齐国接回即位，是为楚顷襄王，并向秦国派出信使，拒绝割让土地。

楚怀王在秦国被押了一年多，吃尽苦头。他冒险逃出咸阳，去了赵国，但赵国未敢迎进，结果又被秦国派兵追捕了回去。怀王连气带病，没有多久就死在秦国。

楚国人因为楚怀王受秦国欺负，客死他乡，心里很不平。特别是大夫屈原，更是愤恨交加，他恨怀王昏庸无能，又感叹他身为一国之君却客死异乡，同时又对秦王的奸诈凶狠、背信弃义充满愤慨。于是他劝楚顷襄王搜罗人才，远离小人，鼓励将士，操练兵马，为国家和怀王报仇雪耻。可是他的劝告不但不被采纳，反倒招来了令尹子兰和靳尚等人的仇视。他们天天在顷襄王面前说屈原的坏话，他们对楚顷襄王说："大王没听说屈原数落您吗？他老跟人家说，大王忘了秦国的仇恨，就是不孝；大臣们不主张抗秦，就是不忠。楚国出了这种不忠不孝的君臣，哪儿能不亡国呢？"楚顷襄王听了大怒，把屈原革了职，放逐到长江以南的荒蛮之地。

屈原抱着救国救民的志向和富国强民的打算，反倒被奸臣排挤出去，简直气疯了。他到了湘南以后，经常在汨罗江（今湖南省东北部）一带，一边走一边唱着伤心的诗歌。附近的庄稼人知道他是一个爱国的大臣，都十分同情他，劝他说："您已经尽力了，可楚王不听你的话，您这样悲观下去也是没用，好歹还有些土地，您可以自耕自食，自得其乐。"

有位经常在汨罗江上打鱼的渔父，很佩服屈原的为人，但也不赞成他那愁闷的样子。有一天，屈原在江边遇见渔父。渔父对屈原说："您不是楚国的大夫吗？怎么会落到这等地步呢？"屈原说："许多人都是肮脏的，只有我是个干净人；许多人都喝醉了，只有我还醒着。所以我被赶到这儿来了。"渔父不以为然地说："既然您觉得别人都是肮脏的，就不该自命清高；既然别人喝醉了，那么您何必独自清醒呢！"

★屈原沉江

屈原反对说："我听人说过，刚洗过头的人总要把帽子弹弹，刚洗过澡的人总是喜欢掸掸衣上的灰尘。我宁愿跳进江心，埋在鱼肚子里去，也不能拿自己干净的身子跳到污泥里，去染得一身脏。"

由于屈原不愿意随波逐流地活着，到了公元前 278 年五月初五那天，他终于抱着一块大石头，跳到汨罗江里自溺而亡。

附近的百姓得到这个消息，纷纷划着小船来救屈原。可是江水滔滔，波光潋艳，哪儿还有屈原的影子。大伙儿在汨罗江上打捞了半天，也没有找到屈原的尸体。百姓们心里难受，他们对着江面，一个个把竹筒子里的糯米撒进了江里，以防鱼蟹咬食屈原的遗体。到了第二年五月初五那一天，当地的百姓想起这是屈原投江一周年的日子，又划着船，来到屈原投江的地方，将竹筒盛的米撒到水里去祭祀他。后来，他们又把盛着米饭的竹筒子改为粽子，划小船改为赛龙船，这种纪念屈原的活动渐渐成为一种风俗。此后，人们把每年农历五月初五称为端午节。

屈原死后，留下了一些优秀的诗歌，其中最有名的是《离骚》。他在诗歌里，痛斥卖国的小人，表达了他忧国忧民的心情，对楚国的一草一木，都寄托了无限的深情。后人崇敬他，爱戴他，把他作为我国古代杰出的爱国诗人。

汨罗江

汨罗江是湘江在湘北的最大支流，全长 253 公里，流域面积达 5543 平方公里。位于洞庭湖东侧，属洞庭湖水系。在汨罗江注入湖口以上约 1.5 公里处，潭水很深，是三闾大夫屈原投江殉难处，名曰河泊潭。河泊潭为汨罗江的一部分，因为此处不太深，又为汨罗江的弯曲部位，故名河泊潭。春秋战国时期，楚国著名的政治家、诗人屈原被流放时，曾在汨罗江畔的玉笥山上住过。公元前 278 年，楚国都城郢（今湖北江陵县）被秦军攻破，屈原感到救国无望，投汨罗江而死。为了纪念他，每年五月初五，沿江的人们都在此处投放粽子给屈原飨食，另外还举行大型的民间龙舟赛。原来在河边立的碑石已被洪水冲倒，至今没有修葺。

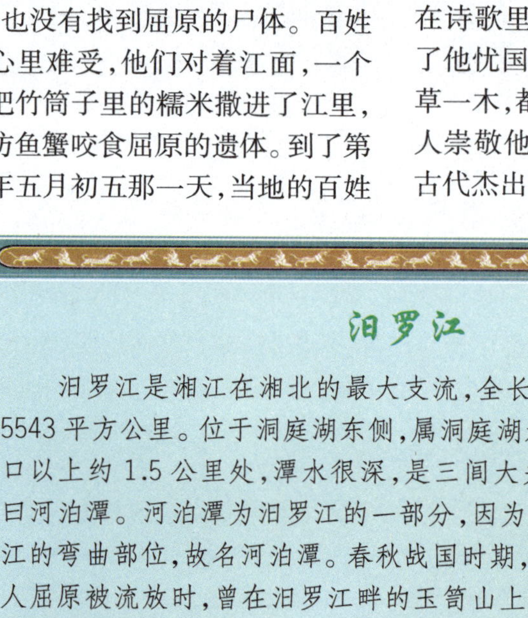

★汨罗江

黄歇智归楚太子

HUANG XIE ZHI GUI CHU TAI ZI

春申君黄歇，楚国贵族，生年不详，卒于楚考烈王二十五年（公元前 238 年），大约生活在楚顷襄王、考烈王在位时期（公元前 295 年至公元前 238 年）。黄歇早年游学四方，博学多才，能言善辩，楚顷襄王任命他为接待宾客的左徒。不久，又命他出使秦国。当时秦昭王命大将白起率兵击败韩、魏于华阳（今河南新郑县北），韩、魏请和。秦昭王乃命白起约同韩、魏攻楚，白起尚未启程，黄歇已来到秦都咸阳。他听到秦国即将联合韩国、魏国出兵攻楚的消息后，大吃一惊。因为数年以前，秦王已使白起攻楚，攻取了楚国西部的巫郡（今四川东部巫山、湖北西部恩施一带）、黔中郡（今贵州东部、湖南西部一带）之后，又向东攻陷楚都郢城（今湖北江陵），直至竟陵（今湖北潜江西北），迫使顷襄王把都城迁徙到邻近魏国的陈县（今河南惟阳），楚国的势力已大大削弱了，怎能抵御秦、韩、魏联军呢？所以黄歇深感忧

★春申君雕像

虑。除此而外，黄歇还认为，过去顷襄王的父亲楚怀王受秦相张仪的欺骗到秦国朝见秦王，结果被扣留在秦国死去。如今楚王乃是怀王的儿子，如果秦国轻视楚王，蓄谋联合韩、魏一举灭掉楚国也是可能的。

为了打消秦国联合韩、魏攻楚的计谋，黄歇乃上书劝说秦昭王，首先他指出："秦楚乃是天下最强大的诸侯国。如今听说大王打算进攻楚国，如同两虎相斗。两虎相斗，必然两败俱伤，秦楚相攻，必使双方削弱，对其他各诸侯国有利，特别是对韩、魏最有利。"其次，指出韩、魏是秦世仇，联合韩、魏攻楚对秦不利。最后，他指出："臣为大王出谋划策，莫如联合楚国，秦、楚合而为一，秦从两攻，楚从南攻，韩、魏力量不能支持，必将降秦，然后东向制服齐国，大王的土地将从两海（今青海湖）直抵东海，楚与燕、赵也必将臣服于秦了。"秦昭王看了黄歇上书后，立即召见黄歇，对他说："卿家上书所说非常透彻，寡人就依卿家便了。"于是下令白起停止发兵，派使臣分别通知韩、魏两国中止攻楚，另派使臣随同黄歇到楚国去，同楚国缔结盟约，秦楚二国结成盟国。

按照秦国的要求，秦楚结盟后，楚国太子必须到秦都咸阳充当质子，以表诚意。于是楚顷襄王再次派遣黄歇护送太子熊完到秦国去。黄歇同太子在咸阳住了几年，

★春申君与楚太子熊完

楚顷襄王得了重病，但是秦国却不放楚太子回国探病。黄歇和太子得知楚王重病消息，秦国又没有放行的意思，十分着急，恐怕秦国乘机要挟索取重酬，楚国又不愿意答应，如楚王病情加剧死去，另立他人，太子就有失去王位的危险。太子束手无策，只有依靠黄歇为之出谋划策。

黄歇深知楚太子平素同秦相应侯范雎交情颇厚，于是去见应侯，请求劝说秦王放太子归国探视父病。黄歇谒见应侯，向应侯说："相国果真同楚太子有交情吗？"应侯回答说："果然有交情。"黄歇说："如今楚王病重，恐怕不能痊愈，贵国莫如放太子回国。如果楚王病故，太子立为楚王，必定会更加与秦国亲善，永远感谢相国的恩德，对于秦国是十分有利的，相国也将得到厚报。如果太子不能回国，不过是咸阳市上一个百姓而已。楚国如另立太子，一定不肯同秦国和好，秦楚之间的关系就将恶化，盟约也要解体了。请相国以秦楚和好

★春申君庙大门

为重，考虑利害得失，向大王建议，使太子得以归国。”应侯答应了，奏知秦王。秦王说：“立即放楚太子回去，恐怕不妥当。不如令楚太子的师傅先回楚国探视楚王病情，等探明情况返回咸阳后，再决定是否放楚太子回去。”

应侯把秦王的意思告诉黄歇。黄歇向楚太子献策说：“秦王所以不放太子回国，是打算从中取利。如今太子无法满足秦王得利的要求，臣深感忧惧。太子的兄长阳文君有两个儿子正在宫中，如果大王不幸去世，阳文君的儿子必定继位，太子不得立为王子。太子不如随同楚国使者逃出秦国，臣留在咸阳，出了事故，一死了之。”于是楚太子装扮成楚国使者的随从，为楚使驾车逃出函谷关。黄歇留在客馆，有人寻找太子，就说太子有病。

过了将近半月光景，黄歇估计太子走出秦境已经很远，秦兵无法追赶，才去谒见秦昭王说：“楚太子早已随同楚使离开咸阳回国，现在已经走远了，这是臣的主意，愿大王赐臣死。”秦昭王大怒，打算让他自杀。应侯范雎劝秦王说：“黄歇身为楚臣，舍身营救太子，可谓忠臣，杀之无益，反而坏了大王的名声。太子立为楚王后，必定重用黄歇。不如赦他无罪，遣送回国，有利于改善同楚国的关系。”秦昭王听从范雎意见，遣送黄歇回国。

黄歇回到楚国不久，楚顷襄王病死，太子完继位为王，是为考烈王。考烈王元年(公元前262年)，任用黄歇为相，封为春申君，赐以淮北地十二县。过了十五年，黄歇对楚王说：“淮北地邻近齐国，乃军事要地，请大王设立为郡，以便加强边防。为此，臣愿献出淮北十二县，请求大王封以江东之地。”考烈王答应他的请求，封以江东。春申君在吴国故都(今江苏苏州市)的基础上扩大修建，作为封地的都邑。春申君为相后，为了壮大声势，仿效孟尝君礼贤下士，招纳宾客，与同时的平原君、信陵君互相竞争。

★回印纹硬陶兽耳瓿·战国

汗明见春申君

战国时，有个人叫汗明，去楚国见春申君，等了三个月才见到。谈完话，春申君很喜欢他。汗明还想再谈一谈，春申君不耐烦地说：“我已经了解你了，你去好好休息吧。”汗明心中不快，问：“请问您与尧谁贤明？”春申君答道：“先生错了，我怎能跟尧相比呢?”汗明接着说：“您确实比不上尧，我也比不上舜，可是尧经过三年才了解舜，您只一会儿就了解了我，可见您比尧还贤明啊!”春申君赶忙把门吏找来，给汗明登记了客籍，每五天见一次。

★春申君陵园

位于安徽省淮南市谢家集区李郢孜镇境内。陵园背山面水，北靠八公山山脉的赖山，南邻瓦埠湖，距李郢孜镇政府50米。1979年10月，安徽省考古队对该墓进行了考察，1992年为黄歇墓立了碑，2000年动工兴建“春申君陵园”，同年正式对外开放。其封土高19米，底径87米，占地总面积7000平方米。

献孕妾春申君丧家

XIAN YUN QIE CHUN SHEN JUN SANG JIA

楚考烈王年老没有儿子，春申君甚为忧虑，先后选择了许多身体健康的青年女子进宫陪伴君王，仍然没有子女。赵国人李园有一个妹妹，生得聪明美丽。听说楚王选妃的消息，李园便携带妹妹一同来到楚国，准备送进宫去献与楚王。后来李园听说楚王选了许多美女进宫，始终没有生子，怀疑他患了不育症，如把妹妹送进宫去，恐怕日久无子，容易失宠。他听人说春申君年老好色，非常有权势，于是托人介绍他在春申君府中充当一名掌管文牍书信的舍人。春申君见他小心谨慎，又有才干，颇为信任。不久，他借故告假回家，故意过了假期才回到府中，春申君问他耽误日期的原因，他说："齐王派遣使者到臣家来，聘臣妹为妃。臣接待齐使，同他饮宴，又同臣妹商量，所以耽误日期，缓期才回到府中，请相国恕罪。"这本来是李园编造的弥天谎言，是为了引春申君上钩的，如果仔细推敲，破绽很多，不难识破。但是春申君色迷心窍，信以为真心，又怕被齐王捷足先登夺了去，急忙问李园说："齐王下聘礼没有？"李园回答说："齐国使者先来相面，还来不及下聘，不久就来下聘了。"春申君说："快快引来见我，可以吗？"李园说："相国的命令，怎敢违背。"

随后，李园奉命把他的妹妹引到府中拜见春申君。春申君见她不仅非常美丽，而且聪明伶俐，十分中意，果然动心，于是要求李园把他的妹妹留在府中为妾，李园见春申君已经上钩，只得顺水推舟，对春申君说："臣兄妹蒙相国大恩，粉身难报，既然相国有意，不嫌丑陋，就让她留在府中服侍相国。"春申君对李园的妹妹十分宠爱，过了几

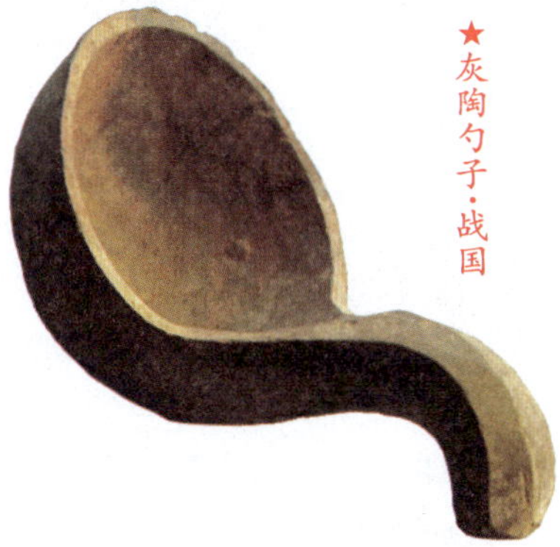

★灰陶勺子·战国

月，就怀了身孕。她趁春申君入朝与楚王议论朝政的时机，把兄长李园找来商量。兄妹俩都是胸怀奸诈、诡计多端的小人，他们定下了利用春申君取得富贵权势然后杀他灭口的毒计。当天晚上，李园的妹妹向春申君献策说："楚王对相国的宠信超过了他的兄弟，如今相国担任楚相已经二十多年了，但楚王一直没有儿子。将来楚王去世后，只有立他的兄弟继承王位。这位新立的楚王自然会重用他的亲信，相国就会失去过去的地位，不能永保荣华富贵了。不仅如此，相国当权时间长，难免没有对楚王兄弟失礼之处，如果兄弟中的一人被立为王，相国就有杀身之祸，还能保有相印和江东封地吗？如今妾身自知怀有身孕，别人都不知道。妾身蒙相国宠爱的时间不久，如果相国利用尊贵的地位把妾身献与楚王，必定能得到楚王的宠爱。如果上天保佑妾身生一个儿子，必将立为太子，日后继承王位，这样就是您的儿子当楚王了。从此以后，您的子孙将世世代代拥有楚国，哪能有杀身之祸呢？"

春申君听了，不由得心花怒

★李园兄妹拜见春申君

放，想不到这个年轻妇女竟有如此高明的智谋，非常佩服。在权势欲望的支配下，他把李园的妹妹进献给楚王。当时有一些人看出李园有杀害春申君的阴谋，但春申君被蒙在鼓里，还认为李园兄妹怀念恩情，对他们毫无戒备之心。

春申君为楚相二十五年，即楚考烈王二十五年(公元前238年)，考烈王病重，宾客朱英对春申君说："人世间，有时会有意想不到的福气，有时也会有意想不到的灾祸。现在您处在祸福无常的时期，侍奉着喜怒无常的君主，怎么可以不任用一个有超人见识、可以应付突然事变的人呢？"

"何谓意想不到的福气？"

朱英说："您任楚相已二十余年，名虽为相，实则为王。现在楚王病重，迟早会死去，楚王一死，将由您辅佐幼主，主持国政。等到幼主长大成人，您才还政于王，现在您不是可以称王了吗？这就是我所说的意想不到的福气。"

"何谓意想不到、突然临头的灾祸？"

朱英说："李园虽不主持国事，不统帅军队，可他早已豢养了许多武士。国王一旦去世，李园一定会抢先入宫夺取政权，杀您灭口。"

春申君又问："那谁又是有超人见识的人呢？"

朱英说："如果您派我做守卫王宫的郎中，国王一旦去世，李园抢先入宫夺取政权时，我就可以将他杀死。我就是那个有超人见识的人。"

春申君说："李园只不过是一个昏庸之辈，与我并无仇怨，何以干出这种事来！"

朱英见灾祸临头，即远离而去。

朱英走后的第十七天，楚考烈王病死，李园果然抢先进宫，把他蓄养的杀手们埋伏在宫门之内。春申君听说楚王死去，立即进宫安排后事，走到宫门，就被李园预先埋伏的杀手杀掉，把他的头抛出宫门外。接着，李园又派遣官吏逮捕春申君家属，把他的家属连同和他有密切交往的亲友全部诛灭。李园的妹妹同春申君所生的儿子继承王位，是为楚幽王。

★李园派兵逮捕春申君家属

★错金银双虎·战国

春申君养士斗富

黄歇任职受封后，位尊权重、富贵至极，他崇尚齐国田文等人的养士之风，亦在门下招致了数千食客。和田文、赵胜、魏无忌等人不同，黄歇一直是楚国的实际执政人，他的养客不是为了聚势自重，本身没有多少直接的政治动机，而是为了满足对某种时尚的追求心理，他以此装璜门面，以求在列国中扩大交往和声誉。平原君赵胜常遣使至黄歇家，黄歇让与他的上客们相见，使者为了向楚人夸耀自己，用玳瑁为簪，以球玉装饰刀剑之鞘，但见到黄歇的门客后深感惭愧，因为他们都用明珠装饰鞋子，黄歇养客的奢侈可见一斑。

★春申君黄歇壁雕

蔺相如完璧归赵

LIN XIANG RU WAN BI GUI ZHAO

秦昭襄王从一个玉匠那里得知赵惠文王有一块“和氏璧”，而且还听说它晶莹剔透，暗夜生辉，冬持之则暖，夏握之则凉，于是想将这块价可抵国的宝贝据为己有。

其实这块璧便是楚国昭阳丢失的那块璧，当时诬为张仪所盗，但张仪却因此被打去了秦国，且一举成名，做了秦国的丞相，而真正的盗贼当时不敢轻意拿出来。岁月飞逝，时过境迁，当年的昭阳早已病亡，张仪也因岁月流转而早早作古。所以，这块璧便再次出现在世间。

一天，赵惠文王宠信的内侍缪贤偶然碰到了有人出售此璧，缪贤便花钱买了下来，然后请人鉴赏，玉工看到璧后，告诉缪贤说：“此璧价值连城，是真正的‘和氏璧’，以后不能轻易拿出来给人看。”缪贤听后，赶紧把璧收藏起来。可是，没有不透风的墙，缪贤买得“和氏璧”的消息还是传了出去。赵惠文王知道后，向缪贤索要，可缪贤却十分舍不得，磨磨蹭蹭不肯献给赵王。赵王有一次打猎归来，顺便到了缪贤的家中，硬是把璧搜了出来，并占为己有。缪贤看璧已失，又得罪了赵王，不敢在赵国呆下去了，想想以前燕王曾与他交好，便有意逃往燕国。谁知他的门客蔺相如出来相劝说：“你这样想就错了，当年赵强燕弱，你得宠于赵王，他和你结交并不是真与你友善，而是想借你来讨好赵王；现在你得罪了赵王，燕王怕赵王来讨，他哪儿敢收留你呀？”缪贤急问：“那怎么办？”蔺相如说：“你又没有什么大罪，只是不肯早早把璧献出去，只要你主动去赵王那里请罪，赵王不会将你治罪的。”听了蔺相如的话，缪贤便到赵王处请罪，结果赵王真的没有怪罪缪贤。于是，缪贤对蔺相如十分敬重，把他奉为上宾。

为了能把“和氏璧”据为己有，秦昭襄王也动起了脑筋。丞相魏冉对秦王说：“大王想要‘和氏璧’，为什么不用十五座城把它换来？”秦昭襄王说：“用十五座城换一块璧，太不划算了。不行！”魏冉说：“赵国怕咱们秦国已经很多年了，大王要是以城来换，赵国不敢不换，等他们把璧拿来，我们将璧留下，却不给他们城，他们又能怎么样呢？”秦昭襄王听后大喜，于是开始作书给赵王。

★蔺相如雕像

公元前283年，秦昭襄王派使者带着国书去见赵惠文王，说秦王情愿让出十五座城来换“和氏璧”，希望赵王答

★蔺相如庙

★蔺相如墓庙前的朱诗碑

★蔺相如墓庙前的宋诗碑

应。赵惠文王便跟大臣们商量是否答应，可议论了半天，只有两个结果：答应了，怕上秦国的当，丢了和氏璧，却拿不到十五座城；不答应，又怕得罪秦国，受到攻伐。至于走哪条道，君臣都始终犹豫不绝。最后有人说："最好派一个忠勇之士，怀抱此璧，当十五座城交割后就交出此璧。如果秦王属于欺诈，则抱璧而归。"赵王听着觉得有理，可到哪里物色这样的人选呢？这时，缪贤向赵王说："臣有一门客，叫蔺相如。此人有胆有识，前番臣未能在您这里获罪，就是靠他指点的。"

赵惠文王一听，立刻把蔺相如召来，并向蔺相如倾心讨教。蔺相如说："秦国强，赵国弱，不答应不行。"赵惠文王说："要是把'和氏璧'送了去，秦国取了璧，不给城，怎么办呢？"蔺相如说："秦国拿出十五座城来换一块玉璧，这个价值是够高的了。要是赵国不答应，错在赵国。大王把璧送了去，要是秦国不交出城来，那么错在秦国。宁可答应，叫秦国担这个错儿。"赵惠文王说："那么就请先生去秦国一趟吧。可是万一秦国不守信用，怎么办呢？"蔺相如说："秦国交了城，我就把璧留在秦国；要不然，我一定把璧完好地带回赵国。"赵王听了大喜，立刻拜蔺相如为大夫，并命他怀璧赴咸阳。

★蔺相如墓

秦昭襄王听说赵国遣使来秦，高兴得大集群臣，然后宣蔺相如带"和氏璧"晋见。蔺相如不亢不卑地把璧献上去，秦昭襄王接过稀世珍宝，不禁连声称赞。然后，他又把璧递给了朝臣、美姬和左右侍臣，让大伙儿一个个传看。大臣们看后都向秦昭襄王祝贺，仿佛已为秦王所有。

蔺相如站在朝堂上等了很长时间，不见秦王提换城的事情。他知道秦昭襄王不是真心拿城来换璧。可是璧已落到别人手里，怎么才能拿回来呢？他急中生智，上前对秦昭襄王说："这块璧虽说名贵，可是也有点小毛病，不容易瞧出来，让我来指给大王看。"秦昭襄王信以为真，吩咐侍从把"和氏璧"递给蔺相如。

蔺相如一拿到璧，便往后退了几步，靠着宫殿上的一根大柱子，瞪着眼睛，怒气冲冲地说："大王派使者到赵国，说是情愿用十五座城来换赵国的璧。赵王诚心诚意派我把璧送来。可是，大王并没有交换的诚意。连普通百姓都知道互不相欺，何况您是大国之君！如今璧在我手里，大王要是逼我的话，我宁可把我的脑袋和这块璧在这柱子上一同撞碎！"说着，他真的拿着"和氏璧"，对着柱子做出要撞的样子。

★蔺相如拿着『和氏璧』做出砸向柱子的样子

秦昭襄王怕他真的砸坏了璧，连忙向他赔不是说："先生别误会，我哪儿能说了不算呢？"说完命令大臣拿上地图来，并且把准备换给赵国的十五座城指给蔺相如看。蔺相如说："赵王送璧到秦国来之前，斋戒了五天，还在朝堂上举行了一个很隆重的仪式。大王如果诚意换璧，也应当斋戒五天，然后再举行一个接受璧的仪式，我才敢把璧奉上。"秦昭襄王想，反正你也跑不出秦国，便答应道："好，就依你之见。"说完命人带蔺相如到馆驿休息。

蔺相如回到驿馆，叫一个随从的人打扮成买卖人的模样，把璧贴身藏着，偷偷地从小道跑回了赵国，并寄语赵王说："秦王无意交割十五城，臣已命从人怀璧归还大王，我在这里等秦王发落，宁死不辱使命。"

过了五天，秦昭襄王召集大臣们和别国在咸阳的使臣，在朝堂举

★完璧归赵图

行接受“和氏璧”的仪式，叫蔺相如上朝。蔺相如不慌不忙地走上殿去，向秦昭襄王行了礼。秦昭襄王说：“我已经斋戒五天，现在你把璧拿出来吧。”蔺相如说：“秦国自秦穆公以来，前后二十几位君主，没有一个讲信义的。我怕受欺骗，丢了璧，对不起赵王，所以把璧送回赵国去了。请大王治我的罪吧。”秦昭襄王听到这里，大发雷霆。他怒道：“明明是你欺骗了我，还要强词夺理？”然后命令侍卫把蔺相如绑了起来。

蔺相如镇静地说：“请大王别发怒，让我把话说完。天下诸侯都知道秦是强国，赵是弱国。天下只有强国欺负弱国，决没有弱国欺压强国的道理。大王真要那块璧的话，请先把那十五座城割让给赵国，然后打发使者跟我一起到赵国去取璧。赵国得到了十五座城以后，决不敢不把璧交出来。如果不行，我就死在您面前，也好让列国都知道秦国因为一块璧而杀了赵国使臣。到那时，是非曲直，列国自有公断。”秦昭襄王听蔺相如说得振振有词，又见各国使者都在左右，忙假意同大臣们商议道：“即使杀了赵国使者，也得不到玉璧了，白白落个不义的罪名，又伤了两国的和气实在不值得。”群臣忙都附和，于是，秦王命放了蔺相如，并以礼相待。

蔺相如回到赵国，赵惠文王认为他完成了使命，拜他为上大夫。秦昭襄王本来也不想用十五座城去换“和氏璧”，不过想借这件事试探一下赵国的态度和力量。蔺相如完璧归赵后，秦王用城换璧的事情从此不了了之。

★蔺相祠

和氏璧

在春秋战国时期，许多诸侯国都有自己的镇国之宝。据《战国策》载：“周有砥厄，宋有结缘，梁有悬愗，楚有和璞。”和璞即和氏璧，璞是没有经过雕琢的玉。和氏璧的最早记载，见于《韩非子》、《新序》等书。书中记载说：春秋时期，楚国有一个叫卞和的琢玉能手，在荆山里得到一块璞玉。卞和捧着璞玉去见楚厉王，厉王命玉工查看，玉工说这只不过是一块石头。厉王大怒，以欺君之罪砍下卞和的左脚。厉王死，武王即位，卞和再次捧着璞玉去见武王，武王又命玉工查看，玉工仍然说只是一块石头，卞和因此又失去了右脚。武王死，文王即位，卞和抱着璞玉在楚山下痛哭了三天三夜，哭干了眼泪后又哭出了血。文王得知后派人询问为何，卞和说：“我并不是哭我被砍去了双脚，而是哭宝玉被当成了石头，忠贞之人被当成了欺君之徒，无罪而受刑辱。”于是，文王命人剖开这块璞玉，果真是稀世之玉，便命名为“和氏璧”。

★卞和献璧塑像

廉颇负荆请罪

LIAN PO FU JING QING ZUI

秦昭襄王虽然放走了蔺相如，但他的心里一直不痛快，总要想方设法让赵国屈服。于是，他遣使去赵国，说要与赵王于西河外渑池（今河南渑池县西）会晤，共叙旧好。赵王接到秦王的信，一脸迟疑

★廉颇塑像

地对大臣们说："秦国以前以会晤为由欺骗了楚怀王，把他囚在咸阳，到现在楚国人还伤心不已，今天又写信来约会我，是不是也想用对待楚怀王那样的方法对待我？"蔺相如说："如果大王不去，说明咱们怕了秦国，不如由我保大王去会秦王，廉颇保太子居守护国。"赵王高兴地说："相如能完璧归赵，有你前往，我大可放心了。"平原君赵胜说："臣选五千精兵做随从，以防不测。"于是，赵王命李牧率五千精兵随从，平原君赵胜率大军远远跟随，以备接应，蔺相如则不离赵王左右。

公元前279年，赵惠文王、秦昭襄王在渑池相会，并且举行了宴会，高兴地喝酒谈天。秦昭襄王喝了几盅酒，带着醉意对赵惠文王说："听说赵王弹得一手好瑟。请赵王弹个曲儿，给大伙儿凑个热闹。"说罢，真的吩咐左右把瑟拿上来。赵惠文王不好推辞，只好红着脸，勉强弹了一个曲儿。秦王不无调侃地说："我听说赵国的始祖赵烈侯喜好音乐，赵王刚才弹得这么好，可谓是得到了家传啊！"说完，他招呼秦国御使，令他们把这件事当场记录下来。秦国的史官当场记下："某年某月某日，秦王和赵王在渑池相会，秦王令赵王弹瑟。"

这时，蔺相如向前走了几步，突然跪到秦昭襄王面前说："赵王听说秦王精通秦国的乐器。我这里有个缶（一种瓦器，可以打击配乐），也请大王赏脸敲几下助兴吧。"说完拿起缶高举在头顶。秦昭襄王勃然变色，不肯击缶。蔺相如的眼睛射出愤怒的光，说："大王未免太欺负人了。秦国的兵力虽然强大，可是在这五步之内，我可以把我的血溅到大王身上去！"秦昭襄王见蔺相如这股势头，十分吃惊，只好拿起击棒在缶上胡乱敲了几下。蔺相如回过头来命赵国的史官也把这件事记下来，并对其提醒道："某年某月某日，赵王和秦王在渑池相会，秦王给赵王击缶。"

★蔺相如请秦王击缶

秦国的大臣见蔺相如竟敢这样伤秦王的体面，很不服气。有人站起来说："请赵王割让十五座城给秦王上寿。"蔺相如也站起来说："礼尚往来，赵国既割十五座城给秦王，那么秦王当把咸阳城割让给赵国，为赵王上寿。"

秦昭襄王眼看这个局面十分紧张，他事先已探知赵国派大军驻扎在附近，真的动起武来，恐怕也得不到便宜，就喝住秦国大臣，然后换了口气说："今天是两国君王欢会的日子，诸位不必多说。"此后，秦王心惧蔺相如和赵王，只得假意与赵王欢会，设立盟约，并让自己的孙子异人到赵国为质。由此，两国相安多年。

蔺相如两次出使，保全赵国不受屈辱，立了大功。赵惠文王十分信任蔺相如，他说："我有蔺相如，身可安于泰山，国可重于九鼎，群臣都赶不上他。"于是，拜蔺相如为上聊，地位在大将廉颇之上。

廉颇很不服气，私下对自己的门客说：“我是赵国大将，立了多少汗马功劳。蔺相如有什么了不起？他也就会动动口舌，现在倒爬到我头上来了。况且他原是个宦官的门客，出身卑微。哼！我若见到蔺相如，定要给他点颜色看看。”

这句话传到蔺相如耳朵里，蔺相如就装病不去上朝。有一天，蔺相如带着门客坐车出门，正是冤家路窄，老远就瞧见廉颇的车马迎面而来。他赶紧叫赶车的退到小巷里去躲一躲，让廉颇的车马先过去。这件事可把蔺相如手下的门客气坏了，他们责怪蔺相如说：“我们抛家舍业追随你，以为你是个顶天立地的汉子，可没想到你竟这样胆小怕事。”蔺相如则不急不躁地对他们说：“你们看廉将军跟秦王比，哪一个势力大？”他们说：“当然是秦王势力大。”蔺相如说：“对呀！天下的诸侯都怕秦王。可为了保卫赵国，我敢当面责备他，羞辱他的群臣。怎么我见了廉将军反倒怕了呢？我想，强大的秦国不敢来侵犯赵国，是因为有我和廉将军两人在。要是我们两人不和，秦国知道了，就会趁机来侵犯赵国。我所以要避开他，是以国为重，而不把私怨放在心上。”

时隔不久，赵国来了个游人叫虞卿，他听说了廉颇和蔺相如的事情后，就主动去见廉颇，先是赞扬廉颇一番，见廉颇喜形于色，接着便话锋一转，继续说道：“论功没有能比得上将军的，可是论度量却没有人能比得上蔺相如。”廉颇一听，当下心中不快，问虞卿说：“他有什么度量，只能以口舌之能换取功名。”虞卿则把从蔺相如门客那里听来的事情一五一十地说给了廉颇。

廉颇听完，心潮翻滚，十分惭愧地说道：“若不是先生提醒，我还不知道自己有错，我和蔺相如差得太远了。”就此，他请虞卿代为传话，说他明天要负荆请罪，当面接受蔺相如的责罚。第二天，廉颇果真裸着上身，背着荆条，跑到蔺相如的家里去请罪。他见了蔺相如说：“我是个粗鲁人，见识少，气量窄。哪儿知道您竟这么容让我，我实在没脸来见您，请您责打我吧！”蔺相如连忙扶起廉颇，说道：“咱们两个人都是赵国的大臣。将军能体谅我，我已经万分感激了，怎么还来给我赔礼呢。”说着，两个人都激动得流出了热泪。从此以后，两人做了知心朋友，赵国也由此更加安定了。

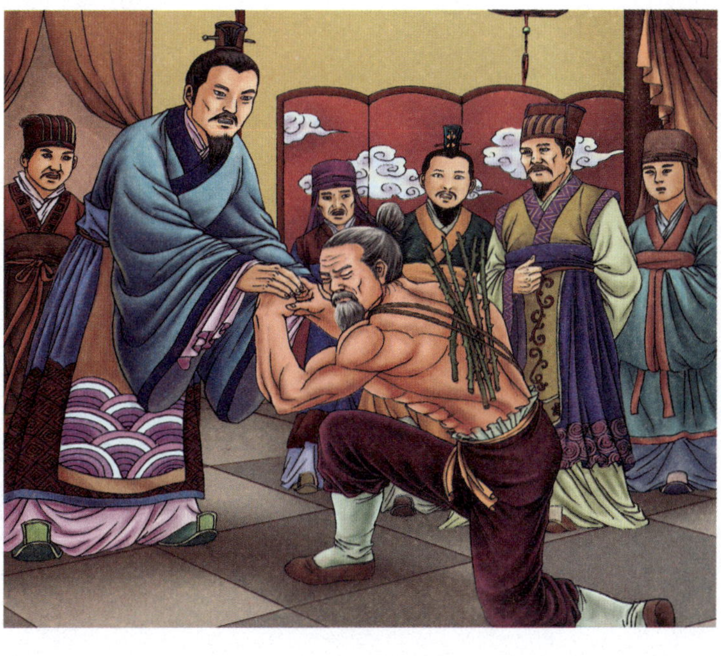

★廉颇负荆请罪

★五牛青铜提筒·战国

将相和

“将相和”这个故事出自司马迁的《史记·廉颇蔺相如列传》。由“完璧归赵”、“渑池之会”和“负荆请罪”三个故事组成。演绎了战国时赵国舍人蔺相如（战国时期著名的政治家、外交家、军事家。相传为山西安泽、古县北宝丰村人，其墓在村之附近）奉命出使秦国，不辱使命，完璧归赵；又陪同赵王赴秦王设下的渑池会，使赵王免受暗算。为奖励蔺相如的汗马之功，赵王封蔺相如为丞相。老将廉颇（山东德州陵县人，生于公元前 327 年卒于公元前 243 年，终年 84 岁。战国时期赵国杰出的军事将领）居功自傲，对此不服，而屡次故意挑衅，蔺相如以国家大事为重，始终忍让。后廉颇终于醒悟，向蔺相如负荆请罪。将相之和，保证了赵国在尔后 15 年内，团结一致，共同抗秦。这一感人至深的故事，为后人世代相传。

范雎的远交近攻计

FAN JU DE YUAN JIAO JIN GONG JI

秦昭襄王因蔺相如当庭斥责，勉强与赵王定盟，相约互不侵伐，还命王孙异人去赵为质。此后，秦国果真不敢加兵赵国，并专意对付韩国，而且还从楚国和魏国那里掠夺了大片土地。虽然如此，但那时秦国的实权操纵在秦国的太后和她的兄弟穰侯魏冉手里。

★范雎像

公元前 270 年，穰侯要派兵去打齐国，目的是要打下齐国的纲寿，因为那里离他的封地较近，打下纲寿可以扩大自己的封地。正在这时候，秦昭襄王接到一道叫张禄的人写的奏章，说有要紧的事求见。

张禄原是魏国人，原名叫范雎。本来是魏国大夫须贾的门客。有一回，须贾带着范雎出使齐国。齐襄王发现范雎聪明善辩，心里非常喜欢他，有心把他留下来，但被范雎以“忠臣不侍二主”为由拒绝。齐襄王无奈，在范雎等人回魏之前，背地里派人给他送去了很多酒肉和金子，以表惜别之意。开始范雎坚辞不受，但经不住使者的一再恳求，便收下了酒肉，以备路上食用，而把所有金子全部退回。

可是，这件事被须贾知道后，他觉得自己作为魏国的使臣没有得到馈赠，感觉脸上无光，而自己的门客却得到馈赠，更使他难堪。于是，回到魏国以后，便向相国魏齐告发范雎私通齐国。

魏齐将范雎严刑拷打，让他招认私通齐国的罪行，可范雎拒不招认。因而范雎遭到了一轮又一轮的毒打。后来，范雎被打得几乎断了气，肋骨被打折了几根，门牙也打掉了两颗。最后，魏齐叫人用破席把他裹起来，扔进厕所里，让大伙儿任意便溺。

天黑的时候，范雎才从昏迷中醒过来，他见只有一个兵士守着他，范雎恳求他说：“我伤得这么重，即便醒了也活不长了，注定是要死的，我想求你让我死到家里，以便家中掩埋。”听了范雎的话，那个兵士趁无人之时，偷偷把他背回了家。家中妻儿为他擦净血迹，范雎向妻子交待说：“城西有我的挚友，叫郑安平，速把我送到那里，等我伤养好再离开魏国。明天恶人必来家中查访，你们可在家中照样办理丧事，就如同我真的死了。”

第二天，魏齐果然心疑，派人打探，听说范雎之妻正在操办丧事，便不再追问。此时范雎在郑安平家，敷药养伤，身体慢慢恢复，为了不暴露自己的身份，他改名为张禄。如此过了半年，范雎已经完全康复。这个时候，秦国有个使者来到魏国，由于郑安平的引荐，范雎偷偷地去见秦使，使者则在归秦时将他携往秦国。可是秦王只给范雎安排了馆舍居住，却一直没有启用他。直到穰侯为一己之私要攻打齐国，范雎才不得已给秦王写了一道奏章。

秦昭襄王看完奏章，即准备在离宫接见他。届时，范雎已早早等在那里，看到秦王的车辆蹒跚而来，范雎故意装作不知道是秦王的样子，也不躲避。秦王的侍从大声吆喝：“大王来了。”范雎冷淡地说：“什么，秦国还有大王吗？我只听说秦国有太后、穰侯，哪儿有什么大王？”这句话被秦王听到，可他并没有发火，因为这是他的心病，他正是为治这块心病才召见范雎的。秦王迎上前来，急忙把范雎请到离宫，两人坐定，秦昭襄王说：“我诚恳地请先生指教，不管牵涉到谁，上至太后，下至朝廷百官，先生只管直说。”范雎怕隔墙有耳，先讲了一些题外话，然后才正色说道：“秦国土地广大，士卒勇猛，要统治诸

★范雎向秦昭襄王献远交近攻之计

侯，本来是很容易办到的事，可是十五年来没有什么成就。这不能不说相国（指穰侯）对秦国没有忠心办事，大王也有失策的地方。”秦昭襄王问：“我错在哪里？”范雎说：“齐国离秦国很远，中间还隔着韩国和魏国。大王要出兵打齐国，就算一帆风顺把齐国打败了，大王也没法把齐国和秦国连接起来。我替大王着想，最好的办法就是远交近攻。远交用以离间别国的联合，近攻用以扩展我们的土地。目前，对离我们远的齐国要暂时稳住，先把一些临近的国家攻下来，这样就能够扩大秦国的地盘。打下一寸就是一寸，打下一尺就是一尺，把韩、魏两国先兼并了，齐国也就保不住了。”

秦昭襄王听了范雎一席话，连连称是。当下，秦昭襄王就拜范雎为客卿，并且按照他的计策，阻止了伐齐的军队，并把韩国、魏国作为主要的进攻目标。过了几年，秦昭襄王越来越倚重范雎，他把相国穰侯撤了职，又不让太后参与朝政，正式拜范雎为丞相。

当时，魏昭王已经死去，其子即位，听说秦王起用张禄为相，意欲攻打魏国，心里十分着急，便召集群臣商议。信陵君说：“秦兵不攻打魏国已有很多年了，今天无故兴师，明明是欺我们不敢迎战，我看还是严阵以待为上策。”丞相魏齐说：“不！秦强魏弱，不能以卵击石。听说秦丞相张禄是魏国人，我们不如派人持重金去求和，这样可免兵火之灾。”魏王点头赞同，便派须贾直奔咸阳。

范雎听到须贾到了秦国，高兴地说：“须贾来秦，我报仇有望了！”然后，他换了一身破旧衣服，来到客馆里去见他。须贾一见范雎还活着，吓了一大跳，他吃惊地说：“你现在在干什么？”范雎说：“我在这里给人家当佣人。”须贾见他身上穿得单薄，冻得直打哆嗦，就拿出一件茧绸大褂来，送给范雎，并且留他一起吃饭。范雎再三道谢，并借此问道：“大夫为什么也来秦国？”须贾说：“听说魏国人张禄现为秦相，想与他交往，但目前还无人引荐。”范雎说：“我家主人与张相有交往，我也常有机会接近他，你想认识他，我可以引荐。”须贾说：“既然如此，那你就为我们定个时间吧。”范雎说：“据我所知，丞相一直很忙，今天却有一点闲暇时间，不如我们今天便去。”

范雎一路为须贾赶着车，不一会儿就来到了相府门口。他对须贾说：“大夫稍等，我去通报一下。”范雎进去不久，里面传出命令：丞相升堂，叫须贾进去。须贾问守门的侍者说：“刚才同我一块儿来的范叔，怎么还不出来？”守门的说：“哪儿来的范叔，刚才进去的就是我们的丞相。”须贾这才知道丞相张禄就是范雎，吓得他出了一身冷汗，想不进去却已经来不及了，只得脱衣解带，摘帽脱鞋，然后跪于门外，口称：“罪人须贾在门外领死。”差人传他进去，他战战兢兢，跪着走到堂前。范雎见他这般模样，仪态威严地喝道：“念你之罪，本应砍掉你的头颅，以雪我前耻，但你今天见了我，给我这件绸袍子，还有一点故人之情。看在这个份上，我饶了你的命。”须贾听后，连连向范雎磕头，并爬出了门外。

至此，秦国人才知道张丞相就是传说在魏国已被打死的名士范雎。秦王也深深怜惜范雎所遭受的身心上的伤害，不仅未定他欺君之罪，还许诺为其报仇。接着，范雎让须贾捎信给魏王，要魏王杀了魏齐，才允许魏国割地求和。

须贾回到魏国，把范雎的话回报了魏王，魏王情愿割地求和。魏齐则先逃往赵国，后闻秦王为索取自己而派兵大举伐赵，自知已走投无路，只好自杀于赵国。

★秦昭襄王像

秦昭襄王

秦昭襄王，即秦昭王，是秦惠文王的儿子，秦武王的弟弟。秦昭王生于公元前324年，在这一年，秦惠文王称王，爱妾芈氏为他添了一个儿子，惠文王十分高兴，为这个儿子取名为稷。公元前306年，秦武王死，因武王无子，由赵武灵王拥立嬴稷为君，是为昭襄王。秦昭襄王在位的时候，秦国继续扩张，最著名的秦赵长平之役就是在他在位晚期发生的。他手下包括有张仪、白起等，这些人都是当时的名士，文能安邦，武能定国。昭襄王五十六年（公元前251年），七十三岁的秦王稷去世，子安国君柱即位。昭襄王在位时期，为秦国最终统一六国打下了非常重要的基础。没有昭襄王在军事上、政治上和经济上的成功，秦国就不会有秦始皇统一六国的成功。

触龙巧说赵太后

CHU LONG QIAO SHUI ZHAO TAI HOU

公元前265年，赵惠文王死，赵孝成王继位，其母赵太后当权。

当时，秦国正谋划攻打赵国。原来秦国丞相范雎，在魏国时与魏齐一起共事，有人诬告范雎在出使齐国时受贿卖国，魏相魏齐把范雎酷打昏死。范雎苏醒得救逃到秦国，受到秦孝文王的重用。秦王为笼络范雎，为之报仇，以大国的姿态向魏索要魏齐，魏国畏怕秦国，魏齐闻讯逃到赵国，投奔于平原君赵胜府中。

范雎听到魏齐逃到赵国的消息，向秦王报告，秦孝文王以索要魏齐为借口，以王翦为大将，亲率二十万大军伐赵，轻而易举便攻占赵国三座城池。赵国虽然派大将廉颇率兵迎敌，但由于国家实力远不如秦，故赵国上下一片恐慌。相国虞卿向齐国借兵救援，但齐国非要赵太后最小的儿子长安君到齐国为人质，才肯出兵。虞卿向赵太后请求，遭到太后的拒绝。

★赵威后画像

赵太后平素最疼爱长安君，舍不得让小儿子出质。太后不肯答应，大臣们极力谏争，太后对左右近臣表示：“有人再来劝谏让长安君出质于齐，老妇定吐他一脸唾沫。”此后再也没有人敢提这件事情。

赵国危急，事出无奈，担任左师（执政官之一）之职的老臣触龙，以请安为名去谒见赵太后。赵太后听说触龙求见，认为又是为此事来说，满面怒气召见了触龙，已做好思想准备，即使老臣出面也决不答应。

触龙进宫故作姿态，一步一步慢慢地挪动着脚步，见过礼坐定，慢声低语地说：“老臣的腿有毛病，走起路来很不方便，所以有好长的时间没有来向太后请安。可是我还惦念您老人家，怕太后玉体有不舒适的时候，所以今天特来探望。”

太后听说是来看望她的，戒备之心有所松弛，态度好转，接过话语说：“老妇走路已不行了，进出全靠辇车。”触龙问：“您老人家的饮食怎样？饭量减少了吗？”太后说：“只是吃点稀粥罢了。”触龙说：“老臣近来也很不想进食，就勉强步行，每天坚持走三四里路，食欲有所增加，身体也觉得舒适些。”太后说：“老妇已办不到了。”

两人唠得很投机，太后的脸色也变得温和了，触龙就开始往正题上转。触龙说：“老臣有个不肖的小儿，名叫舒祺，年龄小，没有什么才能，恐怕将来他没有自立的能力，可是我已衰老，还很疼爱他，放心不下。我希望他能补额做一个宫殿的卫士就行了，特来向太后请求。”太后说：“那好办！今年多大了？”触龙说：“十五岁了，虽然还小，老臣想趁我还活着的时候，把这件事拜托给太后。”太后看触龙对小儿子如此慈心，便问道：“男人也很疼爱小儿子吗？”

触龙见太后已上钩，提高声调说：“比你们女人还厉害呀！”太后不由一笑，说：“我们女人爱小儿子更厉害呢！”两人近似争论，各持己见。触龙心想，我要教育你懂得什么是对孩子的爱。他说：“依我看来，觉得您老人家爱女儿燕后超过了爱少子长安君。”太后说：“你错了，我爱女儿远没爱少子厉害。”

触龙说：“父母疼爱子女，就应当替他们未来着想。当年您老人家送女儿嫁给燕王为后时，你紧跟在女儿后边哭泣，想到她远嫁而去，很可怜她。当她嫁到燕国后，并不是不想念她，然而您每当祭祀的时候，为她求福，希望她在燕永远为后，可千万别出什么差错回来。这不是为她长远着想，希望她有子孙后代永远为王吗？”太后答道：“是这样。”

触龙又回顾历史，对太后说：“从现今上数三代以前，到如今，赵王的子孙受封为侯的，他们的后代还有继承爵位为侯的吗？”太后说：“没有。”触龙又说：“不但是赵国，

★触龙巧说赵太后

就是其他国王的子孙，除嫡长子嗣位于王以外那些受封为侯的，他们还有后代嗣其爵吗？”太后说：“老妇也没有听说过。”

触龙深入剖析其原因说：“这是因为他们本身多无建立功业，不足以立朝，无功而侯近，则祸及本身，远则殃及子孙。难道这些被封为侯的国君之子都不好吗？不是，而是因为他们权位尊贵而无功，拥有优厚的俸禄而无劳。如今您老人家使长安君有了显贵的尊位，而且以肥沃的土地赐给他作为俸禄，又给他许多珍宝器物，却不趁现在让他为国立功，您老人家百年之后，让长安君凭什么托身立足于赵国？老臣觉得您老人家为长安君想得不够长远啊！所以我认为您爱长安君远不如燕后。”

赵太后听了触龙一席话，顿开茅塞，又认为触龙老奸巨猾，哈哈笑了起来，说：“老妇被你花言巧语套了进去，不过你的话说得很好，有道理啊！我把长安君交给你，任凭你去差使吧！”

赵太后终于答应了长安君出质到齐国去，赵国为长安君准备了百辆车，送他去齐。恰在这时齐襄王病逝，其子田建继位，年龄小，也由齐太后管理政事。赵太后是齐湣王之女、齐襄王之妹，两太后是姑嫂关系。这时长安君到了齐国，齐国立即任田单为大将，率兵10万前往救赵。

秦将王翦见齐兵来到，观其形势难以取胜，便向秦王请示：“赵多良将，又有平原君之贤，况有齐兵援助，不容易取胜，不如班师。”

秦王说：“不得魏齐，我怎好向范相国交待？”在进退两难时，遣派使者对平原君说：“秦所以伐赵，是为索要魏齐！若能献出魏齐，即当退兵。”

平原君一再推说：“魏齐不在我府中，请大王不要听信别人之言。”平原君始终不承认魏齐在其府中。

秦孝文王无奈，自忖道：“继续进兵吧，又怕齐、赵联军抵抗，胜负难料，想要班师吧，魏齐不可得。”再三思虑，还得与赵国缓和关系，遂把占领赵国的三城归还给赵，并表示以后友好往来。

长安君到齐做人质，搬来齐国救援之兵，从而解除了赵国的危机，为赵国立了一功。

赵国都城邯郸

邯郸城由大小两城组成，小城又称“赵王城”，实际是当时的宫城，位于大城西南方。据考古工作者勘探，小城由东、西、北三个小城组成一个“品”字形，每个小城都有巨大的宫殿建筑，尤以西城最密集，有信宫、东宫，赵武灵王曾在这里上朝。每个小城长宽1公里左右，墙基宽16米左右。在西城中南部发现有大“龙台”，长宽260米以上，高达19米。其北部又有两个长宽50-60米的台基，作等距离的一线排列。东城西部有两个南北对峙的台基和北城南部的台基，长宽都在100米左右，还发现了台基的柱础石及大量瓦片。宫城的门阙发现有八处，每个豁口均宽十余米，大多通向“龙台”等主要殿址，并且南北、东西遥相对应。大城为不规则长方形，东西宽约3公里，南北最长4.8公里，墙宽一般为20米左右。大城之内发现有铸铁、烧陶和石器、骨器等手工业作坊遗址。

★彩绘漆鹿角镇墓兽·战国

赵括纸上谈兵

ZHAO KUO ZHI SHANG TAN BING

公元前 262 年，秦昭襄王远交齐、楚，而派大将王龁率师伐韩，从渭水调运粮草，从东入河洛，以供军需。很快秦军便夺取了野王(今河南沁阳)，截断了上党郡(今山西长治)和韩都的联系，上党形势危急。上党的韩军守将冯亭与将士和当地百姓们商议说："秦兵夺取了野王，则上党不保，与其降秦，还不如降赵，秦恨赵国得上党，必然加兵于赵国，而赵国兵少，又势必要同韩合兵一处，韩赵共同对付秦兵，就不会那么吃力了。"众人点头称是，认为此计可行。于是，冯亭作书，派人持信和上党地图一同献给了赵孝成王。

★玉雕立马·战国

赵孝成王得到书信和上党地图，异常兴奋。平阳君赵豹却劝谏说："我听说，无缘无故获得好处，是一种灾祸。希望大王不要随意接受。"赵孝成王说："他们怕秦国，而亲近赵国，所以才把城池交给我们，怎么能说是无缘无故呢？"平阳君说："秦国发兵伐韩，自以为拔除上党如探囊取物，我们未动一兵一卒就得了上党，这就好比人家在前面耕种，咱们在后面收获，这样做秦国能甘心吗？再说，冯亭之所以不降秦而降赵，是想转嫁危机，大王应该好好想一想。"对平阳君的论调，赵孝成王很不以为然，他又找来平原君赵胜商议，平原君以为："秦国发百万之兵攻入韩国，却未得几个城池，今天我们未动刀兵就可得上党十七城，这是大利，不可不得。"于是，赵王便派平原君带兵去上党受地。

过了两年，秦国又派王龁围攻上党，冯亭率军民力战。两个月后，赵国援兵一直未到，冯亭只好率所剩军民投奔赵国。此时，赵孝成王已派廉颇率领二十多万大军去救上党。赵军到达长平(今山西高平县西北)，正遇冯亭，才知上党已经被秦军攻占，且王龁大军已向长平逼来。廉颇一面组织就地分营筑垒，一面派出前哨探听秦军虚实，哪知秦兵此时也派出小股军队前出至长平附近察看赵军，两军在长平关外 20 里处相遇，赵将看秦军兵少，便迎上前去厮杀，正在交锋之际，秦军的第二队前哨赶到，将赵军一举歼灭。

廉颇闻听前哨有失，连忙命令深沟固垒，戒令全军不与秦兵交战。未过多长时间，王龁率大军也到了长平，他指挥秦军先后攻下几座城池，然后又挥师来攻廉颇大营。廉颇传令：出战者，虽胜也要斩首。任凭秦军如何叫骂，赵军就是不出门迎战。由于秦军驻扎在河流的上游，而赵军的营垒在河流的下游，于是有人给王龁献计，阻断水流，使赵军因无水而生乱。王龁采用了这条计策，谁知廉颇早就预先挖好了存水的水池，所蓄的水能够供赵军吃上很长时间，所以一连四个月，王龁也未能和赵军交锋一次。

秦国君臣因廉颇据垒阻挡而一筹莫展。这时，范雎向秦昭襄王献了一计，他说："廉颇是个富有经验的老将，不轻易出来交战。我军

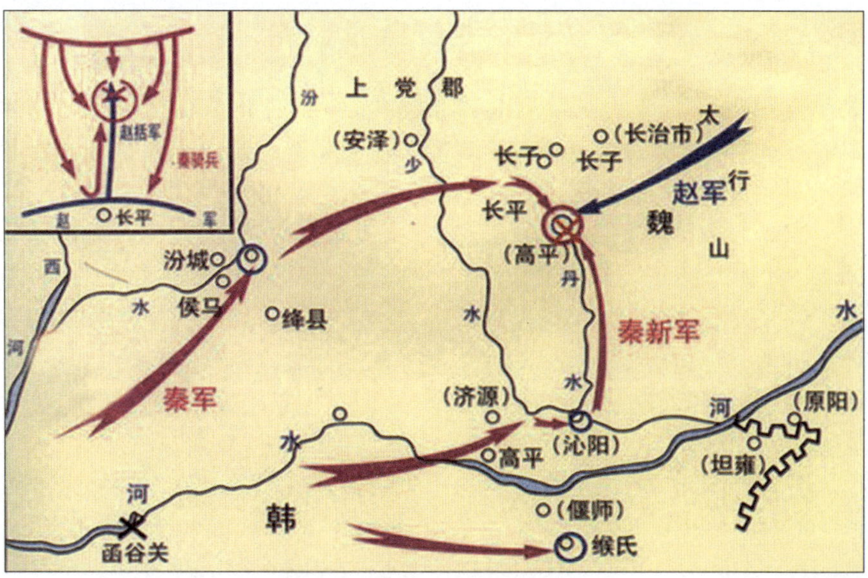

★长平之战示意图

远道而来，长期下去，就怕粮草接济不上，要打败赵国，必须用'反间计'，诱使赵国把廉颇调回去。”

此计一出，秦昭襄王非常高兴，马上给范雎金钱宝物，让他的门客走小路进入邯郸，买通赵王的左右，散布谣言说：“赵国中只有赵奢是位名将，虽然已经死了，可是他的儿子赵括胜过他的父亲，要是让他带兵打仗，肯定谁也挡不住。廉颇老了，胆子越来越小，眼看就要坚持不住了，过不了多久就得投降。”

赵王听了左右的议论，联想到自廉颇出兵以来，接连损兵折将，而且被秦兵所逼，缩在营垒之中，不敢出战，便觉得别人的议论是对的。于是，他立刻把赵括找来，问他能不能打退秦军。赵括说：“要是秦国派白起来，我还得考虑对付一下。如今来的是王龁，他不过是廉颇的对手。要是换上我，打败他不在话下。”赵王听了很高兴，就拜赵括为大将，去接替廉颇。蔺相如对赵王说：“赵括只懂得读父亲的兵书，不会临阵应变，不能派他做大将。”可是赵王对蔺相如的劝告听不进去。

赵王给了赵括20万人马，让他去接替廉颇。赵括阅军已毕，回家向母亲辞行。赵母说：“你父亲临终时说，不让你带兵打仗，你怎么不推辞呢？”赵括说：“不是我不推辞，是朝中实在找不出比我强的人。”听了赵括的话，赵母立刻向赵王上了一道奏章，请求赵王另选别将。赵王把赵括的母亲召到宫里，问她什么理由。赵母说：“他父亲临终的时候再三嘱咐我说：'赵括这孩子把用兵打仗看作儿戏，谈起兵法来，就眼空四海，目中无人。将来大王不用他还好，如果用他为大将的话，只怕赵军会断送在他手里。'所以我请求大王千万别让他当大将。”赵王说：“我已经决定了，你就别管了。”赵括的母亲见无法改变赵王的主意，便又说道：“大王即然执意让赵括领兵，假如一旦兵败，望大王不要连累我的全家。”赵王当即表示同意。

★赵括纸上谈兵

公元前260年，赵括领兵来到了长平，请廉颇验过兵符。廉颇办了移交，回邯郸去了。赵括统率着40多万大军，声势十分浩大。他把廉颇规定的“坚壁”之命废除，把营垒合并成大营，还下了命令说：“秦国再来挑战，必须迎头回击。秦军若是败退，必须穷追猛打，杀他个片甲不留。”

自赵括出征，秦国密探很快把这个消息报告给了范雎，范雎知道自己的“反间计”已经成功，就秘密派白起为上将，去指挥秦军。白起一到长平，听说赵括已经改变了廉颇的策略，便故意派3000人前去挑战，接着诈败而归。赵括不知是计，得意地吹嘘：“秦军怕我们了，来日可生擒王龁。”接着，他向秦军下了战书，约明日决战。白起故意

★长平之战

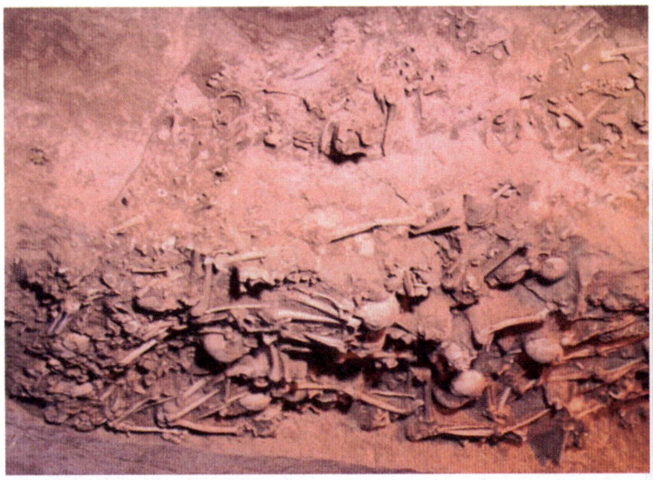

★长平之战尸骨坑

★长平之战遗址

命王龁批下战书:来日决战。然后,白起亲自部署战阵,先是派出精兵3万人,切断了赵军的粮道;另派2万人埋伏在赵军大营附近,只等赵军开营门杀出,便把赵军截作两段;再分派两名秦将各率5000骑兵,往来接应。

天还未亮,赵括领兵出了营门,与秦军对阵,秦军首先进攻,赵括派兵迎战,秦兵诈败,赵括挥军而进,此举正中了白起的计谋,因而秦军很快把四十多万赵军切成两段。赵括这才知道秦军的厉害,只好筑起营垒坚守,等待救兵。可是,他哪里知道秦兵早把赵国救兵和运粮的通路切断了。

赵括的军队内无粮草,外无救兵,守了40多天,兵士都叫苦连天,无心作战。赵括只好选精兵突围,但左突右冲,围上来的秦军却越聚越多,因而突围的赵军全军覆没,连赵括本人也被秦兵乱箭射死。此时,白起命升起招降旗,赵军知道主将被杀,纷纷扔了手中的武器,投降了秦军。赵国四十多万人马就在纸上谈兵的主帅赵括手里全部覆没,而秦将白起以怕赵军降而复叛为名,在一夜之间又把这些降卒全部坑杀,只把240名年龄很小的赵兵放回邯郸。

赵奢

赵奢,号马服君,与赵王室同宗。赵奢是战国后期赵国名将,战国时期八将领之一,主要生活在赵武灵王(公元前324—前299年)到赵孝成王(公元前265—前245年)时期,享年约六十余岁。赵惠文王时,赵奢初做赵国的田部吏(征收田赋的小官),收租税,执法无私,因平原君家不肯出租,赵奢依法处置,杀平原君家主事者九人。平原君发怒,要杀赵奢,赵奢说道:"您是赵国的贵公子,现在纵容您家不奉行公事,那么国法就会削弱;国法削弱了,国家就会衰弱;国家衰弱,各国就会进兵侵犯;各国进兵侵犯,赵国就不能存在,那您还怎么保持现在这样的富贵呢?"平原君听了这番道理,认为赵奢是位很贤能的人,从此摒弃前嫌。公元前271年,在平原君的举荐下,赵奢被任命为治理全国赋税的总管。赵奢管理全国的赋税后,国家赋税因之公平合理,百姓富裕,国库充实。惠文王十九年(公元前280年),赵奢被任命为将军,他悉心治军,对下严而和,凡有赏赐,必分给部属。他带兵攻取了齐国的麦丘(今山东商河县西北),赵王因得城大喜,为之斟酒祝贺。此后,赵奢便将身心都融入到了他的军事生涯。赵奢的治军格言是:"两鼠斗于穴中,将勇者胜。"

★赵奢塑像

用计谋廉颇败燕师

YONG JI MOU LIAN PO BAI YAN SHI

公元前254年，燕国最后一任国王姬喜即位。他既缺乏政治头脑，又刚愎自用，好大喜功。公元前251年，赵相国平原君病逝，廉颇接任相国之职。燕王喜认为两国相邻，应前往吊唁平原君之丧，以便密切两国关系。于是派相国栗腹出使赵国，并带五百金作为酒资馈赠给赵孝成王。这本来是团结邻邦、共同抗拒秦国攻伐的友好之举，然而，使者回国之后，燕国就发动了对赵国的不义之战。

当栗腹出使到赵国，送上厚礼，只因为赵王没有用重礼招待他，心存不满。回国之后向燕王报告说："赵从长平战败之后，青壮年大都死去，现在国内都是些孤弱儿童，而且平原君死去，廉颇已老，我们要乘机出兵攻伐，定能打败赵国，得到他们的领土。"燕王听了十分高兴，召昌国君乐闲商讨伐赵之事。

★镶嵌绿松石云纹镜·战国

乐闲听说要无故兴师伐赵，认为不可。他说："赵国东为燕，西接秦，南邻韩、魏，北连胡狄，处于四面强敌之中，所以他们有丰富的应战经验，百姓都习于战争，不可小看赵国的军事实力。"

燕王说："我以三倍于它的兵力攻打如何？"

乐闲说："不可。"

燕王喜决意伐赵，对乐闲很不满意，他又说："我用五倍的兵力攻伐，总可以了吧？"

乐闲还是认为不可，燕王盛怒。群臣多附言趋势，讨国王的欢心。于是燕王毅然决定，发兵车两千乘，兵分两路，一路由栗腹率领攻打鄗(今河北柏乡县北)，另一路由卿秦率领攻打代(今河北蔚县)。

伐赵的命令刚刚颁布，燕大夫将渠面见燕王，这是一位忠心耿耿、料事周全，也很倔强的人。他劝谏燕王说："大王不要以兵力多少论事，以事理曲直而论，我们和赵国互通关卡，相互缔有盟约，并以五百金置酒欢宴赵王，哪有使者刚刚回国，而以兵戈相见，去攻打人家的道理？不信不义，出师无名，战争是不会取得胜利的。"

燕王不但没有接受将渠的忠告，反而亲自率领一支军队出征，以便接应栗腹和卿秦的两路军。

将渠听到燕王亲自劳师出征的消息，急忙赶到郊外。大队人马正要出发，将渠扑到燕王驾前，拉住燕王的绶带苦苦强谏，垂泪说："即便要伐赵，请大王不要亲自出征，大王入不测之地，朝野臣民不安！"燕王怒不可遏，用脚把将渠踢开。将渠又将燕王的脚抱住说："臣所以挽留大王是一片忠心啊！王若不听，燕国将有祸患到来！"燕王更加发怒，下令把将渠下狱囚禁，待大军凯旋之日问罪。于是燕军分程扬镳，烟尘滚滚，旌旗遮日。燕王望着自己的将士，满怀踏平赵国国土之志，开拓燕国疆域之愿，杀气腾腾率军而击。

赵国得知燕军来攻的情报，相国廉颇向赵王建议："燕认为我国刚刚战败，伤亡惨重，士卒缺乏补充。我们要是在全国征发十五岁以上者，武装为兵助战，只要我军精神旺盛，就可以压倒燕军的士气。栗腹没有领兵的韬略，只是求功心切；卿秦是个无名小辈；乐闲、乐乘不愿与我结冤，只是被迫出战。我们完全可以挫败燕军。"

赵孝成王听了老将廉颇的分析，倍增抗敌的信心。他任命廉颇为大将，领兵5万，赴鄗迎战栗腹，李牧为副将，领兵5万，赴代迎战卿秦。

廉颇是位久经沙场的老将，当他领兵将近鄗之地，就把能打善战

★赵孝成王像

★廉颇用计谋打败燕国凯旋归来

的青壮年士兵隐匿起来，只用老弱之兵列阵待敌，栗腹派人侦探，只见赵国的老弱残兵，产生轻敌的心理，不以为患，率兵急攻鄗城。鄗城得知廉颇率领救兵已到，坚守城池，而栗腹军屡攻不下。数日之后，廉颇认为燕军连日攻城，锐气已挫，便派老弱兵数千人前往挑战。栗腹留乐乘领兵继续攻城，自己率领大部军队来战赵军。双方刚一接战，赵军大败而逃，栗腹挥军追赶，深入到赵军的埋伏圈里。只见廉颇一声号令，赵军从四面杀出，个个英勇奋战，燕兵惊恐，被打得大败，廉颇生擒栗腹。乐乘闻报，知主将被俘，便想引军退去。这时廉颇派人前往招乐乘，好言劝告，乐乘率领余部投降赵军。李牧也打败了入侵代郡的燕军，并斩杀了燕将卿秦。此时只有乐闲率领一部分燕军尚存，廉颇让乐乘写信招降，乐闲也率军投降于赵军。

★李牧塑像

燕王喜闻报，知两路军俱败，惊恐之余，披星戴月回军都城。廉颇指挥赵军追击 500 里长驱直入，将燕都蓟城团团围住。燕王喜狼狈不堪，只好派使者到赵军中求和。

燕使来到赵军中，乐闲向廉颇介绍情况说："原倡始发赵者是栗腹，大夫将渠有顾大局先见之明，向燕王苦谏，燕王不听，把将渠下到狱中。将军如果许和，必要燕王任将渠为相，务使将渠前来方可谈判。"

燕王只好听从赵国的摆布，把将渠放出，拜授相印，令往赵军中和谈。

将渠推辞说："伐赵兵败之事不幸被臣而言中，如今，我怎能以自己国家的失败，而有心接受相国之职呢？"

燕王说："寡人不听卿言，以致失败受辱，今日燕向赵求和，非卿不可。"将渠不好过于难为燕王，接受了相印，并向燕王请求说："乐闲、乐乘虽降于赵，应念其先辈有大功于赵，大王应将他们的家室进归于赵，使他们不忘记燕的恩德，如此和议可速成。"于今燕王也顾不得许多，一切应允。

将渠到了赵军中，代燕王谢罪，并送交乐闲、乐乘家眷。廉颇热情地接待了将渠，准允了和议，将栗腹斩首，连同卿秦的尸体交归于燕，随即撤围班师回赵。

赵孝成王高兴地迎接廉颇大军凯旋而归，仍封称燕国降将乐闲为昌国君，乐乘为武襄侯，赵将李牧升为代郡守。

廉颇墓

廉颇墓位于安徽省寿县县城西北 7 公里处。墓位于肥陵牛麓(俗称放牛山)，面临淮河，南望寿春古城，东傍八公山，背负群山密林，气势宏伟。墓为封土大冢，墓前原立有"赵廉将军墓"碑，于光绪初年被毁。1988 年新立由书法家司徒越书写的"赵大将军廉颇墓"碑。墓面西，周长 300 米，古堆高约 20 米，周约 30 米，基有条石垒砌。墓前一条神道，神道两旁对称布置石兵石兽像，两旁松柏常青。墓前左右石碑上记载着廉颇生平事迹、历史典故。西临淮河，南、北、东三面环山，一代风流领山川之胜，英风浩气激荡千秋。

★廉颇墓

为雪耻燕王二次伐赵

WEI XUE CHI YAN WANG ER CI FA ZHAO

赵、燕议和，赵兵罢去，燕王喜并不甘心。尤其在赵国兵临城下，事出无奈，只好听从赵方的要求，任将渠为相，认为是奇耻大辱。他和将渠素不相和，政见不一，将渠任相一年多即托病辞职。燕王另任剧辛为相，剧辛不同将渠，只能迎合王意，不敢犯颜直谏。燕王与他共同策谋报赵国之仇，以雪前耻。

★剧辛进言攻打赵国

公元前245年，赵孝成王病逝，赵悼襄王继位，廉颇受郭开等人的谗陷，离开赵国投到魏国。剧辛认为这是进攻赵国的好时机，便向燕王喜奏道："赵国新丧，廉颇去国，相国庞煖是个庸才，秦近攻占赵国之晋阳（今山西太原市南，公元前247年被秦攻取），赵已疲惫不堪，乘机攻伐，定能报栗腹军败之辱。"

燕王喜听得高兴，符合己意，要剧辛领兵出征。剧辛不识时务，向燕王夸下海口说："臣熟知地利之战，若蒙受大王的委任，定当生擒庞煖，献于大王之前。"燕王大喜，于是在公元前243年，派剧辛为将，领兵10万再次伐赵。

赵悼襄王闻报，召庞煖计议。庞煖献计说："剧辛自恃为将已久，有轻敌心理。令李牧从代郡领兵南行，断剧辛军的后路，臣领兵正面迎战，剧辛军腹背受敌，必败无疑。"赵王同意了庞煖的战术计划。

剧辛率燕军渡过易水，路经中山，耀武扬威直逼常山地界，大有势不可挡的劲头。庞煖统帅大军于东垣（今河北石家庄市东）坚营待敌。剧辛探知，求胜心切，派将前往挑战，栗腹之子栗元想为父报仇，自告奋勇。剧辛拨给栗元精兵万人，另派武阳靖协助。庞煖已令乐闲、乐乘领兵为左右翼，伏兵两侧，庞煖亲自督军迎战，两军交锋不多时，赵左右两翼军用箭射杀燕军，武阳靖中箭身亡，栗元抵挡不住领兵撤回，庞煖纵兵追杀，栗元万人之军损失近半。

庞煖战胜栗元，然后回军坚壁营垒。剧辛见栗元兵败，怒不可遏，统兵来攻，庞煖坚守营垒拒不出战。剧辛下书，邀庞煖次日于阵前单独相会。第二天两人各乘兵车而出，原来这两个人都曾在赵国为将，相处的很好，公元前312年燕昭王即位，筑黄金台招天下士人，此时剧辛弃赵至燕。如今虽各为其主统兵对阵，但以往私人之交，情义尚存。庞煖在车上欠身施礼说："我今天高兴地见到将军虽已年迈，身体还很健壮。"

★玉谷纹条形『勒玉』·战国

剧辛说："回忆当年与君惜别还都年轻，今已四十年余。我已衰老，你的面容也显得苍老了。'人生如白驹过隙'言之不假呀！"

庞煖说："将军当初以燕王礼贤下士，弃赵奔燕，燕一时间豪杰勇至；今黄金台已被草木淹没，苏代、邹衍等相继谢世，昌国君前归于赵，燕国的运气由此可见已衰。将军已年过六旬，孤立于衰败之廷，是否有贪兵权，拿着凶器而干着危险的事呢？"

剧辛说："我受燕三世之厚待，

粉身碎骨难报大恩。趁我余年，想要为燕雪栗腹兵败之耻呢！”

★虎鹰相搏带饰·战国

庞煖说：“栗腹无故兴师伐赵，自取丧败，此乃是燕侵犯赵国，而不是赵国侵犯燕国。”

两人在阵前你言我语相互交谈多时，但各自军命在身，不得不两军相斗。剧辛挥动令旗，栗元引军杀出。赵将乐闲、乐乘领兵接战；剧辛驱兵奋进，庞煖也号令全军迎敌。两军相互厮杀，漫地遍野，杀声冲天，刀来剑往，血溅草木，遍地横尸，伤者痛吟。战至天黑，不分胜负，双方只好收兵。

剧辛回营闷闷不快，心想再战难以取胜，回军吧，已在燕王面前自夸海口。这时接到庞煖来书，告诉他说：“代州守李牧，引军袭督亢（今河北涿县东），截将军后退之路。将军宜率军速归，否则，已不及。我以过去的交情不敢不以实相告。”

剧辛大吃一惊，唯恐动摇军心，并回信佯言明日再决分晓。这时栗元进言：“万一李牧来袭，我军腹背受敌，如何应战得了？”

剧辛说：“方才之言，为稳军心，你现在传密令，虚扎营寨，连夜撤军，我亲自断后。”

次日，庞煖探知燕军虚扎营寨，已于夜间遁去。于是兵分三路追击。

剧辛向北退军，途中遇李牧兵到，然后折东而退。

庞煖追兵赶到，双方再战，燕军已失魂落魄，不堪一击，大败而逃。剧辛不愿为赵所囚，自刎而死。栗元被擒斩首，燕军被俘两万余人。赵军得胜，庞煖与李牧合兵攻略燕武遂（今河北徐水县西）等地。

燕王喜见国难临头，不得不屈尊下至将渠家门，恳请将渠出使赵军乞和。

庞煖凯旋而归，赵悼襄王出邯郸城喜迎大军，问候庞煖等将士。

★赵燕两军交战

★廉颇塑像

郭开陷廉颇

赵悼襄王元年（公元前244），廉颇因不满于赵王免去自己的兵权而逃往魏国。赵王迁即位，廉颇一再请求返回祖国效力，赵王也“思复得廉颇”。他派使者到魏国，探视廉颇的近况。廉颇见到来自故国的使者，十分高兴，“为之一饭斗米，肉十斤，披甲上马”，以示自己年老犹壮，冲锋陷阵不在话下。谁知那使者早在离赵之前，已被郭开用重金收买，让他在赵王面前诋毁廉颇，务必不使廉颇回国。使者回到赵国后欺骗赵王说：“廉将军虽老，尚善饭；然与臣坐，顷之三遗矢矣。”把廉颇说成是个只能吃不能干，一会儿就解了三次大便的老废物。赵王信以为真，由此打消了召回廉颇的念头。

鲁仲连义不帝秦

LU ZHONG LIAN YI BU DI QIN

★秦国派使臣威胁魏王

周赧王五十三年（公元前262年），秦、赵两国军队在长平展开了战国时期最大的一次战役——长平之战。战争相持了三年，最终秦军击败了赵军，赵将赵括被杀，秦将白起活埋了赵国降兵四十多万人。战争结束后，赵国举国骇然，凄天惨地，遍地尽闻招魂之声。而秦军却乘胜又攻占了赵国的太原郡（今山西太原一带），接着派王陵率军攻打赵国国都邯郸（今河北邯郸市西南）。邯郸城危如累卵，赵国君臣惊慌失措，束手无策，过去自诩为智囊的平原君更是木讷无言。最后，在无可奈何的情况下，赵孝成王决定派使臣到魏、楚两国去求援。魏国的国王魏安釐王派了大将晋鄙率领十万军队前去救赵。就在这时，秦国也派使臣来到魏国威胁魏王说："魏国如果派兵去救赵国，秦国就先调兵来攻打魏国。"魏王怕秦国来攻打，就只好命令晋鄙率军驻扎在赵魏交界的汤阴（今属河南）地区，按兵不动，以观变化。另派客将军辛垣衍从小路进入邯郸，通过平原君对赵王说："秦国之所以急于围攻赵国，是因为从前和齐湣王争强称帝，齐国首先取消了帝号，现在齐国比湣王时更加衰弱了，当今只有秦国称雄天下，这不一定是要贪图邯郸，他的目的只不过是想要求得称帝天下。赵国如果派使者尊秦昭王为帝，秦王一定高兴，就会收兵离开邯郸。"平原君听了犹豫不定，没有做出什么决断。

这时鲁仲连正巧在赵国游历，碰上秦兵围攻赵国，听说魏国想让赵国尊秦王为帝，于是去见平原君说："抗秦这件事打算怎么办呢？"身为一人之下万人之上的相国平原君这时也是显得束手无策地说："难办啊！难办啊！我赵胜怎么敢谈抗秦这件事呢？上百万的军队在外面打了败仗，现在秦兵又深入国内围困邯郸而不离开。魏王派客将军辛垣衍劝赵王尊秦王为帝，现在那个人还在这里。我怎么敢谈抗秦这件事呢？"鲁仲连听了，立即愤然作色道："先前我认为您还算得上天下贤明的公子，从现在起才知道您并不是那么回事，根本就没有什么能耐。魏国的客将军辛垣衍在哪里？请让我替您去斥责他，把他赶回魏国去！"

于是平原君去见辛垣衍说："齐国有位鲁仲连先生，他想见将军。"辛垣衍说："我听说鲁仲连先生是齐国品行高尚的人，但是我是魏王的臣子，出使到赵国来有自己的职责，我不愿意见到他。"平原君见此，只好如实地说："我已把您来的使命泄露给他了。"辛垣衍无可奈何，只得答应了。

鲁仲连经平原君引荐见到了辛垣衍。刚见面时，鲁仲连压住心中怒火，气宇轩昂地逼视着辛垣衍，但并不急于说话。辛垣衍也默不作声，双方都在沉默中对峙，在暗地里揣摩着对方的心理。最终还是辛垣衍忍受不住这种难堪的局面，首先开口说："住在这个被围的京城之中的人，都是有求于平原君的人，高贵的先生，不像有求于平原君，为什么长久住在这被围的城里而不离开呢？"面对辛垣衍咄咄逼人的问话，鲁仲连从容地说道："像周朝隐士鲍焦那样抱木死去，并不是为了自己，而是为了抗议当时的社会。秦国是抛弃了礼义而崇尚斩首之功的国家，用权诈之术来使用他们的贤士，把人民当做奴隶来役使；如果让它自称为帝，不幸控制了整个天下，那么我只有奔向东海去死了，我不忍给它当老百姓！我所以要见将军，是想帮助赵国。”

辛垣衍心想，现在秦乘大胜之锐气，重兵包围了邯郸，赵国君臣失色，一片哀怨，悲痛还来不及，哪里还有抵抗的力量呢？你鲁仲连哪有什么高招能救赵国。于是反守为攻说：“先生打算怎样帮助赵国呢？”鲁仲连不假思索地回答说：“我将要让魏国和燕国帮助赵国，而齐国和楚国本来就是帮助赵国的。”辛垣衍带着怀疑的口吻说：“燕国嘛，我相信是会听从你的；至于魏国，我就是魏国人，我不知道你怎么能使其帮助赵国。”鲁仲连凝目注视着辛垣衍，说道：“这是魏国没有看到秦王称帝的害处的缘故，假如魏国看到了这一点，魏王必定会帮助赵国。”辛垣衍急忙问：“秦称帝，对魏有何害处呢？”鲁仲连接过话题，说：“从前齐威王曾经实行仁义，带领天下的诸侯朝拜周王，周王既穷又弱，诸侯没有谁去朝拜，而齐王偏偏去朝拜周王。过了一年多，周烈王死了，诸侯都去吊丧，齐国的使者后到，周王大怒，派人把烈王的死讯告知齐国说：‘周烈王驾崩，天子离开宫室，寝在苫席上守丧，齐国的臣子田婴后到，应该受斩头之刑！’齐威王变了脸色大怒说：‘啊！你的母亲，不过是个出身低贱的婢子罢了，你有何高贵可言！’齐威王的非礼，终于被天下人所讥笑。齐威王之所以在周烈王生时朝拜他，死后就斥骂他，实在是因为忍受不了周王对他苛求的缘故。那天子本来就是这样，没有什么奇怪的。”

辛垣衍反问说：“先生难道没有看见过奴仆吗？十个仆人跟随一个主人，难道是力量抵不过，智慧赶不上吗？是因为怕他呀。”鲁仲连

★鱼形壶·战国

继续说：“魏国对秦国来说，就像仆人一样吗？”“是的。”辛垣衍点头说道。鲁仲连紧接着说：“那么我将让秦国把魏王用酷刑杀死！”辛垣衍的脸色立即变得阴沉下来，很不高兴，说：“唉，先生的话，也太过分了！您又怎么能使秦王把魏王用酷刑杀死呢？”鲁仲连冷笑道：“这不过是小事一桩，等我说给你听。从前的九侯、鄂侯、文王，是纣王的三个诸侯。九侯有个女儿长得美丽动人，所以进献给纣王。九侯之女不好淫，纣王便怒气冲冲地把九侯剁成肉酱；鄂侯急切地为他争理，剧烈地替他辩解，结果纣王把鄂侯的尸体做成肉干；文王听了此事，发出长叹，因此纣王把他放在羑里（今河南汤阴县境内）狱中拘禁了一百天，并想处死他。这三人为什么跟别人一样都尊帝尊王，却最终落到如此下场呢？”

接着又说：“齐滑王将要到鲁国，夷维子拿着马鞭跟随着，对鲁国人说：‘你们用什么礼节来款待我们的国君呢？’鲁国人说：‘我们将用十太牢（古代帝王祭祀社稷时，牛、羊、猪三牲全备为“太牢”）款待你们的国君。’夷维子说：‘你们从哪里取这种礼节来款待我们的国君？我们的国君是天子啊！天子到各地视察，诸侯要离开自己的宫室，而让给天子；把锁钥缴纳给天子，提起衣襟，捧着几案，侍候天子在堂上吃饭；天子吃过了饭，他们才能退回自己的朝廷上去听政办公。’鲁国人听了之后闭关下锁，拒绝齐滑王入境，使得齐滑王没能进入鲁国。齐滑王将要到达薛地，向邹国借道。正在这时候，邹国国君死了，齐滑王想要去吊丧。夷维子对邹王的儿子说：‘天子来吊丧，主人必须把灵柩移到坐南朝北的方向，然后请天子面向南方吊唁。’邹国的群臣说：‘一定要这样，我们将要用剑自刎而死。’所以齐滑王不敢进到邹国。邹、鲁两国的臣子，国君生前不能够好好地侍奉，国君死后又不能周备地助成丧仪，然而想要在邹、鲁行天子之礼，邹、鲁的臣子们终于拒绝齐滑王入境。如今，秦国是拥有万辆战车的国家，魏国也是拥有万辆战车的国家。都是万乘大国，又各有称王的名份，只看它打了一次胜仗，就要顺从地拥护它称帝，这就使得三晋的大臣比不上邹、鲁的奴仆、卑妾了。”

最后，鲁仲连又说：“况且秦王逞欲不止，自立为帝，将来就要更换诸侯的大臣。他们将夺掉所谓的不贤的人的职权而给予他们所谓

★鲁仲连劝辛垣衍

的贤人，夺掉他们所憎恨的人的职权给予所喜爱的人。还要把他们的毁贤嫉能的妾妇，做诸侯的妃子，住到魏国的宫室里，魏王怎么能够平安无事呢？而将军您又怎么能够得到旧日的恩宠呢？”听到这里，辛垣衍站起身来，向鲁仲连再次行礼致谢说：“开始我以为先生是平庸的人，到现在我才知道先生是天下品德高尚的人啊！请让我离开这里，我不敢再谈尊秦王为帝的事！”

秦国的大将听到这件事，便不敢加紧进攻邯郸，相反向后撤退了五十里。正赶上这时魏公子无忌夺得晋鄙的军权来援救赵国，赵军也乘机从城里杀出，内外夹攻，秦军像山崩似的溃败，死的死，逃的逃，降的降，赵国终于得以幸存。

邯郸之围一解，赵国便庆功论赏。赵王非常感谢鲁仲连的侠义，要封他爵位，要任命他显职。然而，没有人能了解鲁仲连是何等的心情！此时的鲁仲连更加深刻地认识到了各个诸侯国，上自国君，下至百官，除了鱼肉百姓颇有能耐外，遇到国家危难之时，却一个个束手无策，无可奈何。自己怎能与这些人一起使这个纷乱的世界变得更加纷乱呢？要是那样，不是与自己的理想背道而驰吗？想到这里，他又不由自主地记起了孔子说过的“天下有道则现，无道则隐”的话，现在不正是天下无道的时候吗？自己不仅要独善其身，维护自己的人格与节操，而且还要兼济天下……想到这里，他对赵王的封赏再三推辞，始终不肯接受。平原君见此，便站起身来，走到鲁仲连面前，赠送鲁仲连千金，祝福他长寿。鲁仲连笑着说：“天下的贤士可贵之处，是能够替人排除忧患、消除困难、解除纷乱而不取报酬。假如有取了报酬的，那是商人的行为，仲连我不愿意这样做。”于是辞别平原君，离开了赵国。

★鲁仲连拒收赏金

鲁仲连寄信说燕将

有位燕国大将进攻齐国，占领了聊城。聊城有个人去燕国，在燕王面前陷害燕国大将。燕国大将不敢回国，就坚守聊城。齐王派大将田单攻打聊城，打了一年多，也没攻下来，士兵死伤数以万计。鲁仲连听说了，就写了一封信，系在箭上射进聊城中。信是送给燕将的，他在信中说：“明智之人，不违背时势；勇敢之人，不贪生怕死；忠诚之人，要为君主着想。而你如今，既得不到好名声，又无法成为勇士，更无从建功立业。太据守小节就无法成就大业，你为何让小节来束缚手脚呢？你应该以大局为重，尽早作出抉择。”燕国的将领看了鲁仲连的信后，哭了起来。他想撤兵回燕国，燕王听信谗言对他产生了猜忌；想投降齐国，他在齐国杀人无数，恐怕齐国也不会善待他。他无可奈何地长叹说：“与其被杀，还不如自杀啊！”说完，挥刀自刎而死。齐将田单趁机消灭了燕将的军队，班师回朝。他向齐国君王说了鲁仲连的贤能，齐王就准备给鲁仲连封官。鲁仲连听说后，说：“与其屈服于人而富贵，不若轻视世俗而贫贱，随心所欲地生活才是最好的。”于是他逃走隐居起来。

★鲁仲连像

秦将白起

QIN JIANG BAI QI

公元前 294 年，白起为秦昭襄王所用，为秦国左庶长，并开始了三十余年统一六国的连年征伐。

公元前 293 年，秦国为加快统一天下的步伐，打开东进的大门，攻占了韩国的新城，韩国为了夺回新城，联合了实力非常强大的魏国与白起所率领的秦军在伊阙展开了一场殊死的战斗。伊阙为韩、魏门户，两山对峙，伊水流于其间，望之若阙，地势险要。当时秦军兵力不及联军一半，且联军已据险扼守，呈对峙态势。此时，白起升任左庶长，秦王命其指挥此战。白起首先客观地分析了当时敌我双方的形势，针对韩、魏两军互相观望，不愿当先出击的弱点，以少量兵力钳制联军的主力韩军，然后以主力猛攻较弱的魏军。魏军无备，仓促应战，迅即惨败。韩军震慑，且翼侧暴露，遭秦军夹击，溃败而逃。白起乘胜挥师追击，全歼韩魏联军，俘公孙喜，攻占伊阙，夺取五城，全歼韩魏联军 24 万，彻底扫平了秦军东进的道路。白起的灵活用兵方式和娴熟的用兵韬略，使其一夜之间便脱颖而出。

★白起攻占伊阙

伊阙之战后，在攻打楚国时的鄢郢之战中他采用掏心战术，仅用万余人便攻克楚国的都城。公元前 260 年，赵国因贪图韩国送予的城池，以致引火烧身，成为替韩国受兵的挡箭牌。秦国与赵国相峙两年，秦国用离间计，使赵国起用只会纸上谈兵的赵括换下了赵国名将廉颇，而秦昭襄王也偷偷将秦将换为白起，并且下了一道密旨：国人敢言武安君（白起）为统帅者死。刚刚接过兵权的白起经过周密的思考和分析，准备采取诱敌决战的计划。他命令与赵军作战的部队佯装败退，诱其主力前出。赵军果然中计，主力部队离开营垒，进入了秦军的口袋阵，白起趁着天色渐晚，又分派两支兵马，一路去断赵军的粮草，一路直扑赵军的大本营，将赵军分割包围。赵军被困作几处，内无粮草，外无救兵，已经毫无斗志，最后在突围无望的情况下，只得向秦军投降。此役，全歼赵军四十多万，除二百余年龄稍小的被放归赵国外，余者全被秦军一夜坑杀。

然而，正当他想一鼓作气直捣赵都的时候，韩、赵却派苏代（苏秦的弟弟，亦以游说之术往来于列国）用重金贿赂秦相应侯范雎。苏代说："白起擒杀赵括，围攻邯郸，赵国一亡，秦就可以称帝，白起也将封为三公，敢问先生您能在白起之下吗？如若不然，可许韩、赵割地求和，不让白起再得灭赵之功。"由于秦国丞相范雎心忌白起之功，便设计使其退兵还秦。两年后，秦昭襄王再起灭赵之心，白起却因当初功败垂成，装病不出，几经催促，均未成行。

★白起雕像

公元前 258 年正月，秦将王陵攻邯郸不利，秦昭襄王又增发重兵支援，结果王陵损失五名校尉。此时白起病愈，秦昭襄王想以白起为将攻邯郸，白起对昭襄王说："邯郸实非易攻，且诸侯若援救，发兵一日即到。诸侯怨秦已久，今秦虽破赵军于长平，但伤亡者过半，国内空虚。我军远隔河山争别人的国都，若赵国从内应战，诸侯在外策应，必定能破秦军。因此，不可发兵攻赵。”昭襄王亲自下命令行不通，又派范雎去请，白起始终拒绝。昭襄王改派王龁替王陵为大将，围攻邯郸，久攻不下。楚国派春申君同魏公子信陵君率兵数十万攻秦军，秦军伤亡惨重。白起听到后说：“当初秦王不听我的计谋，现在如何？”秦昭襄王听后大怒，强令白起出兵，白起自称病重，经范雎请求，仍称病不起。

★武安君冤死杜邮

公元前257年，由于抗命，白起被秦昭襄王贬为士卒发配至西部边疆，刚刚行至距咸阳10里的杜邮，又被追来的使节宣读了赐死的诏书。一个久经沙场，攻城不计其数，歼敌百余万，战功显赫的军事将领，就这样走到了他人生的尽头。

★白起祠效果图

★白起墓，位于陕西省咸阳市东郊渭河北岸。1982年，陕西省人民政府列其为重点文物保护单位。

武安君白起

白起，又称公孙起，眉（今陕西郿县东北）人，战国后期一位卓越的军事统帅，四大名将之一。白起最初为秦左庶长，后由相国魏冉举荐，任主将攻韩、魏，旋升左更（爵位名）。公元前293年，伊阙之战，白起用避实击虚、先弱后强的战法，全歼韩、魏联军24万，因功晋升国尉。次年，再升大良造。此后三十余载，屡战获胜，攻取七十余城。公元前279年，率军数万深入楚地，大破楚军，受封武安君。公元前273年，赵、魏联军攻韩华阳（今河南新郑北），白起与客卿胡阳率军救韩，大败联军，斩魏兵13万，将赵军2万驱入河中淹死。公元前260年，秦、赵长平之战，白起针对赵军统帅赵括骄躁轻敌、缺乏实战经验的弱点，予以分割包围，待其饥疲交迫，一举歼灭，史传他坑杀降卒四十余万。后因触怒昭王，贬之士伍，公元前257年十二月被迫自杀。白起戎马一生，勇谋兼备，长于野战进攻，料敌用兵，战必求歼，为秦国统一大业立下功勋。后世多称赞其巧妙用兵，而讥评其杀戮无度。

★白起像

毛遂自荐

MAO SUI ZI JIAN

赵国在长平遭到惨败后，元气大伤，面对来势汹汹的秦军，已无力抗击。赵孝成王为了保住赵国的疆土，他只得派人四下求救。平原君赵胜说："魏国与我们有姻亲关系，而且素来与我们友好，向他们求救，肯定能答应。楚国大，而且离我们远，必须以'合纵'之计来劝说他们，他们才肯出兵，事关重大，只有我亲自去才行。"于是，他辞别赵王，准备入楚。

平原君打算带20名文武全才的人跟他一起去楚国，他手下有3000个门客，可是真要找文武双全的人才，却并不容易。挑来挑去，只挑中了19人。平原君不无感慨地说："我养客数十年了，想再找出一个文武全才的人却这么难。"

正当平原君为最后一个人选着急的时候，有个门客，自我推荐说："我能不能来凑个数呢？"平原君有点惊异地问："您叫什么名字？到我门下来多少日子了？"那个门客说："我叫毛遂，到这儿已经三年了。"平原君摇摇头说："有才能的人活在世上，就像一把锥子放在口袋里，它的尖儿很快就冒出来了。可是您来到这儿三年了，我却没有听说过您，可见您于文于武是一无所长啊！"毛遂说："这是因为我到今天才处在囊中，要是您早点让我处于囊中，我早就脱颖而出了，岂止是露出个尖尖儿？"平原君很赏识毛遂的胆量和口才，就决定带他前往。

平原君带着20位门客来到了楚国。平原君与楚考烈王在朝堂上谈判"合纵"抗秦的事，毛遂和其他19个门客都在台阶下等着。从早晨谈起，一直谈到中午，平原君为了说服楚王，把嘴都说干了，可是楚王说什么也不同意出兵抗秦。平原君说："秦国虽强，分制六国则不足；六国虽弱，合力制秦则有余。如果我们都各扫门前雪，不思救助，总有一天会被秦国一个个吃掉。"楚王说："秦国刚一出兵就打下了韩国的野王、上党，长平一战就灭了赵国四十多万兵马，可谓兵速将勇。我们楚国地处偏远，即使去了，能管用吗？"平原君接道："长平之败，属于赵王用人不当，现在秦兵20万大军围困邯郸，长达一年有余，赵国却毫发未损，如果有救兵里外合击，定能战胜秦兵。"楚王又找出托辞说："秦国刚与我们交好，我们现在去救赵国，不等于代人受过吗？"平原君一针见血地说："秦国与楚国交好，是想腾出手来专门对付韩、魏、赵，这三国要是完了，楚国能单独存在吗？"

★铸客豆·战国

平原君与楚王在殿上争论不下，急坏了台阶下的门客们，毛遂等得实在不耐烦，便手按宝剑，拾阶而上。然后冲着楚王高声嚷道："平原君讲了'合纵'的利害，你们合不合纵，三言两语就可以解决了。怎么从早晨说到现在，还没有个结果？"楚王很不高兴，问平原君："这是什么人？"平原君说："是我的门客毛遂。"楚王一听只是个门客，更加生气地斥责道："我跟你主人商量国家大事，轮不到你来多嘴，还不赶快下去！"毛遂却按着宝剑跨前一步说："'合纵'是天下大事，普天下的所有人都可以议论，我家主人在上，用不着你来教训我！"楚王看他身边带着剑，又听他说话那股狠劲儿，有点害怕起来，就换了和气的口吻对他说："那您

★平原君选贤毛遂自荐

★毛遂舌辩楚王

有什么高见，请说吧。”

毛遂镇定地说道：“楚国有5000多里土地，100万兵士，原来是个称霸的大国。没有想到秦国一兴起，楚国连连打败仗，甚至堂堂的国君也当了秦国的俘虏，死在秦国，这是楚国最大的耻辱。秦国的白起，不过是个没有什么了不起的小子，带了几万人，一战就把楚国的国都——郢夺了去，逼得大王只好迁都。这种耻辱，就连我们赵国人也替你们害羞，想不到大王把这些耻辱忘得一干二净。老实说，今天我们主人跟大王来商量‘合纵’抗秦，主要是为了楚国，不单是为我们自己！”毛遂这一番话，真像一把锥子一样，一句句戳痛楚王的心。楚王不由得脸红了，接连说：“说的是，说的是。”

毛遂就势赶紧追问了一句：“那么‘合纵’的事就这么定了？”楚王说：“我意已决。”毛遂马上回过头，叫楚王的侍从马上取歃血订盟的用具。然后，他亲自捧着铜盘子，跪在楚王的跟前说：“大王是‘合纵’的‘纵约长’，请您先歃血（歃血就是把牲畜的血涂在嘴上，表示诚意，是古代订立盟约时的一种仪式）。”楚王歃血后，平原君和毛遂也当场歃了血。

楚、赵结盟以后，楚考烈王派春申君黄歇为大将，率领8万大军，奔赴赵国，以解邯郸之围。平原君回国后，盛赞毛遂说：“毛先生的三寸之舌，强于百万之师！若不是先生自荐于前，我恐怕不只是失去先生，还要失去天下能人志士啊！”

★毛遂墓

毛遂墓位于官桥火车站西约50米处，今山东省枣庄市北部境内。1991年春，官桥镇政府重修，墓碑由著名书法家王学仲先生题写“毛遂之墓”。

平原君赵胜

赵胜是战国四公子之一，赵国贵族。赵武灵王之子，赵惠文王之弟。封于东武（今山东武城西北），号平原君。他礼贤下士，门下食客达数千人。赵惠文王元年（公元前298年），平原君被拜相，其后“三去相，三复位”，前后相赵四十多年，历经惠文王、孝成王二朝。孝成王七年（公元前259年），秦军进围赵都邯郸（今属河北），赵王派平原君向魏和楚求援。赵孝成王九年（公元前257年），食客毛遂自告奋勇，同平原君去楚国求援，说服了楚王，派春申君率军救赵。援军到来之前，邯郸城内兵困粮尽，平原君尽散家财，发动士兵坚守城池，直到楚军和魏信陵君援兵赶到，解了邯郸之围。

★平原君雕像

信陵君窃符救赵

XIN LING JUN QIE FU JIU ZHAO

在平原君去楚国搬取救兵的同时，魏安釐王已派晋鄙率10万大军救赵。秦昭襄王听说魏国救赵，便派使臣去魏国扬言说："秦兵围攻邯郸，几天之内便破城，如果哪国敢派兵来救，秦军必先移兵攻破其城池。"魏安釐王一听使臣的话，吓得赶紧派人追上晋鄙的军队，要求他们驻扎邺下（今河北临漳县西南），无令不得再进。楚国的春申君黄歇也屯兵武关，观望不前。

★信陵君像

平原君派使者催促晋鄙，晋鄙以魏王有命推拖。无奈，平原君只得给魏国的信陵君写信，请他代求魏王下令进兵。信陵君与平原君有姻亲关系，信陵君的姐姐是平原君赵胜的夫人。赵夫人因担心城破，日夜悲啼。所以当信陵君收到信后，心里十分焦急，三番五次地央告魏安釐王命令晋鄙进兵，可魏王说什么也不答应。

信陵君在哀告无门的情况下，心灰意冷地对他的门客说："大王不愿意进兵，我决定自己到赵国去，要死也跟他们死在一起。"说完便组织车马百余辆，门客愿随者千余人，准备直奔赵国。信陵君率众走到夷门，忽然想起那里有位叫侯嬴的挚友，便下车去辞行。见了侯嬴，信陵君讲了去赵赴死的想法，可是侯嬴只是淡淡地勉慰他几句，然后说："我老了，请恕我不能同去。"说完便沉默不语了。信陵君感觉眼前的场面很尴尬，便怏怏而回，率众继续赶路。走了约十里，信陵君还独自思考刚才的情景。他想：我和侯嬴是多年的挚友，这次我去与他生离死别，他却没帮我出什么主意，也没有阻拦我，这简直和他平日的性格判若两人，这到底是什么原因呢？想到这，他命令大家停下来，决定再去找侯嬴问个明白。

快到侯嬴家的时候，信陵君发现侯嬴正站在门外，看到信陵君去而复来，便笑着说："我就知道您还会回来的。"信陵君说："我将入死地，而先生却未曾相送，我只是想问问是什么原因。"侯嬴说："您养客已有几十年了，可这些门客遇事却未有人给您出一条计策，倒跟您一样去赵国打仗，这样做不是等于拿肉打虎，白白去送死吗？"信陵君叹息着说："我也知道没有什么用处。先生有什么好办法吗？"

侯嬴示意身边的人都离去，悄声对信陵君说："咱们大王宫里有个最宠爱的如姬，对不对？"信陵君点头说："对！"侯嬴接着说："听说兵符藏在大王的卧室里，只有如姬能把它拿到手。当初如姬的父亲被人害死，她要求大王给她寻找那个仇人，找了三年都没有找到。后来还是您叫门客找到那个仇人，为如姬报了仇。有没有这回事？"信陵君点了点头说："有这回事。"侯嬴接着说："如姬为了这件事非常感激公子，曾言愿为公子死。如果公子请如姬把兵符盗出来，如姬一定会答应。公子拿到了兵符，去接管晋鄙的兵权，就能带兵和秦国作战。这比空手去送死不是强得多吗？"

信陵君听了，如梦初醒。他命所有意欲上阵的门客就在郊外住宿，而独自驾车回家，找到一个叫颜恩的内侍，让他把盗兵符的事说给如姬。如姬听完颜恩的来意，见

★侯嬴为信陵君出谋划策

★如姬盗符

有回报信陵君的机会，便一口应承下来。当夜，如姬乘着魏王熟睡的时候，偷偷把兵符拿了出来，交给一个心腹，送到信陵君那儿。

信陵君拿到兵符，再一次向侯嬴告别。侯嬴说：“将在外，君命有所不受。万一晋鄙接到兵符，不把兵权交给公子，您打算怎么办？”信陵君一愣，皱着眉头答不出来。侯嬴说：“我已经给公子考虑好了，我的朋友朱亥是魏国数一数二的大力士，公子可以带他去。到时候，如果晋鄙能痛痛快快地把兵权交出来最好，要是他推三阻四，就让朱亥把他除掉。”

信陵君带着朱亥和门客到了邺城，见了晋鄙。他假传魏王的命令，要晋鄙交出兵权。晋鄙验过兵符，心怀疑虑地说：“等过几天我把兵员名册都整理好后，再移交给您。”信陵君着急地说：“邯郸形势危急，应该星夜去救，刻不容缓。”晋鄙说：“这是军机大事，我还要再奏明大王，才能够照办。”晋鄙的话音刚落，站在信陵君身后的朱亥大喝一声：“你不听大王命令，想反叛吗？”不由晋鄙分说，朱亥就从袖子里拿出一个几十斤重的大铁锤，向晋鄙劈头盖脑砸过去，当即结果了晋鄙的性命。

信陵君拿着兵符，对帐外的将士宣布说：“魏王有命，让我代晋鄙率兵救赵，晋鄙违命，现已诛杀，你们要服从命令。”然后他下令大犒三军，并要求道：“父子都在军中的，父亲可以回去；兄弟都在军中的，哥哥可以回去；独子没兄弟的，都回去照顾父母；有病的，留下就医，其余的人都跟我一起救赵国。”

当下，信陵君就选了8万精兵，出发去救邯郸。他亲自指挥将士向秦国的兵营冲杀，秦将王龁没防备魏国的军队会突然进攻，仓促应战，被魏军一阵砍杀，立刻乱了阵脚，并纷纷败逃。邯郸城里的平原君见魏国救兵来到，也带着赵国的军队杀出来。两面夹攻，打得秦军像潮水一样一溃千里，大部分被围困的秦兵也缴械投降了魏国。

信陵君救了邯郸，保全了赵国，赵孝成王和平原君都十分感激，亲自到城外迎接他。楚国春申君带领救赵的军队，还在武关观望，听到秦国打了败仗，邯郸解了围，也带兵回楚国去了。此后，信陵君自知得罪了魏王，没敢回去，只是让晋鄙的旧将将军队和兵符都带了回去，自己留在了赵国。

信陵君魏无忌

魏无忌，魏昭王的儿子，魏安釐王同父异母的弟弟。信陵君是战国时代著名的政治家、军事家，魏安釐王时期官至魏国上将军，和平原君赵胜、孟尝君田文、春申君黄歇合称为“战国四公子”。公元前277年，魏无忌的父亲魏昭王去世，魏无忌的哥哥魏圉继承魏国王位，是为魏安釐王。当时齐国的丞相孟尝君田文因遭猜忌避居魏国，已在魏国从政十几年，政治实力雄厚，魏安釐王为牵制田文，把其弟魏无忌封于信陵（今河南宁陵），因而称为信陵君。

★信陵君救赵

★虎符·战国

秦灭周室迁九鼎

QIN MIE ZHOU SHI QIAN JIU DING

秦国经过商鞅变法日益强盛，到战国的晚期越战越强。秦昭襄王嬴稷在位期间，驱逐专权的旧贵族，任用政治家范雎为相，采用“远交近攻”的策略，在政治、军事、外交上采取了强大的攻势，致使东方六国自顾无暇，无法合纵拒秦。

楚、齐虽曾向周室问鼎，窥视中原，但东周王室最终被秦所灭，鼎迁入秦。

战国时期，周王室的土地缩小，人口减少。公元前367年，周公姬威去世，少子姬根在王城东部争立，赵、韩用武力支持，使小小的周王室，又分裂为两个小国。建都在巩地(今河南巩县西南)的为东周，建都在王城(今河南洛阳市王城公园)的为西周。东、西二周公各统治一块地区，国王还是一个，居住王城。

公元前314年，周赧王姬延即位，他所统治的地盘只是王城周围的三四十座城邑，三万多户，其势力已极其衰弱。

此时，秦昭襄王已不满足国王的称号，要以帝号凌驾于诸侯之上，随时操戈于周室，取而代之。公元前288年10月，他约齐湣王共同称帝，秦为西帝，齐为东帝，事过两个月在纵横家苏秦的劝说下，齐湣王取消帝号，借以孤立秦国，秦昭襄王也被迫取消帝号，此已暴露秦欲吞并天下的企图。

★秦攻赵邯郸兵败，秦大将郑安平举众投降于魏。

公元前257年秦军围攻赵国邯郸兵败，大将郑安平率秦军2万投降于魏，秦昭襄王动怒。郑安平是范雎推荐的，范雎恐惧，劝说秦王灭周称帝，以讨好秦昭襄王，秦王灭周之意遂起。

秦军在邯郸的失败，给东方一些国家带来了一线希望。楚考烈王认为秦兵新败，士气衰落，在春申君的劝说之下，欲奉周赧王为盟主，挟天子约诸国共同讨秦，他遣使者说赧王以天子名义发号各国。周赧王愿趁此一搏，以挽救周室将倾覆的局势。他命令西周公在国内收罗壮丁，凑合一支5000人的队伍，在缺乏武器、粮饷的情况下，向境内富户筹借军资，付给富户债券为凭，待班师之日以战胜品偿还。

这时秦国派张唐为大将，令其率兵先取阳城(今河南登封东南告城镇)，以通三川(郡名)之路。秦王见赧王与燕、楚联军无所作为，一举攻下阳城。另派嬴摎为将，领兵10万扬威于函谷关之外。

却说公元前256年周室经过一番努力，赧王任西周公为将，率领5000士卒，并约六国集兵到伊阙(今洛阳市南)。当时，秦即攻韩，韩自顾不暇；赵邯郸刚刚解围，恐惧未息；齐与秦通好，以图自存。只有燕国派将军乐闲、楚派将颁景阳，带几万兵会集在伊阙，坐观时态，无意进取。他们等待其他各国军队，3个月过去不见踪影，在秦关外之兵的威胁之下，三国联军撤去，无功而还。

西周的富户见军队回来，手持债券，纷纷向赧王讨债，每日从早到晚喧闹于宫门之外。赧王无资财可还，只好躲到宫后边的一个高台之上避债，后来这个高台被称为“逃债台”。

秦王闻知燕、楚兵散去，即令嬴摎与张唐合兵进攻阳城，再攻西周。这时赧王姬延惊慌失措，想要逃到韩国或是晋国避难。西周公劝说：“过去太史儋曾说过：‘周秦五百岁而合，有王伯者出。’秦吞并天

★双联漆杯·战国

下已是大势所趋，韩、魏也不可能幸免，三晋不日为秦所有。大王与其到那时被俘受辱，不如于今奉土归降，其结果或许能好一些，至少会得到一块封地。”

秦国大军已向周地开来，赧王已到了山穷水尽的边缘，别无出路，只好率领宗室成员及群臣，到祖庙祭祀，向先祖先烈号啕痛哭，陈述不孝子孙亡国绝祀之罪，悲切无状，哭喊之声缭绕太庙。3 日之后，即在公元前 256 年，周赧王带领家眷群臣、地图户册到秦军中投降，嬴摎受献 36 城，3 万户，张唐押送赧王君臣及其子孙入关至咸阳。

★国家博物馆复原的大禹所铸九鼎——“中华九鼎”

周赧王谒见秦昭襄王，顿首谢罪。秦王安慰一番，以梁城（今陕西韩城县南）之地封赐，将周王降为周公。赧王由于年事已高，一路劳苦，几个月后便在忧郁中死去。

秦昭襄王下令，除掉周国，发洛邑壮丁摧毁周的宗庙，运其祭器及九鼎入咸阳。原西周民众不愿为秦役使，纷纷投奔到东周。

搬运九鼎之时，传说鼎中有哭泣之声。运到泗水时，其中一鼎从船上掉进水中。当时嬴摎慌忙召集泗水之人潜水寻找，不见踪迹。那时人们非常迷信，嬴摎负责搬运周的国家重器，心中不免有所忌讳。日有所思，夜有所梦，那天夜里梦见周武王坐于太庙，召他斥责道：“你为什么迁我重器，毁我宗庙？”然后命令左右鞭打其背三百下。自此嬴摎患得背疽。到了咸阳，将祭器和八鼎献给秦王，并向秦王编造说所失一鼎是从舟中飞出，落水之后见苍龙一条，翻波作浪，不敢复求。

秦王查阅所失之鼎，正是豫州之鼎，他感叹地说：“地都归入秦国，难道其鼎就不归于我吗？”秦王还想多派卒众前往打捞，嬴摎一再谎称：“此神物有灵，不可复取。”秦王只好作罢。

秦王命令将八鼎陈列于秦太庙之中，遍告列国，要他们进贡朝贺，于是东方各国相继至秦朝贺。

九鼎是夏、商、周三代祭祀先王的重器，成为镇国之宝，权力的象征。鼎迁至于秦，宣告周的灭亡，秦代之而有天下。公元前 249 年，东周巩地也被秦所吞灭。

大禹所铸的青铜九鼎，是代表当时九州区划，每鼎雕刻本州的物象，象征九州荟聚于中央政权。但是后来不知何时不翼而飞，杳无下落。史书记载，秦始皇、汉文帝、汉武帝屡次寻求，均无所见，成为千古之谜。《史记·封禅书》中说：“宋太丘社亡，而鼎没于泗水彭城下。”《汉书补注·郊祀志》认为，秦根本没有得到九鼎，说是周室为防止强国夺鼎，并解决自身的经济困难，毁鼎而铸钱。

九鼎倘若无毁，或有一日出土于世，其壮观盛誉，必轰动于世界。

夏铸九鼎

相传，九鼎是大禹的儿子启铸造的。《春秋左氏传》中谈到九鼎的铸造情况：夏朝初年，夏王划天下为九州，州设州牧。夏令九州州牧贡献青铜，铸造九鼎。他还事先派人把全国各州的名山大川、形胜之地、奇异之物画成图册，然后派精选出来的能工巧匠，将这些图画仿刻于九鼎之身，一鼎象征一州，所刻图形也反映该州的山川名目。九鼎铸成后，陈列于宫门之外，使人们一看便知道所到之处有哪些民风、民俗、鬼神精怪，以避凶就吉。夏以九州之铜铸成九鼎，再以九鼎象征九州，反映了全国的统一和王权的高度集中，显示夏王已成为天下之共主。如果记载属实，那么九鼎就是青铜世界中最伟大的杰作了。目前称雄于世的司母戊大方鼎，无论时代之早和铸造之精都无法与九鼎相比。九鼎除了有无法估量的艺术价值外，还有相当重要的历史意义，它标志着中国的历史已结束了野蛮时代，进入了文明时代。

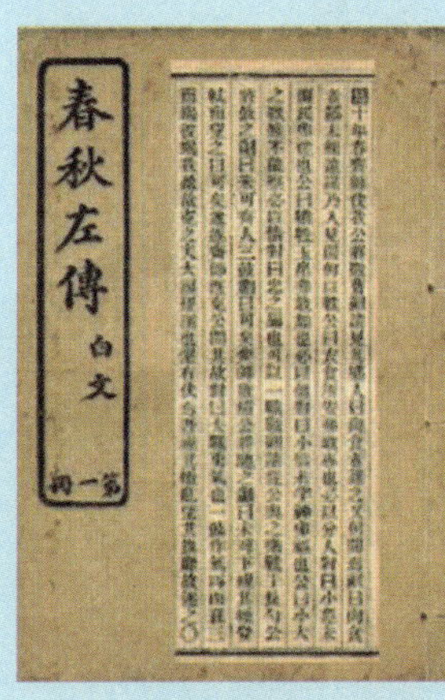

★《春秋左传》书影

无忌归国受诬陷

WU JI GUI GUO SHOU WU XIAN

秦灭周之后，用兵于三晋国家。秦将蒙骜攻占赵国上党之后，围攻魏国高都(今山西晋城)，一时不能得手，秦庄襄王又派王龁领兵5万前往助战。魏遭受秦的进攻，魏安釐王非常恐惧，如姬乘机劝说将信陵君从赵国召回，以其声望可以联合其他国家合纵抗秦。魏王听从了如姬的意见，遣派颜恩为使者，前往赵国迎信陵君，并带去书信，信中说：“今秦兵临魏国，情况危急，公子过去不忍赵国的危亡，如今能忍宗国之危吗？寡人引领以待公子归来，请公子不要忌恨寡人之过！”

信陵君为救赵窃兵符，得罪了魏王，客居于赵整整十年，不见魏王召还，非常寒心。他见诏书，心里难以平静，一时激愤，在其门口张贴布告：“有敢为魏王通使者死！”数千宾客无敢进言劝归者。颜恩半个月余见不到信陵君，信陵君为回避颜恩，大门不出。

颜恩急得如热锅上的蚂蚁，在信陵君门前转来转去。这天，恰好遇到赵国赌徒毛公和卖浆的薛公来访信陵君。该二人是信陵君的上宾，颜恩将二人截住，泣诉魏被敌之危，苦苦拜托二公代为美言劝归。二公见了信陵君说道：“听说公子将归国赴难，我二人特来拜送。”

★毛公和薛公见信陵君

信陵君说：“哪有此事？”

二公说：“秦兵攻打魏国情势很危急，公子没有听说吗？”

信陵君说：“听说了。但我离开魏国已十年，今已为赵人，不再过问魏国的事。”

二公惊讶地说：“公子何出此言？公子在赵国所以得到尊重，闻名于诸侯，就是你被宾客所景仰，是因为有魏国在。现在秦国攻魏而公子不顾，将来秦国攻破大梁，毁坏魏国的宗庙，公子还有什么面目见天下人呢？”

信陵君是魏昭王的少子，魏安釐王的异母弟。毛公和薛公的话还没有说完，他的脸色已大变，自惭自己背国忘祖的行为。他起身向二公感谢说：“幸蒙二公的指责教诲，否则无忌几乎为天下之罪人。”

随即命令宾客收拾行装物品，准备回国。他去向赵王辞行，赵孝成王舍不得信陵君离开，拉着信陵君说：“自从我失去平原君，依仗你保卫赵国。如今你离去，谁与我共同保卫赵国呢？”

信陵君说：“我不忍坐视先祖宗庙被秦所毁，不得不归。倘若国家幸存，后会有期。”

赵王说：“今公子归赴国难，怎能不全力支持公子？”准备派庞煖为将，率兵10万前往助魏攻秦。

信陵君回到魏国，魏安釐王出城迎接，兄弟二人阔别十年，如今又遇国难，相见时悲喜交加，信陵君欲行君臣之礼，魏王扶住信陵君，两人双双泪下，并驾回宫，授还相国印绶，并拜为上将军。信陵君立刻写书，遣使向各国求援。诸国闻知信陵君复任魏将，纷纷遣兵派将前来救援。

公元前247年，信陵君统帅魏、赵、韩、楚、燕五国之师，大破秦

★颜恩像

★如姬像

军，击败蒙骜劲旅。蒙骜无法抗拒，率军向西而逃，五国联军追至幽谷关，胜利而还。

信陵君班师回朝，魏王大喜，论功行赏，拜信陵君为上相，增加5城的封赐，并下令赦免朱亥击杀晋鄙将军之罪，委以为偏将。

此间国安无事，信陵君宾客中有人撰写兵书21篇，阵图7卷，献于信陵君，称为《魏公子兵法》，各国纷纷来求，更使信陵君名震天下。

★朱亥故里朱仙镇

河南开封县的朱仙镇，位于河南省开封市南20公里处。相传战国为朱亥故里，亥居仙人庄，故名朱仙镇。朱亥本是一位屠夫，因勇武过人，被信陵君聘为食客，以后曾在退秦、救赵、存魏的战役中立下了汗马功劳，因此，信陵君的盖世英名也是与他发现和任用朱亥分不开的。

秦军被信陵君所破之后，秦纲成君蔡泽等人向秦庄襄王进言，说："各国所以能合纵联兵，主要是靠信陵君无忌的威望。现今大王不如遣使至魏，与之修好，并邀请信陵君来访秦国，待他入关时杀之，永绝后患。"

秦王从其计，致书于魏，邀请信陵君至秦。宾客中多认为这是秦国的诈谋，劝公子绝不可入秦。信陵君也考虑到秦不可信，不愿前往。但考虑到不失礼于秦，他向魏王请求，让朱亥出使，奉璧一双答谢秦国。

朱亥奉使至秦，秦王不见信陵君上钩，非常恼怒。蒙骜向秦王建议说："朱亥即是追杀晋鄙的勇士，可留下他为秦所用。"秦王封朱亥官职，劝其留秦。朱亥声称自己是魏使臣，拒不接受。秦王一气之下，命人将朱亥丢进虎圈之中，猛虎即欲上前扑食。朱亥面对猛虎不惧，怒目而视，欲与之搏斗，大喝一声："畜牲何敢无礼！"说也怪，那虎不知未饿，还是被朱亥喝住，眼睛看着朱亥，不但不来扑，反而伏地不动，使秦人吃惊。秦人又把朱亥放出，送回驿馆囚禁起来，断绝供应饮食，企图饿死朱亥。朱亥不忍受辱，欲以头撞柱自杀，柱断而未死，又用手堵自己的喉部，窒息而死。

★朱亥像

秦王感到信陵君在魏，是秦吞并东方诸国最大的眼中钉，问计于群臣，如何能置信陵君于无用之地或把他除掉。此时有人拿出秦国惯用的反间计，对秦王献策说："过去信陵君窃符救赵，得罪了魏王，信陵君留赵十年不敢归，后因秦攻魏，魏王方把他召回。虽然他联四国之兵，退秦师，成大功，秉国政，得各国敬仰，其功高遭忌，有震主之嫌，魏王会有猜忌；信陵君诛杀晋鄙，晋鄙宗族宾客亦怀恨在心。此皆可乘其隙，施离间之计谋，定能有收效。"

于是，秦王派间谍，带万金入魏。他们暗中访寻晋鄙的党徒，行贿收买，唆使他们传播谣言，或向魏王进谗言。就这样，毁誉信陵君的传言在魏国甚嚣尘上。有人在魏王面前说："公子逃亡外国十年，现在为魏国的上将军，甚至诸国的将领都能听他统领，在各国国君眼中只知有魏公子，不听说有魏王。据传说公子正想趁此机会南面称尊，诸侯都敬佩他，正准备拥立他为魏王呢！"

魏王初始并不怎么相信，可是一起又一起谗言和谣传混淆视听，尽管魏王左思右想传言并不可信，但不能不怀疑起信陵君。

当时魏安釐王的嗣子增质押在秦国。秦军败于信陵君之时，秦王迁怒要杀魏嗣子，以泄己恨。这时有人建议利用魏嗣子为诱饵，施离间计。于是，他们厚待嗣子增，并派人向其透露说："天下都知道魏有信陵君，不知有魏王。就是秦国也敬畏信陵君，也想拥立信陵君以和好两国关系。信陵君若是得立为王，必使秦杀嗣子；即使不然，嗣子也只能终老于秦。"嗣子增不知是计，求其对策。来人说："趁现今秦与魏通好，为何不写信给魏王，让其派使来秦求归？"嗣子增乃给魏王一书，信中大意是说诸侯归心于

★信陵君将秦使带来的金币呈给魏王

信陵君，秦也想拥其为王，然后提到自己求归的欲望。书毕，将信密嘱来人转呈魏王。

秦的离间计是多种渠道，紧锣密鼓。这时秦王也给魏书信两函，一封给魏王，伪说魏使朱亥在秦病死，向魏致丧归朱亥尸体；另一信给魏公子无忌，并奉金物称贺。

魏王已受流言的迷惑，阅其秦书，大都是敬仰信陵君之语，使者并透露另有书信及金币等物专致信陵君，愤懑之情油然而生。

信陵君已听说秦使来到，心想：“秦没有兵戎之事，有何求于魏？此必有计谋。”时过不久，守门卫士来报：“秦使在门外求见，并有秦王书信与金币。”信陵君拒而不见，让守门卫士回答说：“国君之间交往与臣无关，作为人臣在道义上无私人交情，无忌不敢接受。”秦使再三求见，信陵君坚辞不见。

正在这时魏王派使者来取秦王给信陵君的信。信陵君说：“魏王既知秦王有书信给我，若是说没有接受，魏王未必能信。”于是驾车将书信与金币带上，来到宫中，将信原封不动呈给魏王，并向魏王解释说：“臣拒不接受，推辞再三，恰好大王要取览，书信未启，谨呈献于王。”

魏王说：“书中必有情节，不启不明。”将书信拆阅，信中写道：“公子威名播于天下，诸国君王莫不倾心于公子。公子指日当南面称王，不知魏王让位于何时……”魏王阅毕，一言不发交给信陵君。

信陵君看完，对魏王说：“果不出所料，此信是离间我君臣关系的诈谋。臣不敢接受，正是因为不知书中有何种语言。”

魏王不冷不热地说：“公子即无此心，请当面作书答复。”

信陵君提笔慷慨陈辞，婉言谢绝信中所言及金币。魏王也写了一信，求归嗣子，然后交给秦的来使带回。

嗣子增回国以后，向父王诉说了对信陵君之疑。来自各种渠道的谗言信息，终于使魏王下了决心，要解除信陵君的兵权。

信陵君耳闻自己受到诬陷，虽然自己问心无愧，然而君对臣之疑无法解释，只好交出兵权，称病不朝，在家中和宾客日夜饮酒作乐。

心胸狭窄的魏安釐王，终于中了秦的离间计，秦国惯用的伎俩再一次于魏国得逞。

★秦庄襄王陵

魏王疑信陵君

有一天，魏王同信陵君正在下棋，忽然有人来报：魏国北部边境纷纷燃烧烽火，预报赵军即将入侵。魏王闻报惊恐，信陵君却说那是赵王在打猎，并非入侵，魏王只得暂且忍耐，兄弟俩继续对阵。但魏王表面上故作镇静，内心却惊恐异常，对棋局心不在焉，举棋不定，汗流满面，一再出现错误。过了一阵，北方边界驻军将领又派快骑前来报告说：“刚才举烽火是一场误会。这是赵王在赵魏边境打猎作乐，并非入侵。”魏王听后吃惊地说：“公子怎么知道是赵王打猎呢？”信陵君说：“兄王有所不知，臣弟的宾客中，有人能够有办法探听到赵王的言语行动，打听到了就立即报告臣弟，所以刚才赵王打猎，我能知道。”魏王疑心太重，见信陵君贤能，人心归附，又广招宾客，有不少贤士能人辅佐，怕他势力太大会专权夺位，所以在赵王打猎以后，更加疑惧，不敢把国家军政大事委托信陵君，对他逐渐地疏远了。

★虫兽纹铜臂甲·战国

吕不韦巧计归异人

LV BU WEI QIAO JI GUI YI REN

赵惠文王同秦昭襄王在渑池会盟的时候，秦王将王孙异人送入赵国做人质。异人是太子的儿子，当时太子的儿子有二十多个，异人的母亲不是正妃，而且死得早，所以异人入赵后，始终也没与秦国有什么联系。当秦国伐赵时，赵王迁怒于异人，想要把他杀了，还是平原君替他说了好话，赵王便将他软禁于丛台。异人不得自由，又没有车马仆从，身上也无多少钱财，形同穷人子弟，所以每天失魂落魄，长吁短叹。

★吕不韦像

异人的情况被当时的商贾吕不韦偶然得知，他私下自言自语说："奇货可居啊！"为了证实自己的想法是否得当，他回家问自己的父亲说："种地可获几倍的利润？"他的父亲回答说："10 倍的利润。"吕不韦又问道："买卖珠宝可获多少倍利润？"他的父亲回答说："可获 100 倍的利润。"吕不韦接着又问："如果扶立一个人为王，掌握天下，这个利润应该怎么算？"他的父亲笑着说："扶立人君的利润可超过千倍万倍，无法用数字来计算。"

于是，从那天起，吕不韦便花大本钱结交负责监管异人的公孙乾，也因此有了与异人接触的机会。一天，吕不韦请公孙乾喝酒，席间，吕不韦提议说："座上没有别人，为什么不把秦国的王孙请来喝几杯？"公孙乾无法推却，只好让人请异人出来相见。酒喝到一半的时候，公孙乾有事出去，吕不韦趁机对异人说："秦昭襄王已经老了，太子所宠的是华阳夫人，而华阳夫人没有儿子，所以到现在也没有立下继承人。你为什么不趁这个时候回归秦国？"异人一听，当即流泪说："我何尝不想归秦，只是没有办法脱身。"吕不韦说："我家虽然没有多少钱，但可以代你入秦，去劝华阳夫人收你为子，并救你还秦。"听了吕不韦的话，异人喜不自禁。

此后，吕不韦买了很多珍奇古玩，带到了秦国，并以此交上结下，很快结识了华阳夫人的姐姐，并将异人如何思念故国，如何思念太子和华阳夫人，又如何想做华阳夫人的儿子等细说了一遍，然后以异人的名义留下重礼，求其代转华阳夫人。华阳夫人本已忘了异人为质于赵的事，一经姐姐提起，还收到了很多珍奇礼物，心里十分激动。想想自己虽然得到太子的垂爱，只可惜膝下无子，他年别人的儿子继承太子之位，自己肯定要吃苦头。思来想去，悲从中来，便暗暗抹起了眼泪。正在华阳夫人伤心之际，恰被太子看见，当知夫人为无子而哭泣，并欲收异人为子时，太子满口答应，而且两个人还刻符为誓。

虽然两个人都发了誓，可事到秦昭襄王那里却未获准，于是不得不由吕不韦从中周旋。吕不韦先找人打通了秦王后的关节，王后言于秦王，秦昭襄王便许愿说："等赵国乞和的时候，可以迎他回国。"不过华阳夫人求子心切，便由太子召吕不韦入府，太子说："我想迎异人归秦，可我的父王未答应，先生有什么办法吗？"吕不韦说："太子如果立王孙异人为继承人，我将不惜倾

★华阳夫人与秦太子刻符为誓

★吕不韦与异人饮酒交谈

家荡产，贿赂赵国当权的人，以求王孙得归。”太子和华阳夫人都十分欢喜，万分感激，还将金银、衣物托吕不韦带给异人。

异人有了金钱，便开始上下结交，左右打点。吕不韦更是左右周旋，见机行事。不仅在监管异人的公孙乾面前未露丝毫破绽，还请他给异人做媒，成就了赵姬和异人的婚事。不久后，赵姬产下一子，喜得异人合不拢嘴，还以赵氏为姓，取名赵政（即后来的秦始皇）。

公元前256年，赵政已经3岁。当年，正是秦昭襄王派兵围攻邯郸。吕不韦找到异人说：“赵王如果再次迁怒于你，恐怕不好办，不如早作逃走的打算。”异人慌忙说：“这件事全靠先生谋划。”于是，吕不韦拿出所有的金钱，对守关的人说：“我是阳翟人，来这里做买卖，不想被秦兵困在这里，请大家行个方便，放我一家出去。守关的人知道他是个商人，又得了他许多钱财，自然愿落个人情。然后，吕不韦又找来公孙乾，讲了准备返乡之意，也给了他很多钱物，并留他喝酒。喝酒间，吕不韦设法把公孙乾灌了个烂醉，然后让异人换上仆人的服装，混出了南门。

吕不韦和异人一行出了南门，然后又折向秦兵的大营，守营军士将他们带到秦昭襄王那里，昭襄王大喜过望，命异人速回咸阳去见太子和华阳夫人。于是，异人、吕不韦等逐一登车，往咸阳进发。

★战国玉组佩四件

《吕氏春秋》

《吕氏春秋》，又称《吕览》，是吕不韦（约公元前292年—前235年）组织门客所著。吕不韦为战国末年卫国濮阳人。原籍阳翟（今河南禹州），是当地的大商人，他往来各地，以低价买进，高价卖出，所以积累起千金的家产。后因扶立秦庄襄王（即异人或称子楚）为君有功，被封为丞相。庄襄王死后，由于秦王嬴政年幼，称其为“仲父”。当时，列国中魏有信陵君、齐有孟尝君、赵有平原君、楚有春申君，为列国称道。吕不韦耻于未与之齐名，便广招门客3000人，进而主持《吕氏春秋》的编纂。

《吕氏春秋》成书于秦王政八年（公元前239年），分十二纪、八览、六论，共26卷，160篇，计20余万言。该书宗主道家，取老子顺应客观的思想，舍其消极避世的成分，兼采儒、墨、法、兵诸家之长，初步形成了包括政治、经济、哲学、道德、军事等各方面内容的理论体系。作者意在综合百家之学，总结历史经验，为行将出现的统一全国的专制中央政权提供长治久安的治国方案。该书提出的“法天地”、“传言必察”、“疑似必察”等思想，具有唯物主义倾向。它还保存了许多旧说轶闻，在理论上和史料上都有很高的价值。但书中宣扬了天人感应等迷信思想，又因出于众手，对先秦诸子的思想也有未能融会贯通的地方。司马迁在《史记》里将《吕览》与《易经》、《春秋》、《离骚》等并列。《汉书·艺文志》将该书列入杂家，此后不少儒家学者因其“杂”而不予重视。

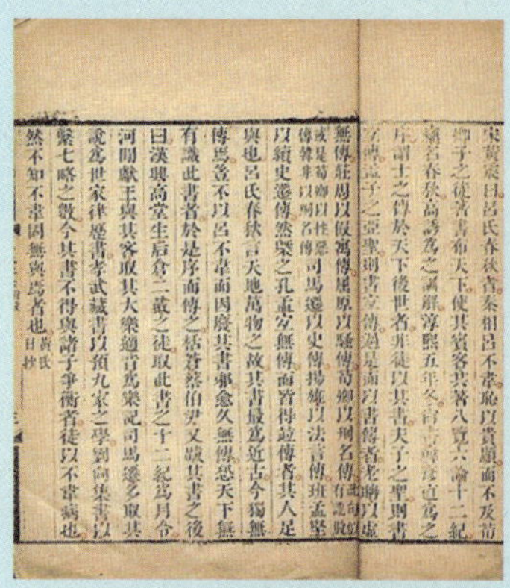

★《吕氏春秋》书影

甘罗十二岁拜相

GAN LUO SHI ER SUI BAI XIANG

吕不韦权倾朝野的时候，他耻于自己比不上齐国的孟尝君养客三千，于是也八方搜罗，凡自愿登门的都用为门客，借以粉饰自己惜才爱士。许多人都慕名前往，有一技之长的贤才也都云集吕府。其中有一位年仅 12 岁的童子，也来求为门客。吕不韦只把他当做无所依存的孩子，未作详查便将其留了下来，权作是赏他口饭吃。其实这个童子名叫甘罗，是前朝老丞相甘茂的孙子。甘罗 12 岁那年，因为祖父甘茂遭到排挤，被迫远避他乡，甘罗只好投奔到吕不韦门下。

甘罗做了丞相吕不韦的门客，从此生活有了着落，他心存感激，便日思报答。一天，吕不韦回到家里，脸色非常难看，像在生气。甘罗见状，忙迎上前去问道：“丞相可有什么难处？请告知臣下，待臣下帮您释疑解惑。”吕不韦心烦意乱，见是甘罗，本不欲讲，但经不住甘罗旁征博引地与他辩争，便无奈地向他道出了原委。

★甘罗劝张唐

原来在三年前，秦始皇派纲成君蔡泽出使燕国，百般游说。经过三年的努力，燕王喜答应归附秦国，并且派太子丹到秦国做人质，表示永不叛秦。秦国也打算再派张唐前往燕国，做燕国的国相，企图与燕国联合夹攻赵国，扩大河间的土地。因为张唐赴燕途中必须经过赵国，而张唐又曾受命率兵讨伐过赵国，赵王一直把他视作不共戴天的仇人，并扬言：“谁捉到张唐，将受重赏。”所以，他怕赵王加害他而不敢去。甘罗听完后便主动请缨，要去劝张唐成行，吕不韦先是不予理睬，后经甘罗一再恳请，便勉强应允。

★甘罗塑像

甘罗见到张唐劈头就问：“张大人，您认为您的功劳和武安君白起相比，谁的更大呢？”张唐说：“武安君向南挫败了强大的楚国，向北建威于燕国和赵国。他攻城破邑，不计其数。我的功劳怎么能与武安君相比呢。”甘罗又问道：“您认为当年的应侯范雎和现在的丞相文信侯吕不韦相比，谁更专断呢？”张唐回答道：“文信侯。”甘罗听了笑道：“既然如此，那您为何还推辞不去呢？我听说，应侯想让武安君率兵攻打赵国的时候，武安君拒不受命，被贬离咸阳，但刚出城七里，应侯随后派人将他赐死，像武安君这样的人尚且不能被应候所容忍，您想文信候会容忍您吗？”张唐听了这话，不由得直冒冷汗。甘罗见状又说道：“如果您愿意去燕国的话，我愿意替您先到赵国去一趟。”张唐连忙应承，并请他禀报丞相。

吕不韦听了甘罗回来后的汇

★甘罗祠

报，心里十分高兴，也对眼前的童子大大褒奖了一番。不过甘罗又提出了亲使赵国的要求，他说："请丞相禀明秦王，预先给我准备一些车马，我先出使赵国，以免赵国为难张将军，顺便还可以直接将河间诸城要过来，以免互动干戈。"秦王听了丞相的报告后，哈哈大笑道："好吧，寡人就任命他为使臣，给他准备人马车仗。"

★少年甘罗

赵王早就听说秦国要有使臣到来，急忙出城迎接。及至打量使臣时，却大出意料，原来只是一个少年。但少年的举止和才识却使赵王一点不敢怠慢。赵王小心地问道："敢问小先生这次到赵国来究竟有什么事吗？"甘罗反问道："大王是否听说过燕太子丹入秦为质这件事。"赵王点了点头，甘罗又问道："大王是否听说过张唐要到燕国为相？"赵王又点了点头，"既然都知道，那么我就是来扶危济困的。试想，燕派太子入秦为质，说明燕国不欺骗秦国；秦国派张唐入燕为相，说明秦国不欺骗燕国。燕秦不相欺，赵国居两国之间不就危险了吗？"赵王听了急忙问道："秦燕结好，难道是为了图赵？"甘罗答道："秦燕和好没有别的原因，就是想攻打赵国、扩大河间的地盘！"

"哦，是吗，那您这次来有何见教？"赵王问道。"大王不如将河间五个城池送给秦国，秦王必然就亲近赵国，然后，您再请求他遣回燕太子，断绝秦燕之好，这样您就可以去随意攻打燕国了，所得的城池会远远超过河间五城。"赵王听了好像如梦初醒，他高兴地赏给了甘罗黄金百两、白玉一双，并且把送给秦国五座城池的地图让他带给秦王。

此后，赵国果真从燕国那里掠夺了几十座城池，而秦国装作视而不见。秦王对甘罗的表现大加封赏，破例封他为大夫，不久又提拔他为上卿，还把当年封给他祖父甘茂的土地全部封给了甘罗。

★长脖兽·战国

甘罗村

河南省鄢陵县柏梁镇甘罗村是战国时期少年天才、秦国上卿——甘罗的长眠之地。据明《嘉靖鄢陵志》记载：据传，张姓居早，且处古蔡河河湾内侧，原名张湾。传因甘罗灵柩从古蔡河上游冲下至此搁浅，时人捞出，安葬堤上，建墓筑庙。故以人名村。现有甘罗墓、寺遗址。据传：原占地540亩，寺院宽敞，楼阁宏伟壮观，惜已废。今墓前尚存古柏数株。其中汉柏一棵，树高数丈，径粗五尺，被列入县级文物保护单位。

★甘罗墓前的古柏

兄弟相疑酿内乱

XIONG DI XIANG YI NIANG NEI LUAN

公元前241年，赵将庞煖组织了战国时期最后一次合纵攻秦的战争，结果被秦击败。紧接着秦国进行报复，派兵伐赵。秦兵分两路，一路是以蒙骜、张唐为将，率兵5万为前锋；另一路是以长安君成

★秦王嬴政

峤、樊於期为将，领兵5万为后继部队。

这次让长安君带兵出征，据说是吕不韦的有意安排。长安君是秦王嬴政胞弟，当时年方17岁，未出过茅庐，又昧于事理。樊於期为人耿直，对吕不韦的奸诈行为素有成见。吕不韦的用心就是令其伙同谋叛，乘机除掉他们，以免留下隐患。

公元前240年，蒙骜、张唐领兵出函谷关，经上党直攻庆都，首战不利，兵锋受挫，扎大营于都山，等待后继部队增援。

长安君和樊於期兵到屯留驻扎，当听到蒙骜兵败的消息时，樊於期把长期压在心头的不满化为冲动，唆使长安君起兵造反。他认为于今王位落至嬴政手里，嬴氏政权实际已被吕氏所窃取，为长安君抱不平。现领兵在外，蒙骜军受赵兵牵制，正是起兵的好时机。于是他就把全部的隐情密告于长安君，他说："今王政不是先王的骨血，君才是先王的嫡子。"然后他把吕不韦的身世及在赵时将自己的怀孕之妾献给秦庄襄王的事，向长安君详细讲了一遍。并指出吕不韦取得先王的宠信，窃取文信侯的封爵，辅佐他与太后的生子嬴政继位为王，被今王称为"仲父"，操国政，掌兵权，今嬴氏之政权已被吕氏父子所窃取。他希望长安君力挽狂澜，夺回王位，以继承先祖之大业。

长安君听了大惊失色，他说："非卿所言，我一切不知，当今如何是好？"

樊於期说："现今君手握有兵权，蒙骜兵被赵军所困，若是以讨逆檄文布告于天下，臣民大白，必将响应奉君为王。"

长安君激愤地说："大丈夫立于世，怎忍失社稷于贾人之手？希将军妥为我谋之。"他把希望完全寄托在樊於期身上。

然后樊於期写了讨贼檄文，布告于天下。檄文中说："长安君成峤布告臣民：文信侯吕不韦，本为阳翟大贾，阴谋窃取我秦国之政权。先王在赵为质时，乘机将其怀孕之妾诱献先王，遂生今王政。故今王非先王之血统，乃是吕不韦之子。吕不韦大逆无道，欺民窃国，以吕代嬴，危害社稷，罪不容诛。我乃是先王之嫡嗣，为先祖之功业，不忍失他人之手，今举兵诛讨。望全国臣民等，念我先王之功德，共赴国难。"

檄文所到之处，虽然在人们心

★樊於期劝长安君起兵造反

中产生了影响，信以为真，但在那个时代，弑君篡位之事屡见不鲜，强权即为政治，人们的传统观念早已淡薄，谁还敢冒然管闲事？所以没有轻易妄动响应者。

樊於期与长安君在屯留起兵后，又攻下附近长子、壶关两城，聚三城之众，扩编军队，兵势强盛。

秦廷闻变，秦王政大惊，与吕不韦计议，吕不韦宽慰秦王说：“长安君年少，不明真假，此乃是樊於期所为。樊於期有勇无谋，区区小事，不足为虑，出兵即可平定。”他们布署王翦为主将，桓龄、王贲为左右先锋，率兵十万平长安君之乱。

蒙骜兵挫以后，等援军不到，后来闻知长安君已反，大吃一惊。心想前后两路军共同出师伐赵，今攻赵无功，反而长安君乘机谋叛，将如何归朝自解？于今只有回军讨逆才能自免其罪。于是他调军班师，但在途中受到赵国伏兵袭击，蒙骜被乱箭射杀，死于太行山下。

王翦率领平叛大军已到屯留，长安君不免恐慌起来。樊於期怕他动摇，对他说：“君今已骑虎之势，难以再下。况且我们已有十五万大军，已据三城，可背城而战，方今胜负未定，君何以为惧？”樊於期布兵于城下，列阵待敌，准备大战。

王翦也布兵对阵，在军前对樊於期说：“国家有何对不住你樊将军之处？为何诱惑长安君造反？”

樊於期答道：“请问王将军，今王嬴政是吕不韦之子，谁人不知？我们世代受秦先王恩宠，怎忍心看着嬴氏政权被吕氏所篡取？长安君为先王之子，将军如能念先王之恩德，我们可共同义举，回军咸阳，诛吕不韦，废伪王政，扶立长安君，将军不失有功？”

王翦驳斥道：“今王实乃先王之子，你造谣诽谤，污蔑今王，难道你不知是灭门之罪？”

★樊於期与王翦交战

两将在阵前舌战一番，然后各自挥兵奋勇激战。樊於期是个猛将，带领将士挥动大刀直冲王翦军，将猛兵勇，杀了过去，力挫王翦军。王翦是个久经沙场的老将，足智多谋。他认为樊於期骁勇，不可与他恋战，只可智取。他下令收兵，后退扎营。

王翦访得手下将领杨端和曾在长安君门下为客，便写了封信派杨端和送去，劝说长安君切不可受樊於期的蒙蔽，早早图谋归顺，以免受到诛辱。然后王翦兵分三支，一支派桓箭率领攻长子城，另一支派王贲率领攻壶关城，自己则率兵攻屯留。三城并攻，使樊於期接应不暇，顾此失彼。

樊於期担心长期对峙下去，长子、壶关城破，对方集中兵力来攻屯留，因此他求战心切，急于突破王翦的军队。他挑选精兵万人，亲自带领出城攻击。王翦应战一时，然后率兵退去，就在樊於期领兵回城之际，杨端和乘机化妆潜入。

两军交战多日不分胜负，王翦兵屡屡进逼，樊於期无力破敌，使长安君六神无主。樊於期一面忙于军务，一面还得宽慰长安君，显而易见，势孤难支。

★鹈鹕鱼纹敦·战国
鹈鹕是一种捕鱼的鸟，俗称鱼鹰。此敦的纹饰描绘了鹈鹕张口捕鱼的精彩瞬间，纹饰新颖、极富动感，是战国时期燕国青铜器的一件代表作。

王翦在屯留坚壁营垒，尽管樊於期连日出兵挑战，只是按兵不动。不久，长子、壶关城破，桓靖、王贲引兵回屯留。樊於期失去二城，心中一惊，只好将自己的兵坚营于城下，准备随时同王翦军决一死战。

这时，秦王派使臣辛胜来到王翦军中，一面犒赏军队，激励三军将士；另一面传达旨意，务必要把樊於期活捉到咸阳，亲斩为快。王翦遣兵调将，重新布署军队，令桓靖、王贲各领兵一支埋伏于两侧，辛胜率兵对阵挑战，王翦自带一军攻城。

长安君闻知长子、壶关二城已失守，心中更加忐忑不安，召问樊於期怎么办，樊於期答称：“待臣率军与之决战，如不能取胜，我与君投奔燕、赵，再联合各国之兵，共同诛讨秦王，请君勿虑。”樊於期再一次安慰了长安君之后回到军中，当辛胜前来讨战之时，带领全军奋勇出击。辛胜军边战边退，樊於期领兵穷追不舍，不觉进入了桓崎、王贲的埋伏圈。两侧伏兵突然杀出，经一场激战，樊於期军大败，只好下令收兵。然而兵到城下时，王翦正在率军攻城，樊於期身先士卒，杀出一条血路领兵入城。之后，严加防守，日夜巡逻于城上。

此时杨端和乘机来见长安君，长安君正在焦虑之时，见了往日的门客，欣然讨教。杨端和向长安君说："现今秦国的强盛，六国兵都无可奈何，君以一孤城抗秦兵，何望之有？樊将军以匹夫之勇，侥幸于事，檄文所出，没有应者，王将军攻城甚急，一旦城破，君那时怎么办？"

长安君心神已乱，勉强说："我想投奔燕、赵，联合六国之兵。"

杨端和说："六国曾多次合纵攻秦，合而即散，无有战功。现今六国谁不怕秦？君所到之国，只要秦王派一使者讨要，君必将被缚献归于秦，那时君还有活命之望吗？"杨端和为长安君分析了形势，使长安君陷入绝路之感时，才将王翦给长安君的信拿了出来。

长安君启书展阅，见书上称："君受蒙于樊於期，只要将樊於期斩首，献于军前，束手归罪，我等向王保奏，恕罪于君。"然而长安君柔弱寡断，不忍杀害樊於期。

樊於期见秦兵攻城猛烈，人心浮动，城旦夕不保，来见长安君。要长安君与他杀出城去，投奔燕、赵，再图后谋。长安君又顾虑到家眷在咸阳，怕家属受到诛杀，犹豫不决，不肯与行。城外战况紧急，樊於期不可久留劝说，只好出城领兵与王翦军交锋。王翦军重重叠叠压将过来，樊於期兵寡不抵众，纷纷退回城下，大叫开城门。这时杨端和手持剑挟制长安君于城上，大声喊道："长安君已率全城归降！"并下令："开城门者斩！"长安君只是垂泪不语。

樊於期见事已至此，不由感叹说："孺子不可辅佐啊！"这时秦兵已将樊於期团团包围，因为秦王有令，要活捉樊於期，谁也不敢伤害樊於期。樊於期掉过头来，手提大刀，重开一条血路，无人抵挡得了，杀出重围，便向燕国方向逃去。

主将已逃，叛军无主，纷纷投降。王翦率兵入城，将长安君囚禁起来，派辛胜速回咸阳报捷，并请示如何发落长安君。太后闻讯去见秦王，苦苦代长安君请罪，乞求免死。秦王政气愤地说："反贼不杀，亲骨肉都将谋反！"旋即遣使向王翦传达命令，将长安君就地斩首，凡军吏跟从长安君谋反者杀而不赦，迁屯留百姓于临洮之地，并悬赏"擒献樊於期者，赏以五城"。

使者到屯留，宣秦王之命。长安君闻不见赦，自缢而亡，军吏被杀者万余人，屯留百姓被押西迁，屯留城为之一空。

★太后见秦王代长安君请罪

★蹲踞马形青铜竿头饰·战国

王翦出征

战国末期，秦国大将王翦奉秦王之命率军出征，出发前，他请求秦王赐给他良田华屋。秦王说："将军不必担心，只管放心出征。"王翦说："做大王的将军，有功也不一定能被封侯，所以我想趁此机会，请求大王赐给我田园，使我的子孙拥有丰厚的家业。"秦王大笑，答应了王翦的要求。王翦到了潼关，又派使者回朝请求良田，秦王爽快地应允。手下心腹对王翦说："这样做恐有不妥。"王翦支开左右，坦诚相告："我并不是一个贪图富贵的人，秦王疑心太重，现在他把全国的军队交给我一人指挥，心里一定会感到不安，所以我多求赏赐田产，表面上看是为自己的子孙考虑，实际上是为了使秦王安心，这样他就不会疑我造反了。"

李斯谏逐客令

LI SI JIAN ZHU KE LING

公元前250年，秦昭襄王因病去世，太子安国君即位，是为孝文王，立异人(之后改名为子楚)为太子。但一年后，孝文王在大宴群臣后，当晚回宫便死去。于是，吕不韦等群臣便奉子楚即位，是为庄襄王，立赵政为太子，时年赵政10岁。拜吕不韦为丞相，封其为文信侯。

秦庄襄王执政后，恨当年赵王差点杀了自己，便要兴兵报仇。他先使大将蒙骜伐韩，连拔数座城池，然后发兵侵赵，攻下太原等37城。接着又挥兵向魏，却被信陵君合五国之兵将秦兵击败。三年后，秦庄襄王得病而死，吕不韦扶太子赵政即位，时年仅13岁。此时，国事都由吕不韦作主，一时间吕不韦权倾朝野，号为“尚父”。

但在公元前238年，由于嫪毐“伪腐乱宫”(诈为宦官与太后私通，后被秦王政捕杀)，吕不韦受到牵连。而且此时秦王政已经长大，时年已经22岁。吕不韦因有扶立先王之恩，秦王政没有杀他，但收了他的相印和兵权。一年后，秦王政恐吕不韦东山再起，下令将吕不韦与其家属迁蜀，吕不韦饮鸩而死。

★秦王政登基

吕不韦在当相国时，曾学习孟尝君，收留了大批门客，其中有不少是列国来的。战国时期有许多学派，纷纷著书立说，历史上把这种情况称为“百家争鸣”。吕不韦自己不会写书，他组织他的门客一起编写一部书，叫《吕氏春秋》。书写成后，吕不韦派人把它挂在咸阳城门上，还发布告示，说谁能对这部书提出意见，不论添个字或者删掉个字，就赏金千两。其实，吕不韦命人编这部书，主要是给自己脸上贴金，为吕氏家族树碑立传。所以他以“一字千金”来炫耀这部书，其中也是在炫耀自己权倾朝野，包含着没人能比上他的意思。

秦王政听说吕不韦已死，秦国一些贵族、大臣就议论起来，说列国的人跑到秦国来，都是为他们本国的利益来游说的，有的说不定是来摸秦国底细的。他们要求秦王政把列国的宾客统统撵出秦国。秦王政接受这个建议，就下了一道逐客令：凡大小官员，不是秦国人都得离开秦国。

当时，被逐的客卿里有一位楚国来的李斯。李斯是楚国上蔡(今河南上蔡西南)人，曾拜荀子为师学习法家治国之术。公元前241年，李斯来到秦国，后被吕不韦赏识，被吕不韦留下来当了客卿。这一次，李斯也在被驱逐之列，在出咸阳城的时候，他于路上写了一道奏章，并托人转呈给秦王政。奏章上说：“泰山不弃壤土，才成其高；河海不择细流，才成其深。从前秦穆公用了百里奚、蹇叔，当了霸主；秦孝公用了商鞅，变法图强；惠文王用了张仪，拆散了六国联盟；昭襄王有了范雎，才有了远交近攻的兼并策略。这四位君主，都是依靠客卿建立了功业。现在到大王手里，却把外来的人才都撵走，这不是帮助敌国增加实力吗？”秦王政觉得李斯说得有道理，连忙打发人把李斯从半路上找回来，恢复他的官职，还取消了逐客令。

李斯复职后，奏请秦王政速行兼并之策，扫荡六国，秦王当即表示赞许。于是，秦国一面加强对各国的攻势，一面派人到列国游说诸侯，还用反间、收卖等手段，配合武力进攻。韩王安看到这种形势，害怕起来，派公子韩非到秦国来求和，表示愿意做秦国的属国。

韩非来到秦国，看到秦国的确强大，便上书给秦王，表示愿为秦国统一天下出力，同时还献出了自己所著的《说难》、《孤愤》、《五蠹》、《说林》等书，共50多万言。秦王政读后，感觉写得非常好，准备用他为客卿，参与国事。可李斯却嫉妒韩非的才干，私下对秦王说：“诸侯的子弟凡事都会为自己的国家考虑，他能真心为您所用吗？现在秦正攻韩，说不定他们是来施‘反间计’的。”秦王政说：“那怎么办，把他驱出秦国？”李斯说：“这样的人

★李斯谏秦王

如果纵之还国，必为秦国的祸患，不如杀了他，使韩国折一羽翼。”秦王政受到了李斯的蛊惑，便决意杀掉韩非。韩非闻言，自知李斯从中唆使，他悲愤难当，抛泪赋诗：“《说》果难，《愤》何已？《五蠹》未除，《说林》何取？膏以香消，麝以脐死。”诗中暗喻了有才的人非用即死和会水者终死水中、会剑者终亡剑下的封建士道法则。

韩非死后，韩王安十分惊恐，他决定向秦王拱手称臣，于是秦王将大军撤回。一天，秦王政突然想起了韩非，觉得他是个治世的人才，死了的确可惜，因而心中不乐。李斯看出了秦王政的心思，凑上前奏道：“臣举一人，魏国人尉缭，他精通兵法，胜过韩非十倍。”秦王政听说有这种人才，马上转忧为喜，命人将尉缭请来。尉缭果然精通兼并之术，得到了秦王政的赞赏，并拜为太尉。

韩非

★韩非像

韩非（约公元前280—前233年），史称韩非子，战国时韩国人，是我国战国末期的思想家、哲学家，法家学派的主要代表人物，法家思想的集大成者。韩非出身韩国没落贵族家庭，与李斯同是荀子的学生，“喜刑名法术之学”。当时韩国很弱，常受邻国的欺凌，他多次向韩王提出变法图强的计策，但未被韩王采纳。于是，他转而埋头于著述，写出了《说难》、《孤愤》、《五蠹》等作品。批判地吸收了春秋以来儒、道、墨各家的思想，特别是总结了前期法家的思想，综合了商鞅重法、申不害重术、慎到重势的不同倾向，提出了以法为核心，把法、术、势三者合一的法治学说。建立和完善了法家思想体系，成为古代法家学派最具代表性的人物和封建法治理论的奠基人。

由于韩非把法、术、势思想熔为一炉，大大丰富了法家学说的思想内涵，并被封建统治者一直奉为治国平天下的理论依据。这里的所谓“法”就是统治者公布的政策、法令、制度。韩非强调治国要有法治，赏罚都要以“法”为标准。法是规范整个社会的行为准则，任何人都不能独立于法外。韩非说：“法不阿贵，刑过不避大臣，赏善不遗匹夫。”其意为在“法”面前，不存在贵族和平民之分。“术”就是国君驾驭群臣的权术，由国君秘密掌握，使得大臣们摸不清国君的心理，不敢轻举妄动和背后搞鬼。“术”最先由申不害提出。但韩非认为，申不害重术不讲法，往往造成新旧法令相互抵触、前后矛盾和朝令夕改；商鞅重法不讲术，则难辨事情的真伪和官吏的忠奸，导致君弱臣强、君权旁落。所以韩非主张“法”和“术”必须结合，二者缺一不可。同时，韩非还认为，“势”就是国君占据的地位和掌握的权力，也是统治者实行统治的必要手段之一。“势”的理论最初是由慎到提出的。韩非吸取了这一理论，他认为，要推行法令和使用权术，必须依靠权势；没有权势，既使是尧这样的贤明君主，连三户人家也管理不了。因此，韩非提出“抱法而处势”的主张，认为只有稳固地掌握了权势，才能有效地推行法和术。

韩非的作品与其形成的政治理论很快传到了秦国，秦王政非常赏识他的才学。公元前234年，韩非为使韩国免遭秦国的刀兵之苦，出使秦国，倍受秦王的礼遇。然而，却遭到他的同学李斯等人妒忌。早年仕于秦国的李斯，因心忌韩非之才，便与姚贾一道进谗言加以陷害，迫使韩非在狱中服毒自杀。但是韩非的法、术、势相结合的政治理论却为混乱的春秋战国向统一的秦汉的过渡起到了直接的推动作用。就连李斯也心悦诚服地称韩非的学说为“圣人之论”、“圣人之术”，是治天下的“帝道”。

荆轲刺秦王

JING KE CI QIN WANG

尉缭是魏国大梁（今河南开封）人，他谒见秦王后，认为秦王政是一个“用人时朝前，不用时朝后”的残苛少恩的人。有一天，他忽然不辞而别。这下，急坏了秦王政，他四处派人查找，终于追上了走不多时的尉缭，还与尉缭指天发誓，大封尉氏宗族。

★荆轲雕像

此后，秦王政运用尉缭的计谋，用大量的金银珠宝，分派宾客子弟到列国，送与那些当权的官宦，然后探听列国的虚实。再用尉缭先韩、魏、赵，后楚、燕、齐的兼并方略。此时，韩已称臣，于是加兵向赵。赵王本欲用老将廉颇为将，但奸臣郭开怕廉颇为将于己不利，便用金钱贿赂赵王的使臣，让其假报：“廉颇已老，不堪重用。”后又用反间计杀了曾击败秦兵的名将李牧。公元前228年，秦国大将王翦占领了赵国都城邯郸，遂将邯郸纳入了秦国的版图。

与赵国相邻的燕国深感大厦将倾，已岌岌可危。但是，若以武力抗衡，燕国既无精兵，又无良将；若俯首称臣，又于心不甘。尤其是燕国的太子丹，对秦更是仇恨无比，他原来曾留在秦国做人质，当他见秦王政决心兼并列国后，便预先通知燕王早作准备，还以燕王生病为由求归燕国，但秦王政说：“燕王不死，太子不能回去。”太子丹愁苦无计，不得不换衣毁面，混出了函谷关。

逃归燕国的太子丹由于报仇心切，无意于操练兵马，也不打算联络诸侯共同抗秦，而是招贤纳叛，大收门客，企望从中物色出敢于行刺秦王政的人物。他的门客里有在闹市砍杀仇人的秦武阳，有举旗反秦的秦将樊於期。但这两人都不是太子丹心目中的理想人选。所以，太子丹仍旧到处寻觅。这时，有一位太子丹的故交把一个叫荆轲的人引荐给他，此人勇力过人，剑术精湛，深得太子丹的赏识。于是，太子丹把荆轲收为上宾，把自己的车马给荆轲坐，自己的饭食、衣服让荆轲一起享用。太子丹的厚爱使荆轲感激不已，并发誓要以身相报。

此时，秦国大将王翦又移兵向北，渐渐逼近了燕国。燕太子丹十分焦急，他对荆轲说：“拿兵力去对付秦国，简直像拿鸡蛋去砸石头，要联合各国“合纵”抗秦，也无法做到，最简捷的办法是派一位勇士，打扮成使者去见秦王，挨近秦王身边，逼他退还诸侯的土地。秦王要是答应了最好，要是不答应，就把他刺死。”

荆轲说：“这个办法的确可行，但要挨近秦王身边，不是秦王最想得到的无法打动他的心。听说秦王早想得到燕国最肥沃的土地督亢（今河北涿县一带），还有秦国将军樊於期，现在流亡在燕国，秦王正在悬赏通缉他。我要是能拿着樊将军的头和督亢的地图去献给秦王，他一定会接见我。这样，我就可以寻找机会下手了。”太子丹感到为难，他说：“督亢的地图好办，可樊将军受秦国迫害来投奔我，我怎么忍心伤害他呢？”

荆轲知道太子丹心里不忍，就私下去找樊於期，对樊於期说：“将军得罪秦王，全家遭到屠戮，现在还到处缉拿你，将军想怎么报这个

★荆轲塔

荆轲塔。在河北易县城西南2.5公里的荆轲山上。塔为八角十三层，高24米。砖石结构，造型典雅，每层八角各悬风铃。

★樊於期舍命助荆轲

仇？”樊於期仰天流泪说：“一提到秦王政，我恨不得同他同归于尽，只是现在还未有好的办法。”荆轲说：“我有一个主意，能帮助燕国解除祸患，还能替将军报仇，可就是说不出口。”

樊於期连忙说：“你有什么计策？快说说看！如果能报此仇，粉身碎骨，也在所不惜！”荆轲犹豫了一阵说：“我决定去行刺，但怕无法接近秦王。如果我能够带着你的头颅去献给他，然后趁他不备，将他刺死。这样将军的仇得报，而燕国也就免得生灵涂炭了。”樊於期听罢，爽声说道：“此仇得报，我何惜此头！”说罢，他挥剑自刎。

太子丹事前准备了一把锋利的匕首，叫工匠用毒药煮炼过，只要被这把匕首刺出一滴血，就会立刻气绝身死。他把这把匕首送给荆轲，作为行刺的武器，又派了个年仅13岁的勇士秦舞阳，随荆轲入咸阳。

公元前227年，荆轲动身前往秦国，太子丹和他的门客们都身着白衣，前来为荆轲送行，一直送到燕国南部的易水北岸（在今河北易县），然后摆酒设宴，互相诀别，在场的人知道这一分别将再无相见之日，都非常悲伤。临行时，荆轲与好友们击筑（一种打击乐器）而歌：“风萧萧兮易水寒，壮士一去兮不复还……”

大家听了他悲壮的歌声，都伤心得流下眼泪。荆轲拉着秦舞阳跳上车，在悲壮的歌声中，扬鞭西去。

荆轲到了咸阳，秦王政一听燕国派使者把樊於期的头颅和督亢的地图送来，他十分高兴，传令在咸阳宫接见荆轲。朝见的时候，只见荆轲捧着盛樊於期头颅的盒子，秦舞阳捧着督亢的地图，一步步走上秦国朝堂的台阶。但秦王却只许荆轲一人上殿，秦舞阳被挡在了殿下。殿上，荆轲有问必答，从容应对。可殿下的秦舞阳一见秦国朝堂那副威严样子，不由得脸色惨白。此时，秦王政让荆轲打开木匣，一看果然是樊於期的头颅，便随口问道：“为什么不早把他杀了献给我？”荆轲对道：“樊於期逃进漠北，是燕王以千金悬赏才抓到他，本想让他活着交给您，可路上怕他逃走，这才将他斩首。”听了荆轲的解释，秦王政不再生疑。然后他命令道：“取秦舞阳的地图来给我看看。”荆轲从秦舞阳手中拿来地图，交给了秦王政。

★荆轲准备入秦

秦王政慢慢将地图展开，快要全部打开时，荆轲预先卷在地图里的匕首露出来。秦王政一见，惊得跳了起来，荆轲连忙操起匕首，左手拉住秦王政的袖子，将匕首向秦王政胸口刺去。秦王政使劲地向后一转身，把袖子挣断。他跳过旁边的屏风，要往外跑。荆轲拿着匕首追了上来，秦王政一见无法走脱，便绕着朝堂上的大铜柱子躲闪。荆轲紧追不舍，两个人像走马灯似的转起圈来。

秦宫有一项规定：凡上殿的臣子，没有秦王的允许是不能带兵器的，而持兵器的侍卫则都是在殿下。所以，秦王政的身边虽然有许多官员，但都手无寸铁；台阶下的

★荆轲刺秦王

侍卫，没有秦王命令则不敢上殿。大家都急得六神无主，只得徒手相搏。官员中有个伺候秦王政的郎中，他急中生智，操起手里的药箱来抵挡荆轲的匕首。荆轲挥起匕首，药箱立刻被划得粉碎。不过，这一划却错过了刺杀秦王的有利时机。此时，秦王政急抽身上的佩剑，可他的剑长，因臂短而不能拔出剑鞘。小内侍赵高急忙提醒说："大王可把剑放到背后再拔。"秦王政当即领悟，从背后拔剑在手，然后挥剑砍断了荆轲的左腿。

荆轲无法站立，倒于地上，并顺势将手中的匕首朝秦王政投了过去。秦王政往右边一闪，那把匕首从他耳边飞过，直扎在铜柱上，立时火花四溅。秦王政见荆轲手里没有武器，又上前向荆轲砍了几剑。荆轲身上受了多处剑伤，自己知道已经失败，苦笑着说："我没有早下手，本来是想先逼你退还燕国的土地。不想，事与愿违，被你逃脱。不过，你恃强凌弱，吞并诸侯，即使统一了天下，也不会长久的。"

这时候，侍从和武士已经一起赶上殿来，结果了荆轲的性命。此前，台阶下的秦舞阳知道荆轲在殿上动了手，便想上前帮他，但未到近前，就被郎中和武士们给杀了。

荆轲虽然未能刺杀秦王，却落得个千秋勇士之名，可惜太子丹空怀复国报仇之志，枉害了很多人的性命，到头来还是落得个身亡国灭。公元前226年，秦军大举攻燕，太子丹和燕王喜逃至辽东。秦将李信率大军随后追击，燕王喜惧怕秦军，决定杀太子丹，并献其头而求和。

★金剑柄
1977年河北省易县燕下都30号墓出土。通长12.2厘米。剑柄饰顶端浮雕双羊纹。双羊抵首相背而卧，圆睛镶嵌绿松石(一松石已失)，两羊中部有一圆形嵌槽，惜嵌物已失。扁柄铸出缠猴纹。剑格装饰两个相背的卷角羊头。图案优美，做工精湛，装饰华丽。现藏河北省文物研究所。

樊於期

樊於期，战国末年人，原为秦国宦官，因得太后宠幸，权势很大。公元前239年，被封为长信侯，以山阳和河西、太原作为封地。次年，秦王政举行冠礼，准备亲政，他认为太子嬴政是吕不韦的儿子，鼓动成峤(秦王政同母弟)反叛，成峤、樊於期败逃于燕国。秦王政曾以"购之金千斤，邑万家"悬赏樊於期的头颅。燕太子丹派荆轲谋刺秦王时，荆轲谋求以其头和督亢地图作为进献秦王的礼物，以便行刺。他听说以后，立即自杀，以助其成功。

★铁双镰范·战国

★荆轲刺秦王(石刻)

高渐离筑击秦王

GAO JIAN LI ZHU JI QIN WANG

战国末年，荆轲为了帮助燕国挽救垂亡的局势，按照燕太子丹的计策，借献地图为名，来到秦王的宫殿上，行刺秦王。可惜没有成功，荆轲壮烈牺牲。

秦王差一点儿死在荆轲手里，他恨透了燕国太子丹，当下就派大将王贲带领大队人马，帮助他的父亲王翦，加紧攻打燕国。燕国攻破以后，太子丹被杀害。荆轲的朋友们都改名换姓躲避起来。高渐离是荆轲的好朋友，他也被迫逃到宋子城外，在一家小酒馆里做酒保，改名叫燕大。

一天，酒馆里来了几个客人，击筑唱歌。高渐离在柜台旁边洗碗筷，边听边自言自语地说："这段打得太轻，要重些声势才够。……这几句打得不错……妙，妙！"听到出神的地方，他不知不觉地用手指敲着碗，跟着音乐的旋律打起拍子来。酒馆主人看见他点头晃脑的样子，问道："燕大，看来你对击筑很内行啦？"

高渐离脸一红，连忙擦干净碗筷，不好意思地说："从前学过一点，也没学好，早就丢了。"主人说："燕大，我有句话想问问你。"高渐离说："主人有什么吩咐？"主人说："我看你斯斯文文的，不像一个帮佣的人。你过去做什么的？"高渐离怕暴露自己的身份，招来祸患，忙掩盖说："不，不，我一直是帮佣。只是脑子迟钝，手脚慢些。"他说着，把擦好的碗筷整整齐齐地放进纱厨里，把水倒了，盆子拿回来反扣在木架子上。

主人不相信地看了他一眼，说："我看你不必瞒我。最近我时常注意你，觉得你的举动有些奇怪。你不直说我也不勉强。不过我是赵国人，我们的命运是相同的呢！"

高渐离听主人这么一说，更增加了隐藏在心底里的悲痛。他想，国亡了，家散了，好朋友荆轲壮烈牺牲了，自己要想替他报仇，又没有机会，长期地隐名埋姓，在这里待下去，也不是办法。就承认说："既然主人关心我，我就照实说了吧。我不叫燕大，我叫高渐离。"

主人一兴奋，失声叫道："原来是高渐离先生，真是失敬得很，小店太委屈先生了。"说着伸手要替他解开护衣的围裙。

他们的谈话引起了酒客们的注意。击筑的客人走到高渐离的面前，说："那么给荆轲击筑的就是你了？我早就听到这位英雄的事迹，今天能够认识他的朋友，实在太荣幸了。听说荆轲动身的那一天，你给他奏了一支《易水歌》，肯不肯赏光，奏给我们听听呢？"

高渐离并不推辞，他回到房中，从箱子里拿出好久没有动过的筑，换了一身衣服走出来。酒客们连忙站起身，把首席让给他坐。高渐离挥动竹尺，敲击筑弦："风萧萧兮易水寒，壮士一去兮不复还……"

筑声悲壮激昂，深深地感动着在座的酒客。而感触最深的，却是击筑人自己。高渐离眼前浮现出穿着白衣服、戴着白帽子的送行人，耳边缭绕着荆轲的宏亮浑厚的歌声。一曲奏完，他的脸上已经挂满了泪水。

酒馆里人来客往，什么样的人都有，有各国逃亡出来的爱国志

★高渐离酒店结交朋友

士，也有秦王派遣来的暗探。因此，这件事很快被泄漏了出去。没过几天，一队秦国的士兵把小酒馆团团围住，几个如狼似虎的衙役，把高渐离和酒馆主人反绑着，关进了押犯人的囚车。

秦王听说捉到了荆轲的朋友高渐离，立刻吩咐："把高渐离带上来，我要亲自审问他。"高渐离身上带着枷锁，头发散乱着，满脸灰尘，衣服又脏又皱。两个卫士把他推到秦王面前。他昂着头，直挺挺地站着。卫士喝道："跪下。"他没有理睬。卫士对准他的腿弯子用劲一踢。高渐离两腿一软，"扑"地一声跪在地上。"哈哈！"秦王发出奸笑，问："你就是荆轲的好朋友高渐离吗？"

高渐离从从容容地说："是，我是荆轲的朋友高渐离。"

秦王存心侮辱他："我想不到荆轲的朋友原来是这副样子。告诉你，荆轲谋害我，我虽然恨他，也还佩服他。他有胆量，有志气。你呢，萎萎靡靡，连风都吹得倒的家伙，哪儿像是荆轲的朋友？哈哈！哈哈！"

高渐离压住了心头的怒火，把头低垂着，一句话也不回答。

★玉颈饰·战国

秦王又戏弄他说："我看你这人简直没有骨气，国亡了，朋友死了，自己却苟且偷生，隐名埋姓，躲在酒馆里当酒保。你活着是为的什么？"

高渐离平静地说："我活着是为了击筑。只要有一只筑，我一切都满意了。"

秦王大笑"哈哈！真是宝贝！不过你这个宝贝倒还有些用处。听说你击筑很拿手，杀掉未免可惜，不过，弹琴说唱的大多是瞎子，我看你活着，眼睛是多余的。"于是吩咐侍从："把他带下去，用马粪把眼睛熏了。然后给他一只筑，留在宫里做乐师。"

从此高渐离就变成了一个双目失明的盲人。无论白天黑夜，眼前总是一片黑漆漆的。但是他的心里却更加明亮了，知道秦王喜欢听他击筑，就更加紧练习，还作了很多好听的曲子。他的筑越击越好，他作的曲子一首更比一首美，秦王越听也就越爱听。

起初，秦王总是叫高渐离坐在台阶下面击筑，后来让他坐到上面来，他觉得高渐离已经是一个瞎子，手上什么武器都没有，伤害不到自己，就放松了戒备。每当听到入神的时候，还常常走近高渐离的身边。

高渐离觉察得出秦王跟自己挨得很近，有时，他甚至能够听得见秦王的呼吸。他的脸上浮现出一丝微笑，心里说："时候快到了！"

秦王并吞六国以后，称自己为始皇帝。他想："人顶多只能活一百岁，太短促了。我花了这么大力气统一天下，过不了多少年就死了，

★高渐离见秦王

不太可惜吗？"因此他派好多人到处给他找可以长生不老的药，又召来好多方士，给他炼丹。

高渐离常常摸到方士们那里去，今天跟这个要几块碎铅，明天又跟那一个要几块。要到以后，像宝贝似地藏在箱子里。每晚睡觉以前，他拿手杖当筑，练习打击。有时候打床栏，有时候打坐椅。直练到两臂感到酸痛，才上床休息。

一天晚上，秦始皇的侍从跑来对高渐离说："明天皇帝要在便殿赏雪，叫你击筑。"

高渐离高高兴兴地答应说："好，今晚我加紧练习练习。"

晚上，高渐离关好房门，拴上门拴，打开箱子，抱出一包碎铅块。他用手掂了掂，自言自语地："有十多斤，够他吃的了。"接着，他把这些铅块藏进筑内。弄好以后，他双手捧住一端，练习了一会儿击打的姿势。这一夜高渐离特别兴奋，躺在床上翻来覆去，直到天亮才阖上眼睛。

鹅毛似的大雪布满天空，地面上、树枝上铺着厚厚的一层白雪。殿堂四周的地炉里燃着熊熊的炭火。"叮叮咚咚"的钟鼓声有节奏地敲击着，一群十几岁的舞者在台阶下面跳舞。秦始皇坐在又矮又宽大的宝座上，没精打采地看着。他觉得很乏味，眉头紧紧地蹙在一起，

摆手叫道："够了！够了！这调子太呆板，我听厌了。还是叫高渐离来击筑吧！"钟鼓声立刻停止，舞者们惶恐地退下殿去。"高渐离上来击筑！"侍从高声喊道。高渐离右手拄着竹手杖，左臂抱着筑，走到一张椅子上坐下来。秦始皇说："高渐离，你是荆轲的同党，本该处以死刑。我没有杀你，赐给你第二条命。你打算怎样报答我呢？"高渐离说："感谢陛下宽大。我没有别的长处，只有多奏几首好曲子，来报答陛下的恩情。"秦始皇说："说得好。有什么好曲子么？"高渐离说："昨晚听说陛下今天赏雪，特地连夜赶编了一首新曲子。"秦始皇说："好，你就开始吧。"

高渐离调好筑弦，左手按弦，右手拿竹尺向弦敲击。筑声优美流畅，但是声音发闷。秦始皇听着，听着，慢慢地站起身来，走向高渐离，在他身旁站定。琴声停住了，秦始皇问道："今天的琴声怎么变小了？"

高渐离双手握住筑底下的头，突然用筑头向秦始皇打去，第一下没有打中，他索性站起身来，接二连三地向秦始皇打去："打你这个暴君，打你这个恶鬼！"秦始皇吓了一跳，慌忙退后几步，他愤怒得涨红了脸："你这个瞎了眼睛的扑灯蛾，真是自己找死。"他转向卫士叫道："还不快来把他捉住。"侍从们一齐拥上前来，夺过高渐离手中的筑。一个侍从说："这只筑怎么这么重？"仔细一看，里面暗藏着碎铅块。秦始皇脸色变得惨白，浑身发抖："真是不知死活的东西。快带下去，上绞刑，把尸首拖到大街上烧掉。加紧搜捕同党，统统杀掉。"卫士们把高渐离拖下殿去。高渐离挣扎着回过头来大声骂道："我的同党你搜捕不尽，天下人都是我的同党。你杀不尽天下的人民，天下人民一定能够除掉你这个暴君，打死你这个吃人的豺狼……"

筑

远古时代，我国曾有一击弦乐器——筑，《汉书·高帝纪》中对它的形制进行了描述："状似琴而大，头安弦，以竹击之，故名曰筑。"此乐器为先秦时代的古乐器，源于我国南方，其声悲亢、激越，在民间广为流传。《战国策·燕策》记载，荆轲西刺秦王，太子丹易水送别，好友高渐离击筑，荆轲和而歌曰："风萧萧兮易水寒，壮士兮一去不复还。"《史记·刺客列传》载，高渐离铅置筑内，扑击秦王未中被诛。这两个故事都有筑的记载。令人遗憾和迷惑的是，筑乐器自宋代以后，便失传了。千百年来是只见记载，不见实物。但这一失传之物，于1993年忽然在长沙河西西汉长沙王后渔阳墓中发现。筑是一种击弦乐器，形似筝，有十三条弦，弦下边有柱，以竹尺击之，声音悲壮。演奏时，左手按弦的一端，右手执竹尺击弦发音。文物界称这一发现为新中国四十多年以来乐器考古的首次重大发现，学术界称这一筑为"天下第一筑。"

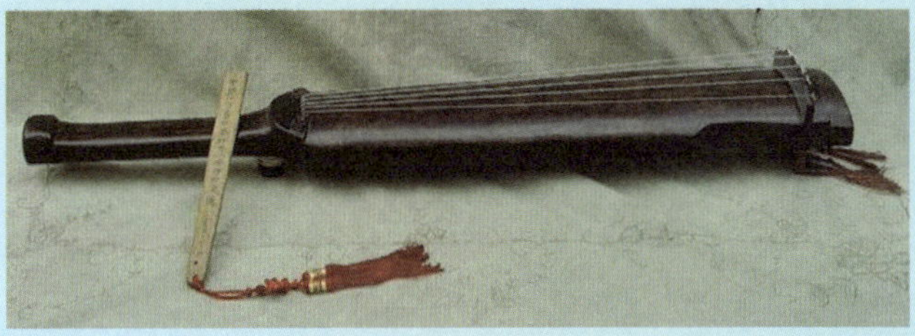

★筑·战国

★银首人形灯·战国

1976年河北省平山县中山王墓出土的这件银首人形铜灯是战国时代灯具中的杰作，其结构和装饰技巧均十分完美，是我国古灯中的珍品之一。此灯由铜质银首人、铜质蟠螭杆和铜质灯盘组成，以一男子作为该灯的结构主体部分，同时也是设计创意时重要的形象塑造中心。

秦王灭六国

QIN WANG MIE LIU GUO

秦王政由于郎中和小内侍赵高的帮助，躲过了荆轲刺杀这一劫，重重赏了这两个人，但他仍怒气未消，便命令大将王翦加紧攻打燕国。燕太子丹已知行刺事败，也只得硬着头皮迎战，但他哪里是秦军对手，不经几个回合，燕军便兵败城破。

秦王政收复了燕国，得到了仇人太子丹的头颅，便又打起了魏国的主意。他派王翦的儿子王贲率兵10万去攻打魏国。魏王派人向齐国求救，可齐国的相国因收受了秦国的重贿，而劝齐王建不发救兵。结果，秦将王贲命军士引来黄河之水，将魏的国都大梁陷于一片汪洋。时间不长，就有几处城墙被水泡塌，秦兵顺势涌入城内。公元前225年，王贲灭了魏国，把魏王和群臣全部押到咸阳。

接着，秦王政用尉缭之策，再图楚国。他召集将领们商议，先问年轻的将领李信，打楚国要多少人马。李信说："不过20万吧。"秦王政又问老将军王翦。王翦回答说："楚国是个大国，用20万人去打楚国是不够的。依臣的估计，非60万不可。"秦王政心里暗想："真是人老了胆小，不如年轻人胆壮。"于是，他没有起用王翦，而用李信为大将，派兵20万前往南方伐楚。

李信带了20万人马到了楚国，开始进攻时还算顺利，拿下了几个城池。可是后来，李信轻楚冒进，却被楚国名将项燕打个措手不及，双方激战三天三夜，秦国兵将死伤无数，李信只得落荒而逃。

秦王政大怒，把李信革了职，还亲自跑到王翦的家乡，对王翦说："老将军料想李信带20万兵攻楚必败，现在果然是全军覆没。将军能否带兵出征？"王翦说："大王一定要我带兵，还是非60万人不可。"秦王不解地说："五霸国盛兵强，其军也不过是七八万人，从未满过10万。今天老将军非用60万，这可是没有先例的啊！"王翦回答说："过去用兵大都讲究阵法，结阵而战，有时甚至点到为止。况且，即使战胜了对方也不会侵占人家

★王翦率军攻打楚国

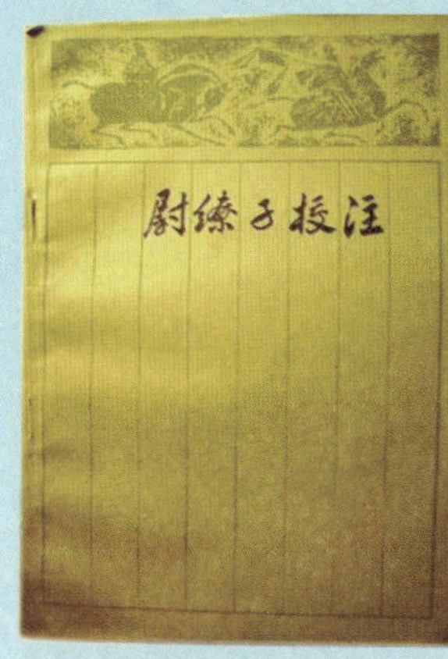

★《尉缭子校注》书影

尉缭

尉缭，魏国大梁(今河南开封)人。姓失传，名缭。秦王政十年(公元前237年)入秦游说，被任为国尉。尉缭是战国末期著名的军事理论家，今存所著《尉缭子》5卷24篇，近万言。该书主要论述了对战争的总的看法，支持正义战争，反对非正义战争，论述了战争和政治、经济的联系，提出"以武为植，以文为种，武为表，文为里"。要以耕、织为治国之本，民富国强，本固兵坚；论述了统率军队，整训士卒，健全军规，告诫将领，以及"安民"、"胜敌"等有关权术和措施；论述了进攻、守城等战术问题。北宋神宗元丰年间，《尉缭子》被列《武经七书》之一，为武学科举必读的兵学教材。

的土地。现在列国用兵，以强凌弱，以众欺寡，遇地就夺，遇人就杀。况且，平民也能参战，妇幼也敢厮杀。再者，楚国地广人多，他们要发动百万人马也不难。我说出兵 60 万还嫌不足，哪能再少呢？”秦王政感叹地说道：“若不是老将军惯于用兵，也不会分析得这么透彻。这回我一定听将军的！”说完将王翦带回朝中，拜为大将，给他分拨了 60 万兵马。

王翦到了楚国地界，与楚将项燕遥相对峙。楚国见秦国兵多，也添兵增将。可是，王翦自从兵到后，每天只是让军士修筑壁垒，抽空与他们坐在一起饮酒吃肉和聊天，一点儿没有出战的意思。楚国大将项燕一再挑战，他也不去理睬。过了一段时间，项燕想：“王翦确实是老了，胆子也越来越小了。”从此，他不把秦军放在心上。可是，就在项燕不防备的时候，秦军却突然发起攻势，60 万人马排山倒海般冲杀过去。楚国的将士好像在梦里被人家当头打了一棍子，未作多少抵抗，便争相逃命去了。项燕引着败兵东躲西藏，却被王翦一路追杀，失去了很多城池。秦军运用王翦的方略，一面打，一面留兵驻守，步步为营，稳扎稳打，一直打到寿春（今安徽寿县西）俘虏了楚王负刍。

项燕得知楚王被俘的消息，渡过长江，想继续抵抗。王翦造了不少战船，训练了水军，渡江追击。项燕觉得大势已去，楚国已不可复立，便叹了口气，拔剑自杀。至此，楚国之地尽失，楚人也就成了秦国的臣民。

公元前 222 年，王翦的儿子王贲灭掉了燕国在辽东和赵国在代城的残余势力，把剑锋最后指向齐国。齐王建因听信相国后胜之言，不发兵去救韩魏，而秦每灭一国，还派使者去秦国朝贺。秦国则以重金收买使者，使者归国后，多尽称秦国如何看重齐国，与齐国竭力交好。因而，齐王建以为与秦国和好可恃，以致边备不修，兵甲不足。可当齐王建眼睁睁地看到其他五国各个归为臣虏，心里不由得害怕起来。不过这时他再想守御备战，已经太晚了。

公元前 221 年，王贲带了几十万秦兵像泰山压顶一样，从燕国南部直扑临淄。一时间，临淄城中，百姓乱窜，城门不守。齐王建束手无策，只得听信后胜的话，开门请降。于是，秦国兵不血刃占有了齐国的土地。齐王建及其宫眷被移往共城（今河南辉县），最后在饥寒中死去。

六国诸侯为一己之私，不惜散“合纵”而只争眼前的利益，结果顾此失彼，给了秦国远交近攻、各个击破创造了机会，使得秦国在不到十年的时间内，把六国一个个地蚕食掉，建立了一个统一的多民族的封建国家——秦王朝。秦王朝的建立，结束了中国自公元前 475 年进入的战国时代，同时也结束了列国 250 多年的纷争和长期的诸侯割据的局面。

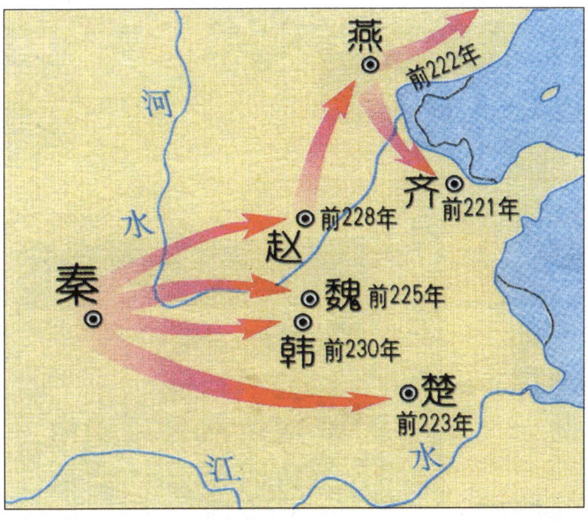

★秦灭六国示意图

★王翦像

王翦

王翦，频阳东乡（今陕西省富平县东北）人，秦代杰出的军事家，是继白起之后秦国的又一位名将。与其子王贲在辅助秦始皇统一六国的战争中立有大功，除韩之外，其余五国均为王翦父子所灭。

公元前 224 年，王翦替代李信前来攻楚，楚军听说王翦集 60 万大军前来，也尽发国中兵力以抗秦。王翦大军一至，立即坚壁而守，不肯出战。楚军屡次挑战，秦军始终不出。王翦每日要求士兵休息洗沐，安排可口饭食安抚他们，同时与士卒同饭同食，意在养精蓄锐，消耗敌军，以待最后殊死一战。楚军数次挑战而秦军不出，楚军引兵向东，王翦趁此遣兵追击，大破楚军，追至蕲南（今安徽宿州东南），斩杀将军项燕，楚兵败逃。秦借胜势，一年就平定了楚国城邑，俘虏楚王负刍，楚地终成秦的一个郡县。王翦于是又率兵南征百越，取得胜利，因功封为武成侯。

中国历史大事年表

一、原始社会（约 170 万年前 – 约公元前 21 世纪）

约 170 万年前	元谋人生活在云南元谋一带
约 70 万年–20 万年前	北京人生活在北京周口店一带
约 18000 年前	山顶洞人开始氏族公社的生活
约 7000–5000 年前	河姆渡、半坡母系氏族公社
约 5000–4000 年前	大汶口文化中晚期，父系氏族公社
约 4000 多年前	传说中的炎帝、黄帝、尧、舜、禹时期

二、奴隶社会（约公元前 2070 年 – 公元前 476 年）

夏 （约公元前 2070 年–约公元前 1600 年）

约公元前 2070 年　禹传予启，夏朝建立。

商 （约公元前 1600 年–约公元前 1046 年）

约公元前 1600 年　商汤灭夏，商朝建立。

约公元前 1300 年　商王盘庚迁都殷

西周（公元前 1046 年–公元前 771 年）

公元前 1046 年　周武王灭商，西周开始。

公元前 841 年　国人暴动

公元前 771 年　犬戎攻入镐京，西周结束。

春秋（公元前 770 年–公元前 476 年）

公元前 770 年　周平王迁都洛邑，东周开始。

公元前 681 年　齐桓公确立霸业

公元前 632 年　城濮大战，晋文公称霸。

公元前 584 年　吴国兴起

公元前 496 年　吴王阖闾攻越，战败而死。

公元前 494 年　吴王夫差败越，越王勾践使人求和。

三、封建社会（公元前 475 年 – 公元 1840 年）

战国（公元前 475 年–公元前 221 年）

公元前 473 年　勾践灭吴，夫差自杀。

公元前 453 年　韩、赵、魏三家分晋

公元前 403 年　韩、赵、魏封侯

公元前 385 年　吴起主持楚国变法

公元前 367 年　两周分裂

公元前 359 年　商鞅变法

公元前 323 年　“五国相王”联合抗秦

公元前 318 年　魏、赵、韩、楚、燕五国合纵攻秦，不胜而归。

公元前 287 年　苏秦合纵赵、齐、楚、魏、韩五国攻秦

公元前 260 年　秦赵长平之战，赵惨败。

公元前 258 年　秦围邯郸

公元前 230 年　秦灭韩

公元前 228 年　秦灭赵

公元前 225 年　秦灭魏

公元前 224 年　秦灭楚

公元前 222 年　秦灭燕

公元前 221 年　秦灭齐

秦（公元前 221 年–公元前 206 年）

公元前 221 年　秦统一，秦始皇确立郡县制，统一货币、度量衡和文字。

公元前 219 年　秦始皇泰山封禅

公元前 215 年　秦始皇令蒙恬发兵 30 万北伐匈奴

公元前 214 年　秦始皇下令修筑长城

公元前 213 年　秦始皇采纳李斯建议，焚《诗》、《书》。

公元前 210 年　秦始皇出巡，崩于沙丘。赵高、李斯合谋更改遗诏，立胡亥为太子，令扶苏、蒙恬自杀。至咸阳发丧，胡亥即位，是为秦二世。

公元前 209 年　陈胜、吴广起义

公元前 207 年　巨鹿之战

公元前 206 年　刘邦攻入咸阳，秦亡。

西汉（公元前 206 年–公元 25 年）

公元前 206 年–公元前 202 年　楚汉之争

公元前 202 年　刘邦称帝

公元前 195 年　汉高祖死，太子刘盈即位，是为汉惠帝。

公元前 188 年　惠帝死，吕后临朝执政。

公元前 180 年　吕后死，周勃、陈平、刘章灭诸吕，迎立汉文帝即位。

公元前 157 年　汉文帝死，刘启即位，是为汉景帝。

公元前 141 年　汉景帝死，刘彻即位，是为汉武帝。

公元前 138 年　张骞第一次出使西域

8 年　王莽夺取西汉政权，改国号新 。

17 年　王匡、王凤率饥民在绿林山起义，史称绿林起义。

23 年　绿林军诸将立刘玄为帝，年号更始。

24 年　更始政权从洛阳迁移至长安。

东汉（25 年–220 年）

25 年　东汉建立

73 年　班超出使西域

88 年　汉和帝即位,窦太后临朝,外戚专权开始。

105 年　蔡伦改进造纸术

132 年　张衡制作地动仪

166 年　大秦王安敦派使臣到中国

184 年　张角领导黄巾起义

189 年　董卓进京,立汉献帝。

192 年　司徒王允使吕布杀董卓

196 年　曹操迁献帝于许昌,在许昌屯田。

200 年　官渡之战

208 年　赤壁之战

214 年　刘备据有巴蜀

219 年　东吴取有荆州,关羽败死。

三国　(220 年–280 年)

220 年　魏国建立

221 年　蜀国建立

229 年　吴国建立

230 年　吴派卫温等率军队到台湾

263 年　魏灭蜀

西晋　(265 年–317 年)

265 年　西晋建立,魏亡 。

280 年　西晋灭吴,全国统一。

291 年　八王之乱始

306 年　八王之乱结束

308 年　汉王刘渊称帝

316 年　匈奴攻占长安,西晋亡。

东晋　(317 年–420 年)

317 年　东晋建立

383 年　淝水之战

420 年　东晋亡

南北朝（420 年–589 年）

420 年　刘裕建宋。南北朝开始。

439 年　魏太武帝经过 16 年征战，统一北方。

444 年　魏太武帝灭佛

493 年　北魏孝文帝迁都洛阳

502 年　萧衍代齐，梁朝建立。

534 年　北魏分裂为东、西魏

550 年　高洋代东魏称帝，建立北齐。

557 年　陈霸先代梁称帝，建立陈朝。宇文觉代西魏称帝，建立北周。

577 年　北周灭北齐，统一北方。

隋　（581 年–618 年）

581 年　隋朝建立

589 年　隋灭陈，统一中国。

604 年　隋文帝死，隋炀帝即位。

605 年　始凿大运河

611 年　隋末农民起义开始，山东长白山农民起义爆发。

612 年　隋炀帝亲征高丽

613 年　隋炀帝二征高丽

614 年　隋炀帝三征高丽

唐　（618 年–907 年）

618 年　李渊称帝，国号唐。隋亡。

626 年　玄武门之变，李世民即位，是为唐太宗。

664 年　武则天和唐高宗并称二圣，垂帘听政。

668 年　唐与新罗攻灭高丽，置安东都护府。

683 年　武则天执政

690 年　武则天改唐为周

710 年　吐蕃遣使迎金城公主入藏

753 年　鉴真第六次东渡，抵达日本。

755 年　安禄山反于范阳，安史之乱爆发。

762 年　史朝义兵败自缢，安史之乱结束。

875 年　王仙芝等起义于河南长垣；黄巢于冤句起义响应。

875 年-884 年　唐末农民战争

五代　（907 年-960 年）

907 年　后梁建立，唐亡，五代开始。

916 年　阿保机建立契丹国

923 年　李存勖在魏州称帝，国号唐，史称后唐。李存勖攻入开封，后梁亡。

934 年　孟知祥在成都称帝，国号蜀，史称后蜀。

936 年　契丹立石敬瑭为晋帝，史称后晋。

947 年　契丹改国号辽。刘知远在晋阳称帝，国号汉，史称后汉。

951 年　郭威在开封称帝，国号周，史称后周。

北宋　（960 年-1127 年）

960 年　北宋建立

1005 年　宋、辽澶渊之盟

1038 年　元昊建立西夏

11 世纪中期　毕昇发明活字印刷术

1069 年　王安石开始变法

1115 年　阿骨打建立金朝

1125 年　金灭辽

南宋　（1127 年-1279 年）

1127 年　金灭北宋，南宋开始。

1140 年　宋、金郾城大战

1206 年　成吉思汗建立蒙古政权

元　（1206 年-1368 年）

1271 年　忽必烈定国号元

1279 年　元灭南宋

明　（1368年-1644年）

1368年　明朝建立，元朝结束。

1405年-1433年　郑和七次下西洋

1553年　葡萄牙攫取澳门居住权

1616年　努尔哈赤建立后金

1628年　陕北农民起义

清　（1616年-1911年）

1636年　后金改国号为清

1644年　李自成建立大顺政权，农民军攻占北京，明亡。

1662年　郑成功收复台湾

1681年　康熙帝平定三藩之乱

1684年　清朝设置台湾府

1689年　中俄签订《尼布楚条约》

1771年　土尔扈特部重返祖国

1839年　林则徐虎门销烟

四、半殖民地半封建社会（1840年-1949年）

1840年-1842年　鸦片战争

1842年　中英《南京条约》签订

1851年　金田起义、太平天国建立

1856年-1860年　第二次鸦片战争

1858年　《爱珲条约》、《天津条约》签订

1860年　《北京条约》签订

1861年-1894年　洋务运动

1864年　天京陷落、太平天国运动失败

1883年-1885年　中法战争

1894年-1895年　甲午中日战争

1895年　中日《马关条约》签订

1898 年　戊戌变法

1900 年　义和团运动高潮，八国联军侵略中国。

1901 年　《辛丑条约》签订

1905 年　中国同盟会成立

1911 年　黄花岗起义、保路运动、武昌起义

中华民国　（1912 年–1949 年）

1912 年　中华民国建立

1913 年　二次革命

1915 年　新文化运动、护国运动开始

1916 年　袁世凯恢复帝制失败

1919 年　五四运动爆发

1921 年　中国共产党成立

1923 年　京汉铁路工人大罢工

1925 年　五卅惨案、五卅反帝运动爆发

1926 年　国民革命军出师北伐

1927 年　南京国民政府建立，南昌起义。

1928 年　井冈山会师

1931 年　九·一八事变

1934 年　红军长征开始

1936 年　西安事变

1937 年　卢沟桥事变，日军南京大屠杀。

1940 年　百团大战

1941 年　皖南事变

1945 年　日本投降，解放战争开始。

1947 年　发动“反饥饿、反内战、反迫害”的爱国运动

1949 年　中华人民共和国成立

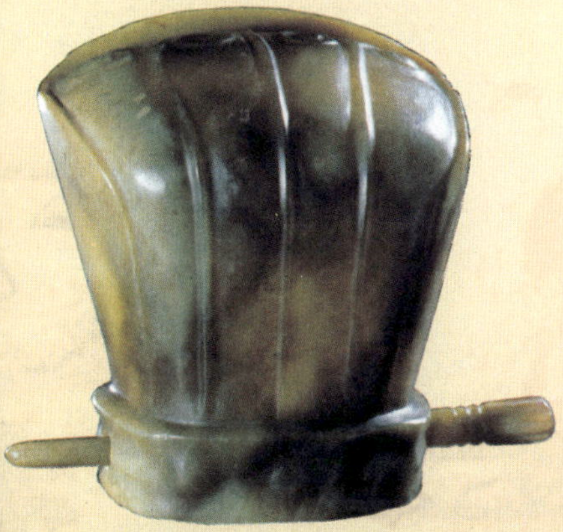